KB042955

한국 고대사 관련 동아시아 사료의 연대기적 집성

번역문

761년 ~936년

정호섭 외 10인

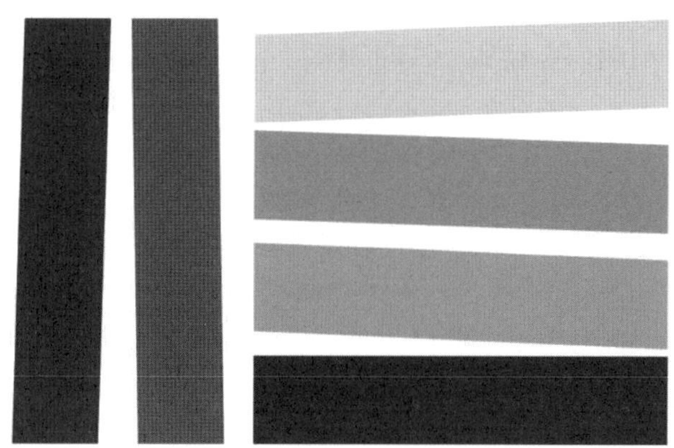

한국 고대사 관련 동아시아 사료의 연대기적 집성

번역문 (下) 761년~936년

펴낸이 최병식
엮은이 정호섭 외
펴낸날 2018년 12월 28일
주류성출판사 www.juluesung.co.kr
06612 서울시 서초구 강남대로 435 주류성빌딩 15층
전 화 02-3481-1024
전 송 02-3482-0656
이메일 juluesung@daum.net

책 값 35,000원

ISBN 978-89-6246-384-2 94910
978-89-6246-381-1 94910 (세트)

● 본 연구는 한국학중앙연구원의 한국학분야 토대연구지원사업 지원과제임
(과제번호 : AKS-2013-KFR-123000)

한국 고대사 관련 동아시아 사료의 연대기적 집성

번역문

761년 ~936년

정호섭 외 10인

한국 고대사 관련 동아시아 사료의 연대기적 집성
번역문 (下) 761년~936년

761(辛丑/신라 경덕왕 20/발해 문왕 25 大興 25/唐 上元 2/日本 天平寶字 5)

신라 봄 정월 초하루에 무지개가 해를 관통하여, 해에 햇무리가 있었다. (『三國史記』 9 新羅本紀 9)

신라 봄 정월 초하루에 무지개가 해를 관통하여, 해에 햇무리가 있었다. (『三國史節要』 12)

신라 (정월) 을미일(9)에 미농(美濃)·무장(武藏) 두 나라의 소년들에게 명하여 나라마다 20명씩 신라어를 배우게 하였다. 신라를 정벌하기 위해서였다. (『續日本紀』 23 淳仁紀)

신라 2월 무진일(13)에 신라왕 김억(金嶷)이 들어와 조공하고, 인하여 숙위(宿衛)를 청하였다. (『資治通鑑』 222 唐紀 38 肅宗 下之下)

고구려 백제 신라

(3월) 경자일(15)에 백제인 여민선녀(餘民善女) 등 4인에게 백제공의 성을 내리고, 한원지(韓遠智) 등 4인에게는 중산련(中山連), 왕국도(王國嶋) 등 5인에게는 양진련(楊津連), 감량동인(甘良東人) 등 3인에게는 청조련(淸篠連), 도리갑배마려(刀利甲斐麻呂) 등 7인에게는 구상련(丘上連), 호정도(戶淨道) 등 4인에게는 송정련(松井連), 억뢰자로(憶賴子老) 등 41인에게는 석야련(石野連), 죽지마려(竹志麻呂) 등 4인에게는 판원련(坂原連), 생하내(生河內) 등 2인에게는 청단련(淸湍連), 면득경(面得敬) 등 4인에게는 춘야련(春野連), 고생양(高牛養) 등 8인에게는 정야조(淨野造), 卓杲智(卓杲智) 등 2인에게는 어지조(御池造), 연이풍성(延爾豊成) 등 4인에게는 장소조(長沼造), 이지마려(伊志麻呂)에게는 복지조(福地造), 양마려(陽麻呂)에게는 고대조(高代造), 조나용신(烏那龍神)에게는 수웅조(水雄造), 과야우마려(科野友麻呂) 등 2인에게는 청전조(淸田造), 사갈국족(斯臈國足) 등 2인에게는 청해조(淸海造), 좌로우양(佐魯牛養) 등 3인에게는 소천조(小川造), 왕보수(王寶受) 등 4인에게는 양진조(楊津造), 답타이내마려(荅他伊奈麻呂) 등 5人에게는 중야조(中野造), 조아기마려(調阿氣麻呂) 등 20인에게는 풍전조(豊田造)의 성을 주었다. 고려인 달사인덕(達沙仁德) 등 2인에게는 조일련(朝日連), 상부(上部) 왕충마려(王蟲麻呂)에게는 풍원련(豊原連), 전부(前部) 고문신(高文信)에게는 복당련(福當連), 전부(前部) 백공(白公) 등 6인에게는 어판

련(御坂連), 후부(後部) 왕안성(王安成) 등 2인에게는 고리련(高里連), 후부(後部) 고오야(高吳野)에게는 대정련(大井連), 상부 왕미야대리(王彌夜大理) 등 10인에게는 풍원조(豊原造), 전부(前部) 선리(選理) 등 3인에게는 시정조(柿井造), 상부 군족(君足) 등 2인에게는 웅판조(雄坂造), 전부 안인(安人)에게는 어판조(御坂造)의 성을 내렸다. 신라인 신량목사성현마려(新良木舍姓縣麻呂) 등 7인에게는 청주조(淸住造), 수포려비만마려(須布呂比滿麻呂) 등 13인에게는 저고조(狩高造)의 성을 내리고, 한인(漢人) 백덕광족(伯德廣足) 등 6인에게는 운제련(雲梯連), 백덕제족(伯德諸足) 등 2인에게는 운제조(雲梯造)의 성을 내렸다. (『續日本紀』 23 淳仁紀)

신라	여름 4월에 혜성이 나왔다. (『三國史記』 9 新羅本紀 9)
신라	여름 4월에 혜성이 나왔다. (『三國史節要』 12)
발해	(8월) 갑자일(12)에 등원하청(藤原河淸)을 맞이하러 간 사신 고원도(高元度) 등이 당에서 돌아왔다. 처음에 원도가 사신의 임무를 받들던 날에 발해도를 취하여 하정사 양방경(揚方慶) 등을 따라 당에 갔는데, 일을 마치고 귀국하고자 하니, 병기로 갑옷 1구(具), 대도(代刀) 1구(口), 창 1간(竿), 화살 2척(隻)을 원도에게 나누어 주었다. 또 내사(內使)가 칙을 선포하여, "특진비서감(特進秘書監) 등원하청은 이제 사신이 아뢴 바에 따라 본국으로 돌려보내고자 한다. 다만 남아있는 도적들이 아직 평정되지 않아 가는 길에 어려움이 많을까 걱정된다. 원도는 마땅히 남로(南路)를 취하여 먼저 돌아가 복명하라"고 하였다. 그리고는 곧 중알자(中謁者) 사시화(謝時和)에게 명하여 원도(元度) 등을 데리고 소주(蘇州)로 향하게 하였다. 자사(刺史) 이점(李岾)과 의논하여 길이 8장(丈)의 배 한 척을 만들고, 또한 수수관(水手官) 월주(越州) 포양부(浦陽府) 절충(折衝) 상자금어대(賞紫金魚袋) 심유악(沈惟岳) 등 9명의 수수(水手)와 월주(越州) 포양부(浦陽府) 별장(別將) 사록(賜綠) 육장십(陸張什) 등 30인을 뽑아 원도 등을 보내고 귀국하게 하였다. 대재부에 안치하였다. (『續日本紀』 23 淳仁紀)
고구려	겨울 10월 임자일 초하루 (…) 종5위하 고려조신(高麗朝臣) 대산(大山)을 무장개(武藏介)로 삼았다. (…) (『續日本紀』 23 淳仁紀)
고구려 발해	(10월 계유일(22)) 무장개 종5위하 고려조신 대산을 견고려사(遣高麗使)로 삼았다. (…) (『續日本紀』 23 淳仁紀)
발해	5년 10월 계유일[22] (『類聚國史』 193 殊俗部 渤海 上)
백제	(11월) 정유일(17)에 종4위하 등원혜미조신(藤原惠美朝臣) 조수(朝狩)를 동해도절도사(東海道節度使)로 삼고, 정5위하 백제조신(百濟朝臣) 족인(足人)과 종5위상 전중조신(田中朝臣) 다태마려(多太麻呂)를 부사로 삼았다. (…) 종3위 백제왕 경복(敬福)을 남해도사(南海道使)로 삼았다. (『續日本紀』 23 淳仁紀) (…)
신라	온 이역(異域)이 한 천하인데 고승(高僧)만은 대대로 드물었네. 노력하며 도를 닦으니 좌선으로 미묘한 경지를 터득했구나. 바리 때 들고 언제 가나 했더니 불법 전하려 오늘에야 돌아가네. 고관들 이별의 글 짓기 바쁘고 궁전에선 선의(禪衣)를 내렸네. 넓은 바다 잔배 타고 건너 먼 구름 속 석장(錫杖) 짚고 날아가리. 이제 미망(迷妄)한 곳으로 떠나니 어떻게 경건히 기도하며 위로하랴. (『全唐詩』 2函 7冊 崔國輔 送新羅法師還國)

762(壬寅/신라 경덕왕 21/발해 문왕 26 大興 26/唐 上元 3, 寶應 1/日本 天平寶字 6)

백제 (봄 정월 무자일(9)) 종5위하 백제왕 이백(理伯)을 비후수(肥後守)로 삼았다. (…) (『續日本紀』 24 淳仁紀)

신라 진표율사(眞表律師)는 (…) 3년이 지나도 수기(授記)를 얻지 못하였다. 발분하여 바위 아래로 몸을 던지니 갑자기 푸른 옷을 입은 동자가 손으로 받들어 돌 위에 두었다. 법사는 다시 뜻을 발하여 21일을 기약하고 밤낮으로 열심히 닦고 돌을 두드리며 참회하였다. 3일이 되자 손과 팔이 꺾여 떨어졌고 7일 밤이 되자 지장보살이 손에 금석(金錫)을 흔들고 와서 가지(加持)하자 손과 팔이 예전과 같이 되었다. 지장보살은 드디어 가사와 바리를 주었고 진표는 그 영응에 감동하여 더욱 정진하였다. 21일을 채우자 즉 천안(天眼)을 얻어 도솔천중(兜率天衆)이 오는 형상을 보았다. 이에 지장·미륵보살이 [율사] 앞에 나타나고, 미륵보살이 진표의 정수리를 쓰다듬으면서 말하였다. “잘하는도다. 대장부여. 이와 같이 계를 구하여 신명을 아끼지 않고 참회를 간절히 구하는도다.” 지장이 『계본(戒本)』을 주고 미륵은 다시 2개의 생(栍)을 주었는데 하나는 9자(者)라고 쓰여 있었고 하나는 8자라고 쓰여 있었다. 진표에게 일러 말하였다. “이 두 간자는 나의 손가락뼈인데, 이는 시각(始覺)·본각(本覺) 2각을 이른다. 또한 9자는 법 자체이고 8자는 신훈성불종자(新熏成佛種子)이니 이로써 마땅히 과(果)·보(報)를 알 것이다. 너는 이 몸을 버려 대국왕(大國王)의 몸을 받아 후생에는 도솔천에 태어날 것이다.” 이와 같이 말하고 두 보살은 즉 사라졌다. 이때가 임인(壬寅, 762, 경덕왕 21) 4월 27일이다. (『三國遺事』 4 義解 5 關東楓岳鉢淵藪石記)

고구려 (4월) 병인일(17)에 견당사가 탈 배 한 척이 안예국(安藝國)으로부터 난파(難波)의 강 입구에 이르렀다. 여울에 도착하여 뜨지 못하고 그 키 역시 마찬가지였으므로 출발할 수 없었는데, 풍랑에 흔들려 배 뒷편이 부서졌다. 이에 사인(使人)의 수를 줄이고 두 척의 배로 제한하였다. 판관(判官) 정6위상 중신조신(中臣朝臣) 응주(鷹主)에게 종5위하를 주어 대사로 삼고, 절도(節刀)를 내려 주었다. 정6위상 고려조신(高麗朝臣) 광산(廣山)을 부사로 삼았다. (『續日本紀』 24 淳仁紀)

신라 생각건대 무상대사(無相大師)는 바다 바깥 먼 지방 사람으로 신라의 명문 출신이다. 그 계미(季昧)에서 비롯되어 진실된 기틀이 일찍부터 빼어나니, 돈이 많은 사람을 보면 곤궁한 경우를 당하였고 보도(寶刀)를 주면 얼굴을 손상하였다. 대사는 위로 올라가는 인연을 얻어 잘못된 길을 환하게 깨달았고, 그 지방의 풍속을 기재하고 경험하여 신라에서 평소 군자라고 칭하였다. (『全唐文』 780 慧義精舍 四證堂碑)

신라 무상(無相) 선사(禪師)는 속성(俗姓)이 김씨(金氏)인데, 신라의 왕족이고 집안은 해동에서 대대로 있었다. (…) 나중에 보응(寶應)원년 5월15일에 이르러 갑자기 백애산(白崖山) 무주(無住) 선사를 생각하여, “나는 빠른 계산이 있어 이것은 나에게 와서 보아야 하는데, 자주 무주 선사를 헤아려보니 어째서 오지 않는가. 내가 장차 나이가 많아 공인(工人) 동선(董璿)을 시켜 나의 대대로 전수하는 법의 및 다른 옷 17벌을 가지고, 몰래 무주 선사에게 보내줄 것이니 선(善)은 스스로 몸을 조심하여 아끼는 것이다.”라고 하였다. 이에 그치지 않고 산을 나갈 때에 다시 15년을 기다렸는데, 세상이 편안함을 듣고 곧 나가서 멀리 부탁하여 마쳤다. (『歷代法寶記』 劍南城都府淨泉寺無相禪師)

신라 원년 사월(巳月) 15일에 이르러 고쳐서 보응원년 5월15일로 삼았는데, 멀리 부탁하여 마쳤다. (『歷代法寶記』 劒南城都府大曆保唐寺無住和上)

신라 무상 선사는 속성이 김씨인데, 신라의 왕족이고 집안은 해동에서 대대로 있었다. (…) 보응원년 5월19일에 이르러 제자에게 명령하기를, "내가 새로 취한 깨끗한 옷을 주어라. 나는 목욕하고자 한다."라고 하였다. 한밤중인 자시(子時)에 이르러 엄숙하고 장중하게 단정히 앉아서 편안하게 죽었다. 이 때에 해와 달은 빛이 없었고 하늘과 땅은 흰 색으로 변하였으며, 법당(法幢)은 부러지고 선정을 수습하는 경계는 고갈되어 바닥이 보였다. 중생은 희망을 잃고 도를 배우는 자는 의지할 곳이 없어졌다. 대사는 이 때 나이가 79세였다. 김화상은 매년 12월·정월에 매우 많은 출가한 자와 인연을 받고, 도량(道場)을 엄밀하게 설비하여 강단에 처하여 설법하였다. 먼저 가르쳐 이끌어 소리 내어 염불하면서 한 마음을 다하여 생각하다가, 소리를 끊고 생각을 멈추고 나서 말하였다. "기억을 없애고 생각을 없애며 망령되지 않게 하라. 기억을 없애는 것은 계(戒)이고, 생각을 없애는 것은 정(定)이며, 망령되지 않게 하는 것은 혜(慧)이다. 이 세 구절의 말은 곧 총지문(總持門)이다." 또 말하였다. "생각이 일어나지 않는 것은 오히려 거울 면과 같아서 만물을 비출 수 있다. 생각이 일어나는 것은 오히려 거울의 뒷면과 같아서 곧 비출 수 없다." 또 말하였다. "지(知)가 일어나고 사라지는 것을 분명히 해야 하는데 이것은 중간에 끊어지지 않으니, 곧 부처를 보는 것이다. 비유하자면 두 사람이 함께 가다가 모두 다른 나라에 이르렀는데, 그 아버지가 편지를 가지고 가르친 것과 같다. 한 사람은 편지를 얻어 얼마 후 읽고 나서 그 아버지의 가르침에 따라 법이 아닌 것을 행하지 않았고, 한 사람은 편지를 얻어 얼마 후 읽고 나서 교시에 의거하지 않고 여러 악행을 마음껏 행하였다. 모든 중생은 생각을 없애는 것에 의거하는 자는 효순한 아들이고, 문자에 집착하는 자는 불효한 아들이라고 한다." 또 말하였다. "비유하자면 어떤 사람이 술에 취하여 누웠는데, 그 어머니가 와서 불러서 집에 돌아가게 하려고 하자 그 아들이 취하였기 때문에 미혹되어 어지러워 그 어머니를 나쁜 말로 매도하는 것과 같다. 모든 무명(無明)의 상태여서 술에 취하여 자신이 자기 본래의 성품을 깨달아 알고 부처가 되는 것을 믿지 못한다." 또 기신론(起信論)에서 말하기를, "마음은 진여문(眞如門)이자 생멸문(生滅門)이니, 생각을 없애면 곧 진여문이고 생각이 있으면 곧 생멸문이다."라고 하였다. 또 말하기를, "무명의 머리가 나오면 반야(般若)의 머리가 사라진다. 무명의 머리가 사라지면 반야의 머리가 나온다."라고 하였다. 또 『열반경(涅槃經)』을 인용하여 말하기를, "집의 개와 들의 사슴 중 집의 개는 마음의 집착에서 생기는 잘못된 생각을 비유하고, 들의 사슴은 불성(佛性)을 비유한다."라고 하였다. 또 말하였다. "비단은 본래 명주실이니, 문자가 무명한 상태였다가 솜씨가 뛰어난 기술자가 짜서 완성하면 이에 문자가 있는 것이다. 나중에 잘려서 되돌아가면 본연의 명주실이다. 명주실은 불성을 비유하고, 문자는 마음의 집착에서 생기는 잘못된 생각을 비유한다." 또 말하기를, "물은 파도를 떠나지 못하고 파도는 물을 떠나지 못하니, 파도는 마음의 집착에서 생기는 잘못된 생각을 비유하고 물은 불성을 비유한다."라고 하였다. 또 말하였다. "삼베를 멘 사람이 돌아다니다가 은 가게를 발견하였는데, 한 사람은 삼베를 버리고 은을 취하였다. 다른 사람이 말하기를, '나는 삼베를 메어 이미 결정되었다.'라고 하여, 끝내 삼베를 버리고 은을 취하지 않았다. 또 금 가게에 이르러 은을 버리고 금을 취하였다. 여러 사람이 말하기를, '나는 삼베를 메어 이미 결정되었다. 나는 끝내 삼베를 버리고 금을 취하지 않았다.'라고 하였다. 금은 열반(涅槃)을 비유하고 삼베는 생사를 비유한다." 또 말하기를, "이 세 구절의 말은 달마(達摩) 조사(祖師)가 본래 교법을 전하였으니, 이것이 지선(智詵) 화상, 처적(處寂)

화상이 설법한 바라고 말하지 않는다."라고 하였다. 또 말하기를, "제자 유승사(有勝師)의 의연(義緣)을 허락한다. 지선·처적 두 화상은 가르침을 마쳤다고 말하지 않고 대대로 전수하는 법의를 뜻을 다하여 받들었다." 김화상이 지선·처적 두 화상이 말한 곳을 인용하지 않은 까닭에 매번 항상 좌석 아래에서 조사의 경전을 가르치고 타일렀다. "우리 달마 조사가 전한 바, 이 세 구절의 말은 곧 총지문이다. 생각이 일어나지 않으면 계문(戒門)이자 정문(定門)이자 혜문(慧門)이니, 생각을 없애면 곧 계·정·혜가 빠짐없이 두루 갖추어진다. 과거·미래·현재에는 항하사(恒河沙) 같은 여러 부처가 모두 이 문에 따라 들어왔다. 만약 다시 다른 문이 있다면 이곳은 없다." (『歷代法寶記』 劒南城都府淨泉寺無相禪師)

신라　(보응 원년 5월) 19일에 이르러 제자에게 명령하기를, "내가 새로 취한 깨끗한 옷을 주어라. 나는 목욕하고자 한다."라고 하였다. 한밤중인 자시에 이르러 엄숙하고 장중하게 단정히 앉아서 편안하게 죽었다. (『歷代法寶記』 劒南城都府大曆保唐寺無住和上)

신라　여름 5월에 오곡(五谷)·휴암(鵂巖)·한성(漢城)·장새(獐塞)·지성(池城)·덕곡(德谷) 6성을 축조하여, 각각 태수(太守)를 두었다. (『三國史記』 9 新羅本紀 9)

신라　여름 5월에 오곡·휴암·한성·장새·지성·덕곡 6성을 축조하여, 각각 태수를 두었다. (『三國史節要』 12)

신라　가을 9월에 사신을 파견해 당에 들어가 조공하였다. (『三國史記』 9 新羅本紀 9)

신라　가을 9월에 사신을 파견해 당에 가서 조공하였다. (『三國史節要』 12)

신라　(보응원년) 9월에 파사(波斯)·신라가 (…) 모두 사신을 파견해 조공하였다. (『冊府元龜』 972 外臣部 17 朝貢 5)

고구려 발해　겨울 10월 병오일 초하루에 정6위상 이길련익마려(伊吉連益麻呂) 등이 발해로부터 이르렀다. 그 나라의 사신 자수대부행정당좌윤(紫綬大夫行政堂左允) 개국공(開國男) 왕신복(王新福) 이하 23인이 따라서 내조하였다. 월전국(越前國)의 가하군(加賀郡)에 안치하고 물건을 공급하였다. 우리나라의 대사 종5위하 고려조신 대산은 떠나던 날 배 위에서 병으로 누워 있었는데, 좌리익진(佐利翼津)에 이르러 죽었다. (『續日本紀』 24 淳仁紀)

발해　6년 10월 병오일 초하루 11월 을해 초하루 12월 을묘일[11] 윤12월 계사일[19] (『類聚國史』 193 殊俗部 渤海 上)

발해　11월 을해 초하루에 정6위상 차비다치비진인소이(借緋多治比眞人小耳)를 송고려인사(送高麗人使)로 삼았다. (『續日本紀』 24 淳仁紀)

발해　6년 10월 병오일 초하루 11월 을해 초하루 12월 을묘일[11] 윤12월 계사일[19] (『類聚國史』 193 殊俗部 渤海 上)

신라　(11월) 경인일(16)에 참의(參議) 종3위 무부경(武部卿) 등원조신(藤原朝臣) 거세마려(巨勢麻呂)와 산위(散位) 외종5위하 사사숙녜대양(土師宿禰大養)을 보내어 향추묘(香椎廟)에 재물을 바쳤다. 신라를 정벌하기 위하여 군사를 훈련시켰다. (『續日本紀』 24 淳仁紀)

고구려 발해　(12월) 을묘일(11)에 견고려대사(遣高麗大使) 종5위하 고려조신 대산에게 정5위하를 추증하였다. 부사 정6위상 이길련익마려(伊吉連益麻呂)에게 외종5위하를 주고, 판관

(判官) 이하 수수(水手) 이상에게도 각각 차등이 있게 주었다. (『續日本紀』 24 淳仁紀)

발해 6년 10월 병오일 초하루 11월 을해 초하루 12월 을묘일[11] 윤12월 계사일[19] (『類聚國史』 193 殊俗部 渤海 上)

발해 (윤12월) 계사일(19)에 고려 사신 왕신복(王新福) 등이 서울에 들어왔다. (『續日本紀』 24 淳仁紀)

발해 6년 10월 병오일 초하루 11월 을해 초하루 12월 을묘일[11] 윤12월 계사일[19] (『類聚國史』 193 殊俗部 渤海 上)

발해 보응(寶應) 원년에 조서를 내려 발해를 국(國)으로 삼고 흠무(欽茂)가 왕노릇하게 하며, 검교태위(檢校太尉)로 진급시켰다. (『新唐書』 219 列傳 144 北狄 渤海)

발해 보응 원년에 흠무를 국왕으로 진봉시켰다. (『冊府元龜』 967 外臣部 12 繼襲 2)

신라 상원(上元) 연간(760~762)에 조형(朝衡)을 좌산기상시(左散騎常侍)·안남도호(安南都護)로 발탁하였다. 신라가 바닷길을 막아, 다시 명주(明州)·월주(越州)를 경유하여 조공하였다. (『新唐書』 220 列傳 145 東夷 日本)

신라 상원 3년에 무루는 갑자기 몸을 남겨두고 혼백만 날아가 신선이 되어 내도량(內道場) 문의 오른쪽 문짝 위에서 두 발의 형태를 드러내니, 땅에서 떨어진 것을 헤아리면 몇 척 남짓 될 만하였다. 문지기가 상황을 보고하자, 황제가 보련을 타고 지나다가 거기에서 유표를 얻어 그것을 살펴보았다. 그 말은 대체로 옛 산에 돌아가 장사지내기를 구할 뿐이라고 하였다. 허가한다는 조서를 내려 중시를 파견하여 노부와 이끌고 전송하는 것을 감독하여 관리하게 하였다. 또 회원현에 관청을 두었는데, 아마도 무루가 평생 왕래한 것에서 유래하였을 것이다. 상여가 여기에 이르자 굳게 들 수 없었다. 이리하여 따로 당을 건립하여 봉안하니, 신체의 모습이 지금까지도 변하거나 손상된 것이 없으니, 그 당 안의 문짝은 곧 내도량의 문짝이다. 그러나 당시에 두 발을 드러낸 흔적은 여전히 있다. (『新修科分六學僧傳』 28 定學證悟科 唐無漏)

신라 승려 무루(無漏)는 (…) 미처 마치지 못하고 산에 돌아가 얼마 후 여기에서 입적(入寂)할 것이라고 말하였다. 하루는 갑자기 내문(內門)의 오른쪽 문짝 위에서 교화가 이루어지니, 두 발의 형태가 땅에 미치지 않는 것이 몇 척이었다. 문지기가 보고하자, 황제가 보련(步輦)을 타고 직접 거기에 가서 예전에 은거하던 산 아래에 돌아가 장사지내기를 요청하는 유표(遺表)를 얻었다. 즉시 허가한다는 뜻에 따라 장례와 관련된 일은 관에서 공급하였고, 이에 궁궐의 문짝을 드러내어 거기에 두고 제물을 설치하며, 중사(中使)를 파견하여 노부(鹵簿)와 전송하고 이끄는 것을 감독하여 관리하게 하였다. 이보다 앞서 무루의 행적과 교화는 회원현(懷遠縣)에서 유래한 것이 많아서, 인하여 관서를 두고 하원(下院)이라고 하였다. 상여가 여기에 이르자 위패가 놓인 자리는 갑자기 들 수 없었다. 무리들이 옮겨 넣고 별도의 당우를 건립하여 안치하자고 논의하니, 곧 상원 3년이다. 지금도 진짜 몸은 자세가 바른 상태여서 일찍이 변하거나 손상된 것이 없으니, 누워 있는 곳은 궁궐의 문짝이었다. 이에 당시의 상서를 드러낸 것이 여기에 있다. (『宋高僧傳』 21 感通 6-4 唐朔方靈武下院無漏傳)

신라 무루는 미처 마치지 못하고 산에 돌아가 얼마 후 여기에서 입적할 것이라고 말하였다. 하루는 갑자기 내문의 오른쪽 문짝 위에서 교화가 이루어지니, 두 발의 형태가 땅에 미치지 않는 것이 몇 척이었다. 문지기가 보고하자, 황제가 보련을 타고 직접 거기에 가서 예전에 은거하던 산 아래에 돌아가 장사지내기를 요청하는 유표를 얻었다. 즉시 허가한다는 뜻에 따라 중사를 파견하여 전송하고 이끄는 것을 감독하여 관리하게 하였다. 이보다 앞서 무루의 행적과 교화는 회원현에서 유래한 것이 많아서, 인하여 관서를 두고 하원이라고 하였다. 상여가 여기에 이르자 위패가 놓인 자리는 갑자기 들 수 없었다. 무리들이 옮겨 넣고 별도의 당우를 건립하여 안치하자고 논의하니, 지금도 진짜 몸은 자세가 바른 상태여서 일찍이 변하거나 손상된 것이 없었다. (『神僧傳』 8 無漏)

고구려 이정기는 고구려 사람이다. 영주부장(營州副將)이 되어 후희일(侯希逸)을 좇아 청주(青州)로 들어갔는데, 희일의 어머니는 바로 그의 고모로, 때문에 천거되어 절충도위(折衝都尉)가 되었다. 보응 연간(762-763)에, 군후(軍候)를 따라 사조의(史朝義)를 토평하였다. 이 때 회걸(回紇)이 자기 공로를 믿고 멋대로 하니, 제군(諸軍)이 감히 항거하지 못했다. 이정기가 그 기를 꺽고자 하여 대추(大酋)와 각축(角逐)하니, 중사(衆士)가 모두 둘러싸고 보니, 약속하여 말하기를 "후자가 그것을 비(批)한다"고 하였다. 이미 좇아서 앞서가 정기가 그 목을 비(批)하니 회걸이 시액유리(矢液流離)하고 중군(衆軍)이 큰 웃음을 터뜨렸다. 추(酋)가 크게 부끄러워하여 스스로 괴로워하고 감히 폭(暴)하지 못했다. (『新唐書』 213 列傳 138 李正己)

고구려 이정기는 처음에는 치청비장(淄·青裨將)이 되어, 효건(驍健)이 용력(勇力)이 있었다. 보응 연간(762~763)에 군사의 무리가 사조의(史朝義)를 토평할 때 정주(鄭州)에 이르렀다. 회걸(回紇)이 강폭(强暴)하고 멋대로 하여 모든 절도사가 모두 항복하였다. 정기는 이때 군후(軍候)가 되어 홀로 회걸을 기탄(氣呑)하고자 했는데, 인하여 희일과 각추(角逐)하여, 중군(衆軍)이 모여, 약속한 날을 보고 그것을 쓰러뜨리니, 이미 좇아 앞서, 이정기가 그 우두머리를 사로잡고 그를 쓰러뜨리니, 회걸이 시액유리(矢液流離)하고 중군(衆軍)이 크게 웃으니, 사로 잡혀 크게 부끄러워하고 감히 폭(暴)하지 못했다. (『册府元龜』 396 將帥部 57 李正己)

고구려 당 이정기(李正己)의 본명은 포옥(抱玉)이다. 후희일(侯希逸)이 평로군수(平盧軍帥)가 되었는데, 희일의 어머니는 곧 이정기의 고모이다. 후에 희일과 함께 청주(青州)에 이르렀다. 효건(驍健)이 용력(勇力)이 있어 보응 연간(762~763)에 군사의 무리가 사조의(史朝義)를 토평할 때 정주(鄭州)에 이르렀다. 회걸(回紇)이 강자(彊恣)하여 모든 절도사가 모두 항복하였다. 이정기는 이때 군후(軍候)가 되어 홀로 회걸을 기탄(氣呑)하고자 했는데, 인하여 희일과 각추(角逐)하여, 중군(衆軍)이 취관(聚觀)하여 약속하여 말하기를 "후자가 이것을 비(批)하니, 이미 축(逐)하는 것이 먼저이다"고 하였다. 이정기가 그 우두머리를 사로잡고 그 무리를 비(批)하니, 회걸이 시액(屎液)으로 모두 함락되니, 중군(衆軍)이 호돌(呼突)하고, 이어서 이것을 감히 폭(暴)하지 못하였으며, 마침내 군인들이 희일을 쫓아냈다. 희일이 도망하니 무리가 이정기를 세워 수(帥)로 삼고 조정이 평로절도사를 제수하였다[출담빈록(出譚賓錄)]. (『太平廣記』 192 驍勇 2 李正己)

763(癸卯/신라 경덕왕 22/발해 문왕 27 大興 27/唐 寶應 2, 廣德 1/日本 天平寶字 7)

발해 봄 정월 갑진 초하루에 대극전에서 조회를 받았다. 문무백관 및 고려 번객은 각각 의식에 따라 새해를 축하하였다. 일이 끝나자 명부(命婦) 정4위하 빙상진인양후(氷上眞人陽侯)에게 정4위상을 주었다. (『續日本紀』 24 淳仁紀)

발해 정월 갑진일 초하루 병오일[3] 경술일[7] 경신일[17] 2월 정축일[4] 계사일[20] 8월 임오일[12] 10월 을해일[6] (『類聚國史』 193 殊俗部 渤海 上)

발해 (봄 정월) 병오일(3)에 고려 사신 왕신복(王新福)이 방물을 바쳤다. (『續日本紀』 24 淳仁紀)

발해　정월 갑진일 초하루 병오일[3] 경술일[7] 경신일[17] 2월 정축일[4] 계사일[20] 8월 임오일[12] 10월 을해일[6] (『類聚國史』 193 殊俗部 渤海 上)

발해　(봄 정월) 경술일(7)에 제(帝)가 합문(閤門)에서 고려대사 왕신복(王新福)에게 정3위, 부사 이능본(李能本)에게 정4위상, 판관 양회진(楊懷珍)에게 正5위상, 품관(品官) 着緋(着緋) 달능신(達能信)에게 종5위하를 주고, 나머지에게도 각각 차등이 있게 주었다. 국왕 및 사신의 종자 이상에게 녹을 주었는데 역시 차등이 있었다. 5위 이상 및 번객에게 잔치를 베풀고 뜰에서 당악을 연주하였다. 객주 5위 이상에게 녹을 내렸는데 각각 차등이 있었다. (『續日本紀』 24 淳仁紀)

발해　정월 갑진일 초하루 병오일[3] 경술일[7] 경신일[17] 2월 정축일[4] 계사일[20] 8월 임오일[12] 10월 을해일[6] (『類聚國史』 193 殊俗部 渤海 上)

고구려 백제　(봄 정월 임자일(9)) 종5위하 백제왕 삼충(三忠)을 출우수(出羽守)로 삼았다. (…) 정4위하 고려조신(高麗朝臣) 복신(福信)을 단마수(但馬守)로 삼았다. (…) 종3위 백제왕 경복(敬福)을 찬기수(讚岐守)로 삼았다. (…) (『續日本紀』 24 淳仁紀)

발해　(봄 정월) 경신일(17)에 제(帝)가 합문에서 5위 이상 및 번객과 문무백관 외 주전(主典) 이상에게 조당에서 잔치를 베풀었다. 당의 토라(吐羅)·임읍(林邑)·동국(東國)·준인(隼人) 등의 음악을 연주하고, 내교방(內教坊)의 답가(踏歌)를 연주하였다. 객주·주전 이상이 그 뒤를 이었다. 답가를 바친 백관인 및 고려번객에게 면(綿)을 내려 주었는데 차등이 있었다. 고려대사 왕신복(王新福)이, "이가(李家) 태상황(太上皇)과 소제(少帝)가 모두 죽고 광평왕(廣平王)이 섭정하고 있습니다. 해마다 곡식이 익지 않아 백성들이 서로 잡아먹는 실정입니다. 사조의((史朝義)는 성무황제(聖武皇帝)라 칭하였는데 성품이 인자하고 자애로워 뛰어난 사람들이 많이 와서 붙고 군대가 매우 강하여 감히 당할 자가 없습니다. 등주(鄧州) 양양(襄陽)은 이미 사가(史家)에 속하였고, 이가는 오직 소주(蘇州)만을 보유하고 있어서 조빙의 길이 진실로 통하기 어렵습니다"라고 말하였다. 이에 대재부에 칙을 내려, "당이 크게 어지럽고 양가가 자웅을 다투어 평정될 것을 아직 기약할 수 없으니 사신이 통하기 어렵다. 심유악(沈惟岳) 등은 마땅히 데리고 가서 안치시키고 후하게 물건을 공급해 주어라. 계절마다의 의복은 모두 부고(府庫)의 물건으로 공급하라. 만약 고향을 생각하는 마음이 깊어 고향으로 돌아가기를 원하는 자는 마땅히 탈 배와 水手들을 주어 일을 헤아려 떠나보내라"고 하였다. (『續日本紀』 24 淳仁紀)

발해　정월 갑진일 초하루 병오일[3] 경술일[7] 경신일[17] 2월 정축일[4] 계사일[20] 8월 임오일[12] 10월 을해일[6] (『類聚國史』 193 殊俗部 渤海 上)

발해　(상결) 진일환(鎭一丸)
(상결) 고려객인례불회일파손여건(高麗客人礼仏會日破損如件)
(상결) 매한궤환료(買韓樻鐶料)
(상결) 여건(如件)
(전결)
천평보자 7년 정월 24일 사생(史生) 범판만려(凡判万呂)
주전지비련마려(主典志斐連麻呂)
전삼강목대승정구(前三綱目代僧定具) (하략) (「正倉院樂具闕失幷出納帳」)

발해　2월 정축일(4)에 태사 등원혜미조신 압승(藤原惠美朝臣押勝)이 고려 사신에게 잔치를 베풀었다. 왕명으로 사신을 보내어 여러 가지 모양의 겹옷 30궤(櫃)를 주었다. (『續日本紀』 24 淳仁紀)

발해 　정월 갑진일 초하루 병오일[3] 경술일[7] 경신일[17] 2월 정축일[4] 계사일[20] 8월 임오일[12] 10월 을해일[6] (『類聚國史』 193 殊俗部 渤海 上)

신라 　(2월) 계미일(10)에 신라국이 급찬 김체신(金體信) 이하 211인을 보내어 조공하였다. 조소변(左少弁) 종5위하 대원조진인금성(大原朝眞人今城)과 찬기개(讚岐介) 외종5위하 지원공화수(池原公禾守) 등을 보내어 정권(貞卷)에게 약속한 일을 물었다. 체신은 "국왕의 교를 받들어 오직 조(調)를 바칠 뿐 나머지 일은 감히 알지 못합니다"라고 대답하였다. 이에 금성은 "건정관(乾政官)의 처분으로 이번에 사신으로 온 사람을 서울로 불러들여 평상시와 같이 대우하겠다. 그러나 사신 등이 정권이 약속한 일에 대해서는 일찍이 아뢰는 바가 없고 다만 상공(常貢)을 가져왔을 뿐 나머지 일은 알지 못한다고 하는데 이는 사신된 사람으로 마땅히 말할 바가 아니다. 이제부터 이후로는 왕자가 아니면 집정대부(執政大)夫 등으로 하여금 입조하게 하라. 마땅히 이러한 상황을 너희 국왕에게 보고하여 알리라"고 하였다. (『續日本紀』 24 淳仁紀)

발해 　(2월) 계사일(20)에 고려 사신 왕신복(王新福) 등이 본국으로 돌아갔다. (『續日本紀』 24 淳仁紀)

발해 　정월 갑진일 초하루 병오일[3] 경술일[7] 경신일[17] 2월 정축일[4] 계사일[20] 8월 임오일[12] 10월 을해일[6] (『類聚國史』 193 殊俗部 渤海 上)

신라 　진표선사(眞表禪師)는 마정수기(摩頂授記)와 교법(敎法)을 받고는 환희한 마음이 신(身)·심(心)에 가득하여, 예배를 드린 다음 물러나 금산수(金山藪)를 창건하려고 불사의방(不思議房)에서 나와 산을 내려 왔다. 대연진(大淵津)에 이르렀는데, 홀연히 용왕(龍王)이 못가에 나와서 옥발(玉鉢)과 가사(袈裟)를 바치고, 8만 부하 권속(眷屬)을 데리고 함께 선사를 모시고 금산수로 가서 이 산에 이르렀다. 이로부터 사방의 군현(郡縣)에 사는 유사(儒士)의 무리들이 권하지 않았는데도 스스로 와서 함께 힘을 모아 절을 짓기 시작하여 얼마 되지 아니하여 완성되었다. 이 때 미륵보살(彌勒菩薩)이 구름을 타고 도솔천(兜率天)에서 강림하여 진표선사에게 수계(授戒)하는 위의(威儀)의 모습을 금당(金堂) 남쪽 벽에 그려 두었다. 선사는 도솔천중(兜率天衆)이 내려오는 금당의 신령스러운 벽화에 놀라고 감동하여, 단나(丹那)들에게 권선(勸善)하여 미륵장육금상(彌勒丈六金像)을 주성(鑄成)하였는데, 보응(寶應) 2년 계묘 4월 14일에 제반 준비를 시작하였다. (「高城鉢淵寺眞表禪師藏骨塔碑」)

신라 　진표(眞表)는 교법을 받기를 마치자 금산사(金山寺)를 창건하고자 산에서 내려왔다. 대연진에 이르자 갑자기 용왕이 나타나 옥으로 된 가사를 바치고 8만 권속을 데리고 함께 선사를 모시고 금산수로 갔다. 사방에서 사람들이 와서 며칠 지나지 않아 완성되었다. 다시 미륵보살이 감응하여 도솔천에서 구름을 타고 내려와 진표에게 계법을 주었는데, 진표는 시주를 권하여 미륵장육상을 주성하게 하였다. 또 금당의 남쪽 벽에 내려와서 계법을 주는 위의의 모습을 그리게 하였다. (『三國遺事』 4 義解 5 關東楓岳鉢淵藪石記)

신라 　여름 4월에 사신을 파견해 당(唐)에 들어가 조공하였다. (『三國史記』 9 新羅本紀 9)

신라 　여름 4월에 사신을 파견해 당에 가서 조공하였다. (『三國史節要』 12)

신라 　가을 7월에 수도의 큰 바람이 기와를 날리고 나무를 뽑았다. (『三國史記』 9 新羅本

紀 9)

신라 가을 7월에 수도의 큰 바람이 기와를 날리고 나무를 뽑았다. (『三國史節要』 12)

발해 (8월) 임오일(12)에 앞서 고려국에 배를 보냈는데 능등(能登)이라 이름하였다. 본국으로 돌아오는 날에 바람과 파도가 사납게 일어 바다 가운데에서 표류하였다. 기도하기를, "다행히 배를 지키는 신령(神靈)의 힘으로 무사히 나라에 도착할 수 있게 된다면 조정에 청하여 비단으로 만든 관(冠)으로 보답하겠습니다"라고 하였다. 이 때에 이르러 지난 번의 기도로 말미암아 從5위하를 주고, 그 관의 제작하는데, 겉은 비단으로 속은 명주로 하고 자주색 실로 끈을 만들었다. (『續日本紀』 24 淳仁紀)

발해 정월 갑진일 초하루 병오일[3] 경술일[7] 경신일[17] 2월 정축일[4] 계사일[20] 8월 임오일[12] 10월 을해일[6] (『類聚國史』 193 殊俗部 渤海 上)

신라 (8월) 갑오일(24)에 신라인 중위(中衛) 소초위하(少初位下) 신량목사성전마려(新良木舍姓前麻呂) 등 6인에게 청주조(清住造)라는 성을 하사하고, 한인(漢人) 백덕광도(伯德廣道)에게 운제련(雲梯連)의 성을 내려 주었다. (『續日本紀』 24 淳仁紀)

신라 8월에 복숭아꽃·오얏꽃이 다시 피었다. (『三國史記』 9 新羅本紀 9)

신라 8월에 복숭아꽃·오얏꽃이 피었다. (『三國史節要』 12)

신라 (8월) 상대등(上大等) 신충(信忠), 시중(侍中) 김옹(金邕)이 면직되었다. (『三國史記』 9 新羅本紀 9)

신라 (8월) 상대등 신충, 시중 김옹이 면직되었다. (『三國史節要』 12)

신라 (8월) 대나마(大奈麻) 이순(李純)은 왕이 총애하는 신하였는데, 갑자기 하루 아침에 세상을 피해 산 속으로 들어갔다. 왕이 여러 번 불렀으나 나오지 않고 머리를 깎고 승려가 되어 왕을 위해 단속사(斷俗寺)를 세우고 거기에서 살았다. 후에 왕이 풍악을 좋아한다는 말을 듣고 곧 궁궐 문에 나아가 간언하며 아뢰었다. "신이 듣건대 옛날 걸(桀)과 주(紂)가 술과 여자에 빠져 음탕한 음악을 그치지 않다가, 이로 말미암아 정치가 쇠퇴하게 되고 나라가 망했다고 합니다. 앞에 엎어진 수레가 있으면 뒷수레는 마땅히 경계해야 될 것입니다. 엎드려 바라건대 대왕께서는 허물을 고치시고 스스로 새롭게 하여 나라의 수명을 길게 하소서." 왕이 이 말을 듣고 감탄하여 풍악을 그치고는, 곧 그를 방으로 인도해 불교의 오묘한 이치와 나라를 다스리는 방책을 며칠 동안 듣다가 그쳤다. (『三國史記』 9 新羅本紀 9)

신라 (8월) 대나마 이순은 일찍이 왕에게 총애를 받다가 하루 아침에 관직을 버리고 산 속으로 들어갔다. 왕이 여러 번 불렀으나 나오지 않고 머리를 깎고 승려가 되었다. 후에 왕이 풍악을 좋아한다는 말을 듣고 곧 궁궐문에 나아가 간언하였다. "신이 듣건대 옛날 걸과 주가 술과 여자에 빠져 음탕한 음악을 그치지 않다가, 정치가 쇠퇴하게 되고 나라가 망했다고 합니다. 앞에 엎어진 수레가 있으면 뒷 수레는 마땅히 경계해야 될 것입니다. 엎드려 바라건대 대왕께서는 허물을 고치시고 스스로 새롭게 하여 나라의 명맥을 오래가게 하소서." 왕이 이 말을 듣고 감탄하여 풍악을 그치고는 곧 그를 방으로 인도해 며칠 동안 논설하게 하였다. (『三國史節要』 12)

발해 (겨울 10월) 을해일(6)에 좌병위(左兵衛) 정7위하 판진겸속(板振鎌束)이 발해로부터 돌아왔는데 사람을 바다에 던졌으므로 옥에 갇혔다. 8년의 난으로 옥에 죄수들이 가득차게 되자 그 거주를 근강(近江)으로 옮겼다. 처음에 왕신복(王信福)이 본국으로 돌아가는데 타고 갈 배가 낡고 약하여, 송사(送使)인 판관(判官) 평군충마려(平群蟲麻呂) 등이 그 불완전함을 걱정해서 관(官)에 아뢰고 머무르기를 청했다. 이에 사생(史生) 이상이 모두 가기를 멈추었다. 배를 수리하고 겸속을 곧 선사(船師)로 삼아 신복 등을 보내려고 떠나보냈다. 일을 마치고 돌아오는 날에 우리 학생 고내궁(高內宮)과 그 처 고씨 및 아들 광성(廣成), 갓난아이 한 사람과 유모 한 사람, 그리고 입당학문승인 계융(戒融)과 우파새(優婆塞) 한 사람이 발해를 거쳐 함께 본국으로 돌아오는데, 바다 가운데에서 폭풍을 만나 방향을 잃었다. 키잡이와 수수(水手)는 바다에 빠져 죽었다. 이 때 겸속이 의논하여 "이방(異方)의 부녀자들이 지금 배 위에 있다. 또한 저 우파새는 다른 사람들과 달리 한 끼에 몇 알의 곡식만 먹는데 며칠이 지나도록 허기를 느끼지 않는다. 폭풍의 재앙은 틀림없이 이로 말미암을 것이다"라 말하고, 곧 수수로 하여금 내궁의 처와 갓난아이·유모·우파새 네 사람을 잡아다가 바다에 던지게 하였다. 그러나 바람의 기세는 오히려 더 강해져 십여 일을 표류하다가 은기국(隱岐國)에 도착하였다. (『續日本紀』 24 淳仁紀)

발해 정월 갑진일 초하루 병오일[3] 경술일[7] 경신일[17] 2월 정축일[4] 계사일[20] 8월 임오일[12] 10월 을해일[6] (『類聚國史』 193 殊俗部 渤海 上)

신라 보응 2년에 헌영(憲英)이 사신을 파견해 조공하였다. 그 사신에게 검교예부상서(檢校禮部尙書)를 제수하여 돌려보냈다. (『唐會要』 95 新羅)

발해 소년시절에는 각지를 유람하여 돈도 많이 썼고 중년에는 군사들을 이끌고 도적들을 소탕했네. 발해의 어진 임금들도 일찍이 머리 숙였고 한 나라 장수들도 그대에게 마음을 기울였네. 길잡이는 저편을 가리키며 서주 가까이 왔다 하지만, 말에 꿀 먹이며 보니 사술 물은 깊어라. 날이 밝으면 기쁘게 종 태위를 만날 것이니, 공명은 회음후 한신과 하나 같이 닮겠구나. (『全唐詩』 4函 5册 韓翃 送王誕渤海使赴李太守行營)

신라 광덕 연호는 신라에서 사용하지 않았다. 여전히 보응을 썼다. (『三國史記』 31 年表 下)

764(甲辰/신라 경덕왕 23/발해 문왕 28 大興 28/唐 廣德 2/日本 天平寶字 8)

고구려 백제 (봄 정월 을사일(7)) 정5위하 아배조신자도(阿倍朝臣子嶋)·백제왕원충(百濟王元忠)에게 모두 종4위하를 주었다. (…) 정6위상 (…) 고려조신광산(高麗朝臣廣山)에게 모두 외종5위하를 주었다. (…) (『續日本紀』 25 淳仁紀)

백제 (봄 정월 기미일(21)) 정5위하 백제조신족인(百濟朝臣足人)을 원도좌(授刀佐)로 삼았다. (…) (『續日本紀』 25 淳仁紀)

신라 봄 정월에 이찬(伊飡) 만종(萬宗)이 상대등(上大等)이 되고, 아찬(阿飡) 양상(良相)이 시중(侍中)이 되었다. (『三國史記』 9 新羅本紀 9)

신라 봄 정월에 이찬 만종을 상대등으로 삼고, 아찬 양상을 시중으로 삼았다. (『三國史節要』 12)

신라 3월에 패성(孛星)이 동남쪽에 나타났다. 용이 양산(楊山) 아래에 나타났다가 얼마 지나서 날아갔다. (『三國史記』 9 新羅本紀 9)

신라 3월에 패성이 동남쪽에 나타났다. (『三國史節要』 12)

신라　　갑진년(甲辰年) △ 여름 5월 (「안압지 194호 목간」)

신라　　진표는 시주를 권하여 미륵장육상(彌勒丈六像)을 주성(鑄成)하게 하였다. (…) 갑진년 6월 9일에 주성되었다. (『三國遺事』 4 義解 5 眞表傳簡關東楓岳鉢淵藪石記)

신라　　단나(丹那)들에게 권선(勸善)하여 미륵장육금상(彌勒丈六金像)을 주성하였는데, (…) 갑진년 6월 9일 진시(辰時)에 불상 주성을 끝마쳤다. (「高城鉢淵寺眞表禪師藏骨塔碑」)

신라　　광덕(廣德) 2년[고기에는 대력(大曆) 원년(766)이라고 했는데, 또한 잘못이다.] 갑진년 7월 15일에 절이 완성되었다. 다시 미륵존상(彌勒尊像)을 조성하여 금당에 봉안하고 편액을 현신성도미륵지전(現身成道彌勒之殿)이라고 하였다. 또 아미타상(阿彌陀像)을 조성하여 강당에 봉안했는데, 남은 물이 모자라 몸에 두루 바르지 못했기 때문에 아미타상에는 역시 얼룩진 흔적이 있다. 그 편액은 현신성도무량수전(現身成道無量壽殿)이라고 하였다. 논의하여 말한다. 낭자는 부녀의 몸으로 감응하여 섭화(攝化)한 것이라고 하였다. 『화엄경(華嚴經)』에 마야부인(摩耶夫人)은 선지식(善知識)으로 11지(十一地)에 살면서 부처를 낳음이 환해탈문(幻解脫門)과 같다고 했으니, 이제 낭자가 순산한 그 미묘한 뜻도 여기에 있다. 그가 준 글을 보면 애절하고 완곡하여 사랑스러우며 완연히 천선(天仙)의 의취가 있다. 아! 낭자가 만일 중생을 수순함과 다라니(陁羅尼)를 이해하지 못했더라면 능히 이와 같이 할 수 있었겠는가! 그 끝 구절은 마땅히 '맑은 바람이 한 자리함을 꾸짖지 마소서'라고 했어야 할 것이지만 그렇게 하지 않은 것은 대개 유속(流俗)의 말과 같이 하고 싶지 않았기 때문이다.

찬하여 말한다.

푸른 빛 드리운 바위 앞에 문 두드리는 소리
어느 길손 저문 날에 구름사립 두드릴까
남암이 가까우니 그곳으로 갈 것이지
나의 뜰 푸른 이끼 밟아 더럽히지 마소서
이상은 북암을[기린 것이다.]
골짜기 어두우니 어디로 가리
남창 아래 저 자리에 머물다 가오
깊은 밤 백팔염주 가만가만 굴리노니
길손이 시끄러워 잠 못들까 두려워라
이상은 남암을 [기린 것이다.]
십 리 소나무 그늘 오솔길 더듬어서
밤 절간 방문하여 스님을 시험하네
세 차례 목욕 끝나 날 새려 하는데
두 아이 낳아 놓고 서쪽으로 갔다네
이상은 성랑(聖娘)을 [기린 것이다.] (『三國遺事』 3 塔像 4 南白月二聖 努肹夫得 怛怛朴朴)

발해 신라　　(7월) 갑인일(19)에 신라 사신 대나마(大奈麻) 김재백(金才伯) 등 91인이 대재부의 박다진(博多津)에 도착하였다. 우소변(右少弁) 종5위하 기조신우양(紀朝臣牛養)과 운도대위(授刀大尉) 외종5위하 속전조신도마려(粟田朝臣道麻呂) 등을 보내어 오게 된 까닭을 물었다. 금재백 등은, "당의 칙사 한조채(韓朝彩)가 발해로부터 와서 '일본국 승려 계융(戒融)을 호송해서 본국으로 돌아가게 하는 일을 이미 마쳤다. 만약 평안히 귀향하였으면 당연히 회답이 있을 텐데 오늘에 이르도록 전혀 소식이 없다'고 이르므로, 마땅히 사신을 보내어 그 소식을 천자에게 알리고자 하여 이에 집사부의 첩을 가지고 대재부에 왔습니다. 조채는 길을 떠나 신라의 서쪽 포구에 있습니다. 그러나 본국의 사은사 소판(蘇判) 김용(金容)은 대재부의 보첩(報牒)을 받아서 조채에게 넘겨주기 위하여 아직 서울을 출발하지 않고 있습니다"라 말하였다. "근래에 너희 나라에서 투화해온 백성들이 '본국에서는 군대를 내어 경비를 하고 있는데, 이것은 혹 일본국이 쳐들어와 죄를 물을까 해서이다'라고 말하는데, 그 일의 허실이 어떠한가"라고 물으니, "당이 난리로 어지럽고 해적이 참으로 빈번합니다. 이 때문에 군대를 징발하여 변방을 지키고 있습니다. 이는 국가의 대비책으로 일이 거짓은 아닙니다"라고 대답하였다. 그들이 돌아가는 날에 대재부에서 신라의 집사부에 첩을 보내어, "문서를 잘 살펴보았다. 건정관(乾政官)의 부첩(符牒)을 받았는데 이르기를 '대재부에서 이르기를 신라국의 첩문에서 한조채 내상시(內常侍)의 청에 따라 승(僧) 계융이 도착했는지 아닌지를 알고자 한다고 하므로 대재부는 그 서장을 갖추어 아룁니다'고 하였는데 '(그는) 지난 해 10월 고려국으로부터 본국에 돌아왔다. 대재부는 마땅히 그것을 받들어 알고 곧 알리도록 하라'고 하였다"고 하였다. (『續日本紀』 25 淳仁紀)

백제 (겨울 10월) 경오일(7)에 정6위상 (…) 백제조신(百濟朝臣) 익인(益人) (…) 에게 모두 종5위상을 주었다. (…) (『續日本紀』 25 淳仁紀)

백제 (겨울 10월) 신미일(8)에 종6위상 백제왕 무경(武鏡)에게 종5위하를 주었다. (…) (『續日本紀』 25 淳仁紀)

백제 (겨울 10월) 임신일(9)에 고야천황(高野天皇)이 병부경(兵部卿) 화기왕(和氣王), 좌병위(左兵衛) 독산촌왕(督山村王), 외위대장(外衛大將) 백제왕 경복(敬福) 등을 보내어 군사 수백을 거느리고 중궁원(中宮院)을 포위하게 하였다. (…) (『續日本紀』 25 淳仁紀)

고구려 (겨울 10월 계미일(20)) 정4위하 고려조신 복신을 단마수(但馬守)로 삼았다. (…) (『續日本紀』 25 淳仁紀)

백제 (겨울 10월) 임진일(29)에 정5위하 백제조신 족인(足人)에게 종4위하를 주었다. (…) (『續日本紀』 25 淳仁紀)

백제 (11월)기유일(16)에 종5위하 백제조신 익인(益人)을 주방수(周防守)로 삼았다. (『續日本紀』 25 淳仁紀)

신라 겨울 12월 11일에 유성이 혹은 크고 혹은 작았는데, 보는 자가 헤아릴 수 없었다. (『三國史記』 9 新羅本紀 9)

신라 겨울 12월에 크고 작은 유성이 있었는데, 셀 수 없었다. (『三國史節要』 12)

신라 선덕왕(善德王)이 절을 창건하여 소상을 만든 인연에 관하여는 모두 『양지법사전(良志法師傳)』에 자세히 실려 있다. 경덕왕 즉위 23년(764)에 장육존상(丈六)을 개금(改金)하였는데, 그 비용은 조(租)가 2만 3천 7백 섬이었다(『양지전(良志傳)』에는 불상을 처음 만들 때의 비용이라고 하였다. 지금 두 설을 그대로 써둔다). (『三國遺事』 3 塔像 4 靈妙寺丈六)

신라 발해 왕적(王逖)의 증조 유충(惟忠)은 은청광록대부(銀靑光祿大夫), 등주자사(登州刺史), 하남(河南)·하북(河北) 조용사(租庸使) 겸 신라·발해 제번등사(諸蕃等使), 문안군태수(文安郡太守)였다. (「王逖 墓誌銘」)

765(乙巳/신라 경덕왕 24, 혜공왕 1/발해 문왕 29 大興 29/唐 永泰 1/日本 天平寶字 9, 天平神護 1)

고구려 백제 (봄 정월 기해일(7)) 정4위상 문실진인대시(文室眞人大市)·정4위하 고려조신 복신에게 모두 종3위를 주었다. (…) 정6위상 (…) 백제안숙공내등마려(百濟安宿公奈登麻呂) (…) 에게 모두 외종5위하를 주었다. (…) (『續日本紀』 26 稱德紀)

신라 을사년(乙巳年) 1월19일에 (…) (「안압지 210호 목간」)

신라 왕이 나라를 다스린 지 24년에 오악(五岳)과 삼산(三山)의 신들이 때로는 혹 대궐 뜰에 나타나 왕을 모셨다. 3월 3일에 왕이 귀정문(歸正門)의 누 위에 나가서 좌우의 측근에게 말하기를, "누가 길거리에서 위의(威儀) 있는 승려 한 사람을 데려올 수 있겠느냐"라고 하였다. 이때 마침 대덕(大德) 한 분이 있어 위의가 깨끗하였는데 배회하고 있었다. 좌우 측근들이 그를 보고 데려다 보이니, 왕이 말하기를, "내가 말하는 위의 있는 승려가 아니다"라고 하면서 그를 물리쳤다. 다시 한 승려가 납의(衲衣)를 입고 앵통(櫻筒)을 지고서[또는 삼태기를 졌다고도 한다.] 남쪽에서 왔다. 왕이 그를 보고 기뻐하면서 누 위로 맞아서 그 통 속을 보니, 다구(茶具)가 들어 있을 뿐이었다. 왕이 묻기를, "그대는 누구요"라고 하니, 승려가 대답하기를, "충담(忠談)이 옵니다"라고 하였다. 왕이 묻기를, "어디서 오시오."라고 하니, 승려가 대답하기를, "소승은 3월 3일과 9월 9일에는 남산(南山) 삼화령(三花嶺)의 미륵세존(彌勒世尊)에게 차를 다려 공양하는데, 지금도 차를 드리고 돌아오는 길입니다."라고 하였다. 왕이 말하기를, "과인에게도 차 한 잔을 줄 수 있소"라고 하니, 승려가 곧 차를 다려 왕에게 드렸는데, 차의 맛이 이상하고 찻잔 속에는 특이한 향이 풍겼다. 왕이 말하기를, "짐이 일찍이 듣기로는 대사가 기파랑(耆婆郎)을 찬양한 사뇌가(詞腦歌)가 그 뜻이 매우 높다고 하던데, 과연 그러하오"라고 하니, 대답하기를, "그렇습니다."라고 하였다. 왕이 말하기를, "그렇다면 짐을 위해 안민가(安民歌)를 지어주시오."라고 하니, 승려가 즉시 칙명을 받들어 노래를 지어 바쳤다. 왕이 그를 아름답게 여겨 왕사(王師)로 봉하니, 승려는 두 번 절하고 굳이 사양하며 받지 않았다.
안민가는 다음과 같다. "임금은 아버지요, 신하는 사랑하실 어머니요, 백성은 어리석은 아이라 하실지면, 백성이 그 사랑을 알리라. 꾸물거리며 사는 물생(物生)에게 이를 먹여 다스린다. 이 땅을 버리고 어디 가려 할지면. 나라 안이 유지됨을 알리이다." 후구(後句)는 "아아, 임금답게, 신하답게, 백성답게 할지면, 나라 안이 태평하리이다."라고 한다.
기파랑을 찬양한 노래는 다음과 같다. "열치고 나타난 달이 흰 구름을 좇아 떠가는 것이 아닌가 새파란 시내에 기파랑의 모습이 있도다. 일오천(逸烏川) 조약돌에서 낭이 지니신 마음가를 좇으려 하노라. 아아. 잣나무 가지 드높아 서리 모를 화판(花判)이여." (『三國遺事』 2 紀異 2 景德王忠談師表訓大德)

신라 여름 4월에 지진이 있었다. (『三國史記』 9 新羅本紀 9)

신라	여름 4월에 지진이 있었다. (『三國史節要』 12)
신라	(여름 4월) 사신을 파견해 당(唐)에 들어가 조공하였다. 황제가 사자에게 검교예부상서(檢校禮部尙書)를 제수하였다. (『三國史記』 9 新羅本紀 9)
신라	(여름 4월) 사신을 파견해 당에 가서 조공하였다. 황제가 사자에게 검교예부상서를 제수하였다. (『三國史節要』 12)
신라	6월에 유성이 심수(心宿)를 범하였다. (『三國史記』 9 新羅本紀 9)
신라	6월에 유성이 심수를 범하였다. (『三國史節要』 12)
신라	또 황동(黃銅) 12만근을 희사하여 돌아가신 아버지 성덕왕을 위하여 큰 종 하나를 주조하고자 하였으나 이루지 못하고 돌아가셨다. (『三國遺事』 3 塔像 4 皇龍寺鐘芬皇寺藥師奉德寺鍾)
신라	또한 경덕왕이 백율사(栢栗寺)에 행차하여 산 아래에 다다랐을 때 땅속에서 염불하는 소리가 들리므로 사람을 시켜서 파보라고 하니 큰 바위가 있는데, 사면에는 사방불이 조각되어 있었다. 그러므로 절을 창건하고 그 이름을 굴불(掘佛)이라 하였는데, 지금은 그릇되이 굴석(掘石)이라고 한다. (『三國遺事』 3 塔像 4 四佛山 掘佛山 万佛山)
신라	경덕왕은 또 당(唐) 대종(代宗) 황제가 특별히 불교를 숭상한다는 말을 듣고 공장에게 명하여 오색(五色) 모직물을 만들고 또 침단목(沈檀木)을 조각하여 맑은 구슬과 아름다운 옥으로 꾸며 높이가 한 발 남짓한 가산(假山)을 만들어 그것을 모직물 위에 놓았다. 그 산에는 험한 바위와 괴석이 있고 개울과 동굴이 구간을 지어 있는데, 한 구역마다 춤추고 노래 부르며 음악을 연주하는 모양과 여러 나라의 산천모양을 꾸몄다. 미풍이 창으로 들면 벌과 나비가 훨훨 날고, 제비와 참새가 춤을 추니 얼핏 봐서는 진짜인지 가짜인지 분간할 수 없었다. 그 속에는 또 만불(萬佛)이 안치되었는데, 큰 것은 한 치 남짓하고 작은 것은 8, 9푼이었다. 그 머리는 혹 큰 것은 한 치 남짓하고 작은 것은 8, 9푼이었다. 그 머리는 큰 것은 기장 탄알만하고 혹은 콩알 반쪽 만하였다. 나발(螺髮)·육계(肉髻)·백모(白毛)와 눈썹과 눈이 선명하여 상호(相好)가 다 갖춰져 있었다. 그 형상은 다만 비슷하게는 말할 수 있어도 자세히는 다 형용할 수 없다. 이로 인해 만불산(萬佛山)이라고 하였다. 다시 금과 옥을 새겨 수실이 달린 번개(幡蓋)와 암라(菴羅)·담복(薝葍)·화과(花果)의 장엄한 것과 누각(樓閣), 대전(臺殿), 당사(堂榭)들이 비록 작기는 하지만 위세가 모두 살아 움직이는 것 같았다. 앞에는 돌아다니는 비구상[旋遶比丘]이 천여 구 있고 아래에는 자금종(紫金鍾) 세 구를 벌려 놓았는데, 모두 종각이 있고 포뢰(蒲牢)가 있었으며 고래모양으로 종치는 방망이를 삼았다. 바람이 불어 종이 울리면 곁에 있던 돌아다니는 스님들은 모두 머리를 땅에 닿도록 절을 하였고 은은하게 범음이 있었으니 대개 활동의 중심체[關棙]는 종에 있었다. 비록 만불이라고 하나, 그 실상은 이루 기록할 수가 없다. 그것이 완성되자 사신을 보내어 당에 헌상하니 대종은 이것을 보고 감탄하면서 말하길 "신라의 기교는 하늘의 조화이지 사람의 재주가 아니다."하였다. 곧 구광선(九光扇)을 바위 산봉우리 사이에 더하여 두고는 그로 인하여 불광(佛光)이라고 하였다. 4월 8일에는 양가(兩街)의 승도(僧徒)에게 명하여 내도량(內道場)에서 만불산에 예배하게 하고 삼장불공(三藏不空)에게 명하여 밀부(密部)의 진전(眞詮)을 천번이나 외워서 이를 경축하니 보는 자가 모두 그 기교에 감탄하였다. 찬하여 말한다. 하늘은 만

월(滿月)을 장엄하여 사방불로 마련하고, 땅은 명호(明毫)를 솟구쳐 하룻밤에 열었도다. 교묘한 솜씨로 번거롭게 만불을 조각하시니, 진풍(眞風)을 두루 하늘, 땅 인간(三才)에 퍼지게 하라. (『三國遺事』 3 塔像 4 四佛山 掘佛山 万佛山)

신라　경덕왕 때 한기리(漢岐里)의 여인 희명(希明)의 아이가 태어난 지 5년이 지나자 문득 눈이 멀었다. 하루는 그 어머니가 아이를 안고 분황사(芬皇寺) 좌전(左殿) 북쪽 벽에 그린 천수대비(千手大悲) 앞에 나아가서 아이로 하여금 노래를 불러 빌게 하니 마침내 눈이 밝아졌다. 그 노래는 다음과 같다. 무릎을 구부리고 두 손바닥을 모아 천수관음(千手觀音) 앞에 빌어 사뢰나이다. 천 손의 천 눈을 하나를 놓아 하나를 덜길 바라나이다. 둘 먼 내라 하나라도 은밀히 고칠네라, 아아 나에게 끼쳐 주신다면 놓아주시고 베푼 자비야말로 뿌리되오리라. 찬하여 말한다. 죽마 타고 파피리 불려 언덕에서 놀더니, 일조에 두 눈에 총기를 잃었구나. 관음의 자비로운 눈길 아니시면, 버들가지 날리는 봄날을 얼마나 헛되이 보냈으리. (『三國遺事』 3 塔像 4 芬皇寺 千手大悲 盲兒得眼)

신라　실제사(實際寺)의 스님 영여(迎如)는 그 씨족은 알 수 없으나, 덕과 행실이 모두 높았다. 경덕왕이 스님을 맞이하여 공양(供養)하고자, 사자(使者)를 보내 그를 불렀다. 영여가 대궐에 가서 재(齋)를 마치고 돌아가려고 하니, 왕은 사자를 보내 절까지 전송하게 하였다. 영여 스님은 절 문에 들어가자마자 바로 숨어버려, 있는 곳을 알 수 없었다. 사자가 돌아와서 아뢰니, 왕이 그것이 이상하게 여겨, 영여를 국사로 추봉(追封)하였다. 후에 다시는 세상에 나타나지 않았으며, 지금도 그 절을 국사방(國師房)이라 부른다. (『三國遺事』 5 避隱 8 迎如師)

신라　삽량주(歃良州)의 동북쪽 20여리에 포천산(布川山)이 있고, 그 산에 있는 석굴(石窟)이 기이하고 빼어나 마치 사람이 깍은 듯하였다. 그 석굴에 다섯 비구(比丘)가 있는데, 이름은 알 수 없다. 포천산에 와서 임시로 살면서 아미타불(彌陁)을 염송하고, 서방정토[西方]를 구한지 몇 십년 만에 갑자기 성중(聖衆)이 나타나 서쪽으로부터 와서 맞이하였다. 이 다섯 비구가 각기 연화대좌[蓮臺]에 앉아, 허공을 타고 가다가 통도사(通度寺)의 문 밖에 이르러 머물렀는데, 하늘의 음악 소리가 간간이 연주되었다. 통도사의 스님이 나와서 보니, 다섯 비구가 무상(無常)하고 고통스럽고 공허한 이치를 설하더니, 유해를 벗어버리면서 큰 광명을 내놓으며, 서쪽을 향해 가버렸다. 그 유해를 버린 곳에 절의 스님들이 정자[亭榭]를 세워 치루(置樓)라고 이름 하였는데, 지금도 남아 있다. (『三國遺事』 5 避隱 8 布川山 五比丘 景德王代)

신라　(6월) 이 달에 왕이 돌아가시자, 시호를 경덕(景德)이라고 하고 모기사(毛祇寺) 서쪽 봉우리에 장사지냈다[고기(古記)에 전하기를, "영태(永泰)원년 을사에 죽었다."라고 한다. 그러나 『구당서(舊唐書)』 및 『자치통감(資治通鑑)』에서 모두 전히기를, "대력(大曆) 2년에 신라왕 헌영(憲英)이 죽었다."라고 하니, 어찌 틀리지 않았겠는가]. (『三國史記』 9 新羅本紀 9)

신라　혜공왕이 즉위하니 이름이 건운(乾運)이고 경덕왕의 적자이다. 어머니는 만월부인(滿月夫人) 김씨인데, 서불한(舒弗邯) 의충(義忠)의 딸이다. 왕이 즉위하였을 때 나이가 8세여서 태후(太后)가 섭정(攝政)하였다. (『三國史記』 9 新羅本紀 9)

신라　6월에 왕이 돌아가셨다. 태자 건운이 즉위하였는데, 나이가 8세여서 모후(母后)가 섭정하였다. 시호를 올려 경덕이라고 하고 모기사 서쪽 봉우리에 장사지냈다. (『三國史節要』 12)

신라 경덕왕이 죽었다. 혜공왕 건운 즉위 원년이다. (『三國史記』 31 年表 下)

신라 제35대 경덕왕은 김씨이고, 이름은 헌영(獻英)이다. (…) 임오년(742)에 즉위했고, 23년간 다스렸다. 처음에 경지사(頃只寺) 서쪽 봉우리에 장사지내고 돌을 다듬어 능을 만들었다가, 뒤에 양장곡(楊長谷) 안으로 옮겨 장사지냈다. (『三國遺事』 1 王曆)

신라 제36대 혜공왕은 김씨이고 이름이 건운이다. 아버지는 경덕이고 어머니는 만월왕후(滿月王后)이다. 선비(先妃) 신파부인(神巴夫人)은 각간(角干) 위정(魏正)의 딸이고, 비 창창부인(昌昌夫人)은 각간 김장(金將)의 딸이다. 을사년에 즉위하여 15년 간 다스렸다. (『三國遺事』 1 王曆)

신라 8세 때에 이르러 왕이 돌아가셔서 태자가 왕위에 오르니, 이가 혜공대왕(惠恭大王)이다. 나이가 어렸으므로 태후가 조정에 나섰으나 정사가 다스려지지 못하고, 도적이 벌떼처럼 일어나 미처 막을 수가 없었으니, 표훈대사의 말이 들어맞았다. 어린 왕은 이미 여자로서 남자가 되었으므로 돌 때부터 왕위에 오를 때까지 언제나 여자들이 하는 장난을 하고, 비단주머니 차기를 좋아하며 도류(道流)와 어울려 놀았다. 그러므로 나라에 큰 난리가 있어 마침내 왕은 선덕왕(宣德王) 김양상(金良相)에게 살해되었다. 표훈 이후로는 신라에 성인이 나지 않았다고 한다. (『三國遺事』 2 紀異 2 景德王忠談師表訓大德)

신라 대력(766~779)초에 헌영(憲英)이 죽었다. 아들 건운(乾運)이 왕위에 올랐으나, 아직 어리므로 김은거(金隱居)을 보내 입조하여 책명을 기다렸다. 조서를 내려 창부낭중(倉部郎中) 귀숭경(歸崇敬)을 보내어 조상(弔喪)을 하는 한편, 감찰어사(監察御史) 육정(陸珽)과 고음(顧愔)을 부사(副使)로 보내어 왕으로 책봉하여 주고, 아울러 어머니 김씨를 태비로 삼았다.(『新唐書』 220 列傳 145 新羅)

백제 (겨울 10월) 신미일(13)에 종3위 백제왕 경복(敬福)을 어후기병장군(御後騎兵將軍)으로 삼았다. (…) (『續日本紀』 26 稱德紀)

고구려 백제 (겨울 10월) 무자일(30)에 궁삭사(弓削寺)에 행차하여 예불하고, 뜰에서 당·고려악을 연주하였다. 형부경(刑部卿) 종3위 백제왕 경복 등이 또한 자기나라의 춤을 추었다. (『續日本紀』 26 稱德紀)

고구려 (윤10월) 경인일(2)에 문무백관에게 조(詔)를 내려 태정대신선사(太政大臣禪師)에게 축하를 드리도록 하였다. 일을 마치자 궁삭사(弓削寺)에 행차하여 예불하고, 당·고려악을 연주하며 아울러 흑산기사부(黑山企師部)의 춤을 추었다. (…) (『續日本紀』 26 稱德紀)

백제 (윤10월) 갑오일(6)에 정6위상 백제왕 이선(利善)·백제왕 신상(信上)·백제왕 문경(文鏡)에게 모두 종5위하를 주었다. 종6위상 백제왕 문정(文貞) 등 3인에게 작을 내려 주었는데, 사람마다 차이가 있었다. (『續日本紀』 26 稱德紀)

신라 대사(大赦)하였다. (『三國史記』 9 新羅本紀 9)

신라 대사하였다. (『三國史節要』 12)

신라 태학(太學)에 행차하여 박사(博士)에게 『상서(尙書)』의 뜻을 강의하라고 명령하였다. (『三國史記』 9 新羅本紀 9)

신라 태학에 행차하여 박사에게 『상서』를 강의하라고 명령하였다. 국학사(國學史)는 본래 2인인데, 또 2인을 더하였다. (『三國史節要』 12)

신라 국학(國學)은 (…) 사(史)는 2인인데, 혜공왕원년에 2인을 더하였다. (『三國史記』 38 雜志 7 職官 上)

신라 보응(寶應) 4년 (1면)
책사(策事) (2면)
일이(壹貳) (…) (3면) (「안압지 182호 목간」)

신라 선사는 혜각(惠覺)이라고 하는데, 바다 건너 신라국 사람이었다. 성은 김(金)이고 △씨(氏)인데, 나라는 다르고 △가 나뉘어도 환속할 마음을 △함에 불교의 진리만 멀리 생각하였다. 23세 때에 구족계를 받았다. 마땅히 공부해서 △가 없었다. 계율에 정통하여 △를 연구하고, 유가종(瑜伽宗)의 넓은 논저는 (…) 광명을 가리고 오히려 흑암을 숭상한 현상에 놀라워하고 감정에 자극을 받았다. 이 해에 여러 번 반성하기를 다음과 같이 하였다. "불경에 '일체의 법은 몽환과 같아 심식(心識)에서 멀리 떠났다.'는 말이 있는데, 불법이 △△하는 바이구나. 불도는 중원에서 행해야 하니, 내가 어찌 어두운 밤에 반딧불을 들겠는가" 대낮에 정서를 남겼다. 이리하여 나무를 깎아 노를 만들고 배로 바다를 건너 파도를 헤치고 △를 일으켰다.
△ 혜각선사(惠覺禪師)는 그 땅에서 거주하여 10년 동안의 불도 수행을 거쳐 이름을 드날렸다. 황제가 조서를 내려 형주(邢州) 개원사(開元寺)에 적을 두게 하였으나, 오래 머물지는 않았다. 깊은 조예를 △하여 몽괘를 점치는 것처럼 깨치니, 오랫동안 수행하여야 승려가 명성을 얻어도 업적이 오래도록 유전될 수 있었다. 정토로 향하여 수행한 사람들은 (…) 더럽지도 않고 △하지도 않다고 하였다. 이 때 낙양(洛陽) 하택사(荷澤寺)에 신회(神會)라는 선승(禪僧)이 있어 명성이 높았는데, 남월(南越)의 혜능대사(慧能大師)에게서 배웠다. 돈오(頓悟)의 법문을 널리 열어서 그 다음에 지견을 밝혔고, 비유를 통해 깨닫게 하니 수확을 얻은 것과 같았다. 돌아가서 사유하던 중에 약간 미진한 부분이 있었기 때문에 다음 해에 다시 가서 신회를 자신의 스승으로 삼았다. 다시 △△ 마음에 일어남이 없으면 이것이 참다운 무념이니, 어찌 그것이 멀겠는가. 이리하여 그 미묘한 취지를 깊게 느끼니, 신회의 법맥을 계승하였고 돈오에 따라 모든 것을 알게 되었다. △△ △△△도(塗)△하월지(何月之)△△△ 이리하여 △△△△△△△△△△△△△△△△△△△ 쉽지만 문을 닫고 답하지 않았다. 맑은 정신으로 턱을 응시하여 그 가운데를 찾는 경우에는 외롭고 고달픈 처지를 하소연할 곳이 없음을 슬퍼하였다. (「惠覺禪師碑銘」)

766(丙午/신라 혜공왕 2/발해 문왕 30 大興 30/唐 永泰 2, 大曆 1/日本 天平神護 2)

신라 봄 정월에 두 해가 나란히 떴다. (『三國史記』 9 新羅本紀 9)
신라 봄 정월에 두 해가 나란히 떴다. (『三國史節要』 12)

신라 (봄 정월) 대사(大赦)하였다. (『三國史記』 9 新羅本紀 9)
신라 (봄 정월) 대사하였다. (『三國史節要』 12)

신라 2월에 왕이 신궁(神宮)에 직접 제사지냈다. (『三國史記』 9 新羅本紀 9)
신라 2월에 왕이 신궁에 직접 제사지냈다. (『三國史節要』 12)

신라 (2월) 양리공(良里公)의 집에서 암소가 송아지를 낳았는데, 다리가 다섯이고 그 중 하나가 위로 향하였다. (『三國史記』 9 新羅本紀 9)
신라 (2월) 수도에서 소가 송아지를 낳았는데, 다리가 다섯이고 그 중 하나가 위로 향하

였다. (『三國史節要』 12)

신라 (2월) 강주(康州)의 땅이 함몰되어 연못을 이루었는데, 세로폭이 50여 척이었고 물 색깔이 청흑(靑黑)이었다. (『三國史記』 9 新羅本紀 9)

신라 (2월) 강주의 땅이 함몰되어 연못을 이루었는데, 세로폭이 50여 척이었고 물 색깔이 청흑이었다. (『三國史節要』 12)

신라 대력(大曆: 766~779) 초년에 강주 관서의 대당 동쪽에 땅이 점차 함몰되어 연못을 이루었는데[어떤 책에는 대사(大寺) 동쪽의 작은 연못이라고 하였다.], 세로는 13척, 가로는 7척이었다. 갑자기 잉어 대여섯 마리가 있어 서로 이어서 점차 커지니, 연못 또한 따라서 커졌다. (『三國遺事』 2 紀異 2 惠恭王)

발해 (3월) 정묘일(12)에 대납언(大納言) 정3위 등원조신진순(藤原朝臣眞楯)이 죽었다. 진순은 평성조(平城朝)에 정1위 태정대신에 추층된 방전(房前)의 셋째 아들이다. (…) 천평승보(749~757) 초에 종4위상을 제수받고 참의(參議)에 임명되었다가 여러 관직을 역임하고 신부경(信部卿) 겸 대재수(大宰帥)가 되었다. 이 때에 발해 사신 양승경(楊承慶)이 조례하여 일을 마치고 본국으로 돌아갈 즈음에, 진순이 송별잔치를 베풀었는데, 승경이 매우 감탄하며 그를 칭찬하였다. (…) (『續日本紀』 27 稱德紀)

백제 (3월) 신사일(26)에 종5위하 백제왕 이선(利善)을 비탄수(飛驒守)로 삼았다. (…) (『續日本紀』 27 稱德紀)

신라 (옆면)
영태(永泰) 2년(766) 병오년 3월 30일에 박씨와 방서(芳序) 영문(令門) 두 승려가 먼저 한번 만들고자 한 것을 이루었다.
(밑면)
탑이 이루어진 영태 2년 병오년으로부터 (탑을) 고친 금년 순화(淳化) 4년(993) 계사년 정월 8일까지 헤아려보니 228년이 된다. 전에 처음 만든 이가 박씨(朴氏)이고 또 다시 고친 이도 박씨이니 연대는 비록 다르나 지금과 옛날이 자못 동일하여 참된 정성을 더욱 힘써 보탑(寶塔)을 중수하였다.
만든 장인(匠人)은 현곽장로(玄長老)이고 (탑을) 만든 주인은 박염(朴廉)이다. (「永泰二年銘蠟石製壺」)

신라 (영태(永泰)) 2년 3월에 신라왕 김헌영(金獻英)을 사신을 파견해 조공하였다. (『冊府元龜』 972 外臣部 17 朝貢 5)

신라 (영태 2년 4월) 임자일(27)에 신라왕 사신을 파견해 조공하였다. 그 사신에게 검교예부상서(檢校禮部尙書)를 제수하여 돌려보냈다. (『冊府元龜』 976 外臣部 21 褒異 3)

신라 (…) 병오년 4월 (전면)
(…) 가오리 젓갈 (…) (후면) (「안압지182호 목간」)

신라 진표는 시주를 권하여 미륵장육상(彌勒丈六像)을 주성(鑄成)하게 하였다. (…) 병오년 5월 1일에 금당(金堂)에 안치되었으니, 이해는 대력(大曆) 원년이다. (『三國遺事』 4 義解 5 眞表傳簡關東楓岳鉢淵藪石記)

신라 단나(丹那)들에게 권선(勸善)하여 미륵장육금상(彌勒丈六金像)을 주성하였는데, (…)

병오년 5월 1일에 이르러 금당에 안치하였다. (「高城鉢淵寺眞表禪師藏骨塔碑」)

신라 (5월) 임술일(8)에 상야국(上野國)에 있는 신라인 자오족(子午足) 등 193인에게 길정련(吉井連)의 성을 내려 주었다. (『續日本紀』 27 稱德紀)

백제 (5월) 갑자일(10)에 종5위하 백제왕 삼충(三忠)을 민부소보(民部少輔)로 삼고, 종5위하 백제왕 문경(文鏡)을 출우수(出羽守)로 삼았다. (…) (『續日本紀』 27 稱德紀)

백제 (6월) 임자일(28)에 형부경(刑部卿) 종3위 백제왕 경복이 죽었다. 그 선조는 백제국 의자왕으로부터 나왔다. 고시강본궁어우천황(高市岡本宮馭宇天皇, 舒明天皇, 629~641) 때에 의자왕이 그 아들 풍장왕(豊璋王) 및 선광왕(禪廣王)을 보내어 천황을 모시게 하였다. 후에 강본조정(岡本朝廷, 齊明天皇)에 이르러 의자왕이 전쟁에서 패하여 唐에게 항복하자, 그 신하인 좌평(佐平) 복신(福信)이 사직을 원래대로 회복하고자 멀리서 풍장을 맞이하여 끊어진 왕통을 이어 일으켰다. 풍장은 왕위를 이은 후 방자하다는 참언을 듣고 복신을 죽이니, 당병이 그것을 알고 주유성(州柔城)을 다시 공격하였다. 풍장은 우리 병사와 함께 대항하였으나 구원군이 불리하게 되자 풍장은 배를 타고 고려로 도망하고, 선광은 이로 말미암아 자기나라로 돌아가지 못하였다. 등원조정(藤原朝廷. 持統天皇)에서 백제왕이라는 호를 내려주었으며, 죽은 후 정광참(正廣參)에 추증하였다. 아들 백제왕 창성(昌成)은 어릴 때 아버지를 따라 조정에 귀의하였는데, 아버지보다 먼저 죽어, 飛鳥淨御原天皇((飛鳥淨御原天皇, 天武天皇) 때에 소자(小紫)에 추증되었다. 아들 낭우(郎虞)는 나라조정(奈良朝廷)에서 종4위하 섭진량(攝津亮)을 지냈다. 경복은 그 세째 아들이다. 마음대로 행하여 구애됨이 없었고 자못 주색을 좋아하였다. 감신성무황제(感神聖武皇帝)가 특별히 총애하고 대우하여 상으로 내리는 물건이 더욱 후하였다. 이 때 어떤 백성들이 와서 가난함을 아뢰면 매번 다른 사람의 물건을 빌려서까지 바라는 것 이상으로 그들에게 주었다. 이로 말미암아 외직을 여러 번 역임하고도 집에 남은 재산이 없었다. 성품이 분명하고 분별력이 있어 정사를 맡아볼 만한 도량이 있었다. 천평 연간(天平年間, 729~748)에 벼슬이 종5위상 육오수(陸奥守)에 이르렀다. 이 때 성무황제(聖武皇帝)가 노사나동상(盧舍那銅像)을 만드는 데 주조를 끝낼 즈음에 칠할 금이 부족하였다. 이에 육오국(陸奥國)에서 역마로 달려와 소전군(小田郡)에서 나온 황금 900냥을 바쳤다. 우리나라에서 황금은 이 때부터 나오기 시작하였다. 성무황제가 매우 가상히 여겨 종3위를 주고 궁내경(宮內卿)으로 옮겼다가 얼마 되지 않아 하내수(河內守)를 더하였다. 승보(勝寶) 4년(752)에 상륙수(常陸守)에 임명되었다가 좌대변(左大弁)으로 옮겼다. 출운(出雲)·찬기(讚岐)·이예국(伊豫國) 등의 수(守)를 두루 역임하고 신호(神護) 초에 형부경에 임명되었다. 죽었을 때의 나이가 69세였다. (『續日本紀』 27 稱德紀)

신라 (표면)

영태(永泰) 2년 병오년 7월 2일에 석 법승(法勝)과 석 법연(法緣) 두 승은 함께 받들어 돌아가신 두온애랑(豆溫哀郞)의 원을 위해 석조비로자나불(石造毘盧遮那佛)을 이루어 무구정광다라니와 함께 석남암사(石南巖寺)의 관음암(觀音巖)에 둔다. 원하여 바라는 것은 두온애랑(豆溫愛郞)의 영신(靈神)이나 두 승려나 이것을 본 사람이나 향하여 정례(頂禮)한 사람이나 멀리서 들은 사람이나 수희(隨喜)하는 사람이나 그림자 가운데를 지나간 이나 불어서 지나간 바람이 지나간 곳의 모든 곳에 있는 일체의 중생이나 일체 모두의 삼악도(三惡道)의 업이 소멸하여 스스로 비로자나불인 것을 깨닫고 세상을 뜨도록 다짐하는 것이다.

(저면)
호(壺) 안에 있다. 이것은 은혜를 항성(恒性)으로 삼는 것이다. 두 개 반의 약은 도로 꺼내어 병을 △ 癸을 것. (「永泰二年銘塔誌」)

신라 겨울 10월에 하늘에 북 같은 소리가 있었다. (『三國史記』 9 新羅本紀 9)
신라 겨울 10월에 하늘에 북 같은 소리가 있었다. (『三國史節要』 12)

백제 (11월 정사일(5)) 종5위하 대원진인 사마려(大原眞人嗣麻呂)·백제왕 이백(百濟王理伯)에게 모두 종5위상을 주었다. (…) (『續日本紀』 27 稱德紀)

신라 대력 원년이 되자, △군사마(△軍司馬)는 그렇지 않다고 여겼다. 마음대로 하는 것을 억누르고 인(仁)을 일으켜 널리 성행시키는 자가 도심(道心)이 있는 자이다. 혜각(惠覺)에게 설법을 간청하여 신회의 전법을 따르니, 언사의 취지는 △하지 않았다. (「惠覺禪師碑銘」)

767(丁未/신라 혜공왕 3/발해 문왕 31, 大興 31/唐 大曆 2/日本 天平神護 3, 神護景雲 1)

백제 (정월 기사일(18)) 종5위상(從5位) 백제왕 이백(理伯)에게 정5위상을 주었다. (…) (『續日本紀』 28 稱德紀)

신라 (당 대종) 대력 2년 2월에 신라왕 김헌영(金憲英)이 죽었다. 국인(國人)이 그 아들 건운(乾運)을 세워 왕으로 삼고 그 신하 김은거(金隱居)를 보내 더하여 책명을 청하였다. 조서로 창부낭중(倉部郎中) 귀숭경(歸崇敬) 겸(兼) 어사중승(御史中丞)이 부절을 지니고 책서를 가지고 조회하고 책명하였다. 건운을 개부의동삼사신라왕(開府儀同三司新羅王)으로 삼고 이어서 건운의 어머니를 책봉하여 태비(太妃)로 삼았다. (『冊府元龜』 965 外臣部 10 封冊 3)
신라 대력 2년에 헌영이 죽자, 국인들이 그의 아들 건운을 세워 왕으로 삼았다. 이어서 그 대신 김은거를 보내어 표문(表文)을 받들고 들어와 조회하고 방물을 바치면서 더하여 책명(冊命)을 청하였다. (『舊唐書』 199上 列傳 149上 新羅)
신라 대력 2년이 헌영이 죽자 그 아들 건운을 책립(冊立)하여 왕으로 삼았다. (『唐會要』 95 新羅)
신라 (당 대종 대력 2년) 이해에 신라왕 김건운이 그 신하 김은거를 보내어 표를 올리고 들어와 조회하고 방물을 바쳤다. (『冊府元龜』 972 外臣部 17 朝貢 5)

백제 고구려 (3월 기사일(20)) 종5위하(從5位下) 백제왕 삼충(三忠)을 병부 소보(少輔)로 삼았다. (…) 처음으로 법왕관(法王宮)의 직(職)을 두었다. 조궁경(造宮卿) 단마수(但馬守) 종3위(從3位) 고려조신(高麗朝臣) 복신(福信)을 겸대부(兼大夫)로 삼았다. (…) (『續日本紀』 28 稱德紀)

신라 여름 6월에 지진이 일어났다. (『三國史記』 9 新羅本紀 9)
신라 여름 6월에 지진이 일어났다. (『三國史節要』 12)

신라 가을 7월에 이찬 김은거(金隱居)를 보내 당에 들어가 토산물을 바치고 이어서 더하여 책봉을 청하였다. 황제가 자신전(紫宸殿)에 나와 연회를 베풀고 접견했다. (『三國史記』 9 新羅本紀 9)

신라 가을 7월에 이찬 김은거를 보내 당에 들어가 토산물을 바치고 이어서 더하여 책봉을 청하였다. 황제가 자신전에 나와 연회를 베풀고 접견했다. (『三國史節要』 12)

신라 (가을 7월) 별 세 개가 왕궁 뜰에 떨어져 서로 부딪쳤는데, 그 빛이 불꽃처럼 치솟았다가 흩어졌다. (『三國史記』 9 新羅本紀 9)

신라 (가을 7월) 별 세 개가 왕궁 뜰에 떨어져 서로 부딪쳤는데, 그 빛이 불꽃처럼 치솟았다가 흩어졌다. (『三國史節要』 12)

신라 (대력) 2년 정미년에 이르러서는 또한 천구성(天狗星)이 동루(東樓)의 남쪽에 떨어졌다. 머리는 항아리 같았고 꼬리는 3자 가량이었으며 색은 뜨겁게 타는 불과 같았는데 천지가 또한 진동하였다. 또 같은 해에 김포현(金浦縣)의 5경(頃) 정도 되는 논의 모든 쌀 낟알이 모두 이삭이 되었으며, 7월에는 북궁(北宮)의 정원 가운데 먼저 두 개의 별이 떨어지고 또 한 개의 별이 떨어져, 세 개의 별이 모두 땅 속으로 들어갔다. 이보다 앞서 대궐의 북쪽 측간 속에서 두 줄기의 연(蓮)이 나고 봉성사(奉聖寺)의 밭 가운데에서도 연이 났다. 호랑이가 궁성 안에 들어와 추격하여 찾았으나 놓쳤다. 각간(角干) 대공(大恭)의 집 배나무 위에 참새가 셀 수 없이 많이 모였다. 안국병법(安國兵法) 하권에 이르기를 "이러한 변괴가 있으면 천하에 커다란 병란이 일어난다." 하였는데, 이에 왕은 죄수를 사면하고 정사를 살피고 반성하였다. 7월 3일에 각간 대공이 적도(賊盜)가 되어서 일어나고, 왕도(王都)와 5도 주군(州郡)의 96각간이 서로 싸워 대란이 일어났다. 대공각간의 집안이 망하였고 그의 재산과 보물 비단 등은 왕궁으로 옮겼다. 신성(新城)의 장창(長倉)이 불에 타므로 사량(沙梁)·모량(牟梁) 등의 마을 안에 있던 역당들의 재물과 곡식들을 역시 왕궁으로 운반해 들였다. 난리는 석 달 만에 그쳤는데, 상 받은 사람도 자못 많고 목 베어 죽은 사람도 셀 수 없이 많았다. 표훈(表訓)의 말대로 나라가 위태롭다는 것이 이것이었다. (『三國遺事』 2 紀異 2 惠恭王)

발해 (당 대종) 대력 2년 7월에 토번(吐蕃) 및 발해가 모두 사신을 보내 와서 조회하였다. (『冊府元龜』 972 外臣部 17 朝貢 5)

발해 (대력 2년 8월) 병술일(9)에 발해가 조공하였다. (『舊唐書』 11 本紀 11 代宗)

발해 (당 대종 대력 2년) 8월에 거란과 발해가 (…) 각각 사신을 보내 조공하였다. (『冊府元龜』 972 外臣部 17 朝貢 5)

백제 (8월 계사일(16)) 원외윤(員外允) 정6위상(正6位上) 일하부련충마려(日下部連蟲麻呂)·대속(大屬) 백제공 추마려(秋麻呂) (…)에게 모두 외종5위사(外從5位下)를 주었다. (…) (『續日本紀』 28 稱德紀)

백제 (8월 병오일(29)) 정5위상(正5位)上 백제왕 이백(理伯)을 섭진대부(攝津大夫)로 삼고 (…) 종5위하(從5位下) 백제왕 무경(武鏡)을 단마개(但馬介)로 삼았다. (…) (『續日本紀』 28 稱德紀)

말갈 (대력 2년 9월) 신미일(24)에 말갈 사신이 와서 조회했다. (『舊唐書』 11 本紀 11 代宗)

발해 (당 대종 대력 2년) 9월에 말갈, 발해, 위실(室韋)이 (…) 각각 사신을 보내 조공하였다. (『冊府元龜』 972 外臣部 17 朝貢 5)

신라 9월에 김포현(金浦縣)에서 벼 이삭이 모두 쌀이 되었다. (『三國史記』 9 新羅本紀 9)
신라 9월에 김포현에서 벼 이삭이 모두 쌀이 되었다. (『三國史節要』 12)

신라 (9월) 천구(天狗)가 동쪽 누각 남쪽에 떨어졌다. 머리가 항아리 같았고 꼬리는 3척쯤 되었다. 색은 불타오는 것 같았고 천지가 또한 진동했다. (『三國史節要』 12)

신라 (9월) 왕궁의 뒷간[溷廁]에서 연꽃이 피었다. (『三國史節要』 12)

고구려 (10월) 경자일(24)에 태극전(大極殿)에 나아가 승려 600명을 불러 대반야경(大般若經)을 전독(轉讀)하게 하고, 당·고려악 및 내교방(內敎坊)의 답가(踏歌)를 연주하게 하였다. (『續日本紀』 28 稱德紀)

발해 (당 대종 대력 2년) 11월에 발해, 회흘(廻紇), 토번이 (…) 각각 사신을 보내 조공하였다. (『册府元龜』 972 外臣部 17 朝貢 5)

발해 (당 대종 대력 2년) 12월에 회흘, 발해, 거란, 위실(室韋) 등의 나라가 각각 사신으 보내 조공하였다. (『册府元龜』 972 外臣部 17 朝貢 5)

신라 12월에 신라왕 헌영(憲英)이 죽었다. 아들 건운(乾運)이 왕위에 올랐다. (『資治通鑑』 唐紀 40 大宗中之下)

신라 어사(御史)의 의모관대를 갖춘 재주와 학문에 뛰어난 나의 고향 친구 어명을 받고 궁궐을 나서니 온 성안 사람들이 전송하네. 가는 길엔 드넓은 바다와 달빛 뿐이려니 상림원(上林苑)의 봄이 그립겠지만 유풍(儒風)을 멀리 전하게 되었으니 이역의 예악(禮樂)이 새로워짐을 비로소 알겠도다. (『全唐詩』 4函 5册 錢起 送陸珽侍御使新羅)

768(戊申/신라 혜공왕 4/발해 문왕 32 大興 32/唐 大曆 3/日本 神護景雲 2)

신라 대력 연간(766~779) 초에 신라왕이 죽었다. 숭경(崇敬)을 창부낭중(倉部郎中) 겸 어사중승(御史中丞)으로 삼고 자금어대(紫金魚袋)를 내리고 조제책립신라사(吊祭册立新羅使)로 삼았다. 바다 가운데에 이르러 파도가 매우 심하여 배가 파손되어 물이 새어 무리가 다 놀랐다. 주인(舟人)이 작은 배로 숭경을 타게 하여 화를 피하기를 청하였다. 숭경이 말하였다. "배 안에 무릇 수백명이 있는데, 나만 어찌 구제하겠는가" 조금씩 파도가 점점 잦아들어 마침내 해를 면하였다. 옛일로 신라의 사자가 이르러 해동에서 많이 구하는 바가 있어 혹은 백(帛)을 가지고 가서 물건을 무역하였는데, 규(規)를 이(利)로 여겼다. 숭경은 모두 그것을 끊으니 동이에서 그 덕을 칭송하였다. (『舊唐書』 149 列傳 99 歸崇敬)

신라 당서(唐書)에서 말하였다. "대력 연간(766~779) 초에 귀숭경(歸崇敬)을 창부낭중 겸 어사중승으로 삼고 금자(金紫)를 내리고 조제책립신라사로 삼았다. 바다 가운데에 이르러 파도가 심하여 배가 샜는데, 무리가 다 깜짝 놀랐다. 주인(舟人)이 작은 배로 숭경을 싣고 화를 피하게 하였다. 숭경이 말하였다. '주인이 무릇 수백인데 내가 어찌 구제하겠는가.' 조금씩 파도가 점점 잦아들었다. 옛일로 신라의 사자가 이르러 해동에서 많이 구하는 바가 있어 혹은 백(帛)을 가지고 가서 물건을 무역하였는데, 규(規)를 이(利)로 여겼다. 숭경은 모두 그것을 끊으니 동이에서 그 덕을 칭송하였

다. (『太平御覽』 778 奉使部 2 奉使 上)

신라 　신라 귀숭경이 누차 자리를 옮겨 선부낭중(膳部郎中)이 되어 신라책립사(新羅册立使)가 되었다. 바다 가운데에 이르러 파도가 심하여 배가 샜는데, 무리가 다 깜짝 놀랐다. 주인(舟人)이 작은 배로 옮겨 탈 것을 청하였다. 숭경이 말하였다. '주인(舟人)이 무릇 수백인데 내가 어찌 홀로 구제하겠는가.' 조금씩 파도가 점점 잦아들어 배가 마침내 해를 면하였다.[出譚賓錄] (『太平廣記』 177 量器2 歸崇)

신라 　어사(御史)가 황은(皇恩)을 받들어 신라로 가는 바닷길에 배를 띄우네. 하늘 멀리 중국을 하직하고 바다 끝 외로운 성(城)에 닿으리니. 이미 무더위는 서늘해지고 먼 여정은 수심 속에 잠겼네. 구름과 파도는 끝이 없는데 오가는 깃발만 찬란하구나. (『全唐詩』 3函 9册 皇甫曾 送歸中丞使新羅)

신라 　천자의 교화가 저 먼 나라까지 통하니 유가의 학자가 사절로 가시네 새 임금을 책봉하기 위하여 천자의 조서를 품고 만리 길 떠나네 구름과 물은 조각배에 잇닿는데 은혜와 총애를 한 몸에 품었네 용절(龍節)을 지니고 아득히 떠날 때 희미한 신기루 갓 떠오르네 바라보는 사이 갈 길 다시 저물어 파도 속에서 세월은 어느덧 봄이 되었네 밤낮 태양만 바라보며 신령한 괴물이면 사공에게 묻네 도시는 중국과 같지 않으나 옷차림은 중국 사대부를 닮았네 초빙과 임명을 마치고 다시 돌아올 때 나를 찾지 못해 헤매지는 말게나 (『全唐詩』 4函 10册 耿湋 送歸中丞使新羅(一本題下有册立弔祭四字))

신라 　동쪽으로 부상(扶桑)의 해를 바라보네 어느 때에 도착하랴 쪽배로 황제의 은혜를 전하려는데 바다가 중국과 신라를 막고 있네 끝없는 바다 바람은 멀리서 불어오고 높은 하늘 새들은 더디게 날아가네 파도는 잇닿고 구름 달은 고요한데 의장(儀仗) 깃발은 외로운 섬에서 노숙하누나 낙엽은 가을 쓸쓸한 뜻 전하고 높으 물결은 나그네의 심정을 흔들리라 넓은 바다에서 옛 길 못 찾으면 예정한 기일은 어데 가서 물어보랴 (『全唐詩』 5函 3册 李益 送歸中丞使新羅册立弔祭)

신라 　관직은 한독좌(漢獨坐) 어사(御史) 출신은 산동 유학자 변방도 왕제(王制)를 따르니 섣달 엄동에 뱃길 오르노라 섬 가운데도 온갖 현상 분명하리니 해를 따라 의장(儀仗) 깃발 나부끼면 어룡굴(魚龍窟)에 기세가 쌓이고 물결 뒤번지며 파도가 일렁이네 길은 멀어 해를 넘기고 바다 끝에서 산실로 가리니 복도에 늘어서서 이역의 예절로 맞으며 사람들이 중국 사신의 영화를 우러르리라 (『全唐詩』 5函 4册 吉中孚 送歸中丞使新羅册立弔祭)

신라 　(봄 정월) 갑자일(19)에 신라왕 건건운(金乾運)의 어머니를 태비(太妃)로 책봉하였다. (『舊唐書』 11 本紀 11 代宗)

신라 　(당 대종 대력) 3년 정월 갑자일(19)에 신라국왕 김건운의 어머니를 비로 책봉하였다. (『册府元龜』 976 外臣部 21 褒異 3)

신라 　(대력) 3년에 황제는 창부낭중(倉部郎中) 겸 어사중승(御史中丞) 귀숭경(歸崇敬)에게 자금어대(紫金魚袋)를 내리고 부절(符節)과 책서(册書)를 주어 가서 조제(弔祭)하게 하였다. 건운(乾運)을 개부의동삼사(開府儀同三司) 신라왕으로 삼고, 건운의 어머니는 태비로 책봉하였다. (『舊唐書』 199上 列傳 149上 新羅)

신라 　대력 3년 세차(歲次) 무신(戊申) 정월 28일, 황제가 모관 모을을 보내어 절(節)을 지니고 책명하여 말하였다. "오호라. 만국을 세운 것은 중하(中夏) 뿐만이 아니며, 일성(一姓)을 이은 자는 반드시 영덕(令德)을 구한다. 아, 너 신라왕 김영헌(金英憲)의 남(男) 건운(乾運)은, 조종(祖宗)으로부터, 동표(東表)를 무육(撫有)하였고, 명의(明懿)를 극생(克生)하였으며, 훈벌(勳伐)이 재무(載茂)하고, 문물(文物)이 채장(采章)하며 오랫동안 화풍(華風)을 욕(浴)하여, 충경효공(忠敬孝恭)이, 순성(純性)을 따라 행동하음으로써, 군자국을 번(蕃)하고, 외신(外臣)의 예를 집(執)할 수 있었다. 대저 대를 잇는 막중함은, 현(賢)을 택하여 주는 것이니, 이로써 너의 총사(冢社)를 세워, 청구(靑邱)를 조(祚)하고, 그 지키는 바를 경(敬)하여 그 구(舊)를 찬(纂)하며 충(忠)으로써 상(上)을 받들고 혜(惠)로써 아래를 무(撫)하여 영원히 동번(東蕃)의 직(職)을 닦아, 선군(先君)의 명(命)을 바꿈이 없이, 공경히 전례(典禮)를 응(膺)하여, 삼가지 않을 것인져." (『全唐文』 415 常袞 冊新羅王金乾運文)

신라　대력 3년, 세재무신(歲在戊申) 2월 경자일 초하루 10일 기유일, 황제가 모관 모로 하여금 절(節)을 지니고 책명하여 말하였다. "아. 아들이 가(家)를 이어 받아, 번보(藩輔)의 신(臣)이 되었다. 어머니에게 존호를 더하니, 대개 춘추의 뜻이다. 아, 너 신라왕 김건운의 모(母)는, 바탕이 훈벌(勳閥)을 추(推)하고 우아함이 화풍(華風)이 있다. 그 덕은 상(尙)할만 하고, 그 의(儀)는 본받을 만하다. 도사(圖史)에 견식이 있고, 식(式)은 예용(禮容)이 있어 동방의 군자국과 나란히 하며, 중곤(中壼)의 귀인(貴人) 자리에 처(處)하여, 상(上)을 섬기는데 경(敬)으로써 하고, 하(下)를 대하는데 인으로써 하니, 우리의 친린(親隣)을 화목하게 하고, 또한 내조(內助)한다. 교자(敎子)의 올바른 교훈이 있으며, 대를 잇는 신명(新命)에 응(膺)하였다. 진실로 숭준휘장(崇峻徽章)할 만하고, 성대한 예가 밝게 빛났다. 이로써 책봉하여 신라 왕태비로 삼으니, 이에 자범(慈範)을 닦아, 그 사군(嗣君)을 무(撫)하고 전인(前人)을 영회(永懷)하여, 그 도(道)를 고치지 말라. 전책(典冊을) 흠승(欽承)하니, 삼가지 않을 것인져. (『全唐文』 49 代宗皇帝 冊新羅王太妃)

백제　(2월 계사일(18)) 종4위상(從4位下) 백제조신(百濟朝臣) 족인(足人)을 우경대부(右京大夫)로 삼았다. (…) (『續日本紀』 29 稱德紀)

신라　(대력) 3년 2월에 창부낭중(倉部郎中) 귀숭경(歸崇敬)에게 명하여 어사중승(御史中丞)을 겸하고 부절을 지니고 책명하게 하였다. 또 건운의 어머니를 태비로 책봉하였다. (『唐會要』 95 新羅)

신라　봄에 혜성이 동북쪽에 나타났다. (『三國史記』 9 新羅本紀 9)

신라　봄에 혜성이 동북쪽에 나타났다. (『三國史節要』 12)

신라　(봄) 당 대종(代宗)이 창부낭중(倉部郎中) 귀숭경(歸崇敬)에게 어사중승(御史中丞)을 겸직시켜 보내, 부절과 책봉 조서를 가지고 와 왕을 개부의동삼사(開府儀同三司) 신라왕으로 책봉하였다. 겸하여 왕의 어머니 김씨를 대비(大妃)로 책봉했다. (『三國史記』 9 新羅本紀 9)

신라　(봄) 황제가 창부낭중 귀숭경에게 어사중승을 겸직시켜 보내, 부절로 왕을 개부의동삼사 신라왕으로 책봉하였다. 겸하여 왕의 어머니 김씨를 대비로 책봉했다. (『三國史節要』 12)

백제　여름 4월 무인일(5)에 여유(女孺) 정6위상(正6位下) 백제왕 청인(淸仁)에게 종5위상(從5位下)를 주었다. (『續日本紀』 29 稱德紀)

신라　(당 대종 대력 3년) 5월 병인일에 자신전(紫宸殿)에 나아가 신라와 회걸(回紇) 사신에게 연회를 베풀어 주었다. (『冊府元龜』 976 外臣部 21 褒異 3)

신라	여름 5월에 사형죄 이하의 죄수들을 사면했다. (『三國史記』 9 新羅本紀 9)
신라	여름 5월에 사형죄 이하의 죄수들을 사면했다. (『三國史節要』 12)
백제	(6월) 경자일(28)에 내장두(內藏頭) 겸 대외기(大外記) 원강수(遠江守) 종4위하(從4位下) 고구숙녜비량마려(高丘宿禰比良麻呂)가 죽었다. 그 할아버지인 사문(沙門) 영(詠)은 근강조정(近江朝廷) 계해년(癸亥年; 663, 天智天皇 2년)에 백제에서 귀화하였다. 아버지인 낙랑하내(樂浪河內)는 정5위하(正5位下) 대학두(大學頭)로서, 신구(神龜) 원년(724, 聖武天皇 원년)에 고쳐서 고구련(高丘連)이 되었다. 비량마려(比良麻呂)는 어려서 대학에서 공부하여 여러 책들을 두루 섭렵하였다. 대외기(大外記)를 역임하고 외종5위하(外從5位下)를 제수받았다가, 보자(寶字 8년 ; 764, 淳仁天皇 8년)에 중만(仲滿)이 반역하는 것을 고발하여 종4위하(從4位下)를 제수받았다. 경운원년(767, 稱德天皇 4년) 숙녜(宿禰)라는 성(姓)을 하사받았다. (『續日本紀』 29 稱德紀)
신라	6월에 경도(京都)에 천둥이 치고 우박이 내려 풀과 나무가 상했다. (『三國史記』 9 新羅本紀 9)
신라	6월에 경사(京師)에 우박이 내려 풀과 나무가 상했다. (『三國史節要』 12)
신라	(6월) 큰 별이 황룡사 남쪽에 떨어졌다. (『三國史記』 9 新羅本紀 9)
신라	(6월) 큰 별이 황룡사 남쪽에 떨어졌다. (『三國史節要』 12)
신라	(6월) 땅이 진동하는 소리가 천둥소리와 같았다. (『三國史記』 9 新羅本紀 9)
신라	(6월) 땅이 진동하는 소리가 천둥소리와 같았다. (『三國史節要』 12)
신라	(6월) 우물과 샘이 모두 말랐다. (『三國史記』 9 新羅本紀 9)
신라	(6월) 우물과 샘이 모두 말랐다. (『三國史節要』 12)
신라	(6월) 호랑이가 궁궐에 들어왔다. (『三國史記』 9 新羅本紀 9)
신라	(6월) 호랑이가 궁궐에 들어왔다. (『三國史節要』 12)
신라	가을 7월에 일길찬 대공(大恭)이 아우 아찬 대렴(大廉)과 함께 반란을 일으켰다. 무리를 모아 왕궁을 33일간 에워쌌으나, 왕의 군사가 이를 쳐서 평정하고 구족을 목베어 죽였다. (『三國史記』 9 新羅本紀 9)
신라	가을 7월에 일길찬 대공(大恭)이 아우 아찬 대렴(大廉)과 함께 반란을 일으켰다. 그 무리를 거느리고 왕궁을 한 달간 에워쌌으나, 이것을 쳐서 평정하고 구족을 목베어 죽였다. (『三國史節要』 12)
신라	이보다 앞서 대궐의 북쪽 측간 속에서 두 줄기의 연(蓮)이 나고 봉성사(奉聖寺)의 밭 가운데에서도 연이 났다. 호랑이가 궁성 안에 들어와 추격하여 찾았으나 놓쳤다. 각간(角干) 대공(大恭)의 집 배나무 위에 참새가 셀 수 없이 많이 모였다. 안국병법(安國兵法) 하권에 이르기를 "이러한 변괴가 있으면 천하에 커다란 병란이 일어난다." 하였는데, 이에 왕은 죄수를 사면하고 정사를 살피고 반성하였다. 7월 3일에 각간 대공이 적도(賊盜)가 되어서 일어나고, 왕도(王都)와 5도 주군(州郡)의 96각간이 서로 싸워 대란이 일어났다. 대공각간의 집안이 망하였고 그의 재산과 보물 비단 등은 왕궁으로 옮겼다. 신성(新城)의 장창(長倉)이 불에 타므로 사량(沙梁)·모량(牟

梁) 등의 마을 안에 있던 역당들의 재물과 곡식들을 역시 왕궁으로 운반해 들였다. 난리는 석 달 만에 그쳤는데, 상 받은 사람도 자못 많고 목 베어 죽은 사람도 셀 수 없이 많았다. 표훈(表訓)의 말대로 나라가 위태롭다는 것이 이것이었다. (『三國遺事』 2 紀異 2 惠恭王)

백제 (9월) 임진일(22)에 육오국(陸奧國)에서 말하기를, "병사를 두는 것은 긴요한 때를 대비하는 것이니, 적을 대하거나 어려움에 임했을 때 생명을 아끼지 않으며, 싸움을 익히고 용기를 떨쳐 반드시 선봉을 다투게 하여야 합니다. 그런데 근년에 여러 나라가 진병(鎭兵)을 뽑아 들이는데 도중에 도망하고, 또한 해당되는 나라가 방아를 찧어 보내는 해마다의 군량이 벼 36만여 속(束)인데도 관가의 물건을 헛되이 소비하고 있어서, 이것이 백성을 곤궁하게 만듭니다. 이제 구례(舊例)를 살펴보니 전수(前守) 종3위(從3位) 백제왕 경복(敬福)의 때에는 다른 나라의 진병을 중지시키고 당국의 병사를 세밀히 조사해 더하였습니다. 바라건대 이 구례에 의하여 병사 4천 명을 조사해 더하고 다른 나라의 진병 2천 5백명을 정지시키기를 청합니다. 또한 이 지역은 대단히 춥고 쌓인 눈이 잘 녹지 않아 초여름에 들어가서야 겨우 서울에 조(調)를 운반하게 되는데, 험한 산에 사다리를 놓고 올라가고 배를 타고 바다를 건너야 간신히 도착하게 됩니다. 그리고 늦가을에야 고향으로 돌아오게 되니 백성의 살림을 방해함이 이보다 더한 것이 없습니다. 이에 바라건대 보내는 바의 調·庸을 나라에 거두어 두었다가 10년에 한 번 서울의 창고에 나아가 들이게 해주시기를 청합니다"라 하니, 허락하였다. (『續日本紀』 29 稱德紀)

신라 9월에 사신을 보내어 당에 들어가 조공했다. (『三國史記』 9 新羅本紀 9)

신라 9월에 사신을 보내어 당에 가서 조공했다. (『三國史節要』 12)

신라 (당 대종 대력) 3년 9월에 신라가 (…) 사신을 보내 조공하였다. (『册府元龜』 972 外臣部 17 朝貢 5)

신라 이 무렵 재상(宰相)들 사이에 권력 다툼이 일어나 서로 공격하여 나라가 크게 어지러웠는데, 3년 만에 비로소 안정되었다. 이 해에 조회하고 공물을 바쳤다. (『新唐書』 220 列傳 145 新羅)

신라 (10월 갑자일(24)) 좌우대신(左右大臣)에게 대재(大宰)의 면(綿) 각 2만 둔(屯), 대납언(大納言) 휘(諱)와 궁삭어정조신청인(弓削御淨朝臣淸人)에게 각각 1만 둔(屯), 종2위(從2位) 문실진인정삼(文室眞人淨三)에게 6천둔, 중무경(中務卿) 종3위(從3位) 문실진인대시(文室眞人大市)·식부경(式部卿) 종3위(從3位) 석상조신댁사(石上朝臣宅嗣)에게 4천둔, 정4위하(正4位下) 이복부녀왕(伊福部女王)에게 1천둔을 주어 신라의 교역물을 사게 하였다. (『續日本紀』 29 稱德紀)

신라 겨울 10월에 이찬 신유(神猷)를 상대등으로 삼고, 이찬 김은거(金隱居)를 시중으로 삼았다. (『三國史記』 9 新羅本紀 9)

신라 겨울 10월에 이찬 신유를 상대등으로 삼고, 이찬 김은거를 시중으로 삼았다. (『三國史節要』 12)

신라 또 다른 기록은 다음과 같다. 경덕왕대에 직장(直長) 이준(李俊)[고승전(高僧傳)에서는 이순(李純)이라 한다] 이 일찍이 발원하기를, 나이가 50세(知命)에 이르면 모름지기 출가하여 불사(佛寺)를 창건하리라 하였다. 천보(天寶) 7년 무자(戊子 ; 748)에 나이 50세가 되니, 다시 조연소사(槽淵小寺)를 고쳐 큰 절로 하고, 이름을 단속사

(斷俗寺)라 하였다. 그 자신도 또한 머리를 깎고, 법명을 공굉장로(孔宏長老)라 하고, 절에서 20년간 머무르다 죽었다. 앞의 삼국사(三國史)에 실린 것과 같지 않으나, 양쪽을 살펴 의심을 덜었다. 찬(讚)하여 말한다. 공명을 못 다한 채 귀밑 털이 먼저 하얗게 되니, 임금의 은총은 비록 많아도 백년이 급하다. 건너편 언덕에 산이 있어 번번히 꿈에 보이니, 죽어서도 향을 피워 내 임금의 복을 빌리라. (『三國遺事』 5 避隱 8 信忠掛冠)

발해 (…) 장광조(張光祚)는 다시 유주절도부사(幽州節度副使) 주희채(朱希彩)에게 편지를 올려 그에게 받아들여졌는데, 광조가 촉한(蜀漢) 제갈량(諸葛亮), 손오(孫吳) 장소(張昭)의 뛰어난 지략과 춘추시대 자공(子貢)·자로(子路)의 말솜씨·용기를 가진 것을 알 수 있었다. 발해로 가는 사신에 충당되어 밖으로 문을 열고 멀리 가서 통하고 돌아와 은청광록대부(銀靑光祿大夫)·시전중감(試殿中監)·상응공(尙膺公)을 더하였다. 또 절도유후압아(節度留後押牙)에 충당되니, 군영을 엄숙하게 하여 상하의 차례가 있게 하였다. (「張光祚 墓誌銘」)

769(己酉/신라 혜공왕 5/발해 문왕 33, 大興 33/唐 大曆 4/日本 神護景雲 3)

신라 봄 3월에 임해전에서 여러 신하들에게 연회를 베풀었다. (『三國史記』 9 新羅本紀 9)

신라 봄 3월에 임해전에서 여러 신하들에게 연회를 베풀었다. (『三國史節要』 12)

발해 3월에 발해와 말갈이 (…) 함께 사신을 보내 조공하였다. (『册府元龜』 972 外臣部 17 朝貢 5)

신라 여름 5월에 누리의 재해가 있었고 가뭄이 들었다. 백관에게 명해 각자 아는 인물을 천거하게 했다. (『三國史記』 9 新羅本紀 9)

신라 여름 5월에 누리의 재해가 있었고 가뭄이 들었다. 백관에게 명해 각자 아는 인물을 천거하게 했다. (『三國史節要』 12)

백제 (8월 갑인일(19)) 외종5위하(外從5位下) 백제공 추마려(秋麻呂)를 윤(允)으로 삼았다. (…) (『續日本紀』 30 稱德紀)

신라 (11월) 병자일(12)에 신라 사신 급찬 김초정(金初正) 등 187명 및 인도하여 보내는 사람 39명 등이 대마도(對馬嶋)에 도착하였다. (『續日本紀』 30 稱德紀)

신라 겨울 11월에 치악현(雉岳縣)에서 쥐 80여 마리가 평양(平壤)을 향해 갔다. (『三國史記』 9 新羅本紀 9)

신라 겨울 11월에 치악현에서 쥐 수십 마리가 평양)을 향해 갔다. (『三國史節要』 12)

신라 (겨울 11월) 눈이 내리지 않았다. (『三國史記』 9 新羅本紀 9)

신라 (겨울 11월) 눈이 내리지 않았다. (『三國史節要』 12)

신라 (12월) 계축일(19)에 원외우중변(員外右中弁) 종4위하(從4位下) 대반숙녜백마려(大伴宿禰伯麻呂)·섭진대진(攝津大進) 외종5위하(外從5位下) 진련진마려(津連眞麻呂) 등을 대재(大宰)에 보내어 신라 사신이 입조한 이유를 물었다. (『續日本紀』 30 稱德紀)

발해 12월에 회흘(廻紇), 토번, 거란, 해실위(奚室韋), 발해, 가릉(訶陵)이 함께 사신을 보

내 조공하였다. (『冊府元龜』 972 外臣部 17 朝貢 5)

770(庚戌/신라 혜공왕 6/발해 문왕 34 大興 34/唐 大曆 5/日本 神護景雲 4, 寶龜 1)

신라 봄 정월에 왕이 서원경(西原京)에 행차하였는데, 지나가는 주와 현의 죄수들의 정상을 살펴 사면했다. (『三國史記』 9 新羅本紀 9)

신라 봄 정월에 왕이 서원경에 행차하였는데, 지나가는 주와 현의 죄수들의 정상을 살펴 사면했다. (『三國史節要』 12)

신라 (3월) 정묘일(4)에 앞서 신라 사신에게 내조(來朝)한 까닭을 묻던 날에 김초정(金初正) 등은 말하였다. "당에 있는 대사(大使) 등원하청(藤原河淸)과 학생 조형(朝衡) 등이 숙위왕자 김은거(金隱居)가 본국으로 돌아오는 편에 고향의 부모에게 보내는 서신을 부쳐 보냈습니다. 이 때문에 국왕이 초정 등을 뽑아 하청 등의 서신을 보내게 하였습니다. 또한 사신이 나아가는 편에 토모(土毛)를 바쳤습니다." 다시 물었다. "신라가 조(調)를 바친 것은 그 유래가 오래되었다. 그런데 '토모'라고 고쳐 칭한 것은 그 뜻이 어디에 있는가." 대답하기를, "문득 부수적으로 바치는 것이므로 '調'라고 칭하지 않았습니다"라고 하였다. 이에 좌대사(左大史) 외종5위하(外從5位下) 견부사주인주(堅部使主人主)를 보내어 초정 등에게 말하였다. "앞의 사신 김정권(金貞卷)이 귀국하던 날에 명령한 바의 일에 대하여는 일찍이 보고하지 않고 이제 다시 한갓 사사로운 용무만을 가지고 나아왔으니, 때문에 이번에는 손님의 예로 맞이할 수 없다. 이제부터 이후로는 마땅히 전에 명령한 것과 같이 하여야 입조(入朝)한 사람이 일을 아뢸 수 있도록 할 것이며, 그를 평상시와 같이 대할 것이다. 모름지기 이러한 사정을 너의 나라 왕에게 고하고 알리도록 하라. 다만 당의 소식과 당에 있는 우리 사신 등원조신하청(藤原朝臣河淸) 등의 서신을 전하여 준 노고를 가상히 여겨 대재부에 명령하여 안치시키고 잔치를 베풀 것이니 마땅히 그것을 알라." 그리고 신라 국왕에게 녹(祿)으로 시(絁) 25필, 실 100구(絇), 면(綿) 250둔(屯)을 내리고, 대사(大使) 김초정(金初正) 이하에게도 주었는데 각각 차등이 있었다. (『續日本紀』 30 稱德紀)

신라 3월에 흙비가 내렸다. (『三國史記』 9 新羅本紀 9)

신라 3월에 흙비가 내렸다. (『三國史節要』 12)

신라 여름 4월에 왕이 서원경으로부터 돌아왔다. (『三國史記』 9 新羅本紀 9)

신라 여름 4월에 왕이 서원경으로부터 돌아왔다. (『三國史節要』 12)

신라 5월 11일에 혜성이 오거(五車) 북쪽에 나타났다가 6월 12일에 이르러 없어졌다. (『三國史記』 9 新羅本紀 9)

신라 5월에 혜성이 오거 북쪽에 나타났다가 6월에 이르러 이에 없어졌다. (『三國史節要』 12)

백제 (5월) 계유일(12)에 우경대부(右京大夫) 종4위하(從4位下) 훈4등(勳4等) 백제조신(百濟朝臣) 족인(足人)이 죽었다. (『續日本紀』 30 稱德紀)

신라 (5월) 29일에 호랑이가 집사성(執事省)에 들어왔으므로 잡아 죽였다. (『三國史記』 9 新羅本紀 9)

백제	(7월 경진일(20)) 정5위상(正5位上) 백제왕 이백(理伯)·정5위하(正5位下) 기조신(紀朝臣) 익마려(益麻呂)에게 모두 종4위하(從4位下)를 주었다. (…) (『續日本紀』 30 稱德紀)
고구려	(8월 계사일(4)) 종3위(從3位) 문실진인 대시(文室眞人 大市)·고려조신(高麗朝臣) 복신(福信)·등원조신(藤原朝臣) 숙내마려(宿奈麻呂)·등원조신(藤原朝臣) 어명(魚名), 종4위하(從4位下) 등원조신(藤原朝臣) 풍마려(楓麻呂)·등원조신(藤原朝臣) 가의(家依), 정5위하(正5位下) 갈정련도의(葛井連道依)·석천조신(石川朝臣) 원수(垣守), 종5위하(從5位下) 태조신(太朝臣) 견양(犬養), 6위(6位) 11명을 어장속사(御裝束司)로 삼았다. (…) (『續日本紀』 30 稱德紀)
고구려	(8월 정사일(28)) 조궁경(造宮卿) 종3위(從3位) 고려조신(高麗朝臣) 복신(福信)을 겸무장수(兼武藏守)로 삼았다. (…) (『續日本紀』 30 稱德紀)
신라	가을 8월에 대아찬 김융(金融)이 반란을 일으켰다가 목베어 죽임을 당했다. (『三國史記』 9 新羅本紀 9)
신라	가을 8월에 대아찬 김융이 반란을 일으켰다가 목베어 죽임을 당했다. (『三國史節要』 12)
백제	(겨울 10월 계축일(25)) 종5위하(從5位下) 거세조신(巨勢朝臣) 거세야(巨勢野)·백제왕 명신(明信)에게 모두 정5위하(正5位下)를 주었다. (…) (『續日本紀』 31 光仁紀)
백제	(겨울 10월 갑인일(26)) 원외개(員外介) 정6위상(正6位上) 백제공 수통(水通)에게 외종5위하(外從5位下)를 주었다. (…) (『續日本紀』 31 光仁紀)
신라	겨울 11월에 경도(京都)에 지진이 일어났다. (『三國史記』 9 新羅本紀 9)
신라	겨울 11월에 경도에 지진이 일어났다. (『三國史節要』 12)
신라	12월에 시중 김은거(金隱居)가 관직에서 물러났으므로 이찬 정문(正門)을 시중으로 삼았다. (『三國史記』 9 新羅本紀 9)
신라	12월에 시중 김은거가 관직에서 물러났으므로 이찬 정문을 시중으로 삼았다. (『三國史節要』 12)
신라	또 경덕왕은 황동(黃銅) 12만근을 희사하여 부왕이신 성덕왕(聖德王)을 위하여 큰 종 하나를 주조하고자 하였으나 완성하지 못하고 세상을 떠나니, 그 아들 혜공대왕(惠恭大王) 건운(乾運)이 대력(大曆) 경술년(庚戌年:770) 12월에 유사(有司)에게 명하여 공인들을 모아 능히 그것을 완성하여 봉덕사에 안치하였다. 이 절은 곧 효성왕(孝成王) 개원(開元) 26년 무인년(戊寅年:738)에 부왕인 성덕대왕의 명복을 빌기 위하여 창건한 것이다. 그러므로 종명(鍾銘)에는 '성덕대왕신종지명(聖德大王神鍾之銘)'이라 하였다[성덕대왕은 곧 경덕의 아버지로 전광대왕(典光大王)이다. 종은 본래 경덕대왕이 아버지를 위하여 시주한 금이었으므로 성덕종(聖德鍾)이라 한다]. 조산대부(朝散大夫) 전태자사의랑(前太子司議郞) 한림랑(翰林郞) 김필월(金弼奧)이 임금의 교지를 받들어 종명을 지었는데, 글이 번다하므로 수록하지 않는다. (『三國遺事』 3 塔像 4 皇龍寺鍾 芬皇寺藥師 奉德寺鍾)

신라 진표율사(眞表律師)가 (…) 불상을 갑진년(764) 6월 9일에 주성하여 병오년(766, 혜공왕 2) 5월 1일에 금당에 안치되었으니, 이해는 대력(大曆) 원년이다. 진표가 금산사를 나와 속리산으로 향하였는데 길에서 소달구지를 탄 사람을 만났다. 그 소들이 진표 앞을 향해 와서 무릎을 꿇고 울었다. 소달구지를 탄 사람이 내려서 묻기를 "어떤 이유로 이 소들이 화상을 보고 우는 것입니까. 화상은 어디에서 오시는 것입니까"라고 하였다. 진표가 말하기를 "나는 금산수(金山藪)의 진표라는 승려인데, 나는 일찍이 변산(邊山)의 불사의방(不思議房)에 들어가서 미륵·지장 두 성전에서 친히 계법과 진생(眞性)을 받고 절을 짓고 머물러 오래 수도할 곳을 찾고자 한 까닭으로 온 것이다. 이 소들은 겉은 미련하나 속은 현명하여 내가 계법을 받은 것을 알고 법을 중하게 여기는 까닭으로 무릎을 꿇고 우는 것이다"라고 하였다. 그 사람은 듣기를 마치고 이내 "축생도 항상 이와 같은 신심(信心)이 있는데 하물며 나는 사람으로 어찌 마음이 없겠는가"라고 하고 즉 손으로 낫을 잡고 스스로 머리카락을 잘라 버렸다. 진표는 자비심으로써 다시 머리를 깎아주고 계를 주었다. 속리산 골짜기에 이르러 길상초(吉祥草)가 핀 곳을 보고 그것을 표시해 두었다. 돌아서서 명주(溟州) 해변으로 향하여 천천히 가는데 물고기, 자라 등의 무리가 바다에서 나와 진표의 앞으로 와서 몸을 이어 육지처럼 만드니, 진표가 그것을 밟고 바다로 들어가 계법을 암송하고 돌아서 나왔다. 가다가 고성군(高城郡)에 이르러 개골산(皆骨山)에 들어가 비로소 발연수(鉢淵藪)를 창건하고 점찰법회를 열었다. (『三國遺事』 4 義解 5 關東楓岳鉢淵藪石記)

신라 대력(766~779) 초년에 절도사(節度使)·상국(相國) 최녕(崔寧)이 이 사찰을 창건하고 이름붙였다. 수리공사가 끝나기 전에 곧 팽주(彭州) 천칙산(天飭山) 혜오선사(惠悟禪師)를 맞이하여 머물게 하였는데, 선사는 곧 무상대사(無相大師)의 승당(升堂) 제자이다. (『全唐文』 617 菩提寺 置立記)

771(辛亥/신라 혜공왕 7/발해 문왕 35, 大興 35/唐 大曆 6/日本 寶龜 2)

발해 (6월) 임오일(27)에 발해국 사신 청수대부(靑綬大夫) 일만복(壹萬福) 등 325명이 배 17척을 타고 출우국(出羽國)의 적지(賊地)인 야대주(野代湊)에 도착하였다. 상륙국(常陸國)에 안치하고 물건을 공급하였다. (『續日本紀』 31 光仁紀)

발해 광인천황(廣仁天皇) 보귀 2년 6월 임오일[27] (『類聚國史』 193 殊俗部 渤海 上)

백제 (7월 정미일(23)) 종5위하(從5位下) 백제왕 무경(武鏡)을 주계두(主計頭)로 삼았다. (…) 종4위하(從4位下) 백제왕 이백(理伯)을 이세수(伊勢守)로 삼았다. (…) 종5위하(從5位下) 백제왕 이선(利善)을 찬기원외개(讚岐員外介)로 삼았다. (…) (『續日本紀』 31 光仁紀)

발해 (10월) 병인일(14)에 발해국 사신 청수대부(靑綬大夫) 일만복(壹萬福) 이하 40명을 불러 새해를 축하하는 조회에 참석하게 하였다. (『續日本紀』 31 光仁紀)

발해 광인천황 보귀 2년 10월 병인일[14] (『類聚國史』 193 殊俗部 渤海 上)

발해 (12월) 계유일(21)에 발해 사신 일만복(壹萬福) 등이 서울에 들어왔다. (『續日本紀』 31 光仁紀)

발해 광인천황 보귀 2년 12월 계유일[21] (『類聚國史』 193 殊俗部 渤海 上)

신라 성덕대왕신종의 명

조산대부 겸 태자사의랑 한림랑인 김필오가 왕명을 받들어 지음.

무릇 지극한 도는 형상의 바깥을 포함하므로 보아도 그 근원을 볼 수가 없으며, 큰 소리는 천지 사이에 진동하므로 들어도 그 울림을 들을 수가 없다. 이 때문에 가설을 열어서 삼승의 심오한 가르침을 관찰하게 하고 신령스런 종을 내걸어서 일승의 원만한 소리를 깨닫게 한다. 대저 종이라고 하는 것은 인도에 상고해보면 카니시카왕에게서 증험할 수 있고, 중국에서 찾아보면 고연이 처음 만들었다. 텅 비어서 능히 울리되 그 반향이 다함이 없고, 무거워서 굴리기 어렵되 그 몸체가 주름잡히지 않는다. 그래서 왕자의 으뜸가는 공적을 그 위에 새기니, 중생들이 괴로움을 떠나는 것도 그 속에 있다. 엎드려 생각컨대 성덕대왕께서는 덕은 산하처럼 드높았고 명성은 해와 달처럼 높이 걸렸으며, 충성스럽고 어진 사람을 등용하여 풍속을 어루만지고 예절과 음악을 받들어 풍속을 관찰하셨다. 들에서는 근본이 되는 농사에 힘썼으며, 시장에서는 남용되는 물건이 없었다. 당시 사람들은 재물을 싫어하고 문재(文才)를 숭상하였다. 아들의 죽음에 상심하지 않고 나이 많은 이의 훈계에 마음을 두었다. 40여 년 동안 나라에 임하여 정사에 힘써서 한 해라도 전쟁으로 백성을 놀라게 한 적이 없었다. 그래서 사방의 이웃나라와 멀고 먼 나라가 오로지 왕의 교화를 사모하는 마음만 있었지 일찍이 전쟁을 엿보는 일은 없었다. 그러니 연(燕)나라와 진(秦)나라에서 사람을 잘 쓰고 제(齊)나라와 진(晉)나라가 교대로 패업을 완수한 일을 가지고 어찌 나란히 말할 수 있으리오. 그러나 돌아가실 날은 예측하기 어렵고 죽음은 쉽게 찾아온다. 돌아가신지 지금까지 34년이다. 근래에 효성스런 후계자인 경덕대왕께서 세상을 다스리실 때 큰 왕업을 이어 지켜 뭇 정사를 잘 보살폈으나, 일찍이 어머니를 여의어 세월이 흐를수록 그리움이 일어났으며 거듭 아버지를 잃어 텅 빈 대궐을 대할 때마다 슬픔이 더하였으니, 조상을 생각하는 정은 점점 슬퍼지고 명복을 빌려는 마음은 더욱 간절하여졌다. 삼가 구리 12만 근을 희사하여 1장이나 되는 종 1구를 주조하고자 하였으나, 그 뜻이 이루어지기도 전에 문득 세상을 떠나셨다. 지금의 우리 성군께서는 행실이 조상에 부합하고 그 뜻이 지극한 도리에 부합되어 빼어난 상서로움이 과거보다 기이하며 아름다운 덕은 현재의 으뜸이다. 온 거리의 용이 궁궐의 계단에 음덕의 비를 뿌리고 온 하늘의 천둥이 대궐에 울렸다. 쌀이 열매달린 숲이 변방에 축축 늘어지고 연기가 아닌 색이 서울에 환히 빛났다. 이러한 상서는 곧 태어나신 날과 정사에 임한 때에 응답한 것이다. 우러러 생각컨대 태후께서는 은혜로움이 땅처럼 평평하여 백성들을 어진 교화로 교화하시고 마음은 하늘처럼 맑아서 부자(경덕왕과 혜공왕)의 효성을 장려하셨다. 이는 아침에는 왕의 외숙의 어짐과 저녁에는 충신의 보필을 받아 말을 가리지 않음이 없으니 어찌 행동에 허물이 있으리오. 이에 유언을 돌아보고 드디어 옛뜻을 이루고자 하였다. 유사(有司)에서 일을 준비하고 기술자들은 밑그림을 그렸다. 때는 신해년 12월이었다. 이때 해와 달이 교대로 빛나고 음양의 기운이 조화롭고 바람은 따뜻하고 하늘은 고요한데, 신성한 그릇(鍾)이 완성되었다. 형상은 산이 솟은 듯하고 소리는 용의 소리 같았다. 위로는 유정천의 꼭대기까지 꿰뚫고 아래로는 귀허(歸墟)의 밑바닥까지 통하였다. 그것을 본 자는 기이하다고 칭송하고 그것을 들은 자는 복을 받았다. 원컨대 이 오묘한 인연으로 존엄한 영령을 받들어 도와서 두루 들리는 맑은 소리를 듣고 말을 초월한 법연에 올라감에 과거·현재·미래를 꿰뚫는 뛰어난 마음에 계합하고 일승의 참된 경계에 머물게 하며, 나아가 왕손들이 금으로 된 가지처럼 영원히 번성하고 나라의 왕업이 철위산처럼 더욱 번창하며, 모든 중생들이 지혜의 바다에서 함께 파도치다가 같이 세속을 벗어나서 아울러 깨달음의 길에 오르소서. 신 필오는 졸렬하여 재주가 없음에도 감히 성스런 왕명을 받들어 반고의 붓을 빌리고 육좌의 말에 따라 그 서원하는 뜻을 서술하며 종에 명을 기록하노라.

한림대 서생인 대나마 김부환이 쓰다.
그 사(詞)에 이르되, 하늘에 천문이 걸리고 대지에 방위가 열렸으며, 산과 물이 나란히 자리잡고 천하가 나뉘어 뻗쳤다. 동해 가에 뭇 신선이 숨은 곳, 땅은 복숭아 골짜기에 머물고 경계는 해뜨는 곳에 닿았다. 이에 우리나라가 있어 합하여 한 고을이 되었다. 크고도 크도다 성인의 덕이여 세상에 드물 만큼 더욱 새롭다. 오묘하고도 오묘하도다 맑은 교화여 멀고 가까운 곳에서 능히 이르게 하였다. 은혜를 멀리까지 입게 하고 물건을 줌에 고루 젖게 하였다. 무성하도다 모든 자손이여 안락하도다 온갖 동포여. 수심어린 구름이 문득 슬퍼지니, 지혜의 태양에 봄이 없구나. 공경스럽고 효성스런 후손이 왕업을 이어 기틀을 베풀었다. 풍속을 다스리되 옛 것에 따르니, 풍속을 옮아감에 어찌 어김이 있으랴. 매일 부친의 가르침을 생각하고 항상 모친의 모습을 그리워하였다. 다시 복을 닦고자 하늘 종으로서 빌었다. 위대하도다 우리 태후시여 왕성한 덕이 가볍지 아니하도다. 보배로운 상서가 자주 출현하고 영험스런 부응이 매양 생겨났다. 임금이 어질매 하늘이 돕고 시절은 태평하고 나라는 평안하였다. 조상을 생각하기를 부지런히 하고 그 마음을 따라 서원을 이루었다. 이에 유명을 돌아보고 이에 종을 베꼈다. 사람과 귀신이 힘을 도와 진기한 그릇이 모습을 이루었다. 능히 마귀를 항복시키고 물고기와 용을 구제할 만하다. 위엄이 동방에 떨치고 맑은 소리는 북쪽 봉우리에 울렸다. 듣는 이나 보는 이가 모두 믿음을 일으켜 꽃다운 인연을 진실로 씨뿌렸다. 원만하게 빈 속에 신기한 몸체가 바야흐로 성인의 자취를 드러내었다. 영원히 큰 복이 되고 항상 장중하리라.
한림랑 급찬 김필오가 왕명을 받들어 짓고, 대조 대나마 요단이 쓰다.
검교사 병부령 겸 전중령 사어부령 수성부령 감사천왕사부령이자 아울러 검교진지대왕사사 상상 대각간 신 김옹 검교사 숙정대령 겸 수성부령 검교감은사사 각간 신 김양상 부사 집사부의 시랑 아찬 김체신 판관 우사록관사 급찬 김충득 판관 급인 김충봉 판관 대나마 김여잉유 녹사 나마 김일진 녹사 나마 김장간 녹사 대사 김△△
대력 6년 세차 신해(771) 12월 14일 주종대박사 대나마 박종일(朴從鎰)
차박사(次博士) 나마 박빈내(朴賓奈) 나마 박한미(朴韓味) 대사 박부부(朴負缶) (「聖德大王神鍾」)

신라 신해년에 인양사종(仁陽寺鍾)이 완성되었다. (「昌寧塔金堂治成文記碑」 뒷면))

772(壬子/신라 혜공왕 8/발해 문왕 36 大興 36/唐 大曆 7/日本 寶龜 3)

발해 봄 정월 임오일 초하루에 천황이 태극전(大極殿)에서 조회를 받았다. 문무백관과 발해의 번객(蕃客), 육오(陸奧)·출우(出羽)의 하이(蝦夷)가 각각 의례에 따라 절하고 새해를 축하하였다. 내전에서 차시종(次侍從) 이상에게 잔치를 베풀고 물건을 내려 주었는데, 각각 차등이 있었다. (『續日本紀』 32 光仁紀)

발해 (봄 정월) 갑신일(3)에 천황이 임헌(臨軒)하자 발해국사 청수대부(靑綬大夫) 일만복(壹萬福) 등이 방물을 바쳤다. (『續日本紀』 32 光仁紀)

발해 (광인천황(廣仁天皇) 보귀) 3년 정월 갑신일[3] (『類聚國史』 193 殊俗部 渤海 上)

발해 (봄 정월) 정유일(16)에 앞서 일만복(壹萬福)에게 발해국왕의 표가 무례함을 책망하고 문책하였는데, 이 날 일만복 등에게 말하였다. “만복(萬福) 등은 진실로 발해왕의 사자인데, 올린 표는 어찌 그렇게 예에 어긋나고 무례한가. 이 때문에 그 표를 거둘 수 없다.” 만복 등이 말하였다. “대저 신하된 사람의 도리는 임금의 명령을 어기지 않는 것입니다. 이 때문에 봉함(封函)을 의심하지 않고 바로 올렸습니다. 그런데 이제 예에 어긋난다고 하여 봉함을 물리치시니 만복 등은 실로 매우 두려워 떱니다. 이에 땅에 엎드려 다시 절하고 울면서 거듭 아룁니다. 임금은 모두 같습니다. 신들은 본국에 돌아가면 반드시 죄를 받게 될 것입니다. 지금 이미 멀리 바다를 건너 성조(聖朝)에 와 있으니 가볍거나 무겁거나 죄를 감히 피할 수는 없을 것입니다." (『續日本紀』 32 光仁紀)

발해 (광인천황 보귀 3년 정월) 정유일[16] (『類聚國史』 193 殊俗部 渤海 上)

발해 (봄 정월) 경자일(19)에 발해국의 신물(信物)을 일만복(壹萬福)에게 되돌려 주었다. (『續日本紀』 32 光仁紀)

발해 (광인천황 보귀 3년 정월) 경자일[19] (『類聚國史』 193 殊俗部 渤海 上)

발해 (봄 정월 병오일(25))에 (…) 발해 사신 일만복(壹萬福) 등이 표문을 고쳐 짓고 왕을 대신하여 사죄하였다. (『續日本紀』 32 光仁紀)

발해 (광인천황 보귀 3년 정월) 병오일[25] (『類聚國史』 193 殊俗部 渤海 上)

신라 봄 정월에 이찬 김표석(金標石)을 보내 당에 조공하고 새해를 축하했다. 대종(代宗)이 위위원외소경(衛尉員外少卿)을 제수하여 돌려보냈다. (『三國史記』 9 新羅本紀 9)

신라 봄 정월에 이찬 김표석을 보내 당에 가서 새해를 축하했다. 황제가 위위원외소경을 제수하여 그를 돌려 보냈다. (『三國史節要』 12)

신라 (대력) 7년 사신 김표석을 보내 와서 새해를 축하했다. 위위원외소경을 제수하여 돌려 보냈다. (『舊唐書』 199上 列傳 149上 新羅)

신라 (대력) 7년 사신 김표석을 보내 와서 새해를 축하했다. 위위원외소경을 제수하여 돌려 보냈다. (『唐會要』 95 新羅)

신라 (당서) 또 말하였다. "대력 7년에 신라왕 김건운(金乾運)이 사신 김표석을 보내 와서 새해를 축하했다." (『太平御覽』 781 四夷部 2 東夷 2 新羅)

발해 (2월 계축일(2)) 이 날 조당(朝堂)에서 5위(位) 이상 및 발해의 번객(蕃客)에게 잔치를 베풀고 3종류의 음악을 연주하였다. 만복(萬福) 등이 들어와 자리에 나아가서 아뢰었다. "올린 바의 표문이 상례에 어긋났기 때문에 표함(表函)과 신물(信物)을 물리치셨습니다. 그런데 성조(聖朝)께서는 은혜를 두터이 하고 긍휼을 내려서 만복 등을 손님의 예에 참여케 하시고 작록(爵祿)도 더하여 주셨습니다. 뛸듯이 기쁜 마음을 이기지 못하고 삼가 받들어 대궐의 뜰에서 절합니다." 대사(大使) 일만복(壹萬福)에게 종3위(從3位)를 주고, 부사(副使)에게 정4위하(正4位下), 대판관(大判官)에게 정5위상(正5位上), 소판관(少判官)에게 정5위하(正5位下), 녹사(錄事)와 역어(譯語)에게 모두 종5위하(從5位下)를 주었다. 녹색 관복을 입은 품관(品官) 이하에게도 차등이 있게 주었다. 국왕에게 미농시(美濃絁) 30필, 견 30필, 사(絲) 200구(絇), 조면(調綿) 300둔(屯)을 내려 주고 대사 壹萬福 이하에게도 역시 각각 차등이 있게 주었다. (『續日本紀』 32 光仁紀)

발해 (광인천황 보귀 3년) 2월 계축일[2] (『類聚國史』 193 殊俗部 渤海 上)

발해 (2월) 기묘일(28)에 발해왕에게 칙서를 내려 말하였다. "천황은 삼가 고려국왕에게 문안한다. 짐이 선대의 뒤를 이어 왕위에 올라 천하를 다스림에 은혜가 다른 사람에게 두루 미치기를 생각하고 백성을 편안하게 하였으니, 온 천하가 화합하여 한 자리에 모이고 온 천하가 은혜로워 특별한 이웃으로 격의가 없게 되었다. 옛날 고려의 전성기 때에 그 왕 고무(高武)는 조상 대대로 바다 밖에 있으면서 형제와 같이 친하고 군신과 같이 의로워, 바다를 건너고 산을 넘어 조공을 계속하였다. 그런데 말기가 되어 고씨가 망한 이래로 소식이 끊어졌다. 그러다가 신구 4년(727)에 이르러 왕의 선고(先考)인 좌금오위대장군(左金吾衛大將軍) 발해군왕이 사신을 보내어 내조하여 비로소 직공(職貢)을 닦았다. 선조(聖武天皇)께서는 그 참된 마음을 가상히 여겨 총애하여 대우함이 더욱 두터웠다. 왕은 유풍(遺風)을 계승하고 전왕의 유업(遺業)을 이어 정성스럽게 직공을 닦아 집안의 명성을 떨어뜨리지 않았다. 그런데 이제 보내온 글을 살펴보니 갑자기 부친이 행하던 법식을 고쳐, 날짜 아래에 관품(官品)과 성명을 쓰지 않고 글의 말미에 거짓되게 천손임을 참칭하는 칭호를 써놓았다. 멀리 왕의 뜻을 헤아려보면 어찌 이럴 수 있을까 싶으며, 가깝게는 일의 형편을 생각건대 착오일 듯 의심된다. 그러므로 담당 관리에게 명하여 손님에 대한 예우를 멈추도록 하였다. 다만 사신 만복 등은 전의 허물을 깊이 뉘우치고 왕을 대신하여 사죄하므로 짐이 멀리서 온 것을 불쌍히 여겨 그 뉘우치고 고침을 들어주었다. 왕은 이 뜻을 모두 알아서 길이 좋은 계획을 생각하라. 고씨의 때에는 병란이 그치지 않아 우리 조정의 위엄을 빌리기 위하여 그쪽에서 형제를 칭하였다. 바야흐로 이제 대씨(大氏)는 일찍이 아무 일 없이 편안한 연고로 함부로 외숙과 생질이라 칭하는데 (그것은) 예를 잃은 것이다. 뒷날의 사신은 다시는 그래서는 안 된다. 만약 지난날을 뉘우치고 스스로 새로워진다면 진실로 우호를 이음이 끝이 없을 것이다. 봄날의 날씨가 점점 따뜻해지고 있다. 왕은 즐겁게 지내기를 바란다. 이제 돌아가는 사신편에 이러한 마음을 표하고 아울러 별도와 같이 물건을 보낸다." (『續日本紀』 32 光仁紀)

발해 (광인천황 보귀 3년 2월) 기묘일[28] (『類聚國史』 193 殊俗部 渤海 上)

발해 (2월) 경진일(29)에 발해의 번객(蕃客)이 귀향하였다. (『續日本紀』 32 光仁紀)

발해 (광인천황 보귀 3년 2월) 경진일[29] (『類聚國史』 193 殊俗部 渤海 上)

고구려 선의랑(宣義郞)·당(唐) 수(守) 당주자구현령(唐州慈丘縣令) 소공(邵公)의 고(故) 부인 고씨(高氏) 묘지

고씨부인(高氏夫人)의 성은 고씨이고 발해(渤海) 사람이다. 제(齊)의 여러 후예는 훌륭한 가문의 전통을 대대로 전하는 것으로 명망이 있으나, 이 사실은 가첩(家牒)에 상세하여 여기서는 갖추어 말하지 않겠다. 증조는 당(唐)의 조선왕(朝鮮王)이었고, 조부는 이름이 연(連)으로 당이 조선군왕(朝鮮郡王)이었으며, 부친 진(震)은 정주별가(定州別駕)였다. 조부도 부친도 규장(珪璋)처럼 고결하였다. 대체로 영달한 제후에 봉해져 급제한 선비 중에서 향유하는 것은 공훈을 이룬 것이고, 반자(半刺)·제여(題輿)·치중(治中)·별가(別駕)를 역임하는 것은 영예의 반열에 이른 것이니, 덕망이 두루 미치고 명성이 세상에 퍼진 것이 이제 분명히 드러났다.

부인은 고진(高震)의 넷째 딸로, 어려서 유순하였고 장성해서는 인정이 많고 아름다웠다. 비녀를 꽂을 나이에 이르자 군자에게 시집가서 당주(唐州) 자구현장(慈丘縣長) 소합(邵陜)의 부인이 되었다. 봉황이 상서로운 조짐에 화답하고 새끼 양과 기러기가 혼례식에서 빛났으며, 행동거지에서는 손님 대하듯이 공격스러웠고 음식 마련에는 남편을 공경히 섬기는 절도를 드러냈다. 집안 화목에 힘쓰고 부부 사이에 친애하였으니, 부부는 순종의 도리를 다했다고 말할 수 있다. 슬프도다, 서로 해로하려는 소원이 깨지고 먼저 이슬처럼 스러지는 조짐이 일어났으니, 진실로 슬프구나. 곧 대력(大曆) 7년(772) 임자년(壬子年) 2월28일에 병에 걸려 낙양(洛陽) 이신리(履信里)의 사저(私邸)에서 사망하였다. 그 해 3월21일에 이궐현(伊闕縣) 오촌(吳村) 토문(土門)의 동남쪽 들판에 새로 쓴 무덤에 임시로 매장하였으니, 예의에 합당하였다. 아아,

향년이 길지 않아서 나이가 42세였다. 사자(嗣子)는 태복(太福)·태초(太初)·태허(太虛) 등 5명이었는데, 모두 어린아이들로 피눈물을 흘리며 울었다. 어린 아들은 사제(社祭)를 폐지하게 하는 효성이 있었고, 남편은 멀리 여묘(廬墓)를 바라보는 비탄이 컸으니, 이웃을 감동시켰고 친척들은 슬프게 하였다. 이에 돌에 명문(銘文)을 새기니, 세상이 변하기에 기록해두는 것이로다. 명문은 다음과 같다. 오얏과 어린 복숭아가 초봄의 교태를 부리는데 군자의 배필이 되어 고운 사람이 되었고, 부인의 도리를 갖추었으니 누가 더불어 짝하겠는가. 염교의 이슬이고 바람 앞의 촛불이도다. 영혼은 어둠 속에 들어가 더 이상 계속되지 못하고, 산 아래 물 북쪽에 오래된 삿나무와 추위에도 꿋꿋한 소나무가 빽빽하게 우거져 있으니, 부인의 영구가 행인을 슬프게 하도다. (「高氏夫人 墓誌銘」)

신라 (당 대종 대력 7년) 5월 정미일(27)에 신라에서 김표석(金標石)을 보내어 와서 신년을 축하하였다. 위위원외소경(衛尉員外少卿)을 제수하고 본국으로 돌려보냈다. (『册府元龜』 976 外臣部 21 褒異 3)

신라 (당 대종 대력) 7년 5월에 신라에서 (…) 각각 사신을 보내 조공하였다. (『册府元龜』 972 外臣部 17 朝貢 5)

발해 (9월) 무술일(21)에 (…) 송발해객사(送渤海客使)인 무생조수(武生鳥守) 등이 밧줄을 풀고 바다로 나아갔는데, 갑자기 폭풍을 만나 능등국(能登國)에 표착하였다. 객주(客主)는 간신히 죽음을 면하여 곧 복량진(福良津)에 안치되었다. (『續日本紀』 32 光仁紀)

발해 (광인천황 보귀 3년) 9월 무술일[21] (『類聚國史』 193 殊俗部 渤海 上)

발해 (대력 7년) 이 가을 곡식이 익어갈 때 회흘(迴紇)·토번(吐蕃)·대식(大食)·발해·실위(室韋)·말갈·거란·해(奚)·장가(牂柯)·강국(康國)·석국(石國)이 모두 사신을 보내어 조공하였다. (『舊唐書』 11 本紀 11 代宗)

발해 (당 대종 대력) 7년 12월에 회흘(廻紇)·토번(吐蕃)·대식(大食)·발해·말갈·실위(室韋)契거란·해(奚)가 (…) 각각 사신을 보내어 조공하였다. (『册府元龜』 972 外臣部 17 朝貢 5)

발해 (…) 다시 편지를 써서 주희채(朱希彩)에게 바치니, 주희채가 공(公)을 받아들였다. 그러니 공이 제갈량(諸葛亮)과 장소(張昭)같이 뛰어난 계략을 갖추었고, 자공(子貢)과 자로(子路)같이 말주변과 용감성에 빼어났음을 알 수 있다. 입발해사(入渤海使)에 임명되어 외부와 문을 열어 멀리 변방과 통할 수 있도록 함에 따라 다시 은청광록대부(銀靑光祿大夫), 시전중감(試殿中監), 상부공(尙膚公)에 가수(加授)되었다. (…) (「張光祚墓誌」)

발해 범양(范陽) 장공(張公)의 이름은 광조(光祚)이고 자(字)도 광조이다. 우리 마을 사람의 자랑이다. (…) 입발해사(入渤海使)로 뽑혀서 바깥 문을 열고 멀리 가서 통하였다. (…) (「唐故殿中監張君墓誌」)

773(癸丑/신라 혜공왕 9/발해 문왕 37 大興 37/唐 大曆 8/日本 寶龜 4)

발해 (2월) 을축일(20)에 발해의 부사(副使) 정4위하(正4位下) 모창록(慕昌祿)이 죽었다.

사신을 보내어 조문하였다. 종3위(從3位)를 추증하고 부의(賻儀)를 법령대로 하였다. (『續日本紀』 32 光仁紀)

발해 (광인천황(廣仁天皇) 보귀) 4년 2월 을축일[20] (『類聚國史』 193 殊俗部 渤海 上)

고구려 (2월) 임신일(27)에 일찍이 조궁경(造宮卿) 종3위(從3位) 고려조신(高麗朝臣) 복신(福信)이 양매궁(楊梅宮)을 짓는 일을 전적으로 주관하였는데, 이 때에 이르러 궁(宮)이 완성되자 그의 아들 석마려(石麻呂)에게 종5위하(從5位下)를 주었다. 이 날에 천황이 양매궁으로 거처를 옮겼다. (『續日本紀』 32 光仁紀)

신라 여름 4월에 사신을 보내 당에 가서 새해를 축하하고, 금·은·우황(牛黃)·어아주(魚牙紬)·조하주(朝霞紬) 등의 토산물을 바쳤다. (『三國史記』 9 新羅本紀 9)

신라 여름 4월에 사신을 보내 당에 가서 새해를 축하하고, 금·은·우황(牛黃)·어아주(魚牙紬)·조하주(朝霞紬) 등의 토산물을 바쳤다. (『三國史節要』 12)

신라 발해 (당 대종 대력) 8년 4월에 발해가 사신을 보내와서 조회하였다, 아울러 방물을 바쳤다. (…) 신라가 사신을 보내 새해를 축하하고 연영전(延英殿)에서 알현하였다, 아울러 금·은·우황(牛黃)·어아주(魚牙紬)·조하주(朝霞紬) 등의 토산물을 바쳤다. (『册府元龜』 972 外臣部 17 朝貢 5)

신라 (대력) 8년에 사신을 보내 와서 조회하였다. 아울려 금·은·우황(牛黃)·어아주(魚牙紬)·조하주(朝霞紬) 등의 토산물을 바쳤다. (『唐會要』 95 新羅)

신라 (당서에 또 말하였다. 대력) 8년에 또 사신을 보내 금·은·우황(牛黃)·어아주(魚牙紬)·조하주(朝霞紬) 등을 바쳤다. (『太平御覽』 781 四夷部 2 東夷 2 新羅)

발해 대력 8년 여름 5월 27일에 우금오위대장군(右金吾衛大將軍) 안동도호공(安東都護公)이 낙영(洛陽) 교업리(教業里)의 사제(私第)에서 죽었다. 나이는 73세였다. (…) 공의 이름은 진(震)이고 자(字)는 모(某)이다. 발해 사람이다. (…) (「高震 墓誌銘」)

발해 (6월) 병진일(12)에 능등국(能登國)에서 말하였다. "발해국사 오수불(烏須弗) 등이 한 척의 배를 타고 부하(部下)에 도착하였습니다. 사인(使人)을 보내어 조사하니 오수불(烏須弗) 등이 글로 보고하기를 '발해와 일본은 오랜 동안 사이좋은 이웃으로 왕래하고 조빙(朝聘)하며 형과 아우같이 지냈다. 근래에 일본의 사신 내웅(內雄) 등이 발해국에 머물러 음성(音聲)을 배우고 본국으로 돌아갔는데 이제 10년이 지나도록 안부를 알리지 않아, 이로 말미암아 대사(大使) 일만복(壹萬福) 등을 뽑아 일본국으로 보내어 조정에 나아가 의논하게 하였다. 그런데 4년이 지나도록 본국으로 돌아오지 않으므로 대사 오수불 등 40명을 보내어 직접 조서를 받들게 하였다. 다시 다른 일은 없다'고 하였습니다. 부쳐 올린 바의 물건과 표서(表書)는 모두 배 안에 있습니다." (『續日本紀』 32 光仁紀)

발해 (광인천황 보귀 4년) 6월 병진일[12] (『類聚國史』 193 殊俗部 渤海 上)

발해 (6월) 무진일(24)에 사신을 보내어 발해대사 오수불(烏須弗)에게 말하였다. "태정관(太政官)이 처분하여 지난 번의 사신 일만복(壹萬福) 등이 올린 표(表)의 말이 교만하였기 때문에 그 정황을 알리고 물러가게 한 일이 있었다. 그런데 지금 능등국(能登國)에서 말하기를 발해대사 오수불 등이 올린 표함(表函)도 예에 어긋나고 무례하다고 한다. 이 때문에 조정에 부르지 않고 바로 본국으로 돌려보내려 한다. 다만 표함이 예에 어긋나는 것은 사신들의 잘못이 아니고, 바다를 건너 멀리까지 온 일이 가상하므로 이에 녹(祿)과 길가는 동안의 양식을 내려 돌아가도록 하겠다. 또한 발

	해의 사신이 이 길을 취하여 내조(來朝)하는 것은 전부터 금한 일이다. 지금 이후로도 마땅히 옛날의 예에 따라 축자도(筑紫道)를 따라 내조하도록 하라." (『續日本紀』 32 光仁紀)
발해	(광인천황 보귀 4년 6월) 무진일[24] (『類聚國史』 193 殊俗部 渤海 上)
신라	6월에 사신을 보내 당에 가서 은혜에 감사하니, 대종이 연영전(延英殿)에서 인견(引見)하였다. (『三國史記』 9 新羅本紀 9)
신라	6월에 사신을 보내 당에 가서 은혜에 감사하니, 황제가 연영전에서 인견하였다. (『三國史節要』 12)
신라 발해	(당 대종 대력 8년 6월) 발해견사가 새해를 축하하였다. 신라에서 시신을 보내 은혜에 감사하니, 함께 연영전에서 인견하였다. (『册府元龜』 972 外臣部 17 朝貢 5)
발해	(10월) 을묘일(13)에 일만복(壹萬福)을 보내러 간 사신 정6위상(正6位上) 무생련조수(武生連鳥守)가 고려로부터 돌아왔다. (『續日本紀』 32 光仁紀)
발해	(광인천황 보귀 4년) 10월 을묘일[13] (『類聚國史』 193 殊俗部 渤海 上)
발해	(당 대종 대력 8년) 11월에 발해가 사신을 보내 조공하였다. (『册府元龜』 972 外臣部 17 朝貢 5)
백제	(윤11월) 계해일(23)에 산위(散位) 종4위하(從4位下) 백제왕 원충(元忠)이 죽었다. (『續日本紀』 32 光仁紀)
발해	(당 대종 대력 8년) 윤 11월 발해와 위실(室韋)이 함께 사신을 보내 와서 조회하였다. (『册府元龜』 972 外臣部 17 朝貢 5)
발해	대종 대력 8년 윤11월에 발해의 질자(質子)를 도수용곤(盜修龍袞)이 사로잡았다. 용서하여 말하였다. "중화의 문물을 흠모하여 황제가 불쌍히 여겨 그를 내버려두라." (『册府元龜』 41 帝王部41 寬恕)
신라	(대력) 8년에 사신을 보내 와서 조회하고 아울러 금·은·우황(牛黃)·어아주(魚牙紬)·조하주(朝霞紬) 등을 바쳤다. (『舊唐書』 199上 列傳 149上 新羅)
발해	(당 대종 대력 8년) 12월에 발해·실위(室韋)·장가(牂牁)가 함께 사신을 보내 와서 조회하였다. 해(奚)·거란·발해말갈(渤海靺鞨)이 함께 사신을 보내와서 조회하였다. (『册府元龜』 972 外臣部 17 朝貢 5)
신라	천둥이 벌레와 물고기를 놀라게 함으로 인하여 봄비가 어린 싹을 윤택하게 하니, 씨를 심으면 싹이 트고 구부러진 것은 곧게 되었다. 7~8년간 가르침을 청한 신자들이 혜각선사(惠覺禪師)를 우러러보고 절하는 경우에는 어두워도 선사에게 엎드렸다. (「惠覺禪師碑銘」)
신라	김일성(金日晟)의 성은 김씨(金氏)이고 이름은 일성(日晟)이며 자는 일용(日用)인데, 신라왕 △의 사촌형이다. 굳세고 위엄이 있으며 마음씀씀이가 사려깊었다. 참된 정성은 하늘이 내려주었고, 조정을 받들어 섬기는 데에 만국보다 솔선하였다. 황제가 이것을 가상히 여겨 거듭 은청광록대부(銀靑光祿大夫)·광록경(光祿卿)을 제수하니,

위계는 천계(天階)에 나열되고 이름은 국사(國史)에 올라 이어받아 남긴 공적은 전대의 사람들을 욕되게 하지 않았다. (「金日晟 墓誌銘」)

774(甲寅/신라 혜공왕 10/발해 문왕 38 大興 38/唐 大曆 9/日本 寶龜 5)

발해 (당 대종 대력) 9년 정월에 실위(室韋)와 발해가 함께 와서 조회하였다. (『冊府元龜』 972 外臣部 17 朝貢 5)

발해 (당) 대종 대력 9년 2월 신묘일(22)에 발해의 질자(質子) 대영준(大英俊)이 번(蕃)으로 돌아갔다. 영연전(延英殿)에서 인사(引辭)하였다. (『冊府元龜』 996 外臣部 41 納質)

신라 태정관(太政官)이 부(符)한다.
마땅히 사천왕사의 염상(埝像) 4구를 만들어야 할 것
우(右), 내대신(內大臣) 종2위 등원조신(藤原朝臣)의 선(宣)에 이르기를 "칙을 받들어, 듣건대 신라의 흉악한 무리(兇醜)들이 은의를 되돌아보지 않고 일찍이 독심을 품고 늘 저주를 하고 있습니다. 불신은 무고하기 어려우며 때로는 응보의 대가를 주기도 합니다. 모쪼록 대재부로 하여금 신라국을 똑바로 보고 있는 높고 청정한 땅(高顯淨地)에 해당 상을 만들어 그 재앙을 막도록 하라. 이에 정행승(淨行僧) 4인을 청하며 (…) " (…) 지금 이후부터는 영구히 항례로 삼도록 하라.
寶龜 5년 3월 3일 (『類聚三代格』 2 造佛佛名事)

신라 (3월 계묘일(4)) 이 날 신라국 사신 예부경(禮府卿) 사찬 김삼현(金三玄) 이하 235명이 대재부(大宰府)에 도착하였다. 하내수(河內守) 종5위상(從5位上) 기조신(紀朝臣) 광순(廣純)과 대외기(大外記) 외종5위하(外從5位下) 내장기촌전성(內藏忌寸全成) 등을 보내어 내조(來朝)한 까닭을 물었다. 삼현은 "우리나라 왕의 교를 받들어 옛날의 우호를 닦고 서로의 사신방문을 청하기 위함이다. 아울러 우리나라의 신물(信物)과 재당대사(在唐大使) 등원하청(藤原河淸)의 글을 가지고 내조하였다"라 말하였다. 그러자 "대저 옛날의 우호를 닦고 서로의 사신방문을 청하는 일은 대등한 이웃이어야만 하며 직공(職貢)을 바치는 나라로서는 옳지 않다. 또한 '공조(貢調)'를 '국신(國信)'이라고 고쳐 칭한 것도 옛 것을 바꾸고 상례를 고친 것이니 그 뜻이 무엇인가" 하고 물었다. 대답하기를 "우리나라의 상재(上宰) 김순정(金順貞)의 때에는 배와 노가 서로 이어졌으며 항상 직공을 닦았다. 이제 그 손자인 김옹(金邕)이 자리를 계승하여 정권을 잡고 있는데, 가문의 명성을 좇아서 공봉(供奉)하는 데 마음을 두고 있다. 이 때문에 옛날의 우호를 닦고 서로의 사신방문을 청하는 것이다. 또한 삼현은 본래 조(調)를 바치는 사신이 아닌데, 본국에서 문득 임시로 파견되어 오로지 토모(土毛)를 올리게 되었을 뿐이다. 그러므로 어조(御調)라 칭하지 않고 감히 편의대로 진술한 것이며, 나머지는 알지 못한다"라고 말하였다. 이에 신라의 입조(入朝)한 까닭을 물어보도록 보낸 사신 등에게 칙(勅)을 내려, "신라가 원래 신하를 칭하며 조를 바친 것은 예나 지금이나 다 아는 바이다. 그런데 옛날의 법규를 따르지 않고 함부로 새로운 뜻을 지어내어 조를 신물이라 칭하였다. 조정에서는 우호를 닦기 위해서 전례로 지금의 잘못을 바로잡는다. 특별히 달리 예우하지 말고 마땅히 바다를 건너는 식량만을 주어 조속히 돌려보내도록 하라"고 하였다. (『續日本紀』 33 光仁紀)

백제 (3월 갑진일(5)) 종4위하(從4位下) 백제왕 이백(理伯)을 우경대부(右京大夫)로 삼았다. (…) 종5위하(從5位下) 백제왕 무경(武鏡)을 출우수(出羽守)로 삼았다. (…) (『續

日本紀』 33 光仁紀)

신라　혜각선사(惠覺禪師)는 자연에 따라 편안하게 지내니, 병이 나도 기색이 변하지 않았다. 갑자기 대력(大曆) 9년 3월19일 밤에 돌아가셨다. (…) 7일 동안 변화가 보통 사람과 달랐다. 모든 사람들이 합심하였기 때문에 당연히 상태가 특별하였다. 심하게 울어서 (…) 더한 것이 없었으니 (…) 애통하고 활기가 없었다. (…) 장례식을 감호(監護)하니 넓은 △에서 일찍이 종△(從△)하였다. (「惠覺禪師碑銘」)

신라　대당△△△△사(寺) 고(故) 각선사(覺禪師) 비명(碑銘) 및 서(序) (…) 선사는 혜각(惠覺)이라고 하고 바다 건너 신라국인이었다. 성은 김△씨(金△氏) 국가가 다르고 △달랐다.△ 환속할 마음을 떠났으며, 마음속에 불교의 진리만 일어났다. 23세 때 구족계를 받았다. 마땅히 공부해서△ 없었다. 계율에 정통하여 △연구하여 유가종(瑜伽宗)의 넓은 논저△△ 광명을 가리고 오히려 흑암을 숭상한 현상에 놀라워하고 감정에 자극을 받았다. 그 해에 여러 차례 반성하여 불경에서 "일체법은 몽환과 같아 심식에서 멀리 떠났다"는 말이 있었는데, 불법이 △하는 바이다. △(불도)를 중원에서 행해야 한다. 내가 어찌 어두운 밤에 반딧불을 들겠는가. 대낮에 태양이 밝았는데, 나무를 깍아 노를 만들고 배로 바다를 건너 파도를 헤치고△ 일어났다. △그 땅에서 거중하여 10년 동안의 수행을 거쳐 이름을 드날렸다. 황제의 조칙에 따라 형주(邢州) 개원사(開元寺)에서 승적을 받았으나, 오랫동안 머물지는 않았다. △△ 깊은 조예였다. 몽괘를 점치는 것처럼 깨쳤다. 승려가 오랫동안 수행하여 명성을 얻어야 비로소 업적이 오래도록 유전될 수 있었다. 정토로 향하여 수행한 사람들이 △ 불경 △ 더럽지도 않고 △도 않았다. △ 그 때 낙양 하택사에 신회라는 선승이 있었는데 그는 명성이 있는 사람이었다. 남월의 혜능대사에게서 배우고 돈오의 법문을 널리 열었다. △ 그 다음에 지견을 밝혔다. 비유를 통해 깨닫게 하니 수확은 얻은 것과 같았다. 돌아가서 사유하던 중에 약간 미진한 부분이 있었기 때문에 다음 해에 다시 낙양에 가서 신회를 자기의 도사로 삼았다. 다시 △ 마음에 일어남이 없으면 이것이 참다운 무념이다. 어찌 실현할 수 없겠는가. 그래서 그 미묘한 취지를 깊게 감지하니 신회의 법맥을 계승하였다. 돈오에 따라 모든 것을 알게 되었다. △도로 △어느 달에△ 그래서 △그렇지 않았다. 묵묵히 인을 광원하게 성행시킨 것을 잘 하는 자가 도심이 있는 사람이다. (사람들이) 혜각에게 설법을 간청하여 신회의 전법을 좇았다. 언사의 취지는 △하지 않았다. △통하여 △ 천둥은 벌레와 물고기를 놀라게 하고 봄비는 어린 싹을 윤택하게 하였다. 씨를 심으면 싹이 트고 구부러진 것은 곧게 되었다. 7~8년간 가르침을 청한 신자들이 선사를 우러러 보았다. △가 선사에게 정성스럽게 절을 하였다. 선사가 자연에 따라 편안하게 지냈으며 병이 나도 기색이 변하지 않았다. 돌연히 774년 3월 19일 밤에 돌아가셨다. △ 구름△어둡고△사람△7일 동안 시신의 변화가 보통 사람과 달랐다. 모든 사람들이 발원했기 때문에 당연히 시신의 상태가 특별하였다. △몹시 울고 △무상의 △애통하고 활기가 없어졌다. 그리고 △부서진 △ 장례식을 호위하였다. △넓은 △에서 따라 가 본 적이 있고 △ 4월 17일에 영구를 운반하였다. 산의 경치가 영구에서 신령한 기운을 심어 주었다, 험준한 요새, 높은 산봉은 천길이고 △시들었다. △10년에 걸쳐 건립하여 △탑이 안치되었다. (「惠覺禪師 碑銘」)

신라　공(公)의 성은 김씨이고 이름은 일성(日晟)이고 자(字)는 일용(日用)이다. 신라왕의 종형(從兄)이다. (…) 아아! 천자의 총애와 녹은 매우 컸고 변하지 않는 곧은 마음은 끝나지 않았는데, 김일성(金日晟)은 병이 나서 오래도록 낫지 않다가 갑자기 세상을 떠났다. 대력(大曆) 9년 여름 4월28일 장안(長安) 숭현리(崇賢里)의 집에서 죽으니 나이가 62세였다. 천자가 듣고 슬퍼하여 사자를 파견하여 위로하고, 예우를 상례보다 더하여 견(絹) 100필, 옷 10벌을 부의(賻儀)로 주었다. 또 명하여 연주도독(兗州都督)을 추증하여 저승에서도 은총을 받았다. (…) (「金日晟 墓誌銘」)

신라 여름 4월에 사신을 보내 당에 가서 조공했다. (『三國史記』 9 新羅本紀 9)

신라 여름 4월에 사신을 보내 당에 가서 조공했다. (『三國史節要』 12)

신라 (당 대종 대력 9년) 4월에 신라가 사신을 보내 조공하였다. (『冊府元龜』 972 外臣部 17 朝貢 5)

신라 (5월) 을묘일(17)에 대재부(大宰府)에서 칙(勅)을 내려 말하였다. "근년에 신라 사람들이 자주 와서 도착하는데 그 연유를 살펴보면 대부분 투화(投化)하는 것이 아니라 갑자기 풍파로 표류하다가 오게 된 것이다. 그런데 돌아갈 방도가 없어 머물러 우리 백성이 된 것이니 본국의 王이 무엇이라 하겠는가. 이제부터 이후로는 이와 같은 부류는 마땅히 모두 돌려보내어 큰 관대함을 보이고, 만약 배가 부서지거나 양식이 떨어진 자가 있으면 官衙에서 일을 헤아려 돌아갈 수 있는 방안을 세우도록 하라." (『續日本紀』 33 光仁紀)

신라 태정관이 부한다.

마땅히 대재부는 흘러들어온 신라인을 방환할 것

우, 내대신의 선에 이르기를, "칙을 받들어 듣건대 신라국 사람이 때때로 내착하는 일이 있다고 한다. 혹은 귀화를 하기 위해, 혹은 흘러 들어온 것이다. 무릇 이 흘러 들어온 것은 그 본의가 아니었다. 모름지기 도착할 때마다 방환하여 관대함(弘恕)을 보여주도록 하라. 만약 타고 온 배가 파손되었다거나 또 자뢰할 양식이 없다면 헤아려 수리해주고 양식을 주어 떠나보내도록 하라. 다만 귀화해 오는 자는 例에 따라 보고토록 하라. 앞으로는 (이것을) 영구한 예로 삼도록 하라.

보귀 5년 5월17일 (『類聚三代格』 18 夷俘幷外蕃人事)

신라 유당(有唐) 고(故) 은청광록대부(銀靑光祿大夫)·광록경(光祿卿), 증(贈) 연주도독(兗州都督) 김부군(金府君) 묘지명 및 서문

김일성(金日晟)의 성은 김씨(金氏)이고 이름은 일성(日晟)이며 자는 일용(日用)인데, 신라왕 △의 사촌형이다. 굳세고 위엄이 있으며 마음씀씀이가 사려깊었다. 참된 정성은 하늘이 내려주었고, 조정을 받들어 섬기는 데에 만국보다 솔선하였다. 황제가 이것을 가상히 여겨 거듭 은청광록대부(銀靑光祿大夫)·광록경(光祿卿)을 제수하니, 위계는 천계(天階)에 나열되고 이름은 국사(國史)에 올라 이어받아 남긴 공적은 전대의 사람들을 욕되게 하지 않았다.

아아. 천자의 총애와 녹은 매우 컸고 변하지 않는 곧은 마음은 끝나지 않았는데, 김일성은 병이 나서 오래도록 낫지 않다가 갑자기 세상을 떠났다. 대력(大曆) 9년 여름 4월28일에 장안(長安) 숭현리(崇賢里)의 집에서 죽으니 나이가 62세였다. 천자가 듣고 슬퍼하여 사자를 파견하여 위로하고, 예우를 상례보다 더하여 견(絹) 100필, 옷 10벌을 부의(賻儀)로 주었다. 또 명하여 연주도독(兗州都督)을 추증하여 저승에서도 은총을 받았다. 후계자가 몹시 마음을 아파하여, 그 해 갑인년(甲寅年) 가을 8월 무진(戊辰)이 초하루인 5일 임신(壬申)에 조서를 내려 장안 영수(永壽)의 옛 벌판에 장사지내게 하였다.

부인 장씨(張氏)는 천보(天寶: 742~756) 말년에 김일성에 앞서서 사망하였다고 하

니, 지금 무덤을 옮겨 합장하였다. 장례에 관청에서 주는 물건은 예의가 일상적인 것을 넘어섰고, 조정의 중신들이 부의를 보내왔다. 만년현령(萬年縣令)에게 명령하여 장례를 주관하여 감독하게 하니 번추(蕃酋)를 총애한 것이었다. 노부(鹵簿)가 슬프게 보내고 소가(簫笳)가 아울러 인도하여 왕토(王土)에 장사지내니, 어찌 향관(鄕關)과 다르겠는가.
명문(銘文)은 다음과 같다. 신라는 의를 사모하여 만 리 먼 곳에서 조알하니, 급하게 달리고 큰 바다를 건너 힘을 다해 강궐(絳闕)에 이르렀도다. 생각건대 김일성은 충성스럽고 씩씩하여 9경(九卿)과 같은 자리에서 헌지(軒墀)를 잘 받들어 모셨고 잠영(簪纓)에 드나들었도다. 의는 군신을 감동시키고 예는 영졸(榮悴)에 두루 미치니, 죽었으나 사라지지 않고 은혜를 입어 영원토록 위로를 받도다. (「金日晟 墓誌銘」)

고구려 (9월 경자일(4)) (…) 종5위하(從5位下) 고려조신(高麗朝臣) 석마려(石麻呂)를 원외소보(員外少輔)로 삼았다. (…) (『續日本紀』 33 光仁紀)

신라 가을 9월에 이찬 김양상(金良相)을 상대등(上大等)으로 삼았다. (『三國史記』 9 新羅本紀 9)

신라 가을 9월에 이찬 김양상을 상대등으로 삼았다. (『三國史節要』 12)

신라 갑인년(甲寅年) 일팔구월(壹八九月) (「雁鴨池出土木簡」 8)

신라 (당 대종 대력 9년) 10월에 신라에서 사신을 보내 새해를 축하였는데, 연영전(延英殿)에서 알현하였다. (『冊府元龜』 972 外臣部 17 朝貢 5)

백제 겨울 10월 기사일(3)에 산위(散位) 종4위하(從4位下) 국중련(國中連) 공마려(公麻呂)가 죽었다. 본래 백제국 사람이다. 그 할아버지인 덕솔 국골부(國骨富)가 근강조정(近江朝庭) 계해년에 본국이 전란으로 망하자 귀화하였다. 천평(天平) 연간(729~749)에 성무황제(聖武皇帝)가 큰 서원을 발하여 노사나동상(盧舍那銅像)을 만들었는데, 그 신장이 5장(丈)이었다. 당시의 주공(鑄工)들이 감히 손을 댈 만한 자가 없었는데, 공마려(公麻呂)가 자못 깊이 생각하고 힘을 기울여 마침내 그 일을 이루었다. 그 공로로 드디어 4위(位)에 제수되었다. 벼슬이 조동대사차관(造東大寺次官) 겸(兼) 단마원외개(但馬員外介)에 이르렀다. 보자(寶字) 2년(758)에 대화국(大和國) 갈하군(葛下郡) 국중촌(國中村)에 살았으므로 지역이름으로 성씨를 삼게 하였다. (『續日本紀』 33 光仁紀)

신라 겨울 10월에 사신을 보내 당에 가서 새해를 축하했다. 황제가 연영전(延英殿)에서 인견(引見)하고 원외위위경(負外衛尉卿)의 관직을 주어 그를 보냈다. (『三國史記』 9 新羅本紀 9)

신라 겨울 10월에 사신을 보내 당에 가서 새해를 축하했다. 황제가 연영전에서 인견하고 원외위위경의 관직을 주어 그를 돌려보냈다. (『三國史節要』 12)

신라 사문(沙門) 혜초(惠超)는 오대산 건명사(乾明寺)에서, 대광지삼장불공(大廣智三藏不空)이 번역한 바의 대승유가금강성해만수실리천비천발대교왕경(大乘瑜伽金剛性海曼殊室利千臂千鉢大敎王經)을 녹출하였다. 그 서문에 이르길, "(…) 대력 9년 10월에, 다시 대흥선사(大興善寺)에 이르러, 대사(大師) 대광지삼장(大廣智三藏) 화상(和上) 변(邊)이, 다시 자문과 결재를 펴서, 유가심지비밀법문(瑜伽心地秘密法門)을 대교(大

敎)하였다고 한다. (…) (『佛祖歷代通載』 14 唐德宗 千臂千鉢文殊經序)

신라 (당 대종 대력 9년) 11월 임자일(17)에 신라의 하정사가 번(蕃)으로 돌아갔다. 위위원외랑(衛尉員外郞)을 제수하고 그를 보냈다. (『册府元龜』 976 外臣部 21 褒異 2)

발해 (당 대종 대력 9년) 12월에 해(奚), 거란, 발해, 실위(室韋), 말갈이 사신을 보내와서 조회하였다. (『册府元龜』 972 外臣部 17 朝貢 5)

신라 선사의 법휘는 혜소(慧昭)이며 속성은 최씨(崔氏)이다. 그 선조는 한족(漢族)으로 산동(山東)의 고관이었다. 수나라가 군사를 일으켜 요동을 정벌하다가 고구려에서 많이 죽자 항복하여 변방(우리나라)의 백성이 되려는 자가 있었는데 성스러운 당이 4군을 차지함에 이르러 지금 전주의 금마사람이 되었다. 그 아버지는 창원(昌原)인데 재가자임에도 출가승의 수행이 있었다. 어머니 고씨(顧氏)가 일찍이 낮에 잠깐 잠이 들었는데 꿈에 한 서역 승려가 나타나 말하기를 "나는 아미(阿(방언으로 어머니를 이른다)의 아들이 되기를 원합니다" 하고 유리 항아리를 주었는데 얼마 지나지 않아 선사를 임신하였다. 태어나면서도 울지 아니하여 곧 일찍부터 소리가 작고 말이 없어 빼어난 인물이 될 싹을 보였다. 이를 갈 나이에 아이들과 놀 때는 반드시 나뭇잎을 태워 향이라 하고 꽃을 따서 공양으로 하였으며 때로는 서쪽을 향하여 무릎 꿇고 앉아 해가 기울도록 움직이지 않았다. 이렇듯 착한 근본이 진실로 백 천겁 전에 심어진 것임을 알지니 발돋움하여도 따라갈 일이 아니었다. 어려서부터 성인이 되기까지 부모의 은혜를 갚는데 뜻이 간절하여 잠시도 잊지 않았다. 그러나 집에 한 말의 여유 곡식도 없고 또 한 자의 땅도 없었으니 천시(天時)를 이용하는 것으로 음식을 봉양함에 있어 오직 힘 닿는 대로 노력하였다. 이에 소규모의 생선 장사를 벌여 봉양하는 좋은 음식을 넉넉하게 하는 업으로 삼았다. 손으로 그물을 맺는데 힘쓰지 않았으나 마음은 이미 통발을 잊은 데 부합하였다. 능히 부모에게 콩죽을 드려도 그 마음을 기쁘게 하기에 넉넉하였고 진실로 양친(養親)의 노래[采蘭之詠]에 들어 맞았다. 부모의 상을 당하자 흙을 져다 무덤을 만들고는 이내 "길러주신 은혜는 애오라지 힘으로써 보답하였으나 심오한 도(道)에 둔 뜻은 어찌 마음으로써 구하지 않으랴. 내 어찌 덩굴에 매달린 조롱박처럼 한창 나이에 지나온 자취에만 머무를 것인가"라고 말하였다. (「雙溪寺眞鑑禪師大空塔碑」)

신라 옛 『향전(鄕傳)』에 기록된 바는 이와 같으니, 절의 기록에 이르길, "경덕왕대에 대상(大相) 대성(大城)이 천보(天寶) 10년 신묘(辛卯)에 불국사를 처음 창건하였다. 혜공왕대를 지나, 대력(大歷) 9년 갑인(甲寅; 774년) 12월 2일에 대성이 죽자, 국가가 이를 완성하여 끝마쳤다. 처음에는 유가대덕(瑜伽大德) 항마(降魔)를 청하여 이 절에 머물게 하였고, 그것을 이어 지금에 이르렀다."고 하는데, 고전(古傳)과 같지 않으니, 무엇이 옳은지 알 수 없다. 찬(讚)하여 말한다. 모량(牟梁)의 봄이 지나 세 묘(畝)를 보시하니, 향령에 가을이 들자 만금을 얻었네. 어머니는 오랜 세월 가난과 부귀를 누렸으니, 괴정(槐庭)은 한 꿈에 과거와 현재와 미래일세. (『三國遺事』 5 孝善 9 大城孝二世父母 神文代)

신라 상(上)이 석씨의 가르침을 숭상하여 이에 용백품향화은분(舂百品香和銀粉)을 불실(佛室)에 도(塗)하였다. 마침 신라국에서 오색 구유(氍毹)를 바쳤는데, 만물산에 미쳤다. 높이가 1장이나 되어 상이 불실에 설치하여 구유로써 그 땅을 적(籍)하였다. 구유의 교려(巧麗)가 또한 일시에 가장 훌륭하였다. 매방촌(每方寸)의 내(內)에서, 즉 노래하고 춤추고 노는 모습과 온갖 나라들의 산천의 형상이 있다. 가벼운 바람이 문 안으로 들어가면 그 위에 다시 벌과 너비가 훨훨 날고 제비와 참새가 춤을 추니 얼핏 보아서는 참인지 거짓인지 분간할 수가 없다. 만불산은 또 침단목(沈檀木)을 조각하여 명주와 아름다운 옥으로 꾸몄다. 그 부처의 모습은 큰 것은 사방 한 치가 넘고 작은 것은 8,9푼 쯤 된다. 그 머리는 혹은 큰 기장만 하고, 혹은 콩 반쪽만 하다. 그 눈썹과 눈, 입과 귀가 나계호상(螺髻毫相)으로 다 갖추어졌고 거기에 금과 옥, 수정을 새겨 유소번개(流蘇幡蓋)로 하였고 암섬복라(菴贍蔔羅) 등의 나무와 백보(百步) 누각(樓閣)· 대전(臺殿)·당사(堂사)를 만들었다. 그 모양은 비록 작지만, 그 형상은 마치 살아서 움직이는 것과 같았다. 앞에는 돌아다니는 중의 형상 1,000여 개가 있고, 아래에는 자금종(紫金鐘) 셋을 벌여 놓았는데, 포뢰(蒲牢)가 있어 매번 종을 울면 돌아다니는 중들이 모두 엎드려 머리를 땅에 대고 절한다. 은은하게 염불하는 소리가 나는 듯하니, 대개 관려(關捩)가 종에 있구나. 그 산을 비록 만불이라고 이름하였지만 그 수인즉 헤아릴 수 없다. 상(上)이 구광선(九光扇)을 암헌(巖巘) 사이에 두었다. 4월 8일, 양가(兩街)의 승도(僧徒)를 불러 내도량(內道場)에 들어오게 하여 만불산에 예배하였다. 이 때 본 자가 사람이 만든 것이라 아니라고 하면서 탄식하였다. 전중(殿中)에서 빛이 나온 것을 봄에 미쳐 다 불광(佛光)이라고 하였는데, 즉 구광선이다. 이로 말미암아 상이 삼장승(三藏僧) 불공(不空)에게 명해 천축밀어천구(天竺密語千口)를 염불하고 물러가게 하였다. [出杜陽雜編] (『太平廣記』 404 寶5 萬佛山)

신라 갑인년(甲寅年) 일팔구월(壱八九月)△△△△ (「안압지 221호 목간」)

신라 △급한 사신을 파견하여 고성(高城)의 식해를 보낸다. (「안압지 185호 목간」)

신라 (…) 세택(洗宅)에 머무르고 (…) (전면)
(…) 세택을 찾고 △ (후면) (「안압지 191호 목간」)

신라 △의 자리는 10척, 세차아(細次我)는 3건, 법차북(法次北)은 7△△△ (「안압지 192호 목간」)

신라 △△우(△△雨) 청목향(青木香) 1량 지자(支子) 1량 남△(藍△) 3분 (전면)
대황(大黃) 1량 △△ 1량 △보(△甫) 청대(青袋) 21량 승마(升麻) 1량
△
감초(甘草) 1량 △△ △량 △문(△門) 1량 △△ 3량 (후면) (「안압지 198호 목간」)

신라 책사문(策事門), 은△△(恩△△)의 열쇠 (전면)
책사문, △△△의 열쇠 (후면) (「안압지 213호 목간」)

775(乙卯/신라 혜공왕 11/발해 문왕 39 大興 39/唐 大曆 10/日本 寶龜 6)

백제 (정월 경술일(16)) 정6위상 백제왕 현경(玄鏡) (…) 에게 모두 종5위하를 주었다. (…) (『續日本紀』 33 光仁紀)

신라 봄 정월에 사신을 보내 당에 가서 조공했다. (『三國史記』 9 新羅本紀 9)

신라 봄 정월에 사신을 보내 당에 가서 조공했다. (『三國史節要』 12)

발해 신라 (당 대종 대력) 10년 정월에 발해·거란·해(奚)·실위(室韋)·말갈·신라가 (…) 각각 사신을 보내 조공하였다. (『册府元龜』 972 外臣部 17 朝貢 5)

고구려 (대력 10년 2월) 갑신일(20)에 평로치청절도관찰해운압신라발해양번등사(平盧淄青節

度觀察海運押新羅渤海兩蕃等使)·검교공부상서(檢校工部尙書)·청주자사(靑州刺史) 이정기(李正己)를 검교상서좌복야(檢校尙書左僕射)로 삼았다. (『舊唐書』 11 本紀 11 代宗)

신라　3월에 이찬(伊飡) 김순(金順)을 시중(侍中)으로 삼았다. (『三國史記』 9 新羅本紀 9)
신라　3월에 이찬 김순을 시중으로 삼았다. (『三國史節要』 12)

발해　(당 대종 대력 10년) 5월에 발해가 (…) 각각 사신을 보내 조공하였다. (『册府元龜』 972 外臣部 17 朝貢 5)

신라　여름 6월에 사신을 보내 당에 조회했다. (『三國史記』 9 新羅本紀 9)
신라　여름 6월에 사신을 보내 당에 가서 조공했다. (『三國史節要』 12)
신라 발해　(당 대종 대력 10년) 6월에 신라와 발해가 (…) 각각 사신을 보내 조공하였다. (『册府元龜』 972 外臣部 17 朝貢 5)

신라　(여름 6월) 이찬(伊飡) 김은거(金隱居)가 반란을 꾀하다가 목 베어 죽임을 당했다. (『三國史記』 9 新羅本紀 9)
신라　(여름 6월) 이찬 김은거가 반란을 꾀하다가 목 베어 죽임을 당했다. (『三國史節要』 12)

백제　(8월) 신미일(10)에 정5위하(正5位下) 백제왕 명신(明信)에게 정5위상(正5位上)을 주었다. (『續日本紀』 33 光仁紀)

신라　가을 8월에 이찬(伊飡) 염상(廉相)이 시중(侍中) 정문(正門)과 함께 반란을 꾀하다가 복베어 죽임을 당했다. (『三國史記』 9 新羅本紀 9)
신라　가을 8월에 이찬 염상이 시중 정문과 함께 반란을 꾀하다가 복베어 죽임을 당했다 (『三國史節要』 12)

백제　(11월) 을사일(15)에 육오국(陸奧國)에 사신을 보내어 조(詔)를 선포하여 말하였다. "포로들이 홀연히 반역할 마음을 내어 도생성(桃生城)을 침략하였다. 진수장군(鎭守將軍)인 대반숙녜준하마려(大伴宿禰駿河麻呂) 등은 조정의 명령을 받들어 자신의 목숨을 돌보지 않고 반역자들을 토벌하며 항복하도록 회유하였으니, 힘써 수고하였음이 진실로 중하다. 이에 준하마려 이하 1,790여명에게 공훈에 따라 위계를 더하여 준다. 정4위하(正4位下) 대반숙녜준하마려(大伴宿禰駿河麻呂)에게 정4위상(正4位上) 훈(勳) 2등을 주고, 종5위상(從5位上) 기조신광순(紀朝臣廣純)에게 정5위하(正5位下) 훈5등, 종6위상(從6位上) 백제왕 준철(俊哲)에게 훈6등을 준다. 나머지도 각각 차등이 있게 준다. 그 공이 낮아 서훈에 미치지 못하는 자에게는 물건을 차등 있게 내린다." (『續日本紀』 33 光仁紀)

발해　(당 대종 대력 10년) 12월에 발해, 해(奚), 거란, 실위(室韋), 말갈이 각각 사신을 보내 조공하였다. (『册府元龜』 972 外臣部 17 朝貢 5)

발해　대력 2년(767)부터 10년까지 (775) 혹은 자주 사신을 보내 와서 조회하였다. 혹은 한 해를 걸러 사신을 보내 와서 조회하였고 혹은 1년에 2·3차례 이르기도 하였다. (『舊唐書』 199下 列傳 149下 渤海靺鞨)

고구려 이정기는 치청절도사(淄·青節度使)가 되었다. 대력 10년 위박절도사(魏·博節度使) 전승사(田承嗣)가 반란을 일으키자 이정기와 성덕절도사(成德軍節度使) 이보신(李寶臣)이 기주(冀州)의 조강현(棗强縣)에서 함께 모여 패주(貝州)로 나아가 둘러쌓다. 승사가 정병을 내어 자주(磁州)을 침략하고 패주를 완(援)하니 보신 등이 승사의 군대가 나온 것을 보고 각각 행영(行營)으로 퇴수(退守)하였다. 회서절도사(淮西節度使) 이충신(李忠臣)이 그것을 듣고 위주(衛州)를 버리고 월성(月城)을 쓰러뜨리고 황하를 건너 남으로 내려와 양무(陽武)에 주둔하였다. (『册府元龜』 445 將帥部 106 李正己)

776(丙辰/신라 혜공왕 12/발해 문왕 40 大興 40/唐 大曆 11/日本 寶龜 7)

백제 (정월 병신(7)) (…) 종5위하(從5位下) (…) 백제왕 이선(利善)·기조신(紀朝臣) 가수(家守)·백제왕 무경(武鏡)·산상조신(山上朝臣) 선주(船主)에게 모두 종5위상(從5位上)을 주었다. (…) (『續日本紀』 34 光仁紀)

신라 봄 정월에 교서를 내려, 백관(百官)의 이름을 모두 옛 것으로 회복시켰다. (『三國史記』 9 新羅本紀 9)

신라 봄 정월에 교서를 내려, 백관을 모두 옛 이름으로 회복시켰다[집사성 원외랑을 다시 사지로 칭하였고 위(位)는 사지로부터 대사까지로 그것을 삼았다. 낭(郎)은 다시 사(史)로 칭하였는데, 위는 선저지(先沮知)로부터 대사까지로 그것을 삼았다. 병부시랑을 다시 대감(大監)으로 칭하였는데, 위는 급찬으로부터 아찬까지로 그것을 삼았고 낭중(郎中)은 다시 대사로 칭하였고 위는 사지로부터 내마까지로 그것을 삼았다. 사병(司兵)은 다시 노사지(弩舍知)로 칭하였는데, 위(位)는 사지로부터 대사까지로 그것을 삼았다. 소사병(小司兵)은 다시 노당(弩幢)으로 칭하였는데, 위與는사와 같다. 대부(大府)는 다시 조부(調府)로 칭하였고 주부(主簿)는 다시 대사로 칭하였는데, 위는 사지로부터 나마까지로 그것을 삼았다. 사고(司庫)는 다시 사지로 칭하였고 위는 사지로부터 대사까지로 그것을 삼았다. 수성부(修城府)는 다시 경성주작전(京城周作典)으로 칭하였고 주부는 다시 대사로 칭하였으며 위는 사지로부터 대나마까지로 그것을 삼았다. 사공(司功)은 다시 사지(舍知)로 칭하였는데, 위는 사지로부터 대사까지로 그것을 삼았다. 사(史)는 8명이고 위는 조부의 사와 같다. 감사천왕사부(監四天王寺府)는 다시 사천왕사성전(四天王寺成典)으로 칭하였고 감령(監令)은 다시 금하신(衿荷臣)이라 칭하였고 경은 다시 상당(上堂)이라고 칭하였다. 감(監)은 다시 적위(赤位)라고 칭하였고 주부는 다시 청위(青位)로 칭하였다. 봉성사검교사((奉聖寺檢校使)와 감은사봉덕사검교사(感恩寺奉德寺檢校使)는 모두 다시 금하신이라 칭하였다. 감은사부사(感恩寺副使)와 봉덕사부사(奉德寺副使)는 다 다시 상당이라 칭하였고 봉덕사판관(奉德寺判官)은 다시 적위로 칭하였고 봉덕사녹사(奉德寺錄使)는 다시 청위라고 칭하였다. 전(典)은 다시 사(史)로 칭하였다. 창부시랑(倉部侍郎)은 다시 경이라고 칭하였으며 위는 병부의 대감과 같다. 낭중은 다시 대사로 칭하였고 위는 병부 대사와 같다. 사창(司倉)은 다시 조사지(租舍知)로 칭하였으며 사어부(司馭府)는 다시 승부(乘府)로 칭하였다. 숙정대(肅正臺)는 다시 사정부(司正府)로 칭하였고 영(令)은 1명이고 위는 대아찬에사 각간까지로 그것을 삼았다. 수례부(修例府)는 다시 열작부(例作府)로 칭하였고 이제부(利濟府)는 다시 선부(船府)로 칭하였는데, 영(令)은 1명이고 위는 대아찬에서 각간까지로 그것을 삼았다. 주부는 다시 대사로 칭하였고 위는 조부(調府)의 대사와 같다. 사주(司舟)는 다시 사지로 칭하였고 위는 조부의 사지와 같다. 사빈부(司賓府)는 다시 영객부(領客府)로 칭하였고 주부는 다시 대사로 칭하였는데, 위는 조부의 대사와 같다. 사의(司儀)는 다시 사지로 칭하였고 위는 조부의 사지와 같다. 사는 8명이다. 사위부(司位府)는 다시 위화부(位和府)로 칭하였으며 좌리방부평사(左理方府評事)는 다시 좌(佐)로 칭하였는데, 위는 사정좌(司正佐)와 같다. 대사는 2명으로 위는 병부대사와 같다. 사훈감△사서(司勳監△賜署) 주서(主書)는 다시 대사로 칭하였고 위는 사지로부터 나마까지로 그것을 삼았다. 전경부(典京府)는 다시 전읍서(典邑署)로 하였다. 경은 2명으로[삼국사기에서는 본래 감(監) 6명을 두었는데, 나누어 6부를 다스렸고 원성왕 6년에 승(升) 2명을 △했다고 한다] 위는 나마로부터 사찬까지로 그것을 삼았다. 감(監)은 4명으로 위는 나마로부터 대나마까지로 그것을 삼았다. 대사읍(大司邑)은 6명으로 위는 사지로부터 나마까지로 그것을 삼았다. 중사읍(中司邑)은 6명으로, 위는 사지로부터 대사까지로 그것을 삼았다. 소사읍(小司邑)은 9명으로 위는 노사지(弩舍知)와 같다. 사는 16명으로 목척(木尺)은 70명이다. 영창궁경(永昌宮卿)은 다시 상당으로 칭하였고 주부는 다시 대사로 칭하였으며 위는 사지로부터 나마까지로 그것을 삼았다. 사는 4명이다. 대학감(大學監)은 다시 국학으로 칭하였고 사업(司業)은 다시 경으로 칭하였는데, 위는 다른 경과 같다. 박사와 조교의 정원은 정하지 않았다. 주부는 다시 대사로 칭하였는데, 위는 사지로부터 나마까지로 그것을 삼았다. 대악감(大樂監)은 다시 음성서로 칭하였으며 사악(司樂)은 다시 경으로 칭하였는데, 위는 다른 경과 같다. 비로소 봉은사성전(置奉恩寺成典)을 두어 금하신(衿荷臣) 1명이고 부사(副使) 1명인데, 얼마 있지 않아 상당(上堂)으로 고쳤다]. (『三國史節要』 12)

신라 집사성(執事省) (…) 사지(舍知) 2명은 신문왕 5년에 두었고 경덕왕 18년에 원외랑(員外郎)으로 고쳤으며 혜공왕 12년에 다시 사지라고 칭하였다. 위(位)는 사지로부터 대사에 이르기까지 그것을 삼았다. (『三國史記』 38 雜志 7 職官 上)

신라 집사성 (…) 사(史) 14명은 문무왕 1△년에 6명을 더하였고 경덕왕이 낭(郎)으로 고쳤으며 혜공왕이 다시 사를 칭하였다. 위(位)는 선서시(先沮知)로부터 대사(大舍)까지 그것을 삼았다. (『三國史記』 38 雜志 7 職官 上)

신라 병부(兵部) (…) 대감(大監) 2명은 진평왕 45년에 처음 설치하였다. 문무왕 15년에 1명을 더하였고 경덕왕이 시랑(侍郎)으로 고쳤다. 혜공왕이 다시 대감으로 칭하였다. 위는 급찬으로부터 아찬까지 그것을 삼았다. (『三國史記』 38 雜志 7 職官 上)

신라 병부 (…) 제감(弟監) 2명은 진평왕 11년에 두었는데, 태종왕 5년에 대사(大舍)로 고쳤고 경덕왕이 낭중(郎中)으로 고쳤으며 혜공왕이 다시 대사로 칭하였다. 위는 사지로부터 나마까지로 그것을 삼았다. (『三國史記』 38 雜志 7 職官 上)

신라 병부 (…) 노사지(弩舍知) 1명은 문무왕 12년에 처음 설치하였는데, 경덕왕이 사병(司兵)으로 고치고 혜공왕이 다시 노사지(弩舍知)로 칭하였다. 위(位)는 사지로부터 대사까지로 그것을 삼았다. (『三國史記』 38 雜志 7 職官 上)

신라 병부 (…) 노당(弩幢) 1명은 문무왕 11년에 두었는데, 경덕왕이 소사병(小司兵)으로 고치고 혜공왕이 전과 같이 하였다. 위(位)는 사와 같다. (『三國史記』 38 雜志 7 職官 上)

신라 조부(調府)는 진평왕 6년에 설치하였다. 경덕왕이 대부(大府)로 고쳤고 혜공왕이 전과 같이 하였다. (『三國史記』 38 雜志 7 職官 上)

신라 조부 (…) 대사(大舍) 2명은 진덕왕이 설치하였는데, 경덕왕이 주부(主簿)로 고쳤고 혜공왕이 다시 대사로 칭하였다. 위(位)는 사지로부터 나마까지로 그것을 삼았다. (『三國史記』 38 雜志 7 職官 上)

신라	조부의 (…) 사지(舍知) 1명은 신문왕 5년에 설치하였다. 경덕왕이 사고(司庫)로 고쳤고 혜공왕이 다시 사지로 칭하였다. 위(位)는 사지(舍知)로부터 대사(大舍)까지로 그것을 삼았다. (『三國史記』 38 雜志 7 職官 上)
신라	경성주작전(京城周作典)은 경덕왕이 수성부(修城府)로 고쳤고 혜공왕이 전과 같이 하였다. (『三國史記』 38 雜志 7 職官 上)
신라	경성주작전 (…) 대사(大舍) 6명은 경덕왕이 주부(主簿)로 고쳤고 혜공왕이 다시 대사로 칭하였다. 위(位)는 사지(舍知)로부터 대나마(大奈麻)까시로 그것을 삼있다. (『三國史記』 38 雜志 7 職官 上)
신라	경성주작전 (…) 사지 1명은 경덕왕이 사공(司功)으로 고쳤다. 혜공왕이 다시 사지로 칭하였다. 위(位)는 사지로부터 대사까지로 그것을 삼았다. (『三國史記』 38 雜志 7 職官 上)
신라	사천왕사성전(四天王寺成典)은 경덕왕이 감사천왕사부(監四天王寺府)로 고쳤고 혜공왕이 전과 같이 하였다. (『三國史記』 38 雜志 7 職官 上)
신라	사천왕사성전 (…) 금하신(衿荷臣) 1명은 경덕왕이 감령(監令)으로 고쳤고 혜공왕이 다시 금하신으로 칭하였다. (『三國史記』 38 雜志 7 職官 上)
신라	사천왕사성전 (…) 상당(上堂) 1명은 경덕왕이 경(卿)으로 고쳤고 혜공왕이 다시 상당으로 칭하였다. (『三國史記』 38 雜志 7 職官 上)
신라	사천왕사성전 (…) 적위(赤位) 1명은 경덕왕이 감(監)으로 고쳤고 혜공왕이 다시 적위로 칭하였다. (『三國史記』 38 雜志 7 職官 上)
신라	사천왕사성전 (…) 청위(靑位) 2명은 경덕왕이 주부(主簿)로 고쳤고 혜공왕이 다시 청위로 칭하였다. (『三國史記』 38 雜志 7 職官 上)
신라	봉성사성전(奉聖寺成典)은 경덕왕이 수영봉성사사원(修營奉聖寺使院)으로 고쳤다, 후에 전과 같이 하였다. (『三國史記』 38 雜志 7 職官 上)
신라	봉성사성전 (…) 금하신(衿荷臣) 1명은 경덕왕이 검교사(檢校使)로 고쳤고 혜공왕이 다시 금하신으로 칭하였다. (『三國史記』 38 雜志 7 職官 上)
신라	봉성사성전 (…) 상당(上堂) 1명은 경덕왕이 부사(副使)로 고치고 후에 다시 상당으로 칭하였다. (『三國史記』 38 雜志 7 職官 上)
신라	봉성사성전 (…) 적위(赤位) 1명은 경덕왕이 판관(判官)으로 고쳤고 후에 다시 적위로 칭하였다. (『三國史記』 38 雜志 7 職官 上)
신라	봉성사성전 (…) 청위(靑位) 1명은 경덕왕이 녹사(錄事)로 고쳤고 후에 다시 청위로 칭하였다. (『三國史記』 38 雜志 7 職官 上)
신라	봉성사성전 (…) 사(史) 2명은 경덕왕이 전(典)으로 고쳤고 후에 다시 사로 칭하였다. (『三國史記』 38 雜志 7 職官 上)
신라	감은사성전(感恩寺成典)은 경덕왕이 수영감은사사원(修營感恩寺使院)으로 고쳤고 후에 전과 같이 하였다. (『三國史記』 38 雜志 7 職官 上)
신라	감은사성전 (…) 금하신(衿荷臣) 1명은 경덕왕이 검교사(檢校使)로 고쳤고 혜공왕이 다시 금하신으로 칭하였다. (『三國史記』 38 雜志 7 職官 上)
신라	감은사성전 (…) 상당(上堂) 1명은 경덕왕이 부사(副使)로 고치고 후에 다시 상당으로 칭하였다. (『三國史記』 38 雜志 7 職官 上)
신라	감은사성전 (…) 적위(赤位) 1명은 경덕왕이 판관(判官)으로 고쳤고 후에 다시 적위로 칭하였다. (『三國史記』 38 雜志 7 職官 上)

신라 감은사성전 (…) 청위(靑位) 1명은 경덕왕이 녹사(錄事)로 고쳤고 후에 다시 청위로 칭하였다. (『三國史記』 38 雜志 7 職官 上)

신라 감은사성전 (…) 사(史) 2명은 경덕왕이 전(典)으로 고쳤고 후에 다시 사로 칭하였다. (『三國史記』 38 雜志 7 職官 上)

신라 봉덕사성전(奉德寺成典)은 경덕왕 18년에 수영봉덕사사원(修營奉德寺使院)으로 고쳤고 후에 전과 같이 하였다. (『三國史記』 38 雜志 7 職官 上)

신라 봉덕사성전 (…) 금하신(衿荷臣) 1명은 경덕왕이 검교사(檢校使)로 고쳤고 혜공왕이 다시 금하신으로 칭하였다. (『三國史記』 38 雜志 7 職官 上)

신라 봉덕사성전 (…) 상당(上堂) 1명은 경덕왕이 부사(副使)로 고치고 혜공왕이 다시 상당으로 칭하였다. (『三國史記』 38 雜志 7 職官 上)

신라 봉덕사성전 (…) 적위(赤位) 1명은 경덕왕이 판관(判官)으로 고쳤고 혜공왕이 다시 적위로 칭하였다. (『三國史記』 38 雜志 7 職官 上)

신라 봉덕사성전 (…) 청위(靑位) 2명은 경덕왕이 녹사(錄事)로 고쳤고 혜공왕이 다시 청위로 칭하였다. (『三國史記』 38 雜志 7 職官 上)

신라 봉덕사성전 (…) 사(史) 6명은 경덕왕이 전(典)으로 고쳤고 혜공왕이 다시 사로 칭하였다. (『三國史記』 38 雜志 7 職官 上)

신라 영묘사성전(靈廟寺成典)은 경덕왕 18년에 수영영묘사사원(修營靈廟寺使院)으로 고쳤고 후에 전과 같이 하였다. (『三國史記』 38 雜志 7 職官 上)

신라 영묘사성전 (…) 상당(上堂) 1명은 경덕왕이 판관(判官)으로 고치고 후에 다시 상당으로 칭하였다. (『三國史記』 38 雜志 7 職官 上)

신라 영묘사성전 (…) 청위(靑位) 1명은 경덕왕이 녹사(錄事)로 고쳤고 후에 또 대사(大舍)로 고쳤다. (『三國史記』 38 雜志 7 職官 上)

신라 창부(倉部)의 (…) 경(卿) 2명은 진덕왕 5년에 설치되었는데, 문무왕 15년에 1명을 더하였고 경덕왕이 시랑(侍郎)으로 고쳤으며 혜공왕이 다시 경이라고 칭하였다. 위(位)는 병부의 대감(大監)과 같다. (『三國史記』 38 雜志 7 職官 上)

신라 창부 (…) 대사(大舍) 2명을 진덕왕이 설치하였으며 경덕왕이 낭중(郎中)으로 고쳤고 혜공왕이 다시 대사로 칭하였다. 위(位)는 병부의 대사와 같다. (『三國史記』 38 雜志 7 職官 上)

신라 창부 (…) 조사지(租舍知) 1명은 효소왕 8년에 설치하였는데, 경덕왕이 사창(司倉)으로 고쳤고 혜공왕이 전과 같이 하였다. 위(位)는 노사지(弩舍知)와 같다. (『三國史記』 38 雜志 7 職官 上)

신라 예부(禮部) (…) 대사(大舍) 2명은 진덕왕 5년에 설치하였는데, 경덕왕이 주부(主簿)로 고치고 후에 다시 대사로 칭하였다. 위(位)는 조부의 대사와 같다. (『三國史記』 38 雜志 7 職官 上)

신라 예부 (…) 사지(舍知) 1명은 경덕왕이 사례(司禮)로 고치고 후에 다시 사지(舍知)로 칭하였다. 위(位)는 조부의 사지와 같다. (『三國史記』 38 雜志 7 職官 上)

신라 승부(乘府)는 경덕왕이 사어부(司馭府)로 고치고 혜공왕이 전과 같이 하였다. (『三國史記』 38 雜志 7 職官 上)

신라 승부 (…) 대사(大舍) 2명은 경덕왕이 주부(主簿)로 고치고 후에 다시 대사로 칭하였다. 위(位)는 병부의 대사와 같다. (『三國史記』 38 雜志 7 職官 上)

신라 승부 (…) 사지(舍知) 1명은 경덕왕이 사목(司牧)으로 고치고 후에 다시 사지로 고쳤다. 위(位)는 조부의 사지와 같다. (『三國史記』 38 雜志 7 職官 上)

신라 사정부(司正府)는 태종왕 6년에 설치하였는데, 경덕왕이 숙정대(肅正臺)로 고치고 혜공왕이 전과 같이 하였다. (『三國史記』 38 雜志 7 職官 上)

신라 사정부 (…) 좌(佐) 2명은 효성왕 원년에 대왕의 휘(諱)를 범해서 무릇 승(丞)을 고쳐 좌(佐)로 칭하였다. 경덕왕은 평사(評事)로 고쳤고 후에 다시 좌로 칭하였다. 위(位)는 나마로부터 대나마까지로 그것을 삼았다. (『三國史記』 38 雜志 7 職官 上)

신라 예작부(例作府)[예작전(例作典)이라고도 한다) 경덕왕이 수례부(修例府)로 고쳤고 혜공왕이 전과 같이 하였다. (『三國史記』 38 雜志 7 職官 上)

신라 예작부 (…) 성(省) 2명은 경덕왕이 주부(主簿)로 고치고 후에 다시 대사(大舍)로 칭하였다. 위(位)는 병부의 대사와 같다. (『三國史記』 38 雜志 7 職官 上)

신라 선부(船府)는 옛날 병부의 대감제감(大監弟監)으로 주즙(舟楫)의 일을 관장하였다. 문무왕 18년에 따로 설치하고 경덕왕은 이제부(利濟府)로 고치고 혜공왕이 전과 같이 하였다. (『三國史記』 38 雜志 7 職官 上)

신라 선부 (…) 대사(大舍) 2명은 경덕왕이 주부로 고쳤고 혜공왕이 다시 대사로 칭하였다. 위(位)는 조부의 대사와 같다. (『三國史記』 38 雜志 7 職官 上)

신라 선부 (…) 사지(舍知) 1명은 경덕왕이 사주(司舟)로 고치고 혜공왕이 다시 사지로 칭하였다. 위(位)는 調府의 사지와 같다. (『三國史記』 38 雜志 7 職官 上)

신라 영객부(領客府)는 본래 이름은 왜전(倭典)이다. 진평왕 43년에 영객전(領客典)으로 고쳤다[후에 또 왜전을 따로 설치하였다]. 경덕왕이 또 사빈부(司賓府)로 고쳤고 혜공왕이 전과 같이 하였다. (『三國史記』 38 雜志 7 職官 上)

신라 영객부 (…) 대사(大舍) 2명은 경덕왕이 주부(主簿)로 고쳤고 혜공왕이 다시 대사로 칭하였다. 위(位)는 조부의 대사와 같다. (『三國史記』 38 雜志 7 職官 上)

신라 영객부 (…) 사지(舍知) 1명은 경덕왕이 사의(司儀)로 고치고 혜공왕이 다시 사지로 칭하였다. 위(位)는 조부의 사지와 같다. (『三國史記』 38 雜志 7 職官 上)

신라 위화부(位和府)는 진평왕 3년에 처음 설치하였는데, 경덕왕이 사위부(司位府)로 고쳤고 혜공왕에 전과 같이 하였다. (『三國史記』 38 雜志 7 職官 上)

신라 위화부 (…) 대사(大舍) 2명은 경덕왕이 주부(主簿)로 고쳤고 후에 다시 대사로 칭하였다. 위(位)는 조부(調府)의 대사와 같다. (『三國史記』 38 雜志 7 職官 上)

신라 좌이방부(左理方府) (…) 좌(佐) 2명은 진덕왕이 설치하였는데, 경덕왕이 평사(評事)로 고치고 혜공왕이 다시 좌로 칭하였다. 위(位)는 사정좌(司正佐)와 같다. (『三國史記』 38 雜志 7 職官 上)

신라 상사서(賜署)는 창부에 속한다. 경덕왕이 사훈감(司勳監)으로 고치고 혜공왕이 전과 같이 하였다. (『三國史記』 38 雜志 7 職官 上)

신라 상사서 (…) 대정(大正) 1명은 진평왕 46년에 설치하였는데, 경덕왕이 정(正)으로 고치고 후에 다시 대정(大正)으로 하였다. 위(位)는 급찬으로부터 아찬까지로 그것을 삼았다. (『三國史記』 38 雜志 7 職官 上)

신라 상사서 (…) 대사(大舍) 2명은 진덕왕 5년에 설치하였는데, 경덕왕이 주서(主書)로 고치고 혜공왕이 다시 대사로 칭하였다. 위(位)는 사지(舍知)로부터 나마(奈麻)까지로 그것을 삼았다. (『三國史記』 38 雜志 7 職官 上)

신라 대도서(大道署) (…) 대정(大正) 1명은 진평왕 46년에 설치하였는데, 경덕왕이 정(正)으로 고쳤고 후에 다시 대정으로 칭하였다. 위(位)는 급찬에서 아찬까지로 그것을 삼았다[대정 아래에 대사 2명이 있다고도 한다) (『三國史記』 38 雜志 7 職官 上)

신라 전읍서(典邑署)는 경덕왕이 전경부(典京府)로 고쳤고 혜공왕이 전과 같이 하였다. (『三國史記』 38 雜志 7 職官 上)

신라 영창궁성전(永昌宮成典) (…) 상당(上堂) 1명은 경덕왕이 설치하였고 또 경(卿)이라고 고쳤는데, 혜공왕이 다시 상당이라고 칭했다. (『三國史記』 38 雜志 7 職官 上)

신라 영창궁성전 (…) 대사(大舍) 2명은 경덕왕이 주부(主簿)로 고치고 혜공왕이 다시 대사(大舍)라고 칭하였다. 위(位)는 사지부터 나마까지로 그것을 삼았다. (『三國史記』 38 雜志 7 職官 上)

신라 국학(國學)은 예부에 속한다. 신문왕 2년에 설치하였으며 경덕왕이 대학감(大學監)으로 고쳤으며 혜공왕이 전과 같이 하였다. (『三國史記』 38 雜志 7 職官 上)

신라 국학 (…) 경(卿) 1명은 경덕왕이 사업(司業)으로 고쳤고 혜공왕이 다시 경으로 칭하였다. 위(位)는 경과 같다. (『三國史記』 38 雜志 7 職官 上)

신라 국학 (…) 대사(大舍) 2명은 진덕왕 5년체 설치하였으며 경덕왕이 주부(主簿)로 고쳤고 혜공왕이 다시 대사로 칭하였다. 위(位)는 사지부터 나마까지로 그것을 삼았다. (『三國史記』 38 雜志 7 職官 上)

신라 음성서(音聲署)는 예부에 속한다. 경덕왕이 대악감(大樂監)으로 고쳤으며 혜공왕이 전과 같이 하였다. (『三國史記』 38 雜志 7 職官 上)

신라 음성서 (…) 장(長) 2명은 신문왕 7년에 경(卿)으로 고쳤으며 경덕왕이 또 사악(司樂)으로 고쳤고 혜공왕이 다시 경으로 칭하였다. 위(位)는 경(卿)과 같다. (『三國史記』 38 雜志 7 職官 上)

신라 음성서 (…) 대사(大舍) 2명은 진덕왕 5년에 설치하였는데, 경덕왕이 주부(主簿)로 고쳤고 뒤에 다시 대사로 칭하였다. 위(位)는 사지부터 나마까지로 그것을 삼았다. (『三國史記』 38 雜志 7 職官 上)

신라 대일임전(大日任典) (…) 대도사(大都司) 6명은 경덕왕이 대전의(大典儀)로 고치고 뒤에 전과 같이 하였다. 위(位)는 사지부터 나마까지로 그것을 삼았다. (『三國史記』 38 雜志 7 職官 上)

신라 대일임전 (…) 소도사(小都司) 2명은 경덕왕이 소전의(小典儀)로 고쳤고 후에 전과 같이 하였다. 위(位)는 사지부터 대사까지로 그것을 삼았다. (『三國史記』 38 雜志 7 職官 上)

신라 대일임전 (…) 도사대사(都事大舍) 2명은 경덕왕이 대전사(大典事)로 고치고 뒤에 전과 같이 하였다. 위(位)는 사지부터 나마까지로 그것을 삼았다. (『三國史記』 38 雜志 7 職官 上)

신라 대일임전 (…) 도사사지(都事舍知) 4명은 경덕왕이 중전사(中典事)로 고치고 뒤에 전과 같이 하였다. 위(位)는 사지부터 대사까지로 그것을 삼았다. (『三國史記』 38 雜志 7 職官 上)

신라	대일임전 (…) 도알사지(都謁舍知) 8명은 경덕왕이 전알(典謁)로 고치고 후에 전과 같이 하였다. 위(位)는 사지부터 대사까지로 그것을 삼았다. (『三國史記』 38 雜志 7 職官 上)
신라	대일임전 (…) 도인사지(都引舍知) 1명은 경덕왕이 전인(典引)으로 고치고 뒤에 전과 같이 하였다. 위(位)는 노사지(弩舍知)와 같다. (『三國史記』 38 雜志 7 職官 上)
신라	대일임전 (…) 당(幢) 6명은 경덕왕이 소전사(小典事)로 고치고 뒤에 전과 같이 하였다. 위(位)는 조부의 사와 같다. (『三國史記』 38 雜志 7 職官 上)
신라	공장부(工匠府)는 경덕왕이 전사서(典祀署)로 고치고 뒤에 전과 같이 하였다. (『三國史記』 38 雜志 7 職官 上)
신라	채전(彩典)은 경덕왕이 전채서(典彩署)로 고치고 뒤에 전과 같이 하였다. (『三國史記』 38 雜志 7 職官 上)
신라	신궁(新宮)은 성덕왕 16년에 설치하였는데, 경덕왕이 전설관(典設館)으로 고쳤고 후에 전과 같이 하였다. (『三國史記』 38 雜志 7 職官 上)
신라	동시전(東市典) (…) 대사(大舍) 2명은 경덕왕이 주사(主事)로 고치고 뒤에 다시 대사로 칭하였다. 위(位)는 사지부터 나마까지로 그것을 삼았다. (『三國史記』 38 雜志 7 職官 上)
신라	동시전(東市典) (…) 서생(書生) 2명은 경덕왕이 사직(司直)으로 고치고 후에 다시 서생으로 칭하였다. 위(位)는 조부의 사와 같다. (『三國史記』 38 雜志 7 職官 上)
신라	서시전(西市典) (…) 대사(大舍) 2명은 경덕왕이 주사(主事)로 고치고 뒤에 다시 대사로 칭하였다. (『三國史記』 38 雜志 7 職官 上)
신라	서시전 (…) 서생(書生) 2명은 경덕왕이 사직(司直)으로 고치고 후에 다시 서생으로 칭하였다. (『三國史記』 38 雜志 7 職官 上)
신라	남시전(南市典) (…) 대사(大舍) 2명은 경덕왕이 주사(主事)로 고치고 뒤에 다시 대사로 칭하였다. (『三國史記』 38 雜志 7 職官 上)
신라	남시전 (…) 서생(書生) 2명은 경덕왕이 사직(司直)으로 고치고 후에 다시 서생으로 칭하였다. (『三國史記』 38 雜志 7 職官 上)
신라	사범서(司範署) (…) 대사(大舍) 2명[주서(主書)라고도 한다]은 경덕왕이 주사(主事)로 고치고 뒤에 다시 대사로 칭하였다. 위(位)는 조부의 사지와 같다. (『三國史記』 38 雜志 7 職官 上)
신라	경도역(京都驛)은 경덕왕이 도정역(都亭驛)으로 고쳤고 뒤에 전과 같이 하였다. (『三國史記』 38 雜志 7 職官 上)
신라	내성(內省)은 경덕왕 18년에 전중성(殿中省)으로 고치고 후에 전과 같이 하였다. (『三國史記』 39 雜志 8 職官 中)
신라	내성 (…) 사신(私臣) (…) 경덕왕이 또 전중령(殿中令)으로 고치고 후에 다시 사신(私臣)을 칭하였다. (『三國史記』 39 雜志 8 職官 中)

신라 내사정전(內司正典) 경덕왕 5년에 설치하였는데, 18년에 건평성(建平省)으로 고치고 뒤에 전과 같이 하였다. (『三國史記』 39 雜志 8 職官 中)

신라 흑개감(黑鎧監) 경덕왕이 위무감(衛武監)으로 고치고 뒤에 전과 같이 하였다. (『三國史記』 39 雜志 8 職官 中)

신라 인도전(引道典) 경덕왕이 예성전(禮成典)으로 고치고 뒤에 전과 같이 하였다. (『三國史記』 39 雜志 8 職官 中)

신라 평진음전(平珍音典) 경덕왕이 소궁(埽宮)으로 고치고 뒤에 전과 같이 하였다. (『三國史記』 39 雜志 8 職官 中)

신라 청연궁전(靑淵宮典) 경덕왕이 조추정(造秋亭)으로 고치고 뒤에 전과 같이 하였다. (『三國史記』 39 雜志 8 職官 中)

신라 병촌궁전(屛村宮典) 경덕왕이 현룡정(玄龍亭)으로 고치고 뒤에 전과 같이 하였다. (『三國史記』 39 雜志 8 職官 中)

신라 소년감전(小年監典) 경덕왕이 조천성(釣天省)으로 고치고 뒤에 전과 같이 하였다. (『三國史記』 39 雜志 8 職官 中)

신라 회궁전(會宮典) 경덕왕이 북사설(北司設)로 고치고 뒤에 전과 같이 하였다. (『三國史記』 39 雜志 8 職官 中)

신라 예궁전(穢宮典) 경덕왕이 진각성(珍閣省)으로 고치고 뒤에 선과 같이 하였다. (『三國史記』 39 雜志 8 職官 中)

신라 금전(錦典) 경덕왕이 직금방(織錦房)으로 고치고 뒤에 전과 같이 하였다. (『三國史記』 39 雜志 8 職官 中)

신라 철유전(鐵鍮典) 경덕왕이 축야방(築冶房)으로 고치고 뒤에 전과 같이 하였다. (『三國史記』 39 雜志 8 職官 中)

신라 칠전(漆典) 경덕왕이 식기방(飾器房)으로 고치고 뒤에 전과 같이 하였다. (『三國史記』 39 雜志 8 職官 中)

신라 수전(手典) 경덕왕이 취취방(聚毳房)으로 고치고 뒤에 전과 같이 하였다. (『三國史記』 39 雜志 8 職官 中)

신라 피전(皮典) 경덕왕이 포인방(鞄人房)으로 고치고 뒤에 전과 같이 하였다. (『三國史記』 39 雜志 8 職官 中)

신라 피타전(皮打典) 경덕왕이 운공방(鞸[韗]工房)으로 고치고 뒤에 전과 같이 하였다. (『三國史記』 39 雜志 8 職官 中)

신라	마전(磨典) 경덕왕이 재인방(梓人房)으로 고치고 뒤에 전과 같이 하였다. (『三國史記』 39 雜志 8 職官 中)
신라	세택(洗宅) 경덕왕이 중사성(中事省)으로 고치고 뒤에 전과 같이 하였다. (『三國史記』 39 雜志 8 職官 中)
신라	늠전(廩典) 경덕왕이 천록사(天祿司)로 고치고 뒤에 전과 같이 하였다. (『三國史記』 39 雜志 8 職官 中)
신라	약전(藥典) 경덕왕이 보명사(保命司)로 고치고 뒤에 전과 같이 하였다. (『三國史記』 39 雜志 8 職官 中)
신라	마전(麻典) 경덕왕 18년에 직방국(織紡局)으로 고치고 뒤에 전과 같이 하였다. (『三國史記』 39 雜志 8 職官 中)
신라	육전(肉典) 경덕왕이 상선국(尙膳局)으로 고치고 뒤에 전과 같이 하였다. (『三國史記』 39 雜志 8 職官 中)
신라	기전(綺典) 경덕왕이 별금방(別錦房)으로 고치고 뒤에 전과 같이 하였다. (『三國史記』 39 雜志 8 職官 中)
신라	석전(席典) 경덕왕이 봉좌국(奉座局)으로 고치고 뒤에 전과 같이 하였다. (『三國史記』 39 雜志 8 職官 中)
신라	궤개전(机概典) 경덕왕이 궤반국(机盤局)으로 고치고 뒤에 전과 같이 하였다. (『三國史記』 39 雜志 8 職官 中)
신라	양전(楊典) 경덕왕이 사비국(司篚局)으로 고치고 뒤에 전과 같이 하였다. (『三國史記』 39 雜志 8 職官 中)
신라	와기전(瓦器典) 경덕왕이 도등국(陶登局)으로 고치고 후에 전과 같이 하였다. (『三國史記』 39 雜志 8 職官 中)
신라	남하소궁(南下所宮) 경덕왕이 잡공사(雜工司)로 고치고 뒤에 전과 같이 하였다. (『三國史記』 39 雜志 8 職官 中)
신라	(봄 정월) 감은사에 행차하여 바다에 망제(望祭)를 지냈다. (『三國史記』 9 新羅本紀 9)
신라	(봄 정월) 왕이 감은사에 행차하여 바다에 망제를 지냈다. (『三國史節要』 12)
신라	2월에 국학에 행차하여 강의를 들었다. (『三國史記』 9 新羅本紀 9)
신라	2월에 국학에 행차하여 강의를 들었다. (『三國史節要』 12)
고려	(3월 계사일(6)) 조궁경(造宮卿) 종3위(從3位) 고려조신(高麗朝臣) 복신(福信)을 겸근강수(兼近江守)로 삼았다. (…) (『續日本紀』 34 光仁紀)

고구려 대당(大唐) 고(故) 요양군왕(饒陽郡王) 남공(南公) 묘지명 및 서문

중대부(中大夫)·행(行) 비서성(秘書省) 저작좌랑(著作佐郞) 설기(薛夔)가 찬(撰)하다.

대체로 사람이 살아있는 동안에 모두 그 정해진 분수가 있으니, 수명에 있어서도 서로 각각 등급의 차이가 있다. 하물며 산 기간이 80년이니 상수(上壽)라고 하기에 충분하다.

남단덕(南單德)은 이름이 단덕(單德)이고, 자(字)도 단덕이며, 옛날 노(魯)의 대부(大夫)인 괴(蒯)의 후손이자, 남용(南容)의 후예이다. 남단덕은 평양에서 태어나서 살았으며, 자라서는 요동(遼東)에 적(籍)을 두었다. 수대(隋代) 이래로 그 나라(고구려)가 거듭 왕명을 어기니 여러 해 동안 정벌하였다. 때가 당(唐)에 이르러 태종(太宗)이 군대를 이끌고 죄를 물으러 직접 갔다. 군대가 크게 위세를 떨치니 기와와 돌까지 모조리 불탔다. 이때 설기(薛夔: 撰者)의 증조 행군대총관(行軍大摠管)·평양공(平陽公) 설인귀(薛仁貴)가 갑옷을 입고 앞장서서 말을 몰고 나아가 성읍을 무너뜨려 함락시키고 그 왕과 막리지(莫離支)를 생포하니, 참수하고 포로로 잡은 자가 헤아릴 수 없이 많았다. 이로 인하여 요동(遼東)의 자제를 나누어 예속시키고, 군현(郡縣)에 흩어져 살게 하였다. 남단덕의 가문은 자제의 으뜸이어서 안동도호부(安東都護府)에 배치하여 살게 하였다. 조부 적(狄)은 당의 마미주도독(磨米州都督)이었고, 부친 우(于)는 당의 귀주자사(歸州刺史)였다. 형제는 4명이고 단덕은 맏아들이다. 대대로 변방에 복무하였는데, 충성과 근면함이 날로 알려졌다.

개원(開元: 713~741) 초년에 황제가 단덕의 자질이 기술과 재능이 있고 무예와 지략을 겸비하였음을 알아서, 내공봉사생(內供奉射生)으로 머무르게 하였다. 뒤에 마침 양번(兩蕃)이 난리를 일으키자, 조서를 내려 설기의 조부 분음공(汾陰公)을 따르게 하여 보내니, 자주 공을 세워 절충도위(折衝都尉)·과의도위(果毅都尉)에 제수되었고 다음으로는 중랑장(中郎將)에 이르렀다. 군대를 돌려 안록산(安祿山)이 배신하니 중원에 혼란이 시작되었다. 남단덕은 지휘관이면서도 항상 조정을 향한 마음을 품고 있었다. 다시 연(燕)의 땅이 불길한 기운에 휩싸이고 낙양(洛陽)을 다시 범하였을 때, 황제는 달아나 숨었으나 남단덕은 홀로 무리를 이끌고 귀의하고 항복하였다. 황제가 그 공을 높이 생각하고 특별히 봉작을 하사하였으니, 요양군왕·개부의동삼사(開府儀同三司)·좌금오위(左金吾衛) 대장군(大將軍)·식읍 3,000에 봉하였다. 늘 황제의 은혜에 보답하기를 생각하였고, 정성을 다하기를 바라고 있었다.

아, 하늘에 올라감에 영원한 목숨을 빌릴 수는 없도다. 대력(大曆) 11년(776) 3월 27일에 병들어 누워 영녕리(永寧里)의 사저(私邸)에서 돌아가시니, 나이가 78세이다. 부인은 난릉(蘭陵) 소씨(蕭氏)이고, 사자(嗣子)는 진공(珍貢)인데 정의대부(正議大夫)·시(試) 태상경(太常卿) 겸 순주녹사참군(順州錄事叅軍)이다. 부인의 딸은 아직 채 성년이 되지도 않았는데, 남단덕의 상을 당하여 슬픔에 몸이 상하고 예의가 지나칠 정도였다. 답답함에 가슴을 치고 초△(初△)하였으며, 7일 동안 미음을 끊으니 들리고 보이는 것은 탄식하고 눈물 흘리는 것뿐이었다. 황제께서 남단덕의 충의를 아름답게 여기시어 그에게 속백(束帛)을 하사하고, 아울러 △부(△部)를 주며 장례를 지내는 것에 특별히 등급을 더하게 하였다. 그 은혜가 하늘에서 비를 내려주는 것만큼 깊으니, 살아서나 죽어서나 영예롭게 빛남이 있다. 그 해 4월28일에 만년현(萬年縣) 숭의향(崇義鄕) 호촌(胡村) 백록(白鹿)의 서쪽 들판에서 장사지내니, 예의에 합당하였다. 그 사(詞)는 다음과 같다.

아름답도다, 순수하고 확고한 마음이여. 지조를 세우고 절개를 굳건히 하였도다. 어려서부터 무예를 익히고, 전투에 나서 명성을 쌓았도다[그 첫째이다]. △심(△心)으로 황제의 부름에 답하여 변경의 난리를 평정하였도다. 참된 정성이 미△(未△)하니

두 소인배가 번갈아 멋대로 하도다[그 둘째이다]. △△ 외로운 무덤, 들판에 △대(△對)하였도다. 혼이 △△에 흩어지고, 천 년 동안 영원히 감사하도다[그 셋째이다]. (「南單德 墓誌銘」)

신라 3월에 창부(倉部)에 사(史) 8명을 더 두었다. (『三國史記』 9 新羅本紀 9)

신라 3월에 倉部에 사 8명을 더 두었다. (『三國史節要』 12)

백제 (6월) 임신일(16)에 우경대부(右京大夫) 종4위하(從4位下) 백제왕 이백(理伯)이 죽었다. (『續日本紀』 34 光仁紀)

신라 가을 7월에 사신을 보내 당에 조회하고 토산물을 바쳤다. (『三國史記』 9 新羅本紀 9)

신라 가을 7월에 사신을 보내 당에 가서 조공하였다. (『三國史節要』 12)

신라 (당 대종 대력) 11년 7월에 신라가 사신을 보내 와서 조회하였다. 또 방물을 바쳤다. (『册府元龜』 972 外臣部 17 朝貢 5)

고구려 (대력 11년 9월) 무진일(14)에 치청(淄靑) 이정기(李正己)가 아뢰어 운(鄆)·복 (濮) 2주를 취하였다. (『舊唐書』 11 本紀 11 代宗)

신라 겨울 10월에 사신을 보내 당에 들어가 조공했다. (『三國史記』 9 新羅本紀 9)

신라 겨울 10월에 사신을 보내 당에 가서 조공했다. (『三國史節要』 12)

신라 (당 대종 대력 11년) 10월에 신라가 사신을 보내 조공하였다. (『册府元龜』 972 外臣部 17 朝貢 5)

고구려 12월 정해일(4)에 평로치청절도사(平盧淄靑節度使)·검교상서좌복야(檢校尙書左僕射)·청주자사(靑州刺史)·요양왕(饒陽王) 이정기(李正己)를 더하여 검교사공(檢校司空)·동중서문하평장사(同中書門下平章事)로 삼았다. (『舊唐書』 11 本紀 11 代宗)

발해 (12월) 을사일(13)에 발해국이 헌가대부(獻可大夫) 사빈소령(司賓少令) 개국남사도총(開國男史都蒙) 등 187명을 보내어 우리 천황의 즉위를 치하하고 아울러 그 나라 왕비의 죽음을 알렸다. 우리 해안에 막 도착하려는데 갑자기 사나운 바람을 만나 키가 부러지고 돛이 떨어져 표류하다 죽은 자가 많았다. 살아남은 자는 겨우 46명뿐이었다. 곧 월전국(越前國) 가하군(加賀郡)에 안치하고 물건을 공급하였다. (『續日本紀』 34 光仁紀)

발해 (광인천황 보귀) 7년 12월 을사일[13] (『類聚國史』 193 殊俗部 渤海 上)

신라 다시 명주를 하슬라주로 하고 상주를 사벌주로 하였으며 진주를 청주로 하였다. (『三國史節要』 12)

신라 왕이 처음으로 5묘를 세웠다. 미추왕, 태종왕, 문무왕과 할아버지, 아버지로써 오묘로 삼았다. 1년에 6번 제사지내는데, 정월 2일과 5일, 5월 5일, 7월 상순, 8월 1일과 15일에 그것을 행하였다. 대체로 미추왕은 김씨의 시조가 되며 태종왕과 문무왕은 고구려와 백제를 평정한 큰 공덕이 있어 불천지주(不遷之主)로 하였다. (『三國史節要』 12)

고구려 이정기는 고구려 사람이다. (…) 대력 11년 10월에 검교사공·동중서문하평장사(檢校司空·同中書門下平章事)가 되었다.

신라 진표(眞表)가 금산사를 나와 속리산으로 향하였는데 길에서 소달구지를 탄 사람을 만났다. 그 소들이 진표 앞을 향해 와서 무릎을 꿇고 울었다. 소달구지를 탄 사람이 내려서 묻기를 "어떤 이유로 이 소들이 화상을 보고 우는 것입니까. 화상은 어디에서 오시는 것입니까"라고 하였다. 진표가 말하기를 "나는 금산수(金山藪)의 진표라는 승려인데, 나는 일찍이 변산(邊山)의 불사의방(不思議房)에 들어가서 미륵·지장 두 성전에서 친히 계법과 진생(眞栍)을 받고 절을 짓고 머물러 오래 수도할 곳을 찾고자 한 까닭으로 온 것이다. 이 소들은 겉은 미련하나 속은 현명하여 내가 계법을 받은 것을 알고 법을 중하게 여기는 까닭으로 무릎을 꿇고 우는 것이다"라고 하였다. 그 사람은 듣기를 마치고 이내 "축생도 항상 이와 같은 신심(信心)이 있는데 하물며 나는 사람으로 어찌 마음이 없겠는가"라고 하고 즉 손으로 낫을 잡고 스스로 머리카락을 잘라 버렸다. 진표는 자비심으로써 다시 머리를 깎아주고 계를 주었다. 속리산 골짜기에 이르러 길상초(吉祥草)가 핀 곳을 보고 그것을 표시해 두었다. (…) 가다가 고성군(高城郡)에 이르러 개골산(皆骨山)에 들어가 비로소 발연수(鉢淵藪)를 창건하고 점찰법회를 열었다. 7년을 살았는데 이때 명주의 경계에 흉년이 들어 백성이 굶주려서 진표가 이를 위해 계법을 설하니 사람마다 받들어 지켜 삼보(三寶)를 지극히 공경하였다. 갑자기 고성 해변에서 셀 수 없이 많은 물고기들이 스스로 죽어서 나오니 백성들이 이것을 팔아서 식량을 마련하여 죽음을 면하였다. 진표는 발연수를 나와 다시 불사의방으로 갔고 그런 후에 고향으로 가서 아버지를 뵈기도 하고 혹은 진문대덕(眞門大德)의 방에 가서 살기도 하였다. 이때 속리산 대덕 영심(永深)이 대덕 융종(融宗)·불타(佛陁) 등과 함께 율사가 있는 곳에 와서 청하였다. "우리들은 1,000리를 멀지 않다 여기고 계법을 구하러 왔습니다. 원컨대 법문(法門)을 주십시오." 진표가 묵묵히 대답이 없었다. 세 사람은 복숭아 나무 위로 올라가 땅에 거꾸로 떨어지며 용맹하게 참회하였다. 진표가 이에 가르침을 전하여 관정(灌頂)을 하고, 드디어 가사와 바리, 『공양차제비법(供養次第秘法)』 한 권, 『일찰선악업보경(日察善惡業報經)』 두 권과 생(栍) 189개를 주었다. 또 미륵의 진생(眞栍) 9자와 8자를 주고, 경계하여 말하였다. "9자는 법 자체이고 8자는 신종성불종자(新熏成佛種子)이다. 내가 이미 너희들에게 맡기었으니 이를 가지고 속리산으로 돌아가라. 산에 길상초(吉祥草)가 자라는 곳이 있으니 여기에 정사(精舍)를 세우고 여기에 따라 법을 가르쳐서 인간계와 천계를 널리 제도하고 후세에 널리 펼쳐라." 영심 등이 가르침을 받들고 곧바로 속리산으로 가서 길상초가 난 곳을 찾아 절을 창건하고 길상사(吉祥寺)라 하였다. 영심은 여기에서 처음으로 점찰법회를 열었다. 율사는 아버지와 함께 다시 발연수(鉢淵藪)에 이르러 같이 도업을 닦으며 효를 다하였다. 율사는 세상을 뜰 때 절의 동쪽 큰 바위 위에 올라 죽으니 제자들이 시신을 옮기지 않고 공양하고 해골이 흩어져 떨어질 때에 이르러 흙을 덮어 묻고 이에 무덤으로 삼았다. 푸른 소나무가 곧 나왔다가 세월이 오래 지나자 말라죽었고, 다시 나무 한 그루가 났고 후에 다시 한 그루가 났는데 그 뿌리는 하나였다. 지금도 두 나무가 있다. 무릇 공경을 다하는 사람은 소나무 아래에서 뼈를 찾는데, 혹은 얻고 혹은 못 얻기도 한다. 나는 법사의 뼈가 없어질 것을 염려하여 정사년(1197) 9월 특별히 소나무 밑에 가서 뼈를 모아 통에 담으니 3홉 가량이 되었다. 큰 바위 아래 두 나무 밑에 돌을 세워 뼈를 안장하였다고 했다. 여기에 기록된 진표의 사적(事跡)은 「발연석기(鉢淵石記)」와 서로 같지 않은 것이 있기 때문에 영잠(瑩岑)이 기록한 것을 간추려서 실었다. 후세의 현명한 이들은 마땅히 이를 참고하라. 무극(無極)은 기록한다. (『三國遺

事』4 義解 5 關東楓岳鉢淵藪石記)

777(丁巳/신라 혜공왕 13/발해 문왕 41 大興 41/唐 大曆 12/日本 寶龜 8)

백제 (정월) 경신일(7)에 (…) 정6위상(正6位上) (…) 백제왕 인정(仁貞) (…) 에게 모두 종5위하(從5位下)를 주었다. (…) (『續日本紀』34 光仁紀)

발해 (봄 정월 갑인일 초하루 신유일(8)) (…) 발해의 사신이 일본국의 무녀(舞女) 11명을 바쳤다. (『舊唐書』11 本紀 11 代宗)

발해 (대력) 12년 정월에 사신을 보내 일본국의 무녀 11인과 방물을 바쳤다. (『舊唐書』199下 列傳 149下 渤海靺鞨)

발해 (당 대종 대력 12년 정월) 발해가 사신을 보내 와서 조회하였다. 아울러 일본국의 무녀 11명과 방물을 바쳤다. (『冊府元龜』972 外臣部 17 朝貢 5)

발해 대력 연간에 25번 왔다. 일본 무녀 11명을 제조(諸朝)에 바쳤다. (『新唐書』219 列傳 144 北狄 渤海)

발해 (정월) 계유일(20)에 사신을 보내어 발해의 사신 사도몽(史都蒙) 등에게 물었다. "지난 보귀(寶龜) 4년(773)에 오수불(烏須弗)이 본국으로 돌아가던 날에 태정관(太政官)이 처리하여 발해에서 입조하는 사신은 이제 이후로는 마땅히 옛날의 예에 따라 대재부로 향하고 북로를 취하여 오지 못하도록 하였다. 그런데 지금 이 약속을 어겼으니 어찌된 일인가." 대답하여 말하였다. "오수불이 돌아오던 날 진실로 이 뜻을 받들었습니다. 이로 말미암아 도몽 등은 우리나라 남해부(南海府) 토호포(吐號浦)로부터 출발하여 서쪽으로 대마도의 죽실진(竹室津)으로 향하였는데, 바다 가운데에서 폭풍을 만나 이 금지된 구역에 도착하게 되었습니다. 약속을 어긴 죄는 다시 피할 수 없을 것입니다." (『續日本紀』34 光仁紀)

발해 (광인천황(廣仁天皇) 보귀) 8년 정월 계유일[20] (『類聚國史』193 殊俗部 渤海 上)

백제 (정월 경진일(27)) 종5위하(從5位下) 백제왕 현경(玄鏡)을 석견수(石見守)로 삼았다. (『續日本紀』34 光仁紀)

고구려 (대력 12년) 2월 무자일(6)에 치청절도사(淄青節度使) 이정기(李正己)의 아들을 받아들여 청주자사(青州刺史)로 삼고 치청절도류후(淄青節度留後)를 충(充)하였다. (『舊唐書』11 本紀 11 代宗)

백제 (2월) 경자일(18)에 정6위상(正6位上) 백제왕 선종(仙宗)에게 종5위하(從5位下)를 주었다. (『續日本紀』34 光仁紀)

발해 (2월) 임인일(20)에 발해 사신 사도몽(史都蒙) 등 30명을 불러 입조하게 하였다. 이때 도몽이 "도몽 등 160여명은 멀리서 천황의 즉위를 축하하고자 바다를 건너 내조하였습니다. 홀연히 폭풍을 만나 표류하다가 죽은 사람이 120명이며, 요행히 살아남은 사람은 겨우 46명뿐입니다. 이미 험한 물결 속에서 구사일생으로 살아났으니, 성조(聖朝)의 지극한 덕이 아니었으면 무엇으로 어찌 살아남을 수 있었겠습니까. 하물며 다시 들어와 문득 천황의 궁궐에 절할 수 있는 특별한 은혜를 입었으니 천하에 이같이 행복한 백성이 어디에 또 있겠습니까. 그러나 죽지 않고 남은 도몽 등 40여명은 몸과 마음을 하나로 하고 즐거움과 고통을 함께 할 것을 기약하였습니다. 이제 명을 받건대 16명은 별도로 대우하여 나누어 해안에 머무르게 하셨으니, 비유하면

한 몸을 갈라 등을 나누며, 사지를 잃고 기어가는 것과 같습니다. 우러러 바라건대 천황의 빛을 두루 비추어 함께 입조(入朝)하도록 하여 주십시오"하고 말하니, 허락하였다. (『續日本紀』 34 光仁紀)

발해 (광인천황 보귀 8년) 2월 임인일 (『類聚國史』 193 殊俗部 渤海 上)

발해 (당 대종 대력 12년) 2월에 발해가 사신을 보내 매를 바쳤다. (『册府元龜』 972 外臣部 17 朝貢 5)

백제 (3월) 무진일(16)에 천황이 대납언(大納言) 등원조신어명(藤原朝臣魚名)의 조사(曹司)에 행차하여 따라온 관리에게 물건을 내려 주었는데 차등이 있었다. 그 아들 종6위상(従6位上) 등원조신말무(藤原朝臣末茂)에게 종5위하(従5位下)를, 백제휘후사(百濟箽篌師) 정6위상(正6位上) 난금신(難金信)에게 외종5위하(外従5位下)를 주었다. (『續日本紀』 34 光仁紀)

신라 봄 3월에 경도(京都)에 지진이 일어났다. (『三國史記』 9 新羅本紀 9)

신라 봄 3월에 경도에 지진이 일어났다. (『三國史節要』 12)

발해 (4월) 경인일(9)에 발해 사신 사도몽(史都蒙) 등이 서울에 들어왔다. (『續日本紀』 34 光仁紀)

발해 (광인천황 보귀 8년) 4월 경인일[9] (『類聚國史』 193 殊俗部 渤海 上)

발해 (4월) 신묘일(10)에 태정관(太政官)이 사신을 보내어 사도몽(史都蒙) 등을 위문하였다. (『續日本紀』 34 光仁紀)

발해 (광인천황 보귀 8년 4월) 신묘일[10] (『類聚國史』 193 殊俗部 渤海 上)

발해 (여름 4월 임인일(21)) 발해·해(奚)·거란·실위(室韋)·말갈이 모두 사신을 보내 조공하였다. (『舊唐書』 11 本紀 11 代宗)

발해 (당 대종 대력 12년(777)) 4월에 장가(牂牁)·발(渤)·해(奚)·거란·실위(室韋)·말갈이 (…) 모두 사신을 보내 와서 조회하였다. 각각 방물을 바쳤다. (『册府元龜』 972 外臣部 17 朝貢 5)

발해 (대력 12년) 4월과 12월에 사신이 다시 왔다. (『舊唐書』 199下 列傳 149下 靺鞨)

발해 (4월) 계묘일(22)에 발해 사신 사도몽(史都蒙) 등이 방물을 바치고 아뢰었다. "발해 국왕은 먼 조상 때부터 공봉(供奉)을 시작하여 그치지 않았습니다. 또한 국사(國使) 일만복(壹萬福)이 돌아와 전하는 말을 들으니 성황(聖皇)이 천하에 새로 군림하셨다 하기에 기쁨을 이기지 못하고 곧바로 헌가대부(獻可大夫) 사빈소령(司賓少令) 개국남(開國男) 사도몽을 보내어 입조하게 하고 아울러 나라의 신물(信物)을 가지고 천황의 궁궐에 삼가 절하게 하였습니다." 조(詔)를 내려 말하였다. (…) (『續日本紀』 34 光仁紀)

발해 (광인천황 보귀 8년 4월) 계묘일[22] (『類聚國史』 193 殊俗部 渤海 上)

발해 (4월) 무신일(27)에 천황이 임석하여 발해의 대사(大使) 헌가대부(獻可大夫) 사빈소령(司賓少令) 개국남(開國男) 사도몽(史都蒙)에게 정3위(正3位)를 주고, 대판관(大判官) 고록사(高祿思)·사판관(少判官) 고울림(高鬱琳)에게는 모두 정5위상(正5位上), 상록사(大錄事) 사주선(史遒仙)에게 정5위하(正5位下), 소록사(少錄事) 고규선(高珪宣)

에게 종5위하(從5位下)를 주고, 나머지에게도 모두 차등이 있게 주었다. (발해) 국왕에게 녹을 내려 주었는데 칙서를 갖추어 적었다. 사도몽 이하에게도 역시 차등이 있게 주었다. (『續日本紀』 34 光仁紀)

발해 (광인천황 보귀 8년 4월) 무신일[27] (『類聚國史』 193 殊俗部 渤海 上)

발해 정혜공주 묘지 및 서문

무릇 오래 전에 읽었던 『상서(尙書)』를 돌이켜 보건대 요(堯) 임금은 두 딸을 규수(嬀水)의 물굽이에 내려보내 순(舜) 임금에게 시집보냈고, 『좌전(左傳)』을 널리 상세히 보건대 주(周) 천자(天子)가 딸을 제(齊)나라에 시집보낼 때에 노(魯) 장공(莊公)이 노관(魯館)을 지어 그 혼례를 주관하였다. 그러니 부녀자로서 갖추어진 덕이 밝고 밝으면 명예로운 이름이 어찌 후세에 전해지지 않을 것이며, 어머니로서 갖추어진 규범이 아름답고 아름다우면 선인(先人)들이 쌓은 은혜가 어찌 무궁하게 전해지지 않으리오 조상들의 복을 물려받는 것이란 바로 이것을 가리키는 것이다. 공주는 우리 대흥보력효감금륜성법대왕(大興寶曆孝感金輪聖法大王)의 둘째 딸이다. 생각컨대 고왕(高王), 무왕(武王)의 조상들과 아버지 문왕은 왕도(王道)를 일으키고 무공(武功)에서 커다란 업적을 남겼다고 능히 말할 수 있으니, 만일 이들이 때를 맞추어 정사(政事)를 처리하면 그 밝기가 일월(日月)이 내려 비치는 것과 같고, 기강을 세워 정권을 장악하면 그 어진 것이 천지(天地)가 만물을 포용하는 것과 같았다. 이들이야말로 우순(虞舜)과 짝할 만하고 하우(夏禹)와 닮았으며, 상(商) 탕왕(湯王)과 같은 지혜를 배양하고 주(周) 문왕(文王)과 같은 도략(韜略)을 갖추었다. 하늘에서 이들을 도와주니, 위엄을 베풀어 길하게 되었도다. 공주는 무산(武山)에서 영기(靈氣)를 이어받고, 낙수(洛水)에서 신선(神仙)에 감응받았다. 그녀는 궁중에서 태어나 어려서부터 유순한 것으로 유명하였다. 용모는 보기 드물게 뛰어나 옥과 같은 나무에 핀 꽃들처럼 아름다왔고, 품성은 비할 데 없이 정결하여 곤륜산(崑崙山)에서 난 한 조각의 옥처럼 온화하였다. 일찍이 여사(女師)에게서 가르침을 받아 능히 그와 같아지려고 하였고, 매번 한(漢) 반소(班昭)를 사모하여 시서(詩書)를 좋아하고 예악(禮樂)을 즐겼다. 총명한 지혜는 비할 바 없고, 우아한 품성은 저절로 타고난 것이었다. 공주는 훌륭한 배필로서 군자에게 시집갔다. 그리하여 한 수레에 탄 부부로서 친밀한 모습을 보였고, 한 집안의 사람으로서 영원한 지조를 지켰다. 그녀는 부드럽고 공손하고 또한 우아하였으며, 신중하게 행동하고 겸손하였다. 소루(簫樓) 위에서 한 쌍의 봉황새가 노래부르는 것 같았고, 경대(鏡臺) 가운데에서 한 쌍의 난조(鸞鳥)가 춤을 추는 것 같았다. 움직일 때면 몸에 단 패옥이 소리를 냈고, 머물 때면 의복의 띠를 조심하였다. 문장력이 뛰어나고 말은 이치에 맞았으며, 갈고 닦아서 순결한 지조를 갖추고자 하였다. 한(漢) 원제(元帝)의 딸 경무(敬武)공주처럼 아름다운 봉지(封地)에서 살았고, 한(漢) 고조(高祖)의 딸 노원(魯元)공주처럼 훌륭한 가문에서 생활하였다. 부부 사이는 거문고와 큰 거문고처럼 잘 어울렸고, 창포와 난초처럼 향기로왔다. 그러나 남편이 먼저 돌아갈 것을 누가 알았으랴, 지모(智謀)를 다하여 정사를 보필하지 못하게 되었구나. 어린 아들도 역시 일찍 죽어, 미처 소년으로서의 나이를 지나지 못하였다. 공주는 직실(織室)을 나와 눈물을 뿌렸고, 빈 방을 바라보며 수심을 머금었다. 육행(六行)을 크게 갖추고 삼종(三從)을 지켰다. 위(衛) 공백(共伯)의 처 공강(共姜)의 맹세를 배웠고, 제기량(齊杞梁)의 처와 같은 애처러움을 품었다. 부왕(父王)에게서 은혜 받아 스스로 부덕(婦德)을 품고 살았다. 인생길이 절반도 되지 않았는데 세월은 달음질치고, 흐르는 물은 내를 이루어 계곡에 견고하게 감추어진 배를 쉽게 움직이는구나. 아아, 공주는 보력(寶曆) 4년 여름 4월 14일 을미일(乙未日)에 외제(外第)에서 사망하니, 나이는 40세였다. 이에 시호를 정혜공주(貞惠公主)라 하였다. 보력 7년 겨울 11월 24일 갑신일(甲申日)에 진릉(珍陵)의 서쪽 언덕에 배장하였으니, 이것은 예의에 맞는 것이다. (「貞惠公主墓誌」)

신라 여름 4월에 또 지진이 일어났다. 상대등(上大等) 양상(良相)이 왕에게 글을 올려 당시 정치를 극론(極論) 했다. (『三國史記』 9 新羅本紀 9)

신라 여름 4월에 또 지진이 일어났다. 상대등 양상이 왕에게 글을 올려 당시 정치를 극론했다. (『三國史節要』 12)

발해 (5월) 정사일(7)에 천황이 중합문(重閣門)에서 활쏘기와 말타기를 관람하였다. 발해사신 사도몽(史都蒙) 등을 불러 (그들) 역시 활쏘는 장소에 모였다. 5위(位) 이상으로 하여금 장식한 말을 타고 달려 나아가 무대에서 전무(田儛)를 추게 하였다. 번객(蕃客) 역시 자기나라의 음악을 연주하였다. 일이 끝나자 대사(大使) 도몽 이하에게 채백(綵帛)을 내려 주었는데 각각 차등이 있었다. (『續日本紀』 34 光仁紀)

발해 (광인천황 보귀 8년) 5월 정사일[7] (『類聚國史』 193 殊俗部 渤海 上)

발해 (5월) 경신일(10)에 앞서 발해의 판관(判官) 고숙원(高淑源) 및 소록사(少錄事) 한 사람이 우리 해안에 도착하였는데 배가 표류하여 익사하였다. 이에 이르러 숙원(淑源)에게 정5위상(正5位上), 소록사(少錄事)에게 종5위하(從5位下)를 추증하고, 아울러 부의(賻儀)를 법령대로 하였다. (『續日本紀』 34 光仁紀)

발해 (광인천황 보귀 8년 5월) 경신일[10] (『類聚國史』 193 殊俗部 渤海 上)

발해 (5월) 계유일(23)에 발해 사신 사도몽(史都蒙) 등이 본국으로 돌아갔다. 대학소윤(大學少允) 정6위상(正6位上) 고려조신(高麗朝臣) 전계(殿繼)를 송사(送使)로 삼고, 고려국(발해국)왕에게 칙서를 주어 말하였다. “천황은 삼가 발해국왕에게 문안한다. 사신 사도몽 등이 멀리서 비다를 긴니 와서 즉위를 경하하니, 돌이켜 보건대 덕이 부족함이 부끄럽고 외람되게 왕위를 이어 마치 큰 강을 건너는 데 건널 방법을 알지 못하는 것과 같다. 왕은 전례에 따라 조빙을 하고 더욱 새롭게 천자의 즉위를 경하하니 간절한 정성이 참으로 아름답다. 다만 도몽 등이 우리 해안에 거의 닿을 즈음에 갑자기 사나운 바람을 만나 사람과 물건들을 잃고 타고 갈 배가 없게 되었으니, 그들을 생각하고 이 말을 들으매 더욱 마음이 아프다. 고향으로 돌아가기를 생각하는 마음이 슬픔보다 배나 더하므로 배를 만들어 사신을 본국으로 돌려보낸다. 아울러 견 50필, 시(絁) 50필, 시(絲) 200구(約), 면(綿) 300둔(屯)을 부친다. 또한 도몽(都蒙) 등의 청에 따라 황금 소(小) 100냥, 수은(水銀) 대(大)100냥, 금칠(金漆) 1부(缶), 칠(漆) 1부, 해석류유(海石榴油) 1부, 수정염주(水精念珠) 4관(貫), 빈랑선(檳榔扇) 10지(枝)를 보내니, 도착하면 받으라. 여름 햇볕이 뜨겁다. 편안하기를 바란다.” 또한 그 나라 왕후의 상(喪)을 조문하여 말하였다. “죽음의 재앙이 무상하도다. 어진 왕후께서 돌아가셨다는 말을 들으니 슬프고 놀라운데 부인의 죽음을 당한 사람이야 어떻겠는가. 묘 주위의 소나무와 오동나무는 아직 무성하지도 않은데 여러 조각들 사이(무덤)에 거하게 되었도다. 길흉에 법도가 있으니 그것을 지킬 따름이다. 이제 돌아가는 사신편에 견 20필, 시 20필, 면 200둔을 보내니 받으라.” (『續日本紀』 34 光仁紀)

발해 (광인천황 보귀 8년 5월) 계유일[23] (『類聚國史』 193 殊俗部 渤海 上)

백제 (10월) 신묘일(13)에 종5위하(從5位下) 백제왕 선종(仙宗)을 조(助)로 삼았다. (…) 종5위하(從5位下) 백제왕 인정(仁貞)을 원외좌(員外佐)로 삼았다. (…) (『續日本紀』 34

光仁紀)

신라 겨울 10월에 이찬(伊飡) 주원(周元)을 시중(侍中)으로 삼았다. (『三國史記』 9 新羅本紀 9)

신라 겨울 10월에 이찬 주원을 시중으로 삼았다. (『三國史節要』 12)

백제 12월 신묘일(14), 처음에 육오국(陸奧國)의 진수장군(鎭守將軍) 조조신(紀朝臣) 광순(廣純)이 말하였다. "지파촌(志波村)의 적이 개미떼처럼 모여 제멋대로 해악을 끼치고 있습니다. 출우국(出羽國)의 군대가 그들과 싸움을 하였다가 패하여 물러났습니다." 이에 근강개(近江介) 종5위상(從5位上) 좌백숙녜구량마려(佐伯宿禰久良麻呂)를 진수권부장군(鎭守權副將軍)으로 삼아 출우국(出羽國)에 진을 치게 하였다. 이 때에 이르러 정5위하(正5位下) 훈(勳)5등 기조신 광순에게 종4위하(從4位下) 훈4등을 주고, 종5위상 훈7등 좌백숙녜구량마려(佐伯宿禰久良麻呂)에게 정5위하 훈5등, 외정6위상 길미후(吉彌侯) 이좌서고(伊佐西古)와 제2등 이치공자마려(伊治公呰麻呂)에게 모두 외종5위하 훈6등, 백제왕 준철(俊哲)에게 훈5등을 주었는데, 나머지도 각각 차등이 있게 주었다. (『續日本紀』 34 光仁紀)

발해 (대력 12년) 4월과 12월이 사신이 다시 왔다. (『舊唐書』 199下 列傳 149下 靺鞨)

신라 발해 (당 대종 대력 12년) 12월에 신라·발해·말갈·실위(室韋)·해(奚)·거란이 모두 사신을 보내 와서 조회하였고 각각 방물을 바쳤다. (『冊府元龜』 972 外臣部 17 朝貢 5)

신라 청주 사람 성각(聖覺)이 어머니를 봉양하는데 효가 지극하였다. 어머니가 늙고 병들자 허벅다리 살을 잘라 먹였으나 죽자 지극한 정성으로 장사지냈다. 주원이 이를 듣고 왕이 조 3백석을 내렸다. (『三國史節要』 12)

신라 (대력) 9년(774)에서 12년(777)에 이르기까지 해마다 사신을 보내 와서 조회하였고 혹은 1년에 두 번 이르기도 하였다. (『舊唐書』 199上 列傳 149上 新羅)

778(戊午/신라 혜공왕 14/발해 문왕 42, 大興 42/唐 大曆 13/日本 寶龜 9)

고구려 (봄 정월 임술일(15)) (…) 치청절도사(淄靑節度使) 이정기(李正己)가 속적(屬籍)에 붙기를 청하자 그것을 따르게 하였다. (『舊唐書』 11 本紀 11 代宗)

고구려 대력 13년 정월에 치청절도사 이정기가 속적에 들어가 붙기를 청하자 칙지로 그것을 따르게 하였다. (『唐會要』 65 宗正寺)

고구려 이정기는 고구려 사람이다. (…) (대력) 13년(778)에 청하여 속적(屬籍)에 들어가 그것을 따랐다. 엄혹(嚴酷)하게 다스려, 감히 우어(偶語)가 있는 바가 없었다. 처음에 치·청·제·해·등·래·기·밀·덕·체주(淄·靑·齊·海·登·萊·沂·密·德·棣州) 등의 땅에 있었는데 전승사·영호창·설숭·이보신·양숭의(田承嗣·令狐彰·薛嵩·李寶臣·梁崇義)와 번갈아 서로 영향을 주었다. 대력 연간에 설숭이 죽고 이영요(李靈曜)의 란에 미쳐 제도(諸道)가 함께 그 땅을 공격하여 얻은 것이 자기 읍이 되었는데, 이정기는 다시 조·복·서·연·운(曹·濮·徐·兗·鄆)을 얻어, 모두 15주가 되어 안으로는 동렬(同列)에 비견되었고, 화시(貨市)와 발해 명마가 매년 끊이지 않았다. 法令이 한 가지로 가지런하였으며 부세가 균일하게 가벼웠고 가장 강대하다고 칭해졌다. 일찍이 전승사를 공격하여 위엄을 인적에 떨쳤다. 검교사공·좌복사·겸어사대부(檢校司空·左僕射·兼御史大夫)를 거치고 평장사·태자태보·사도(平章事·太子太保·司徒)가 더해졌다. 후에 청주로부터 운주로 옮겨 살았는데, 그 아들 이납과 복심(腹心)의 장수에게 그 땅을 나누어 다스리게 하였다. 건중(建中) 후에 조정에서 두려워하고 대체로 편안하지 못하였으며 장차 변주(汴州)를 축성한다는 말을 듣고 이에 둔병(兵屯)을 제음(濟陰)으로 옮기고 주야로 교습(敎習)하여 대비하였다. 하남이 시끄러지고 천하가 요동하며 우격(羽檄)이 치주(馳走)하자, 군대를 불러 모아 더욱 대비하였다. 또 서주(徐州)에서 군대를 증가시켜 강회(江淮) 막음으로써, 이에 운수(運輸)의 도로를 고쳤다. 얼마 있지 않아 저(疽)가 발하여 죽었는데, 이 때 나이 49세였다. 아들 납이 병정(兵政)을 천총(擅總)하여 그것을 비밀로 하여 수개월이 지나 상을 발하였다. 이납이 군대로 막고 흥원(興元) 원년(784) 4월 귀순하니 정기는 태위(太尉)로 추증되었다. (『舊唐書』124 列傳 74 李正己)

고구려 (2월 신사일(4)) (…) 종5위하(從5位下) 고려조신(高麗朝臣) 석마려(石麻呂)를 무장개(武藏介)로 삼았다. (…) (『續日本紀』 35 光仁紀)

고구려 (4월) 병오일(30)에 앞서 보귀 7년(776)에 고려 사신의 무리 30명이 물에 빠져 죽은 채 표류하다가 월전국(越前國)의 강소(江沼)·가하(加賀) 2군(郡)에 도착하였는데, 이때에 이르러 그 나라에 명하여 매장하게 하였다. (『續日本紀』 35 光仁紀)

발해 (광인천황(廣仁天皇) 보귀) 9년 4월 병오[30] (『類聚國史』 193 殊俗部 渤海 上)

백제 6월 경자일(25)에 육오(陸奧)·출우(出羽)의 국사(國司) 이하, 싸움에서 공이 있는 자 2천2백6십7명에게 관작을 내려 주었다. (…) 훈(勳) 6등 백제왕 준철(俊哲)에게 훈5등을 주었다. (…) (『續日本紀』 35 光仁紀)

발해 (9월) 계해일(21)에 송고려사(送高麗使) 정6위상(正6位上) 고려조신(高麗朝臣) 전사(殿嗣) 등이 월전국(越前國) 판정군(坂井郡) 삼국주(三國湊)에 도착하였다. 월전국에 칙을 내려 견고려사(遣高麗使)와 그 나라의 송사(送使)를 편안한 곳에 안치시키고 예(例)에 따라 물건을 공급하도록 하였다. 다만 전사(殿嗣) 한 사람만은 일찍 서울로 들어오도록 하였다. (『續日本紀』 35 光仁紀)

발해 (광인천황 보귀 9년) 9월 계해일[21] (『類聚國史』 193 殊俗部 渤海 上)

발해 겨울 10월 무인일(6)에 정6위상(正6位上) 고려조신(高麗朝臣) 전사(殿嗣)에게 종5위하(從5位下)를 주었다. (『續日本紀』 35 光仁紀)

탐라 (11월) 임자일(10)에 견당사의 제4선(船)이 살마국(薩摩國) 증도군(甑嶋郡)에 다다랐다. 그 판관(判官) 해상진인(海上眞人) 삼수(三狩) 등은 표류하다가 탐라도(耽羅嶋)에 도착하여 섬사람에게 노략질당하고 억류되었다. 다만 녹사(錄事) 한국연원(韓國連原) 등이 몰래 밧줄을 풀고 도망갈 것을 모의하여 남은 무리 40여 명을 거느리고 돌아왔다. (『續日本紀』 35 光仁紀)

고구려 당(唐) 개부의동삼사(開府儀同三司) 공부상서(工部尙書) 특진(特進) 우금오위대장군(右金吾衛大將軍) 안동도호(安東都護) 담국공(郯國公) 상주국(上柱國) △△공(△△公)의 묘지(墓誌) 및 서(序)

헌서대제(獻書待制) 양경(楊憼)이 찬하다.

대력 8년 하(夏) 5월 27일 우금오위대장군(右金吾衛大將軍) 안동도호(安東都護)인 △△공(△△公)은 낙양 교업리(敎業里) 사제(私第)에서 훙거(薨去)하였으니 춘추는 73세였다. 전년 4월 12일 담국부인 진정후씨가 먼저 박릉군(博陵郡)에서 죽었다. 13

년 11월 24일 병인에 낙(수)의 북쪽, 인산(印山)의 남쪽 신영(新塋)에 합장하였으니 예법에 따른 것이다. 공의 휘는 진(震)이며 자는 모(某)이며 발해인이다. 조부인 장(藏)은 개부의동삼사(開府儀同三司) 공부상서(工部尙書) 조선군왕(朝鮮郡王) 유성군개국공(柳城郡開國公)이며 부(父)의 휘는 련(連)으로 운휘장군(雲麾將軍) 우표도대장군(右豹韜大將軍) 안동도호(安東都護)였다. 공은 곧 부여의 귀종(貴種)이며, 진한의 영족(令族)이었으나 교화를 그리워하여 땅을 연 후에도, 대를 이어 왕을 칭하면서 자손이 국빈(國賓)이 되어 식읍이 천실(千室)이나 되었다. 공은 성심과 정성으로 임금을 도와서 힘써 싸움으로써 공훈이 기록되어 무리에서 으뜸이 되었다. 떳떳한 기개로 오랑캐를 막았고, 사봉(司封) 5급을 받았고 자남(子男)으로부터 공후(公侯)로 세워졌으니 관품 9계 중 유격(장군)을 넘어서 개부(의동삼사)로 승진하였으니 이 역시 인신(人臣)으로 스스로 이룩한 것이다. 향년(享年)이 길지 못하여 ... 대저 사람됨이 깨끗하고 바탕이 밝았으며 부인의 범절과 어머니의 훈계에도 (불구하고), 무지개가 걸리니 해를 떨어뜨리고 신선이 막아서니 구름을 줄이고, 동금(桐琴)의 줄이 끊어지고 칼이 물에 잠긴다. 거울이 움직이니 난새가 죽었다. 명(命)이로구나. 사자(嗣子)인 조청대부(朝請大夫) 심택령(深澤令) 숙수(叔秀)는 효성스러움이 강초(江草)를 뛰어넘고 예의범절은 왕상(王祥)보다 높았다. 모와 형을 부축하여 박릉을 출발하여 엄격한 효성을 이루어 낙읍(洛邑)으로 옮기니, 눈길을 밟기를 천리였으며, 슬픔을 품기를 9년이나 하였으니 금석에 그 시종을 적어서 문장에 의탁한다. 명(銘)에 다음과 같이 새겼다. 그 처음으로, 조선귀족으로 크게도(아름답게도) 왕을 칭하는 것을 버리고, 훈로(獯虜:오랑캐)를 죽여 베어버려 위대한 당을 도왔구나. 노룡(盧龍)과 유색(柳塞:柳州, 柳城)지방에서 강역을 도호하였도다. 그 두번째에, 오직 부친은 극히 존숭되는 훈족으로 저모(苴茅)로 식봉을 받았네. 타국에서 가를 이었네.[承家桂玉] 쑥이 묘위의 나무에[松檟] 다다랐네. 인산(印山)의 남록에. 그 세 번째에, 모든 인효(仁孝)들이 천리를 (멀다않고) 상여를 붙드네. △를 신고 눈보라를 무릅쓰고, 가슴을 찢어내고 창자를 빼어내네. 슬픈 호곡(號哭)이 땅을 치네. 우러러 하늘에[穹蒼] 호소하노라. (「高震墓誌銘」)

고려 (12월) 기축일(17)에 종5위하(從5位下) 포세조신(布勢朝臣) 청직(淸直)을 송당객사(送唐客使)로 삼고, 정6위상(正6位上) 감남비진인(甘南備眞人) 청야(淸野)와 종6위하(從6位下) 다치비진인(多治比眞人) 빈성(濱成)을 판관(判官)으로, 정위위상(正6位上) 대망공(大網公) 광도(廣道)를 송고려객사(送高麗客使)로 삼았다. (…) (『續日本紀』 35 光仁紀)

발해 (광인천황 보귀 9년) 12월 기축일[17] (『類聚國史』 193 殊俗部 渤海 上)

779(己未/신라 혜공왕 15/발해 문왕 43, 大興 43/唐 大曆 14/日本 寶龜 10)

발해 봄 정월 임인일(1) 초하루에 천황이 태극전(太極殿)에서 조회를 받았다. 발해국이 헌가대부(獻可大夫) 사빈소령(司賓少令) 장선수(張仙壽) 등을 보내어 입조하고 하례하였다. 그 의식은 상례와 같았다. (『續日本紀』 35 光仁紀)

발해 (광인천황(廣仁天皇) 보귀(寶龜)) 10년 정월 임인일 초하루 (『類聚國史』 193 殊俗部 渤海 上)

발해 (봄 정월) 병오일(5)에 발해 사신 장선수(張仙壽) 등이 방물을 바치고 아뢰었다. “발해국왕께서 ‘성조(聖朝)의 사신 고려조신(高麗朝臣) 전사(殿嗣) 등이 길을 잃고 표류하다가 먼 오랑캐의 땅에 도착하였습니다. 타고 있던 배가 피손되어 돌아갈 방도가 없으므로 배 2척을 만들고 선수(仙壽) 등을 보내어 전사(殿嗣) 등을 따라 입조하게

하고, 아울러 바칠 물건을 실어 보내어 天朝에 삼가 올립니다'라 하셨습니다." (『續日本紀』 35 光仁紀)

발해 (광인천황 보귀 10년 정월) 병오일[5] (『類聚國史』 193 殊俗部 渤海 上)

발해 (봄 정월) 무신일(7)에 5위(位) 이상 및 발해 사신 선수(仙壽) 등에게 조당(朝堂)에서 잔치를 베풀고 녹(祿)을 내려 주었는데 차등이 있었다. 발해 사신에게 조(詔)를 내려 말하였다. "발해왕의 사신 선수 등이 내조하여 절하고 알현하니 짐은 매우 기쁘다. 이에 위계(位階)를 더하여 주고 아울러 녹(祿)과 물건을 준다." (『續日本紀』 35 光仁紀)

발해 (봄 정월) 정사일(16)에 5위(位) 이상 및 발해 사신에게 조당(朝堂)에서 잔치를 베풀고 녹(祿)을 내려 주었다. (『續日本紀』 35 光仁紀)

발해 (광인천황 보귀 10년 정월) 정사일[16] (『類聚國史』 193 殊俗部 渤海 上)

발해 (봄 정월) 기미일(18)에 궁중에서 활쏘기를 하였다. 발해의 사신 역시 활 쏘는 대열에 참가하였다. (『續日本紀』 35 光仁紀)

발해 (광인천황 보귀 10년 정월) 기미일[18] (『類聚國史』 193 殊俗部 渤海 上)

백제 (봄 정월) 갑자일(23)에 (…) 종5위하(從5位下) 안배조신(安倍朝臣) 동인(東人)·백제왕 이선(利善)·거세조신(巨勢朝臣) 묘마려(苗麻呂)에게 모두 정5위하(正5位下)를 주었다. (…) (『續日本紀』 35 光仁紀)

발해 (2월계유일(2)) 발해 사신이 본국으로 돌아갔다. 그 나라 왕에게 쇄서(璽書)를 내리고 아울러 신물(信物)을 더하였다. (『續日本紀』 35 光仁紀)

발해 (광인천황 보귀 10년) 2월 계유일[2] (『類聚國史』 193 殊俗部 渤海 上)

신라 (2월) 갑신일(13)에 대재소감(大宰少監) 정6위상(正6位上) 하도조신(下道朝臣) 장인(長人)을 견신라사로 삼았다. 견당판관(遣唐判官)인 해상(海上)과 삼수(三狩) 등을 맞이하기 위해서였다. (『續日本紀』 35 光仁紀)

백제 (2월) 갑오일(23)에 종5위하(從5位下) 백제왕 선종(仙宗)을 안방수(安房守)로 삼았다. (…) (『續日本紀』 35 光仁紀)

고구려 (3월) 무오일(17)에 종3위(從3位) 고려조신(高麗朝臣) 복신(福信)에게 고창조신(高倉朝臣)이라는 성을 내려 주었다. (『續日本紀』 35 光仁紀)

신라 봄 3월에 경도(京都)에 지진이 일어나, 백성들의 집이 무너지고 죽은 사람이 1백여 명이었다. (『三國史記』 9 新羅本紀 9)

신라 봄 3월에 경도에 지진이 일어나, 백성들의 집이 무너지고 죽은 사람이 1백여 명이었다. (『三國史節要』 12)

신라 (봄 3월) 태백(太白)이 달에 들어갔다. (『三國史記』 9 新羅本紀 9)

신라 (봄 3월) 태백이 달에 들어갔다. (『三國史節要』 12)

신라 (봄 3월) 백좌법회(百座法會)를 열었다. (『三國史記』 9 新羅本紀 9)

신라 (봄 3월) 백좌법회를 열었다. (『三國史節要』 12)

신라 (봄 3월) 김암을 보내어 일본에 조빙하게 하였다. 김암은 김윤중(金允中)의 서손(庶孫)이다. 성품이 총민하고 방술(方術)을 좋아하였다. 젊어서 이찬이 되어 당에 들어가 숙위(宿衛)하였다. 숙위할 때 틈을 타 스승에게 나아가 음양가법(陰陽家法)을 배웠는데, 한 가지를 들으면 세 가지를 깨달았다. 스스로 둔갑입성(遁甲立成)을 지어 그 스승에게 보였더니 스승이 몹시 놀라면서 말하였다. "지혜롭고 사리에 밝음이 여기에 이르렀는지는 헤아리지 못하였구나." 이로부터 감히 그를 제자로 대하지 않았다. 돌아와 사천대박사(司天大博士)가 되었고, 양주(良州)·강주(康州)·한주(漢州) 세 주(州)의 태수(太守)를 역임하고 다시 집사시랑(執事侍郞)과 패강진(浿江鎭) 두상(頭上)이 되었다. 가는 곳마다 마음을 다하여 백성들을] 어루만지고 사랑하였으며, 봄부터 가을까지 농사짓는 세 계절의 남는 시간에 육진병법(六陣兵法)을 가르쳤으므로 사람들이 모두 편하게 여겼다. 일찍이 누리가 생겨 패강의 경계 안으로 들어와 들판을 덮었는데, 백성들이 근심하고 두려워하였다. 김암이 산꼭대기에 올라 향을 사르며 하늘에 기도하니, 갑자기 비바람이 크게 일며 누리가 다 죽었다. 이에 이르러 일본국에 방문하였는데, 그 나라 왕이 그의 현명함을 알고서 억지로 붙잡아 두고자 하였다. 때마침 당 사신 고학림(高鶴林)이 와서 서로 만나 매우 기뻐하자, 김암이 대국(大國)에서도 알려져 있음을 알게 되었으므로 감히 붙잡아 두지 못하였다. 이에 돌아왔다. (『三國史節要』 12)

신라 김윤중의 서손(庶孫) 김암은 성품이 총명하고 민첩하며 방술(方術)을 익히는 것을 좋아하였다. 젊을 때 이찬이 되었고 당에 들어가 숙위(宿衛)하였다. 숙위할 때 틈을 타 스승에게 나아가 음양가법(陰陽家法)을 배웠는데, 한 가지를 들으면 이를 유추하여 세 가지를 깨달았다. 스스로 둔갑입성지법(遁甲立成之法)을 지어 그 스승에게 드렸더니 스승이 몹시 놀라면서 "내 자네의 지혜롭고 사리에 밝음이 여기에 이르렀는지는 헤아리지 못하였구나"라고 말하였다. 이로 인해 이후부터 감히 그를 제자로 대하지 않았다. 대력 연간(766~799)에 환국하여 사천대박사(司天大博士)가 되었고, 양주(良州)·강주(康州)·한주(漢州) 세 주(州)의 태수(太守)를 역임하고 다시 집사시랑(執事侍郞)과 패강진(浿江鎭) 두상(頭上)이 되었다. 가는 곳마다 마음을 다하여 백성들을] 어루만지고 사랑하였으며, 봄부터 가을까지 농사짓는 세 계절의 남는 시간에 육진병법(六陣兵法)을 가르쳤으므로 사람들이 모두 편하게 여겼다. 일찍이 누리가 생겨 서쪽으로부터 패강의 경계 안으로 들어와 꿈지럭거리며 들판을 덮었는데, 백성들이 근심하고 두려워하였다. 김암이 산꼭대기에 올라 향을 사르며 하늘에 기도하니, 갑자기 비바람이 크게 일며 누리가 다 죽었다. (『三國史記』 43 列傳 3 金庾信 下)

신라 대력 14년 기미년에 김암이 명을 받고 일본국에 방문하였는데, 그 나라 왕이 그의 현명함을 알고서 억지로 붙잡아 두고자 하였다. 때마침 당 사신 고학림(高鶴林)이 일본국에 와서 서로 만나 매우 기뻐하자, 왜인들은 김암이 대국(大國)에서도 알려져 있음을 알게 되었으므로 감히 붙잡아 두지 못하였다. 이에 돌아왔다. (『三國史記』 43 列傳 3 金庾信 下)

신라 발해 (여름 4월 신묘일(21)) 또 아뢰어 말하였다. "지난 번 견당사 속전조신(粟田朝臣) 진인(眞人) 등이 초협(楚劦)으로부터 출발하여 장락역(長樂驛)에 이르자 5품 사인(舍人)이 칙을 전하여 위로하였는데, 이 때 절하며 사례하는 예는 보지 못하였습니다. 또한 신라 조공사 왕자 태렴(泰廉)이 서울로 들어오던 날 관(官)의 사신이 명(命)을 선포하고 환영하는 말(迎馬)을 내려 주었는데, 사신의 무리들은 고삐를 거두고 말 위에서 답례하였습니다. 다만 발해국의 사신만이 모두 말에서 내려 두 번 절하고 무도(舞蹈)하였습니다. 이제 당객(唐客)을 인솔하는 데 어떤 예(例)에 준거하여야 하겠습니까. 나아가고 물러가는 예절과 행렬의 차례는 모두 별도의 양식에 기록하였습니다. 사신이 머무르고 있는 곳에 명령을 내려서 이 법식에 의거하여 실수가 없도록 하여야 할 것입니다." (『續日本紀』 35 光仁紀)

신라 (대력 14년) 여름 4월에 회오리바람과 먼지가 일어나 김유신의 묘에서 시조대왕의 능까지 이르렀는데, 먼지와 안개로 어두침침하여 사람과 물건을 분별할 수가 없었다. 능을 지키는 사람이 그(시조대왕릉) 속에서 마치 소리 내어 울면서 슬피 탄식하는 듯한 소리를 들었다. 혜공대왕이 이를 듣고 두려워하여 대신(大臣)을 보내 제사를 지내고 사과하였으며, 이어 취선사(鷲仙寺)에 밭 30결(結)을 바쳐 명복을 빌도록 하였다. 이 절은 [김]유신이 고구려와 백제 두 나라를 평정하고 지은 것이다. 김유신의 현손(玄孫)인 신라 집사랑(執事郞) 장청(長淸)이 행록(行錄) 10권을 지어 세상에 전해오는데, 몹시 꾸며낸 말이 많다. 그러므로 그런 부분은 빼고, 그중에서 적어둘 만한 것을 취하여 김유신전(傳)을 지었다.

논하여 말한다. 당의 이강(李絳)이 헌종(憲宗)에게 대답하였다. "간사하고 아첨하는 자는 멀리하시고 충성스럽고 곧은 자는 나오게 하시며, 대신들과 함께 이야기를 나누실 때에는 공경하고 믿음을 주시어 소인배들로 하여금 참여하지 못하게 하시옵소서. 어진 이와 함께 노실 때에는 친하고 예절 있게 하시어 어리석은 자들로 하여금 관계하지 못하게 하시옵소서." 참되도다. 이 말이여. 실로 임금된 자의 중요한 도리이다. 그러므로 서경에서는 "어진 이에게 일을 맡김에 의심하지 말고, 간사한 자를 제거함에 주저하지 말라."고 하였다. 대체로 신라에서 김유신을 대하는 것을 보면 친근하게 하여 틈이 없도록 하였고 일을 맡겨서는 의심하지 않았으며, 계책을 내면 행하고 말하면 들어주어 그로 하여금 쓰이지 않는다고 원망을 품지 않게 하였으니 '육오동몽(六五童蒙)의 길(吉)함'을 얻었다고 할 만하다. 그러므로 김유신은 그 뜻한 것을 행할 수 있게 되어 상국(上國)과 함께 협력하고 모의하여 세 나라의 영토를 합쳐 한 집안을 이루고, 능히 공을 세워 이름을 떨치고 일생을 마칠 수 있었다. 비록 을지문덕(乙支文德)의 지략과 장보고(張保皐)의 의롭고 용맹함이 있었다고 하더라도 중국의 서적이 아니었던들 흔적이 없어져 듣지 못하였을 것이다. 그러나 유신은 나라 사람들이 그를 칭송하는 것이 지금[고려]까지 이어지며, 사대부들이 나는 것은 물론이고 꼴베는 아이와 가축을 기르는 아이까지도 그를 알고 있으니, 그의 사람됨이 반드시 보통 사람들과는 달랐기 때문이다. (『三國史記』 43 列傳 3 金庾信 下)

신라 오래 지나 제36대 혜공왕(惠恭王)대인 대력(大曆) 14년 기미(己未) 4월에 갑자기 회오리 바람이 유신공(庾信公)의 무덤에서 일어났다. 그 속에 한 사람이 준마를 타고 있었는데 모습이 장군과 같았다. 또한 갑주를 입고 무기를 든 40여 명의 군사가 뒤를 따라 와서 죽현릉으로 들어갔다. 잠시 후에 능속에서 우는 소리 혹은 호소하는 듯한 소리가 크게 들렸다. 그 호소하는 말에, "신은 평생에 난국을 구제하고 삼국을 통일한 공이 있었습니다. 지금은 혼백이 되어 나라를 진호하여 재앙을 없애고, 환란을 구제하는 마음을 잠시도 가벼이 하거나 바꾸지 않았습니다. 그런데 지난 경술년(770)에 신의 자손이 죄도 없이 죽음을 당하였으니 군신들이 저의 공훈을 생각지 않습니다. 신은 다른 곳으로 멀리 가서 다시는 힘쓰지 않으려니 왕께서 허락하여 주십시오."라고 하였다. 왕이 대답하여 이르기를 "오직 나와 공이 이 나라를 지키지 않는다면 저 백성들은 어떻게 해야 된다는 말이오. 공은 전과 같이 노력해 주시오." 하였다. 유신공이 세 번 청하였으나, 미추왕은 세 번 모두 허락하지 않았고, 회오리 바람은 이내 돌아갔다. 혜공왕이 이 소식을 듣고 두려워하여 바로 상신 김경신(金敬信)을 보내어 김공의 능에 가서 사죄하고 공을 위하여 공덕보전(功德寶田) 30결을 취선사(鷲仙寺)에 내리어 명복을 빌게 하였다. 이 절은 김공이 평양을 토벌한 후 복을 빌기 위해 세운 곳이기 때문이다. 미추왕의 혼령이 아니었더라면 김유신공의 노여움을 막지 못했을 것인즉, 왕이 국가를 보호하려는 노력이 크지 않다고 할 수 없다. 그러므로 나라의 사람들이 그 덕을 기리며 삼산(三山)과 함께 제사지내기를 게을리 하지 않고 서열을 오릉(五陵) 위에 두어 대묘(大廟)라고 불렀다. (『三國遺事』 1 紀異 1 未鄒王 竹葉軍)

신라 여름 4월에 회오리바람이 일어나 유신의 묘로부터 시조릉에 이르렀는데, 먼지와 안개로 어두침침하여 사람과 물건을 분별할 수가 없었다. 능을 지키는 사람이 그 속에서 마치 소리내어 울면서 슬피 탄식하는 듯한 소리를 들었다. 왕이 두려워하여 대신 김경신을 보내 유신묘에 가게 하여 제사지내고 사과하였다. (『三國史節要』 12)

탐라 (5월) 정사일(17)에 조당(朝堂)에서 당의 사신에게 잔치를 베풀었다. 중납언(中納言) 종3위(從3位) 물부조신(物部朝臣) 택사(宅嗣)가 칙을 선포하여 말하였다. "당조(唐朝)의 천자 및 공경(公卿)과 국내의 백성은 평안하신가. 해로가 험난하여 한두 사신이 혹은 바다에서 표류하다가 죽고, 혹은 탐라에 노략질당하였다. 짐이 그것을 들으니 마음이 슬프고 한탄스럽다. 또한 객(客) 등이 내조(來朝)하는 도중의 국재(國宰)들의 접대는 법식대로였는가 아닌가." (『續日本紀』 35 光仁紀)

백제 (5월) 기사일(29)에 산위(散位) 정6위상(正6位上) 백제왕 원덕(元德)에게 종5위하(從5位下)를 주었다. (『續日本紀』 35 光仁紀)

신라 발해 (윤5월) 병자일(7)에 제주부(諸州府) 및 신라와 발해가 바치는 (鷹)·요(鷂)를 그만두었다. (『新唐書』 7 本紀 7 德宗)

신라 발해 (5월 윤월) 병자일(7)에 조서로 제주부(諸州府)·신라·발해에서 해마다 바치는 응(鷹)·요(鷂)를 모두 그만두게 하였다. (『舊唐書』 12 本紀 12 德宗 上)

신라 발해 덕종이 대력 14년 5월에 즉위하였다. 윤5월 병자일(7)에 조서에서 "천하의 부주(府州) 및 신라와 발해에서 해마다 마치는 응(鷹)·요(鷂)를 모두 그만두고 이미 온 것은 있는 것으로 보내라."고 하였다. (『册府元龜』 168 帝王部 168 却貢獻)

신라 발해 (기(紀)) (…) 대력 14년 윤5월 병자일(7)에 제주부(諸州府) 및 신라와 발해가 바친 응(鷹)·요(鷂)를 그만두었다. (『玉海』 179 食貨 貢賦唐停歲貢 省貢獻)

고구려 (6월 기해 초하루) 이정기(李正己)에게 사도(司徒)·태자태부(太子太傅)를 더하고 최녕(崔寧)·이면(李勉)을 본관동평장사(本官同平章事)로 하였다. (『舊唐書』 12 本紀 12 德宗 上)

고구려 (대력) 14년 기미년 6월 기해일(1)에 평로치청절도사·검교사공·동평장사(平盧淄靑節度使·檢校司空·同平章事) 이정기를 사도로 삼고, 성덕군절도사·검교사공·동평장사(成德軍節度使·檢校司空·同平章事) 이보신(李寶臣)을 사공(司空)으로 삼았다. (『新唐書』 62 表 2 宰相 中)

신라 (7월) 정축일(10)에 대재부(大宰府)에서 말하였다. "견신라사(遣新羅使) 하도조신(下道朝臣) 장인(長人) 등이 견당판관(遣唐判官) 해상진인(海上眞人) 삼수(三狩) 등을 이끌고 돌아왔습니다"고 말하였다. (『續日本紀』 35 光仁紀)

발해 (9월) 경진일(14)에 칙을 내려 말하였다. "발해 및 철리(鐵利)의 359명이 교화를 사모하여 입조해서 출우국(出羽國)에 있으니 예(例)에 따라 물건을 공급하라. 다만 온 사신은 미천하여 손님으로 모시기에는 족하지 않으므로, 이제 사자를 보내어 잔치를 베풀고 그 길로 돌려보내고자 한다. 그들이 타고 온 배가 만약 파손되었으면 또한 마땅히 수리하여 본국으로 돌려보내는 날을 지체하지 말도록 하라." (『續日本紀』 35 光仁紀)

발해 (광인천황 보귀 10년) 9월 경진일[14] (『類聚國史』 193 殊俗部 渤海 上)

발해 (9월) 계사일(27)에 육오(陸奧)와 출우(出羽) 등의 나라에 칙을 내려 상륙국(常陸國)에서 조(調)로 바친 시(絁)와 상모국(相摸國)에서 용(庸)으로 바친 면(綿), 육오국(陸奧國)에서 세(稅)로 바친 포(布)로 발해와 철리 등의 녹(祿)에 충당하게 하였다. 또 칙을 내려 말하였다. "출우국에 있는 번인(蕃人) 359명은 지금 엄동설한이고 해로도 험난하니 만약 금년 동안 머물러 있기를 원한다면 뜻대로 그것을 들어주도록 하라." (『續日本紀』 35 光仁紀)

발해 (광인천황 보귀 10년 9월) 계사일[27] (『類聚國史』 193 殊俗部 渤海 上)

신라 겨울 10월 을사일(9)에 대재부(大宰府)에 칙을 내렸다. "신라 사신 김난손(金蘭蓀) 등이 멀리서 바다를 건너와 새해를 축하하고 조(調)를 바쳤다. 여러 번국(蕃國)이 입조하는 데에는 나라의 항례가 있다. 비록 통상이 있더라도 다시 반복하는 것이 마땅하니, 부(府)에서는 마땅히 받들어 알아서 내조한 이유를 묻고 표함(表函)을 요구하도록 하라. 만약 표가 있으면 발해국의 예에 준거하여 내용을 베껴서 올리고, 그 원본은 사신에게 돌려주어라. 무릇 알고 있는 소식은 역마(驛馬)로 전하여 아뢰도록 하라." (『續日本紀』 35 光仁紀)

신라 (겨울 10월) 계축일(17)에 대재부(大宰府)에 칙(勅)을 내려 당의 사신 고학림(高鶴林) 등 5명과 신라의 조공사를 함께 서울로 들여 보내도록 하였다. (『續日本紀』 35 光仁紀)

신라 (…) 그래서 나이 76세인 대력 14년 10월 21일 남악 단속사에서 입적하였다. 이날 하늘이 어두워지니 해와 달과 별이 그 때문에 어두워지고 땅이 흔들리니 만물이 이로 인하여 떨어졌다. 단물이 나오는 샘이 문득 마르자 물고기가 그 속에서 놀라 뛰고, 곧은 나무가 먼저 꺾이니 원숭이와 새가 그 아래에서 슬피 울었다. 이에 세속인과 승려가 함께 감화를 받고 멀리 있는 사람과 가까이 있는 사람이 같은 목소리로 찬양하였다. 혹은 이상한 향기를 맡았는데 지팡이처럼 공중을 날아와 번개같이 달아났으며, 혹은 상서로운 구름을 보았는데 술잔처럼 시냇물을 타고 와서 비처럼 흩어졌다. 피눈물을 흘리며 화장을 하고 온 마음으로 뼈를 장사지낸 지가 거의 36년이나 되었다. (…) (「斷俗寺神行禪師碑」)

신라 (11월) 기사일(3)에 칙지소보(勅旨少輔) 정5위하(正5位下) 내장기촌전성(內藏忌寸全成)을 대재부에 보내어 신라국 사신 살찬(薩湌) 김난손(金蘭蓀)이 입조한 까닭을 물었다. (『續日本紀』 35 光仁紀)

발해 (11월) 을해일(9)에 검교발해인사(檢校渤海人使)에게 칙을 내렸다. "압령(押領) 고양죽(高洋粥) 등이 올린 표(表)가 무례하니 마땅히 올리지 못하게 하고 아울러 축자(筑紫)에도 나아가지 못하게 하라. 간사한 말로 편의를 구하니 더욱 죄를 조사하여 다시는 그렇게 하지 못하도록 하라." (『續日本紀』 35 光仁紀)

발해 (광인천황 보귀 10년) 11월 을해일[9] (『類聚國史』 193 殊俗部 渤海 上)

발해	(11월) 병자일(10)에 검교발해인사(檢校渤海人使)가 말하였다. "철리(鐵利)의 관인(官人)이 열창(說昌)의 윗자리에 앉기를 다투며 항상 오만하여 남을 업신여기는 기운이 있으니 태정관(太政官)이 처분해 주십시요. 발해의 통사(通事)인 종5위하(從5位下) 고열창(高說昌)은 멀리서 험한 파도를 건너 수차례나 입조하였고 말과 생각이 충성스럽고 근실합니다. 그러므로 높은 자리를 제수하여야지 저 철리의 아랫자리에 있게 하는 것은 특별히 총애하는 뜻이라고 할 수 없습니다. 마땅히 그 자리의 서열을 달리하여 관품의 높고 낮음을 드러내십시오." (『續日本紀』 35 光仁紀)
발해	(광인천황 보귀 10년 11월) 병자일[10] (『類聚國史』 193 殊俗部 渤海 上)
발해	(12월) 무오일(22)에 검교발해인사(檢校渤海人使)가 말하였다. "발해의 사신 압령(押領) 고양죽(高洋粥) 등이 '타고 온 배가 파손되어 돌아갈 계책이 막연합니다. 조정에서 은혜로이 배 9척을 내려주어 본국에 이를 수 있도록 해주기를 바랍니다'라 간청하였습니다." 이에 허락하였다. (『續日本紀』 35 光仁紀)
발해	(광인천황 보귀 10년) 12월 무오일[22] (『類聚國史』 193 殊俗部 渤海 上)
발해	숭린(嵩璘)의 아버지 흠무(欽茂)가 (…) 대력 연간에 더하여 사공태위(司空太尉)에 임명되었다. (『舊唐書』 199下 列傳 149下 北狄 渤海靺鞨)
신라	대력 연간(766~779)에 장작소장(將作少匠) 한진경(韓晉卿)의 딸이 상의봉어(尙衣奉御) 위은(韋隱)에게 시집갔다. 위은에 신라에 사신으로 가는 도중에 슬프게 생각이 났다. 인하여 잠자리에 들려고 할 때 그 처가 장막 밖에 있음을 느끼고 놀라서 물으니 답하여 말하였다. "그대를 걱정하여 바다를 건너 뜻을 두어 달려서 따라왔는데 아는 사람이 없었습니다." 위은이 곧 좌우를 속여 말하였다. "한 기생을 들이고자 하니 잠자리를 시중들게 하라." 괴이하게 여기는 사람이 없이 돌아갔다. 2년이 지나 처가 또한 따르니 위은이 이에 구고(舅姑)에게 머리를 조아려 그 죄를 아뢰니 방안이 완존(宛存)하였다. 부근에 미쳐 합연(翕然)히 합체(合體)하니 위은을 따르는 자가 이에 많아졌다 [독이기(獨異記)가 출전이다]. (『太平廣記』 358 神魂 1 韋隱)
발해	당서에 이르길, "대종 때에 발해 질자(質子)가 곤룡복(袞龍服)을 도둑질하여 그를 사로잡았는데, 사(詞)에 이르길 '중국 의복을 사모하였다'다고 하여 황제가 그를 용서하였다"고 한다. (『太平御覽』 690 服章部 7 袞衣)
신라	정혜사(定慧寺)는 개황(開皇) 연간(581～600)에 건립을 시작하여, 지금 대력 연간(766～779)에 완성되었다. (…) 신라의 진자(眞子) 같은 자가 있어 담장(談藏)이라고 하였는데, 바다를 건너와서 산간에 머물렀다. 그는 이에 사찰 안에 문수사리보살당(文殊師利菩薩堂)을 건립하였다. (「定慧寺 文殊師利菩薩記)」
신라	[예문지] 고음(顧愔) 신라국기(新羅國記) 1권[대력 연간(766~779)에 귀숭경(歸崇敬)이 신라의 사신으로 갔는데, 고음을 종사(從事)로 삼았다]. (『玉海』 153 朝貢·外夷來朝·內附 唐新羅織錦頌·觀釋尊·賜晉書)
발해	[전(傳)] 발해는 본래 속말말갈로 대조영에 이르러 진국왕(震國王)이라고 불렀다. (…) 대력 연간(766~779)에 25번, 정원 연간(785~804)에 4번, 원화 연간(806~820)에 16번 조헌(朝獻)하였다. (…) 회창 연간(841~846)에 4번, 함통 연간(860~873)에 3번

보냈다. 처음에 그 왕은 자주 여러 아들을 보내 경사(京師)의 대학습(大學習)에 이르러 고금제도(古今制度)를 알아 마침내 해동성국(海東盛國)이 되었다[실록에는 정원 11년(795) 2월 을사일(7)에, 숭린(嵩鄰)을 책봉하고 발해왕이라고 하였다고 한다.[[지(志)] 장건장발해국기삼권(張建章渤海國記三卷)] (『玉海』 153 朝貢·外夷來朝·內附 唐渤海遣子入侍)

발해 황제가 점점 기일진(祁日進)이 현명하다고 여기니 안팎이 모두 의지하니, 마침내 천명(天命)의 의복을 하사하여 발해(渤海)에 가는 사신에 충당하였다. 유궁(柔弓)을 잡고 장수가 되니 대체로 강궁(强弓)이 있었고, 화살 금복고(金僕姑)로 명중시켜 일곱 겹 갑옷을 뚫었다. 양식을 갈무리하고 갑옷을 입고 앉아서 적을 막아 구하니, 고삐를 바로잡아 군대를 보내어 어찌 △ 이기지 못하겠는가. (「祁日進 墓誌銘」)

780(庚申/신라 혜공왕 16, 선덕왕 1/발해 문왕 44, 大興 44/唐 建中 1/日本 寶龜 11)

신라 (정월) 기사일(2)에 천황이 태극전에서 조회를 받았다. 당의 사신 판관(判官) 고학림(高鶴林)과 신라 사신 살찬(薩湌) 김란손(金蘭蓀) 등이 각각 의식에 따라 새해를 축하하였다. (『續日本紀』 36 光仁紀)

신라 (정월) 신미일(5)에 신라 사신이 방물을 바치고 이어서 아뢰어 말하였다. "신라 국왕께서 '무릇 신라는 개국 이래로 성조(聖朝)의 역대 천황의 은혜와 교화를 우러러 의지하며 배와 노가 마르지 않게 계속하여 조(調)를 바친 연수가 오래되었습니다. 그러나 근래에 나라 안에 도둑떼의 침입이 있어 입조하지 못하였습니다. 때문에 삼가 살찬(薩湌) 김난손(金蘭蓀)과 급찬 김암(金巖) 등을 보내어 조(調)를 바치고 겸하여 새해인사를 드립니다. 또한 견당판관(遣唐判官) 해상(海上)과 삼수(三狩) 등을 찾을 수 있게 되어 사신에 딸려 보내고, 또한 상례에 따라 학어생(學語生)을 보냅니다'고 하셨습니다." 참의좌대변(叅議左大弁) 정4위상(正4位下) 대반숙녜백마려(大伴宿禰伯麻呂)가 칙을 선포하여 말하였다. "대저 신라국은 대대로 배와 노를 이어서 우리나라에 공봉(供奉)을 해온 것이 그 유래가 오래되었다. 그러나 태렴(泰廉) 등이 본국으로 돌아간 후에는 상공(常貢)을 닦지 않고 매번 일마다 무례하였다. 때문에 최근에는 그 사신을 물리쳐 돌려보내고 손님으로 접대하지 않았다. 그런데 이제 짐의 때에 사신을 보내어 조공을 하고 겸하여 새해인사를 올리며, 또한 해상과 삼수 등을 찾아오는 사신편에 딸려 보냈으니 이 수고로움을 짐은 가상히 여긴다. 이제부터 이후로 이와 같이 공봉(供奉)하면 은혜로 대우함을 더욱 두터이 할 것이며 상례로 대접할 것이다. 이러한 일을 너희 국왕에게 말하도록 하라." 이 날 조당(朝堂)에서 당 및 신라의 사신에게 잔치를 베풀고 녹(祿)을 내렸는데 차이가 있었다. (…) (『續日本紀』 36 光仁紀)

신라 (정월) 임신일(6)에 신라 사신 살찬(薩湌) 김난손(金蘭蓀)에게 정5품상, 부사 급찬 김암(金巖)에게 정5품하, 대판관(大判官) 한나마(韓奈麻) 설중업(薩仲業)과 소판관(少判官) 나마 김정락(金貞樂), 대통사(大通事) 한나마 김소충(金蘇忠) 3명에게 에게 각각 종5품하를 주었다. 그 밖의 사람에게도 6품 이하의 관품을 각각 차등이 있게 주었다. 아울러 (품계에) 해당하는 색(色)의 옷과 신발을 내려 주었다. (『續日本紀』 36 光仁紀)

신라 (정월) 계유일(7)에 5위(位) 이상 및 당과 신라의 사신에게 조당(朝堂)에서 잔치를 베풀고 녹(祿)을 내려 주었는데 차등이 있었다. (『續日本紀』 36 光仁紀)

신라	(정월) 임오일(18)에 당 및 신라의 사신에게 활쏘기 대회와 답가(踏歌)를 베풀었다. (『續日本紀』 36 光仁紀)
신라	봄 정월에 누런 안개가 끼었다. (『三國史記』 9 新羅本紀 9)
신라	봄 정월에 누런 안개가 끼어 사방을 막았다. (『三國史節要』 12)
신라	(2월 경술일(15)) 신라 사신이 본국으로 돌아갔다. 쇄서(璽書)를 내려 말하였다. "천황은 삼가 신라 국왕에게 문안한다. 짐은 부족함에도 불구하고 선조의 업을 계승하고 왕위에 올라 백성을 다스리고 국내외를 편안히 막아 주었다. 왕은 먼 조상 때부터 항상 멀리서 직분을 지키며 표를 올리고 조(調)를 바친 것이 그 유래가 오래되었다. 그런데 얼마 전에는 번국(蕃國)의 예를 어기고 오랫동안 조貢을 하지 않았다. 비록 미천한 사신을 보낸 적은 있지만 표를 가지고 아뢴 일은 없었다. 이로 말미암아 태렴(泰廉)이 돌아가던 날에 이미 약속을 하였고, 정권(貞卷)이 왔을 때 다시 또 타이르고 훈계하였다. 그러나 그 후에도 사신들이 거듭 명한 것을 받들어 행하지 않았고, 지금 김란손(金蘭蓀)도 오히려 말로 아뢰고 있다. 따라서 이치로는 모름지기 예에 따라 국경에서부터 돌려보내야 하겠지만, 다만 삼수(三狩) 등을 보내온 일이 가볍지 않으므로 손님의 예로써 온 뜻에 보답하고자 한다. 왕은 마땅히 그것을 살펴 이후의 사신은 반드시 모름지기 표함(表函)을 가지고 와서 예로써 나아가고 물러가게 하라. 이제 축자부(筑紫府) 및 대마(對馬) 등의 병사에게 칙을 내려, 표를 가지고 있지 않은 사신은 입국시키지 말도록 할 것이다. 마땅히 그것을 알도록 하라. 봄빛이 화창하니 왕은 즐겁게 지내기를 바란다. 이제 돌아가는 사신 편에 보답하는 물건을 부친다. 글을 보내니 뜻하는 말을 적지 못하겠다." (『續日本紀』 36 光仁紀)
신라	2월에 흙비가 내렸다. (『三國史記』 9 新羅本紀 9)
신라	2월에 흙비가 내렸다. (『三國史節要』 12)
신라	(2월) 왕은 어려서 왕위에 올랐는데 장성하자 음악과 여자에 빠져 나돌아 다니며 노는데 절도가 없고 기강이 문란해졌으며, 천재지변이 자주 일어나고 인심이 등을 돌려 나라가 불안했다. (『三國史記』 9 新羅本紀 9)
신라	(2월) 왕은 어려서 왕위에 올랐는데 장성하자 성색(聲色)에 빠져 항상 부녀(婦女)의 놀이를 하고 금낭(錦囊)을 차기를 좋아하였으며 도류(道流)와 농담하였다. 노는데 절도가 없고 기강이 문란해졌으며, 천재지변이 자주 일어나고 인심이 반복(反覆)했다. (『三國史節要』 12)
신라	(2월) 이찬(伊飡) 김지정(金志貞)이 반란을 일으켜 무리를 모아 궁궐을 에워싸고 침범했다. (『三國史記』 9 新羅本紀 9)
백제	3월 병인일 초하루에 명부(命婦) 정5위상 백제왕 명신(明信)에게 종4위하를 주었다. (『續日本紀』 36 光仁紀)
백제	(3월 을유일(20) 정6위상 백제왕 준철(俊哲)에게 종5위하를 주었다. (…) (『續日本紀』 36 光仁紀)
신라	사문(沙門) 혜초(惠超)는 오대산 건명사(乾明寺)에서 대광지삼장불공(大廣智三藏不

空)이 번역한 바의 대승유가금강성해만수실리천비천발대교왕경(大乘瑜伽金剛性海曼殊室利千臂千鉢大教王經)을 녹출하였다. 그 서문에 이르길, (…) 건중 원년에 이르러 4월 15일에 오대산(五臺山) 건원보리사(乾元菩提寺)에 도착하고, 마침내 구번(舊飜)인 당언범음경본(唐言梵音經本)을 가지고, 사(寺)에서 교증(校證)하였다. (…) (『佛祖歷代通載』 14 唐德宗 千臂千鉢文殊經序)

고구려 (여름 4월) 계축일(19)은 황제의 생일로 중외의 조공을 받지 않고 오직 이정기(李正己)·전열(田悅)이 각각 겸(縑) 3만필을 바치자 조서로 탁지(度支)에 붙이게 하였다. (『舊唐書』 12 本紀 12 德宗 上)

백제 (4월) 경신일(26)에 종5위하 백제왕 준철(俊哲)에게 종5위상을 주었다. (…) (『續日本紀』 36 光仁紀)

신라 봉은사성전(奉恩寺成典)의 금하신(衿荷臣) 1명을 혜공왕이 처음 설치하였다. (『三國史記』 38 雜志 7 職官 上)

신라 봉은사성전(奉恩寺成典) (…) 부사(副使) 1명을 혜공왕이 처음 설치하였다. 곧 바로 상당(上堂)으로 고쳤다. (『三國史記』 38 雜志 7 職官 上)

신라 창부(倉部) (…) 사(史) 8명을 진덕왕이 설치하였고 문무왕 11년에 3명을 더하였으며 13년에는 7명을 더하였고 효소왕 8년에 1명을 더하였고 경덕왕 11년에 3명으로 더하였으며 혜공왕은 8명을 더하였다. (『三國史記』 38 雜志 7 職官 上)

신라 제36대 혜공왕에 이르러 비로소 5묘를 정하였다. 미추왕을 김성 시조로 삼았고 태종대왕과 문무대왕은 백제와 고구려를 평정한 큰 공덕이 있기 때문에 함께 세세(世世)의 불천지종(不遷之宗)으로 삼았다. (『三國史記』 32 雜志 1 祭祀)

신라 성각(聖覺)은 청주(菁州) 사람이었다. 그의 씨족에 대한 기록은 전하지 않는다. 세상의 명예와 벼슬을 즐기지 않아서 거사를 자칭하며 일리현(一利縣) 법정사(法定寺)에 의지하여 머물렀다. 후에 집에 돌아가 어머니를 봉양하였는데 늙고 병들어서 거친 음식을 먹기 어려우므로 넓적다리 살을 베어 내어 드시도록 하였다. 돌아가시자 정성을 다하여 불공을 드려 극락왕생을 도왔다. 대신 각간 경신(敬信)과 이찬 주원(周元) 등이 이를 아뢰니 국왕은 웅천주의 향덕의 옛 일을 참고하여 이웃 현의 조 3백 섬을 상으로 주었다.

논하여 말한다. 송기(宋祁)의 당서에 다음과 같이 쓰여 있다. "훌륭하도다. 한유의 논이여. 한유는 '부모가 아프면 약이 되는 음식을 익혀 이것으로써 효도하는 것이지, 아직 몸을 훼손하였다는 것은 듣지 못하였다. 만약 도리에 어긋나는 것이 아니라면 성현(聖賢)이 여러 사람들보다 먼저 그것을 했을 것이다. 이렇게 하다가 불행히 그로 인하여 죽게 되면 부모가 주신 몸을 상하게 하고 대를 끊는 죄가 돌아감이 있을 것이다. 어찌 그 집 문에 깃발(旌)을 세워 그를 특별히 나타낼 수 있겠는가.'라고 하였다. 비록 그러하지만 좁고 누추한 고을에서 학술과 예의의 자질을 갖추지 않았으면서도 자신을 희생하여 그 부모를 봉양할 수 있었음은 정성어린 마음에서 나온 것이니 또한 칭찬할 만한 것이다. 그러므로 열전으로 쓴다"하였다. 그런즉 향덕과 같은 자도 또한 기록해둘 만한 자일 것이다. (『三國史記』 48 列傳 8 聖覺)

신라 여름 4월에 상대등(上大等) 김양상(金良相)이 이찬(伊飡) 경신(敬信)과 함께 군사를 일으켜 김지정(金志貞) 등을 죽였으나, 왕과 왕비는 반란군에게 살해되었다. 양상 등이 왕의 시호를 혜공왕(惠恭王)이라 했다. 첫째 왕비 신보왕후(新寶王后)는 이찬 유성(有誠)의 딸이다. 둘째 왕비는 이찬 김장(金璋)의 딸이다. 사서(史書)에는 궁중에 들어온 날짜가 빠져 있다. (『三國史記』 9 新羅本紀 9)

신라 (…) 어린 왕은 이미 여자로서 남자가 되었으므로 돌 때부터 왕위에 오를 때까지 언제나 여자들이 하는 장난을 하고, 비단주머니 차기를 좋아하며 도류(道流)와 어울려 놀았다. 그러므로 나라에 큰 난리가 있어 마침내 혜공왕은 선덕왕과 김양상(金良相)에게 살해되었다. 표훈 이후로는 신라에 성인이 나지 않았다고 한다. (『三國遺事』 2 紀異 2 景德王·忠談師·表訓大德)

신라 (여름 4월) 선덕왕이 즉위하였다. 성은 김씨이고 이름은 양상(良相)이며 나물왕 10대손이다. 아버지는 해찬(海飡) 효방(孝芳)이고 어머니는 김씨 사소부인(四炤夫人)으로 성덕왕의 딸이다. 왕비는 구족(具足夫人)으로 각간(角干) 양품(良品)의 딸이다[또는 의공(義恭) 아찬(阿飡)의 딸이라고도 한다]. 크게 사면했다. 아버지를 개성대왕(開聖大王)으로 추봉하고 어머니 김씨를 정의태후(貞懿太后)로 추존하고 처는 왕비로 삼았다. 이찬 경신(敬信)을 상대등으로 삼고 아찬 의공(義恭)을 시중으로 삼았다. (『三國史記』 9 新羅本紀 9)

신라 혜공왕이 죽었다. 선덕왕 양상의 즉위 원년이다. (『三國史記』 31 年表 下)

신라 여름 4월에 이찬 지정(志貞)이 무리를 모아 난을 일으켜 왕궁을 에워싸자 상대등(上大等) 김양상(金良相)과 이찬(伊飡) 경신(敬信)이 군사를 일으켜 지정 등을 죽였으나, 왕과 왕비는 반란군에게 살해되었다. 전왕의 시호를 혜공이라고 하고 크게 사면하였다. 아버지는 해찬(海飡) 효방(孝芳)을 개성대왕(開聖大王)으로, 어머니 김씨를 정의태후(貞懿太后)로 추봉하고 경신(敬信)을 상대등으로 삼았다. 경신은 내물왕의 12세손이다. (『三國史節要』 12)

신라 제37 선덕왕(宣德王). 김씨이고, 이름은 양상(亮相)이다. 아버지는 효방(父孝) 해간(海干)인데 개성대왕(開聖大王)으로 추봉(追封)되었으니, 곧 원훈(元訓) 각간의 아들이다. 어머니는 사소(四召) 부인으로 시호는 정의(貞懿)태후이니 성덕왕의 딸이다. 왕비는 구족왕후(具足王后)로서 낭품(狼品)각간의 딸이다. 경신년에 즉위하여, 5년을 다스렸다. (『三國遺事』 1 王曆)

신라 (여름 4월) 어룡성(御龍省)의 봉어(奉御)를 경(卿)으로 고쳤다가 또 경을 감(監)으로 고쳤다. (『三國史記』 9 新羅本紀 9)

신라 (여름 4월) 어룡성의 봉어를 경으로 고쳤다가 또 경을 감으로 고쳤다. 치성(稚省) 14명을 두었다. (『三國史節要』 12)

신라 어룡성 (…) 어백랑(御伯郎) 2명을 경덕왕 9년에 봉어로 고쳤다. 선덕왕 원년에 또 경으로 고치로 바로 감이라고 고쳤다. (『三國史記』 39 雜志 8 職官 中)

신라 사문(沙門) 혜초(惠超)는 오대산 건명사(乾明寺)에서 대광지삼장불공(大廣智三藏不空)이 번역한 바의 대승유가금강성해만수실리천비천발대교왕경(大乘瑜伽金剛性海曼殊室利千臂千鉢大敎王經)을 녹출하였다. 그 서문에 이르길, "(…) (건중 원년) (…) 5월 5일에 이르러, 혜초가 초사(抄寫)하여 내었다. (…) " 모두 보리(菩提)를 증명한 것이다. (『佛祖歷代通載』 14 唐德宗 千臂千鉢文殊經序)

신라 (5월 갑술일(21)) (…) 무장국(武藏國) 신라군인(新羅郡人) 사량진웅(沙良眞熊) 등 2명에게 광강조(廣岡造)의 성을 내려 주고, 섭진국(攝津國) 풍도군인(豊嶋郡人) 한인

도촌(韓人稻村) 등 18명에게 풍진조(豊津造)의 성을 내려 주었다. (…) (『續日本紀』 36 光仁紀)

신라 당(唐) 고(故) 청하현군(淸河縣君) 김씨(金氏) 묘지 및 서문
남편 조의대부(朝議大夫)·전 행(行) 대리정(大理正) 이씨(李氏) 찬(撰)
청하현군 김씨는 청하(淸河) 사람이다. 그 선조는 삼한(三韓)의 귀한 자손이고, 부친은 태복경(太僕卿)으로 연주도독(兗州都督)에 추증되었다. 김씨는 대리정(大理正) 농서(隴西) 이씨에게 시집가서 아들·딸 각 1명을 두었다. 사자(嗣子)는 전 홍문관진사(弘文館進士)였다. 김씨는 그 뜻과 성품이 온화하고 말하는 바는 모범이 될 만하였으니, 사덕(四德)이 △△하고 구족(九族)에 부족함이 없었다. 효행은 향려(鄕閭)에 매번 알려졌고 정조는 이미 사람들의 입에 퍼졌으니, 행동할 때에는 반드시 예에 부합하였고 가만히 있을 때에도 의표를 갖추었다. 남편의 뜻을 살핌에 거안제미(擧案齊眉)의 공손함이 있었으니, 비록 성을 내더라도 반목할 정도의 노여움이 없었다. 숙녀(淑女)를 얻어 군자의 배필로 삼을 것을 생각하였고, 뜻이 남편을 현명한 데로 이끄는 데 있었으므로 안색을 음탕하게 갖지 않았다. 교활하거나 질투하는 행위가 결코 없었고 자손이 많고자 하였으니, 비록 옛날의 훌륭한 숙녀라고 하더라도 어찌 이보다 지나칠 수 있겠는가. 광덕(廣德) 2년(764)에 남편의 작위에 따라 청하현군에 봉해졌다.
대력(大曆) 7년(772)에 장안(長安)에서 병에 걸려 그 해 4월21일에 경조부(京兆府) 만년현(萬年縣) 상락리(常樂里)에서 죽었다. 모름지기 장례를 치를 해와 달은 인연이 있어야 하는 법이어서, 불편하지만 해당 현의 홍고향(洪固鄕)에 임시로 묻었다가 건중(建中)원년(780) 5월21일을 택하여 우리 이씨(李氏) 선조의 무덤 곁으로 옮겨 돌아오도록 했으니, 예의에 합당하였다. 아아. 어찌 하늘을 원망할 것인가. 푸른 계수나무가 바람에 꺾이고 녹색 난초가 서리에 시들어버렸으니, 나의 구구한 감정을 그대는 아는가. 이 먼 길을 향하려 함에 김씨의 어린 아이들이 가련하고, 눈을 드니 눈물이 흐르노라. 혼이여, 알았으면 그대의 남은 모습을 보존하소서. 옛 사람 중에 형차포군(荊釵布裙)이 있었다지만 공연히 그 말만 들었는데, 그런 사람을 보지 못하였으나 김씨가 있었다. 집안에 부족함이 없었지만, 자신의 본성을 덮는 데에 가지 않았고 순수한 본질에 근본하였다. 그 명문(銘文)은 다음과 같다.
옥은 탁마(琢磨)하는 것을 귀하게 여기니, 장차 그릇을 만들려고 하였도다. 9인(九仞)의 산을 쌓으려 하니, 한 삼태기 부족하여 일이 무너지도다. 그대는 비록 총명하였으나, 하늘은 수명을 더 빌려주지 않도다. 사자(嗣子)가 어리니 혼이 저승에서 도와주도다.
건중원년 5월28일에 썼다. (「金氏夫人 墓誌銘」)

백제 (6월) 신축일(8)에 종5위상 백제왕 준철(俊哲)을 육오(陸奧)의 진수부장군(鎭守副將軍)으로 삼았다. (…) (『續日本紀』 36 光仁紀)

발해 (당 덕종 건중 원년) 10월에 발해가 사신을 보내 조공하였다. (『册府元龜』 972 外臣部 17 朝貢 5)

백제 (12월) 정사일(27)에 육오(陸奧)의 진수부장군(鎭守副將軍) 종5위상 백제왕 준철(俊哲) 등이 말하였다. "저희들은 적에게 포위되어 병사는 지치고 화살도 다하였었는데, 도생(桃生)·백하(白河) 등 군(郡)의 11신사(神社)에 빌었더니 포위를 풀 수 있었습니다. 신(神)의 힘이 아니었으면 어찌 군사를 보존할 수 있었겠습니까. 신사에 재

물을 바치기를 청합니다." 그것을 허락하였다. (『續日本紀』 36 光仁紀)

신라 (…) 대력 연간(766~780) 초에 대사의 후손인 한림(翰林) 자(字)는 중업(仲業)이 사행으로 바다를 건너 일본에 갔다. 그 나라 상재(上宰)가 인하여 얘기하다가 그가 대사의 어진 후손임을 알고서, 서로 매우 기뻐하였다. (마멸) 여러 사람들이 정토로 왕생할 것을 기약하며 대사의 영험스러운 저술을 머리에 이고서 잠시라도 버리지 않았는데, 그 손자를 만나 봄에 이르러 (마멸) 3일 밤이나 와서 칭송하는 글을 얻었다. 이미 12년이 흘러 비록 몸소 예를 펴고 친히 받들지는 않더라도 (마멸) 신이힘을 아는 자에 △△가 있으며, 소리를 △△자에 봉덕사 대덕법사인 삼장(三藏) 신장(神將)이 있어 △△△자화(△△△慈和)와 더불어 마음의 공적(空寂)함을 알고 법의 무생(無生)을 보았다. 속인과 승려가 모두 칭송하기를 승려 가운데 용이요 법의 △라고 하고는 받들어 (마멸) 행함에 성인을 만나 깃발을 더위잡음에 단절이 없었는데, 추모함에 좇을 바가 없다. 더욱이 다른 사람의 송문(頌文)을 보건대 (마멸) 조짐을 깨달았으니, 어찌 (마멸) 다시 천숙(千叔)이 있으리오. (…) (「高仙寺誓幢和上碑」)

발해 정혜공주 묘지 및 서문

무릇 오래 전에 읽었던 『상서(尙書)』를 돌이켜 보건대 요(堯) 임금은 두 딸을 규수(嬀水)의 물굽이에 내려보내 순(舜) 임금에게 시집보냈고, 『좌전(左傳)』을 널리 상세히 보건대 주(周) 천자(天子)가 딸을 제(齊)나라에 시집보낼 때에 노(魯) 장공(莊公)이 노관(魯館)을 지어 그 혼례를 주관하였다. 그러니 부녀자로서 갖추어진 덕이 밝고 밝으면 명예로운 이름이 어찌 후세에 전해지지 않을 것이며, 어머니로서 갖추어진 규범이 아름답고 아름다우면 선인(先人)들이 쌓은 은혜가 어찌 무궁하게 전해지지 않으리오 조상들의 복을 물려받는 것이란 바로 이것을 가리키는 것이다. 공주는 우리 대흥보력효감금륜성법대왕(大興寶曆孝感金輪聖法大王)의 둘째 딸이다. 생각컨대 고왕(高王), 무왕(武王)의 조상들과 아버지 문왕은 왕도(王道)를 일으키고 무공(武功)에서 커다란 업적을 남겼다고 능히 말할 수 있으니, 만일 이들이 때를 맞추어 정사(政事)를 처리하면 그 밝기가 일월(日月)이 내려 비치는 것과 같고, 기강을 세워 정권을 장악하면 그 어진 것이 천지(天地)가 만물을 포용하는 것과 같았다. 이들이야말로 우순(虞舜)과 짝할 만하고 하우(夏禹)와 닮았으며, 상(商) 탕왕(湯王)과 같은 지혜를 배양하고 주(周) 문왕(文王)과 같은 도략(韜略)을 갖추었다. 하늘에서 이들을 도와주니, 위엄을 베풀어 길하게 되었도다. 공주는 무산(武山)에서 영기(靈氣)를 이어받고, 낙수(洛水)에서 신선(神仙)에 감응 받았다. 그녀는 궁중에서 태어나 어려서부터 유순한 것으로 유명하였다. 용모는 보기 드물게 뛰어나 옥과 같은 나무에 핀 꽃들처럼 아름다왔고, 품성은 비할 데 없이 정결하여 곤륜산(崑崙山)에서 난 한 조각의 옥처럼 온화하였다. 일찍이 여사(女師)에게서 가르침을 받아 능히 그와 같아지려고 하였고, 매번 한(漢) 반소(班昭)를 사모하여 시서(詩書)를 좋아하고 예악(禮樂)을 즐겼다. 총명한 지혜는 비할 바 없고, 우아한 품성은 저절로 타고난 것이었다. 공주는 훌륭한 배필로서 군자에게 시집갔다. 그리하여 한 수레에 탄 부부로서 친밀한 모습을 보였고, 한 집안의 사람으로서 영원한 지조를 지켰다. 그녀는 부드럽고 공손하고 또한 우아하였으며, 신중하게 행동하고 겸손하였다. 소루(簫樓) 위에서 한 쌍의 봉황새가 노래부르는 것 같았고, 경대(鏡臺) 가운데에서 한 쌍의 난조(鸞鳥)가 춤을 추는 것 같았다. 움직일 때면 몸에 단 패옥이 소리를 냈고, 머물 때면 의복의 띠를 조심하였다. 문장력이 뛰어나고 말은 이치에 맞았으며, 갈고 닦아서 순결한 지조를 갖추고자 하였다. 한(漢) 원제(元帝)의 딸 경무(敬武)공주처럼 아름다운 봉지(封地)에서 살았고, 한(漢) 고조(高祖)의 딸 노원(魯元)공주처럼 훌륭한 가문에서 생활하였다. 부부 사이는 거문고와 큰 거문고처럼 잘 어울렸고, 창포와 난초처럼 향기로왔다. 그러나 남편이 먼저 돌아갈 것을 누가 알았으랴. 지모(智謀)를 다하여 정사를 보필하지 못하게 되었구나. 어린 아들도 역시 일찍 죽어, 미처 소년으로서의 나이를 지나지 못하였다. 공주는 직실(織室)을 나와 눈물을 뿌렸고, 빈 방을 바라보며 수심을 머금었다. 육행(六行)을 크게 갖추고 삼종(三從)을 지켰다. 위(衛) 공백(共伯)의 처 공강(共姜)의 맹세를 배웠고, 제기량(齊杞梁)의 처와 같은 애처러움을 품었다. 부왕(父王)에게서 은혜 받아 스스로 부덕(婦德)을 품고 살았다. 인생길이 절반도 되지 않았는데 세월은 달음질치고, 흐르는 물은 내를 이루어 계곡에 견고하게 감추어진 배를 쉽게 움직이는구나. 아아, 공주는 보력(寶曆) 4년 여름 4월 14일 을미일(乙未日)에 외제(外第)에서 사망하니, 나이는 40세였다. 이에 시호를 정혜공주(貞惠公主)라 하였다. 보력 7년 겨울 11월 24일 갑신일(甲申日)에 진릉(珍陵)의 서쪽 언덕에 배장하였으니, 이것은 예의에 맞는 것이다. (「貞惠公主墓誌」)

발해 공(公)의 이름은 일진(日進)이고 선조는 태원(太原) 사람이다. (…) 마침내 삼명(三命)의 의복을 하사하여 발해사(渤海使)로 삼았다. (…) (「大唐故內侍伯祁府君墓誌銘幷序」)

신라 석(釋) 지장(地藏)은 속성은 김씨이고, 신라국왕의 지속(支屬)이다. 마음은 자애로우나 생김이 못생겨, 총명하고 천연(天然)하였다. 이 때에 머리를 깍고 출가하였고, 바다를 건너 도행(徒行)하고, 석장을 떨쳐 사방을 관(觀)하고, 지양(池陽)에 이르러 구자산(九子山)을 보고 마음으로 깊이 즐거워하고 이에 바로 그 봉우리에 만들어 살았다. 장(藏)은 일찍이 독석(毒螫)[음식(音拭)]을 만들고, 단정하게 앉아 무념(無念)하였다. 문득 아름다운 부인이 있어 예를 차려 약을 보내며 말하기를, "소아(小兒)가 무지(無知)하여, 원컨대 천(泉)에서 나와 화(過)를 보(補)하고자 합니다." 말을 마치고 보이지 않았는데, 앉아서 좌우 사이를 보니, 패연하게 가득 넘쳤다. 이 때 일러 구자산신(九子山神)이라고 하고 용천(湧泉)을 자용(資用)으로 삼았다. (…) (『神僧傳』8 地藏)

고구려 건중 초에 변주(汴州)에 성을 쌓는 것을 듣고 이에 전열·양숭의·이유악(田悅·梁崇義·李惟岳)이 함께 반란을 일으킬 것을 약속했다. 제음(濟陰)에 주둔하여 군대를 펼치고 차례대로 연습하니 군사가 서주(徐州)에서 액강(扼江)·회(淮)로부터 보태졌다. 천자가 이에 운도(運道)를 고쳐 빠르게 천하의 군대를 수비(守備)하여 하남이 소연(騷然)하였다. 때 마침 등창이 나서 죽으니, 나이 49세였다. (『新唐書』213 列傳 138 李正己)

고구려 또 건중 연간(780~783)초에 이정기와 이납이 연이어 반란을 일으켜 변하(汴河)가 막혀서 끊으지니 운수가 통하지 않았다. 안(晏)의 선부(先父) 유(洧)는 바로 이정기의 당제(堂弟)로, 서주자사(徐州刺史)가 되어 반란의 때를 당하여 1군(郡) 7성(城)으로 귀국효순(歸國効順)하여 1가(家) 100구(口)를 버렸다. (『全唐文』669 白居易 朝議大夫前使持節海州諸軍事守海州刺史上柱國李晏)

고구려 납이 어렸을 때 이정기는 장병(將兵)을 보내어 때를 준비하였는데, 대종(代宗)이 불러서 보고 그것을 가상히 여겨 봉례랑(奉禮郞)을 넘어 전중승겸시어사(殿中丞·兼侍御史)에 제수하고 자금어대(紫金魚袋)를 내렸다. 검교창부낭중(檢校倉部郞中)을 거쳐 겸하여 아버지의 군대를 총괄하고 주서치주자사(奏署淄州刺史)가 되었다. 이정기가 장차 군대로 전승사(田承嗣)를 치려 할 때 주서절도관찰유후(奏署節度觀察留後)가 되었다. 얼마있지 않아 청주자사(靑州刺史)가 되었고 또 주서행군사마(奏署行軍司馬)

가 되어 조주자사·조·복·서·연·기·해유후(曹州刺史·曹·濮·徐·兗·沂·海留後)를 겸하고 또 가어사대부(加御史大夫)가 되었다. 건중 초에 정기·전열·양숭의·장유악(正己·田悅·梁崇義·張惟岳)이 모두 반란을 일으켰다. (『舊唐書』124 列傳 74 李正己)

781(辛酉/신라 선덕왕 2/발해 문왕 45 大興 45/唐 建中 2/日本 天應 1)

신라 봄 2월에 몸소 신궁에 제사지냈다. (『三國史記』9 新羅本紀 9)

신라 봄 2월에 몸소 신궁에 제사지냈다. (『三國史節要』12)

고구려 (건중 2년) 3월 경신 초하루에 변주성(汴州城)을 쌓았다. 앞서 대력 연간에 이정기는 치(淄)·청(靑)·제(齊)·해(海)·등(登)·(萊)·기(沂)·밀(密)·덕(德)·체(棣)·조(曹)·복(濮)·서(徐)·연(兗)·운(鄆) 15주의 땅을 가지고 있었다. (…) 이 성이 축조됨에 이르러 이정기와 전열(田悅)이 병사를 경계에 옮겨 지켰다. 때문에 조서를 내려 변(汴)·송(宋)·활(滑)을 나누어 삼절도(三節度)로 하고 경서(京西) 방수(防秋)의 병사 9만 2천명을 옮겨 관동(關東)을 진(鎭)하게 하였다. (『舊唐書』12 本紀 12 德宗 上)

백제 (4월 병신일(8)) 종5위하 백제왕 인정(仁貞)을 근위원외소장(近衛員外少將)으로 삼았다. (…) (『續日本紀』36 光仁紀)

백제 (4월 계묘일(15)) 정5위하 백제왕 이선(利善)에게 정5위상을 주었다. (…) (『續日本紀』36 光仁紀)

백제 (5월 계미일(25)) 정5위상 백제왕 이선(利善)을 산위두(散位頭)로 삼았다. (…) (『續日本紀』36 光仁紀)

백제 (7월) 계유일(16)에 우경인(右京人) 정6위상 율원승자공(栗原勝子公)이 말하였다. “저희들의 선조인 이하도신(伊賀都臣)은 중신(中臣)의 먼 조상 천어중주명(天御中主命)의 20세손인 의미좌야마(意美佐夜麻)의 자손입니다. 이하도신은 신공황후 치세 때에 백제에 사신으로 가서 그 땅의 여자를 취하여 본대신(本大臣)과 소대신(小大臣)이라고 하는 아들 둘을 낳았습니다. 멀리 본계(本系)를 찾아 성조(聖朝)에 귀화하였는데, 그 때 미농국(美濃國) 불파군(不破郡) 율원(栗原)의 땅을 내려 주셔서 거기에 살았습니다. 그 후 거주지 이름으로 성씨를 삼도록 명하여 드디어 율원승(栗原勝)이라는 성을 가지게 되었습니다. 엎드려 바라건대 중신율원련(中臣栗原連)을 내려 주십시오.” 이에 자공(子公) 등 남녀 18명에게 청에 따라 그것을 고쳐 주었다. (『續日本紀』36 光仁紀)

신라 가을 7월에 사자를 보내 패강(浿江) 남쪽의 주군(州郡)을 위로했다. (『三國史記』9 新羅本紀 9)

신라 가을 7월에 사자를 보내 패강 남쪽의 주군을 위로했다. (『三國史節要』12)

고구려 8월 신묘일에 평로치청절도관찰사·사도·태자태보·동중서문하평장사 이정기(李正己)가 죽었다. (『舊唐書』12 本紀 12 德宗 上)

고구려 (8월) 신묘일에 평로군절도사 이정기가 죽었다. 그 아들 납(納)이 유후(留後)를 자칭하였다. (『新唐書』7 本紀 7 德宗)

백제 (9월) 정묘일(12)에 무위(無位) 백제왕 청도자(淸刀自)에게 종5위하를 주었다. (『續日

本紀』36 光仁紀)

백제 (9월 정축일(22)) 종5위상 백제왕 준철(俊哲)에게 정5위상 훈(勳)4등을 주었다. (…) 정6위상 기조신목진어(紀朝臣木津魚)·일하부숙네웅도(日下部宿禰雄道)·백제왕영손(百濟王英孫)에게 모두 종5위하를 주었다. (…) 모두 오랑캐를 정벌한 공로를 상준 것이다. (…) (『續日本紀』36 光仁紀)

고구려 9월에 이납(李納)이 송주(宋州)를 함락하였다. (『新唐書』7 本紀 7 德宗)

고구려 10월 무신일(25)에 이납(李納)의 장수 이유(李洧)가 서주(徐州)를 들어 항복하였다. (『新唐書』7 本紀 7 德宗)

백제 (11월) 갑술일(20)에 (…) 종4위하 귤조신 진도하(橘朝臣眞都賀)·백제왕 명신(明信)에게 모두 종4위상을 주었다. (…) (『續日本紀』36 光仁紀)

고구려 (11월) 갑신일(30)에 이납(李納)의 장수 왕섭(王涉)이 해주(海州)를 들어 항복하였다. (『新唐書』7 本紀 7 德宗)

신라 신유년에 여섯 절에서 안거(安居)할 때 6백 6석의 곡식을 먹었다. (「昌寧塔金堂治成文記碑」)

신라 건중 2년 신라국 승(僧) 혜일(惠日)이 본국의 신물(信物)을 가지고 화상(和尙)에게 바치고, 태장금강계소실지(胎藏金剛界蘇悉地) 등과 아울러 제존유가(諸尊瑜伽) 30본을 구하여 주었다. 수(授)를 마치고 정통(精通)한 후에 마침내 본국으로 돌아가 대교(大教)를 광홍(廣弘)하였다. 정성(精誠)을 다하여 립(粒)을 끊고 지념(持念)하나 실지(悉地)가 현전(現前)하여 마침내 백일(白日)에 천축국(天竺國) 왕궁(王宮) 첨례(瞻禮)에 도달하여 그 법을 구걸(求乞)하였다. 공중에서 △가 말하길, 서대당국(西大唐國)에 비밀법(秘密法)이 있으니, 법은 청룡사(靑龍寺)에 있다고 하였다. 동년(781)에 신라국의 승려 오진(悟眞)이 태장비로차나급제존지념교법(胎藏毘盧遮那及諸尊持念教法) 등을 받았다. 정원 5년(789)에 이르러 중천축국(中天竺國)에 가, 대비로차나경범협여경(大毘盧遮那經梵夾餘經)을 구해 당으로 돌아오던 중 토번국(吐藩國)에서 죽었다. (『大唐靑龍寺三朝供奉大德行狀』惠日)

고구려 (건중) 2년에 이정기가 죽었다. 이납이 상(喪)을 비밀로 하고 아버지의 군대를 통솔하여 다시 난을 일으켰다. (『舊唐書』124 列傳 74 李正己)

782(壬戌/신라 선덕왕 3/발해 문왕 46, 大興 46/唐 建中 3/日本 天應 2, 延曆 1)

고구려 (정월) 계미일(29)에 이납(李納)이 해(海)·밀(密) 2주를 함락하였다. (『新唐書』7 本紀 7 德宗)

백제 (윤정월 경자일(17)) 종5위하 백제왕 인정(仁貞)을 파마개(播磨介)로 삼았다. (…) (『續日本紀』37 桓武紀)

신라 봄 윤 정월에 사신을 보내 당에 들어가 조공했다. (『三國史記』9 新羅本紀 9)

신라 봄 윤 정월에 사신을 보내 당에 가서 조공했다. (『三國史節要』12)

신라 (당 덕종 건중) 3년 윤정월에 신라·장가(牂牁)·타국(陁國)이 (…) 모두 사신을 보내 조공하였다. (『冊府元龜』 972 外臣部 17 朝貢 5)

백제 (2월 경신일(7)) (…) 종5위상 백제왕 무경(武鏡)을 대선량(大膳亮)으로 삼았다. (…) (『續日本紀』 37 桓武紀)

신라 2월에 왕이 한산주(漢山州)를 순행(巡幸)하고 민호(民戶)를 패강진(浿江鎭)으로 옮겼다. (『三國史記』 9 新羅本紀 9)

신라 2월에 왕이 한산주를 순행하고 민호를 패강진으로 옮겼다. (『三國史節要』 12)

고구려 4월 무오일(6)에 이납(李納)의 장수 이사진(李士眞)이 덕(德)·체(棣) 2주를 들어 항복하였다. (『新唐書』 7 本紀 7 德宗)

발해 건중 3년 5월과 정원(貞元) 7년(791) 정월에 아울러 사신을 보내와서 조회하였다. 그 사신 대상정(大常靖)을 위위경동정(衛尉卿同正)에 임명하였다. (『舊唐書』 199下 列傳 149下 北狄 渤海靺鞨)

발해 (당 덕종 건중 3년) 5월에 발해국이 아울러 사신을 보내 조공하였다. (『冊府元龜』 972 外臣部 17 朝貢 5)

신라 가을 7월에 시림(始林)의 들판에서 대열(大閱)했다. (『三國史記』 9 新羅本紀 9)

신라 가을 7월에 시림)의 들판에서 대열했다. (『三國史節要』 12)

신라 (가을 7월) 패강진전(浿江鎭典)을 설치하였는데, 두상대감(頭上大監)은 1명이다. 대곡성두상(大谷城頭上)의 위(位)는 급찬부터 사중아찬까지로 그것을 삼았다. 대감(大監)은 7명으로 위는 태수와 같다. 두상제감(頭上弟監)은 1명으로 위(位)는 사지부터 대나마까지로 그것을 삼았다. 제감(弟監)은 1명으로 위는 당(幢)부터 나마까지로 그것을 삼았다. 보감(步監)은 1명으로 위는 현령과 같다. 소감(少監)은 6명으로 위는 선저지(先沮知)부터 대사까지 그것을 삼았다. (『三國史節要』 12)

신라 패강진전의 두상대감은 1명으로 선덕왕 3년에 비로소 대곡성두상을 설치하였다. 위(位)는 급찬부터 사중아찬까지로 그것을 삼았다. 대감(大監)은 7명으로 위는 태수와 같다. 두상제감(頭上弟監) 1명의 위(位)는 사지부터 대나마까지로 그것을 삼았다. 제감(弟監)은 1명이고 위는 당(幢)부터 나마까지로 그것을 삼았다. 보감은 1명으로 위는 현령과 같다. 소감은 6명으로 위는 선저지(先沮知)부터 대사까지로 그것을 삼았다. (『三國史記』 40 雜志 9 職官 下)

고구려 (11월 이 달) 또 이납(李納)이 제왕(齊王)을 칭하였다. (…) (『舊唐書』 12 本紀 12 德宗 上)

신라 임술년에 인양사의 사묘호(事妙戶)와 정례석(頂禮石)이 완성되었다. 같은 절의 금당(金堂)을 수리하였다. 같은 해에 양열(羊熱)과 유천(楡川)의 두 역(驛)에서 곡식 1백 2석을 시납하였다. (「昌寧塔金堂治成文記碑」 뒷면)

발해 (원화 5년(810)) 다음해 봄 2월 병자일에 부스럼이 나서 경사(京師) 무본리(務本里) 집에서 죽으니 나이 50이었다. (…) 공은 약관(弱冠)에 측면 부대로 조선을 속록(束鹿)에서 격파하였다. (「唐故河中晉絳慈隰等州節度使支度營田觀察處置等使開府儀同

三司檢校太尉兼中書令河中尹上柱國延德群王食邑三千戶贈太師張公墓誌銘」)

783(癸亥/신라 선덕왕 4/발해 문왕 47 大興 47/唐 建中 4/日本 延曆 2)

신라 봄 정월에 아찬(阿湌) 체신(體信)을 대곡진(大谷鎭) 군주(軍主)로 삼았다. (『三國史記』 9 新羅本紀 9)

신라 봄 정월에 아찬(阿湌) 체신을 대곡진 군주로 삼았다. (『三國史節要』 12)

백제 (2월 임자일(5)) 종5위하 백제왕 인정(仁貞)·안배조신(安倍朝臣) 위내마려(謂奈麻呂)에게 모두 종5위상을 주었다. (…) (『續日本紀』 37 桓武紀)

신라 2월에 경도(京都)에 눈이 세 자나 내렸다. (『三國史記』 9 新羅本紀 9)

신라 2월에 경도에 눈이 세 자나 내렸다. (『三國史節要』 12)

백제 (6월 병인일(21)) 종5위상 백제왕 인정(仁貞)을 비전개(備前介)로 삼았다. (…) (『續日本紀』 37 桓武紀)

백제 (10월) 경신일(16)에 조(詔)를 내려 당군(當郡:交野郡)의 금년 전조(田租)를 면해 주었다. 국군사(國郡司) 및 행군(行宮) 측근의 나이 많은 사람과 여러 관청에서 천황을 모시고 따라간 사람들에게 물건을 내려 주었는데 각각 차등이 있었다. 또한 백제왕 등 행재소(行在所)에서 천황을 모신 사람 한두 명에게 위계를 높이고 작을 더하여 주었다. 백제사(百濟寺)에 근강(近江)·파마(播磨) 두 나라의 정세(正稅) 각 5천속(束)을 시납하고, 정5위상 백제왕 이선(利善)에게 종4위하를, 종5위상 백제왕 무경(武鏡)에게 정5위하를, 종5위하 백제왕 원덕(元德)과 백제왕 현경(玄鏡) 모두에게 종5위상을, 종4위상 백제왕 명신(明信)에게 정4위하를, 정6위상 백제왕 진선(眞善)에게 종5위하를 주었다. (『續日本紀』 37 桓武紀)

백제 (11월) 정유일(24)에 정4위하 백제왕 명신(明信)에게 정4위상을 주었다. (『續日本紀』 37 桓武紀)

신라 제37대 선덕왕(宣德王)에 이르러 사직단(社稷壇)을 세웠다. 또 사전(祀典)에 보이는 것은 모두 국내의 산천(山川)이고, 천지(天地)까지는 미치지 못했다. 대략 왕제(王制)에 이르기를 "천자(天子)는 7묘(七廟)요 제후(諸侯)는 5묘(五廟)인데, 2소·2목(二昭二穆)과 더불어 태조(太祖)의 묘로써 다섯이다"라고 하였다. 또 이르기를 천자(天子)는 하늘과 땅·천하의 명산과 대천(名山大川)에 제사지내며, 제후(諸侯)는 사직(社稷)과 자기 땅에 있는 명산과 대천(名山大川)에 제사지낸다고 하였다. 이런 까닭에 감히 예를 넘지 않고 [제사를] 행한 것이 아닐까. 그렇지만 그 제당(祭堂)의 고하(高下), 담과 문(壝門)의 안과 밖(內外), 신위 순서(次位)의 존비(尊卑), 제사상 차림(陳設)과 그 올리고 내리는(登降) 절차(節), 술잔(尊爵)·제기(籩豆)·제물(牲牢)·축문(冊祝)의 예식은 추측할 수 없으니, 다만 그 대략을 대충 기록할 뿐이다. 1년에 6차례 오묘(五廟)에 제사지내는데, 정월(正月) 2일과 5일, 5월 5일, 7월 상순, 8월 1일과 15일이다. 12월 인일(寅日)에는 신성(新城) 북문에서 8착(八楉)에 제사지내는데, 풍년(豊年)일 때에는 대뢰(大牢)를 쓰고 흉년(凶年)일 때에는 소뢰(小牢)를 쓴다. 입춘(立春) 후 해일(亥日)에는 명활성(明活城) 남쪽 웅살곡(熊殺谷)에서 선농(先農)에게 제사 지내고, 입하(立夏) 후 해일(亥日)에는 신성(新城) 북문에서 중농(中農)에게 제사지내며, 입추(立秋) 후 해일(亥日)에는 산원(菻園)에서 후농(後農)을 제사지낸다. 입춘(立春)

후 축일(丑日)에는 견수곡문(犬首谷門)에서 풍백(風伯)에게 제사 지내고, 입하(立夏) 후 신일(申日)에는 탁저(卓渚)에서 우사(雨師)에게 제사지내며, 입추(立秋) 후 진일(辰日)에는 본피유촌(本彼遊村)에서 영성(靈星)에게 제사지낸다.[여러 예전을 살펴보아도 선농에게 제사지낼 뿐이지, 중농·후농에게 지내는 제사는 없다.]

3산·5악 이하의 명산과 대천을 나누어 대·중·소사로 삼았다.

대사(大祀). 3산(三山)은 첫째 나력(奈歷)[습비부(習比部)], 둘째 골화(骨火)[절야화군(切也火郡)], 셋째 혈례(穴禮)[대성군(大城郡)]이다.

중사(中祀). 5악은 동쪽의 토함산(吐含山)[대성군(大城郡)], 남쪽의 지리산(地理山)[청주(菁州)], 서쪽의 계룡산(雞龍山)[웅천주(熊川州)], 북쪽의 태백산(太伯山)[나사군(奈巳郡)], 중앙의 부악(父岳)[공산(公山)이라고도 하는데, 압독군(押督郡)이다.]이다. 4진(四鎭)은 동쪽의 온말근(溫沫懃)[아곡정(牙谷停)], 남쪽의 해치야리(海恥也里)[실제(悉帝)라고 이르는데, 추화군(推火郡)이다.], 서쪽의 가야갑악(加耶岬岳)[마시산군(馬尸山郡)], 북쪽의 웅곡악(熊谷岳)[비열홀군(比烈忽郡)]이다. 4해(四海)는 동쪽의 아등변(阿等邊)[근오형변(斤烏兄邊)이라고 이르는데, 퇴화군(退火郡)이다.], 남쪽의 형변(兄邊)[거칠산군(居柒山郡)], 서쪽의 미릉변(未陵邊)[시산군(屎山郡)], 북쪽의 비례산(非禮山)[실직군(悉直郡)]이다. 4독(四瀆)은 동쪽의 토지하(吐只河)[계포(槧浦)라고도 이르는데, 퇴화군(退火郡)이다.], 남쪽의 황산하(黃山河)[삽량주(歃良州)], 서쪽의 웅천하(熊川河)[웅천주(熊川州)], 북쪽의 한산하(漢山河)[한산주(漢山州)]이다. [그 외에] 속리악(俗離岳)[삼년산군(三年山郡)], 추심(推心)[대가야군(大加耶郡)], 상조음거서(上助音居西)[서림군(西林郡)], 오서악(烏西岳)[결기군(結己郡)], 북형산성(北兄山城)[대성군(大城郡)], 청해진(淸海鎭)[조음도(助音島)]이 있다.

소사(小祀). 상악(霜岳)[고성군(高城郡)], 설악(雪岳)[수성군(迂城郡)], 화악(花岳)[근평군(斤平郡)], 겸악(鉗岳)[칠중성(七重城)], 부아악(負兒岳)[북한산주(北漢山州)], 월나악(月奈岳)[월나군(月奈郡)], 무진악(武珍岳)[무진주(武珍州)], 서다산(西多山)[백해군(伯海郡) 난지가현(難知可縣)], 월형산(月兄山)[나토군(奈吐郡) 사열이현(沙熱伊縣)], 도서성(道西城)[만노군(萬弩郡)], 동로악(冬老岳)[진례군(進禮郡) 단천현(丹川縣)], 죽지(竹旨)[급벌산군(及伐山郡)], 웅지(熊只)[굴자군(屈自郡) 웅지현(熊只縣)], 악발(岳髮)[발악(髮岳)이라고도 이른다. 우진야군(于珍也郡)이다.], 우화(于火)[생서량군(生西良郡) 우화현(于火縣)], 삼기(三岐)[대성군(大城郡)], 훼황(卉黃)[모량(牟梁)], 고허(高墟)[사량(沙梁)], 가아악(嘉阿岳)[삼년산군(三年山郡)], 파지곡원악(波只谷原岳) [아지현(阿支縣)], 비약악(非藥岳)[퇴화군(退火郡)], 가림성(加林城)[가림현(加林縣). 어떤 본(本)에는 영암산(靈巖山)·우풍산(虞風山)은 있지만, 가림성(加林城)은 없었다.], 가량악(加良岳)[청주(菁州)], 서술(西述)[모량(牟梁)]

사성문제(四城門祭)의 첫째는 대정문(大井門), 둘째는 토산량문(吐山良門), 셋째는 습비문(習比門), 넷째는 왕후제문(王后梯門)이다. 부정제(部庭祭)는 양부(梁部)에서 지냈다. 사천상제(四川上祭)의 첫째는 견수(犬首), 둘째는 문열림(文熱林), 셋째는 청연(靑淵), 넷째는 박수(樸樹)이다. 문열림(文熱林)에서는 일월제(日月祭), 영묘사(靈廟寺) 남쪽에서는 오성제(五星祭), 혜수(惠樹)에서는 기우제(祈雨祭)를 행하였다. 사대도제(四大道祭)는 동쪽의 고리(古里), 남쪽의 첨병수(簷并樹), 서쪽의 저수(渚樹), 북쪽의 활병기(活併岐)에서 지냈다. 압구제(壓丘祭)와 벽기제(辟氣祭)도 지낸다. 위의 것들은 혹은 별도의 제도에 의해서, 혹은 수재나 한재가 원인이 되어 행한 것들이다. (『三國史記』 32 雜志 1 祭祀)

신라 사직단을 세우고 또 사전(祀典)을 다듬어 정리하였다[12월 인일(寅日) 신성(新城) 북문에서 팔사(八蜡)를 제사지내는데, 풍년에는 대뢰(大牢)를 사용하고 흉년에는 소뢰(小牢)를 사용한다. 입춘 후 해일(亥日)에 명활성(明活城) 남쪽 웅살곡(熊殺谷)에서 선농(先農)에 제사지내고 입하 후 해일에는 신성 북문에서 중농(中農)에 제사지내고 입추후 해일에는 산원(菻園)에서 후농(後農)에게 제사지낸다. 입춘 후 축일(丑日)에는 견수곡문(犬首谷門)에서 풍백(風伯)에 제사지내고 입하 후 신일(申日)에는탁저(卓渚)에서 우사(雨師)에 제사지내고 입추 후 진일(辰日)에는 본피유촌(本彼遊村)에서 영성(靈星)에 제사지낸다[여러 예전(禮典)을 검토해 보니 단지 선농에 제사지내고 중농과 후농은 없다]. 삼산과 오악 이하의 명산대천은 대중소사(大中小祀)로 나눈다. 대사는 삼산으로 첫째 나력(奈歷)[습비부(習比部)], 둘째 골화(骨火)[절야화군(切也火郡)] 셋째 혈례(穴禮)[대성군(大城郡)]이다. 중사 중 오악은 동쪽의 토함산(吐含山)[대성군] 남쪽의 지리산[청주(菁州)] 서쪽의 계룡산[웅천주(熊川州)] 북쪽의 태백산(太伯山)[△이군(△已郡)], 가운데의 부악(父岳)[공산(公山)이라고도 한다. 압독군(押督郡)]이다. 사진(四鎭)은 온말(溫懃)[牙谷△] 남쪽의 취야리(恥也里)[제(帝)라고도 한다. 추화군(推火郡)] 서쪽의 가야압악(加耶岬岳)[마시산군(馬尸山郡)] 북쪽의 웅곡악(熊谷岳)[비열홀군(比烈忽郡)]이다. 사해(四海)는 동쪽의 아등변(阿等邊)[근오형변(斤烏兄邊)이라고도한다. 퇴화군(退火郡)] 남쪽의 형변(兄邊)[거△산군(居△山郡)] 서쪽의 미릉변(未陵邊)[△산군(△山郡)] 북쪽의 비례산(非禮山)[실직군(悉直郡)] 이다. 사독(四瀆)은 동쪽의 토지하(吐只河)[참포(槧浦)라고도 한다. 퇴화군] 남쪽의 황산하(黃山河)[삽량주(歃良州)] 서쪽의 웅천하(熊川河)[웅천주(熊川州)], 북쪽의 한산하(漢山河)[한산주(漢山州]] 이다. 속리악(俗離岳)[삼년산군(三年山郡)] 추심(推心)[대가야군(大加耶郡)] 상조음거서(上助音居西)[서림군(西林郡)] 오서악(烏西岳)[결이군(結已郡)] 북형산성(北兄山城)[大△郡] 청해진(淸海鎭)[조음도(助音島)]. 소사(小祀)는 상악(霜岳)[고성군(高城郡)] 설악(雪岳)[변성군(邊城郡)] 화악(花岳)[근평군(斤平郡)] 감악(鉗岳)[칠중성(七重城)] 부아악(負兒岳)[북한산주(北漢山州)] 월나악(月奈岳)[월나군(月奈郡)] 무진악(武珍岳)[무진주(武珍州)] 서다산(西多山)[백해군(伯海郡) 난지가현(難知可縣)] 월형산(月兄山)[나토군(奈吐郡) 사열이도(沙熱伊島)] 도서성(道西城)[萬△郡] 동로악(冬老岳)[진례군(進禮郡) 단천현(丹川縣)] 죽지(竹旨)[급벌산군(及伐山郡)] 웅지(熊只)[굴자군(屈自郡) 웅지현(熊只縣)] 악발(岳髮)[발악(髮岳)이라고도 한다. 우진야군(于珍也郡)] 우화(于火)[생서량군(生西良郡) 우화현(于火縣)] 삼기(三岐)[대성군] 훼황(卉黃)[모량(牟梁)] 고허(高墟)[사량(沙梁)] 가아악(嘉阿岳)[삼년산군(三年山郡)] 파지곡원악(波只谷原岳)[아지현(阿支縣)] 비약악(非藥岳)[퇴화군(退火郡)] 가림성(加林城)[가림현(加林縣). 다른 본(本)에는 영암산(靈嵒山)과 우풍산(虞風山)이 있고 가림성(加林城)은 없다] 가량악(加良岳)[청주] 서술(西述)[모량]이다. 사성문제(四城門祭)는 첫째 대정문(大井門) 둘째 토산량문(吐山良門)이며 셋째 습비문(習比門)이고 넷째 왕후제문(王后梯門)에서 행해졌다. 부정제(部庭祭)는 양부(梁部)에서 이루어졌다. 사천상제(四川上祭)는 첫째 견수(犬首) 둘째 문열림(文熱林) 셋째 청연(靑淵) 넷째 박수(樸樹)에서 이루어졌다. 문열림(文熱林)에서는 일월제(日月祭)가 행해졌고 영묘사(靈廟寺) 남쪽에서 오성제(五星祭)가 행해졌으며 혜수(惠樹)에서 기우제가 이루어졌다. 사대도제(四大道祭)는 동쪽의 고리(古里) 남쪽은 첨병수(簷并樹) 서쪽의 저수(渚樹) 북쪽의 활이기(活伊岐)에서 이루어졌으며 압구제(壓丘祭) 벽기제(辟氣祭)가 있다. 위의 건(件)은 혹은 별제(別制)로 인하여, 혹은 수한(水旱)으로 인하여 그것이 행해지는 것이다. 김부식은 지(志)에서 말하였다. "신라의 사전은 모두 경내 산천으로 천지에 미치지 않는다. 대개 왕제(王制)에서 이르길 천자는 7묘이고 제후는 5묘인데, 2소(昭) 2목(穆)과 태조의 묘로 다섯이다고 하였다. 또 이르길 천자는 천지와 천하의 명산대천에 제사지내고 제후는 사직과 그 땅에 있는 명산대천에 제사지낸다고 하였다. 이 때문에 감히 예를 넘지 않고 그것을 행한것인저." 그러나 그 단당(壇堂)의 높고 낮음, 유문(壝門)의 안과 밖, 차위(次位)의 존비(尊卑), 진설등강(陳設登降)의 절차, 존작(尊爵)

변두(籩豆) 생뢰(牲牢) 책축(冊祝)의 예는 얻을 수 없다. 다만 그 대략을 거칠게 기록할 뿐이다]. (『三國史節要』 12)

신라 건중 4년에 건운(乾運)이 죽자 아들이 없어 국인(國人)이 그 상상(上相) 김양상(金良相)을 세워 왕으로 삼았다. (『舊唐書』 199上 列傳 149上 新羅)

신라 건중 4년에 (건운)이 죽자 아들이 없어 국인이 모두 재상(宰相) 김양상을 세워 잇게 하였다. (『新唐書』 220 列傳 145 新羅)

신라 건중 4년에 건운이 죽자 아들이 없어 국인이 그 상상 김양상을 세워 왕으로 삼았다. (『唐會要』 95 新羅)

발해 (…) 건중(建中) 연간 (780~783) 초에 평로치청관찰절도△△△△△태위(平壚淄靑觀察節度△△△△△太尉) 이공(李公)이 특별히 뛰어난 사람들을 맞이하고 현명한 선비들을 받들어 예우하니 사방에서 모두 그에게 몰려왔다. (…) (「唐故殿中侍御史淄州長史知軍州事崔府君墓誌銘幷序」)

신라 당 지장(地藏)은 성은 김씨이고 신라국왕의 족자(族子)이다. (…) 건중 연간 초(780~783)에, 군수(郡守) 장엄(張嚴)이, 화성사(化城寺)에 액(額)을 내릴 것을 아뢰니, 사방에서 도사(道士)가 사모하여 종지(踵至)하였다. 이에 앞서 장(藏)이 일찍이 뱀에 물려, 독이 발(發)하여 치료할 수 없었다. 문득 한명의 아름다운 부인이 있었는데, 양제(良劑)를 궤(饋)하고, 또 전일에 경례(敬禮)하고, 소아(小兒)가 알지 못하고 선사(禪師)를 화나게 하였으나, 책망하지 말 것을 원하였다. 그러나 산중에 소결미음(素缺美飮)으로, 타일(他日)에 축중(畜衆)의 지(地)가 아님을 두려워하여 마땅히 천정중(泉庭中)에서 나와, 다행히 오래 머물러 복우(福祐)를 입고, 그것에 경(頃)하여 과연 아름다운 천(泉)을 얻었다. (…) (『新修科分六學僧傳』 6 傳宗科 唐地藏)

신라 절은 처음에는 진(晋) 융안(隆安) 5년에 세워졌고 처음 이름은 구화(九華)였다가 당 건중 초에 군수 장암(張巖)이 표로 청해 칙으로 지금의 액(額)이 내려졌다. (『九華山志』 5 檀施門 第六 二 財施, 淸 喩成龍 重修九華山化城寺碑記)

784(甲子/신라 선덕왕 5/발해 문왕 48, 大興 48/唐 興元 1/日本 延曆 3)

고구려 봄 정월 계유일 초하루에 황제가 봉천행궁(奉天行宮)에서 조하(朝賀)를 받고 조서를 내려 말하였다. " (…) 건중(建中) 5년을 고쳐 흥원 원년으로 한다. 이희열(李希烈)·전열(田悅)·왕무준(王武俊)·이납(李納)은 모두 훈구(勳舊)로 번유(藩維)를 계수(繼守)하였다. (…)" (『舊唐書』 12 本紀 12 德宗 上)

고구려 정월 계유일(1)에 대사(大赦)하였고 연호를 고쳤으며 성신문무(聖神文武)의 호(號)를 거(去)하였고 이희열(李希烈)·전열(田悅)·왕무준(王武俊)·이납(李納)의 관작(官爵)을 회복하였다. (『新唐書』 7 本紀 7 德宗)

백제 (2월 신사일(10)) 여유(女孺) 무위(無位) 백제왕 진덕(眞德)에게 종5위하를 주었다. (『續日本紀』 38 桓武紀)

백제 (3월 을유일(14)) 정5위하 백제왕 무경(武鏡)을 주방수(周防守)로 삼았다. (…) (『續日本紀』 38 桓武紀)

고구려 (4월) 병인일(26)에 이납(李納)을 더하여 평장사(平章事)로 삼았다. (『舊唐書』 12 本紀 12 德宗 上)

신라　여름 4월에 왕이 왕위를 양보하려 했으나, 여러 신하가 세 번이나 글을 올려 말리자, 이에 그만두었다. (『三國史記』 9 新羅本紀 9)

신라　여름 4월에 왕이 왕위를 양보하려 했으나, 여러 신하가 세 번이나 글을 올려 말리자, 이에 그만두었다. (『三國史節要』 12)

고구려　(5월) 경인일(20)에 이납(李納)이 황제의 명령을 받아들이자 이에 이정기(李正己)를 태위(太尉)로 추증하였다. (『舊唐書』 12 本紀 12 德宗 上)

백제　(5월 갑오일(24)) 산위두(散位頭) 종4위하 백제왕 이선(利善)이 죽었다. (『續日本紀』 38 桓武紀)

고구려　(8월 신축일(2)) 치청절도사승전대륙해운치청절도사승전대륙해운(淄靑節度使承前帶陸海運淄靑節度使承前帶陸海運)·압신라발해양번등사(押新羅渤海兩蕃等使)를 마땅히 이납(李納)에게 그것을 겸하도록 하였다. (『舊唐書』 12 本紀 12 德宗 上)

신라　대덕(大德)의 법호는 진견(眞堅)이고 하남부(河南府) 왕옥(王屋)사람이다. (…) 도의초(道儀鈔)를 만들어 후학에게 전하니 종지(宗旨)를 숭상하여 따르지 않는 자가 없었다. 원근으로 유행하였고 이내 신라 이역에까지 이르렀다 (…) 흥원 원년 5월 12일에 갑자기 현생이 적멸하는 것을 보고 홍성사 본원에서 죽었다. (…) (「大唐東都弘聖寺故臨壇大德眞堅幢銘幷序」)

신라　건주 처미선사(虔州處微禪師)[1인은 기록에 보인다]·계림도의선사(雞林道義禪師)·신라국혜선사(新羅國慧禪師)·신라국홍직선사(新羅國洪直禪師)[이상 3인은 무기연어구(無機緣語句) 기록되지 않았다] (『景德傳燈錄』 9 懷讓禪師第三世·前虔州西堂藏禪師法嗣四人』)

신라　설악(雪岳) 진전사(陳田寺) 원적선사(元寂禪師)는 서당(西堂)의 법을 이었고 명주(溟州)에서 살았다. 선사의 휘(諱)는 도의(道義)요 속성은 왕씨며 북한군(北漢郡) 사람이다. (…). 건중 5년 갑자년에 사신으로 가는 한찬(韓粲) 김양공(金讓恭)을 따라 바다를 건너 중국에 들어갔다. 그는 바로 오대산으로 가서 문수의 감응을 받았는데 공중에서 성종(聖鐘)이 울리는 소리를 들었으며 산 속에서 신조(神鳥)가 비상하는 모습을 보았다. 드디어 광부(廣府)의 보단사(寶壇寺)에 머물면서 비로소 구족계를 받았다. 후에 그는 조계에 이르러 조사당을 참례했는데 문빗장이 스스로 열렸다. 세 번 예배하고 밖으로 나오고려고 하니 문빗장이 전과 같이 닫혔다. 다음으로 강서의 홍주(洪州) 개원사(開元寺)에 이르러 서당지장(西堂智藏)의 처소로 나아가 대사(大師)를 알현하니 의문점이 해결되고 막혔던 부분이 해석되었다. 대사는 마치 돌 사이에 옥을 캐는 것과 같고 조개에서 진주를 모으는 것과 같아서 '진실로 가히 법을 전할 자가 이 사람이 아니면 누구이겠는가' 하면서 도의로 이름을 고치게 했다. 이어 두타(頭陀)의 길을 떠나 백장산(百丈山) 회해화상(懷海和尙)에게로 가서 마치 서당화상에게 하듯이 하니 백장은 '강서의 선맥(禪脈)이 모두 동국(東國)으로 돌아가는구나' 라고 했다. 나머지는 비문과 같다. (『祖堂集』 17 元寂禪師道義)

신라　진견(眞堅)은 나이 20세에 구족계(具足戒)를 받은 후 곧 비니(毗尼)를 깊이 연구하였다. 『도의초(道義鈔)』를 지어 후학에게 전하니, 종지를 숭상하여 따르지 않는 자가 없고 원근으로 유행하여 곧 신라와 같은 이역(異域)까지 이르렀다. (『全唐文新編』

481 弘聖寺 臨壇大德眞堅幢銘)

고구려 이납 (…) 이정기가 죽자 상(喪)을 비밀로 하고 발(發)하지 않고 (…) 이납은 이에 운주(鄆州) 로 돌아와 전열(全悅)·이희열(李希烈)·주도(朱滔)·왕무준(王武俊)과 연화(連和)하여 스스로 제왕(齊王)이라 칭하고 백관을 설치하였다. 흥원 초에 황제가 조서를 내려 자기에게 죄를 물으니 이납이 다시 귀명(歸命)하자 검교공부상서(檢校工部尙書)를 주고 평로수절(平盧帥節)를 회복시켰으며 철권(鐵券)을 내렸다. (…) 나이 34살에 죽자 태부(太傅)를 추증하니 아들은 사고(師古)와 사도(師道)이다. (『新唐書』 213 列傳 138 藩鎭淄靑橫海)

고구려 (…) 이납은 마침내 운주(鄆州)로 돌아와 다시 이희열(李希烈)·주도(朱滔)·왕무준(王武俊)·전열(田悅)과 함께 모의하여 모두 반란을 일으켰고 위(僞)로 제왕(齊王)을 칭하고 백관(百官)을 건치(建置)하였다. 흥원 연간에 조서로 자기 죄를 물으니 이납이 효순(効順)하였다., 조서로 검교공부상서·평로군절도·치청등주관찰사(檢校工部尙書·平盧軍節度·淄靑等州觀察使)가 더해졌고 바로 검교우복야·동중서문하평장사(檢校右僕射·同中書門下平章事)가 되었다. (『舊唐書』124 列傳 74 李正己)

고구려 흥원 연간 초에 납이 명을 따르므로 조서로 태위(太尉)를 추증하였다. (『新唐書』 213 列傳 138 李正己)

785(乙丑/신라 선덕왕 6, 원성왕 1/발해 문왕 49, 大興 49/唐 貞元 1/日本 延曆 4)

백제 (정월) 을사일(9)에 (…) 정4위하 등원조신제자(藤原朝臣諸姊_·백제왕 명신(明信)에게 모두 정4위상을 주었다. (…) (『續日本紀』 38 桓武紀)

백제 (정월 신해일(15)) 종5위상 백제왕 인정(仁貞)을 비전수(備前守)로 삼았다. (…) (『續日本紀』 38 桓武紀)

백제 (정월 계해일(27)) 종5위상 소창왕(小倉王)·백제왕 현경(玄鏡)을 모두 소납언(少納言)으로 삼았다. (…) (『續日本紀』 38 桓武紀)

신라 봄 정월에 당 덕종(德宗)이 호부낭중(戶部郎中) 개원(蓋塤)을 보내, 부절을 가지고 왕을 검교태대위(檢校太大尉) 계림주자사(雞林州刺史) 영해군사(寧海軍使) 신라왕으로 책봉했다. (『三國史記』 9 新羅本紀 9)

신라 봄 정월에 황제가 호부낭중(戶部郎中) 개원(蓋塤)을 보내, 부절을 가지고 왕을 검교태대위(檢校太大尉) 계림주자사(雞林州刺史) 영해군사(寧海軍使) 신라왕으로 책봉했다 (『三國史節要』 12)

신라 정원 원년에 양상을 검교태위(檢校太尉)·도독·계림주자사·영해군사·신라왕에 제수하고 이어서 호부낭중 개원에게 지절을 가지고 책명하게 하였다. (『舊唐書』 199上 列傳 149上 新羅)

신라 정원 원년에 호부낭중 개원을 보내 지절을 가지고 그를 책명하게 하였다. (『新唐書』 220 列傳 145 新羅)

신라 정원 원년에 양상(良相)을 검교태위(檢校太尉)·도독·계림주자사·영해군사·신라국왕에 제수하고 이어서 호부낭중(戶部郎中) 개원(蓋塤)에게 부절을 가지고 가서 책명하게 하였다. (『唐會要』 95 新羅)

신라 (봄 정월) 이달에 왕이 병으로 자리에 누워 오랫동안 낫지 않았으므로 조서를 내려 말했다. "과인은 본래 재주와 덕이 없어 왕위에 마음이 없었으나 추대함을 피하기 어려워 왕위에 오르게 되었다. 왕위에 있는 동안 농사가 잘되지 않고 백성들의 살림이 곤궁해졌으니, 이는 모두 나의 덕이 백성들의 소망에 맞지 아니하고 정치가 하늘의 뜻에 합치되지 못했기 때문이다. 늘 왕위를 물려주고 밖에 물러나와 살고자 했으나, 많은 관리와 신하들이 매양 지성으로 말렸기 때문에 뜻대로 하지 못하고 지금까지 주저하고 있다가 갑자기 병에 걸려 다시는 일어날 수 없게 되었다. 죽고 사는 것은 하늘에 달려 있으니, 돌이켜 보건대 무슨 여한이 있겠는가. 내가 죽은 뒤에는 불교 법식에 따라 [시신을] 불태워 뼈를 동해에 뿌려라." (『三國史記』 9 新羅本紀 9)

신라 (봄 정월) 왕이 병으로 자리에 누워 오랫동안 낫지 않았으므로 조서를 내려 말했다. "과인은 본래 재주와 덕이 없어 왕위에 마음이 없었으나 추대함을 피하기 어려워 왕위에 오르게 되었다. 왕위에 있는 동안 농사가 잘되지 않고 백성들의 살림이 곤궁해졌으니, 이는 모두 나의 덕이 백성들의 소망에 맞지 아니하고 정치가 하늘의 뜻에 합치되지 못했기 때문이다. 늘 왕위를 물려주고 밖에 물러나와 살고자 했으나, 많은 관리와 신하들이 매양 지성으로 말렸기 때문에 뜻대로 하지 못하고 지금까지 주저하고 있다가 갑자기 병에 걸려 다시는 일어날 수 없게 되었다. 죽고 사는 것은 하늘에 달려 있으니, 돌이켜 보건대 무슨 여한이 있겠는가 내가 죽은 뒤에는 불교 법식에 따라 [시신을] 불태워 뼈를 동해에 뿌려라."(『三國史節要』 12)

신라 제37대 선덕왕에 이르러 사직단을 세웠다. (『三國史記』 32 雜志 1 祭祀)

신라 (봄 정월) 13일에 이르러 돌아가시니 시호를 선덕이라고 했다. (『三國史記』 9 新羅本紀 9)

신라 선덕왕이 죽었다. 원성왕 경신 즉위 원년이다. (『三國史記』 31 年表 下)

신라 (봄 정월) 13일에 미쳐 이에 돌아가셨는데, 시호를 선덕이라 했다. 국인(國人) 상대등 김경신을 세워 왕을 삼았다. 처음에 혜공왕 말년에 반신(叛臣)이 발호(跋扈)하였는데, 선덕은 이 때 상대등으로 반적(叛賊)을 토벌하였다. 마침내 혜공이 시해되자 자립하였는데 경신과 도모하였다. 선덕이 돌아가심에 미쳐 아늘이 없자 여러 신하가 의논하여 왕족의 아들인 주원(周元)을 세우고자 하였는데, 주원의 집은 서울 북쪽 20리에 있었다. 마침 하늘에서 큰 비가 내려 알천이 넘쳐 건널 수가 없었다. 의논하는 자가 말하기를 "인군(人君)은 큰 자리라 천명과 관련있지 진실로 사람이 꾀할 수 있는 것이 아니다. 오늘 폭우가 내린 것은 하늘이 혹여 주원을 세우고 싶지 않음이 아닐까. 지금 상대등 경신은 덕망이 평소에 높아 인군(人君)의 법도가 있다."고 하였다. 이에 의견을 모아 흡연(翕然)히 정하였다. 마침내 비가 그치니, 국인(國人)이 모두 만세를 불렀다. 주원은 명주(溟洲)로 물러나 살았다. (『三國史節要』 12)

신라 원성왕(元聖王)이 즉위하였다. 휘는 경신(敬信)이고 나물왕의 12세손이다. 어머니는 박씨 계오부인(繼烏夫人)이고 비는 김씨이니 신술각간(神述角干)의 딸이다. 일찍이 혜공왕(惠恭王) 말년에 역신(逆臣)이 발호(跋扈)하였는데, 선덕왕(宣德王)이 이때 상대등이 되어 앞장서서 임금의 측근에 있는 악당들을 제거할 것을 제창하였다. 경신이 이에 참여하여 난을 평정하고 공을 세워서, 선덕왕이 즉위하자 상대등이 되었다. 선덕왕이 죽고 아들이 없었으니, 군신(群臣)이 후사를 의논하여 왕의 친척 조카인 주원(周元)을 세우고자 하였다. 주원은 집이 서울 북쪽으로 20리(里) 떨어진 곳에 있었는데, 때마침 큰 비가 내려 알천(閼川)의 물이 넘쳐 주원이 건너오지 못했다. 혹자가 말하기를 "인군(人君)은 큰 자리라 본디 사람이 꾀할 수 있는 것이 아니다. 오늘 폭우가 내린 것은 혹여 하늘이주원을 세우고 싶지 않음이 아닐까. 지금 상대등 경신은 전왕의 아우이며 덕망이 평소에 높아 인군(人君)으로서의 풍체(風體)가 있다."라고 하였다. 이에 의견을 모아 그를 세워 왕위를 잇게 하였다. 이윽고 비가 그쳤으

니, 국인(國人)이 모두 만세를 불렀다. (『三國史記』 10 新羅本紀 10)

신라 제38대 원성왕 김씨이며 이름은 경신(敬愼)인데 또는 경신(敬信)이라고도 쓴다. 『당서(唐書)』에는 경칙(敬則)이라고 했다. 아버지는 효양(孝讓) 대아간(大阿干)인데, 명덕대왕(明德大王)으로 추봉(追封)되었다. 어머니는 인△(仁△)부인으로, 지오(知烏)부인이라고도 하는데, 시호는 소문왕후(昭文王后)이고 창근이기(昌近伊己)의 딸이다. 왕비는 숙정(淑貞)부인으로, 신술(神述) 각간의 딸이다. 을축(乙丑, 785)년에 즉위하여 24년을 다스렸다. 능은 곡사(鵠寺)에 있으니 지금의 숭복사(崇福寺)이며, 최치원이 세운 비가 있다. (『三國遺事』 1 王曆)

신라 이찬 김주원(伊飡 金周元)은 처음 상재(上宰)가 되고 왕은 각간으로 두 번째 재상이 되었는데 꿈 중에 복두(幞頭)를 벗고 소립(素笠)을 쓰고 12현금(絃琴)을 들고 천관사(天官寺) 우물 속으로 들어갔다. [꿈에서] 깨자 사람을 시켜 그것을 점치게 하니, 말하기를 "복두를 벗은 것은 관직을 잃을 징조요, 가야금을 든 것은 형틀을 쓰게 될 조짐이요, 우물 속으로 들어간 것은 옥에 갇힐 징조입니다."라고 했다. 왕은 이 말을 듣자 심히 근심스러워 두문불출하였다. 이때 아찬 여삼 혹은 다른 본에서 여산(餘山)이라고도 하는 사람이 와서 뵙기를 청했으나, 왕은 병을 핑계로 하여 사양하고 나오지 않았다. 재차 청하여 말하기를 "한번만 뵙기를 원합니다." 하므로 왕이 이를 허락하자, 아찬이 물었다. "공께서 근심하는 것은 어떤 일입니까" 왕이 꿈을 점쳤던 연유를 자세히 설명하니 아찬은 일어나 절하며 말하기를 "그것은 좋은 꿈입니다. 공이 만약 대위(大位)에 올라서도 나를 버리지 않으신다면 공을 위해 꿈을 풀어 보겠습니다."라고 하였다. 이에 왕이 좌우를 물리치고 해몽하기를 청하자 아찬은 "복두를 벗은 것은 위에 거하는 다른 사람이 없다는 뜻이요, 소립을 쓴 것은 면류관(冕旒冠)을 쓸 징조이며, 12현금을 든 것은 12대손까지 왕위를 전한다는 조짐이며, 천관사 우물로 들어간 것은 궁궐로 들어갈 상서로운 조짐입니다."라고 하였다. "위에 주원이 있는데 어찌 왕위에 오를 수 있겠소" 왕이 말하자 아찬이 대답하기를 "청컨대 은밀히 북천신(北川神)에게 제사지내면 될 것입니다." 하자 왕은 이에 따랐다. 얼마 지나지 않아 선덕왕이 세상을 떠나매, 나라 사람들이 김주원을 왕으로 받들어 장차 궁중으로 맞아들이려 했다. 그의 집은 북천 북쪽에 있었는데 홀연히 냇물이 불어나 건널 수가 없었다. 이에 왕이 먼저 궁궐로 들어가 왕위에 올랐다. 상재(上宰)의 무리들이 모두 와서 그를 따랐으며, 새로 즉위한 왕께 경배하고 축하하니 이가 원성대왕이다. 왕의 이름은 경신(敬信)이요 [성은] 김씨이니 대개 길몽이 맞았던 것이다. 주원은 명주(溟州)로 물러가 살았다. 왕이 즉위하였을 때, 여산은 이미 죽었으므로 그의 자손들을 불러 관작을 주었다. 왕에게는 다섯 명의 손자가 있었는데, 혜충태자(惠忠太子)·헌평태자(憲平太子)·예영 잡간(禮英匝干)·대룡부인(大龍夫人)·소룡부인(小龍夫人) 등이다. 대왕은 진실로 인생의 곤궁과 영달의 변화를 알았으므로 신공사뇌가[노래는 전하지 않아 자세히 알 수 없다]를 지었다. 왕의 아버지 대각간 효양(大角干 孝讓)이 대대로 전해져 오는 만파식적(萬波息笛)을 왕에게 전했다. 왕은 이것을 얻었으므로 하늘의 은혜를 두텁게 입어 그 덕이 멀리까지 빛났다. (『三國遺事』 2 紀異 2 元聖大王)

신라 (정원 원년) 그 해에 양상이 죽자 상상(上相) 경신을 세워 왕으로 삼았다. 그 관작을 잇게 하였는데 경신은 바로 종형제이다. (『舊唐書』 199上 列傳 149上 新羅)

신라 (정원 원년) 이해에 (김양상) 죽자 영상의 종부제(從父弟)인 경신을 세워 왕을 잇게 하였다. (『新唐書』 220 列傳 145 新羅)

신라 (정원 원년) 그 해에 양상이 죽자 상상(上相) 김경신을 세워 왕으로 삼고 그 관적을 잇게 하였다. 양상의 종형제이다. (『唐會要』 95 新羅)

신라 (당 덕종 정원 원년) 이해에 신라왕 김양상이 죽자 그 상상(上相) 김경신을 왕으로 삼았고 조서를 내려 그 관작을 잇게 하였다. 경신은 바로 종형제이다. (『册府元龜』 965 外臣部 10 封冊 3)

신라 (2월) 병술일(21)에 검교비서감(檢校秘書監) 김양상(金良相)을 검교태위(檢校太尉)·사지절(使持節)·대도독(大都督)·계림주자사(雞林州刺史)·영해군사(寧海軍使)로 삼고 신라왕을 봉하여 신라왕에 봉하여 잇게 하였다. (『舊唐書』 12 本紀 12 德宗 上)

신라 2월에 고조 대아찬 법선(法宣)을 현성대왕(玄聖大王), 증조 이찬 의관(義寬)을 신영대왕(神英大王), 할아버지 이찬 위문(魏文)을 흥평대왕(興平大王), 아버지 일길찬 효양(孝讓)을 명덕대왕(明德大王), 어머지 박씨를 소문태후(昭文太后)로 추봉하였다. 아들 인겸을 세워 왕태자로 삼았다. 성덕대왕과 개성대왕의 2묘(廟)를 헐고 시조대왕·태종대왕·문무대왕 및 할아버지 흥평대왕과 아버지 명덕대왕을 5묘로 하였다. 문무백관의 관작(官爵)을 한 계급씩 더하였다. (『三國史記』 10 新羅本紀 10)

신라 2월에 왕이 고조 대아찬 법선을 현성대왕, 증조 이찬 의관을 신영대왕, 할아버지 이찬 위문을 흥평대왕, 아버지 일길찬 효양을 명덕대왕, 어머지 박씨를 소문태후로 추봉하였다. 아들 인겸을 세워 왕태자로 삼았다. 성덕대왕과 개성대왕의 2묘(廟)를 헐고 할아버지와 아버지를 부묘(祔廟)하였다. 문무백관의 관작(官爵)을 한 계급씩 더해주었다. (『三國史節要』 12)

신라 (…) 할아버지인 훈입 잡간(訓入 匝干)을 추봉하여 흥평대왕(興平大王)이라 하고, 증조 의관 잡간(義官 匝干)을 신영대왕(神英大王)으로 삼았으며, 고조 법선 대아간(法宣 大阿干)을 현성대왕(玄聖大王)으로 삼았다. 현성대왕의 아버지가 바로 마질차 잡간(摩叱次 匝干)이다. (『三國遺事』 2 紀異 2 元聖大王)

신라 서울의 동북쪽 20리쯤 되는 암곡촌(暗谷村)의 북쪽에 무장사(鍪藏寺)가 있었다. 제38대 원성대왕(元聖大王)의 아버지 대아간(大阿干) 효양(孝讓), 즉 추봉된 명덕대왕(明德大王)이 숙부 파진찬(波珍喰)을 추모하기 위하여 세운 절이다. 그윽한 골짜기가 몹시 험준해서 마치 깎아 세운 듯하며, 깊숙하고 침침한 그곳은 서절로 허백(虛白)이 생길 만하고, 마음을 쉬고 도를 즐길 만한 신령스러운 곳이었다. 절의 위쪽에 미타고전(彌陁古殿)이 있는데, 곧 소성(昭成)[성(聖)이라고도 한다]대왕의 비 계화왕후(桂花王后)는 대왕이 먼저 세상을 떠났으므로 근심스럽고 창황하여 지극히 슬퍼하며 피눈물을 흘리면서 마음이 상하였다. 이에 그는 밝고 아름다운 일을 돕고 명복을 빌 일을 생각하였다. 서방에 아미타라는 대성(大聖)이 있어 지성으로 귀의하면 잘 구원하여 와서 맞아준다는 말을 듣고, "이 말이 진실이라면 어찌 나를 속이겠는가"라고 하고, 6의(六衣)의 화려한 옷을 희사하고 9부(九府)에 쌓아두었던 재물을 다 내어 이름난 공인들을 불러서 미타상 한 구를 만들게 하고, 아울러 신중(神衆)도 만들어 모셨다. 이보다 앞서 이 절에 한 노승이 있었는데, 홀연히 꿈에 진인(眞人)이 석탑의 동남쪽 언덕 위에 앉아서 서쪽을 향해 대중에게 설법하는 것을 보고, 이곳은 반드시 불법(佛法)이 머무를 곳이라고 생각했으나 마음에 숨겨두고 남에게 말하지 않았다. 그 곳은 바위가 우뚝 솟고 물이 급하게 흐르므로 장인들은 그 곳을 돌아보지도 않고 모두 좋지 않다고 하였다. 그러나 터를 개척하자 평탄한 곳을 얻어서 집을 세울만하고 신령스러운 터전임이 완연했으므로 보는 이들은 깜짝 놀라면서 좋다고 칭찬하지 않는 이가 없었다. 근래에 와서 불전은 무너졌으나 절만은 남아 있다. 세상에 전하는 말에 의하면, 태종(太宗)이 삼국을 통일한 뒤에 병기와 투구를 이 골짜기 속에 감추어 두었기 때문에 무장사라고 이름했다고 한다. (『三國遺事』 3 塔像 4 鍪藏寺弥陁殿)

신라	(2월) 이찬 병부령 충렴(忠廉)을 상대등으로 삼고 이찬 제공(悌恭)을 시중으로 삼았으나 제공이 물러나자 이찬 세강(世強)을 시중으로 삼았다. (『三國史記』 10 新羅本紀 10)
신라	(2월) 이찬 병부령 충렴을 상대등로 삼고 이손 제공을 시중으로 삼았으나 제공이 바로 물러나자 이찬 세강으로 그를 대신하게 하였다. (『三國史節要』 12)
신라	3월에 전 왕비인 구족왕후(具足王后)를 외궁(外宮)으로 내보내고 조(租) 3만 4천 석을 내렸다. (『三國史記』 10 新羅本紀 10)
신라	3월에 선덕왕비인 김씨를 외궁으로 내보내고 조(租) 3만 4천 석을 내렸다. (『三國史節要』 12)
신라	(3월) 패강진에서 붉은 까마귀를 바쳤다. (『三國史記』 10 新羅本紀 10)
신라	(3월) 패강진에서 붉은 까마귀를 바쳤다. (『三國史節要』 12)
신라	(3월) 총관(摠管)을 고쳐 도독(都督)이라 하였다. (『三國史記』 10 新羅本紀 10)
신라	(3월) 총관(摠管)을 고쳐 도독이라 하였다. 位自級湌至伊湌爲之 (『三國史節要』 12)
신라	외관(外官). 도독(都督) 9명은 지증왕 6년 이사부를 실직주군주(悉直州軍主)로 삼고 문무왕 원년에 총관으로 고쳤으며 원성왕 원년에 도독으로 칭했다. 위(位)는 급찬에서 이찬까지로 그것을 삼았다. (『三國史記』 40 雜志 9 職官 下)
백제	(5월) 갑인일(20)) 종5위하 백제왕 영손(英孫)을 육오진수권부장군(陸奥鎮守權副將軍)으로 삼았다. (『續日本紀』 38 桓武紀)
백제	(5월) 임술일(28)에 정6위상 백제왕 원기(元基)에게 종5위하를 주었다. (『續日本紀』 38 桓武紀)
백제 고구려	(6월 계유일(10)) 우위사독(右衛士督) 종3위 겸 하총수(下總守) 판상대기촌苅전마려(坂上大忌村苅田麻呂) 등이 표를 올려 말하였다. "신 등은 본래 후한 영제의 증손인 아지왕(阿智王)의 후손입니다. 한이 위(魏)로 바뀌자 아지왕은 신우(神牛)의 가르침을 따라 대방으로 길을 떠났습니다. 도중에 홀연히 진귀한 보옥으로 장식한 상서로운 띠를 얻었는데 그 모양이 궁성과 비슷하였습니다. 이에 국읍을 세우고 백성들을 길렀습니다. 후에 부형(父兄)을 불러 놓고 '제가 들으니 동쪽 나라에 성스러운 임금이 있다고 합니다. 어찌 귀속하여 따르지 않겠습니까. 만약 오래도록 이 곳에 머무르면 아주 없어지게 될까 두렵습니다'라 말하고, 곧 친동생인 수흥덕(迂興德) 및 일곱 성씨의 백성들을 데리고 귀화하여 내조하였습니다. 이것은 예전천황(譽田天皇)이 천하를 다스리던 때의 일이었습니다. 아지왕이 '신은 옛날에 대방에 살았는데 (그곳의) 백성들은 남녀 모두 재주와 솜씨를 가지고 있습니다. 근래에는 백제와 고려 사이에서 살면서 마음속으로 아직 거취를 정하지 못하고 있습니다. 엎드려 바라건대 천황의 은혜로 사자를 파견하여 그들을 불러 주십시오'라고 아뢰어 청하자, 이에 칙을 내려 신하인 팔복씨(八腹氏)를 우두머리로 삼아 보냈습니다. 그 백성들 남녀는 모두 마을을 들어 사신을 따라 와서 영원히 공민(公民)이 되었습니다. 그것이 세월이 흘러 지금에 이르렀습니다. 지금 여러 나라에 있는 한인(漢人)은 역시 그 후예입니다. 신(臣) 苅전마려(苅田麻呂) 등은 선조들의 혈통을 잃고 아랫사람의 보잘 것 없는 성을 가지고 있습니다. 기촌(忌寸)을 고쳐 숙네성(宿禰姓)을 내려 주시기를 우러러 청합니다. 엎드려 바라건대 천황께서 은혜와 긍휼로 살피셔서 허락하여 주신다

면, 이른바 차갑게 식어버린 재가 다시 따뜻해지고 고목나무가 다시 무성해지는 셈이 되겠습니다. 신(臣) 예전마려(荊田麻呂)등은 지극히 바라는 마음을 이기지 못하고 문득 표를 올려 아룁니다." 조서를 내려 허락하고, 판상(坂上)·내장(內藏)·평전(平田)·대장(大藏)·문(文)·조(調)·문부(文部)·곡(谷)·민(民)·좌태(佐太)·산구(山口) 등 기촌(忌寸) 11성(姓) 16명에게 숙녜(宿禰)의 성을 내려 주었다. (『續日本紀』 38 桓武紀)

백제 (9월 신유일(26)) 종5위하 백제왕 영손(英孫)을 출우수(出羽守)로 삼았다. (…) (『續日本紀』 38 桓武紀)

신라 정관(政官) (…) 원성왕 원년에 이르러 처음으로 승관(僧官)을 성치하였다. 승려 중에 재행(才行)이 있는 자를 뽑아 충당하였으며 사유가 있으면 교체하고 연한은 정하지 않았다. (『三國史記』 40 雜志 9 職官 下)

신라 (…) 조정에서 의논하여 "불교가 동쪽으로 점점 퍼진 것이 비록 오래되었으나 그 주지(住持) 수봉(修奉)함에 규범이 없다. 무릇 통제하여 다스리지 않으면 바로잡을 수 없다"라고 하였다. 상계하니 칙서를 내려 자장을 대국통(大國統)으로 삼고 무릇 승니(僧尼)의 일체 법규를 승통(僧統)에게 모두 위임하여 주관하게 했다.[(…) 후에 원성대왕(元聖大王) 원년(元年)에 이르러서는 또 승관(僧官)을 설치하였는데 이름이 정법전(政法典)으로 대사(大舍) 1명, 사(史) 2명 관리로 삼았는데 승려 중에 재행(才行)이 있는 사람을 뽑아 삼았고 유고시에는 곧 교체하였으며 연한은 정해져 있지 않았다. (…)] (『三國遺事』 4 義解 5 慈藏定律)

신라 처음에 정관(政官)은 대사(大舍) 1명과 사 2명으로 맡게 하였는데, 이 때에 이르러 승려 중 재행이 있는 자를 뽑아 그것을 충당하였다. (『三國史節要』 12)

신라 선사의 이름은 혜철(慧徹), 자는 체공(體空), 속성은 박씨(朴氏)이고 서울[경주] 사람이다. 그 선조는 젊어서는 공자(孔子)의 발자취를 찾았고 장년에는 노장(老莊)의 말을 익혔으며, 얻고 잃음을 마음에 두지 않았고 명리를 세상에서 떨쳐버려, 어넌 때는 높은데 올라 멀리 바라보고 어떤 때는 붓으로 회포를 읊을 따름이었다. 그 할아버지도 그 일을 고상히 여겨 관직을 거치지 아니하였고 삭주(朔州) 선곡현(善谷縣)에 한가로이 거처하면서 곧 태백산 남쪽 연기와 남기가 서로 어우러지고 좌우에 소나무와 바위가 있는 곳에서 가야금과 술잔 하나로 스스로를 벗하는 사람이었다. 선사를 임신하였을 무렵에 그 어머니가 꿈을 꾸었는데, 한 서역 승려가 있어 모습과 태도가 엄숙하고 단정하며 승복을 입고 향로를 가지고 서서히 와서 침상에 앉았다. 어머니가 의아하고 이상하게 여겨 이 때문에 깨어 말하기를 "반드시 법을 지니는 아들을 얻으리니 마땅히 국사(國師)가 될 것이다"라고 하였다. 선사는 강보에 쌓여 있던 시절부터 행동거지가 보통 사람과 다름이 있어서, 떠들고 노는 가운데 가도 떠들지 아니하고 고요한 곳에 이르면 스스로 정숙하였으며, 누린내 비린내를 맡으면 피를 토하고 도살하는 것을 보면 마음을 상하였다. 앉을 때는 결가부좌를 하고 남에게 예를 표할 때는 합장하고 절에 가서 불상을 돌면서 범패를 불러 스님을 본받으니 전생의 업에 그윽하게 부합함을 단연코 알 수 있었다. (「大安寺寂忍禪師照輪淸淨塔碑」)

신라 을축년(785)에 인양사의 무상사(无上舍)가 완성되었다. (「昌寧塔金堂治成文記碑」 뒷면)

786(丙寅/신라 원성왕 2/발해 문왕 50, 大興 50/唐 貞元 2/日本 延曆 5)

백제	(정월 무술일(7)) 정6위상 (…) 백제왕 효덕(孝德)에게 모두 종5위하를 주었다. 연회가 끝나자 녹(祿)을 주었는데 차등이 있었다. (…) (『續日本紀』 39 桓武紀)
백제	(정월 기미일(28)) 종5위상 백제왕 현경(玄鏡)을 우병위독(右兵衛督)으로 삼았다. (…) (『續日本紀』 39 桓武紀)
신라	여름 4월에 나라 동쪽에 우박이 내려 뽕나무와 보리가 모두 상했다. (『三國史記』 10 新羅本紀 10)
신라	여름 4월에 나라 동쪽에 우박이 내려 뽕나무와 보리가 모두 상했다. (『三國史節要』 12)
신라	(여름 4월) 김원전(金元全)을 당에 보내 방물(方物)을 바쳤다. 덕종(德宗)이 조서를 내려 말하였다. "신라 왕 김경신(金敬信)에게 조서를 내린다. 김원전이 이르러 표와 진상품을 모두 살펴보았다. 그대의 풍속은 신의가 두텁고 뜻이 곧고 순수하여, 일찍이 우리나라를 받들어 능히 성교(聲教)에 좇아 번국(藩國:신라)을 편안히 하였으니, 모두 유풍(儒風)의 영향을 받아 예법이 흥행하고 나라가 편안히 다스려진 것이다. 정성을 다하여 천자의 궁궐을 향하니 조회하는 일을 빠뜨리지 않고 자주 사신을 보내어 공물 헌상의 예를 닦았다. 비록 바다가 멀고 넓으며 길이 멀어도 예물의 왕래는 옛 전례대로 따르니, 충성스러움이 더욱 드러나고 훌륭하다는 칭찬이 더욱 깊어진다. 짐은 만방(萬方)의 군주로서 남의 부모 노릇을 하며 안팎으로 법도를 합치하고 문자를 함께 하여 태평과 화합이 다하기를 기약하니, 함께 인덕(仁德)과 장수(長壽)의 경지에 오르고자 한다. 그대는 마땅히 나라 안의 안녕을 보호하고 부지런히 백성들을 구휼하여, 영원히 번신(藩臣)이 되어 바다 건너 변방을 편안히 하라. 이제 경에게 나금(羅錦)과 능채(綾綵) 등 30필과 의복 1벌, 은 술통 1개를 하사하니 [물건이] 이르거든 잘 받도록 하여라. 왕비에게는 금채(錦綵)와 능라(綾羅) 등 20필과 금실로 수놓은 치마 1벌 나금(羅錦)과 능채(綾綵) 등 20필과 금실로 수놓은 치마 1벌, 은 주발 1개를, 대재상(大宰相) 1명에게는 의복 1벌과 은 술통 1개를, 차재상(次宰相) 2명에게는 각기 의복 1벌과 은 주발 1개를 하사하니, 그대는 잘 받아 나누어 주도록 하여라. 몹시 더운 한여름에 그대가 평안히 잘 지내기를 바라며, 재상 이하에게도 아울러 안부를 묻는다. 글로 써서 보내니 미처 다 못한 말이 많다." (『三國史記』 10 新羅本紀 10)
신라	(여름 4월) 김원전(金元全)을 당에 보내 조공하였다. 황제가 조서를 내려 말하였다. "김원전이 이르러 표와 진상품을 모두 살펴보았다. 그대의 풍속은 신의가 두텁고 뜻이 곧고 순수하여, 일찍이 우리나라를 받들어 능히 성교(聲教)에 좇아 번국(藩國:신라)을 편안히 하였으니, 모두 유풍(儒風)의 영향을 받아 예법이 흥행하고 나라가 편안히 다스려진 것이다. 정성을 다하여 천자의 궁궐을 향하니 조회하는 일을 빠뜨리지 않고 자주 사신을 보내어 공물 헌상의 예를 닦았다. 비록 바다가 멀고 넓으며 길이 멀어도 예물의 왕래는 옛 전례대로 따르니, 충성스러움이 더욱 드러나고 훌륭하다는 칭찬이 더욱 깊어진다. 짐은 만방(萬方)의 군주로서 남의 부모 노릇을 하며 안팎으로 법도를 합치하고 문자를 함께 하여 태평과 화합이 다하기를 기약하니, 함께 인덕(仁德)과 장수(長壽)의 경지에 오르고자 한다. 그대는 마땅히 나라 안의 안녕을 보호하고 부지런히 백성들을 구휼하여, 영원히 번신(藩臣)이 되어 바다 건너 변방을 편안히 하라. 이제 경에게 나금(羅錦)과 능채(綾綵) 등 30필과 의복 1벌, 은 술통 1개를 하사하니 물건이 이르거든 잘 받도록 하여라. 왕비에게는 금채(錦綵)와 능라(綾羅) 등 20필과 금실로 수놓은 치마 1벌 나금(羅錦)과 능채(綾綵) 등 20필과 금실로

수놓은 치마 1벌, 은 주발 1개를, 대재상(大宰相) 1명에게는 의복 1벌과 은 술통 1개를, 차재상(次宰相) 2명에게는 각기 의복 1벌과 은 주발 1개를 하사하니, 그대는 잘 받아 나누어 주도록 하여라." (『三國史節要』 12)

신라 가을 7월에 가뭄이 들었다. (『三國史記』 10 新羅本紀 10)
신라 가을 7월에 가뭄이 들었다. (『三國史節要』 12)

발해 9월 갑진일(18)에 출우국(出羽國)에서 말하였다. "발해국 사신 대사(大使) 이원태(李元泰) 이하 65명이 배 한 척을 타고 표류하다가 부하(部下)에 도착하였는데, 12명은 하이(蝦夷)에게 노략질당하고 41명이 살아 남았습니다." (『續日本紀』 39 桓武紀)
발해 환무천황(桓武天皇) 연력 5년 9월 갑진[18] (『類聚國史』 193 殊俗部 渤海 上)

신라 9월에 왕도(王都)의 백성이 굶주리니, 조 3만 3천 2백 4십 석을 내어 진휼하였다. (『三國史記』 10 新羅本紀 10)
신라 9월에 왕도)의 백성이 굶주리니, 조 3만 3천 2백 4십 석을 내어 진휼하였다. (『三國史節要』 12)

신라 정원 2년 병인년 10월 11일에 일본왕 문경(文慶)[일본제기(日本帝紀)를 살펴보면, 제55대 왕 문덕(文德)인 듯한데 이것이 옳다. 그 후에는 문경이 없다. 다른 본에서는 이 왕의 태자라고도 한다]이 군사를 일으켜 신라를 치려했으나 신라에 만파식적이 있다는 말을 듣고 군사를 돌렸다. 금 50냥을 사신에게 주어 보내 만파식적을 청했다. 왕이 사신에게 일러 말하였다. "내 듣건대 상대(上代)의 진평왕(眞平王) 때에 그것이 있었다고 들었지만 지금은 있는 곳을 알지 못한다." 하였다. (『三國遺事』 2 紀異 2 元聖大王)

신라 겨울 10월에 또 조 3만 3천 석을 내어 나누어 주었다. (『三國史記』 10 新羅本紀 10)
신라 겨울 10월에 또 조 3만 3천 석을 내어 나누어 주었다. (『三國史節要』 12)

신라 (겨울 10월) 대사(大舍) 무오(武烏)가 병법(兵法) 15권과 화령도(花鈴圖) 2권을 바치니, 굴압현령(屈押縣令)을 제수하였다. (『三國史記』 10 新羅本紀 10)
신라 (겨울 10월) 대사 무오가 병법 15권과 화령도 2권을 바치니, 이에 굴압현령을 제수하였다 (『三國史節要』 12)

787(丁卯/신라 원성왕 3/발해 문왕 51 大興 51/唐 貞元 3/日本 延曆 6)

백제 봄 정월 임진일(7)에 (…) 정6위상 (…) 백제왕 현풍(玄風) (…)에게 모두 종5위하를 주었다. (『續日本紀』 39 桓武紀)

백제 (2월 경신일(5)) 종5위하 백제왕 현풍(玄風)을 미농개(美濃介)로 삼았다. (…) (『續日本紀』 39 桓武紀)

발해 (2월) 갑술일(19)에 발해 사신 이원태(李元泰) 등이 말하였다. "저희들이 입조하던 때에 키잡이와 협초(挾杪) 등이 도적을 만나 모두 피살되었으므로 본국으로 돌아갈 방도가 없습니다." 이에 월후국(越後國)에 명하여 배 1척과 키잡이·협초(挾杪)·수수(水手) 등을 주어 떠나보내게 하였다. (『續日本紀』 39 桓武紀)

발해　(환무천황(桓武天皇) 연력) 6년 2월 갑술일[19] (『類聚國史』193 殊俗部 渤海 上)

신라　봄 2월에 경도(京都)에 지진이 있었다. (『三國史記』10 新羅本紀 10)
신라　봄 2월에 경도에 지진이 있었다. (『三國史節要』12)

신라　(봄 2월) 친히 신궁(新宮)에 제사를 지냈다. 크게 사면하였다. (『三國史記』10 新羅本紀 10)
신라　(봄 2월) 왕이 친히 신궁에 제사를 지냈다. 크게 사면하였다. (『三國史節要』12)

신라　동국(東國) 혜목산(慧目山) 화상은 장경(章敬)을 이었는데, 사(師)의 휘(諱)는 현욱(玄昱)이고 속성은 김씨이며 동명(東溟)의 관족(冠族)이다. 부(父)의 휘(諱)는 염균(廉均)으로 관(官)은 병부시랑에 이르렀다. 妣는 朴氏로 임신하였을 때 평상시와 다른 꿈을 꾸어 얻었고 정원 3년(787) 5월 5일에 탄생하였다. 겨우 어린 아이의 마음으로 불사(佛事)를 경지(便知)하는데 물을 길어 올려 물고기를 공양하고 항상 모래를 모아 탑을 만들었다. 나이가 장치(壯齒)에 이르러, 출가를 지원(志願)하였다. 이미 바다를 건너 낭(囊)을 지니고 마침내 낙엄니(落掩泥)의 발(髮)에 낙(落)하였다. (…) (『祖堂集』17 慧目山和尙玄昱)

신라　여름 5월에 태백이 낮에 나타났다. (『三國史記』10 新羅本紀 10)
신라　여름 5월에 태백이 낮에 나타났다. (『三國史節要』12)

백제　윤5월 정사일(5)에 육오진수장군(陸奧鎭守將軍) 정5위상 백제왕 준철(俊哲)이 죄를 입어 일향권개(日向權介)로 강등되었다. (『續日本紀』39 桓武紀)

신라　(정원 2년(786)) 이듬해 7월 7일에 다시 사신을 보내어 금 1천 냥으로 그것을 청하여 말하였다. "과인은 그 신물을 보기만 하고 다시 돌려보내겠다." 왕은 지난번과 같은 대답으로 이를 사양하고 은 3천 냥을 그 사신에게 주고, 가져온 금도 돌려주어 받지 않았다. (『三國遺事』2 紀異 2 元聖大王)

신라　가을 7월에 황충이 곡물을 해쳤다. (『三國史記』10 新羅本紀 10)
신라　가을 7월에 황충이 곡물을 해쳤다. (『三國史節要』12)

신라　8월 신사일 초하루에 일식이 있었다. (『三國史記』10 新羅本紀 10)
신라　8월 신사일 초하루에 일식이 있었다.八月辛巳朔 日有食之 (『三國史節要』12)

백제　(8월) 갑진일(24)에 고의진(高椅津)에 행차하였다. 돌아올 때 대납언(大納言) 종2위 등원조신계승(藤原朝臣繼繩)의 집을 지나면서 그 아내 정4위상 백제왕 명신(明信)에게 종3위를 주었다. (『續日本紀』39 桓武紀)

신라　(정원 2년(786) (…) 다음 해) 8월에 사신이 돌아가자 그 피리를 내황전(內黃殿)에 보관했다. (『三國遺事』2 紀異 2 元聖大王)

백제　(10월) 기해일(20)에 주인(主人)이 백제왕 등을 거느리고 여러 가지 음악을 연주하였다. 종5위상 백제왕 현경(玄鏡)·등원조신을예(藤原朝臣乙叡)에게 모두 정5위하를 주고, 정6위상 백제왕 원진(元眞)·선정(善貞)·충신(忠信)에게 모두 종5위하를, 정5위하 등원조신명자(藤原朝臣明子)에게 정5위상, 종5위하 등원조신가야(藤原朝臣家野)에게 종5위상, 무위(無位) 백제왕 명본(明本)에게 종5위하를 주었다. 이 날에 궁(宮)으로 돌아왔다. (『續日本紀』 39 桓武紀)

신라 소년서성(少年書省) 2명은 원성왕 3년에 혜영(惠英)·범여(梵如) 2법사(法師)로 그것을 삼았다. (『三國史記』 40 雜志 9 職官 下)

신라 국통(國統)을 설치하였는데 소년서성은 2명이고 주통(州統)은 9명이며 군통(郡統)은 18명으로 모두 승려에게 그것을 주었다. (『三國史節要』 12)

고구려 정원 3년)에 이납(李納)이 모구(毛龜)를 바쳤다. (『舊唐書』 37 志 17 五行)

788(戊辰/신라 원성왕 4/발해 문왕 52 大興 52/唐 貞元 4/日本 延曆 7)

백제 (2월 갑신일(6)) 종5위하 백제왕 선정(善貞)을 하내개(河內介)로 삼았다. (『續日本紀』 39 桓武紀)

백제 (2월 병오일(28))) 종5위하 백제왕 교덕(敎德)을 우병고두(右兵庫頭)로 삼았다. (…) (『續日本紀』 39 桓武紀)

고구려 [구당서 본기] 정원 4년 3월 갑인일에 인덕전(麟德殿)에서 군신에게 연회하였고 구부악(九部樂)을 베풀었니, 안에서는 무마(舞馬)를 내고 부시(賦詩) 1장(章)을 올려, 군신이 화답하였다. (『玉海』 105 音樂·樂3 唐九部樂·十部樂·十四國樂·二部樂)

신라 봄에 처음으로 독서삼품(讀書三品)을 정하여 출사(出仕)케 하였다. 『춘추좌씨전(春秋左氏傳)』이나 혹은 『예기(禮記)』, 『문선(文選)』을 읽고 그 뜻에 능통하며 『논어(論語)』와 『효경(孝經)』에 모두 밝은 자를 상품(上品)으로, 『곡례(曲禮)』와 『논어』, 『효경』을 읽은 자를 중품(中品)으로, 『곡례』와 『효경』을 읽은 자를 하품(下品)으로 삼았다. 혹 오경(五經), 삼사(三史), 제자백가(諸子百家)의 글을 널리 통달한 자는 등급을 뛰어넘어 발탁 등용하였다. 예전에는 오직 궁술(弓術)로써만 사람을 선발하였으니, 이 때에 이르러 이를 개정하였다. (『三國史記』 10 新羅本紀 10)

신라 봄에 처음으로 독서출신과(讀書出身科)를 정하였다. 『춘추좌씨전(春秋左氏傳)』이나 혹은 『예기(禮記)』, 『문선(文選)』을 읽고 그 뜻에 능통하며 『논어(論語)』와 『효경(孝經)』에 모두 밝은 자를 상품(上品)으로, 『곡례(曲禮)』와 『논어』, 『효경』을 읽은 자를 중품(中品)으로, 『곡례』와 『효경』을 읽은 자를 하품(下品)으로 삼았다. 혹 오경(五經), 삼사(三史), 제자백가(諸子百家)의 글을 널리 통달한 자는 등급을 뛰어넘어 발탁 등용하였다. 예전에는 오직 궁술(弓術)로써만 사람을 선발하였으니, 이때에 이르러 이를 개정하였다. [『삼국사기』 지(志)에서 교수(敎授)하는 방법은 『주역(周易)』, 『상서(尙書)』, 『모시(毛詩)』, 『예기(禮記)』, 『춘추좌씨전(春秋左氏傳)』, 『문선(文選)』으로 구분하여 학업으로 삼았다. 박사(慱士, 博士)와 조교(助教) 1명이 때로는 『예기(禮記)』, 『주역(周易)』, 『논어(論語)』, 『효경(孝經)』을, 때로는 『춘추좌전(春秋左傳)』, 『모시(毛詩)』, 『논어(論語)』, 『효경(孝經)』을, 때로는 『상서(尙書)』, 『논어(論語)』, 『효경(孝經)』, 『문선(文選)』을 교수(教授)하였다. 모든 학생이 책 읽고 이로써 3품으로 관직에 나아가니(出身) 『춘추좌씨전(春秋左氏傳)』과 『예기(禮記)』와 『문선(文選)』을 읽고 능히 그 뜻에 통달하고 겸하여 『논어(論語)』와 『효경(孝經)』에 밝은 자는 상급으로 삼고, 『곡례(曲禮)』, 『논어(論語)』, 『효경(孝經)』을 읽은 자는 중급으로 삼고, 『곡례(曲禮)』, 『효경(孝經)』을 읽은 자는 하급으로 삼았다. 만약 5경 3사(五經三史)와 제자백가서(諸子百家書)를 능히 아울러 통하는 자는 등급에 관여치 않고(超) 발탁하여 임용하였다. 혹 달리는 산학박사(筭學博士)와 조교(助敎) 1명이 『철경(綴經)』, 『삼개(三開)』, 『구장(九章)』, 『육장(六章)』을 가르쳤다. 모든 학생은 관등(位)이 대사(大舍) 이하로부터 관등(位)이 없는(無位) 자로, 15세에서 30세까지인 사람을 들였다. 재학 연한은 9년이고, 만약 노둔하여 인재가 될 가능성이 없는 자(朴魯不化者)는 그만두게 하였다. 만약 재주와 도량은 이룰 만한데 아직 미숙한 자(未熟者)는 비록 9년을 넘더라도 국학(國學)에 남아있는 것을 허락하였다. 관등(位)이 대나마(大奈麻)와 나마(奈麻)에 이른 이후에는 국학(國學)에서 내보낸다]. (『三國史節要』 12)

신라 국학 (…) 교수(敎授)하는 방법은 『주역(周易)』, 『상서(尙書)』, 『모시(毛詩)』, 『예기(禮記)』, 『춘추좌씨전(春秋左氏傳)』, 『문선(文選)』으로 구분하여 학업으로 삼았다. 박사(愽士, 博士)와 조교(助敎) 1명이 때로는 『예기(禮記)』, 『주역(周易)』, 『논어(論語)』, 『효경(孝經)』을, 때로는 『춘추좌전(春秋左傳)』, 『모시(毛詩)』, 『논어(論語)』, 『효경(孝經)』을, 때로는 『상서(尙書)』, 『논어(論語)』, 『효경(孝經)』, 『문선(文選)』을 교수(敎授)하였다. 모든 학생이 책 읽고 이로써 3품으로 관직에 나아가니(出身) 『춘추좌씨전(春秋左氏傳)』과 『예기(禮記)』와 『문선(文選)』을 읽고 능히 그 뜻에 통달하고 겸하여 『논어(論語)』와 『효경(孝經)』에 밝은 자는 상급으로 삼고, 『곡례(曲禮)』, 『논어(論語)』, 『효경(孝經)』을 읽은 자는 중급으로 삼고, 『곡례(曲禮)』, 『효경(孝經)』을 읽은 자는 하급으로 삼았다. 만약 5경 3사(五經三史)와 제자백가서(諸子百家書)를 능히 아울러 통하는 자는 등급에 관여치 않고(超) 발탁하여 임용하였다. 혹 달리는 산학박사(筭學愽士)와 조교(助敎) 1명이 『철경(綴經)』, 『삼개(三開)』, 『구장(九章)』, 『육장(六章)』을 가르쳤다. 모든 학생은 관등(位)이 대사(大舍) 이하로부터 관등(位)이 없는(無位) 자로, 15세에서 30세까지인 사람을 들였다. 재학 연한은 9년이고, 만약 노둔하여 인재가 될 가능성이 없는 자(朴魯不化者)는 그만두게 하였다. 만약 재주와 도량은 이룰 만한데 아직 미숙한 자(未熟者)는 비록 9년을 넘더라도 국학(國學)에 남아있는 것을 허락하였다. 관등(位)이 대나마(大奈麻)와 나마(奈麻)에 이른 이후에는 국학(國學)에서 내보낸다. (『三國史記』 38 雜志 7 職官 上)

고구려 (정원 4년) 여름에 변(汴)·정(鄭) 2주(州)에서 새 무리가 모두 전서(田緖)·이납(李納)의 경내(境內)에 날아 들어가 나무를 물어 날라 성을 만들었는데, 높이가 23척이고 방(方)이 10리였다. 서(緖)와 납(納)이 그것을 싫어하여 그것을 불사르게 하니, 이틀 밤 만에 다시 복구하고 새 부리에서 모두 피가 흘렸다. (『舊唐書』 37 志 17 五行)

고구려 (정원 4년) 이해 여름에 변(汴)·정(鄭) 경내의 새가 모두 무리로 날아 위박(魏博) 전서(田緖)· 치청(淄靑) 이납(李納)의 경내(境內)에서 나무를 물어 성을 만들었는데, 높이가 23척이고 방(方)이 10리였다. 서(緖)와 납(納)이 그것을 싫어하여 그것을 불살랐는데, 이틀 밤 만에 또 그것을 만들었고 새 부리에서 모두 피가 흘렀다. (『新唐書』 34 志 24 五行 1)

신라 가을에 나라 서쪽에서 가뭄이 들고 황충(蝗蟲)이 있어서, 도적이 많았다. 왕이 사자를 보내 이를 안무(安撫)케 하였다. (『三國史記』 10 新羅本紀 10)

신라 가을에 나라 서쪽에서 가뭄이 들고 황충이 있어서, 도적이 많았다. 왕이 사자를 보내 이를 안무케 하였다. (『三國史節要』 12)

789(己巳/신라 원성왕 5/발해 문왕 53 大興 53/唐 貞元 5/日本 延曆 8)

신라 봄 정월 초하루 갑진일(1)에 일식이 있었다. (『三國史記』 10 新羅本紀 10)

신라 봄 정월 초하루 갑진일(1)에 일식이 있었다. (『三國史節要』 12)

신라 (봄 정월) 한산주(漢山州)의 백성이 굶주리니 조를 내어 진휼하였다. (『三國史記』 10 新羅本紀 10)

신라 (봄 정월) 한산주의 백성이 굶주리니 조를 내어 진휼하였다. (『三國史節要』 12)

백제 (정월 기유일(6)) (…) 정5위하 백제왕 현경(玄鏡)에게 정5위상을 주었다. (…) (『續日本紀』 40 桓武紀)

백제 (2월 정축일(4)) 정5위상 백제왕 현경(玄鏡)을 상총수(上總守)로 삼고 (…) 종5위하 백제왕 교덕(敎德)을 찬기개(讚岐介)로 삼았다. (『續日本紀』 40 桓武紀)

고구려 (정원 6년 2월) 정유일(24)에, 왕무준(王武俊)이 체주(棣州)를 지켰는데 장수 조호(趙鎬)가 군(郡)으로써 이납(李納)에게 귀순하니, 무준이 노하여 군대로 그를 쳤다. (『舊唐書』 13 本紀 13 德宗 下)

백제 (3월) 무오일(16)) 종5위하 백제왕 인정(仁貞)을 중궁량(中宮亮)으로 삼았다. (…) (『續日本紀』 40 桓武紀)

신라 가을 7월에 서리가 내려 곡식이 상했다. (『三國史記』 10 新羅本紀 10)

신라 가을 7월에 서리가 내려 곡식이 상했다. (『三國史節要』 12)

신라 9월에 자옥(子玉)을 양근현(楊根縣) 소수(小守)로 삼자 집사사(執事史) 모초(毛肖)가 반박하여 말하였다. "자옥이 문적(文籍)으로 출사(出仕)한 자가 아니어서 지방관의 직을 맡길 수 없습니다."라고 하였다. 시중이 의논하여 말하기를 "비록 문적으로 출사하지는 않았으나, 일찍이 입당(入唐)하여 학생이 되었으니, 어찌 쓰지 못하겠습니까." 왕이 이에 따랐다.

논하여 말한다. 배운 후에야 도를 깨닫고, 도를 깨달은 후에야 일의 본말(本末)을 밝혀 알 수 있다. 그러므로 배운 후에 출사(出仕)하는 것이니, 사물에 있어 근본을 먼저 하면 말단은 저절로 바르게 된다. 비유하자면, 하나의 벼리를 들면 만 개의 그물구멍이 따라서 모두 바르게 되는 것과 같다. 배우지 않은 자는 이와 반대로, 사물의 선후(先後)와 본말의 순서를 알지 못하여, 다만 구구하게 지엽적인 것에 정신을 빼앗긴다. 혹은 더 많이 거두어 이익을 보려 하고 혹은 가혹하게 살피는 것을 높이 치니, 비록 나라를 이롭게 하고 백성을 편안히 하려 하여도 도리어 해가 된다. 이 때문에 『학기(學記)』의 말이 "근본에 힘쓴다."는 것으로 끝맺었고 ,『상서(尙書)』에서도 "배우지 않으면 담벼락에 얼굴을 마주한 것과 같아서 일에 임하면 오직 번거로움만 있을 뿐이다."라고 하였으니, 집사(執事) 모초(毛肖)의 한 마디는 가히 만세(萬歲)의 모범이 된다 할 수 있다. (『三國史記』 10 新羅本紀 10)

신라 9월에 자옥(子玉)을 양근현(楊根縣) 소수(小守)로 삼자 집사사(執事史) 모초(毛肖)가 반박하여 말하였다. "자옥이 문적(文籍)으로 출사(出仕)한 자가 아니어서 지방관의 직을 맡길 수 없습니다."라고 하였다. 시중이 의논하여 말하기를 "비록 문적으로 출사하지는 않았으나, 일찍이 입당(入唐)하여 학생이 되었으니, 어찌 쓰지 못하겠습니까." 왕이 이에 따랐다.

권근(權近)이 말하였다. 자로(子路)가 자고(子羔)로 하여금 비읍(費邑)의 재신(宰臣)을 삼으니 공자가 말하였다. '남의 아들의 해친다.' 이는 대개 자고가 학문이 미숙한 데도 갑자기 백성을 다스리게 하면 해를 끼치기에 알맞기 때문인 것이다. 때문에 옛 사람은 반드시 학문이 숙달된 연후에 벼슬을 하였는데, 만약 배우지 않고 벼슬길에 나아가면 혹은 백성의 재물을 수탈하는 것을 능사로 삼고 혹은 까다롭게 살피는 것으로 잘난체하여 백성에게 폐단을 끼치지 않는 자가 드물 것이니 모초(毛肖)는 사람을 등용하는 도리를 안다고 이를 만하다. (『三國史節要』 12)

고구려

(10월) 을유일(17)에 산위(散位) 종3위 고창조신복신(高倉朝臣福信)이 죽었다. 복신은 무장국(武藏國) 고려군(高麗郡) 사람이다. 본성은 배내(背奈)이다. 그 조부(祖父) 복덕(福德)은 당 장군 이세적(李世勣)이 평양성을 함락했을 때 우리나라에 귀화하여 무장(武藏)에 살게 되었는데, 복신은 곧 복덕의 손자이다. 어렸을 때 백부(伯父) 배내행문(背奈行文)을 따라 서울로 들어왔다. 그 때 동년배들과 더불어 저녁 무렵에 석상구(石上衢)에 가서 상박(相撲)을 하며 노는데 힘을 교묘하게 써서 능숙하게 상대를 이겼다. 드디어 궁중에서 듣고 불러다가 내수소(內竪所)에서 시중을 들게 하였다. 이로부터 이름을 날렸다. 처음에는 우위사대지(右衛士大志)에 임명되었다가 점점 승진하여 천평(天平) 연간(729~748)에는 외종5위하를 받고 춘궁량(春宮亮)에 임명되었다. 성무황제(聖武皇帝)는 은혜와 총애를 더욱 더하여 승보(勝寶) 연간(749~757) 초에는 종4위 자미소필(紫微少弼)에 이르러 본래 성을 고쳐서 고려조신(高麗朝臣)을 내리고 신부대보(信部大輔)로 옮겼다. 신호(神護) 원년(765)에 종3위를 주어 조궁경(造宮卿)에 임명하고 겸하여 무장(武藏)·근강(近江)의 수(守)를 역임하게 하였다. 보귀(寶龜) 10년(779)에 글을 올려 "신(臣)이 성스러운 조정에 나아온 지 세월이 이미 오래되었습니다. 비록 조신(朝臣)이라는 새로운 성을 받아 영광이 분에 넘치지만, 옛날 호칭인 고려를 아직 떼지 못하였습니다. 엎드려 빌건대 고려를 고쳐 고창(高倉)으로 하여 주십시오"라고 하니, 조서를 내려 허락하였다. 천응(天應) 원년(781)에 탄정윤(彈正尹) 겸 무장수(武藏守)로 옮겼다가 연력(延曆) 4년(785)에 표를 올려 벼슬에서 물러나기를 빌자, 산위(散位)를 주어 집으로 돌아가게 하였다. 죽었을 때의 나이가 81세였다. (『續日本紀』 40 桓武紀)

백제

(12월) 임자일(14)에 황후를 대지산릉(大枝山陵)에 장사지냈다. 황태후의 성은 화씨이고 이름은 신립(新笠)이다. 정1위에 추증된 을계(乙繼)의 딸이다. 어머니는 정1위에 추증된 대지조신진매(大枝朝臣眞妹)이다. 황태후의 선조는 백제 무녕왕의 아들인 순타태자(純陁太子)에서 나왔다. 황후는 용모가 덕스럽고 정숙하여 일찍이 명성을 드러냈다. 천종고소천황(天宗高紹天皇:光仁天皇)이 아직 즉위하지 않았을 때 혼인하여 맞아들였다. 금상(今上:桓武天皇)과 조량친왕(早良親王), 능등내친왕(能登內親王)을 낳았다. 보귀(寶龜) 연간(770~780)에 성을 고야조신(高野朝臣)이라 고쳤다. 금상(今上)이 즉위하여서 높여 황태부인(皇太夫人)이라 하였는데, 9년에 존호를 높여 황태후라 하였다. 그 백제의 먼 조상인 도모왕(都慕王)이라는 사람은 하백(河伯)의 딸이 태양의 정기에 감응해서 태어난 사람인데, 황태후는 곧 그 후손이다. 이로 말미암아 시호를 받들었다. (『續日本紀』 40 桓武紀)

신라

건중 2년(781) 신라국 승(僧) 혜일(惠日)이 본국의 신물(信物)을 가지고 화상(和尙)에게 바치고, 태장금강계소실지(胎藏金剛界蘇悉地) 등과 아울러 제존유가(諸尊瑜伽)30본을 구수(求授)하였다. 수(授)를 마치고 정통(精通)한 후에 마침내 본국으로 돌아가 대교(大敎)를 광홍(廣弘)하였다. 정성(精誠)을 다하여 립(粒)을 끊고 지념(持念)하나 실지(悉地)가 현전(現前)하여 마침내 백일(白日)에 천축국(天竺國) 왕궁(王宮) 첨례(瞻禮)에 도달하여 그 법을 구걸(求乞)하였다. 공중에서 △가 말하길, 서대당국(西大唐國)에 비밀법(秘密法)이 있으니, 법은 청룡사(靑龍寺)에 있다고 하였다. 동년(78

1)에 신라국의 승려 오진(悟眞)이 태장비로차나급제존지념교법(胎藏毘盧遮那及諸尊持念敎法) 등을 받았다. 정원 5년에 이르러 중천축국(中天竺國)에 가, 대비로차나경범협여경(大毘盧遮那經梵夾餘經)을 구해 당으로 돌아오던 중 토번국(吐藩國)에서 죽었다. (『大唐靑龍寺三朝供奉大德行狀』惠日)

790(庚午/신라 원성왕 6/발해 문왕 54, 大興 54/唐 貞元 6/日本 延曆 9)

백제 (봄 정월 계해일(26)) 종5위상 (…) 백제왕 인정(仁貞) (…)을 주기어재회사(周忌御齋會司)로 삼았다. (…) (『續日本紀』40 桓武紀)

신라 봄 정월에 종기(宗基)를 시중으로 삼았다. (『三國史記』10 新羅本紀 10)

신라 봄 정월에 종기(宗基)를 시중으로 삼았다. (『三國史節要』12)

신라 (봄 정월) 벽골제(碧骨堤)를 증축하였는데, 전주(全州) 등 7주 사람을 징발하여 공사를 하였다. (『三國史記』10 新羅本紀 10)

신라 (봄 정월) 전주(全州) 등 7주 사람을 징발하여 벽골제를 증축하였다. (『三國史節要』12)

신라 (봄 정월) 웅천주(熊川州)에서 붉은 까마귀를 바쳤다. (『三國史記』10 新羅本紀 10)

신라 (봄 정월) 웅천주(熊川州)에서 붉은 까마귀를 바쳤다. (『三國史節要』12)

백제 (2월 갑오일(27)) 정5위상 문실진인고도(文室眞人高嶋)·백제왕현경(百濟王玄鏡)에게 모두 종4위하를 주고, 종5위상 백제왕 인정(仁貞)에게 정5위상, (…) 정6위상 백제왕 경인(鏡仁)에게 종5위하를 주었다. 이 날 조서를 내려 말하였다. "백제왕 등은 짐의 외척이다. 그러므로 이제 한두 사람을 발탁하여 작위를 더하여 준다." (『續日本紀』40 桓武紀)

고구려 (2월) 정유일에 왕무준(王武俊)이 지키는 체주(棣州) 장군 조호(趙鎬)가 군(郡)을 들어 이납(李納)에게 돌아가니 무준이 노하여 병사로 그것을 쳤다. (『舊唐書』13 本紀 13 德宗 下)

백제 (3월 경자일(4)) 일향관개(日向權介) 정5위상 훈4등 백제왕 준철(俊哲)에게 그 죄를 면하여 주고 서울로 들어오도록 하였다. (『續日本紀』40 桓武紀)

백제 (3월 병오일(10)) 종5위하 백제왕 경인(鏡仁)을 풍후개(豊後介)로 삼았다. (『續日本紀』40 桓武紀)

백제 (3월) 임술일(26)에 정5위상 백제왕 인정(仁貞)을 좌중변(左中弁)으로 삼았다. (…) 종5위하 백제왕 원신(元信)을 치부소보(治部少輔)로 삼았다. (…) 좌중변(左中弁) 정5위상 백제왕 인정(仁貞)을 겸목공두(兼木工頭)로 삼았다. (…) (『續日本紀』40 桓武紀)

신라 3월에 일길찬 백어(伯魚)을 북국(北國)에 사신으로 보냈다. (『三國史記』10 新羅本紀 10)

신라 3월에 일길찬 백어(伯魚)을 북국에 사신으로 보냈다. (『三國史節要』12)

신라 (3월) 크게 가물었다. (『三國史記』 10 新羅本紀 10)

신라 (3월) 크게 가물었다. (『三國史節要』 12)

신라 여름 4월에 태백과 진성(辰星)이 동정(東井)에 모였다. (『三國史記』 10 新羅本紀 10)

신라 여름 4월에 태백과 진성이 동정에 모였다. (『三國史節要』 12)

신라 5월에 조를 내어 한산주와 웅천주 2주의 굶주린 백성을 진휼하였다. (『三國史記』 10 新羅本紀 10)

신라 5월에 한산주와 웅천주 2주의 백성이 굶주리자 조를 내어 진휼하였다. (『三國史節要』 12)

백제 가을 7월 신사일(17)에 좌중변(左中弁) 정5위상 겸목공두(兼木工頭) 백제왕 인정(仁貞), 치부소보(治部少輔) 종5위하 백제왕 원신(元信), 중위소장(中衛少將) 종5위하 백제왕 충신(忠信), 도서두(圖書頭) 종5위상 겸동궁학사(兼東宮學士) 좌병위좌(左兵衛佐) 이예수(伊豫守) 진련진도(津連眞道) 등이 표를 올려 말하였다. "저희들은 본계(本系)가 백제국 귀수왕(貴須王)에서 나왔습니다. 귀수왕은 백제가 처음 일어난 때로부터 제16대 왕입니다. 대저 백제의 태조 도모대왕(都慕大王)은 태양신이 몸에 내려온 분으로, 부여에 머물러 나라를 열었습니다. 천제가 록(籙)을 주어 모든 한(韓)을 통솔하고 왕을 칭하게 하였습니다. 시대를 내려와 근초고왕에 이르러 멀리서 성조(聖朝)의 교화를 사모하여 비로소 귀국(貴國)에 조빙(朝聘)을 시작하였습니다. 이는 신공황후(神功皇后)가 섭정하던 해의 일입니다. 그 후 경도풍명조어우 응신천황(輕嶋豊明朝御宇應神天皇)은 상모야씨(上毛野氏)의 먼 조상인 황전별(荒田別)을 백제에 사신으로 보내어 학식이 있는 사람을 찾아 모셔오게 하였습니다. 그 나라의 임금인 귀수왕은 공경하게 사신의 뜻을 받들고 종족 중에서 택하여 그 손자인 진손왕(辰孫王)[일명 지종왕(智宗王)]을 보내어 사신을 따라 입조하게 하였습니다. 천황은 가상히 여겨 특별히 총애를 더하고 황태자의 스승으로 삼았습니다. 이에서 비로소 서적이 전해지고 유풍(儒風)이 크게 열렸으니, 문교(文敎)의 일어남이 진실로 여기에 있었습니다. 난파고진조어우 인덕천황(難波高津朝御宇 仁德天皇)은 진손왕의 장자인 태아랑왕(太阿郎王)을 근시(近侍)로 삼았습니다. 태아랑왕의 아들은 해양군(亥陽君)이며, 해양군의 아들은 오정군(午定君)인데 오정군은 세 아들을 낳았습니다. 맏아들은 미사(味沙), 가운데는 진이(辰爾), 막내 아들은 마려(麻呂)입니다. 이들로부터 3성이 처음 나누어졌는데, 각각 맡은 직책을 따라 성씨를 이름했습니다. 갈정(葛井)·선(船)·진련(津連) 등이 바로 그것입니다. 타전조어우 민달천황(他田朝御宇 敏達天皇)이 다스리는 때에 이르러 고려국에서 사신을 보내어 까마귀 날개에 쓴 표를 올렸습니다. 여러 신하들과 사관들은 그것을 읽어내지 못하였는데, 진이(辰爾)가 나와 그 表를 가져다가 읽고 잘 베껴내어 표문을 풀이 해 아뢰었습니다. 천황은 그 학문이 높음을 가상히 여겨 상을 더욱 두터이 하고 詔를 내려 '부지런하고 훌륭하구나. 네가 만약 학문을 좋아하지 않았다면 누가 능히 해독할 수 있었겠는가. 마땅히 이제부터는 전중(殿中)에서 근시(近侍)하도록 하라'고 하였습니다. 그리고 또 동서의 여러 사관들에게 조서를 내려, '너희들은 비록 수가 많으나 진이에 미치지 못하는구나'라고 하였습니다. 이는 모두 국사와 가첩에 그 일이 자세히 실려 있습니다. 엎드려 생각건대 황조(皇朝)께서는 하늘을 본받아 교화를 베풀고 옛 것을 상고하여 풍기(風紀)를 드리우시니, 큰 은택이 모든 나라에 넘치고 바른 정치가 모든 사물에까지 널리 미칩니다. 그러므로 능히 없어진 것을 모으고 끊어진 것을 이으니, 만백성이 우러러 기쁨에 힘입어 명분을 바로하고 사물을 분별하며, 온 천하가 귀부하여 마땅함을 얻습니다. 이에 무릇 살아있는 것으로 손뼉치고 뛰지 않음이 없습니다. 진도(眞道) 등 저희들의 선조가 성조(聖朝)에서 처음 벼슬한 이후 세월이 오래되었으나, 가문은 문필(文筆)의 업을 이어 오고 족속은 가르치는 직(職)을 관장하고 있으니, 진도(眞道) 등은 나면서부터 큰 행운을 만나 천자의 은혜에 잠겨 있습니다. 엎드려 바라건대 연성(連姓)을 고쳐 조신(朝臣)의 성을 내려 주십시오"라고 말하였다. 이에 칙을 내려 사는 곳의 이름을 따서 관야조신(菅野朝臣)이라는 성을 내려 주었다. (『續日本紀』 40 桓武紀)

백제 (7월) 무자일(24)에 종5위하 백제왕 원신(元信)을 비후개(肥後介)로 삼았다. (『續日本紀』 40 桓武紀)

고구려 (11월 경오일(6)) 청주(靑州)의 이납(李納)이 체주(棣州)를 왕무준(王武俊)에게 돌려주고 그 병사 3천을 아울렀다. (『舊唐書』 13 本紀 13 德宗 下)

삼한 (11월) 임신일(10)에 외종5위하 한국련원(韓國連源) 등이 말하였다. "원(源) 등은 물부대련(物部大連) 등의 후손입니다. 무릇 물부련(物部連) 등은 각각 사는 지역과 하는 일에 따라 180개의 성씨로 갈라졌습니다. 이에 원 등의 선조 염아(鹽兒)는 부조(父祖)가 사신으로 간 나라의 이름으로써 물부련을 고쳐 한국련이라 하였습니다. 그런 즉 (저희들은) 대련(大連)의 후손이고 곧 일본의 옛 백성인데 지금 한국(韓國)이라 부르고 있으니, 삼한(三韓)에서 새로 도래한 듯하여 부를 때마다 듣는 사람으로 하여금 놀라게 합니다. 사는 지역에 따라 성을 내리는 것은 고금에 통하는 법칙입니다. 엎드려 바라건대 '한국(韓國)' 두 자를 고쳐 고원(高原)을 내려 주십시오." 청에 따라 들어주었다. (『續日本紀』 40 桓武紀)

백제 12월 임진일(壬辰) 초하루에 조서를 내려 말하였다. "춘추(春秋)의 뜻에 조상은 자손으로써 귀하게 된다. 이것은 곧 예경(禮經)에서 드리운 법규요, 제왕이 항상 지켜야 할 규범이다. 짐이 나라를 다스린 지 이제 10년이 되었는데, 추존의 도에 아직도 빠짐이 있으니 그것을 생각하면 심히 두렵다. 마땅히 짐의 외조부 고야조신(高野朝臣)과 외조모 토사숙녜(土師宿禰)에게 모두 정1위를 추증하고, 토사씨를 고쳐 대기조신(大枝朝臣)이라 하라. 대저 먼저 9족의 질서를 정하는 것은 일이 상전(常典)에 빛나고 있으며, 가까이에서부터 멀리까지 미치는 것은 뜻이 과거의 규범에 살아 있다. 또한 마땅히 관원진중(菅原眞仲)과 토사관마려(土師菅麻呂) 등도 마찬가지로 대지조신(大枝朝臣)으로 삼도록 하라." (『續日本紀』 40 桓武紀)

신라 전읍서(典邑署) (…) 경(卿二)은 2명이다[본래 감(監) 6명을 설치하여 6부의 임무를 나누어 맡았는데, 원성왕 6년에 2명을 승격시켜 경으로 삼았다]. 위(位)는 나마부터 사찬까지로 그것을 삼았다. (『三國史記』 38 雜志 7 職官 上)

791(辛未/신라 원성왕 7/발해 문왕 55 大興 55/唐 貞元 7/日本 延曆 10)

백제 (봄 정월 무신일(7)) 정5위상 백제왕 인정(仁貞) (…)에게 모두 종4위하를 주었다. (…) 종5위하 (…) 백제왕 영손(英孫) (…) 에게 모두 종5위상을 주었다. (…) (『續日本紀』 40 桓武紀)

백제 (정월) 경오일(9)에 무위(無位) 천원여왕(川原女王)·오강여왕(吳岡女王), 정6위상 백제왕 난파희(難波姬), 무위(無位) 현견양숙녜액자(縣犬養宿禰額子)에게 모두 종5위하를 주었다. (『續日本紀』 40 桓武紀)

백제　(정월) 계유일(12)에 춘궁량(春宮亮) 정5위하 갈정련도의(葛井連道依)와 주세대속(主稅大屬) 종6위하 선련금도(船連今道) 등이 말하였다. "갈정(葛井)·선(船)·진련(津連) 등은 본래 한 조상에서 나왔는데 3성으로 나뉘었습니다. 그런데 지금 진련(津連) 등은 다행히 좋은 때를 만나 먼저 조신(朝臣)을 받았지만 저희들 도의(道依)와 금도(今道) 등은 아직도 연성(連姓)에 머물러 있습니다. 바야흐로 이제 성스러운 임금께서 빛을 비추시어 어두운 데까지 다 밝게 하시니, 지극한 교화가 남몰래 이루어지고 (사람들의) 기질이 인(仁)으로 돌아갑니다. 엎드려 바라건대 천자의 은혜를 함께 입게 하여서 마찬가지로 성을 고쳐 주십시오." 조서를 내려 허락하고, 도의(道依) 등 8명에게 숙녜(宿禰)의 성을 내렸다. 금도(今道) 등 8명에게는 사는 곳에 따라 궁원숙녜(宮原宿禰)를 내리고, 또한 대마수(對馬守) 정6위상 진련길도(津連吉道) 등 10명에게도 숙녜를 내렸으며, 소외기(少外記) 진련거도웅(津連巨都雄) 등 형제자매 7명에게도 사는 곳에 따라 중과숙녜(中科宿禰)를 내렸다. (『續日本紀』 40 桓武紀)

백제　(정월) 기묘일(18)에 정5위상 백제왕 준철(俊哲)과 종5위하 판상대숙녜전촌마려(坂上大宿禰田村麻呂)를 동해도(東海道)에 보내고, 종5위하 등원조신진취(藤原朝臣眞鷲)를 동산도(東山道)에 보내어 군사를 조사하고 무기를 점검하게 하였다. 하이(蝦夷)를 정벌하기 위해서였다. (『續日本紀』 40 桓武紀)

백제　(정월 계미일(22)) 정5위상 백제왕 준철(俊哲)을 하야수(下野守)로 삼았다. (…) (『續日本紀』 40 桓武紀)

신라　봄 정월에 왕태자가 죽으니, 시호(諡號)를 혜충(惠忠)이라 하였다. (『三國史記』 10 新羅本紀 10)

신라　봄 정월에 왕태자 인겸(仁謙)이 죽으니, 시호를 혜충이라 하였다. (『三國史節要』 12)

신라　(봄 정월) 이찬 제공(悌恭)이 반란을 일으키자, 그를 사형시켰다. (『三國史記』 10 新羅本紀 10)

신라　(봄 정월) 이찬 제공이 반란을 일으키자, 그를 사형시켰다. (『三國史節要』 12)

신라　(봄 정월) 웅천주 향성(向省) 대사(大舍)의 처가 한 번에 남자아이 셋을 낳았다. (『三國史記』 10 新羅本紀 10)

신라　(봄 정월) 웅천주 대사 향성의 처가 한 번에 남자아이 셋을 낳았다. (『三國史節要』 12)

발해　건중(建中) 3년 5월과 정원 7년 정월에 모두 사신을 보내와서 조회하였다. 그 사신 대상정(大常靖)을　위위경동정(衛尉卿同正)으로 삼게 하고 번국으로 돌아가게 하였다. (『舊唐書』 199下 列傳 149下 北狄 渤海靺鞨)

발해　(당 덕종 정원) 7년 정월에 회골대수령사발선(廻鶻大首領史勃羡)·발해·흑의(黑衣)·대식(大食)이 (…) 모두 사신을 보내와서 조회하였다. (『冊府元龜』 972 外臣部 17 朝貢 5)

백제　(4월) 무술일(8)에 좌대사(左大史) 정6위상 문기촌최제(文忌寸最弟)·파마소목(播磨少

目) 정8위상 무생련진상(武生連眞象) 등이 말하였다. "문기촌(文忌村) 등에게는 원래 두 가문이 있어 동문(東文)은 직(直)이라 하고 서문(西文)은 도(首)라 부르는데, 서로 하는 일에 따른 것으로 그 유래가 오래되었습니다. 이제 동문은 집안을 들어 이미 숙녜(宿禰)로 올랐는데, 서문은 은혜를 입지 못하고 아직도 기촌(忌寸)에 머물러 있습니다. 최제(最弟) 등은 다행히 밝은 때를 만났으나 자세히 살펴주는 은혜를 입지 못했으니, 세월이 지난 후에는 이치를 말하여도 방도가 없을 것입니다. 엎드려 바라건대 똑같이 영화로운 칭호를 내리셔서 영원히 자손을 위한 계책을 삼게 해 주십시오"라 하였다. 칙서를 내려 그 본계(本系)를 물으니 최제 등은 말하였다. "한고제(漢高帝)의 후손 란(鸞)이라 하는 사람의 후손 왕구(王狗)가 백제에 옮겨와 이르렀는데, 백제 구소왕(久素王) 때에 성조(聖朝)에서 사신을 보내어 문인(文人)을 찾으니 구소왕이 곧 그(왕구)의 손자인 왕인(王仁)을 바쳤습니다. 이가 곧 문(文)·무생(武生) 등의 선조입니다"라 하였다. 이에 최제 및 진상(眞象) 등 8명에게 숙녜의 성을 내렸다. (『續日本紀』 40 桓武紀)

발해 (당 덕종 정원) 7년 5월 무진일(9)에 발해 하정사 태상정(太嘗靖)을 위위위경(衛尉卿)·동정(同正)으로 삼아 귀국하게 하였다. (『冊府元龜』 976 外臣部 21 褒異 3)

백제 (7월) 임신일(13)에 종4위하 대반숙녜제마려(大伴宿禰弟麻呂)를 정이대사(征夷大使)로 삼고, 정5위상 백제왕 준철(俊哲), 종5위상 다치비진인빈성(多治比眞人濱成), 종5위하 판상대숙녜전촌마려(坂上大宿禰田村麻呂), 종5위하 거세조신야족(巨勢朝臣野足)을 모두 부사로 삼았다. (『續日本紀』 40 桓武紀)

백제 (7월 정해일(28)) 종5위하 백제왕 충신(忠信)을 월후개(越後介)로 삼았다. (…) (『續日本紀』 40 桓武紀)

백제 (7월 무자일(29)) 좌중변(左中弁) 종4위하 백제왕 인정(仁貞)이 죽었다. (『續日本紀』 40 桓武紀)

백제 (8월) 임자일(24)에 섭진국(攝津國) 백제군(百濟郡) 사람 정6위상 광정조진성(廣井造眞成)에게 연(連)의 성을 내려 주었다. (『續日本紀』 40 桓武紀)

발해 (정원 7년) 8월에 그 왕자 대정한(大貞翰)이 와서 조회하고 숙위(宿衛)를 청하였다. (『舊唐書』 199下 列傳 149下 北狄 渤海靺鞨)

발해 (당) 덕종 정원 7년 8월에 발해왕이 그 아들 태정간(太貞幹)을 보내 숙위를 청하였다. (『冊府元龜』 996 外臣部 41 納質)

백제 (9월) 경진일(22)에 하야수(下野守) 정5위상 백제왕 준철(俊哲)을 겸륙오진수장군(兼陸奧鎭守將軍)으로 삼았다. (『續日本紀』 40 桓武紀)

백제 (10월) 기해일(12)에 우대신(右大臣)이 백제왕 등을 거느리고 백제악(百濟樂)을 연주하였다. 정5위하 등원조신을예(藤原朝臣乙叡)에게 종4위하를 주고, 종5위하 백제왕 현풍(玄風)·백제왕 선정(善貞)에게 모두 종5위상, 종5위하 등원조신정자(藤原朝臣淨子)에게 정5위하, 정6위상 백제왕 정손(貞孫)에게 종5위하를 주었다. (『續日本紀』 40 桓武紀)

신라　겨울 10월에 경도(京都)에 눈이 3척(尺)이나 내려 얼어 죽는 사람들이 있었다. (『三國史記』 10 新羅本紀 10)

신라　겨울 10월에 경도에 눈이 3척이나 내려 얼어 죽는 사람들이 있었다. (『三國史節要』 12)

신라　(겨울 10월) 시중 종기(宗基)가 물러나니, 대아찬 준옹(俊邕)을 시중으로 삼았다. (『三國史記』 10 新羅本紀 10)

신라　(겨울 10월) 시중 종기가 물러나니, 대아찬 준옹(이 그를 대신하였다. (『三國史節要』 12)

신라　11월에 경도(京都)에 지진이 있었다. (『三國史記』 10 新羅本紀 10)

신라　(11월) 내성(內省) 시랑(侍郎) 김언(金言)을 삼중아찬(三重阿飡)으로 삼았다. (『三國史記』 10 新羅本紀 10)

신라　12월에 경도(京都)에 지진이 있었다. (『三國史節要』 12)

신라　(12월) 내성(內省) 시랑(侍郎) 김언(金言)을 삼중아찬(三重阿飡)으로 삼았다. (『三國史節要』 12)

792(壬申/신라 원성왕 8/발해 문왕 56, 大興 56/唐 貞元 8/日本 延曆 11)

고구려　(5월) 계유일(19)에 평로치청절도사(平盧淄靑節度使)·검교사도(檢校司徒)·평장사(平章事) 이납(李納)이 죽었다. (『舊唐書』 13 本紀 13 德宗 下)

고구려　(5월) 계유일(19)에 평로군절도사(平盧軍節度使) 이납이 죽자 그 아들 사고(師古)가 스스로 유후(留後)를 칭하였다. (『新唐書』 7 本紀 7 德宗)

발해　정효공주 묘지 및 서문

무릇 오래 전에 읽었던 『상서(尙書)』를 돌이켜 보건대 요(堯) 임금은 두 딸을 규수(嬀水)의 물굽이에 내려보내 순(舜) 임금에게 시집보냈고,『좌전(左傳)』을 널리 상세히 보건대 주(周) 천자(天子)가 딸을 제(齊)나라에 시집보낼 때에 노(魯) 장공(莊公)이 노관(魯館)을 지어 그 혼례를 주관하였다. 그러니 부녀자로서 갖추어진 덕이 밝고 밝으면 명예로운 이름이 어찌 후세에 전해지지 않을 것이며, 어머니로서 갖추어진 규범이 아름답고 아름다우면 선인(先人)들이 쌓은 은혜가 어찌 무궁하게 전해지지 않으리오 조상들의 복을 물려받는 것이란 바로 이것을 가리키는 것이다. 공주는 우리 대흥보력효감금륜성법대왕(大興寶曆孝感金輪聖法大王)의 넷째 딸이다. 생각컨대 고왕(高王), 무왕(武王)의 조상들과 아버지 문왕은 왕도(王道)를 일으키고 무공(武功)에서 커다란 업적을 남겼다고 능히 말할 수 있으니, 만일 이들이 때를 맞추어 정사(政事)를 처리하면 그 밝기가 일월(日月)이 내려 비치는 것과 같고, 기강을 세워 정권을 장악하면 그 어진 것이 천지(天地)가 만물을 포용하는 것과 같았다. 이들이야말로 우순(虞舜)과 짝할 만하고 하우(夏禹)와 닮았으며, 상(商) 탕왕(湯王)과 같은 지혜를 배양하고 주(周) 문왕(文王)과 같은 도략(韜略)을 갖추었다. 하늘에서 이들을 도와주니, 위엄을 베풀어 길하게 되었도다. 공주는 무산(武山)에서 영기(靈氣)를 이어받고, 낙수(洛水)에서 신선(神仙)에 감응받았다. 그녀는 궁중에서 태어나 어려서부터 유순한 것으로 유명하였다. 용모는 보기 드물게 뛰어나 옥과 같은 나무에 핀 꽃들처럼 아름다왔고, 품성은 비할 데 없이 정결하여 곤륜산(崑崙山)에서 난 한 조각의 옥처럼 온화하였다. 일찍이 여사(女師)에게서 가르침을 받아 능히 그와 같아지려고 하였고, 매번 한(漢) 반소(班昭)를 사모하여 시서(詩書)를 좋아하고 예악(禮樂)을 즐겼다. 총명한 지혜는 비할 바 없고, 우아한 품성은 저절로 타고난 것이었다. 공주는 훌륭한 배필로서 군자에게 시집갔다. 그리하여 한 수레에 탄 부부로서 친밀한 모습을 보였고, 한 집안의 사람으로서 영원한 지조를 지켰다. 그녀는 부드럽고 공손하고 또한 우아하였으며, 신중하게 행동하고 겸손하였다. 소루(簫樓) 위에서 한 쌍의 봉황새가 노래부르는 것 같았고, 경대(鏡臺) 가운데에서 한 쌍의 난조(鸞鳥)가 춤을 추는 것 같았다. 움직일 때면 몸에 단 패옥이 소리를 냈고, 머물 때면 의복의 띠를 조심하였다. 문장력이 뛰어나고 말은 이치에 맞았으며, 갈고 닦아서 순결한 지조를 갖추고자 하였다. 한(漢) 원제(元帝)의 딸 경무(敬武)공주처럼 아름다운 봉지(封地)에서 살았고, 한(漢) 고조(高祖)의 딸 노원(魯元)공주처럼 훌륭한 가문에서 생활하였다. 부부 사이는 거문고와 큰 거문고처럼 잘 어울렸고, 창포와 난초처럼 향기로왔다. 그러나 남편이 먼저 돌아갈 것을 누가 알았으랴, 지모(智謀)를 다하여 정사를 보필하지 못하게 되었구나. 어린 딸도 역시 일찍 죽어, 미처 실패를 가지고 노는 나이에 이르지 못하였다. 공주는 직실(織室)을 나와 눈물을 뿌렸고, 빈 방을 바라보며 수심을 머금었다. 육행(六行)을 크게 갖추고 삼종(三從)을 지켰다. 위(衛) 공백(共伯)의 처 공강(共姜)의 맹세를 배웠고, 제(齊) 기량(杞梁)의 처와 같은 애처러움을 품었다. 부왕(父王)에게서 은혜받아 스스로 부덕(婦德)을 품고 살았다. 인생길이 절반도 되지 않았는데 세월은 달음질치고, 흐르는 물은 내를 이루어 계곡에 견고하게 감추어진 배를 쉽게 움직이는구나. 아아, 공주는 대흥(大興) 56년(792) 여름 6월 9일 임진일(壬辰日)에 외제(外第)에서 사망하니, 나이는 36세였다. 이에 시호를 정효공주(貞孝公主)라 하였다. 이 해 겨울 11월 28일 기묘일(己卯日)에 염곡(染谷)의 서쪽 언덕에 배장하였으니, 이것은 예의에 맞는 것이다. 황상(皇上)은 조회를 파하고 크게 슬퍼하여, 정침(正寢)에 들어가 자지 않고 음악도 중지시켰다. 장례를 치르는 의식은 관청에 명하여 완비하도록 하였다. 상여꾼의 목메어 우는 소리 발길따라 머뭇거리고, 수레 끄는 말의 슬피 우는 소리 들판따라 오르내리는구나. 한(漢) 악읍(鄂邑)공주처럼 영예는 숭산(崇山)을 뛰어넘고, 당(唐) 평양(平陽)공주처럼 은총을 장례에 더하였다. 황산(荒山)의 골짜기에 소나무와 개오동나무가 빽빽히 줄을 이루고 있는데, 고하(古河)가 굽이치는 곳에 있는 무덤은 깊숙히 감추어져 있구나. 천금같은 공주와 이별하기가 아쉬워, 비석을 세워 영원히 남기고자 한다. 이에 명문(銘文)을 새겼으니 다음과 같도다. 위대하고 빛나는 업적을 세운 조상들은 천하를 통일하였고, 상주는 것을 분명히 하고 벌내리는 것은 신중히 하여 그 인정(仁政)이 사방에 미쳤다. 부왕(父王)에 이르러서는 만수무강하여 3황(皇)5제(帝)와 짝하였고 주(周)나라 성왕(成王), 강왕(康王)을 포괄하였다. 이것이 첫째이다. 생각컨대 공주가 태어나매 어려서부터 진실로 아름다왔고, 비상하게 총명하고 슬기로와 널리 듣고 높이 보았다. 궁궐의 모범이 되었고 동궁(東宮)의 누나가 되었으니, 옥같은 얼굴은 무궁화만이 비길 수 있었다. 이것이 둘째이다. 한강(漢江) 신녀(神女)의 영기(靈氣)를 품고 고당(高唐) 신녀(神女)의 정기를 이었으며, 고운 자태를 지니고 부덕(婦德)의 가르침 속에 자랐다. 군자에게 시집가서 유순하기로 이름났으며, 원앙새가 짝을 이루듯 하였고 봉황새가 울음에 화답하듯 하였다. 이것이 셋째이다. 남편이 일찍 죽어 유명(幽明)을 달리 하니, 한 쌍의 난조(鸞鳥)가 홀연히 등을 돌린 듯하였고 쌍검이 영원히 떨어져 있는 듯하였다. 순결과 정절에 돈독하여 역사책에 기록하고 그림으로 남길 만하며, 부덕(婦德)을 행함에 정조가 있고 아름다왔다. 이것이 넷째이다. 사랑의 노래를 부끄러워 하고 수절의 시를 즐겨하였으며, 크게 어질고 근심으로 즐거워하지 않는 중에 세월이 어느듯 빨리 지나 공주도 세상을 하직하였다. 장례가 이미 끝나 상여가 돌아갈 때, 공주의 혼은 하늘로 돌아가고 사람들은 집으로 되돌아오니 뿔피리 소리 구슬프고 호드기 소리 처량하다. 이것이 다섯째이다. 강가의 깎아지른 산 옆에 자리잡으니, 묘광(墓壙)은 언제 광명을 볼 것이며 봉분(封墳)은 언제까지 갈 것인가. 고목이 무성하고 들판에 연기가 자욱한데, 무덤 문을 갑자기 닫으니 처량한 감정이 홀연히 쌓이는구나. 이것이 여섯째이다. (「貞孝公主墓誌」)

발해 회방우엄(會邦于广) 난서(蘭書) 시요산효(屎尿产孝) (「貞孝公主墓出土塼銘」)

신라 가을 7월에 사신을 보내 당에 들어가 미녀 김정란(金井蘭)을 바쳤다. 그 여인은 나라에서 제일가는 미인으로 몸에서 향기가 났다. (『三國史記』 10 新羅本紀 10)

신라 가을 7월에 사신을 보내 당에 가서 미녀 김정란을 바쳤다. (『三國史節要』 12)

고구려 (8월) 신묘일(9)에 청주자사(青州刺史) 이사고(李師古)를 운주대도독부장사(鄆州大都督府長史)·평로치청등주절도관찰해운륙운(平盧淄青等州節度觀察海運陸運)·압신라발해양번등사(押新羅渤海兩蕃等使)로 삼았다. (『舊唐書』 13 本紀 13 德宗 下)

신라 8월에 왕자 의영(義英)을 태자로 삼았다. (『三國史記』 10 新羅本紀 10)

신라 8월에 왕자 의영을 태자로 삼았다. (『三國史節要』 12)

신라 (8월) 상대등 충렴(忠廉)이 죽어 이찬 세강(世強)을 상대등을 삼았다. 시중 준옹(俊邕)이 병으로 물러나자 이찬 숭빈(崇斌)을 시중으로 삼았다. (『三國史記』 10 新羅本紀 10)

신라 (8월) 상대등 충렴(忠廉)이 죽어 이찬 세강(世強)이 그를 대신하였다. 시중 준옹(俊邕)이 병으로 물러나자 이찬 숭빈(崇斌)이 그를 대신하였다. (『三國史節要』 12)

신라 겨울 11월 초하루 임자(壬子)에 일식이 있었다. (『三國史記』 10 新羅本紀 10)

신라 겨울 11월 초하루 임자에 일식이 있었다. (『三國史節要』 12)

발해 (12월 윤월(閏月)) 갑술일(24)에 장가(牂柯)·실위(室韋)·말갈이 모두 조공하였다. (『舊唐書』 13 本紀 13 德宗下)

발해 정원 8년 윤12월 발해압말갈사(渤海押靺鞨使) 양길복(楊吉福) 등 35명이 와서 조공하였다. (『唐會要』 96 渤海)

발해 (당 덕종 정원) 8년 12월 장가(牂牁)·말갈이 모두 사신을 보내 조공하였다. (『冊府元龜』 972 外臣部 17 朝貢 5)

옥저 정원 8년에 오명국(吳明國)이 항상 연정(燃鼎)과 난봉밀(鸞蜂蜜)을 바쳤다. 그 나라는 동해에서 수 만리 떨어져 있는데, 읍루와 옥저 등을 거친다. (…) (『太平廣記』 480 蠻夷 1 吳明國)

고구려 이사고는 청주자사에까지 올랐는데 정원 8년에 이납이 죽자 군중(軍中)에서 이사고로써 그 자리를 대신하게 하고 청을 올리니 조정에서는 인하여 그를 기부우금오대장군동정·평로급청치제절도영전관찰·해운육운압신라발해양번사(起復右金吾大將軍同正·平盧及青淄齊節度營田觀察·海運陸運押新羅渤海兩蕃使)로 제수하였다. (『舊唐書』 124 列傳 74 李師古)

고구려 이사고는 음(蔭)으로 청주자사에 올랐다. 이납이 죽자 군중에서 청하여 군사를 잇게 하니 조서로 우금오위대장군·본군절도사(右金吾衛大將軍·本軍節度使)가 되었다. (『新

唐書』213 列傳 138八 藩鎭淄靑橫海)

793(癸酉/신라 원성왕 9/발해 문왕 57 大興 57, 폐왕 1/唐 貞元 9/日本 延曆 12)

백제 5월 무자일(11)에 전(錢) 30만냥 및 장문(長門), 아파(阿波) 양국의 도(稻) 각 1천속(束)을 특별히 하내국(河內國) 교야군(交野郡) 백제사에 시주해 넣었다. (『類聚國史』 182 施入物)

신라 가을 8월에 큰 바람이 불어 나무가 부러지고 벼가 쓰러졌다. (『三國史記』 10 新羅本紀 10)

신라 가을 8월에 큰 바람이 불어 나무가 부러지고 벼가 쓰러졌다. (『三國史節要』 12)

신라 (가을 8월) 나마(奈麻) 김뇌(金惱)가 흰 꿩을 바쳤다. (『三國史記』 10 新羅本紀 10)

신라 (가을 8월) 나마 김뇌가 흰 꿩을 바쳤다. (『三國史節要』 12)

발해 무명화상(無名和尙)은 도성에서 산으로 돌아와 곧 불광사(佛光寺)에 머물렀다. 정원(貞元) 9년 12월12일에 공양을 드시고 병 없이 돌아가셨다. 그 날에는 대낮인데도 서리와 이슬이 맺히고 저녁에는 얼어버리더니, 그믐에 이르도록 일찍이 맑아지지 않았다. 또 가부좌를 한 모습은 엄연한 것이 선정(禪定)에 들어간 것 같았다. 처음 7재(齋)를 시작할 때부터 마칠 때까지 안색이 즐거워하니, 보는 이들이 예를 갖추며 경탄하였다. 식자들이 말하기를, "대체로 선정력(禪定力)을 소유하였을 뿐이다."라고 하였다. 향년 72세이고 승랍(僧臘)은 43년이었다. 절도사부(節度使府)에서 멀리부터 금전을 시주하여 보탑(寶塔)을 꾸미니, 곧 사찰의 중봉에 전신사리의 자리를 만들었다.(「無名和尙 塔銘」)

신라 신라의 풍속에 매해 중춘(仲春)에 이르러 초8일부터 15일까지 도성의 남자와 여자들이 흥륜사(興輪寺)의 전탑(殿塔)을 다투어 돌면서 복회(福會)로 삼는다. 원성왕대 낭군(郎君) 김현(金現)이라는 자가 밤이 깊도록 홀로 쉬지 않고 돌고 있는데 한 처녀가 염불하며 따라 돌았고, 서로 마음이 맞아 눈길을 보냈다. 돌기를 마치자 가려진 곳으로 이끌고 들어가 통정하였다. 처녀가 장차 돌아가려고 하자 김현이 그를 따라갔다. 처녀가 사양하고 거절하였으나 억지로 따라가서 서산(西山)의 기슭에 이르러 한 초가집으로 들어가니 어떤 노파가 처녀에게 묻기를 "데리고 온 사람은 어떤 사람인가"라고 하였다. 처녀가 그 사정을 이야기하니 노파가 말하기를 "비록 좋은 일이지만 없는 것만 못하다. 그러나 이미 벌어진 일이니 나무랄 수 없다. 또 은밀한 곳에 숨겨라. 너의 형제가 미워할까 두렵다"라고 하였다. 김현을 데리고 구석진 곳에 숨겼다. 잠시 후 세 호랑이가 포효하면서 들어와서 사람의 말을 만들어서 "집에 비린내가 난다. 요깃거리가 있으니 어찌 다행이 아닌가"라고 하였다. 노파와 처녀가 꾸짖어서 "너의 코는 좋기도 하구나. 어찌 미친 말을 하는가"라고 하였다. 이때 하늘에서 외치는 소리가 있어 "너희들은 만물의 목숨을 즐겨 해치는 것이 매우 많다. 마땅히 하나를 죽여서 악행을 징계할 것이다"라고 하니 세 호랑이가 그것을 듣고 모두 걱정하는 빛이 있었다. 처녀가 일러 말하기를 "세 오빠가 만약 멀리 피하고 스스로 뉘우칠 수 있다면 내가 그 벌을 대신 받겠다"라고 하니 모두 기뻐하며 머리를 숙이고 도망가 버렸다. 처녀가 들어와 낭군에게 일러 말하였다. "처음에 저는 낭군이 우리 집에 욕되이 오는 것을 부끄럽게 여겨서 고로 사양하고 막았습니다. 지금 이미 숨김이 없이 속마음을 펼치겠습니다. 또한 천첩은 낭군에게 비록 같은 종족은 아니라 하겠지만 하룻밤의 즐거움을 같이 할 수 있었으니 의(義)가 중하여 혼인의 즐거움을 맺었습니다. 세 오빠의 악행은 하늘에서 이미 미워하여 한 집안의 재앙이 되었고 저는 그것을 감당하고자 합니다. 그 죽음을 상관없는 사람의 손에 주는 것이 어찌 낭군의 칼 아래에 엎드려서 은혜를 보답하는 덕과 같겠습니까. 저는 내일 저자에 들어가서 사람을 심하게 해칠 것입니다. 그러면 국인이 나를 어찌할 수 없어 대왕이 반드시 높은 관작을 가지고서 사람을 모아 나를 잡게 할 것입니다. 낭군은 그것을 겁내지 말고 성 북쪽의 숲속으로 나를 쫓아오면 내가 장차 그것을 기다리겠습니다." 김현이 말하였다. "사람이 다른 사람을 사귀는 것은 인륜의 도리이나 다른 류와 사귀는 것은 대개 떳떳한 것이 아니다. 이미 이렇게 되었으니 진실로 천행(天幸)이 많은 것인데 어찌 차마 항려(伉儷)의 죽음을 팔아 한 세상의 벼슬을 바라겠는가." 처녀가 말하였다. "낭군은 그 같은 말을 하지 마십시오. 지금 저의 일찍 죽음은 대개 하늘의 명령이고, 또한 내가 바라는 것이고, 낭군의 경사이고, 우리 일족의 복이자 국인의 기쁨입니다. 한 번 죽어 다섯 가지 이로움을 갖추는 것이니 어찌 그것을 거역하겠습니까. 다만 저를 위하여 절을 짓고 불경을 강론하여 좋은 과보(果報)를 얻는데 도움이 되게 해 주신다면 즉 낭군의 은혜가 이보다 더 큰 것이 없겠습니다." 마침내 서로 울면서 헤어졌다. 다음날 과연 사나운 호랑이가 성안에 들어왔는데, 사나움이 심하여 감히 당할 수 없었다. 원성왕이 그것을 듣고 명령을 내려 이르기를 "호랑이를 감당하는 사람에게 2급의 작(爵)을 주겠다"고 하였다. 김현이 대궐에 나아가 "소신이 할 수 있습니다"라고 아뢰니 이에 왕이 먼저 관작을 주고서 그를 격려하였다. 김현이 칼을 쥐고 숲속으로 이 먼저 호랑이는 변하여 낭자(娘子)가 되어 반갑게 웃으면서 말했다. "어젯밤에 낭군과 함께 마음속 깊이 맺던 일을 오직 그대는 잊지 마십시오. 오늘 내 발톱에 상처를 입은 사람들은 모두 흥륜사의 간장을 바르고 그 절의 나발(螺鉢) 소리를 들으면 곧 나을 것입니다." 이에 김현의 찬 칼을 취해 스스로 목을 찔러 쓰러지니 바로 호랑이었다. 김현이 숲을 나와 기탁하여 말하기를 "지금 이 호랑이는 쉽게 잡았다"라고 하였다. 그 연유는 숨겨 새어나가게 하지 않고 단지 그 말에 따라서 치료하였다. 그 상처는 모두 나았다. 지금 민가에서는 또한 그 방법을 쓴다. 김현은 벼슬에 오르자, 서천(西川) 가에 절을 지어 호원사(虎願寺)라 하고 항상 『범망경(梵網經)』을 강론하여서 호랑이의 저승길을 인도하고 또한 호랑이가 그 몸을 죽여 자기를 성공하게 해 준 은혜에 보답했다. 김현은 죽기 전에 지난 일의 기이함에 매우 감동하여 이에 붓으로 써서 전(傳)을 완성하여 세상에서 비로소 듣고 알게 되었다. 이로 인하여 『논호림(論虎林)』이라 이름하였고, 지금도 그렇게 일컫는다.

정원(貞元) 9년에 신도징(申屠澄)이 황관(黃冠)에서 한주(漢州) 십방현위(什邡縣尉)로 임명되어, 진부현(眞符縣) 동쪽 10리 가량 되는 곳에 이르렀다. 눈보라와 심한 추위를 만나 말이 앞으로 나아가지 못했는데 길 가에 초가집이 있어 그 안에 불을 피워 매우 따뜻했다. 등불을 비춰 나아가 보니 늙은 부모와 처녀가 불을 둘러싸고 앉아 있었는데 그 처녀는 나이가 바야흐로 14, 5세쯤 되어 보였다. 비록 머리는 헝클어지고 때묻은 옷을 입었으나 눈처럼 흰 살결과 꽃 같은 얼굴이며 동작이 아름다웠다. 그 부모는 신도징이 온 것을 보고 황급히 일어나서 말했다. "손님은 심한 한설(寒雪)을 만났으니 청컨대 앞으로 나와 불을 쪼이십시오." 신도징이 한참 앉아 있었는데 하늘색은 이미 어둑어둑해졌으나 눈보라는 그치지 않았다. 신도징이 말하기를 "서쪽으로 현(縣)에 가려면 아직 멀었으니 여기에서 자게 해주기를 부탁합니다"라고 하였다. 부모가 말하였다. "진실로 누추한 집안이라도 미천하게 여기지 않으시다면 감히 명을 받들겠습니다." 신도징이 마침내 말안장을 풀고 침구를 폈다. 그 처녀는 손님이 바야흐로 머무는 것을 보고 얼굴을 닦고 곱게 단장을 하고는 장막 사이에서 나오는데 그 한아(閑雅)한 자태는 처음보다 오히려 뛰어났다. 신도징이 말했다. "소낭자는 총명하고 슬기로움이 남보다 뛰어납니다. 다행히 아직 혼인하지 않았으면 감히 혼인하기를 청하니 어떠합니까" 아버지는 말하기를 "기약하지 않은 귀한 손님께서 거두어 주신다면 어찌 연분이 아니겠습니까." 신도징은 마침내 사위의 예를 행하였고 곧 타고 온 말에 그를 태우고 갔다. 이미 임지(任地)에 이르니 봉록(俸祿)이 매우 적었으나 아내가 힘써 집안 살림을 돌보아서 즐거운 마음이 아닌 것이 없었다. 후에 임기가 차서 장차 돌아가려 하니 이미 1남 1녀를 낳았는데 또한 매우 총명하고 슬기로워 신도징은 더욱 공경하고 사랑했다. 일찍이 아내에게 주는 시를 지었는데 다음과 같았다. 한 번 벼슬하니 매복(梅福)에게 부끄럽고 3년이 지나니 맹광(孟光)에게 부끄럽다. 이 정을 어디에 이르겠는가. 냇물 위에 원앙이 있구나. 그 아내는 종일 이 시를 읊어 묵묵히 화답하는 것 같았으나 아직 입밖에 내지 않았다. 신도징이 관직을 그만두고 가족을 데리고 본가로 돌아가려 하니 아내가 갑자기 슬퍼하면서 말하기를 "주신 시 한편에 화답한 것이 있습니다"라고 하고 이에 읊었다. 금슬(琴瑟)의 정이 비록 중요하나 산림(山林)에 뜻이 스스로 깊다. 항상 시절이 변할까 걱정하였다. 백년해로 한 마음을 저버릴까 허물하도다. 드디어 함께 그 집에 찾아갔는데 사람은 없었다. 아내는 그리워하는 마음이 커서 하루가 다하도록 울었다. 문득 벽 모퉁이의 호피(虎皮) 한 장을 보고 아내는 크게 웃으면서 말했다. "이 물건이 아직 있는 것을 몰랐다." 마침내 그것을 뒤집어쓰니 곧 변하여 호랑이가 되었고 으르렁거리며 할퀴고 문을 박차고 나갔다. 신도징이 놀라서 피했다가 두 아이를 데리고 그 길을 찾아 산림을 바라보고 며칠을 크게 울었으나 끝내 간 곳을 알지 못했다.

아아 슬프도다. 신도징과 김현 두 사람이 짐승과 접했는데 변하여 사람의 아내가 된 것은 같다. 그러나 사람을 배반하는 시를 주어 그런 뒤에 으르렁거리고 할퀴고 달아난 것은 김현의 호랑이와 다르다. 김현의 범은 어쩔 수 없이 사람을 상하게 했으나 좋은 방책을 가르쳐 줘서 사람들을 구했다. 짐승도 어질기가 그와 같은 것이 있는데 사람으로서도 짐승만 못한 자가 있으니 어찌 된 것인가. 이 사적의 처음과 끝을 자세히 살펴보면 절 안을 돌 때 사람을 감동시켰고 하늘에서 외쳐 악을 징계하자 자신으로 그를 대신했으며, 신이한 방책을 전하여 사람을 구하니 절을 지어 불계(佛戒)를 강론한 것이다. 다만 짐승의 본성이 어진 것은 아니다. 대개 부처가 사물에 감응함이 여러 방면이어서 김현이 능히 탑을 돌기에 정성을 다한 것에 감응하여 명익(冥益)을 갚고자 했을 뿐이다. 그 때에 복을 받은 것은 당연하지 않겠는가. (『三國遺事』 5 感通 7 金現感虎)

발해

화상(和尚)의 이름은 무명(無名)이며 자(字)는 방편(方便)이다. 속성은 고씨로 발해에서 명망있는 집안 출신으로, 낙양(洛陽)에서 가정을 이루었다. 멀리부터 의관이 이어지고 가까이는 종정(鍾鼎)에 이어졌지만, 이미 석씨(釋氏)의 명족(命族)이 된 까닭으로 기재하지 않는다. 그 흘러온 근원이 맑으니, 복이 후손에 이어지고, 오래 기억되고 영원한 빛을 비추면서 모이게 하실 분은 오지 우리 대사 뿐이다. (…) 만년에 불도를 닦는 동료들을 돌아보고 말하기를 "옛적에 선사(先師) 능인(能仁)께서 구시(拘屍)에서 열반의 자취를 보이셨다. 내가 청량산(清涼山)을 보건대, 대성(大聖) 문수사리(文殊師利)와 일만성중(一萬聖衆)이 항상 묘법(妙法)을 강설하시고 있다. 이는 중국의 승지(勝地)이니, 진실로 의탁하여 거처할 만하다. 이에 지팡이를 지고 瓶을 들고 다섯 봉우리를 두루 돌아다녔다. 처음 청량산의 전봉(前峰) 철륵난약(鐵勒蘭若)에 이르렀다. (…) 도시로부터 산으로 돌아와 곧 불광정사(佛光精舍)에 머물렀다. 정원 9년 12월 12일, 공양을 드시고 병 없이 입적하셨다. 이에 그뭄에 이르도록 일찍이 맑아지지 않았다. 또 가부좌(跏趺坐)를 한 모습이 엄연한 것이 선정(禪定)에 들은 것 같았다. 처음 7재(齋)를 시작할 때부터 7재를 마치는 동안 안색이 희이(熙怡)하셨으니, 보는 이들이 경탄(驚歎)하였다. 식자(識者)들이 말하였다. "대개 선정방(選定方)을 소지(所持)하신 것이다." 향년 72세로, 승랍(僧臘)은 43세였다. 원융장막(元戎將幕)에서 멀리부터 금전(金錢)을 시주하여 보탑(寶塔)을 꾸미니, 즉 절의 중봉(中峰)에 전신사리(全身舍利) 자리를 만들었다. (…) 대당 정원 11년(795) 5월 25일 세우다. (「唐東都同德寺故大德方便和尙塔銘幷序」)

고구려 　진우(陳佑)는 정원 9년 진사로 치·청절도부대사(淄·靑節度副大使) 이사도(李師道)의 료속(寮屬)이 되었는데 이사도가 반란을 일으키자 진우는 오적(忤賊)에 항절(抗節)하다 사로잡혔다. (『全唐文』 594 陳佑)

794(甲戌/신라 원성왕 10/발해 폐왕 2, 성왕 1 中興 1/唐 貞元 10/日本 延曆 13)

발해 　(정원) 10년 정월에 왕자 대청윤(大淸允)이 내조하여 우위장군동정(右衛將軍同正)으로 삼고 그 아래의 30여명을 관직에 임명하였는데 차등이 있었다. (『舊唐書』 199下 列傳 149下 北狄 渤海靺鞨)

발해 　(당 덕종 정원) 10년 2월 임술일(19)에 발해 왕자 태청윤(太淸允)이 내조하여 우장군동정(右衛將軍同正)으로 삼고 그 아래 30여명을 관직에 임명하였다. (『冊府元龜』 976 外臣部 21 褒異 3)

발해 　(정원) 10년 2월에 발해 왕자 대윤(大淸允)이 내조하여 우장군동정(右衛將軍同正)으로 삼고 그 아래 30여명을 관직에 임명하였다. (『唐會要』 96 渤海)

신라 　봄 2월에 지진이 있었다. (『三國史記』 10 新羅本紀 10)

신라 　봄 2월에 지진이 있었다. (『三國史節要』 12)

신라 　(봄 2월) 태자(太子) 의영(義英)이 죽으니 시호를 헌평(憲平)이라고 하였다. (『三國史記』 10 新羅本紀 10)

신라 　(봄 2월) 태자(太子) 의영이 죽으니 시호를 헌평이라고 하였다. (『三國史節要』 12)

신라 　(봄 2월) 시중 숭빈(崇斌)이 물러나자 잡찬 언승(彦昇)을 시중으로 삼았다. (『三國史記』 10 新羅本紀 10)

신라 　(봄 2월) 시중 숭빈이 물러나자 잡찬 언승이 그를 대신하였다. (『三國史節要』 12)

고구려 　정원 10년 5월에 이사고는 상제가 상복을 벗자 검교례부상서(檢校禮部尙書)에 더해졌다. (『舊唐書』 124 列傳 74 李師古)

백제 　7월 기묘일(9)에 산배(山背)·하내(河內)·섭진(攝津)·파마(播磨) 등의 국(國)의 도(稻) 1만1천속(束)을 종3위 백제왕 명신(明信) (…) 등 15인에게 하사하였다. 신경(新京)의 가(家)를 짓기 위함이었다. (『類聚國史』 78 賞賜)

신라 　가을 7월에 봉은사(奉恩寺)를 처음으로 창건하였다. (『三國史記』 10 新羅本紀 10)

신라 　또한 보은사(報恩寺)를 창건했다. (『三國遺事』 2 紀異 2 元聖大王)

신라 　(가을 7월) 한산주에서 흰 새를 바쳤다. (『三國史記』 10 新羅本紀 10)

신라 　(가을 7월) 한산주에서 흰 새를 바쳤다. (『三國史節要』 12)

신라	(가을 7월) 망은루(望恩樓)를 궁 서쪽에 세웠다. (『三國史記』 10 新羅本紀 10)
신라	(가을 7월) 망은루를 궁 서쪽에 세웠다. (『三國史節要』 12)
신라	또 망덕루(望德樓)를 창건했다. (『三國遺事』 2 紀異 2 元聖大王)
백제	10월 임자일(12)에 교야(交野)에서 사냥하였다. 백제왕 등에게 물건을 하사하였다. (『類聚國史』 32 遊獵)
발해	(12월) 앞서 발해 문왕 흠무(欽茂)가 사망하였는데, 아들 굉림(宏臨)이 일찍 죽어 족제(族弟) 원의(元義)가 즉위하였다. 원의는 의심이 많고 사나워서 국인(國人)이 죽이고 굉림의 아들 화서(華嶼)를 세웠는데, 그가 성왕(成王)이 되었는데, 연호를 고쳐 중흥(中興)이라 하였다. 화서가 죽자 다시 흠무의 어린 아들인 숭린(嵩鄰)이 즉위하였는데, 이가 강왕(康王)이고 연호를 고쳐 정력(正曆)이라 하였다. (『資治通鑑』 235 唐紀 51 德宗神武孝文皇帝)
발해	흠무가 죽으니, 사시(私諡)로 문왕(文王)이라 하였다. 아들 굉림은 일찍 죽고, 족제 원의가 1년간 왕위에 올랐으나 의심이 많고 포학하여 나라 사람들이 그를 죽이고, 굉림의 아들 화여(華璵)를 추대하여 왕으로 삼았는데, 다시 상경(上京)으로 환도하고 연호를 중흥으로 고쳤다. [화여가] 죽으니, 시호는 성왕이다. (『新唐書』 219 列傳 144 北狄 渤海)
신라	(…) 김지장(金地藏)은 당때 신라국왕 김헌영(金憲英)의 근족(近族)이다. (…) 정원 10년, 나이 99세로 가부좌를 하고 시작(示寂)하였다. 두라수연(兜羅手輭) 금쇄골명(金鎖骨鳴) 령이가 소저(昭著)하니, 식자(識者)가 이것은 지장왕보살(地藏王菩薩)이 화신(化身)한 것이라고 알았다. 이에 그 본성을 칭하여 김지장(金地藏)이라고 하였다. 부도법(浮屠法)에 의거해, 렴(斂)을 항(缸)으로 하고, 여기에 탑을 세웠는데, 무릇 3급급이었다. 부앙(俯仰)하여 철로 그것을 만들고, 멱(冪)으로 전(殿)을 하였다. 남향(南向)으로 석계(石階)가 84급으로 높음이 심하였고, 인이금승(引以金繩). 인하여 그 땅에서 때때로 광채가 발하니, 때문에 신광령(神光嶺)이라고 불렀다. 그 탑원(塔院)에서는, 사람들이 곧 육신전(肉身殿)이라고 칭하였다. 1000여년이 지나 수건(修建)하니, 상세하게 서술함이 어려웠다. (『九華山』 3 梵刹門 3 1叢林 金地藏塔)
신라	화성사(化城寺)는 천태봉(天台峯) 서남쪽에 있다. (…) 건중 2년(781) 군수(郡守) 장암(張巖)이 액(額)을 청해 지장도량(地藏道場)이 되었다. (…) 석(釋) 지장(地藏)의 속성은 김씨이고 신라국왕의 지속(支屬)이다. (…) 어느 날 홀연히 무리를 불러 이별을 알리니 간 곳을 알지 못했다. 다만 산에서 돌이 떨어지는 소리가 들렸는데, 종을 크게 두드리는 것 같았다. 가부좌하고 죽었는데, 나이가 99세였다. (794) 그 시신은 함중(函中)에 앉아 있었는데, 삼임(三稔)에 미쳐, 개장(開將)하고 입탑(入塔)하였는데, 얼굴의 모양은 살아있는 듯했다. 거여(擧舁)의 때에 골절(骨節)이 금쇄(金鎖)를 흔드는 것 같았다. (『九華山志』 3 梵刹門 3 1叢林 化城寺)
신라	당 정원 10년에 지장 왕보살(王菩薩)이 시적(示寂)하자 산이 울고 골짜기가 무너졌다. 탑을 세운 땅은 빛을 발(發)하였는데 화(火)와 같아서 인하여 이름을 신광령(神光嶺)이라고 하였다. (『九華山志』 4 靈應門 5 1往昔紀載)
신라	구화산(九華山)의 고호(古號)는 구자산(九子山)이다. (…) 못 가에 대(臺)를 세우고, 사부경(四部經)을 조(厝)하고, 종일 분향(焚香)하며, 홀로 심지(深旨)를 음미하니, 이때 나이 99세였다. 정원 10년 여름, 홀연히 무리를 불러 고별(告別)하니, 간 곳을 알지 못하였다. 다만 산에서 돌이 떨어지는 소리가 들리고, 감동이 무정(無情)하였다. 시멸(示滅)하려고 하니, 니시자(尼侍者)가 와서 말이 끝나지 않아 절에서 종을

쳤으나, 소리 없이 땅에 떨어졌다. 니(尼)가 와서 방에 들어가니, 당(堂)의 연(椽)이 3번 무너지니, 우리 사(師)가 그 신(神)인져. 좌함(坐函)에 가부좌하고, 삼주성(三周星)을 지나, 열어 탑에 들이려고 하니, 얼굴 형상이 살았을 때와 같았고, 마주드니 골절(骨節)이 움직이는 것이, 금쇄(金鎖)를 흔드는 것과 같았다. 경(經)에 이르길, 보살이 구쇄(鉤鎖:갈고리와 자물쇠)하니, 백해(百骸)가 운다고 하였다. 탑이 자리잡은 땅은 빛이 발하길 불과 같았고, 그것은 원광(圓光:부처의 몸 뒤로 내비치는 빛)과 같았다. 그 불교(佛廟)는, 군재(羣材:재능있는 사람의 무리) 체구(締構)였으며, 중력(衆力)으로 보호하였다. 일금전(一金錢)을 시(施)하고 일중과(一重果)를 보(報) 하니, 아래로는 윤왕(輪王)으로 삼고, 위로는 성지(聖地)를 등(登)하였다. 예전에 호법양리(護法良吏)가 있어, 자시력승단월등(洎施力僧檀越等)을 모두 돌에 이름을 새겼다. 심질후대(深疾後代) 불능립수적이제중(不能立殊績以濟衆) 우불능파제여재숭승인연(又不能破除餘財崇勝因緣) 탁성전(啄腥羶) 고아부(顧兒婦), 생위인비(生爲人非) 사위귀책(死爲鬼責) 슬프도다. (…) (『九華山志』 6 檀施門第六 二 財施 唐 費冠卿 九華山創建化城寺記)

신라　송인(宋人)이 말하길, 신라왕자 김지장(金地藏)은 불국지장왕(佛國地藏王)이 아니다라고 하였다. 그 구화비판(九華碑版)을 살펴보니 또한 그러하다. 그러나 지장은 여기에 와서, 당(唐) 지덕(至德) 연간(756~758) 이전에, 열반하였다. 정원 10년(794)에 제불(諸佛) 응화(應化)의 신(身)이 아니면, 어찌 당에서 샘이 솟아나 생겼으며 산의 돌이 떨어져 멀(沒)하고 쇄골(鎖骨) 굴신(屈伸)이 전과 같겠는가. 지장(地藏)의 기(岐)함이 둘이니, 또한 통식(通識)이 아니며, 유사(遊事)의 마땅함을 구구(講求)한 것이 둘이다. (『九華山志』 7 藝文門 9 記 明 劉城 遊九華記)

신라　(…) 당 비관경화성사기(費冠卿化城寺記)에 김지장이라고 칭하는 신라 왕자는 김씨의 근속(近屬)이다. 정원 10년에 나이 99세에 관경(冠卿)과 지장이 정원 사람이 되었다고 하는데, 이것은 실제 기록이다. (『九華山志』 8 志餘門 11 1雜記)

795(乙亥/신라 원성왕 11/발해 성왕 2 中興 2, 강왕 1 正曆 1/唐 貞元 11/日本 延曆 14)

신라　봄 정월에 혜충태자(惠忠太子)의 아들 준옹(俊邕)을 태자로 책봉하였다. (『三國史記』 10 新羅本紀 10)

신라　봄 정월에 죽은 태자 인겸(仁謙)의 아들 준옹을 세워 태자로 삼았다. 준옹은 일찍이 사신이 되어 당에 들어갔고 본국에서 벼슬하였는데, 그 관직이 대아찬·파진찬·재상·시중·병부령이었다. (『三國史節要』 12)

발해　(2월) 을사일(7)에 발해 대흠무(大欽茂)의 아들 숭(嵩)을 발해군왕(渤海郡王)·홀한주도독(忽汗州都督)으로 책봉하였다. (『舊唐書』 13 本紀 13 德宗 下)

발해　봄 2월 을사일(7)에 숭린(嵩鄰)을 임명하여 홀한주도독(忽汗州都督)·발해왕으로 책봉하였다. (『資治通鑑』 235 唐紀 51 德宗神武孝文皇帝)

발해　(정원) 11년 2월에 내상시(內常侍) 은지섬(殷志贍)을 보내 대숭린(嵩璘)을 발해군왕으로 책봉하였다. (『舊唐書』 199下 列傳 149下 北狄 渤海靺鞨)

발해　정원 11년 2월에 내상시 은지섬에게 명해 책서(冊書)를 가지고 발해에 가서 대숭린(大崇璘)을 발해왕 홀한주도독에 책봉하게 하였다. 숭린은 발해 대흠무(大欽茂)의 아들로 아버지의 지위를 이었다. (『册府元龜』 965 外臣部 10 封冊 3)

발해　정원 11년 2월에 내상시 은지섬이 책서를 받들고 발해왕 홀한주도독으로 책봉하였다. (『册府元龜』 967 外臣部 12 繼襲2)

발해　[전(傳)] 발해는 본래 속말말갈로 대조영에 이르러 진국왕(震國王)이라고 불렀다.

(…) 대력 연간(766~779)에 25번, 정원 연간(785~804)에 4번, 원화 연간(806~820)에 16번 조헌(朝獻)하였다. (…) 회창 연간(841~846)에 4번, 함통 연간(860~873)에 3번 보냈다. 처음에 그 왕은 자주 여러 아들을 보내 경사(京師)의 대학습(大學習)에 이르러 고금제도(古今制度)를 알아 마침내 해동성국(海東盛國)이 되었다[실록에는 정원 11년(795) 2월 을사일(7)에, 숭린(嵩鄰)을 책봉하고 발해왕이라고 하였다고 한다.[(지(志)) 장건장발해국기삼권(張建章渤海國記三卷)] (『玉海』 153 朝貢·外夷來朝·內附 唐渤海遣子入侍)

백제 4월 무신일(11)에 곡연(曲宴)이 열렸다. 천황이 고가(古歌)를 노래하기를 (…) 라고 한 뒤 칙을 내려 상시(尙侍) 종3위 백제왕 명신(明信)으로 하여금 화답하여 노래하게 하였으나 (명신이) 하지 못하였다. 천황이 스스로 대신 화답하여 노래하기를 (…) 라고 하니 시신(侍臣)이 만세를 불렀다. (『類聚國史』 75 曲宴)

신라 여름 4월에 가물었다. 왕이 친히 죄수를 심사하니, 6월에 이르러 비가 왔다. (『三國史記』 10 新羅本紀 10)

신라 여름 4월에 가물었다. 왕이 친히 죄수를 심사하니, 6월에 이르러 비가 왔다. (『三國史節要』 12)

발해 화상(和尙)의 이름은 무명(無名)이며 자(字)는 방편(方便)이다. 속성은 고씨로 발해에서 명망있는 집안 출신으로, 낙양(洛陽)에서 가정을 이루었다. 멀리부터 의관이 이어지고 가까이는 종정(鍾鼎)에 이어졌지만, 이미 석씨(釋氏)의 명족(命族)이 된 까닭으로 기재하지 않는다. 그 흘러온 근원이 맑으니, 복이 후손에 이어지고, 오래 기억되고 영원한 빛을 비추면서 모이게 하실 분은 오지 우리 대사 뿐이다. (…) 만년에 불도를 닦는 동료들을 돌아보고 말하기를 "옛적에 선사(先師) 능인(能仁)께서 구시(拘屍)에서 열반의 자취를 보이셨다. 내가 청량산(淸涼山)을 보건대, 대성(大聖) 문수사리(文殊師利)와 일만성중(一萬聖衆)이 항상 묘법(妙法)을 강설하시고 있다. 이는 중국의 승지(勝地)이니, 진실로 의탁하여 거처할 만하다. 이에 지팡이를 지고 瓶을 들고 다섯 봉우리를 두루 돌아다녔다. 처음 청량산의 전봉(前峰) 철륵난약(鐵勒蘭若)에 이르렀다. (…) 도시로부터 산으로 돌아와 곧 불광정사(佛光精舍)에 머물렀다. 정원 9년 12월 12일, 공양을 드시고 병 없이 입적하셨다. 이에 그뭄에 이르도록 일찍이 맑아지지 않았다. 또 가부좌(跏趺坐)를 한 모습이 엄연한 것이 선정(禪定)에 들은 것 같았다. 처음 7재(齋)를 시작할 때부터 7재를 마치는 동안 안색이 희이(熙怡)하셨으니, 보는 이들이 경탄(驚歎)하였다. 식자(識者)들이 말하였다. "대개 선정방(選定方)을 소지(所持)하신 것이다." 향년 72세로, 승랍(僧臘)은 43세였다. 원융장막(元戎將幕)에서 멀리부터 금전(金錢)을 시주하여 보탑(寶塔)을 꾸미니, 즉 절의 중봉(中峰)에 전신사리(全身舍利) 자리를 만들었다. (…) 대당 정원 11년(795) 5월 25일 세우다. (「無名和尙 塔銘」)

백제 8월 신미일(7)에 육오진수장군(陸奧鎭守將軍) 백제왕 준철(俊哲)이 죽었다. (『日本紀略』)

신라 가을 8월에 서리가 내려 곡물이 해를 입었다. (『三國史記』 10 新羅本紀 10)

신라 가을 8월에 서리가 내려 곡물이 해를 입었다. (『三國史節要』 12)

발해 11월 병신일(3)에 출우국(出羽國)에서 말하였다. "발해국사(渤海國使) 려정림(呂定琳)

등 68명이 이지지(夷地志) 이파촌(理波村)에 표착(漂着)하였다. 인하여 겁략(劫略)을 당하여 사람이 도망하가고 물건이 흩어졌다." 칙을 내려 월후국(越後國)으로 하고 이전의 사례에 따라 공급하여 주었다. (『日本後紀』 5 桓武紀)

발해 11월 병신일(3)에 출우국(出羽國)에서 말하였다. "발해국사 려정림 등 68명이 이지지(夷地志) 이파촌에 표착하였다. 인하여 겁략을 당하여 사람이 도망하가고 물건이 흩어졌다." 칙을 내려 월후국으로 하고 이전의 사례에 따라 공급하여 주었다. (『類聚國史』 193 殊俗部 渤海 上)

발해 (정원) 11년 12월에 말갈도독(靺鞨都督) 밀아고(密阿古) 등 22명을 모두 중랑장(中郎將)으로 임명하고 본국에서 돌아가게 하였다. (『唐會要』 96 渤海)

신라 원성왕 즉위 11년 을해년에 당 사신이 왕경에 와서 한 달 동안 머물다가 돌아갔다. 그 다음날 두 여자가 내정(內庭)에 와서 아뢰기를 "저희들은 동지(東池)와 청지(靑池) 청지는 바로 동천사(東泉寺)의 샘이다. 사찰 기록에 이르기를 "이 샘은 동해의 용이 왕래하며 불법을 듣던 곳이다. 사찰은 진평왕(眞平王)이 지은 것으로서 5백 성중(聖衆)과 5층탑과 전민(田民)까지 헌납했다."고 한다에 있는 두 용의 아내입니다. 그런데 당 사신이 두 명의 하서국인(河西國人)을 거느리고 와서 우리의 남편인 두 용과 분황사(芬皇寺) 우물의 용 등 세 마리 용에 주술을 부려 작은 물고기로 변하게 하여 통 속에 담아 돌아갔습니다. 원컨대 폐하께서는 부디 두 사람에게 칙명을 내리시어 나라를 지키는 용인 우리 남편 등을 머무르도록 해 주시옵소서." 하였다. 왕은 추격하여 하양관(河陽館)에 이르러 친히 연회를 베풀고 하서국 사람들에게 칙명하여 이르기를 "너희들은 어찌하여 우리나라의 세 용을 붙잡아 여기까지 이르렀느냐 만일 사실대로 고하지 않으면 반드시 극형을 가할 것이다." 하였다. 이에 [하서국 사람들이] 세 마리의 물고기를 내어 바치므로 세 곳에 풀어주도록 하자, 각각의 연못물이 한길이나 솟아오르고 [용들은] 기뻐하며 뛰다가 가버렸다. 당 사람들은 왕의 밝은 지혜에 감복했다. (『三國遺事』 2 紀異 2 元聖大王)

신라 당 개원 말(741)에 신라국 왕자 김교각(金喬覺)이 구화(九華)에 이르러 머물고 고행 10여년이었다. 지덕(至德) 연간 초(756~757)에 이르러 제갈절(諸葛節)이 그를 위해 전우(殿宇)를 세웠다. 그 후에 승도가 날로 많아졌다. 정원 11년에 결부좌하고 죽었다. 죽은 후 영이(靈異)가 경주(經中)에 소재(所載)한 지장보살서상(地藏菩薩瑞相)과 서로 같아 지장보살이 세상에 내려왔음을 알았다. 조정에서 사액(寺額)을 내려 화성(化城)이라고 하였다. 마침내 지장보살도량이 되어 지금 다 김지장(金地藏)이라고 칭하여 말한다. (『九華山志』 2 形勝門 2 民國蔣維喬九華山紀遊)

796(丙子/신라 원성왕 12/발해 강왕 2 正曆 2/唐 貞元 12/日本 延曆 15)

고구려 (정원) 12년 정월에 검교상서우복야(檢校尙書右僕射)가 되었다. (『舊唐書』 124 列傳 74 李師古)

신라 봄에 경도(京都)에 기근과 역병(疫病)이 돌아, 왕이 창고를 열고 진휼하였다.春 (『三國史記』 10 新羅本紀 10)

신라 봄에 경도에 기근과 역병이 돌아, 왕이 창고를 열고 진휼하였다. (『三國史節要』 12)

신라 여름 4월에 시중 언승(彦昇)을 병부령으로 삼고 이찬 지원(智原)을 시중으로 삼았다. (『三國史記』 10 新羅本紀 10)

신라 여름 4월에 시중 언승을 병부령으로 삼고 이찬 지원을 시중으로 삼았다. (『三國史節要』 12)

발해 4월 무자일(27)에 발해국이 사신을 보내어 방물을 바쳤다. 그 왕(문왕)이 계(啓)에서 말하였다. "이별의 슬픔을 갖추고 씁니다. 천왕폐하를 엎드려 생각하니, 만복이 움직이고 멈추고, 먹고 자는데 항상 승리하십시오. 숭린이 진실로 잠깐 보아, 갑자기 상을 당하니, 여러 관료들이 의로써 뜻을 빼앗고, 정을 억눌러, 대를 이어서 터전에서 일어나, 선열의 혈통으로 옛것에 의지하는 바로 알현하는 강역을 봉함에 처음과 같습니다. 스스로 돌아보아 생각하건데, 특별 한 은혜가 가득차고, 바다와 땅을 감독하고 낭낭함이 하늘을 끊게 합니다. 찬을 받들메 말 이암이 없고, 무리가 늘어 마음이 기울었습니다. 삼가 조정의 대부공부랑중 여정림등이 바다를 건너 거쳐하여 겸하여 길을 닦아 옛부터 좋아했는데 그 작은 토산물과 따로 문서를 갖추었는데, 황미(荒迷)하여 어쩌지 못합니다. 또 상(喪)을 알리는 계(啓)에서 말하였다. "하늘이 화를 내려 조대행대왕(祖大行大王)이 대흥(大興) 57년 3월 4일에 돌아가셔 선린(善隣)의 뜻으로 반드시 길흉(吉凶)을 묻는데, 창명(滄溟)이 막혀 늦게 알린 이유입니다. 숭린이 장(狀)이 없어 화를 불러 스스로 멸망하지 않고 허물로 효도하지 않고 혹독한 재앙과 고통이 삼가 장령(狀另)으로 계를 바치니 황미(荒迷)하여 어쩌지 못하며 고손(孤孫) 대숭린이 머리를 조아립니다. 또 당 학문승 영충(永忠) 등이 부서(附書)를 바쳤는데, 발해국은 고려의 옛 땅이다. 천명개별(천지)천황 7년(668)에 고구려왕 고씨는 당에게 멸망되었다. 후에 하늘이 진종풍조부(문무)천황 2년(698)에 대조영이 발해국을 건국하였다. 화동(和銅) 6년(713)에서 당이 그 나를 책립(冊立)하여 받았다. 길이는 2천리이고 주현관역(州縣館驛)이 없으며 곳곳에 촌리(村里)가 있는데, 모두 말갈의 부락이다. 그 백성은 말갈이 많고 토인(土人)은 적은데 모두 토인으로써 촌장을 삼았다. 대촌을 도독(都督)이라 하였고 다음은 자사(刺史)라고 하였으며 그 아래의 백성은 모두 수령(首領)이라 하였다. 토지가 너무 추워 수전(水田)이 맞지 않으며 풍속은 자못 책을 알았다. 고씨로부터 와서 조공이 끊이지 않았다. (『日本後紀』 5 桓武紀)

발해 4월 무자일[27]에 발해국이 사신을 보내어 방물을 바쳤다. 그 왕(문왕)이 계(啓)에서 말하였다. (…) 또 상(喪)을 알리는 계(啓)에서 말하였다. (…) 또 당 학문승 영충(永忠) 등이 부서(附書)를 바쳤는데, 발해국은 고려의 옛 땅이다. 천명개별(천지)천황 7년(668)에 고구려왕 고씨는 당에게 멸망되었다. 후에 하늘이 진종풍조부(문무)천황 2년(698)에 대조영이 발해국을 건국하였다. 화동(和銅) 6년(713)에서 당이 그 나를 책립(冊立)하여 받았다. 길이는 2천리이고 주현관역(州縣館驛)이 없으며 곳곳에 촌리(村里)가 있는데, 모두 말갈의 부락이다. 그 백성은 말갈이 많고 토인(土人)은 적은데 모두 토인으로써 촌장을 삼았다. 대촌을 도독(都督)이라 하였고 다음은 자사(刺史)라고 하였으며 그 아래의 백성은 모두 수령(首領)이라 하였다. 토지가 너무 추워 수전(水田)이 맞지 않으며 풍속은 자못 책을 알았다. 고씨로부터 와서 조공이 끊이지 않았다. (『類聚國史』 193 殊俗部 渤海 上)

발해 5월 정미일(17)에 발해국사 여정림(呂定琳) 등이 번(蕃)으로 돌아가자 정6위상(正六位上) 행상야개어장(行上野介御長) 진인광악(眞人廣岳), 저6위상(正六位上) 행식부대록(行式部大錄) 상원공추성(桑原公秋成) 등을 보내어 호송하였다. 이어 그 왕에게 쇄서(璽書)를 내려 말하였다. "천황이 발해국왕에게 경문(敬問)한다. 짐의 운수는 하무(下武)를 잇고 업(業)은 수천(守天)에 응(膺)하였다. 덕택(德澤)은 미치고 담(覃)을 유(攸)하고 이미 동궤(同軌)를 화합한 것이 있고 풍속을 교화하여 펼친 바 이역

(異域)을 거리 두지 않았다. 왕은 새롭게 선기(先基)를 잇고 재빠르게 구복(舊服)에 임하라. 아름다움은 상국(上國)을 흠모하고 예신(禮信)은 궐정(闕庭)에서 힘써라. 정성을 돌아보고 임무에 깊게 경위(慶慰)하라. 그리고 유사에게 아뢰게 하여 승보(勝寶) 이전의 계를 자주 헤아리고 치우친 체제를 존(存)하고 사의(詞義)는 관(觀)하라. 지금 정림이 올린 계를 검토해 보니 수미(首尾)가 일치하지 않고 이미 구의(舊儀)에 어긋난다. 짐은 수빙(修聘)의 도로써 예경을 먼저한다. 진실로 여거에 어그러지만 어찌 반드시 왕래하리오. 다만 정림 등이 변이(邊夷)에 표착하여 모두 겁박을 당하여 겨우 목숨을 보존하였다. 말로 간고(艱苦)를 생각한다면 마음에 근심이 있다. 이에 후히 칭찬을 더하고 위로를 보낸다. 또 선왕은 노력함이 없어 하수(遐壽)를 끝내지 못하였다. 그것을 들으니 측은하고 정을 그칠 수 가 없다. 지금 정림 등이 돌아가는 차에 의거하여 특별히 견(絹) 20필, 시(絁) 20필, 사(糸) 100구(絇), 면 200둔(屯)을 주니 이로써 원신(遠信)으로 충당하라. 극진하게 마땅히 그것을 받아라. 여름의 열기에 왕 및 수령 백성은 평안하고 건강하라. 대체로 이 서(書)를 남겨 일이(一二)도 위(委)가 없다". 또 정림에게 붙여 태정관서를 재당승(在唐僧) 영충(永忠) 등에게 내려 말하였다. "지금 정림 등이 돌아갈 대 사금소(沙金少) 300량을 내려 영충등 에게 충당하게 하라."(『日本後紀』 5 桓武紀)

발해 5월 정미일[17]에 발해국사 여정림(呂定琳) 등이 번(蕃)으로 돌아가자 정6위상(正六位上) 행상야개어장(行上野介御長) 진인광악(眞人廣岳), 저6위상(正六位上) 행식부대록(行式部大錄) 상원공추성(桑原公秋成) 등을 보내어 호송하였다. 이어 그 왕에게 쇄서(璽書)를 내려 말하였다. (…) 또 정림에게 붙여 태정관서를 재당승(在唐僧) 영충(永忠) 등에게 내려 말하였다. (…) (『類聚國史』 193 殊俗部 渤海 上)

발해 겨울 10월 기미일(2)에 정6위상 어장진인광악(御長眞人廣岳) 등이 발해국으로부터 돌아왔다. 그 왕이 아뢰었다. "숭린(嵩璘)이 아룁니다. 파도를 좇아 사신을 보내 삼가 마음으로부터의 예를 폅니다. 우두커니 서서 아름다운 돌보심을 받고 헛되이 우러러보기만 하였습니다. 천황께서 문득 두터운 사랑을 내리시고 칙사를 보내시니 아름다운 안부의 말씀이 귀에 가득하고 진귀한 것이 눈에 넘칩니다. 올려 보고 내려 보아도 스스로 기뻐, 엎드려 더욱 慰安이 됩니다. 정림(定琳) 등은 변방의 포로가 될 줄을 헤아리지 못하고 적지에 빠졌는데, 불쌍히 여기는 마음으로 도와주셔서 살아 본국에 돌아왔으니 오직 천황께서 그렇게 해주신 것이고 가고 머무르는 것이 모두 같이 의존하는 바가 되었습니다. 숭린은 덕이 적음에도 다행히 좋은 때를 당하여 외람되게 관작은 선조의 것을 이었고 토지는 옛날에 봉한 것을 이어 받았습니다. 황제의 명을 전하는 칙서가 겨울 중에 이르렀고 금인(金印)과 자줏빛 인수는 먼 밖에서도 빛납니다. 훌륭한 나라에 예의를 닦고 귀국(貴國)과 교류를 맺어 매년 조회하여 찾아뵙고 돛과 닻을 서로 바라보고자 생각했습니다. 그러나 재목으로 쓸 큰 나무는 토질상 생장하기 어려워 조그만 배로 바다에 띄우게 되니 침몰하지 않을까 할 정도로 위험합니다. 또한 바다를 통하여 일을 성취하지 않으면 오랑캐의 해를 만나게 됩니다. 비록 성대한 교화를 흠모하여도 길이 막혔으니 어찌하겠습니까. 옛날의 우호를 오랫동안 찾았는데, 다행히 왕래를 허락하였습니다. 그러면서도 보내는 사신 수는 20명을 넘지 않도록 제한하여 그것을 불변(不變)의 규칙으로 삼았습니다. 기한의 길고 짧음은 그 쪽의 재량에 맡기되, 그것을 정하는 사신을 이번 가을에 보내주기를 바랍니다. 왕래기한을 허락하면 이웃을 덕되게 하는 것이 항상 있을 터이고, 일이 바랬던 것과는 다르면 따르지 않음을 충분히 보여주십시오. 부쳐 보낸 견 20필, 시(絁) 20필, 사(絲) 100구(絇), 면 200둔(屯)을 수량대로 받았습니다. 지금 광악(廣岳) 등은 사신의 직무를 대충 마쳤습니다. 이를 때를 구하는 마음에서 문득 사람을 뽑아 사신을 보내주고 새로운 명을 내려주신 데 대하여 감사하고자 하였으나, 사신 등이 우리 조정의 뜻을 받들지 않고 사양하므로 감히 더 이상 머물게할 수 없어 그들의 의도에 따릅니다. 삼가 돌아가는 사신 편에 土物을 부쳐 올리니 그것은 다른 書狀에 갖추어져 있습니다. 누추하고 보잘것 없다는 것을 스스로 알고 있으므로 부끄러움을 이기지 못하겠습니다." (『日本後紀』 5 桓武紀)

발해 겨울 10월 기미일[2]에 정6위상 어장진인광악(御長眞人廣岳) 등이 발해국으로부터 돌아왔다. 그 왕이 아뢰었다. (…) (『類聚國史』 193 殊俗部 渤海 上)

발해 (겨울 10월) 임신일(15), 이보다 앞에 발해국왕이 올렸던 서신은 문체에 일정한 틀이 없고 말에 불손한 것이 많았는데 지금 올린 상계(狀啓)는 처음에서 끝까지 예의를 잃지 않았고 말에 성의가 보였다. 여러 신하들이 表를 올려 축하하여 말하였다. "신(臣) 신(神) 등은 아룁니다. 신이 듣건대, 대인이 시대를 순화시킴에는 덕을 근본으로 삼고 현명한 왕이 세상에 대응함에는 먼 곳을 품어 위로하는 것을 으뜸으로 삼는다고 합니다. 그런 까닭에 은대(殷代)에는 온 세상이 인(仁)에 귀의하였고 주대(周代)에는 구이(九夷)가 법도에 순응하였습니다. 엎드려 생각하건대 천황폐하께서는 하늘을 우러러 나라의 법을 만드셨고 땅을 쥐고서 규칙을 이루셨습니다. 해뜨는 지역에 있으면서 흠모의 명성을 날리고 바람부는 지역에서 교화를 폈으니 진실로 만물을 낳아 기르는 천대의 황제이시고 재주와 덕을 드러내지 않는 백대의 제왕이십니다. 최근에 송발해객사어장진인광악(送渤海客使御長眞人廣岳) 등이 돌아옴에, 그 나라에서 올린 표문을 보니 뜻이 공손하고 마음으로부터 우러나오는 예는 볼 만하였으며 중간의 잘못된 계책을 뉘우치고 선조의 발자취를 다시 되찾고자 하였습니다. 더욱이 산을 따라 걷고 바다에 배를 띄워 왕래하는 길의 어려움을 돌보지 않고 자신을 이기고 지난 날을 뉘우쳐 비로소 조공의 연한을 청했습니다. 흰 옥 가락지를 서쪽에서 바치고 고시(楛矢)를 동쪽에서 바치는 것과 어찌 같은 날에 말할 수 있겠습니까. 신 등은 다행히 조정의 열위(列位)에 서고 특별한 경사를 만날 수 있었으니 기쁨을 이기지 못해 삼가 대궐에 나와 표문을 올려 아룁니다."(『日本後紀』 5 桓武紀)

발해 (겨울 10월) 임신일[15], 이보다 앞에 발해국왕이 올렸던 서신은 문체에 일정한 틀이 없고 말에 불손한 것이 많았는데 지금 올린 상계(狀啓)는 처음에서 끝까지 예의를 잃지 않았고 말에 성의가 보였다. 여러 신하들이 表를 올려 축하하여 말하였다. "신(臣) 신(神) 등은 아룁니다. 신이 듣건대, 대인이 시대를 순화시킴에는 덕을 근본으로 삼고 현명한 왕이 세상에 대응함에는 먼 곳을 품어 위로하는 것을 으뜸으로 삼는다고 합니다. 그런 까닭에 은대(殷代)에는 온 세상이 인(仁)에 귀의하였고 주대(周代)에는 구이(九夷)가 법도에 순응하였습니다. 엎드려 생각하건대 천황폐하께서는 하늘을 우러러 나라의 법을 만드셨고 땅을 쥐고서 규칙을 이루셨습니다. 해뜨는 지역에 있으면서 흠모의 명성을 날리고 바람부는 지역에서 교화를 폈으니 진실로 만물을 낳아 기르는 천대의 황제이시고 재주와 덕을 드러내지 않는 백대의 제왕이십니다. 최근에 송발해객사어장진인광악(送渤海客使御長眞人廣岳) 등이 돌아옴에, 그 나라에서 올린 표문을 보니 뜻이 공손하고 마음으로부터 우러나오는 예는 볼 만하였으며 중간의 잘못된 계책을 뉘우치고 선조의 발자취를 다시 되찾고자 하였습니다. 더욱이 산을 따라 걷고 바다에 배를 띄워 왕래하는 길의 어려움을 돌보지 않고 자신을 이기고 지난 날을 뉘우쳐 비로소 조공의 연한을 청했습니다. 흰 옥 가락지를 서쪽에서 바치고 고시(楛矢)를 동쪽에서 바치는 것과 어찌 같은 날에 말할 수 있겠습니까. 신 등은 다행히 조정의 열위(列位)에 서고 특별한 경사를 만날 수 있었으니 기쁨을 이기지 못해 삼가 대궐에 나와 표문을 올려 아룁니다." (『類聚國史』 193 殊

俗部 渤海 上)

백제　(11월) 정유일(10)에 관위가 없는 도야여왕(嶋野女王), 백제왕 효법(孝法), 백제왕 혜신(惠信), 화기조신광자(和氣朝臣廣子) (…) 금부련진노(錦部連眞奴) 등에게 종5위상을 주었다. (…) (『日本後紀』 5 桓武紀)

고구려　(정원 12년) 11월에 이사고는 정모(丁母)의 우(憂)가 있었는데 기복(起復)으로 좌금오상장군동정(左金吾上將軍同正)이 되었다. (『舊唐書』 124 列傳 74 李師古)

797(丁丑/신라 원성왕 13/발해 강왕 3 正曆 3/唐 貞元 13/日本 延曆 16)

백제　(봄 정월 갑오일(7)) 종4위하 백제왕 현경(玄鏡), 등원조신을예(藤原朝臣乙叡), 다치비진인해(多治比眞人海)에게 종4위상을 주었다. (…) 정6위상 다치비진인도작(多治比眞人道作) (…) 백제왕 총철(聰哲), 좌백숙녜응성(佐伯宿禰鷹成), 석천조신도익(石川朝臣道益), 화조신건남(和朝臣建男), 안배소전조신야수(安倍小殿朝臣野守), 중신환조신풍국(中臣丸朝臣豊國)에게 종5위하를 주었다. (…) (『日本後紀』 5 桓武紀)

백제　(봄 정월 경자일(13)) 종5위하 백제왕 원승(元勝)을 안방수(安房守)로 삼고 (…) 종5위하 백제왕 총철(聰哲)을 출우수(出羽守)로 삼았다. (…) (『日本後紀』 5 桓武紀)

백제　(봄 정월) 신해일(24)에 능등국(能登國) 출사(出咋)·능등(能登) 2군(郡)에서 몰수한 관전(官田)과 림야 77정(町)을 상시(尙侍) 종3위 백제왕 명신(明信)에게 주었다. (『日本後紀』 5 桓武紀)

백제　(2월) 계해일(7)에 칙을 내려, 종5위상 도야여왕(嶋野女王), 백제왕 효법(孝法), 백제왕 혜신(惠信) (…) 종5위하 궁삭숙녜미농인(弓削宿禰美濃人) 등에게 위전(位田)을 주었는데, 남자에 준하여 지급하였다. (『日本後紀』 5 桓武紀)

발해　(2월 기사일(13)) 이 때에 이르러 (續日本紀)를 완성하였다. 표를 올려 말하였다. “신이 듣건대 삼분오전(三墳五典)은 상대(上代)의 풍속을 지니고 있고 좌언우사(左言右事)는 중대(中代)의 자취를 기록해 놓았습니다. 그 이후로 세상에는 사관(史官)이 있어 착한 일은 비록 조그만 것이라도 반드시 기록하였고 나쁜 일은 미미하더라도 숨기지 않아 모두 능히 서책에 밝게 드러내어, 백대의 왕에게 본보기를 드리워 경계할 것과 본받을 것을 밝혀 천년의 지침이 되었습니다. 엎드려 생각건대 천황폐하의 덕은 주(周) 문왕[四乳]처럼 빛나고 도는 요임금[八眉]에 합치하였습니다. 밝은 거울을 쥐고서 모든 정사를 총괄하고 신령스러운 구슬을 품고서 천하에 임하시어 마침내 어짐이 발해의 북쪽에까지 덮혀 貊 종족으로 하여금 귀복(歸服)할 마음을 갖게 하였고 위엄은 일하(日河)의 동쪽에까지 떨쳐 짐승같은 오랑캐로 하여금 두려움을 느끼게 하였습니다. 전대에 교화하지 못한 것을 교화하고 선대 황제께서 신하로 삼지 못한 것을 신하로 삼았으니 높고 높은 덕이 성하지 않으면 누가 이보다 능하겠습니까.” (…) (『日本後紀』 5 桓武紀)

백제　(3월 계축일(27)) 종4위하 백제왕 영손(英孫)을 우병위독(右兵衛督)으로 삼았다. (『日本後紀』 5 桓武紀)

칙(勅) 백제왕등이 멀리 서 황화(皇化)를 흠모하여 바다를 건너고 산을 넘어 거너바드를 輸欵함이 오래되었다. 신공섭정(神功攝政)의 대에 초고왕(肖古王)이 사시을 보내 그 방물을 바쳤고 島御宇의 해를 넘어 즉 귀수왕(貴須王)이 사람을 뽑아 그 재사(才士)를 바쳐 문교(文敎)가 그것으로써 흥하였고 유풍(儒風)이 말미암아 널리 퍼지게 되어 밝게 빛나 지금에 성하게 되었다. 또 신라의 잔학함은 부여를 병탄하여 속하게 한 즉 종(宗)을 들어 인(仁)으로 돌아가게 하였다. 우리 사서(士庶)를 위하여 힘을 다해 일을 따르고 밤낮으로 공을 받들었다. 짐은 그 충성을 아름답게 여겨 깊은 정으로 긍휼히 여겨 백제왕 등에게 부과한 잡역을 영원히 면제할 것이다. 해야하는 일이 있지 말지며 주자(主者)는 시행하라.
연력 16년 5월 28일 (『類聚三代格』17 蠲免事)

신라　　가을 9월에 나라 동쪽에 황충(蝗蟲)이 발생해 곡물에 해를 입었다. (『三國史記』10 新羅本紀 10)

신라　　가을 9월에 나라 동쪽에 황충이 발생해 곡물에 해를 입었다. (『三國史節要』12)

신라　　(가을 9월) 홍수로 산이 무너졌다. (『三國史記』10 新羅本紀 10)

신라　　(가을 9월) 홍수로 산이 무너졌다. (『三國史節要』12)

신라　　(가을 9월) 시중 지원(智原)이 물러나자 아찬 김삼조(金三朝)를 시중으로 삼았다. (『三國史記』10 新羅本紀 10)

신라　　(가을 9월) 시중 지원이 물러나자 아찬 김삼조가 그를 대신하였다. (『三國史節要』12)

신라　　좌이방부(左理方府) (…) 사(史)는 15명으로 원성왕 13년에 5명을 줄였다. (『三國史記』38 雜志 7 職官 上)

신라　　좌이방부의 사(史) 5명을 줄였다. (『三國史節要』12)

798(戊寅/신라 원성왕 14/발해 강왕 4 正曆 4/唐 貞元 14/日本 延曆 17)

백제　　정월 임신일에 하내국(河內國)의 곡식(稻) 2천속(束)을 백제사(百濟寺)에 시주해 넣었다. (『類聚國史』182 施入物)

고구려　　정원 14년 2월 무오일(7)에 인덕전(麟德殿)에서 구부악(九部樂)을 연주하였다. (『玉海』105 音樂·樂3 唐九部樂·十部樂·十四國樂·二部樂)

신라　　봄 3월에 궁 남쪽 누교(樓橋)가 불탔다. (『三國史記』10 新羅本紀 10)

신라　　봄 3월에 궁 남쪽 누교가 불탔다. (『三國史節要』12)

신라　　(봄 3월) 망덕사(望德寺)의 두 탑이 서로 부딪혔다. (『三國史記』10 新羅本紀 10)

신라　　(봄 3월) 망덕사의 두 탑이 서로 부딪혔다. (『三國史節要』12)

발해　　(정원) 14년에 이르러 3월에 발해군왕(渤海郡王) 겸 효위대장군(驍衛大將軍) 홀한주도독(忽汗州都督) 대숭린(大嵩璘)에게 더하여 은청광대부(銀靑光大夫) 검교사공검교사공(檢校司空檢校司空)을 삼고 발해군왕으로 책봉하였고 예전과 같이 홀한주도독(忽汗州都督)으로 하였다. 이전에 숭린의 아버지 흠무(欽茂)가 개원(開元) 26년(738)에 그 아버지 무예(武藝)를 이어 홀한주도독발해군왕(忽汗州都督渤海郡王) 좌금오대장군(左金吾大將軍)이 되었다. 천보(天寶) 연간에 특진(特進) 태자첨사(太子詹事)가 더해졌고 보응(寶應) 원년에 흠무(欽茂)를 발해군왕으로 삼았다. 대력(大歷) 연간에 사공(司空) 태위(太尉)가 더해졌다. 숭린이 왕위를 잇게 됨에 미쳐 단지 그 군왕(郡王) 장군(將軍)을 받았다. 숭린이 사신을 보내 서리(敘理)하니 책명을 더하였다. (『唐會要』 96 渤海)

발해 　당 덕종 정원 14년 3월에 발해군왕 겸 좌효위대장군(左驍衛大將軍) 홀한주도독 대숭린에게 더하여 은청광대부 간교사공(簡較司空)을 주고 발해국왕에 책봉하였으며 예전대로 홀한주도독으로 하였다. 대숭린의 아버지 흠무(欽茂)가 개원(開元) 26년(738)에 그 아버지 무예(武藝)를 이어 홀한주도독발해군왕(忽汗州都督渤海郡王) 좌금오대장군(左金吾大將軍)이 되었다. 천보(天寶) 연간에 특진(特進) 태자첨사빈객(太子詹事賓客)이 더해졌고 보응(寶應) 원년에 발해군왕에 봉해졌다. 대력(大歷) 연간에는 또 사공(司空) 태위(太尉)가 더해졌다. 숭린이 왕위를 잇게 됨에 미쳐 단지 그 군왕(郡王) 장군(將軍)을 받았다. 숭린이 사신을 보내 서례(敘禮)하니 책명을 더하였다. (『冊府元龜』 965 外臣部 10 封冊 3)

발해 　(정원) 14년에 은청광록대부검교사공(銀靑光祿大夫檢校司空)을 더하여 주고 발해군왕(渤海國王)으로 진봉(進封)하였다. 숭린의 아버지 흠무(欽茂)가 개원(開元) 26년 (738)에 그 아버지 무예(武藝)를 이어 홀한주도독발해군왕(忽汗州都督渤海郡王) 좌금오대장군(左金吾大將軍)이 되었다. 천보(天寶) 연간에 특진(特進) 태자첨사빈객(太子詹事賓客)이 더해졌고 보응(寶應) 원년에 국왕으로 봉하였으며 대력(大歷) 연간(766~799)에 사공(司空) 태위(太尉)가 더해졌다. 숭린이 왕위를 잇게 됨에 미쳐 단지 그 군왕(郡王) 장군(將軍) 뿐이었다. 숭린이 사신을 보내 서리(敘理)하니 다시 책명을 더하였다. (『舊唐書』 199下 列傳 149下 北狄 渤海靺鞨)

발해 　흠무의 작은 아들 숭린이 왕위에 올라 연호를 정력(正歷)으로 고치니, 조서를 내려 좌효위대장군(右驍衛大將軍)을 제수(除授)하고 왕(王)을 세습시켰다. (『新唐書』 219 列傳 144 北狄 渤海)

발해 　4월 갑술일(24)에 외종5위하(外從五位下) 내장숙네(內藏宿禰) 하무마려(賀茂麻呂)를 견발해사(遣渤海使)로 삼고 정6위상(正六位上) 어사숙네(御使宿禰) 금사(今嗣)를 판관(判官)으로 삼았다. (『日本後紀』 5 桓武紀)

발해 　4월 갑술일[24]일에 외종5위하(外從五位下) 내장숙네(內藏宿禰) 하무마려(賀茂麻呂)를 견발해사(遣渤海使)로 보내고 정6위상(正六位上) 어사숙네(御使宿禰) 금사(今嗣)를 판관(判官)으로 삼았다. (『類聚國史』 193 殊俗部 渤海 上)

발해 　5월 무술일(19)에 발해국사 내장숙네하무(內藏宿禰賀茂) 등을 보내 사견(辭見)하고 인하여 그 왕에게 쇄서(璽書)를 내려 말하였다. "천황은 공손히 발해국왕에게 문(問)한다. 지난해 광악(廣岳) 등이 돌아갈 때 계(啓)를 살펴 그것을 갖추어 더욱 위문의 뜻이 있었다. 저 발해국은 창명(滄溟)으로 떨어져 있어 대대로 빙례(聘禮)를 닦고 스스로 왔다. 지난 번 고씨를 계승하여 매년 교화를 사모하고 서로 살펴 대가(大家)가 다시 기틀 잡아 또한 바람으로 점을 쳐서 그치지 않았다. 중간의 서소(書疏)는 오만하고 구의(舊儀)이 어긋났다. 이 때문에 저 행인을 기다렸는데 상례가 아니었다. 왕은 낭렬(曩烈)을 추종하고 빙(聘)을 지금에 닦았다. 인하여 격년(隔年)의 재(裁)를 청하고 영세(永歲)의 칙(則)을 만들어 서(庶)하였다. 정성이 드러난 바 깊은 아름다음이 있다. 짐은 삼가 예도(睿圖)를 응(膺)하고 신기(神器)를 이어 받아 성교(聲教)의 방자(傍洎)가 이미 삭남(朔南)에 치우침이 없다. 구우(區寓)가 비록 다르나 어찌 회포에 거리가 있으리오. 때문에 저가 청한 바에 따라서 그 왕래를 허락한다. 사신의 수는 다소(多少)를 한정하지 말라. 단지 큰 바다의 끝이 없음을 돌아보고 조각배로 항해함이 없다면 놀란 바람은 파도를 춤추게 하고 움직이지 않으면 근심을 만날 것이다. 만약 매년을 기한으로 한다면 헤아리기가 어볍다. 사이를 6년으로 한다면 원근이 마땅히 합할 것이다. 때문에 종5위하(從五位下) 행하내국개내장숙녜하만(行河內國介內藏宿禰賀萬) 등을 보내어 사신으로 충당하여 보내고 짐의 뜻을 알리게 할 것이다. 아울러 신물(信物)을 부치는데 그 수는 별도와 같다. 뜨거운 여름 날 오직 왕이 좋기만을 청한다. 관리와 백성에게 아울러 존문(存問)한다. 대체로 이 서(書)를 남기니 말은 다 하지 않았다." 또 재당유학승(在唐留學僧) 영충(永忠) 등에게 글을 내려 말하였다. (…) (『日本後紀』7 桓武紀)

발해 5월 무술일[19]에 발해국사 내장숙녜하무(內藏宿禰賀茂) 등을 보내 사견(辭見)하고 인하여 그 왕에게 쇄서(璽書)를 내려 말하였다. (…) 또 재당유학승(在唐留學僧) 영충(永忠) 등에게 글을 내려 말하였다. (…) (『類聚國史』193 殊俗部 渤海 上)

신라 여름 6월에 가뭄이 들었다. (『三國史記』10 新羅本紀 10)

신라 여름 6월에 가뭄이 들었다. (『三國史節要』12)

신라 (여름 6월) 굴자군(屈自郡)의 석남오(石男烏) 대사(大舍)의 처가 한 번에 남자아이 셋과 여자아이 하나를 낳았다. (『三國史記』10 新羅本紀 10)

신라 (여름 6월) 굴자군 대사 석남오의 처가 한 번에 남자아이 셋과 여자아이 하나를 낳았다. (『三國史節要』12)

발해 (당 덕종 정원 14년) 11월 무신일(3)에 발해국왕 대숭린(大嵩璘)의 조카 능신(能信)을 좌효기위중랑장(左驍騎衛中郞將) 우후(虞侯) 누번장(婁蕃長)로 삼고 도독(都督) 여부구(茹富仇)를 우무위장군(右武衛將軍)으로 삼아 모두 번국으로 돌아가게 했다. (『册府元龜』976 外臣部 21 褒異 3)

발해 (정원 14년) 11월에 왕의 조카 대능신(大能信)을 좌효위중랑장(左驍衛中郞將) 우후(虞侯) 루번장(婁蕃長)으로 삼고, 도독 여부구(茹富仇)를 우무위장군(右武衛將軍)으로 삼아 방환하였다. (『舊唐書』199下 列傳 149下 北狄 渤海靺鞨)

발해 12월 임인일(27)에 발해국이 사신을 보내어 방물을 바치고 그 계(啓)에 말하였다. "대숭린은 아룁니다. 보내신 사신 하만(賀萬) 등이 도착하여서 내려 주신 국서와 신물(信物)로 보낸 견(絹)과 시(絁) 각각 30필, 사(絲) 200구, 면(綿) 300둔을 숫자대로 잘 받았습니다. 기쁘고 위로됨이 실로 깊습니다. 비록 다시 큰 바다가 하늘에 넘실거리고 푸른 파도가 해에 닿도록 솟구치며 길은 멀어서 끝이 없고 바라보면 구름만 아득히 바라보였지만, 동남쪽에서 부는 바람을 타고 배를 띄워 보내어 옛날에 갔던 포구를 향해 가도록 하고, 서북쪽으로 해안까지의 거리를 헤아려서 양식을 부족함이 없도록 대 주었습니다. 이 어찌 피차간에 서로 마음이 통하여서 은연중에 인도(人道)에 부합되고, 남북(南北) 간에 서로 의리에 감동되어 특별히 천심(天心)에 합치된 것이 아니겠습니까. 저 대숭린은 옛날에 봉해 받은 강역을 차지하고서 선대의 왕업을 계승하여 멀리서 장려해 주시는 은혜를 입어 조상들의 덕을 이어받아 닦았습니다. 천황께서 멀리서 덕음(德音)을 내리시면서 후한 물품까지 보내 주시니, 은혜가 마음속에서 나와 위로하고 유시함이 은근합니다. 더구나 글을 올린 것에 대해 전에 요청한 대로 하도록 들어주었으며, 신물(信物)까지 빠뜨리지 않고 보내 주시면서 연한(年限)을 정해 준 경우이겠습니까. 글을 올리는 사이에 하자를 면한 것이 기쁘고, 비호하여 돌보아 주심이 다른 때보다 특별함을 알았습니다. 작은 배로는 건너가기가 어렵다는 것은 실로 유시하신 바를 받들어 알겠지만, 6년으로 기한을 정한 것에 대해서는 더딘 것이 몹시 탄식스럽습니다. 그러니 다시금 좋은 계책을 내려 주시고 아울러 거울처럼 환한 마음을 돌리시어, 사신을 보내는 기한을 앞당겨서 저의 뜻에 따라 주시기 바랍니다. 그렇게 해 주신다면 우러러 사모하는 마음을 제 스스로 마음속에서 거둘 수가 없을 것이며, 교화를 흠모하는 정성은 고구려의 뒤를 이을 것입니다. 그리고 국서에서 허락한 내용에는 비록 숫자의 다소를 정하지는 않았지만, 애오라지 사신의 뜻에 의거하여 사행(使行)의 숫자를 줄이겠습니다. 삼가 위군대장군 좌웅위도장 상주국 개국자(衛軍大將軍左熊衛都將上柱國開國子) 대창태(大昌泰) 등을 차임하여 사신으로 삼아 귀국에 보내고, 아울러 신물(信物)을 별장(別狀)에 쓴 대로 갖추어 올립니다. 토산물이라서 진기하고 기이한 것이 없기에 제 스스로도 부끄러울 뿐입니다."(『日本後紀』5 桓武紀)

발해　12월 임인일[27]에 발해국이 사신으 보내어 방물을 바치고 그 계(啓)에 말하였다. (…) (『類聚國史』193 殊俗部 渤海 上)

신라　원성왕이 하루는 황룡사[주(注) 혹은 다른 본(本)에 따르면 화엄사(華嚴寺) 또는 금강사(金剛寺)라고도 하니 아마도 사찰 이름과 불경 이름이 혼동된 것다] 승려 지해(智海)를 대궐로 불러 들여 50일 동안 화엄경(華嚴經)을 강연하게 했다. 사미 묘정(妙正)이 매양 금광정(金光井)[대현법사(大賢法師)로 인해 얻은 이름이다]가에서 바릿대를 씻었는데, 자라 한 마리가 있어 우물 속에서 떴다 가라앉았다 하므로 사미는 매번 남은 밥을 자라에게 주면서 즐거워했다. 법석(法席)이 장차 끝날 무렵에 사미가 자라에게 "내가 너에게 은덕을 베풀기가 오래되었는데, 무엇으로 그것을 보답하겠느냐" 하고 말했다. 그런지 며칠이 지나 자라가 구슬 한 개를 토해 내더니 주려고 하는 듯했다. 사미는 그 구슬을 얻어 허리띠 끝에 매달았다. 그 후로부터 대왕은 사미를 보면 사랑하고 소중하게 여겨 내전에 불러 들여 곁을 떠나지 못하게 했다. 이때 잡간(匝干) 한 사람이 명을 받들어 사신으로 당에 갔는데, 또한 사미를 총애하여 함께 가기를 청하자 왕이 허락했다. 함께 당에 들어가자 당황제도 역시 사미를 보고 총애하였으며, 승상과 좌우 신하들도 존경하고 신뢰하지 않는 이가 없었다. 관상 보는 어떤 사람이 황제에게 나와 이르기를 "이 사미를 살펴보니 하나도 길한 상이 없는데 남에게 신뢰와 존경을 얻으니 반드시 이상한 물건을 지닌 듯합니다." 하였다. 사람을 시켜 살펴보니 허리띠 끝에 조그만 구슬이 있었다. 황제가 말하기를 "짐에게는 여의주가 네 개 있었는데 지난해에 한 개를 잃었다. 오늘 이 구슬을 보니 바로 내가 잃어버린 것이다." 하며 황제가 사미에게 묻자 사미는 자세하게 구슬 얻게 된 사실을 아뢰었다. 황제가 여의주를 잃어버린 날짜를 생각해 보니, 사미가 여의주를 얻은 날과 똑같았다. 황제가 그 구슬을 빼앗고 사미를 돌려보냈다. 이후로 이 사미를 아끼고 신뢰하는 사람이 아무도 없었다. ((『三國遺事』2 紀異 2 元聖大王)

신라　정원(貞元) 무인년 겨울에 원성대왕께서 장례에 대해 유교(遺教)하시면서 인산(因山)을 명하였는데 땅을 가리기가 더욱 어려워 이에 절을 지목하여 유택(幽宅)을 모시고자 하였습니다. 이때 의문을 가진 이가 있어 말하기를, "옛날 자유(子游)의 사당과 공자(孔子)의 집도 모두 차마 헐지 못하여 사람들이 지금껏 칭송하거늘 절을 빼앗으려는 것은 곧 수달다장자(須達多長者)가 크게 희사한 마음을 저버리는 것이 아니겠는가. 장사지내는 것이란 땅으로서는 돕는 바이나 하늘로서는 허물하는 바이니 서로 보익(補益)되지 못할 것이다"고 하였습니다. 그러나 담당자가 비난하여 말하기를, "절이란 자리하는 곳마다 반드시 교화되며 어디를 가든지 어울리지 않음이 없어 재앙의 터를 능히 복(福)된 마당으로 만들어 한없는 세월 동안 위태로운 세속을 구제하는 것이다. 무덤이란 아래로는 지맥(地脈)을 가리고 위로는 천심(天心)을 헤아려 반드시 묘지에 사상(四象)을 포괄함으로써 천만대 후손에 미칠 경사를 보전하는 것이니 이는 자연의 이치이다. 불법은 머무르는 모양이 없고 예(禮)에는 이루는 때가 있으니 땅을 바꾸어 자리함이 하늘의 이치에 따르는 것이다. 다만 청오자(靑烏子)와 같이 땅을 잘 고를 수만 있다면 어찌 절이 헐리는 것을 슬퍼하겠는가. 또 이 절을 조사해보니 본래 왕의 인척에게 속하던 것인바 진실로 낮음을 버리고 높은 데로 나아가며 옛것을 버리고 새것을 꾀하여야 할 것이다. 그리하여 왕릉으로 하여금 나라의 웅려(雄麗)한 곳에 자리잡도록 하고 절로 하여금 경치의 아름다움을 차지하게 하면 우리 왕실의 복이 산처럼 높이 솟을 것이요 저 후문(侯門)의 덕이 바다같이 순탄하게 흐를 것이다. 이는 '알고는 하지 않음이 없고 각각 그 자리를 얻음이다'고 할 수 있으니, 어찌 정(鄭)나라 자산(子産)의 작은 은혜와 한(漢)나라 노공왕(魯恭王)이 도중에 그만 둔 것과 더불어 견주어 옳고 그름을 따지겠는가. 마땅히 점괘에 들어맞는 말을 듣게 된다면 용신(龍神)이 기뻐함을 보게 되리라"고 하였습니다. 드디어 절을 옮기고 이에 왕릉을 영조(營造)하니 두 역사 두 역사(役事)에 사람이 모여 온갖 장인(匠人)들이 일을 마쳤습니다. 절을 옮겨 세울 때에 인연있는 대중들이 서로 솔선하여 와서 옷소매가 이어져 바람이 일지 않고 송곳 꽂을 땅도 없을 정도여서 무시(霧市)가 오리(五里)까지 이어져 나오며, 설산(雪山)까지 이어선 사람들이 일시에 어울려 만나는 것 같았습니다. 기와를 거두고 서까래를 뽑으며 불경을 받들고 불상을 모시는데 번갈아 서로 주고 받으며 다투어 정성으로 이루니, 인부가 분주히 걸음을 옮기지 않아도 스님들의 안식처가 이미 마련되었습니다. 왕릉을 이루는데 비록 왕토(王土)라고는 하나 실은 공전(公田)이 아니어서 부근의 땅을 묶어 좋은 값으로 구하여 구롱지(丘壟地) 백여 결을 사서 보태었는데 값으로 치른 벼가 모두 이천 점(苫)[유(斞)에서 한 말을 제한 것이 점(苫)이고 열여섯 말이 유(斞)이다]이었습니다. 곧 해당 관사와 기내(畿內)의 고을에 명하여 함께 길의 가시를 베어 없애고 나누어 묘역(墓域) 둘레에 소나무를 옮겨 심으니, 쓸쓸하게 비풍(悲風)이 잦으면 춤추던 봉황과 노래하던 난새의 생각이 커지지만 왕성한 기운으로 밝은 해가 드러나면 용이 서리고 범이 걸터앉은 듯한 지세(地勢)의 위엄을 더해 줍니다. 그곳을 보니 땅은 하구(瑕丘)와 다르나 경계는 양곡(暘谷)에 맞닿아 있습니다. 기수(祇樹)의 남은 향기가 아직 사라지지 않고 곡림(穀林)의 아름다운 기운이 더욱 무르녹아, 비단같은 봉우리는 사방 멀리에서 조알(朝謁)하는 것 같고 누인 명주같은 개펄은 한 가닥으로 눈 앞에 바라보이니, 실로 교산(喬山)이 빼어남을 지니며 필맥(畢陌)이 기이함을 나타냈다고 할 것인바, 왕손들이 계림에서 더욱 무성하게 하고 또 신라에서 더욱 깊이 뿌리내리도록 할 것입니다. 처음 절을 옮김에 있어 비록 보탑이 솟아나오듯 빠르긴 했으나 아직 절다운 모양을 갖추지는 못하여 가시덤불을 제거하고서야 언덕과 산을 구별할 수 있었고 지붕에 띠를 섞고서야 비바람을 피할 수 있었습니다. 겨우 70여 년을 넘긴 사이 갑작스럽게 아홉 왕이나 바뀌어 여러 번 전복을 당하여 미처 꾸밀 겨를이 없었는데 경문대왕(景文大王)의 뛰어난 인연이 기다리고 있었으니 천 년의 보운(寶運)이 이그러짐이 없게 되었습니다. (「崇福寺碑」)

신라　고승 연회(緣會)는 일찍이 영축산(靈鷲山)에 숨어 살면서 언제나 『법화경(蓮經)』을 읽고 보현(普賢) 관행을 닦았는데, 뜰의 연못에는 항상 연꽃 몇 떨기가 있어 사철 시들지 않았다. 지금의 영축사(靈鷲寺) 용장전(龍藏殿)이 연회의 옛 거처이다. 국왕 원성왕이 상서로운 이적을 듣고 그를 불러 벼슬을 주어 국사(國師)로 삼고자 하였다. 스님이 이 소식을 듣고만 암자를 버리고 도망하였다. 서쪽 고개 바위 사이를 넘어갈 때 한 노인이 이제 막 밭을 갈다가 묻기를, "스님은 어디로 가십니까"라고 하였다. 스님이 말하기를, "내가 듣자니, 나라에서 잘못 듣고 나를 관작으로 얽어매려고 하므로 피해서 갑니다"고 하였다. 노인이 듣고서 말하기를, "여기서도 팔 수 있을 것인데, 어찌해서 수고로이 멀리서 팔려고 합니까 스님이야말로 이름 팔기를 싫어하지 않는다고 하겠습니다."고 하였다. 연회는 그가 자기를 업신여긴다고 생각하고 그 말을 듣지 않았다. 마침내 몇 리를 더 가다가 시냇가에서 한 노파를 만났는데 묻기를, "스님은 어디로 거십니까"라고 하였다. 연회는 처음과 같이 대답하였다. 노파가 말하기를, "앞에서 사람을 만났습니까"라고 하였다. 그는 말하기를, "한 노인이 나를 업신여기는 것이 심하여 불쾌해서 또 오는 것입니다"고 하였다. 노파가 말하기를, "그분은 문수대성(文殊大聖)인데, 그 말씀을 듣지 않았으니 어찌하겠습니까"라고 하였다. 연회는 [그 말을] 듣고 놀라고 송구스러워 급히 노인이 있는 곳으로 되돌아가 머리를 숙이고 사과하기를, "성자(聖者)의 말씀을 감히 듣지 않을 수 있겠습니까 이제 다시 돌아왔습니다. 시냇가의 그 노파는 어떤 사람입니까"라고 하였다. 노인이 말하기를, "변재천녀(辯才天女)입니다"고 하고 말을 마치자 그만 숨어버렸다. 이에 암자로 돌아갔더니 조금 뒤에 왕의 사자가 조서를 받들고 와서 그를 불렀다. 연회가 마땅히 받아야 할 것임을 알고 이에 조서에 응하여 대궐로 가니 국사로 봉해졌다[『승전(僧傳)』에는 "헌안왕이 그를 두 왕대의 왕사(王師)로 삼아 조(照)라고 호하고 함통(咸通) 4년에 죽었다"고 하여 원성왕의 연대와 서로 다르니 어느 것이 옳은지 모르겠다]. 스님이 노인에게 감응받은 곳을 문수점(文殊岾)이라고 하고, 여인을 만난 곳을 아니점(阿尼岾)이라고 하였다.
찬하여 말한다. 저자에서 오래 숨기 어렵고 주머니 속 송곳은 감추기가 어렵구나. 뜰 아래 푸른 연꽃으로 세상에 나갔지 운산(雲山)이 깊지 않은 탓은 아니라네. (『三國遺事』 5 避隱8 緣會逃名 文殊岾)

신라 스님 영재(永才)는 성품이 익살스럽고, 재물에 연연하지 않고, 향가(鄕歌)를 잘 하였다. 나이 들어 남악(南岳)에 은거하려 대현령(大峴嶺)에 이르렀는데, 도적 60여 사람을 만났다. 도적이 해를 입히려 하자, 영재는 칼날을 앞에 두고 두려워하는 기색이 없고, 온화하게 그것을 대하였다. 도적이 괴이하여 그의 이름을 물으니, 영재라고 말하였다. 도적은 본디 그 이름을 들어서, 이에 노래를 짓도록 하였다. 그 가사는 다음과 같다. "제 마음의 모습 모르던 날에, 멀리 새 달아나듯 지나서 알고, 이제는 숲에 가고 있노라. 다만 잘못된 것은 때리는 님에, 저 세상에 다시 돌아갈 사내들, 이 칼 따위 허물될 날 세우니, 아아 오직 내 몸의 한은 선업은 아니, 바라는 집으로 모아짐입니다." 도적이 그 뜻에 감동하여, 비단 두 단을 주었다. 영재는 웃으며 앞서 사양하며 말하길, "재물이란 것이 지옥 가는 근본임을 알아, 피하여 산에서 남은 여생을 보내려 하거늘, 어찌 감히 받겠습니까." 하고는 이를 땅에 던졌다. 도적이 그 말에 더 감동하여, 모두 칼을 풀고 창을 던지며, 머리를 깎고 영재의 무리가 되어, 지리산(智異)에 들어가 함께 숨어 다시는 세상을 밟지 않았다. 영재의 나이가 90에 가까운 원성대왕의 때였다.
찬(讚)하여 말한다. 지팡이 짚고 산으로 돌아가니 그 뜻이 한층 깊고, 고운 비단과 주옥이 어찌 마음을 다스리랴. 녹림(綠林)의 군자(君子)는 그런 선물 하지 마오, 지옥은 뿌리 없이 다만 한 조각 금일뿐이니. (『三國遺事』 5 避隱8 永才遇賊)

신라 영축사기(靈鷲寺記)에 이르길, 낭지는 일찍이 말하길, "이 암자의 터는 가섭불(迦葉佛) 때의 절 터이다." 하고, 땅을 파서 등항(燈缸) 2개를 얻었다. 원성왕(元聖王) 대에 대덕(大德) 연회(緣會)가 와서 산 속에 살면서, 스님의 전(傳)을 지어, 세상에 내보냈다. 화엄경(華嚴經)을 살펴보면, 제10지 법운지는 지금 스님의 구름을 탄 것이고, 대개 부처가 세 손가락을 구부리고, 원효(元曉)가 백 개의 몸으로 나누어진 것과 같지 아니한가.

찬(讚)하여 말한다. 생각하면 바위에서의 백 년 간에, 높은 이름이 인간 세상에 알려지지 않더니, 산새의 쓸데없는 말을 금하지 않았더니, 구름을 타는 것이 함부로 알려져 왔다갔다 하는구나. (『三國遺事』 5 避隱 8 朗智乘雲 普賢樹)

신라 겨울 12월 29일에 왕이 돌아 가셨다. 시호(諡號)를 원성(元聖)이라 하고, 유명(遺命)에 따라 영구(靈柩)를 받들어 봉덕사(奉德寺) 남쪽에서 태웠다[『당서(唐書)』에는 "정원(貞元) 14년(798)에 경신(敬信)이 죽었다"하였고, 『통감(通鑑)』에는 "정원 16년(800)에 경신이 죽었다"하였는데, 본사(本史)로써 상고하여 보면 『통감(通鑑)』이 잘못되었다]. (『三國史記』 10 新羅本紀 10)

신라 원성왕이 죽었다. (『三國史記』 31 年表 下)

신라 겨울 12월에 왕이 돌아가셨는데 시호를 원성이라 하였다. 태자 준옹(俊邕)이 즉위하였고 유명(遺命)으로써 구(柩)를 봉덕사 남쪽에서 태웠다. (『三國史節要』 12)

신라 소성왕(昭聖王)[혹은 소성(昭成)이라 한다]이 즉위하였다. 휘는 준옹(俊邕)으로 원성왕(元聖王)의 태자 인겸(仁謙)의 아들이다. 어머니는 김씨이며, 비는 김씨 계화부인(桂花夫人)으로 대아찬 숙명(叔明)의 딸이다. 원성대왕 원년(785)에 아들 인겸을 태자로 봉하였으나 7년(891)에 죽으니, 원성왕이 그[=인겸]의 아들을 궁중에서 키웠다. 5년(789)에 당에 사신을 다녀왔고 대아찬의 직위를 받았다. 6년(790)에 파진찬으로 재상이 되었으며, 7년(781)에 시중이 되었고, 8년(782)에 병부령이 되었다. 11년(795)에 태자가 되어, 원성왕이 돌아가시자 왕위를 이었다. (『三國史記』 10 新羅本紀 10)

신라 제38대 원성왕. 김씨이며 이름은 경신(敬愼)인데 또는 경신(敬信)이라고도 쓴다. (…) 을축년(785)년에 즉위하여 24년을 다스렸다. 능은 곡사(鵠寺)에 있으니 지금의 숭복사(崇福寺)이며, 최치원이 세운 비가 있다. (『三國遺事』 1 王曆)

신라 (원성)왕의 능은 토함산(吐含山) 서동(西洞) 곡사(鵠寺)[지금의 숭복사(崇福寺)이다]에 있는데, 최치원(崔致遠)이 지은 비가 있다. 또한 보은사(報恩寺)와 망덕루(望德樓)를 창건했다. (『三國遺事』 2 紀異 2 元聖大王)

신라 (정원) 14년에 경신이 죽었다. 그 아들이 경신에 앞서 죽었는데, 국인(國人)이 경신의 적손(嫡孫) 준옹을 세워 왕으로 삼았다. (『舊唐書』 199上 列傳 149上 新羅)

신라 (정원) 14년에 (경신)이 죽었다. 아들이 없자 적손 준옹을 세웠다. (『新唐書』 220 列傳 145 新羅)

신라 (정원) 14년에 경신이 죽었다. 그 아들이 경신에 앞서 죽었는데, 국인(國人)이 경신의 적손(嫡孫)을 세워 나라의 일을 맡게 하였는데, 준옹이 왕이 되었다. (『唐會要』 95 新羅)

신라 이 때 김생이 있었는데, 글씨를 잘 썼는데, 다른 기예는 공부하지 않았다. 또 불교를 좋아하여 숨어살면서 벼슬하지 않았다. 나이가 80이 넘어서도 오히려 붓을 잡고 쉬지 않았다. 예서(隷書), 행서(行書)와 초서(草書)가 모두 입신(入神)의 경지에 이르렀다. 학자들이 그것을 보물로 전한다[송 숭녕(崇寧) 연간에 학사(學士) 홍관(洪灌)이 진봉사(進奉使)를 따라 송(宋)나라에 들어가 변경(汴京)에 묵었는데, 그때 한림(翰林) 대조(待詔) 양구(楊球)와 이혁(李革)이 황제의 칙명을 받들고 숙소에 왔다. 그림 족자에 글씨를 썼는데, 홍관이 김생의 행서와 초서 한 권을 그들에게 보여 주었다. 두 사람이 크게 놀라 "오늘 왕우군(王右軍)이 손수 쓴 글씨를 보게 될 줄 몰랐다."라고 말하였다. 홍관이 "이것은 신라 사람 김생이 쓴 것이오."라고 말하였다. 두 사람은 웃으면서 "천하에 우군을 제외하고 어찌 신묘한 글씨가 이와 같을 수 있겠소."라고 말하였다. 홍관이 여러 번 말하여도 끝내 믿지 않았다. 또 요극일(姚克一)이란 사람이 있었는데 벼슬이 시중 겸 시서학사(侍書學士)에 이르렀다. 글씨에 드러난 힘이 힘차고 굳세었으며, 구양순(歐陽詢)의 솔경법(率更法)을 터득하였다. 비록 김생에게는 미치지 못하였으나 또한 보기 드문 솜씨였다]. (『三國史節要』 12)

신라 김생은 부모가 한미하여 그 가문의 계보를 알 수 없다. 경운(景雲) 2년(711)에 태어났다. 어려서부터 글씨를 잘 썼는데, 평생 동안 다른 기예는 공부하지 않았으며, 나이가 80이 넘어서도 오히려 붓을 잡고 쉬지 않았다. 예서(隷書), 행서(行書)와 초서(草書)가 모두 입신(入神)의 경지에 이르렀다. 지금[고려]도 때때로 그의 친필이 있는데, 학자들이 그것을 전하여 보배로 여긴다. 숭녕(崇寧) 연간(1102~1106)에 학사(學士) 홍관(洪灌)이 진봉사(進奉使)를 따라 송(宋)나라에 들어가 변경(汴京)에 묵었는데, 그때 한림(翰林) 대조(待詔) 양구(楊球)와 이혁(李革)이 황제의 칙명을 받들고 숙소에 왔다. 그림 족자에 글씨를 썼는데, 홍관이 김생의 행서와 초서 한 권을 그들에게 보여 주었다. 두 사람이 크게 놀라 "오늘 왕우군(王右軍)이 손수 쓴 글씨를 보게 될 줄 몰랐다."라고 말하였다. 홍관이 "아니오. 이것은 신라 사람 김생이 쓴 것이오."라고 말하였다. 두 사람은 웃으면서 "천하에 우군을 제외하고 어찌 신묘한 글씨가 이와 같을 수 있겠소"라고 말하였다. 홍관이 여러 번 말하여도 끝내 믿지 않았다. (『三國史記』 48 列傳 8 金生)

신라 쌍봉화상(雙峯和尙)은 남천(南泉)을 이었고 사(師)의 휘(諱)는 도윤(道允)이다. 성은 박이고 한주(漢州) 휴암(鵂巖)사람이다. 여러 해 동안 호족(豪族)이었고 조고(祖考)는 사환(仕宦)으로 군보(郡譜)에 그것이 자세하다. 어머니는 고씨이고 밤에 꿈에서 이광형황(異光熒煌)이 방에 가득하여 놀라서 잠에서 깨어나니 임신하였다. 부모가 일러 말하기를, "꿈이 비상하니 아이를 얻을 것 같으니 승려를 삼으면 어떠한가"라고 하였다. 태(胎)에 의지하여 16개월만에에 탄생하고 이후에 일장월취(日將月就)하여, 학의 모양이고 난새(鸞)의 자세로 큰일을 저지르는 것이 무리와 달랐고 풍규(風規)가 격이 달랐다. 죽마(竹馬)의 나이에 꽃을 따서 부처님께 공양하고, 양거(羊車)의 해에, 탑을 쌓는 것을 즐거워하고, 현관(玄關)의 취(趣)가 밝고 뚜렷하였으며, 진경(眞境)의 기(機)는 탁이(卓尒)하였다. 나이 18세에, 이친(二親)에게 정성으로 베풀어, 속(俗)을 버리고 승려가 되었다. 귀신사(鬼神寺)에 가서, 화엄교(花嚴敎)를 들었다. 선사가 몰래 일러 말하기를, "원돈(圓頓)의 전罤(筌罤)가 어찌 심인(心印)의 묘용(妙用)만 같을 만한가."라고 하였다. (…) 함통 9년(868) 4월 18일에, 갑자기 문인에게 이별하여 말하기를, "生은 涯가 있음이니, 내가 모름지기 멀리 갈 것이니, 너희들은 운곡(雲谷)에 안서(安栖)하여, 영원히 법등(法燈)을 빛나게 하라"고 하였다. 말을 마치고 기쁘게 천화(遷化)하니, 보년(報年)이 71세이고 승랍이 44세였다. 오색의 빛이, 사(師)의 입으로부터 나오니, 왕성한 모양이 흩어져, 천복(天伏)에 만(漫)하였다. 금상(今上)이 법려(法侶)로 총포(寵褒)하여 선림(禪林)에 은패(恩霈)하여, 이에 시호를 철감선사(澈鑒禪師)로 내리니, 징소(澄昭)의 탑이다. (『祖堂集』 17 雙峯和尙道允)

799(己卯/신라 소성왕 1/발해 강왕 5 正曆 5/唐 貞元 15/日本 延曆 18)

신라 소성왕 준옹(俊邕) 즉위 원년이다. (『三國史記』 31 年表 下

신라 제39 소성왕(昭聖王). 또는 소성왕(昭成王)이라고도 한다. 김씨이고, 이름은 준옹(俊邕)이다. 아버지는 혜충(惠忠)태자이고 어머니는 성목(聖穆)태후이다. 왕비는 계화왕후(桂花王后)로 숙명공(夙明公)의 딸이다. 기묘(己卯, 799)년에 즉위했으나, 돌아갔다. (『三國遺事』 1 王曆)

발해	봄 정월 병오일 초하루에 황제가 태극전(大極殿)에 나와 조회를 받았다. 문무관 9품 이상과 번국(蕃國)의 사신들에게 각기 관위를 더해 주고 네 번 절하던 것을 줄여 두 번 절하게 하였다. 박수는 치지 않았는데 발해국의 사신이 있었기 때문이다. 여러 호위하는 사람들이 함께 축하의 말을 일제히 외쳤다. 예를 마치고 시종하는 신하들에게 前殿에서 연회를 베풀어 주고 의복을 하사하였다. ((『日本後紀』 8 桓武紀)
발해	봄 정월 병오일 초하루에 황제가 태극전(大極殿)에 나와 조회를 받았다. 문무관 9품 이상과 번국(蕃國)의 사신들에게 각기 관위를 더해 주고 네 번 절하던 것을 줄여 두 번 절하게 하였다. 박수는 치지 않았는데 발해국의 사신이 있었기 때문이다. (『類聚國史』 193 殊俗部 渤海 上)
발해	(봄 정월) 임자일(7)에 풍악원(豊樂院)이 아직 완공되지 않았으므로 태극전(大極殿) 앞 용미도(龍尾道) 위에 임시로 전각(殿閣)을 만들고 채색 비단으로 지붕을 이어 천황이 거동하였다. 번국(蕃國)의 사신들이 우러러 보고는 장엄하고 화려하다고 여겼다. 5위 이상에게 명하여 잔치를 즐기게 하였는데, 발해국의 사신 대창태(大昌泰) 등이 참여하였다. 녹(祿)을 차등있게 주었다. (『日本後紀』 8 桓武紀)
발해	(봄 정월) 신유일(16)에 (천황이) 태극전(大極殿)에 나와 여러 신하와 발해 사신에게 연회를 베풀고 음악을 연주하였다. 번국(蕃國) 사신 이상에게 진개의(蓁揩衣)를 하사하였고 아울러 뜰에서 열을 지어 답가(踏歌)를 연주하였다. (『日本後紀』 8 桓武紀)
발해	(봄정월) 신유일[16]에 (천황이) 태극전(大極殿)에 나와 여러 신하와 발해 사신에게 연회를 베풀고 음악을 연주하였다. 번국(蕃國) 사신 이상에게 진개의(蓁揩衣)를 하사하였고 아울러 뜰에서 열을 지어 답가(踏歌)를 연주하였다. (『類聚國史』 193 殊俗部 渤海 上)
발해	(봄 정월) 계해일(18)에 조당원(朝堂院)에서 활쏘기를 참관하였다. 5품 이상이 활쏘기를 마친 후 번국(蕃國)의 사신이 활을 쏘았다. (『日本後紀』 8 桓武紀)
고구려	(정원) 15년 정월에 사고(師古)·두우(杜佑)·이란(李欒)의 첩잉(妾媵)이 모두 국부인(國夫人)이 되었다. (『舊唐書』 124 列傳 74 李師古)
백제	(2월 신사일(7)) 종3위 백제왕 명신(明信)을 정3위로 삼았다. (…) (『日本後紀』 8 桓武紀)
백제	(2월 갑오일(20)) (…) 중납언(中納言) 종3위 화조신가마려(和朝臣家麻呂)에게 치부경(治部卿)을 겸하게 하고 종5위하 백제왕 경인(鏡仁)을 소보(少輔)로 삼았다. (…) 종4위하 백제왕 영손(英孫)을 우위사독(右衛士督)으로 삼고 섭진수(攝津守)는 옛날대로 하였다. (…) (『日本後紀』 8 桓武紀)
신라	(2월 을미일(21)) (…) 증(贈)정3위 행민부경(行民部卿) 겸 조궁대부(造宮大夫) 미작(美作)·비전국조화기조신청마려(備前國造和氣朝臣淸麻呂)가 죽었다. (…) 청마려(淸麻呂)의 선조는 수인천황(垂仁天皇)의 황자 탁석별명(鐸石別命)에서 비롯되었다. 3세손인 제언왕(弟彦王)은 신공황후를 따라 신라를 정벌하고 개선하였다. 다음해 인웅별황자(忍熊別皇子)가 반역을 도모하자 황후가 제언왕을 보내어 침간(針間)과 길비(吉備)의 경계에 있는 산에서 그를 목베었다. (…) (『日本後紀』 8 桓武紀)

신라	봄 3월에 청주(菁州) 거로현(居老縣)을 국학생의 녹읍으로 삼았다. (『三國史記』 10 新羅本紀 10)
신라	봄 3월에 청주(菁州) 거로현을 국학생의 녹읍으로 삼았다. (『三國史節要』 13)
신라	(봄 3월) 냉정현령(冷井縣令) 염철(廉哲)이 흰 사슴을 바쳤다. (『三國史記』 10 新羅本紀 10)
신라	(봄 3월) 냉정현령 염철이 흰 사슴을 바쳤다. (『三國史節要』 13)
발해	(여름 4월 기축일(15)) 이 날 발해국의 사신 대창태(大昌泰) 등이 번국으로 돌아감에, 식부(式部) 소록(少錄) 정6위상 자야숙녜선백(滋野宿禰船白) 등을 파견하여 호위하여 보내주게 하였다. 그 왕에게 칙서를 내려 말하였다. "천황이 삼가 발해국왕에게 안부를 묻는다. 사신 창태(昌泰) 등이 하만(賀萬)을 따라 이르러 갖추어 올린 서신을 받아 살펴보았다. 왕은 멀리서 풍속과 교화를 사모하여 交聘의 기일을 거듭 청하고 구름으로 점을 쳐서 통역하는 사신이 어깨를 서로 맞비끼고 물처럼 쉴새없이 바치는 공물은 발꿈치를 이었다. 아름다운 뜻을 매번 생각하니 가상하기 그지 없다. 그러므로 전사(專使)를 보내어 교빙의 기한을 알렸으나, 오히려 기간이 늦음을 싫어하여 문득 다시 요청하는 것으로 일을 삼는다. 무릇 6년으로 제한하는 것은 본래 길의 어려움 때문이니 피차 어찌 할 수 없는 것이다. 어찌 늦다고 하여 재촉하는가. 마땅히 교빙하는 사신을 연한 문제로 수고롭게 하지 말라. 지금 창태 등이 돌아가는 길에 식부성소록(式部省少錄) 정6위상 자야숙녜선백(滋野宿禰船白)을 뽑아 송사(送使)로 삼는다. 아울러 신물(信物)을 함께 보내니 그 품목은 별지와 같다. 초여름 중간이라 날씨가 덥다. 왕께서는 평안하시라. 생각하는 바를 이것으로 대신하고 번다하게 언급하지 않겠다." (『日本後紀』 8 桓武紀)
발해	4월 기축일[15]에 발해국의 사신 대창태(大昌泰) 등이 번국으로 돌아감에, 식부(式部) 소록(少錄) 정6위상 자야숙녜선백(滋野宿禰船白) 등을 파견하여 호위하여 보내주게 하였다. 그 왕에게 칙서를 내려 말하였다. (…) (『類聚國史』 193 殊俗部 渤海上)
신라	(여름 4월) 경인일(16)에 종5위하 중신환조신풍국(中臣丸朝臣豊國)을 재궁두(齋宮頭)로 삼고 정6위상 대반숙녜봉마려(大伴宿禰峰麻呂)를 신라에 보내는 사신으로, 정6위상 임기촌진계(林忌寸眞繼)를 녹사(錄事)로 삼았다. (『日本後紀』 8 桓武紀)
신라	정원 15년 기묘(己卯) 4월모일에 인부△(仁符△) 부처님에게 대백사(大伯士) 원오법사(元烏法師)가 빌고 △향도관인(△香徒官人)은 장진대사(長珎大舍)이다. (「龍鳳寺磨崖佛造像記」
발해	(5월) 병진일(13)에 앞서 발해에 사신으로 보냈던 외종5위하 내장숙녜하무마려(內藏宿禰賀茂麻呂) 등이 말하였다. "본국으로 돌아오는 날에 캄캄한 밤 중 바다 가운데에서 東西로 이리 저리 이끌려 어딘지 모르는 곳에 도착하였습니다. 이 때 멀리서 불빛이 있어 그 빛을 좇아 찾아갔더니 홀연히 섬의 해안가에 도착하였습니다. 물어보니 이 곳은 은기국(隱岐國) 지부군(智夫郡)이었습니다. 그곳에는 사람이 살지 않았습니다. 어떤 사람이 '비내마치비매신(比奈麻治比賣神)은 항상 영험이 있어 장사하는 무리들이 바다 가운데서 표류할 때 반드시 불빛을 높이 드는데 그것에 의지하여 안전하게 된 사람이 이루 헤아릴 수 없다'고 합니다. 신의 돌보심에 잘 보답하는 것

이 좋을 듯하니 엎드려 바라건대 참례(叅禮)하고 전례에 따라 재물을 바치십시오." 허락하였다. (『日本後紀』 8 桓武紀)

발해　5월 병진일[13], 앞서 발해에 사신으로 보냈던 외종5위하 내장숙녜하무마려(內藏宿禰賀茂麻呂) 등이 말하였다. "본국으로 돌아오는 날에 캄캄한 밤 중 바다 가운데에서 東西로 이리 저리 이끌려 어딘지 모르는 곳에 도착하였습니다. 이 때 멀리서 불빛이 있어 그 빛을 좇아 찾아갔더니 홀연히 섬의 해안가에 도착하였습니다. 물어보니 이 곳은 은기국(隱岐國) 지부군(智夫郡)이었습니다. 그곳에는 사람이 살지 않았습니다. 어떤 사람이 '비내마치비매신(比奈麻治比賣神)은 항상 영험이 있어 장사하는 무리들이 바다 가운데서 표류할 때 반드시 불빛을 높이 드는데 그것에 의지하여 안전하게 된 사람이 이루 헤아릴 수 없다'고 합니다. 신의 돌보심에 잘 보답하는 것이 좋을 듯하니 엎드려 바라건대 참례하고 전례에 따라 재물을 바치십시오." 허락하였다. (『類聚國史』 193 殊俗部 渤海 上)

신라　(5월) 임신일(29)에 신라에 사신 보내는 것을 중지하였다. (『日本後紀』 8 桓武紀)

신라　여름 5월에 아버지 혜충태자(惠忠太子)를 혜충대왕(惠忠大王)으로 추봉하였다. (『三國史記』 10 新羅本紀 10)

신라　여름 5월에 혜충태자를 왕(王)으로 추봉하였다. (『三國史節要』 13)

신라　(여름 5월) 우두주(牛頭州) 도독이 사자를 보내 아뢰어 말하였다. "기이한 짐승이 있는데, 소 같으면서 몸은 길고 높으며 꼬리 길이가 3척 정도에 털이 없고 코가 길었습니다. 현성천(峴城川)에서 오식양(烏食壤) 방향으로 갔습니다." (『三國史記』 10 新羅本紀 10)

신라　(여름 5월) 우두주에서 소 같으면서 꼬리 길이가 3척 정도에 털이 없고 코가 긴 기이한 짐승이 있었는데, 현성천에서 오식양 방향으로 갔다. (『三國史節要』 13)

백제　(6월 기축일(16)) 종5위하 백제왕 경인(鏡仁)을 우소변(右少辨)으로 삼았다. (…) (『日本後紀』 8 桓武紀)

발해　태정관부(太政官符)

발해국사(渤海國使)의 조빙(朝聘) 기일을 개정하는 일.

우(右)의 안내를 살펴보니, 태정관에서 지난 연력 18년 5월 20일부로 일렀는데, 우(右)의 대신에게 선포하여 칙(勅)을 받들었다. 발해의 조빙 기일을 6년으로 정하고 지금 발해 사신 태창태(太昌泰) 등은 오히려 그 더딤을 불만스럽게 여겨 다시 반대로 사안을 청하였다. 이에 저가 하고자 하는 대로 좇아 연한을 두지 말아라. 마땅히 그 오는 바를 따라서 예를 지켜 대우하는 것이다. 제국(諸國)은 승지(承旨)하고 후하게 칙역(馳驛) 언상(言上)을 더하여 공수(供脩)할 것이다. 지금 저 우(右) 대신(大臣)에게 선포하여 이르니 칙을 받들라. 작은 것이 큰 것을 섬기고 윗 사람이 아랫 사람을 기다린다. 연기(年期)의 예가 자주 기한이 없음이 불가하니 이에 저 사신 고정태(高貞泰) 등이 돌아갈 대 붙여 다시 전례(前例)를 고쳐 1년으로 알린다. 마땅히 연해군(緣海郡)을 우러러 영원한 예(例)로 삼고 그 지급하는 등의 일은 전부(前符)에 따르라.

천장 원년 6월 20일 (『類聚三代格』 18)

신라　가을 7월에 9척이나 되는 인삼(人蔘)을 얻었다. 이를 매우 기이하게 여겨 당에 사신을 보내 진봉(進奉)하였는데, 덕종(德宗)이 인삼이 아니라 하여 받지 않았다. (『三國史記』 10 新羅本紀 10)

신라 가을 7월에 인삼을 얻었는데, 그 길이가 9척이었다. 사신을 보내 당에 바쳤는데, 인삼이 아니라고 하고 받지 않았다. (『三國史節要』 13)

신라 8월에 어머니 김씨를 성목태후(聖穆太后)로 추봉하였다. (『三國史記』 10 新羅本紀 10)

신라 8월에 어머니 김씨를 성목태후로 추봉하였다. (『三國史節要』 13)

신라 (8월) 한산주에서 흰 까마귀를 바쳤다. (『三國史記』 10 新羅本紀 10)

신라 (8월) 한산주에서 흰 까마귀를 바쳤다. (『三國史節要』 13)

백제 9월 계묘일(2)에 종5위하 백제왕 정손(貞孫)에게 종5위상을 주었다. (『日本後紀』 8 桓武紀)

백제 (9월 신해일(10)) 정4위하 백제왕 현경(玄鏡)을 형부경(刑部卿)으로 삼고 (…) 종5위상 백제왕 교덕(教德)을 상총수(上總守)로 삼았다. (…) 근위소장(近衛少將) 종5위상 대반숙녜시성(大伴宿禰是成)에게 하야수(下野守)를 겸하게 하였으며 종5위하 백제왕 교준(教俊)을 하야개(下野介)로 삼았다. (『日本後紀』 8 桓武紀)

발해 (9월) 신유일(20)에 정6위상 식부소록(式部少錄) 자야숙녜선대(滋野宿禰船代) 등이 발해국으로부터 도착하였다. 발해왕이 말하였다. "숭린(嵩璘)이 아룁니다. 사신 선대(船代) 등이 이르러 안부를 물어주시니 죄송하고 영광스러울 따름입니다. 아울러 신물(信物)로 주신 시(絁)와 견 각 30필, 사(絲) 20구(絇), 면 300둔(屯)을 수량대로 잘 받았습니다. 부끄러운 생각이 진실로 깊고 내려 주신 두터운 정의에 거듭 기쁩니다. 삼가 거듭 지난 해 아뢴 것은 사신 왕래의 기한을 헤아려 정하여 주기를 청하는 것이었는데, 지난 해 조서를 받고서 마침내 6년을 기한으로 하였음을 알았습니다. 숭린은 멀리서 사모하는 마음을 힘써 달려 교빙의 기한을 단축하기를 구하였는데 천황께서는 자기의 생각을 버리고 남을 좇아 문득 요청한 대로 하였습니다. 바치는 물건은 비록 진귀한 것은 없으나 특별히 정성에 의한 것임을 보인 것이니 마음에 흔쾌한 것이 어찌 극에 달하겠습니까. 근자에 천황의 칙서가 내려 오고 칙사가 본조(本朝)에 왔으니 아름다운 명은 뛰어남을 더하고 은혜로운 문장은 빛나며 지위는 조화롭게 하는데 젖었고 서열은 모든 정치를 바르게 다스리는 것과 같습니다. 생각건대 저는 덕과 재주가 부족한데도 특별한 은혜를 입었습니다. 사신 창태(昌泰) 등은 재주는 황제를 대면하기에 부끄럽고 명을 받들어 가지고 오기에는 부족합니다. 그런데도 너그러이 수용하여 주시니 기쁨이 더욱 더합니다. 지금 가을 햇살이 저물어가고 날씨는 서늘해집니다. 멀리서 온 사신이 돌아갈 생각을 하고 마음으로 힘써 그날을 기다립니다. 때가 이르렀으므로 돌아가는 배를 지체할 수 없어 이미 마음대로 하도록 허락하였습니다. 응당 바래다 주어야 옳으나 기한이 아직 되지 않았으므로 감히 함께 가지 못합니다. 삼가 돌아가는 사신 편에 변변찮은 물건을 부쳐 올리니 자세한 것은 별지의 서상(書狀)과 같습니다." (『日本後紀』 8 桓武紀)

발해 9월 신유일[20]에 정6위상 식부소록(式部少錄) 자야숙녜선대(滋野宿禰船代) 등이 발해국으로부터 도착하였다. 발해왕이 말하였다. (…) (『類聚國史』 193 殊俗部 渤海上)

백제 고구려 (12월) 갑술일(5)에 갑비국인(甲斐國人) 지미약충(止彌若蟲), 구신이응장(久信耳鷹長) 등 190명이 말하였다. "우리들의 선조는 원래 백제인인데 성조(聖朝)를 앙모하여 배를 타고 귀화하였습니다. 그러자 천황의 조정에서 칙서를 내려 섭진직(攝津職)에 안치하였습니다. 그후 병인년(丙寅年) 정월 27일의 격(格)에 의하여 다시 갑비국(甲斐國)에 옮겼습니다. 그 이래 햇수가 이미 오래 되었습니다. 지난 천평승보(天平勝寶) 9년 4월 4일의 칙에 이르기를 '고려·백제·신라인 등은 멀리서 성조의 교화를 흠모하여 우리나라에 와서 귀부하여 성氏를 바꿀 것을 바랬으므로 그것을 모두 허락한다' 고 하였습니다. 그러나 우리들의 선조는 번국(蕃國)의 성씨를 바꾸지 않았으므로 성씨를 바꿀 수 있는 은혜를 입기를 엎드려 청합니다." 그래서 약충(若蟲)에게는 석천(石川)의 성을 주고 응장(鷹長) 등에게는 광석야(廣石野)의 성을 주었다. 또 신농국인(信濃國人) 외종6위하 괘루진로(卦婁眞老), 후부흑족(後部黑足), 전부흑마려(前部黑麻呂), 전부좌근인(前部佐根人), 하부내르마려(下部奈弖麻呂), 전부추족(前部秋足), 소현군인(小縣郡人) 무위(無位) 상부풍인(上部豊人), 하부문대(下部文代), 고려가계(高麗家繼), 고려계순(高麗繼楯), 전부정마려(前部貞麻呂), 상부색포지(上部色布知) 등이 말하였다. "우리들의 선조는 고려인인데 서치전(小治田)·비조(飛鳥) 두 천황이 나라를 다스릴 때 귀화하여 왔습니다. 그 이후 오랜 세대 동안 평민으로 본래의 성을 바꾸지 않았습니다. 엎드려 바라건대 지난 천평승보(天平勝寶) 9년 4월 4일의 칙에 의거하여 본성을 바꾸어 주십시오." 진로(眞老) 등에게는 수수기(須須岐), 흑족(黑足) 등에게는 풍강(豊岡), 흑마려(黑麻呂) 등에게는 촌상(村上), 추족(秋足) 등에게는 조정(條井), 풍인(豊人) 등에게는 옥천(玉川), 문대(文代) 등에게는 청강(淸岡), 가계(家繼) 등에게는 어정(御井), 정마려(貞麻呂) 등에게는 조치(朝治), 색포지(色布知) 등에게는 옥정(玉井)의 성을 내렸다. (『日本後紀』 8 桓武紀)

삼한 (12월) 무술일(29)에 칙을 내려 말하였다. "천하 신민(臣民)의 씨족은 많은데, 어떤 것은 근원은 같으면서 따로 갈라져 나오고 또는 근본은 다르나 성은 같은 것이 있다. 족보에 의거한다 해도 바꾼 지가 많이 경과하였고 호적을 조사해 보아도 근본과 줄기를 판별하기가 어려우니 마땅히 천하에 널리 알려 본래의 계장(系帳)을 바치게 하라. 삼한(三韓)의 여러 이방인들도 같이 하라. 다만 시조와 별조(別祖) 등의 이름만 기재하게 하고 지파(枝派)와 후손들의 모든 이름은 나열하여 적지 말라. 만약 원래 귀족에서 나온 별파인 자는 마땅히 문중의 최고 어른을 택하여 서명하여 아뢰어라. 무릇 성씨는 거짓된 것이 많으니 마땅히 확실하게 하고 허위로 속이는 것을 용납하지 말라. 내년 8월 30일 이전에 바치기를 모두 마치게 하여 편입하여 기록하라. 만약 일을 고의로 잘못 기록하거나 지정된 기일을 넘긴 자는 마땅히 진상을 추궁하여 벌할 것이며 영원히 편입하여 기록하지 않을 것이다. 보통 사람의 것은 한데 모아 책으로 만들고 귀족의 것은 별도의 두루마리로 만들어 처리하라." (『日本後紀』 8 桓武紀)

신라 (정원 14년) 다음해에 사봉낭중(司封郎中) 위단(韋丹)을 책서를 가지고 보냈는데, 그가 오기 전에 준옹(俊邕)이 죽자 위단이 돌아갔다. 아들 중흥(重興)이 왕위에 올랐다. (『新唐書』 220 列傳 145 新羅)

신라 (…) 공(公)의 자(字)는 문명(文明)이다. 명경과에 합격하여 교서랑(校書郎) 함양위(咸陽尉)를 제수받고 감찰어사(監察御史) 전중시어사(殿中侍御史)가 되어 빈녕부(邠寧府)에서 장헌보를 보좌하였다. 다시 태자사인(太子舍人)으로 발탁되었다가 기거랑(起居郎) 검교이부원외랑(檢校吏部員外郎) 시어사(侍御史) 하양행군사마(河陽行軍司馬)로 옮겼다. 부임지도 떠나기도 전에 다시 가지 가부원외랑(駕部員外郎)으로 바뀌었다. 마침 신라국에서 국상이 있어 부고하고 임금세우기를 청하니 사봉낭중(司封郎中) 겸 어사증승(御史中丞)에 임명되어 장복(章服)으로 금자(金紫)를 내려받았다. 신라의 후사를 위한 조책문(弔冊文)을 주었는데, 신라에서 다시 상이 있다고 부고를 하여 마침내 신라에 가지 못했다. (…) 원화(元和) 5년에 세상을 떠나니 향년 58세였다. (「唐故江西觀察使武陽公韋公遺愛碑」)

신라 지학(志學)의 나이[15세]가 되자 출가하여 부석산에 머물러 화엄을 배웠는데 다섯 줄을 함께 읽어내리는 총명함이 있었다. 삼승의 경전 공부가 없으면 어찌 본경(화엄경)을 연구하겠으며, 깊이 천착하여 숨은 이치를 밝혀내고 어찌 내가 한 길 되는 담장으로 기웃거려 엿본 것이라도 설명하지 않을 수 있으랴 생각하였다. 이에 문장을 엮고 뜻을 짜맞추어 모아서 권축을 이루어 예로부터 고치기 어려운 잘못을 판결하고 배우는 이들의 몽매를 떨쳐버리니, 동학들이 일러 말하기를 "어제는 학문을 닦는 벗이었는데 오늘은 가르치고 이끌어 주는 스승이 되었으니 참으로 불문(佛門)의 안회(顔回)이다"라고 하였다. (「大安寺寂忍禪師照輪淸淨塔碑」)

신라 석 승전(釋 勝詮)은 그 출자가 분명하지 않다. 일찍이 배를 타고 중국에 가서 현수국사(賢首國師)의 강석하에 나아가 현묘한 말을 받고 미세한 것을 연구하여 생각을 쌓고, 총명함과 식견이 뛰어나 심오한 것을 찾고 숨은 뜻을 가려내어 그 묘함이 심오함을 다하였다. 인연이 있는 곳에 가고자 하여 고향으로 돌아오려 하였다. 처음에 현수(賢首)는 의상(義湘)과 함께 공부하여 지엄화상의 자애로운 가르침을 받았다. 현수는 스승의 학설에 대해 뜻과 조목을 글로 나타내고 승전법사가 고향으로 돌아가는 것에 부탁하여 보였고, 의상도 이에 편지를 보냈다고 하는데, 별도의 서신은 다음과 같다. "탐현기(探玄記) 스무 권에 두 권은 아직 완성하지 못했고 교분기(敎分記) 세 권, 현의장(玄義章) 등 잡의 한 권, 화엄범어(華嚴梵語) 한 권, 기신소(起信疏) 두 권, 십이문소(十二門疏) 한 권, 법계무차별론소(法界無差別論疏) 한 권을 아울러 승전법사에게 부탁하여 베껴서 고향으로 보냅니다. 최근 신라승 효충(孝忠)이 금 9푼을 전하며 이는 윗사람이 준 바라고 하였는데, 비록 편지를 얻지는 못했으나 고맙기 그지없습니다. 지금 서국(西國)의 군지(軍持)·조관(澡灌) 하나를 부쳐 미미한 성의를 표하니 받아주기를 바랍니다. 삼가 말씀드리옵니다." 승전이 이미 돌아와 의상에게 그 서신을 주자, 의상이 이에 글을 눈으로 읽으니 지엄의 가르침을 귀로 듣는 것 같았다. 수십 일간 탐색하고 연구하여 제자들에게 주어 널리 그 글을 연술하게 하였다. 이 말은 의상전에 실려 있다. 살펴보면 이렇다. 이 원융(圓融)한 가르침이 청구(靑丘)에 두루 적신 것은 참으로 승전의 공이다. 이 후에 승려 범수(梵修)가 있어 멀리 그 나라에 가서 새로 번역한 후분화엄경과 관사의소(觀師義疏)를 얻고 돌아와 연술했다고 하는데, 이때는 정원(貞元) 기묘(己卯)에 해당한다. 이 또한 불법을 구하여 널리 퍼트린 사람이라 할 것이다. 승전은 이에 상주(尙州) 영내 개령군(開寧郡) 지경에서 정려(精廬)를 개창하고서 돌들을 관속(官屬)으로 삼아 화엄을 강설하기 시작했다. 신라 사문 가귀(可歸)가 자못 총명하고 도리를 알아 법맥을 계승함이 있었고 이에 심원장(心源章)을 편찬하였다. 그 대략에 말하기를, "승전법사는 돌무리를 이끌고 논의하고 강연하였다고 한다. 지금의 갈항사(葛項寺)이다. 그 돌멩이 80여 매는 지금 강사(綱司)가 전하는 바인데 자못 신령스럽고 신이함이 있다"고 하였다. 그 외의 사적은 비문에 갖추어 실려 있는데 대각국사실록(大覺國師實錄)의 내용과 같다. (『三國遺事』 4 義解 5 勝詮髑髏)

800(庚辰/신라 소성왕 2, 애장왕 1/발해 康王 正曆 6/唐 貞元 16/日本 延曆 19)

신라 봄 정월 왕비 김씨를 왕후(王后)에 봉하였다. (『三國史記』 10 新羅本紀 10)

신라 봄 정월 왕비 김씨를 왕후에 봉하였다. (『三國史節要』 13)

신라 제39 소성왕(昭聖王). (…) 왕비는 계화왕후(桂花王后)로 숙명공(夙明公)의 딸이다. (『三國遺事』 1 王曆)

신라 (봄 정월) 충분(忠芬)을 시중으로 삼았다. (『三國史記』 10 新羅本紀 10)

신라 (봄 정월) 충분을 시중으로 삼았다. (『三國史節要』 13)

신라 (여름 4월 기축일(21)) (…) 권지신라국사(權知新羅國事) 김준옹(金俊邕)을 조부의 개부검교태위(開府檢校太尉)·계림주도독(雞林州都督)·신라국왕(新羅國王)의 칭호를 잇게 하였다. (『舊唐書』 13 本紀 13 德宗 下)

신라 (정원 16년 4월) 신라왕 경신(敬信)이 죽었다. 경인일(22) 그 적손 준옹을 신라왕으로 책봉하도록 명하였다. (『資治通鑑』 235 唐紀 51 德宗神武孝文皇帝)

신라 (정원) 16년 준옹에게 개부의동삼사(開府儀同三司)·검교태위(檢校太尉)·신라왕을 제수하고 사봉랑중(司封郎中)·겸어사중승(兼御史中丞) 위단에게 부절과 책명을 주어 보냈다. 단이 운주(鄆州)에 도착했을 때 준옹이 죽고, 그 아들 중흥(重興)이 왕이 되었다는 보고가 있어 단을 불러 들였다. (『舊唐書』 199上 列傳 149上 東夷 新羅)

신라 위단의 자는 문명(文明)으로 서울 만년(萬年) 사람이다. 주(周) 대사공(大司空) 효관(孝寬)의 6세손이다. (…) 신라국의 군주가 죽어 조칙으로 사봉낭중에 임명하고 가서 조문하게 하였다. 옛날에는 외국으로 사신을 가면 주현의 관리 10명을 내려주는데 이를 재물로 취하여 관직을 파니 사적관(私覿官)이라고 불렀다. 단이 말하길, “외국으로 사행을 갈 때 재원이 부족하면 마땅히 위에 청해야 하지 어찌 관직을 팔아서 돈을 받는단 말인가.” 하고는 바로 소요되는 경비를 갖추어 상소하였다. 황제가 관련 기관에 명하여 그 비용을 주도록 하였다. 이 명령으로 아직 가지 못했는데, 신라의 새 임금이 죽어 돌아와 용주자사(容州刺史)가 되었다. (『新唐書』 197 列傳 122 韋丹)

신라 신라국의 군주가 죽자, 위단(韋丹)은 사봉낭중·겸어사중승이 되어 자의(紫衣)·금어대(金魚帶)를 하사받으니, 가서 조문하고 그 후계자를 옹립하였다. 고사에 외국에 사신으로 가는 자에게는 주현관(州縣官) 10명을 항상 하사하여 이름을 올려서 편의대로 사사롭게 하도록 하였는데, 이것을 사적관이라고 불렀다. 위단이 장차 떠나려고 하며 말하였다. “내가 천자의 관리로 바다 밖 나라에 사신으로 가는데, 재원이 부족하면 마땅히 위에 청해야 하지 어찌 관직을 팔아서 돈을 받는 일이 있겠는가.” 곧 갖추어 상소하였다. 그런 까닭에 황제는 위단을 현명하다고 여겨 담당 관사에 명령하여 그 비용을 주라고 하였다. 운주에 이르자 때마침 신라가 마땅히 즉위해야 할 군주가 죽었다고 알려주어 돌아왔다. (「韋丹 墓誌銘」)

신라 위단이 부임지로 떠나기도 전에 가부원외랑(駕部員外郞)으로 바뀌었다. 때마침 신라국에서 국상을 와서 알리고 군주 옹립을 청하니, 사봉낭중에 임명하고 어사중승을 겸하게 하며 금인자수(金印紫綬)의 장복(章服)을 받았다. 신라의 후계자를 책봉하는 조책문을 주었는데, 신라에서 다시 상을 알려 와서 마침내 가지 못하였다. (「韋丹遺愛碑」: 『樊川文集』 4; 『全唐文』 754)

신라 (정원) 16년 준옹을 개부의동삼사 검교태위 신라왕에 임명하고 사봉랑중 겸 어사중승 위단에게 명하여 부절과 책명을 갖고 가도록 하였다. (『唐會要』 95 新羅)

신라 두터운 마음으로 가르침을 낼 이역을 은혜로 고루 어루만짐이라 계부(計簿)를 치밀하게 번역하여 조서와 의장을 갖추고 북두성을 하직하고 멀리 떠나네 넓은 동해 바다에 배 띄워 밤엔 북두성 따라 갈 길 찾고 낮엔 천연보석 빛 따라 즐기노라 먼 섬에서 깜박이는 불빛 넓게 깔린 안개 속 맑은 풀빛 예절로 손님 시중 성대히 하고 임금과 신료들 만나 함께 즐기리라 길 지나며 겪은 험난함을 위로하고 창황히 헤어지면 꿈에서나 얽히리 목 놓아 일년을 기다리면 조정에 돌아오기 바쁘게 은전이 내려지리라 (『全唐詩』 5函 8册 權德輿 送韋中丞奉使新羅)

신라　넓디넓은 바다 끝. 멀고 먼 나라 바라보며 부평초 같은 한 척의 쪽배 가을 바다에 흔들리네 하늘 밖에 황은을 전달하고자 파도에 꿈 싣고 동방으로 가는 길 파도가 일면 가슴을 활짝 펴고 물위 여정에 나선 배는 허공으로 흘러가는 듯하네 충성 다하여 신임 얻었으니 그대 마음도 적이 흐뭇하리라 많고 많은 기이한 경치 못 다 구경하고 희귀한 일 더욱 많아 마음은 즐겁겠네 나라의 안위 한 몸에 지녔으니 해야 할 일에 어찌 끝이 있으랴 그 곳 풍속은 문화와 역사를 즐기고 조정엔 뛰어난 인재도 많다 하네 사절 배웅하는 시 수백 수(首) 수수(首首)마다 신기한 구상 쨍쨍한 음성 힘찬 절주로세 비천하고 하찮은 이 관리도 격동되어 시 지어 현인에게 드리나니 (『全唐詩』 6函 5册 孟郊 奉同朝賢送新羅使)

신라　여름 4월에 폭풍이 불어 나무를 부러뜨리고 기와를 날렸다. 서난전(瑞蘭殿)의 발이 날려간 곳을 모르며, 임해문(臨海門)과 인화문(仁化門) 두 문이 무너졌다. (『三國史記』 10 新羅本紀 10)

신라　여름 4월에 폭풍이 불어 나무를 부러뜨리고 기와를 날렸다. 임해문과 인화문 두 문이 무너졌다. (『三國史節要』 13)

신라　(5월 정해일(2)) 신라왕 준옹이 죽었다. 나라 사람들이 그 아들 중희(重熙)를 왕으로 세웠다. (『資治通鑑』 235 唐紀 51 德宗神武孝文皇帝)

신라　5월 26일에 창고의 식량은 그것을 받았다. 하경(下椋)에 있다. (전면)
중경(仲椋)에 식량 23석이 있다. (후면) (「황남동 281호 목간」)

고구려　(정원 16년) 6월 병오일에 운주 이사고(鄆州李師古)·회남 두우(淮南杜祐)가 모두 가동평장사(加同平章事)로써 겸영서사호절도(祐兼領徐泗濠節度)를 도왔다. (『舊唐書』 13 本紀 13 德宗 下)

고구려　(정원) 16년 6월에 회남절도사(淮南節度使) 두우와 함께 가중서문하평장사(加中書門下平章事)에 제수되었다. (…) 순종이 즉위하였다는 소식을 듣고 이사고는 군대를 파(罷)하였다. 후에 관직이 검교사도·겸시중(檢校司徒·兼侍中)에 이르렀다. 죽자 태부에 추증되었다. (『舊唐書』 124 列傳 74 李師古)

고구려　원화 연간(806~820) 초에 죽으니 태부(太傅)에 추증되었다. (『新唐書』 213 列傳 138 藩鎭淄靑橫海)

신라　6월 왕자를 태자로 봉하였다. 왕이 돌아가시니 시호를 소성(昭聖)이라고 하였다. (『三國史記』 10 新羅本紀 10)

신라　소성왕이 죽었다. 애장왕 중희(重熙) 즉위 원년이다. (『三國史記』 31 年表 下)

신라　6월 왕자 청명(淸明)을 태자로 삼았다. 왕이 돌아가시니 태자 청명을 세웠으니, 나이 13세였다. 시호를 소성이라고 바쳤다. 소성왕의 친 동생 병부령(兵部令) 언승(彦昇)이 섭정이 되었다. 처음 원성왕이 죽자, 황제가 사봉낭중 겸 어사중승 위단을 보내어 부절을 갖고가 조의하도록 했고, 또 왕을 개부의동삼사검교태위신라왕으로 책봉하였다. 단이 운주에 이르렀을 때 왕이 죽었다는 소식을 듣고 돌아갔다. (『三國史節要』 13)

신라　애장왕이 왕위에 올랐다. 이름은 청명으로 소성왕의 태자이다. 어머니는 김씨 계화부인(桂花夫人)이다. 즉위할 때 13세여서 아찬(阿湌) 병부령 언승이 섭정하였다. 처음 원성왕이 돌아가시자 당 덕종(德宗)이 사봉랑장겸어사중승 위단을 보내어 부절을 갖고 가서 조의하게 하고 또 왕 준옹을 개부의동삼사검교태위신라왕으로 책봉하였는데, 단이 운주에 이르러 왕이 죽었다는 소식을 듣고 이에 돌아갔다. (『三國史記』 10 新羅本紀 10)

신라　제40 애장왕[김씨 이름은 중희인데 청며이라고도 이른다.아버지는 소성왕이며, 어머니는 계화왕후이다. 신묘년에 왕이 되어 10년을 다스렸다. 원화 4년 기축년 7월 19일 왕의 숙부 헌덕(憲德)·흥덕(興德) 두 이간(伊干)에게 해를 당하여 돌아가셨다. (『三國遺事』 1 王曆)

신라　가을 7월 왕이 이름을 중희로 바꿨다. (『三國史記』 10 新羅本紀 10)

신라　가을 7월 왕이 이름을 중희로 바꿨다. (『三國史節要』 13)

신라　8월에 전(前) 입당 숙위학생(宿衛學生)인 양열(梁悅)을 두힐현(豆肸縣) 소수(小守))에 제수하였다. 앞서 덕종이 봉천(奉天)에 순행할 때 양열이 수행한 공이 있어, 황제가 우찬선대부(右贊善大夫)를 제수하여 돌려보냈기 때문에 왕이 그를 발탁하여 썼다. (『三國史記』 10 新羅本紀 10)

신라　8월에 양열을 두힐 소수에 임명하였다. 처음 양열이 입당하여 숙위했는데, 황제가 봉천에 순행했을 때 양열이 수행한 공이 있어 황제가 우찬선대부를 제수하여 돌려보냈는데, 왕이 발탁하여 썼다. (『三國史節要』 13)

신라　서울의 동북쪽 20리쯤 되는 암곡촌(暗谷村)의 북쪽에 무장사(鍪藏寺)가 있었다. 제38대 원성대왕(元聖大王)의 아버지 대아간(大阿干) 효양(孝讓), 추봉된 명덕대왕(明德大王)이 숙부 파진찬(波珍喰)을 추모하기 위하여 세운 절이다. 그윽한 골짜기가 몹시 험준해서 마치 깎아 세운 듯하며, 깊숙하고 침침한 그곳은 저절로 허백(虛白)이 생길 만하고, 마음을 쉬고 도를 즐길 만한 신령스러운 곳이었다. 절의 위쪽에 미타고전(彌陁古殿)이 있는데, 곧 소성(昭成) 성(聖)이라고도 한다. 대왕의 비 계화왕후(桂花王后)는 대왕이 먼저 세상을 떠났으므로 근심스럽고 창황하여 지극히 슬퍼하며 피눈물을 흘리면서 마음이 상하였다. 이에 밝고 아름다운 일을 돕고 명복을 빌 일을 생각하였다. 서방에 아미타 (彌陁)라는 대성(大聖)이 있어 지성으로 귀의하면 잘 구원하여 와서 맞아준다는 말을 듣고, "이 말이 진실이라면 어찌 나를 속이겠는가."라고 하고, 6의(六衣)의 화려한 옷을 희사하고 9부(九府)에 쌓아두었던 재물을 다 내어 이름난 공인들을 불러서 미타상 한 구를 만들게 하고, 아울러 신중(神衆)도 만들어 모셨다. 이보다 앞서 절에 한 노승이 있었는데, 홀연히 꿈에 진인(眞人)이 석탑의 동남쪽 언덕 위에 앉아서 서쪽을 향해 대중에게 설법하는 것을 보고, 이곳은 반드시 불법(佛法)이 머무를 곳이라고 생각했으나 마음에 숨겨두고 남에게 말하지 않았다. 바위가 우뚝 솟고 물이 급하게 흐르므로 장인들은 돌아보지도 않고 모두 좋지 않다고 하였다. 그러나 터를 개척하자 평탄한 곳을 얻어서 집을 세울 만하고 신령스러운 터전임이 완연했으므로 보는 이들은 깜짝 놀라면서 좋다고 칭찬하지 않는 이가 없었다. 근래에 와서 불전은 무너졌으나 절만은 남아 있다. 세상에 전하는 말에 의하면, 태종(太宗)이 삼국을 통일한 뒤에 병기와 투구를 골짜기 속에 감추어 두었기 때문에 무장사라고 이름했다고 한다. (『三國遺事』 3 塔像 4 鍪藏寺彌陀殿)

신라　(이수(螭首)의 제액)

아미타(阿彌陀)

불(佛)△△

(1)

(마멸) △守 大奈麻 臣 金陸珍 奉 敎 (마멸)

(마멸) 測氾兮 若存者 敎亦善救歸于九△△物乎 嘗試論之 佛道之

(마멸) △以 雙忘△而不覺 遍法界而冥立△△△而無機 齊大空而△ (마멸)

(마멸) 是微塵之刹 沙數之區 競禮微言 爭崇△△△廟生淨心者 久而△ (마멸)

(마멸) 能與於此乎 鍪藏寺者

(마멸) 逈絶累以削成 所寄冥奧 自生虛白 碧澗千尋△△△塵勞而滌 蕩寒 (마멸)

(마멸) 中宮奉爲

(마멸) 明業 繼斷鼇功崇御 辨運璇璣而照寓 德合天心握金鏡 (마멸)

(마멸) 何圖 天道將變 書物告凶 享國不永 一朝晏駕 中宮 (마멸)

(마멸) 身罔極 而喪禮也 制度存焉 必誠必信 勿之有悔 送終之事 (마멸)

(마멸) 密藏 鬱陶硏精 寤寐求之 思所以幽贊冥休 光啓玄福者西方 (마멸)

(마멸) 府之淨財 召彼名匠 各有司存就於此寺 奉造阿彌陀佛

像一 (마멸)

(마멸) 見眞人於石塔東南崗上之樹下 西面而坐 爲大衆說法 旣覺 (마멸)

(마멸) 巉山卒溪澗激迅 維石巖巖 山有朽壤 匠者不顧 咸謂不祥 及 (마멸)

(마멸) 之固 正當殿立 有若天扶 于時見者 愕然而驚 莫不(마멸)

(마멸) 至百慮多岐 一致于誠 誠也者 可以動天地 (마멸)

(마멸) △旣得 匪棘其欲 子來成之 其像則 (마멸)

(2)

(마멸) 皇龍 (마멸)

(마멸) 物乎 嘗試論之 佛道之 (마멸)

(마멸) 而無機 齊大空而△ (마멸)

(마멸) 廟生淨心者 久而△ (마멸)

(1줄 결)

(마멸) 塵 勞而滌蕩 寒 (마멸)

(1줄 결)

(3)

(마멸) 也 當此之時 崖 (마멸)

(마멸) 基 壤之剔之 更將△ (마멸)

(마멸) 歟是歟 故知萬法 殊 (마멸)

(마멸) 幹之材 畢至班石之巧 (마멸)

(마멸) 普照 八十種好 出衆妙 (마멸)

(마멸) 鋪綺檻 朝日暎而炫燿 △ (마멸)

(마멸) 若節潔行修身 專思法 (마멸)

(마멸) △德 貞順立節 着于稱首 (마멸)

(마멸) △路若斯之盛乎 欲比 (마멸)

(마멸) △△燕然之作 便察鷹揚 (마멸)

(마멸) 物混成載 我以形勞我△ (마멸)

(마멸) 慧炬 用拯迷類 正敎難測 (마멸)

(마멸) 鼇業泰登樞位襲聲敎△ (마멸)

(마멸) △忘不忘維何思崇 冥祐 (마멸)

(마멸) △寶紛敷香花 周繞天人 (마멸) (「鍪藏寺 阿彌陀如來 造像碑」)

신라　법호(法號)는 무염(無染)으로 달마대사의 10대 법손(法孫)이 된다. 속성(俗姓)은 김씨(金氏)로 태종무열왕이 8대조이시다. 할아버지는 주천(周川)으로 골품(骨品)은 진골이고 한찬(韓粲)을 지냈으며, 고조부와 증조부는 모두 조정에서는 재상, 나가서는 장수를 지내 집집에 널리 알려졌다. 아버지는 범청(範淸)으로 골품이 진골에서 한 등급 떨어져서 득난(得難)이 되었다[나라에 5품이 있는데 성이(聖而), 진골(眞骨), 득난(得難) 등이다. (得難은) 귀성(貴姓)을 얻기 어려움을 이야기한 것이다. 『문부(文賦)』에서 '혹 구하기는 쉽지만 얻기는 어렵다'고 말한 것을 따서, 6두품의 수가 많지만 귀성이 되기는 제일 낮은 관등(一命)에서 가장 높은 관등(九命)에 이르는 것과 같음을 이야기한 것이다. 그러니 4, 5품은 말할 필요도 없다]. 만년(晩年)에는 무술을 좋아하였다. 어머니 화씨(華氏)가 꿈에 긴 팔을 가진 천인(天人)이 연꽃을 내려주는 것을 보고서 임신을 하게 되었는데 얼마 후에는 다시 꿈 속에 서역의 도인(道人)이 나타나서 스스로 법장(法藏)이라고 하면서 10계(戒)를 주면서 그것으로 태교(胎教)를 하게 하였다. 마침내 1년이 지나서 (대사가) 태어났다. (「聖住寺 朗慧和尚塔碑)

신라　" (…) 남이 내게 해롭게 하는 것도 바라지 않고, 나 또한 남에게 해롭게 하고 싶지 않습니다." 공자(孔子)께서 (…) (1면)

(…) 문(文)이다." 공자께서 자산(子産)에게 말씀하셨다. "군자의 도리는 4가지가 있다. 그 (…) (2면)

" (…) △색(△色)을 △하였습니다. 자신이 맡아보던 영윤(令尹)의 정사는 반드시 새 (…)에게 알렸습니다. (…) " (3면)

" (…) 그곳을 떠났습니다. 이만하면 어떠합니까." 공자께서 말씀하셨다. "청렴하다 할 만하다." (…) "인(仁)하다고 (…) " 공자께서 말씀하셨다. "모르겠다. (…) " (4면) (「봉황동 147호 목간」)

801(辛巳/신라 애장왕 2/발해 康王 正曆 7/唐 貞元 17/日本 延曆 20)

신라　(정원 16년) 다음해 운주에 이르러 준옹이 죽어 그 아들 중흥을 세웠다는 소속을 듣고 단을 불러 들였다. (『唐會要』 95 新羅)

신라　봄 2월 시조묘에 배알하였다. 태종대왕(太宗大王)과 문무대왕(文武大王)의 두 사당을 따로 두고, 시조대왕 및 고조 명덕대왕(明德大王), 증조 원성대왕(元聖大王) 황조(皇祖) 혜충대왕, 황고(皇考) 소성대왕으로 오묘(五廟)를 세웠다. (『三國史記』 10 新羅本紀 10)

신라　봄 2월 오묘의 제도를 고쳤다. 시조대왕 고조 명덕대왕, 증조 원성대왕, 황조 혜충, 황고 소성왕으로 5묘로 삼고 태종왕과 문무왕의 두 묘를 따로 두었다. (『三國史節要』 13)

신라　(봄 2월) 병부령 언승을 어룡성(御龍省) 사신(私臣)으로 삼았다가 얼마 후 상대등(上大等)으로 하였다. (『三國史記』 10 新羅本紀 10)

신라　(봄 2월) 어룡성 사신 1명을 두어 병부령 언승을 사신으로 하였다가 얼마 후 상대등으로 삼았다. (『三國史節要』 13)

신라　어룡성은 사신이 1명으로 애장왕 2년에 두었다. (『三國史記』 39 雜志 8 職官 中)

신라　(봄 2월) 크게 사면하였다. (『三國史記』 10 新羅本紀 10)

신라	(봄 2월) 크게 사면하였다. (『三國史節要』 13)
신라	조성한 사람은 미도(弥刀)다. 정원 17년 신사년 3월 16일 홍암(鴻巖)에 부처를 조성하고 기록한다. 원컨대 △아버지△不△△△日弥二△어머니 미차(弥叉) 일체중생(一切衆生)을(결락) (「防禦山 磨崖三尊銘)
신라	여름 5월 임술 초하루에 일식이 있어야 했으나 일어나지 않았다. (『三國史記』 10 新羅本紀 10)
신라	여름 5월 임술 초하루에 일식이 있어야 했으나 일어나지 않았다. (『三國史節要』 13)
신라	가을 9월 형혹(熒惑)이 달에 들어갔고, 별이 비처럼 쏟아졌다. (『三國史記』 10 新羅本紀 10)
신라	가을 9월 형혹이 달에 들어갔고, 별이 비처럼 쏟아졌다 (『三國史節要』 13)
신라	(가을 9월) 무진주(武珍州)에서 붉은 까마귀를 바쳤다. (『三國史記』 10 新羅本紀 10)
신라	(가을 9월) 무진주에서 붉은 까마귀를 바쳤다. (『三國史節要』 13)
신라	(가을 9월) 우두주(牛頭州)에서 흰 꿩을 바쳤다. (『三國史記』 10 新羅本紀 10)
신라	(가을 9월) 우두주에서 흰 꿩을 바쳤다. (『三國史節要』 13)
신라 발해	겨울 10월 신미일(13)에 재상 가탐(賈耽)이 해내화이도(海內華夷圖) 및 고금군국현도사이술(古今郡國縣道四夷述) 40권을 바쳤다. (『舊唐書』 13 本紀 13 德宗 下)
신라 발해	가탐은 지리학을 좋아하여 사이의 사신 및 사이에 사신으로 갔다가 돌아온 자들은 반드시 이를 갖고 움직여, 그 산천과 토지의 시작과 끝을 찾아보았다. 이런 까닭으로 구주(九州)의 평평함과 험함, 모든 이민족의 토속을 구별하여 그림으로 그려, 그 원류를 갖추어 연구하였다. (…) (정원) 17년에 이르러 또 해내화이도 및 고금군국현도사이술 40권을 완성하였다. (『舊唐書』 138 列傳 88 賈耽)
고구려 발해	그 후 정원 연간의 재상 가탐이 방역(方域)과 도리(道里)의 수를 아주 자세히 고찰하여 변방에서 들어오는 사이와 홍려에서 통역하는 자들로부터 모두 기록하지 않은 것이 없었다. 사이로 들어가는 길과 관문 요새, 달려 모이는 것 중 가장 중요한 것 7가지는 다음과 같다. 첫째는 영주(營州)이니 안동(安東)으로 들어가는 길이며, 둘째는 등주로 바다에서 고려와 발해로 들어가는 길이며, 셋째는 하주(夏州)의 요새 바깥으로 대동(大同), 운중(雲中)과 통하는 길이며, 넷째는 중국이 항복을 받은 성들로 회골(回鶻)로 들어가는 길이며, 다섯째는 안서(安西)로 서역(西域)으로 가는 길이며, 여섯째는 안남(安南)으로 천축(天竺)과 통하는 길이며, 일곱째는 광주(廣州)로 해이(海夷)와 통하는 길이다. 그 산천과 마을, 봉역(封域)의 멀고 가까움이 모두 그 절목이 들어 있으며, 주현은 이름이 있고, 전에 기록하지 못한 것은 혹 이적이 스스로 이름지은 것이라 한다. (『新唐書』 43 下 志 33 下 地理 7 下 河北道)
고구려 발해	그 후 정원 연간의 재상 가탐이 방역과 도리의 수를 아주 자세히 고찰하여 변방에서 들어오는 사이와 홍려에서 통역하는 자들로부터 모두 기록하지 않은 것이 없었다. 사이로 들어가는 길과 관문 요새, 달려 모이는 곳 중 가장 중요한 것 7가지는 다음과 같다. 첫째는 영주이니 안동으로 들어가는 길이며, 둘째는 등주로 바다에서 고려와 발해로 들어가는 길이며, 셋째는 하주의 요새 바깥으로 대동, 운중과 통하는 길이며, 넷째는 중국이 항복을 받은 성들로 회골로 들어가는 길이며, 다섯째는 안서

로 서역으로 가는 길이며, 여섯째는 안남으로 천축과 통하는 길이며, 일곱째는 광주로 해이와 통하는 길이다. 그 산천과 마을, 봉역(封域)의 멀고 가까움이 모두 그 절목이 들어 있으며, 주현은 이름이 있고, 전에 기록하지 못한 것은 혹 이적이 스스로 이름지은 것이라 한다. (『玉海』 15 地理 地理書 唐皇華四達記 西域圖)

신라　겨울 10월 매우 추워 소나무와 대나무가 모두 죽었다. (『三國史記』 10 新羅本紀 10)

신라　겨울 10월 매우 추워 소나무와 대나무가 모두 죽었다. (『三國史節要』 13)

신라　(겨울 10월) 탐라국(耽羅國)이 사신을 보내어 조공하였다. (『三國史記』 10 新羅本紀 10)

신라　(겨울 10월) 탐라국이 사신을 보내 조공하였다. (『三國史節要』 13)

802(壬午/신라 애장왕 3/발해 康王 正曆 8/唐 貞元 18/日本 延曆 21)

신라　봄 정월 왕이 직접 신궁(神宮)에 제사지냈다. (『三國史記』 10 新羅本紀 10)

신라　봄 정월 왕이 직접 신궁에 제사지냈다. (『三國史節要』 13)

신라　여름 4월 아찬(阿飡) 김주벽(金宙碧)의 딸을 들여 후궁으로 삼았다. (『三國史記』 10 新羅本紀 10)

신라　여름 4월 아찬 김부벽(金富碧)의 딸을 후궁으로 들였다. (『三國史節要』 13)

신라　가을 7월 지진이 일어났다. (『三國史記』 10 新羅本紀 10)

신라　가을 7월 지진이 일어났다. (『三國史節要』 13)

신라　8월 가야산(加耶山) 해인사(海印寺)를 창건하였다. (『三國史記』 10 新羅本紀 10)

신라　8월 가야산 해인사를 창건하였다. (『三國史節要』 13)

신라　(8월) 삽량주(歃良州)에서 붉은 까마귀를 바쳤다. (『三國史記』 10 新羅本紀 10)

신라　(8월) 삽량주에서 붉은 까마귀를 바쳤다. (『三國史節要』 13)

신라　겨울 12월 균정(均貞)에게 대아찬(大阿飡)을 제수하고 가왕자(假王子)로 삼아 왜국에 질자(質子)로 보내려 했는데, 균정이 사양하였다. (『三國史記』 10 新羅本紀 10)

신라　겨울 12월 균정에게 대아찬을 제수하고 가왕자로 삼아 왜국에 질자로 보내려 했는데, 균정이 사양하였다. (『三國史節要』 13)

신라　임오년에 서울 봉덕사(奉德寺), 영흥사(永興寺), 천암사(天巖寺), 보장사(寶藏寺)에서 2,713석(石)을 시식(施食)하였다. (「昌寧塔金堂治成文記碑」 뒷면)

신라　임오년에 인양사(仁陽寺)의 삼보(三寶)에 954석을 입식(入食)하였다. 같은 해 탑의 노반(露盤) 반절 수리하였다. (「昌寧塔金堂治成文記碑」 뒷면)

803(癸未/신라 애장왕 4/발해 康王 正曆 9/唐 貞元 19/日本 延曆 22)

신라　여름 4월 왕이 남교(南郊)로 행차하여 보리농사를 살폈다. (『三國史記』 10 新羅本紀 10)

신라　여름 4월 왕이 남교로 행차하여 보리농사를 살폈다. (『三國史節要』 13)

신라 승려 지장(地藏)은 성이 김씨로 신라국왕의 친족이다. (…) 정원 19년 여름 갑자기 무리를 불러 이별을 고하니 간 곳을 알지 못하였다. 다만 산이 울고, 돌이 떨어지는 소리가 들리니, 종을 두드리며 가부좌를 하고 입적하셨다. 춘추 99세이다. 그 시신을 함 속에 두었는데, 3년이 지난 후 장차 탑에 모시려 했는데, 용모가 생전과 같았다. 옮길 때 뼈마디가 움직여 마치 쇠사슬을 움직이는 것 같았다. 이에 남대(南臺)에 작은 부도를 세웠으니, 이것이 바로 지장이 연좌한 곳이다. 그 때 신도들이 모여 유물을 수습하고, 비관경(費冠卿)이 이를 서(序; 구화산화성사기를 말함)에 기록하여 남겼다. 대중(大中; 847~860) 연간에 승려 응물(應物)이 또한 그 덕을 기록하였다. (『宋高僧傳』 20 感通篇 6-3 唐 池州 九華山 化城寺 地藏傳)

신라 당 지장 승려는 김씨로 신라국왕의 조카이다. (…) 정원 19년 여름에 입적하였다. 3년이 지나 장사지내려 탑을 세웠다. 유물을 수습하고 비관경이 글을 지어 비에 새겼다. (『新修科分六學僧傳』 6 傳宗科 唐 地藏)

신라 김지장(金地藏) 비각상(碑刻像)
김지장 상(像)
김지장 수적명문(垂跡銘文)
찬(贊) 김지장 상 (「金地藏 碑刻像」)

신라 가을 7월 일본국과 교빙(交聘)하여 우호를 맺었다. (『三國史記』 10 新羅本紀 10)

신라 가을 7월 일본국과 우호를 맺었다. (『三國史節要』 13)

신라 겨울 10월 지진이 있었다. (『三國史記』 10 新羅本紀 10)

신라 겨울 10월 지진이 있었다. (『三國史節要』 13)

신라 계미년에 인양사(仁陽寺) 금당 안의 불상을 완성하였다. 같은 해 원지사(苑池寺) 금당 안의 불상을 완성하였다. (「昌寧塔金堂治成文記碑」 뒷면)

신라 계미년에 인양사 탑이 4층이 무너져 수리하였다. 같은 해에 인양사 불문(佛門) 네 모서리 풍경이 완성되었다. (「昌寧塔金堂治成文記碑」 뒷면)

804(甲申/신라 애장왕 5/발해 康王 正曆 10/唐 貞元 20/日本 延曆 23)

백제 (봄 정월 경자일(24)) 종5위상 고창조신전계(高倉朝臣殿繼)를 준하수(駿河守)로 삼고 (…) 종5위하 백제왕충종(百濟王忠宗)을 이예개(伊豫介)로 삼았다. (…) (『日本後紀』 12 皇統彌照天皇 桓武天皇)

백제 (봄 정월) 갑진일(28)에 형부경(刑部卿) 육오(陸奧) 출우(出羽) 안찰사(按察使) 종3위상 판상대숙녜전촌마려(坂上大宿禰田村麻呂)를 정이대장군(爲征夷大將軍)으로 삼고, 정5위하 백제왕교운(百濟王敎雲)과 종5위하 좌백숙녜사옥(左伯宿禰社屋), 종5위하 도도숙녜어순(道嶋宿禰御楯)을 부장군으로 삼았다. (…) (『日本後紀』 12 皇統彌照天皇 桓武天皇)

신라 봄 정월 아찬 수승(秀昇)을 시중으로 삼았다. (『三國史記』 10 新羅本紀 10)

신라 봄 정월 아찬 수승을 시중으로 삼았다. (『三國史節要』 13)

신라 정원 20년 갑신년 3월 23일에 당사의 종이 이루어지다. 고시산군의 인근 대내말과 자초리가 시납하신 옛 종의 쇠 280정과 당사의 옛종의 쇠 220정, 이것으로 밑천을 삼고 사방의 단월들이 권하여 이루었다. 원하는 것은 법계의 유정이 다 불도에 이르러 감이다. 서원할 때 들으신 님은 신광부인님이다.
상좌 영묘사의 일조화상
당시 감독 원은스님
종을 만든 박사 당사의 각지스님
상화상　　　순응화상
　　양혜스님
　　평법스님
　　선각스님
　　여어스님
　　일정서사
선사　　　　예각스님
당시의 유나　동설스님 (「禪林院 鐘銘」)

백제　(여름 4월 임자일(8)) 종5위하 백제왕원승(百濟王元勝)을 내병고정(內兵庫正)으로 삼았다. (『日本後紀』 12 皇統彌照天皇 桓武天皇)

백제　(여름 4월 신미일(27)) (…) 중납언(中納言) 종3위 화조신가마려(和朝臣家麻呂)가 죽었다. 조서를 내려 종2위 대납언(大納言)을 추증하였다. 가마려는 정1위에 추증된 고야조신제사(高野朝臣弟嗣)의 손자로 그의 선조는 백제국 사람이다. 사람됨이 순박하고 말이 적었다. 재주와 학식은 없었으나 천황의 외척이었으므로 특별히 발탁되어 승진하였다. 번국(蕃國) 사람으로서 재상의 관부에 들어간 것은 이로부터 비롯되었으니 사람의 직위에는 여유가 있고 하늘의 관작은 부족하다고 일컬을 만하다. 그는 비록 높은 관직에 있으나 옛날에 알던 사람을 만나면 그 천함을 싫어하지 않고 손을 붙잡고 서로 이야기하였으므로 보는 사람들이 감탄하였다. 이 때 나이 71세였다. (『日本後紀』 12 皇統彌照天皇 桓武天皇)

신라　여름 5월 일본국이 사신을 보내 황금 3백량을 바쳤다. (『三國史記』 10 新羅本紀 10)
신라　여름 5월 일본국이 사신을 보내 황금 3백량을 바쳤다. (『三國史節要』 13)

발해　(6월) 경오일(27)에 칙서를 내려 다음과 같이 말하였다. “근년에 발해국의 사신이 능등국(能登國)에 도착하는 경우가 많다. 머물러 묵을 곳은 외지고 누추해서는 안 되니 마땅히 서둘러 사신이 머물 객원(客院)을 짓도록 하라.”고 하였다. (『日本後紀』 12 皇統彌照天皇 桓武天皇)
발해　경오일 칙을 내려 “근년에 발해국 사신이 와서 도착하면 대체로 능등국에 있게 된다. 머물러 묵을 곳은 외지고 누추해서는 안 되니 마땅히 서둘러 객원을 짓도록 하라”고 하였다. (『類聚國史』 193 殊俗部 渤海 上)

신라　(가을 7월 기묘일(7)) 종5위상 기조신내자(紀朝臣內子), 천상조신진노(川上朝臣眞奴), 백제왕혜신(百濟王惠信), 등원조신천자(藤原朝臣川子), 기조신전자(紀朝臣殿子)에게 정5위상을 주었다. (『日本後紀』 12 皇統彌照天皇 桓武天皇)

신라　가을 7월 알천(閼川) 가에서 크게 사열하였다. (『三國史記』 10 新羅本紀 10)
신라　가을 7월 알천 가에서 크게 사열하였다. (『三國史節要』 13)

신라 (가을 7월) 삽량주에서 흰 까치를 바쳤다. (『三國史記』 10 新羅本紀 10)
신라 (가을 7월) 삽량주에서 흰 까치를 바쳤다. (『三國史節要』 13)

신라 (가을 7월) 임해전(臨海殿)을 중수하였다. (『三國史記』 10 新羅本紀 10)
신라 (가을 7월) 임해전을 수리하였다. (『三國史節要』 13)

신라 (가을 7월) 동궁(東宮) 만수방(萬壽房)을 새로 지었다. (『三國史記』 10 新羅本紀 10)
신라 (가을 7월) 동궁 만수방을 새로 지었다. (『三國史節要』 13)

신라 (가을 7월) 우두주 난산현(蘭山縣)에서 엎어져 있던 돌이 일어섰다. (『三國史記』 10 新羅本紀 10)
신라 (가을 7월) 우두주 난산현에서 돌이 일어섰다. (『三國史節要』 13)

신라 (가을 7월) 웅천현 소대현(蘇大縣) 부포(釜浦) 물이 피로 변하였다. (『三國史記』 10 新羅本紀 10)
신라 (가을 7월) 웅천주 소대현 부포의 물이 피로 변하였다. (『三國史節要』 13)

신라 (9월) 기축일(18) 병부소승(兵部少丞) 정6위상 대반숙녜잠만리(大伴宿禰岑萬里)를 신라국에 보냈다. 태정관(太政官)의 첩문(牒文)에 "당에 사신을 보내어 교빙을 닦는 상황을 지난 해 대재부로 하여금 이미 그 사실을 전해 알리게 했습니다. 그런데 그 때는 순풍이 불지 않고 마침내 날씨가 서늘해져 보내지 못했습니다. 지난 7월초에 4척의 배가 바다에 들어갔는데 2척은 폭풍을 만나 표류하다가 되돌아오고 나머지 2척은 도착한 곳을 아직 찾지 못했습니다. 바람의 세기와 방향을 헤아려 보건대 신라에 도착한 것 같습니다. 이에 병부성 소승 정6위상 대반숙녜잠만리 등을 보내어 방문하게 합니다. 만약 그곳에 표착했다면 마땅히 사안에 따라서 물자를 공급하여 본국으로 돌아갈 수 있도록 해주시고, 도착하지 않았으면 사신을 당에 들여 보내어 찾아보고 자세히 알려주시기 바랍니다."라고 하였다. (『日本後紀』 12 桓武紀)

신라 9월 망덕사(望德寺)의 두 탑이 부딪혔다. (『三國史記』 10 新羅本紀 10)
신라 구월 망덕사 두 탑이 서로 부딪혔다. (『三國史節要』 13)

발해 신라 (정원) 11월 발해와 신라가 사신을 보내어 조회하였다. (『册府元龜』 972 外臣部 17 朝貢 五)

신라 (…) 이번 정원 연간(785~804)에 몸소 (마멸) 상심하여 이에 괴롭고 △△는 두배나 더하나, 곧 몸과 마음을 채찍질하고 진흙과 띠 집을 (마멸) 대사의 거사 모습을 만들었는데, 3월에 이르러 (마멸) 산에 폭주하고 옆의 들로 구름처럼 달려가서 형상을 바라보고 진심으로 예를 하였다. 그런 뒤에야 강찬(마멸)[강찬(講讚)(마멸)] 각간 김언승께서는 바다와 산악의 정기를 타고 났고 하늘과 땅의 빼어남을 타고 나서 친△(親△)을 잇고 (마멸) 3천을 △△하고 마음은 6월을 뛰어넘었다. 덕과 뜻은 (마멸) 저 산속을 보니 대덕 봉△(마멸)[奉△(마멸)] 바야흐로 명을 (마멸) 마음과 목숨을 맡기고 뜻은 정성껏하며, 법을 높이고 사람을 중히 여겨(마멸) (대사.)의 영험스런 자취는 문자가 아니고서는 그 일을 진술할 수가 없고 기록이 아니고서 어찌 그 연유를 드러낼 수 있으리오. 그래서 스님으로 하여금 △△을 짓게 하고(마멸) 스스로의 법도를 구하는 것은 무능하고 학문도 정도가 아니어서 마침내 사양하였으나 끝내

면하지 못하여 문득 (마멸). 티끌같이 많은 세월이 지나도 썩지 말고, 겨자씨만큼 무수한 세월에도 길이 존재하리라. (…) (「高仙寺 誓幢和上碑 」)

신라 선사의 이름은 체징(體澄)이며 성은 왕성인 김씨로 웅진 사람이다. 가문은 좋은 명망을 이었고 어진 가풍을 익혀 왔다. 이런 까닭으로 경사가 하늘로부터 모이고 덕이 큰 산에서 내려오니 효의(孝義)는 향리에 드날렸고 예악(禮樂)은 고관들 중 으뜸이었다. 선사가 몸을 의탁하던 해에 어머니가 꿈을 꾸었는데 둥근 해가 공중에 떠 있고 빛이 내려와 배를 꿰뚫었다. 그 때문에 놀라 깨어서 문득 임신하였음을 알았다. 1년이 지나도 태어나지 아니하여 어머니는 상서로운 꿈을 돌이켜 생각하고 좋은 인연을 기도하며 음식은 고기를 물리치고 마실 것은 술을 끊어 청정한 계율로 태교하여 복전으로 섬겼다. 이로 말미암아 해산의 걱정을 이겨내고 진실로 아들을 낳는 경사를 맞았다. 선사의 용모는 산이 서있는 것처럼 빼어났고 기품은 하천이 신령스러운 것처럼 넉넉하고 고른 치아는 본디부터 있었고 금발이 특이하여 동네에서 탄성이 자자하였고 친척들이 모두 경탄하였다. (「寶林寺普照禪師彰聖塔碑」)

신라 드디어 정원 20년 세공사(歲貢使)에게 나아가 뱃사공이 되기를 청하여 배를 얻어 타고 서쪽으로 건너가게 되었는데 속된 일에도 재능이 많아 험한 풍파를 평지와 같이 여기고는 자비의 배를 노저어 고난의 바다를 건넜다. 중국에 도달하자 나라의 사신에게 고하기를 "사람마다 각기 뜻이 있으니 여기서 작별을 고할까 합니다." 하였다. 드디어 길을 떠나 창주(滄州)에 이르러 신감대사(神鑑大師)를 뵈었다. 오체투지하여 바야흐로 절을 마치기도 전에 대사가 기꺼워하면서 "슬프게 이별한 지가 오래지 않은데 기쁘게 서로 다시 만나는구나." 하였다. 급히 머리를 깎고 잿빛 옷을 입도록 하여 갑자기 인계(印契)를 받게 하니 마치 마른 쑥에 불을 대는 듯 물이 낮은 들판으로 흐르는 듯하였다. 문도들이 서로 이르기를 "동방의 성인을 여기서 다시 뵙는구나."라고 하였다. 선사는 얼굴빛이 검어서 모두들 이름을 부르지 않고 지목하여 흑두타(黑頭陀)라고 했다. 이는 곧 현묘함을 탐구하고 말 없는데 처함이 참으로 칠도인(漆道人)의 후신이었으니 어찌 저 읍중의 얼굴 검은 자한(子罕)이 백성의 마음을 위로해 준 것에 비할 뿐이랴. 길이 붉은 수염의 불타야사(佛陀耶舍) 및 푸른 눈의 달마(達磨)와 함께 색상(色相)으로써 나타내 보인 것이다. (「雙溪寺 眞鑑禪師塔碑」)

805(乙酉/신라 애장왕 6/발해 康王 正曆 11/唐 貞元 21, 永貞 1/日本 延曆 24)

백제 (봄 정월 병술일(16)) 종5위상 백제왕경인(百濟王鏡仁)을 우중변(右中辨)으로 삼았다. (『日本後紀』 12 桓武紀)

신라 봄 정월에 어머니 김씨를 봉하여 대왕후(大王后)로 삼고, 왕비 박씨를 봉하여 왕후(王后)로 삼았다. 이 해 당 덕종(德宗)이 돌아가니, 순종(順宗)이 병부낭중(兵部郎中) 겸 어사대부(御史大夫) 원계방(元季方)을 보내 상(喪)을 알렸다. 또 왕을 책봉하여 개부의동삼사(開府儀同三司) 검교태위(檢校太尉) 사지절(使持節) 대도독계림주제군사(大都督雞林州諸軍事) 계림주자사(雞林州刺史) 겸(兼) 지절충영해군사(持節充寧海軍使) 상주국(上柱國) 신라왕(新羅王)으로 삼고, 그 어머니 숙씨(叔氏)를 책봉하여 대비(大妃)로 삼았으며[대비의 아버지는 숙명(叔明)으로 나물왕의 13세손이니, 곧 어머니의 성은 김씨이다. 아버지의 이름으로 숙씨라 하였으니, 이는 잘못이다], 부인 박씨를 책봉하여 비(妃)로 삼았다. (『三國史記』 10 新羅本紀 10)

신라 봄 정월에 어머니 김씨를 봉하여 대왕후로 삼고, 왕비 박씨를 봉하여 왕후로 삼았다. 황제가 병부낭중 겸 어사대부 원계방을 보내 상(喪)을 알렸다. 또 왕을 책봉하여 개부의동삼사(開府儀同三司) 검교태위(檢校太尉) 사지절(使持節) 대도독계림주제군사 계림주자사 겸 지절충영해군사 상주국 신라왕으로 삼고, 태후 숙씨(叔氏) 대비로 삼았으며, 부인 박씨를 책봉하여 비로 삼았다. 태후는 내물왕 13세손 김숙명의 딸이다. 같은 성인 것을 싫어하여 아비의 이름을 따서 숙씨라 한 것이다.
권근은 말한다. 옛날 노(魯) 소공(昭公)이 오(吳) 나라에서 부인을 취했는데, 동성이었다. 이를 일러 오맹자(吳孟子)라 하였다. 지금 왕모 역시 같은 성이다. 그런 까닭에 그 아비 숙명의 이름으로 숙씨라 하여 당에 알린 것이다. 그 4년 뒤 역기(力奇)가 당에 들어가 소성왕의 어미인 김신술(金神述)의 딸을 신씨(申氏)라 하고 비를 숙씨라 했는데, 동성을 피해 아비의 이름으로 성을 삼은 것이 더욱 분명하다. (『三國史節要』 13)

신라 영정(永貞) 원년 조서를 내려 병부낭중 원계방에게 부절을 주어 중흥을 왕으로 책봉하였다. (『舊唐書』 199上 列傳 149上 東夷 新羅)

신라 영정 원년에 조서를 내려 병부낭중 원계방을 책명하였다. (『新唐書』 220 列傳 145 新羅)

신라 아우 계방은 명경과에 합격하여 초(楚)의 구위(丘尉)에 임명되었다가 전중시어사(殿中侍御史)를 역임하고 병부상서(兵部尙書) 왕소(王紹)가 표를 올려 탁지원외랑(度支員外郎)으로 삼았다가, 금선(金·膳) 2부(部)의 낭중(郎中)으로 옮겼는데, 일을 잘한다고 하였다. 왕숙문(王叔文)이 일을 하는데 계방을 꺼려서 쓰지 않고 병부낭중으로 신라에 사신으로 보냈다. 신라가 중국에 상이 있음을 듣고 때맞춰 보내지 않고 음식도 제대로 주지 않자, 계방이 정색하고 이를 책망하며 문을 닫고 식사를 끊어 죽음을 기다렸다. 오랑캐들이 뉘우치며 사죄하니 우호를 맺고 곧 돌아왔다. (『新唐書』 201 列傳 126 文藝 上 元萬頃)

신라 영정 원년 조서로 병부낭중 원계방을 부절을 주고 보내어 중흥을 왕으로 책봉하였다. (『唐會要』 95 新羅)

신라 병부낭중 겸 중승 원계방이 신라에 상을 알리고, 또 신라의 계승한 왕을 책립하였다. (『全唐文』 560 韓愈 順宗實錄 2)

신라 원의방(元義方)이 신라에 사신으로 갔다가 계림주(雞林州)를 떠나 해도에 들렸는데, 섬 안에 샘이 있었다. 뱃사람들이 모두 그 물을 마셨는데, 갑자기 작은 뱀이 샘 안에서 나왔다. 해사(海師)가 갑자기 용이 노했다고 말하자 드디어 출발했는데, 몇 리를 가지 못하고 풍운과 번개와 벼락이 한 번에 나타나 3일 밤낮동안 그치지 않았다. 멀리 해안에 성읍이 있는 것을 보았는데, 곧 내주(萊州)였다. (『太平廣記』 423 龍 6 元義方)

고구려 (정원 21년 2월) 임자일(12)에 치청(淄靑) 이사고가 군대로써 활(滑)의 동쪽 변방을 노략질하였는데, 국상을 들었다. (『舊唐書』 14 本紀 14 順宗 憲宗上)

신라 (2월) 무진일(28)에 개부의동삼사 검교태위 사지절 대도독계림주제군사 계림주자사 상주국 신라왕 김중희를 영해군사를 겸하게 하고, 중희의 모친 화씨(和氏)를 태비로 처 박씨를 비로 삼았다. (『舊唐書』 14 本紀 14 順宗 憲宗 上)

신라 2월 무진일(28)에 신라왕 김중희의 모친 화씨를 태비로 하고 처 박씨를 비로 삼았다. (『冊府元龜』 976 外臣部 21 褒異 3)

고구려 (정원 21년 3월) 무인일(8)에 위고(韋皐)는 겸검교태위(兼檢校太尉), 이사고·유제(劉濟)는 겸검교사공(兼檢校司空), 장무소(張茂昭)는 사도(司徒)로 삼았다. (『舊唐書』 14 本紀 14 順宗 憲宗上)

발해　(5월) 갑진일(16일 갑신일의 잘못인 듯)에 검교사공(檢校司空)·홀한주도독(忽汗州都督)·발해국왕 대숭린(大嵩璘)를 검교사도(檢校司徒)에 임명하였다. (『舊唐書』 14 本紀 14 順宗 憲宗 上)

발해　(정원 21년) 5월 홀한주도독발해왕대숭린에게 금자광록대부간교사도를 더해 주었다. (『冊府元龜』 965 封冊 3)

발해　(정원) 21년 사신을 보내어 조회하니 순종이 숭린에게 금자광록대부(金紫光祿大夫)를 더해 주었다. (『舊唐書』 199下 列傳 149下 北狄 渤海靺鞨)

신라　당 주방(周昉)은 자가 경현(景玄)이고 서울사람이다. (…) 정원 연간 말에 신라국 사람이 강회에서 비싼 가격으로 수십 권을 시장에서 구입하여 본국으로 가져갔다. 그 그림은 불상과 신선, 인물, 자녀도(子女圖)이며 모두 뛰어난 작품이다. (『太平廣記』 213 畵 4 周昉)

신라　정원 연간 말에 신라국 사람이 장강과 회수에서 비싼 가격으로 수십 권을 시장에서 구입하여 본국으로 가져갔다. 그 그림은 불상과 신선, 인물, 사녀도(士女圖)이며 모두 뛰어난 작품이다.

신라　음리화(音里火) 삼천당주(三千幢主) 급찬 고금(高金△)이 새기다.

(마멸) 애초부터 가까이 하거나 멀리함이 없었다. 자비로운 석가모니는 마치 그림자가 형체를 따르듯 하였다. 이는 실로 능히 느낄 수 있는 마음에 말미암기 때문에 상응하는 이치가 반드시 그러한 것이니, 위대하도다. 설사 법계를 궁구하고 (마멸) △상인(△相印)을 (마멸)하고 법공의 자리에 올라 전등의 △를 짓고 법륜을 다시 구르게 할 사람, 누가 능히 그렇게 할 수 있겠는가. 곧 우리의 서당화상이 바로 그 사람이다.

속성우 (마멸) 불지(佛地)를 (마멸)하고 목숨은 고선(高仙)을 체득하였다. 여기에 근거하여 마을 이름을 '佛地'라 하였으니, △는 한 가지 길이다. 다른 사람이 불지(佛地)로 알았지만, 나는 구릉으로 보았으니, 왜냐하면 단지 (마멸). 어머니가 처음에 별이 떨어져 품속으로 들어오는 꿈을 꾸고서 문득 임신하였다. 달이 차기를 기다려 해산하려 할 때 갑자기 오색 구름이 특별히 어머니의 거처를 덮었다. (마멸) 문무대왕이 나라를 다스림에 일찍이 저절로 이루어짐에 응하여 나라가 평안하였으며, 은혜가 열리어 크게 이루어졌으니, 그 공은 능히 베풀 수가 없었다. 꿈틀대는 무리들의 하늘과 땅이 되고 백성들의 (마멸)이 되었다. (마멸) 홀로 기쁨을 (마멸).

대사의 덕은 전생에 심은 것이고 도는 실로 나면서부터 알았다. 마음으로 인하여 스스로 깨달았으며, 배움에 일정한 스승을 좇지 않았다. 성품은 고고하면서 크게 자애로왔으며, 정은 (마멸) 어두운 거리를 (마멸). 괴로움을 뽑고 재난에서 구제하고자 이미 사홍서원을 발하였으며, 미세한 이치를 연구하고 분석하고자 일체의 지혜로운 자의 마음을 △△하였다.

왕성 서북쪽에 작은 절이 하나 있는데, (마멸) 참기(讖記)와 △△외서(△△外書) 등 세상에서 배척당하는 것을 (마멸)하였다. 그 중에서도 십문화쟁론(十門和諍論)은, 석가여래가 세상에 계실 때 이미 원만한 소리에 의지하였으나, 중생들이 (마멸) 비처럼 흩뿌리고 쓸데없는 공론이 구름처럼 흩어졌다. 어떤 사람은 내가 옳고 다른 사람이 그르다 하였으며, 어떤 사람은 내가 그렇고 다른 사람이 그렇지 않다 하여, 말이 한도 끝도 없게 되었다. 대사(마멸) 산을 △△하고 골짜기로 돌아간 것과 같고, 유(有)를 싫어하고 공(空)을 좋아함은 나무를 버리고 큰 숲으로 달려가는 것과 같다. 비유하자면 청색과 쪽풀은 본체가 같고 얼음과 물은 근원이 같은데, 거울이 수많은 형상을 받아들이고 물이 (천 갈래로) 갈라지는 것과 같다. (마멸) 융통하여 서술하고는 그 이름을 '십문화쟁론(十門和諍論)'이라 하였다. 무리들이 칭찬하지 않는 사람이 없어, 모두 이르기를, "좋다"라고 하였다. '화엄종요(華嚴宗要)'는 이치는 비록 하나를 으뜸으로 하지만, (마멸)에 따라서 (마멸) 찬탄하고 덩실 춤추었다. 범어로 번역하여 곧 사람들에게 부탁하였으니, 이것은 그 나라 삼장이 보배로 귀중히 여긴 연유를 말한다.

산승이 술을 끌어다 (마멸) 토지의 신이 서서 기다리며 다시는 옮기지 않았으니, 이것은 본성의 게으름을 드러낸 것이다. 여인이 세번 절함에 천신(天神)이 그를 가로막았으니, 또한 법의 집착에 들지 않음을 표현한 것이다. (마멸) 촌주(村主) (마멸) 마음의 법을 아직 일찍이 (마멸) 강의하다가, 문득 물병을 찾아서 서쪽으로 △△하면서 말하기를, "내가 보니 당 성선사(聖善寺)가 화재를 입었다(마멸)" 물을 부은 곳이 이로부터 못이 되었으니, 고선사의 대사가 있던 방 앞의 작은 못이 바로 이것이다. 남쪽으로 법을 강연하고 봉우리에 △하여 허공을 올랐다. (마멸) 대사의 신이한 측량은 형상화 할 수 없고 기틀을 아는 것은 더욱 원대하였다. △△△ 혈사(穴寺)로 옮겼다. 인하여 신묘(神廟)가 멀지 않은데다가 귀신이 기뻐하지 않음을 보고 어울리고자 하였다. 그래서 백일(白日) (마멸) 다른 세상을 교화하였다. 수공 2년(686) 3월 30일 혈사에서 마치니, 나이 70이었다. 곧 절의 서쪽 봉우리에 임시로 감실을 만들었다. 여러 날이 지나지도 않아서 말탄 무리가 떼를 지어 장차 유골을 가져가려 하였다. (마멸) 만선화상의 비문 가운데 전하기를, "불법(佛法)에 능한 사람이 9인이 있어 모두 대△를 칭하였다"고 한다. 대사가 제일 앞에 있으니, 아마도 불교를 도운 큰 장인이었을 것이다. 대사가 말하기를, "(마멸)"

대력(大曆)년간(766~780) 초에 대사의 후손인 한림(翰林) 자(字)는 중업(仲業)이 사행으로 바다를 건너 일본에 갔다. 그 나라 상재(上宰)가 인하여 얘기하다가 그가 대사의 어진 후손임을 알고서, 서로 매우 기뻐하였다. (마멸) 여러 사람들이 정토로 왕생할 것을 기약하며 대사의 영험스런 저술을 머리에 이고서 잠시라도 버리지 않았는데, 그 손자를 만나봄에 이르러 (마멸) 3일 밤이나 와서 칭송하는 글을 얻었다. 이미 12년이 흘러 비록 몸소 예를 펴고 친히 받들지는 않더라도 (마멸) 신이함을 아는 자에 △△가 있으며, 소리를 △△자에 봉덕사 대덕법사인 삼장(三藏) 신장(神將)이 있어 △△△자화(△△△慈和)와 더불어 마음의 공적(空寂)함을 알고 법의 무생(無生)을 보았다. 속인과 승려가 모두 칭송하기를 승려 가운데 용이요 법의 △라고 하고는 받들어 (마멸) 행함에 성인을 만나 깃발을 더위잡음에 단절이 없었는데, 추모함에 좇을 바가 없다. 더욱이 다른 사람의 송문(頌文)을 보건대 (마멸) 조짐을 깨달았으니, 어찌 (마멸) 다시 천숙(千叔)이 있으리오. 이번 정원년중(785~804)에 몸소 (마멸) 상심하여 이에 괴롭고 △△는 두배나 더하나, 곧 몸과 마음을 채찍질하고 진흙과 띠집을 (마멸) 대사의 거사 모습을 만들었는데, 3월에 이르러 (마멸) 산에 폭주하고 옆의 들로 구름처럼 달려가서 형상을 바라보고 진심으로 예를 하였다. 그런 뒤에야 강찬(마멸)[강찬(講讚)(마멸)] 각간 김언승께서는 바다와 산악의 정기를 타고 났고 하늘과 땅의 빼어남을 타고 나서 친△(親△)을 잇고 (마멸) 3천을 △△하고 마음은 6월을 뛰어넘었다. 덕과 뜻은 (마멸) 저 산속을 보니 대덕 봉△(마멸)[奉△(마멸)] 바야흐르 명을 (마멸) 마음과 목숨을 맡기고 뜻은 정성껏하며, 법을 높이고 사람을 중히 여겨(마멸) (대사.)의 영험스런 자취는 문자가 아니고서는 그 일을 진술할 수가 없고 기록이 아니고서 어찌 그 연유를 드러낼 수 있으리오. 그래서 스님으로 하여금 △△을 짓게 하고(마멸) 스스로의 법도를 구하는 것은 무능하고 학문도 정도가 아니어서 마침내 사양하였으나 끝내 면하지 못하여 문득 (마멸). 티끌같이 많은 세월이 지나도 썩지 말고, 겨자씨만큼 무수한 세월에도 길이 존재하리라.

그 사(詞)에 이르되,

위대하구나 법의 본체여. 형체가 없는 곳이 없도다. 시방에 (마멸) 세 가지 신통함을 △△하였다. 고선대사는 불지에서 태어나 일생동안의 △언(△言) 올바른 이치를 깊이 궁구하였다. 이 세상과 저 △△ (마멸) 붉은 화살이 그를 겨냥하고 수없이 많은 미친소리와 (마멸) 환속하여 거사가 되었다. 담백한 바다의 △와 해동의 상부에서 국가를 바로잡고 진실로 문무가 있었다. (마멸) 그 조부를 △하였다. (마멸) 이기지 못하여 춤을 추고 슬피 (마멸) 씩씩한 얘기는 성스러움에 △하고 상쾌한 언설은 신이함에 통하였다. 다시 혈사(穴寺)를 수선하여 (마멸) 길이 궁궐을 하직하고 △굴을(△窟) 끊지 않았다. 일정한 장소를 거닐며 도를 즐겼다. (마멸) 행적과 저술을 남겨 모두 은혜를 입고 입었도다.

대사가 (마멸) 울음을 머금고 △월(△月)에 매번 △△에 이르러 펼쳐 읽으며 (마멸) 혈사(穴寺)의 법당 동쪽 가까운 산에 (마멸). (「高仙寺 誓幢和上碑 」)

신라 가을 8월 공식(公式) 20여 조를 반포하여 보였다. (『三國史記』 10 新羅本紀 10)

신라 가을 8월 공식 20여 조를 반포하여 보였다. (『三國史節要』 13)

백제 (9월) 기축일(24)에 전등대사법위(傳燈大法師位) 상등(常騰)을 소승도(少僧都)로 삼았다. 종5위상 백제왕총철(百濟王聰哲)을 주계도(主計頭)로 삼고 종4위하 귤조신안마려(橘朝臣安麻呂)를 상륙수(常陸守)로 삼았으며, 종5위하 대반숙네진성마려(大伴宿禰眞城麻呂)를 능등수(能登守)로 삼았다. (『日本後紀』 13 桓武紀)

백제 (11월) 경진일(15)에 궁중에서 연회를 베풀고 차시종(次侍從) 이상에게 의복을 내려주었다. 상모국(相模國) 대주군(大住郡)의 전(田) 2정(町)을 종4위하 백제왕교법(百濟王敎法)에게 주었다. (『日本後紀』 13 桓武紀)

신라 겨울 11월 지진이 일어났다. (『三國史記』 10 新羅本紀 10)

신라 겨울 11월 지진이 일어났다. (『三國史節要』 13)

신라 예작부(例作府)[예작전(例作典)이라고도 이른다](…) 대사(大舍)는 4명인데, 애장왕 6년 2명을 줄였다. (…) 선부(船府)는 (…) 사(史) 8명으로 신문왕 원년 2명을 더했다가, 애장왕 6년 2명을 줄였다. (…) 위화부(位和府)는(…) 금하신(衿荷臣)이 2명인데 (…) 애장왕 6년 영(令)으로 고쳤다. 관등은 이찬부터 대각간까지로 하였다. (…) 상서서(賞賜署)는(…) 사가 6명인데(…) 애장왕 6년 2명을 줄였다. (…) 영창궁성전(永昌宮成典)은(…) 상당(上堂) 1명인데,(…) 애장왕 6년 또 경(卿)으로 고쳤다. 관등은 급찬에서 아찬까지로 하였다. (『三國史記』 38 雜志 7 職官 上)

신라 예작부 대사 2명과 선부 사 2명, 상사서 사 3영을 줄이고 위화부 금하신을 영(令)으로 고쳤다. 관등은 이찬부터 대각간까지로 하였다. 영창궁성전상당을 경으로 고쳤다. 관등은 급찬부터 아찬까지로 하였다. (『三國史節要』 13)

발해 고구려 신라

가탐의 군국지(郡國志)에서 다음과 같이 말했다. "발해국의 압록, 남해, 부여, 추성 4부(四府)는 모두 고(구)려이 옛 땅이니, 신라의 천정군(泉井郡)[지리지(地理志)에서는 삭주(朔州)에 소속된 고을에 천정군이 있는데, 지금의 용주(湧州)이다]부터 추성부까지는 39역이 있다." (『三國遺事』 1 紀異 1 靺鞨渤海)

발해 정원 연간에 동남쪽 동경(東京)으로 도읍을 옮겼다. (『新唐書』 219 列傳 144 北狄 渤海)

발해 건중(建中, 780~783)·정원(785~805) 연간에 모두 4차례 왔다. (『新唐書』 219 列傳 144 北狄 渤海)

신라 을유년에 인양사(仁陽寺) 금당을 완성하였다. 개△당(開△堂)에 지붕을 올렸다. (「昌寧塔金堂治成文記碑」 뒷면)

고구려 백제 고(구)려와 백제의 음악은 송(宋)나라 때 얻었는데, 후위(後魏) 태무제가 북연(北)을 멸망시킬 때 역시 얻었다. 얼마 후 북주의 무제가 제(齊)를 멸망시키고 해외에 위력을 떨치자 두 나라가 각기 그들의 음악을 바쳤다. 주나라가 악부(樂部)에 이를 배치하고 이를 국기(國伎)라고 하였다. 수문제가 진(陳)을 평정하고 문강(文康)과 예곡(禮曲)을 백제로부터 갖추었다. 정관 연간에 두 나라가 멸망하여 그 음악을 모두 다 얻었으나, 측천무후 때에 이르러 고려악 오직 25곡만이 있어서 정원 연간 말에는 오직 1곡을 익힐 뿐이었다. 의복 역시 점차 그 본토의 풍속을 잃었다. 백제의 것은 중종 때 공인들이 죽거나 흩어져 개원 연간에 기왕 범이 태상경이 되어 다시 상주하여 두었다. (『唐會要』 33 四夷樂 東夷二國樂)

고구려 백제 (당회요에서) 또 말하였다. (…) 측천무후 때에 이르러 고려악 오직 25곡만이 있어서 정원 연간 말에는 오직 1곡을 익힐 뿐이었다. 의복 역시 점차 그 본토의 풍속을 잃었다. 백제의 것은 중종 때 공인들이 죽거나 흩어져 개원 연간에 기왕 범이 태상경이 되어 다시 상주하여 두었다. (『太平御覽』 567 樂部 5 四夷祭)

고구려 백제 당 때 14국의 음악 (…) [당회요] 고려와 백제의 음악은 송나라 때 얻었다. 정관 여난에 두 나라를 멸망시켜 그 음악을 모두 얻었다. 측천무후 때 고려악은 오직 25곡만 있었는데 정원 말에 오직 한 곡만을 익힐 수 있을 뿐이었다. 의복 역시 점차 그 본래의 풍속을 잃었는데, 백제의 것은 중종 때 악공이 죽거나 흩어져 개원 말에 기왕 범이 태상경이 되어 다시 상주하여 두었다. (『玉海』 108 音樂 四夷樂) (『玉海』 108 音樂 四夷樂)

신라 신라의 혜일(惠日)이 삼한에서 바다를 건너서 혜과화상(惠果和尙)에게 정례(頂禮)로 참배하였다. (『全唐文』 1000 靑龍寺 惠果和尙碑)

806(丙戌/신라 애장왕 7/발해 康王 正曆 12/唐 元和 1/日本 延曆 25, 大同 1)

백제 (봄 정월) 계사일(28)에 종4위하 등원조신중성(原朝臣仲成), 종5위상 백제왕경인(百濟王鏡仁)을 하내수(河內守)로 삼고, (…) 좌위사좌(左衛士) 종5위하 백제왕교준(百濟王敎俊)을 미농수(美濃守)를 겸하게 하고 (…) 종5위상 고창조신전계(高倉朝臣殿繼)를 비후수(肥後守)로 삼았으며, 종5위하 소야조신목촌(小野朝臣木村)을 풍전개(豊前介)로 삼았다. (『日本後紀』 13 桓武紀)

백제 (2월 경술일(16)) 종5위하 백제왕원승(百濟王元勝)을 단야정(鍛冶正)으로 삼았다. (『日本後紀』 13 桓武紀)

백제 (3월 임오일(18)) 종5위하 백제왕교준과 6위 이하 3명을 작로사(作路司)로 삼았다. (『日本後紀』 13 桓武紀)

신라 봄 3월 일본국 사신이 도착하여 조원전(朝元殿)에 불러서 만나보았다. (『三國史記』 10 新羅本紀 10)

신라 봄 3월 일본국 사신이 도착하여 조원전에 불러서 만나보았다. (『三國史節要』 13)

신라 (봄 3월) 왕이 하교(下敎)하기를, "새로이 사찰을 세우는 것을 금지하고 오직 수리하는 것만을 허락한다. 또 비단에 수를 놓아 불사(佛事)하는 것과 금은(金銀)으로 그릇을 만드는 것을 금지한다. 해당 관청으로 하여금 널리 알리고 시행토록 하라." 하였다. (『三國史記』 10 新羅本紀 10)

신라 (봄 3월) 왕이 하교하기를, "새로이 사찰을 세우는 것을 금지하고 다만 수리하는 것만을 허락한다. 또 사찰에서 금은과 비단으로 수를 놓아 그릇과 의복을 만드는 것을 금지한다. (『三國史節要』 13)

신라 (봄 3월) 당 헌종(憲宗)이 숙위하던 왕자 김헌충(金獻忠)을 귀국하게 하고 시비서감(試秘書監)을 더해 주었다. (『三國史記』 10 新羅本紀 10)

신라 (봄 3월) 숙위 김헌충이 당에서 돌아왔다. 황제가 시비서감을 더해주고 보냈다. (『三國史節要』 13)

백제 (여름 4월 무신일(15)) 이날 우병고두(右兵庫頭) 종5위하 좌백왕(佐伯王), 좌위사좌(左衛士佐) 종5위하 백제왕교준 등을 보내 재내친왕(齋內親王)을 이세국(伊勢國)에서 맞이하도록 하였다. (『日本後紀』 13 桓武紀)

백제 (5월 갑자일 초하루) 종5위상 백제왕총철(百濟王聰哲)을 월후수(越後守)로 삼고, 종5위상 안배조신소립(安倍朝臣小笠)을 월후개(越後介)로 삼았다. (『日本後紀』 13 桓武紀)

고구려 (원화 원년 6월) 정유일(4)에 (…) 유주((幽州)의 유제(劉濟)에게 시중(侍中)을 치청이사고(淄靑李師古)에게 검교사도(檢校司徒)를 더하였다. (『舊唐書』 14 本紀 14 順宗 憲宗上)

고구려 (원화 원년) 윤6월 임자일 초하루에 치청(淄靑) 이사고(李師古)가 죽었다. (『舊唐書』 14 本紀 14 順宗 憲宗上)

고구려 (원화 원년) 윤(6)월 임술일(11) 평로군절도사(平盧軍節度使) 이사고가 죽자 그 아우 이사도(李師道)가 스스로 유후(留後)를 칭하였다. (『新唐書』 7 本紀 7 憲宗)

고구려 원화 원년 7월에 마침내 명으로 건왕심(建王審)을 요령절도(遙領節度)로, 이사도를 검교좌산기상시·겸어사대부(檢校左散騎常侍·兼御史大夫), 권지운주사(權知鄆州事), 충치청절도유후(充淄靑節度留後)에 제수하였다. (『舊唐書』 124 列傳 74 李師道)

고구려 (원화 원년 8월) 기사일에 건왕심(建王審)을 운주대도독(鄆州大都督)·평로치청절도사(平盧淄靑節度使)로 삼고 절도사 이사도를 권지운주사(權知鄆州事) 충절도유호(充節度留後)로 삼았다. (『舊唐書』 14 本紀 14 順宗 憲宗上)

신라 가을 8월에 사신을 당나에 보내 조공하였다. (『三國史記』 10 新羅本紀 10)

신라 가을 8월에 당에 사신을 보내 조공하였다. (『三國史節要』 13)

신라 발해　(원화 원년) 8월에 신라 (…) 12월에 회골(廻鶻)·거란(契丹)·발해(…) 등이 각기 사신을 보내어 조공하였다. (『冊府元龜』 972 外臣部 17 朝貢 5)

고구려　(원화 원년 9월) 임오일에 치청절도사유후(淄靑節度使留後) 이사도를 검교공부상서(檢校工部尙書) 겸운주대도독부장사(兼鄆州大都督府長史) 충평로치청절도부대사·지절도사(充平盧淄靑節度副大使·知節度事)로 삼았다. (『舊唐書』 14 本紀 14 順宗 憲宗上)

발해　(9월 병술일) 발해국왕 대숭린을 검교태위로 삼았다. (『舊唐書』 14 本紀 14 順宗 憲宗 上)

백제　10월 신미일(11)에 전이(典履) 2인, 백제수부(百濟手部) 10인, 전혁(典革) 1인, 박부(狛部) 6인, 백제호(百濟戶), 박호(狛戶)를 내장료(內藏寮)에 소속하게 하는 것을 허락하였다. (『類聚國史』 107 內藏寮)

백제　태정관(太政官)이 부(符)한다.

전리(典履) 2인 백제수부(百濟手部) 10인<백제호> 전혁(典革) 1인 박부(狛部) 6인 <박호>

우(右), 해당 건은 원래 대장성(大藏省)의 소관이었다. 지금 우대신(右大臣)의 선(宣)을 받으니, 칙을 받들어 해당 건의 사람들은 지금부터 이후는 모름지기 내장료(內藏寮)에 속하게 하라.

대동(大同) 원년 10월11일 (『類聚三代格』 4 加減諸司官員幷廢置事)

신라 발해　(원화 원년) 10월에 검교공부상서(檢校工部尙書) 겸 운주대도독부장사(鄆州大都督府長史)·충평로군급치청절도부대사(充平盧軍及淄靑節度副大使)·지절도사(知節度事)·관내지탁영전관찰처치육운해운압신라발해양번등사(管內支度營田觀察處置陸運海運押新羅渤海兩蕃等使) 등을 더해주었다. (『舊唐書』 124 列傳 74 李師道)

신라 발해　건왕 각(恪)은 본명이 심이니 헌종의 10번째 아들이다. 원화 원년 8월 치청절도사(淄靑節度使) 이사고(李師古)가 죽었다. 그 아우 사도(師道)가 함부로 군무(軍務)를 지휘하여 부절을 요구하였다. 조정이 바야흐로 토벌군을 일으키려 하는데, 치주와 청주 두 지역으로 군대를 나누려 하지 않아 이에 심을 건왕으로 봉하였다. 하루만에 개부의동삼사(開府儀同三司)·운주대도독(鄆州大都督)·충평로군치청등주절탁영전관찰처치육운해운압신라발해양번등사(充平盧軍淄靑等州節度營田觀察處置陸運海運押新羅渤海兩蕃等使)에 제수하고 사도를 절도유후(節度留後)로 삼았는데, 방에서 나오지 않았다. (『舊唐書』 175 列傳 125 憲宗 二十子)

발해　원화 원년 10월 발해왕에게 검교태위를 더해주었다. (『舊唐書』 199下 列傳 149下 北狄 渤海靺鞨)

발해　(헌종 원화 원년) 10월 홀한주도독발해국왕대숭린에게 간교태위(簡較太尉)를 더해주었다. (『冊府元龜』 965 封冊 3)

신라　11월 경인일이 삭일인 기해일(10)에 숙위 신라왕자 김충헌을 그 나라로 돌아가게 하고 시비서감을 더해 주었다. (『冊府元龜』 976 外臣部 21 褒異 3)

신라　원화 원년 11월에 숙위한 왕자 김충헌을 본국으로 돌려보내고 시비서감을 더해 주었다. (『舊唐書』 199上 列傳 149上 東夷 新羅)

신라　원화 원년 11월 숙위하던 신라 왕자 김충헌을 본국으로 돌려보내고 시비서감을 더

해주었다. (『唐會要』 95 新羅)

신라 헌종 원화 원년 11월에 숙위하던 신라 질자 김충헌을 본국으로 돌려보냈다. (『册府元龜』 996 外臣部 41 納質)

신라 발해 (12월) 병술일(27)에 신라·발해·장가(牂柯)·회흘(迴紇)이 각기 사신을 보내어 조공하였다. (『舊唐書』 14 本紀 14 順宗 憲宗 上)

신라 12월 사신을 보내어 조공하였다. (『舊唐書』 199上 列傳 149上 東夷 新羅)

발해 (헌종 원화 원년) 12월에 회골(廻鶻)·거란(契丹)·발해 (…) 등이 각기 사신을 보내어 조공하였다. (『册府元龜』 972 外臣部 17 朝貢 5)

신라 22세에 이르러 대계를 받았다. 그 전날 꿈에 오색 구슬이 보였는데 사람들이 소중히 여기는 것이 홀연히 옷소매 속에 있는 것을 보고 점쳐 말하기를, "나는 이미 계주를 얻었노라." 하였다. 계를 받던 시초에 회오리바람이 일어 하늘까지 뻗쳐 폭풍이 되어 흩어지지 아니하였는데, 계단(戒壇)에 내려오자 염연하고 고요해져, 10사(師)가 일러 말하기를 "이 사미의 감응이 기이하고도 기이하다." 하였다. 구족계를 받고 나서 마음을 닦고 행동을 정결히 하며 마음으로 계율을 중히 여기어 율을 지키기를 생명을 얻듯이 하였고 몸은 풀에 묶여 있는 듯 가볍게 하고 여러 조건 때문에 법을 해치지 않으며 바깥 대상 때문에 진실을 어지럽히지 않아서 이미 율(律)과 선(禪)은 스님네의 귀감이었다.

가만히 생각컨대 '부처는 본래 부처가 없는데 억지로 이름을 세운 것이요, 나는 본래 내가 없는 것이니 일찍이 한 물건도 있지 아니하다. 견성(見性)의 깨달음은 바로 이 깨달음이니 비유하면 법(法)은 공(空)하되 공(空)이 아니며, 묵묵한 마음이 바로 이 마음이고 적적한 지혜가 바로 이 지혜이니 문자 바깥의 이치는 반드시 곧바로 지남(指南)을 얻는 것이다.' 하였다. 이에 탄식하여 말하기를, "본사 석가모니께서 남긴 가르침도 오랜 세월이 지났고 여러 조사의 은밀한 말씀도 이 땅에 그것을 전하는 학원이 없구나." 하였다. (「大安寺 寂忍禪師塔碑」)

발해 원화 원년에 이르러 발해군왕(渤海郡王) 대숭린(大嵩璘)의 아들 원유(元瑜)를 은청광록대부(銀靑光祿大夫), 검교비서감(檢校秘書監)·홀한주도독(忽汗州都督)으로 삼고 예전대로 발해국왕(渤海國王)이라 하였다. (『唐會要』 96 渤海)

807(丁亥/신라 애장왕 8/발해 康王 正曆 13/唐 元和 2/日本 大同 2)

신라 봄 정월 이찬 김헌창(金憲昌[정(貞)으로도 쓴다])을 시중으로 삼았다. (『三國史記』 10 新羅本紀 10)

신라 봄 정월 이찬 김헌창을 시중으로 삼았다. (『三國史節要』 13)

신라 2월 왕이 숭례전(崇禮殿)에서 앉아 음악 연주를 감상하였다. (『三國史記』 10 新羅本紀 10)

신라 2월 왕이 숭례전에서 음악 연주를 들었다. 처음으로 사내금이 연주되었다. 무척(舞尺)은 3명으로 청의(靑衣)를 입었고, 금척(琴尺)은 1명으로 적의(赤衣)를 입었으며, 가척은 5명으로 채색 옷에 수를 놓은 부채를 들고 금으로 새긴 띠를 매었다. 다음으로 점금(砧琴)을 연주했을 때에는 무척은 적의, 금척은 청의였다. (『三國史節要』 13)

신라 이들은 모두 우리나라 사람들이 기쁘고 즐거운 까닭으로 지은 것이었다. 그러나 악기의 수효와 가무의 모습은 후세에 전하지 않는다. 다만 고기(古記)에 이르기를,

"(…) 애장왕 8년 음악 연주를 했을 때 처음으로 사내금(思内琴)을 연주하였다. 무척(舞尺) 4명은 청의(靑衣)를 입고 금척(琴尺) 1명은 적의(赤衣)를 입고, 가척(歌尺) 5명은 채색 옷에 수놓은 부채를 들고 또 금으로 새긴 띠를 매었다. 다음에 대금무(碓琴舞)를 연주했을 때에는 무척은 적의, 금척은 청의였다."고 하였다. 이와 같을 뿐이니 그 상세한 것은 말할 수 없다. 신라 때는 악공을 모두 척(尺)이라고 하였다. (『三國史記』 32 雜志 1 樂)

발해 발해. 헌종 원화 2년 진봉단오사(進奉端午使) 양광신(楊光信)이 도망쳐 돌아왔는데, 동관(潼關)의 관리가 잡아서 보내자 궁 안에서 국문하였다. (『冊府元龜』 997 外臣部 42 悖慢)

신라 가을 8월 큰 눈이 내렸다. (『三國史記』 10 新羅本紀 10)

신라 가을 8월 큰 눈이 내렸다. (『三國史節要』 13)

신라 발해 원화 2년 8월 건왕 심을 운주대도독, 치청 등 주의 절도·관찰·처치·육운·해운·압신라발해양번등사로 삼았다. (『唐會要』 78 親王遙領節度使)

발해 원화 2년 12월 토번·회골(廻鶻)·해(奚)·거란·발해·장가(牂牁)·남조(南詔)가 더불어 사신을 보내어 조공하였다. (『冊府元龜』 972 外臣部 17 朝貢 5)

발해 이 해 토번·회흘(迴紇)·해·거날·발해·장가·남조가 더불어 조공하였다. (『舊唐書』 14 本紀 14 順宗 憲宗 上)

발해 (당서에서 말히였다) 이 해 토번·회흘·해·거란·발해·장가·남조가 더불어 조공하였다. (『太平御覽』 114 皇王部 39 唐 憲宗章武皇帝)

신라 정해년에 수미단(須彌壇)이 완성되었다. (「昌寧塔金堂治成文記碑」 뒷면)

신라 신라인 김충의(金忠義)는 기계가 뛰어나 벼슬이 소감부(少府監)에 이르렀다. 음서로 양관의 학생(兩館生)에 두려 했는데, 위관지(韋貫之)가 그 호적을 갖고 주지 않으며 말하길, 공상(工商)의 아들은 서임해서는 안 된다고 하였다. 충의가 기예로 권신들을 통해서 청을 부탁한 자가 한 둘이 아니었다. 관지가 더 강경하게 하여 충의가 조정의 관적을 더럽히게 할 수 없다고 진술했는데, 말이 이치에 닿고 간절하여 마침내 김충의를 파직하고 이부원외랑으로 옮기게 하였다. 했으나 마침내 파직당하여 이부원외랑으로 옮겼다. (『舊唐書』 158 列傳 108 韋貫之)

신라 신라인 김충의는 기계가 뛰어나 요행이 소감부에 발탁되었다. 음서로 아들을 보재랑(補齋郞)으로 하려 했는데 관지가 그 직을 주지 않고 말하기를, "이 자리는 장차 교묘(郊廟)와 사제(祠祭)를 받는 자리이며 관계는 수재(守宰)가 되어야 하는 것인데, 어찌 천한 기술자의 자식이 이 자리에 갈 수 있단 말인가." 하였다. 또 충의가 조정의 관적을 더럽히게 해서는 안 된다고 탄핵하니 충의가 결국 파직되었다. (『新唐書』 169 列傳 94 韋貫之)

808(戊子/신라 애장왕 9/발해 康王 正曆 14/唐 元和 3/日本 大同 3)

백제 정월 정미일(25)에 정6위상 우지왕(宇智王), 중웅왕(仲雄王)에게 나란히 종5위하를 수여하였다 (…) 종5위상 백제왕 총철(聰哲)에게 (…) 정5위하를 수여하였다. (『類聚國史』 99 敍位)

신라 봄 2월 일본국 사신이 도착하자 왕이 그들을 후하게 예우하여 대접하였다. (『三國史記』 10 新羅本紀 10)

신라 봄 2월 일본국이 사신을 보내 교빙하였다. (『三國史節要』 13)

신라 (봄 2월) 김역기(金力奇)를 당에 보내 조공하였다. 역기가 말씀을 올리기를 다음과 같이 하였다. "정원(貞元) 16년(800년)에 조서를 내려 신의 옛 임금인 김준옹(金俊邕)신라 왕으로, 어머니 신씨를 대비로, 부인 숙씨를 왕비로 책봉하셨으나, 책봉사(冊封使)인 위단이 도중에서 왕의 죽음을 듣고 돌아가 그 책문은 중서성(中書省)에 있습니다. 엎드려 청하옵건대, 지금 신이 귀국하는 길에 가지고 돌아갈 수 있게 해 주십시오."라고 하였다. 칙명을 내려 홍려시(鴻臚寺)가 중서성에서 수령하고, 역기가 홍려시에서 받아 받들어 귀국하게 하라고 하였다. 또 왕의 숙부 언승(彦昇)과 그 아우 중공(仲恭) 등에게 문극(門戟)을 내려주고, 본국의 예에 준하여 그것을 주도록 하였다[신씨는 김신술의 딸로 신(神)자와 음이 같아 성을 신(申)으로 하였으니 이는 잘못이다]. (『三國史記』 10 新羅本紀 10)

신라 (봄 2월) 김역기를 당에 보내 조공하였다. 역기가 말씀을 올려 말하기를 다음과 같이 하였다. "정원 16년 조서를 내려 선왕 신 김준옹을 신라왕으로, 어머니 신씨를 대비로, 처 숙씨를 왕비로 책봉하셨으나, 책봉사 위단이 중도에 왕의 죽음을 듣고 돌아갔으니, 그 책문을 신이 갖고 돌아갈 수 있게 해주십시오."라고 하였다. 황제가 이를 허락하고 이어 왕의 숙부 언승과 그 아우 중공 등에게 문극을 내려주고 본국의 예에 준하여 그것을 주도록 하였다. 신씨는 김신술의 딸로 동성인 것을 싫어하여 아비의 이름 신(神)으로 성을 삼았는데, '신(神)'과 '신(申)'이 운이 같기 때문이었다. (『三國史節要』 13)

신라 (원화) 3년에 사신 김역기를 보내 와서 조회하였다. 그 해 7월 역기가 말씀을 올려 말하기를 다음과 같이 하였다. "정원 16년 신의 옛 임금 김준옹을 신라왕으로, 신씨를 태비로, 처 숙씨를 왕비로 책봉하는 조서를 내리셨는데, 책봉사 위단이 중도에서 준옹이 돌아가신 것을 알고 그 책문을 돌아가 중서성에 그 책문이 있습니다. 지금 신이 돌아감에 엎드려 청하오니 신이 이를 갖고 돌아가게 해 주시길 바랍니다." 칙서를 내려 김준옹 등에게 내린 책문을 홍려시가 중서성에서 수령하고, 홍려시에 이르면 김역기에게 주어 받들어 귀국할 수 있게 하였다. 이에 그 숙부 언승에게 문극을 내리고 본국의 예에 준하여 주도록 하였다. (『舊唐書』 199上 列傳 149上 東夷 新羅)

신라 (원화) 3년에 사신 김역기를 보내 와서 조회하였다. 그 해 7월 역기가 말씀을 올려 말하기를 다음과 같이 하였다. "정원 16년 신의 옛 임금 김준옹을 신라왕으로, 신씨를 태비로, 처 숙씨를 왕비로 책봉하는 조서를 내리셨는데, 책봉사 위단이 중도에서 준옹이 돌아가신 것을 알고 그 책문을 돌아가 중서성에 그 책문이 있습니다. 지금 신이 돌아감에 엎드려 청하오니 신이 이를 갖고 돌아가게 해 주시길 바랍니다." 칙서를 내려 김준옹 등에게 내린 책문을 홍려시가 중서성에서 수령하고, 홍려시에 이르면 김역기에게 주어 받들어 귀국할 수 있게 하였다. 이에 그 숙부 언승에게 문극을 내리고 본국의 예에 준하여 주도록 하였다. (『唐會要』 95 新羅)

신라 그 3년 뒤에 사신 김역기가 와서 사례를 하고 다음과 같이 말하였다. "몇 해 전에 옛 임금 준옹을 왕으로, 어머니 신씨를 태비로, 아내 숙씨를 비로 삼아 주셨으나, 준옹이 죽어 그 책문은 지금 (중서)省에 있습니다. 신이 바라옵건대 그 책문을 주셔서 갖고 돌아가게 하여 주십시오." 또 재상 김언승·김중공과 왕의 아우 소금첨명(蘇金添明)의 문극을 요청함으로, 조서를 내려 다 들어 주었다. 그리고 재차 조공하였다. (『新唐書』 220 列傳 145 東夷 新羅)

신라	3년 신라왕 김중흥이 사신 김역기를 보내어 조회하였다. (『冊府元龜』 972 外臣部 17 朝貢 5)
신라	(당서에서) 또 다음과 같이 말하였다. "원화 3년 신라왕 김중흥이 사신 김역기를 보내어 조공하였다. 역기가 말씀을 올려 다음과 같이 말하였다. '정원 16년 신의 옛 임금 김준옹을 신라왕으로, 어머니를 대비로, 처 기씨(祁氏)를 왕비로 하는 책문을 내려주셨는데, 책봉사 위단이 중도에 준옹이 돌아가셨다는 것을 듣고 그 책문을 갖고 돌아가 중서성에 그 책문이 있습니다. 신이 귀국함에 엎드려 바라옵건대, 신이 갖고 돌아가게 해 주시기 바랍니다.' 조칙을 내려 김준옹 등의 책문을 홍려시가 중서성에서 수령하여 홍령시에 이르면 김역기에게 주어 귀국하게 하였다. 이어 그 숙부 언승에게 문극을 내리고 본국의 예에 준하여 주도록 하였다." (『太平御覽』 781 四夷部 2 東夷 2 新羅)
신라	(봄 2월 사신을 12도(道)에 보내어 여러 군읍(郡邑)의 경계를 나누어 정하였다. (『三國史記』 10 新羅本紀 10)
신라	(봄 2월) 사신을 보내어 12도의 군읍 경계를 정하였다. (『三國史節要』 13)
백제	(6월) 갑인일(3)에 산위(散位) 종3위 등원조신을예(藤原朝臣乙叡)가 죽었다. 그는 우대신(右大臣) 종1위 풍성(豊成)의 손자이고 우대신 증(贈) 종1위 계승(繼繩)의 아들이다. 어머니 상시(尙侍) 백제왕명신(百濟王明信)은 황제의 총애를 두텁게 입었는데 을예는 부모의 덕으로 높고 중요한 관직을 두루 역임하여 중납언(中納言)에 이르렀다. 성격이 완고하고 교만하며 여자를 좋아하였다. 푸른 산과 물가에 별장을 많이 설치하여 이틀을 묵어도 집에서와 같은 온갖 것을 갖추었다. 축국천황(推國天皇)이 황태자였을 때 을예가 연회에서 모셨는데 술을 쏟는 공경치 못한 짓을 저질러 천황이 그것을 마음에 새겨 두었다. 후에 이세친왕(伊勢親王)의 일을 만나 을예는 죄에 연루되어 관직에서 물러나 집에 돌아갔다. 스스로 죄가 없음을 알고 근심으로 죽었다. 이 때 나이 48세였다. (『日本後紀』 17 平城紀)
백제	6월 경신일(9)에 정5위하 백제왕총철을 형부대보(刑部大輔)로 삼고 월후수의 관직은 옛과 같이 하였다. 종5위하 기조신량문(紀朝臣良門)을 대화개(大和介)로 삼고 진수장군(鎭守將軍) 종5위하 백제왕교준을 육오개(陸奧介)를 겸하게 하였다. (『日本後紀』 17 平城紀)
신라	가을 7월 신사 초하루 일식이 있었다. (『三國史記』 10 新羅本紀 10)
신라	가을 7월 신사 초하루 일식이 있었다. (『三國史節要』 13)
백제	(가을 7월) 갑신일(4)에 다음과 같이 칙서를 내렸다. "무릇 진장(鎭將)의 임무는 변방을 지키는 일에 전념하는 것이다. 불의의 사고를 막기 위하여서는 잠시도 자리를 비워서는 안된다. 지금 듣건대 진수장군 종5위하 겸 육오개 백제왕교준은 진(鎭)에서 멀리 떠나 항상 나라의 도읍에 있다고 한다. 만약 비상한 일이 일어나면 무엇으로 나라를 구하겠는가. 변방을 지키는 장수의 도리가 어찌 이와 같은가. 지금 이후로는 다시는 그렇게 하지 말라" (『日本後紀』 17 平城紀)
신라	제40대 애장왕 말년 무자 8월 15일 눈이 내렸다. (『三國遺事』 2 紀異 2 早雪)
신라	8월에 눈이 내렸다. (『三國史節要』 13)

백제　(9월) 갑신일(5)에 정5위하 백제왕교덕(百濟王教德)을 궁내대보(宮內大輔)로 삼았다. (『日本後紀』 17 平城紀)

신라　10월 기유일(1)에 신라왕의 숙부 김언승, 아우 중공 등 3인을 본국에 명하여 옛 사례에 준하여 극(戟)을 내려주게 하였다. (『冊府元龜』 976 外臣部 21 褒異 3)

백제　(11월) 갑오일(17)에 종5위하 영원조신최제마려(永原朝臣最弟麻呂) 대반숙녜인익(大伴宿禰人益), 석천조신계인(石川朝臣繼人), 삼도진인년사(三嶋眞人年嗣), 백제왕원승(百濟王元勝) (…) 대중신조신지치마려(大中臣朝臣智治麻呂)를 종5위상으로 삼았다. (『日本後紀』 17 平城紀)

신라　경덕왕(景德王) 때 강주(康州)[지금의 진주(晋州)이다. 또는 강주(剛州)라고도 했는데, 즉 지금의 순안(順安)이다]의 선사(善士) 수십 명이 서방(西方)을 구하려는 뜻으로 고을 경내에 미타사(彌陁寺)를 세우고 만일을 기약하고 계(契)를 만들었다. 그때 아간(阿干) 귀진(貴珍)의 집에 욱면(郁面)이라는 이름의 한 여종이 있었다. 그 주인을 따라 절에 가서 마당에 서서 스님을 따라 염불하였다. 주인은 그녀가 직분에 어긋나게 행동하는 것을 미워하여 매양 곡식 두 섬씩을 주며 하루 저녁에 그것을 다 찧게 하였다. 여종은 초저녁에 다 찧고는 절에 가서 염불하기를[속담에 '내 일 바빠서 큰집 방아 서두른다.'는 말이 여기서 나온 듯하다] 밤낮으로 게을리 하지 않았다. 마당 좌우에 긴 말뚝을 세우고 두 손바닥을 뚫어 노끈으로 꿰어 말뚝 위에 매어 놓고 합장하여 좌우로 움직이면서 스스로 격려하였다. 그때 공중에 하늘의 외침이 있어 "욱면낭자는 법당에 들어가서 염불하라."고 하였다. 절의 대중이 이 소리를 듣고 여종에게 권하여 법당에 들어가 예에 따라 정진하게 하였다. 얼마 안 되어 하늘의 음악이 서쪽으로부터 들려오더니 여종이 솟구쳐 집 대들보를 뚫고 나갔다. 서쪽으로 가 교외에 이르러 형체를 버리고 진신(眞身)으로 변하여 나타나 연화대(蓮臺)에 앉았다가 큰 광명을 발하면서 서서히 사라지니, 공중에서는 음악소리가 그치지 않았다. 그 법당에는 지금도 뚫어진 구멍자리가 있다고 한다[이상은 향전(鄕傳)이다]. 승전(僧傳)을 살펴보면 다음과 같이 말하고 있다. "동량(棟梁) 팔진(八珍)이란 것은 관음보살의 응현(應現)이었다. 무리들을 모으니 1천 명이 되었는데, 두 패로 나누어 한 패는 노력을 하고, 한 패는 정성껏 수행하였다. 그 노력하는 무리 중에 일을 맡아보던 이가 계(戒)를 얻지 못하여 축생도(畜生道)에 떨어져 부석사(浮石寺)의 소가 되었다. 일찍이 경전을 싣고 갔기에 경전의 힘을 입어서 전생하여 아간 귀진의 집 여종이 되어 이름을 욱면이라고 하였다. 일이 있어서 하가산(下柯山)에 갔다가 꿈에 감응을 받고 드디어 도심(道心)을 발하였다. 아간의 집은 혜숙법사(惠宿法師)가 세운 미타사와 거리가 멀지 않아 아간은 항상 그 절에 가서 염불했는데, 여종도 따라 가서 마당에서 염불하였다." 이렇게 하기를 9년, 을미(乙未) 정월 21일에 예불하다가 집 대들보를 뚫고 나가 소백산(小伯山)에 이르러 신 한 짝을 떨어뜨렸으므로 그곳에 보리사(菩提寺)를 짓고, 산 아래에 이르러 그 육신을 버렸으므로 곧 그 자리에 제2보리사(二菩提寺)를 짓고 그 불전에 욱면등천지전(勖面登天之殿)이라는 현판을 붙였다. 지붕 용마루에 뚫린 구멍은 열 아름 가량 되었으나 비록 폭우와 폭설이 와도 젖지 않았다. 나중에 어떤 호사자(好事者)가 금탑(金塔) 한 좌를 본떠 만들어 그 구멍에 맞추어 소란반자 위에 안치하고, 그 이적을 기록했는데, 지금도 그 현판과 탑이 남아 있다. 욱면이 떠나간 후 귀진 역시 그 집이 이인(異人)이 의탁해서 태어난 곳이라고 하여 희사하여 절을 만들어 법왕사라고 하고 전민(田民)을 바쳤다. 오랜 뒤에 폐허가 되었는데, 대사 회경(懷鏡)이 승선(承宣) 유석(劉碩) 소경(小卿) 이원장(李元長)과 함께 발원하여 중창하였다. 회경이 몸소 토목 일을 했는데, 처음 재목을 운반할 때 꿈에 어떤 노인이 삼신과 칡신을 각 한 켤레씩 주었다. 또 옛 신사(神社)에 가서 불교의 이치로 효유하고, 신사 곁의 나무를 베어 내어 무릇 5년 만에 마쳤다. 또 노비들을 더 두어 융성해져 동남지방의 유명한 절이 되었는데, 사람들은 회경을 귀진의 후신이라고 하였다.

논하여 말한다. 지방에 있는 고전을 상고하면, 욱면은 곧 경덕왕 때의 일인데, 징(徵)[징(徵)자는 아마도 진(珍)일 것인데, 아래에서도 같다]의 본전(本傳)에 의하면, 곧 원화(元和) 3년 무자(戊子) 애장왕(哀莊王) 때의 일이라고 하였다. 경덕왕 이후 혜공(惠恭)·선덕(宣德)·원성(元聖)·소성(昭聖)·애장 등 5대 모두 60여 년이나 된다. 징은 먼저요, 욱면은 나중이 되어 향전과는 틀리다. 그러나 두 기록을 남겨서 의문을 없앤다.

찬하여 말한다. 서편 이웃 옛 절에 불등이 밝은데 방아 찧고 절로 가면 어느새 밤은 2경 한 번의 염불마다 성불하기 스스로 기약하며 손바닥 뚫어서 줄로 꿰어 제 몸을 잊었다네. (『三國遺事』 5 感通 7 郁面婢念佛西昇)

발해 흠무의 작은 아들 숭린(嵩璘) (…) 건중 연간과 정원 연간에 모두 4번 왔다. 죽자 시호를 강왕(康王)이라고 하였다. (『新唐書』 219 列傳 144 北狄 渤海)

신라 대사는 아해(阿孩) [우리말로 어린아이를 말하는 것이니 중국말과 다르지 않다] 적에 걷거나 앉을 때 반드시 합장을 하고 가부좌를 하였으며, 여러 아이들과 놀면서 그림을 그리거나 모래로 무엇을 만들 때에는 반드시 불상이나 탑을 본떴다. 하루도 부모님의 곁을 떠나지 않다가 아홉 살 때에 처음으로 공부를 시작하였는데 눈으로 본 것은 반드시 입으로 암송할 수 있었으므로 사람들이 해동의 신동이라고 일컬었다. (「聖住寺 朗慧和尚塔碑)

신라 동국(東國) 혜목산(慧目山) 화상은 장경(章敬)을 이었는데, 사(師)의 휘(諱)는 현욱(玄昱)이고 속성은 김씨이며 동명(東溟)의 관족(冠族)이다. (…) 원화 3년에 마침내 구계(具戒)를 받았다. (『祖堂集』 17 慧目山和尚玄昱)

809(己丑/신라 애장왕 10, 헌덕왕 1/발해 定王 永德 1/唐 元和 4/日本 大同 4)

백제 (정월 계사일(16)) 종5위하 백제왕교준을 하야수(下野守)로 삼았다. (『日本後紀』 17 平城紀)

발해 4년 정월 무술일(21) 황제가 인덕전(麟德殿) 납시어 남조·발해의 사신들이 알현하는 것을 보고 물품을 차등있게 나누어 주었다. (『冊府元龜』 976 外臣部 21 褒異 3)

발해 (정월) 발해 강왕 숭린(嵩璘)이 죽었다. 아들 원유가 왕위에 올라 연호를 영덕(永德)으로 고쳤다. (『資治通鑑』 237 唐紀 53 憲宗昭文章武大聖至神孝皇帝)

발해 (원화) 4년 정월 고(故) 발해국왕 대숭린의 아들 원유를 은청광록대부(銀靑光祿大夫) 간교비서감(簡較秘書監) 충홀한주도독(充忽汗州都督)으로 삼고 발해국왕으로 책봉하였다. (『冊府元龜』 965 外臣部 10 封冊 3)

발해 원화 4년 정월 중관(中官) 원문정(元文政)에게 명하여 발해에 가도록 하고 충조제책립사(充弔祭冊立使)로 삼았다. (『冊府元龜』 980 外臣部 25 通好)

발해 (원화) 4년 숭린의 아들 원유를 은청광록대부 검교비서감 홀한주도독으로 삼고 전례에 따라 발해국왕으로 하였다. (『舊唐書』 199下 列傳 149下 北狄 渤海靺鞨)

발해 원유 4년 숭린이 죽었다. 아들 원유가 왕위를 이었고, 원유가 죽자 아우 언의(言義)

가 국무를 담당하였다. (『冊府元龜』 967 外臣部 12 繼襲 2)

발해 아들 원유가 왕이 되어 연호를 영덕으로 고쳤다. (『新唐書』 219 列傳 144 北狄 渤海)

신라 봄 정월 달이 필성(畢星)을 범하였다. (『三國史記』 10 新羅本紀 10)

신라 봄 정월 달이 필성을 범하였다. (『三國史節要』 13)

고구려 (2월) 신해일(5)에 칙을 내려 다음과 같이 말하였다. "왜한총력제보도(倭漢摠歷弟譜圖)에 천어중주존표(天御中主尊標)를 시조로 삼고 노왕(魯王)·오왕(吳王)·고려왕(高麗王)·한고조(漢高祖) 등과 같은 것에 그 후손을 이어 놓았다. 왜와 한이 서로 섞여 감히 천종(天宗)을 더럽히고 어리석은 백성을 어지럽게 하여 문득 그것을 실록(實錄)이라 한다. 마땅히 여러 관청의 관리들이 소장하고 있는 것을 모두 바치도록 하라. 만약 사사로운 정으로 이를 숨겨 조칙의 뜻을 어기고 바치지 않는 자가 발각되는 날에는 반드시 중벌로써 처리할 것이다." (『日本後紀』 17 平城紀)

백제 (2월 기미일(13)) 종5위상 백제왕원승(百濟王元勝)을 대판사(大判事)로 삼았다. (『日本後紀』 17 平城紀)

고구려 백제 신라

(3월) 병인일(21)에 아악료(雅樂寮) 잡악사(雜樂師)와 가무사(歌舞師) 4명, 적사(笛師) 2명, 당악사(唐樂師) 12명, 횡적사(橫笛師) 2명, 고려악사(高麗樂師) 4명을 정하였는데, 횡적, 공후(箜篌), 막목무(莫目舞) 등의 사(師)이다. 백제악사(百濟樂師) 4명을 정하였는데, 횡적, 공후 막목무 등의 사이다. 신라악사(新羅樂師)는 2명은 금무사(琴舞師) 등이며 도라악사(度羅樂師)는 2명은 고무사(鼓舞師) 등이고 기악사(伎樂師) 2명과 임읍악사(林邑樂師) 2명을 정하였다. (『日本後紀』 17 平城紀)

고구려 백제 신라

태정관(太政官)이 부(符)한다.

아악료(雅樂寮)의 잡악사(雜樂師)를 정할 것

가사(歌師) 4인 (…)

당악사(唐樂師) 12인 (…)

고려악사(高麗樂師) 4인 <횡적사(橫笛師) 箽후사(箽篌師) 막목사(莫目師) 무사(儛師)>

백제악사(百濟樂師) 4인 <횡적사(橫笛師) 箽후사(箽篌師) 막목사(莫目師) 무사(儛師)>

신라악사(新羅樂師) 4인 <금사(琴師) 무사(儛師)>

탁라악사(度羅樂師) 2인 (…)

우(右), 옛날 것에 따라서 정하고 나머지는 모두 폐지한다.

(…)

이전에 우대신(右大臣)의 선(宣)을 받으매 이르기를, 칙을 받들어 해당 건에 따라 정하며 영구히 항례로 하라.

대동 4년 3월21일 (『類聚三代格』 4 加減諸司官員幷廢置事)

신라 여름 6월 서형산성(西兄山城)의 소금창고가 울었는데 마치 소 울음소리 같았다. (『三國史記』 10 新羅本紀 10)

신라 여름 6월 서형산성의 소금창고가 울었는데, 마치 소 울음소리 같았다. (『三國史節要

』13)

신라 (여름 6월) 벽사(碧寺)의 개구리가 뱀을 잡아 먹었다. (『三國史記』10 新羅本紀 10)

신라 (여름 6월) 벽사의 개구리가 뱀을 잡아 먹었다. (『三國史節要』13)

신라 사천왕사성전(四天王寺成典)은 경덕왕이 감사천왕사부(監四天王寺府)로 고쳤으나 혜공왕이 옛 이름대로 하였다. 금하신(衿荷臣)이 한 명으로 경덕왕때 감합(監合)으로 고쳤다. 혜공왕이 다시 금하신으로 바꾸고 애장왕이 다시 합으로 고쳤다. 관등은 대아찬부터 각간까지로 하였다. 상당(上堂)은 1명으로 경덕왕때 경(卿)으로 고쳤다가 혜공왕이 다시 상당으로, 애장왕이 또 경으로 바꾸었다. 관등은 나마에서 아찬까지로 하였다. (…) 청위(青位)는 두 명으로 경덕왕 때 주부(主簿)로 하였다가 혜공왕이 다시 청위로 하고, 애장왕이 대사(大舍)로 고쳤는데 1명을 감하고 관등은 사지에서 나마까지로 하였다. (…)

봉성사성전(奉聖寺成典)은 경덕왕이 수영봉성사사원(修營奉聖寺使院)으로 고쳤으나 뒤에 옛 이름대로 하였다. 금하신은 1명인데 경덕왕이 검교사(檢校使)로 고쳤다가 혜공왕이 금하신으로 다시 바꾸고, 애장왕이 령(令)으로 고쳤다. (…)

감은사성전(感恩寺成典)은 경덕왕이 수영감은사사원(修營感恩寺使院)으로 고쳤으나 뒤에 옛 이름대로 하였다. 금하신은 1명으로 경덕왕 검교사(檢校使)로 바꾸고 혜공왕이 다시 금하신으로 다시 원래대로 하였는데 애장왕이 령(令)으로 고쳤다. 상당은 1명인데 경덕왕 부사(副使)로 고쳤다가 혜공왕이 다시 원래대로 상당으로 하였고, 애장왕이 경(卿)[또는 경(卿)을 빼고 적위(赤位)를 두었다]으로 바꾸었다. (…)

성사성전(奉德寺成典) 경덕왕 8년 수영봉덕사사원으로 고쳤으나 뒤에 옛 이름대로 하였다. 금하신은 1명으로 경덕왕이 검교사로 했다가 혜공왕이 원래대로 금하신으로 했는데, 애장왕이 다시 경으로 고쳤다. 상당은 1명으로 경덕왕이 부사로 고쳤는데, 혜공왕이 원래대로 상당이라 칭하였고, 애장왕이 다시 경으로 고쳤다. (…)

봉은사성전(奉恩寺成典)은 금하신이 1명으로 혜공왕이 처음 두었다. 애장왕이 령으로 고쳤다. 부사는 1명인데 혜공왕이 처음 두었으며, 얼마 후 상당으로 고쳤다가 애장왕이 또 경으로 고쳤다. (…)

위화부(位和府) (…) 상당은 2명이다. (…) 애장왕이 경으로 고쳤는데, 관등은 급찬에서 아찬까지로 하였다. (『三國史記』38 雜志 7 職官 上)

신라 왕이 사천왕사 금하신을 령으로 고쳤는데, 관등은 대아찬에서 각간까지로 하였다. 상당은 경으로 고치고, 관등은 나마에서 아찬까지로 하였다. 청위는 대사로 고치고 1명을 감하였다. 관등은 자사에서 나마까지로 하였다. 봉성사성전의 금하신을 령으로 고치고 감은성전금하신을 령으로 상당을 경으로 보쳤다. 봉덕사성전 금하신을 경으로 하고, 상당을 경으로 하였다. 봉은사성전 금하신을 령으로 하고 상당을 경으로 고치고, 위화부 상당을 경으로 고치고 관등은 급찬에서 아찬까지로 하였다. (『三國史節要』13)

신라 제40대 애장왕대, 사문(沙門) 정수(正秀)가 있었는데, 황룡사(皇龍寺)에 머물렀다. 겨울 날 눈이 깊게 쌓이고, 이미 날이 저물었다. 삼랑사(三郎寺)에서부터 돌아오면서 천엄사(天嚴寺) 대문 밖을 지나고 있었는데, 한 거지 여인이 아이를 낳고 얼은 채로 누워 죽음이 임박해 있었다. 스님이 발견하고 불쌍히 여겨, 나아가 안으니 조금 있다가 기운을 찾았다. 이에 옷을 벗어 덮어주고, 벗은 채로 본사(本寺)로 달려와서, 거적으로 몸을 덮고 밤을 보냈다. 한밤중에 왕궁의 뜰에 하늘의 소리가 있으니, "황룡사 사문 정수를 마땅히 왕사(王師)로 봉하라." 하였다. 이에 급히 사람을 보내어 그것을 조사하여 상세한 일을 아뢰었다. 왕은 위엄 있는 몸가짐과 차림새를 준비하고, 왕궁 안으로 맞이하여, 책봉하여 국사(國師)로 삼았다. (『三國遺事』 5 感通 7 正秀師救氷女)

신라 가을 7월 대아찬 김육진(金陸珍)을 당에 보내 사은하고 방물을 바쳤다. (『三國史記』 10 新羅本紀 10)

신라 가을 7월 대아찬 김육진을 당에 보내 사은하고 공물을 바쳤다. (『三國史節要』 13)

신라 (원화) 4년 사신 김육진을 보내어 와서 조공하였다. (『舊唐書』 199上 列傳 149上 東夷 新羅)

신라 (원화) 4년 사신 김육진을 보내 조공하였다. (『唐會要』 95 新羅)

신라 (가을 7월) 크게 가물었다. (『三國史記』 10 新羅本紀 10)

신라 (가을 7월) 크게 가물었다. (『三國史節要』 13)

신라 제40 애장왕[김씨 이름은 중희인데 청명이라고도 이른다.아버지는 소성왕이며, 어머니는 계화왕후이다. 신묘년에 왕이 되어 10년을 다스렸다. 원화 4년 기축년 7월 19일 왕의 숙부 헌덕(憲德)·흥덕(興德) 두 이간(伊干)에게 해를 당하여 돌아가셨다. (『三國遺事』 1 王曆)

신라 애장왕이 죽었다. 헌덕왕 언승(彦昇) 즉위 원년이다. (『三國史記』 31 年表 下)

신라 (가을 7월) 왕의 숙부 언승과 아우 이찬 제옹(悌邕)이 병살를 이끌고 내전에 들어와 왕을 시해했는데, 왕의 아우 체명(体明)이 왕을 곁에서 지키다가 같이 해를 입었다. 시호를 애장이라 하였다. 『三國史記』 10 新羅本紀 10)

신라 (가을 7월) 언승이 그 아우 제옹과 함께 임금 청명을 시해하고 둘째 아우 언승이 스스로 왕이 되었으며 전왕의 시호로 애장을 올렸다. (『三國史節要』 13)

신라 헌덕왕(憲德王)이 즉위하였다. 이름은 언승(彦昇)이고 소성왕(昭聖王)의 친아우이다. 원성왕 6년에 당에 사신으로 다녀와 대아찬의 관직을 받았다. 7년에 역신(逆臣)을 주살하고 잡찬이 되었으며, 10년에는 시중이 되었다. 11년에 이찬으로 재상이 되었으며, 12년에 병부령이 되었다. 애장왕 원년에 각간이 되었고, 2년)에는 어룡성(御龍省) 사신(私臣)이 되었으며 얼마 지나지 않아 상대등이 되었다가 이때에 이르러 즉위하였다. 비는 귀승부인(貴勝夫人)이니 예영(禮英) 각간의 딸이다. (『三國史記』 10 新羅本紀 10)

신라 제41 헌덕왕[김씨이며 이름은 언승이다. 소성왕의 친아우이며 비는 귀승부인으로 시호는 황아왕후(皇娥王后)이니 충공(忠恭) 각간의 딸이다. 기축년에 왕위에 올라 19년을 다스렸다. 능은 천림촌(泉林村) 북쪽에 있다] (『三國遺事』 1 王曆)

신라 (가을 7월) 이찬 김숭빈(金崇斌)을 상대등으로 삼았다. (『三國史記』 10 新羅本紀 10)

신라 (가을 7월) 이찬 김숭빈을 상대등으로 삼았다. (『三國史節要』 13)

신라 가을 8월 크게 사면하였다. (『三國史記』 10 新羅本紀 10)

신라 가을 8월 크게 사면하였다. (『三國史節要』 13)

신라 (가을 8월) 이찬 김창남(金昌南) 등을 당에 보내 상(喪)을 알렸다. 헌종(憲宗)이 직방원외랑(職方員外郎) 섭어사중승(攝御史中丞) 최정(崔廷)을 보내고 질자로 있던 김사신(金士信)에게 최정을 보필하게 하여, 부절(符節)을 가지고 가 조문하고 제사하게 하였고, 또 왕을 개부의동삼사(開府儀同三司) 검교태위(檢校太尉) 지절(持節) 대도독계림주제군사(大都督雞林州諸軍事) 계림주자사(雞林州刺史) 겸(兼) 지절충영해군사(持節充寧海軍使) 상주국(上柱國) 신라왕(新羅王)으로 책봉하고, 부인 정씨(貞氏)를 왕비로 책봉하였으며, 대재상(大宰相) 김숭빈(金崇斌) 등 3인에게 문극(門戟)을 하사하였다[생각하건대, 왕비는 예영(禮英) 각간의 딸인데, 지금 정씨라 하니 자세히 알 수 없다]. (『三國史記』10 新羅本紀 10)

신라 (가을 8월) 이찬 김창남 등을 당에 보내 상을 알렸는데, 병으로 죽었다고 아뢰고 또 왕위를 잇도록 청하였다. 황제가 직방원외랑 섭어사중승 최정을 보내고 질자로 있던 김사신에게 최정을 보필하게 하여, 부절을 가지고 가 조문하고 제사하게 하였고, 언승을 개부의동삼사 검교태위 지절 대도독계림주제사지절충영해군사(大都督雞林州諸州事兼持節充寧海軍使) 상주국 신라왕으로 책봉하고 정씨를 비로 책봉하였으며 대재상 김숭빈에게 문득을 하사하였다. (『三國史節要』13)

발해 10월 계유 초하루에 발해국이 사신을 보내 方物을 바쳤다. 왕이 계(啓)를 올려 말하기를 운운 하였다. (『日本紀略』)

신라 기축년에 상락시(常樂寺)의 무진창(无尽倉)이 완성되었다. (「昌寧塔金堂治成文記碑」 뒷면)

신라 조정에서 최정에게 총애를 더함으로 인하여 번국을 돕게 하니, 마침내 진왕부(珍王府) 자의(諮議)에 임명하였다. 때마침 신라왕이 죽자 국명을 전달하고 외이(外夷)를 어루만실 수 있는 자를 선발하였다. 이로 말미암아 최정을 발탁하여 상서직방원외랑(尙書職方員外郞)·섭어사중승(攝御史中丞)·사자금어대(賜紫金魚袋)에 임명하고 조제책립사(弔祭冊立使)에 충당하였다. 1년 만에 돌아와서 태부소경(太府少卿)에 제수되니, 절역(絶域)에 다녀온 공로에 보답한 것이다. (「崔廷 墓誌銘」)

신라 원화 연간(806~820)에는 최정의 지위가 지방관아의 속료(屬僚)였다. 헌종(憲宗; 805~820) 황제가 최정의 인물됨을 가상히 여겨 그를 중화의 사신으로 중용하니, 마침내 천자의 깃발과 깃털을 주고 금인자수(金印紫綬)를 하사하였다. 명을 받들어 낙랑국(樂浪國; 신라)에 가서 조문하고 제사지냈는데, 비록 아득히 먼 바다를 떠서 건너야했으나 질풍처럼 갔다. 조정에서는 신라에 다녀오기 어렵다고 여겼는데, 사실은 부인이 남편을 섬기는 이치로 도운 것이다. 갔다 돌아온 지 3년 만에 부모형제와 처자에게 우환을 남겼다. 부인은 처음 떠나던 때부터 돌아올 때까지 머리를 풀어헤치고 눈꺼풀을 적셔 불가에 출가하기로 뜻을 세우고, 복과 도움을 구하여 신라에 사신으로 가는 길을 도왔다. 과연 편안한 가운데 속히 되돌아오니, 정려(旌閭)가 이미 이르렀다. (「鄭氏夫人 墓誌銘」)

810(庚寅/신라 헌덕왕 2/발해 定王 永德 2/唐 元和 5/日本 大同 5, 弘仁 1)

신라 봄 정월 파진찬 양종(亮宗)을 시중으로 삼았다. (『三國史記』10 新羅本紀 10)

신라 봄 정월 파진찬 양종을 시중으로 삼았다. (『三國史節要』13)

신라 (봄 정월) 하서주(河西州)에서 붉은 까마귀를 바쳤다. (『三國史記』10 新羅本紀 10)

신라 (봄 정월) 하서주에서 붉은 까마귀를 바쳤다. (『三國史節要』13)

발해 5년 정월에 발해가 사신 고재남(高才南) 등을 보내 조회하였다. (『冊府元龜』972 外臣部 17 朝貢 5)

신라	2월 왕이 직접 신궁에 제사하였다. (『三國史記』10 新羅本紀 10)
신라	2월 왕이 직접 신궁에 제사하였다. (『三國史節要』13)
신라	(2월) 사신을 보내어 국내의 제방을 수리하도록 하였다. (『三國史記』10 新羅本紀 10)
신라	(2월) 사신을 보내어 국내의 제방을 수리하도록 하였다. (『三國史節要』13)
발해	여름 4월 경오 초하루에 발해사 고남용(高南容) 등에게 홍려관(鴻臚館)에서 향응을 베풀었다. (『日本紀略』)
발해	(여름 4월) 정축일(8)에 고남용 등이 귀국하자 국왕에게 서(書)를 내려 운운(云云)하였다. (『日本紀略』)
발해	5월 병인일(27)에 발해사 수령(首領) 고다불(高多佛)이 몸을 빠져나와 월전국(越前國)에 머물렀다. 월중국(越中國)에 안치하게 하고 식량을 제공하였다. 이에 사생(史生) 우속장마(羽栗馬長) 및 습어생(習語生) 등으로 하여금 가서 발해어를 배우게 하였다. (『日本紀略』)
신라	<뒷면> 원화 5년 경인 6월 3일 순표(順表)△탑과 금당을 수리하고 완성한 글을 기록한다. 신해(辛亥)년(771)에 인양사(仁陽寺)의 종이 완성되었다. 신유(辛酉)년(781)에 여섯 절에서 안거(安居)할 때 6백 6석의 곡식을 먹었다. 임술년(782)에 인양사의 사묘호(事妙戶)와 정례석(頂禮石)이 완성되었다. 같은 절의 금당(金堂)을 수리하였다. 같은 해에 양열(羊熱)과 유천(楡川)의 두 역(驛)에서 곡식 1백 2석을 시납하였다. 을축(乙丑)년(785)에 인양사의 무상사(无上舍)가 완성되었다. 임오(壬午)년(802)에 서울(경주)의 동덕사(奉德寺)와 영흥사(永興寺), 천암사(天巖寺), 보장사(寶藏寺) 등에서 곡식 2천 7백 13석을 시납하였다. 임오년에 인양사의 삼보(三寶)에 9백 54석의 곡식을 넣었다. 같은 해에 탑의 노반(露盤)을 수리하였다(塔盧(.)를 반절 수리하였다). 계미(癸未)년(803년)에 인양사 금당 안의 (불)상을 완성하였다. 같은 해에 원지사(苑池寺) 금당 안의 (불)상을 완성하였다. 계미년에 인양사의 탑이 4층이 무너져서 수리하였다. 같은 해에 인양사 佛門(불문) 네 모서리의 풍경이 완성되었다. 을유(乙酉)년(805)에 인양사 금당이 완성되었다. 개△당(開△堂)에 지붕을 올렸다. 정해(丁亥)년(807)에 수미단(須彌壇)이 완성되었다. 기축(己丑)년(809년)에 상락사(常樂寺)의 무진(無盡)(.)倉이 완성되었다. 경인(庚寅)년(810년)에 같은 절의 무△창(無△倉)이 완성되었다. 같은 해에 대곡사(大谷寺)의 석탑이 완성되었다. 기축년에 인양사 적호(赤戶)의 계단이 완성되었다. 절문의 돌계단과 정례석 둘이 완성되었다. △학족석(△鶴足石)이 완성되었다. 경인년에 용두(龍頭)가 완성되었다. 신해년에 시작하여 경인년에 마치기까지 그 사이에 모두 곡식 1만 5천 5백 9십 5석을 사용하였다. <우측> 무릇 큰 요례(要禮)는 많은 말로써 구한다. (결락) 문(門)이 8만 (결락) 나무 껍질을 먹으며 바위에서 고행하며, 풀로 옷을 해입고 돌 속에 사는 (결락) <좌측> 삼보(三寶)에 귀의하고, 사은(四恩)에 보답하는 방법들이 있다. 또한 온 몸을 부처에

게 바치고, 힘써 노력하여 승려들을 공양하고, 깊은 계곡에서 마음을 편안히 하며 지내고, 깊은 산 속에서 말없이 지내고, 눈 속에서 팔을 자르고, 방아 찧다가 마음을 깨닫고, 새를 불쌍히 여겨 무릎의 살을 베어주기도 하는 것도 있다. 이와 같은 것들 모두가 보리(菩提)를 구하는 방법인 것이다. (「昌寧塔金堂治成文記碑」)

고구려 (원화 5년 가을 7월) 정미일에 (…) 유주(幽州)의 유제(劉濟)는 중서령(中書令)이 더해지고 위박(魏博)과 전계안(田季安)에게는 사도(司徒)가 더해지고 치청 이사도(淄靑李師道)에게는 복야(僕射)가 더해지고 아울러 군대를 혁파하여 상이 더해졌다. (『舊唐書』 14 本紀 14 順宗 憲宗上)

고구려 (원화) 5년 7월에 검교상서 우복야(檢校尙書右僕射)가 되었다. (『舊唐書』 124 列傳 74 李師道)

신라 가을 7월 유성이 자미원(紫微垣)에 들어갔다. (『三國史記』 10 新羅本紀 10)

신라 가을 7월 유성이 자미원에 들어갔다. (『三國史節要』 13)

신라 (가을 7월) 서원경(西原京)에서 흰 꿩을 바쳤다. (『三國史記』 10 新羅本紀 10)

신라 (가을 7월) 서원경에서 흰 꿩을 바쳤다. (『三國史節要』 13)

백제 (9월) 갑인일(17)에 월전개(越前介) 종5위하 아배조신청계(阿倍朝臣淸繼), 권소연(權少掾) 백제왕 애전(百濟王愛筌) 등이 태상천황(太上天皇)이 이세국(伊勢國)에 행차했다는 말을 듣고 군사를 일으켜 새로 임명된 개(介) 종5위하 등미진인등진(登美眞人藤津)을 잡아두고 교체하는 것을 받아들이지 않았다. 민부소보(民部少輔) 종5위하 기조신남마려(紀朝臣南麻呂) 등을 보내어 진상을 물어 조사하여 벌주었다. 청계 이하 등은 죽음을 당할 벌을 면하여 먼 곳으로 유배되었다. (『日本後紀』 20 嵯峨紀)

발해 (9월) 병인일(29)에 발해국이 사신을 보내어 방물을 바쳤다. 그 왕이 다음과 같이 아뢰었다. "남용(南容) 등이 돌아옴에 욕되게도 멀리에서 서신을 보내어 안부를 물어주시니 자비로움은 삼고(三考)에 절실하고 위안됨은 연약한 고아에게까지 미칩니다. 그것을 듣고 읽을 때 슬픈 감정을 어찌할 수가 없었습니다. 선제(先帝)께서는 세상을 떠나시고 태상천황께서는 만기(萬機)의 중함이 돌아갈 바를 일찍이 알아차렸습니다. 초가을의 날씨가 아직 덥습니다. 천황의 일상사에 만복이 가득하시길 엎드려 빕니다. 이 원유(元瑜)는 죄를 면제받는 은혜를 입었고 천황께서는 제위에 올라 명을 새롭게 하시니 뭇 백성의 마음에 기쁨이 가득하게 되었으며 의지함은 한 나라의 밖에까지 미쳤습니다. 글을 좋아함에 기쁨과 근심이 함께하고 사안의 중함이 시간에 미쳐 지체하여 머무를 수가 없어 거듭 화부소경(和部少卿) 겸 화간원사개국자(和幹苑使開國子) 고남용(高南容) 등을 보내어 계장(啓狀)을 받들어 경하의 예를 펴고 아울러 토산물을 바칩니다. 그것은 별지에 자세히 기록해 두었습니다. 남용 등은 재차 궁색한 배를 타고 큰 물을 건너가니 돌아오는 길에 뜻하지 않는 일이 일어날까 두렵습니다. 엎드려 바라건대 그 쪽 사신을 내어 인솔하여 함께 오게 해 주십시오. 그러면 실로 어진 일이라 할 만합니다. 생각건대 널리 밝게 살펴 주십시오. 封해진 땅이 멀리 떨어져 있으니 절하며 축하드릴 뿐 직접 말미암지는 못하겠습니다." (『日本後紀』 20 嵯峨紀)

신라 겨울 10월 왕자 김헌장(金憲章)을 당에 보내 금은으로 만든 불상과 불경 등을 바치고 순종(順宗)을 위하여 복을 기원한다는 말을 올렸다. (『三國史記』 10 新羅本紀 1

0)

신라　　겨울 10월 왕자 김헌장을 당에 보내 금은으로 만든 불상과 불경 등을 바쳤다. (『三國史節要』 13)

신라　　10월 신라왕이 그 아들을 보내어 금과 은으로 만든 불상 및 불경, 번(幡)을 바치고 순종을 위하여 만들었다고 알렸으며 더불어 방물을 바쳤다. (『冊府元龜』 972 外臣部 17 朝貢 5)

신라　　원화 5년 10월 신라왕이 아들을 보내 금과 은으로 만든 불상을 바쳤다. (『唐會要』 49 像)

신라　　(원화) 5년 왕자 김헌장이 와서 조공하였다. (『舊唐書』 199上 列傳 149上 東夷 新羅)

신라　　(원화) 5년 신라 왕자 김헌장이 와서 조공하였다. (『唐會要』 95 新羅)

신라　　(겨울 10월) 유성이 왕량(王良) 별로 들어갔다. (『三國史記』 10 新羅本紀 10)

신라　　(겨울 10월) 유성이 왕량별로 들어갔다. (『三國史節要』 13)

발해　　11월 해·거란이 더불어 사신을 보내 조공하였고, 발해왕이 아들 대연진(大延眞) 등을 본 방물을 바쳤다. (『冊府元龜』 972 外臣部 17 朝貢 5)

발해　　12월 경오일(4)에 종6위상 임숙녜동인(林宿禰東人)을 송발해객사(送渤海客使)로 삼고 대초위하(大初位下) 상모야공계익(上毛野公繼益)을 녹사(錄事)로 삼았다. (『日本後紀』 20 嵯峨紀)

발해　　12월 경오일(4)에 종6위상 임숙녜동인을 송발해객사로 삼고 대초위하 상모야공계익을 녹사로 삼았다. (『類聚國史』 194 殊俗 渤海 下)

발해　　(원하) 5년 사신을 보내 조공한 것이 두 차례였다. (『舊唐書』 199下 列傳 149下 北狄 渤海靺鞨)

신라　　당 헌종은 신선불사(神仙不死)의 도술을 좋아하였다. 원화 5년 내급사(內給事) 장유칙(張惟則)이 신라국에서 돌아와 다음과 같이 말하였다. "바다에서 산으로 된 섬 사이에 정박했는데, 문득 닭이 울고 개가 짖는 소리가 들리면서 연기와 불이 보이는 것 같았다. 그래서 달빛을 받으며 한가로이 걸어서 1~2리쯤 갔더니 꽃과 나무 사이로 누대와 전각의 황금과 은으로 된 대문이 보였다. 그 안에 공자가 몇 명이 있었는데, 장보관(章甫冠)을 쓰고 자하의(紫霞衣)를 입고 여유롭게 시를 읊조리고 있었다. 장유칙은 그들이 이인임을 알고 마침내 뵙기를 청하였다. 공자가 그대는 어디서 왔소 하니, 장유칙이 자세히 말하였다. 공자가 말하기를, '당 황제는 내 친구요 그 대는 나중에 돌아가거든 대신 말을 전해 주었으면 하오.'라고 말하였다. 이어 한 시동에게 황금 거북 인장을 꺼내 오라고 명하여 장유칙에게 주면서 보물상자에 넣어두도록 하였다. 다시 황제에게 안부를 전해달라 하였다. 장유칙이 마침내 그것을 갖고 배로 돌아와서 왔던 길을 되돌아 보았더니 아무런 흔적이 없었다. 황금 거북 인장은 길이가 5촌이고 위에 황금 옥인을 지고 있다. 도장 면의 넓이는 1촌 8푼이고 그 전문(篆文)은 '봉지용목(鳳芝龍木) 수명무강(受命無疆)'이라 쓰여 있었다." 장유칙이 서울에 돌아와 즉시 일을 갖추어 황제에게 아뢰었다. (『太平廣記』 47 神仙 47 唐憲宗皇帝)

신라　　원화 5년 숭산 소림사의 유리단에서 구족계를 받았으니 어머니의 옛 꿈과 완연히 부합하였다. 이미 계율에 밝았으매 다시 학림(學林)으로 돌아왔는데 하나를 들으면 열을 아니 홍색이 꼭두서니보다 더 붉고 청색이 남초보다 더 푸른 것과 같았다. 비록 마음은 고요한 물처럼 맑았지만 자취는 조각구름 같이 떠돌아 다녔다. 그 때 마침 우리나라 스님 도의(道義)가 먼저 중국에 와서 도를 구하였는데 우연히 서로 만나 바라는 바가 일치하였으니 서남쪽에서 벗을 얻은 것이다. 사방으로 멀리 찾아다니며 부처님의 지견(知見)을 증득하였다. 도의가 먼저 고국으로 돌아가자 선사는 곧바로 종남산(終南山)에 들어갔는데 높은 봉우리에 올라 소나무 열매를 따먹고 지관(止觀)하며 적적하게 지낸 것이 삼년이요, 뒤에 자각(紫閣)으로 나와 사방으로 통하는 큰 길에서 짚신을 삼아가며 널리 보시하며 바쁘게 다닌 것이 또 삼년이었다. 이에 고행도 이미 닦았고 타국도 다 유람하였으나 비록 공(空)을 관(觀)하였다 하더라도 어찌 근본을 잊을 수 있겠는가. (「雙溪寺 眞鑑禪師塔碑」)

신라

신라 왕 김중희(金重熙)에게 칙서를 내린다. 김헌장 및 승려 충허(沖虛) 등이 이르러 표문과 겸하여 진헌(進獻)한 것을 살피고 功德과 아울러 진사(陳謝)한 것을 받고서 자세히 다 알았다. 경은 한 방면의 귀족이며 여러 대에 걸친 웅재(雄材)로서, 충효를 지켜서 입신하고, 신의를 바탕으로 나라를 다스렸으며, 대대로 작명(爵命)을 이어받아서 날마다 화풍(華風)을 흠모하였고, 군사들을 화합시켜서 변경을 안정시켰다. 더구나 또 수시로 직공(職貢)을 닦고 해마다 표장(表章)을 받들었는데, 올린 물품은 정결하고 보배로워 충성심과 부지런함이 모두 지극하고 공덕이 성취되고 공경이 드러났으며, 사례하는 말을 올린 것을 보고는 더욱더 가상하게 여기면서 탄복하였다. 푸른 바다가 만 리로 비록 바다 동쪽에 격해 있으면서도 붉은 정성과 한결같은 마음으로 매번 대궐 아래에 달려왔으니, 가상한 마음을 밤이나 낮이나 품고 있으면서 처음부터 끝까지 넓히기를 힘써서 짐의 뜻에 부응하라. 이제 김헌장 등을 귀국하게 하면서 아울러 약간의 신물(信物)이 있어 갖추어 별록(別錄)에 썼다. 경의 어머니와 비(妃) 및 부왕(副王), 재상(宰相) 이하에게도 각각 내리는 물품이 있으니, 이르거든 마땅히 받아라. 겨울철이라 날씨가 추운데 경은 편안히 잘 지내며 경의 어머니 역시 잘 지내시는가. 관리, 승도(僧道), 장사(將士), 백성들에도 각각 안부를 묻는다. 글로 보내는 것이라 마음이 많이 미치지 않는다. (『全唐文』 284 張九齡 勅新羅王金重熙書)

신라

신라 왕 김중희(金重熙)에게 칙서를 내린다. 김헌장 및 승려 충허(沖虛) 등이 이르러 표문과 겸하여 진헌(進獻)한 것을 살피고 功德과 아울러 진사(陳謝)한 것을 받고서 자세히 다 알았다. 경은 한 방면의 귀족이며 여러 대에 걸친 웅재(雄材)로서, 충효를 지켜서 입신하고, 신의를 바탕으로 나라를 다스렸으며, 대대로 작명(爵命)을 이어받아서 날마다 화풍(華風)을 흠모하였고, 군사들을 화합시켜서 변경을 안정시켰다. 더구나 또 수시로 직공(職貢)을 닦고 해마다 표장(表章)을 받들었는데, 올린 물품은 정결하고 보배로워 충성심과 부지런함이 모두 지극하고 공덕이 성취되고 공경이 드러났으며, 사례하는 말을 올린 것을 보고는 더욱더 가상하게 여기면서 탄복하였다. 푸른 바다가 만 리로 비록 바다 동쪽에 격해 있으면서도 붉은 정성과 한결같은 마음으로 매번 대궐 아래에 달려왔으니, 가상한 마음을 밤이나 낮이나 품고 있으면서 처음부터 끝까지 넓히기를 힘써서 짐의 뜻에 부응하라. 이제 김헌장 등을 귀국하게 하면서 아울러 약간의 신물(信物)이 있어 갖추어 별록(別錄)에 썼다. 경의 어머니와 비(妃) 및 부왕(副王), 재상(宰相) 이하에게도 각각 내리는 물품이 있으니, 이르거든 마땅히 받아라. 겨울철이라 날씨가 추운데 경은 편안히 잘 지내며 경의 어머니 역시 잘 지내시는가. 관리, 승도(僧道), 장사(將士), 백성들에도 각각 안부를 묻는다. 글로 보내는 것이라 마음이 많이 미치지 않는다. (『全唐文』 665 白居易 與新羅王金重熙

等書)

신라 신라 왕 김중희(金重熙)에게 칙서를 내린다. 김헌장 및 승려 충허(沖虛) 등이 이르러 표문과 겸하여 진헌(進獻)한 것을 살피고 功德과 아울러 진사(陳謝)한 것을 받고서 자세히 다 알았다. 경은 한 방면의 귀족이며 여러 대에 걸친 웅재(雄材)로서, 충효를 지켜서 입신하고, 신의를 바탕으로 나라를 다스렸으며, 대대로 작명(爵命)을 이어받아서 날마다 화풍(華風)을 흠모하였고, 군사들을 화합시켜서 변경을 안정시켰다. 더구나 또 수시로 직공(職貢)을 닦고 해마다 표장(表章)을 받들었는데, 올린 물품은 정결하고 보배로워 충성심과 부지런함이 모두 지극하고 공덕이 성취되고 공경이 드러났으며, 사례하는 말을 올린 것을 보고는 더욱더 가상하게 여기면서 탄복하였다. 푸른 바다가 만 리로 비록 바다 동쪽에 격해 있으면서도 붉은 정성과 한결같은 마음으로 매번 대궐 아래에 달려왔으니, 가상한 마음을 밤이나 낮이나 품고 있으면서 처음부터 끝까지 넓히기를 힘써서 짐의 뜻에 부응하라. 이제 김헌장 등을 귀국하게 하면서 아울러 약간의 신물(信物)이 있어 갖추어 별록(別錄)에 썼다. 경의 어머니와 비(妃) 및 부왕(副王), 재상(宰相) 이하에게도 각각 내리는 물품이 있으니, 이르거든 마땅히 받아라. 겨울철이라 날씨가 추운데 경은 편안히 잘 지내며 경의 어머니 역시 잘 지내시는가. 관리, 승도(僧道), 장사(將士), 백성들에도 각각 안부를 묻는다. 글로 보내는 것이라 마음이 많이 미치지 않는다. (『文苑英華』 471 蕃書 4 張九齡 與新羅王金重熙書)

고구려 (원화) 5년 이사도를 죽이고 치(淄)·청(靑) 12주를 회복하였다. (『唐會要』 84 兩稅使)

811(辛卯/신라 헌덕왕 3/발해 定王 永德 3/唐 元和 6/日本 弘仁 2)

발해 봄 정월 병신 초하루에 황제가 태극전에 나아가 헌(軒)에 다가갔다. 황제의 아우와 문무백관, 번국의 사신이 예년과 같은 의식으로 정월을 축하하였다. (『日本後紀』 21 嵯峨紀)

발해 정월 병신 초하루에 황제가 태극전에 나아가 헌에 다가갔다. 황제의 아우와 문무백관, 번국의 사신이 예년과 같은 의식으로 정월을 축하하였다. (『類聚國史』 71 歲時 2 元日朝賀)

발해 (봄 정월) 임인일(7)에 5위 이상 관료 및 번객들에게 잔치를 열어주고 녹을 차등있게 나누어 주었다. (『日本後紀』 21 嵯峨紀)

발해 (정월) 임인일(7)에 5위 이상 관료 및 번객들에게 잔치를 열어주고 녹을 차등있게 나누어 주었다. (『類聚國史』 71 歲時 2 元日朝賀)

발해 (봄 정월) 임자일(17)에 풍락원(豊樂院)에 행차하여 활쏘기를 보고 번객들에게 각궁(角弓)을 주어 쏘게 하였다. (『日本後紀』 21 嵯峨紀)

발해 (정월) 임자일(17)에 풍락원에 행차하여 활쏘기를 보고 번객들에게 각궁을 주어 쏘게 하였다 (『類聚國史』 71 歲時 2 元日朝賀)

발해 (봄 정월) 을묘일(20)에 대납언(大納言) 정3위상 판상대숙녜전촌마려(坂上大宿禰田村麻呂), 중납언(中納言) 정3위 등원조신갈야마로(藤原朝臣葛野麻呂), 참의(參議) 종3위 관야조신진도(菅野朝臣眞道) 등을 보내 조집원(朝集院)에서 발해 사신에게 연회를 베풀고 녹을 차등있게 내려 주었다. (『日本後紀』 21 嵯峨紀)

발해 (정월) 을묘일(20)에 대납언 정3위상 판상대숙녜전촌마려, 중납언 정3위 등원조신갈야마로, 참의 종3위 관야조신진도 등을 보내 조집원에서 발해 사신에게 연회를 베풀

고 녹을 차등있게 내려 주었다. (『類聚國史』 194 殊俗 渤海 下)

발해 (봄 정월) 정사일(22)에 발해국 사신 고남용이 자기 나라에 돌아갔다. 그 왕에게 서신을 내려 다음과 같이 말하였다. "천황이 삼가 발해국왕에게 안부를 묻는다. 남용이 입조하여 축하함에 아뢴 것을 모두 살펴보았다. 왕의 자질은 크고 성하며 성품은 넓고 깊다. 돈독한 은혜는 나라 안을 화목하게 하고 공경을 다하여 나라 밖을 받들었다. 대대로 북쪽 바닷가에 살면서 우리나라와 우호를 닦고 넓은 바다를 건너 도달하기를 바랬다. 하늘에 닿는 파도를 갈대로 만든 조그만 배로 그것을 건넜다. 스스로를 깊이 책망하고 마음을 다 바쳐 경축하는 예를 갖추었으니 그 정성을 돌아봄에 가상스러움이 어찌 끝이 있겠는가. 나는 하늘의 큰 명을 받아 경건히 왕위를 이었다. 스스로를 이기고 천하에 임하여 크고 밝게 뭇 백성을 어루만지려 하나 덕은 아직 멀리까지 품지 못하고 교화는 멀리까지 퍼지지 못하였다. 왕께서는 선린을 생각하고 마음은 사대에 간절하여 힘써 노력하는 것을 어려워하지 않으니 이는 선조의 業을 닦는 것이다. 하물며 남용이 우리 조정에 이르러 사신의 명을 떨어뜨리지 않았고, 배가 궁색하고 위험한데도 곧은 뜻에 더욱 힘쓰니 비록 오기를 청하지 않더라도 어찌 능히 갈 마음을 참을 수 있겠는가. 이에 타고 갈 배를 바꾸고 사신을 부쳐 보내 준다. 그리고 함께 물건을 조금 부치니 도착하면 받으라. 봄 날씨가 춥다. 왕께서는 평안하시라. 이것으로써 서신을 보내니 뜻하는 것을 많이 언급하지 못하겠다." (『日本後紀』 21 嵯峨紀)

발해 (정월) 정사일(22)에 발해국 사신 고남용이 자기 나라에 돌아갔다. 그 왕에게 서신을 내려 다음과 같이 말하였다. "천황이 삼가 발해국왕에게 안부를 묻는다. 남용이 입조하여 축하함에 아뢴 것을 모두 살펴보았다. 왕의 자질은 크고 성하며 성품은 넓고 깊다. 돈독한 은혜는 나라 안을 화목하게 하고 공경을 다하여 나라 밖을 받들었다. 대대로 북쪽 바닷가에 살면서 우리나라와 우호를 닦고 넓은 바다를 건너 도달하기를 바랬다. 하늘에 닿는 파도를 갈대로 만든 조그만 배로 그것을 건넜다. 스스로를 깊이 책망하고 마음을 다 바쳐 경축하는 예를 갖추었으니 그 정성을 돌아봄에 가상스러움이 어찌 끝이 있겠는가. 나는 하늘의 큰 명을 받아 경건히 왕위를 이었다. 스스로를 이기고 천하에 임하여 크고 밝게 뭇 백성을 어루만지려 하나 덕은 아직 멀리까지 품지 못하고 교화는 멀리까지 퍼지지 못하였다. 왕께서는 선린을 생각하고 마음은 사대에 간절하여 힘써 노력하는 것을 어려워하지 않으니 이는 선조의 業을 닦는 것이다. 하물며 남용이 우리 조정에 이르러 사신의 명을 떨어뜨리지 않았고, 배가 궁색하고 위험한데도 곧은 뜻에 더욱 힘쓰니 비록 오기를 청하지 않더라도 어찌 능히 갈 마음을 참을 수 있겠는가. 이에 타고 갈 배를 바꾸고 사신을 부쳐 보내 준다. 그리고 함께 물건을 조금 부치니 도착하면 받으라. 봄 날씨가 춥다. 왕께서는 평안하시라. 이것으로써 서신을 보내니 뜻하는 것을 많이 언급하지 못하겠다." (『類聚國史』 194 殊俗 渤海 下)

백제 (봄 정월 갑자일(29)) 산성국(山城國) 을훈군(乙訓郡) 백전(白田) 일정(一町)을 종4위하 백제왕교법(百濟王教法)에게 내렸다. (『日本後紀』 21 嵯峨紀)

신라 봄 정월에 시중 양종이 병이 들어 면직하고 이찬 원흥(元興)을 시중으로 삼았다. (『三國史記』 10 新羅本紀 10)

신라 봄 정월에 시중 양종이 병이 들어 면직하고 이찬 원흥으로 대신하게 하였다. (『三國史節要』 13)

신라 2월에 이찬 웅원(雄元)을 완산주(完山州) 도독으로 삼았다. (『三國史記』 10 新羅本紀 10)

신라 2월에 이찬 웅원을 완산주 도독으로 삼았다. (『三國史節要』 13)

백제 (여름 4월) 기축일(26)에 아피국(阿波國) 사람 백제부광빈(百濟部廣濱) 등 백명에게 백제공(百濟公)이라는 성을 내렸다. (『日本後紀』 21 嵯峨紀)

발해 (여름 4월 경인일(27)) 이 날 발해에 보내는 사신 정6위상 임숙녜동인(林宿禰東人) 등이 작별인사차 배알하였으므로 의복을 하사하였다 (『日本後紀』 21 嵯峨紀)

발해 (4월) 경인일(27)에 해에 보내는 사신 정6위상 임숙녜동인 등이 작별인사차 배알하였으므로 의복을 하사하였다 (『類聚國史』 194 殊俗 渤海 下)

신라 여름 4월 처음으로 평의전(平議殿)에서 정무를 보았다. (『三國史記』 10 新羅本紀 10)

신라 여름 4월 처음으로 평의전에서 정무를 보았다. (『三國史節要』 13)

대방 (5월) 병진일(23)에 대납언(大納言) 정3위 겸 우근위대장(右近衛大將) 병부경(兵部卿) 판상대숙녜전촌마려(坂上大宿禰田村麻呂)가 죽었다. 정4위상 견양(犬養)의 손자이고 종3위 苅전마려(苅田麻呂)의 아들이다. 그 선조는 아지사주(阿智使主)인데 후한(後漢) 영제(靈帝)의 증손이다. 한(漢)의 사직이 위(魏)로 옮겨가자 나라에서 대방(帶方)으로 피하였다. 예전천황(譽田天皇) 때에 부락(部落)을 이끌고 와서 복속하였는데, 집안은 대대로 무(武)를 숭상하였다. 매를 조련하고 말 고르는 일을 자손 대대로 업(業)으로 전(傳)하며 끊이지 않았다. 전촌마려(田村麻呂)는 붉은 얼굴에 누른 수염이 났으며 용력이 다른 사람들보다 뛰어나 장수의 기량을 가지고 있었다. 황제가 그를 장하게 여겨 연력(延曆) 23년에 정이대장군(征夷大將軍)으로 임명하고 공으로써 종3위를 주었다. 그러나 왕래하는 데 시종하는 사람이 무한정이었으므로 사람과 말을 공급하기 어려웠으며, 여러 차례의 행차에 비용이 많이 들었다. 대동(大同) 5년에 대납언 겸 우근위대장으로 옮겼다. 자주 변방의 군사를 이끌고 매번 출전하여 공을 세웠다. 군사들에게 너그럽게 대하였으므로 그들은 죽을 힘을 다해 싸울 수 있었다. 속전별장(粟田別莊)에서 죽었는데 종2위를 추증하였다. 이 때 나이는 54세였다. (『日本後紀』 21 嵯峨紀)

신라 (8월 갑술일(12)) 대재부에서 다음과 같이 알려왔다. "신라인 김파형(金巴兄), 김승제(金乘弟), 김소파(金小巴) 등 3명이 아뢰기를 '지난 해 저희 현의 곡식을 운반하기 위하여 뽑혔다가 바다 가운데서 도적을 만나 함께 모두 죽고 오직 우리들만 다행히 하늘의 도움을 입어 겨우 훌륭한 나라에 도착하였습니다. 비록 인자하신 은혜를 깊이 입었으나 혈육을 돌아보지 않을 수가 없습니다. 지금 듣건대 고향 사람이 왔다고 하니 놓아주시어 돌아갈 수 있게 해주십시오. 엎드려 바라건대 같은 배에 의지해 타고 함께 고향으로 돌아가게 해주십시오.'라고 합니다." 이를 허락하였다. (『日本後紀』 21 嵯峨紀)

고구려 (8월) 기축일(27)에 산성국(山城國) 정6위상 고려인(高麗人) 동부흑마려(東部黑麻呂)에게 광종련(廣宗連)의 성을 내려 주었다. (『日本後紀』 21 嵯峨紀)

고구려 (원화 8년) 9월 경술일 초하루. 병진일(7)에 치청 이사도(淄靑李師道)가 골(鶻) 12마

리를 바치니, 명하여 그것을 돌려보냈다. (『舊唐書』 15 本紀 15 順宗 憲宗下)

발해 겨울 10월 계해일(2)에 정6위상 임숙녜동인 등이 발해로부터 이르러 "그 나라 왕의 계문은 평상의 예에 의거하지 않았으므로 이 때문에 버리고 가지고 오지 않았습니다. 그리고 녹사(錄事) 대초위하 상모야공사익 등이 탄 두 번 째 배는 떠나던 날에 서로 잃어버려 보이지 않았는데 어디에 있는지 알지 못하겠습니다."라고 아뢰었다. (『日本後紀』 21 嵯峨紀)

발해 (10월) 계해일(2)에 정6위상 임숙녜동인 등이 발해로부터 이르러 "그 나라 왕의 계문은 평상의 예에 의거하지 않았으므로 이 때문에 버리고 가지고 오지 않았습니다. 그리고 녹사(錄事) 대초위하 상모야공사익 등이 탄 두 번 째 배는 떠나던 날에 서로 잃어버려 보이지 않았는데 어디에 있는지 알지 못하겠습니다."라고 아뢰었다 (『類聚國史』 194 殊俗 渤海 下)

발해 (12월) 을해일(14)에 발해에 갔다가 죽은 녹사 대초위하 상모야공사익에게 종6위하를 추증하였는데 죽음으로써 왕을 섬겼기 때문이다. (『日本後紀』 21 嵯峨紀)

발해 (12월) 을해일(14)에 발해에 갔다가 죽은 녹사 대초위하 상모야공사익에게 종6위하를 추증하였는데 죽음으로써 왕을 섬겼기 때문이다. (『類聚國史』 194 殊俗 渤海 下)

812(壬辰/신라 헌덕왕 4/발해 定王 永德 4, 僖王 朱雀 1/唐 元和 7/日本 弘仁 3)

신라 (봄 정월) 갑자일(5)에 칙을 내려 다음과 같이 말하였다. "대재부에서 지난 12월 28일에 아뢰기를 '대마도에서 말하기를 이번 달 6일에 신라 배 3척이 서해에 떠 있다가 잠시 후에 그 중 1척의 배가 하현군(下縣郡) 좌수포(佐須浦)에 다다랐습니다. 배 안에는 10명이 있었는데, 말이 통하지 않아 그 사정을 알기가 어려웠습니다. 나머지 2척은 어둠속으로 떠 갔는데 어디에 도착했는지 알지 못하겠습니다. 7일에 20척의 배가 섬의 서쪽 바다 가운데 있으면서 횃불로 서로 연락하기에 마침내 그들이 적선인 것을 알았습니다. 그래서 먼저 표착한 사람 5명을 죽이고 5명은 도망해 달아났으나 후일에 4명을 붙잡았습니다. 그리고 무기고를 지키고 또 군사를 내었습니다. 또 멀리 신라를 바라보니 매일 밤에 여러 곳에서 불빛이 빛났다고 합니다. 이로 말미암아 의심스럽고 두려운 마음이 그치지 않아 사람을 보내어 아룁니다.'라고 하였다. 그 일을 물어보기 위하여 신라어 통역관과 군의(軍毅) 등을 뽑아 보내도록 하고 또한 옛날의 예에 따라 요충지를 지키는 상황에 응하여 관내(管內)와 장문(長門), 석견(石見), 출운(出雲) 등의 나라에 알리도록 하라. 아뢴 바의 소식은 나라의 큰일이니 사실인지 그렇지 않은 지의 상황을 계속하여 아뢰어야 하는데도 오랜 기간이 지나도록 아뢰는 것이 없다. 또 요충지의 나라들은 반드시 백성과 군사를 내어 경비하는데 피곤함에 대응하라. 경계를 푸는 날을 언제로 할 것인가 하는 것은 마땅히 그 사유를 말하여야 하며 문득 게으를 수 없는 일이다. 또 일의 정세를 헤아려 큰 걱정을 하지 않아도 되면 출운과 석견, 장문 등의 나라로 하여금 요충지를 지키는 일을 중지하도록 하라." (『日本後紀』 22 嵯峨紀)

백제 (봄 정월 병인일(7)) 정5위하 백제왕교덕(百濟王教德), 소야조신야주(小野朝臣野主) 종4위하로 삼았다. (『日本後紀』 22 嵯峨紀)

백제 (봄 정월) 신미일(12)에 우경인(右京人) 정6위상 비조호조선종(飛鳥戶造善宗), 하내국(河內國) 사람 정6위상 비조호조명계(飛鳥戶造名繼)에게 백제숙녜(百濟宿禰)라는 성

을 내려 주었다. (『日本後紀』22 嵯峨紀)

발해 (헌종 원화) 7년 정월 계유일(14) 황제가 인덕적(麟德殿)에 나가 남조, 발해, 장가 등의 사신을 만나보고 차등 있게 연회를 베풀어 주었다. (『冊府元龜』111 帝王部 111 宴享 3)

발해 (헌종 원화) 7년 정월 계유일(14) 황제가 인덕전에 나가 남조·발해·장가 등의 사신을 만나보고 연회를 베풀고 차등 있게 하사품을 내려주었다. 갑신일(25)에는 발해사신에게 관고(官告) 35통과 의복 각 한 번씩 내려 주었다. (『冊府元龜』976 外臣部 21 褒異 3)

발해 당 인덕전(麟德殿) [실록(實錄)] (원화) 7년 정월 계유일(14)에 인덕전에 나아가 남조(南詔)·발해·牂가(牂柯) 등의 사신에게 연회를 베풀었다. (『玉海 』160 宮室 殿 下)

신라 (3월 기미 초하루) 신라인 청한파(淸漢波) 등이 표류해와 의복을 주고 원하는 대로 돌아가게 하였다. (『日本後紀』22 嵯峨紀)

백제 (3월) 정축일(19)에 종5위하 백제왕교승(百濟王敎勝)을 형부소보(刑部少輔)로 삼았다. (『日本後紀』22 嵯峨紀)

신라 봄 균정(均貞)을 시중으로 삼았다. (『三國史記』10 新羅本紀 10)

신라 봄 균정을 시중으로 삼았다. (『三國史節要』13)

신라 (봄) 이찬 충영(忠永)의 나이가 70이 되어 궤장(几杖)을 내려 주었다. (『三國史記』10 新羅本紀 10)

신라 (봄) 이찬 충영에게 궤장을 내려주었는데, 나이가 70이었다. (『三國史節要』13)

신라 4월 신라 하정사(賀正使) 겸 고애사(告哀使) 김창남(金昌男) 등 54명이 조회에 찾아뵈었다. (『冊府元龜』972 外臣部 17 朝貢 5)

신라 7월 경오일(14)에 신라 질자 시위위소경(試衛尉少卿)·사자금어대(賜紫金魚袋) 김면(金沔)을 시광록소경(試光祿少卿) 충조제책립부사(充弔祭冊立副使)로 삼아 최릉(崔稜)을 따라 신라로 가게 하였다. (『冊府元龜』976 外臣部 21 褒異 3)

신라 (6월;7월의 잘못인 듯) 기묘일(7월이면 23일) 신라 대재상 김언승을 개부의동삼사 검교태위 사지절 대도독계림주제군사 계림주자사 겸 영해군사 상주국으로 삼고 신라국왕으로 봉하였다. 이어 언승의 처 정씨(貞氏)를 비로 삼았다. (『舊唐書』15 本紀 15 憲宗 下)

신라 (원화) 7년 중흥이 죽으니, 재상 김언승을 세워 왕으로 삼고, 사신 김창남 등을 보내와 상을 알려왔다. 이 해 7월에 언승에게 개부의동삼사 검교태위 지절대도독 계림주제군사 겸지절충영해군사 상주국 신라국왕을 제수하고, 언승의 아내 정씨를 왕비로 책봉하였다. 아울러 재상 김숭빈 등 세 사람에게 극을 내려주고, 역시 본국의 예에 준하여 내려 주라고 하였다. 아울러 직방원외랑(職方員外郞) 섭어사중승(攝御史中丞) 최정(崔廷)에게 부절을 가지고 가서 조문과 제사, 책립을 시행하게 하였는데, 그 질자 김사신(金士信)을 부사로 딸려 보냈다. (『舊唐書』199上 列傳 149上 東夷 新羅)

신라 (원화) 7년 중흥이 죽으니, 재상 김언승을 세워 왕으로 삼고, 사신 김창남 등을 보내와 상을 알려왔다. 이해 7월에 언승에게 개부의동삼사 검교태위 지절대도독 계림주

	제군사 겸지절충영해군사 상주국 신라국왕을 제수하고, 처 정씨(正氏)를 왕비로 책봉하였다. 아울러 대재상 김숭빈 등 세 사람에게 극을 내려주고, 역시 본국의 예에 준하여 내려 주라고 하였다. 아울러 직방원외랑 섭어사중승 최정에게 부절을 가지고 가서 조문과 제사, 책립을 시행하게 하였는데, 그 질자 김사신을 부사로 딸려 보냈다. (『唐會要』 95 新羅)
신라	7년 (중흥이) 죽자 언승이 왕위에 올라 상을 알려왔다. 직방원외랑 최정에게 조문하도록 하고 또 새 왕에게 명하여 처 정씨를 비로 삼게 하였다. 장경과 보력 연간에 다시 사신을 보내와 조회하고 머물러 숙위하였다. (『新唐書』 220 列傳 145 東夷 新羅)
신라	황제의 명 받고 신라에 사절로 갈제 사람은 하늘 한 끝으로 가누나 알아보니 동방목(東方木) 방향인데 그 곳엔 김씨가 나라를 세워 다스린다네 책봉하여 태산 같은 천자 은혜 널리 알리세 기쁘구나 기한 아직 넉넉하니 순풍에 거센 파도는 사람을 놀래우고 아침 햇살 돛에 비추어 금빛 뿌리노라 야밤이면 음화(陰火) 숨어서 타오르는 듯 쓸쓸한 가을철 홀로 배 타고 가누나 조서의 뜻대로 위로하니 정성 다하여 신의 지킴에 스스로 흠 없으리 나이 어린 가녀(歌女) 예쁜 머리 쪽 동짓달 같은 꽃비녀 꽂았네라. 곧 공물 따라 들어오리니 연호는 중국 것이어라 (『全唐詩』 4函 10册 竇常 奉送職方崔員外攝中丞新羅册使)
신라	안개 낀 섬 아득히 숨겨진 곳 돛배 하나 만리 길 멀다 않고 동쪽으로 달려가네 오랫동안 시자(侍子)로 천자 혜택 많이 받았고 오늘은 어명 받고 사절을 보좌하여 귀국하는 길 해상 교통에 곧 부신(符信)을 지녔을 것이고 귀향 후 조정에 오를 때도 조의(朝衣)를 입겠지 전부터 이렇게 떠난 사람 많았아도 그대처럼 광채 나기는 확실히 드무니라 (『全唐詩』 6函 6册 張籍 送金少卿副使歸新羅)
신라	8월 초하루 정해일 새로 신라국 대재상 김숭빈 등 3인에게 제수하고 본국의 예에 준하여 극을 내리도록 하였다. (『舊唐書』 15 本紀 15 憲宗 下)
신라	8월 초하루 정해일 새로 신라국 대재상 김숭빈 등 3인에게 제수하고 본국의 예에 준하여 극을 내리도록 하였다. (『冊府元龜』 976 外臣部 21 褒異 3)
신라	(9월) 갑자일(9)에 신라인 유청(劉淸) 등 10명에게 양식을 주어 돌려 보냈다. (『日本後紀』 22 嵯峨紀)
신라 발해	가을 9월 급찬 숭정(崇正)을 북국(北國)에 사신으로 보냈다. (『三國史記』 10 新羅本紀 10)
신라 발해	가을 9월 급찬 숭정을 북국에 사신으로 보냈다. (『三國史節要』 13)
백제	(11월) 을해일(20)에 종5위하 백제왕교준(百濟王敎俊)에게 종5위하 출우수(出羽守)를 제수하였다. (『日本後紀』 22 嵯峨紀)
발해	(12월) 임진일(8)에 발해국 사람 고다불(高多佛)에게 고정고웅(高庭高雄)이라는 성명을 주었다. (『日本後紀』 22 嵯峨紀)
발해	(원화) 7년 12월에 사신을 보내어 조공하였다. (『唐會要』 96 渤海)
발해	(원화) 7년 또한 사신을 보내 조회하였다. (『舊唐書』 199下 列傳 149下 北狄 渤海 靺鞨)
발해	이해 발해가 또 사신을 보내왔다. (『冊府元龜』 972 外臣部 17 朝貢 5)

발해 (원유가) 죽었다. 시호를 정왕(定王)이라고 하였다. (『新唐書』 219 列傳 144 北狄 渤海)

발해 아우 언의(言義)가 왕이 되어 연호를 주작(朱雀)이라고 하고 더불어 모든 제도를 전례에 따랐다. (『新唐書』 219 列傳 144 北狄 渤海)

신라 열두 살을 넘기고 나서(13세)는 여러 학문을 비루하게 여기고 불도(佛道)에 들어가려는 뜻을 갖게 되었다. 먼저 어머니에게 그 뜻을 이야기하자 어머니는 이전의 꿈을 생각하고는 울면서 "예(諾)[우리말로 허락이다]"라고 하였다. 뒤에 아버지에게 말씀드리자 아버지는 자신이 늦게 서야 깨달은 것을 후회하였으므로 기뻐하며 잘했다고 하였다 하였다. 이에 설악산 오색석사(五色石寺)에 들어가 머리를 깎고, 물들인 옷을 입고서 입으로는 경전을 부지런히 읽고, 부족한 것을 보충하는데 힘을 다하였다. 이 절에 법성선사(法性禪師)라고 하는 분이 계셨는데 일찍이 중국에 가서 능가선(楞伽禪)을 배웠었다. 대사는 이분에게 수년간 배웠는데 하나도 빠뜨리지 않고 열심이었으므로 법성선사가 말하기를 "빠른 발로 달린다면 뒤에 출발하여도 먼저 도착한다는 것을 나는 너에게서 직접 보았다. 나는 아는 것이 적어서 그대에게 더 이상 가르쳐 줄 것이 없다. 너와 같은 사람은 중국에 유학하는 것이 마땅하다."고 하였다. 이에 대사는 알았습니다라고 하였다. 밤중의 새끼줄은 뱀으로 속기 쉽고, 허공의 베올은 분간하기 어렵다. 물고기는 나무에 올라가 잡을 수 있는 것이 아니고, 토끼는 나무 그루터기를 지킨다고 잡을 수 있는 것이 아니다. 그러므로 스승이 가르친 것과 내가 깨달은 것에는 서로 나은 것이 있을 수 있다. 진주를 얻고, 불을 피웠으면 조개와 부싯돌은 버릴 수 있는 것이다. 도(道)에 뜻을 둔 사람들에게 어찌 꼭 정해진 스승이 있겠는가. 곧 그곳을 떠나 부석산(浮石山)의 석징대덕(釋澄大德)에게 화엄(華嚴)을 배웠는데, 하루에 서른 사람 몫의 공부를 하니 푸른색과 붉은 색이 남초(藍草)와 천초(茜草)의 원래 색을 무색케 하는 것 같았다. 대사는 조그만 구멍에 담긴 물에서는 잔이 뜰 수 없듯, 여건이 조성되지 않은 곳에서는 자신의 바라는 바를 이룰 수 없음을 생각하고서 "동쪽을 바라보기만 하다가는 서쪽의 담(중국)은 보지 못할 것이다. 깨달음의 세계가 멀지 않을 터인데 어찌 살던 곳만 고집하겠는가."라고 생각하고 선뜻 산에서 나와 바다로 나아가 중국으로 건너갈 기회를 엿보았다. 때마침 나라의 사신이 天子가 하사한 부절(符節)을 가지고 가서 천자에 조회할 일이 있었으므로 그 배에 의지하여 중국으로 향하게 되었다. 배가 바다 한가운데에 이르자 바람과 파도가 갑자기 거칠어져서 큰 배가 깨어지니 사람들이 어찌할 수 없게 되었다. 대사는 벗 도량(道亮)과 함께 한장 널판지에 걸터앉아 바람에 맡긴 채 떠다니게 되었다. 밤낮없이 반달 가량을 떠다닌 후에 검산도(劒山島; 黑山島)에 표착(漂着)하게 되었다. 무릎 걸음으로 물가에 도착하여 한참이나 실의에 잠겨있다가 말하기를 "물고기 배 속에서도 간신히 몸을 건졌으니 용의 턱밑에도 손을 넣어 (바라는 구슬을) 아마도 얻을 수 있을 것이다. 나의 마음은 구르는 돌이 아니니 물러남이 없을 것이다."고 하였다. (「聖住寺 朗慧和尙塔碑)

813(癸巳/신라 헌덕왕 5/발해 僖王 朱雀 2/唐 元和 8/日本 弘仁 4)

백제 (봄 정월 신유일(7)) 종5위하 백제왕충종(百濟王忠宗), 안배조신견양(安倍朝臣犬養), 안배조신익성(安倍朝臣益成), 좌백숙녜장계(佐伯宿禰長繼), 소야조신잠수(小野朝臣岑守)를 종5위하로 삼았다. (『日本後紀』 22 嵯峨紀)

백제 (봄 정월 갑자일(10)) 소납언(少納言) 종5위하 백제왕 충종을 겸좌병위좌(兼左兵衛

佐)로 삼았다. (『日本後紀』22 嵯峨紀)

발해 봄 정월 초하루가 을묘일인 경오일(16) 대언의(大言義)를 발해국왕으로 책봉하고, 비서감 홀한주도독을 제수하였다. (『舊唐書』15 本紀 15 憲宗 下)

발해 (원화) 8년 정월 원유의 아우 권지국사 언의를 은청광록대보 검교비서감 도독 발해국왕으로 제수하고 내시(內侍) 이중민(李重旻)을 사신으로 보냈다. (『舊唐書』199下 列傳 149下 北狄 渤海靺鞨)

발해 (원화) 8년 정월 원유의 아우 권지국사 언의를 은청광록대보 검교비서감 도독 발해국왕으로 제수하고 내시 이중민을 사신으로 보냈다. (『冊府元龜』965 外臣部 10 封冊 3)

발해 (원화) 8년 정월 언의를 국왕으로 봉하였다. (『冊府元龜』967 外臣部 12 繼襲 2)

발해 (원화) 8년 정월 내시 이중민을 발해책립선위사(渤海冊立宣慰使)로 삼았다. (『冊府元龜』980 外臣部 25 通好)

신라 봄 정월 이찬 헌창을 무진주(武珍州) 도독으로 삼았다. (『三國史記』10 新羅本紀 10)

신라 봄 정월 이찬 헌창을 무진주 도독으로 삼았다. (『三國史節要』13)

신라 2월 시조묘에 배알하였다. (『三國史記』10 新羅本紀 10)

신라 2월 시조묘에 배알하였다. (『三國史節要』13)

신라 (2월) 현덕문(玄德門)에 불이 났다. (『三國史記』10 新羅本紀 10)

신라 (2월) 현덕문에 불이 났다. (『三國史節要』13)

신라 3월 신미일(18)에 대재부(大宰府)가 말하기를, "비전국사(肥前國司)가 이번 달 4일 해(解)를 올려 아뢰기를 기사단(基肆團)의 교위(校尉) 정궁(貞弓) 등이 지난 2월 29일의 해에서 신라인 110인이 5척의 배를 타고 근처 작은 섬에 내려 섬 주민(土民)과 싸웠던 바 9인을 때려죽이고 101인을 사로잡았다고 하며 또 같은 날짜의 해에서 신라인 일청(一淸) 등이 아뢰기를 같은 나라(즉 신라) 사람인 청한파(淸漢巴) 등은 성조(聖朝)로부터 귀래(歸來)코자 한다고 하였다고 합니다."라고 운운하였다. 모름지기 묻고 정하는 것을 명확하게 하여 만약 돌아가기를 원한다면 원하는 대로 방환할 것이며 귀화해 오는 자라면 예(例)에 따라서 진지(進止)토록 하라고 하였다. (『日本紀略』)

고구려 (원화 8년) 9월 경술일 초하루. 병진일(6)에, 치청(淄靑) 이사도(李師道)가 골(鶻) 12마리를 바치니 명하여 그것을 돌려보냈다. (『舊唐書』15 本紀 15 順宗 憲宗下)

신라 태정관(太政官)이 부(符)한다.

마땅히 대마도(對馬嶋)에 사생(史生) 1인을 폐지하고 신라역어(新羅譯語) 1인을 두어야 할 것

우(右), 대재부(大宰府)의 해(解)에 아뢰기를 '신라의 배가 해당 섬에 내착하는데 언어가 통하지 않아서 온 이유를 살피기 어렵고 피차가 서로 의심하여 제멋대로 훼손함을 더하니 엎드려 바라옵건대 사생 1인을 줄이고 해당 역어(譯語)를 설치해 주십시오.'하고 하였다. 우대신(右大臣)이 칙을 받들어 선(선)하노라 요청한 대로 하라.

홍인(弘仁) 4년 9월29일 (『類聚三代格』5 加減諸國官員幷廢置事)

신라 해동(海東) 고(故) 신행선사(神行禪師) 비(碑) 병서(幷序)

황당(皇唐) 위위경(衛尉卿) 국상(國相) 병부령(兵部令) 겸(兼) 수성부령(修城府令) 이간(伊干) 김헌정(金獻貞)이 짓고

동계사(東溪寺) 승려 영업(靈業)이 썼다.

무릇 법의 본체는 이름지을 수도 없고 모습을 그릴 수도 없으니, 지혜에 눈멀고 귀먼 자는 그 추이를 관찰할 수가 없다. 마음의 본성은 있는 듯 없는 듯하니, 이치에 우매한 자는 그 근원을 측량할 수가 없다. 그래서 유학이든 무학이든 겨우 향기로운 절밥을 맛볼 뿐이요, 이승이든 삼승이든 어찌 약나무의 과일을 얻을 수 있으리오. 선나라고 하는 것은 말단에 즉해서 근본으로 돌아가는 오묘한 문이요, 마음으로 인해서 도(道)로 올라가는 그윽한 길이다. 거기에 귀의하는 자는 무수한 세월동안 지은 죄를 녹일 수 있고, 그것을 생각하는 자는 무수한 세계의 덕을 얻을 수 있을 것이다. 하물며 여러 해 여러 세대에 걸쳐서 수행을 쌓고 공덕을 이루어 깊고 또 깊게 그 극치를 이룸에 있어서랴. 더구나 지위가 35불(佛)의 단계에 오르고 명성이 온 세계에 뻗쳤으며, 부처의 씨앗을 잇고 법의 등불을 전함에 있어서랴. 곧 우리 신행선사께서 그러한 수기를 받으셨다. 선사의 속성은 김씨요, 동경 어리(御里) 사람이다. 급간(級干) 상근(常勤)의 아들이요, 산사 안홍(安弘)의 형의 증손이다. 선행을 쌓고 마음을 훈습하였으며, 예전에 감성(感性)으로 인하여 나이 30 무렵에 출가하여 운정율사를 섬겼다. 바리때 하나와 옷 한 벌만 가지고 2년동안 고행을 닦았다. 다시 법랑선사가 호거산에서 지혜의 등불을 전한다는 말을 듣고 곧 그곳으로 가서 심오한 뜻을 삼가 받았다. 아직 7일이 지나지 않아서 스승이 옳고 그름을 시험삼아 묻자, '마음이 그대로 무심(無心)'이라는 말로써 미묘하고 그윽하게 대답하였다. 스승이 탄식하여 말하기를, "착하구나. 마음등불의 법이 모두 네게 있구나" 하였다. 열심히 구하기를 3년만에 스승이 입적하자, 자신을 잊고 통곡을 하였으며, 사모함이 지극하였다. 마침내 사는 것은 바람 앞의 촛불과 같고 죽는 것은 물거품과 같음을 알게 되었다. 멀리 큰 바다를 건너 오로지 부처의 지혜를 구하고자 하였다. 위험한 파도를 탈수록 마음을 편안히 하겠다는 생각을 흔들리지 않게 하였으며, 험난한 바다를 대할수록 계율을 지키겠다는 뜻을 더욱 채찍질하였다. 맹세가 견고한데다가 부처의 신령스런 위엄을 입어서 외로운 항해가 곧장 나아가 저편에 닿을 수 있었다. 때마침 흉년이 들어 도적들이 변경을 어지럽히자, 여러 주부(州府)에 명하여 전부 체포하게 하였다. 관리가 선사를 우연히 만나 힐문하자, 선사가 웃으면서 대답하기를, "저는 신라에서 태어나 불법을 구하고자 왔을 뿐입니다" 하였다. 관리는 마음대로 놓아줄 수가 없어서 선사를 240일 동안 구금하였다. 이때 함께 구금된 사람들은 감시인이 없는 것을 틈타서 쇠사슬을 풀고 휴식하며 모두 말하기를, "너는 어찌하여 이렇게 하지 않느냐" 하였다. (선사가) 답하기를, "아. 나는 예전에 죄를 지었기 때문에 이제 고통을 당하는 것이다" 하며, 그것을 기꺼이 받아들이고 끝내 사슬을 풀고 쉬지 않았으니, 이는 곧 욕됨을 참고 더러움을 받아들이는 자취요, 빛을 지녔으면서도 빛을 감추는 행적이다. 사태가 해결되자 지공화상에게 나아갔다. 화상은 곧 대조선사에게 입실한 사람이었다. 아침 저녁으로 열심히 숭앙하기를 이미 3년이나 지나서야 화상이 비로소 마음을 열고 진리를 전수하였다. 미세한 티끌을 허물지 않고서 문득 모든 경전의 요점을 포착하였으며, 마음을 쓰지 않고서 무수한 부처의 세계를 두루 노닐었다. 항상 본성의 바다 깊은 근원에서 헤엄치고 놀았으며, 진공의 그윽한 가에까지 날아다녔다. 화상이 입적할 때가 되어서 선사에게 관정하고 수기하며 말하기를, "가거라! 존경스런 인재여. 너는 이제 본국으로 돌아가서 미혹된 나루터를 깨치게 하고 깨달음의 바다를 높이 떨쳐라" 하였다. 말을 마치고 입적하였다. 선사는 이

때 확 트이면서 미증유의 것을 얻었으니, 지혜의 등불이 허공에 뛰고 선정의 물이 선의 바다로 모였다. 그래서 멀고 가까운 곳의 사람들이 그것을 보거나 듣고 나서 (선사를) 존중하고 우러러본 일을 이루 다 실을 수가 없다. 그런 뒤에야 신라로 돌아와서 여러 몽매한 이들을 인도하였는데, 도의 근기가 있는 자를 위해서는 '마음을 보라(看心)'는 한마디로 가르치고, 그릇이 익은 자를 위해서는 수많은 방편을 보여주었다. 한 시대의 비밀스런 전적에 통하였으며 삼매의 밝은 등불을 전하였으니, 실로 부처의 해가 동쪽에서 다시 떠오르고 법의 구름이 동쪽에서 다시 일어났다고 할 수 있겠다. 설사 세 가지 신통력을 포괄하고 시방(十方)을 에워싸도록 그 자취를 서술하고 그 공적을 베낀다 하더라도 어찌 능히 일부분의 덕인들 기록할 수 있겠는가. 도(道)의 몸이 땅처럼 유구하고 지혜의 목숨이 하늘처럼 유장한 것을 바랄 뿐이다. 아! 감응의 주체가 이미 다하였으니, 감응되는 바가 바야흐로 옮기겠구나. 이는 곧 인도하는 스승이 숨었다 나타났다 하는 이치는 필연적이다. 그래서 나이 76세인 대력 14년(혜공왕 15) 10월 21일 남악 단속사에서 입적하였다. 이날 하늘이 어두워지니 해와 달과 별이 그 때문에 어두워지고 땅이 흔들리니 만물이 이로 인하여 떨어졌다. 단물이 나오는 샘이 문득 마르자 물고기가 그 속에서 놀라 뛰고, 곧은 나무가 먼저 꺾이니 원숭이와 새가 그 아래에서 슬피 울었다. 이에 세속인과 승려가 함께 감화를 받고 멀리 있는 사람과 가까이 있는 사람이 같은 목소리로 찬양하였다. 혹은 이상한 향기를 맡았는데 지팡이처럼 공중을 날아와 번개같이 달아났으며, 혹은 상서로운 구름을 보았는데 술잔처럼 시냇물을 타고 와서 비처럼 흩어졌다. 피눈물을 흘리며 화장을 하고 온 마음으로 뼈를 장사지낸 지가 거의 36년이나 되었다. 그곳은 곧 깎아지른 낭떠러지가 만 길이요 흐르는 물이 천 길이었다. 이름을 감추고 귀를 씻을 수 있는 은둔처요 세상을 버리고 자취를 감출 깊은 서식처였다. 선정의 못이 깊고 맑으니 지혜의 햇빛을 깊이 감추고, 공의 수풀이 쓸쓸하니 선풍의 메아리를 길게 노래한다. 북쪽으로는 홀로 선 높은 봉우리에 의지하고 서쪽으로는 삼장(三藏)의 먼 계곡을 이웃하였다. 어스름 달은 산마루에 걸렸고 금빛 구슬은 연못 밑에 버렸다. 어찌 지리가 높고 험한 것만 생각하리오. 또한 신령들의 동굴이로다. 『대당서역기』에 이르기를, "계족산 석실에서 마하가섭이 법의를 간직한 채 미륵보살을 기다린다" 하였으니, 어찌 여기가 그곳이 아니겠는가. 대대로 바위라 칭하였는데, 이제 보니 여기에 있도다. 이루어지는 것이 자연스러워 그 형상이 문과 같으니, 문이 열릴 기약이 그 얼마쯤인가를 알지 못하겠다. 이와 같은 성인의 자취는 그 수가 하도 많아서 상세히 다 말할 수가 없을 따름이다. 지금 우리 삼륜선사는 숙세에서 여러 오묘함을 심고 본래 삼신을 갖추어서, 마음에 자성이 없고 깨달음을 타인으로 말미암지 않았으며, 함께 도업을 닦고 서로 스승과 제자가 되었었다. 이 때에 안선하는 여가에 세상을 깊이 염려하며 말하기를, "형체가 없는 이치는 불상을 세우지 아니하면 볼 수가 없고, 말을 떠난 법은 글을 짓지 아니하면 전할 수가 없다. 슬프다! 자애로운 아버지가 구슬을 품고 돌아갔으니, 곤궁한 아들이 재보를 얻을 날이 몇날이겠는가" 하였다. 이 때문에 유명한 장인을 불러 선사의 신령스런 영정을 그리고 부도를 만들어 사리를 보존하고 지계(持戒)의 향을 불사르고 선정의 물을 뿌렸다. 앞서간 성인께 간절한 정성을 바치고 장차 말세에 귀감을 삼았다. 현명한 조정에 크게 숨은 현인과 도의 경계에 마음을 부친 선비와 위제를 힘써 생각하는 귀인과 열반을 뒤따르는 무리가 있어 서로 돌아보며 맹세하여 말하기를, "우리들 여러 사람은 함께 무한한 부처님을 받들며 똑같이 무수한 스님들을 생각하렵니다" 하였다. 이로 말미암아 계수나무 동산에서 붉은 기운을 받고 금나무 가지에서 구슬같은 나뭇잎을 따며, 말방울을 나누고 봉황의 수레를 몰아 청하 위에서 목욕하며 쉬고 거천(巨川)에 배를 띄워 황옥 아래에서 춤을 추었다. 큰 집의 동량이 되어 세상에 볼만한 거리가 여기에 성하였다. 성하면 반드시 쇠퇴함은 옛사람이 전하는 말이다. 슬프구나! 사람이 세상에 태어날 때 혼자 왔으니, 죽을 때도 뉘라서 함께 가겠는가. 순식간이라 세월의 빠름을 알지 못하니, 위아래를 쳐다보아도 옳고 그름이 있을 리 없도다. 만약 불타는 집같은 세속에서 탈출하여 번뇌를 벗어난 경지에 오르고 일체의 생존을 끊어 한결같은 곳으로 돌아가고자 하는 자라면, 가르침의 그물이 갈래가 많다지만 삼각(三覺)만한 것이 없고, 도움이 되는 길이 하나가 아니라지만 수희(隨喜)가 최고이다. 그래서 충직한 관리에게 명하고 정결한 스님 네를 권하여 이 유한한 재물을 가지고저 무궁한 복을 짓도록 하였다. 이에 명산에서 돌을 취하고 깊은 계곡에서 나무를 베어다, 푸른 구슬을 새기고 절을 얽었다. 바라건대 만고의 큰 자취를 드러내니 천년을 지나도록 시들지 말지어다. 이른바 사람이 도를 넓힌다 하였으니, 어찌 빈말이겠는가. 석가모니가 법을 남기면서 국가에 부탁하셨으니, 진실로 까닭이 있도다. 저는 거칠고 재주가 없어 송구스럽게도 부끄러울 뿐이다. 선사의 현묘한 교화를 찬양하며 문득 짧은 감회를 기록하고자 하는데 아직 한마음도 깨끗이 하지 못하였으니, 어찌 삼학(三學)의 집에 오르리오. 바라건대 반딧불의 불빛으로 태양의 밝고 큰 빛을 돕는 꼴이니, 미리 알고 남보다 앞서 생각한다고는 하지만, 어찌 손가락을 구부려서 달을 찾고 달걀을 열어서 새벽을 재촉할 수 있으리오. 오직 원하건대 하늘 못이 마를지라도 소원의 바다는 끝이 없고, 장마에 불타고 가뭄에 물이 넘칠지라도 비명은 굳게 보존될지어다. 그런 뒤에 한없는 유식자와 어리석은 생령들이 신령한 기물에 법의 물을 붓고 마음의 밭에 도의 싹을 키워서, 애욕의 진흙에서 영원히 벗어나 하나같이 열반의 언덕에 오를지어다.

사에 다음과 같이 이르렀다.

깊도다 깨달음의 바다여, 헤아리기 허공과 같아,
이름도 없고 모습도 없이 고요하고 고요하며 화락하고 화락할 뿐.
그 중에서도 가장 뛰어난 것 삼학(三學)으로 으뜸을 삼았으니,
마음에서 마음으로 조사의 뜻 전할 뿐 말로는 통하기 어렵도다.
애초에 부처로 인하여 일어나 동쪽으로 왔으니,
누가 능히 신령스럽게 해석하였는가 곧 우리 선사이시다.
부모를 이별하고 가정을 버리고 번뇌의 울타리를 벗어나,
산에 들어가 도를 찾고 바다를 건너 자취를 더듬었다.
빛을 숨겨 고통을 받고 열심히 생각하여 공을 이루니,
스승과 제자가 만날 때마다 눈을 마주치며 상봉하였다.
정신을 모아 벽관을 닦아 당에서 독보적인 존재가 되었으며,
신라로 돌아와 여러 몽매한 이들을 인도하였다.
근기에 따라 만물을 응대하니 약을 줌이 무궁하였다.
여기의 인연이 이미 다하여 저 천궁으로 승화함에,
빈 계곡에 형체를 남기고 구름 봉우리에 그림자를 벗었다.
뜻을 같이한 무리들이 몰려와 가슴을 치고 뛰며 슬퍼하나,
자애로운 빛이 이미 사라졌으니 추모하는 그리움 어찌 다하리오.
참다운 스님 한분 있어 친히 법의 요체를 이었는데,
정신은 한결같음을 이해하였고 마음은 온갖 오묘함을 감추었다.
말도 아니요 침묵도 아닌 채 그대로 고요하고 그대로 빛났으며,
선정에서 나와 잠시 생각하고 지식이 얕음을 슬퍼하였다.
신령한 모습을 채색하여 그렸으니 모습이 틀리지가 않았고,
다시 부도를 만들고 재차 공덕을 닦았으니,
만고천년에 불법을 전하는 법칙이다.

신라 3성 중 김씨 가문 출신이요 안홍의 자손이라,
한마음은 바다와 같이 모든 계곡물을 받아들이는 왕이다.
앞서서 수행하고 격려하며 공평히 구별할 것을 결원하여,
고루 법의 비를 적시고 함께 부처의 빛을 만났다.
맑은 물에 배 띄웠고 황옥에 동량이 되었으니,
세속의 소망이 이로써 번성해졌다.
뜻밖에 굴러온 것은 꿈과 같아 영화와 몰락이 무상하며,
열반은 아득하니 어찌 저량(貯糧)하지 아니하랴.
수행이 정결한 스님을 권하고 충량한 선비를 뽑아,
명문을 돌에 새기고 땅을 점쳐 불당을 이루었다.
산이 무너지고 바닷물이 마를지언정 이 서원은 어그러지지 말고,
날이 가고 달이 가더라도 이 글은 오래 빛날지라.
위로는 유정천으로부터 아래로는 금강산까지
꿈틀대는 모든 생령과 한없는 삼계(三界)가
선의 기쁜 밥을 먹고 해탈의 국을 마셔서
모두 깨달음의 길에 이르고 속히 참된 도량에 나아갈지니.
원화 8년 계사 9월 9일 무오에 세우다. (「斷俗寺 神行禪師碑」)

발해

일본국 내공봉대덕(內供奉大德) 영선화상(靈仙和尙)을 곡하는 시와 서
발해국 승려 정소(貞素)
나를 일으켜 준 분은 응공(應公)이다. 공은 몸을 낮추어 불법을 익혔고, 스승을 따라 부상(浮桑)에 이르렀다. 어려서 이미 남달라 승려들 사이에서 돋보였다. 나 또한 승려되기를 기약하고 책상자를 메고 으뜸가는 대업을 근본으로 삼았다. 원화 8년 늦가을 여행길에서 서로 만나 한마디 말로 도가 서로 합해져 마음으로 논하였다. 내가 주렴(周塩)에 이르게 된 것은 소자(小子)에게 어떤 뛰어난 점이 있어서가 아니었다. 세월이 아직 얼마되지 않아 일찍이 할미새가 사는 들로 가게 되었다. 할미새의 지극한 다리의 통증이 곧 마음으로 다가왔다. 이 선대사(仙大師)가 곧 나의 스승이신 응공의 사부이시다. 불법의 오묘한 이치를 먼저 중생들에게 보여 주셨다. (「哭日本國內供奉大德靈仙和尙詩幷序」)

신라

열두 살을 넘기고 나서(13세)는 여러 학문을 비루하게 여기고 불도(佛道)에 들어가려는 뜻을 갖게 되었다. 먼저 어머니에게 그 뜻을 이야기하자 어머니는 이전의 꿈을 생각하고는 울면서 "예[우리말로 허락이다]"라고 하였다. 뒤에 아버지에게 말씀드리자 아버지는 자신이 늦게서야 깨달은 것을 후회하였으므로 기뻐하며 "잘하였다"고 하였다. 이에 설악산 오색석사(五色石寺)에 들어가 머리를 깎고, 물들인 옷을 입고서 입으로는 경전을 부지런히 읽고, 부족한 것을 보충하는데 힘을 다하였다. 이 절에 법성선사(法性禪師)라고 하는 분이 계셨는데 일찍이 중국에 가서 능가선(楞伽禪)을 배웠었다. 대사는 이분에게 수년간 배웠는데 하나도 빠뜨리지 않고 열심이었으므로 법성선사가 말하기를 "빠른 발로 달린다면 뒤에 출발하여도 먼저 도착한다는 것을 나는 너에게서 직접 보았다. 나는 아는 것이 적어서 그대에게 더 이상 가르쳐 줄 것이 없다. 너와 같은 사람은 중국에 유학하는 것이 마땅하다"고 하였다. 이에 대사는 "알았습니다" 하였다. 밤중의 새끼줄은 뱀으로 속기 쉽고, 허공의 베올은 분간하기 어렵다. 물고기는 나무에 올라가 잡을 수 있는 것이 아니고, 토끼는 나무 그루터기를 지킨다고 잡을 수 있는 것이 아니다. 그러므로 스승이 가르친 것과 내가 깨달은 것에는 서로 나은 것이 있을 수 있다. 진주를 얻고, 불을 피웠으면 조개와 부싯

돌은 버릴 수 있는 것이다. 도(道)에 뜻을 둔 사람들에게 어찌 꼭 정해진 스승이 있겠는가. 곧 그곳을 떠나 부석산(浮石山)의 석징대덕(釋澄大德)에게 화엄(華嚴)을 배웠는데, 하루에 서른 사람 몫의 공부를 하니 푸른색과 붉은 색이 남초(藍草)와 천초(茜草)의 원래 색을 무색케 하는 것 같았다. 대사는 조그만 구멍에 담긴 물에서는 잔이 뜰 수 없듯, 여건이 조성되지 않은 곳에서는 자신의 바라는 바를 이룰 수 없음을 생각하고서 "동쪽을 바라보기만 하다가는 서쪽의 담(중국)은 보지 못할 것이다. 깨달음의 세계가 멀지 않을 터인데 어찌 살던 곳만 고집하겠는가"라고 생각하고 선뜻 산에서 나와 바다로 나아가 중국으로 건너갈 기회를 엿보았다. 때마침 나라의 사신이 천자가 하사한 부절(符節)을 가지고 가서 천자에 조회할 일이 있었으므로 그 배에 의지하여 중국으로 향하게 되었다. 배가 바다 한가운데에 이르자 바람과 파도가 갑자기 거칠어져서 큰 배가 깨어지니 사람들이 어찌할 수 없게 되었다. 대사는 벗 도량(道亮)과 함께 한 장 널판지에 걸터앉아 바람에 맡긴 채 떠다니게 되었다. 밤낮없이 반달 가량을 떠다닌 후에 검산도(劒山島 : 黑山島)에 표착(漂着)하게 되었다. 무릎 걸음으로 물가에 도착하여 한참이나 실의에 잠겨있다가 말하기를 "물고기 배 속에서도 간신히 몸을 건졌으니 용의 턱밑에도 손을 넣어 (바라는 구슬을) 아마도 얻을 수 있을 것이다. 나의 마음은 구르는 돌이 아니니 물러남이 없을 것이다"고 하였다. (「聖住寺郎慧和尙白月葆光塔碑」)

발해 (원화) 8년 12월 병오일(27)에 남조, 발해, 장가의 사신에게 연회를 베풀어 주고 면채(綿綵)를 내려 주었다. (『冊府元龜』 111 帝王部 111 宴享 3)

발해 (원화 8년 12월) 병오일(27)에 남조, 발해, 장가의 사신에게 연회를 베풀어 주고 면채(綿綵)를 내려 주었다. (『冊府元龜 976 外臣部 21 褒異 3)

발해 (원화 8년 12월)에 발해의 왕자 신문덕(辛文德) 등 97명이 와서 조회하였다. (『冊府元龜』 972 外臣部 17 朝貢 5)

발해 (원화) 8년에 또 사신을 보내 조공하였다. (『唐會要』 96 渤海)

814(甲午/신라 헌덕왕 6/발해 僖王 朱雀 3/唐 元和 9/日本 弘仁 5)

발해 (원화) 9년 정월 발해사신 고례진(高禮進) 등 37명이 조공하고 금과 은으로 만든 불상 각 1구씩 바쳤다. (『冊府元龜』 972 外臣部 17 朝貢 5)

발해 (원화) 9년 2월 기축일(11)에 인덕전(麟德殿)에서 발해사신 고례진 등 37명을 불러 만나보고 연회를 베풀고 차등있게 하사품을 내려주었다. (『冊府元龜』 111 帝王部 111 宴享 3)

발해 (원화 9년) 2월 기축일(11)에 인덕전(麟德殿)에서 발해사신 고례진 등 37명을 불러 만나보고 연회를 베풀고 차등있게 하사품을 내려주었다. (『冊府元龜 976 外臣部 21 褒異 3)

발해 (당 인덕전[실록(實錄)]) (원화) 9년 2월 기축일(11)에 인덕전에 나아가 발해 사신을 불러서 보고 연회를 베풀어주었다. (『玉海 』 160 宮室 殿 下)

백제 2월 을미일(17)에 교야(交野)에 행차하였다. 날이 저물어 산기(山埼) 이궁(離宮)에 납시었다. (…) 4위 이상에게 피(被)를, 5위 및 백제왕 등에게는 의(衣)를 하사하였다. (『類聚國史』 32 遊獵)

백제 (2월 기해일(21)) (…) 좌위(佐爲) 및 백제사(百濟寺)에 시주할 면(綿) 100둔(屯)을 각각 하사하였다. (『日本紀略』)

백제 3월 무신 초하루에 종5위상 백제왕 충종(忠宗)에게 정5위하를 수여하였다. (『類聚國史』 99 敍位)

신라 봄 3월에 숭례전(崇禮殿)에서 신하들에게 연회를 베풀어 주었다. 즐거움에 극에 달하자 왕이 거문고를 타고, 이찬 충영(忠榮)이 춤을 추었다. (『三國史記』 10 新羅本紀 10)

신라 봄 3월에 숭례전에서 신하들에게 연회를 베풀어 주었다. 왕이 매우 즐거워 하여 거문고를 타고, 이찬 충영이 일어나 춤을 추었다. (『三國史節要』 13)

신라 발해 5월 을묘일(9)에 제(制)를 만들기를, 신라 왕자가 내조하는 날 만약 조헌할 뜻이 있는 사람이라면 발해의 예(例)에 따르도록 하며, 단지 인호(隣好)를 닦기만을 원하는 사람이라면 답례를 사용하지 말고 즉각 되돌아가게 하되 다만 돌아갈 식량은 지급하게 한다고 하였다. (『日本紀略』)

신라 여름 5월에 나라 서쪽에서 큰 홍수가 났다. 사자를 보내 수해를 입은 주군(州郡)의 인민을 위로하고, 1년 동안 조세를 면제하였다. (『三國史記』 10 新羅本紀 10)

신라 여름 5월에 나라 서쪽에서 큰 홍수가 났다. 사자를 보내 수해를 입은 백성들을 위로하고, 1년 동안 조세를 면제하였다. (『三國史節要』 13)

신라 (8월) 병인일(23)에 귀화한 신라인 가라포고이(加羅布古伊) 등 6명을 미농국(美濃國)에 안치하였다. (『日本後紀』 24 嵯峨紀)

신라 가을 8월 서울에 바람이 일고 안개가 껴 마치 밤과 같았다. (『三國史記』 10 新羅本紀 10)

신라 가을 8월 서울에 바람이 일고 안개가 껴 마치 밤과 같았다. (『三國史節要』 13)

신라 (가을 8월) 무진주 도독 헌창을 불러 들여 시중으로 삼았다. (『三國史記』 10 新羅本紀 10)

신라 (가을 8월) 무진주 도독 헌창을 불러 들여 시중으로 삼았다. (『三國史節要』 13)

신라 이리하여 원화(元和) 9년 가을 8월에 서쪽으로 갔다. 이 때는 하늘도 지성이면 어그러지지 아니하고 사람도 그 장한 뜻을 빼앗지 아니하였다. 천 길 물을 찾아 건너니 진교(秦橋 : 중국)는 아득히 멀어서 철이 바뀌었고 만 길 산 끝에서 헤매어 우(禹)의 발이 갈라진 것처럼 되었으나, 서리와 눈을 무릅쓰고 걸어 다름 아닌 공공산(龔公山) 지장대사(智藏大師)를 찾아가 뵈었다. 곧 육조는 회양(懷讓)에게 법을 부촉하고 회양은 도일(道一)에게 전하였으며 도일은 대사에게 전한 것이다. 지장대사는 여래장을 열어 보살심을 얻고 오랫동안 서당(西堂)에 머물며 여러가지로 오는 자를 가르치니 대략 만 명을 헤아렸는데 하나를 배워 열을 알지 아니함이 없었다. 선사가 말하기를 "소생은 외국에서 태어나 천지간에 길을 물어 중국을 멀다 아니하고 찾아와서 배우기를 청합니다. 다만 훗날 무설지설(無說之說)과 무법지법(無法之法)이 바다 밖[신라]에 유포되면 그것으로 다행이겠습니다" 하였다. 대사는 선사의 뜻이 이미 굳고 품성이 잘 깨달을 만함을 알고 한 번 보고도 옛날부터 안 것 같아 비밀히 심인을 전하였다. 이에 선사는 이미 적수(赤水)에서 잃은 구슬을 얻은 듯 마음에 환히 깨달으니 태허의 끝없이 넓음과 같았다. 무릇 오랑캐와 중국의 말이 다르지만 중심되는 실마리와 숨은 이치는 도끼자루를 베는 데 도끼를 잡지 않는다면 누가 이에 함께 할 수 있겠는가. 얼마 안 되어 서당이 임종하니 이에 빈 배에 머물지 아니하고 외로운 구름처럼 홀로 떠나 천지와 남북 간에 모양과 그림자가 서로 따르며 돌아다녔다. 명산과 신령한 곳을 두루 편력한 바는 생략하여 싣지 아니한다. 서주(西州) 부사사(浮沙寺)에 이르러 대장경을 펼쳐 탐구함에 밤낮으로 오로지 정진하여 잠시라도 쉬지 아니하였다. 침상에 눕지도 않고 자리도 펴지 아니하여 3년이 되자 문장이 오묘하여도 궁구하지 못함이 없고 이치는 숨겨져 있어도 통달하지 아니함이 없었다. 또는 묵묵히 문장과 귀절을 생각하여 역력히 마음에 간직하였다. (「大安寺寂忍禪師塔碑)

백제　　9월 경진일(7)에 종4위하 백제왕 교덕(敎德)을 치부대보(治部大輔)로 삼았다. (『日本後紀』24 嵯峨紀)

발해　　(9월) 계묘일(30)에 발해국이 사신을 보내 방물을 바쳤다. (『日本後紀』24 嵯峨紀)

발해　　(9월) 계묘일(30)에 발해국이 사신을 보내 방물을 바쳤다. (『類聚國史』194 殊俗 渤海 下)

신라　　(겨울 10월) 병진일(13)에 신라상인 31명이 장문국(長門國) 풍폴군(豊浦郡)에 표착하였다. (『日本後紀』24 嵯峨紀)

신라　　(겨울 10월) 경오일(27)에 대재부가 다음과 같이 말하였다. "신라인 행파고지(辛波古知) 등 26명이 축전국(筑前國) 박다진(博多津)에 표착하여 그 까닭을 물어보니 '풍속과 교화를 흠모하여 멀리서 의탁하러 왔습니다.'라고 하였습니다." (『日本後紀』24 嵯峨紀)

신라　　겨울 10월 검모(黔牟) 대사(大舍)의 처가 한 번에 아들 셋을 낳았다. (『三國史記』10 新羅本紀 10)

신라　　겨울 10월 대사 검모의 처가 한 번에 아들 셋을 낳았다. (『三國史節要』13)

발해　　(11월) 신사일(9)에 출운국(出雲國)의 전조(田租)를 면제해주었다. 적(賊)이 난리를 일으켜 번객(蕃客)에게 주었기 때문이다. (『日本後紀』24 嵯峨紀)

발해　　(11월) 신사일(9)에 출운국의 전조를 면제해주었다. 적이 난리를 일으켜 번객에게 주었기 때문이다. (『類聚國史』194 殊俗 渤海 下)

발해　　11월 발해가 사신을 보내어 매를 바쳤다. (『冊府元龜』972 外臣部 17 朝貢 5)

발해　　12월 발해가 사신 대효진(大孝眞) 등 59명을 보내 조회하였다. (『冊府元龜』972 外臣部 17 朝貢 5)

815(乙未/신라 헌덕왕 7/발해 僖王 朱雀 4/唐 元和 10/日本 弘仁 6)

발해　　봄 정월 초하루 계유일에 황제가 태극전에 나가서 조회를 받았다. 번국 사신들에게 관위를 더해주었다. 시종 신하들에게는 전전(前殿)에서 연회를 베풀어 주고 의복을 하사하였다. (『日本後紀』24 嵯峨紀)

발해　　봄 정월 초하루 계유일에 황제가 태극전에 나가서 조회를 받았다. 번국 사신들에게 관위를 더해주었다. 시종 신하들에게는 전전(前殿)에서 연회를 베풀어 주고 의복을 하사하였다. (『類聚國史』 71 歲時 2 元日朝賀)

발해 (봄 정월) 기묘일(7)에 5위 이상 관리 및 발해사신에게 연회를 베풀어 주고 여악(女樂)을 연주하였다. (…) 발해국 대사(大使) 왕효렴(王孝廉)에게 종3위, 부사(副使) 고경수(高景秀)에게 정4위하, 판관(判官) 고영선(高英善)과 왕승기(王昇基)에게 정5위하, 녹사(錄事) 석(釋) 인진(仁眞)·오현시(烏賢偲), 통역관 이준웅(李俊雄)에게 종5위하를 주고 녹을 각기 차등있게 내려 주었다. (『日本後紀』 24 嵯峨紀)

발해 봄 정월 기묘일(7)에 5위 이상 관리 및 발해사신에게 연회를 베풀어 주고 여악(女樂)을 연주하였다. (『類聚國史』 71 歲時 2 七日節會)

발해 정월 기묘일(7)에 5위 이상 관리 및 발해사신에게 연회를 베풀어 주었다. (…) (『類聚國史』 99 官職 4)

발해 (정월) 기묘일(7)에 발해국 대사 왕효렴에게 종 3위, 부사 고경수에게 정4위하, 판관 고영선과 왕승기는 모두 정5위하를, 녹사 석 인수와 오현시, 통역관 이준웅에게는 종5위하를 제수하고 녹을 차등있게 내려 주었다. (『類聚國史』 194 殊俗 渤海 下)

백제 (봄 정월 경진일(8)) 종8위하 백제숙녜사천자, 관위가 없는 대강공명도자(大網公嶋刀自)에게 외종5위하를 주었다. (『日本後紀』 24 嵯峨紀)

발해 (봄 정월) 무자일(16)에 풍락원(豊樂院)에 행차하여 5위 이상 및 번객에게 연회를 베풀고, 도가(蹈歌)를 연주하고 녹을 차등있게 내려주었다. (『日本後紀』 24 嵯峨紀)

발해 (봄 정월) 임진일(20)에 조집당(朝集堂)에서 왕효렴 등에게 연회를 베풀고 주악과 녹을 내려 주었다. (『日本後紀』 24 嵯峨紀)

발해 (봄 정월) 임진일(20)에 조집당에서 왕효렴 등에게 연회를 베풀고 주악과 녹을 내려 주었다. (『類聚國史』 194 殊俗 渤海 下)

발해 (봄 정월) 갑오일(22)에 발해국 사신 왕효렴(王孝廉) 등이 본국으로 돌아갔다. 서신을 내려 다음과 같이 말하였다. "천황이 삼가 발해왕에게 안부를 묻는다. 효렴 등이 이르러 가져온 계를 보니 왕의 마음을 자세히 알 수 있었다. 선왕께서 천수를 다 하지 못하고 갑자기 돌아가셨다는 말을 듣고 슬프고 그러한 심정을 어찌할 수가 없다. 왕의 자리는 누대로 흘러 경사스러운 일이 일족에게 넘친다. 멀리서 사신을 보내어 옛날의 업(業)을 닦고 북쪽 바다에서 바람을 점쳐 반목(蟠木)으로 향하여 나루를 물으며 남쪽 조정의 해를 바라보며 고래같이 큰 파도를 넘어 교빙을 닦았다. 지극한 정성을 깊이 생각하면 한없이 깊이 위로하고 칭찬할 만하다. 지난 해 남용 등에게 부쳐 보낸 서계에서 '남용 등이 거듭 궁색한 배를 타고 큰물을 돌아 건넜습니다. 엎드려 바라건대 그쪽 사신을 보내시어 함께 오도록 해주십시오.'라고 하였다. 짐은 멀리서 온 것을 애처롭게 여겨 요청한 바를 허락한다. 따라서 임동인(林東仁)을 뽑아 사신으로 삼아 두 척의 배에 나누어 태워 보내주었다. 동인이 돌아올 때 서계를 가지고 오지 않았는데 이르기를 '계(啓)를 장(狀)이라 명칭을 바꾸어 옛날의 사례에 어긋났으므로 이 때문에 출발하는 날에 버리고 가져오지 않았습니다.'라고 하였다. 그쪽 나라와 우호를 맺어 사신이 왕래한 지는 그 유래가 오래 되었다. 서신 왕래는 모두 옛날의 사례가 있는데 문득 어긋나게 하니 이는 곧 거만함이 큰 것이다. 무릇 자기를 이겨 예에 돌아가는 것은 성인의 밝은 가르침이고 예를 잃으면 곧 망한다는 것은 고전에 내려오는 법도이다. 진실로 예와 의가 혹 잘못되었다면 어찌 모름지기 왕래를 귀중하게 여기겠는가. 지금 효렴 등에게 물으니 대답하기를 '세대가 변하고 왕이 바뀌어 지난날의 사실을 알지 못하였습니다. 지금 올리는 서계는 평상시와 조금도 다르지 않습니다. 그러나 옛날의 예를 따르지 않는 잘못은 본국에 있습니다. 진사하지 않는 죄는 명을 듣겠습니다.'고 하였다. 짐은 이미 지난 일을 허물하지 않고 스스로 새로워지는 것을 받아들이겠다. 까닭에 유사(有司)에 명을 내려 평상시의 예로 대우하게 하였으니 마땅히 나의 이러한 생각을 살피시오. 구름 덮인 바다를 사이에 두고 있으니 서로 만나 볼 기약은 없으나 (왕에 대한) 생각을 하고 있다. 초봄이라 아직 차가운 기운이 남아 있으니 왕과 수령·백성은 모두 평안하시오. 또한 조그만 신물을 보내니 물품 목록은 별지와 같다. 간략하지만 이것을 보답으로 돌려보낸다. 뜻을 일일이 다 적을 수 없다." (『日本後紀』 24 嵯峨紀)

발해	(봄 정월) 갑오일(22)에 발해국 사신 왕효렴(王孝廉) 등이 본국으로 돌아갔다. 서신을 내려 다음과 같이 말하였다. "천황이 삼가 발해왕에게 안부를 묻는다. 효렴 등이 이르러 가져온 계를 보니 왕의 마음을 자세히 알 수 있었다. 선왕께서 천수를 다 하지 못하고 갑자기 돌아가셨다는 말을 듣고 슬프고 그러한 심정을 어찌할 수가 없다. 왕의 자리는 누대로 흘러 경사스러운 일이 일족에게 넘친다. 멀리서 사신을 보내어 옛날의 업을 닦고 북쪽 바다에서 바람을 점쳐 반목(蟠木)으로 향하여 나루를 물으며 남쪽 조정의 해를 바라보며 고래같이 큰 파도를 넘어 교빙을 닦았다. 지극한 정성을 깊이 생각하면 한없이 깊이 위로하고 칭찬할 만하다. 지난 해 남용 등에게 부쳐 보낸 서계에서 '남용 등이 거듭 궁색한 배를 타고 큰물을 돌아 건넜습니다. 엎드려 바라건대 그쪽 사신을 보내시어 함께 오도록 해주십시오.'라고 하였다. 짐은 멀리서 온 것을 애처롭게 여겨 요청한 바를 허락한다. 따라서 임동인을 뽑아 사신으로 삼아 두 척의 배에 나누어 태워 보내주었다. 동인이 돌아올 때 서계를 가지고 오지 않았는데 이르기를 '계(啓)를 장(狀)이라 명칭을 바꾸어 옛날의 사례에 어긋났으므로 이 때문에 출발하는 날에 버리고 가져오지 않았습니다.'라고 하였다. 그쪽 나라와 우호를 맺어 사신이 왕래한 지는 그 유래가 오래 되었다. 서신 왕래는 모두 옛날의 사례가 있는데 문득 어긋나게 하니 이는 곧 거만함이 큰 것이다. 무릇 자기를 이겨 예에 돌아가는 것은 성인의 밝은 가르침이고 예를 잃으면 곧 망한다는 것은 고전에 내려오는 법도이다. 진실로 예와 의가 혹 잘못되었다면 어찌 모름지기 왕래를 귀중하게 여기겠는가. 지금 효렴 등에게 물으니 대답하기를 '세대가 변하고 왕이 바뀌어 지난날의 사실을 알지 못하였습니다. 지금 올리는 서계는 평상시와 조금도 다르지 않습니다. 그러나 옛날의 예를 따르지 않는 잘못은 본국에 있습니다. 진사하지 않는 죄는 명을 듣겠습니다.'고 하였다. 짐은 이미 지난 일을 허물하지 않고 스스로 새로워지는 것을 받아들이겠다. 까닭에 유사(有司)에 명을 내려 평상시의 예로 대우하게 하였으니 마땅히 나의 이러한 생각을 살피시오. 구름 덮인 바다를 사이에 두고 있으니 서로 만나 볼 기약은 없으나 (왕에 대한) 생각을 하고 있다. 초봄이라 아직 차가운 기운이 남아 있으니 왕과 수령·백성은 모두 평안하시오. 또한 조그만 신물을 보내니 물품 목록은 별지와 같다. 간략하지만 이것을 보답으로 돌려보낸다. 뜻을 일일이 다 적을 수 없다." (『類聚國史』 194 殊俗 渤海 下)
발해 신라	(원화) 10년 정월 정유일(25)에 조를 내려 발해의 사신 묘정수(卯貞壽) 등에게 관고(官告)를 내리고 번으로 돌려 보냈다. 또 신라 및 남조 등 만이(蠻夷)들을 불러 만나고 연회를 베풀며 차등있게 하사품을 내려주었다. (『冊府元龜』 976 外臣部 21 褒異 3)
신라	봄 정월에 사신을 당에 보냈는데, 헌종이 불러 만나고 연회를 베풀며 차등있게 하사품을 내려 주었다. (『三國史記』 10 新羅本紀 10)

신라 봄 정월에 사신을 당에 보냈는데, 황제가 불러 만나고 연회를 베풀며 차등있게 하사품을 내려 주었다. (『三國史節要』 13)

신라 (봄 정월 임인일(30)) 이날 대마사생(對馬史生) 1명을 그만 두게 하고 신라역어(新羅譯語)를 두었다. (『日本後紀』 24 嵯峨紀)

백제 (2월) 경신일(18)에 백제왕 등이 헌물을 바쳤다. 5위 이상과 6위 이하 및 백제왕 등에게 녹을 차등있게 내려 주었다. (『日本後紀』 24 嵯峨紀)

발해 (원화 10년) 2월 갑자일(22)에 발해사신 대여경(大呂慶) 등에게 관고(官告)를 내려 주고 돌려보냈다. (『冊府元龜』 976 外臣部 21 褒異 3)

발해 3월 계유일(2)에 조칙을 내려 "번국의 사신이 입조하는 데는 기한이 있는데, 객관의 시설은 항상 모름지기 견고해야만 한다. 근자에 병든 백성이 이 곳에 나아가 머물고 喪을 당한 사람이 주검을 숨기는 장소로 삼는다. 객관을 둘러친 담장이 파손되고 뜰과 길이 오물로 더럽혀지니 마땅히 탄정대(彈正臺)와 경직(京職)으로 하여금 조사해 살피도록 하라"고 하였다. (『日本後紀』 24 嵯峨紀)

발해 (원화 10년) 3월 병자일(5)에 발해사신에게 관고를 내려 주고 돌려보냈다. (『冊府元龜』 976 外臣部 21 褒異 3)

발해 (5월) 무자일(18)에 발해사신 왕효렴 등이 바다 한 가운데서 역풍을 만나 되돌아 왔다. 배의 노가 부러져 다시 사용할 수 없었다. (『日本後紀』 24 嵯峨紀)

발해 5월 무자일(18)에 풍락원에서 5위 이상 및 번객들에게 잔치를 열어주고 도가(踏歌)를 연주하였으며 녹을 차등있게 나누어 주었다. (『類聚國史』 72 歲時 3 踏歌)

발해 (5월) 무자일(18)에 발해국 사신 왕효렴 등이 바다 한 가운데서 폭풍을 만나 되돌아왔는데 배의 노가 부러져 다시 사용할 수 없었다. (『類聚國史』 194 殊俗 渤海 下)

발해 (5월) 계사일(23)에 월전국(越前國)에게 명하여 큰 배를 가려 번객을 태워 보내게 하였다. (『日本後紀』 24 嵯峨紀)

발해 (5월) 계사일(23)에 월전국에게 명하여 큰 배를 가려 번객을 태워 보내게 하였다. (『類聚國史』 194 殊俗 渤海 下)

신라 여름 5월 눈이 내렸다. (『三國史記』 10 新羅本紀 10)

신라 여름 5월 눈이 내렸다. (『三國史節要』 13)

발해 (6월) 계축일(14)에 발해 대사 종3위 왕효렴이 죽었다. 조서를 내려 다음과 같이 말하였다. "죽음을 슬퍼하고 마지막을 장식하는 것은 옛 규범에 많이 있는 일이다. 충성을 드러내고 공적을 기록함에 의는 선인의 떳떳함이 있다. 죽은 발해국사 종3위 왕효렴은 우리 조정에 교빙을 닦고 큰 바다를 건너 되돌아가 미처 복명하여 아뢰지 못하였으니, 이는 하늘도 바라던 바가 아니었을 것이다. 비록 명이 하늘에 있다고 하나 죽음을 멈추게 하기는 어렵구나. 한스럽게도 사신의 명을 머금고서 돌아갈 수 없었으니 나의 마음이 매우 슬프다. 영광스러운 관작을 더하여, 죽어 영혼이 있으면 응당 저승에서라도 밝게 빛날 것이니 마땅히 정3위로 삼는다. 그리고 신물을 주고 사신들에게 녹을 내린다. 이는 먼저 준 것이 습기에 손상되었기 때문이다." (『日本

後紀』 24 嵯峨紀)

발해 (6월) 계축일(14)에 발해 대사 종3위 왕효렴이 죽었다. 조서를 내려 다음과 같이 말하였다. "죽음을 슬퍼하고 마지막을 장식하는 것은 옛 규범에 많이 있는 일이다. 충성을 드러내고 공적을 기록함에 의는 선인의 떳떳함이 있다. 죽은 발해국사 종3위 왕효렴은 우리 조정에 교빙을 닦고 큰 바다를 건너 되돌아가 미처 복명하여 아뢰지 못하였으니, 이는 하늘도 바라던 바가 아니었을 것이다. 비록 명이 하늘에 있다고 하나 죽음을 멈추게 하기는 어렵구나. 한스럽게도 사신의 명을 머금고서 돌아갈 수 없었으니 나의 마음이 매우 슬프다. 영광스러운 관작을 더하여, 죽어 영혼이 있으면 응당 저승에서라도 밝게 빛날 것이니 마땅히 정3위로 삼는다. 그리고 신물을 주고 사신들에게 녹을 내린다. 이는 먼저 준 것이 습기에 손상되었기 때문이다." (『類聚國史』 194 殊俗 渤海 下)

발해 (원화) 10년 7월 발해왕자 대정준(大庭俊) 등 101명이 왔다. (『冊府元龜』 972 外臣部 17 朝貢 5)

신라 가을 8월 초하루 기해일에 일식이 있었다. (『三國史記』 10 新羅本紀 10)

신라 가을 8월 초하루 기해일에 일식이 있었다. (『三國史節要』 13)

고구려 (원화 10년 8월) 정미일(9)에 치청절도사 이사도(淄青節度使 李師道)가 몰래 숭산승(嵩山僧) 원징(圓淨)과 모반(謀反)하여, 용사(勇士) 수백인이 동도(東都) 진주원(進奏院)에 복(伏)하여 낙성(洛城)에 군대가 없는 것을 틈타 몰래 궁전을 분소(焚燒)하고 마음대로 빼앗고자 하였다. 소장(小將) 양진(楊進)·이재흥(李再興)이 고변(告)하니 유수(留守) 여원응(呂元膺)이 이에 군대를 내어 포위하여 적에게 돌격하여 포위하고 나가니 적이 숭악(嵩岳)에 들어가자 산붕(山棚)이 모두 그들을 사로잡았다. 그 우두머리를 심문하니 승 원정이 주모(主謀)한 것이라 하였다. (『舊唐書』 15 本紀 15 順宗 憲宗下)

고구려 (원화 10년 8월) 정미일(9)에 이사도가 자가진(訾嘉珍)을 거느리고 동도(東都)에서 반란을 일으켰으나 유수(留守) 여원응(呂元膺)이 패하였다. (『新唐書』 7 本紀 7 憲宗)

신라 (가을 8월) 서쪽 변경의 주군(州郡)이 크게 기근이 들어 도적이 일어나니 군대를 내어 이를 평정하였다. (『三國史記』 10 新羅本紀 10)

신라 (가을 8월) 서쪽 변경의 주군이 크게 기근이 들어 도적이 일어나니 군대를 내어 이를 평정하였다. (『三國史節要』 13)

신라 (가을 8월) 큰 별이 익성(翼星)과 진성(軫星) 사이에서 나와 서쪽을 가리켰다. 꼬리 길이는 약 6척이고 넓이는 약 2촌이었다. (『三國史記』 10 新羅本紀 10)

신라 (가을 8월) 큰 별이 익성과 진성 사이에서 나와 서쪽을 가리켰다. 꼬리 길이는 약 6척이고 넓이는 약 2촌이었다. (『三國史節要』 13)

백제 (겨울 10월) 임자일(15)에 산사(散事) 종2위 백제왕명신이 죽었다. (『日本後紀』 24 嵯峨紀)

고구려 (원화 10년) 12월 (…) 갑진일에 이원(李愿)이 이사도의 무리 9천을 패배시키고 2천급(級)을 참수하였다. (『舊唐書』 15 本紀 15 順宗 憲宗下)

고구려	(원화 10년) 12월 갑진일에 무녕군도압아(武寧軍都押衙) 왕지흥(王智興)과 이사도가 평음(平陰)에서 싸웠으나 패배하였다. (『新唐書』 7 本紀 7 憲宗)
고구려	(원화 10년) 12월에 무녕군절도사(武寧軍節度使) 이원(李愿)이 왕지흥을 보내 이사도의 무리 9천명을 격파하게 하였는데, 2천여급을 참수하고 우마 4천을 획득하고 마침내 평음(平陰)에 이르렀다. (『舊唐書』 124 列傳 74 李師道)
신라	경덕왕(景德王) 때 강주(康州)[지금의 진주(晉州)이다. 또는 강주(剛州라고도 했는데, 즉 지금의 순안(順安)이다]의 선사(善士) 수십 명이 서방(西方)을 구하려는 뜻으로 고을 경내에 미타사(彌陁寺)를 세우고 만일을 기약하고 계(契)를 만들었다. 그때 아간(阿干) 귀진(貴珍)의 집에 욱면(郁面)이라는 이름의 한 여종이 있었다. 그 주인을 따라 절에 가서 마당에 서서 스님을 따라 염불하였다. 주인은 그녀가 직분에 어긋나게 행동하는 것을 미워하여 매양 곡식 두 섬씩을 주며 하루 저녁에 그것을 다 찧게 하였다. 여종은 초저녁에 다 찧고는 절에 가서 염불하기를[속담에 '내 일 바빠서 큰집 방아 서두른다.'는 말이 여기서 나온 듯하다] 밤낮으로 게을리 하지 않았다. 마당 좌우에 긴 말뚝을 세우고 두 손바닥을 뚫어 노끈으로 꿰어 말뚝 위에 매어 놓고 합장하여 좌우로 움직이면서 스스로 격려하였다. 그때 공중에 하늘의 외침이 있어 "욱면낭자는 법당에 들어가서 염불하라."고 하였다. 절의 대중이 이 소리를 듣고 여종에게 권하여 법당에 들어가 예에 따라 정진하게 하였다. 얼마 안 되어 하늘의 음악이 서쪽으로부터 들려오더니 여종이 솟구쳐 집 대들보를 뚫고 나갔다. 서쪽으로 가 교외에 이르러 형체를 버리고 진신(眞身)으로 변하여 나타나 연화대(蓮臺)에 앉았다가 큰 광명을 발하면서 서서히 사라지니, 공중에서는 음악소리가 그치지 않았다. 그 법당에는 지금도 뚫어진 구멍자리가 있다고 한다[이상은 향전(鄕傳)이다]. 승전(僧傳)을 살펴보면 다음과 같이 말하고 있다. "동량(棟梁) 팔진(八珍)이란 것은 관음보살의 응현(應現)이었다. 무리들을 모으니 1천 명이 되었는데, 두 패로 나누어 한 패는 노력을 하고, 한 패는 정성껏 수행하였다. 그 노력하는 무리 중에 일을 맡아보던 이가 계(戒)를 얻지 못하여 축생도(畜生道)에 떨어져 부석사(浮石寺)의 소가 되었다. 일찍이 경전을 싣고 갔기에 경전의 힘을 입어서 전생하여 아간 귀진의 집 여종이 되어 이름을 욱면이라고 하였다. 일이 있어서 하가산(下柯山)에 갔다가 꿈에 감응을 받고 드디어 도심(道心)을 발하였다. 아간의 집은 혜숙법사(惠宿法師)가 세운 미타사와 거리가 멀지 않아 아간은 항상 그 절에 가서 염불했는데, 여종도 따라 가서 마당에서 염불하였다." 이렇게 하기를 9년, 을미(乙未) 정월 21일에 예불하다가 집 대들보를 뚫고 나가 소백산(小伯山)에 이르러 신 한 짝을 떨어뜨렸으므로 그곳에 보리사(菩提寺)를 짓고, 산 아래에 이르러 그 육신을 버렸으므로 곧 그 자리에 제2보리사(二菩提寺)를 짓고 그 불전에 욱면등천지전(勖面登天之殿)이라는 현판을 붙였다. 지붕 용마루에 뚫린 구멍은 열 아름 가량 되었으나 비록 폭우와 폭설이 와도 젖지 않았다. 나중에 어떤 호사자(好事者)가 금탑(金塔) 한 좌를 본떠 만들어 그 구멍에 맞추어 소란반자 위에 안치하고, 그 이적을 기록했는데, 지금도 그 현판과 탑이 남아 있다. 욱면이 떠나간 후 귀진 역시 그 집이 이인(異人)이 의탁해서 태어난 곳이라고 하여 희사하여 절을 만들어 법왕사라고 하고 전민(田民)을 바쳤다. 오랜 뒤에 폐허가 되었는데, 대사 회경(懷鏡)이 승선(承宣) 유석(劉碩) 소경(小卿) 이원장(李元長)과 함께 발원하여 중창하였다. 회경이 몸소 토목 일을 했는데, 처음 재목을 운반할 때 꿈에 어떤 노인이 삼신과 칡신을 각 한 켤레씩 주었다. 또 옛 신사(神社)에 가서 불교의 이치로 효유하고, 신사 곁의 나무를 베어 내어 무릇 5년 만에 마쳤다. 또 노비들을 더 두어 융성해져 동남지방의 유명한 절이 되었는데, 사람들은 회경을 귀진의 후신이라고 하였다.

논하여 말한다. 지방에 있는 고전을 상고하면, 욱면은 곧 경덕왕 때의 일인데, 징(徵)[징(徵)자는 아마도 진(珍)일 것인데, 아래에서도 같다]의 본전(本傳)에 의하면, 곧 원화(元和) 3년 무자(戊子) 애장왕(哀莊王) 때의 일이라고 하였다. 경덕왕 이후 혜공(惠恭)·선덕(宣德)·원성(元聖)·소성(昭聖)·애장 등 5대 모두 60여 년이나 된다. 징은 먼저요, 욱면은 나중이 되어 향전과는 다르다. 그러나 두 기록을 남겨서 의문을 없앤다.

찬하여 말한다. 서편 이웃 옛 절에 불등이 밝은데 방아 찧고 절로 가면 어느새 밤은 2경 한 번의 염불마다 성불하기 스스로 기약하며 손바닥 뚫어서 줄로 꿰어 제 몸을 잊었다네. (『三國遺事』 5 感通 7 郁面婢念佛西昇)

발해 신라 　이 해에 발해·신라·해·거란·흑수·남조·장가가 함께 사신을 보내어 조공하였다. (『舊唐書』 15 本紀 15 憲宗 下)

신라 　17세에 드디어 머리를 깎았으며, 승복을 입고 세속의 옷을 버렸다. (마멸) 해인사로 가서 여러 선지식을 찾아갔다. 그 뛰어난 것을 구하여 참예하고 듣는 것이 (마멸) 물흐르듯 하였으며, 뜻의 바다는 한량 없고 글의 봉우리는 드높았다. 노숙들이 모두 칭찬하기를, "후생이 (마멸)"이라 하였다. (마멸) 영악에 노닐며 두루 선림을 찾았다. 우연히 어느 높은 산에 갔다가 문득 (마멸) 하고자 하였다. (마멸) 푸른 샘물과 구름은 기이하고도 빼어나며, 노을진 모습은 그윽하면서도 (마멸)하였다. (마멸)을 가르치니 (이를) 듣는 자가 원근을 막론하고 구름같이 모여들었다. 선사는 (마멸) 성스런 자취와 명산에서 두루 순례하기를 원하였다. (마멸)을 떨쳤다. (마멸)년에 다시 영암사에서 여러 달 동안 선정을 닦았는데 떠들썩한 무리들 (마멸). 원감대사가 중국에서 귀국하여 혜목산에 머물며 (마멸) 산비탈에다 단단히 얽은 것을 새로 중건하니, 한 달이 채 못되어 완공되었다. (마멸)이 집집마다 가득차고 수레가 성을 기울일 정도였다. (마멸) 선사는 불문의 모범이요, 모습과 풍채가 준엄하여, (그를) 보는 자는 정신이 엄숙해져 (마멸) 선사를 상족으로 삼지 않음이 없었다. (「沙林寺 弘覺禪師碑」)

신라 　이르기를 "왕도(王道)를 도모하다 이루지 못한다 하여 도리어 패도(覇道)가 될 것인가."라고 하였다. 이와 같이 중생이 얻고 얻지 못함은 그 다음이(…). 위대하게 능히 스승의 덕을 빛나게 하는 것은(…) 위대하지 아니한가. 진실로 칭찬할 만하도다. 도(道)의 본체를 찾고자 노력하고 위 없는 깨달음을 구하니 어찌 대우주를 지향하여 영원에로 힘써 나아간 것이 아니겠는가. 옛날 양무제(梁武帝) 때에 달마대사(達磨大師)가 선법(禪法)을 전하여(…) 불가(佛家)의 으뜸되는 바른 것으로 삼은 바이니 어찌 잘못을 따르겠는가. 가을 매미는 울지 않는 것이어서 문수대성(文殊大聖)과 같은 보살도 말하기 어려웠거늘 제자들이 어찌 알겠는가. 이에(…) 저 대사가 바로 그런 분이시다. 덕(德)은 선인(仙人)이라 부를 만하니 증조부는 위계가 소판으로 집안이 진골(眞骨)로 빼어나서 경사가 후손에까지 미쳤다. 조부는 일신(日新)이고 부친은 수정(修靜)인데 벼슬하고자 하지 않아 대대로 좋은 법도를 전하여 집안을 온전히 하고 세상을 피하여 보전하고자 하는 맑은 뜻이 있었다. (…) 도의 경지로 들어오기를 잘 하셨다. 어려서 부모를 잃고, 허망한 꿈과 같음을 문득 깨달아 잠깐 눈먼 거북이 불법(佛法) 만나기 어려운 인연을 듣고, 불법을 보고는 지체하지 않으셨다. (「實相寺秀澈和尙楞伽寶月塔碑」)

신라 발해 　아들 3명이 있었는데, 맏이는 승열(承悅)이라고 하였다. (…) 젊을 때 관직에 나아갔는데 그에게는 지조가 있었다. 전후로 두 번 신라·발해 2국 등의 사신에 충당되어 만 리를 다니면서 위험을 겪으며 충성을 다하였다. 인효(仁孝)하고 공손하며 공적이 무성하였다. (「董文萼 墓誌銘」: 『全唐文補遺』 3)

신라

당해(當縣) 사해점촌(沙害漸村)에서 본 산개(山榼)와 지(地)는 둘레 5,725보(步)이다.
공연(孔烟)을 합치니 11(1에 ○를 표시, 추기시 10으로 정정했으나 이것은 추기자의 오기)이며 계연(計烟)은 4하고 여분(余分)이 3으로 이에 중하연(仲下烟)이 4, 하상연(下上烟)이 2, 하하연(下下烟)이 5이다.
사람을 합치니 147명(7에 ○표시를 하고 2로 수정, 추기시 142명으로 정정)이다. 이에 옛 부터 있던 사람과 3년 사이에 낳은 사람을 아우른 사람을 합치니 145명으로, 내역은 정(丁) 29명(노(奴) 1), 조자(助子) 7명(노 1), 추자(追子) 12명(2에 ○표시를 하고 1로 수정, 추기시 11명으로 정정), 소자(小子) 10명(10에 ○표시를 하고 9로 수정, 추기시 9명으로 정정), 3년 사이에 낳은 소자 5명, 제공(除公) 1명, 정녀(丁女) 42명(비(婢) 5 : 2에 ○를 표시, 추기시 40명으로 정정), 조여자(助女子) 11명(비 1), 추여자(追女子) 9명, 소여자(小女子) 8명, 3년 사이에 낳은 소녀자 8명(비 1), 제모(除母) 2명(2에 ○표시를 하고 1로 수정, 추기시 1명으로 정정), 노모(老母) 1명이다. 3년 사이에 개별적으로 더해진 사람을 합치니 2명으로, 내역은 추자 1명, 소자 1명이다.
말을 합치니 25필(옛 부터 있던 것이 22필, 3년 사이에 더해진 말이 3필)이다. 소를 합치니 22두(내역은 옛 것이 17두, 3년 사이에 더해진 소가 5두)이다.
논을 합치니 102결(結) 2부(負) 4속(束)(내역은 기촌관모답(其村官謨畓) 4결, 내시령답(內視令畓) 4결,) 연수유답(烟受有畓) 94결 2부 4속(내역은 촌주위답(村主位畓) 19결 70부)이다. 밭을 합치니 62결 10부 5속(모두 연(烟)이 받아 가지고 있다)이다. 삼밭을 합치니 1결(結) 9부(負)이다.
뽕나무를 합치니 1,004주(내역은 3년 사이에 더 심은 것이 90주, 옛 부터 있던 것이 914주)이다. 잣나무를 합치니 120주(내역은 3년 사이에 더 심은 것이 34주, 옛 부터 있던 것이 86주)이다. 호두나무를 합치니 112주(내역은 3년 사이에 더 심은 것이 38주, 옛 부터 있던 것이 74주)이다.
을미년(乙未年) 연을 보실 때에 공(公)들 앞에 미치어 아뢰고 다른 군(郡)으로 아내를 따라 옮겨간 △ 합인(合人)이 5명(내역은 정 1, 소子 1, 정녀 1, 소여자 1, 제모 1)이다. 개별적으로 돌아간 사람을 합치니 3명(내역은 정 2, 소여자 1 : 3에 ○표시를 하고 7로 수정, 추기시 7명으로 정정. 추자 1, 소자 1, 정녀 1, 정비(丁婢) 1이 추기)이다. 죽은 사람을 합치니 9명(9에 ○표시를 하고 10으로 수정, 추기시 10명으로 정정. 제모 1이 추기)으로 그 내역은 정 1명, 소자 3명(노 1), 정녀 1명, 소여자 1명, 노모 3명이다. 팔았다고 아뢰는 관갑(貫甲)은 1명이다.
없어진 것이 확실한 이유로 아뢰는 합한 말은 2필(모두 죽었다)이고 죽었다고 아뢰는 소는 4두이다. (「신라촌락문서」 A촌)

당현 살하지촌(薩下知村)에서 본 산개와 지는 둘레 12,830보로 이에 살하지촌의 고지(古地)는 둘레 8,770보이고 굴가리하목장(掘加利何木杖)의 곡지(谷地)는 둘레 4,060보이다.
공연을 합치니 15이며 계연은 4하고 여분이 2로 이에 중하연(仲下烟)이 1(여자(余子)), 하상연이 2(여자), 하중연이 5(모두 여자), 하하연이 6(내역은 여자 5, 법사(法私) 1)이고 삼년 사이에 거두어 앉힌 연(烟)이 1이다.
사람을 합치니 125명이다. 이에 옛 부터 있던 사람과 3년 사이에 낳은 사람을 아우른 사람을 합치니 118명(8에 ○표시를 하고 7로 수정, 추기시 117명으로 정정)으로, 내역은 정 31명(노 4 : 1에 ○를 표시, 추기시 30명으로 정정), 조자 5명, 추자 2명, 소자 2명, 3년 사이에 낳은 소자 3명, 노공(老公) 1명, 정녀 45명(비 3), 조여자 4명, 추여자 13명, 소여자 6명, 3년 사이에 낳은 소여자 3명, 제모 1명, 노모 2명이다. 3년 사이에 더하고 거둔 사람을 합치니 7명으로 개별적으로 더해진 사람이 3명(내역은 정 1, 추여자 1, 소여자 1)이고 거두어 앉힌 연의 사람을 합치니 4명(내역은 조자 1, 노공 1, 정녀 2)이다.

말을 합치니 18필(내역은 옛 부터 있던 말이 16필, 3년 사이에 더해진 말이 2필)이며 소를 합치니 12두(옛 부터 있던 것이 11두, 더해진 소가 1두)이다.

논을 합치니 63결 64부 9속으로 그 내역은 기촌관모답 3결 66부 7속과 연수유답 59결 98부 2속이다. 밭을 합치니 119결 5부 8속(모두 연이 받아 가지고 있다)이다. 삼밭을 합치니 1결 △부이다.

뽕나무를 합치니 1,280주(내역은 3년 사이에 더 심은 것이 189주, 옛 부터 있던 것이 1,091주)이다. 잣나무를 합치니 69주(내역은 3년 사이에 더 심은 것이 10주, 옛 부터 있던 것이 59주)이다. 호두나무를 합치니 71주(모두 옛 것)이다.

을미년 연을 보심으로 저 성연(上烟)이 없어져 돌아간 孔이 1로 사람을 합치니 3명(내역은 정 1, 정녀 2)이다. 열에서 돌아간 합(合) △ (「신라촌락문서」 B촌)

(공연을 합치니 11이며 계연은 2하고 여분이 5로 이에 하상연이 3), 하중연이 1, 하하연이 6이고 3년 사이에 새로 거두어 앉힌 연은 1이다.

사람을 합치니 72명(72에 ○표시를 하고 69로 수정, 추기시 69명으로 정정)이다. 이에 옛 부터 있던 사람과 3년 사이에 낳은 사람을 아우른 사람을 합치니 65명으로, 내역은 정 18명(8에 ○표시를 하고 6으로 수정, 추기시 16명으로 정정), 조자 2명, 추자 7명, 소자 7명(7에 ○표시를 하고 6으로 수정, 추기시 6명으로 정정), 3년 사이에 낳은 소자(小子) 3명, 정녀 14명, 조여자 4명, 추여자 3명, 소녀 4명, 3년 사이에 낳은 소여자 2명, 노모 1명이다. 3년 사이에 새로 거둔 사람을 합치니 7명으로, 내역은 개별적으로 거둔 소여자 1명과 거두어 앉힌 연의 사람을 합치니 6명으로 그 내역은 정 1명, 추자 1명, 소자 1명, 정녀 2명, 추녀자 1명이다.

말을 합치니 8필(옛 부터 있던 것이 4필, 3년 사이에 더해진 것이 4필)이다. 소를 합치니 11두(옛 부터 있던 것이 5두, 3년 사이에 더해진 것이 6두)이다.

논을 합치니 71결 67부(내역은 기촌 관모답 3결과 연수답 68결 67부)이다. 밭을 합치니 58결 7부 1속(모두 연이 받아 가지고 있다)이다. 삼밭을 합치니 1결 △부이다.

뽕나무를 합치니 730주(3년 사이에 더 심은 뽕나무가 90주, 옛 부터 있던 것이 640주)이다. 잣나무를 합치니 42주(모두 앞 내시령(內視令) 때에 심은 것)이다. 호두나무를 합치니 107주(모두 옛 것)이다.

개별적으로 돌아간 사람을 합치니 3명(내역은 정 2, 정녀 1, 소여자 1 : 3에 ○표시를 하고 4로 수정, 추기시 4명으로 정정)이다. 개별적으로 죽은 사람을 합치니 4명(내역은 정녀 2, 소여자 2 : 4에 ○표시를 하고 6으로 수정, 추기시 6명으로 정정. 정 1, 소자 1이 추기)이다.

없어진 것이 확실한 연유로 아뢰는 말을 합치니 4필(팔았다고 아뢰는 것이 3필, 죽었다고 아뢰는 것이 1필)이다. 죽은 소는 1두이다.

앞 내시령 때에 심은 것이지만 죽었다고 아뢰는 잣나무는 13주이다. (「신라촌락문서」 C촌)

서원경(西原京) △초자촌(△椒子村)에서 본 지는 둘레 4,800보이다.

공연을 합치니 10이며 계연은 1하고 여분이 5로 이에 하중연이 1, 하하연이 9이다. 사람을 합치니 118명(18에 ○표시를 하고 6으로 수정, 추기시 106명으로 정정)이다. 이에 옛 부터 있던 사람과 3년 사이에 낳은 사람을 아우른 사람을 합치니 114명으로 내역은 정 19명(노 2 : 9에 ○표시를 하고 7로 수정, 추기시 17명으로 정정), 조자 9명(노 2 : 9에 ○표시를 하고 8로 수정, 추기시 8명으로 정정), 추자 8명(8에 ○ 표시 없이 6으로 정정했으나, 이것은 추기자의 오기), 소자 11명(11에 ○표시를 하고 9로 수정, 추기시 9명으로 정정), 3년 사이에 낳은 소자 1명, 노공 1명, 정녀 37명(비 4;7에 ○표시를 하고 5로 수정, 추기시 35명으로 정정), 조녀 5명(5에 ○표시를 하고 4로 수정, 추기시 4명으로 정정), 추여자 12명(비 1 : 2에 ○ 표시, 추기시 10명으로 정정), 소여자 5명(5에 ○표시를 하고 3으로 수정, 추기시 3명으로 정정), 3년 사이에 낳은 소여자 6명이다. 3년 사이에 개별적으로 거둔 사람을 합치니 4명으로 그 내역은 소자 1명, 정녀 1명, 조여자 1명, 노공 1명이다.

말을 합치니 10필(모두 옛 것)이다. 소를 합치니 8두(내역은 옛 부터 있던 것이 7두, 더해진 소가 1두)이다.

논을 합치니 29결 19부로 내역은 기촌 관모답 3결 20부와 연수유답 25결 99부이다. 밭을 합치니 77결 19부로 내역은 기촌 관모전 1결과 연수유전 76결 19부이다. 삼밭을 합치니 1결 8부이다.

뽕나무를 합치니 1,235주(내역은 3년 사이에 더 심은 것이 69주, 옛 부터 있던 것이 1,166주)이다. 잣나무를 합치니 68주(내역은 옛 부터 있던 것이 60주, 3년 사이에 더 심은 것이 8주)이다. 호두나무는 48주(모두 옛 것)이다.

을미년 연을 보심으로 저 상연이 없어져 돌아간 공(孔)이 1로 사람을 합치니 6명(내역은 정 2, 정녀 2, 소여자 2)이다. 개별적으로 돌아간 사람을 합치니 8명(내역은 정 1, 조자 1, 추자 1, 소자 1, 정녀 2, 소여자 2)이다. 개별적으로 죽은 사람을 합치니 21명으로, 내역은 정 5명(노 1), 추자 1명, 노공 3명, 정녀 4명(비 1), 소여자 3명(3에 ○표시를 하고 4로 수정, 추기시 4명으로 정정), 노모 4명(비 1)이다. 공연이 없어져 돌아간 것이 1로 사람을 합치니 11명(내역은 정 2, 조자 1, 소자 2, 정녀 2, 조여자 1, 추여자 2, 소여자 1)이다. 갑오년 (甲午年) 1월 △省에 미치어 아뢰고 △△를 쫒아 가기 때문에 나간 연유로 아뢰는 처(妻)인 자(子), 여자를 아울러 4명(내역은 정녀 1, 소자 3)이다.

없어진 것이 확실한 연유로 아뢰는 말을 합치니 3필(내역은 팔았다고 아뢰는 것이 1필, 죽었다고 아뢰는 말이 1필, 돌아간 연의 말이 1필)이다. 없어진 것이 확실한 연유로 아뢰는 소를 합치니 6두(팔았다고 아뢰는 소가 1두, 돌아간 연의 소가 1두, 죽었다고 아뢰는 것이 4두)이다. (「신라촌락문서」 D촌)

816(丙申/신라 헌덕왕 8/발해 僖王 朱雀 5, 簡王 太始 1/唐 元和 11/日本 弘仁 7)

백제 　정월 계유일(7)에 군신(群臣)에게 연회를 베풀었다. (…) 정6위하 백제왕 교정(教貞)에게 (…) 종5위하를 수여하였다. (『類聚國史』 99 敍位)

신라 　봄 정월 시중 헌창이 나가서 청주(菁州) 도독이 되었고, 장여(璋如)가 시중이 되었다. (『三國史記』 10 新羅本紀 10)

신라 　봄 정월 시중 헌창이 나가서 청주 도독이 되었고, 장여가 대신하였다. (『三國史節要』 13)

신라 　(봄 정월) 이 해에 기근이 들어 백성이 굶주려 절동(浙東)으로 가서 식량을 구하려는 자가 170명이나 되었다. (『三國史記』 10 新羅本紀 10)

신라 (봄 정월) 백성들이 굶주려 절동에서 식량을 구하려는 자가 170명이나 되었다. (『三國史節要』 13)

신라 이 해에 신라에 기근이 들어 그 무리 170명이 절동으로 식량을 구하러 왔다. (『舊唐書』 199上 列傳 149上 東夷 新羅)

신라 이 해에 신라에 기근이 들어 그 무리 170명이 절동에서 식량을 구하였다. (『唐會要』 95 新羅)

신라 (봄 정월) 한산주(漢山州) 당은현(唐恩縣)에 길이 10척, 너비 8척, 높이 3척 5촌인데 저절로 1백여 보를 이동하였다. (『三國史記』 10 新羅本紀 10)

신라 (봄 정월) 한산주 당은현의 돌이 저절로 1백여 보를 이동하였다. (『三國史節要』 13)

발해 (원화11년) 2월 계묘일(7)에 회골·발해의 사신에게 금채(錦綵)·은으로 만든 기물을 차등있게 내려주었다. (『冊府元龜』 976 外臣部 21 褒異 3)

발해 (원화11년 2월) 경술일(14)에 발해사신 고숙만(高宿滿) 등 20명에 관직을 제수하였다. (『冊府元龜』 976 外臣部 21 褒異 3)

발해 (원화) 11년 2월 발해 사신에게 국신(國信)을 하사하여 돌려보냈다. (『冊府元龜』 980 外臣部 25 通好)

백제 2월 병진일(20)에 수생야(水生野)에서 사냥하며 놀았다. 종4위하 백제왕 교덕(敎德)에게 종4위상을 수여하고 종7위하 백제왕 승의(勝義)에게는 종5위하를 수여하고 (…) 위좌(佐爲)·백제·속창사(粟倉寺) 등의 승니(僧尼) 3사(寺)에는 각각 면(綿) 100둔(屯)을 시주하였다. (『類聚國史』 32 遊獵)

발해 (원화 11년) 3월에 발해와 말갈 (…) 등이 더불어 사신을 보내 조공하였다. (『冊府元龜』 972 外臣部 17 朝貢 5)

발해 (원화) 11년 3월에 발해말갈이 사신을 보내 조공하자 그 사신 22명에게 관고(官告)를 내렸다. (『唐會要』 96 渤海)

발해 5월 정묘일(2)에 사신을 보내어 발해부사 고경수(高景秀) 이하 대통사 이상에게 하의(夏衣)를 내렸다. 이날 발해왕에게 조서를 내려 다음과 같이 말하였다. "천황은 삼가 발해왕에게 묻는다. 효렴 등이 이르러 가져온 계를 보니 왕의 마음을 자세히 알 수 있었다. 선왕께서 천수를 다하지 못하고 갑자기 돌아가셨다는 말을 듣고 슬프고 그러한 심정을 어찌할 수가 없다. 왕의 자리는 누대로 흘러 경사스러운 일이 일족에게 넘친다. 멀리서 사신을 보내어 옛날의 업을 닦고 북쪽 바다에서 바람을 점쳐 반목(蟠木)으로 향하여 나루를 물으며 남쪽 조정의 해를 바라보며 고래같이 큰 파도를 넘어 교빙을 닦았다. 지극한 정성을 깊이 생각하면 한없이 깊이 위로하고 칭찬할 만하다. 구름 덮인 바다를 사이에 두고 있으니 서로 만나 볼 기약은 없으나 왕에 대한 생각을 하고 있다. 작년 호렴 등이 돌아가는데 문득 악풍을 만나 표류하여 되돌아왔다. 본선은 파괴되어 바다를 지날 수가 없었다. 다시 배 한척을 만들었지만, 아직 좋은 바람을 얻을 수 없었다. 효렴은 두창을 앓다가 갑자기 죽었다. 왕승기(王昇基)·석(釋) 인정(仁貞) 등이 뒤이어 죽었다. 심히 슬프도다. 지금, 고경수 편에 부친다. 또한 신물이 있다. 한여름이라 덥지만 왕과 수령·백성은 모두 평안하시라. 간략하지만 여기에 답서를 보낸다. 뜻을 다 일일이 적을 수 없다." (『類聚國史』 194 殊俗 渤海 下)

신라	여름 6월 망덕사(望德寺)의 두 탑이 부딪혔다. (『三國史記』 10 新羅本紀 10)
신라	여름 6월 망덕사의 두 탑이 서로 부딪혔다. (『三國史節要』 13)
신라	10월 갑진일(13)에 대재부(大宰府)가 아뢰기를 신라인 청석진(淸石珍) 등 180인이 귀화해 왔다고 하였다. 모쪼록 시복(時服) 및 노량(路粮)을 하사하고 편선(便船)에 태워 입경할 수 있게 하라고 하였다. (『日本紀略』)
고구려	(원화 11년 겨울 10월) 병인일에 유주(幽州) 유총(劉總)에게 평장사(平章事)를 더하고 운주(鄆州) 이사도(李師道)에게 검교사공(檢校司空)을 더하였다. 이사도가 운책(雲柵)을 발릉(拔凌)하였다는 소식을 듣고 이에 두려워하여 거짓으로 정성을 바쳤다. 때문에 이 명이 있었다. (『舊唐書』 15 本紀 15 順宗 憲宗下)
고구려	(원화) 11년 11월 갑술일에 원릉(元陵)이 불탔다. 이사도가 운주(鄆州)에서 궁실을 일으켜 장차 모반하려 하니 이미 아로 불이 났다. (『新唐書』 34 志 24 五行 1 火不炎上)
고구려	(원화) 11년 11월에 이사도에게 사공(司空)을 더하고 이어서 급사중(給事中) 류유작(柳公綽)을 보내어 선위사(宣慰使)로 가게 하고 또 하고 있는 일을 보게 하고 그를 관용(寬容)하고자 하였다. 이사도가 진실로 손순(遜順)으로 말하니 장악(長惡)이 고쳐지지 않았다. (『舊唐書』 124 列傳 74 李師道)
신라	(원화) 11년 11월에 입조한 왕자 김사신 등이 사나운 바람을 만나 초주(楚州) 염성현(鹽城縣) 지경에까지 표류하여 갔다는 사실을 회남절도사(淮南節度使) 이용(李鄘)이 알려 왔다. (『舊唐書』 199上 列傳 149上 東夷 新羅)
발해	(원화) 11년 11월에 입조한 왕자 김사신 등이 사나운 바람을 만나 초주 염성현 지경에까지 표류하여 갔다는 사실을 회남절도사 이용이 알려 왔다. (『唐會要』 95 新羅)
발해	(원화11년) 11월에 거란·발해 (…) 가 함께 사신을 보내 조공하였다. (『冊府元龜』 972 外臣部 17 朝貢 5)
고구려	(원화) 11년 12월에 미앙궁(未央宮)과 비룡초장(飛龍草場)에 불이 났는데 모두 왕승종(王承宗)·이사도(李師道)의 모반으로 군대를 사용하여 불을 낸 것이니 몰래 도적을 보내 불을 낸 것이다. 이 때 이사도가 운주(鄆州)에서 궁전을 일으켜 몰래 난을 도모하고자 하였다. 이이 이루어졌고 이 해에 재앙이 되었으나 얼마 있지 않아 족멸(族滅)하였다. (『舊唐書』 37 志 17 五行)
발해	이 해 (…) 회골·말갈·해·거란·장가·발해 등이 조공하였다. (『舊唐書』 15 本紀 15 憲宗 下)
신라	선사의 이름은 대통(大通)이고 자(字)는 태융(太融), 성(姓)은 박씨(朴氏)이며 통화부(通化府) 중정리(仲停里) 출신이다. 대대로 벼슬하는 영화를 멀리하였으며 가까운 조상은 소박한(…)(△)을 이었다. 증조부와 할아버지는(…) (6자 결락) 씨족(氏族)인데 본래는 취성군(取城郡) 사람이었다. 선사를 잉태한 날부터 예절을 지키고 행동을 삼

가하였으며 경전을 외우는 것으로 태교를 하였는데, 그 태어나는 때에 보니 과연 평범하지 않았다. 선사는 강과 산의 뛰어난 정기를 간직하고 하늘과 땅의 빼어난 기운을 받아서 마치 곤산(崑山)의 한조각 구슬과 같고 계림(桂林)의 한 줄기 가지와 같았다.
곧 어린 시절을 지나서 성년(成年)이 되자 집(…) (7자 결락) "문장을 짓는 곳에서 열심히 노력하고 경전과 역사책을 부지런히 읽어야 한다. 너는 이것을 뜻으로 삼아야 할 것이다" 하였다. 선사는 이에 이 가르침을 공손히 받들어서 홀연히 스승을 찾아 떠났다 (「月光寺圓朗禪師大寶禪光塔碑」)

신라 11년 신라인을 노비로 삼는 것을 금하고, 근계의 주부(州府)의 장리(長吏)들에게 명하여 제거(提擧)들을 단단히 관리하게 하였다. 그 나라 숙위하던 왕자 김장렴(金長廉)이 정황을 진술했기에 이 같은 명령을 내린 것이다. (『冊府元龜』 42 帝王部 42 仁慈)

817(丁酉/신라 헌덕왕 9/발해 簡王 太始 2/唐 元和 12/日本 弘仁 8)

신라 봄 정월 이찬 김충공(金忠恭)을 시중으로 삼았다. (『三國史記』 10 新羅本紀 10)
신라 봄 정월 이찬 김충공을 시중으로 삼았다. (『三國史節要』 13)

신라 2월 을사일(15)에 대재부(大宰府)가 아뢰기를 신라인 김창남(金男昌) 등 43인이 귀화해왔다고 하였다. (『日本紀略』)

백제 (2월 경술일(20)) 좌위(佐爲)·백제·율창(粟倉) 3사(寺)에 각각 면(綿) 100근(斤)을 시주하였다. (『類聚國史』 31 天皇行幸 下)

발헤 (원화) 12년 2월에 발해가 (…) 사신을 보내 조공하였다. (『冊府元龜』 972 外臣部 17 朝貢 5)

발해 3월 갑술일(14)에 금면(錦綿)을 발해 사신 대성신(大誠愼) 등에게 내려 주었다. (『冊府元龜』 976 外臣部 21 褒異 3)

신라 (원화) 12년 3월에 신라가 (…) 사신을 보내 조공하였다. (『冊府元龜』 972 外臣部 17 朝貢 5)

신라 4월 신해일(22)에 대재부(大宰府)가 아뢰기를 신라인 원산지(遠山知) 등 144인이 귀화해왔다고 하였다. (『日本紀略』)

신라 여름 5월에 비가 오지 않아 산천에 두루 기도하니 가을 7월에 이르러 비가 내렸다. (『三國史記』 10 新羅本紀 10)
신라 여름 5월에 비가 오지 않아 산천에 두루 기도하니 가을 7월에 이르러 비가 내렸다. (『三國史節要』 13)

신라 겨울 10월에 많은 사람들이 굶어 죽었다. 주군에 교서를 내려 창고의 곡식을 내어 구휼하도록 하였다. (『三國史記』 10 新羅本紀 10)
신라 겨울 10월에 굶주린 백성들이 많이 죽어 창고를 열어 구휼하도록 하였다. (『三國史節要』 13)

신라　(겨울 10월) 왕자 김장렴(金張廉)을 보내 당에 조공하였다. (『三國史記』 10 新羅本紀 10)

신라　(겨울 10월) 왕자 장렴을 보내 당에 조공하였다. (『三國史節要』 13)

신라　그 후에 최치원은 또한 일찍이 사신의 명령을 받들어 당에 간 적이 있었는데, 단 그 때를 알 수 없음 따름이다. 때문에 그 문집에 태사(太師) 시중에게 올린 편지가 있는데, 다음과 같다. (…) 지금 저는 유생(儒生)들 중 학문이 낮은 자이고, 해외의 평범한 인재로서 외람되이 표(表)와 장(章)을 받들고 좋은 나라에 와서 조회하게 되었습니다. 무릇 진실로 간절함이 있어 예에 맞게 모두 진술합니다. 엎드려 생각건대 원화 12년 본국 왕자 김장렴이 바람에 떠밀려 명주(明州)에 이르러 해안에 내렸을 때 절동(浙東)의 어떤 관리가 발송하여 서울에 들어가도록 하였습니다. (『三國史記』 46 列傳 6 崔致遠)

신라　지금 저는 유생들 중 학문이 낮은 자이고, 해외의 평범한 인재로서 외람되이 표와 장을 받들고 좋은 나라에 와서 조회하게 되었습니다. 무릇 진실로 간절함이 있어 예에 맞게 모두 진술합니다. 엎드려 생각건대 원화 12년 본국 왕자 김장렴이 바람에 떠밀려 명주(明州)에 이르러 해안에 내렸을 때 절동(浙東)의 어떤 관리가 발송하여 서울에 들어가도록 하였습니다. (『唐文拾遺』 43 崔致遠 10 上太師侍中狀)

신라　원화(元和) 연간에 남간사(南澗寺)의 사문(沙門) 일념(一念)이 촉향분예불결사문(髑香墳禮佛結社文)을 지었는데, 이 사실을 매우 자세히 실었다. 그 대략은 다음과 같다. 옛날 법흥대왕이 자극전(紫極之殿)에서 즉위하고 부상(扶桑)의 땅을 굽어 살펴보고 말씀하시기를, "옛적 한(漢)나라 명제(明帝)가 꿈에 감응 받아 불법이 동쪽으로 흘러왔다. 과인은 즉위하면서부터 창생(蒼生)을 위하여 복을 닦고 죄를 없앨 곳을 만들려고 염원해왔다."고 하였다. 이에 조신(朝臣)들[향전(鄕傳)에는 공목(工目), 알공(謁恭) 등이라 한다]은 땅을 깊은 뜻을 헤아리지 못하고 다만 나라를 다스리는 대의(大義)만을 준수했을 뿐 절을 세우겠다는 신성한 계획은 따르지 않았다. 대왕이 탄식하면서 말하기를, "아아, 과인은 덕이 없이 왕업을 계승하니, 위로는 음양의 조화를 훼손하고, 아래로는 백성들의 즐거움이 없으므로 정무의 여가에 마음을 불도(釋風)에 두고자 하지만, 누구와 함께 동반할 것인가."라고 하였다. 이에 내양자(內養者)가 있어 성은 박(朴), 자는 염촉(厭髑)[혹은 이차(異次)라고 하고, 혹은 이처(伊處)라고도 하니, 방언의 음이 다르기 때문이다. 번역하면 염(厭)이 된다. 촉(髑), 돈(頓), 도(道), 도(覩), 독(獨) 등은 모두 글쓰는 사람의 편의에 따른 것으로, 곧 조사(助辭)이다. 이제 윗자만 번역하고 아랫자는 번역하지 않았으므로 염촉(厭髑) 또는 염도(厭覩) 등이라고 한 것이다]이었다. 그의 아버지는 자세하지 않으나, 할아버지는 아진(阿珍)종(宗)으로, 곧 습보갈문왕(習寶葛文王)의 아들이다[신라의 관작은 모두 17등급인데, 그 네 번째는 파진찬(波珍喰) 또는 아진찬(阿珍喰)이라고도 한다. 종은 그 이름이고, 습보도 이름이다. 신라인은 대체로 추봉한 왕을 모두 갈문왕(葛文王)이라고 했는데, 그 실상은 사신(史臣)도 역시 자세히 모른다고 하였다]. 죽백(竹栢)과 같이 자질을 드러내고 수경(水鏡)과 같이 맑은 뜻을 품었으며, 적선(積善)한 이의 증손으로서 조정의 중심(爪牙)으로 촉망되고, 성조(聖朝)의 충신으로 하청(河淸; 태평성대)의 시종이 되기를 바랐다. 그때 나이 스물두 살로 사인[신라 관작에 대사(大舍), 소사(小舍) 등이 있었는데, 대개 하사(下士)의 등급이다]의 자리에 있었다. 용안(龍顏)을 우러러보고 뜻을 눈치 채고 아뢰기를, "신이 들으니 옛사람은 비천한 사람에게도 계책을 물었다고 하니, 중죄를 피하지 않고 대왕의 뜻을 여쭙기를 원합니다."고 하였다. 왕이 말하기를, "네가 할 바가 아니다"고 하였다. 사인이 말하기를, "나라를 위하여 몸을 희생하는 것은 신하의 큰 절개이며, 임금을 위하여 목숨을 바치는 것은 백성의 바른 의리입니다. 사령을 그릇되게 전했다고 하여 신을 형벌하여 머리를 벤다면 만민이 모두 복종하여 감히 지시를 어기지 못할 것입니다"고 하였다. 왕이 말하기를, "살을 베어 저울에 달더라도 한 마리 새를 살리려고 했고, 피를 뿌리고 목숨을 끊어서라도 일곱 마리의 짐승을 스스로 불쌍히 여겼다. 나의 뜻은 사람을 이롭게 하려는 것인데, 어찌 죄 없는 사람을 죽이겠느냐. 네가 비록 공덕을 짓는다고 할지라도 죄를 피하는 것만 못할 것이다"고 하였다. 사인이 말하기를, "모든 것이 버리기 어렵지만 제 목숨보다 더한 것이 없습니다. 그러나 소신이 저녁에 죽어 아침에 대교가 행해진다면, 불일(佛日)이 다시 중천에 오르고 성주(聖主)께서는 길이 편안하실 것입니다"고 하였다. 왕이 말하기를, "난새와 봉새의 새끼는 어려서도 하늘을 뚫을 듯한 마음이 있고, 기러기와 따오기의 새끼는 나면서부터 바다를 건널 기세를 품었다고 하더니 네가 이와 같구나. 가히 대사(大士)의 행이라고 할 만하다"고 하였다. 이에 대왕은 일부러 위의를 갖춰 바람 같은 풍조(風刁)를 동서로 늘이고 서릿발 같은 무기를 남북에 벌여 놓고 여러 신하들을 불러 묻기를, "그대들은 내가 정사(精舍)를 지으려고 하는데 고의로 지체시키는가."[향전에 이르기를, "염촉이 왕명이라고 하면서 공사를 일으켜 절을 창건한다는 뜻을 전했더니 여러 신하들이 와서 간하였다. 왕은 이에 노하여 염촉을 책망하고, 왕명을 거짓으로 꾸며 전하였다고 하여 형벌을 가하였다."고 하였다]라고 하였다. 이에 여러 신하들이 전전긍긍하며 황급히 맹서하고 손가락으로 동서를 가리켰다. 왕이 사인을 불러 힐문하니, 사인은 얼굴빛이 변하면서 대답할 말이 없었다. 대왕이 분노하여 그의 목을 베라고 명령하니 유사(有司)가 그를 묶어 관아로 끌고 왔다. 사인이 발원하고 옥리(獄吏)가 목을 베니 흰 젖이 한 길이나 솟아올랐다[향전에는 사인이 맹세하기를, "대성법왕(大聖法王)께서 불교를 일으키려고 하므로 신명을 돌보지 않고 인연을 모두 버리니 하늘에서는 상서를 내려 사람들에게 두루 보여주소서."라고 하니, 이에 그의 머리가 날아가서 금강산(金剛山) 꼭대기에 떨어졌다고 하였다]. 하늘은 사방이 침침해지고 사양(斜陽)이 빛을 감추고, 땅이 진동하면서 꽃비가 내렸다. 성왕(聖人)은 슬퍼하여 눈물이 곤룡포를 적시고, 재상은 근심하여 선면(蟬冕)에까지 땀이 흘렀다. 샘물이 갑자기 마르매 고기와 자라가 다투어 뛰고, 곧은 나무가 먼저 부러지니 원숭이가 떼를 지어 울었다. 춘궁(春宮)에서 말고삐를 나란히 했던 친구들은 피눈물을 흘리며 서로 돌아보고, 월정(月庭)에서 소매를 맞잡던 친구들은 창자가 끊어지듯 이별을 애석해 하였다. 상여를 바라보며 장송곡을 듣는 이들은 마치 부모를 잃은 듯하였다. 모두들 말하기를, "개자추(子推)가 다리 살을 벤 것도 이 고절(苦節)에 비할 수 없고, 홍연(弘演)이 배를 가른 일인들 어찌 이 장렬함에 견주랴. 이는 임금님의 신앙력을 붙들어 아도(阿道)의 불심을 이룬 성자(聖者)다"고 하였다. 드디어 북산의 서쪽 고개[즉 금강산이다. 전(傳)에서는 머리가 날아가 떨어진 곳에 장사지냈다고 하였는데, 여기에 밝히지 않은 것은 무슨 까닭인지]에 장사지냈다. 나인(內人) 들은 이를 슬퍼하여 좋은 터를 잡아서 난야(蘭若)를 짓고, 이름을 자추사(刺楸寺)라고 하였다. 이에 집집마다 예를 하면 반드시 대대로 영화를 얻고, 사람마다 도를 닦으면 마땅히 불법의 이익을 깨닫게 되었다. 진흥대왕(眞興大王) 즉위 5년 갑자(甲子)에 대흥륜사(大興輪寺)를 지었다[국사(國史)와 향전에 의하면, 실은 법흥왕 14년 정미(丁未)에 터를 잡고, 21년 을묘(乙卯)에 천경림(天鏡林)을 크게 벌채하여 처음으로 공사를 일으키고, 서까래와 대들보를 모두 그 숲에서 취해 쓰기에 넉넉했고, 계단의 초석이나 석감도 모두 있었다. 진흥왕 5년 갑자(甲子)에 절이 낙성되었으므로 갑자라고 한 것이다.승전(僧傳)에 7년이라고 한 것은 잘못이다]. 태청(太淸) 초년에 양(梁)나라 사신 심호(沈湖)가 사리를 가져왔고, 천가(天嘉) 6년에는 진(陳)나라 사신 유사(劉思)가 승 명관(明觀)과 함께 내경(內經)

을 받들고 왔다. 절과 절들은 별처럼 벌여 있고, 탑과 탑들은 기러기 행렬인양 늘어섰다. 법당(法幢)을 세우고 범종을 매어다니, 용상(龍象) 같은 승려의 무리가 세상의 복전(福田)이 되고, 대소승(大小乘)의 불법이 서울의 자비로운 구름이 되었다. 타방(他方)의 보살이 세상에 출현하고[분황(芬皇)의 진나(陳那)와 부석(浮石)의 보개(寶蓋), 그리고 낙산(洛山)과 오대산(五臺)에 이르기까지가 이런 것이다], 서역(西域)의 명승들이 이 땅에 강림하니, 이로 인하여 삼한(三韓)을 병합하여 한 나라가 되고, 온 세상을 합하여 한 집안을 만들었다. 이 때문에 덕명(德名)을 천구(天鉤)의 나무에 새기고, 신성한 행적을 은하수 물에 그림자로 남겼으니, 어찌 세 성인의 위덕으로 이룬 것이 아니랴[세 성인은 아도, 법흥, 염촉을 말한다]. 훗날 국통(國統) 혜륭(惠隆), 법주(法主), 효원(孝圓)과 김상랑(金相郞), 대통(大統), 녹풍(鹿風), 대서성(大書省) 진노(眞怒), 파진찬(波珍喰) 김의(金嶷) 등이 옛 무덤을 수축하고 큰 비를 세웠으니 원화 12년 정유(丁酉) 8월 5일, 즉 제41대 헌덕대왕(憲德大王) 9년이었다. 흥륜사의 영수선사(永秀禪師)[이때는 유가(瑜伽)의 제덕(諸德)을 모두 선사라고 불렀다]가 이 무덤에 예불하는 향도(香徒)를 모아서 매달 5일에 혼의 묘원(妙願)을 위해 단을 모으고 범패를 지었다. (『三國遺事』 3 興法 3 原宗興法 猒髑滅身)

발해 (언의가) 죽어 시호를 희왕(僖王)이라 하였고, 아우 명충(明忠)이 왕위에 올라 연호를 태시(太始)라 하였는데 1년 만에 죽었다. (『新唐書』 219 列傳 144 北狄 渤海)

818(戊戌/신라 헌덕왕 10/발해 簡王 太始 2, 宣王 建興 1/唐 元和 13/日本 弘仁 9)

백제 (정월 무자일(4)) (…) 정6위상 백제왕 안의(安義), 포세조신(布勢朝臣) 해(海)에게 종5위하를 수여하였다. (『類聚國史』 99 敍位)

신라 정월 정유일(13)에 대재부(大宰府)가 아뢰기를 신라인 장춘(張春) 등 14인이 와서 나귀(驢) 4마리를 바쳤다고 하였다. (『日本紀略』)

발해 (2월) 처음 발해 희왕 언의가 죽어 아우 간왕(簡王) 명충이 왕위에 올라 연호를 태시라 하였는데, 1년 만에 죽었다. 종부 인수(仁秀)가 왕위에 올라 연호를 건흥(建興)이라 고쳤다. 을사일(25) 사신을 보내어 상을 알렸다. (『資治通鑑』 240 唐紀 56 憲宗昭文章武大聖至神孝皇帝)

발해 13년 사신을 보내어 조공하고 상을 알렸다. (『舊唐書』 199下 列傳 149下 北狄 渤海靺鞨)

신라 제41 헌덕왕 원화 13년 무술 3월 14일 큰 눈이 내렸다[어떤 책에는 병인년이라고 하였는데, 이는 잘못이다. 원화는 모두 15년이고 병인년은 없다]. (『三國遺事』 2 紀異 2 早雪)

신라 봄 3월 큰 눈이 내렸다. (『三國史節要』 13)

발해 (원화) 13년 3월에 발해국이 사신 이계상(李繼嘗) 등 26명을 보내어 조공하였다. (『冊府元龜』 980 外臣部 25 通好)

발해 (원화) 13년 4월에 지발해국무(知渤海國務) 대인수를 은청광록대부(銀靑光祿大夫)·검교비서감(檢校秘書監)·홀한주도독(忽汗州都督)으로 삼고 발해국왕에 책봉하였다. (『冊府元龜』 965 外臣部 10 封冊 3)

고구려 (원화) 13년 4월에 고려국이 악기와 악공 2부(部)를 바쳤다. (『冊府元龜』 972 外臣部 17 朝貢 5)

고구려 원화 13년 4월에 그 나라에서 악공과 악기 2부를 바쳤다. (『唐會要』 95 高句麗)

고구려 원화 말년에 이르러 사자를 보내 악공을 바쳤다고 한다. (『新唐書』 220 列傳 145 東夷 高麗)

발해 (5월) 신축일(18)에 지발해국무 대인수 검교비서감(檢校秘書監)·홀한주도독을 발해국왕으로 책봉하였다. (『舊唐書』 15 本紀 15 憲宗 下)

발해 (원화 13년) 5월에 지국무 대인수를 은청광록대부·검교비서감·도독·발해국왕으로 삼았다. (『舊唐書』 199下 列傳 149下 北狄 渤海靺鞨)

발해 (원화) 13년에 사신을 보내어 상을 알렸다. 조를 내려 지국무대인수를 국왕으로 삼았다. (『冊府元龜』 967 外臣部 12 繼襲 2)

발해 (명충이) 왕이 된 지 1년만에 죽어 시호를 간왕이라 하였다. 종부 인수가 왕위에 올라 연호를 건흥이라고 고쳤다. 그 4대조는 야발(野勃)인데, 대조영의 아우이다. 인수가 자못 바다 북쪽의 여러 부족을 토벌하여 영토를 크게 넓혔고, 공이 있어 조를 내려 검교공사(檢校司空)로 삼고 왕위를 잇게 하였다. (『新唐書』 219 列傳 144 北狄 渤海)

신라 여름 6월에 초하루 계축일 일식이 있었다. (『三國史記』 10 新羅本紀 10)

신라 여름 6월에 초하루 계축일 일식이 있었다. (『三國史節要』 13)

고구려 (원화 13년 가을 7월) 을유일에 조서로 치청절도사(淄靑節度使) 이사도(李師道)의 관작을 삭탈하고 이어서 선무(宣武)·위박(魏博)·의성(義成)·무령(武寧)·횡해(橫海) 등 5진(五鎭)의 사(師)로 하여금 길을 나누어 진토(進討)하게 하였다. (『舊唐書』 15 本紀 15 順宗 憲宗下)

고구려 (원화 13년) 7월 을유일에 선무(宣武)·위박(魏博)·의성(義成)·무령(武寧)·횡해(橫海)의 군대가 이사도를 쳤다. (『新唐書』 7 本紀 7 憲宗)

고구려 (원화) 13년 7월에 창주절도사(滄州節度使) 정권(鄭權)이 치청적(淄靑賊)을 제주(齊州) 복성현(福城縣)에서 격파하고 5백급을 참수하였다. (『舊唐書』 124 列傳 74 李師道)

신라 (원화) 13년 (…) 8월에 (…) 칙을 내려 지금 이후 회골(迴鶻)·토번(吐蕃) 남조사(南詔使)가 입조할 때 아뢴바 대로 따르고 30인을 넘을 수 없으며 신라사(新羅使)는 20인을 넘을 수 없다. 회골·토번사 아래 합수정관(合授正官)은 10인을 넘을 수 없으며 남조는 5인을 넘을 수 없고 신라사는 20인을 넘을 수 없다고 하였다. (『唐會要』 97 吐蕃)

신라 (제1면) 이차돈 순교도(異次頓殉敎圖)

(제2면) [원화 13년(헌덕왕 10; 818) 무술 8월 10일에 (…) 부처 (…) 왕의 의(義)를 잃고 몹시 찌르고 순종하지 않으니 국가에는 애로요 민에게는 고역인데 △민(△民_에게서 거두어들여 불법(佛法)을 일으키고 (…) 국왕은 잘 때나 밥 먹을 때나 (…)] 가슴이 미어지듯 하늘을 우러러 부처를 부르며,

(제3면) "아! 어찌하리오. 천하(天下)에 나 혼자이니, 누구와 더불어 불교를 일으켜 세우고 법을 남기리오" 하였다.

이때 한 사람이 있었는데, 이름을 염촉(猒髑)이라 하였다. 그가 왕의 얼굴을 우러러 보고 울분이 나서 먹는 것도 잊은 채 천천히 엎드려 나아가 아뢰기를, "보잘것 없는 제가 생각건대 왕께서 큰 뜻을 가지고 있는 듯합니다. 옛사람의 말에 나뭇꾼에게도 자문한다 하였으니, 제게도 물어 보시기 바랍니다." 왕이 곧 화를 내면서 말하기를, "얘야. 네가 할 수 있는 일이 아니란다." 하자, 염촉이 공경히 답하기를, "왕께서 긍휼히 여기시는 것은 불법이어야 되는 것 아닙니까." 왕이 곧 천천히 일어나 탄식하듯 말하기를, "어린 사람도 이와 같으니, 어찌 옳지 않겠는가. 만약 내가 천하에 불교(佛敎)를 유행시킨다면, 벌레같은 무리도 인간세계(人間世界)나 천상세계(天上世界)로 상승할 수 있으며, 나라는 풍요롭고 백성은 평안하여, 가히 삼한에 통할 수 있고 또한 사해를 넓힐 수 있으리라." 염촉이 말하기를, "여러 신하들이 (…) 비밀스런 계책을 들으니 (…) 북서(北西)의 병기(兵器)를 항상 사△ (…)" (…)"(…)나도 이미 들었으니 (…) 권(權)을 삼으리라." 염촉이 말하기를, "(…)

(제4면) 왕과 신하가 말다툼을 하다가 고의로 잘못을 범하여 (…) 제 목을 (…) 하면, 신하와 백성들의 오해가 풀릴 것이니, 어찌 감히 왕명을 감히 어기겠습니까." 왕이 말하기를, "비록 이 △가 있다하나, 어찌 감히 무고한 목숨을 △하겠느냐." 염촉이 말하기를, "천하의 △에 △보다 △한 것이 없고, 불자(佛子)의 △에 죽음보다 △한 것은 없습니다. 제가 비록 죽어도 불법이 유행하게 된다면, 작은 △에 비기겠습니까." 왕이 말하기를, "작은 것을 잊고 큰 것을 가히 (…)" 하며 깨달은 듯 탄식(歎息)하였다. 염촉이 말하기를, "△가 벼슬 안한 사람이지만, (…) 품고(…) △은 백성에 있고 마음은 왕에(…)" (왕이 말하기를), "(…)만약 이와 같은 자라면, 가히 보살(菩薩)이라 이를 수 있을 것이다. 왕의 △△△△은 필연적일 것이다."

△△옷의 △을 정전(正殿)에서 △하게 하고, 칼찬 무사(武士)를 사방에서 방비케 하며, 신하들은(…) 곧(…) 북면(北面)하고(…) 하게 하였다. 왕이 이에 묻기를, "그대들은 내가 불법을 믿어서 탑(塔)을 세우고자 한다고 여겨 반역을(…) 하는가." 여러 신하들이 절하고(…)

(제5면) 말하기를, "신들은 절대로 반역할 뜻이 없습니다. 만약(…)가 있다면,(…) 맹세합니다." 왕이 △△를 불러(…)대답이 없었다. 왕이 유사(有司)에 고하여 염촉을 (…) 하였다. (염촉은)(…)하면서 눈물을 뿌리며 북쪽을 향하였다. 유사가 곧 모자를 벗기고 그 손을 뒤로 묶은 다음 관아의 뜰로 끌고 가서 큰 소리로 검명(劍命)을 고하였다. 참수(斬首)할 때 목 가운데에서 흰 우유가 한 마장이나 솟구치니, 이 때 하늘에서는 꽃비가 내리고 땅이 흔들렸다. 사람과 물건이 애통해 하고 동식물이 불안해하였다. 길에는 곡(哭)소리가 이어졌고 우물과 방앗간에서는 발길을 멈추었다. 눈물을 흘리며 장례(葬禮)를 치루었다. 시신을 북산(北山)에 안장하고 서산(西山)에 사당을 세웠다. 저 법흥왕이 즉위한 대동 15년 을미년 이래로 지금 당(唐)나라 영태(永泰) 2년 병오(丙午)에 이르기까지 253년이다. 이 때 노백(老魄)이 채찍을 들고 배회하며, 읍 가에 이르러 옛 무덤을 바라보니, 그 가운데 한 무덤에서 유혼(幼魂)이 홀연이 나왔다. 노백이 조문(弔問)하며 말하기를, "슬프구나. 그대여. 옛사람의 무덤을

(제6면) 단지 보다가 문득 해후하였는데, 꿈에 본 아들의 혼과 같구나." 혼이 대답하기를, "너는 듣지도 못하였느냐. 옛날에 어떤 왕이 불법을 일으키고자 하였으나 성공하지 못하였다. 나는 염△로서 왕께(…)" 혼이 그것을 듣고(…) 이별하며 말하기를, "그대는 나와 더불어(…) 하겠느냐."(…) 혼이 말하기를, "가르침이(…)". (이하 마멸) (「栢栗寺石幢記」)

이해에 회흘·남조만(南詔蠻)·발해·고려·토번·해·거란·가릉국(訶陵國)이 함께 조공하였다. (『舊唐書』 15 本紀 15 憲宗 下)

신라 녹진(綠眞)의 성(姓)과 자(字)는 알 수 없다. 아버지는 수봉(秀奉) 일길찬(一吉湌)이다. 녹진은 23세에 처음으로 벼슬하여 여러 차례 내외의 관직을 거쳤다. 헌덕대왕(憲德大王) 10년 무술(戊戌)에 이르러서는 집사시랑(執事侍郎)이 되었다. (『三國史記』 45 列傳 5)

신라 주객원외랑(主客員外郞)으로 옮기자, 해동(海東)에 사신으로 왕래하게 하였다고 흥원소윤(興元少尹)을 제수하였다. (…). 『역대기록(歷代紀錄)』·『유사(類史)』·『봉지록(鳳池錄)·『찬보절계록(纂寶折桂錄)』·『신라기행』·『장상별전(將相別傳)』을 저술하였고, 문장을 지은 것까지 모두 488권이다. (「馬某 墓誌銘」: 『全唐文』 639)

819(己亥/신라 헌덕왕 11/발해 宣王 建興 2/唐 元和 14/日本 弘仁 10)

고구려 (원화) 14년 정월 병오일에 전홍정(田弘正)과 이사도가 양곡(陽穀)에서 싸웠으나 패하였다. (『新唐書』 7 本紀 7 憲宗)

신라 봄 정월에 이찬 진원(眞元)이 70세가 되어 궤장(几杖)을 하사하였다. 이찬 헌정(憲貞)은 병으로 걷지 못하여, 나이가 70세가 되지는 않았으나 금으로 장식된 자단(紫檀) 지팡이를 하사하였다. (『三國史記』 10 新羅本紀 10)

신라 봄 정월에 이찬 진원이 70세가 되어 궤장을 하사하였다. 이찬 헌정은 70세가 되지 않았으나, 병으로 걷지 못하여 금으로 장식된 자단 지팡이를 하사하였다. (『三國史節要』 13)

고구려 신라 (원화 14년) 2월 무오일(9)에 이사도가 복주되었다. (『新唐書』 7 本紀 7 憲宗)

고구려 신라 (2월) 임술일(14)에 전홍정(田弘正)이 상주하기를, "이달 9일 치청도지병마사(淄靑都知兵馬使) 유오(劉悟)가 이사도(李師道)와 두 아들의 목을 베고 항복을 청합니다." 하였다. 사도가 관할했던 12주가 평정되었다. (『舊唐書』 15 本紀 15 憲宗 下)

고구려 신라 (원화) 14년 2월에 위박절도사 전광정(田宏正) 상주하기를, "이달 9일 치청병마사유오가 역적 이사도와 두 아들의 목을 베어 항복하기를 청합니다." 하였다. (『唐會要』 14 獻俘)

고구려 신라 이정기는 본래 고구려인이다. 본명은 회옥(懷玉)이니 평로에서 출생했다. (…) 아들은 납(納) 이고 그 아들은 사고(師古)이다. (…) 사도는 사고의 배다른 동생이다. (…) 사도가 유오로 하여금 군대를 이끌고 위박군(魏博軍)을 맞게 하였으나, 이미 패했음에도 여러번 싸울 것을 재촉하였다. 군대가 전진하지 못하자 이에 노비로 하여금 유오를 불러 일을 계획하게 하였다. 유오가 가면 죽을 것을 알고 이에 병을 핑계대고 나오지 않았다. (…) 밤이 되자 문에 이르러 사도가 주었던 첩을 보여주고 이에 들어가니 군사들이 연이어 진입하였다. 격구장에 이르러 그 내성을 포위하고 화공을 썼다. 사도를 붙잡아 그 머리를 참하고 위박군에 보내니 원화 14년 2월이다. (『舊唐書』 124 列傳 74 李正己)

고구려 신라 (원화) 14년 2월에 치청도지병마사 유오가 역적 이사도를 참하였다. (『唐會要』 77 貢擧 下 巡察按察巡撫等使)

신라 2월에 상대등 김숭빈이 죽어 이찬 김수종(金秀宗)을 상대등으로 삼았다. (『三國史記』 10 新羅本紀 10)

신라 2월에 상대등 김숭빈이 죽어 이찬 김수종으로 대신하게 하였다. (『三國史節要』 13)

고구려 3월 기묘 초하루 (…) 신묘일(13)에 이사도의 처 위씨와 아들이 액정(掖庭)에 목입(沒入)되었다. 당제(堂弟) 사현(師賢)과 사지(師智), 조카 홍손(弘巽)이 유배되었다. (『舊唐書』 15 本紀 15 順宗 憲宗下)

신라 3월에 초적(草賊)이 곳곳에서 일어나, 여러 주군(州郡)의 도독과 태수에게 명하여 그들을 잡도록 하였다. (『三國史記』 10 新羅本紀 10)

신라 3월에 도둑들이 일어나, 여러 주군의 도독과 태수에게 명하여 그들을 잡도록 하였다. (『三國史節要』 13)

신라 6월 임술일(16)에 대당(大唐)의 월주(越州) 사람 주광한(周光翰), 언승칙(言升則) 등이 신라인의 배를 타고 왔다. 당나라의 소식을 묻자 광한(光翰) 등이 대답하여 말하기를 "우리들은 먼 주(遠州)의 촌 사람(鄙人)들이라서 경읍(京邑)에서 일어난 일들은 알지 못한다. 다만 지난 원화(元和) 11년(816) 엔주절도사(円州節度使) 이사도(李師道)가 반란을 일으켰는데 거느리고 있는 兵馬만 50만이며 최정예를 이루고 있었습니다. 천자는 제도(諸道)에 군사를 발동시켜 치게 하였는데 이기지 못해 천하에 소요가 일었습니다."라고 하였다. (『日本紀略』)

신라 가을 7월에 당의 운주절도사(鄆州節度使) 이사도(李師道)가 반란을 일으켰다. 헌종(憲宗)이 토벌 평정하고자 조서를 내려 양주절도사(楊州節度使) 조공(趙恭)을 보내 우리 병마(兵馬)를 징발하니, 왕이 칙명을 받들어 순천군(順天軍) 장군 김웅원(金雄元)에게 갑병(甲兵) 3만을 이끌고 이를 돕도록 하였다. (『三國史記』 10 新羅本紀 10)

신라 가을 7월에 당의 운주절도사 이사도가 반란을 일으켰다. 황제가 이를 토벌하라 하면서 조서를 내려 양주절도사 조공을 보내 군사를 징발하니, 왕이 순천군 장군 김웅원에게 갑병 3만을 이끌고 이를 돕도록 하였다. (『三國史節要』 13)

신라 (원화 14년 그 해) 8월에 절동관찰사(浙東觀察使) 설융(薛戎)이 다음과 같이 상주하였다. "회수 일대에 내린 칙서에서 제도(諸道)가 관할하는 군(郡)에 따로 진갈(鎮遏)·수착(守捉)·병마(兵馬)를 두라는 것은 마땅히 자사(刺史)에 더불어 속하게 하여야 합니다. 지역 마을의 경계는 오랑캐들과 접한 곳으로 특별히 성과 진을 세우는 것은 곧 이 칙령에 포함되어 있지 않습니다. 지금 절동의 망해진(望海鎮)은 명주에서 70여 리 떨어져 있고, 큰 바다를 굽어보면서 동으로 신라·일본의 제번과 경계를 이루고 있습니다. 청컨대 책문에 의거하여 명주에 속하게 하지 마시기 바랍니다." 하니 이를 허락하였다. (『唐會要』 78 諸使雜錄上 奏薦附)

발해 11월 갑오일(20)에 발해국에서 사신을 보내고 방물을 바쳤다. 계를 올려 다음과 같이 말하였다. "인수가 아룁니다. 중추(음력 8월)가 되어 시원합니다. 엎드려 생각건대, 천황께서는 기거하심에 만복이 있으시니 인수는 그 은혜를 받고 있습니다. 모감덕(慕感德) 등이 돌아오니 엎드려 서한을 받았습니다. 나의 기분을 위로해주시니 기쁘고 행복한 마음은 말로는 설명할 수가 없습니다. 이 사신이 떠나는 날, 바닷길에 풍랑을 만나 선박이 파괴되고 풍랑에 거의 표류할 뻔했습니다. 천황께서는 이때 은혜를 내리시니 덕은 두터운 것이었습니다. 아름다운 증물(贈物)을 빈번히 주시고 (사신을) 두텁게 공급해주시니 감사합니다. 실로 선박에 의지해 귀국했습니다. 내 마음은 매번 감하(感荷)를 입고 있으니 실로 지극히 행복합니다. 엎드려 생각건대 양국의 우호를 잇는 것, 지금도 옛날도 항상 같습니다. 만리나 떨어져 있어도 수호를 찾았고 시종 버리는 일은 없었습니다. 삼가 문적원(文籍院)의 술작랑(述作郞) 이승영(李承英)을 보내어 계를 가지고 조회에 참석하고, 겸하여 사례합니다. 적지만 토물이 있습니다. 삼가 별장에 기록했습니다. 엎드려 잘 살피신다면 지극히 행복하겠습니다. 운해와 같은 바다 길로 멀리 떨어져 있어 아직 직접 뵐 수는 없습니다. 삼가 계를 올립니다."고 하였다. 승영 등에게 물어 말하기를, "모감덕 등은 돌아가던 날 내려준 칙서가 없었다. 지금 올린 계문을 살펴보니 '삼가 서문을 받들어'라고 했으니 말이 실제와 같지 않다. 이치 상 돌려보내야 한다. 다만 계문이 조리가 있고 공경함을 잃지 않았으니 이에 그 허물을 용서하고 특별히 후하게 대우하겠다."고 하였다. 승영 등이 머리를 조아리며 말하기를, "신은 소국의 천한 신하로서 죄를 기다릴 따름이었는데, 일월이 돌며 빛을 주고, 운우가 못에 비를 뿌리듯 은혜를 베푸시니 차가운 나무가 봄을 맞은 듯 하며, 마른 고기가 물을 만난 듯 은혜를 받음이 머리에 짐을 이는 것 같아 이 지극하여 춤출 바를 알지 못하겠습니다." 고 하였다. (『類聚國史』 194 殊俗 渤海 下)

820(庚子/신라 헌덕왕 12/발해 宣王 建興 3/唐 元和 15/日本 弘仁 11)

발해 봄 정월 초하루 무술일(갑술일의 잘못인 듯)에 황제가 태극전에 나아가 조회를 받았다. 문무관과 왕공 및 번객이 정월을 축하하는데 의식을 더하였고, 풍락전에서 시신들에게 연회를 베풀고 어피(御被)를 내려 주었다. (『類聚國史』 71 歲時 2 元日朝賀)

백제 발해 정월 경진일(7)에 5위 이상 및 번객들에게 풍락전에서 연회를 베풀었다. (…) 정4위하 (…) 정6위상 (…) 百濟王盈哲에게 (…) 종5위하를 수여하고 (…) 또 발해국 입관대사(入覲大使) 이승영(李承英) 등에게 위계를 수여하였는데 차등이 있었다. (『日本紀略』)

발해 정월 경진일(7)에 5위 이상 및 번객들에게 풍락전에서 연회를 베풀었다. (『類聚國史』 71 歲時 2 七日節會)

백제 정월 경진일(7)에 정4위하 (…) 정6위상 (…) 백제왕 영철(盈哲)에게 (…) 종5위하를 수여하였다. (『類聚國史』 99 敍位)

발해 정월 경진일(7)에 또 발해국 입관대사 이승영 등에게 등에게 위계를 수여하였는데 차등이 있었다. (『類聚國史』 194 殊俗 渤海 下)

발해 정월 기축일(16)에 풍락전에서 답가(踏歌)를 연주하고 군신 및 번객들에게 차등있게 녹을 내려 주었다. (『類聚國史』 72 歲時 3 踏歌)

발해 (정월) 갑오일(21)에 발해왕에게 국서를 내려 다음과 같이 말하였다. "천황은 삼가 발해국왕에게 묻는다. 승영 등이 이르러 계를 보니 자세하다. 왕은 신의를 성정으로 하고 예의는 몸에 배어 있다. 번국의 왕통을 이어 지키고, 오랜 우호를 닦고 있다. 구름의 상태를 엿보아 바라보고, 바람의 방향을 향하여 진실한 마음을 달린다. 사자는 세시로 끊임없이 오고, 증물은 천황의 창고에 넘친다. 하물며 지난번의 사신 감덕 등은 배가 부서져 편하게 건널 방법이 없었다. 짐은 특별히 보내어 배1척을 주어 돌려보냈다. 이 풍교에 의한 은혜를 왕은 잊지 않고, 전대부터의 좋은 길을 따라 삼가 사신을 파견하고 멀리 감사의 뜻을 전하여 왔다. 여기에 진실 된 마음을 생각하니 심히 가상하도다. 멀리 떨어진 절역으로 물안개가 사이에 있다. 즉 북령(발해)을 바라보니 어찌 생각하지 않음이 있겠는가. 돌아가는 편에 물건을 보낸다. 품목은 별지와 같다. 초봄이라 찬 기운이 남아있지만, 요즘 어떻게 지내시는가. 국내의 모두가 평안하시길. 대략 이 국서를 보내지만 많이 미치지 못한다."(『類聚國史』194 殊俗 渤海 下)

발해 정월 을미일(22)에 당 월주(越州) 사람 주광한(周光翰)과 언승칙(言升則) 등이 고하여 고향으로 돌아가기를 청하였다. 이에 발해사에 부쳐서 방환하였다.(『日本紀略』)

발해 (원화) 15년 윤정월에 사신을 보내어 조회하니 대인수에게 금자광록대부(金紫光祿大夫)·검교사공(檢校司空)을 더해 주었다.(『舊唐書』199下 列傳 149下 北狄 渤海靺鞨)

발해 (원화) 15년 윤정월에 홀한주도독발해국왕 대인수에게 금자광록대부·검교사공을 더해 주었다.(『冊府元龜』965 封冊 3)

발해 (원화) 15년 윤정월에 발해 등이 (…) 더불어 사신을 보내 조공하였다.(『冊府元龜』972 外臣部 17 朝貢 5)

신라 2월 병술일(14)에 원강(遠江)과 준하(駿河) 양 국(國)에 유배시켰던 신라인 700명이 반란을 일으켜 사람들을 죽이고 옥사(屋舍)를 불태웠다. 두 국(國)이 병사를 내어 공격하였으나 이길 수 없었다. 이두국(伊豆國)의 곡식을 훔쳐 배를 타고 바다로 들어갔다. 상모(相模), 무장(武藏) 등 일곱 국(國)의 군사를 발동시켜 힘을 합해 추토(追討)하여 모두 그 죄(허물)를 굴복시켰다.(『日本紀略』)

신라 발해 목종이 원화 15년 즉위하였다. 2월 경인일(18)에 인덕전에서 신라와 발해의 조공사를 만나 연회를 베풀고 차등있게 하사품을 내려 주었다.(『冊府元龜』976 外臣部 21 褒異 3)

신라 발해 (당 인덕전[실록(實錄)]) 목종 원화 15년 2월 경인일(18)에 신라·발해 조공사에 대해 인덕전에서 연회를 베풀어 주었다.(『玉海 』160 宮室 殿 下)

신라 (원화) 15년 2월 신라의 질자 시태자중윤(試太子中允)·사자금어대(賜紫金魚袋) 김사신이 다음과 같이 상주하였다. "신의 본국이 천조를 섬긴지 200여 년입니다. 일찍이 질자와 숙위로 대궐에 오고, 매번 중국의 사신들이 번국에 온 즉 부사에 충원되어 성지를 전하여 통하게 하고 국중에 내려 고해 왔습니다. 지금 성에 있는 숙위 질자인 신은 마땅히 다음에도 가야 합니다."(『冊府元龜』996 外臣部 41 納質)

신라 사신은 원화 연간 신라 질자로 시태자중윤이었다. (『全唐文』1000 金士信)

신라 신의 본국이 천조를 섬긴지 200여 년입니다. 일찍이 질자와 숙위로 대궐에 오고, 매번 중국의 사신들이 번국에 온 즉 부사에 충원되어 성지를 전하여 통하게 하고 국중에 내려 고해 왔습니다. 지금 성에 있는 숙위 질자인 신은 마땅히 다음에도 가야 합니다. (『全唐文』1000 金士信 請充本國副使奏)

신라 봄과 여름에 가물어 겨울에 기근이 들었다.(『三國史記』10 新羅本紀 10)

신라 봄과 여름에 가물어 겨울에 기근이 들었다.(『三國史節要』13)

신라 5월 갑진일(4)에 신라인 이장행(李長行) 등이 고羅양(羖䍽羊) 두 마리, 백양(白羊) 네 마리, 산양(山羊) 한 마리, 거위(鵞) 두 마리를 바쳤다.(『日本紀略』)

백제 6월 경인일(20)에 무품(无品) 준하내친왕(駿河內親王)이 훙(薨)하였다. 나이 20세였다. (…) 황통미조천황(皇統彌照天皇, 환무천황)의 열 네 번째 딸이다. 어머니는 백제씨였다. (『日本紀略』)

발해 (가을 7월 을묘일(15)) 평로군에게 새로 압신라발해양번사(押新羅·渤海兩蕃使)를 더하고 인장 하나를 내려주었으며, 순관(巡官) 1 명을 두는 것을 허락하였다. (『舊唐書』 16 本紀 16 穆宗)

신라 11월에 사신을 당에 보내어 조공하니 목종이 인덕전에서 불러 만나고 연회를 베풀어 주며 차등있게 하사품을 내려주었다. (『三國史記』 10 新羅本紀 10)

신라 11월에 사신을 보내 당에 조공하니 황제가 인덕전에서 불러 만나고 연회를 베풀어 주며 차등있게 하사품을 내려 주었다. (『三國史節要』 13)

신라 (원화) 15년 11월에 사신을 보내 조공하였다. (『舊唐書』 199上 列傳 149上 東夷 新羅)

신라 (원화 15년) 11월에 신라가 더불어 사신을 보내 조공하였다. (『冊府元龜』 972 外臣部 17 朝貢 5)

신라 (원화) 15년에 사신을 보내 조공하였다. (『唐會要』 95 新羅)

신라 발해 12월 임진일(24)에 신라·발해·남조·장가·곤명(昆明) 등을 인덕전에서 만나고 연회를 베풀며 하사품을 차등있게 내렸다. (『冊府元龜』 976 外臣部 21 褒異 3)

발해 (원화 15년) 12월에 다시 사신을 보내어 조공하였다. (『舊唐書』 199下 列傳 149下 北狄 渤海靺鞨)

발해 (원화 15년) 12월에 발해가 다시 사신을 보내어 조공하였다. (『冊府元龜』 972 外臣部 17 朝貢 5)

발해 원화 연간에 무릇 16차례 조회하고 공물을 바쳤다. (『新唐書』 219 列傳 144 北狄 渤海)

신라 신라의 하정사(賀正使) 창부낭중(倉部郎中) 김충량 등에게 칙서를 내린다. 짐이 문치(文治)의 교화로써 시대를 다스리면서 어짊과 신의로써 먼 곳의 사람을 품어 줌으로, 교화가 미치는 바에 앞 다투어 달려오고 있다. 하물며 드넓은 바다 한 모퉁이는 뱃길이 만리나 되는데도 너희들은 나의 교화를 흠모하니, 나는 너희들의 노고에 보답하기를 생각한다. 이에 그 등급에 따라서 관작을 내리니, 전의 충정을 변치 말아서 길이 외방 신하가 되라. 앞서 말한 데에 따른다. (『全唐文』 659 白居易 新羅賀正使金良忠授官歸國制)

821(辛丑/신라 헌덕왕 13/발해 宣王 建興 4/唐 長慶 1/日本 弘仁 12)

신라 (3월) 정미일(11)에 평로군절도사 설평(薛平)이 상주하기를, "해적이 신라인들을 바다에 접한 군현에서 노략질하여 팔고 있습니다. 청컨대 엄하게 더욱 금절하여 이속(異俗)으로 하여금 은혜를 품게 하소서." 하니, 이를 따랐다. (『舊唐書』 16 本紀 16 穆宗)

신라 장경 원년 3월에 평로군절도사 설평(薛苹)이 다음과 같이 상주하였다. "생각건대 해적이 신라인들을 꾀어 노략질하여 그 관할하는 등주와 내주(萊州) 경계 및 바다에 연한 여러 도에 이르러 노비로 팔고 있습니다. 엎드려 생각건대 신라가 비록 외방의 오랑캐이나 항상 정삭(正朔)를 받고 조공을 끊이지 않으니 내지와 다를 바가 없습니다. 그 백성들은 항상 해적에게 노략당하여 팔리니 다스리기가 실로 어렵습니다. 앞서 있었던 칙서에서 금지했으나, 관할하는 곳이 오랫동안 해적의 수중에 있어 전에는 법도를 지키지 못하였다고는 해도 수복한 이래로 도로가 막힘이 없어 서로 번갈아 매매하니 그 폐단이 더욱 심합니다. 엎드려 바라옵건대 밝은 명령을 내리시어 지금 이후로 바다에 연한 제도에서는 응당 적들이 신라국의 양인들을 잡아 파는 일이 있으면 일체 금해야 할 것입니다. 청컨대 소재 관찰사들에게 엄하게 하여 어기는 자가 있으면 법에 따라 처단하게 하소서." 칙을 내려 아뢴 대로 하라고 하였다. (『唐會要』 86 奴婢)

신라　봄에 백성들이 굶주려 자손을 팔아 생활하였다. (『三國史記』 10 新羅本紀 10)

신라　봄에 백성들이 굶주려 자식들을 파는 지경에 이르는 자들이 있었다. (『三國史節要』 13)

신라　(봄) 청주도독 김헌창을 웅천주 도독으로 삼았다. (『三國史節要』 13)

신라　여름 4월에 시중 김충공이 죽어 이찬 영공(永恭)을 시중으로 삼았고, 청주도독 헌창을 웅천주 도독으로 바꿔 임명하였다. (『三國史記』 10 新羅本紀 10)

신라　가을 7월에 패강(浿江)과 남천(南川)의 두 돌이 부딪혔다. (『三國史記』 10 新羅本紀 10)

신라　가을 7월에 패강과 남천의 두 돌이 부딪혔다. (『三國史節要』 13)

신라 발해　(당 목종 장경 원년) 7월에 평로절도사가 상주하여 칙령에 따라 압가신라발해양번(押加新羅·渤海兩蕃)에게 인장 하나를 청하니 이를 따랐다. (『冊府元龜』 60 帝王部 60 立制度 1)

발해　11월 을사일(12)에 발해국이 사신을 보내어 방물을 바쳤다. 국왕이 계를 올려 다음과 같이 말하였다. "인수가 아룁니다. 초가을이지만 아직 덥습니다. 엎드려 생각건대, 천황께서는 기거하심에 만복이 있으시고 즉 이에 인수도 덕분에 잘 지냅니다. 승영 등이 이르러 삼가 서문을 받자오니 생각하는 마음이 절절합니다. 엎드려 내려주신 아름다운 물품을 보니 황공함이 증가할 뿐입니다. 다만 생각건대, 귀국과 우리나라는 천해로 멀리 떨어져 있지만, 봉서를 날리고 폐물을 전하여 풍의가 두텁습니다. 서장은 항상 해마다 이어지고, 은혜로운 증물은 행복하게도 진귀한 물건을 받았습니다. 사모하고 생각하는 마음이 어찌 하나로 두텁다 하겠습니까. 인수는 재주가 없지만 다행히도 선대의 업을 닦습니다. 교호(交好)는 처음부터 끝까지 유지하기를 바라고, 오랜 진실됨은 계속 통하기를 바랍니다. 엎드려 생각건대, 명찰해주시면 심히 행운이겠습니다. 삼가 정당성(政堂省) 좌윤(左尹) 왕문구(王文矩) 등을 보내어 계를 갖고 가 조근하게 하고, 멀리 국례를 닦아 이로써 근사하는 정을 단단히 하고자 합니다. 적은 토산품를 바쳐, 삼가 별지에 기록하였습니다. 이에 검분해주시길 바랍니다. 청산은 땅 끝에 달하고 벽해는 하늘에 접하였습니다. 직접 배알하는 것은 아직 어렵지만, 엎드려 멀리 떨어져 있다는 생각은 늘어납니다. 삼가 계를 올립니다." (『類聚國史』 194 殊俗 渤海 下)

신라　겨울 12월 29일에 우레가 크게 쳤다. (『三國史記』 10 新羅本紀 10)

신라　겨울 12월에 우레가 크게 쳤다. (『三國史節要』 13)

신라　[등과기(登科記)] 장경 원년 신축 빈공과(賓貢科) 한 명은 김운경(金雲卿)이었다. (『

玉海』116 選擧 科擧 3 咸平賓貢)

822(壬寅/신라 헌덕왕 14/발해 宣王 建興 5/唐 長慶 2/日本 弘仁 13)

발해 홍인 13년 봄 정월 초하루 계사일에 황제가 태극전에 나가 조회를 받았다. 경관(京官) 문무관리와 왕공 이하 및 번객 조집사(朝集使) 등에게 관위를 더해 주었다. 이날 풍락전에 거둥하여 시신들에게 연회를 베풀고 녹을 차등 있게 나누어 주었다. (『類聚國史』71 歲時 2 元日朝賀)

발해 정월 기해일(7)에 풍락전에서 군신 및 번객들에게 연회를 베풀어 주었다. (『類聚國史』71 歲時 2 七日節會)

발해 정월 기해일(7)에 풍락전에서 군신 및 번객들에게 연회를 베풀어 주었다. (『類聚國史』99 官職 4)

발해 정월 기해일(7)에 풍락전에 거둥하여 군신 및 번객들에게 연회를 베풀어 주었다. (『類聚國史』194 殊俗 渤海 下)

발해 정월 무신일(16)에 풍락전에서 5위이상 및 번객들에게 연회를 베풀고 답가(踏歌)를 연주하였다. 발해국 사신 왕문구 등이 격구를 하였는데, 면 200둔(屯)를 걸었다. 담당 관서가 음악을 연주하고 번객이 무인(舞人)을 인솔하니 녹을 차등있게 내려 주었다. (『類聚國史』72 歲時 3 踏歌)

발해 (정월) 무신일(16)에 풍락전에서 5위이상 및 번객들에게 연회를 베풀고 답가를 연주하였다. 발해국 사신 왕문구 등이 격구를 하였는데, 면 200둔를 걸었다. 담당 관서가 음악을 연주하고 번객이 무인(舞人)을 인솔하니 녹을 차등 있게 내려 주었다. (『類聚國史』194 殊俗 渤海 下)

발해 정월 임자일(20)에 발해사신을 인덕전에서 만나 연회를 베풀어주고 물품을 차등 있게 내려 주었다. (『冊府元龜』976 外臣部 21 褒異 3)

발해 (당 인덕전[실록(實錄)]) (장경) 2년 정월 임자일(20)에 발해 사신에게 연회를 베풀었다. (『玉海 』160 宮室 殿 下)

발해 (정월) 임자일(20)에 왕문구 등에게 조집전에서 연회를 베풀어 주었다. (『類聚國史』194 殊俗 渤海 下)

발해 (정월) 계축일(21)에 문구 등이 번으로 돌아갔다. 국왕에게 국서를 내려 다음과 같이 말하였다. "천황이 삼가 발해국왕에게 묻는다. 사신이 이르러 계를 보니, 바르고 아름다운 마음을 자세히 알겠다. 짐은 보잘 것 없고 어리석으나 삼가 선대의 업을 지키고, 마음은 선린에 있으며, 생각은 멀리서 온 사신에게 절절하다. 왕은 평소 예악을 지니고, 가문은 의관을 계승하였다. 기량과 법도는 널리 아래까지 통하고, 가슴속을 실현하고자 노력하고 있다. 그 행동은 도에서 벗어나지 않고, 덕은 항상 지키고 있다. 고난을 꺼리지 않고, 자주 조빙하였다. 곤명(鯤溟)에 배를 띄어 파도를 달려 형제의 관계에 따라 진보를 헌상하고 우리 궁정에 근경(謹敬)의 예를 다하였다. 군자가 없다면 그 어찌 국가라 하겠는가. 이에 왕의 단심을 생각하니 깨어서도 누어서도 잊을 수가 없다. 풍마(風馬)는 땅을 달리하지만, 두우(斗牛)는 하늘을 같이 한다. 그러나 길은 멀어서 사모하여도 만날 수 없다. 적은 국신(國信)을 부친다. 도착하면 잘 수령하시라. 봄의 시작이라 여전히 춥다. 평안히 잘 계시길. 오늘, 사신이 돌아간다. 대략은 여기에 다 싣지 못했다. (『類聚國史』194 殊俗 渤海 下)

신라　봄 정월에 친동생 수종(秀宗)을 부군(副君)으로 삼아 월지궁(月池宮)에 들게 하였다 [수종(秀宗)은 혹 수승(秀升)이라고도 부른다]. (『三國史記』 10 新羅本紀 10)

신라　봄 정월에 왕에게 왕위를 이을 아들이 없었으므로 친동생 아우 수종을 태자로 삼아 월지궁에 들게 하였다. 그때 상대등 충공이 정사당에 앉아 내외 관원을 전형, 선발하였는데, 청탁하는 자들이 모여들었다. 충공이 뽑을 만 한 자가 없어 병이 들을 것 같아 물러나 의사를 불러 진맥하니, "병이 심장에 있어 반드시 용치탕(龍齒湯)을 복용하여야 합니다."고 하였다. 마침내 문을 닫고 손님을 만나지 않았다. 집사시랑(執事侍郎) 녹진이 가서 뵙기를 청하였으나, 문지기가 거절하였다. 녹진이 말하기를, "하관(下官)은 상공(相公)께서 병환으로 인하여 손님을 사절함을 모르지는 않으나, 반드시 한 말씀을 드려서 근심에 가득찬 생각을 풀어드려야 하겠기 뵙지를 못한다면 물러갈 수 없습니다."라고 하였다. 문지기가 두세 번 그것을 아뢰었더니, 이에 만나 보았다. 녹진이 말하기를, "엎드려 듣건대 기운과 몸이 고르지 못함은 아침 일찍 출근하고 저녁 늦게 퇴근하여 찬바람과 이슬을 맞아 혈기가 조화를 잃어 몸이 불편하신 것이 아닙니까."라고 말하였다. "그런 정도는 아니다."라고 하니, 녹진은 "그렇다면 공의 병환은 약이나 침으로 할 것이 아니라, 가히 이치에 맞는 말뿐입니다."라고 말하였다. 충공이 "들을 만한 것인가." 하니, 녹진이 말하였다. "저 목수가 집을 짓습니다. 재목이 큰 것은 기둥으로 삼고 작은 것은 서까래로 삼아 휜 것과 곧은 것은 각각 적당한 자리에 들어간 후에야 큰 집이 만들어집니다. 재상이 정사를 함에 있어서 또한 그렇습니다. 큰 인재는 높은 지위에 두고 작은 인재는 가벼운 소임을 준다면, 안으로는 육관(六官)과 온갖 집사들로부터 밖으로는 방백(方伯)·연솔(連率)·군수(郡守)·현령(縣令)에 이르기까지 조정에는 빈 식위가 없고, 직위마다 부적당한 사람이 없을 것이며, 상하의 질서가 정해지고 어진 이와 어리석은 자가 나누어질 것입니다. 그런 후에야 왕정(王政)이 이루어집니다. 지금은 그렇지 않습니다. 사사로움에 따라 공심(公心)이 다 없어지고, 사람을 위하여 관직을 택하며, 총애하면 비록 재목이 아니더라도 아주 높은 곳으로 보내려 하고, 미워하면 능력이 있더라도 구렁에 빠뜨리려고 합니다. 취하고 버림에 그 마음이 뒤섞이고 옳고 그름에 그 뜻이 어지럽게 되면, 비단 나라 일이 혼탁해질 뿐만 아니라 그 일을 하는 사람 역시 수고롭고 병들 것입니다. 만약 그 관직을 맡음에 청렴하고 결백하고 일을 처리함에 근신한다면 뇌물의 길을 막고 청탁하는 폐단을 멀리할 수 있어, 승진과 강등을 오직 사람의 어두움과 밝음으로써 하고 관직을 주고 뺏는 것을 사랑과 미움으로써 하지 않아, 저울에 다는 것처럼 가볍고 무거움이 잘못되지 않고 먹통줄처럼 곡직(曲直)이 속여지지 않을 것입니다. 이와 같게 되면 형정(刑政)이 진실로 엄숙해지고 국가가 화평하여, 비록 공손홍(公孫弘)처럼 집의 문을 열어 놓고 조참(曹參)과 같이 술을 내면서 친구들과 담소하고 즐겨도 좋을 것입니다. 그런데 어찌 반드시 약을 먹느라고 마음을 쓰고, 부질없이 시간을 소비하며 일을 폐하시는 것입니까" 충공이 기뻐하며 의관(醫官)을 사양하고 왕궁으로 입조하였다. 왕이 "경에게 날짜를 정해 놓고 약을 먹으라고 했는데, 어찌하여 조정에 나왔는가."라고 말하였다. 대답하기를, "제가 녹진의 말을 들으니, 약석(藥石)과 같았습니다. 어찌 용치탕을 마시는 데 그칠 정도이겠습니까."라고 말하였다. 인하여 왕을 위하여 일일이 녹진이 한 말을 이야기하였다. 왕은 "과인(寡人)이 인군(人君)이 되고 경(卿)이 수상이 되어, 이와 같이 직언하는 사람이 있으니 얼마나 기쁜 일인가. 태자로 하여금 알게 하지 않을 수 없으니, 마땅히 월지궁(月池宮)으로 가라."고 말하였다. 태자가 이 말을 듣고 들어와서 하례하기를, "일찍이 임금이 밝으면 신하가 곧다고 들었습니다. 이 역시 국가의 아름다운 일입니다."라고 말하였다. 녹진 일길찬은 수봉의 아들이다.

신라

14년에 국왕에게 왕위를 이을 아들이 없었으므로 친동생 아우 수종을 태자로 삼아 월지궁에 들게 하였다. 그때 각간 충공(忠恭)이 상대등이 되어, 정사당(政事堂)에 앉아 내외 관원을 전형, 선발하였다. 공무(公務)를 물리치고 병이 들었는데, 국의(國醫)를 불러 진맥하니, "병이 심장에 있어 반드시 용치탕(龍齒湯)을 복용하여야 합니다."고 하였다. 마침내 21일간의 휴가를 청하고 문을 닫고 손님을 만나지 않았다. 이에 녹진이 가서 뵙기를 청하였으나, 문지기가 거절하였다. 녹진이 말하기를, "하관(下官)은 상공(相公)께서 병환으로 인하여 손님을 사절함을 모르지는 않으나, 반드시 곁에서 한 말씀을 드려서 근심에 가득 찬 생각을 풀어드려야 하겠기 때문에 여기에 온 것입니다. 만일 뵙지 못한다면 물러갈 수 없습니다."라고 하였다. 문지기가 두세 번 그것을 아뢰었더니, 이에 불러들여서 보았다. 녹진이 나아가서, "살피건대 귀하신 몸이 편안하지 않으시다 들었습니다. 아침 일찍 출근하고 저녁 늦게 퇴근하여 찬 바람과 이슬을 맞아 혈기가 조화를 잃어 몸이 불편하신 것이 아닙니까."라고 말하였다. "그런 정도는 아니다. 다만 어릿어릿하여 정신이 상쾌하지 않을 뿐이다."라고 하였다. 녹진은 "그렇다면 공의 병환은 약이나 침으로 할 것이 아니라, 가히 이치에 맞는 말과 고상한 이야기로 한 번 쳐서 깨칠 수 있습니다. 공은 들어 주시겠습니까."라고 말하였다. 충공이 "그대는 나를 멀리하여 버리지 않고 호의를 가지고와 주었다. 원컨대 좋은 말을 들려주어 나의 마음을 씻어 주게나."라고 하였다. 녹진은 말하였다. "저 목수가 집을 짓습니다. 재목이 큰 것은 기둥으로 삼고 작은 것은 서까래로 삼으며, 휜 것과 곧은 것은 각각 적당한 자리에 들어간 후에야 큰 집이 만들어집니다. 옛날에 어진 재상이 정사를 함에 있어서 또한 무엇이 다르겠습니까. 큰 인재는 높은 지위에 두고 작은 인재는 가벼운 소임을 준다면, 안으로는 육관(六官)과 온갖 집사들로부터 밖으로는 방백(方伯)·연솔(連率)·군수(郡守)·현령(縣令)에 이르기까지 조정에는 빈 직위가 없고, 직위마다 부적당한 사람이 없을 것이며, 상하의 질서가 정해지고 어진 이와 어리석은 자가 나누어질 것입니다. 그런 후에야 왕정(王政)이 이루어집니다. 지금은 그렇지 않습니다. 사사로움에 따라 공심(公心)이 다 없어지고, 사람을 위하여 관직을 택하며, 총애하면 비록 재목이 아니더라도 아주 높은 곳으로 보내려 하고, 미워하면 능력이 있더라도 구렁에 빠뜨리려고 합니다. 취하고 버림에 그 마음이 뒤섞이고 옳고 그름에 그 뜻이 어지럽게 되면, 비단 나라 일이 혼탁해질 뿐만 아니라 그 일을 하는 사람 역시 수고롭고 병들 것입니다. 만약 그 관직을 맡음에 청렴하고 결백하고 일을 처리함에 근신한다면 뇌물의 길을 막고 청탁하는 폐단을 멀리할 수 있어, 승진과 강등을 오직 사람의 어두움과 밝음으로써 하고 관직을 주고 뺏는 것을 사랑과 미움으로써 하지 않아, 저울에 다는 것처럼 가볍고 무거움이 잘못되지 않고 먹통줄처럼 곡직(曲直)이 속여지지 않을 것입니다. 이와 같게 되면 형정(刑政)이 진실로 엄숙해지고 국가가 화평하여, 비록 공손홍(公孫弘)처럼 집의 문을 열어 놓고 조참(曹叅)과 같이 술을 내면서 친구들과 담소하고 즐겨도 좋을 것입니다. 그런데 어찌 반드시 약을 먹느라고 마음을 쓰고, 부질없이 시간을 소비하며 일을 폐하시는 것입니까" 각간은 이에 의관(醫官)을 사양하고 물리쳐 보내고, 수레를 타고 왕궁으로 입조하였다. 헌덕왕이 "경에게 날짜를 정해 놓고 약을 먹으라고 했는데, 어찌하여 조정에 나왔는가."라고 말하였다. 대답하기를, "제가 녹진의 말을 들으니, 약석(藥石)과 같았습니다. 어찌 용치탕을 마시는 데 그칠 정도이겠습니까."라고 말하였다. 인하여 왕을 위하여 일일이 녹진이 한 말을 이야기하였다. 왕은 "과인(寡人)이 인군(人君)이 되고 경(卿)이 수상이 되어, 이와 같이 직언하는 사람이 있으니 얼마나 기쁜 일인가. 태자로 하여금 알게 하지 않을 수 없으니, 마땅히 월지궁(月池宮)으로 가라."고 말하였다. 태자가 이 말을 듣고 들어와서 하례하기를, "일찍이 임금이 밝으면 신하가 곧다고 들었습니다. 이 역시 국가의 아름다운 일

입니다."라고 말하였다. (『三國史記』 45 列傳 5 祿眞)

발해 장경 2년 정월에 또 사신을 보내왔다. (『舊唐書』 199下 列傳 149下 北狄 渤海靺鞨)

발해 장경 2년 정월에 발해 (…) 더불어 사신을 보내어 조공하였다. (『冊府元龜』 972 外臣部 17 朝貢 5)

신라 2월에 눈이 5척이나 내려 수목이 말라 죽었다. (『三國史記』 10 新羅本紀 10)

신라 2월에 눈이 5척이나 내려 수목이 말라 죽었다. (『三國史節要』 13)

신라 3월에 웅천주(熊川州) 도독 헌창(憲昌)이 아버지 주원(周元)이 왕이 되지 못함을 이유로 반란을 일으켜, 국호(國號)를 장안(長安)이라 하고 연호를 세워 경운(慶雲) 원년이라 하였다. 무진(武珍), 완산(完山), 청주(菁州), 사벌(沙伐)의 4개 주 도독과 국원경(國原京), 서원경(西原京), 금관경(金官京)의 사신(仕臣), 여러 군현의 수령을 협박해 자기 소속으로 삼았다. 청주(菁州)도독 향영(向榮)은 몸을 빼 추화군(推火郡)으로 달아났고, 한산주(漢山州), 우두주(牛頭州), 삽량주(歃良州), 패강진(浿江鎭), 북원경(北原京) 등은 헌창의 역모 사실을 미리 알고 병사를 일으켜 스스로 수비하였다. 18일에 완산주(完山州) 장사(長史) 최웅(崔雄)과 주조(州助) 아찬 정련(正連)의 아들 영충(令忠) 등이 왕경으로 도망와 반란을 보고하니, 왕이 곧바로 최웅에게 급찬의 위와 속함군(速含郡) 태수직을, 영충에게는 급찬의 위를 주고, 차원(差員) 장수 8명에게 왕도의 8방(方)을 지키게 한 후에 군사를 출병시켰다. 일길찬 장웅(張雄)을 선발로 잡찬 위공(衛恭) 파진찬 제릉(悌凌)이 그 뒤를 잇고, 이찬 균정(均貞), 잡찬 웅원(雄元), 대아친 우징(祐徵) 등은 삼군을 통솔하고 정벌을 떠났다. 각간 충공(忠恭)과 잡찬 윤응(允膺)은 문화관문(蚊火關門)을 지켰다. 명기(明基)와 안락(安樂) 두 화랑이 각각 종군을 청하여, 명기와 그를 따르는 무리는 황산(黃山)으로 향하고, 안락은 시미지진(施彌知鎭)으로 향했다. 이때에 헌창은 장수를 보내 주요 도로를 차지하고 기다리고 있었다. 장웅이 도동현(道冬峴)에서 적병을 만나 격퇴하였고, 위공과 제릉이 장웅의 군대에 합세해 삼년산성(三年山城)을 공격해 승리하였다. 병사들이 속리산(俗離山)으로 나아가 적병을 공격해 섬멸하였고, 균정 등은 적과 성산(星山)에서 싸워 멸하였다. 여러 군사들이 함께 웅진(熊津)에 도착해 적과 큰 전투를 벌였는데, 목을 벤 수를 헤아릴 수 없었다. 헌창은 간신히 몸을 피하여 성에 들어가 견고히 수비하니, 여러 군사들이 포위 공격을 한 지 10일 만에 성이 함락되려 하였다. 헌창이 피할 수 없음을 알고 스스로 목숨을 끊자 종자(從者)가 목을 잘라 머리와 몸을 각각 묻었다. 성이 함락되자 옛 무덤에 있는 그의 몸을 찾아내 다시 베고 종족(宗族)과 도당(徒黨) 무려 239명을 죽이고 백성들은 놓아주었다. 그 후 공(功)을 논하여 작위와 상을 줌에 차등을 두었다. 아찬 녹진(祿眞)에게 대아찬의 위를 주었으나 사양하고 받지 않았다. 삽량주(歃良州) 굴자군(屈自郡)은 적과 가까웠으나 난에 가담하지 않아 7년 동안 조세를 면제하였다. (『三國史記』 10 新羅本紀 10)

신라 3월에 웅천주 도독 헌창이 아버지 주원이 왕이 되지 못함을 이유로 반란을 일으켜, 국호를 장안이라 하고 연호를 세워 경운(慶雲) 원년이라 하였다. 무진, 완산, 청주, 사벌주와 국원경, 서원경, 금관경의 제 주군이 이미 속해 버렸다. 청주도독 향영은 몸을 빼 추화군으로 달아났고, 한산주, 우두주, 삽량주, 패강진, 북원경 등은 헌창의 역모 사실을 미리 알고 군대로 굳게 지켰다. 완산주(完山州) 장사(長史) 최웅(崔雄)과 속함군 태수 영충 등은 왕경으로 도망와 반란을 보고하니, 왕이 기뻐하며 최웅과 영충에게 급찬을 제수하고 일길찬 장웅에게는 잡찬, 위공(衛恭)에게는 파진찬, 제릉에게는 이찬, 균정에게는 잡찬을 주었다. 웅원과 대아찬 우징 등은 길을 나누어 공격하게 하고, 각간 충공 잡찬 윤응은 문화관문(蚊火關門)을 지켰다. 헌창이 장수를 보내어 요해지를 근거삼아 이들을 기다렸다. 장웅이 도동현에서 적을 만나 싸워 이기고, 위공과 제릉이 이를 이어 삼년산성을 공격하여 이겼다 군대를 진격시켜 속리산에 다다라 또 이를 격파하였다. 제군이 함께 웅진에 도착하여 적과 크게 싸워 목을 벤 수를 헤아릴 수 없었다. 헌창은 간신히 몸을 피하여 성에 들어가 견고히 수비하니, 여러 군사들이 포위 공격을 한 지 10일 만에 성이 함락되려 하였다. 헌창이 피할 수 없음을 알고 스스로 목숨을 끊자 종자(從者)가 목을 잘라 머리와 몸을 각각 묻었다. 성이 함락되자 옛 무덤에 있는 그의 몸을 찾아내 다시 베고 종족과 도당 무려 239명을 죽이고 나머지는 죄를 묻지 않았다. 백성들은 놓아주었다. 그 후 공(功)을 논하여 작위와 상을 줌에 차등을 두었다. 삽량주 굴자군은 적과 가까웠으나 난에 가담하지 않아 7년 동안 조세를 면제하였다. (『三國史節要』 13)

신라 후에 웅천주도독(熊川州都督) 헌창이 반란을 일으켰으므로 왕이 군사를 일으켜 토벌하였는데, 녹진이 참여하여 공이 있었다. 왕이 대아찬의 관등을 주었으나, 사양하여 받지 않았다. (『三國史記』 45 列傳 5 祿眞)

신라 (3월) 각간 충공의 딸 정교(貞嬌)를 들여 태자비로 삼았다. (『三國史記』 10 新羅本紀 10)

신라 (3월) 각간 충공의 딸 정교를 들여 태자비로 삼았다. (『三國史節要』 13)

신라 (3월) 패강(浿江) 산곡의 쓰러진 나무에서 움이 났는데, 하룻밤에 높이가 13척, 둘레가 4척 7촌이나 자랐다. (『三國史記』 10 新羅本紀 10)

신라 여름 4월 13일에 달빛이 핏빛처럼 되었다. (『三國史記』 10 新羅本紀 10)

신라 여름 4월에 달빛이 핏빛처럼 되었다. (『三國史節要』 13)

신라 가을 7월 12일에 해에 검은 해무리가 생겼는데, 남북을 가리켰다. (『三國史記』 10 新羅本紀 10)

신라 가을 7월에 해에 검은 해무리가 생겼다. (『三國史節要』 13)

신라 7월 을사일(17)에 신라인 40인이 귀화하였다. (『日本紀略』)

백제 10월 정사 초하루에 (…) 종5위상 중신조신도성(中臣朝臣道成), 백제왕원승(百濟王元勝), 대반숙니국도(大伴宿祢國道)에게 정5위하를 수여하고 (…) (『日本紀略』)

신라 겨울 12월에 계필(桂弼)을 당에 보내 조공하였다. (『三國史記』 10 新羅本紀 10)

신라 겨울 12월에 계필을 당에 보내 조공하였다. (『三國史節要』 13)

신라 장경 2년 12월에 김주필(金柱弼)을 사신으로 보내 조공하였다. (『舊唐書』 199上 列傳 149上 東夷 新羅)

신라 장경 2년 12월에 사신 김주필을 보내 조공하였다. (『唐會要』 95 新羅)

신라 12월에 회골·토번·신라·거란·해·장가가 더불어 사신을 보내 조공하였다. (『冊府元龜』 972 外臣部 17 朝貢 5)

신라 장경 2년[12월] 보력 원년(825) 다시 사신을 보내 와서 숙위(宿衛)하였다. (『玉海』 153 朝貢 外夷來朝內附 唐新羅織錦頌觀釋尊賜晉書)

신라 (김양(金陽)의) 종부형(從父兄) 흔(昕)은 자가 태(泰)이다. 아버지는 장여(璋如)로, 벼슬이 시중(侍中) 파진찬(波珍湌)에까지 이르렀다. 흔은 어려서부터 총명하였고 학문을 좋아하였다. 장경(長慶) 2년에 헌덕왕이 당에 들어갈 사람을 보내려 하는데, 그 사람을 얻기 어려웠다. 어떤 사람이 흔은 태종의 후예로 정신이 밝고 빼어나며 그릇이 깊고 크니, 선발할 만하다고 천거하였다. 마침내 그로 하여금 당에 입조·숙위케 하였다 (『三國史記』 44 列傳 4 金陽 附金昕)

신라 장경(長慶; 821~824) 초에 조정사(朝正使)로 가게 된 왕자 흔(昕)이 당은포(唐恩浦)에 배를 대었기에 태워줄 것을 부탁하니 그러라고 하였다. 마침내 지부산(之罘山) 기슭에 도착해서는 전에는 어려웠던 일이 이제 쉽게 됨을 생각하고서 해약(海若; 바다의 신)에게 공손히 절하고서 "큰 파도를 자제하고, 바람의 마군과 잘 싸우셨습니다."고 하였다. 스승을 찾아다니다가 대흥성(大興城) 남산(南山)의 지상사(至相寺)에 이르러서는 화엄을 이야기하는 사람을 만나게 되었는데 부석사에서 배운 것과 다를 바 없었다. 그때 한 얼굴이 검은 노인이 말을 걸고서 "멀리 자신 밖의 사물에서 (道를) 구하려 하기보다 자신이 부처임을 아는 것이 낫지 않겠는가."라고 하였다. 대사는 이 말을 듣자마자 크게 깨닫고서 이때부터 경전 공부하는 것을 그만두고 여기저기 돌아다니다가 불광사(佛光寺)에서 여만(如滿)에게 도(道)를 물었다. 여만은 강서마조(江西馬祖)에게서 심인(心印)을 얻었고, 향산(香山)의 백상서(白尙書) 악천(樂天)과는 불법을 같이 이야기하는 벗이었지만 (대사의 질문에) 대답하면서 매우 부끄러워 하면서 "내가 여러 사람을 겪어 보았지만 이 신라사람같은 사람은 있지 않았다. 후일에 중국에서 선(禪)이 사라진다면 곧 동이(東夷)에 가서 물어 보아야 할 것이다."고 하였다. 그 곳을 떠나 마곡(麻谷) 보철화상(寶徹和尙)을 찾아가 모시면서 힘든 일을 하는 것을 가리지 않고, 남이 하기 어려워 하는 것을 쉽게 해내었다. 이에 여러 사람들이 그를 가리켜 "선문(禪門)에 있어서 유검루(庾黔婁)와 같은 남다른 행실을 하는 자"라고 말하였다. 보철화상은 대사의 노력을 현명히 여기고서 하루는 불러서 말하기를 "전에 나의 스승인 마화상(馬和尙 : 馬祖道一)께서 나와 헤어질 때에 말씀하시길 '봄에 꽃이 많으면 가을에 열매가 적은 법이다. 보리수에 오르려고 하는 사람은 이것을 슬프게 여긴다. 지금 너에게 심인(心印)을 전하니 후일에 제자 가운데 재주가 뛰어나서 북돋아 줄만한 사람이 있으면 북돋아 주어서 끊어지지 않도록 하라.'고 하시고 다시 말씀하시기를 '불법이 동쪽으로 전해간다는 말은 거의 예언에서 나온 말이니 해뜨는 곳(동쪽)에서 불법을 공부하는 사람들의 바탕이 거의 완숙해졌을 것이다. 만일 네가 동쪽 사람으로서 눈으로 말할 만한 사람을 얻어 잘 이끌어 지혜의 물이 바다 바깥(중국 바깥)에 까지 덮도록 한다면, 그 덕이 적지 않을 것이다.'고 하셨다. 스승의 말씀이 아직도 귀에 쟁쟁한데 네가 왔으니 기쁘구나. 이제 심인(心印)을 전하여 동방에서 선종의 으뜸가는 사람이 되게 하니 가서 삼가 실행하거라. (그렇게 한다면) 나는 지금은 강서(江西) 마조(馬祖)의 수제자이고, 후세엔 해동(海東) 선문(禪門)의 할아버지가 될 터이니 스승에게 부끄럽지 않게 될 것이구나."고 하였다. 그곳에 머무른 지 얼마 안되어 보철화상이 세상을 떠나 묵건(墨巾)을 머리에 쓰고 이내 말하기를 "큰 배가 이미 떠나버렸는데 작은 배가 어디에 묶여 있을 것인가."라 하고 이때부터 각지를 유랑하였는데 바람처럼 하여 그 기세를 막을 수 없고, 뜻을 빼앗을 수 없었다. 분수(汾水)를 건너고 곽산(崞山)을 오르기까지 오래된 (불교의) 자취는 반드시 찾아가고, 참된 승려는 반드시 만나 보았다. 머무르는 곳은 인가를 멀리하였으니 그것은 위태로운 것을 편안히 여기고 고생을 달게 여기며, 몸은 종처럼 부리되, 마음은 임금처럼 받들기 위해서였다. 이런 가운데도 오로지 병든 사람을 돌보고, 고아와 자식없는 늙은이들을 도와주는 것을 자신의 임무로 여겼다. 지독한 추위나 더위가 닥쳐, 열이 나고 가슴이 답답하거나 손이 트고 얼음이 박히더라도 전혀 게으른 모습을 보이지 않았으니 그 이름을 듣는 사람은 멀리에서 자기도 모르는 사이에 예의를 표하면서 동방(東方)의 대보살(大菩薩)이라고 크게 떠들었다. 30여 년간의 행적은 이와 같았다. (「聖住寺郎慧和尙白月葆光塔碑」)

발해 장경 2년 영선대사(靈仙大師)는 오대산에 들어가 항상 육신은 부정한 것이라 꺼려하시고 마음으로 흰 원숭이의 울음 소리를 듣지 아니 하셨다. (「哭日本國內供奉大德靈仙和尙詩幷序」)

823(癸卯/신라 헌덕왕 15/발해 宣王 建興 6/唐 長慶 3/日本 弘仁 14)

신라 (정월 초하루 정사일) 칙령으로 신라인을 노비로 팔지 못하게 하고 이미 중국에 있는 자로 즉시 놓아줘 그 나라로 돌아가게 하였다. (『舊唐書』 16 本紀 16 穆宗)

신라 (장경) 3년 정월에 신라 사신 김주필(金柱弼)이 상장(上狀) 하여 말하기를 다음과 같이 하였다. "앞서 은혜로운 칙령으로 양인을 금매(禁賣)하여 가고자하는 바에 맡겨도 노약자는 바쁘며 집이 없어 이웃바다 마을에 기거하며 돌아가고자 해도 길이 없습니다. 엎드려 바라건대 각 도의 해변 주현(州縣)에 항상 배편이 있으니 마음대로 돌아 가게하고 주현으로 하여금 제약 하지 못하게 하소서. 천자가 칙령으로 신라인을 노비로 파는 행위를 금지하는 것은 곧 정식 칙령이 있을 것이니 말한 바와 같이 표류하여 기거(寄居)하는 자 있으면 진실로 마음대로 돌아가게 맡기는 것이 합당합니다. 마땅히 소재(所在) 주현에 맡겨 실물과 장부와 대조하여 그 본국신라 백성이 돌아가기를 원하는 자를 책임지고 살펴 이제 돌아오게 하여주소서." (『唐會要』 86 奴婢)

신라 1년이 지나 돌아가기를 청하니, 황제가 조서(詔書)로 금자광록대부(金紫光祿大夫) 시태상경(試太常卿)을 제수하였다. 이윽고 돌아오자 국왕은 왕명을 욕되게 하지 않았다고 하여, 발탁하여 남원(南原) 태수(太守)를 제수하였다. 여러 번 자리를 옮겨 강주(康州) 대도독(大都督)에 이르렀고, 얼마 있지 않아 이찬(伊湌) 겸 상국(相國)의 벼슬을 더하였다. (『三國史記』 44 列傳 4 金陽 附金昕)

신라 봄 정월 5일에 서원경(西原京)에서 벌레가 하늘에서 떨어졌다. (『三國史記』 10 新羅本紀 10)

신라 봄 정월에 서원경에 벌레가 비처럼 내렸다. (『三國史節要』 13)

백제 정월 계해일(7)에 무위(无位) 고동왕(高棟王)에게 종4위하를 수여하였다. (…) 정6위상 안야숙니진계(安野宿祢眞繼), 백제공계도(百濟公繼嶋)에게 (…) 외종5위하를 수여하였다. (『類聚國史』 99 敍位)

신라 (봄 정월) 9일에는 흰 색, 검정색, 붉은 색의 세 종류의 벌레가 눈에도 아랑곳 하지 않고 다니다 햇볕을 보고 죽었다. (『三國史記』 10 新羅本紀 10)

신라 (봄 정월) 원순(元順)과 평원(平原) 두 각간이 70세가 되어 벼슬에서 물러나기를 알리니 궤장을 하사하였다. (『三國史記』 10 新羅本紀 10)

신라 (봄 정월) 각간 원순과 평원 등에게 궤장을 내렸는데 나이가 모두 70이었다. (『三國史節要』 13)

신라 2월에 수성군(水城郡)과 당은현(唐恩縣)을 합쳤다. (『三國史記』 10 新羅本紀 10)

신라 2월에 당은현을 수성군에 합쳤다. (『三國史節要』 13)

신라　여름 4월 12일에 유성이 천시원(天市垣)에서 나와 제좌(帝座; 자미성)를 범하고 천시 동북원(東北垣), 직녀성(織女星), 왕량성(王良星)을 지나 각도(閣道)에 이르러 셋으로 나눠졌는데, 북 치는 것 같은 소리를 내고 없어졌다. (『三國史記』 10 新羅本紀 10)

신라　여름 4월에 유성이 천시원에서 나와 제좌를 범하고 천시 동북원, 직녀성, 왕량성을 지나 각도(閣道)에 이르러 셋으로 나눠졌는데, 북 치는 것 같은 소리를 내고 없어졌다. (『三國史節要』 13)

신라　가을 7월에 눈이 내렸다. (『三國史記』 10 新羅本紀 10)

신라　가을 7월에 눈이 내렸다. (『三國史節要』 13)

백제　11월 경오일(20)에 (…) 종5위하 문실조신장곡(文室朝臣長谷), 소야조신진야(小野朝臣眞野), 청원진인장곡(淸原眞人長谷), 백제왕안의(百濟王安義)에게 종5오위상을 수여하고 (…) (『類聚國史』 99 敍位)

발해　11월 임신일(22)에 가하국(加賀國)이 말을 올리기를, 발해국입근사(渤海國入覲使) 101명이 장(狀)을 갖고 도착했다고 하였다. (『類聚國史』 194 殊俗 渤海 下)

발해　12월 무자일(8)에 발해객사의 안부를 묻는 사신을 중지시켰다. 올해 눈이 심하여 오갈 수 없었기 때문이다. 칙령으로 영수(令守) 종4위하 기조신말성(紀朝臣末成)와 연(掾) 정6위상 주숙녜도주(秦宿禰嶋主) 등에게 예에 준하여 존문하도록 하였다. (『類聚國史』 194 殊俗 渤海 下)

신라　강보에 싸여 있을 때부터 완연히 세속을 떠날 기미가 있었고 이를 갈 나이가 되자 굳게 세속 인연을 버릴 생각을 품었다. 부모가 그를 부귀로 머물게 하기 어렵고 재색(財色)으로도 붙들 수 없음을 알고 출가하여 공부할 것을 허락하였다. 지팡이를 짚고 스승을 찾아 화산(花山) 권법사(勸法師) 문하에 들어갔다. 경전 배우는 것을 업으로 삼아 (스승의) 옷을 끌어당겨 더하기를 청하였고 아침 일찍부터 밤 늦게까지 열심히 정진하여, 눈으로 본 것은 빠트리지 않으며 귀에 들은 것은 반드시 기억하였다. 항상 거칠고 비루함을 도야하여 스님된 법도를 익히고 어질고 착함을 쌓아서 번뇌를 물리치며 마음을 비우고 고요하게 하여 신통묘용하니 초연히 무리 중에 뛰어나 우뚝함이 따를 사람이 없었다.(「寶林寺普照禪師彰聖塔碑」)

824(甲辰/신라 헌덕왕 16/발해 宣王 建興 7/唐 長慶 4/日本 天長 1)

발해　정월 을묘일(5)에 발해 사신들 중 객사 대사 이하와 녹사(錄事) 이하 육인(陸人)에게 겨울 옷 을주었다. (『類聚國史』 194 殊俗 渤海 下)

발해　(2월) 임오일(2)에 발해가 대총예(大聰叡) 등 50인을 숙위를 위해 보내 조회에 왔다. (『舊唐書』 17 上 本紀 17 上 敬宗)

발해　경종(敬宗)이 장경 4년 정월에 즉위하였다. 2월 임오일(2) 평로군절도사 설평(薛平)이 사신을 보내 숙위하러 오는 발해 대총예 등 50명을 이끌고 낙(樂驛)에 이르렀다. 중관(中官0으로 하여금 술과 안주를 가지고 영접하는 잔치를 베풀게 하였다. (『冊府元龜』 111 宴享 3)

발해　4년 2월에 대예(大叡) 등 5명이 조회에 와서 숙위를 청하였다. (『舊唐書』 199下 列傳 149下 北狄 渤海靺鞨)

발해　4년 2월에 토번·발해가 사신을 보내어 조공하였다. (『冊府元龜』 972 外臣部 17 朝貢 5)

발해　장경 연간에 4번 보력 연간에 모두 2번 조공하였다. (『新唐書』 219 列傳 144 北狄 渤海)

발해　(2월) 임오일(2)에 천황이 조서를 내려 다음과 같이 말하였다. "천황이 조를 내린다고 말씀하시는 대명을 발해국의 사신들은 모두 들어라 하고 말하노라. 그 국왕은 국례로써 사신을 보내어 건너가게 하였다. 사신들은 거친 파도를 넘고 찬바람도 잊고서 왔도다. 전례에 따라 불러들이고자 하였지만, 지방마다 올해 흉년이 들고 백성들도 피폐해 있으며 또한 역병이 발생하였다. 때가 농사지을 시기에 임하여 (사신들을) 맞고 보내는 것도 백성에게 괴로움이 있는 것으로 인해 이번에는 불러들이지 않겠노라. 평화롭고 조용하게 있을 곳에 보내어 편한 바람을 기다려 본국에 되돌아가도록 하고 천황의 하사 물품을 내린다고 말씀하시는 천황의 대명(大命)을 모두 들어라 하고 말하노라."라고 하였다. (『類聚國史』 194 殊俗 渤海 下)

신라 백제 고구려

대당(大唐) 신라국(新羅國) 고(故)봉암산사(鳳巖山寺)

교시(敎諡) 지증대사(智證大師) 적조(寂照) 탑비 명(銘) 및 서(序)

입조하정(入朝賀正) 겸 영봉황화등사(迎奉皇花等使) 조청대부(朝請大夫) 전(前) 수병부(守兵部) 시랑(侍郞) 충서서원(充瑞書院) 학사(學士) 사자금어대(賜紫金魚袋) 신(臣) 최치원(崔致遠)이 교를 받들어 찬함

서(敍)에 말한다. 오상(五常)을 다섯 방위로 나눔에 동방(東方)에 짝지어진 것을 '인(仁)'이라하고, 삼교(三敎)의 명호(名號)를 세움에 정역(淨域)에 나타난 것을 '불(佛)'이라 한다. 인심(仁心)이 곧 부처이니, 부처를 '능인(能仁)'이라고 일컫는 것은 당연하다. 해돋는 곳〔욱이(郁夷); 신라〕의 유순한 성품의 물줄기를 인도하여, 석가모니의 자비로운 교해(敎海)에 이르도록 하니, 이는 돌을 물에 던지고 비가 모래를 모으는 것 같이 쉬웠다. 하물며 동방의 제후가 외방(外方)을 다스리는 것으로 우리처럼 위대함이 없으며, 산천이 영수(靈秀)하여 이미 호생(好生)으로 근본을 삼고 호양(互讓)으로 선무(先務)를 삼았음에랴. 화락한 태평의 봄이요, 은은한 상고(上古)의 교화로다. 게다가 성(姓)으로 석가의 종족에 참여하여, 국왕같은 분이 삭발하기도 하였으며, 언어가 범어(梵語)를 답습하여 혀를 굴리면 불경의 글자가 되었다. 이는 진실로 하늘이 환하게 서쪽으로 돌아보고, 바다가 이끌어 동방으로 흐르게 한 것이니, 마땅히 군자들이 사는 곳에 부처〔법왕(法王)〕의 도가 나날이 깊어지고 또 깊어질 것이다. 대저 노(魯)나라에서 하늘로부터 별이 떨어진 것을 기록하고, 한(漢)나라에서 금인(金人)의 목덜미에 일륜(日輪)이 채여 있음을 징험함으로부터, 부처의 자취는 모든 시내가 달을 머금은 듯하고, 설법하는 소리는 온갖 퉁소소리가 바람에 우는 것 같아, 혹 아름다운 일의 자 취를 서적〔겸상(縑緗)〕에 모으기도 하고, 혹 빛나는 사실들을 비석〔완염(琬琰)〕에 수놓기도 하였다. 그러므로, 낙양을 범람케 하고 진궁(秦宮)에 거울을 걸어놓은 사적이 마치 해와 달〔합벽(合璧)〕을 걸어 놓은 듯하니, 진실로 3척의 혀와 5색의 붓이 아니면, 어찌 그 사이에 문사(文辭)를 엮고 맞추어 후세에 언설을 전하게 할 수 있겠는가. 한 나라의 경우에 비추어 다른 나라의 사정을 파악하고 한 지방으로부터 다른 지방에 이른 것을 상고하니, 불법(佛法)의 바람이 사막과 험준한 지대를 지나서 오고, 그 물결이 바다의 한 모퉁이〔해동(海東)〕에 비로소 미치었다. 옛날 우리나라가 셋으로 나뉘어 솥발과 같이 서로 대치하였을 때에 백

제에 '소도(蘇塗)'의 의식이 있었는데, 이는 감천궁(甘泉宮)에서 금인(金人)에게 제사 지내는 것과 같았다. 그 뒤 섬서(陝西)의 담시(曇始)가 맥(貊) 땅에 들어온 것은, 섭마등(攝摩騰)이 동(東)으로 후한(後漢)에 들어온 것과 같았으며, 고구려의 아도(阿度)가 우리 신라에 건너온 것은, 강승회(康僧會)가 남으로 오(吳)에 간 것과 같았다. 때는 곧 양나라의 보살제가 동태사에 간지 한해 만이요, 우리 법흥왕께서 율령을 마련하신 지 팔년째였다. 역시 이미 바닷가 계림에 즐거움을 주는 근본을 심었으며, 해 뜨는 곳 신라에서 늘어나고 자라나는 보배가 빛났으며, 하늘이 착한 소원을 들어주시고 땅에서 특별히 뛰어난 선인이 솟았다. 이에 귀현한 근신이 있어 제 몸을 바치고, 임금이 삭발하였으며, 비구승이 서쪽으로 가서 배우고, 아라한이 동국으로 나오게 되었다. 이로 인하여 혼돈의 상태가 능히 개벽되었으며, 인간 세계가 두루 교화되었으므로, 산천의 좋은 경개(景概)를 가리어 토목의 기이한 공력을 다하지 않음이 없었다. 수도할 집을 화려하게 꾸미고, 수행할 길을 밝히니, 신심(信心)이 샘물같이 솟아나고, 혜력(慧力)이 바람처럼 드날렸다. 과연 여(麗)·제(濟)를 크게 무찔러서〔翦柞〕 재앙을 제거토록 하며, 무기를 거두고 경사를 칭송하게 하니, 옛날엔 조그마했던 세 나라가 이제는 장하게도 한 집이 되었다. 탑이 구름처럼 벌려져서 문득 빈 땅이 없고, 큰 북이 우뢰같이 진동하여 제천에서 멀지 않으니, 점차 번지어 물듦에 여유가 있었고, 조용히 탐구함에 싫증이 없었다. 그 교가 일어남에 있어, 아비달마대비파사론(阿毘達磨大毘婆娑論)이 먼저 이르자 우리나라에 사체(四諦)의 법륜이 달렸고, 대승교가 뒤에 오니 전국에 일승(一乘)의 거울이 빛났다. 그러나 의룡(義龍)이 구름처럼 뛰고, 율호(律虎)가 바람같이 오르며, 학해(學海)의 파도가 용솟음치고, 계림(戒林)의 가엽(柯葉)이 무성하며, 도가 모두 끝없는 데 융합하고, 정이 간혹 속이 있는 데 통하였으니, 문득 고인 물이 잔물결을 잠재우고, 높은 산이 일광(日光)을 두른 듯한 사람이 대개 있었을 것이나, 세상에서는 미처 알지 못하였다. 장경(長慶) 초에 이르러, 도의(道義)라는 중이 서쪽으로 바다를 건너 중국에 가서 서당(西堂)의 오지(奧旨)를 보았는데, 지혜의 빛이 지장선사(智藏禪師)와 비등해져서 돌아왔으니, 현계(玄契)를 처음 말한 사람이다. 그러나 원숭이의 마음에 사로잡힌 무리들이 남쪽을 향해 북쪽으로 달리는 잘못을 감싸고, 메추라기의 날개를 자랑하는 무리들이 남해를 횡단하려는 대붕의 높은 소망을 꾸짖었다. 이미 외우는 말에만 마음이 쏠려 다투어 비웃으며 '마어(魔語)'라고 한 까닭에 빛을 지붕 아래 숨기고, 종적을 협소한 곳에 감추었는데, 동해의 동쪽에 갈 생각을 그만두고, 마침내 북산에 은둔하였으니, 어찌 『주역(周易)에서 말한 "세상을 피해 살아도 근심이 없다"는 것이겠는가. 꽃이 겨울 산봉우리에서 빼어나 선정의 숲에서 향기를 풍기매, 덕을 사모하는 자가 산에 가득하였고, 착하게 된 사람이 골짜기를 나섰으니, 도는 폐(廢)해질 수 없으며 때가 그러한 뒤에 행해지는 것이다. 흥덕대왕(興德大王)께서 왕위를 계승하시고 선강태자(宣康太子)께서 감무를 하시게 됨에 이르러, 사악한 것을 제거하여 나라를 바르게 다스리고, 선을 즐겨하여 왕가의 생활을 기름지게 하였다. 이 때 홍척대사(洪陟大師)라고 하는 이가 있었는데, 그도 역시 서당(西堂)에게서 심인(心印)을 증득하였다. 남악(南岳)에 와서 발을 멈추니, 임금께서 하풍(下風)에 따르겠다는 소청의 뜻을 밝히셨고, 태자께서는 안개가 걷힐 것이라는 기약을 경하하였다. 드러내 보이고 은밀히 전하여 아침의 범부가 저녁에 성인이 되니, 변함이 널리 행해진 것은 아니나, 일어남이 갑작스러웠다. 시험삼아 그 종취를 엿보아 비교하건대, 수(修)한 데다 수(修)한 듯하면서 수(修)함이 없고, 증(證)한 데다 증(證)한 것 같으면서 증(證)함이 없는 것이다. 고요히 있을 때는 산이 서있는 것 같고, 움직일 때는 골짜기가 울리는 듯하였으니, 무위(無爲)의 유익함으로 다투지 않고도 이겼던 것이다. 이에 우리나라 사람의 마음의 바탕이 허령(虛靈)하게 되었는데, 능히 정리(靜利)로써 해외를 이롭게 하였으면서도, 그 이롭게 한 바를 말하지 않으니 위대하다고 하겠다. 그 후 구도승의 뱃길 왕래가 이어지고, 나타낸 바의 방편이 진도(眞道)에 융합하였으니, 그 조상들을 생각하지 않으랴. 진실로 무리가 번성하였도다. 혹 중원에서 득도하고는 돌아오지 않거나, 혹 득법(得法)한 뒤 돌아왔는데, 거두(巨頭)가 된 사람을 손꼽아 셀 만하다. 중국에 귀화한 사람으로는 정중사(靜衆寺)의 무상(無相)과 상산(常山)의 혜각(慧覺)이니, 곧 선보(禪譜)에서 익주금(益州金) 진주금(鎭州金)이라 한 사람이며, 고국에 돌아온 사람은 앞에서 말한 북산(北山)의 도의(道義)와 남악(南岳)의 홍척(洪陟), 그리고 조금 내려와서 대안사(大安寺)의 혜철국사(慧徹國師), 혜목산(慧目山)의 현욱(玄昱), 지력문(智力聞), 쌍계사(雙溪寺)의 혜조(慧昭), 신흥언(新興彦), 통△체(涌△體), 진무휴(珍無休), 쌍봉사(雙峰寺)의 도윤(道允), 굴산사(崛山寺)의 범일(梵日), 양조국사(兩朝國師)인 성주△사(聖住寺)의 무염(無染), 보리종(菩提宗) 등인데, 덕이 두터워 중생의 아버지가 되고, 도가 높아 왕자의 스승이 되었으니, 옛날에 이른바 "세상의 명예를 구하지 않아도 명예가 나를 따르며, 명성을 피해 달아나도 명성이 나를 좇는다"는 것이었다. 그러므로 모두들 교화가 중생세계에 미쳤고, 행적이 부도와 비석에 전하였으며, 좋은 형제에 많은 자손이 있어, 선정(禪定)의 숲으로 하여금 계림(鷄林)에서 빼어나도록 하고, 지혜의 물로 하여금 접수(鰈水)에서 순탄하게 흐르도록 하였다. 그리하여 따로 지게문을 나가거나 들창으로 내다보지 않고도 대도를 보며, 산에 오르거나 바다에 나가지 않고도 상보(上寶)를 얻어, 안정된 마음으로 의념을 잠재우고 담담하게 세상 맛을 잊게 되었다. 저편의 중국에 가지 않고도 도에 이르르고, 이 땅을 엄하게 하지 않고도 잘 다스려졌으니, 칠현(七賢)을 누가 비유로 취하겠는가. 십주(十住)에 계위(階位)를 정하기 어려운 사람이 현계산(賢溪山) 지증대사(智證大師) 그 사람이다. 처음 크게 이를 적에 범체대덕(梵體大德)에게서 몽매함을 깨우쳤고, 경의율사(瓊儀律師)에게서 구족계를 받았으며, 마침내 높이 도달할 적엔 혜은엄군(慧隱嚴君)에게서 현리(玄理)를 탐구하였고, 양부령자(楊孚令子)에게 묵계(默契)를 주었다. 법의 계보를 보면, 당(唐)의 제4조 도신(道信)을 5세부(世父)로 하여 동쪽으로 점차 이땅에 전하여 왔는데, 흐름을 거슬러서 이를 헤아리면, 쌍봉(雙峰)의 제자는 법랑(法朗)이요, 손제자는 신행(愼行)이요, 증손제자는 준범(遵範)이요, 현손제자는 혜은(慧隱)이요, 내손제자(來孫弟子)가 대사이다. 법랑대사는 대의사조(大醫四祖)의 대증(大證)을 따랐는데, 중서령(中書令) 두정륜(杜正倫)이 지은 도신대사명(道信大師銘)에 이르기를, "먼 곳의 기사요 이역의 고인으로 험난한 길을 꺼리지 않고 진소(珍所)에 이르러, 보물을 움켜쥐고 돌아갔다" 하였으니, 법랑대사가 아니고 누구이겠는가. 다만 아는 사람은 말하지 않으므로 다시 은밀한 곳에 감추어 두었는데, 비장한 것을 능히 찾아낸 이는 오직 신행대사 뿐이었다. 그러나 때가 불리하여 도가 미처 통하지 못한지라 이에 바다를 건너갔는데, 천자에게 알려지니, 숙종(肅宗)황제께서 총애하여 시구를 내리시되, "용아(龍兒)가 바다를 건너면서 뗏목에 힘입지 않고, 봉자(鳳子)가 하늘을 날면서 달을 인정함이 없구나"라고 하였다. 이에 신행대사가 '산과 새', '바다와 용'의 두 구로써 대답하니 깊은 뜻이 담겼다. 우리나라에 돌아와 삼대(三代)를 전하여 대사에게 이르렀는 바, 필만(畢萬)의 후대가 이에 증험된 것이다. 그의 세속 인연을 상고해 보면, 왕도(王都) 사람으로 김씨 성을 가진 사람이다. 호는 도헌(道憲)이요 자는 지선(智詵)이다. 아버지는 찬괴(贊瓌)이며 어머니는 이씨(伊氏)이다. 장경(長慶) 갑진년(甲辰年)에 세상에 태어나 중화(中和) 임인년(壬寅年)에 세상을 뜨니, 자자(自恣)한 지 43년이고 누린 나이가 59세였다. 그가 갖춘 체상(體相)을 보면, 키가 여덟 자 남짓했고 얼굴이 한 자 쯤이었으며, 의상(儀狀)이 뛰어나며 말소리가 웅장하고 맑았으니, 참으로 이른바 '위엄이 있으면서도 사납지 않은' 사람이었다. 잉태할 당시로부터 세상을 떠날 때까지의 기이한 행적과 숨겨진 이야기는 귀신이 나타났다 사라졌다 하는 것 같아 붓으로는 기록할 수 없겠으나, 이제 사람들의 귀를 치켜 세우도록 한 여섯 가지의 이상한 감응과 사람들의 마음을 놀라게 하였던 여섯 가지의 옳은 操行을 간추리고 나누어 나타낸다. 처음 어머니의 꿈에 한 거인이 나타나 고하기를, "나는 과거의 비파시불(毘婆尸佛)로서 말법의 세상에 중이 되었는데, 성을 낸 까닭으로 오랫동안 용보(龍報)를 따랐으나, 업보가 이미 다 끝났으니 마땅히 법손이 되어야 할 것입니다. 그러므로 묘연에 의탁하여 자비로운 교화를 널리 펴기를 원합니다."고 하였다. 이내 임신하여 거의 4백일을 지나 관불회(灌佛會)의 아침에 태어났는데, 일이 이무기의 복생고사(復生故事)에 징험되고 꿈이 불모(佛母)의 태몽고사에 부합되어, 스스로 경계하는 사람으로 하여금 더욱 조심하고 삼가하게 하며, 가사를 두른 자로 하여금 정밀하게 불도를 닦도록 하였으니, 탄생의 기이한 것이 첫째이다. 태어난 지 여러 날이 되도록 젖을 빨지 않고, 짜서 먹이면 울면서 목이 쉬려고 하였다. 문득 어떤 도인(道人)이 문앞을 지나다가 깨우쳐 말하기를, "아이가 울지 않도록 하려면 훈채(葷菜) 및 육류(肉類)를 참고 끊으시오."라고 하였다. 어머니가 그 말을 따르자 마침내 아무런 탈이 없게 되었다. 젖으로 기르는 이에게 더욱 삼가하도록 하고 고기를 먹는 자에게 부끄러운 마음을 지니게 하였으니, 오랜 풍습의 기이한 것이 둘째이다. (「鳳巖寺智證大師寂照塔碑」)

신라 4월 병술일(7)에 능등국(能登國)이 표착한 신라금(新羅琴) 2면(面), 수한서(手韓鉏) 2척(隻), 좌대(剉碓) 2척을 조집사(朝集使)에 부쳐서 진상하였다. (『日本紀略』)

발해 4월 병신일(17)에 월전국(越前國)이 바친 발해국의 신물과 대사 정태 등이 따로 바친 물품을 살펴보시고, 거란의 큰 개 두 마리 왜자(倭子) 두 마리도 앞으로 나와 바쳤다. (『類聚國史』 194 殊俗 渤海 下)

발해 (4월) 경자일(21)에 발해부사(渤海副使) 장선(璋璿)의 별도 貢物을 받지 않고 되돌려 주었다. (『類聚國史』 194 殊俗 渤海 下)

발해 (4월) 신축일(22)에 신천원(神泉苑)에 행차하였다. 시험 삼아 발해구(渤海狗)로 하여금 苑 속의 사슴을 쫓게 하였는데 도중에 숲에서 그만 두었다. (『類聚國史』 194 殊俗 渤海 下)

신라 5월 계미일(15)에 신라인 신량금귀(辛良金貴), 가량수백(賀良水白) 등 54명을 육오국(陸奧國)에 안치하고 법에 따라 세금을 면제하고 아울러 승전(乘田)으로써 구분전(口分田)에 충당하게 하였다. (『類聚國史』 159 口分田)

발해 5월 계해일(15) 발해에 보내는 칙서에 날인하였다. 일월(一月)이라는 글자에 한번 날인하였다. (『類聚國史』 194 殊俗 渤海 下)

발해 (5월) 무진일(20)에 조를 내려 다음과 같이 말하였다. "천황이 어명을 내리려고 하는 조명(詔命)을 객인(客人)들은 들어라 하고 이르노라. 객인들이 국(國)에 되돌아갈 시기가 다가왔기에 국왕에게 녹을 내리고 아울러 정태(貞泰)에게 손수 물건을 내리고 향응을 베푼다고 이르노라"라고 하였다. (『類聚國史』 194 殊俗 渤海 下)

발해 태정관(太政官)이 부(符)한다.
발해국사(渤海國使)의 조빙(朝聘) 주기를 개정할 것

우(右), 안내를 살피건대, 태정관의 지난 연력(延曆) 18년 5월 20일의 부(符)에 말하기를 "우대신(右大臣)이 칙을 받들어 선(宣)하기를 '발해의 빙기(聘期)는 제(制)하여 6년으로써 한다고 하였습니다. 그런데 지금 저 나라가 사신 태창태(太昌泰) 등을 보내 (주기의) 늦음을 싫어하며 일을 바꾸기를 다시금 요청하였습니다. 이에 저들의 바라는 바에 따라서 연한을 세우지 말도록 하며 모쪼록 그 오는 대로 예로서 대접할 것을 제국(諸國)은 잘 알고 후하게 제공할 준비를 하여 빠른 말로 보고하라'고 하였습니다. 지금 우대신(右大臣)의 선(宣)을 받으매, 칙을 받들어 소(小)가 대(大)를 섬기고 상(上)이 하(下)를 기다리는 것에는 연기(年期)와 예수(禮數)가 한정이 없을 수가 없다. 이에 저들의 사신 고정태(高貞泰) 등이 돌아감에 부쳐서 다시금 전례(前例)를 고쳐서 고하되 일기(一紀. 12년)로써 한다. 모쪼록 바다에 인접해 있는 군(郡)은 영구히 예(例)로 삼을 것이며 그 자급(資給) 등의 일은 오로지 전부(前符)에 따른다.

천장(天長) 원년 6월 20일 (『類聚三代格』 18 夷俘幷外蕃人事)

신라 (당) 경종이 처음 즉위하여 계림인 전우감문위솔부(前右監門衛率府)·병조참군(兵曹參軍) 김운경(金雲卿)이 문서를 바쳐 선위부사(宣慰副使)로 본국에 갈 수 있도록 청하니 따라 주었다. (『册府元龜』 980 外臣部 25 通好)

신라 백거이(白居易)의 자는 낙천(樂天)으로 태원(太原) 사람이다. (…) 장경 연간 말에 절동관찰사 원진(元稹)이 백거이집 서에 이르기를, " (…) 또 계림의 상인들이 저잣거리에서 구하는 데 자못 다 팔리기도 한다. 높은 지위의 본국 재상은 매번 일금으로 1편을 바꾸었다. 위작이 심한 것은 재상이 쉽게 구별하였다."고 하였다. (『舊唐書』 166 列傳 108 白居易)

신라 백거이의 자는 낙천으로 태원사람이다. (…) 문장이 정밀하고 정확했으나, 시를 짓는 것이 가장 뛰어났다. (…) 당시의 선비들이 다투어 전하였는데, 계림의 상인들이 그 나라 재상에게 팔기를 편 당 일금이었다. 위작이 심한 것은 재상이 바로 구별할 정도였다. (『新唐書』 119 列傳 44 白居易)

신라 백씨장경집(白氏長慶集)은 태원 사람 백거이가 지은 것이다. 백거이는 자가 낙천이다(…) 또 계림의 상인들이 구하는 데 자못 다 팔리기도 한다. 높은 지위의 본국 재상은 매번 일금으로 한 편을 바꾸는데 위작이 심한 것은 재상이 바로 알아차려 구별할 정도였다. (『全唐文』 653 元稹七 白氏長慶集序)

신라 풍숙(馮宿)의 아우 정(定)은 자가 개부(介夫)로 외모가 장대하고 위엄이 있었다. 풍숙과 함께 문학을 갖추었는데 정이 뛰어났다. (…) 장경 연간에 본래 풍숙이 신라국으로 사신으로 갔는데, 그 나라 사람들이 풍정이 쓴 흑수비(黑水碑)와 화학기(畫鶴記)를 베껴 외우는 것을 보았다. 위휴부가 서번으로 사신으로 갔을 때도 그 나라 사람들이 병풍에 상산기(商山記)를 베껴 쓴 것을 보았다. 그의 문명(文名)이 오랑캐들에게 알려진 것이 이와 같았다. (『舊唐書』 168 列傳 118 馮宿)

신라 처음 풍숙이 신라에 사신으로 갔을 때 그 나라 사람들이 풍정이 쓴 흑수비와 화학기를 전하는 것으로 보았고, 위휴부가 서번으로 사신으로 갔을 때 관(館)에서 풍정의 상산기를 베낀 것을 보았다. 그 이름이 오랑캐들에 전해지는 것이 이와 같았다. (『新唐書』 177 列傳 102 馮宿)

고구려 신라 [전(傳)] 고려는 일찍이 사신을 보내어 구양순의 글을 구하였으며, 신라국 사람들은 풍정의 흑수비와 화학기를 전하였으며, 서번의 관에서는 풍정의 상산기를 병풍에 베꼈다. (『玉海』 154 朝貢 獻方物 唐高麗求書)

신라 목종(穆宗, 820~824)이 전후로 원진(元稹)의 시 수백 편을 찾아서 측근에게 명령하여 외워 읊게 하였는데, 궁중에서 그들을 원재자(元才子)라고 불렀다. 여섯 궁궐, 두 수도, 여덟 방(方)부터 남만(南蠻)·동이의 나라에 이르기까지 모두 원진의 문장과 시를 베껴 써서 전하였는데, 한 문장이나 한 구절이 나올 때마다 정강이가 보이지 않을 정도로 급하게 주옥(珠玉)을 구하러 달려가는 것처럼 하였다. (「元稹 墓誌銘」)

신라 동국(東國) 혜목산(慧目山) 화상은 장경(章敬)을 이었는데, 사(師)의 휘(諱)는 현욱(玄昱)이고 속성은 김씨이며 동명(東溟)의 관족(冠族)이다. (…) 장경 4년에 당에 들어가 태원부(太原府)에 이르러 2사(寺)에서 머물고 자못 뜻을 이미 이루고 본국 왕자 김의종(金義宗)을 따라 조(詔)를 받들고 신라로 돌아왔다. (『祖堂集』 17 慧目山和尚玄昱)

825(乙巳/신라 헌덕왕 17/발해 宣王 建興 8/唐 寶曆 1/日本 天長 2)

백제 정월 신해일(7)에 (…) 종5위하 백제왕 경충(慶忠)에게 (…) 종5위상을 수여하고 (…) (『類聚國史』 99 敍位)

신라 봄 정월에 헌창(憲昌)의 아들 범문(梵文)이 고달산(高達山) 산적 수신(壽神) 등 1백여 명과 반역을 모의하고 평양(平壤)에 수도를 세우고자 북한산주(北漢山州)를 공격하니, 도독 총명(聰明)이 병사들을 이끌고 그를 잡아 죽였다[평양은 지금의 양주(楊洲)이다. 고려 태조가 지은 장의사(庄義寺) 재문(齋文)에, "고구려의 옛 땅이요 평양의 명산이다."라는 구절이 있다]. (『三國史記』 10 新羅本紀 10)

신라 봄 정월 헌창의 아들 범문이 고달산의 산적 수신 등과 반역을 꾀하고 한양(漢陽)의 평양에 도읍을 세우고자 북한산주를 공격하였는데, 도독 총명이 사로잡아 죽였다. (『三國史節要』 13)

신라 3월에 무진주(武珍州) 마미지현(馬彌知縣)의 여인이 아이를 낳았다. 머리가 둘, 몸이 둘, 어깨가 넷이었으며, 태어날 때 하늘에서 큰 천둥소리가 들렸다. (『三國史記』 10 新羅本紀 10)

신라 3월에 마미지현의 여인이 아이를 낳았다. 머리가 둘, 몸이 둘, 어깨가 넷이었다. 아이를 낳을 때 하늘에서 큰 천둥소리가 났다. (『三國史節要』 13)

발해 경종 보력 원년 3월에 토번·발해 (…) 등이 더불어 사신을 보내 조공하였다. (『冊府元龜』 972 外臣部 17 朝貢 5)

신라 경종 보력 원년 5월 경진일(8)에 신라국왕 김언승(金彦昇)이 상주하기를, "이전에 태학생(太學生)으로 있던 최이정(崔利貞)·김숙정(金叔貞)·박계업(朴季業) 4명은 본국으로 보내주고 새로 조공하러 간 김윤부(金允夫)·김립지(金立之)·박양지(朴亮之) 등 12명은 머물러 숙위하도록 하고 아울러 국자감(國子監)에 배치하여 학업을 익히게 하며, 홍려시(鴻臚寺)에서 자금과 양식을 지급하게 하여 주십시오." 하니 이를 따랐다. (『冊府元龜』 999 外臣部 44 請求)

신라 여름 5월에 왕자 김흔(金昕)을 당에 보내 조공하고, 상주(上奏)하여 말하기를 "이전에 태학생으로 있던 최이정 · 김숙정, 박계업 등은 본국으로 보내 주고, 새로 조공하러 간 김윤부 · 김립지 · 박량지(朴亮之) 등 12명은 머물러 숙하도록 하고 아울러 국자감에 배치하여 학업을 익히게 하며, 홍려시에서 자금과 양식을 지급하게 하여 주

십시오." 하니, 이를 따랐다. (『三國史記』 10 新羅本紀 10)

신라 여름 5월에 왕자 김흔을 당에 보냈다. 흔이 상주하여 청하기를, "지금 신이 김윤부 김립지 박량지 등 12명과 같이 와 국학(國學)에서 학업을 익히고 또 숙위하며, 먼저 태학에 있던 최이정, 김숙정, 박수업(朴秀業) 등은 돌려보내 주십시오." 하니 황제가 이를 따랐다. 1년여 뒤에 김흔이 또 돌아가기를 청하니 황제가 금자광록대부시태상경(金紫光祿大夫試大常卿)을 제수하고 보내주었다. (『三國史節要』 13)

신라 보력 원년에 왕자 김흔이 조회에 왔다. (『舊唐書』 199上 列傳 149上 東夷 新羅)

신라 보력 원년에 왕자 김흔이 와서 조회하고 겸하여 숙위에 충원하였다. (『唐會要』 95 新羅)

신라 장경 2년(822)[12월] 보력 원년에 다시 사신을 보내 와서 조회하고 숙위하였다. (『玉海』 153 朝貢 外夷來朝內附 唐新羅織錦頌觀釋尊賜晉書)

신라 김입지는 신라인으로 헌덕왕 7년 김흔을 따라 당에 들어왔다. (『全唐詩逸』 中金立之)

신라 언승은 신라왕 중흥(重興)의 상(相)이다. 원화 7년에 중흥이 죽자 개부의동삼사검교태위사지절대도독계림주제군사겸지절충녕해군사상계국신라국왕(開府儀同三司 檢校太尉 使持節 大都督 雞林州諸軍事 兼 持節 充寧海軍使 上桂國 新羅國王)으로 책봉받고 태화 5년에 죽었다.(『全唐文』 1000 新羅王金彦昇)

신라 이전에 태학생으로 있던 최이정·김숙정, 박계업 등은 본국으로 보내 주고, 새로 조공하러 간 김윤부·김립지·박량지(朴亮之) 등 12명은 머물러 숙하도록 하고 아울러 국자감에 배치하여 학업을 익히게 하며, 홍려시에서 자금과 양식을 지급하게 하여 주십시오.(『全唐文』 1000 新羅王金彦昇 分別還蕃及應留宿衛奏)

신라 가을에 삽량주에서 흰 까마귀를 바쳤다. (『三國史記』 10 新羅本紀 10)

신라 가을에 삽량주에서 흰 까마귀를 바쳤다. (『三國史節要』 13)

신라 (가을) 우두주(牛頭州) 대양관군(大楊管郡) 황지(黃知) 나마의 처가 한 번에 아들 둘, 딸 둘을 낳으니, 조 1백석을 내려 주었다. (『三國史記』 10 新羅本紀 10)

신라 (가을) 우두주 나마 황지의 처가 한 번에 아들 둘, 딸 둘을 낳으니, 조 1백석을 내려 주었다. (『三國史節要』 13)

백제 10월 갑인일(15)에 정6위상 백제왕 교양(敎養)에게 종5위하를 수여하고 (…) (『類聚國史』 99 敍位)

발해 12월 신축일(3)에 은기국(隱岐國)이 역마를 달려 아뢰기를, 발해국 사신 고승조 등 303명이 도착했다고 하였다. (『類聚國史』 194 殊俗 渤海 下)

발해 (12월) 을사일(7)에 대내기(大內記) 정6위상 포류숙녜(布瑠宿禰) 고정정(高庭定)이 객사를 이끌었는데, 출운국개(出雲國介)라 하고 영객사(領客使)라고 하지는 않았다. (『類聚國史』 194 殊俗 渤海 下)

발해 장경(長慶) 5년에 일본 대왕이 멀리서 백금을 하사하여 멀리 장안(長安)에 이르렀다. 소자는 금과 서신을 전해 받아 철륵난야(鐵懃蘭若)까지 가지고 가서 전달하였다. 영선대사(靈仙大師)는 금을 받고서 1만 개의 사리, 새로 번역한 경전 2부, 조칙(造勅) 5통 등을 가지고 와 소자에게 맡기며, "일본에 가서 나라의 은혜에 감사하는 마음을 답하기를 요청한다."고 하였다. 소자는 곧 승낙하였다. 한번 승낙한 말이니 어찌 만리의 거친 파도인들 두려워하겠는가. 마침내 모든 인연의 도움을 모아 원대한 목적을 기약할 수 있었다. 돌아오는 날에 임박하여 또 금 100냥을 부쳤다. (「哭日本國內供奉大德靈仙和尙詩幷序」:『入唐求法巡禮行記』3 開成 5년 7월 3일)

826(丙午/신라 헌덕왕 18, 흥덕왕 1/발해 宣王 建興 9/唐 寶曆 2/日本 天長 3)

백제 정월 갑술일(6)에 풍락전(豊樂殿)에서 연회를 베풀었다. (…) 정5위하 백제왕 원승(元勝)에게 정5위상을 수여하고 (…) 녹을 하사하였는데 각각 차등이 있었다. (『類聚國史』99 敍位)

발해 (보력) 2년 정월에 남조·실위(室韋)·발해·장가 (…) 등이 더불어 사신을 보내 조공하였다. (『冊府元龜』972 外臣部 17 朝貢 5)

발해 3월 초하루 무진일에 우대신(右大臣) 종2위 겸 행황태자부(行皇太子傅) 신(臣) 등원조신서사(藤原朝臣緖嗣)가 다음과 같이 아뢰었다. "신이 지난 천장 원년 정월 24일에 올린 표문에 의하자면 발해의 입조는 12년 마다로 정하고 있습니다. 그런데 지금 말을 영선(靈仙)에 갖다 부쳐 교묘하게 약속을 어기고 있습니다. 이에 물리쳐 돌려 보내야 한다고 하는 내용을 작년 12월 7일 올렸습니다. 그런데 어떤 사람들이 논하여 말하기를, '지금 두 임금(嵯我天皇과 淳和天皇)께서 세상에 둘도 없는 절세의 양보(양위)를 하신 일이 있는데 그것은 이미 요와 순 임금을 뛰어넘은 것입니다. (이 일을) 사사로이 하여 알리지 않는다면 대인(大仁)과 아름다운 소리를 무엇으로써 해외에도 통하게 하겠습니까.'라고 합니다. 신이 살펴보건대, 일본서기(日本書紀)에 이르기를 '예전천황(譽田天皇)이 돌아가셨을 때 태자였던 토도치랑자(菟道稚郎子)는 대초료존(大鷦鷯尊)에게 양위하였다. 고사하며 말하기를 어찌 선제(先帝)의 명을 어기고 손쉽게 제왕(弟王)의 말을 따르겠습니까. 하고 형제가 서로 양보하며 감당하지 않았다. 태자는 토도(菟道)에 궁을 만들어 기거하였는데 황위가 비어 있은 지 벌써 3년이 지났다. 태자가 말하기를 내가 오래 살아 천하를 번거롭게 하였구나 라고 하며 마침내 토도궁(菟道宮)에서 자결하였다. 대초료존(大鷦鷯尊)이 매우 슬퍼하였는데 예(禮)보다 더 하였다. 천황의 자리에 오르고 난파(難波)의 고진궁(高津宮)에 도읍하였다.'라고 하였습니다. 자세한 것은 서기에 있으므로 전부 다 말할 수는 없습니다. 이때 나라를 양보한 아름다움이 해외에 알려지는 일은 없었습니다. 이것은 곧 선철(先哲)들이 지혜롭게 배려하고 국가를 깊이 생각하신 것입니다. 그러한 즉 선왕의 구전(舊典)은 곧 만대에도 쇠하지 않는 것입니다. 또 전하여 듣건대 예기(禮記)에 이르기를, '무릇 예라는 것은 가까운 것과 먼 것을 정하고 혐의(嫌疑)를 판결하며 같고 다름을 구별하고 옳고 그름을 분명히 하는 까닭에 예는 비용은 아끼지 않으며 제도를 넘지 않는다.고 하였습니다. 그런데 발해의 객도(客徒)들은 이미 조칙의 뜻을 어겨 제 멋대로 입조하였습니다. 편협하게도 굴신(拙信)을 받아들인다면 구전(舊典)을 훼손할까 두렵습니다. 사실 이들은 상인 무리들이며 인객(隣客)이라고 하기에는 부족합니다. 저 상인 집단을 가지고 객으로 삼아 나라를 손상시키는 것은 여태껏 치체(治體)를 볼 수 없었던 일입니다. 그 뿐만이 아니라, 요즈음의 잡무 행사에 증황후(贈皇后)의 개장(改葬)〈一〉, 어재회(御齋會)〈二〉, 가세산(加勢山)의 도랑 및 비조(飛鳥)의 제방을 파는 일〈三〉, 7도기내(七道畿內)의 순찰사(巡察使)〈四〉, 발해의 객도들을 부르는 일〈五〉 등이 있는데 經營이 중첩되고 소동에 겨를이 없습니다. 또한 근래 가뭄과 질병이 연이어 나타나서 사람과 재물을 함께 소진하였습니다. 한번 진휼하여 지급함에 정세(正稅)가 적고 모자랍니다. 하물며 농사가 중요한 때에 임하여 폐단은 다수가 체송(遞送)되며 사람들은 사역(差役)에 지치며 세금은 공급이 잘 되지 않는 일을 또 다시 하시겠습니까. 무릇 임금에게 간쟁하는 신하가 없다면 어찌 천하를 보존하겠습니까. 백성들의 걱정은 아직 끝나지 않았고 천재(天災)는 감소시키기 어렵습니다. 한 사람의 천하가 아니라 만인의 천하입니다. 만약 지금 백성을 해친다면 후대의 어진 이들이 부끄러워하는 덕(德)이 되지 않겠습니까. 엎드려 청하옵건대 객도들을 서울로 들어오게 하는 중지하게 하시옵소서. 즉 도착한 지역에서 되돌려 보내게 하시어 조정의 권위를 보이시고 또한 백성의 고통을 제거하시기를. 오로지 기한에 의거해 입조하는 것은 모름지기 옛 사례에 따라야 할 것입니다. 신 서사(緖嗣), 비록 오랫동안 병상에 누워있어서 심신이 이미 혼미하옵니다만, 은혜로운 군주의 지극하심은 반 죽어도 잊을 수가 없을 것입니다. 어리석은 신하의 진심을 말하지 않을 수가 없어서 삼가 거듭 표를 올려 묻습니다." (천황은) 허락하지 않았다. (『類聚國史』 194 殊俗 渤海 下)

발해

(3월) 초하루 무진일에 우대신(右大臣) 종2위 겸 행황태자부(行皇太子傅) 신(臣) 등원조신서사(藤原朝臣緖嗣)가 다음과 같이 아뢰었다. "신이 지난 천장 원년 정월 24일에 올린 표문에 의하자면 발해의 입조는 12년 마다로 정하고 있습니다. 그런데 지금 말을 영선(靈仙)에 갖다 부쳐 교묘하게 약속을 어기고 있습니다. 이에 물리쳐 돌려 보내야 한다고 하는 내용을 작년 12월 7일 올렸습니다. 그런데 어떤 사람들이 논하여 말하기를, '지금 두 임금(嵯我天皇과 淳和天皇)께서 세상에 둘도 없는 절세의 양보(양위)를 하신 일이 있는데 그것은 이미 요와 순 임금을 뛰어넘은 것입니다. (이 일을) 사사로이 하여 알리지 않는다면 대인(大仁)과 아름다운 소리를 무엇으로써 해외에도 통하게 하겠습니까.'라고 합니다. 신이 살펴보건대, 일본서기(日本書紀)에 이르기를 '예전천황(譽田天皇)이 돌아가셨을 때 태자였던 토도치랑자(菟道稚郎子)는 대초료존(大鷦鷯尊)에게 양위하였다. 고사하며 말하기를 어찌 선제(先帝)의 명을 어기고 손쉽게 제왕(弟王)의 말을 따르겠습니까. 하고 형제가 서로 양보하며 감당하지 않았다. 태자는 토도(菟道)에 궁을 만들어 기거하였는데 황위가 비어 있은 지 벌써 3년이 지났다. 태자가 말하기를 내가 오래 살아 천하를 번거롭게 하였구나 라고 하며 마침내 토도궁(菟道宮)에서 자결하였다. 대초료존(大鷦鷯尊)이 매우 슬퍼하였는데 예(禮)보다 더 하였다. 천황의 자리에 오르고 난파(難波)의 고진궁(高津宮)에 도읍하였다.'라고 하였습니다. 자세한 것은 서기에 있으므로 전부 다 말할 수는 없습니다. 이때 나라를 양보한 아름다움이 해외에 알려지는 일은 없었습니다. 이것은 곧 선철(先哲)들이 지혜롭게 배려하고 국가를 깊이 생각하신 것입니다. 그러한 즉 선왕의 구전(舊典)은 곧 만대에도 쇠하지 않는 것입니다. 또 전하여 듣건대 예기(禮記)에 이르기를, '무릇 예라는 것은 가까운 것과 먼 것을 정하고 혐의(嫌疑)를 판결하며 같고 다름을 구별하고 옳고 그름을 분명히 하는 까닭에 예는 비용은 아끼지 않으며 제도를 넘지 않는다.'고 하였습니다. 그런데 발해의 객도(客徒)들은 이미 조칙의 뜻을 어겨 제 멋대로 입조하였습니다. 편협하게도 굴신(拙信)을 받아들인다면 구전(舊典)을 훼손할까 두렵습니다. 사실 이들은 상인 무리들이며 인객(隣客)이라고 하기에는 부족합니다. 저 상인 집단을 가지고 객으로 삼아 나라를 손상시키는 것은 여태껏 치체(治體)를 볼 수 없었던 일입니다. 그 뿐만이 아니라, 요즈음의 잡무 행사에 증황후(贈皇后)의 개장(改葬)〈一〉, 어재회(御齋會)〈二〉, 가세산(加勢山)의 도랑 및 비조(飛鳥)의 제방을 파는 일〈三〉, 7도기내(七道畿內)의 순찰사(巡察使)〈四〉, 발해의 객도들을 부르는 일〈五〉 등이 있는데 經營이 중첩되고 소동에 겨를이 없습니다. (『日本逸史』 34)

신라

대사의 휘(諱)는 절중(折中)이요, 자(字)는 (결락) 속성은 (결락) 휴암(鵂嵒) 사람이다. 그의 선조가 모성(牟城)에서 벼슬살이하다가 드디어 군족(郡族)이 되었다. 아버지의 이름은 선동(先憧)이니, 기예는 궁술과 기마에 뛰어났으며 명성은 화이(華夷)에 떨쳤다. 효자(孝慈)는 사관(史官)에 실렸고, 공적은 왕부(王府)에 간직되어 군성(郡城)의 귀감이며 여리(閭里)의 동량이었다. 어머니는 백씨(白氏)로 비몽사몽 중에 한 천녀(天女)가 나타나 이르되 "아미(阿㜷)께서는 반드시 지혜 있는 아들을 낳을 것이다"라 하면서 아름다운 보배 구슬을 전해 받고는 대사(大師)를 임신하였다. 그 후 보력(寶曆) 2년 4월 7일에 탄생하니, 날 때부터 성스러운 자태를 지녔고, 일찍부터 아이들과 같이 장난하지 아니하였다. (「寧越興寧寺澄曉大師塔碑」)

발해　　5월 갑술일(8)에 발해객도 대사 고승조(高承祖) 등이 서울에 들어오니 홍려시에 안치하였다. (『日本逸史』 34)

발해　　5월 갑술일(8)에 발해객도 대사 고승조(高承祖) 등이 서울에 들어오니 홍려시에 안치하였다. (『類聚國史』 194 殊俗 渤海 下)

발해　　(5월) 무인일(12)에 발해국사 정도진소경(政道進少卿) 고승조에게 정3위를 수여하였다. 부사 고여악(高如岳)에게는 정4위상을, 판관 왕문신(王文信)과 고효영(高孝英) 두 사람에게는 정5위상을, 녹사(錄事) 고성중(高成仲)과 진숭언(陳崇彦) 두 사람에게는 종5위상을, 역어(譯語) 이융랑(李隆郎)과 이승종(李承宗) 두 사람에게는 종5위하를, 6위 이하 11명에게 또 위계를 수여하였다. (『類聚國史』 194 殊俗 渤海 下)

신라　　(5월) 경진일(13)에 중국 사신이 신라에 잡아온 매를 돌려보냈다. (『舊唐書』 17 上 本紀 17 上 敬宗)

발해　　(5월) 경진일(13)에 발해 객도가 가하국(加賀國)으로 돌아갔다. (『類聚國史』 194 殊俗 渤海 下)

발해　　(5월) 신사일(15)에 "천황은 삼가 발해국왕에게 묻습니다. 사신 승조 등이 재당학문승(在唐學問僧) 영선(靈仙)의 표물(表物)을 전송(轉送)하며 왔습니다. 계문를 살펴보매 모두 그대로였으며 가위(嘉慰)를 깊게 하였습니다. 왕의 진심은 금석처럼 확고하시고 지조를 지키심은 소나무와 푸른 대나무와도 같으십니다. 국명을 서태(西秦; 당의 장안)에 거시니 오대산의 준령만큼 아득한 것도 아니며 이웃과의 우호를 남하(南夏; 일본)에 돈독히 하시니 만리 길 항행도 저절로 통합니다. 연파(煙波)가 비록 아득히 멀다고는 하나 의리와 정성은 매우 가까이 있습니다. 훌륭한 군자가 계셔 마음을 바로하고 사려가 깊으시니 감격스런 마음 이루 다 말씀드릴 수가 없습니다. 토물을 보내주시니 깊이 원방의 정을 수령합니다. 답례의 신물이 보잘 것 없지만 별도로 부쳐 이르게 하였습니다. 석(釋) 정소(貞素)가 (영선에게 줄 물건을) 가지고 갔다가 전달 못한 것은 (사신으로 온) 승조가 모두 잘 알고 있습니다. 풍경이 정말로 덥습니다. 왕께서는 무양하시기 바랍니다. 대략 이 정도로 회포를 의탁하니 다시 번거롭게 말씀드리지 않겠습니다." (『日本逸史』 34)

발해　　(5월 신사일(15)) 천황은 삼가 발해국왕에게 묻는다. 사신 승조(承祖) 등은 재당학문승 영선(靈仙)의 표물(表物)을 가지고 왔다. 啓를 보니 자세함을 알겠다. 여기에 깊이 가상히 여기고 위로한다. 왕의 진심은 확고하기가 금석과 같고, 정조는 송죽과 같다. 천황의 명을 가지고 서방(당)에 가면, 오대산도 멀지 않고, 인국의 우호를 남하(南夏, 일본)와 두텁게 하면 만 리의 항해도 저절로 통한다. 물안개가 덮인 대해로 떨어져 있어도 진실한 마음은 가깝다. 왕과 같은 훌륭한 군주는 바른 마음을 가지고 사려가 깊고, 나의 감격하는 생각은 말로 다 표현할 수 없다. 토물을 보내어 오니 원정(遠情)을 깊이 알겠다. 답신물은 별거 아니지만, 별도로 부쳐서 보낸다. 그 석(釋) 정태(貞素)는 바른 행동이 부족한 자임은 승조가 잘 알고 있다. 날씨는 한창 더운데 왕은 어떻게 지내시는가. 대략 여기에 생각을 기록했기 때문에 다시 번거롭게 언급하지 않는다. (『類聚國史』 194, 殊俗 渤海下)

신라 가을 7월에 우잠(牛岑) 태수 백영(白永)에게 명하여, 한산주 북쪽 여러 주군(州郡)의 인민 1만 명을 징발하여 패강장성(浿江長城) 3백 리를 축성케 하였다. (『三國史記』 10 新羅本紀 10)

신라 가을 7월에 우잠 태수 백영에게 명하여, 한산주 북쪽 여러 주군의 인민 1만 명을 징발하여 패강장성 3백 리를 축성케 하였다. (『三國史節要』 13)

신라 취성군(取城郡)은 본래 고구려 동홀(冬忽)이었는데, 헌덕왕이 이름을 고쳤다. 지금[고려]의 황주(黃州)이다. 영현이 셋이었다. 토산현(土山縣)은 본래 고구려 식달(息達)이었는데, 헌덕왕이 이름을 고쳤다. 지금[고려]도 그대로 쓴다. 당악현(唐嶽縣)은 본래 고구려 가화압(加火押)이었는데, 헌덕왕이 현(縣)을 설치하고 이름을 고쳤다. 지금[고려]의 중화현(中和縣)이다. 송현현(松峴縣)은 본래 고구려 부사파의현(夫斯波衣縣)이었는데, 헌덕왕이 이름을 고쳤다. 지금[고려]은 중화현에 속하였다. (『三國史記』 35 雜志 4 地理 2)

신라 겨울 10월에 왕이 돌아가시니, 시호(諡號)를 헌덕(憲德)이라 하고 천림사(泉林寺) 북쪽에 장사지냈다[고기(古記)에 이르기를 "재위는 18년으로 보력(寶曆) 2년 병오 4월에 죽었다."하고, 신당서(新唐書)에서는 "장경(長慶)과 보력 연간에 신라 왕 언승(彦昇)이 죽었다."고 하였다. 그러나 자치통감(資治通鑑)과 구당서(舊唐書)에서는 모두 "태화(太和) 5년에 죽었다"고 하니, 어찌 잘못되었을까]. (『三國史記』 10 新羅本紀 10)

신라 헌덕왕이 죽었다. 흥덕왕 경휘(景徽) 즉위 원년이다.[1] (『三國史記』 31 年表 下)

신라 겨울 10월에 왕이 돌아가셨다. 태자 수종이 왕위에 올라 경휘(景徽)로 이름을 바꾸고 시호를 헌덕이라고 하였다. 임천사 북쪽에 장사지냈다. (『三國史節要』 13)

신라 제41 헌덕왕(김씨이며 이름은 언승이다. (…) 기축년(809)년에 즉위하여 19년을 다스렸다. 왕릉은 천림촌(泉林村) 북쪽에 있다) (『三國遺事』 1 王曆)

신라 흥덕왕이 왕위에 올랐다. 이름은 수종인데 후에 경휘로 이름을 바꾸었다. 헌덕왕의 친동생이다. (『三國史記』 10 新羅本紀 10)

신라 제42 흥덕왕[김씨로 이름은 경휘(景暉)니, 헌덕왕의 친동생이다. 비는 창화부인(昌花夫人)이고 시호를 정목왕후(定穆王后)라 하였는데, 소성왕의 딸이다. 병오년에 왕위에 올라 십년을 다스렸다. 능은 안강(安康) 북쪽 비화양(比火壤)에 있는데 비 창화왕후와 합장하였다]. (『三國遺事』 1 王曆)

신라 겨울 12월에 왕비 장화부인(章和夫人)이 죽으니, 추봉(追封)하여 정목왕후(定穆王后)라 하였다. 왕이 왕비를 생각하며 잊지 못하고, 슬퍼하며 즐거워하는 일이 없자, 군신들이 표를 올려 다시 왕비를 맞아들일 것을 청하였다. 왕이 말하기를 "외짝 새도 짝을 잃은 슬픔이 있거늘 하물며 좋은 배필을 잃고서는 어떠하겠는가. 어찌 차마 무정하게 곧바로 다시 아내를 얻겠는가."라고 하며 따르지 않았다. 또 시녀를 가까이

1) 정덕본에는 景 뒤의 글자가 缺字되어 있다. 新羅本紀에 따라 景徽의 徽로 표기함이 옳다.

하지 않고, 좌우의 시자(使者)로는 오직 환관만을 두었다[장화부인의 성은 김씨이니, 소성왕의 딸이다]. (『三國史記』10 新羅本紀 10)

신라 겨울 12월에 왕비 장화부인 김씨가 죽었다. 추봉하여 정목왕후라 하였는데, 소성와의 딸이다. 왕이 슬퍼하여 잊지 못하자 군신들이 비를 맞아들일 것을 청하였다. 왕이 말하기를 "외짝 새도 짝을 잃은 슬픔이 있거늘 하물며 좋은 배필을 잃고서는 어떠하겠는가. 어찌 차마 무정하게 곧바로 다시 아내를 얻겠는가."라고 하며 따르지 않았다. 또 시녀를 가까이하지 않고, 좌우의 시자로는 오직 환관만을 두었다 (『三國史節要』13)

신라 2년 12월에 신라의 질자 김윤부(金允夫)가 옛 사례에 준하여 중국사신이 신라로 들어갈 때 신라에서 숙위하러 온 사람들을 부사로 충원하여 같이 본국에 가서 조서를 통역할 수 있도록 청하였으나, 허락하지 않고 다만 고한 대로 부사로 충원하기만 하였다. (『冊府元龜』999 外臣部 44 請求)

고구려 성력 2년 또 고장(高藏)의 아들 덕부(德武)를 안동도독(安東都督)으로 삼고 본번(本蕃)을 다스리게 하였다. 이로부터 고구려 구호(舊戶)가 안동(安東)에 있는 자들이 점점 적어지고 나누어 돌궐 및 말갈 등에 가니 고씨 군장이 마침내 끊어졌다. (『冊府元龜』1000 外臣部 45 亡滅)

신라 석 심지(釋心地)는 진한(辰韓) 제41대왕 헌덕대왕(憲德大王) 김씨의 아들이다. 태어나서 효성과 우애가 깊었고 천성이 깊고 지혜로웠다. 15세 때 머리를 깎고 스승을 따라 불도에 힘썼다. 중악(中岳)[지금의 공산(公山)이다]에 머물렀는데 마침 속리산 영심공(永深公)이 진표율사의 불골간자(佛骨簡子)를 이어 과증(果證) 법회를 연다는 것을 듣고 결의하고 찾아갔으나 즉 기약을 지나 도착하여 참례를 허락하지 않았다. 이에 땅에 주저앉아 뜰을 치며 사람들을 따라 예배하고 참회하였다. 7일이 지나서 하늘에서 큰 눈이 내렸는데 서 있는 자리 사방 10척 정도는 눈이 흩날려도 떨어지지 않았다. 사람들이 그것을 보고 신이하게 여겨 당(堂)에 들어오는 것을 허락하였다. 심지는 자기를 낮추고 병을 핑계로 방 안으로 물러나 있으면서 당을 향해 몰래 예를 올리니, 팔꿈치와 이마에서 모두 피가 흘러 진표가 선계산에서 하던 것과 비슷하였고, 지장보살이 날마다 와서 위문하였다. 법회가 끝나자 산으로 돌아오는데 도중에 두 간자가 옷 섶 사이에 붙어 있는 것을 보고 그것을 가지고 돌아가 영심에게 아뢰었다. 영심이 말하기를 "간자는 함 안에 있는데 어찌 이에 이를 수 있겠느냐." 라 하고 그것을 확인해보니 봉해 놓은 것은 예전과 같은데 열어보니 없어졌다. 영심은 매우 이상하게 여기고 거듭 싸서 보관하였다. 또 가다가 먼저와 같아서 다시 돌아가 아뢰니 영심이 "부처의 뜻이 너에게 있으니 네가 그것을 받들어라".라고 하고 이에 간자를 주었다. 심지가 정수리에 이고 산으로 돌아가니 산의 신이 두 선자(仙子)를 이끌고 맞이하여 산꼭대기에 이르렀다. 심지를 이끌어 바위 위에 앉히고 바위 아래로 돌아가 엎드려 삼가 계를 받았다. 심지는 "지금 장차 땅을 택해서 성간(聖簡)을 봉안하고자 하는데 우리들이 능히 정할 수 있는 것이 아니니 세 선인과 함께 높이 올라가 간자를 던져서 점을 쳐보기를 청한다."라고 하였다. 이에 신들과 산꼭대기에 올라 서쪽을 향해 던지니 간자가 곧 바람에 날려 날아갔다. 이때 신이 노래를 지어 부르기를 "막힌 바위가 멀리 물러나고 숫돌처럼 평평하구나. 낙엽이 날아 흩어져 밝게 되었구나. 불골간자를 찾아서 깨끗한 곳에 맞이하여 정성을 바치리라." 라고 하였다. 노래를 마치고 간자를 숲의 샘 속에서 찾아내어 곧 그 땅에 강당을 짓고 안치하였다. 지금 동화사 참당(籤堂)의 북쪽에 있는 작은 우물이 이것이다. 본조

예종(睿宗)이 일찍이 성간(聖簡)을 맞이해 와서 궐 안에서 보고 공경하다가 갑자기 9자 한 간자를 잃어버려서 상아로 그를 대신하여 본사로 돌려보냈다. 지금 곧 점점 변해 같은 색이 되어 새 것과 옛 것을 구별하기 어렵고 그 본질은 곧 상아도 아니고 옥도 아니다. 점찰경 상권(上卷)을 살펴보면 189간자의 이름을 기술했다. 1자는 대승(大乘)을 구해 불퇴위(不退位)를 얻는 것이고, 2자는 구하는 바의 과(果)가 증(證)으로 나타나는 것이고, 3·4자는 중승(中乘)·하승(下乘)을 구해서 불퇴위를 얻는 것이고, 5자는 신통(神通)을 구하여 성취를 얻는 것이고, 6자는 사범(四梵)을 닦아 성취를 얻는 것이고, 7자는 세선(世禪)을 닦아 성취를 얻는 것이고, 8자는 바라는 바 묘계(妙戒)를 얻는 것이고, 9자는 일찍이 받은바 구족계를 얻는 것이고[이 글로써 바로잡으면 미륵이 말한바 새로 얻은 계라는 것은 금생에서 비로소 얻은 계이고, 예전에 얻은 계라는 것은 과거에 일찍이 받은 것이니 금생 또한 거듭 받은 것이므로 수생(修生) 본유(本有)의 신구를 일컫는 것이 아님을 알겠다]. 10자는 하승(下乘)을 구하고 아직 신(信)에 있지 않는 것이고 그 다음은 중승을 구하고 아직 신(信)에 있지 않는 것이다. 이와 같이 곧 172에 이르기까지는 모두 과거·현세 중에서 혹은 선하기도 하고 혹은 악하기도 하고 얻기도 하고 잃기도 한 일들이다. 173자는 몸을 버려 이미 지옥에 들어간 것이고[이상은 모두 미래의 과(果)이다], 174자는 죽어서 이미 축생(畜生)이 된 것이다. 이와 같이 곧 아귀(餓鬼)·수라(修羅)·사람·인왕(人王)·천(天)·천왕(天王)·불법을 들음·출가·성승(聖僧)을 만남·도솔천에 태어남·정토(淨土)에 태어남·부처를 만남·하승(下乘)에 거함·중승(中乘)에 거함·대승(大乘)에 거함·해탈을 얻음까지의 189 등이 이것이다[위에 하승에 거하는 것에서 대승에서 불퇴위를 얻음까지 말했고, 이제 대승에서 해탈을 얻음 등을 말한 것은 이로써 구별된다]. 이것은 모두 삼세(三世)의 선악과보(善惡果報)의 차별의 모습이다. 이로써 점을 쳐보고 마음이 행한 바의 일과 서로 맞으면 곧 감응한 것이고, 그렇지 않으면 곧 지극한 마음이 안 되었으므로 허류(虛謬)라고 부른다. 즉 이 8·9 두 간(簡)은 단지 189개 중에서 나온 것이다. 그러나 송전(宋傳)에는 단지 108 첨자(籤子)라고 한 것은 무슨 까닭인가. 아마 저 백팔번뇌의 명칭을 인식하고 그것을 칭하였고, 경문(經文)을 찾아보지 않은 것 같다. 또한 본조(本朝)의 문사(文士) 김관의(金寬毅)가 편찬한 왕대종록(王代宗錄) 2권에서 이른 것을 상고해보면, 신라 말 신라의 대덕 석충(釋沖)이 태조(太祖)에게 진표율사의 가사 1벌과 계간자(戒簡子) 189개를 바쳤다고 하는데, 이것이 지금 동화사(桐華寺)에 전해 오는 간자와 같은 것인지 다른 것이 알 수 없다.
찬하여 말한다. 금규(金閨)에서 나서 자랐지만 일찍이 속박에서 벗어나/부지런함과 총명함은 하늘에서 주었도다/뜰에 가득 쌓인 눈 속에서 신성한 간자를 뽑아/동화산 가장 높은 봉우리에 와서 놓았구나. (『三國遺事』 4 義解 5 心地繼祖)

발해 보력 연간(825~826)에 해마다 조공하였다. (『舊唐書』 199下 列傳 149下 北狄 渤海靺鞨)

발해 장경 연간에 네 번, 보력 연간에 2번 조공하였다. (『新唐書』 219 列傳 144 北狄 渤海)

발해 발해 선왕 9년 병오 3월 15일 용강성 석두현 해성사 금강곡 칠보산 개심사 창건자는 대원화상이고 목수는 팽가와 석가이다. (「開心寺 出土 글쪽지」)

신라 (원화) 15년(820)에 이르러 목종(穆宗)이 제위를 찬탈한 초기에 (…) 또 조서를 받들어 신라선위고애등사(新羅宣慰告哀等使)에 충당되었다. 무자화(武自和)는 천자의 조서를 받들고 창해를 건너 온갖 어려움을 넘고 풍파와 부딪치며 왕가를 위하여 부지련히 수고하면서 왕명을 받들어 신라를 선무(宣撫)하였다. 그러므로 이적(夷狄)이 머리를 조아리고 조문하는 조서를 내리는 의례를 무릎 꿇고 받게 되었다. 절역(絶域)에서 황제의 교화를 따라 국은에 감사하며 교화로 향하게 하였으니, 이것은 자화의 지혜와 식견이다. 보력(寶曆) 2년에 문종(文宗)이 제위를 계승하자, 자화를 산릉수축판관(山陵修築判官)으로 선발하여 충당하였다.(「武自和 墓誌銘」)

827(丁未/신라 흥덕왕 2/발해 宣王 建興 10/唐 寶曆 3, 太和 1/日本 天長 4)

백제 (정월 계미일(21)) (…) 종5위상 (…) 백제왕 승의(勝義)에게 정5위하를 수여하였다. (…) (『類聚國史』 99 敍位)

신라 정월 신해일에 인덕전에서 귀국하는 토번·신라 사신을 만나 연회를 베풀어 주고 물품을 차등있게 나누어 주었다. (『冊府元龜 976 外臣部 21 褒異 3)

신라 봄 정월에 왕이 직접 신궁에 제사하였다. (『三國史記』 10 新羅本紀 10)

신라 봄 정월에 왕이 직접 신궁에 제사하였다. (『三國史節要』 13)

신라 (봄 정월) 당 문종(文宗)이 헌덕왕의 죽음을 듣고 조회를 폐하고 태자좌유덕(太子左諭德) 겸 어사중승(御史中丞) 원적(源寂)에게 명하여 부절(符節)을 가지고 가 조문하고 제사하게 하였다. 왕위를 이은 왕을 책봉하여 개부의동삼사(開府儀同三司) 검교태위(檢校太尉) 사지절(使持節) 대도독계림주제군사(大都督雞林州諸軍事) 겸(兼) 지절충녕해군사(持節充寧海軍使) 신라왕(新羅王)이라 하고, 어머니 박씨를 대비로, 부인 박씨를 왕비로 책봉하였다. (『三國史記』 10 新羅本紀 10)

신라 (봄 정월) 황제가 전 전왕이 죽었다는 소식을 듣고 조회를 폐하고 태자좌유덕 겸 어사중승 원적에게 명하여 부절을 가지고 가 조문하고 제사하게 하였다. 왕위를 이은 왕을 책봉하여 개부의동삼사 검교태위 사지절 대도독계림주제군사 겸 지절충녕해군사 신라왕이라 하고, 어머니 박씨를 대비로, 부인 박씨를 왕비로 책봉하였다.

권근은 말한다. 흥덕이 태자시절 각간 김충공의 딸을 들여 비로 삼았으니, 이가 곧 장화부인이며 즉위함에 미쳐 달을 넘겨 죽었다. 여러 신하들이 새로 비를 들이라고 청하였으나 끝내 따르지 않았으니, 곧 다른 비가 없음을 알 수 있다. 지금 당이 박씨를 책봉한 것은 역시 대체로 그 성을 피한 것으로 박씨로 알렸을 것이다. 하물며 장화부인이 죽은 것은 작년 12월이었고, 당이 책명을 한 것은 지금 정월이니 비록 재취를 하였다하더라도 어찌 알 수 있었겠는가. 그가 김씨라는 것은 명확하다. 신라의 임금과 신하들은 같은 성씨에서 부인을 취하는 것이 예가 아님을 알았으니, 반드시 이를 피하면서도 이를 삼가지 않고 처음부터 이를 범하였으니, 이는 폄절(貶絶)하지 않아도 잘못이 자연히 드러난 것이다. (『三國史節要』 13)

신라 고구려 3월에 고구려 승려 구덕(丘德)이 당에 들어가 경전을 갖고 이르니 왕이 여러 절들의 승려들을 모아 맞이하게 하였다. (『三國史記』 10 新羅本紀 10)

신라 고구려 3월에 고구려 승려 구덕(丘德)이 당에 들어가 경전을 갖고 이르니 왕이 여러 절들의 승려들을 모아 맞이하게 하였다. (『三國史節要』 13)

신라 고구려 흥덕왕대 태화 원년 정미년에 입학승 고(구)려의 승려 구덕이 불경 몇 개 함분을 갖고 오니 왕이 여러 절들의 승려들을 모아 맞이하게 하였다. (『三國遺事』 3 塔像 4 前後所將舍利)

발해 (대화 원년) 4월 계사일(2)에 인덕전에 나아가 발해 사신 11명을 만나 연회를 베풀

어주고 물품을 차등있게 내려 주었다. (『冊府元龜』 976 外臣部 21 褒異 3)

발해 문종 태화 원년 4월에 발해가 사신을 보내어 조회하였다. (『冊府元龜』 972 外臣部 17 朝貢 5)

발해 태화 원년과 4년에 모두 사신을 보내 조회하였다. (『舊唐書』 199下 列傳 149下 北狄 渤海靺鞨)

신라 태화 원년 4월에 사신을 보내어 조공하였다. (『舊唐書』 199上 列傳 149上 東夷 新羅)

신라 발해 5월 초하루가 임술일인 무진일(7))에 조를 다음과 같이 내렸다. "본래 머리와 몸은 군신을 표상하는 따위이다. 의리는 깊고 몸을 같이 하여 의리는 넓은 도량에 있음이라. 무릇 서임하면 의심하지 않고 의심되면 쓰지 않는 것이다. 그러나 위진(魏晉) 이래 패도의 제도로 섞어 쓰고 헛된 의리를 찾아 인습이 상존하였다. 짐이 바야흐로 대신(大信)을 표방하고 사람들의 마음 속에 심어둘 것이다. 뭇 관리와 제후, 지방관들은 방악(方嶽)은 도화(道化)가 널리 시행되도록 하여 오랑캐들이 날 듯이 달려오게 하고, 치공(治功)을 펼치게 하라. 하물며 내가 재상을 기르는 것에 어찌 틈이 있겠는가. 이후로 황궁의 조정에 앉아 있다가 뭇 관료들이 이미 물러났다면 재신은 다시 나아가 일을 알려라. 그 감독하고 찾는 일은 마땅히 그치도록 하라." (『舊唐書』 17 上 本紀 17 上 敬宗)

신라 여름 5월에 서리가 내렸다. (『三國史記』 10 新羅本紀 10)

신라 여름 5월에 서리가 내렸다. (『三國史節要』 13)

신라 보력(寶曆) 2년 세차 병오년 8월 초엿새 신축일에 중초사(中初寺) 동쪽의 승악(僧岳)에서 돌 하나가 갈라져 둘이 되었다. 같은 달 28일에 두 무리가 일을 시작하였고, 9월 1일에 이에 이르렀으며, 정미년 2월 30일에 모두 마쳤다. 절주통(節州統)은 황룡사(皇龍寺)의 항창(恒昌)화상이다. 상화상(上和上)은 진행(眞行)법사이며, 정좌(貞坐)는 의열(義說)법사이다. 상좌(上坐)는 연숭(年嵩)법사이며 사사(史師)는 둘인데 묘범(妙凡)법사와 칙영(則永)법사이다. 전도유내(典都唯乃)는 둘인데 창악(昌樂)법사와 법지(法智)법사이다. 도상(徒上)은 둘인데 지생(智生)법사와 진방(眞方)법사이다. 작상(作上)은 수남(秀南)법사이다. (「中初寺 幢竿石柱記」)

신라 가을 8월에 태백성이 낮에 나타났다. (『三國史記』 10 新羅本紀 10)

신라 가을 8월)에 태백성이 낮에 나타났다. (『三國史節要』 13)

신라 (가을 8월)에 서울이 크게 가물었다. (『三國史記』 10 新羅本紀 10)

신라 (가을 8월)에 서울이 크게 가물었다. (『三國史節要』 13)

신라 (가을 8월) 시중 영공(永恭)이 물러났다. (『三國史記』 10 新羅本紀 10)

신라 (가을 8월) 시중 영공이 물러났다. (『三國史節要』 13)

신라 명활전(明活典)은 경휘왕(景暉王, 흥덕왕) 2년에 두었다. 대사(大舍)는 1명, 간옹(看翁) 1명이다. (『三國史記』 39 雜志 8 職官 中)

828(戊申/신라 흥덕왕 3/발해 宣王 建興 11/唐 太和 2/日本 天長 5)

발해 태정관(太政官)이 부(符)한다.

하나, 마땅히 객도(客徒)들에게 공급(供給)해 주어야 할 것

대사(大使), 부사(副使)는 하루 각각 2속(束)5파(把) 판관(判官), 녹사(錄事)는 하루 각각 2속

사생(史生), 역어(譯語), 의사(醫師), 천문생(天文生)은 하루 각각 1속5파 수령(首領) 이하는 하루 각각 1속3파

우(右), 단마국(但馬國)의 해(解)에 말하기를 "발해사 정당좌윤(政堂左允) 왕문구(王文矩) 등 100인이 작년 12월 29일 도착하였습니다. 이에 국박사(國博士) 정8위하 임조신원웅(林朝臣遠雄)을 보내어 사유를 살피고 아울러 왕래 주기를 어긴 잘못을 묻게 하였습니다. 문구 등이 아뢰기를 '대당(大唐) 치청절도(淄靑節度) 강지에(康志曀)의 교통지사(交通之事)를 아뢰기 위해 천조에 입조하였으며 위기(違期)한 것은 죄를 벗어날 방법이 없습니다. 또 퇴각해 돌아가는 데도 배가 파손되고 양식이 떨어졌습니다. 엎드려 바라건대 귀부(貴府, 대재부)에 말하여 배와 노를 구제해달라고 해주시고 또 군가(郡家)에 안치하여 양식미를 제공해주시기 바랍니다.'라고 하였습니다. 위기(違期)한 잘못은 책망하지 아니하고 모름지기 저들의 식법(食法)은 절반을 항수(恒數)로 하므로 백미(白米)로써 생析(生析)을 충당하게 하고자 합니다."라고 하였다. 정한 바는 안건과 같다.

하나, 마땅히 배를 수리해야 할 것

우(右), 안내를 살펴보니, 승전사(承前使) 등이 고의로 자기의 배를 파괴하고 풍파 때문이었다고 말을 갖다 붙이고는 환각(還却)되는 날 항상 온전한 배를 요구하고 수조(修造)한 비용은 앞의 선례(前轍)가 없는 것이 아니라고 한다. 모름지기 파손된 선박을 수리하는 것은 옛 모양대로 해 줄 것이며 공비(公費)를 들이는 일이 없도록 하라. 조속히 수리하되 태만하여서는 아니 된다.

하나, 마땅히 교변(交關)을 엄금해야 할 것

우(右), 번객(蕃客)의 사물(賜物)을 사사로이 교역하는 것은 항상 법의 처벌이 있다. 그런데 요즈음의 사람들은 반드시 멀리서 온 물건(遠物)을 사랑하여 다투어 교역을 하고 있다. 모름지기 엄중하게 금지하고 다시금 그러한 일이 없도록 하라. 만약 어기는 자는 백성은 장(杖) 100대를 부과하라. 왕신가(王臣家)가 사람을 보내 매매하면 금사자(禁使者)는 보고토록 하라. 국사(國司)가 아첨하여 잘 봐주고 또 스스로도 매매한다면 특히 중죄에 처해 위반할 수 없게끔 하라.

하나 마땅히 베껴서 계첩(啓牒)을 진상(進上)해야 할 것

우(右), 번객(蕃客)이 내조하는 날에 도착지의 재리(宰吏)는 먼저 봉함(封函)을 열어 그 (내조의) 사유를 자세하게 살펴보도록 하라. 만약 고실(故實)을 어겼다면 즉각 환각(還却)하게 하고 수고스럽게 보고하지는 말라. 그런데 승전(承前)할 경우라면 조사(朝使)가 오기를 기다려서 계함(啓函)을 열도록 하라. 이치가 그럴 듯한 것이 아니라면 모름지기 국사(國司)가 열어보고 베껴서 이것을 바치도록 하라.

이전 중납언(中納言) 좌근위대장(左近衛大將) 종3위 행민부경(行民部卿) 청원진인하야(淸原眞人夏野)가 선(宣)하는데 우(右)와 같다.

천장(天長) 5년 정월 2일 (『類聚三代格』 18 夷俘幷外蕃人事)

백제 정월 갑자일(7)에 풍악전(豊樂殿)에 납시었다. 외종5위하 백제공 강계(綱繼)에게 종5위하를 수여하였다. (…) 녹(祿)을 차등 있게 내렸다. (『類聚國史』 99 敍位)

발해 정월 갑술일(17)에 단마국(但馬國)이 역마를 달려 말을 올리기를, 발해인 백여 명이 도착하였다고 하였다. (『類聚國史』 194 殊俗 渤海 下)

신라 봄 정월에 대아찬 김우징(金祐徵)을 시중으로 삼았다. (『三國史記』 10 新羅本紀 10)
신라 봄 정월에 대아찬 김우징(金祐徵)을 시중으로 삼았다. (『三國史節要』 13)

발해 2월 기축일(3)에 단마국사(但馬國司)가 발해왕이 보낸 계문과 중대성(中臺省牒)을 베껴 올렸다. (『類聚國史』 194 殊俗 渤海 下)

신라 2월에 사신을 보내 당에 조공하였다. (『三國史記』 10 新羅本紀 10)
신라 2월에 사신을 보내 당에 조공하였다. (『三國史節要』 13)
신라 제42 흥덕대왕이 보력 2년 병오년에 왕위에 올랐다. 얼마 안 되어 어떤 사람이 당(唐)에 사신으로 갔다가 앵무새 한 쌍을 가지고 왔는데, 오래지 않아 암컷이 죽었다. 홀로 남은 수컷이 애처롭게 울기를 그치지 않자, 왕은 사람을 시켜 앞에 거울을 걸게 하였다. 새가 거울 속의 그림자를 보고 짝을 얻은 것으로 생각하여 그 거울을 쪼다가 그림자임을 알고서 슬피 울다가 죽었다. 왕이 노래를 지었다고 하나, 알 수 없다. (『三國遺事』 2 紀異 2 興德王 鸚鵡)

신라 3월에 눈이 내렸는데, 깊이가 3척이나 되었다. (『三國史記』 10 新羅本紀 10)
신라 3월에 눈이 내렸는데, 깊이가 3척이나 되었다. (『三國史節要』 13)

발해 태화(太和) 2년 4월 7일에 영경사(靈境寺)에 돌아와 영선대사(靈仙大師)를 찾았으나 세상을 떠난 지 오래되었다. 나는 피눈물을 흘리고 비통함이 산이 무너지는 듯했다. 문득 네 번이나 큰 바다를 건넌 것은 마치 죽음으로 돌아가는 듯하였고, 연이어 다섯 번이나 여행을 함께 한 것은 밥 먹는 시간처럼 짧게 여겨진다. 이러한 인연은 곧 스승인 응공(應公)과의 오랜 교분의 소치였기 때문이다. 나는 처음의 약속을 믿어 끝내 응답하였다. “바라옵건대 영혼이시여. 계곡물에 천추(千秋)를 오열하는 소리를 머물게 하고, 구름 위로 솟은 소나무처럼 긴 세월 동안 탄식한다면, 4월에 명(蓂) 한 잎 떨어지고 또 한 잎이 떨어질 때 길을 떠나 경성을 바라보는 날에 만물이 모름지기 다 공(空)이라는 것을 나타내십시오. 속세의 헛된 마음 어떻게 할 것인가. 눈물만이 스스로 흘러내린다. 인정은 법안(法眼)으로 황천을 감싸고 후일 만일 창파를 건너온 객이 누구냐고 묻는다면 분명히 말하라. 짚신을 남겨두고 맨발로 돌아갔다고.” 태화 2년 4월 14일 쓰다. (「哭日本國內供奉大德靈仙和尙詩幷序」: 『入唐求法巡禮行記』 3 開成 5년 7월 3일)

발해 4월 계미일(28)에 발해객대사(渤海客大使) 이하 초공(梢工) 이상에게 견면(絹綿)을 차등있게 내려주었다. (『類聚國史』 194 殊俗 渤海 下)

신라 여름 4월에 청해대사(淸海大使) 궁복(弓福)은 성은 장씨(張氏)인데, 일명 보고(保皐)라고 한다. 당 서주(徐州)에 들어가 군중소장(軍中小將)이 되었다가 후에 귀국하여 왕을 알현하고, 병졸 1만 명을 이끌고 청해(淸海)에 진(鎭)을 세웠다[청해는 지금의 완도(莞島)이다]. (『三國史記』 10 新羅本紀 10)
신라 여름 4월에 장보고를 청해진 대사로 삼았다. 보고의 어릴 때 이름은 궁복이다. 당에 들어가 서주군 소장이 되었다가 후에 귀국하여 왕에게 다음과 같이 아뢰었다. “중국인이 왕왕 우리 변경 백성들을 약탈하여 노비로 삼으니 매우 수치스럽습니다. 청컨대 청해에 진을 세워 노략질하지 못하도록 하기 바랍니다.” 왕이 드디어 병졸 1만을 주어 진을 지키게 하였다. 이후로 바다에서 나라 사람들을 침략하여 약탈하는 일이

없었으니, 청해는 즉 바닷길의 요충지이다. (『三國史節要』 13)

신라 장보고[본기에는 궁복(弓福)이라고 썼다.]와 정년[년(年)은 혹 연(連)으로도 썼다]은 모두 신라 사람이다. 다만 고향과 아버지와 할아버지는 알 수 없다. 모두 싸움을 잘하며 특히 창을 잘 쓴다. 정년은 또 능히 바닷물 속에 잠겨서 50리를 헤엄쳐도 숨이 막히지 않았다. 용맹스럽고 굳건한 것은 보고도 따르지 못한다. 정년은 보고를 형이라 부르는데, 보고는 나이를 내세우고 년은 재주를 내세워 늘 서로 뒤지지 않으려 하였다. 다 당에 가서 무령군의 소장이 되어 말을 타고 창을 사용하는데 대적할 자가 없었다. 나중에 보고는 귀국하여 대왕을 뵙고 말하기를, "중국을 두루 보니 우리나라 사람들을 노비로 삼고 있습니다. 바라건대 청해에 진영을 설치하여 도적들이 사람을 붙잡아 서쪽으로 데려가지 못하게 하십시오." 하였다. 청해는 신라 해로의 요충지로 지금은 그곳을 완도라 부른다. 이다. 왕은 보고에게 군사 1만명을 주었다. 이후 해상에서 우리나라 사람을 파는자가 없었다. 보고는 본국에서 부귀를 누리고 있었으나 년은 관직에서 떨어져 굶주림과 추위에 시달리며 사수(泗水)의 연수현(漣水縣)에 살고 있었다. 하루는 수주(戍主) 풍원규(馮元規)에게, "나는 신라로 돌아가 장보고에게 걸식을 할까 하오." 하였다. 원규가, "당신이 보고를 저버린 것은 어떻게 할 것인가. 어찌하여 그의 손에 죽으려 하는가." 하자, 년은 "춥고 배고파 죽는 것보다는 통쾌하게 싸우고 죽는 것이 낫다. 더구나 고향에 돌아가서 죽음에랴." 하였다. 년은 드디어 길을 떠나 보고를 찾아 갔다.보고가 술을 대접하며 극히 환대하였다. 술자리를 채 마치기도 전에, 왕이 시해되어 나라가 어지럽고 임금의 자리가 비었다는 소식을 들었다. 보고가 군사를 나누어 5천명을 년에게 주며 손을 잡고 눈물을 흘리면서 "자네가 아니고는 화란을 평정할 수 없을 것일세." 하고 말하였다. 년은 왕경에 들어가 반역자를 죽이고 왕을 세웠다. 왕이 보고를 불러 재상으로 삼고, 년으로 대신 청해를 지키게 하였다[이것은 신라의 전기와는 매우 많이 다르나 두목(杜牧)이 전을 지었기 때문에 둘 다 남겨둔다].

논하여 말한다. 두목이 다음과 같이 썼다. "천보 연간 안록산의 난에 삭방절도사 안사순이 안록산의 사촌이었기에 사약을 받고 죽었으므로 조서를 내려 곽분양으로 그를 대신하게 하였다. 열흘 후에 다시 이임회에게 조서를 내려 부절을 지니고 삭방의 병력을 반으로 나누어 동쪽으로 조(趙)와 위(魏) 지방으로 가게 하였다. 안사순이 절도사로 있을 때에 분양과 임회가 모두 아문도장(牙門都將)로 있었다. 두 사람은 서로 사이가 좋지 않아, 비록 같은 상에서 음식을 먹더라도 항상 서로 흘겨보면서 한마디의 말도 하지 않았다. 곧 분양이 사순을 대신하자, 임회는 도망하려 하였으나 계획을 단호히 행하지 못하였다. 임회에게 조서(詔書)를 내려 분양에게 병력을 절반 나누어 받아 동쪽을 토벌하게 하였다. 임회가 가서, '내 한 죽음은 달게 받겠으니, 처자는 살려 주시오.'라고 청하였다. 분양이 달려 내려가 손을 잡고 마루 위로 올라와 마주앉아, '지금 나라가 어지럽고 임금이 도성을 떠나 피란하였는데, 그대가 아니면 동쪽을 칠 수 없소. 어찌 사사로운 분(忿)을 품을 때이겠는가.'라고 말하였다. 곧 작별하게 되자 손을 잡고 눈물을 흘리며 서로 충의(忠義)로 격려하였다. 마침내 큰 도둑을 평정한 것은 실로 두 사람의 힘이었다. 그 마음이 배반하지 않을 것을 알고 그 재능이 일을 맡길 만한 것을 안 후에, 마음을 의심하지 않고 군사를 나누어 줄 수 있는 것이다. 평생에 분한을 쌓아 그 마음을 알기가 어렵다. 분노하면 반드시 단점만 보이는 것이니, 그 재능을 아는 것은 더욱 어려운 일이다. 이 점에서 보고와 분양의 어짊이 같다고 할 수 있다. 년이 보고에게 투탁할 때 반드시, '저는 귀하고 나는 천하니 내가 낮추면 마땅히 옛날의 원한으로 나를 죽이지 않을 것이다.'라고 생각하였을 것이다. 보고가 과연 죽이지 않았으니, 사람에게 공통되는 인정이다. 임회가 분양에게 죽음을 청한 것 또한 사람의 상정(常情)이다. 보고가 년에게 일을 맡긴 것은 자신에게서 나온 것이며, 년은 또한 주림과 추위로 감동하기 쉬웠다. 분양과 임회는 평생을 대립하였다. 임회의 명령은 천자에게서 나온 것으로 보고와 비교하면 분양이 여유로웠다. 이것은 성현도 의심하여 망설이다가 이루거나 그르치는 경우이다. 그것은 다른 것이 아니라 착하고 의로운 마음이 잡정(雜情)과 함께 섞이어 잡정이 이기면 인의가 없어지고, 인의가 이기면 잡정이 사그라진다. 저 두 사람은 인의의 마음이 이미 이겼고, 또 그들의 자질이 밝았기 때문에 마침내 공을 이룬 것이다. 세간에서는 주공(周公)과 소공(召公)을 백대의 스승으로 일컫고 있으나, 주공이 어린아이를 보좌할 때에 소공은 그를 의심하였다. 주공의 거룩함과 소공의 어짊으로, 젊어서는 문왕을 섬기고 늙어서는 무왕을 도와 천하를 평정하였지만, 주공의 마음을 소공 또한 알지 못하였다. 진실로 인의의 마음이 있다 하더라도, 자질이 밝지 않으면 비록 소공도 오히려 그러하거늘, 하물며 그 아래에 있는 사람이랴. 속담에, '나라에 한 사람만 있어도, 그 나라는 망하지 않는다.'라고 하였다. 대체로 나라가 망하는 것은 사람이 없어서가 아니다. 그 망할 때를 당하여 어진 사람이 쓰여지지 않아서이다. 진실로 어진 사람을 쓴다면 한 사람으로 족할 것이다." 송기(宋祁)가 다음과 같이 썼다. "아아 원한으로써 서로 질투하지 않고 나라의 우환을 앞세운 것은 진(晉)나라에는 기해(祁奚)가 있고, 당에는 분양과 보고가 있다. 누가 동이(東夷)에 사람이 없다고 하는가." (『三國史記』 44 列傳 4 張保皐 鄭年)

신라 제45대 신무대왕(神武大王)이 왕위에 오르기 전에 협사(俠士)인 궁파(弓巴)에게 말하기를, "나는 같은 하늘 아래 살 수 없는 원수가 있다. 네가 나를 위해 능히 그를 제거해 준다면 왕위를 차지한 후에 그대의 딸을 취하여 왕비로 삼겠다."라고 하였다. 궁파는 이를 허락하고, 마음과 힘을 같이 하여 군대를 일으켜 경사(京師)로 쳐들어가서 그 일을 이루었다. 이미 왕위를 빼앗고 궁파의 딸을 왕비로 삼으려고 했으나 여러 신하들이 극히 간하여 말하기를, "궁파는 미천한 출신이니 왕께서 그 딸을 왕비로 삼는 것은 불가합니다."라고 하였다. 이에 왕이 그 말을 따랐다. 이 무렵 궁파는 청해진(淸海鎭)에 있으면서 군진을 지키고 있었는데, 왕이 약속을 어긴 것을 원망하여 반란을 모의하려 하였다. 이때 장군 염장(閻長)이 이 말을 듣고 아뢰기를, "궁파가 장차 충성스럽지 않은 일을 하려 하니 소신이 청하건대 그를 없애겠습니다."라고 하니, 왕이 기뻐하여 이를 허락하였다. 염장은 왕의 뜻을 받들어 청해진으로 가서 사람을 통해 말하기를, "나는 이 나라의 임금에게 작은 원한이 있기에 명공에게 의지해 신명을 보전하려고 합니다."라고 하였다. 궁파가 그 말을 듣고 크게 노하여 말하기를, "너희 무리들이 왕에게 간하여 나의 딸을 폐하게 하고서 어찌 나를 보려고 하느냐."고 하였다. 염장이 다시 사람을 통하여 말하기를, "그것은 백관(百官)들이 간한 것입니다. 나는 그 논의에 참여하지 않았으니 명공께서는 의심하지 말아 주십시오."라고 하였다. 궁파가 이 말을 듣고 청사에 불러들여서 말하기를, "경(卿)은 무슨 일로 여기까지 왔는가."라고 하니, 염장이 말하기를, "왕에게 거스른 일이 있어 공의 막하(幕下)에 의탁해 해를 면하려 합니다."라고 하였다. 궁파가 말하기를, "잘 왔다"라고 하며 술자리를 마련하여 매우 기뻐하였다. 염장이 궁파의 장검(長劍)을 취하여 그를 베었다. 휘하의 군사들이 모두 놀라고 두려워하며 모두 땅에 엎드렸다. 염장이 군사들을 경사로 이끌고 와서 복명(復命)하여 말하기를, "이미 궁파를 베었습니다."라고 하였다. 왕이 기뻐하면서 그에게 상을 주고 아간(阿干) 벼슬을 주었다. (『三國遺事』 2 紀異 2 神武大王 閻萇 弓巴)

신라 장보고·정년이라는 사람이 있는데, 모두 싸움을 잘 하며 특히 창을 잘 쓴다. 정년은 또 능히 바닷물 속에 잠겨서 50리를 헤엄쳐도 숨이 막히지 않으며, 용맹스럽고 굳건한 것은 보고도 따르지 못한다. 정년은 보고를 형이라 부르는데, 보고는 나이를 내세우고 년은 재주를 내세워 늘 서로 뒤지지 않으려 하였다. 다 신라에서 들어와 무녕군의 소장이 되었다. 나중에 보고는 신라로 돌아가서 그 나라 왕을 알현하여, "온 중국이 신라 사람으로 노비를 삼고 있습니다. 바라옵건데 청해에 진을 설치하여 해적이 서방으로 사람을 사로 잡아가는 것을 막으십시오."라고 아뢰었다. 청해는 해로의 요충지이다. 왕은 보고에게 군사 1만명을 주어서 지키게 하였다. 그리하여 대화 이후로는 해상에서 신라 사람을 사고파는 자가 없어졌다. 보고는 본국에서 부귀를 누리고 있었으나 년은 연수(漣水)에서 나그네로 궁색스럽게 살고 있었다. 하루는 수주(戍主) 풍원규(馮元規)에게, "나는 신라로 돌아가 장보고에게 걸식을 할까 하오." 하였다. 원규가, "당신이 보고를 저버린 것은 어떻게 할 것인가. 어찌하여 그의 손에 죽으려 하는가." 하자, 년은 "춥고 배고파 죽는 것보다는 통쾌하게 싸우고 죽는 것이 낫다. 더구나 고향에 돌아가서 죽음에랴." 하였다. 년은 드디어 길을 떠났다. 청해에 이르러 보고를 만나자, 보고는 주연을 베풀고 극진히 환대하였다. 술자리를 채 마치기도 전에, 대신이 왕을 죽여서 나라는 어지럽고 왕은 없는 상황이라는 소식이 들려 왔다. 보고는 군사 5천명을 년에게 나누어 주며, 년을 붙잡고 눈물을 흘리면서, "자네가 아니고는 화란을 평정할 수 없을 것일세." 하고 말하였다. 년은 그 나라에 이르러 반란자를 죽이고, 왕을 세워 보답하였다. 왕은 드디어 보고를 불러 들여 상(相)으로 삼고, 년에게 대신하여 청해진을 지키게 하였다.

두목(杜牧)이 이런 말을 하였다. "안사순(安思順)이 삭방절도사(朔方節度使)로 있을 적에 곽분양(郭汾陽)과 이임회(李臨淮)가 함께 그 아문(牙門)의 도장(都將)으로 있었다. 두사람은 서로 만만치 않아서 같은 밥상의 음식을 먹으면서도 늘 눈을 흘겨보고 말 한마디 나누지 않는 사이었다. 분양(汾陽)이 사순(思順)을 대신하게 되자, 임회(臨淮)는 도망갈까 망설이며 결정을 하지 못하였다. 열흘 뒤, 임회에게 분양의 군사를 반으로 나누어 동쪽 월(越)· 위(魏)로 떠나라는 조명(詔命)이 내려졌다. 임회가 분양 들어가서 '이 한몸의 죽음은 달게 받겠으나, 처자(妻子)만은 살려주오.' 하고 청하였다. 분양은 당하(堂下)로 쫓아 내려와 손을 잡고 당상(堂上)으로 올라가서, '지금 나라가 어지러워 주상(主上)이 파천(播遷)하고 있으니, 공이 아니고는 동쪽을 토벌할 수가 없소. 어찌 사분(私忿)을 품고 있을 때이겠소.' 하였다. 길을 떠날 적에 손을 잡고 울면서 서로 충의(忠義)를 다짐하였다. 극렬하던 반란자를 끝내 평정한 것은 실로 두 사람의 힘이었다. 그 마음이 배반하지 않을 것을 알고 있었으니, 그 마음을 안다는 것은 어려운 일이요, 울분을 품으면 반드시 단점을 보기 마련인 데도, 그가 인재임을 알아보았다는 것은 더 어려운 일이다. 이 점에 있어서는 보고(保皐)와 분양(汾陽)의 훌륭함이 동등하다. 년이 보고를 찾아갈 적에는 반드시, '저는 귀하고 나는 천하니, 내가 항복을 한다면 지난날의 분(忿)만으로 해서 나를 죽이지는 않으리라.'고 여겼다. 과연 보고가 그를 죽이지 않은 것은 사람의 상정(常情)에서요, 임회가 분양에게 죽음을 청한 것도 사람의 상정에서이다. 보고가 년을 신임한 것은 자신의 생각에서 나왔고, 년도 추위와 배고픔에 시달려서 감동되기가 쉬웠다. 분양과 임회는 평생 대립 상태였고, 임회를 내보내려는 지시는 천자(天子)에게서 나왔다. 보고(保皐)와 비교해 볼 때 분양(汾陽)이 더 훌륭하다. 이것이 바로 성현(聖賢)도 결정짓기 어려운 성패(成敗)의 갈림길이다. 세상에서 주공(周公)과 소공(邵公)을 일컬어 백세(百世)의 스승이라 하나, 주공이 어린 아이를 옹립할 적에 소공은 그를 의심하였다. 주공과 소공은 같은 성현(聖賢)으로서 젊어서는 문왕(文王)을 섬기고 늙어서는 무왕(武王)을 보좌하여, 능히 천하를 태평케 하였으나, 그래도 소공은 주공의 마음을 알지 못하였다. 참으로 인의(仁義)의 마음이 있다 하여도 뚜렷이 드러내지 못하면 소공과 같은 이도 오히려 의심을 품게 된다. 하물며 그 아래의 사람에게 있어서랴." 아 원한이 있어도 서로 봉공(奉公)함을 저해하지 않고, 국가의 근심을 앞세운 이로는 진(晋)나라 때는 기해(祁奚)가 있었고, 당(唐)나라 때에는 분양과 보고가

있으니, 누가 이국(夷國)에 사람이 없다고 말할 수 있으랴. (『新唐書』 220 列傳 145 東夷 新羅)

신라 (여름 4월) 한산주(漢山州) 표천현(瓢川縣)에서 요사스러운 인물이 자칭 빨리 부자가 되는 술법(術法)이 있다고 하여, 군중들이 자못 여기에 현혹되었다. 왕이 이를 듣고 말하기를, "사도(邪道)로써 군중을 현혹하는 자를 형벌에 처하는 것은 선왕(先王)의 법이다."라고 하며, 그를 먼 섬에 유배보냈다. (『三國史記』 10 新羅本紀 10)

신라 (여름 4월) 한산주 표천현에 요사스러운 인물이 자칭 빨리 부자가 되는 술법이 있다고 하여, 군중들이 자못 여기에 현혹되었다. 왕이 말하기를, "사도로써 군중을 현혹하는 자는 마땅히 먼 섬에 유배 보내는 형벌을 줘야 한다고 하였다." (『三國史節要』 13)

신라 법광사석탑기(法光寺石塔記) (옆면)
회창 6년 병인 9월 옮겨 세우고 수리하다. 원컨대 대대로 단월은 정토에 태어나시고 금상께서는 복과 수명이 길이 뻗치소서. (앞면) 안에 사리 22매를 넣다. 상좌 도흥(道興) (옆면) 대화 2년 무신 7월 향조(香照) 스님과 비구니 원적(圓寂)이 재물을 희사하여 탑을 세웠다. 절의 단월은 성덕대왕(成德大王)이며 전(典)은 향순(香純)이다. (뒷면) (「法光寺 石塔誌」)

백제 10월 기사일(17)에 우마대충(右馬大充) 정6위상 백제왕 선의(善義)에게 종5위하를 수여하였다. (『類聚國史』 99 敍位)

신라 태화 2년 10월에 칙을 내리시어 영남(嶺南)·복건(福建)·계관(桂管)·옹관(邕管)·안남(安南) 등의 도의 백성들이 먹을 것을 사러 온 평민들을 노략하는 것을 금지시켰습니다. 전후의 제정된 칙을 보면 처분이 여러 번 중첩되어 명백하지 않음이 없습니다. 위중행(衛中行)과 이원지(李元志) 등은 비록 정당하게 사들인 것이라고 하나, 실제는 그 수가 지나치게 많습니다. 각각의 본도에 영을 내려 시행하게 하십시오. 원화 4년 윤 3월 5일 및 8년 9월 18일이 칙문에 준하여 더욱 강제해야 합니다. 이에 관할 각 차판관(差判官)이 해당 사응관(司應管)과 여러 기관이 소유하고 관노비 등을 상주하여 요전(要典) 및 명령문의 면천하여 양인으로 하는 조항에 의거하여 비록 최근 사면하는 칙령이라도 여러 관사는 모두 논하지 말고 종신토록 은택을 베풀지 말 것이며, 각 감관호(勘官戶)의 노비들 중 다쳤거나 병이 든 자 또는 70세가 된 자는 각령의 처분에 준하여 청하라 하십시오. 그 신라 노비의 경우 엎드려 생각건대 경원 원년 3월 11일 칙에 해적들이 신라 양민을 속여 약탈해 연해 제도로 데려와 사서 노비로 만들고 있는 것은 분명한 칙령이 있음에도 여전히 그치지 않고 있습니다. 엎드려 청하건대 예전의 칙령을 분명히 하셔 다시 제도에 명령을 내려 반드시 금지시키게 하고 칙지에 따르게 하십시오. (『唐會要』 86 奴婢)

발해 신라 (태화 2년) 12월 기묘일(28)에 발해·신라·실위·거란·남조가 모두 사신을 보내어 조공하니 함께 인덕전에 불러 연회를 베풀고 물품을 차등있게 내려 주었다. (『冊府元龜』 976 外臣部 21 褒異 3)

신라 겨울 12월에 당에 사신을 보내 조공하니, 문종(文宗)이 인덕전(麟德殿)에 불러 대면하고 연회를 베풀어 주었으며 차등을 두어 하사품을 내렸다. 입당(入唐)했다 돌아온 사신 대렴(大廉)이 차(茶)의 씨앗을 가지고 와, 왕이 사자에게 시켜 지리산에 심도록 하였다. 차는 선덕왕(善德王) 때부터 있었지만, 이때에 이르러 성행하였다. (『三國史

記』10 新羅本紀 10)

신라 겨울 12월에 대렴을 당에 보내 조공하였다. 황제가 불러 인덕전에서 만나 연회를 베풀고 물품을 차등있게 나누어 주었다. 대렴이 차 씨앗을 가지고 와 왕이 지리산에 심도록 하였다. (『三國史節要』13)

신라 김양(金陽)은 자가 위흔(魏昕)이니 태종대왕 9세손이다. 증조부는 이찬 주원(周元)이며 조부는 종기(宗基) 소판(蘇判)이며, 아버지는 정여(貞茹) 파진찬이니 모두 세력 있는 집안사람으로 장수와 재상이 되었다. 김양은 태어나면서부터 영특하고 걸출하였다. 태화 2년 흥덕왕 3년 고성군(固城郡) 태수가 되었고, 얼마 있지 않아 중원(中原) 대윤에 임명되었다가 잠시 후에 무주도독으로 옮겼다. 부임하는 곳마다 정무를 살 한다는 명성이 있었다. (『三國史記』44 列傳 4 金陽)

신라 김양을 고성군 태수로 삼았다. 얼마 후 중원대윤과 무주도독이 되었다. 김양은 어려서 영특하고 걸출하여 부임하는 곳마다 정치를 잘한다는 명예가 있었다. 태종대왕 9세손으로 주원의 증손이며, 조부는 종기, 아버지는 정여로 모두 장수와 재상이 되었다. (『三國史節要』13)

829(己酉/신라 흥덕왕 4/발해 宣王 建興 12/唐 太和 3/日本 天長 6)

백제 정월 무자일(7)에 종4위하 백제왕 충종(忠宗)에게 종4위상을 수여하였다. (…) (『類聚國史』99 敍位)

신라 봄 2월에 당은군(唐恩郡)을 당성진(唐城鎭)으로 하고 사찬 극정(極正)이 가서 지키게 하였다. (『三國史記』10 新羅本紀 10)

신라 봄 2월에 당은군을 당성진으로 하고 사찬 극정을 보내 지키게 하였다. (『三國史節要』13)

고구려 (태화 3년) 8월에 태상예원(太常禮院)이 다음과 같이 상주하였다. "삼가 개악(凱樂)을 살펴보면 고취(鼓吹)의 가곡입니다. 주관(周官) 대사악(大司樂)에 왕의 군대가 큰 공헌을 하면 개악을 연주한다고 했는데 주석에서 공을 바치는 음악이라 하였습니다. 또 대사마(大司馬)의 직에 군대가 공이 있으면 사직에 개악을 바친다 하였는데, 그 주에 병악(兵樂)을 개(凱)라 하였습니다. 사마법(司馬法)이 말하길, '뜻을 얻으면 개악을 하니 기쁨을 보이기 때문이다.'고 하였습니다. 좌씨전에 진(晉) 문공(文公)이 초(楚)나라에 승리하자 군대를 떨쳐 개선하며 들어왔다고 하였고, 위진 이래 고취와 곡장(曲章)이 당시의 전공을 이야기 한 것이 많았습니다. 이는 역대 대첩을 바치면 반드시 개선하는 노래가 있었습니다. 태종이 동도(東都)를 평정하고 송금강(宋金剛)을 격파한 이후 소정방(蘇定方)이 가로(賀魯)를 잡았으며, 이적(李勣)이 고(구려)를 평정하니 모두 군용에 개선하는 노래를 갖추어 서울로 들어왔습니다. 삼가 정관(檢貞觀)·현경(顯慶)·개원(開元) 때의 예서를 검토하면 주석이 없으니 이제 고금의 사례를 참작하여 그 진설과 가곡을 연주하는 의식을 갖추니 다음과 같이 하시기 바랍니다." (『舊唐書』28 志 8 音樂 1)

고구려 태화 3년 8월에 태상예원(太常禮院)이 다음과 같이 상주하였다. "삼가 개악(凱樂)을 살펴보면 고취(鼓吹)의 가곡입니다. 주관(周官) 대사악(大司樂)에 왕의 군대가 큰 공헌을 하면 개악을 연주한다고 했는데 주석에서 공을 바치는 음악이라 하였습니다. 또 대사마(大司馬)의 직에 군대가 공이 있으면 사직에 개악을 바친다 하였는데, 그 주에 병악(兵樂)을 개(凱)라 하였습니다. 사마법(司馬法)이 말하길, '뜻을 얻으면 개악을 하니 기쁨을 보이기 때문이다.'고 하였습니다. 좌씨전에 진(晉) 문공(文公)이 초

(楚)나라에 승리하자 군대를 떨쳐 개선하며 들어왔다고 하였고, 위진 이래 고취와 곡장(曲章)이 당시의 전공을 이야기 한 것이 많았습니다. 이는 역대 대첩을 바치면 반드시 개선하는 노래가 있었습니다. 태종이 동도(東都)를 평정하고 송금강(宋金剛)을 격파한 이후 소정방(蘇定方)이 가로(賀魯)를 잡았으며, 이적(李勣)이 고(구려)를 평정하니 모두 군용에 개선하는 노래를 갖추어 서울로 들어왔습니다. 삼가 정관(檢貞觀)·현경(顯慶)·개원(開元) 때의 예서를 검토하면 주석이 없으니 이제 고금의 사례를 참작하여 그 진설과 가곡을 연주하는 의식을 갖추니 다음과 같이 하시기 바랍니다." (『唐會要』 33 凱樂)

백제　10월 계해일(17)에 종6위하 백제왕 경세(慶世)에게 종5위하를 수여하였다. (『類聚國史』 99 敍位)

신라 발해　(태화) 3년 12월 발해·신라·실위·거란·남조가 모두 사신을 보내어 조공하였다. (『冊府元龜』 972 外臣部 17 朝貢 5)

신라　집사성(執事省)은 본래 이름이 품주(稟主)였다[혹 조주(租主)로도 부른다]. 진덕왕 5년 집사부로 고쳤다가 흥덕왕 4년 다시 집사성으로 바꾸었다. (『三國史記』 38 雜志 7 職官 上)

신라　원곡양전(源谷羊典)은 흥덕왕 4년에 두었는데, 대사는 1명이고 간옹(看翁)은 1명이다. 염곡전(染谷典)은 간옹이 1명이다. 벽전(壁典)은 간옹이 1명이고 하전(下典)은 4명이다. 자원전(莿園典)은 간옹이 1명이고 하전은 2명이다. 두탄탄전(豆呑炭典)은 간옹이 1명이다.(『三國史記』 39 雜志 8 職官 中)

신라　원곡양전을 두었다. 대사는 1명, 간옹 1명이다. 또 양곡전(染谷典)을 두었는데 간옹은 1명이다. 또 벽전(壁典)을 두었는데 간옹 1명이며 하전(下典)은 4명이다. 또 자원전(莿園典)을 두었는데 간옹 1명, 하전 2명이다. 또 두곡재전(豆谷炭典)을 두었는데, 간옹 1명이다. 집사부를 집사성으로 고쳤다. (『三國史節要』 13)

신라　후일 태화(太和) 정미년에 가량협산(加良峽山) 보원사(普願寺)에 가서 구족계를 받았는데, 한 번은 계단장(戒壇場)에 들어가 칠일 밤을 도(道)를 행하자 갑자기 이상한 꿩이 나타나 홀연히 순하게 날아들었다. 옆에 옛일을 잘 아는 사람이 말하기를 "옛날에는 진창(陳倉)에서 패왕(霸王)의 도(道)를 드러내었는데 오늘은 절에 날아드니 장차 법을 일으킬 큰 스님이 나타날 징조일 것이다"라고 하였다. 처음에 도의대사(道儀大師)가 서당(西堂)에게 심인을 받은 후 우리나라에 돌아와 그 선(禪)의 이치를 설하였다. 당시 사람들은 경전의 가르침과 관법을 익혀 정신을 보존하는 법을 숭상하고 있어, 무위임운(無爲任運)의 종(宗)은 아직 이르지 아니하여 허망하게 여기고 존숭하지 않음이 달마가 양(梁)의 무제(武帝)에게 받아들여지지 못한 것과 같았다. 이런 까닭으로 때가 아직 이르지 않았음을 알고 산림에 은거하여 법을 염거선사(廉居禪師)에게 부촉하였다. 염거선사는 설산(雪山) 억성사(億聖寺)에 머물러 조사의 마음을 전하고 스승의 가르침을 여니 우리 선사가 가서 섬겼다. 일심을 맑게 수양하고 삼계에서 벗어나기를 구하여 목숨을 자기 목숨으로 여기지 아니하고 몸을 자기 몸으로 여기지 아니하였다. 염거선사의 뜻과 기품에 짝할 사람이 없고 소양과 기개가 빼어남을 살피고 현주(玄珠)를 부촉하고 법인을 전수하였다. (「寶林寺普照禪師彰聖塔碑」)

신라　나이 15세 남짓에 불법을 배우고자 뜻을 두어 연허(緣虛)율사에게서 머리를 깎고 천종(天宗)대덕에게서 경전을 배우셨다. 얼마 있다가(…) 동원경(東原京) 복천사(福泉寺)에 가서 윤법(潤法)대덕에게서 구족계(具足戒)를 받으셨다. (…) 이내 불법을 믿어(…) 복덕(福德)과 지혜(智慧)가 모두 엄정하니 어머니는 반드시 하늘에 나실 것이다. 스스로 기쁜 마음으로 새가 하늘을 나는 것처럼 자유롭게 돌아다녀 설악(雪岳)에도 들르고 운봉(雲峰)에도 발을 옮겨 실상사(實相寺)에 이르셨다. 스승이 원하던 바와 들어맞아 대사가 제자되기를 청하니 하락하셨다. 이에 "그대는 어디서 왔는가." 하고 물으니 "스님의 본성은 무엇입니까" 하고 대답하셨다. 이미 신묘한 경지에 들어(…) 국사(國師)가 이르기를 "도를 붙이는 것은 오랜 인연으로 말미암은 바라. 서당(西堂)의 가풍을 잘 짓는 일은 너에게 달려 있을 뿐이다."라고 하셨다. 이때(…) 스승이 부름에 응하여 거동하여 서울에 가시니 왕이 배례하였다. 이미 이치를 풀어냈으니 거처에 걸림이 있겠는가. 이로부터 명산(名山) 승지(勝地)의 탑에 예배하러 돌아다니시니(…) 참선(參禪)에서 꽃술을 드날리고 화엄(華嚴)에서 향기를 모으셨다. 마침내 다시 곧바로 가서 지리산(知異山) 지실사(知實寺)를 홀로 쌓으시고 여러 장소(章疏)를 남김없이 보시니 이는 나면서부터 뜻을 아는 이로서 날로 부처님이 천명한 가르침을 높여가신 것이다. 그 힘은 중생을 교화하는데 돌리시고 부처를 이롭게 하므로, 고요하게 무리를 이끄시니 말없이 절로 알려져 정법대덕(正法大德)인 홍(弘)△와 전(前) △주(州) 승정(僧正)인 순(順)△, 종자(宗子)선사 등이 제자가 되어 모두 마음을 닦았다. (「實相寺秀澈和尙楞伽寶月塔碑)

830(庚戌/신라 흥덕왕 5/발해 宣王 建興 13, 彛震 咸和 1/唐 太和 4/日本 天長 7)

백제 　정월 임오일(7)에 (…) 종5위상 백제왕 안의(安義)에게 정5위하를 수여하였다. (…) (『類聚國史』 99 敍位)

백제 　2월 정사일(12)에 정4위하 백제왕 경명(慶命)에게 종3위를 수어하였다. (『日本紀略』)

신라 　(좌측)
태화 4년 경술 3월 2일 이루다△
△△△△△ 　　△△△
△△△△△ 　△△△△
(우측)
미륵불(彌勒佛) (「太和四年銘 磨崖石佛 造像記)

신라 　여름 4월에 왕이 편찮으셔서 기도를 하고 이어 승려 150명에게 도첩(度牒)을 허락하였다. (『三國史記』 10 新羅本紀 10)

신라 　여름 4월에 왕이 편찮으셔서 도첩승 150여명에게 기도를 명하였다. (『三國史節要』 13)

백제 　5월 신묘일(18)에 종4위상 백제왕 충종(忠宗)이 졸하였다. 이때 나이 64세였다. (『類聚國史』 66 薨卒)

백제 　6월 정묘일(25)에 종3위 백제왕 경명(慶命)에게 위봉(位封) 외에 특별히 50연(烟)을 주었다. (『日本紀略』)

신라 　겨울 12월에 사신을 당에 보내 조공하였다. (『三國史記』 10 新羅本紀 10)

신라 　겨울 12월에 사신을 당에 보내 조공하였다. (『三國史節要』 13)

신라 발해 4년 12월에 토번·회골·신라·발해·남조만·장가·곤명·해·거란이 함께 사신을 보내어 조공하였다. (『冊府元龜』 972 外臣部 17 朝貢 5)

발해 대화 원년과 4년에 모두 사신을 보내 조공하였다. (『舊唐書』 199下 列傳 149下 北狄 渤海靺鞨)

발해 대화 4년에 인수가 죽었는데 시호는 선왕이다. 아들 신덕(新德)이 일찍죽어 손자 이진(彝震)이 왕위에 오르고 연호를 함화(咸和)라 하였다. (『新唐書』 219 列傳 144 北狄 渤海)

발해 (태화 4년) 이 해에 발해 선왕 인수가 죽었다. 아들 신덕이 일찍 죽었기 때문에 손자 이진이 왕위에 오르고 연호를 함화로 고쳤다. (『資治通鑑 244 唐紀 60 文宗元聖昭獻孝皇帝)

발해 대화 원년과 4년에 모두 사신을 보내 와서 조회하였다. 태화 4년에 인수(仁秀)가 죽자 시호를 선왕(宣王)이라 하였다. (『舊唐書』 199下 列傳 149下 北狄 渤海靺鞨)

신라 태화 4년에 언승이 죽었다. (『唐會要』 95 新羅)

신라 이에 태화 4년에 귀국하여 대각(大覺)의 상승(上乘) 도리로 우리나라 어진 강토를 비추었다. 흥덕대왕이 칙서를 급히 보내고 맞아 위로하기를 "도의(道義) 선사가 지난번에 돌아오더니 상인(上人)이 잇달아 이르러 두 보살이 되었도다. 옛날에 흑의를 입은 호걸이 있었다고 들었는데 지금은 누더기를 걸친 영웅을 보겠도다. 하늘까지 가득한 자비의 위력에 온 나라가 기쁘게 의지하리니 과인은 장차 동방 계림의 땅을 길상(吉祥)의 집으로 만들리라."하였다.

처음에 상주(尙州) 노악산(露岳山) 장백사(長栢寺)에 석장을 멈추었다. 의원의 문전에 병자가 많듯이 찾아오는 이가 구름 같아 방장(方丈)은 비록 넓으나 물정이 자연 군색하였다. 드디어 걸어서 강주의 지리산에 이르니 몇 마리의 호랑이가 포효하며 앞에서 인도하여 위험한 곳을 피해 평탄한 길로 가게 하니 산을 오르는 신과 나르지 않았고 따라가는 사람도 두려워하는 바가 없이 마치 집에서 기르는 개처럼 여겼다. 곧 선무외(善無畏) 삼장이 영산에서 여름 결제를 할 때 맹수가 길을 인도하여 깊은 산속의 굴에 들어가 모니(牟尼)의 입상을 본 것과 완연히 같은 사적이며, 저축담유(竺曇猷)가 조는 범의 머리를 두드려 경(經)을 듣게 한 것 또한 그것만이 승사(僧史)에 미담이 될 수 없다. 이리하여 화개곡의 고(故) 삼법화상(三法和尙)이 세운 절의 남은 터에 당우(堂宇)를 꾸려내니 엄연히 절의 모습을 갖추었다. (『雙溪寺眞鑑禪師大空塔碑」)

신라 만 리 저편에서 조정 사신이 되어 집 떠난지 이제 몇 년이던가 전에 왔던 길을 되짚어 다시 먼 귀국선에 오르네 밤이면 교룡굴 피해 정박하며 아침엔 섬의 샘물 길어 밥을 짓고 머나먼 고국에 닿으면 바다 건너 서쪽 하늘 바라보리라 (『全唐詩』 6函 6冊 張籍 送新羅使)

신라 집 떠나 만 리 길 걸어 부여(扶餘)를 지나쳐 오셨다 하네 중국어 유창하고 외국 서적도 잘 읽는다 바닷말(海藻)을 채집하여 의약에 쓰고 주문 잘 외어 용어(龍魚)도 잡는다 같이 온 벗들의 거처를 물으니 천태산 몇 몇 곳에 머문다한다 (『全唐詩』 6函 6冊 張籍 贈海東僧)

831(辛亥/신라 흥덕왕 6/발해 彝震 咸和 2/唐 太和 5/日本 天長 8)

발해　(봄 정월) 기축일(19)에 권지발해국무(權知渤海國務) 대이진(大彝震)을 검교비서감(檢校秘書監)·홀한주도독(忽汗州都督)·발해국왕으로 삼았다. (『舊唐書』 17 下 本紀 17 下 文宗 下)

발해　(문종 태화) 5년 정월에 권지발해국무 대이진 은청광록대부 간교비서감(簡較秘書監) 겸 홀한주도독을 발해국왕에 책봉하였다. (『冊府元龜』 965 外臣部 10 封冊 3)

발해　(대화) 5년에 대인수 대인수가 죽으니 권지국무 대이진을 은청광록대부 검교비서감 도독 발해국왕으로 삼았다.(『舊唐書』 199下 列傳 149下 北狄 渤海靺鞨)

발해　태화 5년에 인수가 죽어 권지국무 대이진을 국왕으로 삼았다. (『冊府元龜』 967 外臣部 12 繼襲 2)

발해　이듬해에 작을 잇도록 했는데, 문종의 치세가 끝날 때까지 12차례 와서 조회하였다. (『新唐書』 219 列傳 144 北狄 渤海)

신라　봄 정월에 지진이 일어났다. (『三國史記』 10 新羅本紀 10)

신라　봄 정월에지진이 일어났다. (『三國史節要』 13)

신라　(봄 정월) 시중 우징을 파면하고 이찬 윤분(允芬)을 시중으로 삼았다. (『三國史記』 10 新羅本紀 10)

신라　(봄 정월) 시중 우징을 파면하고 이찬 윤분이 대신하게 하였다. (『三國史節要』 13)

백제　2월 병자일(7)에 자신전(紫宸殿)에 납시었다. 원조신정(源朝臣定)에게 원복(元服)하게 하였다. 냉천원(冷泉院)의 주인이다. 백제씨의 대부(大夫) 등이 같이 물건을 바쳤고 아악료(雅樂寮)는 소리(音聲)를 연주하였다. 차시종(次侍從) 이상에게 녹을 하사하고 백제왕 관명(寬命)에게 종5위하를 수여하였다. (『日本紀略』)

신라　2월에 왕자 김능유(金能儒)와 함께 승려 9명을 당에 보내 조공하였다. (『三國史記』 10 新羅本紀 10)

신라　2월에 왕자 능유를 보내 당에 조공하였다. (『三國史節要』 13)

신라　(대화) 5년 2월에 신라왕자 김능유가 승려 9명과, 그리고 도파국(闍波國) 조공사 이남호(李南呼) 등이 17명을 이끌고 함께 조회하였다. (『冊府元龜』 972 外臣部 17 朝貢 5)

신라　(대화) 5년 3월 초하루 기해일에 신라국왕 검교태위(檢校太尉) 김언승(金彦昇)이 죽었다. 조회를 폐하였다. (『冊府元龜』 976 外臣部 21 褒異 3)

신라　(대화) 5년에 김언승이 죽으니 그의 아들 김경휘(金景徽)를 개부의동삼사(開府儀同三司) 검교태위(檢校太尉) 사지절(使持節) 대도독(大都督) 계림주제군사(雞林州諸軍事) 겸 지절(持節) 충영해군사(充寧海軍使) 신라왕으로 삼았다. 경휘의 어머니 박씨를 태비로 삼고, 아내 박씨를 왕비로 삼았다. 태자좌유덕(太子左諭德) 겸 어사중승(御史中丞) 원적(源寂)에게 부절을 주어 보내어 조의와 제사를 하고 책립하게 하였다. (『舊唐書』 199上 列傳 149上 東夷 新羅)

신라　언승이 죽었다. 아들 경휘가 왕위에 올랐다. 태화 5년 태자좌유덕 원적으로 하여금 의례에 맞게 책봉하고 조의하게 하였다. (『新唐書』 220 列傳 145 東夷 新羅)

신라　여름 4월 초하루가 기묘일인 갑술일(16)에 신라왕을 계승한 아들 김경휘 개부의동삼사·검교태보(檢校太保) 사지절(使持節) 계림주제군사·계림주대도독·영해군사·상주국을 신라왕으로 봉하였다. 그리고 그 어머니 박씨를 신라국 태비로 삼았다. (『舊唐書』 1

7 下 本紀 17 下 文宗 下)

신라 (대화) 5년 4월에 조서를 내려 신라왕 김경휘를 개부의동삼사·검교태위 사지절대도독·계림주제군사·겸충영해군사로 삼고, 경휘의 어머니 박씨를 태비, 처 박씨를 비로 책봉하고 태자좌유덕 겸 어사중승 원적이 부절을 갖고 조의하고 제사하며 책립하도록 하였다. (『唐會要』 95 新羅)

신라 재상가에 태어나 뛰어난 재주로 높은 벼슬에 오른 그대 황제의 복음과 부절을 안고 동행하도다 늠름한 위풍 띠며 조정을 하직하고 천자의 말씀 전달하려 계림으로 떠나노라 안개 걷히니 거북 등 위 높은 선산(仙山) 천 길이나 푸르고 해가 큰 물결에 몸 씻고 속으니 온통 금빛이어라 생각건대 부상의 은혜 입은 곳 보고 나면 일시에 서쪽 향해 절하며 앙모하리라 (『全唐詩』 6函 3冊 劉禹錫 送源中丞充新羅冊册立使)

신라 궁궐의 명을 받고 사신되어 이역으로 떠나네 관직 높어 어사의 자줏빛 의관 눈부시고 옥절(玉節)이 배에 있으니 바다 괴물도 얼씬 못하네 금함(金函) 속 조서 꺼내어 신라 왕을 위무하리 하늘에 구금 개이고 산천은 상서롭네 바람은 고요하여 앞길이 무량(無量)한데 누가 그대처럼 황은을 얻었는가 바다 동쪽 만리 강산 천지개벽되리라 (『全唐詩』 8函 2冊 殷堯藩 送源中丞使新羅)

신라 발해 당(唐) 고(故) 무창군(武昌軍) 절도처치등사(節度處置等使) 정의대부(正議大夫) 검교호부상서(檢校戶部尚書) 악주자사(鄂州刺史) 겸(兼) 어사대부(御史大夫) 사자금어대(賜紫金魚袋) 증상서우복야(贈尚書右僕射) 하남(河南) 원공(元公) 묘지명 병서. 공의 이름은 진(稹)이요, 자는 미지(微之)로 하남 사람이다. (…) 태화 5년 7월 22일 갑자기 병을 만났다. 목종(穆宗: 820~824)이 전후로 원진(元稹)의 시 수백 편을 찾아서 측근에게 명령하여 외워 읊게 하였는데, 궁중에서 그들을 원재자(元才子)라고 불렀다. 여섯 궁궐, 두 수도, 여덟 방(方)부터 남만(南蠻)·동이의 나라에 이르기까지 모두 원진의 문장과 시를 베껴 써서 전하였다. (『全唐文 679 白居易)

신라 풍숙(馮宿)의 아우 정(定)은 자가 개부(介夫)로 외모가 장대하고 위엄이 있었다. 풍숙과 함께 문학을 갖추었는데 정이 뛰어났다. (…) 장경 연간에 본래 풍숙이 신라국으로 사신으로 갔는데, 그 나라 사람들이 풍정이 쓴 흑수비(黑水碑)와 화학기(畫鶴記)를 베껴 외우는 것을 보았다. 위휴부가 서번으로 사신으로 갔을 때도 그 나라 사람들이 병풍에 상산기(商山記)를 베껴 쓴 것을 보았다. 그의 문명(文名)이 오랑캐들에게 알려진 것이 이와 같았다. (『舊唐書』 168 列傳 118 馮宿)

신라 처음 풍숙이 신라에 사신으로 갔을 때 그 나라 사람들이 풍정이 쓴 흑수비와 화학기를 전하는 것으로 보았고, 위휴부가 서번으로 사신으로 갔을 때 관(館)에서 풍정의 상산기를 베낀 것을 보았다. 그 이름이 오랑캐들에 전해지는 것이 이와 같았다. (『新唐書』 177 列傳 102 馮宿)

고구려 신라 [전(傳)] 고려는 일찍이 사신을 보내어 구양순의 글을 구하였으며, 신라국 사람들은 풍정의 흑수비와 화학기를 전하였으며, 서번의 관에서는 풍정의 상산기를 병풍에 베꼈다. (『玉海』 154 朝貢 獻方物 唐高麗求書)

신라 가을 7월에 입당진봉사(入唐進奉使) 능유 등 일행했던 사람들이 돌아오는 길에 바다에 빠졌다. (『三國史記』 10 新羅本紀 10)

신라 가을 7월에 왕자 능유가 당에서 돌아올 때 바다에 빠져 죽었다. (『三國史節要』 13)

신라 태정관(太政官)이 부(符)한다.
마땅히 신라인의 교역물(交關物)을 검령(檢領)할 것

우(右), 대납언(大納言) (…) 원청진인대하야(淸原眞人夏野)의 선(宣)에 이르기를 칙을 받들어 듣건대 (…)
천장(天長) 8년 9월 7일 (『類聚三代格』 18 夷俘幷外蕃人事)

신라　겨울 11월에 사신을 당에 보내 조공하였다. (『三國史記』 10 新羅本紀 10)

신라　겨울 11월에 사신을 당에 보내 조공하였다. (『三國史節要』 13)

신라 발해　(대화 5년) 11월에 토번·회골·해·거란·신라·발해·남조·장가가 더불어 사신을 보내 조공하였다. (『冊府元龜』 972 外臣部 17 朝貢 5)

신라　후에 굴산조사(崛山祖師) 범일(梵日)이 태화(太和) 연간(827~835)에 당나라에 들어가 명주(明州) 개국사(開國寺)에 이르렀는데, 왼쪽 귀가 떨어진 한 사미(沙彌)가 여러 중의 말석에 앉았다가 조사에게 말하기를, "저도 역시 고향사람입니다. 집은 명주(溟州) 지경 익령현(翼嶺縣) 덕기방(德耆坊)에 있사오니, 조사께서 훗날 본국에 돌아가시거든 꼭 저의 집을 지어주십시오."라고 하였다. 그런 일이 있은 후 범일은 총석(叢席)을 두루 다니더니 염관(鹽官)에게서 법을 얻어[이 일은 본전(本傳)에 자세히 실려 있다.] 회창(會昌) 7년 정묘년(847)에 고국으로 돌아와 먼저 굴산사(崛山寺)를 창건하여 불교를 전하였다. (『三國遺事』 3 塔像 4 落山二大聖 觀音 正趣 調信)

신라　일곱 살 때 걸식(乞食)하는 스님을 보고 흠모하여 출가(出家)할 것을 결심한 다음, 드디어 양친(兩親)을 하직하였다. 외롭게 오관선사(五冠山寺)에 가서 진전법사(珍傳法師)를 배알하니 법사가 이마를 만져 주는 순간 문득 식심(息心)의 뜻에 계합하여 곧 자실(慈室)에 있게 되었다. 머리를 깎고 (결락) 위(謂) (결락) 모두들 말하기를 "후대(後代)의 칠도인(漆道人)이 여기에 다시 나타났다"면서 칭송이 자자하였으며, 뿐만 아니라 "구의사미(救蟻沙彌)와 더불어 어찌 같은 자리에 놓고 비교할 수 있겠는가."하였다. (「寧越興寧寺澄曉大師塔碑」)

신라　70세가 되어 오로지 불경에만 뜻을 두었다. 맏아들이 왕명을 받들어 신라에 3년 간가 있었으나, 거듭 근심하고 걱정하며 하루에 6번이나 예불하고 염불하여 어두움 속에서 신불(神佛)이 도와주셔서 뒤의 허물에 복이 더해지기를 바랬다. 과연 신력의 징험에 부합하여 몸을 온전히 보전하여 귀국하였다. 서로 만날 때에 이르러 슬픔이 기쁨보다 두 배가 되었다. (「趙氏夫人 墓誌銘」)

신라　황도 금원(禁苑)의 가을 새 어마(御馬)를 탄 그 하얀 매는 신라에서 왔나니 한나라 황제는 한가하면 꼭 사냥하는데 황제의 팔찌에서 눈 날리듯 하얗게 날아가리 (『全唐詩』 4函 10冊 竇鞏 新羅進白鷹)

832(壬子/신라 흥덕왕 7/발해 彛震 咸和 3/唐 太和 6/日本 天長 9)

신라　봄과 여름에 가물어 농작물을 거둘 수 없게 되었다. 왕이 정전(正殿)을 피하고 음식의 가짓수를 줄였으며, 내외의 죄수를 사면하였다. (『三國史記』 10 新羅本紀 10)

신라　봄과 여름에 가물어 농작물을 거둘 수 없게 되었다. 왕이 정전(正殿)을 피하고 음식의 가짓수를 줄였으며, 죄수를 사면하니 가을 7월이 되어서야 비가 왔다. (『三國史節要』 13)

발해　2월 병진일에 인덕전에서 (…) 또 발해왕자 대명준(大明俊) 등 6명을 만나고 연회를 베풀었으며 물품을 차등 있게 나누어 주었다. (『冊府元龜』 976 外臣部 21 褒異 3)

발해 (대화) 6년 3월에 발해왕자 대명준이 와서 조회하였다. (『冊府元龜』 972 外臣部 17 朝貢 5)

발해 (대화) 6년에 왕자 대명준 등을 보내 와서 조회하였다. (『舊唐書』 199下 列傳 149 下 北狄 渤海靺鞨)

신라 가을 7월에 비가 왔다. (『三國史記』 10 新羅本紀 10)

신라 8월에 기근으로 도적들이 곳곳에서 일어났다. (『三國史記』 10 新羅本紀 10)

신라 8월에 기근으로 도적들이 곳곳에서 일어났다. (『三國史節要』 13)

신라 겨울 10월에 왕이 사자들에게 명하여 백성들을 안무(安撫)하게 하였다. (『三國史記』 10 新羅本紀 10)

신라 겨울 10월에 왕이 사자들에게 명하여 백성들을 안무하게 하였다. (『三國史節要』 13)

발해 (12월) 무진일(10)에 내양(內養) 왕종우(王宗禹)가 발해에 사신으로 갔다가 돌아왔다. 말하기를, 발해는 좌우신책군(左右神策軍)·좌우삼군(左右三軍) 120 사(司)를 두었다고 하면서 그림을 그려 바쳤다. (『舊唐書』 17 下 本紀 17 下 文宗 下)

신라 아홉 살에 아버지를 여의고 너무 슬퍼하여 거의 훼멸하였다. 추복승(追福僧)이 이를 가련히 여기고 논하여 말하기를, "덧없는 몸은 사라지기 쉬우나 장한 뜻은 이루기 어렵다. 옛날에 부처님께서 은혜를 갚으심에 큰 방편이 있었으니 그대는 이를 힘쓰라"고 하였다. 그로 인하여 느끼고 깨달아 울음을 거두고는 어머니께 불도에 돌아갈 것을 청하였다. 어머니는 그의 어린 것을 가엾게 여기고, 다시금 집안을 보전할 주인이 없음을 염려하여 굳이 허락하지 않았다. 그러나 대사는 부처님께서 출가하신 고사를 듣고 곧 도망해 가서 부석산(浮石山)에 나아가 배웠다. 문득 하루는 마음이 놀라 자리를 여러 번 옮겼는데, 잠시 뒤에 어머니가 그를 기다리다가 병이 났다는 말을 듣게 되었다. 급히 고향으로 돌아가 뵈오니 병도 뒤따라 나았으므로, 당시 사람들이 그를 완효서(阮孝緖)에 견주었다. 얼마 있지 않아서 대사에게 고질(痼疾)이 전염되어 의원에게 보여도 효험이 없었다. 여러 사람에게 점을 쳤더니 모두 말하기를, "마땅히 부처에게 이름을 예속시켜야 할 것이다"고 하였다. 어머니가 그전의 꿈을 돌이켜 생각해 보고는 조심스럽게 네모진 가사를 몸에 덮고 울면서 맹세하기를, "이 병에서 만약 일어나게 된다면 부처님께 아들로 삼아 달라고 빌겠습니다."라고 하였다. 이틀 밤을 자고 난 뒤에 과연 완쾌되었다. 우러러 어머니의 염려하심을 깨닫고, 마침내 평소에 품었던 뜻을 이루어, 제 자식을 사랑하는 사람으로 하여금 자식을 부처에게 선뜻 내주도록 하고, 불도를 미덥지 않게 여기는 사람들로 하여금 의심을 풀게 하였으니, 효성으로 신인을 감동시킨 것의 기이함이 셋째이다. (「鳳巖寺智證大師塔碑」)

신라 대사의 법휘(法諱)는 행적(行寂)이며, 속성은 최씨(崔氏)이다. 그의 선조는 주조(周朝)의 상보(尙父)인 강태공(姜太公)의 먼 후예이며, 또한 제(齊)나라의 정공(丁公)인 여급(呂伋)의 후손인데, 그 후 토군(兎郡)에 사신으로 왔다가 계림(鷄林)에 남게 되었으니, 지금의 경만(京萬) 즉 하남(河南) 사람이다. 할아버지의 휘(諱)는 전(全)이니, 세상의 영화를 모두 던져버리고 숨어 살면서 뜻을 지켰다. 아버지의 휘(諱)는 패상(佩常)이니, 9살 때 이미 관(冠)을 쓰고 약 삼동(三冬) 동안 공부하다가 자라서는 영원히 학문할 마음을 던져 버리고 무예(武藝)를 본받기로 하였다. 그리하여 이름을 군려(軍旅)에 두고 무술(武術)을 익히는데 열중하였다. 어머니는 설씨(薛氏)이니, 꿈에 어떤 스님이 나타나서 하는 말이 "숙세(宿世)의 인연을 쫓아 아양(阿孃)의 아들이 되기를 원합니다"라 하거늘, 꿈을 깬 후 그 영서(靈瑞)를 감득하고는, 그 일을 소천(所天)에게 낱낱이 여쭈었다. 그로부터 어머니는 비린내 나는 육류 등을 먹지 아니하며 정성을 다하여 태교를 하였다. 그 후 태화(太和) 6년 12월 30일에 탄생하였다. 태어날 때부터 기이한 골상이어서 보통사람과는 달랐다. 아이들과 놀 때에는 반드시 불사(佛事)를 하였으니, 항상 모래를 모아 탑을 만들고 풀잎을 따서 향으로 삼았다. 푸른 옷을 입는 어릴 때부터 학당(學堂)으로 선생을 찾았으며, 공부를 할 때에는 먹는 것과 자는 것을 잊었고, 문장(文章)에 임해서는 그 뜻의 근본을 총괄하는 예지가 있었다. 일찍부터 부처님 말씀을 깊이 믿었고, 마음으로는 세속을 떠나려는 생각이 간절하였다. 아버지에게 고하되 "나의 소원은 출가수도(出家修道)하여 부모님의 끝없는 은혜에 보답하려는 것입니다"라 하니, 아버지 또한 숙세(宿世)부터 선근(善根)이 있어, 전날의 태몽과 합부(合符)하는 줄 알고는 그 뜻을 막지 않고 사랑하는 마음 간절하였으나, 슬픔을 머금고 승낙하였다. 드디어 머리를 깎으며 먹물 옷을 입고 고행을 일삼아 배우기를 구하되, 큰 가르침을 찾아 명산대찰을 두루 다니다가 가야산(伽倻山) 해인사(海印寺)에 이르러 종사(宗師)를 친견하고, 경론(經論)을 깊이 탐구하여 잡화(雜花)의 묘의(妙義)를 통괄하고 경전의 참 뜻을 해통(該通)하였다. 어느 날 스님께서 학도(學徒)들에게 이르시되, "석자(釋子)는 다문(多聞)이요 안생(顏生)은 호학(好學)이라 하였는데, 옛날에는 그 말만 들었지만 이제 참으로 그런 사람을 보았으니, 어찌 청안(靑眼)과 적자(赤髭)를 비교해 같다고만 할 수 있겠는가"라 하였다. (「太子寺郞空大師碑」)

발해 1년이 지난 뒤 발해국왕 대이진(大彝震)이 사빈경(司賓卿) 하수겸(賀守謙)을 파견하여 와서 방문하였다. 유주부(幽州府)에서 답방할 사신을 선발하여 발해에 파견하려고 장건장(張建章)을 앞세우기로 논의하고, 임시로 영주사마(瀛州司馬)로 임명하여 붉은 색 관복을 입고 사행을 떠나게 하였다. (「張建章 墓誌銘」)

833(癸丑/신라 흥덕왕 8/발해 彝震 咸和 4/唐 太和 7/日本 天長 10)

발해 문종 태화 7년 봄 정월 기해일(11)에 은청광록대부 간교비서감 홀한주도독 국왕 대이진이 상주하여 다음과 같이 말하였다. "학사(學士) 해초경(解楚卿)·조효명(趙孝明)·유보준(劉寶俊) 3인을 사은사(謝恩使) 동중서(同中書) 우평장사(右平章事) 고상영(高賞英)에게 딸려 상도(上都)로 가 학문을 닦도록 하고자 합니다. 먼저 파견한 학생 이거정(李居正)·주승조(朱承朝)·고수해(高壽海) 등 3명은 학업이 조금은 이루어진 듯하니 청컨대 전례에 준하여 이들과 교체하여 본국으로 돌아가도록 해 주시기 바랍니다." 황제가 허락하였다. (『冊府元龜』 999 外臣部 44 請求)

발해 (대화) 7년에 정월 동중서 우평장사 고보영을 보내 책명에 사례하였다. 이어 학생 3명을 보영에 딸려 보내 상도에서 학문을 닦도록 하고 먼저 보낸 학생 3명은 학문이 조금은 이루어진 듯 하니 청컨대 본국으로 돌려보내기를 청하였다. 황제가 허락하였다. (『舊唐書』 199下 列傳 149下 北狄 渤海靺鞨)

발해 (대화) 7년에 정월 발해왕이 동중서 우평장사 고보영을 보내 와서 책명에 사례하였다. (『冊府元龜』 972 外臣部 17 朝貢 5)

발해 (2월) 기묘일(21)에 인덕전에서 토번·발해·장가·곤명 등의 사신을 만났다. (『舊唐書』 17 下 本紀 17 下 文宗 下)

발해　(대화 7년) 2월 기묘일(21)에 인덕전에서 (…) 발해왕자 대광성(大光晟) 등 6명 등에게 연회를 베풀어주고 물품을 차등있게 내려 주었다. (『冊府元龜』 976 外臣部 21 褒異 3)

발해　(대화 7년) 2월에 왕자 대선성(大先晟) 등 6명이 와서 조회하였다. (『舊唐書』 199下 列傳 149下 北狄 渤海靺鞨)

신라　태화 7년 3월 모일에 청주(菁州) 연지사(蓮池寺)의 종이 이루어졌다. 전하건대 들어간 쇠가 합하여 713정이니, 원래의 쇠가 498정이고 더 들어간 쇠가 110정이다.
성전화상(成典和上)은 혜문법사(惠門法師)와 △혜법사(△惠法師)이며, 상좌(上坐)는 칙충법사(則忠法師)이며, 도나(都乃)는 법승법사(法勝法師)이다. 경촌주(卿村主)는 삼장급간(三長及干)과 주작(朱雀) 대(大)이며, 작한사(作韓舍)는 보청군사(寶淸軍師)와 용년군사(龍年軍師)이다. 사육△(史六△)는 삼충사지(三忠舍知)와 행도사지(行道舍知)이다. 종을 만든 박사는 안해애대사(安海哀大舍)와 애인대사(哀忍大舍)이다. 절주통(節州統)은 황룡사(皇龍寺) 각명화상(覺明和上)이다. (「蓮池寺鐘銘」)

신라　봄에 국내에 큰 기근이 들었다. (『三國史記』 10 新羅本紀 10)

신라　봄에 국내에 큰 기근이 들었다. (『三國史節要』 13)

백제　여름 4월 초하루 무오일에 천황이 자신전(紫宸殿)에 나아가 시종하는 신하들에게 술과 연회를 베풀었다. 음악을 연주할 즈음에 우경대부(右京大夫) 종4위하 백제왕승의(百濟王勝義)가 백제의 풍속무(風俗舞)를 추었다. 해질 무렵에 주연이 끝나자 4위 이상에게 어피(御被)를 주고 5위에게는 의복을 하사하였다. (『續日本後紀』 1 仁明紀)

신라　(여름 4월) 을축일(8)에 귀화한 신라인 김예진(金禮眞) 등 남녀 10명의 본관을 좌경(左京) 5조(條)에 속하게 하였다. (『續日本後紀』 1 仁明紀)

백제　(4월) 기묘일(22)에 천황이 내전(內殿)으로 거처를 옮겼다. 섭진국(攝津國) 백제군(百濟郡)의 황폐전(荒廢田) 27정(町)을 원조신승(源朝臣勝)에게 하사하였다. (『續日本後紀』 1 仁明紀)

신라　여름 4월에 왕이 시조묘(始祖廟)에 배알하였다. (『三國史記』 10 新羅本紀 10)

신라　여름 4월에 왕이 시조묘에 배알하였다. (『三國史節要』 13)

백제　(6월) 갑자일(9)에 조를 내려 다음과 같이 말하였다. "하늘의 구름이 적절한 때에 비가 되어 내려서 만물을 기르는 것은 하늘이 자애로움을 베푸는 것이고 잘못을 받아들이고 허물을 숨겨주는 것은 제왕이 은택을 널리 펴는 것이다. (…) 안배조신청계(安倍朝臣淸繼), 백제왕애전(百濟王愛筌), 죽은 등원조신중성남(藤原朝臣仲成男) 등을 모두 헤아려 가까운 나라에 옮겨 안치하라. (『續日本後紀』 1 仁明紀)

백제　(6월) 기사일(14)에 죄인 안배조신청계(安倍朝臣淸繼)는 원래 백기국(伯耆國)에 유배되었는데, 지금은 미작국(美作國)에 안치하였고, 백제왕애잠(百濟王愛岑)은 원래 안방국(安房國)에 유배되었는데 지금은 참하국(參河國)으로 옮겼다. (『續日本後紀』 1 仁明紀)

백제　(8월 무술일(15)) 비전국(備前國) 사람 직강박사(直講博士) 정6위상 한부(韓部) 광공(廣公)에게 직도숙녜(直道宿禰)의 성을 하사하였다. 광공의 선조는 백제인이다. (『續日本後紀』 1 仁明紀)

발해　계축년 가을에 장건장(張建章)은 배를 나란히 하여 동쪽으로 가니 바다의 파도가 만리나 되었다. (「張建章 墓誌銘」)

백제　(겨울 10월) 무신일(28)에 정5위하 백제왕안의(百濟王安義)에게 종4위하를, 정6위상 백제왕문조(百濟王文操)에게 종5위하를 주었다. (『續日本後紀』 1 仁明紀)

신라　겨울 10월에 복숭아와 오얏나무가 다시 꽃을 피웠는데 역병이 돌아 많은 백성이 죽었다. (『三國史記』 10 新羅本紀 10)

신라　겨울 10월에 복숭아와 오얏나무가 다시 꽃을 피웠는데 역병이 돌아 많은 백성이 죽었다. (『三國史節要』 13)

신라　11월에 시중 윤분(允芬)이 물러났다. (『三國史記』 10 新羅本紀 10)

신라　11월에 시중 윤분(允芬)이 물러났다. (『三國史節要』 13)

834(甲寅/신라 흥덕왕 9/발해 이진 5 咸和 5/唐 大和 8/日本 天長 11, 承和 1)

백제　(봄 정월 계해일(12)) 종5위하 백제공 승계(繩繼)를 참하개(叄河介)로 삼았다. (…) (『續日本後紀』 3 仁明紀)

신라　봄 정월에 우징(祐徵)이 다시 시중(侍中)이 되었다. (『三國史記』 10 新羅本紀 10)

신라　봄 정월에 다시 우징을 시중으로 삼았다. (『三國史節要』 13)

신라　(2월) 계미일(2)에 신라 사람들이 멀리서 바다를 건너 대재부(大宰府)의 해안에 도착하였는데 백성들이 그들을 미워하여 활로 쏘아 상처를 입혔다. 이 때문에 태정관(太政官)에서 대재부의 관리를 꾸짖어 책망하고 활로 쏘아 상처를 입힌 자를 죄에 따라 벌을 내렸다. 상처를 입은 사람에게는 의원을 보내어 치료해 주고 양식을 주어 돌려보냈다. (『續日本後紀』 3 仁明紀)

백제　(2월) 을미일(14)에 충량친왕관야(忠良親王冠也)에게 4품을 주었는데, 그는 선태상천황(先太上天皇)의 네째 아들이다. 어머니는 백제씨인데 종4위하 훈((勳)3등 준철(俊哲)의 딸인 종4위하 귀명(貴命)이다. (『續日本後紀』 3 仁明紀)

백제　(5월 병자일(26)) 좌경인(左京人) 정7위하 문기촌세주(文忌寸歲主), 무위(無位) 문기촌삼웅(文忌寸三雄) 등에게 정야숙녜(淨野宿禰)의 성을 하사하고, 하내국(河內國) 사람 정6위상 문기촌계위(文忌寸繼立)의 기촌(忌寸)을 바꾸어 숙녜(宿禰)라 하였다. 세주(歲主), 삼웅(三雄), 계위(繼立) 등의 선조는 모두 백제국 사람이다. (『續日本後紀』 3 仁明紀)

백제　(6월) 신축일(22)에 화천국(和泉國) 사람 정6위상 봉전약사문주(蜂田藥師文主)와 종8위하 봉전약사안유(蜂田藥師安遊) 등에게 심근숙녜(深根宿禰)의 성을 하사하였다. 그들의 선조는 백제국 사람이다. (『續日本後紀』 3 仁明紀)

백제 (가을 7월 경술 초하루) 종4위하 백제왕 안의(安義)를 우병숙독(右兵衛督)으로 삼았는데, 단파수(丹波守)는 전과 같이 하였다. (…) (『續日本後紀』 3 仁明紀)

백제 (9월) 임신일(25)에 감해유주전아직사복길(勘解由主典阿直史福吉), 산위(散位) 아직사핵공(阿直史核公) 등 세 사람에게 청근숙네(淸根宿禰)의 성을 주었다. 핵공(核公)의 선조는 백제국 사람이다. (『續日本後紀』 3 仁明紀)

신라 가을 9월에 왕이 서형산(西兄山) 아래에 행차하여 크게 열병하고, 무평문(武平門)에 가서 활쏘기를 관람하였다. (『三國史記』 10 新羅本紀 10)

신라 가을 9월에 왕이 서형산 아래에 행차하여 크게 열병하고, 무평문에 가서 활쏘기를 관람하였다. (『三國史節要』 13)

발해 (癸丑年, 833) 이듬해 늦가을에 장건장(張建章)은 홀한주(忽汗州)에 도착하였으니, 주(州)는 곧 읍루(挹婁)의 옛 땅이었다. 대이진(大彝震)은 예우를 중히 하여 머물게 하였다. (「張建章 墓誌銘」)

신라 겨울 10월에 나라 남쪽의 주군(州郡)을 순행(巡幸)하여 기로(耆老) 및 홀아비·과부·고아·독거노인을 위문하고, 곡식과 포를 차등 있게 하사하였다. (『三國史記』 10 新羅本紀 10)

신라 겨울 10월에 나라 남쪽의 주군을 순행하여 기로 및 홀아비·과부·고아·독거노인을 위문하고, 곡식과 포를 차등 있게 하사하였다. (『三國史節要』 13)

백제 11월 신해일(5)에 정6위상 백제왕 봉의(奉義)와 정6위상 백제왕 경인(慶仁)에게 함께 종5위하를 주었다. (『續日本後紀』 3 仁明紀)

신라 흥덕왕(興德王) 즉위 9년, 태화(太和) 8년에 교서를 내렸다. "사람은 상하가 있고, 지위에는 존비가 있으니 명칭과 법칙도 같지 않으며 의복 또한 다르다. 풍속이 점차 각박해지고 백성들이 사치와 호화를 서로 다투어, 다만 신이하고 물품의 진기함을 숭상하고 오히려 토산품의 비야(鄙野)함을 싫어하니, 예절이 점차 잃어가는 참람함에 이르고 풍속은 언덕이 평평해지듯이 점차 쇠퇴하기에 이르렀다. 감히 옛 법칙에 따라 분명한 명령을 내리니, 만약 고의로 어기는 사람은 나라에서 일정한 형벌이 있을 것이다."

진골대등(眞骨大等)은 복두(幞頭)는 임의로 한다. 겉옷, 반소매 옷, 바지는 모두 계수금라(罽繡錦羅)를 금지한다. 허리띠는 연문백옥(研文白玉)을 금지한다. 목신발은 자색 가죽을 금지한다. 목신발띠는 은문백옥(隱文白玉)을 금지한다. 버선은 능(綾) 이하의 것을 임의로 사용한다. 신발은 가죽, 사(絲), 마(麻)를 임의로 사용한다. 포(布)는 26승(升) 이하를 사용한다.

진골(眞骨) 여자는 겉옷은 계수금라를 금지한다. 속옷, 반소매 옷, 바지, 버선, 신발은 모두 계수라(罽繡羅)를 금지한다. 목도리는 계(罽) 및 수(繡)에 금은 실, 공작꼬리, 비취 털을 사용한 것을 금지한다. 빗은 슬슬전(瑟瑟鈿)·대모(玳瑁)를 금지한다. 비녀는 무늬를 새기거나 구슬 다는 것을 금지한다. 모자는 슬슬전을 금지한다. 포는 28승 이하를 사용하고, 모든 색에서 자황색을 금지한다.

6두품(頭品)은 복두는 세라(繐羅)·시(絁)·견(絹)·포를 사용한다. 겉옷은 면주(綿紬)·주(紬)·포만을 사용한다. 속옷은 작은 무늬 능직, 시·견·포만을 사용한다. 바지는 시·견·면주·포만을 사용한다. 허리띠는 검은 무소뿔, 놋쇠·철·동만을 사용한다. 버선은 시·

면주·포만을 사용한다. 목신발은 검은 순록의 주름무늬 자색 가죽을 금지한다. 목신발띠는 검은 무소뿔, 놋쇠·철·동을 사용한다. 신발은 가죽과 마만을 사용한다. 포는 18승 이하를 사용한다.

6두품 여자는 겉옷은 중소 크기의 무늬 능직, 시·견만을 사용한다. 속옷은 계수금(罽繡錦)·야초라(野草羅)를 금지한다. 반소매 옷은 계수라·세라를 금지한다. 바지는 계수금라·세라·금니(金泥)를 금지한다. 목도리는 계수금라·금은니(金銀泥)를 금지한다. 배자·저고리는 모두 계수금라·포방라(布紡羅)·야초라·금은니를 금지한다. 겉치마는 계수금라·세라·야초라·금은니·협힐(纈纈)을 금지한다. 허리끈·옷고름은 계수(罽繡)를 금지한다. 속치마는 계수금라·야초라를 금지한다. 허리띠는 금은 실, 공작 꼬리, 비취 털로 만든 끈을 금지한다. 버선목은 계라(罽羅)·세라를 금한다. 버선은 계수금라·세라·야초라를 금지한다. 신발은 계수금라·세라를 금지한다. 빗은 슬슬전을 금지한다. 비녀는 순금에 은으로서 새긴 것, 구슬로 꿴 것을 금지한다. 모자는 세라·사(紗)·견을 사용한다. 포는 25승 이하를 사용한다. 색은 자황색·자자분금설홍(紫紫粉金屑紅)을 금지한다.

5두품은 복두는 나직과 시·견·포를 사용한다. 겉옷은 포만을 사용한다. 속옷과 반소매 옷은 작은 무늬 능직, 시·견·포만을 사용한다. 바지는 면주·포만을 사용한다. 허리띠는 철만을 사용한다. 버선은 면주만을 사용한다. 목신발은 검은 순록의 주름 무늬 자색 가죽을 금지한다. 목신발띠는 놋쇠·철·동만을 사용한다. 신발은 가죽·마를 사용한다. 포는 15승 이하를 사용한다.

5두품 여자는 겉옷은 무늬 없는 홑천을 사용한다. 속옷은 작은 무늬 능직만을 사용한다. 반소매 옷은 계수금·야초라·세라를 금지한다. 바지는 계수금라·세라·야초라·금니를 금지한다. 목도리는 능·견 이하를 사용한다. 배자는 계수금·야초라·포방라·세라·금은니·협힐을 금지한다. 저고리는 계수금·야초라·포방라·세라·금은니·협힐을 금지한다. 겉치마는 계수금·야초라·세라·금은니·협힐을 금지한다. 허리끈과 옷고름은 계수금라를 금지한다. 속치마는 계수금·야초라·금은니·협힐을 금지한다. 허리띠는 금은 실, 공작 꼬리, 비취 털로 만든 끈을 금지한다. 버선목은 계수금라·세라를 금지한다. 버선은 계수금라·세라·야초라를 금지한다. 신발은 가죽 이하만을 사용한다. 빗은 소대모(素玳瑁) 이하를 사용한다. 비녀는 백은(白銀) 이하를 사용한다. 모자는 없다. 포는 20승 이하를 사용하고, 색은 자황색·자자분황설홍(紫紫粉黃屑紅)·비색을 금지한다.

4두품은 복두는 사·시·견·포만을 사용한다. 겉옷과 바지는 포만을 사용한다. 속옷과 반소매 옷은 시·견·면주·포만을 사용한다. 허리띠는 철·동만을 사용한다. 목신발은 검은 순록의 주름 무늬 자색 가죽을 금지한다. 목신발띠는 철·동만을 사용한다. 신발은 소가죽·마 이하를 사용한다. 포는 13승 이하를 사용한다.

4두품 여자는 겉옷은 면주 이하만을 사용한다. 속옷은 작은 무늬 능직 이하만을 사용한다. 반소매 옷과 바지는 작은 무늬 능직, 시·견 이하만을 사용한다. 목도리와 저고리는 견 이하만을 사용한다. 배자는 능 이하만을 사용한다. 겉치마는 시·견 이하만을 사용한다. 허리끈은 치마와 같으며, 옷고름은 월라(越羅)를 사용하고, 속치마는 없다. 허리띠는 수놓은 끈, 야초라·승천라(乘天羅)·월라를 금지하고, 면주 이하만을 사용한다. 버선목은 작은 무늬 능직 이하만을 사용한다. 버선은 작은 무늬 능직, 시·면주·포만을 사용한다. 신발은 가죽 이하를 사용한다. 빗은 소아(素牙)·뿔·나무를 사용한다. 비녀는 아로새긴 것과 구슬 꿴 것 및 순금을 금지한다. 모자는 없다. 포는 18승을 사용하고, 색은 자황색·자자분황설비홍(紫紫粉黃屑緋紅)·멸자색(滅紫色)을 금지한다.

평인은 복두는 견·포만을 사용한다. 겉옷과 바지는 포만을 사용한다. 속옷은 견·포만을 사용한다. 허리띠는 동·철만을 사용한다. 목신발은 검은 순록의 주름 무늬 자색 가죽을 금지한다. 목신발띠는 철·동만을 사용한다. 신발은 마 이하를 사용한다. 포는 12승 이하를 사용한다.

평인 여자는 겉옷은 면주·포만을 사용한다. 속옷은 시·견·면주·포만을 사용한다. 바지는 시 이하를 사용한다. 겉치마는 견 이하를 사용한다. 옷고름은 능 이하를 사용한다. 허리띠는 능·견 이하를 사용한다. 버선목은 무늬 없는 것을 사용한다. 버선은 시·면주 이하를 사용한다. 빗은 소아·뿔 이하를 사용한다. 비녀는 놋쇠 이하를 사용한다. 포는 15승 이하를 사용하고, 색의 사용은 4두품 여자와 같다. (『三國史記』 33 雜志 2 色服)

신라 교서를 내렸다. "사람은 상하가 있고, 지위에는 존비가 있으니 명칭과 법칙도 같지 않으며 의복 또한 다르다. 풍속이 점차 각박해지고 백성들이 사치와 호화를 서로 다투어, 다만 신이하고 물품의 진기함을 숭상하고 오히려 토산품의 비야함을 싫어하니, 예절이 점차 잃어가는 참람함에 이르고 풍속은 언덕이 평평해지듯이 점차 쇠퇴하기에 이르렀다. 감히 옛 법칙에 따라 분명한 명령을 내리니, 만약 고의로 어기는 사람은 나라에서 일정한 형벌이 있을 것이다."

[『삼국사기』의 지(志)에 전한다. "진골대등은 복두는 임의로 한다. 겉옷, 반소매 옷, 바지는 모두 계수금라를 금지한다. 허리띠는 연문백옥을 금지한다. 목신발은 자색 가죽을 금지한다. 목신발띠는 은문백옥을 금지한다. 버선은 능 이하의 것을 임의로 사용한다. 신발은 가죽, 사, 마를 임의로 사용한다. 포는 26승 이하를 사용한다. 진골 여자는 겉옷은 계수금라를 금지한다. 속옷, 반소매 옷, 바지, 버선, 신발은 모두 계수라를 금지한다. 목도리는 계 및 수에 금은 실, 공작꼬리, 비취 털을 사용한 것을 금지한다. 빗은 슬슬전과 대모를 금지한다. 비녀는 무늬를 새기거나 구슬 다는 것을 금지한다. 모자는 슬슬전을 금지한다. 포는 28승 이하를 사용하고, 모든 색에서 자황색을 금지한다.

6두품은 복두는 세라·시·견·포를 사용하다. 겉옷은 면주·주·포만을 사용한다. 속옷은 작은 무늬 능직, 시·견·포만을 사용한다. 바지는 시·견·면주·포만을 사용한다. 허리띠는 검은 무소뿔, 놋쇠·철·동만을 사용한다. 버선은 시·면주·포만을 사용한다. 목신발은 검은 순록의 주름무늬 자색 가죽을 금지한다. 목신발띠는 검은 무소뿔, 놋쇠·철·동을 사용한다. 신발은 가죽과 마만을 사용한다. 포는 18승 이하를 사용한다. 6두품 여자는 겉옷은 중소 크기의 무늬 능직, 시·견만을 사용한다. 속옷은 계수금·야초라를 금지한다. 반소매 옷은 계수라·세라를 금지한다. 바지는 계수금라·세라·금니를 금지한다. 목도리는 계수금라·금은니를 금지한다. 배자·저고리는 모두 계수금라·포방라·야초라·금은니를 금지한다. 겉치마는 계수금라·세라·야초라·금은니·협힐을 금지한다. 허리끈·옷고름은 계수를 금지한다. 속치마는 계수금라·야초라를 금지한다. 허리띠는 금은 실, 공작 꼬리, 비취 털로 만든 끈을 금지한다. 버선목은 계라·세라를 금한다. 버선은 계수금라·세라·야초라를 금지한다. 신발은 계수금라·세라를 금지한다. 빗은 슬슬전을 금지한다. 비녀는 순금에 은으로서 새긴 것, 구슬로 꿴 것을 금지한다. 모자는 세라·사·견을 사용한다. 포는 25승 이하를 사용한다. 색은 자황색·자자분금설홍을 금지한다.

5두품은 복두는 나직과 시·견·포를 사용한다. 겉옷은 포만을 사용한다. 속옷과 반소매 옷은 작은 무늬 능직, 시·견·포만을 사용한다. 바지는 면주·포만을 사용한다. 허리띠는 철만을 사용한다. 버선은 면주만을 사용한다. 목신발은 검은 순록의 주름 무늬 자색 가죽을 금지한다. 목신발띠는 놋쇠·철·동만을 사용한다. 신발은 가죽·마를 사용한다. 포는 15승 이하를 사용한다. 5두품 여자는 겉옷은 무늬 없는 홑천을 사용한다. 속옷은 작은 무늬 능직만을 사용한다. 반소매 옷은 계수금·야초라·세라를 금지한다. 바지는 계수금라·세라·야초라·금니를 금지한다. 목도리는 능·견 이하를 사용한다. 배자는 계수금·야초라·포방라·세라·금은니·협힐을 금지한다. 저고리는 계수금·야초라·포방라·세라·금은니·협힐을 금지한다. 겉치마는 계수금·야초라·세라·금은니·협힐을 금지한다. 허리끈과 옷고름은 계수금라를 금지한다. 속치마는 계수금·야초라·금은니·협힐을 금지한다. 허리띠는 금은 실, 공작 꼬리, 비취 털로 만든 끈을 금지한다. 버선목은 계수금라·세라를 금지한다. 버선은 계수금라·세라·야초라를 금지한다. 신발은 가죽 이하만을 사용한다. 빗은 소대모 이하를 사용한다. 비녀는 백은 이하를 사용한다. 모자는 없다. 포는 20승 이하를 사용하고, 색은 자황색·자자분황설홍·비색을 금지한다.

4두품은 복두는 사·시·견·포만을 사용한다. 겉옷과 바지는 포만을 사용한다. 속옷과 반소매 옷은 시·견·면주·포만을 사용한다. 허리띠는 철·동만을 사용한다. 목신발은 검은 순록의 주름 무늬 자색 가죽을 금지한다. 목신발띠는 철·동만을 사용한다. 신발은 소가죽·마 이하를 사용한다. 포는 13승 이하를 사용한다. 4두품 여자는 겉옷은 면주 이하만을 사용한다. 속옷은 작은 무늬 능직 이하만을 사용한다. 반소매 옷과 바지는 작은 무늬 능직, 시·견 이하만을 사용한다. 목도리와 저고리는 견 이하만을 사용한다. 배자는 능 이하만을 사용한다. 겉치마는 시·견 이하만을 사용한다. 허리끈은 치마와 같으며, 옷고름은 월라를 사용하고, 속치마는 없다. 허리띠는 수놓은 끈, 야초라·승천라·월라를 금지하고, 면주 이하만을 사용한다. 버선목은 작은 무늬 능직 이하만을 사용한다. 버선은 작은 무늬 능직, 시·면주·포만을 사용한다. 신발은 가죽 이하를 사용한다. 빗은 소아·뿔·나무를 사용한다. 비녀는 아로새긴 것과 구슬 꿴 것 및 순금을 금지한다. 모자는 없다. 포는 18승을 사용하고, 색은 자황색·자자분황설비홍·멸사색을 금지한다.

평인은 복두는 견·포만을 사용한다. 겉옷과 바지는 포만을 사용한다. 속옷은 견·포만을 사용한다. 허리띠는 동·철만을 사용한다. 목신발은 검은 순록의 주름 무늬 자색 가죽을 금지한다. 목신발띠는 철·동만을 사용한다. 신발은 마 이하를 사용한다. 포는 12승 이하를 사용한다. 평인 여자는 겉옷은 면주·포만을 사용한다. 속옷은 시·견·면주·포만을 사용한다. 바지는 시 이하를 사용한다. 겉치마는 견 이하를 사용한다. 옷고름은 능 이하를 사용한다. 허리띠는 능·견 이하를 사용한다. 버선목은 무늬 없는 것을 사용한다. 버선은 시·면주 이하를 사용한다. 빗은 소아·뿔 이하를 사용한다. 비녀는 놋쇠 이하를 사용한다. 포는 15승 이하를 사용하고, 색의 사용은 4두품 여자와 같다.

진골은 수레의 자재로 자단(紫檀)·침향(沉香)을 사용하지 못한다. 대모를 부착하지 못하고 또한 감히 금·은·옥으로써 장식하지 못한다. 바닥깔개는 능·견 이하를 사용하되 두 겹을 넘지 못한다. 좌석깔개는 전(鈿)·금(錦)과 두 가지 색상의 능 이하를 사용하되, 테두리는 금 이하를 사용한다. 앞뒤 수레휘장은 작은 무늬 능직, 사·시 이하를 사용하되, 색상은 심청벽자자분(深靑碧紫紫粉)으로 한다. 낙망(絡網)은 사·마를 사용하되, 색상은 홍색·비색·취벽색(翠碧色)을 사용한다. 장표(糚表)는 견·포만을 사용하고, 색상은 홍색·비색·청표색(靑縹色)을 사용한다. 소의 굴레와 가슴에 걸어 매는 끈은 시·견·포를 사용한다. 고리는 금·은·놋쇠를 금지한다. 보요(步搖) 역시 금·은·놋쇠를 금지한다.

6두품은 바닥깔개는 시·견 이하를 사용한다. 자리깔개는 시·견을 사용하되 테두리는 없이 한다. 앞 뒤 수레휘장은 만약 진골 이상의 귀인의 행렬을 따를 때는 치지 못하고, 다만 혼자 다닐 때 죽렴(竹簾) 혹은 왕골자리를 사용하며, 테두리는 시·견 이하로써 한다. 낙망은 포를 사용하고, 색상은 적색·청색으로써 한다. 소의 굴레 및 가슴걸이는 포를 사용한다. 고리는 놋쇠·구리·철을 사용한다.

5두품은 바닥깔개는 다만 털로 짜거나 혹은 포를 사용한다. 앞 뒤 수레휘장은 죽렴·왕골자리를 사용하고, 테두리는 가죽·포로써 한다. 소의 굴레는 없게 한다. 가슴걸이는 마를 사용한다. 고리는 나무·철을 사용한다.

진골은 안장틀은 자단·침향을 금지한다. 안장의 밑깔개는 계수금라를 금지한다. 안장 자리깔개는 계수라를 금지한다. 장니(障泥)는 마유(麻油)를 사용하여 염색한 것만을 사용한다. 말 재갈과 등자는 금·놋쇠·도금, 옥을 다는 것을 금지한다. 가슴걸이·후걸이는 땋은 끈 및 자색 줄을 금지한다. 진골 여자는 안장틀은 보석장식을 금지한다. 안장 밑깔개와 자리깔개는 계라를 금지한다. 말등을 덮는 천[혹은 체척(韉脊)이라고도 한다.]은 계수라를 금지한다. 재갈과 등자는 금으로 두르거나 옥을 다는 것을 금지한다. 가슴걸이·후걸이는 금·은실을 섞어 땋은 줄을 금지한다.

6두품은 안장틀은 자단·침향·회양목·홰나무·산뽕나무 및 금·은, 옥을 다는 것을 금지한다. 안장 밑깔개는 가죽을 사용한다. 안장 자리깔개는 면주·시·포·가죽을 사용한다. 장니는 마유를 사용하여 염색한 것을 사용한다. 재갈과 등자는 금·은·놋쇠 및 금은 도금을 하거나 옥을 다는 것을 금지한다. 가슴걸이와 후걸이는 가죽·마를 사용한다. 6두품 여자는 안장틀은 자단·침향 및 금으로 두르거나 옥을 다는 것을 금지한다. 안장 밑 깔개와 자리깔개는 계수금라·세라를 금지한다. 말등을 덮는 천은 능·시·견을 사용한다. 재갈과 등자는 금·은·놋쇠 및 금은으로 도금하거나 옥을 다는 것을 금한다. 장니는 가죽을 사용한다. 가슴걸이와 후걸이는 땋은 끈을 사용하지 못한다.

5두품은 안장틀에 자단·침향·회양목·홰나무·산뽕나무 사용을 금지하며, 또한 금·은을 사용하거나 옥을 달지 못한다. 안장 밑깔개는 가죽을 사용한다. 장니는 마유를 사용하여 염색한 것을 사용한다. 재갈과 등자는 금·은·놋쇠를 금지하고, 또한 금·은으로 도금하거나 새겨 넣지 못한다. 가슴걸이와 후걸이는 마를 사용한다. 5두품 여자는 안장틀은 자단·침향을 금지하고, 또한 금·은·옥으로써 꾸미는 것을 금한다. 안장 밑깔개와 안장 자리깔개는 계수금·능·나·호피를 금지한다. 재갈과 등자는 금·은·놋쇠를 금지하고, 또한 금·은으로써 장식하는 것을 금지한다. 장니는 가죽을 사용한다. 가슴걸이는 땋은 끈 및 자색 가루로 색을 입힌 줄을 금지한다.

4두품에서 백성까지는 안장틀은 자단·침향·회양목·홰나무·산뽕나무 사용을 금지하고, 또한 금·은·옥으로써 장식하는 것을 금지한다. 안장 밑 깔개는 소·말의 가죽을 사용한다. 안장 자리깔개는 가죽을 사용한다. 장니는 버들·대를 사용한다. 재갈은 철을 사용한다. 등자는 나무·철을 사용한다. 가슴걸이와 후걸이는 동물의 힘줄 혹은 마를 꼬아 사용한다. 4두품 여자에서 백성 여자까지는 안장틀은 자단·침향·회양목·홰나무 사용을 금지하고, 또한 금·은·옥으로 장식하는 것을 금지한다. 안장 밑깔개와 안장 자리깔개는 계수금라·세라·능·호피를 금지한다. 재갈과 등자는 금·은·놋쇠를 금지하고, 또한 금·은으로 장식하는 것을 금지한다. 장니는 가죽만을 사용한다. 가슴걸이와 후걸이는 땋은 끈 및 자색 가루로 색을 입힌 줄을 금지한다.

진골의 기용(器用)은 금·은 및 도금을 금지한다. 6두품·5두품은 금·은 및 도금·도은을 금지한다. 또 호피·구수(毬毱)·탑등(㲪㲪)을 금지한다. 4두품에서 백성까지는 금·은·놋쇠, 주리평문(朱裏平文)한 것을 금지하고, 또 구수·탑등·호피와 당의 담요 등을 금지한다.

진골은 방의 길이와 넓이가 24척(尺)을 넘을 수 없고 막새기와를 덮으면 안되고, 겹처마를 하지 못하고, 현어(懸魚)를 조각하지 못하고, 금·은·놋쇠·오채(五彩)로써 꾸미지 못한다. 계단석을 갈지 못하고 3중의 계단을 두지 못한다. 담장에는 들보·마룻도리를 설치하지 못하고, 석회를 칠하지 못한다. 발의 가장자리에는 금·계수·야초라를 금지하고, 병풍에 수놓는 것을 금지하고, 상을 대모·침향으로 꾸미지 못한다.

6두품은 방 길이와 넓이가 21척을 넘지 못하고, 막새기와를 덮지 못하고, 겹처마·중복(重栿)·공아(栱牙)·현어를 설치하지 못하고, 금·은·놋쇠·백랍(白鑞)·오채로써 꾸미지 못한다. 가운데 계단 및 2중계단을 설치하지 못하고, 계단의 돌을 갈지 못한다. 담장은 8척을 넘지 못하고, 또 들보와 마룻도리를 설치하지 못하고, 석회를 칠하지 못한다. 발의 가장 자리에 계수·능을 금지하고, 병풍에 수놓는 것을 금지하며, 상을 대모·자단·침향·황양(黃楊)으로 꾸미지 못하고, 또 비단 보료를 금지한다. 겹문 및 사방문을 설치하지 못하고, 마굿간은 말 5마리를 둘 수 있다.

5두품은 방의 길이와 넓이는 18척을 넘지 못하고, 산유목(山楡木)을 사용하지 못하고, 막새기와로 덮지 못하고, 수두(獸頭)를 두지 못하고, 겹처마·중복·화두아(花斗牙)·현어를 하지 못하고, 금·은·놋쇠·동랍(銅鑞)·오채로 꾸미지 못한다. 계단의 돌을 갈지 못한다. 담장은 7척을 넘지 못하며, 들보를 가설하지 못하고, 석회를 칠하지 못한다. 발의 가장자리에 금·계·능·견·시를 금지한다. 큰 문과 사방문을 만들지 못하며, 마굿간은 말 3마리를 둘 수 있다.

4두품에서 백성까지는 방의 길이와 넓이가 15척을 넘지 못하고, 산유목을 사용하지 못하고, 조정(藻井)을 하지 못하고, 막새기와를 덮지 못하고, 수두·겹처마·공아·현어를 설치하지 못하고, 금·은·놋쇠·동랍으로써 꾸미지 못한다. 섬돌은 산의 돌을 사용하지 못한다. 담장은 6척을 넘지 못하고, 또 들보를 가설하지 못하며, 석회를 칠하지 못한다. 큰 문과 사방문을 만들지 못하고, 마굿간은 말 2마리를 둘 수 있다. 지방의 진촌주(眞村主)는 5두품과 같다. 차촌주(次村主)는 4두품과 같다.

김부식(金富軾)이 말하였다. "우리 태조(太祖)가 천명(天命)을 받은 후에 모든 국가의 법도는 신라의 옛 것을 따른 것이 많았으므로, 곧 지금의 조정과 남녀의 의상도 이 역시 대개 김춘추(金春秋)가 청해서 들여와 남아있는 제도일 것이다. 신은 상국(上國)에 사신으로 세 번 봉행했는데, 일행의 의관이 송인(宋人)과 더불어 차이가 없었다. 한 번은 조회에 들어가다가 너무 일찍 도착하여 자신전(紫宸殿) 문 앞에 서 있었는데 합문원(閤門員) 한 명이 와서 묻기를 '어떤 사람이 고려인(高麗人) 사자인가.'라 하여, '내가 그러하다.'고 하니 웃으면서 갔다. 또 송(宋) 사신 유규(劉逵)·오식(吳拭)이 내빙하여 숙소에 묵고 있을 때 연회에서 향장(鄕粧)한 기생을 보고서 계단 위로 불러와서 활수의와 색사대, 대군을 가리키며 찬탄하여 말하였다. '이것들은 모두 삼대(三代)의 옷인데, 여전히 쓰이고 있을 줄은 몰랐다.' 이러한 것들로 볼 때 지금 부녀의 예복도 대개 당의 옛 것임을 알 수 있다. 신라는 연대가 오래되었고 문헌과 사서들이 결락되어 그 제도를 자세히 말할 수는 없으나, 다만 찾아볼 수 있는 것만 대강 기록할 뿐이다." (『三國史節要』 13)

신라

진골은 수레의 자재로 자단·침향을 사용하지 못한다. 대모를 부착하지 못하고 또한 감히 금·은·옥으로써 장식하지 못한다. 바닥깔개는 능·견 이하를 사용하되 두 겹을 넘지 못한다. 좌석깔개는 전·금과 두 가지 색상의 능 이하를 사용하되, 테두리는 금 이하를 사용한다. 앞뒤 수레휘장은 작은 무늬 능직, 사·시 이하를 사용하되, 색상은 심청벽자자분으로 한다. 낙망은 사·마를 사용하되, 색상은 홍색·비색·취벽색을 사용한다. 장표는 견·포만을 쓰고, 색상은 홍색·비색·청표색을 사용한다. 소의 굴레와 가슴에 걸어 매는 끈은 시·견·포를 사용한다. 고리는 금·은·유석을 금지한다. 보요 역시 금·은·유석을 금지한다.

6두품은 바닥깔개는 시·견 이하를 사용한다. 자리깔개는 시·견을 사용하되 테두리는 없이 한다. 앞 뒤 수레휘장은 만약 진골 이상의 귀인의 행렬을 따를 때는 치지 못하고, 다만 혼자 다닐 때 죽렴 혹은 왕골자리를 사용하며, 테두리는 시·견 이하로써 한다. 낙망은 포를 사용하고, 색상은 적색·청색으로써 한다. 소의 굴레 및 가슴걸이는 포를 사용한다. 고리는 놋쇠·구리·철을 사용한다.

5두품은 바닥깔개는 다만 털로 짜거나 혹은 포를 사용한다. 앞 뒤 수레휘장은 죽렴·

왕골자리를 사용하고, 테두리는 가죽·포로써 한다. 소의 굴레는 없게 한다. 가슴걸이는 마를 사용한다. 고리는 나무·철을 사용한다.

진골은 안장틀은 자단·침향을 금지한다. 안장의 밑깔개는 계수금라를 금지한다. 안장 자리깔개는 계수라를 금지한다. 장니는 마유를 사용하여 염색한 것만을 사용한다. 말 재갈과 등자는 금·유석·도금, 옥을 다는 것을 금지한다. 가슴걸이·후걸이는 땋은 끈 및 자색 줄을 금지한다. 진골 여자. 안장틀은 보석장식을 금지한다. 안장 밑깔개와 자리깔개는 계라를 금지한다. 말등을 덮는 천[혹은 체척이라고도 한다.]은 계수라를 금지한다. 재갈과 등자는 금으로 두르거나 옥을 다는 것을 금지한다. 가슴걸이·후걸이는 금·은실을 섞어 땋은 줄을 금지한다.

6두품은 안장틀은 자단·침향·회양목·홰나무·산뽕나무 및 금·은, 옥을 다는 것을 금지한다. 안장 밑깔개는 가죽을 사용한다. 안장 자리깔개는 면주·시·포·가죽을 사용한다. 장니는 마유를 사용하여 염색한 것을 사용한다. 재갈과 등자는 금·은·유석 및 금은 도금을 하거나 옥을 다는 것을 금지한다. 가슴걸이와 후걸이는 가죽·마를 사용한다. 6두품 여자는 안장틀은 자단·침향 및 금으로 두르거나 옥을 다는 것을 금지한다. 안장 밑깔개와 자리깔개는 계수금라·세라를 금지한다. 말등을 덮는 천은 능·시·견을 사용한다. 재갈과 등자는 금·은·유석 및 금은으로 도금하거나 옥을 다는 것을 금한다. 장니는 가죽을 사용한다. 가슴걸이와 후걸이는 땋은 끈을 사용하지 못한다.

5두품은 안장틀에 자단·침향·회양목·홰나무·산뽕나무 사용을 금지하며, 또한 금·은을 사용하거나 옥을 달지 못한다. 안장 밑깔개는 가죽을 사용한다. 장니는 마유를 사용하여 염색한 것을 사용한다. 재갈과 등자는 금·은·유석을 금지하고, 또한 금·은으로 도금하거나 새겨 넣지 못한다. 가슴걸이와 후걸이는 마를 사용한다. 5두품 여자는 안장틀은 자단·침향을 금지하고, 또한 금·은·옥으로써 꾸미는 것을 금한다. 안장 밑깔개와 안장 자리깔개는 계수금·능·나·호피를 금지한다. 재갈과 등자는 금·은·유석을 금지하고, 또한 금·은으로써 장식하는 것을 금지한다. 장니는 가죽을 사용한다. 가슴걸이는 땋은 끈 및 자색 가루로 색을 입힌 줄을 금지한다.

4두품에서 백성까지는 안장틀은 자단·침향·회양목·홰나무·산뽕나무 사용을 금지하고, 또한 금·은·옥으로써 장식하는 것을 금지한다. 안장 밑 깔개는 소·말의 가죽을 사용한다. 안장 자리깔개는 가죽을 사용한다. 장니는 버들·대를 사용한다. 재갈은 철을 사용한다. 등자는 나무·철을 사용한다. 가슴걸이와 후걸이는 동물의 힘줄 혹은 마를 꼬아 사용한다. 4두품 여자에서 백성 여자까지는 안장틀은 자단·침향·회양목·홰나무 사용을 금지하고, 또한 금·은·옥으로 장식하는 것을 금지한다. 안장 밑깔개와 안장 자리깔개는 계수금라·세라·능·호피를 금지한다. 재갈과 등자는 금·은·유석을 금지하고, 또한 금·은으로 장식하는 것을 금지한다. 장니는 가죽만을 사용한다. 가슴걸이와 후걸이는 땋은 끈 및 자색 가루로 색을 입힌 줄을 금지한다. (『三國史記』 33 雜志 2 車騎)

신라 진골의 기용은 금·은 및 도금을 금지한다.

6두품·5두품은 금·은 및 도금·도은을 금지한다. 또 호피·구수·탑등을 금지한다.

4두품에서 백성까지는 금·은·놋쇠, 주리평문한 것을 금지하고, 또 구수·탑등·호피와 당의 담요 등을 금지한다. (『三國史記』 33 雜志 2 器用)

신라 진골은 방의 길이와 넓이가 24척을 넘을 수 없고 막새기와를 덮으면 안되고, 겹처마를 하지 못하고, 현어를 조각하지 못하고, 금·은·놋쇠·오채로써 꾸미지 못한다. 계단석을 갈지 못하고 3중의 계단을 두지 못한다. 담장에는 들보·마룻도리를 설치하지 못하고, 석회를 칠하지 못한다. 발의 가장자리에는 금·계수·야초라를 금지하고, 병풍에 수놓는 것을 금지하고, 상을 대모·침향으로 꾸미지 못한다.

6두품은 방 길이와 넓이가 21척을 넘지 못하고, 막새기와를 덮지 못하고, 겹처마·중복·공아·현어를 설치하지 못하고, 금·은·놋쇠·백랍·오채로써 꾸미지 못한다. 가운데 계단 및 2중계단을 설치하지 못하고, 계단의 돌을 갈지 못한다. 담장은 8척을 넘지 못하고, 또 들보와 마룻도리를 설치하지 못하고, 석회를 칠하지 못한다. 발의 가장자리에 계수·능을 금지하고, 병풍에 수놓는 것을 금지하며, 상을 대모·자단·침향·황양으로 꾸미지 못하고, 또 비단 보료를 금지한다. 겹문 및 사방문을 설치하지 못하고, 마굿간은 말 5마리를 둘 수 있다.

5두품은 방의 길이와 넓이는 18척을 넘지 못하고, 산유목을 사용하지 못하고, 막새기와로 덮지 못하고, 수두를 두지 못하고, 겹처마·중복·화두아·현어를 하지 못하고, 금·은·놋쇠·동랍·오채로 꾸미지 못한다. 계단의 돌을 갈지 못한다. 담장은 7척을 넘지 못하며, 들보를 가설하지 못하고, 석회를 칠하지 못한다. 발의 가장자리에 금·계·능·견·시를 금지한다. 큰 문과 사방문을 만들지 못하며, 마굿간은 말 3마리를 둘 수 있다.

4두품에서 백성까지는 방의 길이와 넓이가 15척을 넘지 못하고, 산유목을 사용하지 못하고, 조정을 하지 못하고, 막새기와를 덮지 못하고, 수두·겹처마·공아·현어를 설치하지 못하고, 금·은·놋쇠·동랍으로써 꾸미지 못한다. 섬돌은 산의 돌을 사용하지 못한다. 담장은 6척을 넘지 못하고, 또 들보를 가설하지 못하며, 석회를 칠하지 못한다. 큰 문과 사방문을 만들지 못하고, 마굿간은 말 2마리를 둘 수 있다.

지방의 진촌주는 5두품과 같다.

차촌주는 4두품과 같다. (『三國史記』 33 雜志 2 屋舍)

신라 대사의 휘(諱)는 개청(開淸)이요, 속성은 김씨니, 진한(辰韓)의 계림(鷄林) 사람이다. 그의 선조는 동명(東溟)의 관족(冠族)이며, 본국(本國)의 종지(宗枝)였다. 할아버지는 수정(守貞)이니 난성(蘭省)의 낭(郞)과 백대(栢臺)의 리(吏) 등을 역임하였고, 아버지의 이름은 유차(有車)로 강군(康郡)에서 벼슬을 지냈고 일찍부터 산간으로 은거할 생각에만 가득 차 있어 궁벽한 시골로 유우(流寓) 훼향(喙鄕)하였으므로 마침내 나라와 임금을 향한 뜻은 던져 버렸다. 어머니는 복보씨(復寶氏)로 어느 날 밤 혼교(魂交)에 홀연히 아름다운 상서를 얻었으니 갑자기 신승(神僧)이 허공으로부터 내려와서 뜰 아래에 서서 품안에서 금(金)과 나무로 만든 도장 2개를 꺼내 보이면서 하는 말이 "둘 중에 어느 것이 필요한가"하였다. 어머니는 맥맥(脈脈)히 말없이 바라만 보고 있으니, 스님이 곧 금인(金印)만 남겨두고 갔다. 어머니는 꿈을 깬 후 비로소 임신한 것을 알았다. 그로부터 오신채(五辛菜)와 어육(魚肉)은 모두 끊고, 엄숙하게 인사(仁祠)를 시설하고 불사(佛事)를 닦는데 정성을 다하였다. 이와 같이 태교와 공덕을 닦다가 만삭이 되어 대중(大中) 8년 4월 15일에 탄생하니, 대사의 얼굴이 마치 만월(滿月)과 같이 단정하고 입술은 홍련(紅蓮)과 같았다. (「普賢寺朗圓大師悟眞塔碑」)

835(乙卯/신라 흥덕왕 10/발해 이진 6 咸和 6/唐 大和 9/日本 承和 2)

백제 (봄 정월 계축일(7)) 종4위하 등원조신광민(藤原朝臣廣敏), 기조신선잠(紀朝臣善岑), 백제왕 승의(勝義)에게 함께 종4위상을 주었다. (…) (『續日本後紀』 4 仁明紀)

백제 (봄 정월 기사일(23)) 좌근위(左近衛) △호도수(△戶嶋守), 우근위(右近衛) △호진어(△戶眞魚) 등에게 안잠련(安岑連)의 성을 하사하였다. 도수(嶋守)의 선조는 백제국 사람이다. (『續日本後紀』 4 仁明紀)

신라 봄 2월에 아찬(阿湌) 김균정(金均貞)을 상대등(上大等)에 임명하였다. 시중(侍中) 우징(祐徵)은 아버지 균정(均貞)이 재상에 들어갔으므로, 표문을 올려 해직을 요청하였다. 대아찬(大阿湌) 김명(金明)이 시중이 되었다. (『三國史記』 10 新羅本紀 10)

신라 봄 2월에 아찬 김균정을 상대등에 임명하였다. 시중 우징은 아버지 균정이 재상에 들어갔으므로, 해직을 요청하였다. 대아찬 김명으로 하여금 그를 대신하게 하였다. (『三國史節要』 13)

신라 (3월) 기미일(14)에 대재부(大宰府)에서 말하기를 "일기도(壹伎島)는 멀리 바다 가운데 있는데 지형은 험하며 좁고 사람의 수는 적어 급작스러운 일이 있으면 지키기가 어렵습니다. 근년에 신라 상인이 와서 엿보기를 끊이지 않으니 지키는 사람들을 배치하지 않으면 어찌 비상시의 일에 대비하겠습니까. 바라건대 섬의 부역민 330명으로 하여금 병기를 휴대하고 14곳의 요충지 해안을 지키게 하십시오"라고 하였다. 그것을 허락하였다. (『續日本後紀』 4 仁明紀)

백제 (5월) 계유일(29)에 우경인(右京人) 단파권(丹波權) 대목곤해궁계(大目昆解宮繼)와 내수(內竪) 대목곤해하계(大目昆解河繼) 등에게 광야숙녜(廣野宿禰)의 성을 하사하였다. 그들은 백제국 사람 부자(夫子)의 후손이다. (『續日本後紀』 4 仁明紀)

발해 계축년(癸丑年 이듬해(834) 늦가을) 장건장(張建章)은 해가 바뀌자 귀국하게 되었다. 이에 왕은 크게 연회를 베풀고, 많은 물품과 보기(寶器), 명마(名馬), 무늬가 있는 짐승 가죽 등을 주어 전송하였다. (「張建章 墓誌銘」)

발해 대화(大和) 9년 8월에 장건장은 사명을 마치고 유주부(幽州府)로 돌아와 아뢰었으니, 대체로 이 때 올린 전(箋)·계(啓)와 그가 지은 부(賦)·시(詩)가 여러 책을 이루고도 남음이 있었다. 또한 『발해기(渤海記)』를 저술하였으니, 도이(島夷)의 풍속·궁전·관품을 다 갖추어 당대에 전하였다. (「張建章 墓誌銘」)

발해 장건장(張建章)의 『발해국기(渤海國記)』 3권 (『新唐書』 58 志 48 藝文 2 乙部 地理類)

발해 [『신당서(新唐書)』 예문지(藝文志)]. "장건장의 『발해국기』 3권[대화 연간(827~835)]" (『玉海』 16 地理 異域圖書 唐戴斗諸蕃記)

발해 [『신당서』 예문지]. "장건장의 『발해국기』 3권" (『玉海』 153 朝貢 外夷來朝內附 唐渤海遣子入侍)

고구려 (겨울 10월) 무술일(27)에 견당사의 녹사(錄事) 송천조정사(松川造貞嗣)와 산위(散位) 송천조가계(松川造家繼) 등에게 고봉숙녜(高峯宿禰)의 성을 하사하였다. 그들의 선조는 高麗 사람이다. (『續日本後紀』 4 仁明紀)

백제 (11월) 신유일(20)에 견당사의 지승선사(知乘船事) 종8위상 향산련청정(香山連淸貞)과 형(兄) 두 사람의 성인 연(連)을 숙녜(宿禰)로 바꾸어 주었다. 그들의 선조는 백제국 사람이다. (『續日本後紀』 4 仁明紀)

신라 왕이 김유신을 추봉(追封)하여 흥무대왕(興武大王)으로 삼았다. (『三國史節要』 13)

신라 효자 손순(孫順)에게 집 1구(區)를 하사하고, 해마다 쌀 50석을 주었다. 손순은 모량리(牟梁里) 사람으로, 아버지 학산(鶴山)이 죽자, 집이 가난하여 아내와 함께 남의 집에서 품팔이를 하여 어머니를 봉양하였다. 손순에게 어린 아이가 있는데, 매번 어머니의 음식을 빼앗아 먹었다. 손순이 그것을 곤란하게 여겨, 그의 아내에게 말하였다. "아이가 어머니의 음식을 빼앗아 먹는데, 아이는 얻을 수 있으나 어머니는 다시 구하기 어렵소!" 이에 아이를 등에 업고 취산(醉山)의 북쪽 교외에 가서 땅을 파서 묻으려고 하였는데, 갑자기 석종(石鐘)이 나와 심히 기이하였다. 부부는 놀라고 괴이하여 그것을 시험삼아 쳤는데, 은은하고 사랑스러웠다.

아내가 말하기를, "특이한 물건을 얻은 것은 아마도 아이의 복인 듯하니, 묻어서는 안됩니다."라고 하였다. 손순은 그렇다고 여겨서, 이에 아이와 종을 가지고 집으로 돌아와서 종을 들보에 매달아 두드리니, 소리가 왕궁에까지 들렸다. 왕이 이것을 듣고 측근에게 말하기를, "서쪽 교외에서 특이한 종소리가 있는데 맑고 멀리 들린다." 라고 하였다. 곧 찾게 하여 그것을 얻자, 왕이 말하였다. "옛날에 곽거(郭巨)가 아이를 묻으니 하늘이 금솥을 주었는데, 지금 손순이 아이를 묻으니 땅에서 석종이 솟아났다. 앞과 뒤가 서로 부합하였다." 이에 이러한 하사가 있었다. (『三國史節要』 13)

신라 명주(溟州) 굴산(崛山)의 고 통효대사(通曉大師)는 염관(塩官)을 계승하였고 법명은 범일(梵日)이며, 구림(鳩林)의 지체가 높은 집안인 김씨이다. (…) 대화 연간(827~835)에 이르러 사사로이 서원(誓願)을 발하여 중화(中華)에 가서 떠돌아다녔다. (『祖堂集』 17 通曉大師梵日)

836(丙辰/신라 흥덕왕 11, 희강왕 1/발해 이진 7 咸和 7/唐 開成 1/日本 承和 3)

신라 봄 정월 신축일 초하루에 일식이 있었다. (『三國史記』 10 新羅本紀 10)

신라 봄 정월 신축일 초하루에 일식이 있었다. (『三國史節要』 13)

신라 (봄 정월) 왕자 김의종(金義琮)을 파견해 당(唐)에 가서 사은(謝恩)하고 겸하여 숙위(宿衛)하였다. (『三國史記』 10 新羅本紀 10)

신라 (봄 정월) 왕자 김의종을 파견해 당에 가서 사은하고 이어서 숙위하였다. (『三國史節要』 13)

신라 개성(開成)원년에 왕자 김의종이 와서 사은하고 겸하여 숙위하였다. (『舊唐書』 199上 列傳 149上 東夷 新羅)

신라 개성원년에 그 왕자 김의종이 와서 사은하고 겸하여 숙위하였다. (『唐會要』 95 新羅)

신라 문종(文宗) 개성원년에 신라왕 김경휘(金景徽)가 그 아들 의종(義琮)을 파견하여 와서 사은하고 겸하여 숙위하였다. (『冊府元龜』 996 外臣部 41 納質)

신라 개성 초년[원년]에 아들 의종을 파견하여 남아서 시위(侍衛)할 것을 청하였다. (『玉海』 153 朝貢 外夷來朝內附 唐新羅織錦頌觀釋尊賜晉書)

신라 개성 초년에 아들 의종을 파견해 사례하고 남아서 시위할 것을 원하여 허락받았다. 다음해에 그를 보냈다. (『新唐書』 220 列傳 145 東夷 新羅)

신라 명주(溟州) 굴산(崛山)의 고 통효대사(通曉大師)는 염관(塩官)을 계승하였고 법명은 범일(梵日)이며, 구림(鳩林)의 지체가 높은 집안인 김씨이다. (…) 범일은 마침내 입조하는 왕자 김의종에게 의탁하여 마음속에 품은 바를 남김없이 말하니, 의종이 기록을 잘 하는 것을 중요하게 여겨 동행을 허락하였다. 그 배를 빌려 당국(唐國)에 도착하니, 이미 오래 전부터 바라던 소원을 이루었다. 곧 떠나서 돌아다니고 지식(知識)을 두루 찾다가, 저 염관 제안대사(濟安大師)를 찾아뵈었다. 대사가 묻기를, "어디서 왔는가."라고 하자, 범일이 답하기를, "동쪽 나라에서 왔습니다."라고 하였다. 대사가 나아가며 말하기를, "수로로 왔는가. 육로로 왔는가."라고 하자, 범일이 대답하기를, "두 길을 밟지 않고 왔습니다."라고 하였다. 이미 두 길을 밟지 않았으니, 아사리(阿闍梨)가 다투어 여기에 도착할 수 있었다. 범일이 대답하기를, "해와 달, 동쪽과 서쪽에는 어떤 장애가 있습니까."라고 하자, 대사가 말하기를, "실로 동쪽의 보살이로구나!"라고 하였다. 범일이 묻기를, "어떻게 하면 부처가 됩니까."라고 하자, 대사가 답하기를, "도(道)는 수행을 이용하지 않으니, 다만 오염시키지 말고 부처를 만들어 보살을 보지 말라. 평상심을 보는 것이 도이다." 범일은 말이 떨어지자마자 크게 깨달았다. (『祖堂集』 17 通曉大師梵日)

백제 (2월 기축일(20)) 이 날 관위가 없는 백제왕 영림(永琳)에게 종5위하를 주었다. (『續日本後紀』 5 仁明紀)

백제 (2월) 계사일(24)에 정6위상 백제왕 경원(慶苑)·백제왕 원인(元仁)에게 함께 종5위하를 주었다. 원인은 경원의 부인이다(원인은 귀화인이다). (『續日本後紀』 5 仁明紀)

고구려 (3월) 임인일(3)에 목공료(木工寮) 산사(算師) 팔호사의익(八戶史礒益)과 팔호사미계(八戶史彌繼) 등 20명에게 상징숙녜(常澄宿禰)의 성을 주었다. 그들의 선조는 고려 사람이다. (『續日本後紀』 5 仁明紀)

백제 (3월) 신유일(22)에 능등사생(能登史生) 마사진주(馬史眞主)와 우근위(右近衛) 마사정주(馬史貞主) 등에게 춘택사(春澤史)의 성을 주었다. 그들의 선조는 백제국 사람이다. (…) (『續日本後紀』 5 仁明紀)

고구려 (여름 4월 무술일(30)) 견당사의 녹사(錄事) 고잠숙녜정계(高岑宿禰貞繼)의 숙녜를 바꾸어 조신(朝臣)의 성을 하사하였다. 그들의 선조는 고려 사람이다. (『續日本後紀』 5 仁明紀)

백제 (윤5월) 무인일(10)에 우경인(右京人) 내장대속백제련청계(內藏大屬百濟連淸繼)에게 다조신(多朝臣)의 성을 하사하였다. 청계는 의붓아버지의 성을 잘못 따랐는데, 지금 떨어진 나뭇잎이 근본 줄기로 돌아가고자 하는 요청이 있었기 때문이다. 우경인(右京人) 좌위문권소지(左衛門權少志) 부원사하마려(大原史河麻呂)의 사(史)를 숙녜로 바꾸어 주었다. 하마려(河麻呂)의 선조는 백제국 사람이다. (…) (『續日本後紀』 5 仁明紀)

신라 (5월) 신사일(13)에 견당사의 배가 바람과 파도의 급변으로 혹시 신라 땅에 표착할까 걱정이 되어, 태정관에서 옛날의 사례에 준하여 저쪽 나라(신라)의 집사성에 첩문을 보내어 먼저 그 사실을 알리기를 "옛날의 우호는 변하지 않았고 이웃과 화목하기는 더욱 새롭습니다. 이에 칙사를 보내어 멀리서부터 조정의 헌장(憲章)을 닦습니다. 지금 당에 교빙할 사신을 보냄에 있어서 바다가 평온하여, 비록 쉽고 빨리 건너리라는 것을 알지만 바람과 파도가 혹시 급변하여 비상한 일이 일어날까 두렵습니다. 만약 사신의 배가 그쪽 땅에 표착한다면 도와서 통과시켜 보내주시되 지체시키거나 길을 가로막지 마십시오"라고 하였다. 인하여 무장권대연(武藏權大掾) 기삼진(紀三津)을 사신으로 삼아 첩문을 가지고 떠나보냈다. 삼진에게 어피(御被)를 하사하였다. (『續日本後紀』 5 仁明紀)

백제 (5월) 을유일(17)에 미농국(美濃國) 사람 주전료(主殿寮) 소속(少屬) 미견조정계(美見造貞繼)의 본관을 바꾸어 좌경(左京) 6조(條) 2방(坊)에 속하게 하였다. 그의 선조는

백제국 사람이다. (『續日本後紀』 5 仁明紀)

신라 여름 6월에 패성(孛星)이 동쪽에 나타났다. (『三國史記』 10 新羅本紀 10)

신라 여름 6월에 패성이 동쪽에 있었다. (『三國史節要』 13)

신라 개성 원년 6월에 신라 숙위생(宿衛生)인 왕자 김의종(金義宗) 등에게 칙서를 내려, 청한 남아서 머무는 학생의 정원은 예전 사례를 기준으로 소급하여 2명을 남기고, 의복·식량은 전례에 따라 지급하게 하였다. (『唐會要』 36 附學讀書)

신라 발해 개성 원년 6월에 치청절도사(淄靑節度使)가 아뢰기를, "신라·발해가 가지고 온 잘 정련된 구리는 금지하지 말 것을 청합니다."라고 하였다. 이 달에 경조부(京兆府)에서 아뢰었다. "건중(建中) 원년(780) 10월 6일 칙에 따라, 모든 금계(錦罽), 능라(綾羅), 곡수(縠繡), 직성(織成), 가는 명주실, 고치실, 무명실, 얼룩소 꼬리, 진주, 은, 구리, 철, 노비 등은 모두 여러 번국과 물물 교역할 수 없습니다. 또 법식에 따라 중국인은 사사로이 외국인과 교통하고 매매하며 결혼하고 왕래해서는 안 됩니다. 또 번객(蕃客)의 화폐를 몰수하여 생업을 발생시키고 노비를 담보로 삼는 경우는 금지할 것을 거듭 청합니다." (『冊府元龜』 999 外臣部 44 互市)

신라 가을 7월에 태백성(太白星: 金星)이 달을 범하였다. (『三國史記』 10 新羅本紀 10)

신라 가을 7월에 태백성(금성)이 달을 범하였다. (『三國史節要』 13)

백제 (8월) 계축일(16)에 정3위 백제왕 경명(慶命)을 상시(尙侍)로 삼았다. (『續日本後紀』 5 仁明紀)

신라 (8월) 임술일(25)에 대재부에서 역마를 달려, 신라에 보내는 사신이 출발한 사실과 아울러 견당사의 제3선이 대마도 상현군(上縣郡) 남쪽 포구에 표착했는데, 배 위에는 단지 세 사람만 있었다는 정황을 아뢰었다. (『續日本後紀』 5 仁明紀)

백제 (9월 정축일(11)) 우경인(右京人) 조병사(造兵司) 대령사박제춘(大令史朴弟春)에게 정종련(貞宗連)의 성을 하사하였다. 그 선조는 백제국 사람이다. (『續日本後紀』 5 仁明紀)

신라 (겨울 10월) 무오일(26)에 신라에 보냈던 사신 기삼진(紀三津)이 돌아와 대재부에 도착하였다. (『續日本後紀』 5 仁明紀)

신라 12월 정유일(3)에 신라국에 보냈던 사신 기삼진(紀三津)이 복명하였다. 삼진은 자신이 사신으로 간 취지를 잃어버렸으므로 신라에서 무고(誣告)를 당하고 쫓겨 돌아왔다. 삼진을 신라에 보낸 이유가 무엇인가 하면, 당에 보내는 4척의 배가 지금 바다를 건너려 하는데 혹시 바람이 변하여 그 쪽 땅에 표착할까 두려워 이로 말미암아 옛날의 사례에 준하여 먼저 그 사실을 알리고 그것을 접수해주기를 기대하기 위해서였다. 그러나 삼진이 그곳에 도착하여 우리 조정의 취지를 잃고 오로지 우호를 통하기 위하여 왔다고만 말하고 두려워 아첨하는 듯한 말을 사사로이 하였다. 집사성에서 태정관의 첩문과 서로 어긋나는 것을 의심하여 재삼 물었는데 三津은 더욱 횡설수설하여 분명히 판단할 수가 없었다. 이는 곧 삼진이 글에 밝지 못하고 말 또한 조리있게 잘하지 못하였기 때문이었다. 그래서 집사성의 첩문 가운데에서 "양국이 서로 통하는 데는 반드시 속이는 것이 없어야 하는데 사신을 대면하지 않는 것은 신빙성이 부족하기 때문입니다"라고 하였다. 또 그 첩 중에 "소야황(小野篁)의 배는 돛을 달고 이미 멀리 갔는데 거듭 삼진(三津)을 당에 보내어 교빙할 필요가 없습니다"라고 말하였다. 무릇 당에 교빙을 닦는 데는 이미 대사가 있고 황은 그의 부사일 따름인데 어찌 직책이 높은 사람을 제하고 가볍게 아랫사람을 거론하는가. 더욱이 그 당시에 황 자신은 본조에 있었고 바다를 건너지 않았다. 그런데 돛을 달고 멀리 갔다고 하는 것들은 모두 장사배들의 뜬소문을 들었던 것이다. 말하는 바가 망령되어 목에 칼을 쓰고 죽는 다는 것이 바로 이것인가. 또 삼진은 일개 녹삼(綠衫)을 입는 관리로서 한 척의 배를 타고 갔는데, 어찌 당에 들여보내는 사신으로 생각할 수 있겠는가. 이론(異論)이 이와 같아 거의 속임수에 가까우니, 이 일을 단지 대략적으로만 보존하고 앞뒤를 자세히 하지 않으면 후에 보는 사람들이 그 득실(得失)을 변별하지 못할까 두려워 집사성의 첩문을 모두 베껴서 붙여 싣는다.

"신라국 집사성에서 일본국 태정관에게 첩문을 보냅니다.

기삼진이 거짓으로 조빙사라 칭하고 예물을 가지고 있으나 공첩(公牒)을 살펴보니 거짓이고 사실이 아닙니다.

알립니다. 삼진 등의 서상을 받았는데 이르기를 '본국의 왕명을 받들어 오로지 우호를 통하러 왔습니다'라고 하였습니다. 그런데 함을 열고 첩문을 보니 다만 '당에 교빙함에 혹시 사신의 배가 그 쪽 땅에 표착하면 도와서 통과시켜 보내 주시되 지체시키거나 길을 가로막지 마십시오'라고 하였습니다. 주무 관청에서 거듭 사신을 보내어 재삼 간곡하게 되풀이하여 물으니, 말하는 것과 첩문의 내용이 어긋나 진위를 판별할 수가 없었습니다. 이미 교린의 사신이 아니라면 반드시 충심에서 우러 나오는 물건이 아닐 것이므로 일의 진실성을 믿을 수 없으니 어찌 헛되이 받아들이겠습니까. 또 태정관의 관인은 전서로 새긴 필적이 분명하나 소야황의 배는 돛을 올리고 이미 멀리 갔는데 거듭 삼진을 당에 보내어 교빙할 필요가 없을 것입니다. 섬사람들이 이리저리 이익을 넘보아 관인을 몰래 모방하여 배워 가짜로 공첩(公牒)을 만들었는지도 모르겠습니다. 상대국의 형편을 엿보는 것에 대비하기 어려워 스스로 어부들의 여행을 단속합니다. 그런데 양국이 서로 통함에는 반드시 속이는 것이 없어야 합니다. 사신을 대면하지 않는 것은 신빙성이 부족하기 때문입니다. 담당 관청에서 재삼 청하건대, 형장(刑章)을 바르게 하여 간사한 무리들을 막아 주십시오. 주사(主司)께서는 대체(大體)를 보존하는 데 힘쓰고 허물을 버리고 공을 책망하여 소인의 거칠고 궁색하게 지은 죄를 용서하시고 대국의 너그러운 아량으로 정치를 펴십시오. 바야흐로 지금의 시기는 크게 태평하고 바다에는 큰 파도가 일지 않으니 만약 옛날의 우호적인 관계를 되찾겠다면 피차 무엇이 방해가 되겠습니까. 하물며 정관 연간에 고표인(高表仁)이 그곳에 도착한 이후 오직 우리는 이것에 의지하여 입술과 이가 서로 필요한 것과 같이 여긴 지가 오래 되었습니다. 일은 모름지기 태정관에 첩을 보내고 아울러 청주(菁州)에 첩을 내어 사안을 헤아려 바다를 건너는 동안의 양식을 지급하여 본국으로 돌려 보내니 처분하십시오. 서상에서와 같이 판단하여 태정관에 첩문을 보내니 청컨대 상세히 살피십시오" (『續日本後紀』 5 仁明紀)

신라 개성 원년 12월 임자일(17)에 신라국의 질자(質子)인 시광록경(試光祿卿)·사자금어대(賜紫金魚袋) 김윤부(金允夫)가 장계를 바쳤는데, 다음과 같다. "본국왕이 신에게 명하여 조정에 들어와 질자에 충당된 지 26년이 손(飧)하여서, 3번이나 시관(試官)을 고쳐 제수받게 되었고 2번이나 본국의 선위(宣慰) 및 책립(冊立) 등의 부사(副使)를 담당하였습니다. 예전의 사례에 따라 모두 정관(正官)을 특별히 제수받게 해주십시오." 마침내 무성왕묘(武成王廟)를 제수하였다. (『冊府元龜』 976 外臣部 21 褒異 3)

신라 발해 (개성) 원년 12월에 토번(吐蕃)·회골(廻鶻)·신라·발해·해(奚)·거란(契丹)·장가(牂牱)·남조(南詔)·만(蠻)·곤명(昆明)이 각각 사신을 파견해 조공하였다. (『冊府元龜』 972 外臣部 17 朝貢 5)

신라 나중에 흥덕대왕(興德大王)이 공을 흥무대왕(興武大王)으로 봉하였다. (『三國史記』 43 列傳 3 金庾信 下)

신라 이윽고 중원대윤(中原大尹)에 임명되고, 얼마 지나서 무주도독(武州都督)으로 옮기니 부임하는 곳마다 정치적 영예가 있었다. (『三國史記』 44 列傳 4 金陽)

신라 손순(孫順)이라는 사람은[고본(古本)에는 손순(孫舜)이라고 썼다.] 모량리(牟梁里) 사람으로, 아버지는 학산(鶴山)이다. 아버지가 죽자, 아내와 함께 남의 집에서 품팔이를 하여 쌀을 얻어 늙은 어머니를 봉양하였다. 어머니의 이름은 운오(運烏)이다. 손순에게 어린 아이가 있는데, 매번 어머니의 음식을 빼앗아 먹었다. 손순이 그것을 곤란하게 여겨, 그의 아내에게 말하였다. “아이는 얻을 수 있으나 어머니는 다시 구하기 어려운데, 음식을 빼앗아 먹으니 어머니께서 굶주림이 어찌나 심하겠소! 이 아이를 묻고, 어머니의 배가 차도록 도모합시다.” 이에 아이를 등에 업고 취산(醉山)[산은 모량리의 서북쪽에 있다.]의 북쪽 교외에 가서 땅을 파는데, 갑자기 석종(石鐘)이 나와 심히 기이하였다. 부부는 놀라고 괴이하여 숲의 나무 위에 걸어 놓고 그것을 시험 삼아 쳤는데, 은은하고 사랑스러웠다. 아내가 말하기를, “특이한 물건을 얻은 것은 아마도 아이의 복인 듯하니, 묻어서는 안 됩니다.”라고 하였다. 남편도 또한 그렇다고 여겨서, 이에 아이와 종을 지고 집으로 돌아와서 종을 들보에 매달아 두드리니, 소리가 대궐에까지 들렸다. 흥덕왕(興德王)이 이것을 듣고 측근에게 말하기를, “서쪽 교외에서 특이한 종소리가 있는데 맑고 멀리 들리니, 속히 이것을 조사하라.”라고 하였다. 왕명을 받은 사람이 와서 그의 집을 조사하여, 구체적인 사실을 왕에게 아뢰자, 왕이 말하였다. “옛날에 곽거(郭巨)가 아이를 묻으니 하늘이 금솥을 주었는데, 지금 손순이 아이를 묻으니 땅에서 석종이 솟아났다. 앞의 효와 뒤의 효는 하늘과 땅에 함께 본보기가 된다.” 이에 집 1구(區)를 하사하고, 해마다 벼 50석을 주어, 순수한 효심을 높이도록 하였다. 손순은 옛 거처를 절로 희사하여 홍효사(弘孝寺)라고 부르고, 석종을 안치하였다. (『三國遺事』 5 孝善 9 孫順埋兒)

신라 흥덕대왕·선강태자(宣康太子)[이상 2명은 근기(根機)와 인연의 어구가 없어서 기록하지 않는다.] (『景德傳燈錄』 11 懷讓禪師第四世 新羅洪直禪師法嗣二人)

신라 대감(大鑑)의 5세는 신라의 홍직(洪直) 선사(禪師)라고 한다. 그가 배출한 불법의 계승자는 2명인데, 하나는 흥덕대왕이라는 자이고, 하나는 선강태자라는 자이다. (『傳法正宗記』 7 正宗分家略 上)

신라 겨울 12월에 왕이 돌아가시자, 시호를 흥덕(興德)이라고 하였다. 조정에서는 유언대로 장화왕비(章和王妃)의 능에 합장하였다. (『三國史記』 10 新羅本紀 10)

신라 흥덕왕이 죽었다. 희강왕 제융(悌隆) 즉위 원년이다. (『三國史記』 31 年表 下)

신라 희강왕(僖康王)이 즉위하니, 이름은 제륭(悌隆)[제옹(悌顒)이라고도 한다.]이고 원성대왕(元聖大王)의 손자인 이찬(伊湌) 헌정(憲貞)[초노(草奴)라고도 한다.]의 아들이다. 어머니는 포도부인(包道夫人)이다. 비는 문목부인(文穆夫人)인데, 갈문왕(葛文王) 충공(忠恭)의 딸이다. 처음에 흥덕왕이 돌아가시자, 그 당제(堂弟) 균정(均貞), 당제(堂

弟)의 아들 제륭이 모두 임금이 되고자 하였다. 이에 시중(侍中) 김명(金明), 아찬(阿飡) 이홍(利弘)·배훤백(裴萱伯) 등이 제륭을 받들고, 아찬 우징(祐徵)이 조카 예징(禮徵) 및 김양(金陽)과 더불어 그 아버지 균정을 받들어, 한번에 궁내에 들어가 서로 싸웠다. 김양이 화살에 맞아 우징 등과 달아나고, 균정이 해를 당하니, 그 후에 제륭이 곧 즉위할 수 있었다. (『三國史記』 10 新羅本紀 10)

신라 겨울 12월에 왕이 돌아가시자, 시호를 흥덕이라고 하였다. 유언대로 장화왕비의 능에 합장하였다. 처음에 왕이 돌아가시고 후계자가 없자, 당제 균정, 당제의 아들 제륭이 즉위를 다투었다. 김양은 균정의 아들 우징, 매부 아찬 예징과 균정을 받들어 왕으로 삼고, 적판궁(積板宮)에 들어가서 족병(族兵)으로 숙위(宿衛)하였다. 제륭의 무리인 시중 김명, 아찬 이홍 등이 와서 포위하자, 김양은 병사를 궁문에 진치게 하여 그들을 막으며 말하였다. "새로운 군주가 여기 있는데, 너희들은 어찌 감히 이처럼 흉악하게 반역하는가." 마침내 활을 당겨 십수인을 쏘아 죽였다. 제륭의 무리인 배훤백이 김양을 쏘아 허벅다리를 맞추자, 균정이 말하였다. "저들은 많고 우리는 적으니 대세는 막을 수 없다. 공은 후퇴하는 척하여 후일을 도모하라." 이에 김양은 포위를 뚫고 나가서 한기시(韓歧市)에 이르렀다. 균정이 해를 당하자, 김양은 울면서 하늘에 맹세하고, 산야(山野)에 숨어 도망쳤다. 김명 등은 이에 제륭을 옹립하여 왕으로 삼았다. 제륭은 원성왕(元聖王)의 손자이고, 이찬 헌정의 아들이다. (『三國史節要』 13)

신라 개성원년 병진(丙辰)에 흥덕왕이 돌아가시자, 적통의 후계자가 없었다. 왕의 당제 균정과 당제의 아들 제륭이 후계자 자리를 다투었다. 김양은 균정의 아들 아찬 우징, 매부 예징과 균정을 받들어 왕으로 삼고, 적판궁에 들어가서 족병으로 숙위하였다. 제륭의 무리인 김명·이홍 등이 와서 포위하자, 김양은 병사를 궁문에 진을 치게 하여 그들을 막으며 말하였다. "새로운 군주가 여기 있는데, 너희들은 어찌 감히 이처럼 흉악하게 반역하는가." 마침내 활을 당겨 십수인을 쏘아 죽였다. 제륭의 수하인 배훤백이 김양을 쏘아 허벅다리를 맞추자, 균정이 말하였다. "저들은 많고 우리는 적으니 대세는 막을 수 없다. 공은 후퇴하는 척하여 후일을 도모하라." 김양은 이에 포위를 뚫고 나가서 한기시[한기(漢祇)라고도 한다.]에 이르렀다. 균정이 반란 와중에 죽자, 김양은 하늘을 향해 울면서 마음을 밝은 태양처럼 맹세하고, 산야에 숨어서 때가 오기를 기다렸다. (『三國史記』 44 列傳 4 金陽)

신라 제43대 희강왕은 김씨이고 이름이 개륭(愷隆)[혹은 제옹이라고도 한다.]이다. 아버지는 각간(角干) 헌진(憲真)이고, 시호는 흥성대왕(興聖大王)이다[혹은 성(成)이라고도 한다. 잡간(匝干) 예영(礼英)의 아들이다]. 어머니는 의도부인(義道夫人)이고,[심내부인(深乃夫人) 또는 파리부인(巴利夫人)이라고도 한다.] 시호는 순성대후(順成大后)이며 대아간(大阿干) 충행(忠行)의 딸이다. 비는 문목왕후(文穆王后)이고, 각간 충효(忠孝)의 딸이다[각간 중공(重恭)이라고도 한다]. 병진년(丙辰年)에 즉위하여 2년 간 다스렸다. (『三國遺事』 1 王曆)

신라 (閔永珪所藏)
소성(昭成)
어비(於秘)
호장△(戶葬△)
△신△(△臣△)
△(△)
수육십시일야(壽六十是日也)
일소△(日所△)

사지세　책(巳之歲　冊)
화지원한지소조(化之源漢之蕭曺)
일일탄지(一日憚之)
무량장공△(無良將空△)
칙번(則煩)
주(삼십)△(州(卅)△)
격△(格△)
△유(△裕)
△치△(緇)
정부(庭部)
흥덕(興德)
낭한사△(郎韓舍△)
△한사(△韓舍)
아흥덕(我興德)
△△지(△△之)

(金庠其所藏)
△(△)
△慘裂日△(△참렬일△)
△품하(△稟下)
자(子)
지가관(止可觀)
씨현공무△(氏玄功撫△)
△지자포군인(△之姿苞君人)
△정억지왕(△政嶷之王)

(慶州博物館所藏(一九三七年　崔南柱　기증)
사월수(四月遂)
지성강(之成康)
태위(太尉)
△지△(△之△)
거상수(居喪水)
△△(△△)
선피△(先被△)
旨△(旨△)
△지△(△之△)
△선료(△宣僚)
△왕지매(△王之妹)
속△(俗△)
요호위△(要號爲△)
필선△지△(必先△之△)
사수직방(使守職方)
△△△(△△△)
△△△(△△△)
△성상(△聖相)

신모결단(神謀決斷)
△비불동△(△秘佛東△)
여력기일어(餘力其一於)
광찬전(光贊前)
무지일극(務指日克)
정시△(定諡△)

(慶州博物館所藏)
△유일 자△(△有日 字△)
사△(舍△)
△△(△△)

(慶州博物館所藏(一九七七年 慶州史績管理事務所 발굴품)
제부장군(除副將軍)
찬효장군예(湌驍將軍叡)
공(恭)
헌덕대왕침선유(憲德大王寢膳有)
종지양암무(宗之諒闇無)
이가언(以加焉)
△창고충일사△(△倉庫充溢史△)
△△위△△(△△委△△)
영일인호부요(盈溢人戶富饒)
왕거제일(王居第一)
김련살손가장등(金連薩湌嘉長等)
서소성(舒昭成)
궁지별침기△(宮之別寢其△)
극성극신내△(克聖克神乃△)
△사지불△△(△思之不△△)
△무역지인문△(△貿易之人問△)
규간급호(規諫及乎)
경망(鏡望)
△제위아멸△(△帝爲我滅△)
손상목차(損傷目此)
△맹족견(△甿足見)
시(是)
아국가(我國家)
△위△(△爲△)
지인복(之仁伏)
장사무이(長史撫而)
△△(△△)
△△(△△)
태조성한(太祖星漢)
품물(品物)
대명재어사(大命在於俟)
이십사대손(卄四代孫)

△수(△粹)
업(業)
병명부(並命赴)
△△십오△(△△十五△)
군주(君主)
격식시개(格式是皆)
△누경△(△累徑△)
불고처자△(不顧妻子△)
신공기△(神共棄△)
△부제(△副除)
연가(年加)
△△(△△)
단념(但念)
육△(六△)
△△(△△)
△지천△(△志擅△)
지직일(之職一)
지국요△(之國繇△)
재어△(在於△)
△청약(△請若)
년겸(年兼)
행내(行內)
관△(官△)
△역수(△歷數)
해성화(海盛化)
△△△(△△△)
△△(△△)
엄언조(奄焉早)
욕위계(欲爲桂)
△무(△無)
기부(肌膚)
훙우(薨于)
병부시랑(兵部侍郎)
전집사랑(前執事郎)
전지관전집사랑(專知官前執事郎)
지관전창부(知官前倉部)
전(前)
시랑집사랑중(侍郎執事郎中)
낭중(郎中)
겸춘(兼春)
정△(政△)
△견(△見)
보(普)
한림랑(翰林郎)
불(不)

△정(△正)
병명부(並命赴)
△궁십오일(△宮十五日)
이사검(二司撿)
독김(督金)
한(韓)
교(敎)
△성중(△城中)
감열△(感悅△)
장군(將軍)
태화(太和)
아손(阿湌)
군자(君子)
가△(駕△)
제△(弟△)
성중(城中)
△집사(△執事)

(東國大博物館 所藏)
△세(△歲)
전묘△(田苗△)
내피(乃疲)
봉(奉)
황(皇)
목(木)

(仁川博物館 所藏)
△급하(△及遐)
이퇴(而退)

(黃壽永所藏)
△△(△△)
서기(瑞氣)

(慶州博物館 所藏)
분△△(忿△△)
△지일(△之日)
서전(書前)

(檀国大博物館 所藏)
등령(等領) (「興德王陵碑片」)

837(丁巳/신라 희강왕 2/발해 이진 8 咸和 8/唐 開成 2/日本 承和 4)

발해 개성 2년 정월 계사일(29)에 황제가 인덕전(麟德殿)에 납시어 하정(賀正)을 받았다. (…) 발해의 왕자 대명준(大明俊) 등 11인에게 연회를 베풂에 차등이 있었다. (『冊府

	元龜』 111 帝王部 111 宴享 3)
발해	개성 2년 정월 계사일(29)에 황제가 인덕전에 납시어 하정을 받았다. 남조(南詔) 홍룡군(洪龍軍) 30인, 발해의 왕자 대명준 등 19인에게 연회를 베풂에 차등이 있었다. (『冊府元龜』 976 外臣部 21 褒異 3)
발해	[『실록(實錄)』]. " (…) 개성 2년 정월 계사(29)에 남조·발해의 사신에게 연회를 베풀었다[모두 인덕전에서였다]." (『玉海』 160 宮室 殿 下 唐麟德殿)
신라	봄 정월에 옥에 갇힌 죄수로서 사죄 이하를 대사(大赦)하였다. (『三國史記』 10 新羅本紀 10)
신라	봄 정월에 사죄 이하를 사면하였다. (『三國史節要』 13)
신라	(봄 정월) 돌아가신 아버지를 익성대왕(翌成大王)이라고, 어머니 박씨를 순성태후(順成太后)라고 추봉(追封)하였다. (『三國史記』 10 新羅本紀 10)
신라	(봄 정월) 돌아가신 아버지를 익성대왕이라고, 어머니 박씨를 순성태후라고 추봉하였다. (『三國史節要』 13)
신라	(봄 정월) 시중(侍中) 김명(金明)을 상대등(上大等)으로, 아찬(阿湌) 이홍(利弘)을 시중으로 임명하였다. (『三國史記』 10 新羅本紀 10)
신라	(봄 정월) 김명을 상대등으로, 이홍을 시중으로 삼았다. (『三國史節要』 13)
발해 신라	개성 2년 3월에 발해국은 하정하는 왕자 대준명(大俊明)을 따라서 아울러 입조한 학생이 공히 16인이었다. 칙서를 내려 발해가 요정한 생도가 학문을 익히게 하고, 청주관찰사(青州觀察使)에게 명령하여 6인을 풀어주어 상도(上都)에 이르고 나머지 10인은 돌려보내게 하는 것이 마땅하다고 하였다. 또 신라가 왕자를 조정에 파견하여 들여보내 숙위하게 하였다. 아울러 예전 사례에 따라 업을 익히는 학생을 나누어 남게 하니, 먼저 있던 학생 등까지 모두 216명이 계절 옷과 식량을 청하였다. 또 예전부터 있으면서 업을 학습하던 자에게 요청하여 본국으로 돌려보냈다. 신라의 학생 중 7명만 허락한다는 칙서를 내리고, 작년 8월 칙의 처분에 따라 나머지 시간의 말 10마리를 기르는 식량 등은 이미 예전 사례가 아니어서 모두 본국으로 돌려보내게 하였다. (『唐會要』 36 附學讀書)
신라	(개성) 2년 4월 11일에 김의종(金義琮)을 본국으로 돌려보내고, 물품을 차등 있게 하사하였다. (『唐會要』 95 新羅)
신라	여름 4월에 당(唐) 문종(文宗)이 숙위(宿衛)하던 왕자 김의종을 돌려보냈다. (『三國史記』 10 新羅本紀 10)
신라	여름 4월에 숙위하던 왕자 의종(義琮)이 당에서 돌아왔다. (『三國史節要』 13)
신라	(개성) 2년 4월에 김의종을 본국으로 돌려보내고 물품을 하사하여 파견하였다. (『舊唐書』 199上 列傳 149上 東夷 新羅)
신라	(개성) 2년 4월에 본국으로 돌려보냈다. (『冊府元龜』 996 外臣部 41 納質)
신라	(개성 초) 이듬해에 의종을 파견하였다. (『新唐書』 220 列傳 145 東夷 新羅)
신라	(여름 4월) 아찬 우징(祐徵)은 아버지 균정(均貞)이 살해당하였다고 여겨 원한이 담긴 말을 내었다. 김명·이홍 등은 그를 평정하지 못하였다. (『三國史記』 10 新羅本紀 10)
신라	(여름 4월) 우징은 아버지 균정이 살해당하였다고 여겨 원한이 담긴 말을 내었다.

김명·이홍 등은 그를 미워하였다. (『三國史節要』 13)

신라 5월에 우징은 화가 미칠 것을 두려워하여 처자와 함께 황산진(黃山津) 입구로 달아나 배를 타고 청해진대사(淸海鎭大使) 궁복(弓福)에게 가서 의탁하였다. (『三國史記』 10 新羅本紀 10)

신라 5월에 우징은 화를 두려워하여 나머지 병사와 처자를 거두어 황산진 입구로 달아나 배를 타고 청해진대사 장보고(張保皐)에게 가서 의탁하고, 원수를 갚으려고 하였다. (『三國史節要』 13)

신라 6월에 균징(均徵)의 매부 아찬 예징(禮徵)이 아찬 양순(良順)과 함께 우징에게 도망가 투항하였다. (『三國史記』 10 新羅本紀 10)

신라 6월에 예징이 아찬 양순과 함께 우징에게 도망가 투항하였다. (『三國史節要』 13)

신라 (개성 2년) 6월 갑인일(22)에 숙위인 신라의 김충신(金忠信) 등에게 금채(錦綵)를 차등 있게 하사하였다. (『冊府元龜』 976 外臣部 21 褒異 3)

신라 (6월) 당 문종이 숙위 김충신 등에게 금채를 차등 있게 하사하였다. (『三國史記』 10 新羅本紀 10)

신라 (6월) 황제가 숙위 김충신 등에게 금채를 차등 있게 하사하였다. (『三國史節要』 13)

백제 (6월 갑인일(23)) 좌위문독(左衛門督) 종4위상 백제왕 승의(勝義)에게 궁내경(宮內卿)을 겸하게 하고 상모수(相摸守)는 옛날대로 하였다. (…) (『續日本後紀』 6 仁明紀)

백제 (6월 기미일(28)) 우경인(右京人) 좌경량(左京亮) 종5위상 길전숙녜서생(吉田宿禰書主), 월중개(越中介) 종5위하 길전숙녜고세(吉田宿禰高世) 등에게 흥세조신(興世朝臣)의 성을 내려 주었다. 시조 염승진(鹽乘津)은 왜인이었는데, 후에 나라의 명에 따라 삼기문(三己汶)에 가서 살았다. 그 땅은 마침내 백제에게 예속되었다. 염승진의 8대손인 달솔 길대상(吉大尙)과 그의 아우 소상(少尙) 등은 고국으로 돌아가고 싶은 마음이 있어 잇달아 우리 조정에 왔다. 대대로 의술을 전수하였고 아울러 문예에 통달하였다. 자손은 나라경(奈良京) 전촌리(田村里)에 거주하였으므로 길전련(吉田連)의 성을 주었다. (『續日本後紀』 6 仁明紀)

신라 개성 2년 8월에 이르러 전시중 우징이 남은 병사를 거두어 청해진에 들어가 대사 궁복과 결탁하고, 같은 하늘 아래 있을 수 없는 원수를 갚으려고 하였다. 김양이 그것을 듣고 모사(謀士)·병졸을 모집하였다. (『三國史記』 44 列傳 4 金陽)

백제 (겨울 10월) 무오일(28)에 종5위상 백제왕 경중(慶仲)에게 정5위하를 주고 정6위상 백제왕 충성(忠誠)에게 종5위하를 주었다. 이는 선태상천황(先太上天皇)이 교야(交野)의 사냥터에서 넌지시 지시했기 때문에 제수한 것이다. (『續日本後紀』 6 仁明紀)

백제 (12월 신묘일(2)) 우병위독(右兵衛督) 종4위하 백제왕 안의(安義)가 죽었다. (『續日本後紀』 6 仁明紀)

신라 (개성 2년) 이 해 12월에 신라국의 질자(質子)인 시광록경(試光祿卿)·자금어대(紫金魚袋) 김윤부(金允夫)가 장계를 바쳤는데, 다음과 같다. "본국 왕이 신에게 명하여 조정에 들어와 질자에 충당된 지 26년이 되어서, 3번이나 시관(試官)을 고쳐 제수받게 되었고 2번이나 본국의 선위(宣慰) 및 책립(冊立) 등의 부사(副使)를 담당하였습니다. 예전의 사례에 따라 모두 정관(正官)을 특별히 제수받게 해주십시오." 마침내 무성왕묘령(武成王廟令)를 제수하였다. (『冊府元龜』 996 外臣部 41 納質)

신라 동국(東國)의 혜목산(慧目山) 화상(和尙)은 장경(章敬)을 계승하였다. 대사의 이름은 현욱(玄昱)이고 속성(俗姓)은 김씨이며, 동명(東溟)의 지체가 높은 집안이다. (…) 본국의 왕자 김의종(金義宗)을 따라 조서를 받들어 동쪽으로 돌아갔는데, 개성 2년 9월12일에 본국의 무주(武州) 회진(會津)에 도착하여, 남악(南岳)의 실상사(實相寺)에 안거(安居)하였다. 민애대왕(敏哀大王)·신무대왕(神武大王)·문성대왕(文聖大王)·헌안대왕(憲安大王)이 모두 스승과 제자의 공경하는 태도를 가졌고, 신하로서 복종하는 의례를 요구하지 않았다. 왕궁에 들어갈 때마다 반드시 자리를 펼치고 불법을 강의하게 하였다. (『祖堂集』 17 慧目山和尙玄昱)

신라 개성 2년 정사년에 이르러 동학인 정육(貞育)·허회(虛懷) 등과 길을 나서 바다를 건너 서쪽으로 중국에 들어가서, 선지식을 찾아보고 15주(州)를 돌아다니니, 그 세상도 좋아하고 하려고 함이 똑같고 성상(性相)이 다르지 않음을 알았다. 이에 말하기를, "우리 조사인 염거선사(廉居禪師)가 설법한 바는 더할 것이 없으니, 어찌 수고로이 멀리 가랴."하고, 발걸음을 그쳐야겠다는 생각이 들었다. (「寶林寺普照禪師彰聖塔碑」)

838(戊午/신라 희강왕 3, 민애왕 1/발해 이진 9 咸和 9/唐 開成 3/日本 承和 5)

백제 (봄 정월 병인일(7)) 종5위하 기조신춘수(紀朝臣椿守), 백제왕 영풍(永豊), 대장숙녜황패(大藏宿禰橫佩) 등에게 모두 종5위상을 주었다. (…) (『續日本後紀』 7 仁明紀)

신라 봄 정월에 상대등(上大等) 김명(金明), 시중(侍中) 이홍(利弘) 등이 병사와 함께 반란을 일으켜 왕의 측근들을 해하였다. 왕은 스스로 보전할 수 없음을 알고, 이에 궁중에서 목을 매었다. 시호를 희강(僖康)이라고 하고, 소산(蘇山)에 장사지냈다. (『三國史記』 10 新羅本紀 10)

신라 희강왕이 죽었다. 민애왕 명(明) 즉위 원년이다. (『三國史記』 31 年表 下)

신라 민애왕(閔哀王)이 즉위하였는데, 성은 김씨이고 이름은 명(明)이며 원성대왕(元聖大王)의 증손이고 대아찬(大阿湌) 충공(忠恭)의 아들이다. 관직을 거듭하여 상대등이 되자, 시중 이홍과 함께 왕을 핍박하여 죽이고 스스로 즉위하여 왕이 되었다. 돌아가신 아버지에게 시호를 추증하여 선강대왕(宣康大王)이라고 하고, 어머니 박씨 귀보부인(貴寶夫人)을 선의태후(宣懿太后)라고 하며, 아내 김씨를 윤용왕후(允容王后)라고 하였다. 이찬(伊湌) 김귀(金貴)를 상대등으로, 아찬(阿湌) 헤숭(憲崇)을 시중으로 삼았다. (『三國史記』 10 新羅本紀 10)

신라 봄 정월에 김명·이홍 등이 반란을 일으켜 왕의 측근을 죽이고 왕 제륭(悌隆)을 핍박하여 시해하였다. 김명이 스스로 즉위하여 왕이 되었는데, 명은 원성왕(元聖王)의 증손이다. 돌아가신 아버지인 대아찬 충공에게 시호를 추증하여 선강대왕이라고 하고, 어머니 박씨를 선의태후라고 하며, 아내 김씨를 윤용왕후라고 하였다. 이찬 김귀를 상대등으로, 아찬 헤숭을 시중으로 삼았다.

김부식(金富軾)이 말하였다. "구양자(歐陽子)가 논하였다. '노(魯) 환공(桓公)은 은공(隱公)을 죽이고 스스로 즉위한 자이고, 선공(宣公)은 자적(子赤)을 죽이고 스스로 즉위한 자이며, 정(鄭) 여공(厲公)은 세자 홀(忽)을 내쫓고 스스로 즉위한 자이고, 위(衛) 공손표(公孫剽)는 그 군주 간(衎)을 쫓아내고 스스로 즉위한 자이다. 성인(聖人)

이 『춘추(春秋)』에서 이들 모두가 군주 노릇한 사실을 빼지 않은 것은 각각 그 사실을 전하여 후세 사람들이 이를 믿도록 한 것이었다. 즉 이들 네 군주의 죄는 가릴 수 없게 되었을 뿐이니, 사람들의 악한 짓이 그치기를 바란 것이다.' 신라의 양상(良相)은 혜공왕(惠恭王)을 죽이고 즉위하였고, 언승(彦昇)은 애장왕(哀莊王)을 죽이고 즉위하였고, 김명은 희강왕(僖康王)을 죽이고 즉위하였으며, 우징(祐徵)은 민애왕을 죽이고 즉위하였으니, 지금 그 사실을 모두 기록하는 것도 또한 『춘추』의 뜻과 같은 것이다." (『三國史節要』 13)

신라 제44대 민[민(敏)이라고도 한다.]애왕은 김씨이고 이름은 명이다. 아버지는 각간(角干) 충공인데, 선강대왕으로 추봉(追封)하였다. 어머니는 추봉한 혜충왕(惠忠王)의 딸 귀파부인(貴巴夫人)인데, 시호는 선의왕후(宣懿王后)이다. 비는 무용황후(无容皇后)인데, 각간 영공(永公)의 딸이다. 무오(戊午)에 즉위하여, 기미(己未) 정월22일에 돌아가셨다. (『三國遺事』 1 王曆)

발해 개성(開成) 3년 2월 신묘일(3)에 황제가 입조한 남조(南詔)·장가(牂牁)·거란(契丹)·해(奚)·실위(室韋)·발해 등을 인덕전(麟德殿)에서 대면하고, 각각 금채(錦綵)·은기(銀器)를 차등 있게 하사하였다. (『冊府元龜』 976 外臣部 21 褒異 3)

신라 2월에 김양(金陽)이 병사를 모집하여 청해진(淸海鎭)에 들어가 우징을 알현하였다. 아찬 우징은 청해진에 있으면서 김명이 왕위를 찬탈했다는 소식을 듣고, 청해진 대사 궁복(弓福)에게 말하였다. "김명은 군주를 시해하고 스스로 즉위하였으며 이홍도 군주와 아버지를 억울하게 죽였으니, 한 하늘을 이고 살 수 없습니다. 바라건대 장군의 병사에 기대어 군주와 아버지의 원수를 갚고자 합니다." 궁복이 말하였다. "옛 사람의 말에, 의(義)를 보고도 가만히 있는 것은 용기가 없는 것이라 하였습니다. 나는 비록 용렬하나 명령에 따르겠습니다." 마침내 병사 5,000명을 나누어 그 친구 정년(鄭年)에게 주고 말하기를, "그대가 아니면 화란(禍亂)을 평정할 수 없다."라고 하였다. (『三國史記』 10 新羅本紀 10)

신라 김양이 그것을 듣고 모사(謀士)·병졸을 모집하여, (개성) 3년 2월에 바다에 들어가 우징을 만나서 거사할 것을 함께 모의하였다. (『三國史記』 44 列傳 4 金陽)

신라 2월에 김양이 병사를 모집하여 청해진에 들어가 우징을 만나서 거사할 것을 함께 모의하였다. 우징은 김명이 왕위를 찬탈했다는 소식을 듣고, 장보고(張保皐)에게 말하였다. "김명은 군주를 시해하고 스스로 즉위하였으며 이홍도 우리 아버지를 억울하게 죽였으니, 한 하늘을 이고 살 수 없습니다. 바라건대 장군의 병사에 기대어 군주와 아버지의 원수를 갚고자 합니다." 장보고가 말하였다. "옛 사람의 말에, 의를 보고도 가만히 있는 것은 용기가 없는 것이라 하였습니다. 나는 비록 용렬하나 명령에 따르겠습니다." 마침내 병사 5,000명을 나누어 그 친구 정년에게 주고 가서 토벌하게 하였다. 처음에 장보고와 정년은 모두 싸움을 잘하였는데, 정년은 바다 속에서 50리를 가도 숨이 막히지 않았다. 그 용맹과 씩씩함을 비교하면 장보고가 조금 미치지 못하였으나 나이로 정년을 업신여겼고, 정년은 기예로 복종하지 않아서 끝내 서로 아래가 되지 않으려 하였다. 두 사람은 함께 당에 가서 무령군 소장(武寧軍小將)이 되었는데, 말을 타고 창을 잘 사용하여 감히 대적할 자가 없었다. 나중에 장보고가 귀국하여 청해(淸海)를 지킬 수 있었다. 장보고가 이미 귀하게 되고 나서, 정년은 관직을 잃고 굶주림과 추위에 시달리며 사수(泗水)의 연수현(漣水縣)에 살고 있었다. 어느 날 수장(戍將) 풍원규(馮元規)에게 말하기를, "나는 동쪽으로 돌아가서 장보고에게 걸식하려고 한다."고 하였다. 풍원규가 말하기를, "그대와 장보고는 평소 사이가 좋지 못하였다. 어찌하여 가서 죽음을 취하려 하는가."라고 하였다. 정년이 말하였다. “굶주림과 추위로 죽는 것은 전쟁에서 깨끗하게 죽는 것만 같지 못하다. 하물며 고향에 가서 죽는 것은 어떠하겠는가.” 마침내 가서 장보고를 찾아뵙자, 그와 술을 마시며 극히 환대하였다. 술자리가 끝나지 않았을 때 변고를 듣자, 장보고가 이에 군사를 나누어 정년에게 주며, 정년의 손을 잡고 눈물을 흘리면서 말하기를, “그대가 아니면 재난을 다스릴 수 없다.”고 하였다. (『三國史節要』 13)

신라 마침내 떠나서 장보고를 찾아뵙자, 술을 대접하여 극히 환대하였다. 술자리가 끝나지 않았을 때, 왕이 시해되어 나라가 어지럽고 군주가 없다는 소식을 들었다. 장보고가 병사 5,000명을 나누어 정년에게 주며, 정년의 손을 잡고 눈물을 흘리면서 말하기를, “그대가 아니면 재앙과 환난을 평정할 수 없다.”고 하였다. (『三國史記』 44 列傳 4 張保皐鄭年)

신라 제45대 신무대왕(神武大王)이 왕위에 오르기 전에 협사(俠士) 궁파(弓巴)에게 말하였다. “나는 같은 하늘 아래 살 수 없는 원수가 있다. 네가 나를 위해 능히 그를 제거하여 왕위를 차지하게 된다면, 그대의 딸을 취하여 왕비로 삼겠다.” (『三國遺事』 2 紀異 2 神武大王閻長弓巴)

신라 대신이 왕을 죽여서 나라가 어지럽고 군주가 없다는 소식을 들었다. 장보고는 병사 5,000명을 나누어 정년에게 주며, 정년을 붙잡고 눈물을 흘리면서 말하기를, “그대가 아니면 재앙과 환난을 평정할 수 없다.”고 하였다. (『新唐書』 220 列傳 145 東夷 新羅)

신라 (개성 3년) 3월에 날랜 병사 5,000명으로 무주(武州)를 습격하여 성 아래에 이르니, 무주 사람들이 모두 항복하였다. 남원(南原)으로 진군하여 주둔하며 신라군과 만나 서로 싸워 이겼다. 우징은 군사들이 오랫동안 피로하였으므로, 또 청해진으로 돌아가 병마(兵馬)를 휴양시켰다. (『三國史記』 44 列傳 4 金陽)

신라 3월에 김양이 병사 5,000명으로 무주를 습격하여 성 아래에 이르니, 무주 사람들이 모두 항복하였다. 남원으로 진군하여 주둔하자, 때마침 김명이 파견한 병사를 만나 서로 싸워 이겼다. 우징은 군사들이 오랫동안 피로하였으므로, 다시 청해진으로 돌아가 병사를 휴양시켰다. (『三國史節要』 13)

신라 (당 문종 개성 3년 6월) 28일 이른 아침에 해오라기가 서북쪽으로 짝을 지어 나아갔다. 바람의 방향이 여전히 변하지 않아, 돛을 비스듬히 하여 서남쪽을 향하도록 했다. 오전 10시 무렵 백수(白水)에 이르니 그 색깔이 누른 흙탕물 같았다. 사람들이 모두 말하기를 “이 물은 양주대강(揚州大江)에서 흘러오는 것이 아닐까”라 하였다. 사람을 시켜 돛대에 올라가 살펴보게 하니 “이 물길은 서북쪽에서 남쪽으로 직류하는데, 그 폭은 20여 리 정도이다. 전방을 멀리 바라보니 바닷물의 색깔이 다시 엷은 녹색이다.”라 말하였다. 얼마동안 나아가니 보고했던 것과 같았다. 대사는 바다 색깔이 다시 엷은 녹색으로 된 것을 괴이하게 여겼다. 신라어 통역 김정남(金正南)이 말하기를 “내가 듣기로는 양주 굴항(掘港)은 통과하기가 어려운 곳이라는데, 지금 이미 백수를 지나왔으니 아마 굴항을 통과했는지도 모르겠다.”라 하였다. (『入唐求法巡禮行記』 1)

신라 태장관(太政官)이 부(符)한다.

마땅히 사생(史生) 1인을 폐지하고 노사(弩師)를 배치할 것

우(右), 대재부의 해(解)에 아뢰기를 “일기도(壹岐嶋)의 해(解)에는 ‘이 섬에 설치된 기장(器仗) 중에는 노(弩)가 백각(百脚) 있습니다. 그런데 사람이 이 기구를 살피는 일이 없어 비상에 대비하기 어렵습니다. 지금 신라 상인의 왕래가 끊이지 않습니다.

경고(警固)하는 것은 잠시라도 잊어서는 아니 됩니다. 엎드려 바라옵건대 사생(史生) 1인을 폐지하고 실로 노사를 배치해 주십시오. 이에 대재부의 재가를 청합니다.'라고 하였습니다. 대재부가 다시 살펴보니 말에 이치가 있었습니다. 삼가 태정관의 재가를 청합니다"라고 하였다. 우대신(右大臣)이 선(宣)하노라 요청한 대로 하라.
승화(承和) 5년 7월25일 (『類聚三代格』 5 加減諸國官員幷廢置事)

신라 (개성 3년) 7월에 신라왕 김우징(金祐徵)이 그 치청절도사(淄靑節度使)에게 남긴 노비를 파견하였다. 황제가 먼 나라 사람이 가엾다 하여, 조서를 내려 도리어 본국으로 돌아가게 하였다. (『冊府元龜』 42 帝王部 42 仁慈)

신라 (개성) 3년 가을 7월에 신라왕 김우징이 치청절도사에게 노비를 파견하였다. 황제가 먼 나라 사람이 가엾다 하여, 조서를 내려 도리어 본국으로 돌아가게 하였다. (『冊府元龜』 980 外臣部 25 通好)

신라 (당 문종 개성 3년 8월) 10일 오전 8시경에 청익승과 유학승 두 사람은 개인 휴대품 등의 무게를 달아 그 수치를 기록해 대사 집무소에 보냈다. 들으니 제2선이 해주에 도착했다고 한다. 제2선에 탔던 신라어 통역 박정장(朴正長)이 김정남에게 서찰을 보내왔다. (『入唐求法巡禮行記』 1)

백제 (11월) 정묘일(13)에 정6위상 백제왕 교응(敎凝)에게 종5위하를 주고 또 외종6위하 우한미공모지(宇漢米公毛志)에게 외△5위하를 주었는데, 일찍이 정벌전쟁에 공이 있었기 때문이다. (『續日本後紀』 7 仁明紀)

신라 (당 문종 개성 3년 12월) 18일 오후 2시경 신라어 통역관 김정남이 사절단의 귀국선을 주선하기 위해 초주(楚州)로 향해 갔다. (『入唐求法巡禮行記』 1)

신라 겨울 12월에 김양이 평동장군(平東將軍)이 되어, 염장(閻長)·장변(張弁)·정년·낙금(駱金)·장건영(張建榮)·이순행(李順行)과 군대를 통솔하여 무주 철야현(鐵冶縣)에 이르렀다. 왕은 대감(大監) 김민주(金敏周)로 하여금 군사를 내어 맞서 싸우게 하였다. 낙금·이순행을 파견하여 기병 3,000명으로 돌격하니, 거의 다 죽이거나 다치게 하였다. (『三國史記』 10 新羅本紀 10)

신라 (개성 3년) 김양은 평동장군이라 일컫고, 12월에 다시 나갔다. 김양순(金亮詢)이 무주(鵡洲) 군사를 데리고 왔고, 우징은 또한 날래고 용맹한 염장·장변·정년·낙금·장건영·이순행 등 여섯 장수를 파견하여 병사를 통솔하게 하였다. 군대의 위용이 매우 성하였고 북을 치며 행진하여 무주 철야현 북천(北川)에 이르렀다. 신라의 대감 김민주가 병사로 그들을 맞이하였다. 장군 낙금·이순행이 기병 3,000명으로 적진을 돌파하여, 거의 다 죽이거나 다치게 하였다. (『三國史記』 44 列傳 4 金陽)

신라 12월에 김양이 평동장군이 되어, 다시 병사를 내었다. 김양순이 무주 군사를 데리고 왔고, 우징은 또한 날래고 용맹한 염장·장변·정년·낙금·장건영·이순행 등 여섯 장수를 파견하여 병사를 통솔하게 하고 장수로 삼았다. 군대의 위용이 매우 성하였고 북을 치며 행진하여 무주 철야현 북천에 이르렀다. 대감 김민주가 병사로 그들을 맞이하였다. 장군 낙금·이순행이 기병 3,000명으로 적진을 돌파하여, 거의 다 죽이거나 다치게 하였다. (『三國史節要』 13)

신라 (개성 3년) 겨울에 혜성이 서쪽에 나타났는데, 광채 나는 꼬리가 동쪽을 가리켰다. 여러 사람들이 하례하며 말하기를, "이것은 옛 것을 제거하고 새 것을 펴며, 원수를

갚고 수치를 씻을 상서로운 징조입니다."라고 하였다. (『三國史記』 44 列傳 4 金陽)

신라 겨울에 혜성이 서쪽에 나타났는데, 광채 나는 꼬리가 동쪽을 가리켰다. 여러 사람들이 하례하며 말하기를, "이것은 옛 것을 제거하고 새 것을 펴며, 원수를 갚고 수치를 씻을 징조입니다."라고 하였다. (『三國史節要』 13)

신라 개성 3년에 이르러 민애대왕(愍哀大王)이 갑자기 보위에 올라 불교에 깊이 의탁하고자 새서(璽書)를 내리고 재비(齋費)를 보내 특별히 친견하기를 요청하였다. 진감선사(眞鑑禪師)가 말하기를, "부지런히 선정을 닦는 데 있을 뿐, 어찌 만나기를 바라십니까."라고 하였다. 사자 왕에게 아뢰자 그 말을 듣고 부끄러워하면서 깨달았다. 선사가 색과 공을 모두 초월하고 선정(禪定)과 지혜를 함께 원만히 하였다. 사자를 보내 호를 하사하여 혜소(慧昭)라고 하였는데, 소(昭)는 성조(聖祖)의 묘휘(廟諱)를 피하여 바꾼 것이다. 이어서 대황룡사(大皇龍寺)에 적을 올리고 수도로 나오도록 부르셔서, 성사(星使)가 왕복하는 것이 말고삐가 길에서 엉길 정도였으나 큰 산처럼 꿋꿋하게 그 뜻을 바꾸지 않았다. 옛날 승조(僧稠)가 북위(北魏)의 세 번 부름을 거절하면서 말하기를, "산에 있으면서 도를 행하여 크게 통하는데 어긋나지 않으려 합니다."라고 하였으니, 깊은 곳에 살면서 고매함을 기르는 것이 시대는 다르나 뜻은 같다고 할 것이다. 몇 해를 머물자 법익(法益)을 청하는 사람이 벼와 삼대처럼 줄지어 송곳을 꽂을 데도 없었다. 드디어 빼어난 경계를 두루 가리어 남령의 기슭을 얻으니 앞이 탁 트여 시원하고 거처하기에 으뜸이었다. 이에 선려(禪廬)를 지으니 뒤로는 안개 낀 봉우리에 의지하고 앞으로는 구름이 비치는 골짜기 물을 내려다보았다. 시야를 맑게 하는 것은 강 건너 먼 산이요, 귓부리를 시원하게 하는 것은 돌에서 솟구쳐 흐르는 여울물 소리였다. 더욱이 봄 시냇가의 꽃, 여름 길가의 소나무, 가을 골짜기의 달, 겨울 산마루의 흰 눈처럼 철마다 모습을 달리하고 만상이 빛을 바꾸니 온갖 소리가 어울려 울리고 수많은 바위들이 다투어 빼어났다. 일찍이 중국에 다녀온 사람들이 이곳에 와서 머물게 되면 모두 깜짝 놀라 살펴보며 이르기를, "혜원공(慧遠公)의 동림사(東林寺)가 바다 건너로 옮겨 왔도다. 연화장 세계는 범부의 생각으로 헤아릴 수 없지만 항아리 속에 별천지가 있다 한 것은 정말이구나" 하였다. 대나무통을 가로질러 시냇물을 끌어다가 축대를 돌아가며 사방으로 물을 대고는 비로소 옥천(玉泉)이라는 이름으로 현판을 하였다. 손꼽아 법통을 헤아려 보니 선사는 곧 조계의 현손이었다. 이에 육조영당(六祖靈堂)을 세우고 채색 단청하여 널리 중생을 이끌고 가르치는데 이바지하였으니 경(經)에 이른바 "중생을 기쁘게 하기 위하여 화려하게 빛깔을 섞어 여러 상(像)을 그린 것"이었다. (「雙溪寺眞鑑禪師大空塔碑」)

839(己未/신라 민애왕 2, 신무왕 1, 문성왕 1/발해 이진 10 咸和 10/唐 開成 4/日本 承和 6)

백제 (봄 정월 경신일(7)) 정5위상 선도조신진정(善道朝臣眞貞), 정5위하 백제왕 경중(慶仲)에게 모두 종4위하를 주었다. (…) (『續日本後紀』 8 仁明紀)

신라 (당 문종 개성 4년 1월) 8일에 신라인 왕청(王請)이 왔으므로 만나보았다. 이 사람은 본국 의 홍인(弘仁) 10년에 출주국(出州國)에 표착한 당나라 사람 장각제(張覺濟) 등과 같이 배를 탔던 사람이다. 표류하게 된 까닭을 물어보니 "여러 가지 물건을 교역하기 위해 이곳을 떠나 바다를 건너는데 갑자기 악풍을 만나 3개월 동안 남쪽으로 떠내려가 출주국에 표착했다. 장각제 형제 두 사람은 우리 배가 장차 출발할 즈음 함께 도망하여 출주(出州)에 남았다. 우리는 출주 북쪽에서 북해로 나아갔는데, 15일 동안 순풍이 불어 장문국(長門國)에 도착했다."는 등등의 이야기를 했다. 그는

일본말을 매우 잘 이해했다. (『入唐求法巡禮行記』 1)

백제 (봄 정월 갑자일(11)) 종4위하 백제왕 경중을 민부대보(民部大輔)로 삼고 종5위하 등원조신빈웅(藤原朝臣濱雄)을 소보(少輔)로 삼았다. (…) (『續日本後紀』 8 仁明紀)

신라 (당 문종 개성 4년 윤1월) 4일에 김정남의 청에 따라 구매한 배를 수리하기 위해 도장(都匠), 번장(番匠), 선공(船工), 단공(鍛工) 등 36명으로 하여금 초주로 가게 했다. 사람들이 이 절에서 승려들이 비가 내리도록 빌기를 청했는데, 7명이 한 조가 되어 돌아가며 불경을 읽었다. (『入唐求法巡禮行記』 1)

신라 봄 윤정월에 김양(金陽)은 밤낮으로 행군하여, 19일에 달벌(達伐) 언덕에 이르렀다. 왕이 병사가 이르렀다는 소식을 듣고, 이찬(伊飡) 대흔(大昕), 대아찬 윤린(允璘)·억훈(嶷勛) 등에게 명령하여 병사를 거느리고 맞서게 하였다. 또다시 일전을 벌여 김양이 크게 이기니, 왕의 군사 중 죽은 자가 반이 넘었다. 이 때에 왕은 서쪽 교외의 큰 나무 아래에 있었는데, 측근 신하들이 모두 흩어지자 홀로 서서 어찌할 바를 모르고 있다가 월유택(月遊宅)으로 도망쳐 들어갔으나 병사들이 찾아내 살해하였다. 여러 신하들이 예를 갖추어 장사지내고, 시호를 민애(閔哀)라고 하였다. (『三國史記』 10 新羅本紀 10)

신라 개성(開成) 4년 정월19일에 군사가 대구(大丘)에 이르렀다. 왕이 병사로 맞이하여 항거하므로 이를 역습하여 공격하였다. 왕의 군사가 패배하여, 생포하고 죽인 자의 수를 능히 셀 수 없었다. 이 때 왕이 엎어지고 자빠지면서 이궁(離宮)으로 도망해 들어갔는데, 병사들이 찾아내 살해하였다. 김양은 이에 좌우의 장군에게 명령하여 기병을 거느리고 돌아다니면서 말하였다. "본래 원수를 갚으려 한 것이다. 지금 우두머리가 죽었으니, 귀족 남녀와 백성들은 마땅히 각각 편안히 거처하여 망령되이 행동하지 말라!" 마침내 왕성을 수복하니, 백성들이 안심하였다. 김양이 훤백(萱伯)을 불러 말하였다. "개는 각자 그 주인이 아니면 짖는다. 네가 그 주인을 위하여 나를 쏘았으니, 의사(義士)다. 나는 따지지 않겠으니, 너는 안심하고 두려워하지 말라!" 여러 사람들이 이 말을 듣고 말하기를, "훤백이 이와 같으니, 다른 사람들이야 무엇을 근심하겠는가."라고 하면서, 감동하고 기뻐하지 않는 사람이 없었다. (『三國史記』 44 列傳 4 金陽)

신라 개성 연간(836~840) 기미(己未) 윤정월에 대장군(大將軍)이 되어, 군사 10만 명을 거느리고 대구에서 청해진(淸海鎭) 병사를 막다가 패하였다. 스스로 싸움에 진 군사이고 또 죽지 못하여 다시는 벼슬하지 않겠다고 하여, 소백산(小白山)에 들어가 칡으로 만든 옷을 입고 채식을 하며 중들과 함께 노닐었다. (『三國史記』 44 列傳 4 金昕)

신라 봄 윤정월에 김양 등은 밤낮으로 행군하여, 달벌 언덕에 이르렀다. 김명(金明)은 병사가 이르렀다는 소식을 듣고, 이찬 대흔, 대아찬 윤린·억훈 등에게 명령하여 병사를 거느리고 맞서게 하였다. 김양은 일전을 벌여 크게 이기니, 죽은 자가 반이 넘었다. 김명은 이 때에 서쪽 교외의 큰 나무 아래에 있었는데, 측근 신하들이 모두 흩어지자 어찌할 바를 모르고 있다가 월유택으로 도망쳐 들어갔으나 병사들이 추격하여 죽였다. 여러 신하들이 예를 갖추어 장사지내고, 시호를 민애라고 하였다.

김양은 좌우의 장군에게 명령하여 기병을 거느리고 돌아다니면서 말하였다. "본래 원수를 갚으려 한 것이다. 지금 우두머리가 죽었으니, 귀족 남녀와 백성들은 마땅히 각각 편안히 거처하여 망령되이 행동하지 말라." 사람들이 마음으로 기뻐하였다. 김양이 훤백을 불러 말하였다. "개는 각자 그 주인이 아니면 짖는다. 네가 당시에 네

주인을 위하여 나를 쏘았으나, 나는 따지지 않겠으니 두려워하지 말라!" 여러 사람들이 이 말을 듣고 말하기를, "김공이 휜백에게 오히려 이와 같으니, 우리들은 걱정할 것이 없다."라고 하면서, 감동하고 기뻐하지 않는 사람이 없었다. (『三國史節要』 13)

신라 정년(鄭年)이 본국에 들어가 반역자를 주살하고 왕을 옹립하였다. (『三國史記』 44 列傳 4 張保皐鄭年)

신라 궁파(弓巴)가 그것을 허락하며, 마음을 맞추고 힘을 합하여 병사를 들어 수도를 범하여 그 일을 이룰 수 있었다. (『三國遺事』 2 紀異 2 神武大王閻長弓巴)

신라 정년이 그 나라에 이르러 반역자를 주살하고 왕을 옹립하여 원수를 갚았다. (『新唐書』 220 列傳 145 東夷 新羅)

신라 엎드려 생각컨대 민애대왕의 이름은 명(明)이며 선강대왕의 맏아들로 금상의 노구(老舅)이었다. 개성 기미의 해 정월 23일 창생을 버리니 춘추 23세였다. (「敏哀大王石塔舍利壺記」)

백제 (2월) 정축일(25)에 종4위상 백제왕 승의(勝義)에게 종3위를, 정6위상 백제왕 영인(永仁)에게 종5위하를 주었다. (『續日本後紀』 8 仁明紀)

신라 대감(大鑑)의 4세는 건주(虔州) 서당(西堂)의 지장(智藏) 선사(禪師)라고 하는데, 그가 배출한 불법의 계승자는 4명이다. 하나는 건주의 처미(處微)라는 자이고, 하나는 계림(雞林)의 도의(道義)라는 자이며, 하나는 신라국의 혜(慧) 선사라는 자이고, 하나는 신라국의 홍직(洪直)이라는 자이다. (『傳法正宗記』 7 正宗分家略 上)

신라 부모를 섬기지 않은 지 여러 해가 되고 법을 펼칠 마음이 깊어져, 마침내 군자의 나라(신라)에 돌아갈 것을 말하고 신기루와 같은 파도를 가로질러 개성 4년 봄 2월에 고국에 도착하였다. 이 날 임금과 신하가 함께 기뻐하고 동네에서 서로 경하하며 말하였다. "당시 옥같은 사람이 가버려 산과 골짜기에 사람이 없더니, 오늘 그 옥이 돌아오니 하천과 들은 보배를 얻었다. 부처님의 오묘한 뜻과 달마의 원만한 종지가 다 여기에 있도다. 비유하건대 공자(孔子)께서 위(衛)에서 노(魯)로 돌아간 것 같다." (「大安寺寂忍禪師塔碑」)

백제 (3월) 기해일(18)에 종4위하 백제왕 혜신(惠信)에게 종3위를 주었다. (『續日本後紀』 8 仁明紀)

신라 (당 문종 개성 4년 3월) 22일 이른 아침에 사금 2대냥과 대판석(大坂石)으로 장식한 요대(腰帶) 1개를 신라어 통역 유신언(劉愼言)에게 선물로 보냈다. (『入唐求法巡禮行記』 1)

신라 (당 문종 개성 4년 3월) 25일 오전 6시경에 출발했다. 바람이 정서쪽에서 불었다. 바람을 타고 회수를 따라 동쪽으로 나아갔다. 오후 2시경에 서주 관내의 연수현(漣水縣) 남쪽에 도착하여 회수 중간쯤에서 머물러 숙박했다. 바람은 바뀌지 않았다. 제1선의 신라인 수수와 초공(梢工)이 배에서 내려 돌아오지 않았으므로 여러 배들이 이 때문에 어쩔 수 없이 머물러, 출발할 수 없었다. 밤새도록 순풍은 변하지 않았다. (『入唐求法巡禮行記』 1)

신라 (당 문종 개성 4년 4월) 2일에 바람이 서남풍으로 바뀌었다. 대사가 여러 선박의 관인들을 불러 모아 출항 문제를 거듭 의논하고 의견을 개진하게 했다. 제2선의 선두 장잠 판관이 말하기를 "대주산은 헤아려 보건대 신라의 정서쪽에 해당한다. 만약 그곳에 이르렀다가 출발한다면 재난을 헤아리기 어렵다. 더욱이 신라에는 장보고(張寶高)가 난을 일으켜 서로 싸우고 있는 판국인데, 서풍과 북서풍 혹은 남서풍이 불면 틀림없이 적지(賊地)에 도착할 것이다. 옛 사례를 살펴보면, 명주(明州)에서 출발한 배는 바람에 떠밀려 신라 땅에 다다랐고 양자강에서 출발한 배 또한 신라에 도착했다. 지금 이번의 9척의 배는 이미 북쪽으로 멀리 왔다. 적경에 가깝다는 것을 알고 있는데 다시대주산으로 향하는 것은 오로지 적지에 들어가겠다는 것이다. 그러므로 이곳에서 바다를 건너야지, 대주산으로 향해 가서는 안된다."라 하였다. (『入唐求法巡禮行記』 1)

신라 (당 문종 개성 4년 4월) 5일 (…) 개펄을 건너고 진흙탕을 지나 오후 4시경에 숙성촌(宿城村)의 신라인의 집에 도착해 잠시 휴식했다. 문득 사람들이 신라승이 밀주로부터 여기에 온 의도를 말하게 했다. 우리 승려 등이 대답하기를 "신라 승려 경원(慶元), 혜일(惠溢), 교혜(教惠) 등은 조공사 배에 편승해 이곳에 도착했습니다. 하루 이틀 정도 이곳에서 머물고자 합니다. 청하건대 돌봐주시고 불쌍하게 여겨 머물러 있게 해주기 바랍니다."고 하였다. 이에 촌로(村老)인 왕량(王良)이 글로 써서 말하기를 "스님이 이곳에 도착해 스스로 신라 사람이라 하나 그 말을 들어보니 신라 말도 아니고 또한 당나라 말도 아닙니다. 소문을 듣건대 일본국 조공사의 배가 산의 동쪽에 정박해 바람을 기다리고 있다고 하는데, 스님은 아마 조공사의 관객(官客)으로 본국 배로부터 도망쳐온 것 같습니다. 이 마을은 함부로 관객을 머물게 할 수 없습니다. 바라건대 사실대로 말하고 망언을 하지 마십시오. 지금 이 마을에는 주에서 공문이 내려와 있고 압아(押衙)의 부하 서너 명이 이곳에서 탐색하고 있습니다. 아마 스님을 보면 붙잡아 주의 관청으로 끌고 갈까 두렵습니다." 운운하였다. (…) (『入唐求法巡禮行記』 1)

신라 (당 문종 개성 4년 4월) 20일 이른 아침에 신라인이 작은 배를 타고 왔다. 문득 듣건대 "장보고(張寶高)가 신라 왕자와 합심하여 신라국을 징벌하고 곧 그 왕자를 신라국의 왕자로 삼았다."고 하였다. (『入唐求法巡禮行記』 2)

신라 (당 문종 개성 4년 4월) 24일 안개가 끼고 비가 왔다. 이 배가 정박한 곳에 매어 놓았던 밧줄이 끊어졌다. 바람이 불고 파도가 높았다. 요 며칠 사이에 8개의 닻줄을 내렸는데, 그중에 3개의 닻줄이 끊어져 닻과 함께 바다로 떨어졌다. 남아 있는 밧줄은 아주 적어, 만약 폭풍을 만나면 배를 묶어두고 머무를 수 없을 것이다. 그래서 걱정과 두려움이 이를 데 없다. 서풍이 불었다. 해질 무렵에 말을 탄 사람이 북쪽 해안에서 왔다. 배에서는 신라어 통역 도현(道玄)을 보내 맞이하게 했다. 도현이 돌아와 "왔던 사람은 바로 이 현의 압아의 판관(判官)이다. 말하는 것을 들으니 '일본국 사절단 배가 이 곳에 오래도록 머물고 있으므로 만나볼 생각으로 왔으나, 밤이 되어 돌아가야 하기 때문에 만날 수가 없겠다. 내일 반드시 배로 찾아오겠다'고 했다."라 말했다. 다시 신라인을 보내 해안에 머물게 하고 도현을 통해 본국 관인에게 이곳에 오게 된 연유를 말하게 했다. 문득 그들의 말을 들으니 "본국 조공사가 신라선 5척을 타고 내주(萊州) 여산(廬山) 부근에 떠밀려 도착했는데, 나머지 4척은 어디로 갔는지 알지 못한다."고 하였다. 비록 이러한 사실을 들었으나 아직 그것이 몇 번째 배인지 상세히 알 수 없다. 또 듣건대 "당나라 천자가 신라 왕자에게 왕위를 내리기 위해 사절을 신라에 보내고자 하여 그 배를 정비하고 있다. 아울러 녹(祿)을 내려 주었다"고 하였다. (『入唐求法巡禮行記』 2)

신라 (당 문종 개성 4년 4월) 26일 (…) 오후 2시경에 신라인 30여 명이 말과 나귀를 타고 와서 말하기를 "압아는 조수(潮水)가 빠지면 와서 만나보려고 한다. 그래서 마중하기 위해 미리 와서 기다린다."고 했다. 그중에 한 백성이 말하기를 "어제 여산으로부터 왔는데, 일본국 조공선 9척이 모두 여산에 도착한 것을 보았다. 사람이나 물건은 상한 것이 없었다. 그 배의 관인 등은 모두 육지에 올라가 천막집을 짓고 조용히 바람을 기다리고 있었다." 운운하였다. 오래지 않아 압아가 신라선을 타고 와서 배에서 내려 해안에 올라갔다. 거기에는 낭자(娘子)들이 많이 있었다. 조공사 판관이 신라어 통역 도현을 보내 이곳에 온 사유를 말하도록 했다. 오전 11시경 속(粟) 녹사가 배에서 내려 압아의 처소에 가서 만나보았다. 겸하여 첩문을 작성해 식량을 청하기를 "앞서 동해현에 있을 때 단지 바다를 건너는데 필요한 만큼의 식량을 준비했다. 이 배는 바다를 건너려 하였으나 역풍을 만나 되밀려서 이곳에 표착했다. 이러한 사정이니 이곳에 있으면서 바다를 건널 때 먹을 식량을 먹을 수 없다. 그러므로 생료(生料)를 청한다." 운운하였다. 압아가 서장을 받아 보고 말하기를 "다시 주관청에 보고하여 처분을 받겠다."고 하였다. 저녁 무렵에 집으로 돌아갔다. 하루 종일 동북풍이 불었다. (『入唐求法巡禮行記』 2)

신라 (당 문종 개성 4년 4월) 29일 북풍이 불었다. 신라어 통역 도현으로 하여금 이곳에 머무르려는 모의가 가능할지 어떨지 상의해보도록 했다. 도현이 신라인과 그 일을 의논하고 돌아와 말하기를 "머물러 있는 일이 가능할 것 같다."고 했다. (『入唐求法巡禮行記』 2)

신라 (개성 4년) 4월에 궁궐을 깨끗이 하고 시중(侍中) 우징(祐徵)을 맞이하여 즉위하게 하니, 이가 신무왕(神武王)이다. (『三國史記』 44 列傳 4 金陽)

신라 4월에 예징(禮徵) 등이 먼저 이르러 궁궐을 깨끗이 한 후, 예를 갖추어 우징을 맞이하여 즉위케 하였다. 왕이 즉위하고 나서, 조부 이찬 예영(禮英)을 혜강대왕(惠康大王)으로, 돌아가신 아버지 균정(均貞)을 성덕대왕(成德大王)으로, 어머니 박씨를 헌목태후(憲穆太后)로 추존(追尊)하고, 아들 경응(慶膺)을 옹립하여 태자로 삼았다. 장보고(張保皐)를 감의군사(感義軍使)·식실봉(食實封) 2,000호로 봉하였다[『삼국사기(三國史記)』 장보고전(張保皐傳)에는 정년이 본국에 들어가 반역자를 주살하고 왕을 옹립하였고, 왕이 장보고를 불러 재상으로 삼고 정년으로 하여금 청해진을 대신 지키게 하였다고 하니, 이것과 본기는 같지 않다].

권근(權近)이 말하였다. "『예기(禮記)』에서는 복수를 중시하고, 『춘추(春秋)』에서는 도적 토벌을 귀하게 여겼으므로, 군주와 아버지의 원수는 하늘 아래 함께 살 수가 없고, 찬탈·시해한 도적은 사람마다 토벌 수 있는 바이다. 또 젊은이가 연장자를 능멸하고 미천한 자가 귀한 자를 업신여기는 것도 또한 『춘추』에서 깊이 미워하는 바이다. 위(衛)의 주우(州吁)가 환공(桓公)을 시해하자 석작(石碏)이 그를 토벌하니, 『춘추』에서 '위인(衛人)이 주우를 복(濮)에서 죽였다.'고 쓴 것은 위인이 석작을 도와 주우를 군주로 섬기지 않고 토벌한 것을 허락하는 말이다. 제(齊)의 소백(小白: 桓公)이 자규(子糾)와 왕위를 다투자, 『춘추』에서 '제의 소백이 제에 들어갔다.'고 쓴 것은 소백이 연장자이므로 제를 소유함이 마땅함을 밝힌 것이다. 이로 보건대, 신라 흥덕왕(興德王)이 돌아가시고 후계자가 없자, 그 당제(堂弟) 균정(均貞)이 조카 제륭(悌隆)과 왕위를 다투었는데, 모두 적통이 아니면 균정이 연장자로서 마땅히 즉위하여야 하였다. 시중 김명(金明)은 부정한 자를 보필하여 제륭을 받들고 균정을 죽여 그를 옹립하였으니, 균정의 아들 우징이 곧 김양과 청해진으로 달아나 복수하고자 도모하여 일찍이 하루도 북쪽을 향하여 제륭에게 신하 노릇을 한 적이 없었다. 김명이 또 제륭을 시해하고 스스로 즉위하게 되자, 김양이 장보고 등과 김명을 토벌하여 죽이고 우징을 옹립할 수 있었으니, 이는 참으로 복수와 도적 토벌의 의리를 얻었다고 할 만하다. 찬사를 덧붙여 오래도록 신자(臣子)의 권장으로 삼게 함이 마땅하다. 김부식(金富軾)은 이에 말하기를, '김명은 희강왕(僖康王)을 시해하고 즉위하였고, 우징은 민애왕(閔哀王)을 시해하고 즉위하였다.'라고 하여 도리어 시역의 무리와 나란히 아울러 논하였으니 무슨 일인가. 김명은 애초에 부정한 자를 보필하여 옹립하여 군주로 삼았고 또 신하로서 따랐다가 시해하였으니, 그 악함이 하늘에 사무쳐 반드시 토벌할 죄였다. 우징·김양과 같으면 애초에 정당한 자를 보필하였고 마침내 도적을 토벌할 수 있었고 제륭을 군주로 여기지 않았으니, 하물며 김명을 군주로 여겼겠는가. 우징이 김명을 죽인 것은 아들이 아버지의 원수를 갚은 것이고, 김양이 김명을 죽인 것은 신하가 군주를 시해한 도적을 토벌한 것인데, 군주와 아버지를 시해한 도적을 토벌하여 신자의 의리를 밝힐 수 있었으니, 이미 가상한 일이었다. 복수하겠다고 군중에 서약하되 다만 괴수를 죽이고 백성으로 하여금 동요하지 말라고 하였으니, 왕자(王者)가 백성을 위로하고 죄인을 토벌하는 군사라고 할 수 있다. 김양은 또 주인 아닌 자에게 짖는 개에 비유하여 배훤백이 자신을 쏜 것을 용서하고 따지지 않았는데, 실로 제의 환공이 자신의 허리띠 고리를 쏜 관중을 놓아주고, 한(漢) 고조(高祖)가 자신을 핍박한 계포(季布)를 사면한 것과 세대는 다르나 똑같이 부합된 것이다. 신라시대 군신의 일로서는 이것이 가장 의리에 합당하다."

김부식이 말하였다. 두목(杜牧)이 다음과 같이 썼다. "천보(天寶) 연간(742~756) 안록산(安祿山)의 난에 삭방절도사(朔方節度使) 안사순(安思順)이 안록산의 사촌동생이었기 때문에 사약을 마시고 죽었으므로, 곽분양(郭汾陽)에게 조서를 내려 그를 대신하게 하였다. 열흘 후에 다시 이임회(李臨淮)에게 조서를 내려 부절(符節)을 지니고 삭방(朔方)의 병력을 반으로 나누어, 동쪽으로 가서 조(趙)·위(魏) 지역으로 나가게 하였다. 안사순 때에는 곽분양·이임회가 모두 아문도장(牙門都將)이었는데, 두 사람은 서로 사이가 좋지 않아 비록 같은 상에서 음식을 먹더라도 항상 서로 흘겨보면서 말 한 마디도 나누지 않았다. 곽분양이 안사순을 대신하자 이임회는 도망가려 하였으나 계획하고도 결행하지 못하였는데, 이임회에게 조서를 내려 곽분양의 병력을 절반 나누어 동쪽으로 가서 토벌하게 하였다. 이임회가 들어가 청하기를, '한 죽음은 달게 받겠으니, 처자는 살려 주시오.'라고 하였다. 곽분양이 달려 내려가 손을 잡고 마루 위로 올라와 마주 앉아 말하였다. '지금 나라가 어지럽고 군주가 도성을 떠나 피난하였는데, 그대가 아니면 동쪽을 정벌할 수 없소. 어찌 사사로운 분을 품을 때이겠는가.' 작별하게 되자 손을 잡고 눈물을 흘리며 서로 충의로 격려하였다. 마침내 큰 도적을 평정한 것은 실로 두 사람의 힘이었다. 그 마음이 배반하지 않을 것을 알고 그 재능이 일을 맡길 만한 것을 안 후에, 마음을 의심하지 않고 군사를 나누어 줄 수 있는 것이다. 평생에 분한을 쌓고서 그 마음을 알기는 어려우니, 분노하면 반드시 단점만 보이는 것이어서 그 재능을 아는 것은 더욱 어렵다. 이는 장보고가 곽분양과 현명함이 같다고 할 수 있을 뿐이다. 정년이 장보고에게 의탁할 때 반드시 생각하기를, '그는 귀하고 나는 천하니, 내가 낮추면 마땅히 옛날의 원한으로 나를 죽이지는 않을 것이다.'라고 하였을 것이다. 장보고가 과연 죽이지 않았으니, 사람에게 공통되는 인정이다. 이임회가 곽분양에게 죽음을 청한 것 또한 사람에게 공통되는 인정이다. 장보고가 정년에게 일을 맡긴 것은 자신에게서 나온 것이며, 정년은 또한 굶주림과 추위로 감동하기 쉬웠다. 곽분양과 이임회는 평생을 대립하였으나, 이임회의 명령은 천자에게서 나왔으므로 장보고와 비교하면 곽분양은 여유로웠다. 이것은 성현도 성패를 의심하여 망설이는 경우이니, 그것은 다른 것이 아니다.

인의(仁義)의 마음이 잡정과 함께 심어져, 잡정이 이기면 인의가 없어지고 인의가 이기면 잡정이 사라지는 것이다. 저 두 사람은 인의의 마음이 이미 이겼고, 또 그들의 자질이 밝았기 때문에 마침내 공을 이룬 것이다. 세간에서는 주공(周公)·소공(召公)을 100대의 스승으로 일컫고 있으나, 주공이 어린아이를 보좌할 때에 소공은 그를 의심하였다. 주공의 성스러움과 소공의 현명함으로, 젊어서는 문왕(文王)을 섬기고 늙어서는 무왕(武王)을 보좌하여 천하를 평정할 수 있었지만, 주공의 마음은 소공 또한 알지 못하였다. 진실로 인의의 마음이 있다 하더라도, 자질이 밝지 않으면 비록 소공이라도 오히려 그러하거늘, 하물며 그 아래에 있는 사람이겠는가. 속담에 말하기를, '나라에 한 사람만 있어도, 그 나라는 망하지 않는다.'고 하였다. 대체로 나라가 망하는 것은 사람이 없어서가 아니라, 그 망할 때가 되어 현명한 사람이 채용되지 않아서이다. 진실로 어진 사람을 채용한다면 한 사람으로 족할 것이다." 송기(宋祁)가 썼다. "아아! 원한과 질투로 서로 심하게 하지 않고 나라의 우환을 앞세운 것은 진(晉)에는 기해(祁奚)가 있고 당(唐)에는 곽분양이 있으며 신라에는 장보고가 있다. 누가 동이(東夷)에 사람이 없다고 하는가." (『三國史節要』 13)

신라 제45대 신무왕은 김씨이고 이름은 우징이다. 아버지는 각간(角干) 균구(均具)인데, 성덕대왕으로 추봉(追封)하였다. 어머니는 정△부인(貞△夫人)인데, 조부 예영(礼英)을 혜강대왕으로 추봉하였다. 비는 진종(真從)[계(繼)라고도 한다.]대후(大后)인데, 해간(海干) △명(△明)의 딸이다. 기미 4월에 즉위하였다. (『三國遺事』 1 王曆)

신라 신무왕이 즉위하였는데, 휘는 우징이다. 원성대왕(元聖大王)의 손자인 상대등(上大等) 균정의 아들이며, 희강왕의 사촌동생이다. 예징 등이 궁궐을 깨끗이 한 후, 예를 갖추어 왕을 맞이하여 즉위케 하였다. 조부 이찬 예영[효진(孝眞)이라고도 한다.]을 혜강대왕으로, 돌아가신 아버지를 성덕대왕으로, 어머니 박씨 진교부인(眞矯夫人)을 헌목태후로 추존하고, 아들 경응을 옹립하여 태자로 삼았다. 청해진대사(淸海鎭大使) 궁복(弓福)을 감의군사·식실봉 2,000호로 봉하였다. (『三國史記』 10 新羅本紀 10)

신라 (4월) 이홍(利弘)이 처자식을 버리고 산곡(山谷)으로 달아났다. 왕이 기병을 파견하여 쫓아가 잡아 죽이게 하였다. (『三國史節要』 13)

신라 이홍이 두려워하여, 처자식을 버리고 산림(山林)으로 달아났다. 왕이 기병을 파견하여 쫓아가 잡아 죽이게 하였다. (『三國史記』 10 新羅本紀 10)

신라 제46대 문성왕(文聖王) 기미년 5월 19일에 많은 눈이 내렸다. (『三國遺事』 2 紀異 2 旱雪)

신라 여름 5월에 크게 눈이 내렸다. (『三國史節要』 13)

신라 (당 문종 개성 4년 6월) 7일 낮 12시경에 북서풍이 불었으므로 돛을 올리고 나아갔다. 오후 2시경에서 4시경 적산(赤山)의 동쪽 언저리에 도착해 배를 정박시켰다. 북서풍이 더욱 세차게 불었다. 이 적산은 순전히 암석으로 된 높이 우뚝 솟은 곳으로, 곧 문등현 청녕향(淸寧鄕) 적산촌(赤山村)이다. 산에는 절이 있어, 그 이름을 적산 법화원(法花院)이라 하는데 본래 장보고가 처음으로 세운 것이다. 오랫동안 장전(莊田)을 갖고 있어, 그것으로 절의 식량을 충당한다. 그 장전은 1년에 500석의 쌀을 거두어들인다. 이 절에서는 겨울과 여름에 불경을 강설하는데, 겨울에는 ≪법화경(法花經)≫을 강설하고 여름에는 8권짜리 ≪금광명경(金光明經)≫을 강설한다. 여러 해 동안 그것을 강설해왔다. 남쪽과 북쪽에는 바위 봉우리가 솟아 있고 물은 법화원의 마당을 관통하여 서쪽에서 동쪽으로 흐른다. 동쪽으로는 멀리 바다를 바라볼 수 있게 터져 있고, 남쪽과 서쪽 그리고 북쪽은 봉우리가 이어져 벽을 이루고 있다. 다만 서남쪽은 비스듬히 경사지게 흘러내리고 있다. 지금 신라 통사 압아 장영(張詠)과 임대사(林大使) 그리고 왕훈(王訓) 등이 전적으로 맡아 관리하고 있다. (『入唐求法巡禮行記』 2)

신라 (당 문종 개성 4년 6월) 8일에 해질 무렵에 청익법사와 유정, 유효 등이 절에 올라가 함께 절의 스님들을 방문했다. 여러 승려 등 30여 명이 있었는데, 만나보고 차를 마셨다. 밤에 빈 방에서 묵었다. (『入唐求法巡禮行記』 2)

신라 (당 문종 개성 4년 6월) 9일에 재를 들기 전에 법상종 청익승인 계명법사와 시종 승려 등이 찾아서 올라왔다. 함께 식당에서 재를 들었다. 재를 마친 후 속전(粟田) 녹사와 신라어 통역 도현(道玄) 등이 함께 올라와 또 하룻밤을 묵었다. (『入唐求法巡禮行記』 2)

신라 (당 문종 개성 4년 6월) 10일에 재를 마친 후 속전 녹사는 배로 돌아가고 본국 승려 7명은 산사에 머물러 있었다. 지난 7일부터 남서풍이 잠시도 쉬지 않고 세차게 불었다. (『入唐求法巡禮行記』 2)

신라 (당 문종 개성 4년 6월) 28일에 당나라 천자가 새로 즉위한 왕을 위문하기 위해 신라로 보내는 사신인 청주병마사(靑州兵馬使)오자진(吳子陳)과 최부사(崔副使) 그리고 왕판관(王判官) 등 30여 명이 절로 올라왔으므로 만나보았다. 밤에 장보고가 보낸 대당매물사(大唐賣物使) 최병마사(崔兵馬使)가 절에 와서 위문하였다. (『入唐求法巡禮行記』 2)

신라 (당 문종 개성 4년 7월) 14일 오전 8시경 적신원(赤山院)을 떠나 배가 성박한 곳에 이르렀다. 해안에서 계명법사, 속전(粟田) 녹사, 화기(和氣) 녹사와 작별하고 진장촌(眞莊村) 천문원(天門院)으로 가서 법공(法空)스님을 만나 보았다. 이 법사는 일찍이 본국에 왔었는데, 돌아온 지 20년이 되었다. 밤에 그 원에서 숙박했다. (『入唐求法巡禮行記』 2)

신라 (당 문종 개성 4년 7월) 16일 이른 아침에 산원에서 내려왔다. 길에서 사람들이 하는 이야기를 들으니, 배가 어제 떠났다고 한다. 배가 정박해 있던 곳에 이르러 배를 찾아보았으나 보이지 않았다. 잠시 해안에 머무르니,적산원의 여러 승려들이 함께 와서 위문하였다. 같이 적산원에 올라가 밥을 먹었다. 문득 보니 주의 사인(使人) 4명이 적산원에 먼저 와 있었다. 그들은 일본국 조공사의 양식인 쌀 70석을 운송하여 지금 이 마을에 도착했으나, 조공사는 이미 출발했기 때문에 넘겨줄 수가 없었다. 그런 즉 현의 관아에 보고하러 떠났다. 적산원의 늙은 사람 젊은 사람 할 것 없이 모두 우리가 버려진 것을 괴이하게 여기며 정성껏 위로했다. (『入唐求法巡禮行記』 2)

신라 (당 문종 개성 4년 7월) 28일 오후 4시경 문등현에서 보낸 두문지(竇文至) 등 2명이 현의 첩문을 가져왔다. 첩장의 내용은 다음과 같다.
현에서 청녕향(靑寧鄕)에 내리는 첩문
판두(板頭) 두문지의 보고를 받았는데, 일본국의 배에서 버려진 3명에 관한 것이었다. 앞서 말한 판두의 보고서를 살펴보니, 그 배는 이달 15일에 이미 출발했고 버려

진 3명은 현재 적산 신라사원에 있다고 하였다. 그 보고서는 위와 같다. 앞의 사람을 조사한 바에 의하면, 이미 배에서 버려진 즉 촌보(村保)와 판두는 당일에 보고서를 올려야 합당한데 어찌 15일이 지난 지금 비로소 보고할 수 있는가. 또 버려진 사람의 성명과 어떤 휴대품과 의복을 가지고 있는지 보이지 않는다. 아울러 적산 사원의 강유(綱維)와 지사승(知事僧)은 외국 승려가 있음에도 전혀 신고하지 않은 이유를 조사하라. 이 일은 모름지기 향의 전노인(專老人)에게 통첩하여 사유를 알아보게 하라. 첩문이 도착한 당일에 한하여 구체적으로 분석해 첩정을 올려라. 만약 조사한 사실이 한 가지라도 같지 않거나 함부로 조사를 거부하면 모두 더하여 문책할 것이다. 또 만약 기한을 어기거나 조사가 상세하지 못하면 조사를 담당한 사람은 반드시 무거운 벌을 받게 될 것이다.

개성 4년 7월 24일

전(典) 왕좌(王佐)가 첩(帖)한다.

주부판위(主簿判位) 호군직(胡君直)

섭령(攝令) 척선원(戚宣員)

구법승 등은 문득 서장을 작성해 떨어져 남게 된 사유를 보고했다. 그 서장은 다음과 같다.

일본국 승려 1명, 종소사(從小師) 2명, 행자 1명이 산원에 머물러 있게 된 사유입니다. 위의 승려 등은 불법을 구하기 위하여 바다를 건너 멀리까지 왔습니다. 비록당나라 땅에 도착했으나 아직 숙원을 이루지 못했습니다. 고향을 작별하고 떠나온 본래의 뜻은 성스러운 나라를 순례하며 스승을 찾아 불법을 배우고자 함이었습니다. 그러나 조공사가 일찍 돌아가므로 그들을 따라 귀국할 수가 없게 되어, 마침내 이 산원에 머무르게 되었습니다. 이후에는 곧 명산을 순례하고 불도를 찾아 수행하려고 합니다. 개인 휴대품은 다만 쇠 바리때 1구(口), 구리 주발 2구(具), 구리 물병 1구, 문서 20여 권, 추위를 막아 줄 의복 등입니다. 그 밖의 다른 물건은 없습니다. 지금 현사(縣司)의 조사와 심문은 받고 앞에서와 같이 사유를 갖추어 적었습니다. 첩문에 관해서는 앞과 같습니다. 삼가 첩문을 올립니다.

개성 4년 7월 20일

일본국 승려원인(圓仁)이 첩장을 작성해 올립니다.

종자승(從者僧) 유정, 유효, 행자 정웅만 삼가 첩문을 올립니다.

청녕향적산원이 서장을 올립니다.

일본국 승려 등이 배로 돌아가지 못한 사유 등을 조사한 첩장

위의 일본국 승려 원인과 소사(小師)유정, 유효, 행자 등 합계 4명은 그들의 입으로 말하기를 '중화(重花)에 불교가 융성하게 발전했다는 것을 멀리서 듣고 성스러운 가르침을 배우러 왔다. 명산의 성스러운 유적을 찾아 여러 지방을 순례하고자 한다.' 고 하였습니다. 마침 때가 더운 계절이어서 잠시 이 산원(山院)에서 더위를 피하고 시원해지는 때를 기다려 곧 가려고 합니다. 그러다가 마침내 일찍 현사에 서장을 올리지 못했습니다. 오로지 잘 살펴 주기를 바랄 뿐입니다. 그 승려는 옷가지와 그릇 외에 별다른 물건이 없습니다. 만약 서장을 올린 후 그 내용이 자세하지 않다면 법청(法淸) 등은 거짓말을 한 죄를 범한 것입니다. 삼가 서장을 갖추어 올립니다. 사유는 앞의 내용과 같습니다.

개성 7년 일

적산원 주승 법청이 서장을 올립니다. (『入唐求法巡禮行記』 2)

신라 (가을 7월) 병신일(17)에 대재부에 명하여 바람과 파도를 능히 감당할 수 있는 신라배를 만들도록 하였다. (…) (『續日本後紀』 8 仁明紀)

신라	가을 7월에 사신을 파견해 당에 가서 치청절도사(淄靑節度使)에게 노비를 남겼다. 황제가 이를 듣고 먼 나라 사람이 가엾다 하여 조서를 내려 귀국시켰다. (『三國史記』 10 新羅本紀 10)
신라	가을 7월에 사신을 파견해 당에 가서 치청절도사에게 노비를 남겼다. 황제가 이를 듣고 그 멀리서 옮겨온 것을 가엾다 하여 조서를 내려 돌려보냈다. (『三國史節要』 13)
신라	(가을 7월) 왕이 병들었다. 꿈에 이홍이 화살을 쏘아 등을 맞추자, 깨어나니 등에 종기가 났다. 이달 23일에 이르러 돌아가시니, 시호를 신무(神武)라고 하고 제형산(弟兄山) 서북쪽에 장사지냈다. 논하여 말한다. "구양자(歐陽子)가 논하였다. '노 환공(桓公)은 은공(隱公)을 죽이고 스스로 즉위한 자이고, 선공(宣公)은 자적(子赤)을 죽이고 스스로 즉위한 자이며, 정(鄭) 여공(厲公)은 세자 홀(忽)을 내쫓고 스스로 즉위한 자이고, 위 공손표(公孫剽)는 그 군주 간(衎)을 쫓아내고 스스로 즉위한 자이다. 성인(聖人)이 『춘추』에서 이들 모두가 군주 노릇한 사실을 빼지 않은 것은 각각 그 사실을 전하여 후세 사람들이 이를 믿도록 한 것이었다. 즉 이들 네 군주의 죄는 가릴 수 없게 되었을 뿐이니, 사람들의 악한 짓이 그치기를 바란 것이다.' 신라의 언승(彦昇)은 애장왕(哀莊王)을 죽이고 즉위하였고, 김명은 희강왕을 죽이고 즉위하였으며, 우징은 민애왕을 죽이고 즉위하였으니, 지금 그 사실을 모두 기록하는 것도 또한 『춘추』의 뜻과 같은 것이다." (『三國史記』 10 新羅本紀 10)
신라	민애왕이 죽었다. 신무왕 우징(祐徵) 즉위하였으나 해를 넘기지 못하고 죽었다. 문성왕 경응慶膺) 즉위 원년이다. (『三國史記』 31 年表 下)
신라	문성왕(文聖王)이 즉위하였는데, 휘는 경응이다. 신무왕의 태자이고, 어머니는 정계부인(貞繼夫人)[정종태후(定宗太后)라고도 한다.]이다. (『三國史記』 11 新羅本紀 11)
신라	(개성 4년) 7월23일에 이르러 대왕이 돌아가시자 태자가 왕위를 계승하니, 이가 문성왕이다. (『三國史記』 44 列傳 4 金陽)
신라	(가을 7월) 왕이 일찍이 병들었다. 꿈에 이홍이 화살을 쏘아 어깨를 맞추자, 깨어나니 등에 종기가 났다. 이 때에 이르러 돌아가시니, 아들 경응이 즉위하여 시호를 올려 신무라고 하고 제형산 서북쪽에 장사지냈다. (『三國史節要』 13)
신라	제46대 문성왕(文聖王) 기미년(839)에 많은 눈이 내렸고, 8월 1일에는 천지가 어두웠다. (『三國遺事』 2 紀異 2 早雪)
신라 발해	(개성 4년) 8월15일에 절에서 박탁(餺飥)과 병식(餅食) 등을 마련하여 8월 보름 명절을 지냈다. 이 명절은 여러 다른 나라에는 없고 오직 신라국에만 유독 이 명절이 있다. 노승 등이 말하기를, "신라국이 옛날에 발해국과 서로 싸웠을 때 이 날 승리를 거두었기 때문에, 명절로 삼아 음악과 춤을 추며 즐겼다. 이 행사는 오래도록 이어져 그치지 않았다."라고 한다. 온갖 음식을 마련하고 가무와 음악을 연주하며 밤낮으로 이어져 3일이 지나서야 쉰다. 지금 이 산원에서도 고국을 그리워하며 오늘 명절을 지냈다. 그 발해는 신라에 토벌되어 겨우 1,000명이 북쪽으로 도망갔다가 나중에 되돌아와 옛날대로 나라를 세웠다. 지금 발해국이라 부르는 나라가 바로 그것이다. (『入唐求法巡禮行記』 2)
신라	(8월) 기사일(20)에 대재대이(大宰大貳) 종4위상 남연조신영하(南淵朝臣永河) 등에게

조를 내리기를 "이번달 14일에 말을 달려 아뢴 바의 견당사 녹사(錄事) 대신종웅(大神宗雄)이 대재부에 보낸 첩장을 받고서 당에 들어갔던 3척의 배는 원래의 배가 온전하지 못한 것을 꺼려 초주(楚州)의 신라 배 9척16을 빌려 타고 신라의 남쪽을 거쳐 되돌아 왔는데, 제 6선이 바로 종웅(宗雄)이 탄 배이고 나머지 8척의 배는 서로 보였다 보이지 않았다 하면서 항해하던 중 앞뒤를 서로 잃어버려 아직 도착하지 않았다는 사실을 알았다. 고생스럽고 근심되는 변고에 대비하지 않으면 안되니 마땅히 모든 방면에서 지키는 사람들에게 거듭 경계시키고 횃불을 꺼트리지 말며 양식과 물을 저장하였다가 뒤에 도착하는 배들이 모두 무사할 수 있도록 하라. 그 종웅 등을 객관에 안치하여 다음에 이를 배를 기다릴 수 있도록 하라"고 하였다. (『續日本後紀』 8 仁明紀)

백제 (8월 무인일(29)) 가하국인(加賀國人) 정6위상 백제공 풍정(豊貞)의 본관을 바꾸어 좌경(左京) 4조(條) 3방(坊)에 속하게 하였다. 풍정의 선조는 백제국 사람이다. 경오년에 본관을 하내국(河內國) 대조군(大鳥郡)에 속하게 하였으며, 을미년에 본관을 가하국(加賀國) 강소군(江沼郡)에 속하게 하였다. (『續日本後紀』 8 仁明紀)

신라 8월에 대사(大赦)하였다. (『三國史記』 11 新羅本紀 11)

신라 (8월) 대사하였다. (『三國史節要』 13)

신라 (8월) 교서를 내렸다. "청해진대사 궁복은 일찍이 돌아가신 아버지를 병사로 도와 선대의 큰 도적을 멸하였다. 그 공을 어찌 잊을 수가 있겠는가." 이에 진해장군(鎭海將軍)으로 임명하고 겸하여 장복(章服)을 내렸다. (『三國史記』 11 新羅本紀 11)

신라 (8월) 왕이 교서를 내렸다. "청해진대사 장보고는 일찍이 돌아가신 아버지를 병사로 도와 선대의 큰 도적을 멸하였다. 그 공을 어찌 잊을 수가 있겠는가." 이에 진해장군으로 임명하고 겸하여 장복을 내렸다. 김양의 공적을 추록(追錄)하여 소판(蘇判) 겸 창부령(倉部令)을 제수하였고, 시중 겸 병부령(兵部令)으로 옮겼다. (『三國史節要』 13)

신라 (개성 4년) 공적을 추록하여 소판 겸 창부령을 제수하였고, 시중 겸 병부령으로 옮겼다. (『三國史記』 44 列傳 4 金陽)

신라 왕이 마침내 장보고를 불러서 재상으로 삼자, 정년으로 하여금 청해(淸海)를 대신하여 지키게 하였다[이것은 신라의 전기와 꽤 다르다. 두목의 말이 전하므로, 둘 다 남겨둔다].

논하여 말한다. 두목이 다음과 같이 썼다. "천보 연간(742~756) 안록산의 난에 삭방절도사 안사순이 안록산의 사촌동생이었기 때문에 사약을 마시고 죽었으므로, 곽분양에게 조서를 내려 그를 대신하게 하였다. 열흘 후에 다시 이임회에게 조서를 내려 부절을 지니고 삭방의 병력을 반으로 나누어, 동쪽으로 가서 조·위 지역으로 나가게 하였다. 안사순 때에는 곽분양·이임회가 모두 아문도장이었는데, 두 사람은 서로 사이가 좋지 않아 비록 같은 상에서 음식을 먹더라도 항상 서로 흘겨보면서 말 한 마디도 나누지 않았다. 곽분양이 안사순을 대신하자 이임회는 도망가려 하였으나 계획하고도 결행하지 못하였는데, 이임회에게 조서를 내려 곽분양의 병력을 절반 나누어 동쪽으로 가서 토벌하게 하였다. 이임회가 들어가 청하기를, '한 죽음은 달게 받겠으니, 처자는 살려 주시오.'라고 하였다. 곽분양이 달려 내려가 손을 잡고 마루 위로 올라와 마주 앉아 말하였다. '지금 나라가 어지럽고 군주가 도성을 떠나 피난하였는데, 그대가 아니면 동쪽을 정벌할 수 없소. 어찌 사사로운 분을 품을 때이겠는가.' 작별하게 되자 손을 잡고 눈물을 흘리며 서로 충의로 격려하였다. 마침내 큰 도적을 평정한 것은 실로 두 사람의 힘이었다. 그 마음이 배반하지 않을 것을 알고 그 재능이 일을 맡길 만한 것을 안 후에, 마음을 의심하지 않고 군사를 나누어 줄 수 있는 것이다. 평생에 분한을 쌓고서 그 마음을 알기는 어려우니, 분노하면 반드시 단점만 보이는 것이어서 그 재능을 아는 것은 더욱 어렵다. 이는 장보고가 곽분양과 현명함이 같다고 할 수 있을 뿐이다. 정년이 장보고에게 의탁할 때 반드시 생각하기를, '그는 귀하고 나는 천하니, 내가 낮추면 마땅히 옛날의 원한으로 나를 죽이지는 않을 것이다.'라고 하였을 것이다. 장보고가 과연 죽이지 않았으니, 사람에게 공통되는 인정이다. 이임회가 곽분양에게 죽음을 청한 것 또한 사람에게 공통되는 인정이다. 장보고가 정년에게 일을 맡긴 것은 자신에게서 나온 것이며, 정년은 또한 굶주림과 추위로 감동하기 쉬웠다. 곽분양과 이임회는 평생을 대립하였으나, 이임회의 명령은 천자에게서 나왔으므로 장보고와 비교하면 곽분양은 여유로웠다. 이것은 성현도 성패를 의심하여 망설이는 경우이니, 그것은 다른 것이 아니다. 인의의 마음이 잡정과 함께 심어져, 잡정이 이기면 인의가 없어지고 인의가 이기면 잡정이 사라지는 것이다. 저 두 사람은 인의의 마음이 이미 이겼고, 또 그들의 자질이 밝았기 때문에 마침내 공을 이룬 것이다. 세간에서는 주공·소공을 100대의 스승으로 일컫고 있으나, 주공이 어린아이를 보좌할 때에 소공은 그를 의심하였다. 주공의 성스러움과 소공의 현명함으로, 젊어서는 문왕을 섬기고 늙어서는 무왕을 보좌하여 천하를 평정할 수 있었지만, 주공의 마음은 소공 또한 알지 못하였다. 진실로 인의의 마음이 있다 하더라도, 자질이 밝지 않으면 비록 소공이라도 오히려 그러하거늘, 하물며 그 아래에 있는 사람이겠는가. 속담에 말하기를, '나라에 한 사람만 있어도, 그 나라는 망하지 않는다.'고 하였다. 대체로 나라가 망하는 것은 사람이 없어서가 아니라, 그 망할 때가 되어 현명한 사람이 채용되지 않아서이다. 진실로 어진 사람을 채용한다면 한 사람으로 족할 것이다." 송기가 썼다. "아아. 원한과 질투로 서로 심하게 하지 않고 나라의 우환을 앞세운 것은 진에는 기해가 있고 당에는 곽분양·장보고가 있다. 누가 동이에 사람이 없다고 하는가."(『三國史記』44 列傳 4 張保皐鄭年)

신라 왕이 마침내 장보고를 불러서 재상으로 삼자, 정년으로 하여금 청해를 대신하여 지키게 하였다. (…)

찬하여 말한다. 두목이 다음과 같이 썼다. "안사순이 삭방절도사일 때 곽분양·이임회가 모두 아문도장이었는데, 두 사람은 서로 사이가 좋지 않아 비록 같은 상에서 음식을 먹더라도 항상 서로 흘겨보면서 말 한 마디도 나누지 않았다. 곽분양이 안사순을 대신하자 이임회는 도망가려 하였으나 계획하고도 결행하지 못하였다. 10일 후에 이임회에게 조서를 내려 곽분양의 병력을 절반 나누어 동쪽으로 가서 조·위 지역으로 나가게 하였다. 이임회가 들어가 청하기를, '한 죽음은 달게 받겠으니, 처자는 살려 주시오.'라고 하였다. 곽분양이 달려 내려가 손을 잡고 마루 위로 올라와 마주 앉아 말하였다. '지금 나라가 어지럽고 군주가 도성을 떠나 피난하였는데, 그대가 아니면 동쪽을 정벌할 수 없소. 어찌 사사로운 분을 품을 때이겠는가.' 작별하게 되자 손을 잡고 눈물을 흘리며 서로 충의로 격려하였다. 마침내 큰 도적을 평정한 것은 실로 두 사람의 힘이었다. 그 마음이 배반하지 않을 것을 알아도 그 마음을 알기는 어려우니, 분노하면 반드시 단점만 보이는 것이어서 그 재능을 아는 것은 더욱 어렵다. 이는 장보고가 곽분양과 현명함이 같다고 할 수 있을 뿐이다. 정년이 장보고에게 의탁할 때 반드시 생각하기를, '그는 귀하고 나는 천하니, 내가 낮추면 마땅히 옛날의 원한으로 나를 죽이지는 않을 것이다.'라고 하였을 것이다. 장보고가 과연 죽이지 않았으니, 사람에게 공통되는 인정이다. 이임회가 곽분양에게 죽음을 청한 것 또한 사람에게 공통되는 인정이다. 장보고가 정년에게 일을 맡긴 것은 자신에게서 나온 것이며, 정년은 또한 굶주림과 추위로 감동하기 쉬웠다. 곽분양과 이임회는 평생을 대립하였으나, 이임회의 명령은 천자에게서 나왔으므로 장보고와 비교하면 곽분양은 여유로웠다. 이것은 성현도 성패를 의심하여 망설이는 경우이다. 세간에서는 주공·소공(卲公)을 100대의 스승으로 일컫고 있으나, 주공이 어린아이를 보좌할 때에 소공은 그를 의심하였다. 주공의 성스러움과 소공의 현명함으로, 젊어서는 문왕을 섬기고 늙어서는 무왕을 보좌하여 천하를 평정할 수 있었지만, 주공의 마음은 소공 또한 알지 못하였다. 진실로 인의의 마음이 있다 하더라도, 자질이 밝지 않으면 비록 소공이라도 오히려 그러하거늘, 하물며 그 아래에 있는 사람이겠는가." 아아. 원한과 질투로 서로 심하게 하지 않고 나라의 우환을 앞세운 것은 진에는 기해가 있고 당에는 곽분양·장보고가 있다. 누가 동이에 사람이 없다고 하는가. (『新唐書』 220 列傳 145 東夷 新羅)

신라 8월에 하늘과 땅이 어두웠다. (『三國史節要』 13)

신라 (당 문종 개성 4년) 9월 1일 큰 달이다. 1일은 기묘일이다. 오대산으로 가는 노정(路程)의 주 이름과 거리를 물어서 기록한다. 8개 주를 지나 오대산에 도착하는데, 도합 2,990여 리이다.적산촌에서 문등현에 이르기까지는 130리이고, 현을 지나 등주에 도착하는 데는 500리이다. 등주에서 200여 리를 가면내주(萊州)에 도착하고, 내주에서 500리를 가면 청주(青州)에 다다른다. 청주를 지나 180리를 가면 치주(淄州)에 도착하고, 치주에서 제주(齊州)에 이르는 거리는 180리이고, 제주를 지나 운주(鄆州)에 이르기까지는 300리이다. 운주에서 황하를 지나 위부(魏府)에 이르는 거리는 180리이고, 위부를 지나 진주(鎭州)에 도착하는 데는 500여 리이다. 진주로부터 산길로 5일 동안 약 300리를 가면 오대산이 이른다. 신라승 양현(諒賢)이 말한 것에 의거해 적었다. (『入唐求法巡禮行記』 2)

신라 (당 문종 개성 4년 9월) 3일 낮 12시경에 현의 사인(使人) 1명이 현의 첩문을 가지고 왔다. 그 첩문의 내용은 아래와 같다.

현에서 청녕향(靑寧鄕)에 내리는 첩문

앞서 보고받았던 일본국 배에서 버려져 적산(赤山) 사원에 있는 승려 3명과 행자 1명에 관한 일.

위 사람을 조사한 내용을 살펴보니, 전술한 승려 등은 이미 사유를 갖추어 적어 현에 보고하였다. 이후에 주에서 추가로 조사를 요구하는 서장이 있을지 모르니, 바라건대 포구의 담당자와 이 마을의 판두 및 적산 사원의 강유 등에게 첩문을 내려 반드시 그들의 소재를 파악하여 보고하고 처분을 청해야 할 것이다. 결재를 받들어 첩장에 준하여 담당자에게 통첩하는 것이다. 전술한 사람들을 조사함에는 모름지기 포구 담당자에게 첩문을 내려 보고하게 하고 강유 등도 모름지기 늘 소재를 파악하고 있어야 할 것이다. 만약 이후에 주사(州司)가 추가로 조사할 때 동쪽으로 갔느니 혹은 서쪽으로 갔느니 하며 간 곳을 알지 못한다면 추궁하여 반드시 중벌을 받을 것이다. 그러므로 첩문이 도착한 당일에 한정하여 고시하고, 상세히 문서로 작성해 주에 첩장을 올려야 할 것이다.

개성 4년 8월 13일

전(典) 왕좌(王佐)가 첩한다.

주부판위 호군직

섭령 척선원

사공(司功)

앞서 일본국 배에서 버려져 적산 사원에 있는 승려 3명과 행자 1명에 관한 일.

위의 승려 등은 일찍이 주와 절도사 관아에 신고를 마쳤다. 동으로 가는지 서로 가는지 소재를 모를까 두려워하여 지난 8월 14일 적산 사원과 아울러 촌보, 판두, 포구 담당자 등에게 첩문을 내려 반드시 그들의 소재를 알고 있도록 했다. 본향의 이정(里正)을 찾아가 물었더니 말하기를 '촌정(村正) 담단(譚亶)이 첩문을 기각하여 지금까지 도무지 문서로 보고한 것이 없다.'고 하였다. 그 담단은 지금 엎드려 처분을 청하고 있다. 이 건의 서장을 앞과 같이 통첩한다. 삼가 첩장을 보낸다.
개성 4년 9월
전왕좌가 첩한다.
일일(一日) 선원(宣員) 청녕향 적산촌정(赤山村正)의 첩장
일본국 승려 원인 등에 관해 올리는 서장
배에서 버려져 적산원에 있는 일본국 승려 3명과 행자 1명의 소재 사유를 조사하라는 첩문에 대한 서장.
위의 승려 등은 불법(佛法)을 흠모하여 임시로 산원에 머물며 편히 지내고 있습니다. 곧 이곳을 나가 여러 곳을 순례할 생각이었으나 날씨가 추워지는 때이므로 아직 동서 어느 쪽으로도 가지 않고 있습니다. 이 산원에서 겨울을 지내고 봄이 되면 명산을 순례하고 성스러운 유적을 찾아 방문할 것입니다. 승려 등은 사정과 바람을 이미 서장으로 작성해 보고했습니다. 지금 동서 어느 쪽으로 갔는지의 거동과 소재를 조사하라는 첩문을 받고, 삼가 사유를 갖추어 앞과 같이 서장을 올립니다. 이 건의 서장을 앞과 같이 통첩합니다. 삼가 첩문을 올립니다.
개성 4년 9월 3일
일본국 승려 원인 등이 첩합니다. (『入唐求法巡禮行記』 2)

신라 (당 문종 개성 4년 9월 12일) 사부(祠部)의 첩문
상도(上都) 장경사(章敬寺) 신라승 법청(法靑)에 관한 일
위 사람은 격(格)에 준하여 인연을 따라 여러 곳을 다니며 탁발 수행할 것을 청하였다. 이에 관하여 통첩한다. 위에서 말한 승려의 서장을 받았는데 이르기를 '진심으로 불도에 들어가 두타행(頭陀行)에 뜻이 있다. 다만 이는 명산을 찾아가 마음을 귀의하고 예배하며 산 속을 두루 거치면서 여러 곳의 스승을 찾아, 가섭 (迦葉)의 행문(行門)을 배우고 나아가 부처의 이치를 닦고 증진하고자 한다. 바라건대 원화(元和) 원년 4월 12일의 조칙, 즉 삼장승 반야(般若)가 제자 대념(大念) 등의 두타행을 힘써 청했던 것을 허락했던 것에 준하여 처리해 달라. 불교의 가르침을 받들고 조칙에 준하여 수행하며 두타행을 행하는 곳에서 성전(聖典)에 어긋난 짓을 하지 않겠다. 다만 지념(持念) 때문에 마음이 손상되었고 근자에는 풍질(風疾)까지 겹쳐 움직이는 것이 일정하지 못하다. 그래서 약을 먹는 동안에는 시가에서 휴식을 취할 것이다. 이번에 여러 산에 가서 순례하고 더불어 의사를 찾아 병을 치료하고자 한다. 아마 여러 곳의 관수(關戍), 성문, 가포(街鋪), 촌방(村坊)의 불당, 산림의 난야(蘭若), 주현의 절간 등이 여행 사유를 잘 알지 못할까 두렵다. 청컨대 공험(公驗)을 발급해 달라'고 하였다. 고부(庫部)에 부탁해 조사했더니, 조칙 안에 이름이 같은 자가 있다는 보고를 받았다. 삼가 격을 조사해보니, 남녀 승려로서 두타 수행을 잘 할 수 있는 자가 있으면 주현의 절간에 도착해 마음대로 묵고 보살핌을 받으며 관리가 함부로 하지 못하도록 하였다. 승려 법청이 두타행을 청함에 동일한 사례를 검토하여 그 서장에 따르도록 통첩한다. 이런 까닭에 첩문을 내린다.
원화 2년 2월 일
영사(令史) 반륜(潘倫)이 첩한다.
주사(主事) 조참(趙參)

원외랑 주중손(周仲孫) (『入唐求法巡禮行記』 2)

신라 (겨울 10월) 정사일(9)에 견당사 녹사(錄事) 정6위상 산대숙네씨익(山代宿禰氏益)이 탄 신라 배 1척이 돌아와 축전국(筑前國) 박다진(博多津)에 도착하였다. (『續日本後紀』 8 仁明紀)

신라 (당 문종 개성 4년) 11월 1일 신라인 왕장문(王長文)의 초청이 있어 그 집에 가서 재를 들었다. 재를 마친 후 승려 몇 명과 함께 사원의 장원(莊園)에 도착해 하룻밤을 묵었다. (『入唐求法巡禮行記』 2 唐 文宗 開成 四年)

백제 (11월 계미일(5)) 좌경인(左京人) 정6위상 어춘숙네춘장(御春宿禰春長) 등 11명에게 숙네(宿禰)를 바꾸어 조신(朝臣)의 성을 주었다. 이들은 백제왕의 종족(種族)인 비오호(飛鳥戶) 등의 후손이다. (『續日本後紀』 8 仁明紀)

신라 제45대 신무왕(神武王)은 (…) 기미 4월에 즉위하여 11월13일에 이르러 돌아가셨다. (『三國遺事』 1 王曆)

신라 제46대 문성왕은 김씨이고 이름은 경응이다. 아버지는 신무왕이고, 어머니는 진종대후이며, 비는 소명왕후(炤明王后)이다. 기미 11월에 즉위하여 19년 동안 다스렸고, 유조(遺詔)로 숙부에게 왕위를 전하였다. (『三國遺事』 1 王曆)

신라 (당 문종 개성 4년 11월) 16일 산원에서는 이 날부터 『법화경(法花經)』을 강설한다. 내년 정월 15일까지를 그 기간으로 삼는다. 여러 곳에서 온 많은 승려와 인연 있는 시주가 모두 와서 모인다. 그 가운데 성림화상(聖琳和尙)이 이 강경의 법주(法主)이다. 또 논의(論義) 두 사람이 있는데, 승려 돈증(頓證)과 승려 상적(常寂)이 바로 그들이다. 남녀 도속(道俗) 모두 절에 모여 낮에는 강경을 듣고 밤에는 예불 참회하고 청경하며 차례차례로 이어간다. 승려 등은 그 수가 40여 명이다. 그 강경과 예참(禮懺) 방법은 모두 신라 풍속에 의거하였다. 다만 오후 8시경과 새벽 4시경 두 차례의 예참은 당나라 풍속에 의거하였다. 그 밖의 것은 모두 신라 말로 행하였다. 그 집회에 참석한 승려, 속인, 노인, 젊은이, 귀한 사람, 천한 사람 할 것 없이 모두 신라인이었다. 단지 3명의 승려와 행자 1명만이 일본국 사람이었다. (『入唐求法巡禮行記』 2 唐 文宗 開成 四年)

신라 (당 문종 개성 4년 11월) 17일 재를 들기 전에 이 절의 강경이 시작되기 때문에 서둘러 절에서 나와 남산(南山) 법공스님의 절에 갔다. 적산원의 강유가 서신을 급히 보내 돌아오기를 청하며 남원(南院)에 머무는 것을 허락하지 않았다. 다시 서장을 써서 15일간의 휴가를 청하니 강유가 겨우 허락하였다. (『入唐求法巡禮行記』 2 唐 文宗 開成 四年)

신라 (당 문종 개성 4년 11월) 22일에 일이 순조롭지 못했기 때문에 본래 사원으로 돌아왔다.

적산원의 강경의식(講經儀式)

오전 8시경에 강경을 알리는 종을 친다. 대중들에게 알리는 타종을 마치고 얼마 지나면 대중이 법당에 들어온다. 그후 대중들이 좌정(坐定)하도록 알리는 종을 치고 이어서 강사(講師)가 강당에 들어와 높은 좌석에 오르는 동안 대중들은 같은 목소리로 부처의 이름을 찬탄한다. 음의 곡조가 한결같이 신라 곡조이고 당나라 것과는 다르다. 강사가 자리에 오르기를 마치면 부처의 이름을 찬탄하던 것을 곧 멈춘다. 이때 아랫자리에 있던 한 승려가 범패를 부르는데, 이는 완전히 당나라 풍속에 의거한 것이다. 즉 '이 경전에서 무엇을 말하는가(云何於此經)라는 한 줄의 게송(偈頌)이었다. '원하옵건대 부처님께서 오묘한 참뜻을 열어주소서'라는 데 이르러서는 대중들이 같은 소리로 '계향정향해탈향(戒香定香解脫香)' 등을 부른다. 범패를 마치면 강사가 경전의 제목을 큰 소리로 말해 곧 대의(大義)를 밝히고 삼문(三門)으로 나누어 설명한다. 제목의 해석을 마치면 유나사(維那師)가 나와 높은 좌석 앞에서 법회를 열게 된 연유와 시주의 각자 이름과 시주한 물품을 읽어 알린다. 그것을 마치면 곧 그 문서를 강사에게 전달해 준다. 강사는 주미(麈尾)를 잡고 일일이 시주의 이름을 거명하며 몸소 서원(誓願)한다. 서원을 마치면 논의자는 논의의 발단과 질문을 한다. 질문을 하는 동안 강사는 주미를 들고 묻는 사람의 말을 듣는다. 물음의 제기가 끝나면 곧 주미를 기울였다가 다시 이를 들고 물음에 감사하고 곧이어 대답한다. 묻고 답하는 방식은 일본과 같다. 다만 난의식(難儀式)은 조금 다르다. 손을 옆으로 세 번 내린 후에 강사가 해답을 말하기 전에 갑자기 손가락으로 가리키며 '난(難)'이라 말한다. 그 소리는 마치 화난 사람이 목청껏 고함치며 싸우는 만큼이나 컸다. 강사가 '난(難)'이라는 질문을 받으면 단지 그것에 답할 뿐이고 다시 논의를 하지 않는다. 논의가 끝나면 문장으로 들어가 경전을 읽고 강의한다. 강의가 끝나면 대중들은 같은 목소리로 음을 길게 빼며 찬탄한다. 찬탄하는 말 중에는 회향사(廻向詞)가 들어 있다. 강사가 자리에서 내려오면 한 승려가 '세상에 처함이 허공과 같다(處世界如虛空)'라는 게송을 큰 소리로 부른다. 음세는 본국과 거의 유사하다. 강사가 예반(禮盤)에 오르면 한 승려가 삼례(三禮)를 부르는데, 강사와 대중이 같은 목소리로 불렀다. 강사는 법당에서 나와 방으로 돌아갔다. 다시 복강사(覆講師) 한 사람이 높은 좌석 남쪽 아랫자리에서 강사가 어제 강의한 경문을 읽는다. 중요한 교의를 함축한 구절 같은 것에 이르면 강사는 그 경문을 다시 읽고 뜻을 해석한다. 복강사 또한 재차 읽는다. 어제 강의한 문장을 모두 읽으면 강사는 다음 문장을 읽는다. 내일 이와 같이 하였다. (『入唐求法巡禮行記』 2 唐 文宗 開成 四年)

신라 (당 문종 개성 4년 11월 22일) 신라 일일 강경의식

오전 8시경에 종을 친다. 오랫동안 타종하는 것을 마치면 강사와 도강(都講) 두 사람이 법당에 들어온다. 대중은 먼저 들어와 줄지어 앉아 있다가 강사와 독사(讀師)가 들어올 때 대중은 같은 목소리로 부처의 이름을 길게 빼며 찬탄한다. 그 강사는 북쪽의 높은 좌석에 오르고 도강은 남쪽의 높은 좌석에 오르면 찬불은 곧 그친다. 이때 아래 좌석에 있던 한 승려가 범패를 부르는데 '이 경전에서 무엇을 말하는가'라는 한 줄의 게송(偈頌)이었다. 범패를 마치면 남쪽 좌석에서 경전의 제목을 큰 소리로 외친다. 이른바 창경(唱經)은 길게 빼서 부르며 음에 굴곡이 많았다. 창경하는 동안 대중은 세 번 꽃을 뿌린다. 매번 꽃을 뿌릴 때마다 각기 소원하는 바를 염송했다. 창경이 끝나면 다시 짧은 소리로 제목을 외친다. 강사는 경의 제목을 해설하고 삼문으로 나누어 경전의 대의를 강술한다. 경전 제목의 해설이 끝나면 유나사가 이 강경법회를 열게 된 사유를 적은 문서를 펼쳐서 읽어 알린다. 그 문서 중에는 무상(無常)의 도리와 죽은 사람의 선행과 공덕 죽은 날짜 등이 구체적으로 기록되어 있다. 지등주자사(知登州刺史)의 성은 오(烏)이고 이름은 각(角)인데 당시 사람들은 오사군(烏使君)이라 불렀다. 기휘(忌諱)할 글자가 3자 있는데 명(明) 기(綺) 급(級)이 그것이다. 그래서 명일을 내일이라 한다. 청주 절도사의 성은 위(韋)였으므로 당시 사람들은 위상서(韋尚書)라 불렀다. 기휘할 글자는 없다. (『入唐求法巡禮行記』 2 唐 文宗 開成 四年)

신라　(당 문종 개성 4년 11월 22일) 신라 송경(誦經)의식. 당나라에서는 염송(念誦)이라 부른다. 종을 쳐서 대중을 좌정시키기를 마치면 아랫자리의 한 승려가 일어나 추(槌)를 치고 "일체를 공경하고 상주삼보를 경례하라"고 외친다. 다음에 한 승려가 범패를 불렀는데 '여래묘색신(如來妙色身)' 등 2행의 게송이었다. 음운은 당나라와 같다. 범패를 부르는 동안 한 사람이 향합(香盒)을 들고 대중이 앉아 있는 자리로 두루 다니며 총총히 행향하고 쉬었다. 대중은 같은 목소리로 『마하반야경』의 제목을 수십 번 낭송했다. 한 스님이 송경의식의 연유를 진술한 후 대중은 같은 소리로 송경했다. 어떤 때는 경본을 나누어주기도 하고 어떤 때는 경본을 돌리지 않기도 한다. 염경을 마치면 도사(導師)가 자서 '귀의불(歸依佛) 귀의법(歸依法) 귀의승(歸依僧)'을 부르고 이어서 불보살의 이름을 부른다. 도사가 '남무십이대원(南無十二大願)'이라 외치면 대중은 '약사유리광불(藥師琉璃光佛)'이라 하고, 도사가 '남무약사(南無藥師)'라 하면 대중은 같은 소리로 '유리광불'이라 한다. 창도사가 '남무대자비(南無大慈悲)'라 하면 역시 대중은 같은 소리로 '관세음보살(觀世音菩薩)'이라 한다. 나머지는 모두 이와 같다. 예불을 마치면 창도사는 혼자서 결원문과 회향문을 읽는데, 회향은 다소 길었다. 회향 후에 창도사가 '발심(發心)'이라 하면 대중도 같은 목소리로 역시 '발심'이라 한다. 다음에 창도사가 '발원이 이미 끝났으니 삼보에 정례하라'고 외친다. 다음에 시주가 보시물을 가지고 앉으면 창도사는 주문을 외며 기원한다. 그런 후 흩어져 간다. (『入唐求法巡禮行記』 2 唐 文宗 開成 四年)

발해　개성 4년 12월 무진일(20)에 발해의 왕자 대연광(大延廣), 거란(契丹)의 수령(首領) 살갈(薩葛), 해(奚)의 대수령(大首領) 온눌골(溫訥骨), 실위(室韋)의 도독(都督) 대질충(大秩虫) 등이 와서 조공하였다. (『冊府元龜』 972 外臣部 17 朝貢 5)

신라　(당 문종 개성 4년 12월) 29일 저녁 무렵에 이 신라원에서는 불당(佛堂)과 장경(藏經)에 등불을 켜고 공양했다. 다른 곳에는 불을 밝히지 않았다. 각 방의 아궁이에 대나무 잎과 풀을 태워 굴뚝에서 연기가 나게 했다. 오후 8시경, 오후 10시경, 오전 2시경, 오전 4시경에 예불을 올렸다. 오전 2시경에 여러 사미와 소사(小師) 등이 각 방을 두루 돌면서 새해 인사를 했다. 신년 축하인사는 당나라 풍속에 의거했다. (『入唐求法巡禮行記』 2)

동이　위광(韋廣)은 굳게 사양하여 받지 않고 동쪽에서 명령을 받들었다. 이 때에 평로절도사(平盧節度使)인 영천(潁川) 출신의 진군상(陳君賞)이 위광의 외모와 됨됨이를 보고 고상히 여겨 중용하여 매우 급한 직무를 의논하니 그를 도와서 속박하였다. (…) 동이에 사신으로 다녀오고 나서 고치기 어려운 병에 걸리니, 하늘이 자애롭지 않아 마침내 떨쳐 일어나지 못하기에 이르렀다. (「韋廣 墓誌銘」)

840(庚申/신라 문성왕 2/발해 이진 11 咸和 11/唐 開成 5/日本 承和 7)

신라　(당 문종 개성 5년 1월 15일) 적산 법화원에 상주하는 승려와 사미의 이름은 승려 담표(曇表), 승려 양현(諒賢), 승려 성림(聖琳), 승려 지진(智眞), 승려 궤범(軌範)(선종 승려이다), 승려 돈증(頓頓)(사주이다), 명신(明信)(지난해 전좌(典座)이다), 혜각(惠覺)(선종 승려이다), 수혜(修惠), 법청(法淸)(지난해 원주이다), 금정(金政)(상좌이다), 진공(眞空), 법문(法門)(선종 승려이다), 충신(忠信)(선종 승려이다), 선범(善範), 사미 도진(道眞)(지난해 직세이다), 사교(師敎), 영현(詠賢), 신혜(信惠)(일본국에 6년간 거주했다), 융락(融洛), 사준(師俊), 소선(小善), 회량(懷亮), 지응(智應)이고, 비구

니는 3명이며 노파가 2명이다.(『入唐求法巡禮行記』 2)

신라 (당 문종 개성 5년 1월) 21일에 압아의 회신을 받았는데 이르기를 "내일 사인을 보내 문등현(文登縣)에 보고하겠습니다. 회신 공문을 받게 되면 특별 사인을 적산원에 보내 빨리 알려주겠습니다. 이 일을 유념하고 기다리십시오" 하였다. 적산원의 많은 승려와 압아 그리고 마을 사람들이 말하기를 "청주(靑州)에서 이 곳에 이르는 여러 곳에 최근 3, 4년 동안 메뚜기의 재해가 있었다. 그것들이 곡식을 다 먹어버렸기 때문에 사람들이 굶주리고 도둑들이 많아져 죽이고 빼앗는 일이 적지 않다. 또 여행하는 사람이 먹을 것을 구걸해도 보시하는 사람이 없다. 지금 4명이 함께 가는 것은 매우 어려울 것으로 생각된다. 잠시 이 절에 있으면서 여름이 지나고 가을 곡식 때를 기다렸다가 떠나는 것이 온당하다. 만약 굳이 떠나고자 하면 양주와 초주 땅으로 향해 가라. 그 지방은 곡식이 잘 여물어 먹을 것을 구하기가 쉬울 것이다. 만약 본래 바라던 것을 이루려면 초주·양주에서 바로 큰 길을 따라 북쪽으로 가면 될 것이다." 운운하였다. 사람들의 말이 여러 가지로 같지 않아 마음속으로 어찌할지 몰랐다. 문등현 장관의 이름은 동(動)이고, 소부(少府)의 이름은 평(平)이다. (『入唐求法巡禮行記』 2)

백제 (봄 정월 정미일(30)) 종5위하 백제왕 경원(慶苑)을 하개내(河內介)로 삼았다. (『續日本後紀』 9 仁明紀)

신라 봄 정월에 예징(禮徵)을 상대등(上大等)으로, 의종(義琮)을 시중(侍中)으로, 양순(良順)을 이찬(伊湌)으로 삼았다. (『三國史記』 11 新羅本紀 11)

신라 봄 정월에 예징을 상대등으로, 의종을 시중으로, 양순을 이찬으로 삼았다. (『三國史節要』 13)

신라 (당 문종 개성 5년 2월) 14일에 신라승 상적(常寂)의 초청으로 유촌(劉村)에 갔다. 그곳에 도착하여 곧 흰 돌로 만든 미륵상을 보았는데, 그 몸체 위에 흙이 묻어 있었다. 그 까닭을 물어보니 답하기를 "이곳에 신라인 왕헌(王憲)이라는 사람이 있었는데, 밤에 꿈속에서 한 승려가 와서 말하기를 '나는 바로 문수사리이다. 옛 불당이 허물어져 부서진 채 여러 해가 지났으나 아무도 수리하는 사람이 없어 불보살이 땅에 묻혀버렸다. 너의 신심을 보았기에 와서 알려 준다. 만약 그것이 사실인지 알고자 한다면 집의 동남쪽에 있는 보도(寶圖) 옆을 파보면 곧 볼 수 있을 것이다.'라 하였다. 잠을 깨어 놀랍고 괴이하여 꿈속에서의 일을 여러 승려와 속인에게 말하고 마침내 고도(古圖) 옆으로 가서 괭이로 땅을 파, 깊이가 가슴팍에 이르러 불보살상을 찾을 수 있었다. 현재 미륵보살 1구, 문수사리보살 1구, 보현보살 1구, 관세음보살 2구, 대사자보살(大師子菩薩) 1구, 라후라(羅喉羅) 1구, 부처의 뼈가 담긴 철각(鐵閣) 20근 이상을 파서 얻었다."라 하였다. 여러 사람들은 이것을 보고 매우 기이하게 여겼다. 밤에 예불하고 승려와 속인이 모여 공양하며 밤을 새웠다. (『入唐求法巡禮行記』 2)

신라 (당 문종 개성 5년 2월) 17일에 최압아에게 전할 서찰 1통을 적산원에 맡겨놓고 부탁하였다. (『入唐求法巡禮行記』 2)

신라 (당 문종 개성 5년 2월) 19일에 재를 마친 후 적산 신라원을 나와 현에 들어갔다. (『入唐求法巡禮行記』 2)

신라 (개성) 5년 봄 2월에 평로절도사(平盧節度使)의 사신을 따라 고국에 돌아와 고향을 교화하였다. 이에 단월(檀越)이 마음을 기울여 불교가 계속 이어지니, 온 하천은 오산(鼇山)의 골짜기에서 시작되고 여러 산령은 영취산(靈鷲山)을 으뜸으로 하는 것으로도 비유하기에 충분하지 못하였다. (「寶林寺普照禪師塔碑」)

신라 발해 (당 문종 개성 5년 3월 2일) 등주도독부 성은 동서가 1리이고 남북이 1리이다. (…) 성 남쪽 거리 동쪽에 신라관(新羅館)과 발해관(渤海館)이 있다. (『入唐求法巡禮行記』 2)

신라 (당 문종 개성 5년 3월) 24일은 춘절파진락(春節破陣樂)의 날이다. 주 내의 타구장에 연회를 마련하였다. 저녁 무렵에 직세승과 전좌승이 인도해 신라원(新羅院)에 가서 안치하였다. (『入唐求法巡禮行記』 2)

신라 발해 (당 문종 개성 5년 3월) 28일은 입하(立夏)이다. 날씨가 음침하였다. 등주 유후관왕이무(王李武)가 신라원에 왔으므로 만나보았다. 문득 듣건대 "며칠 전에 발해 왕자가 이곳에 이르러 고향으로 돌아가려 하였는데, 칙사가 오기를 기다렸다가 떠났다." 고 하였다. 이 절에서 입하 공양이 있었다. 신라원에서 재를 마련하여 두루 초청하였으므로 그곳에 가서 단중했다. 50명의 많은 승려들이 왔다. (『入唐求法巡禮行記』 2)

신라 (개성) 5년 4월에 홍려시(鴻臚寺)가 아뢰기를, "신라국이 부고를 알려왔습니다."라고 하였다. 질자(質子) 및 연한이 차서 귀국해야 하는 학생 등 105명을 모두 돌려보냈다. (『舊唐書』 199上 列傳 149上 東夷 新羅)

신라 (개성) 5년 4월에 홍려시가 아뢰기를, "신라국이 부고를 알려왔습니다."라고 하였다. 질자 및 연한이 차서 귀국해야 하는 학생 등 105명을 모두 돌려보냈다. (『唐會要』 95 新羅)

신라 (개성) 5년[4월] 홍려시에 소속된 질자 및 연한이 찬 학생 105명을 모두 신라로 파견하였다. (『玉海』 153 朝貢 外夷來朝內附 唐新羅織錦頌觀釋尊賜晉書)

신라 (여름) 당 문종(文宗)이 홍려시에 칙령을 내려 인질과 연한이 다되어 귀국해야 하는 학생 105명을 돌려보내라고 하였다. (『三國史記』 11 新羅本紀 11)

신라 (여름) 당 문종이 홍려시에 칙령을 내려 인질과 연한이 다되어 귀국해야 하는 학생 105명을 돌려보내라고 하였다. (『三國史節要』 13)

신라 (개성) 5년에 홍려시에 소속된 질자 및 연한이 찬 학생 105명을 모두 돌려보냈다. (『新唐書』 220 列傳 145 東夷 新羅)

신라 개성 5년에 조서를 내려 신라사(新羅使)에 충당되니, 왕문간(王文幹)은 궁궐에서 하직인사를 하고 해가 뜨는 동쪽 방향으로 길을 떠났다. 거대한 바다와 큰 파도는 넓고 넓어 만 리나 되었는데, 나룻배 1척으로 건너기를 50일이 되지 않아 새가 날아가는 것처럼 신라에 이르렀다. 왕의 일을 마치고 노를 저어 거듭된 여정을 되돌아오는데, 조수가 물러나고 바람이 뒤바뀌어 먼 길 가는 돛단배가 막히고 머물러 있어 본국에 도달하지 못하였다. 배에 있는 것이 두려워서 밤에는 불안하여 잠들지 못하고 어찌할 바를 몰랐고, 넋이 빠져 골똘히 있다가 새벽까지 지냈다. (…) 옆에서 시중드는 사람도 잃어버리고 배를 젓던 노도 바다에 빠뜨렸다. 독과 악이 거듭 일어나니 이로부터 병이 생겨 부축을 받으며 귀국하였다. (「王文幹 墓誌銘」)

백제 (6월 병인일(22)) 비중개(備中介) 외종5위하 여하성(餘河成), 우경대속(右京大屬) 정6위하 여복성(餘福成) 등 3인에게 백제조신(百濟朝臣)의 성을 내려 주었는데, 그들의 선조는 백제국 사람이다. (『續日本後紀』 9 仁明紀)

신라 여름 4월부터 6월까지 비가 오지 않았다. (『三國史記』 11 新羅本紀 11)
신라 여름 4월부터 6월까지 비가 오지 않았다. (『三國史節要』 13)

발해 일본국 내공봉대덕(內供奉大德) 영선화상(靈仙和尙)을 곡(哭)하는 시(詩)와 서(序)
발해국 승려 정소(貞素)
나를 깨우쳐준 분은 응공(應公)이라고 할 수 있다. 공은 몸을 낮추어 불법을 배워 스승을 따라 부상(扶桑)에 이르렀다. 어렸으나 이미 남달라 승려들 사이에서 홀로 우뚝 빼어났다. 나 또한 승려가 되기를 기약하여 책 보따리를 지고 와서 패업(霸業)을 우러러 보았다. 원화 8년(813) 늦가을 즈음에 여사(旅舍)에서 만나 한마디 말로 도(道)가 서로 합치되어 마음으로 그것을 논하였다. 내가 대성하게 된 것은 소자(小子)에게 그 어떤 장점이 있어서가 아니다. 세월이 아직 얼마 되지도 않았는데 일찍이 할미새가 사는 들로 가게 되었다. 할미새가 살 장소를 잃어버리는 심상치 않은 상태에서 도움을 주지 못하고 그대 마음을 아프게 한 것이 참으로 한스러울 뿐이다. 이 영선대사(靈仙大師)는 내 스승인 응공의 사부로, 불법의 묘미를 먼저 깨달아 중생에게 나타내보였다. 장경(長慶) 2년(822)에 영선대사는 오대산(五臺山)에 입실하여 매번 육신을 깨끗하지 못한 것이라고 꺼려하고, 마음으로는 흰 원숭이의 울음소리를 듣지 않았다. 장경 5년(825)에 일본 대왕이 멀리서 백금을 하사하여 멀리 장안(長安)에 이르렀다. 소자는 금과 서신을 전해 받아 철륵난야(鐵懃蘭若)까지 가지고 가서 전달하였다. 영선대사는 금을 받고서 1만 개의 사리, 새로 번역한 경전 2부, 조칙(造勅) 5통 등을 가지고 와 소자에게 맡기며, "일본에 가서 나라의 은혜에 감사하는 마음을 답히기를 요청한다."고 하였다. 소자는 곧 승낙하였다. 한번 승낙한 말이니 어찌 만 리의 거친 파도인들 두려워하겠는가. 마침내 모든 인연의 도움을 모아 원대한 목적을 기약할 수 있었다. 돌아오는 날에 임박하여 또 금 100냥을 부쳤다. 태화(太和) 2년 4월 7일에 영경사(靈境寺)에 돌아와 영선대사를 찾았으나 세상을 떠난 지 오래되었다. 나는 피눈물을 흘리고 비통함이 산이 무너지는 듯했다. 문득 네 번이나 큰 바다를 건넌 것은 마치 죽음으로 돌아가는 듯하였고, 연이어 다섯 번이나 여행을 함께 한 것은 밥 먹는 시간처럼 짧게 여겨진다. 이러한 인연은 곧 스승인 응공과의 오랜 교분의 소치였기 때문이다. 나는 처음의 약속을 믿어 끝내 응답하였다. "바라옵건대 영혼이시여. 계곡물에 천추(千秋)를 오열하는 소리를 머물게 하고, 구름 위로 솟은 소나무처럼 긴 세월 동안 탄식한다면, 4월에 명(蓂) 한 잎 떨어지고 또 한 잎이 떨어질 때 길을 떠나 경성을 바라보는 날에 만물이 모름지기 다 공(空)이라는 것을 나타내십시오. 속세의 헛된 마음 어떻게 할 것인가. 눈물만이 스스로 흘러내린다. 인정은 법안(法眼)으로 황천을 감싸고 후일 만일 창파를 건너온 객이 누구냐고 묻는다면 분명히 말하라. 짚신을 남겨두고 맨발로 돌아갔다고." 태화 2년 4월 14일 쓰다. (『入唐求法巡禮行記』 3 開成 5년 7월 3일)

백제 (가을 7월) 경진일(7)에 우대신(右大臣) 종2위 황태자의 스승 등원조신삼수(藤原朝臣三守)가 죽었다. (…) 참의(參議) 종4위상 춘궁대부(春宮大夫) 우위문독(右衛門督) 문옥조신추진(文屋朝臣秋津)과 민부대보(民部大輔) 종4위하 백제왕 경중(慶仲) 등을 보내어 그 집에 가서 조서를 선포하여 종1위로 추증하였다. (…) (『續日本後紀』 9 仁明紀)

신라 (9월) 정해일(15)에 대재부에서 "대마도의 관리가 말하기를 '먼 바다의 일은 바람과 파도가 위험하고 연중(年中) 바치는 조물(調物)과 네 번 올리는 공문은 자주 표류하거나 바다에 빠진다.'고 합니다. 전해 듣건대 신라 배는 능히 파도를 헤치고 갈 수 있다고 하니, 바라건대 신라 배 6척 중에서 1척을 나누어 주십시오"라고 말하였다. 이를 허락하였다. (『續日本後紀』 9 仁明紀)

신라 발해 (개성 5년) 그 해 9월에 중서성(中書省)·문하성(門下省)에서 아뢰었다. "여러 도의 판관 정원을 조류(條流)하십시오. (…) 유주(幽州)·치청(淄靑)은 예전에 각각 9명의 정원이 있었으나, 각각 7명의 정원만 남기기를 바랍니다. 유주는 지난번의 정원을 제외하고 노룡군절도사(盧龍軍節度使)의 추관(推官)만 남기고, 치청은 지난번의 정원을 제외하고 압신라발해양번사(押新羅渤海兩藩使)의 순관(巡官)만 남기는 것입니다. (…) 신들이 생각건대 모름지기 예전 정원의 다소에 의거하여 하나의 사례로 멈추고 줄이기는 어려운데, 지금은 본진의 정원에 의거하여 판단하고 줄여서 수 또한 적지 않습니다. 이어서 정직(正職) 외에 다시 섭직(攝職)을 두지 못하게 하시기를 바랍니다. 이어서 어사대(御史臺) 및 사(使)로 나간 낭관(郞官)·어사(御史)는 오로지 가서 조사하게 하십시오." 칙서를 내려서 아뢴 대로 따르게 하였다. (『唐會要』 79 諸使下 諸使雜錄 下)

백제 (11월 신축일(29)) 종4위하 백제왕 고법(敎法)이 죽었다. 그는 환무천황의 여어(女御)이다. (『續日本後紀』 9 仁明紀)

신라 (12월 기사일(27)) 대재부에서 말하기를 "번국(蕃國) 신라의 신하 장보고(張寶高)가 사신을 보내어 토산물을 바쳤는데, 곧 진(鎭)의 서쪽에서 쫓아 버렸습니다. 신하된 자로서 바깥 나라와 교류할 수 없기 때문입니다"라고 하였다. (『續日本後紀』 9 仁明紀)

신라 겨울에 기근이 들었다. (『三國史記』 11 新羅本紀 11)

신라 겨울에 기근이 들었다. (『三國史節要』 13)

발해 개성 연간(836~840) 후에도 또한 직공(職貢)을 수호(修好)하는 것이 끊이지 않았다. (『舊唐書』 199下 列傳 149下 北狄 渤海靺鞨)

발해 문종의 치세가 끝날 때까지 조공한 것이 12회였다. (『新唐書』 219 列傳 144 北狄 渤海)

발해 [전(傳)] " (…) 문종의 치세에 와서 조공한 것이 12회였다." (『玉海』 153 朝貢 外夷來朝內附 唐渤海遣子入侍)

신라 모신(某臣) 등에게 칙서를 내린다. 은혜에 감사하고 의리를 알아서 예물을 바친 것이 빠뜨림이 없다. 큰 바다의 바깥에 살면서도 예의가 있는 손님이 있거늘 너희 나라가 바로 그 나라로, 저절로 국경(國卿)에 끼게 되었다. 서승(署丞)에 이르러서는 모두가 우리나라 문리(文吏)들의 청선(淸選)인데, 차례대로 너희들에게 제수하니, 또한 다른 나라와는 달리 특별하게 예의를 표한 까닭이다. 나의 은총을 받들고 가서 너희 이역 나라에 빛내라. 삼가하여 게을리 하거나 어긋나게 하지 말아 길이 번방이 되라. 아울러 전에 말한 데 따라, 이어 번국으로 돌려보낸다. (『全唐文』 750, 杜牧

新羅王子金元宏等授太常寺少卿監丞簿制)

신라 열일곱 살에 이르러 구족계를 받고 비로소 강단에 나아갔다. 소매 속에 빛이 선명한 것을 깨닫고 이를 더듬어 한 구슬을 얻었다. 어찌 마음을 두고 구한 것이겠는가. 곧 발이 없이도 이른 것이니, 참으로 『육도집경(六度集經)』에서 비유한 바이다. 굶주려 부르짖는 것으로 하여금 제 스스로 배부르게 하고, 취해서 넘어지는 것으로 하여금 능히 깨어나도록 하였으니, 마음을 면려한 것의 기이함이 넷째이다. 하안거를 마치고 장차 다른 곳으로 가려 하는데, 밤에 꿈속에서 보현보살이 이마를 어루만지고 귀를 끌어당기면서 말하기를, "고행을 실행하기는 어려우나 이를 행하면 반드시 이룰 것이다"라고 하였다. 꿈에서 깬 뒤 놀란 나머지 오한이 든 것 같았다. 잠자코 살과 뼈대에 새겨 이로부터 다시는 명주옷과 솜옷을 입지 않았고, 긴 실이 필요할 때는 반드시 삼이나 닥나무에서 나온 것을 사용하였으며, 어린 양가죽으로 만든 신도 신지 않았다. 하물며 새깃으로 만든 부채나 털로 만든 깔개를 사용하겠는가. 삼베옷을 입는 자로 하여금 수행에 눈을 뜨게 하고 솜옷을 입는 사람으로 하여금 부끄럽게 여기도록 하였으니, 자신을 단속함의 기이함이 다섯째이다. 어렸을 때부터 노성한 덕이 풍부하였고, 게다가 계주(戒珠)를 밝혔는지라, 후생들이 다투어 따르면서 배우기를 청하였다. 그러나 대사는 이를 거절하여 말하기를, "사람의 큰 걱정은 남의 스승이 되기를 좋아하는 것이다. 슬기롭지 못한 사람들을 억지로 슬기롭게 하고자 해도 그것이 본보기가 되지 못한 사람들을 모범이 되게 하는 것과 같겠는가. 하물며 큰 바다에 뜬 지푸라기가 제 자신도 건너갈 겨를이 없음에랴. 그림자에게 형체를 쫓지 못하도록 한 것은 반드시 비웃음살 꼴이 되리라" 하였다. 뒤에 산길을 가는데 어떤 나뭇꾼이 앞길을 막으면서 말하기를, "선각이 후각을 깨닫게 하는 데 어찌 덧없는 몸을 아낄 필요가 있겠습니까." 하였다. 그를 향해 앞으로 나아가니 문득 보이지 않았다. 이에 부끄러워하면서도 깨닫고는 와서 배우고자 하는 사람들을 막지 않으니, 게람산(鷄藍山) 수석사(水石寺)에 대나무와 갈대처럼 빽빽하게 몰려들었다. 얼마 뒤에 다른 곳에 땅을 골라 집을 짓고는 말하기를, "매이지 않는 것이 평소의 생각이나, 능히 옮겨가는 것이 귀한 일이다"라고 하였다. 책의 글자만 보는 이로 하여금 세 가지를 반성하게 하고 보금자리를 꾸민 자로 하여금 아홉 가지를 생각하도록 하였으니, 훈계를 내린 것의 이상함이 여섯째이다. 태사에 추증된 경문대왕께서는 마음으로는 유(儒)·불(佛)·도(道) 3교에 융회한 분으로서 직접 대사를 만나 뵙고자 하였다. 멀리서 그의 생각을 깊이 하고, 자신을 가까이 하면서 도와주기를 희망하였다. 이에 서한을 부쳐 말하기를, "이윤은 사물에 구애받지 않은 사람이고, 송섬은 작은 것까지 살핀 사람입니다. 유교의 입장에서 불교에 비유하면, 가까운 곳으로부터 먼 곳으로 가는 것과 같습니다. 왕도 주위의 암거에도 자못 아름다운 곳이 있으니, 새가 앉을 나무를 가릴 수 있는 것처럼 할 수 있을 것입니다. 봉황의 내의(來儀)를 아끼지 마십시오" 하였다. 근시 가운데 쓸 만한 사람을 잘 골라 뽑았는데, 원성왕의 6대손인 입언(立言)을 사자로 삼았다. 이미 교지를 전함이 끝나자 거듭 제자로서의 예를 갖추었다. 대사가 대답하기를, "자신을 닦고 남을 교화시킴에 있어 고요한 곳을 버리고 어디로 나아가겠습니까. '새가 나무를 가려 앉을 수 있다'는 분부는 저를 위하여 잘 말씀하신 것이오니, 바라건대 그냥 이대로 있게 해주시어, 제가 거듭되는 부름을 피해 다른 곳으로 가지 않게 해 주십시오." 하였다. 임금께서 이 말을 들으시고 더욱 진중히 여겼다. 이로부터 그의 명예는 날개가 없이도 사방으로 전해졌으며, 대중은 말하지 않는 가운데 아주 달라졌다. (「鳳巖寺智證大師寂照塔碑」)

신라 동국(東國)의 혜목산(慧目山) 화상(和尙)은 장경(章敬)을 계승하였다. 대사의 이름은 현욱(玄昱)이고 속성(俗姓)은 김씨이며, 동명(東溟)의 지체가 높은 집안이다. (…) 개성 말년부터 혜목산의 언덕에 정원을 지었다. (『祖堂集』 17 慧目山和尚玄昱)

신라 열다섯 살 때에 곧바로 부석사(浮石寺)로 가서 잡화경(雜華經)을 배워 방광(方廣)의 진전(眞銓)을 찾았으며, 십현(十玄)의 묘의를 연구하였다. 의학(義學)하는 사문들이 비로소 그 말을 듣고서야 그 마음을 알게 되었으니, 마치 공융(孔融)이 응문(膺門)에 나아가서 마침내 망년(忘年)의 벗을 삼은 것과 같았으며, (결락) 수(守)하여 병일(幷日)의 교우(交友)가 되었다. (「寧越興寧寺澄曉大師塔碑」)

발해 발해왕 대이진에게 칙서를 보낸다. 왕자 대창휘 등이 표문을 올려 새해 인사와 함께 공물을 바친 일을 다 알고 있다. 경은 대대로 충성스럽고 곧은 마음을 이어받아 도량과 자질이 어질고 두텁다. 그대가 예의를 따르니 봉토가 화락하며, 법도를 지니니 발해가 편안하다. 멀리서도 중화의 문화를 사모하고 정성과 절의를 닦고 있구나. 뱃길로 만리나 떨어진 곳에서 맡은 지역의 공물을 바치러 오고, 밤낮으로 한마음으로 천자에게 조회하는 예의를 갖추었구나. 천자의 조정에서 반드시 만나게 되니 동쪽 나라가 어찌 멀다하겠소. 나라를 다스리는 훌륭한 계책을 생각하느라 아마도 잠 못 이루고 탄식하겠구나. 백성들을 교화하는 의리를 넓히는 데 힘쓰며, 은혜와 영화를 항상 받들도록 하라. 이제 왕자 대창휘 등이 귀국함에 경에게 임명장과 선물을 하사하니, 도착하면 수령하도록 하라. 왕비와 부왕(副王), 장사(長史), 평장사(平章事) 등에게도 각각 물품을 하사하였으니, 구체적인 것은 별도로 기록해 둔 바와 같다. (『全唐文』 728 封敖 與渤海王大彝震書)

발해 발해왕 대이진에게 칙서를 보낸다. 왕자 대창휘 등이 표문을 올려 새해 인사와 함께 공물을 바친 일을 다 알고 있다. 경은 대대로 충성스럽고 곧은 마음을 이어받아 도량과 자질이 어질고 두텁다. 그대가 예의를 따르니 봉토가 화락하며, 법도를 지니니 발해가 편안하다. 멀리서도 중화의 문화를 사모하고 정성과 절의를 닦고 있구나. 뱃길로 만리나 떨어진 곳에서 맡은 지역의 공물을 바치러 오고, 밤낮으로 한마음으로 천자에게 조회하는 예의를 갖추었구나. 천자의 조정에서 반드시 만나게 되니 동쪽 나라가 어찌 멀다하겠소. 나라를 다스리는 훌륭한 계책을 생각하느라 아마도 잠 못 이루고 탄식하겠구나. 백성들을 교화하는 의리를 넓히는 데 힘쓰며, 은혜와 영화를 항상 받들도록 하라. 이제 왕자 대창휘 등이 귀국함에 경에게 임명장과 선물을 하사하니, 도착하면 수령하도록 하라. 왕비와 부왕(副王), 장사(長史), 평장사(平章事) 등에게도 각각 물품을 하사하였으니, 구체적인 것은 별도로 기록해 둔 바와 같다.(『文苑英華』 471, 蕃書 4, 封敖 與渤海王大彝震書)

841(辛酉/신라 문성왕 3/발해 이진 12 咸和 12/唐 會昌 1/日本 承和 8)

신라 (2월) 무진일(27)에 태정관이 대재부에 명을 내려 "신라인 장보고(張寶高)가 작년 12월에 말안장 등을 바쳤는데, 장보고는 다른 나라의 신하로 감히 문득 공물을 바치니 옛 규범을 상고해 보면 정당한 물건이 아니다. 마땅히 禮로써 거절하여 조속히 물리쳐 돌려 보내도록 하라. 그들이 가지고 온 물건은 임의로 민간에 맡겨 교역할 수 있게 하라. 다만 백성들로 하여금 물건을 구매하는 값을 어기고 앞다투어 가산을 기울이지 않도록 하라. 또한 후하게 도와서 노정의 식량을 지급하되 전례에 따라서 하라"고 말하였다. (『續日本後紀』 10 仁明紀)

신라 봄에 수도에 전염병이 돌았다. (『三國史記』 11 新羅本紀 11)

신라 봄에 수도에 전염병이 돌았다. (『三國史節要』 13)

신라　(봄) 일길찬(一吉飡) 홍필(弘弼)이 모반하였다가 일이 발각되자 해도로 도망하여 들어갔다. 사로잡으려 하였으나 잡지 못하였다. (『三國史記』11 新羅本紀 11)

신라　(봄) 일길찬 홍필이 모반하였다가 일이 발각되자 해도로 도망하여 들어갔다. 사로잡으려 하였으나 잡지 못하였다. (『三國史節要』13)

백제　(여름 4월) 경신일(20)에 종4위하 백제왕 승증(慶仲)이 죽었다. 경중은 백제씨 중에서 적합하게 등용된 사람이다. 비록 큰 그릇은 아니나 관리로서의 재능에는 명성이 있었다. 외직에 나가 무장수(武藏守)가 되었으며, 중앙에 들어와서는 민부대보(民部大輔)를 맡았다. 세상 사람들이 말하기를 첨공(詹公)의 기술을 가졌다고 한다. 많은 고기잡이들이 경중과 함께 냇가에서 낚싯줄을 물에 드리우면, 고기가 물 위에 입을 내어 놓고 벌름거리다가 오직 경중의 낚시만 삼켰으므로 순식간에 100여 마리를 잡아 올릴 수 있었다. 또 여러 대부(大夫) 중에서 씩씩하고 건장하다고 일컬어졌다. 일찍이 동국에서 수도로 돌아오는 길에 나루터에 이르렀는데, 배 있는 곳에서 싸움이 벌어졌다. 신체가 걸출한 먹물을 넣은 죄인이 무리를 이끌고 와서 여러 사람들을 쫓아 내고 더불어 배를 타고 건너지 못하게 하였다. 여러 사람들은 두려워서 감히 대항하여 말 한마디 하지 못하였다. 경중이 말채찍을 한번 들어 치니 이마의 가죽이 떨어져 나와 드리워져 얼굴을 덮어, 앞이 보이지 않아 넘어지고 엎어지고 하였다. 그 무리들도 역시 물러갔다. 여러 사람들이 크게 기뻐하여 배의 노를 저어 다투어 건넜다. (『續日本後紀』10 仁明紀)

신라　가을 7월에 당(唐) 무종(武宗)이 칙령을 내려 귀국할 신라의 관리 중에 먼저 신라에 들어간 선위부사(宣慰副使)·충연주도독부사마(充兗州都督府司馬)·사비어대(賜緋魚袋) 김운경(金雲卿)을 치주장사(淄州長史)로 삼을 만하다고 하고, 이어서 그를 사신으로 삼아 왕을 책봉히여 개부의동삼사(開府儀同三司)·검교태위(檢校太尉)·사지절(使持節)·대도독계림주제군사(大都督雞林州諸軍事) 겸 지절충영해군사(持節充寧海軍使)·상주국(上柱國)·신라왕으로 삼고, 아내 박씨를 왕비로 삼았다. (『三國史記』11 新羅本紀 11)

신라　가을 7월에 당이 충연주도독부사마 김운경을 파견하여 왕을 책봉하여 개부의동삼사·검교태위·사지절·대도독계림주제군사 겸 지절충영해군사·상주국·신라왕으로 삼고, 아내 박씨를 왕비로 삼았다. 김양(金陽)에게 검교위위경(檢校衛尉卿)을 겸하도록 제수하였다. (『三國史節要』13)

신라　회창(會昌)원년 7월에 조서를 내려, "신라로 귀국한 관인으로서 먼저 신라에 들어간 선위부사·전(前) 충연주도독부사마·사비어대 김운경은 치주장사로 삼을 만하다."라고 하였다. (『舊唐書』199上 列傳 149上 東夷 新羅)

신라　회창원년 7월에 칙서를 내려, "신라로 귀국한 관인으로서 먼저 신라에 들어간 선위부사·전 충연주도독부사마·사비어대 김운경은 치주장사로 삼을 만하다."라고 하였다. (『唐會要』95 新羅)

신라　당이 방문하여 공에게 검교위위경을 겸하도록 제수하였다. (『三國史記』44 列傳 4 金陽)

신라　설의료(薛宜僚)는 회창 연간(841~846)에 좌서자(左庶子)가 되어 신라에 가는 책증사(冊贈使)에 충원되었다. 청주(靑州)를 거쳐 바다를 건너는데, 배가 자주 악풍과 비를 만났고 등주(登州)에 이르러서는 도리어 표류하여 다시 청주에 돌아가 정박하게 되었다. 역관(驛館)에서 1년 간 머물렀는데, 절도사(節度使) 오한진(烏漢眞)이 더욱 대우를 더하였다. 관적에 오른 음기(飮妓) 단동미(段東美)라는 자가 있어 설의료가 심하게 마음을 기울여 모으니, 절도사가 역 안에 두었다. 이 봄에 설의료는 떠나는 날 송별회 자리에서 목메어 눈물을 흘렸다. 단동미 또한 마찬가지여서, 이에 술자리에서 시를 남겼는데, 다음과 같다. "아모도(阿母桃)의 꽃은 이제 막 수놓은 비단과 같은데, 왕손초(王孫草)의 풀빛은 아지랑이 같구나. 다시는 푸른 물결 바라보지도 말아라. 행복했던 지난 1년 사랑했던 기억에 슬퍼지리니." 설의료가 외국에 도착하여 아직 책봉례를 행하지 않았을 때, 사절단 행렬이 아침저녁으로 너무나 떠들썩해 병에 걸리고 말았다. 판관(判官) 묘갑(苗甲)에게 말하기를, "단동미가 왜 자주 꿈에 보이는 것인가."라고 하고, 며칠 후에 죽었다. 묘갑은 대사를 대신하여 의례를 행하고, 설의료는 관에 담겨져 돌아와 청주에 이르렀다. 단동미는 이에 휴가를 청하고 역에 이르러 소복을 입고 빈소에 이르렀는데, 슬피 울며 관을 쓰다듬다가 한번 통곡하더니 죽었다. 정과 인연이 서로 감응한 것으로 매우 기이한 일이다[『서정집(抒情集)』에서 나왔다]. (『太平廣記』 274 情感 薛宜僚)

신라 이로 말미암아 묘홍본(苗弘本)은 경조(京兆) 예천승(醴泉丞)을 겸할 수 있었고, 태자찬선대부(太子贊善大夫)로 옮겨서 비의(緋衣)를 하사받았다. 부신라사(副新羅使)로 그 후계자를 옹립하려고 장차 명을 받고 그 나라에 이르려고 하였는데, 정사(正使)가 병으로 죽었다. 홍본은 오로지 사신으로서의 예에 전념하여 상하의 구분이 분명하여 어그러짐이 없었다. 신라인들이 경외하면서도 또한 매우 환대하였다. 사행을 마치고 돌아와 전중소감(殿中少監)으로 옮기고 금인자수(金印紫綬)를 하사받았다. (「苗弘本 墓誌銘」: 『唐代墓誌滙篇』; 『全唐文補遺』 1)

신라 박인범(朴仁範), 원걸(元傑), 거인(巨仁), 김운경(金雲卿), 김수훈(金垂訓) 등은 비록 글(文字)이 전하는 것이 조금 있으나 역사 기록에 행적이 전하지 않으므로 전기를 세우지 못한다. (『三國史記』 46 列傳 6)

백제 (11월 정사일(21)) 이 날 정3위 백제왕 경명(慶命)에게 종2위를 주었다. (…) (『續日本後紀』 10 仁明紀)

발해 (12월) 정해일(22)에 장문국(長門國)에서 말하기를 "발해 사신 하복연(賀福延) 등 105명이 도착했다"고 하였다. (『續日本後紀』 10 仁明紀)

발해 정해 22일에 장문국에서 말하기를 "발해 사신 하복연 등 105명이 도착했다"고 하였다. (『類聚國史』 194 殊俗部△ 渤海 下)

발해 (12월) 경인일(25)에 식부대등(式部大丞) 정6위상 소야조신항가(小野朝臣恒柯), 소외기(少外記) 정6위상 산대숙녜씨익(山代宿禰氏益)을 존문박해객사(存問渤海客使)로 삼았다. (『續日本後紀』 10 仁明紀)

부여 발해 무종 회창 원년에 부여국이 붉은 보옥(寶玉) 3두(斗)를 바쳤다. (…) 또 발해가 마노(瑪瑙) 궤짝, 자색(紫色) 자기(瓷器) 용기를 바쳤다. 마노 궤짝은 사방 3척이고 깊은 색이 꼭두서니 같았으며, 만든 공교로움이 비할 것이 없었고 신선의 책을 보관하는 데에 쓰면서 장막 옆에 두었다. 자색 자기 용기는 용량이 1두이고 안팎으로 통영(通瑩)하였으며, 그 색은 순수한 자색이고 두께가 1촌 남짓하여 그것을 들면 기러기의 털과 같았다. 황제가 그 빛나고 깨끗함을 가상히 여겨 마침내 상서성(尙書省)의 비밀창고에 두어 약물을 조제하였다. 나중에 왕재인(王才人)이 옥고리를 던져 잘못하여 그 얼마 안되는 물품을 깨뜨리자, 황제가 오히려 오래도록 탄식하였다. (『杜陽雜

編』下)

신라　그 무주(武州)에서 거두는 물산(物産)은 신라의 으뜸이다. 개요(開耀) 원년(681)부터 회창 원년에 이르기까지 조공이 끊이지 않았다. (『太平寰宇記』 174 四夷 3 東夷 3 新羅)

842(壬戌/신라 문성왕 4/발해 이진 13 咸和 13/唐 會昌 2/日本 承和 9)

신라　(봄 정월) 을사일(10)에 신라인 이소정(李少貞) 등 40명이 축자대진(筑紫大津)에 도착하였다. 대재부에서 사자를 보내어 온 까닭을 물으니, 우두머리인 소정이 "장보고(張寶高)가 죽고 그의 부장(副將) 이창진(李昌珍) 등이 반란을 일으키고자 함에, 무진주 열하(列賀) 염장(閻丈)이 군사를 일으켜 토벌하여 평정하였으므로 지금은 이미 아무 걱정이 없습니다. 다만 적의 무리들이 망을 빠져나가 문득 당신들 나라에 도착하여 백성들을 소란스럽게 할까 두렵습니다. 만약 그쪽에 도착한 배 중에서 공식문서를 가지지 않은 자가 있으면, 청컨대 있는 곳에 간절히 명하여 심문하여 붙잡아 들이십시오. 또 지난 해 회역사 이충(廻易使李忠), 양원(揚圓) 등이 가지고 온 물건들은 곧 부하 관리와 죽은 장보고 자손들에게 남겨진 것이니 바라건대 빨리 보내주십시오. 그런 까닭에 염장이 축전국(筑前國)에 올리는 첩장(牒狀)을 가지고 찾아 뵈러 왔습니다"라고 하였다. 공경(公卿)이 의논하기를 "소정은 일찍이 장보고의 신하였는데 지금은 閻丈의 사신이다. 저 신라인은 그 마음가짐이 불손하고 진술하는 바의 상황이 피차 일정치 않으니, 상인이 거짓으로 교통하고자 하여 교묘한 말로 수교를 일컫는 것임을 확실히 알겠다. 지금 다시 첩장을 풀이 해 보면 '이소정은 염장이 축전국에 올리는 첩장을 가지고 찾아뵈러 왔다'고 말하나, 그 첩장에는 재부(宰府)에 올린다는 말이 없으니, 전례에 합당하다고 이를 만한 것이 없다. 그 첩장을 조속히 진상하는 것이 마땅하나, 첩지가 무도한 것 같으므로 소정에게 부쳐 돌려보내야 한다"고 하였다. 어떤 사람은 "소정은 지금 이미 염상에게 의탁해 있으면서 장차 먼저 왔던 이충, 양원 등을 붙잡으려고 '지난 해 회역사 이충 등이 가지고 온 물건은 곧 죽은 장보고 자손에게 남겨진 것이므로 속히 보내주기를 청한다'고 하는데, 지금 들은 바대로 하여 이충 등으로 하여금 少貞 등과 함께 가라고 하면 그것은 길을 잃고 헤매는 짐승을 굶주린 호랑이에게 던져주는 것이다. 모름지기 李忠 등에게 물어 보아, 만약 소정 등과 함께 돌아가기를 싫어하면 그가 바라는 대로 따르되 늦고 빠른 것은 명에 맡기자"라고 하였다. 또 말하기를 "이충 등은 회역의 일을 마치고 본국으로 돌아갔는데, 그 나라에서 난리를 만나 무사히 도착할 수가 없어 다시 축전대진(筑前大津)에 온 것이다. 그후 어려계(於呂系) 등이 귀화하여 와서 '우리들은 장보고가 다스리던 섬의 백성입니다. 장보고가 작년(841) 11월 중에 죽었으므로 평안하게 살 수 없는 까닭에 당신 나라에 온 것입니다'라고 하였다. 이 날 전(前) 축전국수(筑前國守) 문실조신궁전마려(文室朝臣宮田麻呂)가 이충 등이 가지고 온 여러 가지 물건들을 빼앗았다. 그가 말하기를 '장보고가 살아있을 때 당 물건을 사기 위하여 비단을 주고 그 댓가로 물건을 얻을 수 있었는데, 그 수는 적지 않았다. 그런데 바로 지금 장보고가 죽어 물건을 얻을 수 없게 되었다. 이 때문에 장보고의 사신이 가지고 온 물건을 빼앗은 것이다'라고 하였다. 설령 나라 밖의 사람이 우리의 토산물을 좋아하기 때문에 우리 땅에 도래한다 할지라도, 모름지기 그 마음을 흔쾌히 여겨 그들이 갖고자 하는 바를 얻을 수 있도록 해야 한다. 그런데 회역사(廻易使) 편에 가지고 온 물건을 빼앗고 장사하는 권리를 끊었다. 이는 부사(府司)에서 조사·감독을 하지 않았기 때문에 마음대로 겸병하게 된 것이다. 상인의 재화를 잃게함이 없으면 군주의 헌장(憲章)에 제약함이 없음을 깊이 드러내는 것이다"라고 하였다. 이에 府

의 관리에게 명하여 빼앗은 여러 가지 물건을 자세히 조사·기록하여 한편으로는 되돌려 주고 또 이유를 잘 말하고, 아울러 양식을 지급하여 본국으로 돌려보냈다. (『續日本後紀』 11 仁明紀)

백제	(봄 정월 무신일(13)) 종3위 백제왕 승의(勝義)에게 상모수(相摸守)를 겸하게 하고 궁내경(宮內卿)은 옛날과 같이 하였다. (…) (『續日本後紀』 11 仁明紀)
발해	(2월) 을유일(20)에 발해 사신들로 하여금 서울에 들어오도록 하였다. (…) (『續日本後紀』 11 仁明紀)
발해	을유일[20]에 발해 사신들로 하여금 서울에 들어오도록 하였다. (『類聚國史』 194 殊俗部△ 渤海 下)
발해	(3월) 신축일(6)에 존문겸령발해객사(存問兼領渤海客使) 식부대승(式部大丞) 정6위상 소야조신항가(小野朝臣恒柯), 소내기(少內記) 종6위상 풍계공안인(豊階公安人) 등이 아뢰기를 "사신들의 글과 발해왕의 계안(啓案)을 물어 조사하고 아울러 중대성(中臺省)의 첩안(牒案) 등의 글을 살펴보았습니다. 그 계장(啓狀)에서 '발해국왕 대이진(大彝震)이 아뢴니다. 늦가을이라 점차 쌀쌀해집니다. 엎드려 생각하건대 천황의 일상사에 만복이 가득하십시오. 이진은 은혜를 입어 지난 번 왕문구(王文矩) 등이 가서 찾아뵌 이래 처음으로 당신 나라에 도착했습니다. 문구 등은 곧바로 경계의 끝으로부터 돌아와 우리나라에 도착한 날에 천황을 뵙고 그곳에 잠시라도 머무를 수 없었던 것을 물어 조사하니 문구 등이 천황의 뜻을 말로 전하기를, 햇수가 아직 12년이 되지 않았으므로 다음에 찾아와서 인사하도록 하라고 하였습니다. 이진은 천황의 뜻하심이 빈번한 것을 바라지 않는다고 생각하여, 삼가 말로 전하는 것에 의거하여 전날의 약속을 지키고자 합니다. 지금 하늘의 별자리가 운행하여 12년이 지났으므로 예를 갖추어 찾아뵙습니다. 이에 기한을 어길까 두려워 사신을 뽑아 계(啓)를 받들고 약속에 따라 찾아뵙게 하였습니다. 이진은 넓은 바다로 떨어져 있어 찾아 뵈올 수가 없습니다. 저의 마음은 사모하는 정이 치달음을 어찌할 수 없습니다. 삼가 정당성(政堂省) 좌윤하복연(左允賀福延)을 보내어 계(啓)를 올립니다'고 하였습니다"라고 하였다. 또 다른 서신에서 "이진의 조부 재위시 고승조(高承祖)를 뽑아 찾아 뵈었을 때 천황이 당 오대산에 머무르고 있는 승려 영선(靈仙)에게 황금 100량을 보내주기를 주문하여 승조에게 부쳤는데, 승조가 받아서 가지고 우리나라에 도착한 날에 천황이 금을 부친 뜻을 모두 말하였습니다. 조부 왕께서 공경히 천황의 뜻을 받들어 당에 가는 하정사에게 다시 부쳐 영선이 있는 곳을 찾아가 그 금을 가지고서 보내주게 하였습니다. 사신이 금을 부쳤는지 어떤지의 소식을 기다렸으나 길이 바다로 막혀 있어 기한이 지나도 돌아오지 않았습니다. 다음해 당에 조공하러 간 사신이 되돌아 온 날에야 바야흐로 전년의 사신 등이 바닷길로 되돌아오다가 도리포(塗里浦)에 이르렀다가 세찬 바람이 갑자기 불어 모두 바다에 빠졌음을 알았습니다. 그리고 오대산에 가서 영선을 찾아 금을 보내려고 했을 때 영선은 이미 죽었기 때문에 전해 줄 수가 없었고 금도 함께 바다에 빠졌음을 상세히 알게 되었습니다. 이 일로써 그 후에 문구가 찾아뵙고 아뢰는 말씀 중에 그 사유를 자세히 진술하여 천황에게 알려드리기를 바랬는데, 문구는 마침내 찾아뵙시 못하고 계를 가지고 되돌아왔습니다. 그래서 지금 다시 금을 잃어버린 사유를 적습니다. 그러므로 하복연(賀福延)을 보내어 간절한 뜻을 전해 아뢰니 엎드려 바라건대 몸소 알고 계십시오."라고 하였다. 또 중대성첩에서 "발해국 중대성이 일본국 태정관에게 첩문을 보냅니다. 당신 나라를 찾아뵙는 사신 정당성 좌윤(左允) 하복연(賀福延)과 함께 따라가는 105명을

뽑아 보내는 것에 관한 것입니다. 알립니다. 처분을 받들겠습니다. 해뜨는 곳은 동쪽으로 멀고 요양은 서쪽에 막혀 있어 두 나라 사이에 떨어진 거리가 만여리입니다. 넓은 바다의 물이 하늘에까지 넘치고 바람과 구름은 비록 헤아리기 어려워도 동방에서 뜨는 햇빛은 땅에서 나오므로 여행길 역시 알아보기 쉽습니다. 친밀했던 옛날의 뜻을 펴고자 찾아뵙습니다. 항해할 때마다 바람으로 점치고 오랜 시일을 기다렸다가 찾아뵙게 됩니다. 햇수에는 비록 제한은 있으나 사신의 수레는 오히려 통하니 서신을 가지고서 사신을 보내는 것이 지금에 이르렀습니다. 마땅히 옛날의 규범에 따라 공경히 천황을 찾아뵙습니다. 삼가 정당성 좌윤 하복연을 뽑아 보내어 당신 나라에 찾아뵙도록 하는 것입니다. 첩장에 준하여 일본국 태정관에게 올립니다. 삼가 첩문을 기록하여 올립니다." 운운 하였다. (『續日本後紀』 11 仁明紀)

발해 신축일[6]에 존문겸령발해객사(存問兼領渤海客使) 식부대승(式部大丞) 정6위상 소야조신항가(小野朝臣恒柯), 소내기(少內記) 종6위상 풍계공안인(豊階公安人) 등이 아뢰기를 "사신들의 글과 발해왕의 계안(啓案)을 물어 조사하고 아울러 중대성(中臺省)의 첩안(牒案) 등의 글을 살펴보았습니다. 그 계장(啓狀)에서 운운하였습니다. 또 별장(別狀)에서 운운하였습니다. 또 중대성첩(中台省牒)에서 운운(云云)하였습니다. (『類聚國史』 194 殊俗部△ 渤海 下)

발해 발해국(渤海國) 중대성(中臺省)이 일본국 태정관(太政官)에 첩을 올립니다. 실로 파견해야 할 입근귀국사(入覲貴國使)인 정당성(政堂省) 좌윤(左允) 하복연(賀福延)과 아울러 함께 따라가는 105명이 첩(牒)합니다.

1인 사두(使頭) 정당성(政堂省) 좌윤(左尹) 하복정(賀福延)
2인 사사(嗣使) 왕보장(王寶璋)
2인 판관(判官) 고문훤(高文暄) 오효신(烏孝愼)
3인 녹사(錄事) 고문선(高文宣) 고평신(高平信) 안관희(安寬喜)
2인 역어(譯語) 이헌수(李憲壽) 고응순(高應順)
2인 사생(史生) 왕녹승(王祿昇) 이조청(李朝淸)
1인 천문생(天文生) 진승당(晉昇堂)
65인 대수령(大首領)
28인 초공(梢工)

첩(牒)합니다. 처분을 받자오니 해뜨는 곳은 동쪽으로 멀리 있고 요양(遼陽)은 서쪽으로 떨어져 있어 두 나라 사이에 떨어진 거리가 만 여리입니다. 넓은 바다의 물이 하늘에까지 넘치고 바람과 구름은 비록 헤아리기 어려워도 동방에서 뜨는 햇빛은 땅에서 나오므로 여행길 역시 알아보기 쉽습니다. 친밀했던 옛날의 뜻을 펴고자 찾아뵙습니다. 항해할 때마다 바람으로 점치고 오랜 시일을 기다렸다가 찾아뵙게 됩니다. 햇수에는 비록 제한은 있으나 사신의 수레는 오히려 통하니 서신을 가지고서 사신을 보내는 것이 지금에 이르렀습니다. 마땅히 옛날의 규범에 따라 공경히 천황을 찾아뵙습니다. 삼가 정당성 좌윤 하복연을 뽑아 보내어 당신 나라에 찾아뵙도록 하는 것입니다. 첩장(牒狀)에 준하여 일본국 태정관에게 올립니다."고 하였다. 삼가 첩을 기록하여 올립니다.

함화(咸和)11년(841) 윤9월 25일 牒합니다.

오질대부정당춘부경상중랑상계장문리현의□국남(吳祑大夫政堂春部卿上中郎上桂將聞理縣擬□國南)

하수(賀守)

겸중대친공대내상겸전중안풍□개국□□건일광(謙中臺親公大內相兼殿中安豊□開國□□虔日光)

(『壬生家文書』古往來消息雜雜)

발해　(3월) 임술일(27)에 발해 사신 하복연(賀福延) 등이 하양(河陽)을 출발하여 서울에 들어왔다. 식부소보(式部少輔) 종5위하 등원조신제성(藤原朝臣諸成)을 교로사(郊勞使)로 삼았다. 이 날 저녁에 홍려관(鴻臚館)에 안치하고 음식을 공급하였다. (『續日本後紀』11 仁明紀)

발해　임술일[27]에 발해 사신 하복연(賀福延) 등이 하양(河陽)을 출발하여 서울에 들어왔다. 식부소보(式部少輔) 종5위하 등원조신제성(藤原朝臣諸成)을 교로사(郊勞使)로 삼았다. 이 날 저녁에 홍려관(鴻臚館)에 안치하고 음식을 공급하였다. (『類聚國史』194 殊俗部△ 渤海 下)

발해　(3월) 계해일(28)에 태정관이 우대사(右大史) 정6위상 번량조신풍지(蕃良朝愼豊持)를 홍려관에 보내어 위로하게 하였다. 이 날 발해사신 하연복(賀福延) 등이 중대성의 첩문을 올렸다. (『續日本後紀』11 仁明紀)

발해　계해일[28]에 태정관이 우대사(右大史) 정6위상 번량조신풍지(蕃良朝愼豊持)를 홍려관에 보내어 위로하게 하였다. 이 날 발해사신 하연복(賀福延) 등이 중대성의 첩문을 올렸다. (『類聚國史』194 殊俗部△ 渤海 下)

발해　(3월) 갑자일(29)에 시종 정5위하 등원조신춘진(藤原朝臣春津)을 홍려관에 보내어 칙을 선포하기를 "천황이 조칙을 선포한다. 담당 관리가 아뢰기를 '그 나라 왕의 계(啓) 이외에 별도의 서신이 있어, 존문사(存問使)가 힐문(詰問)하니 옛 일을 이끌어 이치에 승복하였습니다. 이런 까닭에 그 나라 사신들을 상례(常禮)로서 대우하는 것은 불가합니다'고 하였다. 그러나 햇수를 지켜 멀리서부터 왔으니 특별히 생각하여 면해준다. 또 조를 내려 사신들은 멀리서 왔으니 모두 편안히 하라. 그리고 장문(長門)으로 오는 동안 어떠하였는가. 마땅히 서로 만날 날까지 휴식할 것을 알린다"고 하였다. (『續日本後紀』11 仁明紀)

발해　갑자일[29]에 시종 정5위하 등원조신춘진(藤原朝臣春津)을 홍려관에 보내어 칙을 선포하기를 "천황이 조칙을 선포한다. 담당 관리가 아뢰기를 '그 나라 왕의 계(啓) 이외에 별도의 서신이 있어, 존문사(存問使)가 힐문(詰問)하니 옛 일을 이끌어 이치에 승복하였습니다. 이런 까닭에 그 나라 사신들을 상례(常禮)로서 대우하는 것은 불가합니다.'고 하였다. 그러나 햇수를 지켜 멀리서부터 왔으니 특별히 생각하여 면해준다. 또 조를 내려 사신들은 멀리서 왔으니 모두 편안히 하라. 그리고 장문(長門)으로 오는 동안 어떠하였는가. 마땅히 서로 만날 날까지 휴식할 것을 알린다."고 하였다. (『類聚國史』194 殊俗部△ 渤海 下)

신라　봄 3월에 이찬(伊湌) 위흔(魏昕)의 딸을 맞아들여 왕비로 삼았다. (『三國史記』11 新羅本紀 11)

신라　봄 3월에 이찬 위흔의 딸을 맞아들여 왕비로 삼았다. (『三國史節要』13)

발해　(여름 4월) 을축 초하루에 우대사(右大史) 정6위상 산전숙네문웅(山田宿禰文雄)으로 하여금 사신 일행에게 계절에 맞는 옷을 내려주게 하였다. (『續日本後紀』11 仁明紀)

발해　을축 초하루에 우대사(右大史) 정6위상 산전숙네문웅(山田宿禰文雄)으로 하여금 사신 일행에게 계절에 맞는 옷을 내려주게 하였다. (『類聚國史』194 殊俗部△ 渤海 下)

발해 (여름 4월) 병인일(2)에 발해국 사신 하복연(賀福延) 등이 팔원성(八省院)에서 계(啓)를 담은 함(函)과 신물(信物) 등을 바쳤다. (『續日本後紀』 11 仁明紀)

발해 병인일[2]에 발해국 사신 하복연(賀福延) 등이 팔원성(八省院)에서 계(啓)를 담은 함(函)과 신물(信物) 등을 바쳤다. (『類聚國史』 194 殊俗部△ 渤海 下)

발해 (여름 4월) 기사일(5)에 천황이 풍악전(豊樂殿)에 거동하여 발해 사신 등에게 연회를 베풀고 조서를 내려 대사(大使) 하복연(賀福延)에게 정3위, 부사 왕보장(王寶璋)에게 정4위하, 판관(判官) 고문훤(高文暄)과 오효신(烏孝愼) 2사람에게 모두 정5위하, 녹사(錄事) 고문선(高文宣)·고평신(高平信)·안환희(安歡喜) 3사람에게 모두 종5위하를 주고 그밖에 역어(譯語) 이하 수령(首領) 이상 13사람에게는 공복(公服)의 색(色)에 따라 관위를 더하여 주었다. 우소변(右少辨) 겸(兼) 우근위소장(右近衛少將) 종5위하 등원조신씨종(藤原朝臣氏宗)으로 하여금 (사신들과) 함께 먹게 하였다. 해질 무렵에 각자에게 녹을 차등있게 주었다. (『續日本後紀』 11 仁明紀)

발해 기사일[5]에 천황이 풍악전(豊樂殿)에 거동하여 발해 사신 등에게 연회를 베풀고 조서를 내려 대사(大使) 하복연(賀福延)에게 정3위, 부사 왕보장(王寶璋)에게 정4위하, 판관(判官) 고문훤(高文暄)과 오효신(烏孝愼) 2사람에게 모두 정5위하, 녹사(錄事) 고문선(高文宣)·고평신(高平信)·안환희(安歡喜) 3사람에게 모두 종5위하를 주고 그밖에 역어(譯語) 이하 수령(首領) 이상 13사람에게는 공복(公服)의 색(色)에 따라 관위를 더하여 주었다. 우소변(右少辨) 겸(兼) 우근위소장(右近衛少將) 종5위하 등원조신씨종(藤原朝臣氏宗)으로 하여금 사신들과 함께 먹게 하였다. 해질 무렵에 각자에게 녹을 차등있게 주었다. (『類聚國史』 194 殊俗部△ 渤海 下)

발해 (여름 4월) 신미일(7)에 대사 하연복(賀福延)이 사사로이 방물을 바쳤다. (『續日本後紀』 11 仁明紀)

발해 신미일[7]에 대사 하연복(賀福延)이 사사로이 방물을 바쳤다. (『類聚國史』 194 殊俗部△ 渤海 下)

발해 (여름 4월) 계유일(9)에 사신 일행들에게 조집당(朝集堂)에서 연회를 베풀었다. 종5위하 유량숙녜춘도(惟良宿禰春道)로 하여금 음식을 같이 먹게 하였다. 칙을 선포하여 "천황의 명으로 조칙을 선포한다. 사신들에게 알린다. 나라에 돌아갈 날이 가까우므로 국왕에게 녹을 주고 아울러 복연 등에게도 물건을 내린다. 또 연회를 베풀도록 한다"고 하였다. (『續日本後紀』 11 仁明紀)

발해 계유일[9]에 사신 일행들에게 조집당(朝集堂)에서 연회를 베풀었다. 종5위하 유량숙녜츤도(惟良宿禰春道)로 하여금 음식을 같이 먹게 하였다. 칙을 선포하여 "천황의 명으로 조칙을 선포한다. 사신들에게 알린다. 나라에 돌아갈 날이 가까우므로 국왕에게 녹을 주고 아울러 복연 등에게도 물건을 내린다. 또 연회를 베풀도록 한다."고 하였다. (『類聚國史』 194 殊俗部△ 渤海 下)

발해 (여름 4월) 병자일(12)에 칙사를 홍려관에 보내어 조를 선포하고 발해국왕에게 서신을 내려 "천황이 삼가 발해국왕에게 안부를 묻는다. 하복연(賀福延) 등이 이르렀음에 계(啓)를 받고 잘 살펴보았다. 생각건대 왕은 분명한 약속을 따랐고 옛 규범을 헤아려 좇아 12년의 세월이 지나 찾아와 조회하는 기간을 어긋나게 하지 않았다. 민리의 바다 멀리서 조공하는 정성이 그런 까닭에 통하고 말과 생각이 정성스러움이 낮에 잠시 잠잘 때도 잊을 수가 없다. 지난 해 당에 사신으로 갔던 사람이 돌아와 승려 영선(靈仙)이 죽었다는 것을 자세히 알았다. 지금 별도의 서장(書狀)을 살펴보니 사실에 부합한다. 또한 부쳐 보낸 황금이 모두 녹포(綠浦)에 빠졌다는 것도 알겠다. 비록 사람이 죽고 가지고 있던 물건을 잃어버려 원래 도모했던 것이 이루어지지는 않았으나, 전하여 보내주려는 노고를 생각하면 응접의 뜻이 아득한 하늘의 끝이어서 발돋움하기에 족하지 않음을 멀리서 느낀다. 내가 서로 만나볼 실마리가 없어 안타까울 따름이다. 나라의 신물(信物)을 조금 부치니 품목은 별지와 같다. 여름 햇살이 더워지기 시작하는 이 때 평안하시라. 대략 이것으로 답하여 돌려 보내니 뜻하는 말을 많이 적지 못하겠다"고 하였다. 태정관에서 중대성에 첩을 내려 "일본국 태정관이 발해국 중대성에 첩을 보냅니다. 우리니라에 와서 천황을 찾아 뵌 사신 정당성 좌윤(左允) 하복연 등 105명에 관한 첩문입니다. 중대성 첩문을 받았는데 이르기를 '처분을 받듭니다. 해뜨는 곳은 동쪽으로 멀고 요양이 서쪽으로 막혀 두 나라의 떨어진 거리가 만여리입니다. 넓은 바다는 하늘까지 넘치고 바람과 구름은 비록 헤아리기 어려우나 동쪽의 햇빛은 땅으로부터 나와 여행길 역시 알아차리기 쉽습니다. 그런 까닭에 항해할 때마다 바람을 점치고 오랫동안 때를 기다렸다가 찾아뵙게 되었습니다. 마땅히 옛 규범을 좇아 공경히 예를 갖추어 천황을 찾아뵙습니다. 삼가 정당성 좌윤 하복연을 뽑아 보내어 당신네 나라에 찾아뵙게 합니다.'라고 하였습니다. 복연 등이 와서 교빙의 예를 닦고 12년의 햇수를 지켜 천리나 되는 파도를 넘고 바람을 타고 마음을 기울여 햇빛을 우러러 보고 그림자를 좇았습니다. 일에는 정해진 규범이 있으니 전례에 준하여 주청하고 칙을 받아 알립니다. 서로 왕래하며 우호를 다지는 것은 오로지 지금만이 아닙니다. 순수함이 지극하여 조용히 하는 말은 마음에 가상히 여겨집니다. 복명할 사람을 얻어서 우대하고 존숭함을 더해야 하는 것이 마땅하니, 지금 돌아가는 사신 편에 친서와 신물을 부치니 이르거든 받으시오. 다만 계를 담은 함에 장식을 하였는데, 이는 옛날의 예에 따르지 않은 것입니다. 官에서 의논하여 허물을 버리고 거론하지 않기로 하였으니 다음부터는 뉘우치고 고치도록 하십시오. 칙에 의거하여 첩을 보내니 첩이 도착하면 서장에 따르시오. 그런 까닭에 첩문을 보냅니다."라고 하였다. 감해유판관(勘解由判官) 정6위상 등원조신속작(藤原朝臣粟作), 문장생(文章生) 종6위상 대중조신청세(大中臣朝臣淸世) 등을 영객사(領客使)로 삼았다. 이 날 사신 하복연 등이 본국으로 돌아갔다. (『續日本後紀』 11 仁明紀)

발해 병자일[12]에 칙사를 홍려관에 보내어 조를 선포하고 발해국왕에게 서를 내려 운운하였다. 감해유판관(勘解由判官) 정6위상 등원조신속작(藤原朝臣粟作), 문장생(文章生) 종6위상 대중조신청세(大中臣朝臣淸世) 등을 영객사(領客使)로 삼았다. 이 날 사신 하복연 등이 본국으로 돌아갔다. (『類聚國史』 194 殊俗部△ 渤海 下)

신라 (당 문종 회창 2년) 5월 25일 (…) 또 초주의 신라 통역 유신언이 금년 2월 1일에 작성한 서신을 인제(仁濟) 편으로 보내왔다. 이르기를 "조공사의 키잡이와 수수는 지난해 가을에 그들 나라로 돌아갔고, 현제(玄濟) 스님편으로 붙여 보낸 서신과 사금 24소량은 지금 저의 집에 있습니다. 혜악화상은 배를 타고 초주에 도착했다가 이미 오대산을 순례하고 올 봄에 고향으로 돌아가려고 하여 유신언은 이미 사람과 배의 준비를 마쳤습니다. 그 혜악화상은 지난 가을에 잠시 천태산에 갔습니다. 겨울에 서신을 받았는데 이르기를, '이인덕사랑(李仁德四郞)의 배를 쫓아서 명주에서 귀국하려고 한다.'고 하였습니다. 그런데 혜악화상의 돈과 물건, 의복 그리고 제자들이 모두 초주에 있고 또 사람과 배를 이미 준비했기 때문에 화상을 맞이하여 이곳 초주에서 출발할 수밖에 없을 것입니다."라 하였다. 원재상인이 상세하게 말하기를 "승려 현제(玄濟)가 가지고 온 금 24소량과 아울러 사람들의 서찰 등은 당나라로 돌아가는 도십이랑(陶十二郎)에게 부쳐 보낸 것인데, 이 물건은 현재 유신언의 집에 있습니다."라 하였다. (『入唐求法巡禮行記』 3)

신라 (8월) 병자일(15)에 대재대이(大宰大貳) 종4위상 등원조신위(藤原朝臣衛)가 4조목의 건의문을 임금에게 올려 아뢰었다. "첫째, 신라에서 조공한 것은 그 유래가 오래되어 성무황제(聖武皇帝) 때부터 시작하여 성조(聖朝)에까지 이릅니다. 그러나 옛날에 하던 대로 하지 않고 항상 간사한 마음을 품으며, 조공물을 바치지 않고 장사하는 일에 기대어 우리나라의 사정을 엿봅니다. 바야흐로 지금은 백성이 곤궁하고 식량이 모자랍니다. 만약 뜻하지 않는 일이 있게 되면 무엇으로써 막을 것입니까. 바라건대 신라 사람들을 일절 금지하여 나라 안에 못 들어오게 하십시오."라 하였다. 대답하기를 "덕택이 멀리까지 미쳐 바깥 번방에서 귀화하여 옴에 우리나라에 들어오는 것을 일절 금하는 것은 인자스럽지 못한 듯한 일이다. 마땅히 근자에 표류해오는 사람에게는 양식을 주어서 돌려보내고 장사하는 무리들이 돛을 날려 와서 도착하면 그들이 가지고 온 물건을 민간에 맡겨 유통하게 하되 끝나면 속히 돌려보내라."고 하였다. (…) (『續日本後紀』 12 仁明紀)

신라 태정관(太政官)이 부(符)한다.
마땅히 입경(入境)한 신라인을 방환할 것
우(右), 대재대이 종4위상 등원조신위이 상주하여 말하기를 "칙을 받들어, 듣건대 신라가 조공한 것은 그 유래가 오래되었다. 그런데 성무황제의 대부터 성조에 이르기까지 구례를 취하지 않고 늘 간사한 마음을 품고 조공을 하지 않고 있습니다. 일을 장사(商賈)에 가탁하여 나라의 소식을 엿보고 있습니다. 엎드려 바라옵건대 일절 금지하여 국경 안으로 들어오지 못하게 해 주십시오"라고 하였습니다. 우대신(右大臣)이 선(宣)하노라. 칙을 받들어 무릇 덕과 은택이 멀리 미치니 외번(外蕃)이 귀화해 오는 것이다. 오로지 입경을 금지하는 것온 불인한 것과 비슷하다. 모름지기 근래 흘러 들어오게(流來) 되면 양식을 주어 방환토록 하라. 장사하는 무리들이 돛을 달려 내착하면 가지고 온 물건은 민간에게 맡겨 교역할 수 있게 하라. 끝나면 방각(放却)한다. 단 홍려관에 안치하여 음식을 제공할 수는 없다.
승화(承和) 9년 8월15일 (『類聚三代格』 18 夷俘幷外蕃人事)

백제 (9월 기해일(8)) 산사(散事) 종3위 백제왕 혜신(惠信)이 죽었다. (『續日本後紀』 12 仁明紀)

신라 (당 문종 회창 2년) 10월 13일 유정이 초주에서 돌아와 상도(上都)에 도착하였다. 본국 문서 2통, 능엄원(楞嚴院)의 서장 1통, 고상인(高上人)의 서신 1통과 칼 4자루를 받았다. 그 도중(陶中)에게 부쳐 보낸 금 24소량은 초주의 역어 유신언이 앞서 이미 다 써버렸기 때문에 받을 수 없어 빈손으로 돌아왔다. 역어가 보고해 이르기를 "원재스님의 명에 의하여 앞서 돈을 이미 써버렸습니다. 서찰의 봉함도 전에 이미 찢겨 열려 있었습니다."라 하였다. (『入唐求法巡禮行記』 3)

신라 명주(溟州) 굴산(崛山)의 고 통효대사(通曉大師)는 염관(塩官)을 계승하였고 법명은 범일(梵日)이며, 구림(鳩林)의 지체가 높은 집안인 김씨이다. (…) 6년을 부지런히 한 후에 대사는 약산(藥山)에게 도착하였다. 약산이 묻기를, "근리(近離)는 어디인가."라고 하자, 대사가 대답하기를, "근리는 강서(江西)입니다."라고 하였다. 약산이 말하기를, "무엇을 하러 왔는가."라고 하자, 대사가 대답하기를, "화상을 찾아서 왔습니다."라고 하였다. 약산이 말하기를, "이 사이에는 길이 없는데, 아사리(阿闍梨)는 무엇 때문에 찾는가."라고 하자, 대사가 대답하기를, "화상이 다시 한 걸음 나가서 이미 배우는 사람을 얻었으나, 또한 화상을 보지 못합니다."라고 하였다. 약산이 말하였다. "대단히 기특하도다, 대단히 기특하도다. 밖에서 온 청풍(靑風)은 사람을 얼어 죽게 하니, 마음 내키는 대로 여러 곳을 돌아다니며 수행하다가 먼 수도에 몸을 의탁하고자 한다." (『祖堂集』 17 通曉大師梵日)

843(癸亥/신라 문성왕 5/발해 이진 14 咸和 14/唐 會昌 3/日本 承和 10)

백제 (봄 정월 갑오(5)) 산위(散位) 종4위상 반숙녜우족(伴宿禰友足)이 죽었다 (…) 우족(友足)의 사람됨은 공평하고 곧았으며 세상 물정에 거스리지 않았다. 무예에 자못 뛰어났고 매와 개를 가장 좋아하였다. 백제승의왕(百濟勝義王)과 함께 같은 때에 사냥을 하지만, 단지 그 마음 씀씀이가 각기 같지 않았다. 승의왕이 사슴을 잡으면 그 고기를 절대로 나누어 주지 않는데, 우족은 천황에게 예물로 바치고 나머지는 여러 대부들에게 두루 나누어 주어 한점의 고기도 남기지 않았다. 이로 말미암아 여러 대부들이 농담하기를 "염라대왕에게 이르렀을 때 만약 우족을 지옥으로 보내게 되면 우리들이 그를 구하여 반드시 빠져 나오게 하겠다. 그리고 잘못되어 승의가 극악정토에 가게 되면 우리들은 역시 호소하여 지옥에 떨어지도록 하겠다"고 하였다. 우족은 나이 66세에 죽었다. (…) (『續日本後紀』 13 仁明紀)

신라 (당 문종 회창 3년 1월) 29일에 초주의 신라인 손님이 왔다. 초주에 있는 역어(譯語) 유신언의 서신 1통과 순창(順昌)스님의 서신 1통을 받았다. (『入唐求法巡禮行記』 3)

신라 봄 정월에 시중(侍中) 의종(義琮)이 병으로 면직되어, 이찬(伊飡) 양순(良順)이 시중이 되었다. (『三國史記』 11 新羅本紀 11)

신라 봄 정월에 시중 의종이 병으로 면직되어, 이찬 양순이 그를 대신하게 하였다. (『三國史節要』 13)

백제 (2월 기사일(10)) 종5위하 백제왕 충성(忠誠)을 대람물(大監物)로 삼고 (…) 종5위하 백제왕 영인(永仁)을 우병고두(右兵庫頭)로 삼았다. (…) (『續日本後紀』 13 仁明紀)

해 (2월) 갑술일(15)에 황제가 힐알사(黠戛斯)의 사신을 불러서 대면하였는데, 서열이 발해(勃海)의 사신보다 위에 있었다. (『資治通鑑』 247 唐紀 63 武宗 中)

발해 회창(會昌) 연간(841~846)에 아열(阿熱)은 사자가 살해당해 조정과 통할 방법이 없어지자, 다시 주오합소(注吾合素)를 파견하여 편지를 올리며 상황을 보고하였다. 3년이 지나서 수도에 이르자 무종(武宗)이 크게 기뻐하며 발해 사자의 위쪽에 자리하게 하였다. 황제는 그가 사는 곳이 아주 먼데도 직공의 의무를 다하였다고 여겨, 태복경(太僕卿) 조번(趙蕃)에게 명령하여 부절을 갖고 그 나라에 가서 위무하라고 하였다. 재상에게 조서를 내려 홍려시(鴻臚寺)에 가서 사자를 만나고, 역관으로 하여금 산천과 나라의 풍속을 살피게 하였다. (『新唐書』 217下 列傳 142下 回鶻 下)

발해 [『신당서』 힐알사전(黠戛斯傳)]. "아열이 회골(回鶻)을 격파하고 태화공주(太和公主)를 얻자, 사신을 파견하여 조정으로 돌아갈 수 있게 호송하였다. 다시 주오영소(注吾令素)를 파견하여 편지를 올렸는데, 3년만에[회창 연간(841~846)에] 수도에 이르자 무종이 크게 기뻐하며 발해 사자의 위쪽에 자리하게 하였다. 황제는 그가 사는 곳이 아주 먼데도 직공의 의무를 다하였다고 여겨, 태복경 조번에게 명령하여 부절을 갖고 그 나라를 위무하라고 하였다. 재상에게 조서를 내려 홍려시에 가서 사자를 만나고, 역관으로 하여금 산천과 나라의 풍속을 살피게 하였다." (『玉海』 56 藝文圖 唐正會圖王會圖朝貢圖)

백제 여름 4월 기미 초하루에 순렬능수(楯列陵守) 등이 말하기를 "지난달 18일 제사 때에 산릉(山陵)이 2차례 울었는데, 그 소리가 우뢰와 같았으며 곧바로 붉은 기운이 회오리 바람과 같이 남쪽으로 날아갔습니다. 오후 4시경에 또 울었는데 그 기운은 처음과 같았고 서쪽을 향하여 날아갔습니다"라고 하였다. 참의(參議) 정궁왕(正躬王)을 보내어 살펴보게 하고 산릉의 나무 77그루를 베어내게 하였는데, 고목(梏木) 등을 이루 헤아릴 수 없이 베었다. 산릉을 지키는 우두머리 백제 춘계(春繼)가 조사하여 아뢰었다. (…) (『續日本後紀』 13 仁明紀)

신라 가을 7월에 호랑이 5마리가 신궁(神宮) 정원에 들어왔다. (『三國史記』 11 新羅本紀 11)

신라 가을 7월에 호랑이 5마리가 신궁 정원에 들어왔다. (『三國史節要』 13)

신라 (8월) 무인일(22)에 대재부에서 말하기를 "대마도 상현군(上縣郡) 죽부기(竹敷埼)를 지키는 사람들이 알려오기를 '지난 정월 중순부터 이달 6일 까지 신라 쪽 멀리서 북치는 소리가 들렸는데, 귀를 귀울여 들으면 매일 3번 울린다. 항상 오전 10시경을 기다렸다가 그 소리가 울린다. 더욱이 해질 무렵이 되면 불빛이 또한 보인다.'고 합니다."라고 하였다. 칙을 내려 "무릇 나라를 다스림에는 어지러운 일이 있을 것을 잊어서는 안 된다는 것이 옛 사람들의 밝은 가르침이다. 장수가 교만하고 병졸이 게으른 것은 군대를 운영하는 기본에서 꺼리는 것이다. 설사 아무런 변고가 없다고 하여도 조심하지 않으면 안 된다. 대재부에서 '대마도 관리가 지난 연력(延曆) 연간에 동국인(東國人)으로써 지키는 사람을 배징하고 후에 또 축사인(筑紫人)으로써 배치하였다가 모두 폐지하고 그 나라의 백성으로써 그 일을 담당하게 했습니다. 지난 홍인(弘仁) 연간에 전염병이 돌아 많은 사람이 죽고 급기야는 도적들이 일어나니 방비를 감당할 수 있겠습니까. 바라건대 옛날의 예(例)에 준하여 축자인(筑紫人)으로써 지키는 사람을 삼아 주십시오.'라 하니, 그것에 따르겠다."고 하였다. (『續日本後紀』 13 仁明紀)

백제 (12월 을묘 초하루) 출우국(出羽國) 하변국(河邊郡) 백성 외5위하 훈(勳) 8등 나라기지풍계(奈良己智豊繼) 등 5명에게 대롱숙네(大瀧宿禰)의 성을 주었다. 그들의 선조는 백제국 사람이다. (『續日本後紀』 13 仁明紀)

백제 (12월) 계해일(9)에 당에 들어가 유학하던 천태종 승려 원재(圓載)의 제자 인호(仁好)와 순창(順昌)이 신라인 장공정(張公靖) 등 26명과 함께 장문국(長門國)에 와서 도착하였다. (…) (『續日本後紀』 13 仁明紀)

신라 (당 문종 회창 3년) 12월에 초주의 신라어 통역 유신언의 편지를 받았는데 말하기를 "천태산의 유학승 원재(圓載)스님이 이르기를 '조정에 표를 올려 제자승 두 사람을 일본국으로 돌아갈 수 있게 했다.'라 하였습니다. 그 제자들이 유신언이 있는 곳에 와서 배를 구하기에 유신언이 그들을 위하여 배 한 척을 마련하고 사람들을 딸려 보내 출발시켰습니다. 그들은 금년 9월에 떠났습니다."라 하였다. (『入唐求法巡禮行記』 3)

844(甲子/신라 문성왕 6/발해 이진 15 咸和 15/唐 會昌 4/日本 承和 11)

백제 (봄 정월 경인일(7)) 종5위하 등원조신 안영(藤原朝臣安永), 등원조신 대진(大津), 기조신야장(紀朝臣野長), 노진인영명(路眞人永名), 판상대숙녜정야(坂上大宿禰正野), 백제왕 선의(善義), 청롱조신 하근(淸瀧朝臣河根)에게 모두 종5위상을 주었다. (『續日本後紀』14 仁明紀)

신라 봄 2월 갑인(甲寅) 초하루에 일식이 있었다. (『三國史記』11 新羅本紀 11)

신라 봄 2월 갑인 초하루에 일식이 있었다. (『三國史節要』13)

신라 (봄 2월) 태백성(太白星:金星)이 진성(鎭星)을 범하였다. (『三國史記』11 新羅本紀 11)

신라 (봄 2월) 태백성(금성)이 진성을 범하였다. (『三國史節要』13)

신라 3월에 수도에 우박이 내렸다. (『三國史記』11 新羅本紀 11)

신라 3월에 수도에 우박이 내렸다. (『三國史節要』13)

신라 (3월) 시중(侍中) 양순(良順)이 물러나고, 대아찬(大阿湌) 김여(金茹)가 시중이 되었다. (『三國史記』11 新羅本紀 11)

신라 (3월) 시중 양순이 면직되고, 대아찬 김여가 그를 대신하게 하였다. (『三國史節要』13)

신라 가을 8월에 혈구진(穴口鎭)을 설치하고, 아찬(阿湌) 계홍(啓弘)을 진두(鎭頭)로 삼았다. (『三國史記』11 新羅本紀 11)

신라 가을 8월에 혈구진을 설치하고, 아찬 계홍을 진두로 삼았다. (『三國史節要』13)

신라 회창(會昌) 4년 갑자년 9월29일에 돌아가신 염거화상(廉居和尙)의 탑이다. 석가모니불(釋迦牟尼佛)이 열반에 드신 때로부터 1,804년이 지났다. 이 나라 경응대왕(慶膺大王: 文聖王)의 때이다. (「興法寺廉巨和尙塔誌」)

신라 소나무는 2립이나 5립을 말하는데, 립은 갈기를 말하는 것이다. 단성식(段成式)의 수행리(修行里) 사저 큰 당 앞에 5갈기의 소나무 두 그루가 있었는데, 큰 새싹은 대접만 하고 맛은 신라의 것과 구별되지 않는다. (『太平廣記』406 草木 1 五鬣松)

신라 신라에는 해홍(海紅)과 해석류(海石榴)가 많이 난다. 당 찬황(贊皇) 사람 이덕유(李德裕)가 말하기를 꽃 중에 바다 가까이 있는 것은 모두 해동에서 온 것이니 장천화(章川花) 같은 해석류는 꽃송이가 다섯이고, 족생(簇生: 여러 개의 잎이 짤막한 줄기에 무더기로 붙어서 남)이며, 입이 좁고 길다. (『太平廣記』409 草木 4 海石榴花)

신라 명주(溟州) 굴산(崛山)의 고 통효대사(通曉大師)는 염관(塩官)을 계승하였고 법명은 범일(梵日)이며, 구림(鳩林)의 지체가 높은 집안인 김씨이다. (…) 회창 4년이 되어 사태승(沙汰僧)이 흘러들어와 사찰을 헐고 개축하여 동분서주하였으나 몸을 숨길 곳이 없었는데, 하백(河伯)이 데리고 안내하는 것을 느끼고 산신(山神)이 보내고 맞이하는 것을 만났다. 마침내 상산(商山)에 숨어서 홀로 선정(禪定)에 있었는데, 떨어진 과일을 주워서 재(齋)에 충당하고 흐르는 샘물을 떠서 갈증을 멈추었다. 용모가 파리하고 기력이 쇠약하여, 감히 나가지 못하고 곧바로 반년을 넘겼다. 갑자기 꿈에서 신인(神人)이 말하기를, "지금 갈 만하다."라고 하였다. 이리하여 강제로 앞으로 가려고 하였으나, 힘이 아직 붙들 만하지 않았다. 잠시 산짐승이 떡 종류의 음식을 입에 물자, 자리 옆에 풀어두고 그 연고를 고려하여 더불어 거두어서 먹었다. 나중에 소주(韶州)를 향하여 맹세하고 조사의 탑에 예를 드리니, 천리를 멀다고 하지 않고 조계(曹溪)에 나아갈 수 있었다. 상서로운 구름이 갑자기 일어나서 탑묘의 앞에서 빙빙 돌았고, 신령스러운 학이 갑자기 와서 누대의 위에서 울었다. 절의 무리들이 놀라서 함께 서로 말하였다. "이와 같은 상서는 실로 일찍이 있은 적이 없었다. 이 선사가 세상에 나오는 것에 응하는 징조이다." (『祖堂集』 17 通曉大師梵日)

신라 열아홉 살 때 백성군(白城郡) 장곡사(長谷寺)에서 구족계를 받고자 하였을 때, 대사(大師)가 계(戒)를 받으려고 계단에서 수계의식을 행하려 상단(上壇)하는 날, 갑자기 자색 기운이 단중(壇中)에서 솟아올랐다. 이를 본 어떤 노(老)스님이 대중들에게 말하되, "이 사미(沙彌)는 범인(凡人)이 아니다. 일조일석(一朝一夕)에 닦은 공이 아니니, 이러한 증험을 보인 것은 마땅히 이미 계주(戒珠)를 받은 것이라 하겠다. 이는 반드시 후대(後代)의 미혹한 중생을 제도할 큰 재목(材木)이므로 수계하기 전 먼저 이러한 상서를 나타낸 것이다"라 하였다. 돌이켜 태몽(胎夢)을 생각하니 참으로 합부(合符)하였다. 이로부터 정미롭게 부낭(浮囊)을 보호하며 멀리 절경(絶境)을 찾아 다니다가 풍악산 장담사(長潭寺)에서 도윤화상이 오랫동안 중국에 가서 유학하고 귀국한 지 아직 얼마 되지 않았다는 소식을 듣고 곧 선비(禪扉)로 찾아가서 오체투지하고 예배를 드렸다. 화상이 이르되 "영산에서 서로 이별한 후 몇 생(生)이나 되었는가. 우연히 서로 만남이 어찌 이다지도 늦었는가."하였다. 대사는 이미 입실을 허락받았고 스님의 자풍(慈風)에 깊은 감명을 느꼈으므로, 나의 원에 적합하다면서 화상(和尙)을 사사하였다. 화상은 지난 날 중국(中國)에 가서 먼저 남전화상(南泉和尙)을 친견하고 법을 이어 받았으니, 남진(南泉)은 강서도일(江西道一)을 계승하였고, 강서(江西)는 남악회양(南岳懷讓)을 승사하였으므로 남악(南岳)은 곧 조계혜능(曹溪慧能)의 몽자(冢子)이니, 그 고매(高邁)함을 가히 알 수 있다. 그리하여 대사(大師)는 도윤을 모시면서 좌우(左右)를 떠나지 아니하고, 동산(東山)의 법을 이어받게 되었다. 이 때 "내 어찌 진단(震旦)에 유학하는 것을 늦추리요."하고는 그 후 곧바로 도담(道譚)선사에게 나아가 (결락) 자인(慈忍)선사를 함께 친견하고 예배를 드리니, 처음 뵙는 것 같지 않고 구면과 같음을 느꼈다. 도담선사가 말하되 "늦어서야 상봉(相逢)하였으니 그동안 얼마나 되었는가."하거늘, 이에 대사(大師)가 앞에 놓여 있는 물병을 가리키며 "병이 곧 병이 아닐 때는 어떠합니까."하니, 대답하여 가로되 "너의 이름이 무엇인가" 대사(大師)가 또 답하되 "절중(折中)입니다."하였다. 선사(禪師)가 이르되 "절중(折中)이 아닐 때에는 누구인가." 대답하되 "절중(折中)이 아닌 때는 이와 같이 묻는 사람도 없습니다" 선사가 이르되 "이름 밑에 허사(虛事)가 없으니, 이제 절중(折中)은 어찌할 수 없구나. 내가 많은 사람을 상대하였지만, 그대와 같은 사람은 많지 않았다."하였다. 그러므로 16년 동안 선방에서 진리를 깊이 탐구하여 드디어 망언(亡言)의 경지를 밟았으며, 마침내 득의(得意)의 마당으로 돌아갔으니, 참으로 푸른색이 쪽에서 나왔으나 쪽보다 더 푸르고, 붉은 빛을 꼭두서니에서 뽑아냈지만 꼭두서니보다 더 붉다고 하겠다. 이런 까닭에 집 밖을 나가지 아니하고도 천하(天下)를 두루 아는 자를 대사(大師)에게서 볼 수 있었다. 바다에 들어가서 구슬을 찾고, 산에 올라가 옥(玉)을 캐는데 있어 어찌 정(定)해 놓은 스승이 있으리요. 이에 다시 새로운 출발을 시작하였다. 행장을 짊어지고 행각하면서 선지식을 친견하였다. (「寧越興寧寺澄曉大師塔碑」)

845(乙丑/신라 문성왕 7/발해 이진 16 咸和 16/唐 會昌 5/日本 承和 12)

백제 (봄 정월 갑인일(7)) 종5위하 입조신수도(笠朝臣數道), 백제왕 경세(慶世), 귤조신천지(橘朝臣千枝), 구하저신삼하(久賀朝臣三夏), 유낭숙녜정도(惟良宿禰貞道)에게 모두 종5위상을 주고, 외종5위하 관원조신미길(菅原朝臣梶吉), 백제숙녜하성(百濟宿禰河成) (…) 반숙녜익웅(伴宿禰益雄)에게 모두 종5위하를 주었다. (…) (『續日本後紀』15 仁明紀)

백제 (2월) 임인일(25)에 하양궁(河陽宮)에 거동하여 사냥을 즐겼다. 병부경(兵部卿) 4품 충량친왕(忠良親王) 및 백제왕 등이 천황에게 예물을 바쳤다. 행차에 따라간 시종 이상에게 녹을 내려 주었다. 해질 무렵에 수레를 타고 대궐로 돌아왔다. (『續日本後紀』15 仁明紀)

신라 봄 3월에 청해진대사(淸海鎭大使) 궁복(弓福)의 딸에게 장가들어 차비(次妃)로 삼으려 하니, 조정의 신하들이 간언하였다. "부부의 법도는 사람으로 지켜야 할 큰 도리입니다. 하(夏)는 도산(塗山) 때문에 흥성하였고, 은(殷)은 신씨(㜪氏) 때문에 창성하였으며, 주(周)는 포사(褒姒) 때문에 멸망하였고, 진(晉)은 여희(驪姬) 때문에 어지러워졌던 것입니다. 곧 나라의 존망이 이와 같다고 하겠는데 어찌 신중하지 않을 수 있겠습니까. 지금 궁복은 섬사람인데 그 딸이 어찌 왕실의 배필이 될 수 있겠습니까." 왕이 그 말에 따랐다. (『三國史記』11 新羅本紀 11)

신라 봄 3월에 왕이 청해진대사 장보고(張保皐)의 딸을 맞아들여 차비로 삼으려 하니, 군신(群臣)이 간언하였다. "부부의 법도는 사람으로 지켜야 할 큰 도리입니다. 하는 도산 때문에 흥성하였고, 은은 신씨 때문에 창성하였으며, 주는 포사 때문에 멸망하였고, 진은 여희 때문에 어지러워졌던 것입니다. 곧 나라의 존망이 이와 같다고 하겠는데 어찌 신중하지 않을 수 있겠습니까. 지금 장보고는 섬사람인데 그 딸을 맞아들이는 것이 옳겠습니까." 왕이 그 말에 따랐다. 처음에 신무왕(神武王)이 청해진에 의탁하자, 장보고와 약속하여 진실로 원수를 갚을 수 있다면 마땅히 경의 딸을 내 아들의 배필로 삼겠다고 하였다. 그러므로 왕이 맞아들이고자 한 것이다. (『三國史節要』13)

신라 왕위를 빼앗고 나서 궁파(弓巴)의 딸을 왕비로 삼고자 하였다. 군신이 지극히 간언하기를, "궁파는 미천하니, 왕이 그 딸을 왕비로 삼는 것은 불가합니다."라고 하였다. 왕이 그에 따랐다. (『三國遺事』2 紀異 2 神武大王閻長弓巴)

신라 (당 문종 회창 5년 7월) 9일 재를 들 시간에 연수현(漣水縣)에 이르렀다. 이 현은 사주(泗州)에 소속되어있다. 초주의 신라어 통역 유신언의 편지를 가지고 있었으므로 그것을 연수현의 신라인에게 보냈는데, 안전과 아울러 체류할 수 있도록 해줄 것 등을 부탁하는 내용이었다. 현에 도착하여 먼저 신라방으로 들어갔다. 신라방 사람들을 만나보았으나 그렇게 친절하지 않았다. 총관 등에게 머물 수 있도록 보증해 줄 것을 간곡히 구하였으나 매사가 이루어지기 어려웠다. 최훈십이랑(崔暈十二郎)을 만났다. 그는 일찍이 청해진병마사(淸海鎭兵馬使)로 있었는데 등주의 적산원에 머물고 있을 때 한 번 만난 적이 있었다. 그때 이름을 직어 남기고 약속하여 말하기를 "스님께서 불법을 구하여 귀국하실 때 반드시 이 이름을 적은 명함을 가지고 연수(漣水)에 도착하시면 제가 백방으로 힘을 써서 함께 일본으로 가겠습니다."라고 하였다. 이렇게 서로 약속을 한 뒤 그 사람 또한 신라로 돌아갔는데, 국난(國難)을 만나 도망하여 연수에 머무르고 있었다. 지금 만나보니 바로 알아보았고 그 정분도 소원하지 않았다. 그는 힘을 다하여 우리가 머무는 일을 도모하여 간곡히 보증해 줄 것을 청하였다. 총관 등도 힘써 그 일을 도모하였다. 그래서 서장을 작성하여 현으로 들어가 장관을 만나보고 이 현의 신라방 내에 머물면서 배를 구하여 귀국할 수 있기를 청하였다. 장관은 우리를 만나보고 불쌍히 여겨 지승인(祗承人)을 불러 이 일을 처리하게 하고 차와 밥을 마련하게 하여 먹이도록 하였다. 또한 우리를 데리고 가서 장관을 만나보게 하였다. 장관이 묻기를 "신라방에 예전부터 서로 아는 사람이 있습니까."라고 하였다. 대답하기를 "개성 4년에 일본국 조공사가 초주로부터 출발하여 귀국할 때 모두 초주와 이 현에서 사람을 뽑았으므로 반드시 아는 사람이 있을 것입니다."라 하였다. 장관은 지승인에게 처분을 내려 말하기를 "스님을 데리고 신라방에 가서 만일 알아보고 보증해주는 사람이 있으면 곧 분부하여 인수증명서를 받아가지고 오라. 만일 알아보는 사람이 없으면 곧 스님을 데리고 돌아오라."고 하였다. 곧 우리는 사자와 함께 신라방에 이르렀다. 총관 등은 받아들이고자 하였으나 별도로 그 일을 전담하는 관리가 있었는데 듣지 않았다. 이런 까닭으로 인수증명서를 작성하지 못하였다. 돌아와 현의 관아에 도착하였다. 장관은 결재하여 임시로 대선사(大善寺)에 안치하여 3일 동안 머물게 하였다. 최십이랑은 공양주가 되어 접대하였다. (『入唐求法巡禮行記』 4)

신라 겨울 11월에 벼락이 치고 눈이 오지 않았다. (『三國史記』 11 新羅本紀 11)
신라 겨울 11월에 눈이 오지 않았다. (『三國史節要』 13)

신라 12월 초하루에 세 해가 나란히 떴다. (『三國史記』 11 新羅本紀 11)
신라 12월 초하루에 세 해가 나란히 떴다. (『三國史節要』 13)

신라 12월 무인일(5)에 대재부에서 역마를 달려 "신라인이 강주(康州)의 첩문 2통을 가지고 본국의 표류인 50여 명을 압송하여 왔습니다."라고 말히였다. (『續日本後紀』 15 仁明紀)

신라 회창 5년에 돌아왔는데 이것은 황제의 명령이었다. 국인(國人)들이 서로 기뻐하며 말하였다. "여러 성과 바꿀 수 있는 귀한 보배가 다시 돌아왔다. 이것은 하늘이 해주신 일로 땅에는 복되는 일이다." 이 때부터 배움을 얻고자 하는 사람들이 몰려드는 것이 마치 벼와 삼처럼 빽빽하였다. 왕성(王城)에 들어가 어머니를 찾아뵈니, 어머니가 크게 즐거워하면서 말하였다. "돌이켜 보니 전에 내가 꾼 꿈이 우담화(優曇花)가 한번 나타난 것이 아니겠느냐. 바라건대 내세를 제도(濟度)해라. 나는 다시 네가 돌아오기를 기다리는 마음에 흔들리지 않을 것이다." (「聖住寺朗慧和尙塔碑」)

신라 선사의 총명함은 글을 한 번에 다섯 줄씩 읽어 내릴 정도이고 명민함은 한번 읽으면 잊어버리지 않아서 제자백가(諸子百家)의 여러 책을 두루 통달하였고 천(千) 가지 경전(經典)과 만(萬) 가지 논소(論疏)의 내용들을 다 깨달을 수 있었다. 그리고 나서는 불교의 경전들을 보았는데 더욱 많이 깨달을 △△△△△△△ (불교와 유교의) (옳고 그름을 따지는) 이론이 다르지 않음을 알고 곧 상투를 풀어 머리를 자르고 마옷을 벗고 승복을 걸쳤는데 이때가 회창(會昌) 을축년(乙丑年:845) 봄이었다. 대덕(大德) 성린(聖鱗)에게 나아가 구족계(具足戒)를 받았는데 승관(僧官)에서는 단엄사(丹嚴寺)에 배치하여 거주하게 하였다. 이에 계율로써 마음을 닦고 보리심(菩提心)으로 뜻을 단련하고, 치욕을 참으며 정진(精進)하는 것을 우선으로 하고 보시(布施)하고 공손하고 민첩하게 행동하는 것을 다음으로 삼아서 당시의 사자후(獅子吼)가 되었다. △△△△△△△ 나이를 잊고 사귀기를 청하고 번갈아 다니며 서로 사귀었다. 이때에 선사의 동문(同門) 선배인 자인선사(慈仁禪師)가 당(唐)나라에서 귀국하자 선사는 때때로 찾아가 뵈었다. 자인선사는 선사의 품은 뜻을 살펴보고 자신이 가르칠 수 없음을 알자 이에 달리는 말에 채찍을 가하듯 격려하여 용과 코끼리와 같은 마음을 내도록 자극하였다. 이에 선사는 곧 꼭 배우고자 하는 마음을 조용히 간직하고 그윽하고 미묘한 이치를 공부하고자 하여 직산(稷山)에 이르러 △△△△에 거처하였는데 이곳은 신승(神僧) 원효대사(元曉大師)가 도를 깨치신 곳이었다. 선정(禪定)을 닦기 시작한지 3개월 후에 광종대사(廣宗大師)의 문하에 들어갔는데 광종대사는 즉시 그 재주를 알아보고서 사찰의 사무를 맡아 보게 하였다. (선사는 이것을) 사양하고자 했지만 할 수 없이 일을 맡게 되었다. 그 후 얼마 지나지 않아 업적이 있게 되자 "나는 마땅히 그만두고 떠나겠다" 하였다. (「月光寺圓朗禪師大寶禪光塔碑」)

신라

<1>

숭암산성주(嵩巖山聖住)(下缺) 개문미진무제(盖聞迷津無際)(下缺) 단지국번패(旦之國飜貝)(下缺) 국헌왕태자(國獻王太子)(下缺) 차정사(此精舍)(下缺) △所(下缺)

<2>

(上缺)구유언동류어진단지국번패(口遺言東流於震旦之國飜貝) (上缺) 한정족지대백제국헌왕태자(韓鼎足之代百濟國獻王太子) (上缺) 추자일칠승청거차정사(推者一七僧請居此精舍) (上缺) 자진한경읍△소(者辰韓京邑△所) (上缺) △사구(△寺久) 청(聽) (上缺) 天業

<3>

조성공덕(助成功德) (下缺) 단함선제원봉린△(丹檻琁題鴛凤鱗△) (下缺) 조도충입주상공가위흔이찬(租稻充入鑄像工價魏昕伊湌) (下缺) 文紫磨金色臨寶座以益光△(文紫磨金色臨寶座以益光△) (下缺) 지상조도이지어사림형운(之常祖稻已至於寺林衡運) (下缺) 의화부인시윤흥이손(宜和夫人是允興伊湌) (下缺) 잔원고봉애일(潺湲高峯㝵日) (下缺) 년월성(年月成) (下缺)

<4>

(上缺) 반(飯) (下缺) (上缺) 승장유삼(僧長有三) (下缺) (全缺) (上缺) 성군인초(成群忍草) (下缺) (全缺)

<5>

(上缺) 시조복(施朝服) (下缺) (上缺) 만상연람(萬狀煙嵐) (下缺) (上缺) 막지(莫知) 기건립지(其建立之) (下缺) (上缺) 일소무삼황△(日銷霧杉篁△) (下缺) (上缺) 옥세락(玉世絡) (下缺)

<6>

(上缺) 승묵점(繩墨占) (下缺) (上缺) △지실(△之室) 우이장(又以張) (下缺) (上缺) 단엄수용(端嚴睟容) 기억청(歧嶷靑) (下缺) (上缺) 봉위(奉爲) 위흔이손(魏昕伊湌) (下缺) (上缺) 이손지식봉(伊湌之息奉) (下缺) (上缺) 심원기△(深願其△) (下缺) (上缺) △(△) (下缺)

<7>

(上缺) 이손서형(伊湌庶兄) 시△(施△) (下缺) (上缺) 내이성화전운미록(乃以成花殿雲楣綠) (下缺) (上缺) 금전(金殿) 탄무불상(歎無佛像) 돈사가(頓捨家) (下缺) (上缺) 盤 감사지발(盤 紺絲之髮) 홍장전서인지(紅掌展瑞印之) (下缺) (上缺) 삼층무구정석탑우의립칠조(三層無垢淨石塔 又擬立七祖) (下缺) (上缺) △령색라필단(△領色羅匹段) 병조일백석(幷租一百石) (下缺) (上缺) 모이△△△청간일(暮異△△△淸澗日) (下缺)

<8>

(上缺) 다향수△(茶香手△) (下缺) (上缺) 불타언△(佛墮焉△) (下缺)
<9>
(上缺) 반우섬(飯尤贍) (下缺) (上缺) 정재(淨財) 욕건불전(欲建佛殿) 우(又) (下缺) (上缺) 석자래(石自來) 각지궐기(各持厥剞) 경(競) (下缺) (上缺) 사입화악천궁(似入化樂天宮) 약대(若對) (下缺) (上缺) 봉장륙세△(奉丈六世△) (下缺) (「金立之撰聖住寺碑」)

신라 백거이(白居易)의 성명이 바다를 지나 신라·일남(日南)처럼 문자를 아는 나라에 전해졌다. (「白居易 墓碑」)

846(丙寅/신라 문성왕 8/발해 이진 17 咸和 17/唐 會昌 6/日本 承和 13)

발해 (봄 정월) 기미일(17)에 남조(南詔)·거란(契丹)·실위(室韋)·발해·장가(牂柯)·곤명(昆明) 등의 나라가 사신을 파견해 들어와 조공하자, 인덕전(麟德殿)에서 대면하였다. (『舊唐書』 18上 本紀 18上 武宗)

발해 회창(會昌) 6년 정월에 남조·거란·실위·발해·장가(牂牁)·곤명 등의 사신이 모두 선정전(宣政殿)에서 조공하였다. (『冊府元龜』 972 外臣部 17 朝貢 5)

발해 회창 6년 정월에 남조·거란·실위·발해·장가·곤명 등의 사신이 모두 선정전에서 조공하였다. 황제가 인덕전에서 대면하고 내정자(內亭子)에서 음식을 하사하고, 이어서 금채(錦綵)·기명(器皿)을 차등 있게 주었다. (『冊府元龜』 976 外臣部 21 褒異 3)

발해 (봄 정월) 을축일(23)에 발해의 왕자 대지악(大之萼)이 들어와 조공하였다. (『舊唐書』 18上 本紀 18上 武宗)

신라 (2월) 정유일(26)에 신라 사신 김국련(金國連)이 들어와 조공하였다. (『舊唐書』 18上 本紀 18上 武宗)

백제 (2월 경자일(29)) 종5위하 백제숙녜하성(百濟宿禰河成)을 안예개(安藝介)로 삼았다. (『續日本後紀』 16 仁明紀)

백제 (3월) 병진일(15)에 파마국(播磨國) 읍보군(揖保郡) 사람 산위(散位) 정8위상 백제공청영(百濟公淸永)과 남자 1명, 여자 1명의 본관을 바꾸어 좌경(左京) 3조(條) 2방(坊)에 속하게 하였다. (…) (『續日本後紀』 16 仁明紀)

신라 봄에 청해진(淸海鎭)의 궁복(弓福)은 왕이 자신의 딸을 맞아들이지 않은 것을 원망하여 진을 근거로 반란을 일으켰다. 조정에서는 장차 토벌하자니 예측하지 못할 근심이 있을까 두렵고, 장차 그대로 두자니 그 죄가 가히 용서할 수 없는 것이어서, 근심만 하고 어찌할 바를 몰랐다. 무주(武州) 사람 염장(閻長)이란 자는 용맹하고 씩씩하여 당시에 알려졌는데, 와서 고하기를, "조정에서 다행히 신을 받아들인다면, 신은 한 명의 군졸도 번거롭게 하지 않고 맨주먹을 가지고 궁복을 베어 바치겠습니다."라고 하였다. 왕이 그 말에 따랐다. 염장이 거짓으로 나라를 배반하는 척하고 청해진에 의탁하자, 궁복은 장사를 아껴서 의심하는 바 없이 불러 상객으로 삼고, 그와 술을 마시면서 매우 기뻐하였다. 궁복이 술에 취하자 그의 칼을 빼앗아 목을 베고 나서 그 무리를 불러서 설득하니, 엎드려 감히 움직이지 못하였다. (『三國史記』 11 新羅本紀 11)

신라 봄에 장보고(張保皐)는 왕이 자신의 딸을 맞아들이지 않은 것을 원망하여 진을 근거로 반란을 일으켰다. 조정에서는 장차 토벌하자니 혹시 이기지 못할까 걱정되어, 주저하면서 결정하지 못하였다. 무주 사람 염장은 용맹하고 씩씩하여 알려졌는데, 와서 고하기를, "조정에서 다행히 신의 계책을 받아들인다면, 당연히 한 명의 군졸도 번거롭게 하지 않고 맨주먹을 가지고 장보고를 베어 바칠 수 있을 것입니다."라고 하였다. 왕이 그 말에 따랐다. 염장이 거짓으로 배반하는 척하고 청해진에 의탁하자, 장보고는 그 용감함을 아껴서 의심하는 바 없이 불러 상객으로 삼고, 그와 술을 마시면서 매우 기뻐하였다. 장보고가 술에 취하자 그의 칼을 빼앗아 목을 베고 그 무리를 불러서 설득하니, 무리가 감히 움직이지 못하였다. 왕이 기뻐하여 염장에게 아간(阿干) 관등을 하사하였다. (『三國史節要』 13)

신라　　이 때 궁파는 청해진에 있으면서 군진을 지키고 있었는데, 왕이 말을 어긴 것을 원망하여 반란을 모의하려고 하였다. 이 때 장군 염장이 이 말을 듣고 아뢰기를, "궁파가 장차 충성스럽지 않은 일을 하려 하니, 소신은 그를 없앨 것을 청합니다."라고 하였다. 왕이 기뻐하여 그것을 허락하였다. 염장은 왕의 뜻을 받들어 청해진에 돌아가서 알자(謁者)를 만나서 통보하기를, "나는 이 나라의 임금에게 작은 원한이 있기에, 명공에게 의탁하여 목숨을 보전하려고 합니다."라고 하였다. 궁파가 그 말을 듣고 크게 노하여 말하기를, "너희 무리들이 왕에게 간언하여 나의 딸을 폐하게 하고서 어찌 나를 보려고 하느냐."고 하였다. 염장은 다시 통보하였다. "그것은 백관(百官)들이 간언한 것입니다. 나는 그 논의에 참여하지 않았으니, 명공께서는 미워하지 마십시오." 궁파가 이 말을 듣고 청사로 불러들여서 말하기를, "경은 무슨 일로 여기에 왔는가."라고 하였다. 염장이 말하기를, "왕에게 거스른 일이 있어 공의 막하(幕下)에 의탁해 해를 면하고자 합니다."라고 하였다. 궁파가 말하기를, "다행이다."라고 하며 술자리를 마련하여 매우 기뻐하였다. 염장은 궁파의 장검(長劍)을 취하여 그를 베었다. 휘하의 군사들이 놀라고 두려워하며 모두 땅에 엎드렸다. 염장이 수도로 이끌고 와서 복명(復命)하기를, "이미 궁파를 베었습니다."라고 하였다. 왕이 기뻐하면서 그에게 상을 주고 아간 관등을 하사하였다. (『三國遺事』 2 紀異 2 神武大王閻長弓巴)

신라　　법광사석탑기(法光寺石塔記) (옆면)
회창 6년 병인년 9월에 옮기다
건겸수치 원대대단월 생(建兼脩治 願代代壇越 生)
정토　금상복명장원(淨土　今上福命長遠) (앞면)
내사리입이매　상좌도흥(內舍利卄二枚　上座道興) (옆면)
대화이년무신칠월 향(大和二年戊申七月 香)
조사 원적니 사재건탑(照師 圓寂尼 捨財建塔)
사단월성덕대왕 전향순(寺壇越成德大王 典香純) (뒷면) (「法光寺 石塔誌」)

신라　　수주(壽州) 양수(良遂) 선사(禪師)[1명은 기록을 보라.], 신라국 무염(無染) 선사[1명은 근기(根機)와 인연의 어구가 없어서 기록하지 않는다.] (『景德傳燈錄』 9 懷讓禪師第三世 前蒲州麻谷山寶徹禪師法嗣二人)

신라　　대감(大鑑)의 4세는 포주(蒲州) 마곡산(麻谷山)의 보철(寶徹) 선사인데, 그가 배출한 불법의 계승자는 2명이다. 하나는 수주의 양수라는 자이고, 하나는 신라의 무염이라는 자이다. (『傳法正宗記』 7 正宗分家略 上)

신라　　숭엄산(嵩嚴山) 성주사(聖住寺)의 옛 양조(兩朝)의 국사(國師)는 마곡(麻谷)을 계승하였고 법호는 무염이며, 경주(慶州) 사람이고 속성(俗姓)은 김씨이며 무열대왕(武烈大

王)을 8대조로 삼는다. (…) 회창 6년에 본국으로 돌아갔다. (『祖堂集』 17 聖住無染國師)

신라 회창 연간(841~846) 후에 조공이 다시 이르지 않았다. (『新唐書』 220 列傳 145 東夷 新羅)

발해 회창 연간(841~846)에 모두 4회였다. (『新唐書』 219 列傳 144 北狄 渤海)

발해 [『신당서(新唐書)』 발해전(渤海傳)] (…) "회창 연간(841~846)에 4회였다." (『玉海』 153 朝貢 外夷來朝內附 唐渤海遣子入侍)

신라 석 원표(釋元表)는 본래 삼한(三韓) 사람이다. (…) 이 때에 때마침 회창 연간(841~846)에 찾아서 훼손하자, 원표(元表)는 경전을 가지고 색칠한 종려나무 상자에 담아 석실 속에 깊이 보관하였다. 선종(宣宗) 대중(大中) 원년 병인(丙寅)에 보복(保福) 혜평(慧評) 선사가 지난 일을 평소에 듣고 직접 우바새(優婆塞)를 이끌고 감로(甘露) 도위원(都尉院)에 맞이하러 나왔다. 그 종이와 먹은 새롭게 고쳐서 베낀 것 같았는데, 지금 복주(福州) 승사(僧寺)에 보관하였다. (『宋高僧傳』 30 雜科聲德 10-2 唐高麗國元表)

신라 당(唐)의 원표는 고려(高麗) 사람이다. (…) 때마침 회창 연간(841~846)에 불교를 폐하자, 원표는 색칠한 종려나무 상자에 그 경전을 담아 석실에 보관하였다. 대중 연간(847~860) 초년에 보복 혜평 선사가 그것을 알고 이에 여러 우바새를 이끌고 감로 도위원에 맞이하러 나왔다. 그 종이와 먹은 새로운 것 같았다고 한다. (『新修科分六學僧傳』 28 定學證悟科 唐元表)

신라 엄격한 수행 변함이 없어 성인인지 우인(愚人)인지 분간할 수 없네 잠들이 않으니 꿈도 없을 터 이름 없으니 남이 부르지 않네 선(禪)을 하느라 산과 바다 두루 다녔지만 중국과 신라의 불교가 어찌 다르랴 웬일인지 선사의 예기 접하면 순식간에 마음이 청청해지네 (『全唐詩』 8函 3册 姚合 寄紫閣無名頭陀)

847(丁卯/신라 문성왕 9/발해 이진 18 咸和 18/唐 大中 1/日本 承和 14)

백제 (봄 정월 갑진일(7)) 정6위상 남연조신영수(南淵朝臣穎守) (…) 백제왕안종(百濟王安宗) (…) 좌백숙네옥대(佐伯宿禰屋代)에게 모두 종5위하를 주었다. (…) (『續日本後紀』 17 仁明紀)

신라 봄 2월에 평의(平議)·임해(臨海) 두 전각을 중수(重修)하였다. (『三國史記』 11 新羅本紀 11)

신라 봄 2월에 평의·임해 두 전각을 중수하였다. (『三國史節要』 13)

신라 (당 선종 대중 원년) 윤3월 10일 듣건대 입신라고애(入新羅告哀) 겸 조제책립등부사(弔祭冊立等副使) 시태자통사사인(試太子通事舍人) 사비어대(賜緋魚袋) 김간중(金簡中)과 판관인 왕박(王朴) 등이 이 주의 모평현 남쪽에 위치한 유산포에 이르러 배를 타고 바다를 건널 것이라 한다. 어떤 사람이 장동십장(張同十將)을 헐뜯고 모함하여 "나라의 이름을 팔아 먼 나라의 사람을 떠나보내려고 욕심을 내어 배를 만들면서 천자의 사신을 영접하러 오지도 않았다." 운운하였다. 부사 등은 그 모함하는 말을 듣고 장대사를 무척 괴이하게 여겨 첩문을 내려, 나라의 법제에 따르면 배를 파견하여 객인을 바다 건너 보내주는 것 등은 허락하지 않는다고 하였다. 장 대사는 감히 이를 거역하지 못했다. 이로써 문등현 관내로부터 바다를 건너 귀국하는 일은 이루어지지 못하였다. 이에 서로 의논하여 명주로 가서 본국의 신어정(神御井) 등의 배를 뒤 쫓아가 귀국하기로 하였다. 그러나 지금 당장 남쪽으로 가는 배가 없었으므로 포 17단을 가지고 신라인 정객(鄭客)의 수레를 빌려 옷가지와 물건을 싣고 해안을 따라 밀주 땅을 바라보며 가기로 하였다. (『入唐求法巡禮行記』 4)

신라 (당 선종 대중 원년 윤3월) 17일 아침에 밀주 제성현(諸城縣) 관내 대주산교마포에 도착하였다. 숯을 싣고 초주로 가려는 신라인 진충(陳忠)의 배를 만나, 배 삯을 의논하여 비단 5필로 정하였다. (『入唐求法巡禮行記』 4)

신라 여름 4월에 이찬(伊湌) 양순(良順), 파진찬(波珍湌) 흥종(興宗) 등이 반란하여 처형당하였다. (『三國史節要』 13)

신라 호남(湖南) 장사(長沙)의 경잠(景岑) 선사(禪師)는 (…) 선주자사(宣州刺史) 육긍(陸亙), 지주(池州)의 두타승(頭陀僧) 감지(甘贄)[이상 13명은 기록을 보라.], 자산(資山)의 존제(存制) 선사, (…) 신라국 도균(道均) 선사[이상 4명은 근기(根機)와 인연의 어구가 없어서 기록하지 않는다.] (『景德傳燈錄』 10 懷讓禪師第三世 池州南泉普願禪師法嗣一十七人)

신라 대감(大鑑)의 4세는 지주(池州) 남천(南泉)의 보원(普願) 선사인데, 그가 배출한 불법의 계승자는 모두 17명이다. (…) 하나는 신라의 도균이라는 자이다. (『傳法正宗記』 7 正宗分家略 上)

신라 쌍봉(雙峯) 화상(和尙)은 남천(南泉)을 계승하였는데, 대사의 이름은 도윤(道允)이고 성은 박이며 한주(漢州) 휴암(鵂巖) 사람이고 누대의 호족이다. (…) 회창 7년 4월에 청구(靑丘)에 돌아와 도착하니, 곧 풍악(楓岳)에 거처하였다. 의탁을 구하는 자가 바람처럼 달려오고 안개처럼 모이니, 오지 않는 자는 별이 떠나고 파도가 달아나는 것 같았다. (『祖堂集』 17 雙峯和尙道允)

신라 여름 5월에 이찬 양순, 파진찬 흥종 등이 반란하여 처형당하였다. (『三國史記』 11 新羅本紀 11)

신라 (당 선종 대중 원년 6월) 9일에 소주(蘇州)에서 출항한 배를 타고 있던 당나라 사람 강장(江長)과 신라 사람 김자백(金子白), 흠량휘(欽良暉), 김진(金珍) 등의 서신을 받았는데 이르기를 "5월 11일 소주의 송강(松江) 어귀에서 출발하여 일본국으로 갑니다. 21일을 지나 내주(萊州) 관내의 노산에 도착하였습니다. 여러 사람이 의논하기를 일본국의 승려 등이 지금 등주의 적산촌에 머물고 있으니 곧 그곳으로 가서 그들을 데리고 가자고 하였습니다. 그런데 지난날에 떠나려고 할 즈음 어떤 사람을 만났는데 말하기를 '그 승려 등은 이미 남쪽 주로 가서 본국으로 가는 배를 찾아 떠났다.'라 하였습니다. 지금 바로 노산에서 기다리고 있으니 반드시 배를 타고 돌아오십시오." 운운하였다. 서신에 또 이르기를 "춘태랑(春太郎)과 신일랑(神一郎) 등은 명주장우신(張友信)의 배를 타고 귀국하였습니다. 올 때 소식을 들었는데 이미 출항했다고 합니다. 춘태랑은 본래 이 배를 빌려 귀국하려고 하였는데, 춘태랑이 광주(廣州)로 간 후에 신일랑이 돈을 가지고 가서 장우신에게 주어버렸습니다. 그래서 춘태랑은 명주의 배를 타고 떠나게 되었습니다. 춘태랑의 아들 종건(宗健)은 여기에 있고 그의 물건들도 지금 이 배에 있습니다." 운운하였다. 또 김진 등은 초주 총관

유신언에게 부탁하여 이르기를 "일본국 승려들이 그곳에 도착하면 곧 떠나보내 이곳으로 오게 해주십시오." 운운하였다. (『入唐求法巡禮行記』 4)

신라 (당 선종 대중 원년 6월) 18일 저녁 무렵에 초주 신라방 왕가창(王可昌)의 배를 타고 자정이 넘어 출발하였다. (『入唐求法巡禮行記』 4)

신라 가을 8월에 왕자를 왕태자로 봉하였다. (『三國史記』 11 新羅本紀 11)

신라 가을 8월에 왕이 아들을 태자로 봉하였다. (『三國史節要』 13)

신라 (가을 8월) 시중(侍中) 김여(金茹)가 죽자, 이찬 위흔(魏昕)이 시중이 되었다. (『三國史記』 11 新羅本紀 11)

신라 (가을 8월) 시중 김여가 죽자, 이찬 위흔이 그를 대신하였다. (『三國史節要』 13)

신라 (당 선종 대중 원년 9월) 4일 날이 밝을 무렵에 이르러 동쪽으로 산들이 있는 섬이 보였다. 높거나 낮거나 하며 이어져 있었다. 뱃사공 등에 물었더니 이르기를 "신라국의 서쪽 웅주(熊州)의 서쪽 땅인데, 본래는 백제국(百濟國)의 땅이다."라 하였다. 하루 종일 동남쪽을 향해 갔다. 동쪽과 서쪽에는 산으로 된 섬이 연이어져 끊이지 않았다. 밤 10시가 가까워질 무렵 고이도(高移島)에 이르러 정박하였다. 무주(武州)의 서남 지역에 속한다. 섬의 서북쪽 100리 정도 떨어진 곳에 흑산(黑山)이 있다. 산의 모양은 동서로 길게 뻗어 있다. 듣기로는 백제의 셋째 왕자가 도망해 들어와 피난한 땅인데, 지금은 300, 400 가구가 산 속에서 살고 있다고 한다. (『入唐求法巡禮行記』 4)

신라 (당 선종 대중 원년 9월) 6일 오전 6시경에 무주의 남쪽 땅인 황모도(黃茅嶋)의 니포(泥浦)에 도착해 배를 정박하였다. 이 섬을 또는 구초도(丘草嶋)라고도 부른다. 너댓 사람이 산 위에 있기에 사람을 보내어 잡으려 하였으나 그 사람들은 도망가 숨어버렸으므로 잡으려 해도 있는 곳을 알 수 없었다. 이곳은 신라국의 제 3재상(宰相)이 말을 방목하는 곳이다. 고이도로부터 구초도에 이르기까지는 산들이 있는 섬이 서로 이어져 있으며 동남쪽으로 멀리 탐라도(耽羅嶋)가 보인다. 이 구초도는 신라 육지로부터 바람이 좋은 날이면 배로 하루에 도착할 수 있는 거리에 있다. 잠시 뒤에 섬지기 한 사람과 무주태수 집에서 매를 키우는 사람 2명이 배 위로 올라와서 이야기하기를 "나라는 편안하고 태평합니다. 지금 당나라의 칙사가 와 있는데, 높고 낮은 사람 500여 명이며 경성에 있습니다. 4월 중에 일본국대마도(對馬島)의 백성 6명이 낚시를 하다가 표류하여 이곳에 이르렀는데, 무주의 관리가 잡아 데리고 갔습니다. 일찍이 왕에게 아뢰었으나 지금까지 칙이 내려오지 않았습니다. 그 사람들은 지금 무주에 감금되어 본국으로 송환되기를 기다리고 있습니다. 그 여섯 사람 가운데 한 사람은 병으로 죽었습니다."라 하였다. (『入唐求法巡禮行記』 4)

신라 양주(襄州)의 관남(關南) 도상(道常) 선사는 (…) 항주(杭州) 경산(徑山)의 감종(鑒宗) 선사[이상 3명은 기록을 보라.], 당(唐)의 선종(宣宗) 황제, (…) 신라의 품일(品日) 선사, 수주(壽州)의 건종(建宗) 선사[이상 5명의 근기와 인연의 어구가 없어서 기록하지 않는다.] (『景德傳燈錄』 10 懷讓禪師第三世 杭州鹽官齊安禪師法嗣八人)

신라 대감(大鑑)의 4세는 항주의 염관(鹽官) 제안(齊安) 선사는 그가 배출한 불법의 계승자가 8명이다. (…) 하나는 신라의 품일이라는 자이다. (『傳法正宗記』 7 正宗分家略上)

신라　명주(溟州) 굴산(崛山)의 고 통효대사(通曉大師)는 염관(塩官)을 계승하였고 법명은 범일(梵日)이며, 구림(鳩林)의 지체가 높은 집안인 김씨이다. (…) 이리하여 고향으로 돌아가기를 희망하여 불법을 크게 베풀었다. 도리어 회창 6년 정묘 8월에 고래 같은 파도를 다시 건너서 계림(鷄林)에 돌아왔다. 높이 솟은 계월(戒月)은 현도(玄菟)의 성에서 빛나면서 흐르고, 희고 깨끗한 여의주(如意珠)는 청구(靑丘)의 경역에서 맑고 투명하였다. (『祖堂集』 17 通曉大師梵日)

신라　나중에 굴산문(崛山門)의 조사(祖師) 범일(梵日)이 있어, (…) 회창(會昌) 7년 정묘(丁卯)에 고국에 돌아와, 먼저 굴산사(崛山寺)를 창건하고 가르침을 전파하였다. (『三國遺事』 3 塔像 4 洛山二大聖觀音正趣調信)

백제　(12월) 을사일(14)에 종5위하 기조신전길(紀朝臣全吉)을 주전두(主殿頭)로 삼고 종5위상 백제왕경세(百濟王慶世)를 재원장관(齋院長官)으로 삼았다. (『續日本後紀』 17 仁明紀)

신라　숭엄산(嵩嚴山) 성주사(聖住寺)의 돌아가신 두 왕조의 국사(國師)는 마곡(麻谷)을 계승하였고 법호는 무염이며, 경주(慶州) 사람이고 속성(俗姓)은 김씨이며 무열대왕(武烈大王)을 8대조로 삼는다. (…) 대중 원년에 숭엄산 성주사에 비로소 나아가 거처하였다. 승려는 천 단위의 무리이고 이름은 시방(十方)을 떨게 하였다. 이리하여 대사는 숭엄사 안에서 은혜를 갚고 조사의 뿌리 안에서 도장을 주었다. 이로 말미암아 두 왕조의 성주(聖主)·천관(天冠)이 변방에서 압도하니, 한 나라의 신료의 우두머리가 발 아래에서 면례(面禮)하였다. 대사는 선성하고 남는 틈에 찾는 근기(根機)와 인연(因緣)에 응하였다. 어떤 사람이 물었다. “무설토(無舌土) 안에는 스승도 없고 제자도 없는데, 무슨 까닭으로 서쪽 천축(天竺)의 28대부터 당대(唐代)의 6조(六祖)에 이르기까지 법을 전하는 것이 서로 비추어 지금까지도 끊이지 않습니까.” 무염이 답하기를, “모두 세상에 유포된 것이지만, 그러므로 정통적인 전수는 아니다.”라고 하였다. 묻기를, “한 조사 안에 이토(二土)를 갖춥니까.”라고 하자, 무염이 답하기를, “그렇다. 이런 까닭으로 앙산(仰山)이 말하기를, ‘두 입이 똑같이 말에 능숙하지 못하니, 곧 내 종지(宗旨)이다.’라고 하였다.”라고 하였다. 묻기를, “한 조사 안에 이토를 보는 것은 어떠합니까.”라고 하자, 무염이 답하였다. “선근(禪根)을 정통적으로 전수하여 불법을 구하지 않으므로, 스승 또한 음식을 보내지 않으니 이것이 무설토이다. 실제로 불법을 구하는 사람에게 응하여 거짓으로 이름을 붙여 말하는 설(說)을 이용하니, 이것을 유설토(有舌土)라고 이름붙였다. (『祖堂集』 17 聖住無染國師)

신라　어릴 때부터 조용하여 아이들과 함께 장난하는 일이 없었으며, 8살 때 학당에 가서 공부를 시작하였고, 10살이 되어서는 배운 것을 모두 책을 덮어놓고도 암송하게 되었다. 감라(甘羅)가 입사(入仕)하는 나이에 이미 유전(儒典)을 다 배웠고, 자진(子晉)이 신선의 도리를 찾아 떠나려는 연령에는 그의 재주와 학문이 공문(孔門)에서 으뜸으로 추앙받았다. 이 때에 큰 뜻을 품고 소천(所天)에게 여쭈어 입산수도를 하도록 허락해 주실 것을 간청하였더니, 대답하되 “전일(前日) 태몽을 생각하니 완연히 맞는 일이다”라 하면서 사랑하지만 마지못해 허락하고, 그의 뜻을 막지 않았다. 그리하여 책 보따리를 짊어지고 집을 떠나 절을 찾았다. 이미 부해지낭(浮海之囊)을 수지(受持)하였으니, 드디어 머리털을 깎아 진흙에 떨어뜨렸다. 스승을 화엄산사(華嚴山寺)에서 찾아 도(道)를 정행법사(正行法師)에게 물었다. 법사는 스님의 깊은 신심(信心)을 알고 머물 것을 허락하였으니, 스님은 스승을 모시면서 정진(精進)함에 온갖 노력을 아끼지 아니하였다. 잡화경(雜華經)을 배우고자 뜻을 정하고, 강원에 입방(入榜)하여 경전을 연구함에 마치 고산(高山)처럼 앙모하여 취령(鷲嶺)의 종(宗)을 두루 탐구하였고, 학해(學海)에 서지(栖遲)해서는 후지지지(猴池之旨)인 불교의 역사까지도 부지런히 열람하였다. (「普賢寺朗圓大師悟眞塔碑」)

신라 그대의 집은 넓은 바다 저쪽 이제 이별하니 언제 다시 만나랴 풍습 예악은 교화되지 오래나 여장의 빈곤함은 어이하랴 바다는 하늘과 잇닿았고 물빛은 황혼 뭇새는 피리소리에 봄을 즐겨 나누나 이른 새벽 항구를 떠나면 다시는 멀리 간 사람 볼 수 없으리 (『全唐詩』 9函 1冊 項斯 送客歸新羅)

848(戊辰/신라 문성왕 10/발해 이진 19 咸和 19/唐 大中 2/日本 承和 15, 嘉祥 1)

신라 (3월) 을유일(26)에 천태종 승려로서 당에 들어가 구법하던 원인(圓仁)이 제자 승려 성해(性海)와 유정(惟正) 등을 데리고 지난 해 10월에 신라의 상선을 타고 진(鎭)의 서쪽 부(府)에 도착하였는데, 이 날 조정에 들어왔다. 칙사를 보내어 위로하고 각각에게 어피(御被)를 내려 주었다. (『續日本後紀』 18 仁明紀)

신라 봄과 여름에 가뭄이 들었다. (『三國史記』 11 新羅本紀 11)

신라 봄과 여름에 가뭄이 들었다. (『三國史節要』 13)

신라 (봄과 여름)\에 시중(侍中) 위흔(魏昕)이 물러나고, 파진찬(波珍湌) 김계명(金啓明)이 시중이 되었다. (『三國史記』 11 新羅本紀 11)

신라 (봄과 여름) 시중 위흔이 면직되고, 파진찬 김계명으로 하여금 그를 대신하게 하였다. (『三國史節要』 13)

고구려 백제 신라

태정관이 부(符)한다.

마땅히 아악료(雅樂寮)의 잡색생(雜色生) 254인에 대해 삭감해 정할 것 <154인을 줄여 100인으로 정함>

왜악생(倭樂生) 144인 (…)

당악생(唐樂生) 60인 (…)

고려악생(高麗樂生) 20인 <2인 줄여 18인으로 정함> 횡적생(橫笛生) 4인<삭감 않음> 막모생(莫牟生) 2인<삭감 않음> 篳후생(篳篌生) 3인<삭감 않음> 무생(儛生) 4인<원래 6인> 고생(鼓生) 4인<삭감 않음> 농쟁생(弄鎗生) 2인<삭감 않음>

백제악생(百濟樂生) 20인 <13인 줄여 7인으로 정함> 횡적생(橫笛生) 1인<삭감 않음> 막모생(莫牟生) 1인<삭감 않음> 축후생(箜篌生) 1인<원래 2인> 무생(儛生) 2인<원래 4인, 여성 10인> 다리지고생(多理志古生) 1인<삭감 않음> 가생(歌生) 1인<삭감 않음>

신라악생(新羅樂生) 20인 <16인 줄여 4인으로 정함> 금생(琴生) 2인<원래 10인> 무생(儛生) 2인<원래 10인>

우(右), 대납언(大納言) 정3위 원조신신(源朝臣信)의 선(宣)에 말하기를 칙을 받들어 (…)

가상(嘉祥) 원년 9월22일 (『類聚三代格』 4 加減諸司官員幷廢置事)

신라 겨울 10월에 하늘에서 벼락같은 소리가 있었다. (『三國史記』 11 新羅本紀 11)

신라 겨울 10월에 하늘에서 벼락같은 소리가 있었다. (『三國史節要』 13)

발해　(12월 을묘일(30)) 이 날 능등국(能登國)에서 역마를 달려 아뢰기를, 발해국에서 천황을 찾아뵈러 온 사신 왕문구(王文矩) 등 100명이 도착했다고 하였다. (『續日本後紀』 18 仁明紀)

발해　을묘일[30] 능등국(能登國)에서 역마를 달려 아뢰기를, 발해국에서 천황을 찾아뵈러 온 사신 왕문구(王文矩) 등 100명이 도착했다고 하였다. (『類聚國史』 194 殊俗部△ 渤海 下)

849(己巳/신라 문성왕 11/발해 이진 20 咸和 20/唐 大中 3/日本 嘉祥 2)

백제　(봄 정월 임술일(7)) 정6위상 반량조신풍특(蕃良朝臣豊持), 고악숙녜종웅(高岳宿禰宗雄), 상모야조신강주(上毛野朝臣綱主), 백제숙녜강보(百濟宿禰康保), 대진공시웅(大秦公是雄)에게 모두 외종5위하를 주었다. 연회가 끝나고 녹을 각기 차등있게 주었다. (『續日本後紀』 19 仁明紀)

백제　(봄 정월) 정축일(22)에 상시(尙侍) 종2위 백제왕 경명(慶命)이 죽었다. 칙을 내려 종1위를 추증하고 종4위상 풍강왕(豊江王)과 종5위하 미지진왕(美志眞王), 종5位下 등원조신서수(藤原朝臣緖數), 종5위하 반고조신영웅(飯高朝臣永雄)을 보내어 장례를 감독하고 도와주도록 하였다. (『續日本後紀』 19 仁明紀)

신라　봄 정월에 상대등(上大等) 예징(禮徵)이 죽자, 이찬(伊湌) 의정(義正)이 상대등이 되었다. (『三國史記』 11 新羅本紀 11)

신라　봄 정월에 상대등 예징이 죽자, 이찬 의정으로 하여금 그를 대신하게 하였다. (『三國史節要』 13)

발해　2월 병술일 초하루에 소내기(少內記) 정7위상 현견양대숙녜정수(縣犬養大宿禰貞守)와 직강(直講) 정6위상 산구기촌서성(山口忌村西成) 등을 존문발해객사(存問渤海客使)로 삼아 능등국(能登國)으로 떠나 보냈다. (『續日本後紀』 19 仁明紀)

발해　병술일 초하루에 소내기(少內記) 정7위상 현견양대숙녜정수(縣犬養大宿禰貞守)와 직강(直講) 정6위상 산구기촌서성(山口忌村西成) 등을 존문발해객사(存問渤海客使)로 삼아 능등국(能登國)으로 떠나 보냈다. (『類聚國史』 194 殊俗部△ 渤海 下)

신라　(2월) 경술일(25)에 대재부에서 말하기를 "대마도의 관리가 이르기를 '이 섬은 바다 가운데 있고 땅은 신라에 가깝습니다. 만약 급한 중대사가 있게 되면 무엇으로써 뜻밖의 변고를 막을 것입니까. 바라건대 사생(史生) 1명을 그만두고 노병(弩兵) 1명을 배치하여 주십시오.'라고 합니다"라고 하였다. 요청한 것에 따라 그것을 허락하였다. (『續日本後紀』 19 仁明紀)

발해　(3월 무진일(14)) 이 날에 능등국(能登國)에 보냈던 존문발해국사 소내기 현견양대숙녜 정수 등이 역마를 달려 사신들이 가지고 온 계(啓)와 첩문 등을 아뢰었다. 그 나라 왕이 아뢰기를 "이진(彛震)이 아룁니다. 늦가을이라 날씨가 점점 차가워집니다. 엎드려 바라건대 천황의 일상생활에 만복이 가득하시기를. 저 이진은 은혜를 입어 교빙을 닦으러 갔던 사신이 돌아왔습니다. 햇수를 계산하면 아직 12년이 되지 않았는데도 지금 다시 사신을 보내는 것은 진실로 기한을 지켰다고는 할 수 없습니다. 비록 그러하나 옛날부터 이웃과 우호를 맺고 예의에 기대어 서로 교류함은 1년의 세월도 멀어 오히려 정이 소원해질까 두려운데, 하물며 이에 별자리가 운행하여 바람과 서리가 8번이나 바뀌었고, 동남쪽으로 바람이 불며 우러러 흠모하는 땅이 있음에야 어찌 능히 가만히 있겠습니까. 소식이 드물게 이어지므로 삼가 토물을 갖추어 사신에게 부쳐 올립니다. 품목은 다음 장에 있으니 몸소 보십시오. 넓은 바다로 막혀있어 직접 찾아뵙지 못하나 저의 마음이 천황께로 달려가는 것을 어찌할 수 없습니다. 삼가 영녕현승(永寧縣丞) 왕무구(王文矩)를 보내어 계를 올립니다. 할 말을 다 못하고 줄입니다. 삼가 아룁니다"라고 하였다. 또 중대성의 첩에 이르기를 "발해국 중대성이 일본국 태정관에게 알립니다. 귀국을 찾아 뵙는 사신 영녕현승 왕문구와 수행원 100명을 뽑아 보내는 것에 관한 첩입니다. 처분을 받듭니다. 두 나라는 멀고 또 넓은 바다로 막혀 있으나 대대로 친선관계를 맺어 왔고 사신의 왕래에 소식을 전해 왔습니다. 나뭇잎 같은 배가 바람에 흔들리며 바다 멀리 배를 띄우고 깃발과 절도(節刀)를 쥐고서 선린의 지극한 정성을 통하게 합니다. 오고 가는 길이 비록 멀고 소식을 전함이 드물어도 련모의 정은 헛되이 쌓이기만 합니다. 그런 까닭에 기한이 차는 것을 기다리지 않고 옛날의 일에 의거하여 아뢰고, 삼가 영녕현승 왕문구를 보내어 귀국을 찾아뵙게 합니다. 서장에 준하여 일본국 태정관에게 첩문을 올립니다. 삼가 첩장에 기록하여 알립니다."라고 하였다. (『續日本後紀』 19 仁明紀)

발해 무진일[14] 능등국(能登國)에 보냈던 존문발해국사 소내기 현견양대숙녜 정수 등이 역마를 달려 사신들이 가지고 온 계(啓)와 첩문 등을 아뢰어 운운(云云)하였다, 다시 중대성의 첩에 이르기를 운운하였다. (『類聚國史』 194 殊俗部△ 渤海 下)

발해 (3월 을해일(21)) 이 날에 존문사(存問使) 등이 역마를 달려, 사신 등을 힐문하고 전례에 어긋나게 찾아온 사유를 묻고 대답한 글들을 아뢰었다. (『續日本後紀』 19 仁明紀)

발해 을해일[21]에 존문사(存問使) 등이 역마를 달려, 사신 등을 힐문하고 전례에 어긋나게 찾아온 사유를 묻고 대답한 글들을 아뢰었다.(『類聚國史』 194 殊俗部△ 渤海 下)

발해 3월 임오일(28) 존문사 소내기 정7위하 현견양대숙녜 정수와 직강(直講) 종6위하 산구기촌서성(山口忌村西成)에게 령발해객사(領渤海客使)를 겸하게 하였다. (『續日本後紀』 19 仁明紀)

발해 임오일[28]에 존문사 소내기 정7위하 현견양대숙녜 정수와 직강(直講) 종6위하 산구기촌서성(山口忌村西成)에게 영발해객사(領渤海客使)를 겸하게 하였다.(『類聚國史』 194 殊俗部△ 渤海 下)

발해 (여름 4월) 신해일(28) 영객사(領客使)등이 발해국 사신 왕문구 등을 인도하여 서울에 들어왔다. 칙사 좌근위소장(左近衛少將) 종5위하 양잠조신 종정(良岑朝臣宗貞)을 보내어 위로하고 홍려관에 안치하였다. 천황의 명을 선포하기를 "천황의 조칙을 알린다. 담당 관리가 아뢰기를 그 나라 왕은 12년을 기간으로 하여 조공사신을 보내기로 하였는데, 이번의 사신들은 기한을 어기고 왔으니 평상시와 같이 대우해서는 안되고 변경에서 돌려보내야 한다고 하였다. 그러나 멀리서 거친 파도를 건너왔고 흉악한 곳에 표착하여 사람과 물건이 손상되는 고난을 들으시고 가련히 여겨 돌려보내지 않고 물건을 공급해 주도록 하였다. 또 명(命)하시기를, 날씨가 더운 때에 멀리서 왔으니 평안하게 지낼 것이며, 서로 만나 볼 날까지 휴식을 취하라"고 하였다. (『續日本後紀』 19 仁明紀)

발해 신해일[28]에 영객사(領客使)등이 발해국 사신 왕문구 등을 인도하여 서울에 들어왔다. 칙사 좌근위소장(左近衛少將) 종5위하 양잠조신 종정(良岑朝臣宗貞)을 보내어 위로하고 홍려관에 안치하였다. 천황의 명을 선포하기를 "천황의 조칙을 알린다. 담당 관리가 아뢰기를 그 나라 왕은 12년을 기간으로 하여 조공사신을 보내기로 하였는데, 이번의 사신들은 기한을 어기고 왔으니 평상시와 같이 대우해서는 안되고 변경에서 돌려보내야 한다고 하였다. 그러나 멀리서 거친 파도를 건너왔고 흉악한 곳에 표착하여 사람과 물건이 손상되는 고난을 들으시고 가련히 여겨 돌려 보내지 않고 물건을 공급해 주도록 하였다. 또 命하시기를, 날씨가 더운 때에 멀리서 왔으니 평안하게 지낼 것이며, 서로 만나 볼 날까지 휴식을 취하라"고 하였다. (『類聚國史』 194 殊俗部△ 渤海 下)

발해 여름 4월 계축일(30)에 발해 사신들에게 계절에 알맞는 옷을 내려 주었다. (『續日本後紀』 19 仁明紀)

발해 계축일[30]에 발해 사신들에게 계절에 알맞는 옷을 내려 주었다. (『類聚國史』 194 殊俗部△ 渤海 下)

발해 (5월) 을묘일(2)에 발해국에서 천황을 찾아뵈러 온 사절단의 대사 왕문구 등이 팔성원(八省院)에 나아가 국왕의 계(啓)를 담은 함과 신물 등을 바쳤다. (『續日本後紀』 19 仁明紀)

발해 을묘일[2]에 발해국에서 천황을 찾아뵈러 온 사절단의 대사 왕문구 등이 팔성원(八省院)에 나아가 국왕의 계(啓)를 담은 함과 신물 등을 바쳤다. (『類聚國史』 194 殊俗部△ 渤海 下)

발해 (5월) 병진일(3)에 천황이 풍악전(豊樂殿)에 거동하여 사신들에게 연회를 베풀었다. 조를 내려 "천황께서 내리는 조칙을 선포한다. 사신들은 들어라. (발해)국왕이 왕문구 등을 뽑아 보내어 천황의 조정에 배알함에, 가련하게 여기시고 자애로움을 베풀어 관위를 올려주도록 하셨음을 칙명으로써 알린다."고 하였다. 대사 이하 수령이 모두 함께 절하고 춤추었다. 대사 왕문구에게 종2위를 주고 문구는 지난 홍인(弘仁) 13년에 정3위를 제수받았던 까닭에 지금 관위를 더하여 종2위를 준 것이다, 부사 오효신(烏孝愼)에게는 종4위상, 대판관(大判官) 마복산(馬福山)과 소판관(少判官) 고응순(高應順)에게는 모두 정5위하, 대녹사(大錄事) 고문신(高文信)과 중녹사(中錄事) 다안수(多安壽) 그리고 소녹사(少錄事) 이영진(李英眞)에게는 모두 종5위하를 주었으며, 나머지의 품관과 수령 등에게도 관위와 품계를 주었다. (『續日本後紀』 19 仁明紀)

발해 병진일[3]에 천황이 풍악전(豊樂殿)에 거동하여 사신들에게 연회를 베풀었다. 조를 내려 "천황께서 내리는 조칙을 선포한다. 사신들은 들어라. 발해 국왕이 왕문구 등을 뽑아 보내어 천황의 조정에 배알함에, 가련하게 여기시고 자애로움을 베풀어 관위를 올려주도록 하셨음을 칙명으로써 알린다."고 하였다. 대사 이하 수령이 모두 함께 절하고 춤추었다. 대사 왕문구에게 종2위를 주고 문구는 지난 홍인(弘仁) 13년에 정3위를 제수 받았던 까닭에 지금 관위를 더하여 종2위를 준 것이다, 부사 오효신(烏孝愼)에게는 종4위상, 대판관(大判官) 마복산(馬福山)과 소판관(少判官) 고응순(高應順)에게는 모두 정5위하, 대녹사(大錄事) 고문신(高文信)과 중녹사(中錄事) 다안수(多安壽) 그리고 소녹사(少錄事) 이영진(李英眞)에게는 모두 종5위하를 주었으며, 나머지의 품관과 수령 등에게도 관위와 품계를 주었다. (『類聚國史』 194 殊俗部△ 渤海 下)

발해 (5월) 무오일(5)에 천황이 무덕전(武德殿)에 거동하여 말타고 활쏘기 하는 것을 관람하였다. 6군(軍)이 깃발을 들고 에워싸고 백관이 자리를 함께 하였다. 칙을 내려 文矩 등이 연회에 배석할 것을 명하였다. 조(詔)를 내려 "천황께서 내리는 칙명을 선포한다. 사신들은 들어라. 5월 5일에 약옥(藥玉)을 차고 술을 마시는 사람은 장수하는 복이 있다고 한다. 이런 까닭에 약옥과 술을 내린다"라고 하였다. 해질 무렵에 수레를 타고 궁궐로 돌아갔다. (『續日本後紀』 19 仁明紀)

발해 무오일[5]에 천황이 무덕전(武德殿)에 거동하여 말타고 활쏘기 하는 것을 관람하였다. 6군(軍)이 깃발을 들고 에워싸고 백관이 자리를 함께 하였다. 칙을 내려 文矩 등이 연회에 배석할 것을 명하였다. 조(詔)를 내려 "천황께서 내리는 칙명을 선포한다. 사신들은 들어라. 5월 5일에 약옥(藥玉)을 차고 술을 마시는 사람은 장수하는 복이 있다고 한다. 이런 까닭에 약옥과 술을 내린다"라고 하였다. 해질 무렵에 수레를 타고 궁궐로 돌아갔다. (『類聚國史』 194 殊俗部△ 渤海 下)

발해 (5월) 계해일(10)에 공경(公卿)을 조당(朝堂)에 보내어 사신들에게 연회를 베풀었다. 조를 선포하기를 "천황께서 내리는 칙명을 선포한다. 사신들은 들어라. 천황의 조정에 배알하고 본국에 돌아갈 날이 가까워졌으므로 국왕에게 녹을 내리고, 문구 등에게도 몸소 물건을 내려 주셨다. 아울러 연회를 베풀어 주도록 하셨다"고 하였다. (『續日本後紀』 19 仁明紀)

발해 계해일[10]에 공경(公卿)을 조당(朝堂)에 보내어 사신들에게 연회를 베풀었다. 조를 선포하기를 "천황께서 내리는 칙명을 선포한다. 사신들은 들어라. 천황의 조정에 배알하고 본국에 돌아갈 날이 가까워졌으므로 국왕에게 녹 을 내리고, 문구 등에게도 몸소 물건을 내려 주셨다. 아울러 연회를 베풀어 주도록 하셨다"고 하였다.(『類聚國史』 194 殊俗部△ 渤海 下)

발해 (5월) 을축일(12)에 참의(參議) 종4위상 대야조신황(小野朝臣篁), 우마두(右馬頭) 종4위하 등원조신춘진(藤原朝臣春津), 소납언(少納言) 종5위하 등원조신춘강(藤原朝臣春岡), 우소변(右少弁) 종5위상 귤조신해웅(橘朝臣海雄), 좌소사(左少史) 정6위상 대와□익문(大窪□益門), 소내기(少內記) 종7위하 안야숙녜풍도(安野宿禰豊道) 등을 홍려관에 보내어 칙서와 太政官의 첩문을 내렸다. 이 날 사신들이 돌아갔다. 칙서에 이르기를 "천황이 삼가 발해국왕에게 안부를 묻는다. 조공하러 온 사신 文矩 등이 이르렀음에 계(啓)를 자세히 살펴보았다. 왕께서는 어짐을 흠모하는 뜻이 돈독하고 은혜로움을 품은 마음을 간직하고 있다. 돛을 날리는 것을 그치지 않아 해뜨는 곳을 바라봄에 길이 먼 것을 잊고, 조공물이 끊임없이 이어지니 요양(遼陽)을 마치 가까운 곳으로 여겼다. 그 수고로움을 돌아보니 진실로 그 성의가 가상하다. 다만 조빙을 닦는 기간은 12년을 기한으로 삼았는데, 이는 전대 황제 때의 밝은 제도이며 나라의 헌장(憲章)으로 이미 되어 있다. 그러한 까닭에 담당관리가 문구 등이 규칙을 어겼음을 이유로 문책하고 변경에서 돌려보낼 것을 강력히 청하였으나, 나라를 위하여 자신의 몸을 돌보지 않고 멀리서 큰 바다를 건너 왔으며 배가 부서지고 물건을 잃고 사람의 목숨만 겨우 건졌음을 내가 가련히 여겨 조정에 들어와 궁궐에 배알할 수 있게 하였다. 녹을 주고 영광스러운 반열에 들게 한 것은 종전의 규정에 의거한 것이니, 이러한 모든 은혜는 다시는 기대할 수 없을 것이다. 왕께서는 마땅히 옛날의 규정을 지켜 저버리지 말 것이며 항상 그렇게 함으로써 밝은 덕을 드러나게 하라. 오직 믿음과 순한 마음을 간직한다면 누가 마음으로부터의 예가 돈독하지 않다고 욕하겠는가. 여름 날씨가 더운 요즈음 평안하고 건강하시라. 문구가 지금 돌아감에 생각하는 바를 대략 적어 보낸다. 아울러 왕에게 주는 신물은 별지와 같다"고 하였다. 태정관의 첩문에서 말하기를 "일본국 태정관이 발해국 중대성에 첩문을 보냅니다. 조공사 영녕현승 왕문구 등 100명에 관한 첩입니다. 중대성의 첩문을 받았는데 이르기를 '두 나라는 멀고 또 넓은 바다로 막혀 있으나 대대로 친선관계를 맺어왔고 사신 편에 소식을 전해 왔습니다. 지난 번 두 나라의 사신 왕래는 12년을 기한으로 하였으므로 소식을 전함이 드물어 연모의 정이 헛되이 쌓이기만 합니다. 그런 까닭에 기한이 차는 것을 기다리지 않고 옛날의 규정에 준하여 아뢰고, 삼가 영녕현승 왕문구를 보내어 귀국을 찾아뵙게 합니다.'라고 하였습니다. 작은 나라가 큰 나라를 섬기는 이치는 스스로 마음대로 할 수 없으니, 기한을 채우고 단축하는 것이 어찌 그쪽 나라에 달려 있을 수 있겠습니까. 사안의 성격상 모름지기 도착한 그곳에서 곧바로 돌려보내 기한을 어긴 허물을 경계시켜야만 한다고 관(官)에서 장계로써 아뢰었습니다. 칙을 받들어 보니 '문구 등의 외로운 배는 이미 파손되어 100명만이 겨우 살아 남았으니, 그 고생스러움을 돌아봄에 의리상 용서해주는 것이 매우 합당하다. 특별히 은혜를 내려 입근케 하고 선물을 주되 옛날의 규정대로 내려 주라. 다만 임시적인 제도는 통용적으로 시행되지 않음을 담당 관청에 상세히 알려 다시는 어기는 일이 없도록 하라'고 하였습니다. 처분에 따라 천황을 찾아뵙고 인사하고 배를 만들었습니다. 떠날 때에 칙서와 나라의 신물을 부쳤으므로 지금 서장으로 첩합니다. 첩문은 서장에 있는 그대로입니다"라고 하였다. (『續日本後紀』 19 仁明紀)

발해　　을축일[12]에 참의(叄議) 종4위상 대야조신황(小野朝臣篁), 우마두(右馬頭) 종4위하 등원조신춘진(藤原朝臣春津), 소납언(少納言) 종5위하 등원조신춘강(藤原朝臣春岡), 우소변(右少弁) 종5위상 귤조신해웅(橘朝臣海雄), 좌소사(左少史) 정6위상 대와□익문(大窪□益門), 소내기(少內記) 종7위하 안야숙녜풍도(安野宿禰豊道) 등을 홍려관에 보내어 칙서와 태정관의 첩문을 내렸다. 이 날 사신들이 돌아갔다. 칙서에 운운(云云)하였다. 태정관첩에서 운운하였다. (『類聚國史』 194 殊俗部△ 渤海 下)

신라　　대중(大中) 3년 8월27일에 이르러 질병에 걸려 산재(山齋)에서 죽으니, 47세였다. (『三國史記』 44 列傳 4 金昕)

신라　　(대중 3년) 그 해 9월10일에 나령군(奈靈郡)의 남쪽 벌판에서 장사지냈다. 후계자가 없어서 부인이 상례를 주관하였다가, 나중에 비구니가 되었다. (『三國史記』 44 列傳 4 金昕)

신라　　가을 9월에 이찬 김식(金式)·대흔(大昕) 등이 반란하여 처형당하였다. 대아찬(大阿湌) 흔린(昕鄰)도 죄에 연좌(緣坐)되었다. (『三國史記』 11 新羅本紀 11)

신라　　가을 9월에 이찬 김이(金貳)·대흔 등이 반란하여 처형당하였다. (『三國史節要』 13)

발해　　가상(嘉祥) 2년에 발해국 사신이 입근(入覲)하였는데 대사 왕문구(王文矩)가 천황이 여러 친왕(親王) 가운데 있으면서 절하고 일어나는 거동을 바라보고, 친한 이에게 일러 말하였다. "이 공자(公子)는 지극히 귀상(貴相)을 가졌다. 반드시 천위(天位)에 오를 것이다." (『日本三代實錄』 45 光孝紀 卽位前紀)

850(庚午/신라 문성왕 12/발해 이진 21 咸和 21/唐 大中 4/日本 嘉祥 3)

백제　　(봄 정월 병술일(7)) 정6위상 원조신영(源朝臣穎) (…) 백제왕교복(百濟王敎福) (…) 산구조신춘방(山口朝臣春方)에게 모두 종5위하를 주었다. (…) (『續日本後紀』 20 仁明紀)

신라　　대중(大中) 4년 1월 9일 새벽에 진감선사(眞鑑禪師)는 문인에게 고하였다. "만법이다 공이니 나도 장차 갈 것이다. 일심을 근본으로 삼아 너희들은 힘써 노력하라. 탑을 세워 시체를 보관하지 말고 명문(銘文)으로 자취를 기록하지도 말라." 말을 마치고는 앉아서 입적하니 나이가 77세이고, 법랍(法臘)이 41년이었다. 이 때 하늘에는 실구름도 없더니 바람과 벼락이 갑자기 일어나고, 호랑이와 이리가 울부짖으며 삼나무와 향나무가 시들어졌다. 얼마 뒤 자주색 구름이 하늘을 가리더니 공중에서 손가락 튕기는 소리가 나서 장례에 모인 사람 중 듣지 못한 자가 없었다. 곧『양사(梁史)』에 실려 있기를, "시중(侍中) 저상(褚翔)이 일찍이 사문을 청하여 앓고 계신 어머니를 위하여 기도하다가 공중에서 손가락 튕기는 소리를 들었다."고 하니, 성스러운 감응이 보이지 않게 나타난 것이 어찌 꾸민 것이겠는가. 대체로 도에 뜻을 둔 사람은 기별을 듣고 서로 조문하고 정을 잊지 못한 자들은 슬픔을 머금고 우니 하늘과 사람이 비통하게 애도함을 단연코 알 수 있었다. 관과 무덤길을 미리 갖추어 준비하게 하였으니, 제자 법량(法諒) 등이 울부짖으며 시신을 모시고는 날을 넘기지 않고 동쪽 동우리의 무덤에 장사지내어 유명(遺命)을 따랐다. (「雙溪寺眞鑑禪師大空塔碑」)

신라 봄 정월에 토성이 달에 들어갔다. (『三國史記』11 新羅本紀 11)

신라 봄 정월에 토성이 달에 들어갔다. (『三國史節要』13)

신라 (봄 정월) 수도에 흙비가 내리고, 큰 바람이 나무를 뽑았다. 감옥의 죄수 중 사형수 이하를 사면하였다. (『三國史記』11 新羅本紀 11)

신라 (봄 정월) 수도에 흙비가 내리고, 큰 바람이 나무를 뽑았다. 사형수 이하를 사면하였다. (『三國史節要』13)

백제 (5월 기묘일(2)) 시종(侍從) 종5위상 도강왕(嶋江王), 좌소변(左少弁) 종5위하 문실조신조웅(文室朝臣助雄), 중무(中務) 소윤(少丞) 정6위상 백제왕 충잠(忠岑), 내사인(內舍人) 정6위상 팔다조신진(八多朝臣湊), 종8위상 청롱조신잠성(淸瀧朝臣岑成) 등을 보내 이세태신궁(伊勢太神宮)에 나아가 내친왕(內親王)을 맞이하여 재계하고 건례문(乾禮門) 앞에서 발계(祓禊)제를 올렸다. (『日本文德天皇實錄』1 文德紀)

백제 (5월) 경진일(3)에 산위 종5위하 백제왕 교복(敎福), 원조신영(源朝臣穎) 등을 원흥시사(元興寺使)로 삼고 (…) 산위 종5위상 백제왕 경세(慶世), 종5위하 귤조신삼하(橘朝臣三夏) 등을 약사시사(藥師寺使)에 임명하였다. (『日本文德天皇實錄』1 文德紀)

발해 (5월) 임오일(5)에 태황대후를 심곡산(深谷山)에 장사지냈다. (…) 태황대후의 성은 귤씨(橘氏)이고, 휘(諱)는 가지자(嘉智子)이다. 아버지는 청우(淸友)인데, 어려서부터 심기가 깊고 마음이 넓었으며 서기(書記)를 섭렵하였다. 키가 6척 2촌이었으며, 눈썹과 눈이 그려놓은 것 같았고 거동이 매우 방정하였다. 보귀(寶龜) 8년(777) 고려국에서 사신을 보내어 조공을 바칠 때 청우의 나이 약관이었는데, 양가의 자제로서 자태가 매우 뛰어났으므로 사신을 접대하였다. 고려의 대사 헌가대부사도몽(獻可大夫史都蒙)이 그를 보고 그릇으로 여겨 통사사인(通事舍人) 산어야상(山於野上)에게 "저 소년은 어떤 사람인가."라고 물었다. 야상이 "우리나라 서울의 한 백면서생일 뿐입니다"라고 대답하였다. 도몽은 관상을 잘 보았는데, 야상에게 말하여 "이 사람의 골상이 뛰어나므로 자손 가운데 크게 귀한 사람이 있을 것이오."라고 하였다. 야상이 "그의 수명이 어느 정도 될 지 청하여 묻습니다."하니, 도몽이 "32세에 재앙이 있을 것인데 이를 지나면 괜찮을 것입니다."라고 말하였다. 그 후에 청우는 전구씨

(田口氏)의 딸과 결혼하여 태후를 낳았고, 연력(延曆) 5년(786)에 내사인(內舍人)이 되었다. 그는 8년(789)에 병들어 집에서 죽었는데, 그 때에 나이가 32세로서 과연 도몽의 말과 같았다. 태후는 사람됨이 관대하고 온화하였으며 기품과 모습이 뛰어났고, 손이 무릎 아래까지 내려왔으며 머리카락이 땅에까지 닿았으므로, 보는 사람들이 모두 경이롭게 여겼다. 차아태상천황(嵯峨太上天皇)이 처음에 친왕이 되어 왕후로 맞이하였는데 총애가 날로 더하여 천황에 오른 홍인(弘仁) 초에 부인으로 삼았다. (『日本文德天皇實錄』 1 文德紀)

백제

(11월) 기묘일(6)에 종4위하 치부대보(治部大輔) 흥세조신서주(興世朝臣書主)가 죽었다. 서주는 우경인(右京人)인데, 본래의 성은 길전련(吉田連)이며 그의 선조는 백제 출신이다. 할아버지는 정5위상 도서두(圖書頭) 겸 내약정(內藥正) 상모개(相摸介) 길전련의(吉田連宜)이며, 아버지는 내약정(內藥正) 정5위하 고마려(古麻呂)인데, 모두 시의(侍醫)가 되어 여러 대에 걸쳐 천황을 모셨다. 의(宜) 등은 유교를 잘 알아 그 문도들의 녹이 있었다. 서주는 사람됨이 공손하고 삼가 하여 거동이 볼만하였다. 옛날 차아태상천황(嵯峨太上天皇)이 황위에 오르기 전에 그 나아오고 물러남을 남달리 사랑하였는데, 연력(延曆) 25년(806)에는 미장소목(尾張少目)이 되었고, 대동(大同) 4년(809) 4월에 봉전소윤(縫殿少允)이 되었으며, 홍인(弘仁) 원년(810) 정월에는 내장소윤(內匠少允)으로 관직을 옮겼다. 4년 5월에 다시 좌병위권대위(左兵衛權大尉)가 되었고, 7년(816) 2월에 다시 옮겨 좌위문대위(左衛門大尉) 겸 행검비위사사(行檢非違使事)가 되었으며, 조금 있다가 다시 우근위장감(右近衛將監)이 되었다. 서주가 비록 유학을 잘 알고 있었으나 몸이 작고 날렵하여 높은 둑을 뛰어넘고 깊은 물 위를 떠서 건넜으므로 무예를 익힌 사람 같았다. 화금(和琴)을 잘 탔으므로 대가소별당(大歌所別當)이 되어, 항상 절회(節會)에서 천황을 모셨다. 신라인 사량진웅(沙良眞熊)이 신라금(新羅琴)을 잘 탔으므로 서주가 항상 모시며 전습 받아 드디어 비도(秘道)를 이루었다. 홍인(弘仁) 8년(817) 정월에 외종5위하에 올라 직부정(織部正)에 임명되었다. 9년(818) 정월에 화천수(和泉守)가 되어 잘 다스렸다는 소문이 자못 높았다. 12년(821) 정월에 종5위하가 되었다가 14년(823)에 종5위상이 되어 비전수(備前守)에 임명되었다. 이 때 화천(和泉)의 직임을 파하고 아직 임지에 부임하지 않았는데 서울의 도로를 다스리는 직임을 잘 수행하였다. 천장(天長) 4년(827) 다시 좌경량(左京亮)이 되었다. 5년(828) 2월에 축후수(筑後守)에 임명되었으나, 신병으로 고생함으로 인하여 굳이 사양하여 부임하지 않았다. 8년(831) 2월에 다시 좌경량에 임명 되었다. 승화(承和) 4년(837)에 청하여 성을 흥세조신(興世朝臣)으로 고쳤다. 7년(840) 정월에 신농수(信濃守)가 되었고 9년(842) 정월에 정5위하에 올랐으며, 12년(845)에 목공두(木工頭)에 임명되었고 14년(847) 정월에 종4위하에 서품되었다. 가상(嘉祥) 3년(850) 8월에 직임을 옮겨 치부대보(治部大輔)가 되었는데, 늙고 몸이 쇠약하여 오로지 산림을 돌아다니며 항상 관념(觀念)의 업(業)을 행하였다. 죽을 때의 나이 73세였다. (『日本文德天皇實錄』 2 文德紀)

고구려

당(唐) 고(故) 은청광록대부(銀靑光祿大夫)·행(行) 내시성(內侍省) 내상시(內常侍) 원외치동정원(員外置同正員) 겸 액정국령(掖庭局令)·치사(致仕)·상주국(上柱國)·여남군개국공(汝南郡開國公)·식읍(食邑) 2,000호·사자금어대(賜紫金魚袋) 사선부군(似先府君) 묘지명에 서문 있음

조산대부(朝散大夫)·수(守) 비서소감(秘書少監)·상주국·진양현개국백(晋陽縣開國伯)·식읍 700호 왕식(王式)이 찬(撰)하였다.

전 장주군사판관(漳州軍事判官)·장사랑(將仕郞)·시(試) 태자통사사인(太子通事舍人)

장모(張摸)가 지문(誌文) 및 전액(篆額)을 썼다.

옛날 주(周) 효왕(孝王)이 (…) 그 선조를 매우 닮은 자가 있어 사선씨(似先氏)라고 이름 붙였다. 그 후손은 혹은 요동(遼東)에 거주하기도 하고 혹은 중부(中部)로 옮기기도 하였는데, 무덕(武德) 연간(618~626)의 우효위장군(右驍衛將軍) 영문(英問), (…) 소문관학사(昭文館學士) 담(湛), 홍려외경(鴻臚外卿) 한(翰)은 또한 그 일족이다. 내상시(內常侍) 사선의일(似先義逸)은 이름이 의일(義逸)이고 자(字)는 인휴(仁休)이며, 처사(處士) 봉영(鳳榮)의 손자이고 수주장사(隨州長史) 진(進)의 둘째아들이며 선부인(先夫人)은 같은 군(郡)의 당씨(黨氏)이다. 태어날 때부터 재주가 뛰어났고 자라서는 체격이 크고 장대하였으니, 참되고 두터우며 삼가고 품행이 바르기에 전중성(殿中省)에 들어가 황제를 모시고 (…) 액정국감작(掖庭局監作)이 되었다. 원화(元和: 806~820) 초년에 내양자(內養子)로 선발되고, 장경(長慶) 연간(821~824)에 태화공주(太和公主)를 북번(北蕃)에 시집보낼 때 안북부(安北府)까지 이르게 하였으니, 그 공로로 조산대부(朝散大夫)가 되었다. 보력(寶曆: 825~826) 초년에 은인(銀印)·주불(朱紱)을 하사받았다. 계(薊)의 사람들이 아직 왕화에 익숙하게 다스려지지 않았으므로, 사선의일이 가서 황제의 뜻을 깨우치자 나쁜 무리의 우두머리가 뉘우쳐 회개하니, 내복국령(內僕局令)으로 승진하였다. 남만(南蠻)이 성도(成都)에 들어오고 포인(褒人)이 그 군사를 △하자, 사선의일이 왕명을 받들고 그들을 위무하여 서남쪽이 모두 평온하게 다스려지니, 내외객성사(內外客省使)에 임명되어 황실의 친척과 내·외명부의 의례를 맡아 인도하였다. 제후의 사신이 이르면 그 의례를 잘 처리하였고, 그 △류자(△留者)가 있으면 원활하게 소통시켰으며, 봉록을 풍족하게 해주어 모두 황제의 뜻에 부합하였다. 금장(金章)·자수(紫綬)로 바꾸어 얼마 후 경림고사(瓊林庫使)에 임명되었는데, 또 사선의일은 청렴하게 판문(辦聞)하였다. 문종(文宗)이 남쪽 변방에 뜻이 있어 사선의일에게 경수(涇水) 주변을 두루 돌며 살피게 하니, 며칠이 지나지 않아 변방 시설물을 수리하도록 명령하였다. 바야흐로 성보(城堡)에 가서 적군의 상황을 살피고자 하였는데, 때마침 수도에 변란이 있어 불려서 돌아왔다. 이후에도 여전히 재물과 곡식의 실정을 공평하게 헤아리니, 황제가 그것을 듣고 공봉관(供奉官)을 더해주어 은혜로운 예우가 특별히 달랐다. 이듬해에 좌벽장사(左僻仗使)로 옮겼는데, 폭력을 금지하고 가혹함을 덜어주었으며 재물을 쌓고 군졸을 보충하여 군정에서 으뜸이 되니 지금까지도 그것을 칭찬한다. 황제가 형문(荊門)을 중진(重鎭)으로 여겨 대신(臺臣)에게 군사를 총괄하게 하고 덧붙여 내시백(內侍伯)을 감군사(監軍使)로 삼았다. 움직일 때에는 반드시 이치를 따르고 말에는 사사로움이 미치지 않으니, 오직 녹봉으로 사죽(絲竹)·상두(觴豆)를 갖추고 명객(命客)을 가려 뽑아 날마다 연회를 열어 취하게 하였다. 최(崔)·위(韋) 두 승상(丞相) 이하의 명사가 모두 참여하였으니, 형문 사람들은 오직 그가 떠나는 것을 두려워하였다. 들어가 한림사(翰林使)가 되고 장택사(莊宅) 겸 홍려(鴻臚)·예빈사(禮賓使)로 옮기니, 모두 업무에 능하였다. 사공(司空) 장중무(張仲武)가 처음에 유주(幽州)를 다스렸을 때, 사선의일이 가서 부절을 주었다. 비록 장중무의 뜻은 진실로 따르는 것에 힘썼고 그 지위가 지극히 높으며 도는 사책(史書)에 빛났더라도, 살아서는 북로(北虜)를 멸망시키고 동호(東胡)를 격파하였으며 죽어서는 능히 그 아들을 궁궐로 돌아가게 한 것은 모두 공이 잘 권유하였기 때문이다. 회창(會昌) 3년(843)에 황제의 군대가 북쪽을 정벌하자 내신(內臣)으로 총괄하고 감독할 자를 선발하니, 모두 말하기를, “사선의일이면 됩니다.”라고 하였다. 처음에 장택사(莊宅使)로 평양(平陽)에 있는 여러 군대 중 옛날에 항복한 자들을 위무하니, 얼마 지나지 않아 하중부(河中府)·노주(潞州) 2도(道) 절도(節度) 및 행영(行營)·공토(攻討)·감군사가 되었다. 우리 군사가 들판에 있었는데 도적들이 떼지어 아직 평정되지 않았으나, 큰 황무지에서 군사들을 뒤쫓으며 적에게

요절(要節)을 날리니, 인심이 흔들리지 않고 두 도적이 머리를 주었다. 조황(刁黃)에서 이기고 조령(烏嶺)을 견고하게 하였으며, 곽의(郭誼)를 사로잡고 양원(襄垣)을 깨끗이 하였으며, 장자(長子)를 함락시키고 노주(潞州)에 들어간 것은 모두 사선의일이 도모한 것이다. 이로 인해 그 군대는 억만의 전리품을 채워 바치고 하중부의 직무로 돌아오니, 내급사(內給事)로 옮기고 보대(寶帶)·금은(金銀)·증면(繒綿)을 하사하였다. 얼마 지나지 않아 불러서 대영고사(大盈庫使)로 임명하자 불사(佛祠) 1곳을 폐지하여 탕사(帑舍) 500칸을 새롭게 하기를 청하니, 황제가 더욱 가상히 여겨 내상시(內常侍)로 보상하고자 하였다. 바야흐로 장차 발탁하여 제수하고자 하였는데 조정에서 중요한 정무를 맡은 두 부대장이 때마침 병으로 면직되니, 얼마 후 궁전고사(弓箭庫使)에 임명하였다. 얼마 지나지 않아 치사를 청하니, 황제가 오래 지나서 허락하고 더하여 액정령(掖庭令)을 겸하게 하였다. 관계(官階)를 쌓아 은청광록대부(銀靑光祿大夫)에 이르렀고, 훈관(勳官)은 상주국이며 여남공(汝南公)·식읍 2,000호에 봉해졌다.
대중(大中) 4년(850) 2월24일에 대녕리(大寧里)의 사저(私邸)에서 돌아가시니, 향년 65세였다. 그 해 11월16일에 수도의 동쪽 만년현(萬年縣) 풍윤향(豊潤鄉)의 들판에서 장사지내니, 예의에 합당하였다. 부인 고평현군(高平縣君) 범씨(范氏)는 봉천공신(奉天功臣)·무위장군(武衛將軍) 수진(守珍)의 딸이니, 사덕(四德)을 잘 갖추었고 육인(六姻)의 으뜸되는 바가 되었다. 처음에 사선의일이 병으로 누웠을 때 곧 흰색 분을 발라 단장하지 않고 비린내 나는 음식을 먹지 않았으며, 약선(藥膳)은 반드시 자신이 챙겼고 기사(祈祀)는 다른 사람에게 맡기지 않았으며, 항상 불경을 가지고 다니며 명조(冥助)를 구하였다. 사선의일이 죽자 낮에 곧을 함에 예의를 얻었고 남은 자식을 어루만짐에 어머니의 사랑이 두터웠다. 매번 한 차례씩 큰 소리로 부를 때마다 이웃 마을을 감동시켰고, 전후로 공을 위해 추복(追福)하여 장획(臧獲) 몇 명을 면해 주었으며, 별장 및 골동품·수레·말을 시주하였고 아울러 부인의 의복·비녀·귀걸이 등을 사찰에 들여보낸 것이 거의 몇 만이었다. 아들이 5명 있었는데 모두 팔방미인이었고, 유훈을 잘 지켜 곁에서 병수발을 들고 상례를 치르는 것으로 알려졌다. 맏아들은 원약(元約)이라고 하는데, 항상 북황(北荒)에 사신으로 가서 실로 뛰어난 절조가 있으니, 내부국령(內府局令)이 되었다. 다음은 원강(元剛)이라고 하고 다음은 원례(元禮)라고 하는데, 사선의일을 따라 북쪽을 토벌하여 함께 뛰어난 공적을 세웠으니, 모두 검교(檢校) 태자빈객(太子賓客) 겸 감찰어사(監察御史)로 명해졌다. 다음은 원석(元錫)이라고 하는데, 은밀하게 황제를 모신 상을 받아 내복국승(內僕局丞)으로 거듭 승진하였다. 다음은 원작(元綽)이라고 하는데, 젊어서는 영인(令人)이 되었다가 관품을 뛰어넘어 궁교박사(宮教博士)에 임명되었다. 딸은 4명인데, 맏딸은 뇌씨(雷氏)에게, 다음은 최씨(崔氏)에게, 다음은 주씨(周氏)에게, 다음은 유씨(劉氏)에게 시집갔으니, 모두 여자로서 마땅히 해야 할 도리와 솜씨로 칭송받았고 그 타고난 탁월한 성품이 형제를 닮았다. 사선의일은 8명의 황제를 섬겼고 48년을 쉬지 않고 일하였으니, 침착하고 끈기 있었으며 많은 것을 결단하였고 겸손하게 삼가는 것을 자처하였다. 금장·자수는 그 몸에 없는 것 같았고 즐거움과 노여움을 그 얼굴에 드러내지 않았으니, 항상 자신의 좋은 점을 자랑하지 않았고 특히 공치사하는 것을 부끄러워하였다. 그가 사신으로 갔을 때에는 산로(滻潞)가 연(燕)에서 오고 안량(安梁)이 촉(蜀)을 평정하였으며, 그가 관직에서 일할 때에는 훌륭하게 여길 만한 큰 공적이 있었고 떠나간 다음에 그러워 함이 있었다. 집안에는 조서가 거의 300통이나 보관되어 있었으니, 개원(開元) 연간(713~741) 이래로 지위가 높은 신하는 숲처럼 많으나, 그 나감에 도로써 처하여 시종일관 넘치지 않았다. 현명한 부인이 있고 좋은 계승자가 있으니, 사선의일과 같은 자가 얼마나 있게는가. 그를 아는 사람은 오히려 수위(壽位)를 탄식한다. 범씨 부인은 남은 자식들에게 이르러 삼가 형저(荊渚)에 가서 돕고 포진(蒲津)으로 옮겨 돕도록 하였다. 국사의 대우를 받는 것을 두려워하고 현명한 사람의 업을 본받는 것을 갖추었으니, 부탁을 받아 지문을 지음에 그 무엇이라 말할 것인가. 명문(銘文)은 다음과 같다.

종주(宗周)의 후손으로 크고 훌륭한 덕이 100대에 왕성하였으니, 문무에 뛰어나고 늘 총명하고 현명하였도다. 살았을 때는 항상 황제를 잘 모셨고 충정(忠貞)하고 효제(孝悌)하였으니, 이름은 궁궐에서 무거웠고 자취는 내외에 뚜렷하였도다. 옛날 정원(貞元) 연간(785~805)에 궁궐에 들어가 모셨으니, 지금 팔성(八聖)에 미쳤고 여러 차례 제번(諸蕃)에 사신으로 갔도다. 신하의 절개에 잘 힘썼고 군주의 은혜를 두루 받았으니, 여러 아들은 상홀(象笏)을 잡았고 부인은 어헌(魚軒)을 탔다. 관직에서 일할 때에는 어떠하였는가. 직접 군대와 무고(武庫)를 이끌었도다. 사신으로 갔을 때는 어떠하였는가. 포인(褒人)을 안정시키고 노주(潞州)를 평정하였도다. 황제의 정책을 도와 이루었고 우리 왕의 법도를 빛내었으니, 마땅히 내시성(內侍省)의 중요한 정무를 잡았고 마땅히 두 번의 호위직으로 옮겼도다. 빠르게 높은 관직에 올랐으면서도 큰 공훈이라고 칭하지 않았으니, 도리는 물과 물고기가 인연을 맺는 듯 하였고 기운은 바람과 구름이 감응하는 듯 하였도다. 관직에서 물러난 지 얼마 지나지 않아 역궤(易簣)가 갑자기 들리니, 이 돌을 헛되이 남겨 높은 무덤에 영원히 기록하도다.

전 장주군사판관·장사랑·시 태자통사사인 장모가 지문 및 전액을 썼다.

선절교위(宣節校尉)·전 수 좌령군위(左領軍衛) 장상(長上)·전옥책관(鐫玉冊官) 이군영(李君郢)이 글자를 새겼다. (「似先義逸 墓誌銘」)

신라 대중 4년에 풍연(馮涓)이 진사과(進士科)에 급제하였는데, 방에 적힌 사람들 중에서 글을 잘 쓴다는 명성이 가장 높았다. 이 해에 신라국에서 누각을 만들었는데 금백(金帛)을 후하게 가져와서 기(記)를 찬술할 것을 주청하였으므로, 당시 사람들이 그를 영광스럽게 여겼다. (『太平廣記』 265 輕薄 1 馮涓)

신라 대중 3년의 이듬해에 어떤 신라 승려가 밤에 탑을 도굴하여 직접 들고 정자를 돌다가 갔는데, 본래의 장소를 떠나지 못하고 무리에게 발각되었다. (『佛祖統紀』 42 法運通塞志 17-9 唐宣宗大中三年)

신라 대중 연간(847~859) 경오년 이 해에 신라의 승려가 탑을 도굴하여 사리를 가지고 정자를 돌아 밤새 도망가려고 하였지만 사리가 본래의 자리에서 움직이지 않았다. (「阿育王寺 眞身舍利寶塔碑記」)

851(辛未/신라 문성왕 13/발해 이진 22 咸和 22/唐 大中 5/日本 嘉祥 4, 仁壽 1)

신라 명주(溟州) 굴산(崛山)의 고 통효대사(通曉大師)는 염관(塩官)을 계승하였고 법명은 범일(梵日)이며, 구림(鳩林)의 지체가 높은 집안인 김씨이다. (…) 대중(大中) 5년 정월에 이르러 백달산(白達山)에서 좌선(坐禪)하는데, 명주도독(溟州都督) 김공(金公)이 굴산사(崛山寺)에 머무르기를 거듭 청하였다. 숲 속에 한번 앉아서 40여 년이 지나니, 소나무를 줄 세워 가는 길의 회랑으로 삼고 돌을 평평히 하여 편안히 선정하는 자리로 만들었다. 어떤 자가 묻기를, "어찌하여 조사(祖師)가 뜻하는 바입니까."라고 하자, 범일이 답하기를, "6대가 일찍이 잃지 않았다."라고 하였다. 또 묻기를, "어찌하여 승려가 힘쓸 바입니까."라고 하자, 범일이 답하기를, "부처의 계급을 밟지 말고, 애써 삼가서 다른 것에 따라 깨닫는 것이다."라고 하였다. (『祖堂集』 17 通曉大師梵日)

신라 봄 2월에 청해진(淸海鎭)을 없애고, 그곳 사람들을 벽골군(碧骨郡)으로 옮겼다. (『三國史記』 11 新羅本紀 11)

신라 봄 2월에 청해진을 없애고 그곳 사람들을 벽골군으로 옮겼다. (『三國史節要』 13)

백제 (여름 4월 계묘 초하루) 종5위하 소야조신천주(小野朝臣千株), 백제왕 영인(永仁) (…) 등을 모두 차시종(次侍從)으로 삼았다. (…) (『日本文德天皇實錄』 3 文德紀)

신라 여름 4월에 서리가 내렸다. (『三國史記』 11 新羅本紀 11)

신라 여름 4월에 서리가 내렸다. (『三國史節要』 13)

신라 (여름 4월) 당에 들어간 사신 아찬(阿湌) 원홍(元弘) 이 불경 및 불아(佛牙)를 가지고 왔다. 왕이 교외에 나가 그를 맞이하였다. (『三國史記』 11 新羅本紀 11)

신라 (여름 4월) 아찬 원홍이 당에서 불경·불아를 가지고 돌아왔다. 왕이 교외에서 맞이하였다. (『三國史節要』 13)

신라 당(唐) 대중(大中) 5년 신미(辛未)에 입조사(入朝使) 원홍(元弘)이 가지고 온 부처의 어금니(지금은 있는 곳을 알 수 없는데, 신라 문성왕대(文聖王代)이다)는 (…) 지금 북숭산(北崇山) 신광사(神光寺)에 있다. (『三國遺事』 3 塔像 4 前後所將舍利)

신라 대중(大中) 5년 입조사(入朝使) 원홍(元弘)이 불경(佛經) 몇 축(軸)을 가지고 왔다. (『三國遺事』 3 塔像 4 前後所將舍利)

백제 (9월) 갑술일(5)에 산사(散事) 종4위하 백제왕 귀명(貴命)이 죽었다. 귀명은 종4위하 육오진수장군(陸奧鎭守將軍) 겸 하야수(下野守) 준철(俊哲)의 딸이다. 귀명은 천성이 아름답고 길쌈을 잘 하였다. 차아태상천황(嵯峨太上天皇)이 천하를 다스릴 때 발탁하여 여어(女御)로 삼았는데, 바로 2품 식부경(式部卿) 대재수(大宰帥) 충량친왕(忠良親王)의 어머니이다. 홍인(弘仁) 10년(819) 정월에 종5위상이 되었고 10월11일에 종4위하가 되었다. (『日本文德天皇實錄』 3 文德紀)

852(壬申/신라 문성왕 14/발해 이진 23 咸和 23/唐 大中 6/日本 仁壽 2)

고구려 백제 신라 가야

(2월) 을사일(8)에 참의(參議) 정4위하 행궁내경(行宮內卿) 겸 상모수(相摸守) 자야조신정주(滋野朝臣貞主)가 죽었다. 정주는 우경인(右京人)이다. (…) 가상(嘉祥) 2년(849) 봄에 (정주는) 미장수(尾張守)를 겸직하였다. 그 때 대재부의 많은 관리들이 좋지 못하여 폐해가 날로 심하였다. 정주가 표를 올려, "무릇 대재부는 서쪽 끝의 큰 땅으로 중국(일본)에서 가장 중요한 곳입니다. 동쪽은 장문국(長門國)으로써 관문(關門)을 삼고 서쪽은 신라를 막고 있습니다. 더욱이 아홉 나라와 두 개의 섬으로 이루어진 군현은 넓고 먼 곳으로서, 예로부터 지금까지 중요한 진(鎭)으로 여겨 왔습니다. 무릇 일을 도모하려면 반드시 조상에게 나아가 옛말에서 정치에 관한 점을 쳤으므로, 옛 기록을 살펴보았습니다. 당과 고려·신라·백제·임나 등은 모두 이 곳에 의탁하여 입조하여 조공하기도 하고, 혹은 귀화하려는 마음을 품기도 하였으니, 대재부는 여러 번국들이 모이는 곳이며 외국과 국내의 관문이라 할 수 있는 곳입니다. 그러므로 덕이 있는 자로 우두머리를 삼고 재주가 좋은 자로 감전(監典)을 삼았으며, 만일 마땅한 사람이 없을 때는 변관식부(弁官式部)에서 선발하여 임명하였습니다. 그런데 몇 년 전부터 끊어져 행하여지지 않으니 요즈음의 떠도는 말에 '관리들이 눈으로 보고도 입을 다물고 있어 세상 사람들을 피하는 것 같으며, 어떤 이들은 부끄러움을

잊고 재물을 탐하여 탐관오리가 되었다'고 하니, 부사(府司)와 국재(國宰)가 슬프고 마음 아프지 않음이 없습니다. (…) "라고 하였다. (『日本文德天皇實錄』 4 文德紀)

신라 봄 2월에 파진찬(波珍飡) 진량(眞亮)을 웅주도독(熊州都督)으로 삼았다. (『三國史記』 11 新羅本紀 11)

신라 봄 2월에 파진찬 진량이 웅주도독이 되었다. (『三國史節要』 13)

신라 (봄 2월) 조부(調府)에 불이 났다. (『三國史記』 11 新羅本紀 11)

신라 (봄 2월) 조부에 불이 났다. (『三國史節要』 13)

신라 가을 7월에 명학루(鳴鶴樓)를 중수(重修)하였다. (『三國史記』 11 新羅本紀 11)

신라 가을 7월에 명학루를 중수하였다. (『三國史節要』 13)

발해 대당(大唐) 대중(大中) 6년(852) 10월 28일에 제자 은상(殷喪)[단표(段表)]이 시주하였다. 일본 정관(貞觀) 3년(861) 4월 14일에 발해 사신 오질대부(吳秩大夫), 정당성 춘부경(政堂省 春部卿), 정삼위(正三位), 상중랑장(上中郎將), 균곡왕현 개국 이거정(均谷枉縣 開國 李居正)이 가지고 왔다. (「佛頂尊勝陀羅尼經跋文」)

신라 겨울 11월에 왕태자가 죽었다. (『三國史記』 11 新羅本紀 11)

신라 겨울 11월에 왕태자가 죽었다. (『三國史節要』 13)

853(癸酉/신라 문성왕 15/발해 이진 24 咸和 24/唐 大中 7/日本 仁壽 3)

백제 (봄 정월 무술일(7)) 종5위하 등원조신본웅(藤原朝臣本雄), 백제왕영선(百濟王永善) (…) 등에게는 모두 종5위상을 내렸다. (…) (『日本文德天皇實錄』 5 文德紀)

백제 (봄 정월 정미일(16)) 종5위하 백제왕 안종(安宗)으로 안예개(安藝介)를 삼았다. (…) (『日本文德天皇實錄』 5 文德紀)

발해 (3월) 무오일(28)에 월중권수(越中權守) 종5위상 기조신(紀朝臣) 춘수(椿守)가 죽었다. (…) 춘수는 예서를 전공하여 성취가 있었다. 발해의 국서에 답하기 위해 특별히 명필로 뽑혀 춘수는 전후로 두 번의 국서를 썼는데, 모두 최선을 다하였으므로 조정에서 아름답게 여겼다. (『日本文德天皇實錄』 5 文德紀)

신라 여름 6월에 홍수가 났다. (『三國史記』 11 新羅本紀 11)

신라 여름 6월에 홍수가 났다. (『三國史節要』 13)

백제 (8월 임오일(24)) 산위(散位) 종5위하 백제조신하성(百濟朝臣河成)이 죽었다. 하성의 본성은 여(余)인데 뒤에 백제로 고쳤다. 무예에 뛰어나고 용맹하였으며 강궁(强弓)을 잘 쏘았다. 대동(大同) 3년(808) 좌근위(左近衛)가 되었는데, 그림을 잘 그려 자주 부름을 받았다. 그린 옛 사람의 모습과 산수·초목 등이 모두 살아 있는 것 같았다. 옛날 궁중에 있을 때 어떤 사람으로 하여금 종자(從者)를 불러 오도록 하였는데 그 사람이 종자의 얼굴을 본 적이 없다고 하여 사양하였다. 하성이 곧바로 종이 한 장을 들어 그 모습을 그리자 그 사람이 마침내 그를 불러왔다. 그 기묘한 것이 모두 이와 같았다. 오늘날의 화풍은 모두 그 법을 하성으로부터 취한다. 홍인(弘仁) 14년(823) 미작권소목(美作權少目)에 임명되었고, 천장(天長) 10년(833)에 외종5위하에 제수되어 여러 번 관직을 옮겼다. 승화(承和) 연간에 비중개(備中介)가 되었다가 다음에 반마개(播磨介)가 되었는데, 당시 사람들이 영예로 여겼다. 죽을 때의 나이 72세였다. (『日本文德天皇實錄』 5 文德紀)

신라 가을 8월에 서남쪽의 주군(州郡)에 황충(蝗蟲)이 나타났다. (『三國史記』 11 新羅本紀 11)

신라 가을 8월에 서남쪽의 주군에 황충이 나타났다. (『三國史節要』 13)

신라 내가 듣건대, 높고 높은 하늘의 현상은 광활함을 차지하는 이름만이 아니고, 두텁고 두터운 땅의 모습은 깊고 그윽함을 칭하는 이름만은 아니다. 저 선(禪)에 깃든 상사(上士)와 법을 깨친 진인(眞人) 같을 수야 있겠는가. 그러한 사람만이 사대(四大)를 초월하여 즐거이 노닐며 경치를 구경하고 삼단(三端)을 피하여 한가로이 거하며 달을 희롱하다가, 마침내 호가호위하는 선백(禪伯)으로 하여금 혼란한 시절에 마△(魔△)를 일소하게 하고, 법령을 좇는 법왕(法王)으로 하여금 태평한 시절에 석가모니의 가르침을 돕게 하여, 자비의 구름이 다시 드리우고 불일(佛日)이 거듭 빛나며, 외도(外道)를 모두 물리쳐 하늘 끝까지 따르고 복종하며, 비밀스런 인(印)을 가지고서 심오한 뜻을 발휘하며, 그윽한 그물을 들어서 진실한 종지를 널리 드러내게 할 수 있으니, 오직 우리 대사가 바로 그 사람이다.

대사의 이름은 심희요, 속성은 김씨이니, 그 선조는 임나의 왕족이요, 풀에서 성스러운 가지를 뽑았다. 이웃나라의 침략에 괴로워하다가 우리나라에 투항하였다. 먼 조상인 흥무대왕은 오산(鼇山)의 정기를 타고, 바다(鰈水)의 정기에 올라서, 문신의 길조를 잡아 재상의 뜰에 나왔고, 무신의 지략을 잡아 왕실을 높이 부양하였으며, 평생토록 △△하여 두 적이 영원히 안정되고 토군(兎郡)의 사람들이 능히 세 조정을 받들어 멀리 진한(辰韓)의 풍속을 어루만졌다. 아버지 배상(盃相)은 도(道)는 노장사상을 높였고 뜻은 송교(松喬)를 흠모하였으며, 물과 구름이 비록 그 한가로움을 내버려둔다 할지라도 조야(朝野)는 그가 벼슬을 귀히 여기지 않음을 아쉬워하였다. 어머니 박씨가 일찍이 앉은 채로 선잠이 들었다가 꿈에 휴△(休△)를 얻었다. 나중에 미루어 생각해 보고는 깜짝 놀라며 임신을 하였다. 곧 냄새나는 음식을 끊고 그 몸과 마음을 비웠으며, 가만히 그윽한 신령에 감응하여 지혜로운 아들을 낳기를 빌었다. 대중(大中) 7년(853) 12월 10일에 태어났다. 대사는 기이한 자태가 넉넉히 드러났으며 신비한 색이 원융하게 밝았다. 나이 어려서도 철부지 같은 마음은 없었으며, 이를 가는 7,8세의 나이에도 불사(佛事)를 △△하였다. 모래를 쌓아 탑을 이루고, 잎을 따다 향으로 바쳤다. (「鳳林寺眞鏡大師寶月凌空塔碑」)

신라 선종(宣宗) 황제 재위 7년에 병부상서(兵部尚書) 유중영(柳仲郢)이 재주(梓州) 혜의정사(慧義精舍)의 남선원(南禪院)에 사증당(四證堂)을 만들어, 익주(益州) 정중사(靜衆寺)의 무상대사(無相大師), 보당사(保唐寺)의 무주대사(無住大師)와 홍주(洪州)의 도일대사(道一大師), 서당사(西堂寺)의 지장대사(知藏大師) 4명의 진영(眞影)을 건물 벽에 그렸다. (「慧義精舍 四證堂碑」: 『全唐文』 780)

854(甲戌/신라 문성왕 16/발해 이진 25 咸和 25/唐 大中 8/日本 仁壽 4, 齊衡 1)

백제 (2월 신미일(16)) 종5위하 백제왕 교응(敎凝)을 시종으로 삼았다. (…) (『日本文德天皇實錄』 6 文德紀)

백제 (여름 4월 병진일(2)) 산위(散位) 백제왕 교복(敎福)이 죽었다. 교복은 종4위하 안의

(安義)의 아들이다. 가상(嘉祥) 3년 정월에 종5위하의 관위를 받았는데, 죽을 때에 향년 48세였다. (『日本文德天皇實錄』 6 文德紀)

백제 (겨울 10월) 갑술일(23)에 공경(公卿)들이 "전(前) 이두수(伊豆守) 외종5위하 백제숙녜강보(百濟宿禰康保)가 부하(部下) 백성 여러 명을 때려 죽였으므로, 강보의 죄는 죽어 마땅합니다."라고 아뢰니, 조를 내려 사형에서 1등을 감하여 멀리 유배 보내도록 하였다. (『日本文德天皇實錄』 6 文德紀)

신라 어릴 적에 고국을 떠나와 이제 노인 되어 돌아가네 쪽배 속 객지의 꿈은 쓸쓸하고 고향 산천은 넓은 바다 저 동쪽이라 거북이 가라 앉으니 강기슭은 무너질 듯하고 용들은 다투며 창공(蒼空)에 날아오른다 그대를 중국어를 배웠으니 귀국하면 그 뉘와 정담 나누리 (『全唐詩』 8函 4册 顧非熊 送樸處士歸新羅)

신라 종려나무 엮어 침상 만들고 황야에서 야숙(夜宿)하며 무얼 바라리 큰 바다는 위와 같이 건너랴 심산협곡을 범과 동행하는 신세 신심을 다 비우고 살쩍은 선정(禪定) 중에 돋아나네 자각(紫閣)에서 사람이 와 예를 갖추니 무영(無名)이 곧 유명(有名)인 것을 (『全唐詩』 8函 4册 顧非熊 寄紫閣無名新羅頭陁僧)

855(乙亥/신라 문성왕 17/발해 이진 26 咸和 26/唐 大中 9/日本 齊衡 2)

신라 봄 정월에 사자를 파견해 서남쪽의 백성을 위문하였다. (『三國史記』 11 新羅本紀 11)

신라 봄 2월에 사자를 파견해 서남쪽의 백성을 위문하였다. (『三國史節要』 13)

신라 국왕 경응(慶膺: 文聖王)이 무구정탑(無垢淨塔)을 만들고 바램을 기록한 글.
한림랑(翰林郞)으로서 추성군태수(秋城郡太守)를 새로 제수받은 신 김입지(金立之)가 교서를 받들어 지었다.
듣건대 경전에서 말하기를 공덕을 짓는 데에는 만 가지의 방법이 있지만, 만물에 무한한 이로움을 주는 것은 탑을 짓는 것 만한 것이 없다고 하였습니다. 생각건대 국왕께서는 여러 겁(劫) 동안 선행(善行)을 행하셔서 지위가 인간세계와 천상세계에서 으뜸이 되셨습니다. 이제 또한 생명이 있는 존재가 고해(苦海)에 떠다니면서 육도(六途)에 순환하는 것을 불쌍히 여기셔서 장차 그들을 구원할 길을 만들어 부처의 정토로 이끌고자 하시는데, 그것을 위해서는 무구정탑(無垢淨塔)을 건립하는 것보다 나은 것이 없습니다. 이에 지극한 정성을 다하여 모든 중생을 구제할 것을 서원하시고서 전국의 장인 중에 뛰어난 사람을 뽑고, 여러 산의 좋은 돌을 골라 캐어서 여러 층 탑을 만들고 사리를 그 안에 넣었습니다. 공손히 바라건대 이 공덕이 멀리는 하늘이 끝나는 저편 너머까지, 위로는 높고 높은 곳 너머까지 미쳐서 저 꿈틀거리는 모든 영혼들에게까지 이익되고자 합니다. 또한 국왕께서는 영원히 인간세계와 천상세계의 주인이 되시고, 업보가 다하여 돌아가시는 날을 당하셔서는 곡식을 나누어 (보시한) 이름이 가장 높은 자리에 들기를 원합니다.
(唐) 대중(大中) 9년 을해(乙亥) 윤4월 일에 세웠다.
교선(敎宣)을 받든 수조탑사(修造塔使)는 국왕의 종제인 사지(舍知)·행웅주기량현령(行熊州祁梁縣令) 김예(金銳), 도감수조대덕(都監修造大德)은 판정법사(判政法事) 계현(啓玄), 검교수조승(檢校修造僧)은 전봉덕사상좌(前奉德寺上座) 청현(淸玄), 전지수조승(專知修造僧)은 강주(康州) 함안군통(咸安郡統) 교장(敎章), 동감수조사(同監修造

使)는 국왕의 종숙인 행무주장사(行武州長史) 김계종(金繼宗), 동감수조사는 국왕의 종숙인 강주사수현령(康州泗水縣令)을 새로 제수받은 김훈영(金勳榮), 검교사(檢校使)는 아간(阿干)·전집사시랑(前執事侍郎) 김원필(金元弼), 검교부사(檢校副使)는 수명주별가(守溟州別駕) 김억령(金嶷寧), 전지수조관(專知修造官)은 세택대나말(洗宅大奈末)·행서림군태수(行西林郡太守) 김양박(金梁博), 구당수조관(勾當修造官)은 전창부사(前倉府史) 김기언(金奇言), 구당수조관은 천창부사 김박기(金朴基). (「昌林寺無垢淨塔誌」)

백제 (가을 7월) 무인일(5)에 종3위 백제왕 승의(勝義)가 죽었다. 승의는 종4위하 원충(元忠)의 손자이며, 종5위하 현풍(玄風)의 아들이다. 어려서 대학에 들어가 자못 문장을 익혔다. 대동(大同) 원년(806) 2월에 대학소윤(大學少允)이 되었고, 4년 2월에 우경소진(右京少進)이 되었다. 홍인(弘仁) 7년(816) 2월에 종5위하의 관위를 받았고, 10년 2월에 좌위문좌(左衛門佐)가 되었다. 11년 정월에 상모개(相摸介)를 겸직하였다. 12년 10월에 종5위상의 관위를 받았고 13년 3월에 단마수(但馬守)가 되었다. 천장(天長) 4년(827) 정월에 미작수(美作守)를 겸직하였고 정5위하를 받았다. 6년 2월에 종4위하에 서품을 받아 우경대부(右京大夫)가 되었으며, 10년 11월에 좌위문독(左衛門督)이 되었다. 승화(承和) 4년(837) 정월에 상모수(相摸守)를 겸직하였고 6월에 궁내경(宮內卿)이 되었다. 6년 2월에 종3위에 서품되었는데, 연로하여 벼슬을 그만두고 하내국(河內國) 찬량군(讚良郡) 산기촌에 한가로이 살면서 자못 매와 개를 부려 사냥하는 것으로 병을 고치는 낙으로 여겼다. 죽을 때의 나이 76세였다. (『日本文德天皇實錄』 7 文德紀)

고구려 태정관이 부(符)한다.

마땅히 오절무사(五節儛師)를 폐지하고 고려고사(高麗鼓師)를 배치할 것

우(右), 치부성(治部省)의 해(解)에 이르기를 "아악료(雅樂寮)의 해에서 말하기를 '태정관의 지난 홍인(弘仁) 10년 12월 11일의 격(格)은 무사(儛師) 4인 중에서 오절무사 1인을 둔다고 하였습니다. 그런데 해당 무사는 헛되이 인원을 설정하였지만 일찍이 사람이 없었습니다. 지금 고려고생(高麗鼓生)은 4인이 있습니다. 업(業)을 배우는 날이면 그 고사(鼓師)가 없습니다. 엎드려 바라옵건대 저 무사(儛師)를 폐지하고 이 고사를 설치해 주시기 바랍니다.'라고 하였습니다. 치부성은 해장(解狀)에 따라서 삼가 태정관의 재가(官裁)를 청합니다."라고 하였다. 우대신(右大臣)이 선(宣)하노라. 칙을 받들어 청한 대로 하도록 하라.

제형(齊衡) 2년 8월21일 (『類聚三代格』 4 加減諸司官員并廢置事)

신라 태정관이 부(符)한다.

마땅히 신라무사(新羅儛師)를 폐지하고 오절무사(五節儛師)를 설치할 것

우(右), 안내를 살펴보건대, 태정관의 지난 8월 21일의 부(符)에 의하면 오절무사(五節儛師)를 폐지하고 고려고사(高麗鼓師)를 설치한다고 되어 있습니다. 지금 우대신(右大臣)의 선(宣)에 이르기를 칙을 받들어 모름지기 해당 건에 따라 다시금 고쳐 배치하도록 하라.

齊衡 2년 12월21일 (『類聚三代格』 4 加減諸司官員并廢置事)

신라 겨울 12월에 진각성(珍閣省)이 불탔다. (『三國史記』 11 新羅本紀 11)

신라 겨울 12월에 진각성이 불탔다. (『三國史節要』 13)

신라 (겨울 12월) 토성이 달에 들어갔다. (『三國史記』 11 新羅本紀 11)

신라 (겨울 12월)에 토성이 달에 들어갔다. (『三國史節要』 13)

신라 △△△△(대사의 휘(諱)는) △운(△運)이요, 속성은 김씨이니, 계림 사람이다. 그의 선조는 성한(聖韓)에서 강등하여 나물(㔓)에서 일어났고, 근본에서 지말(枝末)까지 약 백세(百世)동안 가유(嘉猷)를 끼쳤다. 대부(大父)는 산극(珊)이니, 관직이 본국(本國)의 집사시랑(執事侍郎)에 이르렀으며, 아버지는 확종(確宗)으로 여러 번 벼슬하여 본국(本國)의 사병원외(司兵員外)에 이르러 함께 조상의 덕을 선양하면서 가문의 명예를 빛나게 하였다. 어머니는 설씨(薛氏)니, 일찍 (결락) 을 꾸고는 훌륭한 아들을 낳기를 발원하여 그윽이 주미(麈尾)를 엿보고 곧 특별한 상서를 얻어서, 드디어 대중(大中) 9년 4월 18일에 탄생하였다. (「毘盧寺眞空大師普法塔碑」)

신라 대중(大中) 9년 복천사(福泉寺) 관단(官壇)에서 구족계(具足戒)를 받고는 부낭(浮囊)에 대한 뜻이 간절하였고, 초계비구(草繫比丘)와 같이 자비의 정이 깊었다. '상교(像敎)의 종지(宗旨)는 이미 최선을 다하여 배우고 힘썼지만, 현기(玄機)의 비밀한 뜻을 어찌 마음에서 구하지 않으랴'하고는 행장을 꾸려 지팡이를 짚고 하산하여 길을 찾아 곧바로 굴산(崛山)으로 나아갔다. 통효대사(通曉大師)를 친견하고 스스로 오체(五體)를 던져 예배하고 경건한 마음으로 품은 뜻을 여쭈었다. 대사는 곧 입방(入榜)을 허락하고 드디어 그로 하여금 입실(入室)하게 하였다. 스님은 이로부터 수년 동안 대사를 모시되 근고(勤苦)함이 한두 가지가 아니었다. 비록 지극한 도(道)는 어려움이 없다하지만, 마치 평지(平地)에 산을 만들 듯이 굳은 뜻을 다하였다. 그러나 정신적 피로는 항상 담박하여 마치 바닷물을 끓여 소금을 만들려는 수고로움을 더하였으며, 모든 난관을 겪되 아무리 굴욕적이고 비굴한 일이라도 능히 이겨내었다. 앉으나 누우나 항상 운수행각(雲水行脚)하면서 입당구법(入唐求法)할 생각이 간절하였다. 드디어 함통(咸通) 11년 당나라에 비조사(備朝使)로 가는 김긴영공(金緊公)을 만나 입당유학(入唐遊學)하려는 서소지심(西笑之心)을 자세히 말하였다. 김공(金公)이 갸륵하게 여기고 뜻이 통하여 같이 가는 것을 허락하였다. 그 후 얼마 되지 않아 편하게 바다를 건너 서안(西岸)인 중국땅에 도달하였다. 그 곳에서 천리를 멀리 여기지 아니하고 상도(上都)에 이르렀다. 한 담당관이 있어 특별히 구법(求法)연유를 자세히 의종황제(懿宗皇帝)에게 알리니, 칙명(勅命)을 내려 좌우승록(左街僧錄)으로 하여금 보당사(寶堂寺) 공작왕원(孔雀王院)에 대사를 편안히 모시게 하였다. 기꺼운 바는 거처가 머무르기 좋은 환경이었고, 그 곳에 온지 얼마 되지 않아 부처님께서 강탄강탄(降誕)하신 날에 칙명으로 궁내에 들어가게 되었다. 의종황제는 "지극한 교화를 넓히고 또한 경건한 마음으로 불교인 현풍(玄風)을 드날리나이다."라 하였다. 황제가 대사에게 묻되 "머나 먼 바다를 건너오신 것은 무엇을 구하려 함입니까."하였다. 대사가 황제에게 대답하되, "빈도(貧道)는 상국(上國)의 풍속을 관찰하고 불도(佛道)를 중화(中華)에게 묻고자 하였는데, 오늘 다행히도 홍은(鴻恩)을 입어 성사(盛事)를 볼 수 있게 되었으며, 소승(小僧)이 구하고자 하는 것은 두루 영적(靈跡)을 샅샅이 참배하여 적수(赤水)의 구슬을 찾고, 귀국하여서는 우리나라를 비추는 청구(靑丘)의 법인(法印)을 짓고자 합니다"라고 하였다. 천자(天子)가 스님의 말을 듣고 기꺼워하며 후하게 총뢰(寵賚)를 더하고 그 말을 매우 훌륭하게 여긴 것은 마치 법수대사(法秀大師)가 진(晉)나라의 문제(文帝)를 만난 것과 담란법사(曇鸞法師)가 양무제(梁武帝)와 대좌한 것과 같았으니 고금(古今)이 비록 다르나 이름난 대덕(大德)의 일은 더욱 같다 하겠다. 그 후 오대산(五臺山) 화엄사(花嚴寺)에 들러 문수대성전(文殊大聖前)에 기도하면서 감응(感應)을 구하게 되었다. 먼저 중대(中臺)에 올라가 홀연히 머리카락과 눈썹이 하얀 신인(神人)을 만나 머리를 조아려 절하고 가호를 빌었다. 신인이 대사에게 이르되 "멀리 오느라고 고생이 많았다. 선재(善哉)라 불자(佛子)여. 이 곳에 오래 머물지 말고 속히 남방(南方)을 향하여 가서 오색지상(五色之霜)을 찾으면 반드시 담마(曇摩)의 비에 목욕하리라."고 일러 주거늘, 대사는 슬픔을 머금고 이별하여 점차로 남행(南行)하였다.

856(丙子/신라 문성왕 18/발해 이진 27 咸和 27/唐 大中 10/日本 齊衡 3)

백제 (봄 정월 신해일(7)) 종5위하 등원조신근주(藤原朝臣近主), 기조신도무(紀朝臣道茂), 백제왕 안종(安宗) (…) 등에게 종5위상을 내렸다. (…) (『日本文德天皇實錄』 8 文德紀)

신라 (3월) 임자일(9)에 대재부에서 "신라인 30명이 (우리) 해안에 도착하였는데, 식량을 주어 돌려보냈습니다."라고 아뢰었다. (…) (『日本文德天皇實錄』 8 文德紀)

신라 대중(大中)10년 병자(丙子) 8월 3일에 규흥사(竅興寺)의 종이 완성되었는데, 들어간 놋쇠를 합하여 350정(廷)이니, 총 가격이 1,050석이다. △△△△ 처음에 이 서원을 일으킨 청숭법사(淸嵩法師)와 광렴화상(光廉和上)이 원한 것은 여러 가지를 시납하신 사람이나 불법을 듣고 좇아서 기뻐한 사람이나 모두 더없는 깨달음을 이루기를. 당시의 현령(縣令)은 함량(含梁)·훤영(萱榮)이고, △△△△△△△△ 당시의 도내(都乃)는 △△ 성안법사(聖安法師) △△, 상촌주(上村主)는 삼중사간(三重沙干) 요왕(堯王) △△△, 제이촌주(第二村主)는 사간(沙干) 용하(龍河)△△△, 제삼촌주(第三村主)는 급간(及干) 귀진(貴珍)△, 급간 대장(大匠), 대나말(大奈末) 온금(溫衾)이다. (「竅興寺鐘銘」)

신라 대중 병자년에 원랑선사(圓朗禪師)는 당(唐)에 들어가는 하정사(賀正使)를 따라서 △△△△ 중국에 △△하여 여러 사찰을 두루 찾아본 다음에 앙산(仰山)에 이르러 징허대사(澄虛大師)에게 사사(師事)하였다. 징허대사는 그 총명함을 알아보고 마음을 정밀하게 갖도록 한 후 진종(眞宗)을 가르쳤는데, 밤낮을 가리지 않고 게을리 하지 않았다. 원랑선사는 근본 바탕이 보통 사람보다 뛰어난데다가 남이 따르지 못할 정도로 정성스럽게 노력하였으므로, 곧 지혜가 태양에 짝할 정도로 뛰어나게 되고 식견은 하늘에 가득 찰 정도로 넓어지게 되었다. 더위와 추위를 겪으면서 황매(黃梅)의 심인(心印)을 이어받았고 △△을 지나지 않아서 △△한 구슬을 △△하였다. (「月光寺圓朗禪師大寶禪光塔碑」)

신라 김가기(金可記)라는 자는 신라 사람이다. 선종(宣宗) 때에 문장으로 당(唐)에 유학하여 마침내 진사(進士) 급제(及第)로 발탁되었다. 성품이 침착하고 과묵하였고, (…)에 뜻을 두고 그로 인하 종남산(終南山) 자오곡(子午谷)에 숨어 그곳에서 과일을 좋아하면서 (…) 몇 년 동안 연형술(鍊形術)·복기술(服氣術)을 연마하다가 본국으로 돌아갔다. 얼마 지나지 않아 (…) 은거하면서 수양하여 더욱 공력이 있었다. (「金可記傳磨崖石刻」)

신라 김가기는 신라 사람이고, 빈공진사(賓貢進士)이다. 천성이 차분하고 도술을 좋아하였으며, 화려하고 사치스러운 것을 숭상하지 않았고 혹은 복기술·연형술을 행하여 스스로 즐거움으로 삼았다. 아는 것이 많고 기억력이 좋았으며 지은 문장의 풍격이 맑고 아름다웠으며, 용모도 수려하고 행동거지와 언행은 중화의 풍모가 확연히 드러났다. 얼마 지나서 과거에 급제하고 종남산 자오곡에서 초가를 짓고 살면서 은둔할 뜻을 품었는데, 손수 재배한 기이한 꽃과 열매가 매우 많았고 항상 향을 사르고 조용히 앉아 마치 무슨 생각이 있는 듯 하였다. 또 『도덕경(道德經)』 및 여러 선경(仙經)을 끊임없이 암송하였다. 3년 후 그는 본국으로 돌아가고 싶어서 바다를 건너서 돌아갔다가, 다시 돌아와서 도복을 입고 종남산으로 들어갔다. 힘써 남모르게 덕행을 행하고 남들이 그에게 바라는 것이 있으면 좀처럼 거절한 적이 없었으며 정성을 다해 부지런히 일했는데 그와 견줄 수 있는 사람이 없었다. (『太平廣記』 53 神仙 50 金可記)

857(丁丑/신라 문성왕 19, 헌안왕 1/발해 이진 28 咸和 28/唐 大中 11/日本 齊衡 4, 天安 1)

백제 (봄 정월 정미일(8)) 종6위상 백제왕 정림(貞琳) (…) 등에게 외종5위하를 제수하였다. (…) (『日本文德天皇實錄』 8 文德紀)

신라 대중(大中) 11년 8월13일에 사제(私第)에서 돌아가시니, 50세였다. 부고가 들리자, 대왕이 애통해하며 서발한(舒發翰)을 추증하였다. 그 부의로 보낸 물건, 염하고 장사지내는 것은 김유신(金庾信)의 옛 사례에 똑같이 의거하였다. (『三國史記』 44 列傳 4 金陽)

신라 가을 8월에 시중(侍中) 김양(金陽)이 죽었다. 왕이 애통해하며 서발한을 추증하였다. 그 부의로 보낸 물건, 염하고 장사지내는 것은 김유신의 옛 사례에 똑같이 의거하고, 태종대왕(太宗大王)의 능에 배장(陪葬)하였다. (『三國史節要』 13)

신라 문성대왕(文聖大王), 헌안대왕(憲安大王)[이상 2명은 근기(根機)와 인연의 어구가 없어서 기록하지 않는다.] (『景德傳燈錄』 11 懷讓禪師第四世 新羅大證禪師法嗣二人)

신라 가을 9월에 왕이 병이 들어 유조(遺詔)를 내렸다. "과인이 미약한 자질로 높은 자리에 있으면서, 위로는 하늘이 굽어보는데 죄를 지을까 두려워하고, 아래로는 백성의 마음에 실망을 줄까 염려하여, 이른 아침부터 밤늦게까지 전전긍긍하는 것이 마치 깊은 물과 얇은 얼음을 건너는 듯하였다. 다행히 여러 신하들이 좌우에서 붙들고 끌어주는 데 힘입어 왕의 권위를 추락시키지 않았다. 이제 갑자기 질병에 걸려 열흘 정도 되니, 정신이 혼미하고 멍한 사이에 먼저 아침 이슬처럼 스러질 듯하다. 생각건대 선조로부터 이어온 왕업은 그 주인이 없어서는 안 되며, 군사와 정치에 관련된 제반 사무는 잠시라도 중지할 수 없다. 돌이켜 보건대 서불한(舒弗邯) 의정(誼靖)은 선왕의 손자이고 과인의 숙부로, 효성스럽고 우애가 있으며 총명하고 민첩하며 너그럽고 인자하다. 오랫동안 재상의 자리에 있으면서 왕의 정사를 끼고 도왔으니, 위로는 가히 종묘를 받들 만하고 아래로는 가히 백성들을 어루만져 다스릴 만하다. 이에 무거운 짐을 벗어 현명하고 덕있는 이에게 맡기려 한다. 정사를 맡길 만한 사람을 얻었으니 다시 무엇이 한스럽겠는가. 하물며 나고 죽는 것과 시작하고 끝맺는 것은 만물의 큰 법칙이고, 오래 살고 일찍 죽는 것과 길고 짧은 것은 운명의 이미 정해진 분수이다. 세상을 떠나는 자는 하늘의 이치를 이룰 수 있으니, 남은 자들은 지나치게 슬퍼할 필요가 없다. 너희 여러 신하들은 힘을 다하여 충성을 다 바쳐, 가는 이를 보내고 있는 이를 섬김에 혹여 예에 어긋나는 일이 없도록 하라. 나라 안에 널리 알려 나의 뜻을 분명히 알게 하라." 7일이 지나 왕이 돌아가시니, 시호를 문성(文聖)이라고 하고 공작지(孔雀趾)에 장사지냈다. (『三國史記』 11 新羅本紀 11)

신라 문성왕이 죽었다. 헌안왕 의정(誼靖) 즉위 원년이다. (『三國史記』 31 年表 下)

신라 헌안왕(憲安王)이 즉위하였는데, 이름은 의정[우정(祐靖)이라고도 한다.]이고 신무왕

(神武王)의 이모제(異母弟)이다. 어머니는 조명부인(照明夫人)인데, 선강왕(宣康王)의 딸이다. 문성왕(文聖王)의 고명(顧命)으로 즉위하였다. (『三國史記』 11 新羅本紀 11)

신라 9월에 왕이 병이 들어 유조를 내렸다. "과인이 미약한 자질로 높은 자리에 있으면서, 위로는 하늘이 굽어보는데 죄를 지을까 두려워하고, 아래로는 백성의 마음에 실망을 줄까 염려하여, 이른 아침부터 밤늦게까지 전전긍긍하는 것이 마치 깊은 물과 얇은 얼음을 건너는 듯하였다. 다행히 여러 신하들이 좌우에서 붙들고 끌어주는 데 힘입어 왕의 권위를 추락시키지 않았다. 이제 갑자기 질병에 걸려 열흘 정도 되니, 정신이 혼미하고 멍한 사이에 먼저 아침 이슬처럼 스러질 듯하다. 생각건대 선조로부터 이어온 왕업은 그 주인이 없어서는 안 되며, 군사와 정치에 관련된 제반 사무는 잠시라도 중지할 수 없다. 돌이켜 보건대 서불한 의정은 선왕의 손자이고 과인의 숙부로, 효성스럽고 우애가 있으며 총명하고 민첩하며 너그럽고 인자하다. 오랫동안 재상의 자리에 있으면서 왕의 정사를 끼고 도왔으니, 위로는 가히 종묘를 받들 만하고 아래로는 가히 백성들을 어루만져 다스릴 만하다. 이에 무거운 짐을 벗어 현명하고 덕있는 이에게 맡기려 한다. 정사를 맡길 만한 사람을 얻었으니 다시 무엇이 한스럽겠는가. 하물며 나고 죽는 것과 시작하고 끝맺는 것은 만물의 큰 법칙이고, 오래 살고 일찍 죽는 것과 길고 짧은 것은 운명의 이미 정해진 분수이다. 세상을 떠나는 자는 하늘의 이치를 이룰 수 있으니, 남은 자들은 지나치게 슬퍼할 필요가 없다. 너희 여러 신하들은 힘을 다하여 충성을 다 바쳐, 가는 이를 보내고 있는 이를 섬김에 혹여 예에 어긋나는 일이 없도록 하라. 나라 안에 널리 알려 나의 뜻을 분명히 알게 하라." 7일이 지나 왕이 돌아가시자 의정이 즉위하였다. 시호를 올려 문성이라고 하고 공작지에 장사지냈다. (『三國史節要』 13)

신라 제46대 문성왕은 (…) 19년 동안 다스렸고, 유조로 숙부에게 왕위를 전하였다. (『三國遺事』 1 王曆)

신라 제47대 헌안왕은 김씨이고 이름은 의정이다. 신무왕의 동생이고, 어머니는 흔명부인(昕明夫人)이다. 무인(戊寅, 858)에 즉위하여 3년 동안 다스렸다. (『三國遺事』 1 王曆)

신라 (가을 9월) 대사(大赦)하였다. 이찬(伊飡) 김안(金安)을 상대등(上大等)으로 임명하였다. (『三國史記』 11 新羅本紀 11)

신라 (9월) 대사하였다. 이찬 김안을 상대등으로 삼았다. (『三國史節要』 13)

발해 (11월) 무술일(5)에 좌경대부(右京大夫) 겸 가하수(加賀守) 정4위하 등원조신위(藤原朝臣衛)가 죽었다. (…) 가상(嘉祥) 2년(849) 봄 발해의 사신이 입조하였다. 5월 5일 황제가 무덕전(武德殿)에 나아가 사신에게 연회를 베풀고, 시신(侍臣) 가운데 말을 잘 하는 자를 택하라는 칙이 있어 위(衛)가 사신을 접대하는 中使가 되었다. 그 날 위에게 장명루장명루(長命縷長命縷)(수명을 늘리고 재앙 없애기를 기원하기 위하여 5색 실로 만든 것이다)를 하사하여 차게 하니, 사신과 빈객들이 그 예의범절의 모범이 되는 태도를 찬탄하였다. (…) (『日本文德天皇實錄』 9 文德紀)

신라 (대중 11년) 그 해에 12월 8일에 태종대왕의 능에 배장하였다. (『三國史記』 44 列傳 4 金陽)

신라 당 대중11년 12월에 김가기(金可記)가 갑자기 표문을 올려 아뢰기를, "신은 옥황상제의 조서를 받들어 영문대시랑(英文臺侍郎)이 되어 내년 2월25일에 하늘로 오를 것입니다."라고 하였다. 당시 선종(宣宗)은 매우 기이하게 여겨 중사(中使)를 파견하여 그를 궁 안으로 불러오도록 하였으나, 굳게 사양하며 가지 않았다. 또 그에게 옥황상제 조서의 글을 요구하자, 다른 신선이 보관하게 때문에 인간 세상에 남겨져 있지 않다고 하였다. 마침내 궁녀 4명과 향약(香藥)·금채(金綵)를 하사하고, 또 중사 2명을 파견하여 오로지 시중드는 자로만 복무하게 하였다. 김가기는 홀로 조용한 방에서 지내면서 궁녀와 중사는 대부분 가까이 하지 않았다. 밤마다 방 안에서는 항상 손님들이 이야기하며 웃는 소리가 들려서 중사가 몰래 엿보니, 단지 선관(仙官)·선녀(仙女)가 각각 용과 봉황 위에 앉아 서로 정중하게 대면하고 있었고, 그 밖에 시위하지는 자들이 적지 않게 있었다. 궁녀와 중사는 이 일에 놀라 감히 소란을 피울 수 없었다. (『太平廣記』 53 神仙 50 金可記)

신라 대중(大中)11년 12월 △△△△△△△김가기(金可記)는 옥황상제의 조서를 받들어 영문대시랑(英文台侍郎)이 되었고, 이듬해 2월에 △△△△△ 올라갈 것이라고 하였다. 선종(宣宗)이 이상하게 김가기(金可記)를 여겨 불렀으나 오지 않았다. 또 옥황상제의 조서를 찾았으나, △△△△△△△ 중사(中使)를 파견하여 감호(監護)하였다. 김가기는 홀로 거주하여 △△△△△△△△△△△△△△중사가 몰래 엿보자 선관(仙官)이 나타나 △△△△△△△△△△△△△하는 것을 보았다. 그 기간이 되자 과연 5색 구름이 있어 △△△△△△△△△△△△△ 하늘에 가득하여 잠시 후에 하늘로 올라가 살았다. (「金可記傳 磨崖石刻」)

858(戊寅/신라 헌안왕 2/발해 이진 29 咸和 29, 건황 1/唐 大中 12/日本 天安 2)

백제 (봄 정월 경자일(7)) 종5위하 백제왕 순인(淳仁) (…) 등에게 모두 종5위상을 제수하였다. (…) (『日本文德天皇實錄』 10 文德紀)

백제 (봄 정월 기유일(16)) 종5위상 백제왕 안종(安宗)을 안예수(安藝守)로 삼았다. (…) (『日本文德天皇實錄』 10 文德紀)

신라 봄 정월에 신궁(神宮)에 직접 제사지냈다. (『三國史記』 11 新羅本紀 11)

신라 봄 정월에 왕이 신궁에 직접 제사지냈다. (『三國史節要』 13)

신라 후에 굴산조사(崛山祖師) 범일(梵日)이 태화(太和) 연간(827~835)에 당나라에 들어가 명주(明州) 개국사(開國寺)에 이르렀는데, 왼쪽 귀가 떨어진 한 사미(沙彌)가 여러 중의 말석에 앉았다가 조사에게 말하기를, "저도 역시 고향사람입니다. 집은 명주(溟州) 지경 익령현(翼嶺縣) 덕기방(德耆坊)에 있사오니, 조사께서 훗날 본국에 돌아가시거든 꼭 저의 집을 지어주십시오."라고 하였다. 그런 일이 있은 후 [범일은] 총석(叢席)을 두루 다니더니 염관(鹽官)에게서 법을 얻어[이 일은 본전(本傳)에 자세히 실려 있다.] 회창(會昌) 7년 정묘(丁卯, 847)에 고국으로 돌아와 먼저 굴산사(崛山寺)를 창건하여 불교를 전하였다.

대중(大中) 12년(858, 헌안왕 2) 무인(戊寅) 2월 15일 밤 꿈에 전에 보았던 사미가 창 아래에 와서 말하기를, "옛날 명주 개국사에 있을 때 조사가 [나와] 약조하여 이미 허락한 바 있거늘 어찌하여 그리 지체하십니까."라고 하였다. 조사가 놀라서 깨어나 수십 인을 데리고 익령 지경에 가서 그의 집을 찾았다. 한 여인이 낙산 아랫마을에 살고 있어 그 이름을 물으니, 덕기(德耆)라고 하였다. 그 여인에게 한 아들이 있는데 나이가 겨우 여덟 살이었는데, 항상 남쪽 돌다리 주변에 나가 놀더니, 그 어머니에게 고하기를, "나와 함께 노는 아이 가운데 금빛 나는 아이가 있다."고 하였다. 그 어머니가 조사에게 이 사실을 알리니, 조사가 놀라고 기뻐하여 그 아들과 함께 다리 밑에 가서 찾으니 물 가운데 돌부처 하나가 있어 꺼내었다. 왼쪽 귀가 떨어진 것이 이전에 본 사미와 같았는데 이는 곧 정취(正趣)보살의 상이었다. 이에 점치는 괘쪽을 만들어 절 지을 터를 점쳐보니, 낙산 위가 길하므로 [그곳에] 불전 세 칸을 짓고 그 보살상을 모셨다.[고본(古本)에는 범일의 사적이 앞에 적혀 있고, 의상과 원효 두 법사의 사적이 뒤에 적혀 있으나, 살펴보면 의상과 원효 두 법사의 일은 [당] 고종(高宗) 때의 일이요, 범일은 회창(會昌) 이후의 일이니 서로 떨어지기가 1백 70여 년이나 된다. 그러므로 지금 먼저의 것은 버리고 차례를 바로 잡아 엮었다. 혹은 범일을 의상의 문인이라고 하나 잘못된 것이다.] (『三國遺事』 3 塔像 4 落山二大聖 觀音 正趣 調信)

신라 (대중(大中) 11년) 이듬해 2월25일에 봄 경치가 아름답고 꽃과 풀이 만연하였을 때, 과연 오색 구름이 피어오르고 선학이 울며 난새와 흰 고니가 날아들고 생황, 피리, 종(鐘), 경(磬) 소리가 울려 퍼지는 가운데 깃털로 장식한 덮개와 옥으로 장식한 바퀴가 달린 수레와 깃발이 허공을 가득 메웠다. 선인들이 매우 많이 엎드리자, 그는 승천하여 떠났다. 조정의 대신들 및 사서(士庶)로 구경하는 자가 산과 골짜기를 가득 메웠으며, 바라보고 절을 올리며 경이로움에 탄복하지 않는 자가 없었다[『속선전(續仙傳)』에서 나왔다]. (『太平廣記』 53 神仙 50 金可記)

발해 (2월) 발해왕(勃海王) 이진(彝震)이 죽었다. 계미(20)에 그 동생 건황(虔晃)을 옹립하여 발해왕으로 삼았다. (『資治通鑑』 249 唐紀 65 宣宗 下)

발해 (2월) 발해국왕의 동생인 권지국무(權知國務) 대건황(大虔晃)을 은청광록대부(銀靑光祿大夫)·검교비서감(檢校秘書監)·홀한주도독(忽汗州都督)으로 삼고, 발해국왕으로 책봉하였다. (『舊唐書』 18下 本紀 18下 宣宗)

발해 이진이 죽자, 동생 건황이 즉위하였다. (『新唐書』 219 列傳 144 北狄 渤海)

백제 (여름 4월 임인일(11)) 안예국(安藝國)에서 안예국수(安藝國守) 종5위상 백제왕 안종(安宗)이 죽었다고 아뢰었다. (…) (『日本文德天皇實錄』 10 文德紀)

신라 여름 4월에 서리가 내렸다. (『三國史記』 11 新羅本紀 11)

신라 여름 4월에 서리가 내렸다. (『三國史節要』 13)

신라 (5월 을해일(15)) 이 날에 궁내경(宮內卿) 종3위 고기왕(高枝王)이 죽었다. 고지는 사문(沙門) 공해(空海)의 글씨를 배우고 사량진웅사량진웅(沙良眞熊沙良眞熊)의 가야금 곡조를 익혔으나 한 가지도 성취하지 못하고 드디어 죽음에 이르렀다. (…) (『日本文德天皇實錄』 10 文德紀)

신라 5월부터 7월까지 비가 오지 않았다. (『三國史記』 11 新羅本紀 11)

신라 5월부터 7월까지 비가 오지 않았다. (『三國史節要』 13)

신라 (가을 7월) 당성군(唐城郡) 남쪽 강가에서 큰 물고기가 나오는 일이 있었는데, 길이가 40보이고 높이가 6장(丈)이었다. (『三國史記』 11 新羅本紀 11)

신라 (가을 7월) 당성군 남쪽 강가에서 큰 물고기가 나오는 일이 있었는데, 길이가 40보이고 높이가 6척(尺)이었다. (『三國史節要』 13)

신라 불상을 조성한 때는 석가여래 입멸 후 1808년이다. 이때는 정왕 즉위 3년이다. 대중 12년(헌안왕 2, 858) 무인 7월 17일 무주 장사현 부관 김수종이 진주하여, 정왕

(情王)은 8월 22일 칙령을 내렸는데 △ 몸소 지으시고도 피곤함을 알지 못하셨다. (「寶林寺鐵造毘盧舍那佛坐像造像記」)

백제

(11월) 7일 갑자일에 천황이 태극전(太極殿)에서 즉위하였는데, 그 때 나이 9살이었다. (…) 종5위하 우병고두(右兵庫頭) 백제왕 영인(永仁) (…) 등을 모두 종5위상으로 삼았다. (…) (『日本三代實錄』 1 淸和紀)

백제

(11월 26일 계미일) 좌경직(左京職)이 "매년 올리는 단야호(鍛冶戶) 백제품부(百濟品部)의 호등계장(戶等計帳)은 공가(公家)에 무익하고 직리(職吏)에게 번잡함이 있으므로, 이를 없애 올리지 않도록 하기를 청합니다."라고 말하니, 이를 좇았다. (『日本三代實錄』 1 淸和紀)

신라

일본국의 사문(沙門) 혜악(慧鍔)이 오대산(五臺山)에 절하여 관음상(觀音像)을 얻었는데, 사명산(四明山)을 거쳐서 장차 귀국하려고 하였다. 배가 보타산(補陀山)을 지나자, 돌 위에 붙어서 나아갈 수 없었다. 무리가 의심하고 두려워하여 기도하며 말하기를, "만약 불상이 해동(海東)에서 근기(根機)와 인연(因緣)이 익숙하지 않고 서툴렀다면, 이 산에 머무르기를 청합니다."라고 하자, 배가 곧 떠서 움직였다. 혜악은 애통해 하며 사모하여 떠날 수 없어서, 이에 바닷가에 집을 지어 그것을 받들었다[지금 산 옆에 신라 장수가 있다]. 은현(鄞縣) 사람들이 그것을 듣고 그 상이 개원사(開元寺)에 본래의 장소로 돌아가기를 청하였다. (…) 이것이 해동의 여러 나라이니, 천자를 알현하는 상인이 오가고 극진히 공경하여 성심을 다 바치니 무사히 건너지 않음이 없다.[『초암록(草菴錄)』] (『佛祖統紀』 42 法運通塞志 17-9 唐宣宗大中十二年)

신라

화상(和尙)의 휘는 순지(順之)요, 속성은 박씨(朴氏)며, 패강(浿江) 사람이다. 할아버지 때부터 가업(家業)이 웅호(雄豪)하여 대대로 변장(邊將)을 지냈는데, 마치 규화향일(葵花向日)처럼 충성스럽게 근무하는 호국(護國)의 아성일 뿐만 아니라 패강도호부(浿江都護府)에서 북방(北方) 변새(邊塞)를 수호함에 있어 없어서는 안될 명장(名將)이라는 칭송이 자자하였다. 그리하여 경사스러운 위대한 업적(業蹟)을 지방 곳곳에 남겼던 것이다. 어머니는 소씨(昭氏)이니, 유범(柔範)과 모의(母儀) (결락) 에 대한 부덕(婦德)을 <칭송함이 여리(閭里)에 가득하였다. 스님을 잉태할 때에는 여러 차례 길상(吉祥)한 태몽을 꾸었고, 분만하는 날에는 많은 이서(異瑞)가 나타났다. 옛 현인(賢人)들의 이와 같은 예는 익히 알고 있었으나> 지금도 그와 같은 길조(吉兆)를 징험할 수 있다 하겠다. 죽마(竹馬)의 나이 때부터 남다른 도량(度量)을 갖고있어 어른다운 언행을 보이기도 하였다. 다른 아이들과 희희(嬉戲)할 때에는 나이에 걸맞게 유치하지 않았고, 남다른 수상(殊常)한 행동을 보였다. 10살 때부터 부지런히 공부하기 시작하였고 <하는 말마다 원대한 뜻을 읊었으니 이로 미루어 보아 그의 능운(凌雲)의 뜻을 충분히 엿볼 수 있었다. 교의(敎義)를 분석하고 현리(玄理)를 담론(談論)할 때에는 마치 거울로 비추는 것과 같이 해박하였다>. (결락) 나이 약관(弱冠)일 때부터 이미 도의 싹이 조열(早熱)하였으니 훤화(喧華)한 곳에 있기를 싫어하고 항상 정묵(靜黙)한 가운데서 놀았다. 그러다가 어느 날 갑자기 양친(兩親)에 고(告)하되 "스님을 따라 불교(佛敎)에 투신하여 출가수도 하겠다"하므로, 그 뜻을 꺾지 못할 것을 알고 <소천(所天)은 마지못해 억지로 허락하게 되었다. (결락) 허락을 받은 이후 곧바로 개성 오관산(五冠山)으로 달려가 삭발하고 스님이 되었다. 그 후 속리산 법주사(法住寺)로 가서 구족계(具足戒)를 받았으니 계행(戒行)은 마치 초계비

구(草繫比丘)와 같았고> 계를 지키려는 마음은 호아(護鵝)와 같이 굳었다. 얼마를 지나 공악산(公岳山)으로 가던 중 홀연히 신인(神人)을 만났다. 신이 법(法)을 청하기에 따라 갔더니 그 곳의 화려함이 궁궐(宮闕)처럼 화성(化成)하였는데, (결락) 마치 도솔천(兜率天)에서 설법하는 것과 같았다. 설법이 끝나자마자 모두 홀연히 사라졌으니 만약 지극한 도덕과 수행의 원만함이 아니면 그 누가 능히 이와 같은 수승(殊勝)한 인연을 감득(感得)할 수 있겠는가. 대중(大中) 12년에 이르러 스스로 큰 서원(誓願)을 세우되> 상국(上國)으로 구법유학(求法遊學)할 뜻을 품고 때를 기다리다가 마침 입조사(入朝使)를 만나 아무 어려움 없이 운명(雲溟)을 헤치는 일척(一隻)의 배를 타고 만중(萬重)의 물결을 지나 (결락) <조금도 두려움 없이 안선(安禪)에서 동(動)하지 아니하고 중국 땅에 도달하여서는 곧바로 앙산혜적화상(仰山慧寂和尙)이 있는 곳으로 찾아갔다. 앙산(仰山)스님을 친견하고 정성스럽게 예배(禮拜)를 드리고는 제자(弟子)가 되기를 간청하니, 앙산화상이 너그럽게 웃으면서 이르기를 "어찌 그리 늦게 왔는가. 사제(師弟)의 인연(因緣)을 맺음이> 너무 늦었구려!"하고는 "이미 나에게 뜻을 두고 찾아 왔으니, 그대의 뜻에 맡기노라"하였다. 그로부터 스님은 앙산(仰山)의 좌우(左右)를 떠나지 아니하고 <현종(玄宗)을 묻고 배웠으니 마치 안회(顔回)가 부자(夫子)의 문하(門下)에 있으며 또한 가섭(迦葉)> 이 <석존(釋尊)의 문전(門前)에 있는 것과 같았다. 앙산회상(仰山會上)의 선려(禪侶)들이 모두 한결같이 감탄해 마지않았다. 어느 날 앙산(仰山)이 홀연히 순지(順之)에게 법인(法印)을 전해주었으니 그로부터 수법제자(受法弟子)가 되어 "사자상승(師資相承)하여 면면히 끊어지지 않게 하라"하였다. 선사(禪師)는 "만겁(萬劫)에 걸려 있지 않고 깨달음은 찰나(刹那)에 있는 법! 진리가 바로 너의 심중(心中)에 있다. 그러므로 내가 지금 거듭 설(說)하지 않겠노라"고 하였다. (결락) 구법활동(求法活動)을 모두 마치고 본국(本國)으로 돌아오는 길에는> 고래등 같은 파도를 헤치면서 오봉(鼇峯)을 향하여 무사히 고국에 도착하였다. 그로부터 크게 선교(禪敎)를 개천(開闡)하였으니, 보월(寶月)이 밝게 비추었고 자등(慈燈)은 널리 밝혔다. (결락) (「瑞雲寺了悟和尙碑」)

신라 오관산(五冠山) 서운사(瑞雲寺)의 화상(和尙)은 앙산(仰山)의 혜적(慧寂) 선사(禪師)를 계승하였는데, 대사의 이름은 순지(順之)이고 속성(俗姓)은 박씨이며 패강(浿江) 사람이다. (…) 대중12년에 이르러 사사로이 맹세와 기원을 밝혀서 당(唐)에 유학하려고 준비하니, 입조하는 사신을 따라서 구름과 바다를 잘 건넜다. 1척의 배에 타고 만 겹의 파도를 지나는데, 일찍이 두려운 생각이 없어서 움직이지 않고 편안히 선정(禪定)하였다. 앙산의 혜적 화상이 있는 곳에 지름길로 도착하여, 공경하며 정성을 다하여 발에 절하여 제자가 되기를 바랬다. 화상은 관대하게 웃으며 말하기를, "어디에 와서 인연을 늦추었으니, 인연은 얼마나 늦었는가. 이미 뜻한 바가 있으니 네가 머무르도록 맡긴다." 순지 선사는 혜적의 주변을 떠나지 않고 불교의 심오한 진리에 대하여 가르침을 청하였다. 안회(顔回)가 공자(孔子)의 아래에 있고 가섭(迦葉)이 석가(釋迦)의 앞에 있는 것 같았으니, 그 중 승려는 모두 더욱 깊이 감탄하여 마음으로 따랐다. (『祖堂集』 20 瑞雲寺和尙順之)

신라 당의 과거에 급제하여 당을 말한다만 보름날 달 돌아오면 고향 계림을 생각하네 고기들 밤이면 잠이 드나 음화는 차갑고 아침이면 신기루는 엷어지고 햇빛은 짙으리 거센 풍랑에 쪽배는 물고기 등 위로 날 듯하고 파도가 자면 삼신산이 바다 가운데 나타나네 생각건대 글 지어 신라 음악에 맞춰 복숭아 꽃 속에서 신라 음악에 맞춰 복숭아 꽃 속에서 인삼주에 푹 취하리라 (『全唐詩』 8函 4冊 章孝標 送金可紀歸新羅)

신라　만경창파 신비로운 골짜기 밖 신라는 어느 섬이런가 배 주인은 머나먼 길 신라를 떠나오고 바둑 두는 스님들 중국에 몰려 왔노라 해풍이 백학을 스치고 햇빛은 모래톱 붉은 소라를 비추네 이번에 가면 붓 던지고 종군하여 무예를 연마함이 어떠하리오 (『全唐詩』 8函 8冊 許渾 送友人罷擧歸東海)

859(己卯/신라 헌안왕 3/발해 건황 2/唐 大中 13/日本 天安 3, 貞觀 1)

발해　(봄 정월) 22일 기묘일에 능등국(能登國)에서 역마(驛馬)를 달려, “발해국의 입근사(入覲使) 오효신(烏孝愼) 등 104명이 주주군(珠洲郡)에 도착하였습니다”라고 아뢰었다. (…) (『日本三代實錄』 2 淸和紀)

발해　기묘일(22)에 능등국에서 역마를 달려, “발해국의 입근사 오효신 등 104명이 주주군에 도착하였습니다”라고 아뢰었다. (『類聚國史』 194 殊俗部△ 渤海 下)

발해　(봄 정월 28일 을유) 정6위상 행소외기(行少外記) 광종숙녜안인(廣宗宿禰安人)과 대내기(大內記) 정6위상 안배조신청행(安倍朝臣淸行)을 영발해객사(領渤海國客使)로 삼았다. (『日本三代實錄』 2 淸和紀)

발해　을유일(28)에 정6위상 행소외기 광종숙녜안인과 대내기 정6위상 안배조신청행을 영발해객사로 삼았다.(『類聚國史』 194 殊俗部△ 渤海 下)

발해　(2월 4일 경인) 발해국사신이 능등국(能登國)에 도착하였다. 이 날 조를 내려 가하국(加賀國)으로 옮겨 편한 곳에 안치하도록 하였다. (『日本三代實錄』 2 淸和紀)

발해　경인일(4)에 발해국사신이 능등국에 도착하였다. 이 날 조를 내려 가하국으로 옮겨 편한 곳에 안치하도록 하였다. (『類聚國史』 194 殊俗部△ 渤海 下)

발해　(2월 7일 계사) 종6위하 행직강(行直講) 예전수안웅(苅田首安雄)을 영발해객사(領渤海客使)로 삼았는데, 광종안인(廣宗安人)이 사퇴하였기 때문이다. (『日本三代實錄』 2 淸和紀)

발해　계사일(7)에 종6위하 행직강 예전수안웅을 영발해객사로 삼았는데, 광종안인이 사퇴하였기 때문이다. (『類聚國史』 194 殊俗部△ 渤海 下)

발해　(2월) 9일 을미일에 대초위하(大初位下) 춘일조신택성(春日朝臣宅成)을 발해통사(渤海通事)로 삼았다. (『日本三代實錄』 2 淸和紀)

발해　을미일(9)에 대초위하 춘일조신택성을 발해통사로 삼았다. (『類聚國史』 194 殊俗部△ 渤海 下)

백제　(2월 13일 기해일) 산위(散位) 종5위상 백제왕 경세(慶世)를 형부대보(刑部大輔)로 삼았다. (…) 좌병고두(右兵庫頭) 종5위상 백제왕 영인(永仁)을 섭진권개(攝津權介)로 삼았다. (…) (『日本三代實錄』 2 淸和紀)

발해　(3월) 13일 기사일에 영발해객사(領渤海客使) 대내기(大內記) 정6위상 안배조신(安倍朝臣) 청행(淸行), 직강(直講) 종7위하 예전수(苅田首) 안웅(安雄)이 차비를 갖추고 떠나려 하니, 천황이 “사신들은 마땅히 존문(存問) 겸 영발해객사(領渤海客使)로 칭해야 할 것이니, 이번에는 존문사(存問使)를 임명하지 않았기 때문이다”라고 말하였다. 발해국 부사(副使) 주원백(周元伯)은 자못 문장에 뛰어났으므로, 조를 내려 월전권소연(越前權少掾) 종7위하 도전조신충신(嶋田朝臣忠臣)을 일시 가하권연(加賀權掾)으로 삼아 그 곳으로 향하여 원백(元伯)과 시를 주고 받도록 하였는데, 충신은

문장을 잘 지었기 때문이다. (『日本三代實錄』 2 淸和紀)

발해 기사일(13)에 영발해객사(領渤海客使) 대내기(大內記) 정6위상 안배조신(安倍朝臣) 청행(淸行), 직강(直講) 종7위하 예전수(苅田首) 안웅(安雄)이 차비를 갖추고 떠나려 하니, 천황이 "사신들은 마땅히 존문(存問) 겸 영발해객사(領渤海客使)로 칭해야 할 것이니, 이번에는 존문사(存問使)를 임명하지 않았기 때문이다"라고 말하였다. 발해국 부사(副使) 주원백(周元伯)은 자못 문장에 뛰어났으므로, 조를 내려 월전권소연(越前權少掾) 종7위하 도전조신충신(嶋田朝臣忠臣)을 일시 가하권연(加賀權掾)으로 삼아 그 곳으로 향하여 원백(元伯)과 시를 주고 받도록 하였는데, 충신은 문장을 잘 지었기 때문이다. (『類聚國史』 194 殊俗部△ 渤海 下)

신라 봄에 곡식이 귀하여 사람들이 굶주렸다. 왕이 사자를 파견해 진휼하고 구조하였다. (『三國史記』 11 新羅本紀 11)

신라 봄에 곡식이 귀하여 사람들이 굶주렸다. 왕이 사자를 파견해 진휼하고 구조하였다. (『三國史節要』 13)

백제 (여름 4월 2일 정해) 이 날에 조를 내려 (…) 종4위상 시좌왕(時佐王), 종5위상 백제왕 경세(慶世)를 아울러 차시종(次侍從)으로 삼았다. (『日本三代實錄』 2 淸和紀)

신라 여름 4월에 제방을 수리하고 완성하여 농사를 권하라고 교서를 내렸다. (『三國史記』 11 新羅本紀 11)

신라 여름 4월에 제방을 수리하고 완성하였다. (『三國史節要』 13)

발해 (5월 10일 을축일) 존문(存問) 겸 영발해객사(領渤海客使) 대내기(大內記) 안배조신(安倍朝臣) 청행(淸行)과 가하국사(加賀國司) 등이 발해국의 계첩과 신물을 받들어 바쳤다. 발해국 왕이 아뢰기를, "건황(虔晃)은 아룁니다. 한 겨울이 점점 추워지고 있는데, 천황의 모든 일에 만복이 깃들기를 바랍니다. 저 건황은 은혜를 입어 나라를 다스리며 해를 걸러 사신을 보내어 선친의 예를 길이 펴고, 여러 대에 걸친 정을 지니고 정성껏 바람에 맡기는 형상을 계속하였는데 항상 12년을 넘은 적이 없습니다. 지금에 이르러 건황이 다행이 선친의 유업을 계승하여 한 나라를 아우르고 지키게 되었으니, 옛 책에 이른 바 예의 뜻에 거듭 합당하다고 하겠습니다. 감히 옛 관행에 따라 사신을 보내면서 이 계를 부칩니다. 이제 12년이 다 되어 가니 사모하는 정이 참으로 더합니다. 돛을 달아 해진(海津)을 기약하고 서신을 보내어 마음을 표합니다. 이에 구름 돛대를 달고 멀리 파도를 넘어 만리 먼 곳의 천황을 생각하는 마음을 이루고자 조그마한 마음을 얽어 보나 다하기 어렵습니다. 가고 오는 사이에 삼가 긍휼히 여기시기를 바라나 큰 바다가 가로놓여 있어 직접 찾아뵙지 못하고 있습니다. 저의 뜻이 사모함에 치달음을 어찌할 수 없어 삼가 정당성 좌윤(左允) 도효신(烏孝愼)을 보내어 받들어 계를 올립니다. 드릴 말씀 많으나 다 펴지 못하고 삼가 계를 올립니다."라고 하였다. 중대성 첩에 이르되, "첩하여, 처분을 받듭니다. 부상(부桑)은 파도 너머에 있고 해 뜨는 곳은 먼 나라입니다만, 바람을 살펴 돛대를 달고자 하며, 한 해를 걸렀지만 소식 전하기를 바랍니다. 가벼운 배를 띄워 구름 덮힌 물길을 가끔 건너고, 항상 가슴 속에 품고 있는 조그마한 마음이 많은 안개를 헤치는 듯이 피어오르는 것은, 해를 걸러 일역(日域)을 건너는 까닭입니다. 天律이 바뀌어 옮겼으므로 옛 관례를 지킬 것을 생각하고, 성기(星紀)가 한 바퀴 도는데 가까워졌으므로 옛 전적에 보이는 친밀한 관계를 펼치며 옛 장정(章程)에 보이는 우호를 계속 따릅니다. 일에 따라 뜻을 표하며, 이웃과 선린하고 예를 베풉니다. 사모하는 마음이 절실하여 이전의 기한을 기다리지 못하고 삼가 정당성 좌윤(左允) 오효신을 보내어 귀국의 천자를 뵙도록 합니다. 狀에 준하여 첩을 올립니다."라고 하였다. (『日本三代實錄』 2 淸和紀)

발해 을축일(10)에 존문(存問) 겸 영발해객사(領渤海客使) 대내기(大內記) 안배조신(安倍朝臣) 청행(淸行)과 가하국사(加賀國司) 등이 발해국의 계첩과 신물을 받들어 바쳤다. (발해국) 왕이 아뢰어 운운(云云)하였다. 중대성 첩에 이르되 운운하였다. (『類聚國史』 194 殊俗部△ 渤海 下)

발해 (6월) 23일 정미일에 발해국왕에게 칙서를 내렸다. 즉 "천황은 삼가 발해국왕에게 묻는다. 글과 바친 물건이 모두 도착하여 살펴보니 만족스럽다. 생각건대 왕은 문무를 갖추고 충효가 마음에서 우러나오는 것 같다. 우리나라의 법도를 이어받고 인을 친히 하는 옛 우호를 돈독히 하는 데에 마음을 기울여 오랫동안 노력하니 천자의 덕을 기리는 정성에 소홀함이 없었고, 바다를 건너는 기간이 길지만 험한 구름 사이를 헤치고 건너오는 일을 폐하지 않았다. 이에 깊은 정성을 돌아보니 어찌 생각이 더하지 않겠는가. 선황께서 지난 해 8월에 돌아가시면서 유언으로 조를 남겨 달려오는 것을 허락하지 않았다. 짐이 적은 德으로 나라를 이어 받아 선황의 유훈을 받들어 스스로 닦으며, 옛 백성을 어루만져 스스로 구휼하니, 비록 조빙하는 예는 大喪이라도 어그러지지 않는 것이며, 연정(延正)의 조회는 춘추에서도 아름답게 여기는 바이다. 그러나 궁궐에 풍류소리가 끊어지니, 일은 모름지기 입조하여 머리를 조아리는 데에 막히고, 나라에 재앙이 빈번하니 사람들이 소식을 전함에 어려움이 있었다. 이로 인하여 사신을 위로하여 대접하고 기한이 되어 돌려 보낸다. 12년을 기한으로 하는 것은 어떠한가. 뜻을 통하기에는 오히려 가까운 기간이다. 이제 효신(孝愼)에게 서신과 물품을 부쳐 보내니 옛 변장(辨裝)에 따른 것이다. 물품의 목록은 따로 마련하였다. 날이 대단히 뜨거우니 왕과 신하들은 평안하길 빈다. 이에 간략하게 글을 보내나 할 말은 한 둘이 아니다"라고 하였다. 태정관이 중대성에 첩을 보내, "중대성의 첩에 '첩하여 처분을 받듭니다. 부상(扶桑)은 파도 너머에 있고 해 뜨는 곳은 먼 나라입니다만, 바람을 살피고 돛대를 달고자 하며, 한 해를 걸렀지만 소식을 전하기를 바랍니다. 가벼운 배를 띄워 구름 덮힌 물길을 가끔 건너고, 항상 가슴 속에 품고 있는 조그마한 마음이 많은 안개를 헤치는 듯이 피어오르는 것은, 해를 걸러 日域을 건너는 까닭입니다. 천률(天律)이 바뀌어 옮겼으므로 옛 관례를 지킬 것을 생각하고, 성기(星紀)가 한 바퀴 도는데 가까웠으므로 옛 전적에 보이는 친밀한 관계를 펼치며 옛 장정(章程)에 보이는 우호를 계속 따릅니다. 일에 따라 뜻을 표하며, 이웃과 선린하고 예를 베풉니다. 사모하는 마음이 절실하여 이전의 기한을 기다리지 못하고 삼가 정당성 좌윤(左允) 오효신(烏孝愼)을 보내어 귀국의 천자를 뵙도록 합니다. 狀에 준하여 첩을 일본국 태정관에게 올립니다'라고 하였다. 삼가 첩한 것은 큰 바다와 같아 헤아리기 어렵고, 뜻이 크므로 강들이 宗으로 삼을 만하다. 예가 조회하는 데 있으나 치달아 옴이 급하여 기한이 차지 않았는데도 왔으니, 유사(有司)가 일을 다스리는 데 즐겨 용납하여 대할 수 없었다. 그런데 칙을 받들었는데, '오효신(烏孝愼) 등이 멀리서 천황의 가르침을 사모하여 신기루를 넘어 자주 오고 저으기 순귀(順歸)하는 마음을 품어 용향(龍鄕)을 떠나 거듭 이르니, 忠節의 모범을 긍휼히 여겨 헤아릴 만하다. 하물며 노후(魯侯)가 거듭 조회하였으나 춘추에서 폄하하지 않았음에랴. 다만 나라에 흉상이 있고 농사가 흉년이 들었으니 장차 옛 의궤를 온전히 하려 하여 어찌 백성들을 고통스럽게 하겠는가. 융숭히 맞이하여 대접하고 임시로 서울에 들어와 머물게 하고 거처를 편히 하여 주며 예에 따라 물품을 내려 주어야 마땅할 것이다. 다시 길흉을 묻는 것은 과거에 그 자취를 찾아볼 수 있다. 만약 뜻이 조문하는 데에 있으면, 일은 모름지기 전하는 제도와 어긋난다. 다만 자주 배를 타고 내왕하면 앞으로 시한을 둔 규범을 어길 것이다. 다시 12년이 되기를 기다려, 이웃과 우호를 닦는 표를 올리도록 하라'는 것이었다. 이제 천황의 말씀으로 인하여 평상시처럼 검교하고 배를 수리하여 바람과 해류를 탈 수 있게 되었으므로 천황의 서신과 물품을 함께 사신에게 부쳐 돌려보낸다. 그 두터운 정성을 남겨두고 돌려 보내면서 이제 장첩을 보내니, 첩이 이르면 장에 준하라. 그러므로 첩한다."라고 하였다. 동시(東絁) 50필과 면(綿) 400둔(屯)을 대사 오효신에게 내렸다. 효신이 발해의 토산물을 별도로 바쳤기 때문에 이를 내린 것이다. (…) (『日本三代實錄』 3 清和紀)

발해 정미일(23)에 발해국왕에게 칙서를 내려 이르되 운운하였다. 태정관에서 중태성에 첩을 보내 이르되 운운하였다. 동시(東絁) 50필과 면(綿) 400둔(屯)을 대사 오효신에게 내렸다. 효신이 발해의 토산물을 별도로 바쳤기 때문에 이를 내린 것이다. (『類聚國史』 194 殊俗部△ 渤海 下)

신라 마침내 무주(武州) 황학난야(黃壑蘭若)에 머무르니, 이 때가 대중(大中)13년 용이 석목진(析木津)에 모인 무인(戊寅: 858)에 헌안대왕(憲安大王)이 즉위한 이듬해였다. 대왕은 소문을 듣고 도를 우러러 사모하여 꿈에서도 노력하고 선문(禪門)을 열고자 하여 수도로 들어오기를 청하였다. 여름 6월에 교서를 내려 장사현부수(長沙縣副守) 김언경(金彦卿)을 파견하여 차와 약을 보내고 맞이하게 하였다. 보조선사(普照禪師)는 구름과 바위를 벗삼아 지내는 것을 편안히 여겼고, 또 결계(結戒)의 달이 되어 정명(淨名)의 병을 칭하고 육조(六祖)의 고사를 말하였다. (「寶林寺普照禪師塔碑」)

발해 (가을 7월) 21일 갑술일에 존문(存問) 겸 영발해객사(領渤海客使) 직강(直講) 예전수(茢田首) 안웅(安雄)이 복명(復命)하여 "(발해국) 사신들은 이 달 6일에 닻줄을 풀고 번국(藩國)으로 돌아갔습니다"라고 아뢰었다. 대내기(大內記) 안배조신(安倍朝臣) 청행(淸行)은 지난 4월 부친의 상을 당하여 직을 떠났으므로, 안웅 혼자서 돌아와 일의 전말을 아뢰었다. 천황의 상중이었으므로 사신들을 불러들이지 않고 가하국(加賀國)으로부터 번국으로 돌려보냈던 것이다. (『日本三代實錄』 3 清和紀)

발해 갑술일(21)에 존문 겸 영발해객사 직강 예전수 안웅이 복명하여 "(발해국) 사신들은 이 달 6일에 닻줄을 풀고 번국(藩國)으로 돌아갔습니다"라고 아뢰었다. 대내기(大內記) 안배조신(安倍朝臣) 청행(淸行)은 지난 4월 부친의 상을 당하여 직을 떠났으므로, 안웅 혼자서 돌아와 일의 전말을 아뢰었다. 천황의 상중이었으므로 사신들을 불러들이지 않고 가하국(加賀國)으로부터 번국으로 돌려보냈던 것이다. (『類聚國史』 194 殊俗部△ 渤海 下)

신라 (대중 13년) 겨울 10월에 교서를 내려 또 도속사(道俗使)·영암군승정(靈巖郡僧正) 연훈법사(連訓法師), 봉신(奉宸) 풍선(馮瑄) 등을 파견해 왕의 뜻을 설명하여 가지산사(迦智山寺)로 옮겨 거처할 것을 청하였다. 마침내 석장을 날려 산문에 옮겨 들어가니, 그 산은 대덕(大德) 원표(元表)가 옛날에 거처하던 곳이었다. (「寶林寺普照禪師塔碑」)

백제 (11월 19일 경오일) 정6위상 단파권연(丹波權掾) 백제왕 준총(俊聰) (…) 에게 아울러 모두 종5위하를 내렸다. (『日本三代實錄』 3 清和紀)

백제 (11월20일 신미일) 외종5위하 백제왕 향춘(香春) (…) 에게 모두 종5위하를 내렸다.

(…) (『日本三代實錄』 3 淸和紀)

신라　대중(大中) 말년(末年)에 강주(康州) 엄천사(嚴川寺) 관단(官壇)에서 구족계를 받았다. 그로부터 시라(尸羅)를 굳게 지켜 초계비구(草繫比丘)와 같이 하였고, 기러기를 상하게 할까 염려하는 자비심도 일으켰으며, 나아가서는 호아(護鵝)하는 민념(愍念) 또한 간절하였다. 제방(諸方)으로 다니면서 여름 안거(安居)를 하다가 뒤늦게 다시 본사(本寺)로 돌아가서 재차 여러 경전을 연구하고 군미(群迷)를 인도하였으니, 환희(懽喜)의 다문(多聞)을 능가하고 안생(顔生)의 호학(好學)보다 더 고매(高邁)하였다. (「普賢寺朗圓大師悟眞塔碑」)

860(庚辰/신라 헌안왕 4/발해 건황 3/唐 大中 14, 咸通 1/日本 貞觀 2)

신라　당(唐) 선종(宣宗) 14년 2월에 장사현부수(長沙縣副守) 김언경(金彦卿)은 일찍이 제자의 예를 갖추고 문하의 빈객이 되어 녹봉을 덜고 사재를 내어 철 2,500근을 사서 노사나불(盧舍那佛) 1구(軀)를 주조하여 선사가 거처하는 절을 장엄(莊嚴)하였다. 교서를 내려 망수택(望水宅)·이남택(里南宅) 등도 금 160분(分), 조(租) 2,000섬을 내어 공덕을 꾸미는데 도와 충당하고 그 절(가지산사)은 선교성(宣敎省)에 예속시켰다. (「寶林寺普照禪師塔碑」)

신라　가을 9월에 왕이 임해전(臨海殿)에 여러 신하들을 모이게 했는데, 왕족 응렴(膺廉)이 나이 15세로 자리에 참석하였다. 왕은 그의 뜻을 살피고자 문득 묻기를, “그대는 한동안 돌아다니면서 배웠는데, 훌륭한 사람을 본 적이 없었더냐.”라고 하였다. 응렴이 대답하기를, “신은 일찍이 세 사람을 보았는데, 마음 속으로 착한 행실이 있다고 여겼습니다.”라고 하였다. 왕이 말하기를, “어떤 것인가.”라고 하니, 응렴이 말하였다. “한 사람은 고귀한 가문의 자제로서 다른 사람과 사귐에 자기를 먼저 내세우려 하지 않고 남의 아래에 자리하였습니다. 한 사람은 부잣집 사람으로서 옷을 사치할 수 있는데도 항시 삼베·모시만 입으며 스스로 기뻐하였습니다. 한 사람은 권세와 영화를 누리면서도 일찍이 그 힘으로 사람을 억누르는 일이 없었습니다. 신이 본 바는 이와 같습니다.” 왕이 듣고 말없이 있다가 왕후와 귓속말로 말하기를, “내가 사람을 본 것이 많지만, 응렴 만한 이는 없었다.”라고 하고는, 딸을 아내로 삼게 하려고 하였다. 응렴을 돌아보고 말하기를, “바라건대 그대는 몸을 아끼라. 나에게 딸 자식이 있으니 그대의 배필로 삼게 하리라.”라고 하였다. 다시 술자리를 마련하여 함께 술을 마시며 조용히 말하기를, “나에게 두 딸이 있는데, 언니는 올해 20세이고 동생은 19세이다. 그대 마음에 드는 대로 장가를 들라.”라고 하였다. 응렴은 사양하였으나 받아들여지지 않자 일어나 감사의 절을 드리고, 곧 집에 돌아와 부모에게 알렸다. 부모가 말하기를, “듣건대 왕의 두 딸의 얼굴은 언니가 동생만 못하다고 한다. 만약 어쩔 수 없다면 마땅히 그 동생에게 장가들어야 할 것이다.”라고 하였다. 그러나 응렴은 여전히 망설이며 결정을 하지 못하다가, 이에 흥륜사(興輪寺)의 승려에게 물었다. 승려가 말하기를, “언니에게 장가들면 세 가지 이로움이 있을 것이고, 동생에게 장가들면 이와 반대로 세 가지 손해가 있을 것이다.”라고 하였다. 응렴이 곧 왕에게 아뢰기를, “신은 감히 결정하지 못하겠으니, 오직 왕의 명령에 따르겠습니다.”라고 하였다. 이에 왕의 큰 딸이 시집갔다. (『三國史記』 11 新羅本紀 11)

신라　가을 9월에 왕이 임해전에 여러 신하들을 모이게 했는데, 왕족 응렴이 나이 15세로 자리에 참석하였다. 왕은 그의 뜻을 살피고자 문득 묻기를, “그대는 국선(國仙)이 되어 한동안 돌아다니면서 배웠는데, 훌륭한 사람을 본 적이 없었더냐.”라고 하였다. 응렴이 대답하였다. “한 사람은 공적 있는 가문의 자제인데도 남보다 앞서려 하지 않고 스스로 낮추었습니다. 한 사람은 집이 부유한데도 옷을 입음에 사치하지 않았습니다. 한 사람은 권세와 영화를 누리면서도 교만한 기운을 드러내지 않았습니다. 신은 마음 속으로 이들을 훌륭한 사람이라고 여겼습니다." 왕이 말없이 있다가 왕후와 말하기를, "내가 사람을 본 것이 많지만, 응렴 만한 이는 없었다."라고 하고는, 딸을 아내로 삼게 하려고 하였다. 다시 술자리를 마련하여 조용히 말하기를, "나에게 두 딸이 있는데, 그대 마음에 드는 대로 선택하라."라고 하였다. 응렴은 사양하였으나 받아들여지지 않자, 돌아와 부모에게 알렸다. 부모가 말하기를, "듣건대 왕의 딸의 얼굴은 언니가 동생만 못하다고 한다. 만약 어쩔 수 없다면 어찌 동생에게 장가들지 않겠는가."라고 하였다. 낭도 범교(範敎)가 말하기를, "언니에게 장가들면 세 가지 이로움이 있을 것이고, 동생은 세 가지 손해가 있을 것이다."라고 하였다. 응렴이 곧 왕에게 아뢰기를, "신은 감히 결정하지 못하겠으니, 오직 왕의 명령 뿐입니다."라고 하였다. 왕이 장녀를 그에게 시집보내니, 이가 영화부인(寧花夫人)이다. (『三國史節要』 13)

신라 왕의 이름은 응렴이고 나이 18세에 국선이 되었다. 나이 20세가 되자 헌안대왕(憲安大王)이 낭을 불러 궁궐에서 잔치를 베풀면서 묻기를, "낭은 국선이 되어 사방을 돌아다니다가 어떤 이상한 일을 보았는가."라고 하였다. 낭이 말하기를, "신은 아름다운 행실을 지닌 사람 셋을 보았습니다."라고 하였다. 왕이 말하기를, "그 이야기를 듣고 싶네."라고 하니, 낭이 말하였다. "남의 윗자리에 있을 만한 사람이면서 겸손하여 남의 밑에 있는 이가 그 첫째이고, 큰 부자이면서도 검소하고 간단하게 옷을 입는 사람이 그 둘째이며, 본래 귀하고 세력이 있으면서도 그 위세를 사용하지 않는 자가 셋째입니다." 왕이 그 말을 듣고서 그의 현명함을 알고, 눈물을 흘리는 줄도 모르고서 말하기를, "나에게 두 딸이 있는데, 낭의 시중을 들게 하고 싶네."라고 하였다. 낭이 자리를 피하며 절을 하고는 머리를 굽히면서 물러나서, 부모에게 알렸다. 부모는 놀라고 기뻐하며 그 자제들을 모아 의논하기를, "왕의 맏공주는 외모가 매우 초라하고, 둘째 공주는 매우 아름다우니 그에게 장가가는 것이 좋겠다."라고 하였다. 낭의 무리 가운데 우두머리인 범교사(範敎師)라는 자가 이 말을 듣고 집에 이르러 낭에게 묻기를, "대왕께서 공주를 공의 아내로 삼고자 한다는데 사실입니까."라고 하니, 낭이 말하기를, "그렇습니다."라고 하였다. 그가 말하기를, "어느 쪽에게 장가들 것입니까."라고 하니, 낭이 말하기를, "부모님께서 나에게 동생이 마땅하다고 명하였습니다."라고 하였다. 범교사가 말하였다. "낭께서 만약 동생에게 장가간다면 나는 낭의 면전에서 반드시 죽을 것입니다. 그 언니에게 장가든다면 반드시 세 가지 좋은 일이 있을 것이니, 살피시기 바랍니다." 낭이 말하기를, "시키는 대로 하겠습니다."라고 하였다. 그리고 나서 왕이 날을 택하여 낭에게 사자를 파견해 말하기를, "두 딸은 공이 명하는 바대로 하겠다."라고 하였다. 사신이 돌아와서 낭의 뜻을 아뢰기를, "맏공주를 받들겠다고 합니다."라고 하였다. (『三國遺事』 2 紀異 2 四十八景文大王)

백제 11월 16일 임진일에 산위(散位) 백제왕 충혜(貞惠) (…) 에게 모두 종5위하를 내렸다. (…) (『日本三代實錄』 4 淸和紀)

861(辛巳/신라 헌안왕 5, 경문왕 1/발해 건황 4/唐 咸通 2/日本 貞觀 3)

발해 (봄 정월 20일) 을미일에 출운국(出雲國)에서 "발해국사 이거정(李居正) 등 105명이 은기국(隱岐國)으로부터 도근군(嶋根郡)에 도착하였습니다."라고 아뢰었다. (『日本三代實錄』 5 淸和紀)

발해 을미일(20)에 출운국에서 "발해국사 이거정 등 105명이 은기국으로부터 도근군에

도착하였습니다."라고 아뢰었다. (『類聚國史』 194 殊俗部△ 渤海 下)

발해 (봄 정월 21일 병신일) 지출운국사(知出雲國司)에게 "발해객들에게 예에 따라 공급하되, 다만 옛날에는 도(稻)를 썼는데 이번에는 특별히 방아 찧은 곡식으로써 충당하라"고 명을 내렸다. (『日本三代實錄』 5 淸和紀)

발해 병신일(21)에 지출운국사에게 "발해객들에게 예에 따라 공급하되, 다만 옛날에는 도(稻)를 썼는데 이번에는 특별히 방아 찧은 곡식으로써 충당하라"고 명을 내렸다. (『類聚國史』 194 殊俗部△ 渤海 下)

발해 (봄 정월) 28일 계묘일에 산위(散位) 정6위상 등원조신춘경(藤原朝臣春景), 병부소록(兵部少錄) 정7위하 갈정연선종(葛井連善宗)을 영발해객사(領渤海客使)로 삼고 파마(播磨) 소목(少目) 대초위상(大初位上) 춘일조신(春日朝臣) 택성(宅成)을 통사(通事)로 삼았다. 칙을 내려 "사신의 일을 묻는 일이 끝나면 등원춘경은 마땅히 단마권개(但馬權介)로 칭할 것이며, 갈정련선종(葛井連善宗)은 인파권연(因幡權掾)으로 칭하라"고 하였다. (『日本三代實錄』 5 淸和紀)

발해 계묘일(28)에 산위(散位) 정6위상 등원조신춘경, 병부소록 정7위하 갈정연선종을 영발해객사로 삼고 파마 소목 대초위상 춘일조신 택성을 통사로 삼았다. 칙을 내려 "사신의 일을 묻는 일이 끝나면 등원춘경은 마땅히 단마권개(但馬權介)로 칭할 것이며, 갈정련선종(葛井連善宗)은 인파권연(因幡權掾)으로 칭하라"고 하였다. (『類聚國史』 194 殊俗部△ 渤海 下)

신라 궁예(弓裔)는 신라 사람으로 성은 김씨이다. 아버지는 제47대 헌안왕(憲安王) 의정(誼靖)이고, 어머니는 헌안왕의 후궁이었는데 그 성과 이름은 전하지 않는다. 또는 48대 경문왕(景文王) 응렴(膺廉)의 아들이라고도 한다. 5월 5일에 외가에서 태어났다. 그 때 지붕 위에 흰 빛이 있어 마치 긴 무지개가 위로 하늘에 이어진 것 같았다. 일관(日官)이 아뢰었다. "이 아이는 중오일(重午日)에 태어났고 나면서부터 이가 있었으며, 또 광염이 이상하였습니다. 아마도 장차 국가에 이롭지 못할 것이오니 마땅히 그를 키우지 마십시오." 왕이 중사(中使)에게 명하여 그 집에 이르러 그를 죽이도록 하였다. 사자가 포대기에서 빼앗아 그를 누각 아래로 던졌다. 유모인 여자 종이 몰래 그를 받았는데, 실수하여 손가락으로 눈을 찔러 한 쪽 눈을 멀게 하였고, 안고 도망가서 힘들고 고생스럽게 길렀다. (『三國史記』 50 列傳 10 弓裔)

신라 문성대왕(文聖大王), 헌안대왕(憲安大王)[이상 2명은 근기(根機)와 인연의 어구가 없어서 기록하지 않는다.] (『景德傳燈錄』 11 懷讓禪師第四世 新羅大證禪師法嗣二人)

신라 봄 정월에 왕이 병이 들어 위독하자 측근들에게 말하였다. "과인은 불행하게도 아들은 없고 딸만 두었다. 우리나라의 옛 일에 비록 선덕(善德)·진덕(眞德)의 두 여왕이 있었다고는 하나, 그것은 암탉이 새벽을 알리는 일에 가까운 것이니 본받을 수 없다. 사위 응렴은 나이가 비록 어리지만 노성한 덕을 가지고 있어서, 경들이 왕으로 옹립해 섬긴다면 반드시 조상의 위대한 업적을 실추시키지 않을 것이니, 과인이 죽더라도 장차 망가지지 않을 것이다." 이 달 29일에 돌아가시자, 시호를 헌안(憲安)이라고 하고, 공작지(孔雀趾)에 장사지냈다. (『三國史記』 11 新羅本紀 11)

신라 헌강왕이 죽었다. 경문왕 응렴(膺廉) 즉위 원년이다. (『三國史記』 31 年表 下)

신라 경문왕이 즉위하였는데, 이름은 응렴[응(膺)은 의(疑)라고도 한다.]이고 희강왕(僖康王)의 아들인 아찬(阿飡) 계명(啓明)의 아들이다. 어머니는 광화(光和)[광의(光義)라고

	도 한다.]부인(夫人)이고, 비는 영화부인(寧花夫人) 김씨이다. (『三國史記』 11 新羅本紀 11)
신라	봄 정월에 왕이 병이 들어 위독하자 측근들에게 말하였다. “과인은 불행하게도 아들은 없고 딸만 두었다. 우리나라의 옛 일에 비록 선덕·진덕의 두 여왕이 있었다고는 하나, 그것은 암탉이 새벽을 알리는 일에 가까운 것이니 본받을 수 없다. 사위 응렴은 나이가 비록 어리지만 노성한 덕을 가지고 있어서, 경들이 왕으로 옹립해 섬긴다면 반드시 조상의 위대한 업적을 실추시키지 않을 것이니, 과인이 죽더라도 장차 망가지지 않을 것이다.” 왕이 돌아가시자, 응렴이 즉위하였다. 응렴은 희강왕의 손자이고 아찬 계명의 아들이다. 시호를 올려 헌안이라고 하고, 공작지에 장사지냈다. (『三國史節要』 13)
신라	제48대 경문왕은 김씨이고 이름은 응렴이다. 아버지는 각간(角干) 계명이고 의(義)[의(懿)라고도 한다.]공대왕(恭大王)으로 추봉(追封)하였는데 곧 희강왕의 아들이다. 어머니는 신무왕(神武王)의 딸 광화부인이다. 비는 문자△후(文資△后)인데, 헌안왕의 딸이다. 신사(辛巳)에 즉위하여 14년 동안 다스렸다. (『三國遺事』 1 王曆)
신라	그 후 3개월이 지나자 왕은 병이 위독하여 여러 신하들을 불러서 말하기를, “짐은 남자 후손이 없으니, 죽은 후의 일은 마땅히 맏딸의 남편인 응렴이 계승해야 할 것이다”라고 하였다. 다음 날 왕이 돌아가시자, 낭이 유조(遺詔)를 받들어 즉위하였다. 이에 범교사(範教師)가 왕에게 나아가 말하였다. “제가 아뢰었던 세 가지 좋은 일이 지금 모두 드러났습니다. 맏공주에게 장가들었기 때문에 지금 왕위에 오른 것이 그 첫째이고, 예전에 흠모하던 동생 공주에게 이제 쉽게 장가들 수 있음이 그 둘째이며, 맏공주에게 장가들었기 때문에 왕과 부인께서 매우 기뻐하였던 것이 그 셋째입니다.” 왕은 그 말을 고맙게 여겨 대덕(大德) 작위를 내리고 금 130냥을 하사하였다. (『三國遺事』 2 紀異 2 四十八景文大王)
신라	당시의 춘추는 77세인데, 함통(咸通) 2년 봄 2월 6일에 질병이 없이 앉아서 천화(遷化)하니, 신체가 흩어지지 않고 신색(神色)이 평소와 같았다. (「大安寺寂忍禪師塔碑」)
신라	(함통 2년 봄 2월) 곧 8일에 절의 송봉(松峰)에 안치하고 돌을 세워 부도(浮屠)로 하였다. 슬프도다! 색과 상은 본래 공허하여 오고 감이 항상 고요하니, 삶과 죽음을 돌아보지 않고 미혹한 범인(凡人)을 제도(濟度)하였는데, 전에 제도 받지 못한 자들은 갑자기 전생의 인연을 잃고 후생의 제도를 얻었다. 모름지기 진리에 도달한 사람은 응보를 다하였다고 여기어 형체가 시들어지니 비통하도다. 어느덧 대패를 거두고 거문고 줄을 끊어버렸다. (「大安寺寂忍禪師塔碑」)
고구려	(3월) 14일 무자일에 동대사(東大寺)에서 무차대회(無遮大會)를 베풀고 비고자나대불(毗盧遮那大佛)을 공양하였다. (…) (이 날) (…) 이에 부처님을 점안(點眼)하니 무릇 그 장엄한 위의를 다 적을 수 없을 정도였다. (…) 당우(堂宇)에 가득하게 당·고려·임읍(林邑) 등의 음악이 울려 퍼지며 북소리와 종소리가 연이어 퍼지고 거문고와 피리소리가 늘어지듯 하였다. (…) (『日本三代實錄』 5 淸和紀)
신라	3월에 왕이 무평문(武平門)에 납시어 대사(大赦)하였다. (『三國史記』 11 新羅本紀 11)
신라	3월에 왕이 무평문에 납시어 대사하였다. (『三國史節要』 13)

발해 (5월 21일 갑오일) 존문(存問) 겸 영발해국사(領渤海客使) 단마권개(但馬權介) 정6위상 등원조신춘경(藤原朝臣春景)과 출운국사(出雲國司) 등에게 명하여 이르기를 "발해국사 이거정(李居正)은 선황의 제도를 어기고 거듭 조문하러 왔다. 또한 계안(啓案)을 살피게 하였더니 예식(例式)을 어긴 것이 많았다. 일은 모름지기 그 경솔하고 방자함을 책망하여 그 곳으로부터 돌려보내야 한다. 그러나 듣자하니 거정의 관위가 공경(公卿)이고, 나이는 사직할 때를 지났으며, 재주가 교신(交新)하는 데 뛰어나 오히려 아낄만하다고 한다. 그러므로 특별히 우대하고 긍휼히 여겨 서울에 들어오는 것을 허락하고자 하였다. 그러나 지난 번 한해가 계속되고 농번기라 방해가 되니, 오는 길이 염려되므로 다시 멈추게 하였다. 또 왕의 계(啓)와 신물 등은 다시 거두어 들일 수 없으므로, 모름지기 중대성의 첩을 올리도록 하라" 하고, 출운국의 견(絹) 145필, 면(綿) 1,225둔(屯)을 발해객도(渤海客徒) 105명에게 나누어 주도록 하였다. (…) (『日本三代實錄』 5 淸和紀)

발해 갑오일(21)에 존문(存問) 겸 영발해국사(領渤海客使) 단마권개(但馬權介) 정6위상 등원조신춘경(藤原朝臣春景)과 출운국사(出雲國司) 등에게 명하여 이르기를 "발해국사 이거정(李居正)은 선황의 제도를 어기고 거듭 조문하러 왔다. 또한 계안(啓案)을 살피게 하였더니 예식(例式)을 어긴 것이 많았다. 일은 모름지기 그 경솔하고 방자함을 책망하여 그 곳으로부터 돌려보내야 한다. 그러나 듣자하니 거정의 관위가 공경(公卿)이고, 나이는 사직할 때를 지났으며, 재주가 교신(交新)하는 데 뛰어나 오히려 아낄만하다고 한다. 그러므로 특별히 우대하고 긍휼히 여겨 서울에 들어오는 것을 허락하고자 하였다. 그러나 지난 번 한해가 계속되고 농번기라 방해가 되니, 오는 길이 염려되므로 다시 멈추게 하였다. 또 왕의 계(啓)와 신물 등은 다시 거두어들일 수 없으므로, 모름지기 중대성의 첩을 올리도록 하라" 하고, 출운국의 견(絹) 145필, 면(綿) 1,225둔(屯)을 발해객도(渤海客徒) 105명에게 나누어 주도록 하였다. (『類聚國史』 194 殊俗部△ 渤海 下)

발해 (5월) 26일 기해일에 태정관이 발해국 중대성에 보내는 첩을 존문사(存問使)와 출운국사(出雲國司)에게 내리고, 시(絁) 10필, 면(綿) 40둔을 대사 이거정에게 별도로 주었다. (『日本三代實錄』 5 淸和紀)

발해 기해일(26)에 태정관이 발해국 중대성에 보내는 첩을 존문사(存問使)와 출운국사(出雲國司)에게 내리고, 시(絁) 10필, 면(綿) 40둔을 대사 이거정에게 별도로 주었다. (『類聚國史』 194 殊俗部△ 渤海 下)

백제 발해 (6월) 16일 기미에 장경선명력경(長慶宣明曆經)을 처음으로 반포하여 시행하였다. 이에 앞서 음양두(陰陽頭) 종5위하 겸 행역박사(行曆博士) 대춘일조신(大春日朝臣)·신야마려(眞野麻呂)가, "삼가 살피건대 豊御食炊屋姬(豊御食炊屋姬, 推古)천황 10년(602) 10월에 백제국 승려 관륵(觀勒)이 처음으로 역술(曆術)을 바쳤으나 세상에 시행하지 못하였습니다. 고천원광야희(高天原廣野姬, 持統)천황 4년(690) 12월에 칙명을 내려 처음으로 원가력(元嘉曆)을 사용하였으며, 다음에는 의봉력(儀鳳曆)을 사용하였습니다. 고야희(高野姬, 稱德)천황 천평보자(天平寶字) 7년(763) 8월에 의봉력(儀鳳曆)을 그만 두고 개원대연력(開元大衍曆)을 사용하였는데, 그 후 보귀(寶龜) 11년(780)에 견당사 녹사 고(故) 종5위하 행내약정(行內藥正) 우률신익(羽栗臣翼)이 보응오기력경(寶應五紀曆經)을 바치면서 '대당(大唐)은 이제 대연력을 그만 두고 오직 이 경을 쓰고 있습니다.'라고 말하였습니다. 천응(天應) 원년(781)에 칙령이 있어 이 경에 의거하여 역일(曆日)을 만들게 하였는데, 이를 익히거나 배우는 사람이 없었으므로 이 업을 전할 수 없어 오히려 대연력경을 사용한 지 이미 100년이 되었습니다. 진야마려(眞野麻呂)가 지난 지형(齊衡) 3년(856)에 저 오기력(五紀曆)을 쓸 것을 청하니, 조정에서 '국가가 대연력경에 근거하여 역일을 만든 것이 오래되었고, 聖人이 떠난 지 이미 오래되었으나 의리로 보아 둘 다 있는 것이 좋겠습니다. 마땅히 잠시 동안이라도 서로 겸용하여 한쪽 것만 사용하지 않도록 합시다'라고 의논하였습니다. 정관(貞觀) 원년(859)에 발해국 대사 오효신(烏孝愼)이 새로이 장경선명력경(長慶宣明曆經)을 바치며 '이는 대당에서 새로이 쓰는 역경(曆經)입니다'라고 말하였습니다. 진야마려가 시험삼아 살펴보았는데, 이치가 분명하였습니다. 이에 저 새로운 역(曆)을 대연·오기 등 두 역경(曆經)과 비교하고, 또 천문을 살피며 시후(時候)를 참작하니, 두 역경이 점차 치밀하지 못하게 되며 삭일(朔日)과 절기에 차이가 있었습니다. 또 대당 개성(開成) 4년(839)과 대중(大中) 12년(858) 등의 역경을 교감하니 저 신력(新曆)이 다시 서로 다르지 않게 되었습니다. 역서(曆書)에서 말하기를 '음양의 운동은 움직임에 따라 차이가 있으며, 그 차이는 어찌할 수 없는 것이므로 역(曆)과 어그러지게 되는 것'이라고 하였습니다. 바야흐로 이제 대당은 개원(開元, 713~741) 이래로 세 번이나 역술(曆術)을 고쳤습니다. 본조(本朝)에서는 천평(天平, 729~748) 이후로 오히려 한 가지 경(經)만을 사용하면서도 조용히 사물의 이치만을 말하고 있으니, 진실로 그리할 수는 없는 것입니다. 청하건대 옛 역법(曆法)을 그만 두고 새로운 역법을 사용하여 천운을 공경하십시오."라고 하였다. (천황이) 조를 내려 이를 따랐다. (『日本三代實錄』 5 淸和紀)

백제 발해

태정관이 부(符)한다.

마땅히 장경선명역경(長慶宣明曆經)을 사용할 것

우(右), 음양두(陰陽頭) 종5위하 겸 행역박사(行曆博士) 대춘일조신 진야마려의 해장(解狀)에 이르기를, "삼가 고기(古記)를 살펴보매 풍어식취옥희천황(豊御食炊屋姬天皇, 추고천황) 10년 임술년 겨울 10월에 백제승 관륵이 와서 역술을 바쳤습니다만 아직 세상에 행해지지는 않았습니다. 고천원광야희천황(高天原廣野姬天皇, 지통천황) 천평보자(天平寶字) 4년 경인년 겨울 12월에 칙이 내려와 비로소 원가력(元嘉曆)을 사용하고 이어 의봉력(儀鳳曆)을 사용하였습니다. (…) 지난 정관(貞觀) 원년 발해대사 오효신(烏孝愼)이 새롭게 장경선명역경을 바쳤는데 이것이 대당이 새롭게 사용하고 있는 經입니다. (…) "

정관 3년 6월16일 (『類聚三代格』 17 文書幷印事)

가야 고구려 백제 신라

(8월) 19일 경신일에 우경인(左京人) 산위(散位) 외종5위하 반대전숙녜상웅(伴大田宿禰常雄)에게 반숙녜(伴宿禰)의 성을 내렸다. 이에 앞서 정3위 행중납언(行中納言) 겸 민부경(民部卿) 황태후궁대부(皇太后宮大夫) 반숙녜선남(伴宿禰善男) 등이 아뢰어 말하기를 "상웅(常雄)이 간곡하게 말하기를, 삼가 가첩(家諜)을 살펴보니 반대전숙녜는 (저희들과) 조상이 같은데 금촌대련공(金村大連公)의 셋째 아들 협수언(狹手彦)의 후예입니다. 협수언은 선화천황(宣化天皇) 때에 임나(任那)에 사신으로 가서 신라를 정벌하고 임나를 회복하였으며, 아울러 백제를 도왔습니다. 흠명천황 때에 백제는 고려의 침구로 인하여 사신을 보내어 구원을 청하였습니다. 협수언이 다시 대장군이 되어 고려를 정벌하였는데, 그 왕이 성벽을 넘어 도망하였으므로 승기를 틈타 宮에 들어가 보화와 재물을 모두 취하여 바쳤습니다. 의성도(礒城嶋, 敏達)천황 때에 돌아 와서 고려의 포로를 바쳤는데 지금 산성국(山城國)의 박인(狛人)들이 바로 그들입니다. 협수언이 다시 해외에 사신으로 파견되어 두 나라를 정벌하고 절역에까지 힘을 다하여 두 나라를 다시 세웠으니, 몸은 당시에 높았고 공은 후대에까지 남았습니다. 다만 옛 사람들이 질박하여 두 나라를 정벌하는 데 힘을 다하고 사사롭지 않

았으므로 모두 별성(別姓)을 내렸었습니다. 이로써 자손들이 대부(大部)가 될 수 없어 별도로 대전숙녜(大田宿禰)를 내렸고, 협수언의 아우 아피포고(阿彼布古)는 아버지를 이어 대부연공(大部連公)이 되었습니다. 이로부터 이후로 자손이 퍼지지 않을까 걱정하여 다시 별성을 내리지 않았습니다. 이제 아피포고의 후예들은 대대로 높은 벼슬에 현달하였으나, 협수언의 후예로서 높은 자리에 올라간 자는 오랫동안 들은 적이 없습니다. 한 조상의 후예로서 번영과 쇠락이 크게 달라 매우 한탄스러우며 (이에) 고소가 그치지 않았습니다. 상웅(常雄)이 다행이 태평한 시대를 만나 새로이 천황의 조정에 참여함으로써 문음이 중흥하여 진실로 영예와 기쁨이 됩니다. 대전(大田) 두 자를 새겨 함께 한 宗으로 돌아가게 하면 밖으로는 공신의 차서를 욕되게 하지 않을 것이며, 안으로는 바야흐로 형제간의 우애를 두텁게 할 것입니다. 선남등이 엎드려 가기(家記)를 살펴 말하는 바가 헛되지 않으면 저 두 자를 새기고 곧바로 숙녜를 내리시어 그 지파를 끌어 들여 이 본원(本源)에 들어오도록 하소서"라고 하였으므로, 이에 따랐다. (『日本三代實錄』 5 淸和紀)

신라 함통(咸通) 연간(860~874) 신사년(辛巳年)에 시방(十方)에서 물자를 보시하여 그 절을 확장하였는데, 경사로운 완공일에 선사가 임하니 암수의 무지개가 법당을 뚫고 들어와 방을 휘황찬란하게 비추며 반짝이는 빛이 사람을 밝혀 주었다. 이는 곧 견뢰(堅牢)와 사가(娑迦)가 상서를 알리고 나타내는 것이다. (「寶林寺普照禪師彰聖塔碑」)

862(壬午/신라 경문왕 2/발해 건황 5/唐 咸通 3/日本 貞觀 4)

신라 봄 정월에 이찬(伊湌) 김정(金正)을 상대등(上大等)으로, 아찬(阿湌) 위진(魏珍)을 시중(侍中)으로 삼았다. (『三國史記』 11 新羅本紀 11)

신라 봄 정월에 이찬 김정을 상대등으로, 아찬 위진을 시중으로 삼았다. (『三國史節要』 13)

신라 2월에 왕이 신궁(神宮)에 직접 제사지냈다. (『三國史記』 11 新羅本紀 11)

신라 2월에 왕이 신궁에 직접 제사지냈다. (『三國史節要』 13)

백제 (7월 28일) 을미일에 좌경인(左京人) 전월후개(前越後介) 외종5위하 판상이미길능문(坂上伊美吉能文), 대학소윤(大學少允) 종6위상 판상이미길사문(坂上伊美吉斯文) 등 9명에게 판상숙녜(坂上宿禰)의 성을 내렸다. 이들은 후한(後漢) 효령황제(孝靈皇帝)의 4대손인 아지사주(阿智使主)의 후예이며, 판상대숙녜(坂上大宿禰)와 조상이 같다. (…) 우경인(右京人) 중궁(中宮) 소속(少屬) 정8위상 도조사풍부(道祖史豊富)에게 유도숙녜(惟道宿禰)의 성을 내렸는데, 아지사주와 한 무리로 백제국으로부터 와서 귀화하였다. 좌경인(左京人) 조병사소령사(造兵司少令史) 정6위상 비조호조미도(飛鳥戶造彌道)에게 백제숙녜(百濟宿禰)의 성을 내렸는데 그는 백제국 곤기(混伎)의 후예이다. (…) 하내국(河內國) 안숙군인(安宿郡人) 황태후궁(皇太后宮) 소속(少屬) 정8위상 백제숙녜 유세(有世)를 좌경직(左京職)에 옮겼다. (『日本三代實錄』 6 淸和紀)

신라 가을 7월에 사신을 파견해 당(唐)에 가서 토산품을 바쳤다. (『三國史記』 11 新羅本紀 11)

신라 가을 7월에 아찬 부량(富良)을 파견해 당에 가서 조공하였다. (『三國史節要』 13)

신라 8월에 입당사(入唐使) 아찬 부량 등의 일행 사람들이 물에 빠져 죽었다. (『三國史記

』11 新羅本紀 11)

신라 8월에 부량 등이 바다를 건너다가 물에 빠져 죽었다. (『三國史節要』13)

신라 아홉 살에 혜목산(惠目山)으로 곧장 가서 원감대사(圓鑑大師)를 알현하니, 대사는 지혜의 싹이 있음을 알고 절(祇樹)에 머물 것을 허락하였다. 나이 비록 어렸지만 마음은 오히려 정성을 다하였다. 부지런히 애쓰는 데는 고봉(高鳳)도 공을 미루고 민첩함에는 양오(揚烏)도 아름다움을 양보할 만 하였다. 좇아서 승△(僧△)를 밟고 법당을 떠났다. (「鳳林寺眞鏡大師寶月凌空塔碑」)

신라 대사의 법휘는 여엄(麗嚴)이요, 속성은 金氏이니, 그의 선조는 계림사람이었다. 먼 조상은 화주 출신으로 왕성에서 번연(蕃衍)한 귀족이었다. 그 후 관직의 임지를 따라 서쪽으로 가서 살다가 남포로 이사하였다. 아버지의 이름은 思義인데 조상의 덕을 추모하였고, 五柳 선생과 같이 명예를 피하고 은거하였다. 어머니는 朴氏로, 어느 날 낮잠을 자다가 이상한 꿈을 꾸고 깜짝 놀라 깨어 보니 靈光이 방 안에 가득하였다. 그 후 얼마 되지 않아 대사를 임신하였는데 스님은 태어나자마자 능히 말을 하였을 뿐 아니라, 어려서부터 장난을 좋아하지 아니하였다. (「菩提寺大鏡大師塔碑」)

863(癸未/신라 경문왕 3/발해 건황 6/唐 咸通 4/日本 貞觀 5)

백제 (봄 정월) 3일 병인일에 대납언(大納言) 정3위 겸 행우위대장(行右近衛大將) 원조신정(源朝臣定)이 죽었다. 종2위를 추증하고 종4위하 행이예수(行伊豫守) 풍전왕(豊前王)과 산위 종5위하 전구조신통범(田口朝臣統範) 등을 보내어 영구 앞에서 천황의 제(制)를 폈다. 정은 차아태상천황(嵯峨太上天皇)의 아들이다. 어머니는 백제왕씨이다. 이름은 경명(慶命)인데, 천황이 받아들여 특별히 총애하였다. 거동에 예절과 법도가 있어서 매우 존중되었다. 궁궐에서의 권력은 짝할만한 이가 없었으며, 관직은 상시(尙侍)가 되었고 작위는 2위에 이르렀는데, 죽게 되자 종1위에 추증되었다. 처음에 태상천황이 차아원(嵯峨院)에 옮겼을 때 별궁을 지어 거처하게 하고 (별궁의 이름을) 소원(小院)이라 하였다. 태상천황의 거처하는 곳은 대원(大院)이라 하였는데, 상시가 거처하는 곳이 그 다음이었기 때문이다. 권세의 융성함이 이와 같았다. (정은) 가상(嘉祥) 2년(849) 정월에 중납언(中納言)에 임명되었는데. 이 달에 어머니인 상시 백제왕씨가 죽었다. 정이 상을 당하여 관직에서 물러나 있었는데, 3월에 조를 내려 상중임에도 불구하고 관직을 복구하였다. 인수(仁壽) 3년(853) 8월에 좌병위독(左兵衛督)이 되었으며, 중납언(中納言)은 그대로 역임하였다. 천안(天安) 원년(857) 여름에 항소(抗疏)로 인하여 좌병위독(左兵衛督)에서 해임되었으나, 2년에는 우근위대장(右近衛大將)을 겸직하였다. 정관(貞觀) 원년(859) 12월 대납언(大納言)에 임명되었으며, 우근위대장은 옛과 같이 겸하였다. 정은 깊은 궁궐 안에서 장성하였으므로 일찍이 세상의 어려움을 몰랐으며, 집안을 돌보는 일은 다스려 묻는 바가 없었다. 성품이 본디 온아하고 음악을 좋아하여 집에는 항상 고종(鼓鐘)을 두고 관청에서 퇴근한 뒤에는 반드시 이를 연주하게 하여 관람하였다. 죽을 때의 나이 49세였다. (『日本三代實錄』7 淸和紀)

신라 봄 2월에 왕이 국학(國學)에 행차하여 박사(博士) 이하로 하여금 경전의 뜻을 강론하게 하고, 물품을 차등 있게 하사하였다. (『三國史記』11 新羅本紀 11)

신라 봄 2월에 왕이 국학에 행차하여 박사 이하로 하여금 경전의 뜻을 강론하게 하고, 물품을 차등 있게 하사하였다. (『三國史節要』13)

신라 (4월 21일 계축일) 이에 앞서 대재부에서 "신라 사문(沙門) 원저(元著)·보숭(普嵩)·청원(淸願) 등 3명이 박다진(博多津) 해안에 도착하였습니다"라고 아뢰었다. 이에 칙을 내려 홍려관에 안치하게 하고, 양식을 주고 당 사람의 배를 기다려 돌아가게 하였다. (『日本三代實錄』 7 淸和紀)

고구려 (5월) 20일 임오일에 신천원(神泉苑)에서 몸소 영회(靈會)를 베풀었다. 칙을 내려 좌근위중장(左近衛中將) 종4위하 등원조신기경(藤原朝臣基經)과 우근위권중장(右近衛權中將) 종4위하 겸 행내장두(行內藏頭) 등원조신상행(藤原朝臣常行) 등을 보내어 영회의 일을 맡게 하였다. 왕공(王公)과 경사(卿士)들이 나와 모여 함께 관람하였다. 여섯 개의 영좌(靈座) 앞에 궤연(几筵)을 설치하고 꽃과 과일을 차려 공경스럽게 훈수(薰修)하였다. 율사(律師) 혜달(慧達)을 맞이하여 강사로 삼아 금광명경(金光明經) 1부와 반야심경 6권을 설법하게 하였다. 또 아악료(雅樂寮)의 영인(伶人)으로 하여금 음악을 연주하게 하고, 황제의 근시 아동 및 양가집의 아이들로 무인(舞人)을 삼아 대당과 고려의 춤을 나와 추게 하였는데, 여러 가지 기예와 산악(散樂)을 다투어 뽐내었다. (…) (『日本三代實錄』 7 淸和紀)

백제 (가을 7월) 26일 병진일에 수악사(囚獄司의) 차꼬를 채운 죄수가 방원우병위(防援右兵衛) 백제풍국(百濟豊國)을 때려 다치게 하였다. 당시에 좌병위(左兵衛) 2명, 우병위(右兵衛) 2명으로써 좌우수인방원(左右囚人防援)을 삼았는데, 죄수들이 사사로이 분개하여 드디어 이 난동을 일으켰다. (『日本三代實錄』 7 淸和紀)

백제 (8월) 9일 기사일에 우경인(右京人) 종5위하 행황태후궁대진(行皇太后宮大進) 어선숙녜(御船宿禰) 언주(彦主)와 종5위하 행조교(行助教) 겸 비후권개(備後權介) 어선숙녜좌세(御船宿禰佐世), 내장소속(內藏少屬) 정7위상 어선숙녜씨병(御船宿禰氏柄), 산위(散位) 종7위상 선련조도(船連助道) 등 남녀 6명에게 관야조신(菅野朝臣)의 성을 내리고, 하내국(河內國) 단비군인(丹比郡人) 좌병위권대지(左兵衛權大志) 정7위상 선련정직(船連貞直)에게 어선숙녜(御船宿禰)의 성을 내렸다. 언주 등의 선조는 백제국 귀수왕(貴須王)으로부터 비롯한다. (『日本三代實錄』 7 淸和紀)

백제 (8월) 17일 정축에일 우경인(右京人) 외종5위하 행주조교(行主計助) 비조호조풍종(飛鳥戶造豊宗) 등 남녀 8명에게 어춘조신(御春朝臣)의 성을 내렸다. 그 선조는 백제국인 곤기(琨伎)로부터 비롯한다. (…) (『日本三代實錄』 7 淸和紀)

고구려 (8월 21일 신사일) 우경인(右京人) 종5위하 행준인정(行隼人正) 난파연만마려(難波連縵麻呂)와 이예권연(伊豫權掾) 정6위하 난파연실득(難波連實得), 봉전소윤(縫殿少允) 종6위상 난파련청종(難波連淸宗) 등에게 모두 조신(朝臣)의 성을 내렸다. 그 선조는 고려국인이다. (『日本三代實錄』 7 淸和紀)

신라 국왕은 삼가 민애대왕을 위하여 복업을 추숭하고자 석탑을 조성하고 기(記)한다.
무릇 성교(聖教)에서 설한 바는 이익이 다단하여 비록 팔만 사천의 법문이 있다 하더라도 그 가운데 업장을 없애고 이물(利物)을 널리하는 것은 탑을 세우고 예참행도하는 것보다 나은 것이 없다. 엎드려 생각컨대 민애대왕의 이름은 명(明)이며 선강대왕의 맏아들로 금상의 노구(老舅)이었다. 개성 기미의 해(839) 정월 23일 창생을 버리니 춘추 23세였다. 장례 △△ 치른 후 2기(紀) △△△△△ 혜(惠)△△△△△ 연화 대좌의 업(부처님)을 숭앙하고자 하여 △ 동화사 원당의 앞에 석탑을 세우니 동자들이 모래를 모아 탑을 쌓고 공양하던 뜻을 본받기를 바란다. 삼가 원하노니 △△ 이 공덕으로 오탁(五濁)의 연을 △△ 일찌기 △△△의 위에 이에 △△△ 가운데 제멋대로 꿈틀거리며 (움직이는 모든) 영식(靈識)이 있는 종류를 모두 △△에 의지하여 겁겁 생생토록 이 무구. 함통 4년(863) 계미 9월 10일에 쓰다. 한림 사간 이관, 전지대덕 심지, 동지대덕 융행, 유나승 순범, 유나사 심덕, 전지대사 창구, 전 영충, 장 범각. (「敏哀大王石塔舍利壺記」)

백제 (10월) 11일 경오에 우경인(右京人) 음양 소속(少屬) 종6위상 비조호조청정(飛鳥戶造淸貞)과 내수(內竪) 정6위상 비조호조청생(飛鳥戶造淸生), 태정관사생(太政官史生) 정8위하 비조호조(飛鳥戶造) 하주(河主), 하내국(河內國) 고안군인(高安郡人) 주세대속(主稅大屬) 정7위상 비조호조유웅(飛鳥戶造有雄) 등에게 모두 백제숙네(百濟宿禰)의 성을 내렸다. 그 선조는 백제국 사람 비유(比有)의 후예라고 한다. (『日本三代實錄』 7 淸和紀)

신라 겨울 10월에 복숭아꽃·오얏꽃이 피었다. (『三國史記』 11 新羅本紀 11)

신라 겨울 10월에 복숭아꽃·오얏꽃이 피었다. (『三國史節要』 13)

신라 (11월) 17일 병오일, 이에 앞서 단후국(丹後國)이 "세라국인(細羅國人) 54명이 죽야군(竹野郡) 송원촌(松原村)에 도착하였습니다. 그들이 온 이유를 물었으나 말이 통하지 않았고 문서도 풀이하지 못했습니다. 그 우두머리인 시조사(屎鳥舍)가 한문으로 '신라 동쪽의 섬나라 세라국(細羅國) 사람이다.'라고 써서 답하고는 그 밖의 어떤 말도 없었습니다."라고 아뢰었다. 인번국(因幡國)에서는 "신라국 사람 57명이 황판(荒坂)의 해안가에 도착하였는데, 아마도 상인 같습니다."라고 아뢰었다. 이 날 칙을 내려 그들이 돌아갈 수 있을 만큼의 양식을 주어 그들 나라로 돌아가게 하였다. (『日本三代實錄』 7 淸和紀)

신라 11월에 눈이 내리지 않았다. (『三國史記』 11 新羅本紀 11)

신라 11월에 눈이 내리지 않았다. (『三國史節要』 13)

신라 (11월) 영화부인(寧花夫人)의 동생을 맞아들여 차비(次妃)로 삼았다. 그 뒤 어느 날 왕이 흥륜사(興輪寺) 승려에게 묻기를, "대사가 전에 말한 세 가지의 이익은 무엇입니까."라고 하였다. 승려가 대답하였다. "당시에 왕과 왕비께서 당신들 뜻대로 된 것을 기뻐하여 총애가 점점 깊어진 것이 첫째이고, 이로 인하여 왕위를 계승한 것이 둘째이며, 마침내 처음부터 바라던 막내 딸에게 장가들 수 있었던 것이 셋째입니다." 왕이 크게 웃었다. (『三國史記』 11 新羅本紀 11)

신라 (11월) 영화부인의 동생을 맞아들여 차비로 삼았다. 그 뒤 어느 날 왕이 범교(範敎)에게 묻기를, "전에 말한 세 가지의 이익은 무엇입니까."라고 하였다. 범교가 대답하였다. "왕과 왕비께서 당신들 뜻대로 된 것을 기뻐하여 총애가 점점 깊어진 것이 첫째이고, 이로 인하여 왕위를 계승한 것이 둘째이며, 마침내 막내 딸에게 장가든 것이 셋째입니다." 왕이 크게 웃었다. 범교에게 작위를 내려 대덕(大德)으로 삼고, 금 130냥을 하사하였다. (『三國史節要』 13)

신라 스님은 선천적으로 태어날 때부터 성자(聖姿)를 지녔고, 어렸을 적에도 전혀 장난을 하지 아니하였다. 8살 때 아버지가 돌아가시자 애도하면서 누구를 의지하여 살 것인가 하고 슬피 피눈물을 흘렸으며, 능히 그 슬픔을 이기지 못하여 항상 염장(塩醬)을 먹지 아니하였다. (「毘盧寺眞空大師普法塔碑」)

864(甲申/신라 경문왕 4/발해 건황 7/唐 咸通 5/日本 貞觀 6)

신라 (정월 14일 신축일) 연력사(延曆寺) 좌주(座主) 전등대법사위(傳燈大法師位)의 원인(圓仁)이 죽었다. 원인은 속성이 임생씨(壬生氏)이며, 하야국(下野國) 도하군(都賀郡) 사람이다. (…) 승화(承和) 5년(838)에 당을 향해 출발하여 7월 2일에 대당(大唐) 양주(楊州) 해릉현(海陵縣)에 도착하였는데, 개성(開成) 3년(838) 7월 2일에 양주에 이르렀던 것이다. 같은 해 10월 국사(國使, 일본의 사신)가 당 서울에 들어가려 하자 원인이 짐짓 양부(楊府)에 남아 있기를 청하였는데, 천태산과 오대산 등 여러 성적을 순례하려고 생각한 때문이었다. 상공(相公) 이덕유(李德裕)를 통하여 아뢰었으나, 순례를 허락하지 않는 칙령이 있었다. 개성 4년에 국사가 조공을 이미 마치고 일본으로 돌아가려 하여 원인도 따라 배에 올랐다. 원인이 마음 속으로 '멀리 바다를 건너온 것은 본래 구법을 위한 것이었다.'라 이르고, 국사에게 작별을 고하고 혼자서 배에서 내렸다. 제자 유정(惟正)·유효(惟曉)와 함께 모두 해안 모래사장 위에 남아 있었다. 그 때 해적 10여 명이 홀연히 나아왔는데 얼굴빛이 예사롭지 않았다. 물품을 요구하므로, 원인과 유정 등이 함께 "우리들 목숨이 단지 이에 달렸으니, 물건을 주어 오직 저 도적에 맡긴 것만 같지 못하다."라 말하고는, 몸에 지니고 있던 물건과 입고 있던 옷가지를 모두 주었다. 마지막으로 바루를 주니 도적들이 곧 "화상(和尙)이 만일 바루를 주고 나서 외지에서 이 그릇이 없으면 어려움이 많을 것이다"라고 말하였다. 도적들이 이에 자비로운 마음을 내어 "화상께서 지금 무엇이 필요합니까."라고 말하니, "필요한 것은 없습니다. 다만 촌리(村里)에 이르고자 합니다."라고 대답하였다. 도적이 곧바로 한 사람을 차출하여 원인을 따라 촌리까지 바래다주도록 하였다. 人家에 이르자마자 도적은 곧바로 도망하여 나타나지 않았다. 당시에 거의 도적의 손에 빠져 위태로웠으나, 겨우 위험한 지경을 면하여 다시 해주(海州)로 돌아와 자사의 처분으로 본국의 제2선에 배치되어 거처하게 되었다. 선두판관(船頭判官) 양잠장공(良岑長松)이 함께 배를 타고 닻줄을 풀어 바람을 기다려 출발하였다. 역풍이 갑자기 일어나 등주(登州) 경계에 도착하였다. 원인은 배에서 내려 적산(赤山) 법화원(法華院)에 올라가 겨울을 지냈다. 등주십장압아(登州十將押衙) 장영(張詠)이 산원(山院)에 와서, "영은 옛날 저 나라(일본)에 갔을 때에 국은을 매우 크게 입었습니다. 그러므로 와서 삼가 문안을 드립니다. 만일 필요한 것이 있으시면 모두 말씀하시기를 바랍니다"라고 말하였다. 원인이 대답하여, "달리 필요한 것은 없습니다만, 국내에 들어가 성적을 순례할 수 있기를 바랄 뿐입니다"라고 일렀다. 압아가, "화상께서는 걱정하지 마십시요. 영이 장차 이 요구를 들어드리도록 하겠습니다."라고 대답하였다. 며칠이 지나 문등현(文登縣)의 첩을 가지고 와서, "일본국 승려들은 이제 모름지기 마음대로 여러 성적을 순례할 수 있습니다"라고 말하였다. 압아가 곧바로 사신을 딸려 현가(縣家)에 보내었더니, 현가에서는 현첩(縣牒)을 주어 청주(青州)로 부쳐 보냈다. 개성 5년(840)에 오대산에 들어가 성적에 예배하였다. (…) 회창(會昌) 연간에 천자가 불법을 훼손하고 없애는 때를 만난 지 3년이 지나 이미 돌아가려는 마음이 간절하였다. 이 때에 군(軍)에서 첩을 내려, "외국의 승려들은 마땅히 본국으로 조속히 돌아가라."라고 하였다. 이에 성(城)을 떠나려고 겨우 성문에 이르렀는데, 대리시경(大理寺卿) 중산대부(中散大夫) 사자금어대(賜紫金魚袋) 양경지(楊敬之)와 조의랑(朝議郎) 수상서직방낭중(守尙書職方郎中) 상주국(上柱國) 사비은어대(賜緋銀魚袋) 양노사(楊魯士), 좌신책군압아(左神策軍押衙) 은청광록대부(銀靑光祿大夫) 검교(檢校) 국전중감찰(國殿中監察) 시어사(侍御史) 상주국사(上柱國史) 이원좌

(李元佐) 등과 많은 관인(官人)들이 (원인이) 지닌 교법에 예배하였다. 압아 등이 여러 관인들을 거느리고 문 앞에서 환송하면서 특별히 위로하고 문안하며 모두 "우리나라 불법은 이미 없어져버렸습니다. 불법이 화상을 따라 동쪽으로 가니, 지금 이후부터는 만약 불법을 구하려면 반드시 일본국에 가 보아야 할 것입니다."라고 말하였다. 등주압아 신라사(新羅使) 장영의 집에 이르러 편안하게 있으니 우대가 두터웠다. 6년이 지나도록 귀국하지 못하였는데, 꿈 속에서 달마화상(達摩和尙)·보지화상(寶志和尙)·남악천태(南岳天台) 6조대사와 일본국 성덕태자·행기화상(行基和尙)·예산대사(叡山大師) 등이 모두 함께 와서 모여 말하기를 "우리들이 너를 보호하여 日本國에 도착하도록 하려고 여기에 왔다."라 하였다. 말을 마치자 곧바로 일어나 앞뒤를 둘러싸고는 동쪽을 향하여 서로 호송하였다. 그 해 봄에 본국의 배가 순풍을 타고 등주의 경계에 도착하여 법사를 찾으므로, 곧바로 그 배를 타고 본국으로 돌아왔다. 승화(承和) 14년(847) 9월에 이 나라에 돌아와 천자에게 아뢰었다. (『日本三代實錄』 8 淸和紀)

발해 (정월 17일 갑진일) 산위(散位) 종5위하 산구이미길서성(山口伊美吉西成)이 죽었다. 서성은 우경인(右京人)이다. 어려서 책 읽기를 싫어하고 활쏘기를 익히는 것을 좋아했다. 성인이 되어서는 뜻을 고쳐 배움에 들어가, 『춘추』로써 명가(名家)를 이루었고 아울러 『모시』와 『주역』에도 능하였다. 업생(業生)이 되어서는 시험에 급제하여 태재박사에 제수되었으나, 벼슬에 나아가지 않았다. 승화(承和, 834~847) 초년에는 대학직강(大學直講)에 임명되었다. 가상(嘉祥) 2년(849) 발해국왕이 사신을 보내어 조공할 때 서성을 임시로 대학대윤(大學大允)으로 칭하고 존문(存問) 겸 영객사(領客使)로 삼아, 가하국(加賀國)에 가서 사신들을 맞이하여 서울로 들어오게 하였다. 얼마 있다가 관직을 옮겨 조교가 되었으며, 인수(仁壽) 3년(853)에 외종5위하를 받았으며, 제형(齊衡) 3년(856)에 종5위하를 제수받고 대화개(大和介)로 전출되었다가, 천안(天安) 2년(858)에 기이개(紀伊介)로 옮겼다. 죽을 때의 나이 63세였다. (『日本三代實錄』 8 淸和紀)

신라 (2월) 17일 갑술일, 이에 앞서 지난 해에 신라국인 30여 명이 석견국(石見國) 미내군(美乃郡) 해안에 도착했다. 죽은 자가 10여 명이고 생존자가 24명이었다. 국사(國司)에게 조를 내려 필요한 양식을 지급하여 돌려 보내라고 하였다. (『日本三代實錄』 8 淸和紀)

신라 봄 2월에 왕이 감은사(感恩寺)에 행차하여 바다를 바라보았다. (『三國史記』 11 新羅本紀 11)

신라 봄 2월에 왕이 감은사에 행차하여 바다를 바라보았다. (『三國史節要』 13)

신라 대사의 법휘는 윤다(允多)요, 자는 법신(法信)으로 경사(京師) 출신이다. 그의 조부모는 귀족으로서 고관(高官)을 역임하였으며, 효도와 의리를 소중히 여겨 충효의 본이 되었다. 이렇게 가문을 지켰지만, 난리가 나서 몰락하였다. 그러나 명성과 칭송은 많은 사람들의 귀와 귀로 들렸고, 입과 입으로 옮겨 자자하였다. 어머니는 박씨(朴氏)로 성품이 온화하여 사람됨이 정결하였다. 어릴 때부터 속되지 않았으며 木長(결락) 經. 성심성의로 불사(佛事)를 닦아 산악(山岳)과 같은 정기를 받아 잉태하고 또 어려움 없이 분만하였으니, 효감(孝感)을 말미암아 순산함이 마치 가을에 서리를 맞은 쑥바귀가 쉽게 뽑히듯 산고 없이 함통(咸通) 5년 4월 5일에 탄생하였다. (「大安寺廣慈大師碑」)

신라 여름 4월에 일본국(日本國)의 사신이 이르렀다. (『三國史記』 11 新羅本紀 11)

신라 여름 4월에 일본국이 사신을 파견해 와서 방문하였다. (『三國史節要』 13)

백제 (8월 8일 임술일) 우경인(左京人) 좌장권대연(武藏權大掾) 정7위하 대구조진계(大丘造塵繼)와 산위(散位) 종7위상 대구련전예(大丘連田刈) 등 4명에게 숙녜(宿禰)의 성을 내렸다. 그 선조는 백제 사람이다. (『日本三代實錄』 9 淸和紀)

백제 (8월 17일 신미일) 우경인(右京人) 하내수(河內守) 종5위하 번량조신풍촌(藩良朝臣豊村)과 우대사(右大史) 종6위하 갈정련종지(葛井連宗之), 병부소록(兵部少錄) 정6위상 갈정련거도성(葛井連居都成) 등에게 관야조신(菅野朝臣)의 성을 내렸다. 본 계통은 백제국인 귀수(貴須)로부터 비롯한다. (…) 좌경인(左京人) 대왕태후궁(大王太后宮) 소속(少屬) 정7위상 백제숙녜유세(百濟宿禰有世)에게 어춘조신(御春朝臣)의 성을 내렸다. 그 선조는 백제국인 비유(比有)로부터 비롯한다. (…) (『日本三代實錄』 9 淸和紀)

백제 (겨울 10월 14일 정묘일) 산위(散位) 종5위하 백제왕 준총(俊聰)을 백기수(伯耆守)로 삼았다. (…) (『日本三代實錄』 9 淸和紀)

신라 함통 5년(864) 겨울 단의장옹주(端儀長翁主)가 미망인을 자칭하며 당래불(當來佛)에 귀의하였다. 대사를 공경하여 자신을 하생(下生)이라 이르고 상공(上供)을 후히 하였으며, 읍사(邑司)의 영유인 현계산(賢溪山) 안락사(安樂寺)가 산수의 아름다움을 많이 가지고 있다 하여, 원학(猿鶴)의 주인이 되어 달라고 청하였다. 대사가 이에 그의 문도들에게 말하기를, "산의 이름이 현계(賢溪)이고 땅이 우곡(愚谷)과 다르며 절의 이름이 안락(安樂)이거늘, 중으로서 어찌 주지하지 않으리오" 하고는, 그 말을 따라 옮겨서 머무른즉 교화되었다. 산을 좋아하는 사람으로 하여금 산과 같이 더욱 고요하게 하고, 땅을 고르는 사람으로 하여금 신중히 생각토록 하였으니, 진퇴의 옳음이 첫째이다. 어느 날 문인에게 일러 말하기를, "고(故) 한찬(韓粲) 김의훈(金嶷勳)이 나를 僧籍에 넣어 중이 되게 하였으니, 공에게 불상으로써 보답하겠노라" 하고는, 곧 1장 6척되는 철불상을 주조하여 선(銑)을 발라, 이에 절을 수호하고 저승으로 인도하는데 사용하였다. 은혜를 베푸는 자로 하여금 날로 돈독하게 하고, 의리를 중히 여기는 사람으로 하여금 바람처럼 따르도록 하였으니, 보답을 아는 것의 옳음이 둘째이다.(「鳳巖寺智證大師寂照塔碑」)

신라 대사의 법휘는 형미(逈微)요, 속성은 최씨니, 그 선조는 박릉(博陵)의 귀족이며 웅부(雄府)의 동량이었으나 계림에 사신으로 왔다가 토군(兎郡)에서 살게 되었다. 그러므로 마음을 운수(雲水)에 두고 자취를 해연(海壖)에 멈추어 이제는 무주(武州) (결락) 사람이 되었다. 아버지의 이름은 낙권(樂權)이니, 일찍부터 노장사상에 심취하였으며, 거문고, 서예, 적송자(赤松子), 그리고 왕자교(王子喬)의 초은지편(招隱之篇)을 유독 좋아하면서도 항상 절에 가서 공문(空門)의 스님과 친교(親交)하였다. 어머니는 김씨니, 어느 날 밤에 홀연히 상서로운 징조의 꿈을 꾸었는데, 어떤 호승(胡僧)이 방에 들어와 나무로 된 책상을 주었다. 문득 꿈을 깬 후 고침(藁砧)에게 물었더니 답하되, "반드시 보배로운 아들을 회임(懷妊)할 것이므로 미리 아들을 낳을 경사를 예고한 것이다."라고 하였다. 그 후로부터 어머니의 거실(居室)에는 언제나 환한 불빛이 있었다. 갑자지년(甲子之年) (결락) 에 등광(燈光)의 상서가 증명(證明)되어 함통

(咸通) 5년 4월 10일에 탄생하였다. (「無爲寺先覺大師遍光塔碑」)

신라

전 지계양감(知桂陽監)·장사랑(將仕郞)·시어사(侍御史)·내공봉(內供奉) 이구(李璆)의 부인 경조(京兆) 김씨(金氏) 묘지명 및 서문

향공진사(鄕貢進士) 최희고(崔希古)가 찬(撰)하고, 한림대조(翰林待詔)·승봉랑(承奉郞)·수(守) 건주장사(建州長史) 동함(董咸)이 지문(誌文)과 전액(篆額)을 썼다.

태상천자(太上天子)께서 나라를 태평하게 하시고 집안을 열어 드러내어 소호금천씨(少昊金天氏)라고 불렀으니, 곧 우리 집안이 성씨를 갖게 된 세조(世祖)이다. 그 후에 유파가 갈라지고 갈래가 나뉘어져 번창하고 빛나니, 온 천하에 만연하여 이미 많이 집안을 이루었다. 먼 조상은 이름이 김일제(金日磾)인데 흉노(匈奴)의 조정에 몸담고 있다가 전한(前漢)에 귀순하여 무제(武帝)를 섬겼으니, 명예와 절개를 중히 여겼으므로 그를 발탁하여 시중(侍中)·상시(常侍)에 임명하고 투정후(秺亭侯)에 봉하였다. 투정후에 봉해진 이후 7대에 걸쳐 관직에 나아가 눈부신 활약이 있었다. 이로 말미암아 망족(望族)으로 경조군(京兆郡)과 관계를 맺으니, 역사책에 기록되어 있다. 견주어 그보다 더 클 수 없는 일을 하면 몇 세대 후에 어진 이가 나타난다고 하니, 그 말을 여기서 징험할 수 있다. 후한(後漢)이 덕을 드러내 보이지 않고 난리가 나서 괴로움을 겪게 되자, 곡식을 싸들고 나라를 떠나 난을 피해 멀리까지 이르렀다. 그런 까닭에 우리 집안은 멀리 떨어진 요동(遼東)에 숨어살게 되었다. 문선왕(文宣王: 孔子)이 말하기를, "말에는 성실함과 신의가 있어야 하고, 행동에는 독실하고 신중함이 있어야 한다."고 하였다. 비록 만이(蠻夷)의 모습을 하고 있으나 그 도리를 역시 행하니, 지금 다시 우리 집안을 요동에서 불이 활활 타오르듯 번성하게 하였다. 부인의 증조 는 이름이 원득(原得)이고 당(唐)에서 공부상서(工部尙書)에 추증되었으며, 조부는 이름이 충의(忠義)이고 당에서 한림대조·검교(檢校) 좌산기상시(左散騎常侍)·소부감(少府監)·내중상사(內中尙使)였으며, 부친은 이름이 공량(公亮)이고 한림대조·장작감승(將作監丞)·충내작판관(充內作判官)이었다. 조부·부친은 문무의 예리함에 여유가 있어, 후한의 장형(張衡)을 궁구하여 천문 현상의 규모를 관찰하였고, 춘추시대 노(魯)의 노반(魯班)을 궁리하여 신과 같은 기술을 갖추었다. 이에 기예로 천거를 받아 궁궐에 들어가서 여섯 황제를 섬기니, 봉록과 작위를 가지고서 처음부터 끝까지 훌륭한 삶을 살다가 아름답게 마쳤다. 전 부인은 농서(隴西) 이씨(李氏)로 대대로 관직에 나아간 든든한 집안 출신이다.

부인은 내작판관(內作判官)의 둘째 딸이니, 유순하고 곧은 마음은 날 때부터 스스로 그러한 품성이었고, 여성으로서의 일솜씨와 부녀자의 도리는 옛날 일로부터 스스로 힘써 부지런히 배운 것이었다. 이씨 집안에 시집을 가게 되자, 내외의 친척들이 모두 현명한 부인이라 일컬었다. 그러나 부인에게는 뒤를 이을 자식이 없어 전 부인이 낳은 세 아들을 기르고 훈육하니, 자기 자식보다도 더하여 장차 선행을 쌓아 넉넉한 보답을 받으려고 기약하였다.

어찌 천명을 일일이 헤아려 그 길고 짧음의 운명을 정한다고 말할 수 있겠는가. 연이어 병을 앓으니, 무당과 전국시대 편작(扁鵲) 같은 의원도 병을 다스리지 못하였다. 함통(咸通) 5년(864) 5월29일에 영남(嶺南)에서 죽으니 향년 33세이다. 남편 이구는 지난날의 평생을 추모하여 신체를 그대로 보전하니, 산을 넘고 강 건너기를 마치 평평한 땅과 작은 개울 건너듯 하며 어렵고 험한 것을 피하지 않고 굳은 마음으로 영구(靈柩)를 마주 대하며 마침내 대대로 살던 고향으로 돌아왔다. 사자(嗣子) 경현(敬玄), 그 다음 아들 경모(敬謨), 그 다음 아들 경원(敬元)은 모두 슬퍼하여 몸과 얼굴이 바짝 여위었고, 멀리서 영구를 모시고 따르며 한없이 슬퍼 울부짖었다. 경현 등은 남은 수명을 겨우 부지하며 삼가 예문을 갖추어, 함통 5년 12월 7일에 영구를

만년현(萬年縣) 산천향(滻川鄕) 상부촌(上傅村)으로 옮겨 대대의 선산에 안장하였다. 부인의 숙부는 한림대조이자 전 소왕부(昭王傅)였고, 친오빠는 수 우청도솔부(右淸道率府) 병조참군(兵曹叅軍)이었으니, 연이어 나란히 조정에 벼슬하여 가문의 업을 이었다. 최희고는 부인의 오빠와 오랜 친구 사이로 죽은 이의 지난 일을 슬퍼하는 글을 지으니, 이로 인하여 명문(銘文)을 청하였다. 명문은 다음과 같다.

하늘과 땅이 인자하지 못하여 성군(聖君)보다 앞서 죽으니, 누가 옳고 누가 그르며 소원함도 없고 친함도 없도다. 쌓은 선행을 누리지 못하고 수명을 길이 보전하지 못하였으나, 그 얼마나 아름답고 착했으며 또한 현명하고 성스러웠도다. 이 짧은 세월을 만나 태산(泰山)을 노닐고 진령(秦嶺)을 건너다니니, 자연의 법칙이 이미 끝나서 우주만물의 변화를 좇아 티끌같이 되었도다. (「金氏夫人 墓誌銘」)

신라 신라의 귀산(龜山) 화상(和尙)은 거(擧)가 있어, 당(唐)의 배휴계(裵休啓)가 법회를 건의하였다. 배휴계가 묻기를, "경전을 보는 승려는 무슨 경전입니까."라고 하자, 승려가 말하기를, "『무언동자경(無言童子經)』이다."라고 하였다. 배휴계가 말하기를, "몇 권이 있습니까."라고 하자, 승려가 말하기를, "두 권이다."라고 하였다. 배휴계가 말하기를, "이미 말이 없는데, 어째서 도리어 두 권이나 있습니까."라고 하자, 승려가 대답이 없었다. 대사가 대신하여 말하기를, "만약 말이 없는 것을 논한다면, 다만 두 권이 아닐 것이다."라고 하였다. (『景德傳燈錄』 21 行思禪師第七世 上 福州長慶慧稜禪師法嗣 新羅龜山和尙)

865(乙酉/신라 경문왕 5/발해 건황 8/唐 咸通 6/日本 貞觀 7)

신라 향도불(香徒佛)의 명문(銘文) 및 서(序)

대체로 석가불(釋迦佛)이 그림자를 흐려 진원(眞源)에 돌아가고 의례를 옮겨 세간을 넘으며, 세상에 기록하여 형상을 가려 삼천대천세계에 빛을 비추지 않고 돌아가신 지 1,806년이 되었을 뿐이다. 이를 슬퍼하여 이 금상을 만들고자 △△래철(△△來哲) 인하여 서원을 세웠다. 오직 바라건대 비천한 사람들이 마침내 창과 방망이를 스스로 쳐 긴 어둠에서 깨쳐날 것이며, 게으르고 추한 뜻을 바뀌어 진리의 근원에 부합하며 바라건대 (…) 당(唐) 함통(咸通) 6년 을유(乙酉) 1월 일에 신라국 한주(漢州) 북쪽 지방 철원군(鐵員郡) 도피안사(到彼岸寺)에서 불상을 이룬 백사(伯士) △용악견청(△龍岳堅淸) 이 때에 거사(居士)를 찾아 1,500여 명이 인연을 맺으니, 금석(金石) 같은 굳은 마음으로 부지런히 힘써 힘든 줄을 몰랐다. (「到彼岸寺毘盧遮那佛造像記」)

신라 여름 4월에 당 의종(懿宗)은 사(使)·태자우유덕(太子右諭德)·어사중승(御史中丞) 호귀후(胡歸厚), 부사(副使)·광록주부(光祿主簿) 겸 감찰어사(監察御史) 배광(裴光) 등을 내려보내, 선왕을 조문하고 제사지내며 겸하여 1,000필을 부의(賻儀)로 주었다. 왕을 책립해 개부의동삼사(開府儀同三司)·검교태위(檢校太尉)·지절(持節)·대도독계림주제군사(大都督雞林州諸軍事)·상주국(上柱國)·신라왕으로 삼았다. 이어서 왕에게는 임명조서 1통, 정절(旌節: 상벌권의 상징) 1벌, 금채(錦綵) 500필, 옷 2벌, 금은그릇 7개를, 왕비에게는 금채 50필, 옷 1벌, 은 그릇 2개를, 왕태자에게는 금채 40필, 옷 1벌, 은그릇 1개를, 대재상(大宰相)에게는 금채 30필, 옷 1벌, 은그릇 1개를, 차재상(次宰相)에게는 금채 20필, 옷 1벌, 은그릇 1개를 하사하였다. (『三國史記』 11 新羅本紀 11)

신라 여름 4월에 황제는 태자우유덕·어사중승 호귀후, 광록주부 겸 감찰어사 배광 등을 파견하여, 선왕을 조문하고 제사지내며, 이어서 백(帛) 1,000필을 부의(賻儀)로 주었다. 왕을 책립해 개부의동삼사·검교태위·지절·대도독계림주제군사·상주국·신라왕으로 삼고, 정절 1벌, 금채 500필, 옷 2벌, 금은그릇 7개를 하사하였다. 왕비에게는 금채 50필, 옷 1벌, 은 그릇 2개를, 왕태자에게는 금채 40필, 옷 1벌, 은그릇 1개를, 대상(大相)에게는 금채 30필, 옷 1벌, 은그릇 1개를, 차재상(次相)에게는 금채 20필, 옷 1벌, 은그릇 1개를 하사하였다. (『三國史節要』 13)

신라 마침내 함통 6년에 천자께서 섭어사중승(攝御史中丞) 호귀후로 하여금 우리나라 사람인 전진사(前進士) 배광(裵匡)의 허리에 어대(魚袋)를 두르고 머리에 치관(豸冠)을 쓰게 하여 부사(副使)로 삼아 왕사(王使) 전헌섬(田獻銛)과 함께 와서 칙명을 전하였다. "영광스럽게 보위를 이어받음으로써 훌륭한 계책을 잘 받들어 잘 계승하는 이름을 드날리고 진실로 지극히 공정한 추거(推擧)에 부응하였으니, 이에 그대를 명하여 신라국왕으로 삼는다." 이어서 검교태위 겸 지절·충영해군사(充寧海軍使)를 제수하였으니, 지난 날에 제(齊)와 같은 것을 변화시켜 빼어남을 나타내고, 노(魯)와 같은 경지에 이르러 향내를 드날리지 못했다면 천자께서 어찌하여 조서를 보내 외역의 제후를 총애하고 용을 그린 깃발을 내려 대사마(大司馬)에 가섭(假攝)함이 이와 같겠습니까. 또한 이미 천자의 은택에 영광스럽게 젖었으니, 반드시 장차 몸소 선왕의 능에 참배할 때 임금의 행차를 준비하였으나 어찌 많은 비용을 소모하겠습니까. (「崇福寺碑」)

신라 신라 왕이 별세하시려는지라 새 임금의 책립을 사신에게 맡기니 바닷길은 멀어서 짐작하기 어렵고 길에 오른 돛배는 정처 없이 흐를 뿐 해질 무렵 고향을 돌아보며 궁궐을 그리니 들고나는 조수가 부럽네 안개는 오래 머물러 청산을 덮고 사나운 파도는 하늘로 치솟노라 봄이면 양기(陽氣)가 일찍 일어나고 하늘은 멀리 선계(仙界)에 닿았으니 슬프구나 삼년 후에는 만자지려나 상석교(上石橋)에서 보기로 약속했거늘. (『全唐詩』 9函 8册 李昌符 送人入新羅使)

백제 (5월) 20일 경자일에 좌경인(左京人) 조주영사(造酒令史) 정6위상 도조사영주(道祖史永主)와 산위(散位) 대초위하(大初位下) 도조사고직(道祖史高直) 등 2명에게 유도숙녜(惟道宿禰)의 성을 내렸다. 그 선조는 백제국 왕손인 허리(許里)로부터 비롯한다. (『日本三代實錄』 10 淸和紀)

백제 (10월) 26일 갑술일에 아악권대윤(雅樂權大允) 외종5위하 화이부숙녜대전마(和邇部宿禰大田麿)가 죽었다. 대전마는 우경인(右京)人이다. 피리를 부는 출신으로 영관(伶官)이 되었다. 처음에 아악권(雅樂權) 소속(少屬) 외종5위하 양기숙녜청상(良枝宿禰淸上)을 스승으로 섬겨 피리부는 것을 배웠다. 청상은 특히 피리를 잘 불었는데 음률이나 조율하는 솜씨가 신기에 가까왔다. (청상은) 대전마의 기골이 가히 가르쳐 깨우칠만함을 보고 뜻을 더하여 가르쳤다. 승화(承和. 834~847) 초에 청상이 빙당사(聘唐使)를 따라 大唐에 들어갔는데, 귀국하는 날에 선박이 역풍을 만나 표류하다가 남해의 적지에 이르러 적들에게 살해당하였다. (청상의) 본성은 대호수(大戶首)로서 하내국(河內國) 사람이다. 대전마가 그 도를 잘 전수받아 정치하게 깨우치지 않음이 없었다. 천장(天長, 824~833) 초에 아악(雅樂) 백제적사(百濟笛師)에 임명되었다가 이어 당횡적사(唐橫笛師)로 관직을 옮겼다. 몇 년이 지나 아악소속(雅樂少屬)이 되었고, 얼마 있다가 대속(大屬)으로 바뀌었다. 제형(齊衡) 3년(856)에 권대윤(權大允)에 임명되었고, 정관 3년(861) 정월 21일에 외종5위하를 받았다. 이 날 궁중의 연회가 있었는데 대전마의 기예가 무리 가운데 뛰어났으므로 남다른 상을 더하였다. 대전마의 본성은 화이부(和邇部)인데, 후에 숙녜(宿禰)를 내렸다. 죽을 때의 나이 68세였다. (『日本三代實錄』 11 淸和紀)

신라　　낭주(朗州) 덕산(德山)의 선감(宣鑒) 선사(禪師)는 (…) 이 때에 어떤 승려가 나가서 바야흐로 예를 행하여 절하니, 선사가 이에 그를 때렸다. 승려가 말하기를, "아무개의 이야기는 묻지 않았는데, 화상은 무엇 때문에 아무개를 때렸습니까."라고 하자, 선사가 말하기를, "너는 어디 사람이냐."라고 하였다. 승려가 말하기를, "신라 사람입니다."라고 하자, 선사가 말하기를, "네가 아직 선현(船舷)에 과(跨)하지도 않았을 때이다."라고 하였다. 곧 30대의 지팡이를 기꺼이 주었다[법안(法眼)이 말하기를, "대소(大小)의 덕산(德山)은 두 나무말뚝을 만들었다고 한다."라고 하였다. 현각(玄覺)이 말하기를, "사찰 안에서는 아래와 사이를 두어 말하고 따랐다고 하는데, 다만 덕산과 같다."라고 하였다. 도(道)가 묻기를, "말하는 자가 30대의 지팡이라고 한 뜻은 무엇인가."라고 하였다]. (『景德傳燈錄』15 行思禪師第四世 前澧州龍潭崇信禪師法嗣)

866(丙戌/신라 경문왕 6/발해 건황 9/唐 咸通 7/日本 貞觀 8)

신라　　(봄 정월) 15일에 황룡사(皇龍寺)에 행차하여 등(燈)을 보고, 이어서 모든 신하들에게 연회를 베풀었다. (『三國史記』11 新羅本紀 11)

신라　　(봄 정월) 15일에 황룡사에 행차하여 등을 보고, 이어서 모든 신하들에게 연회를 베풀었다. (『三國史節要』13)

백제　　(정월) 26일 계묘일에 우경인(右京人) 정6위상 안봉련소도(安峯連小嶋)와 종6위하 안봉련 진어(眞魚) 등 5명의 성인 '련(連)'을 고쳐 '숙네(宿禰)'를 내렸다. 그 선조는 백제인이다. (『日本三代實錄』12 淸和紀)

신라　　봄 정월에 왕의 돌아가신 아버지를 의공대왕(懿恭大王)으로, 어머니 광화부인(光和夫人) 박씨를 광의왕태후(光懿王太后)로, 부인 김씨를 문의왕비(文懿王妃)로 봉하고, 왕자 정(晸)을 옹립하여 왕태자로 삼았다. (『三國史記』11 新羅本紀 11)

신라　　봄 정월에 왕의 돌아가신 아버지를 의공대왕으로, 어머니 박씨를 광의왕태후로, 부인 김씨를 문의왕비로 봉하고, 왕자 정을 옹립하여 태자로 삼았다. 정은 성품이 총명하고 민첩하며 독서를 좋아하여 한번 보면 곧 기억하였다. (『三國史節要』13)

백제　　(6월) 16일 기축일에 품계가 없는 고자내친왕(高子內親王)이 죽었다. 상가에서 굳게 사양하므로 장례를 맡는 관사를 두지 못하였다. 사흘 동안 조회를 하지 않았다. 내친왕은 인명천황(仁明天皇)의 황녀인데, 어머니는 백제왕씨로서 종5위상 교준(敎俊)의 딸이다. 승화(承和. 834~847) 초에 점을 쳐서 하무재(賀茂齋)를 베풀었으나 인명천황이 죽고나자 재를 그치고 집으로 돌아갔다. (『日本三代實錄』13 淸和紀)

신라　　(7월) 15일 정사일에 대재부에서 역마를 달려 아뢰기를 "비전국(肥前國) 기사군(基肄郡) 사람 천변풍수(川邊豊穗)가 동군(同郡)의 의대령(擬大領) 산춘영(山春永)이 풍수에게, '신라 사람 니빈장(你賓長)과 함께 신라에 건너가 병로기계(兵弩器械)를 만드는 기술을 배우고 돌아와 장차 대마도를 쳐서 취하자'고 하였는데, 등원군령(藤津郡領) 갈진정진(葛津貞津)과 고래군(高來郡) 의대령(擬大領) 대도주(大刀主), 피저군(彼杵郡) 사람 영강등진(永岡藤津) 등이 함께 모의한 자입니다라고 고하였습니다"라 하고, 사수(射手) 45명의 명단을 첨부하여 올렸다. (『日本三代實錄』13 淸和紀)

신라　　겨울 10월에 이찬(伊湌) 윤흥(允興)이 동생 숙흥(叔興)·계흥(季興)과 반역을 도모하다가, 일이 발각되자 대산군(岱山郡)으로 달아났다. 왕이 그를 쫓아가 잡아서 참수하고 일족을 주살하라고 명령하였다. (『三國史記』 11 新羅本紀 11)

신라 겨울 10월에 이찬 윤흥이 동생 숙흥·계흥과 반역을 도모하다가, 일이 발각되자 대산군으로 달아났다. 그를 쫓아가 잡아서 참수하고 삼족을 주살하였다. (『三國史節要』 13)

신라 (11월) 17일 무오일에 칙을 내려 " (…) 옛날에 괴이한 일이 자주 보이면 시구(蓍龜)나 거북으로써 점을 쳤다. 신라의 적병이 항상 틈을 엿보므로, 재앙이나 변괴한 일이 일어남이 오직 이 일과 관계가 있다. 무릇 재앙을 물리치는 점괘는 없으나, 장래에 적을 막으리라 한 것은 오직 신명(神明)의 도움이니 어찌 사람의 힘으로 하는 바라 하겠는가. 마땅히 능등(能登)·인번(因幡)·백기(白耆)·출운(出雲)·석견(石見)·은기(隱岐)·장문(長門)·대재(大宰) 등의 국(國)과 부(府)로 하여금 읍(邑) 내에 있는 여러 신들에게 폐백을 베풀어 국가를 진호할 수 있는 특별한 효험을 기도하라. 또한 들으니 건아(健兒)를 차출하고 선사(選士)를 거느리는 것은 백성들이 유망하는 것을 예비하는 것이 분명하지만, 일찍이 재주 있는 사람과 적을 막는 무사가 없이 방비한다는 것은 당랑(螳蜋)이 수레바퀴에 대적하는 것과 다르지 않다. 하물며 다시 백성들을 가르칠 수 있다고 하지만 어찌 비상한 적을 막을 수 있겠는가. 또한 열 발자국을 가는 동안에는 반드시 방초(芳草)가 있는 법인데, 백여 개의 성(城) 가운데 오히려 정병이 부족하니, 마땅히 앞에서 말한 국들과 부들은 삼가 시험하고 훈련시켜 반드시 적당한 사람을 얻도록 하라"고 하였다. (『日本三代實錄』 13 淸和紀)

신라 함통(咸通) 7년에 원랑선사(圓朗禪師)는 회역사(廻易使) 진량(陳良)을 따라서 신라에 돌아왔다. 오는 때에 파도가 높이 일어나고 안개가 짙게 덮여서 배가 곧 기울어 뒤집어질 듯이 위험해져서 승려와 일반인들이 모두 물에 빠질 지경이 되었다. 그러나 원랑선사는 거의 아무런 두려움이 없는 듯△ △△△△하였다. 나라를 떠날 때의 거친 옷을 바꿔 입지 않았고 처음 출가할 때의 굳은 뜻을 바꾸지 않았으니, 만약 선사처럼 신통함과 신묘한 작용을 갖추고 지식이 멀리에까지 미쳐서 위험한 일을 당하여서도 두려워하지 않는 사람이 아니었다면 누가 이러한 경지에 이를 수 있었겠는가. 광종대사(廣宗大師)는 선사가 돌아왔다는 말을 듣고 사자를 보내어 맞아들였는데, 특별한 예절로써 서로 상대하였고 매우 사랑하였다. (「月光寺圓朗禪師塔碑」)

신라 거문고(玄琴)의 제작에 대해 신라고기(新羅古記)에서 이르기를 "처음에 진(晉)나라 사람이 칠현금(七絃琴)을 고구려(高句麗)에 보냈는데, 고구려 사람들이 비록 그것이 악기(樂器)임은 알지만 그 성음(聲音)과 연주하는 방법을 알지 못하여, 국인(國人) 중에 능히 그 음(音)을 알고 연주하는 자를 구하여 후한 상을 준다 하였다. 이때 둘째 재상(第二相)인 왕산악(王山岳)이 그 본 모습을 보존하면서 그 법식과 제도를 약간 고쳐 바꾸어 이를 만들고 겸하여 1백여 곡을 지어 이를 연주하였다. 이때에 검은 학(玄鶴)이 와서 춤을 추니 마침내 현학금(玄鶴琴)이라 이름하고 그 후로는 다만 거문고(玄琴)라 불렀다. 신라인 사찬(沙湌) 공영(恭永)의 아들 옥보고(玉寶高)가 지리산(地理山) 운상원(雲上院)에 들어가 50년 동안 금을 공부하였다. 스스로 새로운 가락 30곡을 지어 이를 속명득(續命得)에게 전하였고, 속명득은 이를 귀금선생(貴金先生)에게 전했고, 선생(貴金先生)도 역시 지리산(地理山)에 들어가서 나오지 않았다. 신라왕이 금의 도리가 단절될까 두려워하여, 이찬(伊湌) 윤흥(允興)에게 일러 방법을 찾아서 그 음(音)을 전수받도록 하면서, 마침내 남원(南原)의 공사(公事)를 맡겼다. 윤흥(允興)이 관부(官)에 도착하여 총명한 소년 두 명, 안장(安長)과 청장(淸長)을 선발하여 산중에 가서 배워 전수받게 하였다. 선생(貴金先生)은 이들을 가르쳤으나 그 미묘하고 섬세한(隱微) 부분은 전수해주지 않았다. 윤흥(允興)과 그 처가 함께 나아가 말하기를 '우리 왕이 나를 남원으로 보낸 것은 다름이 아니라 선생의 재주를 잇고자 함인데, 지금 3년이 되었으나 선생이 숨기고 전수해주지 않는 바가 있어, 나는 명령을 완수할 수가 없다.'고 하였다. 윤흥(允興)은 술을 받들고 그의 처는 잔을 잡고 무릎걸음으로 가서 예의와 정성을 다하니, 그런 연후에야 그 감추었던 표풍(飄風) 등 세 곡을 전수해 주었다. 안장(安長)은 그의 아들 극상(克相)과 극종(克宗)에게 전하였고, 극종(克宗)은 일곱 곡을 지었으며, 극종(克宗)의 뒤에는 금(琴)으로써 스스로 업을 삼은 자가 한 둘이 아니었다." 하였다. 지은 음률에는 두 조(調)가 있어 첫째는 평조(平調)이고 둘째는 우조(羽調)로, 모두 187곡이다. 그 남은 곡 중 전해져 기록할 수 있는 것은 얼마 없고, 나머지는 모두 흩어지고 없어져 여기에 갖추어 싣지 못한다.

옥보고(玉寶高)가 지은 30곡은 상원곡(上院曲) 1곡, 중원곡(中院曲) 1곡, 하원곡(下院曲) 1곡, 남해곡(南海曲) 2곡, 의암곡(倚嵒曲) 1곡, 노인곡(老人曲) 7곡, 죽암곡(竹庵曲) 2곡, 현합곡(玄合曲) 1곡, 춘조곡(春朝曲) 1곡, 추석곡(秋夕曲) 1곡, 오사식곡(吾沙息曲) 1곡, 원앙곡(鴛鴦曲) 1곡, 원호곡(遠岵曲) 6곡, 비목곡(比目曲) 1곡, 입실상곡(入實相曲) 1곡, 유곡청성곡(幽谷淸聲曲) 1곡, 강천성곡(降天聲曲) 1곡이다. 극종(克宗)이 지은 7곡은 지금은 전해지지 않는다. (『三國史記』 32 雜志 1 樂)

867(丁亥/신라 경문왕 7/발해 건황 10/唐 咸通 8/日本 貞觀 9)

신라 봄 정월에 임해전(臨海殿)을 중수하였다. (『三國史記』 11 新羅本紀 11)

신라 봄 정월에 임해전을 수리하였다. (『三國史節要』 13)

백제 가야 (4월) 25일 갑오일에 주세소윤(主稅少允) 종6위상 금부련삼종마려(錦部連三宗麻呂)와 목공(木工) 소윤(少允) 정6위상 금부련안종(錦部連安宗)에게 유량숙녜(惟良宿禰)의 성을 내렸다. 그 선조는 백제국 사람이다. 이하(伊賀) 권목(權目) 정6위하 한인신정(韓人眞貞)에게 풍롱숙녜(豊瀧宿禰)의 성을 내렸다. 그 선조는 임나국(任那國) 사람이다. (『日本三代實錄』 14 淸和紀)

신라 (5월) 26일 갑자일에 8폭 사천왕상(四天王像) 5포(鋪)를 만들어 각 1포씩을 백기(白耆)·출운(出雲)·석견(石見)·은기(隱岐)·장문(長門) 등의 나라에 내려주고, 지국사(知國司)에게 말하였다. "너희 나라는 땅이 서쪽 끝에 있어서 경계가 신라와 가깝다. 경비하는 계획이 마땅히 다른 나라와는 다르니 존상(尊像)에 귀의하고 삼가 정성을 다하여 불법을 닦아 적의 마음을 조복(調伏)하게 하고 재앙과 변란을 없애도록 하는 것이 마땅하다. 이에 모름지기 지세가 높고 넓으며 적의 경계를 내려다볼 수 있는 도량(道場)을 택할 것이니, 만일 도량이 없다면 새로이 좋은 곳을 택하여 절을 지어 존상을 안치하도록 하고, 국분사(國分寺)와 부(部) 내에서 수행 정진하는 승려 4명을 청하여 각각 상(像) 앞에서 최승왕경사천왕호국품(最勝王經四天王護國品)에 따라 낮에는 경을 읽고 밤에는 신주(神呪)를 외우기를, 봄과 가을에 각각 17일간씩 청정하고 견고하게 불법에 따라 훈수(薰修)하도록 하라." (『日本三代實錄』 14 淸和紀)

신라 태정관부(太政官府)
사생(史生) 1명을 마땅히 그만두게 하고 노사(弩師)를 보충하는 일
우(右)의 내용은 은기국(隱岐國)에서 얻은 것이다. 태장관에서 지난 정관(貞觀) 9년 5월26일 부로 일렀다. 신라의 흉추(兇醜)가 은의(恩義)를 돌아보지 않고 일찍이 독한 마음으로 항상 저주하여 너희를 봉(封)하지 못하였고 자주 병혁(兵革)을 알려 복

서(卜筮)의 직(識)을 삼갔다. 우(右)의 대신은 선포하는 칙을 받들라. 저 나라의 땅은 변경의 요지로 경계는 신라와 가까워 경비의 모(謀)기 당연히 다른 나라와 다르다. 마땅히 빨리 내려 다름을 알아 경호하라. 이 나라는 본디 노사(弩師)가 갖추어지지 않았고 또 그 사(師)도 없다. 바라건대 사생(史生)의 노사(弩師) 임무를 살펴 적어도 큰 적을 응당 토멸하는 기틀로 삼아라. 삼가 관재(官裁)를 청한 것은 중납언(中納言) 겸 좌근위대장(左近衛大將) 종3위(從三位) 행륙오출우안찰사(行陸奥出羽按察使) 등원조신(藤原朝臣) 기경(基經)이 선(宣)한다. 봉칙을 받들어 청한대로 하라.
정관 11년 3월 7일 (『類聚三代格』 5)

신라 여름 5월에 경도(京都)에 전염병이 돌았다. (『三國史記』 11 新羅本紀 11)
신라 여름 5월에 경도에 전염병이 돌았다. (『三國史節要』 13)

신라 가을 8월에 홍수가 나서 곡식이 익지 않았다. (『三國史記』 11 新羅本紀 11)
신라 가을 8월에 홍수가 나서 곡식이 익지 않았다. (『三國史節要』 13)

신라 겨울 10월에 사신을 각 도에 나누어 파견해 위무하였다. (『三國史記』 11 新羅本紀 11)
신라 겨울 10월에 사신을 각 도에 나누어 파견해 위무하였다. (『三國史節要』 13)

백제 (11월) 20일 을묘일에 (…) 좌경인(左京人) 종5위하 행직강(行直講) 苅전수안웅(苅田守安雄)에게 기조신(紀朝臣)의 성을 내렸다. 안웅(安雄)은 스스로 "무내숙녜(武內宿禰)의 후예이다"라고 말하였다. 외종5위하 행대의장인(行侍醫藏人) 진야(眞野)에게 판상숙녜(坂上宿禰)의 성을 내렸는데, 후한(後漢) 효영제(孝靈帝)의 후예이다. 태정대신가소종(太政大臣家少從) 정6위하 일치조구미마(日置造久米麿)에게 관원조신업리(菅原朝臣業利)의 성명을 내렸으며, 이품식부경(二品式部卿) 충량친왕가령(忠良親王家令) 정6위상 토사숙녜익웅(土師宿禰益雄)과 소부(掃部) 권대속(權大屬) 종6위하 토사숙녜제징(土師宿禰諸澄), 이세권소목(伊勢權少目) 정6위상 토사숙녜풍웅(土師宿禰豊雄) 등에게 관원조신(菅原朝臣)의 성을 내렸는데 모두 아타숙녜(阿陁宿禰)의 후예이다. (『日本三代實錄』 14 清和紀)

신라 12월에 객성이 태백성을 범하였다. (『三國史記』 11 新羅本紀 11)
신라 12월에 객성이 태백성을 범하였다. (『三國史節要』 13)

후백제 『삼국사(三國史)』 본전(本傳)에는 "견훤은 상주(尙州) 가은현(加恩縣) 사람으로, 함통(咸通) 8년 정해에 태어났다. 본래의 성은 이(李)씨였는데 뒤에 견(甄)으로 씨(氏)를 삼았다. 아버지 아자개(阿慈个)는 농사지어 생활했는데 광계(光啓) 연간에 사불성(沙弗城) 지금의 산주(尙州)에 웅거하여 스스로 장군이라고 일컬었다. 아들이 네 명이었는데 모두 세상에 이름이 알려졌다. 그 중에 견훤은 남보다 뛰어나고 지략이 많았다"라고 하였다.『이비가기(李碑家記)』에는 "진흥대왕의 왕비 사도(思刀)의 시호는 백융부인이다. 그 셋째 아들 구륜공(仇輪公)의 아들 파진간(波珍干) 선품(善品)의 아들 각간(角干) 작진(酌珍)이 왕교파리(王咬巴里)를 아내로 맞아 각간(角干) 원선(元善)을 낳으니 이가 바로 아자개이다. 아자개의 첫째 부인은 상원부인(上院夫人)이요, 둘째 부인은 남원부인(南院夫人)으로 아들 다섯과 딸 하나를 낳았다. 그 맏아들이 상보(尙父) 훤(萱)이요, 둘째 아들이 장군 능애(能哀)요, 셋째 아들이 장군 용개(龍蓋)요, 넷째 아들이 보개(寶蓋)요, 다섯째 아들이 장군 소개(小蓋)이며, 딸이 대주도금(大主

刀金)이다"라고 하였다. 또 『고기(古記)』에는 이렇게 말했다. "옛날에 부자 한 사람이 광주(光州) 북촌(北村)에 살았다. 딸 하나가 있었는데 자태와 용모가 단정했다. 딸이 아버지께 말하기를, '매번 자줏빛 옷을 입은 남자가 침실에 와서 관계하고 갑니다'라고 하자, 아버지가 말하기를, '너는 긴 실을 바늘에 꿰어 그 남자의 옷에 꽂아 두어라' 라고 하니 그대로 따랐다. 날이 밝자 실을 찾아 북쪽 담 밑에 이르니 바늘이 큰 지렁이의 허리에 꽂혀 있었다. 이로 말미암아 아기를 배어 한 사내아이를 낳았는데 나이 15세가 되자 스스로 견훤(甄萱)이라 일컬었다. (…)" (『三國遺事』 2 紀異 2 後百濟·甄萱)

신라　승려 언부(彦傳)의 어머니는 이름이 명단(明端)으로 부친 이찬(伊飡) 김양종공(金亮宗公)의 막내 딸이다. 스스로 커다란 서원을 발하여서 직접 불탑을 세워서 정토에 갈 수 있는 공덕을 세우고 아울러 속세의 생령들을 이롭게 하고자 하였다. 언부는 이 뜻을 효성스럽게 받들어서 이 탑을 세우고 부처의 사리 10개를 넣고 무구정경(無垢淨經)에 의한 법회를 열었다. 법회의 설법을 맡은 승려는 황룡사(皇龍寺)의 현거(賢炬)이다. 당(唐)나라 함통(咸通) 8년에 세운다. (「鷲棲寺石塔舍利函記」)

신라　석장(石匠)은 신노(神孥)이다. (「鷲棲寺石塔舍利函記」 밑면)

신라　(함통) 8년 정해년에 이르러 시주인 옹주가 여금(茹金) 등으로 하여금 절에다 좋은 전지와 노비의 문서를 주어, 어느 승려라도 여관처럼 알고 찾을 수 있게 하고, 언제까지라도 바꿀 수 없도록 하였다. 대사가 그로 인해 깊이 생각해온 바를 말하되, "왕녀께서 법희(法喜)에 의뢰하심이 오히려 이와 같거늘, 불손(佛孫)인 내가 선열(禪悅)을 맛봄이 어찌 헛되이 그렇겠는가. 내 집이 가난하지 않은데 친척족당이 다 죽고 없으니, 내 재산을 길가는 사람의 손에 떨어지도록 놔두는 것보다 차라리 문제자들의 배를 채워주리라."고 하였다. (「鳳巖寺智證大師寂照塔碑」)

신라　지학(志學:12세)의 때에 이르러 학당으로 책을 끼고 가서 책을 청익(請益)함에 있어서는 △△△ 천재(天才)로써 다섯줄을 한꺼번에 읽어 내려가되, 한 글자도 빠뜨리지 않았다. 감라입사지년(甘羅入仕之年)에 이미 그 명성이 고향에 널리 퍼졌고, 왕자진(晉)이 신선의 도리를 찾아 떠나려던 나이에는 서울까지 명성을 떨쳤으니, 어찌 불법에 대한 깊은 숙연(宿緣)이 아니겠는가. 마음에 깊이 세속을 싫어하여 성선(聖善)에게 입산 출가할 것을 허락해 주십사하고 간절히 요구하였으나, 어머니는 아들의 간절한 정성을 끝내 막아 허락하지 아니하였다. 그러나 스님은 더욱 그 뜻을 굳혔으며, 어머니는 어릴 때 학업을 중단하는 것은 마치 단기(斷機)와 같다고 설득하였으나 처음 마음먹었던 뜻을 바꾸지 않았다. △△ 마침내 출진부급(出塵負笈)의 길을 떠나 청려장(靑藜杖)을 짚고 산을 넘고 물을 건너 구도의 길을 떠났다. 그 후로 가야산(迦耶山)으로 가서 많은 스님들을 친견한 후, 선융화상(善融和尙)에게 예배를 드리고 은사가 되어 달라고 간청하여 삭발염의(削髮染衣)하고 득도하게 되었다. (「毘盧寺眞空大師普法塔碑」)

868(戊子/신라 경문왕 8/발해 건황 11/唐 咸通 9/日本 貞觀 10)

신라　봄 정월에 이찬 김예(金銳), 김현(金鉉) 등이 반역을 꾀하다 목베었다. (『三國史記』 11 新羅本紀 11)

신라　봄 정월에 이찬 김예, 김현 등이 반역을 꾀하다 목베었다. (『三國史節要』 13)

신라　법휘는 경보(慶甫)요, 자(字)는 광종(光宗)이며, 속성은 김씨로서 구림(鳩林) 출신이다. 아버지는 익량(益良)이니 관위는 알찬(閼粲)이었다. 오산(鰲山)이 내린 악령(岳靈)을 받아 광화(光華)의 여경(餘慶)을 육성하였고, 계림에서 탄생하여 혁엽(奕葉)으로 더욱 아름다움을 드날렸다. 어머니는 박씨(朴氏)이니 품행은 풀잎에 나부끼는 맑은 바람과 같이 우아하고, 마음은 꽃잎에 매달려 있는 이슬과 같이 투명하였다. 궁중에서는 왕의 수라상에 대한 뒷바라지에 정성을 다하였을 뿐만 아니라 궁 안에서 왕비를 도와 내화(內和)를 도모하였으며, 이로부터 가문이 크게 창성하였다. 함통(咸通) 9년 상월(相月) 재생명(哉生明)날 밤에 꿈을 꾸었는데, 흰 쥐가 푸른 유리구슬 1개를 물고 와서 사람의 말을 하되 "이 물건은 희대의 진기한 보물이니, 바로 현문(玄門)의 상보(上寶)이다. 가슴에 품고 호념(護念)하면 반드시 빛나는 광명이 나올 것입니다"라고 하였다. 이로 인해 임신하였는데 항상 마음을 맑게 하여 재계하다가 음력 4월 20일에 탄생하였다. (「玉龍寺洞眞大師碑」)

신라 여름 6월에 황룡사 탑에 벼락이 쳤다. (『三國史記』 11 新羅本紀 11)

신라 또 국사(國史)와 사중고기(寺中古記)를 살펴보면 다음과 같다. (…) 48대 경문왕 무자년 6월에 두 번째로 벼락이 쳤고 같은 왕대에 세 번째로 다시 세웠다. 본조 광종(光宗) 즉위 5년 계축(953) 10월에 세 번째로 벼락이 쳤고 현종(顯宗) 13년 신유년(1021)에 네 번째로 다시 세웠다. 또 정종(靖宗) 2년 을해년(1035)에 네 번째로 벼락이 쳤고 또 문종(文宗) 갑진년(1064)에 다섯 번째로 다시 세웠다. 또 헌종(獻宗) 말년 을해년(1095)에 다섯 번째로 벼락이 쳤고 숙종(肅宗) 병자년(1096)에 여섯 번째로 다시 세웠다. 또 고종(高宗) 25년 무술년(1238) 겨울에 몽고의 병화로 탑, 장육존상, 절의 전우(殿宇)가 모두 타버렸다. (『三國遺事』 3 塔像 4 皇龍寺九層塔)

신라 여름 6월에 황룡사 탑에 벼락이 쳤다. (『三國史節要』 13)

신라 임금께서 선사의 모든 행적을 듣고 세월이 오래되면 그 자취가 티끌처럼 흐려질까 염려하여 즉위한 8년 여름 6월 어느 날에 윤지(綸旨)를 내려 이 글을 비에 새겨 장래의 거울이 되게 하셨다. 이에 시호를 내려 적인(寂忍)이라 하고 탑명을 조륜청정(照輪淸淨)이라 하니 성조(聖朝)의 은혜로운 대우가 넉넉하였고 선사의 빛나는 행적이 갖추어졌다. (「大安寺寂忍禪師照輪淸淨塔碑」)

신라 동국(東國) 동리화상(桐裏和尙)은 서당(西堂)을 이었다. 사(師)의 휘(諱)는 혜철(慧徹)이고 시호는 적인선사(寂忍禪師)이고 조륜청정지탑(照輪淸淨之塔)이다. (『祖堂集』 17 桐裏和尙慧徹)

신라 가을 8월에 조원전(朝元殿)을 중수하였다. (『三國史記』 11 新羅本紀 11)

신라 가을 8월에 조원전을 수리하였다. (『三國史節要』 13)

신라 최치원의 자(字)는 고운(孤雲)[혹은 해운(海雲)이라도고 한다]이고 왕경 사량부 사람이다. 전하는 기록이 자취가 없어져 그 세계(世系)는 알지 못한다. 치원은 어려서부터 총명하고, 학문을 좋아하였다. 나이 12세가 되자 장차 배를 타고 당(唐) 나라에 들어가 배움의 길을 찾으려고 하였다. 그 아버지는 말하였다. "십 년 안에 과거에 붙지 못하면 내 아들이 아니다. 가서 부지런히 힘쓰라." 치원이 당에 이르러 스승을 좇아 공부하였는데 게으름이 없었다. (『三國史記』 46 列傳 6 崔致遠)

신라 경문대왕(景文大王)님과 문의황후(文懿皇后)[왕비]님, 그리고 큰 공주님께서는 불을 밝힐 석등을 세우기를 바라셨다. 당(唐)나라 함통(咸通) 9년(경문왕 7년, 868년) 무자(戊子)해 음력 2월 저녁에 달빛을 잇게 하고자 전임(前任) 국자감경(國子監卿)인

사간(沙干) 김중용(金中庸)이 등을 밝힐 기름의 경비로 3백석을 날라오니 승려 영△(靈△)가 석등을 건립하였다(혹은 건립하는 일을 주관하였다). (…) (「開仙寺石燈記」)

신라 함통(咸通) △년(860~868)에 대사(太師)를 추증받은 경문대왕(景文大王)께서 산에 있는데 부르시니 걸음을 옮겨 급히 뜻을 좇으셨다. 하루는 팔각당(八角堂)에서 교(敎)와 선(禪)의 같고 다름을 물으매 "깊은 궁궐에는 절로 천개나 되는 미로(迷路)가 있어△끝내 없습니다"라고 대답하셨다. 이에 △선(禪)을 펼쳐 그림과 같이 단계지어 설명하시니 왕이 마음 깊이 기뻐하며 깨달으셨다. 이에 구름이 앞서 돌아 넘어 동굴에서 길게 따라 나오듯 서로 만나보고 나서 법호를 더해 주셨다. 그때 혜성대왕(惠成大王)이 왕가(王家)를 위해 자신의 덕을 덜어 잘 화합했는데 △더욱 잘하여 △. (「實相寺秀澈和尙楞伽寶月塔碑」)

신라 함통(咸通) 9년에 스승이 병에 걸려 대사를 불러 말하기를, "이 법은 본래 서천(西天:인도)에서 동쪽으로 왔으며, 중국에서 꽃이 한번 피자 여섯 잎이 번성하였다. 대대로 서로 전승하여 끊임이 없도록 하였다. 내가 지난번에 중국에 가서 일찍이 백암(百巖)을 사사하였는데, 백암은 강서(江西)를 이었고 강서는 남악(南嶽)을 이었으니, 남악은 곧 조계(曹溪)의 아들이며 숭령(嵩嶺)의 현손이다. 비록 전신가사(傳信架裟)는 전하지 않았으나 심인(心印)은 서로 주었다. 멀리 여래(如來)의 가르침을 잇고 가섭(迦葉)의 종지를 열었다. 그대는 마음의 등불을 전하라. 나는 법신(法信)을 부촉하노라" 하고는 아무 말도 없이 스스로 열반(泥洹)에 들어갔다. 대사는 눈으로 이별함에 슬픔이 깊고 마음으로 사별함에 수심이 간절하였다. 스승을 잃은 애통함은 더 쌓이고 배움이 끊긴 근심은 실로 더하였다. (「鳳林寺眞鏡大師寶月凌空塔碑」)

신라 쌍봉화상(雙峯和尙)은 남천(南泉)을 이었고 사(師)의 휘(諱)는 도윤(道允)이다. 성은 박이고 한주(漢州) 휴암(鵂巖)사람이다. 여러 해 동안 호속(豪族)이었고 조고(祖考)는 사환(仕宦)으로 군보(郡譜)에 그것이 자세하다. 어머니는 고씨이고 밤에 꿈에서 이광형황(異光熒煌)이 방에 가득하여 놀라서 잠에서 깨어나니 임신하였다. 부모가 일러 말하기를, "꿈이 비상하니 아이를 얻을 것 같으니 승려를 삼으면 어떠한가."라고 하였다. 태(胎)에 의지하여 16개월 만에 탄생하고 이후에 일장월취(日將月就)하여, 학의 모양이고 난새(鸞)의 자세로 큰일을 저지르는 것이 무리와 달랐고 풍규(風規)가 격이 달랐다. 죽마(竹馬)의 나이에 꽃을 따서 부처님께 공양하고, 양거(羊車)의 해에, 탑을 쌓는 것을 즐거워하고, 현관(玄關)의 취(趣)가 밝고 뚜렷하였으며, 진경(眞境)의 기(機)는 탁이(卓尒)하였다, 나이 18세에, 이친(二親)에게 정성으로 베풀어, 속(俗)을 버리고 승려가 되었다. 귀신사(鬼神寺)에 가서, 화엄교(花嚴敎)를 들었다. 선사가 몰래 일러 말하기를, "원돈(圓頓)의 전罤(筌罤)가 어찌 심인(心印)의 묘용(妙用)만 같을 만한가."라고 하였다. (…) 함통 9년(868) 4월 18일에, 갑자기 문인에게 이별하여 말하기를, "生은 涯가 있음이니, 내가 모름지기 멀리 갈 것이니, 너희들은 운곡(雲谷)에 안서(安栖)하여, 영원히 법등(法燈)을 빛나게 하라"고 하였다. 말을 마치고 기쁘게 천화(遷化)하니, 보년(報年)이 71세이고 승랍이 44세였다. 오색의 빛이, 사(師)의 입으로부터 나오니, 왕성한 모양이 흩어져, 천복(天伏)에 만(漫)하였다. 금상(今上)이 법려(法侶)로 총포(寵褒)하여 선림(禪林)에 은패(恩霈)하여, 이에 시호를 철감선사(澈鑒禪師)로 내리니, 징소(澄昭)의 탑이다. (『祖堂集』 17 雙峯和尙道允)

고려 다음으로 항주(杭州) 용화사(龍華寺) 석(釋) 혜조(靈照)는 본래 고려 사람이다. 중역

(重譯)으로 왔고, 그 조(祖)에게서 법(法)을 배웠다. 민월(閩越)에 들어갔고, 설봉(雪峰)에서 득심(得心)하여, 고지(苦志)로 참배하고, 절검(節儉)으로 중무(衆務)에 근(勤)하였는데, 조포납(照布納)이라고 불리었다. 천중(千衆)이 외복(畏服)하였으나, 언어는 도이(島夷)를 사섭(似涉)하고 성개(性介)는 특히 세상에 물욕이 없고 자지(自持)하였다. 처음에는 제운산(齊雲山)에 머물고, 다음에는 월주(越州) 감청원(鑑淸院)에 거하였다. 일찍이 마침 부사(副使) 피광업(皮光業)을 대하였는데, 말이 없어도 의기 투합하였고, 피거빈사룡흥언(被擧擯徙龍興焉)하였다. 호주태수(湖州太守) 전공(錢公)이, 보자원(報慈院)을 만들어 머물 것을 청하니, 선도(禪徒)가 흡연(翕然)하여, 오회간승(吳會間僧)이 삼의(三衣)를 버리고 오납(五納)을 피(披)한 자가 이루 헤아릴 수 없었다. 충헌왕(忠獻王) 전씨(錢氏)가 용화사를 만들어, 금화량부흡대사령골도구(金華梁傅翕大士靈骨道具)를 영취(迎取)하고, 이 절에 탑을 세우게 하고, 조(照)에게 명해 주지하게 하였다(942~947). 이 절에서 죽으니 탑을 대자산(大慈山)의 봉우리로 옮겼다(947). (『宋高僧傳』 13 習禪篇第三之六 晉永興永安院善靜傳(靈照))

고려 진(晉) 영조(靈照)는, 고려 사람으로 중국에 들어가 설봉(雪峯)에서 심법(心法)을 얻었다. 한서(寒暑)를 꺼리지 않고, 중무(衆務)를 복근(服勤)하니, 총림에서 그를 외경하고, 조포납(照布納)이라고 불리었고 처음에 무(婺)의 제운산(齊雲山)에 머물렀다. 다음으로 월(越)의 경청원(鏡淸院)으로 옮겼고, 또 항(杭)의 보자사(報慈寺)로 옮겼다. 조(照)가 제운(齊雲)에 있을 때, 상당(上堂)이 매우 오래되어, 갑자기 손을 들어 그 무리를 보며 말하길, "조금 빌릴지어다. 조금 빌릴지어다."라고 하였다. 승(僧)이 묻기를, 영산회상(靈山會上)의 법법상전(法法相傳)은 미심제운장하분부(未審齊雲將何分付)이다. 답하길, 불가하다고 하고 너희는 황망되게 제운을 버릴 것인가라고 하였다. 경청(鏡淸)에 있을 때에 승(僧)이 묻기를, 향상일로(向上一路), 천성불전(千聖不傳), 미심십마인전득(未審什麽人傳得)이다고 하였다. 답하길 천성(千聖)은 의아(疑我)이다고 하였다. 묻기를 막편시전부(莫便是傳否)인가라고 하니 답하길, 진제참계강(晉帝斬嵇康)이라고 하였다. 보자(報慈)에 있을 때 승(僧)이 묻기를 "보리수 아래에서 중생을 제도하였는데, 이 보리수는 어떠합니까"라고 하였다. 답하길 크게 고련수(苦練樹)와 비슷하다고 하였고, 묻기를 어떤 고련수와 비슷한가라고 하였다. 답하길 본디 양마(良馬)가 아닌데, 어찌 편영(鞭影)을 수고롭게 하는가라고 하였다. 후에 오월의 충헌왕(忠獻王)이 금화부흡대사령골도구(金華傅翕大士靈骨道具)로 맞이하여, 원사부(元帥府)에서 공양하고, 용화사를 지었으며, 탑을 세워 그를 받아들이고, 주지로 명부(命付)하게 하고(942~947), 죽자 탑을 대자산(大慈山)으로 옮겼다(947). (『新修科分六學僧傳』 8 傳宗科 晉靈照)

869(己丑/신라 경문왕 9/발해 건황 12/唐 咸通 10/日本 貞觀 11)

신라 대사의 법휘는 충담(忠湛)이요, 속성은 김씨며, 그의 선조(先祖)는 계림(鷄林)의 관족(冠族)이고, 토군(兎郡)의 종지(宗枝)△△도(島) 분파(分派)되어 영광을 누렸으며, 상진(桑津)에 의해 별파(別派)로 갈라졌다. 원조(遠祖)는 다(多) △△△△△△△△△△△△△△△△△△△△△△△△△△△△도(陶)하고 왕후(王侯)를 섬기지 않겠다 하였고, 가후(賈詡)와 같은 공을 세우기를 희망하였으나, 이것이 어찌 녹위(祿位)를 귀함이겠는가. 그러므로 고반(考盤)과 같이 도(道)를 즐겼다. 일찍부터 『장자』와 『열자』 등의 서적을 전공하였고, 초야에 살면서 은사(隱士)를 불러 같이 노래를 읊으며 시정(市井)과 조정(朝廷)의 명예를 피하였다. 모어(母於) △△△△△△△△△△△△△△△△△△△△△△△△△△ 현지자(賢之子)이니 어찌 성선(聖善)의 마음을 닦음이 없었으랴. 이러한 영기(靈寄)로운 태몽을 감득하고는 훌륭한 아들을 낳기를 희망하던 중 함통(咸通) 10년 1월 1일에 탄생하였다. (「興法寺眞空大師碑」)

신라 대사(大師)의 존칭(尊稱)은 찬유(璨幽)요 자(字)는 도광(道光)이며 속성(俗姓)은 김씨(金氏)이니 계림(鷄林)의 하남(河南) 출신이다. 대대손손(代代孫孫) 명문호족(名門豪族)이었다. 할아버지의 이름은 청규(淸規)이다. 종조(宗祖)를 공경한 효도와 나라에 대한 충성(忠誠) 등 아름다운 행적은 너무 많아서 기록하지 않으니, 특히 불교에 대한 신심(信心)이 돈독하였다. 아버지의 휘(諱)는 용(容)이니 백홍(白虹)의 영기(英氣)와 단혈(丹穴)의 기자(奇姿)를 띠고 태어났다. 노을과 비단처럼 고상(高尙)한 빛을 함유(含有)하였으며, 서리내리는 늦가을 새벽 범종(梵鍾)소리의 아운(雅韻)을 풍겼다. 드디어 출세(出世)하여 창부(倉部)의 낭중(郎中)이 되었다가 얼마 되지 않아서 곧 장사현(長沙縣)의 현령(縣令)이 되어 백리(百里)의 관할 영내(領內)에 행춘(行春)의 덕화(德化)를 베풀었고, 화현(花縣)을 만들어 아름다운 향기(香氣)가 진동하였다. 구중향일(九重向日)하는 일편충심(一片忠心)은 마치 해바라기가 태양을 향해 돌아가는 것과 같았다. 그리하여 조야(朝野)가 모두 그를 기둥처럼 의뢰(依賴)하였고, 지방 향려(鄕閭)에서는 한결같이 우러러 의지하였다. 어머니는 이씨(李氏)이니, 부덕(婦德)을 두루 닦았고 모의(母儀)는 부유(富有)하여 그 우아함이 비길 만한 사람이 없었다. 어느 날 밤 꿈에 한 신인(神人)이 나타나 고(告)하기를, "원컨대 어머님을 삼아 아들이 되어서 출가(出家)하여 부처님의 제자(弟子)가 되고자 하므로 묘연(妙緣)에 의탁하여 공경히 자비하신 교화(敎化)를 펴려 합니다."라는 수승한 태몽을 꿈으로 인하여 임신하게 되었다. 삼가 조심함으로써 문왕(文王)과 같은 아들을 출생(出生)하려고 정성껏 태교를 봉행하였다. 부지런히 태교(胎敎)를 닦아 함통(咸通) 10년 용집(龍集) 기축(己丑) 4월 4일에 대사(大師)를 탄생하였다. (「高達寺元宗大師慧眞塔碑」)

신라 (6월 15일 신축일) (…) 태재부(大宰府)에서 말하였다. "지난 달 22일 밤에 신라 해적이 배 두 척을 타고 박다진(博多津)에 와서 풍전국(豊前國)의 연공(年貢)인 견면(絹綿)을 약탈하여 곧바로 도망하여 숨었습니다. 군사를 보내어 뒤쫓았으나 적들을 사로잡지 못하였습니다." (『日本三代實錄』16 淸和紀)

신라 (가을 7월 2일 무오일) 이 날 칙을 내려 대재부사(大宰府司)를 견책하여 말하였다. "여러 나라의 공조사(貢調使)의 관리와 영장(領將)들은 일시에 함께 떠나야 하고 그 선후를 흐트러뜨리거나 무리를 떠나서는 안 된다. 그런데 풍전국(豊前國) 한 나라만 먼저 떠나도록 하였더니, 나약하고 간사한 사람들은 호랑이 입의 먹이가 되어, 드디어는 신라 도적들로 하여금 틈을 타 침탈케 함으로써 관물(官物)을 잃었을 뿐만 아니라 국가의 위신을 손상시키고 욕되게 하였다. 이러한 일은 옛날의 사례를 찾는다 하더라도 듣지 못하였으니, 뒷날까지 마땅히 면목이 없을 것이다. 비록 사인(使人)을 책망할 수 있다고 하지만 오히려 부관(府官)의 태만함이 있었다. 또 어떤 사람이 '도적이 도망하여 떠나는 날에 해변의 백성 5, 6명이 죽음을 무릅쓰고 쫓아가 싸우다가 활을 쏘아 두 사람이 다치게 하였다.'고 말하는데, 이 일이 만약 사실이라면 어찌 공경을 다하여 천황을 섬기는 것이 아니겠는가. 그러나 부사(府司)가 일을 아뢰지 않고 어찌 선(善)을 감추려고 하는가. 또 감금된 사람들이 비록 혐의가 있다고 하더라도, 이러한 일에 대하여 다른 나라에서는 인서(仁恕)를 가장 먼저 생각한다고 하니, 마땅히 때리는 형벌을 그만 두고 사정을 조용히 물어 일찍이 돌려보내도록 하라."고 하였다. (『日本三代實錄』16 淸和紀)

신라 가을 7월에 왕자 소판 김윤(金胤) 등을 당에 보내 은혜에 감사하였다. 아울러 말 2필과 좋은 금 1백 냥과 은 2백 냥, 우황 15냥, 인삼 1백 근, 큰 꽃무늬 어아금(魚牙

錦) 10필, 작은 꽃무늬 어아금(魚牙錦) 10필, 조하금(朝霞錦) 20필, 40세짜리 올 고운 흰 모직포(毛織布) 40필, 30세짜리 모시옷감 40필, 4척 5촌의 머리카락 1백 5십 냥, 3척 5촌짜리 머리카락 3백 냥, 금비녀와 머리에 쓰는 오색 기대(綦帶) 및 반흉(班胸) 각 10조(條), 매 모양 금제 사슬을 돌려 매달아 무늬를 아로새긴 붉은 칼 전대 20부(副), 새로운 양식의 매 모양 금제 사슬을 돌려 매달아 무늬를 아로새긴 오색 칼 전대 30부, 매 모양 은제 사슬을 돌려 매달아 무늬를 아로새긴 붉은 칼 전대 20부, 새로운 양식의 매 모양 은제 사슬을 돌려 매달아 무늬를 아로새긴 오색 칼 전대 30부, 새매 모양 금제 사슬을 돌려 매달아 무늬를 아로새긴 붉은 칼 전대 20부, 새로운 양식의 새매 모양 은제 사슬을 돌려 매달아 무늬를 아로새긴 붉은 칼 전대 30부, 새매 모양 은제 사슬을 돌려 매달아 무늬를 아로새긴 붉은 칼 전대 20부, 새로운 양식의 새매 모양 은제 사슬을 돌려 매달아 무늬를 아로새긴 오색 칼 전대 30부, 금꽃 모양 매 방울 2백 과(顆), 금꽃 모양 새매 방울 2백 과, 금으로 새겨넣은 매 꼬리통 50쌍(雙), 금으로 새겨넣은 새매 고리통 50쌍, 은으로 새겨넣은 매 꼬리통 50쌍, 은으로 새겨넣은 새매 꼬리통 50쌍, 매 묶은 붉은 아롱무늬 가죽 1백 쌍, 새매 묶은 붉은 아롱 무늬 가죽 1백 쌍, 보석을 박아 넣은 금 바늘통 30구(具), 금꽃을 새긴 은 바늘통 30구, 바늘 1천 5백 개 등을 받들어 진상하였다. 또 학생 이동(李同) 등 세 사람을 진봉사 김윤에 딸려 당에 보내 학업을 익히게 하고, 아울러 책값으로 은 3백 냥을 내려 주었다. (『三國史記』 11 新羅本紀 11)

신라 가을 7월에 왕자 소판 김윤(金胤) 등을 당에 보내 은혜에 감사하였다. 아울러 말 2필과 좋은 금 1백 냥과 은 2백 냥, 우황 15냥, 인삼 1백 근, 큰 꽃무늬 어아금(魚牙錦) 10필, 작은 꽃무늬 어아금(魚牙錦) 10필, 조하금(朝霞錦) 20필, 40세짜리 올 고운 흰 모직포(毛織布) 40필, 30세짜리 모시옷감 40필, 4척 5촌의 머리카락 1백 5십 냥, 3척 5촌짜리 머리카락 3백 냥, 금비녀와 머리에 쓰는 오색 기대(綦帶) 및 반흉(班胸) 각 10조(條), 매 모양 금제 사슬을 돌려 매달아 무늬를 아로새긴 붉은 칼 전대 20부(副), 새로운 양식의 매 모양 금제 사슬을 돌려 매달아 무늬를 아로새긴 오색 칼 전대 30부, 매 모양 은제 사슬을 돌려 매달아 무늬를 아로새긴 붉은 칼 전대 20부, 새로운 양식의 매 모양 은제 사슬을 돌려 매달아 무늬를 아로새긴 오색 칼 전대 30부, 새매 모양 금제 사슬을 돌려 매달아 무늬를 아로새긴 붉은 칼 전대 20부, 새로운 양식의 새매 모양 은제 사슬을 돌려 매달아 무늬를 아로새긴 붉은 칼 전대 30부, 새매 모양 은제 사슬을 돌려 매달아 무늬를 아로새긴 붉은 칼 전대 20부, 새로운 양식의 새매 모양 은제 사슬을 돌려 매달아 무늬를 아로새긴 오색 칼 전대 30부, 금꽃 모양 매 방울 2백 과(顆), 금꽃 모양 새매 방울 2백 과, 금으로 새겨넣은 매 꼬리통 50쌍(雙), 금으로 새겨넣은 새매 고리통 50쌍, 은으로 새겨넣은 매 꼬리통 50쌍, 은으로 새겨넣은 새매 꼬리통 50쌍, 매 묶은 붉은 아롱무늬 가죽 1백 쌍, 새매 묶은 붉은 아롱 무늬 가죽 1백 쌍, 보석을 박아 넣은 금 바늘통 30구(具), 금꽃을 새긴 은 바늘통 30구, 바늘 1천 5백 개 등을 받들어 진상하였다. 또 학생 이동(李同) 등 세 사람을 진봉사 김윤에 딸려 당에 보내 학업을 익히게 하고, 아울러 책값으로 은 3백 냥을 내려 주었다. (『三國史節要』 13)

신라 동국(東國) 혜목산(慧目山) 화상은 장경(章敬)을 이었는데, 사(師)의 휘(諱)는 현욱(玄昱)이고 속성은 김씨이며 동명(東溟)의 관족(冠族)이다. 부(父)의 휘(諱)는 염균(廉均)으로 관(官)은 병부시랑에 이르렀다. 妣는 朴氏로 임신하였을 때 평상시와 다른 꿈을 꾸어 얻었고 정원 3년 5월 5일에 탄생하였다. 겨우 어린 아이의 마음으로 불사(佛事)를 경지(便知)하는데 물을 길어 올려 물고기를 공양하고 항상 모래를 모아 탑을 만들었다. 나이가 장치(壯齒)에 이르러, 출가를 지원(志願)하였다. 이미 바다를 건너 낭(囊)을 지니고 마침내 낙엄니(落掩泥)의 발(髮)에 낙(落)하였다. (…) 정원 9년(869) 가을 여름 안거를 끝마친 친 시작에, 홀연히 문인에게 고하고 말하길, "나는 올해 안에 법연(法緣)이 다할 것이다. 너희들은 마땅히 무차대회(無遮大會)를 베풀어 백암(百巖) 전수(傳授)의 은(恩)에 보답함으로써 나의 뜻을 이루라"고 하였다. 11월 14일 밤에, 홀연히 이산(尒山) 골짜기가 진동(震動)하고 조수(鳥獸)가 슬피 울며 절의 종이 쳤으나 울리지 않았다. 3월 15일 새벽이 되기 전에, 갑자기 시자(侍者)에게 명해, 종을 치지 말게 하고, 눕지 않고 죽었다. 형년 82세이고 승랍 60이었다. (『祖堂集』 17 慧目山和尚玄昱)

신라 (10월) 26일 경술일에 태정관(太政官)이 의논하여 아뢰어 말하였다. "형부성(刑部省)의 단죄문(斷罪文)에, '정관 8년(866) 은기국(隱岐國) 랑인(浪人) 안담복웅(安曇福雄)이 前(安藝)守 정6위상 월지숙녜정후(越智宿禰貞厚)와 신라 사람이 함께 반역을 도모하였다고 밀고하였습니다. 사신을 보내어 살펴보니 복웅(福雄)이 고한 사실은 무고였습니다. 이에 이르러 법관이 살펴서, 복웅은 마땅히 참형에 처해야 하고 다만 정후(貞厚)는 부(部) 안에 살인자가 있음을 알고도 탄핵하지 않았으므로 태정관에서 담당해야 할 것입니다라고 아뢰었습니다'라 하였습니다." 이에 조서를 내려 참형의 죄는 1등을 감하여 멀리 유배형에 처할 것이며 나머지는 논의하여 법대로 하라고 하였다. (『日本三代實錄』 16 淸和紀)

신라 (12월 5일 무자일) (…) 이에 앞서 대재부(大宰府)에서 아뢰어 말하였다. "지난 번 신라 해적이 침략(侵掠)하던 날에 통령(統領)과 선사(選士)들을 보내어 추격하여 토벌하도록 하였는데, 사람이 모두 유약하여 두려워 행하려 하지 않았습니다. 이에 포로를 징발하여 담략을 키우게 하고 특별히 의기(意氣)를 북돋우면 한 사람이 천 명을 대할 수 있을 것입니다. 이제 큰 새가 그 괴이함을 보여 거북점을 쳐보니 군사가 쳐들어올 징조라 하는데 홍려중도관(鴻臚中嶋館)과 진주(津廚) 등은 다른 곳에 떨어져 있어 없신여김을 막을 방비가 없으니, 만일 비상한 일이 있다면 오랑캐에 대응하기 어렵습니다. 오랑캐 포로들은 여러 나라에 나뉘어 거처하면서 항상 노는 것을 일삼으면서 다만 과역(課役)을 면제받고 관청의 곡식을 많이 소비하고 있습니다. 청하건대 배치할 곳을 마련하여 뜻밖의 일에 대비하고, 그들을 2번(番)으로 나누되 1번(番)에 100명씩으로 하여 매 달 상호 교체하여 서로 교대로 역(役)에 종사하도록 할 것이며, 그들의 식량은 여러 나라가 천거한 오랑캐 포로들이 필요로 하는 양의 한도 안에서 각 나라로 하여금 운반하여 그 사용에 지급하도록 하십시오." (…) (『日本三代實錄』 16 淸和紀)

신라 태정관에 부(符)한다.

마땅히 잉부(夷俘)를 배치하여 경급(警急)에 대비할 것

우(右), 대재부의 해(解)에 말하기를 "안내를 살펴보건대 경고(警固)의 관부(官符)가 전후 거듭 내려왔습니다. 이에 병사와 말을 뽑고 훈련하며 삼가 비상에 대비하고 있습니다. 이에 신라해적이 침탈하여 노략질 하는 날 통영선사(統領選士)들을 보내어 짐짓 추토(追討)해보게 하였을 때 그 품성에 나약함이 많고 모두 꺼리는 기색이었습니다. 이에 부수위(俘囚衛)를 차출하여 정략(征略)하게 하였는데 의기(意氣)가 격노하여 한 사람이 천명을 감당하였습니다. 지금 큰 새(大鳥)가 괴이함을 시사하고 거북 점(龜筮)은 전쟁의 기운(兵氣)을 고하고 있으며 게다가 홍려중도관(鴻臚中嶋館) 및 진주(津廚) 등은 다른 곳에 떨어져 있어 수모를 막기에 그 대비함이 없습니다. 만약 비상(非常)이 있을 때에 그 누가 대응하겠습니까. 저 이부(夷俘)들을 제국(諸國)에 분거(分居)하며 늘 사냥하는 일에 종사하고 있으며 헛되게도 과역(課役)을 면

제받아 곡식(官粮)만 많이 축내고 있습니다. 엎드려 바라옵건대 요소에 배치하여 비상에 대비하게 해 주십시오. 두 개의 번(番)으로 나누어 번 별로 100인을 (…)
정관(貞觀) 11년 12월 5일 (『類聚三代格』 18 夷俘幷外蕃人事)

신라 (12월) 14일 정유일에 사자를 이사(伊勢) 대신궁(大神宮)에 보내어 폐백을 바치고 고하는 글에서 말하였다. “천황은 조지(詔旨)를 바칩니다. (…) 지난 6월 이래로 대재부가 거듭하여 아뢰기를, 신라 적의 배 두 척이 축전국(筑前國) 나가군(那珂郡)의 황진(荒津)에 도착하여 풍전국(豊前國)의 공조선(貢調船)의 견면(絹綿)을 약탈하여 도망갔다고 합니다. 또 청루(廳樓)·병고(兵庫) 등 위에 큰 새의 괴이한 일이 일어나 점을 쳐 보니 이웃 나라가 전쟁을 일으킬 징조라고 합니다. 그러한 사이에 육오국(陸奧國)도 또 평상시와 달리 지진의 재난이 있었다고 아뢰었으며, 다른 여러 나라에서도 또한 자못 이와 같은 재난이 있다고 아뢰었습니다. 전하여 들으니 저 신라인들은 우리 일본국과 오랫동안 대대로 서로 적이 되어 왔는데, 이제 국경 안에 들어와서 조물(調物)을 약탈하고서도 두려워하거나 그치는 기색이 없습니다. 그 뜻과 정황을 헤아려 보니 전란의 싹이 이로부터 생겨난 듯합니다. 우리 조정은 오랫동안 군사를 움직인 적이 없어 경비하는 것을 잊고 있었습니다. 병란의 일이란 더욱 삼가하고 두려워할 만한 것이지만, 우리 일본 조정은 이른 바 신명(神明)의 나라이고 신명께서 도와 보호하므로 어찌 전란이 가까이 올 수 있겠습니까. 하물며 경외하는 황대신(皇大神)께서 우리 조정의 대조(大祖)의 자리에서 나라의 천하를 비추시고 보호하시니, 다른 나라 종족이 업신여겨 난을 일으키는 일을 어찌 들을 수 있겠습니까. 이에 경계하여 물리치려고 합니다. (…)” (『日本三代實錄』 16 淸和紀)

신라 (12월) 17일 경자일에 지난 여름 신라 해적이 공면(貢綿)을 약탈하였다. 또 큰 새가 대재부 청사와 문루 및 병고 위에 모여드니, 신지관(神祇官) 음양료(陰陽僚)가 “가까운 국경에 적병의 침입이 있을 것이다”라고 말하였다. 비후국(肥後國)은 풍수로, 육오국(陸奧國)은 지진으로 관청 건물이 손상을 입었고 백성들도 빠져 죽은 자가 많았다. 이 날 5기(畿)와 7도(道)의 여러 나라에 칙명을 내려 경내의 여러 신들에게 폐백을 갖추어 뒷날의 재해를 예방토록 하였다. (『日本三代實錄』 16 淸和紀)

신라 (12월) 28일 신해일에 종5위상 수우근위소장 수우근위소장(守右近衛少將) 겸 행대재권소이(行大宰權少貳) 판상대숙네롱수(坂上大宿禰瀧守)를 대재부에 보내어 진호(鎭護)하고 경계를 굳게 하라고 하였다. (…) (『日本三代實錄』 16 淸和紀)

신라 (12월) 29일 임자일에 사신을 석청수(石淸水) 신사(神社)에 보내어 폐백을 바치어 고하는 글에서 말하였다. “천황은 조지(詔旨)를 바칩니다. 경외하는 석청수 황대신(皇大神)의 광전(廣前)에 두렵고도 두렵게 고하여 바칩니다. 지난 6월 이래로 대재부가 거듭 아뢰기를, 신라의 적선 두 척이 축전국(筑前國) 나가군(那珂郡)의 황진(荒津)에 이르러서 풍전국(豊前國) 공조선(貢調船)의 견면(絹綿)을 약탈하여 도망하였습니다. 또 청사와 문루, 병고 등의 위에 큰 새들이 모여 든 괴이한 일로써 점괘를 구하니 이웃 나라의 침입이 있을 것이라고 하였습니다. 또 비후국(肥後國)에 지진과 풍수의 재앙이 있어서 집들이 모두 무너졌고 많은 백성들이 흩어져 떠돌게 되었습니다. 이와 같은 재앙은 예로부터 듣지 못한 것으로서, 이러한 까닭으로 노인들이 아뢰었습니다. 그러는 사이에 육오국(陸奧國)에 또 평상시와 달리 지진의 재난이 있었다고 아뢰었으며, 다른 여러 나라에서도 또한 자못 이와 같은 재난이 있다고 아뢰었습니다. 전하여 들으니 저 신라인들은 우리 일본국과 오랫동안 대대로 서로 적이 되어

왔는데, 이제 국경 안에 들어와서 조물(調物)을 약탈하고서도 두려워하거나 꺼려하는 기색이 없습니다. 그 뜻과 정황을 헤아려 보니 전란의 싹이 이로부터 생겨난 듯합니다. 우리 조정은 오랫동안 군사를 움직인 적이 없어 경비하는 것을 완전히 잊고 있었습니다. 전란의 일이란 더욱 삼가하고 두려워 할 만한 것이지만, 우리 일본 조정은 이른 바 신명(神明)의 나라이고 신명께서 도와 보호하시므로 어찌 전란이 가까이 올 수 있겠습니까. 하물며 경외하는 황대신께서 우리 조정의 大祖의 자리에서 나라의 천하를 보호하시고 도우시니, 다른 나라 종족이 업신여겨 난을 일으키는 일을 어찌 들을 수 있겠습니까. 경계하여 물리치려 합니다. (…)" (『日本三代實錄』 16 淸和紀)

신라 선천(僊天) 화상은 신라승 도참(到叅)이다. 바야흐로 전좌(展坐)하여 갖추어 예배하니, 사(師)가 붙잡아 말하길, 본국을 떠나지 않았을 때, 도(道) 1구(句)를 취하였는데, 그 승(僧)은 말이 없었다고 하였다. 사(師)는 곧 추출(推出)하여 말하길, 문이일구편도량구(問伊一句便道兩句)라 하였다. (『景德傳燈錄』 14 吉州靑原山行思禪師第三世·潭州大川和尙法嗣)

870(庚寅/신라 경문왕 10/발해 건황 13, 현석1/唐 咸通 11/日本 貞觀 12)

신라 (2월) 12일 갑오일, 이에 앞서 대재부에서 말하였다. "대마도(對馬嶋) 하현군(下縣郡) 사람 복부을시마려(卜部乙屎麿呂)가 가마오지(鸕鷀鳥)를 잡기 위하여 신라 경계를 향하여 갔다가, 을시마(乙屎麿)가 신라국에 잡혀 묶인 채로 토옥(土獄)에 갇혔다. 을시마(乙屎麿)가 보니, 저 나라에서 재목을 끌어 운반하여 큰 배를 만들고 북을 치고 대평소를 불며 군사를 뽑아 훈련하고 있었습니다. 을시마가 가만히 방원인(防援人)에게 물어보니 대마도를 정벌하여 취(取)하기 위한 것이라고 대답하였습니다. 을시마가 탈옥하여 겨우 도망하여 돌아올 수 있었다." 이 날에 칙을 내려, "저 부(府)에서 지난 여름에 '큰 새가 병고와 문루(門樓) 위에 모여들었다'라고 하여 점을 쳐보니 그해 여름에 이웃 나라의 침입이 있을 것이라고 한다. 그것으로 인하여 폐백을 베풀고 경(經)을 전독(轉讀)하여 미리 재난을 물리쳤다. 듣건대 신라의 상선이 때때로 대재부에 이르러 제멋대로 물건을 판매한다 하면서 침략하고 포악한 일을 하였다. 만일 예비하지 않으면 창고의 문단속을 게을리하는 것과 같을까 염려스럽다. 하물며 신라라는 흉폭한 적이 침공하려는 마음을 품어 전갈의 꼬리를 거두지 않으면서 장차 독을 쏠려고 한다. 모름지기 바다에 연한 여러 郡으로 하여금 특히 삼가하여 경계를 굳게 하도록 하고, 또한 인번(因幡)·백기(伯耆)·출운(出雲)·석견(石見)·은기(隱岐) 등의 나라에 명하여 방어 장비를 갖추도록 하라"고 하였다. (『日本三代實錄』 17 淸和紀)

신라 (2월) 15일 정유일에 칙을 내려 종5위하 행주전권조(行主殿權助) 대중신조신국웅(大中臣朝臣國雄)을 보내어 팔번대보살궁(八幡大菩薩宮) 및 향추묘(香椎廟), 종상대신(宗像大神)과 감남비신(甘南備神)에게 폐백을 바치고 글을 올려 고하여 말하였다. "천황은 조지(詔旨)를 바쳐 경외하는 팔번대보살(八幡大菩薩)의 앞에 사룁니다. 지난 6월 이래로 대재부가 거듭 아뢰기를, 신라의 적선 두 척이 축전국(筑前國) 나가군(那珂郡)의 황진(荒津)에 이르러서 풍전국(豊前國) 공조선(貢調船)의 견면(絹綿)을 약탈하여 도망하였습니다. 또 청사와 문루, 병고 등의 위에 큰 새들이 모여 든 괴이한 일이 일어나 점을 쳐보니 이웃 나라가 전쟁을 일으킬 징조라고 하였습니다. 또 비후국(肥後國)에 지진과 풍수(風水)의 재앙이 있어서 집들이 모두 무너졌고 많은 백성들이 흩어져 떠돌게 되었습니다. 이와 같은 재앙은 예로부터 듣지 못한 것이라고 노인들이 아뢰었습니다. 그러는 사이에 육오국(陸奧國)에 또 평상시와 달리 지진의 재난이 있었다고 아뢰었으며, 다른 여러 나라에서도 또한 자못 이와 같은 재난이 있다고 아뢰었습니다. 전하여 들으니 저 신라인들은 우리 일본국과 오랫동안 대대로 서로 적이 되어 왔는데, 이제 국경 안에 들어와서 조물(調物)을 약탈하고서도 두려워하거나 꺼려하는 기색이 없습니다. 그 뜻과 정황을 헤아려 보니 전란의 싹이 이로부터 생겨난 듯합니다. 우리 조정은 오랫동안 군사를 움직인 적이 없어 경비하는 것을 완전히 잊고 있었습니다. 전란의 일이란 더욱 삼가하고 두려워 할 만한 것이지만, 우리 일본 조정은 이른 바 신명(神明)의 나라이고 신명께서 도와 보호하시므로 어찌 전란이 가까이 올 수 있겠습니까. 하물며 경외하는 대보살(大菩薩)께서 우리 조정의 현조(顯祖)의 자리에서 나라의 천하를 보호하시고 도우시니, 다른 나라 종족이 업신여겨 난을 일으키는 일을 어찌 들을 수 있겠습니까. 경계하여 물리치려 합니다. (…)". 또한 아뢰어 말하였다. "천황은 조지(詔旨)를 바쳐 경외하는 향추묘(香椎廟)의 앞에 사룁니다. 지난 6월 이래로 대재부가 거듭 아뢰기를, 신라의 적선 두 척이 축전국(筑前國) 나가군(那珂郡)의 황진(荒津)에 이르러서 풍전국(豊前國) 공조선(貢調船)의 견면(絹綿)을 약탈하여 도망하였습니다. 또 청사와 문루, 병고 등의 위에 큰 새들이 모여 든 괴이한 일이 일어나 점을 쳐보니 이웃 나라가 전쟁을 일으킬 징조라고 하였습니다. 또 비후국(肥後國)에 지진과 풍수의 재앙이 있어서 집들이 모두 무너졌고 많은 백성들이 흩어져 떠돌게 되었습니다. 이와 같은 재앙은 예로부터 듣지 못한 것이라고 옛 노인들이 아뢰었습니다. 그러는 사이에 육오국(陸奧國)에 또 평상시와 달리 지진의 재난이 있었다고 아뢰었으며, 다른 여러 나라에서도 또한 자못 이와 같은 재난이 있었다고 아뢰었습니다. 전하여 들으니 저 신라인들은 우리 일본국과 오랫동안 내내로 서로 적이 되어 왔는데, 이제 국경 안에 들어와서 조물(調物)을 약탈하고서도 두려워하거나 꺼려하는 기색이 없습니다. 그 뜻과 정황을 헤아려 보니 전란의 싹이 이로부터 생겨난 듯합니다. 우리 조정은 오랫동안 군사를 움직인 적이 없어 경비하는 것을 완전히 잊고 있었습니다. 전란의 일이란 더욱 삼가하고 두려워 할 만한 것이지만, 우리 일본 조정은 이른 바 신명(神明)의 나라이고 신명께서 도와 보호하시므로 어찌 전란이 가까이 올 수 있겠습니까. 하물며 또한 저 신라인이 서로 적이 되어 왔지만, 경외하는 어묘(御廟)의 위덕(威德)에 의하여 항복하였던 것입니다. 약간의 때가 지나와서 이제 이와 같이 멸시하고 모멸하는 기색을 보이는 일은, 어묘께서 들으시면 가장 놀라고 노여워할 일입니다. (…)". 또한 아뢰어 말하였다. "천황은 조지(詔旨)를 바쳐 경외하는 종상대신(宗像大神)의 앞에 사룁니다. 지난 6월 이래로 대재부가 거듭 아뢰기를, 신라의 적선 두 척이 축전국(筑前國) 나가군(那珂郡)의 황진(荒津)에 이르러서 풍전국(豊前國) 공조선(貢調船)의 견면(絹綿)을 약탈하여 도망하였습니다. 또 청사와 문루, 병고 등의 위에 큰 새들이 모여 든 괴이한 일이 일어나 점을 쳐보니 이웃 나라가 전쟁을 일으킬 징조라고 하였습니다. 또 비후국(肥後國)에 지진과 풍수의 재앙이 있어서 집들이 모두 무너졌고 많은 백성들이 흩어져 떠돌게 되었습니다. 이와 같은 재앙은 예로부터 듣지 못한 것이라고 옛 노인들이 아뢰었습니다. 그러는 사이에 육오국(陸奧國)에 또 평상시와 달리 지진의 재난이 있었다고 아뢰었으며, 다른 여러 나라에서도 또한 자못 이와 같은 재난이 있다고 아뢰었습니다. 전하여 들으니 저 신라인들은 우리 일본국과 오랫동안 대대로 서로 적이 되어 왔는데, 이제 국경 안에 들어와서 조물(調物)을 약탈하고서도 두려워하거나 꺼려하는 기색이 없습니다. 그 뜻과 정황을 헤아려 보니 전란의 싹이 이로부터 생겨난 듯합니다. 우리 조정은 오랫동안 군사를 움직인 적이 없어 경비하는 것을 완전히 잊고 있었습니다. 전란의 일이란 더욱 삼가하고 두려워 할 만한 것이지만, 우리 일본 조정은 이른 바 신명의 나라이고 신명께서 도와 보호하시므로 어찌 전란이 가까이 올 수 있겠습니까. 또한 우리 황태신(皇太臣)은 경외하는 대대일희(大帶日姬)가 저 신라인을 항복시킬 때 서로 힘을 함께 더하여 주셔서 우리 조정을 구하였습니다. 이제 이와 같이 멸시하고 모멸하는 기색을 보이는 일은, 황태신(皇太臣)께서 들으시면 가장 놀라고 노여워할 일입니다. (…)". 또한 아뢰어 말하였다. "천황은 조지(詔旨)를 바쳐 감남비신(甘南備神)의 앞에 사룁니다. 지난 6월 이래로 대재부가 거듭 아뢰기를, 신라의 적선 두 척이 축전국(筑前國) 나가군(那珂郡)의 황진(荒津)에 이르러서 풍전국(豊前國) 공조선(貢調船)의 견면(絹綿)을 약탈하여 도망하였습니다. 또 청사와 문루, 병고 등의 위에 큰 새들이 모여 든 괴이한 일이 일어나 점을 쳐보니 이웃나라가 전쟁을 일으킬 징조라고 하였습니다. 이러한 일은 깊이 생각해 보건대 근심과 탄식을 일으키는 일이므로 감남비신(甘南備神)에게 사룁니다. 신라의 적들이 군사를 조련하고 배를 만들어 우리 조정의 땅을 약탈하고 침입하려 한다는 황신(皇神)의 신탁이 있었습니다. (…)". 또 사신을 여러 산릉(山陵)에 보내어 신라 적을 막을 수 있는 글을 고하였다. 참의(叅議) 정4위하 행황태후궁대부(行皇太后宮大夫) 등원조신량세(藤原朝臣良世)와 종5위상 행하권수(行下野權守) 기조신유상(紀朝臣有常)은 심초산릉(深草山陵:仁明天皇陵)에 고하고, 참의 정4위하 행우위문독(行右衛門督) 겸 찬기권수(讃岐權守) 원조신생(源朝臣生)과 우병고두(右兵庫頭) 종5위하 구하조신삼상(久賀朝臣三常)이 국읍산릉(田邑山陵:文德天皇陵)에 고하고, 참의 정4위하 行우병위독(右兵衛督) 원조신근(源朝臣勤)과 시종 종5위하 등원조신고범(藤原朝臣高範)이 순렬산릉(楯列山陵:神功天皇)에 고하였는데, 고(告)한 글은 팔번대보살궁(八幡大菩薩宮)에 고한 글에 준하였다. (『日本三代實錄』17 淸和紀)

신라 (2월 20일 임인일) 대재부(大宰府)에 칙을 내려 신라인 윤청(潤淸)·선견(宣堅) 등 30명과 원래 관내에 거주하던 무리들로 하여금 수륙(水陸) 두 길로 식량과 말을 주어 서울에 들어오게 하였다. 이에 앞서 대재부에서 "신라 흉적이 공면(貢綿)을 약탈하였는데 윤청(潤淸) 등에게 혐의를 두어 그들을 가두고 아뢰었습니다. 태정관(太政官)의 처분으로 어진 은혜를 크게 베풀어 식량을 주고 돌려보내도록 하였습니다만, 윤청(潤淸) 등이 순풍을 만나지 못하여 그들 나라로 출발하지 못하였습니다. 대마도사(對馬嶋司)가 신라의 소식을 적은 일기(日記)와 저 나라에서 표류해온 7명을 바쳤는데, 부(府)에서는 예에 따라 식량을 주어 돌려보냈습니다. 다만 좁고 작은 신라가 흉독함이 이리와 같이 사나우며, 또한 대마도 사람 복부을시마(卜部乙屎麿)가 저 나라(신라)에 갇혔다가 탈옥하여 도망쳐 와서 저들의 병사를 조련하는 상황을 말하였습니다. 만일 저들이 발설한 말을 의심해 보면, 기색을 살피기 위해 7명을 뽑아 보내 거짓으로 표류하여 왔다고 하였던 것인데도, 무릇 어진 마음으로 돌려보낸 것입니다. 대수롭지 않은 일로 간특하게 왕래하니 마땅히 주륙하여야 할 것입니다. 게다가 윤청(潤淸) 등은 오랫동안 교관(交關)에 종사하면서 이 땅에 붙어 살며 여러 가지 사정을 잘 살필 수 있었으므로, 우리의 방비가 없음을 알고 저들 나라로 돌아가도록 한다면 우리의 약함을 적에게 보이게 될 것입니다. 이는 편안할 때 위험을 잊지 않는다는 뜻에 이미 어긋납니다. 또 종래부터 관내에 거주하던 자들은 또한 이외에도 여러 명 있습니다. 이들 무리는 모두 겉으로는 귀화한 것 같지만, 내심으로는 역모할 뜻을 품고 있습니다. 만일 신라가 침략해 온다면 반드시 내응할 것이므로 청컨대 천장(天長) 원년(824) 8월 20일의 격지(格旨)에 준하여 신구(新舊)를 논하지 말고 아울러 육오국(陸奧國)의 빈 땅에 옮겨 (병란을 일으키려는) 간특한 마음을 끊도록 하십시오." 이에 따랐다. (『日本三代實錄』17 淸和紀)

신라 봄 2월에 사찬 김인(金因)을 보내 당에 들어가 숙위하게 하였다. (『三國史記』11 新

羅本紀 11)

신라 봄 2월에 사찬 김인(金因)을 보내 당에 가서 숙위하게 하였다. (『三國史節要』 13)

신라 여름 4월에 경도(京都)에 지진이 있었다. (『三國史記』 11 新羅本紀 11)

신라 여름 4월에 경도에 지진이 있었다. (『三國史節要』 13)

신라 태정관이 부(符)한다.

마땅히 권사생(權史生) 응고송웅(鴈高松雄)을 노사(弩師)로 전보할 것

우(右), 출운국(出雲國)의 해(解)에 아뢰기를 “삼가 태정관이 지난 2월 12일 해당 도(道)에 내린 부(符)를 살펴보니 (그 안에) 말하기를 ‘대재부(大宰府)의 해(解)가 아뢰기를 큰 새(大鳥)가 병고(兵庫)의 루(樓) 위에 모였는데 가서 점을 쳐보니 인국(隣國)의 병사(兵事)가 있을 것이라고 합니다. 듣건대 신라의 상선이 때때로 도착하는데 가령 장사하는 것이라고 하여 와서는 침폭(侵暴)하게 되면 갑자기 그 대비가 없으면 아마도 창고를 게을리 하는 것과 똑같을 것이다. 우대신(右大臣)이 선(宣)하기를 칙을 받들어 (…)

정관(貞觀) 12년 5월 19일 (『類聚三代格』 5 加減諸國官員幷廢置事)

신라 5월에 왕비가 죽었다. (『三國史記』 11 新羅本紀 11)

신라 5월에 왕비가 돌아가셨다. (『三國史節要』 13)

신라 (一) 탑을 조성한 때는 함통 11년 경인 5월 어느날이다. (「寶林寺北塔誌」)

(二) 그 때는 경문왕이 즉위한지 10년이었다. (「寶林寺北塔誌」)

(三) 말미암은 바는 헌안왕의 왕생을 위하여 삼가 만든 탑이다. (「寶林寺北塔誌」)

(四) 서원부 소윤 나마 김수종이 아뢰었고 칙명을 받들어 (탑을 조성한) 우두머리는 급간 진뉴이다. (「寶林寺北塔誌」)

신라 (6월) 13일 갑오일, 이에 앞서 대재부(大宰府)에서 말하였다. “비전국(肥前國) 저도군(杵嶋郡) 병고(兵庫)가 진동하면서 북소리가 두 번 울렸는데, 점을 쳐 보니 이웃나라의 군사를 경계하라고 하였습니다.” 이 날 축전(筑前)·비전(肥前)·일기(壹岐)·대마(對馬) 등 나라의 섬에 “뜻밖의 사태에 경계하고 삼가하라.”고 칙을 내렸다. 또 대재부에서) 말하였다. “옥에 가둔 신라인 윤청(潤淸) 등 30명 가운데 7명이 도망하여 숨었습니다.” (『日本三代實錄』 18 淸和紀)

신라 가을 7월에 큰 물난리가 났다. (『三國史記』 11 新羅本紀 11)

신라 가을 7월에 큰 물난리가 났다. (『三國史節要』 13)

신라 (8월) 28일 무신일, 이에 앞서 대마도(對馬嶋)에서 말하였다. “경계가 신라에 가까운데 저들의 동태가 방자하여 침략할 것 같습니다. 이미 군사들이 없으므로, 노기(弩機)가 있다고 하나 어떻게 사용할 수 있겠으며, 멀리 떨어진 외딴 섬이므로 급한 일이 일어나면 누가 구할 수 있겠습니까. 이에 듣건대 저 나라(신라)의 적들이 병기를 익히며 전쟁을 훈련하고 있다 하니, 만일 미리 준비하지 않으면 갑작스러운 일에 대응하기 어려울까 하므로 노사(弩師) 1명을 두기를 바랍니다.” 대재부에서 칙을 내렸다.“적당한 사람을 뽑아 임명하도록 하고 항례를 삼도록 하라.” (『日本三代實錄』 18 淸和紀)

신라 (9월) 15일 갑자일에 신라인 20명을 보내어 여러 나라에 배치하였다. 청배(清倍)·조창(鳥昌)·남권(南卷)·안장(安長)·전련(全連) 5명을 무장국(武藏國)에, 승려 향숭(香嵩)과 사미승 전승(傳僧)·관해(關解)·원창(元昌)·권재(卷才) 5인을 상총국(上總國)에, 윤청(潤淸)·과재(果才)·감참(甘參)·장언(長焉)·재장(才長)·진평(眞平)·장청(長淸)·대존(大存)·배진(倍陳)·연애(連哀) 10인을 육오국(陸奧國)에 배치하였다. 칙을 내렸다. "윤청(潤淸) 등을 저 나라에 보내는 것은, 사람들이 공면(貢綿)을 약탈한 혐의가 있기 때문이다. 이에 그들을 귀양보냄으로써 신라인들에게 공면을 약탈하는 행위를 경계하도록 하였다. 그러나 죄를 용서하고 허물을 덜어 주는 것은 선왕의 의로운 법전이므로 특별히 긍휼히 여겨 저 나라 비옥한 땅에 안치하는 것이니 불편함이 없도록 하고 구분전(口分田)의 영종과(營種料)를 지급하라. 아울러 모름지기 그와 같은 일은 한결같이 선례에 따르도록 하며, 씨 뿌릴 때에나 가을의 수확 때에는 아울러 공량(公糧)을 지급하도록 하라. 승려와 사미승 등은 공양하는 액수가 정해진 절에 안치하도록 하고 그들에게 공급하도록 하라. 도중에 있는 나라들은 모두 말 먹이와 몸에 필요한 잡물을 지급하고 인부를 충당하여 운송하도록 하되, 어질고 인자함을 베풀어 군색하게 하지 말라." "태정관은 알린다. 신라인은 대재부의 공면을 훔쳤는데, 윤청 등 20인이 함께 이 혐의를 받았다. 모름지기 그 이유로 죄를 책하고 정하여 법에 따라 죄를 내리므로, 죄를 면하고 힘쓰는 데 어찌 살피지 않겠는가. 청배(清倍) 등 5명은 무장국(武藏國)에, 원창(元昌) 등 5명은 상총국(上總國)에, 윤청(潤淸) 등 10인은 육오총(陸奧國)에 물러나 있으라. "라고 하였다. 윤청(潤淸)·장언(長焉)·진평(眞平) 등은 기와를 만드는 데 재주가 뛰어나므로, 육오국(陸奧國) 수리부(修理府)의 기와를 만드는 일에 참여하여 그 일에 뛰어난 사람들로 하여금 서로 좇아 전하여 익히도록 하였다. (…) (『日本三代實錄』 18 淸和紀)

신라 (11월) 13일 신유일에 축후권사생(筑後權史生) 정7위상 좌백숙네진계(佐伯宿禰眞繼)가 신라국의 첩(牒)을 받들어 바쳤다. 곧 '대재부소이(大宰府少貳) 종5위하 등원조신(藤原朝臣) 원리만려(元利萬侶)와 신라국왕이 서로 통하여 국가를 해하고자 도모한다'는 것을 고(告)하였다. 이에 진계(眞繼)를 가두어 검비위사(檢非違使)에게 넘겼다. (『日本三代實錄』 18 淸和紀)

신라 (11월 17일 을축일) 대재부에 칙을 내려 소이(少貳) 등원조신원리만려(藤原朝臣元利萬侶)·전주공상가인(前主工上家人)·낭인청원종계(浪人淸原宗繼)·중신년마(中臣年麿)·흥세유년(興世有年) 등 5인을 체포하게 하고, 종5위하 행대내기(行大內記) 안배조신흥행(安倍朝臣興行)을 대재부에 보내는 추문밀고사(推問密告使)를 삼고 판관(判官) 1인과 주전(主典) 1인을 함께 보내었다. (『日本三代實錄』 18 淸和紀)

신라 겨울에 눈이 내리지 않았다. 국인(國人) 사이에 전염병에 많이 돌았다. (『三國史記』 11 新羅本紀 11)

신라 겨울에는 눈이 내리지 않았다. 전염병이 많이 돌았다. (『三國史節要』 13)

신라 함통 11년 경인년에 탑을 세웠다. 대순 2년 신해 11월 어느 날에 기록하다. 내궁에 사리 7매가 삼가 계시다. (「寶林寺南塔誌」 표면)

신라 스님의 법휘(法諱)는 이엄(利嚴)이고, 속성은 김씨이니, 그의 선조는 계림(鷄林)사람이었다. 스님의 모국(母國)과 조상을 상고해 보니 본래 성한(星漢)의 후손이었으나, 먼 조상 때부터 점점 세도(世道)가 쇠락하였다. 사로(斯盧 : 신라)가 여러 차례의 국난을 겪으면서 가세(家勢)가 몰락하여 정처 없이 떠돌아다니다가 웅천(熊川)에 이르렀다. 아버지의 이름은 장(章)이니 깊이 운천(雲泉)을 사랑하여 부성(富城)의 들판에 우거(寓居)하게 되었다. 그리하여 대사는 소태(蘇泰)에서 탄생하였으니 신상(身相)에 많은 기이함이 있었다. 그러므로 죽마(竹馬)의 나이에도 마침내 △△함이 없었다. (「廣照寺眞澈大師碑」)

신라 함통(咸通) △년에 대사(太師)를 추증받은 경문대왕(景文大王)께서 산에 있는데 부르시니 걸음을 옮겨 급히 뜻을 좇으셨다. 하루는 팔각당(八角堂)에서 교(敎)와 선(禪)의 같고 다름을 물으매 "깊은 궁궐에는 절로 천개나 되는 미로(迷路)가 있어 (결락) 끝내 없습니다"라고 대답하셨다. 이에 (결락) 선(禪)을 펼쳐 그림과 같이 단계지어 설명하시니 왕이 마음 깊이 기뻐하며 깨달으셨다. 이에 구름이 앞서 돌아 넘어 동굴에서 길게 따라 나오듯 서로 만나보고 나서 법호를 더해 주셨다. 그때 혜성대왕(惠成大王)이 왕가(王家)를 위해 자신의 덕을 덜어 잘 화합했는데 (결락) 더욱 잘하여 (결락). (「實相寺秀澈和尙楞伽寶月塔碑」)

발해 [건황(虔晃)이] 죽으니, 현석(玄錫)이 왕위에 올랐다. (『新唐書』219 列傳 144 北狄 渤海)

871(辛卯/신라 경문왕 11/발해 현석 2/唐 咸通 12/日本 貞觀 13)

신라 봄 정월에 왕이 담당 관리에게 명해 황룡사 탑을 고쳐 새롭게 만들게 하였다. (『三國史記』11 新羅本紀 11)

신라 봄 정월에 담당 관리에게 명해 황룡사 탑을 고쳐 새롭게 만들게 하였다. (『三國史節要』13)

신라 2월에 월상루(月上樓)를 중수하였다. (『三國史記』11 新羅本紀 11)

신라 2월에는 월상루를 수리하였다. (『三國史節要』13)

신라 대사의 법휘(法諱)는 경유(慶猷)이고 속성은 장씨이다. 그의 선조(先祖)는 남양(南陽)의 관족(冠族)이며 대한(大漢)의 종지(宗枝)였는데, 먼 조상이 우연히 경파(鯨波)를 건너 토군(兎郡)에 이르러 살게 되었다. 스님의 △는 슬기롭고 예악(禮樂)을 좋아하였으며, 공자(孔子)와 노자(老子)의 도를 배우고 따라 지키며 △△△ 공사(公事)를 받들어 죽을 때까지 종사하였다. 어머니는 맹씨(孟氏)니, 어느 날 비몽사몽간에 홀연히 상서로운 꿈을 꾸고 깨어난 후부터 스스로 임신한 것을 알고는 항상 정념(淨念)을 닦되, 악취가 나는 오신채(五辛菜)와 비린내 나는 고기 등을 일체(一切) 먹지 않았다. 함통(咸通) 12년 4월 11일에 탄생하였다. (「五龍寺法鏡大師碑」)

신라 태사(太師)를 추증받으신 선대왕(先大王:경문왕)께서 즉위하셔서도 대사를 공경하고 존중하심이 선조(先朝: 헌안왕) 때와 같아서 대우해 주는 것이 나날이 두터워졌다. 일을 시행할 때에는 반드시 사람을 보내어 물어본 후에 거행하였다. 함통(咸通) 12년(871) 가을에 왕께서는 대사에게 교서(敎書)를 급히 보내고 사람을 시켜 부르면서 말하기를 "산림(山林)을 어째서 가까이 하시면서 도성(都城)은 멀리하십니까"라고 하였다. 대사는 제자들에게 "갑자기 진후(晉侯)가 백종(伯宗)을 부르듯 하니 산문에서 밖에 나오지 않았던 혜원공(慧遠公)에게는 몹시 부끄러운 일이다. 하지만 앞으로 도(道)를 행해지게 하려면 그 기회를 놓쳐서는 안된다. 부처께서 불법이 전해지도록 부촉(付囑)하신 바를 생각하니 내가 가야 되겠다."라고 말하고 즉시 서울에 도착하여 왕을 뵈었다. 선대왕께서는 면복(冕服) 차림으로 절을 하여 스승(王師)으로 삼았고, 왕비와 세자, 그리고 왕의 동생이신 상국(相國) [돌아가신 후에 왕으로 높이고 시호를 혜성대왕(惠成大王)이라고 하였다]과 여러 왕자, 왕손들이 빙 둘러싸고 한결같이 우러렀는데 마치 옛날 가람의 벽 그림에 서역의 여러 왕들이 부처님을 모시고 있는 모습과 비슷하였다. 임금께서 말씀하시길 "제자가 말 재주는 없습니다만, 글 짓는 것은 조금 좋아합니다. 전에 유협(劉勰)의 『문심조룡(文心雕龍)』을 본 적이 있는데 거기에 "유(有)에만 얽매이거나, 무(無)만을 고집하면 편벽된 이해에 나아갈 뿐이다. 참된 근원으로 나아가고자 한다면 반야(般若)의 절대적인 경지가 바로 그것이다"라고 하였는데 절대적인 경지가 무엇인지 가르침 받을 수 있겠습니까."라고 하였다. 대사가 대답하기를 "경지가 이미 절대적인 것이라면 그것을 설명할 이치도 없는 것입니다. 이것이 마음으로 전하는 것(心印)이니 말없이 행해질 뿐입니다."라고 하였다. 임금께서 "과인은 조금 더 배우기를 청합니다."고 하자 대사는 제자 중의 뛰어난 자에게 번갈아 가며 질문을 하게 하여 차근차근 속속들이 알 수 있도록 설명을 해주어 막힌 것을 해결하고 번거로운 것을 떨쳐 버리기를 마치 가을바람이 어두침침한 노을을 밀어내듯 하였다. 이에 임금께서 크게 기뻐하셔서 대사를 늦게 만나본 것을 안타까와 하시며 말씀하시길, "성인께서 자연스럽게 바른 길(南宗)을 가리켜 주셨는데, 순(舜)이 할 수 있는 일을 나라고 어찌 못하겠는가."라고 하였다. 왕궁에서 나오자 재상들이 다투어 마중하니 사람과 이야기를 나누고 싶어도 할 수 없었고, 일반 백성들이 뒤쫓으며 따르니 떠나고자 하여도 그럴 수 없었다. 이때부터 나라 사람들이 모두 자신에게 귀한 보배(佛性)가 있음을 깨달아 이웃집의 보석을 탐내지 않게 되었다. 그러나 얼마 있지 않아서 새장에 갇혀 있는 것 같은 생활을 괴롭게 여겨서 서울을 떠나고자 하였다. 임금께서는 억지로 만류할 수 없음을 알고 곧 교서(敎書)를 내려서 상주(尙州)의 심묘사(深妙寺)가 서울로부터 멀지 않으니 선종의 별관으로 삼아 머무르라고 하셨다. 대사는 거역할 수 없어 그곳에 가서 머물렀는데, 잠시 머물지라도 반드시 수리하였으니 곧 엄연한 절의 모습을 갖추었다. (「聖住寺郎慧和尙白月葆光塔碑」)

발해 (12월 11일 임자일)에 발해국입근사(渤海國入覲使) 양성규(楊成規) 등 105명이 가하국(加賀國) 해안에 도착하였다. (『日本三代實錄』 20 淸和紀)

발해 12월 11일 임자일에 해국입근사(渤海國入覲使) 성규(成規) 등 105명이 가하국(加賀國) 해안에 도착하였다. (『類聚國史』 194 殊俗部 渤海 下)

신라 지금의 왕이 즉위한 지 11년인 함통(咸通)연간 신묘년(879)에 탑이 기울어진 것을 애석하게 여겨 왕의 친동생인 상재상(上宰相) 이간 김위홍(金魏弘)이 책임자가 되고 사주(寺主)인 혜흥(惠興)을 문승(聞僧)이자 수감전(脩監典)으로 삼아 그들과△대통(大統)이자 정법화상(政法和尙)인 대덕(大德) 현량(賢亮)과 대통이자 정법화상인 대덕 보연(普緣) 그리고 강주보(康州輔)인 중아간 김견기(金堅其) 등 승려와 관인들이 그해 8월 12일 처음으로 낡은 것을 없애고 새 것을 만들도록 하였다[鐫字臣小連全]. 그 안에 다시 『무구정경(無垢淨經)』에 의거 하여 작은 석탑 99개에 각각의 석탑마다 사리 하나씩을 넣고, 다라니 네 가지와 경전 1권을 책 위에 사리 1구를 안치하여 철반의 위에 넣었다. (「皇龍寺九層木塔刹柱本記」)

신라 스님은 태어나자마자 능히 말을 하였을 뿐 아니라, 어려서부터 장난을 좋아하지 않았다. 아홉 살이 되었을 때 이미 출가하여 수도하려는 뜻이 간절하였으니 부모도 그의 뜻을 막지 못하여 문득 허락하였다. 그리하여 그는 무량수사(無量壽寺)로 가서 주종법사(住宗法師)에게서 처음으로 화엄경을 배웠고, 그로부터 여러 괴류(槐柳)를 지났으니, 참으로 귀중한 바는 반년만에 화엄경의 백천게송(百千偈頌)을 외웠는데, 하루에 외운 량이 다른 사람이 30일 동안 걸려야 외울 수 있는 것이었다. (「菩提寺大鏡大師塔碑」)

872(壬辰/신라 경문왕 12/발해 현석3/唐 咸通 13/日本 貞觀 14)

발해 (봄 정월) 6일 정축일에 정6위상 행소내기(行少內記) 관원조신도진(菅原朝臣道眞), 종6위하 행직강(行直講) 미노련청명(美努連淸名)을 존문발해국사(存問渤海國使)로 삼고, 원지정(園池正) 정6위상 춘일조신댁성(春日朝臣宅成)을 통사(通事)로 삼았다. (『日本三代實錄』 21 淸和紀)

발해 정월 6일 정축일에 정6위상 행소내기 관원조신도진, 종육위하 행직강 미노연청명을 존문발해객사로 삼고, 원지정 정6위상 춘일조신택을 통사로 삼았다. (『類聚國史』 194 殊俗部 渤海 下)

발해 (봄 정월) 20일 신묘일에 이 달 서울에 목구멍이 막히어 숨을 들이마시면 소리가 나는 병이 일어나 죽은 자가 많았다. 사람들이 말하였다. "발해의 사신이 와서 다른 나라의 독기가 그렇게 한 것이다." 이 날 건례문(建禮門) 앞에서 불계(紱禊:푸닥거리)를 크게 베풀어 병을 막았다. (『日本三代實錄』 21 淸和紀)

발해 (봄 정월) 26일 정유일에 정6위하 행소외기(行少外記) 대춘일조신안수(大春日朝臣安守)를 존문발해객사(存問渤海客使)로 삼았는데 소내기(少內記) 관원조신도진(菅原朝臣道眞)이 모친상을 당해 관직을 떠났기 때문이다. (『日本三代實錄』 21 淸和紀)

발해 (정월) 26일 정유일에 정6위하 행소외기 대춘일조신안수를 존문발해객사로 삼았는데 소내기 관원조신도진이 모친상을 당해 관직을 떠났기 때문이다. (『類聚國史』 194 殊俗部 渤海 下)

신라 봄 2월에 몸소 신궁에 제사를 지냈다. (『三國史記』 11 新羅本紀 11)

신라 봄 2월에 몸소 신궁에 제사를 지냈다 (『三國史節要』 13)

발해 (3월) 14일 갑신일에 존문발해객사(存問渤海客使) 대춘일조신안수(大春日朝臣安守)와 미노련청명(美努連淸名)에게 조를 내려 모두 영객사(領客使)를 겸하게 하였다. (『日本三代實錄』 21 淸和紀)

발해 3월 14일 갑신일에 존문발해객사 대춘일조신안수와 미노련청명에게 조를 내려 모두 영객사를 겸하게 하였다. (『類聚國史』 194 殊俗部 渤海 下)

발해 (3월) 23일 계사일에 이번 봄 이후로 안팎으로 자주 괴이한 일이 보였다. 이로 말미암아 사자를 여러 신사에 나누어 보내 폐백을 바치게 하였다. 또 신사에 가까운 도량에서는 매 사(社)마다 금강반야경(金剛般若經)을 독송하게 하였다. (…) 석청수사(石淸水社)에 고하는 글에서 말하였다. "운운(云云)하고 또 별도의 말로써 아룁니다. 지난 해에 음양료(陰陽僚)가 점을 쳐 보니 번객(蕃客)이 옴에 따라 상서롭지 못한 일들이 있을 것이라고 하였습니다. 이제 발해객(渤海客)이 12년의 기한이 되어 조회하러 왔으므로, 어찌할 수 없이 나라의 법으로써 불렀습니다. 대보살께 이 상황을 아뢰오니, 멀리서 객들이 온 것은 신께서 보호하신 까닭이므로 일이 없도록 긍휼히 여기시기를 바랍니다. 두렵고도 두려운 마음으로 아룁니다." 다른 사(社)에 고한 글도 한결같이 이 예에 준하였다. (『日本三代實錄』 21 淸和紀)

발해 (3월) 23일 계사일에 이번 봄 이후로 안팎으로 자주 괴이한 일이 보였다. 이로 말미암아 사자를 여러 신사에 나누어 보내 폐백을 바치게 하였다. 또 신사에 가까운 도량에서는 매 사(社)마다 금강반야경(金剛般若經)을 독송하게 하였다. (…) 석청수사(石淸水社)에 고하는 글에서 말하였다. "운운(云云)하고 또 별도의 말로써 아룁니다. 지난 해에 음양료(陰陽僚)가 점을 쳐 보니 번객(蕃客)이 옴에 따라 상서롭지 못한 일들이 있을 것이라고 하였습니다. 이제 발해객(渤海客)이 12년의 기한이 되어 조회하러 왔으므로, 어찌할 수 없이 나라의 법으로써 불렀습니다. 대보살께 이 상황을 아뢰오니, 멀리서 객들이 온 것은 신께서 보호하신 까닭이므로 일이 없도록 긍휼히 여기시기를 바랍니다. 두렵고도 두려운 마음으로 아룁니다." 다른 사(社)에 고한 글도 한결같이 이 예에 준하였다. (『類聚國史』 194 殊俗部 渤海 下)

발해 (여름 4월) 13일 임자일에 존문발해객사(存問渤海客使) 소외기(少外記) 대춘일조신안수(大春日朝臣安守) 등이 대사 양성규(楊成規) 등이 가지고 온 계첩(啓牒)의 상자를 열어 예에 어긋난 이유를 꾸짖어 물은 문답의 글과 안수(安守) 등이 가하국(加賀國)을 가는 도중의 소식을 기록한 것을 역마를 달려 아뢰었다. (『日本三代實錄』 21 淸和紀)

발해 4월 13일 임자일에 존문발해객사 소외기 대춘일조신안수 등이 대사 양성규등이 가지고 온 계첩의 상자를 열어 예에 어긋난 이유를 꾸짖어 물은 문답의 글과 안수 등이 가하국을 가는 도중의 소식을 기록한 것을 역마를 달려 아뢰었다. (『類聚國史』 194 殊俗部 渤海 下)

발해 (여름 4월) 16일 을묘일에 정6위상 행소내기(行少內記) 도숙녜언도(都宿禰言道)와 정6위상 행식부소승(行式部少丞) 평조신계장(平朝臣季長)을 장발해객사(掌渤海客使)로 삼고 상륙소전(常陸少掾) 종7위상 다치진인수선(多治眞人守善)과 문장생(文章生) 종8위하 관야조신(菅野朝臣) 유초(有肖)를 영귀향발해객사(領歸鄕渤海客使)로 삼았다. (『日本三代實錄』 21 淸和紀)

발해 (4월) 16일 을묘일에 정6위상 행소내기 도숙녜언도와 정6위상 행식부소승 평조신계장을 장발해객사로 삼고 상륙소전 종7위상 다치진인수선과 문장생 종8위하 관야조신 유초를 영귀향발해객사로 삼았다. (『類聚國史』 194 殊俗部 渤海 下)

신라 여름 4월에 경사(京師)에 지진이 있었다. (『三國史記』 11 新羅本紀 11)

신라 여름 4월에 경사에 지진이 있었다. (『三國史節要』 13)

발해 (5월) 7일 병자일에 장발해객사(掌渤海客使) 소내기(少內記) 도숙녜언도(都宿禰言道)가 풀이하는 글을 스스로 지어 관의 결재를 청하였는데 "성과 이름이 서로 짝하면 그 뜻이 이에 아름다운 것이니, 만일 천황의 아름다운 명이 없었다면 어찌 먼 곳에서 온 사람에게 보일 수 있었겠습니까. 엎드려 바라옵건대 이름을 양향(良香)으로 고쳐 편안한 편을 좇겠습니다"라고 하였다. 청에 따라 허락하였다. (『日本三代實錄』 21 淸和紀)

발해 (5월) 15일 갑신일에 칙을 내려 종5위상 수우근위소장(守右近衛少將) 등원조신산음(藤原朝臣山陰)을 보내 산성국(山城國) 우치군(宇治郡) 산과촌(山科村)에 이르러 교외에서 발해객을 맞이하여 위로하게 하였다. 영객사(領客使) 대춘일조신(大春日朝臣) 안수(安守) 등과 교노사(郊勞使)는 함께 발해국 입근대사(入覲大使) 정당성좌윤(政堂省左允) 정4품 위군상진장군사자금어대(慰軍上鎭將軍賜紫金魚袋) 양성규(楊成規)와 부사 우맹분위소장(右猛賁衛少將) 정5품 사자금어대(賜紫金魚袋) 이흥성(李興晟) 등 20명을 이끌어 서울에 들어와 홍로관(鴻臚館)에 안치하도록 하였다. 우경인(右京人) 좌관장(左官掌) 종8위상 박인(狛人) 씨수(氏守)에게 직도숙네(直道宿禰)의 성을 내렸다. 씨수(氏守)는 사람됨이 장대하고 용모와 거동이 볼만하여 임시로 현번속(玄蕃屬)을 삼았고, 홍로관(鴻臚館)에 가서 연회와 사신의 송별과 환영에 관한 일을 맡았다. 그러므로 씨수(氏守)의 청에 따라 성을 고쳐주었다. 그 선조는 고려국 사람이다. (『日本三代實錄』21 淸和紀)

발해 5월 15일 갑신일에 칙을 내려 종5위상 수우근위소장(守右近衛少將) 등원조신산음(藤原朝臣山陰)을 보내 산성국(山城國) 우치군(宇治郡) 산과촌(山科村)에 이르러 교외에서 발해객을 맞이하여 위로하게 하였다. 영객사(領客使) 대춘일조신(大春日朝臣) 안수(安守) 등과 교노사(郊勞使)는 함께 발해국 입근대사(入覲大使) 정당성좌윤(政堂省左允) 정4품 위군상진장군사자금어대(慰軍上鎭將軍賜紫金魚袋) 양성규(楊成規)와 부사 우맹분위소장(右猛賁衛少將) 정5품 사자금어대(賜紫金魚袋) 이흥성(李興晟) 등 20명을 이끌어 서울에 들어와 홍로관(鴻臚館)에 안치하도록 하였다 (『類聚國史』194 殊俗部 渤海 下)

발해 (5월) 17일 병술일에 칙을 내려 정5위하 행우마두(行右馬頭) 재원조신업평(在原朝臣業平)을 홍려관(鴻臚館)으로 보내 발해객을 위로하고 문안하게 하였다. 이 날 사신들에게 철에 맞는 옷을 내렸다. (『日本三代實錄』21 淸和紀)

발해 (5월) 17일 병술일에 칙을 내려 정5위하 행우마두 재원조신업평을 홍려관으로 보내 발해객을 위로하고 문안하게 하였다. 이 날 사신들에게 철에 맞는 옷을 내렸다. (『類聚國史』194 殊俗部 渤海 下)

발해 (5월) 18일 정해일에 칙을 내려 좌근위중장(左近衛中將) 종4위하 겸 행비중권수원조신서(行備中權守源朝臣舒)를 보내 홍려관(鴻臚館)에 가서 양성규(楊成規)등이 가져온 발해국왕의 계(啓)와 신물(信物)을 살피도록 하였다. 계에 이르기를, "현석(玄錫)은 계(啓)를 올립니다. 늦가을이라 매우 공기가 찬데, 천황의 생활에 만복이 깃들기를 바랍니다. 이 현석은 은혜를 입어 나라를 세운 이래로부터 항상 귀국과 더불어 사신을 통하여 명을 전하였습니다. 해를 걸러 소식을 전하자던 옛 약속의 뜻은 오늘에 이르러 매우 두텁습니다. 현석이 선조의 남긴 뜻을 이어 옛 법의 유풍을 닦는 데, 12년이 다 되었으므로 마음으로 감복하여 선린의 뜻을 되돌아 봅니다. 이에 사절을 보내어 조빙하도록 합니다. 엎드려 바라옵기는 천황께서 내리 살펴 멀리서 온 사신을 긍휼히 여기시고 예에 따라 서울에 들어가게 하신다면 매우 다행한 일이겠습니다. 큰 바다가 가로 막혀 직접 알현하지는 못하므로 저의 뜻이 두려움을 감당하지 못합니다. 삼가 정당성(政堂省) 좌윤(左允) 양성규(楊成規)를 보내어 살아가는 형편을 받들어 아룁니다. 다 말하지 못하고 삼가 아룁니다."라고 하였다. 중대성(中臺省)의 첩(牒)에는 "첩하여 처분을 받듭니다. 하늘 끝은 길이 막히고 일역(日域)은 아득히 멀므로 항상 12년을 기한으로 하여 화친을 닦았는데, 또 한 해를 기약하며 우호를 계속합니다. 이웃나라와 사귐에는 예절이 있으며 사신을 보내는 데는 어그러짐이 없습니다. 서로의 소식을 주고받은 지가 매우 오래 되었습니다. 이제 해가 바뀌고 세월이 흘러 12년이 이미 찼으므로 실로 조빙할 때가 되었습니다. 그러므로 전일의 법도에 근거하고 멀리 옛 법규를 헤아려 해를 향한 정성을 보내려고 성초(星軺)에 탄 사신을 떠나게 하며 바람을 점쳐 배를 띄워 발해의 넓은 파도를 건너게 합니다. 만리에 달하는 길에서 마음에 뜻하는 바는, 왕복하는 것이 비록 아득하나 깊이 흠모하는 마음으로 삼가 정당성 좌윤 양성규로 하여금 귀국에 나아가 전날의 우호를 닦으려는 것입니다. 마땅히 상첩(狀牒)에 의거하여 일본국 태정관에게 올려 삼가 첩에 따라 기록합니다. 삼가 첩합니다."라고 하였다. 그 신물(信物)은 대충피(大蟲皮) 7장(張), 표피(豹皮) 6장, 웅피(熊皮) 7장과 꿀 5곡(斛)이다. (『日本三代實錄』 21 淸和紀)

발해 (5월) 18일 정해일에 칙을 내려 좌근위중장 종4위하 겸 행비중권수원조신서를 보내 홍려관에 가서 양성규등이 가져온 발해국왕의 계(啓)와 신물(信物)을 살피도록 하였다. 계에 이르렀다. (…) 중대성(中臺省)의 첩(牒)에 일렀다. (…) 신물(信物)은 대충피(大蟲皮) 7장(張), 표피(豹皮) 6장, 웅피(熊皮) 7장과 꿀 5곡(斛)이다. (『類聚國史』 194 殊俗部 渤海 下)

발해 (5월) 19일 무자일에 칙을 내려 참의(參議) 정4위하 행좌대변(行左大弁) 겸 감해유장관(勘解由長官) 근강권수(近江權守) 대강조신음인(大江朝臣音人)을 보내 홍려관(鴻臚館)에 가서 발해국사에게 위계와 고신(告身)을 내려 주었다. 조서를 내려 명하여 말하였다. "천황은 조칙을 내린다. 칙명을 사신들에게 알린다. 나라의 왕이 양성규(楊成規) 등을 보내었는데, 천황은 조정을 맡는 데 힘써 자비를 내려 높은 관위를 내린다. 그러나 상례는 대궁(大宮)의 안으로 불러들여 하는 것이다. 이에 여러 가지를 돌이켜 생각하여 사신을 보내어 칙을 내려 천황의 큰 명을 알린다." 대사(大使) 이하가 서로 함께 절하고 춤추었다. 이를 마치자, 대사 양성규에게는 종3위를, 부사 이흥신(李興晨)에게는 종4위하를, 판관(判官) 이주경(李周慶)과 하왕진(賀王眞)에게는 모두 정5위하를, 녹사(錄事) 고부성(高福成)과 고관(高觀)·이효신(李孝信)에게는 모두 종5위상을 내리고, 품관 이하와 아울러 수령들에게도 관위를 내렸는데 각각 등급이 있었다. 또 천문생(天文生) 이상은 위계에 따라 각각 조복(朝服)을 내렸다. 지난 해 음양료(陰陽寮)가 점을 쳐 "번객(蕃客)이 조회하러 오면 상서롭지 못한 일이 있을 것이다"라고 하였는데, 이로 말미암아 직접 사신들을 인견(引見)하지 않고 홍려관으로부터 돌려보냈다. (『日本三代實錄』 21 淸和紀)

발해 (5월) 19일 무자일에 칙을 내려 참의(參議) 정4위하 행좌대변 겸 감해유장관 근강권수 대강조신음인을 보내 홍려관에 가서 발해국사에게 위계와 고신(告身)을 내려 주었다. 조서를 내려 명하여 말하였다. "천황은 조칙을 내린다. 칙명을 사신들에게 알린다. 나라의 왕이 양성규(楊成規) 등을 보내었는데, 천황은 조정을 맡는 데 힘써 자비를 내려 높은 관위를 내린다. 그러나 상례는 대궁(大宮)의 안으로 불러들여 하는 것이다. 이에 여러 가지를 돌이켜 생각하여 사신을 보내어 칙을 내려 천황의 큰 명을 알린다." 대사(大使) 이하가 서로 함께 절하고 춤추었다. 이를 마치자, 대사 양성규에게는 종3위를, 부사 이흥신(李興晨)에게는 종4위하를, 판관(判官) 이주경(李周慶)과 하왕진(賀王眞)에게는 모두 정5위하를, 녹사(錄事) 고부성(高福成)과 고관(高觀)·이효신(李孝信)에게는 모두 종5위상을 내리고, 품관 이하와 아울러 수령들에게도 관위를 내렸는데 각각 등급이 있었다. 또 천문생(天文生) 이상은 위계에 따라 각각 조복(朝服)을 내렸다. 지난 해 음양료(陰陽寮)가 점을 쳐 "번객(蕃客)이 조회하러 오면 상서롭지 못한 일이 있을 것이다"라고 하였는데, 이로 말미암아 직접 사신들을 인견(引見)하지 않고 홍려관으로부터 돌려보냈다. (『類聚國史』 194 殊俗部 渤海 下]

발해 (5월) 20일 기축일에 내장료(內藏寮)와 발해객(渤海客)이 재화와 물건을 서로 주고 받았다. (『日本三代實錄』 21 淸和紀)

발해 (5월) 20일 기축일에 내장료와 발해객이 재화와 물건을 서로 주고 받았다. (『類聚國史』 194 殊俗部 渤海 下]

발해 (5월) 21일 경인일에 서울 사람들과 발해의 사신들이 교관(交關)하는 것을 허락하였다. (『日本三代實錄』 21 淸和紀)

발해 (5월) 21일 경인일에 서울 사람들과 발해의 사신들이 교관하는 것을 들었다. (『類聚國史』 194 殊俗部 渤海 下]

발해 (5월) 22일 신묘일에 여러 시전의 사람들과 사신의 무리들이 사사로이 물건을 거래하는 것을 허락하였다. 이 날 관전(官錢) 40만을 발해국사 등에게 주고 시전의 사람들을 불러 모아 사신들과 토산물을 매매하도록 하였다. 전축후소목(前筑後少目) 종7위상 이세조신흥방(伊勢朝臣興房)을 영귀향(발해)객사통사(領歸鄕(渤海)·客使通事)로 삼았다. (『日本三代實錄』 21 淸和紀)

발해 (5월) 22일 신묘일에 여러 시전의 사람들과 사신의 무리들이 사사로이 물건을 거래하는 것을 허락하였다. 이 날 관전 40만을 발해국사 등에게 주고 시전의 사람들을 불러 모아 사신들과 토산물을 매매하도록 하였다. 전축후소목 종7위상 이세조신흥방을 영귀향(발해)객사통사로 삼았다. (『類聚國史』 194 殊俗部 渤海 下)

발해 (5월) 23일 임진일에 칙을 내려 대학두(大學頭) 종5위상 겸 행문장박사(行文章博士) 아파개(阿波介) 거세조신문웅(巨勢朝臣文雄)과 문장득업생(文章得業生) 월전대연(越前大掾) 종7위하 등원조신좌세(藤原朝臣佐世)를 홍려관(鴻臚館)에 보내어 발해국사에게 향연을 베풀어 주도록 하였다. 조서를 내렸다. "사신들에게는 상례가 대궁(大宮)의 안에 불러 들여 향연과 음악을 베푸는 것이지만, 여러 가지를 고려하여 사신을 보내어 물건을 보내니 사신들은 이러한 상황을 깨닫고 편안히 연회를 즐기라. 칙을 내린 큰 명을 알린다." 술잔이 여러 차례 돌자 주객이 모두 취하였다. 사신들에게 녹(祿)을 내렸는데, 각각 차등이 있었다. (『日本三代實錄』 21 淸和紀)

발해 (5월) 23일 임진일에 칙을 내려 대학두 종5위상 겸 행문장박사 아파개 거세조신문웅과 문장득업생 월전대연 종7위하 등원조신좌세를 홍려관에 보내어 발해국사에게 향연을 베풀어 주도록 하였다. 조서를 내렸다. "사신들에게는 상례가 대궁의 안에 불러 들여 향연과 음악을 베푸는 것이지만, 여러 가지를 고려하여 사신을 보내어 물건을 보내니 사신들은 이러한 상황을 깨닫고 편안히 연회를 즐기라. 칙을 내린 큰 명을 알린다." 술잔이 여러 차례 돌자 주객이 모두 취하였다. 사신들에게 녹을 내렸는데, 각각 차등이 있었다. (『類聚國史』 194 殊俗部 渤海 下)

발해 (5월) 24일 계사일에 대사(大使) 양성규(楊成規)가 장객사(掌客使)를 따라와 개인적으로 토산물을 제사에 바치고 장차 천황과 황태자에게 봉헌하고자 청하였다. 장객사가 장계를 올려 아뢰었는데 조서를 내려 허락하였다. 내리(內裏) 동경(東京)의 봉헌 물품이 많았다. 이 날 칙을 내려 민부소보겸동궁학사(民部少甫兼東宮學士) 종5위하 귤조신광상(橘朝臣廣相)을 보내 사신들에게 곡연(曲宴)을 베풀도록 하였다. 병부(兵部) 소보(少甫) 종5위하 겸 행하야권개(行下野權介) 고계진인령범(高階眞人令梵)을 보내 어의(御衣)를 내렸는데, 주객이 모두 취하였으며 흥성(興成)은 시를 지었다. (『日本三代實錄』 21 淸和紀)

발해 (5월) 24일 계사일에 대사 양성규가 장객사를 따라와 개인적으로 토산물을 제사에 바치고 장차 천황과 황태자에게 봉헌하고자 청하였다. 장객사가 장계를 올려 아뢰었는데 조서를 내려 허락하였다. 내리(內裏) 동경(東京)의 봉헌 물품이 많았다. 이 날 칙을 내려 민부소보겸동궁학사(民部少甫兼東宮學士) 종5위하 귤조신광상(橘朝臣廣相)을 보내 사신들에게 곡연(曲宴)을 베풀도록 하였다. 병부(兵部) 소보(少甫) 종5위하 겸 행하야권개(行下野權介) 고계진인령범(高階眞人令梵)을 보내 어의(御衣)를 내

렸는데, 주객이 모두 취하였으며 흥성(興成)은 시를 지었다. (『類聚國史』 194 殊俗部 渤海 下)

발해 (5월) 25일 갑오일에 칙을 내려 참의(叅議) 우대변(右大弁) 종4위상 겸 행찬기수(行讚岐守) 등원조신가종(藤原朝臣家宗)과 종4위상 행우근위중장(行右近衛中將) 겸 행아파수(行阿波守) 원조신흥(源朝臣興), 종6위하 수대내기(守大內記) 대강조신공과(大江朝臣公跨)를 홍려관(鴻臚館)에 보내어 칙서를 내리게 하였다. 종5위상 행소납언(行少納言) 겸 시종(侍從) 화기조신이범(和氣朝臣彛範)과 정5위하 수우중변(守右中弁) 등원조신량근(藤原朝臣良近), 좌대사(左大史) 정6위상 대춘일조신안수(大春日朝臣安守)에게 태정관(太政官)의 첩(牒)을 부치니, 대사 이하가 두 번 절하고 춤추었다. 대사 양성규가 무릎으로 걸어 나와 북쪽을 향하여 꿇어 앉아 칙서와 태정관의 첩함(牒函)을 받았다. 칙서에 이르렀다. "천황은 삼가 발해국왕에게 안부를 묻는다. 성규 등이 이르러 계(啓)를 분명하게 살펴보았다. 오직 왕가의 급한 일이란 많은 은택을 고쳐 다스리는 것이며, 곤성(坤性)의 정(貞)이란 마음을 굳게 하여 믿음을 지키는 것이다. 전해오는 법도를 떨어뜨리지 않고 큰 법식을 오히려 온전하게 하였다. 거성(居城)에 서로의 옛 터를 계승하고 노 젓는 데에 먼저 정한 기년을 속이지 않으니, 말은 그 뜻을 독실히 하고 조회하러 오는 것은 이미 닦았다. 어짊을 베풀어 빨리 돌려보내었으니, 수천리의 파도가 비록 땅 끝에 있으나 12년만의 인사로 어찌 세월을 재촉하겠는가. 비록 예에 거리낀다고 말하나 누가 떨어져 소홀하다고 하겠는가. 덕이란 외롭지 않으니 꿈 속에서도 군자(君子)를 생각할 따름이다. 국신(國信)을 부쳐 돌려 보내니 도착하거든 잘 살펴보라. 매실이 익을 즈음인데, 왕과 나라 안의 크고 작은 일들은 근심이 없는가. 나머지 할 말은 많지만 이에 생략하고 이것을 보내니, 어찌 반드시 번잡하게 다하겠는가"라고 하였다. 태정관의 첩(牒)에는, "일본국 태정관(太政官)은 발해국 중대성(中臺省)에 첩(牒)한다. 중대성의 첩에는 '처분을 받듭니다. 하늘 끝은 길이 가로 막히고 해 뜨는 곳은 아득하게 멀지만, 항상 12년을 기한으로 화친을 닦으며 또한 해를 기약하며 우호를 계속하였습니다. 이웃 나라와 사귐에는 예절이 있으므로 사명(使命)에 허물이 없게 하였습니다. 서로 소식을 주고받은 지 오래지만, 이제 많은 세월이 흘러 12년이 다 찼으므로 조빙할 때가 되었습니다. 삼가 정당성(政堂省) 좌윤(左允) 양성규를 보내어 귀국에 나아가게 합니다'라고 하여 官에서 장계를 갖추어 아뢰었습니다. '성규 등이 천황의 궁궐에 뜻을 두고 바닷길을 건너 와서 우리 조정의 법을 지키고 그 나라의 서신을 전하였다. 그 선린의 정성스러움이 진실로 더욱 흥하게 되었으니, 마땅히 전의 법규에 따라 옛 우호를 펼치도록 하라'는 칙에 준하여 처분한다. 돌아 갈 때에 미쳐서 쇄서(璽書)와 국신(國信)을 부치니 이르거든 마땅히 받으라. 이제 상첩(狀牒)으로써 보내니, 첩이 이르거든 상(狀)에 준하라. 그러므로 첩한다"라고 하였다. 이 날 영귀향객사(領歸鄕客使) 다치진인(多治眞人) 수선(守善) 등이 사신들을 이끌고 홍려관을 떠났다. 대사 양성규가 무릎을 꿇고, "성규 등은 조빙하는 예를 마치고 본토로 돌아가려 합니다. 이제 천황의 사자를 보내시어 환송하게 하시니 성규 등은 천황의 궁궐을 우러러 보면서 눈물이 옷깃을 적시고, 우러러 사모하는 정성이 마음 가운데 한량 없습니다"라고 말하였다. 이별에 임하여 장객사 (掌客使) 도양향(都良香)이 서로 관문(館門)을 막고 술잔을 들어 사신에게 권했다. (『日本三代實錄』 21 淸和紀)

발해 (5월) 25일 갑오일에 칙을 내려 참의(叅議) 우대변(右大弁) 종4위상 겸 행찬기수(行讚岐守) 등원조신가종(藤原朝臣家宗)과 종4위상 행우근위중장(行右近衛中將) 겸 행아파수(行阿波守) 원조신흥(源朝臣興), 종6위하 수대내기(守大內記) 대강조신공과(大江朝臣公跨)를 홍려관(鴻臚館)에 보내어 칙서를 내리게 하였다. 종5위상 행소납언

(行少納言) 겸 시종(侍從) 화기조신이범(和氣朝臣彛範)과 정5위하 수우중변(守右中弁) 등원조신량근(藤原朝臣良近), 좌대사(左大史) 정6위상 대춘일조신안수(大春日朝臣安守)에게 태정관(太政官)의 첩(牒)을 부치니, 대사 이하가 두 번 절하고 춤추었다. 대사 양성규가 무릎으로 걸어 나와 북쪽을 향하여 꿇어 앉아 칙서와 태정관의 첩함(牒函)을 받았다. 칙서에 이르렀다. "천황은 삼가 발해국왕에게 안부를 묻는다. 성규 등이 이르러 계(啓)를 분명하게 살펴보았다. 오직 왕가의 급한 일이란 많은 은택을 고쳐 다스리는 것이며, 곤성(坤性)의 정(貞)이란 마음을 굳게 하여 믿음을 지키는 것이다. 전해오는 법도를 떨어뜨리지 않고 큰 법식을 오히려 온전하게 하였다. 거성(居城)에 서로의 옛 터를 계승하고 노 젓는 데에 먼저 정한 기년을 속이지 않으니, 말은 그 뜻을 독실히 하고 조회하러 오는 것은 이미 닦았다. 어짊을 베풀어 빨리 돌려보내었으니, 수천리의 파도가 비록 땅 끝에 있으나 12년만의 인사로 어찌 세월을 재촉하겠는가. 비록 예에 거리낀다고 말하나 누가 떨어져 소홀하다고 하겠는가. 덕이란 외롭지 않으니 꿈 속에서도 군자(君子)를 생각할 따름이다. 국신(國信)을 부쳐 돌려 보내니 도착하거든 잘 살펴보라. 매실이 익을 즈음인데, 왕과 나라 안의 크고 작은 일들은 근심이 없는가. 나머지 할 말은 많지만 이에 생략하고 이것을 보내니, 어찌 반드시 번잡하게 다하겠는가"라고 하였다. 태정관의 첩(牒)에는, "일본국 태정관(太政官)은 발해국 중대성(中臺省)에 첩(牒)한다. 중대성의 첩에는 '처분을 받듭니다. 하늘 끝은 길이 가로 막히고 해 뜨는 곳은 아득하게 멀지만, 항상 12년을 기한으로 화친을 닦으며 또한 해를 기약하며 우호를 계속하였습니다. 이웃 나라와 사귐에는 예절이 있으므로 사명(使命)에 허물이 없게 하였습니다. 서로 소식을 주고받은 지 오래지만, 이제 많은 세월이 흘러 12년이 다 찼으므로 조빙할 때가 되었습니다. 삼가 정당성(政堂省) 좌윤(左允) 양성규를 보내어 귀국에 나아가게 합니다'라고 하여 官에서 장계를 갖추어 아뢰었습니다. '성규 등이 천황의 궁궐에 뜻을 두고 바닷길을 건너 와서 우리 조정의 법을 지키고 그 나라의 서신을 전하였다. 그 선린의 정성스러움이 진실로 더욱 흥하게 되었으니, 마땅히 전의 법규에 따라 옛 우호를 펼치도록 하라'는 칙에 준하여 처분한다. 돌아 갈 때에 미쳐서 쇄서(璽書)와 국신(國信)을 부치니 이르거든 마땅히 받으라. 이제 상첩(狀牒)으로써 보내니, 첩이 이르거든 상(狀)에 준하라. 그러므로 첩한다"라고 하였다. 이 날 영귀향객사(領歸鄕客使) 다치진인(多治眞人) 수선(守善) 등이 사신들을 이끌고 홍려관을 떠났다. 대사 양성규가 무릎을 꿇고, "성규 등은 조빙하는 예를 마치고 본토로 돌아가려 합니다. 이제 천황의 사자를 보내시어 환송하게 하시니 성규 등은 천황의 궁궐을 우러러 보면서 눈물이 옷깃을 적시고, 우러러 사모하는 정성이 마음 가운데 한량 없습니다"라고 말하였다. 이별에 임하여 장객사 (掌客使) 도양향(都良香)이 서로 관문(館門)을 막고 술잔을 들어 사신에게 권했다. (『類聚國史』 194 殊俗部 渤海 下)

발해

(5월) 27일 경인일, 이에 앞서 대재부에서 아뢰었다. "지난 3월 11일 어느 곳 사람인지 알지 못하는 사람들 60명이 배 두 척에 타고 살마국(薩摩國)증도군(甑嶋郡)에 표착하였습니다. 말이 통하기 어려워 무엇으로써 문답을 할까 하였는데, 그 우두머리인 최종좌(崔宗佐)와 대진윤(大陳潤) 등이 스스로 글을 써서 '종좌(宗佐) 등은 발해국 사람으로서, 저 나라 왕이 대당에 들어가 서주(徐州)의 평정을 축하하도록 보냈는데, 바닷길 풍랑이 험하여 표류하다가 이에 이르렀다'고 하였습니다. 국사(國司)가 사실과 뜻을 살펴보니 공험(公驗)을 가지지 않았고, 쓴 기년도 또 서로 어긋났습니다. 아마도 이것은 신라인이 거짓으로 발해인이라 일컬으며 와서 몰래 변경을 살피려는 것인 듯싶습니다. 두 척의 배를 이끌고 부(府)를 향하는 사이에 한 척은 바람을 만나 돛을 날려 도망하였습니다." 이 날 칙을 내렸다. "발해의 먼 번국(蕃國)이

우리에게 귀순하였다. 신라가 조그만 나라로서 오랫동안 나쁜 마음을 품고 있으니 마땅히 부(府)와 국(國)의 관사로 하여금 면밀히 살피도록 하라. 만일 진실로 발해인이라면 모름지기 위로하고 식량을 주어 돌려보내도록 하고, 만약 신라의 흉칙한 무리라면 모두 그들을 가두고 아뢰도록 하라. 겸하여 관내의 여러 나라로 하여금 거듭 삼가하고 경계하여 지키도록 하라."(『日本三代實錄』23 淸和紀)

신라 가을 8월에 나라 안의 주군(州郡)에 누리 떼가 발생하여 곡식에 피해를 입혔다. (『三國史記』11 新羅本紀 11)

신라 가을 8월에 나라 안의 주군에 누리 떼가 발생하여 곡식에 피해를 입혔다. (『三國史節要』13)

신라 무주 동리산 대안사 적인선사 비송(碑頌)과 서(序)

입당사은 겸 숙위 판관 한림랑 신 최하(崔賀) 왕명을 받들어 찬함.

무릇 종이라는 것은 그것을 치고 소리나게 하고 (그 소리를) 들어서 정려에 들게 하며, 거울은 그것을 갈고 빛을 내고 비추어서 모양을 변별하게 하니, 무정의 물건으로도 묘용이 이와 같다. 하물며 여러 겁 사이에 기(氣)가 생하여 신령한 원력을 낳고 쌓으니 마음은 망녕된 마음이 아니요 행은 참된 행동이며, 공(空) 가운데 유(有)를 설하고 색(色)의 끝에서 공을 알아 바야흐로 육진을 정화하며 스스로 십지를 뛰어넘으니, 체득한 바가 허공이 큰 것보다 크고 헤아리는 바는 바다의 깊이보다 깊어, 신통함은 식(識)으로써 알 수 없으며 지혜는 지(知)로는 알 수 없음에 있어서이랴 바로 선사(禪師)가 그러한 사람이다. 선사의 이름은 혜철(慧徹), 자는 체공(體空), 속성은 박씨(朴氏)이고 서울[경주] 사람이다. 그 선조는 젊어서는 공자(孔子)의 발자취를 찾았고 장년에는 노장(老莊)의 말을 익혔으며, 얻고 잃음을 마음에 두지 않았고 명리를 세상에서 떨쳐버려, 어떤 때는 높은데 올라 멀리 바라보고 어떤 때는 붓으로 회포를 읊을 따름이었다. 그 할아버지도 그 일을 고상히 여겨 관직을 거치지 아니하였고 삭주(朔州) 선곡현(善谷縣)에 한가로이 거처하면서 곧 태백산 남쪽 연기와 남기가 서로 어우러지고 좌우에 소나무와 바위가 있는 곳에서 가야금과 술잔 하나로 스스로를 벗하는 사람이었다. 선사를 임신하였을 무렵에 그 어머니가 꿈을 꾸었는데, 한 서역 승려가 있어 모습과 태도가 엄숙하고 단정하며 승복을 입고 향로를 가지고 서서히 와서 침상에 앉았다. 어머니가 의아하고 이상하게 여겨 이 때문에 깨어 말하기를 "반드시 법을 지니는 아들을 얻으리니 마땅히 국사(國師)가 될 것이다"라고 하였다. 선사는 강보에 쌓여 있던 시절부터 행동거지가 보통 사람과 다름이 있어서, 떠들고 노는 가운데 가도 떠들지 아니하고 고요한 곳에 이르면 스스로 정숙하였으며, 누린내 비린내를 맡으면 피를 토하고 도살하는 것을 보면 마음을 상하였다. 앉을 때는 결가부좌를 하고 남에게 예를 표할 때는 합장하고 절에 가서 불상을 돌면서 범패를 불러 스님을 본받으니 전생의 업에 그윽하게 부합함을 단연코 알 수 있었다. 지학(志學)의 나이[15세]가 되자 출가하여 부석산에 머물러 화엄을 배웠는데 다섯 줄을 함께 읽어내리는 총명함이 있었다. 삼승의 경전 공부가 없으면 어찌 본경(화엄경)을 연구하겠으며, 깊이 천착하여 숨은 이치를 밝혀내고 어찌 내가 한 길 되는 담장으로 기웃거려 엿본 것이라도 설명하지 않을 수 있으랴 생각하였다. 이에 문장을 엮고 뜻을 짜맞추어 모아서 권축을 이루어 예로부터 고치기 어려운 잘못을 판결하고 배우는 이들의 몽매를 떨쳐버리니, 동학들이 일러 말하기를 "어제는 학문을 닦는 벗이었는데 오늘은 가르치고 이끌어 주는 스승이 되었으니 참으로 불문(佛門)의 안회(顔回)이다"라고 하였다. 22세에 이르러 대계를 받았다. 그 전날 꿈에 오색 구슬이 보였는데 사람들이 소중히 여기는 것이 홀연히 옷소매 속에 있는 것을 보고 점쳐 말하기를, "나는 이미 계주를 얻었노라" 하였다. 계를 받던 시초에 회오리바람이 일어 하늘까지 뻗쳐 폭풍이 되어 흩어지지 아니하였는데, 계단(戒壇)에 내려오자 염연하고 고요해져, 10사(師)가 일러 말하기를 "이 사미의 감응이 기이하고도 기이하다" 하였다. 구족계를 받고 나서 마음을 닦고 행동을 정결히 하며 마음으로 계율을 중히 여기어 율을 지키기를 생명을 얻듯이 하였고 몸은 풀에 묶여 있는 듯 가벼이하고 여러 조건 때문에 법을 해치지 않으며 바깥 대상 때문에 진실을 어지럽히지 않아서 이미 율(律)과 선(禪)은 스님네의 귀감이었다. 가만히 생각컨대 '부처는 본래 부처가 없는데 억지로 이름을 세운 것이요, 나는 본래 내가 없는 것이니 일찍이 한 물건도 있지 아니하다. 견성(見性)의 깨달음은 바로 이 깨달음이니 비유하면 법(法)은 공(空)하되 공(空)이 아니며, 묵묵한 마음이 바로 이 마음이고 적적한 지혜가 바로 이 지혜이니 문자 바깥의 이치는 반드시 곧바로 지남(指南)을 얻는 것이다'하였다. 이에 탄식하여 말하기를 "본사 석가모니께서 남긴 가르침도 오랜 세월이 지났고 여러 조사의 은밀한 말씀도 이 땅에 그것을 전하는 학원이 없구나" 하였다. 이리하여 원화(元和) 9년(814) 가을 8월에 서쪽으로 갔다. 이 때는 하늘도 지성이면 어그러지지 아니하고 사람도 그 장한 뜻을 빼앗지 아니하였다. 천 길 물을 찾아 건너니 진교(秦橋 : 중국)는 아득히 멀어서 철이 바뀌었고 만 길 산 끝에서 헤매어 우(禹)의 발이 갈라진 것처럼 되었으나, 서리와 눈을 무릅쓰고 걸어 다름아닌 공공산(龔公山) 지장대사(智藏大師)를 찾아가 뵈었다. 곧 육조는 회양(懷讓)에게 법을 부촉하고 회양은 도일(道一)에게 전하였으며 도일은 대사에게 전한 것이다. 지장대사는 여래장을 열어 보살심을 얻고 오랫동안 서당(西堂)에 머물며 여러 가지로 오는 자를 가르치니 대략 만 명을 헤아렸는데 하나를 배워 열을 알지 아니함이 없었다. 선사가 말하기를 "소생은 외국에서 태어나 천지간에 길을 물어 중국을 멀다 아니하고 찾아와서 배우기를 청합니다. 다만 훗날 무설지설(無說之說)과 무법지법(無法之法)이 바다 밖[신라]에 유포되면 그것으로 다행이겠습니다." 하였다. 대사는 (선사의) 뜻이 이미 굳고 품성이 잘 깨달을 만함을 알고 한 번 보고도 옛날부터 안 것 같아 비밀히 심인을 전하였다. 이에 선사는 이미 적수(赤水)에서 잃은 구슬을 얻은 듯 마음에 환히 깨달으니 태허의 끝없이 넓음과 같았다. 무릇 오랑캐와 중국의 말이 다르지만 중심되는 실마리와 숨은 이치는 도끼자루를 베는 데 도끼를 잡지 않는다면 누가 이에 함께 할 수 있겠는가. 얼마 아니 되어 서당이 임종하니 이에 빈 배에 머물지 아니하고 외로운 구름처럼 홀로 떠나 천지와 남북 간에 모양과 그림자가 서로 따르며 돌아다녔다. 명산과 신령한 곳을 두루 편력한 바는 생략하여 싣지 아니한다. 서주(西州) 부사사(浮沙寺)에 이르러 대장경을 펼쳐 탐구함에 밤낮으로 오로지 정진하여 잠시라도 쉬지 아니하였다. 침상에 눕지도 않고 자리도 펴지 아니하여 3년이 되자 문장이 오묘하여도 궁구하지 못함이 없고 이치는 숨겨져 있어도 통달하지 아니함이 없었다. 또는 묵묵히 문장과 귀절을 생각하여 역력히 마음에 간직하였다. 모국을 떠나 여러 해가 되고 법을 펼칠 마음이 깊어져 드디어 군자의 나라(신라)에 돌아갈 것을 말하고 신기루와 같은 파도를 가로질러 개성(開成) 4년(839) 봄 2월 고국에 도착하였다. 이날 여러 신하가 함께 기뻐하고 동네에서 서로 경하하며 말하기를 "당시 옥같은 사람이 가버려 산과 골짜기에 사람이 없더니 오늘 그 구슬이 돌아오니 하천과 들은 보배를 얻었다. 부처님의 오묘한 뜻과 달마의 원만한 종지가 다 여기에 있도다. 비유컨대 공자께서 위나라에서 노나라로 돌아옴이라." 하였다. 이윽고 무주(武州) 관내 쌍봉난야에서 여름 안거를 하였을 때 햇볕이 너무 뜨거워 산천이 말라붙었는데 비는 물론 조각구름조차 없었다. 주사(州司)가 선사에게 간절히 청하니 선사가 고요한 방에 들어가 좋은 향을 사르며 하늘과 땅에 기원하였다. 잠시 후 단비가 미미하게 내려 무주 관내의 들을 적시더니 죽죽 쏟아져 큰 비가 되었다. 또 이악(理嶽)에 머물러 묵계(默契)할 때 골짜기에 홀연히 들불이 일어 사방에서 불이 나 암자를 태우려 하는데 인력으로는 구할 바가 아니요 또한 도망갈 길도 없었다. 선사가 단정히 앉아 묵묵히 생각하는 중에 소나기가 세차게 쏟아져 불을 모두 꺼버리니 온 산이 불탔으나 오직 일실(一室)만이 남았다. 일찍이 천태산(天台山) 국청사(國淸寺)에 머무를 때도 화가 있을 것을 미리 알고 옷을 털고 떠났는데, 사람들이 그 까닭을 알지 못하였으나 오래지 않아 온 절에 전염병이 돌아 죽은 자가 십여 명이었다. 처음 당에 갈 때 죄인의 무리와 함께 같은 배로 취성군(取城郡)에 도착하자 군감(郡監)이 이를 알고 칼을 씌워 가두고 추궁하였다. 선사는 흑백을 말하지 않고 또한 같이 하옥되었는데, 군감이 사실을 갖추어 아뢰고 교를 받아 30여 명을 목베었다. 마침내 순서가 선사에게 이르자 선사는 얼굴이 온화하여 죄인 같지 않았고 스스로 형장에 나아가자 감사가 차마 바로 죽이라고 하지 못하였다. 곧 다시 명령이 있어 석방되니 오직 선사만이 죽음을 면하였다. 이처럼 선적의 쓰임[寂用]이 생각하기도 힘들고 얻기도 어려웠다. 하늘의 운행을 돌려 해를 붙잡고 땅을 줄여 산을 옮겼다. 선사는 또한 장애에 걸림이 없었으나 뛰어난 덕을 감추고 세속에 섞여 살며 명성을 드러내려 하지 않았다. 곡성군(谷城郡) 동남쪽에 산이 있어 동리(桐裏)라 하였고 그 속에 암자가 있어 이름을 대안(大安)이라 하였다. 그 절은 수많은 봉우리가 막아 가리고 한 줄기 강이 맑게 흘렀고, 길이 멀리 끊기어 세속의 무리들이 오는 이가 드물고 경계가 그윽히 깊어 승도들이 머물러 고요하였다. 용(龍)과 신(神)이 상서와 신이를 나타내고 해충과 뱀은 그 독과 모양을 숨기며, 소나무 숲이 빽빽하고 구름은 깊어 여름에는 서늘하고 겨울에는 따뜻하여 바로 이곳이 삼한(三韓)의 승지(勝地)였다. 선사가 석장을 잡고 와서 돌아보고 한적하게 머무를 뜻이 있어 이에 교화의 도량을 열어 자질을 갖춘 사람을 받아들이니, 점교·돈교를 닦는 사람이 사선(四禪)의 방에 구름처럼 모이고 현인과 우매한 이들이 팔정(八定)의 문에 그림자처럼 따라다녔다. 설사 마왕 파순의 무리와 바라문 수행자들이 있다 하더라도 어찌 정견(正見)에 귀의하여 요임금을 보고도 짖는 개의 잘못을 깨닫지 않겠는가 이것이 바로 나부(羅浮)의 옛 일을 다시 봄이요, 조계의 오늘을 이룩한 것이다. 문성대왕이 이를 듣고 상말(象末)의 시대에 여러 몸으로 나투었다고 이르고 자주 서신을 내려 위문하면서 또한 (선사가) 주석하는 절의 사방 바깥에 살생을 금하는 당(幢)을 세울 것을 허락하였다. 그리고 사신을 보내 나라를 다스리는 요체를 물으니 선사는 봉사(封事) 약간 조를 올렸는데 모두 당시 정사의 급한 일이라 왕이 매우 가상히 여겼다. 그가 조정을 도와 이롭게 하고 왕후(王侯)들이 예를 올린 것 또한 이루 다 말할 수 없다. 당시 춘추는 77세요, 함통(咸通) 2년(861) 봄 2월 6일 질병이 없이 앉아서 천화(遷化)하니 지체가 흩어지지 않고 신색이 보통 때와 같았다. 곧 8일에 절의 송봉(松峰)에 안치하고 돌을 세워 부도로 하였다. 슬프도다 색상(色相)은 본디 공하여 오고 감이 항상 고요하니 생멸을 돌아보지 않고 미혹한 범인(凡人)을 제도하였는데 전에 제도받지 못한 자들은 홀연히 전생의 인연을 잃고 후생의 제도를 얻는다. 모름지기 진리에 도달한 사람은 보(報)를 다하였다고 여기어 형체가 시들어지니 비통하도다. 어느덧 대패를 거두고 거문고 줄을 끊어버렸다.

임종 전에 세 번 머무르던 산의 북쪽에 가서 삼나무를 베어내게 했는데 크기가 네 아름이었다. 선사가 이르기를 "사람에게는 죽음이 있으니 장차 이것은 관을 만들어 장사지내거라"하고 절에 돌아와 벽 위에 관 그림을 그리게 하였다. 그리고 제자들에게 말하기를, "만물은 봄에 나고 가을에 시드나니 나는 곧 돌아갈 것이다. 이후로는 너희들과 함께 선(禪)을 이야기하고 도(道)를 맛볼 수 없을 것이다" 하였다. 임종할 무렵 들짐승이 슬피 울부짖어 산과 골짜기가 다 흔들리고 갈가마귀 참새가 모여들어 모두 슬피 울었다. 부도 가까이에 한 그루 소나무가 있어 푸르고 울창하여 산중에 빼어났는데 무덤길을 낸 후로는 봄 여름에는 하얗고 가을 겨울로는 누렇게 되어 길이 조상하는 모양이 있었다. 임금께서 선사의 모든 행적을 듣고 세월이 오래되면 그 자취가 티끌처럼 흐려질까 염려하여 즉위한 8년(868) 여름 6월 어느 날에 윤지(綸旨)를 내려 이 글을 비에 새겨 장래의 거울이 되게 하셨다. 이에 시호를 내려 적인(寂忍)이라 하고 탑명을 조륜청정(照輪淸淨)이라 하니 성조(聖朝)의 은혜로운 대우가 넉넉하였고 선사의 빛나는 행적이 갖추어졌다. 사(詞)는 이렇다. 우리 선사의 큰 깨달음이여 여러 몸을 나투었도다. 성(性)은 본디 공적함이여 그 작용이 날로 새롭도다. 율(律)을 지키고 선(禪)을 행함이여 무아(無我)한 사람이로다. 높은 산처럼 우러러 봄이여 더불어 짝할 이가 없도다. 보배로운 달처럼 항상 원만함이여 중생의 길을 비추었다. 복된 물줄기가 맑게 흐름이여 육진(六塵)을 쓸어가네. 점돈(漸頓)이 구름처럼 모여듦이여 손님으로 대하지 못하였네. 설법과 침묵은 근기(根機)에 따름이여 영원히 참된 보배로다. 비가 산불에 쏟아짐이여 곤진(崑珍 : 절)을 구하였네. 가뭄을 걱정함이여 용신(龍神)이 감응하였네. 죄인이 아니로되 형장에 나아감이여 후명(後命)이 이르렀도다. 미리 재앙을 피함이여 남들이 까닭을 알지 못하였다. 홀연히 천화(遷化)함이여 대춘(大椿)이 일찍 죽음이라. 백 명이 넘는 문도들이여 피눈물로 수건을 적시네. 시호를 적인(寂忍)이라 하사함이여 탑은 조륜(照輪)이라 하였도다. 이 은우(恩遇)가 세상에 영원함이여 어찌 만년 뿐이리요.
중사인 신 극일(克一)이 왕명을 받들어 쓰고
함통 13년 세차 임진 8월 14일 세우다. 사문 행종(幸宗).
비말(碑末) 복전수와 법석. 당시 복전은 40인이며 항상 신중법석(神衆法席)을 행하였고 본래 정한 특별한 법석은 없다. 본전(本傳)은 식(食) 2,939석(石) 4두(斗) 2승(升) 5합(合)이며 예식(例食)으로 보시한 등유는 없다. 전답시(田畓柴)는 전답을 합하여 494결(結) 39부(負), 좌지(坐地) 3결, 하원(下院) 대전(代田) 4결 72부, 시지(柴地) 143결, 두원(荳原) 땅의 염전 43결이다. 노비는 노(奴) 10명(名) 비(婢) 13구(口)이다. (「大安寺寂忍禪師照輪淸淨塔碑」)

신라

황룡사 찰주본기
시독(侍讀)이자 우군대감(右軍大監)이며 성공(省公)을 겸한 신(臣) 박거물(朴居勿)이 왕명을 받들어 지음.
황룡사 구층탑은 선덕대왕 때에 세운 것이다. 전에 선종랑(善宗郞)이라는 진골 귀인이 있었다. 그는 어려서 살생을 좋아하여 매를 놓아 꿩을 잡았는데, 그 꿩이 눈물을 흘리며 울자 이에 감동하여 마음을 일으켜 출가하여 도에 들어갈 것을 청하고 법호를 자장(慈藏)이라 하였다. 선덕대왕이 즉위한 지 7년째 되는 당 정관(貞觀) 12년 우리나라 인평(仁平) 5년 무술년(638)에 우리나라 사신 신통(神通)을 따라 당에 들어갔다. 선덕왕 12년 계묘년(643)에 신라에 돌아오고자 하여 종남산(終南山)의 원향선사(圓香禪師)에게 머리 조아려 사직하니 선사가 "내가 관심(觀心)으로 그대의 나라를 보매, 황룡사에 9층의 탑을 세우면 해동(海東)의 여러 나라가 모두 그대의 나라에 항복할 것이다"라고 하였다. 자장이 이 말을 듣고 신라에 돌아와 나라에 알렸다. 이에 왕은 이간(伊干) 용수(龍樹)를 감군(監君)으로 하여 대장(大匠)인 백제의 아비(阿非) 등과 소장(小匠) 이백여인을 데리고 이 탑을 만들도록 하였다. 선덕왕 14년 을사년(645)에 처음 건립하기 시작하여 4월 (…)에 찰주(刹柱)를 세우고 이듬해에 모두 마치었다. 탑의 철반(鐵盤) 이상은 높이가 7보이고 그 이하는 높이가 30보 3자이다. 과연 삼한(三韓)을 통합하여 하나로 만들고 군신이 안락한 것은 지금에 이르기까지 이에 힘입은 것이다. 탑을 세운지 백 구십여년을 지나 문성왕대(文聖王代)에 이르니 탑을 세운 지가 오래 되어 (탑이) 동북쪽으로 기울어졌다. 나라에서 쓰러질까 염려하여 고쳐 세우고자 여러 재목을 모은 지 30여년이 되었으나 아직 고쳐 세우지 못하였다. 지금의 왕이 즉위한 지 11년인 함통(咸通)연간 신묘년(879)에 탑이 기울어진 것을 애석하게 여겨 왕의 친동생인 상재상(上宰相) 이간 김위홍(金魏弘)이 책임자가 되고 사주(寺主)인 혜흥(惠興)을 문승(聞僧)이자 수감전(脩監典)으로 삼아 그들과 (결락) 대통(大統)이자 정법화상(政法和尙)인 대덕(大德) 현량(賢亮)과 대통이자 정법화상인 대덕 보연(普緣) 그리고 강주보(康州輔)인 중아간 김견기(金堅其) 등 승려와 관인들이 그해 8월 12일 처음으로 낡은 것을 없애고 새 것을 만들도록 하였다. 그 안에 다시 『무구정경(無垢淨經)』에 의거 하여 작은 석탑 99개에 각각의 석탑마다 사리 하나씩을 넣고, 다라니 네 가지와 경전 1권을 책 위에 사리 1구를 안치하여 철반의 위에 넣었다. 이듬해 7월에 9층을 모두 마쳤다. 그러나 찰주가 움직이지 않아 왕께서 찰주에 본래 봉안한 사리가 어떠한지 염려하여 이간인 승지(承旨)에게 임진년(872) 11월 6일에 여러 신하를 이끌고 가보도록 하였다. 기둥을 들게 하고 보았더니 주초(柱礎)의 구덩이 안에 금과 은으로 만든 고좌(高座)가 있고 그 위에 사리가 든 유리병을 봉안해 두었었다. 그 물건은 불가사의한데 다만 날짜와 사유를 적은 것이 없었다. 25일에 본래대로 해두고 다시 사리 백개와 법사리 두 가지를 봉안하였다. 왕이 사유를 적고 창건한 근원과 고쳐 세운 연고를 간단히 기록하게 하여, 만겁이 지나도록 후세의 사람들에게 드러나도록 하였다.

함통(咸通) 13년 임진년(872) 11월 25일 적음.

숭문대(崇文臺) 랑(郎)인 춘궁(春宮) 중사성(中事省)의 신(臣) 요극일(姚克一)이 왕명을 받들어 씀.

성전(成典) 감수성탑사 수병부령 평장사 이간 신 김위홍 상당 전병부대감 아간 신 김이신 창부경 일길간 신 김단서 적위 대나마 신 신김현웅 청위 나마 신 신김평긍, 나마 신 김종유, 나마 신 김흠선, 대사 신 김신행 황위 대사 신 김긍회, 대사 신 김훈행, 대사 신 김심권, 대사 신 김공립 도감전(道監典) 전국통 승 혜흥 전대통 겸 정법화상 대덕 현량 전대통 겸 정법화상 대덕 보연 대통 승 담유 정법화상 승 신해 보문사상좌 승 은전 황룡사상좌 승 윤여, 승 영범, 승 양숭, 승 연훈, 승 흔방, 승 온윰 유나 승 훈필, 승 함해, 승 입종, 승 수림 속감전(俗監典) 패강진도호 중아간 신 김견기 집사시랑 아간 신 김팔원 내성경 사간 신 김함희 임관군태수 사간 신 김욱영 송악군태수 대나마 신 김일 황룡사대유나 승 향△, 승 △△, 승 원강 황룡사도유나 승 △△ 감은사도유나 승 방령, 승 연숭 유나 승 달마, 승 △△, 승 현의, 승 양수, 승 교일, 승 진숭, 승 우종, 승 효청, 승 윤교, 승 △△, 승 숭혜, 승 선유, 승 △△, 승 △△, 승 총혜, 승 춘△ 안쪽 제1면 새긴이 승 총혜 안쪽 제2면 새긴이 신 연전 안쪽 제3면 새긴이 조박사 신 연전 △사리 신 충현 (「皇龍寺九層木塔刹柱本記」)

신라 또 요극일(姚克一)이란 사람이 있었는데 벼슬이 시중 겸 시서학사(侍書學士)에 이르렀다. 글씨에 드러난 힘이 힘차고 굳세었으며, 구양순(歐陽詢)의 솔경법(率更法)을 터득하였다. 비록 김생에게는 미치지 못하였으나 또한 보기 드문 솜씨였다. (『三國史記』 48 列傳 8)

신라 19세에 구족계(具足戒)를 받았다. 이윽고 계율을 지킴에 마음이 들떠서 정처 없이 발길 닿는 대로 떠돌아 다녔으니, 산 넘고 물 건너 여러 지방을 떠돌아다니는 것이 어찌 수고롭겠는가. 일따라 돌아다녔다. 명산을 찾아 고산을 우러러 보고, △△을 더듬어 절경까지 찾았다. 어떤 사람이 묻기를, "대사께서는 비록 이 땅을 돌아다니며 수행하여 두루 현관(玄關)을 뵈었으나, 다른 나라까지 순력하여 모름지기 큰 선비를 빌고 공부해야 하지 않겠습니까."하였다. 대사가 대답하기를, "달마(達摩)가 법을 부촉하고 혜가(惠可)가 마음을 전한 이래로 선종이 동쪽으로 전해졌거늘, 배우는 사람이 무엇 때문에 서쪽으로 가리오. 나는 이미 혜목(惠目)을 참알하였고 바야흐로 꽃다운 티끌을 접하였으니, 어찌 뗏목을 버린 마음을 가지고 뗏목을 탈 뜻을 근심하리오."하였다. 문덕(文德) 초년부터 건녕(乾寧) 말년 사이에 먼저 송계(松溪)에 자리를 잡자, 학인들이 빗방울처럼 모여 들었으며, 잠시 설악에 머물자 선객(禪客)들이 바람처럼 달려왔다. 어디 간들 감추지 않았을 것이며 어찌 오직 그것뿐이겠는가 (「鳳林寺眞鏡大師寶月凌空塔碑」)

신라

대사가 처음 봉시(蓬矢)를 쏘는 날에 쌍주(雙柱)가 절륜(絶倫)하였다. 장차 강보(襁褓)의 나이를 지나 삼정(三亭)이 전려(轉麗)하여 (결락) 멀리 집 밖에 나가서 놀되, 항상 장소를 일정하게 하였고, 예의와 법도는 아무리 위급한 조차전패(造次顚沛)의 경우라도 예를 그르치지 아니하였다. 지극히 효도를 다하여 선침(扇枕)의 칭송은 어려서부터 고향 주변에 널리 알려졌으며, 추회(搥灰)와 같이 민첩한 변재는 바람을 타고 멀리까지 퍼져 갔다. 나이 겨우 7~8세에 이미 불교에 몸을 던져 수도할 뜻을 품었으니, 부모에게 와문(蝸門)을 이별하고 선교(禪教)에 입문하기를 청하였다. 이때 부모는 더욱 애절하여 배(倍) (결락) 전(前). 더욱 애정에 얽혀 허락하지 못하였다. 허락을 받지 못한 대사(大師)는 잠연(潛然)히 실망하였고, 이를 본 어버이는 설득하되 "출가 수도하는 것도 이익이 없지 않으나 옹자(翁子)인 주매신(朱買臣)의 금의출세(錦衣出世)하는 것이 어찌 산승(山僧)의 취납(毳衲)인 누더기로 고행하는 것보다 낫지 않겠는가."하면서, 슬피 울며 거듭 거듭 만류하여 뜻을 바꾸도록 하였으나, 어버이는 마침내 아들의 뜻이 굳고 굳어 돌이킬 수 없음을 알고 마침내 허락하였다. 대사는 다음날 부모의 슬하를 떠나 (결락) 걷고 걸어서 구름처럼 사해(四海)로 행각하였다. 다니거나 머무름에 오직 외로운 자신의 그림자와 벗할 뿐이었다. 이와 같이 어느덧 염량(炎涼)이 바뀌어 수년이 지났다. 이로부터 다시 발걸음을 돌려 요동(遼東)을 거쳐 길을 재촉하여 전라남도 곡성군 태안사가 있는 동리산(桐裏山)으로 가서 상방화상(上方和尚)을 친견하였다. 서로 면목(面目)을 대하고 형용(形容)을 돌아보았으니 며칠 후 상방화상(上方和尚)을 시봉하게 되었다. 화상이 말하기를 "(결락) 옛사람이 말하되 마음이 오롯하면 돌도 가히 뚫을 수 있고, 뜻이 간절하면 땅에서 갑자기 샘물이 솟아오르게 된다. 도(道)는 몸 밖에 있지 않으며 부처님은 마음에 있는 것이다. 숙세(宿世)로부터 익힌 자는 순간인 찰나(刹那)에 깨닫게 되고 몽매한 자는 만겁에도 생사에 윤회하여 벗어나지 못하니, 부처님께서 일러 주시되 '정신이 어두운 자는 재삼 여러 번 일러주어야 하지만 근기(根機)가 수승한 사람은 말을 생략한다.' 하였으므로, 너는 스스로를 잘 살펴보고, 나의 말에 걸려 있지 말라"고 하였다. 스스로 (결락) 가야갑신수(伽耶岬新藪)에서 구족계를 받은 후로는 다만 원숭이 같이 단단히 얽어 매였고, 말 같은 의식 또한 놓아두지 아니하였다. 계(戒)를 받은 후로부터 유발(油鉢)을 기울어지지 않게 하였다. 계를 지키려는 굳은 마음은 주야로 한결같고, 수도하려는 강철 같은 마음은 순간에도 쉬지 아니하였다. 대문과 창문을 열고 들어가지 아니하여도 대도(大道)를 보았으며, 곤륜산에 오르거나 여해(驪海)에 들어가지 않고도 쉽게 신주(神珠)를 얻었다. 도덕 또한 고매하여 아름다운 명성은 사방에 떨쳤고, 법을 배우고자 하는 법려(法侶)들이 8표(八表)로부터 모여 들었다. (결락) 법조(法祖). 서당지장(西堂智藏)은 혜철(慧徹)에게 전하였고, 혜철은 여(如)인 도선(道詵)에게 전하였으며, 여(如)인 도선(道詵)은 우리 광자(廣慈)스님에게 전하였으니, 즉 서당의 증손(曾孫)인 셈이다. 대사는 서당(西堂)의 법통을 전해 받았으니, 수고롭게 서학(西學)을 하지 않고도 세상의 인연을 동성(東城)에 베풀었다. 참으로 실제(實際)

가 본공(本空)한 줄 깨달았으며 (결락) 동인(東人)을 바른 길로 인도하였다. 무학(無學)의 종지인 선(禪)을 배우되 마침내 지야(祇夜)를 의지하고, 무사(無師)의 취지(趣旨)를 스승으로 하되 반드시 수다라(修多羅)를 가자(假藉)하였다. 드디어 일심(一心)을 닦는 자로 하여금 일음(一音)의 교리를 믿게 하며, 구결(九結)에 얽힌 사람으로 하여금 점차로 구업(九業)에서 벗어나게 하려고 여러 가지 방편으로 인도하였으니, 위력으로 사견(邪見)을 꺾고 교화한 인연이 제잠(鯷岑)에 두루하였으며, (결락) 심사구도(尋師求道)한 자취가 도야(桃野)에 두루 닿지 아니한 곳이 없었다. 행각 중에 있으면서도 항상 본사(本寺)를 잊지 아니하다가 고산(故山)으로 돌아왔다. 이틀째 되던 날 밤에 갑자기 산적이 절에 침입하여 의물(衣物)을 빼앗고자 상방화상(上方和尙)의 방으로 들어왔다. 대사는 우연히 뜻밖의 일을 당하였으나 조금도 두려워하지 않을 뿐만 아니라 선좌(禪座)에서 움직이지 아니하였고, 위봉(威鋒)을 당하여서는 오히려 그들의 악한 마음을 버리게 하여 지혜의 칼로써 마구니들을 항복시켰다. 적도(賊徒)들이 (결락) 충돌함이 없었다. 대사는 도적들에게 죄란 본래 없는 것이라 하여 허물을 탓하지 아니하니 스님의 말이 끝나자 도적들은 공손히 예배하고 물러갔다. 이 광경을 지켜본 대중들은 감탄하였다. 그날 밤 꿈에 한 전장(戰將)이 법당에 들어가 칠구(七軀)의 물타나(勿陀那)를 보았는데, 맨 끝에 있는 물타나(勿陀那)가 대사를 향하여 (결락) 중인(重忍)이란 두 글자를 적었다. 꿈을 깨고 놀라 일어나 세수한 다음 단정히 앉아 생각하되 "이상하고 이상하다. 백일천하(白日天下)에 의심하는 것은 생각조차 할 수 없고, 밤중에 나비의 꿈을 꾼 것은 고인(古人)이 겪은 사실이다. 어떤 사람이 말하되, '한번 참는 것은 영원한 기꺼움을 얻게 되고, 또 한번 참는 것은 세상을 살아감에 편안함을 얻게 된다'고 하였으니, 중인(重忍)이란 두 글자가 어찌 비범한 일이겠는가." (결락) 대사는 이로 인하여 길이 참선하며 오래도록 이 절에 있게 되었다. (결락) 黃波 (결락) 선의 근본을 통달하였고 성인의 말씀을 초연히 여겼으며, 성색(聲色)의 소굴을 떠나 시비(是非)의 관문을 벗어나게 되었다. 납자(衲子)들은 (결락) 스님의 문 앞에 가득하고 의리를 사모하며 인(仁)을 따르는 이들이 구름과 안개처럼 모여들었다. 참선학도하는 자들은 빈손으로 와서는 마음 가득 채워 돌아갔다. (「大安寺廣慈大師碑」)

신라 넓은 물결 수만리 저녁노을은 쪽배에 비끼는데 언제나 이 바다와 하직하랴 머리 희어 돌아가는 길 도중에 겨울 나고 여름 맞았으나 산맥밖엔 인적은 드무네 큰 거북이 싸움에 하늘이 놀라고 붕새가 날아 햇빛을 가린다 눈 스며들어 신발 속은 차디차고 구름은 수초에 걸터앉았노라 중국의 풍속에 교화되시었소 품은 뜻 이루지 못함을 한탄치 마소서 (『全唐詩』 9函 1册 姚鵠 送僧歸新羅)

873(癸巳/신라 경문왕 13/발해 현석4/唐 咸通 14/日本 貞觀 15)

신라 봄에 백성들이 굶주리고 전염병이 돌자, 왕이 사신을 보내어 곡식을 나누어 주었다. (『三國史記』 11 新羅本紀 11)

신라 봄에 백성들이 굶주리고 전염병이 돌자, 사신을 보내어 곡식을 나누어 주었다. (『三國史節要』 13)

발해 5월 27일 경인일, 이에 앞서 대재부(大宰府)에서 "지난 3월 11일 어느 곳 사람인지 알지 못하는 사람들 60명이 배 두 척에 타고 살마국(薩摩國) 증도군(甑嶋郡)에 표착하였습니다. 말이 통하기 어려워 무엇으로써 문답을 할까 하였는데, 그 우두머리인 최종좌(崔宗佐)와 대진윤(大陳潤) 등이 스스로 글을 써서 '종좌(宗佐) 등은 발해국 사람으로서, 저 나라 왕이 대당(大唐)에 들어가 서주(徐州)의 평정을 축하하도록 보냈는데, 바닷길 풍랑이 험하여 표류하다가 이에 이르렀다'고 하였습니다. 국사(國司)가 사실과 뜻을 살펴보니 공험(公驗)을 가지지 않았고, 쓴 기년도 또 서로 어긋났습니다. 아마도 이것은 신라인이 거짓으로 발해인이라 일컬으며 와서 몰래 변경을 살피려는 것인 듯 싶습니다. 두 척의 배를 이끌고 부(府)를 향하는 사이에 한 척은 바람을 만나 돛을 날려 도망하였습니다"라고 아뢰었다. 이 날 칙을 내려 "발해의 먼 번국(蕃國)이 우리에게 귀순하였다. 신라가 조그만 나라로서 오랫동안 나쁜 마음을 품고 있으니 마땅히 부(府)와 국(國)의 관사로 하여금 면밀히 살피도록 하라. 만일 진실로 발해인이라면 모름지기 위로하고 식량을 주어 돌려보내도록 하고, 만약 신라의 흉칙한 무리라면 모두 그들을 가두고 아뢰도록 하라. 겸하여 관내의 여러 나라로 하여금 거듭 삼가하고 경계하여 지키도록 하라"고 하였다. (『日本三代實錄』 24 淸和紀)

신라 (6월) 21일 갑인일에 무장국사(武藏國司)가 "신라인 김련(金連)과 안장(安長)·청신(淸信) 등 3명이 도망하였는데, 어디에 숨어 있는지를 알 수 없습니다"라고 하였는데, 경기(京畿) 7도 여러 나라로 하여금 김련 등을 체포하도록 하였다. 정관 12년(870)에 대재부로부터 옮겨 안치했던 사람들이다. (『日本三代實錄』 24 淸和紀)

발해 (가을 7월) 8일 경오일에 (…) 이에 앞서 대재부에서 역마를 달려 아뢰었다. "발해국인 최종좌(崔宗佐)·문손재(門孫宰) 등이 표류하다가 비후국(肥後國) 천초군(天草郡)에 이르렀습니다. 대당통사(大唐通事) 장건충(張建忠)을 보내어 사유를 살펴 묻도록 하여 그 사실을 확인하였더니 발해국의 입당사라고 합니다. 지난 3월에 살마국(薩摩國)에 도착하여 도망갔던 한 척의 배였습니다." 이에 종좌(宗佐) 등의 일기(日記), 밀납으로 봉한 함, 여러 가지 밀봉한 글, 활과 칼 등을 바쳤다. 이 날 칙을 내렸다. "종좌 등을 신문하여 올린 글로 보아도 발해인임을 알겠다. 또한 그 표함과 첩서, 인장을 찍어 밀봉한 관의 직함 등이 먼저 조공하러 와 이 곳에 있는 그것과 비교해 보니 완전히 일치하였다. 최종좌 등은 변경의 틈을 엿보기 위한 간악한 적들이 아니고 선린의 임무를 띤 사신으로서, 표류하다가 이르게 된 어려움은 진실로 긍휼히 여길만하다. 마땅히 구제할 의복과 식량을 지급하도록 하고, 올려 보냈던 밀납으로 봉한 상자와 여러 가지 봉한 글 등은 그 인봉(印封)을 온전하게 하여 번거롭게 열어보지 말라. 또한 그들이 몸에 지니고 있는 물건들은 하나도 건드리지 말고 모두 돌려주도록 하라. 그들이 타고 온 배 두 척은 만일 파손된 곳이 있거든 정성을 다해 고쳐 주어 충분히 파도를 헤치고 나아갈 수 있도록 하여 조속히 잘 떠날 수 있도록 하라. 다만 종좌 등은 저 나라(발해)의 이름 있는 신하인데 어찌 우리 조정의 선린을 알지 못하겠느냐. 그러므로 표류하다 도착한 날에 모름지기 사실을 털어 놓고 은혜로운 구제를 바래야 했을 것임에도 돛을 펴고 도망하였으니 돌이켜 보면 간특한 적과 같다고 할 수 있다. 우리의 어짊과 관대로움이 아니라면 어찌 무거운 죄를 면할 수 있겠는가. 허물을 책하여 그 잘못됨을 깨우치도록 하는 것이 마땅하다." (『日本三代實錄』 24 淸和紀)

발해 7월 8일 경오일, 이에 앞서 대재부에서 역마를 달려 아뢰었다. "발해국인 최종좌(崔宗佐)·문손재(門孫宰) 등이 표류하다가 비후국(肥後國) 천초군(天草郡)에 이르렀습니다. 대당통사(大唐通事) 장건충(張建忠)을 보내어 사유를 살펴 묻도록 하여 그 사실을 확인하였더니 발해국의 입당사라고 합니다. 지난 3월에 살마국(薩摩國)에 도착하여 도망갔던 한 척의 배였습니다." 이에 종좌(宗佐) 등의 일기(日記), 밀납으로 봉한 함, 여러 가지 밀봉한 글, 활과 칼 등을 바쳤다. 이 날 칙을 내렸다. "종좌 등을 신문하여 올린 글로 보아도 발해인임을 알겠다. 또한 그 표함과 첩서, 인장을 찍어 밀봉한 관의 직함 등이 먼저 조공하러 와 이 곳에 있는 그것과 비교해보니 완전히 일치하였다. 최종좌 등은 변경의 틈을 엿보기 위한 간악한 적들이 아니고 선린의 임무를 띤 사신으로서, 표류하다가 이르게 된 어려움은 진실로 긍휼히 여길만하다. 마땅히 구제할 의복과 식량을 지급하도록 하고, 올려 보냈던 밀납으로 봉한 상자와 여러 가지 봉한 글 등은 그 인봉(印封)을 온전하게 하여 번거롭게 열어보지 말라. 또한 그들이 몸에 지니고 있는 물건들은 하나도 건드리지 말고 모두 돌려주도록 하라. 그들이 타고 온 배 두 척은 만일 파손된 곳이 있거든 정성을 다해 고쳐 주어 충분히 파도를 헤치고 나아갈 수 있도록 하여 조속히 잘 떠날 수 있도록 하라. 다만 종좌 등은 저 나라(발해)의 이름 있는 신하인데 어찌 우리 조정의 선린을 알지 못하겠느냐. 그러므로 표류하다 도착한 날에 모름지기 사실을 털어 놓고 은혜로운 구제를 바래야 했을 것임에도 돛을 펴고 도망하였으니 돌이켜 보면 간특한 적과 같다고 할 수 있다. 우리의 어짊과 관대로움이 아니라면 어찌 무거운 죄를 면할 수 있겠는가. 허물을 책하여 그 잘못됨을 깨우치도록 하는 것이 마땅하다." (『類聚國史』 194 殊俗部 渤海 下)

신라 (9월) 8일 경오일에 갑비국(甲斐國)에서 아뢰었다. "신라의 승려 전승(傳僧)과 권재(卷才) 두 명이 산리군(山梨郡)에 와서 살고 있습니다." 전승 등은 정관 13년(871)에 상총국(上總國)에 옮겨져 배치되었던 이들이다. 이에 본래 있던 곳으로 되돌아가게 하였다. (『日本三代實錄』 24 淸和紀)

신라 가을 9월에 황룡사 탑이 완성되었는데, 9층으로 높이가 22장이었다. (『三國史記』 11 新羅本紀 11)

신라 가을 9월에 황룡사 탑이 완성되었는데, 9층으로 높이가 22장이었다. (『三國史節要』 13)

신라 (12월) 17일 무신일에 대재부(大宰府)에서 아뢰었다. " (…) 또 대재부가 이웃 나라의 적을 경비하는 것은 그 유래가 오래 되었는데, 지난 정관 11년(869) 신라의 해적이 틈을 엿보아 공면(貢綿)을 약탈하였습니다. 이로부터 갑주(甲冑)를 옮겨 운송하여 홍려관(鴻臚館)에 안치하고, 포로를 보내어 순번을 나누어 진(鎭)을 지키게 하였습니다. 다시 통령(統領)과 선사(選士)를 나누어 두고 갖추어 경계하여 지키게 하였습니다. 지금 필요한 식량은 여러 나라마다 (정해진) 수가 있고 출납하는 일은 담당이 없는 것은 아니지만, 아침 저녁으로 공급하는 쌀과 소금이 자못 번거로우므로 서생(書生)과 구사(驅仕) 등을 보내어 그 사람 수를 세어 부족한 것을 주어 순번을 정하여 숙직(宿直)하도록 하였습니다. (…)" (『日本三代實錄』 24 淸和紀)

신라 (12월) 22일 계축일에 이에 앞서 대재부에서 아뢰었다. "지난 9월 25일 신라인 32명이 배 한 척을 타고 대마도 해안에 도착하였습니다. 도사(嶋司)가 사자를 부(府)에 보내었는데, 그들을 가두고 홍려관(鴻臚館)에 이르렀습니다." 이 날 칙을 내렸다. "신라인들이 간악한 마음을 가진 지가 오래되었으나, 흉악한 독을 뉘우치지 않는다. 또한 표류하여 도착한 것처럼 하여 틈을 엿볼려고 하는 계획이 아닌가 의심스럽다. 마땅히 더욱 조사하여 정황을 살피고 빨리 돌려보내도록 하라." (『日本三代實錄』 24 淸和紀)

발해 함통 연간(860~873)에 3번 조회하고 방물을 바쳤다. (『新唐書』 219 列傳 144 北狄 渤海)

발해 [전(傳)] 발해는 본래 속말말갈로 대조영에 이르러 진국왕(震國王)이라고 불렸다다. (…) 대력 연간(766~779)에 25번, 정원 연간(785~804)에 4번, 원화 연간(806~820)에 16번 조헌(朝獻)하였다. (…) 회창 연간(841~846)에 4번, 함통 연간(860~873)에 3번 보냈다. 처음에 그 왕은 자주 여러 아들을 보내 경사(京師)의 대학습(大學習)에 이르러 고금제도(古今制度)를 알아 마침내 해동성국(海東盛國)이 되었다[실록에는 정원 11년(795) 2월 을사일(7)에, 숭린(嵩鄰)을 책봉하고 발해왕이라고 하였다고 한다.[[지(志)] 장건장발해국기삼권(張建章渤海國記三卷)] (『玉海』 153 朝貢·外夷來朝·內附 唐渤海遣子入侍)

874(甲午/신라 경문왕 14/발해 현석5/唐 咸通 15, 乾符 1/日本 貞觀 16)

신라 봄 정월에 상대등 김정(金正)이 죽자 시중 위진(魏珍)을 상대등으로 삼고 인흥(藺興)을 시중으로 삼았다. (『三國史記』 11 新羅本紀 11)

신라 봄 정월에 상대등 김정이 죽자 시중 위진이 그를 대신하였고 인흥을 시중으로 삼았다. (『三國史節要』 13)

고구려 (3월) 23일 임오일에 이 날 정관사(貞觀寺)에 조를 내려 대재회(大齋會)를 베풀어 도량을 새로 창설한 것을 축하하게 하였다. 율사(律師) 도창(道昌)을 도사(導師)로, 대승도(大僧都) 혜달(慧達)을 주원(呪願)으로 삼고 여러 종(宗)의 숙승(宿僧) 100명이 연석하여 위의(威儀)를 갖추었다. 아악료(雅樂寮)의 당악(唐樂)과 고려악(高麗樂), 대안사(大安寺)의 임읍악(林邑樂), 흥복사(興福寺)의 천인악(天人樂) 등도 연주하였다. (『日本三代實錄』 25 淸和紀)

신라 여름 4월에 당 희종(僖宗)이 사신을 보내 황제의 말씀을 선포했다. (『三國史記』 11 新羅本紀 11)

신라 5월에 이찬 근종(近宗)이 반역을 꾀해 대궐을 침입하므로, 금군(禁軍)을 내어 쳐부수었다. 근종이 그 무리와 더불어 밤에 성을 나가자 추격하여 사로잡아 수레에 묶고 찢어 죽였다. (『三國史記』 11 新羅本紀 11)

신라 5월에 이찬 근종이 반역을 꾀해 그 무리와 더불어 대궐을 침입하므로 금군(禁軍)을 내어 쳐부수었다. 근종의 군사가 패해 성을 나가자 추격하여 사로잡아 그를 수레에 묶고 찢어 죽였다. (『三國史節要』 13)

발해 (6월) 4일 경신일, 이에 앞서 발해인 종좌(宗佐) 등 56명이 석견국(石見國)에 흘러왔다. 물품과 양식을 충분히 지급하여 본국으로 돌려보냈다. (『日本三代實錄』 25 淸和紀)

발해 (정관 16년) 6월 4일 경신일, 이에 앞서 발해인 종좌 등 56명이 석견국에 흘러왔다. 물품과 양식을 충분히 지급하여 본국으로 돌려보냈다. (『類聚國史』 194 殊俗部 渤海 下)

신라 (8월) 8일 갑자일, 이에 앞서 대재부에서 아뢰기를 "신라인 김사(金四)·김오(金五) 등 12명이 배 한 척을 타고 대마도에 표착하였습니다."라고 하였다. 이에 이르러 부사(府司)에게 칙을 내려, 온 이유를 묻고 조속히 돌려보내도록 하였다. (『日本三代實錄』 26 淸和紀)

신라 (9월) 14일 기해일에 검비위사(檢非違使)가 다섯 조항의 일을 청하였다. “ (…) 그 다섯 번째의 것은 횡도(橫刀)에 다는 술에 상하의 구별이 있어야 한다는 일입니다. 살펴보건대 사대부가 입고 다는 물건은 조복(朝服)으로부터 말 고들개에 이르기까지 모두 그 색이 있으니, 이것은 상하를 구별하고 존비를 판별하려는 까닭입니다. 지금 횡도에 다는 술은 상하가 서로 같으니 물정을 생각한다면 이치에 닿지 않습니다. 바라옵건대 5위 이상은 함께 당조(唐組)를 사용하게 하고 6위 이하는 모두 기신라조(綺新羅組) 등을 사용하게 하여 차례를 뛰어 넘지 않도록 하십시오. 행한 시기가 오래되면 갑자기 변경시키기 어려우니 오는 11월 신상회절(新嘗會節)에 금지하도록 하십시오.” 칙을 내려 청에 의해 반포하여 소사(所司)에게 시행하도록 하였다. (『日本三代實錄』 26 淸和紀)

신라 가을 9월에 월정당(月正堂)을 중수하였다. (『三國史記』 11 新羅本紀 11)

신라 가을 9월에 월정당을 수리하였다. (『三國史節要』 13)

신라 최치원(崔致遠)이 당에서 과거에 급제했다. (『三國史記』 11 新羅本紀 11)

신라 최치원 (…) 건부 원년(874) 갑오에 예부시랑 배찬(裴瓚) 아래에서 한 번에 과거에 합격하였다. 당 황제가 선주(宣州) 율수현위(溧水縣尉)에 임명하였고(876), 근무 성적을 평가하여 승무랑(承務郎) 시어사내공봉(侍御史內供奉)로 삼았으며(879), 자금어대(紫金魚袋)를 하사하였다(882). (『三國史記』 46 列傳 6 崔致遠)

신라 함통(860~874) 말에 다시 설산의 억성사로 가서 (마멸) 금당과 불전을 이루었다. 옥과 같이 좋은 나무들이 소나무 사이에 뒤섞여 있었으니, 은둔하는 것은 (마멸) 거슬렸으나, (마멸) 때에 명성은 우뢰처럼 세상을 울렸다. (마멸) 성상(헌강왕)께서 명성을 듣고 그 덕을 사모하여 (마멸) 자나깨나 (마멸) 선의 자취를 (마멸). 그리하여 내연에 올라가 苦空을 강연하고 妙△를 얘기하니 (마멸) 이에 (마멸) 용안(마멸) 푸른 하늘을 보게 되었다. 다시 열흘이 지나지 않아 하직을 고하자, 명을 내려 (마멸) 길에서 전송하고 (마멸) 임금께서 또 사신을 보내 산에까지 호송하게 하였다. (「禪林院址弘覺禪師碑」)

신라 그 후 함통(咸通) 15년에 이르러 가야산 수도원(修道院)에서 구족계(具足戒)를 받았다. 이어 (결락) 산에서 수하(守夏)하여 부지런히 정진하였으니 어찌 만유(滿油)의 바리때를 넘치게 했으리요. 뿐만 아니라 부해지낭(浮海之囊)도 망가뜨리지 않았으니 그윽이 사의(四依)를 앙모하고 경률론 삼장(三藏)의 연구를 발원하였다. 학업을 청할 때에는 침식을 전폐하였고, 책을 펴 놓고 토구(討究)함에는 그 깊고 얕은 천심(淺深)의 교리를 철저히 파헤쳤다. 어느 날 선융화상이 이르되 “노승(老僧)이 대중을 떠나 고요히 지낼 곳을 찾으려 한다면서 교소유폐(敎所由廢), 즉 교화하는 일을 그만두고 은둔하겠다는 이유를 말하면서, 수행력이 부족하여 더 이상 지도할 힘도 용기도 없다는 오무여용(吾無餘勇)을 주장하면서 너희들을 사방(四方)으로 팔아 넘겨야겠다” 하며 “가가여조(可賈汝曹)하리라”하므로 대중들은 갑자기 스님의 말씀을 듣고, 그 섭섭함에 어찌할 수 없었다. 부득이 암혈(岩穴)을 하직하고 행각의 길을 떠났다. 우연히 어떤 선려(禪廬)의 유지에 이르러 잠깐 비개(飛盖)를 멈추고 자세히 살펴보니 이전에 어떤 선납(禪衲)이 안거(安居)하던 곳이었다. 안개가 걷힌 후 사방(四方)을 살펴보니 완연(宛然)히 옛날 자신이 살던 곳과 같았기에 자세한 행지(行止)를 듣고 깊이 종용(從容)한 감을 가지게 되었다. 그 곳에서 얼마 동안 주석(住錫)하다가 다시 행선지를 운금(雲岑)으로 정하였으니, 곧 설악산(雪岳山)이다. “동해 곁에 있는데 선조인 (결락) 대사가 적수(赤水)에서 탐주(探珠)하다가 서당(西堂)의 법인을 전해 받고 청구(靑丘)인 신라로 돌아와서 해동(海東)에 선을 전래하고 초조(初祖)가 되었으니, 그는 후생(後生)을 위하는 뜻으로 선철(先哲)의 당부를 깊이 간직하였다." 그 후 엄명(嚴命)을 받들고 진전사(陳田寺)에 도착하니, 기꺼운 바는 직접 도의국사의 유허(遺墟)를 답사하며 그 영탑에 예배하고 스님의 진영(眞影)을 추모하여 영원히 제자의 의식을 편 것이니, 마치 니보(尼父)가 (결락) 을 스승삼은 것과 같이 인(仁)과 덕(德)을 흠모하며, 맹가(孟軻)가 안자(顔子)를 희기(希冀)한 것처럼 의(義)를 소중히 여기고 마음으로 돌아간 것과 같다고 하겠다. 진리가 있으면 능히 알아서 스승 없이 스스로 깨달았다. 한 동안 도수(道樹)에 서지(栖遲)하고 선림(禪林)에 기거하였다. 도의(道義)보다 먼저 향승(鄕僧)인 항수선사(恒秀禪師)가 일찍이 해서(海西)에 도달하여 강표(江表) 지방으로 유학하여 서당지장(西堂智藏)에게 묻기를 "서당의 법이 만약 동이(東夷)로 흘러간다면 어떤 아름다운 징조가 있는지 그 묘참(妙讖)을 들려주실 수 있겠습니까"하였다. 지장(智藏)이 대답하되 "불교의 교의가 쑥대밭 속에 깊이 묻혀 있는 것을 찾아내고(道) 불은 봉애(蓬艾)의 꽃봉오리에서 왕성하게 불타니(義) 청구(靑丘)의 도의선사가 그 기운을 이어 받아 선법(禪法)을 전파하리니, 그로부터 만총(萬叢)이 스스로 화창(和暢)하리라."하였다. 즉 다시 말하면 도의국사가 동국에 처음으로 선법(禪法)을 전파한다는 말이다. 그리하여 그 성문(聖文)을 추인(追認)하였으니, 이는 도의스님의 호를 나타낸 것이다. 그로부터 백년 후에 이 사구(四句)가 널리 전하였으니, 마치 우객(羽客)이 서로 만남으로써 단구(丹丘)의 자(字)를 알게 된 것과 같았다. (결락) 일도(一到)하면 홀연히 백일지명(白日之銘)을 볼 수 있을 것이다. (「毘盧寺眞空大師普法塔碑」)

신라 원주(袁州) 앙산서탑(仰山西塔) 광목선사(光穆禪師) (…) 신라국 순지선사(順支禪師) (…) 원주앙산동탑화상(袁州仰山東塔和尙)[이상의 6인은 기록이 보인다]·홍주 관음상견대사(洪州觀音常蠲大師) (…) 처주 수창선사(處州遂昌禪師)[이상의 4인은 무기연어구(無機緣語句)로 기록하지 않았다.] (『景德傳燈錄』 12 懷讓禪師第五世·袁州仰山慧寂禪師法嗣一十人)

신라 신라국 순지선사. 신라 오관산(五觀山) 순지는, 본국에서 요오대사(了悟大師)로 불렸다. 승(僧)이 묻기를, 여하시서래의(如何是西來意). 사수불자(師竪拂子). 승이 말하길, "막차개편시(莫遮箇便是) 사방하불자(師放下拂子) 문이자불성팔자불시(問以字不成八字不是) 이것은 무슨 자(字)인가"라고 하였다. 사(師)가 원상(圓相)을 만들어 그것을 보여주니 승이 사(師) 앞에 있고, 오화원상(五花圓相)을 만드니, 사(師) 그림을 파(破)하고 따로 일원상(一圓相)을 만들었다. (『景德傳燈錄』 12 懷讓禪師第五世·袁州仰山慧寂禪師法嗣)

신라 오관산(五冠山) 서운사(瑞雲寺) 화상은 앙산(仰山) 혜적선사(慧寂禪師)를 계승하였다. 스님의 휘(諱)는 순지(順之)요, 속성은 박씨(朴氏)이며, 패강(浿江) 사람이다. (…) 건부 연간 초(874)에 송악군(松岳郡)의 여자 단월인 원창왕후와 그의 아들 위무대왕(威武大王)이 함께 오관산(五冠山) 용엄사(龍嚴寺)를 헌납하므로, 그 뜻을 받아들여 가서 머무르게 되었다. 지금은 서운사(瑞雲寺)로 개칭하였다. 사(師)는 때때로 그림으로 법을 나타내 이치를 증득함에 있어 빠르고 더딤을 대중들에게 보이셨다. 여기에 네 쌍의 여덟 가지 모양이 있다. (『祖堂集』 20 瑞雲寺和尙順之)

해동 둘째아들 준회(遵誨)는 (…) 전년에 주상(主上)이 즉위하시고 선제가 돌아가시니, 국명(國命)을 멀리 반포하여 해동에 알렸다. 조정에 돌아와 금인(金印)의 영예를 더하였고, 이역(異域)에서는 중화(中華)의 사신을 중요하게 여겼다. (「曹氏夫人 墓誌銘」:

『全唐文補遺』千唐誌齋新藏專輯)

신라 신라에는 적수가 있으려나 귀국후에도 천하무쌍이려니 중국 경성에 기예를 전수하였고 배 안에서도 복기(覆祺)를 계속하겠지 범방에도 세월이 흘러 바다는 육지를 실었구나 고국을 떠난 지 몇 년이던가 상전벽해 되어 천지 개벽했으리 (『全唐詩』10函 1冊 張喬 送碁待詔朴球歸新羅)

신라 산천을 마음에 안으면 의념도 잠깐이라지 늙어 관중(關中)의 절과 이별하고 선(禪)을 찾아 고국의 산야로 돌아가네 새들도 날아다니는 길이 있건만 배는 가고 나면 자취도 없으리니 며칠 밤 파도가 자면 먼저 모국의 종소리를 듣게 되리라 (『全唐詩』10函 1冊 張喬 送僧雅覺歸東海)

신라 신라에서 찾아와 선(禪)을 깨우치고 병이 들어도 부처와의 인연이라 생각했네 이제 선장(禪杖) 들고 산기슭 사찰을 떠나 경서 지니고 뱃길에 오르는구려 돛대 내려 부싯돌로 불 피우고 섬에서 밤 지새며 병으로 샘물을 긷네 동쪽으로 가서 영원히 늙는다지만 다시 소년이 될 수 없는 줄도 아시겠지요 (『全唐詩』10函 1冊 張喬 送新羅僧)

신라 해동 신라를 떠나온 지 24년 당 궁궐에서 3황제를 모셨다네 바다는 비록 넓고 넓으나 돌아가는 뱃길 멀다하지 않구나 놀란 파도에 때때로 짝을 잃으면 밤 되어 횃불 들고 서로를 부르네 오가며 옛 사람의 자취를 더듬어 보니 옛 적에 진시황도 건너려던 다리 끊어진 적 있었네 (『全唐詩』10函 1冊 張喬 送朴充侍御歸海東)

신라 동풍이 먼데서 불어와 봄의 산천초목이 한꺼번에 봄을 맞았네 중화(中華)의 길에서 웃음 지으며 해마다 무수한 외국인을 배웅하네 (『全唐詩』10函 1冊 張喬送人及第歸海東)

875(乙未/신라 경문왕 15, 헌강왕 1/발해 현석6/唐 乾符 2/日本 貞觀 17)

신라 2월 22일에 비로소 중국에서 연호를 고친 것을 알고 건부 2년으로 고쳤다. (『三國史記』31 年表 下)

신라 봄 2월에 경도(京都)와 나라 동쪽 지방에 지진이 있었다. (『三國史記』11 新羅本紀 11)

신라 봄 2월에 경도와 나라 동쪽 지방에 지진이 있었다. (『三國史節要』13)

신라 (봄 2월) 성패(星孛)가 동쪽에 나타났다가 20일 만에 사라졌다. (『三國史記』11 新羅本紀 11)

신라 (봄 2월) 성패가 동쪽에 나타났다가 20일 만에 사라졌다. (『三國史節要』13)

신라 여름 5월에 용이 왕궁 우물가에 나타나더니, 조금 있다가 구름과 안개가 사방에서 모여들자 날아갔다. (『三國史記』11 新羅本紀 11)

신라 여름 5월에 용이 왕궁 우물가에 나타났다. (『三國史節要』13)

신라 (…) (경문)왕의 침전(寢殿)에는 매일 저녁이면 많은 뱀들이 모여들었다. 궁인(宮人)들이 놀라고 두려워하여 쫓아내려고 하니, 왕이 말하기를 "과인(寡人)은 만약 뱀이 없으면 편안하게 잠을 잘 수 없으니 쫓아내지 말라"고 하였다. 언제나 잘 때에는 혀를 내밀어 온 가슴에 펴고 있었다. 왕이 임금의 자리에 오르자 왕의 귀는 갑자기 길어져서 당나귀의 귀처럼 되었다. 왕후와 궁인들이 모두 알지 못했으나 오직 복두장(幞頭匠) 한 사람만이 그 사실을 알고 있었다. 그러나 평생 동안 그 사실을 사람들에게 말하지 않다가 그 사람이 장차 죽으려 할 때 도림사(道林寺)의 대나무 숲 속에 사람들이 없는 곳으로 들어가 대나무를 향하여 외치기를, "우리 임금님 귀는 나귀의 귀처럼 생겼다"고 하였다. 그 후에 바람이 불기만 하면 대나무에서 소리가 나서 "우리 임금님 귀는 나귀의 귀처럼 생겼다"고 하였다. 왕이 이것을 싫어해서 이에 대나무를 베어버리고 산수유나무를 심었더니 바람이 불면 다만 그 소리는 "우리 임금님 귀는 기다랗다"고만 했다[도림사는 예전에 도성으로 들어가는 숲 근처에 있었다]. 국선(國仙) 요원랑(邀元郎)·예흔랑(譽昕郎)·계원(桂元)·숙종랑(叔宗郎) 등이 금란(金蘭)을 유람할 때 은근히 임금을 도와 나라를 다스릴 뜻이 있었다. 이에 노래 세 수를 짓고, 심필(心弼) 사지(舍知)를 시켜 침권(針卷)을 주어 대구화상(大炬(矩)和尙)의 거처에 보내 세 가지 곡을 짓게 하니 첫째가 현금포곡(玄琴抱曲)이요, 둘째가 대도곡(大道曲)이요, 셋째는 문군곡(問群曲)이었다. 들어가 왕에게 아뢰니, 왕은 크게 기뻐하여 칭찬했다. 노래는 알 수 없다. (…) (『三國遺事』 2 紀異 2 四十八 四十八景文大王)

신라 경문대왕(景文大王)께서는 오랫동안 도움이 되는 가르침을 넓히려고 하는 어진 마음을 가지고서 부처의 가르침이 널리 퍼지지 않는 것을 안타깝게 여기고 계셨는데 멀리서 선사의 덕을 듣고서 좋은 △을 세울 생각으로 △ △△△△△ △월 5일에 관영(觀榮)법사를 보내어 멀리서 금조(金詔)를 내려 칭찬하고 산문(山門)을 위로하였다. 그리고 월광사(月光寺)는 계속하여 선사가 주지를 맡도록 하였다. 또 1년이 지나자 임금께서 다시 살펴보시며 거듭 윤음(綸音)을 내리고 잇달아 은혜를 베풀어 다(茶)와 △△△△△△를 멀리에서 보내는 두터운 혜택을 베풀어 주셨다. 세상에서는 이를 영광이라고 여겼고 그에 따라 산문(山門)은 더욱 빛나게 되었다. (「月光寺圓朗禪師大寶禪光塔碑」)

신라 가을 7월 8일에 왕이 돌아가셨다. 시호는 경문(景文)이다. (『三國史記』 11 新羅本紀 11)

신라 경문왕이 죽었다. 헌강왕 정(晸) 즉위 원년이다. (『三國史記』 31 年表 下)

신라 가을 7월에 왕이 돌아가셨다. 태자 정(晸)이 왕위에 올랐고 시호를 올려 경문이라고 하였다. 이찬 위홍(魏弘)을 상대등으로 삼고 대아찬 예겸(乂謙)을 시중으로 삼았으며 사형수 이하 죄수들을 사면하였다. (『三國史節要』 13)

신라 헌강왕(憲康王)이 즉위하였다. 이름은 정(晸)이고 경문왕의 태자이다. 어머니는 문의왕후(文懿王后)이고 왕비는 의명부인(妃懿明夫人)이다. 왕은 성품이 총명하고 민첩하였으며, 책을 보는 것을 좋아해 눈으로 한 번 본 것은 모두 입으로 외웠다. 즉위하자 이찬 위홍(魏弘)을 상대등으로 삼고 대아찬 예겸(乂謙)을 시중으로 삼았으며, 중앙과 지방의 사형수 이하 죄수들을 크게 사면하였다. (『三國史記』 11 新羅本紀 11)

신라 (경문) 왕이 돌아가시자 시호를 경문이라고 하였다. (『三國遺事』 2 紀異 2 四十八 四十八景文大王)

신라 제49 헌강왕(憲康王)(김씨이며 이름은 정(晸)이다. 아버지는 경문왕이고 어머니는 문자황후(文資皇后)이다. 왕비는 의명(懿明)부인인데, 또는 의명왕후(義明王后)라고도 한다. 을미년(875)에 즉위하여 11년간 다스렸다.) (『三國遺事』 1 王曆)

신라 헌강대왕(憲康大王)께서는 젊은 나이에 이미 덕이 높으셨고 정신이 맑고 몸이 건강하여 우러러 침문(寢門)에서 환관에게 안부를 묻지 못하게 됨을 슬퍼하시고 머리 숙여 익실(翼室)에서 거상(居喪)하는 것을 준수하시었습니다. 등(滕)나라 문공(文公)이 예(禮)를 다하여 거상(居喪)함으로써 마침내 극기(克己)할 수 있었고 초(楚)나라 장왕(莊王)이 때를 기다려 정사를 다스림으로써 실로 사람을 놀라게 하였거늘, 하물며 천성이 중화(中華)의 풍도를 따르시고 몸소 지혜의 이슬에 젖으시며 조종(祖宗)을 높이는 의리를 들어올리시고 부처에게 귀의하는 정성을 분발하셨음에랴. (「崇福寺碑」)

신라 건부(乾符) 2년 성도(成都)에 이르러 이리저리 순례하다가, 정중정사(靜衆精舍)에 도달하여 무상대사(無相大師)의 영당(影堂)에 참배하게 되었으니 대사는 신라 사람이었다. 영정에 참배한 후 스님에 대한 아름다운 유적을 자세히 들으니, 한때 당제(唐帝)인 현종(玄宗)의 스승이기도 하였다. 모국은 같건만 오직 그 시대가 달라서 후대에 법을 구하러 와서 그의 자취를 찾게 됨이 한이 될 뿐이라 했다. 그 당시 석상경제화상(石霜慶諸和尙)이 여래의 집을 열고 가섭(迦葉)의 종(宗)을 연설하여 도수(道樹)의 그늘에 많은 선류(禪流)들이 운집하여 수도하고 있었다. 낭공대사(朗空大師)는 그 곳을 찾아가서 정성스럽게 예배를 드리고 입방(入榜)을 허락받아 그 곳에 머물게 되었으며, 방편(方便)의 문(門)에서 과연 마니(摩尼)의 보배를 얻었다. 그 후, 그 곳을 떠나 형악(衡岳)으로 가서 선지식(善知識)이 있는 선거(禪居)를 참배하였고, 다시 멀리 조계산으로 가서 6조대사의 탑에 예배하고 곁으로 동산홍인(東山弘忍)의 자취를 찾고 6조까지의 유적을 모두 순례하였다. 이어 사방으로 다니면서 가 볼만한 곳은 두루 참방하였다. (「太子寺郎空大師碑」)

876(丙申/신라 헌강왕 2/발해 현석7/唐 乾符 3/日本 貞觀 18)

신라 봄 2월에 황룡사에서 승려에게 재(齋)를 올리고 백고좌(百高座)를 베풀어 불경을 강론했다. 왕이 친히 행차하여 그것을 들었다. (『三國史記』 11 新羅本紀 11)

신라 봄 2월에 황룡사에서 승려에게 재를 올리고 백고좌를 베풀어 불경을 강론했다 (『三國史節要』 13)

신라 건부(乾符) 3년 봄에 선대왕(先大王)께서 병환이 나셨는데 근시(近侍)에게 “빨리 우리 대의왕(大醫王)을 모셔오라”고 명하셨다. 사자가 오자 대사께서는 “산승(山僧)의 발이 왕궁에 이르는 것은 한 번만 하여도 심하다고 할 것이므로 나를 아는 사람은 ‘성주(聖住)가 머무르는 곳이 없게 되었다 [無住]’고 말할 것이고, 나를 알지 못하는 사람은 ‘무염(無染)이 물이 들었다[有染]’고 말할 것이다. 하지만 우리 임금과 서로 맹세한 것을 생각하여 볼 때, 임금께서 도리천에 돌아가실 날이 얼마 남지 않았으니 어찌 가서 작별인사를 하여야 하지 않겠는가”라고 말하고 다시 왕궁으로 가서 약이 되는 말씀을 하여 주고, 잠계(箴戒)를 베푸시니 왕께서 깨닫는 가운데 병이 조금 나으니 온 나라 사람들이 신기하게 여겼다. 한 달이 지나서 경문왕이 돌아가시고 헌강대왕께서 거상(居喪)을 하게 되었다. 왕께서는 울면서 왕족인 훈영(勛榮)을 통하여 뜻을 전하였으니 “내가 어려서 부모의 상을 당하여 정사를 담당할 수 없습니다. 임금을 인도하고 부처를 받들어 사해(四海)의 사람을 널리 구제하는 것은 자기 한 몸만을 착하게 하는 것과는 비교될 수 없는 일입니다. 원컨데 대사께서는 멀리 계시지 마시고 서울에서 머무를 곳을 고르십시오.”라고 하였다. (대사는) 대답하여 말하기를 “옛날의 스승의 가르침은 6경(經)에 기록되어 있고, 지금 보필할 사람은 3경(卿)이 바로 그 사람들입니다. 늙은 산승(山僧)이 무엇을 할 수 있겠습니까. 단지 누리[蝗]처럼 앉아서 땔나무와 곡식을 축낼 뿐입니다. 단지 세 마디 말로 남겨드릴 만한 말씀이 있으니 ‘관리를 잘 등용하라 [能官人]’는 것입니다.”라고 하였다. 다음날 산의 무리를 이끌고 새처럼 떠나고 말았는데, 이때부터 역마(驛馬)들이 왕명을 전하려고 산중에 그림자를 이었다. 역졸(驛卒)들은 가야할 곳이 성주사인 것을 알면 곧 모두 뛸듯이 기뻐하며 손을 모아 말고삐를 고쳐 잡고 왕명이 한걸음이라도 늦을까 걱정하였다. 이 때문에 왕명을 전하는 근시(近侍)들은 급히 전할 말이 있어도 쉽게 행해질 것으로 생각하게 되었다. (「聖住寺郎慧和尙白月葆光塔碑」)

신라

(3월) 9일 정해일에 참의(叅議) 대재권수(大宰權帥) 종3위 재원조신행평(在原朝臣行平)이 두 가지 일을 청하였다. (…) 그 두번째 일은 비전국(肥前國) 송포군(松浦郡) 비라(庇羅)와 직가(値嘉)의 두 개 향(鄉)을 합하여 두 개 군(郡)을 다시 세워 상근(上近)·하근(下近)이라 이름하고 직가도(値嘉嶋)를 두도록 하는 것이었다. "(…) 이번 건의 두 향은 땅의 형세가 넓고도 멀며 호구가 번창하고 또 생산되는 물품이 많고 기이합니다. (…) 더욱이 땅이 바다 가운데 있으면서 변경 지역으로 이속(異俗)과 이웃하고 있어서, 대당이나 신라에서 오는 사람들과 우리 조정의 입당사들이 이 섬을 경유하지 않음이 없습니다. 부두(府頭)와 백성들이 일러 '지난 정관 11년(869) 신라 사람들이 공선(貢船)의 견면(絹綿) 등을 약탈하여 가던 날에 그 적들이 함께 이 섬을 지나 갔습니다'라고 아뢰었습니다. 이로써 보건대 이 땅은 그 나라의 중심지이므로 영장(令長)을 가려 방어를 신중하게 하는 것이 마땅합니다. 또 지난 해에 어떤 백성들이 '당 사람들이 반드시 먼저 이 섬에 도착하여 향약(香藥)을 많이 채취하여 화물(貨物)을 더하고, 이 곳 백성들로 하여금 그 물품을 보지 못하게 하였습니다. 또 그 바닷가에 기석(奇石)이 많은데 어떤 사람들은 이를 단련하여 은을 얻으며 또 어떤 사람들은 이 돌을 쪼고 갈아서 옥같은 것을 얻습니다. 당 사람들이 그 돌을 채취하기를 좋아하나 그 고장 사람들은 이를 알지 못하므로 이에 아룁니다.'라고 아뢰었습니다. 마땅한 사람에게 위임하지 않은 폐해가 대부분 모두 이와 같은 것이므로, 바라옵건대 이 두 향을 합하여 두 개의 군을 다시 세워 상근·하근이라 이름하고 다시 치가도로 삼으시어 새로이 도사(嶋司)와 군령(郡令)을 두어 토공(土貢)을 맡게 하십시오"라고 청하였다. (『日本三代實錄』 28 淸和紀)

고려

원창왕후(元昌王后)는 아들 넷을 낳았는데 맏아들을 부르길 용건(龍建)이라 하였다가 뒤에 융(隆)으로 고쳤으며 자(字)는 문명(文明)이니 이 사람이 세조(世祖)이다. 체격이 우뚝하고 수염이 아름다우며 도량이 넓고 커서 삼한(三韓)을 아울러 삼키려는 뜻이 있었다. 일찍이 꿈에서 한 미인을 보고 부인[室家]으로 삼겠다고 다짐하였다. 뒤에 송악(松嶽)에서 영안성(永安城)으로 가다가 길에서 한 여인을 만났는데 용모가 매우 닮아 드디어 그녀와 더불어 혼인하였다. 어디에서 왔는지를 알지 못하였으므로 그런 까닭에 세상 사람들이 몽부인(夢夫人)이라 불렀다. 누군가는 말하기를, '그녀가 삼한의 어머니가 되셨기에 드디어 성을 한씨(韓氏)라고 하였다.'라고 하였는데 이 사람이 바로 위숙왕후(威肅王后)이다. 세조가 송악의 옛집에서 살다가 몇 년 후 또 그 남쪽에다 새 집을 지으려 하니 곧 연경궁(延慶宮)의 봉원전(奉元殿) 터이다. 그 때 동리산파(桐裏山派)의 조사(祖師) 도선(道詵)이 당(唐)에 들어가 일행(一行)의 지리법(地理法)을 얻고 돌아왔다. 백두산(白頭山)에 올랐다가 곡령(鵠嶺)에 이르러 세조가 새로 지은 집을 보고 말하기를, '기장[穄]을 심을 땅에다 어찌하여 마(麻)를 심었는가'라 하고 말을 마치자 가버렸다. 부인이 이 말을 듣고 알리자 세조가 급히 쫓아갔는데, 만나보니 마치 오래 전부터 알던 사이 같았다. 드디어 함께 곡령에 올라가 산수의 맥을 살펴보고 위로 천문을 바라보며 아래로 운수를 자세히 살펴보고서 말하기를, '이 지맥은 임방(壬方)의 백두산에서 수모목간(水母木幹)으로 와서 마두명당(馬頭明堂)까지 떨어지고 있소. 그대는 또한 수명(水命)이니 마땅히 수(水)의 대수(大

數)를 따라 집을 육육(六六)으로 지어 36구(區)로 만들면 천지의 대수와 맞아 떨어져 내년에는 반드시 성스러운 아들을 낳을 것이니, 마땅히 이름을 왕건(王建)이라 지으시오.'라고 하였다. 그리고 봉투를 만들어 그 겉에 기록하기를, '백 번 절하고 미래에 삼한을 통합할 임금이신 대원군자(大原君子) 족하(足下)께 삼가 글월을 바칩니다.'라고 하였다. 그 때가 당 희종(僖宗) 건부(乾符) 3년(876) 4월이었다. 세조가 그의 말을 따라 집을 짓고 살았는데 이 달 위숙왕후(威肅王后)가 임신하여 태조(太祖)를 낳았다." [민지(閔漬)의 『편년강목(編年綱目)』에는, "태조의 나이 17세 때 도선(道詵)이 다시 와서 뵙기를 요청하고 말하기를, '족하(足下)께서는 백육(百六)의 운에 응하여 천부(天府)의 명허(名墟)에서 탄생하셨으니 3계(三季)의 창생이 그대의 홍제(弘濟)를 기다리고 있습니다.'라고 하였다. 이로 인하여 전쟁에 나가 진을 칠 때 유리한 지형과 적합한 때를 고르는 법, 그리고 산천을 차례대로 제사지내어 신과 통하고 도움을 받는 이치를 알려주었다. 건녕(乾寧) 4년(897) 5월에 세조께서 금성군(金城郡)에서 돌아가시니 영안성(永安城) 강변의 석굴에다 장사하고 이름을 창릉(昌陵)이라 하였으며 위숙왕후를 합장하였다."라 하였다. 『실록(實錄)』에는, "현종(顯宗) 18년(1027)에 세조의 시호에 원렬(元烈)을, 왕후에게는 혜사(惠思)를 더하여 올렸으며, 고종(高宗) 40년(1253)에는 세조에게 민혜(敏惠)를, 왕후에게는 인평(仁平)을 더하였다."라고 하였다.]라고 하였다.

이제현(李齊賢)이 찬술하기를, "김관의(金寬毅)가 쓰기를, '성골장군(聖骨將軍) 호경(虎景)이 아간(阿干) 강충(康忠)을 낳고 강충이 거사(居士) 보육(寶育)을 낳으니 이분이 국조 원덕대왕(國祖 元德大王)이다. 보육이 딸을 낳으니 당(唐)의 귀한 가문 사람[貴姓]의 배필이 되어 의조(懿祖)를 낳고 의조가 세조(世祖)를 낳고 세조가 태조(太祖)를 낳았다.'고 하였다. 그가 말한 대로라면 당나라의 귀인이라고 한 이는 의조에게는 황고(皇考)가 되고 보육은 황고의 장인이 된다. 그런데도 국조(國祖)라고 일컫는 것은 어째서인가."라 하였다.

이제현이 또 말하기를, "김관의는 '태조(太祖)가 삼대(三代)의 조상과 그 후비(后妃)를 추존(追尊)하여 아버지를 세조 위무대왕(世祖 威武大王)이라 하고 어머니를 위숙왕후(威肅王后)라 하였으며, 할아버지를 의조 경강대왕(懿祖 景康大王)이라 하고 할머니를 원창왕후(元昌王后)라 하였으며, 증조할머니를 정화왕후(貞和王后)라 하고 증조할머니의 아버지 보육(寶育)을 국조 원덕대왕(國祖 元德大王)이라 하였다.'고 말한다. 증조를 빠트린 대신 증조할머니의 아버지를 써넣어 삼대 조고(祖考)라고 한 것은 무엇 때문인가. 『왕대종족기(王代宗族記)』를 살펴보건대, '국조는 태조의 증조이고 정화왕후는 국조의 비이다.'라고 하였으며, 『성원록(聖源錄)』에 이르기를, '보육성인(寶育聖人)은 원덕대왕의 외할아버지이다.'라고 하였다. 이로서 보건대 원덕대왕은 당의 귀한 가문 사람[貴姓]의 아들로서 의조에게는 아버지가 되고, 정화왕후는 보육의 외손부(外孫婦)로서 의조에게는 비가 된다. 그러니 보육을 국조 원덕대왕이라고 한 것은 잘못이다."라 하였다.

이제현이 또 말하기를, "김관의는 말하기를, '의조가 중국인 아버지[唐父]가 남기고 간 활과 화살을 받은 바, 바다를 건너 멀리 가서 아버지를 뵈려 하였다.'고 하였다. 그렇다면 곧 그 뜻이 매우 절실하였을 텐데도 용왕(龍王)이 그 하고자 하는 바를 묻자 곧 동쪽으로 돌아가기를 구하였다고 하였다. 의조는 이렇게 하지는 않았을 것 같다. 『성원록(姓源錄)』에 이르기를, '흔강대왕(昕康大王)(곧 의조)의 처인 용녀(龍女)는 평주(平州) 사람인 두은점(豆恩坫) 각간(角干)의 딸이다.'고 하였으니 곧 김관의가 기록한 바의 것과는 다르다."라 하였다.

이제현이 또 말하기를, "김관의는 말하기를, '도선(道詵)이 세조(世祖)의 송악(松嶽) 남쪽에 있는 집을 보고 말하기를, 기장을 심을 밭에 마를 심었구나라고 하였는데 기장은 왕(王)과 우리말에서 서로 비슷하다. 그런 까닭에 태조께서는 이로 인해 왕씨(王氏)를 성으로 삼았다.'고 하였다. 아버지가 살아 계신데 아들이 그 성을 고쳤다면 천하에 어찌 이런 이치가 있겠는가. 아아! 우리 태조께서 이것을 하였다고 여기는가. 또 태조와 세조께서는 궁예(弓裔) 밑에서 벼슬하였다. 궁예는 의심과 시기가 많았는데 태조께서 아무 까닭 없이 홀로 왕씨를 성으로 삼았다면 어찌 화를 얻는 길이 아니었으랴. 삼가 『왕씨종족기(王氏宗族記)』를 살펴보니 국조(國祖)의 성이 왕씨라 하였다. 그렇다면 곧 태조에 이르러 비로소 왕을 성으로 삼은 것이 아니니 기장을 심는다는 이야기도 또한 거짓이 아니리오. 김관의는 또 말하기를, '의조와 세조 휘(諱)의 아래 글자가 태조의 휘와 더불어 나란히 같다.'고 하였다. 김관의는 개국하기 전에는 풍속이 순박함을 숭상하여 혹 그랬을 수도 있다고 생각하고 그런 까닭에 썼을 것이다. 그러나 『왕대력(王代曆)』에는, 의조께서 육예(六藝)에 통달하였고 글씨와 활쏘기가 당대에 신묘하게 빼어났으며, 세조께서는 젊은 시절 재주와 도량을 쌓아 삼한(三韓)에 웅거(雄據)할 뜻을 지녔다고 하였다. 어찌 할아버지의 이름을 범해서는 안 된다는 것을 알지 못하고 스스로 자기 이름으로 삼으며 또 아들의 이름으로까지 삼았겠는가. 하물며 태조께서는 창업하여 왕통을 전함에 있어, 행동거지를 선왕(先王)을 본받았는데 어찌 부득이하게 편안히 예(禮)에 어긋난 이름을 지었겠는가. 삼가 신라(新羅) 때를 생각하건대, 그 임금을 마립간(麻立干)이라 부르고 그 신하를 아간(阿干)·대아간(大阿干)이라 불렀으며 시골 백성들에 이르러서도 으레 간(干)을 이름에 붙여 불렀으니 대개 서로 높이는 말이다. 아간을 혹 아찬(阿粲)·알찬(閼餐)이라고 한 것도 간·찬(粲)·찬(餐) 3자(字)의 소리와 서로 가깝기 때문이다. 의조와 세조 휘의 아래 글자도 또한 간·찬(粲)·찬(餐)의 소리와 더불어 서로 가까우니 이는 이른바 서로 높이는 말을 그 이름에 이어 붙여 부른 것이 바뀐 것이지 이름은 아니다. 태조께서 마침 이 글자를 이름으로 삼았기에 호사가(好事家)들이 드디어 끌어 붙여다가 만들어 말하기를, '삼대(三代)가 같은 이름이면 반드시 삼한의 왕이 된다.' 하였을 터이니 대개 믿을 수 없다."라 하였다.

논하여 말하기를, "옛 책을 상고해 보니 동지추밀 병부상서(同知樞密 兵部尙書) 김영부(金永夫)와 징사랑 검교군기감(徵仕郎 檢校軍器監) 김관의는 모두 의종(毅宗) 때의 신하이다. 김관의가 『편년통록(編年通錄)』을 짓고 김영부가 가려 뽑아 바쳤는데 그 차자(箚子)에서 또한 말하기를, '김관의가 여러 사람들이 사사로이 모아둔 문서들을 찾아 모았나이다.'고 하였다. 그 후, 민지(閔漬)가 『편년강목(編年綱目)』을 편찬하면서 또한 김관의의 설에 근거하였다. 홀로 이제현만이 『종족기(宗族記)』와 『성원록』을 근거로 잘못 전해진 것을 배척하였으니, 이제현은 당대의 명유(名儒)로, 어찌 본 바도 없이 가볍게 당시 임금의 세계(世系)를 의논하였겠는가. 그 숙종(肅宗)이니 선종(宣宗)이니 말한 것은, 『당서(唐書)』를 상고해 보건대 숙종은 어려서부터 일찍이 궁 밖을 나가 본 적이 없었으니 과연 원(元) 학사(學士)의 말과 같다. 그리고 선종이 비록 광왕(光王)에 봉해졌다고 하지만, 당사(唐史)에는 번왕(藩王)을 봉지(封地)로 보내는 제도가 없고, 또 그가 난리를 만나 화를 피하였다는 이야기는, 역시 선록(禪錄)과 잡기(雜記) 두 설이 모두 근거가 없으니 믿을 수가 없다. 하물며 용녀의 일은 어찌 그 허황되고 괴이한 것이 이와 같이 심할 수 있겠는가. 『태조실록(太祖實錄)』은 바로 정당문학 수국사(政堂文學 修國史) 황주량(黃周亮)이 편찬한 바이다. 황주량은 태조의 손자인 현종(顯宗) 때 벼슬하였으므로 태조 때의 일을 직접 듣고 본 것이 있었으니 그 삼대(三代)를 추증한 것에 대해서는 사실에 근거하여 그것을 썼을 것이다. 정화왕후를 국조의 배필이라 하고 삼대로 삼았으나 세상에 전해 내려오는 설에 대해서는 생략하여 한마디도 말하지 않았다. 김관의는 의종 때의 하급 관리이며 또 태조와 260여년 떨어져 있으니, 어찌 당시의 실록을 버려두고서 후대에 근거함이 없이 마구 뽑은 책을 믿으랴. 삼가 『북사(北史)』를 살펴보건대, 탁발씨(拓拔氏)는 헌원(軒轅)의 후손이요, 신원황제(神元皇帝)는 천녀(天女)의 소생이라 하였으니 그 황탄(荒誕)함이 심하다. 또한, 모용씨(慕容氏)는 이의(二儀)의 덕을 사모하고 삼광(三光)의 용모를 계승하였다는 것에서 〈성씨를〉 삼았으며, 우문씨(宇文氏)는 염제(炎帝)로부터 나와 황제의 옥새를 얻었는데 그 풍속에 천자를 일러 우문(宇文)이라고 하므로 그런 까닭에 성씨로 삼았다고 하였다. 선유(先儒)들은 이를 두고 의논하기를, '그 신하들이 그들을 따르느라 꾸며낸 것일 뿐이다.'고 하였다. 아아! 예로부터 임금의 세계를 논한 것들은 괴이한 것이 많고 간혹 억지로 끌어다 붙인 이야기도 있어 뒷날의 사람들이 의심에 이르지 않을 수 없다. 이제 『실록』에 실린 바 삼대를 추증한 것을 정설로 삼고 김관의 등의 설도 또한 세상에 전해 내려온 지가 오래되어 그런 까닭에 아울러 붙여둔다."라 하였다. (『高麗史』 高麗世系)

고려 처음에 세조(世祖)가 송악산의 남쪽에 집을 짓는데, 승려 도선(道詵)이 와서 문 밖의 나무 아래에서 쉬다가 찬탄하며 말하기를, "이 땅이 마땅히 성인을 낳을 것이다."라고 하였다. 세조가 그 말을 듣고는 황급히 나가 맞아들였다[倒屣出迎]. 함께 송악산에 올랐는데, 도선이 지리를 굽어 살피고 천문을 우러러 보고는 이에 글 한 편을 써서 세조에게 주며 말하기를, "공께서는 내년에 반드시 귀한 아들을 얻을 것이니, 장성하거든 이것을 주십시오."라고 하였다. 그 글은 비밀에 부쳐져서 세상 사람들이 알지 못하였다. 태조가 17세가 되었을 때 도선이 다시 와서 뵙기를 청하여 말하기를, "족하께서는 액운의 시기[百六之會]를 만나셨으니, 3대의 말세[三季]에 처한 백성[蒼生]들은 공께서 널리 구제해 주시기를 기다리고 있습니다."라고 하였다. 그리고는 군대를 일으키고 진(陣)을 치기에 유리한 지리와 때[天時]를 읽는 법과 산천의 신에게 차례로 제사를 지냄으로써 감통(感通)하여 보호와 도움을 받는 이치를 일러 주었다. (『高麗史節要』 1 太祖神聖大王)

신라 가을 7월에 사신을 보내 당에 들어가 방물을 바치게 했다. (『三國史記』 11 新羅本紀 11)

신라 가을 7월에 사신을 보내 당에 가서 방물을 바치게 했다. (『三國史節要』 13)

신라 최치원 (…) 건부 원년(874) 갑오에 예부시랑 배찬(裴瓚) 아래에서 한 번에 과거에 합격하였다. [당 황제가] 선주(宣州) 율수현위(溧水縣尉)에 임명하였고(876), 근무 성적을 평가하여 승무랑(承務郎) 시어사내공봉(侍御史內供奉)로 삼았으며(879), 자금어대(紫金魚袋)를 하사하였다(882). (『三國史記』 46 列傳 6 崔致遠)

877(丁酉/신라 헌강왕 3/발해 현석8/唐 乾符 4/日本 貞觀 19, 元慶 1)

발해 (정월 16일 무자일) 이 날 출운국(出雲國)에서 아뢰었다. "발해국대사(渤海國大使) 정당성(政堂省) 공목관(孔目官) 양중원(楊中遠) 등 105명이 지난 해 12월 26일에 해안에 도착하였습니다. 중원이 '중원 등을 사은청사(謝恩請使)로 삼아 보내고 겸하여 방물을 바치게 되었습니다.'라고 아뢰었습니다. 이에 도근군(嶋根郡)에 안치하고 식량 등을 공급하였습니다."라고 하였다. (『日本三代實錄』 30 陽成紀)

발해 (정월 16일 무자일) 출운국(出雲國)에서 아뢰었다. "발해국대사(渤海國大使) 정당성(政堂省) 공목관(孔目官) 양중원(楊中遠) 등 105명이 지난 해 12월 26일에 해안에 도착하였습니다. 중원이 '중원 등을 사은청사(謝恩請使)로 삼아 보내고 겸하여 방물을 바치게 되었습니다.'라고 아뢰었습니다. 이에 도근군(嶋根郡)에 안치하고 식량 등을 공급하였습니다."라고 하였다. (『類聚國史』 194 殊俗部 渤海 下)

고려　　　봄 정월에 우리 태조대왕이 송악군에서 태어났다. (『三國史記』 11 新羅本紀 11)

고려 후백제 태봉

태조응운원명광렬대정예덕장효위목신성대왕(太祖應運元明光烈大定睿德章孝滅穆神聖大王)은 성이 왕씨이고 이름이 건(建)이며 자는 약천(若天)이다. 송악군(松嶽郡 : 지금의 개성직할시) 사람으로 세조(世祖)의 장남이며 모친은 위숙왕후(威肅王后) 한씨(韓氏)이다. 당 건부(乾符) 4년(신라 헌강왕 3년, 877) 정유년 정월 병술(14)일에 송악군 남쪽의 집에서 태어나자 신령스런 빛과 자색의 기운이 방안에 비치고 뜰에 가득 찼으며 종일토록 서려있는 형상이 흡사 용과 같았다. 어려서부터 총명하고 슬기로웠으며 용의 얼굴에 이마 뼈는 해처럼 솟아났으며 턱은 모나고 이마는 넓었다. 도량이 큰데다 말소리가 우렁차 세상을 구제할 만한 역량을 갖추었다. 당시 신라의 세력이 쇠퇴함에 따라 도적떼가 다투어 일어났다. 견훤(甄萱)이 반란을 일으켜 남쪽 지방에 웅거해 후백제(後百濟)를 칭하였고 궁예(弓裔)는 고구려 땅에 터를 잡고 철원(鐵圓 : 지금의 강원도 철원군)에 도읍하고는 나라 이름을 태봉(泰封)이라고 했다. (『高麗史』 1 世家1 太祖1 太祖 總序)

고려　　　휘(諱)는 건(建)이며, 자(子)는 약천(若天)이요, 성은 왕씨(王氏)이다. 한주(漢州) 송악군(松嶽郡) 사람으로 금성태수(金城太守) 융(隆)의 맏아들이며, 어머니는 한씨(韓氏)이다. 당(唐) 나라 희종(僖宗) 건부(乾符) 4년, 신라 헌강왕 3년 정유(877) 정월 14일 병술에 태조를 송악 남쪽 사제(私第)에서 낳으니, 신비한 광채와 자줏빛 기운이 종일토록 방 안에 비치고 뜰에 가득히 서리고 둘러 있었는데 형상이 마치 교룡(蛟龍)과 같았다. 어려서부터 총명하였으며, 용모는 용안(龍顔)과 일각(日角)이며 턱이 풍만하고 이마가 넓었다. 기우(氣宇)와 도량이 크고 깊었으며, 목소리가 우렁차고 컸으며, 너그럽고 후하여 세상을 구제할 도량이 있었다. 왕위에 있은 지는 26년이고, 수(壽)는 67세였다. (『高麗史節要』 1 太祖神聖大王)

발해　　　2월 3일 을사일에 소외기(少外記) 정6위상 대춘일조신안명(大春日朝臣安名)과 전찬기연(前讚岐掾) 정8위하 점부련월웅(占部連月雄)을 존문발해사(存問渤海客使)로 삼고, 원지정(園池正) 정6위상 춘일조신댁성(春日朝臣宅成)을 통사(通事)로 삼았다. (『日本三代實錄』 30 陽成紀)

발해　　　2월 3일 을사일에 소외기 정6위상 대춘일조신안명과 전찬기연 정8위하 점부련월웅을 존문발해사로 삼고, 원지정 정6위상 춘일조신댁성을 통사로 삼았다. (『類聚國史』 194 殊俗部 渤海 下)

발해　　　(3월) 11일 임자일에 존문발해객사(存問渤海客使) 정6위상 행소외기(行少外記) 대춘일조신안명(大春日朝臣安名)과 전찬기연(前讚岐掾) 정8위하 점부련월웅(占部連月雄)으로 영객사(領客使)를 겸직케 하였다. (『日本三代實錄』 30 陽成紀)

발해　　　3월 11일 임자일에 존문발해객사 정6위상 행소외기 대춘일조신안명과 전찬기연 정8위하 점부련월웅으로 영객사를 겸직케 하였다. (『類聚國史』 194 殊俗部 渤海 下)

발해　　　(4월) 18일 기축일에 존문겸령발해객사(存問兼領渤海客使) 소외기(少外記) 대춘일조신안명(大春日朝臣安名) 등이 발해국왕의 계(啓)와 중대성(中臺省) 첩(牒)을 옮겨 적어 역마를 달려 아뢰었다. 계(啓)에 이르렀다. "현석(玄錫)은 계를 올립니다. 늦가을이라 날씨가 매우 쌀쌀합니다. 천황의 모든 일에 만복이 깃들기를 엎드려 바랍니다. 저 현석은 은혜를 입어 이에 양성규(楊成規) 등을 보내어 귀국(貴國)에 조공하여 조그마한 정성을 전달하였습니다. 예를 마치고 돌아와 쇄서(璽書)와 국신(國信)을 가지

련히 하여 기쁜 마음으로 받들어 받아 매우 감격하였습니다. 그 후년에 본국이 당에 보낸 상반검교관(相般檢校官) 문손재(門孫宰) 등이 탄 배 한 척이 풍랑으로 표류하다가 귀국의 해안에 도착하였는데, 천황께서 특별히 은혜로운 생각을 베푸시어 생명을 보존할 수 있었고 별도로 식량을 내리시고 높은 상을 받았습니다. 생명을 보존하여 모두 본국에 돌아오니, 이는 실로 좋은 이웃의 구원과 대접이 당시에 두터웠고 오래된 약속으로 인한 정과 친함을 오늘에 이르러 다시 만난 것이었습니다. 목을 길게 늘어뜨려 남쪽을 바라보며 엎드려 깊이 손뼉 치고 춤추니, 어찌 이에 목석처럼 침묵하며 깊은 은혜에 감사를 표하지 않을 수 있겠습니까. 또한 옛 기록을 살펴보니 오랫동안 귀국과 더불어 사신을 교환하여 왕래하고 배와 수레로 조공의 길을 닦았습니다. 이제 이에 길을 끊은 지 이미 여러 해가 지났습니다. 엎드려 생각하건대 예로써 왕래하는 것을 성인은 귀히 여기는 바이며, 의를 들으면 따르는 것이 군자는 으뜸으로 여기는 것인데, 어떻게 선조의 법규만을 오늘날에도 항상 받들고자 하겠으며, 아버지의 업을 이어받은 자식으로서 반드시 전에 닦던 것을 잇기만을 바라겠습니까. 간절한 정성을 이기지 못하여 조급히 12년을 기다리지 못하고 삼가 정당성(政堂省) 공목관(孔目官) 양중원(楊中遠)을 보내어 깊은 은혜에 감사드리게 하고 아울러 가객(嘉客)을 청합니다. 바라옵기는 천황께서 옛 법제를 널리 펴시어 옛 결실에 의하여 멀리 큰 은혜를 베푸시며 옛 조공의 길을 돌이켜 회복하시고, 큰 도를 닫지 않으시고 은혜로써 멀리서 온 사신을 가련하게 여기시어 예에 준하여 서울에 들어가게 하여 주시기를 바랍니다. 이 일을 이끌어 도와주시면 매우 다행하겠습니다. 큰 바다로 가로 막혀 직접 찾아뵙지 못하여 삼가 받들어 모든 일을 계(啓)하옵고, 이에 할 말을 다 못하고 삼가 계를 올립니다." 중대성(中臺省) 첩(牒)에서 말하였다. "발해국 중대성(中臺省)은 일본국 태정관에게 첩합니다. 귀국에 들어가 감사를 표하고 아울러 객을 청하는 사신 정당성 공목관 양중원 등 총 105인을 보내면서 첩하여 처분을 받듭니다. 구름 봉우리 만 리에 이르고 바다 파도 천 겹이지만, 우리가 선린을 유지하고 있으니 누가 길을 가로 막는다고 이르겠습니까. 일찍이 화호를 맺어 사신 보내는 기간을 어그러뜨림이 없이 선조의 규범을 존숭하여 오늘날에도 조공을 자주 하였으나, 옛 친분을 폐지하여 그대 나라가 모든 교류를 끊었습니다. 근래에는 오로지 사신 양성규 만이 귀국에 들어갔고, 그 후년에 본국에서 당에 가는 상반검교관(相般檢校官) 문손재(門孫宰) 등이 해안에 도착하여 천황께서 특별히 내린 배려로 아울러 큰 은혜를 입었습니다. 하물며 이미 긍휼하고 가련하게 여기는 돈독한 정을 받았으니 어찌 감사하는 즐거움이 없을 수 있겠습니까. 또한 전의 글을 받들어 살펴보고 우러러 옛 기록을 얻어 보니, 양국이 사신을 교류하는 것은 본래 그 유래가 있었습니다. 이제 다만 길이 끊어진 지가 매우 오래되었으므로, 오직 선례를 닦으려 하는 것만 생각하여 그 회복하는 것을 생각하지 못하고, 멀리서 왕래하는 발자취만을 감복하고 항상 간절히 바라는 생각이 많았습니다. 아버지의 업을 잇는 생각을 감히 떨어뜨리지 못하고 감격하여 우러러 바라는 마음의 지극함을 이기지 못하여 삼가 정당성 공목관 양중원을 보내어 귀국에 가서 은혜에 감사하도록 하고 아울러 가객(嘉客)을 청하도록 하였습니다. 마땅히 상(狀)에 준하여 첩을 일본국 태정관에게 올립니다. 삼가 첩에 있는 것을 기록하여, 삼가 첩합니다." (『日本三代實錄』 30 陽成紀)

발해　4월 8일 기축일에 존문겸령발해객사(存問兼領渤海客使) 소외기(少外記) 대춘일조신안명(大春日朝臣安名) 등이 발해국왕의 계(啓)와 중대성(中臺省) 첩(牒)을 옮겨 적어 역마를 달려 아뢰었다. 계(啓)에 이르렀다. (…) 중대성(中臺省) 첩(牒)에서 말하였다. (…) (『類聚國史』 194 殊俗部 渤海 下)

발해　　일본국태정관첩(日本國太政官牒) 발해국중대성(渤海國中臺省)
방환사은병청객사사(放還謝恩并請客使事) 정당성(政堂省)
공목관(孔目官) 양중원(楊中遠) 등 모두 105명
첩(牒)한다. 저 성에서 지난 해 9월 13일의 첩에서 이른 것을 얻었다. 얼마 전에 전사(專使) 양성규가 귀국(貴國)에 들어가 후년(後年)에 본국에서 당에 갈 때 반검교관(般撿挍官) 문소재(門孫宰) 등이 해안에 다다랐다. 천황이 특별히 연념(憐念)을 내려 아울러 대은을 입었다. 또한 삼가 전문(前文)을 찾아 고기(古記)를 알게 했다. 양쪽에서 삼가 정당성 공목관 양중원을 차출하여 사은을 펼쳤으나 가객(嘉客)은 폐백상자를 청하였다. 국가의 대체(大體)는 인(仁)을 숭상하고 그 다른 나라를 포용하는 것이다. 폭풍을 만나 댈 곳을 잃어 이 안(岸)에 표착한 자가 매년 2, 3이었다. 혹 상서(象胥)가 통하기 어렵고 오비(烏鄙)가 혹(惑)하기 쉬움이 동서를 불문(不問)함이 없고 특별히 마음을 써 어지럽다. 품미(稟米)를 전대나 자루에 넣고 이와 같이 보시(普施)하니 다시 구하지 말라. 하물며 발해는 대대로 선린(善隣)하고 우호의 깊음이 족히 괴(怪)함이 없으며 우리 덕(德)을 시기하지 않는다. 도리어 다른 사람이 앎을 두려워하여 번거롭게 거듭 사은하니 실로 원래의 뜻이 아니다. 거기에 더하여 1년을 연한으로 삼고 1년을 바쁘게 건너오니 전후의 문서는 중첩을 헤아려 깨우쳐라. 그리고 잠망(僭忘)의 심함은 서제(噬臍)를 알지 못하고 과보(過涉)의 흉(凶)은 파도의 산마루에 이르렀다. 또한 예전의 제도는 보사(報使)를 보내는 것을 정지하는 것이 수 십년간의 유례(流例)였다. 지금 온 첩(牒)을 읽어 보니 이 청이 구장(舊章)을 돈려(頓淚)함이 있어 어찌 신재(新齎)가 없겠는가. 다만 중원(中遠) 등이 할의풍지북사(割依風之北思) 감도해이남탈(甘蹈海以南脫) 청회계이혹행축사구이재로(廳灰鷄而或行逐沙鷗而在路) 파도가 침설(浸齧)하고 배가 도천(渡穿)하여 저 적심(赤心)을 돌아 보고 그 소의(素欸)를 기른다. 이에 명이 있는 바 우호에 힘쓰고 대뢰(大賚)의 과(科)는 이유를 따라 항전(恒典)으로 삼아라. 이것은 사연(事緣)이 일체(一切)이니 누가 통규(通規)라 하겠는가. 은혜는 비상(非常)으로 나오는 것이고 자주 익힘으로는 불가하다. 중원 등을 보내어 본국으로 돌려보낸다. 일은 반드시 해가 차서 전기(前期)에 따라 구호(舊好)를 닦고 다시 오라. 첩이 도달하면 장에 준(准)하라. 때문에 첩한다.
좌(左) 대변원조신(大辨源朝臣) 서원(舒元) 경원 6년 6월 18일 좌(左) 대사(大史) 산숙니덕미(山宿祢德美) 첩(牒) (『都氏文集』4)

발해　　(6월) 25일 갑오일에 발해국사(渤海國使) 양중원(楊中遠) 등이 출운국(出雲國)으로부터 그들 나라로 돌아갔다. 왕의 계(啓)와 신물(信物)은 받지 않고 돌려 보냈다. 대사 중원이 진완(珍翫)과 대모(玳瑁), 술잔 등을 천자에게 바치려 하였으나 모두 받지 않았다. 통사(通事) 원지정(園池正) 춘일조신택성(春日朝臣宅成)이 말하였다. “지난 번 당에 가서 진귀한 보물을 많이 보았지만 일찍이 이와 같이 기괴한 것은 보지 못하였다”고 하였다. 태정관이 선포하기를 “선황의 제(制)에는 12년을 내조(來朝)하는 기한으로 삼았는데, 저 나라 국왕이 이 제(制)를 어기고 사신을 보내었다. 무릇 그 은혜에 감사하고 사신을 청하는 등의 일은 문안을 여쭙는 날에 이미 마쳤으니, 이에 가지고 온 계(啓)와 신물(信物) 등은 다시 아뢰지 말도록 하라. 객인부(客人部)에서는 이 사실을 알고, 본국에 돌아갈 수 있도록 왕실의 물품과 식량을 내리고 향연을 베풀어 주도록 하라. 이에 알린다.” (『日本三代實錄』31 陽成紀)

발해　　6월 25일 갑오일에 발해국사(渤海國使) 양중원(楊中遠) 등이 출운국(出雲國)으로부터 그들 나라로 돌아갔다. 왕의 계(啓)와 신물(信物)은 받지 않고 돌려 보냈다. 대사 중원이 진완(珍翫)과 대모(玳瑁), 술잔 등을 천자에게 바치려 하였으나 모두 받지 않았다. 통사(通事) 원지정(園池正) 춘일조신택성(春日朝臣宅成)이 말하였다. “지난 번

당에 가서 진귀한 보물을 많이 보았지만 일찍이 이와 같이 기괴한 것은 보지 못하였다"고 하였다. 태정관이 선포하기를 "선황의 제(制)에는 12년을 내조(來朝)하는 기한으로 삼았는데, 저 나라 국왕이 이 제(制)를 어기고 사신을 보내었다. 무릇 그 은혜에 감사하고 사신을 청하는 등의 일은 문안을 여쭙는 날에 이미 마쳤으니, 이에 가지고 온 계(啓)와 신물(信物) 등은 다시 아뢰지 말도록 하라. 객인부(客人部)에서는 이 사실을 알고, 본국에 돌아갈 수 있도록 왕실의 물품과 식량을 내리고 향연을 베풀어 주도록 하라. 이에 알린다." (『類聚國史』 194 殊俗部 渤海 下)

백제 (12월 16일 임오일) 좌경인(右京人) 종5위하 행산성권개(行山城權介) 선련부사마(船連副使麿), 내장권소윤(內藏權少允) 정7위상 진숙녜보주(津宿禰補主), 주전윤(主殿允) 대초위하(大初位下) 갈정련직신(葛井連直臣) 등 3명에게 관야조신(菅野朝臣)의 성을 내렸다. 그 선조는 백제국 사람이다. (『日本三代實錄』 32 陽成紀)

백제 (12월 25일 신묘일) 우경인(右京人) 종5위하 행직부정(行織部正) 기조신변웅(紀朝臣開雄)에게 조신(朝臣)의 성을 내렸는데, 그 선조는 기각숙녜(紀角宿禰)의 후예이다. (…) 하내국(河內國) 안숙녜군인(安宿禰郡人) 외종5위하 행주세조(行主稅助) 백제숙녜(百濟宿禰) 유웅(有雄)의 본거(本居)를 고쳐 좌경3조(右京3條)에 속하게 하고, 산성국(山城國) 상락군인(相樂郡人) 외종5위하 행시의(行侍醫) 박인(狛人) 야궁성(野宮成)의 본거(本居)를 고쳐 우경5조(右京5條)에 속하게 하였다. (『日本三代實錄』 32 陽成紀)

878(戊戌/신라 헌강왕 4/발해 현석9/唐 乾符 5/日本 元慶 2)

신라 여름 4월에 당 희종(僖宗)이 사신을 보내 왕을 책봉하여 사지절(使持節) 개부의동삼사(開府儀同三司) 검교태위(檢校太尉) 대도독계림주제군사(大都督鷄林州諸軍事) 상주국(上柱國) 신라왕(新羅王)으로 삼았다. (『三國史記』 11 新羅本紀 11)

신라 여름 4월에 당에서 사신을 보내 왕을 책봉하여 사지절 개부의동삼사 검교태위 대도독계림주제군사 상주국 신라왕으로 삼았다. (『三國史節要』 13)

신라 (가을 7월) 13일 병오일에 조를 내려 대재권소이(大宰權少貳) 종5위하 등원조신(藤原朝臣) 중직(仲直)에게 경계하여 지키는 일을 겸하여 맡게 하였다. 지난 정관 11년(869) 좌근위(左近衛) 권소장(權少將) 겸 권소이(權少貳) 판상대숙녜롱수(坂上大宿禰瀧守)가 이 일을 행하였는데, 임기가 끝나 서울에 들어왔으므로 경계하는 일을 그만두었었다. 이제 이웃 나라 적이 틈을 엿본다는 점괘가 있었으므로 또한 그렇게 한 것이다. (…) (『日本三代實錄』 34 陽成紀)

신라 가을 7월에 사신을 보내 당에 조회하려다 황소(黃巢)의 난이 일어났다는 소식을 듣고 이에 그만두었다. (『三國史記』 11 新羅本紀 11)

신라 가을 7월에 사신을 보내 당에 조회하려다 황소(黃巢)의 난이 일어났다는 소식을 듣고 이에 그만두었다. (『三國史節要』 13)

신라 8월에 일본국 사신이 이르니, 왕이 조원전(朝元殿)에서 인견(引見)하였다. (『三國史記』 11 新羅本紀 11)

신라 8월에 일본국 사신이 이르니, 왕이 조원전에서 인견하였다. (『三國史節要』 13)

신라 (12월 11일 임신일) 이 날 대재소이(大宰少貳) 종5위하 도전조신충신(嶋田朝臣忠臣)

등이 아뢰었다. "강일궁(橿日宮)에서 '신라의 노략질하려는 선박이 우리 나라를 향하고자 한다'라는 신탁(神託)이 있었으므로 마땅히 방비해야 할 것입니다." 이로 인하여 종5위상 수형부대보(守刑部大輔) 홍도왕(弘道王)을 보내어 이세태신궁(伊勢太神宮)에 나아가 신의 도움을 청하도록 하였다. (…) (『日本三代實錄』 34 陽成紀)

신라 (12월) 20일 신사일에 종5위상 수민부대보(守民部大輔) 등원조신방웅(藤原朝臣房雄)을 대재권소이(大宰權少貳) 겸 좌근위권소장(左近衛權少將)으로 삼아 대재부에 나아가 전쟁을 경계하도록 하였다. (『日本三代實錄』 34 陽成紀)

신라 (12월) 24일 을유일에 병부(兵部) 소보(少輔) 종5위하 겸 행이세권개(行伊勢權介) 평조신계장(平朝臣季長)을 보내 대재부에 나아가도록 하여 강일(橿日)·팔번(八幡) 및 희신(姬神)·주길(住吉)·종형(宗形) 등의 대신(大神)에게 폐백을 바치도록 하였다. 그 강일·팔번·희신에게는 별도로 능라어의(綾羅御衣) 각각 1습(襲)과 금은으로 장식한 보검 각각 1자루씩을 바치도록 하였다. 대재부에서 아뢰었다. "신탁에는 '신라 흉적들이 우리의 틈을 엿보고 있다'라 하였고, 아울러 비후국(肥後國)에서는 큰 새들이 모여들고 하천의 물이 붉은 빛으로 변하는 변괴가 있었습니다." (『日本三代實錄』 34 陽成紀)

신라 건부제(乾符帝)가 헌강대왕의 즉위를 인정한 해(878)에 (임금께서는) 나라 안의 진언하고자 하는 것이 있는 사람들에게 이로움을 가져오고 해로움을 없앨 수 있는 계책을 올리게 하였는데 특별히 우리나라의 종이를 사용하여 말을 적게 하였다. 천자의 은혜를 입은 때문이었다. 나라에 이익을 주는 것이 무엇이냐는 물음에 대사는 하상지(何尙之)가 송(宋) 문제(文帝)에게 바친 말로써 대답하였다. 태부왕(太傅王)께서는 이것을 보시고 동생인 예부령(禮部令 : 南宮相)에게 말씀하시길 "삼외(三畏)는 불교의 삼귀의(三歸依)에 비교될 수 있고, 오상(五常)은 불교의 오계(五戒)와 비슷하다. 왕도(王道)를 잘 실천하는 것이 부처의 마음에 부합되는 것이다. 대사의 말이 옳은 것이다. 너와 나는 성실하고 부지런히 실천해야 할 것이다"라고 하셨다. (「聖住寺郞慧和尙白月葆光塔碑」)

신라 대사의 휘는 긍양(兢讓)이요, 속성은 왕씨(王氏)로 공주 출신이다. 할아버지의 이름은 숙장(淑長)이고, 아버지는 양길(亮吉)이니, 모두 인(仁)을 머리에 이고 의(義)를 실천하며 자신을 통달하려고 노력하였다. 덕(德)을 쌓으며 공덕을 풍부히 하였으므로, 그 음덕(蔭德)이 멀리 자손에까지 끼쳤다. 공무(公務)를 봉직함에는 사심(私心)없이 노력하였고, 청렴결백함은 비길 사람이 없었다. 그러므로 주리(州里)에서 장자(長者)라는 이름으로 존경하였고, 원근(遠近)에는 현인군자(賢人君子)라는 칭송이 자자하였다. 고조와 증조부 때부터 모두 군읍(郡邑)의 토호로서 집집마다 그를 모르는 사람이 거의 없었으니, 그들의 행적은 여기에 싣지 않는다. 어머니는 김씨니, 가정과 사회(社會)에 끼친 공이 그를 필적(匹敵)할 사람이 없을 뿐만 아니라, 부도(婦道)에 있어서도 규범(規範)이 있어 모범적인 주부였다. 머리를 잘라 팔아서 아들이 초대한 친구를 접대한 고사(故事)를 본받았으며, 맹자(孟子)의 어머니가 짜던 베틀의 씨실과 날실을 모두 잘라서 아들이 중단한 공부를 독려한 것과 같이 자녀를 교육하였다. 따라서 불법승 삼보를 신봉하고, 시부모에게도 극진히 효도하였다. 어느 날 밤에 별이 흘러 와서 품으로 들어오는 꿈을 꾸었는데, 그 크기가 독만하고 빛은 황금색으로 매우 윤택하였다. 이 같은 태몽으로 인하여 임신하였다. 그 후부터 고기와 오신채(五辛菜)는 일절 먹지 아니하고 부지런히 재계(齋戒)를 가지면서 계속 태교(胎

敎)에 정성을 다하였다. 만삭이 되어 탄생하니, 대사는 타고난 모습이 특이하고 신채(神彩)가 영기(英奇)하였다. 오색(五色)으로 찬란한 때때옷을 입을 때로부터 죽마(竹馬)를 타고 유희하는 나이에 이르러 비록 아이들과 장난을 하나, 마치 노성(老成)한 사람과 같이 음전하였다. 앉을 때에는 반드시 가부(跏趺)를 맺었고, 다닐 때에는 모름지기 합장하였다. 모래를 모아 불단(佛壇)을 만들고, 불상(佛像)을 모방하여 모시고는 향기로운 잎과 꽃을 따서 불전(佛前)에 공양을 올리곤 하였다. 글방에서 공부할 나이가 되어서는 날마다 경(經)을 수지 독송하였다. 시(詩)와 예(禮)는 이정(鯉庭)에서 배웠고, 강론(講論)은 전사(鱣肆)에서 들었다. 자못 절묘하게 뛰어난 세 가지 분야인 삼절(三絶)에 정통하여 그 이름이 모든 학파(學派), 곧 구류(九流)에 가득하였다. 어느 날 간절히 자모(慈母)와 엄부(嚴父)에게 입산수도할 수 있도록 허락을 청하였다. 본주(本州) 남혈원(南穴院)으로 가서 여해선사(如解禪師)를 은사로 하여 삭발하고 득도(得度)하였다. 그 곳에서 은사스님을 모시면서 뜻은 수도(修道)에 전념하였으니, 아침에 도(道)를 들으면 저녁에 죽어도 여한(餘恨)이 없다 하였다. 학문에 날로 정진하여 실로 그 공로(功勞)가 배증(倍增)하였으니, 누가 그의 수행이 부진하다 하겠는가. 망치로 종을 조금만 쳐도 마치 큰 독이 웅장하게 울리는 듯하였다. 이로부터 우주를 비추는 혁혁(赫赫)한 태양 빛과 같은 선종(禪宗)이 있는 줄 안 후에는 밤에만 반짝이는 별 빛과 같은 교종(敎宗)의 길을 단념하고 산문(山門)을 나와서는 심사방도(尋師訪道)하면서 사방(四方)의 중생을 지도하였고, 수행함에는 삼종익우(三種益友)를 선택하였다. (「鳳巖寺靜眞大師圓悟塔碑」)

879(己亥/신라 헌강왕 5/발해 현석10/唐 乾符 6/日本 元慶 3)

신라 최치원 (…) 건부 원년(874) 갑오에 예부시랑 배찬(裴瓚) 아래에서 한 번에 과거에 합격하였다. 당 황제가]선주(宣州) 율수현위(溧水縣尉)에 임명하였고(876), 근무 성적을 평가하여 승무랑(承務郞) 시어사내공봉(侍御史內供奉)로 삼았으며(879), 자금어대(紫金魚袋)를 하사하였다(882). (『三國史記』46 列傳 6 崔致遠)

신라 대사의 법휘는 현휘(玄暉)이고, 속성은 이씨(李氏)다. 그의 선조는 주조(周朝) 때 비덕(閟德)인 주하사(柱下史) 벼슬을 지낸 노자(老子)의 후손이었다. 영고현(榮苦縣)을 도망쳐 나왔는데, 인걸(人傑)은 지령(地靈)이라 하니, 마치 맹자(孟子)가 태어난 추향(鄒鄕)과 같았다. 하늘은 좋은 임금이 나타나 세상을 잘 다스리지 못함을 탄식한다고 하였으니, 공자(孔子)와 같은 사람이 아니면 이를 알 수가 있겠는가. 성당(聖唐)이 요동(遼東)을 원정(遠征)할 때 먼 조상이 종군(從軍)하여 여기까지 왔다가 고역(苦役)에 얽혀 되돌아가지 못하고 정착하였으니, 지금의 전주(全州) 남원(南原)이다. 아버지의 휘(諱)는 덕순(德順)이니, 특히 노자(老子)와 주역(周易)에 정통하였고, 거문고와 시(詩)를 좋아하였다. 백구(白駒)가 쓸쓸한 공곡(空谷)에 있는 것처럼 미처 재질(才質)이 알려지지 않아 조정의 부름을 받지 못하던 야인시절(野人時節)을 보냈으나, 학(鶴)이 울면 새끼는 보이지 않는 알 속에서 화명(和鳴)하여 부화할 때와 같이 명성(名聲)이 세상에 알려졌어도 벼슬에 나아가지 않고 더욱 고상하게 살았다. 어머니는 부씨(傅氏)니 잠깐 낮잠을 자며 꿈을 꾸었는데, 아내(阿孾)가 아들을 위하여 보시(布施)하는 것을 구마라다(鳩摩羅馱)가 감득(感得)한 상서(祥瑞)를 증명하는 것이고, 어머니에게 아들이 되게 모자(母子)의 인연을 맺게 해 달라고 간청한 것은 마치 학륵나존자(鶴勒那尊者)에게 나타내 보인 서상(瑞祥)과 같았으니, 이미 돌아간 현인(賢人)들의 상서가 모두 그러하였듯이 나 또한 그러하리라 하였다. 13개월 동안 모태 중에 있다가 건부(乾符) 6년 1월 1일 오시(午時)에 탄생하였다. 스님은 선천적으로 성자(聖姿)를 지니고 태어났으며, 어려서부터 아이들이 하는 장난은 하지 않았다. 불상이나 어른을 보면 합장(合掌)하고, 앉을 때는 가부좌(跏趺坐)를 맺고 앉으며, 땅과 담벽 등에는 불상(佛像)과 탑형(塔形)을 그렸다. 고기에 물을 먹여 살리고 벌레들에게는 먹이를 주어 구제하기도 하였다. 속가(俗家)에 살고 있는 것이 마치 소 발자국에 고인 적은 물에 사는 고기와 같아서 답답함을 느꼈으니, 넓고 깊은 망망대해에 놀고자 하여 진세(塵世)인 속가(俗家)를 버리고 입산(入山)할 것을 결심한 다음, 부모에게 허락해 주실 것을 간청하였다. 어버이는 창자를 자르는 듯한 아픔을 참고서 말하기를 "전일(前日)의 꿈을 생각하니 참으로 부처님과의 인연이 부합하는구나. 이미 숙세(宿世)부터 깊은 인연이었다고 생각하며 전세(前世)의 불연(佛緣)으로 나 또한 제도될 터이니, 갈 길을 너에게 맡기나 속히 불위(佛位)에 올라 삼계(三界)의 도사(導師)와 사생(四生)의 자부(慈父)되도록 하라"고 하였다.그리하여 스님은 영원히 진세(塵世)를 떠나 산을 찾고 고개를 넘어 동으로 길을 가다가 영각산사(靈覺山寺)에 이르게 되었다. 심광대사(深光大師)를 찾아 법문을 듣고 마음에 크게 얻은 바가 있었다. 심광대사가 말하되 "미루어 5조(祖)인 동산(東山)의 법통을 생각하고 마치 5조(祖)와 6조를 만나서 더욱 환희하였으니, 어찌 주야(晝夜)를 분간할 수 있었겠는가"라 말하고는, "앞으로 나의 도(道)를 천양(闡揚)함이 다른 사람이 아니고 바로 너에게 있다"고 하였다. 조종(祖宗)을 살펴보니 종엄(崇嚴)의 적자(嫡子)이며, 또한 마곡(麻谷)의 법손(法孫)으로서 족히 성도(聖道)를 알았으니, 그의 전(傳)한 바는 조계6조(曹溪六祖)를 존조(尊祖)로 하여 대대로 서로 마음이 계합하여 법경대사(法鏡大師)까지 이르렀다. 강서(江西)의 법통(法統)이 동국(東國)의 해우(海隅)까지 전파하여 옴에 성주사(聖住寺)의 무염회상(無染會上)은 천하에 비길 바가 없었다. 이에 그의 회하(會下)에서 진리를 탐구하도록 허락받았다. 그 후 부지런히 불교를 연마하여 사문(寺門) 밖으로 외출하지 않았으며 항상 초당(草堂)에 머물렀다. 심광대사(深光大師)께서는 나에게 실천을 강조하시고 분별하는 의론(議論)은 용납하지 아니하였으니 실로 후생가외(後生可畏)라고 이를만 함이로다. 그 후로부터 스님의 덕은 날로 새로워지니 숙세(宿世)부터 선근(善根)을 심고 선천적으로 영성(靈性)을 갖춘 사람이 아니면 그 누가 능히 이와 같은 경지(境地)에 이를 수 있으리오. (「淨土寺法鏡大師慈燈塔碑」)

백제 (봄 정월 7일 정유일) (…) 산위(散位) 화천수(和泉守) 백제왕 준총(俊聰) (…) 등에게 모두 종5위상을 내렸다. (…) (『日本三代實錄』35 陽成紀)

신라 봄 2월에 국학에 행차하여 박사 이하에게 명해 강론하게 하였다. (『三國史記』11 新羅本紀 11)

신라 봄 2월에 국학에 행차하여 박사 이하에게 명해 강론하게 하였다. (『三國史節要』13)

신라 3월에 나라 동쪽의 주군을 순행했는데, 어디에서 왔는지 알 수 없는 네 사람이 왕 앞에 나와 노래하고 춤을 추었다. 모습이 해괴하고 옷차림도 괴이하여 당시 사람들은 산과 바다의 정령들이라고 여겼다[고기(古記)에는 왕이 즉위한 원년의 일이라고 하였다]. (『三國史記』11 新羅本紀 11)

신라 3월에 왕이 학성(鶴城)에 나가 놀다가 돌아가다가 바다 가에 이르렀는데, 갑자기 구름과 안개가 자욱해져 길을 잃게 되었다. 해신에게 기도하니 날씨가 개였다. 인하야 이름을 개운포(開雲浦)라고 하였다. 이인(異人) 처용(處容)이라는 자가 있었는데, 기형궤복(奇形詭服)으로 왕 앞에 나아와 노래하고 춤추었다. 왕을 따라 서울로 들어오니 왕이 급간의 관작을 내렸다. 처용이 지나가면 려역(癘疫)이 모두 나아 나라 사람들이 그것을 신이하게 여겨 그 형태를 그려 문에 붙이니 심히 효과가 있었다. 겼다.

(『三國史節要』 13)

신라　이때에 (헌강)대왕이 개운포(開雲浦)[학성(鶴城)의 서남쪽에 있으며, 지금의 울주(蔚州)]에 나가 놀다가 바야흐로 돌아가려 했다. 낮에 물가에서 쉬는데 갑자기 구름과 안개가 자욱해져 길을 잃게 되었다. 왕은 괴이하게 여겨 좌우에게 물으니 일관(日官)이 아뢰기를, "이것은 동해 용의 조화이오니 마땅히 좋은 일을 행하시어 이를 풀어야 될 것입니다."라고 하였다. 이에 유사(有司)에게 칙명을 내려 용을 위해 그 근처에 절을 세우도록 했다. 왕령이 내려지자 구름이 개이고 안개가 흩어졌다. 이로 말미암아 개운포라고 이름하였다. 동해의 용은 기뻐하여 이에 일곱 아들을 거느리고 왕 앞에 나타나 왕의 덕을 찬양하여 춤을 추며 풍악을 연주하였다. 그 중 한 아들이 왕의 수레를 따라 서울로 들어와 정사를 도왔는데 이름은 처용(處容)이라 했다. 왕이 아름다운 여인을 처용에게 아내로 주어 그의 생각을 잡아두려 했으며 또한 급간의 벼슬을 내렸다. 그 처가 매우 아름다워 역신이 그녀를 흠모해 사람으로 변하여 밤에 그 집에 가서 몰래 함께 잤다. 처용이 밖에서 집에 돌아와 잠자리에 두 사람이 있는 것을 보고, 이에 노래를 부르고 춤을 추며 물러났다. 노래는 이렇다. "동경 밝은 달에 밤들어 노니다가 집에 들어와 자리를 보니 다리가 넷이러라 둘은 내 것이고 둘은 뉘 것인고 본디는 내 것이다마는 앗은 것을 어찌할꼬." 이때에 역신이 형체를 드러내어 처용 앞에 무릎을 꿇고 말하기를, "제가 공의 아내를 탐내어 지금 그녀를 범했습니다. 공이 이를 보고도 노여움을 나타내지 않으니 감동하여 아름답게 여기는 바입니다. 맹세코 지금 이후로는 공의 형용(形容)을 그린 것만 보아도 그 문에 들어가지 않겠습니다"라고 하였다. 이로 인해 나라 사람들(國人)이 처용의 형상을 문에 붙여서 사귀를 물리치고 경사를 맞아들이게 되었다. 왕이 서울에 돌아와 영취산(靈鷲山) 동쪽 기슭의 경치 좋은 곳에 절을 세우고 이름을 망해사(望海寺)라고 했는데, 또한 신방사(新房寺)라고도 이름하였으니 곧 용을 위해 세운 것이다. (『三國遺事』 2 紀異 2 處容郎 望海寺)

신라　(여름 4월 2일 신유일) 정관(貞觀) 12년(868) 9월 15일 신라인 5인을 무장국(武藏國)에 배치하였는데, 이 때 이르러 국사(國司)가 말하였다. "그 가운데 2명은 도망하여 어디에 있는지를 알 수 없습니다." 이에 태정관이 좌·우경과 5기(畿)·7도(道) 여러 나라에 명령을 내려 수색하도록 하였다. (…) (『日本三代實錄』 35 陽成紀)

신라　건부(乾符) 6년 기해년 5월 15일에 선방사(禪房寺)의 탑을 수리하고 안에 적는다. 불사리 23, 금 1푼쭝을 넣고, 은 15푼을 넣는다. 가장 첫째의 승려는 충심(忠心)이고, 다음은 지훤(志萱)이며 대백사(大伯士)는 임전(林典)과 도여(道如)이고, 유나(唯乃)는 지공(志空)이다. (「禪房寺塔誌」)

신라　여름 6월에 일길찬 신홍(信弘)이 반역하다 목베였다. (『三國史記』 11 新羅本紀 11)

신라　여름 6월에 일길찬 신홍(信弘)이 반역하다 목베였다. (『三國史節要』 13)

신라　드디어 건부(乾符) 6년에 장(莊) 12구(區)와 전(田) 500결(結)을 희사하여 절에 예속시키니, 밥을 두고 누가 밥주머니라고 조롱했던가. 죽도 능히 솥에 새겨졌도다. 양식에 힘입어 정토를 기약할 수 있게 되었다. 그런데 비록 내 땅이라 하더라도 임금의 영토 안에 있으므로, 비로소 왕손인 한찬(韓粲) 계종(繼宗)과 집사시랑(執事侍郎)인 김팔원(金八元), 김함희(金咸熙)에게 질의하여 정법사(正法司)의 대통(大統)인 석현량(釋玄亮)에게 미쳤는데, 심원한 곳에서 소리가 나 천리 밖에서 메아리치니, 태보(太傅)에 추증된 헌강대왕(獻康大王)께서 본보기로 여겨 그를 허락하시었다. (「鳳巖

寺智證大師寂照塔碑」)

신라　(건부 6년) 그 해 9월 남천군(南川郡)의 승통(僧統)인 훈필(訓弼)로 하여금 농장을 가리어 정장(正場)을 구획하도록 하였다. 이 모두가 밖으로는 군신이 땅을 늘리도록 도와주고, 안으로는 부모가 천계(天界)에 태어나도록 하는데 이바지한 것이다. 목숨을 이은 사람으로 하여금 인(仁)과 더불게 하고, 가기(歌妓)에게 후히 상을 준 사람으로 하여금 허물을 뉘우치도록 하였으니, 대사가 시주로서 희사한 것의 옳음이 셋째이다. 건혜(乾慧)의 경지에 있는 사람이 있었는데 심충(沈忠)이라고 하였다. 그는 대사의 이치를 분별하는 칼날이 선정과 지혜에 넉넉하고, 사물을 비추어 보는 거울이 천문과 지리를 환히 들여다 보며, 의지가 담란(曇蘭)처럼 확고하고 학술이 안름(安廩)과 같이 정밀하다는 말을 듣고, 찾아가 만나뵙는 예의를 표현한 뒤 아뢰기를, "제자에게 남아도는 땅이 있는데, 희양산 중턱에 있습니다. 봉암(鳳巖)·용곡(龍谷)으로 지경이 괴이하여 사람의 눈을 놀라게 하니, 바라건대 선사(禪寺)를 지으십시오." 하였다. 대사가 천천히 대답하기를, "내가 분신(分身)하지 못하거늘 어찌 이를 사용하겠는가" 라고 하였으나, 심충의 요청이 워낙 굳세고 게다가 산이 신령하여 갑옷 입은 기사를 전추(前騶)로 삼은 듯한 기이한 형상이 있었는지라, 곧 석장을 짚고 나뭇꾼이 다니는 좁은 길로 빨리 가서 두루 살피었다. 산이 사방에 병풍같이 둘러막고 있음을 보니, 붉은 봉황의 날개가 구름 속에 치켜 올라가는 듯하고 물이 백 겹으로 띠처럼 두른 것을 보니, 이무기가 허리를 돌에 대고 누운 것 같았다. 그 자리에서 놀라 감탄하며 말하기를, "이 땅을 얻음이 어찌 하늘의 돌보심이 아니겠는가. 승려의 거처가 되지 않는다면 도적의 소굴이 될 것이다"라고 하였다. 마침내 대중에 솔선하여 후환에 대한 방비를 기본으로 삼았는데, 기와로 인 처마가 사방으로 이어지도록 일으켜 지세를 진압케 하고, 쇠로 만든 불상 2구를 주조하여 절을 호위하도록 하였다. (「鳳巖寺智證大師寂照塔碑」)

신라　겨울 10월에 준례문(遵禮門)에 나가 활쏘는 것을 보았다. (『三國史記』 11 新羅本紀 11)

신라　겨울 10월에 준례문에 나가 활쏘는 것을 보았다. (『三國史節要』 13)

백제　(11월) 25일 경진일에 (…) 산위(散位) 정6위상 (…) 우마대윤(右馬大允) 백제왕 교융(教隆) (…) 등에게 모두 종5위하를 주었다. (『日本三代實錄』 36 陽成紀)

신라　11월에 혈성(穴城)의 들에서 사냥하였다. (『三國史記』 11 新羅本紀 11)

신라　11월에 혈성의 들에서 사냥하였다. (『三國史節要』 13)

신라　최치원 (…) 건부 원년(874) 갑오에 예부시랑 배찬(裴瓚) 아래에서 한 번에 과거에 합격하였다. [당 황제가] 선주(宣州) 율수현위(溧水縣尉)에 임명하였고(876), 근무 성적을 평가하여 승무랑(承務郎) 시어사내공봉(侍御史內供奉)로 삼았으며(879), 자금어대(紫金魚袋)를 하사하였다(882). (『三國史記』 46 列傳 6 崔致遠)

신라　최치원 (…) 그때 황소(黃巢)가 반란을 일으키자 고병(高駢)이 제도행영병마도통(諸道行營兵馬都統)이 되어 이를 토벌하였는데, 치원을 추천하여 종사관을 삼고, 서기의 임무를 맡겼다. 그가 지은 표(表)·장(狀)·서(書)·계(啓)가 지금까지 전한다. (『三國史記』 46 列傳 6 崔致遠)

신라　[건부 연초(乾符年初 : 874~879) 송악군(松岳郡)에 여단월(女檀越)인] 원창왕후(元昌

王后)와 그의 아들 위무대왕(威武大王)이 함께 오관산(五冠山) 용엄사(龍嚴寺)를 헌납하므로 그 뜻을 받아들여, 가서 주석(住錫)하게 되었으니[지금은 서운사(瑞雲寺)로 개칭(改稱)하였다.] 그 후로 절은 국내에서 가장 수승한 도량이 되었다. 그 중간(中間) (결락) 건부연중(乾符年中)에 절을 확장 중수하려 하였으나, 지대가 궁벽하고 비좁기에 그 곳에서 1리 쯤 떨어진 곳에 길상지지(吉祥之地)를 잡고 구롱[丘隴(둔덕)]을 평지(平地)로 만들고 (결락) 경문대왕(景文大王)이 여러 차례에 걸쳐 어서(御書)를 내려 공경하는 마음으로 첨앙(瞻仰)하였다. (결락) 헌강대왕(獻康大王)도 친히 법화(法化)를 받고 항상 존숭하였으니, 마치 가섭마등(迦葉摩登)이 낙양(洛陽)에 들어오던 때와 강승회(康僧會)가 오(吳)나라에 가던 날과 같았다. 스님의 왕과의 만남은 실로 저들마저도 부끄러워할 정도였다. 밝게 빛나기는 일월(日月)과 더불어 빛을 다툴 정도로 크게 은광(恩光)을 베풀었다. 이와 같이 임금의 추앙을 받음이 고금(古今)을 통해 필적할 만한 스님이 없었다. (「瑞雲寺了悟和尙碑」)

신라 대사는 날 때부터 수승한 상호를 타고 났으며, 어려서부터 함부로 아이들과 사귀지 않았고, 배움에 뜻을 둘 나이에 이르러서는 그윽이 집을 떠나 입산할 생각이 간절하였다. 이 때 눈물을 흘리면서 양친에게 고하기를 "세속을 버리고 불문(佛門)에 투신할 마음이 간절합니다"하였으나, (결락) 부모는 그 뜻을 받아들이지 않고, 지유휘(志維諱) (결락) 爲山, 莫恒 (결락) 드디어 비스듬히 기로(岐路)를 밟아 장흥 보림사에 가서 보조체징선사(普照體澄禪師)를 친견하였다. 법을 받아 이었으니, 진전사(陳田寺) 도의(道義)선사의 손자에 해당한다. 체징선사가 "처음 보는 순간 비록 초면이지만 문득 오래전부터 서로 잘 아는 것 같다"하고, "옛날 서로 이별한 지 오래전이거늘 어찌 그리 늦었는가"하며 입실(入室)을 허락하였다. (결락) 우자(于玆) 경(敬) (결락) 선종(禪宗) (결락) 석자(釋子) (결락) 구의사미(救蟻沙彌)보다 더하였다. 그로부터 부지런히 정진하여 항상 스님의 좌우를 떠나지 아니하였다. (「無爲寺先覺大師遍光塔碑」)

880(庚子/신라 헌강왕 6/발해 현석11/唐 廣明 1/日本 元慶 4)

신라 봄 2월에 태백성이 달을 침범하였다. (『三國史記』 11 新羅本紀 11)

신라 봄 2월에 태백성이 달을 침범하였다. (『三國史節要』 13)

신라 (봄 2월) 시중 예겸(乂謙)이 물러나자 이찬 민공(敏恭)이 시중이 되었다. (『三國史記』 11 新羅本紀 11)

신라 (봄 2월) 시중 예겸이 물러나자 이찬 민공(敏恭)으로 그를 대신하게 하였다. (『三國史節要』 13)

신라 광명(廣明) 원년 3월 9일에 여러 제자에게 고하기를 "나는 금생의 보업(報業)을 다하여 죽음의 조짐이 있구나. 너희들은 마땅히 법을 잘 지키고 게으름에 빠지지 말라" 하였다. 4월 중순 12일에 이르러 천둥 번개가 유시부터 술시까지 온 산에 울리고 13일 밤 자시에 상방(上房)의 땅이 흔들리더니 하늘이 밝아오자 오른 쪽 옆구리로 누워 임종하니 향년 77세요, 승랍 52년이었다. 이에 제자 영혜(英惠), 청환(淸奐) 등 800여 인은 의리가 어버이를 잃은 듯 깊고 정은 하늘과 땅에 닿아 추모하여 울부짖으니 그 소리가 계곡을 울렸다. 그 달 14일 왕산(王山) 송대(松臺)에 장사지내고 탑을 쌓아 안치하였다. 오호라, 선사의 이름은 여기에 남았으나 혼백은 어디로 갔는고. 생명은 오탁(五濁)을 떠나 18공(空)을 뛰어 넘어 기꺼이 적멸하여 돌아오지 않고 법림(法林)을 남겨 길이 빼어나니, 어찌 사계(沙界)에서 생령을 제도했을 뿐이겠는가 실로 또한 삼한에서 성조의 교화를 도운 것이다. 『예기(禮記)』에 이르기를 "별자(別子)가 조(祖)가 된다." 하였는데, 강성(康成)이 주를 붙이기를 "그대가 만약 처음으로 이 나라에 왔다면 후세에서 조(祖)로 생각하였을 것이다."라고 하였다. 그러므로 달마는 당의 제1조가 되었고 우리나라는 곧 도의대사(道儀大師)를 제1조, 염거선사(廉居禪師)를 제2조로 삼고 우리 스님을 제3조로 한다. (「寶林寺普照禪師彰聖塔碑」)

신라 (5월) 23일 병자일에 비후수(肥後守) 종5위상 등원조신(藤原朝臣) 방웅(房雄)에게 정5위하를 제수했다. 이에 앞서 서국(西國)에 떠도는 말이 있었는데, "신라 흉적이 장차 침입해 온다"는 것이었다. 조정에서 의논하여 좌근위소장(左近衛少將) 판상대숙녜롱수(坂上大宿禰瀧守)로써 대재소이(大宰少貳)를 겸하게 하고, 대재부를 향해 출발하던 날에 그를 따르는 근위병 여러 명을 내려 주었다. 농수(瀧守)는 소이(少貳)의 임기가 차자 방웅으로써 대신하게 하였다. 부(府)에 도착한 후에 떠도는 말이 잠잠해지지 않고 그를 따르는 근위병이 포악한 짓을 많이 일삼았는데, 그 우두머리인 좌근위(左近衛) 채녀(采女) 익계(益繼)의 교활함이 더욱 심하였으므로 방웅이 그를 죽였다. 경계가 엄하지 아니하여 민간에 뜬소문이 간간히 나타났으므로 방웅을 비후수(肥後守)로 삼고 그 소이(少貳)의 관직을 그만두게 하였다. 이제 관계(官階)를 올려 주어 그 마음을 위로하였다. (『日本三代實錄』 37 陽成紀)

백제 (8월) 29일 경술일에 하야국(下野國) 종5위하 삼화신(三和神)에게 정5위상을 제수하고 하내국(河內國) 비조호신사(飛鳥戶神社)에 전(田) 1정(町)을 내려 봄·가을 제사의 비용에 충당하게 하였다. 이는 씨인(氏人)인 주세조(主稅助) 외종5위하(外從5位下) 백제숙녜유웅(百濟宿禰有雄)과 주전권윤(主殿權允) 정6위상 어춘조신유세(御春朝臣有世) 등의 청에 의한 것이다. (『日本三代實錄』 38 陽成紀)

신라 가을 8월에 웅주에서 상서로운 벼이삭을 올렸다. (『三國史記』 11 新羅本紀 11)

신라 가을 8월에 웅주에서 상서로운 벼이삭을 올렸다. (『三國史節要』 13)

신라 9월 9일에 왕이 좌우 신하들과 함께 월상루에 올라 사방을 둘러보니, 서울의 민가들이 즐비하고 노래와 음악 소리가 그치지 않았다. 왕이 시중 민공을 돌아보고 이르기를 "내가 듣건대, 지금 민간에서 집을 기와로 덮고 띠 풀로 지붕을 이지 않는다 하고, 밥을 숯으로 짓고 땔나무를 쓰지 않는다 하는데 과연 그러한가."라고 하였다. 민공이 대답하기를 "신 또한 일찍이 그와 같은 이야기를 들었습니다."라고 하고, 이어 아뢰기를 "왕이 즉위한 이래 음양이 조화롭고 비바람이 순조로워 해마다 풍년이 들어 백성들은 먹을 것이 풍족하고, 변방 지역은 잠잠하여 민간에서는 기뻐하고 즐거워하니, 이는 전하의 어진 덕이 불러들인 바이옵니다."라고 하였다. 왕이 기뻐하며 말하기를 "이는 그대들의 보좌에 힘입은 것이지 내게 무슨 덕이 있겠는가."라고 하였다. (『三國史記』 11 新羅本紀 11)

신라 9월에 왕이 좌우 신하들과 함께 월상루에 올라 도성 아래를 보니, 집들이 즐비하고 노래와 음악 소리가 그치지 않았다. 왕이 시중 민공을 돌아보고 이르기를 "내가 듣건대, 지금 민간에서 집을 기와로 덮고 띠풀로 지붕을 이지 않는다 하고, 밥을 숯으로 짓고 땔나무를 쓰지 않는다 하는데 과연 그러한가."라고 하였다. 민공이 대답하기를 "신 또한 일찍이 그와 같은 이야기를 들었습니다."라고 하고, 이어 아뢰기를 "왕이 즉위한 이래 음양이 조화롭고 비바람이 순조로워 해마다 풍년이 들어 백성들은 먹을 것이 풍족하고, 변방 지역은 잠잠하여 민간에서는 기뻐하고 즐거워하니, 이는 모두 성덕(聖德)이 불러들인 바이옵니다."라고 하였다. 왕이 기뻐하며 말하기를

"이는 그대들의 보좌에 힘입은 것이지 내게 무슨 덕이 있겠는가."라고 하였다. (『三國史節要』 13)

신라 봄에는 동야택(東野宅)이요, 여름에는 곡량택(谷良宅)이요, 가을은 구지택(仇知宅)이요, 겨울은 가이택(加伊宅)이다. 제49대 헌강대왕(憲康大王) 때에는 성 안에 초가집이 하나도 없었으며 추녀가 맞붙고 담장이 이어져 있어서 노래와 풍류소리가 길에 가득 차 밤낮 그치지 않았다. (『三國遺事』 1 紀異 1 又四節遊宅)

신라 49대 헌강대왕(憲康大王) 때는 경사(京師)에서 해내(海內)에 이르기까지 집과 담장이 연이어져 있었으며, 초가집은 하나도 없었다. 풍악과 노래 소리가 길에 끊이지 않았고, 바람과 비는 철마다 순조로웠다. (『三國遺事』 2 紀異 2 處容郎 望海寺)

신라 신라의 전성시대에 서울 안 호수가 178,936호(戶)에 1,360방(坊)이요, 주위가 55리(里)였다. 서른다섯 개 금입택(金入宅)[부잣집 큰 저택을 말한다.]이 있었으니 남택(南宅)·북택(北宅)·우비소택(亏比所宅)·본피택(本披宅)·양택(梁宅)·지상택(池上宅)[본피부]·재매정택(財買井宅)[김유신(庾信)공의 조상집(祖宗)]·북유택(北維宅)·남유택(南維宅)[반향사(反香寺) 하방(下坊)]·대택(隊宅)·빈지택(賓支宅)[반향사 북쪽]·장사택(長沙宅)·상앵택(上櫻宅)·하앵택(下櫻宅)·수망택(水望宅)·천택(泉宅)·양상택(楊上宅)[양부의 남쪽]·한기택(漢岐宅)[법류사(法流寺) 남쪽]·비혈택(鼻穴宅) [위와 같다]·판적택(板積宅)[분황사(芬皇寺) 상방(上坊)]·별교택(別敎宅)[개천 북쪽]·아남택(衙南宅)·김양종택(金楊宗宅)[양관사(梁官寺) 남쪽]·곡수택(曲水宅)[개천 북쪽]·유야택(柳也宅)·사하택(寺下宅)·사량택(沙梁宅)·정상택(井上宅)·이남택(里南宅)[우소택(于所宅)]·사내곡택(思內曲宅)·지택(池宅)·사상택(寺上宅)[대숙택(大宿宅)]·임상택(林上宅)[청룡(靑龍)이란 절(寺) 동쪽이니, 못이 있다.]·교남택(橋南宅)·항질택(巷叱宅)[본피부]·누상택(樓上宅)·이상택(里上宅)·명남택(椧南宅)·정하택(井下宅)이다. (『三國遺事』 1 紀異 1 辰韓)

신라 광명 원년 겨울 10월 21일 아침에 (마멸), "이제 법의 인연이 다 되었다. 너희는 힘써 도를 지키라"하고, 그날 자연스레 입적하니 (마멸) 법랍이 50세였다. 아 살아서는 세속을 구제하더니 죽어서는 멸함을 보이는 구나. 임금께서 (마멸) 애도하고 만백성이 슬퍼하였으며, 인동초가 시들고 자애로운 눈발이 처절하였다. (마멸) 무리들이 추모하는 슬픔을 못 이기니, 제자 범룡과 사의 등이 매우 슬퍼하였다. (마멸) 임금은 중관을 명하여 시각을 다투도록 하였다. (「禪林院址弘覺禪師碑」)

백제 (10월) 20일 경자일에 칙을 내려 대화국(大和國) 십시군(十市郡) 백제천변(百濟川邊)의 전(田) 1정(町) 7단(段) 160보(步)와 고시군(高市郡) 야부촌(夜部村)의 전 10정 7단 250보를 대안사(大安寺)에 돌이켜 속하도록 하였다. 이에 앞서 그 절의 삼강(三綱)이 첩(牒(을 올려 말하였다. "옛날 성덕태자(聖德太子)가 창건한 평군군(平群郡) 웅응도량(熊凝道場)을 비조강본천황(飛鳥岡本天皇:舒明天皇)이 십시군 백제천변으로 옮겨 짓고, 300호를 시주하여 봉하고 백제대사(百濟大寺)라고 이름하였습니다. 자부(子部)의 대신(大神)이 절 가까이에 있었는데 이를 자주 원망하여 절의 당(堂)과 탑(塔)을 불살랐으므로, 천무천황(天武天皇)이 고시군 액부촌(夜部村)으로 옮겨 세워 고시대관사(高市大官寺)라고 이름하고 700호를 시주하여 봉하였습니다. 화동(和銅) 원년(708)에는 평성(平城)으로 천도하고, 성무천황(聖武天皇:724~749)께서 조를 내려 율사(律師) 도자(道慈)를 맞이하여 평성으로 옮겨 짓게 하고 대안사라 이름하였던 것입니다. 이제 두 곳의 옛터를 살펴 보건대 습지는 거두어 공전(公田)이 되었고 높고 메마른 땅은 백성이 거주하고 있으니, 사실에 의거하여 사가전(寺家田)으로 돌이켜 주시기를 청합니다." 이에 따랐다. (『日本三代實錄』 38 陽成紀)

신라 당(唐)이 무공(武功)으로 (黃巢의) 난을 평정하고 연호를 '문덕(文德)'으로 고친 해(888) 11월 17일 해가 질 무렵, 신라의 두 임금에 걸쳐서 국사(國師)를 지내셨던 선승(禪僧) (朗慧)화상(和尙)께서 목욕을 마치신 후 가부좌를 하신 채 돌아가셨다. 나라 안의 사람들이 슬퍼함이 마치 두 눈을 잃을 정도로 심하였는데 하물며 그 문하의 제자들의 심정은 어떠했겠는가. 아아. 이 땅에 태어나신 지 89년이 되었고, 승복을 입으신 지는 65년이 되었다. 돌아가신지 3일이 지나도 자리에 단정히 앉은 그대로였고, 얼굴 모습도 살아 계신 것 같았다. 문인(門人)인 순예(詢乂) 등이 소리내어 울며 유체(遺體)를 받들어 선실(禪室)에 임시로 모셔 두었다. 임금께서 이 소식을 들으시고 크게 슬퍼하시며 사자(使者)를 보내어 글월로 조문(弔問)하시고, 곡식으로 부의(賻儀)하여 (葬禮의) 공양(供養)에 보탬으로써 죽은 분의 명복(冥福)을 빌고자 하셨다. (「聖住寺郎慧和尙白月葆光塔碑」)

신라 광명 원년에 비로소 계(戒)를 받고, 그 후 하안거(夏安居)를 하면서 초계비구(草繫比丘)와 같이 굳게 계(戒)를 지켰다. 그러나 마침내 교종이 최상승의 진실이 아님을 깨닫고, 드디어 마음을 현경으로 기울이고 눈을 보림사로 돌렸다. 이 때부터 서쪽을 향하여 숭엄산를 바라보다가 멀리 보령 성주사에 선지식이 있다는 소문을 듣고 곧바로 행장을 정돈하여 달려가서 친견하니, 광종대사가 스님으로부터 뜻하는 바를 자세히 듣고 허락하여 입실(入室)시켰다. (「菩提寺大鏡大師塔碑」)

881(辛丑/신라 헌강왕 7/발해 현석12/唐 廣明 2 中和 1/日本 元慶 5)

신라 봄 3월에 여러 신하와 임해전에서 잔치를 베풀었다. 술이 무르익자 왕은 거문고를 두드리고 좌우에서는 각각 노래와 시를 올리면서 마음껏 즐기고서 파하였다. (『三國史記』 11 新羅本紀 11)

신라 봄 3월에 여러 신하와 임해전에서 잔치를 베풀었다. 왕은 술이 무르익자 거문고를 두드리고 좌우에서는 각각 노래와 시를 올리면서 마음껏 즐기고서 파하였다. (『三國史節要』 13)

신라 광명 2년 7월 8일에, 제도도통검교태위(諸道都統檢校太尉)아모(我某)는 황소(黃巢)에게 고한다. 대범 바른 것을 지키고 떳떳함을 행하는 것을 도(道)라 하는 것이요, 위험한 때를 당하여 변통할 줄을 아는 것을 권(權)이라 한다. 지혜 있는 이는 시기에 순응하는 데서 성공하게 되고, 어리석은 자는 이치를 거스리는 데서 패하게 되는 것이다. 비록 백 년(百年)의 생명에 죽고 사는 것은 기약할 수가 없는 것이나, 만사(萬事)는 마음이 주장된 것이매, 옳고 그른 것은 가히 분별할 수가 있는 것이다. 이제 내가 왕사(王師)를 거느려 정벌(征伐)이 있으나 싸움은 없는 것이요, 군정(軍政)은 은덕을 앞세우고 베어죽이는 것을 뒤에 하는 것이다. 앞으로 상경(上京)을 회복하고 큰 신의(信義)를 펴려 하매 공경하게 임금의 명을 받들어서 간사한 꾀를 부수려 한다. 또는 네가 본시 먼 시골의 백성으로 갑자기 억센 도적이 되어 우연히 시세를 타고 문득 감히 강상(綱常)을 어지럽게 하였다. 드디어 불칙한 마음을 가지고 높은 자리를 노려보며 도성을 침노하고 궁궐을 더럽혔으니, 이미 죄는 하늘에 닿을 만큼 극도로 되었으니, 반드시 크게 패하여 망할 것이다. 아, 요순(堯舜) 때로부터 내려오면서 묘(苗)나 호(扈) 따위가 복종하지 아니하였으니, 양심 없는 무리와 불의불충(不義不忠)한 너 같은 무리의 하는 짓이 어느 시대인들 없었겠나. 먼 옛적에 유요(劉曜)와 왕돈(王敦)이가 진(晋) 나라를 엿보았고, 가까운 시대에는 녹산(祿山)과 주자(朱泚)가 황가(皇家 당 나라)를 향하여 개 짖듯 하였다. 그것들은 모두 손에 강성한 병권도 잡았고, 또는 몸이 중요한 지위에 있었었다. 호령만 떨어지면 우레와 번개가 달리듯 하고, 시끄럽게 떠들면 안개나 연기처럼 깜깜하게 막히게 된다. 그러나 오히려 잠깐 동안 못된 짓을 하다가 필경에는 더러운 종자들이 섬멸되었다. 햇빛이 활짝 펴니 어찌 요망한 기운을 그대로 두겠으며, 하늘의 그물이 높이 베풀어져서 반드시 흉한 족속들은 없애고 마는 것이다. 하물며 너는 평민의 천한 것으로 태어났고, 농민으로 일어나서 불지르고 겁탈하는 것을 좋은 꾀라 하며, 살상(殺傷)하는 것을 급한 임무로 생각하여 헤아릴 수 없는 큰 죄만 있고, 속죄될 조그마한 착함은 없었으니, 천하 사람들이 모두 너를 죽이려고 생각할 뿐만 아니라 아마도 땅 가운데 귀신까지 가만히 베어 죽이려고 의론하리라. 비록 잠깐 동안 숨이 붙어 있으나, 벌써 정신이 죽었고, 넋이 빠졌으리라. 대범 사람의 일이란 것은 제가 저를 아는 것이 제일이다. 내가 헛말을 하는 것이 아니니, 너는 모름지기 살펴 들으라. 요즈음 우리 국가에서 덕이 깊어 더러운 것도 참아주고 은혜가 중하여 결점을 따지지 아니하여 너에게 장령(將領)으로 임명하고 너에게 지방 병권(兵權)을 주었거늘 너는 오히려 짐새[鴆]와 같은 독심만을 품고 올빼미의 소리를 거두지 아니하여 움직이면 사람을 물어 뜯고 하는 짓이 개[犬]가 주인 짖듯하여 필경에는 몸이 임금의 덕화를 등지고 군사가 궁궐에까지 몰려들어 공후(公侯)들은 위태로운 길로 달아나고 임금의 행차는 먼 지방으로 떠나게 되었다. 너는 일찍 덕의(德義)에 돌아올 줄을 알지 못하고 다만 완악하고 흉악한 짓만 늘어간다. 이에 임금께서는 너에게 죄를 용서하는 은혜가 있었는데, 너는 국가에 은혜를 저버린 죄가 있다. 반드시 얼마 아니면 죽고 망하게 될 것이니, 어찌 하늘을 무서워하지 아니하는가. 하물며 주(周) 나라 솥[鼎]은 물어볼 것이 아니요. 한(漢) 나라 궁궐이 어찌 너 같은 자가 머물 곳이랴. 너의 생각은 마침내 어떻게 하려는 것이냐. 너는 듣지 못하였느냐. 『도덕경(道德經)』에 이르기를, "회오리바람은 하루 아침을 가지 못하는 것이요. 소낙비는 하루 동안을 채우지 못한다." 하였으니 천지도 오히려 오래가지 못하거늘 하물며 사람이랴. 또 듣지 못하였느냐. 『춘추전(春秋傳)』에 이르기를, "하늘이 잠깐 나쁜 자를 도와주는 것은 복이 되게 하려는 것이 아니라 그의 흉악함을 쌓게 하여 벌을 내리려는 것이다." 하였으니, 이제 너는 간사한 것도 감추고 사나운 것을 숨겨서 악이 쌓이고 앙화[禍]가 가득하였는데도 위험한 것으로 스스로 편케 여기고 미혹하여 뉘우칠 줄 모르니, 옛말에 이른바 제비가 막(幕) 위에다 집을 지어 놓고 불이 막을 태우는데도 방자히 날아드는 거나 물고기가 솥[鼎] 속에서 너울거린들 바로 삶아 데인 꼴을 보는 격이다. 나는 웅장한 군략(軍略)을 가지고 여러 군대를 모았으니, 날랜 장수는 구름같이 날아 들고 용맹스러운 군사들은 비 쏟아지듯 모여 들어 높고 큰 깃발은 초새(楚塞)의 바람을 에워싸고 군함은 오강(吳江)의 물결을 막아 끊었다. 진(晉) 나라 도 태위(陶太尉)는 적을 부수는데 날래었고, 수(隋) 나라 양소(楊素)는 엄숙함이 신(神)이라 일컬었다. 널리 팔방을 돌아보고 거침없이 만리(萬里)에 횡행(橫行)하였다. 맹렬한 불이 기러기 털을 태우는 것과 같고 태산(泰山)을 높이 들어 참새알을 눌러 깨는 것과 무엇이 다르랴. 서늘 바람 나는 가을에 강에 물귀신이 우리 군사를 맞이한다. 서풍이 불어 숙살(肅殺)하는 위엄을 도와주고 새벽 이슬은 답답한 기운을 상쾌하게 하여준다. 파도도 일지 않고 도로도 통하였으니, 석두성(石頭城)에서 뱃줄을 풀매 손권(孫權)이 뒤에서 호위하고 현산(峴山)에 돛을 내리매 두예(杜預)가 앞장선다. 경도(京都)를 수복하는 것이 열흘이나 한 달 동안이면 기필할 수 있을 것이다. 다만 살리기를 좋아하고 죽임을 싫어하는 것은 상제(上帝)의 깊으신 인자(仁慈)함이요 법을 굴하여 은혜를 펴려는 것은 큰 조정의 어진 제도다. 나라의 도적을 정복하는 이는 사사로운 분(忿)을 생각지 않는 것이요, 어둔 길에 헤매는 자를 일깨우는 데는 진실로 바른 말을 하여 주어야 한다. 나의 한 장 편지로써 너의 거꾸로 매달린 듯한 다급한 것을 풀어주려는 것이니, 고집을 하지 말고 일의 기회를 잘 알아서 스스로 계책을 잘하여 허물짓다가도 고치라. 만일 땅을 떼어 봉해 줌을 원한다면, 나라를 세우고 집을 계승하여 몸과 머리가 두 동강으로 되는 것을 면하며, 공명(功名)의 높음을 얻을 것이다. 겉으로 한 도당(徒黨)의 말을 믿지 말고 영화로움을 후손에까지 전할 것이다. 이는 아녀자(兒女子)의 알바가 아니라, 실로 대장부의 일인 것이다. 일찍이 회보(回報)하여 의심둘 것 없나니라. 나의 명령은 천자를 머리에 이고 있고, 믿음은 강물에 맹세하여 반드시 말이 떨어지면 그대로 하는 것이요, 원망만 깊게 하지는 않을 것이다. 만일 미쳐 덤비는 도당에 견제(牽制)되어 취한 잠이 깨지 못하고 여전히 당랑(螳螂)이 수레바퀴를 항거하기를 고집한다면, 그제는 곰을 잡고 표범을 잡는 군사로 한 번 휘둘러 없애버릴 것이니, 까마귀처럼 모여 소리개같이 덤비던 군중은 사방으로 흩어져 도망갈 것이다. 몸은 도끼에 기름 바르게 될 것이요, 뼈는 융거(戎車 군용차(軍用車)) 밑에 가루가 되며, 처자도 잡혀 죽으려니와 종족들도 베임을 당할 것이다. 생각하건대, 동탁(董卓)의 배를 불로 태울 때에 반드시 후회하여도 때는 늦으리라. 너는 모름지기 진퇴(進退)를 참작하고 잘된 일인가 못된 일인가 분별하라. 배반하여 멸망되기보다 어찌 귀순하여 영화롭게 됨과 같으랴. 다만 바라는 것은 반드시 그렇게 하라. 장사(壯士)의 하는 짓을 택하여 갑자기 변할 것을 결정할 것이요, 어리석은 사람의 생각으로 여우처럼 의심만 하지 말라. 모는 고한다. (『東文選』 49 檄書 檄黃巢書 崔致遠)

신라 (11월 9일 계축일) 종4위하 행대화사(行大和守) 판상대숙녜농수(坂上大宿禰瀧守)가 죽었다. 농수(瀧守)는 우경인(右京人)으로 종4위하 응양(鷹養)의 손자이며 정6위상 씨승(氏勝)의 아들이다. 어려서 무예를 좋아했고 활쏘기와 말타는 것을 익혔는데, 걸어가며 활쏘기를 더욱 잘하였다. 판씨(坂氏)의 선조는 대대로 장군의 가문을 이루었다. 농수(瀧守)는 (…) (정관) 11년(869) 12월에 대재부소이(大宰府少貳)에 나아갔고 우근위(右近衛) 소장(少將)은 옛과 같이 하였다. 이 해에 신라의 해적이 대재부의 공면(貢綿)을 약탈하였으므로 칙령으로 농수(瀧守)를 보내어 후위(後衛)를 방비하면서 겸하여 대재부의 경계를 관장하게 하였다. (…) (『日本三代實錄』 40 陽成紀)

신라 (건부제(乾符帝)가 황소(黃巢)의 난을 피하여) 서쪽으로 피난한 중화(中和) 원년(881) 가을에 임금께서 시인(侍人)에게 “나라에 커다란 보배 구슬이 있는데 평생토록 궤에 감추어 두는 것이 잘한 일인가 ”하고 묻자 “아닙니다. 때때로 꺼내어서 많은 백성들의 눈을 뜨게 하고 사방 이웃 나라의 마음을 쏠리게 하여야 할 것입니다”라고 대답하였다. 이에 임금께서 “나에게 마니(摩尼)의 귀한 구슬이 있는데 숭엄산(崇嚴山)에서 빛을 감추고 있다. 만약 그 감춘 것을 열기만 한다면 3천세계를 환히 비출 수 있으니 수레 열둘을 비춘다는 구슬이야 비교가 되겠는가. 나의 부왕께서 간절히 맞이하셨을 때, 두 번이나 그 모습을 드러낸 적이 있었다. 옛날에 소하(蕭何)는 한 고조가 한신(韓信)을 대장(大將)으로 임명하면서 아이 부르듯 한 것이 잘못되었음을 이야기 하면서 상산(商山)의 네 노인을 부를 수 없는 것이 이 때문이라고 하였다. 지금 천자께서 피난하셨다는 말을 들었으니 달려가서 위로해 드려야 할 것인데, 천자를 위로함에는 부처에게 의지함이 가장 우선일 것이다. 이제 대사를 맞아들임에 있어서는 반드시 세상의 평판에 따를 것이다. 내가 어찌 감히 왕이라고 히여 나이 많고 덕이 높으신 분에게 무례하게 할 수 있겠는가.”라고 말씀하시며 관직이 높은 사람을 사자(使者)로 보내고 말을 겸손하게 하여 부르셨다. 이에 대사는 “외로운 구름이 산에서 나오는 것이 어찌 다른 마음이 있어서이겠는가. 대왕의 정치에 인연이 있으니 고집함이 없는 것이 뛰어난 선비[上士]의 도리일 것이다.”라고 말하고 드디어 와서 왕을 뵈었다. 임금께서 대사를 인견함은 선조(先朝 : 景文王) 때의 예절과 같았는데 예에 덧붙여진 것으로서 손꼽을 만한 것으로는, 임금께서 직접 음식을 봉양한 것이 첫째이고, 손으로 향을 전하신 것이 둘째이며, 몸·입·뜻의 삼업(三業)으로 세 번이나 경의를 표하신 것이 셋째이며, 작미로(鵲尾爐)를 잡고 영생의 인연을 맺은 것이 넷째이며, 법칭(法稱)에 '광종(廣宗)'을 더하여 준 것이 다섯째이며, 다음날 어진 이들에게 대사가 머무는 절에 나아가 기러기처럼 열을 지어 인사드리도록 한 것이 여섯째이며, 나라 안의 시(詩)를 짓는 사람들에게 대사를 송별하는 시(詩)들을 짓게 하여서 재가제자(在家弟子)인 왕족 소판(蘇判) 억영(嶷榮)이 가장 먼저 시(詩)를 지으니 그것을 거두어서 두루마리로 만들고, 시독(侍讀)이며 한림관(翰林官)인 박옹(朴邕)이 거기에 인(引)을 붙여서 떠날 때에 준 것이 일곱째이며, 행차를 담당하는 관리들에게 정결한 방을 준비하도록 거듭 명하여 그곳에서 작별하신 것이 여덟째이다. 고별에 임하여 임금께서 신묘한 비결(秘訣)을 구하시니, 이에 제자들에게 눈짓하여 진요(眞要)를 들려주라고 하였다. 순예(詢乂), 원장(圓藏), 허원(虛源), 현영(玄影)과 같은 이는 사선(四禪)을 행하여 청정(淸淨)을 얻은 사람들로서, 지혜의 실을 뽑아 깊은 뜻을 짜냈는데, 뜻을 기울여 소홀함이 없었고, 임금의 마음을 계발(啓發)함에 여유가 있었다. 임금께서 매우 즐거워하여 두 손을 마주잡고 경의를 표하며 말씀하기를 "전에 저의 부왕(父王)께서는 증점(曾點)과 같은 현인이셨는데, 지금 저는 증삼(曾參)과 같은 아들이 되기에는 부족합니다. 그러나 임금의 자리를 이어서 덕이 있는 사람에게 지극한 도리를 얻고, 그것을 받들어 간직함으로써 뒤엉켜진 근본을 열게 되었습니다. 그러니 저 위수(渭水)가에서 낚시하던 강태공(姜太公)은 사실은 명예를 낚으려는 자였으며, 흙다리 위의 장량(張良)도 그런 전철을 밟았다고 할 것입니다. 비록 왕자(王者)의 스승이 되었다고 하여도 단지 세 치의 혀를 놀린 것에 불과하니 어찌 나의 스승께서 은밀한 말로써 마음을 전한 것과 비교될 수 있겠습니까. 받들어 실천하고 어긋남이 없도록 하겠습니다."라고 하였다. 태부왕(太傅王)께서는 아름다운 말과 시문(詩文)을 잘하셔서 여러 사람이 떠드는 것도 관계없이 입을 여시면 짝이 맞는 말을 만드셨는데 마치 오래 전부터 준비하여 둔 것 같았다. 대사께서 왕궁을 물러나온 후에 다시 왕손인 소판(蘇判) 일(鎰)의 청함을 받아들였다. 같이 여러 차례 이야기를 주고 받고선 (대사께서) 감탄하여 말씀하시길 "옛날의 임금들은 장수하는 분은 있어도 생각이 깊지 못하였는데 지금 우리 임금께서는 그 둘을 겸비하셨고, 신하들은 재상이 될만한 재주는 있어도 그러한 덕망이 없었는데 그대는 두루 갖추었습니다. 그러니 나라가 잘 다스려질 것입니다. 마땅히 덕을 좋아하십시오."라고 하고는 스스로 부끄러워하며 산으로 돌아가서 세상과의 인연을 끊었다. 이에 임금께서는 사자를 보내어 방생장(放生場)의 경계를 표시하니 새와 짐승이 즐거워하였고, 뛰어난 글씨로 '성주사(聖住寺)'의 제액(題額)을 써주시니 마치 용과 뱀이 살아 움직이는 것 같았다. (「聖住寺郎慧和尙白月葆光塔碑」)

신라 중화(中和) 신축년(辛丑年)에 전(前) 안륜사(安輪寺) 승통(僧統)인 준공(俊恭)과 숙정대(肅正臺)의 사(史)인 배율문(裵聿文)을 보내 절의 경계를 표정케 하고, 이어 '봉암(鳳巖)'이라고 명명하였다. 대사가 입적한 지 수년이 되었을 때, 산에 사는 백성으로 들도적이 된 자가 있어 처음에는 감히 법륜에 맞섰으나 끝내 감화하게 되었다. 능히 정심(定心)의 물을 깊이 헤아려서 미리 마산(魔山)에 물을 댄 큰 힘이 아니겠는가. 팔이 부러진 사람으로 하여금 의리를 드러내도록 하고, 용미(龍尾)를 파는 사람으로 하여금 광기를 제어하게 하였으니, 선심(善心)을 개발한 것의 옳음이 넷째이다. 태보대왕(太傅大王)은 중국의 풍속으로써 폐풍(弊風)을 일소하고, 넓은 지혜로써 마른 세상을 적시게 하셨다. 평소에 영육(靈育)의 이름을 흠앙하시고, 법심(法深)의 강론을 간절히 듣고자 했던 터라, 이에 계족산(鷄足山)에 마음을 기울이시어 학두서(鶴頭書)를 보내 부르시며 말씀하시기를, "밖으로 소연(小緣)을 보호하다가 잠깐 사이에 한 해를 넘겨버렸으니, 안으로 대혜(大慧)를 닦을 수 있도록 한번 와주시기를 바랍니다"라고 하였다. 대사는 임금의 낭함(琅函)에서 "좋은 인연이 세상에 두루 미침은 (불보살이) 인간계에 섞여 모든 백성들과 함께 하기 때문이다"라고 언급한 것에 감동하여, 옥을 품고 산에서 나왔다. 거마(車馬)가 베 날듯이 길에서 맞이하였다. 선원사(禪院寺)에서 휴식하게 되자, 편안히 이틀 동안을 묵게 하고는 인도하여 월지궁(月池宮)에서 '심(心)'을 질문하였다. 그 때는 섬세한 조라(蔦蘿)에 바람이 불지 않고 온실수(溫室樹)에 바야흐로 밤이 될 무렵이었는데 마침 달의 그림자가 맑은 못 가운데 똑바로 비친 것을 보고는, 대사가 고개를 숙여 유심히 살피다가 다시 하늘을 우러러 보고 말하기를, "이것(月)이 곧 이것(心)이니 더 이상 할 말이 없습니다."라고 하였다. 임금께서 상쾌한 듯 흔연히 계합(契合)하고 말씀하시기를, "부처가 연꽃을 들어 뜻을 나타냈거니와, 전하는 유풍여류(遺風餘流)가 진실로 이에 합치되는구려." 라고 하였다. 드디어 제배(除拜)하여 망언사(忘言師)로 삼았다. 대사가 대궐을 나서자, 임금께서 충성스런 신하로 하여금 자신의 뜻을 타이르도록 하며, 잠시 머물러 주기를 청하니, 대사가 대답하기를, "우대우(牛戴牛)라고 이르지만, 갔나가는 바는 얼마 안됩니다. 새를 새의 본성에 따라 기르신다면 시혜(施惠)됨이 헤아릴 수 없을 것입니다. 여기서 작별하기를 청하오니 이를 굽히면 부러지고 말 것입니다."라고 하였다. 임금께서 이를 들으시고 서글퍼하시며, 운어(韻語)로써 탄식하여 말씀하시기를, "베풀어도 이미 머물지 않으니 불문(佛門)의 등후(鄧侯)로다. 대사는 '지둔(支遁)이 놓아둔 학(鶴)'이나, 나는 '속세를 초월한 갈매기'가 아니로다"라고 하였다. 그리고 곧 십계(十戒)를 받은 불자인 선교성부사(宣敎省副使) 풍서행(馮恕行)에게 명하여 대사가 산으로 돌아가는 데 위송(衛送)토록 하였다. 토끼를 기다리는 사람으로 하여금 그루터기에서 떠나게 하고, 물고기를 탐내는 사람으로 하여금 그물 만드는 것을 배우도록 하였으니, 세상에 나가서 교화하고 물러와 도를 닦는 것의 옳음이 다섯째이다. 대사는 세간에서 도를 행함에 있어 멀고 가까움과 평탄하고 험준함을 가림이 없었고, 일찍이 말이나 소에게 노고를 대신토록 하지 않았다. 산으로 돌아감에 미쳐서는 얼음이 얼고 눈이 쌓여 넘고 건너는 데 지장을 주므로, 이에 임금께서 종려나무로 만든 보여(步輿)를 내리시니, 사자에게 사절하며 말하기를, "이 어찌 정대춘(井大春)의 이른바 단순한 '인거(人車)'이겠습니까. 뛰어난 인물들을 우대하면서도 사용하지 않는 바이거늘,하물려 삭발한 중으로서야. 그러나 왕명이 이미 이르렀으니, 그것을 받아 괴로움을 구제하는 도구로 삼겠습니다"라고 하였다. 병으로 말미암아 안락사(安樂寺)에 옮겨가고 나서 석장을 짚고도 일어날 수 없게 되었을 때, 비로소 그것을 사용하였다. 병을 병으로 여기는 사람에게 공을 깨닫도록 하고, 어진 이를 어질게 여기는 사람으로 하여금 집착에서 벗어나게 하였으니, 취사(取捨)의 옳음이 여섯째이다. (「鳳巖寺智證大師寂照塔碑」)

신라 (광명 원년) 이듬해에 (마멸) 시호를 홍각선사라 증하고 탑호를 선감지탑이라 하였다. 드높도다 (마멸) 나는 벼슬아치의 말류요 풍진 속의 볼품없는 관리로서 (마멸) 명예로운 재주가 빛나게 드날렸다. (마멸) 기술하였다. 비록 문장은 많이 간략하지만 일을 번잡하게 쓰지 않은 것은 대개 춘추에서 한 글자의 (마멸) (「禪林院址弘覺禪師碑」)

신라 머너먼 동해 건너 서신 한 통 날아왔네 다만 선생을 위하여 명문 요청을 보살펴 달라는 것 이민 뛰어난 글 얻어 신검(信檢)했지만 한편으로 생각하니 외로운 영정은 선정(禪庭)에 있네 봄 되어 이국(異國)에 닿으면 사람들 으레 베껴쓰고 밤에 선계에서 읽으면 괴이하게 들리리라 생각건대 새 탑 아래 새겨 넣으면 하늘의 예문성(禮文星)도 내려다 볼 것이어라. (『全唐詩』 9函 10冊 陸龜蒙 和襲美爲新羅弘惠上人撰靈鷲山周禪師碑送歸詩)

882(壬寅/신라 헌강왕 8/발해 현석13/唐 中和 2/日本 元慶 6)

신라 선사의 법휘(法諱)는 홍준(洪俊)이요, 속성은 김씨니, 그의 선조(先祖)는 진한(辰韓)의 무족(茂族)이며 토군(兎郡)의 명가(名家)였다. 혹은 자궐(紫闕) 에서 널리 선행을 하며, 혹은 황문(黃門)에서 보국(補國)하였다고 한다. 본래는 (결락) 요원(瑤源)으로부터 내려오는 별파(別派)이며, 옥수(玉樹)의 분기(分枝)였다. (결락) 名配在 (결락) 그 후 오래 동안 번복(藩服)의 귀호(貴豪)이었는데, 지금은 경주 사람이 되었다. 할아버지는 육정(陸正)이고, 아버지는 지유(志儒)이니, 혹은 오천중(五千中)에서 도를 배우고 혹은 삼백(三百)의 시편(詩篇)을 연구하되, 항상 뜻을 물으면서 토론하였으니 문학을 좋아하며 소중히 여겼다. (결락) 초(抄) (결락) 계(戒). 어느 날 어머니는 비몽사몽간에 그윽한 영감을 받는 태몽을 꾸었고, 그로부터 지혜롭고 복덕 있는 아들을 낳기 위하여 오신채(五辛菜)와 고기 등은 모두 끊고, 날이 갈수록 몸과 마음을 정결하게 하였다. 중화(中和) 2년 3월 16일에 탄생하였다. 선사는 태어나면서 △자(△姿)가 있었고 아이같이 놀지 않았다. (「鳴鳳寺境淸禪院慈寂禪師凌雲塔碑」)

신라 여름 4월에 일본국왕이 사신을 보내 황금 3백 냥과 명주 1백 개를 올렸다. (『三國史記』 11 新羅本紀 11)

신라 여름 4월에 일본국에서 사신을 보내 황금 3백 냥과 명주 1백 개를 올렸다. (『三國史節要』 13)

신라 5월 25일에 △ 중국에서 연호를 고친 것을 알고 중화 2년으로 썼다. (『三國史記』 31 年表 下)

발해 (10월) 29일 임술일에 칙을 내려 능등국(能登國)으로 하여금 우사군(羽咋郡) 복량박산(福良泊山)의 나무를 벌채하는 것을 금하였다. 발해객(渤海客)이 북육도(北陸道) 해안에 도착하였을 때에 반드시 돌아갈 배를 이 산에서 만들었다. 백성들에게 벌채하도록 맡겼는데 혹 재목이 없음을 민망히 여겼으므로, 미리 큰 나무를 벌채하는 것을 금해 백성들의 생업을 방해하지 못하게 한 것이다. (『日本三代實錄』 42 陽成紀)

발해 (11월) 27일 을미일에 가하국(加賀國)에서 역마(驛馬)를 달려 아뢰었다. "이 달 14일 발해국 입관사(入觀使) 배정(裵頲) 등 105명이 해안에 도착하였습니다." (『日本三代實錄』 42 陽成紀)

발해 11월 27일 을미일에 가하국에서 역마를 달려 아뢰었다. "이 달 14일 발해국 입관사 배정 등 105명이 해안에 도착하였습니다." (『類聚國史』 194 殊俗部 渤海 下)

발해 (11월) 28일 병신일에 (…) 이 날 가하국(加賀國)에 명을 내려 발해객을 편안한 곳에 안치하도록 하고 예에 따라 공급하되 대우를 잘하도록 하였다. 또 개인적으로 사신들이 가져온 화물(貨物)과 교역하는 것을 금하였다. (『日本三代實錄』 42 陽成紀)

발해 (11월) 28일 병신일에 가하국에 부를 내려 발해객을 편안한 곳에 안치하도록 하고 예에 따라 공급하되 대우를 잘하도록 하였다. 또 개인적으로 사신들이 가져온 화물과 교역하는 것을 금하였다. (『類聚國史』 194 殊俗部 渤海 下)

신라 겨울 12월 기망(旣望)의 이틀 뒤(17)에 이르러 책상다리를 하고 서로 말을 나눈 끝에 조용히 세상을 떠났다. 아아 별은 하늘로 돌아가고 달은 큰 바다에 떨어졌도다. 종일 부는 바람이 골짜기에 진동하니 그 소리는 호계(虎溪)의 울부짖음과 같았고, 쌓인 눈이 소나무를 꺾으니 그 빛깔은 사라수(沙羅樹)와 같았다. 외물이 감응함도 이같이 극진하거늘, 사람의 슬픔이야 헤아릴 만하다. 이틀 밤을 넘겨 학계산(賢溪山)에 임시로 유체를 모셨다가, 1년 뒤(883)의 그 날에 희아(曦野)로 옮겨 장사지냈다. (「鳳巖寺智證大師寂照塔碑」

신라 겨울 12월에 고미현(枯彌縣)의 여자가 한 번에 남자아이 셋을 낳았다. (『三國史記』 11 新羅本紀 11)

신라 겨울 12월에 고미현의 여자가 한 번에 남자아이 셋을 낳았다. (『三國史節要』 13)

신라 최치원 (…) 건부 원년(874) 갑오에 예부시랑 배찬(裴瓚) 아래에서 한 번에 과거에 합격하였다. [당 황제가] 선주(宣州) 율수현위(溧水縣尉)에 임명하였고(876), 근무 성적을 평가하여 승무랑(承務郎) 시어사내공봉(侍御史內供奉)로 삼았으며(879), 자금어대(紫金魚袋)를 하사하였다(882). (『三國史記』 46 列傳 6 崔致遠)

신라 최치원 (…) 그 후에 최치원은 또한 사신으로 당나라에 갔으나 언제 갔는지는 알 수 없다. 그러므로 그 문집에 태사(太師) 시중(侍中)에게 올리는 장(狀)이 있는데 다음과 같다. (…) 중화(中和) 2년 입조사(入朝使) 김직량(金直諒)은 반란이 일어나 도로가 통하지 않아서 마침내 초주(楚州)에서 해안에 내려 이리저리 헤매다가 양주(楊州)에 이르러 황제의 수레가 촉(蜀) 지방에 행차하신 것을 알았는데, 고태위(高太尉)가 도두(都頭) 장검(張儉)을 보내 감독하여 호송하여 서천(西川)에 도착하도록 하였으니, 이전의 사례가 분명합니다. 엎드려 바라옵건대 태사 시중께서는 굽어 큰 은혜를 내리시어 특별히 수륙의 통행증을 내려 주십시오. 지방 관청으로 하여금 선박과 식사 및 원거리 여행에 필요한 나귀와 말과 사료를 공급하도록 하시고, 아울러 장수를 파견하여 호송을 감독하여 황제의 수레 앞에 이르도록 하여 주십시오." 여기에서 말한 바 태사 시중의 성명은 또한 알 수 없다. (『三國史記』 46 列傳 6 崔致遠)

신라 그의 세속 인연을 상고해 보면, 왕도(王都) 사람으로 김씨 성을 가진 사람이다. 호는 도헌(道憲)이요 자는 지선(智詵)이다. 아버지는 찬괴(贊瓌)이며 어머니는 이씨(伊氏)이다. 장경(長慶) 갑진년(甲辰年)에 세상에 태어나 중화(中和) 임인년(壬寅年)에 세상을 뜨니, 자자(自恣)한 지 43년이고 누린 나이가 59세였다. (「鳳巖寺智證大師寂照塔碑」)

신라 12살 때 가야갑사(迦耶岬寺)에 가서 덕양법사(德良法師)에게 나아가 간절한 마음으로 품은 뜻을 피력하고 은사(恩師)스님이 되어 주길 간청하여 승낙을 받았다. 그로부터 반년 이내에 경·률·론 삼장(三藏)을 두루 통달하였다. 스님이 이엄(利嚴)에게 이르되 "너는 마치 유실(儒室)의 안생(顔生)이요, 석문(釋門)이 환희(歡喜)와 같으니 옛말에 후생가외(後生可畏)란 말을 자네에게서 증험하겠다" 히였다. 오랜 숙세(宿世)로부터 인(因)을 심은 사람이 아니면 그 누가 능히 이러한 경지에 이를 수 있으리오. 그러므로 그의 어머니가 처음 임신할 때 어느 날 밤 꿈에 신승(神僧)이 와서 푸른 연꽃을 전해 주고는 이것으로써 영원히 징신(徵信)을 삼는다하였다. 이것은 곧 세간(世間)의 진로(塵勞)를 끊고 진리와 계합함을 상징함이니, 회임(懷妊)할 때 푸른 연꽃을 받은 것이 곧 이 뜻이라 하겠다. (「廣照寺眞徹大師碑」)

신라 중화(中和) 2년에 전 국통인 대법사(大法師) 국공(威公)이 대사(大師)가 주처 없이 떠돌아다닌다는 소식을 듣고, 마음이 아파 마치 가시가 목에 걸린 것과 같았다. 생각 끝에 왕에게 주청(奏請)하여 곡산사(谷山寺)에 주지(住持)하도록 하였으니, 애써 주선해준 단성(丹誠)에 못 이겨 잠깐 주석하였지만 경연(京輦)과 가까운 것이 마음에 맞지 아니하였다. 이때 사자산(師子山)에 석운대선사(釋雲大禪師)가 있었는데, 징효대사(澄曉大師)의 덕은 화이(華夷)를 덮었는데도 정해진 거처(居處)가 없음을 알고 신족(神足)을 보내어 간절한 성의를 표하여 말하되, "노승(老僧)이 있는 이 곳은 작은 그릇이 있을 곳이 아니니, 대사(大師)가 여기에 주석한다면 가장 적합할 듯합니다. 만약 스님이 아니면 누가 이 도량(道場)을 감당하겠습니까. 바라건대 속히 왕림(枉臨)하여 송문(松門)을 지켜달라"고 요청하였다. 청을 받은 대사(大師)는 그 성의를 거역할 수 없어 곧 선중(禪衆)을 데리고 그 곳에 주석하였다. 이 절의 경치는 천봉만학이 마치 병풍처럼 열려 있고, 층암 절벽의 절경이어서 참으로 해동(海東)의 가경(佳境)이며, 또한 천하(天下)의 복전(福田)이라 할 수 있었다. 대사(大師)가 여기에서 려지(戾止)함으로부터 먼 곳에서 찾아오는 사람이 아침에는 셋, 저녁에는 넷으로 끊임없이 모여들어, 마치 비처럼 모이고 바람과 같이 달려와서 도리무언(桃李無言)이나 하자성혜(下自成蹊)하여 도마(稻麻)와 같이 열을 이루었다. 이 때 헌강대왕이 봉필(鳳筆)을 보내 궁궐로 초빙하고는 사자산 흥녕선원을 중사성(中使省)에 예속시켜 대사(大師)를 그 곳에 있게 하고는 나라의 중흥(中興)을 기꺼워하였으나, 갑자기 헌강대왕이 승하하여 탄식을 금할 수 없었다. 이어 정강대왕(定康大王)이 즉위하여 선교를 존숭함이 전조(前朝)보다 못하지 아니하였다. 왕이 여러 차례 사신을 보내 멀리서 찬양하는 뜻을 표했다. 그러나 뜻 밖에 정강왕(定康王)도 즉위 2년 만에 승하하여 때는 매우 어려운 상황에 처하였고, 국조(國祚)는 누란(累卵)의 위기에 처했을 뿐만 아니라, 곳곳에서 연진(煙塵)이 일고, 갑자기 요기(妖氣)가 가득하여 산중연비(蓮扉)에까지 그 화가 미칠까 두려웠다. (「寧越興寧寺澄曉大師塔碑」)

신라 중화(中和) 2년에 이르러 화엄사 관단(官壇)에서 비구계를 받을 때 대사가 계단에 올라가 제자리에 앉는 순간 백색 무지개 기운이 법당을 가득 덮었다. 이때 (결락) 지유(知有) (결락) 인(人) (결락) 지(之) (결락) 기름 발우를 기울여 (결락) 인계주(人戒珠)이니 감히 초계비구(草繫比丘)의 마음을 이지러지게 할 수 있으리오. 더욱이 시라(尸羅)인 계율을 보존함에 있어서랴 그 해 하안거(夏安居)가 끝날 무렵 도륜산(度倫山)에 가서 융견장노(融見長老)를 친견하니 (결락) 어떤 스님이 묻기를 (결락) 서하(西河)의 위에서 북해(北海)의 스님을 추모하였다. 그러므로 여러 날 동안 선(禪)을 논함에 밤을 지새우기도 하였다. 중소(中霄) (결락) 휘장(諱長) (결락) 도지재)道知在) (결락) 인(人). 어찌 구름 덮인 산의 구름을 헤치며, 약산(藥山)에서 약을 캐지 아니 하리오. 노승(老僧)이 서소(西笑)를 따르지 못한 것을 유감으로 생각하여 길을 물어 6조(六祖)의 탑을 조계(曹溪)에서 참배하고, (결락) 지(地) (결락) 이섭(利涉)하였다. "그럭저럭 세월을 허송하지 말라. 시간은 기다려 주지 않으니 어찌 자기의 생각대로 얽혀 있으랴"하고, 멀리 망상(罔象)을 쫓아 (결락) 현주어(玄珠於) (결락) 황룡(黃龍) (결락) 청구(靑丘)의 언덕을 비추었다. (「無爲寺先覺大師遍光塔碑」)

신라 대사는 선아(善芽)가 다른 아이들보다 조숙하여 묘(妙)한 결과가 조금도 지지부진(遲遲不進)한 적이 없었다. 드디어 13살 때 아버님께 여쭙기를, "비록 혜가(惠柯)를 결핍하였으나 다만 각수(覺樹)를 기약하려 합니다."라고 하였다. 이 때 아버지가 말씀하시기를, "내가 비록 섭동자(葉瞳者)이긴 하나 일찍 너의 선근(善根)을 보았으니, 너는 마땅히 부지런히 배전(培前)의 용맹심으로 승과(勝果)를 닦으라."하고 당부하였다. 대사께서 소원(所願)을 허락받아 삭발하고 출가하여 상주(尙州) 공산(公山) 삼랑사(三郎寺)의 융체선사(融諦禪師)를 스승으로 복승(伏承)하면서 "현현(玄玄)한 도(道)를 논하며 혁혁(赫赫)하게 중생을 교화하고자 하오니, 원컨대 제자가 되게 하여 주십시오."라고 간청하였다. 이때 선사가 이르기를, "너를 대하여 오늘 너의 모습을 보니 후일에 크게 중생을 이익케 할 것 같다. 우리 선종(禪宗)에 '심희(審希)'라는 법호를 가진 큰스님이 계시니 참으로 진불(眞佛)이 출세하여 동국(東國)을 교화할 주인이시다. 현재 혜목산(慧目山)에 있으니 너는 마땅히 그곳에 가서 그를 스승으로 섬기면서 불법을 배우도록 하라."고 이르시니, "나의 소원에 적합(適合)함이여 그곳에 가서 깨달음을 얻은 후 남을 이롭게 할 수 있을 때 비로소 떠나리라." 하고 문득 혜목산(慧目山)으로 찾아가서 스님으로부터 복응(服膺)을 허락받고 학도(學道)할 마음을 증장(增長)하고 습선(習禪)의 뜻을 배려(倍勵)하였다. 그로부터 얼마되지 않아 묘리(妙理)를 연구하고 깊이 현기(玄機)를 깨달았다. 각로(覺路)를 수행하여 비록 진리를 통달하더라도 마땅히 먼저 율의(律儀)를 의지하여야 가능하다고 생각한다. (「高達寺元宗大師慧眞塔碑」)

883(癸卯/신라 헌강왕 9/발해 현석14/唐 中和 3/日本 元慶 7)

발해 (봄 정월 무진일 초하루) 이 날에 정6위상 행소외기대장(行少外記大藏) 이미길선행(伊美吉善行)과 식부소승(式部少丞) 고계진인무범(高階眞人茂範)을 존문발해객사(存問渤海客使)로 삼고, 전축후소목(前筑後少目) 종8위상 이세조신(伊勢朝臣) 흥방(興房)을 통사(通事)로 삼았다. (『日本三代實錄』 43 陽成紀)

발해 봄 정월 무진일 초하루에 정6위상 행소외기대장 이미길선행과 식부소승 고계진인무범을 존문발해객사로 삼고,전축후소목 종8위상 이세조신 흥방을 통사로 삼았다. (『類聚國史』 194 殊俗部 渤海 下)

발해 (봄 정월) 26일 계사일에 산성(山城)·근강(近江)·월전(越前)·가하(加賀) 등의 나라로 하여금 관사(官舍)와 도로·다리 등을 수리하고 길 가에 있는 주검을 묻어 발해사신들이 서울에 들어올 수 있도록 하였다. 또 월전·능등(能登)·월중(越中) 등의 나라로 하여금 술과 고기, 생선, 조류, 신출자신출자 등의 물품을 가하국(加賀國)에 보내어 발해사신을 위로하고 향연을 베풀 수 있도록 하였다. (『日本三代實錄』 43 陽成紀)

발해 (정월) 26일 계사일에 산성(山城)·근강(近江)·월전(越前)·가하(加賀) 등의 나라로 하여금 관사(官舍)와 도로·다리 등을 수리하고 길 가에 있는 주검을 묻어 발해사신들이 서울에 들어올 수 있도록 하였다. 또 월전·능등(能登)·월중(越中) 등의 나라로 하여금 술과 고기, 생선, 조류, 신출자신출자 등의 물품을 가하국(加賀國)에 보내어 발해사신을 위로하고 향연을 베풀 수 있도록 하였다. (『類聚國史』 194 殊俗部 渤海 下)

발해 (2월 21일 무오일) 임읍(林邑) 악인(樂人) 107인을 대안사(大安寺)에서 악을 조율하여 익히도록 하고 대화국(大和國)의 정세(正稅)로써 그 식량을 충당하여 지급하도록 하였는데 발해의 사신들로 하여금 그 음악을 관람하도록 하려고 한 것이었다. (…) 이 날 존문발해객사(存問渤海客使) 대장(大藏) 선행(善行)과 고계무범(高階茂範)을 모두 영발해객사(領渤海客使)로 삼았다. (『日本三代實錄』 43 陽成紀)

발해 2월 21일 무오일에 임읍 악인 107인을 대안사에서 악을 조율하여 익히도록 하고 대화국의 정세로써 그 식량을 충당하여 지급하도록 하였는데 발해의 사신들로 하여금 그 음악을 관람하도록 하려고 한 것이었다. 이 날 존문발해객사 대장 선행과 고계무

범을 모두 영발해객사로 삼았다. (『類聚國史』 194 殊俗部 渤海 下)

발해 (2월) 25일 임술일에 발해의 사신들에게 겨울옷을 내렸는데, 변관(弁官) 사생(史生) 1명을 보내어 가하국(加賀國)에 가지고 가도록 하고 영객사(領客使) 등으로 하여금 나누어 주도록 하였다. (『日本三代實錄』 43 陽成紀)

발해 (2월) 25일 임술일에 발해의 사신들에게 겨울옷을 내렸는데, 변관 사생 1명을 보내어 가하국에 가지고 가도록 하고 영객사 등으로 하여금 나누어 주도록 하였다. (『類聚國史』 194 殊俗部 渤海 下)

신라 봄 2월에 왕이 삼랑사(三郎寺)에 행차하여 문신에게 각각 시 한 수씩을 짓게 하였다. (『三國史記』 11 新羅本紀 11)

신라 봄 2월에 왕이 삼랑사(三郎寺)에 행차하여 문신에게 각각 시를 짓게 하였다. (『三國史節要』 13)

신라 대저 성인의 자취와 행인(行人)의 묘취(妙趣)를 좇아 영탑(靈塔)을 세우는 것은 명철한 사람이 널리 행하는 규범이다. 옛날에 유신(裕神) 각간이 세상에 나서 대업(大業)을 이루어 나라의 보배가 △되었기에 삼가 이 대석탑을 만들었다. 중화(仲和) 3년(883)에 다시 중수하고자 하여△△ 보문사(普門寺)의 현여(玄如)대덕이 무구정광경에 의거하여 소탑 77기를 만들고 진언(眞言) 77벌을 써서 대탑에 봉안하였다. 그리고 집집마다 신묘한 보배를 갖고 사람마다 영명한 구슬을 얻으며 육도(六道)의 중생이 모두 식(識)을 갖고 사생(四生)의 중생이 모두 기운을 품수하여 이 뛰어난 업력(業力)으로 인해 함께 보리를 증득하기를 바란다고 발원(發願)하였다. 중화(仲和) 3년 계묘년 2월 △일에 중수함. (「仲和三年銘金銅舍利器記」)

발해 (3월) 8일 갑술일에 존문겸령발해객사(存問兼領渤海客使) 소이기대장(少外記大藏) 선행(善行)과 식부소승(式部少丞) 고계무범(高階茂範) 등이 출발하려고 내궁에 들려 알현하고 하직하였는데, 어의고(御衣袴) 각 1습(襲)을 내렸다. (『日本三代實錄』 43 陽成紀)

발해 3월 8일 갑술일에 존문겸령발해객사) 소이기대장 선행과 식부소승 고계무범 등이 출발하려고 내궁에 들려 알현하고 하직하였는데, 어의고 각 1습을 내렸다. (『類聚國史』 194 殊俗部 渤海 下)

신라 중화(中和) 3년 봄 3월 15일 문인 의거(義車) 등이 행장을 모아 엮어서 멀리 왕궁에 나아가 비명을 세워 불도(佛道)를 빛낼 것을 청하였다. 성상께서는 진종의 이치를 흠모하고 스승을 높이는 마음을 가긍히 여겨 담당 관사에 교를 내려 시호를 보조(普照), 탑호를 창성(彰聖), 절 이름을 보림(寶林)이라고 정하여 그 선종을 포상하기를 예(禮)로써 하였다. 다음 날 또 미천한 신에게 조를 내려 비찬(碑讚)을 지어 후세 사람들에게 전하여 알리게 하시니 신은 황공하옵게도 명을 받들어 사실대로 기록하여 사(詞)를 지었다. 다만 삼가 임금의 뜻을 받들었으나 감히 문사들의 웃음거리를 피하리요. (「寶林寺普照禪師彰聖塔碑」)

발해 (4월) 2일 무술일에 우위문대위(右衛門大尉) 정6위상 판상대숙녜무수(坂上大宿禰茂樹)와 문장득업생(文章得業生) 종8위상 기조신장곡웅(紀朝臣長谷雄)을 장발해객사(掌渤海客使)로 삼고, 민부대승(民部大丞) 정6위상 청원진인상잠(清原眞人常岑)과 문학생(文學生) 종8위하 다치비진인유우(多治比眞人有友)를 령귀향발해객사(領歸鄉渤海

客使)로 삼았다. (『日本三代實錄』43 陽成紀)

발해 4월 2일 무술일에 우위문대위(右衛門大尉) 정6위상 판상대숙녜무수(坂上大宿禰茂樹)와 문장득업생(文章得業生) 종8위상 기조신장곡웅(紀朝臣長谷雄)을 장발해객사(掌渤海客使)로 삼고, 민부대승(民部大丞) 정6위상 청원진인상잠(淸原眞人常岑)과 문학생(文學生) 종8위하 다치비진인유우(多治比眞人有友)를 령귀향발해객사(領歸鄕渤海客使)로 삼았다. (『類聚國史』194 殊俗部 渤海 下)

발해 (4월) 21일 정사일에 발해 사신들에게 연회를 베푸는 것으로 인하여 여러 관사의 관인(官人)과 잡색인(雜色人)들에게 발해의 사신이 서울에 있는 동안에는 금물(禁物)을 휴대하는 것을 허락하였다. 종5위상 행식부(行式部) 소보(少輔) 겸 문장박사(文章博士) 가하권수(加賀權守) 관원조신도진(菅原朝臣道眞)이 권행치부대보사(權行治部大輔事)로, 종5위상 행미농개(行美濃介) 도전조신충신(嶋田朝臣忠臣)이 권행현번두사(權行玄藩頭事)가 되어 발해 대사(大使) 배정(裴頲)을 접대하게 되었기 때문에 그러한 조치가 있었다. (『日本三代實錄』43 陽成紀)

발해 (4월) 21일 정사일에 발해 사신들에게 연회를 베푸는 것으로 인하여 여러 관사의 관인과 잡색인들에게 발해의 사신이 서울에 있는 동안에는 금물을 휴대하는 것을 허락하였다. 종5위상 행식부 소보 겸 문장박사 가하권수) 관원조신도진이 권행치부대보사)로, 종5위상 행미농개 도전조신충신이 권행현번두사가 되어 발해 대사 배정을 접대하게 되었기 때문에 그러한 조치가 있었다. (『類聚國史』194 殊俗部 渤海 下)

발해 (4월) 28일 갑자일에 칙을 내려 우근위소장(右近衛少將) 정5위하 평조신정범(平朝臣正範)이 산성국(山城國) 우치군(宇治郡) 산계야변(山階野邊)의 교외(郊外)에 도착하여 발해 사신들을 위로하고, 영객사(領客使) 소외기대장(少外記大藏) 선행(善行) 등이 사신들을 인도하여 홍려관(鴻臚館)에 들어왔다. (『日本三代實錄』43 陽成紀)

발해 (4월) 28일 갑자일에 칙을 내려 우근위소장 정5위하 평조신정범이 산성국 우치군 산계야변의 교외에 도착하여 발해 사신들을 위로하고, 영객사 소외기대장 선행 등이 사신들을 인도하여 홍려관에 들어왔다. (『類聚國史』194 殊俗部 渤海 下)

발해 (4월) 29일 을축일에 우대사(右大史) 정6위상 가원조신고향(家原朝臣高鄕)이 홍려관(鴻臚館)에 가서 사신들을 위로하였다. (『日本三代實錄』43 陽成紀)

발해 (4월) 29일에 을축일 그믐에 정6위상 가원조신고향이 홍려관에 가서 사신들을 위로하였다. (『類聚國史』194 殊俗部 渤海 下)

발해 5월 병인일 초하루에 종5위상 행우병위(行右兵衛) 좌원조신원(佐源朝臣元)을 홍려관으로 보내어 사신들을 위로하고 위문하게 하였다. (『日本三代實錄』43 陽成紀)

발해 5월 병인일 초하루에 종5위상 행우병위 좌원조신원을 홍려관으로 보내어 사신들을 위로하고 위문하게 하였다. (『類聚國史』194 殊俗部 渤海 下)

발해 (5월) 2일 정묘일에 대사(大使) 배정(裴頲) 등이 조당(朝堂)에서 왕의 계(啓)와 신물(信物)을 바쳤는데, 친왕(親王) 이하 5위 이상 및 백료(百寮) 초위(初位) 이상인 자들이 모두 모였고, 4위 이하로서 별다른 일이 없는 자들도 또한 참여하였다. 소사(所司)에서 받은 계와 신물을 궁실에 바쳤다. (『日本三代實錄』43 陽成紀)

발해 (5월) 2일 정묘일에 대사 배정 등이 조당에서 왕의 계와 신물을 바쳤는데, 친왕이하 5위 이상 및 백료 초위 이상인 자들이 모두 모였고, 4위 이하로서 별다른 일이 없는 자들도 또한 참여하였다. 소사에서 받은 계와 신물을 궁실에 바쳤다. (『類聚國

史』194 殊俗部 渤海 下)

발해 (5월) 3일 무진일에 천황이 풍악전(豊樂殿)에 나와 발해 사신들에게 연회를 베풀어 주었다. 친왕(親王) 이하 참의(參議) 이상이 전(殿) 위에서 천황을 모셨고, 5위 이상은 현양당(顯陽堂)에서 모셨으며, 대사(大使) 이하 20인은 승환당(承歡堂)에서 모셨고, 백관(百官) 6위 이하는 서로 나누어 관덕(觀德)과 명의(明義) 양당(兩堂)에서 모셨다. 대사 문적원소감(文籍院少監) 정4품 사자금어대(賜紫金魚袋) 배정(裴頲)에게는 종3위를, 부사 정5품 사비은어대(賜緋銀魚袋) 고주봉(高周封)에게는 정4위하를, 판관(判官)과 녹사(錄事)에게는 5위를 주고, 그 다음에는 6위를 내렸으며, 이하로는 각각 등급이 있게 주었다. 또 그 위계에 따라 조의(朝衣)를 내리니 사신들은 절을 하고 춤추며 물러갔다가 다시 옷을 입고 들어와 절을 하고 춤추며 당(堂)에 올라와 음식을 들었다. 아악료(雅樂寮)가 종과 북을 두드리자 내교방(內教坊)에서 여악(女樂)을 연주하였고 기녀(妓女) 148인이 번갈아 나와 춤을 추었다. 술이 여러 잔 돌자 별도로 어여비파자(御餘枇杷子)와 하나의 은완(銀鋺)을 내리니 대사 이하가 자리에서 일어나 절하며 받았다. 해질 무렵 사신들에게 녹을 내렸는데 각각 차등이 있었다. (『日本三代實錄』43 陽成紀)

발해 (5월) 3일 무진일에 천황이 풍악전(豊樂殿)에 나와 발해 사신들에게 연회를 베풀어 주었다. 친왕(親王) 이하 참의(參議) 이상이 전(殿) 위에서 천황을 모셨고, 5위 이상은 현양당(顯陽堂)에서 모셨으며, 대사(大使) 이하 20인은 승환당(承歡堂)에서 모셨고, 백관(百官) 6위 이하는 서로 나누어 관덕(觀德)과 명의(明義) 양당(兩堂)에서 모셨다. 대사 문적원소감(文籍院少監) 정4품 사자금어대(賜紫金魚袋) 배정(裴頲)에게는 종3위를, 부사 정5품 사비은어대(賜緋銀魚袋) 고주봉(高周封)에게는 정4위하를, 판관(判官)과 녹사(錄事)에게는 5위를 주고, 그 다음에는 6위를 내렸으며, 이하로는 각각 등급이 있게 주었다. 또 그 위계에 따라 조의(朝衣)를 내리니 사신들은 절을 하고 춤추며 물러갔다가 다시 옷을 입고 들어와 절을 하고 춤추며 당(堂)에 올라와 음식을 들었다. 아악료(雅樂寮)가 종과 북을 두드리자 내교방(內教坊)에서 여악(女樂)을 연주하였고 기녀(妓女) 148인이 번갈아 나와 춤을 추었다. 술이 여러 잔 돌자 별도로 어여비파자(御餘枇杷子)와 하나의 은완(銀鋺)을 내리니 대사 이하가 자리에서 일어나 절하며 받았다. 해질 무렵 사신들에게 녹을 내렸는데 각각 차등이 있었다. (『類聚國史』194 殊俗部 渤海 下)

발해 (5월) 5일 경오일에 천황이 무덕전(武德殿)에 나아가 4부(府)의 말타고 활쏘는 것과 5위 이상의 공마(貢馬)를 관람하였는데, 발해의 사신들을 불러 관람시키고, 친왕(親王)과 공경(公卿)에게 속명루(續命縷를) 내렸다. 이세수(伊勢守) 종5위상 안배조신흥행(安倍朝臣興行)이 사신들을 인도하여 좌석에 나아가 음식을 대접하였다. 별도의 칙으로 대사(大使) 이하 녹사(錄事) 이상에게는 속명루를 내리고 품관 이하에게는 창포만(菖蒲縵)을 내렸다. 이 날 큰 비가 내렸는데, 이에 앞서 미리 소사(所司)에게 칙을 내렸다. "만일 비가 내리게 되면 모름지기 절회(節會)를 그만 두어 사신들을 부르지 말고 날을 바꾸어 행사를 치르도록 하라." 그런데 장객사(掌客使) 등이 신속하게 사신들을 인도하여 궁성으로 들어갔으므로 비오는 가운데에 예를 마쳤다. (『日本三代實錄』43 陽成紀)

발해 (5월) 5일 경오일에 천황이 무덕전에 나아가 4부(府)의 말타고 활쏘는 것과 5위 이상의 공마(貢馬)를 관람하였는데, 발해의 사신들을 불러 관람시키고, 친왕(親王)과 공경(公卿)에게 속명루(續命縷를) 내렸다. 이세수(伊勢守) 종5위상 안배조신흥행(安倍朝臣興行)이 사신들을 인도하여 좌석에 나아가 음식을 대접하였다. 별도의 칙으로 대사(大使) 이하 녹사(錄事) 이상에게는 속명루를 내리고 품관 이하에게는 창포만(菖蒲縵)을 내렸다. 이 날 큰 비가 내렸는데, 이에 앞서 미리 소사(所司)에게 칙을 내렸다. "만일 비가 내리게 되면 모름지기 절회(節會)를 그만 두어 사신들을 부르지 말고 날을 바꾸어 행사를 치르도록 하라." 그런데 장객사(掌客使) 등이 신속하게 사신들을 인도하여 궁성으로 들어갔으므로 비오는 가운데에 예를 마쳤다. (『類聚國史』 194 殊俗部 渤海 下)

발해 (5월) 7일 임신일에 대사(大使) 배정(裴頲)이 별도로 방물을 바쳤다. 이 날 내장두(內藏頭) 화기조신이범(和氣朝臣彛範)이 부하를 이끌고 홍려관(鴻臚館)에 가서 교관(交關)하였다. (『日本三代實錄』 43 陽成紀)

발해 (5월) 7일 임신일에 대사(大使) 배정이 별도로 방물을 바쳤다. 이 날 내장두 화기조신이범이 부하를 이끌고 홍려관에 가서 교관하였다. (『類聚國史』 194 殊俗部 渤海 下)

발해 (5월) 8일 계유일에 내장료(內藏寮)의 교관(交關)이 어제와 같았다. (『日本三代實錄』 43 陽成紀)

발해 (5월) 8일 계유일에 내장료의 교관이 어제와 같았다. (『類聚國史』 194 殊俗部 渤海 下)

발해 (5월) 10일 을해일에 조집당(朝集堂)에서 발해의 사신들에게 연회를 베풀었다. 대신 이하는 동당(東堂)의 자리에 나아가게 하고 5위 이상에서 용모가 단정하고 위의가 있는 자 30인을 가려 당(堂)의 상석에서 시위하게 하였으며, 종5위하 수좌위문권좌(守左衛門權佐) 등원조신량적(藤原朝臣良積)으로 하여금 사신들을 인도하여 서당(西堂)의 자리에 나아가 음식을 대접하도록 하였다. 원래 음식을 대접하도록 정해진 사람이 있었는데 사양하고 나오지 않았다. 양적(良積)이 위의와 용모가 있었으므로 문득 이에 선발된 것이다. 대사 배정(裴頲)이 송별의 시문을 쓰려고 갑자기 붓과 벼루를 찾으니 량적이 글짓기를 익히지 못했으므로 자리에 일어나 나가자 頲이 이에 따라 그쳤다. 칙을 내려 중사(中使) 종5위하 행우마조(行右馬助) 등원조신항흥(藤原朝臣恒興)을 보내어 어의(御衣) 1습(襲)을 대사 배정(裴頲)에게 내려 배정의 높은 재주와 풍의(風儀)의 아름다움에 대해 상을 주었다. (『日本三代實錄』 43 陽成紀)

발해 (5월) 10일 을해일에 조집당(朝集堂)에서 발해의 사신들에게 연회를 베풀었다. 대신 이하는 동당(東堂)의 자리에 나아가게 하고 5위 이상에서 용모가 단정하고 위의가 있는 자 30인을 가려 당(堂)의 상석에서 시위하게 하였으며, 종5위하 수좌위문권좌(守左衛門權佐) 등원조신량적(藤原朝臣良積)으로 하여금 사신들을 인도하여 서당(西堂)의 자리에 나아가 음식을 대접하도록 하였다. 원래 음식을 대접하도록 정해진 사람이 있었는데 사양하고 나오지 않았다. 양적(良積)이 위의와 용모가 있었으므로 문득 이에 선발된 것이다. 대사 배정(裴頲)이 송별의 시문을 쓰려고 갑자기 붓과 벼루를 찾으니 량적이 글짓기를 익히지 못했으므로 자리에 일어나 나가자 頲이 이에 따라 그쳤다. 칙을 내려 중사(中使) 종5위하 행우마조(行右馬助) 등원조신항흥(藤原朝臣恒興)을 보내어 어의(御衣) 1습(襲)을 대사 배정(裴頲)에게 내려 배정의 높은 재주와 풍의(風儀)의 아름다움에 대해 상을 주었다. (『類聚國史』 194 殊俗部 渤海 下)

발해 (5월) 12일 정축일에 발해의 사신이 본국으로 돌아갔다. 이 날 참의(參議) 정4위하 행우위문독(行右衛門督) 겸 근강권수(近江權守) 등원조신제갈(藤原朝臣諸葛)과 종4위하 행좌근위소장(行左近衛少將) 겸 근강권개(近江權介) 등원조신원경(藤原朝臣遠

經), 정6위상 행소내기(行少內記) 다치비진인언보(多治比眞人彦輔)를 보내 홍려관(鴻臚館)에 가서 칙서를 주도록 했다. 정5위하 행태황태후궁권량(行太皇太后宮權亮) 평조신웅범(平朝臣惟範), 종5위상 행소납언(行少納言) 겸 시종(侍從) 등원조신제방(藤原朝臣諸房), 종6위상 수우소사(守右少史) 진숙녜안형(秦宿禰安兄)에게는 태정관의 첩을 부쳤다. 예를 마치자 영객사(領客使) 민부대승(民部大丞) 정6위상 청원진인상잠(淸原眞人常岑)과 문장생(文章生) 종8위하 다치비진인유우(多治比眞人有友) 등이 사신들을 인도하여 관사를 나와 길을 떠났다. (『日本三代實錄』 43 陽成紀)

발해 (5월) 12일 정축일에 발해의 사신이 본국으로 돌아갔다. 이 날 참의(參議) 정4위하 행우위문독(行右衛門督) 겸 근강권수(近江權守) 등원조신제갈(藤原朝臣諸葛)과 종4위하 행좌근위소장(行左近衛少將) 겸 근강권개(近江權介) 등원조신원경(藤原朝臣遠經), 정6위상 행소내기(行少內記) 다치비진인언보(多治比眞人彦輔)를 보내 홍려관(鴻臚館)에 가서 칙서를 주도록 했다. 정5위하 행태황태후궁권량(行太皇太后宮權亮) 평조신웅범(平朝臣惟範), 종5위상 행소납언(行少納言) 겸 시종(侍從) 등원조신제방(藤原朝臣諸房), 종6위상 수우소사(守右少史) 진숙녜안형(秦宿禰安兄)에게는 태정관의 첩을 부쳤다. 예를 마치자 영객사(領客使) 민부대승(民部大丞) 정6위상 청원진인상잠(淸原眞人常岑)과 문장생(文章生) 종8위하 다치비진인유우(多治比眞人有友) 등이 사신들을 인도하여 관사를 나와 길을 떠났다. (『類聚國史』 194 殊俗部 渤海 下)

발해 (5월) 14일 기묘일, 이 달 3일에 풍악원(豊樂院)에서 발해 사신에게 연회를 베풀었는데, 이 때의 악인(樂人)과 무기(舞妓) 등에게 대장성(大藏省)의 상포(商布) 1,105단(段)을 주었다. 승화(承和) 9년(842)의 예에 따른 것이다. (『日本三代實錄』 43 陽成紀)

발해 (5월) 14일 기묘일, 이 달 3일에 풍악원 에서 발해 사신에게 연회를 베풀었는데, 이 때의 악인과 무기 등에게 대장성의 상포 1,105단을 주었다. 승화 9년(842)의 예에 따른 것이다. (『類聚國史』 194 殊俗部 渤海 下)

발해 (5월 26일 신묘일) 신천원(神泉苑) 안에는 옛날에 방목한 사슴이 있는데 이 날 흰사슴을 낳았다. 멀리서 사신이 조공하러 왔는데 이러한 상서로움이 있으니 어찌 아름다운 것이 아니겠는가. (『日本三代實錄』 43 陽成紀)

신라 중화(中和) 3년 5월에 뱀들이 구멍에서 나와 골짜기에 가득차고 산을 덮었는데, 이들이 소리내어 슬프게 흐느끼고 머리를 숙이면서 피눈물을 흘렸다. 선사는 문인들에게 말하기를 “사는 것에는 끝이 있으니 나라고 어찌 끝이 없겠느냐. 너희들은 마땅히 게으름 피우지 말고 부지런히 수행에 힘써야 할것이다”라 하고 그해 10월 5일에 단정하게 △△△△. 나이는 68이요 승려 생활은 39년이었다. 아아, 이름이 온 나라에 널리 퍼졌으니 죽었다고 해도 죽은 것이 아니요, 전해주신 法音이 천년에 이어질 터이니 가셨다고 해도 가신 것이 아니다. 돌아가신 때에 안개와 구름이 가득하여 온통 아득하여 지고 소나무와 회나무는 빛을 잃었다. 멀고 가까운 곳과 신분의 높고 낮음이 없이 승려와 남녀 모두가 이러한 변화를 보고 땅을 두드리며 안타까와 하였고 슬픔을 간직하고서 하늘을 향해 울부짖었다. 줄지어 애도를 표하고 가슴을 두드리며 길게 (결락) 하니 눈물이 모여 샘을 이룰 정도였다. (「月光寺圓朗禪師大寶禪光塔碑」)

신라 (6월) 10일 갑진일에 종5위하 행단파개(行丹波介) 청내숙녜(淸內宿禰) 웅행(雄行)이 죽었다. 웅행은 자(字)가 청도(淸圖)로, 하내국(河內國) 지기군(志紀郡) 사람이다.

(…) 옛날 당 사람 김례신(金禮信)과 애진경(袁晉卿) 두 사람이 본국 조정에 귀화하였는데 운운(云云) 나이 73세였다. (…) (『日本三代實錄』 43 陽成紀)

발해　(10월 29일 임술일) 칙을 내려 능등국(能登國)으로 하여금 우사군(羽咋郡) 복량박산(福良泊山)의 나무를 베는 것을 금하도록 하였다. 발해의 사신이 북륙도(北陸道) 해안에 도착할 때에 반드시 돌아갈 배를 이 산에서 만드는데 백성들이 임의로 벌채하거나 혹은 번잡하게 하여 재목으로 쓰지 못하게 될까 염려하여 미리 큰 나무를 베지 못하도록 하고 백성의 생업을 방해하지 못하게 한 것이다. (『日本三代實錄』 44 陽成紀)

발해　10월 29일 임술일에 칙을 내려 능등국으로 하여금 우사군 복량박산의 나무를 베는 것을 금하도록 하였다. 발해의 사신이 북륙도 해안에 도착할 때에 반드시 돌아갈 배를 이 산에서 만드는데 백성들이 임의로 벌채하거나 혹은 번잡하게 하여 재목으로 쓰지 못하게 될까 염려하여 미리 큰 나무를 베지 못하도록 하고 백성의 생업을 방해하지 못하게 한 것이다. (『類聚國史』 194 殊俗部 渤海 下)

신라　(12월) 25일 정사일에 좌경인(左京人) 종5위하 행하야관개(行下野權介) 진숙네영원(秦宿禰永原)과 종5위하 수대판사(守大判事) 겸 행명법박사(行明法博士) 진공직종(秦公直宗), 산성국(山城國) 갈야군인(葛野郡人) 외종5위하 행음박사(行音博士) 진기촌영종(秦忌寸永宗), 우경인(右京人) 주계대윤(主計大允) 정6위상 진기촌월웅(秦忌寸越雄), 좌경인(左京人) 우위문소지(右衛門少志) 진공직본(秦公直本) 등 남녀 19인에게 유종조신(惟宗朝臣)의 성을 내렸다. 영원(永原) 등이 스스로 말하였다. "저희는 진시황 12세손 공만왕자(功滿王子) 융통왕(融通王)의 후예입니다. 공만이 점성(占星)의 뜻으로 깊이 성조(聖朝)를 향하여 귀화하고자 하는 뜻을 가져 멀리 해뜨는 곳을 바랬습니다. 그러나 신라가 길목에 있어 오는 것을 가로 막았습니다. 드디어 위족(衛足)의 풀로 빈 궁을 무성하게 하여 해를 우러러 보는 마음을 없게 하였는데, 하늘이 죄주고 죄인을 벌할 때 천황의 官軍이 먼지를 털어내 듯하자, 127현의 백성을 거느리고 예전천황(譽田天皇:應仁天皇) 14년 계묘(癸卯)에 내속하였던 것입니다." (『日本三代實錄』 44 陽成紀)

신라　대사는 날 때부터 법상(法相)을 지녔고, 일찍부터 보리심(菩提心)을 품고 있었다. 지년(之年)(결락)부터 공부를 시작하였는데, 글을 읽음에 있어 다섯 줄씩 한꺼번에 읽어 내려가는 재주가 있었으며, 자진(子晉)이 신선의 도리를 찾아 떠나려는 나이에 극기(克己)하는 자제력이 강하여 삼극(三尅)을 성숙하였다. 그 후로 진세(塵世)를 여의고 출가 입산(入山)하려는 마음이 간절하여 부모님 앞에 꿇어 앉아 허락을 구하였다. 이친(二親)은 마지못하여 눈물을 머금고 허락하면서 "부지런히 수도(修道)하여 초지(初志)를 관철하고 인순도일(因循度日)하여 고과(苦果)를 초래하는 일이 없도록 하라"고 당부하였다. 이와 때를 같이하여 (결락) 봉(峯) (결락) 철선사(徹禪師)가 입적하고, 그의 몽자(冢子)인 훈종장노(訓宗長老)의 문도들이 송문(松門) 밖으로 나오지 아니하고 여러 해 동안 정진하고 있었다. 그 때 대사(大師)의 나이 겨우 15살이었다. 집을 나와 선경(禪扃)으로 찾아가 (결락) 선사를 친견하고 품은 뜻을 아뢰었다. (결락) 드디어 삭발염의(削髮染衣)하고 입실(入室)을 허락받았으니, 오히려 문 밖에서 맞아들일 뿐만 아니었다. (「五龍寺法鏡大師碑」)

신라　또 육군사(六軍使) 서문사공(西門思恭)이 어명을 받들고 신라에 사신으로 갔다. 바람과 물살이 순조롭지 못하여 몇 개월 동안 창명(滄溟)에서 표범(漂泛)하였다. 알 수 없는 사이 홀연히 남쪽의 한 해안에 다다랐는데, 또한 밭두둑(田疇)과 물경(物景)이 있었다. 마침내 육지에 올라가서 사방을 바라보니 잠시 후 한 대인이 나타났는데, 신장이 5~6장이며 의거(衣裾)가 차이가 있으며 목소리는 천둥치는 것 같았다. 아래로 서문을 돌아보고 경탄하는 듯 하였다. 이에 다섯 손가락으로 집어 들고 100여리를 가서 한 바위 동굴 안으로 들어가니, 거기에는 늙고 어린 거인들이 모여 있다가 번갈아 서로를 불러 다투어 와서 구경하였다. 언어는 알아들을 수 없었지만, 모두 기뻐하는 얼굴을 하였는데, 마치 신기한 물건을 얻은 듯하였다. 마침내 구덩이 하나를 파서 그를 넣어 두고 또한 와서 그를 지켰다. 이틀 밤이 지난 후에 마침내 기어올라가 그 구덩이에서 뛰어 나와 바로 구로(舊路)를 찾아 도망쳤다. 겨우 뛰어 올라 배에 들어갔는데, 대인이 이미 뒤쫓아 이르러 바로 큰 손으로 그 뱃전을 붙잡았다. 이에 검을 휘둘러서 손가락을 잘랐는데, 손가락이 지금의 다듬이 방망이보다 굵었다. 대인이 손가락을 잃고 물러나자 마침내 닻줄을 풀었다. 배 안에는 물이 다하고 양식이 떨어져 한 달 동안 먹지 못하여 모에 걸친 옷을 씹어 먹었다. 후에 북쪽 해안에 도달하여 마침내 손가락 3개를 바쳤는데, 옻칠하여 내고(內庫)에 보관했다. 주군(主軍)에 제수된 이후 차라리 金玉을 다른 사람에게 줄지언정 평생동안 음식은 손님에게 대접하지 않았는데, 식량이 떨어져서 당한 어려움을 알기 때문이었다. [出玉堂閒話] (『太平廣記』 481 蠻夷2 新羅)

신라 삼십년간 베 옷 입고 물새와 놀았더니 이름이 신라에 전해진 줄도 몰랐네 새긴 명문이 비록 즉석의 유초(遺草)지만 바다를 건너니 되려 만금 값이로다 새벽에 고래가 수염을 치켜드니 산봉우리가 불타고 신성한 거북 밤에 잠기니 섬엔 다시 그늘이 진다 이천여자 비문 영원토록 이별하는 자리 동쪽 진한(辰韓) 바라보며 옷깃에 눈물 적시네. (『全唐詩』 9函 9册 皮日休 庚寅歲十一月新羅弘惠上人與本國同書請日休爲靈鷲山周禪師碑將還以詩送之)

884(甲辰/신라 헌강왕 10/발해 현석15/唐 中和 4/日本 元慶 8)

신라 문인(門人)인 융환(融奐) 등이 그 다음해 2월 10일에 유해를 옮겨 북원(北院)에서 장사지냈지만 자애로운 스승과 영원히 헤어지게 됨에 그 사모하는 마음을 이길 수 없었다. 제자들은 시간이 흘러 산과 골짜기가 바뀌고 육지와 바다가 바뀌게 되면 법을 전하여 주신 선사의 은혜를 잊는 일이 있게 될까 염려하여서 우러러 추앙하는 뜻을 나타내고자 하였다. 이에 행장(行狀)을 정리하여 △△△△△△ 커다란 비석을 세워 성대(聖代)를 빛내고자 하였다. △△△△△ 지금 임금께서는 뛰어나신 문덕(文德)과 신성한 무덕(武德)을 갖추시고서 조상들이 하고자 하신 바를 계승하셨고 또 불교의 가르침에 더욱 깊이 의뢰하고 받들려는 마음을 가지고 계셨다. 그러므로 선사가 돌아가신 소식을 듣고는 슬퍼하심이 지극하여서 그 마음을 스스로 이겨내시지 못하셨다. 이에 원랑선사(圓朗禪師)라고 시호(諡號)를 내려주시고 탑(塔)의 이름은 대보광선(大寶光禪)()이라고 하셨다. 또한 조칙(詔勅)을 내리셔서 용렬한 신(臣)에게 비문과 찬(讚)을 지으라고 하셨다. 신은 능력이 호랑이를 그리기에는 멀고 재주는 교룡(蛟龍)을 품을 수 없는데 외람되게도 (명하심을) 받들어 △△△△△△ 하게 되었다. (「月光寺圓朗禪師大寶禪光塔碑」)

신라 신라국 무주 가지산 보림사 시보조선사 영탑비명과 서
조청랑이며 수정변부 사마 사비어대인 신 김영 교를 받들어 찬하고
유림랑이며 수무주 곤미현령인 김원 교를 받들어 쓰다.
듣건대 무릇 선(禪)의 경지는 그윽하고 고요하며 올바른 깨달음은 심오하여 헤아리

기 어렵고 알기 어려워 허공과 같고 바다와 같다. 그러므로 용수(龍樹)와 사자(師子) 존자는 인도에서 파초에 비유하였고, 홍인(弘忍)과 혜능(惠能) 조사는 중국에서 제호를 이야기하였다. 대개 인과의 자취를 쓸어 색상(色相)의 땅을 떠나 대승의 수레를 타고 망상(罔象)의 경지에 들어갔다. 이런 까닭으로 지혜의 빛이 멀리 비추이고 은혜로운 못이 멀리 흘러 혼미한 거리에 법우(法雨)를 뿌리며 깨달음의 길에 자비의 구름을 펼친다. 공(空)을 깨달은 사람은 단숨에 저 사악한 산을 뛰어 넘으나 세상일에 매어있는 자는 영겁이 지나더라도 악업에 가로 막혀 있다. 하물며 말법 세상에서는 상교(像敎)가 분분하나 부처의 가르침에 맞는 것은 드물고, 서로 편벽된 견해를 가지고 있어 물을 치고 들어가 달을 구하는 것과 같고 노끈을 비벼서 바람을 잡아 매려는 것과 같으니, 헛되이 육정(六情)을 수고롭게 한들 어찌 그 지극한 이치를 얻을 수 있으리오. 그것은 중생에게는 노사나불이 되고 노사나불에게는 중생이 되는 것인데 중생은 노사나불의 법계 가운데 있음을 알지 못하고 종횡으로 업을 지으며 노사나불 또한 중생을 속에 품고 있음을 알지 못하고 잠연하여 항상 고요하니 어찌 미혹되지 않으랴. 이 미혹함을 아는 사람은 크게 미혹되지 아니한다. 그 미혹함을 아는 사람은 우리 선사뿐이다. 어떤 사람은 이 말을 허황한 이야기라고 하지만, 『도덕경(道德經)』에 이르기를 "상사(上士)는 도(道)를 들으면 그것을 숭상하여 받들고 중사(中士)는 도를 들으면 간직하기도 하고 버리기도 한다. 하사(下士)는 도를 들으면 손바닥을 비비고 웃으며 웃지 아니하면 족히 도라 하지 않는다." 하였으니 이것을 말함이다. 선사의 이름은 체징(體澄)이며 성은 왕성인 김씨로 웅진 사람이다. 가문은 좋은 명망을 이었고 어진 가풍을 익혀 왔다. 이런 까닭으로 경사가 하늘로부터 모이고 덕이 큰 산에서 내려오니 효의(孝義)는 향리에 드날렸고 예악(禮樂)은 고관들 중 으뜸이었다. 선사가 몸을 의탁하던 해에 어머니가 꿈을 꾸었는데 둥근 해가 공중에 떠 있고 빛이 내려와 배를 꿰뚫었다. 그 때문에 놀라 깨어서 문득 임신하였음을 알았다. 1년이 지나도 태어나지 아니하여 어머니는 상서로운 꿈을 돌이켜 생각하고 좋은 인연을 기도하며 음식은 고기를 물리치고 마실 것은 술을 끊어 청정한 계율로 태교하여 복전으로 섬겼다. 이로 말미암아 해산의 걱정을 이겨내고 진실로 아들을 낳는 경사를 맞았다. 선사의 용모는 산이 서있는 것처럼 빼어났고 기품은 하천이 신령스러운 것처럼 넉넉하고 고른 치아는 본디부터 있었고 금발이 특이하여 동네에서 탄성이 자자하였고 친척들이 모두 경탄하였다. 강보에 싸여 있을 때부터 완연히 세속을 떠날 기미가 있었고 이를 갈 나이가 되자 굳게 세속 인연을 버릴 생각을 품었다. 부모가 그를 부귀로 머물게 하기 어렵고 재색(財色)으로도 붙들 수 없음을 알고 출가하여 공부할 것을 허락하였다. 지팡이를 짚고 스승을 찾아 화산(花山) 권법사(勸法師) 문하에 들어갔다. 경전 배우는 것을 업으로 삼아 스승의 옷을 끌어당겨 더하기를 청하였고 아침 일찍부터 밤늦게 까지 열심히 정진하여, 눈으로 본 것은 빠트리지 않으며 귀에 들은 것은 반드시 기억하였다. 항상 거칠고 비루함을 도야하여 스님된 법도를 익히고 어질고 착함을 쌓아서 번뇌를 물리치며 마음을 비우고 고요하게 하여 신통묘용하니 초연히 무리 중에 뛰어나 우뚝함이 따를 사람이 없었다. 후일 태화(太和) 정미년에 가량협산(加良峽山) 보원사(普願寺)에 가서 구족계를 받았는데, 한 번은 계단장(戒壇場)에 들어가 칠일 밤을 도(道)를 행하자 갑자기 이상한 꿩이 나타나 홀연히 순하게 날아 들었다. 옆에 옛일을 잘 아는 사람이 말하기를 "옛날에는 진창(陳倉)에서 패왕(霸王)의 도(道)를 드러내었는데 오늘은 절에 날아드니 장차 법을 일으킬 큰 스님이 나타날 징조일 것이다."라고 하였다. 처음에 도의대사(道儀大師)가 서당(西堂)에게 심인을 받은 후 우리나라에 돌아와 그 선(禪)의 이치를 설하였다. 당시 사람들은 경전의 가르침과 관법을 익혀 정신을 보존하는 법을 숭상하고 있어, 무위임운(無爲任運)의 종(宗)은 아직 이르지 아니하여 허망하게 여기고 존숭하지 않음이 달마가 양(梁)의 무제(武帝)에게 받아들여지지 못한 것과 같았다. 이런 까닭으로 때가 아직 이르지 않았음을 알고 산림에 은거하여 법을 염거선사(廉居禪師)에게 부촉하였다. (염거선사는) 설산(雪山) 억성사(億聖寺)에 머물러 조사의 마음을 전하고 스승의 가르침을 여니 우리 선사가 가서 섬겼다. 일심을 맑게 수양하고 삼계에서 벗어나기를 구하여 목숨을 자기 목숨으로 여기지 아니하고 몸을 자기 몸으로 여기지 아니하였다. 염거선사의 뜻과 기품에 짝할 사람이 없고 소양과 기개가 빼어남을 살피고 현주(玄珠)를 부촉하고 법인을 전수하였다. 개성(開成) 2년(837) 정사에 동학인 정육(貞育), 허회(虛懷) 등과 함께 길을 떠나 바다를 건너 서쪽으로 중국에 가서 선지식을 찾아보고 15주를 편력하여 그 세상도 좋아하고 하려고 함이 똑같고 성상(性相)이 다르지 않음을 알았다. 이에 말하기를 "우리 조사가 설한 바는 덧붙일 것 없으니 어찌 수고로이 멀리 가랴" 하고 발걸음을 그치겠다는 생각이 들었다. 개성 5년(840) 봄 2월 평로사(平盧使)를 따라 고국에 돌아와 고향을 교화하였다. 이에 단월이 마음을 기울여 불교가 계속 이어짐이, 온 하천은 오산의 골에서 시작되고 뭇 산령은 영취산(靈鷲山)을 마루로 하는 것으로도 비유하기에 충분하지 못하였다. 드디어 무주(武州) 황학난야(黃壑蘭若)에 머무르니 때는 대중(大中) 13년(859년) 용이 석목(析木)의 나루에 모인 무인년 헌안대왕 즉위 이듬해였다. 대왕은 소문을 듣고 도(道)를 앙모하여 꿈에서도 애를 쓰고 선문(禪門)을 열고자 하여 서울로 들어오기를 청하였다. 여름 6월 왕명으로 장사현(長沙縣) 부수(副守) 김언경(金彦卿)을 파견하여 차와 약을 보내고 맞이하게 하였다. 선사는 구름과 바위를 벗 삼아 지내는 것을 편안히 여겼고 또 결계(結戒)의 달이어서 정명(淨名)의 병을 칭하고 육조(六祖)의 고사를 말하였다. 겨울 10월 교(敎)로써 도속사(道俗使) 영암군(靈巖郡) 승정(僧正) 연훈법사(連訓法師)와 봉신(奉宸) 풍선(馮瑄) 등을 보내 왕의 뜻을 설명하여 가지산사(迦智山寺)로 옮기기를 청하였다. 드디어 석장을 날려 산문에 옮겨 들어가니 그 산은 곧 원표대덕(元表大德)이 옛날 거처하던 곳이었다. 원표대덕은 법력으로 정사에 베풀어 그 때문에 건원(乾元) 2년 특별히 교(敎)를 내려 장생표주(長生標柱)를 세우게 하여 지금까지 남아 있다. 당(唐) 선제(宣帝) 14년 2월 부수(副守) 김언경은 일찍이 제자의 예를 갖추고 문하의 빈객이 되어 녹봉을 덜고 사재를 내어 철 2,500근(斤)을 사서 로사나불 1구를 주조하여 선사가 거처하는 절을 장엄하였다. 교(敎)를 내려 망수(望水), 이남택(里南宅) 등도 금(金) 160분(分), 조(租) 2,000곡(斛)을 내놓아 공덕을 꾸미는데 도와 충당하고 가지산사는 선교성(宣敎省)에 속하게 하였다. 함통(咸通) 신사년에 시방(十方)에서 물자를 보시하여 그 절을 확장하였는데, 경사로운 낙성일에 선사가 임하니 암수 무지개가 법당을 뚫고 들어와 방을 휘황하게 비추며 반짝이는 빛이 사람을 밝혀 주었다. 이는 곧 견뢰(堅牢)와 사가(娑迦)가 상서로움을 알리고 나타내는 것이라. 광명(廣明) 원년(880) 3월 9일 여러 제자에게 고하기를 "나는 금생의 보업(報業)을 다하여 죽음의 조짐이 있구나. 너희들은 마땅히 법을 잘 지키고 게으름에 빠지지 말라." 하였다. 4월 중순 12일에 이르러 천둥 번개가 유시부터 술시까지 온 산에 울리고 13일 밤 자시에 상방(上房)의 땅이 흔들리더니 하늘이 밝아오자 오른 쪽 옆구리로 누워 임종하니 향년 77세요, 승랍 52년이었다. 이에 제자 영혜(英惠), 청환(淸奐) 등 800여 인은 의리가 어버이를 잃은 듯 깊고 정은 하늘과 땅에 닿아 추모하여 울부짖으니 그 소리가 계곡을 울렸다. 그 달 14일 왕산(王山) 송대(松臺)에 장사지내고 탑을 쌓아 안치하였다. 오호라, 선사의 이름은 여기에 남았으나 혼백은 어디로 갔는고. 생명은 오탁(五濁)을 떠나 18공(空)을 뛰어 넘어 기꺼이 적멸하여 돌아오지 않고 법림(法林)을 남겨 길이 빼어나니, 어찌 사계(沙界)에서 생령을 제도했을 뿐이겠는가 실로 또한 삼한에서 성조의 교화를 도운 것이다. 『예기(禮記)』에 이르기를 "별자(別子)가 조(祖)가 된다." 하였는데, 강성(康成)이 주를 붙이기를 "그대가 만약 처음으로 이 나라에 왔다면 후세에서 조(祖)로 생각하였을 것이다" 라고 하였다. 그러므로 달마는 당의 제1조가 되었고 우리나라는 곧 도의대사(道儀大師)를 제1조, 염거선사(廉居禪師)를 제2조로 삼고 우리 스님을 제3조로 한다. 중화(中和) 3년(883) 봄 3월 15일 문인 의거(義車) 등이 행장을 모아 엮어서 멀리 왕궁에 나아가 비명을 세워 불도(佛道)를 빛낼 것을 청하였다. 성상께서는 진종의 이치를 흠모하고 스승을 높이는 마음을 가긍히 여겨 담당 관사에 교를 내려 시호를 보조(普照), 탑호를 창성(彰聖), 절 이름을 보림(寶林)이라고 정하여 그 선종을 포상하기를 예(禮)로써 하였다. 다음 날 또 미천한 신에게 조를 내려 비찬(碑讚)을 지어 후세 사람들에게 전하여 알리게 하시니 신은 황공하옵게도 명을 받들어 사실대로 기록하여 사(詞)를 지었다. 다만 삼가 임금의 뜻을 받들었으나 감히 문사들의 웃음거리를 피하리요.

사(詞)는 이렇다. 선심(禪心)이 정해져 있지 아니함이여 지극한 이치는 공(空)에 돌아간다. 살아 있음이 유리와 같음이여 유(有)와 무(無) 가운데 있도다. 신(神)도 통하여 비치지 못함이여 귀신이 감히 부딪히랴. 지킴에 부족함이 없음이여 베푸심이 끝이 없어라. 겁은 무수한 항사를 다함이여 묘용이 그침이 없도다. (1) 한없이 넓은 로사나는 만물을 감싸고 기르나 어리석은 중생은 노사나의 율(律)을 어긴다. 두 몸이 이미 한 몸이거늘 다시 뉘가 부처이랴 미혹하고 또 미혹함이여 도(道)는 이에 다함이로다. 2) 위대하도다. 선사여 해역(신라)에 태어나, 끝까지 보리를 익히고 은혜로운 덕을 청정 수행하여, 공(空)을 관(觀)하되 공을 떠나고 색(色)을 보아도 색이 아니니, 억지로 칭한다면 법인이라 할까. 얻은 바를 이름하기 어렵도다. (3) 유위(有爲)세계는 수없는 인연이니, 대상이 오면 정신이 움직이고 바람이 일면 물결이 출렁인다. 모름지기 말같은 의식을 조련하고 원숭이같은 마음을 굴복시키니, 이로써 보배삼아 후세의 어진 이에게 베풀었다. (4) 반야의 배를 타고 애욕의 강물을 건너 피안에 이미 올랐으니, 부처님만이 헤아릴 수 있으리라. 우거(牛車)가 이미 도착하니 화택(火宅)은 허물어졌다. 법상(法相)은 비록 남아 있으나 철인(哲人)은 이미 떠나셨네. (5) 총림에 주인이 없으니 산문이 텅 빈 듯하구나 석장은 호랑이 떼를 내쫓으며 발우는 용의 무리에 던졌다. 오로지 남은 향화(香火)는 음성과 모습을 추모하고 생각할 뿐. 이 정석(貞石)에 새겨 법이 장차 빼어나기를 기린다. (6) 중화 4년(884) 갑진년 가을 9월 무오삭 19일 병자에 세우다. 머리에서 제 7행 선자(禪字) 이하는 제자 전병부시랑 입조사(入朝使) 전중대감(殿中大監) 자금어대(紫金魚袋)를 하사받은 김언경(金彦卿)이 썼다. 흥륜사 승인 석현창(釋賢暢)이 글자를 새겼다. (「寶林寺普照禪師彰聖塔碑」)

신라 홀연히 중화(中和) 연간(881~884)에 선상왕(先上王)인 헌강왕의 천화재(遷化齋)를 지낸다는 소식을 듣고 곧 문인(門人)을 보내 금옥(金玉)을 가지고 가서 선령전(仙靈前)에 독경하고 법은(法恩)을 입혀 왕생극락하도록 하였다. (「瑞雲寺了悟和尙碑」)

신라 옛날 고구려 나라가 험한 지대를 자부하고 교만을 부려, 임금을 죽이고 백성을 헤치므로, 태종 문황제(太宗文皇帝)께서 불꽃같은 성한 노기를 떨치시고, 준동하는 여러 흉한 자를 제거하기 위하시어 친히 육군(六軍)을 거느리시고, 멀리 만리를 순행하여, 공순히 천벌(天罰)을 봉행하여, 조용히 해우(海隅)를 쓸어버렸던 것입니다. 고구려가 이미 날뛰던 기세가 사라짐에 불에 탄 나머지를 거두어 모아, 따로 여러 고을을 집합하여 선뜻 국명(國名)을 도적하였으니, 옛날의 고구려가 바로 지금의 발해(渤海)인 것입니다. 당국(當國) 정관중(貞觀中)으로부터 특별히 후한 은혜를 입어, 길이 민속(民俗)이 안정되었으며, 따라서 상진(桑津)의 학자로 하여금 괴시(槐市)의 생도에 따르게 하여, 마침내 책을 짊어지고 괴로움을 잊으며, 배를 타고 험한 바다를 건너가서, 이름을 적어 부(賦)를 올리어 마침내 금마문(金馬門) 앞에 나아가고, 발칙을 들어 신선으로 올라 거오(巨鼇)의 산위에 도달하였던 것입니다. 얼마 되지 않아서 이속(異俗 발해를 이름)도 역시 같은 과거에 참여하게 되어, 태중(太中) 초기로부터 똑같은 자격으로, 춘관(春官)의 시험을 거치게 되는데, 다만 회유(懷柔)하는 것만을 힘쓰니, 이는 실로 문덕(文德)을 닦아 따라오게 하는 일이요, 또 구악(舊惡)에 대해서는 생각하지 않을 것이니 성조(聖祖)는 은혜가 예전 허물을 용서[含垢]하는 데 깊었고 발해는 뜻이 모전(慕擅)에 간절한 것을 볼 수 있었던 것입니다. 이미 막왕막래의 처지가 아닌 바에, 또한 어떤 것을 먼저 하고 어떤 것을 뒤에 할 수 있으리까. 그러나 예전 정공(靖恭) 최 시랑(崔侍郎)이 주시(主試)하던 해에 빈공(賓貢)으로 급제한 자가 두 사람이었는데 발해의 오소도(烏昭度)로 상등을 삼는 것에 이르러서는, 마치 노(魯)를 여위게 하고 기(杞)나라를 살찌게 한 것같은 점이 있으니, 누가 정(鄭)은 밝고[昭] 송(宋)은 귀먹었다는 것을 징험하겠습니까. 체로 물건을 칠 적에는 모래와 자갈이 남는다지만, 때가 그치게 되면 그치는 것이니, 어찌 치승(淄澠)으로 하여금 함께 흐르게 할 수 있으며, 거서(車書)는 비록 혼동하는 것이 좋다[賀]지만, 관(冠)、구(屨)가 실상 거꾸로 된 것이 부끄럽습니다. 다행히 상서(尙書)가 높이 조감(藻鑑)을 달고, 영광스럽게 시관이 되셨으니 이미 쓸개까지 드리 비쳐 어긋나는 일이 없으니 진실로 마음을 미루어 기대가 있었던 것으로 전 도통순관(都統巡官) 전중시어사(殿中侍御史) 최치원(崔致遠)이, 다행히 하찮은 기술을 가지고 제생(諸生)의 열에 끼게 되자, 먼저 소 염통[牛心]을 씹어 닭의 입[鷄口]이 되었습니다. 그래서 설후(薛侯)와 더불어 석차를 다투기를 면했고, 조장(趙將)으로 하여금 혐의를 품지 않게 되었으니, 실로 지극히 공정함을 만나, 예전 수치를 씻었으며, 변화된 것은 깊이 한번 돌봐주심을 힘입었고, 영광스러운 것은 멀리 삼한에 씨를 뿌렸으니 이로부터는 혹시 변경이 없을진대, 드디어 적신(積薪)의 탄식은 끊어졌으나 더욱 예초(刈楚)의 은혜에 부끄럽습니다. 지금 최치원이 사명을 받들고 돌아가서, 재주를 품고 쓰이기를 기다리니, 조금이나마 취할 점이 있다면 지우(知遇)에 욕되지 않을 것이며, 접수(鰈水)의 유생(儒生)과 구림(鳩林)의 학식(學植)에게 보여주어 다투어 관광(觀光)의 뜻을 격려하며, 모두 풍화(風化)에 따르는 마음을 격중하게 될 것이니, 이는 바로 상서(尙書)께서 구류(九流)를 환히 알고, 사교(四敎)를 정(精)하게 닦아 잘 인도하는 바람[善誘風]은 궐리(闕里)에 행하고, 깊은 인(仁)은 호향(互鄕)에 파급되었으므로 온 나라가 은혜를 그리는 것을 알리고자 하여, 오직 나라를 경륜하고 성군(聖君)을 보좌하기를 원하니, 행여 안개 속에 숨을 것을 생각하지 마시고 빨리 장마 비가 되소서. 뵙기를 기약하기 어려우매 우리들이 그지없으며, 다만 금풍(金風)의 상쾌한 절서를 만나 멀리 덕음(德音)을 상상하고, 매양 규월(珪月)의 새벽 빛을 읊조리며, 속절없이 꿈만 꿀 뿐입니다. 드디어 기러기 발[雁足]을 의빙하여 대략 거위털[鵝毛 붓]을 풀어, 감사를 드리는 성의를 대신하고자 하오나, 오직 말씀을 다할 수 없는 것이 한입니다. (『東文選』 47 狀 與禮部裵尙書瓚狀 崔致遠)

885(乙巳/신라 헌강왕 11/발해 현석16/唐 中和 5 光啓 1/日本 元慶 9 仁和 1)

신라　봄 2월에 호랑이가 궁궐의 뜰에 들어왔다. (『三國史記』 11 新羅本紀 11)

신라　봄 2월에 호랑이가 궁궐의 뜰에 들어왔다. (『三國史節要』 13)

신라　3월에 최치원이 돌아왔다. (『三國史記』 11 新羅本紀 11)

신라　3월에 최치원이 황제의 조서를 받들고 당으로부터 돌아왔다. 치원은 사량부(沙梁部) 사람으로 총명하고, 학문을 좋아하였다. 나이 12세가 되자 배를 타고 당에 들어가 배움의 길을 찾으려고 하였다. 그 아버지가 말하였다. "십 년 안에 과거에 붙지 못하면 내 아들이 아니다."고 하였다. 치원이 당에 이르러 부지런히 공부하여 18세에 과거에 합격하여 선주(宣州) 율수현위(溧水縣尉)에 임명되었고, 승무랑(承務郞) 시어사내공봉(侍御史內供奉)으로 옮겼다. 또 고△(高△)의 서기가 되었고 그 황소의 격문에 말하였다. "대저 바른 것을 지키고 떳떳함을 닦는 것을 도(道)라 하고, 위험한 때를 당하여 변통할 줄을 아는 것을 권(權)이라 한다. 슬기로운 자는 시기에 순응하는 데서 성공하게 되고, 어리석은 자는 이치를 거스르는 데서 패하게 되는 것이다. 그러한 즉 비록 백년(百年)의 생명에 죽고 사는 것은 기약할 수가 없는 것이나, 만사(萬事)는 마음이 주장된 것이매, 옳고 그른 것은 가히 분별할 수가 있는 것이다. 지금 나는 황제가 내려 준 군대를 거느리고 역적을 정벌(征伐)하려는 것이지, 너와 같은 역적을 상대로 싸우려는(戰爭) 것이 아니다. 군정(軍政)은 은덕을 앞세우고 베어 죽이는 것을 뒤에 하는 것인 즉 앞으로 장안(長安)을 회복하여 큰 신의(信義)를 펴려 하는 것이며, 공경하게 황제의 명을 받들어서 백성을 편안케 하고 간사한 꾀를 막으려 하는 것이다. 또 너는 본래 먼 시골구석의 백성으로 갑자기 억센 도적이 되어, 우연히 시세를 타고 문득 감히 떳떳한 기강을 어지럽게 하며 드디어 불측한 마음을 가지고 신기(神器)를 노리며 성궐을 침범하고 궁궐을 더럽혔으니 이미 죄는 하늘에 닿을 만큼 지극하였으니 반드시 여지 없이 패하여 다시 일어나지 못할 것은 분명하다. 애달프다. 당우 시대로부터 내려오면서 묘와 호 따위가 복종하지 아니하였은즉, 양심 없는 무리와 충의(忠義) 없는 것들이란 바로 너희들의 하는 짓이다. 어느 시대인들 없겠느냐. 멀리는 유요와 왕돈이 진 나라를 엿보았고, 가까이는 녹산과 주자가 황가를 시끄럽게 하였다. 그들은 모두 손에 막강한 병권(兵權)을 쥐었고 또한 몸이 중요한 지위에 있어서, 호령만 떨어지면 우레와 번개가 치닫듯 요란하였고, 시끄럽게 떠들면 안개와 연기가 자욱하듯 하였지만, 잠깐 동안 못된 짓을 하다가 필경(畢竟)에는 그 씨조차 섬멸(殲滅)을 당하였다. 햇빛이 널리 비침에 어찌 요망한 기운을 마음대로 펴리요, 하늘 그물이 높게 달려 반드시 흉적을 베일진대 하물며, 너는 여염집에서 내치고, 농묘 사이에서 일어나 분겁으로 좋은 꾀삼고, 살상으로 급무삼으니 큰 죄는 탁발할 수 있을 것이요, 소선(小善)으로 은신(隱身)할 수 없느니라. 천하 모든 사람이 다 너를 죽이려고 생각할 뿐 아니라, 문득 또한 땅 속의 귀신도 벌써 남몰래 베기로 의논하였다. 비록 기세를 빌어 혼을 놀게 하나, 일찍이 선을 망치고 넋을 빼앗으리라. 무릇 인사를 이름에 스스로 하는 것만 같지 못하니 내 망언(妄言)하지 않는다. 너는 자세히 듣거라. 요즈음 우리나라에서는 더러운 것을 용납하는, 덕이 깊고 결점을 따지지 않는 은혜가 지중하여 너에게 병권을 주고 또 지방을 맡겼거늘, 오히려 짐새와 같은 독심을 품고 올빼미와 같은 흉악한 소리를 거두지 아니하여 움직이면 사람을 물어뜯고 하는 짓이 개가 주인을 짖는 격으로, 필경에는 천자의 덕화를 배반하고 궁궐을 침략하여 공후들은 험한 길로 달아나게 되고 어가는 먼 지방으로 행차하시게 되었다. 그런데도 너는 일찌감치 덕의에 돌아올 줄 모르고 다만 흉악한 짓만 늘어가니, 이야말로 천자께서는 너에게 죄를 용서해 준 은혜가 있고, 너는 국가에 은혜를 저버리니 죄가 있을 뿐이니, 반드시 머지않아 죽고 말 것인데, 어찌 하늘을 무서워하지 않느냐. 하물며 누자라 솥은 물어 볼 것이 아니요, 한나라 궁궐은 어찌 네가 머무를 곳이랴. 너의 생각은 끝내 어찌하려는 것이냐. 너는 듣지 못하였느냐. 도덕경에 "회오리바람은 하루아침을 가지 못하고 소낙비는 온종일을 갈 수 없다." 고 하였으니, 하늘의 조화도 오히려 오래 가지 못하거든 하물며 사람의 하는 일이랴. 또 듣지 못하였느냐. 춘추전에 "하늘이 아직 나쁜 자를 놓아 두는 것은 복되게 하려는 것이 아니고 그 죄악이 짙기를 기다려 벌을 내리려는 것이다."고 하였는데, 지금 너는 간사함을 감추고 흉악함을 숨겨서 죄악이 쌓이고 앙화가 가득하였음에도, 위험한 것을 편안히 여기고 미혹되어 돌이킬 줄 모르니, 이른바 제비가 막 위에다 집을 짓고 막이 불타오르는데도 제멋대로 날아드는 것과 같고, 물고기가 솥 속에서 너울거리지만 바로 삶아지는 꼴을 당하는 것과 마찬가지다. 우리는 뛰어난 군략을 모으고 여러 군사를 규합하여, 용맹스런 장수는 구름처럼 날아들고 날랜 군사들은 비 쏟아지듯 모여들어, 높이 휘날리는 깃발은 초새의 바람을 에워싸고 총총히 들어찬 함선은 오강의 물결을 막아 끊었다. 진나라 도태위처럼 적을 쳐부수는 데 날래고, 수 나라 양소처럼 엄숙함이 신이라 불릴 만하여, 널리 팔방을 돌아보고 거침없이 만 리를 횡행할 수 있으니 마치 치열한 불꽃을 놓아 기러기 털을 태우고, 태산을 높이 들어 새알을 짓누르는 것과 무엇이 다르랴. 금신이 계절을 맡았고 수백(水伯)이 우리 군사를 환영하는 이 때, 가을바람은 숙살하는 위엄을 도와주고 새벽이슬은 혼잡한 기운을 씻어 주니, 파도는 이미 쉬고 도로는 바로 통하였다. 석두성에 뱃줄을 놓으니 손권이 후군이 되었고, 현산에 돛을 내리니 두예가 앞잡이가 되었다. 앞으로 서울을 수복하기는 늦어도 한 달이면 되겠지만, 살리기를 좋아하고 죽이기를 싫어하는 것은 하늘의 깊으신 덕화요, 법을 늦추고 은혜를 펴려는 것은 국가의 좋은 제도이다. 국가의 도적을 토벌하는 데는 사적인 원한을 생각지 아니 해야 하고 어두운 길에 헤매는 이를 깨우쳐 주는 데서 바른 말이라야 하는 법이다. 그러므로 나의 한 장 글을 날려서 너의 급한 사정을 풀어 주려는 바이니, 미련한 고집을 부리지 말고 일찍이 기회를 보아 자신의 선후책을 세우고 과거의 잘못을 고치도록 하라. 만일 땅을 떼어 받아 나라를 맡고 가업을 계승하여서 몸과 머리가 두 동강이 되는 화를 면하고 뛰어난 공명을 얻기 원한다면 몹쓸 도당들의 말을 믿지 말고 오직 후손에게 영화를 유전해 줄 것만을 유의하라. 이는 아녀자의 알은 체할 바가 아니요 실로 대장부의 할 일이니만큼, 그 가부를 속히 회보할 것이요, 쓸데없는 의심을 두지 말라. 나는 명령은 하늘을 우러러 받았고 믿음은 맑은 물을 두어 맹세하였기에, 한 번 말이 떨어지면 반드시 메아리처럼 응할 것이매 은혜가 더 많을 것이요 원망이 짙게 되지는 않을 것이다. 만일 미쳐서 날뛰는 도당들에 견제되어 취한 잠을 깨지 못하고 마치 당랑이 수레바퀴를 항거하듯이 어리석은 고집만 부리다가는, 곰을 치고 표범을 잡는 우리 군사가 한 번 휘둘러 쳐부숨으로써 까마귀 떼처럼 질서 없고 솔개같이 날뛰던 무리가 사방으로 흩어져 도망칠 것이며, 너의 몸뚱이는 도끼 날에 기름이 되고 뼈다귀는 수레 밑에 가루가 될 것이며 처자는 잡혀 죽고 권속들은 베임을 당할 것이다. 날 동탁처럼 배를 불태울 그 때가 되어서는, 사슴처럼 배꼽을 물어뜯는 후회가 있을지라도 시기는 이미 늦을 것이니, 너는 모름지기 진퇴(進退)를 참작하고 옳고 그른 것을 분별(分別)하라. 배반하다가 멸망하기보다 어찌 귀순(歸順)하여 영화롭게 되는 것이 낫지 않겠느냐. 다만, 너의 소망(所望)은 반드시 이루게 될 것이니, 장부(丈夫)의 할 일을 택하여 표범처럼 변하기를 기할 것이요, 못난이의 소견(所見)을 고집하여 여우처럼 의심만 품지 말라." 황소가 보고 천하의 사람들이 모드 너를 드러내놓고 죽이려고 생각할 뿐만 아니라 또한 땅 속의 귀신들도 이미 너를 가만히 죽이려고 의논하였을 것이니라는 구절에 저도 모르게 상 아래 떨어졌다. 이로 말미암아 이름을 천하에 떨쳤다. 또 태사(太師) 시중(侍中)에게 올리는 장)狀)에서 말하였다. "엎드려 듣건대 동쪽 바다 밖에 삼국이 있었으니 그 이름은 마한, 변한, 진한이었습니다. 마한은 고구려, 변한은 백제, 진한은 신라입니다. 고구려와 백제의 전성 시에는 강한 군사가 백만이었습니다. 남으로는 오(吳)·월(越)을 침공하였고, 북으로는 유(幽)의 연(燕), 제(齊), 노(魯)의 지역을 어지럽혀 중국의 커다란 해충이 되었습니다. 수(隋)나라 황제가 나라를 그르친 것도 요동정벌에 말미암은 것이었습니다. 정관(貞觀) 연간에 우리 당 태종황제가 몸소 6개 부대를 거느리고 바다를 건너 삼가 천벌을 집행하였습니다. 고구려가 위세를 두려워하여 화친을 청하였으므로 문황(文皇)이 항복을 받고 돌아갔습니다. 이때 저희 무열대왕께서 지극한 정성으로 한쪽 지방의 걱정을 다스리는 것을 돕기를 청하였으니 당에 들어가 조알(朝謁)한 것이 이로부터 시작되었습니다. 후에 고구려와 백제가 이전처럼 나쁜 짓을 하자 무열왕은 입조하여 길잡이가 되기를 청하였습니다. 고종(高宗) 황제 현경(顯慶) 5년(660)에 이르러 소정방(蘇定方)에게 명하여 10도(道)의 강한 군사와 다락을 얹은 배 만 척을 거느리고 백제를 대파하도록 하였습니다. 이어 그 땅에 부여도독부(扶餘都督府)를 두고, 유민을 불러 모아 중국 관리에게 담당하도록 하였습니다. 풍속이 서로 달라 여러 차례 반란의 소식이 들리므로 드디어 그 사람들을 하남(河南) 지방으로 옮겼습니다. 총장(摠章) 원년(668) 영공(英公) 서적(徐勣)에게 명하여 고구려를 깨뜨리고 안동도독부를 두었습니다. 의봉(儀鳳) 3년(678)에 이르러 그 사람들을 하남과 농우(隴右) 지방으로 이주시켰습니다. 고구려의 유민들이 서로 모여 북으로 태백산(太白山) 아래에 기대어 나라 이름을 발해라고 하였습니다. 개원(開元) 20년(732)에 천자의 조정을 원망하여 군사를 거느리고 등주(登州)를 갑자기 습격하여 자사(刺史) 위준(韋俊)을 살해하였습니다. 이에 명황제(明皇帝)께서 크게 노하여 내사(內史) 고품(高品)·하행성(何行成)과 태복경(太僕卿) 김사란(金思蘭)에게 명하여 군사를 동원하여 바다를 건너 공격하여 토벌하도록 하였습니다. 이에 저희 왕 김모에게 관작을 더하여 정태위(正太尉) 지절(持節) 충영해군사(充寧海軍事) 계림주대도독(鷄林州大都督)으로 삼았습니다. 겨울이 깊고 눈이 많이 내려 제후와 중국의 군대가 추위에 시달리므로 회군하도록 명령하셨습니다. 지금까지 3백여 년 동안 한 쪽 지방이 무사하고 넓은 바다가 편안하니 이는 곧 저희 무열대왕의 공로입니다. 지금 저는 유생(儒生)들 중 학문이 낮은 자이고, 해외의 평범한 인재로서 외람되이 표(表)와 장(章)을 받들고 좋은 나라에 와서 조회하게 되었습니다. 무릇 진실로 간절함이 있어 예에 맞게 모두 진술합니다. 엎드려 살펴보건대 원화(元和) 12년(817)에 본국의 왕자 김장렴(金張廉)이 바람에 떠밀려 명주(明州)에 이르러 해안에 내렸을 때 절동(浙東)의 어느 관리가 발송하여 당 나라의 서울에 들어가도록 하였습니다. 중화(中和) 2년(882) 입조사(入朝使) 김직량(金直諒)은 반란이 일어나 도로가 통하지 않아서 마침내 초주(楚州)에서 해안에 내려 이리저리 헤매다가 양주(楊州)에 이르러 황제의 수레가 촉(蜀) 지방에 행차하신 것을 알았는데, 고태위(高太尉)가 도두(都頭) 장검(張儉)을 보내 감독하여 호송하여 서천(西川)에 도착하도록 하였으니, 이전의 사례가 분명합니다. 엎드려 바라옵건대 태사 시중께서는 굽어 큰 은혜를 내리시어 특별히 수륙의 통행증을 내려 주십시오. 지방 관청으로 하여금 선박과 식사 및 원거리 여행에 필요한 나귀와 말과 사료를 공급하도록 하시고, 아울러 장수를 파견하여 호송을 감독하여 황제의 수레 앞에 이르도록 하여 주십시오." 천만다행으로 돌아옴에 미쳐 왕이 시독(侍讀) 겸翰 한림학사(翰林學士) 수병부시랑(守兵部侍郎) 지단서감사(知瑞書監事)에 머무르게 하였다. 치원이 스스로 당에 유학하여 얻은 바가 많아 간직한 바를 펼치고자 하였으나 의심하고 꺼림이 많아 용납되지 안항 태산군(太山郡) 태수(太守)가 되어 나갔다. (『三國史節要』 13)

신라 최치원 (…) 나이 28세에 이르러 귀국할 뜻을 가졌다. 희종(僖宗)이 이를 알고 광계(光啓) 원년에 그로 하여금 조서를 갖고 사신으로 가도록 하였다. [신라에] 남아 시독(侍讀) 겸 한림학사(翰林學士)·수병부시랑(守兵部侍郎)·지서서감사(知瑞書監事)가 되었다. (『三國史記』 46 列傳 6 崔致遠)

신라 (6월 20일 계유일) 이 날에 대재부(大宰府)에서 아뢰었다. "지난 4월 12일에 신라국사 판관(判官) 서선행(徐善行)과 녹사(錄事) 고흥선(高興善) 등 48인이 배 한 척을 타고 비후국(肥後國) 천초군(天草郡)에 도착하였습니다. 그 온 이유를 물으니 '지난 해에 표류하다가 마침 해안에 도착할 수 있었는데 官에서 양곡을 지급해 주어 고향에 돌아갈 수 있었습니다. 이제 어진 은혜에 보답하고자 국첩(國牒)과 신물(信物) 등을 가지고 내조(來朝)한 것입니다'라고 대답하였습니다. 이제 살펴보니 하례하고자 한다면서 첩과 신물은 모두 갖추었으나, 단지 집사성의 첩만이 있을 뿐 국왕의 계(啓)는 없습니다. 그 첩도 상자에 들어 있지 않고 종이로 포장하여 그 제목은 '신라국(新羅國) 집사성(執事省)이 일본국에 첩하여 올린다'라는 것인데 다섯 군데에 도장을 찍어놓았습니다. 삼가 이전의 사례를 살피건대 일이 옛 실상과 어긋나므로 이에 첩을 옮겨 적고 화물의 수를 기록하여 올립니다." 칙을 내려 말하였다. "신라국 사람들은 화를 일으키려는 마음을 품고 우리나라를 넘보고 있으므로 비록 풍파에 일을 빙자하였다지만 오히려 독을 쏠까 의심스럽다. 비록 그 간특함을 징벌하려면 엄중한 법을 따라야 한다. 우리 조정이 어짊을 좋아하여 차마 그렇게 하지 못하니 용서하여 돌려보내어 그 목숨을 온전하게 하라." (『日本三代實錄』47 光孝紀)

신라　겨울 10월 임자일(1)에 태백성이 낮에 나타났다. (『三國史記』11 新羅本紀 11)

신라　겨울 10월 임자일(1)에 태백성이 낮에 나타났다. (『三國史節要』13)

신라　사신을 보내 당에 들어가 황소의 난을 깨뜨린 것을 축하하였다. (『三國史記』11 新羅本紀 11)

신라　사신을 보내 당에 가서 황소의 난을 깨뜨린 것을 축하하였다. (『三國史節要』13)

신라　최언위는 나이 18세에 당에 들어가 유학하고 예부시랑(禮部侍郎) 설정규(薛廷珪)의 아래에서 급제하였다. (『三國史記』46 列傳 6 崔彦撝)

신라 고려　최언위(崔彦撝)는 처음 이름이 최신지(崔愼之)로, 경주(慶州 : 지금의 경상북도 경주시) 사람이다. 품성이 너그럽고 후덕하였으며, 어려서부터 글을 잘하였다. 신라 말 나이 열여덟 살 때 당에 유학하고, 예부시랑(禮部侍郎) 설정규(薛廷珪)가 주관한 과거에 급제하였다. 당시 발해(渤海) 재상(宰相) 오소도(烏炤度)의 아들 오광찬(烏光贊)도 같이 과거에 급제했다. 오소도가 당 조정에 들어갔다가 그의 아들 이름이 최언위의 밑에 있는 것을 보고 표문을 올려, "신이 예전에 입조하여 과거에 급제하였을 때는 이름이 이동(李同)의 위에 있었으니, 지금 신의 아들 오광찬도 최언위의 위에 올라야 할 것입니다. 라고 청하였으나 최언위의 재능이 우수하고 학식이 넉넉하므로 허락하지 않았다. 나이 마흔둘에 신라로 돌아오자, 집사성시랑(執事省侍郎)·서서원학사(瑞書院學士)로 임명하였다. (…) (『高麗史』92 列傳 5 崔彦爲)

신라　태부왕(太傅王)께서 의원을 보내 문병하시고 파발마를 내려 재(齋)를 지내도록 하셨다. 중정(中正)·공평(公平)하게 정무를 보시느라 여가가 없으시면서도, 능히 시종 한결같으셨으니, 보살계를 받은 불자요 건공향(建功鄕)의 수령인 김입언(金立言)에게 특별히 명하여, 외로운 여러 제자들을 위로하게 하고 '지증선사(智證禪師)'라는 시호와 '적조(寂照)'라는 탑호를 내리셨다. 이어 비석 세우는 것을 허락하시고, 대사의 행장을 적어 아뢰라 하시니, 문인인 성견(性蠲)·민휴(敏休)·양부(楊孚)·계미(繼黴) 등은 모두 글재주가 있는 사람들인지라, 묵은 행적을 거두어 바쳤다. 을사년(乙巳年, (885)에 이르러 국민 가운데 유도(儒道)를 매개로 하여 황제의 나라에 시집가서 이름을 계륜(桂輪)에 높이 걸고 관직이 계하사(桂下史)에 오른 이가 있어 최치원(崔致遠)이라고 하는데, 당제(唐帝)의 조서를 두 손으로 받들고 회왕(淮王)이 준 의단(衣段)을 함께 가져 왔으니, 비록 이 영광을 봉새가 높이 나는 것에 비하기는 부끄러우나, 학이 청초하게 돌아온 것엔 자못 비길 만하리라. 임금께서 신신(信臣)으로서 청신남(淸信男)인 도죽양(陶竹陽)에게 명하여, 대사의 문인들이 쓴 행장을 치원에게 주도록 하고 수교(手敎)를 내려 말씀하시기를, "누더기를 걸친 동국(東國)의 선사(禪師)가 서방(西方)으로 천화(遷化)함을 이전에 슬퍼하였으나, 비단 옷을 입은 서국의 사자(使者)가 동국으로 귀환함을 매우 기뻐하노라. 불후의 대사가 인연이 있어 그대에게 이르게 된 것이니, 절묘한 작품을 아끼지 말아 장차 대사의 자비에 보답토록 하라"라고 하였다. 신이 비록 무인(武人)의 재목이 아니기 때문이긴 하나, 문인이 된 것을 다행스럽게 여긴다. 바야흐로 마음껏 재주를 부리려고 생각하던 차에 갑자기 주상전하의 승하하심을 당하였는데, 다시 나라에서 불서(佛書)를 중히 여기고 집에서는 승사(僧史)를 간직하며, 법갈(法碣)이 서로 바라보고 선비가 가장 많게 되었다. 두루 아름다운 글을 보고 시험 삼아 새롭지 못한 글도 찾아보았는데, "무거무래(無去無來)"의 말이 다투어 말(斗)로 헤아릴 정도요, '불생불멸(不生不滅)'의 말이 움직이면 수레에 실을 지경이었지만, 일찍이 『춘추(春秋)』에서와 같은 신의가 없었고, 간혹 조공(周公)의 구장(舊章)만을 쓴 것과 같을 뿐이었다. 이로써 돌이 말하지 못함을 알았고 도가 멀다고 하는 것을 더욱 체험하였다. 오직 한스러운 것은, 대사께서 돌아가신 것이 이르고 신의 귀국이 늦었다는 것이다. '애체(靉靆)'라는 두 글자를 두고 누가 지난 날을 알려줄 것인가. 소요원(逍遙園)에서 처럼 설법을 하셨으나, 참다운 비결을 듣지 못하였으니, 매양 감당할 수 없는 처지임을 걱정만 하였지, 서둘러지어야 되는 것을 깨닫지 못하였다. 때가 늦음을 탄식하자면 이슬처럼 지나고 서리같이 다가와, 갑자기 근심으로 희어진 귀밑머리가 시들어 쇠약한 것 같고, 도의 심원함을 말하자면 하늘같이 높고 땅처럼 두터워, 겨우 뻣뻣한 붓털을 썩힐 뿐이다. 장차 얽매임이 없는 놀음에 어울리고자 비로소 공동산(崆峒山)처럼 아름다운 행실을 서술한다. (「鳳巖寺智證大師寂照塔碑」 음기)

신라 중화(中和) 을사년 가을에 하교하시기를, "그 뜻을 잘 계승하고 그 일을 이어받아 잘 따르며 길이 후손에게 좋은 일을 물려주는 것이 나에게 달려 있을 뿐이니 선대(先代)에 세운 곡사(鵠寺)의 명칭을 바꾸어 마땅히 대숭복(大崇福)이라 해야 할 것이다. 경(經)을 몸에 지니는 보살과 시무(寺務)의 대강을 맡은 청정한 승려가 좋은 전지(田地)로써 공양과 보시에 이바지하였는데 한결 같이 봉은사(奉恩寺)[봉은사는 聖德大王의 명복을 빌기 위해 세운 절이다]의 전례를 따르라. 고(故) 파진찬(波珍飡) 김원량(金元良)이 희사한 땅의 산물로부터 얻는 이익을 운반하는 일이 중대하니 마땅히 정법사(正法司)에 위임토록 하라. 그리고 따로 덕망이 있는 두 고승을 뽑아 사적(寺籍)에 올려 상주(常住)토록 하면서 명로(冥路)에 복을 드린다면 윗자리에 있는 나로서 유계(幽界)까지 살피지 않음이 없게 될 것이고 대연(大緣)을 맺은 이로서도 감응이 있어 반드시 통하게 될 것이다"라고 하셨습니다. 이로부터 종소리는 공중에 울려 퍼지고 발우엔 향적여래(香積如來)가 주는 밥이 가득 담기며, 창도(唱導)함에 육시(六時)로 옥경(玉磬)이 울리고 수지(修持)함에 만겁(萬劫) 동안 구슬이 이어지듯 하리니, 위대하도다. 공자(孔子)의 이른바 "근심이 없는 이는 오직 문왕(文王)일진저. 아비가 일으키고 아들이 이어받았구나."하는 것을 얻으심이 아니겠습니까. (「崇福寺碑」)

신라 "비록 이와 같이 공색(空色)을 관(觀)하여 국경을 초월하였다고는 하나, 어찌 편수(偏陲)인 고국를 잊을 수 있으리요."하고 중화(中和) 5년에 귀국하였다. 그 때 바로 굴령(堀嶺)으로 가서 다시 통효대사(通曉大師)를 배알(拜謁)하니 대사가 이르시되 "일찍 돌아와서 반갑구나. 어찌 다시 서로 만나 볼 줄이야 기약조차 하였겠는가."하였다. 후학들이 각각 그로부터 법을 이어 받으면서 이렇게 실천하고 있었으니, 대사의 비련(扉蓮)에 있으면서 그 곁을 떠나지 아니하였다. 얼마를 지난 후 홀연히 병발(瓶鉢)을 휴대하고 운수행각(雲水行脚)의 길을 떠나니, 때로는 석장(錫杖)을 오악(五嶽)의 처음에 날려 잠깐 천주사(天柱寺)에 머물기도 하고, 혹은 배를 삼하(三河)의 뒤에 띄워 행각하다가 수정사(水精寺)에 주(住)하기도 하였다. (「太子寺郎空大師碑」)

886(丙午/신라 헌강왕 12, 정강왕 1/발해 현석17/唐 光啓 2/日本 仁和 2)

신라 봄에 북진(北鎭)에서 아뢰기를 "적국인(狄國人)이 진에 들어와 나무 조각을 나무에 걸고 돌아갔습니다."라고 하고, 드디어 가져다 바쳤다. 그 나무에는 글이 15자 쓰여 있었는데, "보로국(寶露國)과 흑수국(黑水國) 사람이 함께 신라국과 화친해 소통하고자 한다."라고 하였다. (『三國史記』 11 新羅本紀 11)

신라 봄에 북진(北鎭)에서 아뢰기를 "적인(狄人)이 설치한 나무에 15글자가 쓰여 있는데 '보로국(寶露國)과 흑수국(黑水國) 사람이 함께 신라국과 화친해 소통하고자 한다.'고 합니다." (『三國史節要』 13)

신라 경사스러운 병오년 봄에 하신(下臣) 치원(致遠)을 보고 이르시되, "예기(禮記)에 이르지 않았던가. '명(銘)이란 스스로 이름함이니 그 조상의 덕을 칭송하여 후세에까지 밝게 드러내려는 것은 효자 효손의 마음이다.'라고. 선조(先祖)께서 절을 지으실 당초에 큰 서원(誓願)을 발하셨는데 김순행(金純行)과 그대의 아비 견일(肩逸)이 일찍이 이 일에 종사하였다. 명(銘)이 한 번 일컬어지면 과인과 그대가 모두 얻게 되리니 그대는 마땅히 명(銘)을 짓도록 하라"고 하셨습니다. 신(臣)은 바다를 건너 중국에 가서 월계(月桂)의 향기를 훔쳤지만, 우구자(虞丘子)의 긴 슬픔만 남겼고 계로(季路)의 헛된 영화만을 누릴 뿐이었는데, 왕명(王命)을 받자오매 두렵고 놀라와 몸을 어루만지며 슬퍼 목이 메입니다. 가만히 생각하옵건대 중국에서 벼슬할 때 일찍이 유자규(柳子珪)가 우리나라의 일에 대하여 적어 놓은 글을 읽으니 서술한 바가 바르고 조리가 있어 왕도(王道) 아님이 없었는데 이제 우리 국사(國史)를 읽어보니 완연히 성조대왕조(聖祖大王朝)의 사적(事跡)이었습니다. 또 전하는 말을 들으매 중국의 사신 호귀후(胡歸厚)가 복명(復命)함에 한껏 채집한 풍요(風謠)를 두고 당시의 재상에게 이르기를, "제가 다녀온 지금부터 무부(武夫)는 신라에 사신으로 가서는 안될 것입니다. 왜냐하면 신라에는 산수가 아름다운 곳이 많은데 신라왕이 시로써 그려내어 주시거늘 제가 일찍이 배웠던 것에 힘입어 운어(韻語)를 지음으로써 억지로 부끄러움을 참아가며 화답했기에 망정이지 그렇지 않았더라면 틀림없이 해외(海外)의 웃음거리가 되었을 것입니다"라고 하니 관리들이 옳다고 여겼다 하옵니다. 이는 오로지 열조(烈祖)께서 시(詩), 서(書), 예(禮), 악(樂)으로 터전을 마련하시고 선왕(先王)께서 육경(六經)으로 세속을 교화하심이니 어찌 후손을 위하여 그러하심이 아니겠습니까. 능히 문물을 빛나게 하셨으니 명(銘)을 지어도 부끄러운 말이 없을 것이오 붓을 들어도 넘치는 용기가 있을 것입니다. (「崇福寺碑」)

발해 (5월) 28일 병오일에 전주방수(前周防守) 종5위상 기조신안웅(紀朝臣安雄)이 죽었다. 안웅은 좌경인(左京人)으로서 조교(助教) 종5위하 종계(種繼)의 아들이다. (…) 안웅의 아버지의 본래 성은 苅전수(苅田首)로서 찬기국(讚岐國) 사람이었는데, 안웅에 이르러 기조신(紀朝臣)의 성을 받아 서울 사람이 되었다. 안웅은 어려서 학행(學行)으로 이름이 높았고 성품이 너그러웠으며 부드럽게 사람들을 잘 가르쳤다. 처음에 득업생(得業生)이 되었다가 천안(天安) 2년(858)에 대학직강(大學直講)이 되었다. 정관(貞觀) 초에 발해국왕이 사신을 보내어 조빙하였는데 안웅이 존문(存問) 겸 영개사(領客使)가 되었다. (…) 안웅은 오로지 유교 경전만을 연구하였으며 자못 시문을 좋아하여 중양절에는 문인들을 불러 접(接)하기도 하였다. 죽을 때의 나이 65세였다. (『日本三代實錄』 49 光孝紀)

신라 (헌강왕이) 또 포석정에 행차했을 때 남산신이 임금의 앞에 나타나서 춤을 추었는데 좌우의 신하들은 보지 못하고 왕이 홀로 보았다. 어떤 사람[신]이 앞에 나타나 춤을 추니 왕 스스로가 춤을 추어 그 모양을 보였다. 신의 이름을 혹 상심(祥審)이라고 했으므로 지금까지 나라 사람들이 이 춤을 전하여 어무상심(御舞祥審) 또는 어무산신(御舞山神)이라고 한다. 혹은 이미 신이 나와 춤을 추자 그 모습을 살펴 공인(工人)에게 명하여 모습에 따라 새겨서 후세의 사람에게 보이게 했으므로 상심(象審)이라고 한다고 했다. 혹은 상염무(霜髥舞)라고도 하니 이는 그 형상에 따라 일컬은 것이다. 왕이 또한 금강령(金剛嶺)에 행차했을 때에 북악(北岳)의 신이 나타나 춤을 추었으므로 그의 이름을 옥도금(玉刀鈐)이라고 했고 또 동례전(同禮殿)의 잔치 때에는 지신(地神)이 나타나 춤을 추었으므로 그의 이름을 지백(地伯) 급간(級干)이라고 했다.『어법집(語法集)』에서 이르기를, "그때 산신(山神)이 춤을 추고 노래를 불르며 지리다도파도파(智理多都波都波)라고 하였다"고 한 것은 대개 지혜로 나라를 다스리는 사람이 사태를 미리 알고 많이 도망했으므로 도읍이 장차 파괴된다는 것을 말함이다. 곧 지신(地神)과 산신(山神)은 나라가 장차 멸망할 것을 알았으므로 춤을 추어 그것을 경계했던 것이나 나라 사람들은 이를 깨닫지 못하고 상서(祥瑞)가 나타난 것으로 생각하여 향락에 너무 심하게 빠졌기 때문에 나라가 마침내 망하였다. (『三國遺事』 2 紀異 2 處容郎 望海寺)

신라 여름 6월에 왕이 병이 들자 나라 안의 죄수를 사면하였다. 또 황룡사에서 백고좌를 설치하고 경전을 강론하였다. (『三國史記』 11 新羅本紀 11)

신라 여름 6월에 왕이 병이 들자 사면하였다. 또 황룡사에서 백고좌를 설치하고 경전을 강론하였다. (『三國史節要』 13)

신라 6월에 중국에서 연호를 고쳤음을 알고 광계 2년으로 하였다. (『三國史記』 31 年表 下)

신라 태보(太傅)를 추증받은 헌강대왕(憲康大王)께서 왕위를 이어 자주 서신을 보내시므로 거동을 옮겨 △△. 국사는 양념이나 비린 것을 멀리 하고 아픔을 없애며 방편을 잊어버리고자 하셨다. 이때 전국통(前國統)인 혜위(惠威)대법사와 천△법(泉△法)대덕과 비구△△△ 신부(愼孚)가 지해와 실행이 모두 뛰어나 승속이 함께 따라 마음씀이 없이 이치에 들어맞음을 알고는 만나 △△△△△ 왕족들도 스승으로 모시고 줄을 지어 하례하니 예의는 멀리 △△△△△ 이 없고 도는 더욱 높아졌다. 임금과 백성에 대해서 대사는 법칙을 두지 않고 굳이 구별을 않으니 하물며 스님처럼 고상한 분이 △△△△△ (「實相寺秀澈和尙楞伽寶月塔碑」)

신라 가을 7월 5일에 돌아가셨다. 시호는 헌강이며 보리사(菩提寺) 동남쪽에 장사 지냈다. (『三國史記』 11 新羅本紀 11)

신라 가을 7월에 왕이 돌아가셨다. 동생 황(晃)이 왕위에 즉위하야 시호를 헌강이라고 올리고 보제사(菩提寺) 동남쪽에 장사지냈다. (『三國史節要』 13)

신라 헌강왕이 죽었다. 정강왕 황(晃) 즉위 원년이다. (『三國史記』 31 年表 下)

신라 정강왕(定康王)이 즉위하였다. 이름은 황(晃)이고 경문왕의 둘째아들이다. (『三國史記』 11 新羅本紀 11)

신라 제50 정강왕[김씨이고 이름은 황(晃)이다. 민애왕(閔哀王)의 동모제(同母弟)이다. 병오(丙午, 886)년에 즉위했으나 돌아갔다] (『三國遺事』1 王曆)

신라 8월에 이찬 준흥(俊興)을 임명하여 시중으로 삼았다. (『三國史記』11 新羅本紀 11)

신라 8월에 이찬 준흥(俊興)을 시중으로 삼았다. (『三國史節要』13)

신라 (8월) 나라의 서쪽이 가물어 흉년이 들었다. (『三國史記』11 新羅本紀 11)

신라 (8월) 나라의 서쪽이 가물어 흉년이 들었다. (『三國史節要』13)

신라 (마멸) 고 홍각선사의 비명 및 서

유림랑 수 병부랑중 겸 숭문관 직학사이며 비어대를 하사받은 신 김원이 교를 받들어 짓고, 사문인 신 운철이 교를 받들어 진나라 우장군 왕희지의 글을 집자하다.

(마멸) 법은 본래 진도 아니고 가도 아님을 알아야 선의 종취에 통달하게 된다. 그러므로 공을 말하되 실이 그 속에 있고 실을 논하되 공이 그 안에 있어서, 멀리 천경의 밖까지 밝히고 항상 삼라만상의 △를 드러낸다. (마멸) 도의 본체를 허물면서 아울러 화합하게 하니 자연히 사라지지도 아니하고 생기지도 아니하며 더하지도 않고 줄어들지도 않는다. 그것을 닦으면 마침내는 정각을 깨닫게 되고 그것을 얻으면 그 근원을 궁구하게 되니, 이것이야말로 불법이다. 법(마멸)은 그윽하고 고요한 고을에서 자취를 일소하고 말을 잊은 경지에서 편안하고 고요하니, (그 사람은) 바로 홍각선사가 아니겠는가. 선사는 정신이 뛰어나게 맑고 시원하며 본성의 깨달음이 비범하여, 법의 바다를 건너게 해주는 나루터이자 다리였다. (마멸) 휘는 이관이요 자는 유자이며 (속성은) 김씨로서 서울 사람이다. 묵묵히 천축 알아 (마멸) 굳건한 정절로 한결 같이 머무르매 절개와 지조는 짝할 만한 사람이 없었고, 세상에 처함에 송죽 같은 마음을 지녔다. 편안히 (마멸) 두루 경서와 사서에 통하여 한번 본 것은 잊어버리지 않았으며, 삼황오제의 고전을 암송하는 기민함은 그보다 나을 수 없었다. 17세에 드디어 머리를 깎았으며, 승복을 입고 세속의 옷을 버렸다. (마멸) 해인사로 가서 여러 선지식을 찾아갔다. 그 뛰어난 것을 구하여 참예하고 듣는 것이 (마멸) 물 흐르듯 하였으며, 뜻의 바다는 한량 없고 글의 봉우리는 드높았다. 노숙들이 모두 칭찬하기를, "후생이 (마멸)"이라 하였다. (마멸) 영악에 노닐며 두루 선림을 찾았다. 우연히 어느 높은 산에 갔다가 문득 (마멸) 하고자 하였다. (마멸) 푸른 샘물과 구름은 기이하고도 빼어나며, 노을진 모습은 그윽하면서도 (마멸)하였다. (마멸)을 가르치니 (이를) 듣는 자가 원근을 막론하고 구름같이 모여들었다. 선사는 (마멸) 성스런 자취와 명산에서 두루 순례하기를 원하였다. (마멸)을 떨쳤다. (마멸)년에 다시 영암사에서 여러 달 동안 선정을 닦았는데 떠들썩한 무리들 (마멸). 원감대사가 중국에서 귀국하여 혜목산에 머물며 (마멸) 산비탈에다 단단히 얽은 것을 새로 중건하니, 한 달이 채 못 되어 완공되었다. (마멸)이 집집마다 가득차고 수레가 성을 기울일 정도였다. (마멸) 선사는 불문의 모범이요, 모습과 풍채가 준엄하여, (그를) 보는 자는 정신이 엄숙해져 (마멸) 선사를 상족으로 삼지 않음이 없었다. 함통(860~874) 말에 다시 설산의 억성사로 가서 (마멸) 금당과 불전을 이루었다. 옥과 같이 좋은 나무들이 소나무 사이에 뒤섞여 있었으니, 은둔하는 것은 (마멸) 거슬렸으나, (마멸) 때에 명성은 우뢰처럼 세상을 울렸다. (마멸) 성상(헌강왕)께서 명성을 듣고 그 덕을 사모하여 (마멸) 자나깨나 (마멸) 선의 자취를 (마멸). 그리하여 내연에 올라가 苦空을 강연하고 妙△를 얘기하니 (마멸) 이에 (마멸) 용안(마멸) 푸른 하늘을 보게 되었다. 다시 열흘이 지나지 않아 하직을 고하자, 명을 내려 (마멸) 길에서 전송하고 (마멸) 임금께서 또 사신을 보내 산에까지 호송하게 하였다. 광명 원년(880: 헌강왕 6)

겨울 10월 21일 아침에 (마멸), "이제 법의 인연이 다 되었다. 너희는 힘써 도를 지키라"하고, 그날 자연스레 입적하니 (마멸) 법랍이 50세였다. 아 살아서는 세속을 구제하더니 죽어서는 멸함을 보이는 구나. 임금께서 (마멸) 애도하고 만 백성이 슬퍼하였으며, 인동초가 시들고 자애로운 눈발이 처절하였다. (마멸) 무리들이 추모하는 슬픔을 못이기니, 제자 범룡과 사의 등이 매우 슬퍼하였다. (마멸) 임금은 중관을 명하여 시각을 다투도록 하였다. 이듬해에 (마멸) 시호를 홍각선사라 증하고 탑호를 선감지탑이라 하였다. 드높도다 (마멸) 나는 벼슬아치의 말류요 풍진 속의 볼품없는 관리로서 (마멸) 명예로운 재주가 빛나게 드날렸다. (마멸) 기술하였다. 비록 문장은 많이 간략하지만 일을 번잡하게 쓰지 않은 것은 대개 춘추에서 한 글자의 (마멸)
(마멸) 위대하도다. 불일이여 모든 땅을 다 비추고, 성대하도다 법(마멸)여 흐르지 않는 곳이 없구나. 진한은 불법을 너무나도 숭상하여 (마멸)을 닦으니, 천축국과 어깨를 나란히 하고 왕사성과 필적할 만하도다. 선사는 가르침을 펼치고 성스런 자취에 두루 노닐며, (마멸) 참 이치를 깨달았고 지극한 도를 마침내 깨쳤으니, 마음 거울 환히 열려 (마멸) 서릿발이 절로 녹았다. 설법하는 말 자락 마다 (마멸)하니, 담론함에 강물을 기울인 듯하고 덕은 높아 산을 우러렀다. 대궐의 법좌에 자주 올랐으되, (마멸) 선의 가르침을 꺾고 헐뜯었으며, △기(△期)를 깎고 △△하였다. (마멸) 사람도 한적하고 선방이 적막하고, 현관(玄關)이 (마멸) 법의 요체를 (마멸) 만고에 뉘라서 붙잡을꼬. (마멸)하며 남겨진 영정 바라보고 눈물 흘리며 산 얼굴 적시니, 바위와 나무가 처량하고 구름과 산봉우리도 쓸쓸하구나. 큰 비를(마멸)
대당 광계 2년 병오 10월 9일에 세우다. (마멸) 거성현의 최경이 비액의 전자를 쓰고 보덕사의 사문 신 혜강은 글자를 새기다. (「禪林院址弘覺禪師碑」)

신라

선사가 열반에 든 것은 문성대왕 때였는데 임금이 마음으로 슬퍼하여 청정한 시호를 내리려다 선사가 남긴 훈계를 듣고서는 부끄러워하여 그만두었다. 3기(紀)를 지난 뒤 문인들이 세상 일의 변천이 심한 것을 염려하여 법을 사모하는 제자에게 영원토록 썩지 않고 전할 방법을 구하였더니 내공봉 일길간인 양진방(楊晉方)과 숭문대의 정순일(鄭詢一)이 굳게 마음을 합쳐 돌에 새길 것을 청하였다. 헌강대왕께서 지극한 덕화를 넓히고 불교를 흠앙하시어 시호를 진감선사(眞鑑禪師), 탑명을 대공영탑(大空靈塔)이라 추증하고 이에 전각(篆刻)을 허락하여 길이 영예를 다하도록 하였다. 거룩하도다. 해가 양곡(暘谷)에서 솟아 어두운 데까지 비추지 않음이 없고, 바닷가에 향나무를 심어 오래될수록 향기가 가득하다. 어떤 사람은 "선사께서 명(銘)도 짓지 말고 탑도 세우지 말라는 훈계를 내리셨거늘 후대로 내려와 문도들에 이르러 확고하게 스승의 뜻을 받들지 못했으니 '그대들이 스스로 구했던가, 아니면 임금께서 주셨던가' 바로 흰 구슬의 티라고 할 만하다."고 하였다. 아 그르다고 하는 사람 또한 그르다. 명예를 가까이 하지 않아도 이름이 드러난 것은 선정을 닦은 법력의 나머지 보응이니 저 재처럼 사라지고 번개같이 끊어지기 보다는 할만한 일을 할 수 있을 때 해서 명성이 대천세계(大千世界)에 떨치도록 하는 것이 낫지 않겠는가 그러나 귀부가 비석을 이기도 전에 임금이 갑자기 승하하고 금상이 이어 즉위하시니 질 나발과 저가 서로 화답하듯 뜻이 부촉에 잘 맞아 좋은 것은 그대로 따르시었다. 이웃 산의 절도 옥천이라고 불렀는데 이름이 서로 같아 여러 사람의 혼동을 일으켰다. 장차 같은 이름을 버리고 다르게 하려면 마땅히 옛 이름을 버리고 새 이름을 지어야 했는데 절이 자리 잡은 곳을 살펴보게 하니 절 문이 두 줄기 시냇물이 마주하는데 있었으므로 이에 제호를 하사하여 쌍계(雙溪)라고 하였다. 신에게 명을 내려 말씀하시기를 "선사는 수행으로 이름이 드러났고 그대는 문장으로 이름을 떨쳤으니 마땅히 명(銘)을 짓도록 하라."고 하시어 치원(致遠)이 두 손을 마주대고 절하면서 "예. 예."하고 대답하였다. 물러나와 생각하니 지난번 중국에서 이름을 얻었고 장구(章句) 속에서 살지고 기름진 것을 맛보았으나 아직 성인의 도에 흠뻑 취하지 못하여 번드르르하게 꾸민 것에 깊이 감복했던 것이 오직 부끄러울 뿐이다. 하물며 법(法)은 문자(文字)를 떠난지라 말을 붙일 데가 없으니 혹 굳이 그를 말한다면 수레를 북쪽으로 향하면서 남쪽의 영(郢)땅에 가려는 것이 되리라. 다만 임금의 보살핌과 문인(門人)들의 큰 바램으로 문자(文字)가 아니면 많은 사람의 눈에 밝게 보여줄 수 없기에 드디어 감히 몸은 한꺼번에 두 가지 일을 맡고 힘은 오능(五能)을 본받으려 하니 비록 돌에 의탁한다 해도 부끄럽고 두렵다. 그러나 '도(道)란 억지로 이름붙인 것'이니 무엇이 옳고 무엇이 그른가. 재주가 없다 하여 필봉을 드러내지 않는 것을 신이 어찌 감히 할 것인가. 거듭 앞의 뜻을 말하고 삼가 명(銘)을 지어 이른다. (「雙溪寺眞鑑禪師大空塔碑」)

신라 좋은 일도 끝이 있고 한창 때도 끝나는 법이다. 정강대왕(定康大王)께서 즉위하셔서는 (景文王과 憲(獻)康王) 양조(兩朝)에서 은혜를 베푼 것을 본받아 행하고자 하여 승려와 속인으로 거듭 사신을 보내어 맞아 오게 하였으나 대사는 늙고 병들었다고 사양하였다 (「聖住寺郞慧和尙白月葆光塔碑」)

신라 광계 2년에 상주의 남쪽으로 피난 가서 잠시 조령(鳥嶺)에서 서지(栖遲)하였다. 이와 때를 같이하여 본산(本山)인 사자산이 병화(兵火)를 만나 보방(寶坊)이 모두 소실되었으니, 대사(大師)는 혜안으로 미리 길흉(吉凶)을 점쳐 건물과 함께 타 죽을 액난을 면하였다. (「寧越興寧寺澄曉大師塔碑」)

신라 집안에는 한 치의 땅도 없었으나 초년(髫年)에 이르러서부터 가산이 일기 시작하였으니, 이는 전생에 이미 법아(法牙)를 닦았고, 승과(勝果)를 역수(逆修)하였기 때문이다. 비록 아이들과 노는 가운데 있으나, 오히려 동년(童年)의 위에 있었다. 나이 유학(幼學)의 시절이 되어서는 책을 메고 학당에 들어가려는 마음이 있었으며, 덕은 노성(老成)한 사람보다 귀하였다. 이미 불교에 출가 수도하려는 뜻을 품고는 이친(二親)에 고하되 "세상의 진노(塵勞)를 여의고 출세간(出世間)인 불지(佛地)에 오르는 인연을 닦고자 하오니 허락하여 주십시오. 비록 혜가(慧柯)의 재질(才質)은 부족하나, 오직 불법의 동량이 되기를 기약하는 마음은 굳게 다짐하였다."라고 여쭈었다. 이 말을 들은 부모는 말없이 탄식하고 "기인(己仁)을 이루고 물지(物智)를 이룩하여 이미 내외(內外)의 도(道)에 합하였다"면서 "네가 출가하려는 뜻은 좋으나, 너와 헤어짐은 슬프고 또 슬픈 일이라"하자, 대사가 "뜻은 부모의 곁에 있으나, 마음의 약속은 부처님 앞에 있습니다."라 하였다. 하는 수 없이 "사람들의 원하는 바를 하늘도 따라 주는 것이거늘 내 어찌 아들을 사랑한다는 이유로 아버지로서 거역할 수 있겠는가."하고 드디어 울면서 허락하였다. 대사는 곧바로 부인산사(夫仁山寺)로 가서 삭발하고, 경전을 배우는 강원으로 들어가 교리를 배웠다. 선산(禪山)을 좋아하지 아니하고, 빠른 걸음으로 행각(行脚)하기로 마음을 먹었다. 어느 날 밤 꿈에 금선(金仙)께서 이마를 만지며 귀를 잡고 방포(方袍)를 주면서 "너는 이 가사를 입어야 하니 그 까닭인 즉 앞으로 이를 몸에 두르고 수행(修行)하되 그 기회를 놓치지 말라. 이곳은 심학자(心學者)의 참선하는 곳이 아니다. 곧바로 떠나가는 것이 또한 마땅하지 않겠는가."하거늘 대사는 잠을 깬 다음, 깊이 생각하되 "이는 앞으로 내가 수도의 길을 떠날 조짐으로 때를 놓치지 말아야 할 것이니, 어찌 가만히 앉아서 때를 기다리겠는가."하고, 입산하는 행장을 꾸려 마치 새처럼 집을 나와 백계산(白鷄山)으로 나아가 도승화상(道乘和尙)을 배알하고 간청하되 제자가 되어 보살도를 닦아 여래의 집에 들어가서 오묘한 진리를 보는 지혜의 눈과 모든 사물(事物)의 근원을 아는 마음을 열도록 지도를 간청했다. 이미 깨달은 것은 지혜(智慧)가 아니며, 그 불법(佛法)을 옹호할 수도 없으니, 오직 계율(戒律)이 아니면 비위(非違)를 막을 수 없다하여 열 여덟살 때, 월유산(月遊山) 화엄사(華嚴寺)에서 구족계를 받고는 인초(忍草)에서 싹이 돋고, 또한 부낭(浮囊)을 굳게 지니 듯 하여 계향(戒香)의 향기로움을 더욱 퍼지게 하였고, 마음을 돌과 같이 견고히 하였다. 그 후 여러 해 동안의 좌우(坐雨)인 하안거(夏安居)를 마치고, 운수행각(雲水行脚)을 하다가 다시 본사인 백계산(白鷄山)으로 가서 도승(道乘)스님을 뵙고 하직 인사를 드렸더니, 도승대사가 이르되 "너의 뜻을 꺾을 수 없으며, 또한 자네의 굳은 의지를 막을 수가 없구나 너는 나를 동가(東家)의 구(丘)로 삼으려 하였으나, 나에게는 그러한 지도 능력이 없으니 어찌할 수 없다."하고 웃으면서 심사방도(尋師訪道)의 길을 떠나기를 허락하였다. 그로부터 제방(諸方)으로 행각하되 배움에 있어 일정한 상사(常師)를 두지 아니하고, 성주사의 무염대사(無染大師), 굴산사의 범일대사(梵日大師) 등을 차례로 친견하여 법문을 듣고 현기(玄機)를 깨닫고 생각하기를 '옥을 캐고 구슬을 탐색하듯 도(道)가 어찌 먼 곳에 있겠는가. 행하면 바로 그 곳에 있다.'고 하였다. (「玉龍寺洞眞大師碑」)

887(丁未/신라 정강왕 2, 진성왕 1/발해 현석18/唐 光啓 3/日本 仁和 3)

신라 봄 정월에 황룡사에서 백고좌를 설치하므로 친히 행차하여 강론을 들었다. (『三國史記』11 新羅本紀 11)

신라 봄 정월에 황룡사에서 백고좌를 설치하므로 강론을 들었다. (『三國史節要』13)

신라 (봄 정월) 한주(漢州)의 이찬 김요(金蕘)가 반란을 일으키니 군사를 출동시켜 그를 목 베었다. (『三國史記』11 新羅本紀 11)

신라 (봄 정월) 한주의 이찬 김요가 반란을 일으키니 군사를 출동시켜 그를 목 베었다. (『三國史節要』13)

신라 여름 5월에 왕이 병이 악화되자 시중 준흥에게 말하였다. "내 병이 위독해 다시 일어나지 못할 것이 틀림없는데, 불행하게도 대를 이을 아들이 없다. 그러나 누이동생 만(曼)은 천품이 명민하고 골격이 흡사 장부와 같으니, 그대들은 마땅히 선덕왕과 진덕왕의 옛 일을 본받아서 왕으로 세우는 것이 좋겠다." (『三國史記』11 新羅本紀 11)

신라 여름 5월에 왕이 병이 악화되자 시중 준흥에게 말하였다. "내 병이 위독해 다시 일어나지 못할 것이 틀림없는데, 불행하게도 대를 이을 아들이 없다. 그러나 누이동생 만(曼)은 천품이 명민하고 골격이 흡사 장부와 같으니, 그대들은 마땅히 선덕왕과 진덕왕의 옛 일을 본받아서 왕으로 세우는 것이 좋겠다." (『三國史節要』13)

신라 이러한 까닭에 우리 진성왕(眞聖王)께서 정강왕(定康王)이 나라를 다스림에 힘들어 하다가 돌아가자 이에 앞의 허물을 따라 (결락) 어찌 누추한 곳이라 하겠는가. 본래 (결락) 물들지 않음을 얻어 그윽한 도리가 끝까지 맑고 한가하니 일평생의 큰 인연이 임금의 스승이 되는데 한점의 흠도 없었다. 그리하여 당(唐) 태종(太宗)이 조칙을 내려 삼사(三師)의 지위를 둠을 분명히 한다 하니 (결락) 유교를 뿌리로 하고 불교를 줄기로 하며 중국을 거푸집으로 삼고 우리나라를 주물로 하니 우리나라는 본래 어진 동방(東方)이라 도(道)로써 제어하기가 쉬운 바이다. 이에 마음이 이미 녹았다고 하나 멀리 있는 종은 치기가 힘들어 가까이 모시고자 하여 대사를 도성 안에 거처하게 하였으나 잠시도 머무르지 않으셨다. 그래서 특별히 단의장공주(端儀長公主)께

왕명을 내려 심원산사(深源山寺)에 대사께서 사시도록 요청하여 널리 미혹한 중생을 제도하게 하였는데 그때 사람들이 △라 부르지 않으니 심지를 밝혀주는 영원사(瑩原寺)를 말함이 아니겠는가. 얼마 안있어 서울과 너무 가깝다 하여 개울과 돌이 있는 맑은 곳으로 가시고자 하여 (결락) 제자 수인(粹忍)과 의광(義光)이 각기 남악의 북쪽 들에 살았는데 (결락) 들판으로 빼어나 짝할 만한 곳이 없었는데 법운사(法雲寺)라 이름붙이시니 마음이 경개를 따랐기 때문에 그렇게 이름 붙인 것이다. 십지경(十地境)을 지으시어 세 산을 진압하신 것은 그 감응에 응하신 것이다. (결락) 비밀한 가르침과 직접 지켜본 도리는 후학들을 더욱 노력하도록 채찍질하는 것이다. 대사는 말이 없이 근세에 마음 공부를 하셨으나 괴력란신(怪力亂神)을 힘쓰지 않으셨으니 (결락) 그대들은 옛일을 상고하여 마땅히 멀리까지 뿌리삼아야 할 것이다. (「實相寺秀澈和尙楞伽寶月塔碑」)

신라 가을 7월 5일에 돌아가셨다. 시호를 정강(定康)이 하였고 보리사(菩提寺) 동남쪽에 장사지냈다. (『三國史記』 11 新羅本紀 11)

신라 가을 7월에 왕이 돌아가셨다. 만(曼)이 즉위하였다. 왕의 시호를 정강이라 하였고 보리사 동남쪽에 장사지냈다.

권근(權近)이 말하였다. 건괘(乾掛)와 곤괘(坤掛)는 모두 원(元)·형(亨)·이(利)·정(貞)의 덕이 있으나 건(乾)의 정(貞)이 암말이 되는 것은 그 몸체가 유순하여 강경함이 부족하기 때문이다. 이 때문에 처도(妻道)는 이룩함이 없고 반드시 부도(夫道)와 짝이 된 연후에 이내 가도(家道)를 이루는 것이다. 가도(家道)도 오히려 홀로 이루지 못하는데 하물며 임금의 자리에 있어서랴. 부인(婦人)으로 망령되게 대위(大位)를 차지한 자는 한(漢)나라의 여치(呂雉)와 당(唐)의 무조(武曌)인데 모두 여자로써 국권을 장악하여 패악한 짓을 자행하고 종국(宗國)의 전복을 꾀하였는데, 위태한 후에 안정되었으니 류씨와 이씨가 멸망하지 않은 것은 다행스러운 일이다. 정강왕이 장차 승하할 때 선덕과 진덕의 고사(故事)를 빙자하여 유명(遺命)을 내려 만(曼)을 세워 임금을 삼게 하였고 그 신하 준흥(俊興)은 학문과 술책이 없어 선덕과 진덕 두 여주(女主)가 왕위에 오른 것이 이치에 어긋나고 강상을 어지럽혀 족히 채택할 것이 못됨을 알지 못하고 도리어 이를 본받았으며 난명(亂命)을 좇는 데에 힘써 여주가 음탕한 짓을 자행하고 도적떼가 사방에 일어나서 마침내 나라가 멸망하는 데에 이르렀다. 이는 이른바 임금은 임금답지 못하고 신하는 신하답지 못하다는 것이다. 아. 애석하도다. (『三國史節要』 13)

신라 정강왕이 죽었다. 진성왕 만(曼) 즉위 원년이다. (『三國史記』 31 年表 下)

신라 (가을 7월) 진성왕(眞聖王)이 즉위하였다. 이름은 만(曼)이고 헌강왕의 누이동생이다 [최치원 문집 제2권의 사추증표(謝追贈表)에는 "신(臣) 탄(坦)은 아룁니다. 엎드려 칙지를 받자오니 죽은 아버지 신응(凝)을 추증해 태사(太師)로 삼고, 죽은 형정(晸)을 태부(太傅)로 삼았습니다."라고 하였고, 또 납정절표(納旌節表)에는 "신의 맏형 국왕 정이 지난 광계(光啓) 3년(887) 7월 5일에 갑자기 성스런 시대를 버렸고, 신의 조카 요(嶢)는 아직 돌도 되지 않았는지라, 신의 둘째 형 황(晃)이 임시로 나라를 다스리던 바, 또 1년도 넘기지 못하고 멀리 세상을 떠났습니다."라고 하였다. 이로써 말하자면 경문왕의 이름은 응(凝)인데 본기에는 응렴(膺廉)이라 하였고, 진성왕의 이름은 탄(坦)인데 본기에서는 만(曼)이라 했다. 또 정강왕 황(晃)은 광계 3년에 죽었는데 본기에는 2년에 죽었다고 하니, 모두 어떤 것이 옳은지 알 수 없다]. (『三國史記』 11 新羅本紀 11)

신라 제51 진성여왕(眞聖女王)(김씨이고 이름은 만헌(曼憲)으로 곧 정강왕(定康王)의 누이동생이다. 왕의 배필은 위홍(魏弘) 대각간인데, 혜성대왕(惠成大王)으로 추봉(追封)되었다. 정미(887)년에 즉위하여 10년을 다스렸다. 정사년(897)에 소자(小子) 효공왕(孝恭王)에게 왕위를 양위하였다. 그 해 12월에 돌아가니 화장하여 뼈를 모량(牟梁) 서악(西岳)에 뿌렸다. 또는 미황산(未黃山)에 뿌렸다고도 한다.) (『三國遺事』1 王曆)

신라 (가을 7월) 크게 사면하고 여러 주군의 1년 조세를 면제해 주었다. (『三國史記』11 新羅本紀 11)

신라 (가을 7월) 크게 사면하고 여러 주군의 1년 조세를 면제해 주었다. (『三國史節要』13)

신라 (가을 7월) 황룡사에 백고좌를 설치하고 친히 행차해 설법을 들었다. (『三國史記』11 新羅本紀 11)

신라 (가을 7월) 황룡사에 행차해 백고좌를 설치하고 설법을 들었다. (『三國史節要』13)

신라 겨울에 눈이 내리지 않았다. (『三國史記』11 新羅本紀 11)

신라 겨울에 눈이 내리지 않았다. (『三國史節要』13)

신라 효녀 지은(知恩)은 한기부(韓岐部) 백성 연권(連權)의 딸이다. 성품이 지극히 효성스러웠다. 어려서 아버지를 잃고 홀로 그 어머니를 봉양하였다. 나이 32세가 되도록 오히려 시집가지 않고 아침과 저녁으로 문안드리며 곁을 떠나지 않았다. 봉양할 것이 없으면 때로는 품을 팔고 때로는 돌아다니며 구걸하여 먹을 것을 얻어 드시도록 하였다. [그러한] 날이 오래 되자 가난함을 이기지 못하여 부잣집에 가서 몸을 팔아 종이 되기로 하고 쌀 10여 섬을 얻었다. 온종일 그 집에서 일을 하고 저녁이면 밥을 지어 돌아와서 봉양하였다. 이와 같이 3~4일이 지나자 그 어머니가 딸에게 말하였다. "지난번에는 음식이 거칠었으나 달았는데 지금은 음식은 비록 좋지만 맛이 전과 같지 않고, 간장과 심장을 칼날로 찌르는 것 같으니 이 어찌된 연유이냐" 딸이 사실을 아뢰니 어머니가 "나 때문에 너를 종으로 만들었구나. 빨리 죽는 것보다 못하구나."라고 말하고 소리를 내어 크게 우니 딸도 울었다. 슬픔이 길가는 사람들을 감동시켰다. 그때 효종랑(孝宗郞)이 나가서 돌아다니다가 이를 보고, 집으로 돌아가 부모에게 청하여 집의 곡식 1백 섬과 옷가지를 실어다 그녀에게 주었다. 또 종으로 사들인 주인에게 몸값을 갚아주고 양인으로 만들어 주었다. 낭도 수천 명이 각각 곡식 한 섬씩을 내어서 주었다. 대왕이 이 소식을 듣고 또한 조(租) 5백 섬과 집 한 채를 내려주고 요역을 면제시켜 주었다. 곡식이 많으므로 훔쳐 가는 자가 있을 것을 염려하여 담당 관청에 명하여 군사를 보내 교대로 지키게 하였다. 그 마을을 칭찬하고 드러내어 '효양방(孝養坊)'이라고 하였다. 이어서 표를 올려 그 아름다움을 당 황실에 아뢰었다. 효종은 당시 제3재상 서발한(舒發翰) 인경(仁慶)의 아들로 어릴 때 이름은 화달(化達)이었다. 왕이 생각하기를 비록 어린 나이이지만 문득 어른스러움을 볼 수 있다고 여겨 곧 자기의 형 헌강왕의 딸을 시집보냈다. (『三國史記』48 列傳 8 孝女知恩)

신라 신라국 고 지리산 쌍계사 교시 진감선사 비명과 서
전(前) 중국 도통순관 승무랑 시어사 내공봉이며 자금어대를 하사받은 신 최치원 왕명을 받들어 글을 짓고 아울러 전자(篆字)의 제액을 씀.
무릇 도(道)란 사람에게서 멀리 있지 않으며 사람에게는 나라의 다름이 없다. 이런 까닭에 우리 동방인들이 불교를 배우고 유교를 배우는 것은 필연이다. 서쪽으로 대양을 건너 통역을 거듭하여 학문을 좇아 목숨은 통나무 배에 의지하고 마음은 보배의 고장으로 향하였다. 비어서 갔다가 올차서 돌아오며 어려운 일을 먼저하고 얻는 것을 뒤로 하였으니, 또한 옥을 캐는 자가 곤륜산의 험준함을 꺼리지 않고 진주를 찾는 자가 검은 용이 사는 못의 깊음을 피하지 않는 것과 같았다. 드디어 지혜의 횃불을 얻으니 빛이 오승(五乘)을 두루 비추었고 유익한 말[가효]을 얻으니 미각은 육경(六經)에서 배불렀으며, 다투어 많은 사람들로 하여금 선(善)에 들게 하고 능히 한 나라로 하여금 인(仁)을 일으키게 하였다. 그러나 학자들이 간혹 이르기를 "인도의 석가와 궐리의 공자가 교를 설함에 있어 흐름을 나누고 체제를 달리하여 둥근 구멍에 모난 자루를 박는 것과 같아서 서로 모순되어 한 귀퉁이에만 집착한다" 하였다. 시험삼아 논하건대 시(詩)를 해설하는 사람은 글자로써 말을 해쳐서는 안되고 말로써 뜻을 해쳐서도 안된다. 예기에 이른바 "말이 어찌 한 갈래뿐이겠는가. 무릇 제각기 타당한 바가 있다"고 하였다. 그러므로 여산(廬山)의 혜원(慧遠)이 논(論)을 지어 이르기를 "여래가 주공, 공자와 드러낸 이치는 비록 다르지만 돌아가는 바는 한 길이다. 극치를 체득함에 있어 아울러 응하지 못하는 것은 만물을 능히 함께 받아들이지 못하기 때문이다"고 하였다. 심약(沈約)은 말하기를 "공자는 그 실마리를 일으켰고 석가는 그 이치를 밝혔다"고 하였으니, 참으로 그 대요를 안다고 이를 만한 사람이라야 비로소 더불어 지선(至善)의 도(道)를 말할 수 있다.

부처님께서 심법(心法)을 말씀하신 데 이르면 현묘하고 또 현묘하여 이름하려 해도 이름할 수 없고 설명하려 해도 설명할 수 없다. 비록 달을 얻었다고 하더라도 그 달을 가리킨 손가락을 잊기란 끝내 바람을 잡아매는 것 같고 그림자처럼 가서 붙잡기 어렵다. 그러나 먼 데 이르는 것도 가까운 데서부터 시작되는 것이니 비유를 취한들 무엇이 해로우랴. 공자가 문하 제자에게 일러 말하기를 "내 말하지 않으련다. 하늘이 무슨 말을 하더냐."고 하였으니 저 유마거사가 침묵으로 문수보살을 대한 것이나 부처님이 가섭존자에게 은밀히 전한 것은 혀를 움직이지도 않고 능히 마음을 전하는 데 들어맞은 것이다. '하늘이 말하지 않음'을 말하였으니 이를 버리고 어디 가서 얻을 것인가. 멀리서 현묘한 도를 전해 와서 우리나라에 널리 빛내었으니 어찌 다른 사람이랴. 선사(禪師)가 바로 그 사람이다.

선사의 법휘는 혜소(慧昭)이며 속성은 최씨(崔氏)이다. 그 선조는 한족(漢族)으로 산동(山東)의 고관이었다. 수나라가 군사를 일으켜 요동을 정벌하다가 고구려에서 많이 죽자 항복하여 변방의 백성이 되려는 자가 있었는데 성스러운 당이 4군을 차지함에 이르러 지금 전주의 금마사람이 되었다. 그 아버지는 창원(昌原)인데 재가자임에도 출가승의 수행이 있었다. 어머니 고씨(顧氏)가 일찍이 낮에 잠깐 잠이 들었는데 꿈에 한 서역 승려가 나타나 말하기를 "나는 아미(阿(방언으로 어머니를 이른다)의 아들이 되기를 원합니다." 하고 유리 항아리를 주었는데 얼마 지나지 않아 선사를 임신하였다.

태어나면서도 울지 아니하여 곧 일찍부터 소리가 작고 말이 없어 빼어난 인물이 될 싹을 보였다. 이를 갈 나이에 아이들과 놀 때는 반드시 나뭇잎을 사르어 향이라 하고 꽃을 따서 공양으로 하였으며 때로는 서쪽을 향하여 무릎 꿇고 앉아 해가 기울도록 움직이지 않았다. 이렇듯 착한 근본이 진실로 백 천겁 전에 심어진 것임을 알지니 발돋움하여도 따라갈 일이 아니었다. 어려서부터 성인이 되기까지 부모의 은혜를 갚는데 뜻이 간절하여 잠시도 잊지 않았다. 그러나 집에 한 말의 여유 곡식도 없고 또 한 자의 땅도 없었으니 천시(天時)를 이용하는 것으로 음식을 봉양함에 있어 오직 힘닿는 대로 노력하였다. 이에 소규모의 생선 장사를 벌여 봉양하는 좋은 음식을 넉넉하게 하는 업으로 삼았다. 손으로 그물을 맺는데 힘쓰지 않았으나 마음은 이미 통발을 잊은 데 부합하였다. 능히 부모에게 콩죽을 드려도 그 마음을 기쁘게 하기에 넉넉하였고 진실로 양친(養親)의 노래[采蘭之詠]에 들어 맞았다. 부모의 상을 당하자 흙을 져다 무덤을 만들고는 이내 "길러주신 은혜는 애오라지 힘으로써 보답하였으나 심오한 道에 둔 뜻은 어찌 마음으로써 구하지 않으랴. 내 어찌 덩굴에 매달린 조롱박처럼 한창 나이에 지나온 자취에만 머무를 것인가."라고 말하였다.

드디어 정원 20년(804), 세공사(歲貢使)에게 나아가 뱃사공이 되기를 청하여 배를 얻어 타고 서쪽으로 건너가게 되었는데 속된 일에도 재능이 많아 험한 풍파를 평지와 같이 여기고는 자비의 배를 노저어 고난의 바다를 건넜다. 중국에 도달하자 나라의 사신에게 고하기를 "사람마다 각기 뜻이 있으니 여기서 작별을 고할까 합니다." 하였다. 드디어 길을 떠나 창주(滄州)에 이르러 신감대사(神鑑大師)를 뵈었다. 오체투지하여 바야흐로 절을 마치기도 전에 대사가 기꺼워하면서 "슬프게 이별한 지가 오래지 않은데 기쁘게 서로 다시 만나는구나." 하였다. 급히 머리를 깎고 잿빛 옷을 입도록 하여 갑자기 인계(印契)를 받게 하니 마치 마른 쑥에 불을 대는 듯 물이 낮은 들판으로 흐르는 듯 하였다. 문도들이 서로 이르기를 "동방의 성인을 여기서 다시 뵙는구나."라고 하였다. 선사는 얼굴빛이 검어서 모두들 이름을 부르지 않고 지목하여 흑두타(黑頭陀)라고 했다. 이는 곧 현묘함을 탐구하고 말 없는데 처함이 참으로 칠도인(漆道人)의 후신이었으니 어찌 저 읍중의 얼굴 검은 자한(子罕)이 백성의 마음을 위로해 준 것에 비할 뿐이랴. 길이 붉은 수염의 불타야사(佛陀耶舍) 및 푸른 눈의 달마(達磨)와 함께 색상(色相)으로써 나타내 보인 것이다. 원화 5년(810) 숭산 소림사의 유리단에서 구족계를 받았으니 어머니의 옛 꿈과 완연히 부합하였다. 이미 계율에 밝았으매 다시 학림(學林)으로 돌아왔는데 하나를 들으면 열을 아니 홍색이 꼭두서니보다 더 붉고 청색이 남초 보다 더 푸른 것과 같았다. 비록 마음은 고요한 물처럼 맑았지만 자취는 조각구름같이 떠돌아 다녔다. 그 때 마침 우리나라 스님 도의(道義)가 먼저 중국에 와서 도를 구하였는데 우연히 서로 만나 바라는 바가 일치하였으니 서남쪽에서 벗을 얻은 것이다. 사방으로 멀리 찾아다니며 부처님의 지견(知見)을 증득하였다. 도의가 먼저 고국으로 돌아가자 선사는 곧바로 종남산(終南山)에 들어갔는데 높은 봉우리에 올라 소나무 열매를 따먹고 지관(止觀)하며 적적하게 지낸 것이 삼년이요, 뒤에 자각(紫閣)으로 나와 사방으로 통하는 큰 길에서 짚신을 삼아가며 널리 보시하며 바쁘게 다닌 것이 또 삼년이었다. 이에 고행도 이미 닦았고 타국도 다 유람하였으나 비록 공(空)을 관(觀)하였다 하더라도 어찌 근본을 잊을 수 있겠는가. 이에 태화 4년(830) 귀국하여 대각(大覺)의 상승(上乘) 도리로 우리나라 어진 강토를 비추었다. 흥덕대왕이 칙서를 급히 보내고 맞아 위로하기를 "도의(道義) 선사가 지난 번에 돌아오더니 상인(上人)이 잇달아 이르러 두 보살이 되었도다. 옛날에 흑의를 입은 호걸이 있었다고 들었는데 지금은 누더기를 걸친 영웅을 보겠도다. 하늘까지 가득한 자비의 위력에 온 나라가 기쁘게 의지하리니 과인은 장차 동방 계림의 땅을 길상(吉祥)의 집으로 만들리라" 하였다. 처음에 상주(尙州) 노악산(露岳山) 장백사(長栢寺)에 석장을 멈추었다. 의원의 문전에 병자가 많듯이 찾아오는 이가 구름같아 방장(方丈)은 비록 넓으나 물정이 자연 군색하였다. 드디어 걸어서 강주의 지리산에 이르니 몇 마리의 호랑이가 포효하며 앞에서 인도하여 위험한 곳을 피해 평탄한 길로 가게 하니 산을 오르는 신과 다르지 않았고 따라가는 사람도 두려워하는 바가 없이 마치 집에서 기르는 개처럼 여겼다. 곧 선무외(善無畏) 삼장이 영산에서 여름 결제를 할 때 맹수가 길을 인도하여 깊은 산속의 굴에 들어가 모니(牟尼)의 입상을 본 것과 완연히 같은 사적이며, 저 축담유(竺曇猷)가 조는 범의 머리를 두드려 경(經)을 듣게 한 것 또한 그것 만이 승사(僧史)에 미담이 될 수 없다. 이리하여 화개곡의 고(故) 삼법화상(三法和尙)이 세운 절의 남은 터에 당우(堂宇)를 꾸려내니 엄연히 절의 모습을 갖추었다. 개성 3년(838)에 이르러 민애대왕이 갑자기 보위에 올라 불교에 깊이 의탁하고자 국서를 내리고 재비(齋費)를 보내 특별히 친견하기를 청하였는데, 선사가 말하기를 "부지런히 선정(善政)을 닦는 데 있을 뿐, 어찌 만나려 하십니까"라고 하였다. 사자(使者)가 왕에게 복명하니 그 말을 듣고 부끄러워 하면서도 깨달은 바가 있었다. 선사가 색과 공을 다 초월하고 선정과 지혜를 함께 원만히 갖추었다 하여 사자를 보내 호를 내려 혜소(慧昭)라 하였는데 소(昭)자는 성조(聖祖)의 묘휘(廟諱)를 피하여 바꾼 것이다. 그리고 대황룡사에 적을 올리고 서울로 나오도록 부르시어 사자가 왕래하는 것이 말고삐가 길에서 엉길 정도였으나 큰 산처럼 꿋꿋하게 그 뜻을 바꾸지 않았다. 옛날 승조(僧稠)가 후위(後魏)의 세 번 부름을 거절하면서 말하기를 "산에 있으면서 도를 행하여 크게 통하는데 어긋나지 않으려 합니다"라고 하였으니 깊은 곳에 살면서 고매함을 기르는 것이 시대는 다르나 뜻은 같다고 하겠다. 몇 해를 머물자 법익(法益)을 청하는 사람이 벼와 삼대처럼 줄지어 송곳을 꽂을 데도 없었다. 드디어 빼어난 경계를 두루 가리어 남령의 기슭을 얻으니 앞이 탁 트여 시원하고 거처하기에 으뜸이었다. 이에 선려(禪廬)를 지으니 뒤로는 안개 낀 봉우리에 의지하고 앞으로는 구름이 비치는 골짜기 물을 내려다 보았다. 시야를 맑게 하는 것은 강 건너 먼 산이요, 귓부리를 시원하게 하는 것은 돌에서 솟구쳐 흐르는 여울물 소리였다. 더욱이 봄 시냇가의 꽃, 여름 길가의 소나무, 가을 골짜기의 달, 겨울 산마루의 흰 눈처럼 철마다 모습을 달리하고 만상이 빛을 바꾸니 온갖 소리가 어울려 울리고 수많은 바위들이 다투어 빼어났다. 일찍이 중국에 다녀온 사람들이 이곳에 와서 머물게 되면 모두 깜짝 놀라 살펴보며 이르기를, "혜원공(慧遠公)의 동림사(東林寺)가 바다 건너로 옮겨 왔도다. 연화장 세계는 범부의 생각으로 헤아릴 수 없지만 항아리 속에 별천지가 있다 한 것은 정말이구나" 하였다. 대나무통을 가로질러 시냇물을 끌어다가 축대를 돌아가며 사방으로 물을 대고는 비로소 옥천(玉泉)이라는 이름으로 현판을 하였다. 손꼽아 법통을 헤아려 보니 선사는 곧 조계의 현손이었다. 이에 육조영당(六祖靈堂)을 세우고 채색 단청하여 널리 중생을 이끌고 가르치는데 이바지하였으니 경(經)에 이른바 "중생을 기쁘게 하기 위하여 화려하게 빛깔을 섞어 여러 상(像)을 그린 것"이었다. 대중 4년(850) 정월 9일 새벽 문인에게 고하기를 "만법이 다 공(空)이니 나도 장차 갈 것이다. 일심(一心)을 근본으로 삼아 너희들은 힘써 노력하라. 탑을 세워 형해를 갈무리하지 말고 명(銘)으로 자취를 기록하지도 말라" 하였다. 말을 마치고는 앉아서 입적하니 금생의 나이 77세요, 법랍이 41년이었다. 이 때 하늘에는 실구름도 없더니 바람과 우뢰가 홀연히 일어나고 호랑이와 이리가 울부짖으며 삼나무 향나무가 시들어졌다. 얼마 뒤 자주색 구름이 하늘을 가리더니 공중에서 손가락 퉁기는 소리가 나서 장례에 모인 사람이 듣지 못한 이가 없었다. 곧 『양사(梁史)』에 "시중 저상(褚翔)이 일찌기 사문을 청하여 앓고 계신 어머니를 위해 기도하다가 공중에서 손가락 퉁기는 소리를 들었다"고 실려 있으니 성스러운 감응이 보이지 않게 나타난 것이 어찌 꾸밈이겠는가. 무릇 도에 뜻을 둔 사람은 기별을 듣고 서로 조상하고 정을 잊지 못한 이들은 슬픔을 머금고 우니 하늘과 사람이 비통하게 애도함을 단연코 알 수 있었다. 널과 무덤길을 미리 갖추어 준비하게 하였으니 제자 법량(法諒) 등이 울부짖으며 시신을 모시고는 날을 넘기지 않고 동쪽 봉우리의 언덕에 장사지내어 유명을 따랐다.

선사의 성품은 질박함을 흐트리지 않았고 말에 꾸밈이 없었으며, 입는 것은 헌 솜이나 삼베도 따뜻하게 여겼고 먹는 것은 겨나 싸라기도 달게 여겼다. 도토리와 콩을 섞은 범벅에 나물 반찬도 두 가지가 아니었는데 귀인들이 가끔 찾아와도 일찍이 다른 반찬이 없었다. 문인들이 거친 음식이라 하여 올리기를 어려워하며 말하기를 "마음이 있어 여기에 왔을 것이니 비록 거친 밥인들 무엇이 해로우랴." 하였으며, 지위가 높은 이나 낮은 이, 그리고 늙은이와 젊은이를 대접함이 한결같았다. 매양 왕의 사자가 역마를 타고 와서 명을 전하여 멀리서 법력(法力)을 구하면 이르기를, "무릇 왕토(王土)에 살면서 불일(佛日)을 머리에 인 사람으로서 누구인들 마음을 기울이고 생각을 다하여 임금을 위하여 복을 빌지 않겠습니까. 또한 하필 멀리 마른 나무 썩은 등걸같은 저에게 윤언(綸言)을 더럽히려 하십니까. 왕명을 전하러 온 사람과 말이 허기져도 먹지 못하고 목이 말라도 마시지 못하는 것이 마음에 걸립니다." 하였다. 어쩌다 호향(胡香)을 선물하는 이가 있으면 질그릇에 잿불을 담아 환을 짓지 않고 사르면서 말하기를, "나는 냄새가 어떠한지 알지 못한다. 마음만 경건히 할 뿐이다."고 하였고, 또 한다(漢茶)를 공양하는 사람이 있으면 돌솥에 섶으로 불을 지피고 가루로 만들지 않고 끓이면서 말하기를 "나는 맛이 어떤지 알지 못하겠다. 뱃속을 적실 따름이다."라고 하였다. 참된 것을 지키고 속된 것을 꺼림이 모두 이러한 것들이었다. 평소 범패(梵唄)를 잘하여 그 목소리가 금옥 같았다. 구슬픈 곡조에 날리는 소리는 상쾌하면서도 슬프고 우아하여 능히 천상계의 신불(神佛)을 환희하게 하였다. 길이 먼 데까지 흘러 전해지니 배우려는 사람이 당(堂)에 가득 찼는데 가르치기를 게을리 하지 않았다. 어산(魚山)의 묘음을 익히려는 사람들이 다투어 콧소리를 내었던 일처럼 지금 우리나라에서 옥천(玉泉)의 여향(餘響)을 본뜨려 하니 어찌 소리로써 제도하는 교화가 아니겠는가. 선사가 열반에 든 것은 문성대왕 때였는데 임금이 마음으로 슬퍼하여 청정한 시호를 내리려다 선사가 남긴 훈계를 듣고서는 부끄러워하여 그만두었다. 3기(紀)를 지난 뒤 문인들이 세상 일의 변천이 심한 것을 염려하여 법을 사모하는 제자에게 영원토록 썩지 않고 전할 방법을 구하였더니 내공봉 일길간인 양진방(楊晉方)과 숭문대의 정순일(鄭詢一)이 굳게 마음을 합쳐 돌에 새길 것을 청하였다. 헌강대왕께서 지극한 덕화를 넓히고 불교를 흠앙하시어 시호를 진감선사(眞鑑禪師), 탑명을 대공영탑(大空靈塔)이라 추증하고 이에 전각(篆刻)을 허락하여 길이 영예를 다하도록 하였다. 거룩하도다 해가 양곡(暘谷)에서 솟아 어두운 데까지 비추지 않음이 없고, 바닷가에 향나무를 심어 오래될수록 향기가 가득하다. 어떤 사람은 "선사께서 명(銘)도 짓지 말고 탑도 세우지 말라는 훈계를 내리셨거늘 후대로 내려와 문도들에 이르러 확고하게 스승의 뜻을 받들지 못했으니 '그대들이 스스로 구했던가, 아니면 임금께서 주셨던가' 바로 흰 구슬의 티라고 할 만하다"고 하였다. 아 그르다고 하는 사람 또한 그르다. 명예를 가까이 하지 않아도 이름이 드러난 것은 선정을 닦은 법력의 나머지 보응이니 저 재처럼 사라지고 번개같이 끊어지기 보다는 할만한 일을 할 수 있을 때 해서 명성이 대천세계(大千世界)에 떨치도록 하는 것이 낫지 않겠는가 그러나 귀부가 비석을 이기도 전에 임금이 갑자기 승하하고 금상이 이어 즉위하시니 질나발과 저가 서로 화답하듯 뜻이 부촉에 잘 맞아 좋은 것은 그대로 따르시었다. 이웃 산의 절도 옥천이라고 불렀는데 이름이 서로 같아 여러 사람의 혼동을 일으켰다. 장차 같은 이름을 버리고 다르게 하려면 마땅히 옛 이름을 버리고 새 이름을 지어야 했는데 절이 자리잡은 곳을 살펴보게 하니 절문이 두 줄기 시냇물이 마주하는데 있었으므로 이에 제호를 하사하여 쌍계(雙溪)라고 하였다. 신에게 명을 내려 말씀하시기를 "선사는 수행으로 이름이 드러났고 그대는 문장으로 이름을 떨쳤으니 마땅히 명(銘)을 짓도록 하라."고 하시어 치원(致遠)이 두 손을 마주대고 절하면서 "예. 예."하고 대답하였다. 물러나와 생각하니 지난번 중국에서 이름을 얻었고 장구(章句) 속에서 살지고 기름진 것을 맛보았으나 아직 성인의 도에 흠뻑 취하지 못하여 번드르르하게 꾸민 것에 깊이 감복했던 것이 오직 부끄러울 뿐이다. 하물며 법(法)은 문자(文字)를 떠난지라 말을 붙일 데가 없으니 혹 굳이 그를 말한다면 수레를 북쪽으로 향하면서 남쪽의 영(郢)땅에 가려는 것이 되리라. 다만 임금의 보살핌과 문인(門人)들의 큰 바램으로 문자(文字)가 아니면 많은 사람의 눈에 밝게 보여줄 수 없기에 드디어 감히 몸은 한꺼번에 두 가지 일을 맡고 힘은 오능(五能)을 본받으려 하니 비록 돌에 의탁한다 해도 부끄럽고 두렵다. 그러나 '도(道)란 억지로 이름붙인 것'이니 무엇이 옳고 무엇이 그른가. 재주가 없다 하여 필봉을 드러내지 않는 것을 신이 어찌 감히 할 것인가. 거듭 앞의 뜻을 말하고 삼가 명(銘)을 지어 이른다.

입을 다물고 선정(禪定)을 닦아 마음으로 부처에 귀의했네. 근기가 익은 보살이라 그것을 넓힘이 다른 것이 아니었네. 용감하게 범의 굴을 찾고 멀리 험한 파도를 넘어, 가서는 비인(秘印)을 전해받고 돌아와 신라를 교화했네. 그윽한 곳을 찾고 좋은 데를 가려 바위 비탈에 절을 지었네. 물에 비친 달이 심회를 맑게 하고 구름과 시냇물에 흥을 기울였네. 산은 성(性)과 더불어 고요하고 골짜기는 범패와 더불어 응하였네. 닿는 대상마다 걸림이 없으니 간교한 마음을 끊음이 이것으로 증명되도다. 도는 다섯 임금의 찬양을 받았고 위엄은 뭇 요사함을 꺾었도다. 말없이 자비의 그늘을 드리우고 분명히 아름다운 부름을 거절했네. 바닷물이야 저대로 떠돌더라도 산이야 어찌 흔들리랴. 생각도 없고 걱정도 없으며 깎음도 없고 새김도 없었네. 음식은 맛을 겸하지 아니하였고 옷은 갖추어 입지 않으셨네. 바람과 비가 그믐밤 같아도 처음과 끝이 한결같았네. 지혜의 가지가 바야흐로 뻗어나는데 법의 기둥이 갑자기 무너지니, 깊은 골짜기가 처량하고 뻗어나는 등라가 초췌하구나 사람은 갔어도 도(道)는 남았으니 끝내 잊지 못하리라. 상사(上士)가 소원을 말하니 임금이 은혜를 베푸셨네. 법등이 바다 건너로 전하여 탑이 산 속에 우뚝하도다. 천의(天衣)가 스쳐 반석이 다 닳도록 길이 송문(松門)에 빛나리라.

광계(光啓) 3년 7월 어느 날 세우고 중 환영(奐榮)이 글자를 새김. (「雙溪寺眞鑑禪師大空塔碑」)

신라 태위대왕(太尉大王 : 진성왕)께서는 백성에게 은혜를 베풀어서 온 나라를 덮었고 덕 있는 사람을 존경하기를 높은 산을 바라보듯 하였다. 즉위하신 지 9개월 만에 안부를 묻는 사자가 10번이나 다녀갔다. 그리고 조금 있다가는 허리가 아프다는 이야기를 듣고 국의(國醫)를 보내어 치료하게 하였다. 국의 도착하여 아픈 정도를 물으니 대사는 살짝 웃으며 "노병(老病)일 뿐이니 번거롭게 치료할 것이 없습니다"라고 말하였다. 국의가 미음을 하루에 두 번 들이되 반드시 조석공양을 알리는 종소리를 들은 후에 올리도록 하였다. 그러나 제자들은 대사께서 식력(食力)을 잃게 될까 걱정하여 몰래 종 치는 사람에게 거짓으로 여러 번 치도록 부탁하였다. 하지만 대사께서는 직접 창 밖을 내다보시고 그 거짓을 알고 그만두게 하셨다. 돌아가실 즈음에 옆의 시중드는 사람을 통하여 대중들에게 유훈(遺訓)을 남기셨다. "내 나이 이미 80[中壽]을 넘었으니, 죽음[大期]을 피하기 어렵다. 나는 멀리 떠날 것이니 너희들은 잘 지내도록 하라. 공부하기를 한결 같이 하며, 수행의 태도를 지키고 잃지 말라. 옛 관리들도 오히려 이와 같았으니, 지금 선(禪)을 닦는 사람들이야 힘써 노력하여야 마땅할 것이다." 대사는 성품이 공손하고 삼가하여, 말이 좋은 분위기를 깨뜨리지 않았다. (「聖住寺郞慧和尙白月葆光塔碑」)

신라 거기서 수 년을 지낸 후, 광계 3년에 광종대사가 입적하였다. 그 후 불원천리하고 리이(邐迤)하게 남쪽으로 내려가다가 영각산에 이르러 심광화상을 친견하였으니, 이는 대경(大鏡)의 사형 뻘인데 오랫동안 마니(摩尼)를 온적하여 인중(人中)의 사자(師子)라고 존숭되었다. 그리하여 숭엄의 제자가 되었으니 모든 학자들이 우러러보았다. 부르지 아니하여도 스스로 찾아오는 도리성혜(桃李成蹊)를 이루었으니, 그의 문하가 마치 저자거리와 같이 많았다. 아침에 셋, 저녁에 넷씩 찾아오되, 빈손으로 왔다가 가득히 채워서 돌아갔다. 대사는 여러 해 동안 심광화상을 복응(服膺)하면서 참선 수행을 계속하였다. 이로 말미암아 수주대토(守株待兎) 하는 뜻을 던져버리고,

연목구어(緣木求魚) 하려는 마음도 씻어 버리고는 행장을 꾸려 짊어지고 서해를 거슬러 올라가다가 우연히 입당하는 승사(乘査)의 객(客)을 만나 편승하게 되었다. 노도와 같은 파도를 헤치면서 이주(夷洲)의 풍랑을 지나 우혈(禹穴)의 연하(煙霞)를 구경하였다. 당에 도착한 스님은 강표를 거쳐 홍부(洪府)를 지나 계속 서쪽으로 상행하여 마침내 운거선사를 친견하였다. 대경대사를 본 운거(雲居)는 "그대와 이별한지 그다지 멀지 아니한데, 여기에서 서로 만나게 되었구려. 내가 운근(運斤)하고 있을 때에 자네가 찾아온 것을 기뻐한다."라고 말하였으며, 오사(吾師)가 법을 물어오니 "내 그대를 위하여 대답을 아끼지 않으리라"하였다. 그로부터 수년을 지나면서 갖은 고통을 참은 것을 내 이미 려困(驪困)에 이르러 탐주(探珠)할 계기를 만났다 생각하고, 이로 인하여 조경(鳥徑)을 밟아 채옥(採玉)할 부작을 만나게 되었다. (「菩提寺大鏡大師塔碑」)

신라 듣자니, "법가(法舸)가 공중을 날아서 멀리 미진의 밖으로 나가고, 자헌(慈軒)이 설법을 타고 높이 훼실(燬室)을 하직했다고 한다. 탐구(探究)하면 묘문(妙門)을 볼 수 없으나, 인도하면 실로 명역(冥域)에 들어갈 수 있는데, 하물며 살아서는 착한 명망을 세웠고, 죽어서는 좋은 인연에 의탁하였으니, 움직이면 이로운 바 있고 가면 이롭지 아니함이 없다."고 전주대도독(故全州大都督) 김공(金公)은 소호(小昊)의 후예요 태상(太常)의 어진 손자로서 장막을 걷고[褰帷] 지방을 잘 안무하여 진작 동호부(銅虎符)를 분담하였고, 자리를 비껴서 어진 이를 간절히 구하니 장차 금초(金貂)를 쓸 터인데, 어찌 큰 내를 건너지 못하고 먼저 좋은 재목이 꺾어질 것을 생각이나 하였으리오. 부인은 덕이 난혜(蘭蕙)처럼 꽃답고 예(禮)가 비번(蘋蘩)처럼 조촐한데, 갑자기 소천(所天)을 잃게 되니, 죽은 목숨같이 하고 쓸쓸한 마음을 안은 채 절개를 맹서하며, 구름같은 머리를 깎아 용모를 변경하고 이에 재물을 희사하여 명복(冥福)을 빌게 하며 중화(中和) 6년 5월 10일에 석가모니 불상을 삼가 번(幡)에 수놓아 받들어 온판(蘊判)을 하여 장엄(莊嚴)이 끝이 났다. 이는 3귀(三歸)가 뜻을 격려하고, 오채(五彩)가 집을 덮는 것이며, 훈수(薰修)는 날로 더하고 급인(汲引)은 날로 길어 동림(東林)에서 과연 기마(驥馬)를 얻을 것이며, 서토(西土)에서 용(龍)을 더위잡을 것이니, 복지(福地)를 그리며, 이에 송을 짓는 것이다.
동해라 동산에 한 절이 있으니 화엄과 불국으로 이름 하였네 주인 종곤이 친히 설립하였거니 표제의 네 글자에 깊은 의미가 들어있네 화엄에 눈을 대고 연화를 바라보며 불국에 마음 바쳐 안난을 맡겼구려 염산의 독장을 다스리려 하고 고해의 경랑을 없애려 하네 필추의 시설이라 정리도 고마우이 단월의 소원을 따랐도다 동에서 서를 상상하며 모습을 그리자니 관신은 지는 해가 서산을 가리키네 각기 제 나라에서 복리를 일으키니 아축이나 여래가 역시 다 신기하이 금언이 반드시 방위 구별 안 했지만 필경에는 마음도 머물 곳을 갖게 했네 망생이나 망호는 공이 공을 대하는 것 속세의 수행은 종을 삼가는 데 있느니 편안히 모셔 놓고 진용을 바랄 적에 담장에 낯을 댄 듯 영감이 없다 하리 지공과 원공을 경앙하오니 죽으나 사나 불국 속에 있으리 (『東文選』 50 贊 華嚴佛國寺繡釋迦如來像幡贊 崔致遠)

888(戊申/신라 진성왕 2/발해 현석19/唐 光啓 4 文德 1/日本 仁和 4)

신라 봄 2월에 사량리(少梁里)의 돌이 저절로 움직였다. (『三國史記』 11 新羅本紀 11)

신라 봄 2월에 사량리)의 돌이 저절로 움직였다. (『三國史節要』 13)

신라 (봄 2월) 왕이 평소 각간 위홍(魏弘)과 더불어 간통하더니 이때에 이르러서는 항시 안으로 들이고 일을 맡겼다. 이내 대구화상(大矩和尚)과 더불어 향가를 모아 수집하라 명하고 이를『삼대목(三代目)』이라 하였다. 위홍이 죽으니 시호를 추존해 혜성대왕(惠成大王)이라 하였다. 이후부터는 몰래 아름답게 생긴 소년 두세 사람을 끌어들여 음란한 행위를 하였고, 그 사람들을 중요한 직책에 앉히고 나라의 정책을 위임하였다. 이로 인하여 아첨하는 무리가 방자하게 뜻을 펴고 뇌물이 공공연하게 행해졌으며 상과 벌이 공평하지 않아, 기강이 무너지고 해이해졌다. 이때 이름없는 자가 당시의 정치를 비방하는 글어 지어 조정의 길목에 내걸었다. 왕이 사람을 시켜 그 자를 찾도록 했으나 잡지 못했다. 어떤 자가 왕에게 말하기를 "이는 분명 뜻을 이루지 못한 문인의 행위일 것입니다. 아마 대야주의 은자 거인(巨仁)이 아닌가 합니다." 라고 하였다. 왕이 거인을 잡아 도성의 감옥에 가두게 하고 이 통곡하자 3년간 가물었고, 추연(鄒衍)이 슬픔을 품으니 5월에 서리가 내렸는데 지금 나의 근심을 돌이켜보면 옛날과 비슷하건만 황천은 말이 없고 단지 푸르기만 하구나." 그날 저녁에 갑자기 구름과 안개가 덮이고 벼락이 내리치면서 우박이 쏟아졌다. 왕이 두려워 거인을 풀어주고 돌려 보냈다. (『三國史記』 11 新羅本紀 11)

신라 (봄 2월) 왕이 평소 각간 위홍(魏弘)과 더불어 간통하더니 이때에 이르러서는 항시 안으로 들이고 일을 맡겼다. 이에 승(僧) 대구(大矩)와 더불어 향가를 모아 수집하라 명하였다. 위홍이 죽으니 시호를 추존해 혜성대왕(惠成大王)이라 하였다. 이후부터는 몰래 젊고 아름답게 생긴 장부를 끌어들여 사사로이 하여 중요한 직책을 주었다. 이로 인하여 아첨하는 무리가 방자하게 뜻을 펴고 뇌물이 공공연하게 행해졌으며 상과 벌이 공평하지 않아, 기강이 무너지고 해이해졌다. 이때 어떤 사람이 당시의 정치를 비방하는 글어 지어 조정의 길목에 내걸었다. 왕이 사람을 시켜 그 자를 찾도록 했으나 잡지 못했다. 어떤 자가 왕에게 말하였다. "분명히 뜻을 이루지 못한 문인의 행위일 것입니다. 이것은 반드시 대야주의 은자 거인(巨仁)일 것입니다." 왕이 명을 내려 거인을 도성의 감옥에 가두게 하고 장차 형을 집행하려고 하였다. 거인이 분하고 원통하여 감옥의 벽에 글을 적어 말하였다. "우공(于公)이 통곡하자 3년간 가물었고, 추연(鄒衍)이 슬픔을 품으니 5월에 서리가 내렸는데 지금 나의 근심을 돌이켜보면 옛날과 비슷하건만 황천은 말이 없고 단지 푸르기만 하구나." 그날 저녁에 갑자기 벼락이 내리치면서 우박이 쏟아졌다. 왕이 두려워 거인을 풀어었다. (『三國史節要』 13)

신라 第51대 진성여왕은 임금이 된 지 몇 해 만에, 유모 부호부인과 그의 남편 위홍 잡간 등 서너 명의 총신들이 권력을 마음대로 하여 정사를 어지럽히니 도적이 벌떼처럼 일어났다. 나라 사람들이 이를 근심하여 다라니(陀羅尼) 은어를 지어 길 위에 던져두었다. 왕과 권신들이 이를 얻어 보고 말하기를, "이것은 왕거인(王居仁)이 아니고는 누가 이 글을 지었겠는가."라며 곧 거인을 옥에 가두었다. 거인이 시를 지어 하늘에 호소하니 하늘이 이에 그 옥에 벼락을 쳐서 그를 놓아주었다. 시는 이렇다. 연단의 슬픈 울음에 무지개가 하늘을 뚫고 추연이 품은 슬픔 여름에 서리 내렸네 지금 나의 불우함이 그들과 같은데 황천은 어찌하여 아무 징조가 없는 것인가 다라니는 이렇다. "나무망국 찰니나제 판니판니 소판니 우우삼아간 부이사바하(南無亡國 刹尼那帝 判尼判尼 蘇判尼 于于三阿干 鳧伊娑婆訶)." 풀이하는 이가 말하기를 "찰니나제(刹尼那帝)는 여왕을 말하고 판니판니 소판니(判尼判尼 蘇判尼)는 두 소판을 말한 것이니[소판은 관작(官爵)의 이름이요], 우우삼아간(于于三阿干)은 서너 명의 총신을 말한 것이며, 부이(鳧伊)는 부호(鳧好)를 말한 것이다."라고 하였다. (『三國遺事』 2 紀異 2眞聖女大王·居陀知)

신라 박인범(朴仁範), 원걸(元傑), 거인(巨仁), 김운경(金雲卿), 김수훈(金垂訓) 등은 비록 글(文字)이 전하는 것이 조금 있으나 역사 기록에 행적이 전하지 않으므로 전기를

세우지 못한다. (『三國史記』46 列傳 6)

신라 3월 초하루 무술일에 일식이 있었다. (『三國史記』11 新羅本紀 11)

신라 3월 초하루 무술일에 일식이 있었다. (『三國史節要』13)

신라 왕이 병이 들어 편치 않자 죄수들을 살펴 사형죄 이하를 사면하고, 승려 60명에게 도첩을 허락하자 왕의 병이 바로 나았다. (『三國史記』11 新羅本紀 11)

신라 왕이 병이 들어 편치 않자 죄수들을 살펴 사형죄 이하를 사면하고, 승려 60명에게 도첩을 허락하였다. (『三國史節要』13)

신라 여름 5월에 가뭄이 들었다. (『三國史記』11 新羅本紀 11)

신라 여름 5월에 가뭄이 들었다. (『三國史節要』13)

신라 중화(中和) 8년 본사인 가야갑사(迦耶岬寺)에서 도견율사(道堅律師)로부터 구족계(具足戒)를 받고부터는, 유발(油鉢)이 조금도 기울어짐이 없었고 부낭(浮囊)이 조금도 새지 않는 것과 같이 하였으니, 삼보(三寶) 중 하나인 사문(沙門)의 위(位)에 참여하여 오직 안거(安居)중에만 부지런히 수행하였을 뿐 아니라, 초계비구(草繫比丘)와 같이 지율정신(持律精神)을 마음에 새겼으니, 어찌 평생에 간절히 지키는데만 그쳤으랴. 그 후 돈독한 마음으로 도를 묻기 위해 서방(西方)으로 스승 찾기를 결심하고는 행장(行裝)을 꾸려 하산하였다. 육환장(六環杖)을 짚고 서해안을 거슬러 올라갔다. (「廣照寺眞澈大師碑」)

신라 광계(光啓) 4년에 근도사(近度寺) 영종율사(靈宗律師)에게서 구족계를 받았다. 계율을 굳게 지켜 계주(戒珠)가 빛나고, 말은 혜실(慧室)로 돌아가 하나를 들으면 열을 알아듣는 재주였으며, 덕(德) 또한 교존(敎尊)이 되기에 충분했다. 그러나 대사(大師)는 이것으로써 도(道)를 깨치려 함은 마치 공곡(空谷)에서 고기를 낚는 것이며 또한 연목구어(緣木求魚)와 같다고 생각하였다. 이에 행장(行裝)을 정돈하여 석장(錫杖)을 짚고 산문(山門)을 나와 중국으로 가는 선편(船便)을 기다리다가 우연히 당(唐)으로 가는 조천사(朝天使)의 배에 편승(便乘)하게 되어 뜻하는 바 유학(遊學)의 목적을 이야기하였더니 (결락) 중국 땅을 딛고 보니 감개가 무량하여 콧물과 눈물이 함께 흘렀다. 이때 화정(華亭)에 배가 정박하자 선지식이 있는 길을 찾아 동림(東林)의 아름다운 경치를 바라보고 또한 북저(北渚)의 승지(勝地)를 지났다. 당시의 소문에 운거도응화상(雲居道膺和尙)의 도덕(道德)이 선종에서 으뜸이며, 공덕은 선서(善逝)에 못지않을 뿐만 아니라 보수(寶樹)에는 왕자(王者)가 되고, 선주(禪株)에서는 제1인자(第一人者)였다고 하였다. (결락) 경유(慶猷), 형미(逈微), 여엄(麗嚴), 이엄(利嚴) 등은 모두 도응(道膺)으로부터 법(法)을 전해 받고 귀국(歸國)하여 해동에서 사무외대사(四無畏大師)라고 일컬어졌다. 운거화상이 대사를 보고 이르되, "말을 들으면 선비임을 알고 얼굴을 보면 그 사람의 마음을 알 수 있으므로, 이러한 사람은 만리(萬里)가 곧 동풍(同風)이고 천년(千年)에 한 번 만날 수 있다"고 하였다.그러므로 이 네 사람이 항상 그를 흠모하면서 개당(開堂)하여 경·율·론 삼장(三藏)을 가르치기도 하고, 또는 선(禪)을 지도하여 목격도존(目擊道存)의 이치를 깨닫게 하였다. 이때 운거화상이 자등(慈燈)을 부촉하고, 비밀리 법요(法要)를 전해준 다음 드디어 "나의 도(道)가 동쪽으로 흘러갔으나 경유(慶猷) 한 사람이 능히 나의 마음을 발명(發明)하였다"고 하였다. 이른바 불도를 홍포(弘布)함에 있어 어찌 가문(家門)의 귀천(貴賤)을 논할 것이며, 선종(禪宗)을 연창(演暢)함에 어찌 (결락) 다른 사람의 마음을 빌어 한

가로운 마음으로 선문(禪門)을 대할 수 있으랴 (「五龍寺法鏡大師碑」)

신라 진성대왕이 어우(御宇)한지 2년 만에 특별히 명주의 삼석(三釋)과 포도(浦道) 두 스님과 동궁내양(東宮內養) 안처현(安處玄) 등을 보내어 륜언(綸言)을 전달하여 국태민안을 위해 법력(法力)을 빌고 나아가 음죽현(陰竹縣)의 원향사(元香寺)를 선나별관(禪那別觀)으로 영속시켰다. 이 날 대사(大師)는 북지(北地)를 떠나 점차 남행(南行)하다가 공주(公州)를 향해 지하(城下)를 지나가는데, 장사(長史)인 김공휴(金公休)가 군리(郡吏)인 송암(宋嵒) 등과 함께 멀리서 듣고 자(慈) (결락) 에 이르러 군성(郡城)으로 영입하고 겸하여 간기(揀其) (결락) 명거(名居). 스님을 그 곳에 초빙하여 계시게 하였다. 대사(大師)가 장사(長史)에게 이르되 "빈도(貧道)는 늙어 죽음이 임박하였으므로 쌍봉사에 가서 동학(同學)들을 만나보고 선사(先師)의 탑에 참배하려 하니 만류하지 말아 달라"하시고, 드디어 몇 사람의 대중을 거느리고 떠나 진례군계(進禮郡界)에 들어서자마자 적도(賊徒)들이 길을 차단함을 당하여 대중들이 길을 잃게 되었다. 이 때 홀연히 운무가 몰려와 어두워지며 캄캄해지더니 공중(空中)에서 병마(兵馬)가 싸우는 소리가 들렸다. 도적의 우두머리 등 모두가 두려워하지 않는 자가 없으며, 뒤로 물러서면서 뿔뿔이 흩어졌고, 대사(大師)와 대중은 겁탈의 재앙을 면하였으니, 이는 관세음보살님이 자비로 가호해 주신 덕택이라 하겠다. 한탄스러운 바는 전국 방방곡곡에 초적(草賊)이 출몰하여 조용한 곳이 없었다. 이러한 위험한 때에 밤을 새워가며 길을 재촉하여 무부(武府)에 도달하였으니, 융적(戎賊)들도 공경히 받들었고, 일군(一郡)은 조용하며 편안하게 되었다. 대왕께서 대사가 남방(南方)으로 지나간다는 소식을 듣고 서경(西境)을 보호하였으며 군흉(群凶)들이 예배하고 대대(大憝)가 귀의하였다. 임금은 대사가 길이 국가를 복되게 하며 겸하여 북당(北堂)을 위해서 무량사(無量寺)와 영신사(靈神寺)인 두 절을 헌납하여 주석(住錫)하도록 하였다. 당주(當州)의 군사(郡吏) 김사윤(金思尹) 등이 찾아와서 선지(禪旨)를 듣고 법문(法門)에 깊이 감명을 받아 분령(芬嶺)에 계시도록 청하고, 군(郡)의 동림(桐林)을 선거(禪居)에 길이 예속시켜 열반(涅槃)할 종신처로 삼게 하였나. 혜원법사가 려산(廬山) 동림사(東林寺)에 있을 때 진(晋)나라 안제(安帝)가 숭앙하고, 승조(僧稠)가 효룡산(孝龍山)에 있을 때에 제(齊)나라 문선제(文宣帝)가 귀의하였으며, 허순(許詢)이 지둔(支遁)을 스승으로 모셨고, 주서(朱序)가 도안(道安)대사를 존숭한 것 등도 이와 다를 바가 없다. 그러므로 인간 세상의 진량(津梁)이 되며, 시대의 약석(藥石)이라고 할 만하였다. 군신이 의뢰하며 사서(士庶)들이 귀의하였다. 어느 날 대사가 대중에게 말씀하되 "이곳은 반드시 재해(災害)가 일어나 구융(寇戎)들이 서로 죽이는 일이 있을 터이니, 미리 대처하여 재난이 다가와도 아무런 상관이 없는 곳으로 가야겠다"하고 홀연히 북산을 향해 떠났다. 서해(西海)에서 배를 타고 가다가 갑자기 풍랑을 만나 배는 방향을 잃고 표류하였다. 대사(大師)가 해사(海師)에게 "주야 육시(六時)로 천리(千里)쯤 온 듯하니 여기가 어디며, 어디를 향해 가느냐."고 물었다. 해사(海師)가 대답하되 "전도(前途)를 암산하니 아마 서국(西國)일 듯하다."고 하였다. 해사의 말을 들은 대사(大師)는 다음과 같은 게송을 읊었다. 전에 진(秦)으로 유학하려던 것을 생각하니 노승(老僧)이 이제야 유학승이 되었구나. 옛날 유학하려던 시절을 돌이켜 생각하니 때가 너무 늦은 것을 다시 느끼네 황홀하고 침음(沉吟)하면서 근심에 잠겼다. 그날 밤 꿈에 해신(海神)이 나타나 이르되 "대사(大師)께서는 입당구법(入唐求法)을 포기하고 본사로 돌아가는 것이 좋을 듯하니, 부지런히 정진하고 상심(傷心)하지 말라."하였다. 그 말이 끝나자마자 홀연히 순풍을 만나 동쪽으로 반일(半日) 쯤 가다가당성군(唐城郡)의 서계(西界)인 평진(平津)에 도달하였다. 곧바로 수진(守珍)으로 가서 권모씨(權某氏)의 집에서 며칠을 묵은 다음 드디어 은강선원(銀江禪院)에 이르니, 매우 훌륭한 도량이었다. 그 곳에서 십여 일 동안 임시로 주석하고 있었다. 대왕(大王)이 황양현(荒壤縣) 부수(副守)인 장연설(張連說) 편으로 명다(茗茶)와 명향(名香)을 담은 양함(琅函)을 보내면서 "항상 스님을 왕좌(王佐)의 재목(材木)으로 흠모하였으므로, 이제 국사(國師)의 예를 표한다."고 전하였다. 대사(大師)는 연진(煙塵)의 핍박으로 세상이 혼란하다 하여 설린(薛藺)의 요청을 거절하고, 주풍(周豊)의 간청도 사양하면서 이르기를 "세상은 모두 혼탁하고 시대는 오랫동안 혼미하므로 반딧불로는 능히 한밤의 어둠을 제거(除去)할 수 없고, 아교로써 능히 황하(黃河)의 탁류를 막을 수 없다."고 하며, 항상 어두운 현실을 보니 실로 삶의 길이 싫어졌다. (「寧越興寧寺澄曉大師塔碑」)

신라 숭암산(嵩嚴山) 성주사(聖住寺) 고양조국사(故兩朝國師)는 마곡(麻谷)의 법을 이었고 법호는 무염(無染)이며 경주 사람이다. (…) 문덕 원년(888) 음력 동짓달 27일에 시멸(示滅)하여 시호는 대낭혜대사(大朗慧大師), 백월보광지탑(白月葆光之塔)이라 했다. (『祖堂集』17 聖住無染國師)

신라 또 등증(登州)의 상인[賈者] 마행려(馬行餘)가 바로 돌아 곤산로(昆山路)로 가려고 하다가 동려현(桐廬縣)을 지날 때에 마침 서풍을 만나 바람을 타고 신라국에 도착하였다. 신라국의 임금이 행여가 중국으로부터 이르렀다는 소식을 듣고 빈례(賓禮)로써 접대하면서 말하였다. "내가 비록 이적(夷狄)의 나라에 살고 있지만, 해마다 유학을 익히는 자를 들어 천궐(天闕)에 천거하여 그들이 과거에 급제하고 영예롭게 귀국하면 나는 반드시 녹봉을 후하게 주었다. 이에 공자의 도가 이적과 중화에 널리 퍼졌음을 알았다." 인하여 행여와 경적(經籍)을 논하려고 하였으나 행여가 자리를 피하며 말하였다. "천박하고 비루한 장사꾼으로, 오랫동안 비록 중국에서 살았지만, 다만 토지의 적합함을 들었지, 시·서의 뜻을 읽지 않았다. 시·서를 익히고 예의를 밝히는 것은 오직 사대부이지 소인의 일은 아니다." 이에 그것을 사양하였다. 신라 임금이 놀라며 말하였다. "나는 중국 사람은 다 전교(典教)를 듣고 오히려 무지지속(無知之俗)이 있음을 말하지 않은 것인져," 행여가 향정(鄕井)에 돌아와 스스로 의식을 탐린(貪吝)한 것을 부끄러워하고, 우매하여 학도(學道)를 알지못하여 이적(夷狄)에게 비웃음을 받았으니 하물며 철영(哲英)이겠는가. [出雲溪友議] (『太平廣記』481 蠻夷2 新羅)

889(己酉/신라 진성왕 3/발해 현석20/唐 龍紀 1/日本 仁和 5 寬平 1)

신라 명주(溟州) 굴산(崛山) 고통효대사(故通曉大師)는 염관(塩官)을 이었는데, 법휘(法諱)는 범일(梵日)이고 구림(鳩林) 관족(冠族)인 김씨이다. (…) 함통 12년(871) 3월 경문대왕, 광명 원년(880)에 헌강대왕, 광계 3년(887)에 정강대왕, 삼왕이 아울러 모두 특별히 어례(御禮)로 만났고 요신흠앙(遙申欽仰)하여 국사로 봉하려고 하여, 각각 사신을 보내 경사(京師)에서 맞이하려고 하였으나, 대사가 구온견정확호(久蘊堅貞確乎)하여 이르지 않았다. 홀연히 문덕 2년 기유년 4월 말에, 문인을 불러 말하기를, "내가 장차 다른 곳으로 가 오늘 모름지기 영결(永訣)하니, 너희들은 세정(世情)의 천의(淺意)에, 난동(亂動) 비상(悲傷)하지 말고 다만 스스로 마음을 닦아 종지(宗旨)를 떨어뜨리지 말라."고 하였다. 곧 5월 1일에 눕지 않고 발을 움츠리고 굴산사(崛山寺) 상방(上房)에서 시멸(示滅)하니, 춘추 80이고 승랍 60이다. 시호는 통효대사이고 탑명은 연휘지탑(延徽之塔)이다. (『祖堂集』17 通曉大師梵日)

신라 나라 안의 모든 주군에서 공물과 부세를 보내지 않아, 창고가 텅텅 비어 나라 재정이 궁핍하였다. 왕이 사신을 보내 독촉하니 곳곳에서 도적이 벌떼처럼 일어났다. 이때 원종(元宗)·애노(哀奴) 등이 사벌주를 근거지로 반란을 일으켰다. 왕이 나마 영기(令奇)에게 명해 사로잡게 했는데 영기는 적들의 망루를 바라보고 두려워하여 나아가지 못했다. 촌주 우련(祐連)이 힘껏 싸우다가 죽었다. 왕이 칙령을 내려 영기의 목을 베고, 나이 10여 세에 불과한 우련의 아들로 하여금 아버지를 이어 촌주가 되게 하였다. (『三國史記』 11 新羅本紀 11)

신라 나라 안의 모든 주군에서 공물과 부세를 보내지 않아, 창고가 텅텅 비어 나라 재정이 궁핍하였다. 왕이 사신을 보내 독촉하니 곳곳에서 도적이 벌떼처럼 일어났다. 이때 원종·애노 등이 사벌주를 근거지로 반란을 일으켰다. 왕이 나마 영기에게 명해 사로잡게 했는데 영기는 적들의 망루를 바라보고 두려워하여 나아가지 못했다. 촌주 우련이 힘껏 싸우다가 죽었다. 왕이 령을 내려 영기의 목을 베고, 우련의 아들로 이어 촌주를 삼았는데, 나이 10여세였다. (『三國史節要』 13)

신라 최승우(崔承祐)를 당에 보내 가서 국학에 입학하게 하였는데 후에 진사제(進士第)에 등용되었다. (『三國史節要』 13)

신라 이 때에 멀리 봉도(蓬島) 중에 금산(錦山)이 있다는 소식을 듣고, 술잔만한 작은 배를 타고 홀연히 오파(鼇波)를 건너 석장(錫杖)을 짚고서는 녹울(鹿菀)을 찾아가서 참선을 하던 중, 우연히 장경을 열람하다가 옥축(玉軸)의 일음교(一音敎)를 읽고 금강삼매(金剛三昧)를 성취하였고, 백일 동안 단식하면서 먼저 정각(正覺)의 마음을 닦았으며, 이어 3년간 솔잎만 먹고 보리(菩提)의 과(果)를 증득하려고 하였다. 부지런히 참선하던 중 홀연히 어떤 노인이 나타났다. 쳐다보고 있는 동안 갑자기 선객(禪客)으로 변하였는데, 그는 선풍도골(仙風道骨)로서 찬란함이 마치 옥광(玉光)을 발하는 듯, 또한 흰 서리를 드리운 듯 하였다. 대사에게 이르되 "스님은 마땅히 빨리 이 길의 끝까지 가되 먼저 굴령(崛嶺)을 찾아가시오. 거기에는 시대를 탄 대사이며 세속을 벗어난 신인(神人)이 계시니, 능가보월(楞伽寶月)의 마음을 깨달았고, 인도제천(印度諸天)의 종성(宗性)을 모두 통달하였다"라고 하였다. 대사는 그 길로 불원천리(不遠千里)하고 오대산에 이르러 통효(通曉)대사를 친견하였다. 대사가 말씀하되 "어찌 그리 늦었는가. 오랫동안 너를 기다렸다"하면서 뜰 앞으로 다가옴을 보고 곧 입실(入室)을 허락하였다. 법(法)을 구하는 마음이 깊고 돈독하여 스님을 극진히 모시면서 한결같이 곁에서 정진하였으니, 계명(階蓂)의 계절이 여러 번 지나갔다. 그리하여 심인(心印)을 전해 받고 항상 계주(髻珠)를 보호하여 산에서 나오지 아니하였으며 오직 운수(雲水)에서 서지(栖遲)하였다. 대사의 나이가 이미 모기(耄期)에 이르렀으므로 극히 권태로운 일은 맡을 수 없었을 뿐만 아니라, 학인을 지도하는 일도 할 수 없었다. 개청(開淸)스님이 찾아오는 학인들에게 선을 가르치니 법주(法主)와 같이 섬겼으며 부지런히 학도(學徒)를 제접하였으니, 우두(牛頭)는 상묘(上妙)의 향공양을 받았고, 주미(麈尾)는 현담(玄譚)의 말자루를 대신하였다. 마치 홍주(洪州)와 대적(大寂)과 지장(地藏) 등이 지도하는 문풍(門風)과 같았으며, 노국(魯國)의 선니(宣尼)와 자하(子夏)가 사자(師資)의 도를 대신한 것과 같다고 하겠다. 문덕(文德) 2년 여름에 통효대사가 입적하니, 대중들은 모두 검은색 두건(頭巾)을 썼으며, 절학(絶學)의 슬픔이 배나 더하였고, 스승을 잃어버린 아쉬움 또한 더욱 간절하였다. 그러므로 정성을 다하여 보탑(寶塔)을 수축하고, 급히 비석을 세워 항상 송문(松門)을 수호하였으며, 여러 차례 초구(草寇)들의 동구(洞口) 차단을 크게 힐책하였다. 더욱 호법하는 마음이 깊었으며, 바다를 바라보는 정변(汀邊)의 경치를 굳게 지키고, 뜻은 서선(栖禪)에 간절한 마음을 도왔다. 이 때 명주(溟州)의 모법제자(慕法弟子)인 민규알찬(閔

規闕湌)이란 사람이 스님을 흠모하는 마음 더욱 간절하고, 도(道)를 사모하는 뜻 또한 돈독하였다. 그는 일찍부터 선비(禪扉)를 후원하면서 자주 찾아가 친견하고 법문(法門)을 들었으므로 이에 보현산사(普賢山寺)를 희사하여 주지(住持)하도록 청하였더니, 스님께서는 단나(檀那)에 대한 감사함을 느끼고, 인연이 있어 이루어진 곳으로 가서 주석(住錫)하리라하고 받아들여 종래(從來)로 주지(住持)를 하지 않겠다고 한 마음을 바꾸어 곧 그 곳으로 나아갔다. 그 곳이 선객(禪客)들이 살기에 적합하다고 생각되어 초목을 베어내고는 둔덕을 깎아 평지를 만들고 통로를 개설하였으며, 또 높이 전탑(殿塔)을 수축하는 한편 담장을 치고 대문을 크게 열어 회상(會上)을 차리니, 문법대중이 구름처럼 모여들어 대중은 바다와 같이 많았다. 길상(吉祥)의 도량이므로 크게 기뻐하였고, 지혜의 달이 문 앞을 비추므로 함께 공덕(功德)의 숲을 의지하였으며, 자비의 구름 또한 자욱이 지붕을 덮었다. 또한 당주(當州)의 군주사(軍州事)를 맡은 태광(太匡) 왕공(王公) 순식(荀息)이 봉모(鳳毛)로써 경사스러움을 나타냈고, 용액(龍額)으로는 상서를 드러냈다. 이굴(理窟)에 나아가서는 기묘(奇妙)함을 탐구하였고, 선산(禪山)에 들어가서는 신이(神異)함을 앙모하였다. 인중(人中)의 사자(師子)가 산음(山陰)에서 완월(翫月)하는 문을 두드렸고, 천상(天上)의 기린은 섬현(剡縣) 서하(栖霞)의 집을 찾았다. (「普賢寺朗圓大師悟眞塔碑」)

신라

대사는 나면서부터 남다른 특수한 모습을 가졌고, 어려서부터 농담은 전혀 하지 않았다. (결락) 초인적(超人的)인 영특한 성품(性品)을 가졌으며 신비한 지혜는 따를 자가 없었다. 괴시(槐市)에서 경을 배웠고, 행원(杏園)에서 과거(科擧)에 합격하였다. 일찍이 부모가 관상 보는 사람을 불러 관상을 보였더니 “감라(甘羅)가 입사(入仕)하던 나이에 이르면 이름을 떨침이 헤아리기 어렵다”라고 하였다. 가의(賈誼)가 박사(博士)되던 나이에 (결락) 부모가 모두 사망하여 대사는 의지할 곳이 없는 고아(孤兒)가 되었다. 이를 불쌍히 여긴 장순선사(長純禪師)가 절로 데리고 가서 상좌를 삼아 득도(得度)시켜 사미계를 받게 하였으니, 이전부터 장순(長純)은 대사의 아버지와 절친한 친구였다. 대사(大師)는 장순장로(長純長老)를 따라 거처를 얻어 (결락) 속진(俗塵)을 여의고 공문(空門)에 들어가 바야흐로 승위(僧位)에 올라 부지런히 정진 수도하여 승당도오(昇堂覩奧)하므로 입실건당(入室建幢)하게 하여 전법제자를 삼았으니, 이심전심한 사자(師資)의 정이 마치 고리처럼 연결되어 돈독하였다. 후배들이 빠른 걸음으로 뒤쫓아 와서 뒤에 출발하였으나, 먼저 도착하는 사람이 적지 아니 하였다고 하였으며, 각(覺)의 지파(枝派)가 계속 이어지면서 먼저 시작하여 늦게 이룩하기도 하였다. 그러므로 선림(禪林)에서 지내면서 (결락) 우유(優遊)하였다. 인도에서 발상한 불교를 거듭 중흥하여 마침내 계계승승의 법맥(法脈)을 이었다. 능가(楞伽)인 선종이 재흥(再興)할 기회를 엿보면서 발원하여 오다가 용기 원년(龍紀 元年)에 무주(武州) 영신사(靈神寺)에서 비구계를 받고, 이어 법상종(法相宗)과 율장(律藏)을 연구하였다. (결락) 종지(宗旨)를 들어 도(道)를 토론하면서 학인(學人)들에게 이르되, “처마에서 떨어지는 작은 물방울도 계속 떨어지면 능히 돌을 뚫으며, 두 사람의 마음이 굳게 합쳐지면 능히 쇠도 끊을 수 있다.”라 하였다. 이와 같이 불을 붙이려고 나무와 나무끼리 마찰하는 것과 같이 계속적인 노력과 병에 물을 쏟아 붓는 것과 같은 달통(達通)을 얻게 된 그 원인은 모두 적미(積微)와 같은 작은 일도 쉬지 아니하며, 비록 규보(跬步)라도 계속 전진(前進)한 탓으로 마침내 학해(學海)의 공을 이룩하고, 길이 빛나는 (결락) 성취하였다. 석자(釋子)인 천일(天日)선사가 당시 전후 현실인 흉년과 전쟁으로 죽은 시체가 산야(山野) 곳곳에 말라 흩어진 폭골(曝骨)과 아직 썩지 아니한 시신이 낭자한 광경을 보고 생각하되 “다른 산중(山中)들은 조용한 곳이 많으니 어찌 피난할 곳이 없겠는가. 이곳은 위험한 곳이므로 오랫동안 거주

(居住)할 생각은 없었다." (결락) 지화(之華) (결락) 자(者)와 같이 배를 타고 가서 피안(彼岸)에 도착하였다. 이 때 그 길로 곧바로 운개사(雲蓋寺)를 찾아가서 부원대사(淨圓大師)를 친견하였다. 대사(大師)는 구름 덮인 산골에 살면서 석상(石霜)의 법인(法印)을 전해 받고 학인을 지도하고 있었다. 지(知) (결락) 대사가 원이(遠離) (결락) 원남(圖南)의 웅지를 품고, 분지를 발하여 구름을 덮을 수 있는 날개를 펴고 견성성불하여 광도중생(廣度衆生)하려는 서원이 날로 향상하여 불일(拂日)하는 예장나무 가지를 높이 흔들 것을 알았다. 어느 날 대사가 이르되 "네가 이곳에 와서 유학(遊學)하되 마치 천우교목(遷于喬木)과 같이 다시 정진할 원력을 세워야 할 것이다"라고 하였다. 그러므로 그 곳인 보소(寶所)를 떠나지 아니하고 (결락) 그 후 하동(河東)으로 가서 자악선원(紫嶽禪院)에 입방하여 처음부터 성전(聖典)을 연구하고 다시 우혈(禹穴)지방을 탐방하고, 그로부터 영적(靈跡)을 답사하는 행각을 시작하고서야 비로소 연대(燕臺)에 도착하였다. (「興法寺眞空大師碑」)

신라　문덕(文德) 2년 4월 중에 굴산대사(崛山大師)께서 병환에 있으므로 곧 고산(故山)으로 돌아가 정성껏 시봉하였으니, 열반할 때 이르러 부촉(付囑)하고 전심(傳心)을 받은 이는 오직 낭공대사 한 사람 뿐이었다. 처음 삭주(朔州) 건자난야(建子蘭若)에 주석(住錫)하고 겨우 초막을 수축하자마자 비로소 산문(山門)을 여니, 찾아드는 자가 구름과 같이 모여들어 아침에 셋, 저녁엔 넷으로 이어져 끊이질 않았다. 때는 시대가 액운(厄運)에 당하여 세상은 몽매한 때였으므로 재성(災星)이 길을 삼한(三韓)에 비추고 독로(毒露)는 항상 사군(四郡)에 퍼져 있음인즉, 하물며 암곡(岩谷)에도 숨어 피난할 곳이 없었다. 건녕초년(乾寧初年:894~898)에 왕성(王城)에 가서 머물면서 담복향을 내불당(內佛堂)에 분향하고, 광화말년(光化末年:898~901)에는 곧 야군(野郡)으로 돌아가서 풀을 깎아낸 유허(遺墟)에 전단향을 심기도 하였으나, 유감스러운 것은 마군(魔軍)의 시대를 만난 것이었다. 장차 불도(佛道)를 선양하고자 하였다. (「太子寺郎空大師碑」)

890(庚戌/신라 진성왕 4/발해 현석21/唐 大順 1/日本 寬平 2)

신라　봄 정월에 햇무리가 다섯 겹으로 생겼다. (『三國史記』11 新羅本紀 11)

신라　봄 정월에 햇무리가 다섯 겹으로 생겼다. (『三國史節要』13)

신라　(봄 정월) 15일에 황룡사에 행차하여 연등행사를 보았다. (『三國史記』11 新羅本紀 11)

신라　(봄 정월) 왕이 황룡사에 행차하여 연등행사를 보았다. (『三國史節要』13)

신라　최승우가 당 소종(昭宗) 용기(龍紀) 2년에 당에 들어갔다. (『三國史記』46 列傳 6 崔承祐)

후고구려　궁예(弓裔) 대순(大順) 1년 경술(庚戌, 890)년에 처음으로 북원(北原)의 도적 양길(良吉)의 주둔지에 투항했다. (『三國遺事』1 王曆)

신라　유당신라국(有唐新羅國) 고(故) 양조국사(兩朝國師) 고교시대낭혜화상(故敎諡大朗慧和尙) 백월보광탑비명(白月葆光塔碑銘) 및 서문(序文)
회남(淮南)에서 본국으로 들어와 (天子의) 국신(國信)과 조서(詔書) 등을 바친 사인(使人)이며 동면도통순관(東面都統巡官), 승무랑(承務郞), 시어사(侍御使), 내공봉(內供奉)을 지냈으며 자금어대(紫金魚袋)를 하사받은, 신(臣) 최치원(崔致遠)이 왕명을 받들어 지음.

당나라가 무공(武功)으로 (黃巢의) 난을 평정하고 연호를 '문덕(文德)'으로 고친 해(888) 11월 17일 해가 질 무렵, 신라(新羅 : 海東)의 두 임금에 걸쳐서 국사(國師)를 지내셨던 선승(禪僧) 화상(和尙)께서 목욕을 마치신 후 가부좌를 하신 채 돌아가셨다. 나라 안의 사람들이 슬퍼함이 마치 두 눈을 잃을 정도로 심하였는데 하물며 그 문하의 제자들의 심정은 어떠했겠는가. 아아 이 땅에 태어나신 지 89년이 되었고, 승복을 입으신 지는 65년이 되었다. 돌아가신지 3일이 지나도 자리에 단정히 앉은 그대로였고, 얼굴 모습도 살아 계신 것 같았다. 문인(門人)인 순예(詢乂) 등이 소리 내어 울며 유체(遺體)를 받들어 선실(禪室)에 임시로 모셔 두었다. 임금께서 이 소식을 들으시고 크게 슬퍼하시며 사자(使者)를 보내어 글월로 조문(弔問)하시고, 곡식으로 부의(賻儀)하여 (葬禮의) 공양(供養)에 보탬으로써 죽은 분의 명복(冥福)을 빌고자 하셨다. 이로부터 2년이 지나서 돌을 다듬어 여러 층 되는 부도(浮圖)를 만들었는데 이 말이 서울에까지 들리게 되었다. 보살계(菩薩戒)를 받은, 제자이면서 무주도독(武州都督)으로 소판(蘇判)인 일(鎰)과 집사시랑(執事侍郞)인 관유(寬柔), 패강진도호(浿江鎭都護)인 함웅(咸雄), 전주별가(全州別駕)인 영웅(英雄) 등은 모두 왕족으로 임금님의 덕을 훌륭히 보필하면서 어려운 일이 있을 때에는 스님의 은혜를 입곤하여서 비록 출가(出家)는 하지 않았지만 가까운 제자가 되기에 부족함이 없었다. 그러므로 마침내 문인(門人)인 소현대덕(昭玄大德) 석통현(釋通賢), 사천왕사(四天王寺) 상좌(上座) 석신부(釋愼符) 등과 함께 의논하기를 "스님이 돌아가셔서 임금께서도 슬퍼하셨는데 어찌 우리들은 풀이 죽은 채 아무 말 없이 스승에 대한 의리를 빠뜨릴 수 있겠는가"라고 하였다. 그리하여 승(僧)·속(俗)이 함께 시호를 내려줄 것과 탑의 명(銘)을 지어줄 것을 왕에게 청하였다. 이에 왕께서는 옳다고 여기시고, 곧 왕족인 병부시랑(兵部侍郞 : 夏官二卿)인 우규(禹珪)를 시켜 중국에서 사신으로 온 시어사(侍御使) 최치원(崔致遠)을 부르셨다. 최치원이 왕궁에 이르러 사람을 따라 계단을 오른 뒤, 주렴(珠簾) 밖에 꿇어 앉아 명령을 기다렸다. 임금께서 말씀하시기를 "돌아가신 성주대사(聖住大師)는 참으로 부처님이 세상에 나신 것과 같은 분이셨다. 전에 나의 부왕(父王 : 景文王)과 헌강왕(憲(獻)康王) 모두 스승으로 섬기셔서, 오랫동안 나라에 이로움을 주셨다. 나도 왕이 되어서는 선왕들의 뜻을 이으려 하였으나, 하늘은 (그런 분을) 남겨주지 않았다. 이에 나의 마음이 더욱 애달프다. 생각컨데 큰 일을 한 사람에게는 큰 이름을 주어야 하므로 시호를 '대낭혜(大朗慧)', 탑의 이름을 '백월보광(白月葆光)'이라고 하노라. 그대는 일찍이 중국에 가서 벼슬하고 이제 출세하여 고국에 돌아왔다. 전에 나의 부왕께서 국자(國子)로 뽑아 공부하게 하였고, 헌강왕(憲(獻)康王)께서는 국사(國士)로써 대우하였으니, 그대는 국사(國師)의 명(銘)을 지어서 그 은혜에 보답함이 마땅할 것이다." 라고 하셨다. 치원은 사양하여 말하기를 "황공하옵게도 전하께서 저의 글이 벼에 알맹이는 없으면서 쭉정이만 많고, 계수나무에 향기만 있듯 실속이 없음을 용서하시고, 글을 지어 은혜에 보답하라 하시니 진실로 뜻밖의 행운이옵니다. 다만 대사(大師)께서는 유위(有爲)의 세상에서 무위(無爲)의 신비한 가르침을 널리 펴셨는데, 소신(小臣)의 한계가 있는 하찮은 재주로써 그 끝없이 큰 행실을 기록하려 한다면 약한 수레에 무거운 짐을 싣고, 짧은 두레박으로 깊은 우물의 물을 긷고자 하는 것이 될 것입니다. 행여 돌이 상서롭지 못한 말을 하거나, 거북이 돌아보는 신조(神助)가 없으면 결코 산과 시내가 빛을 발하지 못하고 오히려 숲과 골짜기의 물에 부끄럽게 될 것입니다. 부디 글짓는 것을 피하게 하여 주십시오"라고 하였다. 그러나 임금께서는 "사양을 좋아하는 것은 우리나라의 풍속으로 매우 좋은 것이다. 그러나 정말로 이런 일을 할 수 없다면 (중국의 과거에) 급제한 것이 무슨 소용이 있단 말인가. 그대는 힘써 행하라"라고 말씀하면서 크기가 방망이 만한 두루마리를 하나 꺼내어 내시로 하여금 전해주었는데 곧 (대사의) 문하 제자들이 올린 행장(行狀)이었다. 다시 생각해 보건데 중국에 유학한 것은 대사와 내가 같이 한 것인데, 스승이 되는 사람은 어떠한 사람이고, 그를 위하여 일을 해야하는 사람은 어떤 사람이란 말인가. 어찌하여 마음을 공부하는 사람은 높고, 문장을 공부하는 사람은 수고하여야 하는가. 그래서 옛날의 군자들이 배우는 것을 삼가하였던 것인가. 그러나 마음을 공부하는 사람은 덕을 세우고, 문장을 공부하는 사람은 말을 다듬으니, 그 덕은 말에 의지하여서야 비로소 그 내용을 제대로 전할 수 있고, 이 말은 덕에 의지하여서야 비로소 오래 전해질 수 있는 것이다. 내용을 제대로 전하게 되면 마음을 멀리 후대의 사람들에게까지 보일 수 있고, 오래 전해지게 되면 문장도 또한 옛 사람에게 부끄럽지 않게 될 수 있는 것이다. 할 수 있는 일을 할 수 있는 때에 하는 것이니, 어찌 다시 감히 실속 없는 글이라고 굳이 사양할 수 있겠는가. 비로소 방망이 같은 행장을 펼쳐보니, 대사께서 중국에 유학하고 신라에 돌아온 연대와, 계(戒)를 받고 선(禪)을 깨치신 인연, 중앙과 지방의 관리들로부터 존경을 받은 사실, 사찰의 개창 등은 죽은 한림랑(翰林郞) 김입지(金立之)가 지은 성주사비(聖住寺碑)에 자세히 서술되어 있고, 부처의 제자로서 불법을 널리 전한 행적과 임금의 스승으로서 행한 업적, 세속을 진정시키고, 악마들을 항복시킨 위력, 세상에서 활동할 때는 붕(鵬)처럼 지내고, 은거하여서는 학(鶴)처럼 지낸 일 등은 태부(太傅)에 추증되신 헌강왕께서 직접 지으신 심묘사비(深妙寺碑)에 갖추어 기록되어 있음을 알게 되었다. 그러므로 지금 내가 글을 지음에 있어서는 다만 대사께서 열반에 드신 때와 우리 임금께서 탑의 이름을 높이신 것을 드러내고자 마음먹게 되었다. 입과 손이 일을 의논하여 나의 생각하는 바대로 일을 진행하려 하는데 그때에 수제자(首弟子) 비구(比丘)가 와서 글을 재촉하였다. 이야기를 나누다가 이러한 나의 생각을 드러내자, 그는 "김입지의 비는 세운지 오래 되어서 그 후 수십 년의 아름다운 행적이 빠져있고, 태부왕께서 신필로 지으신 글은 단지 특별한 대우가 있음을 드러낸 것일 뿐입니다. 그대는 옛 선인의 글을 읽고, 직접 임금의 명령을 받았으며, 대사의 행적에 대하여 실컷 듣고, 문하 제자들이 올린 행장을 자세히 보았으니 마땅히 두루 기억하여 빠뜨리지 말고 이야기하여 후대의 사람에게 전함으로써 그들이 일의 시초와 끝을 알 수 있도록 해야 할 것입니다. 만일 중국에 가는 사람이 있어서, 품에 넣어 가지고 가서 중국 사람들로부터 비웃음을 면할 수 있다면 다행일 것입니다. 내가 어찌 (내용에) 덧붙임이 있기를 바라겠습니까. 그대는 귀찮음을 꺼리어 재주를 숨기지 마십시오"라고 말하였다. 급히 대답하기를 "나는 초가 지붕을 매듯하려 하였는데, 스님은 나에게 채소를 팔 듯 자세히 하길 바라시는군요"라고 하였다. 드디어 어지러운 마음을 가다듬고 억지로 붓을 움직이려 하니 『한서(漢書)』 유후전(留侯傳) 끝 부분에 "(張)량(良)이 임금과 더불어 조용히 천하의 일을 이야기한 것이 매우 많지만 천하의 존망(存亡)에 관계되는 것이 아니므로 기록하지 않았다"고 말하고 있는 것이 생각났다. 그러므로 대사가 살아 계실 때의 일들이 뛰어난 것이 하늘의 별처럼 많지만 뒤의 학자들에 가르침이 되는 것이 아니면 또한 적지 않으려고 한다.

스스로 반고(班固)의 『한서』를 조금이라도 보았다고 자부하면서 이에 글을 적으니 다음과 같다. 빛이 왕성하고 충실하여 온누리를 비출 자질을 갖춘 것으로는 태양에 비길 것이 없고, 기(氣)가 온화하고 두루 통하여서 만물을 기를 능력을 갖춘 것으로는 봄의 바람만한 것이 없다. 이 큰 바람과 태양은 모두 동방에서 나타나는 것이다. 그러므로 하늘이 이 두 가지의 자질을 모으고, 산악이 신령한 정기를 내려서 군자의 나라에 태어나 사찰에 우뚝 서게 하였으니 우리 대사가 바로 그 분이다. (대사의) 법호(法號)는 무염(無染)으로 달마대사의 10대 법손(法孫)이 된다. 속성(俗姓)은 김씨(金氏)로 태종무열왕이 8대조이시다. 할아버지는 주천(周川)으로 골품(骨品)은 진골이고 한찬(韓粲)을 지냈으며, 고조부와 증조부는 모두 조정에서는 재상, 나가서는 장수를 지내 집집에 널리 알려졌다. 아버지는 범청(範淸)으로 골품이 진골에서 한 등급 떨어져서 득난(得難)이 되었다. [나라에 5품이 있는데 성이(聖而), 진골(眞骨), 득난(得難) 등이다. (得難은) 귀성(貴姓)을 얻기 어려움을 이야기한 것이다. 『문부(文賦)』에서 '혹 구하기는 쉽지만 얻기는 어렵다'고 말한 것을 따서, 6두품의 수가 많지만 귀성이 되기는 제일 낮은 관등[一命]에서 가장 높은 관등[九命]에 이르는 것과 같음을 이야기한 것이다. 그러니 4, 5품은 말할 필요도 없다]. 만년(晩年)에는 무술을 좋아하였다. 어머니 화씨(華氏)가 꿈에 긴 팔을 가진 천인(天人)이 연꽃을 내려주는 것을 보고서 임신을 하게 되었는데 얼마 후에는 다시 꿈 속에 서역의 도인(道人)이 나타나서 스스로 법장(法藏)이라고 하면서 10계(戒)를 주면서 그것으로 태교(胎敎)를 하게 하였다. 마침내 1년이 지나서 (대사가) 태어났다.

대사는 아해(阿孩) [우리말로 어린아이를 말하는 것이니 중국말과 다르지 않다] 적에 걷거나 앉을 때 반드시 합장을 하고 가부좌를 하였으며, 여러 아이들과 놀면서 그림을 그리거나 모래로 무엇을 만들 때에는 반드시 불상이나 탑을 본떴다. 하루도 부모님의 곁을 떠나지 않다가 아홉 살 때에 처음으로 공부를 시작하였는데 눈으로 본 것은 반드시 입으로 암송할 수 있었으므로 사람들이 해동의 신동이라고 일컬었다. 열두 살을 넘기고 나서(13세)는 여러 학문을 비루하게 여기고 불도(佛道)에 들어가려는 뜻을 갖게 되었다. 먼저 어머니에게 그 뜻을 이야기하자 어머니는 이전의 꿈을 생각하고는 울면서 "예[우리말로 허락이다]"라고 하였다. 뒤에 아버지에게 말씀드리자 아버지는 자신이 늦게서야 깨달은 것을 후회하였으므로 기뻐하며 "잘하였다"고 하였다. 이에 설악산 오색석사(五色石寺)에 들어가 머리를 깎고, 물들인 옷을 입고서 입으로는 경전을 부지런히 읽고, 부족한 것을 보충하는데 힘을 다하였다. 이 절에 법성선사(法性禪師)라고 하는 분이 계셨는데 일찍이 중국에 가서 능가선(楞伽禪)을 배웠었다. 대사는 이분에게 수년간 배웠는데 하나도 빠뜨리지 않고 열심이었으므로 법성선사가 말하기를 "빠른 발로 달린다면 뒤에 출발하여도 먼저 도착한다는 것을 나는 너에게서 직접 보았다. 나는 아는 것이 적어서 그대에게 더 이상 가르쳐 줄 것이 없다. 너와 같은 사람은 중국에 유학하는 것이 마땅하다"고 하였다. 이에 대사는 "알았습니다" 하였다. 밤중의 새끼줄은 뱀으로 속기 쉽고, 허공의 베올은 분간하기 어렵다. 물고기는 나무에 올라가 잡을 수 있는 것이 아니고, 토끼는 나무 그루터기를 지킨다고 잡을 수 있는 것이 아니다. 그러므로 스승이 가르친 것과 내가 깨달은 것에는 서로 나은 것이 있을 수 있다. 진주를 얻고, 불을 피웠으면 조개와 부싯돌은 버릴 수 있는 것이다. 도(道)에 뜻을 둔 사람들에게 어찌 꼭 정해진 스승이 있겠는가. 곧 그곳을 떠나 부석산(浮石山)의 석징대덕(釋澄大德)에게 화엄(華嚴)을 배웠는데, 하루에 서른 사람 몫의 공부를 하니 푸른색과 붉은 색이 남초(藍草)와 천초(茜草)의 원래 색을 무색케 하는 것 같았다. 대사는 조그만 구멍에 담긴 물에서는 잔이 뜰 수 없듯, 여건이 조성되지 않은 곳에서는 자신의 바라는 바를 이룰 수 없음을 생각하고서 "동쪽을 바라보기만 하다가는 서쪽의 담(중국)은 보지 못할 것이다. 깨달음의 세계가 멀지 않을 터인데 어찌 살던 곳만 고집하겠는가"라고 생각하고 선뜻 산에서 나와 바다로 나아가 중국으로 건너갈 기회를 엿보았다. 때마침 나라의 사신이 天子가 하사한 부절(符節)을 가지고 가서 천자에 조회할 일이 있었으므로 그 배에 의지하여 중국으로 향하게 되었다. 배가 바다 한가운데에 이르자 바람과 파도가 갑자기 거칠어져서 큰 배가 깨어지니 사람들이 어찌할 수 없게 되었다. 대사는 벗 도량(道亮)과 함께 한장 널판지에 걸터앉아 바람에 맡긴 채 떠다니게 되었다. 밤낮없이 반달 가량을 떠다닌 후에 검산도(劒山島 : 黑山島)에 표착(漂着)하게 되었다. 무릎 걸음으로 물가에 도착하여 한참이나 실의에 잠겨있다가 말하기를 "물고기 배

속에서도 간신히 몸을 건졌으니 용의 턱밑에도 손을 넣어 아마도 얻을 수 있을 것이다. 나의 마음은 구르는 돌이 아니니 물러남이 없을 것이다"고 하였다. 장경(長慶 : 821~824) 초에 조정사(朝正使)로 가게된 왕자 흔(昕)이 당은포(唐恩浦)에 배를 대었기에 태워줄 것을 부탁하니 그러라고 하였다. 마침내 지부산(之罘山) 기슭에 도착해서는 전에는 어려웠던 일이 이제 쉽게 됨을 생각하고서 해약(海若 : 바다의 신)에게 공손히 절하고서 "큰 파도를 자제하고, 바람의 마군과 잘 싸우셨습니다"고 하였다. (스승을 찾아) 다니다가 대흥성(大興城) 남산(南山)의 지상사(至相寺)에 이르러서는 화엄을 이야기하는 사람을 만나게 되었는데 부석사에서 배운 것과 다를 바 없었다. 그때 한 얼굴이 검은 노인이 말을 걸고서 "멀리 자신 밖의 사물에서 (道를) 구하려 하기보다 자신이 부처임을 아는 것이 낫지 않겠는가 "라고 하였다. 대사는 이 말을 듣자마자 크게 깨닫고서 이때부터 경전 공부하는 것을 그만두고 여기저기 돌아다니다가 불광사(佛光寺)에서 여만(如滿)에게 도(道)를 물었다. 여만은 강서마조(江西馬祖)에게서 심인(心印)을 얻었고, 향산(香山)의 백상서(白尙書) 악천(樂天)과는 불법을 같이 이야기하는 벗이었지만 (대사의 질문에) 대답하면서 매우 부끄러워 하면서 "내가 여러 사람을 겪어 보았지만 이 신라 사람같은 사람은 있지 않았다. 후일에 중국에서 선(禪)이 사라진다면 곧 동이(東夷)에 가서 물어 보아야 할 것이다."고 하였다. 그 곳을 떠나 마곡(麻谷) 보철화상(寶徹和尙)을 찾아가 모시면서 힘든 일을 하는 것을 가리지 않고, 남이 하기 어려워하는 것을 쉽게 해내었다. 이에 여러 사람들이 그를 가리켜 "선문(禪門)에 있어서 유검루(庾黔婁)와 같은 남다른 행실을 하는 자."라고 말하였다. 보철화상은 대사의 노력을 현명히 여기고서 하루는 불러서 말하기를 "전에 나의 스승인 마화상(馬和尙 : 馬祖道一)께서 나와 헤어질 때에 말씀하시길 '봄에 꽃이 많으면 가을에 열매가 적은 법이다. 보리수에 오르려고 하는 사람은 이것을 슬프게 여긴다. 지금 너에게 심인(心印)을 전하니 후일에 제자 가운데 재주가 뛰어나서 북돋아 줄만한 사람이 있으면 북돋아 주어서 끊어지지 않도록 하라'고 하시고 다시 말씀하시기를 '불법이 동쪽으로 전해간다는 말은 거의 예언에서 나온 말이니 해 뜨는 곳(동쪽)에서 불법을 공부하는 사람들의 바탕이 거의 완숙해졌을 것이다. 만일 네가 동쪽 사람으로서 눈으로 말할 만한 사람을 얻어 잘 이끌어 지혜의 물이 바다 바깥(중국 바깥)에 까지 덮도록 한다면, 그 덕이 적지 않을 것이다'고 하셨다. 스승의 말씀이 아직도 귀에 쟁쟁한데 네가 왔으니 기쁘구나. 이제 심인(心印)을 전하여 동방에서 선종의 으뜸가는 사람이 되게 하니 가서 삼가 실행하거라. 나는 지금은 강서(江西) 마조(馬祖)의 수제자이고, 후세엔 해동(海東) 선문(禪門)의 할아버지가 될 터이니 스승에게 부끄럽지 않게 될 것이구나."고 하였다. 그곳에 머무른 지 얼마 안되어 보철화상이 세상을 떠나 묵건(墨巾)을 머리에 쓰고 이내 말하기를 "큰 배가 이미 떠나버렸는데 작은 배가 어디에 묶여 있을 것인가."라 하고 이때부터 각지를 유랑하였는데 바람처럼 하여 그 기세를 막을 수 없고, 뜻을 빼앗을 수 없었다. 분수(汾水)를 건너고 곽산(崞山)을 오르기까지 오래된 자취는 반드시 찾아가고, 참된 승려는 반드시 만나 보았다. 머무르는 곳은 인가를 멀리하였으니 그것은 위태로운 것을 편안히 여기고 고생을 달게 여기며, 몸은 종처럼 부리되, 마음은 임금처럼 받들기 위해서였다. 이런 가운데도 오로지 병든 사람을 돌보고, 고아와 자식없는 늙은이들을 도와주는 것을 자신의 임무로 여겼다. 지독한 추위나 더위가 닥쳐, 열이 나고 가슴이 답답하거나 손이 트고 얼음이 박히더라도 전혀 게으른 모습을 보이지 않았으니 그 이름을 듣는 사람은 멀리에서 자기도 모르는 사이에 예의를 표하면서 동방(東方)의 대보살(大菩薩)이라고 크게 떠들어댔다. 30여 년간의 행적은 이와 같았다. 회창(會昌) 5년(845)에 귀국하였는데 이것은 황제가 외국 승려들을 귀국하도록 명령하였기 때문이다. 나라 사람들이 서로 즐거워하며 말하기를 "여러 성(城)과 바꿀 수 있는 귀한 보배가 다시 돌아왔으니 이것은 하늘이 해주신 일로 땅에는 복되는 것이다."고 하였다. 이때부터 배움을 얻고자 하는 사람들이 몰려드는 것이 마치 벼와 삼같이 빽빽하였다. 서울에 들어와 어머니를 찾아뵈니 크게 즐거워하면서 "돌이켜 보니 전에 내가 꾼 꿈이 우담화가 한 번 드러난 것이 아니겠느냐. 바라건대 내세를 제도하라. 나는 다시 네가 돌아오기를 기다리는 마음에 흔들리지 않을 것이다" 고 말하였다. 이에 곧 북쪽으로 나아가서 종신토록 몸 붙일 곳을 찾아다녔다. 그때 마침 왕자 흔(昕)은 벼슬에서 물러나 은거하며 산중(山中)의 재상(宰相)으로 불렸는데 우연히 바라는 바가 합치되었다. 흔(昕)이 말하기를 "스님과 나는 함께 용수(龍樹) 을찬(乙粲)을 조상으로 하고 있으니, 스님은 안팎으로 모두 용수(龍樹)의 자손입니다. 참으로 놀라와 감히 미칠 바가 못됩니다. 그러나 바다 밖에서 함께 했던 일이 있으니 옛적의 인연이 결코 얕다고는 할 수 없을 것입니다. 지금 웅천주(熊川州) 서남쪽 모퉁이에 절이 하나 있는데 이것은 나의 조상인 임해공(臨海公) [휘(諱)는 인문(仁問)이고, 당이 예맥(濊貊)을 정벌할 때에 공이 있어서 임해공(臨海公)으로 봉해졌다]께서 봉토로 받은 곳입니다. 그 사이 커다란 불이 일어나 사찰이 반쯤은 재가 되어버렸으니, 자비롭고 현명하신 분이 아니라면 누가 이것을 다시 일으켜 세울 수 있겠습니까. 부디 이 부족한 사람을 위하여 머물러 주시기 바랍니다."고 하였다. 대사는 대답하기를 "인연이 있다면 머물러야겠지요"라고 하였다. 대중(大中 : 847~859) 초에 그곳으로 가서 머물기 시작하면서 말끔히 단장하였던 바, 얼마 되지 않아 도(道)가 크게 행하여지고 절은 크게 번성하였다. 이로 말미암아 사방의 먼 곳에서부터 도(道)를 배우려고 하는 사람들이 천리 먼 길을 반걸음처럼 가깝게 여기고 찾아오니 그 수가 이루 셀 수 없었다. 이처럼 무리가 많아졌지만 대사는 종이 늘 쳐주기를 기다리고 거울이 얼굴을 비춤에 피곤해 하지 않듯, 온 사람은 모두 지혜의 횃불로 그 눈을 이끌어 주고, 불법의 즐거움으로 배를 채워주어 마음을 정하지 못하고 머뭇거리는 것을 이끌어 주고 무지(無知)한 습속을 변화시켰다. 문성대왕(文聖大王)께서는 대사가 행하는 일이 왕도(王道)를 행함에 도움이 되지 않는 것이 없다는 것을 들으시고는 매우 기특하게 여기셔서 급히 어찰을 보내어 위로하였으며, 또한 대사가 산중(山中) 재상(宰相)에게 대답한 네 마디 말[有緣則住]을 중하게 여기셔서 사찰의 이름을 성주(聖住)로 바꾸고 대흥륜사(大興輪寺)에 편입시키도록 하셨다. 대사가 왕의 사자(使者)에게 대답하기를, "사찰의 이름을 성주(聖住)로 지어주신 것만 하여도 절로서는 영광스럽고 지극한 총애가 될 것입니다. 하지만 보잘 것 없는 중이 외람되게 높은 자리를 차지한 것으로, 이것은 바다새가 바람을 피해오자 뭍의 새가 봉황으로 오해한 것과 비슷한 것으로 흐린 날에는 숲에 숨어서 자신의 무늬를 윤택하게 한다는 표범에게는 부끄러운 일입니다."라고 하였다. 그때 즉위 전의 헌안대왕(憲安大王)께서는 사찰의 시주(施主)인 계서발한(季舒發韓)인 위흔(魏昕)과 더불어 남북(南北) 재상(宰相)[각기 자신의 관사에 있어 좌상(左相), 우상(右相)과 비슷하였다] 이었는데, 멀리서 제자의 예를 행하며 향과 차를 예물로 보내어 한달도 그것을 빠뜨리지 않았다. 이렇게 대사의 명성이 온 나라에 가득하여 선비들은 대사의 선문(禪門)을 모르는 것을 일세의 수치로 여길 정도가 되었다. 그리고 대사를 직접 만나본 사람들은 물러나와서 반드시 감탄하면서 "직접 뵈니 귀로 듣던 것보다 백배나 낫다. 입으로 말씀하지 않아도 벌써 마음에 와 있었다."고 말하곤 하였다. 그래서 원숭이나 호랑이가 관(冠)을 쓰고 있는 것과 같은 사람들도 곧 그 조급함을 떨치고, 사나운 마음을 고쳐서 착한 길로 다투어 달려 나갔다. 헌안왕께서 즉위하심에 이르러 대사에게 글을 보내어 도움이 될 말을 청하였는데, 대사는 대답하기를 "주풍(周豊)이 노공(魯公)에게 대답한 말이 뜻이 깊습니다. 예경(禮經)에 적혀있으니 자리 옆에 새겨 두십시오."라고 하였다. 태사(太師)를 추증받으신 선대왕(先大王 : 경문왕)

께서 즉위하셔서도 대사를 공경하고 존중하심이 선조(先朝 : 憲安王) 때와 같아서 대우해 주는 것이 나날이 두터워졌다. 일을 시행할 때에는 반드시 사람을 보내어 물어본 후에 거행하였다. 함통(咸通) 12년(871) 가을에 왕께서는 대사에게 교서(教書)를 급히 보내고 사람을 시켜 부르면서 말하기를 "산림(山林)을 어째서 가까이 하시면서 도성(都城)은 멀리하십니까"라고 하였다. 대사는 제자들에게 "갑자기 진후(晉侯)가 백종(伯宗)을 부르듯하니 산문에서 밖에 나오지 않았던 혜원공(慧遠公)에게는 몹시 부끄러운 일이다. 하지만 앞으로 도(道)를 행해지게 하려면 그 기회를 놓쳐서는 안된다. 부처께서 불법이 전해지도록 부촉(付囑)하신 바를 생각하니 내가 가야 되겠다"라고 말하고 즉시 서울에 도착하여 왕을 뵈었다. 선대왕께서는 면복(冕服) 차림으로 절을 하여 스승(王師)으로 삼았고, 왕비와 세자, 그리고 왕의 동생이신 상국(相國) [돌아가신 후에 왕으로 높이고 시호를 혜성대왕(惠成大王)이라고 하였다]과 여러 왕자, 왕손들이 빙 둘러싸고 한결같이 우러렀는데 마치 옛날 가람의 벽 그림에 서역의 여러 왕들이 부처님을 모시고 있는 모습과 비슷하였다. 임금께서 말씀하시길 "제자가 말 재주는 없습니다만, 글 짓는 것은 조금 좋아합니다. 전에 유협(劉勰)의 『문심조룡(文心雕龍)』을 본 적이 있는데 거기에 "유(有)에만 얽매이거나, 무(無)만을 고집하면 편벽된 이해에 나아갈 뿐이다. 참된 근원으로 나아가고자 한다면 반야(般若)의 절대적인 경지가 바로 그것이다"라고 하였는데 절대적인 경지가 무엇인지 가르침 받을 수 있겠습니까"라고 하였다. 대사가 대답하기를 "경지가 이미 절대적인 것이라면 그것을 설명할 이치도 없는 것입니다. 이것이 마음으로 전하는 것(心印)이니 말없이 행해질 뿐입니다."라고 하였다. 임금께서 "과인은 조금 더 배우기를 청합니다"고 하자 대사는 제자 중의 뛰어난 자에게 번갈아 가며 질문을 하게 하여 차근차근 속속들이 알 수 있도록 설명을 해주어 막힌 것을 해결하고 번거로운 것을 떨쳐 버리기를 마치 가을 바람이 어두침침한 노을을 밀어내듯 하였다. 이에 임금께서 크게 기뻐하셔서 대사를 늦게 만나본 것을 안타까와 하시며 말씀하시길 "성인께서 자연스럽게 바른 길(南宗)을 가리켜 주셨는데, 순(舜)이 할 수 있는 일을 나라고 어찌 못하겠는가"라고 하였다. 왕궁에서 나오자 재상들이 다투어 마중하니 사람과 이야기를 나누고 싶어도 할 수 없었고, 일반 백성들이 뒤쫓으며 따르니 떠나고자 하여도 그럴 수 없었다. 이때부터 나라 사람들이 모두 자신에게 귀한 보배(佛性)가 있음을 깨달아 이웃집의 보석을 탐내지 않게 되었다. 그러나 얼마 있지 않아서 새장에 갇혀 있는 것 같은 생활을 괴롭게 여겨서 떠나고자 하였다. 임금께서는 억지로 만류할 수 없음을 알고 곧 교서(教書)를 내려서 상주(尙州)의 심묘사(深妙寺)가 서울로부터 멀지 않으니 선종의 별관으로 삼아 머무르라고 하셨다. 대사는 거역할 수 없어 그곳에 가서 머물렀는데, 잠시 머물지라도 반드시 수리하였으니 곧 엄연한 절의 모습을 갖추었다. 건부(乾符) 3년(876) 봄에 선대왕(先大王)께서 병환이 나셨는데 근시(近侍)에게 "빨리 우리 대의왕(大醫王)을 모셔오라"고 명하셨다. 사자가 오자 대사께서는 "산승(山僧)의 발이 왕궁에 이르는 것은 한 번만 하여도 심하다고 할 것이므로 나를 아는 사람은 '성주(聖住)가 머무르는 곳이 없게 되었다'고 말할 것이고, 나를 알지 못하는 사람은 '무염(無染)이 물이 들었다'고 말할 것이다. 하지만 우리 임금과 서로 맹세한 것을 생각하여 볼 때, 임금께서 도리천에 돌아가실 날이 얼마 남지 않았으니 어찌 가서 작별인사를 하여야 하지 않겠는가"라고 말하고 다시 왕궁으로 가서 약이 되는 말씀을 하여 주고, 잠계(箴戒)를 베푸시니 깨닫는 가운데 병이 조금 나으니 온 나라 사람들이 신기하게 여겼다. 한 달이 지나서 경문왕이 돌아가시고 헌강대왕께서 거상(居喪)을 하게 되었다. 울면서 왕족인 훈영(勛榮)을 통하여 뜻을 전하였으니 "내가 어려서 부모의 상을 당하여 정사를 담당할 수 없습니다. 임금을 인도하고 부처를 받들어 사해(四海)의 사람을 널리 구제하는 것은 자기 한 몸만을 착하게 하는 것과는 비교될 수 없는 일입니다. 원컨대 대사께서는 멀리 계시지 마시고 머무를 곳을 고르십시오."라고 하였다. 대답하여 말하기를 "옛날의 스승의 가르침은 6경(經)에 기록되어 있고, 지금 보필할 사람은 3경(卿)이 바로 그 사람들입니다. 늙은 산승(山僧)이 무엇을 할 수 있겠습니까. 단지 누리[蝗]처럼 앉아서 땔나무와 곡식을 축낼 뿐입니다. 단지 세 마디 말로 남겨드릴 만한 말씀이 있으니 '관리를 잘 등용하라.'는 것입니다."라고 하였다. 다음날 산의 무리를 이끌고 새처럼 떠나고 말았는데, 이때부터 역마(驛馬)들이 왕명을 전하려고 산중에 그림자를 이었다. 역졸(驛卒)들은 가야할 곳이 성주사인 것을 알면 곧 모두 뛸 듯이 기뻐하며 손을 모아 말고삐를 고쳐잡고 왕명이 한걸음이라도 늦을까 걱정하였다. 이 때문에 왕명을 전하는 근시(近侍)들은 급히 전할 말이 있어도 쉽게 행해질 것으로 생각하게 되었다. 건부제(乾符帝)가 헌강대왕의 즉위를 인정한 해(878)에 (임금께서는) 나라 안의 진언하고자 하는 것이 있는 사람들에게 이로움을 가져오고 해로움을 없앨 수 있는 계책을 올리게 하였는데 특별히 우리나라의 종이를 사용하여 말을 적게 하였다. 천자의 은혜를 입은 때문이었다. 나라에 이익을 주는 것이 무엇이냐는 물음에 대사는 하상지(何尙之)가 송(宋) 문제(文帝)에게 바친 말로써 대답하였다. 태부왕(太傅王)께서는 이것을 보시고 동생인 예부령(禮部令 : 南宮相)에게 말씀하시길 "삼외(三畏)는 불교의 삼귀의(三歸依)에 비교될 수 있고, 오상(五常)은 불교의 오계(五戒)와 비슷하다. 왕도(王道)를 잘 실천하는 것이 부처의 마음에 부합되는 것이다. 대사의 말이 옳은 것이다. 너와 나는 성실하고 부지런히 실천해야 할 것이다"라고 하셨다. 건부제(乾符帝)가 (황소의 난을 피하여) 서쪽으로 피난한 중화(中和) 원년(881) 가을에 임금께서 시인(侍人)에게 "나라에 커다란 보배 구슬이 있는데 평생토록 궤에 감추어 두는 것이 잘한 일인가 "하고 묻자 "아닙니다. 때때로 꺼내어서 많은 백성들의 눈을 뜨게 하고 사방 이웃 나라의 마음을 쏠리게 하여야 할 것입니다"라고 대답하였다. 이에 임금께서 "나에게 마니(摩尼)의 귀한 구슬이 있는데 숭엄산(崇嚴山)에서 빛을 감추고 있다. 만약 그 감춘 것을 열기만 한다면 3천세계를 환히 비출 수 있으니 수레 열둘을 비춘다는 구슬이야 비교가 되겠는가. 나의 부왕께서 간절히 맞이하셨을 때, 두 번이나 그 모습을 드러낸 적이 있었다. 옛날에 소하(蕭何)는 한 고조가 한신(韓信)을 대장(大將)으로 임명하면서 아이 부르듯 한 것이 잘못되었음을 이야기 하면서 상산(商山)의 네 노인을 부를 수 없는 것이 이 때문이라고 하였다. 지금 천자께서 피난하셨다는 말을 들었으니 달려가서 위로해 드려야 할 것인데, 천자를 위로함에는 부처에게 의지함이 가장 우선일 것이다. 이제 대사를 맞아들임에 있어서는 반드시 세상의 평판에 따를 것이다. 내가 어찌 감히 왕이라고 하여 나이 많고 덕이 높으신 분에게 무례하게 할 수 있겠는가"라고 말씀하시며 관직이 높은 사람을 사자(使者)로 보내고 말을 겸손하게 하여 부르셨다. 이에 대사는 "외로운 구름이 산에서 나오는 것이 어찌 다른 마음이 있어서이겠는가. 대왕의 정치에 인연이 있으니 고집함이 없는 것이 뛰어난 선비[上士]의 도리일 것이다"라고 말하고 드디어 와서 왕을 뵈었다. 임금께서 대사를 인견함은 선조(先朝 : 경문왕) 때의 예절과 같았는데 예에 덧붙여진 것으로서 손꼽을 만한 것으로는, 임금께서 직접 음식을 봉양한 것이 첫째이고, 손으로 향을 전하신 것이 둘째이며, 몸·입·뜻의 삼업(三業)으로 세 번이나 경의를 표하신 것이 셋째이며, 작미로(鵲尾爐)를 잡고 영생의 인연을 맺은 것이 넷째이며, 법칭(法稱)에 '광종(廣宗)'을 더하여 준 것이 다섯째이며, 다음날 어진 이들에게 대사가 머무는 절에 나아가 기러기처럼 열을 지어 인사드리도록 한 것이 여섯째이며, 나라 안의 시(詩)를 짓는 사람들에게 대사를 송별하는 시(詩)들을 짓게 하여서 재가제자(在家弟子)인 왕족 소판(蘇判) 억영(嶷榮)이 가장 먼저 시(詩)를 지으니 그것을 거두어서 두루마리로 만들고, 시독(侍讀)이며 한림관(翰林官)인 박옹(朴邕)이 거기에 인(引)을 붙여서 떠날 때에 준 것이 일곱째이며, 행차를 담당하는 관리들에게 정결한 방을 준비하도록 거듭 명하여 그곳에서 작별하신 것이 여덟째이다. 고별에 임하여 임금께서 신묘한 비결(秘訣)을 구하시니, 이에 제자들에게 눈짓하여 진요(眞要)를 들려주라고 하였다. 순예(詢乂), 원장(圓藏), 허원(虛源), 현영(玄影)과 같은 이는 사선(四禪)을 행하여 청정(淸淨)을 얻은 사람들로서, 지혜의 실을 뽑아 깊은 뜻을 짜냈는데, 뜻을 기울여 소홀함이 없었고, 임금의 마음을 계발(啓發)함에 여유가 있었다. 임금께서 매우 즐거워하여 두 손을 마주잡고 경의를 표하며 말씀하기를 "전에 저의 부왕(父王)께서는 증점(曾點)과 같은 현인이셨는데, 지금 저는 증삼(曾參)과 같은 아들이 되기에는 부족합니다. 그러나 임금의 자리를 이어서 덕이 있는 사람에게 지극한 도리를 얻고, 그것을 받들어 간직함으로써 뒤엉켜진 근본을 열게 되었습니다. 그러니 저 위수(渭水)가에서 낚시하던 강태공(姜太公)은 사실은 명예를 낚으려는 자였으며, 흙다리 위의 장량(張良)도 그런 전철을 밟았다고 할 것입니다. 비록 왕자(王者)의 스승이 되었다고 하여도 단지 세 치의 혀를 놀린 것에 불과하니 어찌 나의 스승께서 은밀한 말로써 마음을 전한 것과 비교될 수 있겠습니까. 받들어 실천하고 어긋남이 없도록 하겠습니다"라고 하였다. 태부왕(太傅王)께서는 아름다운 말과 시문(詩文)을 잘하셔서 여러 사람이 떠드는 것도 관계없이 입을 여시면 짝이 맞는 말을 만드셨는데 마치 오래 전부터 준비하여 둔 것 같았다. 대사께서 왕궁을 물러나온 후에 다시 왕손인 소판(蘇判) 일(鎰)의 청함을 받아들였다. 같이 여러 차례 이야기를 주고 받고선 (대사께서) 감탄하여 말씀하시길 "옛날의 임금들은 장수하는 분은 있어도 생각이 깊지 못하였는데 지금 우리 임금께서는 그 둘을 겸비하셨고, 신하들은 재상이 될만한 재주는 있어도 그러한 덕망이 없었는데 그대는 두루 갖추었습니다. 그러니 나라가 잘 다스려질 것입니다. 마땅히 덕을 좋아하십시오."라고 하고는 스스로 부끄러워하며 산으로 돌아가서 세상과의 인연을 끊었다. 이에 임금께서는 사자를 보내어 방생장(放生場)의 경계를 표시하니 새와 짐승이 즐거워하였고, 뛰어난 글씨로 '성주사(聖住寺)'의 제액(題額)을 써주시니 마치 용과 뱀이 살아 움직이는 것 같았다. 좋은 일도 끝이 있고 한창 때도 끝나는 법이다. 정강대왕(定康大王)께서 즉위하셔서는 양조(兩朝)에서 은혜를 베푼 것을 본받아 행하고자 하여 승려와 속인으로 거듭 사신을 보내어 맞아 오게 하였으나 늙고 병들었다고 사양하였다. 태위대왕(太尉大王 : 眞聖王)께서는 백성에게 은혜를 베풀어서 온 나라를 덮었고 덕있는 사람을 존경하기를 높은 산을 바라보듯 하였다. 즉위하신 지 9개월만에 안부를 묻는 사자가 10번이나 다녀갔다. 그리고 조금 있다가는 허리가 아프다는 이야기를 듣고 국의(國醫)를 보내어 치료하게 하였다. (國醫가) 도착하여 아픈 정도를 물으니 대사는 살짝 웃으며 "노병(老病)일 뿐이니 번거롭게 치료할 것이 없습니다"라고 말하였다. 미음을 하루에 두 번 들이되 반드시 종소리를 들은 후에 올리도록 하였다. 그러나 제자들은 대사께서 식력(食力)을 잃게 될까 걱정하여 몰래 종 치는 사람에게 거짓으로 (여러 번) 치도록 부탁하였다. 하지만 대사께서는 직접 창 밖을 내다보시고 그 거짓을 알고 그만두게 하셨다. 돌아가실 즈음에 옆의 시중드는 사람을 통하여 대중들에게 유훈(遺訓)을 남기셨다. "내 나이 이미 80[中壽]을 넘었으니, 죽음[大期]을 피하기 어렵다. 나는 멀리 떠날 것이니 너희들은 잘 지내도록 하라. 공부하기를 한결같이 하며, (수행의 태도를) 지키고 잃지 말라. 옛 관리들도 오히려 이와 같았으니, 지금 선(禪)을 닦는 사람들이야 힘써 노력하여야 마땅할 것이다." 대사는 성품이 공손하고 삼가하여, 말이 좋은 분위기를 깨뜨리지 않았다. 『예기(禮記)』에 이른바 "몸은 겸손하고, 말은 잘 못하는 듯이 하는" 사람이었던 것이다. 학승(學僧)들을 반드시 '선사(禪師)'라고 불렀으며, 손님을 접대할 때에는 그 사람의 신분이 다르다고 해서 대우를 다르게 하지 않았다. 그러므로 방에 가득한 자비에 제자들이 즐거워하며 따랐다. 배우러

온 사람들에게는 5일을 기한으로 하여 의심나는 것을 묻게 하였다. 제자들을 깨우치기 위하여 다음과 같이 말하였다. “마음이 비록 몸의 주인이지만, 몸은 마땅히 마음의 스승이 되어야 할 것이다. 그런 생각을 하지 않음이 걱정이지, 도(道)가 너희를 멀리하는 것은 아니다. 비록 배우지 못한 시골뜨기라고 할지라도 속세의 얽매임에서 벗어날 수 있는 것이다. 내가 달리면 반드시 나아가게 될 것이니, 부처와 스승이라고 해서 별다른 종자를 가지고 있는 것은 아니다.” 또 다음과 같이 말하기도 하였다. “저 사람이 마신 것이 나의 갈증을 해소시키지 못하고, 저 사람이 먹은 것이 나의 배고픔을 채워주는 것이 아니니, 노력하여 스스로 마시고 먹어야 하지 않겠는가. 교종(敎宗)과 선종(禪宗)이 같지 않다고 말하는 사람도 있지만, 나는 그 다르다는 종지(宗旨)를 보지 못하였다. 쓸데없는 말이 많은 것이고, 나는 알지 못하는 바이다. 대개 나와 같은 것을 한다고 해서 옳은 것은 아니고, 나와 다르다고 해서 그르지는 않은 것이다. 마음을 편안히 가지고 생활하며, 교사(巧詐)한 마음을 버리는 것, 이것이 수도하는 사람의 행동에 가까울 것이다. 그 말은 분명하니 그대로 따르고, (부처의) 그 뜻은 오묘하니 그대로 믿으라. 도(道)를 부지런히 행할 뿐 샛길 속의 샛길은 보지 말아라.” 젊어서부터 노년(老年)에 이르기까지 스스로를 낮추어서 먹는 것을 남과 다르게 하지 않았고, 입는 것은 늘 같은 옷이었다. 건물을 짓고 수리할 때에는 남들보다 앞장서서 일하고 늘 “가섭조사(迦葉祖師)께서도 진흙을 이기신 적이 있었는데 내가 어떻게 잠깐이라도 편히 지낼 수 있겠는가.”라고 말하였다. 때로는 물을 길어 나르고, 땔나무를 나르는 일까지도 직접 하시면서 “산이 나 때문에 더럽혀졌는데 내가 어떻게 편히 있을 수 있는가.”라고 말씀하기도 하였다. 자기의 몸을 다스리고 일에 힘쓰는 것이 모두 이와 같았다. 대사께서는 어려서 유가(儒家)의 경전을 읽었고, 그 공부한 것이 여전히 입에 남아 있었으므로 이야기를 주고 받을 때에는 위와 같이 운(韻)을 맞춰 말씀하시는 경우가 많았다. 문하(門下)의 제자로서 이름을 들 수 있는 사람이 거의 2천여 명이 되고, 따로 떨어져 있으면서 사찰을 주재하는 이는 승량(僧亮), 보신(普愼), 순예(詢乂), 심광(心光) 등이다. 그리고 문하의 손자에 해당하는 자들은 수를 헤아릴 수 없이 많아 무리가 번성하니 실로 마조도일이 용의 새끼를 길렀고, 동해(東海 : 新羅)가 서하(西河 : 중국)를 능가한다고 말할 수 있을 것이다.

논(論)하여 말한다. 『춘추(春秋)』에 말하지 않았던가. 훌륭한 집안[公侯]의 자손은 반드시 그 조상을 본받는다고. 옛날 무열대왕께서 을찬(乙粲)으로서 예맥[실은 백제와 고구려]을 무찌를 군사를 빌기 위하여 진덕여왕(眞德女王)의 명을 받들고 소릉황제(昭陵皇帝)를 알현했을 때, 직접 황제에게 중국의 역법(曆法)을 시행하고 의복제도를 중국식으로 바꾸기를 청하였었다. 이에 황제가 허락하고 중국 의복을 하사하고, 특진(特進)의 관작(官爵)을 내려주셨다. 하루는 황제께서 여러 나라의 왕자들을 불러 잔치를 열었는데, 술을 크게 베풀고 온갖 보화를 쌓아놓고 마음대로 가지라고 하셨다. 대왕께서는 술 드시는 것은 예의를 지켜 어지러운 행동을 하지 않으셨고, 화려한 비단은 지혜를 써서 많이 얻으셨다. 하직인사를 드릴 때, 황제께서는 멀리 갈 때까지 바라보며 “나라의 인재로다.”라고 감탄하셨고, 중국을 떠나올 때에 황제께서 직접 짓고 쓴 온탕(溫湯)과 진사(晉祠)의 두 비문(碑文)과 직접 편찬하신 『진서(晉書)』 한 질을 내려 주셨다. 당시 비서감(秘書監)에서 이 책을 베껴 두 질을 올렸는데 한 질은 황태자에게 주시고, 다른 한 질을 우리에게 주신 것이었다. 또한 높고 귀한 관리들에게 장안성(長安城) 동문(東門) 밖에 나아가 전송하라고 명하셨으니, 이러한 각별한 은총과 두터운 예우에는 지혜에는 어두운 사람일지라도 보고 들어서 놀라게 할 수 있을 정도였다. 이때부터 우리나라가 중국의 문물을 받아들여 미개에서 문명국으로 되었는데, 그로부터 8세손(世孫)인 대사께서는 중국에 유학하여 배운 것으로 우리나라를 교화시켜서 이상적인 나라로 변화시키셨으니 그 공은 비할 데 없이 크다. 이런 분이 아니라면 누구를 위대하다고 말할 수 있겠는가. 선조(先祖)는 두 적국(敵國)을 평정하고 문명에 접하게 하여주셨고, 후손인 대사께서는 불법을 방해하는 악한 것을 물리쳐서 마음의 덕을 닦게 해주셨다. 그러므로 두 임금께서는 스승으로 모셨고, 사방의 백성은 만 리를 멀다 하지 않고 모여들었는데, 대사가 원하는 대로 따르면서 아무런 불평이 없었다. 그러니 5백년 마다 현인(賢人)이 나타난다는 말대로 성인이 이 세계에 모습을 나타낸 것이 아니겠는가. '훌륭한 집의 자손은 반드시 조상을 본받는다'는 말에 어찌 부족함이 있는가. 전에 장량(張良)은 한(漢) 고조(高祖)의 스승이 되었으면서, 만호(萬戶)에 봉(封)해지고 제후가 된 것을 크게 자랑하여 한(韓)나라 정승의 자손으로서 지극히 명예로운 것이라고 하였는데, 이것은 비루한 일이다. 비록 신선술(神仙術)을 공부하였다고 하더라도 어떻게 태양 위로 날아 갈 수 있겠는가. 중간에 그쳐서 학(鶴) 위에 한 몸을 얹고 다니는 데에 머무를 뿐일 것이다. 그러니 어찌 우리 대사가 세속의 무리 가운데 뛰어나서, 여러 중생을 구제하고, 스스로를 깨끗이 하는 것으로 시종일관 한 것에 견줄 수 있겠는가. 뛰어난 덕의 모습을 칭송하는 데에는 옛날부터 송(頌)을 사용하였으니, 불교의 게송(偈頌)도 비슷한 것이다. 침묵을 깨고서 명(銘)을 지으니 다음과 같다. 도(道)라고 말할 수 있는 것을 늘 몸에 지니는 것은 풀 위의 이슬에 구멍을 내는 것과 같고, 불법에 나아가 참된 부처가 되는 것은 물 속의 달을 잡는 것과 같다. 그런데 도를 늘 몸에 지니고 참된 부처가 된 사람은 해동(海東)의 김상인(金上人)이다. 본래 성골(聖骨)의 자손이고, 상서로운 연꽃을 인연으로 하여 태어났네. 오백년만에 땅을 골라 태어나서, 열세 살에 속세를 벗어났네. 화엄이 불법에의 길을 열어주었고, 배를 타고 求法에 나섰네. (하나) 중원에서 두루 공부하고서, 어느 것에 집착하지 않음을 깨쳤네. 선진(先進)들이 모두 감탄하네, 수행에 따를 자 없다고. 중국에서 불교가 도태되어 귀국한 것은 하늘이 기회를 주신 것이네. 깨우침의 구슬이 마곡(麻谷)에서 빛나고, 거울 같은 눈이 우리나라를 비추었네. (둘) 이미 봉황의 훌륭한 모습, 뭇 새가 다투어 따르네. 한번 용의 변화하는 재주를 보라. 보통 생각으론 헤아리지 못하리. 온나라에 능력을 보이고서 성주사(聖住寺)에 힘써 머무르셨네. 여러 절을 두루 돌아다님에 바위 사이 길 다니지 않음이 없었네. (셋) 임금의 총애를 바라지 않았고, 임금의 뜻에 영합하지도 않았네. 때가 이르면 나아갔으니 그것은 옛 인연과 불법을 전하라는 부처의 부촉을 위해. 두 왕이 존경하니 온 나라가 부처의 가르침에 젖었네. 용이 나오면 골짜기가 가을빛, 구름이 돌아가면 바다와 산이 저녁. (넷) 세상에 나오면 섭룡(葉龍)보다 귀하였고, 세상을 벗어나면 기러기보다 더 높이 날았네. 물을 건너 나옴은 소부(蘇父)를 비루하게 여겼기 때문이고, 산에서 수도할 땐 승랑(僧朗)보다 열심이었네. 한 번 귀국한 뒤로 세 번 궁중에 갔네. 어리석은 사람은 그르다고 생각하지만, 지극한 이치엔 다름이 없네. (다섯) 이 도(道)는 담백하여 맛이 없지만, 힘써서 마시고 먹어야 하네. 남이 마신 술 내가 취하지 않고, 남이 먹은 밥 내가 부르지 않네. 대중에게 마음을 어떻게 가지라 했나, 명예는 겨처럼 부귀는 쭉정이처럼. 세속의 몸가짐은 무엇을 권했나, 인(仁)을 갑옷으로 의(義)를 투구로. (여섯) 이끌어 지도함에 빠뜨림 없어, 실로 인류의 스승이시다. 전에 살아계심엔 온나라가 유리(琉璃)같더니, 돌아가심에 온통 가시밭이네. 열반은 왜 이리 빠른지, 전과 지금 다같이 슬프네. (일곱) 탑(塔)을 만들고 비(碑)를 새겨서 형체는 감추고 자취는 드러낸다. 사리탑은 푸른 산에 자리하고, 거북이 업은 비석은 푸른 절벽에 버티고 섰네. 이것이 어찌 여태까지의 마음이 되리오마는, 다만 문자로라도 살펴서 뒤에 오는 사람이 오늘을 알게 함이니, 지금에 옛일이 드러남과 같은 것. (여덟) 임금의 은혜, 천년을 흐르고, 대사의 교화는 만대(萬代)에 존경되리라. 누가 자루 없는 도끼로 인재를 키우고, 누가 줄없는 거문고로 가르침을 이을까. 선경(禪境)을 비록 지키지 못한다 해도 번뇌야 어찌 들어오리오. 계족산(鷄足山) 아래서 미륵을 기다림이니, 어서 동쪽 계림(鷄林)에 나타나소서.

종제(從弟)인 조청대부(朝請大夫), 전(前) 수집사시랑(守執事侍郞)으로 자금어대(紫金魚袋)를 하사받은 신(臣) 최인연(崔仁渷)이 왕명을 받들어 씀. (「聖住寺郎慧和尙白月葆光塔碑」)

신라 △△△△△강부(△△△△△江府) 월암산(月巖山) 월광사(月光寺)의 조시원랑선사(詔諡圓朗禪師)의 대보선광영탑(大寶禪光靈塔)의 비(碑) 및 그 서(序).

조청랑(朝請郎) 수금성군태수(守錦城郡太守)로 비어대(緋魚袋)를 사사(下賜)받은 신하(臣下)인 김영(金潁)이 왕명을 받아 지음.

오등산(五騰山) 보리담사(菩提潭寺)의 석가사문(釋迦沙門)인 순몽(淳蒙)이 왕명을 받아 씀.

△△△△의 임금이 예절과 음악을 백대(百代)에 전하여 주고 용과 같은 임금이 도덕을 만방(萬方)에 폈으니, 이들은 모두 어진 것을 숭상하고 의로움을 귀중하게 여기고 문(文)과 무(武)의 덕을 겸비하여, 살리는 것을 좋아하고 죽이는 것을 싫어한 검소하고 인자하신 분이었다. 한편 깊고 오묘한 곳에서 자취를 끊고 지내고 자연스러운 곳에서 편안히 지내면서 인과를 깨우쳐서 雙△하고 △思를 △하여서 아울러 제거 하고, 고요히 지냄을 급한 △로 여기고 △△△△ 인간 세계를 커다란 꿈이라고 여기고 중생을 구제하는 것을 부처처럼 하면서 말로 나타낼 수 없는 이치를 깨닫고 현상을 초월한 일을 아는 것은 아마도 오직 우리 선사(禪師)께서 추구한 뜻일 것이다. 선사의 이름은 대통(大通)이고 자(字)는 태융(太融), 성(姓)은 박씨(朴氏)이며 통화부(通化府) 중정리(仲停里) 출신이다. 대대로 벼슬하는 영화를 멀리하였으며 가까운 조상은 소박한 △을 이었다. 증조부와 할아버지는 △△△△△△ 어머니에 관한 내용인 듯)씨족(氏族)인데 본래는 취성군(取城郡)(황해도 황주) 사람이었다. 선사를 잉태한 날부터 예절을 지키고 행동을 삼가하였으며 경전을 외우는 것으로 태교를 하였는데, 그 태어나는 때에 보니 과연 평범하지 않았다. 선사는 강과 산의 뛰어난 정기를 간직하고 하늘과 땅의 빼어난 기운을 받아서 마치 곤산(崑山)의 한 조각 구슬과 같고 계림(桂林)의 한 줄기 가지와 같았다. 곧 어린 시절을 지나서 성년(成年)이 되자 집 △△△△△△△ "문장을 짓는 곳에서 열심히 노력하고 경전과 역사책을 부지런히 읽어야 한다. 너는 이것을 뜻으로 삼아야 할 것이다" 하였다. 선사는 이에 이 가르침을 공손히 받들어서 홀연히 스승을 찾아 떠났다. (선사의) 총명함은 (글을) 한번에 다섯 줄씩 읽어 내릴 정도이고 명민함은 한번 읽으면 잊어버리지 않아서 제자백가(諸子百家)의 여러 책을 두루 통달하였고 천(千) 가지 경전(經典)과 만(萬) 가지 논소(論疏)의 내용들을 다 깨달을 수 있었다. 그리고 나서는 불교의 경전들을 보았는데 더욱 많이 깨달을 △△△△△△△ 불교와 유교의 옳고 그름을 따지는 이론이 다르지 않음을 알고 곧 상투를 풀어 머리를 자르고 마웃을 벗고 승복을 걸쳤는데 이때가 회창(會昌) 을축년(乙丑年:845) 봄이었다. 대덕(大德) 성린(聖鱗)에게 나아가 구족계(具足戒)를 받았는데 승관(僧官)에서는 단엄사(丹嚴寺)에 배치하여 거주하게 하였다. 이에 계율로써 마음을 닦고 보리심(菩提心)으로 뜻을 단련하고, 치욕을 참으며 정진(精進)하는 것을 우선으로 하고 보시(布施)하고 공손하고 민첩하게 행동하는 것을 다음으로 삼아서 당시의 사자후(獅子吼)가 되었다. △△△△△△△ 나이를 잊고 사귀기를 청하고 번갈아 다니며 서로 사귀었다. 이때에 선사의 동문(同門) 선배인 자인선사(慈仁禪師)가 당(唐)나라에서 귀국하자 선사는 때때로 찾아가 뵈었다. 자인선사는 선사의 품은 뜻을 살펴보고 자신이 가르칠 수 없음을 알자 이에 달

리는 말에 채찍을 가하듯 격려하여 용과 코끼리와 같은 마음을 내도록 자극하였다. 이에 선사는 곧 꼭 배우고자 하는 마음을 조용히 간직하고 그윽하고 미묘한 이치를 공부하고자 하여 직산(織山)에 이르러 △△△△에 거처하였는데 이곳은 신승(神僧) 원효대사(元曉大師)가 도를 깨치신 곳이었다. 선정(禪定)을 닦기 시작한지 3개월 후에 광종대사(廣宗大師)의 문하에 들어갔는데 광종대사는 즉시 그 재주를 알아보고서 사찰의 사무를 맡아 보게 하였다. 선사는 이것을 사양하고자 했지만 할 수 없이 일을 맡게 되었다. 그 후 얼마 지나지 않아 업적이 있게 되자 "나는 마땅히 그만두고 떠나겠다" 하고는 대중(大中) 병자년(丙子年)에 당에 들어가는 하정사(賀正使)를 따라서 △△△△. 중국에 도착하여 여러 사찰을 두루 찾아본 다음 앙산(仰山)에 이르러 징허대사(澄虛大師)에게 배웠다. 징허대사는 그 총명함을 알아보고 마음을 정밀하게 갖도록 한후 진종(眞宗)을 가르쳤는데 밤낮을 가리지 않고 게을리 하지 않았다. 선사는 근본 바탕이 보통 사람보다 뛰어난데다가 남이 따르지 못할 정도로 정성스럽게 노력하였으므로 곧 지혜가 태양에 짝할 정도로 뛰어나게 되고 식견은 하늘에 가득찰 정도로 넓어지게 되었다. 더위와 추위를 겪으면서 황매(黃梅)의 심인(心印)을 이어 받았고 △△을 지나지 않아서 △△한 구슬을 얻었다. 그 후에 명산을 순례하고 이름난 선사들을 두루 찾아보았다. 중국을 이미 다 돌아보고 나자 동방을 교화시키고자 하는 마음이 들었다. 그리하여 함통(咸通) 7년(경문왕 6, 866)에 회역사(廻易使) 진량(陳良)을 따라서 신라에 돌아왔다. 오는 때에 파도가 높이 일어나고 안개가 짙게 덮여서 배가 곧 기울어 뒤집어질듯이 위험해져서 승려와 일반인들이 모두 물에 빠질 지경이 되었다. 그러나 선사는 거의 아무런 두려움이 없는 듯 △△△△△하였다. 나라를 떠날 때의 거친 옷을 바꿔 입지 않았고 처음 출가할 때의 굳은 뜻을 바꾸지 않았으니, 만일 선사와 같이 신통함과 신묘한 작용을 갖추고 지식이 멀리에까지 미쳐서 위험한 일을 당하여서도 두려워하지 않는 사람이 아니었다면 누가 이러한 경지에 이를 수 있었겠는가. 광종(廣宗) 대사는 선사가 돌아왔다는 말을 듣고 사람을 보내어 맞아들였는데 특별한 예절로써 서로 상대하였고 매우 사랑하였다. 선사는 이듬 해 봄에 산을 나와서 △△△△에 머물고 있었는데 여름 저녁의 꿈에 월악(月嶽)의 신관(神官)이 나타나서 그곳으로 오기를 청하였다. 그런데 다음날 새벽이 되자 자인선사가 글을 보내어 말하기를 '월광사(月光寺) 신승(神僧) 도증(道證)이 세운 곳으로 과거에 우리 태종대왕(太宗大王)(무열왕(武烈王)을 말함)께서 백성들이 도탄에 빠진 것을 불쌍히 여기시고 사해(四海)가 괴로워하는 것을 안타깝게 여기셔서) 삼한(三韓)에서 전쟁을 그치게 하고 통일을 달성하신 때에 △△△ 부처의 △을 입어 △△의 재앙을 영원히 없앴다고 하여 특별히 이 산을 표창하여 으뜸되는 공이 있음을 드러내었다. 그리하여 일찍부터 금강(金剛)에 기록되어 있고 선기(仙記)에 이름이 전해왔다. 시냇물은 맑고 차가우며 안개는 뭉게뭉게 피어오르는 속에 빼어난 기운을 간직하고 있고 △전(△傳)을 두루 갖추고 있으니 선사는 거기에 가서 거주하라' 하였다. 선사는 메아리가 소리를 따르듯이 곧바로 옷을 떨치고 나아갔다. △△△ 저녁의 꿈에 전에 나타났던 신관(神官)이 나타나 모시면서 △△△△△△△ 예를 행하고 가까이 다가와 얼굴을 바라보며 말하기를 "전에 외람되게 말씀드린 바 있었는데 수고롭게도 멀리서 와 주셨군요."하였다. 선사는 이에 이 산에 거주하면서 현묘한 이치를 드러내 보이고 불법의 요체를 선양하였는데 선악을 마음에 두지 않았으므로 빠른 바람이 구름을 걷어내듯 하였고 옳고 그름을 따지는 것을 넘어섰으므로 △△△이 갇힌 것을 뚫고 나아가는 것과 같았다. 이 때부터 단월(檀越)들이 먼 지역에서부터 찾아 △△△△△△△ 하였다. 이미 보산(寶山)에 이른 사람으로서 빈손으로 돌아가는 사람이 있지 않았다. 이러한 아름다운 행위가 널리 드러났고 향기로운 이름이 멀리에까지 소문이 나서 명성은 천지와 사방에 드높고 찬사는 대궐에까지 이르게 되었다. 경문대왕(景文大王)께서는 오랫동안 도움이 되는 가르침을 넓히려고 하는 어진 마음을 가지고서 부처의 가르침이 널리 퍼지지 않는 것을 안타깝게 여기고 계셨는데 멀리서 선사의 덕을 듣고서 좋은 △을 세울 생각으로 △△△△△△△ 월 5일에 관영(觀榮)법사를 보내어 멀리서 금조(金詔)를 내려 칭찬하고 산문(山門)을 위로하였다. 그리고 월광사(月光寺)는 계속하여 선사가 주지를 맡도록 하였다. 또 1년이 지나자 임금께서 다시 살펴보시며 거듭 윤음(綸音)을 내리고 잇달아 은혜를 베풀어 다(茶)와 △△△△△△를 멀리에서 보내는 두터운 혜택을 베풀어 주셨다. 세상에서는 이를 영광이라고 여겼고 그에 따라 산문(山門)은 더욱 빛나게 되었다. 중화(中和) 3년(883) 한여름에 뱀들이 구멍에서 나와 골짜기에 가득차고 산을 덮었는데, 이들이 소리내어 슬프게 흐느끼고 머리를 숙이면서 피눈물을 흘렸다. 선사는 문인들에게 말하기를 "사는 것에는 끝이 있으니 나라고 어찌 끝이 없겠느냐. 너희들은 마땅히 게으름 피우지 말고 부지런히 수행에 힘써야 할것이다"라 하고 그해 10월 5일에 단정하게 △△△△. 나이는 68이요 승려 생활은 39년이었다. 아아, 이름이 온 나라에 널리 퍼졌으니 죽었다고 해도 죽은 것이 아니요, 전해주신 法音이 천년에 이어질 터이니 가셨다고 해도 가신 것이 아니다. 돌아가신 때에 안개와 구름이 가득하여 온통 아득하여 지고 소나무와 회나무는 빛을 잃었다. 멀고 가까운 곳과 신분의 높고 낮음이 없이 승려와 남녀 모두가 이러한 변화를 보고 땅을 두드리며 안타까와 하였고 슬픔을 간직하고서 하늘을 향해 울부짖었다. 줄지어 애도를 표하고 가슴을 두드리며 길게 △△△△△ 하니 눈물이 모여 샘을 이룰 정도였다. 문인(門人)인 융환(融奐) 등이 그 다음해 2월 10일에 유해를 옮겨 북원(北院)에서 장사지냈지만 자애로운 스승과 영원히 헤어지게 됨에 그 사모하는 마음을 이길 수 없었다. 제자들은 시간이 흘러 산과 골짜기가 바뀌고 육지와 바다가 바뀌게 되면 법을 전하여 주신 선사의 은혜를 잊는 일이 있게 될까 염려하여서 우러러 추앙하는 뜻을 나타내고자 하였다. 이에 행장(行狀)을 정리하여 △△△△△△ 커다란 비석을 세워 성대(聖代)를 빛내고자 하였다. △△△△△ 지금 임금께서는 뛰어나신 문덕(文德)과 신성한 무덕(武德)을 갖추시고서 조상들이 하고자 하신 바를 계승하셨고 또 불교의 가르침에 더욱 깊이 의뢰하고 받들려는 마음을 가지고 계셨다. 그러므로 선사가 돌아가신 소식을 듣고는 슬퍼하심이 지극하여서 그 마음을 스스로 이겨내시지 못하셨다. 이에 원랑선사(圓朗禪師)라고 시호(諡號)를 내려주시고 탑(塔)의 이름은 대보광선(大寶光禪)이라고 하셨다. 또한 조칙(詔勅)을 내리셔서 용렬한 신(臣)에게 비문과 찬(讚)을 지으라고 하셨다. 신은 능력이 호랑이를 그리기에는 멀고 재주는 교룡(蛟龍)을 품을 수 없는데 외람되게도 명하심을 받들어 △△△△△△ 하게 되었다. 명(銘)의 내용은 다음과 같다. △△△△△△△△ 달마(達磨)가 중국에 선법(禪法)을 전하였다. 널리 퍼져서 산과 골짜기에 가득 차고 넘치며 두루 흘러가 땅 끝 하늘 끝까지 다하였네. 형체도 없고 묘사도 할 수 없는 곳까지 두루 통하며 열매 없고 꽃 없는 곳에까지 운용할 수 있네. 굳이 문자를 붙이면 현주(玄珠)요 법인(法印)이며 억지로 이름하면 가섭(迦葉)이요 비로자나(毘盧遮那)라네. 조선(朝鮮)은 동쪽으로 부상(扶桑)과 접하였는데 옛 현인은 이곳을 복된 (땅)이라고 일컬었네. △△△△△ 달빛이고 깨끗하고 높으신 덕, 스님은 사람들의 복이었네. 옳고 그름은 깨우치셨지만 마음에 두지 않으셨고 신성함이나 지혜는 버리고 의롭다 여기지 않으셨네. 탐내고 성냄은 버리면서 버리지 않으신 것 같고 성색(聲色)은 좋아한 듯 좋아하지 않으셨네. 신령이 감동하여 감싸 돌봐 주셨고 임금께선 도를 사모하고 스승으로 모셨네. 훌륭하신 생각은 미치지 않은 곳이 없고 뛰어난 업적은 △△△△△ △△는 모여들어 저자를 이루었으니 제자들이 어찌 다른 길로 나가겠는가. 육적(六賊)은 버렸는데 버리지 않은 듯 하고 방법(方法)은 알지만 모르는 듯 하네. 하늘은 누구를 벌주고 나무랄 거며 청구(靑丘)는 누구를 복주며 도와 줄건가. 현명하신 분이 갑자기 사라지시니 산문(山門)이 홀연히 쇠퇴해지네. 사찰은 슬퍼하고 △△ △△△△△△ 아아 슬프도다. 법의 들보가 꺾여졌으니. 탑을 만들고 비를 새겨서 후세에 남기고자 하네.
용기(龍紀) 2년 경술(庚戌)년 9월 15일에 이 비를 세우고, 문하(門下)의 승려 진윤(眞胤) 등이 글자를 새기었다. (「月光寺圓朗禪師大寶禪光塔碑」)

신라 병오(丙午)에 은기국(隱岐國)에서 작년 10월 3일에 신라인 35명이 표착한 사정을 올렸다. (『日本紀略』全篇 20)

891(辛亥/신라 진성왕 5/발해 현석22/唐 大順 2/日本 寬平 3)

신라 (2월) 26일 병오일에 은기국(隱岐國)에서 작년 10월 3일에 신라인 55명이 표착한 사실을 알렸다. 사람들에게 따로 쌀·소금·생선·조(藻) 등을 내렸다. (『日本紀略』前篇 20)

신라 대순(大順) 2년 초봄에 이르러 홀연히 입조사(入朝使)를 만나 몸을 의탁하여 서방(西方)으로 가서 피안(彼岸)인 당에 도달하였으니, 배를 경수(鏡水)에 메어 놓고, 곧바로 종릉(鍾陵)을 향해 가다가 운거도응대사(雲居道膺大師)를 친견하고 법문을 들을 계획을 세웠다. 선불(先佛) (결락) 지화(之化). 실로 부촉(付囑)하신 마음을 따라 꾸준히 수행하였다. (결락) 공(工) (결락) 대사의 출현이 마치 황각(皇覺)이 나타난 것과 같았다. 대사가 이르되 "자네가 돌아왔으니 미리 올 것을 알았노라. 네가 승당(昇堂)하고자 하니 그 보배가 감추어진 곳을 가르쳐 주겠다. 바라는 바는 (결락) 실가(室家)의 아름다움을 보고, 선교(禪敎)의 종지를 전해 받도록 노력하라"고 하였다. 이로 말미암아 깊고 깊은 문턱을 보았으며 현리(玄理)의 굴을 탐색하고, 참심(參尋) (결락) 출(出) (결락) 그 어찌 가유(迦維)에서 연설하신 법에는 아난다가 석문(釋門)의 다문제일(多聞第一)로서 독보적이었으며, 궐리(闕里)에서 유교의 경(經)을 담론(談論)한 것에는 안자(顔子)가 호학(好學)으로 유교의 (결락) 실이이의재(室而已矣哉)인지라. (「無爲寺先覺大師遍光塔碑」)

신라 후고구려

궁예(弓裔)는 신라 사람으로 성은 김씨이다. 아버지는 제47대 헌안왕 의정(誼靖)이며 어머니는 헌안왕의 후궁이었는데, 그 성과 이름은 전하지 않는다. 또는 48대 경문왕 응렴(膺廉)의 아들이라고도 한다. 5월 5일에 외가에서 태어났다. 그때 지붕 위에 흰빛이 있어 마치 긴 무지개가 위로 하늘에 이어진 것 같았다. 일관(日官)이 아뢰었다. "이 아이는 중오일(重午日)에 태어났고, 나면서부터 이가 있었으며, 또 광염이 이상하였습니다. 아마도 장차 국가에 이롭지 못할 것이오니 마땅히 그를 키우지 마십시오." 왕이 중사(中使)에게 명하여 그 집에 가서 그를 죽이도록 하였다. 사자가 포대기에서 빼앗아 그를 다락 아래로 던졌다. 유모인 여자 종이 몰래 그를 받았는데 실수하여 손가락으로 눈을 찔러 한 쪽 눈을 멀게 하였다. 안고 도망가서 힘들고 고생스럽게 길렀다. 나이가 10여 세 되었는데, 유희(遊戱)를 그치지 않았다. 그 여자 종이 그에게 일러 말하였다. "그대는 태어나면서 나라로부터 버림을 받았는데 내가 차마 그냥 두기 어려워 몰래 길러 오늘에 이르렀습니다. 그런데 그대의 경망함이 이와 같으니 반드시 다른 사람들에게 알려질 것입니다. 그렇게 되면 저와 그대는 함께 죽음을 면할 수 없을 것이니 어찌하면 좋겠습니까." 궁예가 울면서 "만약 그렇다면 제가 떠나 어머니에게 걱정을 끼쳐 드리지 않겠습니다."라고 말하고는 곧 세달사(世達寺)에 갔다. 지금[고려]의 흥교사(興敎寺)이다. 머리를 깎고 승려가 되었는데, 스스로 선종(善宗)이라고 법호를 지었다. 나이가 들자 승려의 계율에 구애받지 않았으며, 헌칠하고 담력이 있었다. 일찍이 재(齋)에 참석하려고 가는데 까마귀가 입에 물었던 물건을 들고 있는 바리때(鉢) 안에 떨어뜨렸다. 그것을 보니 상아로 만든 점대에 '왕(王)'자가 쓰여 있었다. 비밀로 하고 말을 하지 않았으나 자못 자부하였다. 신라가 쇠약하여진 말기에 정치가 잘못되고 백성이 흩어져 왕기(王畿) 밖의 주현들로 배반하여 적에게 붙은 것과 그렇지 않은 것이 서로 반반이고, 먼 곳과 가까운 곳에서 떼를 이룬 도적들이 벌떼처럼 일어나고 개미처럼 모여드는 것을 보고, 선종은 혼란을 틈타 무리를 모으면 뜻을 이룰 수 있겠다고 생각하였다. 진성왕 즉위 5년 즉 대순(大順) 2년 신해(891)에 죽주(竹州)의 도적 괴수 기훤(箕萱)에게 의탁하였다. 기훤이 업신여기고 잘난 체하며 예우하지 않았다. 선종은 속이 답답하고 스스로 불안해져서 몰래 기훤의 휘하의 원회(元會), 신훤(申煊)과 결연하여 친구가 되었다. (『三國史記』 50 列傳 10 弓裔)

신라 후고구려

궁예가 처음으로 일어나 도적에게 의탁하였다. (『三國史記』 31 年表 下)

신라 후고구려 겨울 10월에 북원(北原) 도적의 장수 양길(梁吉)이 자기 막료 궁예(弓裔)를 보내 기병 1백여 명을 거느리고 북원 동쪽 부락과 명주 관내의 주천(酒泉) 등 10여 군현을 습격하였다. (『三國史記』 11 新羅本紀 11)

신라 후고구려 겨울 10월에 궁예가 북원(北原)에서 반란을 일으켰다. 궁예는 헌안왕의 서자(庶子)이다. 처음에 5월 5일에 외가에서 태어났는데, 지붕 위에 흰 빛이 있어 마치 긴 무지개가 위로 하늘에 이어진 것 같았다. 일관(日官)이 아뢰어 말하였다. "이 아이는 중오일(重午日)에 태어났고, 나면서부터 이가 있었으며, 또 광염이 이상하였습니다. 아마도 장차 국가에 이롭지 못할 것이오니 마땅히 그를 기르지 마십시오." 왕이 중사(中使)에게 명하여 그 집에 가서 그를 죽이도록 하였다. 사자가 포대기에서 빼앗아 그를 다락 아래로 던졌다. 유모인 여자 종이 몰래 그를 받았는데 잘못하여 손가락으로 눈을 찔러 한 쪽 눈을 멀게 하였다. 안고 도망가서 힘들고 고생스럽게 길렀다. 나이가 10여 세 되었는데, 유희(遊戱)를 그치지 않았다. 그 여자 종이 그에게 일러 말하였다. "그대는 태어나면서 나라로부터 버림을 받았는데 내가 차마 그냥 두기 어려워 몰래 길러 오늘에 이르렀습니다. 그런데 그대의 경망함이 이와 같으니 반드시 다른 사람들에게 알려질 것입니다. 그렇게 되면 저와 그대는 함께 죽음을 면할 수 없을 것이니 어찌하면 좋겠습니까." 궁예가 울면서 "만약 그렇다면 제가 떠나 어머니에게 걱정을 끼쳐 드리지 않겠습니다."라고 말하고는 머리를 깎고 승려가 되었는데, 선종(善宗)이라고 불렀다. 나이가 들자 승려의 계율에 구애받지 않았으며, 헌칠하고 담력이 있었다. 일찍이 재(齋)에 참석하려고 가는데 까마귀가 입에 물었던 물건을 들고 있는 바리때(鉢) 안에 떨어뜨렸다. 그것을 보니 '왕(王)'자가 쓰여 있었다. 비밀로 하고 말을 하지 않았으나 자못 자부하였다. 나라가 쇠약해지고 혼란하며 정치가 잘못되고 백성이 흩어져 주현들로 배반하여 적에게 붙은 것과 그렇지 않은 것이 서로 반반이고, 먼 곳과 가까운 곳에서 떼를 이룬 도적들이 벌떼처럼 일어나고 개미처럼 모여드는 것을 보고, 혼란을 틈타 무리를 모으면 뜻을 이룰 수 있겠다고 생각하였다. 죽주(竹州)의 도적 괴수 기훤(箕萱)에게 의탁하였다. 기훤이 업신여기고 잘난 체하며 예우하지 않았다. 선종은 속이 답답하고 스스로 불안해져서 몰래 기훤의 휘하의 원회(元會), 신훤(申煊)과 결연하여 친구가 되었다.(891) 북원(北原)의 도적 양길(梁吉)에게 의탁하였다. 양길이 그를 잘 대우하여 일을 맡겼다.(892) 병사 100여기를 나누어 주어 동쪽으로 땅을 공략하도록 하였다. 이에 치악산(雉岳山) 석남사(石南寺)에 나가 머물면서 주천(酒泉), 나성(奈城), 울오(鬱烏), 어진(御珍) 등의 현

을 모두 항복시켰다. (『三國史節要』 13)

신라 경문대왕(景文大王)님과 문의황후(文懿皇后)님, 그리고 큰 공주님께서는 불을 밝힐 석등을 세우기를 바라셨다. 당(唐)나라 함통(咸通) 9년(경문왕 7년, 868년) 무자(戊子)해 음력 2월 저녁에 달빛을 잇게 하고자 전임(前任) 국자감경(國子監卿)인 사간(沙干) 김중용(金中庸)이 등을 밝힐 기름의 경비로 3백석을 날라 오니 승려 영△(靈△)가 석등을 건립하였다 (혹은 건립하는 일을 주관하였다). 용기(龍紀) 3년 신해(辛亥)해 10월 어느 날 승려 입운(入雲)은 서울에서 보내 준 조(租) (혹은 서울에 보내야 할 조) 1백석으로 오호비소리(烏乎比所里)의 공서(公書)와 준휴(俊休)에게서 그 몫의 석보평(石保坪) 대업(大業)에 있는 물가의 논 4결[5뙈기로 되어 있는데, 동쪽은 영행(令行)의 토지이고 북쪽도 마찬가지다. 남쪽은 지택(池宅)의 토지이고 서쪽은 개울이다]과 물가로부터 멀리 있는 논 10결 [8뙈기로 되어 있는데, 동쪽은 영행(令行)의 토지이고 서쪽과 북쪽도 같은 토지이다. 남쪽은 지택(池宅)의 토지이다]을 영구히 샀다. (「開仙寺石燈記」)

신라 대순 2년 신해 11월 어느날에 기록하다. 내궁에 사리 7매가 삼가 계시다. (「寶林寺南塔誌」 표면)

신라 22세 되던 해에 양주(楊州) 삼각산(三角山) 장의사(莊義寺)에서 구족계(具足戒)를 받았다. 그로부터 인초(忍草)가 싹을 내고 계주(戒珠)가 빛을 발하는 초기임에도 오히려 도(道)를 배움에 피로(疲勞)를 잊고, 스승을 찾되 조금도 게을리 하지 아니하였다. 그러던 중 본사(本師)인 진경대사(眞鏡大師)가 광주(光州) 송계선원(松溪禪院)으로 옮겨갔다. 대사(大師)도 행장(行裝)을 정돈하여 육환장(六環杖)을 짚고 송계선원으로 따라가서 예족(禮足)의 소충(素衷)을 나타내어 주안(鑄顔)의 현조(玄造)에 대하여 감사하였다. 진경(眞鏡)스님께서 이르기를, "백운(白雲)이 천리(千里)나 만리(萬里)에까지 덮혀 있더라도 모두가 똑같은 구름이며, 명월(明月)이 전후(前後)의 시냇물에 비추나 오직 달은 하나 뿐이다."라고 했다. 이는 지식으로 아는 것이 아니요, 오직 마음에 있을 뿐이다. 대사(大師)가 생각하기를, "무릇 도(道)에 뜻을 둔 자가 어찌 일정한 곳에 고정된 스승이 있으랴."하고, 스님에게 제방(諸方)으로 다니면서 심사문도(尋師問道)할 것을 고하였다. 스님이 말씀하시기를, "너의 그 마음을 주저하지 말고 속히 떠나도록 하라. 나는 자네에게 깊이 징험(徵驗)하였다."면서 기꺼이 떠날 것을 허락하였다. 그리하여 대사는 멀리 해외로 가는 것이 옳다고 생각하고 산을 내려와 해변으로 가서 중국으로 가는 선편(船便)을 찾았다. (「高達寺元宗大師慧眞塔碑」)

892(壬子/신라 진성왕 6/발해 현석23/唐 景福 1/日本 寬平 4)

발해 정월 8일 갑인일에 발해객(渤海客)이 출운국(出雲國)에 왔다. (『日本紀略』 全篇 20)

발해 (정월) 11일 정사일에 소내기(少內記) 등원관근(藤原菅根)과 대학대윤(大學大允) 소야양필(小野良弼)을 발해객(渤海客)의 존문사(存問使)로 삼았다. (『日本紀略』 全篇 20)

신라 드디어 경복(景福) 원년(元年) 임자년 봄에 훨훨 산을 나와 바람처럼 바다를 건너 중국으로 유학할 마음을 굳혔다. 마침내 선장(船長)에게 간청하여 편승(便乘)을 허락받아 기꺼이 동행하게 되었다. 주교(奏橋)를 지나 한(漢)나라에 이르렀다. 운수(雲水)

의 마음으로 도를 묻고 여기 저기 선지식을 찾았다. 무주(撫州)의 소산(踈山)으로 가서 광인화상(匡仁和尙)을 친견하였다. 광인화상이 말하되 "너는 큰 바다의 용이 되고자 하는가." 화상(和尙)이 현언(玄言)을 드날리면서 비설(秘說)을 묻고는 곧 승당(昇堂)하게 하여 입실(入室)을 허락하였다. 바야흐로 목격도존(目擊道存)의 심인(心印)을 깨달아 이심전심의 정법안장을 전해 받았다. 광인화상(匡仁和尙)은 크게 기꺼워하면서 "중국 법통이 해동으로 흘러간다는 설과 서학(西學)을 위하여 중국에 와서 유학하는 구도자 중에 가히 더불어 도(道)를 논할 만한 자는 극히 드문 일이었으나, 동인(東人) 중에 목어(目語)할 만한 사람은 오직 자네를 제외하고 또 누가 있겠는가." 하였다. 손을 잡아 법등(法燈)을 전하고 마음을 통하여 심인(心印)을 전해 준 다음, "그대는 반조산(盤桃山) 곁에서 불일(佛日)을 도와 다시 중흥하고, 해우(海隅)의 국민을 잘 순화시키는 한편 선법(禪法)으로 인도하여 다시 넓힐 것이 분명하다." 고 하였다. 그로부터 훌륭한 큰스님은 반드시 찾아가서 친견하고, 환경이 절묘한 성지(聖地)는 남김없이 참배하였다. 강서(江西)로 가서 노선화상(老善和尙)을 배알하고 그의 법문을 들으며, 그의 수행담을 듣고자 하였다. 화상(和尙)이 묻되 "백운(白雲)이 행인(行人)의 길을 봉쇄하며 차단하였구나." 대답하되 "스스로 청소(靑霄)인 공중길이 있거늘, 백운(白雲)이 어찌 막을 수 있겠습니까." 화상은 대사의 변재가 민첩하여 조금도 걸림이 없이 자재하게 답함을 보고, 곧 인가하여 법을 전해주고는 "남을 이롭게 할 자신이 생긴 연후에 떠나도록 하라."고 말씀하였다. (「玉龍寺洞眞大師碑」)

신라 드디어 경복(景福) 원년 봄 송(宋)나라로 들어가는 상선(商船)을 만나 편승(便乘)하여 중국에 도착하였다. 운수(雲水)를 바라보면서 마음내키는 대로 행각(行脚)하되 연하(煙霞)를 향하여 자취를 행하였다. 그리하여 큰스님이 있는 곳에는 빠짐없이 참방(叅訪)하고, 이름 있는 고적(古跡)은 샅샅이 답사하였다. 서주(舒州) 동성현(桐城縣) 적주산(寂住山)에 나아가 투자화상(投子和尙)을 친견하였으니, 그의 법호는 대동(大同)이며, 석두산(石頭山) 희천(希遷)의 법손(法孫)이고, 취미무학대사(翠微無學大師)의 적윤제자(嫡胤弟子)이다. 그는 대사의 연꽃같은 눈, 특수한 자태(姿態), 미간백호(眉間白毫)와 같은 특이한 상모(相貌)를 보고 감탄하여 말하기를, "인도(印度)로부터 동류(東流)하여 설법(說法)한 자와 동국(東國)에서 중국에 와서 구학(求學)하는 자가 매우 많았으나 가히 더불어 도담(道談)을 나눌 만한 이는 오직 그대 뿐이다."하고 기뻐하였다. 대사는 이때 미언(微言)을 투자(投子)의 혀끝에서 깨닫고 진불(眞佛)이 바로 자신의 신중(身中)에 있음을 알았으니, 어찌 선서(善逝)가 가섭(迦葉)에게 밀전(密傳)을 계승하며, 정명(淨名)이 문수(文殊)와 묵대(默對)함을 받들 뿐이겠는가. 대사가 투자화상(投子和尙)에게 하직인사를 하니, 화상이 이르기를, "너무 먼 곳으로 가지 말고 또한 너무 가까운 곳에 있지 말라."하니, 대사가 대답하기를, "비록 스님의 말씀처럼 원근양처(遠近兩處)가 아닌 곳에도 머물지 않을 것입니다."라고 하였다. 화상이 이르기를, "네가 이미 마음으로 전하는 이치를 체험했으니, 어찌 상대하여 서로 말할 필요가 있겠는가."하였다. 그 후 곁으로는 훌륭한 도반(道伴)을 찾아 순례하면서 고명한 선지식을 참방(叅訪)하되, 때로는 천태산(天台山)에 들어가 은거할 만한 곳을 찾으며, 혹은 강좌(江左) 지방에서 현리(玄理)를 탐구하여 진여(眞如)의 성해(性海)에 들어가서 마니(摩尼)의 보주(寶珠)를 얻기도 하였다. (「高達寺元宗大師慧眞塔碑」)

발해 6월 24일 병신일에 발해에 보내는 칙서를 좌근소장(左近少將) 등원조신민행(藤原朝臣敏行)에게 명하여 쓰게 했다. (『日本紀略』全篇 20)

발해 (6월) 29일 신축일에 태정관(太政官)에서 발해국첩(渤海國牒) 2통을 내렸다. 하나는 좌근위소장(左近衛少將) 등원조신민행(藤原朝臣敏行)에게 명하여 쓰게 했고 하나는 문장득업생(文章得業生) 소야미재(小野美材)에게 그것을 쓰게했다. (『日本紀略』 全篇 20)

발해 발해국중대성첩(渤海國中臺省牒)에 증(贈)한 첩(牒) 입근사(入覲使) 문적원(文籍院) 소감(少監) 왕구모(王龜謀) 등 105명 기납언(紀納言)

첩(牒)한다. 저 성의 첩(牒)을 구하여, 처분을 받들어 오는 것이 만일 가지 않으면 예에 어그러지니 덕방(德方)이 불고(不孤)라고 이를만 한다. 또한 인약(隣約)을 빠뜨리는 것이 어려우니 어찌 그 성제(盛制)를 지키지 않으리오. 이 돈성(敦誠)을 펼쳐 사월(肆月)로 추년(推年)을 다하고 성은 행(行)하고 한(漢)을 편(遍)한다. 이미 구(舊) 제도의 기한은 가까워졌고 장차 만기(滿紀)의 기한에 이르렀다. 원서일봉(遠書一封), 항상 하국(下國)에 기종(企踵)하니 여러 가지 생각이 만연(萬戀)한다. 오랫동안 중국에 치심(馳心)이 있고 구규(舊規)를 모앙(慕仰)하고 존덕(尊德)을 첨거(瞻擧)하여 망망한 바다의 멀고 넓음을 걱정하지 말고 제항(梯航)하여 빠르게 경과에 힘써라. 헛되이 운소(雲霄)를 바라보며 전알(展謁)이 있지 않게 하라. 삼가 문적원(文籍院) 소감(少監) 왕구보(王龜謀) 등을 뽑아 귀국에 입근(入覲)하게 하니, 앞의 것을 찾아 뒤좇아라. 나라의 전고(典故)는 이치가 마땅히 연유가 따르고 오는 것이 그 기한이 아니면 무슨 일인가 기다린다. 이미 책임을 회피함에 무지(無地)이니 어찌 때가 있어 의(儀)를 준비하리오. 소사(所司)는 의성(議成)하고 경(境)으로부터 방각(放却)하였다. 다만 구보 등이 업(業) 풍저(風渚)에 의지하고 몸은 낭화(浪花)에 고통당한다. 비록 가을 기러기의 후(候)를 아는 빈(賓)에게 허물이 있다고 할지라도 겨울 소나무의 정(貞)을 지키는 절개는 오로지 한다. 이에 주리(州吏)에게 명해 배를 만들고 양식을 지급하다. 상선(相善)의 돈독함은 이로써 헤아릴만 하다. 일은 모름지기 당년(當年)에 추산(推算)하여 일어나니 후년에 잘 살펴 펼쳐라. 새로운 제도가 아니면 또한 구장(舊章)이 있으니 오로지 이시(異時)의 종(蹤)을 따르고 전정(前程)의 기한을 어기지 말라. 물의 거듭하여 허물이 된다면 어찌 예라고 할 수 있는가. 지금 장(狀)으로써 첩(牒)하니 첩이 도달하면 장에 준(准)하라. 때문에 첩한다. (『本朝文粹』 12)

발해 8월 7일 무인일(戊寅)에 존문발해객사(存問渤海客使)가 왕에게 아뢰고 돌아왔다. (『日本紀略』 全篇 20)

발해 첩(牒)한다. 저 성의 첩(牒)을 구하여 이르니, 처분을 받들어 오는 것이 만일 가지 않으면 예에 어그러지니 덕방(德方)이 불고(不孤)라고 이를만 한다. 또한 인약(隣約)을 빠뜨리는 것이 어려우니 어찌 그 성제(盛制)를 지키지 않으리오. 이 돈성(敦誠)을 펼쳐 사월(肆月)로 추년(推年)을 다하고 성은 행(行)하고 한(漢)을 편(遍)한다. 이미 구(舊) 제도의 기한은 가까워졌고 장차 만기(滿紀)의 기한에 이르었다. 원서일봉(遠書一封), 항상 하국(下國)에 기종(企踵)하니 여러 가지 생각이 만연(萬戀)한다. 오랫동안 중국에 치심(馳心)이 있고 구규(舊規)를 모앙(慕仰)하고 존덕(尊德)을 첨거(瞻擧)하여 망망한 바다의 멀고 넓음을 걱정하지 말고 제항(梯航)하여 빠르게 경과에 힘써라. 헛되이 운소(雲霄)를 바라보며 전알(展謁)이 있지 않게 하라. 삼가 문적원(文籍院) 소감(少監) 왕구보(王龜謀) 등을 뽑아 귀국에 입근(入覲)하게 하니, 앞의 것을 찾아 뒤좇아라. 나라의 전고(典故)는 이치가 마땅히 연유가 따르고 오는 것이 그 기한이 아니면 무슨 일인가 기다린다. 이미 책임을 회피함에 무지(無地)이니 어찌 때가 있어 의(儀)를 준비하리오. 소사(所司)는 의성(議成)하고 경(境)으로부터 방각

(放却)하였다. 다만 구보 등이 업(業) 풍저(風渚)에 의지하고 몸은 낭화(浪花)에 고통당한다. 비록 가을 기러기의 후(候)를 아는 빈(賓)에게 허물이 있다고 할지라도 겨울 소나무의 정(貞)을 지키는 절개를 오로지 한다. 이에 주리(州吏)에게 명해 배를 만들고 양식을 지급하다. 상선(相善)의 돈독함은 이로써 헤아릴만 하다. 일은 모름지기 당년(當年)에 추산(推算)하여 일어나니 후년에 잘 살펴 펼쳐라. 새로운 제도가 아니면 또한 구장(舊章)이 있으니 오로지 이시(異時)의 종(蹤)을 따르고 전정(前程)의 기한을 어기지 말라. 물의 거듭하여 허물이 된다면 어찌 예라고 할 수 있는가. 지금 장(狀)으로써 첩(牒)하니 첩이 도달하면 장에 준(准)하라. 때문에 첩한다. (『本朝文粹』 12)

신라 후고구려 경복(景福) 원년 임자년에 북원(北原)의 도적 양길(梁吉)에게 의탁하였다. 양길이 그를 잘 대우하여 일을 맡겼다. 드디어 궁예에게 병사를 나누어 주어 동쪽으로 땅을 공략하도록 하였다. 이에 치악산(雉岳山) 석남사(石南寺)에 나가 머물면서 주천(酒泉), 나성(奈城), 울오(鬱烏), 어진(御珍)등의 현을 돌아다니면서 습격하여 모두 그곳들을 항복시켰다. (『三國史記』 50 列傳 10 弓裔)

신라 후백제 완산의 도적 견훤(甄萱)이 완산주를 근거로 스스로 후백제라 일컬으니, 무주 동남쪽의 군현들이 항복해 붙었다. (『三國史記』 11 新羅本紀 11)

신라 후백제 후백제 견훤이 왕이라 자칭하였다. (『三國史記』 31 年表 下)

신라 후백제 견훤. 임자년에 처음으로 광주(光州)에 도읍하였다. (『三國遺事』 1 王曆)

신라 후백제 견훤(甄萱)은 상주(尙州) 가은현(加恩縣)사람이다. 본래의 성은 이(李)씨였으나 후에 견(甄)으로 씨(氏)를 삼았다. 아버지 아자개(阿慈介)는 농사를 지으며 자기 힘으로 살다가 후에 가문을 일으켜 장군이 되었다. 처음 견훤이 태어나 아기 포대기에 싸여 있을 때 아버지가 들에서 일하면 어머니가 그에게 식사를 날라다 주었는데, 아이를 숲 밑에 놓아두면 호랑이가 와서 젖을 먹였다. 마을에서 들은 사람들이 기이하게 여겼다. 장성하자 생김이 뛰어났으며, 뜻이 크고 기개가 있어 평범하지 않았다. 군대를 따라 왕경에 들어갔다. 후에 서남 해안에 가서 국경을 지켰는데, 창을 베고 자면서 적을 기다렸고, 그의 용기는 항상 군사들 중 첫째였다. 그런 노고로 비장(裨將)이 되었다. 당 소종(昭宗) 경복(景福) 원년은 신라 진성왕 재위 6년인데, 왕의 총애를 받는 아이들이 왕의 곁에 있으면서 정권을 훔쳐 제 마음대로 휘두르니 기강이 문란해졌다. 그에 더하여 기근이 드니 백성들이 떠돌아다니고 떼도적들이 벌떼처럼 일어났다. 이에 견훤은 몰래 [왕위를] 넘겨다보는 마음을 갖고, 무리를 불러 모아 왕경의 서남쪽 주·현(州縣)을 돌아다니며 공격하였다. 이르는 곳마다 메아리처럼 호응하여 열흘에서 보름 사이에 무리가 5천 명에 달했다. 드디어 무진주(武珍州)를 습격하여 스스로 왕이 되었으나 아직 감히 공공연히 왕을 칭하지는 못하였다. 스스로 서명하기를 신라서면도통지휘병마제치(新羅西面都統指揮兵馬制置) 지절(持節) 도독전무공등주군사(都督全武公等州軍事) 행전주자사(行全州刺使) 겸 어사중승(御史中丞) 상주국(上柱國) 한남군개국공(漢南郡開國公) 식읍이천호(食邑二千戶)라고 하였다. 이때에 북원(北原)의 도적 양길(良吉)이 강성하여 궁예가 스스로 투탁하여 휘하가 되었는데, 견훤이 이를 듣고 멀리 양길에게 관직을 주어 비장(裨將)으로 삼았다. (『三國史記』 50 列傳 10 甄萱)

신라 후백제 견훤은 완산주(完山州)에서 반란을 일으켜 스스로 후백제라고 칭하였다. 견훤(甄萱)은 상주(尙州) 가은현(加恩縣)사람이다. 본래의 성은 이(李)씨이고 아버지는 아자개(阿慈介)로, 농사를 지으며 자기 힘으로 살다가 후에 가문을 일으켜 장군이 되었다.

네 아들이 있는데 모두 세상에 이름을 알렸다[고기(古記)에서 말하였다. 부자 한 사람이 광주(光州) 북촌(北村)에 살았다. 그 딸이 자태와 용모가 단정했다. 아버지께 말하기를, '매번 자줏빛 옷을 입은 남자가 침실에 와서 관계하고 갑니다.'라고 하자, 아버지가 말하기를, '너는 긴 실을 바늘에 꿰어 그 남자의 옷에 꽂아 두어라.' 라고 하니 그대로 따랐다. 날이 밝자 실을 찾아 북쪽 담 밑에 이르니 바늘이 큰 지렁이의 허리에 꽂혀 있었다. 이로 말미암아 아기를 배어 한 사내아이를 낳았는데 나이 15세가 되자 스스로 견훤(甄萱)이라 일컬었다]. 처음 견훤이 태어나 아버지가 들에서 일하면 어머니가 그에게 식사를 날라다 주었는데, 아이를 숲 밑에 놓아두면 호랑이가 와서 젖을 먹였다. 마을에서 들은 사람들이 기이하게 여겼다. 장성하자 생김이 뛰어났으며, 뜻이 크고 기개가 있어 평범하지 않았다. 군대를 따라 왕경에 들어갔다. 후에 서남 해안에 가서 국경을 지켰는데, 창을 베고 자면서 적을 기다렸고, 그의 용기는 항상 군사들 중 첫째였다. 그런 노고로 비장(裨將)이 되었다. 이 때 여왕이 음란하고 어리석어 왕의 총애를 받는 아이들이 정권을 훔쳐 제 마음대로 휘두르니 기강이 문란해졌다. 그에 더하여 기근이 드니 백성들이 떠돌아다니고 떼도적들이 벌떼처럼 일어났다. 견훤은 몰래 왕위를 넘겨다보는 마음을 갖고, 무리를 불러 모아 왕경의 서남쪽 주·현(州縣)을 돌아다니며 공격하였다. 이르는 곳마다 메아리처럼 호응하여 열흘에서 보름 사이에 무리가 5천 명에 달했다. 드디어 무진주(武珍州)를 습격하여 스스로 왕이 되었으나 아직 감히 공공연히 왕을 칭하지는 못하였다. 스스로 서명하기를 신라서면도통지휘병마제치(新羅西面都統指揮兵馬制置) 지절(持節) 도독전무공등주군사(都督全武公等州軍事) 행전주자사(行全州刺使) 겸 어사중승(御史中丞) 상주국(上柱國) 한남군개국공(漢南郡開國公) 식읍이천호(食邑二千戶)라고 하였다. 견훤이 북원(北原)의 도적 양길(良吉)이 강성함을 듣고 멀리 양길에게 관직을 주어 비장(裨將)으로 삼았다. (『三國史節要』 13)

신라 후백제 또 『고기(古記)』에는 이렇게 말했다. "옛날에 부자 한 사람이 광주(光州) 북촌(北村)에 살았다. 딸 하나가 있었는데 자태와 용모가 단정했다. 딸이 아버지께 말하기를, '매번 자줏빛 옷을 입은 남자가 침실에 와서 관계하고 갑니다.'라고 하자, 아버지가 말하기를, '너는 긴 실을 바늘에 꿰어 그 남자의 옷에 꽂아 두어라.' 라고 하니 그대로 따랐다. 날이 밝자 실을 찾아 북쪽 담 밑에 이르니 바늘이 큰 지렁이의 허리에 꽂혀 있었다. 이로 말미암아 아기를 배어 한 사내아이를 낳았는데, 나이 15세가 되자 스스로 견훤(甄萱)이라 일컬었다. 경복(景福) 원년(元年) 임자년에 이르러 왕이라 일컫고 완산군(完山郡)에 도읍을 정하였다. 나라를 다스린지 43년 청태(淸泰) 원년(元年) 갑오(934)에 견훤의 세 아들이 반역하여 견훤은 태조에게 항복하였다. 아들 금강이 즉위하여 천복(天福) 원년(元年) 병신년(936)에 고려 군사와 일선군(一善郡)에서 싸웠으나 후백제(後百濟)가 패배하여 나라가 망하였다."고 하였다. 처음에 견훤이 나서 포대기에 싸였을 때, 아버지는 들에서 밭을 갈고 있었다. 어머니가 아버지에게 밥을 가져다 주려고 아이를 수풀 아래 놓아두었더니 호랑이가 와서 젖을 먹이니 마을 사람들은 이 말을 듣고 이상하게 여겼다. 아이가 장성하자 몸과 모양이 웅장하고 기이했으며 지기가 크고 기개가 있어 범상치 않았다. 군인이 되어 서울로 들어갔다가 서남 해변에 가서 변경을 지키는데 창을 베개 삼아 적을 대비하였으니 그의 기상은 항상 사졸에 앞섰으며 그 공로로 비장(裨將)이 되었다. 당 소종(昭宗) 경복(景福) 원년은 신라 진성왕의 재위 6년이다. 이때 왕의 총애를 받는 신하가 곁에 있어서 국권을 농간하니 기강이 어지럽고 해이하였으며, 기근이 더해지니 백성들은 떠돌아다니고 도둑들이 벌떼처럼 일어났다. 이에 견훤은 남몰래 반역할 마음을 품고 무리를 불러 모아 서울의 서남 주현(州縣)들을 공격하니 가는 곳마다 백성들이 호응하여 한 달 동안에 무리는 5천 명이나 되었다. 드디어 무진주(武珍州)를 습격하여 스스로 왕이 되었으나 감히 공공연하게 왕이라 일컫지는 못하고 스스로 신라서남도통 행전주자사 겸 어사중승상주국 한남국개국공이라고 하였다. 용기(龍紀) 원년 기유년(889)이었다. 혹은 경복 원년 임자년의 일이라고도 한다. 이때 북원(北原)의 도둑 양길(良吉)의 세력이 몹시 강성하여 궁예(弓裔)는 스스로 그의 부하가 되었다. 견훤이 이 소식을 듣고 멀리 양길에게 직책을 주어 비장으로 삼았다. (…) 견훤은 당 경복(景福) 원년에 나라를 세워 진(晉)나라 천복(天福) 원년(936)에 이르니, 45년 만인 병신(丙申)년에 망했다. (『三國遺事』 2 紀異 2 後百濟甄萱)

신라 이러한 까닭에 우리 진성왕(眞聖王)께서 정강왕(定康王)이 나라를 다스림에 힘들어 하다가 돌아가자 이에 앞의 허물을 따라 (결락) 어찌 누추한 곳이라 하겠는가. 본래 (결락) 물들지 않음을 얻어 그윽한 도리가 끝까지 맑고 한가하니 일평생의 큰 인연이 임금의 스승이 되는데 한 점의 흠도 없었다. 그리하여 당(唐) 태종(太宗)이 조칙을 내려 삼사(三師)의 지위를 둠을 분명히 한다 하니 (결락) 유교를 뿌리로 하고 불교를 줄기로 하며 중국을 거푸집으로 삼고 우리나라를 주물로 하니 우리나라는 본래 어진 동방(東方)이라 도(道)로써 제어하기가 쉬운 바이다. 이에 마음이 이미 녹았다고 하나 멀리 있는 종은 치기가 힘들어 가까이 모시고자 하여 대사를 도성 안에 거처하게 하였으나 잠시도 머무르지 않으셨다. 그래서 특별히 단의장공주(端儀長公主)께 왕명을 내려 심원산사(深源山寺)에 대사께서 사시도록 요청하여 널리 미혹한 중생을 제도하게 하였는데 그때 사람들이 △라 부르지 않으니 심지를 밝혀주는 영원사(瑩原寺)를 말함이 아니겠는가. 얼마 안 있어 서울과 너무 가깝다 하여 개울과 돌이 있는 맑은 곳으로 가시고자 하여 (결락) 제자 수인(粹忍)과 의광(義光)이 각기 남악의 북쪽 들에 살았는데 (결락) 들판으로 빼어나 짝할 만한 곳이 없었는데 법운사(法雲寺)라 이름붙이시니 마음이 경개를 따랐기 때문에 그렇게 이름 붙인 것이다. 십지경(十地境)을 지으시어 세 산을 진압하신 것은 그 감응에 응하신 것이다. (결락) 비밀한 가르침과 직접 지켜본 도리는 후학들을 더욱 노력하도록 채찍질하는 것이다. 대사는 말이 없이 근세에 마음 공부를 하셨으나 괴력란신(怪力亂神)을 힘쓰지 않으셨으니 (결락) 그대들은 옛일을 상고하여 마땅히 멀리까지 뿌리삼아야 할 것이다. (「實相寺秀澈和尙楞伽寶月塔碑」)

신라 선사는 날 때부터 특이한 자태를 지녔으며, 어려서도 어린아이답지 않았으니 유학(幼學)의 나이에 이르러 책 상자를 짊어지고 학당(學堂)으로 찾아가기도 하였다. 선사는 어려서부터 성격이 온순하고 공손하여 가풍을 잘 이었고, 항상 자신의 내면을 잘 극기하여 조덕(祖德)을 닦았다. 뿐만 아니라 재주가 뛰어나 글을 읽음에 다섯줄을 한꺼번에 읽어 내려갔으니, 천재라는 소문이 이려(里閭)에 떨쳤다. 일찍부터 불경을 열람하였고, 유교 또한 정통하였다. (결락) 하늘을 날고, 바다의 넓음을 뛰어 넘을 큰 포부를 가졌으니, 숲 속으로 기어 다니는 개미가 어찌 이 웅지(雄志)를 짐작할 수 있겠는가. 쟁(爭) (결락) 어(於) (결락) 장지(章之) (결락) 기대소(其大小) (결락) 이러한 뜻을 가졌기에 (결락) 출가하여 입산하려는 생각뿐이었다. 부모는 아들의 출가하려는 뜻을 듣고는 애정을 억누르며 허락하였다. 출가의 길을 떠나 동쪽으로 가는 도중 태령(太嶺)을 지나 흑암선원(黑岩禪院)에 도달하여 진경대사(眞鏡大師)를 친견하니 스님은 마치 빙자(氷姿)처럼 아름답고, 옥체(玉體)처럼 맑았다. 예배를 드리고, 마음에 뜻한 바를 아뢰었다. "스님은 사계(沙界)의 제항(梯航)이며 법문(法門)의 영수(領袖)이시니 저를 받아 들여 득도하게 하여 주십시오."하고 간청하였다. 그리하여 도수(道樹)의 밑에 서게 되었고, 마침내 선림(禪林)의 보배를 얻게 되었다. 어느날 진경대사(眞鏡大師)가 스님에게 이르기를, "천축(天竺)에서 심법(心法)을 전수한 조사(祖師)가 많았으니 제27대 반야다라(般若多羅)의 법을 전해 받은 달마대사는 중국으로 와서 (결락) 선종의 초조(初祖)가 되었으며, 그 후 곧 동토 선종의 제6조인 조계(曹溪) 혜능에 이르렀다. 이어 조조(祖祖)가 서로 전수하여 백암(百巖)에 이르게 되었다. 그 때 진경대사(眞鏡大師)가 당으로 유학 가서 백암(百巖)의 법을 받아 귀국하여 경남 창원군 상남면 봉림리에 봉림사를 창건하고 선풍을 크게 진작하였는데, 지금은 비록 그 법통이 단절되었지만, 그 도(道)는 더욱 훌륭하였다. 이제 내가 지금 너희들과 함께 혜목(慧目)의 종지(宗旨)를 천양하여 봉림가풍(鳳林家風)을 영원히 무성(茂盛)하게 하며 장래의 후생(後生)들에게 보여 주고자 한다."라고 하였다. (「鳴鳳寺境淸禪院慈寂禪師凌雲塔碑」)

신라 고려 진(晉) 도육(道育)은 신라국 사람이다. 당 경복 임자년에 처음으로 바다를 건너 중국에 와서 천태(天台)에 유(遊)하고, 평전사(平田寺)에 괘석(掛錫)하고, 삼의일발(三衣一盋)로 항상 앉아 있고 눕지 않았다. 낭무(廊廡)를 청소하고 요리하고 그릇을 닦고 땔나무를 하고 물을 길어 올리는 것에 이르러 하지 않는 것이 없었다. 그러나 더욱 호생(護生)하고, 그 자민(慈憫)에 이름으로써, 드러내어 석교(螫囓)를 기다림으로써, 이와 같이 40년을 하니, 일찍이 조금도 바꿈이 없었다. 천복 3년(938) 10월 10일에, 사(寺)의 승당(僧堂) 중에서 죽으니, 나이가 80여세로, 화장하니 사리를 획득하니 헤아릴 수 없었다. (『新修科分六學僧傳』20 忍辱學·持志科 晉道育)

893(癸丑/신라 진성왕 7/발해 현석24/唐 景福 2/日本 寬平 5)

신라 중국에서 연호를 고쳤음을 알고 경복 2년으로 하였다. (『三國史記』31 年表 下)

신라 3월 3일 임인일에 장문국(長門國)에 표착한 신라법사 신언(神彦) 등 3명에게 그 일의 이유를 묻고 다른 일이 없어 양식을 주고 방치해두었다. (『日本紀略』全篇 20)

신라 5월 22일 경신일에 대재부(大宰府) 비역사(飛驛使)가 와서 장(狀)으로 아뢰어 말하였다. 금월 11일에 신라적(新羅賊)이 비전국(肥前國) 송포군(松浦郡)에 왔다. 당일에 대재수(大宰帥)인 충친왕(忠親王)에게 칙부(勅符)를 내려 대이안배흥행조신(大貳安倍興行朝臣) 등에게 추토(追討)를 명하였다. (『日本紀略』全篇 20)

신라 윤 5월 3일 경오일에 대재부(大宰府) 비역사(飛驛使)가 와서 말하였다. 신라적인 비후국(肥後國) 포전군(飽田郡)에서 인가를 태운 뒤 도망하였다. 즉시 칙부(勅符)를 내려 추토(追討)를 명하였다. (『日本紀略』全篇 20)

신라 윤 5월 7일 갑술일에 대재부(大宰府) 비역사(飛驛使)가 왔다. (『日本紀略』全篇20)

신라 돌아가신 것은 경복(景福) 2년 5월 4일이다. 문도들을 불러 이르시기를 "죽음이 이제 이르렀다. 나는 떠나갈 것이니 너희들은 부지런히 힘써 반드시 불법의 뜰에서 노닐어라. 비와 바람이 미친듯 날뛰나 뜬구름은 모였다가 흩어지는 것, 모름지기 밝은 해가 서쪽에서 동쪽으로 가는 이치를 알아라." 하고 말을 마치고는 입적하셨다. 향년이 79요, 법랍이 58이다. 이상하도다. 물이 쌓이고 고기가 되돌아가며 숲이 기울고 새가 흩어지는구나. 대사께서 돌아가심을 듣고 영원사(瑩原寺)에 있던 추모하는 이들이 눈물을 흘리며 슬퍼하였다. 진성왕께서 하늘이 철인(哲人)을 남겨놓지 않음을 돌아보고 문밖에서 울며 동궁관(東宮官)의 봉식랑(奉食郞)인 왕로(王輅)에게 왕명을 전해 위문하도록 하여 남기신 가르침을 따라 은덕에 보답이 되도록 수철(秀澈)이라는 시호와 능가보월(楞伽寶月)이라는 탑호를 내리셨다. 그 후에 여덟 차례나 재(齋)를 베풀어 백일(百日)의 예를 갖추었으며 갖가지 향들을 모두 왕실에서 내주었다. (「實相寺秀澈和尙楞伽寶月塔碑」)

신라 6월 6일 임인일에 대재부(大宰府) 비역사(飛驛使)가 오자 칙부(勅符)를 내려 돌려 보냈다. (『日本紀略』 全篇 20)

신라 6월 20일 병신일에 대재부(大宰府) 비역사(飛驛使)가 와서 신라 적이 도망간 일일을 아뢰자 칙부를 내려 보냈다. (『日本紀略』 全篇 20)

신라 10월 25일 을미일에 장문국(長門國) 아무군(阿武郡)에 신라인이 표착한 사유를 조사해 빨리 올리게 하였다. (『日本紀略』 全篇 20)

신라 병부시랑 김처회(金處誨)를 보내 당에 가서 정절(旌節)을 바치게 했는데, 가는 도중에 바다에 빠져 죽었다. (『三國史記』 11 新羅本紀 11)

신라 당 소종(昭宗) 경복(景福) 2년에 납정절사(納旌節使) 병부시랑 김처회가 바다에 빠져 죽으니 곧 추성군(橻城郡) 태수 김준(金峻)을 차출하여 고주사(告奏使)로 삼았다. 당시 치원은 부성군(富城郡) 태수로 있었는데, 때마침 불러 하정사(賀正使)로 삼았다. 그러나 매해 기근이 들었고, 그로 말미암아 도적이 많이 일어나니 길이 막혀 마침내 가지 못하였다. 그 후에 치원은 또한 일찍이 사신의 명령을 받들어 당에 간 적이 있었는데, 단 그때를 알 수 없다. 그러므로 그 문집에 태사(太師) 시중에게 올린 편지가 있다. 내용은 다음과 같다. "엎드려 듣건대 동쪽 바다 밖에 삼국이 있었으니 그 이름은 마한, 변한, 진한이었습니다. 마한은 고구려, 변한은 백제, 진한은 신라입니다. 고구려와 백제의 전성 시에는 강한 군사가 백만이었습니다. 남으로는 오(吳)·월(越)을 침공하였고, 북으로는 유(幽)의 연(燕), 제(齊), 노(魯)의 지역을 어지럽혀 중국의 커다란 해충이 되었습니다. 수(隋)나라 황제가 나라를 그르친 것도 요동정벌에 말미암은 것이었습니다. 정관(貞觀) 연간에 우리 당 태종황제가 몸소 6개 부대를 거느리고 바다를 건너 삼가 천벌을 집행하였습니다. 고구려가 위세를 두려워하여 화친을 청하였으므로 문황(文皇)이 항복을 받고 돌아갔습니다. 이때 저희 무열대왕께서 지극한 정성으로 한쪽 지방의 걱정을 다스리는 것을 돕기를 청하였으니 당에 들어가 조알(朝謁)한 것이 이로부터 시작되었습니다. 후에 고구려와 백제가 이전처럼 나쁜 짓을 하자 무열왕은 입조하여 길잡이가 되기를 청하였습니다. 고종(高宗) 황제 현경(顯慶) 5년(660)에 이르러 소정방(蘇定方)에게 명하여 10도(道)의 강한 군사와 다락을 얹은 배 만 척을 거느리고 백제를 대파하도록 하였습니다. 이어 그 땅에 부여도독부(扶餘都督府)를 두고, 유민을 불러 모아 중국 관리에게 담당하도록 하였습니다. 풍속이 서로 달라 여러 차례 반란의 소식이 들리므로 드디어 그 사람들을 하남(河南) 지방으로 옮겼습니다. 총장(摠章) 원년(668) 영공(英公) 서적(徐勣)에게 명하여 고구려를 깨뜨리고 안동도독부를 두었습니다. 의봉(儀鳳) 3년(678)에 이르러 그 사람들을 하남과 농우(隴右) 지방으로 이주시켰습니다. 고구려의 유민들이 서로 모여 북으로 태백산(太白山) 아래에 기대어 나라 이름을 발해라고 하였습니다. 개원(開元) 20년(732)에 천자의 조정을 원망하여 군사를 거느리고 등주(登州)를 갑자기 습격하여 자사(刺史) 위준(韋俊)을 살해하였습니다. 이에 명황제(明皇帝)께서 크게 노하여 내사(內史) 고품(高品)·하행성(何行成)과 태복경(太僕卿) 김사란(金思蘭)에게 명하여 군사를 동원하여 바다를 건너 공격하여 토벌하도록 하였습니다. 이에 저희 왕 김모에게 [관작을] 더하여 정태위(正太尉) 지절(持節) 충영해군사(充寧海軍事) 계림주대도독(鷄林州大都督)으로 삼았습니다. 겨울이 깊고 눈이 많이 내려 제후와 중국의 군대가 추위에 시달리므로 회군하도록 명령하셨습니다. 지금까지 3백여 년 동안 한 쪽 지방이 무사하고 넓은 바다가 편안하니 이는 곧 저희 무열대왕의 공로입니다. 지금 저는 유생(儒生)들 중 학문이 낮은 자이고, 해외의 평범한 인재로서 외람되이 표(表)와 장(章)을 받들고 좋은 나라에 와서 조회하게 되었습니다. 무릇 진실로 간절함이 있어 예에 맞게 모두 진술합니다. 엎드려 살펴보건대 원화(元和) 12년(817)에 본국의 왕자 김장렴(金張廉)이 바람에 떠밀려 명주(明州)에 이르러 해안에 내렸을 때 절동(浙東)의 어느 관리가 발송하여 [당 나라의] 서울에 들어가도록 하였습니다. 중화(中和) 2년(882) 입조사(入朝使) 김직량(金直諒)은 반란이 일어나 도로가 통하지 않아서 마침내 초주(楚州)에서 해안에 내려 이리저리 헤매다가 양주(楊州)에 이르러 황제의 수레가 촉(蜀) 지방에 행차하신 것을 알았는데, 고태위(高太尉)가 도두(都頭) 장검(張儉)을 보내 감독하여 호송하여 서천(西川)에 도착하도록 하였으니, 이전의 사례가 분명합니다. 엎드려 바라옵건대 태사 시중께서는 굽어 큰 은혜를 내리시어 특별히 수륙의 통행증을 내려 주십시오. 지방 관청으로 하여금 선박과 식사 및 원거리 여행에 필요한 나귀와 말과 사료를 공급하도록 하시고, 아울러 장수를 파견하여 호송을 감독하여 황제의 수레 앞에 이르도록 하여 주십시오." 여기에서 말한 바 태사 시중의 성명은 또한 알 수 없다. (『三國史記』 46 列傳 6 崔致遠)

신라

병부시랑 김처회(金處誨)를 보내 당에 가서 정절(旌節)을 바치게 했는데, 바다에 빠져 죽었다. 다시 추성군(樞城郡) 태수(太守) 김준(金峻)을 고주사(告奏事)로 삼았다. 이 때 최치원(崔致遠)이 부성군(富城郡) 태수(太守)였는데, 왕이 불러 하정사(賀正使)로 삼았다. 매해 기근이 들고 도적이 횡행하여 길이 막혀 가지 못하였다. (『三國史節要』 13)

신라

최승우 (…) 경복 2년에 이르러 시랑(侍郎) 양섭(楊涉) 아래에서 급제하였다. 사륙문(四六文) 5권이 있는데 자신이 쓴 서문에서 『호본집(餬本集)』이라고 하였다. (『三國史記』 46 列傳 6 崔承祐)

신라

유당(有唐) 신라국(新羅國) 양주(良州) 심원사(深源寺)의 고(故) 국사(國師) 수철화상(秀澈和尙)의 능가보월령탑(楞伽寶月靈塔) 비명(碑銘)과 서(序)

당(唐)에 입조(入朝)하여 봉하(奉賀)하고 왕을 따라 동도(東都)에 갔던 검교우위장군(檢校右衛將軍)이며 사궁대(司宮臺)의 (결락) 인 <신(臣) (결락)가 지음>

(결락)원사(院使)이며 조청랑(朝請郞) (결락) 인 동정원(同正員) <신(臣) (결락) 가 씀>

문하 제자인 비구 음광(飮光)<이 새김>

이르기를 "왕도(王道)를 도모하다 이루지 못한다 하여 도리어 패도(覇道)가 될 것인가"라고 하였다. 이와 같이 중생이 얻고 얻지 못함은 그 다음이 (결락). 위대하게 능히 스승의 덕을 빛나게 하는 것은 (결락) 위대하지 아니한가. 진실로 칭찬할 만하도다. 도(道)의 본체를 찾고자 노력하고 위 없는 깨달음을 구하니 어찌 대우주를 지향하여 영원에로 힘써 나아간 것이 아니겠는가. 옛날 양무제(梁武帝) 때에 달마대사(達磨大師)가 선법(禪法)을 전하여 (결락) 불가(佛家)의 으뜸되는 바른 것으로 삼은 바이니 어찌 잘못을 따르겠는가. 가을 매미는 울지 않는 것이어서 문수대성(文殊大聖)과 같은 보살도 말하기 어려웠거늘 제자들이 어찌 알겠는가. 이에 (결락)저 대사가 바로 그런 분이시다. 덕(德)은 선인(仙人)이라 부를 만하니 증조부는 위계가 소판으로 집안이 진골(眞骨)로 빼어나서 경사가 후손에까지 미쳤다. 조부는 일신(日新)이고 부친은 수정(修靜)인데 벼슬하고자 하지 않아 대대로 좋은 법도를 전하여 집안을 온전히 하고 세상을 피하여 보전하고자 하는 맑은 뜻이 있었다. (결락) 도의 경지로 들어오기를 잘 하셨다. 어려서 부모를 잃고, 허망한 꿈과 같음을 문득 깨달아 잠깐 눈먼 거북이 불법(佛法) 만나기 어려운 인연을 듣고, 불법을 보고는 지체하지 않으셨다. 나이 십오세 남짓에 불법을 배우고자 뜻을 두어 연허(緣虛)율사에게서 머리를 깎고 천종(天宗)대덕에게서 경전을 배우셨다. 얼마 있다가 (결락) 동원경(東原京) 복천사(福泉寺)에 가서 윤법(潤法)대덕에게서 구족계(具足戒)를 받으셨다. (결락) 이내 불법을 믿어 (결락) 복덕(福德)과 지혜(智慧)가 모두 엄정하니 어머니는 반드시 하늘에 나실 것이다. 스스로 기쁜 마음으로 새가 하늘을 나는 것처럼 자유롭게 돌아다녀 설악(雪岳)에도 들르고 운봉(雲峰)에도 발을 옮겨 실상사(實相寺)에 이르르셨다. 스승이 원하던 바와 들어맞아 대사가 제자되기를 청하니 하락하셨다. 이에 "그대는 어디서 왔는가." 하고 물으니 "스님의 본성은 무엇입니까." 하고 대답하셨다. 이미 신묘한 경지에 들어 (결락) 국사(國師)가 이르기를 "도를 붙이는 것은 오랜 인연으로 말미암은 바라. 서당(西堂)의 가풍을 잘 짓는 일은 너에게 달려 있을 뿐이다."라고 하셨다. 이때 (결락) 스승이 부름에 응하여 거동하여 서울에 가시니 (왕이) 배례하였다. 이미 이치를 풀어냈으니 거처에 걸림이 있겠는가. 이로부터 명산(名山) 승지(勝地)의 탑에 예배하러 돌아다니시니 (결락) 참선(叅禪)에서 꽃술을 드날리고 화엄(華嚴)에서 향기를 모으셨다. 마침내 다시 곧바로 가서 지리산(知異山) 지실사(知實寺)를 홀로 쌓으시고 여러 장소(章疏)를 남김없이 보시니 이는 나면서부터 뜻을 아는 이로서 날로 부처님이 천명한 가르침을 높여가신 것이다. 그 힘은 중생을 교화하는데 돌리시고 부처를 이롭게 하므로, 고요하게 무리를 이끄시니 말없이 절로 알려져 정법대덕(正法大德)인 홍(弘)△와 전(前) △주(州) 승정(僧正)인 순(順)△, 종자(宗子) 선사 등이 제자가 되어 모두 마음을 닦았다. 함통(咸通) △년에 대사(太師)를 추증받은 경문대왕(景文大王)께서 산에 있는데 부르시니 걸음을 옮겨 급히 뜻을 좇으셨다. 하루는 팔각당(八角堂)에서 교(敎)와 선(禪)의 같고 다름을 물으매 "깊은 궁궐에는 절로 천개나 되는 미로(迷路)가 있어 (결락) 끝내 없습니다."라고 대답하셨다. 이에 (결락) 선(禪)을 펼쳐 그림과 같이 단계지어 설명하시니 왕이 마음 깊이 기뻐하며 깨달으셨다. 이에 구름이 앞서 돌아 넘어 동굴에서 길게 따라 나오듯 서로 만나보고 나서 법호를 더해 주셨다. 그때 혜성대왕(惠成大王)이 왕가(王家)를 위해 자신의 덕을 덜어 잘 화합했는데 (결락) 더욱 잘하여 (결락). 태부(太傅)를 추증받은 헌강대왕(憲康大王)께서 왕위를 이어 자주 서신을 보내시므로 거동을 옮겨 (결락). 국사는 양념이나 비린 것을 멀리 하고 아픔을 없애며 방편을 잊어버리고자 하셨다. 이때 전국통(前國統)인 혜위(惠威)대법사와 천△법(泉△法)대덕과 비구 (결락) 신부(愼孚)가 지해와 실행이 모두 뛰어나 승속이 함께 따라 마음씀이 없이 이치에 들어맞음을 알고는 만나 (결락) 왕족들도 스승으로 모시고 줄을 지어 하례하니 예의는 멀리 (결락)이 없고 도는 더욱 높아졌다. 임금과 백성에 대해서 대사는 법칙을 두지 않고 굳이 구별을 않으니 하물며 스님처럼 고상한 분이 (결락). 이러한 까닭에 우리 진성왕(眞聖王)께서 정강왕(定康王)이 나라를 다스림에 힘들어 하다가 돌아가자 이에 앞의 허물을 따라 (결락) 어찌 누추한 곳이라 하겠는가. 본래 (결락) 물들지 않음을 얻어 그윽한 도리가 끝까지 맑고 한가하니 일평생의 큰 인연이 임금의 스승이 되는데 한점의 흠도 없었다. 그리하여 당(唐) 태종(太宗)이 조칙을 내려 삼사(三師)의 지위를 둠을 분명히 한다 하니 (결락) 유교를 뿌리로 하고 불교를 줄기로 하며 중국을 거푸집으로 삼고 우리나라를 주물로 하니 우리나라는 본래 어진 동방(東方)이라 도(道)로써 제어하기가 쉬운 바이다. 이에 마음이 이미 녹았다고 하나 멀리 있는 종은 치기가 힘들어 가까이 모시고자 하여 대사를 도성 안에 거처하게 하였으나 잠시도 머무르지 않으셨다. 그래서 특별히 단의장공주(端儀長公主)께 왕명을 내려 심원산사(深源山寺)에 대사께서 사시도록 요청하여 널리 미혹한 중생을 제도하게 하였는데 그때 사람들이 △라 부르지 않으니 심지를 밝혀주는 영원사(瑩原寺)를 말함이 아니겠는가. 얼마 안 있어 서울과 너무 가깝다 하여 개울과 돌이 있는 맑은 곳으로 가시고자 하여 (결락) 제자 수인(粹忍)과 의광(義光)이 각기 남악의 북쪽 들에 살았는데 (결락) 들판으로 빼어나 짝할 만한 곳이 없었는데 법운사(法雲寺)라 이름붙이시니 마음이 경개를 따랐기 때문에 그렇게 이름 붙인 것이다. 십지경(十地境)을 지으시어 세 산을 진압하신 것은 그 감응에 응하신 것이다. (결락) 비밀한 가르침과 직접 지켜본 도리는 후학들을 더욱 노력하도록 채찍질하는 것이다. 대사는 말이 없이 근세에 마음 공부를 하셨으나 괴력란신(怪力亂神)을 힘쓰지 않으셨으니 (결락) 그대들은 옛일을 상고하여 마땅히 멀리까지 뿌리삼아야 할 것이다. 돌아가신 것은 경복(景福) 2년(893) 5월 4일이다. 문도들을 불러 이르시기를, "죽음이 이제 이르렀다. 나는 떠나갈 것이니 너희들은 부지런히 힘써 반드시 불법의 뜰에서 노닐어라. 비와 바람이 미친듯 날뛰나 뜬구름은 모였다가 흩어지는 것, 모름지기 밝은 해가 서쪽에서 동쪽으로 가는 이치를 알아라." 하고 말을 마치고는 입적하셨다. 향년이 79요, 법랍이 58이다. 이상하도다. 물이 쌓이고 고기가 되돌아가며 숲이 기울고 새가 흩어지는구나. 대사께서 돌아가심을 듣고 영원사(瑩原寺)에 있던 추모하는 이들이 눈물을 흘리며 슬퍼하였다. 진성왕께서 하늘이 철인(哲人)을 남겨놓지 않음을 돌아보고 문밖에서 울며 동궁관(東宮官)의 봉식랑(奉食郞)인 왕로(王輅)에게 왕명을 전해 위문하도록 하여 남기신 가르침을 따라 은덕에 보답이 되도록 수철(秀澈)이라는 시호와 능가보월(楞伽寶月)이라는 탑호를 내리셨다. 그 후에 여덟차례나 재(齋)를 베풀어 백일(百日)의 예를 갖추었으며 갖가지 향들을 모두 왕실에서 내주었다. 처음 낳을 때는 (결락) 돌아갈 때는 (결락). 아아 푸른 연꽃 피는 절에서 멀리까지 덕의 향기 드날리고 대중의 목마름을 고루 적셔주며 스승의 도를 드높이셨다. 사방에서 우러름을 받아 만년토록 사실 것을 바랐으나 사람은 죽는 법이라 우린 누굴 본받을 것인가. 이제 (결락) 재상은 재상의 집안에서 나는 법이라 문인 관휴(款休)와 음광(飮光) 비구는 해를 쫓아가고 바다를 뛰어 넘을 만큼 뛰어난 분들이다. 그래서 능히 구름 (결락) 눈앞의 아름다운 경계를 고르고 붓끝으로 용(龍)과 같은 행장을 적어 성스러운 거북의 신령스러움을 보여 천년 만년 이르고자 하였다. 나는 꿇어 엎드려 (결락) 추모하여 시를 지어 올린다. 동방에 어짐을 심어 불교를 법칙으로 하니 누더기 걸치레는 신하의 극치라. 허깨비와 같은 이 한몸에 여섯 흉악한 마구니들 남들은 (결락) 스님은 능히 (결락). 지혜의 날카로움 더욱 세워서 (결락) 배움을 이루며 덕의 물로 씻어서 요망한 번뇌 가라앉혔네. 할아버지는 서당지장(西堂智藏)이요 아버지는 남악홍척(南岳洪陟)이라 시방 대중 교화하여 한 나라의 스승 되셨네. 임금의 마음 말씀으로 적시고 부처님의 힘 감응하여 합치고 불법을 잘 닦아 (결락) 가르치셨네. 크나큰 보배 버려두시고 (결락) 예나 이제나 헤아려 (결락).

(음기) 강희(康熙) 53년 갑오년(1714년) 4월 일에 중건함. (「實相寺秀澈和尙楞伽寶月塔碑)

신라

문인인 영상(英爽)이 와서 글을 재촉하였을 때 금인(金人)이 입을 다물었던 고사에 따라 돌같은 마음을 더욱 굳히었다. 참는 것은 뼈를 깎아내는 것보다 고통스럽고 요구는 몸을 새기는 것보다 심하였다. 그리하여 그림자는 8년 동안 함께 짝하였으며, 말은 세번을 되풀이했던 것에 힘입었다. 저 여섯 가지의 기이한 일과 여섯 가지의 옳은 일로 글을 지은 것에 부끄러움이 없고 용력(勇力)을 과시하기에 여유가 있는 것은, 실로 곧 대사가 안으로 육마(六魔)를 소탕하고 밖으로 육폐(六蔽)를 제거하여,

행하면 육바라밀(六波羅密)을 포괄하고 좌선(坐禪)하면 육신통(六神通)을 증험하였기 때문이다. 일은 꽃을 따서 모은 것과 같은데, 글은 초고 없애는 것을 어렵게 하였다. 그 결과 가시나무를 쳐내지 않는 것과 같게 되었으니, 쭉정이와 겨가 앞에 있음이 부끄럽다. 자취가 '궁전에서의 놀음'을 따랐으매, 누구인들 '월지궁(月池宮)에서의 아름다운 만남'을 우러르지 않겠는가. 게(偈)는 칠언연구(七言聯句)를 본받았으니, 바라건데 해 뜨는 곳에서 고상한 말로 비양(飛揚)하라. (「鳳巖寺智證大師寂照塔碑」 음기)

신라 경복(景福) 2년 3월에 應 (결락) 임금의 초빙으로 개경(開京)으로 가서 왕을 대하여 경전의 말씀인 금언(金言)을 설법하였다. (결락) 군왕(君王)이 우러러 공경하고 사서(士庶)들 또한 환희한 마음을 내었으니, 참으로 (…) 할 만 하도다. (결락) 침체했던 불일佛日이 다시 중천(中天)에 떠오르니 우담발화가 나타난 것과 같고 … 洋 (결락) 입멸(入滅)하시니 세속 나이는 65세요, 승랍(僧臘)은 4△였다. (결락) 마음과 정신이 거울처럼 밝을 뿐 아니라, 결백하고 너그럽기는 마치 소과(素果)와 같았다. 또 (결락) 法大德俊空 (결락) (「瑞雲寺了悟和尙碑」)

894(甲寅/신라 진성왕 8/발해 현석25, 위해 1 /唐 乾寧 1/日本 寬平 6)

신라 봄 2월에 최치원이 시무 10여를 올리자 왕이 좋게 여겨 받아들이고, 최치원을 임명하여 아찬으로 삼았다. (『三國史記』 11 新羅本紀 11)

신라 봄 2월에 최치원이 시무 10여를 올리자 왕이 좋게 여겨 받아들이고, 아찬으로 삼았다. 치원이 동쪽으로 고국에 돌아온 후까지 모두 혼란한 세상을 만나 운수가 꽉 막히고(蹇屯), 움직이면 매번 비난을 받으니 스스로 불우함을 한탄하여 다시 관직에 나갈 뜻이 없었다. 최후에 가족을 데리고 가야산 해인사에 은거하면서 친형인 승려 현준(賢俊) 및 정현사(定玄師)와 도우(道友)를 맺었고 노년을 마쳤다. 처음에 당에 유학하다가 장차 돌아올 때 학사 고운(顧雲)이 시를 지어 송별하였는데 다음과 같다. "열두 살에 배를 타고 바다를 건너와 문장은 중화국을 감동시켰네. 열여덟 살에 전사원(戰詞苑)에서 거리낌없어 한 화살 쏘아 금문책(金門策)을 깨었네." 대개 마음애 복종하는 바가 있어서이다. 치원은 신라가 장차 멸망하고 고려가 장차 흥할 것을 알고 '계림은 누런 나뭇잎이요 곡령(鵠嶺)은 푸른 소나무로다'라는 구절을 지었다. 사람들이 모드 신이하게 여겼다. 치원이 지운 문집 30권이 있는데, 세상에 전하고 있다. 『당서(唐書)』 예문지(藝文志)에 또 기재하기를 "치원 『사륙집(四六集)』 1권, 『계원필경(桂苑筆耕)』 20권"이라고 하였다. (『三國史節要』 13)

신라 치원이 스스로 서쪽에 유학하여 들은 바가 많았다고 생각하여서 돌아와서는 자기의 뜻을 실행하려고 하였으나 말세여서 의심과 시기가 많아 용납되지 않으니 나가 태산군(太山郡) 태수가 되었다 (…) 치원은 서쪽에서 당(唐)을 섬기다가 동쪽으로 고국에 돌아온 후까지 모두 혼란한 세상을 만나 운수가 꽉 막히고(蹇屯), 움직이면 매번 비난을 받으니 스스로 불우함을 한탄하여 다시 관직에 나갈 뜻이 없었다. 산림의 기슭과 강이나 바닷가에서 자유롭게 이리저리 돌아다니며 스스로 구속되지 않았다. 누각을 짓고 소나무와 대나무를 심었으며, 책을 베개 삼고, 풍월을 읊었다. 경주의 남산, 강주(剛州)의 빙산(氷山), 합주(陜州)의 청량사(淸涼寺), 지리산(智異山)의 쌍계사, 합포현(合浦縣)의 별장 같은 곳은 모두 그가 노닐던 곳이다. 최후에 가족을 데리고 가야산 해인사에 은거하면서 친형인 승려 현준(賢俊) 및 정현사(定玄師)와 도우(道友)를 맺었다. 벼슬하지 않고 편안히 살다가 노년을 마쳤다. 처음 서쪽으로 유학하였을 때 강동(江東) 시인 나은(羅隱)과 서로 알게 되었다. 나은은 재주를 믿고 스스로 높게 여겨 쉽게 남을 허락하지 않았는데 치원에게는 자기가 지은 시 다섯 두루마리를 보여주었다. 또 같은 해에 과거에 함께 합격한 고운(顧雲)과 친하게 지냈다. 귀국하려 하자 고운(顧雲)이 시를 지어 송별하였는데, 대략 다음과 같다. 내 들으니 바다에 세 마리 금자라가 있는데 금자라 머리에 이고 있는 산 높고 높구나. 산 위에는 구슬과 보배와 황금으로 장식된 궁전 산 아래에는 천리만리의 큰 파도가 치네. 그 곁에 한 점 계림이 푸른데 자라의 산 빼어난 기운을 품어 기특한 이 낳았네. 열두 살에 배를 타고 바다를 건너와 문장은 중화국을 감동시켰네. 열여덟 살에 전사원(戰詞苑)에서 거리낌없어 한 화살 쏘아 금문책(金門策)을 깨었네. 신당서(新唐書) 예문지(藝文志)에 쓰기를 "최치원 사륙집(四六集) 한 권, 계원필경(桂苑筆耕) 20권"이라고 하였고, 주(註)에 쓰기를 "최치원은 고려 사람으로 빈공과에 급제하여 고병의 종사관이 되었다."고 하였다. 그 이름이 중국에 알려짐이 이와 같았다. 또 문집 30권이 있는데, 세상에 전하고 있다. 예전 우리 태조께서 일어나실 때 치원은 비상한 인물로 반드시 천명을 받아 나라를 여실 것을 알고 그로 인해 편지를 보내 문안드렸는데, "계림은 누런 잎이고 곡령(鵠嶺)은 푸른 소나무"라는 구절이 있었다. 그 제자들이 개국 초기에 임금을 찾아뵙고, 벼슬하여 높은 관직에 이른 자가 하나가 아니었다. 현종(顯宗)께서 왕위에 계실 때 치원이 조상의 왕업을 몰래 도왔으니 공을 잊을 수 없다고 하여 명을 내려 내사령(內史令)을 추증하였다. 현종 재위 14년(1023) 태평 2년 임술 5월에 문창후(文昌侯)에 증시(贈諡)되었다. (『三國史記』 46 列傳 6 崔致遠)

신라 최치원(崔致遠)의 시에 향악잡영시(鄕樂雜詠詩) 5수(首)가 있으므로 여기에 기록한다. 금환(金丸) 몸을 돌리고 팔 휘두르며 금환(金丸)을 희롱하니(廻身掉臂弄金丸), 달이 구르고 별이 흐르는 듯 눈에 가득 신기롭다(月轉星浮滿眼看). 좋은 동료(僚) 있다 한들 이보다 더 좋으리(縱有宜僚那勝此). 월전(月顚) 높은 어깨 움츠린 목에, 머리털 일어선 모양(肩高項縮髮崔嵬), 팔 걷은 여러 선비들 술잔 들고 서로 싸우네(攘臂羣儒鬪酒盃). 노랫소리 듣고서 사람들 모두 웃는데(聽得歌聲人盡笑), 밤에 휘날리는 깃발 새벽을 재촉하누나(夜頭旗幟曉頭催). 넓은 세상 태평한 줄 이제 알겠구나(定知鯨海息波瀾). 대면(大面) 황금빛 얼굴 그 사람이(黃金面色是其人) 구슬채찍 들고 귀신 부리네(手抱珠鞭役鬼神). 속독(束毒) 엉킨 머리 남(藍)빛 얼굴, 사람과는 다른데(蓬頭藍面異人間), 떼지어 뜰앞에 와서 난(鸞)새 춤을 배우네(押隊來庭學舞鸞), 북치는 소리 둥둥 울리고 겨울바람 쓸쓸하게 부는데(打鼓冬冬風瑟瑟), 남쪽 북쪽으로 달리고 뛰어 한정이 없구나(南奔北躍也無端).빠른 걸음 조용한 모습으로 운치 있게 춤추니(疾步徐趍呈雅舞), 붉은 봉새가 요(堯) 시절 봄에 춤추는 것 같구나(宛如丹鳳舞堯春). 산예(狻猊) 일만리 머나먼 길 사방 사막(沙漠) 지나오느라(遠涉流沙萬里來) 털옷은 다 해지고 티끌만 뒤집어썼네(毛衣破盡着塵埃). 머리와 꼬리를 흔드는 모습, 인덕이 배어 있도다(搖頭掉尾馴仁德). 영특한 그 기개 온갖 짐승 재주에 비할소냐(雄氣寧同百獸才). (『三國史記』 32 雜志 1 樂)

신라 2월 22일 을유일에 대재부(大宰府) 비역사(飛驛使)가 와서 신라적(新羅賊)이 내침한 사실을 알렸다. 같은 날 칙부(勅符)를 내려 피부(彼府)에 추토(追討)를 명하였다. (『日本紀略』 全篇 20)

신라 3월 13일 병자일에 대재부(大宰府) 비역사(飛驛使)가 와서 신라적(新羅賊)이 변도(辺嶋)를 침략하여 해친 사실을 아뢰었다. 즉시 칙부(勅符)를 피부(彼府)에 내려 추토(追討)를 명하였다. (『日本紀略』 全篇 20)

신라	4월 10일 임인일에 대재부(大宰府) 비역사(飛驛使)가 와서 관내의 제신(神神)에게 봉폐(奉幣)했음을 아뢰었다. (『日本紀略』 全篇 20)
신라	4월 14일 병오일에 대재부(大宰府) 비역사(飛驛使)가 신라적이 와서 대마도(對馬嶋)를 내침한 사실을 아뢰었다. 같은 날 칙부(勅符)를 피부(彼府)에 내렸다. (『日本紀略』 全篇 20)
신라	4월 16일 무신일에 대재부(大宰府) 비역사(飛驛使)가 와서 흉적(凶賊)을 토평하기 위해 장군을 파견해 줄 것을 아뢰었다. 그 날 참의등원국경(叅議藤原國經)을 권수(權帥)로 삼았다. (『日本紀略』 全篇 20)
신라	4월 17일 을유일에 대재부에 칙부를 내려 신라적을 평정하게 하였다. 또 북륙(北陸), 산음(山陰), 산양도(山陽道) 제국(諸國)에 무구(武具)를 갖추고 정병(精兵)을 선발하게 하고 경계에 임할 것을 명령하였다. (『日本紀略』 全篇 20)
신라	4월 18일 경술일 금일에 동산(東山)·동해도(東海道)의 용사를 소집하였다. (『日本紀略』 全篇 20)
신라	(4월) 19일에 신라적을 토벌하기 위해 이세태신궁(伊勢太神宮)에 봉폐(奉幣)하였다. (『日本紀略』 全篇 20)
신라	(4월 20일) 육오·출우국(陸奧·出羽國)에 경계에 임할 것을 명하였다. 같은 날 제신사(諸神社)애 폐백사(幣帛使)를 나누어 보냈다. (『日本紀略』 全篇 20)
발해	(5월 7일) 대재부 비역사(飛驛使)가 와서 적 등이 도망한 사정을 아뢰었다. 다음날 칙부를 피부(彼府)에 내려 경계를 명하였다. 그 달에 발해사(渤海使) 배정(裴頲) 등이 입조하였다. (『日本紀略』 全篇20)
신라	(5월 5일) 다음날 칙부를 피부(彼府)에 내려 경계를 명하였다. (『日本紀略』 全篇20)
발해	(5월) 이 달에 발해사(渤海使) 배정(裴頲) 등이 입조하였다. (『日本紀略』 前篇 20)
신라	태장관부(太政官府) 마땅히 옛 것에 의거해 대마도 방인(防人)을 차견(差遣)하는 일 우(右)의 내용은 태재부에서 이른 것이다. 태정관에서 지난 정관(貞觀) 18년 3월 13일에 부에 일렀다. 참의권수(叅議權帥) 종3위(從三位) 재원조신행평기청(在原朝臣行平起請)에게 이르기를, 방인(防人) 94명은 6국이 점배(點配)한 것이고 배견(配遣)은 오래되었다고 하였다. 표망(漂亡)한 자가 많아 이에 도사(嶋司) 등이 문신(問申)하여 말했다. 지난 해 배견(配遣)한 사람은 혹 결혼으로 인하여 살게 되고 혹은 어업을 업으로 삼게 되었다. 머무르고 돌아가지 않는 자가 왕왕 있는데, 지금 신점(新點)의 민은 혹은 탕몰(蕩沒) 혹은 도망으로 도리어 과역(課役)을 잃은 사람들로 도리어 간성(扞城)의 사람이 아니다. 바라건대 배견(配遣)의 정지를 청하고 역료(役料)를 운반하게 하여 다시 그 물(物)로 주인(住人)을 고류(雇留)하게 하라. 우(右)의 대신이 선포하니 칙을 받들고 청한 대로 따르라. 이후로부터는 건(件)을 정(停)하고 방인(防人)은 단지 공물(功物)을 보내라. 그리고 지금 신라의 숙적(宿賊)이 자주 이 섬을 엿보

아 관사를 불사르고 인민을 살상하며 더하여 폐망할 조짐이 있다. 민맹(民氓)이 줄어들었고 하물여 궁시(弓矢)를 익히는 자는 백에 한, 둘이다. 인하여 적을 토벌하는 사신 소이(少貳) 종5위상(從五位上) 청원진인(清原眞人)에게 명령하여 다시 부병(府兵) 50명을 머무르게 하고 병사를 보충하여 방비하여 그 근심 없음을 권장하였다. 지금 방인(防人)의 차견(差遣)의 흥(興)을 생각한 것은 원래 변술(邊戌)하고 저 병사를 그만두게 하고 역비(役備)를 다하게 하려고 한 것이다. 이것은 병혁(兵革)의 불용지시(不用之時)를 권의(權議)한 것이다. 삼가 이 안의 물의(物意)는 편안하되 위급함을 잊지 말고 존(存)하되 망함을 잊지 말지니 어찌 삼가 비상(非常)의 이름이 없겠는가. 만약 건수(件戍)를 헤아리지 않으면 어찌 갖추어 지키리오. 바라건대 정용(精勇)을 가려 뽑아 옛 차견(差遣)을 회복하소서. 삼가 관재(官裁)를 청한 것은 대납언 정3위(正三位) 겸(兼) 행좌근위대장황태자부륙오출우안찰사원조신능유(行左近衛大將皇太子傅陸奧出羽按察使源朝臣能有)가 선(宣)한다. 칙을 받들어 청한대로 따르라.
관평 6년 8월 9일 (『類聚三代格』 18)

신라 9월 5일 대마도사(對馬島司)에서 신라의 적도선(賊徒船) 45척이 도착한 이유를 말했다. 대재부에서 동 9일에 비역사(飛驛使)가 진상하였고 동 17일에 기록하였다. 동일 묘시(卯時)에 수문실선우(守文室善友)가 군사(郡司)의 사졸 등을 모집하여 바라보며 말하기를 너희들이 만약 화살이 등에 꽂힌다면 군법으로 죄를 부과할 것이며 입액자(立額者)는 상을 주는 이유는 위에 보고할 것이다. 앙흘(仰訖) 군사(郡司)의 사졸을 거느리고 전수(前守) 전촌고량(田村高良)에게 반문(反問)한 즉 명분사(鳴分寺) 상좌승(上座僧) 면균(面均), 상현군 부대령하금주(上縣郡副大領下今主)는 압령사(押領使)가 되었다. 백인군(百人軍)이 각각 20번(番)으로 결(結)하고 적을 끊게 하기 위해 요해도(要害道)를 옮기고 풍원춘죽졸약군(豊圓春竹卒弱軍) 48명이 적 앞에 가니 흉적(凶賊)이 그것을 보고 각각 예병(銳兵)으로 향수선우(向守善友) 앞에 왔다. 선우(善友)가 순(楯)을 세워 노(弩)를 만들게 하고 또한 난성(亂聲)하게 하였다. 이 때 흉적 또한 난성(亂聲)한 즉 사전(射戰)하였는데, 그 화살이 비오 듯 하였다. 적 등이 화살을 맞아 아울러 도망갔는데, 군대가 쫓아 활을 쏘니 적인(賊人)이 미혹하여 혹은 바다에 들어가고 혹은 산으로 들어가 사살(射殺)된 자를 합치니 302명이었고 그 중 대장군 3명과 부장군 11명이 있었다. 취한 잡물(雜物)을 대장군이 물건을 합치니, 갑주(甲胄) 관혁고(貫革袴) 은으로 만든 대도(太刀) 전궁혁(纏弓革) 호록(胡籙) 완협(宛夾) 보려(保呂) 각각 1구이니 이상은 따로 붙인다. 已力多米常繼進上 또 탈취한 배는 10척으로 대도(太刀) 50병(柄) 모(鉾) 1000기(基) 궁(弓) 100장(張) 호록(胡籙) 100방(房) 순(楯) 312매(枚)이다. 겨우 생획(生獲)한 적은 1명으로, 그 이름은 현춘(賢春)이었다. 즉시 아뢰어 말하였다. 저 나라는 연곡(年穀)이 부등(不登)하여 인민이 굶주리고 창고는 다 비었고 왕성은 불안하다. 그러나 왕은 곡견(穀絹)을 취하고 비범(飛帆)이 참래(參來)한다. 단지 크고 작은 배 100척에 탄 사람은 2500명이었다. 사살적(射殺賊)의 수가 심히 많았다. 다만 남은 적 중에는 취민장군(取敏將軍) 3명이 있었고 그 중에 당 나라 사람 1명이 있었다. (『扶桑略記』 22)

신라 9월 19일 무인일에 대재부(大宰府) 비역사(飛驛使)가 신라적 200여명을 타살했다고 아뢰었다. 그대로 제국(諸國)에게 군사 경계를 정치할 것을 명하였다. (『日本紀略』 全篇 20)

신라 태정관부(太政官符)
출운국(出雲國) 은기국(隱岐國) 등에서 옛 것에 의지한 설치한 봉수에 관한 일우(右)의 내용은 은기국(隱岐國)에서 얻은 것이다. 영조(令條)를 살펴보니 제국(諸國)에 봉수를 설치하여 만약 급한 일이 있으면 경사(京師)에 도달하게 하고 원근이 상응하여 삼가 경고(警固)를 갖춘 것이다. 연력(延曆) 연간에 이르러서는 내외에 일이 없어 영원히 정폐(停廢)하고자 하였으나 지금 적이 자주 와서 변방을 침략한다. 더하여 이 나라는 육지와 멀리 떨어져 있고 바다 중에 홀로 있어 풍파(風波)가 위려(危勵)하고 왕환(往還)이 불통(不通)하니 따르는 것이 보통일이 아닌데, 어찌 통지(通告)하겠는가. 바라건대 관재(官裁)를 청한 것이, 비록 경도(京都)와는 통하지 않을지라도 양국의 변경은 봉수를 설치하는 것이 마땅합니다. 우(右)의 대신이 선(宣)하고 칙을 받들어 청한대로 따르라.
관평(寬平) 6년 9월 19일 (『類聚三代格』 卷18)

신라　9월 30일 기축일에 대재부(大宰府) 비역사(飛驛使)가 와서 신라적 20명을 타살(打殺)한 연유를 아뢰었다. 칙부(勅符)를 피국(彼國)에 내려 경계를 명하였다. 그 날에 대마도(對馬嶋) 상현군(上縣郡) 정오위상(正五位上) 화당도미신(和多都美神), 하현군(下縣郡) 정오위상(正五位上) 평명신(平名神)에게 종사위하(從四位下)를 내리고 정사위하(正四位下) 다구두명신(多久豆名神)을 정사위상(正四位上), 종오위상(從五位上) 소판숙니명신(小坂宿祢名神)을 정오위하(正五位下), 정육위하(正六位上) 석釼명신(石釼名神)에게 종오위하(從五位下)를 주었다. (『日本紀略』 全篇20)

신라　(9월 30일) 그 날에 당사(唐使)를 보내는 것은 중시하였다. (『日本紀略』 全篇20)

신라　10월 6일 을미일에 대재부(大宰府) 비역사(飛驛使)가 신라적선(新羅賊船)이 퇴거(退去)한 사정을 아뢰었다. 그날 칙부(勅符)를 피부(彼府)에 내렸다. (『日本紀略』 全篇20)

신라　대당 신라국 고봉암산사 교시지증대사의 적조탑비명 및 서
입조하정 겸 연봉황화등사 조청대부 전수병부시랑 충서서원학사이며 자금어대를 하사받은 신 최치원이 교를 받들어 지음.
서(序)에 말한다. 오상(五常)을 다섯 방위로 나눔에 동방(東方)에 짝지어진 것을 '인(仁)'이라하고, 삼교(三敎)의 명호(名號)를 세움에 정역(淨域)에 나타난 것을 '불(佛)'이라 한다. 인심(仁心)이 곧 부처이니, 부처를 '능인(能仁)'이라고 일컫는 것은 당연하다. 해돋는 곳의 유순한 성품의 물줄기를 인도하여, 석가모니의 자비로운 교해(敎海)에 이르도록 하니, 이는 돌을 물에 던지고 비가 모래를 모으는 것 같이 쉬웠다. 하물며 동방의 제후가 외방(外方)을 다스리는 것으로 우리처럼 위대함이 없으며, 산천이 영수(靈秀)하여 이미 호생(好生)으로 근본을 삼고 호양(互讓)으로 선무(先務)를 삼았음에랴. 화락한 태평의 봄이요, 은은한 상고(上古)의 교화로다. 게다가 성(姓)으로 석가의 종족에 참여하여, 국왕 같은 분이 삭발하기도 하였으며, 언어가 범어(梵語)를 답습하여 혀를 굴리면 불경의 글자가 되었다. 이는 진실로 하늘이 환하게 서쪽으로 돌아보고, 바다가 이끌어 동방으로 흐르게 한 것이니, 마땅히 군자들이 사는 곳에 부처의 도가 나날이 깊어지고 또 깊어질 것이다. 대저 노(魯)나라에서 하늘로부터 별이 떨어진 것을 기록하고, 한(漢)나라에서 금인(金人)의 목덜미에 일륜(日輪)이 채여 있음을 징험함으로부터, 부처의 자취는 모든 시내가 달을 머금은 듯하고, 설법하는 소리는 온갖 퉁소소리가 바람에 우는 것 같아, 혹 아름다운 일의 자취를 서적에 모으기도 하고, 혹 빛나는 사실들을 비석에 수놓기도 하였다. 그러므로, 낙양을 범람케 하고 진궁(秦宮)에 거울을 걸어놓은 사적이 마치 해와 달을 걸어 놓은

듯하니, 진실로 3척의 혀와 5색의 붓이 아니면, 어찌 그 사이에 문사(文辭)를 얽고 맞추어 후세에 언설을 전하게 할 수 있겠는가. 한 나라의 경우에 비추어 다른 나라의 사정을 파악하고 한 지방으로부터 다른 지방에 이른 것을 상고하니, 불법(佛法)의 바람이 사막과 험준한 지대를 지나서 오고, 그 물결이 바다의 한 모퉁이에 비로소 미치었다. 옛날 우리나라가 셋으로 나뉘어 솥발과 같이 서로 대치하였을 때에 백제에 '소도(蘇塗)'의 의식이 있었는데, 이는 감천궁(甘泉宮)에서 금인(金人)에게 제사 지내는 것과 같았다. 그 뒤 섬서(陝西)의 담시(曇始)가 맥(貊) 땅에 들어온 것은, 섭마등(攝摩騰)이 동(東)으로 후한(後漢)에 들어온 것과 같았으며, 고구려의 아도(阿度)가 우리 신라에 건너온 것은, 강승회(康僧會)가 남으로 오(吳)에 간 것과 같았다. 때는 곧 양나라의 보살제가 동태사에 간지 한해 만이요, 우리 법흥왕께서 율령을 마련하신 지 팔년째였다. 역시 이미 바닷가 계림에 즐거움을 주는 근본을 심었으며, 해 뜨는 곳 신라에서 늘어나고 자라나는 보배가 빛났으며, 하늘이 착한 소원을 들어주시고 땅에서 특별히 뛰어난 선인이 솟았다. 이에 귀현한 근신이 있어 제 몸을 바치고, 임금이 삭발하였으며, 비구승이 서쪽으로 가서 배우고, 아라한이 동국으로 나오게 되었다. 이로 인하여 혼돈의 상태가 능히 개벽되었으며, 인간 세계가 두루 교화되었으므로, 산천의 좋은 경개(景槪)를 가리어 토목의 기이한 공력을 다하지 않음이 없었다. 수도할 집을 화려하게 꾸미고, 수행할 길을 밝히니, 신심(信心)이 샘물같이 솟아나고, 혜력(慧力)이 바람처럼 드날렸다. 과연 여(麗)·제(濟)를 크게 무찔러서 재앙을 제거토록 하며, 무기를 거두고 경사를 칭송하게 하니, 옛날엔 조그마했던 세 나라가 이제는 장하게도 한 집이 되었다. 탑이 구름처럼 벌려져서 문득 빈 땅이 없고, 큰 북이 우레 같이 진동하여 제천에서 멀지 않으니, 점차 번지어 물듦에 여유가 있었고, 조용히 탐구함에 싫증이 없었다. 그 교가 일어남에 있어, 아비달마대비파사론(阿毘達磨大毘婆娑論)이 먼저 이르자 우리나라에 사체(四諦)의 법륜이 달렸고, 대승교가 뒤에 오니 전국에 일승(一乘)의 거울이 빛났다. 그러나, 의룡(義龍)이 구름처럼 뛰고, 율호(律虎)가 바람같이 오르며, 학해(學海)의 파도가 용솟음치고, 계림(戒林)의 가엽(柯葉)이 무성하며, 도가 모두 끝없는 데 융합하고, 정이 산혹 속이 있는 데 통하였으니, 문득 고인 물이 잔물결을 잠재우고, 높은 산이 일광(日光)을 두른 듯한 사람이 대개 있었을 것이나, 세상에서는 미처 알지 못하였다. 장경(長慶) 초에 이르러, 도의(道義)라는 중이 서쪽으로 바다를 건너 중국에 가서 서당(西堂)의 오지(奧旨)를 보았는데, 지혜의 빛이 지장선사(智藏禪師)와 비등해져서 돌아왔으니, 현계(玄契)를 처음 말한 사람이다. 그러나 원숭이의 마음에 사로잡힌 무리들이 남쪽을 향해 북쪽으로 달리는 잘못을 감싸고, 메추라기의 날개를 자랑하는 무리들이 남해를 횡단하려는 대붕의 높은 소망을 꾸짖었다. 이미 외우는 말에만 마음이 쏠려 다투어 비웃으며 '마어(魔語)'라고 한 까닭에 빛을 지붕 아래 숨기고, 종적을 협소한 곳에 감추었는데, 동해의 동쪽에 갈 생각을 그만두고, 마침내 북산에 은둔하였으니, 어찌 『주역(周易)에서 말한 "세상을 피해 살아도 근심이 없다"는 것이겠는가. 꽃이 겨울 산봉우리에서 빼어나 선정의 숲에서 향기를 풍기매, 덕을 사모하는 자가 산에 가득하였고, 착하게 된 사람이 골짜기를 나섰으니, 도는 폐(廢)해질 수 없으며 때가 그러한 뒤에 행해지는 것이다. 흥덕대왕(興德大王)께서 왕위를 계승하시고 선강태자(宣康太子)께서 감무를 하시게 됨에 이르러, 사악한 것을 제거하여 나라를 바르게 다스리고, 선을 즐겨하여 왕가의 생활을 기름지게 하였다. 이 때 홍척대사(洪陟大師)라고 하는 이가 있었는데, 그도 역시 서당(西堂)에게서 심인(心印)을 증득하였다. 남악(南岳)에 와서 발을 멈추니, 임금께서 하풍(下風)에 따르겠다는 소청의 뜻을 밝히셨고, 태자께서는 안개가 걷힐 것이라는 기약을 경하하였다. 드러내 보이고 은밀히 전하여 아침의 범부가 저녁에 성인이 되니, 변함이 널리 행해진 것은 아니나, 일어남이 갑작스러웠다. 시험삼아 그 종취를 엿보아 비교하건대, 수(修)한 데다 수(修)한 듯하면서 수(修)함이 없고, 증(證)한 데다 증(證)한 것 같으면서 증(證)함이 없는 것이다. 고요히 있을 때는 산이 서있는 것 같고, 움직일 때는 골짜기가 울리는 듯하였으니, 무위(無爲)의 유익함으로 다투지 않고도 이겼던 것이다. 이에 우리나라 사람의 마음의 바탕이 허령(虛靈)하게 되었는데, 능히 정리(靜利)로써 해외를 이롭게 하였으면서도, 그 이롭게 한 바를 말하지 않으니 위대하다고 하겠다. 그 후 구도승의 뱃길 왕래가 이어지고, 나타낸 바의 방편이 진도(眞道)에 융합하였으니, 그 조상들을 생각하지 않으랴. 진실로 무리가 번성하였도다. 혹 중원에서 득도하고는 돌아오지 않거나, 혹 득법(得法)한 뒤 돌아왔는데, 거두(巨頭)가 된 사람을 손꼽아 셀만하다. 중국에 귀화한 사람으로는 정중사(靜衆寺)의 무상(無相)과 상산(常山)의 혜각(慧覺)이니, 곧 선보(禪譜)에서 익주금(益州金) 진주금(鎭州金)이라 한 사람이며, 고국에 돌아온 사람은 앞에서 말한 북산(北山)의 도의(道義)와 남악(南岳)의 홍척(洪陟), 그리고 조금 내려와서 대안사(大安寺)의 혜철국사(慧徹國師), 혜목산(慧目山)의 현욱(玄昱), 지력문(智力聞), 쌍계사(雙溪寺)의 혜조(慧昭), 신흥언(新興彦), 통△체(涌△體), 진무휴(珍無休), 쌍봉사(雙峰寺)의 도윤(道允), 굴산사(崛山寺)의 범일(梵日), 양조국사(兩朝國師)인 성주사(聖住寺)의 무염(無染), 보리종(菩提宗) 등인데, 덕이 두터워 중생의 아버지가 되고, 도가 높아 왕자의 스승이 되었으니, 옛날에 이른바 "세상의 명예를 구하지 않아도 명예가 나를 따르며, 명성을 피해 달아나도 명성이 나를 좇는다."는 것이었다. 그러므로 모두들 교화가 중생세계에 미쳤고, 행적이 부도와 비석에 전하였으며, 좋은 형제에 많은 자손이 있어, 선정(禪定)의 숲으로 하여금 계림(鷄林)에서 빼어나도록 하고, 지혜의 물로 하여금 접수(鰈水)에서 순탄하게 흐르도록 하였다. 그리하여 따로 지게문을 나가거나 들창으로 내다보지 않고도 대도를 보며, 산에 오르거나 바다에 나가지 않고도 상보(上寶)를 얻어, 안정된 마음으로 의념을 잠재우고 담담하게 세상 맛을 잊게 되었다. 저편의 중국에 가지 않고도 도에 이르르고, 이 땅을 엄하게 하지 않고도 잘 다스려졌으니, 칠현(七賢)을 누가 비유로 취하겠는가. 십주(十住)에 계위(階位)를 정하기 어려운 사람이 현계산(賢溪山) 지증대사(智證大師) 그 사람이다. 처음 크게 이를 적에 범체대덕(梵體大德)에게서 몽매함을 깨우쳤고, 경의율사(瓊儀律師)에게서 구족계를 받았으며, 마침내 높이 도달할 적엔 혜은엄군(慧隱嚴君)에게서 현리(玄理)를 탐구하였고, 양부령자(楊孚令子)에게 묵계(黙契)를 주었다. 법의 계보를 보면, 당(唐)의 제4조 도신(道信)을 5세부(世父)로 하여 동쪽으로 점차 이땅에 전하여 왔는데, 흐름을 거슬러서 이를 헤아리면, 쌍봉(雙峰)의 제자는 법랑(法朗)이요, 손제자는 신행(愼行)이요, 증손제자는 준범(遵範)이요, 현손제자는 혜은(慧隱)이요, 내손제자(來孫弟子)가 대사이다. 법랑대사는 대의사조(大醫四祖)의 대증(大證)을 따랐는데, 중서령(中書令) 두정륜(杜正倫)이 지은 도신대사명(道信大師銘)에 이르기를, "먼 곳의 기사요, 이역의 고인으로 험난한 길을 꺼리지 않고 진소(珍所)에 이르러, 보물을 움켜쥐고 돌아갔다." 하였으니, 법랑대사가 아니고 누구이겠는가. 다만 아는 사람은 말하지 않으므로 다시 은밀한 곳에 감추어 두었는데, 비장한 것을 능히 찾아낸 이는 오직 신행대사뿐이었다. 그러나 때가 불리하여 도가 미처 통하지 못한지라 이에 바다를 건너갔는데, 천자에게 알려지니, 숙종(肅宗)황제께서 총애하여 시구를 내리시되, "용아(龍兒)가 바다를 건너면서 뗏목에 힘입지 않고, 봉자(鳳子)가 하늘을 날면서 달을 인정함이 없구나"라고 하였다. 이에 신행대사가 '산과 새', '바다와 용'의 두 구로써 대답하니 깊은 뜻이 담겼다. 우리나라에 돌아와 삼대(三代)를 전하여 대사에게 이르렀는 바, 필만(畢萬)의 후대가 이에 증험된 것이다. 그의 세속 인연을 상고해 보면, 왕도(王都) 사람으로 김씨 성을 가진 사람이다. 호는 도헌(道憲)이요 자는 지선(智詵)이다. 아버지는 찬괴(贊瓌)이며 어머니는 이씨

(伊氏)이다. 장경(長慶) 갑진년(甲辰年)에 세상에 태어나 중화(中和) 임인년(壬寅年)에 세상을 뜨니, 자자(自恣)한 지 43년이고 누린 나이가 59세였다. 그가 갖춘 체상(體相)을 보면, 키가 여덟 자 남짓했고 얼굴이 한 자 쯤이었으며, 의상(儀狀)이 뛰어나며 말소리가 웅장하고 맑았으니, 참으로 이른바 '위엄이 있으면서도 사납지 않은' 사람이었다. 잉태할 당시로부터 세상을 떠날 때까지의 기이한 행적과 숨겨진 이야기는 귀신이 나타났다 사라졌다 하는 것 같아 붓으로는 기록할 수 없겠으나, 이제 사람들의 귀를 치켜 세우도록 한 여섯 가지의 이상한 감응과 사람들의 마음을 놀라게 하였던 여섯 가지의 옳은 操行을 간추리고 나누어 나타낸다. 처음 어머니의 꿈에 한 거인이 나타나 고하기를, "나는 과거의 비파시불(毘婆尸佛)로서 말법의 세상에 중이 되었는데, 성을 낸 까닭으로 오랫동안 용보(龍報)를 따랐으나, 업보가 이미 다 끝났으니 마땅히 법손이 되어야 할 것입니다. 그러므로 묘연에 의탁하여 자비로운 교화를 널리 펴기를 원합니다."고 하였다. 이내 임신하여 거의 4백일을 지나 관불회(灌佛會)의 아침에 태어났는데, 일이 이무기의 복생고사(復生故事)에 징험되고 꿈이 불모(佛母)의 태몽고사에 부합되어, 스스로 경계하는 사람으로 하여금 더욱 조심하고 삼가하게 하며, 가사를 두른 자로 하여금 정밀하게 불도를 닦도록 하였으니, 탄생의 기이한 것이 첫째이다. 태어난 지 여러 날이 되도록 젖을 빨지 않고, 짜서 먹이면 울면서 목이 쉬려고 하였다. 문득 어떤 도인(道人)이 문앞을 지나다가 깨우쳐 말하기를, "아이가 울지 않도록 하려면 훈채(葷菜) 및 육류(肉類)를 참고 끊으시오."라고 하였다. 어머니가 그 말을 따르자 마침내 아무런 탈이 없게 되었다. 젖으로 기르는 이에게 더욱 삼가하도록 하고 고기를 먹는 자에게 부끄러운 마음을 지니게 하였으니, 오랜 풍습의 기이한 것이 둘째이다. 아홉살에 아버지를 여의고 너무 슬퍼하여 거의 훼멸하였다. 추복승이 이를 가련히 여기고 논하여 말하기를, "덧없는 몸은 사라지기 쉬우나 장한 뜻은 이루기 어렵다. 옛날에 부처님께서 은혜를 갚으심에 큰 방편이 있었으니 그대는 이를 힘쓰라."고 하였다. 그로 인하여 느끼고 깨달아 울음을 거두고는 어머니께 불도에 돌아갈 것을 청하였다. 어머니는 그의 어린 것을 가엾게 여기고, 다시금 집안을 보전할 주인이 없음을 염려하여 굳이 허락하지 않았다. 그러나 대사는 부처님께서 출가하신 고사를 듣고 곧 도망해 가서 부석산에 나아가 배웠다. 문득 하루는 마음이 놀라 자리를 여러 번 옮겼는데, 잠시 뒤에 어머니가 그를 기다리다가 병이 났다는 말을 듣게 되었다. 급히 고향으로 돌아가 뵈오니 병도 뒤따라 나았으므로, 당시 사람들이 그를 완효서에 견주었다. 얼마 있지 않아서 대사에게 고질(痼疾)이 전염되어 의원에게 보여도 효험이 없었다. 여러 사람에게 점을 쳤더니 모두 말하기를, "마땅히 부처에게 이름을 예속시켜야 할 것이다."고 하였다. 어머니가 그전의 꿈을 돌이켜 생각해 보고는 조심스럽게 네모진 가사를 몸에 덮고 울면서 맹세하기를, "이 병에서 만약 일어나게 된다면 부처님께 아들로 삼아 달라고 빌겠습니다."라고 하였다. 이틀 밤을 자고 난 뒤에 과연 완쾌되었다. 우러러 어머니의 염려하심을 깨닫고, 마침내 평소에 품었던 뜻을 이루어, 제 자식을 사랑하는 사람으로 하여금 자식을 부처에게 선뜻 내주도록 하고, 불도를 미덥지 않게 여기는 사람들로 하여금 의심을 풀게 하였으니, 효성으로 신인을 감동시킨 것의 기이함이 셋째이다. 열일곱 살에 이르러 구족계를 받고 비로소 강단에 나아갔다. 소매 속에 빛이 선명한 것을 깨닫고 이를 더듬어 한 구슬을 얻었다. 어찌 마음을 두고 구한 것이겠는가. 곧 발이 없이도 이른 것이니, 참으로 『육도집경(六度集經)에서 비유한 바이다. 굶주려 부르짖는 것으로 하여금 제 스스로 배부르게 하고, 취해서 넘어지는 것으로 하여금 능히 깨어나도록 하였으니, 마음을 면려한 것의 기이함이 넷째이다. 하안거를 마치고 장차 다른 곳으로 가려 하는데, 밤에 꿈속에서 보현보살이 이마를 어루만지고 귀를 끌어당기면서 말하기를, "고행을 실행하기는 어려우나 이를 행하면 반드시 이를

것이다"라고 하였다. 꿈에서 깬 뒤 놀란 나머지 오한이 든 것 같았다. 잠자코 살과 뼈대에 새겨 이로부터 다시는 명주옷과 솜옷을 입지 않았고, 긴 실이 필요할 때는 반드시 삼이나 닥나무에서 나온 것을 사용하였으며, 어린 양가죽으로 만든 신도 신지 않았다. 하물며 새깃으로 만든 부채나 털로 만든 깔개를 사용하겠는가. 삼베옷을 입는 자로 하여금 수행에 눈을 뜨게 하고 솜옷을 입는 사람으로 하여금 부끄럽게 여기도록 하였으니, 자신을 단속함의 기이함이 다섯째이다. 어렸을 때부터 노성한 덕이 풍부하였고, 게다가 계주(戒珠)를 밝혔는지라, 후생들이 다투어 따르면서 배우기를 청하였다. 그러나 대사는 이를 거절하여 말하기를, "사람의 큰 걱정은 남의 스승이 되기를 좋아하는 것이다. 슬기롭지 못한 사람들을 억지로 슬기롭게 하고자 해도 그것이 본보기가 되지 못한 사람들을 모범이 되게 하는 것과 같겠는가. 하물며 큰 바다에 뜬 지푸라기가 제 자신도 건너갈 겨를이 없음에랴. 그림자에게 형체를 쫓지 못하도록 한 것은 반드시 비웃음살 꼴이 되리라." 하였다. 뒤에 산길을 가는데 어떤 나뭇꾼이 앞길을 막으면서 말하기를, "선각이 후각을 깨닫게 하는 데 어찌 덧없는 몸을 아낄 필요가 있겠습니까" 하였다. 그를 향해 앞으로 나아가니 문득 보이지 않았다. 이에 부끄러워 하면서도 깨닫고는 와서 배우고자 하는 사람들을 막지 않으니, 계람산(鷄藍山) 수석사(水石寺)에 대나무와 갈대처럼 빽빽하게 몰려들었다. 얼마 뒤에 다른 곳에 땅을 골라 집을 짓고는 말하기를, "매이지 않는 것이 평소의 생각이나, 능히 옮겨가는 것이 귀한 일이다."라고 하였다. 책의 글자만 보는 이로 하여금 세 가지를 반성하게 하고 보금자리를 꾸민 자로 하여금 아홉 가지를 생각하도록 하였으니, 훈계를 내린 것의 이상함이 여섯째이다. 태사에 추증된 경문대왕께서는 마음으로는 유(儒)·불(佛)·도(道) 3교에 융회한 분으로서 직접 대사를 만나 뵙고자 하였다. 멀리서 그의 생각을 깊이 하고, 자신을 가까이 하면서 도와주기를 희망하였다. 이에 서한을 부쳐 말하기를, "이윤은 사물에 구애받지 않은 사람이고, 송섬은 작은 것까지 살핀 사람입니다. 유교의 입장에서 불교에 비유하면, 가까운 곳으로부터 먼 곳으로 가는 것과 같습니다. 왕도 주위의 암거에도 자못 아름다운 곳이 있으니, 새가 앉을 나무를 가릴 수 있는 것처럼 할 수 있을 것입니다. 봉황의 내의(來儀)를 아끼지 마십시오." 하였다. 근시 가운데 쓸만한 사람을 잘 골라 뽑았는데, 원성왕의 6대손인 입언(立言)을 사자로 삼았다. 이미 교지를 전함이 끝나자 거듭 제자로서의 예를 갖추었다. 대사가 대답하기를, "자신을 닦고 남을 교화시킴에 있어 고요한 곳을 버리고 어디로 나아가겠습니까. '새가 나무를 가려 앉을 수 있다.'는 분부는 저를 위하여 잘 말씀하신 것이오니, 바라건대 그냥 이대로 있게 해주시어, 제가 거듭되는 부름을 피해 다른 곳으로 가지 않게 해주십시오." 하였다. 임금께서 이 말을 들으시고 더욱 진중히 여겼다. 이로부터 그의 명예는 날개가 없이도 사방으로 전해졌으며, 대중은 말하지 않는 가운데 아주 달라졌다. 함통 5년(864) 겨울 단의장옹주(端儀長翁主)가 미망인을 자칭하며 당래불(當來佛)에 귀의하였다. 대사를 공경하여 자신을 하생(下生)이라 이르고 상공(上供)을 후히 하였으며, 읍사(邑司)의 영유인 현계산(賢溪山) 안락사(安樂寺)가 산수의 아름다움을 많이 가지고 있다 하여, 원학(猿鶴)의 주인이 되어 달라고 청하였다. 대사가 이에 그의 문도들에게 말하기를, "산의 이름이 현계(賢溪)이고 땅이 우곡(愚谷)과 다르며 절의 이름이 안락(安樂)이거늘, 중으로서 어찌 주지하지 않으리오" 하고는, 그 말을 따라 옮겨서 머무른즉 교화되었다. 산을 좋아하는 사람으로 하여금 산과 같이 더욱 고요하게 하고, 땅을 고르는 사람으로 하여금 신중히 생각토록 하였으니, 진퇴의 옳음이 첫째이다. 어느 날 문인에게 일러 말하기를, "고(故) 한찬(韓粲) 김의훈(金嶷勳)이 나를 僧籍에 넣어 중이 되게 하였으니, 공에게 불상으로써 보답하겠노라." 하고는, 곧 1장 6척되는 철불상을 주조하여 선(銑)을 발라, 이에 절을 수호하고 저승으로 인도하는데 사용하였다. 은혜를 베푸는 자로 하여금 날로 돈독하게 하고, 의리를 중히 여기는 사람으로 하여금 바람처럼 따르도록 하였으니, 보답을 아는 것의 옳음이 둘째이다. 함통 8년(867) 정해년(丁亥年)에 이르러, 시주인 옹주가 여금(茹金) 등으로 하여금 절에다 좋은 전지와 노비의 문서를 주어, 어느 승려라도 여관처럼 알고 찾을 수 있게 하고, 언제까지라도 바꿀 수 없도록 하였다. 대사가 그로 인해 깊이 생각해온 바를 말하되, "왕녀께서 법희(法喜)에 의뢰하심이 오히려 이와 같거늘, 불손(佛孫)인 내가 선열(禪悅)을 맛봄이 어찌 헛되이 그렇겠는가. 내 집이 가난하지 않은데 친척족당이 다 죽고 없으니, 내 재산을 길가는 사람의 손에 떨어지도록 놔두는 것보다 차라리 문제자들의 배를 채워주리라."고 하였다. 드디어 건부(乾符) 6년(879)에 장(莊) 12구(區)와 전(田) 500결(結)을 희사하여 절에 예속시키니, 밥을 두고 누가 밥주머니라고 조롱했던가. 죽도 능히 솥에 새겨졌도다. 양식에 힘입어 정토를 기약할 수 있게 되었다. 그런데 비록 내 땅이라 하더라도 임금의 영토 안에 있으므로, 비로소 왕손인 한찬(韓粲) 계종(繼宗)과 집사시랑(執事侍郎)인 김팔원(金八元), 김함희(金咸熙)에게 질의하여 정법사(正法司)의 대통(大統)인 석현량(釋玄亮)에게 미쳤는데, 심원한 곳에서 소리가 나 천리 밖에서 메아리치니, 태보(太傅)에 추증된 헌강대왕(獻康大王)께서 본보기로 여겨 그를 허락하시었다. 그 해 9월 남천군(南川郡)의 승통(僧統)인 훈필(訓弼)로 하여금 농장을 가리어 정장(正場)을 구획하도록 하였다. 이 모두가 밖으로는 군신이 땅을 늘리도록 도와주고, 안으로는 부모가 천계(天界)에 태어나도록 하는데 이바지한 것이다. 목숨을 이은 사람으로 하여금 인(仁)과 더불게 하고, 가기(歌妓)에게 후히 상을 준 사람으로 하여금 허물을 뉘우치도록 하였으니, 대사가 시주로서 희사한 것의 옳음이 셋째이다. 건혜(乾慧)의 경지에 있는 사람이 있었는데 심충(沈忠)이라고 하였다. 그는 대사의 이치를 분별하는 칼날이 선정과 지혜에 넉넉하고, 사물을 비추어 보는 거울이 천문과 지리를 환히 들여다 보며, 의지가 담란(曇蘭)처럼 확고하고 학술이 안름(安廩)과 같이 정밀하다는 말을 듣고, 찾아가 만나뵙는 예의를 표현한 뒤 아뢰기를, "제자에게 남아도는 땅이 있는데, 희양산 중턱에 있습니다. 봉암(鳳巖)·용곡(龍谷)으로 지경이 괴이하여 사람의 눈을 놀라게 하니, 바라건대 선사(禪寺)를 지으십시오." 하였다. 대사가 천천히 대답하기를, "내가 분신(分身)하지 못하거늘 어찌 이를 사용하겠는가." 라고 하였으나, 심충의 요청이 워낙 굳세고 게다가 산이 신령하여 갑옷 입은 기사를 전추(前騶)로 삼은 듯한 기이한 형상이 있었는지라, 곧 석장을 짚고 나뭇꾼이 다니는 좁은 길로 빨리 가서 두루 살피었다. 산이 사방에 병풍같이 둘러막고 있음을 보니, 붉은 봉황의 날개가 구름 속에 치켜 올라가는 듯하고 물이 백 겹으로 띠처럼 두른 것을 보니, 이무기가 허리를 돌에 대고 누운 것 같았다. 그 자리에서 놀라 감탄하며 말하기를, "이 땅을 얻음이 어찌 하늘의 돌보심이 아니겠는가. 승려의 거처가 되지 않는다면 도적의 소굴이 될 것이다."라고 하였다. 마침내 대중에 솔선하여 후환에 대한 방비를 기본으로 삼았는데, 기와로 인 처마가 사방으로 이어지도록 일으켜 지세를 진압케 하고, 쇠로 만든 불상 2구를 주조하여 절을 호위하도록 하였다. 중화(中和) 신축년(辛丑年)(881)에 전(前) 안륜사(安輪寺) 승통(僧統)인 준공(俊恭)과 숙정대(肅正臺)의 사(史)인 배율문(裵聿文)을 보내 절의 경계를 표정케 하고, 이어 '봉암(鳳巖)'이라고 명명하였다. 대사가 입적한 지 수년이 되었을 때, 산에 사는 백성으로 들도적이 된 자가 있어 처음에는 감히 법륜에 맞섰으나 끝내 감화하게 되었다. 능히 정심(定心)의 물을 깊이 헤아려서 미리 마산(魔山)에 물을 댄 큰 힘이 아니겠는가. 팔이 부러진 사람으로 하여금 의리를 드러내도록 하고, 용미(龍尾)를 파는 사람으로 하여금 광기를 제어하게 하였으니, 선심(善心)을 개발한 것의 옳음이 넷째이다. 태부대왕(太傅大王)은 중국의 풍속으로써 폐풍(弊風)을 일소하고, 넓은 지혜로써 마른 세상을 적시게 하셨다. 평소에 영육(靈育)의 이름을 흠앙하시고, 법심(法深)의 강론을 간절히 듣고자 했던 터라, 이에 계족산(鷄足山)에 마음을 기울이시어 학두서(鶴頭書)를 보내 부르시며 말씀하시기를, "밖으로 소연(小緣)을 보호하다가 잠깐 사이에 한해를 넘겨버렸으니, 안으로 대혜(大慧)를 닦을 수 있도록 한번 와주시기를 바랍니다"라고 하였다. 대사는 임금의 낭함(琅函)에서 "좋은 인연이 세상에 두루 미침은 불보살이 인간계에 섞여 모든 백성들과 함께 하기 때문이다"라고 언급한 것에 감동하여, 옥을 품고 산에서 나왔다. 거마(車馬)가 베 날듯이 길에서 맞이하였다. 선원사(禪院寺)에서 휴식하게 되자, 편안히 이틀 동안을 묵게 하고는 인도하여 월지궁(月池宮)에서 '심(心)'을 질문하였다. 그 때는 섬세한 조라(蔦蘿)에 바람이 불지 않고 온실수(溫室樹)에 바야흐로 밤이 될 무렵이었는데, 마침 달의 그림자가 맑은 못 가운데 똑바로 비친 것을 보고는, 대사가 고개를 숙여 유심히 살피다가 다시 하늘을 우러러 보고 말하기를, "이것(月)이 곧 이것(心)이니 더 이상 할 말이 없습니다"라고 하였다. 임금께서 상쾌한 듯 흔연히 계합(契合)하고 말씀하시기를, "부처가 연꽃을 들어 뜻을 나타냈거니와, 전하는 유풍여류(遺風餘流)가 진실로 이에 합치되는구려."라고 하였다. 드디어 제배(除拜)하여 망언사(忘言師)로 삼았다. 대사가 대궐을 나서자, 임금께서 충성스런 신하로 하여금 자신의 뜻을 타이르도록 하며, 잠시 머물러 주기를 청하니, 대사가 대답하기를, "우대우(牛戴牛)라고 이르지만, 갚나가는 바는 얼마 안됩니다. 새를 새의 본성에 따라 기르신다면 시혜(施惠)됨이 헤아릴 수 없을 것입니다. 여기서 작별하기를 청하오니 이를 굽히면 부러지고 말 것입니다."라고 하였다. 임금께서 이를 들으시고 서글퍼하시며, 운어(韻語)로써 탄식하여 말씀하시기를, "베풀어도 이미 머물지 않으니 불문(佛門)의 등후(鄧侯)로다. 대사는 '지둔(支遁)이 놓아둔 학(鶴)'이나, 나는 '속세를 초월한 갈매기'가 아니로다."라고 하였다. 그리고 곧 십계(十戒)를 받은 불자인 선교성부사(宣教省副使) 풍서행(馮恕行)에게 명하여 대사가 산으로 돌아가는 데 위송(衛送)토록 하였다. 토끼를 기다리는 사람으로 하여금 그루터기에서 떠나게 하고, 물고기를 탐내는 사람으로 하여금 그물 만드는 것을 배우도록 하였으니, 세상에 나가서 교화하고 물러와 도를 닦는 것의 옳음이 다섯째이다. 대사는 세간에서 도를 행함에 있어 멀고 가까움과 평탄하고 험준함을 가림이 없었고, 일찍이 말이나 소에게 노고를 대신토록 하지 않았다. 산으로 돌아감에 미쳐서는 얼음이 얼고 눈이 쌓여 넘고 건너는 데 지장을 주므로, 이에 임금께서 종려나무로 만든 보여(步輿)를 내리시니, 사자에게 사절하며 말하기를, "이 어찌 정대춘(井大春)의 이른바 단순한 '인거(人車)'이겠습니까. 뛰어난 인물들을 우대하면서도 사용하지 않는 바이거늘, 하물려 삭발한 중으로서야. 그러나 왕명이 이미 이르렀으니, 그것을 받아 괴로움을 구제하는 도구로 삼겠습니다."라고 하였다. 병으로 말미암아 안락사(安樂寺)에 옮겨가고 나서 석장을 짚고도 일어날 수 없게 되었을 때, 비로소 그것을 사용하였다. 병을 병으로 여기는 사람에게 공을 깨닫도록 하고, 어진이를 어질게 여기는 사람으로 하여금 집착에서 벗어나게 하였으니, 취사(取捨)의 옳음이 여섯째이다. 겨울 12월 기망(旣望)의 이틀 뒤에 이르러 책상다리를 하고 서로 말을 나눈 끝에 조용히 세상을 떠났다. 아아 별은 하늘로 돌아가고 달은 큰 바다에 떨어졌도다. 종일 부는 바람이 골짜기에 진동하니 그 소리는 호계(虎溪)의 울부짖음과 같았고, 쌓인 눈이 소나무를 꺾으니 그 빛깔은 사라수(沙羅樹)와 같았다. 외물이 감응함도 이같이 극진하거늘, 사람의 슬픔이야 헤아릴 만하다. 이틀 밤을 넘겨 학계산(賢溪山)에 임시로 유체를 모셨다가, 1년 뒤의 그날에 희야(曦野)로 옮겨 장사지냈다. 사(詞)에 이르기를, 공자는 인에 의지하고 덕에 의거하였으며, 노자는 백을 알면서도 능히 흑을 지키었네. 두 교가 한껏 천하의 본보기라 일컬었지만, 석가는 힘 겨루는 것을 나무랐으니, 십만 리 밖에 서역의 거울이 되었고, 일천 년 뒤에 동국의 촛불이 되었네. 계림의 지경은 오산의 곁에 있으며, 옛부터 선과 유에 기특한 이가 많았네. 아름다울손 희중이여 직부에 게으르지 않고, 다시금 불일을 맞아 공과 색을 분별하였구나. 이로부터 교문이 여러 층으로 나뉘었으며, 그로 인해 말의 길이 널리 뻗게 되었네. 몸은 토끼굴에 의지하였으나 마음은 편안키 어려웠고, 발을 양기(羊崎)에 내딛으니 도리어 눈이 현혹될 정도였네. 법해(法海)가 순탄하게 흐를지 참으로 헤아리기 어려운데, 마음으로 안결(眼訣)을 얻었으니 참되고 극진함을 포괄하였구나. 득(得) 가운데의 득(得)은 망상(罔象)의 얻음과 같은 것이나, 묵(黙) 중의 묵(黙)은 한선(寒蟬)의 울지 않음과 다르도다. 북산의 도의(道義)가 홍곡(鴻鵠)의 날개를 드리우고, 남악의 홍척(洪陟)이 대붕(大鵬)의 날개를 펼쳤네. 해외에서 알맞은 때에 귀국하매 도는 누르기 어려웠으니, 멀리 뻗은 선의 물줄기가 막힘이 없구나. 다북쑥이 삼대에 의지하여 스스로 곧을 수 있었고, 구슬을 내 몸에서 찾으매 이웃에게 빌리는 것을 그만 두었네. 담연자약한 현계산의 선지식이여 열두 인연이 헛된 꾸밈이 아니로다. 무엇하러 참바를 잡고 말뚝을 박을 것이며, 무엇하러 종이에게 붓을 핥도록 하고 먹물을 머금게할 것인가. 저들은 혹 멀리서 배우고 고생하며 돌아왔지만, 나는 능히 정좌(靜坐)하여 온갖 마적을 물리쳤도다. 의념(意念)의 나무를 잘못 심어 기르지 말고, 정욕(情欲)의 밭에다 농사를 그르치지 말며, 수없는 항하사(恒河沙)를 두고 만(萬)이다 억(億)이다 논하지 말고, 외로이 뜬 구름을 두고 남북을 논하지 말라. 덕행의 향기는 사방원지(四方遠地)에 치자나무 꽃처럼 알려졌고, 지혜의 교화는 한편으로 사직을 편안케 하였네. 몸소 임금의 은총을 받들어 누더기를 펄럭였고, 마음을 물에 비친 달에 비유하여 선식(禪拭)을 바쳤네. 집안의 대를 이을 부유한 처지에서 과연 누가 형극의 길에 들 것인가. 썩은 선비의 도로 대사의 정상(情狀)을 들추기가 부끄럽도다. 발자취가 보당처럼 빛나니 이름을 새길 만한데, 나의 재주가 금송(錦頌)을 감당하지 못하여 글을 짓기 어렵도다. 시끄럽고 번거로운 창자로 선열의 공양에 배부르고자, 산중으로 와서 전각을 살펴보노라. (「鳳巖寺智證大師寂照塔碑」)

신라 태부왕(太傅王)께서 의원을 보내 문병하시고 파발마를 내려 재(齋)를 지내도록 하셨다. 중정(中正)·공평(公平)하게 정무를 보시느라 여가가 없으시면서도, 능히 시종 한결같으셨으니, 보살계를 받은 불자요 건공향(建功鄕)의 수령인 김입언(金立言)에게 특별히 명하여, 외로운 여러 제자들을 위로하게 하고 '지증선사(智證禪師)'라는 시호와 '적조(寂照)'라는 탑호를 내리셨다. 이어 비석 세우는 것을 허락하시고, 대사의 행장을 적어 아뢰라 하시니, 문인인 성견(性蠲)·민휴(敏休)·양부(楊孚)·계미(繼徽) 등은 모두 글재주가 있는 사람들인지라, 묵은 행적을 거두어 바쳤다.

을사년(乙巳年)(885)에 이르러 국민 가운데 유도(儒道)를 매개로 하여 황제의 나라에 시집가서 이름을 계륜(桂輪)에 높이 걸고 관직이 계하사(桂下史)에 오른 이가 있어 최치원(崔致遠)이라고 하는데, 당제(唐帝)의 조서를 두 손으로 받들고 회왕(淮王)이 준 의단(衣段)을 함께 가져 왔으니, 비록 이 영광을 봉새가 높이 나는 것에 비하기는 부끄러우나, 학이 청초하게 돌아온 것엔 자못 비길 만하리라. 임금께서 신신(信臣)으로서 청신남(淸信男)인 도죽양(陶竹陽)에게 명하여, 대사의 문인들이 쓴 행장을 치원에게 주도록 하고 수교(手敎)를 내려 말씀하시기를, "누더기를 걸친 동국(東國)의 선사(禪師)가 서방(西方)으로 천화(遷化)함을 이전에 슬퍼하였으나, 비단 옷을 입은 서국의 사자(使者)가 동국으로 귀환함을 매우 기뻐하노라. 불후의 대사가 인연이 있어 그대에게 이르게 된 것이니, 절묘한 작품을 아끼지 말아 장차 대사의 자비에 보답토록 하라"라고 하였다. 신이 비록 무인(武人)의 재목이 아니기 때문이긴 하나, 문인이 된 것을 다행스럽게 여긴다. 바야흐로 마음껏 재주를 부리려고 생각하던 차에 갑자기 주상전하의 승하하심을 당하였는데, 다시 나라에서 불서(佛書)를 중히 여기고 집에서는 승사(僧史)를 간직하며, 법갈(法碣)이 서로 바라보고 선비가 가장 많게 되었다. 두루 아름다운 글을 보고 시험삼아 새롭지 못한 글도 찾아보았는데, "무거무래(無去無來)"의 말이 다투어 말(斗)로 헤아릴 정도요, '불생불멸(不生不滅)'의 말이 움직이면 수레에 실을 지경이었지만, 일찍이 『춘추(春秋)』에서와 같은 신의가 없었고, 간혹 조공(周公)의 구장(舊章)만을 쓴 것과 같을 뿐이었다. 이로써 돌이 말하지 못함을 알았고 도가 멀다고 하는 것을 더욱 체험하였다. 오직 한스러운 것은, 대사께서 돌아가신 것이 이르고 신의 귀국이 늦었다는 것이다. '애체(靉靆)'라는 두 글자를 두고 누가 지난 날을 알려줄 것인가. 소요원(逍遙園)에서 처럼 설법을 하셨으나, 참다운 비결을 듣지 못하였으니, 매양 감당할 수 없는 처지임을 걱정만 하였지, 서둘러 지어야 되는 것을 깨닫지 못하였다. 때가 늦음을 탄식하자면 이슬처럼 지나고 서리같이 다가와, 갑자기 근심으로 희어진 귀밑머리가 시들어 쇠약한 것 같고, 도의 심원함을 말하자면 하늘같이 높고 땅처럼 두터워, 겨우 뻣뻣한 붓털을 썩힐 뿐이다. 장차 얽매임이 없는 놀음에 어울리고자 비로소 공동산(崆峒山)처럼 아름다운 행실을 서술한다. 문인인 영상(英爽)이 와서 글을 재촉하였을 때 금인(金人)이 입을 다물었던 고사에 따라 돌같은 마음을 더욱 굳히었다. 참는 것은 뼈를 깎아내는 것보다 고통스럽고 요구는 몸을 새기는 것보다 심하였다. 그리하여 그림자는 8년 동안 함께 짝하였으며, 말은 세 번을 되풀이했던 것에 힘입었다. 저 여섯 가지의 기이한 일과 여섯 가지의 옳은 일로 글을 지은 것에 부끄러움이 없고 용력(勇力)을 과시하기에 여유가 있는 것은, 실로 곧 대사가 안으로 육마(六魔)를 소탕하고 밖으로 육폐(六蔽)를 제거하여, 행하면 육바라밀(六波羅密)을 포괄하고 좌선(坐禪)하면 육신통(六神通)을 증험하였기 때문이다. 일은 꽃을 따서 모은 것과 같은데, 글은 초고 없애는 것을 어렵게 하였다. 그 결과 가시나무를 쳐내지 않는 것과 같게 되었으니, 쭉정이와 겨가 앞에 있음이 부끄럽다. 자취가 '궁전에서의 놀음'을 따랐으매, 누구인들 '월지궁(月池宮)에서의 아름다운 만남'을 우러르지 않겠는가. 게(偈)는 칠언연구(七言聯句)를 본받았으니, 바라건데, 해뜨는 곳에서 고상한 말로 비양(飛揚)하라. 분황사의 중 혜공(慧江)이 나이 83세에 글씨를 쓰고 아울러 글자를 새기다. 원주인 대덕 능선(能善)·통준(通俊), 도유나(都唯那)인 현일(玄逸)·장해(長解)·명선(鳴善), 또 시주로서 갈(碣)을 세웠으며 서△대장군(西△大將軍)으로 자금어대(紫金魚袋)를 착용한 소판(蘇判) 아질미(阿叱彌), 가은현장군(加恩縣將軍) 희필(熙弼), 당현(當縣)(마멸). 용덕(龍德) 4년(924) 세차(歲次) 갑신(甲申) 6월 일에 건립을 마치다. (「鳳巖寺智證大師寂照塔碑」 음기)

신라 | 겨울 10월에 궁예가 북원에서 하슬라로 들어오니 무리가 6백 명에 이르렀고, 스스로 장군이라 일컬었다. (『三國史記』 11 新羅本紀 11)

후고구려 | 겨울 10월에 궁예가 북원에서 하슬라로 들어오니 무리가 6백 명에 이르렀고, 스스로 장군이라 일컬었다. 사졸과 더불어 동고동락하니 주고 빼앗음이 사사로움이 없어 무리의 마음이 그를 두려워하고 사랑하였다. (『三國史節要』 13)

신라 | 궁예 (…) 건녕(乾寧) 원년에 명주(溟州)에 들어갔다. 거느린 무리 3천 5백 명을 나누어 14개 부대로 하고, 금대(金大), 검모(黔毛), 흔장(昕長), 귀평(貴平), 장일(張一) 등을 사상(舍上)[사상은 부장(部長)을 말한다]으로 삼았다. 사졸과 더불어 즐거움과 괴로움, 어려움과 편안함을 함께 하였고, 상벌에 있어서 공정히 하고 사사로움이 없었다. 이로써 뭇 사람들이 마음으로 두려워하고 사랑하여 추대하여 장군으로 삼았다. (『三國史記』 50 列傳 10 弓裔)

발해 | 12월 29일 병진일에 발해국의 객도(客徒) 105명이 백기국(伯耆國)에 도착했다. (『日本紀略』 全篇20)

신라　경복(景福) 3년에 담주(潭州) 절수(節帥)인 마공(馬公)과 (결락) 절도부사(節度副使) 김공형(金公敻)이 스님의 도풍(道風)을 흠양하여 안개를 헤치고 찾아와서 지극히 공경하였다. (결락) 請 (결락) 居. 당시의 4부 대중으로부터 존경을 한 몸에 받음이 모두 이와 같은 류(類)들이었다. (「無爲寺先覺大師遍光塔碑」)

895(乙卯/신라 진성왕 9/발해 위해 2/唐 乾寧 2/日本 寬平 7)

발해　정월 22일 경신일에 비중권연(備中權掾) 삼통리평(三統理平), 명법득업생(明法得業生) 중원연악(中原連岳) 등을 발해객존문사(渤海客存問使)로 삼았다. (『日本紀略』全篇 20)

신라　태정관부(太政官府)
박다(博多)에 이부(夷俘) 50명을 더하여 두는 것을 경고(警固)하는 일
우(右)의 내용은 태재부에서 얻은 것이다. 소이(少貳) 종5위(從五位) 상청원진인(上淸原眞人)이 바라는 첩(牒)이다. 안내를 살펴보니 태정관에서 지난 정관(貞觀) 11년 12월에 부에 아뢰었다. 이부(夷俘) 50명이 1번(一番)이 되고 또 기급(機急)의 갖춤을 충당하였는데, 지금 신라의 흉적이 자주 변경을 침략하여 부정(赴征)의 병사가 오히려 부족하니 이부(夷俘)의 무리가 제국(諸國)에서 공역(公役)을 따르지 않고 자주 경년(經年)을 쉬니, 그 수가 많아지지를 바랍니다. 더하여 건수를 설치해주는 것을 올리니 사전(射戰)을 연습하여 장차 비상(非常)을 갖추어 부(府)는 더하여 번(蕃)을 전복하는 것을 적당한 때에 올립니다. 관재(官裁)를 청한 것은 대납언(大納言) 정3위(正三位) 겸(兼) 행좌근위대장군황태자부륙오출우안찰사원조신능유(行左近衛大將軍皇太子傅陸奧出羽按察使源朝臣能有)가 선(宣)한다. 칙을 받들어 청대로 하라.
관평(寬平) 7년 3월 13일 (『類聚三代格』18)

발해　(5월) 4일에 홍려관(鴻臚館)을 검찰하였다. (『日本紀略』全篇 20)

발해　5월 7일 계해일에 발해객(渤海客)이 홍려관(鴻臚館)에 왔다. (『日本紀略』前篇 20)

발해　발해사신의 입경(入京)에 기마(騎馬)를 허락하였는데 관령(寬平)의 예에 준하였다. 공경(公卿) 등에서 사마(私馬)를 바치라고 하였다. (『扶桑略記』22)

발해　(5월) 11일 정묘일에 천황이 풍악원(豊樂院)에 행차하여 객도(客徒)에게 연회를 베풀고 겸하여 위계(位階)를 내렸다. (『日本紀略』前篇 20)

발해　(5월) 14일 경오일에 조집당(朝集堂)에서 객도에게 연회를 베풀었다. (『日本紀略』前篇 20)

발해　(5월) 15일 신미일에 참의좌대변(參議左大弁) 관원조신(菅原朝臣)[도진(道眞)]을 홍려관(鴻臚館)에 보내 객도(客徒)에게 酒饌을 내렸다. (『日本紀略』前篇 20)

발해　(5월) 16일 임신일에 발해객(渤海客)이 귀국길에 올랐다. (『日本紀略』前篇 20)

신라　태정관부(太政官府)
사생(史生) 1명을 그만두게 하고 노사(弩師)를 두는 일
우(右)의 내용은 월전국(越前國)에서 얻은 것이다. 이 나라는 서쪽으로는 큰 바다를

띠고 멀리를 이방(異方)을 향하니 융기(戎器)의 갖춤은 잠시라도 느슨해서는 안됩니다. 바라건대 노사(弩師)의 갖춤을 더하여 근심이 없게 하소서. 삼가 관재(官裁)를 청한 것은 대납언(大納言) 정3위(正三位) 겸(兼) 행좌근위대장군황태자부륙오출우안찰사원조신능유(行左近衛大將軍皇太子傅陸奥出羽按察使源朝臣能有)가 선(宣)한다. 칙을 받들어 청대로 하라.
관평 7년 7월 20일 (『類聚三代格』 5)

신라 후고구려

가을 8월에 궁예가 저족(猪足)과 성천(狌川) 두 군을 습격하여 빼앗고, 또 한주 관내의 부약(夫若)과 철원(鐵圓) 등 10여 군현을 깨뜨렸다. (『三國史記』 11 新羅本紀 11)

신라 후고구려

가을 8월에 궁예가 저족(猪足)과 성천(狌川) 두 군을 습격하여 빼앗고, 또 한주 관내의 부약(夫若)과 철원(鐵圓) 등 10여 군현을 깨뜨렸다. 군세(軍勢)가 매우 왕성해지자 패서(浿西)의 도적들 중 와서 항복하는 자가 많았다. 궁예가 스스로 생각하기를 나라를 세워 임금을 칭할 수 있다고 하고, 처음으로 서울과 지방의 관직을 설치하였다. 왕건이 와서 궁예에게 투항하자 궁예는 철원군태수로 삼았다. 왕건은 한주(漢州) 송악군(松嶽郡) 사람이며 아버지는 륭(隆)으로, 신체가 넓고 커서 삼한을 병탄할 뜻이 있었다. 한씨에게 장가갔다. 희종 건부(乾符) 4년 헌강왕 3년 정유년 정월 병술(14)일에 왕건은 송악군 남쪽의 집에서 태어나자 신령스런 빛과 자색의 기운이 방안에 비치고 뜰에 가득 찼으며 종일토록 서려있는 형상이 흡사 용과 같았다. 어려서부터 총명하고 슬기로웠으며 용의 얼굴에 이마 뼈는 해처럼 솟아났으며 턱은 모나고 이마는 넓었다. 도량이 큰데다 말소리가 우렁차 세상을 구제할 만한 역량을 갖추었다. (『三國史節要』 13)

후고구려 신라

궁예 (…) 이에 저족(猪足), 성천(狌川), 부약(夫若), 금성(金城), 철원(鐵圓) 등의 성을 격파하니 군세(軍勢)가 매우 왕성하였다. 패서(浿西)의 도적들 중 와서 항복하는 자가 매우 많았다. 선종이 스스로 생각하기를 무리가 많아졌으므로 나라를 세워 임금을 칭할 수 있다고 하고, 처음으로 서울과 지방의 관직을 설치하였다. 우리 태조가 송악군으로부터 와서 의탁하니 곧 철원군태수를 주었다. (『三國史記』 50 列傳 10 弓裔)

신라

9월 27일 경신일에 대재부에서 일기도(壹岐嶋)의 관사(官舍) 등이 적에게 모두 소실된 것을 아뢰었다. (『日本紀略』 全篇 20)

신라

겨울 10월에 헌강왕의 서자 요(嶢)를 태자로 삼았다. 앞서 헌강왕이 사냥을 갔다가 지나는 길 옆에서 자태가 아름다운 한 여자를 보았다. 왕이 마음 속으로 사랑하여 뒤쪽 수레에 태우게 해서 왕의 장막에 이르러 야합했는데, 곧 태기가 있어 아들을 낳았다. 그가 장성하자 몸과 용모가 뛰어났고 이름은 요(嶢)라 했다. 진성왕이 이 말을 듣고 안으로 불러들여 손으로 그 등을 어루만지며 말하기를 "나의 형제자매는 골격이 다른 사람들과는 다른데, 이 아이의 등 뒤에 두 뼈가 솟아 있으니 진실로 헌강왕의 아들이다."하고, 즉시 담당 관리에게 명하여 예를 갖추어 받들어 태자로 봉하고 공경하게 하였다. (『三國史記』 11 新羅本紀 11)

신라

겨울 10월에 헌강왕의 서자 요(嶢)를 태자로 삼았다. 앞서 헌강왕이 사냥을 갔다가 길에서 한 여자를 보고 기뻐하여 뒤쪽 수레에 태우게 해서 왕의 장막에 이르러 야합했는데, 요를 낳았다. 장성하자 몸과 용모가 뛰어났다. 진성왕이 요의 등을 어루만지며 말하였다. "나의 형제자매는 골격이 다른 사람들과는 다른데, 이 아이의 등 뒤에 두 뼈가 솟아 있으니 헌강왕과 같고 진실로 그 아들이다." 이에 이 명이 있었다. (『三國史節要』 13)

발해 건녕(乾寧) 2년 10월에 발해군왕(賜渤海王) 대위해(大瑋瑎)가 칙서(勅書)를 내려 한림(翰林)을 칭하고 더하여 관(官)을 합쳤는데, 중서찬서(中書撰書)의 뜻인데, 중서(中書)로 보고하였다. (『唐會要』 57 翰林院)

신라 태정관부(太政官府)

사생(史生) 1명을 그만두게 하고 노사(弩師)를 보충하는 일

우(右)의 내용은 이예국(伊豫國)에서 얻은 것이다. 대저 병기(兵器)의 요체는 노(弩)에 앞서는 것이 없는데, 소유한 노(弩) 기아(機牙)가 잘못되어 있다. 바라건대 사생(史生) 1원(一員)을 폐하고 노사(弩師)를 설치하게 한 것이다. 대납언(大納言) 정3위(正三位) 겸(兼) 행좌근위대장군황태자부륙오출우안찰사원조신능유(行左近衛大將軍皇太子傅陸奧出羽按察使源朝臣能有)가 선(宣)한다. 칙을 받들어 청대로 하라.

관평 7년 11월 2일 (『類聚三代格』 5)

신라 태정관부(太政官府)

사생(史生) 1명을 생략하고 노사(弩師)를 보충하는 일

우(右)의 내용은 월중국(越中國)에서 얻은 것이다. 이 나라는 노(弩)는 있고 사(師)는 없어 기발(機發)을 익히지 못하고 만약 불우(不虞)가 있어도 마침내 어찌 할 것인가. 바라건대 사생원(史生員)을 생략하고 노사(弩師)를 둘 것이다. 대납언(大納言) 정3위(正三位) 겸(兼) 행좌근위대장군황태자부륙오출우안찰사원조신능유(行左近衛大將軍皇太子傅陸奧出羽按察使源朝臣能有)가 선(宣)한다. 칙을 받들어 청대로 하라.

관평 7년 12월 9일 (『類聚三代格』 5)

신라 해인사(海印寺) 묘길상탑기(妙吉祥塔記)

최치원(崔致遠) 지음

당(唐)나라 19대왕 소종(昭宗)이 중흥(中興)을 이룰 때에 전쟁과 흉년의 두 재앙이 서쪽에서 멈추어 동쪽에 와서, 나쁜 중에 더욱 나쁜 것이 없는 곳이 없었고 굶어 죽고 싸우다 죽은 시체가 들판에 즐비하였다. 해인사(海印寺)의 별대덕(別大德)인 승훈(僧訓)이 이를 애통해 하더니 이에 도사(導師)의 힘을 베풀어 미혹한 무리들의 마음을 이끌어 각자 벼 한 줌을 내게 하여 함께 옥돌로 삼층을 쌓았다. 그 발원 법륜의 계도(戒道)는 크게 보아 호국을 으뜸으로 삼으니, 이중에서 특별히 억울하게 죽어 고해(苦海)에 빠진 영혼을 구해 올려 제사를 지내서 복을 받음이 영원히 그치지 않고 이에 있도록 함이다. 때는 건녕(乾寧) 2년 7월 16일에 적는다. 대장(大匠)은 승 난교(蘭交)이다.

(음기)

건녕(乾寧) 2년 을묘년 7월의 운양대(雲陽臺) 길상탑기(吉祥塔記)

석탑은 3층으로 전체 높이가 1장 3척이다. 전체 비용은 황금 3푼과 수은 11푼과 구리 5정과 철 260칭과 숯 80섬이다. 만든 비용이 모두 조(租) 120섬이다. 장사(匠士)는 승 난교(蘭交)와 승 청유(淸裕)이고, 부장사(副匠士)는 거불(居弗)과 견상(堅相)과 구조(具祖)이다. 담당 유나(維那)는 승 성유(性幽)와 승 인정(忍淨)과 비구 석의(釋宜)이다. (「海印寺妙吉祥塔誌」 4면)

신라　건녕(乾寧) 2년 을묘년에 전(前)의 성산령(城山令)인 배영숭(裵零崇) (…) (「裵零崇刻字石城」)

신라　고향 계림은 넓은 바다 동쪽 새벽에 해자 제일 먼저 붉게 뜨는 곳 공사(貢士)의 추천은 나라마다 다르지만 진사에 급제는 모든 나라 똑같다네 멀리서 파도를 삼키고 고리 떼 소리 바람 맞아 층층이 서는 신기루 시골엔 과거 급제자가 드문지라 과거장이 어떻터냐 다투어 물으리라 (『全唐詩』 10函 10册 張蠙 送友人及第歸)

896(丙辰/신라 진성왕 10/발해 위해 3/唐 乾寧 3/日本 寬平 8)

신라　도적이 나라의 서남쪽에서 일어나 붉은 바지를 입고 특이하게 행동하니 사람들이 적고적(赤袴賊)이라 했다. 주현을 도륙하여 해를 입히고 수도의 서부인 모량리까지 와서 민가를 노략질하고 갔다. (『三國史記』 11 新羅本紀 11)

신라　도적이 나라의 서남쪽에서 일어나 붉은 바지를 입고 특이하게 행동하니 주현을 도륙하여 해를 입히고 수도의 서부인 모량리까지 와서 민가를 노략질하고 갔다. (『三國史節要』 13)

신라　궁예 (…) (건녕) 3년 병진년에 승령(僧嶺)·임강(臨江) 양현을 공격하여 취하였다. (『三國史記』 50 列傳 10 弓裔)

후고구려　궁예. 병진년(896)에 철원성(鐵原城)(지금의 동주(東州)이다)에 도읍하였다. (『三國遺事』 1 王曆)

고려　세조(世祖)는 이 때 송악군(松嶽郡) 사찬(沙粲)이 되었다. 건녕(乾寧) 3년 병진년, 당시 송악군의 사찬(沙粲)으로 있던 세조가 송악군을 바치고 귀부하니 궁예가 크게 기뻐하며 금성태수(金城太守)로 삼았다. 세조가 궁예더러, "대왕께서 조선(朝鮮)·숙신(肅愼)·변한(卞韓) 땅의 왕이 되고자 하신다면 먼저 송악군에 성을 쌓고 저의 장남을 성주로 삼는 것이 가장 좋을 것입니다."라고 설득하자 궁예가 그 말을 따라 태조에게 발어참성(勃禦塹城)을 쌓게 한 후 성주로 임명했다. 이 때 태조의 나이 20세였다. (『高麗史』 1 世家1 太祖 總序)

고려　이 때 신라는 정치가 쇠미하여져서 도둑떼가 앞을 다투어 일어났으며, 견훤(甄萱)이 반란을 일으켜 남쪽 지역[南州]에 웅거하여 후백제(後百濟)라고 칭하였고, 궁예(弓裔)는 고구려(高句麗)의 땅을 차지하고 철원(鐵圓)에 도읍하여 국호를 태봉(泰封)이라고 하였다. 세조는 송악군(松嶽郡)의 사찬(沙粲)으로서 군(郡)을 거느리고 궁예에게 귀부하였다. 궁예가 기뻐하면서 곧 금성태수(金城太守)로 삼았다. 세조가 이어 궁예를 설득하기를, "대왕께서 만약 조선(朝鮮)·숙신(肅愼)·변한(卞韓) 땅의 왕이 되고자 하신다면, 먼저 송악에 성을 쌓고 저의 장자를 성주(城主)로 삼는 것 만한 것이 없습니다."라고 하였다. 궁예가 그 말을 따라 태조로 하여금 발어참성(勃禦槧城)을 쌓게 하고 이어서 그를 성주로 삼았다. 이 때 태조의 나이는 20세였다. 후에 광주(廣州)·충주(忠州)·당성(唐城)·청주(靑州)·괴양(槐壤) 등의 군현을 정벌하여 평정하니, 그 공으로 아찬(阿粲)을 제수받았다. 또 수군[舟師]을 거느리고 가서 금성군(錦城郡)을 공략하여 함락시키고, 10여 개의 군현을 쳐서 빼앗았으니, 이에 금성을 고쳐 나주(羅州)로 삼았다. 양주(良州)에서 위급하다고 고하자 궁예가 태조로 하여금 가서 구원하도록 하였다. 돌아와서 변방을 안정시키고 경계를 확장시킬 계책을 아뢰니, 좌우의 신하들이 모두 눈여겨보았으며, 궁예 역시 그를 기특하게 여겨 계(階)를 알찬(閼粲)으로 진급시켰다. 상주(尙州)의 사화진(沙火鎭)을 공격하여 견훤과 여러 차례 싸워 이겼다. (『高麗史節要』 1 太祖神聖大王)

후고구려 궁예가 승령(僧嶺)·임강(臨江) 양현을 공격하여 취하였다. 왕륭(王隆)은 이 때 송악군의 사찬(沙粲)이 되어 송악군으로 궁예에게 귀부하니, 궁예가 크게 기뻐하며 금성태수(金城太守)로 삼았다. 융이 궁예에게 설득하여 말하였다. "대왕께서 조선(朝鮮)·숙신(肅愼)·변한(卞韓) 땅의 왕이 되고자 하신다면 먼저 송악군에 성을 쌓고 저의 장남을 성주로 삼는 것이 가장 좋을 것입니다." 궁예가 그 말을 따라 태조에게 왕건에게 발어참성(勃禦塹城)을 쌓게 한 후 성주로 임명했다. 이 때 왕건의 나이 20세였다. (『三國史節要』13)

신라 유당(有唐) 신라국(新羅國) 초월산(初月山) 대숭복사(大崇福寺)의 비명(碑銘) 및 서(序)

신이 듣건대 "왕자가 조종(祖宗)의 덕을 기본으로 하여 후손을 위한 계책을 준엄히 할 때, 정치는 인(仁)으로써 근본을 삼고 예교(禮敎)는 효(孝)로써 으뜸을 삼는다." 하오니, 인으로써 대중을 구제하려는 정성을 드러내고 효로써 어버이를 섬기는 모범을 드높여 홍범(洪範)에서 '치우침이 없는 것'을 본받지 않음이 없고 시경(詩經)에서 '효자가 다하여 없어지지 않는다.'는 것을 따르지 않음이 없어야 합니다. 조상의 덕을 이어받아 닦는데 성숙하지 못하다는 비난을 없애고, 조상의 제사를 잘 받드는데 빈천과 같은 풀이라도 정결히 올림으로써 은혜가 백성에게 고루 미치게 하며 덕의 향기가 끝없는 하늘에 높이 사무치도록 해야 합니다. 그러나 마음으로 애를 쓰면서 더위먹은 백성에게 부채질을 해주며 죄인을 보고 우는 것이 어찌 중생을 크게 미혹한 데서 건져주는 것만 하겠으며, 힘을 다하여 조상을 하늘과 상제(上帝)와 함께 제사지내는 것이 어찌 높으신 혼령을 항상 즐거운 곳에 모시는 것만 하겠습니까. 이에 조상과 후손의 돈독하고 화목함이 실로 삼보(三寶)를 계승하여 높이는데 있음을 알겠습니다. 하물며 옥호(玉毫)의 빛이 비치고 부처님의 입에서 게송이 나오는 것이 인도 사람에게만 한정되지 않고 동방세계에도 미쳤으니, 우리 태평한 승지(勝地)는 성질은 유순함을 낳고 기운은 만물을 생하는데 적합합니다. 산과 숲에는 고요하게 수도하는 무리들이 많아 인(仁)으로써 벗을 모으고, 강과 바다의 물은 더 큰 곳으로 흐르고자 함을 좇아 착함을 따르는 것이 물이 흐르는 것과 같습니다. 그러므로 군자의 풍도(風度)를 드날리고 부처의 도에 감화되는 것이 마치 진흙이 도장을 따르고 쇠가 용광로 안에 들어 있는 것과 같아서, 군신(君臣)이 삼귀(三歸)에 뜻을 밝히고 사서(士庶)가 육도(六度)에 정성을 기울이며 나아가 국도(國都)에까지 아낌이 없어 탑이 즐비하도록 하였으니, 비록 그것이 섬부주(贍部洲)의 바닷가에 있으나 어찌 도솔천에 부끄러우리오. 뭇 미묘한 것 가운데 미묘한 것을 무슨 말로써 나타내겠습니까. 금성의 남쪽 해돋이를 볼 수 있는 산기슭에 숭복사(崇福寺)라는 절이 있사오니 이 절은 곧 선대왕(先大王)께서 왕위를 이어받으신 첫 해에 열조(烈祖) 원성대왕(元聖大王)의 능을 모시고 명복을 빌기 위해 세운 것입니다. 옛 절이 생긴 기원을 상고하고 새 절이 이룩된 것을 살펴보건대, 옛날 파진찬 김원량(金元良)은 소문왕후(炤文王后)의 외숙이요 숙정왕후(肅貞王后)의 외조부로서, 몸은 귀공자였으나 마음은 참다운 옛사람이었습니다. 처음에는 사안(謝安)이 동산(東山)에서 마음껏 즐기듯이 가당(歌堂)과 무관(舞館)을 어엿하게 짓더니 나중에는 혜원(慧遠)이 여럿이 함께 서방정토(西方淨土)에 가기를 기약한 것처럼 그를 희사하여 불전(佛殿)과 경대(經臺)로 삼아, 예전에 피리 금슬 소리이던 것이 오늘날 금종(金鍾), 옥경(玉磬) 소리가 되었으니 시절이 변함에 따라 고쳐진 것으로 속계(俗界)를 벗어난 인연이었습니다. 절의 의지가 되는 것은 바위의 고니 모양인데 그로 인해 절 이름을 삼았습니다. 좌우의 익랑(翼廊)으로 하여금 길이 값지게 하고 불전(佛殿)으로 하여금 길이 빛나게 하였으니, 저 파라월(波羅越)의 형상과 굴인차(崛恡遮)의 이름으로 어찌 한 번에 천리를 나는 고니로써 비유하고 사라쌍수(沙羅雙樹)가 변한 것으로 이름을 지은 것과 같겠습니까. 다만 이 땅은 위세가 취두산(鷲頭山)보다 낮고 지덕(地德)이 용이(龍耳)보다 높으니 절을 짓느니보다는 마땅히 왕릉을 마련해야 할 것입니다. 정원(貞元) 무인년(798) 겨울에 원성대왕께서 장례에 대해 유교(遺敎)하시면서 인산(因山)을 명하였는데 땅을 가리기가 더욱 어려워 이에 절을 지목하여 유택(幽宅)을 모시고자 하였습니다. 이때 의문을 가진 이가 있어 말하기를, "옛날 자유(子游)의 사당과 공자(孔子)의 집도 모두 차마 헐지 못하여 사람들이 지금껏 칭송하거늘 절을 빼앗으려는 것은 곧 수달다장자(須達多長者)가 크게 희사한 마음을 저버리는 것이 아니겠는가. 장사지내는 것이란 땅으로서는 돕는 바이나 하늘로서는 허물하는 바이니 서로 보익(補益)되지 못할 것이다."고 하였습니다. 그러나 담당자가 비난하여 말하기를, "절이란 자리하는 곳마다 반드시 교화되며 어디를 가든지 어울리지 않음이 없어 재앙의 터를 능히 복(福)된 마당으로 만들어 한없는 세월 동안 위태로운 세속을 구제하는 것이다. 무덤이란 아래로는 지맥(地脈)을 가리고 위로는 천심(天心)을 헤아려 반드시 묘지에 사상(四象)을 포괄함으로써 천만대 후손에 미칠 경사를 보전하는 것이니 이는 자연의 이치이다. 불법은 머무르는 모양이 없고 예(禮)에는 이루는 때가 있으니 땅을 바꾸어 자리함이 하늘의 이치에 따르는 것이다. 다만 청오자(靑烏子)와 같이 땅을 잘 고를 수만 있다면 어찌 절이 헐리는 것을 슬퍼하겠는가. 또 이 절을 조사해보니 본래 왕의 인척에게 속하던 것인바 진실로 낮음을 버리고 높은 데로 나아가며 옛것을 버리고 새것을 꾀하여야 할 것이다. 그리하여 왕릉으로 하여금 나라의 웅려(雄麗)한 곳에 자리잡도록 하고 절로 하여금 경치의 아름다움을 차지하게 하면 우리 왕실의 복이 산처럼 높이 솟을 것이요 저 후문(侯門)의 덕이 바다같이 순탄하게 흐를 것이다. 이는 '알고는 하지 않음이 없고 각각 그 자리를 얻음이다.'고 할 수 있으니, 어찌 정(鄭)나라 자산(子産)의 작은 은혜와 한(漢)나라 노공왕(魯恭王)이 도중에 그만 둔 것과 더불어 견주어 옳고 그름을 따지겠는가. 마땅히 점괘에 들어맞는 말을 듣게 된다면 용신(龍神)이 기뻐함을 보게 되리라."고 하였습니다. 드디어 절을 옮기고 이에 왕릉을 영조(營造)하니 두 역사(役事)에 사람이 모여 온갖 장인(匠人)들이 일을 마쳤습니다. 절을 옮겨 세울 때에 인연있는 대중들이 서로 솔선하여 와서 옷소매가 이어져 바람이 일지 않고 송곳 꽂을 땅도 없을 정도여서 무시(霧市)가 오리(五里)까지 이어져 나오며, 설산(雪山)까지 이어선 사람들이 일시에 어울려 만나는 것 같았습니다. 기와를 거두고 서까래를 뽑으며 불경을 받들고 불상을 모시는데 번갈아 서로 주고 받으며 다투어 정성으로 이루니, 인부가 분주히 걸음을 옮기지 않아도 스님들의 안식처가 이미 마련되었습니다. 왕릉을 이루는데 비록 왕토(王土)라고는 하나 실은 공전(公田)이 아니어서 부근의 땅을 묶어 좋은 값으로 구하여 구롱지(丘壟地) 백여 결을 사서 보태었는데 값으로 치른 벼가 모두 이천 점(苫)[斞에서 한 말을 제한 것이 苫이고 열여섯 말이 斞이다]이었습니다. 곧 해당 관사와 기내(畿內)의 고을에 명하여 함께 길의 가시를 베어 없애고 나누어 묘역(墓域) 둘레에 소나무를 옮겨 심으니, 쓸쓸하게 비풍(悲風)이 잦으면 춤추던 봉황과 노래하던 난새의 생각이 커지지만 왕성한 기운으로 밝은 해가 드러나면 용이 서리고 범이 걸터앉은 듯한 지세(地勢)의 위엄을 더해 줍니다. 그곳을 보니 땅은 하구(瑕丘)와 다르나 경계는 양곡(暘谷)에 맞닿아 있습니다. 기수(祇樹)의 남은 향기가 아직 사라지지 않고 곡림(穀林)의 아름다운 기운이 더욱 무르녹아, 비단같은 봉우리는 사방 멀리에서 조알(朝謁)하는 것 같고 누인 명주 같은 개펄은 한 가닥으로 눈앞에 바라보이니, 실로 교산(喬山)이 빼어남을 지니며 필맥(畢陌)이 기이함을 나타냈다고 할 것인바, 왕손들이 계림에서 더욱 무성하게 하고 또 신라에서 더욱 깊이 뿌리내리도록 할 것입니다. 처음 절을 옮김에 있어 비록 보탑이 솟아나오듯 빠르긴 했으나 아직 절다운 모양을 갖추지는 못하여 가시덤불을 제거하고서야 언덕과 산을 구별할 수 있었고 지붕에 띠를 섞고서야 비바람을 피할 수 있었습니다. 겨우 70여 년을 넘긴 사이 갑작스럽게 아홉 왕이나 바뀌어 여러 번 전복을 당하여 미처 꾸밀 겨를이 없었는데 경문대왕(景文大王)의 뛰어난 인연이 기다리고 있었으니 천 년의 보운(寶運)이 이그러짐이 없게 되었습니다. 엎드려 생각하건대 선대왕(先大王)께서는 무지개같은 별이 화저(華渚)에 빛을 떨치듯이 오산(鼇山)에 자취를 내리시어 처음 옥록(玉鹿)에서 이름을 드날리고 화랑의 기풍을 특별히 떨치시더니 얼마 뒤엔 높은 지위에서 모든 관직을 통섭하시고 궁벽한 나라의 습속을 바로잡아 깨끗하게 하셨습니다. 임금 될 자리에서 덕을 심으시며 대궐 안에 살면서 마음을 계발하셨으니 말씀을 하면 곧 어진이가 백성을 편안케 하는 것이었고 정치를 도모하면 곧 도로써 백성을 인도하는 것이었습니다. 여덟 가지의 중요한 권병(權柄)을 모두 일으키고 예의염치(禮義廉恥)의 떨어진 실마리를 이에 신장시키며 여러 난관을 차례로 겪었지만 이로움이 돌아오게 하였습니다. 얼마 안있어 나라에 우환이 생겨 왕위가 비어 산이 흔들리는 듯한데 비록 왕위각축의 양상은 없었지만 간혹 까마귀처럼 모이는 무리들이 있었습니다. 그렇지만 어질며 유순함으로써 임하였고 노성함과 인자함을 지녀 백성들의 추숭하는 바가 되었으니 우리를 버리고 어디로 가시겠습니까. 이에 대저(代邸)에서 몸을 편히 하고 자문(慈門)에 뜻을 기울이며 조종(祖宗)에게 부끄러움이 될까 하여 불사(佛事) 일으키기를 발원하셨습니다. 그리하여 분황사의 승 숭창(崇昌)에게 청하여 절을 중수하여 받들겠노라는 뜻을 부처님께 고하며 다시 김순행(金純行)을 보내어 조업(祖業)을 높이 펼치겠노라는 성심(誠心)을 사당에 고하도록 하셨으니, 『시경(詩經)』에 이른바 "화락하고 단아한 군자여 복을 구함이 그릇되지 않도다"라고 한 것이요 『서경(書經)』에 이른바 "상제(上帝)가 이에 흠향하시어 아래 백성이 공경하며 따른다"고 한 것이었습니다. 그러므로 능히 지극한 정성이 가만히 감응되고 좋은 욕망이 잘 이루어졌으며 공경(公卿) 사대부(士大夫)의 뜻이 점괘와 더불어 합치되었으니 동국을 빛나게 하여 임금의 자리에 오르셨습니다. 이에 신하를 당에보내어 헌안왕의 돌아가심을 고하고 경문왕의 사위(嗣位)하심을 아뢰게 하였더니, 드디어 함통(咸通) 6년(865)에 천자께서 섭어사중승(攝御史中丞) 호귀후(胡歸厚)에게 우리나라 사람으로 전(前) 진사(進士)였던 배광(裵匡)의 허리에 어대(魚袋)를 두르고 머리에 치관(豸冠)을 쓰게 하여 부사(副使)로 삼아 왕사(王使) 전헌섬(田獻銛)과 함께 와서 칙명을 전하여 말하기를, "영광스럽게 보위(寶位)를 이어받음으로부터 훌륭한 계책을 잘 받들어 잘 계승하는 이름을 드날리고 진실로 지극히 공정한 추거(推擧)에 부응하였으니 이에 그대를 명하여 신라왕으로 삼노라"고 하고는 이에 검교태위(檢校太尉) 겸(兼) 지절충녕해군사(持節充寧海軍使)의 직함을 내렸으니, 지난 날에 제(齊)나라와 같은 것을 변화시켜 빼어남을 나타내고 노(魯)나라와 같은 경지에 이르러 향내를 드날리지 못했다면 천자께서 어찌하여 조서를 보내 외역(外域)의 제후를 총애하고 용(龍)을 그린 기(旗)를 내려 대사마(大司馬)에 가섭(假攝)함이 이와 같았겠습니까. 또한 이미 천자의 은택(恩澤)에 영광스럽게 젖었으니 반드시 장차 몸소 선왕(先王)의 능에 참배할 때 임금의 행차를 준비하였으나 어찌 많은 비용을 소모하겠습니까. 드디어 재상(宰相)인 태제(太弟)[시호를 높여 惠成大王이라 함]에게 명하여 종묘(宗廟)에 재(齋)를 올리게 하고 대신하여 능(陵)에 배알(拜謁)토록 하셨으니, 아름답구나 왕족들의 훌륭함이 드날리고 형제들의 무성함이 빼어났도다. 풍년이 오래 계속되니 길이 밭 가는 코끼리를 생각하게 되고 시절이 화평하니 재상으로서 소가 헐떡이는 까닭을 물을 필요가 없구나. 들을 꾸미고 시내를 채색하니 보는 사람이 구름과 같도다. 이에 반점 생긴 늙은이와 흰 눈썹의 스님이 있어 손뼉을 치며 서로 기뻐하고 크게 하례하여 말하기를, "귀하신 왕제(王弟)의 이번 행차로 거룩하신 천자의 은광(恩光)이 드러나고 우리 임금의 효성이 이루어졌도다."라고 하였습니다. 예의와 풍속이 침착하고 유연하여, 마침내 바닷 물결이 잠잠하고 변방의 풍진이 깨끗하며 사철이 고르고 땅의 산물이 불어나게 되어 선대(先代)를 이어 절을 중수하고 능을 잘 호위하시니 바로 지금이 그 기회인즉 이때를 버리고 어느 때를 기다리겠습니까. 이에 효성이 두루 사무치고 생각이 꿈과 부합하게 되었으니, 곧 꿈에 성조(聖祖) 원성대왕(元聖大王)을 뵈온즉 어루만지면서 말하기를, "나는 너의 선조이니라. 네가 불상을 세우고 나의 능역(陵域)을 꾸며 호위하고자 하는데, 조심하고 삼가할 것이며 일을 서두르지 마라. 부처님의 덕과 나의 힘이 네 몸을 감싸줄 것이니 진실로 중도(中道)를 잡아 하늘이 주는 복록을 길이 마치도록 하라"고 하셨습니다. 이미 동호(銅壺)에서 맑은 소리가 나고 옥침(玉寢)에서 깨어나셨는데 열 가지 햇무리로 길흉을 점치지 않아도 꿈에서 일러준 대로 될 것 같았습니다. 급히 담당 관리에게 명하여 법회를 경건하게 베풀도록 하여 화엄대덕(華嚴大德)인 결언(決言)이 이 절에서 왕지(王旨)를 받들어 닷새 동안 불경을 강(講)하였으니 효성스러운 생각을 아뢰고 명복(冥福)을 드리려는 바이었습니다. 이에 하교(下教)하시기를, "어버이를 사랑하지 않는 것은 경전에서 경계하는 바이다. '네 조상을 생각하지 않으랴'고 하는 시(詩)를 어찌 잊겠는가. 돌보아주심이 번방(藩邦)에 있는데다 절을 중수하고자 할진대 혼과 통하여 감응이 이루어지니 송구함이 가득차 마음이 떨리는구나. 이미 삼년 동안 세월만 보낸 것은 부끄럽지만 '비록 잠시 머물지라도 반드시 집을 수리한다'는 것을 깊이 생각하였는데 백윤(百尹)과 어사(御事)는 이해(利害)가 어떻다고 하느냐. 비록 '자식을 팔고 아내를 잡혔다'는 비방이 없음은 보장하겠으나 혹 '귀신이 원망하고 사람들이 괴로와한다.'는 말이 있을까 염려된다. 옳은 것을 권하고 그른 것을 못하도록 하여 그대들은 소홀함이 없도록 하라."고 하셨습니다. 종신(宗臣)인 계종(繼宗)과 훈영(勛榮) 이하가 협의하여 아뢰기를, "묘원(妙願)이 신명(神明)을 감동시켜 자애로운 조령(祖靈)께서 꿈에 나타나셨는바 진실로 왕의 뜻이 먼저 정해짐으로 인하여 과연 중의(衆議)가 모두 같은 것으로 나타났으니 이 절이 이루어지면 구친(九親)에게 기쁜 일이 많을 것입니다. 다행히 농사철이 아닌 때를 당하였으니 청컨대 목공 일을 일으키옵소서."라고 하였습니다. 이에 건례선문(建禮仙門)에서 걸출한 인재를 가리고 소현정서(昭玄精署)에서 고매한 스님을 기용하여 종실의 세 어진 이인 단원(端元), 육영(毓榮), 유영(裕榮)과 불문의 두 호걸인 현량(賢諒), 신해(神解) 그리고 찬도승(贊導僧)인 숭창(崇昌)에게 명하여 그 일을 감독하게 하였습니다. 또 임금께서 시주가 되시고 나라의 선비들이 담당자가 되었으니 힘이 이미 넉넉하고 마음도 능히 게으르지 않았습니다. 장차 작은 것을 크게 만들려 하는데 어찌 새것에 옛것을 뒤섞어서야 되리오마는 그러나 단계(檀溪)의 오랜 소원을 저버릴까 두렵고 내원(榛苑)의 전공(前功)을 손상하지 않으려 옛 재목을 골라 모아 높게 다진 터로 옮겼습니다. 이에 별을 점치고 날을 헤아려서 넓게 개척하여 규모를 크게 하였으며 진흙을 이기고 쇠를 녹여 부어 다투어 묘기를 나타냈습니다. 구름사다리는 수(倕)와 같은 솜씨로 다듬은 재목을 험한 데에 건너지르고 서리같은 도벽(塗壁)은 요(獿)와 같은 재주로 만든 색흙에 향을 이겨 넣으며, 바위로 된 기슭을 깎아 담을 돋우고 시냇물을 내려다보며 앞이 탁 트이게 창을 내며, 거친 층계를 금테두른 섬돌로 바꾸고 보잘 것 없는 결채를 무늬새긴 것으로 바꾸었습니다. 겹으로 된 불전은 용이 서린 듯한데 가운데에 노사나불(盧舍那佛)을 주인으로 모셨으며, 층층 누각엔 봉황이 우뚝 섰는데 위에다 수다라(修多羅)라고 이름하였습니다. 고래등같은 마룻대를 높이 설비하고 난새같은 난간을 마주보게 하며, 비단같은 천정엔 꽃을 포개었고 수놓은 주두엔 곁가지를 끼우니 날개를 솟구쳐 날아갈 듯하여 볼 때마다 눈이 아찔하도다. 그 밖에 더 높이고 고쳐 지은 것으로는 초상화를 모신 별실과 스님들이 거처할 요사며 음식을 헤아리는 식당과 밥을 짓는 넓은 부엌

이었습니다. 더욱 새기고 다듬는 데 교묘함을 다하고 채색하는데 정밀함을 다하였으니 암혈(巖穴)과 골짜기가 함께 맑으며 안개와 노을이 서로 빛나도다. 옥찰간(玉刹竿)에 봉명(蓬溟)의 달이 걸렸으니 두 떨기 서리같은 연꽃이요 금방울에 송간(松澗)의 바람이 부딪히니 사철의 천연 음악이로다. 절승(絶勝) 경개(景槪)를 보면 외딴 구석에서 걸출하였으니 왼편의 뾰족한 봉우리들은 닭의 발이 구름을 끌어당기는 듯하고 오른편의 습한 들은 용의 비늘이 태양에 번쩍이는 것 같도다. 앞에 나가면 메기 같은 산이 검푸르게 벌려 있고 뒤로 돌아보면 봉황같은 산등성이가 잇닿아 있도다. 그러므로 멀리서 바라보면 높고 기이하고 가까이 가서 살피면 상쾌하고 아름다우니 가히 낙랑(樂浪)의 선경(仙境)이요 참으로 즐거운 나라이며 초월(初月)이란 명산(名山)은 곧 환희의 땅이라고 이를 만 하도다.

잘 세워서 모든 일이 두루 잘 되었고 부지런히 닦아서 복을 헛되이 버리지 않았으니 반드시 우리나라를 크게 비호하며 위로 왕의 보수(寶壽)에 도움을 주게 될 것입니다. 삼천세계(三千世界)를 망라하여 네 경계를 삼으며 오백년을 셈하여 한 봄으로 삼고자 하였는데, 번산(樊山)에서 표범을 사냥하여 바야흐로 꼬리 세움을 기뻐하시다가 형산(荊山)에서 용을 걸터 타고 갑자기 떨어진 수염을 잡고 울 줄이야 어찌 기약하였겠습니까. 헌강대왕께서는 젊은 나이에 이미 덕이 높으셨고 정신이 맑고 몸이 건강하여 우러러 침문(寢門)에서 환관에게 안부를 묻지 못하게 됨을 슬퍼하시고 머리 숙여 익실(翼室)에서 거상(居喪)하는 것을 준수하시었습니다. 등(滕)나라 문공(文公)이 예(禮)를 다하여 거상(居喪)함으로써 마침내 극기(克己)할 수 있었고 초(楚)나라 장왕(莊王)이 때를 기다려 정사를 다스림으로써 실로 사람을 놀라게 하였거늘, 하물며 천성이 중화(中華)의 풍도를 따르시고 몸소 지혜의 이슬에 젖으시며 조종(祖宗)을 높이는 의리를 들어올리시고 부처에게 귀의하는 정성을 분발하셨음에랴. 중화(中和) 을사년(885) 가을에 하교하시기를, "그 뜻을 잘 계승하고 그 일을 이어받아 잘 따르며 길이 후손에게 좋은 일을 물려주는 것이 나에게 달려 있을 뿐이니 선대(先代)에 세운 곡사(鵠寺)의 명칭을 바꾸어 마땅히 대숭복(大崇福)이라 해야 할 것이다. 경(經)을 몸에 지니는 보살과 시무(寺務)의 대강을 맡은 청정한 승려가 좋은 전지(田地)로써 공양과 보시에 이바지하였는데 한결 같이 봉은사(奉恩寺)[봉은사는 聖德大王의 명복을 빌기 위해 세운 절이다]의 전례를 따르라. 고(故) 파진찬(波珍飡) 김원량(金元良)이 희사한 땅의 산물로부터 얻는 이익을 운반하는 일이 중대하니 마땅히 정법사(正法司)에 위임토록 하라. 그리고 따로 덕망이 있는 두 고승을 뽑아 사적(寺籍)에 올려 상주(常住)토록 하면서 명로(冥路)에 복을 드린다면 윗자리에 있는 나로서 유계(幽界)까지 살피지 않음이 없게 될 것이고 대연(大緣)을 맺은 이로서도 감응이 있어 반드시 통하게 될 것이다."라고 하셨습니다. 이로부터 종소리는 공중에 울려 퍼지고 발우엔 향적여래(香積如來)가 주는 밥이 가득 담기며, 창도(唱導)함에 육시(六時)로 옥경(玉磬)이 울리고 수지(修持)함에 만겁(萬劫) 동안 구슬이 이어지듯 하리니, 위대하도다 공자(孔子)의 이른바 "근심이 없는 이는 오직 문왕(文王)일진저. 아비가 일으키고 아들이 이어받았구나."하는 것을 얻으심이 아니겠습니까. 경사스러운 병오년(886) 봄에 하신(下臣) 치원(致遠)을 보고 이르시되, "예기(禮記)에 이르지 않았던가. '명(銘)이란 스스로 이름함이니 그 조상의 덕을 칭송하여 후세에까지 밝게 드러내려는 것은 효자 효손의 마음이다.'라고. 선조(先祖)께서 절을 지으실 당초에 큰 서원(誓願)을 발하셨는데 김순행(金純行)과 그대의 아비 견일(肩逸)이 일찍이 이 일에 종사하였다. 명(銘)이 한 번 일컬어지면 과인과 그대가 모두 얻게 되리니 그대는 마땅히 명(銘)을 짓도록 하라."고 하셨습니다. 신(臣)은 바다를 건너 중국에 가서 월계(月桂)의 향기를 훔쳤지만 우구자(虞丘子)의 긴 슬픔만 남겼고 계로(季路)의 헛된 영화만을 누릴 뿐이었는데, 왕명(王命)을 받자오매 두렵고 놀라와 몸을 어루만지며 슬퍼 목이 메입니다. 가만히 생각하옵건대 중국에서 벼슬할 때 일찍이 유자규(柳子珪)가 우리나라의 일에 대하여 적어 놓은 글을 읽으니 서술한 바가 바르고 조리가 있어 왕도(王道) 아님이 없었는데 이제 우리 국사(國史)를 읽어보니 완연히 성조대왕조(聖祖大王朝)의 사적(事跡)이었습니다. 또 전하는 말을 들으매 중국의 사신 호귀후(胡歸厚)가 복명(復命)함에 한껏 채집한 풍요(風謠)를 두고 당시의 재상에게 이르기를, "제가 다녀온 지금부터 무부(武夫)는 신라에 사신으로 가서는 안될 것입니다. 왜냐하면 신라에는 산수가 아름다운 곳이 많은데 신라왕이 시로써 그려내어 주시거늘 제가 일찍이 배웠던 것에 힘입어 운어(韻語)를 지음으로써 억지로 부끄러움을 참아가며 화답했기에 망정이지 그렇지 않았더라면 틀림없이 해외(海外)의 웃음거리가 되었을 것입니다."라고 하니 관리들이 옳다고 여겼다 하옵니다. 이는 오로지 열조(烈祖)께서 시(詩), 서(書), 예(禮), 악(樂)으로 터전을 마련하시고 선왕(先王)께서 육경(六經)으로 세속을 교화하심이니 어찌 후손을 위하여 그러하심이 아니겠습니까. 능히 문물을 빛나게 하셨으니 명(銘)을 지어도 부끄러운 말이 없을 것이오 붓을 들어도 넘치는 용기가 있을 것입니다. 드디어 감히 하늘을 엿보고 바닷물을 헤아려 비로소 평범한 말을 엮어 보았는데 달이 떨어지고 산이 무너져 별안간 긴 한탄만이 일게 될 줄 뉘 알았겠습니까. 뒤미처 정강대왕(定康大王)께서 남기신 숫돌에 공을 이루시니 부시던 지(篪)에 운(韻)이 맞으셨습니다. 이미 왕위(王位)를 이으시어 왕업(王業)을 지키시며 장차 남은 사업을 이어 이루시려고 그 지위에서 편한 날이 없으시어 그 글을 마치지 못하셨습니다. 그러나 멀리 해 같은 형님을 쫓으시다가 갑자기 서산(西山)에 그림자를 만나시니 높은 달 같은 누이에게 의지하여 길이 동해(東海)에 빛을 전하셨습니다. 엎드려 생각컨대 대왕전하께서는 아름다운 꽃받침이 꽃과 이은 듯하고 왕가의 계통이 매우 밝으며 빼어난 곤덕(坤德)을 체득하고 아름다운 천륜(天倫)을 계승하셨나니, 진실로 이른바 신주(神珠)를 품고 채석(採石)을 불린 것이어서 이지러진 데는 모두 기우고 좋은 일이라면 닦지 않음이 없으셨습니다. 그러므로 『보우경(寶雨經)』에서 부처님 말씀으로 분명히 수기(授記)하신 것이라든지 『대운경(大雲經)』에 나오는 옥같은 글이 완연히 부합됨과 같음을 얻으셨습니다. 선고(先考) 경문대왕(景文大王)께서 절을 이룩하시고 헌강대왕(憲康大王)께서 스님들의 공양을 베푸시어 이미 불교계를 높이셨으나 아직 비문을 새기지 못하였기에 용렬한 신(臣)에게 명을 내리시어 힘없는 붓을 놀리게 하셨는데, 신이 비록 못이 먹물로 변함에 부끄럽고 붓이 꿈 속에서 서까래만함에 욕되오나, 장융(張融)이 두 왕씨(王氏)의 필법이 없음을 한탄하지 않은 것에 가만히 비할 것이오며, 조조(曹操)가 어쩌다 여덟자의 찬사를 풀이했던 것에 가까울 것입니다. 설령 재가 부딪쳐 못을 메우고 먼지가 날아 바다에 넘칠지라도 임금의 후예는 무성하여 약목(若木)과 나란히 오래도록 번영할 것이며 두터운 비석은 빼어나 옥초(沃焦)를 마주보며 우뚝 서 있을 것입니다. 정성을 가다듬고 손 모아 절하며 눈물을 씻고 붓을 들어 빛나는 발자취를 더듬어 명(銘)을 지어 올립니다. 가비라(迦毘羅)의 부처님은 해돋는 곳의 태양이시라 서토(西土)에 나타나시고 동방(東方)에서 돋으셨구나. 먼 곳까지 비추지 않음이 없어 인연 있는 자들이 크게 일어났네. 정찰(淨刹)에 공이 높았고 왕릉에 복이 미치었도다. 열렬하신 영조(英祖)께서는 덕업(德業)이 순(舜)임금과 부합하셨으니 큰 숲에 드심이 무난하여 문득 천하를 얻었네. 우리의 자손을 보호하시고 백성들의 부모가 되옵시니 뿌리는 동방에 깊었고 갈래는 동해에 뻗었도다. 신불(蜃紼)과 용순(龍輴)으로 산릉에 편안히 모셨으며 유택(幽宅)에 수도(隧道)를 열고 솟은 탑을 이웃에 옮기셨도다. 오래도록 애모하는 예(禮)는 모든 이의 깨끗한 인연일지니 절에 이로움이 많고 임금의 일족이 길이 번성하리라. 효손(孝孫)이 깊고 아름다와 천지의 이치를 밝게 아시매 봉황이 날고 용이 뛰니 금규(金圭)가 상서로움에 부합되었도다. 조령(祖靈)을 기원하매 어둡지 않고 바라던 복도 곧 이르니 그 은덕 갚으려고 불사를 잘 일으키셨네. 나라의 인걸 잘 뽑으시고 나라의 명공(名工)을 두터이 대하시며 농사철 아닌 때에 대처하여 부처의 궁전을 이룩하셨네. 채색 난간엔 봉황이 모이고 아로새긴 들보엔 무지개가 걸쳤으며 둘러싼 담장엔 구름이 피어 오르고 그림벽엔 노을이 엉키었구나. 터전이 시원스레 툭 트이고 눈에 드는 경치는 맑고 깨끗하다. 쪽빛 묏부리는 어울려 솟아 있고 맛 좋은 샘물은 쉬지 않고 솟아난다. 꽃이 아름다운 봄산이며 달이 높이 뜬 가을밤이 있으니 비록 해외(海外)에 있지만 천하에 홀로 빼어나구나. 진(陳)에서는 보덕(報德)에 힘 기울이고 수(隋)에서는 흥국(興國)을 외쳤네. 어찌 가복(家福)이라고만 하랴 국력을 높이심이라. 불당(佛堂)에선 미묘한 소리 드높고 주방에는 정결한 음식이 푸짐하다. 사군(嗣君)의 끼치신 덕화 만겁 동안 무궁하리라. 아름다울손 여왕이시어 효제(孝悌)의 정이 돈독하시도다. 안행(雁行)을 아름답게 이루시고 왕자(王者)의 도를 삼가하여 훌륭하게 하셨도다. 글은 썩은 붓을 놀린 듯 부끄럽고 글씨는 팔목을 당긴 듯 수치스러우나 고래구렁이 비록 마를지라도 거북 위의 옥돌은 썩지 않으리라.

△△△수(△△△手) 환견(桓蠲) 등 새김. (「崇福寺碑」)

신라 건녕(乾寧) 3년에 이르러 마침 절강성(浙江省)인 전당(錢塘)으로 가는 사신 최예희(崔藝熙) 대부(大夫)를 만나 그 배에 편승(便乘)하게 되었다. 돛을 높이 내걸고 문득 파도를 넘어 얼마 되지 않아 은강(鄞江)에 이르렀다. 당시 운거도응대사(雲居道膺大師)가 선문(禪門)의 법윤(法胤)임을 듣고 천리를 멀리 여기지 않고 바로 그의 문하에 나아가 친견하였다. 대사가 말하되 "서로 이별한 지가 그다지 오래되지 않았는데 다시 만남이 그리 빠른가."하니, 스님이 대답하되 "일찍부터 친히 모신 적도 없는데 어찌하여 다시 왔다고 말씀하십니까."하였다. 대사가 묵묵히 입방(入榜)을 허락하시니 그윽이 서로 통함이 있었다. 그 후 6년 동안 수행하면서 혹한의 고통을 이겨 신심이 더욱 견고하였다. 어느 날 대사가 이르시되 "도(道)는 본래 사람을 멀리하지 않으나 사람이 능히 도를 넓히는 것이므로, 동산(東山)의 종지(宗旨)가 타인의 손에 있지 아니하며 불법(佛法)의 중흥이 나와 너에게 달려 있으니, 나의 도(道)가 동국(東國)으로 흘러가리니 이것을 생각하며 또한 이 뜻을 놓치지 말라."하였다. 스님은 장량(張良)이 황석공(黃石公)을 이상(圯上)에서 만났던 것과 같은 고생을 하지 아니하고도 쉽게 법왕(法王)의 심인(心印)을 받았다. 그 후 영남(嶺南)과 하북(河北)으로 돌아다니면서 스투파(窣堵波)인 명찰(名刹)과 성지(聖地)를 순례하고, 호외(湖外)와 강서(江西)를 행각(行脚)하면서 모든 선지식(善知識)을 두루 참견(叅見)하였으니, 북쪽으로는 항산(恒山)과 대산(岱山) 등을 답사하여 두루 순유(巡遊)하지 아니한 곳이 없었으며, 남쪽으로는 형산(衡山)과 려산(廬山) 등 발이 닿지 않은 산이 없었다. 그 후 여러 제후(諸侯)를 알현(謁見)하고는 목민(牧民)의 헌칙(獻勅)을 베풀고, 열국(列國)으로 다니면서 그 나라마다의 풍속을 살피기도 하며, 서방(四方)으로 선지식을 참방하여 오(吳)와 한(漢)나라까지 유력하였다. (「廣照寺眞澈大師碑」)

897(丁巳/신라 진성왕 11, 효공왕 1/발해 위해 4/唐 乾寧 4/日本 寬平 9)

신라 효종랑(孝宗郎)이 남산(南山) 포석정(鮑石亭)[혹은 삼화술(三花述)이라고 이른다]에서 놀 때, 문객(門客)이 매우 빨리 뛰어왔는데, 두 사람의 객(客)이 홀로 늦었다. 효종랑이 그 까닭을 묻자, 말하길, "분황사(芬皇寺)의 동쪽 마을에 나이가 스무 살 가량의 여자가 눈 먼 어머니를 안고 서로를 부르며 울고 있었다. 같은 마을사람에게 물으니, 말하길, "이 여자의 집이 가난하여, 끼니를 구걸하여 부모의 은혜를 갚은 지 몇 년입니다. 때마침 흉년이라, 문에 기대어 빌릴 수단이 어려워져, 남에 집에 품팔이를 하여 곡식 30석을 얻어, 부잣집에 맡기어 두고 일을 하였습니다. 해질 무렵 쌀을 싸서 집에 와서 밥을 지어드리고 함께 자고, 새벽이 되면 부잣집에 일을 하러 돌아가니, 이와 같은 것이 며칠이 되었습니다. 어머니가 말하길, "옛날에 거친 식사에도 마음은 편안했으나, 근래에 향기로운 맵쌀에도 가슴을 찌르는 것 같아 마음이 편안하지 않으니 어찌된 일인가." 하였다. 여자는 그 사실을 말하니, 어머니는 통곡하고, 여자는 자신이 단지 입과 배를 봉양하기만 하면서, 부모 앞에서 얼굴 빛 관리를 잘 하지 못한 것을 한탄하며, 까닭에 서로를 안고 우는 것입니다." 하였습니다. 이것을 보느라 늦었습니다."라고 하였다. 효종랑은 그것을 듣고 눈물을 흘리며, 곡식 1백 휘(斛)를 보냈고, 효종랑의 부모도 또한 의복 1습(襲)을 보냈으며, 효종랑의 천명의 무리는 조(租) 1천 석(石)을 거두어 그것을 보냈다. 이 일이 임금님의 귀에까지 닿았는데, 이때 진성왕(眞聖王)은 곡식 500석과 집 1채를 하사하였으며, 병사를 보내어 그 집을 지키게 하여 도적을 경계하였다. 또 그 방(坊)에 기(旌)를 세워 효녀가 봉양한 마을이라 하였다. 후에 그 집을 기부하여 절이 되었는데, 이름을 양존사(兩尊寺)라 하였다. (『三國遺事』5 孝善 9 貧女養母)

신라 한기부(韓岐部) 백성 연권(連權)의 딸 지은(知恩)이 성품이 지극히 효성스러워 어려서 아비를 여의고 호롤 어미를 봉양하여 나이 32세가 되었으나 오히려 출가하지 않았다. 아침저녁으로 자리를 보살펴 드려 자리를 떠나지 않았고 집이 가난하여 공양할 수가 없자 혹은 날품을 품고 혹은 구걸을 하여 공양에 보충하였으나 그래도 부족하였다. 이에 부잣집에 가서 몸을 팔아 종이 되어 몸값으로 쌀 약간 석(石)을 얻었는데 낮에는 부잣집에서 일을 하여 그 값을 치르고 저물면 집에 돌아와 어미를 공양하여 그렇게 하기를 여러 날이 지났다. 어미가 말하였다. "전에는 네가 나를 공양할 때에 비록 거친 음식이나마 맛이 있었는데 지금은 좋은 음식을 먹는데도 마음이 아프다. 이것이 무슨 까닭인가." 딸이 사실대로 고하자 어미가 말하였다. "나 때문에 네가 남의 종으로 팔렸으니 내가 빨리 죽는 것만 같지 못하다." 크게 통곡하매 딸도 통곡하니 길가는 사람들이 모두 감동하였다. 이 때에 화랑의 무리 효종(孝宗)이 그 곳을 지니다가 이 광경을 보고 의롭게 여겨 속(粟) 1백석을 주었고 또 몸값도 갚아 주어 고용살이를 모면하게 하였으며 1천명에 이르는 화랑의 무리가 각기 1석(石)씩의 벼를 내어 주었다. 왕이 이 소문을 듣고 또한 조(租) 500석과 집 1구(區)를 내려주었고 그 마을에 정문(旌門)을 세워 효양방(孝養坊)이라 이름하였으며 그 집에는 호역(戶役)을 면제해 주었다. 왕이 또 효종을 가상히 여겨 憲康王의 딸로써 아내를 삼게하였다. (『三國史節要』13)

신라 신 모는 아뢰나이다. 신의 망형(亡兄) 고(故) 국왕 신 정(晸)이 먼저 배신(陪臣) 시전중감(試殿中監) 김근(金僅) 등을 보내어, 표를 받들어 서행(西幸)하셨던 선황제(先皇帝)의 난가(鑾駕)가 귀궐(歸闕)하셨음을 경하(慶賀)하였고, 인하여 따로 표를 붙여 역적 황소(黃巢)를 베었음을 칭하(稱賀)하였더니, 이제 성상께서 성은으로 칙서 두 함(函)을 내리시고 따로 장식(獎飾)을 내리심을 받았나이다. 오륜(烏輪 해)이 높이 계신 곳으로부터 난불(鸞綍, 칙서)이 날아와, 빛을 나누어 절역(絶域)의 영광을 흐뭇하게 하고, 감화가 가성(佳城 묘소)의 한(恨)을 격발하게 하나이다. 중사 신은 본국의 왕으로서 생각건대, 옛날 주(周)·진(秦)이 교대하고 연(燕)·조(趙)에 근심이 많을 때, 가인(佳人)이 합포(合浦)의 구슬을 옮김과 같이, 장사(壯士)가 연진(延津)의 검(劍)으로 교화시키듯 하여, 와서 본국의 읍락(邑落)을 일으켜 번방(藩邦)의 구석을 도와 지켰나이다. 그러므로 진한(辰韓)은 진한(秦韓)의 이름을 잘못 쓴 것이요, 낙랑(樂浪)은 회랑(澮浪) 자(字)를 의용(擬用)한 것인데, 다만 분서(焚書)의 여폐(餘弊)에 속했던 것이 오히려 피란(避亂)의 무리들을 따라왔던 것입니다. 옛것을 본받아 법규를 이루어 풍속을 변화시키는 학술에 어두웠으니, 이 고장이 열 길[丈] 머리카락을 입에 물게 되었으니 어느 사람이 오색(五色)의 붓끝을 전하리이까. 『국어(國語)』와 『효경』으로는 풍속을 변화시키기 매우 어려웠고, 상(床)머리의『주역(周易)』은 이름조차 아는 이를 보기가 드물었나이다. 그런데, 신의 망형(亡兄) 태부(太傅) 신 정(晸)이 나면서부터 노교(老教)를 알고 평소에 진언(秦言)을 잘하여, 풍성한 재주가 어찌 쟁쟁(錚錚) 할 뿐이었겠습니까. 아름다운 담화가 실로 곤곤(袞袞)하고도 남음이 있었나이다. 그러므로 몸의 문채는 세상에 빛났고 글씨는 범인보다 뛰어났습니다. 매양 병외(屛外)의 신하가 된 것을 부끄러워하고 호중(壺中)의 객(客)을 쫓기를 원하여, 노래와 시(詩)에 그 뜻을 나타내고 혼자 탄식하고 슬퍼함을 깊이 하였고, 내지(乃至) 우송(虞松) 오수(五守)의 난문(難問)을 종회(鍾會)에게 구태여 물어볼 것이 없었으며, 곡영(谷永) 만조(萬條)의 역(易)은 왕충(王充)에게 상찬(賞讚)을 받았는데 너무나 지기(知己)를 만나지 못하였기에 자못 한 번 자시(自試)하기를 희망하였나이다. 전번에 선황제(先皇帝)께서 금천(錦川 성도(成都))에 순수(巡狩)를 파하시고 강궐(絳闕)로 돌아보셨다는 소식을 들었으며, 또 동방의 제후(諸侯)들이 가지런히 호표(虎豹)를 몰아내고 경예(鯨鯢)를 죽여 여럿에게 보였다[顯戮]는 기별을 듣고, 부비(拊髀)하는 기쁨을 이기지 못하여, 충심에 의한 간곡한 회포를 쓰고자 손수 표문을 초하고 절창(絶唱)의 사(詞)를 불렀는데, 비록 서북으로 흐르는 물은 방향을 약간 다르더라도 바다에 이르기를 능히 기약할 수 있겠지만, 또한 동남의 미(美)를 독차지하지 못했으니 감히 하늘을 움직이기를 바랐겠습니까. 이제 우러러 황제폐하께서 충관(忠款)을 굽어 하념(下念)하시고, 멀리 회조(回詔)를 날리시되 특히 상규(常規)를 넘게 하시는 난봉(鸞鳳) 두 함(函)이 그림자를 가지런히 하여, 오산(鼇山)의 길을 가리키고 규룡(虬龍) 일찰(一札)이 줄을 나란히 하여 접수(鰈水)의 시골에 들어오니, 이는 실로 하늘에서 내리신 값을 매길 수 없는 구슬이요, 온 나라가 마르지 않는 풀이 되었나이다. 엎드려 조서의 절문(節文)을 보건대, 이르기를, "반드시 마음을 더욱 굳게 잡아 영원히 의(義)에 순종하기를 잊지 말고, 힘써 정삭(正朔)의 의례(儀禮)를 닦고 거서(車書)의 미(美)에 맞도록 하며, 밝고 환한 공적이 타방(他方)의 으뜸이 되도록 하고, 넘치는 은혜가 항상 너희 나라에 젖도록 하라."하셨나이다. 신은 듣건대, 옛날에 제오륜(第五倫)이 매양 한광무(漢光武)의 조서를 볼 때마다 곧 등배(等輩)들을 돌아보며 탄식하여 말하기를, "이 어른은 참으로 성주(聖主)시다. 뵙지 못한 것이 한스럽다."고 하였다 합니다. 신이 지금 성군(聖君)의 조서를 받들어 보니, 마치 자부(慈父)의 회언(誨言)을 직접 듣는 듯한지라, 모(某)가 깊이 성은(聖恩)을 감사함과 간절히 성덕에 감격함이 백어(伯魚)보다 만 배나 되나이다. 하늘에서 내린 조서는 비추기만 하면 능히 햇가녘을 비추고, 햇가녘의 사람은 어질어서 길이 인(仁)을 하늘 위에 돌리나이다. 또 신 번(蕃)은 길이 2만 리가 넘고 조공(朝貢)이 겨우 3백 년인데, 부사(父事)의 예의(禮儀)를 펴기를 허락해 주시고 자래(子來)의 관(款)을 이어 바치게 하시어, 매양 조칙(詔勅)을 받들 때마다 모두 의방(義方)을 이루니, 선조(先祖)께서 이미 받들어 주선(周旋)하였고, 예손(裔孫)들이 진실로 순복(順服)하여 그지없는 바이로소이다. 더구나 개원(開元) 황제께서 어우(御寓)하시어 바다에 물결에 일지 않을 때에는, 자주 왕언(王言)을 주시어 문덕(文德)을 널리 펴시었고, 뒤에 신의 선조 흥광(興光 신라 성덕왕(聖德王)ㆍ헌영(憲英 신라 경덕왕(景德王)) 부자가 제법 능히 선(善)을 사모할 줄 안다 하여, 여러번 팔분체(八分體)의 어찰(御札)을 하사하셨는데, 그 어필(御筆)이 용이 날뛰는 듯, 봉이 날아가는 듯하여 채전(綵牋)이 이로 말미암아 빛을 더하고 신필(神筆)이 지금까지 아직 젖어 있으니, 보옥(寶玉)을 백숙(伯叔)의 나라에 나눠줌을 일찍이 들었으나, 은구(銀鉤)를 이적(夷狄)의 시골에 하사하심은 예전에는 보지 못한 바이었나이다. 그 조지(詔旨)에 이르기를, "경(卿)을 노위(魯衛)에 비(比)하노니 어찌 번복(蕃服)과 같으랴." 하셨나이다. 또 대력(大曆) 연간에는 천어

(天語)를 내리사 이르기를, “구주(九州) 밖에 있으면서도 제후(諸侯)에 비할 만하며 만국 중에 진실로 군자(君子)이다.” 하였으니, 이것이 모두 사랑으로 허물을 잊으심이요, 칭찬이 지나치심이라, 소국(小國)이 감당하지 못할 바이로소이다. 엎드려 생각건대, 성문예덕 광무홍효(聖文睿德光武弘孝) 황제폐하께서 크게 열성(列聖)을 이으시어, 군방(群方)을 빛나게 다스리실 때 전모(典謨)·훈고(訓誥)의 종(宗)을 들어 융적(戎狄)·만이(蠻夷)의 무리들을 경계오니, 장차 만국(萬國)이 일가(一家)로 합작(合作)함을 볼지나, 신의 애통하고 상심(傷心)되는 바는 망형(亡兄) 신 정(晸)이 먼저 해로(薤露)가 말라(세상을 떠남) 지이(芝泥 조서)를 받들지 못하여 살아서는 성화(聖化)를 마시는 몸이 되었고 죽어서 은혜를 저버리는 넋이 됨이나이다. 주신 바 계칙(誡勅)을 신이 삼가 이미 옥사(玉笥)에 함봉하고 금함(金函)에 넣어서, 질남(侄男) 요(嶢)에게 주어 국보(國寶)로 전하게 하였니, 요가 마땅히 원좌(瑗座 거백어(籧伯魚)의 좌우명))에 명(銘)하고 사신(師紳 자장(子張)이 공자의 말씀을 관끈에 썼음)에 써서, 들어와 서는 삼경(三卿)들을 욱려(勖勵)하고 나가서는 백성들을 무유(撫柔)하여, 간역(姦逆)을 막음 식알(式遏)의 공을 대략 이루고 시옹(時雍)의 성화(聖化)를 우러러 도울 것입니다. 신이 지금 은수(殷樹)가 봄을 사직하고 공포(孔匏)가 멀리 매여 있으므로 길은 막혔으나 혼만은 바다를 건너는 매처럼 훨훨 날아가고, 하늘은 올라갈 수 없으나 눈은 구름에 치솟는 학(鶴)을 바라봅니다. 하오나 궁궐에 달려가 전정(殿庭)에 칭사하지 못하여 황송하나이다. (『東文選』33 表箋 謝賜詔書兩函表 崔致遠)

신라 신 모는 아룁니다. 난가(鑾駕)가 화주(華州)에 순행(巡幸)하셨다는 기별을 엎드려 받았습니다. 첫봄이 아직도 추운데 엎드려 생각하건대, 황제폐하께서 성체(聖體) 만복(萬福)하신지요. 해마다 순행하시매 복을 받으시고, 때에 따라 순행하시매 송덕(頌德)하는 가요(歌謠)소리가 퍼질 것이오니, 신은 머나먼 바다의 한 구석에 처하여 만길의 구지(溝池)를 상상합니다. 중사(中謝) 신은 듣건대, 『주역』의 효사(爻辭)에는 지방을 보살핌을 상(象)으로 나타냈고, 『춘추』에 위의(威儀)를 특서(特書)할 때에 의(義)를 편[展]다고 하였습니다. 그러므로 하(夏)의 속담에는, “우리가 어찌 도움을 받을꼬.” 하였고,『상서(商書)』에는, “임금님이 오시니 소생하게 되었구나.” 함을 탄미하였습니다. 엎으려 생각하건대, 성문(聖文)·예덕(睿德)·광무(光武)·홍효(弘孝) 황제폐하께서 삼망(三網)으로 인(仁)을 여시고, 양계(兩階)에 덕을 펴, 사람을 쓰심은 오직 묵은 사람을 취하시고, 남을 용서하여 스스로 새롭게 되도록 하여 주시니, 이미 황건(黃巾)의 무리들이 칠종칠금(七縱七擒)의 군략(軍略)에 항복하였거니, 취련(翠輦)이 잠시 일유일예(一遊一豫)의 환락을 즐긴들 어떠하리까. 가시는 곳마다 모조리 선장(仙掌)이 길을 열고 화봉인(華封人)이 만수를 축하여, 삼봉 태수(三峯太守)가 기쁘게 길을 피하여 은행(恩倖)을 영접하고, 만국의 사신들이 다투어 궐정(闕庭)에 와 정성을 바치오리니, 분수(汾水)를 노래한 즐거움에 이미 맞고 미구에 대악(岱嶽)을 봉하는 의식을 보게 되리다. 신이 도둑을 초치[致冠]하여 부끄럼이 많고, 직무를 이행하지 못하여 자책(自責)이 깊은 바, 뒤뚱거리는 자라가 상진(桑津)의 물결에 움추려 준마(駿馬)처럼 달릴 길이 없고, 철 기러기가 연악(蓮嶽)의 구름에 솟아 올라 한갓 선망(羨望)을 더할 뿐이오나, 풍도(風濤)에 길이 막혀 예(例)대로 호종(扈從)하지 못하오니, 선필(仙蹕)을 우러러 바라보면서 지극히 그립고 송구 함을 금할 수 없어, 삼가 글을 올려 안부를 묻습니다. (『東文選』39 表箋 起居表)

신라 신 모는 아뢰옵니다. 신은 듣자오매, ‘하고자는 하되 탐내지는 않는다.’는 말은 공자(孔子)가 제자 자장(子張)에게 전하였고, ‘덕은 사양함만 같음이 없다.’는 말은 진(晉)나라 행인(行人)에게서 나왔사오니, 진실로 위(位)를 점거하여 스스로 편안하면,

어진 이를 방해한다는 꾸지람을 듣게 되옵니다. 신은 황제의 사랑해 주시는 위엄을 힘입어, 궁벽한 해우(海隅)에 봉직(奉職)하고 있사오매, 비록 법령(法令)이 사뭇 드러나지는 아니하였으나, 도적떼가 번성함을 면치 못하였사온즉 어느 겨를에 뒷일을 걱정하겠사옵니까. 우선 선뜻이 물러나려는 것이오니 감히 자신을 위하여 계획을 잘했다 하오리까. 실로 형벌을 내려 용서함이 없을 것을 염려한 것이옵니다. 중사(中謝) 신의 본국은 비록 울루(鬱壘)의 반도(蟠桃)와 접경이오나 위력(威力)으로 대하는 것을 숭상하지 아니하고, 또 백이(伯夷) 숙제(叔齊)의 고죽국(孤竹國)과 이웃이 되어, 본래 청렴하고 겸양함을 바탕으로 하였으며, 하물며 구주(九疇)의 남긴 규범(規範)을 빌리고 진작 팔조(八條)의 교훈을 계승하여, 말만 하면 반드시 하늘을 경외(敬畏)하고, 다닐 적에는 모두 길을 양보하였으니, 대개 인현(仁賢)의 교화를 받아, 군자(君子)란 이름에 부합되었던 것이옵니다. 그러므로 변두(籩豆 식기)를 갖추어 농사터에 점심을 내가고, 집집마다 시모(鍦矛, 短槍)을 가졌사오며, 동속은 비록 칼 차기를 숭상하나, 무(武)는 진실로 지과(止戈)를 귀히 여기므로, 나라를 세운 이래에 반란을 일으킨 적은 드물었사오니, 황화(皇化)를 추향(趨向)함에 있어서는 남려(南閭)와 동떨어졌사오나, 인(仁)에 편안하오면 동호(東戶)라서 무엇이 부끄럽겠사옵니까. 이러므로, 바로 신의 형인 증태부(贈太傅) 신 정(晸)에게 이르러서는 멀리 황제의 은택을 입어, 공경히 유시하신 조목을 선양하고, 한결 같이 직에 이바지하여 만리의 변방을 편안히 하였사오며, 우신(愚臣)이 계승하여 직을 지킴에 미쳐서는 모든 환란이 한꺼번에 밀어 닥치어, 처음에는 흑수(黑水)가 경계를 침범하여 독액(毒液)을 내뿜었사옵고, 다음에는 녹림(綠林)이 당을 이루어 다투어 광분(狂氛)을 풍기오니, 관할하는 구주(九州)와, 백군(百郡)이 다 도적의 불난리를 만나서 겁회(劫灰)를 보는 것 같았으며, 더욱이 사람 죽이기를 삼대와 같이 하고, 내던진 백골(白骨)은 숲처럼 쌓이고, 창해(滄海)의 횡류(橫流)는 날로 심하고, 곤강(昆岡)의 맹렬한 불꽃은 바람같이 어세어 어진 나라가 변해서 병든 나라가 되었사오니, 이는 모두 신이 중(中)을 지키는 도(道)가 희미하고 아랫사람을 어거하는 방법이 틀린 까닭이오며, 올빼미는 구림(鳩林)에서 소리를 지르고 어별(魚鼈)은 접수(鰈水)에서 시달림을 받는데, 하물며 서절(瑞節)이 서쪽으로 들어갈 적에는 배가 침몰되고, 책서(冊書)가 동으로 내릴 적에는 봉초(鳳軺)가 중간에 되돌아가서 기름진 비에 젖을 길이 막연하옵고, 무더운 바람[薰風]을 허비하게 되오니, 이도 정성이 하늘을 감동시키지 못한 탓이오라, 실로 죄가 바다보다 깊음이 두렵사옵니다. 뭇 도적이 지금까지 암이 되어 있사오나, 미신(微臣)은 진실로 재간을 부릴 길이 없사오니, 해돋는 가에서 희중(羲仲)의 벼슬에 거하는 것은 신의 본분이 아니옵고, 바다 둔덕에서 연릉(延陵)의 절개를 지키는 것이 바로 신의 양책이오며, 오랫동안 병란에 시달리어 병마저 많게 되오니 그 가고픈 데로 갈 것을 깊이 생각하오매, 그 친한 것을 친히 함을 피하기 어렵사옵니다. 그윽이 생각하오매 신의 조카 효(嶢)는 바로 신의 맏형 정(晸)의 아들로서, 나이는 장차 학문에 뜻을 둘 만하옵고, 자격은 종통(宗統)을 일으킬 만하오며 산 아래 샘이 나오매 어려서부터 올바르게 기르고 언덕 가운데 오얏이 있으매 뭇 사람이 또한 어진이를 생각하옵기로, 밖에서 구함을 따라 빌리지 아니하고, 드디어 안에서 천거함에 따라 근자에 이미 번방(藩邦)의 직무를 맡겨, 국가의 재난을 안정시키게 하고 있사옵니다. 그러하오나 개미떼가 와서 제방(堤防)을 무너뜨리고 메뚜기[蝗]가 아직도 경내에 가득한 때이오라 더워도 물로 씻을 수 없사옵고, 물에 빠져도 능히 건져내지 못하오며, 모든 창고는 한결같이 비어 있고, 나루 길은 사방으로 막혀 뗏목은 8월에도 오지 아니하오며노정(路程)은 오히려 하늘보다 멀므로, 진작 사다리로 산을 넘고 배로 바다를 건너서 어전(御前)에 주달하지 못하였사오니, 비록 당우(唐虞)의 빛이 사방을 입히오매 나중에 왔다고 죄 주지는 아니할 것이오나, 오랑캐의 침략이 매우 많아서 진작 보내야 될 사행(使行)이 어쩔 수 없이 오랫동안 막혔사옵니다. 예(禮)가 실로 빠졌사오니 심정이 편하겠사옵니까. 신은 매양 제 힘을 헤아려서 행동해야 한다는 것을 생각하옵고, 문득 몸이 물러가기로 하오니 스스로 피었다 스스로 지매 그윽이 광화(狂花)가 부끄럽기는 하오나 깎을 수도 없고 아로새길 수도 없으매, 삭은 재목[朽木]이 도리어 온전하옵니다. 바라옵는 바 은혜는 그저 받음이 없고 위(位)는 좋게 돌아가야 하오며, 이미 동쪽을 돌아보시는 근심을 갈라 맡기는 글렀사오매, 속절없이 서쪽으로 돌아가는 시를 읊을 뿐이옵니다. 삼가 당국(當國)하정사(賀正使) 아무 관원이 조정에 들어감을 인하여, 표를 올려 사양하는 뜻을 아뢰옵니다. (『東文選』43 表箋 讓位表)

신라 여름 6월에 왕이 좌우 신하에게 이르기를 "근년 이래 백성이 곤궁하고 도적이 벌떼처럼 일어나니, 이는 나의 부덕한 탓이다. 어진 이에게 왕위를 넘겨주기로 나의 뜻은 결정되었다."고 하고, 태자 요에게 왕위를 넘겨주었다. 이에 당에 사신을 보내 표문으로 아뢰기를 "신이 삼가 말씀드립니다. 희중(羲仲)의 관직에 있는 것이 신의 본분이 아니고, 연릉(延陵)의 절개를 지키는 것이 신의 좋은 방책인가 합니다. 신의 조카 요(嶢)는 신의 죽은 형 정의 아들인 바, 나이는 바야흐로 15세를 바라보고 그 그릇됨이 종실을 일으킬 만하기에 밖에서 구할 필요 없이 안에서 천거했습니다. 근래 들어 이미 그로 하여금 번국의 일을 임시로 맡게 하여 나라의 재난을 진정시키고 있사옵니다."라고 하였다. (『三國史記』11 新羅本紀 11)

신라 여름 6월에 왕이 좌우 신하에게 이르기를 "근년 이래 백성이 곤궁하고 도적이 벌떼처럼 일어나니, 이는 나의 부덕한 탓이다. 어진 이에게 왕위를 넘겨주기로 나의 뜻은 결정되었다."고 하고, 태자 요에게 왕위를 넘겨주었다. 이에 당에 사신을 보내 표문으로 아뢰기를 "신이 삼가 말씀드립니다. 희중(羲仲)의 관직에 있는 것이 신의 본분이 아니고, 연릉(延陵)의 절개를 지키는 것이 신의 좋은 방책인가 합니다. 신의 조카 요(嶢)는 신의 죽은 형 정의 아들인 바, 나이는 바야흐로 15세를 바라보고 그 그릇됨이 종실을 일으킬 만하기에 밖에서 구할 필요없이 안에서 천거했습니다. 근래 들어 이미 그로 하여금 번국의 일을 임시로 맡게 하여 나라의 재난을 진정시키고 있사옵니다."라고 하였다. (『三國史節要』13)

발해 지난 건녕 4년 7월에 발해의 하정왕자(賀正王子) 대봉예(大封裔)가 장(狀)을 올려 발해를 신라의 위에 둘 것을 청하였다. 엎드려 칙지(勅旨)를 받드니 나라 이름은 선후가 있으며 강약과 비할 것이 아니고 조제(朝制) 등을 칭하는 위엄은 지금 어찌 성쇠(盛衰)로써 고칠 것인가. 마땅히 구관(舊貫)에 준하여 이것을 보이는 것이다. (「謝不許北國居上表」)

신라 이 왕의 시대에 아찬 양패는 왕의 막내 아들이었다. 당에 사신으로 갈 때에 백제의 해적이 진도(津島)에서 길을 막는다는 이야기를 듣고 궁수 50명을 뽑아서 그를 따르게 했다. 배가 곡도(鵠島)[우리말로 골대섬(骨大島)이라고 한다]에 이르니 풍랑이 크게 일어났으므로 열흘 남짓 묵게 되었다. 공이 근심하여 사람을 시켜 점을 치니, 말하기를 "섬에 신령한 못이 있으니 그곳에 제사지내는 것이 좋겠습니다."라고 하였다. 이에 못 위에 제전을 갖추었더니, 못물이 한 길 남짓이나 솟아올랐다. 그날 밤 꿈에 노인이 나타나 공에게 말하기를, "활 잘 쏘는 사람 한 사람을 이 섬 안에 머무르게 하면 순풍을 얻을 수 있을 것입니다."라고 하였다. 공은 꿈에서 깨어나 좌우 사람들에게 물었다. "누구를 머무르게 하는 것이 좋겠는가."라고 하니, 여러 사람들이 말하기를, "나무 조각[木簡] 50쪽에 우리 이름들을 써서 물에 띄워 가라앉는 것으로 제비를 뽑읍시다"라고 하니 공이 이를 따랐다. 군사 중에 거타지(居陀知)란 자가 있어 그의 이름이 물 속에 가라앉았으므로 이에 그를 머물게 하니 순풍이 갑자기 일어나 배는 지체 없이 나아갔다. 거타가 수심에 쌓여 섬에 서 있었더니 갑자기 한 노인이 못으로부터 나와서 말하기를, "나는 서쪽 바다의 신이오. 매번 한 중이 해가 뜰 때에 하늘로부터 내려와 다라니를 외우면서 이 못을 세 바퀴 돌면 우리 부부와 자손들이 모두 물 위에 떠오르는데 중은 내 자손의 간과 창자를 취하여 다 먹어버리고 오직 우리 부부와 딸 아이 하나가 남았을 뿐이오. 내일 아침에 또 반드시 올 것이니 청컨대 그대가 중을 쏘아주시오."라고 하였다. 거타가 말하기를, "활 쏘는 일은 나의 장기이니 말씀대로 따르겠습니다."고 하였다. 노인이 그에게 고맙다고 하고는 사라지고 거타는 숨어서 기다렸다. 다음날 동쪽(扶桑)에서 해가 뜨자 중이 과연 와서 전과 같이 주문을 외우며 늙은 용의 간을 취하려고 하였다. 이때 거타가 활을 쏘아 중을 맞추니 곧 늙은 여우로 변하여 땅에 떨어져 죽었다. 이때 노인이 나타나 감사히 여기며 말하기를, "공의 은덕을 받아 우리가 목숨을 보전하였으니 내 딸을 공에게 아내로 드리겠소."라고 하였다. 거타가 말하였다. "따님을 주시고 저버리지 않으시니 진실로 원하던 바입니다." 노인은 그 딸을 한 꽃가지로 바꾸어 품 속에 넣어주고 이내 두 용을 시켜 거타를 받들고 사신의 배를 쫓아가서 그 배를 호위하게 하여 당의 영역에 들어갔다. 당 사람들이 신라의 배를 두 용이 지고 오는 것을 보고서 이 사실을 황제에게 아뢰니, 황제가 말하기를 "신라의 사신은 반드시 평범한 사람이 아닐 것이다."라고 하였다. 잔치를 베풀어 여러 신하들의 위에 자리하게 하고 금과 비단을 후하게 내려주었다. 고국에 돌아와서 거타가 꽃가지를 꺼내니, 꽃이 여자로 변하였으므로 함께 살았다. (『三國遺事』 2 紀異 2 眞聖女大王·居陀知)

신라 진성대왕(眞聖大王)이 급히 편지를 보내어 궁전(彤庭)으로 불렀다. 대사는 비록 임금의 말씀을 외람되이 받들기는 하였으나, 조사(祖師)의 업(業)을 어찌 중단하리오. 길이 험하다는 이유로 표를 올리고 굳이 사양하였으니, 가히 하늘 밖 학의 소리는 계림(鷄林)의 경계에 빨리 닿지만, 사람 가운데의 용덕(龍德)을 대궐 문(象闕) 옆에서 구하기는 어렵다고 할 수 있도다. 대사는 인하여 세속을 피하여 홀연히 운수처럼 떠나 명주(溟州)로 가서 머무르며, 산사에 의지하여 마음을 깃들였다. 천리가 잘 다스려져 편안하고 한 지방이 소생한 듯하였다. 얼마 안 되어 멀리 김해(金海) 서쪽에 복림(福林)이 있다는 말을 듣고 문득 이 산을 떠났다. 그 소문이 남쪽 경계에 미치고 대사가 진례(進禮)에 이르러 잠시 머뭇거렸다. 이에 △△진례성제군사(△△進禮城諸軍事) 김율희란 자가 있어 대사의 도를 사모하는 정이 깊고 가르침을 듣고자 하는 뜻이 간절하여, 경계 밖에서 대사를 기다리다가 맞이하여 성안으로 들어갔다. 인하여 절을 수리하고 법의 가르침을 자문하는 것이 마치 고아가 자애로운 아버지를 만난 듯하며, 병자가 훌륭한 의사를 만난 듯하였다. (「鳳林寺眞鏡大師寶月凌空塔碑」)

신라 손순은 옛 거처를 절로 하고, 홍효사(弘孝寺)로 이름하였고, 석종을 안치하였다. 진성왕(眞聖王)대에 백제의 제멋대로인 도적이 그 마을로 들어와, 종은 없어지고 절만 남았다. 그 종을 얻은 땅을 완호평(完乎坪)이라 불렀는데, 지금은 잘못 전해져 지량평(枝良坪)이라 한다. (『三國遺事』 5 孝善 9 孫順埋兒 興德王代)

신라 겨울 12월 을사일(4)에 왕이 북궁에서 죽었다. 시호를 진성이라고 하였고 황산(黃山)에 장사지냈다. (『三國史記』 11 新羅本紀 11)

신라 겨울 12월 을사일(4)에 왕이 북궁에서 돌아가셨다. 태자 요(嶢)를 세웠다. 크게 사면하고 문무백관의 관작(官爵)을 한 계급씩 더하였다. 시호를 올려 진성이라 하고 황산에 장사지냈다. (『三國史節要』 13)

신라 진성왕이 태자에게 왕위를 물려주고 후궁에서 죽었다. 효공왕 요(嶢) 즉위 원년이다. (『三國史記』 31 年表 下)

신라 효공왕(孝恭王)이 즉위하였다. 휘는 요(嶢)이며, 헌강왕(憲康王)의 서자(庶子)이고 어머니는 김씨(金氏)이다. 크게 사면하고, 문무백관의 관작을 한 계급씩 더하였다. (『三國史記』 12 新羅本紀 12)

신라 제51 진성여왕(眞聖女王)(김씨이고 이름은 만헌(曼憲)으로 곧 정강왕(定康王)의 누이동생이다. (…) 정미(887)년에 즉위하여 10년을 다스렸다. 정사(丁巳, 897)년에 소자(小子) 효공왕(孝恭王)에게 왕위를 양위하였다. 그 해 12월에 돌아가니 화장하여 뼈를 모량(牟梁) 서악(西岳)에 뿌렸다. 또는 미황산(未黃山)에 뿌렸다고도 한다.) (『三國遺事』 1 王曆)

신라 제52 효공왕(김씨이고 이름은 요(嶢)이다. 아버지는 헌강왕(憲康王)이고 어머니는 문자왕후(文資王后)이다. 정사년에 즉위하여 15년을 다스렸다. (…)) (『三國遺事』 1 王曆)

신라 후고구려

궁예 (…) (건녕) 4년 정사년에 인물현(仁物縣)이 항복하였다. 선종은 송악군이 한강 이북의 이름난 군으로 산수(山水)가 기이하고 빼어나다고 생각하여 드디어 정하여 도읍으로 삼았다. 공암(孔巖)과 검포(黔浦), 혈구(穴口) 등의 성을 공격하여 깨뜨렸다. 그때 양길은 여전히 북원에 있으면서 국원(國原) 등 30여 성을 차지하고 있었다. 선종의 땅이 넓고 백성이 많다는 소식을 듣고 크게 노하여 30여 성의 강한 군사로써 그를 습격하려고 하였다. 선종이 몰래 알고서 먼저 공격하여 그를 크게 패배시켰다. (『三國史記』 50 列傳 10 弓裔)

후고구려 신라

인물현(仁物縣)이 궁예에게 항복하였다. 궁예는 송악군이 한강 이북의 이름난 군으로 산수(山水)가 기이하고 빼어나다고 생각하여 드디어 정하여 도읍으로 삼았다. 공암(孔巖)과 검포(黔浦), 혈구(穴口) 등의 성을 공격하여 깨뜨렸다. 그때 양길은 여전히 북원에 있으면서 국원(國原) 등 30여 성을 차지하고 있었다. 선종의 땅이 넓고 백성이 많다는 소식을 듣고 크게 노하여 30여 성의 강한 군사로써 그를 습격하려고 하였다. 선종이 몰래 알고서 먼저 공격하여 그를 크게 패배시켰다. (『三國史節要』 13)

후고구려 궁예. 정사년(897)에 도읍을 송악군(松嶽郡)으로 옮겼다. (『三國遺事』 1 王曆)

신라 드디어 건녕(乾寧) 4년에 계룡산 보원정사에서 지범(持犯), 즉 비구계를 받았다. 그 후로부터는 좌우(坐雨), 즉 우기(雨期)인 여름결제 동안 정진하는 마음은 더욱 견고해졌고, 구름 덮인 산중(山中)에서 수도하려는 생각은 갈수록 간절하였다. 엄격하게 계주(戒珠)를 보호하되 한점의 하자도 어김이 없으며, 예리하게 지혜의 칼을 갈아 조금도 무디어짐이 없었다. 능히 계초비구(繫草比丘)와 같은 굳은 마음을 가져서 생사고해(生死苦海)를 벗어나려는 생각이 더욱 간절하였다. 오직 법문(法門)을 듣기 위해서는 천리(千里)도 멀다 하지 아니하였다. 드디어 서혈원(西穴院) 양부선사(楊孚禪師)를 친견할 때 선사는 반기는 청안(靑眼)을 크게 뜨고 맞이하여 간절한 적심(赤心)으로 접대하였으니, 마치 유(由, 자로)가 비파를 가지고 구(丘, 공자)의 문하(門下)에서 튕기는 것과 같았다. 대사는 이미 하나를 들으면 열을 아는 재능(才能)이 있었고, 혹은 재삼(在三)의 예(禮)를 펴면서 양부선사를 섬김에 게을리 하지 않고 더욱 정진

(精進)하였다. 어느 날 홀연히 탄식하되 "세월은 빨라 달리는 말과 같고, 지나가는 해는 화살과 같도다. 만약 소 발자국에 고인 적은 물에만 잠겨 있어, 깊고 넓은 바다를 건너지 않으면 보주(寶洲)에 나아갈 수 없으니, 어찌 피안(彼岸)에 도달할 수 있겠는가"하였다. (「鳳巖寺靜眞大師圓悟塔碑」)

신라 신 모는 아뢰나이다. 새해의 첫날, 큰 복이 새로우시리다. 엎드려 생각건대, 황제폐하께서 건괘(乾卦)에 응함에 복(福)이 그지없어 하늘과 아름다움을 같이 하오니 신 모는 진실로 기쁘고 즐겁사와 머리를 조아리고 조아리나이다. 신번(臣蕃)이 나라를 세우고 집을 계승하여 강토를 개척함이 다 우러러 하늘의 그늘을 받들어서야 바야흐로 바다의 한 구석을 안정시켰나이다. 그리하여 선조(先祖) 때로부터 매양 신정(新正)을 하례하와 해마다 궐례(闕禮)가 없고 역사에 기록이 빠짐이 없더니, 근자에 제잠(鯷岑 우리 나라)에 안개가 자욱하고 신학(蜃壑)을 물결이 뒤흔들어, 신이 비록 예를 닦을 뜻이 있었사오나 난적을 막는 데 아무런 공이 없고 오래도록 제항(梯航)이 막혔으니 부월(斧鉞)의 벌을 피하기 어렵습니다. 또한 하늘 닭[天鷄]이 새벽을 아뢸 적엔 머나먼 구석에서 선창(先唱)하고, 바다 제비도 봄을 만나면 큰 집으로 몸을 의탁할 수 있는데, 신은 고루한 몸이 미금(微禽)만도 못함을 부끄러워하나이다. 머나먼 번국(蕃國)을 지키기에 얽매여 달려가 조정에 칭사(稱謝)하지 못하오나 성덕(聖德)을 하례하고 은혜를 그리워하여 오리처럼 기뻐 날뛰는[鳧藻] 마음 간절하오이다. 삼가 배신(陪臣) 수창부(守倉部) 김영(金穎)을 보내어 표를 받들어 진하(陳賀)하옵나이다. (『東文選』 31 表箋 新羅賀正表 崔致遠)

신라 신 모는 아뢰나이다. 전(前) 본국 왕 서리(署理) 신 탄(坦 진성여왕(眞聖女王))은 신의 친숙(親叔)입니다. 신의 망부(亡父) 증태부(贈太傅) 신 정(晸. 헌강왕)과 차숙(次叔) 신 황(晃, 정강왕)이 차례로 세상을 떠난 뒤 친숙께서 번국(藩國)의 왕을 서리하다가 병과 사고가 서로 이어 건녕(乾寧) 4년(진성왕 11년) 6월 1일에 국왕의 임무를 간절히 밀어 신에게 주지(主持)하라 하셨나이다. 관리와 백성들이 재삼 왕위에 머무르기를 청하였고, 신 또한 부탁을 굳이 사양하여 명을 준승(遵承)하지 않고자 하였으나, 이에 군정(群情)을 막으시고 멀리 사제(私第)로 돌아가셨나이다. 신은 돌아보건대 어리고 부덕한 몸으로 잘못 종사(宗社)를 이어받게 되오니, 얼음 골짜기를 굽어보는 듯 혼이 떨리고, 구름하늘을 우러러봄에 그림자가 움추러듭니다. 중사(中謝) 신은 듣건대, 어렵게 나아가고 쉽게 물러나는 것이 군자(君子)의 마음씨요, 공사(公事)에 순종하여 사사(私事)를 없앰은 실로 옛 사람이 힘쓴 바이나, 입으로 자랑하는 자는 무척 많아도 몸소 행하는 자는 자못 드무나이다. 그런데 신의 숙모 탄(坦)은 사람을 세우는 뜻이 간절하고 자기를 책하는 말씀이 깊어 말하기를, "불이 나무에서 생기나 불이 맹렬하면 나무가 타고, 물이 배를 띄우지만 물이 광폭하면 배가 엎어지는 법이다. 본국이 지금 큰 흉년이 들어 좀도둑이 사방에서 일어나 본래의 늑대와 이리같은 탐욕으로 차츰 홍곡(鴻鵠)의 뜻을 자랑하며, 처음엔 쥐같이 숨어서 살살 뒤주를 뒤지고 주머니를 더듬다가 형세를 타 벌떼 날 듯하매 문득 성(城)을 파괴하고 고을을 노략질하여, 드디어 연진(煙塵)이 국내에 자욱하고 풍우(風雨)가 농사를 망치게 하니, 뭇 도적이 동릉(東陵)에 더욱 치성(熾盛)하여 농사를 남묘(南畝)에 지을 수 없다. 더구나 그 서슬에 천자(天子)의 용호절(龍虎節)이 가다가 구령에 잠기고, 상국(上國)의 봉황사(鳳凰使)가 오다가 중도에 막히게 되어, 은영(恩榮)을 욕되게 하고 성관(誠款)을 펼 도리가 없으니, 이렇듯 어김이 많으면 죄책이 중해질까 두렵다. 그러므로 세 번 명령에 공손함을 삼가 생각하여, 한 번 사양하고 물러가기를 결심하였다." 하셨나이다. 본국에서 백관과 왕족들이 모두 모여 울면서 청하여 아뢰기를, “천재(天災)가 행하여지는 것은 지분(地分)으로도 면하기 어려운 것인데, 이를 자기의 허물로 여김이 마땅한 일로 보이지 않으니 황제의 어명(御命)을 받을 때까지 기다려 왕작(王爵)을 사양하여도 늦지 않을 것입니다.” 하였나이다. 그러나 또 양위(讓位)의 유시(諭示)가 열 번이 넘고, 예(禮)가 삼사(三辭)를 지나 숙모 탄이 울면서 신에게 말씀하시기를, “생각건대 이 나라 일경(一境)은 다른 삼방(三方)과는 다르다. 왜냐하면 본국이 복장(服章)을 고치고 정삭(正朔)을 받들어, 우러러 황제 나라의 명을 준수하고 굽어 여러 제후의 번국(蕃國)을 화평하게 하는 터이니, 그러므로 옥황(玉皇)께서 선조(先祖)에게 시(詩)를 내리셔 이르기를, ‘예의(禮義)는 너희 나라가 으뜸이요, 시서(詩書)를 집마다 마련해 두었다.’ 하였고, 또 저번에 황화(皇華) 원계방(元季方)이 와서 계림(鷄林)의 정사(政事)를 기록한 시에 말하기를 ‘다만 시서(詩書)의 가르침이 아름다울 뿐, 일찍 병화(兵火)의 시끄러움이 없으니, 옛 어진 제후들의 고요한 다스림을 여기서 보리로다.’ 하였는데, 지금은 군읍(郡邑)이 모두 적굴(賊窟)이 되었고 산천(山川)이 모두 전장(戰場)이니, 어지 하늘의 재앙이 우리 해동(海東)에만 흘러드는 것이랴. 모두 내가 몽매한 탓으로 이 도둑들을 부른 것이니, 죄가 주륙(誅戮)을 받아 마땅하고 이치상 사직해야 하겠다. 바라건대 일국으로 하여금 사양지심이 일어나게 함은 오직 두 사람이 마음을 같이함에 있으니 이 일을 추진하여 나갈 것이요, 사양하여 안 받음을 본받지 말라.” 하였나이다. 신이 생각건대, 숙모 탄(坦)은 사심(私心)이 없고 욕심이 적으며, 다병(多病)한 몸에 한가함을 좋아하고, 적당한 시기라야 말을 하여 그 뜻을 빼앗을 수가 없으니 만일 끝내 그 양위(讓位)의 청을 거절한다면 마침내 신을 벗어버리고 물러가실 것입니다. 신이 왕실의 태자로 책봉(冊封)됨도 그분의 공을 힘입었고, 문에 기대어 염려해 주시는 은혜를 받았는데, 송목(宋穆)이 능한 어진이를 대신 천거했음은 존몰(存歿)의 경우가 아주 다르고, 사안(謝安)이 상위(相位)에 있을 때 시(始)·종(終)을 더욱 삼갔나이다. 그러나 한편 군사(軍事)를 동독(董督)하기는 오히려 가까우나 도적이 매우 괴란하여, 문서를 결재(決裁)함에 반근착절(盤根錯節)을 제거하지 못하고, 법망(法網)에서 샌 무리들의 흉광(兇狂)이 더욱 심하여, 심지어 물에는 배[艇]가 없고 육지에는 수레가 끊어질 지경이기에, 하료(下僚)를 보내어 우러러 충간(忠懇)을 진술하지는 못하오나, 제횡(齊橫)의 섬 밖에 혼(魂)을 여온(餘溫)바람에 달리며, 진제(秦帝)의 다릿가에 쓸개[膽]를 조종(朝宗)하는 물결에 씻사나이다. 신이 엎드려 외람히 번국(蕃國)을 다스리는 서리로서 황조(皇朝)에 달려가 뵈옵지 못하나, 성은(聖恩)을 바라 황공한 마음을 이지기 못하나이다. (『東文選』 33 表箋 謝嗣位表 崔致遠)

신라 신 모는 아뢰옵니다. 신은 숙부 탄(坦)이 번국(蕃國) 왕의 서리로 취임하는 날 표를 받들어 추증(追贈)하옵시기를 진청(陳請)하였고, 지난 건녕(乾寧) 4년 7월 5일 앞서 입조(入朝)했던 경하판관(慶賀判官) 검교상서사부 낭중 사자금어대(檢校尙書祠部郞中賜紫金魚袋) 신(臣) 최원(崔元)이 본국으로 돌아오는 편에 내리신 제지(制旨)를 받드니, 망조(亡祖) 고(故) 계림주 대도독 검교태위(鷄林州大都督檢校太尉) 신 응(凝 경문왕(景文王))을 태사(太師)로, 망부(亡父) 고(故) 지절 충녕해군사 검교태보(持節充寧海軍事檢校太保) 신 정(晸)을 태부(太傅)로 하시고 각각 관고(官誥) 한 통씩을 하사하시었나이다. 총명(寵命)이 천가(天家)에서 내리시어 영광이 일택(日宅)에 무르녹으니, 해동(海東) 온나라에 감격이 더하고 지하(地下)의 선령(先靈)들께 고하여 혹 들으신다면 기쁨이 곧 슬픔의 실마린 줄을 알겠사오며, 영광이 두려움의 장본임을 더욱 체험하나이다. 중사 신이 엎드려 생각건대, 본국이 집마다 땅의 의(義)를 숭상하고 온나라가 하늘의 인자하심을 앙모하나이다. 그러므로 옛날 원조(遠祖) 정명(政明 제31대 신문왕(神文王))이 우러러 『예기』를 구하니, 현종 성제(玄宗聖帝)께서 특별히『효경』을 하사하시어, 그로써 온 국민의 교화가 크게 이루어졌음이 실록(實錄)에 환히 나타나 있나이다. 신이 삼가 상고하건대,『예기』에 가로되, “종묘사직을 지키는 자손으로 그 선조의 선행이 있음을 모르면 똑똑하지 못한 자손이요, 알고도 전하지 못하면 어질지 못하다.” 하였고, 또『효경』에 이르기를, “입신양명하여 그 부모를 드러냄이 효도의 끝이라.” 하였나이다. 신의 망조 증대사(贈大師) 응이 지난 함통(咸通) 연간에 상국(上國)의 교화가 널리 행하여 천하가 풍속을 같이하고, 성덕(聖德)이 바다 모퉁이 해 뜨는 고장까지 입혀지는 때를 만나 몸이 동이(東陬)에 얽매어 있으면서도 마음을 북극(北極)으로 달려가나 머나먼 번국(蕃國)을 지켜 주(周) 나라를 볼 길이 없으므로, 유도(儒道)를 받들어 오직 노(魯) 나라에 이르기를 기약하였나이다. 비록 공사(公事)로 겨를이 없었으나 학문을 즐겨 스스로 기뻐하여 중화(中和) 선포(宣布)의 노래로써 공경하여 전철(前哲)을 잇고, 태평(太平) 직금(織錦)의 작(作)에서 전대(前代)를 경앙(景仰)하다가, 드디어 구현재부(求賢才賦) 한 편과 미황화시(美皇化詩) 육운(六韻)을 지었는데, 그 내용이 대개 전자는 찬화(餐和)、유원(柔遠)의 덕을, 후자는 정수(挺秀)·등고(登高)의 재(才)를 찬미(讚美)하는 것이나이다. 이를 국민들에게 두루 보이고 지금까지 가보(家寶)로 삼고 있으니, 몸은 가셨어도 불후하다고야 감히 이르리까마는 대체로 또한 찬연(粲然)히 볼 만하다 하겠나이다. 다음 신의 망부(亡父) 증태부(贈大傅) 신 정(晸)은 얼마 전 건부(乾符) 말(末)에 환해(寰海)의 풍파가 차츰 일고, 관하(關河)의 동란(動亂)이 이어 일어나 도둑이 함진(咸秦)을 핍박하여 어가(御駕)가 용촉(庸蜀)으로 순수(巡狩)하시자, 선신(先臣)께서 이에 초메(楚袂)를 들어 종영(終纓 종군(從軍))을 지원(志願)해서 여울 내리듯[下瀨] 하는 날쌘 군사를 일제히 징발하여 태조(太祖)의 난(難)에 순직(徇職)하기를 결심했었나이다. 그러나 고(故) 동면도통 회남 절도사(東面都統淮南節度使) 고병(高駢)이 두레박줄이 짧은 때문은 아니나, 채찍이 긴 것을 빌려 다만 선성(先聲)만을 살피고 장차 후효(後效)를 보고자, 번관(蕃款)을 그대로 상진(上陳)하고 밖으로 군위(軍威)를 떨쳤으니, 이는 전규(前規)를 답습(踏襲)한 것이라 원려(遠慮)에는 흠절이 없었는데, 속 본도(屬本道) 고(故) 청주 절도사(淸州節度使) 안사유(安師儒)는 본국의 거조(擧措)를 월포(越庖 월권)라 일러, 이 돛대를 두드리[叩楫]는 충성을(조적(祖逖)의 고사) 막았다고 하였으니, 말은 비록, “후방을 고려한다.” 하였으나 그 뜻은 혹 앞을 잊었음이었나이다. 그가 사인(使人)을 특별히 달려 보내어 와서, 본국의 병사를 움직이지 못하게 하였기 때문에 그로써 원방(遠方)의 충성을 펼 도리가 없었고, 선신(先臣)의 유한(遺恨)이 그지없었나이다. 그렇다면 신의 조부의 문덕(文德)을 앙모함이 이미 저러하였고, 선고(先考)의 무공(武功) 돕기를 원했음이 또 이러하였나이다. 또 돌아보건대 본국이 무덕(武德)으로부터 개원(開元)에 이르기까지 국상(國喪)을 만날 때 마다 상국의 추증(追贈)이 있었는데, 그 추증의 총명(寵命)이 우연히 중도에 끊어져 본국에서 실로 큰 수치로 삼나이다. 신의 망부(亡父) 정(晸)이 효사(孝思)를 다하고자 간절한 슬픈 유언을 남겼고, 신의 숙모 탄(坦)이 처음 화악(韡萼 형제)이 시들어짐으로써[凋] 더욱 육아(蓼莪 부모)를 애통하여 깊이 운천(雲天)의 은택을 우러러, 산릉(山陵)에 영광을 추증(追贈)해 주기를 바랐으니, 그 그지없는 정(情)은 용서받을 만하나 그 욕심 많은 죄는 실로 도망칠 길이 없었나이다. 그런데, 이제 뜻밖에 황제폐하께서 특별히 예자(睿慈)를 내리시어 굽어 단청(丹請)을 윤허(允許)하시고, 특별히 상공(上公)의 귀한 벼슬을 빌려 외예(外裔)의 명혼(冥魂)에 나누어 주시니, 대효(大孝)의 어버이를 높임은 일방의 다행이나, 소인이 입은 은혜는 만 번 죽은들 무엇으로 갚으오리이까. 또 태사(太師)는, 멀리는 주 문황(周文皇)이 은(殷) 나라 비간(比干)에게준 벼슬이요, 가까이는 덕종(德宗)께서 곽상보(郭尙父 곽분양(郭汾陽))에게 주신 벼슬이며, 또 태부(太傅)는 왕릉(王陵)이 늠름한 절조(節操)로 만인(萬人)의 첨앙(瞻仰)을 받았고, 호광(胡廣)이 중용(中庸)의 고덕(高德)으로 비로소 참다운 제수(除授)를 받은 귀한 벼슬입니다. 비록 존몰(存沒)을 비하기 어렵고 화이(華夷)가 현수(懸殊)함이 있으나, 총악(寵渥)이 저승에까지 입혀졌고 신파(宸波)가 먼 곳에까지 무젖어와서 훈(勳)이 아니요 공로도 아닌 신의 조부, 신의 선고(先考)가 이러한 영작을 받았습니다. 드높은 저 남산은 더욱 삼사(三師)의 벼슬에 부끄럽고, 동해(東海)에 내쳐 있어도 오직 백행(百行)의 먼저 할 바를 흠모하나이다. 바라건대, 제후(諸侯)에의 표창이 길이 본국의 표창이 되고, 효자의 전(傳)함이 저으기 가문의 전함에 도움이 되게 하며, 구족(九族)을 친함을 숙모 탄(坦)이 외람되이 바라고, 두 사람에게 회포 있음을 신 요(嶢, 효공왕)가 우러러 본뜨나이다. 엎드려 사군(四郡)에 비서(卑棲)하는 몸이라 구원(九原)에 계신 부조를 위해 슬픔이 북받치나 천정(天庭)에 달려가 울며 운폐(雲陛)에 사례하지 못하나이다. (『東文選』 33 表箋 謝恩表 崔致遠)

신라 발해

신 모는 아뢰나이다. 신이 당번(當番) 숙위원(宿衛院) 장보(狀報)를 보니, 지난 건녕(乾寧) 4년(897) 7월중에 발해(渤海) 하정왕자(賀正王子) 대봉예(大封裔)가 장(狀)을 올려, 발해가 신라 위에 거(居)하기를 청허(請許)하였었는데 그에 대한 칙지(勅旨)를 엎드려 보니, "국명(國名)의 선후(先後)는 원래 강약(强弱)에 인하여 일컬은 것이 아니다. 조제(朝制)의 등위(等威)를 어찌 성쇠(盛衰)로써 고치랴. 마땅히 구례(舊例)대로 할 것이니 이에 선시(宣示)하노라." 하였나이다. 한조(漢詔)의 윤음(綸音)을 내리사 주반(周班)의 법도를 명시(明示)하시니, 적신(積薪 적수(積水)의 동북에 있는 별 이름)의 수탄(愁歎)이 이미 사라짐에 집목(集木)의 근심이 도리어 간절한데, 하늘만은 심정을 아실 것이니 어느 땅에 몸을 용납하오리이까. 중사 신이 듣잡건대, 예(禮)에 그 근본을 잊지 않음이 귀함은 바로 부허(浮虛)를 경계하기 때문이요, 서(書)에 그 법도를 능히 삼감을 일컬은 것은 오직 참월(僭越)함을 막기 위함이니, 진실로 그 분수를 좇지 않으면 끝내 뉘우침을 스스로 부르는가 하나이다. 신이 삼가 살피건대, 발해(渤海)의 원류(源流)는 고구려(高句麗)가 망하기 전엔 본시 사마귀만한 부락(部落)으로 앙갈(鞅鞨)의 족속이었는데 이들이 번영하여 무리가 이뤄지자 이에 속말(粟末) 소번(小蕃)이란 이름으로 항상 고구려를 좇아 내사(內徙)하더니, 그 수령 걸사우(乞四羽) 및 대조영(大祚榮) 등이 무후(武后) 임조(臨朝) 때에 이르러, 영주(營州)로부터 죄를 짓고 도망하여 문득 황구(荒丘)를 점거하여 비로소 진국(振國)이라 일컬었나이다. 그때 고구려의 유신(遺燼)으로 물길(勿吉)의 잡류(雜流)인 효음(梟音)은 백산(白山)에 소취(嘯聚)하고, 치의(鴟義)는 흑수(黑水)에 훤장(喧張)하여 처음은 거란(契丹)과 행악(行惡)하고, 이어 돌궐과 통모(通謀)하여 만리 벌판에 곡식을 경작하면서 여러 번 요수(遼水)를 건너는 수레를 항거했으며, 10년이나 오디를 먹다가 늦게야 한(漢) 나라에 항복하는 기(旗)를 들었나이다. 그들이 처음 거처할 고을을 세우자 와서 인접(隣接)을 청하기에 그 추장(酋長) 대조영에게 비로소 신번(臣蕃)의 제5품(品) 벼슬인 대아찬(大阿餐)을 주었더니, 뒤에 선천(先天) 2년에 이르러 바야흐로 대조(大朝)의 총명(寵命)을 받아 발해군왕(渤海郡王)으로 봉(封)해졌나이다. 근대에 그들이 차츰 황은(皇恩)을 입게 되자 갑자기 신번(臣蕃)과 항례(抗禮)한다는 소식이 들리니, 강(絳)、관(灌) 이 열(列)을 같이함은 차마 입에도 담지 못할 말이요, 염(廉)·인(藺)이 서로 화목했음은 전계(前誡)가 된다 할 것이나, 저 발해가 원래 사력(沙礫)의 도태물(淘汰物)로 본국과는 현격한 차이가 있사거늘, 삼가 본분을 지킬 줄을 모르고 오직 위를 범하기만 도모하며, 우후(牛後)가 되기를 부끄럽게 여겨 앙큼하게도 용두(龍頭)가 되고자 망령되이 진론(陳論)하고 있으니 이는 애초부터 외기(畏忌)함이 없어서인데 어찌 자리를 격(隔)한 데 대한 예의를 지키오리까. 실로 아래품계가 지킬 예법에 몽매한 짓입니다. 엎드려 생각건대, 폐하께서 높은 데 계시나 찬찬히 살피시고 멀리 보심이 사뭇 환하시어 생각하시되, 신번(臣蕃)의 기마[驥]는 혹 여위었어도 일컬을 만하여, 소는 파리했어도 혀를 빼무는 것이 아닌 반면에, 저 오랑캐의 매[鷹]는 배가 부르면 높이 날아가고, 쥐는 몸집이 있으되 방자히 탐욕만 낸다고 여기시어 길이 제항(梯航)을 함께 함만 허하시고 관리(冠屨)를 거꾸로 두지 않게 하시니, 노부(魯府)가 구관(舊貫) 그대로 두어짐을 듣자 주(周) 나라의 명(命)이 오직 새로움을 징험하리로소이다. 한편으로 또한 명위(名位)가 같지 않으매 등급이 엄연히 있습니다. 신의 나라는 진관(秦官)의 극품(極品)을 받았사옵고, 저 번국(蕃國)은 주례(周禮)의 하경(夏卿)을 빌었을 뿐인데, 요즘 선조(先朝)에 이르러 갑자기 우대(優待)의 은총에 젖었으니, 융적(戎狄)은 만족시킴이 불가하므로 요(堯)·순(舜)도 오히려 이에는 골치를 앓으셨던 것입니다. 드디어 등(滕) 나라의 다툼을 틈타 스스로 갈왕(葛王)의 꾸지람을 취하였으니, 만일 황제폐하께서 영금(英襟)으로 독단(獨斷)하시고 신필(神筆)로 쭉 그어 비답하시기 않았던들 근화향(槿花鄕)의 염치와 예양이 스스로 침몰하고 호시국(楛矢國, 숙신)의 독기가 더욱 성할 뻔하였나이다. 이제 멀리 남월(南越)을 수안(綏安)한 한문제(漢文帝)의 깊은 뜻이 봄같이 무르녹고, 동조(東曹)의 성(省)을 파(罷)한 위 태조(魏太祖)의 아름다운 말을 함께 효득(曉得)하게 되었사오니, 이로부터 팔예(八裔)가 조급히 구하는 희망을 끊어버리고 만방(萬邦)에 망동(妄動)하는 무리가 없어져서 확실히 정규(定規)를 지키며 조용히 분쟁이 사라지리이다. 신이 엎드려 해우(海隅)에 통융(統戎)하기에 구애되어 천조(天朝)에 달려가 뵈지 못하나이다. (『東文選』 33 表箋 謝不許北國居上表 崔致遠)

신라 신라(新羅) 당국(當國)은 숙위(宿衛) 학생 수령을 뽑아 보내어 대국에 들어가 조회하게 함과 동시에 국자감(國子監)에 붙어 학업을 익히게 하시기를 청하며, 삼가 사람 수효와 성명을 갖추어 분석하여 다음과 같이 아뢰오니, 학생은 여덟 명 최신지(崔愼之) 등 대수령(大首領) 여덟 명 기탁(祈綽) 등 소수령 두 명 소은(蘇恩) 등입니다. 신은 엎드려 태종문무성황제(太宗文武聖皇帝)이 실록(實錄)을 보니 정관(貞觀) 원년에 여러 신하들과 잔치할 때 파진악(破陳樂)의 곡을 연주하자, 황제는 시종신(侍終臣)에게 이르시기를, "내가 비록 무력으로 천하를 평정하였으나 마침내 문덕(文德)으로써 해내(海內)를 편안하게 하겠다." 하시고, 곧 학사(學舍) 수백 칸을 건립하게 하여 사방의 생도를 모아들이자 얼마 아니 가서 여러 번방(藩邦)이 좋은 것을 사모하여, 추장(酋長)이 그 제자들을 보내어 수업하기를 청하므로 허락을 하였던 것입니다. 이로부터 신번(臣藩)들이 더욱 항해에 부지런하여 명령(螟蛉)의 아들같은 자들이 조공 바칠 보물과 함께 입조(入朝)하여 드디어 미름(米廩)의 속에 몸을 의탁하고, 직산(稷山)의 아래서 뜻을 가다듬어 사술(四術)을 배우되 10년으로써 한정을 삼았으니, 비록 낙양에 들어간 어진이에게 부끄럼이 있으나 기수(沂水)에 목욕하던 수효에 모자라지는 않았습니다. 하물며 개원(開元)시대에 이르러 교화를 확장하여 크게 구준(衢樽)을 베풀어, 저쪽 물을 길어다 이쪽에 쏟되, 가까운 데로부터 먼 데에 미치게 하며, 매양 사신을 내려 보내어 정밀히 유생(儒生)을 선택하고, 두 번이나 천장(天章 조서)을 내리어 한결 같이 바다의 습속을 변화시키었습니다. 그러므로 고을에는 학교를 헐어버리자는 물의가 없게 되었고, 집에는 베틀을 끊어버린 어머니가 없게 되었으며, 비록 회초리 매질로 가르치는 형(刑)을 만들었으니, 거의 형을 놓아버린 것과 같고, 또 찾아와서 배운다는 예를 들었지만 이는 오직 배움이 넉넉해지기를 경쟁하였던 것입니다. 그래서 그때에 책을 짊어지고 온 제자들이 두 서울에 나누어 있어, 자주 왕래했기 때문에 많아질수록 더욱 준비를 갖추었던 것입니다. 요즈음 와서는 국자감 안에 유독 신라의 마도(馬道)가 사문관(四門館)의 북랑(北廊) 안에 있고, 우준(愚蠢)한 저 여러 번방(藩邦)은 적적하여 중간에 끊어졌습니다. 저 발해(渤海)만

해도 교상(膠庠)에 발붙일 수가 없으며, 오직 도야(桃野)의 제생(諸生)으로 하여금, 행단(杏壇)의 학도에 끼게 하였으니, 이로 말미암아 해인(海人)의 천한 성씨와, 천객(泉客)의 미미한 이름이, 혹은 영광스럽게 높이 금패(金牌)에 걸렸고, 혹 사마귀 붙은 것같음을 부끄러워하며, 혹은 영광스럽게 옥안(玉案)에 올라 실로 남은 빛을 힘입었으니 비록 업(業)은 전문(專門)을 천단[擅]하는 데는 어긋났을지라도 사람이 나라를 달리함이 없다는 것은 증거가 됩니다. 신은 가만히 생각건대 동쪽 사람이 서쪽에서 배우는 것은, 오직 예(禮)와 악(樂)이며, 더욱이 남은 힘으로써 문장을 공부하고 바른 소리로써 언어를 바로잡아서 문장은 표장(表章)을 지어 해외의 신절(臣節)을 아뢰게 하고, 언어는 정(情)과 예(禮)를 통하여 천상(天上)의 사행(使行)을 받들게 하며, 직책은 한림(翰林)이라 하여 종신토록 종사하게 되므로, 매양 배신(陪臣)을 보내어 집지(執贄)하게 하고, 곧 주자(胄子)로 하여 관광(觀光)하게 하여, 능히 파도를 보기를 평탄한 길과 같이 하고, 배를 타기를 편안한 집과 같이 여기며, 날래게 풍화에 따르되, 기뻐함이 신선되어 올라가는 것같이 하였습니다. 하물며 근자에 번신(藩臣)의 관맹(寬猛)이 마땅하지 아니하여, 황복(荒服)의 흉완(凶頑)이 기회를 타니, 안연(顔淵)의 단표(簞瓢)는 전혀 그 즐김을 그치고, 공자(孔子)께서 앉는 자리가 더욱 따뜻할 수 없게 되었음이 서글펐던 것입니다. 우러러 듣건대 성문예덕(聖文睿德) 광무홍효(光武弘孝) 황제폐하께서 굽어 여러 사람의 뜻에 따라 아름다운 칭호로 가숭(加崇)되시어 성문(聖文)으로 위에 관(冠)하시고 광무(光武)로 안을 가득 채우셨다 합니다. 그리하여 능히 대국으로 하여금 군사의 일을 없게 하시고, 소읍(小邑)에까지도 현가(絃歌)의 소리가 있게 하시니 이로써 신번(臣藩)이 홍점(鴻漸)하는 자는 양지쪽을 따르기만 생각하고, 의술(蟻術)을 하는 자 전육(羶肉)을 사모함이 더욱 간절하여, 다투어 서로 이끌고 난리를 피하며 엉금엉금 기어서 어진이에게 의지하기를 원하는 것입니다. 신은 지금 전건(前件)의 학생들을 뽑아 수령(首領)으로써 수행원에 충당시키어, 하정사(賀正使) 수창부시랑(守倉部侍郞) 급찬(級飡) 김영(金潁)의 배편에 따라 대궐에 들어가서 학업을 익히게 하고, 겸하여 숙위(宿衛)에 충당하였는데 그중 최신지(崔愼之) 등은 비록 재질(材質)이 미전(美箭)이 되기는 부끄러우나, 업은 양궁(良弓)을 이어받았으니, 써주시면 행할 것이니 앞길이 유리한데다 마침내 많이 배우는 것을 귀하게 여기는 자이니 어찌 또한 예(禮)에 멀다 하오리까. 김곡(金鵠)은 바로 전 해주현(海州縣) 자사(刺史) 김장(金裝)의 친아들로, 나면서부터 중국에 있어 두 대를 지냈으니, 당구(堂構 세업〈世業〉)를 계승할 만하여 가성(家聲)을 떨어뜨림은 면한 것 같습니다. 신은 감히 학을 일으키는 것으로 으뜸을 삼고, 어진이를 구하는 것을 임무로 여기기에 책을 살 돈은 이미 박하나마 고루 나누어 주었으며, 글읽을 양식은 그윽이 홍은(洪恩)이 내리기를 바랍니다. 더구나 천리의 길에 있어 비용을 마련하기란 오히려 3개월 분도 힘겨운데, 십년을 살아가자면 궁한 사정을 구제하기는 오직 구천(九天)을 우러를 따름입니다. 다행히 성조(聖朝)께서 크게 문덕(文德)을 펴심을 만났으니, 엎드려 바라건대 종을 두들길 힘이 없음을 용서하시고, 경을 칠 생각이 있는 것을 고이 보시어 자석(磁石)이 바늘을 끌어가듯이 자애(慈愛)를 드리우시고 찌꺼기가 시루에 끼이는 급함을 구해 주시되, 특히 선지(宣旨)를 홍로사(鴻臚寺)에 내리시어, 지난 용기(龍紀) 3년에 하등극사 판관 검교사부낭중(賀登極使判官檢校司部郞中) 최원(崔元)을 따라 입조(入朝)한 학생 최영(崔霙) 등의 사례에 준하여 경조부(京兆府)로 하여금 매달 공부할 양식을 지급하게 하시고, 겸하여 봄·겨울에 철옷을 은사(恩賜)해 주시기를 원하나이다. 바라건대 몸이 학문에 배부른 것을 바탕으로 함에 주림이 그 가운데 있을 근심이 없고, 족적(足跡)이 어둔 곳에 던진 것과 다르므로 예술이 훌륭하게 이뤄지지 않아도 부끄럽지 않으니 다시 협광(挾纊)의 영광에 젖어, 마침내 옷 바꿔 입는 고초를 면하게 해주소서. 신은 눈으로 꾀꼬리가 교목으로 옮기는 것을 상상해 보면서 마음으로 천리마의 수레를 더위잡고 우러러 단폐(丹陛)에 추창하며 굽어 청금(靑衿)을 부러워하고, 실로 유종(儒宗)을 귀히 여기는 마음에 경솔히 진감(宸鑑)을 더럽히며, 은혜를 바라고 덕을 그리며 지극히 애닮은 심정을 이기지 못합니다. (『東文選』 47 狀 遣宿衛學生首領等入朝狀 崔致遠)

신라 신라 당국(當國)은 먼저 갖추어 아뢴 숙위(宿衛) 습업학생(習業學生) 네 사람에 대하여, 지금 그 연한(年限)이 이미 만기가 되었음을 기록함과 동시에 엎드려 돌려보내시기를 청하며 삼가 성명을 기록하여 다음과 같이 아룁니다. 김무선(金茂先)·양영(楊穎)·최환(崔渙)·최광유(崔匡裕) 신은 엎드려 생각건대 당국(當國)의 땅은 진한(秦韓)이라 부르고, 도(道)는 추(鄒)·노(魯)를 흠모합니다. 그러나 은(殷) 나라 부사(父師 기자〈箕子〉)가 비로소 가르쳐 잠깐 몸소 친함을 보았고, 공사구(孔司寇, 공자)가 살고 싶다 함은 오직 입에 오른 은혜만을 들었으며, 담자(郯子, 춘추 때 담 나라 임금)는 한갓 먼 조상을 자랑하였고 서불은 완선(頑仙)이라서 부끄럽습니다. 이 때문에 거서(車書)는 혼동하는 것을 다행으로 여기고자 하나, 필설(筆舌)이 간혹 차이점이 있음을 부끄럽게 여깁니다. 왜냐하면 글자체는 비록 그 충적(虫跡)을 짝하지마는, 토어(土語)는 그 조음(鳥音)을 구별하기 어려우며 문자는 겨우 결승(結繩)을 면했으나, 말은 진실로 기어(綺語, 고운 말)를 이루기 어려우므로, 모두 도역(導譯)을 통해서 비로소 유통을 얻게 되니 이러므로 천조(天朝)에 주달하고, 사행을 맞아드림에 있어서는, 모름지기 서학(西學)의 통변에 의지해야만 바야흐로 동이(東夷)의 실정을 통하게 됩니다. 그러므로 국초(國初)로부터, 매양 조공을 바칠 때는, 곧 경서(經書)를 배우는 무리를 보내어, 교화를 사모하는 정성을 표시하였으며 오직 접수(鰈水)의 신령(神靈)과 계림(鷄林)의 청수(淸秀)를 받은 자 없지 않으나 타산(他山)이 돌의 다스림을 겪지 못하고, 한갓 육해(陸海)에서 구슬 찾기에 애를 쓰고 있었기 때문에, 문장을 만들면 아름답지 못하여 일찍이 마음먹은 것과 다르고, 말을 하면 도리어 딱딱한 것이 많아서 다만 입이 수치를 불러들일 뿐이니, 한단(邯鄲)의 걸음[步]은 어긋나기가 쉽고, 영중(郢中)의 노래는 화답하기가 어렵습니다. 그러므로 제항(梯航)을 통해 예를 갖추고 매양 부지런히 수업하기 원합니다. 변두(籩豆 제사지내는 일)는 맡은 이가 있다고는 하나 너무도 몽매하고 졸한 것이 한이니, 만약 관중(關中)의 쌀이 소모될까 염려한다면 석상(席上)의 보배를 찾을 길이 없습니다. 그러므로 신의 망부(亡父) 선신(先臣) 증태부(贈太傅) 정(晸)이 배신(陪臣) 시전중감(試殿中監) 김근(金僅)을 경하부사(慶賀副使)에 충임(充任)시켜 입조(入朝)하는 날에, 전건(前件)의 학생 김무선(金茂先)을 뽑아 보내어 대궐에 나아가 학업을 익히게 하고, 겸하여 숙위(宿衛)에 보충하게 하였으며, 최환(崔渙·최광유(崔匡裕) 두 사람은 김근(金僅)이 직접 옥계(玉階)에 나아가 유학할 것을 간청하자 성상(聖上)께서 윤허하시어 학궁(學宮)에 곁붙게 되었던 것입니다. 지금 이미 10년의 기한을 채웠고, 위엄은 이물(二物)을 거두었으니, 진흙을 머금은 바다 제비가 오래도록 아로새긴 들보를 더럽혔으며, 물가를 따르는 변방 기러기가 마땅히 옛길을 돌아가야 하는데 하물며 국경에는 아직도 난리가 많아, 부모들이 절실히 돌아오기를 기다리고 있습니다. 비록 대성(大成)은 못했을지라도 선뜻 갖추어 올려 청하오니, 대롱으로 표범을 엿본다는 말을 부끄럽게 여기지 아니하고, 반딧불 잡는 공력을 시험해 보기를 바랍니다. 엎드려 빌건대 예자(睿慈)께서 굽어 고사(故事)에 따르시고, 특히 선지(宣旨)를 내리시어 속국(屬國)을 맡아보는 유사(有司)에게 회부하시어 지난 문덕(文德) 원년에 돌려보냈던 만기(滿期)된 학생 태학박사(太學博士) 김소유(金紹柳) 등의 예에 준하여, 김무선(金茂先) 등과 아울러 수령(首領)들을 하정사(賀正使) 김영(金穎)의 배편에 수행하여 본국으로 돌아가게 하여주시면, 거의 말로 하여금 수레를 끌게 하는 것이 규례로 이루어져서 십가(十嘉)

의 역사를 사양함이 없을 것이며, 닭을 잡는 새 칼날이 일할(一割)의 능을 시험할 것입니다. 신은 군(君)·사(師)·부(父) 틈에 끼어 있는 의가 중하고, 백 사람을 권하는 정이 깊기에 무릅쓰고 청하며 지극히 절박하고 황송함을 이기지 못합니다. (『東文選』 47 狀 奏淸宿衛學生還藩狀 崔致遠)

신라 옛날 정관(貞觀) 중에 태종 문황제(太宗文皇帝)께서 손수 조서를 내려 천하에 보이시기를, "지금 유계(幽薊)를 순행하여 요갈(遼碣)에서 죄를 묻겠노라." 하였으니, 대개 고구려의 사나운 습속이 기강(紀綱)을 범하고 상도(常道)를 어지럽히는 까닭으로 그랬던 것이외다. 그래서 마침내 천주(天誅 하늘이 내리는 벌)를 떨치어 해변을 숙청하고 무공(武功)이 이미 세워지니 드디어 문덕(文德)을 닦으며 인하여 먼 곳 사람에게도 또한 들어와 과거보는 것을 허락하였으니, 이로써 요시(遼豕)를 바치기에 부끄럼이 없었고, 천앵(遷鶯)을 따라갈 기약이 있었던 것이외다. 오직 저 고구려가 지금은 발해(渤海)로 되었는데 비로소 근년에 와서 계속 높은 과거에 합격된 사람이 있었으니, 이는 바로 외방의 좋은 것을 사모하는 정성을 수록(收錄)하고, 대국의 사(私)가 없는 덕화를 표시한 것으로써, 비록 집안의 닭을 천히 여기고 산의 학(鶴)을 귀히 여긴 것이기는 하나, 혹은 모래를 헤치고 금싸라기를 가려내는 일과 비슷한 일입니다. 정공(精恭) 최 시랑(崔侍郎)이 빈공과(賓貢科)에 합격하였을 적에 두 사람을 발표하였는데, 발해(渤海)의 오소도(烏昭度)로 으뜸을 삼았으니, 한비(韓非)가 노담(老聃)과 함께 전하게 되는 것은 일찍부터 달갑게 여기기 어려웠고, 하언(何偃)이 유우(劉隅)의 앞에 있으니 그는 실로 한스러운 일이며, 비록 곡물(穀物)을 드날릴 제, 강비(糠粃 쭉정이)가 앞선다지만 어찌 능히 처진 술 찌꺼기를 마시기 좋겠습니까. 이미 사방의 조롱거리를 이루었고 길이 일국의 수치를 끼쳤습니다. 다행히 대부(大夫)가 손에 촉칭(蜀秤)을 들고, 마음은 진경(秦鏡 진시 황제가 궁중에 비치하였던 거울)에 비추어, 섬계(蟾桂)의 주인(主人)이 되며 계림의 선비를 돌아보시어, 특히 박인범(朴仁範)·김악(金渥) 두 사람으로 하여금 쌍쌍이 봉리(鳳里)에 날고 대(對)를 지어 용문(龍門)에 뛰게 하며 청금(靑衿)에 열을 지어, 함께 강장(絳帳)에 나아가게 하고, 추한 오랑캐가 신선한 과거에 참여하는 것을 용납하지 아니하였으니, 이는 실로 태종(太宗)이 악을 쫓아내던 마음을 받들고 선니(宣尼, 공자)께서 선(善)을 택하는 뜻을 지키어, 아름다운 성화가 오수(鰲岫)에 떨치고, 즐거운 기운이 제명(鯷溟, 鯷人이 사는 해외의 나라)에 뜨게 하였던 것입니다. 엎드려 생각하건대 박인범(朴仁範)은 애를 써서 시를 짓고, 김악(金渥)은 사욕을 이기고 예에 돌아가서, 악경(樂鏡)을 얻어 공자의 당에 함께 올랐으니, 예로부터 지금까지 이와 같은 영광은 비할 데가 없었으니, 비록 몸이 뭉개지고 뼈가 가루가 되어도 깊은 은혜는 갚을 수 없으나 다만 골짜기가 변하고 언덕이 옮겨져도 길이 성사(盛事)로 전할 것입니다. 폐국(弊國)은 본래 선왕(先王)의 도를 익혀서, 군자의 나라라는 칭도를 받고 있는데 매양 착한 일을 보면 깜짝 놀라듯 하였습니다. 어찌 감히 선비로서 희롱을 하오리까. 일찍이 멀리 서찰(書札)을 의뢰하여 감사를 드리려 하였으나, 가만히 봄에 연진(煙塵 난리)이 갑자기 일어나 도로가 많이 막히었기 때문에 본뜻을 이루지 못하고 이미 때가 뒤지게 되었으며, 속절없이 각 사람이 똑같은 소리로 멀리 축수를 올리며, 비록 붓을 휘둘러 덕을 찬송하기 원하나 미미한 정성을 다하기 어렵습니다. 오직 바라건대 빨리 피지(避地)의 행차를 떠나시어 속히 제천(濟川)의 업을 전개하여, 영원히 온 누리를 편안하게 하고 다시 모든 백성을 살리소서. 유독 해외의 축원만이 아니라, 실로 천하의 다행이 될 것입니다. (『東文選』 47 狀 新羅王與唐江西高大夫湘狀 崔致遠)

898(戊午/신라 효공왕 2/발해 위해 5/唐 乾寧 5 光化 1/日本 寬平 10 昌泰 1)

신라	봄 정월에 어머니 김씨를 높여 의명왕태후(義明王太后)로 삼았다. 서불한(舒弗邯) 준흥(俊興)을 상대등으로 삼고, 아찬 계강(繼康)을 시중으로 삼았다. (『三國史記』 12 新羅本紀 12)
신라	봄 정월에 왕은 어머니 김씨를 높여 의명왕태후로 삼았다. 서불한 준흥을 상대등으로 삼고, 아찬 계강을 시중으로 삼았다. (『三國史節要』 13)
신라	『예기(禮記)』 왕제(王制)에, "동족을 이(夷)라 한다." 하였고, 범엽(范曄)은, "이(夷)는 뿌리라는 뜻이다. 어질고 살리기를 좋아하는데 모든 물건은 땅에 뿌리를 박고 나오기 때문이다. 따라서 천성이 유순하여 도리로 어리석은 사람을 인도하기가 쉽다. 이것은 이(夷)의 뜻을 평이(平易)와 같이 해석하여 교육과 감화하는 방법을 말한 것이다."하였다. 또 『이아(爾雅)』에 보면, "동쪽으로 해뜨는 곳에 이르면 그곳이 대평(大平)리다. 대평의 사람은 어질다." 하였고, 『상서(尙書)』에는, "희중(羲仲)에게 명하여 우이(嵎夷)에 자리 잡게 하였으니, 양곡(暘谷)이라는 곳이다. 농사짓는 일을 고르게 보살펴라." 하였다. 그러므로 우리 대왕의 나라는 해와 달처럼 떠오르고 왕성하며 물은 순조롭고 바람은 온화하다. 어찌 다만 깊이 움츠렸던 것이 다시 살아나는 것뿐이겠는가. 또한 새로운 싹이 무성히 뻗어나서 나서 자라니, 나서 자라는 것이 동쪽[震]을 터전으로 하는 것이다. 더구나 『시경(詩經)』에, "서쪽에서 돌아보았다."는 말을 제시하였고, 석가모니는, "처음 동쪽으로 걸어갔다." 하였으며, 마땅히 동방의 종족이 노력하여 불법에 귀의할 것이다. 이것은 지역은 그렇게 되어 있고 하늘이 마련해 준 것이다. 『예기』 유행편(儒行篇)에 이르기를, "위로는 천자에게 신하 노릇도 않고, 아래로는 제후도 섬기지 아니한다. 삼가고 고요히 하여 너그러움을 숭상하며 널리 배우면서도 복종할 줄 안다. 비록 나라가 작게 나뉘어져 있지만 신하노릇이나 벼슬살이를 하지 않는다." 하였다. 곧 『주역』에 이른, "왕후를 섬기지 않고 높이 자기의 일을 소중히 여긴다."는 것과 "숨어서 사는 사람은 바르게 살아서 길(吉)하다." 한 뜻이다. 숨어서 도를 행하는 사람이 어찌하여 중만을 가리키겠는가. 이것은 유학의 말을 인용하여 불교에 비유한 것이니, 예나 지금이나 마찬가지다. 훌륭하도다. 하늘이 귀하게 여기는 것은 사람이요, 사람이 존중히 여기는 것은 도이다. 사람이 도를 크게 발전시키는 것이요, 도는 사람과 떨어져 있지 않다. 도가 만일 높아진다면 사람은 저절로 귀하게 되는데, 도를 도울 수 있는 것은 오직 덕을 높이는 것이니, 곧 도를 높이며 덕을 귀히 여기는 것이 오직 법의 첫머리이다 그러면 비로소 사물의 흐름에 맞게 된다. 반드시 이름을 바로잡아야 큰 덕이라 이르는 것이니, 이것은 도가 강하며 이름이 크고 덕이 이루어지는 것으로 올라가는 것이다. 『예기』에, "지위와 명예와, 수(壽)를 얻는다." 하였으니, 곧 교화라는 말이 이것이 아니겠는가. 동왜(東倭)의 준계(峻堦)는 그 일부분의 의의를 취하였을 뿐이요, 근거있는 것을 상고하여 본다면, 양(梁)의 동자학사(童子學士)가 지은 『형초세시기(荊楚歲時記)』에 이르기를, "옛적에 오(吳)의 임금 손권(孫權)이 병이 위독했을 때 도사 갈현(葛玄)이 그를 가서 보았는데, 손권의 집안사람이 들으니 공중에서 말소리가 나기를, '이미 대덕도사(大德道士)가 있으니 보고하여 올리라.'하였으므로, 마침내 대덕(大德)의 명목을 내세웠다."고 기록하였다. 뒤에 불경을 번역하며 게송(偈頌)을 엮어서 대덕과 사리불(舍利弗)의 무리로서 두드러진 사람들이 많았다. 또한 삼계대사(三界大師)가 나라의 임금과 대신에게 불법을 높일 것을 부탁한 것은 깊은 의미가 있는 것이로다. 그 까닭은 무엇인가. 풍속을 감화시키는 데에 필요한 것은 어진 이를 높임에 힘쓰는 것이다. 사나운 범을 길들이기란 용을 사랑하기보다 더 어렵다. 그러므로 나라를 다스리는 사람의 일은 불법을 전수하는 것보다 더 치열하며, 빛은 촛불을 든 것보다 더 밝도록 하려 한다. 마침내 깨끗한 이름을 높이며 빼어난 점을 드러낸다.

옛적에 우리 선덕여왕(善德女王)은 완연히 길상(吉祥)의 화신(化身)인 듯하시어 동방의 임금으로 계시면서 서방의 불교를 크게 사모하였다. 이 때에 관광하다 온 비구(比丘)로는 지영(智穎)·승고(乘固)라는 이가 있었는데, 중국에 가서 배워 가지고 와서 우리나라를 빛내었다. 그리하여 그들의 높은 도를 총애하시어 뽑아 올려서 대덕(大德)을 삼았다. 이 때부터 그 무리들이 늘어나서 오악(五岳)의 모든 수재들은 성공하려는 목표에 힘쓰고, 천하의 불교도들은 모두 바다에 들어갔다는 이름을 함께 하였다. 유가(瑜伽)·표하건나(驃訶健拏)·비나야(毗奈耶)·비바사(毗婆沙)가 있고, 또 채혼초금(彩混楚禽)과 호제주박(號齊周璞) 같은 이들도 있다. 이들은 송(誦)으로 추천하기도 하고, 총지(總持)로 채용하기도 하며, 화려한 무리로 등용하고, 고생한 절조에 보답하였다. 이들은 모두 임금에 의하여 선발되었는데, 무거운 금패(金牌)를 들었으며, 임금의 그물에 걸려 들어온 것과 같아서 빛은 옥찰(玉刹)에 융합된다. 이들을 등용함은 부싯돌에서 불을 얻은 것과 같으며 그를 쓰는 것은 산에서 나무를 고르는 것과 같았다. 몸을 희생할 것을 바라고 끝까지 연령의 규정을 범하는 일이 없었다. 드디어 위원(衛瑗)이 잘못을 깨달았다는 해를 넘고 공자가 『주역』을 배웠다는 나이가 된 사람이어야 비로써 이 자리에 앉히기를 허락하며, 마침내 7년으로 기한을 정했다. 그 공부가 독실하고 민첩하며, 덕이 노성(老成)하게 된 사람은, 뛰어난 사람을 특별히 대우하고 기이한 변화를 권장한다는 뜻에서 칭호를 붙여주어 후배들에게 영광을 나타내었다. 그러므로 어려서 공부를 십분 성취하면 우담화(優曇華)가 한번 나타난 것이라고 한다. 이것은 방광(方廣)과 상응(相應)의 두가지의 종파(宗派)다. 고요히 있으면 순수한 산왕의 기세요, 움직이면 우람한 해회(海會)의 웅장함이라. 비유하면 하늘을 나는 봉이요, 땅으로 달아나는 기린이라. 절에서는 화신(化身)한 부처님을 반갑게 만난 것과 같으며, 학교 안은 엄하신 아버지를 경건히 받드는 것과 같다. 모든 사람이 이미 팔을 저어 좇아오면 매사를 모두 턱으로 지시한다. 그러나 언제나 자기의 몸을 깨끗이 가지며 남에게 교만은 부리지 않는다. 이것은 이른바, '높은데 있어도 위태롭지 아니하며 위엄 있으면서도 사납지 않은 것'이 아니겠는가. 또한 공부한 것을 능히 강설할 수 있으면, 말하는 것을 반드시 스승으로 삼을 것이다. 절구 소리가 우레처럼 일어나며 화로 위에서 안개가 날리는 것을 보고, 삼존(三尊)을 우러러 보는 여유를 가지고 대중을 본다면 시끄러운 소리가 나지 않는다. 굴에서 코끼리가 나타나 뚜벅 뚜벅 코끼리의 걸음 떼어 놓으며, 좌석에 사자가 올라앉아 높이 사자의 소리를 외치면, 하늘 문에 구름이 가리고 바다 어구에는 물결이 소리친다. 이미 신령한 송곳이 날카로움을 겨루는 것에 견주어 실상 거울을 보고 피로를 잊는 것과 같다. 물으면 반드시 대답하여 의문 나는 것을 풀어 주지 않음이 없다. 거만하던 자가 항복하니, 어찌 웃느라 턱이 빠지는 정도일 뿐이겠는가. 그를 방해하던 자는 체신을 잃고 빌붙어 보려던 자는 돌아볼 줄을 알게 된다. 언제나 자신을 가짐으로 두려움이 없으며 재능을 숨기려 하여도 할 수가 없다. 누가, "나를 학대하면 원수라." 하였던가. "어진 일을 하는 데는 스승에게도 양보하지 않는다."는 말과 합치되도다. 사람을 지도하는지라 풍속이 이로 인하여 깨우쳐지며, 나라를 보호하는지라 도가 이로 인하여 흥기되도다. 경에 이르기를, "만 가지의 게(偈)가 있는 경을 받아서 지니는 것이 한마디의 뜻만 못하다." 하였으니, 오히려 믿을 만한 말이로다. "뒤에 떠나서 먼저 왔다."는 것은 곧 이 산을 가리켜 말한 것이다. 왜 그러냐 하면 조사(祖師)인 순응대덕(順應大德)은 신림(神琳) 대사에게 공부하였고 대력(大曆) 초년에 중국에 건너갔다. 마른 나무쪽에 의탁하여 몸을 잊고 고승이 거처하는 산을 찾아가서 도를 얻었다. 교리를 철저히 연구하고 선(禪)의 세계에 깊이 들어갔으며 나라로 돌아와서는 영광스럽게 나라의 선발을 받았다. 곧 탄식하여 말하기를, "사람은 학문을 닦아야 되며 세상은 재물을 간직함이 중하다. 이미 천지의 정기를 지녔고, 또한 산천의 수려함을 얻었으나, 새도 나뭇가지를 가려서 앉는데, 나는 어찌 터를 닦지 아니하랴."하고, 정원(貞元) 18년 10월 16일에 동지를 데리고 여기에 건물을 세웠다. 산신령도 묘덕(妙德)의 이름을 돕고 땅은 청량한 형세를 자리잡아 주었다. 오계(五髻)를 나누어 꾸며서 다투어 일모(一毛)를 뽑았다. 이 때에 성목왕태후(聖穆王太后)께서 우리나라에 어머니로 군림하시어 불교도들을 아들처럼 육성하셨다. 소문을 듣고 공경하며 기뻐하시어 날짜를 정하여 부처님께 귀의하시고, 좋은 음식을 내리시고 예물까지 곁들여 주셨다. 이것은 하늘에서 도움을 받은 것이지만 사실은 땅에 의하여 인연을 얻은 것이다. 그러나 생도들이 안개처럼 돌문으로 모여드는데 스님은 갑자기 세상을 떠나자, 이정선백(利貞禪伯)이 뒤를 이어 공적을 세웠다. 『중용(中庸)』의 도리를 행하여 절을 잘 다스렸고, 『주역』 대장(大壯)의 방침을 취하여 건축을 새롭게 하였다. 구름처럼 우뚝하며 안개처럼 깔려져서 날마다 새로워지고 달마다 달라졌다. 이로부터 가야산의 좋은 경치는 도를 성취하는 터전에 알맞게 되었으며, 해인(海印)의 귀한 보물은 지대한 가치를 갖게 하였다. 우거졌던 수목을 모두 베어내었으며, 이것은 진주의 언덕이 마르지 않음과 같다. 터를 닦은 것은 겨우 백 년밖에 안 되지만 몸을 나타낸 데는 사단칠정(四端七情)의 덕이 가득하다. 시를 읊기 위해 함께 오른 자가 다섯이요, 공연을 위하여 자리를 벌인 사람이 셋이다. 모두 말과 실천이 일치하며, 이름과 실제가 서로 부합되는 사람이다.『서경』에 이르기를, "작은 일에 공경하지 않으면 마침내 큰 덕을 해친다."하였다. 이는 서로 교화를 철저히 하려고 노력하는 것이니, 어찌 한계를 넘어서려 하겠는가. 높은 산은 작은 먼지라도 다 받아들여 그렇게 높이 설 수 있는 것이고 개천은 작은 물줄기도 마다하지 않아 마침내는 바다에 이르는 것이다. 염려되는 것은 물결이 솟구쳐 함께 가려 하다가는 스스로 물에 빠지는 것이다. 생활을 유지하는 것은 아무리 땅에서 나오는 물자에 의존하지만 마음을 수련하는 것은 다만 덕을 높여야 된다. 이미 불법에 뜻을두었으니, 어찌 조종(鳥蹤)을 빛나게 하지 아니하리요. 드디어 화려한 장식을 베풀 것을 작정하고 푸른 산이 빛을 더하게 하였다. 행여 들어와서 공부하는 사람은 장소를 사용함에 법을 따르며, 벽을 향하여 앉은 사람은 참선을 안심하고 하게 되었다. 만일 민접하게 하면 곧 효과가 있는 것이니, 죽어도 없어지지 않게 된다. 역사의 기록이 여기에 있으니, 뒤를 따르는 사람이 어찌 힘쓰지 않을 수 있겠는가. 당(唐) 광화(光化) 3년 천일태재(天一泰齋) 12월 그믐날 기(記)를 쓴다. (『東文選』 64 記 新羅迦耶山海印寺善安住院壁記 崔致遠)

후고구려 궁예 (…) 광화 원년 무오년 봄 2월에 송악성을 수리하였다. 우리 태조를 정기대감(精騎大監)으로 삼아 양주(楊州)와 견주(見州)를 치도록 하였다. (『三國史記』 50 列傳 10 弓裔)

후고구려 광화 원년(898) 무오년에 궁예가 도읍을 송악군으로 옮겼다. 태조가 찾아가 알현하자 정기대감(精騎大監) 벼슬을 주었다. (『高麗史』 1 世家1 太祖1 太祖 總序)

후고구려 2월에 궁예가 송악성을 수리하였다. 왕건을 정기대감으로 삼아 양주(楊州)와 견주(見州)를 치도록 하였다. (『三國史節要』 13)

후고구려 가을 7월에 궁예(弓裔)가 패서도(浿西道)와 한산주(漢山州) 관내의 30여 개 성을 취하고, 드디어 송악군(松岳郡)에 도읍하였다. (『三國史記』 12 新羅本紀 12)

후고구려 가을 7월에 궁예가 패서도와 한산주 관내의 30여 개 성을 취하고, 드디어 송악군에 도읍하였다. (『三國史節要』 13)

후고구려 궁예가 송악군에 도읍을 정하였다. (『三國史記』 31 年表 下)

후고구려	궁예 (…) (광화 원년 무오년) 겨울 11월 처음으로 팔관회를 개설하였다. (『三國史記』 50 列傳 10 弓裔)
후고구려	겨울 11월에 궁예가 처음으로 팔관회를 개설하였다. (『三國史節要』 13)
신라	건녕(乾寧) 5년에 가야산사(伽倻山寺)에서 구족계(具足戒)를 받고부터는 계주(戒珠)가 다시 청정하였고 위의(威儀)가 더욱 엄전하였다. 선서(善逝)의 선(禪)을 닦되 항상 마음에 화두(話頭)를 놓지 아니하고, 문수(文殊)의 지혜에 계합(契合)하여 경계를 비추되 항상 함이 없는 경지에 있었으며, 삼장(三藏)의 문구(文句)를 연설하되, 해(解)와 행(行)이 상응(相應)하고, 사분(四分)의 율장(律藏)을 천양하되 부지런히 신(信)과 행(行)을 함께 닦게 하였다. 그러므로 분별의 문답과 시조(詩調)의 음영(吟詠) 등을 끊고, 하는 말마다 도를 높히며, 말마다 속된 말은 뱉지 아니하니, 몸은 마치 진리를 쌓아 놓은 무더기와 같았다. 삼장(三藏) 속에 내재한 교리를 궁구하면서도 진리의 당체는 일리(一理) 중에 있으며, 반드시 인(仁)을 일으켜 태평성세를 만들어 중생을 구제하고, 태조(太祖)가 층암절벽의 벼랑에 떨어지기 직전이었으나 다시 성성장구의 운(運)을 탔으며, 다시 일양시생(一陽始生)하는 백육양구(百六陽九)의 위난(危難)을 겪게 되어 화진(火辰)이 땅을 비추며 금호(金虎)인 소인배(小人輩)들이 관직을 맡아 세상을 어지럽게 하였다. 이러한 때 남쪽 무주(武州)가 안전하다는 소문을 듣고 그 곳에 가서 피난하여 수도하면서 여생을 보내리라고 결심한 대사(大師)는 동려(同侶) 11인과 함께 망망한 먼 길을 따라 그 곳에 도착하니, 과연 많은 사람들이 모여 편안하게 살고 있었다. 얼마 지난 후 남해지방(南海地方)에 많은 사찰이 있다기에 다시 그곳으로 가서 마땅한 정처를 구하러 다니다가 홀연히 도적의 소굴을 만나게 되었다. 물건을 강탈한 후 방으로 끌고 가서 차례로 죽이고 스님의 차례가 되어 칼로 목을 치려하였으나 스님은 신색(神色)이 태연할 뿐만 아니라, 청운(靑雲)의 눈빛은 더욱 빛나서 전혀 두려워하는 기색이 없이 태연자약(泰然自若)하였다. 그들의 우두머리는 스님의 풍도(風度)가 늠름하며 말소리 또한 절절(切切)함을 보고는 크게 감격하여 칼을 버리고 함께 절을 하고는 스승으로 모시겠다고 간청하였다. 승냥이와 이리같은 잔혹한 마음을 고치고 예의(禮義)를 알게 하였으니, 마치 현장법사(玄奘法師)가 서역(西域)의 구법 도중 국경(國境)을 무단 침범한 죄로 죽게 되었을 때, 도리어 그들을 교화한 것과 남양 혜충국사(慧忠國師)가 남양(南陽)으로 가다가 도적의 소굴을 만났을 때 동행(同行)은 빨리 피하고자 하였으나, 마침내 도적이 칼을 목에 들이댔음에도 저들을 제자로 교화한 것과 같다고 하겠다. 대개 선성(先聖)들의 조난을 당한 것이 이와 같아서 만리(萬里)가 동풍(同風)이듯이 대사(大師)의 악인교화(惡人教化)도 피차(彼此) 같은 것이라 하겠다. (「淨土寺法鏡大師慈燈塔碑」)

899(己未/신라 효공왕 3/발해 위해 6/唐 光化 2/日本 昌泰 2)

신라	봄 3월에 이찬 예겸(乂謙)의 딸을 들여 비로 삼았다. (『三國史記』 12 新羅本紀 12)
신라	봄 3월에 이찬 예겸의 딸을 들여 비로 삼았다. (『三國史節要』 13)
신라	대사의 휘는 지△이며 혜거(惠居)는 헌호(軒號)이다. 속성은 명주박씨(溟州 朴氏)로서 천녕군(川寧郡)의 황려현(黃驪縣) 사람이다. 부친의 이름은 윤영(允榮)으로 문하시중(門下侍中)에 추증되었다. 모친 김씨가 큰 별이 떨어져 품 안에 들어오는 꿈을 꾸고 임신하여 당 광화 2년 기미년 4월 4일에 대사를 낳았다. 신령스러운 골격이 크고 시원스러워 자못 다른 사람보다 비범하였으며 배우는데 빼어난 지혜를 일찍부터 나타내서 사람들이 감히 앞서지 못하였다. 항상 절이나 탑을 가지고 놀고 예불하고 경전을 들었으니 숙세(宿世)의 인연을 시험할 수 있었다. (「葛陽寺惠居國師碑」)

신라

태정관부(太政官府)
인생(人生) 1명을 그만두게 하고 노사(弩師)를 설치하는 일
우(右)의 내용은 태재부에서 얻은 것이고 비후국(肥後國) 이른 것이다. 이 나라는 해안에 접하여 인적(隣賊)을 방비한다. 비록 노기(弩機)는 있을지라도 강습(講習)할 사(師)가 없다. 바라건대 사생을 살펴 노사를 둘 것이니 부(府)는 해장(解狀)에 따르라. 삼가 관재(官裁)를 청한 것을 좌(左)의 대신이 선(宣)한다. 칙을 받들어 청에 따르라.
창태(昌泰) 2년 4월 5일 (『類聚三代格』 5)

신라

가을 7월에 북원(北原)의 도적 우두머리인 양길(梁吉)이 궁예(弓裔)가 자신을 배신한 것을 꺼려, 국원(國原) 등 10여 곳의 성주들과 모의하여 그를 공격하고자 비뇌성(非惱城) 아래까지 진군하였으나, 양길의 병사가 패배하여 도주하였다. (『三國史記』 12 新羅本紀 12)

후고구려

가을 7월에 양길이 궁예가 자신을 배신한 것을 꺼려, 국원 등 10여 곳의 성주들과 모의하여 그를 공격하고자 비뇌성 아래까지 진군하였으나, 양길의 병사가 패배하여 도주하였다. (『三國史節要』 13)

신라

용기(龍紀) 원년 8월에 불상을 이루었다. 글은 △△△에 이루었다. △△길이 △△ (「英陽蓮塘洞石佛坐像造像記」)

신라

건부(乾符) 6년 명주(溟州) 입양율사(入良律師)에게서 비구계(比丘戒)를 받고, 그 후 각 사찰을 참배하면서 두루 명산(名山)과 승지(勝地)를 탐사하고 마가연(摩訶衍)을 탐구하려고 많은 선지식을 친견하였다. (「鳴鳳寺境淸禪院慈寂禪師凌雲塔碑」)

신라

<1>
(표면)
△(△)
△ △△△(△ △△△)
△△ 무상(△△ 无常)
수△ 심평(收△ 心平)
축△(逐△)
윤여△△(潤如△△)

(후면)
△ △(△ △)
도△△△△성행△△(都△△△△聖行△△)
문겁(門劫)

<2>
진 기생호무지 △△(盡 其生乎無至 △△)
손보마련△렬고롱원부(孫寶馬連△列騎弄願否)
화 례불참사입△제죄수피(花 禮佛懺蛇込△諸罪修彼)
공△△△△의차(公△△△△依次)
공적봉△△△과세월(功績逢△△△過世越)
서경석△이불후 여천(庶徑石△而不朽 與天)

승만세　이공(承萬世　伊公)
출래△홍△상△△(出來△鴻△尙△△) (「慶州湌之碑」)

신라

<1> 야유암석각(夜遊岩石刻)
야유암(夜遊岩)
<2> 지필암석각(池筆岩石刻)
지필암(池筆岩)
<3> 합천홍류동석각(陜川紅流洞石刻)
첩첩 바위 미친 듯 달리고 겹겹 산봉우리 포효하니,
사람의 말은 지척간에도 구분하기 어렵다.
늘 시비의 소리가 귀에 다다를까 염려하여,
흐르는 물로 하여금 산을 다 감싸도록 하였네.
<4> 단속사 동 동구 광제암문석각(斷俗寺 東 洞口 廣濟嵒門石刻)
광제암문(廣濟嵒門)
<5> 세이암수중석각(洗耳嵒水中石刻)
세이암(洗耳嵒)
<6> 월영대석각(月影臺石刻)
월영대(月影臺)
<7> 쌍계석문석각(雙磎石門石刻)
쌍계(雙磎)와 석문(石門)의 네 큰 글자.
쌍계(雙磎)의 석문(石門). (「傳崔致遠石刻銘」)

신라

<1>
좌지△(左之△)
△어△(於)
<2>
△△△
덕대종사(德大宗寺)
<3>
△(△)
체인연(體因緣)
△△시(△△市)
<4>
현통(玄通)
화개공덕(花開功德)
출은표(出銀表)
<5>
유림△(遊林△)
<6>
△△△신△한공(△△△臣△漢功)
나마신김계(奈麻新金季)
<7>
성신충사령이(聖神忠寺令伊)

△이손신김순(△伊飡臣金順)
央漠(央漠) (「皇福寺碑片」)

신라 공(功)
사(事) (「傳三郎寺碑片」)

신라 <1>
△△△△△응△(△△△△△應△)
△△施不住於△(△△시불주어△)
공가△△△△야(空可△△△△也)
△주상포시△덕△(住相布施△德)
상견여래불불△(相見如來不不△)
제범소유상개시△(提凡所有相皆是△)
△구생실신불(△句生實信不)
차위실(此爲實)
<2>
△완(심)(△完(深))
△사급래(칠)(△사급래(칠))
여래명고금재△(如來名故今在△)
불△욕락호행(不△欲樂好行)
<3>
취△△(趣△△)
△△행(△△行)
<4>
사천(士天) (「七佛庵出土金剛經石片」)

900(庚申/신라 효공왕 4/발해 大瑋瑎 7/후백제 견훤 9/唐 光化 3/日本 昌泰 3)

신라 대사(大師)의 법호(法號)는 탄문(坦文), 자(字)는 대오(大悟), 속성은 고씨(高氏), 광주(廣州) 고봉(高㷝) 출신이다. 조척(祖陟)으로부터 덕(德)을 쌓음이 한량없으므로 공(功)을 이룸에 넉넉함이 있었다. 일찍이 일동(一同)이 될 만한 장과(長果)를 지었으며, 삼이(三異)의 방부(芳父)를 나타내었다. 아버지는 능히 화현(花縣)을 꾸민 훌륭한 군수(郡守)였고, 난정(蘭庭)에 태어난 빛나는 가문이었다. 드디어 가풍(家風)의 경사를 이어 받아 울창하게 읍장(邑長)의 존령(尊令)이 되었다. 어머니는 백씨(白氏)이니 오직 성선(聖善)의 도를 닦아 훌륭한 (결락) 아들 낳기를 희망하였으며, 부도(婦道)를 받들어 행하고 삼가하여 모의(母儀)를 지켰다. 어느 날 밤 꿈에 한 범승(梵僧)이 나타나 금빛나는 기과(奇菓)를 건네주었다. 그로 인해 임신하고 만삭이 되어 탄생하였으며, 아버지 또한 꿈을 꾸었으니 법당(法幢)이 뜰 가운데 세워져 있거늘, 범패(梵旆)가 그 위에 걸려 있어 바람을 따라 이리저리 나부꼈고, 많은 사람들이 그 밑에 모인 것이 마치 둥근 담장과 같았다. 건녕(乾寧) 7년 용과(龍集) 군탄년(涒灘年) 8월 14일 새벽 동 틀 무렵에 탄생하였다. 대사(大師)는 태어날 때, 태(胎)가 목을 감아 드리운 것이 마치 방포(方袍)를 입은 것과 같았다. 기이한 골격을 받아 태어났으며 어려서부터 말을 함부로 하지 않고, 불상(佛像)인 금상(金像)을 보면 마음을 경건히 하였으며 상문(桑門)인 스님을 대하여는 반드시 합장하였으니 그 근기(根機)가 자못 성숙함을 볼 수 있었다. 선근(善根)의 싹이 전세(前世)에 이미 자랐다. (「普願寺法印國師寶乘塔碑」)

건녕(乾寧) 7년 3월 9일 힐단(詰旦)에 이르러 홀연히 문인(門人)들에게 이르되, "삼계(三界)는 하나도 영원한 것이 없고, 만연(萬緣)은 함께 고요한 것이다. 나는 이제 떠나려하니 너희들은 힘써 정진하여 선문(禪門)을 수호하고, 종지(宗旨)를 무너뜨리지 않는 것이 곧 나의 은혜에 보답하는 것이니라"하였다. 그 말씀이 끝나자마자 단정히 앉아 입멸(入滅)하였으니, 세속 나이는 75세요, 법랍은 56이었다. 이때 하늘빛은 창망하였고, 햇빛은 참담하였으며, 인간은 모두 눈을 잃은 듯 하였고, 세상은 함께 상심에 잠겼으니, 하물며 문하(門下)의 제자들이야 오죽 하였겠는가. 모두 심장이 찢어지는 것 같았으며, 제자들은 함께 슬픈 표정으로 천축(天竺) 구시라(拘尸羅)의 법을 본받아 석실(石室)의 서쪽에서 다비(茶毗)하고, 사리 천과(千粿)를 습득하였다. 그 날 밤 황양현 제치사(制置使)인 김견환(金堅奐)이 말하되, "석단(石壇) 위에서 자색 기운이 하늘로 뻗치더니 천중(天衆)이 날아와서 사리를 주워 가져가는 것을 보았다"면서, 원중(院中)에 가서 자세하게 그 특수한 상서를 이야기하였다. 대중들이 전해 듣고 깜짝 놀라 쌍림(雙林)으로 가 보았더니, 과연 일백여 과의 사리를 습득하게 되었다. 천인(天人)들이 공경하였고, 스님과 신도들이 애통해 마지아니하였다. (결락) 이는 강안(江岸) (결락) 현읍(縣邑) 사람들이 원망스러운 것은 산사(山寺)와의 거리가 멀 뿐 아니라, 바다의 구석에 위치하여 오직 스님들만이 살고 있으므로, 마치 절벽에 매달린 제비집과 같았다. 그리하여 사리를 모시고 동림(桐林)으로 돌아가서 천우(天祐) 3년에 높이 석탑을 세우고 그 금골(金骨)을 안치하였다. 대사(大師)는 영악(靈岳)의 정기를 타고 났으며 선천적으로 지혜로웠고, 선의 종지(宗旨)를 깨달아 무생(無生)의 언덕에 올랐으며, (결락) 가는 곳마다 선(禪)의 종지만을 물었고, 거주(居住)하는 장소마다 현리(玄理)를 참구하였으니, 진승(眞乘)이 바로 이것이라 하겠다. 그러나 대중은 구름처럼 모여 들었고 모인 사람은 바다와 같았으며, 학인(學人)을 지도하되 게을리 하지 않았으니 참으로 위대하다 하지 않을 수 없다. 이른바 스님은 중생을 위해 현생(現生)하였으며 곳을 따라 교화하여 일정한 장소가 없었으니, 널리 중생을 이익 되게 하였음을 알 수 있다. 마침내 선관(禪關)을 크게 열고 대교(大敎)를 천양하여 말세(末世)에 있어 마군을 소탕하고, 삼조(三朝)에 걸쳐 왕도(王道)를 부호(扶護)하여 풍거(風篋)와 같이 숙연한 위엄을 떨쳤으며, 항상 (결락) 우로(雨露)가 만물을 생성케 하는 것과 같이 덕을 베풀어서 중생의 마음 밭에 뿌렸고, 심지어는 깊은 진리를 가르치고 도타운 뜻을 일러 주었다. 이와 같은 위업이 혹은 학도(學徒)들의 입으로 전파되기도 하고, 혹은 승사(僧史)에 실려 있기도 하다. 법을 전해 받은 제자는 여종·홍가·신정·지공(如宗·弘可·神靖·智空) 등 1천여 인이나 되었다. 이를 모두가 석성(石城)이 무너질까 염려하며, 함께 사리를 모신 높은 언덕이 능곡(陵谷)으로 변할까 걱정한 나머지 임금님께 표상(表狀)을 올려서 비석을 세우도록 허락하여 달라고 주청하였다. 효공대왕은 일찍부터 스님의 빛나는 도풍(道風)을 앙모하여 항상 불교를 존숭한 까닭에 시호를 징효대사(澄曉大師)라 하고, 탑명을 보인지탑(寶印之塔)이라 추증하였다. 이어 한림학사이며 전(前) 예부시랑(禮部侍郎)인 박인범(朴仁範)에게 명하여 비문을 짓게 하였으나, 인범이 왕명(王命)을 받고 비문을 짓기 전에 와병으로 죽었으니, 장학(藏壑)을 실감하지 않을 수 없다. (결락) 그리하여 이 일은 문인(門人)들에게 큰 충격을 주게 되었다. 방진(芳塵)은 점차 사라지고 아직 정석(貞石)을 새기지 못하게 되자 문인들의 뜻을 모아 행장(行狀)을 초안해서 내운(乃雲) (결락) 학려(鶴唳)와 같은 애절한 진정(陳情)을 임금께 알렸다. 이 때 상(上)이 신기(神器)와 빛나는 보도(寶圖)를 전해 받고, 천명(天命)을 이어 선왕의 뜻을 계승하며, 이를 뒷사람들에게 널리 보여 주고자 하신(下臣)으로 하여금 법답게 높은 공적을 찬양하라 하시지만, 인연(仁渷)은 재주가 토봉(吐鳳)이 못될 뿐만 아니라 학문도 망양(亡羊)에 부끄러움을 금할 수 없었다. 계과(桂科)에는 비록 마음에 부끄럽지 않으나, 제구(虀臼)에 대해서는 상수(傷手)를 염려하지 않을 수 없었다. 바라는 바는 억지로 붓을 잡아 비문을 지었으니, 이로써 국왕의 은혜를 갚고 아울러 문인(門人)들의 뜻을 위로함이니, 앞의 뜻을 거듭 밝히고자 이에 명(銘)을 짓는 바이다.

대각의 대승법이여! 묘도(妙道)를 열어주고,

능인(能仁)의 비밀법(秘密法)이여! 중생을 인도하네.

진위(眞僞)를 분간함이여! 시대(時代)를 깨우쳤고

범부(凡夫)가 곧 성인(聖人)이여! 모두가 부처로다.

오산(鼇山)에 빼어남이여! 기골(奇骨)을 받아 낳고,

학수(鶴樹)서 열반함이여! 보신(報身)을 화장했네.

비로소 그 육신은 세상을 떠났지만

언제나 빛난 그 이름! 날마다 새롭도다.

장례의 법요무(法要式)이여! 정성을 다하였고,

법을 계승한 제자는 천명(千名)이 넘네!

달빛이 조문(弔問)함이여! 햇빛은 침침하고,

나원(奈苑)에 뿌려줌이여! 그 감로(甘露) 사라졌네.

△△장로(△△長老) 운초장로(雲超長老) △지주인화상(△持主人和尙) 형서(敻栖) 예홍장로(乂洪長老)

용덕(龍德) 4년 세차(歲次) 갑신(甲申) 4월 15일에 비문은 완성되었으나, 국가가 다난(多難)하여 이기(二紀)를 지낸 후에야 비로소 사군(四郡)의 연진(煙塵)이 사라지고, 일방(一邦)의 전란이 평정되었다.

천복(天福) 7년 갑진 6월 17일에 세우고, 최환규(崔奐規)는 글자를 새기다.

[陰記]

삼가 현철(賢哲)과 승속 제자들의 존위(尊位)를 기록하여 다음에 배열(排列)한다.

능선사주(能善寺主) 승전사주(乘全寺主) 총월사주(聰月寺主) 최허대덕(崔虛大德)

홍람대덕(弘㑣大德) 계정대통(契貞大統) 경보대통(慶甫大統) 성언대덕(性言大德)

왕요군(王堯君)

왕소군(王昭君)

△△대왕(△△大王) 필영대왕(弼榮大王) 영장정광(英章正匡) 왕경대승(王景大承)

청단△주(淸端△主) 김일소판(金鎰蘇判) 긍달소판(兢達蘇判) 왕규좌승(王規佐承)

권△좌승(權△佐承) 왕순좌승(王詢佐承) 왕렴좌승(王廉佐承) 성준원보(誠俊元甫)

△△△상(△△△相) 김환아찬(金奐阿飡) 김휴장사(金休長史) 일휴랑(鎰休郎)

△순원보(△順元甫) 희열조(希悅助) 긍열조(兢悅助) 식영한찬(式榮韓飡)

관질한찬(寬質韓飡)

긍일해찬(兢鎰海飡) 현달원보(賢達元甫) 관헌원보(官憲元甫)

겸상해찬(廉相海飡) 윤달원보(允達元甫) 헌옹원윤(憲邕元尹) 사윤일철찬(師尹一哲飡)

간영아간(侃榮阿飡) 장검사상(章劍史上) 필형대감(弼邢大監) 요겸랑(姚謙郎)

최방원윤(崔芳元尹) 기오원윤(奇悟元尹) 기달원윤(奇達元尹) 지연정위(知連正衛)

여일정조(與一正朝) 평직아간 명주(平直阿干 溟州)

기내 명주(奇柰 溟州) 김예경 명주(金芮卿 溟州) 연세대감 명주(連世大監 溟州)

왕간내 원주(王侃柰 原州) 덕영사간 죽주(德榮沙干 竹州) 제종사간 죽주(弟宗沙干 竹州)

송암사상 공주(宋嵒史上 公州) 평직촌주 제주(平直村主 提州) 귀평일길간 제주(貴平一吉干 提州)

견필촌주 냉주(堅必村主 冷州) 견화사간 신지현(堅奐沙干 新知縣) 월지산인 신지현

(越志山人 新知縣)
애신사간 우곡군(哀信沙干 又谷郡) 능애사간 우곡군(能愛沙干 又谷郡) 세달촌주 내생군(世達村主 奈生郡)
식원대삼 냉수현(式元大監 冷水縣) 명환촌주 주연현(明奐村主 酒淵縣) 강선조 별근현(康宣助 別斤縣)
금립방 소랑(金立房所郎) 길사촌주 단월이(吉舍村主丹越駬) 최산내은(崔山桒听)
당시의 삼강(三綱)과 전명위열(典名位列)
원주(院主) : 희랑장로(希朗長老)
전좌(典座) : 흔효상좌(昕曉上座)
사(史) : 도증선사(道澄禪師)
직세(直歲) : 낭연선사(朗然禪師)
△검교유나(△檢校維那) : 낭선장로(良善長老)
당유나(堂維那) : 계융상좌(契融上座)
지객(持客) : 계렴선사(契廉禪師) (「興寧寺澄曉大師寶印塔碑」)

신라 후고구려

겨울 10월 국원(國原) 청주(菁州) 괴양(槐壤)의 적 수괴 청길(淸吉)과 신훤(莘萱) 등이 성을 들어 궁예(弓裔)에게 항복하였다. (『三國史記』 12 新羅本紀 12)

신라 후고구려

겨울 10월 궁예가 왕건을 보내어 광주, 충주, 당성, 청주, 괴양 등을 정벌하여 모두 평정하였다. 국원, 청주(菁州)의 적 수괴 청길, 신훤 등이 성을 들어 궁예에게 항복하니, 궁예가 왕건을 아찬으로 삼았다. (『三國史節要』 13)

신라 후고구려

궁예 (…) (광화) 3년 경신년에 또 태조에게 명하니 광주(廣州)·충주(忠州)·당성(唐城)·청주(靑州)[혹 이르기를 청천(靑川)이라 한다]·괴양 등을 정벌하여 모두 평정하였다. 이 공으로 태조에게 아찬(阿飡)의 직을 제수하였다. (『三國史記』 50 列傳 10 弓裔)

신라 후고구려

(광화) 3년 경신년에 궁예가 태조에게 명하여 광주, 충주, 청주 등 3주의 정벌을 명하니 당성과 괴양 등의 군현이 모두 평정되기에 이르렀고, 그 공으로 아찬(阿粲)를 제수하였다. (『高麗史』 1 世家 1 太祖 1 總序)

신라 후백제 마한 변한 진한

견훤이 서쪽으로 순행하여 완산주(完山州)에 이르니 주(州)의 백성들이 환영하고 고마움을 표하였다. 견훤이 인심을 얻은 것을 기뻐하여 좌우에게 다음과 같이 말하였다. "내가 삼국의 시초를 찾아보니, 마한이 먼저 일어나고 후에 혁거세가 일어났다. 그러므로 진한과 변한은 그를 뒤따라 일어났던 것이다. 이에 백제는 금마산(金馬山)에서 개국하여 6백여 년이 되었는데, 총장(摠章) 연간에 당 고종이 신라의 요청으로 장군 소정방(蘇定方)을 보내 배에 군사 13만을 싣고 바다를 건너게 하였고, 신라의 김유신(金庾信)이 흙먼지를 날리며 황산(黃山)을 거쳐 사비(泗沘)에 이르러 당 군사와 합세하여 백제를 공격하여 멸망시켰다. 지금 내가 감히 완산에 도읍하여 의자왕의 오래된 울분을 씻지 않겠는가." 드디어 후백제왕을 자칭하고 관부를 설치하여 관직을 나누니 이때가 당 광화 3년이며 신라 효공왕 4년이다. (『三國史記』 50 列傳 10 甄萱)

신라 후백제 마한 변한 진한

견훤이 서쪽으로 순행하여 완산주에 이르니 주의 백성들이 환영하였다. 견훤이 스스로 인심을 얻었다고 하여 좌우에게 다음과 같이 말하였다. "내가 삼국의 시초를 찾아보니 마한이 먼저 일어나고 후에 혁거세하가 일어났따. 진한과 변한은 그를 뒤따라 일어났던 것이다. 백제가 개국하여 6백년을 전하였는데, 당이 신라와 더불어 합공하여 이를 멸망시켰다. 지금 내가 비록 부덕하나 의자왕의 오래된 울분을 씻지 않겠는가." 드디어 완산(完山)에 도읍하고 스스로 후백제왕이라 칭하며 관부를 설치하고 관직을 나누었다. 오월(吳越)에 사신을 보내니, 오월왕이 보빙(報聘)하고 이에 검교태보(檢校太保)를 더해주고 나머지는 전과 같게 하였다. (『三國史節要』 13)

신라 후백제 견훤이 서쪽으로 순행하여 완산주에 이르니 주의 백성들이 환영하였다. 견훤이 인심을 얻은 것을 기뻐하여 좌우에게 다음과 같이 말하였다. " 백제가 개국하여 6백여년이 되었는데, 당 고종이 신라의 요청으로 장군 소정방(蘇定方)을 보내 배에 군사 13만을 싣고 바다를 건너게 하였고, 신라의 김유신이 흙먼지를 날리며 황산을 거쳐 사비(泗沘)에 이르러 당 군사와 합세하여 백제를 공격하여 멸망시켰다. 지금 내가 감히 도읍하여 오래된 울분을 씻지 않겠는가." 드디어 후백제왕을 자칭하고 관부를 설치하여 관직을 나누니 이때가 당 광화 3년이며 신라 효공왕 4년이다. (『三國遺事』 2 紀異 2 後百濟 甄萱)

후백제 고려 고구려 백제 신라

견훤(甄萱)이 태조(太祖)에게 올린 글에 이르기를 "옛날에 마한이 먼저 일어나고 혁거세가 일어나자 이에 백제가 금마산(金馬山)에서 나라를 창건하였다."라고 하였다. 최치원(崔致遠)이 말하기를 "마한은 고구려요, 진한은 신라이다."라고 하였다[본기(本紀)에 의하면 "신라가 먼저 갑자년에 일어나고 고구려가 그 후 갑신년에 일어났다고 하였는데, 이렇게 말하는 것은 [조선]왕 준을 두고 말한 것이다. 이로써 동명왕이 일어난 것은 이미 마한을 병합한 때문이란 것을 알 수 있다. 그래서 고구려를 일컬어 마한이라고 한 것이다."라고 하였다. 요즘 사람들이 더러는 금마산을 두고 마한이 백제로 되었다고 하지만 이는 대체로 잘못이다. 고구려 땅에는 본래 마읍산이 있었으므로 이름을 마한이라 한 것이다]. (『三國遺事』 1 紀異 1 馬韓)

신라 후백제 오월(吳越)에 사신을 보내 조공을 하니, 오월왕이 답하는 사실을 보내 검교태보(檢校太保)의 직을 덧붙여주었고 나머지 관직은 전과 같았다. (『三國史記』 50 列傳 10 甄萱)

신라 광화(光化) 3년에 중국으로 가는 큰 선편을 만나서 붕운(鵬運)을 따라 남쪽으로 항해하여 신숙(信宿)인 2박 3일 만에 강회(江淮) 지방에 도달하였다. 천참(天壍)인 험준한 고개를 넘어 설봉(雪峰)선사의 회상으로 가려고 비원령(飛猿嶺) 위에 이르렀다. 마침 거기에서 설봉화상에게로 공양미를 운반하는 선도(禪徒)를 만나, 그들과 함께 가다가 한자리에서 쉬게 되었다. 선도중(禪徒中) 한 스님이 말라 죽은 용(榕)나무를 가리키면서 말하되 "고목(枯木)이 홀로 선정을 점령하고 있어 봄이 와도 다시 살아날 수 없겠구나." 하였다. 대사가 이 말을 듣고 답하길, "멀리 진경(塵境) 밖에서 초연하며 오래토록 도정(道情)을 만끽하는구나." 하였다. 이를 들은 대중들이 모두 탄복하여 입과 입으로 전하여 음전(吟傳)하지 않는 이가 없었다. 비록 혀를 움직여 지동지서(指東指西)로 수고롭게 설하는 것이 자못 묵언으로 마음을 전하는 선지(禪旨)에 부합하였다. 드디어 태령(台嶺)에 올라가서 두루 선원(禪院)을 살펴보았고, 혹은 호랑이의 싸움을 말리는 육환장을 짚고 눈이 덮인 고개를 넘었으며, 구름 자욱한 산을 지나기도 하였으며, 혹은 용의 항복을 받은 바리때를 비계(飛溪)와 현간(懸澗)에서 씻기도 하였다. 이와 같이 이미 원하던 바를 많이 성취하였으나, 깊고 오묘한 진리를 찾고자하는 마음은 더욱 간절하였다. 곡산(谷山)으로 가서 도연화상(道緣和尙)을 친견하였으니, 그는 석상경제(石霜慶諸)의 수제자였다. 대사가 묻기를, "석상 종지(宗旨)의 적적(的的)한 대의(大意)는 어떠한 것입니까." 화상이 대답하되 "대대로 일찍이 전승(傳承)하지 아니한 것"이라고 하였다. 대사가 그 말이 끝나자 크게 깨달았으니, 묵묵히 현기(玄機)를 통달하고 비밀리 법통(法統)을 전해 받았다. 밝기로는 마치 진시황제(秦始皇帝)의 거울을 비추는 것과 같았고, 깊기로는 황제(黃帝)의 현주(玄珠)와 같았다. 일진(一眞)을 투철히 궁구하고 더욱 삼매(三昧)를 닦아서 마치 푸른빛이 남초(藍草)보다 더하고, 붉은 색이 꼭두서니보다 더욱 붉은 것과 같았으며, 구슬과 불빛이 서로 비추는 것과 같았다. 그리하여 대사는 선문(禪門)의 생용(笙鏞)으로 군림하였으니, 어찌 규규(赳赳)함 뿐이었겠는가. 쟁쟁(錚錚)한 거목(巨木)이라 할 수 있다. 대사는 또 다음과 같은 게송을 지어 화상(和尙)에게 바쳤다. 10인의 영재(英材)가 함께 급제에 응시하여 합격이 공고되어 출세(出世)하였으나 오직 한 사람만은 낙제(落第)하였고 아홉 사람은 영광스럽게 출세하였다. 도연화상이 이를 보고 경탄해 마지아니하였으며, 삼생송(三生頌)을 대중들로 하여금 음화(吟和)하도록 허락하였다. 대사는 용기를 길러 자신(自身)을 수양하여 남에게 끼칠 여력(餘力)이 있었고, 인(仁)을 당하여서도 사양하지 아니 하였으며, 붓을 잡아서는 이치를 분석하였다. 이 봉조(鳳藻)인 금옥(金玉)과 같은 훌륭한 문장(文章)을 모아 책을 엮었으니 구절구절마다 귀중하지 않음이 없었다. 이러한 문장은 벽운곡(碧雲曲)이 백운곡(白雲曲)보다는 고상하지만, 어찌 이것이 구경(究竟)의 진리라고 할 수 있겠는가. 그러나 이는 이미 책으로 엮어 세상에 유전되므로 이 비문에는 기록하지 않는다. 대사(大師)의 맑은 마음은 마치 명경지수(明鏡止水)와 같고, 자취는 조각구름과 같이 걸림이 없었다. 기이한 승경(勝景)과 신령스러운 산은 빼놓지 않고 답사하였으며, 강남(江南)과 강북(江北) 으로 발섭(跋涉)의 수고로움을 사양하지 아니하였다. (「鳳巖寺靜眞大師圓悟塔碑」)

신라 박인범(朴仁範), 원걸(元傑), 거인(巨仁), 김운경(金雲卿), 김수훈(金垂訓) 등은 비록 글(文字)이 전하는 것이 조금 있으나 역사 기록에 행적이 전하지 않으므로 전기를 세우지 못한다. (『三國史記』 46 列傳 6)

901(辛酉/신라 효공왕 5/발해 大瑋瑎 8/후백제 견훤 10/후고구려 궁예 1/唐 光化 4, 天復 1/日本 昌泰 4, 延喜 1)

신라 후고구려

궁예가 왕을 칭하였다. (『三國史記』 12 新羅本紀 12)

신라 후고구려

궁예가 스스로 왕이라 칭하였다. (『三國史記』 31 年表 下)

신라 후고구려

신유에 (궁예가) 고려라 칭하였다. (『三國遺事』 1 王曆)

신라 후고구려

천복(天復) 원년 신유해에 선종(善宗)이 스스로 왕을 칭하고 사람들에게 이르기를, "지난날 신라가 당에게 군사를 청하여 고구려를 깨뜨렸다. 이 때문에 평양의 옛 도읍은 무성한 잡초로 뒤덮였다. 내가 반드시 그 원수를 갚겠다."고 하였다. 아마도 태어나자마자 버림받은 것을 원망하였으므로 이런 말을 한 듯하다. 일찍이 남쪽으로 순행하여 흥주(興州) 부석사(浮石寺)에 이르러 벽에 그려진 신라 왕의 초상을 보고 칼을 뽑아 쳤다. 그 칼자국이 지금도 남아 있다. (『三國史記』 50 列傳 10 弓裔)

신라 후고구려

궁예가 처음 태어나자마 버림을 받았기에 신라를 원망하였다. 항상 사람들에게 이르기를, "신라가 당에 군사를 청하여 고구려를 멸망시켰다. 내가 반드시 고구려의 원수를 갚을 것이다."고 하였다. 아마도 원망함에 일찍이 남쪽으로 가다가 흥주사의 벽에 신라왕의 초상이 그려져 있자 칼을 뽑아 이를 쳤다. 이 때에 이르러 스스로 왕위에 올랐다. (『三國史節要』 14)

신라 후백제 가을 8월 후백제왕 견훤이 대야성(大耶城)을 공격했으나 함락시키지 못하니, 군대를 금성(錦城) 남쪽으로 이동시켜 바닷가의 부락을 약탈하고 돌아갔다. (『三國史記』 12 新羅本紀 12)

신라 후백제 가을 8월 견훤이 대야성을 공격하였으나, 이기지 못하자 군대를 금성으로 이동시켜 변경의 군현을 약탈하고 돌아갔다. (『三國史節要』 14)

신라 후백제 천복 원년 견훤이 대야성을 공격했으나 함락시키지 못했다. (『三國史記』 50 列傳 10 甄萱)

신라 또 계림 김청(金淸) 압아는 고향 부상(扶桑)을 떠나 청사(靑社, 제나라 즉 산동지방)로 와서 화물을 은수로 보냈다. 마음을 금전(金田)에 두고 청부(靑鳧;돈)를 시주하여 뛰어난 영지(郢地) 장인을 뽑아 백석(白石)을 깎아 천축의 탑을 세웠다. (「唐無染院碑」; 『牟平縣志』 9)

902(壬戌/신라 효공왕 6/발해 大瑋瑎 9/후백제 견훤 11/후고구려 궁예 2/唐 天復 2/日本 延喜 2)

신라 봄 3월 서리가 내렸다. (『三國史記』 12 新羅本紀 12)

신라 봄 3월 서리가 내렸다. (『三國史節要』 14)

신라 (봄 3월) 대아찬(大阿湌) 효종(孝宗)을 시중(侍中)으로 삼았다. (『三國史記』 12 新羅本紀 12)

신라 (봄 3월) 대아찬 효종을 시중으로 삼았다. (『三國史節要』 14)

903(癸亥/신라 효공왕 7/발해 大瑋瑎 10/후백제 견훤 12/후고구려 궁예 3/唐 天復 3/日本 延喜 3)

후고구려 후백제

천복(天復) 3년 계해 3월 (태조가) 수군을 거느리고 서해부터 광주(光州) 경계에 이르러 금성군(錦城郡)을 공격하여 함락시키고 10여 군현을 공격하여 차지하였다. 이에 금성을 고쳐서 나주(羅州)라 하고 군사를 나누어서 지키게 한 뒤 돌아왔다. (『高麗史』 1 世家 1 太祖 總序)

후고구려 후백제

궁예가 왕건을 정기대감(靖騎大監)으로 삼고 수군을 거느리고 서해부터 광주 경계에 이르러 금성 등 10여 군을 공격하여 함락시켰다. 이에 금성을 나주로 고치고 군대를 나누어서 지키게 한 뒤 돌아왔다. (『三國史節要』 14)

신라 후고구려

궁예가 도읍을 옮기고자 철원(鐵圓)과 부양(斧壤)으로 가서 산수(山水)를 둘러 보았다. (『三國史記』 12 新羅本紀 12)

신라 후고구려

이 해에 양주수(良州帥) 김인훈(金忍訓)이 위급함을 알려오자, 궁예가 태조에게 명하여 가서 구원하게 하였다. 돌아오자 궁예가 변경의 일을 물었는데, 태조가 변방을 안정시키고 경계를 넓힐 전략을 보고하였다. 좌우의 신하가 모두 태조를 주목하게 되었고, 궁예도 또한 뛰어나다고 여겨 품계를 올려 알찬(閼粲)으로 삼았다. (『高麗史』1 世家 1 太祖 總序)

신라 후고구려

궁예가 왕건을 알찬으로 삼았다. 일찍이 궁예는 왕건에게 변방의 일을 물었는데 왕건이 변방을 안정시키고 경계를 넓힐 대책을 잘 보고하였다. 궁예가 이를 뛰어나다고 여기고, 좌우의 신하가 또한 태조를 주목하게 되었다. (『三國史節要』14)

904(甲子/신라 효공왕 8/발해 大瑋瑎 11/후백제 견훤 13/후고구려 궁예 武泰 1/唐 天復 4, 天祐 1/日本 延喜 4)

신라 천복 4년 갑자 2월 20일 송산촌(松山村) 대사(大寺)의 종이 이루어졌는데, 이때 본화상은 능여(能與)이며, 본촌주(本村主)는 연필(連筆)이다. 들어간 쇠는 5080방(方)이다. 함미성(含美成) (「松山村大寺鐘銘」)

신라 후고구려(마진)

궁예가 신라의 제도에 의거하여 백관을 설치하였으며[제정된 관호(官號)는 비록 신라의 제도에 기인하지만 전각(殿閣)의 이름은 다르다], 국호를 마진(摩震), 연호를 무태(武泰) 원년이라 하였다. 패강도(浿江道)의 10여 주현이 궁예에게 항복하였다. (『三國史記』12 新羅本紀 12)

후고구려(마진)

국호를 마진(摩震)이라 하고 연호를 무태(武泰)라 하였다. (『三國史記』31 年表 下)

신라 후고구려(마진)

광평성(廣評省)·광치나(匡治奈)[지금의 시중(侍中)]·서사(徐事)[지금은 시랑(侍郎)]·외서(外書)[지금은 원외랑(員外郎)]. 병부(兵部)·대룡부(大龍部)[창부(倉部)를 말한다.]·수춘부(壽春部)[지금은 예부(禮部)]·봉빈부(奉賓部)[지금은 예빈성(禮賓省)]·의형대(義刑臺)[지금은 형부(刑部)]·납화부(納貨部)[지금은 대부시(大府寺)]·조위부(調位部)[지금은 삼사(三司)]·내봉성(內奉省)[지금은 도성(都省)]·금서성(禁書省)[지금은 비서성(秘書省)]·남상단(南廂壇)[지금은 장작감(將作監)]·수단(水壇)[지금은 수부(水部)]·원봉성(元鳳省)[지금은 한림원(翰林院)]·비룡성(飛龍省)[지금은 태복시(太僕寺)]·물장성(物藏省)[지금은 소부감(少府監)]·사대(史臺)[모든 언어의 학습을 관장한다.]·식화부(植貨府)[과수(果樹) 심는 일을 관장한다]·장선부(障繕府)[성황당(城隍堂)의 수리를 관장한다.]·주도성(珠淘省)[기물조성(器物造成)을 관장한다.]. 정광(正匡)·원보(元輔)·대상(大相)·원윤(元尹)·좌윤(佐尹)·정조(正朝)·보윤(甫尹)·군윤(軍尹)·중윤(中尹).

이상은 궁예(弓裔)가 만든 관호(官號)이다. (『三國史記』40 雜志 9 職官 下)

신라 후고구려(마진)

천우 원년 갑자에 나라를 세워 이름을 마진이라고 하고 연호를 무태라고 하였다. 비로소 광평성(廣評省)을 설치하고, 관원을 두었는데 광치나(匡治奈)[지금의 시중(侍中)] 서사(徐事)[지금의 시랑(侍郎)], 외서(外書) [지금의 원외랑(員外郎)]였다. 또 병부, 대룡부(大龍部)[지금의 창부(倉部)], 수춘부(壽春部)[지금의 예부(禮部)], 봉빈부(奉賓部)[지금의 예빈성(禮賓省)], 의형대(義刑臺)[지금의 형부(刑部)], 납화부(納貨府)[지금의 대부시(大府寺)], 조위부(調位府)[지금의 삼사(三司)], 내봉성(內奉省)[지금의 도성(都省)], 금서성(禁書省)[지금의 비서성(秘書省)], 남상단(南廂壇)[지금의 장작감

(將作監)], 수단(水壇)[지금의 수부(水部)], 원봉성(元鳳省)[지금의 한림원(翰林院)], 비룡성(飛龍省)[지금의 태복시(太僕寺)], 물장성(物藏省)[지금의 소부감(小府監)]을 두었다. 또 사대(史臺)[여러 외국어 통역의 학습을 맡았다], 식화부(植貨府)[과일나무를 심고 기르는 일을 맡았다], 장선부(障繕部)[성과 해자의 수리를 맡았다], 주도성(珠淘省)[그릇을 만드는 일을 맡았다]을 설치하였다. 또 정광(正匡)·원보(元輔)·대상(大相)·원윤(元尹)·좌윤(佐尹)·정조(正朝)·보윤(甫尹)·군윤(軍尹)·중윤(中尹) 등의 품직을 설치하였다. (『三國史記』50 列傳 10 弓裔)

신라 후고구려(마진)

갑자년에 국호를 마진으로 고치고 연호를 무태라고 하였다. (『三國遺事』1 王曆)

신라 후고구려(마진)

궁예가 나라를 세웠다. 국호를 마진이라고 하고, 기원을 무태라고 하였따. 백관을 설치하였는데, 신라의 제도를 따랐다. 광평성을 두었는데, 광치나, 서사, 외사 등의 관원을 두었다. 또 병부, 대룡부, 수춘부 봉빈부, 의형대, 납화부, 조위부, 내봉성, 금서성, 남상단, 수단 원봉성 비룡성 물장성을, 그리고 사대, 식화부, 장선부, 주도성과 또 정광, 원보, 대상, 원윤, 좌윤, 정조, 보윤, 단윤, 중윤 등의 품직을 설치하였다. (『三國史節要』14)

후고구려(마진)

가을 7월 청주(靑州)의 인호(人戶) 1천을을 옮겨 철원성에 들이고 서울로 삼았다. (『三國史記』50 列傳 10 弓裔)

후고구려(마진)

가을 7월 궁예가 도읍을 철원으로 정하고 청주의 1천호를 이주시켜 채웠다. (『三國史節要』14)

후고구려(마진)

(가을 7월) 상주(尙州) 등 30여 주현을 정벌하여 취하였는데, 공주(公州) 상군 홍기(弘奇)가 와서 항복하였다. (『三國史記』50 列傳 10 弓裔)

후고구려(마진)

궁예가 상주 등 30여 읍에 가서 공격하여 이를 취하니 장군 홍기가 공주를 들어 궁예에게 항복하였고, 패강도 10여 읍이 또한 항복하였다. (『三國史節要』14)

신라

나이 5세에 벌써 출가하려는 마음이 돈독하여 속세를 떠나는 것에 뜻을 두었다. 자취를 치문(緇門)에 의탁하고 마음을 금계(金界)에 의거할 것을 발원(發願)하였다. 그리하여 어머니에게 먼저 여쭈었더니, 어머니는 전일(前日)의 태몽을 생각하고는 울면서 허락하기를, "내생(來生)에는 나를 제도해 줄 것을 원할 뿐 다시는 문(門)에 기대어 자식이 돌아오기를 바라는 마음을 일으키지 않겠다."고 하였다. 이어 아버지에게 말씀드리니 흔쾌하게 허락하였다. 스님은 곧 삭발하고는 부모에게 하직하였으며, 마음을 닦아 성불하고자 결심하여 향성산(鄕城山) 대사(大寺)의 대덕화상(大德和尙)을 찾아가 뵈었다. 화상(和尙)이 스님을 보니 봉모(鳳毛) 기상(氣相)이며 나발(螺髻)를 지닌 특별한 자태를 가졌으므로 경탄하여 말하기를, "바야흐로 동치(童稚)의 나이에 해당하건만 이미 노성(老成)의 덕을 갖추었구나. 자네와 같은 자가 나를 스승으로 삼으면 이는 마치 수주대토(守株待兎)하고 연목구어(緣木求魚) 하는 것과 같다. 나는 네 스승이 될 자격이 없으니 마땅히 다른 큰스님이 있는 곳을 찾아가라."고 하였다. 그리하여 스님은 스님 중에 참된 선지식과 오래된 사적(事跡)을 빼놓지 않고 반드시 심방(尋訪)하리라 하고 떠나려 인사를 드리는데 대덕화상(大德和尙)이 말씀하기를, "옛 노인들 사이에 전해오는 말에 따르면, 향성산(鄕城山) 안에 절 터가 있는데 옛날 원효보살(元曉菩薩)과 의상대덕(義想大德)이 함께 머무르며 쉬던 곳이라 한다." 하였다. 대사가 '이미 성적(聖跡)에 대하여 들었으니 내 어찌 그곳 현기(玄基)에 나아가서 수도하지 않으랴.' 하고, 마침내 그 옛 터에에 풀집을 짓고, 원숭이 같은 마음을 우리 속에 가두고, 고삐없는 말과 다름없는 의식은 말뚝에 붙잡아 매고는 여기에 발을 멈추고 마음을 가지런히 하여 수년을 지냈다. 당시 부근 사람들이 성사미(聖沙彌)라고 일컬었다고 한다. (「普願寺法印國師寶乘塔碑」)

신라 중국에서 급제하여 빨리도 돌아가네 배에 올라 떠나올 땐 귀밑머리 희지 않았지 이제 곧게 뻗은 하늘 계수나무에 올랐으니 그대를 신라를 대표하는 한 가지로세 파도가 끝나는 저 먼나라의 경계 해돋을 때만다 고향 그리는 마음 서풍에 그대를 보내노니 집에 늦게 도착할까 염려 말게나 (『全唐詩』 10函 8冊 杜荀鶴 送賓貢登第後歸海東)

905(乙丑/신라 효공왕 9/발해 大瑋瑎 12/후백제 견훤 14/후고구려 궁예 聖冊 1/唐 天祐 2/日本 延喜 5)

신라 봄 2월 별이 비처럼 내렸다. (『三國史節要』 14)

신라 봄 2월 별이 비처럼 내렸다. (『三國史記』 12 新羅本紀 12)

신라 여름 4월 서리가 내렸다. (『三國史記』 12 新羅本紀 12)

신라 여름 4월 서리가 내렸다. (『三國史節要』 14)

신라 이에 천우(天祐) 2년 6월 (결락) 무주(武州) 회진(會津)으로 돌아와 주석하였다. 이때 지주소판왕공(知州蘇判王公)인 지본(池本)이 대사를 친견할 생각이 간절하여 배를 타고 평진(平津)에 이르자마자, (결락) 지(地) (결락) 자(慈) (결락) 항상 세간(世間)으로 나아가 부처님의 혜일(慧日)을 비추어 주었다. 그리고 사사공양(四事供養)을 계속 궁중에서 보내왔으니 실로 전(展) (결락) 잉(仍) (결락) 산(山) 무위갑사(無爲岬寺)에 주지(住持)하도록 간청하므로 대사는 그 명(命)을 받아 영경(靈境)에 옮겨 가서 주석하였다. 이 절은 임천(林泉) (결락) 의적(意寂) (결락) 지(地) 그러므로 그 기지(基址)를 중수하고 8년 동안 주석하였다. 찾아오는 사람은 구름 같았고, 모인 대중은 바다와 같았다. (결락) 시(時) (결락) 6년에 나라가 어지럽기는 유조(劉曹)의 시대보다 심하였고, 위로 성주(聖主)가 없음은 고승도치들이 모인 것 같았으며, 아래로는 용렬한 무리들만 모여 있어 경예(鯨鯢)의 난(難)을 막아내지 못하였다. (결락) 사해(四海)가 물 끓듯 하며, 삼한(三韓)은 소요하였다. (「無爲寺先覺大師遍光塔碑」)

신라 후고구려

가을 7월 궁예가 철원으로 도읍을 옮겼다. (『三國史記』 12 新羅本紀 12)

신라 후고구려

궁예를 수도를 철원으로 옮기고 무태(武泰)를 성책(聖冊) 원년으로 고쳤다. (『三國史記』 31 年表 下)

신라 후고구려

가을 7월 궁예가 연호를 성책으로 고쳤다. 궁실과 누대를 수리하였는데, 매우 사치스럽게 하였다. 패서를 13진으로 나누어 정하였다. (『三國史節要』 14)

신라 후고구려

천우 2년 을축년에 새로운 수도로 들어갔다. 대궐과 누대(樓臺)를 수리하였는데 매우 사치스럽게 하였다. 무태를 성책(聖冊) 원년으로 고쳤다. 패서를 13진으로 나누어 정하였다. 평양성주 장군 검용(黔用)이 항복하였고, 증성(甑城)의 적의(赤衣)·황의(黃衣)의 도적 명귀(明貴) 등이 귀부하였다. 선종은 강성해졌다고 스스로 자랑스러워하였다. 병탄하려는 마음이 커서 국인들로 하여금 신라를 멸도(滅都)라고 부르게 하고, 무릇 신라로부터 오는 자는 모두 죽였다. (『三國史記』 50 列傳 10 弓裔)

신라 후고구려

천우 2년 을축년에 궁예가 철원으로 도읍을 옮겼다. (『高麗史』 1 世家 1 太祖 總序)

신라 후고구려

(가을 7월) 평양성주 검용이 궁예에게 항복하였다. 증성의 적의와 황의의 도적 명귀 등이 귀부하였다. (『三國史節要』 14)

신라 후고구려

8월 궁예가 병사를 보내 우리 변경 읍락을 침략하여 죽령(竹嶺) 동북쪽에까지 이르렀다. 왕이 나라의 강역이 나날이 줄어든다는 소식을 듣고 깊이 걱정하였으나, 막을 힘이 없었다. 여러 성주(城主)에게 명하여 신중을 기해 출전하지 말고, 견고히 수비하도록 하였다. (『三國史記』 12 新羅本紀 12)

신라 후고구려

8월 궁예가 변경 읍락을 침략하여 죽령 동북쪽에까지 이르렀다. 왕이 강역이 날로 줄어드는 것을 걱정하였으나, 막을 힘이 없었다. 여러 성에 명하여 견고히 지키고 싸우지 말도록 하였다. (『三國史節要』 14)

906(丙寅/신라 효공왕 10/발해 大瑋瑎 13, 大諲譔 1/후백제 견훤 15/후고구려 궁예 聖冊 2/唐 天祐 3/日本 延喜 6)

신라 봄 정월 파진찬 김성(金成)을 상대등으로 삼았다. (『三國史記』 12 新羅本紀 12)

신라 봄 정월 파진찬 김성을 상대등으로 삼았다. (『三國史節要』 14)

신라 3월 전에 당에 들어가 급제한 김문울(金文蔚)의 관직이 공부원외랑(工部員外郎) 기왕부(沂王府) 자의참군(諮議叅軍)에 이르렀는데, 책명사(冊命使)가 되어 귀환하였다. (『三國史記』 12 新羅本紀 12)

신라 3월 당이 거인(擧人) 김문울을 책명사로 명하여 돌려보냈다. 처음 문울이 당에 들어가 급제하였는데, 관직이 공부원외랑 기왕부 자의참군에 이르렀다. (『三國史節要』 14)

신라 여름 4월부터 5월까지 비가 내리지 않았다. (『三國史記』 12 新羅本紀 12)

신라 여름 4월부터 5월까지 비가 내리지 않았다. (『三國史節要』 14)

신라 발해 (당) 애제(哀帝) 천우 3년 6월 임진일(10) 조서에서 다음같이 말했다. 조정이 관리를 임명함에 역량과 능력에 따라 직을 내려 주면 중서성(中書省)이 주의(奏擬)하여 시행할 때는 재목을 가려 반원(班員)에 갖추어 두어, 침체되어 있는 곳에서 인재를 등용하고 겸하여 펴도록 하는 것이다. 하물며 도읍을 옮긴 뒤에 제도가 흥함에야. 새로 관직이 주어진 자는 외번에서 빙빙돌며 대궐에 달려와야 할 일을 의논하지 않고, 전에 관직을 맡은 자는 병풍에 숨어 스스로 편안한 때라 이르고 있다. 하물며 자신의 대에 국은을 받아 몸은 조정에 문안드리는 영화를 받았고, 지조를 지키고 본성을 보호하여 이미 능히 인장을 풀고 벼슬을 물러날 수 없으며 관급을 따지고, 명성을 탐하고 있음은 또한 능히 자세히 살펴볼 수도 없다. 하물며 신라와 발해는 나라 밖의 먼 오랑캐임에도 바쁘게 새로운 서울에 이르러 들어와 옛 전범에 어긋나지 않게 공부를 바치며, 조정신하들에게 복명한다. (『冊府元龜』 65 帝王部 65 發號令 4)

신라 발해 조정이 관리를 임명함에 역량과 능력에 따라 직을 내려 주면 중서성(中書省)이 주의(奏擬)하여 시행할 때는 재목을 가려 반원(班員)에 갖추어 두어, 침체되어 있는 곳에서 인재를 등용하고 겸하여 펴도록 하는 것이다. 하물며 도읍을 옮긴 뒤에 제도가 흥함에야. 새로 관직이 주어진 자는 외번에서 빙빙돌며 대궐에 달려와야 할 일을 의논하지 않고, 전에 관직을 맡은 자는 병풍에 숨어 스스로 편안한 때라 이르고 있다. 하물며 자신의 대에 국은을 받아 몸은 조정에 문안드리는 영화를 받았고, 지조를 지키고 본성을 보호하여 이미 능히 인장을 풀고 벼슬을 물러날 수 없으며 관급을 따지고, 명성을 탐하고 있음은 또한 능히 자세히 살펴볼 수도 없다. 하물며 신라와 발해는 나라 밖의 먼 오랑캐임에도 바쁘게 새로운 서울에 이르러 들어와 옛 전범에 어긋나지 않게 공부를 바치며, 조정신하들에게 복명한다. (『全唐文』 93 哀帝 除官不得停住詔)

신라 효공대왕(孝恭大王)이 보위(寶位)에 오르고 특히 선종을 흠모하여 받들었다. 당시 대사는 해동에 있어 독보적일 뿐만 아니라, 그 고고함이 천하에 우뚝 드러났으므로 특별히 승정(僧正)인 법현(法賢) 등을 보내어 봉필(鳳筆)을 전달하여 황거(皇居)인 왕궁으로 초빙하였다. 대사가 문인들에게 이르시되, "처음 안선(安禪)함으로부터 하화중생(下化衆生)인 교화를 마칠 때까지 우리의 불교가 말대(末代)에 이르시기까지 유통됨은 국왕 대신들의 외호(外護)의 은혜이다."라 하고는 천우(天祐) 3년 9월 초에 홀연히 명주(溟州) 교외를 나와 경읍(京邑)에 도착하였다. 16일에 이르러 비전(祕殿)으로 인도하여 고고하게 법상(法床)에 올라 설법하니, 주상이 그 마음을 맑게 하고, 면류관과 조복(朝服)을 정돈하여 국사(國師)의 예로써 대우하며 경건하게 찬앙(鑽仰)의 정을 펴거늘, 대사는 말씀과 안색이 종용(從容)하고 신의(紳儀) 또한 자약하였다. 도를 높이 숭상함에는 복희씨와 헌원씨의 술(術)을 설하여 주고, 나라를 다스림에 있어서는 요임금과 순임금의 풍도(風道)를 일러 주었는데, 대사는 설법하거나 남을 가르침에 있어서는 마치 거울이 물상(物像)을 비추어 주되 피로함을 잊은 것과 같이 하였고, 물음에 답할 때에는 종이 치기를 기다려 울리는 것과 같이 하였다. 친히 상전(上殿)하여 법을 받은 제자가 4인이니 행겸(行謙)·수안(邃安)·신종(信宗)·양규(讓規) 등이요, 양경(讓景)은 행(行)이 10철(十哲)을 뛰어넘고 이름은 삼선(三禪)을 덮었으며, 진리의 근본을 탐색하고 절대경의 심오한 이치를 논하였다. 성인(聖人)은 자주 진미(麈尾)인 불자(拂子) 휘두름을 보이니 이러한 설법으로 임금을 기껍게 하였다. (「太子寺郎空大師白月栖雲塔碑」)

신라 효공대왕이 보위에 오르고 특히 선종을 흠모하여 받들었다. 당시 대사는 해동에 있어 독보적일 뿐만 아니라, 그 고고함이 천하에 우뚝 드러났으므로 특별히 승정인 법현 등을 보내어 봉필을 전달하여 황거인 왕궁으로 초빙하였다. 대사가 문인들에게 이르시되, "처음 안선함으로부터 하화중생인 교화를 마칠 때까지 우리의 불교가 말대에 이르시기까지 유통됨은 국왕 대신들의 외호(外護)의 은혜이다."라 하고는 천우 3년 9월 초에 홀연히 명주 교외를 나와 경읍에 도착하였다. 16일에 이르러 비전으로 인도하여 고고하게 법상에 올라 설법하니, 주상이 그 마음을 맑게 하고, 면류관과 조복을 정돈하여 국사의 예로써 대우하며 경건하게 찬앙의 정을 펴거늘, 대사는 말씀과 안색이 종용하고 신의 또한 자약하였다. 도를 높이 숭상함에는 복희씨와 헌원씨의 술(術)을 설하여 주고, 나라를 다스림에 있어서는 요임금과 순임금의 풍도를 일러 주었는데, 대사는 설법하거나 남을 가르침에 있어서는 마치 거울이 물상(物像)을 비추어 주되 피로함을 잊은 것과 같이 하였고, 물음에 답할 때에는 종이 치기를 기다려 울리는 것과 같이 하였다. 친히 상전하여 법을 받은 제자가 4인이니 행겸·수안·신종·양규 등이요, 양경은 행(行)이 10철을 뛰어넘고 이름은 삼선을 덮었으며, 진리의 근본을 탐색하고 절대경의 심오한 이치를 논하였다. 성인은 자주 진미(麈尾)인 불자 휘두름을 보이니 이러한 설법으로 임금을 기껍게 하였다. (『全唐文』 1000 崔仁渷 新羅國故兩朝國師敎諡朗空大師白月棲雲之塔)

후고구려 후백제 신라

궁예가 왕건을 보내어 정기장군(精騎將軍) 금식(黔式) 등 군사 3천을 이끌고 상주(尙州) 사화진(沙火鎭)에서 공격하게 하니, 여러 번 싸워 이겼다. 궁예가 땅이 더욱 넓어지고 군사력이 점차 강해지자 신라를 병탄할 뜻을 가지게 되어 신라를 멸도라 부르고 신라에서 귀부에 온 자들을 모두 베어 죽였다. (『三國史節要』 14)

후고구려 후백제 신라

3년 병인에 궁예가 태조에게 명하여 정기장군 금식 등을 거느리고 군사 3천을 이끌고 상주 사화진을 공격하게 하니, 견훤(甄萱)과 여러 번 싸워 이겼다. 궁예는 땅이 더욱 넓어지고 군사력이 점차 강해지자 신라를 병탄할 뜻을 가지게 되어, 신라를 멸도(滅都)라 부르면서 신라에서 귀부해온 자들을 모두 베어 죽였다. (『高麗史』 1 世家 1 太祖 1)

신라

대사는 그 후 "내가 여기에 머물게 되면 앞으로 나아갈 길이 막혀 버리리라." 하시고, 천우(天祐) 3년 해안을 거슬러 올라가다가 우연히 당(唐)나라로 가는 배를 만나 편승(便乘)을 간청하여 허락을 받았다. 목적지인 피안(彼岸)에 도달하여 이리 저리 서상(西上)하다가, 길을 동양(東陽)으로 돌려 팽택(彭澤)을 지나 드디어 구봉산(九峯山)에 이르러 경건한 마음으로 도건대사(道乾大師)를 친견하게 되었다. 마침 대사가 뜰에 서 있었으니 절을 하고 엎드려 미처 일어나지 못하고 있을 때, 대사가 스님을 보고 "도리(闍梨)는 머리가 희구려." 하거늘, 스님이 대답하되 "현휘(玄暉)는 아무리 보아도 저 자신을 알 수 없나이다." 하니, 다시 "무엇을 알지 못한다는 말인가." 하였다. 대답하되 "저의 머리가 희다고 하신 말씀의 뜻입니다."라고 하였다. 대사는 "추억을 더듬어보니 너와 이별한 지가 얼마 되지 않았는데, 지금 여기서 다시 만나게 되었구나." 하였다. 기꺼운 바는 승당(昇堂)하여 대사의 오묘한 경지를 보고 입실(入室)해서 참선토록 하였는데, 겨우 10일이 되자마자 심요(心要)를 전해 받아 묵묵히 서로 계합(契合)하였다. 마치 병의 물을 다른 병에 옮겨 부은 것과 같아서, 치우치지 않고 곧은 마음을 갖추고 오르내리고 주선하는 절도를 얻어 의리에 대해서는 의리가 아닌 듯 했고 사람에 대해서는 악인처럼 행동하였다. 삼가 생각하건대 세간(世間)과 출세간(出世間)을 살펴보니 모두 불성(佛性)으로 돌아가 그 본체(本體)는 차별이 없어서 함께 일승(一乘)으로 회통(會通)하는 것이다. 그러므로 한 번 송문(松門; 절)에 의탁한 지 10년이 지났다. 그러므로 한 번 송문(松門)에 의탁한 지 어언 십개괴율(十個槐律)이 경과한 지금 홀로 병(缾)과 육환장(六環杖)을 지니고 사방(四方)으로 순례(巡禮)하여 이름난 승경(勝境)은 모두 순례하고 수려(秀麗)한 명산(名山)에선 한 철씩 지내곤 하였다. 천태산(天台山)의 이적(異跡)을 앙모하여 곳곳마다의 풍속을 보면서 영외(嶺外)로 행각(行脚)하되, 지극한 마음으로 천태조사(天台祖師)의 탑에 참배하고는 호남(湖南)으로 발길을 돌려 이름난 선백(禪伯)들을 친견하였다. 그리고 다시 북으로 유연(幽燕)을 거쳐 서쪽으로 공촉(邛蜀)을 둘러보았으며, 혹은 이 나라에서 저 나라로 국경을 넘나들기도 하였다. 많은 성(城)을 몰래 넘기도 하면서 사명(四明)에 당도하여 홀연히 (결락) 새[鳥]를 만났는데, 동방(東方)으로부터 전하는 소식이, 지금 본국(本國)에는 전쟁의 안개가 걷히고 바다에는 점차 파도가 사라져서 외난(外難)은 모두 소멸되고 다시 중흥(中興)을 이루었다는 것이었다. (「淨土寺法鏡大使慈燈塔碑」)

신라 최인연은 진한(辰韓) 무준(茂竣)사람이다. 천우 연간(904~906)에 신라국 한림학사(翰林學士) 수병부시랑지단서원사(守兵部侍郎知端書院事)의 관직에 있었다. (『全唐文』 1000 崔仁渷)

907(丁卯/신라 효공왕 11/발해 大諲譔 2/후백제 견훤 16/후고구려 궁예 聖冊 3/唐 天祐 4, 後梁 開平 1/日本 延喜 7)

신라 봄과 여름에 비가 오지 않았다. (『三國史記』 12 新羅本紀 12)

신라 봄과 여름에 비가 오지 않았다. (『三國史節要』 14)

신라 후백제 일선군(一善郡) 남쪽의 10여 성이 모두 견훤에게 빼앗겼다. (『三國史記』 12 新羅本紀 12)

신라 후백제 견훤이 쳐들어와 일선 이남의 10여 군을 빼앗았다. (『三國史節要』 14)

발해 (개평 원년 5월) 무인일(2)에 발해와 거란이 보낸 사자가 왔다. (『新五代史』 2 梁本紀 2 太祖 下)

발해 (양 태조 개평 원년) 5월에 발해왕자 대소순(大昭順)이 해동의 산물을 바쳤다. (『冊府元龜』 972 外臣部 17 朝貢 5)

발해 양 개평 원년 그 왕은 대인선(大諲譔)이라 한다. (『冊府元龜』 967 外臣部 12 繼襲 2)

발해 개평 원년 국왕 대인선이 사자를 보냈다. 현덕(顯德) 연간이 끝날 때까지 항상 와서 조공하였다. 그 나라의 토산물은 고(구)려와 같다. 인선의 세차(世次)와 즉위 및 졸년 등은 사관이 그 기록을 잃어버렸다. (『新五代史』 74 四夷附錄 3 渤海)

발해 양 개평 원년 5월에 그 왕 대인선(大諲譔)이 왕자 대소순(大昭順)을 보내 와서 방물을 바쳤다. (『五代會要』 30 渤海)

신라 다음 해 여름이 끝나갈 무렵 잠깐 경기인 서울을 하직하고 바닷가로 행각하다가 김해부(金海府)에 이르니, 지부급제(知府及第)이며 동령군(同領軍)인 충자(忠子) 소율희공(蘇律熙公)이 옷깃을 여미고 덕풍(德風)을 흠모하던 중, 옷깃을 열고 도(道)를 사모하여 이름난 큰절에 주석하도록 청하였다. 이는 창생을 복되게 하기를 희망한 것이었다. 십사(十師)가 함께 산중에 서지(棲遲)하니, 그윽이 자비의 교화(敎化)를 드리워 요망한 액운(厄運)의 연기는 모두 나라 밖으로 쓸어버리고 감로(甘露)의 법수(法水)를 산중에 뿌리게 되었다. (「太子寺郎空大師白月栖雲塔碑」)

신라 다음 해 여름이 끝나갈 무렵 잠깐 경기인 서울을 하직하고 바닷가로 행각하다가 김해부에 이르니, 지부급제이며 동령군인 충자 소율희공이 옷깃을 여미고 덕풍을 흠모하던 중, 옷깃을 열고 도를 사모하여 이름난 큰절에 주석하도록 청하였다. 이는 창생을 복되게 하기를 희망한 것이었다. 십사가 함께 산중에 서지하니, 그윽이 자비의 교화를 드리워 요망한 액운의 연기는 모두 나라 밖으로 쓸어버리고 감로의 법수를 산중에 뿌리게 되었다. (『全唐文』 1000 崔仁渷 新羅國故兩朝國師敎諡朗空大師白月棲雲之塔)

908(戊辰/신라 효공왕 12/발해 大諲譔 3/후백제 견훤 17/후고구려 궁예 聖冊 4/後梁 開平 2/日本 延喜 8)

발해　정월 8일 경진일에 발해객이 왔다. (『日本紀略』後篇 1)

발해　정월 8일에 우대신(左大臣)이 백기국언(伯耆國言)을 발해입근대사(渤海入覲大使) 배구(裵璆) 등에게 올릴 것을 아뢰니 안(岸)에 다다르자 장(狀)을 해문(解文)하였다. (『扶桑略記』23)

발해　(양 개평) 2년 정월에 이르러 또 전중소령(殿中少令) 최예광(崔禮光)을 보내 와서 조회하였다. (『五代會要』30 渤海)

발해　(개평) 2년 봄 정유일(25) 발해가 사신을 보내어 왔다. (『新五代史』2 梁本紀 2 太祖 下)

발해　양 태조 개평 2년 정월 발해국 조공사(朝貢使)·전중소령(殿中少令) 최예광(崔禮光) 이하 각각에게 작위와 봉록을 더해주고 더불어 금과 비단을 차등 있게 내려 주었다. (『冊府元龜』976 外臣部 21 褒異 3)

신라　봄 2월 혜성이 동쪽에 나타났다. (『三國史記』12 新羅本紀 12)

신라　봄 2월 혜성이 동쪽에 나타났다. (『三國史節要』14)

발해　3월 20일 존문발해객사(存問渤海客使) 대내기등원박문(大內記藤原博文)과 직강가대학권윤진유흥(直講假大學權允秦維興) 등이 아뢰어 이전의 백기국장(伯耆國狀)을 지시하게 하였다.(『扶桑略記』23)

신라　3월에 서리가 내렸다. (『三國史記』12 新羅本紀 12)

신라　3월에 서리가 내렸다. (『三國史節要』14)

발해　4월 2일에 정(定)으로 식부대승기숙광(式部大丞紀淑光)·산위관원순무(散位菅原淳茂)를 장객사(掌客使)로 삼고 병부소승소야갈근(兵部少丞小野葛根)·문학생등원수진(文學生藤原守眞)을 영객사(領客使)로 삼았다. (『扶桑略記』23)

발해　4월 8일에 존문발해객사(存問渤海客使) 대내기등원박문(大內記藤原博文)등이 입근사문적원소감(入覲使文籍院少監) 배구(裵璆)에게 물었다. (『日本紀略』後篇 1)

발해　4월 21일에 영객사(領客使) 등이 금래해변(今來河邊)에서 곡연(曲宴)을 베풀었고 모일에 천황이 발해왕에게 서(書)를 내렸다. (『日本紀略』後篇 1)

발해　4월 26일에 발해객이 시가기마(時可騎馬)로 입경(入京)하자 평례(平例)대로 준관(准寬)하게 하고 공경(公卿) 등은 우러르고 사마(私馬)를 바치게 하였다 (『扶桑略記』23)

신라　여름 4월 우박이 내렸다. (『三國史記』12 新羅本紀 12)

신라　여름 4월 우박이 내렸다. (『三國史節要』14)

발해　5월 5일에 남전(南殿)에 나아가 좌우마료발해객가기마(左右馬寮渤海客可騎馬) 각 20

필을 관람하였다. (『扶桑略記』 23)

발해　5월 12일에 법황[우다]이 발해 배구[정]에게 서(書)를 내렸다. (『日本紀略』 後篇 1)

발해　5월 12일에 법황[法皇]이 당객(唐客)에게 서(書)를 내렸는데 그 사(詞)는 다음과 같다. 나는 야인(野人)이다. 일찍이 교어(交語)가 없어 한갓 풍자(風姿)를 생각하여 북쪽으로 바라보며 연모가 증가하였는데 바야흐로 지금 명부(名父)의 아들이 예를 마치고 고향으로 돌아가려 하니 차미 방촌(方寸)을 이길 수 없다. 애오라지 사신(私信)을 붙혀 포객(逋客)의 뜻을 상기(相棄)하는 것을 가볍게 여기지 않는다. 아. 나는 남산(南山)의 남쪽에 깃들어 있어 부운(浮雲)으로 정해져 있지 않으니 그대의 집인 북해(北海)의 북쪽은 험랑기중(險浪幾重)하고 일천(一天)의 아랫니니 마땅히 상사(相思)가 있음을 알고 사해의 내(內)에 이름을 얻지 못함을 괴이하다 여기지 말라. 일본국 서학동거사(棲鶴洞居士) 무명(无名)이 삼가 장(狀)한다[이상은 태상법황(太上法皇)이 발해객도(渤海客徒)에게 내린 서(書)이다]. (『扶桑略記』 23)

발해　5월 14일에 조집당(朝集堂)에서 번객(蕃客)에게 향(饗)하였다. (…) (『扶桑略記』 23)

발해　5월 15일에 번객에게 조집당에서 잔치를 베풀고 아울러 피국왕(彼國王) 등에게 물건을 내렸다. (…) 또 당객대사(唐客大使)에가 답물(答物)을 내렸다[이상은 어기(御記)이다]. (『扶桑略記』 23)

발해　(양 태조 개평 원년) 5월에 발해왕자 대소순(大昭順)이 해동의 물산을 바쳤다. (『冊府元龜』 972 外臣部 17 朝貢 5)

발해　6월 모일에 발해사(渤海使) 배구(裵璆)가 와서 조회하였다. 모일에 장객사(掌客使) 제문사(諸文士)를 홍려관(鴻臚館)에서 북객(北客)의 귀향(歸鄕)을 전별하였다. (『日本紀略』 後篇 1)

발해　11월 18일에 대납언등원조신(大納言藤原朝臣)[도명(道明)]이 윤뮨(尹文)에게 명하여 약협수 (若狭守) 윤형(尹衡)이 허락한 것을 아뢰게 하고 발해객도(渤海客徒)가 내착한 이유를 고하게 하였다. (『扶桑略記』 24)

발해　11월 21일 객도첩장(客徒牒狀)에 이르길, “단생포(丹生浦) 해중(海中)에 부거(浮居)함을 당하여 운운(云云) 착안(着案)하지 못한 이유입니다. 또 첩중(牒中)에 비록 인수(人數)가 기재되고 내착(來着)의 이유가 있으나 자세하게 서술되어 있지 않습니다. 장인(藏人) 중련(仲連)으로 약협국(若狭國)의 해문(解文)을 하게하고 받들어 육조[우다]원(六條[宇多]院)에서 열람하게 했습니다.”라고 하였다. (『扶桑略記』 24)

발해　11월 25일에 우대신(右大臣) [충평(忠平)]이 발해객사(渤海客事)의 정해진 바의 행사를 약협(若狭)에서 옮겨 월전(越前)에 안치하고 입경하도록 하는 일은 좌중변방기조신(左中辨方基朝臣)으로 행사변(行事辨)으로 삼도록 아뢰었다. (『扶桑略記』 24)

신라 후고구려

한가로이 이 문을 보면 문자(文字)를 떠나 항상 심경(心鏡)을 생각하여 객진(客塵) 번뇌를 말끔히 떨어버리고 이치를 얻은 데서 저 편방(偏方)의 진리를 깨닫지 못하는 미매(迷昧)한 사람을 불쌍히 여겨 운거(雲居)의 법인(法印)을 전해 받아 일역(日域)의 흐름을 소생시킬 것을 기약하였다. 이는 곧 진재(眞宰)가 힘쓰고 도인이 수고하여 그(결락)을 잊고, (결락)하는 것이며, 공자(孔子)가 주나라를 돌아다니다가 바삐 노나라로 돌아간 것과 같다. 이에 천우(天祐) 5년 7월 무주(武州)의 회진(會津)으로 돌아왔다. 이 때 군대가 지상에 가득하고 도적은 곳곳에 횡행하며, 삼종(三鍾)이 있는 곳에는 사방(四方)에 군벽이 많았다.

대사는 암혈(岩穴)에 은둔하여 난리를 피하되 사슴과 더불어 벗을 삼았으며, (결락)를 만났으나, 대사가 그 산에 머무는 것이 마치 구슬을 품고 있는 물이 더욱 아름다운 것과 같았으며, 바다에 달이 비치는 것과 같았다. 옥이 있으면 산이 빛나듯 스님의 명성이 널리 퍼지기 시작하였다. 선왕(先王)이 북쪽에서 친히 군사를 이끌고 남정(南征) 길에 올랐을 때 임금을 피하는 사람이 적었다. 특별히 사신을 보내 먼저 선문에 나아가 조서(詔書)를 받들어 전하여 군진에 나오도록 하였다. 대사가 문득 제왕의 명을 들었으니, 어지 왕의 일정을 지체시키겠는가 하였다. 곧 진영에 이르자 바로 임금의 처소로 맞이하여 머물도록 여러 번 붙잡고 거듭 부촉하여 "과인(寡人)이 급히 군대를 이끌고 엎드려 대사의 위의를 공손히 받들겠습니다." 하였다. 대사가 수레를 타고 왕과 함께 가기 어렵다고 난색을 표하였다. 속기(續起) (결락) 則. 일찍이 장경을 보고 또 고승전을 살펴보니, 송(宋)의 무제(武帝)가 적을 평정할 때 각현 삼장이 부봉(附鳳)하는 정성을 이루었고, 수(隋)의 문제(文帝)가 성방(省方)함에 법찬대사(法瓚大師)가 용을 따르는 정성에 응한 것과 같았다. 한 마음으로 법을 존중함이 천년을 지나도 같았는데, 어찌 임금의 지위가 장차 기울어지고 국가의 기강이 타락할 것을 약속했겠는가. 군신이 (결락)하고, 부자가 (결락) 하여 (결락)의 흉악한 무리들이 충성스럽고 곧은 신하들을 베어 점점 쇠퇴함이 실로 하은(夏殷) 때 보다 심하였다. 이러한 때에 국민들은 다 함께 독부(獨夫)임을 한탄하며, 그윽이 밝은 임금을 그리워하였건만, 사방(四方)에서 군흉(群兇)이 다투어 일어나서 천하(天下)를 다투고 있었으며, 아직은 진나라 때 제위를 서로 노려 누구에게 돌아갈지 모르던 때와 같았으나, 큰 원망이 모두 녹으니 한나라가 용처럼 일어나던 때와 같았다. (결락) 지금 임금께서는 서쪽으로 궁예(弓裔)를 항복받고 민심을 안정시킨 다음, 북을 등지고 남을 향하여 왕좌(王座)에 군림하였으니, 성일(聖日)을 상진(桑津)에 높이 매어 달고, 요망한 분위기를 동해(東海)로부터 말끔히 쓸어버렸다. 대사께서는 오래도록 혜일(慧日)을 엿보았으며, 일찍이 현풍(玄風)을 듣고 작은 배를 타고 험난한 파도를 헤치면서 중화에 가서 도(道)를 배우고 돌아왔다는 소식을 들은 상(上)께서는 곧 수레를 타고 스님을 찾아뵈었으니, 앙모하는 마음은 바다보다 깊고, 흠승(欽承)하는 생각은 땅보다 넓었다. 왕이 스님을 만날 때마다 머리를 조아리며 사슬(捨瑟)하는 태도를 보였으며, 항상 몸을 구부려 구의(摳衣)하는 예를 다하였다. 언제나 백성을 다스리는 경훈(警訓)을 물었으며, 귀의하는 마음이 더욱 간절하여 왕사(王師)로 대우하였으니, 이는 군림(君臨)의 길상을 도와달라는 소원 때문이다. (결락) 태제태광(太弟太匡) 왕신(王信)이 마납가사(摩衲袈裟) 1령(一領)과 유석발우(鍮石鉢盂) 1좌(一座)를 받았는데, 상이 오를 때에 차례로 받들어 무릎을 꿇고 대사에게 바쳤다. 그 로 부 터 임금은 스님을 수시로 찾아뵙고 법문을 들었다. 그러한 즉 부처님을 공경하는 마음과 스님을 존중하는 신심(信心)이 원위(元魏) 때 임금이 불교를 신봉하는 것과 같았고 왕신(王臣)과 사람들 모두가 (결락) 불자(佛子)이었던 것과 같았으니, 불교의 교세가 왕성함이 이보다 더한 적은 없었다고 할 만 하였다. 그러므로 내원(奈菀)에서 정진하며 연비(蓮扉)에서 연좌하니, 찾아오는 자가 구름과 같고, 모인 대중은 바다와 같이 많아서 도량에 벼와 삼처럼 열을 이루니 마치 장자(長者)의 뜰과 같았고, 복숭아와 오얏나무 밑에 길이 만들어지듯 하니 마치 선인(仙人)이 모인 시장 터와도 같았다. (「五龍寺法鏡大師普照慧光塔碑」)

909(己巳/신라 효공왕 13/발해 大諲譔 4/후백제 견훤 18/후고구려 궁예 聖冊 5/後梁 開平 3/日本 延喜 9)

발해 (개평 3년) 3월 신미일(6)에 발해국왕 대인선이 사신을 보내왔다. (『新五代史』2 梁本紀 2 太祖 下)

발해 (양 개평) 3년 3월에 그 상(相) 대성악(大誠諤)을 보내 와서 조회하였고 겸하여 여구(女口)를 바쳤다. (『五代會要』30 渤海)

발해 (개평) 3년 3월에 발해국왕 대인선이 그 재상 대성악(大誠諤)을 보내 조공하고, 여자 아이와 물건, 담비가죽과 곰 가죽 등을 바쳤다. (『冊府元龜』972 外臣部 17 朝貢 5)

발해 법황(法皇), 발해의 배정(裴頲)에게 내리는 서(書)

기납언(紀納言)

배공족하(裴公足下)는 옛날에 입근(入覲)한 적이 있다. 그 광모(光貌)는 사랑할 만하고, (그 기억은) 사람들의 마음에 아직 남아있다. 나는 야인으로 일찍이 말을 섞은 일은 없었다. 그래서 덧없이 그 모습을 생각하고 발해국이 있는 북방을 향해 사모의 마음을 키우고 있다. 지금 훌륭한 아버지의 아들이 예를 마치고 귀향하려고 한다. 마음을 참을 수가 없어 사신(私信)을 부친다. 은자(隱者, 逋客)의 마음을 가벼이 버리지 말라. 아아, 나는 남산의 남쪽에 살고 있고, 부운처럼 정해지지 않는 생활을 하고 있다. 그대는 북해의 북쪽에 살고, 험한 파도로 몇 겹이나 떨어져 있다. 같은 하늘 아래에 있고 서로의 생각이 통하고 있음을 알아주길 바란다. 사해(四海) 안에 있으면서 이름을 말하지 않는 것을 이상하게 생각하지 않길 바란다. 일본국의 서학동거사무명(栖鶴洞居士無名), 삼가 장(狀)한다.

연희 8년 5월 12일 (『本朝文粹』7)

신라 후고구려

여름 6월에 궁예가 장군에게 명하여 병사와 선박을 이끌고 진도군(珍島郡)을 함락시키고, 또 고이도성(皐夷島城)을 깨뜨렸다. (『三國史記』12 新羅本紀 12)

신라 후고구려 후백제

왕건은 궁예가 날로 교만하고 포악해지는 것을 보고 다시 변방에 뜻이 있었다. 마침 궁예가 나주(羅州)를 근심하여 드디어 왕건에게 가서 지키도록 명령하였다. 왕건이 수군으로 광주(光州)의 염해현(鹽海縣)에 머물다가 견훤의 사신이 오월에 들여보내는 사신을 조우하여 그 배를 나포하여 돌아왔다. 궁예가 매우 기뻐하여 후하게 더욱 포상하였다. 다시 왕건을 보내어 정주(貞州)에서 전함을 수리하고 군사 2,500명으로 광주 진도군(珍島郡)을 공격하게 하니 이를 함락시켰다. 왕건이 고이도(皐夷島) 성중으로 갔는데, 군용이 엄중한 것을 보고 스스로 항복하였다. 왕건이 정성을 다해 군사를 어루만지고 위엄과 은혜를 아울러 행하니, 군사들이 두려워하고 사랑해 모두 힘껏 싸우리라 생각하였고, 마침내 적도 두려워하며 복종하였다. (『三國史節要』14)

후고구려 후백제

양나라 개평 3년 기사에 태조는 궁예가 날로 교만하고 포악해지는 것을 보고 다시 변방에 뜻이 있었다. 마침 궁예가 나주(羅州)를 근심하여 드디어 태조에게 가서 지키도록 명령하고, 품계를 올려 한찬(韓粲) 해군대장군(海軍大將軍)으로 삼았다. 태조가 정성을 다해 군사를 어루만지고 위엄과 은혜를 아울러 행하니, 군사들이 두려워하고 사랑해 모두 힘껏 싸우리라 생각하였으며 국경의 적도 두려워하며 복종하였다. 태조가 수군을 거느리고 광주(光州)의 염해현(鹽海縣)에 머물다가 견훤(甄萱)이 오월

(吳越)에 보내는 배를 사로잡아 돌아오니, 궁예는 매우 기뻐하여 후하게 포상하였다. 또 태조로 하여금 정주(貞州)에서 전함을 수리하고 알찬(閼粲) 종희(宗希)와 김언(金言) 등을 부장(副將)으로 삼아 군사 2,500명을 지휘하여 광주의 진도군(珍島郡)을 공격하게 하였다. 〈태조가〉 진도를 함락하고 나아가서 고이도(皐夷島)에 머무니, 성 안 사람들이 군대의 위용이 엄정한 것을 멀리서 보고는 싸우지 않고 항복하였다. (『高麗史』 1 世家 1 太祖 總序)

신라 고려 대사가 비록 공(空)을 보았지만, 어찌 본국을 잊었겠는가. 문득 돌아간다는 노래를 생각하고 가만히 해질녘에 고향 생각에 잠겼다. 참선하던 곳을 떠나고자 하여 먼저 간절히 말하니 운거대사가 이르기를 "새가 저기서 운다고 하여 그대로 따라하지 말라. 바라는 것은 참된 종지를 널리 펴서 우리의 도를 빛내는 것이다. 불법의 요체를 간직하는 것이 너에게 있음을 알겠다."고 하였다. 이는 용이 바다에서 뛰어 오르고 학이 해뜨는 곳에 돌아간다고 이를 만하니, 그 가고 옴이 때를 잃지 않았다. 이로써 부처의 마음을 전하고 운거도옹의 심인을 가지고 거듭 바다를 건너 다시 우리나라에 돌아왔으니, 이 때가 천우 6년 7월이며 무주 승평군에 이르렀다. 이 때에 배에서 내려 동쪽으로 가서 월악산에 이르렀으나, 세상이 시끄러워 편안히 좌선할 곳이 없었다. 세상을 살펴보니 모두가 도탄에 빠져 있고, 인간을 돌아보니 너 나 할 것 없이 슬픔에 잠겨 있었다. 비록 자연에 의지하나 어느덧 전란이 가까워지므로 다시 내령(奈靈, 경북 영주)으로 갔는데, 경치가 매우 아름다웠다. 미봉을 바라보면서 은거하다가 다시 소백산으로 가서 지내게 되었다. 여기에 지기주(知基州) 제군사(諸軍事) 상국(上國) 강공(康公) 훤(萱)이 불심이 돈독하여 보리수에서 바람을 마시고 선림(禪林)에서 도를 사모하였다. 돌이켜 보건대 스님이 위태로운 곳을 떠나 편안한 곳에 온 뜻을 조심스럽게 받들어 예를 갖추어 공경히 맞이하였고, 매양 단정히 재계하고 여쭈었고, 선덕(禪德)에 귀의하여 깊이 현풍에 더욱 감동하였다. 학이 그늘에서 우니 뭇새들이 서로 응하고 흰 구름이 해를 감싸니 아름다운 기운이 상서로움을 나타냄을 알겠다.

(태조가) 동쪽을 바라볼 때 자주 신령스런 상서로움을 엿보았으니 어찌 며칠을 넘겼겠는가. 강훤이 삼가 갖추어 임금에게 아뢰었다. 금상은 대사의 도가 중화에 으뜸이었고, 이름이 중국과 우리나라에서 높다는 것을 듣고 서둘러 글을 써서 보내어 대궐로 불렀다. (「菩提寺大鏡大師塔碑」)

신라 (최)언위는 (…) 42세에 본국에 돌아와서 집사시랑(執事侍郎)·서서원학사(瑞書院學士)가 되었다. (『三國史記』 46 列傳 6 崔彦撝)

910(庚午/신라 효공왕 14/발해 大諲譔 5/후백제 견훤 19/후고구려 궁예 聖冊 6/後梁 開平 4/日本 延喜 10)

발해 (양 태조 개평) 3년 3월에 발해왕 대인선이 그 상(相) 대성악(大誠諤)을 보내 조공하였고 아여구(兒女口) 및 물(物)·초서피(貂鼠皮)·웅피(熊皮) 등을 바쳤다. (『冊府元龜』 972 外臣部 17 朝貢 5)

신라 후백제 후고구려

견훤이 직접 보기 3천을 이끌고 나주성을 포위하고 열흘이 지나도록 풀지 않았다. 궁예가 수군을 보내어 이를 습격하니 견훤이 군사를 끌고 후퇴하였다. (『三國史記』 12 新羅本紀 12)

신라 후백제 후고구려

개평 4년에 견훤은 금성이 궁예에게 투항한 것에 노하여 보기 3천으로 그곳을 포위하고 공격했는데, 열흘이 지나도록 풀지 않았다. (『三國史記』 50 列傳 10 甄萱)

신라 후백제 후고구려

견훤은 금성이 궁예에게 투항한 것에 노하여 보기 3천으로 포위하고 열흘이 지나도록 포위를 풀지 않았다. 궁예가 왕건을 보내어 수군을 일으켜 금성을 습격하였다. 왕건이 나주 포구에 이르자 견훤이 직접 전함을 끌고 와서 싸우니 왕건이 군대를 진격시켜 급히 공격하여 크게 무찔렀다. 견훤은 작은 배로 도망하여 돌아갔다. 왕건이 군대를 주둔시켜 금성을 지키려 하니 김언(金言) 등이 스스로 공은 많으나 보상이 없다고 하여 해이해 지자 왕건이 말하기를, "지금 주상이 시기하고 잔혹하여 죽이는 것을 좋아하고 참소와 아첨을 일삼는 무리가 점점 많아지고 있어 사람들이 스스로 지키기 어려워 그와 함께 있으면 화를 받으니, 어찌 밖에 있으면서 함께 안전을 도모하는 것만 하겠는가." 하니, 모두 그렇다고 여겼다. 군대가 광주 서남쪽 경계 반남현(潘南縣) 포구에 이르러 첩자를 놓아 적을 경계하였다. 이때 압해(壓海)의 해적 괴수 능창(能昌)과 갈초도(葛草島)의 작은 도적떼와 무리를 지어 왕건을 요격하여 해를 가하려 하였다. 왕건이 큰 목소리로 이를 알려 결사대 수십 명으로 하여금 갑옷을 입고 창을 들려 가벼운 배에 태워 밤에 나루입구에 이르게 하고 그를 엿보게 하였다. 작은 배 한 척을 나포했는데, 곧 능창이었다. 그를 사로잡아 궁예에게 보내니 궁예가 그를 목베었다. (『三國史節要』 14)

후고구려 후백제

태조가 나주의 포구에 이르니, 견훤 직접 군사를 거느리고 전함을 늘어놓았는데, 목포부터 덕진포(德眞浦)까지 머리와 꼬리가 서로 잇닿았고 수륙 종횡으로 얽혀 있어서 그 군세가 매우 성하였다. 여러 장수가 근심하자 태조가 말하기를, "걱정하지 말라. 군대가 이기는 것은 화합에 있지 수가 많은 데 있지 않다."고 하였다. 이에 진군하여 급히 공격하자 적 함선이 조금 물러났다. 바람을 타고 불을 지르니 불에 타고 물에 빠져 죽은 자가 절반이 넘었으며 5백여 명의 머리를 베어 죽이자, 견훤이 작은 배를 타고 달아났다. 처음에는 나주 관내의 여러 고을이 우리와 막혀있는 데다 적병이 가로막고 있어 서로 응원할 수가 없어 자못 근심과 의심을 품었으나, 이에 이르러 견훤의 정예군이 꺾이자 사람들의 마음이 다 안정되었다. 이로 인해 삼한(三韓)의 땅을 궁예가 절반 넘게 차지하였다. 태조가 다시 전함을 수리하고 군량을 준비하여 나주에 주둔하며 수비하려 하였다. 김언(金言) 등이 스스로 전공은 큰데 상이 없다고 여겨 자못 해이해지자 태조가 말하기를, "삼가 게을리 하지 말고 오직 힘을 다하여 두 마음을 품지 않으면 복을 얻을 것이다. 지금 주상(主上)이 방자하고 포학하여 죄 없는 사람을 많이 죽이고, 참소와 아첨을 일삼는 무리가 뜻을 얻어 서로 점점 젖어들고 있다. 이 때문에 내직에 있으면 스스로를 지키기 어렵기 때문에 변방에서 정벌에 참여하여 힘을 다해 임금을 도우는 것만 같지 못하니, 이처럼 몸을 보전하는 편이 낫다."라고 하니, 여러 장수가 옳게 여겼다. 드디어 광주(光州)의 서남쪽 경계 반남현(潘南縣)의 포구에 이르러 첩자를 적의 경내에 풀어 놓았다. 이 때 압해현(壓海縣) 도적의 우두머리 능창(能昌)이 있었는데, 섬에서 일어나 수전(水戰)을 잘하였으므로 수달이라 불리었다. 유랑하는 자들을 불러 모아 드디어 갈초도(葛草島)의 작은 도적떼와 서로 결탁하여, 태조(太祖)가 이르기를 기다렸다가 맞아 치려고 하였다. 태조가 여러 장수에게 말하기를, "능창이 이미 내가 오리라는 것을 알고 반드시 섬의 도적들과 더불어 변란을 꾀할 것이다. 도적떼가 비록 적으나 만약 힘을 아우르고 세를 합쳐 앞뒤로 막고 끊는다면 승부를 알 수 없다. 헤엄을 잘 치는 10여 인에게 갑옷을 입고 창을 들게 하여, 가벼운 배에 태워 밤에 갈초도 나룻가에 가서 오가며 일을 계획한 자를 사로잡아 그 계책을 막는 것이 좋겠다."고 하니, 여러 장수가 모두 그를 따랐다. 과연 작은 배 한 척을 잡으니 곧 능창이었다. 잡아서 궁예에게 보내니 궁예가 크게 기뻐하고 능창의 얼굴에 침을 뱉으면서 말하기를, "해적이 모두 너를 받들어 영웅이라고 하였지만 이제 포로가 되었으니 어찌 나의 신묘한 계책 때문이 아니겠는가." 하고 이에 사람들이 보는 데서 목을 베었다. (『高麗史』 1 世家 1 太祖 總序)

고려 장화왕후(莊和王后) 오씨(吳氏)는 나주(羅州) 사람이다. 조부는 오부돈(吳富侘), 아버지는 오다련군(吳多憐君)으로, 대대로 나주의 목포(木浦)에 살아왔다. 오다련군은 사간(沙干) 연위(連位)의 딸 덕교(德交)에게 장가들어 왕후를 낳았다. 왕후가 일찍이 나루터의 용(龍)이 뱃속으로 들어오는 꿈을 꾸었다. 놀라면서 깨어 부모(父母)에게 말하니 모두 기이하게 여겼다. 오래지 않아 태조(太祖)가 수군장군(水軍將軍)으로 나주에 출진(出鎭)하여 목포에 정박하였다. 태조가 강가를 바라보았더니 오색(五色)의 구름 같은 기운이 서려 있었다. 그 곳에 이르니 왕후가 빨래를 하고 있었는데, 태조가 불러 사랑하였다. 왕후의 집안이 측미(側微)하므로 임신시키지 않고자 하여 잠자리에 깐 돗자리에 정액(精液)을 뿌렸으나, 왕후가 바로 이를 자신의 질 안에 넣어 결국 임신하고 아들을 낳으니 이가 바로 혜종(惠宗)이다. 혜종은 얼굴에 돗자리 무늬가 있었으므로 세상에서 이르기를 '주름살 임금'이라 하였다. 늘 물을 잠자리에 부어 두었으며 또 큰 병에 물을 담아두고 팔 씻기를 싫어하지 않았으니 참으로 용의 아들이었다. 나이 7세에 태조가 혜종이 왕위를 이을만한 덕이 있음을 알았으나, 그 어머니가 미천해 왕위를 물려받지 못할까 걱정하여 짐짓 옷상자에 자황포(柘黃袍)를 담아 왕후에게 하사하였다. 왕후가 그것을 대광(大匡) 박술희(朴述熙)에게 보였고, 박술희가 태조의 뜻을 미루어 그를 세워 정윤(正胤)으로 하자고 요청하였다. 왕후가 훙서하자, 시호(諡號)를 장화왕후라 하였다. (『高麗史』 88 列傳 1 后妃 1)

고려 태조가 궁예의 교만함과 포학함을 보고는 다시 뜻을 변방[閫外]에 두었다, 마침 궁예가 나주를 걱정하다가 마침내 태조로 하여금 가서 진압하게 하고는 한찬 해군대장군(韓粲 海軍大將軍)으로 진급시켰다. 정성으로 군사들을 위무하고 위엄과 은혜를 아울러 베푸니 적경(敵境)의 사람들이 두려워하며 복속하였다. 궁예가 알찬 종희(宗希)와 김언(金言) 등을 부장(副將)으로 삼아 전함을 수리하고 광주(光州) 진도군(珍島郡)과 고이도성(皐夷島城)을 공격하여 함락시키고 덕진포(德眞浦)로 나아가게 하였다. 견훤도 전함을 배치하였는데, 목포(木浦)에서부터 덕진(德眞)에 이르기까지 앞뒤가 서로 잇닿아서, 바다와 육지를 거침없이 오가며 그 군세(軍勢)가 매우 성하였다. 여러 장수들이 이를 걱정하였다. 태조가 말하기를, "군대의 승리는 화합하는 데에 있는 것이지 그 숫자에 달린 것이 아니다."라고 하고, 진군시켜 급히 공격하니 적선(敵船)들이 조금 물러났다. 바람의 방향을 따라 불을 지르니, 불에 타거나 바다에 빠져 죽은 자들이 태반이었으며, 500여 명을 목 베거나 사로잡았다. 견훤은 작은 배를 타고 도망쳐 돌아갔다. 이전에는 나주 관내의 여러 고을들과 우리가 멀리 떨어져 있어서, 적병들이 가로막으면 서로 호응하여 도울 수가 없어 자못 근심과 의심을 품고 있었다. 이때에 이르러서야 사람들의 마음이 모두 편안하여졌다. 김언 등이 스스로 전공은 많은데도 포상이 없다고 여겨서 몹시 마음이 흐트러졌다. 태조가 말하기를, "삼가하고 태만하지 말라. 오로지 힘을 합하고 다른 마음을 품지 않는다면 복을 얻을 수 있을 것이다. 지금 주상께서 무고한 사람을 많이 죽이고, 참소하고 아첨하는 자들이 뜻을 얻어 조정 안에 있는 사람들은 스스로를 보전하지 못하니, 조정 밖에서 정벌에 종사하면서 힘을 다하여 왕을 보필하는 것만큼 나은 것이 없다."라고 하였다. 여러 장수들이 그렇다고 여겼다. 마침내 반남현(潘南縣)의 포구에 이르러 적경(賊境) 지역에서 염탐꾼을 풀었다. 당시 압해현(壓海縣) 도적의 우두머리[賊帥]인 능창(能昌)이 있었는데, 바다 가운데의 섬 출신으로 수전(水戰)에 능하여 수달(水獺)이라고 자칭하며 망명자들을 불러 모으고 갈초도(葛草島)의 군소 도적들과 서로 결탁하여 있었는데, 태조가 이르기를 기다렸다가 해치고자 하였다. 태조가 여러 장수들에게 말하기를, "능창은 이미 내가 도착한 것을 알고 있으니, 반드시 섬의 도적들과 함께 모의하여 변을 일으킬 것이다. 적의 무리들이 비록 적기는 하지만 만약 합세하여 앞을 막고 퇴로를 차단하면 승패를 알 수 없다. 물질을 잘 하는 자 10여 명으로 하여금 갑옷을 입고 창을 들게 한 후, 가벼운 배를 타고 밤에 갈초도 나룻가 입구로 가서 오가며 일을 꾸미는 자들을 사로잡음으로써 그들의 계략을 막는 것이 좋겠다." 라고 하였다. 여러 장수들이 모두 그 말을 따랐다. 과연 작은 배 한 척을 사로잡았는데, 곧 능창이었다. 잡아서 궁예에게 보내니, 궁예가 그의 목을 베었다. (『高麗史節要』 1 太祖神聖大王)

탐라 (개평) 3년 절동과 절서에서 사행이 회수의 길이 막히는 때에는 역말을 타는 사람들은 만리를 우회하여 육로로 형(荊)·양(襄)·담(潭)·계(桂)주의 고개로 들어가 번우(番禺)에서 바다에 떠 민(閩) 땅에 이르러 항주와 월주에 다다라 복명하여 바로 배를 갖추어 동해를 나와 등주와 내주에 이른다. 그런데 양주의 물가에는 도적의 배들이 많아 지나가려는 자는 감히 해안을 따르지 못하고, 반드시 돛을 높이 올려 멀리 바다 가운데로 물러나니 이를 입양(入陽)이라 한다. 이 때문에 피해가 많다. 사마업(司馬鄴)이 바다에서 1년을 넘게 있었는데 탐라국(耽羅國)에 표류했는데, 일행이 모두 빠져 죽었다. 후에 사마업에게 사도(司徒)를 추증하였다. (『舊五代史』 20 梁書 20 列傳 10 司馬鄴)

신라 창긴조사 홍척(洪陟)의 제자이며 안봉사(安峯寺)의 개창자인 편운(片雲)의 부도이다. 정개(正開) 10년 경오년에 세운다. (「實相寺 片雲和尙浮圖」)

신라 고려 1년이 지난 후 산골 바위의 빗장을 나와 옥연(玉輦)에 도착하니 왕이 반갑게 맞이하였다. 깊이 찬앙(鑽仰)하는 마음이 다른 때보다 더욱 간절하였으니, 숙무제가 불교를 신봉한 것과 동등하게 비교하여 말할 수 없을 정도였다. 중간에 잠깐 본산(本山)으로 돌아가서 유지(遺址)에 다시 사찰을 중수하고 있었는데, 얼마 되지 않아 특명으로 사신을 보내서 다시 입조해 달라고 청하므로 차마 지니(芝泥) 를 거역하기 어려워서 다시 난전(蘭殿)으로 오르게 되었다. 어느 날 설법할 때 용안을 대하여 이르되 "나라가 부강하고 백성이 편안해지려면 긍정(肯庭)의 경우도 사양하지 말아야 한다" 고 당부하면서 "요임금의 어짊과 순임금의 덕이란 것도 오직 중국의 우(禹) 임금만이 짝할 뿐이었습니다."하니, 왕이 대답하되 "삼황(三皇)과 오제(五帝) 때의 태평성세를 부족한 과인과 어찌 비교할 수 있겠습니까."라고 대답하였다.
또 옛 산을 생각하여 돌아가려 하므로 왕은 개경과 너무 멀다하여 지평 보리사를 수리하고 거기에 계시도록 요청하였다. 이 때 깊이 성은에 감읍하고 그 곳에 가서 주석키로 하였다. 그 절은 산천의 경치가 매우 아름다워 한평생 머물 만한 곳으로 삼을 뜻을 가졌다. 그러므로 선행을 쫓는 무리가 부르지 아니하여도 스스로 모여들며, 그들을 지도함에 있어서도 굳이 선행을 권유하지 않아도 스님의 모습만 보고도 깊이 감화를 받았다. 어떤 사람이 스님께 묻되 "청류를 다 마신 후의 경지는 어떠합니까." 하니, 스님이 대답하되 "청류를 다 마신 뒤의 일은 어떠한가."라고 하였다. 또 대답하되 "어찌 청류와 같겠습니까." 하거늘 스님께서 이를 인정하였다. (「菩提寺大鏡大師塔碑」)

911(辛未/신라 효공왕 15/발해 大諲譔 6/후백제 견훤 20/후고구려 궁예 水德萬歲 1/後

梁 開平 5, 乾化 1/日本 延喜 11)

신라 봄 정월 병술 초하루날에 일식이 있었다. (『三國史記』 12 新羅本紀 12)

신라 봄 정월 병술 초하루날에 일식이 있었다. (『三國史節要』 14)

신라 왕이 천첩(賤妾)을 총애하여 정사를 돌보지 않았다. 대신 은영(殷影)이 간하였으나 따르지 않으니, 은영이 그 첩을 잡아다 죽였다. (『三國史記』 12 新羅本紀 12)

신라 후고구려 후백제

왕이 천첩(賤妾)을 총애하여 정사를 돌보지 않았다. 대신 은영(殷影)이 간하였으나 따르지 않으니, 은영이 그 첩을 잡아다 죽였다.

권근은 말한다. 대신(大臣)되는 자는 임금이 허물이 있으면 이를 간언하고, 간언했는데, 듣지 않으면 물러날 뿐이다. 임금이 비록 기쁜 안색이라도 삼가고 바로 잡지 않으면 어찌 그 기뻐하는 바를 죽여 어지러움을 그칠 수 있겠는가. 효공왕이 첩을 총애함에 빠져 은영이 간언했어도 따르는 것을 보지 못하여 그 첩을 죽이니 비록 그 마음이 임금을 사랑하는 데서 나왔다 하더라도 그 흔적은 임금을 위협한 것임을 면치 못하는 것이다. 대저 그 때에 신라가 장차 쇠락해져 권간(權奸)이 권력을 장악하여 효공왕이 특별이 다른 이에게 생명을 맡긴 군주일 뿐이었다. 이듬해 효공이 죽고 22년만에 나라의 명운이 다했으니 이로부터 이후를 기록한 것은 궁예와 견훤이 발호하여 참절(僭竊)한 일일 뿐이다. (『三國史節要』 14)

신라 후고구려(태봉)

궁예가 국호를 태봉으로 고치고 연호를 수덕만세(水德萬歲)라 하였다. (『三國史記』 12 新羅本紀 12)

신라 후고구려(태봉)

국호를 태봉으로 고치고 연호를 수덕만세로 고쳤다. (『三國史記』 31 年表 下)

신라 후고구려(태봉)

궁예가 국호를 태봉으로 고치고 연호를 수덕만세로 바꿨다. (『三國史節要』 14)

신라 후고구려

주량(朱梁) 건화(乾化) 원년 신미에 성책을 고쳐 수덕만세 원년이라고 연호를 고치고, 국호를 태봉이라고 고쳤다. 태조를 보내 군대를 끌고 금성 등을 정벌하여 금성을 나주로 하였다. 공을 논하여 태조를 대아찬(大阿飡) 장군(將軍)이라고 하였다. (『三國史記』 50 列傳 10 弓裔)

신라 후고구려

궁예가 금성에 대한 논공행상을 하여 왕건을 대아찬 장군이라고 하였다. (『三國史節要』 14)

신라 후고구려

선종이 미륵불을 자칭하였다. 머리에는 금색 두건을 쓰고 몸에는 가사를 걸쳤다. 큰아들을 청광보살(靑光菩薩), 막내아들을 신광보살(神光菩薩)이라고 하였다. 외출하면 항상 흰 말을 탔는데 비단으로 말갈기와 꼬리를 장식하였다. 어린 남자아이와 어린 여자아이들로 하여금 깃발, 일산, 향(香), 꽃을 들고 앞에서 인도하게 하였고, 비구 2백여 명을 시켜 범패를 부르며 뒤를 따르게 하였다. 또 스스로 경전 20여 권을 지었는데, 그 말이 요망하여 모두 도리에서 벗어나는 일이었다. 어떤 때에는 반듯하게 앉아 강설하였다. 승려 석총(釋聰)이 "모두 사악한 설과 괴이한 말로써 교훈이 될 수 없다."고 하였다. 선종이 이를 듣고 노하여 철퇴로 그를 때려 죽였다. (『三國史

記』50 列傳 10 弓裔)

신라 후고구려

선종이 미륵불을 자칭하였다. 머리에는 금색 두건을 쓰고 몸에는 가사를 걸쳤다. 큰 아들을 청광보살, 막내아들을 신광보살이라고 하였다. 외출하면 항상 흰 말을 탔는데 비단으로 말갈기와 꼬리를 장식하였다. 어린 남자아이와 어린 여자아이들로 하여금 깃발, 일산, 향, 꽃을 들고 앞에서 인도하게 하였고, 비구 2백여 명을 시켜 범패를 부르며 뒤를 따르게 하였다. 또 스스로 경전 20여 권을 지었는데, 그 말이 요망하여 모두 도리에서 벗어나는 일이었다. 어떤 때에는 반듯하게 앉아 강설하였다. 승려 석총이 "모두 사악한 설과 괴이한 말로써 교훈이 될 수 없다."고 하였다. 선종이 이를 듣고 노하여 철퇴로 그를 때려 죽였다. (『三國史節要』 14)

발해 (건화 원년) 가을 8월에 무진일(17) 유림(楡林)에서 농작물을 열람하였는데, 발해가 사신을 보내왔다. (『新五代史』 2 梁本紀 2 太祖 下)

발해 (양 태조) 건화 원년 8월 발해국이 사신을 보내어 조하(朝賀)하고 또 방물을 헌상하였다. (『冊府元龜』 972 外臣部 17 朝貢 5)

신라 천우(天祐) 8년에 이르러 뗏목으로 큰 파도를 헤치고 나주(羅州)의 회진(會津)에 이르렀다. 이 때 대사는 부두 한 구석에 배를 매어둔 채 모든 것을 던져버리고 병예(屛翳)에게 하직하고 동쪽으로 정처없이 지나다가 김해(金海)까지 이르게 되었다. 마침 김해부(金海府) 지군사(知軍事) 소공(蘇公) 율희(律熙)의 귀의(歸依)를 받게 되었으니, 승광산(勝光山)을 택하여 당우를 수리하고 연하(煙霞)의 절경(絶景)에 터를 잡기를 청하였다. (「廣照寺眞撤大師寶月乘空塔碑」)

912(壬申/신라 효공왕 16, 神德王 1/발해 大諲譔 7/후백제 견훤 21/후고구려 궁예 水德萬歲 2/後梁 乾化 2/日本 延喜 12)

신라 제52대 효공왕 광화 15년 임신[실은 주양(朱梁) 건화 2년이다] 봉성사(奉聖寺) 바깥문 동서 21칸에 까치가 둥지를 지었다. (『三國遺事』 2 紀異 2 孝恭王)

신라 효공대왕이 특별히 정법전의 대덕인 여환(如奐)을 보내어 멀리 조서를 내리고 법력을 빌었다. 붉은 인주를 사용하고 겸하여 향기로운 그릇을 보냈으며, 특별한 사자를 보내어 신심(信心)을 열게 하였다. 그 임금이 귀의할 때 사람들이 공경하고 우러름이 모두 이러하였다. 어찌 육신보살(肉身菩薩)만이 멀리 성△(聖△)의 존중함을 입고, 청안율사(靑眼律師)만이 여러 어진이들의 존중함을 자주 입으리오. 이 절은 비록 지세가 산맥과 이어지고 문이 담장 뿌리(墻根)에 의지하였으나, 대사는 수석이 기이하고 풍광이 빼어나며, 준마가 서쪽 산봉우리에서 노닐고 올빼미가 옛터에서 운다고 하였으니, 바로 대사(大士)의 정에 과연 마땅하며 신인의 △에 깊이 맞는다고 하겠다. 그래서 띠집을 새로 수리하고 바야흐로 가마를 멈추고, 이름을 봉림(鳳林)이라 고치고 선방을 중건하였다. 이보다 앞서 지김해부 진례성제군사 명의장군(知金海府 眞禮城諸軍事 明義將軍) 김인광(金仁匡)은 가정에서 아버지의 가르침을 받고 대궐에 정성을 다하였으며, 선문에 귀의하여 숭앙하고 삼보(三寶)의 집을 돕고 수리하였다. 대사는 마음에 가련히 △△하고 여생을 보낼 뜻을 가졌다. 현묘한 종지를 높이 강연하고 부처의 도를 널리 선양하였다. 과인이 삼가 대업을 받고 큰 기틀을 이어 다스림에, 도안과 혜원의 도를 힘입어 우탕(禹湯)의 운세를 가져오고자 하였다. 듣건대 대사는 당시 천하 사람들의 존숭을 받고 해우(海隅)에서 독보적 존재요, 북악의 북쪽에 오래도록 거처하며 동산(東山)의 법을 가만히 전수했다고 한다. (이에)

흥륜사(興輪寺) 상좌(上座) 석언림(釋彦琳)과 중사성(中事省) 내양(內養) 김문식(金文式)을 보내어 겸손한 말과 두터운 예로 간절히 초청하였다. 대사가 대중에게 이르기를, "비록 깊은 산속이나 이 역시 임금의 땅이요, 하물며 (석가모니의) 부촉도 있으니 임금의 사자를 거절하기는 어렵다."하였다. (「鳳林寺 眞鏡大師塔碑」)

신라 후고구려 후백제

효종대왕(孝宗大王)은 대사가 산곡(山谷)에서 드날리는 도풍(道風)을 흠모하여 윤한(綸翰)을 보내어 지혜의 눈을 뜨게 해 주시고 나라 또한 복되게 해주기를 발원하였다. 이미 이때에 신라의 국운이 기울어져 자주 병화(兵火)가 일어났고, 궁예(弓裔)는 어지럽게 난동하고 견훤(甄萱)은 자칭 왕이라 하여 이름을 도용하였다. 그러나 마침내 천명이 왕건에게로 돌아가 고려라는 새 나라를 건립하게 되었다. (결락) 한 때 낭연(狼煙)이 높이 올라 왕래하기가 고통스러웠으므로 스님들이 끝내 왕을 도울 길이 없었다. (「大安寺光慈大師塔碑」)

신라 여름 4월에 왕이 돌아가시니 시호를 효공이라 하였고, 사자사(師子寺) 북쪽에 장사지냈다. (『三國史記』 12 新羅本紀 12)

신라 여름 4월에 왕이 돌아가시니 시호를 효공이라 하였고, 사자사 북쪽에 장사지냈다. 처음 왕이 후사 없이 돌아가시니 국인(國人)들이 경휘(景暉)를 추대하여 왕으로 세웠다. 경휘는 성이 박씨이니, 아버지 예겸(乂兼)은 정강왕(定康王)을 섬겨 대아찬이 되었다. 5월에 아버지를 추증하여 선성대왕(宣聖大王)으로 하고 어머니는 정화태후(貞和大后)라 했으며, 아들 승영(昇英)을 왕태자로 하였다. (『三國史節要』 14)

신라 효공왕이 죽었다. 신덕왕 경휘(景暉) 즉위 원년이다. (『三國史記』 31 年表下)

신라 신덕왕(神德王)이 즉위하였다. 성은 박씨이고 휘는 경휘이니, 아달라왕(阿達羅王)의 먼 후손이다. 아버지는 예겸(乂兼)[예겸(乂謙)이라고도 한다]이니, 정강대왕(定康大王)을 섬겨 대아찬이 되었고, 어머니는 정화부인(貞和夫人)이며, 비 김씨는 헌강대왕(憲康大王)의 딸이다. 효공왕(孝恭王)이 돌아감에 아들이 없자, 국인(國人)이 추대하여 즉위하였다. (『三國史記』 12 新羅本紀 12)

신라 제52 효공왕(김씨이고 이름은 요(名嶢)이다. (…) 정사년(897)에 즉위하여 15년간 다스렸다. 사자사(師子寺) 북쪽에서 화장하여, 뼈는 구지제(仇知堤) 동쪽 산의 허리에 안장했다.) (『三國遺事』 1 王曆)

신라 제53대 신덕왕[박씨로 이름은 경휘인데, 본명은 수종(秀宗)이다. 어머니는 진화부인(真花夫人)이며, 부인의 아버지는 순홍(順弘) 각간(角干)이며 시호를 성무대왕(成虎大王)으로 추증하였다. 할아버지는 원홍(元弘) 각간으로 하달△왕(何達△王)의 먼 후손이다. 아버지는 부원(父元) 이간(伊干)으로, 흥렴대왕(興廉大王)으로 추봉(追封)되었다. 할아버지는 문관(文官) 해간(海干)이다. 의부(義父)는 예겸(銳謙) 각간(角干)으로, 선성대왕(宣成大王)으로 추봉(追封)되었다. 왕비는 자성왕후(資成王后)이고, 의성(懿成) 또는 효자(孝資)라고도 한다. 임신(壬申)년에 즉위하여, 5년간 다스렸다. 화장하여 뼈를 잠현(箴峴)의 남쪽에 묻었다] (『三國遺事』 1王曆)

발해 (건화 2년 5월 갑신일(7)) 발해가 사신을 보내어 조공하였다. (『舊五代史』 7 梁書 7 太祖紀)

발해 건화 2년 5월에 또 왕자 대광찬(大光贊)을 보내 와서 조회하고 방물을 바쳤다. 태조가 후하게 하사였다. (『五代會要』 30 渤海)

발해 (건화) 2년 5월 발해왕 대인선이 왕자 대광찬(大光贊)을 보내 경제(景帝)를 찬양하는 표와 방물을 바쳤다. (『冊府元龜』 972 外臣部 17 朝貢 5)

발해 (건화 2년) 5월 정해일(10)에 발해가 사신을 보내왔다. (『新五代史』 2 梁本紀 2 太祖 下)

발해 2년 윤5월 무신일(1)에 조를 내려 물건과 은으로 만든 그릇을 나누어 발해의 진공사신 수령 이하에 내려주고 그 나라로 돌려보냈다. (『冊府元龜』 976 外臣部 21 褒異 3)

신라 신덕대왕(神德大王)이 왕위에 올라 은총으로 스님을 대궐로 초빙하였다. (「太子寺郎空大師白月栖雲塔碑」)

신라 신덕대왕이 왕위에 올라 은총으로 스님을 대궐로 초빙하였다. (『全唐文』 1000 崔仁滰 新羅國故兩朝國師敎諡朗空大師白月棲雲之塔)

신라 원년 5월에 아버지를 추증하여 선성대왕으로, 어머니를 정화태후로 하였으며, 비는 의성왕후라 하였다. 아들 승영을 세워 왕태자로 삼고 이찬 계강(繼康)을 상대등으로 삼았다. (『三國史記』 12 新羅本紀 12)

신라 이찬 계강을 상대등으로 삼았다. (『三國史節要』 14)

신라 후고구려 후백제

(천우) 9년 8월 중에 이르러 앞의 임금(궁예를 이름)이 북△△△△△△△△△을 영원히 평정하고자 함대를 출동시켜 친히 거가를 몰았다. 이 때 나주는 귀순해 있었는데, 포구와 섬 옆에 군대를 주둔시켰다. 무주가 왕의 뜻을 거역하니 군사들을 경기 일대에서 동원하였다. 이 때 대왕께서 대사가 근래 오월로부터 새로 우리나라에 도착하였으니, 마니주(摩尼珠)가 바다 끝에 숨은 것과 같고, 아름다운 구슬이 하늘 밖에 감추어진 것과 같다는 말을 들었다. 그러므로 먼저 편지를 보내고, 곧 도의 장대에 몸을 굽혔다. 대사가 거센 파도를 움켜 제압하고 사나운 물결을 바람을 타고 달리듯 가서 몸소 호랑이 날개를 살피고 가만히 용머리를 숙였으니 승△△이 오나라 왕을 짝하고, 먼지 낀 거울을 닦아 맑아지게 하는△△ 내린 것과 더할 것이 없을 정도였다. 그 후 군대를 거느리고 돌아올 때 특별히 같이 가길 청하여 이틀 만에 북쪽에 이르렀다. 마침내 △△△△불(拂)△△ 공급할 물건들은 내고(內庫)에서 주었다. (「無爲寺先覺大師遍光塔碑」)

신라 스님의 휘(諱)는 석초(釋超)이고, 속성은 안씨(安氏)이니 중원부(中原府) 출신이다. 아버지는 이조(尼藻)로서 사마(司馬) 벼슬을 역임하였으니, 선행을 많이 쌓은 가문이며 깊이 예악(禮樂)을 닦았다. 항상 용서하는 마음을 가져 관용(寬容)함을 넓혔으며, 잘못하는 일은 두 번 다시 범하지 아니하고, 그 인자함을 쌓았다. 주리(州里) 사람들이 누구도 업신여기는 이가 없었으니 늙어서 존경하지 않는 이가 없었다. 어머니는 유씨(劉氏)이니, 칠성(七星)의 상서가 날아 입으로 들어오는 태몽을 꾸고 잉태하여 10개월 만인 건화(乾化) 2년 후량(後梁) 태조(太祖) 임신(壬申) 10월 15일 옆구리에서 탄생하였다. 부모는 상봉(桑蓬)의 경사스러움을 얻고 마음이 건상(乾象)의 징조를 기울여 어머니를 위로하였으니, 귀동자(貴童子)를 낳았기 때문이다. 건화(乾化) 2년인 후량(後梁) 태조(太祖) 임신(壬申) 10월 15일 스님이 태어났으니, 날 때부터 다른 아이들과는 완전히 달랐다. 귀는 길어서 어깨에 이르고 손을 아래로 드리우면 무릎을 지나갔다. 네 살 때 이르러 오신채(五辛菜)는 냄새도 맡지 아니하였다. 비록 화택(火宅) 중에 있었으나 마음은 언제나 진롱(塵籠)의 밖으로 벗어나 있었다. 의용(儀容)이 점점 기이(奇異)하며 거주(去住)하는 것이 다른 아이들과 같지 아니하였으니, 마치 푸른 산이 초봄에 옥을 감추고 있는 것처럼 쇄락(灑落)하고, 맑은 강물에 달이 비치듯 진실로 구슬을 간직한 것과 같이 청아(淸雅)하였다. 점점 자라서 동서(東西)를 인식하는 나이에 이르러서 자신이 품고 있는 포부를 북당(北堂)에게 고백하기를, "마침 이웃에 놀러 갔다가 어떤 상인(上人)이 법화경(法華經) 중 묘장엄왕품(妙莊嚴王品)을 외우는데 묘장엄왕(妙莊嚴王)이 정장(淨藏)과 정안(淨眼) 두 왕자(王子)가 출가 수도하는 것을 허락하는 대목이었습니다. 법화경(法華經)을 일념(一念)으로 신종(信從)하는 복도 다생(多生)에 수용한다 하였으니, 어찌 양거(羊車)인 소승(小乘)과 녹거(鹿車)인 중승(中乘)에 비할 수 있겠습니까. 대승법(大乘法)인 마(馬)·우차(牛車)와 나란히 하고자 발원합니다."하니, 아버님이 이미 허락하였고, 국왕도 또한 윤허(允許)하였다. (「智谷寺眞觀禪師碑」)

신라 후고구려 후백제

건화 2년 견훤이 궁예와 덕진포(德津浦)에서 싸웠다. (『三國史記』 50 列傳 10 甄萱)

고려

혜종(惠宗) 인덕명효선현의공대왕(仁德明孝宣顯義恭大王)의 휘는 무(武)이고 자는 승건(承乾)이며, 태조(太祖)의 맏아들로 어머니는 장화왕후(莊和王后) 오씨(吳氏)이다. 후량(後梁) 건화(乾化) 2년(912) 임신에 태어나 태조 4년(921) 정윤(正胤)이 되고, 후백제(後百濟)를 칠 때 종군(從軍)하여 용맹을 떨치며 선봉에 섰으므로 공이 제일(第一)로 되었다. 〈태조〉 26년(943) 5월 병오 태조가 훙서하자 유명(遺命)을 받들어 즉위하였다. (『高麗史』 2 世家 2 太祖 2)

신라

엊저녁 서풍 불제 그대 귀향을 배웅했네 길이 멀어 근심걱정 많았으나 해 바라보며 신라로 가시었네 신기루 번지고 날씨는 청청한데 밀물은 황야 곳곳에 흔적을 남기었네 오늘부터 머리는 각기 휠 것이고 꿈에나 서로를 마주하겠네 (『全唐詩』 12函 3冊 貫休 送人歸新羅)

신라

교육을 위해 온 몸 바쳐 헌신하다가 뜻한 바를 이루고 동방으로 돌아 간다 배는 언덕을 떠나 허공에 오르는데 의지할 곳 없이 큰 바다 건너 한 해를 가야 하리 달 떠오르자 음화(陰火)가 번지고 닻을 조이자 붕새가 날아가는 듯 바다 건너 집으로 돌아간 뒤에라도 자주 빛 옷은 늘 입어야 하리다 (『全唐詩』 12函 3冊 貫休 送新羅僧歸本國)

신라

계수나무 향기 황궁을 물들일 때 먼 길 떠나 봉래의 뭇 섬을 스치네 고요 속 돛배는 밤낮없이 날건만 바람 없으면 몇 년 걸린다 하네 솜옷에 햇볕 쪼이니 온 몸이 불가마 속에 든 듯 섬 옆의 고기 뼈는 배보다 더 크네 고향에 돌아가면 오가는 사신들 만날 것이니 중국어로 편지나 한 장 써서 보내게나 (『全唐詩』 12函 3冊 貫休 送新羅人及第歸)

신라

인도 천축에서 거룩한 가르침이 나왔으니 선인의 말대로 사자의 울부짖음처럼 천하무쌍이라 여섯 마디 석장 가볍게 휘두르니 높고 높은 설산도 텅 빈 듯 들쭉 날쭉인데 베게 맡의 고향 꿈은 사라진지 오래고 주머니엔 석두대사 비문만 지녔어라 [남악 석두대사의 비석문은 유가낭중(劉珂郎中)의 걸작이다] 부끄럽구나 불법에 정진해야 함에도 세속의 편함만 좇으니 지금이 바로 바람 맑고 별일 없는 그 때이거늘 (『全唐詩』 12函 3冊 貫休 送新羅衲僧)

913(癸酉/신라 신덕왕 2/발해 大諲譔 8/후백제 견훤 22/후고구려 궁예 水德萬歲 3/後粱 乾化 3/日本 延喜 13)

신라 여름 4월에 서리가 내리고 지진이 있었다. (『三國史記』 12 新羅本紀 12)

신라 여름 4월에 서리가 내리고 지진이 있었다. (『三國史節要』 14)

신라 명활전(明活典)은 경휘왕 2년에 두었는데 대사(大舍) 1명, 간옹(看翁) 1인이었다. (『三國史記』 39 雜志 2 職官 中)

신라 명활전을 두었는데, 대사 1명, 간옹 1명이었다. (『三國史節要』 14)

후고구려 (건화) 3년 계유년에 태조를 파진찬(波珍飡) 시중(侍中)으로 삼았다. (『三國史記』 50 列傳 10 弓裔)

후고구려 궁예는 왕건이 여러 번 변방에서 공을 세우자 거듭 승진시켜 파진찬 겸 시중으로 삼고 불러들였다. 수군의 일은 다 부장(副將) 김언(金言) 등에게 맡겼으나, 정벌에 관련된 일은 반드시 왕건에게 보고하고 행하도록 하였다. 이에 태조의 지위가 백관의 으뜸이 되었으나 왕건의 본래 뜻이 아니었고, 또 참소(讒訴)가 두려워 그 자리를 즐거워하지 않았다. 매번 관청에 드나들며 국정을 공정하게 보았고, 오직 감정을 누르고 근신하면서 사람들의 마음을 얻기에 힘썼으며 어진 이를 좋아하고 악한 자를 미워하였다. 매번 무고한 사람이 참소를 입는 것을 볼 때마다 여러 번 다 풀어 구해주었다. 청주(靑州) 사람 아지태(阿志泰)가 본래 아양을 떨고 속이기를 잘 하였는데, 궁예(弓裔)가 참소를 좋아하는 것을 보고 이에 같은 고을 사람인 입전(笠全)·신방(辛方)·관서(寬舒) 등을 참소하였다. 유사(有司)에서 이를 추궁하였지만 몇 년이 지나도 판결하지 못하자, 왕건이 바로 참과 거짓을 가려내어 아지태가 죄를 자백하도록 하니 사람들이 시원하다 일컬었다. 이로 말미암아 군부의 장교, 종친과 공신, 현인, 지략과 학식을 갖춘 무리가 바람에 휩쓸리고 그림자처럼 따르지 않음이 없게 되자, 왕건은 화가 미칠 것을 두려워하여 다시 변방으로 나가기를 구하였다. (『三國史節要』 14)

후고구려 건화 3년(913) 계유 태조가 여러 번 변방에서 공을 세우자 거듭 승진시켜 파진찬 겸 시중으로 삼고 불러들였다. 수군의 일은 다 부장 김언 등에게 맡겼으나, 정벌에 관련된 일은 반드시 태조에게 보고하고 행하도록 하였다. 이에 태조의 지위가 백관의 으뜸이 되었으나 태조의 본래 뜻이 아니었고, 또 참소가 두려워 그 자리를 즐거워하지 않았다. 매번 관청에 드나들며 국정을 공정하게 보았고, 오직 감정을 누르고 근신하면서 사람들의 마음을 얻기에 힘썼으며 어진 이를 좋아하고 악한 자를 미워하였다. 매번 무고한 사람이 참소를 입는 것을 볼 때마다 여러 번 다 풀어 구해 주었다. 청주 사람 아지태가 본래 아양을 떨고 속이기를 잘 하였는데, 궁예가 참소를 좋아하는 것을 보고 이에 같은 고을 사람인 입전·신방·관서 등을 참소하였다. 유사에서 이를 추궁하였지만 몇 년이 지나도 판결하지 못하자, 태조가 바로 참과 거짓을 가려내어 아지태가 죄를 자백하도록 하니 사람들이 시원하다 일컬었다. 이로 말미암아 군부의 장교, 종친과 공신, 현인, 지략과 학식을 갖춘 무리가 바람에 휩쓸리고 그림자처럼 따르지 않음이 없게 되자, 태조는 화가 미칠 것을 두려워하여 다시 변방으로 나가기를 구하였다. (『高麗史』 1世家 1 太祖 總序)

고려 궁예가 태조에게 파진찬(波珍粲) 시중(侍中)을 제수하고 그를 불러들였다. 이에 지위가 백관(百官)의 우두머리가 되었으나, 감정을 억누르며 언행을 삼가고 조심하였다. 참소를 당하는 사람을 볼 때 마다 매번 해명하여 구원하여 주니, 조정의 신하들과 장수 및 병졸들이 흡족해하며 마음으로 그를 따랐다. 태조는 화가 미칠 것을 두려워하여 다시 외직(外職)으로 나갈 것을 청하니, 궁예 또한 "수군의 책임자가 가벼워서 적들을 위압하기에 부족하다."라고 하였다. 태조를 시중에서 해임하여 다시 수군을 거느리고 나주를 지키게 하였다. 백제와 해상의 도적들이 대조가 다시 왔다는 것을 듣고는 모두 두려워하며 엎드려서 감히 움직이지 못하였다. 태조가 돌아와서 배를 다루는 유익한 방법과 변고에 대응하는 마땅한 법도를 아뢰었다. 궁예가 기뻐하여 좌우의 신하들을 보고 말하기를, "나의 여러 장수들 중에 누가 견줄 수 있겠는가." 라고 하였다. 이때에 궁예는 터무니없이 반역죄를 꾸며내서 날마다 많은 사람들[百數]을 죽였다. 하루는 급히 태조를 불러서 성난 눈으로 뚫어지게 쳐다보며 말하기를, "경이 어제 밤에 여러 사람들을 모아놓고 반역을 꾀하였으니, 어째서인가."라고 하였다. 태조는 웃으면서 대답하기를, "어찌 그런 일이 있었겠습니까."라고 하였다. 궁예는 일찍이 스스로를 미륵불(彌勒佛)이라고 하였으니, 이에 말하기를, "경은 나를 속이지 말라. 나는 마음을 볼 수 있기 때문에 알 수 있다. 내가 이제 선정(禪定)에 들어가서 볼 것이다."라고 하고는 눈을 감고 뒷짐을 진 채 한참 동안 하늘을 바라보고 있었다. 이때 장주(掌奏) 최응(崔凝)이 곁에 있다가 일부러 붓을 떨어뜨린 후, 뜰에 내려와 붓을 주워 들고 태조를 재빨리 지나치면서 작은 소리로 속삭여 말하기를, "자복하지 않으면 위험합니다."라고 하였다. 이에 태조가 곧 깨닫고 말하기를 "신이 진실로 반역을 꾀하였으니, 그 죄가 죽어 마땅합니다."라고 하였다. 궁예가 크게 웃으며 말하기를, "경은 정직하다고 할 만 하다."라고 하였다. 곧 금과 은으로 장식한 안장을 내려 주었다. 태조는 일찍이 9층으로 된 금탑(金塔)이 바다 한 가운데에 서 있는 것을 보고 그 위에 올라가는 꿈을 꾸었다. 이 해 3월에 왕창근(王昌瑾)이라는 상인이 당(唐)으로부터 와서 저잣거리의 가게에 머물다가 문득 저자 한 가운데에 어떤 사람이 있는 것을 보았는데, 그 용모가 웅대하고 흰 수염에 머리에는 옛 관을 썼으며, 거사(居士)의 복장을 하고 왼손에는 주발을 들고 오른 손에는 오래된 거울을 들고 있었다. 그가 왕창근에게 말하기를, "내 거울을 살 수 있겠는가."라고 하였다. 왕창구이 쌀로 그것을 사서 저잣거리의 담벼락에 걸어두었다. 햇빛이 비스듬히 비치자 겨우 읽을 수 있을 만한 작은 글자들이 희미하게 나타났다. 대략 "삼수(三水) 가운데 있는 사유(四維) 아래로 상제(上帝)가 아들을 진마(辰馬)에 내려 보내니, 먼저 닭[雞]을 잡고 뒤이어 오리[鴨]를 칠 것이다. 뱀의 해에 두 마리 용이 나타나니, 한 마리는 푸른 나무 사이에 몸을 숨길 것이며, 다른 한 마리는 검은 쇠의 동쪽에서 모습을 드러낼 것이다. 때로는 성함을 보였다가 때로는 쇠함을 보이기도 할 것이니, 성하고 또 쇠하는 것은 나쁜 때를 없애기 위함이다."라고 하였다. 왕창근이 처음에는 글자가 있는 것을 알지 못하였다가 글자를 보고 나서는 비상한 일이라고 여겨 궁에에게 헌상하였다. 궁예가 왕창근에게 그 사람을 물색하여 찾도록 하였으나, 찾지 못하였다. 다만 동주(東州)의 발삽사(勃颯寺)에 오래된 진성상(鎭星像)이 있었는데, 거울을 판 거사의 모습과 똑같았으며, 좌우의 손에는 또한 주발과 거울을 들고 있었다. 왕창근이 기뻐하며 상세히 그 형상을 아뢰자 궁예가 감탄하며 기이하게 여기고는 문인(文人) 송함홍(宋含弘)·백탁(白卓)·허원(許原) 등에게 거울 속의 글을 해석하게 하였다. 송함홍 등이 말하기를, "삼수(三水) 가운데 있는 사유(四維) 아래로 상제(上帝)가 아들을 진마(辰馬)에 내려 보낸다는 것은 진한(辰韓)과 마한(馬韓)을 일컫는 것이다. 뱀의 해에 두 마리 용이 나타나 한 마리는 푸른 나무 사이에 몸을 숨기고 다른 한 마리는 검은 쇠[黑金]의 동쪽에서 모습을 드러낸다는 것은, 푸른 나무는 곧 소나무이니, 송악군 사람으로서 용을 이름으로 삼은 자의 자손이 군주가 될 만 하다는 말이다. 왕시중이 왕후의 상을 갖추고 있으니, 어찌 이 사람을 가리키는 것이 아니겠는가. 검은 쇠는 곧 철(鐵)이니, 지금의 도읍인 철원(鐵圓)을 일컫는 것이다. 지금의 왕이 처음에는 이곳에서 성하였는데, 아마도 끝내 이곳에서 멸망하겠구나! 먼저 닭을 잡고 뒤이어 오리를 친다는 것은 왕시중이 나라를 다스리게 된 후에 먼저 계림(雞林)을 얻고 뒤에 압록강을 거둔다는 뜻이다."라고 하였다. 세 사람이 서로 말하기를, "왕이 시기하고 죽이기를 즐기니, 만약 사실대로 고한다면 왕시중이 반드시 해를 입을 것이며, 우리들 또한 화를 면하지 못할 것이다."라고 하고, 이에 거짓으로 말을 꾸며 아뢰었다. (『高麗史節要』 1 太祖神聖大王)

914(甲戌/신라 신덕왕 3/발해 大諲譔 9/후백제 견훤 23/후고구려 궁예 政開 1/後梁 乾化 4/日本 延喜 14)

신라　봄 3월에 서리가 내렸다. (『三國史記』 12 新羅本紀 12)

신라　봄 3월에 서리가 내렸다. (『三國史節要』 14)

후고구려　궁예가 수덕만세를 고쳐 정개(政開) 원년이라 하였다. (『三國史記』 12 新羅本紀 12)

후고구려　(건화) 4년 갑술년에 수덕만세를 고쳐 정개원년이라고 하였다. (『三國史記』 50 列傳 10 弓裔)

후고구려　연호를 정개로 고쳤다. (『三國史記』 31 年表下)

후고구려　궁예가 정개로 연호를 고쳤다. (『三國史節要』 14)

후고구려　태조를 백강장군(百舡將軍)으로 삼았다. (『三國史記』 31 年表下)

후고구려　(건화 4년 갑술년) 궁예가 태조를 백선장군(百舡將軍)으로 삼았다. (『三國史記』 50 列傳 10 弓裔)

후고구려 후백제

궁예가 왕건을 백선장군(百船將軍)으로 삼아 수군을 이끌고 나주를 지키게 하였다. 견훤과 바다의 여러 적들이 모두 두려워하고 엎드려 감히 움직이지 못하였다. 왕건이 돌아와 궁예에게 선박의 이로움과 변화에 대처하는 방법을 고하자 궁예가 기뻐하며 좌우에 일러 말하기를, "우리 여러 장수 중에 누가 왕장군과 견줄 수 있겠는가" 하였다. (『三國史節要』 14)

후고구려　후백제

(건화) 4년 갑술년에 궁예가 또 이르기를, "수군의 장수가 지위가 낮아 적에게 위엄을 보이기에 부족하다."고 하여 이에 태조를 시중에서 해임하고 다시 수군을 지휘하게 하였다. 정주(貞州) 포구로 가서 전함 70여 척을 수리하여 병사 2천명을 태우고 나주에 이르니 백제와 해상의 도적들이 태조가 다시 온 것을 알고 두려워하여 엎드려 감히 움직이지 못하였다. 태조가 돌아와 궁예에게 선박의 이로움과 변화에 대처하는 방법을 고하자 궁예가 기뻐하며 좌우에 일러 말하기를, "우리 여러 장수 중에 누가 왕장군과 견줄 수 있겠는가" 하였다. 이 때 궁예(弓裔)가 반역죄를 터무니없이 얽어 하루에도 100여 명을 죽이니 장수나 재상 가운데 해를 입는 자가 열에 여덟아홉이었다. 늘 스스로 말하기를, "나는 미륵관심법(彌勒觀心法)을 체득하여 부녀자들이 몰래 간통을 한 것도 알 수 있다. 만일 나의 관심법에 걸리는 자가 있으면 곧 엄벌에 처하리라."고 하였다. 드디어 쇠를 두드려 3척의 쇠절구공이를 만들어, 죽이고 싶은 사람이 있으면 번번이 그것을 불에 달구어 음부에 찔러 넣어 입과 코로 연기를 뿜으며 죽게 하니, 이로 말미암아 아녀자들이 무서워 벌벌 떨었으며 원망과 분노가 날로 심하였다. 하루는 태조를 급히 불러 궁궐에 들어가니, 궁예가 바야흐로 처형한 사람에게서 적몰(籍沒)한 금은보기(金銀寶器)와 상, 장막 등 가재도구를 점검하다가 성난 눈으로 태조를 노려보며 말하기를, "경(卿)이 어젯밤 사람들을 불러 모아 반역을 꾀한 것은 어찌 된 일인가."라고 하였다. 태조가 얼굴빛을 변하지 않고 몸을 돌려 웃으며 말하기를, "어찌 그럴 리가 있습니까."라고 하자, 궁예가 말하기를, "경

은 나를 속이지 말라. 나는 관심법을 할 수 있으므로 알 수 있다. 내가 이제 입정(入定)하여 살핀 후에 그 일을 밝히겠다."라고 말하고, 곧 눈을 감고 뒷짐을 지더니 한참 동안 하늘을 우러러보았다. 그 때 장주(掌奏) 최응(崔凝)이 옆에 있었는데, 일부러 붓을 떨어뜨리고 뜰에 내려와 주우면서 태조의 곁을 빠르게 지나며 작게 말하기를, "복종하지 않으면 위태롭습니다."라고 하였다. 태조가 그제야 깨닫고 말하기를, "신이 참으로 반역을 꾀하였으니 죄가 죽어 마땅합니다."고 하였다. 궁예가 크게 웃으며 말하기를, "경은 정직하다고 할 만하다."고 하면서 곧 금은으로 장식한 안장과 고삐를 내려주며 말하기를, "경은 다시는 나를 속이지 마시오."라고 하였다. 드디어 보장(步將) 강선힐(康瑄詰)·흑상(黑湘)·김재원(金材瑗) 등을 부장(副將)으로 삼아 배 100여 척을 더 만들게 하니, 큰 배 10여 척은 각각 사방이 16보(步)로서 위에 망루를 세우고 말도 달릴 수 있을 정도였다. 군사 3,000여 인을 지휘하여 군량을 싣고 나주(羅州)로 갔다. 이 해에 남쪽 지방의 기근으로 초적이 벌떼처럼 일어났다. 수자리 사는 군졸은 모두 콩이 반이나 섞인 밥을 먹었는데, 태조가 마음을 다해 구휼하니 그 덕택에 모두 살게 되었다. 예전 태조의 나이 30세 때, 꿈에서 9층의 금탑이 바다 가운데에 서 있는 것을 보고 스스로 그 위에 올라가 보았다.(『高麗史』 1 世家 1 太祖 總序)

후고구려　갑술년에 철원으로 돌아왔다. (『三國遺事』 1 王曆)

신라　대사(大師)는 신엄대덕(信嚴大德)이 장의사(莊義寺)에 주석하면서 잡화경(雜華經)을 강설하고 있다는 소식을 듣고는 그 명공(名公)의 제자가 되어 진불(眞佛)의 법손(法孫)이 되기를 원하여 곧 그곳으로 찾아갔으며, 겨우 시봉(侍奉)을 맡자마자 곧 바로 화엄경(華嚴經)을 수학하며 독송하였다. 스님은 1권을 하루에 다 외우면서도 조금도 빠뜨려 남기는 것이 없었다. 엄공(嚴公)이 법기(法器)라 여겨 크게 기꺼워하면서 말하기를, "옛 스님이 이르기를, '현명한 이는 하루에 30명을 대적하고 뒤에 출발함에도 먼저 이른다고 했는데 장차 이 사람이 아닌가.'"라고 했으니, 과연 '정성을 다해 마음에 남기어 잃지 아니 한다'는 말과 '스승이 가르쳐 주지 않았는데도 공은 배나 되었다'는 말을 경험한 것이다. 용수(龍樹)가 사람을 교화한 설법으로 바로 심전(心傳)을 얻게 되었으니, 부처님께서 도(道)를 강론한 말씀을 어찌 눈으로 보는 것이 어려운 일이겠는가. 비록 그와 같이 묘각(妙覺)하였지만 오히려 율의(律儀)에 치중하였다. 15세 때 드디어 장의산사(莊義山寺)에서 구족계(具足戒)를 받게 되었다. 초율사(初律師)가 꿈에 한 신승(神僧)을 만났는데 그가 말하기를, "새로 수계(受戒)하려는 사미(沙彌) 중에 '문(文)'이라는 이름을 가진 자가 있을 텐데 오직 이 사미는 비상한 사람이다. 그는 법(法)에 있어 화엄경(華嚴經)의 대기(大器)이니 어찌 몸을 수고롭게 하여 수계할 필요가 있겠는가."라고 하였다. 꿈에서 깨어 수계자(受戒者)의 명단을 찾아보니 대사(大師)의 이름이 바로 탄문(坦文)으로 문자(文字)가 바로 그것이다. 율사(律師)가 기이하게 여겨 앞에 꿈을 꾼 이야기를 하며 말하기를, "신인(神人)이 이미 경계하였으니, 그렇다면 구족계를 받을 필요가 있겠는가."라고 하였다. 대사가 말하기를, "저의 마음이 돌처럼 움직이는 것이 아닌데 어찌 한 번 수계하려고 먹은 마음을 움직일 수 있겠습니까. 원하옵건대 불타(佛陀)의 법손(法孫)이 되려면 마땅히 보살계를 받아야 합니다."라고 하였다. 드디어 계(戒香)을 받으니 행엽(行葉)이 더욱 향내났다. 이로 말미암아 구고(九皐)까지 소리가 들리고 천리까지 반응하였다. 그러므로 태조는 대사가 치문(緇門)의 발화(拔華)이고 각수(覺樹)의 혜가(慧柯)이므로 칙제(勅制)를 내려 이르기를, "이미 유년(幼年)에 기이함을 보여 호를 성사미(聖沙彌)라 하였으니, 금일에는 그 신기함을 나타내어 별화상(別和尙)이라 일컫는 것이 마땅하다."고 하였다. 이것이 이른바 명예를 피하려 해도 명예가 나를 따르고, 명성을 피하려 해도 명성이 나를 좇는다는 것이다. (「普願寺法印國師寶乘塔碑」)

신라

대광(大匡) 내의령(內議令) 판총한림(判摠翰林) 겸(兼) 병부령(兵部令) 신(臣) 왕융(王融)이 교칙(敎勅)을 받들어 짓다.

우리 영주(英主)께서 조상의 적선(積善)으로 경사스러운 가문(家門)을 이어받아 경종(景宗) 임금께서 영광스럽게 종묘사직을 계승하여 보위(寶位)에 오른지 7년째인 세재(歲在) 대황락(大荒落)에 얻기 어려운 재물을 많이 구하는 것은 별로 귀중한 일이 못된다고 여겼다. 그리고 군자(君子)와 유인(儒人)들은 오랑캐 같은 마음은 없고 모두가 하나로 뭉쳐 태평한 시대였다. 마치 노(魯)나라나 위(衛)의 선정시대(善政時代)와 같았다. 따뜻한 3월 봄맞이를 위해 왕과 신하들이 사슴이 평화롭게 우는 대상(臺上)에서 사방을 바라보고 있었다. 강산(江山)은 수경(水鏡)처럼 맑았는데 허공에서 갑자기 불길한 운기(雲氣)가 일어났다. 왕이 이를 보고 이상하게 여겨 좌우(左右)에 시종(侍從)하는 여러 사람들에게 물어 보았으나 아무도 아는 이가 없었다. 태사(太史)를 불러 길조인지 흉조인지를 점쳐보게 하였더니 태사가 보고하기를, "여기로부터 천리(千里) 이내에 비상(非常)한 사람이 있어 중천(重泉)에 가리워져 폐하의 성덕(盛德)이 매몰되었으니, 진실로 비석에 기록하면 반드시 나라에 복이 있을 것입니다."고 하였다. 왕이 이에 조서를 내려 찾아보게 하였는데, 이 달에 공덕사(功德使)가 그 곳을 살펴보고 돌아와서 말하기를, "고(故) 진관선사(眞觀禪師)의 탑묘(塔墓)에서 상서로운 빛이 나면서 높이 위로 은하수까지 꿰뚫었다."고 하였다. 왕이 이에 크게 감동하고 즉시 묵림와금(墨林臥錦)의 무리들에게 명해서 저술하게 하고, 계족산(雞足山)에서 옷을 전한 것을 노래하게 하여 우리의 아름다운 꾀를 드러나게 하였다. 이 때 정광(政匡) 한림학사(翰林學士) 최승로(崔承老)가 여러 대에 거쳐 문장을 담당하였으므로 임금의 명을 받게 되었다. "대개 어둡고 밝음에 따라 물리치고 올리는 것은 왕의 뜻을 잘 헤아리는 것이니, 붓을 들어 글을 올리는 것은 재주 있는 자의 글로부터 시작되는 것이다. 진실로 마땅하지 않다면 또한 쓰지 않게 될 것이니, 어찌 치황(緇黃)들만의 분수가 온전해서야만 원대하다는 이름이 확연해 질 수 있겠는가. 왕의 자비가 깊이 나타나고 아름다운 장려가 이미 능했으니, 네가 아는 바를 천거하면 반드시 그 사람을 얻을 것이다."고 하였다. 최승로가 절을 하고 대답하기를, "민천(閩川)에서 불의(拂衣)하고 있는 왕융(王融)이라는 사람이 있어서, 거년(去年)에 연곡사(鷰谷寺) 현각선사비송(玄覺禪師碑頌) 1작(一斫)을 초작(草作)하였사오니, 비록 문학(文學)이 뛰어나지는 못하지만 그에게 명하시면 심력을 다할 것이오니 바라건대 시험삼아 시켜 보시면 반드시 훌륭한 비문을 지어 올릴 것입니다." 하였다. 임금께서 최승로에게 이르시기를, "경은 소찬후(蕭酇侯)와 같이 사람을 잘 추천하는 지혜와 견문이 있으며 또한 혜중산(嵇中散)과 같이 게으른 것을 부끄러워하는 근심이 있어 주위 사람들에게 엄격하고 좋은 사람을 드러내니 그 맛이 아름다운 안주와 같다." 하였다.

이에 대광(太匡) 내의령(內儀令) 판총한림(判摠翰林) 겸(兼) 병부령(兵部令) 왕융(王融)을 임금 앞에 오게 하여 말씀하시기를, "어제의 징조를 관찰해 보고 자세히 그 단예(端倪)를 알았다. 황금(黃金)의 소골(銷骨)은 흙과 나무에서는 나타내지 못하는 백옥의 호광(毫光)이니 어찌 봉만(峯巒) 아무데서나 봉안할 수 있겠는가. 하물며 영감(靈感)을 나타내며 멀리까지 신통(神通)을 보였으니, 하필 현수(峴首)가 산꼭대기에 눈물을 떨어뜨리고, 조아(曹娥) 강가에서 오랫동안 좋은 글을 자랑해야 하겠는가. 만일 과아(果兒)가 세상을 구하지 못하면 저 여자가 이와 같이 천하를 놀라게 할 것이다. 그대는 선왕을 보좌하면서부터 나를 보필하는 데 이르기까지 우리 계서(契書)

를 맡아서 항상 과인(寡人)의 좌우에 있었다. 지금 우로(雨露)와 같은 은혜를 어찌하겠는가. 나의 곁에 있으면서 이것저것을 보살펴 저 용상(龍象)의 덕행을 기록하되, 자네 스스로도 조심(操心) 지행(持行)하여 비문의 상(相)과 질(質)이 빛나고 또한 문장을 펼쳐 보면 힘차서 마치 거울을 높이 달아 놓으면 더럽고 아름다움이 함께 나타나는 것과 같이하여 진실대로 기록하되 더 이상 능력이 부족하다고 겸손해하지 말라." 하셨다. 신(臣) 융(融)은 어찌할 바를 몰라 전전긍긍하면서 계속 사양할 수 없어 절하고 물러났다. "무릇 종과 돌에 새겨서 천자(天子)의 맹세를 표하고, 짐승의 피를 서로 마시고 그릇을 받들어 제후의 신의를 드러냅니다. 이치가 대서(大筮)에 부합하는 것이니, 어찌 범용(凡庸)하다 하겠습니까. 만약 몽필(夢筆)이 아니면 어찌 임금의 뜻을 대신 나타낼 수 있겠습니까. 듣건대 천균(千均)이나 되는 무거운 짐을 짊어지는 것은 별로 어려운 일이 아니지만 교칙(敎勅) 중에 비록 한 글자의 잘잘못이 있으면 그에 따르는 포상과 엄벌(嚴罰)은 매우 커서 면할 수 없다고 합니다."라고 하였다. 임금께서 말씀하시기를, "박릉(博陵)에 이미 범안(犯顔)의 충간(忠諫)이 있었으며, 낭야(琅邪)에는 다시 어찌 부끄러운 기색이 있겠는가." 하시니 땀이 비 오듯 온 몸에 흐르며 근심이 폐와 장을 막을 정도였다. 하룻밤에 소상(瀟湘)을 노래하니 세상이 그 빠름을 추앙하였고, 10년 만에 고경(古鏡)을 읊조리니 사람들이 그 늦음을 모멸하였다. 신은 늦고 빠르고에 모두 분명하지 못하나 울면서 왕명을 받들어 서둘러 짓는다. 가만히 듣건대 법은 머무는 바가 없다 하니 몸인들 어찌 항상함이 있겠는가. 마치 밝은 달이 이지러지고 차더라도 둥글고 밝은 본체를 떠나지 않는데, 범부가 전도되어서 스스로 분별심을 낳는 것과 같다. 소리로서 구하지 아니하고 색으로 보지 아니하니, 2천년 후까지 자기를 이을 사람이 누구인가. 바로 지곡사(智谷寺) 진관선사(眞觀禪師)일 것이다. 스님의 휘(諱)는 석초(釋超)이고, 속성은 안씨(安氏)이니 중원부(中原府) 출신이다. 아버지는 이조(尼藻)로서 사마(司馬) 벼슬을 역임하였으니, 선행을 많이 쌓은 가문이며 깊이 예악(禮樂)을 닦았다. 항상 용서하는 마음을 가져 관용(寬容)함을 넓혔으며, 잘못하는 일은 두 번 다시 범하지 아니하고, 그 인자함을 쌓았다. 고을 사람들이 누구도 업신여기는 이가 없었으니 늙어서 존경하지 않는 이가 없었다. 어머니는 유씨(劉氏)이니, 칠성(七星)의 상서가 날아 입으로 들어오는 태몽을 꾸고 잉태하여 10개월 만인 건화(乾化) 2년 후량(後梁) 태조(太祖) 임신(壬申) 10월 15일 옆구리에서 낳았다. 부모는 아들을 얻는 경사스러움을 얻고 마음이 건상(乾象)의 징조를 기울여 부모를 위로하였으니, 귀동자(貴童子)를 낳았기 때문이다. 건화(乾化) 2년인 후량(後梁) 태조(太祖) 임신(壬申) 10월 15일 스님이 태어났으니, 날 때부터 다른 아이들과는 완전히 달랐다. 귀는 길어서 어깨에 이르고 손을 아래로 드리우면 무릎을 지나갔다. (「智谷寺眞觀禪師碑」)

신라　　신령스러운 골격이 크고 시원스러워 자못 다른 사람보다 비범하였으며 배우는데 빼어난 지혜를 일찍부터 나타내서 사람들이 감히 앞서지 못하였다. 항상 절이나 탑을 가지고 놀고 예불하고 경전을 들었으니 과거의 인연을 시험할 수 있었다. 건화 갑술년 봄에 우두산(牛頭山) 개선사(開禪寺)에 가서 오심장로(悟心長老)를 예방하고 불법에 귀의할 것을 청하니 장로가 가상히 여기고 사랑하여 머리를 깎고 승복을 입게 하니 이때 나이가 16세였다. (「葛陽寺惠居國師塔碑」)

915(乙亥/신라 신덕왕 4/발해 大諲譔 10/후백제 견훤 24/후고구려 궁예 政開 2/後梁 乾化 5, 貞明 1/日本 延喜 15)

신라　　정명(貞明) 원년 봄에 대사는 약간의 선중(禪衆)을 거느리고 제향(帝鄕)에 이르니, 전날과 같이 명에 의하여 남산(南山) 실제사(實際寺)에 계시도록 하였다. 이 절은 본래 성상(聖上)이 아직 보위(寶位)에 오르기 전 황합(黃閤)에 있을 때 잠룡(潛龍)하던 곳인데, 이를 선방(禪房)으로 만들어 스님께 헌납하여 영원히 선우(禪宇)가 되게 하였던 것이다. 이 때에 대사를 행소(行所)로 맞이하여 거듭 스님의 자안(慈顔)을 배알하고, 이에 기다렸던 마음을 열어 다시 무위의 설법을 들었다. 하직하고 돌아가려 할 때에 특히 왕과 사자(師資)의 좋은 인연도 맺었다. 이 때에 여제자가 있었으니, 그 이름은 명요부인(明瑤夫人)이고 오도(鼇島)의 후손이며 구림(鳩林)의 관족(冠族)이었다. 스님을 우러름이 고산(高山)과 같았고, 불교를 존중하는 돈독한 불자(佛子)였다. 석남산사(石南山寺)를 스님께 드려서 영원히 주지하시라 청하였다. (「太子寺郎空大師白月栖雲塔碑」)

신라 정명 원년 봄에 대사는 약간의 선중(禪衆)을 거느리고 제향(帝鄕)에 이르니, 전날과 같이 명에 의하여 남산 실제사에 계시도록 하였다. 이 절은 본래 성상(聖上)이 아직 보위에 오르기 전 황합(黃閤)에 있을 때 잠룡하던 곳인데, 이를 선방(禪房)으로 만들어 스님께 헌납하여 영원히 선우(禪宇)가 되게 하였던 것이다. 이 때에 대사를 행소로 맞이하여 거듭 스님의 자안(慈顔)을 배알하고, 이에 기다렸던 마음을 열어 다시 무위의 설법을 들었다. 하직하고 돌아가려 할 때에 특히 왕과 사자(師資)의 좋은 인연도 맺었다. 이 때에 여제자가 있었으니, 그 이름은 명요부인이고 오도의 후손이며 구림의 관족(冠族)이었다. 스님을 우러름이 고산(高山)과 같았고, 불교를 존중하는 돈독한 불자였다. 석남산사를 스님께 드려서 영원히 주지하시라 청하였다. (『全唐文』1000 崔仁渷 新羅國故兩朝國師敎謚朗空大師白月棲雲之塔)

신라 또 신덕왕(神德王) 즉위 4년 을해(乙亥)[고본(古本)에는 천우(天祐) 12년이라고 했으나 마땅히 정명(貞明) 원년이라고 해야 한다]에 영묘사(靈廟寺) 안 행랑에 까치의 둥지가 서른 네 군데나 되고 까마귀 둥지가 마흔 군데나 되었다. (『三國遺事』2 紀異 2 孝恭王)

신라 또 (신덕왕 즉위 4년 을해) 3월에 다시 서리가 내렸다. (『三國遺事』2 紀異 2 孝恭王)

신라 봄 3월에 서리가 내렸다. (『三國史節要』14)

신라 여름 4월에 참포(槧浦)의 물이 동해의 바닷물과 서로 부딪쳐 물결 높이가 20여 장(丈)이나 되더니, 3일만에 그쳤다. (『三國史記』12 新羅本紀 12)

신라 (신덕왕 즉위 4년 을해) 6월에 참포물이 바닷물과 서로 3일 동안이나 싸웠다. (『三國遺事』2 紀異 2 孝恭王)

신라 (정명 원년) 가을 7월에 대사는 기꺼이 이를 받아들이고 비로소 이 절에 주석(住錫)하기로 결심하였다. 이 절은 멀리는 사악(四岳)과 이어졌고, 높기로는 남쪽의 바다를 눌렀으며, 시냇물과 석간수가 다투어 흐르는 것은 마치 쇠로 만든 수레를 계곡으로 끄는 것과 같았다. 암만(岩巒)이 다투어 빼어난 것은 자색(紫色) 구슬을 장식한 거개(車盖)가 하늘로 치솟은 것과 같았으니, 참으로 은사(隱士)를 초빙하여 유거(幽据)하게 할 만한 곳이며, 또한 선(禪)을 닦기에 좋은 가경(佳境)이라 하겠다. 대사는 오래 전부터 영산(靈山)을 찾아 다녔으나 정하여 거처할 곳을 구하지 못하다가, 이 산에 이르러서야 비로소 마지막 열반할 곳으로 삼았다. (「太子寺郎空大師碑」)

신라 (정명 원년) 가을 7월에 대사는 기꺼이 이를 받아들이고 비로소 이 절에 주석(住錫)하기로 결심하였다. 이 절은 멀리는 사악과 이어졌고, 높기로는 남쪽의 바다를 눌렀으며, 시냇물과 석간수가 다투어 흐르는 것은 마치 쇠로 만든 수레를 계곡으로 끄는 것과 같았다. 암만이 다투어 빼어난 것은 자색 구슬을 장식한 거개(車盖)가 하늘로 치솟은 것과 같았으니, 참으로 은사(隱士)를 초빙하여 유거(幽捃)하게 할 만한 곳이며, 또한 선을 닦기에 좋은 가경(佳境)이라 하겠다. 대사는 오래전부터 영산을 찾아다녔으나 정하여 거처할 곳을 구하지 못하다가, 이 산에 이르러서야 비로소 마지막 열반할 곳으로 삼았다 (『全唐文』1000 崔仁滰 新羅國故兩朝國師敎諡朗空大師白月棲雲之塔)

신라 후고구려

정명 원년에 부인 강씨(康氏)가 왕이 도리에 어긋난 일을 많이 행하자 정색하며 간쟁하였다. 왕이 그녀를 미워하여 “네가 다른 사람과 간통하였으니 어찌된 일인가.” 라고 물었다. 강씨가 “어찌 그런 일이 있었겠습니까.”라고 하니 왕은 “나는 신통력으로 보았다.”고 하고는 뜨거운 불로 쇠 절구공이를 달구어 그녀의 음부를 찔러 죽였고, 그 두 아이들도 죽였다. 이후 의심이 많아지고, 화를 급하게 내어 모든 관료, 장수, 아전들과 아래로 평민에 이르기까지 죄 없이 죽음을 당하는 경우가 매우 자주 있었다. 부양(斧壤), 철원 사람들은 그 해독을 견디지 못하였다. (『三國史記』50 列傳 10 弓裔)

신라 고려

복숭아나무와 오얏나무가 구경꾼에게 찾아오라고 불러들이지 않으나 저절로 길이 생겨나는 것과 같이 또는 벼와 삼발처럼 대중이 열을 지어 모여들었다. 이 진 풍경에 머물러 4년이 지났다. 대사는 비록 마음으로 선림(禪林)을 사랑하였으며 또한 세상을 피하면서 번민이 없었으나 적굴(賊窟)과 인접하여 안전을 기할 수 없었다. 그러므로 어지러운 곳에서 머물지 말아야 한다고 생각하여 이에 머문 지 12년 만에 이석(移錫)하여 사화(沙火, 상주)를 거쳐 준잠(遵岑)에 도착하여 영동군(永同郡) 남쪽이며 영각산(靈覺山) 북쪽에 토굴을 짓고 잠깐 머물자 스님과 신도들이 스님의 도풍(道風)을 듣고 찾아와 귀심(歸心)하는 이가 많았다. 그 때 태조께서 스님의 도덕이 천하에 으뜸이며 명성이 해동을 뒤덮었음을 듣고, 대사를 직접 뵙고자 자주 학판(鶴版;초치하는 서신)을 보냈다. 대사가 사람들에게 이르되 “임금이 다스리는 땅에 거주하는 자가 감히 왕명(王命)을 거역할 수 있겠는가.” 하고는 “임금을 뵙는 자는 반드시 국사를 도와야 한다. 그래서 불법을 전하기 위해 서울로 갈 것이다.” 하였다. 드디어 사신을 따라 서울에 갔다. 임금은 거듭 대업을 빛나게 하였으니, 우러러 그 성덕(聖德)이 고산(高山)과 같음을 알고 태흥사(泰興寺)를 수리하여 대사에게 머물도록 청하였다. (「廣照寺眞撤大師碑」)

신라

네 살 때 이르러 오신채(五辛菜)는 냄새도 맡지 아니하였다. 비록 화택(火宅) 중에 있었으나 마음은 언제나 진롱(塵籠)의 밖으로 벗어나 있었다. 의용(儀容)이 점점 기이하며 들고 나는 것이 다른 아이들과 같지 아니하였으니, 마치 푸른 산이 초봄에 옥을 감추고 있는 것처럼 쇄락(灑落)하고, 맑은 강물에 달이 비치듯 진실로 구슬을 간직한 것과 같이 청아하였다. 점점 자라서 동서를 인식하는 나이에 이르러서 자신이 품고 있는 포부를 북당(北堂)에게 고백하기를, “마침 이웃에 놀러 갔다가 어떤 상인(上人)이 법화경(法華經) 중 묘장엄왕품(妙莊嚴王品)을 외우는데 묘장엄왕(妙莊嚴王)이 정장(淨藏)과 정안(淨眼) 두 왕자(王子)가 출가 수도하는 것을 허락하는 대목이었습니다. 법화경(法華經)을 일념으로 믿고 따르는 복도 다생(多生)에 수용한다 하였으니, 어찌 양거(羊車)인 소승(小乘)과 녹거(鹿車)인 중승(中乘)에 비할 수 있겠습니까. 대승법(大乘法)인 마(馬)·우차(牛車)와 나란히 하고자 발원합니다.” 하니, 아버님이 이미 허락하였고, 국왕도 또한 윤허하였다. (「智谷寺眞觀禪師碑」)

916(丙子/신라 신덕왕 5/발해 大諲譔 11/후백제 견훤 25/후고구려 궁예 政開 3/後梁 貞明 2/日本 延喜 15)

신라 　그 다음 해 봄 2월 초에 대사는 가벼운 병을 앓다가 12일 이른 아침에 대중을 모아 놓고 이르시되 “생명이란 마침내 끝이 있는 법. 나는 곧 세상을 떠나려 하니 도를 잘 지키고 잃지 말 것이며, 너희들은 정진에 힘써 노력하고 게을리 하지 말라”하시고 승상(繩床)에 가부좌를 맺고 단정히 앉아 엄연히 열반에 드시니 세수는 85세요, 승랍(僧臘)은 61이었다. 그 때에 구름과 안개가 마치 그믐처럼 캄캄하였고 산봉우리가 진동하였다. 산 아래 사람이 산꼭대기를 올려다보니 오색의 빛나는 기운이 하늘로 향해 뻗쳐 있고, 그 가운데 한 물건이 하늘로 올라가는데 마치 금으로 된 기둥과 꼭 같았다. 이것이 어찌 지순(智順)스님이 열반할 때 방안에 향기가 가득하고 하늘로부터 화개(花盖)가 드리운 것과 법성(法成)스님이 입적함에 염한 시신을 감마(紺馬)가 등에 업고 허공으로 올라가는 것뿐이라 하겠는가. 이 때에 문인(門人)들은 마치 오정(五情)을 잘라내는 것과 같이 애통해 하였으니 천속(天屬)을 잃은 것과 다를 바 없었다. 17일에 이르러 공경히 색신(色身)을 모시고 서봉(西峰)의 기슭에 임시로 장례를 지냈다. 성고대왕(聖考大王)이 홀연히 스님의 열반 소식을 듣고, 진실로 선금(仙襟)을 아파하면서 특별히 중사(中使)를 보내어 장례를 감호하는 한편, 조의를 표하게 하였다. (「太子寺郎空大師碑」)

신라 　그 다음 해 봄 2월 초에 대사는 가벼운 병을 앓다가 12일 이른 아침에 대중을 모아 놓고 이르시되 “생명이란 마침내 끝이 있는 법. 나는 곧 세상을 떠나려 하니 도를 잘 지키고 잃지 말 것이며, 너희들은 정진에 힘써 노력하고 게을리 하지 말라”하시고 승상(繩床)에 가부좌를 맺고 단정히 앉아 엄연히 열반에 드시니 세수는 85세요, 승랍(僧臘)은 61이었다. 그 때에 구름과 안개가 마치 그믐처럼 캄캄하였고 산봉우리가 진동하였다. 산 아래 사람이 산꼭대기를 올려다보니 오색의 빛나는 기운이 하늘로 향해 뻗쳐 있고, 그 가운데 한 물건이 하늘로 올라가는데 마치 금으로 된 기둥과 꼭 같았다. 이것이 어찌 지순(智順)스님이 열반할 때 방안에 향기가 가득하고 하늘로부터 화개(花盖)가 드리운 것과 법성(法成)스님이 입적함에 염한 시신을 감마(紺馬)가 등에 업고 허공으로 올라가는 것뿐이라 하겠는가. 이 때에 문인(門人)들은 마치 오정(五情)을 잘라내는 것과 같이 애통해 하였으니 천속(天屬)을 잃은 것과 다를 바 없었다. 17일에 이르러 공경히 색신(色身)을 모시고 서봉(西峰)의 기슭에 임시로 장례를 지냈다. 성고대왕(聖考大王)이 홀연히 스님의 열반 소식을 듣고, 진실로 선금(仙襟)을 아파하면서 특별히 중사(中使)를 보내어 장례를 감호하는 한편, 조의를 표하게 하였다. (『全唐文』 1000 崔仁渷 新羅國故兩朝國師敎諡朗空大師白月棲雲之塔)

신라 고려 　이듬해 2월 특사인 전(前) 시중(侍中) 권설(權說)과 태상(太相) 박수문(朴守文)을 보내어 다시 사나내원(舍那內院)으로 맞이하여 주지(住持)하기를 청하였다. 곧 이어 예궁(蘂宮)에 처소를 꾸며 모시고 높이 연화좌(蓮華座)를 펴고 사자(師資)의 예로써 대우하여 공손히 찬앙의 예의를 바치니, 마치 서역의 마등(摩騰)스님이 일찍이 한(漢)나라 명제(明帝) 임금의 궁전에 오르고, 강승회대사(康僧會大師)가 오(吳)나라 임금 손권(孫權)의 수레를 탄 것과 같았다. 드디어 스님은 법상에 올라 불자(拂子)를 떨치면서 설법하니 임금(龍顔 : 용안)은 크게 기꺼워서 우러르는 마음이 신금(宸襟)을 감동케 하였다. 이 때 임금과 스님이 만나 서로 반가워한 것이 마치 물과 고기가 서로 좋아하는 듯하여 말로 표현할 수 없었다. (「廣照寺眞撤大師碑」)

신라 후백제 가을 8월에 견훤이 대야성을 공격하였으나, 이기지 못하였다. (『三國史記』 12 新羅本紀 12)

신라 후백제 가을 8월에 견훤이 대야성을 공격하였으나, 이기지 못하였다. (『三國史節要』 14)

신라 겨울 10월에 지진이 일어났는데, 소리가 우레와 같았다. (『三國史記』 12 新羅本紀 12)

신라 겨울 10월에 지진이 일어났는데, 소리가 우레와 같았다. (『三國史節要』 14)

917(丁丑/신라 신덕왕 6, 경명왕 1/발해 애왕 17/후백제 견훤 18/태봉 궁예 17 政開 4/後梁 貞明 3/日本 延喜 17)

신라 봄 정월에 태백성(太白星)이 달을 범하였다. (『三國史記』 12 新羅本紀 12)

신라 봄 정월에 태백성이 달을 범하였다. (『三國史節要』 14)

신라 가을 7월에 왕이 돌아가자, 시호를 신덕(神德)이라고 하고, 죽성(竹城)에 장사지냈다. (『三國史記』 12 新羅本紀 12)

신라 경명왕(景明王)이 즉위하였는데, 이름은 승영(昇英)이고 신덕왕(神德王)의 태자이다. 어머니는 의성왕후(義成王后)이다. (『三國史記』 12 新羅本紀 12)

신라 가을 7월에 왕이 돌아가시자, 태자 승영이 즉위하였고 시호를 올려 신덕이라고 하며 죽성에 장사지냈다. (『三國史節要』 14)

신라 제53대 신덕왕은 (…) 5년 동안 다스렸다. 화장하여 뼈를 잠현(箴峴) 남쪽에 보관하였다. (『三國遺事』 1 王曆)

신라 신덕왕이 죽었다. 경명왕 승영(昇英) 즉위 원년이다. (『三國史記』 31 年表下)

신라 제54대 경명왕은 박씨이고 이름은 승영이다. 아버지는 신덕이고, 어머니는 정성(貞成)이다. 비는 장사택(長沙宅) 각간(角干) 대존(大尊)의 딸이고, 추봉(追封)된 성희대왕(聖僖大王)의 아들이다. 대존은 곧 이간(伊干) 수종(水宗)의 아들이다. 정축(丁丑)에 즉위하였다. (『三國遺事』 1 王曆)

신라 8월에 왕의 동생 이찬(伊湌) 위응(魏膺)을 상대등(上大等)으로, 대아찬(大阿湌) 유렴(裕廉)을 시중(侍中)으로 임명하였다. (『三國史記』 12 新羅本紀 12)

신라 8월에 동생인 이찬 위응을 상대등으로, 대아찬 유렴을 시중으로 삼았다. (『三國史節要』 14)

신라 3년 11월 중순에 이르러 동만(東巒)의 정상(頂上)으로 이장하였으니, 절과의 거리는 약 300보였다. 이장하려고 열어 보니 전신(全身)이 그대로 제자리에 있어 조금도 흩어지지 않았으며, 신색(神色)도 생전(生前)과 같았다. 문하생(門下生)들이 거듭 자안(慈顔)을 보고, 감모(感慕)하는 마음을 이기지 못해 하면서 석호(石戶)를 마련하여 봉폐(封閉)하였다. (「太子寺郎空大師碑」)

후백제 대사는 바야흐로 재앙이 빨리 와서 위태로운 시기를 피하지 못하고 말하였다. "(…) 거(莒) 태자 복(僕)의 반역 모의를 만나고, 덕행이 있는 사람은 은덕을 고맙게 생각하니 어찌 초(楚) 목왕(穆王) 같은 악당과 섞이겠는가." 그러나 한마디의 말도 받아들이지 않고, 죽음으로써 목숨을 버리고 열반할 때에 더하였다. 세상에서의 (…) 연(緣)을 다하였으니, 세속의 나이는 54세요, 승랍은 35였다. 이 때에 개울과 못의 물이 갑자기 마르고 해와 달이 빛을 잃었으며, 도속(道俗)이 슬픔을 머금고 사람과 하늘 또한 변색(變色)하였으니, 어찌 진(秦)의 근거지가 △△하여, (…) 한(漢)의 왕실이 흥기하였다. (「無爲寺先覺大師遍光塔碑」)

신라 (건화 갑술년) 3년이 지나 금산사(金山寺) 의정(義靜) 율사의 계단(戒壇)에 나아가 구족계(具足戒)를 받았다. 이에 계율의 구슬이 밝고 법의 그릇이 깊고 맑아 가만히 있는 것을 싫어하고 옷깃을 떨쳐 멀리 가서 널리 선지식(善知識)을 찾아 깊은 이치를 더욱 탐구하였다. (「葛陽寺惠居國師碑」)

918(戊寅/신라 경명왕 2/발해 애왕 18/후백제 견훤 19/태봉 궁예 18 政開 5, 고려 태조 1 天授 1/後梁 貞明 4/日本 延喜 18)

신라 봄 2월에 일길찬(一吉湌) 현승(玄昇)이 반란하였다가, 처형당하였다. (『三國史記』 12 新羅本紀 12)

신라 봄 2월에 일길찬 현승이 반란하였다가, 처형당하였다. (『三國史節要』 14)

발해 태봉 (신책(神冊) 3년 2월 계해일(20)) 진(晉)·오월(吳越)·발해·고려·회골(回鶻)·조복(阻卜)·당항(党項) 및 유(幽)·진(鎭)·정(定)·위(魏)·노(潞) 등의 주(州)가 각각 사신을 파견해 와서 조공하였다. (『遼史』 1 本紀 1 太祖 上)

태봉 처음에 태조(太祖)의 나이 30세에 꿈을 꾸었는데 9층 금탑(金塔)이 바다 가운데에 서 있는 것을 보고 스스로 그 위에 올라갔다. 정명(貞明) 4년 3월에 당(唐)의 행상 왕창근(王昌瑾)이 문득 시장에서 어떤 사람을 만나니, 용모가 괴이하여 수염과 머리가 흰데 머리에는 낡은 관을 썼고 거사(居士)의 옷차림을 하였으며, 왼손에는 주발 세 벌을 가지고 오른손에는 사방 1척 남짓 되는 낡은 거울 하나를 들고 있었다. 왕창근에게 말하기를, "내 거울을 살 수 있느냐."라고 하니, 왕창근이 쌀 2두로 거울을 샀다. 거울 주인은 그 쌀을 가지고 길가에 걸식하는 아이들에게 나누어 주고 사라졌는데, 회오리바람처럼 빨랐다. 왕창근은 그 거울을 시장의 담벼락에 걸어 놓으니, 햇빛이 비스듬히 비추어서 은은히 읽을 수 있는 가는 글자가 있었다. 그 글은 다음과 같다. "삼수중(三水中) 사유(四維) 아래에 옥황상제가 아들을 진(辰)·마(馬)에 내려보내어 먼저 닭을 잡고 뒤에 오리를 칠 것이니, 이것은 운이 차 삼갑(三甲)을 통일함을 이른 것이다. 가만히 하늘에 올라가 밝게 땅을 다스릴 것이니, 자년(子年)이 되어 큰일을 일으킬 것이다. 종적을 흐리고 성명을 드러내지 않으니, 혼돈하여 누가 진(眞)과 성(聖)을 알 수 있겠는가. 법뢰(法雷)를 떨치고 신전(神電)을 휘두를 것이다. 사년(巳年)에 두 용(龍)이 나타나, 하나는 청목(靑木) 속에 몸을 감추고 하나는 흑금(黑金) 동쪽에 모습을 드러낼 것이니, 지혜 있는 자는 볼 것이고 어리석은 자는 못 볼 것이다. 구름을 일으키고 비를 내리게 하며 사람과 더불어 갈 것이니, 혹은 성함을 보이고 혹은 쇠함을 보여서 성하고 쇠함은 악한 잔재를 사라지게 하는 것이다. 이 한 용의 아들은 서너 명인데 대를 교체하여 360년을 서로 이을 것이다. 이 사유는 정녕코 축년(丑年)에 멸할 것이며, 바다를 건너 와서 항복함은 모름지기 유년(酉年)이 되어야 할 것이다. 이 글이 만약 현명한 왕에게 발견되면 나라와 백성이 편안하고 군주의 업적이 영원히 번창할 것이다. 내가 적은 것은 모두 147자이다." 왕창근이 처음에는 글자가 있는 줄 몰랐다가, 그것을 보자 예사로운 것이 아니라 여겨 궁예(弓裔)에게 바쳤다. 궁예는 왕창근으로 하여금 그 사람을 찾아보도록 하니 그 달이 지나도록 끝내 찾지 못하였다. 오직 동주(東州) 발삽사(勃颯寺)의 치성광여래상(熾盛光如來像) 앞에 전성고상(塡星古像)이 있는데, 그 모양과 같고 양손에도 또한 주발과 거울을 가지고 있었다. 왕창근이 기뻐하여 자세히 그 모양을 보고하였더니, 궁예가 크게 놀라면서 문인 송함홍(宋含弘)·백탁(白卓)·허원(許原) 등으로 하여금 이를 해독하게 하였다. 송함홍 등이 말하였다. "'삼수중 사유 아래에 옥황상제가 아들을 진·마에 내려보내셨다'고 하는 것은 진한(辰韓)·마한(馬韓)이다. '사년에 두 용이 나타나, 하나는 몸을 청목 속에 감추고 하나는 흑금 동쪽에 모습을 드러낼 것이다.'라고 하는 것은 청목이 소나무여서 송악군(松嶽郡) 사람으로 용자 이름을 가진 사람의 자손이 군주가 된다는 것이다. 왕시중(王侍中)은 왕후의 상이 있으니, 아마도 이 분을 이른 것인가 보다. 흑금은 철이니, 지금 도읍한 철원(鐵圓)을 이른 것이다. 지금의 군주가 처음에는 이곳에서 성했다가 아마 다음에는 이곳에서 멸망할 것인가 보다. '먼저 닭을 잡고 뒤에는 오리를 친다.'고 하는 것은 왕시중이 나라를 얻은 뒤에 먼저 계림(鷄林)을 얻고 나중에 압록(鴨綠: 고구려)을 거둔다는 뜻이다." 세 사람이 서로 말하였다. "왕은 시기하여 사람 죽이기를 좋아한다. 만약 사실대로 보고하면 왕시중이 반드시 해를 당하게 될 것이고 우리들도 장차 화를 면하지 못할 것이다." 이에 거짓말로 보고하였다. (『高麗史』 1 世家 1 太祖 總序)

태봉 (여름 6월 병진일(15)) 태조가 일찍이 꿈을 꾸었는데 9층 금탑이 바다 가운데에 서 있는 것을 보고 스스로 그 위에 올라갔다. 이 해 3월에 행상 왕창근이 있어 당에서 와서 시전(市廛)에서 머무르다가 문득 시장에서 어떤 사람을 만나니, 용모가 괴이하여 수염과 머리가 흰데 머리에는 낡은 관을 썼고 거사의 옷차림을 하였으며, 왼손에는 주발을 가지고 오른손에는 낡은 거울을 들고 있었다. 왕창근에게 말하기를, "내 거울을 살 수 있느냐."라고 하였다. 왕창근이 쌀로 거울을 사서 시장의 담벼락에 걸어 놓으니, 햇빛이 비스듬히 비추어서 은은히 읽을 수 있는 가는 글자가 있었다. 그 대략은 다음과 같다. "삼수중 사유 아래에 옥황상제가 아들을 진·마에 내려 보내어 먼저 닭을 잡고 뒤에 오리를 칠 것이다. 사년에 두 용이 나타나, 하나는 청목 속에 몸을 감추고 하나는 흑금 동쪽에 모습을 드러낼 것이다. 혹은 성함을 보이고 혹은 쇠함을 보여서 성하고 쇠함은 악한 잔재를 사라지게 하는 것이다." 왕창근이 처음에는 글자가 있는 줄 몰랐다가, 그것을 보자 예사로운 것이 아니라 여겨 궁예에게 바쳤다. 궁예는 왕창근으로 하여금 그 사람을 찾아보도록 하였으나 찾지 못하였다. 오직 동주 발삽사의 전성고상이 있는데, 그 모양과 같고 양손에도 주발과 거울을 가지고 있었다. 왕창근이 기뻐하여 자세히 그 모양을 보고하였더니, 궁예가 크게 놀라면서 문인 송함홍·백탁·허원 등으로 하여금 이를 해독하게 하였다. 송함홍 등이 말하였다. "'삼수중 사유 아래에 옥황상제가 아들을 진·마에 내려보내셨다'고 하는 것은 진한·마한이다. '사년에 두 용이 나타나, 하나는 몸을 청목 속에 감추고 하나는 흑금 동쪽에 모습을 드러낼 것이다.'라고 하는 것은 청목이 소나무여서 송악군 사람으로 용자 이름을 가진 사람의 자손이 군주가 된다는 것이다. 왕시중은 왕후의 상이 있으니, 아마도 이 분을 이른 것인가 보다. 흑금은 철이니, 지금 도읍한 철원을 이른 것이다. 지금의 군주가 처음에는 이곳에서 성했다가 아마 끝내 이곳에서 멸망할 것인가 보다. '먼저 닭을 잡고 뒤에는 오리를 친다.'고 하는 것은 왕시중이 나라를 얻은 뒤에 먼저 계림을 얻고 나중에 압록을 거둔다는 뜻이다." 세 사람이 서로 말하였다. "왕은 시기하여 사람 죽이기를 좋아한다. 만약 사실대로 보고하면 왕시중이 반드시 해를 당하게 될 것이고 우리들도 장차 화를 면하지 못할 것이다." 이에 거짓말로 보고하였다. (『高麗史節要』 1 太祖神聖大王)

태봉 이보다 앞서 행상 왕창근이 있어 당에서 와서 철원의 시전에서 머무르다가, 정명 4년 무인(戊寅)에 이르러 문득 시장에서 어떤 사람을 만나니, 용모가 괴이하여 수염과 머리가 흰데 낡은 옷과 관을 착용하였으며, 왼손에는 자기 주발을 가지고 오른손에는 낡은 거울을 들고 있었다. 왕창근에게 말하기를, "내 거울을 살 수 있느냐."라고 하였다. 왕창근이 곧 쌀로 그것을 바꾸자, 그 사람은 그 쌀을 가지고 거리에 걸식하는 아이들에게 나누어 주고 나서 간 곳을 몰랐다. 왕창근은 그 거울을 담벼락에 걸어 놓으니, 햇빛이 거울 면에 비추자 가는 글자로 쓴 것이 있어 그것을 읽었는데 옛 시와 같았다. 그 대략은 다음과 같다. "옥황상제가 아들을 진·마에 내려보내어 먼저 닭을 잡고 뒤에 오리를 칠 것이다. 사년에 두 용이 나타나, 하나는 청목 속에 몸을 감추고 하나는 흑금 동쪽에 모습을 드러낼 것이다." 왕창근이 처음에는 글자가 있는 줄 몰랐다가, 그것을 보자 예사로운 것이 아니라 여겨 마침내 왕에게 알렸다. 왕은 담당자에게 명령하여 왕창근과 그 거울 주인을 찾아보도록 하였으나 보이지 않았다. 오직 발삽사의 불당에 진성소상(鎭星塑像)이 있는데, 그 사람과 같았다. 왕은 크게 놀라면서 문인 송함홍·백탁·허원 등에게 명령하여 이를 해독하게 하였다. 송함홍 등이 서로 말하였다. "'옥황상제가 아들을 진·마에 내려보내셨다'고 하는 것은 진한·마한을 이른 것이다. '두 용이 나타나, 하나는 몸을 청목에 감추고 하나는 흑금에 모습을 드러낼 것이다.'라고 하는 것은 청목이 소나무여서 송악군 사람으로 용자 이름을 가진 사람의 손자이다. 지금의 파진찬(波珍飡)·시중을 이른 것인가 보다. 흑금은 철이니, 지금 도읍한 철원을 이른 것이다. 지금의 군주가 처음에는 이곳에서 흥했다가 끝내 이곳에서 멸망할 징험이다. '먼저 닭을 잡고 뒤에는 오리를 친다.'고 하는 것은 파진찬·시중이 먼저 계림을 얻고 나중에 압록을 거둔다는 뜻이다." 송함홍 등이 서로 말하였다. "지금의 주상은 이처럼 포학하고 무도하니, 우리가 만약 사실대로 말하면 우리를 젓갈로 만들 뿐만 아니라 파진찬 또한 반드시 해를 당할 것이다." 이에 말을 꾸며 보고하였다. 왕은 음흉하고 포학하여 제멋대로 행동하니, 신료들이 두려워 떨면서 어찌 할 바를 몰랐다. (『三國史記』 50 列傳 10 弓裔)

태봉

처음에 왕건(王建)의 나이 30세에 꿈을 꾸었는데 9층 금탑이 바다 가운데에 서 있는 것을 보고 스스로 그 위에 올라갔다. 이 때에 이르러 당의 행상 왕창근이 문득 시장에서 어떤 사람을 만나니, 용모가 괴이하여 수염과 머리가 흰데 머리에는 낡은 관을 썼고 거사의 옷차림을 하였으며, 왼손에는 자기 주발 세 벌을 가지고 오른손에는 사방 1척 남짓 되는 낡은 거울 하나를 들고 있었다. 왕창근에게 말하기를, "내 거울을 살 수 있느냐."라고 하니, 왕창근이 쌀 2두로 거울을 샀다. 거울 주인은 그 쌀을 가지고 길가에 걸식하는 아이들에게 나누어 주고 사라졌는데, 회오리바람처럼 빨랐다. 왕창근은 그 거울을 시장의 담벼락에 걸어 놓으니, 햇빛이 비스듬히 비추어서 은은히 읽을 수 있는 가는 글자가 있었다. 그 글은 다음과 같다. "삼수중 사유 아래에 옥황상제가 아들을 진·마에 내려 보내어 먼저 닭을 잡고 뒤에 오리를 칠 것이니, 이것은 운이 차 삼갑을 통일함을 이른 것이다. 가만히 하늘에 올라가 밝게 땅을 다스릴 것이니, 자년이 되어 큰일을 일으킬 것이다. 종적을 흐리고 성명을 드러내지 않으니, 혼돈하여 누가 진과 성을 알 수 있겠는가. 법뢰를 떨치고 신전을 휘두를 것이다. 사년에 두 용이 나타나, 하나는 청목 속에 몸을 감추고 하나는 흑금 동쪽에 모습을 드러낼 것이니, 지혜 있는 자는 볼 것이고 어리석은 자는 못 볼 것이다. 구름을 일으키고 비를 내리게 하며 사람과 더불어 갈 것이니, 혹은 성함을 보이고 혹은 쇠함을 보여서 성하고 쇠함은 악한 잔재를 사라지게 하는 것이다. 이 한 용의 아들은 서너 명인데 대를 교체하여 360년을 서로 이을 것이다. 이 사유는 정녕코 축년에 멸할 것이며, 바다를 건너 와서 항복함은 모름지기 유년이 되어야 할 것이다. 이 글이 만약 현명한 왕에게 발견되면 나라와 백성이 편안하고 군주의 업적이 영원히 번창할 것이다. 내가 적은 것은 모두 147자이다." 왕창근이 처음에는 글자가 있는 줄 몰랐다가, 그것을 보자 예사로운 것이 아니라 여겨 궁예에게 바쳤다. 궁예는 담당관과 왕창근으로 하여금 그 사람을 찾아보도록 하니 그 달이 지나도록 끝내 찾지 못하였다. 오직 동주 발삽사의 치성광여래상 앞에 진성소상이 있는데, 그 모양과 같고 양손에도 또한 주발과 거울을 가지고 있었다. 왕창근이 기뻐하여 자세히 그 모양을 보고하였더니, 궁예가 크게 놀라면서 문인 송함홍·백탁·허원 등으로 하여금 이를 해독하게 하였다. 송함홍 등이 말하였다. "'삼수중 사유 아래에 옥황상제가 아들을 진·마에 내려보내셨다'고 하는 것은 진한·마한이다. '사년에 두 용이 나타나, 하나는 몸을 청목 속에 감추고 하나는 흑금 동쪽에 모습을 드러낼 것이다.'라고 하는 것은 청목이 소나무여서 송악군 사람으로 용자 이름을 가진 사람의 자손이 군주가 된다는 것이다. 왕시중은 왕후의 상이 있으니, 아마도 이 분을 이른 것인가 보다. 흑금은 철이니, 지금 도읍한 철원을 이른 것이다. 지금의 군주가 처음에는 이곳에서 성했다가 아마 끝내 이곳에서 멸망할 것인가 보다. '먼저 닭을 잡고 뒤에는 오리를 친다.'고 하는 것은 왕시중이 나라를 얻은 뒤에 먼저 계림을 얻고 나중에 압록을 거둔다는 뜻이다." 세 사람이 서로 말하였다. "왕은 시기하여 사람 죽이기를 좋아한다. 만약 사실대로 보고하면 우리를 젓갈로 만들 뿐만 아니라 왕시중 또한 반드시 해를 당할 것이다." 이에 거짓말로 보고하였다. 왕은 음흉하고 포학하여 제멋대로 행동하니, 신료들이 두려워 떨면서 어찌 할 바를 몰랐다. (『三國史節要』 14)

태봉 6월 을묘일(14)에 이르러 기장(騎將) 홍유(洪儒)·배현경(裴玄慶)·복지겸(卜智謙) 등이 몰래 모의하고 야밤에 태조의 집에 가서 함께 추대할 뜻을 말하니, 태조가 굳게 거절하여 허락하지 않았다. 부인 유씨(柳氏)가 손수 갑옷을 가져다 태조에게 입히고, 여러 장수들이 부축하여 밖으로 나와서 사람을 시켜 말을 달리며 소리하게 하기를, "왕공이 이미 의기(義旗)를 들었다." 라고 하였다. 이에 분주히 달려오는 자가 이루 헤아릴 수 없었으며, 먼저 궁문에 이르러 북을 치며 떠들썩하게 기다리는 자가 또한 1만여 명이나 되었다. 궁예가 이를 듣고 놀라 말하기를, "왕공이 차지했으니 나의 일은 이미 끝났구나."라고 하며, 이에 어찌 할 바를 모르고 미복(微服)으로 북문을 빠져나가 도망가니, 내인이 궁궐을 청소하고 새 왕을 맞이했다. 궁예는 암곡(巖谷)으로 도망하여, 이틀밤을 머무르다가 허기가 심하여 보리 이삭을 몰래 끊어 먹었다. 이윽고 부양(斧壤) 백성들에게 살해당하였다. (『高麗史』 1 世家 1 太祖 總序)

태봉 6월 을묘일(14)에 기장 홍유·배현경·복지겸 등이 몰래 모의하고 야밤에 태조의 집에 가서 장차 추대하려는 뜻을 말하였는데, 부인 유씨에게는 이 일을 알리지 않으려고 하여 유씨에게 말하기를, "동산에 아마 새 오이가 열렸을 테니 그것을 따오시오."라고 하였다. 유씨가 그 뜻을 알아차리고 북쪽 문으로 나가서 몰래 장막 안으로 들어갔다. 이에 여러 장수들이 말하였다. "지금의 왕은 정치가 문란하고 형벌이 남용되어 아내와 아들을 죽이고 신하들을 처형하며 백성은 도탄에 빠져 왕을 원수처럼 미워하니, 걸(桀)·주(紂)의 악도 이보다 더하지는 않았을 것입니다. 어두운 임금을 폐하고 밝은 임금을 세우는 것은 천하의 큰 의리이니, 공은 은(殷)·주(周)의 일을 행하소서." 태조가 정색을 하고 거절하며 말하였다. "나는 충의로 자부하는 터이니, 왕이 비록 포학하더라도 어찌 감히 딴마음을 가질 수 있겠소. 신하로서 임금을 치는 것을 혁명이라 하지마는, 나는 실상 덕이 없는 사람이니 어찌 감히 탕왕(湯王)·무왕(武王)이 한 일을 본받을 수 있겠소. 훗날 이를 구실로 삼으려 할까 두렵소. 옛사람이 말하기를, '하루 군주가 되면 종신토록 군주가 된다.'라고 했으며, 더구나 연릉계자(延陵季子)가 말하기를, '나라를 차지함은 나의 일이 아니다.' 하고는 떠나가 밭을 갈았소. 내가 어찌 계자의 절개보다 낫겠소." 여러 장수들이 말하였다. "때는 만나기는 어렵고 잃기는 쉬우니, 하늘이 주는 것을 취하지 않으면 도리어 그 재앙을 받을 것입니다. 나쁜 정치의 피해를 입은 나라 안의 백성들이 밤낮으로 보복하기를 생각하고 있는데다가, 권세와 지위가 높은 사람은 모두 죽음을 당하였습니다. 지금 공보다 덕망이 높은 사람이 없으므로, 여러 사람의 마음이 공에게 바라고 있는 것입니다. 공이 만약 이 말에 따르지 않으시면 우리들은 얼마 안 가 죽게 될 것입니다. 하물며 왕창근의 거울에 쓰인 글이 그와 같은데, 어찌 하늘의 계시를 어겨서 독부(獨夫)의 손에 죽겠습니까." 유씨가 나와서 태조에게 말하였다. "의로운 군사를 일으켜 포학한 임금을 대체하는 것은 예로부터 그러하였습니다. 지금 여러 장수들의 의논을 들으니 저도 오히려 분기가 일어나는데, 하물며 대장부이겠습니까." 손수 갑옷을 가져다 태조에게 입히자, 여러 장수들이 부축하여 밖으로 나왔다. 동이 트자 곡식더미 위에 태조를 앉히고서 군신(君臣)의 예를 행하고 사람을 시켜 말을 달리며 소리치게 하기를, "왕공이 이미 의기를 들었다."라고 하였다. 국인 중 분주히 달려오는 자가 이루 헤아릴 수 없었으며, 먼저 궁문에 이르러 북을 치며 떠들썩하게 기다리는 자가 또한 1만여 명이나 되었다. 궁예가 이를 듣고 어찌 할 바를 모르고 미복으로 북문을 빠져나가 암곡으로 도망하였다가, 이윽고 부양 백성들에게 살해당하였다. (『高麗史節要』1 太祖神聖大王)

태봉

여름 6월 을묘일(14)에 궁예의 장군 홍술(弘述)[공술(共術)이라고도 한다.]·백옥삼(白玉三)·능산(能山)·복사귀(卜沙貴)[사외(砂瑰)라고도 한다.] 4인이 몰래 왕건을 추대할 것을 모의하고 야밤에 왕건의 집에 갔는데, 아내 유씨에게는 이 일을 알리지 않으려고 하여 말하기를, "동산에 아마 새 오이가 열렸을 테니 그것을 따오시오."라고 하였다. 유씨가 그 뜻을 알아차리고 북쪽 문으로 나가서 몰래 장막 안으로 들어갔다. 여러 장수들이 마침내 말하였다. "삼한이 분열되고 나서 여러 도적이 다투어 일어났습니다. 지금의 왕은 팔뚝을 걷어붙이고 일어나 크게 외쳐서 마침내 초적을 없애고 요동을 셋으로 나누었으며, 그 태반을 소유하여 나라를 세우고 도읍을 정하는 데에 20여 년이 걸렸습니다. 지금은 유종의 미를 거두지 않고 제멋대로 해침이 매우 심하며 형벌을 남용하여 방종한데다가, 아내와 아들을 죽이고 신하들을 처형하며 백성은 도탄에 빠져 왕을 원수처럼 미워하니, 걸·주의 악도 이보다 더할 수 없을 것입니다. 어두운 임금을 폐하고 밝은 임금을 세우는 것은 천하의 큰 의리이니, 공은 은·주의 일을 행하소서." 왕건이 정색을 하고 거절하며 말하였다. "나는 충의로 자부하는 터이니, 왕이 비록 포학하더라도 어찌 감히 딴마음을 가질 수 있겠소. 신하로서 임금을 치는 것을 혁명이라 하지마는, 나는 실상 덕이 없는 사람이니 어찌 감히 탕왕·무왕이 한 일을 본받을 수 있겠소. 훗날 이를 구실로 삼으려 할까 두렵소. 옛사람이 말하기를, '하루 군주가 되면 종신토록 군주가 된다.'라고 했으며, 더구나 연릉계자가 말하기를, '나라를 차지함은 나의 일이 아니다.' 하고는 떠나가 밭을 갈았소. 내가 어찌 계자의 절개보다 낫겠소." 여러 장수들이 말하였다. "때는 만나기는 어렵고 잃기는 쉬우니, 하늘이 주는 것을 취하지 않으면 도리어 그 재앙을 받을 것입니다. 나쁜 정치의 피해를 입은 나라 안의 백성들이 밤낮으로 보복하기를 생각하고 있는데다가, 권세와 지위가 높은 사람은 모두 죽음을 당하여 거의 남은 바가 없습니다. 지금 공보다 덕망이 높은 사람이 없으므로, 여러 사람의 마음이 공에게 바라고 있는 것입니다. 공이 만약 이 말에 따르지 않으시면 우리들은 얼마 안 가 죽게 될 것입니다. 하물며 왕창근의 거울에 쓰인 글이 그와 같은데, 어찌 하늘의 계시를 어겨서 독부의 손에 죽겠습니까." 왕건이 매우 굳게 거절하자, 유씨가 갑자기 장막 안에서 나와서 왕건에게 말하였다. "의로운 군사를 일으켜 포학한 임금을 대체하는 것은 예로부터 그러하였습니다. 지금 여러 장수들의 의논을 들으니 저도 오히려 분기가 일어나는데, 하물며 대장부이겠습니까. 지금 사람들의 마음이 갑자기 변한 것은 하늘의 뜻이 귀의함이 있는 것입니다." 손수 갑옷을 가져다 왕건에게 입히자, 여러 장수들이 부축하여 밖으로 나왔다. 동이 트자 곡식더미 위에 왕건을 앉히고서 군신의 예를 행하고 사람을 시켜 말을 달리며 소리치게 하기를, "왕공이 이미 의기를 들었다."라고 하였다. 이에 분주히 달려오는 자가 이루 헤아릴 수 없었으며, 먼저 궁문에 이르러 북을 치며 떠들썩하게 기다리는 자가 또한 1만여 명이나 되었다. 궁예가 이를 듣고 놀라 말하기를, "왕공이 차지했으니 나의 일은 이미 끝났구나."라고 하며, 이에 어찌 할 바를 모르고 미복으로 북문을 빠져나가 도망가니, 내인이 궁궐을 청소하고 새 왕을 맞이했다. 궁예는 암곡으로 도망하여, 이틀밤을 머무르다가 허기가 심하여 보리 이삭을 몰래 끊어 먹었다. 이윽고 부양 백성들에게 살해당하였다. 홍술은 의성(義城) 사람인데, 나중에 홍유라고 이름을 고쳤다. 백옥삼은 경주(慶州) 사람인데, 담력이 남보다 뛰어났고 나중에 배현경이라고 이름을 고쳤다. 능산은 광해주(光海州) 사람인데, 몸이 크고 무용(武勇)이 있었으며 나중에 숭겸(崇謙)이라고 이름을 고쳤다. 사귀(沙貴)는 나중에 지겸(智謙)이라고 이름을 고쳤다. (『三國史節要』 14)

신라 태봉 고려

여름 6월에 궁예 휘하의 인심이 갑자기 변하여 태조를 추대하였다. 궁예는 나가서 달아났다가 아랫사람에게 살해당하였다. 태조가 즉위하여 연호를 칭하였다. (『三國史記』 12 新羅本紀 12)

신라 태봉 고려

궁예 휘하의 인심이 문득 변하여 태조를 왕으로 추대하였다. 궁예는 부하에게 살해당하고 태조가 왕위에 올라 원년이라 칭하였다. (『三國史記』 31 年表 下)

태봉

여름 6월에 장군 홍술·백옥삼·능산·복사귀[이것은 홍유·배현경·신숭겸·복지겸의 젊었을 때 이름이다.] 4인이 몰래 모의하고 야밤에 태조의 집에 가서 말하였다. "지금의 왕은 형벌을 남용하여 방종하였으니, 아내와 아들을 죽이고 신하들을 처형하며 백성은 도탄에 빠져 스스로 의지하여 생활하지 못합니다. 어두운 임금을 폐하고 밝은 임금을 세우는 것은 천하의 큰 의리이니, 공은 은·주의 일을 행하소서." 태조가 정색을 하고 거절하며 말하였다. "나는 충의로 자부하는 터이니, 왕이 비록 포학하더라도 딴마음을 가지지 않소. 대체로 신하로서 임금을 교체하는 것을 혁명이라 하지마는, 나는 실상 덕이 없는 사람이니 어찌 감히 은·주의 일을 본받을 수 있겠소." 여러 장수들이 말하였다. "때는 다시 오지 않아서 만나기는 어렵고 잃기는 쉬우니, 하늘이 주는 것을 취하지 않으면 도리어 그 재앙을 받을 것입니다. 지금 정치는 어지럽고 나라는 위태로워, 백성들이 모두 그 윗사람을 원수처럼 흘겨봅니다. 지금 공보다 덕망이 높은 사람이 없습니다. 하물며 왕창근의 거울에 쓰인 글이 그와 같은데, 어찌 남에게 복종하여 조용히 지내다가 독부의 손에 죽겠습니까." 부인 유씨가 여러 장수들의 논의를 듣고, 이에 태조에게 말하였다. "인(仁)으로 인하지 못함을 치는 것은 예로부터 그러하였습니다. 지금 여러 사람의 의논을 들으니 저도 오히려 분기가 일어나는데, 하물며 대장부이겠습니까. 지금 사람들의 마음이 갑자기 변한 것은 천명이 귀의함이 있는 것입니다." 손수 갑옷을 가져다 태조에게 바치자, 여러 장수들이 부축하였다. 태조가 문을 나가자 앞에서 외치게 하기를, "왕공이 이미 의기를 들었다."라고 하였다. 이에 앞뒤로 분주히 따라오는 자가 몇 명인지 몰랐으며, 또 먼저 궁성문에 이르러 북을 치며 떠들썩하게 기다리는 자가 또한 1만여 명이나 되었다. 왕이 이를 듣고 어찌 할 바를 모르고 이에 미복으로 산림에 도망해 들어갔다가, 이윽고 부양 백성들에게 살해당하였다. 궁예는 당 대순(大順) 2년(891)에 일어나 후량(後梁) 정명 4년에 이르렀으니 모두 28년 만에 망하였다. (『三國史記』 50 列傳 10 弓裔)

태봉

태조 신혜왕후(神惠王后) 유씨는 (…) 궁예 말기에 홍유·배현경·신숭겸·복지겸이 태조의 집에 가서 장차 왕을 폐하고 새 왕을 옹립하는 것을 논의하였는데, 왕후에게는 이 일을 알리지 않으려고 하여 왕후에게 말하기를, "동산에 아마 새 오이가 열렸을 테니 그것을 따오시오."라고 하였다. 왕후가 그 뜻을 알아차리고 북쪽 문으로 나가서 몰래 장막 안으로 들어갔다. 이에 여러 장수가 마침내 추대할 뜻을 말하니, 태조가 정색을 하고 매우 굳게 거절하였다. 유씨가 갑자기 장막 안에서 나와서 태조에게 말하였다. “의로운 군사를 일으켜 포학한 임금을 대체하는 것은 예로부터 그러하였습니다. 지금 여러 장수들의 의논을 들으니 저도 오히려 분기가 일어나는데, 하물며 대장부이겠습니까.” 손수 갑옷을 가져다 왕건에게 입히자, 여러 장수들이 부축하여 밖으로 나와서 마침내 즉위하였다. (『高麗史』 88 列傳 1 后妃 1)

태봉 궁예의 말년에 배현경·신숭겸·복지겸과 함께 기장이 되어 몰래 모의하고 야밤에 태조의 집에 가서 말하였다. “삼한이 분열되고 나서 여러 도적이 다투어 일어났습니다. 지금의 왕은 팔뚝을 걷어붙이고 일어나 크게 외쳐서 마침내 초적을 없애고 요동을 셋으로 나누었으며, 그 태반을 소유하여 나라를 세우고 도읍을 정하는 데에 20여 년이 걸렸습니다. 지금은 유종의 미를 거두지 않고 제멋대로 해침이 매우 심하며 형벌을 남용하여 방종한 데다가, 아내와 아들을 죽이고 신하들을 처형하며 백성은 도탄에 빠져 왕을 원수처럼 미워하니, 걸·주의 악도 이보다 더할 수 없을 것입니다. 어두운 임금을 폐하고 밝은 임금을 세우는 것은 천하의 큰 의리이니, 공은 은·주의 일을 행하소서.” 태조가 정색을 하고 거절하며 말하였다. “나는 충의로 자부하는 터이니, 왕이 비록 포학하더라도 어찌 감히 딴마음을 가질 수 있겠소. 신하로서 임금을 치는 것을 혁명이라 하지마는, 나는 실상 덕이 없는 사람이니 어찌 감히 탕왕·무왕이 한 일을 본받을 수 있겠소. 훗날 이를 구실로 삼으려 할까 두렵소. 옛사람이 말하기를, ‘하루 군주가 되면 종신토록 군주가 된다.’라고 했으며, 더구나 연릉계자가 말하기를, ‘나라를 차지함은 나의 일이 아니다.’ 하고는 떠나가 밭을 갈았소. 내가 어찌 계자의 절개보다 낫겠소.” 홍유 등이 말하였다. “때는 만나기는 어렵고 잃기는 쉬우니, 하늘이 주는 것을 취하지 않으면 도리어 그 재앙을 받을 것입니다. 나쁜 정치의 피해를 입은 나라 안의 백성들이 밤낮으로 보복하기를 생각하고 있는데다가, 권세와 지위가 높은 사람은 모두 죽음을 당하여 거의 남은 바가 없습니다. 지금 공보다 덕망이 높은 사람이 없으므로, 여러 사람의 마음이 공에게 바라고 있는 것입니다. 공이 만약 이 말에 따르지 않으시면 우리들은 얼마 안 가 죽게 될 것입니다. 하물며 왕창근의 거울에 쓰인 글이 그와 같은데, 어찌 하늘의 계시를 어겨서 독부의 손에 죽겠습니까.” 이에 여러 장수들이 부축하여 밖으로 나왔다. 동이 트자 곡식더미 위에 태조를 앉히고서 군신의 예를 행하고 사람을 시켜 말을 달리며 소리치게 하기를, “왕공이 이미 의기를 들었다.”라고 하였다. 궁예가 이를 듣고 놀라서 도망가니, 태조가 즉위하였다. (『高麗史』 92 列傳 5 洪儒)

고려 여름 6월 병진일(15)에 포정전(布政殿)에서 즉위하여, 나라를 고려라고 부르고 연호를 천수(天授)로 고쳤다. (『高麗史』 1 世家 1 太祖 1)

고려 여름 6월 병진일(15)에 태조가 포정전에서 즉위하여, 나라를 고려라고 부르고 연호를 천수로 고쳤다. (『高麗史節要』 1 太祖神聖大王)

고려 여름 6월 병진일(15)에 왕건(王建)이 즉위하여, 나라를 고려라고 부르고 연호를 천수라고 하였다. (『三國史節要』 14)

고려 태봉 태조 무인년 6월에 궁예가 죽었다. 태조가 철원경(鐵原京)에서 즉위하였다. (『三國遺事』 1 王曆)

후백제 태봉 고려

정명(貞明) 4년 무인년에 철원경(鐵圓京) 민중의 마음이 갑자기 변하였다. 우리 태조를 추대하여 즉위시키자, 견훤(甄萱)이 그것을 들었다. (『三國史記』 50 列傳 10 甄萱)

후백제 태봉 고려

정명 4년 무인년에 철원경(鐵原京) 민중의 마음이 갑자기 변하였다. 우리 태조를 추

대하여 즉위시키자, 견훤이 그것을 들었다. (『三國遺事』 2 紀異 2 後百濟甄萱)

고려　왕건이 자(字)는 약부(若夫)이고 송악군(松嶽郡) 사람이다. 대순(大順)·경복(景福) 연간에 신라의 정치가 쇠약해지자 궁예가 고구려 땅에 근건하여 국호를 태봉이라 하고 왕건이 궁예를 섬겨 시중이 되었다. 양(梁) 정명(貞明) 4년에 마침에 궁예가 자립하였다. 후당 장흥(長興) 연간에 대의군사특진검교태보사지절원[현]토주도독상주국고려왕(大義軍使特進檢校太保使持節元[玄]菟州都督上柱國高麗王)에 책봉되었다. 진(晉) 천복(天福) 6년에 개부의동삼사검교태사(開儀同三司檢校太師) 받고 개운(開運) 2년에 죽었다. (『全唐文』 1000 高麗王王建)

고려　(여름 6월) 정사일(16)에 조서를 내렸다. "전 군주는 사군(四郡)이 흙처럼 붕괴할 때 도적을 제거하고 점차로 영역을 넓혀나갔으나, 아직 국내를 통합하지도 못하였는데 갑자기 혹독한 폭정으로 백성을 다스리며 간사함을 최고의 도리로 삼고 위협과 모욕으로 긴요한 방법으로 삼아 요역이 번거롭고 부세(賦稅)가 과중하여 백성들은 줄어들고 국토는 황폐해졌다. 그런데도 오히려 궁궐만은 크게 지어 제도를 따르지 않고 노역은 멈추지 않으니, 원망과 비난이 마침내 일어나게 되었다. 이에 사사로이 존호(尊號)를 칭하고 부인과 자식을 죽여서, 천지가 용서하지 않고 신과 인간이 함께 원망하게 되어 그 왕업의 터전을 떨어뜨렸으니, 경계할 만하지 않은가. 짐은 여러 공들의 추대하는 마음에 힘입어 왕위에 올랐으니 풍속을 고쳐서 다 같이 새롭게 할 것이다. 마땅히 종래의 계획을 변경하는 규범을 준수하고 본보기가 눈앞에 있는 법칙을 깊이 거울삼아, 군주와 신하는 물고기와 물이 만난 기쁨을 같이 하고 나라 안은 깨끗하고 평온한 경사로 화합할 것이다. 안팎의 모든 사람들은 마땅히 모두 짐의 뜻을 잘 알아두어야 한다." 여러 신하들이 절을 올려 사례하며 말하였다. "신들은 전 군주의 시절이 되어 어질고 착한 사람은 해를 당하고 죄 없는 사람은 학대받아서, 늙은이나 어린이나 할 것 없이 울부짖어 억울함을 품지 아니함이 없었습니다. 다행히 이제 목숨을 보전하여 성스럽고 밝으신 군주를 만나게 되었으니, 감히 힘을 다하여 보답하기를 도모하지 않겠습니까." (『高麗史』 1 世家 1 太祖 1)

고려　(여름 6월) 정사일(16)에 조서를 내렸다. "태봉(泰封)의 군주는 사군이 흙처럼 붕괴할 때 도적을 제거하고 점차로 영역을 넓혀나갔으나, 아직 통합하지도 못하였는데 갑자기 혹독한 폭정으로 백성을 다스리며 간사함을 최고의 도리로 삼고 위협과 모욕으로 긴요한 방법으로 삼아 요역이 번거롭고 부세가 과중하여 백성들은 줄어들고 국토는 황폐해졌다. 그런데도 오히려 궁궐만은 제도를 지나치고 노역은 멈추지 않으니, 원망과 비난이 마침내 일어나게 되었다. 이에 사사로이 존호를 칭하고 부인과 자식을 죽여서, 천지가 용서하지 않고 신과 인간이 함께 원망하게 되어 그 왕업의 터전을 떨어뜨렸으니, 경계할 만하지 않은가. 짐은 추대를 실수로 받아들여 외람되게 왕위에 올랐으니, 뒤집어진 수레의 바퀴자국을 경계하고 본보기가 눈앞에 있는 법칙을 취하여 백성과 다시 시작하고 풍속을 고칠 것이다. 군주와 신하는 물고기와 물이 만난 기쁨을 같이 하고 나라 안은 깨끗하고 평온한 경사로 화합할 것이다. 안팎의 모든 사람들은 마땅히 모두 짐의 뜻을 잘 알아두어야 한다." 여러 신하들이 절을 올려 사례하며 말하였다. "신들은 태봉 시절이 되어 어질고 착한 사람은 해를 당하고 죄 없는 사람은 학대받아서, 늙은이나 어린이나 할 것 없이 울부짖어 억울함을 품지 아니함이 없었습니다. 다행히 이제 성스럽고 밝으신 군주를 만나서 목숨을 보전하게 되었으니, 감히 힘을 다하여 보답하기를 도모하지 않겠습니까." (『高麗史節要』 1 太祖神聖大王)

고려　천수 6년 정사일(16) 조(詔)는 다음과 같다. "전 군주는 사군(四郡)이 흙처럼 붕괴할 때 도적을 제거하고 점차로 영역을 넓혀나갔으나, 아직 국내를 통합하지도 못하였는데 갑자기 혹독한 폭정으로 백성을 다스리며 간사함을 최고의 도리로 삼고 위협과 모욕으로 긴요한 방법으로 삼아 요역이 번거롭고 부세(賦稅)가 과중하여 백성들은 줄어들고 국토는 황폐해졌다. 그런데도 오히려 궁궐만은 크게 지어 제도를 따르지 않고 노역은 멈추지 않으니, 원망과 비난이 마침내 일어나게 되었다. 이에 사사로이 존호(尊號)를 칭하고 부인과 자식을 죽여서, 천지가 용서하지 않고 신과 인간이 함께 원망하게 되어 그 왕업의 터전을 떨어뜨렸으니, 경계할 만하지 않은가. 짐은 여러 공들의 추대하는 마음에 힘입어 왕위에 올랐으니 풍속을 고쳐서 다 같이 새롭게 할 것이다. 마땅히 종래의 계획을 변경하는 규범을 준수하고 본보기가 눈앞에 있는 법칙을 깊이 거울삼아, 군주와 신하는 물고기와 물이 만난 기쁨을 같이 하고 나라 안은 깨끗하고 평온한 경사로 화합할 것이다. 안팎의 모든 사람들은 마땅히 모두 짐의 뜻을 잘 알아두어야 한다." 여러 신하들이 절을 올려 사례하며 말하였다. "신들은 전 군주의 시절이 되어 어질고 착한 사람은 해를 당하고 죄 없는 사람은 학대받아서, 늙은이나 어린이나 할 것 없이 울부짖어 억울함을 품지 아니함이 없었습니다. 다행히 이제 목숨을 보전하여 성스럽고 밝으신 군주를 만나게 되었으니, 감히 힘을 다하여 보답하기를 도모하지 않겠습니까. (『全唐文』 1000 高麗王王建 詔諭八首)

고려 (여름 6월) 무오일(17)에 왕이 한찬(韓粲) 총일(聰逸)에게 말하였다. "전 군주가 참소를 믿고 사람 죽이기를 좋아하였는데, 경의 고향 청주(靑州)는 땅이 기름지고 사람들은 호걸이 많아 그곳에서 변란을 일으킬 것을 두려워하여 장차 그들을 다 죽여 버리려 하였다. 이에 윤전(尹全)·애견(愛堅) 등 80여 명의 군인을 불러다가 모두 죄가 없는데도 칼을 씌워 끌려가는 길에 있으니, 경은 빨리 가서 고향으로 돌려보내도록 하라." (『高麗史』 1 世家 1 太祖 1)

고려 (여름 6월) 왕이 청주 사람 한찬 총일에게 말하였다. "태봉의 군주가 청주는 땅이 기름지고 사람들은 호걸이 많아 그곳에서 변란을 일으킬 것을 두려워하여 장차 그들을 다 죽여 버리려 하였다. 이에 윤전·애견 등 80여 명의 군인을 불러다가 모두 죄가 없는데도 칼을 씌워 끌려가는 길에 있으니, 경은 빨리 가서 고향으로 돌려보내도록 하라." (『高麗史節要』 1 太祖神聖大王)

고려 (여름 6월) 경신일(19)에 마군장군(馬軍將軍) 환선길(桓宣吉)이 반역을 도모하다가 처형당하였다. (『高麗史』 1 世家 1 太祖 1)

고려 (여름 6월) 마군장군 환선길이 처형당하였다. 처음에 환선길은 그 동생 향식(香寔)과 함께 왕을 추대한 공이 있으므로, 왕이 심복으로 위임하여 늘 정예병을 거느리고 숙위(宿衛)하게 하였다. 그의 아내가 말하기를, "당신은 재주와 능력이 남보다 뛰어나므로 사졸들이 복종하고 있으며, 또 큰 공이 있는데도 정권은 다른 사람에게 있으니 부끄럽지 않습니까."라고 하였다. 환선길이 마음속으로 그 말을 옳게 여겨, 마침내 병사들과 몰래 결탁하고 틈을 엿보아 변란을 일으키려 했다. 복지겸이 이를 알고 은밀히 고발하였으나, 왕은 그 형적이 드러나지 않았다 하면서 받아들이지 않았다. 어느 날 왕이 전상(殿上)에 앉아서 학사 몇몇 사람과 국정을 의논하고 있는데, 환선길이 그 무리 50여 명과 함께 병기를 가지고 내정(內庭)으로 갑자기 뛰어 들어와서 곧바로 왕을 범하려고 하였다. 왕은 지팡이를 짚고 서서 성난 목소리로 그를 꾸짖었다. "짐이 비록 너희들의 힘으로 여기에 이르렀기는 하지만, 어찌 천명이 아니었겠는가. 천명이 이미 정해졌는데, 네가 감히 이럴 수 있느냐." 환선길이 왕의 말과 얼굴빛이 평소처럼 침착함을 보고 복병이 있는가 의심하여 무리들과 달아났는데, 숙위병이 쫓아가서 그들을 죽였다. 향식은 나중에 이르러 일이 실패한 것을 알고 또한

도망하였으나, 추격하던 병사가 그를 죽였다. (『高麗史節要』1 太祖神聖大王)

고려 서반(西班)은 태조 초년에 마군장군·대장군이 있었는데, 무직(武職)이다. (『高麗史』77 志 31 百官 2)

고려 복지겸(卜智謙)은 초명(初名)은 사괴(砂瑰)이다. 환선길·임춘길(林春吉)의 모반은 복지겸이 모두 밀고하여 주살하였다. 죽은 뒤 시호는 무공(武恭)이다. 성종(成宗) 13년(994)에 네 사람 모두 태사(太師)로 추증되었고, 태조 묘정(廟廷)에 배향하였다. (『高麗史』92 列傳 5 卜智謙)

고려 환선길은 그 동생 향식과 함께 태조를 모셔서 왕으로 추대한 공이 있으므로, 태조가 환선길을 마군장군에 임명하여 심복으로 위임하며 늘 정예병을 거느리고 숙위하게 하였다. 그의 아내가 말하기를, "당신은 재주와 능력이 남보다 뛰어나므로 사졸들이 복종하고 있으며, 또 큰 공이 있는데도 정권은 다른 사람에게 있으니 부끄럽지 않습니까."라고 하였다. 환선길이 마음속으로 그 말을 옳게 여겨, 마침내 병사들과 몰래 결탁하고 틈을 엿보아 변란을 일으키려 했다. 마군장군 복지겸이 이를 알고 은밀히 고발하였으나, 태조는 그 형적이 드러나지 않았다 하면서 받아들이지 않았다. 어느 날 왕이 전에 앉아서 학사 몇몇 사람과 국정을 토론하고 있는데, 환선길이 그 무리 50여 명과 함께 병기를 가지고 동상(東廂)에서 내정으로 갑자기 뛰어 들어와서 곧바로 왕을 범하려고 하였다. 왕은 지팡이를 짚고 서서 성난 목소리로 그를 꾸짖었다. "짐이 비록 너희들의 힘으로 여기에 이르렀기는 하지만, 어찌 천명이 아니었겠는가. 천명이 이미 정해졌는데, 네가 감히 이럴 수 있느냐." 환선길이 태조의 말과 얼굴빛이 평소처럼 침착함을 보고 복병이 있는가 의심하여 무리들과 달아났는데, 숙위병이 격구장(擊毬場)까지 쫓아가서 모두 사로잡고 죽였다. 향식은 나중에 이르러 일이 실패한 것을 알고 또한 도망하였으나, 추격하던 병사가 그를 죽였다. (『高麗史』127 列傳 40 叛逆 1 桓宣吉)

고려 태봉 (여름 6월) 기졸(騎卒) 태평(泰評)을 순군낭중(徇軍郎中)으로 삼았다. 태평은 서책을 많이 보아 행정에 밝았다. 처음에 염주(鹽州)의 도적 우두머리인 유긍순(柳矜順)의 기실(記室)이 되었는데, 궁예가 유긍순을 격파하자 태평이 이에 항복하였다. 궁예는 그가 오래도록 항복하지 않았던 것에 화가 나 군졸로 편입시켰다. 마침내 태조를 따랐다가 건국할 때에 참가하여 공이 있었던 것이다. (『高麗史節要』1 太祖神聖大王)

고려 태봉 염주(鹽州) 사람이다. 서책을 많이 보아 행정에 밝았다. 처음에 그 주(州)의 도적 우두머리인 유긍순의 기실이 되었는데, 궁예가 유긍순을 격파하자 태평이 이에 항복하였다. 궁예는 그가 오래도록 항복하지 않았던 것에 화가 나 군졸로 편입시켰다. 마침내 태조를 따랐다가 건국할 때에 참가하여 공이 있으므로, 발탁하여 순군낭중을 제수하였다. (『高麗史』92 列傳 5 泰評)

고려 (여름 6월) 신유일(20)에 조서를 내렸다. "관직을 설치하고 직무를 나누는 것은 유능한 사람을 임명하는 방법이 있고, 풍속을 이롭게 하고 백성을 평안하게 하는 것은 현명한 사람을 고르는 일이 시급한 것이다. 진실로 관직에 소홀함이 없으면 어찌 정사가 황폐해지는 일이 있겠는가. 짐이 외람되이 천명(天命)을 받아 위대한 계획을 밝게 운용하는 것은 왕위에 임하여 마음 편하기 어려움을 돌이켜 보고 용렬하고 부실한 벼슬아치가 두려워 할만한 것을 생각하는 것이다. 오직 사람을 알아봄이 밝지 못하고 관리들을 살핌이 실수가 많아 어진 사람을 빠뜨렸다는 탄식을 일어나게 하고 선비 얻는 도리에 깊이 어긋날까 염려하여, 자나 깨나 걱정되는 것은 오직 이것뿐이다. 안팎의 관원들이 모두가 그 직책에 맞으면, 다만 지금만의 다스림을 이룩할 뿐 아니라 족히 후대의 칭찬을 남길 수 있을 것이다. 마땅히 제후를 등용하고 여러 신하들을 두루 시험하고 잘 선발함에 힘써서 모두 고르게 할 것이니, 중앙과 지방이 다 짐의 뜻을 알도록 하라." 마침내 한찬 김행도(金行濤)를 광평시중(廣評侍中)으로, 한찬 검강(黔剛)을 내봉령(內奉令)으로, 한찬 임명필(林明弼)을 순군부령(徇軍部令)으로, 파진찬(波珍粲) 임희(林曦)를 병부령(兵部令)으로, 소판(蘇判) 진원(陳原)을 창부령(倉部令)으로, 한찬 염장(閻萇)을 의형대령(義形臺令)으로, 한찬 귀평(歸評)을 도항사령(都航司令)으로, 한찬 손형(孫逈)을 물장성령(物藏省令)으로, 소판 진경(秦勁)을 내천부령(內泉府令)으로, 파진찬 진정(秦靖)을 진각성령(珍閣省令)으로 삼으니, 이러한 사람들은 모두가 품성이 단정하고 일을 처리함이 공평하고 성실하여 창업의 시초부터 천명을 받은 임금을 보좌하는 공로를 다한 사람들이었다. 알찬(閼粲) 임적여(林積璵)를 광평시랑(廣評侍郎)으로, 전 수순군부경(守徇軍部卿) 능준(能駿)과 창부경(倉部卿) 권식(權寔)을 모두 내봉경(內奉卿)으로, 알찬 김인(金堙)·영준(英俊)을 모두 병부경(兵部卿)으로, 알찬 최문(崔汶)·견술(堅術)을 모두 창부경(倉部卿)으로, 일길찬(一吉粲) 박인원(朴仁遠)·김언규(金言規)를 모두 백서성경(白書省卿)으로, 임상난(林湘煖)을 도항사경(都航司卿)으로, 요인휘(姚仁暉)·향남(香南)을 모두 물장경(物藏卿)으로, 능혜(能惠)·희필(曦弼)을 모두 내군경(內軍卿)으로 삼으니, 이들은 다 일찍부터 사무에 숙달하고 청렴하고 신중하여, 가히 공무를 수행함에 태만함이 없고 결단을 민첩하게 하여 진실로 여러 사람의 마음에 맞는 사람이라고 할 수 있었다. 전 광평낭중(廣評郎中) 강윤형(康允珩)을 내봉감(內奉監)으로, 전 순군부낭중(徇軍部郎中)·한찬 신일(申一)·임식(林寔)을 모두 광평낭중(廣評郎中)으로, 전 광평사(廣評史) 국현(國鉉)을 원외랑(員外郎)으로, 전 광평사 예언(倪言)을 내봉리결(內奉理決)로, 내봉사(內奉史) 곡긍회(曲矜會)를 평찰(評察)로, 전 내봉사(內奉史) 유길권(劉吉權)을 순군낭중으로 삼았으며, 그 밖의 사성(司省)에는 각각 낭사(郎史)를 두어 관원의 수를 갖추어서 하나도 빠진 데가 없게 하였다. 대체로 건국 초기에 현명한 인재를 잘 골라 뽑아서 모든 일을 고르게 했던 것이다. (『高麗史』1 世家 1 太祖 1)

고려 (여름 6월) 조서를 내렸다. "관직을 설치하고 직무를 나누는 것은 나라를 다스리는 데 먼저 할 일이고, 풍속을 변화시키고 백성을 평안하게 하는 데는 현명한 사람을 쓰는 일이 시급한 것이다. 진실로 관직에 소홀함이 없으면 어찌 정사가 황폐해지는 일이 있겠는가. 짐은 사람을 알아봄이 밝지 못하고 관리들을 살핌이 실수가 많아서, 자나깨나 걱정하는 것은 오직 이것뿐이다. 안팎의 관원들이 모두가 그 직책에 맞으면, 지금의 다스림을 이룩하고 후대의 칭찬을 남길 것이다. 마땅히 제후를 등용하고 여러 신하들을 두루 시험하고 잘 선발함에 힘써서 모두 고르게 할 것이니, 중앙과 지방이 다 짐의 뜻을 알도록 하라." 마침내 김행도를 광평시중으로, 검강을 내봉령으로, 임명필을 순군부령으로, 임희를 병부령으로, 진원을 창부령으로, 염장을 의형대령으로, 귀평을 도항사령으로, 손형을 물장성령으로, 진경을 내천부령으로, 진정을 진각성령으로 삼으니, 이러한 사람들은 모두가 품성이 단정하고 일을 처리함이 공평하고 성실하여 창업의 시초부터 추대하는 데에 공로가 있었던 사람들이었다. 임적여를 광평시랑으로, 능준·권식을 모두 내봉경으로, 김인·영준을 모두 병부경으로, 최문·견술을 모두 창부경으로, 박인원·김언규를 모두 백서성경으로, 임상난을 도항사경으로, 요인휘·향남을 모두 물장경으로, 능혜·희필을 모두 내군경으로 삼으니, 이들은 다 일찍부터 사무에 숙달하고 청렴하고 신중하여, 가히 공무를 수행함에 태만함이 없고 결단을 민첩하게 하여 진실로 여러 사람의 마음에 맞는 사람이라고 할 수 있었다. 강윤형을 내봉감으로, 신일·임식을 모두 광평낭중으로, 국현을 원외랑으로, 예언을 내봉리결로, 곡긍회를 평찰로, 유길권을 순군낭중으로 삼았으며, 그 밖의 사성에는 각각 낭사를 두었다. 대체로 건국 초기에 현명한 인재를 잘 골라 뽑아서 모든 일을 고르게 했던 것이다. (『高麗史節要』1 太祖神聖大王)

고려 (천수 원년 6월) 신유일(20)의 조(詔)는 다음과 같다. "관직을 설치하고 직무를 나누는 것은 유능한 사람을 임명하는 방법이 있고, 풍속을 이롭게 하고 백성을 평안하게 하는 것은 현명한 사람을 고르는 일이 시급한 것이다. 진실로 관직에 소홀함이 없으면 어찌 정사가 황폐해지는 일이 있겠는가. 짐이 외람되이 천명(天命)을 받아 위대한 계획을 밝게 운용하는 것은 왕위에 임하여 마음 편하기 어려움을 돌이켜 보고 용렬하고 부실한 벼슬아치가 두려워 할 만한 것을 생각하는 것이다. 오직 사람을 알아봄이 밝지 못하고 관리들을 살핌이 실수가 많아 어진 사람을 빠뜨렸다는 탄식을 일어나게 하고 선비 얻는 도리에 깊이 어긋날까 염려하여, 자나깨나 걱정되는 것은 오직 이것뿐이다. 안팎의 관원들이 모두가 그 직책에 맞으면, 다만 지금만의 다스림을 이룩할 뿐 아니라 족히 후대의 칭찬을 남길 수 있을 것이다. 마땅히 제후를 등용하고 여러 신하들을 두루 시험하고 잘 선발함에 힘써서 모두 고르게 할 것이니, 중앙과 지방이 다 짐의 뜻을 알도록 하라." (『全唐文』 1000 高麗王王建 詔諭八首)

고려 신라 태봉

고려 태조가 개국한 초년에 신라·태봉의 제도를 참고하여 채용하였다. 관직을 설치하고 직무를 나누어 모든 업무가 조화로웠다. 그러나 그 관호(官號)는 혹은 방언(方言)이 섞여서 대체로 초창기에 바꿀 겨를이 없었다. (…)

상서성(尙書省)은 태조가 태봉의 제도를 이어받아 광평성(廣評省)을 설치하고 모든 관인을 총괄하고 거느리게 하였는데, 시중·시랑·낭중·원외랑이 있었다. 태조 때에 또 내봉성(內奉省)이 있었다[『삼국사기(三國史記)』에 전하기를, "내봉성은 곧 지금의 도성(都省)이다."라고 하는데, 연혁이 이것과 같지 않다]. (…)

병조(兵曹)는 (…) 태조 원년에 병부에 영(令)·경(卿)·낭중(郎中)을 두었다가, 나중에 병관(兵官)이라고 칭하여 어사(御事)·시랑·낭중·원외랑이 있었고, 그 속관으로는 고조(庫曹)가 있었다[태조 원년에 순군부(徇軍部)에 영·낭중이 있었다. (…) 그 직무는 자세하지 않으나, 모두 병사를 맡은 관직이 아닌가 의심된다. 나중에 모두 폐지하였다]. (…)

형조(刑曹)는 (…) 태조가 태봉의 제도를 이어받아 의형대(義刑臺)를 설치하였다. 나중에 형관(刑官)으로 고쳐서 어사·시랑·낭중·원외랑이 있었다. (…)

예문관(藝文館)은 (…) 태조가 태봉의 제도를 이어받아 원봉성(元鳳省)을 설치하였다. 나중에 학사원(學士院)으로 고쳐서 한림학사(翰林學士)가 있었다. (…)

위위시(衛尉寺)는 (…) 태조 원년에 내군경(內軍卿)을 설치하였다. (…)

소부시(少府寺)는 (…) 태조가 태봉의 제도를 이어받아 물장성(物藏省)을 설치하였다. 영·경이 있었다. (『高麗史』 76 志 30 百官 1)

고려 태조가 즉위하자, 이전의 관직대로 지원봉성사(知元鳳省事)가 되었다가 갑자기 광평낭중에 임명되었다. 최응(崔凝)이 재상의 그릇을 가지고 행정에 밝게 달통하여 당시의 명성을 매우 얻었으며, 태조를 알 수 있는 기회를 만나 밤낮으로 부지런하여 계책을 올린 바가 많았다. 태조가 그 때마다 훌륭하게 여겨 받아들이며 일찍이 말하였다. "경은 학문이 풍부하고 재능과 식견이 높은데다 겸하여 정치하는 법도를 알며 나라를 근심하고 공무를 수행하여 몸을 돌보지 않고 충성을 다하니, 옛적의 명신도 이보다 더할 수 없을 것이라." 내봉경으로 옮겼다가 얼마 안되어 광평시랑으로 전임하였다. 최응이 사양하기를, "신의 동료 윤봉(尹逢)은 신보다 10년 연장이오니, 청컨대 먼저 제수하소서."라고 하였다. 태조가 말하였다. "능히 예로써 양보하면 나라를 다스림에 무엇이 있으리오. 옛적에 그 말을 듣고 이제 그 사람을 보노라." 마침내 윤봉을 광평시랑으로 삼았다. (『高麗史』 92 列傳 5 崔凝)

고려 (여름 6월) 임술일(21)에 한찬 박질영(朴質榮)을 시중으로 삼았다. (『高麗史』 1 世家

1 太祖 1)

고려 (여름 6월) 박질영을 시중으로 삼았다. (『高麗史節要』 1 太祖神聖大王)

고려 (여름 6월 임술일(21)) 소판 종간(宗侃)은 젊어서 승려가 되어 힘써 간사한 짓을 행하였다. 내군장군(內軍將軍) 은부(狖鈇)는 어려서 머리를 깎여 목에 칼을 쓰고 있던 죄인이었는데, 말을 교묘하게 하고 아첨하여 용납됨을 얻었다. 모두 궁예에게 총애를 받게 되니, 즐겨 참소를 행하여 어질고 착한 이들을 많이 모함했으므로 처형하였다. (『高麗史』 1 世家 1 太祖 1)

고려 (여름 6월) 소판 종간(宗偘), 내군장군 은부가 처형당하였다. 종간과 은부는 모두 간사함과 아첨으로 궁예의 사랑을 얻어 어질고 착한 이들을 참소하여 해쳤다. 왕이 즉위하자 맨 먼저 이들을 처형하였다. (『高麗史節要』 1 太祖神聖大王)

고려 (여름 6월) 계해일(22)에 은사(隱士) 박유(朴儒)가 와서 뵙자, 관(冠)과 허리띠를 하사하였다. (『高麗史』 1 世家 1 太祖 1)

고려 태봉 (여름 6월) 은사 박유가 와서 뵙자, 왕이 예를 갖추어 그를 대우하고 말하였다. "다스림을 이룩하는 도리는 오직 현명한 사람을 구하는 데 달려 있는데, 이제 경이 왔으니 부암(傅巖)·위빈(渭濱)이라는 선비를 얻은 것과 같다." 관과 허리띠를 하사하고 기무를 맡게 하였으며, 왕씨 성을 하사하였다. 박유는 성품이 질박하고 정직하며 경전과 사서에 통달했다. 일찍이 궁예에게 벼슬하여 원외랑(員外郎)이 되었다가 옮겨서 동궁기실(東宮記室)에 이르렀는데, 궁예의 정치가 문란함을 보고 마침내 집에서 나와 산골짜기에 숨었다. 왕이 즉위했다는 말을 듣고 이에 온 것이다. (『高麗史節要』 1 太祖神聖大王)

고려 태봉 왕유(王儒)는 본래의 성명이 박유(朴儒)이다. 자(字)는 문행(文行)이고, 광해주(光海州) 사람이다. 성품이 질박하고 곧으며, 경사(經史)에 통달하였다. 처음에 궁예(弓裔)를 섬겨 원외랑(員外郎)이 되었고, 승진하여 동궁기실(東宮記室)에 이르렀다. 궁예의 정치가 문란함을 보고 마침내 집에서 나와 산골짜기 사이에 숨었다. 태조가 즉위하였다는 말을 듣고 와서 뵈었다. 태조가 예를 갖추어 그를 대우하고 말하였다. "다스림을 이룩하는 도리는 오직 현명한 사람을 구하는 데 달려 있는데, 이제 경이 왔으니 부암·위빈이라는 선비를 얻은 것과 같다." 관대를 하사하고 기무를 맡게 하였으며, 공로가 있어 마침내 왕씨 성을 하사하였다. (『高麗史』 92 列傳 5 王儒)

고려 (여름 6월) 을축일(24)에 조서를 내렸다. "나라를 다스림에는 마땅히 절약하고 검소함을 힘써야 할 것이니, 백성이 부유하고 창고가 차 있으면 비록 물난리나 가뭄과 기근이 있더라도 능히 근심이 되지 않을 것이다. 모든 내장(內莊) 및 동궁의 식읍에 축적되어 있는 양곡은 세월이 오래 되었으므로 반드시 많이 썩어 손상되었을 것이니, 그 내봉낭중(內奉郎中) 능범(能梵)을 심곡사(審穀使)로 삼는다." (『高麗史』 1 世家 1 太祖 1)

고려 (여름 6월) 조서를 내렸다. "나라를 다스림에는 마땅히 절약하고 검소함을 힘써야 할 것이니, 백성이 부유하고 창고가 차 있으면 비록 물난리나 가뭄과 기근의 재난이 있더라도 근심이 없다고 할만할 것이다. 모든 내장 및 동궁의 식읍에 축적되어 있는 양곡은 많이 썩어 손상되었을 것이니, 그 내봉낭중 능범을 심곡사로 삼는다." (『高麗史節要』 1 太祖神聖大王)

고려 (천수 원년 6월) 을축일(24)의 조(詔)는 다음과 같다. "나라를 다스림에는 마땅히 절약하고 검소함을 힘써야 할 것이니, 백성이 부유하고 창고가 차 있으면 비록 물난리나 가뭄과 기근의 재난이 있더라도 근심이 없다고 할만할 것이다. 모든 내장 및 동궁의 식읍에 축적되어 있는 양곡은 많이 썩어 손상되었을 것이니, 그 내봉낭중 능범을 심곡사로 삼는다." (『全唐文』 1000 高麗王王建 詔諭八首)

고려

(여름 6월 을축일(24)) 내봉원외랑 윤형(尹珩)을 내봉낭중으로 삼고, 내봉사 이긍회(李矜會)를 내봉원외랑으로 삼았다. (『高麗史』 1 世家 1 太祖 1)

고려

(여름 6월) 무진일(27)에 백서성공목(白書省孔目) 직성(直晟)을 백서낭중(白書郎中)으로 삼고, 순군낭중 민강(閔剛)을 내군장군으로 삼았다. (『高麗史』 1 世家 1 太祖 1)

고려 태봉 신라

(여름 6월 무진일(27)) 조서를 내렸다. "짐이 듣건대 기회를 타서 제도를 고침에는 그릇된 것을 바로잡음에 상세하고 엄밀하여야 하고, 풍속을 이끌고 백성을 가르침에는 호령을 반드시 삼가하여야 한다고 하였다. 전 군주가 신라의 관등·관직·군읍(郡邑)의 이름을 모두 비루하다고 하여 새로운 제도로 고쳐서 이를 시행한 지 수년이 되어도 백성들이 익혀 알지 못하여서 혼란하게 되었다. 이제 모두 신라의 제도를 따를 것이로되 그 이름을 알기 쉬운 것만은 새로운 제도를 따르도록 하라." (『高麗史』 1 世家 1 太祖 1)

고려

(천수 원년 6월) 무진일(27)의 조(詔)는 다음과 같다. "짐이 듣건대 기회를 타서 제도를 고침에는 그릇된 것을 바로잡음에 상세하고 엄밀하여야 하고, 풍속을 이끌고 백성을 가르침에는 호령을 반드시 삼가하여야 한다고 하였다. 예전에 태봉 군주가 신라의 관등·관직·군읍의 이름을 모두 비루하다고 하여 새로운 제도로 고쳐서 이를 시행한 지 수년이 되어도 백성들이 익혀 알지 못하여서 혼란하게 되었다. 이제 모두 신라의 제도를 따를 것이로되 그 이름을 알기 쉬운 것만은 새로운 제도를 따르도록 하라." (『全唐文』 1000 高麗王王建 詔諭八首)

고려 태봉 신라

(여름 6월) 비로소 관제를 정하고 조서를 내렸다. "짐이 듣건대 기회를 타서 제도를 고침에는 그릇된 것을 바로잡음에 상세하고 엄밀하여야 하고, 풍속을 이끌고 백성을 가르침에는 호령을 반드시 삼가하여야 한다고 하였다. 예전에 태봉 군주가 신라의 관등·관직·군읍의 이름을 모두 비루하다고 하여 새로운 제도로 고쳐서 이를 시행한 지 수년이 되어도 백성들이 익혀 알지 못하여서 혼란하게 되었다. 이제 모두 신라의 제도를 따를 것이로되 그 이름을 알기 쉬운 것만은 새로운 제도를 따르도록 하라." (『高麗史節要』 1 太祖神聖大王)

고려 태봉 신라

문산계(文散階)는 (…) 태조는 태종 군주가 정에 맡겨서 제도를 고쳐서 백성들이 익히고 알지 못하였다고 여겨 모두 신라에 따랐다. 오직 이름과 뜻이 쉽게 알 수 있는 경우에만 태봉의 제도에 따랐다. 얼마 지나서 대광(大匡)·정광(正匡)·대승(大丞)·대상(大相)이라는 호칭을 사용하였다. (『高麗史』 77 志 31 百官 2)

고려

태조 원년 6월 무진일(27)에 일길찬 능윤(能允)의 집 정원에 상서로운 지초가 한 뿌리 생겨서 줄기는 9개이고 꽃은 3송이였는데, 왕에게 바치자 내창(內倉)의 곡식을 하사하였다. (『高麗史』 53 志 7 五行 1 火)

고려

(여름 6월) 일길찬 능윤이 상서로운 지초 한 뿌리를 바쳤는데, 집 정원에서 얻은 것이고 줄기는 9개이고 꽃은 3송이였다. 왕이 내창의 곡식을 하사하였다. (『高麗史節要』 1 太祖神聖大王)

고려 (여름 6월) 기사일(28)에 마군대장군(馬軍大將軍) 이흔암(伊昕巖)이 반란을 도모하여 기시(棄市)하였다. (『高麗史』 1 世家 1 太祖 1)

고려 태봉 후백제

(여름 6월) 마군대장군 이흔암을 기시하였다. 이흔암은 궁마를 업으로 하여 이익을 취하는 데 조급했고, 궁예를 섬겨 은밀한 일을 탐지해 바치는 것으로 신임을 받았었다. 궁예의 말년에 이르러 웅주(熊州)를 습격해 빼앗았으므로 그대로 그 곳을 지켰다. 왕이 즉위한 소식을 듣고 몰래 해치려는 마음을 품고서 부르지 않았는데도 스스로 이르자, 사졸들이 많이 도망하였으므로 웅주가 다시 후백제의 소유가 되었다. 수의형대령(守義刑臺令) 염장이 이흔암과 서로 이웃에 있었으므로, 그 음모를 알고 왕에게 자세히 아뢰었다. "이흔암이 지키던 땅을 버리고 제 마음대로 와서 변경의 땅을 잃었으니, 그 죄는 실로 용서하기 어렵다. 그러나 나와 함께 어깨를 나란히 하고 주군을 섬겨 그전부터 정분이 있었으니 차마 죽일 수는 없는데다가 그 반역한 형적이 드러나지 않았으니, 저도 반드시 변명할 말이 있을 것이다." 염장이 은밀히 사람을 시켜 이흔암을 살펴보도록 청하자, 왕이 나인(內人)을 파견하여 염장의 집에 이르러 장막 안에서 엿보게 하였다. 이흔암의 아내 환씨(桓氏)가 뒷간에 갔다가 그 곳에 사람이 없다고 여겨 오줌을 누고 나서 탄식하며 말하기를, "내 남편의 일이 만약 제대로 되지 않으면 나도 화를 당할 텐데."라고 하고는 말을 마치자 들어갔다. 나인이 사실대로 아뢰자, 마침내 이흔암을 하옥시키니 모두 자백했다. 백관에게 그 죄를 의논하게 하니 모두 아뢰기를, "마땅히 처형하여야 합니다."라고 하였다. 왕이 직접 꾸짖었다. "네가 평소부터 흉한 마음을 먹고 있다가 스스로 죽을 죄에 빠졌구나! 법이란 것은 천하의 공정한 것이니, 사사로운 정 때문에 법을 어지럽힐 수는 없다." 이흔암은 눈물만 흘릴 뿐이었다. 저자에서 참수하게 하고 가산을 적몰(籍沒)하였으나 그 도당들에게는 죄를 묻지 않았다. (『高麗史節要』 1 太祖神聖大王)

고려 태봉 후백제

궁마를 업으로 하여 다른 재주와 식견이 없어서 이익을 취하는 데 조급했고, 궁예를 섬겨 은밀한 일을 탐지해 바치는 것으로 신임을 받았었다. 궁예의 말년에 이르러 병사를 거느리고 웅주를 습격해 빼앗았으므로 그대로 그 곳을 지켰다. 태조가 즉위한 소식을 듣고 몰래 해치려는 마음을 품고서 부르지 않았는데도 스스로 이르자, 사졸들이 많이 도망하였으므로 웅주가 다시 후백제의 소유가 되었다. 한찬·수의형대령 염장이 이흔암과 서로 이웃에 있었으므로, 그 음모를 알고 태조에게 자세히 아뢰었다. "이흔암이 지키던 땅을 버리고 제 마음대로 와서 변경의 땅을 잃었으니, 그 죄는 실로 용서하기 어렵다. 그러나 나와 함께 어깨를 나란히 하고 주군을 섬겨 그전부터 정분이 있었으니 차마 죽일 수는 없는데다가 그 반역한 형적이 드러나지 않았으니, 저도 반드시 변명할 말이 있을 것이다." 염장이 은밀히 사람을 시켜 이흔암을 살펴보도록 청하자, 태조가 나인을 파견하여 염장의 집에 이르러 장막 안에서 엿보게 하였다. 이흔암의 아내 환씨가 뒷간에 갔다가 그 곳에 사람이 없다고 여겨 오줌을 누고 나서 탄식하며 말하기를, "내 남편의 일이 만약 제대로 되지 않으면 나도 화를 당할 텐데."라고 하고는 말을 마치자 들어갔다. 나인이 사실대로 아뢰자, 마침내 이흔암을 하옥시키니 모두 자백했다. 백관에게 그 죄를 의논하게 하니 모두 아뢰기를, "마땅히 처형하여야 합니다."라고 하였다. 태조가 직접 꾸짖었다. "네가 평소부터 흉한 마음을 먹고 있다가 스스로 죽을 죄에 빠졌구나! 법이란 것은 천하의 공정한 것이니, 사사로운 정 때문에 법을 어지럽힐 수는 없다." 이흔암은 눈물만 흘릴 뿐이었다. 저자에서 참수하게 하고 가산을 적몰하였으나 그 도당들에게는 죄를 묻지 않았다. (『高麗史』 127 列傳 40 叛逆 1 伊昕巖)

신라 드디어 천우(天祐) 15년 6월에 (결락) 이르러 귀국하게 되었다. (결락) 학인(學人)들이 함께 와서 친견하고 환희에 가득한 기쁨을 이기지 못하여 손뼉을 치면서 앙모하였다. 그리하여 수월(數月) 동안 선(禪)을 논하고 수년간(數年間) 법문을 물어 왔다. 마치 미천(彌天)이 입을 벌리고 이왈(離曰)이 입술을 놀리는 것과 같아서 어로(語路)의 발단을 헤아리며, 언어(言語)의 단서를 잘 짐작하였다. 이 때 양지(兩地)에서 지난날의 자취를 생각해 보니, 마음이 (결락) 지광(之光). 갑병(甲兵)의 빛이 나타남을 걱정하다가 홀연히 김해를 떠나 옥경(玉京)을 향해 여러 날 만에 서울에 들어가게 되었으니, 마치 마륵(摩勒)이 다시 퍼진 것과 같을 뿐 아니라, 또한 우담바라가 한 번 나타난 것과 같았다. 공손히 내전(內殿)으로 맞이하여 모시고 (결락) 모든 중신과 궁내인(宮內人)들이 법문을 청함에 스님은 법상에 올라앉아 상왕(象王)의 설(說)을 토(吐)하니, 거듭 경의를 표하며, 제자(弟子)의 예의를 펴고, 들은 법어(法語)를 낱낱이 기록한 다음, 왕사(王師)로 추대하였다. 그리고 다음 날 (결락) 청정한 정려(精廬)로 옮겨 모셨다. (결락) 어느 날 다시 단겸(丹慊)을 떠나 경기(京畿)에 도착하였으므로 왕은 별도로 옥당(玉堂)을 꾸며서 승탑(繩榻)에 오르시게 하고 대사(大師)에게 묻되, "과인(寡人)이 어려서부터 위무(威武)는 숭상하였으나, 학문에는 힘을 쓰지 아니한 탓으로 선왕(先王)의 법도를 알지 못함이니, 어찌 (결락) 존망(存亡)의 뜻을 (결락)를 분별하겠습니까." 기쁘게 여기는 바는 명제(明帝)가 꿈을 꾸고 노력한 것과 같이 노력하지 않고도 우리나라에서 불교를 신봉하게 되었으니, 이것은 마치 한(漢)나라 명제(明帝)인 세종(世宗)이 마등과 법란을 만남과, 또 양(梁)나라 무제(武帝)가 보지공(寶誌公)스님을 만난 것도 이와 비교할 수 없다. 세세생생에 영원히 향화(香火)의 인연을 맺고 자자손손(子子孫孫)이 길이 부처님을 받들어 모시는 지극한 신심(信心)을 표했다. 그리하여 흥법선원 흥법선원(興法禪院)을 중건하고 스님을 여기에 주지(住持)토록 하였다. 이와 같은 길상지(吉祥地)가 오히려 지난날의 미덕(美德)을 논하게 되니, 복을 맞이하는 명당(明堂)임을 알게 되었다. 스님은 이곳을 세상을 마치려는 종신지지(終身之地)로 결정하고 나니 마음이 한결 편안하였다. 그리하여 이곳에 선원을 크게 확장한 후에는 찾아오는 사람이 구름과 같고, 배우는 사람들이 날로 진취됨이 마치 안개와 같았다. 의구(依舊)히 유리 (결락) 어국(於國) (결락) 모두가 불법 중흥주라는 말씀은 들었지만, 직접 스님으로부터 가르침을 받지 못한 사람은 어느 절에 가도 거절되고 더불어 말조차 하려 하지 않았을 뿐만 아니라, 하룻밤의 유숙도 허락받지 아니 하였으니, 어찌 대사(大師)가 평소에 이러한 편벽된 생각이 있었겠는가. 덕의 부유(富有)함은 (결락) 좌품(座品)의 (결락) 과 달랐다. (「興法寺眞空大師碑」)

고려 가을 7월 임신일(1)에 광평랑(廣評郎) 능식을 순군낭중으로 삼았다. (『高麗史』 1 世家 1 太祖 1)

고려 (가을 7월) 계사일(22)에 광평시랑 순필(荀弼)이 병으로 면직되자, 병부경(兵部卿) 열평(列評)으로 하여금 그를 대신하게 하였다. (『高麗史』 1 世家 1 太祖 1)

고려 (가을 7월) 광평시랑 순필이 병으로 면직되자, 병부경 열평으로 하여금 그를 대신하게 하였다. (『高麗史節要』 1 太祖神聖大王)

고려 (가을 7월) 병신일(25)에 청주(靑州)의 영군장군(領軍將軍) 견금(堅金)이 와서 뵈었다. (『高麗史』 1 世家 1 太祖 1)

고려 (가을 7월) 청주의 영군장군 견금과 부장(副將) 연익(連翌)·흥현(興鉉)이 와서 뵙자, 각기 말 1필과 능백(綾帛)을 차등 있게 하사하였다. 처음에 왕이 청주 사람은 속임수를 쓰는 이가 많으니 일찍 대비하지 않으면 반드시 후회하게 될 것이라 여겨, 그 고을 사람인 능달(能達)·문식(文植)·명길(明吉) 등을 파견하여 가서 엿보게 하였다. 능달이 돌아와서 아뢰기를, "다른 마음은 없었습니다."라고 하였다. 문식·명길은 그 고을 사람인 김근겸(金勤謙)·관준(寬駿)에게 사사로이 말하기를, "능달은 비록 다른 마음이 없다고 아뢰었지만, 새 곡식이 익으면 변란이 있을까 염려된다."라고 하였다. 이 때가 되어 견금 등이 말하기를, "그 고을 사람은 서울에 있는 김근겸·관준·김언규(金言規) 등과 마음이 다르니, 이 몇 사람만 제거하면 근심이 없을 것입니다."라고 하였다. 왕이 말하였다. "내 마음은 죽이는 것을 그치는 데 있으니, 죄가 있는 사람도 오히려 이를 용서하고자 한다. 하물며 저들 몇 사람은 모두 힘을 써서 의거를 도운 공이 있으니, 한 고을을 얻고자 하여 충성스럽고 현명한 사람을 죽이는 일은 내가 하지 않을 것이다." 견금 등이 부끄럽고 두려워서 물러났다. 근겸·언규 등이 이 말을 듣고 아뢰었다. "일전에 능달이 아뢰기를, '청주 사람은 다른 마음이 없다.'고 하였으나, 신들은 진실로 그렇지 않다고 생각하였습니다. 이제 견금 등이 말하는 바를 보니, 그들은 다른 마음이 없다고 보장할 수 없습니다. 그들을 머물러 두게 하여 그 동태를 보소서." 왕이 그 말을 따랐다. 얼마 지나고 나서 견금 등에게 말하였다. "지금 네가 말한 바는 비록 따를 수 없지만, 너의 충성을 깊이 가상하게 여긴다. 일찍 돌아가서 사람들의 마음을 안정시켜라." 견금 등이 아뢰었다. "신들이 외람되게 이해를 진술한 것이 도리어 무고와 참소 같았는데도 죄로 삼지 않으시니 은혜가 너무나 큽니다. 고향에 돌아간 뒤에는 성심으로 나라를 돕기로 맹세하겠습니다. 그러나 한 고을의 사람도 사람마다 각기 제 마음이 있으니, 만약 난을 일으키는 자가 있으면 제어하기 어려울까 염려됩니다. 관군을 파견하여 성원하여 주시기를 청합니다." 왕이 그렇다고 여겨 마군장군 홍유·유금필(庾黔弼) 등을 파견하여 병사 1,500명을 이끌고 진주(鎭州)를 지켜서 대비하게 하였다. 이 후에 도안군(道安郡)에서 아뢰기를, "청주에서 은밀히 후백제와 서로 우호관계를 통하며 장차 배반하려 합니다."라고 하였다. 왕이 마군장군 능식을 파견하여 군사를 거느리고 진무(鎭撫)하게 하니, 이로 말미암아 배반할 수 없었다. (『高麗史節要』 1 太祖神聖大王)

고려 태조가 청주가 반란할 것을 염려하였다. 홍유와 유금필이 병사 1,500명을 이끌고 진주를 지켜서 그것을 대비하였다. 이로 말미암아 청주가 배반할 수 없었다. 홍유는 대상(大相)으로 옮겼다. (『高麗史』 92 列傳 5 洪儒)

고려 청주 사람이고 그 고을의 영군장군이 되었다. 태조가 즉위하여 청주 사람은 속임수를 쓰는 이가 많으니 일찍 대비하지 않으면 반드시 후회하게 될 것이라 여겨, 그 고을 사람인 능달·문식·명길 등을 파견하여 가서 엿보게 하였다. 능달이 돌아와서 아뢰기를, "다른 뜻은 없으니, 믿을 만합니다."라고 하였다. 다만 문식·명길은 그 고을 사람인 김근겸·관준에게 사사로이 말하기를, "능달은 비록 다른 뜻이 없다고 아뢰었지만, 새 곡식이 익으면 변란이 있을까 염려된다."라고 하였다. 견금은 부장 연익·흥현과 와서 뵙자, 태조가 각기 말과 능백을 차등 있게 하사하였다. 견금 등이 보고하였다. "신들은 우직한 충성을 다하여 두 마음이 없기를 바랍니다. 다만 그 고을 사람은 서울에 있는 김근겸·관준·김언규 등과 마음이 다르니, 이 몇 사람만 제거하면 근심이 없을 것입니다."라고 하였다. 태조가 말하였다. "짐의 마음은 죽이는 것을 그치는 데 있으니, 죄가 있는 사람도 오히려 이를 용서하고자 한다. 하물며 저들 몇 사람은 모두 힘을 써서 호위를 도운 공이 있으니, 한 고을을 얻고자 하여 충성스럽고 현명한 사람을 죽이는 일은 짐이 하지 않을 것이다." 견금 등이 부끄럽고 두려워서 물러났다. 근겸·언규 등이 이 말을 듣고 아뢰었다. "일전에 능달이 아뢰기를, '청주 사람은 다른 마음이 없다.'고 하였으나, 신들은 진실로 그렇지 않다고 생각하였습니다. 이제 견금 등이 말하는 바를 보니, 그들은 다른 마음이 없다고 보장할 수 없습니다. 그들을 머물러 두게 하여 그 동태를 보소서." 왕이 그 말을 따랐다. 얼마 지나고 나서 견금 등에게 말하였다. "지금 비록 네 말을 따를 수 없지만, 너의 충성을 깊이 가상하게 여긴다. 일찍 돌아가서 사람들의 마음을 안정시켜라." 견금 등이 말하였다. "신들이 충언을 드러내고자 하여 외람되게 이해를 진술하니, 도리어 무고와 참소 같았는데도 죄로 삼지 않으시니 은혜가 너무나 큽니다. 성심으로 나라에 은혜를 갚기로 맹세하겠습니다. 그러나 한 고을의 사람도 사람마다 각기 제 마음이 있으니, 만약 난을 일으키는 자가 있으면 제어하기 어려울까 염려됩니다. 관군을 파견하여 성원하여 주시기를 청합니다." 태조가 그렇다고 여겨 마군장군 홍유·유금필 등을 파견하여 병사 1,500명을 이끌고 진주를 지켜서 대비하게 하였다. 얼마 지나지 않아 도안군에서 아뢰기를, "청주에서 은밀히 후백제와 서로 우호관계를 통하며 장차 배반하려 합니다."라고 하였다. 태조가 또 마군장군 능식을 파견하여 군사를 거느리고 진무하게 하니, 이로 말미암아 배반할 수 없었다. (『高麗史』 92 列傳 5 堅金)

고려 (가을 7월 병신일(25))에 전 병부경(兵部卿) 직예(職預)를 광평시랑으로 삼았다. (『高麗史』 1 世家 1 太祖 1)

고려 (가을 7월)에 직예를 광평시랑으로 삼았다. (『高麗史節要』 1 太祖神聖大王)

신라 후백제 고려

가을 7월에 상주(尙州)의 도적 우두머리 아자개(阿玆盖)가 사신을 파견해 태조에게 항복하였다. (『三國史記』 12 新羅本紀 12)

고려 고려 태조는 즉위하자 먼저 토지제도를 바로잡고 백성에게서 수취함에 법도가 있게 하였으며, 농상(農桑)에 힘을 기울였으니 근본이 되는 바를 알았다고 할 수 있다. (…) 우왕 14년(1388) 7월에 대사헌(大司憲) 조준(趙浚) 등이 글을 올렸다. " (…) 태조는 즉위한 지 34일 만에 여러 신하들을 맞이하여 보고 개탄하여 말하였습니다. '근래에 부세를 지나치게 거두어 1경(頃)의 조(租)를 6석(石)까지 거두어 백성은 살기가 어렵다. 나는 이를 매우 불쌍히 여기니, 지금부터는 마땅히 10분의 1 세제를 채용하여 1부(負)의 토지에 3승(升)의 조를 내게 하라.' 드디어 민간의 3년 동안의 조를 면제해 주었습니다. 이 때는 삼국이 정립하여 군웅이 서로 다투었으므로 재정의 쓰임새가 급했는데도 우리 태조는 전공(戰功)을 뒤로 돌리고 백성을 진휼하는 것을 먼저 하였습니다. 이는 천지가 만물을 생육하는 마음이며 요(堯)·순(舜)·문왕(文王)·무왕(武王)이 베푼 인정(仁政)과 같은 것입니다. (…) 조세 : 태조 원년 7월에 담당 관사에 말하였다. "태봉의 임금이 백성을 마음대로 하여 오직 거두는 것만을 일삼고 옛 제도를 따르지 않아서, 1경의 토지에 조세가 6석이 되고 관역(管驛)의 호(戶)에서 사(絲)를 3속(束)이나 거두게 되었다. 마침내 백성으로 하여금 밭갈고 베짜는 일을 그만두고 서로 잇달아 유망하게 하였다. 지금부터 조세와 정부(征賦)는 마땅히 옛 법을 채용하도록 하라." (『高麗史』 78 志 32 食貨 1)

고려 가을 7월에 조서를 내렸다. "태봉의 임금이 백성을 마음대로 하여 오직 거두는 것만을 일삼고 옛 제도를 따르지 않아서, 1경의 토지에 조세가 6석이 되고 역(驛)에 소속된 호에서 사를 3속이나 거두게 되었다. 마침내 백성으로 하여금 밭 갈고 베 짜는 일을 그만두고 서로 잇달아 유망하게 하였다. 지금부터 조세와 정부는 마땅히 천하에 공통된 법을 채용하여 상례(常例)로 삼으라." (『高麗史節要』 1 太祖神聖大王)

고려 농사와 양잠은 입고 먹는 것의 근본이어서, 왕의 정치가 우선하는 바다. 태조가 즉위한 초반에 먼저 경내에 조서를 내려, 3년의 전조(田租)를 풀어 농사와 양잠을 권

하고 백성에게 휴식을 주었다. (『高麗史』 79 志 33 食貨 2)

고려 후백제 8월 기유일(9)에 여러 신하들에게 깨우쳐 말하였다. "짐은 각 지방의 도적들이 짐이 처음 즉위함을 듣고 혹시 변란을 도모할까 염려하여, 사신 한 사람씩을 나누어 파견하여 폐백을 후하게 하고 언사를 낮추어 은혜를 베풀어 화의의 뜻을 보였다. 귀부하는 자가 과연 많았으나 유독 견훤만은 사신을 교환하지 않았다." (『高麗史』 1 世家 1 太祖 1)

고려 후백제 8월에 왕이 여러 신하들에게 말하였다. "짐은 각 지방의 도적들이 짐이 처음 즉위함을 듣고 혹시 틈을 타서 변방의 근심이 될까 염려하여, 사신 한 사람씩을 나누어 파견하여 폐백을 후하게 하고 언사를 낮추어 은혜를 베풀어 화의의 뜻을 보였다. 과연 귀부하는 자가 과연 많았으나 후백제의 견훤만은 유독 사신을 교환하지 않았다." (『高麗史節要』 1 太祖神聖大王)

고려 (8월) 경술일(10)에 삭방(朔方) 골암성(鶻巖城)의 우두머리 윤선(尹瑄)이 와서 귀의하였다. (『高麗史』 1 世家 1 太祖 1)

고려 태봉 (8월) 삭방 골암성의 우두머리 윤선이 와서 항복하였다. 윤선은 침착하고 용맹이 있으며 병법을 잘 알았다. 궁예의 말년에 화를 피하여 북쪽 변방으로 달아나 들어가, 무리 2천여 명을 거느리고 골암성에 거처하면서 흑수(黑水)의 이적(夷狄)을 불러들여 변군(邊郡)을 침해하였다. 이 때에 이르러 왕이 사자를 보내어 타일러서 귀순하게 한다는 것을 듣고, 드디어 와서 항복하였으므로 북쪽 변방이 편안해졌다. (『高麗史節要』 1 太祖神聖大王)

고려 태봉 처음 궁예가 주살(誅殺)을 함부로 하기에 자신에게 화가 미칠까 염려하여 드디어 그 무리를 이끌고 북쪽 변방으로 달아나, 무리를 모아 2,000여 인에 이르자 골암성에 거처하면서 흑수의 이적 무리를 불러들여 오랫동안 변군에 해가 되었다. 태조가 즉위하자, 무리를 이끌고 와서 항복하여 북쪽 변방이 안정되었다. (『高麗史』 92 列傳 5 尹瑄)

고려 (8월) 신해일(11)에 조서를 내렸다. "전의 군주가 백성을 지푸라기처럼 보고 오직 사욕만을 쫓아서, 이에 참서(讖書)를 믿어 갑자기 송악을 버리고 부양에 돌아가 거처하며 궁궐을 세웠다. 백성은 노역에 피곤하고 봄부터 가을까지 농업에 때를 놓쳤으며 더욱이 기근이 연달아 이르고 전염병이 뒤이어 일어나므로, 부부가 헤어지고 길 위에서 굶어 죽는 자가 끊이지 않았으며 1필(匹)의 세포(細布)가 쌀 5승 값이었다. 백성들로 하여금 몸을 팔고 지식을 팔아 남의 노비가 되게 했으니, 짐이 매우 민망하게 여긴한다. 그 소재지의 관원으로 하여금 자세하게 조사하여서 보고하도록 하라." 이리하여 노비가 된 자 1천여 명을 얻으니 내고(內庫)의 포백으로써 보상하여 평민으로 속환(贖還)시켰다. (『高麗史』 1 世家 1 太祖 1)

고려 (천수 원년 8월) 신해일(11)에 조서를 내렸다. "전의 군주가 백성을 지푸라기처럼 보고 오직 사욕만을 쫓아서, 이에 참서(讖書)를 믿어 갑자기 송악을 버리고 부양에 돌아가 거처하며 궁궐을 세웠다. 백성은 노역에 피곤하고 봄부터 가을까지 농업에 때를 놓쳤으며 더욱이 기근이 연달아 이르고 전염병이 뒤이어 일어나므로, 부부가 헤어지고 길 위에서 굶어 죽는 자가 끊이지 않았으며 1필(匹)의 세포(細布)가 쌀 5승 값이었다. 백성들로 하여금 몸을 팔고 지식을 팔아 남의 노비가 되게 했으니, 짐이 매우 민망하게 여긴다. 그 소재지의 관원으로 하여금 자세하게 조사하여서 보고하도록 하라." (『全唐文』 1000 高麗王王建 詔諭八首)

고려 (8월) 조서를 내렸다. "태봉의 군주가 참서를 믿어 송악을 버리고 부양에 돌아가 거처하며 궁궐을 세웠다. 백성은 노역에 피곤하고 봄부터 가을까지 농업에 때를 놓쳤으며 더욱이 기근이 연달아 이르고 전염병이 뒤이어 일어나므로, 부부가 헤어지고 길 위에서 굶어 죽는 자가 끊이지 않았으며 1필의 세포가 쌀 5승 값이었다. 백성들로 하여금 몸을 팔고 지식을 팔아 남의 노비가 되게 했으니, 짐이 매우 민망하게 여긴다. 그 소재지의 관원으로 하여금 자세하게 조사하여서 보고하도록 하라." 이리하여 노비가 된 자 1천여 명을 얻으니 내고의 포백으로써 보상하여 평민으로 속환시켰다. (『高麗史節要』 1 太祖神聖大王)

고려　조서를 내려 말하기를, "주(周)나라 무왕(武王)은 은(殷)나라 주왕(紂王)을 내쫓고 나서 곡식과 재물을 풀었으며, 한(漢)나라 고조(高祖)는 항우(項羽)를 멸망시킨 후 산천(山川)에 숨어사는 백성들로 하여금 각자의 전리(田里)로 돌아가게 하였다. 짐은 덕이 부족함에도 불구하고 대통(大統)을 획득하고 기업(基業)을 받들게 된 것을 매우 부끄럽게 여긴다. 비록 하늘이 도와준 위력에 힘입은 것이지만, 또한 백성들이 추대해 준 힘에 의지한 것이기도 하니, 백성[黎元]들이 편안히 살며[按堵] 집집마다 태평성대를 누리며 덕스럽게 살게[比屋可封] 되기를 바란다. 그러나 무너져 가는 국운을 이어받았으니, 진실로 조세를 줄이고[蠲減] 농상(農桑)을 장려하지 않는다면, 어찌 집집마다 살림이 넉넉하고 사람마다 풍족하여 지는 데에 이를 수 있겠는가. 백성들에게 3년 동안의 조세와 부역을 면제해주고, 사방으로 정처 없이 떠도는 자들은 고향[田里]으로 돌아가게 하며, 이어서 크게 사면령을 내려 더불어 쉴 수 있게 하라."고 하였다. (『高麗史節要』 1 太祖神聖大王)

고려　(8월 신해일(11)) 또 조서를 내렸다. "신하로서 창업을 도우는 기이한 책략을 운용하고 세상을 뒤덮는 높은 공훈을 세운 자에게는 봉작(封爵)을 나누어주고 또한 질록(秩祿)과 높은 관품으로써 포상하는 것이니, 이것이 백대(百代)의 항상된 법이요 천대(千代)의 넓은 규범이다. 짐은 미천한 출신으로 재주와 식견이 평범함에 미치지 못하나, 진실로 여러 사람의 바람에 힘입어서 왕위에 올랐다. 그 흉폭한 임금을 폐하던 때에 이르러 충신의 절개를 다한 자에게는 마땅히 포상을 시행하여 훈공과 노고를 권장할 것이다. 홍유·배현경·신숭겸·복지겸을 제1등으로 삼아 금은 그릇·금수기피욕(錦繡綺被褥)·능라(綾羅)·포백을 차등 있게 지급하고, 견권(堅權)·능식·권신(權愼)·염상(廉湘)·김락(金樂)·연주(連珠)·마난(麻煖)을 제2등으로 삼아 금은 그릇, 금수기피욕·능백(綾帛)을 차등 있게 지급하며, 제3등인 2,000여 명에게는 각각 능백·양식을 차등 있게 지급하라. 짐이 공들과 함께 백성을 구하고자 했으나 능히 끝내 신하의 절개를 지키지 못하고 이것으로 공을 삼게 되니, 어찌 덕을 부끄러워함이 없겠는가. 그러나 공이 있는데도 포상하지 않으면 장래를 권장할 수 없다. 그러므로 오늘의 포상이 있게 된 것이니 공들은 짐의 뜻을 분명히 알라." (『高麗史』 1 世家 1 太祖 1)

고려　(8월) 조서를 내렸다. "신하로서 창업을 도우는 기이한 책략을 운용하고 세상을 뒤덮는 높은 공훈을 세운 자에게는 봉작을 나누어주고 또한 질록과 높은 관품으로써 포상하는 것이니, 이것이 백대의 항상된 법이요 천대의 넓은 규범이다. 짐은 미천한 출신으로 재주와 식견이 평범함에 미치지 못하나, 진실로 여러 사람의 바람에 힘입어서 왕위에 올랐다. 그 흉폭한 임금을 폐하던 때에 이르러 충신의 절개를 다한 자에게는 마땅히 포상을 시행하여 훈공과 노고를 권장할 것이다. 홍유·배현경·신숭겸·복지겸을 제1등으로, 견권·능식·권신·염상·김락·연주·마난을 제2등으로 삼아, 각각 금은 그릇·금수기피욕·능백을 차등 있게 하사하고, 제3등인 2,000여 명에게는 또한 능백·양식을 차등 있게 하사하라. 짐이 공들과 함께 백성을 구하고자 했으나 능히 끝내 신하의 절개를 지키지 못하고 이것으로 공을 삼게 되니, 어찌 덕을 부끄러워함이 없겠는가. 그러나 공이 있는데도 포상하지 않으면 장래를 권장할 수 없다. 그러므로

오늘의 포상이 있게 된 것이니 공들은 짐의 뜻을 분명히 알라."(『高麗史節要』 1 太祖神聖大王)

고려 (천수원년 8월) 또 조서를 내려 말하였다. "신하로서 창업을 도우는 기이한 책략을 운용하고 세상을 뒤덮는 높은 공훈을 세운 자에게는 봉작을 나누어주고 또한 질록과 높은 관품으로써 포상하는 것이니, 이것이 백대의 항상된 법이요 천대의 넓은 규범이다. 짐은 미천한 출신으로 재주와 식견이 평범함에 미치지 못하나, 진실로 여러 사람의 바람에 힘입어서 왕위에 올랐다. 그 흉폭한 임금을 폐하던 때에 이르러 충신의 절개를 다한 자에게는 마땅히 포상을 시행하여 훈공과 노고를 권장할 것이다. 홍유·배현경·신숭겸·복지겸을 제1등으로, 견권·능식·권신·염상·김락·연주·마난을 제2등으로 삼아, 각각 금은 그릇·금수기피욕·능백을 차등 있게 하사하고, 제3등인 2,000여 명에게는 또한 능백·양식을 차등 있게 하사하라. 짐이 공들과 함께 백성을 구하고자 했으나 능히 끝내 신하의 절개를 지키지 못하고 이것으로 공을 삼게 되니, 어찌 덕을 부끄러워함이 없겠는가. 그러나 공이 있는데도 포상하지 않으면 장래를 권장할 수 없다. 그러므로 오늘의 포상이 있게 된 것이니 공들은 짐의 뜻을 분명히 알라."(『全唐文』 1000 高麗王王建 詔諭八首)

고려 태조가 즉위하여 조서를 내려 추대한 공로를 책봉하니, 홍유·배현경·신숭경·복지겸이 모두 1등이 되어, 금은기·금수기피욕·능라·포백을 하사하였다. (『高麗史』 92 列傳 5 洪儒)

고려 후백제 (8월 신해일(11)) 견훤이 일길찬 민합(閔郃)을 파견해 와서 즉위를 축하하였다. 광평시랑 한신일 등에게 명령하여 감미현(甘彌縣)에서 맞이하게 하였다. 민합이 이르자, 예를 후하게 하여 돌려보냈다. (『高麗史』 1 世家 1 太祖 1)

후백제 고려 (정명 4년) 가을 8월에 일길찬 민합을 파견해 축하한다고 칭하고, 마침내 공작선(孔雀扇) 및 지리산(地理山)의 죽전(竹箭)을 바쳤다. (『三國史記』 50 列傳 10 甄萱)

고려 후백제 (8월) 견훤이 일길찬 민합을 파견해 와서 즉위를 축하하였다. 왕이 대중전(大中殿)에 납시어 축하를 받고 예를 후하게 하여 돌려보냈다. (『高麗史節要』 1 太祖神聖大王)

후백제 고려 (정명 4년 무인년) 견훤이 (왕건의 즉위 소식을) 듣고 사신을 파견해 축하한다고 칭하고, 마침내 공작선, 지리산의 죽전 등을 바쳤다. (『三國遺事』 2 紀異 2 後百濟甄萱)

후백제 고려 견훤이 일길찬 민합을 고려에 파견해 즉위를 축하하였다. 왕건이 광평시랑 한신일 등에게 명령하여 감미현에서 맞이하게 하였다. 민합이 이르자, 예를 후하게 하여 돌려보냈다. (『三國史節要』 14)

고려 (8월) 갑인일(14)에 병부경 훤식(萱寔)을 내봉경으로 삼았다. (『高麗史』 1 世家 1 太祖 1)

고려 (8월) 병부경 훤식을 내봉경으로 삼았다. (『高麗史節要』 1 太祖神聖大王)

고려 후백제 (8월) 계해일(23)에 웅(熊)·운(運) 등 10여 주현(州縣)이 배반하여 후백제에 귀부하였었다. 전 시중 김행도(金行濤)를 동남도초토사(東南道招討使)·지아주제군사(知牙州諸軍事)로 명하였다. (『高麗史』 1 世家 1 太祖 1)

고려 후백제 (8월) 웅·운 등 10여 주현이 배반하여 후백제에 귀부하였었다. 전 시중 김행도를 동남도초토사·지아주제군사로 명하여, 그에 대비하였다. (『高麗史節要』 1 太祖神聖大王)

고려 (8월) 병인일(26)에 창부낭중(倉部郎中) 유문률(柳問律)을 광평낭중으로 삼았다. (『高

麗史』1 世家 1 太祖 1)

고려 (8월) 유문률을 광평낭중으로 삼았다. (『高麗史節要』1 太祖神聖大王)

고려 태조 원년 8월 무진일(28)에 호랑이가 도성의 흑창(黑倉) 담 안에 들어오자, 쏘아서 잡았다. 그것을 점쳐서 말하기를, “호랑이는 맹수로서 상서롭지 못하니, 병사를 주관하는 것이다.”라고 하였다. (『高麗史』54 志 8 五行 2 金)

고려 상평(常平)·의창(義倉)은 (…) 국초에 그 뜻을 이어받아 흑창을 만들고 설치하였다. (…) 성종(成宗) 5년(985) 7월에 이르러 교서를 내렸다. “ (…) 우리 태조에 이르러 이에 흑창을 설치하니, 곤궁한 백성들에게 진대(賑貸)하는 것을 명문화하여 상식(常式)으로 삼았다. (『高麗史』80 志 34 食貨 3)

후백제 (정명 4년 가을 8월) 또 사신을 파견해 오월(吳越)에 들어가 말을 바쳤다. 오월왕이 방문에 답례하여 중대부(中大夫)를 더하여 제수하였고, 나머지는 예전과 같았다. (『三國史記』50 列傳 10 甄萱)

후백제 견훤이 사신을 파견해 오월에 가서 말을 바쳤다. 오월왕이 방문에 답례하여 견훤에게 중대부를 더하여 제수하였고, 나머지는 예전과 같았다. (『三國史節要』14)

고려 은면지제. 태조 원년 8월에 조서를 내렸다. “짐은 다음과 같이 들었다. ‘옛날 한의 고조는 항우의 난을 수습한 후 산택(山澤)에서 보전한 백성들을 각각 전리(田里)로 돌아가게 하여 부세의 징수량을 줄여 주고 호구가 비어 없어진 것을 조사하였다. 또 주의 무왕은 은의 포악한 주왕을 내쫓고, 이어 거교창(鉅橋倉)의 곡식과 녹대(鹿臺)의 재물을 풀어 빈민에게 지급하였다.’ 이것은 대개 어지러운 정치가 오래되어서 사람들이 그 삶을 즐기지 못하였기 때문이다. 짐이 아주 부끄럽게도 적은 덕을 가지고 왕업의 터전을 열게 된 것은 비록 하늘이 도우시는 위력에 힘입었지만, 또한 백성이 추대하는 힘을 입었기 때문이다. 백성들로 하여금 편안히 지내게 하여 집집마다 훌륭한 사람이 나올 수 있기를 바란다. 그러나 이전 군주의 쇠퇴한 기운을 이어 받았으므로 만일 조세를 면제하고 농상을 권장하지 않는다면 어떻게 집집마다 넉넉하고 사람마다 풍족하게 되겠는가. 백성에게 3년의 조·역을 면제하고 사방으로 유리한 사람은 전리로 돌아가게 하라. 그리고 대사(大赦)하여 그들에게 휴식을 주도록 하라.” (『高麗史』80 志 34 食貨 3)

고려 8월에 조서를 내렸다. “주의 무왕은 은을 내쫓아 곡식과 재물을 풀었고, 한의 고조는 항우를 멸망시키고 산택에서 보전한 백성을 각기 전리로 돌아가게 하였다. 짐이 아주 부끄럽게도 적은 덕을 가지고 왕업의 터전을 열게 된 것은 비록 하늘이 도우시는 위력에 힘입었지만, 또한 백성이 추대하는 힘을 입었기 때문이다. 백성들로 하여금 편안히 지내게 하여 집집마다 훌륭한 사람이 나올 수 있기를 바란다. 그러나 쇠퇴한 기운을 이어 받았으므로 만일 조세를 면제하고 농상을 권장하지 않는다면 어떻게 집집마다 넉넉하고 사람마다 풍족하게 되겠는가. 백성에게 3년의 조·역을 면제하고 사방으로 유리한 사람은 전리로 돌아가게 하라. 그리고 대사하여 그들에게 휴식을 주도록 하라.” (『高麗史節要』1 太祖神聖大王)

고려 9월 을유일(15)에 순군리(徇軍吏) 임춘길 등이 반란을 도모하여 처형당하였다. (『高麗史』1 世家 1 太祖 1)

고려 9월에 마군장군 복지겸이 아뢰었다. “순군리 임춘길이 그 고향인 청주 사람 배총규(裵悤規), 계천(季川) 사람 강길(康吉)·아차귀(阿次貴), 매곡(昧谷) 사람 경종(景琮)과 함께 반역을 모의하였습니다.” 왕이 사람을 시켜 잡아서 심문하니 모두 자백하므로

명하여 그들을 처형하였으나, 배총규는 도망하여 죽음을 면했다. (『高麗史節要』 1 太祖神聖大王)

고려 환선길·임춘길의 모반은 복지겸이 모두 밀고하여 주살하였다. (『高麗史』 92 列傳 5 卜智謙)

고려 또 순군리 임춘길이란 자는 청주 사람이다. 그 고을 사람 배총규, 계천 사람 강길·아차(阿次),매곡 사람 경종과 함께 반역을 모의하였다가, 청주로 도망하여 돌아가고자 하였다. 복지겸이 이것을 보고하였다. 태조가 사람을 시켜 잡아서 심문하니 모두 자복하므로 일률적으로 금고(禁錮)에 처하게 하였다. 오직 배총규는 모의가 누설됨을 알고 곧 도망갔다. 이에 그 무리를 다 처형하고자 하자, 청주 사람 현율(玄律)이 아뢰었다. "경종의 누나는 곧 매곡성주(昧谷城主) 공직(龔直)의 아내인데, 그 성은 매우 견고하여 공격하여 함락시키기가 어려운 데다가 또 적의 경계에 인접하였습니다. 만약 혹시 경종을 처형하면 공직이 반드시 반란할 것이니, 용서하여 회유함만 같지 못합니다." 태조가 이를 따르고자 하였으나, 마군대장군 염상이 진언하였다. "신이 듣건대 경종은 일찍이 마군 기달(箕達)에게 다음과 같이 말하였습니다. '누나의 어린 아이가 이제 수도에 있어 그 헤어짐을 생각하니 상심(傷心)함을 감당하지 못하겠다. 하물며 지금의 일이 어지러움을 보니 평정될 기회가 있을 것 같지 않다. 마땅히 틈을 엿보아 그와 함께 도망하여 돌아갈 것이다.' 경종의 모의가 이제 과연 증험되었습니다." 태조가 크게 깨닫고 곧 그를 처형하라고 명령하였다. (『高麗史』 127 列傳 40 叛逆 1 桓宣吉)

고려 (9월) 경인일(20)에 순군낭중 현율을 병부낭중으로 삼았다. (『高麗史』 1 世家 1 太祖 1)

고려 (9월) 청주 사람 현율을 순군낭중으로 삼자, 마군장군 배현경·신숭겸 등이 말하였다. "지난번에 임춘길이 순군리가 되어 반역을 도모하다가 일이 누설되어 처형당하였습니다. 이것은 곧 병권을 맡아서 청주를 후원으로 삼을 수 있다고 믿은 것입니다. 이제 또 현율을 순군낭중으로 삼으니 신들은 의아하게 여깁니다." 왕이 말하기를, "옳다."라고 하고, 곧 병부낭중으로 고쳐 제수하였다. (『高麗史節要』 1 太祖神聖大王)

고려 태조 원년에 병부에 영·경·낭중을 두었다가, 나중에 병관이라고 칭하여 어사·시랑·낭중·원외랑이 있었고, 그 속관으로는 고조가 있었다[태조 원년에 순군부에 영·낭중이 있었다. (…)] (『高麗史』 76 志 30 百官 1)

고려 배현경(裵玄慶)의 초명(初名)은 백옥삼(白玉衫)이고, 경주(慶州) 사람이다. 담력(膽力)이 다른 사람들보다 컸고, 항오(行伍)에서 시작하여 거듭 승진하여 대광(大匡)에 올랐다. 태조가 청주 사람 현율을 순군낭중으로 삼자, 마군장군 배현경이 신숭겸과 반대하며 말하였다. "지난번에 임춘길이 순군리가 되어 반역을 도모하다가 일이 누설되어 처형당하였습니다. 이것은 곧 병권을 맡아서 고향을 후원으로 삼을 수 있다고 믿었기 때문입니다. 이제 또 현율을 순군낭중으로 삼으니 신들은 의아하게 여깁니다." 태조가 옳다고 여기고, 병부낭중으로 고쳐 제수하였다. 태조가 천하[四方]를 토벌하면서, 배현경의 공이 컸다. (『高麗史』 92 列傳 5 裵玄慶)

고려 (9월) 계사일(23)에 전 시중(侍中) 구진(具鎭)을 나주도대행대시중(羅州道大行臺侍中)으로 삼았는데, 구진이 전 군주 때 오랫동안 수고하였다고 하여 사양하고 기꺼이 가려고 하지 않았다. 왕이 기뻐하지 않으며 유권열(劉權說)에게 말하였다. "예전에 내가 모든 험난한 일을 겪으면서도 일찍이 힘들다는 말을 하지 않았던 것은 진실로 준엄한 왕위를 두려워한 것이었다. 지금 구진이 굳이 사양하여 가지 않으니 옳다고 하겠는가." 유권열이 대답하였다. "상을 내림으로써 선을 권장하고 벌로써 악을 징계하는 것이니 마땅히 엄한 형벌을 가하여서 여러 신하를 경계하게 하소서." 왕이 그렇다고 여겼다. 구진이 두려워하여 사죄하고 마침내 갔다. (『高麗史』 1 世家 1 太祖 1)

고려 (9월) 전 시중 구진을 나주도대행대시중으로 삼았는데, 구진이 태봉 때 오랫동안 수고하였다고 하여 사양하고 기꺼이 가려고 하지 않았다. 왕이 기뻐하지 않으며 유권열에게 말하였다. "예전에 내가 모든 험난한 일을 겪으면서도 일찍이 힘들다는 말을 하지 않았던 것은 진실로 왕의 위엄을 두려워한 것이었다. 지금 구진이 굳이 사양하여 가지 않으니 옳다고 하겠는가." 유권열이 대답하였다. "상을 내림으로써 선을 권장하고 벌로써 악을 징계하는 것이니 마땅히 지극한 형벌을 가하여서 여러 신하를 경계하게 하소서." 왕이 그렇다고 여겼다. 구진이 두려워하여 사죄하고 마침내 갔다. (『高麗史節要』 1 太祖神聖大王)

고려 (9월) 갑오일(24)에 상주의 도적 두목 아자개가 사신을 파견하여 와서 항복하자, 왕이 의식을 갖추어 맞이하도록 명령하였다. 격구장에서 의식을 연습하고자 문무관리가 다 반열(班列)에 나아갔는데, 광평낭중 유문율이 직성관(直省官) 주선할(朱瑄劼)과 반열을 다투었다. 왕이 말하였다. "겸양은 예의 으뜸이요 공경은 덕의 근본이다. 지금 손님을 예로써 맞이하여 장차 그 순성(順成)함을 보려는 것인데, 유문율과 주선길이 반열을 다투고 있으니 어찌 공경하고 신중하다고 할 수 있겠는가. 마땅히 함께 변경에 귀양보내서 그 죄상을 드러낼 것이다." 순군낭중 경훈(景訓)을 유문율 대신에 광평낭중으로 삼았다. (『高麗史』 1 世家 1 太祖 1)

고려 (9월) 상주의 우두머리 아자개가 사신을 파견하여 와서 항복하자, 왕이 의식을 갖추어 맞이하도록 명령하였다. 격구장에서 의식을 연습하고자 문무관리가 다 반열에 나아갔는데, 광평낭중 유문율이 직성관 주선할과 반열을 다투었다. 왕이 그것을 듣고 말하였다. "겸양은 예의 으뜸이요 공경은 덕의 근본이다. 지금 손님을 예로써 맞이하여 장차 그 순성함을 보려는 것인데, 유문율과 주선길이 반열을 다투고 있으니 어찌 공경하고 신중하다고 할 수 있겠는가. 마땅히 함께 변경에 귀양 보내서 그 죄상을 드러낼 것이다." (『高麗史節要』 1 太祖神聖大王)

고려 (9월) 을미일(25)에 전 내봉감(內奉監) 김전영(金篆榮)·능혜(能惠)를 모두 내군경(內軍卿)으로 삼았다. (『高麗史』 1 世家 1 太祖 1)

고려 (9월) 병신일(26)에 여러 신하들에게 깨우쳐 말하였다. "평양(平壤)은 옛 도읍인데 황폐한 지 비록 오래 되었으나 그 터는 아직도 남아 있다. 그러나 가시밭이 우거져 이적들이 그 사이에서 돌아다니며 사냥하다가 이로 인하여 변경을 침략하니 해로움이 크다. 마땅히 백성을 옮겨 그곳에 채워 변경을 굳게 하여 백대의 이로움이 되게 할 것이다." 마침내 대도호(大都護)로 삼고, 사촌동생 왕식렴(王式廉), 광평시랑 열평을 파견하여 그곳을 지키게 하였다. (『高麗史』 1 世家 1 太祖 1)

고려 (9월) 왕이 여러 신하들에게 말하였다. "평양은 옛 도읍인데 황폐한 지 비록 오래 되었으나 가시밭이 우거져 이적들이 그 사이에서 돌아다니며 사냥하다가 이로 인하여 침략하였다. 마땅히 백성을 옮겨 그곳에 채워 변경을 굳게 하여 백대의 이로움이 되게 할 것이다." 마침내 황주(黃州)·봉주(鳳州)·해주(海州)·백주(白州)·염주(鹽州) 여러 주의 인호(人戶)를 나누어 그곳에 살게 하여 대도호로 삼고, 사촌동생 왕식렴, 광평시랑 열평을 파견하여 그곳을 지키게 하며 이어서 참좌(叅佐) 4·5인을 두었다. (『高麗史節要』 1 太祖神聖大王)

고려 서경유수관(西京留守官)·평양부(平壤府)는 (…) 태조원년에 평양이 황폐하다고 여겨

	염주·백주·황주·해주·봉주 여러 주의 백성들을 헤아려 옮겨 채우고, 대도호부(大都護府)로 삼았는데, 얼마 지나서 서경(西京)이 되었다. (『高麗史』 58 志 12 地理 3)
고려	서경유수관은 태조원년에 평양대도호부(平壤大都護府)를 설치하고, 중신 2인을 파견해 지키게 하며, 참좌 4·5인을 두었다. (『高麗史』 77 志 31 百官 2)
고려	왕식렴(王式廉)은 삼중대광(三重大匡) 왕평달(王平達)의 아들이고, 태조의 사촌동생[從弟]이다. 사람됨이 충성스럽고 용맹하고 부지런하고 조심스러웠다. 처음에 군부서사(軍部書史)가 되었고, 여러 번 승진하였다. 태조가 평양이 황폐하다고 여겨 백성을 옮겨 채우고, 왕식렴에게 명령하여 가서 지키게 하였다. (『高麗史』 92 列傳 5 王式廉)
고려	(9월) 정유일(27)에 진각성경(珍閣省卿) 유척량(柳陟良)은 혁명 때에 여러 속료들이 당황하여 흩어져 달아날 때 홀로 본성을 떠나지 않아서 맡은 창고에 망실된 바가 없었다고 여겨, 광평시랑을 특별히 제수하였다. (『高麗史』 1 世家 1 太祖 1)
고려	(9월) 진각성경 유척량을 광평시랑으로 삼았다. 혁명 때에 일이 갑자기 일어나서 여러 속료들이 흩어져 달아났다. 유척량은 홀로 삼가 그 직무를 지켜 맡은 창고에 망실된 바가 없었으므로, 특별히 제수하였다. (『高麗史節要』 1 太祖神聖大王)
고려	겨울 10월 경신일(20)에 수의형대경(守義刑臺卿) 능률을 광평시랑으로, 광평시랑 직예를 내시서기(內侍書記)로 삼았다. (『高麗史』 1 世家 1 太祖 1)
고려	겨울 10월에 능률을 광평시랑으로, 직예를 내시서기로 삼았다. (『高麗史節要』 1 太祖神聖大王)
고려	(겨울 10월) 신유일(21)에 청주의 우두머리 파진찬(波珍粲) 진선(陳瑄)이 그 동생 선장(宣長)과 반란을 도모하여, 처형당하였다. (『高麗史』 1 世家 1 太祖 1)
고려	(겨울 10월) 청주의 우두머리 파진찬 진선이 그 동생 선장과 반란을 도모하여, 처형당하였다. (『高麗史節要』 1 太祖神聖大王)
신라	정명(貞明) 4년 겨울 10월에 문득 산문을 나서서 △에 이르렀다. (「鳳林寺眞鏡大師寶月凌空塔碑」)
신라	(정명(貞明) 4년) 가마가 11월 4일에 이르러 과인은 면류관과 예복을 정돈하고 마음을 깨끗이 하여, 예궁(蘂宮)으로 인도하고 난전(蘭殿)에서 공경히 만났으며, 특별히 스승과 제자의 예를 표하고 공손히 숭앙하는 자세를 나타내었다. 대사는 법복을 높이 휘날리며 법좌에 올라 나라를 다스리고 백성을 편안케 할 술수를 설하고, 승려에 귀의하고 △△에 △△할 방책을 말하였다. 과인은 기쁜 마음으로 대사의 얼굴을 우러르고 오묘한 종지를 친히 들으매, 감격스러워 거듭 자리를 피하고 기쁨에 일일이 기록하였다. 이날 대사를 따라 궁궐에 오른 자가 80인이니, 무리 가운데 상족(上足) 경질선사(景質禪師)가 있어 우러러 종과 같은 맑음을 두드리고 그윽히 거울과 같은 지혜를 품었다. 대사가 △△를 치매 소리가 조용하였다. 새벽의 해는 온 산에 비치고 맑은 바람에 온갖 만물의 소리가 화답하였다. 조용히 법을 연설하매 공유(空有)의 극단을 오로지 초월하였고, 분연히 선을 얘기하매 세속의 바깥을 진실로 벗어났으니, 누가 그 끝을 알았으리오. 다음날 마침내 모든 관료들에게 명하여 대사가 머물고 있는 곳으로 나아가 나란히 △을 칭하게 하였다. 인하여 벼슬이 높은 사람을 보내어 존호를 올려서 법응대사(法膺大師)라 하였으니, 이는 곧 남의 모범이 될 만하였다. 항상 덕을 숭앙하고 삼가 큰 이름을 드러내어 심오한 가르침을 빛나게 하였

다. 그후에 대사는 이미 예전에 은거하던 곳으로 돌아와 향기로운 가르침을 거듭 열어서 죽은 도(道)에 빠진 여러 학인들을 깨우쳤으며, 법의 요체를 갖추어 전하여 도탄에 빠진 뭇 중생들을 구원하였다. 자애로운 바람을 보시함은 필연적이다. 갑자기 가벼운 병에 걸렸는데도 마치 피로한 기색이 완연한 듯하매, 대중들은 돌아가실까(兩楹之夢) 의아하여 미리 쌍수의 슬픔을 머금었다. (「鳳林寺眞鏡大師寶月凌空塔碑」)

고려 11월에 비로소 팔관회(八關會)를 설치하여 의봉루(儀鳳樓)에 납시어 관람하니, 해마다 상례로 삼았다. (『高麗史』1 世家 1 太祖 1)

고려 신라 태조 원년 11월에 담당관사에서 보고하였다. "전의 군주는 매년 11월에 팔관회를 크게 베풀어서 복을 빌었습니다. 그 제도를 따르기를 청합니다." 왕이 그것에 따랐다. 마침내 구정에 윤등(輪燈) 하나를 달고 향등(香燈)을 그 사방에 진열하며, 또 2개의 가설무대를 설치하였는데 각각 높이가 5장 남짓이었다. 각종 유희와 가무를 그 앞에서 벌였는데, 그 중 사선악부(四仙樂部)의 용·봉·상(象)·마·차·선(船) 등은 다 신라의 고사였다. 백관들은 도포를 입고 홀을 가지고 예를 행하였는데 구경군이 수도를 뒤덮었다. 왕은 위봉루(威鳳樓)에 납시어 이것을 관람하고 해마다 상례로 삼았다. (『高麗史』69 志 23 禮 11 嘉禮)

고려 신라 11월에 팔관회를 베풀었다. 담당관사에서 보고하였다. "전의 군주는 매년 11월에 팔관재(八關齋)를 크게 베풀어서 복을 빌었습니다. 그 제도를 따르기를 청합니다." 왕이 말하였다. "짐이 덕이 없는 사람으로 왕업을 지키게 되었으니, 어찌 불교에 의지하여 국가를 편안하게 하지 않겠소." 마침내 구정에 윤등 하나를 달고 향등을 그 옆에 진열하며, 밤이 새도록 땅에 가득히 불빛을 비추어 놓았다. 또 가설무대를 두 곳에 설치하여 각각 높이가 5장 남짓이었는데, 모양은 연대(蓮臺)와 같아서 바라보면 아른아른하였다. 각종 유희와 가무를 그 앞에서 벌였는데, 그 중 사선악부의 용·봉·상·마·차·선 등은 다 신라의 고사였다. 백관들은 도포를 입고 홀을 가지고 예를 행하였는데 구경군이 수도를 뒤덮어 밤낮으로 즐기었다. 왕은 위봉루에 납시어 이것을 관람하고 '부처를 공양하고 귀신을 즐겁게 하는 모임'이라고 이름붙였는데, 이 때부터 이후로 해마다 상례로 삼았다. (『高麗史節要』1 太祖神聖大王)

고려 서경유수관(西京留守官). 태조(太祖) 원년(918)에 평양도호부(平壤大都護府)를 설치하고 중신(重臣) 2인을 보내 이곳을 지키게 하였으며, 참좌(叅佐) 4·5인을 두었다. (…) (『高麗史』77 志 31 百官 2)

신라 그러나 한탄스러운 바는 많은 마군들에게는 항복받기 어려웠고, 중병(重病)을 제거하지는 못하였다. 비록 (결락) 법이서(法以栖) (결락) 내(迺) (결락) 금(今) (결락) 화자편(禍者遍) (결락) 그러나 무고한 사람이 죽는 어려움을 만나기도 하였으니 운둔(雲屯)을 모조리 죄인(罪人)으로 처벌하였다. 이러한 즉 "불도징(佛圖澄)의 도덕으로도 감히 호석(胡石)의 흉악을 고칠 수 없으며, 혜소(慧昭)의 인자(仁慈)함으로도 어찌 혁련(赫連)의 포악을 그치게 할 수 있겠는가. 뿐만 아니라 모두가 나라를 떠나려 하였으니 오직 사람들만을 죽게 한다"고 부르짖었다. 가위(可謂) (결락) 불(不) (결락) 이(以) (결락) 일(日). 대왕은 봉필(鳳筆)을 보내 스님을 궁중으로 초빙하여 자취가 끊어진 공사상에 대한 법문을 듣고 무언(無言)의 이치인 선리(禪理)를 알고자 하였다. 대사(大師)가 낭(狼) (결락) 내(內) 주상이 당상(堂上)에 우뚝 서있는 것을 보고, 그 단예(端倪)를 헤아리기 어려워 거조(擧措)를 잃었으니, 공(恐) (결락) 현고지(玄高之) (결락) 군(君) (결락) 마침내 거짓 시대를 만났다. 이것은 (결락) 업보의 대응이 장차 다가오니 어찌 인연을 피할 수 있겠는가. 겸하여 최호(崔皓)가 불교를 사견(沙汰)시킬 간계를 품고, 구겸지(寇謙之)가 (결락) 대왕이 대사에게 이르되 "우리 스님은 인간의 자부(慈父)이시고 세상의 도사이시니, 어찌 그릇하심이 있으리요마는 피차(彼此)는 없지 않을 것입니다"라고 하였다. 대사는 바야흐로 화(禍)가 급하여 강(罔) (결락) 영기복지(嬰莒僕之) (결락) 자회은(者懷恩). 어찌 상신(商臣)과 같은 악당에 참여하겠는가. 그러나 한마디의 말도 받아들이지 아니하고, 遷 (결락) 더욱 목숨을 버리고 열반할 때라고 하였다. 세상에서의 (결락) 연(緣)을 다하였으니 세속의 나이는 54세요, 승랍은 35였다. 이 때에 개울과 못의 물이 마르고, 해와 달이 빛을 잃었으며, 도속(道俗)이 슬픔을 머금고, 인간과 하늘 또한 변색(變色)하였으니, (결락) 청주(請奏) (결락) 즉(卽) (결락) 한실(漢室)이 용흥(龍興)하였다. 금상(今上)이 용상(龍床)에 있으면서 여러 신하(臣下)들에게 이르되 "고요히 생각해보니 입적(入寂)하신 대사의 도(道)는 십지(十地)를 지났고, 덕(德)은 제방(諸方)을 덮었다. 원출(遠出) (결락) 방(方) 낙토(樂土)에 돌아오셨다. 과인(寡人)이 일찍 첨앙(瞻仰)하며 공경히 귀의하였다." 원하옵건대 유득(有得)의 인연을 생각하면 항상 스님을 잃은 아픔이 간절하여 눈물을 비오듯 흘렸으니, (결락) 비수(俾修) (결락) (「無爲寺先覺大師遍光塔碑」)

고려

신성대왕(神聖大王)이 때를 타고 성주(聖主)가 되어 한대(閒代)의 명군(明君)으로 나라를 편안하게 하고 세속을 편하게 하는 굉기(宏機)를 풍부하게 가졌으며, 불법을 보호하고 진리에 계합(契合)하는 신술(神術) 또한 능통하였다. 나라 일을 보는 여가에는 마음을 항상 현문(玄門)에 두었다. 왕위에 오르기 전부터 대사의 명성을 널리 들었기에 낭관(郞官)으로 하여금 어찰(御札)을 가지고 스님이 계시는 동리산으로 보내어 청하되 "도덕을 앙모한 지 이미 오래되오니 스님의 거룩한 모습 뵙기를 원합니다"라 하면서 "스님께서는 이미 연로하셔서 보행하시기 힘들 터이오니, 말을 타고 구중(九重)으로 오신들 무슨 상관이 있겠습니까" 하였다.

대사가 말씀하시되 "노승(老僧)이 출가한 이래로 이제 80세에 이르기까지 아직 말을 탄 적이 없습니다. 산승(山僧)도 역시 왕의 국민이니 어찌 감히 왕명을 거역하겠습니까"하고 석장망혜(錫杖芒鞋)한 보행으로 연하(輦下)에 도착하니 임금이 크게 기꺼워하여 의빈시(儀賓寺)에 모시고 며칠 동안 편안히 쉬시게 한 다음, 상전(上殿)으로 영입하였고 임금 스스로 상(床)에서 내려와 공손히 영접하여 빈객(賓客)의 예로써 대우하였다. 군신들이 이를 보고 그윽이 놀랐다. 임금이 묻되 "옛 스님이 말하길 마음이 곧 부처라 하니 이 마음은 어떤 것입니까." 대사가 대답하되 "만약 열반의 경지에 도달한 이는 불(佛)과 마음에도 머물지 아니합니다." 다시 임금이 묻되 "부처님께서 어떤 경지를 지나서야 이 열반의 세계에 이르게 됩니까." 하였다. 대답하되 "부처님은 지나는 과정이 없으며, 마음도 또한 그대로일 뿐 경과함이 없습니다"하니, 재차 묻되 "짐이 하늘의 도움을 받아 란세를 구제하기 위해 흉폭한 무리들을 주살하였으니, 어떻게 하면 생민(生民)을 잘 보호할 수 있겠습니까." 대답하되 "전하께서 오늘의 묻는 그 마음을 잊지 않으시면 국가가 부강하고, 생민(生民)이 매우 행복할 것입니다." 또 임금이 묻되 "대사는 어떠한 덕행으로 중생을 교화하십니까." 대답하되 "신승(臣僧)은 힘이 없어 자신을 구제함은 가능하지만, 어찌 감히 다른 사람의 결박을 풀어줄 수 있겠습니까." 하였다. 이때 왕은 옥음(玉音)이 낭랑하여 구름이 일어나는 듯한 질문을 꺼리지 아니하였고, 대사는 사변(四辯)이 물이 흘러가듯하여 걸림 없는 것이 마치 병에 물을 쏟아 붓는 것처럼 답하였으니 육조(六祖)스님의 뜻인 도(道)에 저촉하려 하지 아니하였다. 그러나 스님의 말씀은 (결락) 삼도(三道) (결락)라 하고, 지혜도 또한 (결락) 거지(去也)라 하였으니, 이상과 같이 문답한 것을 자세히 실으려면 글이 너무 번다해지므로 총괄하여 간략하게 기록하는 바이다. 엎드려 생각하노니 (결락) 이제 상(上)께서 (결락) 대왕(大王)의 위엄이 양요(兩曜)와 같고 설법하는 소리는 건곤(乾坤)에 미치며, 덕이 빼어나 두 개의 눈동자를 가졌다. 백성을 다스리되 사당(邪黨)이 없게 하고, 오연(五衍)에 귀의하였으니, 어찌 중인도의 파사익왕이 삼보(三寶)를 존중한 것과 다르다고 하겠는가. 서천(西天)의 계일왕(戒日王)과 함께 정법(正法)으로 나라를 일으켜 세움과 동시에 문(文)을 닦고 근본을 심은 임금이니, 이와 같이 위대한 성군은 고금(古今)을 통하여 드물게 볼 수 있다고 하겠다. 대사(大師) (결락) 삼배(三拜)를 하고 물러가면서 흥왕사에 모시도록 명하였다. 그 후 황주원(黃州院) 왕욱(王旭) 낭관(郎官)이 멀리서 스님의 청풍(淸風)을 앙모하고 편지를 보내 제자가 되어 스님으로부터 가르침을 받고자 희망한다고 하였다. 드디어 열반을 수년 앞두고 산간(山間)으로 돌아가려 하였다. 그럼에도 불구하고 내의령(內議令) 황보숭(皇甫崇)과 태상(太常) 충양일감(忠良日監)이 대사의 공양구(供養具)를 살피되 마치 집시자(執侍者)와 같이 하므로 대사는 더욱 마음이 불안하였다. 어느 날 임금께 고하되 "사슴이 들판에서 자유롭게 놀 듯 산중에서 조용하고 편안하게 있도록 놓아 달라"고 간청하였다. "외람되어 어명을 받아 왕성(王城)으로 내왕하니 점차 정에 끌려 부자유함이 헌학(軒鶴)과 양제(梁鵜)로도 비유할 수 없나이다. 엎드려 바라옵건대 신승(臣僧)의 작은 생각을 가납하시어 구름처럼 고산에 돌아가서 마치 고기가 깊은 물에서 노는 것과 같이 하여 주시면 그 은혜 참으로 크다 하겠나이다"하였다. 이 같은 스님의 간청을 들은 왕은 허락하여 동리산(桐裏山)으로 돌아가게 하고 본도(本道)의 수상(守相)에게 명하여 전결(田結)과 노비를 헌납하여 향적(香積)을 제공토록 하였으며, 외호의 가풍(家風)을 잊지 아니하고 항상 팔연(八行)의 예를 펴서 돈독한 단월이 되어 불교의 보존과 유지의 의무를 받아서 각기 진뢰(陳雷)를 본받았다. 진실로 (결락) 구분(舊分)(「大安寺廣慈大師碑」)

신라 무인년에 영암산 여흥선원(麗興禪院)에 가서 법원대사(法圓大師)를 친견하였다. 대사가 묻기를, "동자(童子)는 어디에서 왔는가." 하니, "온 곳으로부터 왔습니다."라고 대답하였다. 대사가 빙그레 웃으면서 말하기를, "한 점의 별 만한 불덩어리가 넓은 광야를 태운다."라고 하였다. 또 묻기를, "온 목적이 무엇인가."하니, 대답하기를, "원컨대 스님의 건병(巾缾)을 섬기려고 합니다."하였다. 대사가 이르기를, "좋다. 그렇다면 여기에 있도록 하라."하시고, 대중을 모아놓고 삭발하여 주었으므로 바야흐로 총림(叢林)에 있게 되었고 군목(群木) 중에서 멀리 뛰어났다. 담복화(薝蔔花)에서 풍기는 아름다운 향기를 어찌 지란(芝蘭)의 향기와 비교할 수 있으며, 우담발화(優曇鉢花)가 토하는 아름다움을 어찌 도리(桃李)꽃과 견줄 수 있겠는가. 의발(衣鉢)을 전해받는 것은 타인으로 말미암아 있는 것이 아니며, 건당(建幢)하여 입실(入室)하는 일 또한 오로지 자신만이 알 뿐이므로 이심전심인 것이다. (「智谷寺眞觀禪師碑」)

신라 고려 우리 태조의 창업 때에 이르러서 또한 해적이 와서 근심이 되니 이에 안혜(安惠)·낭융(朗融)의 후예인 광학(廣學)·대연(大緣) 등 두 대덕에게 청하여 법을 만들어 진압하게 하였는데 모두 명랑의 계통이었다. 그러므로 법사를 아울러 위로 용수(龍樹)에 이르기까지 9조(祖)로 삼았고[본사기(本寺記)에는 3사(師)가 율조(律祖)가 되었다고 하나 자세하지 않다] (『三國遺事』 5 神呪 6 明朗神印)

919(己卯/신라 경명왕 3/발해 애왕 19/후백제 견훤 20/고려 태조 2 天授 2/後梁 貞明 5/日本 延喜 19)

고려 봄 정월에 송악(松嶽)의 남쪽에 도읍을 정하고, 궁궐을 만들며, 3성(省)·6상서관(尙書

官)·9시(寺)를 설치하고 시전(市廛)을 세우며, 방(坊)·리(里)를 분별하여 5부(部)를 나누고 6위(衛)를 두었다. (『高麗史』1 世家 1 太祖 1)

고려 — 고려 태조(太祖)가 삼한을 통일하고 비로소 6위를 두었다. 위는 38령(領)이 있었는데, 영은 각각 1,000명이다. 상하와 체계가 서로 끊임 없이 이어져 있으니 당(唐)의 부(府)·위(衛) 제도와 비슷하다. (…) 태조 2년 정월에 6위를 두었다. (『高麗史』81 志 35 兵 1)

고려 — 봄 정월에 송악의 남쪽에 도읍을 정하고, 그 군을 승격하여 개주(開州)라고 하였다. 시전을 세우고 방·리를 분별하여 5부를 나누며 6위를 두었다. (『高麗史節要』1 太祖 神聖大王)

고려 — 봄 정월에 고려가 도읍을 송악군(松岳郡)으로 옮기고 군을 승격하여 개주라고 하며, 궁궐을 만들고 철원(鐵圓)을 고쳐 동주(東州)라고 하였다. 고려가 3성·6상서관·9시를 설치하고 시전을 세우며, 방·리를 분별하여 5부를 나누고 6위를 두었다. (『三國史節要』14)

고려 — 기묘(己卯)에 도읍을 송악군으로 옮겼다. (『三國遺事』1 王曆)

고려 — 왕경개성부 (…) 태조 2년에 수도를 송악산 남쪽에 정하여 개주라 하고, 궁궐을 만들었다[나중에 회경전(會慶殿)을 승경(承慶)으로, 응건전(膺乾殿)을 봉원(奉元)으로, 장령전(長齡殿)을 천령(千齡)으로, 사경전(舍慶殿)을 향복(向福)으로, 건명전(乾明殿)을 저상(儲祥)으로, 명경전(明慶殿)을 금명(金明)으로, 건덕전(乾德殿)을 대관(大觀)으로, 문덕전(文德殿)을 수문(修文)으로, 연영전(延英殿)을 집현(集賢)으로, 선정전(宣政殿)을 광인(廣仁)으로, 선명전(宣明殿)을 목청(穆淸)으로, 사원전(舍元殿)을 정덕(靜德)으로, 만수전(萬壽殿)을 영수(永壽)로, 중광전(重光殿)을 강안(康安)으로, 연친전(宴親殿)을 목친(睦親)으로, 오성전(五星殿)을 영헌(靈憲)으로, 자화전(慈和殿)을 집희(集禧)로, 정양궁(正陽宮)을 서화(書和)로, 수춘궁(壽春宮)을 여정(麗正)으로, 망운루(望雲樓)를 관상(觀祥)으로, 의춘루(宜春樓)를 소휘(韶暉)로, 신봉문(神鳳門)을 의ㅂ봉(儀鳳)으로, 춘덕문(春德門)을 체통(棣通)으로, 대초문(大初門)을 태정(泰定)으로, 창합문(閶闔門)을 운룡(雲龍)으로, 회일문(會日門)을 이빈(利賓)으로, 창덕문(昌德門)을 흥례(興禮)로, 개경문(開慶門)을 황극(皇極)으로, 금마문(金馬門)을 연수(延水)로, 천복문(天福門)을 자신(紫宸)으로, 통천문(通天門)을 영통(永通)으로, 경양문(景陽門)을 양화(陽和)로, 안우문(安祐門)을 순우(純祐)로, 좌우 승천문(承天門)을 통가(通嘉)로, 좌우 선경문(宣慶門)을 부우(敷祐)로, 좌우 연우문(延祐門)을 봉명(奉明)으로, 연수문(延守門)을 교화(敎化)로, 장녕문(長寧門)을 조인(朝仁)으로, 선화문(宣化門)을 통인(通仁)으로, 흥태문(興泰門)을 분방(芬芳)으로, 양춘문(陽春門)을 광양(廣陽)으로, 태평문(太平門)을 중화(重化)로, 백복문(百福門)을 보화(保化)로, 통경문(通慶門)을 성덕(成德)으로, 동화문(東化門)을 경도(慶度)로, 서화문(西化門)을 향성(向成)으로, 대청문(大淸門)을 청태(淸泰)로, 영안문(永安門)을 흥안(興安)으로 고쳤다]. 시전을 세우며, 방·리를 분별하여 5부(部)를 나누었다. (『高麗史』56 志 10 地理 1)

고려 — 고려 태조가 나라를 연 처음에는 신라(新羅)와 태봉(泰封)의 제도를 참작하여 관청을 세우고 관직을 나누어서 모든 업무를 조화시켜 나갔다. 그렇지만 그 관호(官號)에 혹 방언이 섞여 있기도 하였으니, 이것은 대개 나라를 세운 초창기라 고칠 여력이 없었기 때문이었다. 태조 2년에 3성·6상서·9시·6위를 세우니, 대략 당제(唐制)를 모방하였다. (『高麗史』76 志 30 百官 1 序)

고려 — 5부는 태조 2년에 세웠다[동·남·서·북·중의 5부이다]. (…) 서반(西班)은 (…) 태조 2년에 6위를 두었다. (『高麗史』77 志 31 百官 2)

신라 고려 — 우리 태조가 도읍을 송악군으로 옮겼다. (『三國史記』12 新羅本紀 12)

고려 — 송악군은 (…) 우리 태조가 나라를 열어서 왕기(王畿)로 삼았다. (『三國史記』35 雜

	志 4 地理 2)
고려 태봉	동주는 (…) 태조가 즉위하자 도읍을 송악으로 옮기고 철원을 고쳐 동주라고 하였다[궁예(弓裔) 궁전의 옛 터는 주 북쪽 27리의 풍천(楓川) 벌판에 있다]. (『高麗史』 58 志 12 地理 3)
고려	3월에 법왕(法王)·왕륜(王輪) 등 10사(寺)를 도내(都內)에 창건하였다. 양경(兩京)의 탑·사당·초상 중 손상된 것은 모두 수리하게 하였다. (『高麗史』 1 世家 1 太祖 1)
고려 신라	3월에 법왕·왕륜 등 10사를 도내에 창건하였다. 양경의 탑·사당·초상 중 손상된 것은 모두 수리하게 하였다. 사신(史臣)이 말하였다. "태조는 창업한 지 겨우 1년 만에 도성에 10사를 짓고 양경에 탑·사당을 수리하였다. 아아, 태조가 경중(輕重)과 완급(緩急)을 적당히 조절하는데 어두웠던 것인가. 아니면 화복(禍福)과 인과의 설을 두려워했던 것인가. 이때에는 두 큰 강국(신라·후백제)이 평정되지 않았고 항복하지 않은 여러 성도 많았으며, 공격하는 전쟁이 그치지 않아서 전쟁의 상처가 회복되지 않았다. 어찌하여 무익한 공사에 서둘러 이 지경에 이르렀는가. 계속해서 개태사(開泰寺)를 지을 때에도 사치가 극도에 이르고, 손수 소문(疏文)을 짓고 중들을 많이 모아 낙성하기까지 했으니, 불교가 인심을 빠뜨리는 것이 심하구나. 걷잡을 수 없는 유속(流俗)이 다투어 불교를 받들어 오히려 따라가지 못할까 두려워하니, 태조의 광명정대함으로도 오히려 유속 안에 섞이지 않을 수 없었는데, 하물며 그 이하의 사람에 있어서랴. 하물며 그 신하와 백성들이 임금을 본받는 일에 있어서랴. 애석하도다. 신라가 절을 지어 빨리 망했다는 그 경계는 아마도 또한 만년에 와서야 후회하고 깨달아서 한 것이리라. 불교를 믿으라는 교훈을 끼쳐주었던 폐단이 후손들에게 이르러서는 불교를 지극히 높이고 믿어서, 하루에 바치는 쌀이 7만 석에 이르고 해마다 공양한 승려가 3만 명이나 되며, 사원과 초상은 금.은으로 장식되지 않은 것이 없고 불경의 천함(千函)·만축(萬軸)의 글자는 금과 은으로 꾸미지 않은 것이 없었다. 궁전은 염불하는 집이 되었고 승려들은 사부(師傅)의 지위에 있었다. 그러나 나라가 어지러워 망하는 것을 구제하지 못했으니, 불교가 나라에 화를 끼치고 사람에게 해로움이 참혹하도다. 경계하지 않을 수 있겠는가." (『高麗史節要』 1 太祖神聖大王)
고려	(기묘년) 이 해에 법왕·자운(慈雲)·왕륜·내제석(內帝釋)·사나(舍那)를 창건하였다. 또 대선원(大禪院)[곧 보응(普膺)이다.]·신흥(新興)·문수(文殊)·원통(圓通)·지장(地藏)을 창건하였다. (…) 앞의 10대사(大寺)는 모두 이 해에 창건된 것이다. (『三國遺事』 1 王曆)
고려	(3월) 신사일(13)에 3대에 시호를 추증하였다. 돌아가신 증조부를 시조 원덕대왕(元德大王)이라고, 비를 정화왕후(貞和王后)라고 하였다. 돌아가신 조부를 의조(懿祖) 경강대왕(景康大王)이라고, 비를 원창왕후(元昌王后)라고 하였다. 돌아가신 아버지를 세조(世祖) 위무대왕(威武大王)이라고, 비를 위숙왕후(威肅王后)라고 하였다. (『高麗史』 1 世家 1 太祖 1)
고려	(3월) 신사일(13)에 고려가 3대에 시호를 추증하였다. 돌아가신 증조부를 시조 원덕대왕이라고, 비를 정화왕후라고 하였다. 돌아가신 조부를 의조 경강대왕이라고, 비를 원창왕후라고 하였다. 돌아가신 아버지를 세조 위무대왕이라고, 비를 위숙왕후라고 하였다. (『三國史節要』 14)
고려	(3월) 3대에 시호를 추증하였다. 돌아가신 증조부를 원덕대왕, 묘호(廟號)는 국조(國祖)라고 하고, 비를 정화왕후라고 하였다. 돌아가신 조부를 경강대왕, 묘호는 의조라고 하고, 비를 원창왕후라고 하였다. 돌아가신 아버지를 위무대왕, 묘호는 세조라고

하고, 비를 위숙왕후라고 하였다. (『高麗史節要』 1 太祖神聖大王)

신라 다음해 3월에 이르러 드디어 제자인 한준(閑俊)과 화백(化白) 등을 불러놓고 이르되 "개주(開州)의 △△ 관사(冠山) △△의 태(胎)를 묻은 장소이니, 이 산은 산세가 아름다우며, 지맥(地脈)이 편안하여 마땅히 집을 짓고 살만하며, 반드시 존종(尊宗)을 이룰 만 한 곳이다"고 하였으니, 가사(可師) 등이 유사(有司)와 함께 산사(山寺)를 수축하고 석탑(石塔)을 세우기로 하고 때가 되어 먼저 인사(仁祠)를 짓고 이어서 높은 탑을 조성하였다. 탑이 이루어지니 가사(可師) 등 제자들이 슬퍼하며 색신(色身)을 받들어 건립한 탑몽(塔冢)에 옮겨 봉안하였다. (「無爲寺先覺大師遍光塔碑」)

고구려 태봉 (가을 7월) 처음에 당이 고구려를 멸망시키고 나서, 천우 연간(904~907) 초년에 고구려 석굴사(石窟寺)의 애꾸눈 승려 궁예(躬乂)가 무리를 모아서 개주(開州)에 의거하여 왕을 칭하고 대봉국(大封國)이라고 불렀다. 이 때에 이르러 좌량위(佐良尉) 김입기(金立奇)를 파견하여 오(吳)에 들어가서 조공하였다. (『資治通鑑』 270 後梁紀 5 均王 中)

고려 태조(太祖) 원년(918) 7월 유사(有司)에 일러 말하기를, "태봉(泰封)의 왕은 민(民)을 자기의 욕심대로 하여 오직 거두어들이는 것만을 일삼고 옛 제도를 따르지 않았다. 1경(頃)의 토지에서 조세(租稅)는 6석(碩)이나 되고, 역(驛)을 관리하는 호(戶)에 실[絲]을 3속(束)이나 매기니, 마침내 백성(百姓)들로 하여금 농사짓는 것을 멈추고 베짜는 것을 그만두고 서로 이어 유망하게 하였다. 지금부터 조세와 정부(征賦)는 마땅히 옛 법을 사용하도록 하라."라고 하였다. (『高麗史』 78 志 32 食貨 1 田制 租稅)

고려 가을 8월 계묘일(9)에 청주(靑州)는 따를까 반역할까 망설여 헛소문이 거듭 생겨서, 직접 행차하여 위로하고 마침내 성을 축조하라고 명령하였다. (『高麗史』 1 世家 1 太祖 1)

고려 가을 8월에 청주에 행차하였다. 이 때에 청주가 이랬다저랬다 해서 헛소문이 거듭 생겨서, 직접 가서 위로하고 성을 축조하였다. 이에 돌아왔다. (『高麗史節要』 1 太祖神聖大王)

고려 (가을 8월) 오산성(烏山城)을 예산현(禮山縣)이라고 하고, 대상(大相) 애선(哀宣)·홍유(洪儒)를 파견해 유민(流民) 500여 호를 안정시켰다. (『高麗史節要』 1 太祖神聖大王)

고려 예산현은 (…) 태조 2년에 지금의 이름으로 고쳤다. (『高麗史』 56 志 10 地理 1)

고려 (태조) 2년에 오산성을 예산현이라고 고치고, 홍유 및 대상 애선을 파견해 유민 500여 호를 안정시켰다. (『高麗史』 92 列傳 5 洪儒)

고려 태조(太祖) 원년 8월에 조서(詔書)를 내리기를, "짐이 듣건대 옛날에 한(漢) 고조(高祖)는 항우(項羽)의 난을 수습한 뒤에 산천에서 목숨을 보존한 민(民)으로 하여금 각각 자기 고향[田里]으로 돌아가게 하고 세금의 액수를 줄여주었으며 호구(戶口)가 비거나 줄어든 것을 조사하였다고 한다. 또한 주(周) 무왕(武王)은 은(殷) 주왕(紂王)의 학정을 몰아내었으며 이에 거교창(鉅橋倉)의 곡식을 내고 녹대(鹿臺)의 재물을 풀어 빈민에게 주었다고 한다. 이는 대체로 어지러운 정치가 오래되어 사람들이 그 삶을 즐기지 못하였기 때문이었다. 짐은 덕이 부족함에도 대통(大統)을 얻어 왕위에 오른 것을 깊이 부끄러워하니, 이는 비록 하늘이 도와주는 위엄에 빌린 것이지만 또한 민(民)이 추앙해준 힘을 입었기 때문이기도 하다. 민들이 편안한 거처를 가지기를 바라며 집집마다 모두 책봉할 수 있기를 바란다. 그러나 전왕의 무너진 국운을 이어받았으니 진실로 조세(租稅)를 감면해주고 농상(農桑)을 권장하지 않는다면, 어떻게 집집마다 넉넉하고 사람마다 풍족하게 할 수 있겠는가. 민에게 3년의 조(租)와 역(役)을 면제하고, 사방으로 떠돌아다니고 있는 자들은 고향으로 돌아가도록 하게 할 것이다."라고 하였다. 이에 대사면을 내리고 그들과 더불어 휴식하게 하였다. (『高麗史』 80志 34 食貨 3 賑恤)

고려 9월 계미일(19)에 오월국(吳越國)의 문사(文士) 추언규(酋彦規)가 와서 의탁하였다. (『高麗史』 1 世家 1 太祖 1)

고려 9월에 오월국의 문사 추언규가 와서 의탁하였다. (『高麗史節要』 1 太祖神聖大王)

고려 겨울 10월에 평양(平壤)에 성을 축조하였다. (『高麗史』 1 世家 1 太祖 1)

고려 겨울 10월에 평양에 성을 축조하였다. (『高麗史節要』 1 太祖神聖大王)

고려 성보(城堡)는 태조 2년에 (…) 평양에 성을 축조하였다. (『高麗史』 82 志 36 兵 2)

발해 12월 1일 갑오일에 발해객존문문사(任渤海客存問使) 등을 임(任)하였다. (『日本紀略』 後篇 1)

발해 12월 5일 식부소승귤친(式部少丞橘親)와 직강의지진광조(直講依知秦廣助)를 존문발해객사(存問渤海客使)로 삼고 아파권연대화유경(阿波權掾大和有卿)을 통사(通事)로 삼아 발해객(渤海客)의 연향(宴饗)을 정하게 하였다. 일권주부(日權酒部) 수 40인은 전례대로 80인을 차앙(差仰)하고 지난 8년 저 숫자가 이미 많이 쓸모 없으니 그대로 정감(定減)하게 하였다. (『扶桑略記』 24)

발해 12월 16일에 내교방별당우근소장이형(內教坊別當右近少將伊衡)을 내교방(內教坊)에서 보내어 발해객(渤海客) 연일(宴日)의 무인(舞人) 등을 선정하였는데, 방가가조무인(坊家可調舞人) 20인, 무동(舞童) 10인, 음성(音聲) 20인을 정하였다. 지난 8년의 음성인(音聲人)36인은 이 때 정감(定減)하였다. 이 외에 위의(威儀) 20인은 의례(依例)대로 내시소(內侍所)에서 여유(女孺) 등을 차(差)하게 하였다. (『扶桑略記』 24)

신라 사천왕사(四天王寺)의 소상(塑像)이 잡은 활시위가 저절로 끊어지고, 벽화의 강아지가 짖는 것처럼 소리가 났다. (『三國史記』 12 新羅本紀 12)

신라 제54대 경명왕대(景明王代) 정명(貞明) 5년 기묘에 사천왕사 벽화의 개가 짖어서, 3일 동안 경전을 설법하여 재앙을 제거하였으나, 반일이 넘자 또 짖었다. (『三國遺事』 2 紀異 2 景明王)

신라 사천왕사의 소상이 잡은 활시위가 저절로 끊어지고, 벽화의 강아지가 짖는 것처럼 소리가 났다. (『三國史節要』 14)

신라 상대등(上大等) 김성(金成)을 각찬(角飡)으로, 시중(侍中) 언옹(彦邕)을 사찬(沙飡)으로 삼았다. (『三國史記』 12 新羅本紀 12)

신라 상대등 김성을 각찬으로, 시중 언옹을 사찬으로 삼았다. (『三國史節要』 14)

고려 성보는 태조 2년에 용강현(龍岡縣)에 성을 축조하였는데, 1,807보에 한문(閒門)이 6

개이고 수구(水口)가 1개였다. (『高麗史』 82 志 36 兵 2)

고려 이 해에 용강현에 성을 축조하였다. (『高麗史節要』 1 太祖神聖大王)

고려 고려의 선대는 기록이 빠져 자세하지 않다. 『태조실록(太祖實錄)』에 "즉위 2년(919)에 왕의 삼대조고(三代祖考)를 추존하여 시조의 존시(尊諡)를 책봉해 올리니 원덕대왕(元德大王)이라 하고 비(妣)는 정화왕후(貞和王后)라 하였으며, 의조(懿祖)는 경강대왕(景康大王)이라 하고 비는 원창왕후(元昌王后)라 하였으며, 세조(世祖)는 위무대왕(威武大王)이라 하고 비는 위숙왕후(威肅王后)라 하였다."라고 하였다. (『高麗史』 高麗世系)

920(庚辰/신라 경명왕 4/발해 애왕 20/후백제 견훤 21/고려 태조 3 天授 3/後梁 貞明 6/日本 延喜 20)

신라 고려 봄 정월에 왕이 태조(太祖)와 서로 방문하여 우호관계를 닦았다. (『三國史記』 12 新羅本紀 12)

고려 신라 봄 정월에 신라가 비로소 사신을 파견해 와서 방문하였다. (『高麗史』 1 世家 1 太祖 1)

고려 신라 봄 정월에 신라가 비로소 사신을 파견해 와서 방문하였다. (『高麗史節要』 1 太祖神聖大王)

신라 고려 봄 정월에 왕이 사신을 파견해 고려에 방문하였다. (『三國史節要』 14)

신라 고려 2월에 강주(康州)의 장군 윤웅(閏雄)이 태조에게 항복하였다. (『三國史記』 12 新羅本紀 12)

고려 2월에 강주의 장군 윤웅이 고려에 항복하여, 그 아들 일강(一康)을 인질로 삼았다. 고려가 일강을 아찬(阿粲)으로 임명하고, 경(卿) 행훈(行訓)의 누이동생을 아내로 삼게 하였다. (『三國史節要』 14)

고려 강주의 장군 윤웅이 그 아들 일강을 파견해 인질로 삼자, 일강을 아찬으로 임명하고 경 행훈의 누이동생을 아내로 삼게 하였다. 낭중(郎中) 춘양(春讓)을 강주에 파견하여 귀부한 것을 위로하였다. (『高麗史』 1 世家 1 太祖 1)

고려 강주의 장군 윤웅이 그 아들 일강을 파견해 인질로 삼자, 일강을 아찬으로 임명하고 경 행훈의 누이동생을 아내로 삼게 하였다. 낭중 춘양을 강주에 파견하여 강주를 위로하였다. (『高麗史節要』 1 太祖神聖大王)

발해 발해국대사 신부소경 종3위 배구(渤海國大使信部少卿從三位裴璆)

위(오른쪽)의 사람은 정삼위로 삼는다.

칙한다. 발해국대사 신부소경 종3위 배구는 충절을 대대로 전하여 英華는 누대에 이른다. 왕명을 받아 다시 일본 조정에 왔다. 큰 대양을 건너기를 작은 물웅덩이를 건너듯 하였고, 성심을 맹세하여 항상 문서를 가지고 왔다. 그 정신(貞信)이 아름다우니 포상을 할 만하다. 인하여 응당한 작위를 내리니 보다 勤王에 힘써 노력하라. 이상(前件)에 의해 관계자(主者)는 시행하라.

연희 20년 3월 10일 (『朝野群載』 20)

고려 진수(鎭戍)는 (…) 태조 3년 3월에 북계(北界) 골암성(鶻巖城)이 자주 북적(北狄)에게 침략당하므로, 유금필(庾黔弼)에게 명령하여 개정군(開定軍) 3,000명을 이끌게 하니, 골암(鶻巖)에 이르러 동쪽 산에 큰 성 하나를 축조하여 거처하였다. 이로 말미암아 북방이 편안해졌다. (『高麗史』 82 志 36 兵 2)

고려 3월에 북계의 골암진(鶻巖鎭)이 자주 북적에게 침략당하므로, 여러 장수를 모아 말하였다. "지금 남방의 흉도(兇徒)가 멸망하지 않았고 북적이 걱정스러우니, 짐은 자나 깨나 근심이 된다. 유금필로 하여금 가서 방어하게 하려는데 어떠한가." 모두 말하기를, "좋습니다."라고 하였다. 마침내 유금필에게 명령하여 개정군 3,000명을 이끌고 큰 성을 쌓아 지키게 하였다. 이로 말미암아 북방이 편안해졌다. (『高麗史節要』1 太祖神聖大王)

고려 유금필은 평주(平州) 사람이다. 태조를 섬겨 마군장군(馬軍將軍)이 되었다가 여러 번 승진하여 대광(大匡)이 되었다. 태조는 북계의 골암진이 자주 북적에게 침략당한다고 여겨 여러 장수를 모아 논의하였다. "지금 남방의 흉도가 멸망하지 않았고 북적이 걱정스러우니, 짐은 자나 깨나 근심이 된다. 유금필을 파견하여 그들을 진압하고자 하려는데 어떠한가." 모두 말하기를, "좋습니다."라고 하였다. 이에 유금필에게 명령하여 그 날로 개정군 3,000명을 이끌고 가게 하니 골암에 이르러 동쪽 산에 큰 성 하나를 축조하여 거처하였고, 북번(北蕃)의 추장(酋長) 300여 인을 불러 모아 주식(酒食)을 성대하게 베풀어 대접하며 그 취한 틈을 타서 위엄으로 협박하였다. 추장들이 모두 굴복하고 마침내 여러 부(部)에 사인(使人)을 파견하여 말하기를, "이미 너희 추장을 얻었으니, 너희들도 또한 마땅히 와서 항복하라."라고 하였다. (『高麗史』92 列傳 5 庾黔弼)

발해 3월 22일에 월전국(越前國)에 관리를 보내 발해객(渤海客)에게 시복(時服)을 내렸다. (『扶桑略記』24)

발해 4월 20일 임자일에 발해객사(渤海客使) 배구(裵璆) 등을 존문(存問)하였다. (『日本紀略』後篇 1)

발해 5월 5일에 객도(客徒)가 입경 가능한 날을 정하고 아울러 번객(蕃客)이 입경하는 사이에 착금물(着禁物)을 듣게 하고 앙롱구우마윤등원방량(仰瀧口右馬允藤原邦良) 등을 불러서 객이 서울에 있는 사이에 매일 선록(鮮鹿) 이두사(二頭事)를 진(進)하게 하였다. (『扶桑略記』24)

발해 5월 8일 기사일에 발해입근대사(渤海入覲大使) 배구(裵璆) 등 20인이 홍려관(鴻臚館)에 다다랐다. (『日本紀略』後篇 1)

해 5월 8일 당객(唐客)이 입경하려 하자 진삼극(辰三剋) 중사극(中四剋) 장색사(藏客使) 계방조강(季方朝綱) 등 3명이 들어와 어의(御衣) 각 1습(襲)을 양사(兩使)에게 주었다. (『扶桑略記』24)

발해 5월 10일 신미일에 우대신[충평](右大臣[忠平])이 발해국의 첩장(牒狀)을 보고 대사(大使) 종3위(從三位) 배구(裵璆)를 정3위(正三位)로 제수하였다. (『日本紀略』後篇 1)

발해 5월 11일 임신일에 발해대사 배구가 팔성원(八省院)에서 계(啓)와 신물(信物)등을 진(進)하였다. (『日本紀略』後篇 1)

발해 5월 11일 이날에 발해사인(渤海使人) 배구 등이 팔성원에서 계와 신물을 진(進)하였다. 이미 4각(四刻)이 되어 친왕(親王) 이하 참의(參議) 이상이 팔성원(八省院)으로 향하였다. (『扶桑略記』24)

발해 5월 12일 계유일에 천황이 풍악원(風樂院)에 나와 발해객(渤海客)에게 연회를 베풀

었다. (『日本紀略』 後篇 1)

발해 5월 12일에 풍악원에서 객도에게 연회를 베풀려고 하는데 밤부터 비가 내려 진사각(辰四刻)에 비가 그쳤다. 이미 일각(一刻)에 남전에서 나와 여(輿)를 타고 출궁하여 풍악원에 들어갔다. (『扶桑略記』 24)

발해 5월 15일에 객사(客使) 민부대승(民部大丞) 계방령(季方領) 대사(大使) 배구(裵璆)가 장(藏)한 별공물(別貢物)를 장인소(藏人所)에 진(進)하였다. (『扶桑略記』 24)

발해 5월 16일 정축일에 조지당(朝集堂)에서 발해객도(渤海客徒)에게 노향(勞饗)하였다. (『日本紀略』 後篇 1)

발해 5월 16일에 조집당에서 발해객도에게 연회를 베풀고 아울러 국왕 답신물(答信物) 등을 내렸다. (『扶桑略記』 24)

발해 5월 17일 무인일에 영귀사(領歸使) 등을 발견(發遣)하고 또 법황(法皇[宇多])이 대사에게 서(書)를 내렸다. (『日本紀略』 後篇 1)

발해 5월 18일 기묘일에 대사 배구가 귀향(歸鄕)하니 태정관에서 반첩(返牒)을 내렸다. (『日本紀略』 後篇 1)

발해 6월 14일에 문장득업생조강(文章得業生朝綱)이 장인소(藏人所)에 나아와 발해대사 배구의 서장(書狀)과 송물(送物)을 아뢰고 서(書)가 반송물사(返送物事)임을 앙견(仰遣)하였다. (『扶桑略記』 24)

발해 6월 22일에 조강령(朝綱令)이 발해대사 배구(裵璆)에게 서장(書狀)을 보낸 것을 아뢰었다. 객(客)이 이미 귀향(歸鄕)한 즉 준 것이 대구(帶裘)였다. (『扶桑略記』 24)

발해 6월 26일에 우대신[충평](右大臣[忠平])이 원방(元方)에게 명하여 귀향하는 발해객사 대학소윤판상항음(大學少允坂上恒蔭) 등을 신(申)하고 둔류불귀객도(遁留不歸客徒) 4인의 일을 아뢰었다. (『扶桑略記』 24)

발해 6월 28일에 발해인(渤海人) 등이 둔류(遁留)하니 대동(大同) 5년의 예에 따르게 하였는데, 월전국(越前國)에 안치하였다는 이상의 내용은 어기(御記)에 나온다. (『扶桑略記』 24)

고려 후백제 가을 9월 신축일(13)에 견훤(甄萱)이 아찬 공달(功達)을 파견하여, 공작선(孔雀扇), 지리산(智異山)의 죽전(竹箭)을 바쳤다. (『高麗史』 1 世家 1 太祖 1)

후백제 고려 가을 9월 신축일(13)에 견훤이 아찬 공달을 고려에 파견하여, 공작선, 지리산의 죽전을 바쳤다. (『三國史節要』 14)

고려 후백제 가을 9월에 견훤이 아찬 공달을 파견하여, 공작선·죽전을 바쳤다. (『高麗史節要』 1 太祖神聖大王)

고려 (가을 9월) 함종(咸從)·안북(安北) 2성을 축조하였다. (『高麗史節要』 1 太祖神聖大王)

고려 성보(城堡)는 (…) 태조 3년에 함종현(咸從縣)에 성을 축조하였는데, 236보에 한문(閒門)이 4개이고 수구(水口)가 3개이며, 성두(城頭)가 4개이고 차성(遮城)이 2개이다. (『高麗史』 82 志 36 兵 2)

신라 후백제 고려

겨울 10월에 후백제의 군주 견훤이 보기 1만 명을 이끌고 대야성(大耶城)을 공격하여 함락시켰고, 진례(進禮)로 군대를 진격시켰다. 왕이 아찬(阿湌) 김률(金律)을 태조에게 파견해 구원을 요청하자, 태조가 장수에게 명령하여 군사를 내어 구원하였다. 견훤이 듣고 곧 떠났다. (『三國史記』 12 新羅本紀 12)

고려 후백제 신라

겨울 10월에 견훤이 신라를 침입하여 대량(大良)·구사(仇史) 2군(郡)을 취하고 진례군(進禮郡)에 이르렀다. 신라가 아찬 김률을 파견해 와서 구원을 요청하자, 왕이 병사를 파견해 구원하였다. 견훤이 그것을 듣고 군사를 끌고 물러나니, 비로소 우리와 틈이 있었다. (『高麗史』 1 世家 1 太祖 1)

고려 후백제 신라

겨울 10월에 견훤이 신라를 침입하여 대량·구사 2군을 취하고 진례군에 이르렀다. 신라가 아찬 김률을 파견해 와서 구원을 요청하자, 왕이 병사를 파견해 구원하였다. 견훤이 그것을 듣고 군사를 끌고 물러나니, 비로소 우리와 틈이 있었다. (『高麗史節要』 1 太祖神聖大王)

후백제 신라 고려

겨울 10월에 후백제의 견훤이 보기 1만 명을 이끌고 대량·구사 2성을 공격하여 함락시켰고, 진례군에 이르렀다. 왕이 아찬 김률을 고려에 파견해 구원을 요청하자, 고려가 병사를 파견해 구원하였다. 견훤이 그것을 듣고 군사를 끌고 물러나니, 비로소 고려와 틈이 있었다. (『三國史節要』 14)

후백제 신라 고려

(정명) 6년에 견훤이 보기 1만 명을 이끌고 대야성을 공격하여 함락시켰고, 진례성(進禮城)으로 군대를 옮겼다. 신라왕이 아찬 김률을 태조에게 파견해 구원을 요청하자, 태조가 군사를 내었다. 견훤이 그것을 듣고 군사를 끌고 물러났다. 견훤은 우리 태조와 겉으로는 온화하였으나, 속으로는 해치려 하였다. (『三國史記』 50 列傳 10 甄萱)

후백제 고려 견훤은 우리 태조와 겉으로는 온화하였으나, 속으로는 해치려 하였다. (『三國遺事』 2 紀異 2 後百濟甄萱)

고려 (경진년) 10월에 대흥사(大興寺)를 창건하였는데, 혹은 임오(壬午: 922)에 관련시킨다. (『三國遺事』 1 王曆)

고려 이 해에 북계에 순행하였다. (『高麗史』 1 世家 1 太祖 1)

고려 이 해에 왕이 북계를 돌아보고 돌아왔다. (『高麗史節要』 1 太祖神聖大王)

고려 경진년에 유암(乳岩) 아래에 유시(油市)를 세웠으므로, 지금 풍속에서 이시(利市)를 유하(乳下)라고 하는 것이다. (『三國遺事』 1 王曆)

신라 그로부터 2년이 지난 후 조칙(詔勅)을 내려 "법답게 스님의 선덕(禪德)을 현창하여 마땅히 가명(嘉名)을 하사하리라."하고는 시호를 선각대사(先覺大師), 탑명(塔名)을 편광영탑(遍光靈塔)이라고 추증하고, 사액(寺額)을 태안(太安)이라 하였으니, 추모함을 받는 영광이 이와 같이 융성한 적은 없었다. (「無爲寺先覺大師遍光塔碑」)

921(辛巳/신라 경명왕 5/발해 애왕 21/후백제 견훤 22/고려 태조 4 天授 4/後梁 貞明

7, 龍德 1/日本 延喜 21)

신라 고려 봄 정월에 김율(金律)이 왕에게 고하였다. “신이 작년에 고려에 사신으로 갔을 때 고려왕이 신에게 물었습니다. ‘신라에는 세 가지 보물이 있으니, 이른바 장육존상(丈六尊像), 9층탑, 성대(聖帶)라고 들었다. 장육존상과 9층탑은 아직도 있으나 성대는 모르겠는데, 지금까지도 여전히 있는가.’ 신은 답할 수 없었습니다.” 왕이 이를 듣고 여러 신하들에게 묻기를, “성대는 어떤 보물인가.”라고 하였으나, 아는 자가 없었다. 이 때 황룡사(皇龍寺)에 90세가 넘은 승려가 있어 말하였다. “제가 일찍이 그에 대해 듣기로는 보대(寶帶)는 진평왕(眞平王)이 착용하던 것이고 대대로 전해져 남고(南庫)에 보관되어 있다고 합니다.” 왕이 마침내 창고를 열도록 명하였으나 찾을 수 없어, 다른 날 재계(齋戒)하여 제사를 지낸 이후에 그것을 찾았다. 그 허리띠는 금과 옥으로 장식되어 있으며, 매우 길어 보통 사람들이 맬 수 있는 것이 아니었다.

논하여 말한다. 옛날에는 명당(明堂)에 앉아 전국옥새(傳國玉璽)를 쥐고 구정(九鼎)을 늘여 놓는 것이 제왕의 성대한 일인 것처럼 하였다. 그러나 한공(韓公)은 이를 논하여 말하였다. “하늘과 사람의 마음을 돌아오게 하고 태평성세의 기반을 흥하게 하는 것은, 결코 세 가지 기물이 할 수 있는 바가 아니다. 세 가지 기물을 세우고 귀중히 여긴다는 것은 과시하는 사람의 말이 아니겠는가.” 하물며 이 신라의 이른바 세 가지 보물이라는 것도 역시 인위적인 사치에서 나온 것일 뿐이니, 나라를 다스리는데 어찌 이것이 필수적이겠는가. 『맹자』에 전하기를, “제후의 보물은 세 가지가 있는데, 토지, 인민, 정사(政事)이다.”라고 하였고, 『초서(楚書)』에 전하기를, “초(楚)는 보물로 여기는 것이 없는데, 오직 선(善)을 보물로 여긴다.”고 하였다. 만약 이를 나라 안에서 행한다면 한 나라를 선하게 하기에 충분하고, 바깥으로 옮긴다면 사해(四海)를 윤택하게 하기에 충분할 것이니, 또 이밖에 어떤 물건이 족하다고 말하겠는가. 태조께서는 신라인의 말을 듣고 그들에게 물은 것이지, 숭상할 만하다고 여긴 것은 아니다. (『三國史記』 12 新羅本紀 12)

신라 고려 봄 정월에 왕이 김율을 파견하여 고려에 이르자, 고려 왕이 물었다. “신라에는 세 가지 보물이 있으니, 장육존상, 9층탑, 성제(聖帝)의 허리띠라고 들었다. 장육존상과 구층탑은 아직도 있으나 성대는 모르겠는데, 지금까지도 여전히 있는가.” 김율이 대답하기를, “신은 일찍이 성대를 듣지 못하였습니다.”라고 하자, 왕이 웃으면서 말하기를, “경은 지위가 높은 신하로서 어찌 나라의 큰 보물을 모르는가.”라고 하였다. 김율이 부끄러워하며 돌아와서 그 왕에게 고하였다. 왕이 여러 신하들에게 물었으나, 아는 자가 없었다. 이 때 황룡사에 90세가 넘은 승려가 있어 말하였다. “제가 듣기로는 성대는 진평대왕(眞平大王)이 착용하던 것이고, 대대로 전해져 남고에 보관되어 있다고 합니다.” 왕이 마침내 창고를 열었으나 비바람이 갑자기 일어나 대낮에 어두워져서 찾을 수 없었다. 이에 날을 택하여 재계하여 제사를 지낸 이후에 그것을 찾았다. 그 허리띠는 금과 옥으로 장식되어 있으며, 매우 길게 둘러싸여 보통 사람들이 맬 수 있는 것이 아니었다.

논하여 말한다. 옛날에는 명당에 앉아 전국옥새를 쥐고 구정을 늘여 놓는 것이 제왕의 성대한 일인 것처럼 하였다. 그러나 한공은 이를 논하여 말하였다. “하늘과 사람의 마음을 돌아오게 하고 태평성세의 기반을 흥하게 하는 것은, 결코 세 가지 기물이 할 수 있는 바가 아니다.” 국인들은 진평왕을 성골의 왕이라고 여겨 성제의 허리띠라고 칭한 것이다. (『三國史節要』 14)

고려 봄 2월 갑자일(7)에 흑수(黑水)의 추장 고자라(高子羅)가 170명을 이끌고 와서 의탁하였다. (『高麗史』 1 世家 1 太祖 1)

고려 봄 2월에 흑수의 추장 고자라 등 170명이 와서 의탁하였다. (『高麗史節要』 1 太祖

神聖大王)

고려 말갈 신라

(봄 2월) 임신일(15)에 달고적(達姑狄) 171명이 신라를 침입하였는데, 길은 등주(登州)를 경유하였다. 장군 견권(堅權)이 맞이해 공격하여 크게 패배시키니, 한 필의 말도 돌아간 자가 없었다. 공이 있는 자에게 곡식을 사람마다 50석씩 하사하라고 명령하였다. 신라왕이 그것을 듣고 기뻐하여 사신을 파견해 와서 사례하였다. (『高麗史』 1 世家 1 太祖 1)

신라 말갈 고려

2월에 말갈(靺鞨) 별부(別部) 달고(達姑)의 무리가 와서 북쪽 변방을 노략질하였다. 이 때에 태조(太祖)의 장수 견권이 삭주(朔州)를 지키다가, 기병을 이끌고 공격하여 크게 격파하니, 한 필의 말도 돌아가지 못하였다. 왕이 기뻐하여 사신을 파견해 국서를 보내고 태조에게 사례하였다. (『三國史記』 12 新羅本紀 12)

고려 말갈 신라

(봄 2월) 달고적 171명이 신라를 침입하였는데, 길은 등주를 경유하였다. 장군 견권이 맞이해 공격하여 크게 패배시키니, 한 필의 말도 돌아간 자가 없었다. 왕은 공이 있는 자에게 곡식을 사람마다 50석씩 하사하라고 명령하였다. 신라왕이 그것을 듣고 기뻐하여 사신을 파견해 와서 사례하였다. (『高麗史節要』 1 太祖神聖大王)

신라

(정명) 7년 신사년 2월에 황룡사탑(皇龍寺塔)의 그림자가 사지(舍知) 금모(今毛)의 집 뜰 안에 한 달 동안 거꾸로 섰다. (『三國遺事』 2 紀異 2 景明王)

신라

정명 7년 3월 23일 자시(子時)에 △△△△△△△△△ 그 날 문밖에서 칼싸움하는 요란한 소리가 들렸으니, 이것이 바로 스님을 모시러온 사자(使者)의 말발굽 소리였다. 일월사(日月寺) 법당에서 입적하시니 세속 나이는 51세요, 승랍은 33이었다. 이때 하늘은 캄캄하고 땅은 찢어지는 듯 안개 빛은 어두웠고 구름은 수심에 잠겼으며, 산새는 슬피 울고 들짐승은 오열하였다. △△△△△△△△△△△△△△△ (「五龍寺法鏡大師碑」)

고려

여름 4월 을유일(29)에 흑수의 아오한(阿於閒)이 200명을 이끌고 와서 의탁하였다. (『高麗史』 1 世家 1 太祖 1)

고려

여름 4월에 흑수의 아오간(阿於間)이 200명을 이끌고 와서 의탁하였다. (『高麗史節要』 1 太祖神聖大王)

신라

여름 4월에 수도에서 큰 바람이 나무를 뽑았다. (『三國史記』 12 新羅本紀 12)

신라

제54대 경명왕(景明王) 때 흥륜사(興輪寺) 남문과 좌우 낭무(廊廡)가 불에 탄 채 아직 수리하지 못하고 있던 차에 정화(靖和)와 홍계(弘繼) 두 스님이 장차 시주를 모아서 수리하려고 하였다. 정명(貞明) 7년 신사(辛巳, 921, 경명왕 5) 5월 15일에 제석(帝釋)이 절의 왼쪽 경루(經樓)에 내려와서 10일 동안 머무르니, 불전과 불탑 및 풀과 나무 흙과 돌들이 모두 이상한 향기를 풍기고, 오색구름이 절을 덮으며 남쪽 못의 어룡(魚龍)이 기뻐서 뛰놀았다. 나라 사람들이 모여서 보고 전에 없던 일이라고 감탄하면서 옥과 비단과 곡식을 산더미처럼 시주하였다. 공장(工匠)이 스스로 와서 며칠 안 되어 그것을 완성하였다. 공사가 끝나자 천제(天帝)가 막 돌아가려고 하니, 두 스님이 아뢰기를 “천제께서 만약 궁으로 돌아가시기를 바란다면 성스러운 모습을 그려서 지성으로 공양하여 천은(天恩)을 갚게 하시기를 바랍니다. 또한 이로 인하여 영상을 남겨서 오랫동안 아래의 세계를 진호하게 하소서."라고 하였다. 천제가 말하길, "나의 원력(願力)은 보현보살(普賢菩薩)이 두루 현화(玄化)를 펴는 것만 같지 못하니 이 보살상을 그려서 정성스럽게 공양하여 그치지 아니함이 좋을 것이다."라고 하였다. 두 스님은 가르침을 받들어 보현보살을 벽 사이에 공손히 그렸는데 지금도 그 상이 남아 있다. (『三國遺事』 3 塔像 4 興輪寺壁畵普賢)

신라 이에 큰 붕새는 천지(天池)에서 변화하고 학(鶴)은 마침내 요해(遼海)로 돌아가는 것과 같이, 시작도 있고 끝이 있어서 이를 생각하면 그곳에 있게 되는 것이다. 때마침 본국으로 돌아오는 배를 만나 타고 정명(貞明) 7년 가을 7월 강주(康州) 덕안포(德安浦)에 도달하였으며, 배에서 내리자마자 곧바로 창원 봉림(鳳林)으로 가서 진경대사(眞鏡大師)에게 귀국인사를 드렸다. 대사가 이르기를, "마침 오늘에야 만나게 되었구나!"하고, 상봉하게 됨을 크게 기뻐하면서 따로 선당(禪堂)을 꾸미고 대사를 법상(法床)에 오르게 하여 중국에서 보고 배운 법문(法門)을 듣는 한편 구법(求法)하고 무사히 귀국한데 대한 환영연도 겸하였다. 스님은 담좌(譚座)에 앉아 종용(縱容)히 말하되, "사람에는 노소(老少)가 있으나 법(法)에는 선후(先後)가 없다."고 하였으며, 또한 여래(如來)의 밀인(密印)을 가지고 가섭(迦葉)의 비종(秘宗)을 연설하기도 하였다. 그 후 삼랑사(三郎寺)로 가서 선백(禪伯)이 되었다. (「高達寺元宗大師慧眞塔碑」)

신라 가을 8월에 황충(蝗蟲)이 나타나고 가뭄이 들었다. (『三國史記』 12 新羅本紀 12)

고려 가을 9월 기해일(17)에 낭중(郎中) 찬행(撰行)을 파견해 변군(邊郡)에 가서 돌아보고 백성을 위문하였다. (『高麗史』 1 世家 1 太祖 1)

고려 가을 9월에 낭중 찬행을 파견해 변군에 가서 돌아보고 백성을 위문하였다. (『高麗史節要』 1 太祖神聖大王)

고려 겨울 10월 정묘일(15)에 오관산(五冠山)에 대흥사(大興寺)를 창건하여, 승려 이언(利言)을 맞이하여 두고 사사(師事)하게 하였다. (『高麗史』 1 世家 1 太祖 1)

고려 겨울 10월에 오관산에 대흥사를 창건하여, 승려 이언을 맞이해 들이고 사사하게 하였다. (『高麗史節要』 1 太祖神聖大王)

고려 (겨울 10월) 임신일(20)에 서경(西京)에 행차하였다. (『高麗史』 1 世家 1 太祖 1)

고려 (겨울 10월) 서경에 행차하였다. (『高麗史節要』 1 太祖神聖大王)

신라 (정명 7년 신사년) 또 10월에 사천왕사(四天王寺) 오방신(五方神)의 활시위가 모두 끊어지고, 벽화의 개가 뜰 안으로 달려 나갔다가 벽 안으로 돌아들어왔다. (『三國遺事』 2 紀異 2 景明王)

고려 12월 신유일(10)에 아들 무(武)를 정윤(正胤)으로 책봉하였다. 정윤은 곧 태자이다. (『高麗史』 1 世家 1 太祖 1)

고려 장화왕후(莊和王后) 오씨(吳氏)는 (…) 나이 7세에 태조가 왕통을 계승할 덕이 있음을 알았으나, 어미가 미천하여 왕위를 계승할 수 없을까 두려워하였다. 낡은 상자에 자황포(柘黃袍)를 담아 왕후에게 하사하니, 왕후가 대광(大匡) 박술희(朴述熙)에게 보여주었다. 박술희는 그 뜻을 알아채고 옹립하여 정윤으로 삼을 것을 청하였다. (…) 혜종(惠宗)의 의화왕후(義和王后) 임씨(林氏)는 (…) 태조 4년 12월에 혜종을 정

윤으로 책봉하고, 왕후를 비로 삼았다. (『高麗史』 88 列傳 1 后妃 1)

고려 12월에 아들 무를 정윤으로 책봉하였다. 정윤은 곧 태자이다. 처음에 무가 나이 7세일 때에 태조가 왕통을 계승할 덕이 있음을 알았으나, 어미 오씨가 미천하여 즉위할 수 없을까 두려워하였다. 이에 낡은 상자에 자황포를 담아 오씨에게 하사하니, 오씨가 대광 박술희에게 보여주었다. 박술희는 그 뜻을 알고 옹립하여 정윤으로 삼을 것을 청하였다. (『高麗史節要』 1 太祖神聖大王)

고려 태조 4년에 옹립하여 정윤으로 삼았다. 후백제 토벌에 종사하였는데, 용기를 떨쳐 먼저 오르니 공이 첫째가 되었다. (『高麗史』 2 世家 2 惠宗)

고려 박술희(朴述熙)는 혜성군(槥城郡) 사람이고, 아버지는 대승(大丞) 박득의(朴得宜)이다. 박술희는 성격이 용감하고, 고기 먹는 것을 좋아하여 두꺼비, 청개구리, 거미도 모두 먹었다. 18세에 궁예의 위사(衛士)가 되었고, 후에 태조를 섬겼다. 군공(軍功)을 거듭 세워 대광(大匡)이 되었다. 혜종이 태어나서 7년이 되자, 태조가 그를 옹립하고자 하였으나, 그 어미 오씨가 미천하여 즉위할 수 없을까 두려워하였다. 이에 낡은 상자에 자황포를 담아 오씨에게 하사하니, 오씨가 박술희에게 보여주었다. 박술희는 태조의 뜻을 알아채고 혜종을 옹립하여 정윤으로 삼을 것을 청하였다. 정윤은 곧 태자이다. (『高麗史』 92 列傳 5 朴述熙)

고려 혜종(惠宗). 의화왕후(義和王后) 임씨(林氏)는 진주(鎭州) 사람으로 대광(大匡) 임희(林曦)의 딸이다. 태조(太祖) 4년(921) 12월, 혜종을 정윤(正胤)으로 책봉[冊]하고 왕후를 비(妃)로 삼았다. 흥화군(興化君)·경화궁부인(慶化宮夫人)·정헌공주(貞憲公主)를 낳았다. 훙서하고 나서 시호(諡號)를 의화왕후라 하고 순릉(順陵)에 장사지냈으며, 혜종과 함께 부묘(祔廟)하였다. 목종(穆宗) 5년(1002) 4월에 시호에 성의(成懿)를 더하였고, 현종(顯宗) 5년(1014) 3월에 경신(景信)을 더하였으며, 현종 18년(1027) 4월에 회선(懷宣)을 더하였고, 고종(高宗) 40년(1253) 10월에 정순(靖順)을 더하였다. (『高麗史』 88 列傳 1 后妃 1)

고려 후백제 (12월 신유일(10)) 후백제인 궁창(宮昌)·명권(明權) 등이 와서 의탁하니, 전택(田宅)을 하사하였다. (『高麗史』 1 世家 1 太祖 1)

고려 후백제 (12월) 후백제인 궁창·명권 등이 와서 의탁하니, 전택을 하사하였다. (『高麗史節要』 1 太祖神聖大王)

고려 예빈시(禮賓寺)는 (…) 태조 4년에 예빈성(禮賓省)을 설치하였다. (『高麗史』 76 志 30 百官 1)

고려 성보(城堡)는 (…) 태조 4년에 운남현(雲南縣)에 성을 축조하였다. (『高麗史』 82 志 36 兵 2)

고려 이 해에 운남현에 성을 축조하였다. (『高麗史節要』 1 太祖神聖大王)

고려 태조황제 신책 연간(916~921) 부터 고려가 사신을 파견하여 보검(寶劍)을 바쳤다. (『遼史』 115 列傳 45 二國外記 高麗)

신라 대사는 대붕새는 반드시 남명(南溟)에서 변하고, 학은 모름지기 동해(東海)로 돌아가는 것과 같이 화이(華夏)에서의 구법을 마치고 상진(桑津)으로 돌아갈 것을 결심하였다. 마침 본국으로 돌아오는 배를 만나 천우(天祐) 18년 여름 전주 임피군(臨陂郡)에 도착하였으나, 전쟁으로 인하여 거리에 사람들이 거의 다니지 못할 정도의 위험한 시기였다. 그 당시 주존(州尊)인 도통 태부견훤(太傅甄萱)은 군대를 통솔하여 만민이 보호하는 방벽의 언성(堰城)이었다. 태부는 본시 선행을 쌓아 장군의 집안에 태어났으니 바야흐로 웅대한 뜻을 펴기 시작하였다. 비록 일단은 대사를 체포하였다가 석방하려는 계획을 세우고 스님의 자안(慈顔)으로 접근하였으나, 존경하는 마음만 더욱 돈독해졌다. 그리하여 찬탄하되 "우리 스님을 만나기는 비록 늦었지만 제자가 됨을 어찌 늦추겠는가."하면서 모시는 태도가 정성스러우며, 존경하는 마음 또한 돈독하여 전주의 남쪽 남복선원(南福禪院)에 주석하도록 초청하였다. 대사가 말하되 "새들도 장차 쉬고자하면 나무를 선택함이거늘, 난들 어찌 포과(匏瓜)처럼 매달려서만 있으리요."라 했다. 그리고 백계산(白鷄山) 옥룡사로 갔다. 과연 그 곳은 편안히 수도할 수 있는 청재(淸齋)이며, 또한 조용히 참선하기에 알맞는 성지였다. 구름은 계상(溪上)에 덮여 있고, 돌을 베고 누워 흐르는 시냇물을 양치질하기에 가장 적합한 곳이었다. 그러나 드디어 태부(太傅)의 초청을 받아 들여 그 곳으로 이주하기로 하였으니 실로 뗏목은 이미 귀당(歸塘)에 버렸고, 구슬은 다시 구포(舊浦)로 되돌아왔다고 하겠다. 자비로 집을 삼아 중생을 교화하던 옛 스님들의 자취를 밟았으며, 지혜(智慧)의 횃불을 높이 들어 육도(六途)의 혼구(昏衢)를 비추어 군생을 구제하던 고승(高僧)들의 여휘(餘揮)를 계승하였다. 이 때 절학자(絶學者)들이 서로 경축하면서 말하되 "비록 년전에는 태산이 무너진 탄식이 있었고, 오늘에는 대중들이 앙모할 대상이 없다는 슬픔이 없음을 기뻐하도다."라 하였다. 이제 존경하며 따르는 문도(門徒)가 번창하고 법문을 들으려고 찾아오는 자는 그 수를 헤아릴 수 없을 정도가 되었다. 대사는 24년 동안 운수생활(雲水生活)을 하면서 후생(後生)을 지도하였으니, 마치 거울이 물상(物象)을 비추되 전혀 피로함이 없으며, 범종(梵鍾)이 언제나 치기만 하면 울리는 것과 같이 수문수답(隨問隨答)하기를 게을리 하지 않았다. 이와 같이 조리 있고 정연하게 부상(扶桑)의 백성을 교화하였다. (「玉龍寺洞眞大師碑」)

신라 용덕 원년에 해회(海會)를 설치하여 승과(僧科)로 치도(緇徒)를 선발하였다. 이 때에도 왕이 교지를 내려 이르기를, "장의사(莊義寺)에 별화상(別和尙)이 있는데 어찌 스님을 제쳐놓고 따로 뽑을 필요가 있겠는가."하고 바야흐로 스님을 명승(名僧)으로 정(定)하고 발탁(拔擢)하여 문법(問法)하는 사람들에게 대답하는 맹주(盟主)로 삼았으니, 비유컨대 대종(大鐘)을 치자 웅웅하면서 크게 울리는 것과 같았다. (「普願寺法印國師寶乘塔碑」)

922(壬午/신라 경명왕 6/발해 애왕 22/후백제 견훤 23/고려 태조 5 天授 5/後梁 龍德 2/日本 延喜 22)

신라 회(懷). (정명 7년) 다음해 1월 19일에 이르러 신좌(神座)를 용암산(踊巖山) 동쪽 봉우리로 옮겼으니, 큰 절과의 거리는 약 300보 쯤 되었다. (「五龍寺法鏡大師碑」)

신라 고려 봄 정월에 하지성(下枝城)의 장군 원봉(元逢), 명주(溟州)의 장군 순식(順式)이 태조에게 항복하였다. 태조가 그 귀순함을 생각하여, 원봉의 본성(本城)을 순주(順州)라고 하고 순식에게 성을 하사하여 왕이라고 하였다. (『三國史記』 12 新羅本紀 12)

신라 고려 (봄 정월) 이 달에 진보성(眞寶城)의 장군 홍술(洪述)이 태조에게 항복하였다. (『三國史記』 12 新羅本紀 12)

고려 봄 2월에 거란(契丹)이 낙타(橐駝)·말 및 양탄자를 보내왔다. (『高麗史』 1 世家 1 太祖 1)

고려 봄 2월에 거란이 낙타·말 및 양탄자를 보내왔다. (『高麗史節要』 1 太祖神聖大王)

고려 여름 4월에 궁성(宮城)의 서북쪽에 일월사(日月寺)를 창건하였다. (『高麗史』 1 世家 1 太祖 1)

고려 여름 4월에 궁성의 서북쪽에 일월사를 창건하였다. (『高麗史節要』 1 太祖神聖大王)

고려 임오(壬午)에 또 일월사를 창건하였다. 혹은 신사(辛巳, 921)에 관련시킨다. (『三國遺事』 1 王曆)

고려 6월 정사일(8)에 하지현(下枝縣)의 장군 원봉(元奉)이 와서 의탁하였다. (『高麗史』 1 世家 1 太祖 1)

고려 6월에 하지현의 장군 원봉이 와서 의탁하였다. (『高麗史節要』 1 太祖神聖大王)

신라 용덕(龍德, 後梁 末帝의 연호) 2년(경명왕 6, 견훤 31, 922) 여름에 특별히 미륵사(彌勒寺)의 탑을 여는 은혜를 입어 선운사(禪雲寺)의 선불장(選佛場)에 나아가 법단에 올라 법을 설하니 천상의 꽃이 이리저리 날렸다. 이로 말미암아 도의 영예가 더욱 드러나 책을 짊어지고 오는 자가 구름처럼 몰려들었다. 그때 신라 경애대왕(景哀大王)이 분황사(芬皇寺)에 주석하기를 청하며 자주색 비단과 굴순(屈眴)과 전단향(栴檀香)과 보기(寶器) 등의 물건을 하사하였다. (「葛陽寺惠居國師碑」)

고려 가을 7월 무술일(20)에 명주의 장군 순식이 아들을 파견해 항복하고 귀부하였다. (『高麗史』 1 世家 1 太祖 1)

고려 가을 7월에 명주의 장군 순식이 항복하였다. 처음에 왕이 순식이 항복하지 않음을 근심하니 시랑(侍郎) 권열(權說)이 말하였다. "아버지가 아들에게 명령하고 형이 아우에게 훈계하는 것은 하늘의 이치입니다. 순식의 아버지인 허월(許越)이 지금 승려가 되어 내원(內院)에 있으니 마땅히 그를 파견하여 가서 타이르게 하소서." 왕이 그 말을 따랐다. 순식이 마침내 맏아들 수원(守元)을 파견하여 귀순하였으므로, 왕씨(王氏) 성을 하사하고 전택(田宅)을 지급하였다. (『高麗史節要』 1 太祖神聖大王)

고려 명주 사람인데, 본주(本州)의 장군이 되어 오래도록 항복하지 않았다. 태조가 그것을 근심하니, 시랑 권열이 아뢰었다. "아버지가 아들에게 명령하고 형이 아우에게 훈계하는 것은 하늘의 이치입니다. 순식의 아버지인 허월이 지금 승려가 되어 내원에 있으니 마땅히 그를 파견하여 가서 타이르게 하소서." 태조가 그 말을 따랐다. 순식이 마침내 맏아들 수원을 파견하여 귀순하였으므로, 왕씨 성을 하사하고 이어서 전택을 지급하였다. (『高麗史』 92 列傳 5 王順式)

고려 겨울 11월 신사일(5)에 진보성주(眞寶城主) 홍술(洪術)이 사신을 파견해 항복을 청하였다. 원윤(元尹) 왕유(王儒), 경(卿) 함필(含弼) 등을 파견하여 위로하였다. (『高麗史』 1 世家 1 太祖 1)

고려 겨울 11월에 진보성주 홍술이 사신을 파견해 항복을 청하였다. 원윤 왕유, 경 함필 등을 파견하여 위로하였다. (『高麗史節要』 1 太祖神聖大王)

고려 이 해에 대승(大丞) 질영(質榮)·행파(行波) 등의 부형(父兄)·자제(子弟) 및 여러 군현(郡縣)의 양가(良家) 자제를 옮겨 서경(西京)을 채웠다. (『高麗史』 1 世家 1 太祖 1)

고려 이 해에 대승 질영·행파 등의 부형·자제 및 여러 군현의 양가 자제를 옮겨 서경을 채웠다. (『高麗史節要』 1 太祖神聖大王)

고려 이 해에 서경에 행차하여 관부(官府)와 관리를 새롭게 두고, 비로소 재성(在城)을 축

조하였다. (『高麗史』 1 世家 1 太祖 1)

고려 서경유수관(西京留守官)은 (…) 태조 5년에 설치하였다.
낭관(廊官)[낭(廊)이라는 것은 관호(官號)인데, 방언(方言)으로는 조설(曹設)이라고 한다.]은 시중(侍中) 1명, 시랑 2명, 낭중 2명, 상사(上舍) 1명, 사(史) 10명이다.
아관(衙官)[아(衙) 또한 관명(官名)인데, 방언으로는 호막(豪幕)이라고 한다.]은 구단(具壇) 1명, 경 2명, 감(監) 1명, 찬(粲) 1명, 이결(理決) 1명, 평찰(評察) 1명, 사 1명이다.
병부(兵部)는 영구단(令具壇) 1명, 경 1명, 대사(大舍) 1명, 사 2명이다.
납화부(納貨府)는 경 1명, 대사 1명, 사 2명이다.
진각성(珍閣省)은 경 1명, 대사 2명, 사 2명이다.
내천부(內泉府)는 영구단 1명, 경 2명, 대사 2명, 사 2명이다. (『高麗史』 77 志 31 百官 2)

고려 성보(城堡)는 (…) 태조 5년에 비로소 서경의 재성을 축조하였는데,[재(在)라는 것은 방언으로는 견(畎)이다.] 모두 6년이 지나서 끝났다. (『高麗史』 82 志 36 兵 2)

고려 (이 해) 서경에 행차하여 서경의 관료를 새롭게 두고, 서경의 재성을 축조하였는데 모두 6년이 지나서 완성되었다. (『高麗史節要』 1 太祖神聖大王)

고려 (이 해) 아선성(牙善城) 백성의 거처를 직접 정하였다. (『高麗史』 1 世家 1 太祖 1)

고려 (이 해) 아선성 백성의 거처를 직접 정하였다. (『高麗史節要』 1 太祖神聖大王)

발해 (연호를 천찬(天贊)이라고 이름 붙였다.) 거란이 비록 얻은 바 없이 돌아갔으나, 이로부터 중국을 엿보려는 뜻이 꽤 있었다. 여진(女眞)·발해 등이 그 뒤에 있는 것을 염려하여 발해를 공격하려고 하였으나, 중국이 그 빈틈을 타는 것을 두려워하여 이에 사신을 파견해 후당(後唐)에 방문하여 우호관계를 통하였다. (『新五代史』 72 四夷附錄 1 契丹 上)

태봉 고려 (이 해) 대봉왕(大封王) 궁예(躬乂)는 성격이 잔인하여, 해군통수(海軍統帥) 왕건(王建)이 그를 죽이고 자립하여 다시 고려왕이라고 칭하였다. 개주(開州)를 동경(東京)이라고 하고, 평양(平壤)을 서경(西京)이라고 하였다. 왕건은 검소하고 절약하며 너그럽고 온후하여 국인들이 이를 편안해 하였다. (『資治通鑑』 271 後梁紀 6 均王 下)

후백제 엎드려 생각건대, 당국(當國, 후백제)이 귀국(貴國, 일본)을 우러름은 아버지를 모시는 예처럼 두텁고, 어린아이가 어머니를 사랑하는 정과 견줄 만하다. 오직 수레를 끌고 채찍을 잡는 것을 달게 여겨왔으니, 어찌 깊은 바다를 건너고 험한 곳에 길을 놓는 것을 꺼리겠는가. 그런데 질자(質子)가 도망하여 숨어서는 이웃의 말을 꾸며내고 속였으니, 1천년의 맹약이 잠깐 사이에 변해버렸으며, 3백년간 소통함이 없어져 여기에 이르렀다. 『춘추』를 논할 것도 없이, 인하고 선한 이웃을 사귀는 일은 나라의 보배이다. 노나라의 『논어』에서 말하기를, 옛 잘못을 새겨두지 말라고 하였다. 그러니 이에 마땅히 은혜를 깊이 하여 허물을 견디고 양고기를 그리워하는 개미[慕羶]에게 덕을 베풀기를 바라며, 이제 전개(專介, 사자)를 파견하니 비루한 예물이라도 받아주기를 바란다. (『本朝文粹』 12 大宰答新羅返牒)

후백제 도통(都統) 훤공(甄公, 견훤)이 안으로는 국난을 다스리고, 밖으로는 일본과 주맹(主盟)을 맺으려한다. 저 공훈과 어짐을 들으니 누군들 흠상(欽賞)치 않으랴. 그러나 다스리는 땅에서 나는 보배는 제왕(帝王)이 조공하는 것이 조천(朝天)의 예(禮)인 것이니 배신(陪臣)이 어찌 오로지 하겠는가. 대장장이를 대신하여 칼을 휘두르고, 부엌데기를 따라하여 그릇을 뛰어넘는 격이다. 비록 정성을 다해 뜻을 이룰지라도 오히려 상서(相鼠)를 잊는 것을 조심하라. 만일 재부(宰府)에서 헤아려 금궐(金闕, 천황의 궁궐)의 앞에 이른다면 헌대(憲臺)에서는 옥(玉)처럼 받드는 법조로 비추어 벌 할 것이다. 때문에 보내온 표함(表函)과 방물은 아울러 돌려보낸다. 마땅히 전장(典章)을 상고하여 공경히 대우하지 않는 일이 없도록 하라. 허물을 고치지 않는다면 그 때는 어찌하겠는가. 다만 휘엽(輝嵒) 등은 멀리 파도 길에 지쳤으므로 잠시 쉬도록 할 것이며, 관청의 양식을 헤아려 나눠주고 약간의 재물을 줘어서 돌려보낼 것이다. 이제 이 장(狀)으로써 편지를 보내니, 편지가 이르면 장을 준하도록 하라. (『本朝文粹』12 大宰答新羅返牒)

923(癸未/신라 경명왕 7/발해 애왕 23/후백제 견훤 24/고려 태조 6 天授 6/後梁 龍德 3, 後唐 同光 1/日本 延喜 23, 延長 1)

고려　봄 3월 갑신일(10)에 하지현(下枝縣)의 장군 원봉(元奉)을 원윤(元尹)으로 삼았다. (『高麗史』1 世家 1 太祖 1)

고려　봄 3월에 하지현의 장군 원봉을 원윤으로 삼고, 그 현을 승격시켜 순주(順州)라고 하였다. (『高麗史節要』1 太祖神聖大王)

고려　풍산현(豐山縣)은 (…) 태조(太祖) 6년에 현인(縣人) 원봉(元逢)이 귀순한 공로가 있어 승격시켜 순주라고 하였다. (『高麗史』57 志 11 地理 2)

고려　(봄 3월) 신축일(27)에 명지성(命旨城)의 장군 성달(城達)이 그 동생 이달(伊達)·단림(端林)과 귀순하였다. (『高麗史』1 世家 1 太祖 1)

고려　(봄 3월)에 명지성의 장군 성달이 그 동생 이달·단림과 귀순하였다. (『高麗史節要』1 太祖神聖大王)

신라　용덕(龍德) 3년 4월 24일 새벽에 대중에 고하였다. "모든 법은 다 공허하며 온갖 인연은 모두 고요하다. 세상에 의지한 것을 말하면, 흐르는 구름과 꼭 같도다. 너희는 힘써 머무르되 삼가 슬피 울지 말라." 오른쪽으로 누워 봉림사(鳳林寺) 선당(禪堂)에서 입적하니, 세속의 나이로는 70이고 법랍으로는 50이었다. 이 때에 하늘색이 왕성하게 오르고 햇빛이 참담하였으며, 산이 무너지고 시내가 마르며 풀이 초췌하고 나무가 말랐다. 산짐승이 이에 슬피 울고 들짐승이 슬피 울었다. 문인들은 시신을 받들어 절의 북쪽 언덕에 임시로 장사지냈다. 과인은 갑자기 대사가 천화(遷化)했다는 소식을 듣고 매우 애통해 하였다. 인하여 소현승(昭玄僧) 영회법사(榮會法師)를 파견해 먼저 조문하고 제사하게 하였다. 21일째에 이르러 특별히 중사(中使)를 보내어 장례용 물자를 주고 또 시호를 진경대사(眞鏡大師)라고 추증하고 탑 이름을 보월능공지탑(寶月凌空之塔)이라고 하였다. (「鳳林寺眞鏡大師寶月凌空塔碑」)

고려　여름 4월에 대광(大匡) 유금필(庾黔弼)이 북번(北蕃)을 초유(招諭)하여 귀부한 자가 1,500명이었다. 북번 중 우리에게 사로잡힌 자 3,000여 명을 돌려보냈다. (『高麗史節要』1 太祖神聖大王)

고려　이에 여러 부(部)가 서로 이끌고 귀부하는 자가 1,500명이었다. 또 포로로 잡힌 자 3,000여 명을 돌려보냈다. 이로 말미암아 북방이 편안하게 되니, 태조가 특히 포장(褒奬)을 더하였다. (『高麗史』92 列傳 5 庾黔弼)

고려	여름 6월 계미일(10)에 복부경(福府卿) 윤질(尹質)이 후량(後梁)에 사신갔다가 돌아와서 500나한(羅漢)의 화상(畫像)을 바쳤다. 해주(海州) 숭산사(嵩山寺)에 두도록 명령하였다. (『高麗史』1 世家 1 太祖 1)
고려	후당(後唐) 동광(同光) 원년 계미(癸未)이고 본조(本朝)의 태조 즉위 6년에 입조사(入朝使) 윤질이 가져온 500나한상은 지금 북숭산(北崇山) 신광사(神光寺)에 있다. (『三國遺事』3 塔像 4 前後所將舍利)
고려	(여름 6월) 계사일(20)에 오월국(吳越國)의 문사(文士) 박암(朴巖)이 와서 의탁하였다. (『高麗史』1 世家 1 太祖 1)
고려	6월에 오월국의 문사 박암이 와서 의탁하였다. (『高麗史節要』1 太祖神聖大王)
신라 고려	가을 7월에 명지성의 장군 성달, 경산부(京山府)의 장군 양문(良文) 등이 태조에게 항복하였다. (『三國史記』12 新羅本紀 12)
신라	(가을 7월) 왕이 창부시랑(倉部侍郎) 김락(金樂), 녹사참군(錄事叅軍) 김유경(金幼卿)을 파견해 후당(後唐)에 입조하고 토산품을 바쳤다. 장종(莊宗)이 물품을 차등 있게 하사하였다. (『三國史記』12 新羅本紀 12)
신라	가을 7월에 왕이 창부시랑 김락, 녹사참군 김유경을 파견해 후당에 입조하였다. (『三國史節要』14)
고려	가을 8월 임신일(1)에 벽진군(碧珍郡)의 장군 양문이 그 사위 규환(圭奐)을 파견해 와서 항복하자, 규환을 원윤으로 임명하였다. (『高麗史』1 世家 1 太祖 1)
고려	가을 8월에 벽진군의 장군 양문이 그 사위 규환을 파견해 와서 항복하자, 규환을 원윤으로 임명하였다. (『高麗史節要』1 太祖神聖大王)
고려	겨울 11월 무신일(8)에 진보성주(眞寶城主) 홍술(洪術)이 그 아들 왕립(王立)을 파견해 갑옷 30개를 바치자, 왕립을 원윤으로 임명하였다. (『高麗史』1 世家 1 太祖 1)
고려	겨울 11월에 진보성주 홍술이 그 아들 왕립을 파견해 갑옷 30개를 바치자, 왕립을 원윤으로 임명하였다. (『高麗史節要』1 太祖神聖大王)
신라	후당 장종 동광원년 11월 정사일(17)에 신라국왕 박영(朴英)이 창부시랑 김락, 녹사참군 김유경을 파견해 조공하였다. 물품을 차등 있게 하사하였다. (『冊府元龜』976 外臣部 21 褒異 3)
신라	후당 동광 원년 11월에 신라국왕 김박영(金朴英)이 창부시랑 김락, 녹사참군 김유경을 파견해 와서 조공하였다. (『五代會要』30 新羅)
신라	후당 장종 동광 원년 11월에 신라국왕 김박영이 창부시랑 김락, 녹사참군 김유경을 파견해 조공하였다. 물품을 차등 있게 하사하였다. (『冊府元龜』972 外臣部 17 朝貢 5)
신라	동광 원년에 신라국왕 김박영이 후당에 사신을 보내와 조공하였다. (『新五代史』74 四夷附錄 3 高麗)
신라	그 관은 17등이 있는데, 그 첫 번째는 이벌간(伊罰干)이라고 하여 귀하기가 상국(相國)과 같다. 다음은 이척간(伊尺干), 다음은 파미간(破彌干), 다음은 대아척간(大阿尺干), 다음은 아간(阿干), 다음은 아척간(阿尺干), 다음은 을길간(乙吉干), 다음은 사돌간(沙咄干), 다음은 급복간(及伏干), 다음은 대나마간(大奈摩干), 다음은 대사(大舍), 다음은 소사(小舍), 다음은 길사(吉士), 다음은 대오(大烏), 다음은 소오(小烏), 다음

은 조위(造位)이다. 지방에 군현이 있다[후당 동광(923~926) 초년에 그 왕 김박영이 창부시랑 김락, 녹사참군 김유경을 파견해 와서 조공하였다. (…)]. (『冊府元龜』 962 外臣部 7 官號)

신라 (11월 무오일(18)) 신라왕 김박영이 사신을 파견해 토산품을 바쳤다. (『舊五代史』 30 唐書 6 莊宗紀 4)

신라 (11월 무오일(18)) 신라국왕 김박영이 사자를 파견해 왔다. (『新五代史』 5 唐本紀 5 莊宗 下)

신라 후당 장종(莊宗) 동광원년 11월에 신라국왕 김박영이 창부시랑(倉部侍郎) 김악(金樂)·녹사참군(錄事叅軍) 김유경(金幼卿)을 보내 조공하였다. 내리는 물건은 차이가 있었다. (『冊府元龜』 972 外臣部 17 朝貢 5)

신라 겨울 11월에 김유신(金庾信)을 흥무대왕(興武大王)으로 추봉(追封)하였다. (『三國史節要』 14)

고려 정종(定宗) 지덕장경정숙문명대왕(至德章敬正肅文明大王)은 이름이 요(堯)이고 자(字)는 천의(天義)이며 태조의 둘째아들이다. 어머니는 신명순성왕태후(神明順聖王太后) 유씨(劉氏)이고, 태조 6년 계미(癸未)에 태어났다. (『高麗史』 2 世家 2 定宗)

고려 서경유수관(西京留守官)은 (…) (태조) 6년에 내천부(內泉府)를 진각성(珍閣省)에 병합하였다. (『高麗史』 77 志 31 百官 2)

고려 동광 원년에 사신 광평시랑(廣評侍郎) 한신일(韓申一), 부사(副使) 춘부소경(春部少卿) 박암을 파견해 왔다. 그러나 그 국왕의 성명은 역사에서 잃어버려 기록되지 않았다. (『新五代史』 74 四夷附錄 3 高麗)

924(甲申/신라 경명왕 8, 경애왕 1/발해 애왕 24/후백제 견훤 25/고려 태조 7 天授 7/後唐 同光 2/日本 延長 2)

신라 (봄 정월 경술일(11)) 신라왕 김박영(金朴英)이 사신을 파견해 조공하였다. (『舊五代史』 31 唐書 7 莊宗紀 5)

신라 (봄 정월) 경술일(11)에 신라국왕 김박영 및 그 천주절도사(泉州節度使) 왕봉규(王逢規)가 모두 사자를 파견해 왔다. (『新五代史』 5 唐本紀 5 莊宗 下)

신라 봄 정월에 사신을 파견해 후당(後唐)에 들어가 조공하였다. 천주절도사 왕봉규 또한 사신을 파견해 토산품을 바쳤다. (『三國史記』 12 新羅本紀 12)

신라 봄 정월에 사신을 파견해 후당에 들어가 조공하였다. 천주절도사 왕봉규 또한 사신을 파견해 토산품을 바쳤다. (『三國史節要』 14)

신라 (동광) 2년 정월에 신라국왕 김박영 및 본국 천주절도사 왕봉규가 사신를 파견해 조공하였다. (『冊府元龜』 972 外臣部 17 朝貢 5)

발해 (봄 정월) 을묘일(16)에 발해국이 사신을 파견해 토산품을 바쳤다. (『舊五代史』 31 唐書 7 莊宗紀 5)

발해 (봄 정월) 을묘일(16)에 발해국왕 대인선(大諲譔)이 대우모(大禹謨)를 사신보내 왔다. (『新五代史』 5 唐本紀 5 莊宗 下)

발해 후당 동광 2년 정월에 왕자 대우모를 파견해 와서 조공하였다. (『五代會要』 30 渤海)

발해　(동광 2년 정월) 발해의 왕자 대우모가 와서 조공하였다. (『冊府元龜』 972 外臣部 17 朝貢 5)

신라　제55대 경애왕(景哀王)이 즉위하였다. 동광 2년 갑신(甲申) 2월19일에 황룡사(皇龍寺)에 백고좌(百高座)를 설치하여 경전을 설법하였고, 겸하여 선승(禪僧) 300명을 밥 먹였다. 대왕이 직접 향을 불사르고 공양을 드렸다. 이 백고좌가 선교(禪敎)의 시작이라고 일반적으로 이야기한다. (『三國遺事』 2 紀異 2 景哀王)

발해　후당 동광 2년 3월에 야율아보기(耶律阿保機)가 부하를 이끌고 신성(新城)에 들어와서 노략질하였다. (『五代會要』 29 契丹)

신라　고(故) 진경대사의 비

유당 신라국 고국사 시진경대사 보월능공지탑 비명 및 서

문하승 행기가 교를 받들어 쓰고, 문인인 조청대부 전 수집사시랑 사자금어대 최인연이 전액을 쓰고, 내가 짓는다.

내가 듣건대, 높고 높은 하늘의 현상은 광활함을 차지하는 이름만이 아니고, 두텁고 두터운 땅의 모습은 깊고 그윽함을 칭하는 이름만은 아니다. 저 선(禪)에 깃든 상사(上士)와 법을 깨친 진인(眞人) 같을 수야 있겠는가. 그러한 사람만이 사대(四大)를 초월하여 즐거이 노닐며 경치를 구경하고 삼단(三端)을 피하여 한가로이 거하며 달을 희롱하다가, 마침내 호가호위하는 선백(禪伯)으로 하여금 혼란한 시절에 마△(魔△)를 일소하게 하고, 법령을 좇는 법왕(法王)으로 하여금 태평한 시절에 석가모니의 가르침을 돕게 하여, 자비의 구름이 다시 드리우고 불일(佛日)이 기듭 빛나며, 외도(外道)를 모두 물리쳐 하늘 끝까지 따르고 복종하며, 비밀스런 인(印)을 가지고서 심오한 뜻을 발휘하며, 그윽한 그물을 들어서 진실한 종지를 널리 드러내게 할 수 있으니, 오직 우리 대사가 바로 그 사람이다. 대사의 이름은 심희요, 속성은 김씨이니, 그 선조는 임나의 왕족이요, 풀에서 성스러운 가지를 뽑았다. 이웃나라의 침략에 괴로워하다가 우리나라에 투항하였다. 먼 조상인 흥무대왕은 오산(鼇山)의 정기를 타고, 바다(鰈水)의 정기에 올라서, 문신의 길조를 잡아 재상의 뜰에 나왔고, 무신의 지략을 잡아 왕실을 높이 부양하였으며, 평생토록 △△하여 두 적이 영원히 안정되고 토군(兎郡)의 사람들이 능히 세 조정을 받들어 멀리 진한(辰韓)의 풍속을 어루만졌다. 아버지 배상(盃相)은 도(道)는 노장사상을 높였고 뜻은 송교(松喬)를 흠모하였으며, 물과 구름이 비록 그 한가로움을 내버려둔다 할지라도 조야(朝野)는 그가 벼슬을 귀히 여기지 않음을 아쉬워 하였다. 어머니 박씨가 일찍이 앉은 채로 선잠이 들었다가 꿈에 휴△(休△)를 얻었다. 나중에 미루어 생각해 보고는 깜짝 놀라며 임신을 하였다. 곧 냄새나는 음식을 끊고 그 몸과 마음을 비웠으며, 가만히 그윽한 신령에 감응하여 지혜로운 아들을 낳기를 빌었다. 대중(大中) 7년(853) 12월 10일에 태어났다. 대사는 기이한 자태가 넉넉히 드러났으며 신비한 색이 원융하게 밝았다. 나이 어려서도 철부지같은 마음은 없었으며, 이를 가는 7,8세의 나이에도 불사(佛事)를 △△하였다. 모래를 쌓아 탑을 이루고, 잎을 따다 향으로 바쳤다. 아홉 살에 혜목산(惠目山)으로 곧장 가서 원감대사(圓鑑大師)를 알현하니, 대사는 지혜의 싹이 있음을 알고 절(祇樹)에 머물 것을 허락하였다. 나이 비록 어렸지만 마음은 오히려 정성을 다하였다. 부지런히 애쓰는 데는 고봉(高鳳)도 공을 미루고 민첩함에는 양오(揚烏)도 아름다움을 양보할 만 하였다. 좇아서 승△(僧△)를 밟고 법당을 떠났다. 함통(咸通) 9년(868)에 스승이 병에 걸려 대사를 불러 말하기를, "이 법은 본래 서천(西天)에서 동쪽으로 왔으며, 중국에서 꽃이 한번 피자 여섯 잎이 번성하였다. 대

대로 서로 전승하여 끊임이 없도록 하였다. 내가 지난번에 중국에 가서 일찍이 백암(百巖)을 사사하였는데, 백암은 강서(江西)를 이었고 강서는 남악(南嶽)을 이었으니, 남악은 곧 조계(曹溪)의 아들이며 숭령(嵩嶺)의 현손이다. 비록 전신가사(傳信架裟)는 전하지 않았으나 심인(心印)은 서로 주었다. 멀리 여래(如來)의 가르침을 잇고 가섭(迦葉)의 종지를 열었다. 그대는 마음의 등불을 전하라. 나는 법신(法信)을 부촉하노라" 하고는 아무 말도 없이 스스로 열반(泥洹)에 들어갔다. 대사는 눈으로 이별함에 슬픔이 깊고 마음으로 사별함에 수심이 간절하였다. 스승을 잃은 애통함은 더 쌓이고 배움이 끊긴 근심은 실로 더하였다. 19세에 구족계(具足戒)를 받았다. 이윽고 계율을 지킴에 마음이 들떠서 정처없이 발길 닿는 대로 떠돌아 다녔으니, 산 넘고 물 건너 여러 지방을 떠돌아 다니는 것이 어찌 수고롭겠는가. 일따라 돌아다녔다. 명산을 찾아 고산을 우러러 보고, △△을 더듬어 절경까지 찾았다. 어떤 사람이 묻기를, "대사께서는 비록 이 땅을 돌아다니며 수행하여 두루 현관(玄關)을 뵈었으나, 다른 나라까지 순력하여 모름지기 큰 선비를 뵙고 공부해야 하지 않겠습니까"하였다. 대사가 대답하기를, "달마(達摩)가 법을 부촉하고 혜가(惠可)가 마음을 전한 이래로 선종이 동쪽으로 전해졌거늘, 배우는 사람이 무엇 때문에 서쪽으로 가리오. 나는 이미 혜목(惠目)을 참알하였고 바야흐로 꽃다운 티끌을 접하였으니, 어찌 뗏목을 버린 마음을 가지고 뗏목을 탈 뜻을 근심하리오."하였다. 문덕(文德) 초년부터 건녕(乾寧) 말년 사이에 먼저 송계(松溪)에 자리를 잡자, 학인들이 빗방울 처럼 모여 들였으며, 잠시 설악에 머물자 선객(禪客)들이 바람처럼 달려왔다. 어디 간들 감추지 않았을 것이며 어찌 오직 그것 뿐이겠는가. 진성대왕(眞聖大王)이 급히 편지를 보내어 궁전(彤庭)으로 불렀다. 대사는 비록 임금의 말씀을 외람되이 받들기는 하였으나, 조사(祖師)의 업(業)을 어찌 중단하리오. 길이 험하다는 이유로 표를 올리고 굳이 사양하였으니, 가히 하늘 밖 학의 소리는 계림(鷄林)의 경계에 빨리 닿지만, 사람 가운데의 용덕(龍德)을 대궐 문(象闕) 옆에서 구하기는 어렵다고 할 수 있도다. 대사는 인하여 세속을 피하여 홀연히 운수처럼 떠나 명주(溟州)로 가서 머무르며, 산사에 의지하여 마음을 깃들였다. 천리가 잘 다스려져 편안하고 한 시방이 소생한 듯하였다. 얼마 안되어 멀리 김해(金海) 서쪽에 복림(福林)이 있다는 말을 듣고 문득 이 산을 떠났다. 그 소문이 남쪽 경계에 미치고 (대사가) 진례(進禮)에 이르러 잠시 머뭇거렸다. 이에 △△진례성제군사(△△進禮城諸軍事) 김율희란 자가 있어 (대사의)도를 사모하는 정이 깊고 가르침을 듣고자 하는 뜻이 간절하여, 경계 밖에서 (대사를) 기다리다가 맞이하여 성안으로 들어갔다. 인하여 절을 수리하고 법의 가르침을 자문하는 것이 마치 고아가 자애로운 아버지를 만난 듯하며, 병자가 훌륭한 의사를 만난 듯하였다. 효공대왕(孝恭大王)이 특별히 정법전의 대덕인 여환(如奐)을 보내어 멀리 조서를 내리고 법력을 빌었다. 붉은 인주(紫泥)를 사용하고 겸하여 향기로운 그릇(鉢)을 보냈으며, 특별한 사자(專介)를 보내어 신심(信心)을 열게 하였다. 그 임금이 귀의할 때 사람들이 공경하고 우러름이 모두 이러하였다. 어찌 육신보살(肉身菩薩)만이 멀리 성△(聖△)의 존중함을 입고, 청안율사(靑眼律師)만이 여러 어진이들의 존중함을 자주 입으리오. 이 절은 비록 지세가 산맥과 이어지고 문이 담장 뿌리(墻根)에 의지하였으나, 대사는 수석이 기이하고 풍광이 빼어나며, 준마가 서쪽 산봉우리에서 노닐고 올빼미가 옛터에서 운다고 하였으니, 바로 대사(大士)의 정에 과연 마땅하며 신인의 △에 깊이 맞는다고 하겠다. 그래서 띠집을 새로 수리하고 바야흐로 가마를 멈추고, 이름을 봉림(鳳林)이라 고치고 선방을 중건하였다. 이보다 앞서 지김해부 진례성제군사 명의장군(知金海府 眞禮城諸軍事 明義將軍) 김인광(金仁匡)은 가정(鯉庭)에서 아버지의 가르침을 받고 대궐에 정성을 다하였으며, 선문에 귀의하여 숭앙하고 삼보(三寶)의 집을 돕고 수리하였다. 대사는 마음에 가련히 △△하고 여생을 보낼 뜻을 가졌다. 현묘한 종지를 높이 강연하고 부처의 도를 널리 선양하였다. 과인이 삼가 대업을 받고 큰 기틀을 이어 다스림에, 도안과 혜원의 도를 힘입어 우탕(禹湯)의 운세를 가져오고자 하였다. 듣건대 대사는 당시 천하 사람들의 존숭을 받고 해우(海隅)에서 독보적 존재요, 북악의 북쪽에 오래도록 거처하며 동산(東山)의 법을 가만히 전수했다고 한다. 이에 흥륜사(興輪寺) 상좌(上座) 석언림(釋彦琳)과 중사성(中事省) 내양(內養) 김문식(金文式)을 보내어 겸손한 말과 두터운 예로 간절히 초청하였다. 대사가 대중에게 이르기를, "비록 깊은 산속이나 이 역시 임금의 땅이요, 하물며 석가모니의 부촉도 있으니 임금의 사자를 거절하기는 어렵다"하였다. 정명(貞明) 4년(918) 겨울 10월에 문득 산문을 나서서 △에 이르렀다. 가마가 11월 4일에 이르러 과인은 면류관과 예복을 정돈하고 마음을 깨끗이 하여, 예궁(蘂宮)으로 인도하고 난전(蘭殿)에서 공경히 만났으며, 특별히 스승과 제자의 예를 표하고 공손히 숭앙하는 자세를 나타내었다. 대사는 법복을 높이 휘날리며 법좌에 올라 나라를 다스리고 백성을 편안케 할 술수를 설하고, 승려에 귀의하고 △△에 △△할 방책을 말하였다. 과인은 기쁜 마음으로 대사의 얼굴을 우러르고 오묘한 종지를 친히 들으매, 감격스러워 거듭 자리를 피하고 기쁨에 일일이 기록하였다. 이날 대사를 따라 궁궐에 오른 자가 80인이니, 무리 가운데 상족(上足) 경질선사(景質禪師)가 있어 우러러 종과 같은 맑음을 두드리고 그윽히 거울과 같은 지혜를 품었다. 대사가 △△를 치매 소리가 조용하였다. 새벽의 해는 온 산에 비치고 맑은 바람에 온갖 만물의 소리가 화답하였다. 조용히 법을 연설하매 공유(空有)의 극단을 오로지 초월하였고, 분연히 선을 얘기하매 세속의 바깥을 진실로 벗어났으니, 누가 그 끝을 알았으리오. 다음날 마침내 모든 관료들에게 명하여 대사가 머물고 있는 곳으로 나아가 나란히 △을 칭하게 하였다. 인하여 버슬이 높은 사람을 보내어 존호를 올려서 법응대사(法膺大師)라 하였으니, 이는 곧 남의 모범이 될 만하였다. 항상 덕을 숭앙하고 삼가 큰 이름을 드러내어 심오한 가르침을 빛나게 하였다. 그후에 대사는 이미 예전에 은거하던 곳으로 돌아와 향기로운 가르침을 거듭 열어서 죽은 도(道)에 빠진 여러 학인들을 깨우쳤으며, 법의 요체를 갖추어 전하여 도탄에 빠진 뭇 중생들을 구원하였다. 자애로운 바람을 보시함은 필연적이다. 갑자기 가벼운 병에 걸렸는데도 마치 피로한 기색이 완연한 듯하매, 대중들은 돌아가실까(兩楹之夢) 의아하여 미리 쌍수의 슬픔을 머금었다. 용덕(龍德) 3년(923) 4월 24일 새벽에 대중에게 고하여 말하기를, "모든 법은 다 공(空)하며 온갖 인연은 함께 고요하다. 말하자면 세상에 의지한 셈이니 흐르는 구름과 꼭 같도다. 너희는 힘써 머무르되 삼가하고 슬피 울지 말라"하고는 오른쪽으로 누워 봉림사 선방에서 입적하니, 세속의 나이로는 70이요 승려 나이로는 50이었다. 이때에 하늘색이 왕성하게 오르고 햇빛이 참담하였으며, 산이 무너지고 내가 마르며 풀이 초췌하고 나무가 말랐다. 산짐승이 이에 슬피 울고 들짐승이 슬피 울었다. 문인들은 시신을 받들어 절의 북쪽 언덕에 임시로 장사지냈다. 과인은 갑자기 대사가 입적했다는 소식을 듣고 매우 애통해 하였다. 인하여 소현승(昭玄僧) 영회법사(榮會法師)를 보내어 먼저 조문하고 제사하게 하였다. 21일째에 이르러 특별히 중사(中使)를 보내어 장례용 물자를 주고 또 시호를 진경대사(眞鏡大師)라 추증하고 탑 이름을 보월능공지탑(寶月凌空之塔)이라 하였다. 대사는 타고난 자질로 지혜로이 깨닫고 산악이 정령(精靈)을 내려서, 자비의 거울을 영대(靈臺)에 걸고 계율의 구슬을 인식(認識)의 집에 걸었다. 이에 사방으로 교화를 넓히고 지경마다 자비로움을 보였으니, 알고서도 하지 않음이 없어 넉넉히 여유가 있었다. 세상을 마칠 때까지 마음이 단단하여 잠시라도 번뇌가 일어남이 없었고, 비록 잠깐이라도 몸이 단정하여 세속의 번뇌에 물들지 않았다. 법을 전하는 제자인 경질선사(景質禪師) 등 500여인은 모두 심인(心印)을 전하매 각각 계주를 보존하였다. 함께 보탑 곁에 머무르며, 같이 선림(禪林)의 고요함을 지켰다. 멀리서 대사의 행장을 기록하여 비석에 새길 것을 요청해 왔다. 과인은 재주는 속기를 벗어나지 못하였고 배움은 △를 상대할 수 없으나, 유약한 붓으로 그 선덕(禪德)을 감히 드날리고 너절한 말로 그 도풍을 널리 펴고자 하노라. 웅이(熊耳)의 명문을 선뜻 재단하는데 어찌 양무제(梁武帝)를 부끄러워 하리오. 천태(天台)의 게송을 추억하며 짓는데 수나라 황제도 부끄럽지 않다.

사(詞)에 이르기를,

석가가 가섭에게 법을 부촉하되, 오래도록 떠돌다가 나중에 오리라.

마음은 멸한데 법 흐름 언제 끊고, 도(道) 있거늘 떠난 사람 언제 돌아오리.

위대하도다 철인은 미로(迷路)를 근심하여, 염부제(閻浮提) 성모(聖母)의 태내에 태어났도다.

바다의 높은 파도 일엽편주로 건너고, 가야산 험한 길 삼재(三材)로 돌고자 .

흔연히 자리 앉으매 은색 꽃 피고, 문득 열반을 탄식하매 보월(寶月)은 사라져.

서리 젖은 학림(鶴林)에 슬픔은 길고, 계산(鷄山)의 짙은 안개 한번 걷히길 기다려.

용덕(龍德) 4년 갑신년(甲申年) 4월 1일에 세우고 문하승 성림(性林)이 새기다. (「鳳林寺眞鏡大師寶月凌空塔碑」)

신라 (陰記)

(마멸)禁漁袋崔仁滖篆 (마멸)假威禪伯掃魔 (마멸)大師則其人 (마멸) 略而高扶王室 (마멸) 而假寐夢得休 (마멸) 有童心齠齔而 (마멸) △讓美俾踐僧 (마멸)△△岩承嗣於 (마멸) 信寂然無語因 (마멸) 而仰止高山探 (마멸) 由西去貧道已 (마멸) 邀於邃闕之傍 (마멸)暫以踟躕爰有 (마멸) 身菩薩遠蒙聖 (마멸) 之情深愜神人 (마멸) 所 大師心憐 (마멸) 潛授東山之法 (마멸) 月忽出松門屆于 (마멸) 民之術敷歸僧 (마멸) 廻鏡智 大師 (마멸) 詣於所止同列稱 (마멸) 要援群生於塗炭 (마멸) 寄世宛若行雲汝等 (마멸) 歔以之悲吼門人等 (마멸) 大師塔名寶月凌空 (마멸) 之情雖在片時體正 (마멸) 學非對曰柔翰敢揚 (마멸) 險軫三材方忻宴坐 (마멸) 性林刊字 (마멸) △已閏七月 日重竪北刊 (「鳳林寺眞鏡大師寶月凌空塔碑」陰記)

신라 (동광) 2년 4월 무인일(10)에 신라의 조공사 수조산대부(授朝散大夫)·수창부시랑(守倉部侍郎)·사자금어대(賜紫金魚袋) 김악(金岳)을 조의대부(朝議大夫)·시위위경(試衛尉卿)으로 삼았다. (『冊府元龜』 976 外臣部 21 褒異 3)

발해 (여름 5)월 병진일(19)에 발해국왕 대인선이 사신을 파견해 토산품을 바쳤다. (『舊五代史』 32 唐書 8 莊宗紀 6)

발해 (여름 5월) 병진일(19)에 발해국왕 대인선이 사자를 파견해 왔다. (『新五代史』 5 唐本紀 5 莊宗 下)

발해 (동광 2년) 5월에 또 왕자 대원양(大元讓)을 파견해 와서 조공하였다. 장종(莊宗)이 금채(金綵)를 하사하여 돌려보냈다. (『五代會要』 30 渤海)

발해 동광 2년 5월에 발해국왕 대인선이 사신인 조카 원양(元讓)을 파견하여 토산품을 바쳤다. (『冊府元龜』 972 外臣部 17 朝貢 5)

발해 동광 2년 5월 경신일(23)에 발해의 조공사(朝貢使) 대원양 등에게 하사하여, 물품을 차등 있게 나누었다. (『冊府元龜』 976 外臣部 21 褒異 3)

신라 여름 6월에 조산대부(朝散大夫)·창부시랑(倉部侍郎) 김악을 파견해 후당에 들어가

조공하였다. 장종이 조의대부·시위위경을 제수하였다. (『三國史記』 12 新羅本紀 12)

신라 여름 6월에 조산대부·창부시랑 김악을 파견해 후당에 가서 조공하였다. 후당이 조의대부·시위위경을 제수하였다. (『三國史節要』 14)

신라 (동광) 2년 6월에 또 사신인 조산대부·창부시랑·사자(賜紫) 김악을 파견해 와서 조공하였다. 김악에게 조의대부·시위위경을 제수하였다. (『五代會要』 30 新羅)

신라 (동광 2년) 6월에 신라가 사신인 조산대부·창부시랑·사자 김악을 파견해 와서 조공하였다. (『冊府元龜』 972 外臣部 17 朝貢 5)

신라 그 관은 17등이 있는데, 그 첫 번째는 이벌간(伊罰干)이라고 하여 귀하기가 상국(相國)과 같다. 다음은 이척간(伊尺干), 다음은 파미간(破彌干), 다음은 대아척간(大阿尺干), 다음은 아간(阿干), 다음은 아척간(阿尺干), 다음은 을길간(乙吉干), 다음은 사돌간(沙咄干), 다음은 급복간(及伏干), 다음은 대나마간(大奈摩干), 다음은 대사(大舍), 다음은 소사(小舍), 다음은 길사(吉士), 다음은 대오(大烏), 다음은 소오(小烏), 다음은 조위(造位)이다. 지방에 군현이 있다.[(…) 동광 2년에 또 조산대부·창부시랑 김악을 파견해 와서 조공하였다. (…)] (『冊府元龜』 962 外臣部 7 官號)

후백제 고려 (여름 6월)에 견훤(甄萱)이 아들 수미강(須彌强)·양검(良劍) 등을 파견해 대야(大耶)·문소(聞韶) 2성의 병졸을 징발하여 고려의 조물군(曹物郡)을 공격하게 하였다. 고려왕이 장군 애선(哀宣)·왕충(王忠)에게 구원하라고 명령하였다. 애선이 전사하였으나 군인(郡人)들이 굳게 지켜서, 수미강 등이 유리함을 잃고 돌아갔다. (『三國史節要』 14)

발해 (가을 7월 임술일(25)) 유주(幽州)에서 아뢰기를, "거란(契丹)의 야율아보기(耶律阿保機)가 동쪽으로 가서 발해를 공격하였습니다."라고 하였다. (『舊五代史』 32 唐書 8 莊宗紀 6)

발해 (가을 7월) 거란이 그 강성함을 믿고 사신을 파견하여 황제에게 가서 유주(幽州)를 요구하며 노문진(盧文進)을 두겠다고 하였다. 당시 동북쪽의 여러 이적(夷狄)이 모두 거란에게 복속되었는데, 오직 발해(勃海)만이 복속되지 않았다. 거란 군주는 침입할 것을 모의하였으나, 발해가 그의 후방을 잡아당길까 두려워하였다. 이에 먼저 거병하여 발해의 요동(遼東)을 공격하고 그 장수 독뇌(禿餒) 및 노문진을 파견하여 영주(營州)·평주(平州) 등에 근거하여 연(燕) 지역을 소란스럽게 하였다. (『資治通鑑』 273 後唐紀 2 莊宗 中)

발해 (동광 2년) 그 해 7월에 또 병사를 이끌고 동쪽으로 가서 발해국을 공격하였다. (『五代會要』 29 契丹)

발해 후당 장종 동광 2년 7월에 유주에서 아뢰기를, "정찰병이 야율아보기가 동쪽으로 가서 발해를 공격한다는 정보를 얻었다."라고 하였다. (『冊府元龜』 995 外臣部 40 交侵)

후백제 고려 동광 2년 가을 7월에 아들 수미강을 파견해 대야·문소 2성의 병졸을 징발하여 조물성(曹物城)을 공격하게 하였다. 성인(城人)들이 태조를 위하여 굳게 지키고 또 싸워서, 수미강이 유리함을 잃고 돌아왔다. (『三國史記』 50 列傳 10 甄萱)

고려 후백제 가을 7월에 견훤이 아들 수미강(須彌康)·양검 등을 파견해 와서 조물군을 공격하게 하였다. 장군 애선·왕충에게 구원하라고 명령하였다. 애선이 전사하였으나 군인들이 굳게 지켜서, 수미강 등은 유리함을 잃고 돌아갔다. (『高麗史』 1 世家 1 太祖 1)

고려 후백제 가을 7월에 견훤이 아들 수미강·양검 등을 파견해 와서 조물군을 공격하게 하였다. 왕이 장군 애선·왕충에게 구원하라고 명령하였다. 애선이 전사하였으나, 조물군인들

이 굳게 지켜서 수미강 등은 유리함을 잃고 돌아갔다. (『高麗史節要』 1 太祖神聖大王)

신라 54대 경명왕(景明王)에 이르러 공을 흥호대왕(興虎大王)으로 추봉(追封)하였는데, 능은 서쪽 산 모지사(毛只寺)의 북쪽에 있고 동쪽으로 향하여 봉우리를 달린다. (『三國遺事』 1 紀異 2 金庾信)

신라 그 후 △△△△△ 법의 가르침이 높고 현묘한 기틀이 깉다고 여겨서 특별히 편지를 보내어 서울에 오도록 하였다. 이 때 선사가 △△ 갔는데 불사가 있어 동천사에서 주지하기도 하면서 대궐로 바삐 가서 왕을 보니 △ △△△△△△국사의 예를 하고 지난날에 베푼 일들을 경건히 행하였으니 어찌 신하가 복종하는 의례를 요구했겠는가. (「鳴鳳寺境淸禪院慈寂禪師凌雲塔碑」)

신라 신모는 본래 중국 황실의 딸이다. 이름은 사소(娑蘇)이고 일찍이 신선의 술법을 얻어 해동에 와서 오래 머물고 돌아가지 않았다. 아버지 황제가 솔개의 발에 묶어 서신을 보냈다. "솔개를 따라가서 멈춘 곳을 집으로 삼아라." 사소가 서신을 받고 솔개를 놓아주니 날아서 이 산에 이르러 멈췄다. 드디어 와서 살고 지선(地仙)이 되었다. 따라서 산 이름을 서연산(西鳶山)이라 이름 하였다. 신모는 오래 이 산에 살면서 나라를 지켰는데 신령한 이적이 매우 많아서 국가가 생긴 이래로 항상 삼사(三祀)의 하나가 되었고 서열도 여러 망(望) 제사의 위에 있었다. 제54대 경명왕(景明王)이 매사냥을 좋아하여 일찍이 이 산(선도산, 서연산)에 올라 매를 놓았으나 잃어버렸다. 신모에게 기도하여 말하기를 "만약 매를 찾으면 마땅히 작호를 봉하겠습니다."라고 하니 잠시 뒤 매가 날아와서 책상 위에 멈추었다. 이로 인하여 대왕으로 책봉하였다. (『三國遺事』 5 感通 7 仙桃聖母隨喜佛事)

신라 고려 가을 8월에 왕이 돌아가시자, 시호를 경명(景明)이라고 하고 황복사(黃福寺) 북쪽에 장사지냈다. 태조가 사신을 파견해 조문하고 제사지냈다. (『三國史記』 12 新羅本紀 12)

신라 경애왕이 즉위하였는데, 이름은 위응(魏膺)이고 경명왕의 동모제(同母弟)이다. (『三國史記』 12 新羅本紀 12)

신라 고려 (가을 8월) 신라왕이 돌아가시자 모제(母弟) 위응이 즉위하였다. 시호를 올려 경명이라고 하고 황복사 북쪽에 장사지냈다. 고려에 상사를 알리니 고려왕이 애도식을 거행하고 사신을 파견해 조문하고 제사지냈다. (『三國史節要』 14)

신라 제54대 경명왕은 (…) 7년 동안 다스렸다. 황복사(皇福寺)에서 화장하여 성등잉산(省等仍山) 서쪽에 뼈를 흩뿌렸다. (『三國遺事』 1 王曆)

신라 경명왕이 죽었다. 경애왕 의응(魏膺) 즉위 원년이다. (『三國史記』 31 年表下)

신라 제55대 경애왕은 박씨이고 이름이 위응이며 경명의 모제이다. 어머니는 자성(資成)이다. 갑신에 즉위하여 2년 동안 다스렸다. (『三國遺事』 1 王曆)

후백제 고려 동광 2년 8월에 사신을 파견해 태조에게 흰색과 푸른색이 섞인 말을 바쳤다. (『三國史記』 50 列傳 10 甄萱)

고려 후백제 8월에 견훤이 사신을 파견해 와서 절영도(絶影島)의 흰색과 푸른색이 섞인 말 1필을 바쳤다. (『高麗史』 1 世家 1 太祖 1)

후백제 고려 가을 8월에 견훤이 고려에 사신을 파견하여 절영도의 흰색과 푸른색이 섞인 말 1필을 바쳤다. (『三國史節要』 14)

후백제 고려 태조에게 흰색과 푸른색이 섞인 말을 바쳤다. (『三國遺事』2 紀異 2 後百濟甄萱)

발해 (동광 2년) 8월에 또 조카인 학당친위(學堂親衛) 대원겸(大元謙)을 파견하자, 시국자감승(試國子監丞)으로 삼았다. (『五代會要』30 渤海)

발해 동광 2년 8월에 발해의 조공사이자 왕의 조카인 학당친위 대원겸은 시국자감승으로 삼을 만하였다. (『冊府元龜』976 外臣部 21 褒異 3)

발해 (9월 계묘일(7)) 유주에서 보고하기를, "거란의 야율아보기가 발해국에서 회군하였습니다."라고 하였다. (『舊五代史』32 唐書 8 莊宗紀 6)

발해 (9월) 거란이 발해를 공격하였으나, 공적 없이 돌아갔다. (『資治通鑑』273 後唐紀 2 莊宗 中)

여진 (9월) 경술일(14)에 거란에서 이른 자가 있어 보고하기를, "여진(女眞)·회골(回鶻)·황두실위(黃頭室韋)가 세력을 합하여 거란을 침입하였다."고 하였다. (『舊五代史』32 唐書 8 莊宗紀 6)

여진 (동광 2년) 9월에 이르러 이웃 부, 실위(室韋)·여진·회골에게 침입당하였다. (『五代會要』29 契丹)

여진 (동광 2년) 9월에 거란부에서 항복한 자가 있어 보고를 올리기를, "여진·회골·황두실위가 세력을 합하여 거란을 침입하였다."고 하였다. 북부의 추장 어한(禦捍)을 불렀다. (『冊府元龜』995 外臣部 40 交侵)

신라 고려 9월에 사신을 태조에게 파견해 방문하였다. (『三國史記』12 新羅本紀 12)

고려 신라 9월에 신라왕 승영(昇英)이 돌아가시자, 그 동생 위응이 즉위하여 와서 상사를 알렸다. 왕이 애도식을 거행하고 재(齋)를 설치하여 명복을 빌며, 사신을 파견해 조문하였다. (『高麗史』1 世家 1 太祖 1)

고려 신라 태조 7년 9월에 신라왕 승영이 돌아가시자, 와서 상사를 알렸다. 왕이 애도식을 거행하고 사신을 파견해 조문하였다. (『高麗史』64 志 18 禮 6 凶禮)

고려 신라 9월에 신라왕 승영이 돌아가시자, 그 동생 위응이 즉위하여 와서 상사를 알렸다. 왕이 그를 위하여 애도식을 거행하고 재를 설치하여 명복을 빌며, 사신을 파견해 조문하였다. (『高麗史節要』1 太祖神聖大王)

신라 고려 9월에 사신을 파견해 고려를 방문하였다. (『三國史節要』14)

말갈 후당 동광 2년 9월에 사신 올아(兀兒)를 파견해 왔다. 올아를 회화중랑장(懷化中郎將)으로 삼아 본국으로 돌려보냈다. (『五代會要』30 黑水靺鞨)

말갈 동광 2년 9월에 흑수국(黑水國)이 사신을 파견해 조공하였다. (『冊府元龜』972 外臣部 17 朝貢 5)

신라 겨울 10월에 신궁(神宮)에 직접 제사지내고 대사(大赦)하였다. (『三國史記』12 新羅本紀 12)

신라 겨울 10월에 신궁에 직접 제사지내고 대사하였다. (『三國史節要』14)

말갈 동광 2년 12월 경인일(26)에 흑수국에서 조공한 원아(元兒)를 귀화중랑장(歸化中郎將)으로 삼았다. (『冊府元龜』976 外臣部 21 褒異 3)

고려 갑신년에 외제석(外帝釈)·신중원(神衆院)·흥국사(興國寺)를 창건하였다. (『三國遺事』

1 王曆)

고려 이 해에 외제석원(外帝釋院)·구요당(九耀堂)·신중원을 창건하였다. (『高麗史』1 世家 1 太祖 1)

고려 이 해에 외제석원·구요당·신중원을 창건하였다. (『高麗史節要』1 太祖神聖大王)

고려 천찬(天贊) 3년에 와서 조공하였다. (『遼史』115 列傳 45 二國外記 高麗)

고려 이에 동광 2년에 본국에 돌아오자 나라 사람들이 서로 경하(慶賀)하여 환영하는 함성이 천지를 진동하였으니, 마치 교지군(交趾郡)으로 사라졌던 구슬이 다시 합포(合浦)로 돌아오고, 진(秦)으로 팔려갔던 보벽(寶璧)이 무사히 조(趙)로 되돌아온 것과 같았다. 이는 오직 우담발화가 한 번 나타나고, 마륵금(摩勒金)이 거듭 빛나는 것과 같았다. 왕이 특별히 신하를 파견하여 교외(郊外)에서 영접하게 하였으니, 총애와 영예의 성대함이 당시로는 으뜸이었다. 다음날 궁궐로 맞아들여 3등의 품계를 내리고, 지극한 마음으로 찬앙하여 국사(國師)로서 우대하였다. 다음날 구중(九重)으로 맞아들여 3등의 품계를 내리고 지극한 마음으로 찬앙하여 국사(國師)로서 우대하였다. 중생들의 마음 가운데에 덮인 안개를 흩어주는 설법(說法)을 할 때에는 자주 불자(拂子)를 흔들었고, 임금은 스님의 도풍(道風)을 흠망하여 희색이 만만(滿滿)하였다. 스님은 어로(語路)가 풍류(風流)로우며, 언천(言泉)이 경절(境絶)하여 아직까지 얻지 못하였던 것을 얻게 하였으며, 현묘(玄妙)하고 또 현묘(玄妙)하여 홀연히 현현(玄玄)한 법담(法譚)을 듣게 하였으니, 마음에 가득한 번뇌를 모두 제거하고 우아한 경지를 얻어서 마침내 거울 같이 밝고 맑은 마음을 품게 하였다. 스님은 이어서 말씀하시길 "모든 인연이란 그 실체가 없고 중법(衆法)은 마침내 하나로 돌아가는 것이니, 마치 영약(靈藥)과 독초(毒草)가 함께 숲 속에 공존(共存)하고, 감로(甘露)의 샘물과 수령의 탁한 물이 땅 속에서 같이 솟아오르는 것과 같으므로 이 이치를 잘 분별하여 미혹하지 말아야 한다"고 하였다. 임금의 불심(佛心)은 더욱 돈독해지고 스님을 자주 친견하려는 마음이 깊고 간절하여 가까운 곳인 중주(中州) 정토난야(淨土蘭若)에 주지(住持)토록 청하였다. 스님은 스스로 생각하되 "방금 입당유학(入唐遊學)을 마치고 창명(滄溟)을 헤쳐 귀국하여 항상 주석(住錫)할 만한 유곡(幽谷)을 생각하던 터이라 이를 버리고 다시 어디로 가리요"하고는 문득 행장(行裝)을 정돈하였다. 한광(漢廣)을 건너고 유유히 산을 넘어 그곳에 가서 주석하니, 주변이 매우 아름답고 산천(山泉)이 수려(秀麗)하였다. 중주(中州)에 소문을 듣고 기꺼운 마음으로 찾아오는 사람이 백천(百千)이나 되었다. 스님이 자리를 정하고 선탑(禪榻)을 펴자마자 사방으로부터 오는 대중이 모당(茅堂)을 가득히 채웠으며, 마치 도마죽위(稻麻竹葦)와 같이 그 수가 한량이 없었으나, 스님은 가르침에 있어서는 조금도 권태를 느끼지 아니하였다. 그러므로 처음에는 어려웠지만 뒤에는 얻어가지게 되어 마치 안개처럼 모였다가 구름같이 돌아갔으며, 스님의 지도 또한 학류(學流)를 유인(誘引)한 다음 종지(宗旨)를 일러 주었으니, 진리는 깊고 미묘(微妙)하나 말씀은 간결하며, 관찰력은 예리하고, 뜻이 깊어 육도(六度)의 모범이며 인천(人天)의 으뜸이었다. 이 때 좌승(佐丞)인 유인설(劉權說)이란 신하가 있었는데, 이는 마치 은(殷)나라 고종(高宗)의 재상(宰相)인 부설(傅說)과 같았다. 나라의 충신이며 재가(在家)의 제자(弟子)였다. 니부(尼父)인 공자(孔子)를 찬양하는 선비이니 마치 안연(顔淵)의 무리와 같았고, 석가모니 부처님을 신봉(信奉)하였으니 아울러 아난(阿難)과 같은 류(類)라하겠다. 특히 선경(禪境)에 이르러 스님을 친견하고 문득 피석(避席)의 의례(儀禮)를 폈으며, 깊이 구의(摳衣)의 정성을 오롯하게 하였다. (「淨土寺法鏡大師慈燈塔碑」)

신라 양(梁)나라 용덕 4년 봄 곡산도연(谷山道緣)의 회상을 떠나 유주(幽州)와 대주(代州)를 향하였고, 장차 오대산의 성적(聖跡)을 참배하려고 만리(萬里)의 험로를 마다하지 않고, 관음사(觀音寺)에 이르러 며칠 동안 머물게 되었다. 어느 날 밤 갑자기 얼굴에 붉은 빛 종기가 생겨났으나, 구법(求法)을 위한 행각 도중에 있으므로 주후비술(肘後秘術)을 만나지 못하여 치료할 기회를 얻지 못했다. 오래도록 치유되지 아니하고 점점 심하여 위독한 상태에 이르렀다. 홀로 열반당(涅槃堂)에서 지극한 마음으로 관세음보살의 명호(名號)를 부르면서 기도하였다. 잠시 후 한 노스님이 방으로 들어와서 묻되 "너는 어디서 왔으며, 병고(病苦)는 어떠한가."라고 물었다. 대사가 답하되 "소승(小僧)은 해좌(海左)로부터 왔는데, 오래 동안 강남(江南)으로 구법행각(求法行脚)을 하다가 이와 같은 독창(毒瘡)이 생겨 고통스럽기 짝이 없습니다."하였다. 노스님이 말씀하시되 "너무 걱정하지 말라. 숙세(宿世)의 원결(怨結)로 그러하다."하면서, 곧 물로 부스럼을 씻으니, 마치 단술로 씻은 것 같이 씻은 듯이 낳았다. 노스님이 말씀하시되 "나는 이 산의 주인(主人)으로써 잠시 와 문병하고 위로하는 것이니, 앞으로 부지런히 정진(精進)하면서 건강에 유의하라."고 하였다. 건강을 회복하여 관음사(觀音寺)를 하직하고 떠나니 마음이 거뜬한 것이 마치 꿈을 깬 것과 같았다. 피부는 조금도 손상함이 없었고 부스럼 자리마저도 없었다. 참으로 이는 대사께서 몸소 청량산(淸凉山, 五臺)을 참배하고 묘덕(妙德)보살을 친견한 공덕이라 하겠으며, 일찍이 귀씨(龜氏)의 종지(宗旨)를 계승하여 용종성존(龍種聖尊)을 만난 불가사의한 가호 때문이라 하겠다. 그로부터 서쪽으로는 운개회상(雲盖會上)을 참방하였고, 남쪽으로는 동산도량(洞山道場)을 지나면서 영이(靈異)한 승지는 샅샅이 답사하고, 고명한 스님은 빼놓지 않고 친견하였다. (「鳳巖寺靜眞大師圓悟塔碑」)

신라 후당(後唐) 동광(同光) 2년 7월 전주(全州) 희안현(喜安縣) 포구(浦口)로 돌아와 배를 포구에 매어 놓고부터 대사는 전벌(詮筏)인 교를 버리고 단적(端的)하고 깊은 선경(禪境)에 통철하였으니, 마치 이는 맹상(孟嘗)의 구슬이 다시 합포(合浦)로 돌아오고 뇌환(雷煥)의 칼이 본래 있던 연평진(延平津)의 못으로 들어간 것과 같았다. 덕은 이미 보신(寶身)으로 빛났고, 뜻은 더욱 고상하며 견고하였다. 하물며 하늘은 복별(伏鼈)인 은사(隱士)를 빛나게 하고, 땅은 창아(蒼鵝)를 출생시켰다. 들판과 산 속에는 각기 분쟁(忿爭)의 힘을 겨루고, 암선(巖扇)과 수황(岫幌)에는 절반 이상이 병화(兵火)의 재난을 당하였다. 이에 편히 정진할 곳을 찾아 절진(絶塵)의 자취를 찾았고, 검은 표범이 안개 속에 숨어 사는 것을 본받았다. 학의 울음소리가 천자(天子)에게 들릴까 두려워하여 그림자를 산중(山中)에 숨기고 영광을 무하(廡下)에 감추었다. 비록 구름과 노을이 자욱이 덮인 산골짜기라고는 하나 점점 도리지계(桃李之蹊)를 이루어 심히 분주하게 되었으므로, 조용히 숨어서 수도할 수 없게 되었다. 다시 강주(康州) 백엄사(伯嚴寺)로 옮겼으니, 이곳은 서혈(西穴)의 양부선사(楊孚禪師)가 암자를 수축하여 주석(住錫)하던 곳이다. 선사(先師)인 양부스님이 입적하였다. 법장(法匠)이 열반하니 문인들이 앙모하여 슬퍼하는 마음을 금할 수 없을 뿐 아니라, 재가불자들은 참으로 의지할 신앙대상이 없음을 탄식하고 있었다. 그리고 구름이 자욱한 계곡과 안개 덮인 고개들의 사계절(四季節)의 변태상은 높은 소나무와 대나무가 서로 부딪히는 운율(韻律)과 백뢰(百籟)의 화음이 끊어지지 않았다. 이곳은 마치 여산 동림(東林)의 수려함과 같아서 서역(西域)의 종지(宗旨)를 전수할 만한 곳이었다. (「鳳巖寺靜眞大師圓悟塔碑」)

신라 대사가 그곳에서 3년을 지내고 보니 참으로 낙도(樂道)의 청재(淸齋)이며, 또한 참선하기에 가장 좋은 곳으로 느꼈다. 그러나 오히려 새들도 편안히 쉬려면 나무를 선택하거늘 내 어찌 포과(匏瓜)에만 매달려 있겠는가. 복견(伏聞)하니 태조(太祖) 신성대왕(神聖大王)께서 큰 포부를 품고 응기(膺期)하여 포(褒)를 잡아 성스러움을 보여주려 하니, 마치 하(夏)나라 순(舜)임금이 개혁할 때 고천(顧天)의 명을 받아 주(周)나라를 비롯하여 출일(出日)의 성스러운 나라를 이룩함과 같았다. 이때 대사는 마치 조각달이 허공에 떠있듯이 고운(孤雲)이 산정(山頂)의 바위 사이를 오가듯 고상하였다. 푸른 용(龍)이 창랑(滄浪)을 건널 때 뗏목에 의지할 마음이 없다 하나, 봉새가 허공을 날면서도 오히려 오동나무 가지에 서식할 뜻이 없지 않은 것과 같았으니, 스님은 청려장(靑藜杖)을 짚고 곧바로 옥경(玉京)으로 나아가 궁중에 들어가서 태조대왕을 근알(覲謁)하였다. 대왕은 대사의 도덕이 고매하고 법신(法身)이 원현(圓現)하신 분이라고 존경하면서 광주(廣州) 천왕사(天王寺)에 주지(住持)하도록 청하므로 스님은 왕청(王請)에 따라 주지하면서 사부대중(四部大衆)을 크게 교화하였다. 그러나 항상 광주(廣州) 혜목산(慧目山)은 고운 노을이 덮혀 있는 아름다운 곳으로써 연좌(宴坐)하기에 가장 적합하며, 구름 덮힌 계곡은 선거(禪居)에 가장 좋은 곳이라 여겨 오던 차 다시 그곳으로 이주하였다. 이후 사방(四方) 먼 곳에서 법문(法門)을 들으려 하는 사람들이 천리(千里)를 마치 규보(跬步)와 같이 가깝게 여겨 구름처럼 모여와 바다와 같은 해회(海會)를 이루었으며, 분주히 달려오는 불자(佛子)들에게 선도(善道)로써 끊임없이 지도하여 현문(玄門)에 문법대중(問法大衆)이 제제(濟濟)하였다. 태조가 바야흐로 스님을 존경하여 사자(師資)의 인연을 표하고자 적색 비단으로 만든 하납의(霞衲衣)와 좌구(座具) 등을 송정(送呈)하였다. 그로부터 얼마 후 태조가 승하하니 마치 해가 우천(虞泉)에 지는 것과 같이 천지가 캄캄하였다. 선시(善始)의 아름다운 인(因)을 생각하며 방칙의 현로(玄路), 즉 임종의 명복을 장식하여 극락세계로 인도하였다. (「高達寺元宗大師慧眞塔碑」)

925(乙酉/신라 경애왕 2/발해 애왕 25/후백제 견훤 26/고려 태조 8 天授 8/後唐 同光 3/日本 延長 3)

발해 (2월 신사일(18)) 돌궐(突厥)·발해국이 모두 사신을 파견해 토산품을 바쳤다. (『舊五代史』 32 唐書 8 莊宗紀 6)

발해 (2월) 신사일(18)에 돌궐 혼해루(渾解樓), 발해국왕 대인선(大諲譔)이 모두 사자를 파견해 왔다. (『新五代史』 5 唐本紀 5 莊宗 下)

발해 (동광) 3년 2월에 또 사신 배구(裵璆)를 파견해 토산품을 바치고, 미인을 진상하였다. (『五代會要』 30 渤海)

발해 동광 3년 2월에 발해국왕 대인선이 사신 배구를 파견해 인삼, 잣, 다시마, 황명세포(黃明細布), 담비 가죽, 이불 1채, 요 6채, 머리카락, 가죽신용 가죽, 노자(奴子) 2구를 바쳤다. (『冊府元龜』 972 外臣部 17 朝貢 5)

고려 태조 8년 3월 계축일(21)에 두꺼비가 궁성(宮城) 동쪽의 어제(魚堤)에서 나왔는데, 많아서 한정할 수 없었다. (『高麗史』 55 志 9 五行 3 土)

고려 발해 (태조 8년 3월) 병진일(24)에 지렁이가 궁성에서 나왔는데, 길이가 70척이었다. 당시에 발해국이 와서 의탁할 징조라고 하였다. (『高麗史』 55 志 9 五行 3 土)

고려 발해 봄 3월에 지렁이가 궁성 동쪽에서 나왔는데, 길이가 70척이었다. 당시에 발해국이 와서 의탁할 징조라고 하였다. (『高麗史節要』 1 太祖神聖大王)

고려 봄 3월에 서경(西京)에 행차하였다. (『高麗史』 1 世家 1 太祖 1)

고려 (봄 3월) 서경에 행차하였다. (『高麗史節要』 1 太祖神聖大王)

고려 봄 3월에 고려왕이 서경에 행차하였다. (『三國史節要』 14)

발해 동광 3년 5월 을묘(24)에 발해국입조사인 정당성수화부소경(政堂省守和部少卿)·사자금어대(賜紫金魚袋) 배구를 우찬선대부(右贊善大夫)로 삼을 만하다고 하였다. (『冊府元龜』 976 外臣部 21 褒異 3)

발해 (동광 3년) 5월에 입조사인 정당성수화부소경·사자금어대 배구를 우찬선대부로 삼았다. (『五代會要』 30 渤海)

말갈 (동광) 3년 5월에 흑수호(黑水胡) 독록(獨鹿)이 사신을 파견해 조공하였다. (『五代會要』 30 黑水靺鞨)

말갈 (동광 3년) 5월에 흑수호 독록·여정(女貞) 등이 사신을 보내 조공하였다. (『冊府元龜』 972 外臣部 17 朝貢 5)

말갈 후당(後唐) 장종(莊宗) 동광 3년 8월에 청주(靑州)의 시장에 흑수번(黑水蕃)의 말 30필이 도착하였다. (『冊府元龜』 999 外臣部 44 互市)

고려 발해 가을 9월 병신일(6)에 발해의 장군 신덕(申德) 등 500명이 와서 의탁하였다. (『高麗史』 1 世家 1 太祖 1)

발해 고려 가을 9월 병신일(6)에 발해의 장군 신덕 등 500명이 고려에 의탁하였다. (『三國史節要』 14)

고려 발해 (가을 9월) 경자일(10)에 발해의 예부경(禮部卿) 대화균(大和鈞)·균로(均老), 사정(司政) 대원균(大元均), 공부경(工部卿) 대복모(大福暮), 좌우위장군(左右衛將軍) 대심리(大審理) 등이 100호(戶)를 이끌고 와서 의탁하였다.

발해는 본래 속말말갈(粟末靺鞨)이다. 당(唐) 측천무후(則天武后) 때에 고구려인 대조영(大祚榮)이 달아나 요동(遼東)을 차지하자, 예종(睿宗)이 발해군왕(渤海郡王)으로 봉하였으므로 스스로 발해국이라 칭하고 부여(扶餘)·숙신(肅愼) 등 10여 국을 병합하였다. 문자·예악, 관부(官府) 제도, 5경(京)·15부(府)·62주(州)가 있었는데, 땅이 사방 5,000여 리이고 무리가 수십만 명이다. 우리의 국경과 닿아 있고 거란(契丹)과는 대대로 원수였다. 이 때에 이르러 거란의 군주가 측근 신하들에게 말하기를, "대대의 원수를 갚지 못했으니 어떻게 평안히 살 수 있겠는가."라 하고, 이에 크게 군사를 일으켜 발해의 대인선을 공격하여 홀한성(忽汗城)을 포위하였다. 대인선이 싸움에 패하여 항복을 청하니 마침내 발해를 멸망시켰다. 이에 그 나라 사람들이 망명하여 오는 경우가 서로 이어졌다. (『高麗史』 1 世家 1 太祖 1)

발해 고려 (가을 9월) 경자일(10)에 발해의 예부경 대화균·균로, 사정 대원균, 공부경 대복모, 좌우위장군 대심리 등이 100호를 이끌고 고려에 와서 의탁하였다. (『三國史節要』 14)

고려 (가을 9월) 갑인일(24)에 매조성(買曹城)의 장군 능현(能玄)이 사신을 파견해 항복을 청하였다. (『高麗史』 1 世家 1 太祖 1)

고려 (가을 9월) 갑인일(24)에 매조성의 장군 능현이 고려에 사신을 파견해 항복을 청하였다. (『三國史節要』 14)

고려 가을 9월에 매조성의 장군 능현이 사신을 파견해 항복을 청하였다. (『高麗史節要』 1 太祖神聖大王)

고려 신라 겨울 10월 기사일(10)에 고울부(高鬱府)의 장군 능문(能文)이 사졸을 이끌고 와서 의탁하였다. 그 성이 신라의 왕도에 가까우므로 위로하여 돌려보냈고, 다만 휘하의 시랑(侍郞) 배근(盃近), 대감(大監) 명재(明才)·상술(相述)·궁식(弓式) 등만 머무르게 하였다. (『高麗史』 1 世家 1 太祖 1)

신라 고려 겨울 10월 기사일(10)에 고울부의 장군 능문이 무리를 이끌고 고려에 의탁하였다. 그 성이 신라의 왕도에 가까우므로 위로하여 돌려보냈고, 다만 휘하의 시랑 배근, 대감 명재·상술·궁식 등만 머무르게 하였다. (『三國史節要』 14)

신라 고려 겨울 10월에 고울부의 장군 능문이 태조에게 의탁하자 위로하여 돌려보냈는데, 그 성이 신라의 왕도에 매우 가깝기 때문이었다. (『三國史記』 12 新羅本紀 12)

고려 신라 겨울 10월에 고울부의 장군 능문이 사졸을 이끌고 와서 의탁하였다. 왕은 그 성이 신라의 왕도에 가까우므로 위로하여 돌려보냈고, 다만 휘하의 시랑 배근, 대감 명재·상술·궁식 등만 머무르게 하였다. (『高麗史節要』 1 太祖神聖大王)

고려 후백제 (겨울 10월 기사일(10)) 정서대장군(征西大將軍) 유금필(庾黔弼)을 파견하여 후백제를 공격하였다. (『高麗史』 1 世家 1 太祖 1)

고려 후백제 (겨울 10월 기사일(10)) 고려가 유금필 등을 정서대장군으로 삼아 후백제의 연산진(燕山鎭)을 공격하고, 장군 길환(吉奐)을 죽였다. 또 임존군(任存郡)을 공격하여 3,000여 명을 죽이거나 사로잡았다. (『三國史節要』 14)

고려 후백제 (겨울 10월) 정서대장군 유금필을 파견하여 후백제의 연산진을 공격하고, 장군 길환을 죽였다. 또 임존군을 공격하여 3,000여 명을 죽이거나 사로잡았다. (『高麗史節要』 1 太祖神聖大王)

고려 후백제 (태조) 8년에 정서대장군이 되어 후백제의 연산진을 공격하고, 장군 길환을 죽였다. 또 임존군을 공격하여 3,000여 명을 죽이거나 사로잡았다. (『高麗史』 92 列傳 5 庾黔弼)

고려 후백제 신라

(겨울 10월) 을해일(16)에 왕이 스스로 군사를 거느리고 견훤(甄萱)과 조물군(曹物郡)에서 싸우게 되자, 유금필이 병사를 끌고 와서 만났다. 견훤이 두려워하여 화해를 청하니, 외조카 진호(眞虎)를 인질로 삼고 왕 또한 사촌동생인 원윤(元尹) 왕신(王信)을 인질로 교환하였다. 견훤이 10살이나 많아서 상보(尙父)라고 불렀다. 신라왕이 그것을 듣고 사신을 파견해 말하기를, "견훤은 말을 바꾸고 거짓이 많으므로 화친할 수 없습니다."라고 하자, 왕이 그렇다고 여겼다. (『高麗史』 1 世家 1 太祖 1)

후백제 고려 (동광) 3년 겨울 10월에 견훤이 기병 3,000명을 이끌고 조물성(曹物城)에 이르렀다. 태조 또한 정예병으로 와서 더불어 다투었다. 이 때에 견훤 병사의 날카로움이 심하여 승부를 결정하지 못하였다. 태조가 임시로 화해하여 그 군사를 피로하게 하고자 하여, 편지를 보내 화해를 청하고 사촌동생 왕신을 인질로 삼자, 견훤 또한 외조카 진호를 인질로 교환하였다. (『三國史記』 50 列傳 10 甄萱)

후백제 고려 (동광) 3년 겨울 10월에 견훤이 기병 3,000명을 이끌고 조물성[지금은 알 수 없다.]에 이르렀다. 태조 또한 정예병으로 와서 더불어 호각을 이루었다. 이 때에 견훤의 병사가 날카로워 승부를 결정하지 못하였다. 태조가 임시로 화해하여 그 군사를 피로하게 하고자 하여, 편지를 보내 화해를 청하고 사촌동생 왕신을 인질로 삼자, 견훤 또한 외조카 진호를 인질로 교환하였다. (『三國遺事』 2 紀異 2 後百濟甄萱)

고려 후백제 신라

(겨울 10월) 조물군에 행차하여 견훤을 만나 싸웠다. 견훤 병사의 날카로움이 심하

여 승부를 결정하지 못하자, 왕이 서로 오래 버티어서 견훤의 군사를 피로하게 하려고 하였다. 유금필이 병사를 이끌고 와서 모이니 병사들의 기세가 크게 떨쳤다. 견훤이 두려워서 화친을 청하여 외조카 진호를 인질로 삼으니, 왕 또한 사촌동생 왕신을 인질로 교환하였다. 왕은 견훤이 10살이나 많아서 상보라고 불렀다. 왕이 견훤을 군영(軍營)으로 불러오게 하여 일을 의논하려고 하니, 유금필이 간언하기를, "사람의 마음은 알기 어려운 것인데, 어찌 경솔하게 적과 서로 가까이하겠습니까."라고 하였다. 왕이 이에 그만두었다. 신라왕이 그것을 듣고 사신을 파견해 말하기를, "견훤은 말을 바꾸고 거짓이 많으므로 화친할 수 없습니다."라고 하자, 왕이 그렇다고 여겼다. (『高麗史節要』 1 太祖神聖大王)

후백제 고려 신라
(겨울 10월) 견훤이 기병 3,000명을 이끌고 조물성에 이르렀다. 고려왕이 정예병을 스스로 거느리고 더불어 싸웠다. 견훤 병사의 날카로움이 심하여 승부를 결정하지 못하자, 서로 오래 버티어서 그 군사를 피로하게 하려고 하였다. 유금필이 병사를 이끌고 와서 모이니 병사들의 기세가 크게 떨쳤다. 견훤이 두려워서 화친을 청하자, 왕이 그것을 허락하고 견훤을 군영으로 불러오게 하여 일을 의논하려고 하니, 유금필이 간언하기를, "사람의 마음은 알기 어려운 것인데, 어찌 경솔하게 적과 서로 가까이하겠습니까."라고 하였다. 왕이 이에 그만두었다. 견훤이 외조카 진호를 고려에 인질로 삼으니, 고려왕 또한 사촌동생 왕신을 인질로 교환하였다. 왕이 그것을 듣고 고려에 사신을 파견해 왕에게 말하기를, "견훤은 말을 바꾸고 거짓이 많으므로 화친할 수 없습니다."라고 하자, 왕이 그렇다고 여겼다. (『三國史節要』 14)

고려 후백제 (태조 8년) 태조가 견훤과 더불어 조물군에서 싸울 때 견훤 병사의 견훤 병사의 날카로움이 심하여 승부를 결정하지 못하자, 태조가 서로 오래 버티어서 견훤의 군사를 피로하게 하려고 하였다. 유금필이 병사를 이끌고 와서 모이니 병사들의 기세가 크게 떨쳤다. 견훤이 두려워서 화친을 청하자, 태조가 그것을 허락하고 견훤을 군영으로 불러오게 하여 일을 의논하려고 하니, 유금필이 간언하기를, "사람의 마음은 알기 어려운 것인데, 어찌 경솔하게 적과 서로 가까이하겠습니까."라고 하였다. 왕이 이에 그만두며 이어서 말하였다. "경이 연산(燕山)·임존(任存)을 격파하였으니 공이 이미 적지 않다. 국가의 안정됨을 기다려 마땅히 경의 공을 책(策)할 것이다." (『高麗史』 92 列傳 5 庾黔弼)

고려 (천찬(天贊) 4년 겨울 10월) 신사일(22)에 고려국이 와서 조공하였다. (『遼史』 2 本紀 2 太祖 下)

고려 (동광 3년 10월) 고려국이 사신 위신(韋伸)을 파견해 토산품을 바쳤다. (『冊府元龜』 972 外臣部 17 朝貢 5)

고려 탐라 10월 기축일(30)에 탐라(耽羅)가 토산품을 바쳤다. (『高麗史』 1 世家 1 太祖 1)

탐라 고려 10월 기축일(30)에 탐라가 사신을 고려에 파견해 토산품을 바쳤다. (『三國史節要』 14)

고려 탐라 11월에 탐라가 토산품을 바쳤다. (『高麗史節要』 1 太祖神聖大王)

고려 (11월) 정미일(18)에 고려국이 사신을 파견해 토산품을 바쳤다. (『舊五代史』 33 唐書 9 莊宗紀 7)

고려 11월 정미일(18)에 고려가 사자를 파견해 왔다. (『新五代史』 5 唐本紀 5 莊宗 下)

고려 후당 동광 3년 11월에 사신 광평시랑(廣評侍郎)·상주국(上柱國) 한신일(韓申一), 부

사(副使) 춘부소경(春部少卿) 박암(朴巖)을 파견해 와서 토산품을 바쳤다. (『五代會要』 30 高麗)

고려 후당 동광(923~925)·천성(926~929) 연간에 그 주(主) 고씨가 자주 직공(職貢)하였다. (『宋史』 487 列傳 246 外國 3 高麗)

고려 당 동광(923~925)·천성(926~929) 연간에 자주 사신을 보내 조공하였다. (『舊五代史』 外國列傳 高麗)

신라 (11월) 기유일(20)에 신라국이 와서 조공하였다. (『遼史』 2 本紀 2 太祖 下)

신라 후백제 고려

11월에 후백제의 군주 견훤이 조카 진호를 고려에 인질로 보냈다. 왕이 그것을 듣고 사신을 보내 태조에게 말하기를, "견훤은 말을 바꾸고 거짓이 많으니 알고 친할 수 없습니다."라고 하자, 태조가 그렇다고 여겼다. (『三國史記』 12 新羅本紀 12)

고려 발해 12월 무자일(29)에 발해의 좌수위소장(左首衛小將) 모두간(冒豆干), 검교개국남(檢校開國男) 박어(朴漁) 등이 백성 1,000호를 이끌고 귀순하였다. (『高麗史』 1 世家 1 太祖 1)

발해 고려 12월 무자일(29)에 발해의 좌수위소장 모두간, 검교개국남 박어 등이 백성 1,000호를 이끌고 고려에 귀부하였다. (『三國史節要』 14)

고려 발해 12월에 거란이 발해를 멸망시켰다. 발해는 본래 속말말갈이다. 당 측천무후 때에 고구려인 대조영이 달아나 요동을 차지하자, 예종이 발해군왕으로 봉하였으므로 스스로 발해국이라 칭하고 부여·숙신 등 10여 국을 병합하였다. 문자·예악, 관부 제도, 5경·15부·62주가 있었는데, 땅이 사방 5,000여 리이고 무리가 수십만 명이다. 우리의 국경과 닿아 있고 거란(契丹)과는 대대로 원수였다. 거란 군주가 군사를 크게 일으켜 발해를 공격하고 홀한성을 포위하여, 발해를 멸망시키고 동란국(東丹國)이라고 고쳤다. 그 세자 대광현(大光顯) 및 장군 신덕, 예부경 대화균·균로, 사정 대원균, 공부경 대복예, 좌우위장군 대심리, 소장 모두간, 검교개국남 박어, 공부경 오흥 등이 그 남은 무리를 이끄니, 전후로 도망온 자가 수만 호였다. 왕은 이들을 매우 후하게 대접하여, 대광현에게는 왕계(王繼)라는 성명을 하사하고 종실의 적(籍)에 붙여서 그 선대의 제사를 받들게 하며, 요좌(僚佐)들에게는 모두 봉작을 하사하였다. (『高麗史節要』 1 太祖神聖大王)

고려 발해 천수(天授) 8년에 거란이 발해국을 멸망시켰다. 세자 대광현이 귀순하였다. (『高麗史』 86 表 1 年表 1)

후백제 (동광 3년 겨울) 12월에 거창(居昌) 등 20여 성을 공격하여 취하였다. (『三國史記』 50 列傳 10 甄萱)

후백제 (동광 3년) 12월에 거서(居西)[지금은 알 수 없다.] 등 20여 성을 공격하여 취하였다. (『三國遺事』 2 紀異 2 後百濟甄萱)

후백제 견훤이 거창 등 20여 성을 공격하여 취하였다. (『三國史節要』 14)

후백제 (동광 3년 겨울 12월) 사신을 파견해 후당에 들어가 번국을 칭하였다. 후당이 검교대위(檢校大尉) 겸 시중(侍中)·판백제군사(判百濟軍事)를 책봉하여 제수하고, 이전에 따라 지절(持節)·도독전무공등주군사(都督全武公等州軍事)·행전주자사(行全州刺史)·해동서면도통지휘병마제치등사(海東西面都統指揮兵馬制置等事)·백제왕, 식읍(食邑) 2,500호로 삼았다. (『三國史記』 50 列傳 10 甄萱)

후백제 (동광 3년 12월) 사신을 파견해 후당에 들어가 번국을 칭하였다. 후당이 검교대위 겸 시중·판백제군사를 책봉하여 제수하고, 이전에 따라 도독(都督)·행전주자사·해동서면도통지휘병마판치등사(海東西面都統指揮兵馬判置等事)·백제왕, 식읍 2,500호로 삼았다. (『三國遺事』 2 紀異 2 後百濟甄萱)

후백제 사신을 파견해 후당에 들어가 번국을 칭하였다. 후당이 검교태위(檢校太尉) 겸 시중·판백제군사를 책봉하여 제수하고, 이전에 따라 지절·도독전무공등주군사·행전주자사·해동서면도통지휘병마제치등사·백제왕, 식읍 2,500호로 삼았다. (『三國史節要』 14)

고려 광종(光宗) 홍도선열평세대성대왕(弘道宣烈平世大成大王)은 이름이 소(昭)이고 자(字)는 일화(日華)이며, 정종(定宗)의 모제(母弟)이다. 태조 8년 을유(乙酉)에 태어났다. (『高麗史』 2 世家 2 光宗)

고려 성보(城堡)는 (…) 태조 8년에 성주(成州)에 성을 축조하였는데, 691보에 한문(閒門)이 7개, 수구(水口)가 5개, 성두(城頭)가 7개, 차성(遮城)이 1개, 첩원(堞垣)이 87개, 한(閒)이다. (『高麗史』 82 志 36 兵 2)

고려 성보는 (…) 태조 8년에 운주(運州)의 옥산(玉山)에 성을 축조하였다. (『高麗史』 82 志 36 兵 2)

고려 성보는 (…) 태조 8년에 유금필에게 명령하여 탕정군(湯井郡)에 성을 축조하였다. (『高麗史』 82 志 36 兵 2)

고려 성보는 (…) 태조 8년에 왕이 북계(北界)를 순행하여 진국성(鎭國城)을 옮겨 축조하였다. (『高麗史』 82 志 36 兵 2)

발해 동광 3년에 그 무리를 들어 발해의 요동을 토벌하고, 독뢰(禿餒) 노문진(盧文進)으로 하여금 영(營)·평(平) 등의 주에 근거하여 우리의 연(燕)·계(薊)를 어지럽히게 하였다. (『舊五代史』 137 外國列傳 1 契丹)

926(丙戌/신라 경애왕 3/발해 애왕 26/후백제 견훤 27/고려 태조 9 天授 9/後唐 同光 4, 天成 1/日本 延長 4)

발해 (봄 정월 무오일(戊午) 초하루) 거란(契丹)이 발해를 노략질하였다. (『舊五代史』 34 唐書 10 莊宗紀 8)

발해 (동광) 4년 정월에 야율아보기(耶律阿保機)가 장차 발해국을 다시 노략질하려고 하였다. 또 매로혜리(梅老鞋里) 이하 37명을 파견하여 말 30필을 바치고, 화목한 우호관계를 닦겠다고 거짓말하였다. (『五代會要』 29 契丹)

발해 (동광) 4년 정월에 북면초토사(北面招討使) 이소진(李紹眞)이 아뢰기를, "북쪽에서 온 해(奚)의 수령(首領)이 말하기를, '거란의 야율아보기가 발해국을 노략질하였습니다.'라고 하였습니다."라고 하였다. (『冊府元龜』 995 外臣部 40 交侵)

발해 (봄 정월 병인일(9)) 거란이 여진(女眞)·발해를 노략질하였다. (『舊五代史』 34 唐書 10 莊宗紀 8)

발해 (정월) 거란의 군주가 여진 및 발해(勃海)를 공격하였으나, 후당(後唐)이 빈 틈을 타고 습격할까 두려워하였다. (『資治通鑑』 274 後唐紀 3 明宗 上之上)

고려 (동광) 4년 정월에 이르러 한신일(韓申一)에게 조산대부(朝散大夫)·시전중감(試殿中監)을, 박암(朴巖)에게 조산랑(朝散郞)·시비서랑(試秘書郞)을 제수하였다. (『五代會要』 30 高麗)

고려 예맥 (천현 원년 2월) 정미일(20)에 고려·예맥(濊貊)·철려말갈(鐵驪靺鞨)이 와서 조공하였다. (『遼史』 2 本紀 2 太祖 下)

발해 명종(明宗)이 처음 후계 자리를 빼앗았을 때, 공봉관(供奉官) 요곤(姚坤)을 파견하여 국서를 받들어 상사를 알렸다. 서루읍(西樓邑)에 이르자 마침 야율아보기가 발해에 있었다. 또 지름길로 신주(愼州)에 이르니, 만리를 고생스럽게 다녔다. (『舊五代史』 137 外國列傳 1 契丹)

발해 장종(莊宗)이 돌아가시자, 명종이 공봉관 요곤을 파견하여 거란에 상사를 알렸다. 요곤이 서루(西樓)에 이르러 야율아보기가 바야흐로 동쪽으로 가서 발해를 공격하려고 하였다. 요곤은 신주에 뒤따라 이르러 그를 만났다. (『新五代史』 72 四夷附錄 1 契丹 上)

발해 (4월) 갑인일(28)에 대사(大赦)하고 연호를 고쳤다. 발해국왕 대인선(大諲譔)이 대진림(大陳林)을 사신 보내 왔다. (『新五代史』 6 唐本紀 6 明宗)

발해 천성(天成) 원년 4월에 사신 대진림 등 116명을 파견하여 와서 조공하였는데, 남녀 각각 3명과 아울러 인삼·다시마·백부자(白附子) 등을 진상하였다. (『五代會要』 30 渤海)

발해 후당 명종 천성원년 4월에 발해국왕 대인선이 사신 대진림 등 116명을 파견하여 조공하였는데, 남녀 각각 3명, 인삼·다시마·백부자 및 호랑이가죽 등을 진상하였다. (『冊府元龜』 972 外臣部 17 朝貢 5)

발해 (여름 4월) 을묘일(29)에 발해국왕 대인선이 사신을 파견하여 조공하였다. (『舊五代史』 36 唐書 12 明宗紀 2)

고려 후백제 신라

여름 5월 경진일(25)에 견훤(甄萱)이 보낸 인질 진호(眞虎)가 병들어 죽자, 시랑(侍郞) 익훤(弋萱)을 파견하여 그 시신을 호송하였다. 견훤은 우리가 그를 죽였다고 여겨서, 왕신(王信)을 죽이고 웅진(熊津)에 진군하였다. 왕이 여러 성에 성벽을 굳게 지키고 나와 싸우지 말라고 명령하였다. 신라왕이 사신을 파견하여 말하였다. "견훤이 맹세를 어기고 군사를 일으켰으니 하늘이 반드시 돕지 않을 것입니다. 만약에 대왕께서 한 번 북을 울리는 위세를 떨치기만 하면, 견훤은 반드시 저절로 패할 것입니다." 왕이 사신에게 말하기를, "내가 견훤을 두려워하는 것이 아니라, 죄악이 차서 스스로 쓰러지는 것을 기다릴 뿐이다."라고 하였다. 견훤은 참서(讖書)에 절영도(絶影島)의 명마가 이르면 백제가 망한다고 하였다는 것을 듣고, 이 때에 이르러 그것을 보낸 것을 후회하고 사람을 시켜 그 말을 돌려줄 것을 청하였다. 왕이 웃으며 허락하였다. (『高麗史』 1 世家 1 太祖 1)

후백제 고려 신라

여름 5월 경진일(25)에 견훤이 보낸 인질 진호가 고려에서 병들어 죽자, 고려왕이 시랑 익훤을 파견하여 그 시신을 호송하였다. 견훤은 고려가 그를 죽였다고 여겨서, 왕신을 가두어 죽이고 웅진에 진군하였다. 고려왕이 여러 성에 성벽을 굳게 지키고 나와 싸우지 말라고 명령하였다. 왕이 고려에 사신을 파견하여 말하였다. "견훤이 맹세를 어기고 군사를 일으켰으니 하늘이 반드시 돕지 않을 것입니다. 만약에 대왕께서 한 번 북을 울리는 위세를 떨치기만 하면, 견훤은 반드시 저절로 패할 것입니다." 고려가 사신에게 말하기를, "내가 견훤을 두려워하는 것이 아니라, 죄악이 차서 스스로 쓰러지는 것을 기다릴 뿐이다."라고 하였다. 견훤은 참서에 절영도의 명마가 이르면 백제가 망한다고 하였다는 것을 듣고, 이 때에 이르러 그것을 보낸 것을 후회하고 사람을 시켜 그 말을 돌려줄 것을 청하였다. 고려왕이 웃으며 허락하였다. (『三國史節要』 14)

신라 후백제 고려

여름 5월에 진호가 갑자기 죽었다. 견훤은 고려 사람이 고의로 죽였다고 여겨서, 분노하여 군사를 일으켜 웅진에 진군하였다. 태조가 여러 성에 성벽을 굳게 지키고 나와 싸우지 말라고 명령하였다. 왕이 사신을 파견하여 말하였다. "견훤이 맹세를 어기고 군사를 일으켰으니 하늘이 반드시 돕지 않을 것입니다. 만약에 대왕께서 한 번 북을 울리는 위세를 떨치기만 하면, 견훤은 반드시 저절로 격파될 것입니다." 태조가 사신에게 말하기를, "내가 견훤을 두려워하는 것이 아니라, 죄악이 차서 스스로 쓰러지는 것을 기다릴 뿐이다."라고 하였다. (『三國史記』 12 新羅本紀 12)

고려 후백제 신라

여름 5월에 견훤이 보낸 인질 진호가 병들어 죽자, 시랑 익훤을 파견하여 그 시신을 호송하였다. 견훤은 우리가 그를 죽였다고 여겨서, 왕신을 죽이고 웅진에 진군하였다. 왕이 여러 성에 성벽을 굳게 지키고 나와 싸우지 말라고 명령하였다. 신라왕이 사신을 파견하여 말하였다. "견훤이 맹세를 어기고 군사를 일으켰으니 하늘이 반드시 돕지 않을 것입니다. 만약에 대왕께서 한 번 북을 울리는 위세를 떨치기만 하면, 견훤은 반드시 저절로 패할 것입니다." 왕이 사신에게 말하기를, "내가 견훤을 두려워하는 것이 아니라, 죄악이 차서 스스로 쓰러지는 것을 기다릴 뿐이다."라고 하였다. 이보다 앞서 견훤은 절영도의 총마 1필을 바쳤다. 나중에 참서에 절영도의 명마가 이르면 백제가 망한다고 하였다는 것을 듣고, 이에 그것을 보낸 것을 후회하고 사람을 시켜 그 말을 돌려줄 것을 청하였다. 왕이 웃으며 허락하였다. (『高麗史節要』 1 太祖神聖大王)

후백제 고려 (동광) 4년에 진호가 갑자기 죽었다. 견훤이 그것을 듣고 일부러 죽인 것이 아닌가 의심하여, 곧 왕신을 옥 안에 가두었다. 또 사람을 시켜 전년에 보낸 총마를 돌려보내기를 청하니, 태조가 웃으며 돌려보냈다. (『三國史記』 50 列傳 10 甄萱)

후백제 고려 (동광) 4년에 진호가 갑자기 죽자, 일부러 죽인 것이 아닌가 의심하여 곧 왕신을 가두었다. 사람을 시켜 전년에 보낸 총마를 돌려보내기를 청하니, 태조가 웃으며 돌려보냈다. (『三國遺事』 2 紀異 2 後百濟甄萱)

고려 태조 9년 4월에 서경(西京) 동부선원(東部禪院)의 종이 스스로 90번 소리를 울렸다. (『高麗史』 53 志 7 五行 1 水)

발해 (가을 7월) 경신일(6)에 거란·발해국이 함께 사신을 파견하여 조공하였다. (『舊五代史』 36 唐書 12 明宗紀 2)

발해 (가을 7월 경신일(6))에 거란 사신 매로술골(梅老述骨)이 왔다. 발해 사신 대소좌(大昭佐)가 왔다. (『新五代史』 6 唐本紀 6 明宗)

발해 (천성 원년) 그 해 7월에 사신 대조좌(大照佐) 등 6명을 파견하여 조공하였다. 이보다 앞서 거란 대수령(大首領) 야율아보기(耶律阿保機)의 병력이 웅성(雄盛)하여 동북제번(東北諸番)이 대부분 그에게 신속(臣屬)하였다. 발해국의 토지가 상접하여 항상 탄병의 뜻이 있었는데, 이해에 제번 부락을 거느리고 발해국의 부여성을 공격하여 함락하였다. 부여성을 고쳐 동단부라 하고 그 아들 돌욕(突欲)에게 명하여 군대를 머무르게 하고 그것을 지키게 하였다. 얼마 있지 않아 아보기가 죽었다. 발해왕이 그 아우에게 명하여 군대를 거느리고 부여성을 공격하게 하니 이기지 못하고 무리를 보(保)하고 물러났다. (『五代會要』 30 渤海)

발해 (천성 원년 7월) 발해 사인 대소좌 등 6명이 조공하였다. (『冊府元龜』 972 外臣部 17 朝貢 5)

발해 천성 원년 7월에 발해국의 부여성을 공격하여 함락하였다. 그 장자 돌욕(突欲)을 국주(國主)로 삼고 동단왕(東丹王)이라고 하였다. (『五代會要』 29 契丹)

발해 천성원년 9월에 유주(幽州)의 조덕균(趙德均)이 아뢰었다. "앞서 군장(軍將) 진계위(陳繼威)를 파견하여 거란 부내로 사신 보냈는데, 지금 사신이 돌아와 장계를 얻어 칭하기를, '금년 7월 20일에 발해의 경계인 부여부(扶餘府)에 이르러, 거란족의 군막은 부성(府城)의 동남쪽 모퉁이에 있습니다.'라고 하였습니다. 진계위가 이르고 나서 만나기를 요청하였으나 통하지 않았고, 한아(漢兒)에게 몰래 물으니, 그가 말하기를, '거란의 군주 야율아보기가 이미 병을 얻었습니다.'라고 하였습니다. (『冊府元龜』 980 外臣部 25 通好)

발해 (가을 7월) 거란 군주가 발해를 공격하여 그 부여성(夫餘城)을 함락시키고, 이름을 고쳐서 동란국(東丹國)이라고 하였다. 그 맏아들 돌욕(突欲)에게 명령하여 동란국을 진수(鎭守)하게 하고, 인황왕(人皇王)이라고 불렀다. 둘째아들 덕광(德光)에게 서루(西樓)를 진수하게 하고 원수태자(元帥太子)라고 불렀다. (『資治通鑑』 275 後唐紀 4 明宗 上之下)

발해 천성 원년 7월에 발해국 부여성(扶餘城)을 공격하여 함락시켰다. 그 맏아들 돌욕에게 명령하여 국주(國主)로 삼고, 동란왕(東丹王)이라고 불렀다. (『五代會要』 29 契丹)

발해 (천성 원년 7월) 이보다 앞서 거란 대수령(大首領)인 야율아보기의 병력이 웅장하고 강성하여 동북쪽의 여러 번이 그에게 많이 신하로서 예속되었다. 발해국의 토지와 서로 접하여 항상 병탄하려는 뜻이 있었다. 이 해에 여러 번의 부락을 이끌고 발해국 부여성을 공격하여 함락시켰다. 부여성을 고쳐서 동란부(東丹府)라고 하고, 그 아들 돌욕에게 명령하여 병사를 남겨 지키게 하였다. (『五代會要』 30 渤海)

발해 야율아보기가 발해를 공격하여 그 부여성 하나를 취하여 동란국으로 삼고, 그 맏아들 인황왕 돌욕에게 명령하여 동란왕으로 삼았다. (『新五代史』 72 四夷附錄 1 契丹 上)

발해 후당 천성 초년에 거란의 야율아보기가 부여성을 공격하여 함락시켰기 때문에 부여를 고쳐 동란부라고 하였고, 그 아들 돌욕에게 명령하여 병사를 남겨 지키게 하였다. (『宋史』 491 列傳 250 外國 7 渤海國)

발해 어느 저녁에 큰 별이 그 군막 앞에 떨어졌는데, 얼마 지나지 않아서 야율아보기가 부여성에서 죽었다. 이 때가 천성원년 7월27일이었다. (『舊五代史』 137 外國列傳 1 契丹)

발해 (가을 7월) 신사일(27)에 거란 군주 야율아보기가가 부여성에서 죽었다. 술률후(述律后)가 여러 장수 및 추장 중 제압하기 어려운 자의 아내를 불러 말하기를, "나는 지금 과부가 되었는데, 너는 나를 본받지 않을 수 없을 것이다."라고 하였다. 또 그 남편들을 모아놓고 울면서 묻기를, "너희는 돌아가신 황제를 생각하느냐."라고 하였다. 대답하기를, "돌아가신 황제의 은혜를 입었는데, 어찌 생각하지 않을 수 있겠습니까."라고 하였다. 술률후가 말하기를, "과연 그를 생각한다면 마땅히 가서 그를 알현하라."라고 하였다. 마침내 그들을 죽였다. (『資治通鑑』 275 後唐紀 4 明宗 上之下)

발해 천성 원년 9월에 유주의 조덕균이 아뢰었다. "앞서 군장 진계위를 파견하여 거란 부내로 사신 보냈는데, 지금 사신이 돌아와 장계를 얻어 칭하기를, '금년 7월20일에 (…) 그 달 27일에 야율아보기가 죽었다. (…) (『冊府元龜』 980 外臣部 25 通好)

발해 (천성원년 7월) 얼마 지나지 않아 야율아보기가 죽었다. 발해왕이 그 동생에게 명령하여 병사를 이끌고 부여성을 공격하라고 하였으나, 이길 수 없어서 무리를 지키며 물러났다. (『五代會要』 30 渤海)

발해 (후당 천성 초년) 야율아보기가 죽었다. 발해왕이 다시 부여를 공격하였으나, 이길 수 없었다. (『宋史』 491 列傳 250 外國 7 渤海國)

발해 (8월) 정해일(3)에 거란 술률후가 어린 아들 안단소군(安端少君)으로 하여금 동란국을 지키게 하고, 맏아들 돌욕과 거란 군주의 상을 받들어 그 무리를 거느리고 부여성(夫餘城)을 떠나고자 하였다. (『資治通鑑』 275 後唐紀 4 明宗 上之下)

발해 천성 원년 9월에 유주의 조덕균이 아뢰었다. "앞서 군장 진계위를 파견하여 거란 부내로 사신 보냈는데, 지금 사신이 돌아와 장계를 얻어 칭하기를, '금년 7월20일에 (…) 8월 3일에 야율아보기의 관을 따라 부여성을 떠났다. (…) (『冊府元龜』 980 外臣部 25 通好)

발해 후당 천성 초년에 야율아보기가 죽었다. 그 어머니가 야율덕광(耶律德光)으로 하여금 임시로 본부 막사를 주관하게 하고, 어린 아들 안단소군으로 하여금 발해국에 가서 돌욕을 대신하게 하였다. (『舊五代史』 137 外國列傳 1 契丹)

발해 처음에 야율아보기가 죽자, 맏아들인 동란왕 돌욕이 마땅히 즉위해야 하였다. 그 어머니 술률(述律)은 그 어린 아들 안단소군을 파견해 부여에 가서 그를 대신하게 하고, 장차 즉위시켜 후계자로 삼고자 하였다. 그러나 술률은 야율덕광을 더욱 사랑하였다. 야율덕광은 지혜와 용기가 있고, 평소 이미 그 여러 부를 복속시켰다. 안단소군이 이미 떠나고 나서 여러 부는 술률의 뜻에 영합하여 함께 야율덕광을 옹립하니, 돌욕은 즉위할 수 없었다. (『新五代史』 72 四夷附錄 1 契丹 上)

발해 처음에 야율아보기는 세 아들이 있었는데, 맏아들은 인황왕, 다음은 원수태자, 다음은 안단소군이라고 하였다. 야율아보기가 죽자, 그 아내 술률씨(述律氏)는 둘째아들 원수태자 야율덕광으로 하여금 병마를 담당하게 하고, 어린 아들 안단소군으로 하여금 발해국에 가서 돌욕을 대신하게 하여, 장차 즉위시켜 후계자로 삼고자 하였다. 그러나 원수태자는 평소 부족들에게 존경받았고 또 그 어머니 술률씨도 항상 애정을 한 곳으로 모으므로, 인하여 그를 즉위시키니 참람하게 천현(天顯)원년이라고 칭하였다. 얼마 지나지 않아 야율아보기를 서루[번중(蕃中)의 지명이다.]에 장사지내고 참람되게 대성황제(大聖皇帝)라고 시호를 올렸다. (『五代會要』 29 契丹)

발해 천성 원년 9월에 유주의 조덕균이 아뢰었다. "앞서 군장 진계위를 파견하여 거란 부내로 사신 보냈는데, 지금 사신이 돌아와 장계를 얻어 칭하기를, '금년 7월20일에 (…) 8월 3일에 (…) 13일에 오주(烏州)에 이르러 거란왕의 아내는 당부(當府)가 가지고 있던 편지를 비로소 받고 물러났다. (『冊府元龜』 980 外臣部 25 通好)

발해 천성 원년 9월에 유주의 조덕균이 아뢰었다. "앞서 군장 진계위를 파견하여 거란 부내로 사신 보냈는데, 지금 사신이 돌아와 장계를 얻어 칭하기를, '금년 7월20일에 (…) 8월 3일에 (…) 27일에 용주(龍州)에 이르러 거란왕의 아내가 진계위로 하여금 거처로 돌아가게 하였다. 이어서 날괄매로(捺括梅老)를 파견하여 말 3필을 호송하고 답신을 채워서 함께 오게 하였다. 진계위는 거란부족을 보고 내년 정월에 목엽산(木葉山) 아래에서 야율아보기를 장사지낼 것이라고 짐작하였고, 겸하여 근위(近位) 아사몰고뇌(阿思沒姑餒)를 파견하여 편지를 가지고 먼저 번국에 들어간 조정의 사신인 공봉관 요곤과 함께 와서 대궐에 달려가서 상사를 알리게 하고, 겸하여 거란 부내에서 이 달 19일을 취하여 일제히 애도식을 거행한다고 보고하였다. 조정 및 당부가 전후로 파견한 사람은 진계위를 사신보내 왔을 때에 처분을 보고 서루에 도착한 날을 기다려 곧 모두 돌려보냈다. (『冊府元龜』 980 外臣部 25 通好)

발해 천성 원년 9월에 유주의 조덕균이 아뢰었다. "앞서 군장 진계위를 파견하여 거란 부내로 사신 보냈는데, 지금 사신이 돌아와 장계를 얻어 칭하기를, '금년 7월20일에 발해의 경계인 부여부에 이르러, 거란족의 군막은 부성의 동남쪽 모퉁이에 있습니다.'라고 하였습니다. 진계위가 이르고 나서 만나기를 요청하였으나 통하지 않았고, 한아에게 몰래 물으니, 그가 말하기를, '거란의 군주 야율아보기가 이미 병을 얻었습니다.'라고 하였습니다. 그 달 27일에 야율아보기가 죽었다. 8월 3일에 야율아보기의 관을 따라 부여성을 떠났다. 13일에 오주에 이르러 거란왕의 아내는 당부가 가지고 있던 편지를 비로소 받고 물러났다. 27일에 용주에 이르러 거란왕의 아내가 진계위로 하여금 거처로 돌아가게 하였다. 이어서 날괄매로를 파견하여 말 3필을 호송하고 답신을 채워서 함께 오게 하였다. 진계위는 거란부족을 보고 내년 정월에 목엽산 아래에서 야율아보기를 장사지낼 것이라고 짐작하였고, 겸하여 근위 아사몰고뇌를 파견하여 편지를 가지고 먼저 번국에 들어간 조정의 사신인 공봉관 요곤과 함께 와서 대궐에 달려가서 상사를 알리게 하고, 겸하여 거란 부내에서 이 달 19일을 취하여 일제히 애도식을 거행한다고 보고하였다. 조정 및 당부가 전후로 파견한 사람은 진계위를 사신보내 왔을 때에 처분을 보고 서루에 도착한 날을 기다려 곧 모두 돌려보냈다. (『冊府元龜』 980 外臣部 25 通好)

발해 (11월 무오일(5)) 청주(靑州)에서 아뢰었다. "등주(登州)의 장계를 얻어 보고합니다. 거란이 앞서 발해국을 공격하고 핍박하였는데, 야율아보기가 죽고 나서 비록 이미 끌고 물러났으나, 오히려 병마를 남겨두고 발해의 부여성에 있습니다. 지금 발해왕의 동생이 병마를 거느리고 부여성 안의 거란 군막을 공격하고 포위하였습니다." (『舊五代史』 37 唐書 13 明宗紀 3)

발해 후당 명종 천성원년 11월에 청주의 곽언위(霍彦威)가 아뢰었다. "등주(登州)의 장계를 얻어 보고합니다. 거란이 앞서 여러 부를 징발하여 발해국을 공격하고 핍박하였는데, 야율아보기가 죽고 나서 비록 이미 끌고 물러났으나, 오히려 병마를 남겨두고 발해의 부여성에 있습니다. 지금 발해왕의 동생이 병사를 거느리고 부여성의 거란을 공격하고 포위하였습니다." (『冊府元龜』 995 外臣部 40 交侵)

발해 『통전(通典)』에 이르기를 " (…) 후당(後唐) [명종(明宗)] 천성(天成, 926~930) 초에 거란(契丹)이 발해를 공격하여 깨뜨리니, 그 이후에는 거란의 지배를 받았다. (…)" (『三國遺事』 1 紀異 1 靺鞨 渤海)

발해 심계(深契)
성(聖)
유생(儒生)은 동관(東觀)에 가득차다
궐정(闕庭)을 내려다 보다 (「渤海國學碑片」)

발해 方」 / 有」 / 又」 / 金」 / 高」 / 夫」 / 石」 / 年」 / 未」 / 音」 / 勿」 / 官」 / 順」 / 旦」 / 野」 / 食」 / 定」 / 宣」 / 市」 / 天」 / 多」 / 大」 / 甘」 / 于」 / 成」 / 非」 / 舍」 / 仇」 / 失」 / 田」 / 古」 / 布」 / 尹」 / 王」 / 臣」 / 取」 / 李」 / 也」 / 山」 / 思」 / 都」 / 本」 / 光」 / 元」 / 赤」 / 德」 / 昌」 / 仁」 / 女」 / 干」 / 己」 / 汁」 / 俳」 / 手」 / 可」 / 文」 / 自」 / 公」 / 盖」 / 保」 / 信」 / 屈」 / 肥」 / 北」 / 向」 / 下」 / 素」 / 井」 / 主」 / 逑」 / 乙」 / 丙」 / 丁」 / 牛」 / 卯」 / 刀」 / 目」 / 三」 / 一」 / 六」 /九」 十二」 / 十三六」 / 十三七」 / 十三五」 / 十三八」 / 八一」 / 干二」 / 仁大」 / 利十」 / 俳十」 / 由十」 / 保十」 / 一拌十」 / 保德」 / 百工」 / 保工」 / 五子」 / 俳力」 / 左李」 / 李女」 (「渤海地域出土瓦銘」)

발해 國
立
王
土 (「長白靈光塔銘文」)

발해 木 (小口長頸瓶의 배 아랫 부분)
井 (수집품 長頸壺)
泰 (출토된 허리띠끝 중의 하나)
中 (글자가 새겨진 도기)
木 (글자가 새겨진 도기)
十 (글자가 새겨진 도기)
知 (글자가 새겨진 도기)
禳見 (글자가 새겨진 도기)
章 (글자가 새겨진 도기)
癸山 (건축 장식물) (「渤海地域出土陶器·鐵器銘」)

발해 발해대왕(渤海大王) (「渤海大王銘銅印」)
물한주겸삼왕대도독(勿汗州兼三王大都督) (「勿汗州兼三王大都督銘銅印」)
천문군지인(天門軍之印) (「天門軍之印銘銅印」)
불검이경(不劍而鏡) (「不劍而鏡銘銅鏡」)

발해 (측면)

合
同

(평평한 면)

同

聶 左
利 驍

| 計　衛 |
|　 將 |
|　 軍 |
└────┘
(「靑銅符節銘」)

고려　겨울 11월 계미일(30)에 서경(西京)에 행차하여 직접 재제(齋祭)를 행하고 주진(州鎭)을 돌아다녔다. (『高麗史』 1 世家 1 太祖 1)

고려　겨울 11월에 서경에 행차하여 주진을 돌아다니다가 돌아왔다. (『高麗史節要』 1 太祖神聖大王)

고려　이 해에 장빈(張彬)을 파견해 후당에 갔다. (『高麗史』 1 世家 1 太祖 1)

고려　이 해에 장빈을 파견해 후당에 갔다. (『高麗史節要』 1 太祖神聖大王)

고려　서경유수관(西京留守官)은 (…) 태조 9년에 국천부(國泉部)를 더 설치하였는데, 영구단(令具壇) 1명, 경(卿) 2명, 대사(大舍) 2명, 사(史) 4명이다. (『高麗史』 77 志 31 百官 2)

신라　이와 때를 같이하여 동광기력(同光紀曆) 병술년(丙戌年) 겨울 10월에 태조의 후궁(后宮)인 신명순성왕태후 유씨(神明順聖王太后 劉氏)가 임신을 기하여 좋은 태몽(胎夢)을 꾸었으므로 그 일편단심을 바쳐 옥유(玉裕)와 같은 영자(英恣) 낳기를 발원하고는 드디어 대사(大師)를 청하여 법력(法力)을 빌도록 하였다. 그리하여 금향로에 향을 피우고 독경하면서 웅파(熊羆)의 길몽(吉夢)으로 달산(羍産)과 같이 순산하도록 기원하였다. 그러한 공덕으로 과연 일각(日角)을 가진 기자(奇恣)와 천안(天顔)과 같은 이상(異相)을 가진 태자를 낳았다. 단정히 학금(鶴禁)에 거하여 홍도(鴻圖)를 이어받아 수호하였으니 그가 바로 대성대왕(大成大王)이다. 실로 대사(大師)는 부처님을 터득한 마음이 깊고 하늘을 받드는 힘이 돈후(敦厚)하여 묘감(妙感)은 후세(後世)에 넉넉히 끼쳤으며, 현공(玄功)은 왕(王)의 밝은 덕(德)을 이어가게 하였다. 그러므로 태조(太祖)가 심히 가상히 여겨 조칙을 보내어 노고(勞苦)에 우대하였다. 그 후 구룡산사(九龍山寺)로 옮겨 화엄경을 강설하였는데 많은 새들이 방 앞에 둘러 있고 호랑이가 뜰 밑에 엎드려 있었다. 문인(門人)들이 모두 떨면서 두려워하였으나, 대사는 편안한 얼굴로 침착하게 이르기를, "너희들은 조용히 하라. 이 진귀한 새와 기이한 짐승들은 불법승(佛法僧) 삼보(三寶)에 귀의하려는 것일 뿐이다."라고 하였다. (「普願寺法印國師寶乘塔碑」)

927(丁亥/신라 경애왕 4, 경순왕 1/후백제 견훤 28/고려 태조 10 天授 10/後唐 天成 2/日本 延長 5)

후백제 신라　견훤은 신라 상주(尙州) 가은현(加恩縣) 사람으로, 본성(本姓)은 이씨이다. 처음에는 비장(裨將)이 되었다고 사람들을 모아 망명하여 무진주(武珍州)를 습격하여 자칭(自稱) 후백제왕이라 g 하였다. 후당 동광(同光) 8년에 도성에 들어가 신라왕을 시해하고 임금의 족제(族弟) 김부(金傅)를 왕으로 세웠다. 후에 아들 심검(神劍)이 금산불우(金山佛宇)에 유폐시키자, 이 틈을 타서 고려로 도망하였다. 고려왕이 특별한 예로 대우하여 상보(尙父)라 불렀다. (『全唐文』 1000 後百濟王甄萱)

고려 후백제 신라

봄 정월 을묘일(3)에 후백제의 용주(龍州)를 직접 정벌하여 항복시켰다. 이 때에 견훤(甄萱)이 맹세를 어기고 자주 병사를 들어 변방을 침입하였다. 왕은 참으면서 오래 버텼으나 견훤이 더욱 악행을 쌓아서 강제로 병탄하고자 하므로 왕이 정벌한 것이다. 신라왕이 병사를 내어 도왔다. (『高麗史』 1 世家 1 太祖 1)

후백제 고려 신라

견훤이 자주 병사를 들어 고려의 변경을 침입하여 병탄하고자 하였다. 봄 정월 을묘(3)에 고려왕이 병사를 직접 이끌고 후백제를 정벌하였다. 왕이 병사를 내어 도왔다. (『三國史節要』 14)

신라 고려 후백제

봄 정월에 태조(太祖)가 후백제를 직접 정벌하였다. 왕이 병사를 내어 도왔다. (『三國史記』 12 新羅本紀 12)

고려 후백제 신라

봄 정월에 후백제의 용주를 직접 정벌하여 항복시켰다. 이 때에 견훤이 맹세를 어기고 자주 변방을 침입하였다. 왕은 참으면서 오래 버텼으나, 견훤이 강제로 병탄하려는 뜻이 꽤 있었으므로 왕이 정벌한 것이다. 신라왕이 병사를 내어 도왔다. (『高麗史節要』 1 太祖神聖大王)

고려 후백제 (봄 정월) 을축일(13)에 견훤이 왕신(王信)의 시신을 보내자, 왕신의 동생 육(育)을 파견하여 맞이하였다. (『高麗史』 1 世家 1 太祖 1)

후백제 고려 (봄 정월) 을축일(13)에 견훤이 왕신의 사신을 고려에 보냈다. 왕이 왕신의 동생 육을 파견하여 맞이하였다. (『三國史節要』 14)

고려 후백제 (봄 정월) 견훤이 왕신의 사신을 보냈다. (『高麗史節要』 1 太祖神聖大王)

신라 2월 임오일 초하루에 신라가 사신을 파견하여 조공하였다. (『舊五代史』 38 唐書 14 明宗紀 4)

신라 2월 임오일 초하루에 신라의 사신 장분(張芬)이 왔다. (『新五代史』 6 唐本紀 6 明宗)

신라 2월에 병부시랑(兵部侍郞) 장분 등을 파견하여 후당(後唐)에 들어가 조공하였다. 후당은 장분에게 검교공부상서(檢校工部尙書)를, 부사(副使) 병부낭중(兵部郎中) 박술홍(朴術洪)에게 겸어사중승(兼御史中丞)을, 판관(判官) 창부원외랑(倉部員外郞) 이충식(李忠式)에게 겸시어사(兼侍御史)를 제수하였다. (『三國史記』 12 新羅本紀 12)

신라 2월에 병부시랑 장분 등을 파견하여 후당에 가서 조공하였다. 후당은 장분에게 검교공부상서를, 부사 병부낭중 박술홍에게 겸어사중승을, 판관 창부원외랑 이충식에게 겸시어사를 제수하였다. (『三國史節要』 14)

신라 천성 2년 2월에 사신 장분 등을 파견해 와서 조공하였다. (『五代會要』 30 新羅)

신라 (천성 2년) 2월에 신라국의 사신 병부시랑 장분 등이 와서 조공하였다. (『冊府元龜』 972 外臣部 17 朝貢 5)

신라 그 관은 17등이 있는데, 그 첫 번째는 이벌간(伊罰干)이라고 하여 귀하기가 상국(相國)과 같다. 다음은 이척간(伊尺干), 다음은 파미간(破彌干), 다음은 대아척간(大阿尺干), 다음은 아간(阿干), 다음은 아척간(阿尺干), 다음은 을길간(乙吉干), 다음은 사돌간(沙咄干), 다음은 급복간(及伏干), 다음은 대나마간(大奈摩干), 다음은 대사(大舍), 다음은 소사(小舍), 다음은 길사(吉士), 다음은 대오(大烏), 다음은 소오(小烏), 다음은 조위(造位)이다. 지방에 군현이 있다[(…) 천성 2년에 사신 중산대부(中散大夫)·병부시랑 장분, 부사 병부낭중 박술법(朴術法), 판관 창부원외랑 이충무(李忠武)를 파견해 와서 조공하였다]. (『冊府元龜』 962 外臣部 7 官號)

신라 3월 임자일 초하루에 신라 사신 임언(林彦)이 왔다. (『新五代史』 6 唐本紀 6 明宗)

고려 발해 3월 갑인일(3)에 발해 공부경(工部卿) 오흥(吳興) 등 50명, 승려 재웅(載雄) 등 60명이 와서 의탁하였다. (『高麗史』 1 世家 1 太祖 1)

발해 고려 (3월) 발해 공부경 오흥 등 50명, 승려 재웅 등 60명이 고려에 의탁하였다. (『三國史節要』 14)

신라 명종(明宗) 천성 2년 3월 을묘일(4)에 신라국의 권지강주사(權知康州事) 왕봉규(王逢規)를 회화대장군(懷化大將軍)으로 삼았다. 신라국의 전 등주도독부장사(登州都督府長史) 장희암(張希巖), 신라국의 등주지후관(登州知後官)·본국 금주사마(金州司馬) 이언모(李彦謨)는 모두 검교우산기상시(檢校右散騎常侍)를 허가하였다. (『冊府元龜』 976 外臣部 21 褒異 3)

신라 (3월) 후당 명종이 권지강주사 왕봉규를 회화대장군으로 삼았다. (『三國史記』 12 新羅本紀 12)

신라 (3월) 후당이 권지강주사 왕봉규를 회화대장군으로 삼았다. (『三國史節要』 14)

신라 (천성 2년) 그 해 3월에 신라국의 권지강주사 왕봉규를 회화대장군으로 삼았다. 신라국의 전 등주도독부장사 장희암, 신라국의 등주지후관·본국 금주사마 이언모는 모두 검교우산기상시가 되었다. (『五代會要』 30 新羅)

고려 (3월) 신유일(10)에 왕이 운주(運州)에 들어가 그 성주(城主) 긍준(兢俊)을 성 아래에서 패배시켰다. (『高麗史』 1 世家 1 太祖 1)

고려 홍주(洪州)는 (…) 나중에 지금의 이름으로 고쳤다[『태조실록(太祖實錄)』 10년 3월에 왕이 운주에 들어갔다고 한다. 주석에 전하기를 '곧 지금의 홍주이다.'라고 한다]. (『高麗史』 56 志 10 地理 1)

고려 3월에 왕이 운주성주 긍준을 성 아래에서 패배시켰다. (『高麗史節要』 1 太祖神聖大王)

고려 (3월) 고려왕이 운주에 들어가 성주 긍준과 성 아래에서 싸워 패배시켰다. (『三國史節要』 14)

고려 (3월) 갑자일(13)에 근품성(近品城)을 공격하여 함락시켰다. (『高麗史』 1 世家 1 太祖 1)

신라 고려 (3월) 태조가 근암성(近巖城)을 직접 격파하였다. (『三國史記』 12 新羅本紀 12)

고려 (3월) 마침내 근품성을 공격하여 함락시켰다. (『高麗史節要』 1 太祖神聖大王)

고려 (3월) 고려가 근품성을 공격하여 함락시켰다. (『三國史節要』 14)

신라 (천성 2년 3월) 경오일(19)에 신라국의 입조사(入朝使) 중산대부(中散大夫)·병부시랑·사자금어대(賜紫金魚袋) 장분에게 검교공부상서를, 부사 병부낭중·사비어대(賜緋魚袋) 박술홍에게 겸어사중승을, 판관 창부원외랑·사비어대 이충식에게 겸시어사를 허가하였다. (『冊府元龜』 976 外臣部 21 褒異 3)

신라 (천성 2년 3월) 그 달에 또 입조사 중산대부·병부시랑 겸 사자금어대 장분을 검교공부상서로, 부사 병부낭중 박술홍을 겸어사중승으로, 판관 창부원외랑 이충식을 겸시어사로 삼았다. (『五代會要』 30 新羅)

신라 3월에 황룡사탑(皇龍寺塔)이 흔들려 북쪽으로 기울어졌다. (『三國史記』 12 新羅本紀

12)

신라 3월에 황룡사탑이 흔들려 북쪽으로 기울어졌다. (『三國史節要』 14)

신라 (동광 원년) 다음 해 봄 대사의 행(行)은 초계비구(草繫比丘)의 마음을 닮았고 덕(德)은 화엄종(華嚴宗)의 종장(宗匠)들 중에 수장(首長)이었으니, 스님을 발탁하여 별대덕(別大德)이란 법칭(法稱)을 바쳤다. 이 때 스님은 높은 도덕과 예리한 변재로 사부대중을 제접(提接)하였다. 이로부터 법문(法門)을 청하는 자가 수를 헤아릴 수 없이 많았고, 문도(門徒) 또한 번창하였다. 태조(太祖)가 바야흐로 삼국(三國)을 규합하고 상교(象敎)를 존숭하였다. (「普願寺法印國師寶乘塔碑」)

신라 (여름 4월 신사일 초하루) 신라국이 사신을 파견하여 토산품을 바쳤다. (『舊五代史』 38 唐書 14 明宗紀 4)

신라 고려 여름 4월에 지강주사(知康州事) 왕봉규가 사신 임언을 파견하여 후당에 들어가 조공하였다. 명종이 중여전(中與殿)으로 불러서 대면하고 물품을 하사하였다. (『三國史記』 12 新羅本紀 12)

고려 여름 4월에 지강주사 왕봉규가 임원(林遠)을 파견하여 후당에 들어가 조공하였다. 황제가 중여전으로 불러서 대면하고 물품을 하사하였다. (『三國史節要』 14)

신라 (천성 2년) 그 해 4월에 신라국의 강주(康州)에서 사신 임언을 파견하여 와서 조공하였다. 중흥전(中興殿)으로 불러서 대면하고 물품을 차등 있게 하사하였다. (『五代會要』 30 新羅)

신라 (천성 2년) 4월에 신라국의 강주에서 사신 임언을 파견하여 와서 조공하였다. (『冊府元龜』 972 外臣部 17 朝貢 5)

신라 (천성 2년) 4월에 신라국의 강주에서 사신 임언을 파견하여 조공하였다. 중흥전에서 대면하고 물품을 차등 있게 하사하였다. (『冊府元龜』 976 外臣部 21 褒異 3)

고려 이 해에 임언을 파견하여 후당에 갔다. (『高麗史』 1 世家 1 太祖 1)

고려 이 해에 임언을 파견하여 후당에 갔다. (『高麗史節要』 1 太祖神聖大王)

고려 여름 5월 임술일(12)에 해군장군(海軍將軍) 영창(英昌)·능식(能式) 등을 파견하여 수군을 이끌고 가서 강주를 공격하게 하였다. 이산(伊山)·노포(老浦)·평서산(平西山)·돌산(突山) 등 4향(鄕)을 옮겨다니며 함락시키고 사람과 물품을 노획하여 돌아왔다. (『高麗史』 1 世家 1 太祖 1)

신라 고려 (여름 5월) 강주 관할의 돌산 등 4향이 태조에게 귀부하였다. (『三國史記』 12 新羅本紀 12)

고려 여름 5월에 해군장군 영창·능식 등을 파견하여 수군으로 가서 강주를 공격하게 하니, 돌산 등 4향을 함락시켰다. (『高麗史節要』 1 太祖神聖大王)

고려 (여름 4월) 강주 관할의 돌산 등 4향이 고려에 의탁하였다. 고려왕이 해군장군 영창·능식 등을 파견하여 수군을 이끌고 가서 강주를 공격하게 하였다. 이산·노포·평서산·돌산 등 4향을 옮겨다니며 함락시키고 사람과 물품을 노획하여 돌아왔다. 고려왕이 웅주를 공격하였으나, 이기지 못하였다. (『三國史節要』 14)

고려 여름 4월 을축일(15)에 왕이 웅주를 공격하였으나, 이기지 못하였다. (『高麗史』 1 世家 1 太祖 1)

고려 (여름 4월) 왕이 웅주를 공격하였으나, 이기지 못하였다. (『高麗史節要』 1 太祖神聖大王)

고려 후백제 가을 7월 무오일(9)에 원보(元甫) 재충(在忠)·김락(金樂) 등을 파견하여 대량성(大良城)을 격파하고, 장군 추허조(鄒許祖) 등 30여 명을 사로잡았다. (『高麗史』 1 世家 1 太祖 1)

고려 후백제 가을 7월에 원보 재충·김락 등을 파견하여 대량성을 공격하였다. 장군 추허조 등 30여 명을 사로잡고 그 성을 격파하여 돌아왔다. (『高麗史節要』 1 太祖神聖大王)

고려 후백제 가을 7월에 고려가 원보 재충·김락 등을 파견하여 후백제의 대량성을 격파하고, 장군 추허조 등 30여 명을 사로잡았다. (『三國史節要』 14)

고려 후백제 8월 병술일(8)에 왕이 강주를 순행하는데, 고사갈이성(高思葛伊城) 성주 흥달(興達)이 귀순하였다. 이리하여 후백제의 여러 성 지키는 관리가 모두 항복하였다. (『高麗史』 1 世家 1 太祖 1)

고려 후백제 8월에 왕이 강주를 순행할 때 고사갈이성을 지났다. 성주 흥달이 그 아들을 먼저 파견하여 귀순하였다. 이에 후백제에서 두었던 성 지키는 관리들도 모두 항복하였다. 왕이 이를 가상히 여겨 흥달에게는 청주(靑州)의 녹을, 그 맏아들 준달(俊達)에게는 진주(珍州)의 녹을, 둘째아들 웅달(雄達)에게는 한수(寒水)의 녹을, 셋째아들 옥달(玉達)에게는 장천(長淺)의 녹을 하사하고, 또 전택(田宅)을 하사하였다. (『高麗史節要』 1 太祖神聖大王)

고려 후백제 8월에 왕이 강주를 순행하는데, 때 고사갈이성 성주 흥달이 그 아들을 파견하여 귀순하였다. 이에 후백제의 여러 성 관리들도 모두 항복하였다. 고려왕은 흥달에게는 청주의 녹을, 아들 준달에게는 진주의 녹을, 웅달에게는 한수의 녹을, 옥달에게는 장천의 녹을 하사하고, 또 전택을 하사하여 상을 주었다. (『三國史節要』 14)

고려 후백제 견훤을 위하여 고사갈이성주(高思曷伊城主)가 되었다가, 태조가 강주를 순행할 때 그 성을 지났다. 흥달이 그 아들을 파견하여 귀순하였다. 이에 후백제에서 두었던 군리(軍吏)들도 모두 항복하였다. 태조가 이를 가상히 여겨 흥달에게는 청주의 녹을, 아들 준달에게는 진주의 녹을, 웅달에게는 한수의 녹을, 옥달에게는 장천의 녹을 하사하고, 또 전택을 하사하여 상을 주었다. (『高麗史』 92 列傳 5 興達)

고려 진수(鎭戍)는 (…) 태조 10년 8월에 배산성(拜山城)을 수리하고, 정조(正朝) 제선(悌宣)에게 명령하여 병사 2대(隊)를 거느리고 지키게 하였다. (『高麗史』 82 志 36 兵 2)

고려 (8월) 배산성을 수리하고, 정조 체선(涕宣)에게 명령하여 병사 2대를 거느리고 지키게 하였다. (『高麗史節要』 1 太祖神聖大王)

고려 (8월) 명주(溟州)의 장군 순식(順式)이 아들 장명(長命)을 파견하여 병졸 600명으로 들어가 숙위(宿衛)하였다. (『高麗史節要』 1 太祖神聖大王)

고려 또 아들 장명을 파견하여 병졸 600명으로 들어가 숙위하였다. (『高麗史』 92 列傳 5 王順式)

신라 후백제 고려

가을 9월에 견훤이 고울부(高鬱府)에서 아군을 침입하였다. 왕이 태조에게 구원을 청하자, 장수에게 명령하여 날랜 병사 1만 명을 내어 가서 구원하게 하였다. (『三國史記』 12 新羅本紀 12)

후백제 신라 고려

천성 2년 가을 9월에 견훤이 근품성을 빼앗아 불태우고, 신라 고울부로 나아가 습격하였다. 신라 왕도 근교에 닥치니 신라 왕이 태조에게 구원을 청하였다. (『三國史記』50 列傳 10 甄萱)

신라 후백제 고려

제56대 김부대왕의 시호는 경순(敬順)이다. 천성 2년 정해 9월에 후백제의 견훤이 신라를 침입하여 고울부에 이르니, 경애왕(景哀王)이 우리 태조에게 구원을 청하였다. 장수에게 명령하여 날랜 병사 1만 명을 거느리고 가서 구원하게 하였다. (『三國遺事』2 紀異 2 金傅大王)

후백제 신라 고려

천성 2년 정해 9월에 견훤이 근품성[지금의 산양현(山陽縣)]을 빼앗아 불태웠다. 신라 왕이 태조에게 구원을 요청하였다. 태조는 장차 군사를 내려는데, 견훤은 고울부[지금의 울주(蔚州)]를 습격하여 빼앗고 족시림(族始林)[혹은 계림(鷄林)의 서쪽 교외]으로 진군하였다.

견훤이 갑자기 신라 왕도에 들어갔다. 신라왕은 부인과 함께 포석정에 나가서 놀아서 이 때 이로 말미암아 심하게 패하였다. 견훤은 부인을 강제로 끌어내 능욕하고, 왕의 집안 동생 김부로 하여금 왕위를 계승하게 하였다. 그런 후에 왕의 동생 효렴, 재상 영경을 사로잡고, 또 국가 창고의 진귀한 보물, 병장기, 귀족의 자녀들, 온갖 장인 중 솜씨가 있는 자들을 직접 데리고 돌아갔다. 태조가 겨우 몸만 빠져 나오고 나서부터 더불어 부딪치지 않고, 그 죄악을 채우게 하였다. 견훤은 전쟁에 이긴 기세를 타서 대목성(大木城)[지금의 약목현(若木縣)]·경산부(京山府)[지금의 성주(星州)]·강주[지금의 진주(晋州)]를 옮겨다니며 노략질하고, 부곡성(缶谷城)[지금은 미상]을 공격하였다. 또 의성부태수(義成府太守) 홍술(洪述)이 맞서 싸우다가 죽었다. 태조는 이 소식을 듣고 말하기를, "나는 오른팔을 잃었구나!"라고 하였다. 42년 경인년(930)에 견훤은 고창군(古昌郡)(지금의 안동부(安東府))을 치려고 군사를 크게 일으켜 석산(石山)에 진을 치니, 태조는 1백 보 가량을 서로 떨어져서 고을 북쪽 병산(甁山)에 진을 쳤다. 여러 번 싸웠으나 견훤이 패하여 시랑(侍郞) 김악(金渥)을 사로잡았다. 다음날 견훤이 군사를 거두어 순주성(順州城)을 습격하니, 성주 원봉(元逢)은 막을 수 없어서 성을 버리고 밤에 도망쳤다. 태조는 몹시 노하여 그 고을의 격을 낮추어 하지현(下枝縣)[지금의 풍산현(豊山縣)이니, 원봉이 본래 순주성 사람이기 때문이다.]으로 삼았다. 신라의 임금과 신하들은 국운이 쇠퇴하여 다시 일어나기 어렵다고 생각하여, 우리 태조를 끌어들여 우호를 맺어 후원자로 삼으려고 하였다. 견훤은 이것을 듣고 왕도에 들어가 나쁜 짓을 저지르려고 하였는데, 태조가 먼저 할까 걱정하였다. 태조에게 편지를 보내어 말하였다. "지난번에 신라의 국상(國相) 김웅렴(金雄廉) 등이 장차 그대를 수도로 불러들이려 한 것은 작은 자라가 큰 자라의 소리에 호응하는 것과 같았다. 이는 종달새가 매의 날개를 찢으려 하는 것이었으니, 반드시 백성들을 도탄에 빠뜨리고 종묘와 사직을 폐허로 만들었을 것이다. 나는 이 때문에 조적(祖逖)의 채찍을 먼저 잡고 한금호(韓擒虎)의 도끼를 홀로 휘둘러, 백관들에게 맹세하기를 밝은 태양과 같이 하고 6부(部)를 의리 있는 풍도로 타일렀더니, 뜻밖에 간신은 도망치고 군주는 세상을 떠났다. 마침내 경명왕(景明王)의 이종사촌동생이자 헌강왕(憲康王)의 외손자를 받들어 왕위에 즉위하도록 권하여, 위태로운 나라를 다시 세우고 없는 임금을 다시 있게 하였다. 그대는 나의 충고를 자세히 살피지 않고 흘러 다니는 말만을 들어서, 온갖 계책으로 왕위를 엿보고 여러 방면으로 나라를 침략했으나 오히려 내가 탄 말의 머리도 보지 못하고 내 쇠털 하나도 뽑지 못하였다. 초겨울에는 도두(都頭) 색상(索湘)이 성산(星山)의 진영 아래에서 손을 묶어 항복하였고 이달 안에는 좌장 김락이 미리사(美利寺) 앞에서 전사했으며, 죽이고 얻은 것도 많고 쫓아가 사로잡은 것도 적지 않았다. 그 강하고 약한 것이 이와 같으니 이기고 질 것은 알 만한 일이며, 바라는 바는 활을 평양성(平壤城) 문루(門樓)에 걸고 말에게 패강(浿江)의 물을 먹이는 일이다. 그러나 지난 달 7일에 오월국(吳越國)의 사신 반상서(班尙書)가 와서 국왕의 조서를 전하였다. '경은 고려와 오랫동안 우호관계를 통하고 함께 선린의 맹약을 맺은 줄 알았는데, 근래에 인질이 죽은 것으로 말미암아 마침내 화친하던 옛 우호를 잃어버리고 서로 국경을 침범하여 전쟁이 끊이지 않게 되었다. 이제 일부러 사신을 보내어 경의 본도에 이르게 하고, 또 고려에도 글을 보내니 마땅히 각각 서로 친목해서 길이 평화롭게 지내도록 하라.' 나는 왕실을 높이는 의에 돈독하고 큰 나라를 섬기는 데 전념해 오던 터에 조칙(詔勅)으로 타이르는 것을 듣게 되어 즉시 받들어 행하고자 한다. 다만 그대가 그만두고 싶어도 그만둘 수 없고 곤경에 처해 있으면서도 싸우려는 것을 염려하는 바이다. 이제 조서를 베껴서 보내는 터이니, 청컨대 유의해서 자세히 살피기를 바란다. 또 토끼와 사냥개가 다 함께 지치고 보면 마침내 반드시 남의 조롱을 받는 법이고, 조개와 황새가 서로 버티다가는 역시 남의 웃음거리가 되는 것이다. 마땅히 미혹함을 경계하여 후회하는 일을 스스로 불러오지 말도록 하라." (『三國遺事』 2 紀異 2 後百濟甄萱)

고려 지난번에 신라의 국상(國相) 김웅렴(金雄廉) 등이 장차 그대를 수도로 불러들이려 한 것은 작은 자라가 큰 자라의 소리에 호응하는 것과 같았다. 이는 종달새가 매의 날개를 찢으려 하는 것이었으니, 반드시 백성들을 도탄에 빠뜨리고 종묘와 사직을 폐허로 만들었을 것이다. 나는 이 때문에 조적(祖逖)의 채찍을 먼저 잡고 한금호(韓擒虎)의 도끼를 홀로 휘둘러, 백관들에게 맹세하기를 밝은 태양과 같이 하고 6부(部)를 의리 있는 풍도로 타일렀더니, 뜻밖에 간신은 도망치고 군주는 세상을 떠났다. 마침내 경명왕(景明王)의 이종사촌동생이자 헌강왕(憲康王)의 외손자를 받들어 왕위에 즉위하도록 권하여, 위태로운 나라를 다시 세우고 없는 임금을 다시 있게 하였다. 그대는 나의 충고를 자세히 살피지 않고 흘러 다니는 말만을 들어서, 온갖 계책으로 왕위를 엿보고 여러 방면으로 나라를 침략했으나 오히려 내가 탄 말의 머리도 보지 못하고 내 쇠털 하나도 뽑지 못하였다. 초겨울에는 도두(都頭) 색상(索湘)이 성산(星山)의 진영 아래에서 손을 묶어 항복하였고 이달 안에는 좌장 김락이 미리사(美利寺) 앞에서 전사했으며, 죽이고 얻은 것도 많고 쫓아가 사로잡은 것도 적지 않았다. 그 강하고 약한 것이 이와 같으니 이기고 질 것은 알 만한 일이며, 바라는 바는 활을 평양성(平壤城) 문루(門樓)에 걸고 말에게 패강(浿江)의 물을 먹이는 일이다. 그러나 지난 달 7일에 오월국(吳越國)의 사신 반상서(班尙書)가 와서 국왕의 조서를 전하였다. '경은 고려와 오랫동안 우호관계를 통하고 함께 선린의 맹약을 맺은 줄 알았는데, 근래에 인질이 죽은 것으로 말미암아 마침내 화친하던 옛 우호를 잃어버리고 서로 국경을 침범하여 전쟁이 끊이지 않게 되었다. 이제 일부러 사신을 보내어 경의 본도에 이르게 하고, 또 고려에도 글을 보내니 마땅히 각각 서로 친목해서 길이 평화롭게 지내도록 하라.' 나는 왕실을 높이는 의에 돈독하고 큰 나라를 섬기는 데 전념해 오던 터에 조칙(詔勅)으로 타이르는 것을 듣게 되어 즉시 받들어 행하고자 한다. 다만 그대가 그만두고 싶어도 그만둘 수 없고 곤경에 처해 있으면서도 싸우려는 것을 염려하는 바이다. 이제 조서를 베껴서 보내는 터이니, 청컨대 유의해서 자세히 살피기를 바란다. 또 토끼와 사냥개가 다 함께 지치고 보면 마침내 반드시 남의 조롱을 받는 법이고, 조개와 황새가 서로 버티다가는 역시 남의 웃음거리가 되는 것이다. 마땅히 미혹함을 경계하여 후회하는 일을 스스로 불러오지 말도록 하라." (『全唐文』 1000 後百濟王甄萱 寄高麗王王建書)

고려 후백제 신라

9월에 견훤이 근품성을 공격하여 불태우고, 신라 고울부로 나아가 습격하였다. 신라왕도 근교에 닥치니 신라왕이 연식(連式)을 파견하여 급함을 알려왔다. 왕이 시중(侍

中) 공훤(公萱), 대상(大相) 손행(孫幸), 정조 연주(聯珠) 등에게 말하기를, "신라는 우리와 더불어 같이 우호관계가 된 지 이미 오래인데, 지금 급한 일이 있으니 구원하지 않을 수 없다."라고 하고, 공훤 등을 파견하여 병사 1만명으로 나아가게 하였다.

구원군이 아직 이르지 못하였는데, 견훤이 갑자기 신라 도성에 들어갔다. 이 때 왕은 비빈(妃嬪)·종척(宗戚)들과 함께 포석정에 나가서 놀면서 술자리를 벌여 즐기고 있었는데, 갑자기 병사가 이르렀음을 듣고 창졸간에 어찌할 바를 몰랐다. 왕은 부인과 함께 성 남쪽의 별궁으로 달아나서 숨었고, 따르던 신하·악사·궁녀들은 모두 잡혔다. 견훤이 병사를 풀어 크게 약탈하고 왕궁에 들어가 거처하면서 측근으로 하여금 왕을 찾게 하여 군중에 두고 핍박하여 스스로 목숨을 끊게 하였으며, 왕비를 강제로 능욕하고 그 부하를 풀어놓아 후궁들을 욕보이게 하며, 왕의 이종사촌동생 김부를 옹립하여 왕으로 삼았다. 왕의 동생 효렴, 재상 영경을 사로잡고, 귀족의 자녀들, 온갖 장인, 병장기, 진귀한 보물들을 모두 빼앗아 돌아갔다. 왕이 이것을 듣고 크게 노하여 사신을 파견하여 조문하고 제사지내며, 정예기병 5,000명을 직접 이끌고 견훤을 공산동수(公山桐藪)에서 맞이하여 크게 싸웠으나 불리하여, 견훤의 병사가 왕을 포위하여서 매우 위급하였다. 대장 신숭겸·김락이 힘써 싸우다가 죽고 여러 군대가 격파되어 도망가니, 왕은 겨우 몸만 빠져 나왔다.

견훤은 승세를 타서 대목군(大木郡)을 빼앗고 들판에 쌓여있는 곡식을 모두 불태웠다. (『高麗史』 1 世家 1 太祖 1)

고려 후백제 신라

9월에 견훤이 근품성을 공격하여 불태우고, 신라 고울부로 나아가 습격하였다. 신라 왕도 근교에 닥치니 신라왕이 연식을 파견하여 와서 급함을 알리고 구원을 청하였다. 왕이 시중 공훤, 대상 손행, 정조 연주 등에게 말하기를, "신라는 우리와 더불어 같이 우호관계가 된 지 이미 오래인데, 지금 급한 일이 있으니 구원하지 않을 수 없다."라고 하고, 공훤 등을 파견하여 병사 1만명으로 나아가게 하였다. 구원군이 아직 이르지 못하였는데, 견훤이 이것을 듣고 갑자기 신라 왕도에 들어갔다. 이 때 왕은 부인·비빈·종척들과 함께 포석정에 나가서 놀면서 술자리를 벌여 즐기고 있었는데, 갑자기 병사가 이르렀음을 듣고 창졸간에 어찌할 바를 몰랐다. 왕은 부인과 함께 성 남쪽의 별궁으로 달아났고, 시종하던 신하·궁녀·악사들은 모두 잡혔다. 견훤이 병사를 풀어 크게 약탈하고 왕궁에 들어가 거처하면서 측근으로 하여금 왕을 찾게 하여 군중에 두고 핍박하여 스스로 목숨을 끊게 하였으며, 왕비를 강제로 능욕하고 그 부하를 풀어놓아 후궁들을 욕보이게 하며, 이에 왕의 이종사촌동생 김부를 옹립하여 왕으로 삼았다. 왕의 동생 효렴, 재상 영경을 사로잡고, 귀족의 자녀들, 온갖 장인, 병장기, 진귀한 보물들을 모두 빼앗아 돌아갔다. 왕이 이것을 듣고 사신을 파견하여 조문하고 제사지내며, 정예기병 5,000명을 직접 이끌고 견훤을 공산동수에서 맞이하여 크게 싸웠으나 불리하여, 견훤의 병사가 왕을 포위하여서 매우 위급하였다. 대장 신숭겸·김락이 힘써 싸우다가 죽고 여러 군대가 패배하니, 왕은 겨우 몸만 빠져 나왔다. 견훤은 승세를 타서 대목군을 빼앗고 들판에 쌓여있는 곡식을 모두 불태웠다. 왕은 두 사람의 죽음을 매우 슬퍼하여 김락의 동생 철(鐵), 신숭겸의 동생 능길(能吉)·아들 보(甫)를 모두 원윤으로 삼고, 지묘사(智妙寺)를 창건하여 명복을 빌었다. 신숭겸은 광해주(光海州) 사람인데 용맹하고 장대하여 항상 태조를 따라 정벌하여 공이 있었다. 나중에 장절(壯節)이라고 시호를 내리고, 태조의 묘정(廟庭)에 배향(配享)되었다. (『高麗史節要』 1 太祖神聖大王)

후백제 신라 고려

9월에 견훤이 고려의 근품성을 공격하여 불태우고, 우리의 고울부로 나아가 습격하였다. 신라 왕도 근교에 닥치니 왕이 연식을 파견하여 고려에 급함을 알렸다. 고려왕이 시중 공훤, 대상 손행, 정조 연주 등에게 말하기를, “신라는 우리와 더불어 같이 우호관계가 된 지 이미 오래인데, 지금 급한 일이 있으니 구원하지 않을 수 없다.”라고 하고, 공훤 등을 파견하여 병사 1만명으로 나아가게 하였다. 구원군이 아직 이르지 못하였는데, 견훤이 갑자기 도성에 들어갔다. 이 때 왕은 비빈·종척들과 함께 포석정에 나가서 놀면서 술자리를 벌여 즐기고 있었는데, 갑자기 병사가 이르렀음을 듣고 창졸간에 어찌할 바를 몰랐다. 왕은 부인과 함께 성 남쪽의 별궁으로 달아나서 숨었고, 따르던 관인·악사·궁녀들은 모두 잡혔다. 종척·공경·대부·사녀들은 사방으로 흩어져 도망가 숨었고, 사로잡힌 자는 귀천을 가리지 않고 노비가 되기를 애걸하였으나 죽음을 면하지 못하였다. 견훤이 병사를 풀어 크게 약탈하고 왕궁에 들어가 거처하면서 측근으로 하여금 왕을 찾게 하여 군중에 두고 핍박하여 스스로 목숨을 끊게 하였으며, 왕비를 강제로 능욕하고 그 부하를 풀어놓아 후궁들을 욕보이게 하며, 이에 왕의 이종사촌동생 김부를 옹립하여 왕으로 삼았다. 왕의 동생 효렴, 재상 영경을 사로잡고, 여자, 온갖 장인, 병장기, 진귀한 보물들을 모두 빼앗아 돌아갔다. 고려왕이 이것을 듣고 사신을 파견하여 조문하고 제사지내며, 정예기병 5,000명을 직접 이끌고 견훤을 공산동수에서 맞이하여 크게 싸웠으나 불리하여, 견훤의 병사가 고려왕을 포위하여서 매우 위급하였다. 대장 신숭겸·김락이 힘써 싸우다가 죽고 여러 군대가 격파되어 도망가니, 왕은 겨우 몸만 빠져 나왔다. 견훤은 승세를 타서 대목군을 빼앗았다. 당시 신라는 국운이 쇠퇴하여 다시 일어나기 어렵다고 여겨서, 이에 고려에게 후원자가 되기를 청하였다. 견훤은 고려가 먼저 들어갈까 걱정하였으므로, 병사를 몰아 갑자기 왕도에 들어가 나쁜 짓을 마음대로 저질렀던 것이다. 김부는 문성왕(文聖王)의 후손이고, 이찬 효종(孝宗)의 아들이다. 즉위하게 되자, 서당(西堂)에서 전왕의 빈장을 치르고, 여러 신하와 함께 통곡하였다. 시호를 올려 경애(景哀)라고 하고, 남산 해목령(蟹目嶺)에 장사지냈다. (『三國史節要』 14)

고려 후백제 신숭겸(申崇謙)은 초명(初名)이 능산(能山)이고, 광해주(光海州) 사람이다. 몸이 장대하고, 무예와 용맹함이 있었다. (태조) 10년에 태조가 견훤과 공산동수에서 싸웠으나 불리하여, 견훤의 군사가 태조를 포위하여서 매우 위급하였다. 신숭겸은 이 때에 대장이 되어 원보(元甫) 김락과 함께 힘써 싸우다가 죽었다. 태조가 매우 슬퍼하여 장절이라고 시호를 내리고, 그 동생 능길·아들 보, 김락의 동생 철을 모두 원윤으로 삼고, 지묘사를 창건하여 명복을 빌었다. (『高麗史』 92 列傳 5 申崇謙)

후백제 고려 신라

(천성 2년) 겨울 10월에 태조가 군사를 내어 원조하였다. 견훤이 갑자기 신라 왕도에 들어갔다. 이 때 왕은 부인·후궁들과 함께 포석정(鮑石亭)에 나가서 놀면서 술자리를 벌여 즐기고 있었는데, 적이 이르자 낭패하여 어찌할 바를 몰랐다. 왕은 부인과 함께 성 남쪽의 별궁으로 돌아왔고, 여러 시종하던 신료 및 궁녀·악사들은 모두 반란군에게 잡혔다. 견훤이 병사를 풀어 크게 약탈하고 사람을 시켜 왕을 잡아오게 하여 앞에 이르자 그를 죽였다. 곧 궁중에 들어가 거처하면서 부인을 강제로 끌어내 능욕하고, 왕의 집안 동생 김부(金傅)로 하여금 왕위를 계승하게 하였다. 그런 후에 왕의 동생 효렴(孝廉), 재상 영경(英景)을 사로잡고, 또 국가 창고의 진귀한 보물, 병장기를 빼앗으며 귀족의 자녀들, 온갖 장인 중 솜씨가 있는 자들은 스스로 따르게 하여 돌아갔다. 태조는 정예 기병 5,000명으로 견훤을 공산(公山) 아래에서 맞이하여 크게 싸웠다. 태조의 장수 김락·신숭겸(申崇謙)이 전사하고 모든 군사가 패배하여, 태조는 겨우 몸만 빠져 나왔다. (…) 당시 신라의 임금과 신하들은 국운이 쇠퇴하여 다시 일어나기 어렵다고 생각하여, 우리 태조를 끌어들여 우호를 맺어 후원자

로 삼으려고 하였다. 견훤은 자기가 나라를 빼앗을 마음을 갖고 있었는데, 태조가 먼저 할까 걱정하였다. 이런 까닭으로 병사를 끌고 왕도에 들어가 나쁜 짓을 저질렀던 것이다. (『三國史記』 50 列傳 10 甄萱)

고려 후백제 겨울 10월에 견훤이 장수를 파견하여 벽진군(碧珍郡)을 침입하고 대목(大木)·소목(小木) 2군(郡)의 벼 이삭을 베었다. (『高麗史』 1 世家 1 太祖 1)

고려 후백제 겨울 10월에 견훤이 장수를 파견하여 벽진군을 침입하고 대목·소목 2군의 벼 이삭을 베었다. (『高麗史節要』 1 太祖神聖大王)

후백제 고려 겨울 10월에 견훤이 장수를 파견하여 고려의 벽진군을 침입하고 대목·소목 2군의 벼 이삭을 베었다. (『三國史節要』 14)

발해 천성 2년 11월 신미일(24)에 발해 사신 문성각(文成角)이 왔다. (『新五代史』 6 唐本紀 6 明宗)

신라 본국의 경애대왕(景哀大王)이 대사의 덕이 천하에 으뜸이고 명망이 해동(海東)에 두텁다는 소문을 들었으나, 아직 궁중으로 영접하여 피석(避席)의 예를 갖추지 못한 것을 유감으로 생각하고, 중사(中使)인 최영(崔暎)을 보내어 봉조(鳳詔)를 전달하고 앙려(鴦廬)로 초빙해서 왕도(王道)의 위급함을 부호(扶護)하는 방법을 물었으며, 국사의 예를 표하였다. 이 때에 태광(太匡)이 요좌(僚佐)를 거느리고 스님이 계시는 선관(禪關)으로 찾아가 함께 경하(慶賀)하는 예의를 베풀었으니, 이는 군려(群黎)의 경하를 극진히 한 것이거늘, 하물며 인주(隣州)와 비현(比縣)의 관속(官屬)들이 방문차 왕래하는 관개(冠蓋)가 길로 이어져 끊어지지 아니함에 비유할 것인가. 스님은 이 때 잠깐 보현산사(普賢山寺)를 떠나 군성(郡城)에 와 있으면서 군주사(軍州師)가 나라에 충성함을 높이 격려하고, 읍인(邑人)들이 봉불(奉佛)함을 찬양하였다. 천남(川南)에서 지(止)와 관(觀)을 닦으니 복혜(福慧)의 샘물이 도도히 흐르고, 영외(嶺外)로 돌아옴을 말하니 청량(淸凉)의 밝은 달을 쳐다보는 것과 같았다. (「普賢寺朗圓大師悟眞塔碑」)

신라 후백제 견훤은 구원군이 아직 이르지 못하였으므로, 겨울 11월에 갑자기 왕경에 들어갔다. 이 때 왕은 비빈·종척들과 함께 포석정에서 놀면서 연회를 베풀어 즐기고 있었는데, 적병이 이르렀음을 깨닫지 못하여 창졸간에 어찌할 바를 몰랐다. 왕은 왕비와 함께 후궁으로 도망쳐 들어갔고, 종척 및 공경·대부·사녀들은 사방으로 흩어져 도망가 숨었으며, 그 적에게 사로잡힌 자는 귀천을 가리지 않고 모두 놀라 땀을 흘리며 기면서 노비가 되기를 애걸하였으나 죽음을 면하지 못하였다. 견훤은 또 그 병사를 풀어 공사의 재물을 약탈하여 모두 빼앗고 왕궁에 들어가 거처하였는데, 이에 측근에 명령하여 왕을 찾게 하였다. 왕은 비첩(妃妾) 몇 명과 후궁에 있었는데, 군중에 가두어 두고 왕을 핍박하여 스스로 목숨을 끊게 하였으며, 왕비를 강제로 능욕하고 그 부하를 풀어놓아 비첩들을 욕보이게 하였다. 이에 왕의 집안 동생을 옹립하여 임시로 국사를 맡게 하니, 그가 경순왕(敬順王)이다. (『三國史記』 12 新羅本紀 12)

신라 후백제 고려

경순왕이 즉위하였는데, 이름은 부이다. 문성대왕(文聖大王)의 후손이고, 이찬 효종의 아들이며 어머니는 계아태후(桂娥太后)이다. 견훤에 의해 추대되어 즉위하자, 전왕의 시신을 들어 서당에서 빈장을 치르고 여러 부하와 함께 통곡하였다. 시호를 올려 경애(景哀)라고 하고, 남산 해목령에 장사지냈다. 태조가 사신을 파견하여 조문하고 제사지냈다. (『三國史記』 12 新羅本紀 12)

신라 후백제 고려

천성 2년에 구원군이 아직 이르지 못하였는데, 견훤이 겨울 11월에 갑자기 왕경에 들어갔다. 이 때 왕은 비빈·종척들과 함께 포석정에서 놀면서 연회를 베풀어 즐기고 있었는데, 병사가 이르렀음을 깨닫지 못하여 창졸간에 어찌할 바를 몰랐다. 왕은 왕비와 함께 후궁으로 도망쳐 들어갔고, 종척 및 공경·대부·사녀들은 사방으로 흩어져 도망갔으며, 그 적에게 사로잡힌 자는 귀천을 가리지 않고 기면서 노비가 되기를 애걸하였다. 견훤은 병사를 풀어 공사의 재물을 약탈하고 왕궁에 들어가 거처하였는데, 이에 측근에 명령하여 왕을 찾게 하였다. 왕은 비첩 몇 명과 후궁에 있었는데, 군중에 가두어 두고 왕을 핍박하여 스스로 목숨을 끊게 하였으며, 왕비를 강제로 능욕하고 그 부하를 풀어놓아 비첩들을 욕보이게 하였다. 이에 왕의 집안 동생인 부를 옹립하여 왕으로 삼았다. 왕은 견훤에 의해 추대되어 즉위하자, 전왕의 시신은 서당에서 빈장을 치르고 여러 부하와 함께 통곡하였다. 우리 태조가 사신을 파견하여 조문하고 제사지냈다. (『三國遺事』 2 紀異 2 金傅大王)

신라 후백제 고려

경애왕이 죽었다. 경순왕 부(傅) 즉위 원년이다. (『三國史記』 31 年表下)

신라

제56대 경순왕은 김씨이고 이름은 부이다. 아버지는 이간(伊干) 효종이고, 신흥대왕(神興大王)으로 추봉(追封)하였다. 조부는 각한(角汗) 관△(官△)이고, 의흥대왕(懿興大王)으로 봉하였다. 어머니는 계아(桂娥)이고, △강왕(△康王)의 딸이다. (『三國遺事』 1 王曆)

신라

11월에 돌아가신 아버지를 신흥대왕으로, 어머니를 왕태후로 추존(追尊)하였다. (『三國史記』 12 新羅本紀 12)

신라

11월에 돌아가신 아버지를 신흥대왕으로, 어머니를 왕대후로 추존하였다. (『三國史節要』 14)

고려 후백제

11월에 벽진군의 벼와 곡식을 불태웠다. 정조 색상이 전사하였다. (『高麗史』 1 世家 1 太祖 1)

고려 후백제

11월에 벽진군의 벼와 곡식을 불태웠다. 정조 색상이 전사하였다. (『高麗史節要』 1 太祖神聖大王)

후백제 고려

(11월) 견훤이 고려 벽진군의 벼와 곡식을 불태웠다. 정조 색상이 전사하였다. (『三國史節要』 14)

후백제

(11월) 거란의 사신 사고마돌(娑姑麻咄) 등 35명이 후백제를 방문하였다. 견훤이 장군 최견(崔堅)을 파견하여 사고말돌 등을 따라 보냈는데, 바다를 건너 북쪽으로 가다가 바람을 만나 후당의 등주(登州)에 이르러 모두 죽음을 당하였다. (『三國史節要』 14)

후백제

(천성 2년) 거란의 사신 사고마돌 등 35명이 와서 방문하였다. 견훤이 장군 최견을 파견하여 사고말돌 등을 따라 보냈는데, 바다를 건너 북쪽으로 가다가 바람을 만나 후당의 등주에 이르러 모두 죽음을 당하였다. (『三國史記』 50 列傳 10 甄萱)

신라 후백제

12월에 견훤이 대목군에 침입하여, 들판에 쌓인 것을 다 불태웠다. (『三國史記』 12 新羅本紀 12)

후백제 고려

(천성 2년) 견훤이 승세를 타고 대목군을 취하였다. (『三國史記』 50 列傳 10 甄萱)

후백제 고려

(천성 2년) 12월 어느 날에 태조에게 편지를 보내어 말하였다. "지난번에 국상 김웅

렴 등이 장차 그대를 수도로 불러들이려 한 것은 작은 자라가 큰 자라의 소리에 호응하는 것과 같았다. 이는 종달새가 매의 날개를 찢으려 하는 것이었으니, 반드시 백성들을 도탄에 빠뜨리고 종묘와 사직을 폐허로 만들었을 것이다. 나는 이 때문에 조적의 채찍을 먼저 잡고 한금호의 도끼를 홀로 휘둘러, 백관들에게 맹세하기를 밝은 태양과 같이 하고 6부를 의리 있는 풍도로 타일렀더니, 뜻밖에 간신은 도망치고 군주는 세상을 떠났다. 마침내 경명왕의 이종사촌동생이자 헌강왕(獻康王)의 외손자를 받들어 왕위에 즉위하도록 권하여, 위태로운 나라를 다시 세우고 없는 임금을 다시 있게 하는 일이 이번에 있었다. 그대는 나의 충고를 자세히 살피지 않고 흘러 다니는 말만을 들어서, 온갖 계책으로 왕위를 엿보고 여러 방면으로 나라를 침략했으나 오히려 내가 탄 말의 머리도 보지 못하고 내 쇠털 하나도 뽑지 못하였다. 초겨울에는 도두 색상이 성산의 진영 아래에서 손을 묶어 항복하였고 이달 안에는 좌장 김락이 미리사(美理寺) 앞에서 전사했으며, 죽이고 얻은 것도 많고 쫓아가 사로잡은 것도 적지 않았다. 그 강하고 약한 것이 이와 같으니 이기고 질 것은 알 만한 일이며, 바라는 바는 활을 평양성 문루에 걸고 말에게 패강의 물을 먹이는 일이다. 그러나 지난 달 7일에 오월국의 사신 반상서가 와서 국왕의 조서를 전하였다. '경은 고려와 오랫동안 우호관계를 통하고 함께 선린의 맹약을 맺은 줄 알았는데, 근래에 인질이 두 번 죽은 것으로 말미암아 마침내 화친하던 옛 우호를 잃어버리고 서로 국경을 침범하여 전쟁이 끊이지 않게 되었다. 이제 일부러 사신을 보내어 경의 본도에 이르게 하고, 또 고려에도 글을 보내니 마땅히 각각 서로 친목해서 길이 평화롭게 지내도록 하라.' 나는 의리가 왕실을 높이는 데에 돈독하고 정이 큰 나라를 섬기는 데에 깊었는데, 조칙으로 타이르는 것을 듣게 되어 즉시 받들어 행하고자 한다. 항상 그대가 그만두고 싶어도 그만둘 수 없고 곤경에 처해 있으면서도 싸우려는 것을 염려하는 바이다. 이제 조서를 베껴서 보내는 터이니, 청컨대 유의해서 자세히 살피기를 바란다. 또 토끼와 사냥개가 다 함께 지치고 보면 마침내 반드시 남의 조롱을 받는 법이고, 조개와 황새가 서로 버티다가는 역시 남의 웃음거리가 되는 것이다. 마땅히 미혹함을 경계하여 후회하는 일을 스스로 불러오지 말도록 하라." (『三國史記』 50 列傳 10 甄萱)

고려 후백제 12월에 견훤이 왕에게 편지를 보내어 말하였다. "지난번에 신라의 국상 김웅렴 등이 장차 그대를 수도로 불러들이려 한 것은 작은 자라가 큰 자라의 소리에 호응하는 것과 같았다. 이는 종달새가 매의 날개를 찢으려 하는 것이었으니, 반드시 백성들을 도탄에 빠뜨리고 사직을 폐허로 만들었을 것이다. 이 때문에 조적의 채찍을 먼저 잡고 한금호의 도끼를 홀로 휘둘러, 백관들에게 맹세하기를 밝은 태양과 같이 하고 6부를 의리 있는 풍도로 타일렀더니, 뜻밖에 간신은 도망치고 군주는 세상을 떠났다. 마침내 경명왕의 이종사촌동생이자 헌강왕의 외손자를 받들어 왕위에 즉위하도록 권하여, 위태로운 나라를 다시 세우고 없는 임금을 다시 있게 하는 일이 이번에 있었다. 그대는 나의 충고를 자세히 살피지 않고 흘러 다니는 말만을 들어서, 온갖 계책으로 왕위를 엿보고 여러 방면으로 나라를 침략했으나 오히려 내가 탄 말의 머리도 보지 못하고 내 쇠털 하나도 뽑지 못하였다. 초겨울에는 도두 색상이 성산의 진영 아래에서 손을 묶어 항복하였고 이달 안에는 좌장 김락이 미리사 앞에서 전사했으며, 죽이고 얻은 것도 많고 쫓아가 사로잡은 것도 적지 않았다. 그 강하고 약한 것이 이와 같으니 이기고 질 것은 알 만한 일이며, 바라는 바는 활을 평양성 문루에 걸고 말에게 패강의 물을 먹이는 일이다. 그러나 지난 달 7일에 오월국의 사신 반상서가 와서 국왕의 조서를 전하였다. '경은 고려와 오랫동안 우호관계를 통하고 함께 선린의 맹약을 맺은 줄 알았는데, 근래에 인질이 두 번 죽은 것으로 말미암아 마침내 화친하던 옛 우호를 잃어버리고 서로 국경을 침범하여 전쟁이 끊이지 않게 되었다. 이제 일부러 사신을 보내어 수도의 본도에 이르게 하고, 또 고려에도 글을 보내니 마땅히 각각 서로 친목해서 길이 평화롭게 지내도록 하라.' 나는 의리가 왕실을 높이는 데에 돈독하고 정이 큰 나라를 섬기는 데에 깊었는데, 조칙으로 타이르는 것을 듣게 되어 즉시 받들어 행하고자 한다. 다만 그대가 그만두고 싶어도 그만둘 수 없고 곤경에 처해 있으면서도 싸우려는 것을 염려하는 바이다. 이제 조서를 베껴서 보내는 터이니, 청컨대 유의해서 자세히 살피기를 바란다. 또 토끼와 사냥개가 다 함께 지치고 보면 마침내 반드시 남의 조롱을 받는 법이고, 조개와 황새가 서로 버티다가는 역시 남의 웃음거리가 되는 것이다. 마땅히 미혹함을 경계하여 후회하는 일을 스스로 불러오지 말도록 하라."(『高麗史』1 世家 1 太祖 1)

고려 후백제 12월에 견훤이 편지를 보내어 말하였다. "지난번에 신라의 국상 김웅렴 등이 장차 그대를 수도로 불러들이려 한 것은 작은 자라가 큰 자라의 소리에 호응하는 것과 같았다. 이는 종달새가 매의 날개를 찢으려 하는 것이었으니, 반드시 백성들을 도탄에 빠뜨리고 사직을 폐허로 만들었을 것이다. 이 때문에 조적의 채찍을 먼저 잡고 한금호의 도끼를 홀로 휘둘러, 백관들에게 맹세하기를 밝은 태양과 같이 하고 6부를 의리 있는 풍도로 타일렀더니, 뜻밖에 간신은 도망치고 군주는 세상을 떠났다. 마침내 경명왕의 이종사촌동생이자 헌강왕의 외손자를 받들어 왕위에 즉위하도록 권하여, 위태로운 나라를 다시 세우고 없는 임금을 다시 있게 하는 일이 이번에 있었다. 그대는 나의 충고를 자세히 살피지 않고 흘러 다니는 말만을 들어서, 온갖 계책으로 왕위를 엿보고 여러 방면으로 나라를 침략했으나 오히려 내가 탄 말의 머리도 보지 못하고 내 쇠털 하나도 뽑지 못하였다. 초겨울에는 도두 색상이 성산의 진영 아래에서 손을 묶어 항복하였고 이달 안에는 좌장 김락이 미리사 앞에서 전사했으며, 죽이고 얻은 것도 많고 쫓아가 사로잡은 것도 적지 않았다. 그 강하고 약한 것이 이와 같으니 이기고 질 것은 알 만한 일이며, 바라는 바는 활을 평양성 문루에 걸고 말에게 패강의 물을 먹이는 일이다. 그러나 지난 달 7일에 오월국의 사신 반상서가 와서 국왕의 조서를 전하였다. '경은 고려와 오랫동안 우호관계를 통하고 함께 선린의 맹약을 맺은 줄 알았는데, 근래에 인질이 누 번 죽은 것으로 말미암아 바침내 화친하던 옛 우호를 잃어버리고 서로 국경을 침범하여 전쟁이 끊이지 않게 되었다. 이제 일부러 사신을 보내어 경의 본도에 이르게 하고, 또 고려에도 글을 보내니 마땅히 각각 서로 친목해서 길이 평화롭게 지내도록 하라.' 나는 의리가 왕실을 높이는 데에 돈독하고 정이 큰 나라를 섬기는 데에 깊었는데, 조칙으로 타이르는 것을 듣게 되어 즉시 받들어 행하고자 한다. 다만 그대가 그만두고 싶어도 그만둘 수 없고 곤경에 처해 있으면서도 싸우려는 것을 염려하는 바이다. 이제 조서를 베껴서 보내는 터이니, 청컨대 유의해서 자세히 살피기를 바란다. 또 토끼와 사냥개가 다 함께 지치고 보면 마침내 반드시 남의 조롱을 받는 법이고, 조개와 황새가 서로 버티다가는 역시 남의 웃음거리가 되는 것이다. 마땅히 미혹함을 경계하여 후회하는 일을 스스로 불러오지 말도록 하라."(『高麗史節要』1 太祖神聖大王)

후백제 고려 12월에 견훤이 고려에 편지를 보내어 말하였다. "지난번에 신라의 국상 김웅렴 등이 장차 그대를 수도로 불러들이려 한 것은 작은 자라가 큰 자라의 소리에 호응하는 것과 같았다. 이는 종달새가 매의 날개를 찢으려 하는 것이었으니, 반드시 백성들을 도탄에 빠뜨리고 사직을 폐허로 만들었을 것이다. 이 때문에 조적의 채찍을 먼저 잡고 한금호의 도끼를 홀로 휘둘러, 백관들에게 맹세하기를 밝은 태양과 같이 하고 6부를 의리 있는 풍도로 타일렀더니, 뜻밖에 간신은 도망치고 군주는 세상을 떠났다. 마침내 경명왕의 이종사촌동생이자 헌강왕의 외손자를 받들어 왕위에 즉위하도록 권하여, 위태로운 나라를 다시 세우고 없는 임금을 다시 있게 하는 일이 이번에 있었다. 그대는 나의 충고를 자세히 살피지 않고 흘러 다니는 말만을 들어서, 온갖 계책으로 왕위를 엿보고 여러 방면으로 나라를 침략했으나 오히려 내가 탄 말의 머리도 보지 못하고 내 쇠털 하나도 뽑지 못하였다. 초겨울에는 도두 색상이 성산진(星山鎭) 아래에서 손을 묶어 항복하였고 이달 안에는 좌상(左相) 김락이 미리사 앞에서 전사했으며, 죽이고 얻은 것도 많고 쫓아가 사로잡은 것도 적지 않았다. 그 강하고 약한 것이 이와 같으니 이기고 질 것은 알 만한 일이며, 바라는 바는 활을 평양성 문루에 걸고 말에게 패강의 물을 먹이는 일이다. 그러나 지난 달 7일에 오월국의 사신 반상서가 와서 국왕의 조서를 전하였다. '경은 고려와 오랫동안 우호관계를 통하고 함께 선린의 맹약을 맺은 줄 알았는데, 근래에 인질이 두 번 죽은 것으로 말미암아 마침내 화친하던 옛 우호를 잃어버리고 서로 국경을 침범하여 전쟁이 끊이지 않게 되었다. 이제 일부러 사신을 보내어 경의 본도에 이르게 하고, 또 고려에도 글을 보내니 마땅히 각각 서로 친목해서 길이 평화롭게 지내도록 하라.' 나는 의리가 왕실을 높이는 데에 돈독하고 정이 큰 나라를 섬기는 데에 깊었는데, 조칙으로 타이르는 것을 듣게 되어 즉시 받들어 행하고자 한다. 다만 그대가 그만두고 싶어도 그만둘 수 없고 곤경에 처해 있으면서도 싸우려는 것을 염려하는 바이다. 이제 조서를 베껴서 보내는 터이니, 청컨대 유의해서 자세히 살피기를 바란다. 또 토끼와 사냥개가 다 함께 지치고 보면 마침내 반드시 남의 조롱을 받는 법이고, 조개와 황새가 서로 버티다가는 역시 남의 웃음거리가 되는 것이다. 마땅히 미혹함을 경계하여 후회하는 일을 스스로 불러오지 말도록 하라." (『三國史節要』 14)

고려 정해년에 묘사(妙寺)를 창건하였다. (『三國遺事』 1 王曆)

고려 태종(太宗) 천현(天顯) 2년에 고려가 와서 조공하였다. (『遼史』 115 列傳 45 二國外記)

고려 16조 보운존자(寶雲尊者) 의통(義通)은 자(字)가 유원(惟遠)이고 고려국이며 족성(族姓)은 윤씨(尹氏)이다[후당 명종 천성 2년 정해에 태어났다]. 부처님처럼 겉모습이 특별하여 정수리에 육계(肉髻)가 있었고, 눈썹털이 구불구불 이어져 늘이면 길이가 5~6촌이었다. (『佛祖統紀』 8 興道 下 八祖紀 4)

고려 이 해 임언(林彦)을 후당(後唐)에 보냈다. (『高麗史』 1 世家 1 太祖 1)
고려 이 해 임언이 후당에 갔다. (『高麗史節要』 1 太祖神聖大王)

신라 천성(天成) 2년에 대사는 그 곳으로 옮겨 주석하였다. 이곳에 법경(法鏡)을 높이 걸어놓고 항상 닦고 비추어 무애융통하였으며, 선용(禪鏞)을 높은 틀에 달아 놓고 치기를 기다림과 같았으니, 메아리의 응함이 연(緣)을 따르는 것과 다름없었다. 그리하여 많은 사람들을 귀의하게 하였고, 천지사방(天地四方)의 중생들로 하여금 눈을 뜨게 하였다. 도(道)를 묻는 자가 구름과 안개처럼 모여들어 법문(法門)을 들으려는 불자(佛子)들의 발꿈치가 서로 닿았으니, 마치 병목(並目)처럼 나란히 하였다. 이와 같이 대사의 덕화가 해우(海隅)에 두루하여 미치지 않는 곳이 없었으며, 명성(名聲)이 일역(日域)을 진동하였다. 신라의 경애왕(景哀王)이 멀리서 스님의 현장(玄杖)을 의지하여 나라의 정강(政綱)을 정돈하려 하였으며, 비록 상법(像法)과 계법(季法)시대에 해당하나, 선라(禪那)의 교를 받들려 원을 세웠다. 사신을 보내 편지를 전하되, "공손히 들으니 대사께서는 일찍이 바다를 건너 당(唐)나라로 가서 멀고도 험난한 조계(曹溪)에 이르러 도연화상(道緣和尙)으로부터 심중(心中)의 비인(秘印)을 전해 받고, 함하(頷下)의 명주(明珠)를 찾으셨으며, 지혜의 횃불을 계속 밝혀 미혹한 중생들의 앞길을 인도하였으니, 선하(禪河)는 이로부터 막힘없이 흐르게 되었고, 법산(法山)이 이에 우뚝 솟게 되었습니다. 계족산의 멸진정(滅盡定)에 들어 있는 가섭존자의 현풍(玄風) 이 구림(鳩林)의 먼 곳까지 전파되기를 바랐으니, 이 어찌 일방(一邦)의 의뢰(依賴)가 될 뿐이겠습니까. 이같이 덕 높은 스님은 천재(千載)에도 한 번 만나기 어려운 일입니다."하고는 봉종대사(奉宗大師)라는 별호를 올렸다. 대사는 일마다 걸림이 없어 방촌(方寸)에 바다와 같은 큰 것을 넣어도 조금도 거위(拒違)한 바가 없이 오직 선유(善誘)하는 공을 넓히려 기(機)를 나타내는 도(道) 를 더욱 삼갔다.

928(戊子/신라 경순왕 2/후백제 견훤 29/고려 태조 11, 天授 11/後唐 天成 3/日本 延長 6)

고려 봄 정월 임신일(25)에 명주장군(溟州將軍) 김순식(金順式)이 찾아와 왕을 알현했다. (『高麗史』1 世家 1 太祖 1)

고려 봄 정월에 명주장군 순식과 자제가 그 무리를 거느리고 고려에 조회했다. (『三國史節要』14)

고려 (봄 정월) 명주의 순식이 무리를 거느리고 들어와 조회하므로 왕씨(王氏)의 성을 내려주고 대광(大匡)으로 임명했으며, 그 아들 장명(長命)에게는 염(廉)이란 이름을 내려주고 원보(元甫)로 임명했으며, 소장(小將) 관경(官景)에게도 역시 왕씨의 성을 내려주고 대승(大丞)으로 임명하였다. (…) (『高麗史節要』1 太祖神聖大王)

고려 왕순식(王順式)은 명주(溟州) 사람이다. 본 고을의 장군으로 있으면서 오래 동안 항복하지 않았으므로 태조의 두통거리가 되었다. 시랑(侍郞) 권열(權說)이, "아버지로서 아들을 가르치고 형으로서 아우를 훈계하는 일은 하늘의 이치입니다. 왕순식의 아비 허월(許越)이 지금 승려로 내원(內院)에 있으니, 마땅히 그를 보내어 아들을 깨우치도록 하옵소서." 라고 아뢰니, 태조가 그 의견을 따랐다. 이에 왕순식이 맏아들 왕수원(王守元)을 보내어 귀부하자, 왕씨(王氏) 성을 내려주고, 토지와 집도 주었다. 또한 아들 왕장명(王長命)을 보내어 군사 6백 명을 거느리고 입경하여 숙위(宿衛)하게 하였으며, 뒤에 자제들과 함께 부하들을 거느리고 입조하므로 왕씨 성을 내려주고 대광(大匡)으로 임명하였다. 왕장명에게는 왕렴(王廉)이라는 이름을 내려주고 원보(元甫)로 임명하였으며, 소장(小將) 관경(官景)에게도 왕씨 성을 내려주고 대승(大丞)으로 임명하였다. (…) (『高麗史』92 列傳 5 王順式)

고려 (봄 정월) 을해일(28)에 원윤(元尹) 김상(金相)과 정조(正朝) 직량(直良) 등이 강주(康州)를 구원하러 가던 길에 초팔성(草八城, 지금의 경상남도 합천군 초계면)을 지나다가 성주 흥종(興宗)에게 패하여 김상이 전사했다. (『高麗史』1 世家 1 太祖 1)

고려 봄 정월에 고려 장군 김상이 초팔성의 적 흥종과 싸웠으나 이기지 못하고 죽었다. (『三國史記』12 新羅本紀 12)

고려 (봄 정월) 원윤(元尹) 김상(金相)과 정조(正朝) 직량(直良) 등이 가서 강주(康州)를 구하려고 초팔성(草八城)을 지나다가, 성주(城主) 흥종(興宗)에게 패하고 김상은 전사하였다. (『高麗史節要』1 太祖神聖大王)

발해 봄 정월 경자일(7)에 거란의 사신 예골(拽骨)이 왔다. 기유일(16)에 발해와 회골(回鶻)이 모두 사신을 보내 왔다. (『新五代史』6 唐本紀 6 明宗)

고려 후백제 (천성) 3년 정월에 태조가 다음과 같은 답서를 보냈다. "엎드려 오월국 통화사(通和使) 반상서(班尙書)가 전한 바의 조서 한 통을 받들었고, 아울러 그대가 수고롭게 보내준 긴 편지에 사실을 적은 것을 받았습니다. 삼가 화려한 수레를 타고 온 사신이 조서를 전하니 흰 비단에 쓴 좋은 소식과 겸하여 가르침을 받들었습니다. 조서를 받고 보니 비록 감격을 더하였으나 그대의 편지를 뜯어보니 혐의를 풀기 어렵습니다. 이제 돌아가는 사신의 수레 편에 문득 제 마음을 알리려고 합니다. 저는 위로는 천명을 받들고, 아래로는 사람들의 추대에 못 이겨 외람되게 장수의 권한을 맡고, 천하를 다스릴 기회를 얻었습니다. 지난번에 3한이 재앙을 당하고, 9주에 흉년이 들어 백성들이 많이 도적(黃巾)에 속하였고, 농토가 농작물이 말라 붉은 땅이 되지 않음이 없었습니다. 전쟁의 난리를 막기를 바라고 나라의 재난을 구제할 수 있을까 하여 이에 스스로 이웃 나라와 친하게 지내고 어느덧 우호관계를 맺으니 과연 수천리에 걸쳐 농상의 생업을 즐겨하고, 7~8년간 사졸들이 쉬는 것을 보았습니다. 을유년(925)에 이르러 때는 10월에 그대가 갑자기 일을 일으켜 교전하기에 이르렀습니다. 그대는 처음 적을 가볍게 보고 곧바로 전진하였으니 마치 버마재비가 수레를 막는 것과 같았고, 마침내는 어려운 줄을 알고 용감히 퇴각하였으니 마치 모기가 산을 등진 것과 같았습니다. 공손히 손을 맞잡고 말하기를 하늘을 두고 맹서하여 오늘 후에는 영원토록 화목할 것이며 만약 혹 맹서를 깨뜨린다면 신이 죽일 것이라고 하였습니다. 저 또한 창을 멈추게 하는 무(武)를 숭상하고, 사람을 죽이지 않는 인(仁)을 바랬습니다. 드디어 겹겹으로 포위한 것을 풀어 지친 군사를 쉬게 하고, 인질을 사양하지 않고 오직 백성을 편안하게 하려고 하였으니, 이는 제가 남쪽 사람들에게 큰 덕을 베푼 것입니다. 그런데 어찌 맹서하면서 바른 피가 마르기도 전에 흉악한 위세를 다시 부려 벌과 전갈의 독이 백성들에게 해를 입히며, 이리와 호랑이의 사나움이 서울[경주] 부근을 막아 금성이 곤궁하여 망할 지경에 이르고, 어가가 놀라게 될 줄이야 생각하였겠습니까. 의리를 지켜 주(周)나라를 높임에 있어 누가 제나라 환공(桓公), 진나라 문공(文公)의 패업과 비슷하겠습니까. 틈을 타서한(漢)나라를 도모함에 있어 오직 왕망과 동탁의 간사함을 볼 뿐입니다. 지존한 왕으로 하여금 굽혀서 그대에게 자식이라 칭하게 하여 높고 낮은 질서를 잃어버리게 되어, 모든 사람들이 함께 걱정하였습니다. 재상이 충직하고 참되지 않으면 어찌 사직을 다시 안정시킬 수 있을까 생각하였는데, 제가 마음에 악함을 숨기지 않았고, 뜻이 왕을 높임에 간절하다고 하여서 장차 조정에 있으면서 나라의 위태로움을 붙들도록 한 것입니다. 그대는 털끝만한 작은 이익을 보고서는 천지의 두터운 은혜를 잊고, 임금을 베어 죽이고, 궁궐을 불 질렀으며, 대신들을 살육하였고, 선비와 백성을 죽였습니다. 귀부인은 곧 붙잡아 곧 빼앗아 수레에 같이 태우고, 진귀한 보물은 곧 빼앗아 가득 실어 갔습니다. 큰 죄악은 걸(桀) 왕, 주(紂) 왕보다 더하고, 불인함은 제 아비를 잡아먹는 사나운 짐승보다 심합니다. 저의 원한은 하늘이 무너짐에 극에 달했고, 정성은 해를 물러나게 할 정도로 깊어 매가 사냥함을 본받고, 견마(犬馬)의 부지런함을 바치기로 서약했습니다. 다시 방패와 창을 든 후 두 번 느티나무와 버드나무가 바뀌었습니다. 육지의 공격에서는 우뢰같이 달리고 번개 같이 공격하였고, 수전의 공격에서는 호랑이처럼 치고 용처럼 날랐습니다. 움직였다 하면 반드시 공을 이루었고, 행하였다 하면 목적을 이루지 못함이 없었습니다. 해안에서 윤빈(尹邠)을 쫓을 때에는 쌓인 갑옷이 산 같았고, 성 언저리에서 추조(鄒造)를 사로잡을 때에는 쓰러진 시체가 들을 덮었습니다. 연산군 근처에서는 길환(吉奐)을 군진 앞에서 목베었고, 마리성(馬利城) 언저리에서는 수오(隨晤)를 군기 아래에서 죽였습니다. 임존성을 쳐서 빼앗던 날형적(邢積) 등 수백 명이 몸을 버렸고, 청주를 격파할 때에는 직심(直心) 등 네다섯 명이 머리를 바쳤습니다. 동수(桐藪)에서는 깃발만 바라보고도 무너져 흩어졌고, 경산(京山)에서는 입에 구슬을 물고(銜璧) 투항하였습니다. 강주(康州)는 남쪽에서 와서 귀부하였고, 나부(羅府)는 서쪽에서 옮겨 속했습니다. 침범하고 공격함이 이와 같으니 잃었던 땅을 되찾을 날이 어찌 멀겠습니까 반드시 지수(泜水)의 군영에서 장이(張耳)가 천 갈래 원한을 씻었듯이, 오강(烏江)가에서 한왕(漢王)이 한 번 이겨 공을 이루었듯이 마침내 전쟁을 종식하고 영원히 천하를 맑게 하기를 기약하는 바입니다. 하늘이 돕는 바이니 천명이 장차 어디로 돌아가겠습니까. 하물며 오월왕 전하의 덕이 두루 미쳐 먼 곳까지 포용하며, 어짊이 깊어 작은 나라를 어루만져 특별히 궁성(丹禁)에서 말씀을 내시어 청구(靑丘)에서 난리를 그치라고 타이르셨습니다. 이미 본보기가 되는 가르침을 받들었으니 감히 좇아 받들지 않을 수 있겠습니까 만약 그대가 공경스럽게 황제의 뜻을 받들어 모두 흉함과 거짓을 그친다면 상국의 어진 은혜에 부응할 뿐만 아니라 또한 해동의 끊어진 계통을 이을 수 있을 것입니다. 만약 잘못이 있는데도 고칠 수 없다면 만약 후회해도 어쩔 수 없을 것입니다." (『三國史記』 50 列傳 10 甄萱)

고려 후백제 (봄 정월) 이 달에 왕이 견훤에게 다음과 같이 회답했다. "오월국(吳越國)의 통화사(通和使) 반상서(班尙書)가 전한 조서 1통과 족하께서 자세히 사정을 적은 편지를 공손히 받았소. 훌륭한 사신이 이렇듯 글을 가지고 오니 좋은 말씀에다가 가르침까지 잘 받았소이다. 귀한 글을 받으니 비록 감격은 더하나 봉투를 열어보니 석연치 않은 마음을 없애기 힘들어, 지금 돌아가는 사신 편에 이 글을 부쳐 품은 뜻을 말씀드리고자 하는 바이오. 나는 위로는 하늘의 뜻을 받들고 아래로는 사람들의 추대에 못이겨 외람되이 지휘관으로서의 권한을 받고 나라를 다스릴 기회를 얻게 되었소. 근자에 삼한(三韓)이 액운을 만나고 나라 전역에 기근이 들어 백성들은 대부분 폭도[黃巾]가 되고 농토는 황폐해졌기에 나는 내전을 종식시키고 나라를 재앙으로부터 구해내기를 바랐던 것이외다. 이에 스스로 이웃과 친목하고 우호관계를 맺은 결과 수천 리에 걸쳐 백성들은 농업에 안착했으며 7~8년간 군사들은 한가하게 휴식을 취했소. 그러다가 을유년(925) 10월에 이르러 갑자기 일이 벌어져 결국 전쟁에까지 이른 것이오. 처음 족하께서 상대방을 무시하고 앞으로 내달았지만 이는 사마귀가 수레바퀴를 막아서는 것처럼 당치않은 일[螗蜋之拒轍]이었고, 결국 당해내기 어려움을 깨닫고 용퇴했으니 애당초 이는 모기가 산을 짊어지려는 것처럼[蚊子之負山] 불가능한 짓이었소. 당시 족하는 두 손을 모으고 사죄하며 하늘을 우러러, '오늘부터는 길이 화친할 것이며 만약 맹약을 어긴다면 신이 참화를 내리리라.'고 맹세했소. 나 또한 전쟁을 그치게 하는 무덕(武德)을 존중하고 사람을 살육하지 않는 인덕(仁德)을 바란 나머지 드디어 포위를 풀고 피곤한 군사들을 쉬게 하였으며, 인질의 교환마저 사양하지 않았으니 이는 다만 백성들이 편안하기를 바라서였소. 이것은 내가 남쪽의 후백제 사람들에게 큰 덕을 베푼 것이거늘, 맹약의 다짐이 미처 끝나기도 전에 흉악한 위세를 다시 떨치며 벌이나 전갈과 같은 독으로 백성들을 침해하고 이리나 범과 같은 광포함으로 도성 부근까지 쳐들어 와 금성(金城)을 압박하고 신라의 왕실을 놀라게 할 줄 어찌 알았으리오. 의리에 입각해 종주국을 떠받드는 일에 족하와 나 중에서 누가 제나라 환공(桓公)과 진(晉)나라 문공(文公)과 같은 업적을 이루었다고 생각하는 거요 틈을 타서 한나라를 멸망시켰던 간악한 왕망(王莽)이나 동탁(董卓))을 본받아 지존의 자리에 있는 왕으로 하여금 족하를 향해 자신을 아들이라고 하게 했다니 존비(尊卑)가 순서를 잃고 윗사람과 아랫사람이 모두 우려하고 있소. 충성되고 사심없는 원로가 아니라면 어찌 다시 사직을 안정시킬 수 있겠소 나는 간악한 마음을 간직함이 없이 신라왕을 존중하려는 간절한 뜻을 가졌기에, 장차 조정을 안정시키고 위태한 나라를 바로잡으려 하는 바이오. 족하께서는 털끝만한 조그만 이익을 위해 하늘과 땅 같은 두터운 은혜를 잊고서 임금을 살륙하고 궁궐을 불태웠으며 관리들을 처참히 죽이고 백성들을 도륙했소. 또 궁녀들을 탈취해 자기 것으로 만들고 진귀한 보물을 약탈해 가득 싣고 갔으니, 그 흉악함은 걸왕(桀王)이나 주왕(紂王)보다 더하고 그 잔인함은 맹수[獍梟]보다 심하오. 국왕이 돌아가시매 나의 원한은 극에 달하고 왕실을 우러러보는 나의 정성은 참으로 깊소. 매가 새를 쫓아버리듯 간악한 자를 축출함으로써 견마(犬馬)와 같은 충성을 펴고자 다시 전쟁을 일으킨 지 2년의 세월이 흘렀소. 육지에서는 우레와 번개처럼 재빨리 적군을 쳤으며, 바다에서는 범과 용처럼 솟구쳐 공격하니, 전투를 벌일 때마다 반드시 승리했으며 군사를 일으키면 허탕을 친 적이 없었소. 윤빈(尹邠)을 바닷가에서 격파했을 때는 갑옷이 산처럼 쌓였고 추조(鄒祖)를 변방의 성에서 생포했을 때는 시체가 들을 뒤덮었소. 연산군(燕山郡) 부근에서는 군사들이 보는 앞에서 길환(吉奐)의 목을 쳤고, 마리성(馬利城) 근처에서는 대장기 아래에서 수오(隨晤)를 도륙해 버렸소. 임존성(任存城)을 함락시키던 날에는 형적(邢積) 등 수백 명이 몸을 던졌고 청주(靑州)를 격파했을 때에는 직심(直心) 등 4~5명이 목을 내놓았소. 동수(桐藪)에서는 아군의 깃발만 보고도 혼비백산하여 패주했고 경산(京山)은 옥을 입에 물고 투항했으며, 강주(康州)는 남쪽에서 제발로 찾아와 귀부했고 나주(羅州)는 서쪽에서 옮겨와 우리에게 예속되었으니, 이처럼 손쉽게 공략해 나가는 터에 국토를 되찾을 날이 어찌 멀겠소. 지수(泜水)의 군영에서 천추에 맺힌 장이(張耳)의 한을 풀어 주었고, 오강(烏江)의 역정(驛亭) 위에서 한나라 왕이 승첩을 이룩한 것처럼 나도 반드시 이 혼란을 종식시키고 길이 천하를 밝힐 것을 기약하는 바이오. 하늘이 나를 도우나니 천명이 장차 어디로 돌아가겠소. 더구나 오월왕(吳越王) 전하께서 큰 은덕으로 변방의 외족(外族)을 포용하고 깊은 인애로 작은 나라를 사랑하여 특별히 대궐에서 윤음을 내리시어 이 나라에서 병란을 중지하라고 타일러 주셨소. 이미 모범으로 삼을 교훈을 받았으니 어찌 삼가 실천하지 않을 수 있으리오 족하께서 그 명철한 뜻을 삼가 받들어 흉악한 책략을 중지한다면, 오월국의 인지로운 은혜에 부응하는 일일 뿐 아니라 또한 신라의 끊어진 왕통을 잇는 일이 될 게요. 만약 개과천선하지 않는다면 후회해도 이미 때는 늦을 것이오." (『高麗史』 1 世家 1 太祖 1)

고려 후백제 봄 정월에 왕이 견훤에게 글로 회답하기를, "삼가 오월국 통화사(通和使) 반상서(班尙書)가 전한 조서 1통을 받들었고, 아울러 족하가 보내 준 긴 편지 사연도 받아 보았소. 오월국의 사신이 이에 조서를 가지고 왔고, 아울러 족하의 편지에서도 가르침을 입었소. 조서를 받들어 읽고는 비록 감격을 더했으나, 족하의 편지를 펴 보고는 혐의를 없애기 어려우므로 이제 돌아가는 사신에게 내 심중을 피력하려 하오. 나는 위로 천명(天命)을 받들고 아래로 인민의 추대에 못 이겨 외람되이 장수의 직권을 맡아 나라를 다스리게 되었소. 지난번에 삼한이 액운을 당하고 구주가 흉년으로 황폐해져 인민들은 폭동에 가담하는 이가 많아지고, 전야(田野)는 황폐한 땅이 아닌 곳이 없었소. 그래서 전쟁의 소란함을 그치고 나라의 재난을 구제하고자, 이에 스스로 이웃 나라와 친목하여 화호(和好)를 맺으니 과연 수천 리의 백성들이 농사와 길쌈을 하여 생업을 즐기고, 7, 8년 동안 사졸들은 한가로이 쉬었는데, 을유년(925)에 이르러 10월에 문득 사건을 일으켜 곧 싸움에까지 이르렀소. 족하는 처음에는 적을 가벼이 여겨 마치 사마귀가 수레 바퀴에 대항하듯 곧장 달려들더니, 마침내 어려움을 알고 모기가 산을 짊어진 듯이 급히 물러가서는, 공손히 손을 모으고 말을 하며 하늘을 가리켜 맹세하기를, '오늘부터는 길이 화목하리니 혹시라도 맹세를 어긴다면 신(神)이 벌을 내리리라.' 하므로, 나 또한 전쟁을 그치게 함이 무(武)임을 숭상하고 죽이지 않는 인(仁)을 기약하여, 마침내 여러 겹의 포위를 풀어 피곤한 병졸들을 쉬게 하며 볼모 보냄도 거절하지 않고 다만 백성을 편안하게 하려 하였으니, 이것은 내가 남방(후백제) 사람들에게 큰 덕을 베푸는 것이었소. 그런데 맹약을 맺은 지 얼마 안 되어 흉악한 기세를 다시 부려 벌이나 전갈이 독을 뿜듯 생민을 침해하고 이리와 호랑이처럼 난폭하게 왕기(王畿)를 범하여 금성(金城 신라의 서울)이 대단히 괴롭힘을 당하고 왕궁이 몹시 놀라게 될 줄을 어찌 생각이나 했겠소. 대의(大義)에 의거하여 주(周)의 왕실을 높였으니 그 누구가 제 환공(齊桓公)·진 문공(晉文公)의 패업(霸業)과 같았겠소. 기회를 타서 한(漢)을 도모하니 오직 왕망(王莽)、동탁(董卓)의 간계(姦計)를 볼 뿐이었소. 지존한 왕이 욕되이 족하에게 자(子)라고 일컬었으니 존비(尊卑)가 차례를 잃게 되었으므로 상하가 함께 근심하여, '큰 보필(輔弼)의 충성이 없으면 어찌 다시 사직을 편안하게 할 수 있으리오.' 하였소. 내 마음은 숨겨둔 미움이 없고 뜻은 왕실을 높임에 간절하므로, 조정을 구원하여 나라를 위태로움에서 붙들려고 하였소. 그런데 족하는 터럭만한 작은 이익을 보고 천지와 같은 후한 은혜를 잊어서, 임금을 죽이고 궁궐을 불사르며 대신을 학살하고 사민(士民)을 도륙하며 귀족의 여자들은 잡아서 한 수레에 태우고 보물은 빼앗아 짐바리에 실으니, 흉악함이 걸(桀)·주(紂)보다도 더 하고 불인함은 올빼미[梟]보다도 심했었소. 나는 하늘이 무너진 데 원한이 깊고 해를 돌이키려는 정성으로 매가 꾀꼬리를 쫓듯이, 나의 미천한 노고나마 다하기를 맹서하여 다시 군사를 일으킨 지 이미 두 해가 지났소. 그러자 육전(陸戰)에서는 우레와 번개처럼 빨리 공격하였고, 수전(水戰)에서는 범과 용처럼 용맹스럽게 쳐서 움직이면 반드시 공을 이루었으며, 거사해서는 헛수고한 적이 없었소. 윤빈(尹邠)을 해안에서 쫓았을 때는 노획한 갑옷이 산더미처럼 쌓였고, 추조(鄒祖)를 변성(邊城)에서 잡았을 때는 엎어진 시체가 들판을 덮었으며, 연산군(燕山郡)에서 배반하자 길환(吉奐)을 진전(陣前)에서 목베었고, 마리성(馬利城)가에서는 수오(隨晤)를 깃발 아래에서 죽였으며, 임존성(任存城)을 빼앗던 날에는 형적(邢積) 등 수백 명이 목숨을 버렸고, 청주(靑州)를 부수었을 때는 직심(直心) 등 4·5명이 머리를 바쳤었소. 동수진(桐藪陣)은 깃발만 바라보고 무너져 흩어졌고 경산(京山)은 구슬을 머금고 항복했으며, 강주(康州)는 남방에서 귀순하였고, 나주(羅州)는 서방에서 와 소속되었소. 공략한 지역이 이와 같으니 수복될 날이 어찌 멀다 하겠소. 기필코 저수(泜水) 진중에서 장이(張耳)가 온갖 원한을 씻었듯이, 오강(烏江) 기슭에서 한왕(漢王)이 일전(一戰)의 승리를 이룩했듯이, 마침내 풍파를 그치게 하여 길이 바다를 맑게 할 것이오. 하늘이 돕고 있는데 천명이 어디로 돌아가겠소. 하물며 덕이 먼 지역을 포용하고 인으로 소국을 깊이 사랑하시는 오월왕(吳越王) 전하께서 특히 대궐에서 조서를 내려 동방에서 난리를 그치도록 개유(開諭)하니, 이미 가르침을 받들고서 감히 따르지 않겠소. 만약 족하가 공경히 조서를 받들어 전쟁을 모두 그친다면 다만 상국의 어진 은혜에 보답할 뿐만이 아니요, 또한 동방의 끊어진 왕통도 계승할 수 있게 될 것이오. 그러나 만약 허물을 짓고서도 고치지 않는다면 그 때는 후회하여도 소용이 없을 것이니 어찌하겠소." 하였다. (…) (『高麗史節要』 1 太祖神聖大王)

고려 후백제 고려에서 견훤에게 답서를 보냈다. "엎드려 오월국 통화사(通和使) 반상서(班尙書)가 전한 바의 조서 한 통을 받들었고, 아울러 그대가 수고롭게 보내준 긴 편지에 사실을 적은 것을 받았습니다. 삼가 화려한 수레를 타고 온 사신이 조서를 전하니 흰 비단에 쓴 좋은 소식과 겸하여 가르침을 받들었습니다. 조서를 받고 보니 비록 감격을 더하였으나 그대의 편지를 뜯어보니 혐의를 풀기 어렵습니다. 이제 돌아가는 사신의 수레 편에 문득 제 마음을 알리려고 합니다. 저는 위로는 천명을 받들고, 아래로는 사람들의 추대에 못 이겨 외람되게 장수의 권한을 맡고, 천하를 다스릴 기회를 얻었습니다. 지난번에 3한이 재앙을 당하고, 9주에 흉년이 들어 백성들이 많이 도적(黃巾)에 속하였고, 농토가 농작물이 말라 붉은 땅이 되지 않음이 없었습니다. 전쟁의 난리를 막기를 바라고 나라의 재난을 구제할 수 있을까 하여 이에 스스로 이웃 나라와 친하게 지내고 어느덧 우호관계를 맺으니 과연 수천리에 걸쳐 농상의 생업을 즐겨하고, 7~8년간 사졸들이 쉬는 것을 보았습니다. 을유년(925)에 이르러 때는 10

월에 그대가 갑자기 일을 일으켜 교전하기에 이르렀습니다. 그대는 처음 적을 가볍게 보고 곧바로 전진하였으니 마치 버마재비가 수레를 막는 것과 같았고, 마침내는 어려운 줄을 알고 용감히 퇴각하였으니 마치 모기가 산을 등진 것과 같았습니다. 공손히 손을 맞잡고 말하기를 하늘을 두고 맹서하여 오늘 후에는 영원토록 화목할 것이며 만약 혹 맹서를 깨뜨린다면 신이 죽일 것이라고 하였습니다. 저 또한 창을 멈추게 하는 무(武)를 숭상하고, 사람을 죽이지 않는 인(仁)을 바랬습니다. 드디어 겹겹으로 포위한 것을 풀어 지친 군사를 쉬게 하고, 인질을 사양하지 않고 오직 백성을 편안하게 하려고 하였으니, 이는 제가 남쪽 사람들에게 큰 덕을 베푼 것입니다. 그런데 어찌 맹서하면서 바른 피가 마르기도 전에 흉악한 위세를 다시 부려 벌과 전갈의 독이 백성들에게 해를 입히며, 이리와 호랑이의 사나움이 서울 부근을 막아 금성이 곤궁하여 망할 지경에 이르고, 어가가 놀라게 될 줄이야 생각하였겠습니까 의리를 지켜 주(周)나라를 높임에 있어 누가 제나라 환공(桓公), 진나라 문공(文公)의 패업과 비슷하겠습니까. 틈을 타서한(漢)나라를 도모함에 있어 오직 왕망과 동탁의 간사함을 볼 뿐입니다. 지존한 왕으로 하여금 굽혀서 그대에게 자식이라 칭하게 하여 높고 낮은 질서를 잃어버리게 되어, 모든 사람들이 함께 걱정하였습니다. 재상이 충직하고 참되지 않으면 어찌 사직을 다시 안정시킬 수 있을까 생각하였는데, 제가 마음에 악함을 숨기지 않았고, 뜻이 왕을 높임에 간절하다고 하여서 장차 조정에 있으면서 나라의 위태로움을 붙들도록 한 것입니다. 그대는 털끝만한 작은 이익을 보고서는 천지의 두터운 은혜를 잊고, 임금을 베어 죽이고, 궁궐을 불 질렀으며, 대신들을 살육하였고, 선비와 백성을 죽였습니다. 귀부인은 곧 붙잡아 곧 빼앗아 수레에 같이 태우고, 진귀한 보물은 곧 빼앗아 가득 실어 갔습니다. 큰 죄악은 걸(桀)왕, 주(紂) 왕보다 더하고, 불인함은 제 아비를 잡아먹는 사나운 짐승보다 심합니다. 저의 원한은 하늘이 무너짐에 극에 달했고, 정성은 해를 물러나게 할 정도로 깊어 매가 사냥함을 본받고, 견마(犬馬)의 부지런함을 바치기로 서약했습니다. 다시 방패와 창을 든 후 두 번 느티나무와 버드나무가 바뀌었습니다. 육지의 공격에서는 우뢰같이 달리고 번개 같이 공격하였고, 수전의 공격에서는 호랑이처럼 치고 용처럼 날랐습니다. 움직였다 하면 반드시 공을 이루었고, 행하였다 하면 목적을 이루지 못함이 없었습니다. 해안에서 윤빈(尹邠)을 쫓을 때에는 쌓인 갑옷이 산 같았고, 성 언저리에서 추조(鄒造)를 사로잡을 때에는 쓰러진 시체가 들을 덮었습니다. 연산군근처에서는 길환(吉奐)을 군진 앞에서 목베었고, 마리성(馬利城) 언저리에서는 수오(隨晤)를 군기 아래에서 죽였습니다. 임존성을 쳐서 빼앗던 날형적(邢積) 등 수백 명이 몸을 버렸고, 청주를 격파할 때에는 직심(直心) 등 네다섯 명이 머리를 바쳤습니다. 동수(桐藪)에서는 깃발만 바라보고도 무너져 흩어졌고, 경산(京山)에서는 입에 구슬을 물고(銜璧) 투항하였습니다. 강주(康州)는 남쪽에서 와서 귀부하였고, 나부(羅府)는 서쪽에서 옮겨 속했습니다. 침범하고 공격함이 이와 같으니 잃었던 땅을 되찾을 날이 어찌 멀겠습니까. 반드시 지수(泜水)의 군영에서 장이(張耳)가 천 갈래 원한을 씻었듯이, 오강(烏江)가에서 한왕(漢王)이 한 번 이겨 공을 이루었듯이 마침내 전쟁을 종식하고 영원히 천하를 맑게 하기를 기약하는 바입니다. 하늘이 돕는 바이니 천명이 [장차] 어디로 돌아가겠습니까 하물며 오월왕 전하의 덕이 두루 미쳐 먼 곳까지 포용하며, 어짊이 깊어 작은 나라를 어루만져 특별히 궁성(丹禁)에서 말씀을 내시어 청구(靑丘)에서 난리를 그치라고 타이르셨습니다. 이미 본보기가 되는 가르침을 받들었으니 감히 좇아 받들지 않을 수 있겠습니까 만약 그대가 공경스럽게 황제의 뜻을 받들어 모두 흉함과 거짓을 그친다면 상국의 어진 은혜에 부응할 뿐만 아니라 또한 해동의 끊어진 계통을 이을 수 있을 것입니다. 만약 잘못이 있는데도 고칠 수 없다면 만약 후회해도 어쩔 수 없을 것입니다." (『三國史節要』 14)

후백제 고려 천성(天成) 2년 정월에 태조는 답서를 보내어 말하였다. "삼가 오월국의 통화사(通和使) 반상서(班尙書)가 전한 조서(詔書) 한 통을 받들었고, 겸하여 그대가 보낸 긴 편지도 받아 보았다. 사신이 이에 조서를 가지고 왔고, 그대의 편지에서도 아울러 가르침도 받았다. 조서를 받들어 읽고는 비록 감격을 더했으나 그대의 편지를 펴 보고는 의심스러운 마음을 없애기 어려웠으니 이제 돌아가는 사신에게 부쳐 나의 심중을 말하려 한다. 나는 위로 하늘의 명령을 받들고 아래로 백성들의 추대에 못 이겨서 외람되이 장수의 직권을 맡아서 천하를 경륜할 기회를 얻었다. 저번에 삼한(三韓)이 액운(厄運)을 당하고 모든 국토에 흉년이 들어 황폐해져서 백성들은 모두 황건(黃巾)에 속하게 되고, 논밭은 적토(赤土)가 아닌 땅이 없었다. 난리의 시끄러움을 그치게 하고 나라의 재앙을 구하려고 하여 이에 스스로 선린(善隣)의 우호(友好)를 맺으니 과연 수천 리 되는 국토가 농상(農桑)으로 생업(生業)을 즐기고, 사졸(士卒)은 7, 8년 동안 한가롭게 쉬었다. 계유(癸酉)년 10월(913)에 이르러 갑자기 사건을 일으키니 곧 싸움에까지 이르렀다. 그대가 처음에는 적을 가볍게 여겨 곧장 달려드는 것이 마치 당랑(螳螂)이 수레바퀴를 막는 것 같이 하더니, 마침내 어려움을 알고 용감히 물러감은 마치 모기가 산을 짊어진 것과 같았다. 손을 모아 공손한 말로 하늘을 가리켜 맹세하기를, '오늘 이후로는 길이 화목하며, 혹시라도 이 맹세를 어긴다면 신이 벌을 줄 것이다'라고 하였다. 나도 또한 전쟁을 하지 않는 무(武)를 숭상하고 사람을 죽이지 않는 인(仁)을 기약하여 드디어 여러 겹 포위했던 것을 풀어 피로한 군사들을 쉬게 했으며 볼모를 보내는 것도 거절하지 않고 다만 백성만을 편안하게 하려 하였다. 이것은 곧 내가 남쪽 사람들에게 큰 덕을 베푼 것이었다. 어찌 맹약(盟約)의 피가 마르기도 전에 흉악한 세력이 다시 일어나 벌과 전갈과 같은 독기는 생민을 침해하고 이리와 호랑이와 같은 난폭함은 기전(畿甸)을 가로막아 금성(金城)이 군급(窘急)해지고 황옥(黃屋, 왕실)을 몹시 놀라게 할 줄 어찌 생각했겠소. 대의에 의거해서 주(周)나라 왕실을 높였으니 그 누가 환공(桓公)·문공(文公)의 패업(覇業)과 같으며 기회를 타서 한(漢)나라를 도모하니 오직 왕망과 동탁의 간악함을 볼 뿐이오. 지극히 존귀한 왕으로 하여금 몸을 굽혀 그대에게 자(子)라고 하게 하여 높고 낮은 질서를 잃게 하였으니 상하(上下)가 모두 근심하였다. 이에 원보(元輔)의 충순(忠純)이 아니면 어찌 다시 사직(社稷)을 편안케 할 수 있었을 것인가. 나의 마음에는 악한 것이 없고 뜻은 왕실(王室)을 높이는 데 간절하여 장차 조정을 구원하여 나라를 위태로움에서 구하려고 하였다. 그대는 터럭만한 작은 이익을 보고 천지와 같은 두터운 은혜를 저버려 임금을 목베어 죽이고 궁궐을 불사르며 대신(大臣)들을 죽이고 사민(士民)을 도륙하였다. 궁녀(宮女)들은 잡아서 수레에 싣고 보물은 빼앗아서 짐 속에 실었으니 그 흉악함은 걸왕(桀王)·주왕(紂王)보다 더하고 어질지 못함은 경짐승과 올빼미보다 더 심하였다. 나는 하늘이 무너질 듯한 원한과 해를 뒷걸음질치게 하는 정성으로 매가 참새를 쫓는 듯한 힘으로 견마(犬馬)의 수고로움을 다하려 하였다. 다시 군사를 일으켜 두 해가 지났는데 육전에서는 천둥과 번개처럼 빨리 달렸고, 수전에서는 범과 용처럼 용맹스러워 움직이면 반드시 공을 이루었고 일을 하는 데 헛됨이 없었다. 윤경(尹卿)을 해안까지 쫓았을 때는 쌓인 갑옷이 산더미 같았고, 추조(雛造)를 성 밖에서 잡았을 때에는 엎드린 시체가 들을 덮었다. 연산군(燕山郡) 부근에서는 길환(吉奐)을 군문 앞에서 목 베었고 마리성(馬利城)[이산군(伊山郡)인 듯하다] 밖에서는 수오(隨晤)를 깃발 아래서 죽였다. 임존성(任存城)[지금의 대흥군(大興郡)]을 함락시키던 날에는 형적(刑積) 등 수백 명이 목숨을 버렸고, 청천현(淸川縣)[상주(尙州) 영내의 현 이름]을 쳐부술 때에는 직심(直心) 등 4, 5명이 머리를 바쳤다. 동수(桐藪)[지금의 동화사(桐華寺)]는 깃발만 바라보고 허물어져 흩어졌고, 경산(京山)은 구슬을 입에 물고 항복하였다. 강주(康州)는 남쪽으로부터 귀순해 왔고, 나부(羅府)는 서쪽에서 와서 귀속되었다. 공략한 지역이 이와 같았으니 수복(收復)될 날이 어찌 멀다 하겠는가. 반드시 저수(泜水)의 군영에서 장이(張耳)의 첩첩이 쌓인 원한을 씻고 오강(烏江)의 기슭에서 한왕(漢王)의 일전 승리의 소원을 이룩하여 마침내 바람과 물결을 그치게 하여 길이 천하를 맑게 할 것이다. 하늘이 돕는 것이니 천명(天命)이 어디로 돌아가겠는가. 하물며 오월왕(吳越王) 전하의 덕이 먼 지역까지를 포괄하고 인(仁)은 약한 자들을 애무(愛撫)하던 지라 특히 대궐에서 조서를 내려 동방에서 난리를 그치라고 타일렀다. 이미 가르침을 받았으니 감히 받들지 않겠는가. 만약 그대도 이 조서를 받들어 전쟁을 그친다면 상국(上國)의 어진 은혜에 보답할 뿐만 아니라 또한 동방의 끊어진 대도 이을 수 있을 것이다. 그러나 만일 허물을 능히 고치지 않는다면 후회해도 소용이 없을 것이다."[이 글은 최치원(崔致遠)이 지었다] (『三國遺事』 2 紀異 2 後百濟 甄萱)

고려 후백제 "삼가 오월국 통화사(通和使) 반상서(班尙書)가 전한 조서 1통을 받들었고, 아울러 족하가 보내 준 긴 편지 사연도 받아 보았소. 오월국의 사신이 이에 조서를 가지고 왔고, 아울러 족하의 편지에서도 가르침을 입었소. 조서를 받들어 읽고는 비록 감격을 더했으나, 족하의 편지를 펴 보고는 혐의를 없애기 어려우므로 이제 돌아가는 사신에게 내 심중을 피력하려 하오. 나는 위로 천명(天命)을 받들고 아래로 인민의 추대에 못 이겨 외람되이 장수의 직권을 맡아 나라를 다스리게 되었소. 지난번에 삼한이 액운을 당하고 구주가 흉년으로 황폐해져 인민들은 폭동에 가담하는 이가 많아지고, 전야(田野)는 황폐한 땅이 아닌 곳이 없었소. 그래서 전쟁의 소란함을 그치고 나라의 재난을 구제하고자, 이에 스스로 이웃 나라와 친목하여 화호(和好)를 맺으니 과연 수천리의 백성들이 농사와 길쌈을 하여 생업을 즐기고, 7, 8년 동안 사졸들은 한가로이 쉬었는데, 을유년(925)에 이르러 10월에 문득 사건을 일으켜 곧 싸움에까지 이르렀소. 족하는 처음에는 적을 가벼이 여겨 마치 사마귀가 수레바퀴에 대항하듯 곧장 달려들더니, 마침내 어려움을 알고 모기가 산을 짊어진 듯이 급히 물러가서는, 공손히 손을 모으고 말을 하며 하늘을 가리켜 맹세하기를, '오늘부터는 길이 화목하리니 혹시라도 맹세를 어긴다면 신(神)이 벌을 내리리라.' 하므로, 나 또한 전쟁을 그치게 함이 무(武)임을 숭상하고 죽이지 않는 인(仁)을 기약하여, 마침내 여러 겹의 포위를 풀어 피곤한 병졸들을 쉬게 하며 볼모 보냄도 거절하지 않고 다만 백성을 편안하게 하려 하였으니, 이것은 내가 남방(후백제) 사람들에게 큰 덕을 베푸는 것이었소. 그런데 맹약을 맺은 지 얼마 안 되어 흉악한 기세를 다시 부려 벌이나 전갈이 독을 뿜듯 생민을 침해하고 이리와 호랑이처럼 난폭하게 왕기(王畿)를 범하여 금성(金城 신라의 서울)이 대단히 괴롭힘을 당하고 왕궁이 몹시 놀라게 될 줄을 어찌 생각이나 했겠소. 대의(大義)에 의거하여 주(周)의 왕실을 높였으니 그 누구가 제 환공(齊桓公)、진 문공(晉文公)의 패업(霸業)과 같았겠소. 기회를 타서 한(漢)을 도모하니 오직 왕망(王莽)、동탁(董卓)의 간계(姦計)를 볼 뿐이었소. 지존한 왕이 욕되이 족하에게 자(子)라고 일컬었으니 존비(尊卑)가 차례를 잃게 되었으므로 상하가 함께 근심하여, '큰 보필(輔弼)의 충성이 없으면 어찌 다시 사직을 편안하게 할 수 있으리오.' 하였소. 내 마음은 숨겨둔 미움이 없고 뜻은 왕실을 높임에 간절하므로, 조정을 구원하여 나라를 위태로움에서 붙들려고 하였소. 그런데 족하는 터럭만한 작은 이익을 보고 천지와 같은 후한 은혜를 잊어서, 임금을 죽이고 궁궐을 불사르며 대신을 학살하고 사민(士民)을 도륙하며 귀족의 여자들은 잡아서 한 수레에 태우고 보물은 빼앗아 짐바리에 실으니, 흉악함이 걸(桀)·주(紂)보다도 더 하고 불인함은 올빼미[梟]보다도 심했었소. 나는 하늘이 무너진 데 원한이 깊고 해를 돌이키려는 정성으로 매가 꾀꼬리를 쫓듯이, 나의 미천한 노고나마 다하기를 맹서하여 다시 군사를 일으킨 지 이미 두 해가 지났소. 그러자 육전(陸戰)에서는 우레와 번개처럼 빨리 공격하였고, 수전(水戰)에서는 범과 용처럼 용맹스럽게 쳐서 움직이면 반드시 공을 이루었으며, 거사해서는 헛수고한 적이 없었소. 윤빈(尹邠)을 해안에서 쫓았을 때는 노획한 갑옷이 산더미처럼 쌓였고, 추조(鄒祖)를 변성(邊城)에서 잡았을 때는 엎어진 시체가 들판을 덮었으며, 연산군(燕山郡)에서 배반하자 길환(吉奐)을 진전(陣前)에서 목베었고, 마리성(馬利城) 가에서는 수오(隨晤)를 깃발 아래에서 죽였으며, 임존성(任存城)을 빼앗던 날에는 형적(邢積) 등 수백 명이 목숨을 버렸고, 청주(靑州)를 부수었을 때는 직심(直心) 등 4·5명이 머리를 바쳤었소. 동수진(桐藪陣)은 깃발만 바라보고 무너져 흩어졌고 경산(京山)은 구슬을 머금고 항복했으며, 강주(康州)는 남방에서 귀순하였고, 나주(羅州)는 서방에서 와 소속되었소. 공략한 지역이 이와 같으니 수복될 날이 어찌 멀다 하겠소. 기필코 저수(泜水) 진중에서 장이(張耳)가 온갖 원한을 씻었듯이, 오강(烏江) 기슭에서 한왕(漢王)이 일전(一戰)의 승리를 이룩했듯이, 마침내 풍파를 그치게 하여 길이 바다를 맑게 할 것이오. 하늘이 돕고 있는데 천명이 어디로 돌아가겠소. 하물며 덕이 먼 지역을 포용하고 인으로 소국을 깊이 사랑하시는 오월왕(吳越王) 전하께서 특히 대궐에서 조서를 내려 동방에서 난리를 그치도록 개유(開諭)하니, 이미 가르침을 받들고서 감히 따르지 않겠소. 만약 족하가 공경히 조서를 받들어 전쟁을 모두 그친다면 다만 상국의 어진 은혜에 보답할 뿐만이 아니요, 또한 동방의 끊어진 왕통도 계승할 수 있게 될 것이오. 그러나 만약 허물을 짓고서도 고치지 않는다면 그 때는 후회하여도 소용이 없을 것이니 어찌하겠소." (『全唐文』 100 高麗王王建 答後百濟王甄萱書)

고려 (봄 정월) 명주(溟州)의 순식(順式)이 무리를 이끌고 조회하러 오니, 왕씨(王氏) 성을 내려주고 대광(大匡)으로 임명하고, 그 아들 장명(長命)에게는 염(廉)이라는 이름을 내려주고 원보(元甫)로 임명하였으며, 소장(小將) 관경(官景) 또한 왕씨 성을 내려주고 대승(大丞)으로 임명하였다(『高麗史節要』 1 太祖神聖大王)

고려 (봄 정월) 원윤(元尹) 김상(金相)과 정조(正朝) 직량(直良) 등이 강주(康州)를 구원하러 가면서 초팔성(草八城)을 지나다가 성주(城主) 흥종(興宗)에게 패하고, 김상은 선사하였다. (『高麗史節要』 1 太祖神聖大王))

고려 진수(鎭戍) (…) (태조) 11년 2월 대상(大相) 염경(廉卿)·능강(能康) 등을 보내어 안북부(安北府)에 성을 쌓고 원윤(元尹) 박권(朴權)을 진두(鎭頭)로 삼아 개정군(開定軍) 700인을 거느리고 지키게 하였다. (『高麗史』 82 志 36 兵 2)

고려 2월에 대상 염상과 경(卿) 능강 등을 보내어 안북부에 성을 쌓고, 원윤 박권을 진두로 삼아 개정(開定) 군사 7백 명을 거느리고 이를 지키게 하였다. (『高麗史節要』 1 太祖神聖大王)

신라 무자년(戊子年) 2월에 법천사(法泉寺)의 현권율사(賢眷律師)를 계사(戒師)로 하여 구족계(具足戒)를 받았으며, 강경하는 소리에 귀를 막고 글상자를 덮어 마음을 깨달았다. 점석(點石)한 인연(因緣)은 몇 년 쯤 되었는지 알 수 없으나 중생을 제도한 포주(抛籌) 공덕(功德)은 여러 생임을 알고 있다. 문도들은 모두 간절히 지도해 준 데 대하여 앙모(仰慕)하고, 사중(寺衆)은 다같이 더욱 탁마(琢磨)해 주기를 기대하였다. (「智谷寺眞觀禪師碑」)

신라 고려 (천성 2년) 이듬해 무자년 봄 3월에 태조는 50여 기병(騎兵)을 거느리고 신라의 서울에 이르니 왕은 백관(百官)과 더불어 교외에서 맞이하여 대궐로 들어가 서로 대하여 정리와 예의를 다하고 임해전(臨海殿)에서 잔치를 열었다. 술이 얼근하자 왕은 말했다. “나는 하늘의 도움을 받지 못해서 화란(禍亂)을 불러 일으켰고, 견훤은 불의(不義)한 짓을 마음껏 행하여 우리나라를 망쳐 놓았으니 이 얼마나 통탄할 일인가” 이내 눈물을 줄줄 흘리면서 우니, 좌우 사람들도 목메어 울지 않는 사람이 없었고 태조 역시 눈물을 흘렸다. 그래서 태조는 여기에서 수십 일을 머무르다가 돌아갔는데, 휘하의 군사들은 엄숙하고 조용했으며 조금도 침범하지 않았다. 서울의 사녀(士女)들이 서로 경하(慶賀)해 말하기를, “전에 견훤이 왔을 때는 마치 늑대와 범을 만난 것 같더니 지금 왕공(王公)을 만나니 마치 부모를 대한 것 같다”고 하였다. (『三國遺事』2 紀異 2 金傅大王)

고려 발해	3월 무신일(2)에 발해(渤海) 사람인 김신(金神) 등 60호가 투항해왔다 (『高麗史』1 世家 1 太祖 1)
발해 고려	3월에 발해 사람 김신(金神) 등 60호가 고려에 투항해왔다. (『三國史節要』14)
고려	여름 4월 경자일(26)에 왕이 탕정군(湯井郡)에 행차했다. (『高麗史』1 世家 1 太祖 1)
고려	여름 4월에 탕정군(湯井郡, 충남 온양)에 행차하였다. 운주(運州)의 옥산(玉山)에 성을 쌓고 지키는 군사를 두었다. (『高麗史節要』1 太祖神聖大王)
고려	진수(鎭戍) (…) (태조 11년)〉 4월 운주의 옥산에 성을 쌓고 수군(戍軍)을 두었다. (『高麗史』82 志 36 兵 2)
고려 후백제	5월 경신일(16)에 강주(康州)의 원보(元甫)인 진경(珍景) 등이 고자군(古子郡)으로 양곡을 운송하러 떠나자 견훤이 몰래 군사를 보내어 강주를 습격했다. 진경 등이 돌아와 싸웠으나 패하여 죽은 자가 3백여 명이나 되고 장군 유문(有文)이 견훤에게 항복했다. (『高麗史』1 世家 1 太祖 1)
후백제 고려	여름 5월에 강주장군(康州將軍) 유문(文降)이 견훤에게 항복하였다. (『三國史記』12 新羅本紀 12)
후백제 고려	(천성 3년) 여름 5월에 견훤이 몰래 군사를 내어 강주(康州)를 습격하여 3백여 인을 살해하였다. 장군 유문(有文)이 항복하였다. (『三國史記』50 列傳 10 甄萱)
고려	5월에 강주의 원보 진경(珍景) 등이 고자군(古子郡)으로 양곡을 운반하는데 견훤이 몰래 군사를 보내어 강주를 습격하니, 진경 등이 돌아와 싸우다가 패하였는데 죽은 자가 3백여 명이었고, 장군 유문(有文)은 견훤에게 항복하였다. (『高麗史節要』1 太祖神聖大王)
후백제 고려	여름 5월에 강주 원보 진경 등이 고자군에 식량을 운반하였다. 견훤이 몰래 군사를 내어 습격하여 강주의 진경 등이 돌아와 싸웠으나 패하여 죽은자가 300여명이었다. 장군 유문에 견훤에게 항복하였다. (『三國史節要』14)
고려	6월 갑술일(1)에 벽진군(碧珍郡)에 지진이 발생했다. (『高麗史』1 世家 1 太祖 1)
고려	6월 갑술일(1)에 벽진군에 지진이 있었다. (『高麗史節要』1 太祖神聖大王)
고려	(6월) 고려 벽진군에 지진이 있었다. (『三國史節要』14)
고려	(6월) 계사일(10)에 이찬(伊餐) 진경(進慶)이 죽자 대광(大匡)으로 추증했다. (『高麗史』1 世家 1 太祖 1)
고려	(6월) 이찬 진경이 죽으니 대광을 증직하였다. (『高麗史節要』1 太祖神聖大王)
신라	(6월) 이찬 진경이 죽으니 대광을 증직하였다. (『三國史節要』14)

신라　　　　6월에 지진이 일어났다 (『三國史記』 12 新羅本紀 12)

신라　　　　6월에 지진이 일어났다 (『三國史節要』 14)

고려　　　　태조(太祖) 11년(928) 6월 갑술 벽진군(碧珍郡)에 지진이 났다. (『高麗史』 55 志 9 五行 3 土)

발해 고려　　가을 7월 신해일에 발해 사람인 대유범(大儒範)이 백성을 거느리고 귀부해왔다. (『高麗史』 1 世家 1 太祖 1)

발해 고려　　가을 7월에 발해 사람인 대유범이 백성을 거느리고 고려에 귀부해왔다. (『三國史節要』 14)

고려 후백제　(가을 7월) 병진일에 왕이 친히 군사를 거느리고 삼년산성(三年山城)을 쳤으나 이기지 못하고 결국 청주(靑州)로 갔다. (『高麗史』 1 世家 1 太祖 1)

고려 후백제　가을 7월에 왕이 친히 군사를 거느리고 삼년성(三年城)을 쳤으나 이기지 못하고 드디어 청주(靑州)로 행차하였다. 후백제에서 장수를 보내어 청주를 침공하였다. (『高麗史節要』 1 太祖神聖大王)

고려 후백제　(가을 7월) 고려왕이 친히 군사를 거느리고 삼년산성을 쳤으나, 이기지 못하였다. 드디어 청주로 행차하였다. (『三國史節要』 14)

고려 후백제　(가을 7월) 이때 유금필(庾黔弼)이 명을 받들고 탕정군에 성을 쌓고 있었는데, 꿈에 한 대인(大人)이 말하기를, "내일 서원(西原)에서 변란이 있을 것이니 빨리 가라."고 하였다. 금필이 놀라 깨어서 바로 청주로 달려가서 후백제 장수와 싸워서 이를 패배시키고 추격하여 독기진(禿岐鎭)에 이르러 죽이거나 사로잡은 것이 3백여 명이었다. (『高麗史節要』 1 太祖神聖大王)

고려 후백제　(가을 7월) 고려왕이 유금필에게 탕정군에 성을 쌓게 하였는데, 이 때는 후백제의 장군 김훤(金萱)·애식(哀式)·한문(漢文) 등이 3천 여명을 거느리고 와서 청주를 침입하였다. 하루는 금필이 군 남쪽 산을 올라가 앉아서 잠을 자는데 꿈에 한 대인이 말하였다. "내일 서원(西原)에 반드시 변란이 있을 것이니 빨리 가라." 필이 놀라 깨어서 바로 청주로 달려가서 후백제 장수와 싸워서 이를 패배시키고 추격하여 독기진(禿岐鎭)에 이르러 죽이거나 사로잡은 것이 3백여 명이었다. (『三國史節要』 14)

고려 후백제　(태조) 11년에 왕명으로 탕정군(湯井郡)에 성을 쌓고 있었는데, 그 때 후백제의 장수 김훤(金萱)·애식(哀式)·한장(漢丈) 등이 3천여 명의 군사를 거느리고 청주(靑州)로 쳐들어 왔다. 하루는 유금필이 탕정군의 남산에 올라갔다가 앉은 채로 깜박 졸았는데, 꿈에 한 대인(大人)이 나타나, "내일 서원(西原)에 반드시 변고가 있을 것이니 빨리 가라."고 알려 주었다. 유금필이 놀라 깨어나 곧장 청주로 달려가서 후백제의 군사들과 맞서 싸워 그들을 패배시키고 독기진(禿岐鎭)까지 추격하여 3백여 명을 죽이고 사로잡았다. 중원부(中原府)로 달려가 태조를 뵙고 전투 상황을 자세하게 보고하자, 태조는 "동수(桐藪)의 전투에서 신숭겸(申崇謙)과 김락(金樂) 두 명장이 죽어서 크게 나라의 근심이 되었던 차에, 이제 경의 말을 들으니 짐의 마음이 차츰 안정되오."라고 하였다. (『高麗史』 92 列傳 5 庾黔弼)

후백제 고려　가을 8월에 견훤(甄萱)이 장군 관흔(官昕)에게 명하여 양산(陽山)에 성을 쌓게 하였다. 태조가 명지성(命旨城) 장군 왕충(王忠)에게 명하여 병사를 이끌고 그를 공격해 쫓아내게 하였다. 견훤(甄萱)이 대야성(大耶城) 아래에 진군하여 주둔하면서, 군사를 나누어 보내 대목군(大木郡)의 벼를 베어 갔다. (『三國史記』 12 新羅本紀 12)

후백제 고려 신라

(천성 3년) 가을 8월에 견훤이 장군 관흔(官昕)에게 명하여 무리를 거느리고 양산(陽山)에 성을 쌓게 하였다. 태조가 명지성(命旨城) 장군 왕충에게 명하여 그를 공격하게 하니 물러나 대야성을 지켰다. (『三國史記』 50 列傳 10 甄萱)

후백제 고려 신라

8월에 왕이 충주(忠州)로 행차했다. 견훤이 장군 관흔(官昕)을 시켜 양산(陽山)에 성을 쌓게 하자, 왕이 명지성(命旨城)의 원보(元甫)인 왕충(王忠)에게 명하여 군사를 지휘해 격퇴시키게 했다. 관흔이 퇴각하여 대량성(大良城)에 들어가 지키면서 군사를 풀어 대목군(大木郡)의 벼를 베어갔다. 오어곡(烏於谷)에 부대별로 진지를 구축하니 죽령(竹嶺)의 길이 막혀버렸다. 이에 왕충 등을 조물성(曹物城)으로 보내 상황을 정탐하도록 했다. 신라의 승려 홍경(洪慶)이 당의 민부(閩府)로부터 『대장경(大藏經)』 한 부를 배에 싣고 예성강(禮成江)에 도착하자 왕이 친히 맞아다가 제석원(帝釋院)에 봉안했다. (『高麗史』 1 世家 1 太祖 1)

후백제 고려 신라

8월에 견훤이 장군 관흔(官昕)을 시켜 양산(陽山)에 성을 쌓으니, 왕이 명지성(命旨城)의 원보 왕충(王忠)을 보내어 군사를 거느리고 이를 쳐서 달아나게 하였다. 관흔이 물러가 대량성(大良城)을 지키며 군사를 놓아 대목군(大木郡)의 벼를 베어가고, 드디어 오어곡(烏於谷)에 나누어 주둔하니 죽령(竹嶺)의 길이 막혔다. 이에 왕충 등을 시켜 조물성(曹物城)에 가서 정탐하게 하였다. 충주(忠州)에 행차하였다가 돌아왔다. 신라의 중 홍경(洪慶)이 후당(後唐)의 민부(閩府)에서 대장경(大藏經)을 배에 싣고 예성강(禮成江)에 이르니 왕이 친히 이를 맞이하여 제석원(帝釋院)에 두었다. (『高麗史節要』 1 太祖神聖大王)

후백제 고려 신라

8월에 고려왕이 충주에 행차하였다. 견훤이 장군 관흔(官昕)을 시켜 양산(陽山)에 성을 쌓으니, 고려왕이 명지성(命旨城)의 원보 왕충(王忠)을 보내어 이를 쳐서 달아나게 하였다. 관흔이 물러가 대량성(大良城)을 지키며 군사를 놓아 대목군(大木郡)의 벼를 베어가고, 드디어 오어곡(烏於谷)에 나누어 주둔하니 죽령(竹嶺)의 길이 막혔다. 이에 왕충 등을 시켜 조물성(曹物城)에 가서 정탐하게 하였다. (『三國史節要』 14)

신라

(8월) 신라의 승려 홍경(洪慶)이 당(唐, 후당)의 민부(閩府)로부터 『대장경(大藏經)』 1부를 배에 싣고 예성강(禮成江)에 이르자 왕이 친히 맞이하여 제석원(帝釋院)에 모셔두었다. (『高麗史』 1 世家 1 太祖 1)

신라 고려

(천성 2년 명년(明年) 무자(戊子)) 8월에 태조는 사자를 보내서 왕에게 금삼(錦衫)과 안장을 얹은 말을 주었고, 아울러 여러 관료(群僚)와 장사(將士)들에게도 차등을 두어 물건을 주었다. (『三國遺事』 2 紀異 2 金傅大王)

고려

태조 11년 8월 원주(原州) 산간사(山澗寺)의 철불(鐵佛)이 3일간 땀을 흘렸다. (『高麗史』 54 志 8 五行 2 金)

고려

9월 정축일(5)에 대상(大相) 권신(權信)이 죽었는데, 과거 황산군(黃山郡)을 격파한 공로로 중아찬(重阿粲)에 임명되었다. (『高麗史』 1 世家 1 太祖 1)

고려

9월에 대상 권신이 죽었다. (『高麗史節要』 1 太祖神聖大王)

고려 발해	(9월) 정유일(25)에 귀부해 온 발해 사람인 은계종(隱繼宗) 등이 천덕전(天德殿)25)에서 왕을 알현하면서 세 번 절을 하자 사람들은 예법에 어긋난다고 말했다. 그러나 대상(大相) 함홍(含弘)은, 나라를 잃은 사람이 세 번 절을 하는 것은 옛날부터의 예법이라고 했다. (『高麗史』 1 世家 1 太祖 1)
고려 발해	(9월) 발해국 사람 은계종(隱繼宗) 등이 와서 천덕전(天德殿)에서 왕을 뵙고 세 번 절하니, 사람들이 예에 어긋난다고 하였다. 그러자 대상 함홍(含弘)이 말하기를, "나라를 잃은 사람이 세 번 절하는 것은 옛날의 예절이다." 하였다. (『高麗史節要』 1 太祖神聖大王)
발해 고려	발해 사람 은계종 등이 고려에 와서 천덕전(天德殿)에서 왕을 뵙고 세 번 절하니, 사람들이 예에 어긋난다고 하였다. 그러자 대상 함홍(含弘)이 말하기를, "나라를 잃은 사람이 세 번 절하는 것은 옛날의 예절이다." 하였다. (『三國史節要』 14)
후백제 고려	겨울 10월에 견훤(甄萱)이 무곡성(武谷城)을 공격해 함락시켰다. (『三國史記』 12 新羅本紀 12)
후백제 고려	(…) 태조는 정예 기병 5천을 거느리고 공산(公山) 아래에서 견훤을 맞아서 크게 싸웠다. 태조의 장수 김락(金樂)과 신숭겸(申崇謙)은 죽고 모든 군사가 패했으며, 태조는 겨우 죽음을 면하였다. 그래서 견훤에게 대항하지 못했기 때문에 많은 죄악을 짓게 내버려 두었다. 견훤은 전쟁에 이긴 기세를 타서 대목성(大木城)[지금의 약목현(若木縣)]과 경산부(京山府), 강주(康州)를 노략하고 부곡성(缶谷城)을 공격하였다. (…) (『三國遺事』 2 紀異 2 後百濟 甄萱)
후백제	(천성 3년) 겨울 11월에 견훤이 굳센 군사를 뽑아 부곡성(缶谷城)을 공격하여 함락시키고 지키던 군사 1천여 명을 살해하였다. 장군 양지(楊志)와 명식(明式) 등이 항복하였다. (『三國史記』 50 列傳 10 甄萱)
고려	겨울 11월에 견훤이 정예병을 선발해 오어곡성(烏於谷城)을 공격해 함락시키고 경비병 1천 명을 죽이니, 장군 양지(楊志)와 명식(明式) 등 여섯 명이 성을 나와 항복했다. 왕이 군사들을 구정(毬庭)에 집결시킨 후 항복한 여섯 명의 처자들을 군사들 앞에 조리돌리고 큰 거리에서 처형했다. (『高麗史』 1 世家 1 太祖 1)
고려	겨울 11월에 견훤이 강한 군사를 뽑아서 오어곡성(烏於谷城)을 쳐서 빼앗고 지키던 군사 천 명을 죽이니, 장군 양지(楊志)·명식(明式) 등 6명이 항복하였다. 왕은 그들의 아내와 자식을 여러 군사 앞에서 조리돌리고, 저자에서 목을 베어 죽였다. (『高麗史節要』 1 太祖神聖大王)
후백제 고려	견훤이 굳센 군사를 뽑아 고려의 오어곡성(烏於谷城)을 공격하여 함락시키고 지키던 군사 1천여 명을 살해하였다. 장군 양지(楊志)와 명식(明式) 등 6명이 나와 항복하였다. 왕은 모든 군사를 구정(毬庭)에 모이게 하고 6명의 아내와 자식을 여러 군사 앞에서 조리돌리고, 저자에서 목을 베어 죽였다. (『三國史節要』 14)
고려	이 해에 왕이 북계(北界)를 순행했다. (『高麗史』 1 世家 1 太祖 1)
고려	이 해에 왕이 북계(北界)에 순행하여 진국성(鎭國城)을 옮겨서 쌓고, 이름을 통덕진(通德鎭)이라 고치고, 원윤(元尹) 충인(忠仁)을 진두(鎭頭)로 삼았다. (『高麗史節要』 1 太祖神聖大王)
고려	진수(鎭戍) (…) 이 해에 왕이 북계(北界)를 순시하고 진국성을 옮겨 쌓아 통덕진으로 이름을 고치고, 원윤 충인을 진두로 삼았다. (『高麗史』 82 志 36 兵 2)
신라	또 천성(天成) 3년 무자(戊子)에 묵화상(黙和尙)이 당에 들어가 역시 대장경을 싣고

왔으며, 본조 예종 때 혜조국사(慧照國師)가 조칙을 받들고 서쪽으로 유학가서 요나라 판본인 대장경 3부를 사 가지고 왔는데, 그 한 본은 지금 정혜사(定惠寺)에 있다[해인사(海印寺)에 한 본이 있고, 허참정(許叄政) 댁에 한 본이 있다]. (『三國遺事』 3 塔像 4 前後所藏舍利)

929(己丑/신라 경순왕 3/후백제 견훤 30/고려 태조 12. 天授 12/後唐 天成 4/日本 延長 7)

신라 후백제 이보다 앞서 지난 정월 13일에는 탐라도(貪羅嶋)에서 해조를 교역하던 신라의 사람들이 대마 하현군에 표착하였다. 도수(嶋守, 대마도 수령) 경국(經國, 사카가미)은 이들을 안존(安存)시키고 양식을 나누어 주었으며, 아울러 의통사(擬通事, 통역관) 장잠망통(長岑望通, 나가미네)과 검비위사(撿非違使) 진자영(秦滋景, 하타) 등을 보내 전주(全州)로 돌려 보내도록 하였다. (『扶桑略記』 24)

신라 (천성) 4년 2월에 청주(青州)에서, "등주(登州) 해안에서 신라선 1척을 빼앗아 그 보화를 바쳤다."고 아뢰었다. (『五代會要』 13 新羅)

신라 후백제 3월 25일 자경(滋景)이 홀로 돌아와서 아뢰어 말하였다. "전주의 왕 견훤이 수십 주(州)를 쳐서 대왕이라 칭하고 망통(望通) 등이 전주에 도착한 날 재촉하여 앉히고 사정하여 말하였습니다. '견훤은 오래전부터 마음에 품은 일이 있는데, 일본국을 받들고자 하는데 지난 해 정성 어린 마음을 이기지 못하여 조공을 진상하고 배신(陪臣)을 칭하고 조(調)를 바쳤는데 돌려받았다. 하루라도 과(寡)를 칭하고자 하는 것은 또한 본래의 뜻을 받들고자 하는 것이다. 본래의 뜻은 이미 다하고 배를 장식하여 특별히 조공을 바치는 사이에 너희들이 다행히 왔다. 때문에 망통을 구류하고 자경을 용서한다. 처음에 나라를 다스릴 때 표류해온 사람이 돌아갈 때 첩(牒)을 전주에 보냈는데 전주는 뒤에 언징(彦澄)을 의지하여 첩을 돌려보냈다. 사은(謝恩)을 정(情)을 진술하고 겸하여 조공의 깊은 정성을 말하였다. 자경이 출발하여 나아가려하니 다시 예로써 이영(李榮) 등으로 행하였으나 이영이 마침내 오지 않았다.'" (『扶桑略記』 24)

고려 봄 3월에 대상(大相) 염상(廉相)을 보내어 안정진(安定鎭)에 성을 쌓고 원윤(元尹) 언수고(彦守考)에게 이를 지키도록 하며, 또 영청현(永淸縣, 평남 永柔)에 성을 쌓았다. (『高麗史節要』 1 太祖神聖大王)

고려 진수(鎭戍) (…) (태조) 12년 3월 대상 염상을 보내어 안정진에 성을 쌓고 원윤 언수고에게 지키게 하였다. (『高麗史』 82 志 36 兵 2)

고려 여름 4월 을사일(6)에 왕이 서경(西京)에 행차하여 주진(州鎭)을 두루 순시했다. (『高麗史』 1 世家 1 太祖 1)

고려 여름 4월에 서경(西京)에 행차하여 주(州)·진(鎭)을 순시하고 돌아왔다. (『高麗史節要』 1 太祖神聖大王)

신라 후백제 (5월17일) 신라 견훤(甄萱)이 장언징(張彦澄) 등 20인으로 하여금 대마도(對馬嶋)에 보내왔다. 이들이 대재부사(大宰府司)에 서상(書狀)과 아울러 신물(信物)을 특별히 보냈고, 다시 도수(嶋守, 대마도 수령) 판상경국(坂上經國, 사카가미)에게도 국서와 신물 등을 주면서 부(府)로 향할 것을 청하였다. 언징이 말하기를, "우리나라는 옛날과 같이 조공을 바치고자 하니 어리석은 대부(大府)는 우러러 언징 등을 받들라." 운운하였다. 이에 도사(嶋司)가 헌법에 따라 구류하였다. 언징 등이 땅바닥에 숙이며 거듭 말하였다. "본국의 왕은 일본에 입근(入覲)하고자 하는 뜻을 깊이 품고 있어, 거듭 사신으로 하여금 신물을 보내는 노고를 하고 있는데, 만일 빈 손으로 돌아간다면 신명(身命)을 보존키 어려울 것이다." 도사(嶋司)는 머뭇거리며 사신을 구류시키고는 사유(事由)를 상부(上府)에 말하였다. 부(府)에서 곧 태정관(太政官)에 거듭하여 물었으니, 부에 보낸 그 글에서 조정(朝庭)이 꾀하는 바를 따르고자 하였다. 도(嶋)에 글을 보내어 그 나라의 표착한 사람들을 돌려보내도록 하였다. (『扶桑略記』 24)

신라 후백제 (5월21일) 태정관(太政官)이 대재부(大宰府)에 부(符, 문서)를 보냈다. 신라인 장언징 등에게 재물과 양식을 나누어주고 돌려보내도록 하였으며, 아울러 문장박사(文章博士) 등에게 명하여 태재부와 대마도에 반첩서장(返牒書狀)을 써서 내려 보내도록 하였다. 태재첩(太宰牒)에 대략 말하기를, "인신(人臣)에는 사(私)가 없으니, 어찌 함부로 국경을 넘는 것을 좋다하겠는가. 때문에 외람된 교통(交通)이 있으면, 춘추(春秋)의 가폄(加貶)으로 경계할 것이다. 굽신거리며 면적(面覿)을 구하거나 지분(脂粉)으로써 용모를 꾸미는 일은 그 노고를 끊는 것이다. 휘암(輝嵒)이 이미 돌아가서 사절을 거절하는 뜻을 알렸을 터이다. 그런데 어찌 다시 언징이 또 와서 자꾸 말하면서 헛되이 단금의 정(斷金之情, 쇠조차 끊어지는 굳은 우정)을 멋대로 말하는가. 복규(復圭)가 처한 곳을 헤아리지 않고 여기에 전법(典法)을 지켜 이미 돌려보내도록 하였다." 운운하였다. 대마첩(對馬牒)에 대략 이렇게 말하기를, "대마도에서 이전에 물에 빠져 위태로워진 이들을 구하였는데, 이는 손을 내밀었을 뿐 인호(隣好)를 구한 것이 아니다. 오로지 사람의 목숨을 중하기 때문이다."운운하였다. 그 사자를 돌려보낸 뜻은 부첩(府牒)과 같은데, 그 글에 대략 말하기를, "조공을 바치는 예는 번왕(蕃王)이 힘쓰는 바이다. 휘암이 먼저 왔을 때에 이미 법례가 어그러진 것이다. 언징이 또다시 이르러서는 오히려 교만하게 굴면서 천만의 면(面)을 고치려 하였으니, 어찌 그 말을 2,3번이나 바꾸는가. 방기(方奇, 방물)을 보내온 바이나 감히 취하지 않을 것이다. 인신(人臣)의 의(義)에 이미 외교(外交)란 없는 섯이다." 운운하였다. 대마수서(對馬守書)에도 마찬가지로 사교(私交)를 끊고 보내온 물건도 받지 말라 하였다. (『扶桑略記』 24)

발해 (천성) 4년 5월에 또 고정사(高正詞)를 보내어 들어가 조회하게 하고 방물을 바쳤다. (『五代會要』 30 渤海)

발해 (후당 명종 천성 4년) 5월에 발해에서 사신 고정사(高正詞)를 보내 들어가 조회하고 방물을 바치게 했다. (『册府元龜』 972 外臣部 17 朝貢 5)

고려 태조 12년(929) 5월 서경(西京) 백성인 능배(能盃)의 집에서 돼지가 새끼를 낳았는데, 머리는 하나에 몸통이 둘이었다. (『高麗史』 53 志 7 五行 1 水)

고려 6월 임인일(5)에 원보(元甫) 장필(長弼)을 대상(大相)으로 임명했다. (『高麗史』 1 世家 1 太祖 1)

고려 6월에 원보(元甫) 장필(長弼)을 대상(大相)으로 삼았다. (『高麗史節要』 1 太祖神聖大王)

고려 (6월) 계축일(16)에 천축국(天竺國)의 삼장법사(三藏法師) 마후라(摩睺羅)가 찾아오자 왕이 의장을 갖추고 영접했는데 그는 이듬해 구산사(龜山寺)에서 죽었다. (『高麗史』 1 世家 1 太祖 1)

고려	여름 6월에 천축국(天竺國) 삼장(三藏) 마후라(摩睺羅)가 고려에 왔다. (『三國史記』 12 新羅本紀 12)
고려	(6월) 천축국(天竺國) 삼장(三藏)법사 마후라(摩睺羅)가 왔다. 왕이 예를 갖추어 그를 맞았다. (『高麗史節要』 1 太祖神聖大王)
고려	(6월) 경신일(23)에 발해 사람인 홍견(洪見) 등이 배 20척에 사람과 재물을 싣고 귀부해왔다. (『高麗史』 1 世家 1 太祖 1)
고려	발해 사람 홍견 등이 무리를 거느리고 배 20척으로 고려에 투항하였다. (『三國史節要』 14)
고려	가을 7월 기묘일(12)에 왕이 기주(基州)에 행차하여 주진(州鎭)을 두루 순시했다. (『高麗史』 1 世家 1 太祖 1)
고려	가을 7월에 기주(基州)에 행차하여 주·진을 순시하고 돌아왔다. (『高麗史節要』 1 太祖神聖大王)
후백제 고려	(가을 7월) 신사일(14)에 견훤이 무장군 5천 명으로 의성부(義城府)를 침구해 오자, 성주장군(城主將軍) 홍술(洪術)이 전사했다. 왕은 자신의 양쪽 팔을 잃었다며 통곡했다. 또 견훤이 순주(順州)를 침구해 오자 장군 원봉(元奉)이 도망쳤다. (『高麗史』 1 世家 1 太祖 1)
후백제 고려	(가을 7월) 견훤이 갑졸(甲卒) 5천 명을 거느리고 의성부(義城府)를 침공하니, 성주장군 홍술(洪術)이 싸우다가 죽었다. 왕이 슬피 울면서 이르기를, "내가 양쪽 손을 잃었다." 하였다. 견훤이 또 순주(順州)를 침공하니 장군 원봉(元奉)이 도망하였다. (『高麗史節要』 1 太祖神聖大王)
후백제 고려	가을 7월에 견훤(甄萱)이 의성부(義成府)의 성(城)을 공격하여 고려 장수 홍술(洪述)이 나가 싸웠으나, 이기지 못하고 전사하였다. 순주(順州) 장군 원봉(元逢)이 견훤(甄萱)에게 항복하였다. 태조가 이를 듣고 화를 냈으나, 원봉의 지난 공로를 생각해 그를 용서하고, 다만 순주(順州)를 고쳐 현(縣)으로 하였다. (『三國史記』 12 新羅本紀 12)
후백제 고려	(천성) 4년 가을 7월에 견훤이 군사 5천 명으로 의성부(義城府)를 공격하니 성주·장군 홍술(洪術)이 전사하였다. 태조가 통곡하면서 "나는 좌우의 손을 잃었다."라고 하였다. 견훤이 크게 군사를 일으켜 고창군(古昌郡)의 병산 아래에 가서 태조와 싸웠으나 이기지 못하였다. 전사자가 8천여 명이었다. 다음날 견훤이 패잔병을 모아 순주성(順州城)을 습격하여 함락시켰다. 장군 원봉(元逢)은 방어할 수 없자 성을 버리고 밤에 달아났다. 견훤이 백성들을 잡아 전주로 옮겼다. 태조는 원봉이 이전에 공을 세웠기 때문에 그를 용서하고, 순주를 개칭하여 하지현(下枝縣)으로 불렀다. (『三國史記』 50 列傳 10 甄萱)
후백제 고려	(…) 또 의성부(義成府) 태수(太守) 홍술(洪述)이 대항해 싸우다가 죽었다. 태조는 이 소식을 듣고 말하기를, "나는 오른 팔을 잃었구나"라고 하였다. (…) (『三國遺事』 2 紀異 2 後百濟 甄萱)
후백제 고려	견훤이 군사 5천 명으로 고려의 의성부(義城府)를 공격하니 성주·장군 홍술(洪術)이 전사하였다. 왕이 통곡하면서 "나는 좌우의 손을 잃었다."라고 하였다. (『三國史節要』 14)
발해	(후당 명종 천성 4년) 7월 을유일(18)에 발해국의 전입조사(前入朝使) 고정사(高正詞)를 태자세마(太子洗馬)로 삼았다. (『冊府元龜』 976 外臣部 21 褒異 3)

발해 (천성) 4년 7월에 정사(正詞)를 태자세마(太子洗馬)로 삼았다. (『五代會要』 30 渤海)

고려 (천성 4년 8월) 기미일(23)에 고려왕 왕건이 사신을 보내어 방물을 바쳤다. (『舊五代史』 40 唐書 16 明宗紀 6)

고려 (천성 4년 8월) 기미일(23)에 고려왕 왕건의 사신 장빈(張彬)이 왔다. (『新五代史』 6 唐本紀 6 明宗)

고려 후당 동광(923~925)·천성(926~929) 연간에 그 임금 고씨가 여러번 직공(職貢)하였다. (『宋史』 487 列傳 246 外國 3 高麗)

고려 천성 4년 8월에 다시 광평시랑(廣評侍郎) 장분(張玢) 등 50명을 보내와서 조회하고 은향(銀香)·사자은로(獅子銀爐)·금장삽루운성도검(金裝鈒鏤雲星刀劍)·마필(馬匹)·금은응조구(金鷹縧鞲)·백저(白紵)·백전(白氈)·두발(頭髮)·인삼·향유(香油)·은루전도(銀鏤翦刀)·겸발(鉗鈸)·송자(松子) 등을 바쳤다. (『五代會要』 30 高麗)

고려 (후당 명종 천성 4년 8월) 고려국왕 왕건이 사신으로 광평시랑 장분 등 50명을 보내와서 조회하고 은향·사자향로·금장삽루운성도검 ·마돌(馬突)·금은응도도구(金銀鷹韜韜鞲)·령(鈴)·금금계요(金錦罽腰)·백저(白紵)·백전(白氈)·두발(頭髮)·인참·향유(香油)·은루전도(銀鏤剪刀)·겸체(鉗釱)·송자(松子) 등을 바쳤다. (『冊府元龜』 972 外臣部 17 朝貢 5)

고려 9월 을해일(9)에 왕이 강주(剛州)에 행차했다. (『高麗史』 1 世家 1 太祖 1)

고려 9월에 강주(剛州)에 행차하였다. 대상(大相) 식렴(式廉)을 보내어 안수진(安水鎭)에 성을 쌓고 원윤(元尹) 흔평(昕平)을 진두(鎭頭)로 삼고, 또 흥덕진(興德鎭)에 성을 쌓고 원윤 아차성(阿次城)을 진두(鎭頭)로 삼았다. (『高麗史節要』 1 太祖神聖大王)

고려 진수(鎭戍) (…) (태조 12년) 9월 대상 왕식렴(王式廉)을 보내어 안수진에 성을 쌓고 원윤 흔평(昕平)을 진두로 삼았다. 또 흥덕진에 성을 쌓고 원윤 아차성을 진두(鎭頭)로 삼았다. (『高麗史』 82 志 36 兵 2)

고려 발해 (9월) 병자일(10)에 발해 사람인 정근(正近) 등 3백여 명이 투항해왔다. (『高麗史』 1 世家 1 太祖 1)

발해 고려 발해의 정근 등 300여명이 고려에 투항하였다. (『三國史節要』 14)

고려 겨울 10월 병신일(30)에 후백제의 일길간(一吉干) 염흔(廉昕)이 투항해왔다. (『高麗史』 1 世家 1 太祖 1)

고려 겨울 10월에 후백제의 일길간 염흔이 와서 의탁하였다. 견훤이 고사갈이성(高思葛伊城)을 치려 하니, 성주 흥달(興達)이 이를 듣고 나가 싸우고자 목욕을 하다가 갑자기 오른팔 위에 멸(滅) 자가 있음을 보았는데 그 후 10일 만에 병들어 죽었다. (『高麗史節要』 1 太祖神聖大王)

후백제 고려 겨울 10월에 백제의 일길간 염흔이 고려에 투항하였다. (『三國史節要』 14)

후백제 신라 (겨울 10월 병신일(30)) 견훤이 가은현(加恩縣)을 포위했으나 함락시키지 못했다. (『高麗史』 1 世家 1 太祖 1)

후백제 신라 겨울 10월에 견훤이 가은현을 포위했으나, 이기지 못하고 돌아갔다. (『三國史記』 12 新羅本紀 12)

후백제 신라 (겨울 10월) 견훤이 가은현을 포위했으나 이기지 못하였다. (『高麗史節要』 1 太祖神聖大王)

후백제 신라 (겨울 10월) 견훤이 신라의 가은현을 포위했으나, 이기지 못하고 돌아갔다. (『三國史

節要』14)

발해 12월 24일 발해국 입조사인 문적대부(文籍大夫) 배구(裵璆)가 단후국(丹後國) 죽야군(竹野郡) 대진빈(大津濱)에 다다랐다. (『日本紀略』後篇 1)

고려 12월에 견훤이 고창군(古昌郡)을 포위하자, 왕이 친히 군사를 지휘해 구원했다. (『高麗史』1 世家 1 太祖 1)

고려 12월에 견훤이 고창군을 포위하였으므로 왕이 가서 이를 구원하려고 예안진(禮安鎭)에 머무르면서 여러 장수와 의논하기를, "싸우다가 이기지 못하면 장차 어떻게 하겠는가" 하니 대상 공선(公萱)과 홍유(洪儒)가 아뢰기를, "만약 우리가 이기지 못하면 샛길로 가야하고, 죽령(竹嶺)으로 가서는 안 됩니다." 하였다 유금필(庾黔弼)이 아뢰기를, "신이 듣건대, 군사는 흉한 것이요, 전쟁은 위태로운 일이라 하였습니다. 죽을 결심을 하고 살려는 생각이 없어야만 최후의 승리를 얻을 수 있는 것인데, 지금 적군 앞에 나아가 싸워보지도 않고 먼저 패배할까를 염려함은 무슨 까닭입니까. 만약 급히 구원하지 않으면 고창군의 3천여 대중을 그냥 적에게 주는 것이니 어찌 원통하지 않겠습니까. 신은 진군하여 급히 공격하기를 원합니다." 하니, 왕이 그 말에 따랐다. 금필이 이에 저수봉(猪首峯)에서 힘껏 싸워서 크게 이겼다. 왕이 그 고을에 들어가서 금필에게 이르기를, "오늘의 일은 경의 힘이다." 하였다. (『高麗史節要』1 太祖神聖大王)

후백제 고려 12월에 견훤이 고창군(古昌郡)을 포위하였으므로 고려왕이 가서 이를 구원하려고 예안진(禮安鎭)에 머무르면서 여러 장수와 의논하기를, "싸우다가 이기지 못하면 장차 어떻게 하겠는가" 하니 대상 공선(公萱)과 홍유(洪儒)가 아뢰기를, "만약 우리가 이기지 못하면 샛길로 가야하고, 죽령(竹嶺)으로 가서는 안 됩니다." 하였다 유금필(庾黔弼)이 아뢰기를, "신이 듣건대, 군사는 흉한 것이요, 전쟁은 위태로운 일이라 하였습니다. 죽을 결심을 하고 살려는 생각이 없어야만 최후의 승리를 얻을 수 있는 것인데, 지금 적군 앞에 나아가 싸워보지도 않고 먼저 패배할까를 염려함은 무슨 까닭입니까. 만약 급히 구원하지 않으면 고창군의 3천여 대중을 그냥 적에게 주는 것이니 어찌 원통하지 않겠습니까. 신은 진군하여 급히 공격하기를 원합니다." 하니, 왕이 그 말에 따랐다. 금필이 이에 저수봉(猪首峯)에서 힘껏 싸워서 크게 이겼다. 왕이 그 고을에 들어가서 금필에게 이르기를, "오늘의 일은 경의 힘이다." 하였다. (『三國史節要』14)

고려 후백제 유금필 (…) 태조 (…) 12년 견훤이 고창군(古昌郡)을 포위하자 유금필이 구원군으로 태조를 따라 예안진(禮安鎭)까지 갔다. 태조가 여러 장수에게 "전투가 불리하면 장차 어떻게 할 것이오"라고 의논하니, 대상(大相) 공훤(公萱)홍유(洪儒)는, "전세가 불리하게 될 경우 죽령(竹嶺)으로는 돌아갈 수 없게 될 것이니, 미리 사잇길을 마련해 두어야 할 것입니다."라고 하였다. 그러나 유금필은, "신이 듣건대 '병기는 흉한 기구이며 전투는 위험한 일'이라 하였으니, 구차히 살려는 마음을 버리고 죽을 각오로 싸워야만 승부를 결정할 수 있습니다. 지금 적과 마주하고 있는데, 싸워보지도 않고 먼저 기세가 꺾여 달아날 걱정만 하면 어찌되겠습니까. 만약 뒤쫓아 가 구원하지 않고, 고창군의 3천명 넘는 군사들을 고스란히 적에게 넘겨준다면, 어찌 원통하지 않겠습니까. 신은 진군하여 급히 공격하길 바라옵니다."라고 하므로 태조가 이를 허락하였다. 유금필이 이에 저수봉(猪首峰)으로부터 급히 공격하여 적을 크게 무너뜨렸다. 태조가 그 군(郡)에 들어가 유금필에게, "오늘의 승전은 경의 힘이오."라고 칭찬하였다. (『高麗史』92 列傳 5 庾黔弼)

신라 천성 4년에 경순대왕(敬順大王)이 대사에게 명하여 영묘사(靈廟寺) 법석(法席)으로 옮기도록 하고 계단(戒壇)을 만들고 불탑(佛塔)을 장식하여 7일 동안 법회를 개설하였다. (「葛陽寺惠居國師碑」)

고려 성보(城堡) (…) (태조) 12년(929)에 안정진(安定鎭)에 성을 쌓았다. 또 영청(永淸)·안수(安水)·흥덕(興德) 등의 진(鎭)에 성을 쌓았다. (『高麗史』 82 志 36 兵 2)

930(庚寅/신라 경순왕 4/후백제 견훤 31/고려 태조 13 天授 13/後唐 天成 5 長興 1/日本 延長 8)

고려 신라 봄 정월 정묘일(2)에 재암성(載巖城) 장군(將軍) 선필(善弼)이 투항해왔다. (『高麗史』 1 世家 1 太祖 1)

고려 신라

봄 정월에 재암성 장군 선필이 고려에 항복하니, 태조가 그를 후한 예의로 대하고 상보(尙父)라 일컬었다. 앞서 태조가 신라와 우호를 통하려고 할 때 선필이 이를 인도하여 주었는데, 이때에 이르러 항복한 것이다. 그가 공이 있고 또한 나이가 많은 점을 생각해, 그를 총애하고 칭찬한 것이다. (『三國史記』 12 新羅本紀 12)

고려 봄 정월에 재암성 장군 선필이 와서 의탁하였다. 예전에 왕이 신라에 통호하려 할 제, 도둑이 일어나 길이 막히자, 왕이 걱정하고 있었는데 선필이 기이한 계책을 써서 인도하여 통호하게 하였다. 그러므로 이제 그가 와서 항복하니, 후한 예를 갖추어 대접하고 그가 나이가 많다 하여 상보(尙父)라고 일컬었다. (『高麗史節要』 1 太祖神聖大王)

고려 신라 봄 정월에 재암성 장군 선필이 고려에 항복하였다. 예전에 도적 무리가 경쟁하듯 일어나 빼앗고 노략질함에 이르자 고려왕이 우리에게 통호하고자 하였는데, 길이 막혀 그것을 걱정하였다. 선필이 계책으로 그것을 계통(計通)하였다. 이에 이르러 그 성으로써 고려에 항복하였다. (『三國史節要』 14)

발해 정월 3일 무진일(3)에 단후국(丹後國)에서 발해의 객도(客徒)가 온 이유를 올렸다. 좌대신(左大臣)[충평(忠平)]참(叄) 초부(召否)의 유(由)를 피정(被定)하여 건객(件客) 93명이고 작년 12월 23일에 단후국 죽야군(竹野郡)에 표착하였다. (『扶桑略記』 24 裡書)

고려 후백제 (봄 정월) 병술일에 왕이 친히 군사를 지휘해 고창군(古昌郡)의 병산(甁山)에 진을 치고 견훤은 석산(石山)에 진을 치니 서로 간의 거리가 5백 보쯤이었다. 전투가 시작되고 저녁 무렵에 견훤은 패주했으며, 시랑(侍郎) 김악(金渥)을 사로잡았는데 적의 전사자가 8천여 명이나 되었다. 이 날 고창군에서, 견훤이 장수를 보내어 순주(順州)를 쳐서 함락시키고 민가를 약탈한 후 물러갔다고 보고하자 왕이 바로 순주로 가서 성을 수리하고 장군 원봉(元奉)을 문책했다. (『高麗史』 1 世家 1 太祖 1)

고려 후백제 (봄 정월) 태조가 견훤과 고창군 병산 아래에서 싸웠는데, 크게 이겨 죽이고 포로로 잡은 자들이 매우 많았다. (『三國史記』 12 新羅本紀 12)

고려 후백제 (봄 정월) 왕이 친히 군사를 거느리고 고창군(古昌郡)의 병산(甁山)에 진을 치고 견훤은 석산(石山)에 진을 치니, 서로의 거리가 5백 보쯤 되었다. 드디어 서로 싸우자, 견훤은 패하여 달아나고, 시랑(侍郎) 김악(金渥)을 사로잡았으며, 죽은 자가 8천여 명이었다. 고창군에서 아뢰기를, "견훤이 장수를 보내어 순주(順州)를 쳐서 함락시키고 인호(人戶)를 약탈하고 갔습니다." 하니, 왕이 곧 순주로 가서 그 성을 수축하고 장군 원봉(元奉)을 죄주었다. (『高麗史節要』 1 太祖神聖大王)

고려 후백제 (봄 정월) 고려왕이 친히 군사를 거느리고 고창군(古昌郡)의 병산(甁山)에 진을 쳤다. 견훤군은 석산에 진을 치니 서로의 거리가 5백 보쯤 되었다. 서로 싸우자, 견훤은 패하여 달아나고, 시랑(侍郎) 김악(金渥)을 사로잡았으며, 죽은 자가 8천여 명이었다. 다음 날 견훤이 군사를 보내 공격하여 순주성(順州城) 함락하였다. 장군 원봉(元逢)이 방어할 수 없어 성을 버리고 밤에 도망하였다. 견훤이 인호(人戶)를 약탈하여 전주로 들어갔다. 왕이 바로 순주에 행차하여 그 성을 수리하고 원봉이 전에 공이 있어 그를 용서하고 순주를 하지현(下枝縣)으로 강등하였다. (『三國史節要』 14)

후백제 고려 (…) 42년 경인에 견훤은 고창군(古昌郡)[지금의 안동부(安東府)]을 치려고 군사를 크게 일으켜 석산(石山)에 진을 치니 태조는 백보(百步) 가량을 떨어져서 고을 북쪽 병산(甁山)에 진을 쳤다. 여러 번 싸웠으나 견훤이 패하여 시랑(侍郎) 김악(金渥)을 사로잡았다. 다음날 견훤이 군사를 거두어 순주성(順州城)을 습격하니 성주(城主) 원봉(元逢)은 능히 막지 못하고 성을 버리고 밤에 도망하였다. 태조는 몹시 노하여 그 고을의 격을 낮추어 하지현(下枝縣)[지금의 풍산현(豊山縣)이니, 원봉이 본래 순주성 사람이기 때문이다]으로 삼았다. 신라의 임금과 신하들은 쇠망해 가는 시기에 다시 일어나기가 어려우므로 우리 태조를 끌어들여 우호를 맺어서 자기들을 후원해 주도록 했다. 견훤은 이 소식을 듣고 또 다시 신라 왕도에 들어가 나쁜 짓을 하려 했는데, 태조가 먼저 들어갈까 두려워해서 태조에게 편지를 보내어 말하였다. "지난번에 국상(國相) 김웅렴(金雄廉) 등이 장차 그대를 서울로 불러들이려 한 것은 작은 자라가 큰 자라의 소리에 호응하는 것과 같았다. 이는 종달새가 매의 날개를 찢으려 하는 것이었으니 반드시 백성들을 도탄(塗炭)에 빠뜨리고 종묘(宗廟)와 사직(社稷)을 폐허로 만들었을 것이다. 나는 이 때문에 먼저 조적(祖逖)의 채찍을 잡고 홀로 한금호의 도끼를 휘둘러 백관(百官)들에게 맹세하기를 백일(白日)과 같이 했고, 육부(六部)를 의리 있는 풍도로 타일렀더니 뜻밖에 간신(奸臣)은 도망하고 임금은 세상을 떠났다. 이에 경명왕(景明王)의 표제(表弟)인 헌강왕(憲康王)의 외손(外孫)을 받들어 왕위에 오르게 해서 위태로운 나라를 다시 세우고 없는 임금을 다시 잇게 하여 임금이 있게 되었다. 그대는 나의 충고를 자세히 살피지 않고 한갓 흘러 다니는 말만을 듣고 온갖 계책으로 왕위를 엿보고 여러 방면으로 나라를 침노했으나 오히려 내가 탄 말의 머리도 보지 못했고 내 쇠털 하나도 뽑지 못하였다. 이 겨울 초순에는 도두(都頭) 색상(索湘)이 성산(星山)의 진(陣) 밑에서 손을 묶어 항복했고, 이달 안에는 좌장 김락(金樂)은 미리사(美利寺) 앞에서 전사했으며 그밖에 죽인 것도 많고 사로잡은 것도 적지 않았다. 그 강하고 약한 것이 이와 같으니 이기고 질 것은 알 만한 일이며, 내가 바라는 것은 활을 평양성(平壤城) 문루(門樓)에 걸고 말에게 패강(浿江)의 물을 먹이는 일이다. 그러나 지난 달 7일에 오월국(吳越國)의 사신 반상서(班尙書)가 와서 국왕(國王)의 조서(詔書)를 전하기를, '경(卿)은 고려와 오랫동안 좋은 화의(和誼)를 통하고 함께 선린의 맹약(盟約)을 맺은 줄 알았는데 근래에 양편의 볼모가 북은 것으로 말미암아 드디어 화친(和親)하던 옛 뜻을 잃어버리고 서로 국경을 침범하여 전쟁이 끊이지 않게 되었다. 이제 일부러 사신을 보내어 경의 본도로 가게 하고, 또 고려에도 글을 보내니 마땅히 각각 서로 친목해서길이 평화롭게 지내도록 하라.'고 하였다. 나는 왕실을 높이는 의에 돈독하고 큰 나라를 섬기는 데 전념해 오던 터에 이제 오월왕(吳越王)이 조칙(詔勅)으로 타이르는 것을 듣고 즉시 받들어 행하고자 하나, 다만 그대가 그만두고 싶어도 그만둘 수가 없고 곤경에 처해 있으면서도 싸우려는 것을 걱정하는 바이다. 이제 조서(詔書)를 베껴서 보내는 터이니 청컨대 유의해서 자세히 살피기를 바란다. 토끼와 사냥개가 다 함께 지치고 보면 마침내는 반드시 남의 조롱을 받는 법이요, 조개와 황새가 서로 버티다가는 역시 남의 웃음거리가 되는 것이다. 마땅히 미혹함을 경계하여 후회하는 일을 스스로 불러

오지 말도록 하라."(…) (『三國遺事』 2 紀異 2 後百濟·甄萱)

고려 신라 (봄 정월) 경인일(15)에 고창군 성주(古昌郡 城主) 김선평(金宣平)을 대광(大匡)으로, 권행(權行)과 장길(張吉)을 대상(大相)으로 각각 임명했다. 이 때 영안(永安)·하곡(河谷)·직명(直明)·송생(松生) 등 30여 군현(郡縣)이 차례로 투항해왔다. (『高麗史』 1 世家 1 太祖 1)

고려 신라 (봄 정월) 영안·하곡·직명·송생 등 30여 군현(郡縣)이 차례차례 태조에게 항복하였다. (『三國史記』 12 新羅本紀 12)

고려 신라 (봄 정월) 다시 순주를 하지현(下枝縣)으로 강등시켰다. 고창의 성주 김선평을 대광으로, 권행과 장길을 대상으로 삼고, 그 고을을 안동부(安東府)로 승격시켰다. 이에 영안·하곡·직명·송생 등 30여 군·현이 차례로 와서 항복하였다. (『高麗史節要』 1 太祖神聖大王)

발해 (정월) 20일 을유일에 발해객(渤海客)의 배를 수조(修造)한 료(料)와 아울려 약협(若狭)·단마결번(丹馬結番)을 정세(正稅)로써 동객(同客)에게 누리게 할 만하다. (『扶桑略記』 24 裡書)

발해 장흥 원년 정월에 청주(靑州)에서 아뢰었다. 강인(羌人)이 발해왕 헌(憲) 일행을 압(押)하여 본국으로 돌아가게 하였는데, 흑수(黑水)에게 겁박을 당하여 지금 흑수올아(黑水兀兒)의 장(狀)을 얻어 인지(印紙) 1장을 가지게 되어 진정(進程)하였다. (『冊府元龜』 995 外臣部 40 交侵)

신라 고려 2월 을미일(1)일에 신라에 사신을 보내 고창(古昌)의 승리를 알리자 신라국왕도 사신을 보내어 답례하고 글월을 보내 만날 것을 요청했다. 이때 신라 동쪽 바닷가의 주군(州郡)과 부락들이 모두 투항해 왔는데, 명주(溟州)로부터 흥례부(興禮府, 안동)에 이르기까지 모두 110여 성에 달했다. (『高麗史』 1 世家 1 太祖 1)

신라 고려 2월 을미일(1)에 고려왕이 사신을 보내 고창의 승리를 알리자 왕이 사신을 보내 답례하고 글을 보내 서로 만날 것을 요청하였다. 이 때 동쪽의 연해 주군 100여성이 모두 고려에 항복하였다. (『三國史節要』 14)

신라 고려 2월에 태조가 사신을 보내 승리를 알리니, 왕이 답례로 사신을 보내고 서로 만나기를 청하였다. (『三國史記』 12 新羅本紀 12)

신라 고려 2월에 사신을 신라에 보내어 고창 싸움에서 이겼다고 알리니, 신라왕이 사신을 보내어 답례하고, 글을 보내어 서로 만나기를 청하였다. 이때 신라의 동쪽 주군 부락이 다 와서 항복하니 명주에서 흥례부까지 모두 110여 성이었다. (『高麗史節要』 1 太祖神聖大王)

고려 신라 (2월) 경자일(6)일에 왕이 일어진(昵於鎭)에 행차했다. 북미질부성주(北彌秩夫城主) 훤달(萱達)이 남미질부성주(南彌秩夫城主)와 함께 투항해왔다. (『高麗史』 1 世家 1 太祖 1)

고려 신라 (2월) 일어진에 행차하여 성을 쌓고 이름을 신광진(神光鎭)이라 고치고 백성을 옮겨서 이곳에 채웠다. 남미질부와 북미질부 두 성이 모두 항복하였다. (『高麗史節要』 1 太祖神聖大王)

고려 진수(鎭戍) (…) (태조) 13년 2월 일어진에 성을 쌓고 신광진으로 이름을 고치고 민(民)을 옮겨서 그곳을 채웠다. (『高麗史』 82 志 36 兵 2)

신라 동광 7년 11월 28일에 약간의 병세를 보이다가 그 다음 해 2월 17일에 법당에 앉아 입적하시니, 춘추는 69세요, 승랍은 50이었다. 이와 때를 같이하여 햇빛은 처참하고 바람은 쓸쓸하였으며 구름은 탄식하는 듯 시냇물은 오열하였고, 천인(天人)은 애도하며 도속(道俗)은 모두 창자를 도려내는 듯 통탄하였을 뿐만 아니라, 감마(紺馬)가 하늘로 날아오르고 청오(靑烏) 또한 터를 점복하였으니 입적에 따른 상서가 전고(前古)로 듣기에 드물었다. 임금께서 스님의 니원(泥洹) 소식을 들으시고 가만히 슬픔에 잠겼다. 특히 조서(弔書)와 부의(賻儀)를 보내어 국사에 대한 예의를 다하였다. 문인인 스님들이 그 달 19일에 함께 영감(靈龕)을 메고 △△△의 서쪽 모퉁이 3백여 보 지점에 입감(入龕)하였다. 학업을 전해 받은 제자 융천(融闡)과 흔정(昕政) 등 500에 가까운 사람들이 공손히 스님의 유덕(遺德)을 펴고자 비석을 세울 것을 윤허해 달라는 표(表)를 올렸다. 그리하여 왕은 시호를 대경대사라 하고, 탑명을 현기지탑(玄機之塔)이라 추증하였다. (「菩提寺大鏡大師塔碑」)

발해 3월 2일에 발해의 존문사(存問使) 배구(裵璆)가 태장(怠狀)을 바쳤다. (『日本紀略』 後篇 1)

고려 3월 무진일(3)에 백서성낭중(白書省郎中) 행순(行順)과 영식(英式)을 함께 내의사인(內議舍人)으로 임명했다. (『高麗史』 1 世家 1 太祖 1)

발해 4월 초하루날에 당객(唐客)이 동단국(東丹國)의 사신을 칭하고 단후국(丹後國)에 나타났다. 자세하게 물으니 사신의 답장(答狀)의 전후가 서로 다르니 거듭 다시 동단국 사신등에게 물으니, 본래는 비록 발해인이지만, 지금 항복하여 동단국의 신하가 되었고 대답 중에 많이 거란의 죄악을 말하였다. 하루라도 다른 사람의 신하가 된 자가 어찌 이와 같겠는가. 모름지기 이 지(旨)를 들어 먼저 문책하였고 지금 허물에 대한 장을 올리니, 앙하단후국이료(仰下丹後國已了) 동단국은 예의를 잃었다. (『扶桑略記』 24)

발해 제호천황(醍醐天皇) 연장(延長) 8년 4월에 배구(輩璆)가 동단국의 사신을 칭하고 단후(丹後)에 왔다. 천황이 사신을 보내 물어 말하였다. 본래는 발해인데 어찌 동단국의 사신이라고 하였는가. 구(璆) 등이 대답하여 말했다. 발해는 거란에게 멸망당하여 이름을 고쳐 동단이라 하였다. 신 등은 지금 항복하여 동단국의 사신이 되었다. 조서를 그것을 책망하여 말하였다. 짐은 발해가 거란에게 망함을 들었는데 세수(世讐)의 나라이다. 지금 너희가 두 마음을 품어 조정에 모초(暮楚)를 아뢰니 다른 사람의 신하된 자가 어찌 하루에 이와 같이 하는가. 구(璆) 등이 머리를 조아리고 사죄하고 그 죄상을 바쳐 말하였다. 신 등이 참을 등지고 거짓으로 향한 것은 선을 다투고 악을 쫓아 선왕을 도탄에서 구하지 않고 신왕을 병과(兵戈)의 때에 외첨(猥諂)한 것이다. (『續本朝通鑑』 6)

고려 여름 5월 임진일(29)에 왕이 서경(西京)에 행차했다. (『高麗史』 1 世家 1 太祖 1)

고려 여름 5월 임진일(29)에 서경에 행차하였다. (『高麗史節要』 1 太祖神聖大王)

발해 동단국(東丹國) 입조사(入朝使) 배구(裵璆) 등이 허물에 관하여 해명하여 올린 일
우(右) 배구(裵璆) 등이 참을 등지고 거짓으로 향한 것은 선을 다투고 악을 쫓아 선왕을 도탄에서 구하지 않고 신왕을 병과(兵戈)의 때에 외첨(猥諂)한 것이다. 하물며 배신(陪臣)의 소사(小使)를 받드는 것에서랴. 상국의 항규를 문란하게 하고 진로(振

鷺)를 바라보고 면참(面慚)하니 詠相鼠而股戰(영상서이고전) 불충과 불의로 허물을 불러 와 문책의 지(旨)를 감당할 것이다. 일찍이 진술을 피하지 않아 이에 죄상에 나아가니 배구 등은 진실로 황송하고 진실로 두려워 하면서 삼가 아뢴다.
연장 8년 6월 2일 대사(大使) (『本朝文粹』 12 怠狀)

고려 6월 경자일(8)에 왕이 서경으로부터 돌아왔다. (『高麗史』 1 世家 1 太祖 1)
고려 6월 경자일(8)에 서경에서 돌아왔다. (『高麗史節要』 1 太祖神聖大王)

고려 가을 8월 안화선원(安和禪院)을 창건하여 대광(大匡) 왕신(王信)의 원당으로 삼았다. (『高麗史』 1 世家 1 太祖 1)

고려 (가을 8월) 기해일(8)에 왕이 대목군(大木郡)에 행차하여 대승(大丞) 제궁(弟弓)을 천안도독부사(天安都督府使)로, 원보(元甫) 엄식(嚴式)을 부사(副使)로 각각 임명했다. (『高麗史』 1 世家 1 太祖 1)
고려 가을 8월에 대목군에 행차하여 동서 두솔(東西兜率)을 합쳐서 천안부(天安府)라 하고 도독(都督)을 두었으며, 대승(大丞) 제궁(弟弓)을 사(使)로, 원보(元甫) 엄식(嚴式)을 부사(副使)로 삼았다. 대상 염상(廉相)을 보내어 마산(馬山)에 성을 쌓고 안수진(安水鎭)이라 이름하였으며, 정조(正朝) 흔행(昕幸)을 진두(鎭頭)로 삼았다. (『高麗史節要』 1 太祖神聖大王)

고려 (가을 8월) 계묘일(12)에 왕이 청주(靑州)에 행차했다. (『高麗史』 1 世家 1 太祖 1)
고려 (가을 8월) 청주에 행차하여 나성(羅城)을 쌓았다. (『高麗史節要』 1 太祖神聖大王)

고려 (가을 8월) 병오일(15)에 우릉도(芋陵島)에서 백길(白吉)과 토두(土豆)를 보내 토산물을 바치자, 백길(白吉)에게 정위(正位), 토두(土頭)에게 정조(正朝) 벼슬을 각각 주었다. (『高麗史』 1 世家 1 太祖 1)
고려 (가을 8월) 우릉도에서 사신을 보내어 지방의 산물을 공물로 바치니, 그 사(使)인 백길을 정위로, 토두를 정조로 삼았다. (『高麗史節要』 1 太祖神聖大王)

고려 진수(鎭戍) (…) (태조 13년) 8월 대상(大相) 염상(廉相)을 보내어 마산(馬山)에 성을 쌓고 정조(正朝) 흔행(昕幸)을 진두(鎭頭)로 삼았다. (『高麗史』 82 志 36 兵 2)

고려 9월 정묘일(7)에 개지변(皆知邊)에서 최환(崔奐)을 보내어 투항하겠다고 알려왔다. (『高麗史』 1 世家 1 太祖 1)
고려 9월에 개지변이 사자를 보내어 항복을 청하였다. (『高麗史節要』 1 太祖神聖大王)

신라 고려 가을 9월에 나라 동쪽 바닷가의 주군(州郡) 부락들이 모두 태조에게 항복하였다. (『三國史記』 12 新羅本紀 12)

발해 (장흥 원년 11월) 병술일(27)에 청주(靑州)에서 등주(登州)에서 올린 장(狀)을 아뢰었다. "거란의 아보기남(阿保機男)과 동단왕(東丹王) 돌욕(突欲)이 바다를 건너 와서 귀부하였다." (『舊五代史』 41 唐書 17 明宗紀 7)
발해 (장흥 원년 11월) 병술일(27)에 거란의 동단왕(東丹王) 돌욕(突欲)이 도망해 왔다. (『新五代史』 6 唐本紀 6 明宗)
발해 장흥 원년 12월에 거란 발해국 동단왕 번관(番官) 40여명과 말 100필을 거느리고

등주로부터 바다를 건너왔다. (『五代會要』 29 契丹)

발해 (장흥 원년 11월) 거란의 동단왕(東丹王)인 돌욕(突欲)이 스스로 직위를 잃자 부곡(部曲) 40명을 거느리고 바다를 건너 등주(登州)로부터 도망해 왔다. (『資治通鑑』 277 後唐紀 6 明宗聖德和武欽孝皇帝)

고려 겨울 12월 경인일(1)에 왕이 서경에 행차하여 학교를 창설했다. (『高麗史』 1 世家 1 太祖 1)

고려 겨울 12월에 서경(西京)에 행차하여 학교를 처음 설치했다. 이전에는 서경에 학교가 없었는데, 왕이 수재(秀才) 정악(廷鶚)에게 명하여 그곳에 머물러 서학박사(書學博士)가 되게 하고, 따로 학원(學院)을 창건하여 6부(部)의 생도를 모아 가르치게 하였다. 후에 왕이 그가 학문을 일으켰다는 말을 듣고 비단을 내려 그를 권장하고, 겸하여 의(醫)·복(卜) 두 과목도 두게 하였다. 또 곡식 백 석을 내려 학보(學寶)로 하게 하였으니, 보(寶)란 것은 방언이다. 돈과 곡식을 기부하여 그 본전은 남겨두고 이자를 취하여 영구히 이용하는 까닭에 보라고 이른 것이다. (『高麗史節要』 1 太祖神聖大王)

발해 (장흥 원년) 그 해 12월에 중서문하(中書門下)에서 아뢰었다. 거란국 동단왕(東丹王) 돌욕(突欲)이 멀리 창명(滄溟)을 건너 와서 황화(皇化)하여 귀화하려고 성명을 내려주기를 청하였다. 인하여 번관(番官)이 입조한 예에 준하여 삼가 사이(四夷) 입조 번관을 살피니 회덕(懷德)·덕화(懷化)·귀덕(歸德)·귀화(歸化) 등의 장군과 중랑장(中郎將) 명호(名號)가 있었다. 또 본조에서 신라 발해 양 번국왕에 관(官)을 내렸다. 처음에서 검교사공(檢校司空)으로부터 태보(太保)에 이르렀는데, 지금 돌욕(突欲)은 아보기(阿保機)의 아들이다. 신라와 발해왕의 예에 견주어 시행할 것을 청하였다. 칙을 내려 발해군왕(渤海國王)·인황왕(人皇王) 돌욕이라 하였다. 거란은 먼저 박해국을 거두어 동단이라고 고쳤다. 그 돌욕엑 동단이라는 성을 내리고 이름을 모화(慕華)라 하고 광록대부(授光祿大夫).검교태보(檢校太保) 안동도호(安東都護) 겸(兼) 어사대부상주국발해군개국공(御史大夫上柱國渤海郡開國公)을 주고 식읍 1500호를 내렸으며 충회화군절도(充懷化軍節度).서신등주관찰처치압번락등사(瑞愼等州觀察處置押番落等使)로 하였다. (『五代會要』 29 契丹)

고려 이해에 연주(連州)에 성을 쌓았다. (『高麗史節要』 1 太祖神聖大王)

고려 성보(城堡) (…) (태조) 13년에 안북부(安北府)에 성을 쌓았다. 910칸이고, 문(門)은 12개, 성두(城頭)는 20개, 수구(水口)는 7개, 차성(遮城)은 5개이다. (『高麗史』 82 志 36 兵 2)

고려 성보(城堡) (…) (태조 13년) 조양진(朝陽鎭)에 성을 쌓았다. 821칸이고, 문(門)은 4개, 수구(水口)는 1개, 성두(城頭)·차성(遮城)은 각 2개이다. (『高麗史』 82 志 36 兵 2)

고려 성보(城堡) (…) (태조 13년) 마산(馬山)에 성을 쌓고 안수진(安水鎭)이라 이름하였다. (『高麗史』 82 志 36 兵 2)

고려 성보 (…) (태조 13년) 청주(靑州)의 나성(羅城)과 연주성(連州城)을 쌓았다. (『高麗史』 82 志 36 兵 2)

신라

신라 말기 천성(天成) 연간에 정보(正甫) 최은함(崔殷諴)은 오래도록 후사를 이을 아들이 없어 이 절의 관음보살 앞에서 기도를 하였더니 태기가 있어 아들을 낳았다. 잉태한지 세 달이 못되어 백제의 견훤(甄萱)이 서울을 습격하니 성 안이 크게 어지러웠다. 은함은 아이를 안고 이 절에 와서 고하기를, "이웃나라 군사가 갑자기 쳐들어와서 사세가 급박한지라 어린자식이 누가 되어 둘이 다 죽음을 면할 수 없사오니 진실로 대성(大聖)이 보내신 것이라면 큰 자비의 힘으로 보호하고 길러주시어 우리 부자로 하여금 다시 만나보게 해주소서."라고 하고 눈물을 흘려 슬프게 울면서 세 번 고하고 [아이를] 강보에 싸서 관음보살의 사자좌[猊座] 아래에 감추어 두고 뒤돌아보며 돌아갔다. 반달이 지나 적병이 물러간 후 와서 아이를 찾아보니 살결은 새로 목욕한 것과 같고 모습도 어여쁘고 젖 냄새가 아직도 입에 남아있었다. 아이를 안고 집에 돌아와 길렀더니 총명하고 은혜로움이 남보다 뛰어났다. 이 사람이 곧 승로(丞魯)이니 벼슬이 정광(正匡)에 이르렀다. 승로는 낭중(郎中) 최숙(崔肅)을 낳고 숙은 낭중 제안(齊顏)을 낳았으니 이로부터 후손이 계승되어 끊이지 않았다. 은함은 경순왕(敬順王)을 따라 본조(本朝)에 들어와 대성(大姓)이 되었다. 또 통화(統和) 10년(992) 3월 절의 주지인 석(釋) 성태(性泰)는 보살 앞에 꿇어앉아 아뢰기를, "제자가 오랫동안 이 절에 거주하면서 향화(香火)를 부지런히 하여 밤낮으로 게을리 하지 않았지만 절에는 밭에서 나는 것이 없으므로 향사(香祀)를 이을 수가 없는지라 장차 다른 곳으로 옮기려 하므로 와서 하직하려고 하나이다."라고 하였다. 이날 어렴풋이 잠을 자는데 꿈을 꾸니 대성이 이르기를, "법사는 아직 머물러 있을 것이지 멀리 떠나지 말라. 나는 인연이 있는 것으로써 재 드리는 비용을 충당하리라."고 하니, 스님은 기뻐하면서 감사하고 잠에서 깨어나서는 마침내 머물고 떠나지 않았다. 그 후 13일 만에 홀연히 두 사람이 말과 소에 짐을 싣고 문 앞에 이르렀다. 절의 스님이 나가서 묻기를 "어디서 왔느냐"라고 하니, 말하길 "우리들은 금주(金州) 지방 사람인데, 지난번에 한 스님이 우리에게 찾아와서 말하길 '나는 동경(東京) 중생사(衆生寺)에 오랫동안 있었는데, 네 가지의 어려운 일로서 연화를 위하여 여기에 왔습니다.'고 하므로 이웃 마을에 시주를 거두어 쌀 여섯 섬과 소금 네 섬을 얻어서 실어 왔습니다."고 하였다. 스님이 말하길 "이 절에서는 인연이 있는 것이 없었는데 당신들은 아마 잘못들은 것 같소."라고 하였다. 그 사람이 말하기를, "스님이 거느리는 방향으로 우리들은 왔는데 이 신현정 물가에 이르러서 말하길 '절의 거리가 이곳으로부터 멀지 않으니 내가 먼저 가서 기다리겠다.'고 하여 우리들은 뒤쫓아서 마침내 온 것입니다."고 하였다. 절의 스님이 그들을 인도하여 법당 앞까지 들어가니 그들은 대성을 우러러보고 예배하며 서로 말하기를, "이 부처님이 시주를 구하던 스님의 상입니다."고 하고 놀라서 감탄해 마지 않았다. 이 때문에 쌀과 소금을 바치는 것이 해를 더하여도 그치지 않았다. 또 하루 저녁은 절 대문에 불이 나서 마을사람들이 달려와서 구하는데 법당에 올라와 관음상을 찾았으나 간 곳을 알지 못하여 살펴보니 이미 정원의 가운데에 서 있었다. 누가 그것을 밖에 내놓았는지를 물었으나 모두들 모른다고 말하므로 이제야 대성의 신령스런 위력임을 알았다. 또 대정(大定) 13년 계사년(1173) 연간에 점숭(占崇)이라는 스님이 이 절에 살고 있었는데, 글자는 알지 못하지만 성품이 본래 순수하여 향화를 부지런히 받들었다. 어떤 스님이 그의 거처를 빼앗으려고 친의천사(襯衣天使에게 하소연하길 "이 절은 국가에서 은혜를 빌고 복을 받드는 장소이니 마땅히 문소(文疏)를 읽을 수 있는 사람을 뽑아서 주관하게 해야 할 것입니다."라고 하니 천사가 옳다고 생각하여 그를 시험하고자 소문(疏文)을 거꾸로 주니, 점숭은 받은 즉시 펴들고 거침없이 읽었다. 천사는 탄복하고 물러나 방안에 앉아 다시 읽으라 하니 점숭이 입을 다물고 말이 없었다. 천사가 말하기를, "상인(上人)은 진실로 대성(大聖)의 보살핌을 받고 있다"고 하고 끝내 절을 빼앗지 않았다. 당시 점승과 같이 살던 처사(處士) 김인부(金仁夫)가 고을의 노인들에게 전하였으므로 이것을 전에 적었다. (『三國遺事』 3 塔像 4 三所觀音 衆生寺)

신라 동도(東都)의 남산(南山) 남쪽에 한 봉우리가 우뚝 솟아 있는데, 세상에서는 고위산(高位山)이라고 한다. 그 산의 양지쪽에 절이 있는데, 속칭 고사(高寺) 혹은 천룡사(天龍寺)라고도 한다.

『토론삼한집(討論三韓集)』에는 다음과 같이 기록되어 있다. "계림(鷄林)의 땅에는 객수(客水) 두 줄기와 역수(逆水) 한 줄기가 있는데, 그 역수와 객수의 두 근원이 천재(天災)를 진압하지 못하면 천룡사가 뒤집혀 무너지는 재앙에 이른다."

속전(俗傳)에는 이르기를, "역수는 고을의 남쪽 마등오촌(馬等烏村) 남쪽으로 흐르는 내가 이것이다"고 하였다. 또 "이 물의 근원이 천룡사에 이른다"고 하였다. 중국 사신 악붕귀(樂鵬龜)가 와서 보고 말하기를, "이 절을 파괴하면 며칠 안에 나라가 망할 것이다"고 하였다.

또 서로 전하는 말에 이르기를, "옛날 단월(檀越)에게 두 딸이 있어 천녀(天女)와 용녀(龍女)라고 하였는데, 양친이 두 딸을 위하여 절을 세우고 딸의 이름으로 절이름을 삼았다"고 하였다.

경내가 특이하여 불도를 돕는 도량이었는데, 신라 말에 파괴된 지 이미 오래되었다. 중생사(衆生寺)의 (관음)대성(大聖)이 젖을 먹여 기른 최은함(崔殷諴)의 아들 승로(承魯)가 숙(肅)을 낳고, 숙이 시중(侍中) 제안(齊顔)을 낳았는데, 제안이 바로 이 절을 중수하여 다시 일으켰다. 이에 석가만일도량(釋迦萬日道場)을 설치하고 조정의 뜻을 받았고, 겸하여 신서(信書)와 원문(願文)을 절에 남겨두었다. 그는 죽어서 절을 수호하는 신이 되었는데, 자못 신령스럽고 이상한 일을 보여주었다.

그 신서의 대략은 다음과 같다.

"단월 내사시랑(內史侍郞) 동내사(同內史) 문하평장사주국(門下平章事柱國) 최제안(崔齊顔)은 쓴다. 동경(東京) 고위산의 천룡사가 쇠잔하고 파괴된 지 여러 해가 되었다. 제자는 특히 성수(聖壽)가 무강하시며 백성과 나라가 편안하고 태평하시기를 발원하여 전당·회랑·방·주장·창고를 와서 모두 이룩하고, 석조불과 니소불(泥塑佛) 몇 구를 조성하여 석가만일도량을 개설하였다. 이는 나라를 위해서 이룩한 것이니, 관가(官家)에서 주지를 정하는 것도 역시 옳겠지만, 주지가 바뀌어 교대될 때는 도량의 승려들이 안심하기가 어렵다. 희사한 토지로 사원을 충족하게 한 예를 보면, 팔공산(公山) 지장사(地藏寺) 같은 곳은 입전(入田)이 2백 결이고, 비슬산(毗瑟山) 도선사(道仙寺)는 입전이 20결이며, 서경(西京)의 사방에 있는 산사도 각기 20결씩이다. 모두 유직(有職)·무직(無職)을 막론하고 반드시 계를 갖추고 재주가 뛰어난 이를 뽑아서 사중(社衆)의 중망(衆望)에 의하여 차례를 이어 주지로 삼아 분향수도(焚修)함을 상례로 삼았다. 제자는 이 풍습을 듣고 기뻐하여 우리 천룡사도 역시 사중에서 재주와 덕이 함께 뛰어난 대덕(大德)을 골라 뽑아 동량(棟梁)으로 삼아 주지로 임명하여 길이 분향수도하게 한다. 문자를 자세히 기록하여 강사(剛司)에게 맡기니, 당시의 주지로부터 시작해서 유수관(留守官)의 공문을 받아 도량의 여러 대중들에게 보일 것이며, 각자 자세히 알아야 할 것이다. 중희(重熙, 1040) 9년 6월 일."

그리고 관직을 갖추어 이상과 같이 서명하였다. 살펴보면, 중희는 거란(契丹) 흥종(興宗)의 연호이니, 본조(本朝) 정종(靖宗) 7년 경진년(庚辰年, 1040)이다. (『三國遺事』 3 塔像 4 天龍寺)

고려 최승로(崔承老)는 경주 사람이다. 부친 최은함(崔殷含)은 신라에서 벼슬하여 원보(元甫)까지 지냈는데, 오랫동안 후사가 없으므로 천지신명에게 빌어 최승로를 낳았다. 최승로는 품성이 총명하고 민첩하였으며, 학문을 좋아하고 글을 잘 지었다. 열두 살

때 태조가 불러서 접견한 후 『논어』를 읽히고서 크게 감탄하며 염분(塩盆)을 내려 주었다. 원봉성학생(元鳳省學生)에 소속시키고, 안마(鞍馬)와 예식(例食) 스무 석을 내려 주었다. 이때부터 그에게 문한(文翰)에 관한 모든 책임을 맡겼다. (『高麗史』 93 列傳 6 崔承老)

신라 그리하여 그는 (결락) 병(甁)을 휴대하고 삼춘(三春)에 육환장을 짚고 은거(隱居)할 곳을 중현(重玄)의 언덕에서 찾았고 심오(深奥)함을 중묘지중(衆妙之中)에서 탐색하였다. 남쪽으로 옥경(玉京)에 이르러 의문지망(倚門之望)을 위로하고, 서쪽으로 김해(金海)를 찾아가서 초은(招隱)의 거처를 중수하여 회상(會上)을 설치하니 찾아드는 학인이 구름과 같이 운집(雲集)하였고 받아들인 대중은 바다와 같았다. 그는 (결락) 유가(瑜伽)의 의룡(義龍)과 (결락) 두 영납(英衲)인 대덕(大德)으로부터 지난날의 도풍(道風)을 듣고, 오묘한 진리를 터득하고는, 간절히 서심(栖心)할 마음을 쌓아서 함께 북면(北面)의 정성을 펴게 되었다. 이 때 높이 하늘 끝을 우러러보고 멀리는 지구의 밖을 보았다. 王의 기운이 바로 술해(戌亥)에서 충천하고, 패도(霸圖)가 널리 동남(東南)에 떨쳤으니, 여광(呂光) (결락) 을 보지 못하였으나, 征 (결락) 초헌을 관사(官舍)에 머무르고 왕능(王能)인 장좌승(長佐承)으로 하여금 사사공양(四事供養)을 올리되 지극한 정성으로 공경하였다. 드디어 잠깐 위급한 상황을 뒤로 제쳐놓고 대중 스님을 시봉함에 온 힘을 기울였다. 국부(國父)로 여기는 최선필(崔善弼) 대장(大將)은 금탕(金湯)과 같은 법성(法城)이요, 돌기둥과 같이 견고한 자실(慈室)이었는데 경치가 좋은 영경(靈境)으로 초빙하여 주석하게 하였다. 스님은 여기서 몇 해를 지낸 후 무더운 (결락) 달빛은 유영(柳營)을 밝게 비추었으니, 그 향기가 전단향(栴檀香) 나무를 뒤집었고, 구름이 난폐(蘭陛)에 일어나 그 향기로움이 첨복향의 향기를 가득하게 하였다. (결락) 대사는 멀리 남방(南方)으로부터 북쪽으로 와서 소백산사(小伯山寺)를 중수하고 스님을 청하여 그 절에 안거(安居)하게 하였다. 급히 자니(紫泥)를 받들어 그윽이 왕의 소박한 간청에 응하여 욱금(郁錦)으로 옮겨 갔으니 비로소 금회(襟懷)에 부합되었다. 연비(蓮扉)를 열자마자 대중이 도마(稻麻)처럼 열을 이었고, 모사(茅舍)를 널리 확장하니 (결락) 오랑캐의 세력들이 바야흐로 성가(聖駕)에게로 돌아오게 되었다. 왕은 장차 부처님께 예배드리는 정성을 펴고자 하여 잠시 난여(鑾輿)를 멈추고 공손히 이굴(理窟)로 나아갔으니, 마치 황제(黃帝)가 공동산(崆峒山)에 가서 광성자(廣成子)에게 도를 물은 것과 같으며 또한 한만지유(汗漫之遊)와도 같았다. 정성을 다하여 설미(雪眉)를 앙모하면서 법문 듣기를 기대하였다. 그 때 진공대사가 이르되 "제황(齊皇)이 북방으로 행차(幸次)하여 (결락)" 문득 기꺼워하였고, 그는 크게 부끄러워하였으니, 어찌 서로 비교할 수 있으리요. (「毘盧寺眞空大師普法塔碑」)

신라 그 후 다시 구은(舊隱)인 보현산 지장선원으로 돌아가자 곧 가벼운 병을 앓아 점점 위허(危虛)함에 이르렀으므로 머지않아 입적(入寂)할 것을 알게 되었다. 동광(同光) 8년 9월 24일 보현산사 법당에서 입멸(入滅)하시니, 속년(俗年)은 96세요, 승랍은 72였다. 이와 때를 같이하여 산이 무너지고 바닷물은 말랐으며, 땅은 갈라지고 시냇물도 고갈되었다. 도속(道俗)이 모두 슬퍼하고, 인천(人天)이 함께 애통해 하였다. 문인(門人)들도 추모의 슬픔을 이기지 못하였고, 국사(國士)들도 모두 통한에 잠겼다. 그 달 28일에 통곡하며 색신(色身)을 받들어 지장선원 서봉(西峰) 석실(石室)에 임시로 장사지냈으니, 절과의 거리는 약 300보쯤 되었다. (「普賢寺朗圓大師悟眞塔碑」)

고려 당 동광(同光) 연간(923~926)과 천성(天成) 연간(926~930)에 자주 사신이 조공하였다. (『舊五代史』 138 外國列傳 2 高麗)

고려 후당 동광 연간과 천성 연간에 그 임금 고씨가 자주 직공(職貢)을 바쳤다. (『宋史』 487 列傳 246 外國 3 高麗)

고려 학교(學校). 태조(太祖) 13년에 왕이 서경(西京)에 행차하여 학교를 창설하고, 수재(秀才)인 정악(廷鶚)을 서학박사(書學博士)로 삼도록 명하였다. 그리고 따로 학원(學院)을 창설하여 6부(部)의 생도를 모아 가르치게 하였다. 뒤에 태조가 그 학업(學業)이 일어났다는 소식을 듣고 비단[彩帛]을 하사해 권면(勸勉)하였다. 겸하여 의업(醫業)과 복업(卜業)의 두 업(業)을 설치하였으며, 또 창고의 곡식 100석(石)을 하사하여 학보(學寶)로 삼게 하였다(『高麗史』 74 志 28 選擧 2 學校 國學)

931(辛卯/신라 경순왕 5/후백제 견훤 32/고려 태조 14, 天授 14/後唐 長興 2/日本 延長 9 承平 1)

발해 (장흥 2년 봄 정월) 임신일(壬申)에 거란의 동단왕(東丹王) 돌욕(突欲)이 발해국으로부터 무리를 거느리고 궐에 도착했다. 황제가 위로하였고 선물과 관직을 내렸으며 백관들은 축하하였다. (『舊五代史』 42 唐書 18 明宗紀 8)

고려 신라 봄 2월 정유일(9)에 신라국왕이 태수(太守) 겸용(謙用)을 보내어 만날 것을 재차 요청해왔다. (『高麗史』 2 世家 2 太祖 2)

고려 신라 봄 2월 정유일(9)에 신라왕이 태수 겸용을 보내어 귀순할 뜻을 알려 왔다. (『高麗史節要』 1 太祖神聖大王)

신라 고려 봄 2월에 왕이 태수 겸용을 고려에 보내어 만날 것을 청하였다. (『三國史節要』 14)

고려 신라 (봄 2월) 신해일(23)에 왕이 신라로 가는 길에 기병 50여 명을 거느리고 도성 부근에 이르자 먼저 장군 선필(善弼)을 보내 왕의 안부를 묻게 했다. 그러자 신라국왕은 백관에게 명하여 교외에서 맞이하게 한 후 사촌동생인 상국(相國) 김유렴(金裕廉) 등을 시켜 성문 밖에서 영접하게 했으며 자신은 응문(應門) 밖까지 나와 영접하고 절했다. 그러자 왕이 답배한 후 신라국왕은 왼편, 왕은 오른편 계단을 통해 서로 양보하는 예를 표하면서 전각에 올랐다. 왕이 호종한 신하들에게 명하여 신라왕에게 절하게 하니 정성과 예의가 매우 깍듯했다. 임해전(臨海殿)에서 잔치를 벌였는데 술기운이 오르자 신라국왕이 "우리나라가 하늘의 버림을 받아 견훤에게 유린을 당했으니 이 원통함을 어찌 하오리까."라 하며 한없이 눈물을 흘렸다. 좌우의 사람들도 목메어 울지 않는 이가 없었고 왕도 눈물을 흘리며 위로했다. (『高麗史』 2 世家 2 太祖 2)

고려 신라 (봄 2월) 신해일(23)일에 왕이 기병(騎兵) 50여 명을 거느리고 신라에 가니, 신라왕이 백관에게 명하여 교외에서 맞이하게 하고, 임해전(臨海殿)에서 잔치를 베풀었다. 술이 얼근해지자 말하기를, "나는 하늘의 도움을 받지 못하여 견훤에게 낭패를 당했으니 이 원통함을 어디에 비하겠습니까." 하고, 눈물을 줄줄 흘리니, 좌우의 신하들도 목메어 울지 않는 사람이 없었으며, 왕 역시 눈물을 흘리면서 신라왕을 위로하였다. 머무른 지 수십 일 만에 돌아오니 신라왕이 혈성(穴城)까지 전송하고, 당제(堂弟) 유렴(裕廉)을 볼모로 삼아 따라가게 하였다. 예전에 왕이 신라에 이르렀을 때 대오(隊伍)를 엄숙히 하여 행군하면서 털끝만큼도 침해하지 않으니 도성 사람들이 서로 치하하여 말하기를, "옛날에 견씨(甄氏)가 왔을 적에는 늑대와 호랑이를 만난

것 같았는데, 지금 왕공(王公)이 오니 부모를 뵙는 것 같다." 하였다. (『高麗史節要』 1 太祖神聖大王)

신라 고려 (봄 2월) 신해일(23)일에 왕이 50여 명의 기병을 거느리고 도성 부근에 이르자 먼저 장군 선필(善弼)을 보내 왕의 안부를 묻게 했다. 그러자 왕은 백관에게 명하여 교외에서 맞이하게 한 후 사촌동생인 김유렴(金裕廉) 등을 시켜 성문 밖에서 영접하게 했으며 자신은 응문(應門) 밖까지 나와 영접하고 절했다. 그러자 고려왕이 답배한 후 왕은 왼편, 고려왕은 오른편 계단을 통해 서로 양보하는 예를 표하면서 전각에 올랐다. 고려왕이 호종한 신하들에게 명하여 왕에게 절하게 하니 정성과 예의가 매우 깍듯했다. 드디어 임해전(臨海殿)에서 잔치를 벌였는데 술기운이 오르자 왕이 "우리나라가 하늘의 버림을 받아 견훤에게 유린을 당했으니 이 원통함을 어찌 하오리까."라 하며 한없이 눈물을 흘렸다. 좌우도 목메어 울지 않는 이가 없었고 고려왕도 눈물을 흘리며 위로했다. (『三國史節要』 14)

신라 고려 봄 2월에 태조가 50여 명의 기병을 거느리고 경기(京畿)에 와서 만나 뵙기를 청하였다. 왕이 백관(百官)과 교외에서 맞이하여, 입궁하여 서로를 대면하고 정성과 예의를 곡진히 하였다. 임해전(臨海殿)에 연회 자리를 마련하고 잔치가 무르익자 왕이 말하기를, "나는 하늘의 도움을 받지 못해 점차 화란(禍亂)을 불러들였고, 견훤(甄萱)은 의롭지 못한 일을 마음 내키는 대로 하면서 우리나라를 멸망시키려 하니, 이렇게 가슴 아픈 일이 어디 있겠습니까."라고 하며 눈물을 줄줄 흘리며 울었다. 좌우에서 목메어 울지 않는 이가 없었으며 태조 역시 눈물을 흘리며 위로하였다. 수십일을 머물다 돌아가니, 왕이 혈성(穴城)까지 배웅하고 사촌동생 유렴(裕廉)을 인질로 삼아 태조를 따라가게 하였다. 태조 휘하의 군사들은 엄숙하고 올발라 털끝만큼도 침범하지 않았다. 도성의 남녀가 서로 기뻐하며 말하기를, "예전 견훤(甄萱)이 왔을 때에는 승냥이와 호랑이를 만난 것 같았는데, 지금 왕공(王公)이 오니 부모를 만난 것 같다."라고 하였다. (5월 26일) (『三國史記』 12 新羅本紀 12)

고려 태조 14년 2월 경자일(12)에 큰 눈이 내려 평지에 2척 정도 쌓였다. (『高麗史』 53 志 7 五行 1 水)

발해 (장흥 2년) 3월 신유일(3)에 발해국인황(渤海國人皇) 돌욕(王突)에게 조서를 내려 동단(東丹)이라는 성을 내리고 이름을 모화(慕華)라 하였다. 이어 검교태보(檢校太保)·안동도호(安東都護) 충회화군절도(充懷化軍節度)·서신등주관찰등사(瑞愼等州觀察等使)를 주었다. (『舊五代史』 42 唐書 18 明宗紀 8)

고려 3월에 유금필(庾黔弼)이 참소를 입어 곡도(鵠島)로 귀양갔다. (『高麗史節要』 1 太祖神聖大王)

고려 유금필 (…) 태조 (…) 14년에 참소를 당하여 곡도(鵠島)로 유배갔다. (『高麗史』 92 列傳 5 庾黔弼)

고려 신라 여름 5월 정축일(20)에 왕이 신라국왕과 태후(太后) 죽방부인(竹房夫人), 상국 김유렴과 잡간(匝干) 예문(禮文) 및 파진찬(波珍粲) 책궁(策宮)·윤유(尹儒), 한찬(韓粲) 책직(策直)·흔직(昕直)·의경(義卿)·양여(讓餘)·관봉(寬封)·함의(含宜)·희길(熙吉) 등에게 물품을 차등 있게 주었다. (『高麗史』 2 世家 2 太祖 2)

고려 신라 여름 5월 정축일(20)에 고려왕이 왕 및 태후(太后), 상국 유렴 등에게 물품을 차등 있게 내려주고 수십일을 머무른 후 돌아갔다. (『三國史節要』 14)

고려 신라 (여름 5월) 계미일(26)에 왕이 돌아올 때 신라 국왕이 혈성(穴城)까지 나와 배웅하고 김유렴을 인질로 따라 보냈다. 도성의 남녀들이 감읍하면서, "옛날 견훤이 왔을 적에는 승냥이나 범을 만난 것 같더니, 지금 왕공(王公, 태조 왕건)이 오시니 마치 부모를 뵙는 듯합니다." 하고 기뻐했다. (『高麗史』 2 世家 2 太祖 2)

고려 신라 (여름 5월) 왕이 혈성(穴城)까지 나와 배웅하고 김유렴을 인질로 따라 보냈다. 고려왕이 처음에 이르렀을 때 도성의 남녀들이 손을 위로 들어 올리고 축하하면서, "옛날 견훤이 왔을 적에는 승냥이나 범을 만난 것 같더니, 지금 왕공(王公)이 오시니 마치 부모를 뵙는 듯합니다." 라고 하였다. (『三國史節要』 14)

고려 신라 가을 8월 계축일(28)에 보윤(甫尹) 선규(善規) 등을 보내어 신라왕에게 안장 얹은 말과 능라(綾羅)·채금(綵錦)을 선사하고, 아울러 백관에게는 채백(綵帛)을 내려 주며, 군인과 민간인에게는 차(茶)와 복두(幞頭)를, 승려에게는 차와 향을 차등 있게 내려 주었다. (『高麗史』 2 世家 2 太祖 2)

고려 가을 8월에 보윤(甫尹) 선규(善規)를 보내어 신라왕에게 안장 얹은 말과 능라(綾羅)·채금(綵錦)을 선사하고, 아울러 백관에게는 채백(綵帛)을 내려 주며, 군인과 민간인에게는 차(茶)와 복두(幞頭)를 차등 있게 내려 주었다. (『高麗史節要』 1 太祖神聖大王)

고려 신라 가을 8월에 태조가 사신을 보내 왕에게 채색 비단과 안장 얹은 말을 보내주고, 여러 신료와 장사(將士)에게 베와 비단을 차등 있게 내려 주었다. (『三國史記』 12 新羅本紀 12)

고려 신라 가을 8월에 고려왕이 보윤(甫尹) 선규(善規) 등을 보내어 왕에게 안장 얹은 말과 능라(綾羅)·채금(綵錦)을 선사하고, 아울러 백관에게는 채백(綵帛)을 내려 주며, 군인과 민간인에게는 차(茶)와 복두(幞頭)를, 승려에게는 차와 향을 차등 있게 내려 주었다. (『三國史節要』 14)

고려 겨울 11월 신해일(28)일에 왕이 서경(西京)에 행차하여 친히 재계하고 제사를 지냈으며 주진(州鎭)을 두루 순찰했다. (『高麗史』 2 世家 2 太祖 2)

고려 겨울 11월에 서경(西京)에 행차하여 주·진을 순시하고 돌아왔다. (『高麗史節要』 1 太祖神聖大王)

발해 (장흥 2년 12월) 신미일(18)에 발해의 사신 문성각(文成角)이 왔다. 당항(党項)의 적이 길을 막았다. (『新五代史』 6 唐本紀 6 明宗)

발해 장흥 2년 12월에 사신 성문각을 보내와서 조회하였다. (『五代會要』 30 渤海)

발해 (후당 명종 장흥 2년 12월) 발해의 사신 문성각이 아울러 와서 조공하였다. (『册府元龜』 972 外臣部 17 朝貢 5)

고려 이 해에 해당 관청에 다음과 같이 지시했다. "북번(北蕃)인들은 얼굴은 사람이지만 마음은 짐승과 같아서 배가 고프면 찾아왔다가 배가 부르면 가버리며 이익만 보면 염치도 없어진다. 지금은 비록 복종하여 섬기는 듯하지만, 그 향배를 종잡을 수 없으니 마땅히 그들이 지나다니는 주진에서는 성 밖에 객관을 지어 접대하도록 하라." (『高麗史』 2 世家 2 太祖 2)

고려 이해에 안북부(安北府)와 강덕진(剛德鎭)을 설치하고 원윤(元尹) 평환(平奐)을 진두(鎭頭)로 삼았다. 왕이 유사에게 이르기를, "북번(北蕃) 사람은 얼굴은 사람 꼴이지만 마음은 짐승과 같아서, 굶주리면 오고 배부르면 가버리며 이익을 보면 부끄러움도 잊는다. 지금은 비록 우리에게 복종하여 섬기고 있지마는, 따르거나 배반함이 일 정치 않을 것이니 마땅히 지나가는 주·진에는 관사(館舍)를 성 밖에 지어서 그들을 접대하라." 하였다. (『高麗史節要』 1 太祖神聖大王)

고려　진수(鎭戍) (…) (태조) 14년(931) 원윤 평환을 강덕진(剛德鎭)의 진두(鎭頭)로 삼았다. (『高麗史』 82 志 36 兵 2)

신라　우리 태조의 창업 때에 이르러서 또한 해적이 와서 근심이 되니 이에 안혜(安惠)·낭융(朗融)의 후예인 광학(廣學)·대연(大緣) 등 두 대덕에게 청하여 법을 만들어 진압하게 하였는데 모두 명랑의 계통이었다. 그러므로 법사를 아울러 위로 용수(龍樹)에 이르기까지 9조(祖)로 삼았고[본사기(本寺記)에는 3사(師)가 율조(律祖)가 되었다고 하나 자세하지 않다] 또한 태조가 그를 위해 현성사(現聖寺)를 창건하여 한 종지의 근본으로 삼았다. 또한 신라 서울 동남쪽 20여 리에 원원사(遠源寺)가 있는데 언전에는 안혜 등 네 대덕이 김유신(金庾信)·김의원(金義元)·김술종(金述宗) 등과 함께 발원하여 창건한 바이라 한다. 네 대덕의 유골은 모두 절의 동쪽 봉우리에 안장되어 있고 이로 인하여 사령산(四靈山) 조사암(祖師嵓)이라고 부른다. 곧 네 대덕은 모두 신라시대의 고승이다. 돌백사(堗白寺) 「주첩주각(柱貼注脚)」에 실린 것을 살펴보면 다음과 같다. "경주 호장 거천(巨川)의 어머니는 아지녀(阿之女)이고, 그 여자의 어머니는 명주녀(明珠女)이고, 그 여자의 어머니는 적리녀(積利女)로 적리녀의 아들은 광학대덕(廣學大德)과 대연삼중(大緣三重)[옛 이름은 선회(善會)이다]인데 형과 동생 두 사람이 모두 신인종에 투신하였다. 장흥(長興) 2년 신묘에 태조를 따라 서울로 올라와서 임금의 행차를 따라다니며 분향하고 수도하였다. 그 노고를 포상하여 두 사람 부모의 기일보(忌日寶)로 논밭 몇 결을 지급하였다." 곧 광학·대연 두 사람은 태조를 따라 입경한 사람이고 안혜사 등은 곧 김유신 등과 더불어 원원사를 창건한 사람이다. 광학 등 두 사람의 유골은 또한 여기에 와서 안치했을 뿐이고 네 대덕이 모두 원원사를 세우고, 모두 태조를 따른 것은 아니다. 자세히 살펴야 한다. (『三國遺事』 5 神呪 6 明朗神印)

932(壬辰/신라 경순왕 6/후백제 견훤 33/고려 태조 15 天授 15/後唐 長興 3/日本 承平 2)

발해　(장흥 3년 봄 정월 무신일(26)) 발해·회골(迴鶻)·토번이 사신을 보내 조공하였다. (…) (『舊五代史』 43 唐書 19 明宗紀 9)

발해　(장흥) 3년 정월에 또 사신을 보내와서 조공하였다. (『五代會要』 30 渤海)

발해　(후당 명종 장흥 3년(932) 정월) 발해·회골순화가한등(迴鶻順化可汗等)·토번이 각각 사신을 보내 조공하였다. (『册府元龜』 972 外臣部 17 朝貢 5)

발해　(후당 명종 장흥) 3년 정월에 발해·회골 순화가한·토번이 각각 사신을 보내 조공하였다. (『册府元龜』 976 外臣部 21 褒異 3)

발해　(장흥) 3년 봄 정월 기유일(27)에 발해·회골(回鶻)이 모두 사신을 보내왔다. (『新五代史』 6 唐本紀 6 明宗)

신라　봄 정월에 지진이 일어났다. (『三國史記』 12 新羅本紀 12)

신라　봄 정월에 지진이 일어났다. (『三國史節要』 14)

고려　장흥 3년 2월에 다시 사신 대상(大相) 왕유(王儒)를 보내와서 조회하였다. (『五代會要』 30 高麗)

고려 (장흥 3년 3월 경술일(28)) 고려국에서 사신을 보내어 조공하였다. (…) (『舊五代史』 43 唐書 19 明宗紀 9)

고려 (후당 명종 장흥 3년 3월) 고려국에서 대상(大相) 왕유(王儒)를 보내어 조공하였다. (『册府元龜』 972 外臣部 17 朝貢 5)

신라 (장흥 3년 여름 4월 갑인일) 신라왕 김부가 사신을 보내어 방물을 바쳤다. (『舊五代史』 43 唐書 19 明宗紀 9)

신라 여름 4월에 사신 집사시랑(執事侍郎) 김불(金昢)과 부사(副使) 사빈경(司賓卿) 이유(李儒)를 당(후당)에 보내어 조공하였다. (『三國史記』 12 新羅本紀 12)

신라 여름 4월에 사신 집사시랑 김불과 부사 사빈경 이유를 보내어 당(후당)에 가서 조공하게 하였다. (『三國史節要』 14)

신라 (후당 명종 장흥 3년) 4월에 신라국의 권지본국왕(權知本國王) 김부가 집사시랑 김불을 보내어 방물을 바치게 했다. (『册府元龜』 972 外臣部 17 朝貢 5)

신라 (장흥 3년) 여름 4월 경신일에 신라에서 사신을 보내 왔다. (『新五代史』 6 唐本紀 6 明宗)

고려 태조 15년(932) 4월 서경(西京)의 백성 장견(張堅)의 집에서 암탉이 수탉으로 변했다가 3개월 만에 죽었다. (『高麗史』 54 志 8 五行 2 木)

고려 여름 4월에 서경(西京)의 민가에서 암탉이 화하여 수탉이 되었다. (『高麗史節要』 1 太祖神聖大王)

고려 여름 5월 갑신일(3)에 신하들에게 다음과 같은 유지(諭旨)를 내렸다. "근래에 서경의 보수를 끝내고 백성을 이주시킨 것은 땅의 기운을 빌려 삼한(三韓)을 평정하고 장차 그 곳에 도읍하기를 바랐기 때문이다. 그런데 요즈음 민가의 암탉이 수탉으로 변하고 큰 바람이 불어 관아가 무너지니 도대체 무슨 까닭으로 이런 재난이 일어나는가. 옛날 진(晋)나라의 어떤 간신이 몰래 반역을 도모했는데 그 집의 암탉이 수탉으로 변했다. 점을 쳐 보니, 누군가가 분수에 넘치는 생각을 품었기 때문에 하늘이 경계를 내린 것이라는 점괘가 나왔다. 그럼에도 그가 흉악한 마음을 바꾸지 않았다가 결국 처형되고 말았다. 오나라 왕 유비(劉濞) 때에 큰바람이 불어 문이 무너지고 나무가 뽑혔다. 그 점괘도 앞과 같았으나 유비가 경계할 줄을 모르다가 결국 패망해 버렸다. 또 『상서지(祥瑞志)』에는 '부역이 공평하지 못하고 공물과 조세가 번거롭고 과중하여 백성들이 윗사람을 원망하면 이런 징조가 나타난다.'고 했으니 옛일로써 지금의 일을 증험해 보면 어찌 재앙을 부른 원인이 나타나지 않겠는가 지금 온 나라에 노역이 끊이지 않고 백성들이 나라에 바치는 비용이 많은데도 공부(貢賦)가 줄지 않고 있다. 이런 연유로 하늘이 견책을 내린게 아닌가. 가만히 두려워 이른 아침부터 밤늦게까지 근심과 걱정으로 마음 편할 겨를이 없다. 그러나 자금 국방과 나라 형편상 공부는 줄이고 면제하기 어려운 실정이다. 오히려 신하들이 공정한 도리를 펴지 않아 백성들로 하여금 원망하게 만들었거나 혹은 분수에 넘치는 마음을 품게 해 이와 같은 이변을 부른 것이 아닌가 염려된다. 각자 마음을 고쳐먹고 재앙에 미치지 않도록 조심하라." (『高麗史』 2 世家 2 太祖 2)

고려 5월 갑신일(3)에 서경에서 큰 바람이 일어나 지붕의 기와가 모두 날아갔다. 왕이 이 소식을 듣고 뭇 신하들에게 이르기를, "지난번에 서경을 완전히 수보하고 민호를 옮겨 이곳을 채운 것은 지리의 힘에 의지하여 삼한을 평정하고 이곳에 도읍하려 하였던 것인데 어찌하여 재변이 이와 같단 말인가. 옛날 진(晉) 나라에 간사한 신하가 있어 몰래 반역할 계획을 품자, 그 집의 암탉이 화하여 수탉이 되었는데 그 악을 고치지 않다가 마침내 주멸 당했으며, 오왕(吳王) 유비(劉濞) 때에 큰 바람이 불어 문을 부수고 나무가 뽑혔는데, 유비는 경계할 줄을 알지 못하다가 역시 망하고 말았다. 또 『상서지(祥瑞志)』에 이르기를, '행역(行役)이 공평하지 못하고 공부(貢賦)가 번거롭고 과중하여 백성이 윗사람을 원망하면 이러한 이변이 있다.' 하였으니, 옛일을 가지고 지금의 일을 증험하여 보면 어찌 재앙을 부른 까닭이 없으리오. 지금 사방에서 노역(勞役)이 쉴 사이가 없고 공비(供費)가 이미 많은데도 공부를 덜어주지 않으니, 이로 말미암아 하늘의 견책을 초래하였는가 하여 밤낮으로 근심스럽고 두려워서 감히 편안할 겨를이 없다. 군국(軍國)의 공부는 면제하기 어려우나 오히려 뭇 신하들이 공도(公道)를 행하지 아니하여 백성들이 원망하고 한탄하게 하여 혹시 분수에 넘치는 마음을 품어 이런 재변을 초래하게 된 것인가 염려하는 바이니, 각자가 마땅히 마음을 고쳐서 화에 미치지 않게 하라." 하였다. (『高麗史節要』 1 太祖神聖大王)

고려 (천수) 15년 5월 갑신일(3)에 신하들에게 다음과 같은 유지(諭旨)를 내렸다. "지난번에 서경을 완전히 수보하고 민호를 옮겨 이곳을 채운 것은 지리의 힘에 의지하여 삼한을 평정하고 이곳에 도읍하려 하였던 것인데 어찌하여 재변이 이와 같단 말인가. 옛날 진(晉) 나라에 간사한 신하가 있어 몰래 반역할 계획을 품자, 그 집의 암탉이 화하여 수탉이 되었는데 그 악을 고치지 않다가 마침내 주멸 당했으며, 오왕(吳王) 유비(劉濞) 때에 큰 바람이 불어 문을 부수고 나무가 뽑혔는데, 유비는 경계할 줄을 알지 못하다가 역시 망하고 말았다. 또 『상서지(祥瑞志)』에 이르기를, '행역(行役)이 공평하지 못하고 공부(貢賦)가 번거롭고 과중하여 백성이 윗사람을 원망하면 이러한 이변이 있다.' 하였으니, 옛일을 가지고 지금의 일을 증험하여 보면 어찌 재앙을 부른 까닭이 없으리오. 지금 사방에서 노역(勞役)이 쉴 사이가 없고 공비(供費)가 이미 많은데도 공부를 덜어주지 않으니, 이로 말미암아 하늘의 견책을 초래하였는가 하여 밤낮으로 근심스럽고 두려워서 감히 편안할 겨를이 없다. 군국(軍國)의 공부는 면제하기 어려우나 오히려 뭇 신하들이 공도(公道)를 행하지 아니하여 백성들이 원망하고 한탄하게 하여 혹시 분수에 넘치는 마음을 품어 이런 재변을 초래하게 된 것인가 염려하는 바이니, 각자가 마땅히 마음을 고쳐서 화에 미치지 않게 하라." (『全唐文』 1000 高麗王王建 詔諭八首)

고려 태조(太祖) 15년(932) 5월 갑신일(3)에 서경(西京)에 바람이 몹시 세차게 불어 관사(官舍)가 무너지고 지붕의 기와가 모두 날아갔다. 왕이 상서롭지 못하게 여겨 승려들을 모아 경전을 외게 하며 재앙을 물리치려 했다. (『高麗史』 55 志 9 五行 3 土)

고려 (장흥 3년) 6월 갑인일(3)에 권지고려국사(權知高麗國事) 왕건을 검교태보(檢校太保) 고려국왕에 봉하였다. (『舊五代史』 43 唐書 19 明宗紀 9)

고려 (장흥 3년) 6월 갑인일(3)에 왕건을 고려국왕·대의군사(大義軍使)에 봉하였다. (『新五代史』 6 唐本紀 6 明宗)

고려 후백제 6월 병인일(15)에 후백제의 장군인 공직(龔直)이 투항해 왔다. (『高麗史』 2 世家 2 太祖 2)

후백제 고려 장흥 3년에 견훤의 신하 공직(龔直)이 용맹하고 지략이 있었는데, 와서 태조에게 항복하였다. 견훤이 공직의 두 아들과 딸의 넓적다리의 근육을 지져서 끊었다. (『三國史記』 50 列傳 10 甄萱)

후백제 고려　장흥 3년에 견훤의 신하 공직이 용맹스럽고 지략이 있었는데 와서 태조(太祖)에게 항복하니 견훤은 공직의 두 아들과 딸 하나를 잡아서 다리 힘줄을 지져서 끊었다. (『三國遺事』 2 紀異 2 後百濟·甄萱)

고려 후백제　6월에 후백제의 장군 공직이 와서 항복하였다. (『高麗史節要』 1 太祖神聖大王)

후백제 고려　6월에 백제 장군 공직이 고려에 항복하였다. (『三國史節要』 14)

후백제 고려　공직(龔直)은 연산군(燕山郡)의 매곡현(昧谷縣) 사람이다. 어려서부터 용감하고 지략이 있어, 신라 말에 그 고을의 장군이 되었다. 당시가 마침 난세라 결국 후백제를 섬겨 견훤의 심복이 되었으며, 맏아들 직달(直達)과 둘째 아들 금서(金舒) 및 딸 하나를 후백제에 볼모로 보냈다. 공직이 일찍이 후백제의 조정에 들어갔다가 나라가 무도함을 보고는 직달에게, "이제 이 나라를 보니 사치하고 무도한지라, 내 비록 왕과 가깝긴 하지만 다시 오고 싶지 않구나. 들으니 고려 왕공(王公, 왕건)의 문덕(文德)은 충분히 백성을 안정시킬 만하고 무덕(武德)은 충분히 포악한 자를 제압할 만하므로 사방에서 다들 위엄을 두려워하고 그 덕을 사모한다고 하는구나. 내가 그에게로 귀부하고자 하는데 너의 뜻은 어떠하냐" 고 물었다. 직달이, "볼모로 들어 온 이래 이 나라의 풍속을 살펴보니, 부강한 것만 믿고서 교만하고 뽐내는 일만 힘써 다툴 뿐이니 어찌 나라가 제대로 될 수 있겠습니까. 지금 아버님께서 현명한 군주에게 귀부하시어 우리 고을을 보호하고 안전하게 하고자 하시니 또한 당연한 일이 아니겠습니까. 저도 마땅히 동생과 누이와 함께 틈을 타서 귀부할 것입니다. 비록 귀부하지 못할지라도 아버지의 현명한 결단에 힘입어 남은 경사가 자손까지 이어진다면 저는 죽어도 여한이 없습니다. 아버님께서는 염려하지 마시옵소서." 라고 하므로 공직은 마침내 귀부를 결심하였다. 태조 15년에 공직이 그의 아들 영서(英舒)와 함께 조정에 와서 왕을 뵙고서, "신이 보잘 것 없는 고을에 살면서 주상께서 백성을 잘 교화하신다는 말을 오래 전부터 들어왔습니다. 비록 주상을 도울 힘은 없으나 신하의 절의를 다하기를 바라나이다."고 뜻을 밝혔다. 태조가 기뻐하여 대상(大相)에 임명했으며 백성군(白城郡)을 녹읍(祿邑)으로 주고 대궐의 말 세 필과 채색 비단을 내려주었다. 그의 아들 함서(咸舒)를 좌윤(佐尹)으로 삼고, 왕실의 친족인 정조(正朝) 준행(俊行)의 딸을 영서의 아내로 삼고는, "경은 치란과 존망의 기미를 환히 살펴보고 나에게 와서 귀부하였소. 짐은 이를 매우 가상하게 여기고 왕족과 인척을 맺게 하여 나의 후의를 보이니, 경은 마음과 힘을 더욱 다하여 변경을 진무하고 우리 왕실의 울타리가 되어 주시오." 라고 격려하였다. 공직이 감사를 올린 뒤, "후백제의 일모산군(一牟山郡)은 우리 고을과 접한 곳으로, 신이 귀화한 후 항상 침입과 약탈을 자행하여 우리 백성이 생업에 편히 종사하지 못하고 있습니다. 바라건대 신이 그곳을 공략하여 우리 고을의 백성들이 노략질을 당하지 않고 오로지 농사에만 힘쓰도록 만들어, 귀부한 뜻을 더욱 굳게 하고자 하옵니다." 라고 건의하니, 태조가 이를 허락하였다. 견훤은 공직이 항복하였다는 소식을 듣고 크게 분노하여, 직달(直達)과 금서(金舒) 및 공직의 딸을 잡아 가두고 다리의 힘줄을 단근질하여 끊으니 직달은 죽었다. 후백제가 멸망한 뒤에 나주(羅州)에서 포로로 잡아 둔 후백제 장군 구도(具道)의 아들 단서(端舒)를 금서와 교환하여, 금서를 부모에게 돌려보냈다. 태조 22년(939)에 공직이 좌승(佐丞)을 지내다가 죽자, 태조가 사자를 보내어 조문하고 정광(政匡)으로 추증하였으며, 시호를 봉의(奉義)라고 하였다. 함서를 후사로 삼았으며, 뒤에 사공(司空)·삼중대광(三重大匡)으로 추증하였다. (『高麗史』 92 列傳 5 龔直)

고려　(장흥 3년) 그해 6월에 권지국사(權知國事) 왕건(王建)을 특진(特進)·검교태보(檢校太保)·사지절현토주도독 충대의군사(使持節玄菟州都督 充大義軍使)·겸어사대부(兼御史大夫)·상주국(上柱國)·고려국왕에 봉하였다. (『五代會要』 30 高麗)

고려 (장흥 3년) 가을 7월 무자일(6)에 정아(正衙)에서 사신에게 명해 고려국왕 왕건을 책봉하였다. (『舊五代史』 43 唐書 19 明宗紀 9)

고려 (장흥 3년) 7월에 또 그 처 유씨(柳氏)를 하동군부인(河東郡夫人)에 봉하였다. (『五代會要』 30 高麗)

고려 (후당 명종 장흥 3년) 7월에 조서로 특진(特進)·간교태보(簡較太保)·사지절(使持節)·현도주도독(玄菟州都督)·상주국(上柱國)·고려국왕건(高麗國王建)과 처인 하동(河東) 류씨(柳氏)를 하동군부인에 봉하였다. 고려의 입조사(入朝使)인 태상(太相) 왕유(王儒)가 주청(奏請)한 것이다. (『册府元龜』 976 外臣部 21 褒異 3)

고려 장흥 3년에 이르러 권지국사(權知國事) 왕건이 사신을 보내왔다. 명종이 이에 사신을 보내어 왕건을 현도주도독 충대의군사(充大義軍使)에 임명하고 고려국왕으로 봉하였다. 왕건은 고려의 대족(大族)이다. (『新五代史』 74 四夷附錄 3 高麗)

고려 고려국 후당 장흥 연간(930~933)에 왕건이 고씨를 대신하여 군장이 되었다. 명하여 현도주도독으로 삼고 국왕에 봉하였다. (『玉海』 154 朝貢 獻方物 淳化賜高麗九經 祥符賜經文 政和賜雅樂寶尊)

고려 가을 7월 신묘일(11)에 왕이 일모산성(一牟山城)을 친히 정벌하고 정윤(正胤) 왕무(王武, 혜종)를 보내 북쪽 변경을 순시하게 했다. (『高麗史』 2 世家 2 太祖 2)

고려 가을 7월에 왕이 남으로 일모산성을 정벌하고, 정윤을 보내어 북쪽 변경을 순시하게 하였다. (『高麗史節要』 1 太祖神聖大王)

고려 태조 15년(932) 9월 경진일(1)에 큰 별이 동쪽에 나타났다가 갑자기 변하여 흰 기운[白氣]이 되었다. (『高麗史』 47 志 1 天文 1 月五星凌犯及星變)

후백제 고려 (장흥 3년) 가을 9월에 견훤이 일길찬(一吉粲) 상귀(相貴)를 보내 수군으로 고려의 예성강(禮成江)에 들어가 3일을 머물면서 염주(鹽州)·백주(白州)·정주(貞州) 3주(州)의 선박 1백 척을 취하고 저산도(猪山島)에서 기르던 말 3백 필을 잡아 돌아왔다. (『三國史記』 50 列傳 10 甄萱)

후백제 고려 (장흥 3년) 가을 9월에 견훤은 일길(一吉)을 보내어 수군(水軍)을 이끌고 고려 예성강으로 침입하여 사흘 동안 머물면서 염주·백주·진주 등 3주의 배 100여 척을 빼앗아 불사르고 돌아갔다[운운(云云)] (『國遺事』 2 紀異 2 後百濟·甄萱)

고려 후백제 9월에 견훤이 일길찬 상귀(로 하여금 수군을 지휘해 예성강을 침입하게 하니, 적들이 염주·백주·정주에서 선박 1백 척을 불사르고 저산도(猪山島)에서 기르던 말 3백 필을 탈취해 돌아갔다. (『高麗史』 2 世家 2 太祖 2)

고려 후백제 9월에 후백제에서 일길찬 상귀를 보내어 수군을 거느리고 예성강)에 들어와서 염주·백주·정주 세 고을의 배 1백 척을 불사르고, 저산도의 목마 3백 필을 빼앗아 돌아갔다. (『高麗史節要』 1 太祖神聖大王)

후백제 고려 견훤이 일길찬 상귀를 보내 수군으로 고려의 예성강에 들어가 3일을 머물면서 염주·백주·정주 3주의 선박 1백 척을 불사르고 저산도에서 기르던 말 3백 필을 잡아 돌아갔다. (『三國史節要』 14)

고려 겨울 10월에 견훤의 해군장군(海軍將軍) 상애(尙哀) 등이 대우도(大牛島)로 쳐들어와 약탈하자 대광(大匡)인 만세(萬歲)7) 등을 시켜 구원하게 하였으나 이기지 못했다. (『高麗史』 2 世家 2 太祖 2)

고려 겨울 10월에 후백제의 해군장(海軍將) 상애 등이 대우도를 공격하여 약탈하였으므로 왕이 대광 만세 등을 보내어 이를 구원하게 하였는데, 우리 군사가 이기지 못하니 왕이 이를 근심하였다. 유금필(庾黔弼)이 곡도(鵠島)에서 글을 올리기를, "신이 비록 죄를 짓고 귀양 중에 있으나 후백제가 우리의 해변 고을을 침공했다는 말을 듣고, 신이 이미 장정을 뽑고 전함을 수리하여 이를 막으려고 하니 임금께서는 근심하지 마시기 바랍니다." 하였다. 왕이 글을 보고 울면서 이르기를, "참소를 믿고 어진 사람을 쫓은 것은 내가 밝지 못한 탓이다." 하고, 사자를 보내어 불러와서 위로하기를, "경은 실상 죄가 없는데도 귀양간 것을 원망한 적 없이 오직 나라를 도울 것만 생각하고 있으니 내가 매우 부끄러워 뉘우치고 있다. 그대의 후손 대대로 상이 내려지도록 하여 경의 충성과 절의에 보답하겠다." 하였다. (『高麗史節要』 1 太祖神聖大王)

고려 유금필 (…) (태조14년) 이듬해에 견훤의 해군 장군(海軍將軍) 상애(尙哀) 등이 대우도(大牛島)를 공격하여 약탈하자 태조가 대광(大匡) 왕만세(王萬歲) 등을 보내어 구하게 하였으나 전세가 불리하므로 태조가 근심하자 유금필이 이런 글을 올렸다. "신이 비록 죄를 짓고 귀양살이 중에 있습니다만 후백제가 우리 섬 고을을 쳐들어 왔다는 말을 듣고 신이 이미 곡도와 포을도(包乙島)의 장정들을 뽑아서 군대에 충당하고 전함을 수리하여 이를 막고 있습니다. 바라건대 주상께서는 근심하지 마소서." 태조가 글을 살펴보고 "참소를 믿어 어진 이를 내쫓은 것은 내가 현명하지 못한 탓이로다." 하며 눈물을 흘렸다. 사자를 보내어 소환하고는, "경은 아무런 죄도 없이 유배되었으나 지금껏 원망하거나 분개하지 않고 오직 나라를 도울 생각만 하였으니, 내가 심히 부끄럽고 후회되오. 대대로 포상함으로써 경의 충절에 보답하는 것이 내 바람이오." 라고 위로하였다. (『高麗史』 92 列傳 5 庾黔弼)

고려 11월 기축일(11)에 전 내봉경(內奉卿) 최응(崔凝)이 죽었다. (『高麗史』 2 世家 2 太祖 2)

고려 11월에 전 내봉경(內奉卿) 최응(崔凝)이 졸(卒)하였다. 최응은 황주(黃州) 토산(土山) 사람이다. 예전에 그 어머니가 아이를 배었을 적에 그 집에 누런 오이 덩굴이 있었는데 갑자기 참외가 열렸으므로 고을 사람들이 궁예(弓裔)에게 알렸다. 궁예가 점을 쳐보게 하니, "사내 아이를 낳으면 나라에 이롭지 못할 것이니 아예 키우지 말게 하십시오." 하였다. 그러나 그 부모가 숨겨서 길렀는데, 자란 뒤에는 오경에 통달하고 글을 잘 지어 궁예 밑의 한림(翰林)이 되어 매우 신임을 받았다. 왕이 즉위하자 지원봉성사(知元鳳省事)가 되었다가, 얼마 후에 광평낭중(廣評郎中)에 임명되었는데, 최응이 관리의 사무에 환하게 통하니, 그 당시의 칭찬이 아주 자자하였다. 왕이 일찍이 이르기를, "경은 학식이 풍부하고 재주가 높으며, 아울러 정치의 체통을 알고 나라를 근심하여 공무에 힘쓰며, 자신의 이해를 돌보지 않고 충성을 바쳤으니, 옛날의 명신이라도 이보다 낫지는 못할 것이다." 하였다. 내봉경(內奉卿)으로 승진시켰다가 얼마 안 가서 광평시랑(廣評侍郎)으로 바꾸어 임명하니, 최응이 사양하며 아뢰기를, "동료 윤봉(尹逢)이 신보다 나이가 열 살이나 많으니, 그 사람에게 먼저 임명하소서." 하였다. 왕이 이르기를, "공자는, '능히 예양(禮讓)으로 하면 나라 다스리는데 무슨 어려움이 있으랴.'고 하였다. 옛날에 그 말을 들었는데 이제야 그 사람을 보았구나." 하고, 드디어 윤봉을 광평시랑으로 삼았다. 최응은 항상 재계(齋戒)하여 소식(素食)만 하였는데, 언젠가 병으로 자리에 누웠을 적에 왕이 동궁(東宮)을 시켜 문병하고 고기를 먹도록 권하였으나. 응이 굳이 사양하고 먹지 않았다. 왕이 그 집에 행차하여 이르기를, "경이 고기를 먹지 않는 것은 두 가지 잘못이 있소. 그 몸을 보전하지 못하여 어머니를 끝내 봉양하지 못함은 효성스럽지 못한 것이오. 오래 살지 못하여 나에게 좋은 보필을 일찍 잃게 함은 충성스럽지 못한 것이오." 하니, 응이 마지못하여 그 말에 따라 그제야 비로소 고기를 먹었는데, 과연 병이 나아 회복되었었다. 이 때에 이르러 병들어 졸하니, 나이가 35세였다. 왕이 매우 슬퍼하여 원보(元甫)를 증직하고 부물(賻物)을 매우 후하게 주었다. 여러 차례에 걸쳐 증직하여 대광(大匡) 태자태보(太子太保)에 이르고, 희개(熙愷)라 시호(諡號)하였으며, 후에 태조의 묘정(廟庭)에 배향(配享)되었다. (『高麗史節要』 1 太祖神聖大王)

고려 후고구려 후백제

최응(崔凝)은 황주(黃州)의 토산현(土山縣) 사람으로, 부친은 대상(大相) 최우달(崔祐達)이다. 최응의 모친이 임신하였을 때 집에 있는 오이 덩굴에 갑자기 참외가 열렸다. 고을 사람이 궁예에게 알리자 궁예가 점쳐보고, "사내아이를 낳으면 나라에 이롭지 못할 것이니 절대 키우지 말라."고 하였으나, 부모가 그를 숨겨서 키웠다. 어려서부터 학문에 힘썼으며, 장성해서는 오경(五經)에 통달하고 글을 잘 지었다. 궁예의 한림랑(翰林郎)이 되어 제고(制誥)를 기초하니 궁예가 그 글을 보고 매우 흡족하여, "이른바 성인(聖人)을 얻었다 함은 바로 이 사람이 아니겠는가."라고 하였다. 하루는 궁예가 태조를 불러 모반의 혐의가 있다고 무고하자 태조가 이를 변명하였다. 그 때 최응이 장주(掌奏)로 궁예의 곁에 있었는데, 일부러 붓을 떨어뜨리고서는 뜰로 내려가서 집고 태조 곁을 스쳐 지나며, "자백하지 않으면 위태롭습니다."라고 속삭였다. 태조가 알아차리고 마침내 거짓으로 자백하여 위기를 모면할 수 있었다. 태조가 즉위하자 최응을 옛 관직대로 지원봉성사(知元鳳省事)로 삼았다가 얼마 뒤 광평낭중(廣評郎中)으로 임명하였다. 최응은 삼공(三公)과 보상(輔相)의 도량을 가졌으며 실무에 밝고 통달하여 당시 사람들이 그를 크게 칭송하였고, 태조에게서도 우대를 받았다. 밤낮으로 부지런하고 신중하였으며 왕에게 옳고 그름을 따져 건의하는 경우가 많았으니, 태조가 매번 그의 건의를 기꺼이 받아들였으며, "경은 학문이 풍부하고 재주가 뛰어나며, 아울러 정치의 요체를 잘 알고 있소. 나라 일을 근심하고 멸사봉공하여 자기 한 몸을 돌보지 않고 충성을 다하니 옛날의 뛰어난 신하들도 이보다 더 나을 수는 없을 것이오."라고 칭찬하였다. 내봉경(內奉卿)으로 옮기게 하였다가 얼마 안되어 광평시랑(廣評侍郎)으로 임명하자, 최응은, "신의 동료인 윤봉(尹逢)은 신보다 열살 위이니, 바라옵건대 그를 먼저 임명해 주소서."라 하며 사양하였다. 이에 태조는 "내가 예전에 '능히 예로써 양보하면 나라를 다스리는 일에 무슨 어려움이 있으랴.'는 말을 들은 적이 있는데, 이제서야 그런 사람을 만났도다."라고 하며, 결국 윤봉을 광평시랑으로 삼았다. 최응은 항상 채식을 하였다. 한번은 병이 들어 자리에 눕자, 태조가 동궁(東宮)을 보내어 병 문안하고, "단지 손수 살생하지 않으면 될 뿐인데, 고기 먹는 것이 무슨 해가 되겠소."라며 고기 먹을 것을 권하였다. 최응이 굳이 사양하고 먹지 않자, 태조가 몸소 그의 집에 가서, "경이 고기를 먹지 않으면 두 가지 손실이 있소. 몸을 보전하지 못하여 끝까지 모친을 봉양할 수 없으니 불효요, 오래 살지 못하여 나로 하여금 일찍 훌륭한 신하를 잃게 하니 불충이오." 라고 말하였다. 최응이 그제서야 고기를 먹으니, 과연 건강이 회복되었다. 뒷날 태조가 최응에게, "예전에 신라가 9층탑을 조성하여 마침내 통일의 대업을 이루었소. 이제 개경(開京)에 7층탑을 세우고 서경(西京)에 9층탑을 건립함으로써 부처의 공덕을 빌어 추악한 무리들을 없애고 삼한을 통일하여 한 집안으로 만들기를 바라니, 경은 나를 위하여 발원하는 소(䟽)를 지어주시오." 라고 부탁하자, 최응이 이에 소를 지어 올렸다. 태조 15년(932)에 죽으니, 나이는 서른 다섯이었다. 당시 태조가 연산군(燕山郡)에 있다가 부음을 듣고 크게 슬퍼하였다. 원보(元甫)로 추증하고, 부의로 보내는 물건이 매우 넉넉하였으며, 여러 차례 추증하여 대광(大匡)·태자태부(太子太傅)로 삼고 시호를 희개(熙愷)라 하였다 현종 18년(1027) 태조의 묘정에 배향하고, 덕종 2년(1033) 사도(司徒)로 올려 추증하였다. 아들은 최빈(崔彬)이다. (『高麗史

』92 列傳 5 崔凝)

고려　이 해에 대상(大相) 왕중유(王仲儒)를 후당(後唐)에 보내어 토산물을 바치게 했다. 다시 일모산성을 공격하여 격파했다. (『高麗史』2 世家 2 太祖 2)

고려　이해에 다시 일모산성(一牟山城)을 공격하여 쳐부수었다. 대상(大相) 왕중서(王仲瑞)를 후당에 보내어 지방의 산물을 바쳤다. (『高麗史節要』1 太祖神聖大王)

신라　다른 날에 임금이 한가한 틈을 타서 스님이 있는 선비(禪扉)로 찾아가 묻기를, "제자는 공손히 스님의 자비로운 모습을 대하여 진솔한 간청을 드리고자 합니다."하고는 "지금은 나라의 역적들이 점점 시끄럽게 하고 인근의 적들이 서로 침범하는 것이 마치 초(楚)의 항우(項羽)와 한(漢)의 유방(劉邦)이 서로 버티는 것과 같아서 아직 그 승부(勝負)가 끝나지 않았습니다. 삼기(三紀), 약 36여 년 동안 항상 이흉(二兇, 궁예와 견훤)이 있어 마음에는 비록 살리기를 좋아하지만, 반대로 점점 서로 죽이고 있습니다. 과인(寡人)이 일찍이 부처님의 가르침을 받아 그윽이 자비한 마음을 일으키고 있으나, 만약 살생을 주저하거나 적을 업신여겨 마치 구경하듯 방치해 두면, 나라는 물론 자신까지 위태롭게 하는 앙화(殃禍)를 부를까 두렵습니다. 스님께서는 만리(萬里)의 먼 길을 사양하지 마시고 오셔서 삼한(三韓)을 교화하고, 온 나라 강산(江山)의 곳곳마다 전쟁에 휩싸여 불타고 있음을 구제하시길 바라오니, 좋은 말씀이 있기를 바라나이다."라고 하였다. 스님께서 대답하시길 "대저 도(道)란 마음에 있고 밖에 있지 않으며, 나를 말미암아 얻어지는 것이요, 결코 타인으로 말미암음이 아닙니다. 뿐만 아니라 제왕과 필부(匹夫)의 닦음을 바가 각각 다르지만, 임금께서는 비록 군사를 동원하여 적과 싸우더라도 항상백성을 불쌍히 여기십시오. 그렇게 해야 되는 것은 왕이란 본래 사해(四海)로써 집을 삼고 만민을 아들로 여겨 무고한 사람은 죽이지 말고 죄가 있는 무리만을 엄선하여 다스려야 합니다. 그러므로 불교에서는 모든 선(善)을 받들어 행하는 것이 곧 널리 중생을 제도함이라고 합니다."하니, 법문(法門)을 들은 임금이 책상을 어루만지면서 찬탄하되 "우리 속인들은 심원한 진리가 먼 곳에 있는 것으로 잘못 알아서 미리 염라대왕을 두려워하고 있는데, 스님의 말씀을 듣고 보니 참으로 천상과 인간이 서로 이야기하는 것과 같습니다."하였다. 스님은 다시 당부하기를, "가능한 한 사형할 죄인의 죽이는 시기를 완화하고 모든 살아있는 생명들을 연민히 여겨 도탄에서 벗어나게 하라."하였으니, 이것은 곧 스님의 덕화(德化)였다. 그 후 스님은 서울인 경련(京輦)에 머물러 여러 해를 지났는데 항상 산천에 마음이 끌리고 열반(涅槃)할 곳을 선택하여 안개 속에 숨어 살고자 하는 마음이 간절하였다. 그 소문을 들은 임금이 스님의 도정(道情)을 막지 못하여 그윽이 서로 이별함을 아쉬워 하다가 오랫동안 생각한 끝에 마침내 허락하였다. 스님께서 임금과 작별하는 때에 슬픈 소감을 피력하여 "어진 임금의 크나 큰 서원(誓願)은 불법(佛法)을 지켜나가는 것을 마음에 새기고, 멀리까지 외호(外護)하는 은혜(恩惠)를 드리워 창생(蒼生)이 영원히 복(福)을 쌓게 하는 것입니다."라고 하였다. 이후 장흥(長興) 3년에 개경(開京)의 서북이며 해주(海州)의 남쪽에 신령스런 봉우리를 택하여 정사(精舍)를 짓고 광조사(廣照寺)라 이름하고는 이곳에 스님이 거주하도록 하였다. 그리하여 스님은 약간의 문도(門徒)를 거느리고 이 절에 주석하니 배우려는 학도가 방을 채우고 참선하는 무리들이 당(堂)에 가득하였다. 마치 법융선사(法融禪師)가 북해(北海)에 돌아가서 머문 것과 같고 혜원법사(惠遠法師)가 여산 동림사에서 백련결사(白蓮結社)를 가진 것과 같다고 하겠다. 스님은 사람을 가르침에 있어 게을리 하지 아니하였느니, 마치 거울이 사람의 얼굴을 비추되 조금도 피로를 느끼지 않는 것과 같이 하였다. 문하의 대중은 삼밭 같고 그의 뜰은 저자거리와 같았다. 그런 까닭에 분위(分衛)인 걸식(乞食)을 하지 않아도 공자(孔子)가 진(陳)나라에서 양식이 떨어진 것과 같은 사정은 면하였다. 이에 관장(官庄)은 삼장(三庄)으로 나누었고, 공양(供養)은 사사(四事)로 구분하였으며, 더 나아가서는 당군(當郡)과 주변의 인주(鄰州)가 모두 깊은 신심(信心)을 내었다. 아울러 청청한 행을 닦았으니 곧 담복화(薝蔔花)가 보배나무 수풀 속에 의지한 것과 같았으며, 전단향 나무가 암마라과수의 무리에 섞인 것과 같았다. 스님이 먼저 와서 둘러본 다음 여러 대중이 함께 산을 살펴 터를 골랐다. 스님이 어느 날 혼교(魂交)에 이르러 신(神)이 와서 예배하고 공양하니 마치 수(隋)나라 문제(文帝)가 옥천사(玉泉寺)에 있는 천태지자(天台智者)에게 공양을 올리던 것과 같았으며, 정성을 표함에 있어서는 왕이 광조사(廣照寺)를 지어드린 것이 마치 혜원법사(惠遠法師)에게 려산(廬山)의 동림사(東林寺)를 지어 올린 것과 같다고 할 수 있으니, 모두 신령스러운 일이어서 귀의하는 것이 모두 이와 같은 류라고 하겠다. (「廣照寺眞澈大師碑」)

고려　고려국이 전당(錢塘)에 와서 관음성상(觀音聖像)을 새기고 마주 들어 배에 실었는데, 마침내 움직이지 않았다. 인하여 명주(明州) 개원사(開元寺)에 들어가 공양하길 청하였다. 후에 설문(設問)이 있었는데, 현신하지 않음이 없었다. 성상(聖像)을 심마(甚麽)로 여겨서 고려국에서 버릴 수 없었다. 장경릉대(長慶稜代)가 말하길, "현신이 비록 보(普)일지라도, 상호를 보고 편(偏)을 일으키니, 법안은 다른 것이라고 말할 수 있고, 관음을 인식한 것은 아니다."라고 하였다. (『指月錄』 7 高麗觀音)

933(癸巳/신라 경순왕 7/후백제 견훤 34/고려 태조 16, 天授 16/後唐 長興 4/日本 承平 3)

고려　봄 3월 신사일(5)에 후당에서 왕경(王瓊)과 양소업(楊昭業)을 보내 왕을 책봉하고 다음과 같은 조서를 내렸다. "군왕된 사람은 하늘을 본받아 만백성을 기르고, 땅을 본떠 천하[八紘]를 편안케 하는 존재이니, 성실히 큰 중용의 도를 지켜 온 천하에 현창하는 법이다. 두극(斗極)은 제자리를 지키므로 뭇 별들이 다 그 쪽을 향하고, 큰 바다는 그 크기가 넓으므로 모든 물길이 다 그리로 흘러간다. 그러므로 군왕은 하늘과 땅 사이의 인간 세상에 살면서 천하의 일을 두루 살피며 큰 도를 널리 펼치고, 자신의 덕을 닦으며 겸손히 행동하여 마음을 비워야 한다. 진심으로 복속하는 사람에게는 은혜를 베풀어 군왕의 백성으로 삼고 귀부해 오는 사람에게는 교화를 베푸는 법이다. 이런 까닭으로 군왕은 봉작하는 명을 거행하고 표창하는 글을 계고하는 바, 이는 옛날부터 전해지는 것이라 빠뜨려서는 안 되는 것이다. 그대는 차지한 영토를 평양이라 일컬었으며 병권을 장악하고 재능도 겸비했다. 강한 오족(五族)의 무리들을 통합하고 삼한(三韓)의 비옥한 땅을 지배해 나라를 안정시키기에 힘썼으며 상국의 명령을 받들려 마음먹었으니 이에 상례에 의거해 은총의 예를 베푸노라. 아 권지고려국왕사(權知高麗國王事) 왕건(王建)은 웅위하고 용맹한 자질에 지혜는 기략에 통달했으며 변방에서 으뜸으로 특출하게 태어났고 장대한 포부를 품고 몸을 드러내었도다[開出]. 하늘이 국토를 내려주니 터전이 지극히 풍요롭도다. 주몽(朱蒙)의 상서로운 개국을 뒤쫓아 나라의 군주가 되고 기자(箕子)가 번국을 이룩한 자취를 밟아서 자애와 상서를 펼치고 있다. 풍속이 도탑고 글을 알기에 예의로써 이끌 수 있으며 기풍이 용감하고 무예를 숭상하므로 위엄으로써 인도할 수 있도다. 봉토가 이로부터 태평해졌으며 백성들은 이로써 안정되었다. 그리하여 다시 이웃과는 이와 입술같이 긴밀해지고 피부와 터럭같이 돈독한 관계를 맺게 되었다. 교활한 오랑캐가 요망한 짓을 일으키자 분노를 터뜨리며 이웃 나라를 걱정하고서 환란에서 구원했다. 또한 상국에 대해 진심으로 순종했으며 절의를 지키고 충성을 바치면서, 우리가 인

덕을 베풀어 백성들을 장수케 하는 것을 흠모해 태평성세를 이루었으며, 우리의 경륜과 도덕[文思]을 본받아 시운(時運)을 누렸다. 깊은 바다를 건너고 험한 길을 넘어와 예물을 보내고 보물을 바쳤으며 의례에 따라 자기 나라 일을 빠짐없이 보고해옴으로써 상국을 받드는 정성을 크게 과시했다. 지극한 정성을 바치게 되면 풍성한 보답을 누리게 마련이니, 실봉(實封)을 정해주어 제후들의 나라를 현창하는 것이 올바른 예일 것이다. 경의 공로가 지극하니 짐은 아낄 것이 없다. 이제 정사(正使)인 태복경(太僕卿) 왕경(王瓊)과 부사(副使)인 대부소경(大府少卿) 겸 통사사인(通事舍人) 양소업(楊昭業) 등으로 하여금 짐의 신표를 가지고 예를 갖추어[持節備禮] 그대를 고려국왕으로 책봉하는 명령을 내리노라. 아 착한 일을 행하면 하늘이 상서를 내리고 바른 도리를 지키면 신명(神明)이 복을 주는 법이다. 무기는 위태로울 때 신중히 사용하고 통일된 제도는 장구한 계책에 이바지하게 되니 길이 후당(後唐)의 신하가 되어 대대로 왕의 작위를 누리도록 하라. 이제 국왕의 지위를 주노니 그대는 공경히 받으라." 또 다음과 같은 조서를 내렸다. "경은 빛나는 재주를 가진 사람으로 하늘로부터 상서로운 조짐을 받아 동쪽의 땅을 영토로 차지했으며 해외 여러 나라의 영웅 가운데 으뜸이 되었다. 사대부들은 어루만져 돌보아 줌에 감동했으며 평민들은 다들 은혜로운 보살핌을 찬양했다. 또한 큰 나라를 섬기는 정성이 굳건했고 이웃 나라를 원조하려는 뜻이 있었으니 말을 잘 먹이고 무기를 잘 벼려 전쟁준비를 착실히 함으로써 견훤의 무리를 꺾었고 옷을 나누고 밥을 덜어서 발해 사람들[忽汗之人]을 구제했다. 계속 배를 타고 건너와 글월을 바치고 매양 뜰에 가득하게 공물을 바쳤다. 금석(金石)처럼 굳은 성심과 아름다운 덕성은 해를 꿰뚫었고 풍운과 같이 높은 기개는 하늘을 능가하며 명성은 당대에 널리 알려지고 미덕은 사방에 전해졌다. 경의 진심어린 마음이 이와 같으니 어찌 의례대로 상을 주지 않겠는가. 특별히 분봉(分封)해 줄 것을 결정하여 경을 높은 지위로 올리려 한다. 제후에 책봉하는 명령을 내리면서 경이 있는 동쪽 봉래산을 아득히 바라보고, 주나라 무왕(武王) 때 소를 방목했던 도야(桃野)를 돌아보며 생각을 기울이니 마음은 제수(濟水)를 따라 문치(文治)를 생각한다. 나의 특별한 예우를 힘써 받들어 높은 훈업을 길이 보전할지어다. 이제 그대에게 특진(特進)·검교태보(檢校太保)·사지절현도주도독(使持節玄菟州都督)·상주국(上柱國)·충대의군사(充大義軍使)벼슬을 내림과 동시에 고려국왕에 책봉한다. 이제 정사(正使)인 태복경(太僕卿) 왕경(王瓊)과 부사(副使)인 대부소경(大府少卿) 양소업(楊昭業) 등을 보내 예를 갖추어 책봉하는 명령을 내리며 아울러 선물로 은그릇과 비단 등을 별지 목록과 같이 갖추어 내려주노니 당도하는 대로 받을지어다." 또 다음과 같은 조서를 내렸다. "경은 동방의 명문거족으로 큰 바다 너머의 웅대한 번국에 살면서 문무의 재주로써 그 땅을 다스렸으며 충효의 절의로써 만물을 기르는 우리의 덕화를 받아들였다. 변함없는 충절은 진작 기폭(旗幅)에 아로새겨지고 황제로부터 받은 관작은 역사에 기록되어 있다. 천자가 내린 조칙에 전장에서 세운 공로가 기록되었으며, 부부가 화목하니 부인의 덕이 잘 드러나고 있다. 이제 탕목(湯沐)을 나누어 줌으로써 결혼을 경축하노니 길이 보좌의 공을 빛내어 나의 큰 배려에 삼가 보답하도록 하라. 경의 진실된 마음으로 짐작컨대 나의 큰 은총을 잘 알 것이다. 경의 처 유씨(柳氏)를 이제 하동군부인(河東郡夫人)으로 책봉하노라." 또 삼군(三軍)의 장교와 관리들에게 다음과 같은 조서를 내렸다. "짐이 생각하건대 왕건(王建)은 성운(星雲)과 같이 빼어난 자질로 금석(金石)과 같은 충성을 바쳤으며, 이웃과 화목하게 지냄으로써 신의를 나타내었고 상국을 섬김으로써 충효를 현창하였다. 삼한(三韓)의 낙토를 다스리면서 늘 주나라의 정삭을 좇았으며, 아득히 먼 바다를 건너와 변함없이 공물을 바쳤다. 공훈과 명성이 이미 현저한데도 작위가 아직 높지 않으니 은총을 내려 평화가 찾아온 땅에 제후로 책봉해야 마땅하리라. 이제 왕건을 고려국왕으로 책봉하고 사신을 그곳으로 보내 예를 갖춰 책명을 내렸으며 노고를 위로하게 했으니 이 모든 것을 잘 알았을 것으로 생각한다." 또한 역일(曆日)을 내려주었는데 이로부터 고려 태조가 정한 천수(天授) 연호를 폐지하고 후당의 연호를 쓰기 시작했다. (『高麗史』 2 世家 2 太祖 2)

고려 "군왕된 사람은 하늘을 본받아 만백성을 기르고, 땅을 본떠 천하를 편안케 하는 존재이니, 성실히 큰 중용의 도를 지켜 온 천하에 현창하는 법이다. 두극(斗極)은 제자리를 지키므로 뭇 별들이 다 그 쪽을 향하고, 큰 바다는 그 크기가 넓으므로 모든 물길이 다 그리로 흘러간다. 그러므로 군왕은 하늘과 땅 사이의 인간 세상에 살면서 천하의 일을 두루 살피며 큰 도를 널리 펼치고, 자신의 덕을 닦으며 겸손히 행동하여 마음을 비워야 한다. 진심으로 복속하는 사람에게는 은혜를 베풀어 군왕의 백성으로 삼고 귀부해 오는 사람에게는 교화를 베푸는 법이다. 이런 까닭으로 군왕은 봉작하는 명을 거행하고 표창하는 글을 계고하는 바, 이는 옛날부터 전해지는 것이라 빠뜨려서는 안 되는 것이다. 그대는 차지한 영토를 평양이라 일컬었으며 병권을 장악하고 재능도 겸비했다. 강한 오족(五族)의 무리들을 통합하고 삼한(三韓)의 비옥한 땅을 지배해 나라를 안정시키기에 힘썼으며 상국의 명령을 받들려 마음먹었으니 이에 상례에 의거해 은총의 예를 베푸노라. 아 권지고려국왕사(權知高麗國王事) 왕건(王建)은 웅위하고 용맹한 자질에 지혜는 기략에 통달했으며 변방에서 으뜸으로 특출하게 태어났고 장대한 포부를 품고 몸을 드러내었도다. 하늘이 국토를 내려주니 터전이 지극히 풍요롭도다. 주몽(朱蒙)의 상서로운 개국을 뒤쫓아 나라의 군주가 되고 기자(箕子)가 번국을 이룩한 자취를 밟아서 자애와 상서를 펼치고 있다. 풍속이 도탑고 글을 알기에 예의로써 이끌 수 있으며 기풍이 용감하고 무예를 숭상하므로 위엄으로써 인도할 수 있도다. 봉토가 이로부터 태평해졌으며 백성들은 이로써 안정되었다. 그리하여 다시 이웃과는 이와 입술같이 긴밀해지고 피부와 터럭같이 돈독한 관계를 맺게 되었다. 교활한 오랑캐가 요망한 짓을 일으키자 분노를 터뜨리며 이웃나라를 걱정하고서 환란에서 구원했다. 또한 상국에 대해 진심으로 순종했으며 절의를 지키고 충성을 바치면서, 우리가 인덕을 베풀어 백성들을 장수케 하는 것을 흠모해 태평성세를 이루었으며, 우리의 경륜과 도덕[文思]을 본받아 시운(時運)을 누렸다. 깊은 바다를 건너고 험한 길을 넘어와 예물을 보내고 보물을 바쳤으며 의례에 따라 자기 나라 일을 빠짐없이 보고해옴으로써 상국을 받드는 정성을 크게 과시했다. 지극한 정성을 바치게 되면 풍성한 보답을 누리게 마련이니, 실봉(實封)을 정해주어 제후들의 나라를 현창하는 것이 올바른 예일 것이다. 경의 공로가 지극하니 짐은 아낄 것이 없다. 이제 정사(正使)인 태복경(太僕卿) 왕경(王瓊)과 부사(副使)인 대부소경(大府少卿) 겸 통사사인(通事舍人) 양소업(楊昭業) 등으로 하여금 짐의 신표를 가지고 예를 갖추어 그대를 고려국왕으로 책봉하는 명령을 내리노라. 아 착한 일을 행하면 하늘이 상서를 내리고 바른 도리를 지키면 신명(神明)이 복을 주는 법이다. 무기는 위태로울 때 신중히 사용하고 통일된 제도는 장구한 계책에 이바지하게 되니 길이 후당(後唐)의 신하가 되어 대대로 왕의 작위를 누리도록 하라. 이제 국왕의 지위를 주노니 그대는 공경히 받으라." (『全唐文』 108 後唐明宗 冊命高麗國王詔)

고려 "경은 빛나는 재주를 가진 사람으로 하늘로부터 상서로운 조짐을 받아 동쪽의 땅을 영토로 차지했으며 해외 여러 나라의 영웅 가운데 으뜸이 되었다. 사대부들은 어루만져 돌보아 줌에 감동했으며 평민들은 다들 은혜로운 보살핌을 찬양했다. 또한 큰 나라를 섬기는 정성이 굳건했고 이웃 나라를 원조하려는 뜻이 있었으니 말을 잘 먹이고 무기를 잘 별러 전쟁준비를 착실히 함으로써 견훤의 무리를 꺾었고 옷을 나누고 밥을 덜어서 발해 사람들[忽汗之人]을 구제했다. 계속 배를 타고 건너와 글월을 바치고 매양 뜰에 가득하게 공물을 바쳤다. 금석(金石)처럼 굳은 성심과 아름다운 덕성은 해를 꿰뚫었고 풍운과 같이 높은 기개는 하늘을 능가하며 명성은 당대에 널리 알려지고 미덕은 사방에 전해졌다. 경의 진심어린 마음이 이와 같으니 어찌 의례대로 상을 주지 않겠는가. 특별히 분봉(分封)해 줄 것을 결정하여 경을 높은 지위로 올리려 한다. 제후에 책봉[桐圭]하는 명령을 내리면서 경이 있는 동쪽 봉래산[蓬山]을 아득히 바라보고, 주나라 무왕(武王) 때 소를 방목했던 도야(桃野)를 돌아보며 생각을 기울이니 마음은 제수(濟水)를 따라 문치(文治)를 생각한다. 나의 특별한 예우를 힘써 받들어 높은 훈업을 길이 보전할지어다. 이제 그대에게 특진(特進)·검교태보(檢校太保)·사지절현도주도독(使持節玄菟州都督)·상주국(上柱國)·충대의군사(充大義軍使)벼슬을 내림과 동시에 고려국왕에 책봉한다. 이제 정사(正使)인 태복경(太僕卿) 왕경(王瓊)과 부사(副使)인 대부소경(大府少卿) 양소업(楊昭業) 등을 보내 예를 갖추어 책봉하는 명령을 내리며 아울러 선물로 은그릇과 비단 등을 별지 목록과 같이 갖추어 내려주노니 당도하는 대로 받을지어다."(『全唐文』 108 後唐明宗 又詔)

고려 "경은 동방의 명문거족으로 큰 바다 너머의 웅대한 번국에 살면서 문무의 재주로써 그 땅을 다스렸으며 충효의 절의로써 만물을 기르는 우리의 덕화를 받아들였다. 변함없는 충절은 진작 기폭(旗幅)에 아로새겨지고 황제로부터 받은 관작은 역사에 기록되어 있다. 천자가 내린 조칙에 전장에서 세운 공로가 기록되었으며, 부부가 화목하니 부인의 덕이 잘 드러나고 있다. 이제 탕목(湯沐)을 나누어 줌으로써 결혼을 경축하노니 길이 보좌의 공을 빛내어 나의 큰 배려에 삼가 보답하도록 하라. 경의 진실된 마음으로 짐작컨대 나의 큰 은총을 잘 알 것이다. 경의 처 유씨(柳氏)를 이제 하동군부인(河東郡夫人)으로 책봉하노라." (『全唐文』 108 後唐明宗 又詔)

고려 "짐이 생각하건대 왕건(王建)은 성운(星雲)과 같이 빼어난 자질로 금석(金石)과 같은 충성을 바쳤으며, 이웃과 화목하게 지냄으로써 신의를 나타내었고 상국을 섬김으로써 충효를 현창하였다. 삼한(三韓)의 낙토를 다스리면서 늘 주나라의 정삭[周正]을 좇았으며, 아득히 먼 바다를 건너와 변함없이 공물을 바쳤다. 공훈과 명성이 이미 현저한데도 작위가 아직 높지 않으니 은총을 내려 평화가 찾아온 땅에 제후로 책봉해야 마땅하리라. 이제 왕건을 고려국왕으로 책봉하고 사신을 그곳으로 보내 예를 갖춰 책명을 내렸으며 노고를 위로하게 했으니 이 모든 것을 잘 알았을 것으로 생각한다."(『全唐文』 108 後唐明宗 賜高麗三軍將吏詔)

고려 봄 3월에 후당에서 태복경(太僕卿) 왕경(王瓊)과 태부소경(太府少卿) 양소업(楊昭業)을 보내와서 왕을 책립하여 특진검교태보사 지절현도주도독 상주국충대의군사(特進檢校太保使持節玄菟州都督上柱國充大義軍使)로 삼고, 이어 고려국왕(高麗國王)으로 봉하였으며, 일력(日曆)·은기(銀器)·필단(匹段)을 보내었으며, 조(詔)하여 비(妃) 유씨(柳氏)를 봉하여 하동군부인(河東郡夫人)으로 삼았다. 또 삼군(三軍)의 장수와 이졸(吏卒)에게 조하여 왕을 책봉한다는 뜻을 효유하였다. 드디어 역서(曆書)를 반포하고 비로소 후당(後唐)의 연호를 시행하였다. (『高麗史節要』 1 太祖神聖大王)

고려 당 명종(明宗)이 고려에 사신을 보내 책명(冊命)을 주었다. (『三國史記』 12 新羅本紀 12)

고려 태조 신혜왕후(神惠王后) 유씨(柳氏) (…) 태조 16년에 태복경(太僕卿) 왕경(王瓊) 등을 보내 왕후를 책봉하였는데, 그 관고(官告)는 다음과 같다. "아내의 몸으로 지아비에게 잘 순종함으로써 귀한 자리에 오른 자라야 비로소 한 집안을 훌륭히 만들었다고 말할 수 있을 것이다. 제후를 책봉하는 제도는 상규(常規)로 내려온 바, 이제 그 배우자에게도 책봉의 영예를 덧붙여주어 국왕의 봉작에 어울리게 하려고 한다. 대의군사(大義軍使)·특진(特進)·검교태보(檢校太保)·사지절(使持節)·현도주도독(玄菟州都督)·상주국(上柱國)·고려국왕(高麗國王)의 아내인 하동 유씨(河東柳氏)는 국왕을 올바르게 이끌었으며, 내조한 공로 또한 컸다. 국가의 백년대계를 잘 도왔고 부인으로서 지아비의 사랑을 변함없이 받았으며, 국왕을 보좌해 충절을 이룩하고 유순하고 현명한 아내의 도리를 다 하였다. 이에 특별히 영예를 부여해 상례와 다르게 우대하노니, 천자에게 충성하는 국왕의 뜻을 힘껏 돕는다면 그것이 바로 우리 조정에 보답하는 길이노라. 이제 그대를 하동군부인(河東郡夫人)으로 봉하노라." 죽은 후 시호를 신혜왕후라 하고 태조의 묘소인 현릉(顯陵)에 합장하였다. (『高麗史』 88 列傳 1 后妃 1 太祖 后妃 神惠王后 柳氏)

고려 천수 16년 3월 후당(後唐)에서 사신을 보내 왕을 책봉하였으며, 이때부터 후당의 연호를 사용하였다. (『高麗史』 86 表 1 年表 1)

고려 태조(太祖)의 후비(后妃) 신혜왕후(神惠王后) 유씨(柳氏)는 정주(貞州) 사람으로 삼중대광(三重大匡) 유천궁(柳天弓)의 딸이었다. 유천궁의 집은 크게 부유하여 고을 사람들[邑人]은 그를 장자(長者)라고 불렀다. 태조가 궁예(弓裔)를 섬기며 장군(將軍)이 되었을 때, 군사를 이끌고 정주를 지나다가 오래된 버드나무 밑에서 말을 쉬게 하였다. 왕후가 길 옆 시냇가에 서 있었는데, 태조가 그의 덕(德)이 있는 얼굴을 보고 말하기를, "그대는 어느 분 딸이신지요."라고 하였다. 유씨가 대답하여 말하기를, "이 고을 장자 집 딸입니다."라고 하였다. 이로 인하여 태조가 거기에 묵게 되었는데 그 집에서 일군(一軍)을 대접한 것이 매우 풍성하였으며, 왕후로 하여금 태조의 잠자리를 모시게 하였다. 그 뒤 소식이 끊어져 서로 듣지 못하게 되자 왕후는 뜻을 지켜 정절을 깨끗이 하고자 머리를 깎고 비구니[尼]가 되었는데, 태조가 그것을 듣고 불러 부인으로 삼았다. 궁예의 말년에 홍유(洪儒)·배현경(裵玄慶)·신숭겸(申崇謙)·복지겸(卜智謙)이 태조의 집을 찾아가 장차 궁예를 폐립(廢立)시킬 일을 의논하려 하면서 왕후로 하여금 그것을 알지 못하게 하려고 왕후에게 일러 말하기를, "뜰[園]에 새로 열린 오이가 있습니까. 따서 오실 수 있겠는지요."라고 하였다. 왕후가 그 의도를 알고 북쪽 방문을 따라 나가다 몰래 휘장 속[帳中]에 들어왔다. 여러 장수들이 드디어 태조를 왕으로 추대하려는 뜻을 말하자 태조가 얼굴빛을 바꾸면서 물리침이 매우 심하였는데, 이때 왕후가 급히 휘장 속에서부터 나와 태조에게 일러 말하기를, "의로움을 일으켜 포학한 이를 대신하는 일[代虐]은 예로부터 그러하였습니다. 지금 여러 장수들의 의견을 들어보니 첩(妾)도 오히려 분발하는데 하물며 대장부겠습니까."라고 하였다. 그리고서 손수 갑옷을 들어다 입히자 여러 장수들이 태조를 붙들고 호위하여 집을 나서, 드디어 태조가 즉위하였다. 태조 16년 후당(後唐)의 명종(明宗)이 태복경(太僕卿) 왕경(王瓊) 등을 보내와 왕후를 책봉(冊封)하였는데, 그 관고(官告)에 이르기를, "아내가 되어 지아비를 따름으로써 귀하게 된 자라야 그 집안을 마땅하게 만들었다고 할 수 있다. 제후를 책봉하는 세노는 상법에 드리운 바, 그 부인에게도 빛을 더해주어 국군(國君)의 관작에 어울리게 하려 한다. 대의군사 특진 검교태보 사지절 현도주도독 상주국 고려국왕(大義軍使 特進 檢校太保 使持節 玄菟州都督 上柱國 高麗國王)의 아내인 하동 유씨(河東柳氏)는 내조하는 말이 반드시 곧았으며, 같이한 공로도 진실로 많았다. 호악(虎幄)에서 있던 가상한 모의를 잘 도왔고 부인으로서의 총애와 예우를 지켰으며, 임금을 도와 충절을 이루고 마음을 헤아려 부드럽고 밝았다. 이에 특별한 영예를 내려 상례(常例)를 뛰어넘어 대우하니, 임금을 도우려는 뜻을 힘껏 돕는다면 우리나라에 보답하는 방법이 되겠다. 이제 그대를 하동군부인(河東郡夫人)으로 봉한다."라고 하였다. 훙서한 뒤에 시호(諡號)를 신혜왕후라 하고 현릉(顯陵)에 부장(祔葬)하였다. (『高麗史』 88 列傳 1 后妃 1)

고려 "아내의 몸으로 지아비에게 잘 순종함으로써 귀한 자리에 오른 자라야 비로소 한 집안을 훌륭히 만들었다고 말할 수 있을 것이다. 제후를 책봉하는 제도는 상규(常規)로 내려온 바, 이제 그 배우자에게도 책봉의 영예를 덧붙여주어 국왕의 봉작에 어울리게 하려고 한다. 대의군사(大義軍使)·특진(特進)·검교태보(檢校太保)·사지절(使持節)·현도주도독(玄菟州都督)·상주국(上柱國)·고려국왕(高麗國王)의 아내인 하동 유씨(河東柳氏)는 국왕을 올바르게 이끌었으며, 내조한 공로 또한 컸다. 국가의 백년대계를 잘 도왔고 부인으로서 지아비의 사랑을 변함없이 받았으며, 국왕을 보좌해 충절을 이룩하고 유순하고 현명한 아내의 도리를 다 하였다. 이에 특별히 영예를 부여해 상례와 다르게 우대하노니, 천자에게 충성하는 국왕의 뜻을 힘껏 돕는다면 그것이 바로 우리 조정에 보답하는 길이노라. 이제 그대를 하동군부인(河東郡夫人)으로 봉하노라." (『全唐文』 112 後唐明宗 冊高麗國王夫人柳氏文)

신라 장흥 4년 4월에 권지국사(權知國事) 김부가 사신 김돌(金朏)을 보내와서 방물을 바쳤다. (『五代會要』 13 新羅)

신라 장흥 4년에는 권지국사 김부가 후당에 사신을 보내왔다. 박영(朴英)과 부(溥)의 세차(世次)와 즉위년·졸년 등에 관한 것은 史官이 모두 그 기록을 빠뜨렸다. 후진 이후부터는 신라의 사신이 다시는 오지 않았다. (『新五代史』 74 四夷附錄 3 高麗)

고려 여름 5월에 정남대장군(征南大將軍) 유금필(庾黔弼)이 의성부(義城府)를 지키는데 왕이 사자를 보내어 이르기를, "나는 신라가 후백제에게 침략당할까 염려하여 일찍이 장수를 보내어 지키게 하였는데, 지금 후백제가 혜산성(槥山城)과 아불진(阿弗鎭) 등을 위협하고 약탈한다고 하니, 만약 신라의 국도(國都)까지 침공하거든 경이 마땅히 가서 구원하라." 하였다. 금필이 드디어 장사(壯士) 80명을 뽑아 달려갔다. 사탄(槎灘)에 이르러 군사들에게 말하기를, "만약 이곳에서 적을 만난다면 나는 결코 살아서 돌아갈 수 없을 것이다. 다만 너희들이 함께 적의 칼날에 죽을까 염려되니 각자가 잘 계책을 세우라." 하니, 사졸들이 말하기를, "우리들이 모두 죽었으면 죽었지 어찌 장군만 살아서 돌아가지 못하게 하겠습니까." 하고, 서로 힘을 다하여 적을 치기로 맹세하였다. 이미 사탄을 건너자 후백제의 통군(統軍) 신검(神劒) 등을 만났는데, 후백제의 군사가 금필의 군사들이 날래고 용맹스러움을 보고 싸우지도 않고 저절로 무너졌다. 금필이 신라에 이르니, 늙은이나 어린이나 할 것 없이 성 밖에 나와서 맞이하여 절하고 울면서 말하기를, "오늘날에 대광을 뵈올 줄은 생각지도 못했습니다. 대광이 아니었더라면 우리는 모두 죽음을 당했을 것입니다." 하였다. 금필이 그곳에 머무른 지 7일 만에 돌아오다가, 신검을 자도(子道)에서 만나 싸워서 크게 이겨 그 장수 7명을 사로잡고, 매우 많은 수를 죽이거나 사로잡았다. 첩서(捷書)가 이르니, 왕이 몹시 놀라고 기뻐하면서, "금필이 아니면 누가 능히 이같이 이길 수 있으랴." 하였다. 금필이 들어와서 뵙자 왕이 어전에서 내려와 그를 맞이하여 손을 잡고 이르기를, "경이 세운 공로는 옛날에도 드물었다. 짐의 마음에 새기고 있으니 이를 잊으리라고 하지 말라." 하였다. 금필이 사례하여 아뢰기를, "신하의 직책에 당연히 할 일인데, 성상께서 어찌 이렇게까지 하십니까." 하니, 왕이 더욱 그를 훌륭하게 여겼다. (『高麗史節要』 1 太祖神聖大王)

고려 유금필 (…) (태조14년(931) 이듬해) 또 이듬해에 정남(征南) 대장군(大將軍)이 되어 의성부(義城府)를 수비하고 있는데, 태조가 사람을 보내어, "나는 신라가 후백제에게 침략 당할까 염려하여 일찍이 대광(大匡) 능장(能丈)·영주(英周)·열궁(烈弓)·총희(悤希) 등을 보내어 그 곳을 지키게 하였소. 지금 듣건대 후백제의 군사가 이미 혜산성(槥山城)과 아불진(阿弗鎭) 등지에 이르러 인민과 재물을 겁탈하고 노략질한다고 하니, 그 침략이 신라의 국도(國都)까지 미칠까 두렵소. 경이 가서 구원해야 할 것이오." 라고 분부하였다. 유금필이 장사 여든 명을 뽑아서 그 곳으로 가다가 사탄(槎灘)에 이르자 군사들에게 "이 곳에서 적을 만난다면 나는 필시 살아 돌아가지 못할 것이다. 다만 너희들도 같이 칼날 아래 죽을까 염려되니, 각자 알아서 살 계책을 잘 세우도록 하라."고 일렀다. 군사들이, "우리들이 모두 죽으면 죽었지, 어찌 장군만 살아 돌아가시지 못하도록 할 수 있겠습니까."라고 하매, 이로써 서로 마음을 합쳐 적을 치기로 맹세했다. 사탄을 건넌 후 후백제의 통군(統軍) 신검(神劒) 등의 군사와 마주치자, 유금필이 맞서 싸우려고 하니 후백제의 군사들은 유금필이 거느린 정예군을 보고 싸우지도 않고 저절로 무너져 달아났다. 유금필이 신라에 이르자, 어린아이, 늙은이 할 것 없이 모두 성 밖으로 나와 맞이하고 엎드려 절하면서, "오늘날 대광을 뵈올 줄을 생각하지도 못했습니다. 대광이 아니었으면 우리는 어육(魚肉)과 같이 무참히 죽었을 것입니다." 하고 울었다. 유금필이 이레 동안 머물다가 돌아오는 길에 신검 등을 자도(子道)에서 만나, 맞서 싸워 크게 이겼다. 그의 장수 금달(今達)·환궁(奐弓) 등 일곱 명을 생포하였으며, 죽이고 사로잡은 적이 매우 많았다. 승전의 보고가 이르자, 태조는 "우리 장군이 아니면 누가 이 같이 할 수 있겠는가." 하고 크게 기뻐하였다. 그가 개선하자, 태조가 대전(大殿)에서 내려가 그를 맞이하여 손을 잡고, "경의 공훈과 같은 것은 예전에도 드물었소. 짐의 마음에 새겨 두었으니 이를 잊을 것이라 여기지 마시오."라고 하였다. 유금필이 "국난에 임해서는 사사로운 것을 잊어야 하고 나라의 위기를 보면 목숨을 내어놓는 것은 신하의 직분일 따름입니다. 성상께서는 어찌 이렇게까지 하십니까."라고 사례하니, 태조가 그를 더욱 소중히 여겼다. (『高麗史』92 列傳 5 庾黔弼)

발해 (장흥) 4년 7월에 앞서의 입조사(入朝使)인 성문각(成文角)을 조산대부(朝散大夫)·우신무군장사(右神武軍長史)로 삼고 주사우록사(奏事右錄事)·시대리평사(試大理評事) 고보예(高保乂)를 조산랑(朝散郎)·우효위장사(右驍衛長史)로 삼았으며 아울러 금자(金紫)를 내렸다. (『五代會要』30 渤海)

고려 이해에 병금관(兵禁官)을 두었다. (『高麗史節要』1 太祖神聖大王)

신라 장흥 4년에 권지국사(權知國事) 김부(金溥)가 사신을 보내와서 박영(朴英)·부세차(溥世次)를 마침내 세웠으나, 역사에는 모두 그 기(紀)를 잃었다. 진(晉) 이후에는 다시 이르지 않았다. (『新五代史』74 四夷附錄 3 新羅)

고려 장흥 연간(930~933)에 권지국사(權知國事) 왕건이 고씨의 자리를 이어 사신을 보내 조공하였다. 왕건을 현도주도독충대의군사(玄菟州都督充大義軍使)로 삼고 고려국왕에 봉하였다. (『宋史』487 列傳 246 外國 3 高麗)

934(甲午/신라 경순왕 8/후백제 견훤 35/고려 태조 17/後唐 應順 1, 淸泰 1/日本 承平 4)

고려 봄 정월 갑신일(13)에 왕이 서경(西京)에 행차하여 북쪽의 진(鎭)을 두루 순시했다. (『高麗史』2 世家 2 太祖 2)

고려 봄 정월에 서경(西京)에 행차하여 북진(北鎭)을 순시하고 돌아왔다. (『高麗史節要』1 太祖神聖大王)

후백제 고려 청태(淸泰) 원년 봄 정월에 견훤이 태조가 운주(運州)에 머물고 있다는 소식을 들었다. 드디어 군사 5천 명을 선발하여 이르렀다. 장군 유금필(庾黔弼)이 그들이 미처 진을 치지 않았는데 굳센 기병 수천 명으로 돌격하여 3천 명을 베어 죽였다. 웅진 이북 30여 성이 소문을 듣고 스스로 항복하였다. 견훤 휘하의 술사(術士) 종훈(宗

訓), 의사(醫師) 훈겸(訓謙), 용감한 장수 상달(尙達)과 최필(崔弼) 등이 태조에게 항복하였다. (『三國史記』 50 列傳 10 甄萱)

후백제 고려 청태(淸泰) 원년 갑오년에 견훤은 태조가 운주(運州)[자세히 알 수 없다]에 주둔해 있다는 말을 듣고 군사를 뽑아 재빨리 이르렀으나 미처 진영을 설치하기도 전에 장군 금필(黔弼이 날랜 기병으로 이를 쳐서 3천여 명을 목베니 웅진(熊津) 이북의 30여 성은 이 소문을 듣고 자진해서 항복하였으며, 견훤의 부하였던 술사(術士) 종훈(宗訓)과 의원(醫者) 지겸(之謙), 용장(勇將) 상봉(尙逢)·최필(崔弼) 등도 모두 태조에게 항복했다. (『三國遺事』 2 紀異 2 後百濟·甄萱)

고려 후백제 유금필 (…) 태조 (…) 17년에 태조가 친히 운주(運州)를 정벌하면서 유금필을 우장군(右將軍)으로 삼았다. 견훤이 이 소식을 듣고 갑사(甲士) 5천 명을 뽑아 운주까지 와서, “두 나라 군사가 서로 싸우면 형세가 양쪽 모두에게 온전하지 못할 것이니, 무지한 사졸들이 많이 죽고 다칠까 두렵소. 화친을 맺어 각기 국경을 보전하는 게 옳을 것이오.”라고 알려왔다. 태조가 여러 장수를 모아 이 문제를 의논하니, 유금필이 “오늘의 형세는 싸우지 않을 수 없습니다. 바라건대 성상께서는 걱정하지 마시고 신들이 적을 쳐부수는 것을 보시옵소서.”라고 하였다. 마침내 견훤이 미처 진을 치지 못한 틈을 타서 정예 기병 수천 기를 거느리고 돌격하여 3천명 넘는 군사들을 죽이거나 사로잡았으며 술사(術士) 종훈(宗訓), 의사(醫師) 훈겸(訓謙), 용장 상달(尙達)과 최필(崔弼)을 생포하였다. 이에 웅진(熊津) 이북의 30여 성이 소문을 듣고 항복하였다. (『高麗史』 92 列傳 5 庾黔弼)

고려 여름 5월 을사일(6)에 왕이 예산진(禮山鎭)에 행차하여 다음과 같은 조서를 내렸다. “지난날 신라의 정치가 쇠퇴해지자 도적들이 다투어 일어나 백성들은 사방으로 흩어지고 거친 들판에는 해골이 널렸다. 전 임금이 소란을 일삼는 무리를 복속시켜 국가의 터전을 열었으나 말년에는 백성들에게 해독을 끼치고 사직을 무너뜨렸다. 짐이 그 위태로운 뒤를 이어받아 이처럼 새 나라를 이룩했으니 만신창이가 된 백성을 다시 힘들게 한 것이 어찌 나의 본뜻이겠는가. 다만 나라가 개국하던 어려운 시기1)이므로 부득이한 일이었다. 짐이 비바람을 맞아가며 주진(州鎭)을 순시하고 방어시설을 완전하게 수리한 것은 백성들로 하여금 도적들로부터 피해를 면할 수 있게 하려 함이었다. 그러나 그 때문에 남자는 모조리 종군하게 되고 부녀자는 여전히 부역에 동원되었으니 그 수고로움과 고통을 참지 못해 깊은 산속으로 도망쳐 숨거나 관청에 호소하는 자의 수를 헤아릴 수 없었다. 왕실의 친척이나 권세 있는 집안에서 포악하게 굴면서 약자를 업신여기고 우리 백성들을 괴롭히는 자가 없는지를 어찌 알겠는가 그렇지만 내 한 몸으로 어찌 집집마다 찾아가 친히 살펴볼 수 있겠는가 미천한 백성들은 호소할 데가 없어 저 하늘에 대고 고통을 울부짖고 있다. 나라의 봉록을 받는 공경(公卿)이나 장상(將相)들은 내가 백성을 자식처럼 사랑하는 마음을 알아 자신들의 녹읍(祿邑)에 있는 백성들을 불쌍히 여겨야 할 것이다. 만약 무지한 가신들을 녹읍에 보낸다면 오직 거두어들이는 데만 혈안이 되어 마음대로 마구 긁어모을 것이니 그대인들 어찌 알 수 있겠는가 비록 안다고 하더라도 금지시키거나 제어하지 못할 것이다. 백성들 가운데 억울하다는 송사를 제기하는 자가 있는데도 관리가 사사로운 정에 이끌려 이들의 죄과를 숨기고 비호하니 원망과 비방의 소리가 온통 들끓는 것은 바로 이 때문이다. 내가 과거 훈계한 것은 이런 사실을 알고 있는 자에게는 더욱 힘쓰게 하고 알지 못하는 자에게는 경계로 삼게 하려는 것이었다. 명령을 어긴 자는 별도로 연루된 죄상을 조사하여 다스리겠지만 그래도 여전히 남의 허물을 숨겨주는 것을 어진 일이라 여겨 보고하지 않으니 누가 선하고 악한지를 어떻게 알 수 있겠는가 실정이 이러하다면 누가 법을 지키고 잘못을 고치겠는가 그대들은 내가 내린 훈시를 준수하고 내가 내리는 상벌 규정을 따르도록 하라. 죄 있는 자는 귀천을 가리지 않고 자손까지 벌을 내릴 것이며 공이 많고 죄가 적은 경우는 정상을 참작해 상벌을 시행할 것이다. 만일 잘못을 고치지 않는다면 그 녹봉을 추징하고 죄질에 따라 1년이나 2~3년 혹은 5~6년에서 죽을 때까지 관직에 오르지 못하게 할 것이다. 공무에 열심히 봉사하려는 뜻을 지니고 처음부터 끝까지 잘못이 없으면 생전에 부귀를 누리게 하고 죽은 뒤에는 명문가로 불리게 할 것이며 자손에 이르기까지 표창과 상을 내려 우대할 것이다. 이를 오늘뿐만이 아니라 만세에 전해 규범으로 삼도록 할 것이다. 백성들로부터 고소를 당한 자가 소환에 응하지 않으면 반드시 재차 소환하여 먼저 곤장 열 대를 쳐서 명령을 어긴 죄를 다스린 다음 혐의를 논죄하라. 관리가 고의로 심리를 지연시켰다면 그 날짜를 계산하여 문책할 것이며 또 권력을 믿고 법을 집행하지 못하게 명령하는 자가 있으면 그 이름을 보고하라."(『高麗史』 2 世家 2 太祖 2)

고려 여름 5월에 예산진(禮山鎭)에 행차하여 영을 내리기를, "태봉주(泰封主)가 백성에게 해독을 끼치고 사직을 전복시켰으므로, 내가 그 위태로운 왕통을 이어받아 새 나라를 이룩하였으니 전쟁에 상처받은 백성을 노역(勞役)시킴이 어찌 나의 본뜻이리오. 다만 전쟁이 평정되지 않았으므로 비바람을 무릅쓰고 주(州)·진(鎭)을 순찰하여 성(城)、책(柵)을 수리하게 하였는데, 이로 말미암아 남자는 모두 전쟁에 종사하게 되고, 부녀자들까지도 공역(工役)에 나가게 되니, 노고를 견디지 못하여 산림에 도망쳐 숨거나 관부(官府)에 호소하는 자가 얼마나 되는지를 알 수 없다. 그런데 권세 있는 집들이 또 따라서 능멸하고 포학하게 하니 내 한 몸으로 어떻게 능히 집집마다 가서 눈으로 직접 볼 수 있겠는가. 백성은 아뢰고 호소할 곳이 없으니 마땅히 나라의 녹을 받는 너희 공경장상(公卿將相)들은 내가 백성을 자식처럼 사랑하는 뜻을 잘 알아서 너희들 녹읍(祿邑)의 백성들을 불쌍히 여겨야 한다. 그러나 만약 관아(官衙) 안의 무지한 무리들이 녹읍에서 매우 지독하게 거둬들이기를 일삼는다면 너희들이 또 어떻게 능히 이를 알 수 있겠는가. 비록 혹 이를 안다 하더라도 또한 금지시키지 않고, 호소하는 백성이 있어도 관리들은 번갈아 저희들끼리 서로 숨기고 도와주니, 원망과 비방하는 소리가 일어남은 주로 이에 말미암은 것이다. 내가 일찍이 일일이 이를 타일러 이런 줄을 아는 자에게는 더욱 힘쓰게 하고, 알지 못하는 자에게는 경계하도록 하고자 하였다. 그래서 그 영을 어긴 자는 이미 따로 염권(染卷)을 행했는데, 염권을 행한 후에도 오히려 다른 사람의 허물을 숨기는 것을 좋은 일로 여겨, 이를 들어 논하는 자가 없으니 선하고 악한 사실을 어떻게 들어 알 수 있으며 이와 같이 한다면 어찌 절개를 지키고 허물을 고칠 자가 있겠는가. 너희들은 내가 훈계하는 말을 주수하고 나의 상벌을 따라서 죄가 있는 자는 귀천을 논할 것 없이 벌이 자손에게까지 미치게 하고, 공이 많고 죄가 적으면 상벌을 참작하여 행하며, 만약 허물을 고치지 않으면 그 녹봉을 추탈하여 종신토록 벼슬의 반열에 끼이지 못하게 할 것이다. 만약 뜻이 나라를 위하는 데 간절하여 평생토록 잘못이 없으면 살아서는 영화와 녹을 누릴 것이요, 죽은 후에는 명가(名家)라 일컫게 되어 자손까지 우대하여 포상을 내릴 것이다. 이것은 다만 과인이 살아 있을 때 뿐만 아니라 영원토록 전하여 규범으로 삼을 것이다. 백성에게 고소를 당하여 소환하였는데 오지 않는 사람은 반드시 재차 소환하여 먼저 곤장 10대를 쳐서 영(令)을 따르지 않은 죄를 다스리고 나서, 그제야 범한 죄를 논할 것이다. 만약 관리가 이 영을 준수하지 않고 고의로 지체하면 날짜를 계산하여 책벌할 것이며, 또 위세와 권력을 믿어 영으로 손을 댈 수 없는 자는 그 이름을 아뢰라." 하였다. (『高麗史節要』 1 太祖神聖大王)

고려 (천수) 17년 5월 을사일(6)에 왕이 예산진(禮山鎭)에 행차하여 다음과 같은 조서를 내렸다. "지난날 신라의 정치가 쇠퇴해지자 도적들이 다투어 일어나 백성들은 사방으로 흩어지고 거친 들판에는 해골이 널렸다. 전 임금이 소란을 일삼는 무리를 복속시켜 국가의 터전을 열었으나 말년에는 백성들에게 해독을 끼치고 사직을 무너뜨렸다. 짐이 그 위태로운 뒤를 이어받아 이처럼 새 나라를 이룩했으니 만신창이가 된 백성을 다시 힘들게 한 것이 어찌 나의 본뜻이겠는가 다만 나라가 개국하던 어려운 시기1)이므로 부득이한 일이었다. 짐이 비바람을 맞아가며 주진(州鎭)을 순시하고 방어시설을 완전하게 수리한 것은 백성들로 하여금 도적들로부터 피해를 면할 수 있게 하려 함이었다. 그러나 그 때문에 남자는 모조리 종군하게 되고 부녀자는 여전히 부역에 동원되었으니 그 수고로움과 고통을 참지 못해 깊은 산속으로 도망쳐 숨거나 관청에 호소하는 자의 수를 헤아릴 수 없었다. 왕실의 친척이나 권세 있는 집안에서 포악하게 굴면서 약자를 업신여기고 우리 백성들을 괴롭히는 자가 없는지를 어찌 알겠는가 그렇지만 내 한 몸으로 어찌 집집마다 찾아가 친히 살펴볼 수 있겠는가 미천한 백성들은 호소할 데가 없어 저 하늘에 대고 고통을 울부짖고 있다. 나라의 봉록을 받는 공경(公卿)이나 장상(將相)들은 내가 백성을 자식처럼 사랑하는 마음을 알아 자신들의 녹읍(祿邑)에 있는 백성들을 불쌍히 여겨야 할 것이다. 만약 무지한 가신들을 녹읍에 보낸다면 오직 거두어들이는 데만 혈안이 되어 마음대로 마구 긁어모을 것이니 그대인들 어찌 알 수 있겠는가 비록 안다고 하더라도 금지시키거나 제어하지 못할 것이다. 백성들 가운데 억울하다는 송사를 제기하는 자가 있는데도 관리가 사사로운 정에 이끌려 이들의 죄과를 숨기고 비호하니 원망과 비방의 소리가 온통 들끓는 것은 바로 이 때문이다. 내가 과거 훈계한 것은 이런 사실을 알고 있는 자에게는 더욱 힘쓰게 하고 알지 못하는 자에게는 경계로 삼게 하려는 것이었다. 명령을 어긴 자는 별도로 연루된 죄상을 조사하여 다스리겠지만 그래도 여전히 남의 허물을 숨겨주는 것을 어진 일이라 여겨 보고하지 않으니 누가 선하고 악한지를 어떻게 알 수 있겠는가 실정이 이러하다면 누가 법을 지키고 잘못을 고치겠는가 그대들은 내가 내린 훈시를 준수하고 내가 내리는 상벌 규정을 따르도록 하라. 죄 있는 자는 귀천을 가리지 않고 자손까지 벌을 내릴 것이며 공이 많고 죄가 적은 경우는 정상을 참작해 상벌을 시행할 것이다. 만일 잘못을 고치지 않는다면 그 녹봉을 추징하고 죄질에 따라 1년이나 2~3년 혹은 5~6년에서 죽을 때까지 관직에 오르지 못하게 할 것이다. 공무에 열심히 봉사하려는 뜻을 지니고 처음부터 끝까지 잘못이 없으면 생전에 부귀를 누리게 하고 죽은 뒤에는 명문가로 불리게 할 것이며 자손에 이르기까지 표창과 상을 내려 우대할 것이다. 이를 오늘뿐만이 아니라 만세에 전해 규범으로 삼도록 할 것이다. 백성들로부터 고소를 당한 자가 소환에 응하지 않으면 반드시 재차 소환하여 먼저 곤장 열 대를 쳐서 명령을 어긴 죄를 다스린 다음 혐의를 논죄하라. 관리가 고의로 심리를 지연시켰다면 그 날짜를 계산하여 문책할 것이며 또 권력을 믿고 법을 집행하지 못하게 명령하는 자가 있으면 그 이름을 보고하라." (『全唐文』 1000 高麗王王建 詔諭八首)

고려 발해　가을 7월에 발해국 세자인 대광현(大光顯))이 수만의 무리를 거느리고 투항해오자 왕계(王繼)라는 이름을 내려주고, 종실의 족보에 올렸다. 또 특별히 원보(元甫) 벼슬을 주어 백주(白州, 지금의 황해남도 배천군)를 지키면서 집안 제사를 지내게 했다. 따라온 막료들에게는 벼슬을 주고, 군사들에게는 토지와 집을 차등있게 내려주었다. (『高麗史』 2 世家 2 太祖 2)

고려　(후당) 폐제 청태 원년 8월에 청주(青州)에서 고려 사람 공사(貢使)인 김길(金吉)의 배가 해안 북쪽에 이르렀다고 말하였다. (…) 부(部)에서 경사(京師)로 보냈다. (『冊府元龜』 972 外臣部 17 朝貢 5)

고려　　(태조) 17년 9월 정사일(20)에 노인성(老人星)이 나타났다. (『高麗史』 47 志 1 天文 1 月五星淩犯及星變)

고려　　가을 9월 정사일(20)에 노인성이 나타났다. (『高麗史節要』 1 太祖神聖大王)

신라　　가을 9월에 노인성이 나타났다. (『三國史記』 12 新羅本紀 12)

고려 신라　　9월 정사일(20)에 왕이 친히 군사를 거느리고 운주(運州)를 치면서 견훤과 싸워 대패시키자 웅진(熊津) 이북의 30여 성이 소문을 듣고 스스로 항복했다. (『高麗史』 2 世家 2 太祖 2)

고려 신라　　(가을 9월 정사일(20)) 왕이 친히 군사를 거느리고 운주(運州)를 정벌하니, 견훤이 이 소식을 듣고 갑사(甲士) 5천 명을 뽑아 이르러 말하기를, "양편의 군사가 서로 싸우니 형세가 양편이 다 보전하지 못하겠소. 무지한 병졸이 살상을 많이 당할까 염려되니 마땅히 화친을 맺어 각기 국경을 보전합시다." 하였다. 왕이 여러 장수를 모아 의논하니 우장군(右將軍) 유금필(庾黔弼)이 아뢰기를, "오늘날의 형세는 싸우지 않을 수 없으니, 임금께서는 신들이 적군을 무찌르는 것만 보시고 근심하지 마소서." 하였다. 저 편에서 미처 진을 치기 전에 강한 기병 수천 명을 거느리고 돌격하여 3천여 명을 목베고, 술사(術士) 종훈(宗訓)과 의사(醫師) 훈겸(訓謙)과 용맹한 장수 상달(尙達)·최필(崔弼)을 사로잡으니, 웅진(熊津) 이북의 30여 성이 소문을 듣고 스스로 항복하였다. (『高麗史節要』 1 太祖神聖大王)

고려 신라　　(가을 9월) 운주(運州) 내의 30여 군현(郡縣)이 태조에게 항복하였다. (『三國史記』 12 新羅本紀 12)

고려 발해　　겨울 12월에 발해 사람인 진림(陳林) 등 160명이 귀부해왔다. (『高麗史』 2 世家 2 太祖 2)

고려　　이 해에 서경(西京)에 가뭄과 누리의 피해가 있었다. (『高麗史』 2 世家 2 太祖 2)

고려　　태조 17년(934) 서경에 가뭄과 누리떼의 피해가 있었다(『高麗史』 54 志 8 五行 2 金)

고려　　이해에 대상(大相) 염상(廉相)을 보내어 통해진(通海鎭, 평남 평원군 영유)에 성을 쌓고, 원보(元甫) 재훤(才萱)을 진두(鎭頭)로 삼았다. 서경에 한재(旱災)와 충재(蟲災)가 있었다. (『高麗史節要』 1 太祖神聖大王)

고려　　진수(鎭戍) (…) (태조) 17년 대상 염상을 보내어 통해진에 성을 쌓고 원보 재훤을 진두로 삼았다. (『高麗史』 82 志 36 兵 2)

후백제　　또 고기(古記)에 말하였다. (…) 나라를 다스린 지 43년 청태(淸泰) 원년(元年) 갑오에 견훤의 세 아들이 반역하여 견훤은 태조에게 항복하였다. 아들 금강이 즉위하였다. (…) (『三國遺事』 2 紀異 2 後百濟 甄萱)

고려　　서경유수관 (…) (태조) 17년에 관택사(官宅司)를 증설하고 빈객의 접대하는 일을 담당하게 하였는데, 경 2인, 대사 2인, 사 2인을 뒀다. 도항사(都航司)에는 경 1인, 대사 1인, 사 1인이 있었다. 대어부(大馭府)에는 경 1인, 대사 1인, 사 1인이 있었다. (『高麗史』 77 志 31 百官 2)

고려　　성보 (…) (태조) 17년에 통해현(通海縣)에 성을 쌓았다. 513칸이고, 문(門)은 5개, 수구(水口)는 1개, 성두(城頭)는 4개이다. (『高麗史』 82 志 36 兵 2)

신라

그 후 예천(醴泉)에 이르러 한 단월(檀越)을 만나니 그는 정광(正匡) (결락)이란 사람이다. (결락) 東瞻 (결락) 반드시 신인(神人)이 있어 나의 도성(都城)에 들어 올 것이므로 먼저 아름다운 상서를 나타냈다하고 교외(郊外)에서 영접할 때 선사(禪師)에게 경례하며 현관(玄關)에 머물게 하고, 자신의 공을 치하하는 일은 하지 않았다. 선사가 수년간 영헌(靈軒)에 주석(住錫)할 때에는 마치 용이 앉아 비늘을 감추는 듯 하며. 산중으로 돌아와 연오(蓮塢)에서 연좌(宴坐)함에는 흡사 학이 울 때 날개를 아래로 드리우는 것과 같았다. 바야흐로 하늘에까지 들렸으니, 어찌 상께서 선사(禪師)가 선교(宣敎)의 7세손이요, 법응(法膺)의 제자임을 듣지 아니 하였겠는가. 높이 선유방편(善誘方便)을 열고 널리 미묘법문(微妙法門)을 설하니 불교를 배우려는 무리가 시시로 운집하여 큰 회상(會上)을 이루었다. 이 때 왕이 보소(寶所)로 특사를 보내어 선중(禪衆)을 반산(頒散)하고 봉성(鳳城)으로 옮겨오시라고 초빙하였다. 선사는 앞을 내다보는 고견(高見)으로 피차(彼此)를 생각하고, 조사(祖師)의 덕을 지키면서 앙례(仰禮)의 청에 감사하며 서울을 향해 길을 떠났다. 가는 도중 등(燈)을 보면서 탑(塔)을 참배하고 마음으로 그윽이 부촉(付囑)을 생각하여 산을 넘고 물을 건너 경화(京華)에 도착하였다. (결락) 임금이 스님의 봉의(鳳儀)를 바라보고는 귀의(歸依)할 원심(願心)이 더욱 간절하였으며, 스님의 용보(龍步)를 보고는 기꺼이 위로하는 마음이 더욱 깊어졌다. 다음 날 옥당(玉堂)으로 맞아 들여 법회를 열고 법상(法床)에 올라앉으시니, 임금이 스님의 선덕(禪德)을 흠앙(欽仰)하여 다른 위인(偉人)들보다 10배나 더 영특함을 깨닫고 도풍(道風)을 이어 받들었으며, 친히 삼귀의(三歸依)의 예를 폈으니 왕은 스님의 법문을 듣고 이제야 마음이 열리게 된 것을 한탄하면서 인연의 소중함을 절감하였다. 그 후 (결락) 궁사(宮使)를 보내어 스님을 초빙하여 귀산선원(龜山禪院)에 주지(住持)하도록 청하였다. 이 때 그 곳으로 가서 악개(盖)를 멈추고 회상(會上)에 개설(開設)하니 학인(學人)이 사방으로부터 모여들어 즐비하기가 도마(稻麻)와 같고, 찾아오는 사람이 신선처럼 달려 와서 열을 지어 오고 가니 도리성혜(桃李成蹊)와 같았다. 그리하여 미혹한 것으로부터 반성하게 하며, 빈손으로 가서는 가득히 얻어서 돌아가게 하였다. 칭송하는 소리는 십방(十方)을 떨쳤으며, 고명한 그 이름은 천년에 빛났다. 이는 당(唐)의 문△(章△)으로 더불어 (결락) 가히 동년으로 비교하여 말할 수 없다. 이 곳에서 연좌(宴坐)하는 동안 5년이 지났다. 이후 유종(遊宗)할 때가 임박하였으니, 徃依 (결락) 천복(天福) 4년 10월 1일 귀산선원(龜山禪院) 법당에서 입적(入寂)하였다. 돌아가신 모습을 살아 있는 것 같았고, 과일 같은 입술은 마치 말을 하고 있는 듯 하였다. 육신을 던져 버리는 이치가 어찌 그리 한결 같으랴. 어떤 스님은 나무 가지를 휘어잡고 열반하였다. 혹은 수도 중 그래도 입정(入定)한 듯 입적(入寂)하기도 하고, 혹은 매미가 허물을 벗 듯 좌탈입망(坐脫立亡)하기도 하며, 혹은 섶을 쌓아 놓고 스스로 화장(火葬)을 하는 선사도 있었다. 선사의 세속 나이는 58세요, 승랍은 48이었다. 그 달 6일에 문인(門人) 등이 영구를 메고 명봉사(鳴鳳寺)의 북쪽 산기슭에 임시로 가장하였다. 장사하는 날 조객인 사서(士庶)는 개천을 가득히 메웠고, 열반의 향내는 산곡(山谷)을 넘쳐흘렀다. 하천(河泉)은 슬피 울었고, 구름과 해는 수심에 잠겼으며, 임금도 항상 스님의 현종(玄宗)을 앙모하다가 갑작스런 열반 소식을 듣고 눈물을 흘리면서 애통해 마지아니하였으며, 시호를 자적선사(慈寂禪師), 탑명을 능운지탑(凌雲之塔)이라고 추증하였다. (「鳴鳳寺境清禪院慈寂禪師凌雲塔碑」)

935(乙未/신라 경순왕 9/후백제 견훤 36 신검 1/고려 태조 18/後唐 清泰 2/日本 承平 5)

가야 신라 말년에 충지(忠至) 잡간(匝干)이란 자가 있었는데 금관(金官) 고성(高城)을 쳐서 빼앗고 성주장군(城主將軍)이 되었다. 이에 영규(英規) 아간(阿干)이 장군의 위엄을 빌어 묘향(廟享)을 빼앗아 함부로 제사를 지냈는데, 단오(端午)를 맞아 사당에 제사를 지내다가 사당의 대들보가 이유 없이 부러져 떨어져서 인하여 깔려 죽었다. 이에 장군(將軍)이 스스로 말하기를 "다행히 전세(前世)의 인연으로 해서 외람되이 성왕(聖王)이 계시던 국성(國城)에 제사를 지내게 되었으니 마땅히 나는 그 진영(眞影)을 그리고 향(香)과 등(燈)을 바쳐 그윽한 은혜를 갚아야겠다."라고 하고, 교견(鮫絹) 3척을 가지고 진영을 그려 벽 위에 모시고 아침저녁으로 촛불을 켜 놓고 공손히 받들었다. 겨우 3일 만에 진영의 두 눈에서 피눈물이 흘러서 땅 위에 고였는데 거의 한 말 정도가 되었다. 장군은 매우 두려워하여 그 진영을 받들어 가지고 사당을 나가서 불태우고 곧 수로왕의 친자손 규림(圭林)을 불러서 말하였다. "어제는 상서롭지 못한 일이 있었는데 어찌하여 이런 일들이 거듭 생기는 것인가. 이는 필경 사당의 위령(威靈)이 내가 진영을 그려서 모시는 것을 불손(不遜)하게 여겨 진노한 것이다. 영규(英規)가 이미 죽었으므로 나는 몹시 괴이하고 두렵게 여겨 진영도 이미 태워 버렸으니 반드시 신(神)의 주살을 받을 것이다. 경은 왕의 진손(眞孫)이니 전에 하던 대로 제사를 받드는 것이 옳겠다." 규림이 대를 이어 제사를 지내다가 나이 88세에 이르러 죽었고, 그 아들 간원경(間元卿)이 이어서 제사를 지내는데 단오날 알묘제(謁廟祭) 때 영규의 아들 준필(俊必)이 또 발광(發狂)하여, 사당으로 와서 간원(間元)이 차려 놓은 제물을 치우고서 자기가 제물을 차려 제사를 지냈는데 삼헌(三獻)이 끝나지 못해서 갑자기 병이 생겨서 집에 돌아가서 죽었다. 그런데 옛 사람이 이런 말을 한 적이 있다. "음사(淫祀)는 복(福)이 없고 도리어 재앙을 받는다." 앞서 영규가 있고 뒤에는 준필이 있으니 이들 부자(父子)를 두고 한 말인가. 또 도적의 무리들이 사당 안에 금과 옥이 많이 있다고 해서 와서 그것을 도둑질해 가려고 하였다. 처음에 오자 몸에 갑옷을 입고 투구를 쓰고 활에 살을 당긴 한 용사가 사당 안에서 나오더니 사면을 향해서 비오듯 화살을 쏘아서 7·8명을 맞혀 죽이니, 나머지 도둑의 무리들은 달아났다. 며칠 후에 다시 오자 큰 구렁이가 있었는데 길이가 30여 척이나 되고 눈빛은 번개와 같았다. 사당 옆에서 나와 8·9명을 물어 죽이니 겨우 살아남은 자들도 모두 넘어지면서 달아났다. 그리하여 능원(陵園) 안팎에는 반드시 신물(神物)이 있어 보호한다는 것을 알게 되었다. 건안(建安) 4년 기묘에 처음 만든 때부터 지금 임금께서 즉위한지 31년인 대강(大康) 2년 병진(1076)까지 도합 878년인데 제단을 쌓아 올린 아름다운 흙이 이지러지거나 무너지지 않았고, 심어 놓은 아름다운 나무도 마르거나 썩지 않았으며, 하물며 거기에 벌여 놓은 수많은 옥조각들도 부서지지 않았다. 이것으로 본다면 신체부(辛替否)가 "예로부터 시금에 이르기까지 어찌 망하지 않은 나라와 파괴되지 않은 무덤이 있겠느냐."라고 말했지만, 오직 가락국이 옛날에 일찍이 망한 것은 곧 체부의 말이 맞지만 수로왕(首露王)의 사당이 허물어지지 않은 것은 곧 체부의 말을 믿을 수 없다. (『三國遺事』 2 紀異 2 駕洛國記)

신라 청태 2년 2월에 입조사(入朝使) 집사시랑(執事侍郎) 김돌(金朏)을 검교공부상서(檢校工部尚書)로 삼고 부사(副使) 사빈대경(司賓大卿) 이유(李儒)를 시장작소감(試將作少監)으로 삼았다. (『五代會要』 13 新羅)

후백제 3월에 견훤의 아들인 신검(神劒)이 그 아비를 금산사(金山寺)에 가두고 동생 금강(金剛)을 죽였다. 애초 견훤에게는 첩이 많아 아들이 10여 명이나 되었는데 넷째 아들 금강이 몸집이 크고 지혜가 많았기 때문에 견훤이 특히 사랑한 나머지 왕위를 물려

주려 했다. 그 형 신검과 양검(良劒)·용검(龍劒) 등이 그 사실을 눈치 채고 근심에 싸여 고민하고 있었다. 당시 양검과 용검은 변방을 지키러 나가 있었고 신검만이 홀로 견훤 곁에 있었는데, 이찬(伊粲) 능환(能奐)이 사람을 시켜 양검·용검과 함께 음모를 꾸며 신검에게 반역을 일으키도록 권한 것이다. (『高麗史』 2 世家 2 太祖 2)

후백제 봄 3월에 견훤의 아들 신검(神劒)이 그 아버지를 금산(金山 김제(金堤))의 절에 가두고, 그 아우 금강(金剛)을 죽였다. 견훤은 아들 10여 명이 있었는데 넷째 아들 금강이 키가 크고 지혜가 많으므로 특별히 그를 사랑하여 왕위를 전하고자 하니, 그 형 신검、양검(良劒)、용검(龍劒) 등이 이를 알고 근심하며 번민하였다. 이때 양검과 용검은 지방에 나가서 주둔하고 있었으므로 신검만이 견훤의 곁에 있었는데, 이찬(伊粲) 능환(能奐)이 사람을 시켜 양검·용검과 함께 몰래 모의하고, 신검에게 권하여 난을 일으키게 하였다. (『高麗史節要』 1 太祖神聖大王)

후백제 견훤은 많이 아내를 취하여 아들이 10여 명이었다. 넷째 아들 금강(金剛)은 몸이 크고 지략이 많았다. 견훤이 특별히 그를 총애하여 그 왕위를 전해주려고 하였다. 그의 형 신검(神劒), 양검(良劒), 용검(龍劒) 등이 이를 알고서 걱정하고 번민하였다. 당시 양검은 강주(康州)도독이었고, 용검은 무주(武州)도독이었으며, 신검만이 왕의 옆에 있었다. 이찬 능환(能奐)이 사람을 강주, 무주에 보내 양검 등과 더불어 몰래 모의하였다. 청태(淸泰) 2년 봄 3월에 이르러 파진찬 신덕(新德)·영순(英順) 등이 신검에게 권하여 견훤을 금산불사에 가두고, 사람을 보내 금강을 살해하도록 하였다. 신검이 대왕을 자칭하였다. 국내에 크게 사면하였는데, 그 교서는 다음과 같다. “여의(如意)가 특별히 총애를 입었으나 혜제(惠帝)가 임금이 될 수 있었고, 건성(建成)이 외람되게 태자의 자리에 있었으나 태종이 일어나 즉위하였으니, 천명은 바뀌는 법이 없고 왕위는 돌아갈 곳이 있는 것이다. 가만히 생각하건대, 대왕의 신과 같은 무예는 매우 출중하였으며, 영특한 계책은 만고에 으뜸이었다. 쇠퇴한 말기에 태어나 천하를 다스릴 것을 자임하여 삼한 땅을 복종시켜 백제국을 부흥하였다. 도탄의 고통을 제거하니 백성들이 편안히 살게 되었고, 격려하여 기세를 돋우기를 바람과 천둥처럼 하니 멀리와 가까이에서 준걸들이 달려와 큰 공이 거의 다시 일어나기에 이르렀다. 지혜롭고 사려가 깊었으나 갑자기 한 번 실수하여 어린 아들을 편애하고, 간신들이 권력을 마음대로 하니 대왕을 진(晉)나라 혜제(惠帝)의 어리석음으로 인도하였고, 어진 아버지를 헌공(獻公)의 의혹에 빠지게 하여 왕위를 어리석은 아이에게 줄 뻔하였다. 다행스러운 것은 상제께서 진정한 마음을 내리시니 군자가 허물을 바로 잡고 맏아들인 나에게 명하여 이 한 나라를 다스리게 하셨다는 점이다. 돌아다보건대 나는 위엄을 떨칠 만한 재목이 아니니 어찌 임금 자리에 앉을 만한 지혜가 있겠는가 조심스럽고 두려워 마치 얼음이 언 연못을 밟는 듯하다. 마땅히 특별한 은혜를 생각하여 새로운 정치를 펼치려고 하니 국내에 대사면령을 내리는 것이 옳을 것이다. 청태 2년(935) 10월 17일 새벽 이전의 이미 발각된 일이나 아직 발각되지 않은 일, 이미 결정된 것이나 결정되지 않은 것이나 사형 이하의 모든 죄는 사면하니 맡은 자는 시행하라.” (『三國史記』 50 列傳 10 甄萱)

후백제 봄 3월에 견훤의 아들 신검이 그 아버지를 금산불사에 가두고, 그 동생 금강을 살 죽었다. 그 전에 견훤은 많이 아내를 취하여 아들이 10여 명이었다. 넷째 아들 금강(金剛)은 몸이 크고 지략이 많았다. 견훤이 특별히 그를 총애하여 그 왕위를 전해주려고 하였다. 그의 형 신검(神劒), 양검(良劒), 용검(龍劒) 등이 이를 알고서 걱정하고 번민하였다. 이 때 양검은 강주(康州)도독이었고, 용검은 무주(武州)도독으로 출진(出鎭)하여 밖에 있었으며, 신검만이 왕의 옆에 있었다. 이찬 능환(能奐)이 사람을 강주, 무주에 보내 양검 등과 더불어 몰래 모의하였고 신검에게 난을 일으킬 것을 권하였다. 이에 이르러 견훤에 잠에 들었다가 일어나지 않았는데 궁정에서 시끄러운 소리를 듣고 이것이 무슨 소리인가 물었더니 좌우에서 말하였다. "왕께서 연로하셔서 여러 장수들이 왕의 큰 아들인 신검(神劒)을 왕으로 옹립하여 진하(陳賀)를 올리는 것입니다." 이윽고 견훤을 금산사 불당으로 옮겼으며 파달(巴達) 등 장사 30인으로 하여금 지키게 하였는데, 이에 앞서 동요에 말하였다. "가련하구나 완산(完山)의 아이는 아비를 잃고 눈물을 흘렸노라." 신검이 대왕을 자칭하였다. 국내에 크게 사면하였는데, 그 교서는 다음과 같다. "여의(如意)가 특별히 총애를 입었으나 혜제(惠帝)가 임금이 될 수 있었고, 건성(建成)이 외람되게 태자의 자리에 있었으나 태종이 일어나 즉위하였으니, 천명은 바뀌는 법이 없고 왕위는 돌아갈 곳이 있는 것이다. 가만히 생각하건대, 대왕의 신과 같은 무예는 매우 출중하였으며, 영특한 계책은 만고에 으뜸이었다. 쇠퇴한 말기에 태어나 천하를 다스릴 것을 자임하여 삼한 땅을 복종시켜 백제국을 부흥하였다. 도탄의 고통을 제거하니 백성들이 편안히 살게 되었고, 격려하여 기세를 돋우기를 바람과 천둥처럼 하니 멀리와 가까이에서 준걸들이 달려와 큰 공이 거의 다시 일어나기에 이르렀다. 지혜롭고 사려가 깊었으나 갑자기 한 번 실수하여 어린 아들을 편애하고, 간신들이 권력을 마음대로 하니 대왕을 진(晉)나라 혜제(惠帝)의 어리석음으로 인도하였고, 어진 아버지를 헌공(獻公)의 의혹에 빠지게 하여 왕위를 어리석은 아이에게 줄 뻔하였다. 다행스러운 것은 상제께서 진정한 마음을 내리시니 군자가 허물을 바로 잡고 맏아들인 나에게 명하여 이 한 나라를 다스리게 하셨다는 점이다. 돌아다보건대 나는 위엄을 떨칠 만한 재목이 아니니 어찌 임금 자리에 앉을 만한 지혜가 있겠는가. 조심스럽고 두려워 마치 얼음이 언 연못을 밟는 듯하다. 마땅히 특별한 은혜를 생각하여 새로운 정치를 펼치려고 하니 국내에 대사면령을 내리는 것이 옳을 것이다. 청태 2년 10월 17일 새벽 이전의 이미 발각된 일이나 아직 발각되지 않은 일, 이미 결정된 것이나 결정되지 않은 것이나 사형 이하의 모든 죄는 다 사면하라." (『三國史節要』 14)

후백제 견훤은 처첩(妻妾)이 많아서 아들 10여 명을 두었는데, 넷째 아들 금강(金剛)은 키가 크고 지혜가 많아 견훤이 특히 그를 사랑하여 왕위를 전하려 히니 그의 형 신검·양검·용검 등이 알고 몹시 근심하고 번민하였다. 이때 양검은 강주도독(康州都督), 용검은 무주도독(武州都督)으로 있어서 홀로 신검만이 견훤의 곁에 있었다. 이찬(伊飡) 능환(能奐)이 사람을 강주와 무주에 보내서 양검 등과 모의하였다. 청태(淸泰) 2년 을미 봄 3월에 영순(英順) 등과 함께 신검을 권해서 견훤을 금산(金山)의 불당(佛堂)에 가두고 사람을 보내서 금강을 죽였다. 신검이 자칭 대왕이라 하고 나라 안의 모든 죄수들을 사면(赦免)해 주었다. [운운(云云)] 처음에 견훤이 아직 잠자리에서 일어나기 전에 멀리 대궐 뜰에서 고함치는 소리가 들리므로, 이게 무슨 소리냐고 묻자 신검이 아버지에게 아뢰었다. "왕께서는 늙으시어 군국(軍國)의 정사에 어두우시므로 장자(長子) 신검이 부왕의 자리를 대신하게 되었다고 해서 여러 장수들이 기뻐하는 소리입니다." 조금 후에 아버지를 금산의 불당으로 옮기고 파달(巴達) 등 30 명의 장사(壯士)를 시켜서 지키게 하니, 동요(童謠)에 이렇게 말했다. 가엾은 완산(完山) 아이 아비를 잃어 울고 있도다. 견훤은 후궁과 나이 어린 남녀 두 명, 시비 고비녀(古比女), 나인(內人) 능예남(能乂男) 등과 함께 갇혀 있었다. (『三國遺事』 2 紀異 2 後百濟 甄萱)

고려 여름 4월에 왕이 여러 장수에게 이르기를, "나주(羅州)의 40여 군(郡)이 우리의 울타리가 되어 오랫동안 풍화에 복종하고 있었는데, 요사이 후백제의 침략을 당하여 6년 동안이나 바닷길이 통하지 않았으니 누가 능히 나를 위하여 이곳을 진무(鎭撫)하겠는가" 하니, 공경들이 유금필(庾黔弼)을 천거하였다. 왕은 이르기를, "나 역시 그를 생각해 보았다. 그러나 요사이 신라로 가는 길이 막혔던 것을 금필이 가서 이를 통하게 하였으니 그의 노고를 생각하면 다시 명하기가 어렵다." 하였다. 금필이 아뢰기를, "신이 비록 나이 들어 이미 노쇠하나 이것은 국가의 큰 일이니 감히 힘을 다하지 않겠습니까." 하였다. 왕이 기뻐서 눈물을 흘리며 이르기를, "경이 만약 명을 받든다면 어찌 이보다 더한 기쁨이 있겠소." 하고, 금필을 도통대장군(都統大將軍)으로 삼아 예성강(禮成江)까지 전송하고 어선(御船)을 주어 보내었다. 금필이 나주에 가서 경략하고 돌아오니, 왕이 또 예성강까지 행차하여 맞아 위로하였다. (『高麗史節要』 1 太祖神聖大王)

후백제 고려 (청태 2년) 4월에 이르러 술을 빚어서 지키는 장사 30명에게 먹여 취하게 하였다. 이에 태조는 소원보(小元甫) 향예(香乂)·오염(吳琰)·충질(忠質) 등을 보내서 수로(水路)로 가서 맞아 오게 하였다. 고려에 이르자 태조는 견훤의 나이가 10년 위라고 하여 높여서 상보(尙父)라고 하고 남궁(南宮)에 편안히 있게 하였으며 양주(楊洲)의 식읍·전장(田莊)과 노비 40명, 말 아홉 필을 주고, 먼저 항복해 와 있는 신강(信康)으로 아전(衙前)을 삼았다. (『三國遺事』 2 紀異 2 後百濟 甄萱)

후백제 고려 (청태 2년) 견훤이 금산사에 있은 지 3개월만인 6월에 막내 아들 능예(能乂), 딸 애복(哀福), 총애하는 첩 고비(姑比) 등과 더불어 금성으로 도주하여 사람을 보내 태조에게 만나기를 청하였다. 태조가 기뻐하여 장군 유금필(庾黔弼), 만세(萬歲) 등을 보내 수로(水路)를 경유하여 가서 그를 위로하여 따라오도록 하였다. 견훤이 도착하자 두터운 예로써 대접하였다. 견훤이 10년 연장자라고 하여 높여서 상보(尙父)로 삼았다. 남쪽 궁궐을 머물 곳으로 주었으며, 지위는 백관의 위에 두었다. 양주를 하사하여 식읍으로 삼도록 하고 겸하여 금과 비단, 병풍과 금침, 노(奴)와 비(婢) 각각 40구, 내구마(內廏馬) 10필을 주었다. (『三國史記』 50 列傳 10 甄萱)

고려 후백제 여름 6월에 견훤이 막내아들 능예(能乂)와 딸 애복(哀福) 및 애첩(愛妾) 고비(姑比) 등과 함께 나주(羅州)로 도망친 후 고려에 입조하겠다고 요청했다. 이어 장군 유금필(庾黔弼)과 대광(大匡) 왕만세(王萬歲) 및 원보(元甫) 향예(香乂)·오담(吳淡)·능선(能宣)·충질(忠質) 등을 보내 군함 40여 척을 거느리고 해로로 견훤을 맞아오게 했다. 견훤이 도착하자 그를 다시 상보(尙父)라 존칭하고 남궁(南宮)을 객관으로 제공했다. 백관 중에 으뜸가는 지위를 부여하고 양주(楊州)를 식읍(食邑)으로 내려주었으며 금과 비단 및 노비 각 40명과 왕의 말 10필을 주고 앞서 투항했던 신강(信康)을 아관(衙官)으로 임명했다. (『高麗史』 2 世家 2 太祖 2)

고려 후백제 6월에 견훤이 막내 아들 능예(能乂)와 딸 애복(哀福)·사랑하는 첩 고비(姑比) 등과 함께 나주로 도망나와서 고려에 들어와 조회하겠다고 청하므로, 장군 유금필과 대광 만세(萬歲)·원보(元甫) 향예(香乂)와 오담(吳淡)·능선(能宣)·등을 보내어 바닷길로 그들을 맞이하였다. 견훤이 이르자, 다시 견훤을 일컬어 상보(尙父)라 하고, 남궁(南宮)을 사관(舍館)으로 주었으며, 위(位)는 백관의 위에 두었다. 양주(楊州)를 식읍(食邑)으로 삼게 하고, 겸하여 금과 비단·노비 각 40명과 말 10필을 내려 주고, 후백제에서 항복해 온 사람 신강(信康)을 아관(衙官)으로 삼았다. (『高麗史節要』 1 太祖神聖大王)

후백제 고려 여름 6월에 견훤이 금산사에 있은 지 3개월만에 술에 취하여 수졸(守卒) 30명과 막내 아들 능예(能乂), 딸 애복(哀福), 총애하는 첩 고비(姑比) 등과 나주로 도망하여 사람을 보내 고려왕을 만나기를 청하였다. 왕이 장군 유금필(庾黔弼), 대광 만세(萬歲), 원보(元甫) 향예(香乂)와 오담(吳淡)·능선(能宣)·충질(忠質)등을 보내어 군선 40여척을 거느리고 바닷길로 그들을 맞이하였다. 견훤이 도착하자 두터운 예로써 대접하였다. 다시 견훤을 상보(尙父)로 삼아 남쪽 궁궐을 머물 곳으로 주었으며, 지위는 백관의 위에 두었다. 양주를 하사하여 식읍으로 삼도록 하고 겸하여 금과 비단, 병풍과 금침, 노(奴)와 비(婢) 각각 40구, 내구마(內廏馬) 10필을 주었다. 먼저 항복해 온 사람인 신강(信康)을 아관(衙官)으로 삼았다. (『三國史節要』 14)

고려 태조 18년 6월 후백제(後百濟)의 견훤(甄萱)이 투항하였다. (태조 18년) 10월 신라왕 김부(金傅)가 항복해 오며 땅을 바쳤다. (『高麗史』 86 表 1 年表 1)

고려 가을 9월 갑오일(2)에 왕이 서경(西京)에 행차하여 황주(黃州)·해주(海州)를 순시했다. (『高麗史』 2 世家 2 太祖 2)

고려 가을 9월에 서경에 행차하여 황주와 해주를 순시하고 돌아왔다. (『高麗史節要』 1 太祖神聖大王)

발해 (청태 2년 9월) 을묘일(3)에 발해에서 사신을 보내왔다. (『新五代史』 7 唐本紀 7 廢帝)

고려 신라 겨울 10월 임술일(1)에 신라국왕 김부(金傅)가 시랑(侍郞) 김봉휴(金封休)를 보내 고려 조정에 입조하겠다고 요청하자 왕이 섭시중(攝侍中) 왕철(王鐵)과 시랑(侍郞) 한헌옹(韓憲邕) 등을 보내 화답하게 했다. (『高麗史』 2 世家 2 太祖 2)

고려 신라 겨울 10월 임술일(1)에 신라왕 김부가 시랑 김봉휴를 보내 입조하겠다고 요청하자 왕이 섭시중 왕철과 시랑 한헌옹 등을 보내 화답하게 했다. (『高麗史節要』 1 太祖神聖大王)

신라 고려 겨울 10월에 왕은 사방의 토지가 모두 남의 소유가 되어 국력이 약해지고 세력이 작아져 스스로 편안할 수 없게 되었다고 여겨, 여러 신하들과 국토를 들어 태조에게 항복하고자 논의하였다. 신하들의 의논하기를, 혹자는 옳다 하고 혹자는 옳지 않다 하였다. 왕자가 말하기를, "나라의 존망은 반드시 천명(天命)에 달려있는 것입니다. 다만 충신(忠臣)·의사(義士)와 함께 민심을 수습해 스스로 수비하다가 힘이 다한 후에 그만두어야지, 어찌 1천년 사직(社稷)을 하루아침에 가벼이 남에게 주는 것이 옳은 일이겠습니까"라고 하였다. 왕이 말하기를, "작고 위태로움이 이와 같아 형세가 [나라를] 보전할 수 없다. 이미 강해질 수 없고 또 약해질 수도 없으니, 죄 없는 백성들의 간(肝)과 뇌장(腦漿)이 땅에 쏟아지게 하는 일을, 나는 차마 할 수 없다."라 하고, 시랑(侍郞) 김봉휴(金封休)에게 편지를 가지고 가게 해 태조에게 항복하기를 청하였다. 왕자가 울며 왕에게 하직하고, 바로 개골산(皆骨山)에 들어가 바위에 기대어 집으로 삼고 삼베옷을 입고 풀을 먹으며 일생을 마쳤다. (『三國史記』 12 新羅本紀 12)

신라 고려 청태(淸泰) 2년 을미 10월에 사방의 토지가 모두 남의 나라 소유가 되고 나라는 약하고 형세가 외로우니 스스로 지탱할 수가 없었다. 이에 여러 신하들과 함께 국토(國土)를 들어 고려 태조(太祖)에게 항복할 것을 의논하였다. 여러 신하들이 옳으니 그르니 하여 의논이 시끄럽고 끝나지 않았다. 왕태자(王太子)가 말하기를, "나라의 존망(存亡)은 반드시 하늘의 명에 있는 것이니 마땅히 충신(忠臣)·의사(義士)들과 함께 민심(民心)을 수습해서 힘이 다한 뒤에야 그만둘 일이지 어찌 천년의 사직(社稷)을 가벼이 남에게 주겠습니까"라고 하였다. 왕이 말하기를, "외롭고 위태함이 이와 같으니 형세는 보전될 수 없다. 이미 강해질 수도 없고 또한 약해질 수도 없으니, 죄없는 백성들을 참혹하게 죽게 하는 것[肝腦塗地]은 나로서는 차마 할 수 없는 일이다"라고 하였다. 이에 시랑(侍郞) 김봉휴(金封休)를 시켜서 국서(國書)를 가지고 태조에게 가서 항복하기를 청했다. 태자는 울면서 왕을 하직하고 바로 개골산(皆骨

山)으로 들어가서 삼베 옷을 입고 풀을 먹다가 생애를 마쳤다. 막내 아들은 머리를 깎고 화엄종(華嚴宗)에 들어가 승려가 되어 이름을 범공(梵空)이라 했는데, 그 뒤로 법수사(法水寺)와 해인사(海印寺)에 있었다고 한다. (『三國遺事』 2 紀異 2 金傅大王)

신라 고려 겨울 10월에 왕이 사방의 토지가 모두 남의 나라 소유가 되고 나라는 약하고 형세가 외로우니 스스로 지탱할 수가 없었다. 이에 여러 신하들과 함께 고려에 항복할 것을 꾀하였다. 임금과 신하의 의논이 하나가 되지 않았다. 왕자(王子)가 말하였다. "나라의 존망(存亡)은 반드시 하늘의 명에 있는 것이니 마땅히 충신(忠臣)·의사(義士)들과 함께 민심(民心)을 수습해서 죽음으로 스스로 지켜 힘이 다한 뒤에야 그만둘 일이지 어찌 천년의 사직(社稷)을 하루 아침에 가벼이 남에게 주겠습니까." 왕이 말하였다. "외롭고 위태함이 이와 같으니 형세는 보전될 수 없다. 이미 강해질 수도 없고 또한 약해질 수도 없으니, 죄 없는 백성들을 참혹하게 죽게 하는 것[肝腦塗地]은 나로서는 차마 할 수 없는 일이다." 이에 시랑(侍郞) 김봉휴(金封休)를 시켜서 국서(國書)를 가지고 고려에 항복하기를 청했다. 왕자는 울면서 왕을 하직하고 바로 개골산(皆骨山)으로 들어가서 바위에 의지해 집을 삼고 삼베 옷을 입고 풀을 먹다가 생애를 마쳤다. 고려왕이 왕의 편지를 받고 섭시중(攝侍中) 왕철(王鐵)과 시랑(侍郞) 한헌(韓憲) 등을 보내어 가서 화답하였다. (『三國史節要』 14)

고려 (후당 폐제 청태 2년) 10월에 고려국왕 왕건이 사신을 보내어 들어가서 조회하고 공물을 바쳤다. (『册府元龜』 972 外臣部 17 朝貢 5)

고려 신라 11월 갑오일(3)에 신라국왕이 문무백관을 거느리고 왕도(王都)를 출발하자 사족과 서민들이 모두 그 뒤를 따랐다. 화려하게 장식한 수레가 30리 넘게 이어져 사람들과 물건들로 도로가 꽉 메이었으며 구경꾼들이 담을 두른 듯했다. 가는 길에 자리잡은 고을들에서는 그들을 성대히 접대했으며 왕은 사람을 보내 위문하게 했다. (『高麗史』 2 世家 2 太祖 2)

고려 신라 11월 갑오일(3)에 신라왕이 백관을 거느리고 왕도를 출발하니, 사대부와 서민들이 모두 그를 따랐다. 향거(香車)와 보마(寶馬)가 30여 리에 이어지고, 길은 사람으로 꽉 차서 막혔으며, 구경꾼들이 죽 둘러 서 있었다. 길가에 있는 주·현에서는 접대가 매우 성대하였고, 왕이 사람을 보내어 문안하고 위로하였다. (『高麗史節要』 1 太祖神聖大王)

고려 신라 (11월) 계묘일(12)에 신라국왕이 왕철 등과 함께 개경(開京)으로 들어오자 왕은 의장을 갖추고 교외까지 나가 영접한 후, 태자와 여러 재신들을 시켜 그들을 옹위하고 도성으로 들어오게 하고 유화궁(柳花宮)에 머물도록 했다. (『高麗史』 2 世家 2 太祖 2)

고려 신라 (11월) 계묘일(12)에 신라왕이 왕철 등과 함께 개경에 들어오니, 왕이 의장(儀仗)을 갖추고 교외에 나가서 맞이하며 위로하고, 동궁(東宮)과 여러 재신(宰臣)에게 명하여 그를 호위하고 들어와서 유화궁(柳花宮)에 머무르게 하였다. (『高麗史節要』 1 太祖神聖大王)

고려 신라 (11월) 계축일(22)에 왕이 정전(正殿)에 행차하여 백관을 모아놓고 예를 갖추어 장녀 낙랑공주(樂浪公主)를 신라국왕에게 시집보냈다. (『高麗史』 2 世家 2 太祖 2)

고려 신라 (11월) 계축일(22)에 왕이 정전(正殿)에 나아가 문무 백관을 모으고 예를 갖추어 맏딸 낙랑공주(樂浪公主)를 신라왕에게 시집보냈다. (『高麗史節要』 1 太祖神聖大王)

고려 안정숙의공주(安貞淑儀公主)는 신명왕태후(神明王太后) 유씨(劉氏)의 소생으로, 신라

왕(新羅王) 김부(金傅)가 입조(入朝)하자, 공주를 그에게 시집보냈다. 낙랑공주(樂浪公主)라고 불렀으며 한편으로는 신란궁부인(神鸞宮夫人)이라 일컫기도 하였다. (『高麗史』 91 列傳4 宗室 2 公主)

발해　　청태 2년 11월 을묘일(24)에 발해국에서 시신을 보내어 조공하였다. (『舊五代史』 47 唐書 23 末帝紀 中)

발해　　(후당 폐제 청태 2년) 11월에 발해에서 사신 열주의(列周義)를 보내 들어가 조회하고 방물을 바치게 하였다. (『册府元龜』 972 外臣部 17 朝貢 5)

고려 신라　　(11월) 기미일(28)에 신라국왕이, "본국이 오랫동안 환란을 겪은 나머지 나라의 운수가 이미 다하여 다시 왕업을 계속 보존해나갈 가망이 없는지라 이제 신하의 예로서 알현하고자 합니다." 라는 글을 올렸으나 왕이 윤허하지 않았다. (『高麗史』 2 世家 2 太祖 2)

고려 신라　　(11월) 기미일(28)에 신라왕이 글을 올리기를, "본국이 오랫동안 위란을 겪어 나라의 운수가 이미 다하였으니 다시 기업을 보전할 희망이 없습니다. 그러니 신하의 예를 갖추어 뵙기를 원합니다." 하였으나, 왕이 허락하지 않았다. (『高麗史節要』 1 太祖 神聖大王)

신라 고려　　11월에 태조가 왕의 편지를 받고 대상(大相) 왕철(王鐵) 등을 보내 그를 맞이하였다. 왕은 모든 관료를 이끌고 왕도에서 나와 태조에게 귀순하는데, 아름다운 수레와 보석으로 치장한 말이 30여리에 걸쳐 이어지며 길을 메우니, 구경하는 사람들이 담장 같이 늘어섰다. 태조가 교외로 나가 영접하고 위로하며 궁궐 동쪽의 제일 좋은 거처 한 곳을 주고, 장녀 낙랑공주(樂浪公主)를 그에게 시집보냈다. (『三國史記』 12 新羅本紀 12)

신라 고려　　왕이 우리 태조에게 글을 보내 스스로 항복하고 국토를 바쳤다. 신라는 56왕 992년 만에 멸망하였다. (『三國史記』 31 年表下)

신라 고려　　태조는 신라의 국서를 받자 태상(太相) 왕철(王鐵)을 보내서 맞이하게 했다. 왕은 여러 신하들을 거느리고 우리 태조에게 귀순했다. 향거(香車)와 보마(寶馬)가 30여 리에 뻗쳤고 길은 사람으로 꽉 차서 막혔으며, 구경꾼들이 담과 같이 늘어섰다. 태조는 교외에 나가서 영접하여 위로하고 대궐 동쪽의 한 구역[지금의 정승원(正承院)]을 주고, 장녀(長女)인 낙랑공주(樂浪公主)를 그의 아내로 삼았다. 왕이 자기 나라를 버리고 다른 나라에 와서 살았으므로 난새에 비유하여 공주의 칭호를 신란공주(神鸞公主)라고 고쳤으며, 시호(諡號)를 효목(孝穆)이라 했나. 왕을 봉하여 정승(正承)을 삼으니 자리는 태자(太子)의 위에 있었으며 녹봉(祿俸) 일천 석을 주었다. 시종(侍從)과 관원(官員)·장수들도 모두 채용해서 쓰도록 했으며, 신라를 고쳐 경주(慶州)라 하여 공[경순왕]의 식읍(食邑)으로 삼았다. 처음에 왕이 국토를 바치며 항복해 오니 태조는 매우 기뻐하여 후한 예로써 그를 대접하고 사람을 시켜 말했다. "지금 왕이 내게 나라를 주시니 그 은혜를 받음이 큽니다. 원컨대 왕의 종실(宗室)과 혼인을 해서 장인과 사위의 의(誼)를 계속하고 싶습니다." 왕이 대답했다. "나의 백부(伯父) 억렴(億廉)[왕의 아버지 효종(孝宗) 각간(角干)은 추봉(追封)된 신흥대왕(神興大王)의 아우이다]에게 딸이 있는데 덕행과 용모가 모두 아름답습니다. 이 사람이 아니고는 내정(內政)을 다스릴 사람이 없습니다." 태조가 그녀에게 장가를 드니 이가 신성왕후 김씨(神成王后金氏)이다[우리 왕조 등사랑(登仕郞) 김관의(金寬毅)가 지은 『왕대종록(王代宗錄)』에 이와 같은 말이 있다. "신성왕후 이씨는 본래 경주 대위(大尉) 이정언(李正言)이 합주(陜州)의 지방관으로 있을 때 태조가 그 고을에 갔다가 그를 왕비로 맞아들였기 때문에 그를 합주군(陜州君)이라고도 했다. 그의 원당(願堂)은 현화사(玄化寺)이며, 3월 25일이 기일로, 정릉(貞陵)에 장사지냈다. 아들 하나를 낳으니 안종(安宗)이다." 이밖에 25비주(妃主) 가운데 김씨의 일은 실려 있지 않으니 자세히 알 수 없다. 그러나 사신(史臣)의 론(論)도 역시 안종을 신라의 외손이라고 했으니 마땅히 사전(史傳)을 옳다고 해야 할 것이다]. 태조의 손자 경종(景宗) 주(伷)는 정승공(政承公)의 딸을 맞아 왕비를 삼으니, 이가 헌승황후(憲承皇后)이다. 이에 정승공(政承公)을 봉해서 상보(尙父)로 삼았다. 태평흥국(太平興國) 3년 무인(戊寅)에 죽으니 시호를 경순(敬順)이라 했다. 상보(尙父)로 책봉(冊封)하는 고명(誥命)에서 이렇게 말했다. "조칙(詔勅)을 내리노니 희주(姬周)가 나라를 처음 세울 때는 먼저 여상(呂尙)을 봉했고 유한(劉漢)이 나라를 세울 때에는 먼저 소하(蕭何)를 봉했다. 이로부터 온천하[寰區]가 평정되었고 널리 기업(基業)이 열렸다. 용도(龍圖) 30대를 세우고 인지(麟趾)는 4백년을 이으니, 해와 달이 거듭 밝고 천지가 서로 조화되었다. 비록 무위(無爲)의 군주(君主)로부터 시작되었으나 역시 보좌하는 신하로 말미암았던 것이다. 관광순화위국공신(觀光順化衛國功臣) 상주국(上柱國) 낙랑왕정승(樂浪王政承) 식읍(食邑) 팔천호(戶) 김부는 대대로 계림(鷄林)에 살고 벼슬은 왕의 작위(爵位)를 받았다. 그 영특한 기상은 하늘을 업신여길 만하고 문장(文章)은 땅을 진동할 만한 재주가 있었다. 부(富)는 오랫동안 계속되었고 귀(貴)는 모토(茅土)에 거(居)했으며 육도삼략(六韜三略)은 가슴 속에 들어 있고 칠종오신(七縱五申)은 손바닥 위에서 움직였다. 우리 태조는 비로소 이웃 나라와 화목하게 지내는 우호(友好)를 닦으시니 일찍부터 선대의 여풍(餘風)을 알았고 이내 부마(駙馬)의 인의(姻誼)를 맺어 안으로 대절(大節)로 수답(酬答)했다. 나라는 이미 통일되고 군신(君臣)이 완전히 삼한(三韓)에서 합쳤으니 아름다운 이름은 널리 퍼지고 아름다운 규범(規範)은 빛나고 높았다. 상보도성령(尙父都省令)의 칭호를 더해 주고 추충신의숭덕수절공신(推忠愼義崇德守節功臣)의 호(號)를 주니, 훈봉(勳封)은 전과 같고 식읍(食邑)은 전후를 아울러 1만 호(戶)가 되었다. 유사(有司)는 날을 가려서 예(禮)를 갖추어 책명(冊命)하니 일을 맡은 자는 시행하도록 하라. 개보(開寶) 8년(975) 10월 일." "대광(大匡) 내의령(內議令) 겸 총한림(摠翰林) 신 핵선(翮宣)은 받들어 행하여 위와 같이 칙령을 받들고 직첩(職牒)이 도착하는 대로 봉행하라. 개보(開寶) 8년 10월 일." "시중(侍中) 서명(署名), 시중 서명, 내봉령(內奉令) 서명(署名), 군부령(軍部令) 서명(署名), 군부령(軍部令) 무서(無署), 병부령(兵部令) 무서(無署), 병부령(兵部令) 서명(署名), 광평시랑(廣評侍郞) 서명(署名), 광평시랑 무서(無署), 내봉시랑(內奉侍郞) 무서(無署), 내봉시랑 서명(署名), 군부경(軍部卿) 무서(無署), 군부경 서명(署名), 병부경(兵部卿) 무서(無署), 병부경 서명(署名) 추충신의 숭덕수절공신(推忠愼義崇德守節功臣) 상부도성령(尙父都省令) 상주국(上柱國) 낙랑군왕(樂浪都王) 식읍일만호 김부에게 고(告)하노니, 위와 같이 칙령(勅令)을 받들고 부신(符信)이 도착하는 대로 봉행(奉行)하라. 주사(主事) 무명(無名), 낭중(郎中) 무명(無名), 서령사(書令史) 무명(無名), 공목(孔目) 무명(無名). 개보(開寶) 8년 10월 일에 내림."

사론(史論)에는 이렇게 말했다. "신라의 박씨(朴氏)와 석(昔氏)는 모두 알에서 나왔다. 김씨는 황금(黃金) 궤 속에 들어서 하늘로부터 내려왔다고 하며 혹은 황금수레를 타고 왔다고 하니 이것은 더욱 기괴하여 믿을 수가 없다. 그러나 세속이 서로 전하여 사실이라고 한다. 이제 다만 그 시초를 살펴보면 위에 있는 이는 그 자신에게는 검소했고 다른 사람에게는 너그러웠다. 그 관직을 설치하는 것은 간략히 했고, 그 일을 행하는 것은 간소하게 했다. 성심껏 중국(中國)을 섬겨서 육로와 해로로 조빙(朝聘)하는 사신이 서로 잇달아 끊어지지 않았다. 항상 자제(子弟)들을 중국에 보내어 숙위(宿衛)하게 하고 국학(國學)에 들여보내 공부하게 하였다. 이리하여 성현

(聖賢)의 풍습과 교화를 이어받고 미개한 풍속을 변혁시켜서 예의의 나라로 만들었다. 또 당 군사의 위엄을 빌려 백제(百濟)와 고구려(高句麗)를 평정하고, 그 땅을 얻어서 군현(郡縣)으로 삼았으니 가히 성세(盛世)라 이를 만하다. 그러나 불법(佛法)을 숭상하여 그 폐단을 알지 못하고서 마을마다 탑과 절이 즐비하게 늘어섰고 백성들은 모두 중이 되어 병졸과 농민이 점점 줄어들어서 나라가 날로 쇠퇴해 가니 어찌 문란해지지 않으며 멸망하지 않겠는가. 이때에 경애왕(景哀王)은 더욱 음란하고 놀기에만 바빠 궁녀(宮女)들과 좌우 근신(近臣)들과 더불어 포석정(鮑石亭)에 나가 놀며 술자리를 베풀고 즐기다가 견훤(甄萱)이 오는 것을 알지 못했으니 저 문 밖의 한금호(韓擒虎)와 누각(樓閣) 위의 장려화(張麗華)와 다를 것이 없었다. 경순왕(敬順王)이 태조(太祖)에게 귀순(歸順)한 것은 비록 마지못해 한 일이기는 하나 또한 아름다운 일이라 하겠다. 만일 힘껏 싸우고 죽기로 지켜서 고려 군사에게 저항했더라면 힘은 꺾이고 기세는 다해서 반드시 그 가족을 멸망시키고 죄 없는 백성들에게까지 해가 미쳤을 것이다. 이에 고명(告命)을 기다리지 않고 부고(府庫)를 봉하고 군현(郡縣)을 기록하여 귀순했으니 그가 조정에 대하여 공로가 있고 백성들에게 덕이 있는 것이 매우 컸다. 옛날 전씨(錢氏)가 오월(吳越)의 땅을 송(宋)나라에 바친 일을 소자첨(蘇子瞻)은 충신(忠臣)이라고 했으니, 이제 신라의 공덕(功德)은 그보다 훨씬 크다고 하겠다. 우리 태조는 비빈(妃嬪)이 많고 그 자손들도 또한 번성했다. 현종(顯宗)은 신라의 외손(外孫)으로서 왕위(王位)에 올랐으며, 그 뒤에 왕통(王統)을 계승한 이는 모두 그의 자손이었으니 이것이 어찌 그 음덕(陰德)이 아니겠는가." 신라가 이미 땅을 바쳐 나라가 없어지자 아간(阿干) 신회(神會)는 외직(外職)을 그만두고 돌아왔는데 도성(都城)이 황폐한 것을 보고 서리리(黍離離)의 탄식함이 있어 이에 노래를 지었으나 그 노래는 없어져서 알 수가 없다. (『三國遺事』 2 紀異 2 金傅大王)

신라 고려 11월에 왕은 모든 관료를 이끌고 왕도에서 나오니 사대부와 서민들이 모두 그를 따랐다. 아름다운 수레와 보석으로 치장한 말이 30여리에 걸쳐 이어지며 길을 메우니, 구경하는 사람들이 담장 같이 늘어섰고 길가에 있는 주·현에서는 집대가 매우 성대하였다. 왕이 사람을 보내어 문안하고 위로하였다. 왕과 왕철(王鐵) 등이 개경에 들어가니 고려왕이 의장(儀仗)을 갖추고 교외에 마중 나와 위로하였다. 동궁(東宮)과 여러 재신(宰臣)에게 명하여 그를 호위하고 들어와서 유화궁(柳花宮)에 머무르게 하였다. 장녀 낙랑공주(樂浪公主)를 그에게 시집보냈다. 왕이 글을 올려 말하였다. "본국이 오랫동안 환란을 겪어 나라의 운수가 이미 다하여 다시 왕업을 계속 보존해나갈 가망이 없는지라 이제 신하의 예로서 알현하고자 합니다." 고려왕이 윤허하지 않았다. (『三國史節要』 14)

고려 12월 신유일(30)에 신하들이, "하늘에 두 개의 해가 없고 땅에는 두 임금이 없는 법인데 한 나라에 두 임금이 존재하니 백성들이 어떻게 견딜 수 있겠습니까 신라국왕의 요청을 들어 주시기 바랍니다." 라고 아뢰었다. (『高麗史』 2 世家 2 太祖 2)

고려 12월 신유일에 뭇 신하들이 아뢰기를, "하늘에는 해가 둘이 없고 땅에는 임금이 둘이 없는 법이니, 한 나라에 두 임금이 있으면 백성이 어떻게 견디겠습니까. 신라왕의 청을 들어 주소서." 하였다. (『高麗史節要』 1 太祖神聖大王)

고려 (12월) 임신일(11)에 왕이 천덕전(天德殿)으로 가 백관을 모아놓고 선언했다. "짐이 신라와 더불어 혈맹을 맺은 것은 두 나라가 길이 우호관계를 유지해 각자의 나라를 보전하기를 바란 때문이었다. 그런데 지금 신라국왕이 굳이 신하가 되겠다고 강청하며 경들도 또한 그것이 옳다고 하니 짐이 매우 난처하기는 하나 중의를 거슬리기가 참으로 어렵다." 이어 신라국왕이 뜰아래에서 올리는 예를 받으니 신하들의 하례하는 함성이 궁궐을 진동시켰다. 김부(金傅)에게 정승(政丞)의 벼슬을 주어 지위를 태자의 위에 두고 해마다 녹봉 1천 석씩을 주었으며 신란궁(神鸞宮)을 지어주었다. 그의 시종들도 모두 관리로 받아들여 토지와 녹봉을 넉넉히 주었다. 신라국이라는 이름을 없애 경주(慶州)로 고친 다음 김부에게 식읍(食邑)으로 주었다. (『高麗史』 2 世家 2 太祖 2)

고려 (12월) 임신일(11)에 왕이 천덕전(天德殿)에 나아가서 재신과 백관을 모으고 이르기를, "짐이 신라와 서로 피를 마시고 동맹을 맺어 두 나라가 각기 사직을 보전하여 영원히 잘 지내기를 바랐는데, 이제 신라왕이 굳이 신하로 일컫기를 청하며 경들 역시 옳다고 하니, 짐이 마음으로는 부끄럽게 여기나 의리상 굳이 거절하기는 어렵다." 하고, 이에 뜰 아래서 뵙는 김부의 예를 받으니, 뭇 신하들이 경하드리는 소리가 궁궐에 진동하였다. 김부를 제수하여 관광순화 위국공신 상주국 낙랑왕 정승 식읍 팔천호(觀光順化衛國功臣上柱國樂浪王政丞 食邑八千戶)로 봉하고, 위(位)는 태자의 위에 두었다. 해마다 녹 1천 석을 주고, 신라국을 없애고 경주(慶州)라 하여 김부에게 주어 식읍으로 하게 하였다. 그 따라온 사람들도 모두 채용하고 토지와 녹을 주어 그전보다도 더 우대하였다. 또 신란궁(神鸞宮)을 세워 김부에게 주었으며, 김부를 경주의 사심관(事審官)으로 삼아 부호장(副戶長) 이하 관직 등의 일을 주관하게 하였다. 이에 여러 공신들 역시 이를 본받아 각기 그 주(州)의 사심관이 되니, 사심관은 이때에 시작되었다. 예전에 봉휴(封休)가 와서 항복하겠다고 청할 적에, 왕이 두터운 예의로 대접하고, 그에게 돌아가 신라왕에게 알리게 하기를, "이제 왕이 나라를 과인에게 주니 그 은혜가 큽니다. 그러니 종실과 결혼하여 사위와 장인의 의(誼)를 계속하고자 합니다." 하였다. 김부가 이 말을 듣고 회보하기를, "나의 백부 잡간(帀干) 억렴(億廉)에게 딸이 있는데 심덕과 용모가 다 아름다우니, 이 사람이 아니면 내정(內政)을 갖출 수 없을 것입니다." 하였다. 왕이 드디어 장가드니, 이가 신성왕후(神成王后)이며, 안종(安宗) 욱(郁)을 낳았다.

이제현(李齊賢)이 말하기를, "김부식(金富軾)이 논하기를, '신라의 경순왕(敬順王)이 우리 태조에게 귀순함은 비록 마지못해서 한 일이지만 역시 칭찬할 만한 일이었다. 그때 만약 힘껏 싸워 사수하여 고려 군사에게 항거했더라면 반드시 그 종족을 멸망시키고 죄없는 백성들에게까지 화가 미쳤을 것인데, 이에 명령을 기다리지 않고 부고(府庫)를 봉하고 군·현을 기록하여 태조에게 귀순하였으니 그가 조정에 공로가 있고 백성에게 은혜를 베풂이 매우 컸던 것이다. 옛날 전씨(錢氏)가 오월(吳越)의 땅을 송 나라에 바친 일에 대해 소자첨(蘇子瞻)이 그를 충신이라 일렀는데, 이제 신라의 공덕은 그보다 훨씬 나은 점이 있다. 우리 태조는 비(妃)·빈(嬪)이 많고 그 자손들도 번성했으나, 현종(顯宗)이 신라의 외손으로서 왕위에 올랐으며, 그 후에 왕통을 계승한 이가 모두 그의 자손이었으니 어찌 그 음덕(陰德)의 보답이 아니리오.' 하였다. 김관의(金寬毅)·임경숙(任景肅)·민지(閔漬) 세 사람의 글에서는 모두, '대량원부인(大良院夫人) 이씨(李氏)는 태위(太尉) 정언(正言)의 딸로서 안왕(安王 안종(安宗))을 낳았다.' 하였는데, 어디에 근거한 말인지 알 수 없다." 하였다. (『高麗史節要』 1 太祖神聖大王)

신라 12월에 왕을 정승공(正承公)으로 봉하여 지위가 태자보다 위에 있게 하였고, 봉록(俸祿) 1천 석을 주었다. 시종하는 관원과 장수들을 모두 예전 그대로 채용했으며, 신라를 고쳐 경주(慶州)라 하고 공(公)의 식읍(食邑)으로 삼았다. 처음에 신라가 항복했을 때 태조가 매우 기뻐하며 이미 후한 예의로 대하고 사자를 보내 알려 말하기를, "지금 왕께서 나라를 저에게 주시니 그 은혜가 큽니다. 원컨대 왕의 종실과 혼인을 맺어 장인과 사위의 우호가 영원하기를 바랍니다."라고 하였다. 왕이 답하여 말하기를, "저의 큰아버지 억렴(億廉) 잡간(匝干)은 지대야군사(知大耶郡事)인데 그의 딸이 덕(德)과 용모가 모두 아름답습니다. 이 사람이 아니면 집안 살림을 갖출 수 없을 것입니다."라고 하였다. 태조가 마침내 그녀를 아내로 맞아 아들을 낳으니, 이가 현종(顯宗)의 아버지로서 안종(安宗)으로 추봉(追封)된 이이다. 경종헌화대왕(景宗獻和大王)때에 이르러 정승공의 딸을 맞아들여 왕비로 삼고, 정승공을 상보령(尙父令)으로 삼았다. 공은 대송(大宋) 흥국(興國) 4년(978) 무인(戊寅)에 돌아갔으니, 시호(諡號)를 경순(敬順)[효애(孝哀)라고도 한다]이라 하였다. 국인(國人)이 시조대왕에서부터 이에 이르기까지를 3대(代)로 나누었다. 처음부터 진덕왕(眞德王)까지의 28왕을 일러 상대(上代)라 하고, 무열왕(武烈王)부터 혜공왕(惠恭王)까지의 8왕을 일러 중대(中代)라 하며, 선덕왕(宣德王)부터 경순왕(敬順王)까지의 20왕을 일러 하대(下代)라 한다.

논하여 말한다. 신라의 박씨, 석씨는 모두 알에서 태어났고 김씨는 금궤(金櫃)에 들어가 하늘에서 내려왔다거나 혹은 금수레를 탔다고도 한다. 이는 너무 괴이해서 믿을 수 없으나, 세속(世俗)에서는 서로 전하며 이것이 사실이라고 한다. 정화(政和) 연간에 우리 조정은 상서(尙書) 이자량(李資諒)을 송(宋)에 보내 조공하였는데, 신부식(富軾)이 문한(文翰)의 임무를 띠고 보좌하며 갔다. 우신관(佑神館)에 이르러 한 집에 선녀 상이 모셔져 있는 것을 보았다. 관반학사(館伴學士) 왕보(王黼)가 말하기를, "이것은 당신 나라의 신인데, 공들은 이를 아는가"라고 하고는 마침내 말하기를, "옛날 황실의 딸이 남편 없이 잉태를 하여 사람들에게 의심을 받자 바다에 배를 띄워 진한(辰韓)으로 가서 아들을 낳으니, 해동(海東)의 시조 왕이 되었다. 황실의 딸은 지상의 신선이 되어 오래도록 선도산(仙桃山)에 있는데, 이것이 그녀의 상(像)이다"註 189라고 하였다. 신은 또 송의 사신 왕양(王襄)이 동신성모(東神聖母)에게 제사지내는 글을 보았는데, "현인(賢人)을 잉태해 나라를 처음 세웠다"는 구절이 있었다. 이에 동신(東神)이 곧 선도산 성모(聖母)임을 알았으나, 그의 아들이 어느 때 왕 노릇을 한 것인지는 알지 못한다. 이제 다만 그 시초를 살펴보면, 윗자리에 있는 자는 자신을 위해서는 검소하고 남을 위해서는 관대하며, 관청의 설치는 간략히 하고 행사는 간소하게 하였다. 지극한 정성으로 중국을 섬겨 산 넘고 바다 건너 조빙(朝聘)하는 사신이 서로 이어져 끊이지 않았고, 항상 자제(子弟)를 보내 조정에 나아가 숙위(宿衛)하게 하고 국학(國學)에 들여보내 강습하게 하였다. 이로써 성현(聖賢)의 교화를 계승하여 거친 풍속을 고쳐서 예의(禮義)의 나라가 되었다. 또 황제군(皇帝軍)의 위엄과 신령스러움에 기대어 백제와 고구려를 평정하여 그 땅을 얻어 군현(郡縣)으로 삼았으니, 융성하다고 이를 만하다. 그러나 부처의 법을 받들어 그 폐단을 알지 못하였다. 마을에 탑과 절이 즐비하고, 백성들이 승려가 되어 달아나 병사와 농민이 점차 줄어들어 나라가 날로 쇠약해지니, 어찌 어지러워지고 멸망하지 않겠는가. 이러한 때에 경애왕(景哀王)은 더욱 노는 데에 빠져 궁인(宮人)과 좌우 신하들과 포석정(鮑石亭)으로 놀러 나가 견훤(甄萱)이 왔음을 알 지 못하였으니, 문 밖의 한금호(韓擒虎)와 누각 위의 장려화(張麗華)와 무엇이 다르겠는가. 경순왕(敬順王)이 태조께 귀순한 것은 비록 마지못해 한 일이지만 칭찬할 만하다. 그때 만약 힘껏 싸우며 지키는데 사력을 다하며 태조의 군사에게 항거했다가 힘이 꺾이고 세력이 다하였다면, 반드시 그 종족(宗族)은 망하고 무고한 백성들에게까지 해가 미쳤을 것이다. 그러나 영(令)을 기다리지 않고 부고(府庫)를 봉하고 군현(郡縣)을 기록하여 귀순하였으니, 고려 조정에 공을 세운 것과 백성들에게 덕을 베푼 것이 매우 컸다. 옛날에 전씨(錢氏)가 오월(吳越)의 땅을 송에 바친 일을 두고 소자첨(蘇子瞻)이 그를 충신(忠臣)이라 하였는데, 이제 신라의 공덕(功德)은 그것보다 한참 더하다. 우리 태조께서 비빈(妃嬪)이 많고 그 자손 역시 번창하였지만, 현종(顯宗)은 신라의 외손에서 나와 보위에 올랐으며 그 후의 왕통을 계승한 이는 모두 그의 자손이니, 어찌 음

덕(陰德)의 응보가 아니겠는가. (『三國史記』 12 新羅本紀 12)

신라 고려 12월에 고려의 여러 신하가 아뢰어 말하였다. "하늘에는 해가 둘이 없고 땅에는 임금이 둘이 없는 법이니, 한 나라에 두 임금이 있으면 백성이 어떻게 견디겠습니까. 원컨대 그 청을 들어 주소서." 왕이 천덕전(天德殿)에 나아가서 백관을 모으고 말하였다. "짐이 신라와 서로 피를 마시고 동맹을 맺어 두 나라가 각기 사직을 보전하여 영원히 잘 지내기를 바랐는데, 이제 신라왕이 굳이 신하로 일컫기를 청하며 경들 역시 옳다고 하니, 짐이 마음으로는 비록 부끄럽게 여기나 중의(衆意)를 어기기가 어렵다." 이에 뜰 아래서 뵙는 김부의 예를 받으니, 여러 신하의 경하드리는 소리가 궁궐에 진동하였다. 이에 김부를 제수하여 정승(政丞)으로 삼고, 위(位)는 태자의 위에 두었다. 해마다 녹 1천 석을 주고, 신란궁(神鸞宮)을 건설하여 내렸다. 그 따라온 사람들도 모두 녹을 받게 하여 우대하고 전록(田祿)을 내렸다. 신라국을 없애고 경주(慶州)라 하여 김부에게 주어 식읍으로 하게 하였고 위영(魏英)을 주장(州長)으로 삼았으며 신라는 망하였다. 신라는 혁거세거 전한(前漢) 오봉(五鳳) 원년에 비로소 계림(雞林)에 도읍하여 박·석·김 3성이 서로 왕위를 전해오다가 경순왕 9년 후당(後唐) 청태 2년에 망하였다. 56왕이 서로 전하였고 나라를 다스린 햇수는 9백 92년이었다. 나라 사람들이 상·중·하의 삼대(三代)로 나누었으니 혁거세부터 진덕까지 28왕을 상대라 이르고 무열부터 혜공까지 8왕을 중대라 하고 선덕부터 경순까지 20왕을 하대라 하였다. 처음에 김부가 항복했을 때 고려왕이 기뻐하며 이미 후한 예의로 대하고 사자를 보내 알려 말하였다. "지금 왕께서 나라를 저에게 주시니 그 은혜가 큽니다. 원컨대 혼인을 맺어 좋기를 바랍니다." 김부가 대답하여 말하였다. "저의 큰아버지 억렴(億廉) 잡간(匝干)의 딸이 덕(德)과 용모가 모두 아름답습니다. 집안 살림을 갖출 만합니다." 왕이 마침내 그녀를 맞아 아들 욱(郁)을 낳으니, 이가 현종(顯宗)의 아버지 안종(安宗)이다.

김부식은 말한다. 신라의 박씨, 석씨는 모두 알에서 태어났고 김씨는 금궤(金櫃)에 들어가 하늘에서 내려왔다거나 혹은 금수레를 탔다고도 한다. 이는 너무 괴이해서 믿을 수 없으나, 세속(世俗)에서는 서로 전하며 이것이 사실이라고 한다. 정화(政和) 연간에 우리 조정은 상서(尙書) 이자량(李資諒)을 송(宋)에 보내 조공하였는데, 신 부식(富軾)이 문한(文翰)의 임무를 띠고 보좌하며 갔다. 우신관(佑神館)에 이르러 한 집에 선녀 상이 모셔져 있는 것을 보았다. 관반학사(館伴學士) 왕보(王黼)가 말하기를, "이것은 당신 나라의 신인데, 공들은 이를 아는가."라고 하고는 마침내 말하기를, "옛날 황실의 딸이 남편 없이 잉태를 하여 사람들에게 의심을 받자 바다에 배를 띄워 진한(辰韓)으로 가서 아들을 낳으니, 해동(海東)의 시조 왕이 되었다. 황실의 딸은 지상의 신선이 되어 오래도록 선도산(仙桃山)에 있는데, 이것이 그녀의 상(像)이다"라고 하였다. 신은 또 송의 사신왕양(王襄)이 동신성모(東神聖母)에게 제사지내는 글을 보았는데, "현인(賢人)을 잉태해 나라를 처음 세웠다"는 구절이 있었다. 이에 동신(東神)이 곧 선도산 성모(聖母)임을 알았으나, 그의 아들이 어느 때 왕 노릇을 한 것인지는 알지 못한다. 이제 다만 그 시초를 살펴보면, 윗자리에 있는 자는 자신을 위해서는 검소하고 남을 위해서는 관대하며, 관청의 설치는 간략히 하고 행사는 간소하게 하였다. 지극한 정성으로 중국(中國)을 섬겨 산 넘고 바다 건너 조빙(朝聘)하는 사신이 서로 이어져 끊이지 않았고, 항상 자제(子弟)를 보내 조정에 나아가 숙위(宿衛)하게 하고 국학(國學)에 들여보내 강습하게 하였다. 이로써 성현(聖賢)의 교화를 계승하여 거친 풍속을 고쳐서 예의(禮義)의 나라가 되었다. 또 황제군(皇帝軍)의 위엄과 신령스러움에 기대어 백제와 고구려를 평정하여 그 땅을 얻어 군현(郡縣)으로 삼았으니, 융성하다고 이를 만하다. 그러나 부처의 법을 받들어 그 폐단을 알지 못하였다. 마을에 탑과 절이 즐비하고, 백성들이 승려가 되어 달아나 병사와 농민이 점차 줄어들어 나라가 날로 쇠약해지니, 어찌 어지러워지고 멸망하지 않겠는가. 이러한 때에 경애왕(景哀王)은 더욱 노는 데에 빠져 궁인(宮人)과 좌우 신하들과 포석정(鮑石亭)으로 놀러 나가 견훤(甄萱)이 왔음을 알 지 못하였으니, 문 밖의 한금호(韓擒虎)와 누각 위의 장려화(張麗華)와 무엇이 다르겠는가. 경순왕(敬順王)이 태조께 귀순한 것은 비록 마지못해 한 일이지만 칭찬할 만하다. 그때 만약 힘껏 싸우며 지키는데 사력을 다하며 태조의 군사에게 항거했다가 힘이 꺾이고 세력이 다하였다면, 반드시 그 종족(宗族)은 망하고 무고한 백성들에게까지 해가 미쳤을 것이다. 그러나 영(令)을 기다리지 않고 부고(府庫)를 봉하고 군현(郡縣)을 기록하여 귀순하였으니, 고려 조정에 공을 세운 것과 백성들에게 덕을 베푼 것이 매우 컸다. 옛날에 전씨(錢氏)가 오월(吳越)의 땅을 송에 바친 일을 두고 소자첨(蘇子瞻)이 그를 충신(忠臣)이라 하였는데, 이제 신라의 공덕(功德)은 그것보다 한참 더하다. 우리 태조께서 비빈(妃嬪)이 많고 그 자손 역시 번창하였지만, 현종(顯宗)은 신라의 외손에서 나와 보위에 올랐으며 그 후의 왕통을 계승한 이는 모두 그의 자손이니, 어찌 음덕(陰德)의 응보가 아니겠는가. (『三國史節要』 14)

신라 그 나라가 쇠해짐에 미쳐 정치는 황망하고 백성은 흩어졌고 영토를 찌그러들었다. 말왕인 김부(金傅)가 나라를 들어 우리 태조에게 귀부하니 그 나라를 경주로 삼았다. (『三國史記』 34 雜志 3 地理 1)

신라 (…) 신라인이 또한 스스로 낙랑이라 일컬었으므로 오늘날 본조[고려]도 이로 인하여 낙랑군부인이라고 일컫고, 또 태조가 딸을 김부에게 주고 낙랑공주라 하였다. (『三國遺事』 1 紀異 1 樂浪國)

신라 12월 30일 경인일(30)에 대재부(大宰府)에서 신라인을 살해하여 관부(官符)를 내렸다. (『日本紀略』 後篇2)

신라 (12월) 30일 어제 무정(無政)에 따라 대재부에서 경고관부(警固官符)를 내려 오늘 날인(捺印)하였다. (『貞信公記逸文』)

발해 청태 2년 12월에 사신 열주도(列周道) 등을 보내어 들어가 조회하고 방물을 바치게 했다. (『五代會要』 30 渤海)

고려 청태 2년 12월에 사신 예빈경(禮賓卿) 형순(邢順) 등을 보내와서 조공하게 하였다. (『五代會要』 30 高麗)

고려 (후당 폐제 청태 2년) 12월에 고려에서 사신 예빈경 형순 등을 보내와서 조공하였다. (『册府元龜』 972 外臣部 17 朝貢 5)

고려 이 해에 예빈경 형순등이 후당(後唐)에 갔다. (『高麗史』 2 世家 2 太祖 2)

고려 이 해에 예빈경 형순 등이 후당에 갔다. (『高麗史節要』 1 太祖神聖大 王)

고려 (이해) 이물(伊勿)과 숙주(肅州)에 성을 쌓았다. (『高麗史節要』 1 太祖神聖大王)

고려 성보(城堡) (…) (태조) 18년에 이물 및 숙주에 성을 쌓았다. (『高麗史』 82 志 36 兵 2)

고려 최언위 (…) 우리 태조께서 개국하시자 조정에 참여하여 벼슬이 한림원 태학사(翰林院 太學士)·평장사(平章事)에 이르렀다. 죽은 뒤에 시호를 문영(文英)이라고 하였다. (『三國史記』 46 列傳 6 崔彦撝)

신라 고려 신라의 태대각간(太大角干) 최유덕(崔有德)이 자기의 집을 희사하여 절로 삼고 이름을 유덕(有德)이라고 하였다. 그의 먼 후손인 삼한공신(三韓功臣) 최언위(崔彦撝)는

최유덕의 진영(眞影)을 걸어 모시고 이어 비(碑)를 세웠다고 한다. (『三國遺事』 3 塔像 4 有德寺)

신라 고려 최언위 (…) 태조가 나라를 세운 후 그가 온 가족을 거느리고 돌아오니, 태자사부(太子師傅)로 임명하고 문한(文翰)의 임무를 맡겼다. 궁원(宮院)의 편액은 모두 그가 지었던 것이며, 그 당시 귀한 가문에서는 모두 그를 스승으로 섬기었다. 벼슬은 대상(大相)·원봉태학사(元鳳太學士)·한림원령(翰林院令)·평장사에 이르렀다. 혜종 원년(944)에 죽으니 나이가 일흔일곱이었다. 부음을 듣고 왕이 크게 슬퍼하였으며, 정광(政匡)으로 추증하고 시호를 문영(文英)이라 하였다. 아들은 최광윤(崔光胤)·최행귀(崔行歸)·최광원(崔光遠)·최행종(崔行宗)이다. (『高麗史』 92 列傳 5 崔彦爲)

신라 청태(淸泰) 2년에 이르러 생각하되 도를 넓히기 위해 좋은 산을 선택하기로 결심(決心)하고 행장을 준비하고는 출발을 지체하고 있었다. 그런데 갑자기 먹구름이 덮여 지척을 분간하기 어려웠다. 이 때 한 신인(神人)이 나타나 대사에게 이르되 "스님께서 이곳을 버리고 어디로 가시려 합니까. 꼭 가시려면 먼 곳으로는 가지 마십시오." 라고 하였다. 이를 지켜 본 대중들은 모두 이상히 여겨 떠나지 말고 계시라고 간청하였으나, 대사는 굳은 의지로 받아들이지 아니하고 문득 떠났다. 얼마쯤 가다가 도중에 호랑이가 으르렁거리면서 앞서거니 뒤서거니 하며 약 30리를 갔는데, 또 한 마리의 호랑이가 중로(中路)에서 영접하고 인도하되 마치 양 날개와 같이 좌우로 호위하였다. 이와 같이하여 희양산 중턱에 이르렀다. 어떤 사람이 이미 이곳까지 왔다가 물러간 자취를 보고서야 비로소 되돌아 왔다. 대사는 봉암사(鳳巖寺)에 자리를 정하고는 기꺼움이 더하여 작약(雀躍)하였다. 그리하여 산꼭대기에 올라 산 너머의 배면(背面)을 살펴보니 천층(千層)으로 된 푸른 봉우리와 만첩으로 이루어진 붉은 절벽은 산적의 방화로 불탄 흔적이 마치 괴겁(壞劫)때 타버린 겁회(劫灰)가 날아 떨어진 박암(撲巖)과 똑같았다. 그러나 중첩된 봉우리와 겹겹의 계곡은 전혀 변천(變遷)한 모양이 없었으며, 불달(佛闥)과 승방 자리는 반쯤은 가시덩굴로 뒤엉켜 있었다. 우뚝 솟은 산은 마치 거북이 비석을 지고 있는 듯 선덕(禪德)의 비명과 같았고, 험준하고 웅장한 상봉우리는 거대한 불상(佛像)인데, 신령스러운 광명(光明)은 항상 빛나고 있었다. 이미 율수(聿修)할 뜻을 굳게 가졌으니, 어찌 이 곳에 절을 중창할 뜻을 사양할 수 있었겠는가. 기원정사를 세울 때 가섭(迦葉)존자가 직접 진흙을 밟던 일을 추모하고, 목련존자가 서다림(逝多林)의 도량을 청소하였던 일을 본받아 선실(禪室)을 구축하고 학도(學徒)를 지도하되, 혹한과 혹서에도 쉬지 않았으며, 문법대중 또한 대와 갈대처럼 문전(門前)에 열(列)을 이루었다. 대사(大師)는 사람을 가르침에 권태(倦怠)로워함이 없이 항상 중생을 이익케 하였다. 그의 지도이념은 상인(商人)들로 하여금 급히 화성(化城)을 버리게 하였고, 궁자(窮子)들은 모두 보배의 집으로 돌아오게 하였으니, 빽빽이 열을 지은 전단향나무가 향기를 풍기는 듯하고, 뜰에 가득한 연꽃이 만개한 듯 하였다. 선풍을 크게 떨치고 법왕(法王)의 가르침을 홍천하였으며, 평등한 은혜로 두루 구제하고, 덕은 넉넉하여 모든 중생과 함께하였다. 비록 산중에서 정묵(靜黙)을 지키고 있으면서도 위맹(威猛)을 역내(域內)에 두루 떨쳤다. 조용히 마군을 항복받는 술(術)을 보이며 불교를 돕고 순화하는 공을 드날렸다. 개미떼처럼 모인 흉도(兇徒)와 뱀과 같이 야합(野合)한 역당(逆黨)들로 하여금 우미(愚迷)한 성품을 고치게 하고, 난폭한 마음을 순화시켜 점차로 국토를 뺏으려 겨루는 전쟁을 쉬게 하여 각각 안도(安堵)를 기약하게 되었으니, 그 때가 바로 청태 을미년(淸泰乙未歲)이었다. 우리 태조대왕의 운세가 이흉(夷兇)들까지 미쳤고, 때는 난리를 평정할 시기가 되었다. 그리하여 태조는 양장(良將)에게 군의 통수권을 주어 백제군의 잔당(殘黨)인 교굴(狡窟) 과 적군이 숨어 있는 효소(梟巢)를 지적하여 낱낱이 탕하게 하였다. 육도삼략(六韜三略)의 기이한 모책과 남다른 책략을 펼쳐 진두의 북을 치니 산하가 우뢰처럼 진동하고, 선두의 깃발이 힘차게 휘날려 산천초목도 떨었다. 고려군인 아군(我軍)은 마치 새매와 같이 용감하였고, 적군들은 고기가 썩어 흩어지듯이 무너져 뿔뿔이 흩어졌으니, 주(周)나라 무왕(武王)이 은(殷)나라의 주왕[紂王(폭군)]인 제신(帝辛)을 목야(牧野)에서 축출한 일과 한(漢)나라 유방(劉邦)이 초(楚)의 항우(項羽)를 오강(烏江)에서 패배시킨 것과 같다 하겠다. 바닷물을 말려 고래를 잡아내며, 숲 속을 샅샅이 뒤져 외뿔소를 잡아내듯 섬과 산에 숨어 있는 잔병을 모두 찾아 소탕하였으니, 전쟁의 암울한 구름은 사기(四紀), 즉 약 50년 동안이나 있었다. 적군은 깨끗이 소탕하여 남음이 없었다. 이어 봉묘(封墓)와 식려(軾閭)를 행하고, 주왕(周王)의 고상한 자취를 계승하였다. 부처님께 귀의하고 스님들을 존중하였으며, 양무제(梁武帝)의 유풍을 준수하여 오천축(五天竺)을 본받아 많은 불사를 하였다. 사대문(四大門)을 활짝 열어 놓고 영현(英賢)들을 불러들였으니, 도인들이 모여 들고 선려(禪侶)가 구름처럼 찾아와서 상덕(上德)의 종지(宗旨)를 격론하고, 높이 태평(太平)의 과업을 찬양하였다. 이 무렵 대사는 곡판(鵠版)을 기다리지 아니하고, 스스로 호계(虎溪)를 나와 백족(白足)을 움직여 보행으로 마치 날으는 듯 걸었으며, 바람에 나부끼는 설미(雪眉)는 보는 이로 하여금 환희심을 내게 하였다. 개성을 향하여 중원부(中原府)에 이르렀는데, 그 곳 연주원(鍊珠院)의 원주(院主)인 예백(芮帛)스님은 항상 능가경을 독송하여 하루도 쉬지 않았다. 이 날 밤 꿈에 동자 신선이 솔도파(窣堵波)의 꼭대기로부터 합장하고 내려오면서 말하기를 "내일 어떤 나한(羅漢)스님이 여기를 지나갈 터이니, 미리 공양(供養)을 준비해 두었다가 지극히 모시라"고 하였다. 다음 날 아침, 대중을 모아놓고 지난밤에 꾼 꿈 이야기를 하니, 대중들이 모두 기이한 일이라 경탄하면서 도량을 깨끗이 청소하고 기다리고 있었다. 마침내 저녁때에 이르러 과연 대사가 연주원에 당도하였다. 경사(京師)에 이르러 태조가 대사를 친견하고 경이(驚異)하게 여기고 꿇어앉아 공경하면서 법을 전해 받은 근원을 물으니, 마치 흐르는 물과 같이 유창하게 대답하였다. 태조는 스님과 늦게 만난 것을 한탄하면서 조용히 스님과 대화하되 "현장법사가 서역(西域)에서 불교를 유학하고 함경(咸京)으로 돌아온 후 많은 경전을 번역한 것이 보장(寶藏에) 비재(秘在)하고 있습니다. 정원(貞元) 이래로 번역된 경론(經論) 이 가장 많으므로 근세(近歲)에 민중(閩中)과 구녕(甌寧)지방에 사신을 보내어 대장경 진본(眞本)을 구입하여 항상 전독(轉讀)하며 홍선(洪宣)하게 하였습니다. 그러나 불행하게도 병화(兵火)로 인하여 모두 타버렸으니, 지금은 다행히 전쟁이 끝났으므로 불교를 진작하고자 하여 대장경 1부를 다시 사경(寫經)하여 나누어 양도(兩都)에 안치하려 하니 스님의 의향은 어떠하십니까."하고 물었다. 대사가 답하되 "이는 비록 유위(有爲)의 공덕이긴 하지만, 무상보리(無上菩提)를 이룩하는데 큰 공덕이 되오니, 경전을 홍포한 인연으로 능히 부처님의 마음을 기쁘게 할 것"이라고 하였으며, "그로 인하여 불은(佛恩)과 왕화(王化)가 길이 빛나되 천장지구(天長地久)와 같으며, 복됨이 끝이 없고 공명(功名)이 영원할 것입니다"라고 하였다. 이로부터 일심(一心)으로 공경하여 사사(四事)로 정성껏 모시되, 혹은 어전(御殿)을 열어 놓고 청법하기도 하며, 혹은 스님이 계시는 감우(紺宇)인 사원으로 찾아가서 문안하기도 하였다. 스님은 항상 학과 같이 고상한 심정(心情)으로 오히려 구름 덮인 산중(山中)을 바라보며 그리워하는 마음이 날로 더욱 깊어져, 임금을 하직하고 천구(天衢)를 벗어나와 번개처럼 떠나려하였다. 승사(僧史)에 명하여 전송하는 일을 돕고 노자(路資)를 많이 하사하여 귀사의 길을 편안히 모시게 하였으니, 이는 마치 봉왕(秦王)인 부견(符堅)이 여광(呂光)으로 하여금 구자국을 치고 구마라집을 모시고 간 것과 같다 하겠다. 구름은 암수(巖)로 돌아가고, 노을이 산 능선에 덮여 있는 희양산에 들어가서 일곱 번의 성괴(星槐) 가 바꿔었다. 그 동안 임금이 보낸 사신의 왕래(往來)가 잦아 문안편지와 향과 차, 그리고 여타의 공양구(供養具) 등을 보냈다. 갑자기 구천(九天)의 정가(鼎駕)께서 승하하셨다는 소식을 듣고는 사해(四海)에 금사(金絲)가 끊어졌으니, "비록 망언(忘言)을 주장하며 선(禪)을 닦는 자인들 어찌 눈물을 흘리는 슬픔이 없겠는가."라 하였다. (「鳳巖寺靜眞大師圓悟塔碑」)

발해 장흥(930~933)·청태(934~936) 연간에 걸쳐 사신을 보내 조공하였다. (『宋史』 491 列傳 250 外國 7 渤海)

고려 유금필 (…) (태조) 18년에 태조가 여러 장수들에게 물었다. "나주(羅州) 경계의 40여 고을은 우리의 울타리가 되어 오랫동안 나의 교화에 복종하였소. 일찍이 대상(大相) 견서(堅書)·권직(權直)·인일(仁壹) 등을 보내어 그 곳을 순무(巡撫)하였는데, 근래에 후백제에게 빼앗겨 여섯 해 동안이나 바닷길이 통하지 않고 있으니, 누가 나를 위하여 그 곳을 진무(鎭撫)하겠소." 홍유(洪儒)·박술희(朴述熙) 등이 "신들이 비록 용맹은 없지만 진무하는 장수가 되기를 원합니다."라고 요청하였다. 태조가 "무릇 장수가 되려면 사람들의 마음을 얻는 것이 귀중하오."라고 하자, 공훤(公萱)과 대광(大匡) 제궁(悌弓) 등이 유금필이 적임자라고 천거하였다. 태조가, "나도 이미 그렇게 생각하였소. 다만 근래에 신라로 가는 길이 막혔을 때 유금필이 가서 그 길을 통하게 하였으니, 짐은 그의 노고를 생각하여 차마 다시 명을 내리지 못하고 있소."라고 하니 유금필은, "신은 이미 늙었으나, 이는 국가의 큰 일이니 어찌 감히 힘을 다하지 않겠습니까."라고 하였다. 태조가 기뻐 눈물을 흘리며, "경이 명령을 따른다면 어찌 이보다 더 기쁠 수 있으랴."라 하고, 마침내 도통대장군(都統大將軍)으로 삼았다. 태조는 예성강(禮成江)까지 전송하고 왕이 타는 배를 내려주어 그를 보내었는데, 사흘 동안이나 머물면서 유금필이 바다로 내려가는 것을 기다렸다가 돌아왔다. 유금필이 나주에 도착하여 경략하고 돌아오니 태조가 또 예성강까지 행차하여 그를 맞이하고 위로하였다. (『高麗史』 92 列傳 5 庾黔弼)

신라 석(釋) 도육(道育)은 신라국 사람이다. 본국의 성씨는 자세하지 않다. 당 경복 임자년(891)에 천태(天台)에 내유(來遊)하여 늦게 돌아 평전사(平田寺) 중당중(衆堂中)에 괘석(挂錫)하였다. 접물(接物)에 자애(慈愛)로웠으나, 끝내 도이(島夷)의 언음(言音)을 버리지 않았다. 항상 일발(一鉢)을 지니고 수식(受食)하였다. 밥을 먹은 후 대체로 경(經)을 행(行)하고 항상 겨드랑이로 앉고 자리를 정하지 않았다. 하루 중에 전랑(殿廊)을 청소하고 료리는 항상 잔선(殘羨)의 식(食)을 주득(住得)하여 비록 색이 나쁘고 기(氣)가 변하여도 그릇에 수저(收貯)하였다. 재시(齋時)에 자식(自食)하고 승(僧)과 벽욕전다(湢浴煎茶)하였다. 신목(薪木) 중에 준준(蠢蠢)을 만나면 이에 그것을 원지(遠地)에 두고, 호생(護生)하길 편절(偏切, 간절)하였고, 입은 것은 모두 대포납(大布納)으로, 기중난하(其重難荷)였다. 매번 하수추말(夏首秋末)에 이르러, 늦은 오후에 흉배(胸背)와 폐천(脞腨, 넓적다리와 장딴지)을 드러내고 말하길, 문예맹질(蚊蚋虻蛭) 잡색충(雜色蟲)에게 먹게하여, 석설(螫齧, 쏘이고 물어뜯기다)하여 피가 흘러 땅에 흘러 들어갔다. 이와 같이 행한지가 40년이 되었으나 조금도 그만두지 않았다. 무릇 빈객을 면담할 때, 지운이이이자(止云伊伊二字)였다. 비록 화어(華語)가 통하지 않았지만 그 모임에서 인의(人意)를 인(認)하고 또한 차탈(差脫)이 없었고, 정발(頂髮)이 백미(白眉)에 드리워 또한 섞였다. 몸에서는 감적색(紺赤色)의 사리가 나왔는데, 주과(珠顆) 같으니, 사람들이 혹 그것을 구하여 뜻에 따라 모두 얻었다. 진(晉) 천복(天福) 3년(938) 무술년 10월 10일에 이르러, 마침내 승당(僧堂) 중에서 그의 나이 80여세로 생각된다. 사승(寺僧)이 마주 들어 산 뒤에서 그를 화정하였다. 재가 되어 얻은 사리가 수를 헤아릴 수 없으니, 혹은 거골(巨骨)을 얻은 자도 있었다. 후당 청태 2년(935)에 일찍이 석량(石梁)에서 유(遊)하였다. 돌아와 육(育)과 당내(堂內)에서 동숙하였는데, 때는 춘후(春煦, 봄철에 비치는 햇볕의 따뜻함)였고, 또한 땔나무로 군불을 지펴 스스로 훈작(熏灼)하였다. 구중(口中)에서 로로(嘮嘮)하길 밤을 새워 거두지 않았고, 혹은 말하길, 무릇 나한(羅漢)을 공양하는 대제일(大齋日)에, 기른 것은 먹지 않았다. 사람들이 혹 나한을 맞이하였다고 하였다. 시문하불거전내수공(時問何不去殿內受供) 구운이이거(口云伊伊去), 혹은 사충(飼蟲)이라고 하였다. 시견군호후지반환이거의(時見群虎嗅之盤桓而去矣) (『宋高僧傳』 23 遺身篇 7 晉天台山平田寺道育傳)

고려 후백제 법사 자린(子麟)은 (…) 오대(五代) 당 청태 2년(935), 고려·백제·일본제국에 가서, 지자(智者)를 도와 가르쳤다. 고려에서 사신 이인일(李仁日)을 보내 사(師)를 보내고 서쪽으로 돌아왔다. 오월왕 류(鏐)가 군성(郡城)에 원(院)을 세워 그 무리를 안치하였다[지금의 동수창(東壽昌)이다]. (『佛祖統紀』 22 未詳承嗣傳 8 四明子麟法師·五代唐)

고려 후백제 (청태) 2년에, 사명사문(四明沙門) 자린(子麟)이 고려·백제·일본제국에 가서 천태교법(天台敎法)을 전수(傳授)하였다. 고려에서 사신 이인일을 보내 린(麟)을 송환하였다. 오월왕 전류(錢鏐)가 군성에 원을 세울 것을 명하여, 그 무리를 안치하였다. (『佛祖統紀』 42 法運通塞志第十七之九 唐末帝淸泰二年)

고려 신성왕태후(神成王太后) 김씨(金氏)는 신라(新羅) 사람으로 잡간(匝干) 김억렴(金億廉)의 딸이다. 신라 왕 김부(金傅)가 사신(使臣)을 보내 항복을 요청해 오자, 태조(太祖)께서는 후한 예로써 대접하였으며, 사신으로 하여금 돌아가 고하여 말하게 하기를, "지금 왕께서 나라를 과인(寡人)에게 넘겨주신다고 하니 그 내려주는 바가 참으로 큽니다. 바라건대 신라 종실(宗室)과 결혼하여 길이 장인과 사위로서 잘 지내고 싶습니다."라고 하였다. 김부가 회보(回報)하여 말하기를, "나의 큰아버지 김억렴에게 딸이 있는데 덕성(德性)과 용모(容貌) 둘 다 아름다우니, 이 사람이 아니면 내정(內政)을 갖출 수 없을 것입니다."라고 하였다. 태조가 드디어 그를 아내로 맞아들여 안종(安宗)을 낳았다. 현종(顯宗)이 왕위에 오르자 시호(諡號)를 추증(追贈)하여 신성왕태후라 하였고, 능(陵)을 정릉(貞陵)이라 하였다. (『高麗史』 88 列傳 1 后妃 1)

936(丙申/후백제 신검 2/고려 태조 19/後唐 淸泰 3 後晉 天福 1/日本 承平 6)

고려 (후당 폐제 청태) 3년 정월 경오일에 고려 조공사로 왕자인 태상(太相) 왕규를 검교상서(檢較尙書)·우복야(右僕射)로 삼고 부사(副使) 광평시랑(廣評侍郞) 최유(崔儒)를 시장작감(試將作監)으로 하고 그 절급(節級) 30여명 모두에게 사과(司戈)와 사계(司階)를 주었다. (『册府元龜』 976 外臣部 21 褒異 3)

고려 (청태) 3년 정월에 입조사(入朝使)인 예빈경(禮賓卿) 형순(邢順)을 시장작소감(試將作少監)으로 부사(副使) 최원(崔遠)을 시소부감주부(試少府監主簿)으로 삼았다. (『五代會要』 30 高麗)

고려 (후당 폐제 청태 3년) 고려가 왕자인 대상(大相) 왕규(王規) 등을 보내 와서 공물을 바치게 하였다. (『册府元龜』 972 外臣部 17 朝貢 5)

고려 (청태 3년) 그 해에 또 사신으로 왕자와 태상(太相) 왕규 등을 보내 와서 방물을 바쳤다. 태상 왕규를 검교상서우복사(檢校尙書右僕射)로, 부사 광평시랑 최우(崔禹)를 시장작감(試將作監)으로 삼고 그들을 수행하는 절급(節級) 등 30여명에게 모두 사과

(司戈)와 사계(司階) 등의 직을 주었다. (『五代會要』 30 高麗)

후백제 (청태 3년 봄 정월) 을미일에 백제가 사신을 보내 방물을 바쳤다. (『舊五代史』 48 唐書 24 末帝紀 下)

후백제 (청태) 3년 봄 정월) 을미일에 백제가 사신을 보내왔다. (『新五代史』 7 唐本紀 7 廢帝)

후백제 고려 (후당 폐제 청태) 3년 정월에 백제국이 사신을 보내 들어와 조회하고 방물을 바쳤다. 고려에서 왕자와 대상(大相) 왕규(王規) 등을 보내어 와서 방물을 바쳤다. (『册府元龜』 972 外臣部 17 朝貢 5)

후백제 병신년 정월에 견훤은 그 아들에게 말했다. "내가 신라 말에 후백제를 세운 지 여러 해가 되었다. 군사는 북쪽의 고려 군사보다 갑절이나 많으면서 오히려 이기지 못하니 필경 하늘이 고려를 도우는 것 같다. 어찌 북쪽 고려왕에게 귀순해서 생명을 보전하지 않을 수 있겠느냐." 그 아들 신검(神劍)·용검(龍劍)·양검(良劍) 등 세 사람은 모두 응하지 않았다. 『이제가기(李磾家記)』에는 "견훤에게는 아들 아홉이 있으니, 맏이는 신검(神劍)[혹은 견성(甄成)이라고도 한다], 둘째는 태사(太師) 겸뇌(謙腦), 셋째는 좌승(佐承) 용술(龍述), 넷째는 태사(太師) 총지(聰智), 다섯째는 대아간(大阿干) 종우(宗祐), 여섯째는 이름을 알 수 없고, 일곱째는 좌승(佐承) 위흥(位興), 여덟째는 태사(太師) 청구(靑丘)이며, 딸 하나는 국대부인(國大夫人)이니 모두 상원부인(上院夫人)의 소생이다"라고 하였다. 견훤은 처첩(妻妾)이 많아서 아들 10여 명을 두었는데, 넷째 아들 금강(金剛)은 키가 크고 지혜가 많아 견훤이 특히 그를 사랑하여 왕위를 전하려 하니 그의 형 신검·양검·용검 등이 알고 몹시 근심하고 번민하였다. 이때 양검은 강주도독(康州都督), 용검은 무주도독(武州都督)으로 있어서 홀로 신검만이 견훤의 곁에 있었다. 이찬(伊飡) 능환(能奐)이 사람을 강주와 무주에 보내서 양검 등과 모의하였다. 청태(淸泰) 2년 을미 봄 3월에 영순(英順) 등과 함께 신검을 권해서 견훤을 금산(金山)의 불당(佛堂)에 가두고 사람을 보내서 금강을 죽였다. 신검이 자칭 대왕이라 하고 나라 안의 모든 죄수들을 사면(赦免)해 주었다[운운(云云)]. 처음에 견훤이 아직 잠자리에서 일어나기 전에 멀리 대궐 뜰에서 고함치는 소리가 들리므로, 이게 무슨 소리냐고 묻자 신검이 아버지에게 아뢰었다. "왕께서는 늙으시어 군국(軍國)의 정사에 어두우시므로 장자(長子) 신검이 부왕의 자리를 대신하게 되었다고 해서 여러 장수들이 기뻐하는 소리입니다." 조금 후에 아버지를 금산의 불당으로 옮기고 파달(巴達) 등 30 명의 장사(壯士)를 시켜서 지키게 하니, 동요(童謠)에 이렇게 말했다. 가엾은 완산(完山) 아이 아비를 잃어 울고 있도다. 견훤은 후궁과 나이 어린 남녀 두 명, 시비 고비녀(古比女), 나인(內人) 능예남(能乂男) 등과 함께 갇혀 있었다. 4월에 이르러 술을 빚어서 지키는 장사 30명에게 먹여 취하게 하였다. 이에 태조는 소원보(小元甫) 향예(香乂)·오염(吳琰)·충질(忠質) 등을 보내서 수로(水路)로 가서 맞아 오게 하였다. 고려에 이르자 태조는 견훤의 나이가 10년 위라고 하여 높여서 상보(尙父)라고 하고 남궁(南宮)에 편안히 있게 하였으며 양주(楊洲)의 식읍·전장(田莊)과 노비 40명, 말 아홉 필을 주고, 먼저 항복해 와 있는 신강(信康)으로 아전(衙前)을 삼았다. 견훤의 사위 장군 영규(英規)가 비밀리에 그 아내에게 말했다. "대왕께서 나라를 위해서 애쓰신 지 40여 년에 공업(功業)이 거의 이루어지려 하는데, 하루아침에 집안 사람의 화(禍)로 나라를 잃고 고려로 가셨오. 대체로 정조 있는 여자는 두 남편을 모시지 않고 충신은 두 임금을 섬기지 않는 법이오. 만약 내 임금을 버리고 반역한 아들을 섬긴다면 무슨 낯으로 천하의 의사들을 본단 말이오. 더구나 고려의 왕공(王公)은 어질고 후덕하며 부지런하고 검소하여 민심을 얻었다하니, 이는 아마 하늘의 계시한 것인가 하오. 필경 삼한(三韓)의 임금이 될 것이니 어찌 글을 올려 우리 임금을 위안하고, 겸해서 왕공에게 은근히 하여 뒷날의 복을 도모하지 않겠소". 그 아내가 말하기를, "당신의 말씀이 바로 저의 뜻입니다"라고 하였다 이에 천복(天福) 원년(元年) 병신 2월에 사람을 보내서 태조에게 자기의 뜻을 말했다. "왕께서 의기(義旗)를 드시면 저는 내응하여 고려 군사를 맞이하겠습니다." 태조는 기뻐하여 사자에게 예물을 후히 주어 보내고 영규에게 사례하여 말하기를, "만일 그대의 은혜를 입어 하나로 합해져서 길에서 막히는 일이 없게 된다면, 곧 먼저 장군을 뵙고 다음에 당에 올라 부인께 절하여 형으로 섬기고 누님으로 받들어 반드시 끝까지 후하게 보답하겠소. 천지와 귀신은 모두 이 말을 들을 것이오" 라고 하였다. (『三國遺事』 2 紀異 2 後百濟·甄萱)

후백제 고려 견훤의 아들 신검이 아버지를 가두고 왕위를 빼앗아 장군이라 자칭하였다. 견훤이 금성으로 도망하여 태조에게 투항하였다. (『三國史記』 31 年表下)

후백제 고려 견훤의 사위 장군 영규(英規)가 그의 부인에게 은밀히 말하였다. "대왕께서 부지런히 힘쓴 지 40여 년에 큰 공이 거의 이루어졌는데 하루아침에 집안사람들의 화로 인하여 설 땅을 잃고 고려에 투항하였습니다. 대저 정조가 있는 여자는 두 남편을 섬기지 않고, 충신은 두 임금을 섬기지 않는다고 하였습니다. 만약 자기의 임금을 버리고 반역한 아들을 섬긴다면 무슨 얼굴로 천하의 의로운 선비들을 보겠습니까 하물며 듣자니 고려의 왕공께서는 마음이 어질고 후하며 근면하고 검소하여 민심을 얻었다고 하니 대개 하늘이 계시인 듯합니다. 반드시 삼한(三韓)의 주인이 될 것이니 어찌 편지를 보내 우리 왕을 문안, 위로하고 겸하여 왕공에게 겸손하고 정중함을 보여 장래의 복을 도모하지 않겠습니까" 그 아내가 "그대의 말이 곧 내 뜻입니다." 라고 하였다. (…) (『三國史記』 50 列傳 10 甄萱)

고려 후백제 박영규(朴英規)는 승주(昇州, 지금의 전라남도 순천시 승주읍) 사람으로 견훤의 딸을 처로 맞이하여, 견훤의 장군이 되었다. 신검(神劒)이 반역한 후 견훤이 고려 태조에게 투항하자, 박영규가 처에게 은밀히 의논했다. "대왕께서 마흔 해 넘게 부지런히 힘써 왕업이 거의 이루어지려 하는데, 하루 아침에 집안 사람이 재난을 일으키는 바람에 나라를 잃고 고려에 투신하셨소. 무릇 열녀는 두 지아비를 섬기지 않고 충신은 두 임금을 섬기지 않는 법이오. 만약 내가 섬기던 임금을 버리고서 역적을 섬긴다면 무슨 면목으로 천하의 의사(義士)를 대하겠소. 게다가 고려의 왕공(王公)은 인후하고 근검하여 민심을 얻었다는 말이 들리니, 아마도 하늘의 계시인가 하오. 필시 삼한의 주군이 될 것이니 어찌 글을 보내어 우리 임금을 위문하고, 왕공에게도 내 간절한 마음을 알려 장래의 복을 도모하지 않으리오." 그의 아내도, "당신의 말씀이 바로 나의 뜻입니다."라며 찬동하였다. (『高麗史』 92 列傳 5 朴英規)

고려 후백제 태조 19년 2월, 박영규가 사람을 보내 귀부의 뜻을 표하면서, "만약 의로운 군사를 일으키신다면 바라건대 내응해서 왕의 군대를 맞아들이겠습니다."라고 하였다. 태조가 크게 기뻐하여 사자에게 후하게 상을 내리고 돌아가서 박영규에게 다음과 같이 알리게 하였다. "만약 그대의 은혜를 입어 길이 막히지 않는다면 장군을 뵈온 뒤 당에 올라가서 부인에게 절을 올린 후, 그대를 형처럼 섬기고 부인을 누님처럼 받들어 반드시 끝까지 죽을 때까지 후하게 보답하겠소. 하늘과 땅의 귀신이 모두 이 말을 들었을 것이오." (『高麗史』 92 列傳 5 朴英規)

고려 후백제 (…) 이에 천복(天福) 원년 2월에 사람을 보내 뜻을 전달하였는데, 드디어 태조에게 고하기를, "만약 정의로운 깃발을 드신다면 청컨대 내응하여 왕의 군대를 맞이하겠습니다."라고 하였다. 태조가 크게 기뻐하여 그 사신에게 후하게 물건을 주어 보내고, 겸하여 영규에게 사례하여 말하였다. "만약 은혜를 입어 하나로 합쳐져서 길의 막힘이 없어진다면 먼저 장군을 찾아 인사드리고 그런 후에 마루에 올라 부인에게 절하고, 형처럼 섬기고 누나처럼 받들겠으며 반드시 끝내 후하게 보답하겠습니다. 하늘과 땅의 귀신이 모두 이 말을 들을 것입니다." (『三國史記』 50 列傳 10 甄萱)

고려 후백제 봄 2월에 견훤의 사위인 장군 박영규(朴英規)가 귀부를 요청해 왔다. (『高麗史』 2 世家 2 太祖 2)

고려 후백제 봄 2월에 견훤의 사위인 장군 박영규가 항복하겠다고 청하였다. 이전에 영규가 그 아내에게 은밀히 말하기를, "대왕께서 근로한 지 40여 년에 공업이 거의 이루어지려 하였는데, 하루아침에 집안의 화로 나라를 잃고 고려에 가서 의탁하였소. 대저 열녀는 두 남편을 받들지 않으며 충신은 두 임금을 섬기지 않는 법이니 만약 내 임금을 버리고 반역한 아들을 섬긴다면 무슨 면목으로 천하의 의사(義士)들과 대할 수 있겠소. 하물며 듣건대 왕공(王公)은 어질고 후덕하며 부지런하고 검소하여 민심을 얻었다 하니, 아마 하늘이 낸 사람인가 하오. 반드시 삼한의 임금이 될 것이니, 어찌 글을 보내어 우리 임금을 위안하고 겸해 왕공에게도 은근하게 하여 뒷날의 복을 도모하지 않을 수 있겠소." 하니, 그 아내가 말하기를, "당신의 말씀이 곧 저의 뜻입니다." 하였다. 이에 사람을 보내어 그 뜻을 알리고 또 말하기를, "만약 의병(義兵)을 일으키신다면 저는 내응이 되어 왕사(王師)를 맞이하겠습니다." 하였다. 왕이 크게 기뻐하여 그의 사자에게 예물을 후히 주고 돌아가서 영규에게 회보하게 하기를, "만약 그대의 은혜를 입어 길에서 막힘이 없게 되면 곧 먼저 장군을 뵙고 당(堂)에 올라가서 부인께 절하여 장군을 형으로 섬기고 부인을 누님으로 받들어 반드시 끝까지 후히 보답하겠으니, 천지 귀신이 모두 이 말을 들었소." 하였다. (『高麗史節要』 1 太祖神聖大王)

후백제 고려 봄 2월에 견훤의 사위인 장군 박영규(朴英規)가 고려에 항복하겠다고 청하였다. 영규는 승주(昇州)사람으로 견훤의 딸에게 장가들어 견훤의 장군이 되었다. 신검이 반역함에 미쳐 아내에게 은밀히 말하였다. "대왕께서 근로한 지 40여 년에 공업이 거의 이루어지려 하였는데, 하루아침에 집안의 화로 땅을 던져 다른 사람에게 의탁하였소. 대저 열녀는 두 남편을 받들지 않으며 충신은 두 임금을 섬기지 않는 법이니, 내 임금을 버리고 반역한 아들을 따른다면 장차 무슨 면목으로 천하의 의사(義士)들과 대할 수 있겠소. 하물며 왕공(王公)은 어질고 후덕하며 민심은 아마도 하늘이 준 사람인가 하오. 반드시 삼한의 임금이 될 것이니, 어찌 글을 보내어 우리 임금을 위안하고 겸해 왕공에게도 은근하게 하여 뒷날의 복을 도모하지 않을 수 있겠소." 그 아내가 기뻐하며 말하였다. "당신의 말씀이 곧 저의 뜻입니다." 이에 사람을 보내어 그 뜻을 알리고 마침내 고려왕에게 아뢰어 말하였다. "대왕이 만약 의병(義兵)을 일으키신다면 신은 내응이 되기를 청합니다." 왕이 크게 기뻐하여 사자에게 예물을 후히 주고 그를 보냈다. 겸하여 영규에게 사례하여 말하였다. "만약 길에서 막힘이 없게 되면 먼저 장군을 뵙고 후에 부인께 절하여 형으로 섬기고 누님으로 받들어 반드시 끝까지 후히 보답하겠습니다." (『三國史節要』 14)

고려 태조 19년(936) 2월에 박영규는 마침내 사람을 보내 귀순 의사를 밝히고 또한 말하기를, "만약 의병(義兵)을 일으키신다면 내응하여 왕의 군대를 맞이하고자 합니다." 라고 하였다. 태조가 크게 기뻐하며 그 사신에게 후하게 하사하고 돌아가서 박영규에게 알리게 하기를, "만약 군(君)의 은혜를 입어 길에 막힘이 없다면 먼저 장군을 만나 당에 올라 부인에게 절을 올리며 형처럼 모시고 누이처럼 받들 것이오. 반드시 죽을 때까지 후하게 보답할 것이니, 천지의 귀신이 모두 이 말을 들었을 것이오."라고 하였다. (『高麗史』 92 列傳 5 諸臣 朴英規)

발해	(청태) 3년 2월에 입조사(入朝使) 남해부도독(南海府都督) 열주도(列周道)를 검교공부상서(檢校工部尙書)로, 정당성(政堂省) 공부경(工部卿) 오제현(烏濟顯)을 시광록경(試光祿卿)으로 삼았다. 주(周) 현덕(顯德) 원년(954) 7월에 발해국의 최오사다(崔烏斯多) 등 10명이 귀화하였다. (『五代會要』 30 渤海)
후백제 고려	(천복 원년) 여름 6월에 견훤이 아뢰었다. "늙은 신하가 전하에게 몸을 의탁하였던 까닭은 전하의 존엄한 위세를 빌려 반역한 자식을 베기를 원해서였습니다. 엎드려 바라옵건대 대왕께서 신령스러운 군사를 빌려 주셔서 그 난신적자를 없애 주신다면 신은 비록 죽어도 유감이 없을 것입니다." 태조가 이를 따랐다. 먼저 태자 무(武)와 장군 술희(述希)를 보내 보병과 기병 1만 명을 거느리고 천안부에 가게 하였다. (『三國史記』 50 列傳 10 甄萱)
후백제 고려	(천복 원년) 6월에 견훤이 태조에게 말했다. "노신(老臣)이 전하께 항복해 온 것은 전하의 위엄을 빌어 반역한 자식을 죽이기 위한 것이니 엎드려 바라건대, 대왕은 신병(神兵)을 빌려 주시어 적자(賊子)와 난신(亂臣)을 죽이게 해주시면 신이 비록 죽어도 유감이 없겠습니다." 태조가 말했다. "그들을 치지 않으려는 것이 아니라 그 때를 기다리는 것이오." 이에 먼저 태자 무(武)와 장군 술희(述希)에게 보병(步兵)과 기병(騎兵) 10만을 거느려 천안부(天安府)로 나가게 하였다. (『三國遺事』 2 紀異 2 後百濟·甄萱)
고려 후백제	여름 6월에 견훤이, "이 늙은 신하가 멀리 바다를 건너와 성군께 투항했으니, 원컨대 그 위엄을 빌려 역적 아들을 처단하고자 하나이다."고 요청했다. 왕은 당초 때를 기다렸다가 군사를 일으키려 하였으나 그의 간청을 동정해 허락하였다. 먼저 정윤 왕무(王武)와 장군 술희(述希)를 보내 보병과 기병 1만 명을 거느리고 천안부(天安府)로 가게 했다. (『高麗史』 2 世家 2 太祖 2)
고려 후백제	여름 6월에 견훤이 왕에게 청하기를, "노신(老臣)이 멀리 상파(滄波)를 건너 임금께 와서 의탁하였으니, 임금의 위엄을 빌어 반역한 자식을 죽이기를 원합니다." 하였다. 왕이 처음에는 시기를 기다렸다가 군사를 움직이려 했는데, 그의 굳은 부탁을 불쌍히 여겨 그 말에 따랐다. 이에 먼저 정윤(正胤) 무(武)와 장군 술희(述熙)를 보내어 보병과 기병 1만 명을 거느리고 천안부(天安府)로 가게 했다. (『高麗史節要』 1 太祖神聖大王)
후백제 고려	여름 6월에 견훤이 청하여 말하였다. "노신(老臣)이 멀리 창해(滄海)를 건너와서 성스러운 교화에 의탁하였으니, 명성과 위엄에 기대어 반역한 자식을 죽이기를 원합니다." 왕이 처음에는 시기를 기다렸다가 군사를 움직이려 했는데, 견훤의 굳은 부탁을 불쌍히 여겨 그 말에 따랐다. (『三國史節要』 14)
신라	어느 날 스님께서 대중에게 말씀하되 "나 이제 법연(法緣)이 다하였으니 반드시 죽어 타방(他方)으로 떠나리라. 내가 임금과는 옛 부터 인연이 있었으니 이제 마땅히 마지막으로 왕을 만나 결별(訣別)의 인사를 하려 한다"하고는 행장(行裝)을 꾸려 하산하여 서울에 이르렀다. 때마침 왕은 잠깐 용패(龍旆)를 앞세우고 마진현(馬津縣)에서 죄인을 문책하고 있었다. 스님은 병이 심하고 매우 허약함에도 특별히 왕을 만날 기회를 내어 찾아갔으나, 왕이 있는 이두(螭頭)인 마진(馬津)까지는 갈 수가 없어 입적(入寂)을 미리 알리려는 마지막의 기회는 이루지 못하였으니 이 어찌 아난(阿難, 迦葉이라 함은 잘못된 것)이 열반(涅槃)에 들기 전에 아사세왕과 약속하기를, 서로 누구든 먼저 죽게 되면 찾아가서 고별(告別)하기로 한 언약을 지키기 위해 왕을 찾아갔으나, 문지기가 왕이 주무시고 있다 하여 만나지 못하였던 유한(遺恨)과 화하(華

夏)의 백양(伯陽)이 임종전(臨終前)에 관윤(關尹)인 윤희(尹喜)를 만나러 갔으나, 만나지 못한 슬픔과 같을 뿐이겠는가. 그 다음날 가마를 타고 오룡산(五龍山) 중턱에 이르러 모든 제자를 불러 모으고 부처님께서 일러주신 엄한 훈계를 '너희들은 힘써 노력하라'는 유훈(遺訓)을 남기었다. 청태(淸泰) 3년 8월 17일 중야(中夜)에 당사(當寺)의 법당(法堂)에서 엄연(儼然)히 입적하니, 속세 나이는 67세요, 승랍은 48이었다. 이 때에 태양은 처참하고 바람도 처참하였으며, 구름은 수심에 잠긴 듯하였고, 시냇물은 울음을 머금은 듯하였다. 문하(門下)의 스님들도 흠모의 슬픔을 이기지 못하여 모두 창자를 오려내는 듯 슬퍼하였다. 그 달 20일에 신좌(神座)인 영구를 본산(本山)으로 옮겨 절의 서쪽 기슭에 하관(下棺)하였으니, 절과의 거리는 약 300백보(百步)쯤 되었으며 이는 유언에 따른 것이다. 장사지낼 때 사서(士庶)는 계곡을 메웠고, 향화(香華)는 골짜기에 가득하였으니, 마지막을 보내는 의례의 성대함은 전에 없던 일이었다. 임금이 사방(四方)으로 순행(巡行)하다가 문득 스님의 열반 소식을 전해 듣고, 대들보가 부러지는 듯한 아픔으로 간절하였을 뿐만 아니라, 또한 안광(眼光)을 잃은 슬픔이 한층 더하였다. 특명으로 친관(親官)을 보내어 멀리서 조의(吊儀)을 표하였다. (「廣照寺眞澈大師碑」)

후백제 고려 (천복 원년) 가을 9월에 태조가 삼군(三軍)을 이끌고 천안에 이르러 군사를 합쳐 일선(一善)에 나아갔다. 신검(神劍)이 군사로 그를 막았다. (『三國史記』 50 列傳 10 甄萱)

후백제 고려 (천복 원년) 가을 9월에 태조는 삼군을 거느리고 천안에 이르러 군사를 합하여 일선군으로 진격해 나가니 신검이 군사를 거느리고 막았다. (『三國遺事』 2 紀異 2 後百濟·甄萱)

고려 후백제 가을 9월에 왕이 삼군을 거느리고 천안부에 이르러 군사를 모아 일선군으로 진격하자 신검이 군사로 역공해 왔다. (『高麗史』 2 世家 2 太祖 2)

후백제 고려 또 고기(古記)에서 말하였다. (…) 천복 원년 병신년에 고려 군사와 일선군에서 싸웠으나 후백제가 패배하여 나라가 망하였다. (『三國遺事』 2 紀異 2 後百濟 甄萱)

후백제 고려 (천복(天福) 원년 가을 9월) 갑오일(8)에 일리천(一利川)을 사이에 두고 맞서 진을 쳤다. 태조는 상보(尙父) 견훤과 함께 열병하였다. 대상(大相) 견권(堅權), 술희(述希), 금산(金山), 장군 용길(龍吉), 기언(奇彦) 등은 보병과 기병 3만 명을 인솔하여 좌익(左翼)이 되었다. 대상 김철(金鐵), 홍유(洪儒), 수향(守鄕), 장군 왕순(王順), 준량(俊良) 등은 보병과 기병 3만 명을 인솔하여 우익(右翼)이 되었다. 대광(大匡) 순식(順式), 대상 긍준(兢俊), 왕겸(王謙), 왕예(王乂), 금필(黔弼), 장군 정순(貞順), 종희(宗熙) 등은 철기(鐵騎) 2만, 보병 3천 및 흑수(黑水), 철리(鐵利) 등 여러 도(道)의 날랜 기병 9천 5백 명을 인솔하여 중군이 되었다. 대장군 공훤(公萱), 장군 왕함윤(王含允)은 군사 1만 5천 명을 인솔하여 선봉이 되었다. 군사들은 북을 치며 행진하였다. 백제 장군 효봉(孝奉), 덕술(德述), 명길(明吉) 등이 군세가 대단하고 정비된 것을 바라보고는 갑옷을 버리고 진 앞으로 나와 항복하였다. 태조가 그들을 위로하고 백제 장수가 있는 곳을 물으니 효봉 등이 말하기를 "원수(元帥) 신검은 중군에 있습니다."라고 하였다. 태조는 장군 공훤(公萱)에게 명하여 곧바로 중군을 공격하게 하고, 전군이 일제히 진격하여 협공하니 백제군이 패하여 무너졌다.신검 및 두 동생과 장군 부달(富達), 소달(小達), 능환(能奐) 등 40여 인이 항복하였다. 태조는 항복을 받고 능환을 제외한 나머지 모든 사람은 위로하고 아내와 자식을 데리고 서울에 올라오는 것을 허락하였다. 능환에게 묻기를 "처음 양검 등과 몰래 모의할 때 대왕을 가두고 그 아들을 세우자고 한 것은 너의 꾀였다. 신하된 의리로 이와 같음이 옳은가"라고 하였다. 능환이 머리를 숙이고 말을 하지 못하였다. 드디어 명하여 그를 베었다. 신검이 분수에 넘치게 왕위를 차지하였던 것은 남의 협박에 의한 것으로 그의 본심이 아니고 또 귀순하여 죄 주실 것을 빌었으므로 특별히 그 죽을 죄를 용서하였다[또는 3형제 모두 형벌을 받아 죽음을 당하였다고도 한다]. 견훤은 근심하고 번민하다가 등창이 나서 수일 만에 황산의 절에서 죽었다. 태조가 군령을 엄격하고 명백히 하여 사졸들이 조금도 남의 것을 범하지 않았다. 그러므로 주(州)와 현(州)은 안도하였고, 노인과 어린이 모두가 만세를 불렀다. 이에 백제의 장군과 군졸들을 찾아가 사정을 알아보고, 재능을 헤아려 임용하니 백성들도 저마다 그 직업을 편안히 하였다. 신검의 죄는 앞에서 말한 것과 같다고 생각하여 이에 관위를 하사하였다. 그 두 동생은 능환과 죄가 같으므로 드디어 진주(眞州)에 유배하였다가 곧 그들을 죽였다. 영규에게 이르기를 "앞의 임금이 나라를 잃은 후 그 신하들로서 한 사람도 위로하고 돕는 자가 없었는데 오직 그대의 부부가 천리 밖에서 소식을 전하여 성의를 전하였고, 겸하여 나에게 미덕을 돌리니 그 의로움은 잊을 수가 없다."라고 하였다. 이에 좌승 벼슬을 주고 토지 1천 경(頃)을 하사하였다. 역마 25필을 내어주어 집안사람들을 맞이하게 하였고, 그의 두 아들에게도 관직을 하사하였다. 견훤은 당 경복 원년(892)에 나라를 일으켜 후진(後晉) 천복 원년에 이르렀으니 모두 45년 만에 멸망하였다.

논하여 말한다. 신라는 운수가 다하고 도가 사라져 하늘이 돕는 바가 없고 백성이 돌아갈 바가 없었다. 이에 떼도적들이 틈을 타서 일어났는데, 마치 고슴도치 털 같았다. 그중에 심한 자는 궁예와 견훤 두 사람뿐이었다. 궁예는 본래 신라의 왕자였으나 도리어 종국(宗國)을 원수로 삼아 그를 멸망시키려고 하여 선조의 화상을 칼로 베기까지 하였으니 그 어질지 못함이 심하였다. 견훤은 신라의 백성에서 일어나 신라의 관록을 먹었으면서도 반역의 마음을 품고 나라의 위태로움을 다행으로 여겨 수도를 침범하여 임금과 신하를 도륙하기를 마치 새를 잡 듯이, 풀을 베듯이 하였으니 실로 천하에서 가장 흉악한 자였다. 그러므로 궁예는 그 신하들로부터 버림받았고, 견훤은 자기 자식에게서 재앙을 입었던 것은 모두 스스로 취한 것이니 또 누구를 탓하겠는가 비록 항우와 이밀(李密)의 뛰어난 재주를 가지고도 한(漢)나라와 당(唐)나라의 일어남을 대적할 수 없었는데 하물며 궁예와 견훤와 같은 흉악한 사람들이 어찌 우리태조와 서로 겨룰 수 있겠는가 단지 그를 위해 백성을 몰아다 준 자들이었다. (『三國史記』50 列傳 10 甄萱)

후백제 고려 (가을 9월) 갑오일(8)에 일리천(一利川)을 사이에 두고 서로 대치하니 고려 군사는 동북방을 등지고 서남쪽을 향해 진을 쳤다. 태조는 견훤과 함께 군대를 사열하는데, 갑자기 칼과 창 같은 흰 구름이 일어나 석군을 향해갔다. 이에 북을 치고 나아가니 후백제의 장군 효봉(孝奉)·덕술(德述)·애술(哀述)·명길(明吉) 등은 고려 군사의 형세가 크고 정돈된 것을 바라보고 갑옷을 버리고 진 앞에 나와 항복했다. 태조는 이를 위로하고 장수가 있는 곳을 물으니 효봉 등이 말하기를, "원수(元帥) 신검은 중군에 있습니다"라고 하였다. 태조는 장군 공훤(公萱) 등에게 명하여 삼군을 일시에 진군시켜 협격(挾擊)하니 백제군은 무너져 달아났다. 황산(黃山) 탄현(炭峴)에 이르자 신검은 두 아우와 장군 부달(富達)·능환(能奐) 등 40여 명과 함께 항복했다. 태조는 항복을 받고 나머지는 모두 위로하여 처자(妻子)와 함께 서울로 돌아가도록 허락했다. 태조가 능환(能奐)에게 묻기를, "처음에 양검 등과 비밀히 모의하여 대왕을 가두고 그 아들을 세운 것은 네 꾀이니, 신하된 의리(義理)로서 의당 그럴 수가 있느냐"라고 하니 능환은 머리를 숙이고 말을 하지 못하였다. 드디어 그를 목베어 죽이게 하였다. 신검이 참람되이 왕위를 빼앗은 것은 남의 위협으로, 그의 본심이 아니었으며 또 항복하여 죄를 빌므로 특별히 그 죽음을 용서하였다. 견훤은 분하게 여겨 등창이

나서 수일 만에 황산(黃山)의 불당에서 죽으니 때는 9월 8일이고 나이는 70이었다. 태조의 군령은 엄하고 분명해서 군사들이 조금도 범하지 않아 주현(州縣)이 편안하여 늙은이와 어린이가 모두 만세를 불렀다. 태조는 영규(英規)에게 말하기를, "전왕(前王)이 나라를 잃은 후에 그의 신하된 사람으로서 한 사람도 위로해 주는 이가 없었는데 오직 경(卿)의 내외만이 천리 밖에서 글을 보내서 성의를 보였고 겸해서 아름다운 명예를 나에게 돌렸으니 그 의리를 잊을 수 없소"라고 하였다. 좌승(左承)이란 벼슬과 밭 1천 경(頃)을 내리고, 역마(驛馬) 35필을 빌려 주어 가족들을 맞게 했으며 그 두 아들에게도 벼슬을 주었다. 견훤은 당 경복(景福) 원년(892)에 나라를 세워 진(晉)나라 천복 원년에 이르니, 45년 만인 병신(丙申)년에 망했다.

사론(史論)에서 논하였다. "신라는 운수가 다하고 올바른 도를 잃어 하늘이 돕지 않고 백성이 의탁할 데가 없게 되었다. 이에 뭇 도둑이 틈을 타서 일어나 마치 고슴도치의 털과 같았다. 그 중에서도 강한 도둑은 궁예(弓裔)와 견훤(甄萱) 두 사람이었다. 궁예는 본래 신라의 왕자로서 도리어 제 나라를 원수로 삼아 심지어는 선조의 화상(畵像)을 칼로 베었으니 그 어질지 못한 것이 너무 심하였다. 견훤은 신라의 백성으로 일어나서 신라의 녹을 먹으면서 화심(禍心)을 품어 나라의 위태로움을 다행으로 여겨 신라의 도읍을 쳐서 임금과 신하를 마치 짐승처럼 죽였으니 참으로 천하의 원흉(元兇)이다. 때문에 궁예는 그 신하에게서 버림을 당했고, 견훤은 그 아들에게서 화(禍)가 생겼으니 모두 스스로 취한 것인데 누구를 원망한단 말인가. 비록 항우(項羽)·이밀(李密)의 뛰어난 재주로도 한(漢)과 당(唐)이 일어나는 것을 대적하지 못했거늘, 하물며 궁예와 견훤 같은 흉한 자들이 어찌 우리 태조를 대항할 수 있었으랴." (『三國遺事』 2 紀異 2 後百濟·甄萱)

고려 후백제 (가을 9월) 갑오일(8)에 일리천(一利川)을 사이에 두고 진을 친 후 왕이 견훤과 함께 군대를 사열했다. 견훤과 대상(大相) 견권(堅權)·박술희(朴述希)·황보금산(皇甫金山) 및 원윤(元尹)인 강유영(康柔英) 등에게 마군(馬軍) 1만 명을 지휘하게 하고, 지천군(支天軍) 대장군(大將軍)인 원윤 능달(能達)·기언(奇言)·한순명(韓順明)·흔악(昕岳) 및 정조(正朝) 영직(英直)·광세(廣世) 등에게 보병 1만 명을 지휘하게 해 좌익으로 삼았다. 또 대상 김철(金鐵)·홍유(洪儒)·박수경(朴守卿)과 원보(元甫) 연주(連珠), 원윤인 훤량(萱良) 등에게 마군(馬軍) 1만 명을 지휘케 하고, 보천군(補天軍) 대장군인 원윤 삼순(三順)·준량(俊良), 정조인 영유(英儒)·길강충(吉康忠)·흔계(昕繼) 등에게 보병 1만 명을 지휘케 해 우익으로 삼았다. 명주(溟州)의 대광(大匡)인 왕순식(王順式)과 대상인 긍준(兢俊)·왕렴(王廉)·왕예(王乂) 및 원보인 인일(仁一) 등에게 마군 2만 명을 지휘하게 하고, 대상인 유금필(庾黔弼)과 원윤인 관무(官茂)·관헌(官憲) 등에게 흑수(黑水)·달고(達姑)·철륵(鐵勒)) 등 변방의 정예 기병 9천 5백 명을 지휘하게 하며, 우천군(佑天軍) 대장군인 원윤 정순(貞順)과 정조 애진(哀珍) 등에게 보병 1천 명을 지휘하게 하고, 천무군(天武軍) 대장군인 원윤 종희(宗熙)와 정조 견훤(見萱) 등에게 보병 1천 명을 지휘하게 하며, 간천군(杆天軍) 대장군 김극종(金克宗)과 원보 조간(助杆) 등에게 보병 1천 명을 지휘하게 하여 중군(中軍)으로 삼았다. 또 대장군인 대상 공훤(公萱)12)과 원윤 능필(能弼) 및 장군 왕함윤(王含允) 등에게 기병 3백 명과 여러 성의 군사 1만 4천 7백 명을 지휘하게 해 삼군(三軍)의 원병으로 삼았다. 전군이 북을 울리며 전진하자 갑자기 칼과 창처럼 생긴 흰 구름이 아군 위에서 생겨나더니 적진을 향하여 날아갔다. 후백제의 좌장군(左將軍)인 효봉(孝奉)·덕술(德述)·애술(哀述)·명길(明吉) 등 4명은 아군의 성대한 군세를 보자 무장을 해제하고 견훤이 탄 말 앞으로 와서 항복하니 사기를 잃은 적병이 감히 움직이지 못했다. 왕이 효봉 등을 치하한 후 신검(神劒)이 있는 곳을 묻자, 중군에 있으니 좌우에서 협공하면 반드시 격파될 것이라고 대답했다. 왕이 대장군 강공훤에게 명령을 내려 곧바로 중군을 치게 하고는 삼군이 일제히 진격하여 맹렬하게 공격하니 적병은 완전히 무너져 버렸다. 장군 흔강(昕康)·견달(見達)·은술(殷述)·금식(今式)·우봉(又奉) 등 3천 2백 명을 사로잡고 5천 7백 명의 머리를 베니, 적병이 창을 거꾸로 돌려 저희들끼리 서로 싸웠다. 아군이 적을 황산군(黃山郡)까지 추격해 탄령(炭嶺)을 넘어 마성(馬城)에 진을 치자 신검이 동생인 청주성주(菁州城主) 양검(良劍)과 광주성주(光州城主) 용검(龍劍) 및 문무 관료들과 함께 와서 항복했다. 왕이 크게 기뻐하며 이들을 위로하고 해당 관청에 명하여 사로잡은 백제의 군사 3천 2백 명을 모두 제 땅으로 돌려보냈으나 흔강·부달(富達)·우봉·견달 등 40명만은 그들의 처자와 함께 개경으로 압송했다. 그리고 능환(能奐)을 불러놓고, "처음 양검 등과 함께 역모를 꾸며 임금을 가두고 그의 아들을 왕으로 세운 자는 바로 네 놈이었다. 신하된 자의 도리가 이래서야 되겠는가" 라고 꾸짖자 능환이 머리를 숙인 채 아무 말을 하지 못했다. 그를 처형하도록 지시한 후 양검과 용검을 진주(眞州)로 유배보냈다가 얼마 뒤에 죽였다. 신검이 왕위를 찬탈한 것은 협박에 의한 것으로 죄가 두 아우보다는 가볍고 또한 항복해 왔기 때문에 특별히 사형을 면하고 관작을 내려주었다. 이에 견훤은 울화병으로 등창이 나서 며칠 후 황산(黃山)에 있던 사원에서 죽었다. 왕이 후백제의 도성으로 들어가, "큰 괴수가 항복해온 터에 백성들은 해치지 말라."고 명령했다. 이어 장병들을 위문하고 재능에 따라 관직에 임용했으며 군령을 엄격히 내려 조금도 백성들을 해치지 못하게 했다. 이에 고을마다 숨을 돌리고 늙은이나 어린이 할 것 없이 다 만세를 부르면서 "임금이 오시니 우리가 다시 생명을 얻었다."고 경축했다. 이 달에 왕이 후백제로부터 돌아와 위봉루(威鳳樓)에 나가 문무백관 및 백성들의 하례를 받았다. 왕이 삼한(三韓)을 평정한 후 신하된 자들이 지킬 예절을 밝히려고 몸소『정계(政誡)』1권과『계백료서(誡百寮書)』8편을 지어 온 나라에 반포했다. (『高麗史』 2 世家 2 太祖 2)

고려 후백제 가을 9월에 왕이 삼군(三軍)을 거느리고 천안부에 이르러 군사를 합쳐 일선군(一善郡)으루 나아가 머물렀는데, 신검(神劍)이 군사를 이끌고 이에 내항하여 일리천(一利川)을 사이에 두고 진을 쳤다. 왕이 견훤과 함께 군사를 사열하고 견훤과 대상(大相) 견권(堅權)·술희(述熙)·황보금산(皇甫金山)과 원윤(元尹) 강유영(康柔英)이 마군(馬軍) 1만 명을 거느리고, 지천군 대장군(支天軍大將軍) 원윤(元尹) 능달(能達)·기언(奇言)·한순명(韓順明)·흔악(昕岳)과 정조(正朝) 영직(英直)·광세(廣世) 등이 보군 1만 명을 거느려 좌강(左綱)이 되었다. 대상(大相) 김철(金鐵)·홍유(洪儒)·박수경(朴守卿)과 원보(元甫) 연주(連珠)·원윤 훤량(萱良) 등이 마군(馬軍) 1만 명을 거느리고, 보천군 대장군(補天軍大將軍) 원윤 삼순(三順)·준량(俊良)과 정조 영유(英儒)·길강충(吉康忠)·흔계(昕繼) 등이 보군(步軍) 1만 녕을 거느리어 우강(右綱)이 되었다. 명주(溟州) 대광(大匡) 왕순식(王順式)과 대상 긍준(兢俊)·왕렴(王廉)·왕예(王乂)와 원보 인일(仁一) 등이 마군(馬軍) 2만 명을 거느리고, 대상 유금필(庾黔弼)과 원윤 관무(官茂)·관헌(官憲) 등이 흑수(黑水)·달고(達姑)·철륵(鐵勒) 등 제번(諸蕃)의 강한 기병 9천 5백 명을 거느리며, 우천군 대장군(祐天軍大將軍) 원윤 정순(貞順)과 정조 애진(哀珍) 등이 보군(步軍) 1천 명을 거느리고, 천무군 대장군(天武軍大將軍) 원윤 종희(宗熙)와 정조 견훤(見萱) 등이 보군 1천 명을 거느리며, 한천군 대장군(扞天軍大將軍) 김극종(金克宗)과 원보 조간(助杆) 등이 보군 1천 명을 거느려서 중군(中軍)이 되었다. 또 대장군 대상 공훤(公萱)、원윤 능필(能弼)·장군 왕함윤(王含允) 등이 기병 3백 명과 여러 성의 군사 1만 4천 7백 명을 거느리어 삼군(三軍)의 원병(援兵)이 되었다. 이에 삼군(三軍)이 전고(戰鼓)를 울리며 앞으로 나아가는데, 문득 칼과 창 모양으로 된 흰 구름이 우리 군사 위에서 일어나 적진 쪽으로 향하여 갔다. 그러자 후백제의 좌장군(左將軍) 효봉(孝奉)·덕술(德述)·애술(哀述)·명길(明吉)이 우리 군사의 세력이 크게 성함을 보고 투구와 창을 벗어 던지고 좌강(左綱)에 항복하니 적병이 사기가 꺾이어 감히 움직이지 못하였다. 왕이 효봉(孝奉) 등을 위로하면서 신검(神劒)이 있는 데를 물으니 효봉이 아뢰기를, “신검은 중군(中軍)에 있으니, 왕께서 좌우군(左右軍)을 합쳐서 이를 공격하면 반드시 이길 것입니다." 하였다. 왕이 공훤에게 명하여 바로 중군을 공격하게 하고, 삼군이 일제히 전진하여 양쪽에서 협격(挾擊)하니 적병이 크게 무너졌다. 장군 흔강(昕康)·견달(見達)·은술(殷述)·영식(令式)·우봉(又奉) 등 3천 2백 명을 사로잡고, 5천 7백여 명을 목베었다. 적군이 무너져 달아나자, 우리 군사가 추격하여 황산군(黃山郡)에 이르러 탄령(炭嶺)을 넘어 마성(馬城)에 주둔하였다. 신검이 양검(良劒)、용검(龍劒)、문무 관료와 함께 와서 항복하니 왕이 그들을 위로하였다. 사로잡은 후백제의 장수와 군사 3천 2백 명을 모두 본토로 돌려 보내고, 다만 흔강·부달(富達)·우봉·견달 등 40명 만은 그 처자와 함께 서울로 보내었다. 왕이 능환(能奐)을 면대하여 꾸짖기를, “처음에 양검 등과 모의하여 임금(견훤)을 가둔 자가 너이니, 신하된 도리가 어찌 이와 같아서야 되겠느냐.” 하니, 능환이 머리를 숙이고 말을 하지 못하였다. 드디어 그를 목베도록 명하였다. 신검이 참람되이 왕위에 오른 일은 남에게 협박을 당하여 한 것이요, 그의 본심이 아니었으며 또 귀순하여 죄를 애걸하므로 특별히 그를 용서하였다. 그런데 견훤은 이것을 분하게 여겨 번민하다가 등창이 나서 수일 만에 황산(黃山)의 절에서 졸하였다. 왕이 후백제의 도성에 들어가 영을 내리기를, “괴수가 이미 귀순했으니 나의 적자(赤子)에게는 침범하지 말라.” 하였다. 장수들을 위로하고 재능을 헤아려 임용하였으며, 군령이 엄하고 분명하여 추호도 범하지 않았으므로, 주·현이 편안하여 백성들이 크게 기뻐하였다. 신검에게는 작(爵)을 내려 주고, 양검과 용검은 진주(眞州)에 귀양보냈다가 얼마 뒤에 죽였다. 왕이 영규(英規)에게 이르기를, “견훤이 나라를 잃고 멀리 찾아 온 후로 한 사람도 그를 위로해 주는 신하가 없었는데, 오직 경의 부부만이 천리 밖에서 서신을 보내어 성의를 보이고 겸하여 과인에게 귀순하였으니 그 의리를 잊을 수 없다.” 하고, 좌승(佐丞) 벼슬과 밭 1천 경(頃)을 주고 역마(驛馬) 35필을 빌려 주어 가족들을 맞아오게 하고 그 두 아들에게도 벼슬을 주었다. 왕이 후백제로부터 돌아와 위봉루(威鳳樓)에 나아가 문무관료와 백성들의 조하를 받았다. 왕이 이미 삼한을 평정하고 나서, 신자(臣子)들에게 절의(節義)를 권장하고자 하여 드디어 정계(政誡) 1권과 백관을 훈계하는 글[誡百僚書] 8편을 지어 조정과 민간에 반포하였다. (『高麗史節要』1 太祖神聖大王)

고려 후백제 가을 9월에 왕과 견훤이 삼군(三軍)을 거느리고 가서 토벌하자 신검(神劒)과 그 동생 양검(良劒)과 용검(龍劒)이 와서 항복하였다. 왕이 크게 기뻐하고 노고를 위로하였다. 그 붙잡은 장사(將士) 3,200명을 모두 본토로 돌려보냈고 오직 흔강(昕康)·부달(富達)·우봉(又奉)·견달(見達) 등 40명 만은 그 처자와 함께 서울로 보내었다. 능환(能奐)을 꾸짖기를, “너와 양검이 모의하여 임금을 가두고 그 아들을 세웠으니 신하된 도리가 어찌 이와 같아서야 되겠느냐." 하였다. 능환이 머리를 숙이고 말을 하지 못하였다. 드디어 그를 목베도록 명하고 良劒龍劒을 眞州에 유배보냈는데 얼마 있지 않아 죽었다. 신검이 참람되이 왕위에 오른 일은 남에게 협박을 당하여 한 것이니 죄가 두 동생보다 가볍고 또 귀순하여 다만 죽음을 면하였으니 관(官)을 내렸다. 이에 견훤은 근심하여 번민하다가 등창이 나서 수일 만에 황산(黃山)의 절에서 죽었다. 왕이 후백제의 도성으로 들어가 명령으로 말하였다. “괴수가 이미 섬별되었으니 우리 백성을 해치지 말라.” 장병들을 위문하고 재능에 따라 관직에 임용했으며 군령을 엄격히 밝혀 조금도 해치지 못하게 했다. 남녀노서가 서로 축하하고 모두 만세를 불렀다. 그 도읍을 안남도호부(安南都護府)로 삼았다.

김부식은 말한다. 신라는 운수가 다하고 도가 사라져 하늘이 돕는 바가 없고 백성이 돌아갈 바가 없었다. 이에 떼도적들이 틈을 타서 일어났는데, 마치 고슴도치 털 같았다. 그중에 심한 자는 궁예와 견훤 두 사람뿐이었다. 궁예는 본래 신라의 왕자였으나 도리어 종국(宗國)을 원수로 삼아 그를 멸망시키려고 하여 선조의 화상을 칼로 베기까지 하였으니 그 어질지 못함이 심하였다. 견훤은 신라의 백성에서 일어나 신라의 관록을 먹었으면서도 반역의 마음을 품고 나라의 위태로움을 다행으로 여겨 수도를 침범하여 임금과 신하를 도륙하기를 마치 새를 잡 듯이, 풀을 베듯이 하였으니 실로 천하에서 가장 흉악한 자였다. 그러므로 궁예는 그 신하들로부터 버림받았고, 견훤은 자기 자식에게서 재앙을 입었던 것은 모두 스스로 취한 것이니 또 누구를 탓하겠는가 비록 항우와 이밀(李密)의 뛰어난 재주를 가지고도 한(漢)나라와 당(唐)나라의 일어남을 대적할 수 없었는데 하물며 궁예와 견훤와 같은 흉악한 사람들이 어찌 우리태조와 서로 겨룰 수 있겠는가 단지 그를 위해 백성을 몰아다 준 자들이었다. (『三國史節要』 14)

고려 후백제 (태조 19년) 9월에 태조가 신검을 쳐서 후백제를 멸망시킨 후 박영규에게, “견훤이 나라를 잃고 멀리서 투신했던 이래, 그의 신하들 가운데 그를 위로하고 도와 준 사람이 아무도 없었소. 경의 부부만이 천리 밖에서도 소식을 전해 성의를 보내었으며, 과인에게도 귀부하는 뜻을 보였으니, 그 의리는 잊을 수 없소.”라며 감사하였다. 좌승(佐丞)으로 임명하고, 토지 1천경(頃)을 내려 주었으며, 역마 35필을 주어 집안 사람들을 데려오게 하였다. 그의 두 아들에게도 벼슬이 주어졌으며, 박영규는 뒤에 벼슬이 삼중대광(三重大匡)에 이르렀다. (『高麗史』 92 列傳 5 朴英規)

고려 홍유(洪儒) (…) (태조) 19년에는 태조를 따라 백제를 쳐서 멸망시켰으며, 죽은 뒤에 시호를 충렬(忠烈)이라 하였다. (『高麗史』 92 列傳 5 洪儒)

고려 유금필 (…) (태조) 19년에 태조를 따라 후백제를 쳐서 멸망시켰다. 태조 24년(941)에 죽었다. 유금필은 장수의 지략을 가졌으며 군사들은 그를 충심으로 따랐다. 정벌하러 나갈 때마다 왕명을 받으면 이내 출발하여 집에 머물지 않았고, 개선할 때마다 태조가 맞이하여 위로하였으며 언제나 총애가 장수들 가운데 으뜸갔다. 시호를 충절(忠節)이라 하였으며, 성종 13년(994)에 태사(太師)로 추증하고 태조의 묘정에 배향하였다. 아들은 유긍(庾兢)·유관(庾官)·유유(庾儒)·유경(庾慶)이다. (『高麗史』 92 列傳 5 庾黔弼)

고려 박수경(朴守卿)은 평주(平州) 사람이며, 아버지는 대광위(大匡尉) 박지윤(朴遲胤)이다. 박수경은 품성이 용감하고 굳세며 즉각 대응하는 지략이 많은 사람으로, 태조를 섬겨 원윤(元尹)이 되었다. 후백제가 신라를 자주 침범하자 태조는 박수경을 장군으로 삼아 그 곳에 가 지키라는 명령을 내렸다. 견훤이 재차 침범했지만, 박수경은 항상 기발한 작전으로 패배시켰다. 조물군(曹物郡) 전투에서 태조가 전군을 삼군(三軍)으로 나누어 대상(大相) 제궁(帝弓)을 상군(上軍), 원윤(元尹) 왕충(王忠)을 중군(中軍), 박수경과 은영(殷寧)을 하군(下軍)으로 각각 삼았다. 전투가 벌어지자 상군과 중군은 패배했으나, 박수경 등의 하군만 승리했다. 태조가 기뻐하여 원보(元甫)로 승진시키자 박수경은, “신의 형 박수문(朴守文)이 지금 원윤으로 있는데, 신의 벼슬자리가 그 위에 올라가면 어찌 스스로 부끄럽지 않겠습니까.”라고 아뢰므로 형제를 함께 원보로 삼았다. 발성(勃城) 전투에서 태조가 포위되었으나 박수경이 힘껏 싸운 덕분에 탈출할 수 있었으며, 또한 태조를 따라 신검(神劒)을 토벌하였다. (…) (『高麗史』 92 列傳 5 朴守卿)

고려 왕순식은 명주(溟州) 사람이다. 본주(本州, 명주)의 장군으로서 오래도록 항복하지 않자, 태조가 걱정하였다. 시랑(侍郞) 권열(權說)이 아뢰기를, “아버지가 자식을 가르치고, 형이 아우를 훈계하는 것은 천리(天理)입니다. 왕순식의 아버지 허월(許越)이 지금 승려가 되어 내원(內院)에 있습니다. 그를 보내어 가서 타이르게 하십시오.”라고 하니, 태조가 따랐다. 왕순식이 마침내 맏아들 수원(守元)을 보내어 귀순 의사를 밝히니, 왕씨 성(姓)을 내렸고 토지와 집도 하사하였다. 또 아들 왕장명(王長命)에게 병사 600명을 거느리고 들어가서 숙위하게 하였다. 훗날 자제들과 함께 무리들을 인솔하여 내조(來朝)하자 왕씨 성을 내렸고, 대광(大匡)을 하사하였다. 왕장명에게는 렴(廉)이라는 이름을 주었고, 원보(元甫)에 임명하였다. 소장(小將) 관경(官景)에게도 왕씨 성을 하사하고, 대승(大丞)에 임명하였다. 태조가 신검(神劒)을 토벌할 때, 왕순식은 명주에서 군사들을 거느리고 와 적과 접전하여 격파시켰다. 태조가 왕순식에게, "짐이 꿈에 이상한 승려가 갑사(甲士) 3천 명을 거느리고 오는 것을 보았는데, 이튿날 경이 군사를 거느리고 와서 도우니 이는 꿈이 들어맞은 게요." 라 하니 왕순식이, "신이 명주를 떠나 대현(大峴 : 지금의 강원도 대관령)에 이르자, 이상한 승려의 사당이 나타났으므로 제사를 모시고 기도드린 일이 있었는데, 주상께서 꿈꾸신 것은 분명히 이것일 것입니다."라고 대답하므로 태조가 기이하게 여겼다. 이총언(李悤言)·견금(堅金)·윤선(尹瑄)·흥달(興達)·선필(善弼)·태평(泰評) 등도 모두 태조에게 귀부하였다. (『高麗史』 92 列傳 5 王順式)

고려 이총언(李悤言)은 기록에 그 족보가 나와 있지 않다. 신라 말에 벽진군(碧珍郡)을 수비했는데, 당시 도적 떼가 창궐하였으나 이총언이 성을 단단히 수리하고 굳게 지켰으므로 백성들은 그 덕분에 편안할 수 있었다. 태조가 사람을 보내어, 서로 힘을 합하여 화란을 평정하자고 설득하자, 이총언은 글을 받고 매우 기뻐하며 아들 이영(李永)을 보내어 군사를 거느리고 태조를 따라 적을 정벌하게 하였다. 이영이 당시 나이가 열여덟이므로, 태조가 대광(大匡) 사도귀(思道貴)의 딸을 그의 처로 삼아주었다. 또 이총언을 자기 고을 장군으로 임명하고 이웃 고을의 정호(丁戶) 229호를 더 내려주었으며, 충주(忠州)·원주(原州)·광주(廣州)·죽주(竹州)·제주(堤州)의 창고 곡식 2,200석과 소금 1,785석을 주었다. 또한 친필 서한을 보내어 변함없는 굳은 신의를 표시하며, 자자손손에 이르기까지 마음을 변치 않겠노라고 맹세하였다. 이총언은 이에 감격하여 군정(軍丁)을 단결시키고 재물과 군량을 비축하여, 신라와 후백제가 필사적으로 다투는 틈바구니의 외로운 성으로 당당히 동남쪽에서 태조를 성원하였다. 태조 21년(938)에 죽으니 나이가 여든하나였다. 아들은 이달행(李達行)과 이영이다. (『高麗史』 92 列傳 5 李悤言)

고려 견금(堅金)은 청주(靑州) 사람으로, 그 고을의 영군장군(領軍將軍)이 되었다. 태조가 즉위한 후, 청주 사람들은 변심을 잘하므로 미리 대비하지 않으면 반드시 후회할 것이라 하여, 그 고을 출신 능달(能達)·문식(文植)·명길(明吉) 등을 보내어 정탐하게 하였다. 능달은 돌아와 그들이 다른 뜻이 없으므로 충분히 믿을 만하다고 보고하였다. 그러나 문식과 명길은 고을 사람인 김근겸(金勤謙)과 관준(寬駿)에게 개인적으로, "능달은 비록 다른 뜻이 없다고 아뢰었으나 추수기가 되면 변란이 있을까 걱정된다."고 하였다. 견금이 부장(副將) 연익(連翌) 및 흥현(興鉉)과 함께 와서 태조를 뵈니, 각기 말과 비단을 차등있게 내려주었다. 그들이, "저희 신들은 충성을 다하기만 원하지, 다른 마음이 없습니다. 다만 이 고을은 김근겸·김관준·김언규(金言規) 등 개경 사람들과는 서로 마음이 부합되지 않으니, 이들 몇 사람이 없다면 우리 고을에 대해 근심할 일이 없을 것입니다." 라고 건의했다. 태조가, "짐의 마음은 살육을 그치게 하는데 있으니, 죄 지은 사람도 오히려 용서하고자 하거늘 하물며 그들은 모두 있는 힘을 다해 짐을 도운 공로가 있는 사람들이오. 짐은 고을 하나를 얻으려고 충성스럽고 어진 사람을 죽이는 일은 하지 않겠소." 라고 하니, 견금 등이 부끄러워하며 물러갔다. 김근겸·김언규 등이 이 말을 듣고, "과거에는 능달이 복명하기를 청주 사람들이 배반할 마음이 없다고 했으나, 저희들은 단연코 그렇지 않다고 생각합니다. 지금 견금 등이 말한 것을 들으니 다른 뜻이 없다고 보장할 수 없습니다. 바라건대 그들을 억류하고서 변란의 기미를 살펴보소서."라고 아뢰니 그 의견을 따랐다. 일이 일단락된 후 태조는 견금 등에게, "지금 비록 그대의 말대로 하지는 않았으나 그대의 충성을 매우 가상하게 여기고 있소. 빨리 돌아가서 사람들의 마음을 안정시키는 것이 좋겠소."라고 말하니 견금 등이 이렇게 청했다. "신들은 충정을 드러내고자 하여 이로움과 해로움을 말씀드렸으나 도리어 남을 모함한 것처럼 되어버렸습니다. 그런데도 주상께서 죄로 여기지 않으시니 은혜가 막대하와, 저희들은 진심으로 나라에 보답하기를 맹세하나이다. 그러나 한 고을 사람들이라 할지라도 사람마다 마음이 다르니, 만약 반란이 일어나면 제어하기 어려울까 근심되옵니다. 바라건대 관군을 보내어 응원군으로 삼으소서." 태조가 옳은 말이라 여겨, 마군 장군(馬軍將軍) 홍유(洪儒)와 유금필(庾黔弼) 등으로 하여금 군사 1천 5백 명을 거느리고 진주(鎭州)에 주둔하여 반란에 대비하도록 하였다. 얼마 뒤 도안군(道安郡)에서, 청주가 은밀히 후백제와 내통하여 반란을 일으키려 한다고 알려왔으므로, 태조가 마군장군 능식(能植)으로 하여금 군사를 거느리고 진압하도록 하였다. 이로 말미암아 청주에서는 반란을 일으킬 수 없었다. (『高麗史』 92 列傳 5 堅金)

고려 윤선(尹瑄)은 염주(塩州) 사람이다. 사람됨이 침착하고 용맹스러웠으며, 병법(兵法)에 정통하였다. 애초 궁예가 사람들을 함부로 죽이는 것을 보고 재앙이 자신에게 미칠까 염려하여 자신을 따르는 무리를 이끌고 북쪽 변방으로 달아났다. 2천여 명의 무리를 모아, 골암성(鶻巖城)에 살면서 흑수말갈(黑水靺鞨)의 족속들을 불러들여 오랫동안 변방 고을에 해를 끼쳤다. 태조가 즉위하자, 무리를 거느리고 와서 귀부하니 이 때부터 북쪽 변방이 안정되었다. (『高麗史』 92 列傳 5 尹瑄)

고려 흥달(興達)은 견훤 휘하의 고사갈이성주(高思葛伊城主)였다. 태조가 강주(康州, 지금의 경상남도 진주시)로 순행하면서 그 성을 통과하게 되자, 흥달이 아들을 보내어 귀부의 뜻을 보였다. 이렇게 되자 후백제가 배치했던 군사와 관리들이 모두 항복하여 귀부하였다. 태조는 이를 가상히 여기어 흥달에게 청주(靑州)를 녹읍(祿邑)으로, 아들 준달(俊達)에게는 진주(珍州)를 녹읍으로, 웅달(雄達)에게는 한수(寒水)를 녹읍으로, 옥달(玉達)에게는 장천(長淺)을 녹읍으로 각각 내려주고, 또 토지와 집을 주어 포상하였다. 견훤이 그 성을 공격하려 하니 흥달이 그 소식을 듣고 출전하기 위해 목욕재계를 하다가, 문득 오른쪽 어깨 위에 '멸(滅)'자가 있는 것을 보았다. 괴이쩍게 여기고 재앙을 떠는 푸닥거리를 했으나 열흘만에 병으로 죽었다. (『高麗史』 92 列傳 5 興達)

고려 선필(善弼)은 신라 재암성장군(載巖城將軍)이었다. 당시 도적떼가 다투어 일어나 곳곳에서 노략질을 일삼았는데, 태조가 신라와 우호관계를 맺고자 하였으나 도적떼 때문에 길이 막혔으므로 이를 근심하였다. 선필이 태조의 위엄과 덕망을 보고 마침내 귀부하려는 뜻을 보였고, 계책을 써서 신라와 우호관계를 맺도록 하였다. 또 적과의 전투에서 여러 차례 전공을 세웠다. 뒤에 재암성(載巖城)을 바치고 귀부하자, 태조가 후하게 대우하였으며 나이가 많다하여 상보(尙父)라 존칭하였다. (『高麗史』 92 列傳 5 善弼)

고려 태평(泰評)은 염주(塩州) 사람이다. 경서(經書)와 사서(史書)를 두루 섭렵하였으며, 관리로서의 실무에 밝고 익숙하였다. 처음에 그 고을 적당의 장수인 유긍순(柳矜順)의 기실(記室)이 되었으나, 궁예가 유긍순을 격파하자 태평도 항복하였다. 염주가 오랫동안 자신에게 불복했던 것에 분노한 궁예는 그를 졸병으로 강등해버렸다. 이에 태평은 태조를 따르게 되었으며, 개국하던 때 참여하여 힘을 기울였으므로 순군낭중(徇軍郞中)으로 발탁 임명되었다. (『高麗史』 92 列傳 5泰評)

고려 (천수) 19년 9월 왕이 친히 견훤의 반역한 아들 신검(神劒)을 토벌하니 후백제가 멸

망하였다. (『高麗史』 86 表 1 年表 1)

고려 겨울 12월 정유일(13)에 대광(大匡) 배현경(裴玄慶)이 죽었다. (『高麗史』 2 世家 2 太祖 2)

고려 겨울 12월에 대광(大匡) 배현경(裵玄慶)이 졸하였다. 현경은 경주(慶州) 사람인데 담력이 남보다 뛰어났다. 병졸 신분에서 일어나 태조가 여러 곳을 정벌할 때에 현경의 공이 많았다. 병이 위독해지자, 왕이 친히 그 집에 행차하여 그 손을 잡고 말하기를, "아아, 천명이구나. 경의 자손이 있으니 내가 감히 잊겠는가." 하였다. 왕이 문밖에 나오자 현경이 죽었다. 무열(武烈)이라 시호하고, 후에 태조의 묘정에 배향되었다. (『高麗史節要』 1 太祖神聖大王)

고려 현경(玄慶) (…) 태조 19년에 그가 위독하자, 태조가 그의 집으로 가서 손을 잡고, "아아. 운명이로다. 경의 자손을 내가 감히 잊을 수 있겠는가."라고 하였다. 태조가 문을 나서자 곧 배현경이 죽었으므로 어가(御駕)를 멈추고 나라의 비용으로 장사를 치르는 일을 돕게 한 뒤에 환궁하였다. 시호를 무열(武烈)이라 하였으며, 아들은 배은우(裴殷祐)이다. (『高麗史』 92 列傳 5 洪儒附 裵玄慶)

고려 신라 백제

(천복 원년 12월) 고려 왕건이 군사로써 신라와 후백제를 격파하였다. 이에 동이의 여러 나라가 모두 고려에 항복했다. 2경(京) 6부(府) 9절도(節度) 120군(郡)이 있다. (『資治通鑑』 280 後晉紀 1 高祖聖文章武明德孝皇帝)

고려 이 해에 광흥사(廣興寺)·현성사(現聖寺)·미륵사(彌勒寺)·내천왕사(內天王寺) 등을 창건하고 또 연산현(連山縣)에 개태사(開泰寺)를 창건했다. (『高麗史』 2 世家 2 太祖 2)

고려 이해에 광흥사·현성사·미륵사·내천왕사 등을 창건하였고, 또 연산에 개태사를 창건하였다. (『高麗史節要』 1 太祖神聖大王)

신라 청태(淸泰) 3년 가을에 이르러 우리 태조 신성대왕(神聖大王)께서 몸에 갑옷을 입고 손에는 한검(漢劍)을 잡아 공손히 천벌(天罰)을 행하되 해우(海隅)를 괴롭히는 자는 모두 소탕하고 삼한(三韓)을 협화(協和)하였으므로 이에 사군(四郡)이 다시 태평한 군자국이 되게 하였을 뿐만 아니라, 불교 또한 깊이 신봉하였다. 대사께서 서토(西土)에 가서 유학한 후 귀국하여 남산(南山)에 은거하고 있었으나, 전혀 불편하게 여기지 아니하고 환구(寰區)를 복되게 하였다. 이 때 태조께서 청풍(淸風)을 바라보고 백월(白月)을 첨앙하듯 숭앙(崇仰)해 마지 아니하였다. 그리하여 급히 지검(芝檢)을 보내 옥경(玉京)으로 초빙하였다. 눈으로는 대사가 개경으로 왕림함을 보았고 귀로는 용이 변화함을 들었다. 비록 승가(僧伽)에 귀의하는 의례(儀禮)이나 마치 부처님을 받드는 의전(儀典)과 같이 하였다. 대사는 달이 하늘을 지나가고 구름이 푸른 산바위틈으로 돌아가듯 조금도 걸림이 없고 적적(寂寂)하게 보광(葆光)을 세상 밖으로 비추었고, 현현(玄玄)하게 역중(域中)에서 교화를 행하였다. 이른바 엄숙하게 위엄을 보이지 않으나 함이 없어도 스스로 다스려져 선도(善道)로 나아가고, 함께 복문(福門)으로 출입하도록 하였다고 이를 만하다. 그 후 얼마 되지 않아 태조 임금이 승하하였다. 마치 고기가 수조하(水藻下)에 편안히 있을 수 없는 상황이어서 나라에는 하늘이 무너진 듯 탄식하였고, 함지(咸池)에는 일잠(日蘸)의 빛도 없는 듯하다. (「玉龍寺洞眞大師碑」)

신라 고려	(…) 태조(太祖)가 바야흐로 삼국(三國)을 규합하고 상교(象敎)를 존숭하였다. 청태년초(淸泰年初)에 서백산(西伯山) 신랑(神朗) 태대덕(太大德)이 각현이 번역한 80권본(卷本) 화엄경에 정통하여 방대광(大方廣)의 비종(秘宗)을 설한다는 소식을 들었을 때, 대사는 나이가 이미 상유(桑榆)에 임박하고, 모양은 마치 포유(蒲柳)와 같이 쇠잔하였다. 그러나 대사(大師)에게 청법하니 낭공대사가 법상에 올라 앉아 옥병(玉柄)을 휘두르면서 금언(金言)을 설하여 심법(心法)을 들려주고 있었다. 드디어 서백산(西伯山)으로 가서 삼본(三本) 화엄경의 강설을 듣고는 크게 감동하여 "어찌 이것이 부처님께서 가섭에게 밀전(密傳)하고, 유마거사가 문수보살과 묵대(黙對)한 것과 다르겠는가!"라고 하였다. 낭공대사(朗空大師)가 부끄러운 얼굴로 대답하기를, "옛날 유동(儒童)보살이 이르기를, '나를 일으킨 자는 상(商)이다.'라 하였다."라고 하였다. 화엄대교(華嚴大敎)가 이때부터 크게 성행하였다. (「普願寺法印國師寶乘塔碑」)
신라	석보양전(釋寶壤傳)에는 그의 고향과 씨족을 싣지 않았다. 청도군사적(淸道郡司籍)을 살펴보면 다음과 같다. 천복(天福) 8년 계유(癸酉)[태조 즉위 26년이다] 정월 모일에 청도군 경계 마을의 심사(審使) 순영(順英)과 대내말(大乃末) 수문(水文) 등의 주첩(柱貼) 공문(公文)에 운문산(雲門山) 선원(禪院) 장생(長生)은 남쪽은 아니점(阿尼岾), 동쪽은 가서현(嘉西峴)이라고[했고], 그 사원의 삼강전(三剛典) 주인(主人)은 보양화상(寶壤和尙)이고, 원주(院主)는 현회장로(玄會長老), 정좌(貞座)는 현양상좌(玄兩上座), 직세(直歲)는 신원선사(信元禪師)라고 하였다[위의 공문청도군의 도전장전(都田帳傳)에 의거하였다]. 또한 개운(開運) 3년 병진(丙辰)(946)에 운문산 선원 장생표탑(長生標塔) 공문 한 통에 장생이 열하나이니, 아니점(阿尼岾), 가서현(嘉西峴), 묘현(畝峴), 서북 매현(西北買峴)[혹은 면지촌(面知村)이라 한다], 북저족문(北猪足門) 등이라 하였다. 또 경인년(庚寅年)의 진양부첩(晋陽府貼)에는 5도 안찰사가 각 도의 선교(禪敎) 사원의 창건 년월, 형지(形止)를 살펴서 장적을 만들 때에 차사원(差使員) 동경장서기(東京掌書記) 이선(李僐)이 살펴서 기록하였다고 한다. 정풍(正豊) 6년 신사(辛巳)[대금(大金)의 연호이니 고려 의종(毅宗) 즉위 16년이다] 9월의 군중고적비보기(郡中古籍裨補記)에 따르면 청도군 전 부호장 어모부위(禦侮副尉) 이칙정(李則楨)의 집에 옛사람의 소식과 우리말로 전하는 기록이 있었고, 치사(致仕)한 상호장(上戶長) 김양신(金亮辛)·치사한 호장(戶長) 민육(旻育)·호장동정(戶長同正) 윤응(尹應)·전기인(前其人) 진기(珍奇) 등과 당시 상호장 용성(用成) 등의 말이 적혀 있는데, 당시 태수 이사로(李思老)·호장 양신은 나이 89세이었고 나머지 무리는 모두 70세 이상이었으며 용성은 나이가 60세 이상이라고 하였다[운운한 것은 다음에는 따르지 않는다]. 신라시대 이래로 청도군의 사원 작갑사(鵲岬寺) 이하 중소 사원은 삼한의 병란 중에 대작갑(大鵲岬), 소작갑(小鵲岬), 소보갑(所寶岬), 천문갑(天門岬), 가서갑(嘉西岬) 등 5갑이 모두 훼손되어 5갑의 기둥만 모아 대작갑사에 두었다. 조사(祖師) 지식(知識)[윗 글에는 보양이라 하였다]이 중국에서 법을 전해 받고 돌아오는데 서해 중간에 이르니 용이 맞이하여 용궁에 들여서 경전을 염송하게 하고 금라가사 1령을 베풀어주고 겸하여 아들 이목(璃目)을 시봉하여 쫓아가게 하면서 부탁하여 말하였다. "지금 삼국이 혼란하여 아직 불법에 귀의한 군주가 없었다. 만약 내 아들과 함께 본국에 돌아가서 작갑에 절을 세우고 거하면, 도적을 피할 수 있고 수년이 지나지 않아 또한 물리칠 수 있고, 반드시 불법을 지키는 어진 군주가 나와 삼국을 평정할 것이다"라고 하였다. 말을 마치고 서로 이별하고 돌아와서 이 골짜기에 이르니 홀연히 노승이 나타났는데 스스로를 원광이라 칭하였고, 인궤(印櫃) 품에 안고 있다가 꺼내주고 사라졌[살펴보건대, 원광은 진(陳)나라 말에 중국에 들어가 개황(開皇) 연간에 본국으로 돌아와서 가서갑에 주석하고 황륭사에서 죽었다. 계산하면 청

태(淸泰) 연간 초엽에 이르니 무려 300년이다. 지금 여러 갑사들이 모두 없어진 것을 슬퍼하고 보양이 와서 장차 일어날 것을 기쁘게 바라보고 고로 그것을 알린 것이다]. 이에 보양이 장차 폐사를 일으키려 북쪽 고개에 올라 바라보니 뜰에 5층의 황색 탑이 있었다. 내려와 그것을 찾으니 곧 흔적이 없었다. 다시 가서 바라보니 까치 무리가 땅을 쪼고 있으므로 이에 해룡이 한 작갑의 말을 기억하고는 그곳을 파보니 과연 남겨진 벽돌이 수를 셀 수 없을 정도로 있었고 그것을 모아 높게 쌓아 탑을 이루고 남긴 벽돌이 없었으니 이곳이 전시대의 가람터인 것을 알았다. 절을 창건하는 것을 마치고 주석하고 인하여 작갑사라 이름하였다. 얼마 지나지 않아 태조가 후삼국을 통일하고 법사가 여기에서 절을 창건하고 거한다는 것을 듣고 이에 5갑의 밭 5백결을 합하여 절에 헌납하였다. 청태(淸泰) 4년 정유(丁酉)에 편액을 내려 운문선사(雲門禪寺)라 하고 가사의 영음을 받들게 하였다. 이목(璃目)은 항상 절 옆의 작은 못에 있으며 남몰래 교화를 도왔고, 문득 어느 해에 가뭄이 들어 밭의 곡식이 말라 타들어가자 보양이 이목에게 비를 내리게 했더니 한 지역에서 족함을 고하였다. 천제(天帝)는 직무를 수행하지 못했다고 장차 주살하고자 하니 이목이 법사에게 위급함을 고하였다. 법사가 책상 아래에 숨겨주니 조금 뒤에 천사가 뜰에 와서 이목을 내어놓기를 청하였다. 법사가 뜰 앞의 오얏나무를 가리키자 이에 그것에 벼락을 치고 하늘로 올라갔다. 오얏나무가 꺾여 넘어졌는데 용이 그것을 쓰다듬자 곧 살아났다[일설에는 법사가 주문을 외우자 살아났다고 한다] 그 나무는 근년에 땅에 쓰러져서 어떤 사람이 빗장 몽치로 만들어 선법당(善法堂)과 식당에 두었고, 그 몽치 자루에는 글자가 새겨져 있다. 처음 법사가 당에 갔다 돌아와 먼저 추화군(推火郡) 봉성사(奉聖寺)에 머물렀다. 마침 태조가 동쪽을 정벌하여 청도(淸道)의 경계에 이르렀는데, 산적이 견성(犬城)[산봉우리가 물줄기에 임하여 가파르게 서 있어서 지금 세상에서 그것을 나쁘게 여겨 이름을 견성(犬城)으로 고쳤다]에 모여 있었는데 교만하여 격살하지 못하였다. 태조가 산 아래에 이르러 법사에게 쉽게 제압하는 방법을 물으니 법사가 답하여 말하였다. "무릇 개의 본성은 밤의 일은 맡고 낮의 일은 맡지 않아서 앞을 지키고 그 뒤를 잊고 있으니 마땅히 낮에 그 북쪽을 쳐야 합니다." 태조가 그를 따르니 과연 항복하였다. 태조가 그 신통한 지략을 가상히 여겨 해마다 가까운 현(縣)의 조(租) 50석을 지급하여서 향화(香火)를 이바지하게 했다. 이로써 절에 이성(二聖)의 진용(眞容)을 안치하였고 인하여 봉성사(奉聖寺)라 이름하였다. 후에 작갑사로 옮겨가서 절을 크게 세우고 죽었다. 법사의 행장은 옛 전승에는 수록되어 있지 않고 민간에 이르기를, "석굴사(石崛寺)의 비허사(備虛師)[혹은 비허(毗虛)라고도 쓴다]와 형제가 되는데, 봉성·석굴·운문 세 절은 봉우리를 이어 쭉 늘어져 있어서 서로 왕래하였다"라고 한다. 후대의 사람이 신라이전(新羅異傳)을 고쳐 쓰면서 작탑(鵲塔)과 이목(璃目)의 일을 원광의 전기 속에 함부로 기록하였고, 견성(犬城)의 일은 비허전(毗虛傳)에 걸어놓았으니 이미 잘못된 것이다. 또한 해동승전(海東僧傳)을 쓴 사람은 그것을 따라 잘못 썼다. 그 때문에 보양은 전(傳)이 없어 후대 사람들을 의심하고 그르치게 하였으니 무망(誣妄)함을 어찌할 것인가. (『三國遺事』 4 義解 5 寶壤梨木)

신라 우리 태조의 창업 때에 이르러서 또한 해적이 와서 근심이 되니 이에 안혜(安惠)·낭융(朗融)의 후예인 광학(廣學)·대연(大緣) 등 두 대덕에게 청하여 법을 만들어 진압하게 하였는데 모두 명랑의 계통이었다. 그러므로 법사를 아울러 위로 용수(龍樹)에 이르기까지 9조(祖)로 삼았고[본사기(本寺記)에는 3사(師)가 율조(律祖)가 되었다고 하나 자세하지 않다] 또한 태조가 그를 위해 현성사(現聖寺)를 창건하여 한 종지의 근본으로 삼았다. (『三國遺事』 5 神呪 6 明朗神印)

신라 신라 때 관기(觀機)·도성(道成) 두 명의 뛰어난 스님이 있었는데, 어떠한 사람인지 알지 못했으나, 함께 포산(包山)에 은거하였다[향(鄕)에서 소슬산(所瑟山)이라 이르는 것은 범어의 음으로 이것은 포(包)를 이야기한다] 관기의 암자는 남쪽 고개였고, 도성은 북쪽 굴에 거처하였다. 서로 10리쯤 떨어져 있었으나, 구름을 헤치고 달을 읊으며, 매일 서로 친하게 지냈다. 도성이 관기를 부르려고 하면, 곧 산 속에 나무가 모두 남쪽을 향해 구부려, 서로 맞이하는 사람 같았다. 관기는 그것을 보고 [도성에게] 갔다. 관기가 도성을 만나려 하면, 곧 또한 그것과 같아서 모두 북쪽으로 쏠리니, 도성은 이에 관기에게 이르니, 이와 같음이 몇 해였다. 도성은 사는 곳 뒤의 높은 바위 위에서 항상 참선하였다. 하루는 바위가 갈라진 사이에서 몸이 뛰어나오니, 온 몸이 하늘에 올라 날았는데, 다다른 곳을 알 수 없었다. 어떤 이는 말하길, 수창군(壽昌郡)[지금의 수역군(壽域郡)]에 이르러 몸을 버렸고, 관기도 또한 뒤를 따라 세상을 떠났다. 지금 두 스님으로 그 터를 이름 지었는데, 그 자리가 모두 남아 있다. 도성의 바위는 높이가 수 장(丈)이며, 후세 사람이 굴 아래 절을 지었다. 태평흥국(太平興國) 7년 임오(壬午)에 스님 성범(成梵)이 처음 이 절에 와서 살다가, 만일미타도량(萬日彌陀道場)을 열고, 50여 년을 정성을 다하니, 자주 상서로운 조짐이 있었다. 이 때 그윽한 기질의 신의있는 남자 2십여 명이 해마다 결사(結社)하고, 향나무를 주워 절에 바쳤다. 매번 산에 들어가 향(香)을 채취하여 쪼개고 씻어 발 위에 펼쳐 놓으니, 그 나무가 밤에 이르면 빛을 내어 촛불과 같았다. 이로 말미암아 고을 사람들이 향도(香徒)에게 크게 시주하고, '빛을 얻은 해'라고 경축하니, 이것은 두 성인의 영적인 감응이며, 혹은 산신에게 도움 받은 바라고 하였다. 신의 이름은 정성천왕(靜聖天王)으로 일찍이 가섭불(迦葉佛)의 시대에 부처님의 당부를 받고, 중생을 구제하려는 염원이 있어, "산 속에서 1천 인이 세상에 나오기를 기다려 남은 보(報)를 받겠습니다."라고 하였다. 지금 산 속에서 일찍이 아홉 성인을 기록하였는데, 남겨진 이야기는 상세하지 않으나, 말하길, "관기(觀機)·도성(道成)·반사(搬師)·첩사(楪師)·도의(道義)[백암사(栢岩) 터가 있다]·자양(子陽)·성범(成梵)·금물녀(今勿女)·백우(白牛) 스님이다."

찬(讚)하여 말한다. "서로 지나다 달빛을 밟고 운천(雲泉)에서 놀다가, 두 노인이의 풍류(風流)는 몇 백년이던가. 골짜기 안개가 가득하고 노을에 고목만 남았는데, 굽혔다 폈다 쓸쓸한 그림자가 여전히 맞이하는 듯하다." '반(搬)'은 음이 반(般)이고, 고향에서 이르기를 피나무(雨木)이고, 첩(楪師)의 음은 첩(牒)인데, 고향에서 이르길 갈나무(加乙木)이다. 이 두 스님은 오랫동안 바위에 모여 은거하고, 인간 세상과 교류하지 않았다. 모두 나뭇잎을 엮어 옷으로 하고, 추위와 더위를 넘어서서, 젖은 것을 가리고 부끄러운 것을 막을 뿐이었다. 이로 인하여 불리게 되었다. 일찍이 풍악(楓岳)에서 또한 그 이름이 있다고 들으니, 이에 옛날 세상을 피한 선비로 알고 있으니, 이와 같은 취미의 예가 많으나, 다만 본받아 따라 하기는 어렵다. 내가 일찍이 포산에 머무를 때, 두 스님의 남겨진 미덕의 기록이 있어, 지금 아울러 그것을 기록한다. 시(詩) 자줏빛 띠풀과 죽대 뿌리로 배를 채우고, 덮는 옷은 나뭇잎으로 하여 누에치는 베틀은 없네. 쓸쓸한 솔 바람부는 돌산에서, 날 저문 숲 아래서 나무하고 돌아오네. 밤이 깊어 달을 향하여 밝은데 앉으니, 쌀쌀하여 바람따라 반쯤은 날듯하네. 헌 포단에 뒤섞여 누워 천진하게 잠드니, 꿈 속의 넋이 속세의 굴레에 도달하지 않는다. 구름처럼 놀다 간 두 암자의 터는, 산 사슴만 제멋대로 오르고 사람의 발자취는 드물구나. (『三國遺事』 5 避隱 8 包山二聖)

신라 남산(南山)의 동쪽 기슭에, 피리촌(避里村)이 있고, 마을에 절이 있는데, 이로 인하여 이름이 피리사(避里寺)라고 하였다. 절에 특이한 스님이 있었는데, 이름을 말하지 않았고, 항상 아미타불(彌陁)을 염송하며, 그 소리가 성 안에까지 들렸다. 360방(坊) 17만호(戶)에 들리지 않는 곳이 없었고, 소리의 높고 낮음이 없어 낭랑하게 한결같았다. 이로써 특이하게 여겨 공경하지 않는 이가 없었고, 모두 염불(念佛) 스님이라 이름하였다. 죽은 후에 흙 인형으로 진영(眞儀)을 만들어, 민장사(敏藏寺)에 안치하고, 그 본래 살던 피리사는 이름을 고쳐서 염불사(念佛寺)라 하였다. 절 옆에 또한 절이 있었는데, 이름이 양피(讓避)라 하였는데, 마을로 인하여 이름을 얻었다. (『三國遺事』5 避隱 8 念佛師)

고려 16조(祖) 보운존자(寶雲尊者) 의통(義通)의 자(字)는 원유(惟遠)이고 고려국의 족성(族姓)인 윤씨[후당 명종 천성 2년(927), 정해년에 태어났다]이다. 범상(梵相)이 이상(異常)하고, 정(頂)은 육발(肉髻)이 있으며, 눈썹이 완전(宛轉)하고, 신장(伸長)이 5~6촌이다. 어려서 구산원(龜山院)의 석종(釋宗) 쫒아 사(師)로 삼아 구족계를 받은 후 화엄(華嚴)·기신(起信)을 공부하고, 나라에서 우러러 존경하였다. (『佛祖統紀』8 興道下·八祖紀 4)

고려 항주(杭州) 용화사(龍華寺) 진각대사(眞覺大師) 영조(靈照)는 고려(高麗) 출신이다. 민월(閩越) 지역을 떠돌아다니다가 설봉(雪峯)의 마루에 올라 현묘(玄妙)한 불교의 뜻을 가만히 깨달았다. 거처하는 데에 오직 승복 한 벌 만 입고 온갖 일들을 부지런히 처리하니 민중(閩中)에서 그를 '조포납(照布衲)'이라 하였다. 어느 날 저녁 무렵에 반달을 가리키며 부상좌(溥上座)에게 "저 한 조각 달은 어디로 가는가."라고 물으니, 부상좌가 "망상(妄想)을 부리지 마세요."라고 답하였다. 대사(大師)가 말하기를, "한 조각을 잃어버렸도다!"라 하니, 여러 사람들은 비록 감탄하며 칭찬했으나 담박하게 분수를 지키고 있었다. 처음에 무주(婺州) 제운산(齊雲山)에 있을 때였다. 상당(上堂)하여 조금 있다가 갑자기 손을 별리고 대중을 보면서 말했다. "이것을 잡으시오, 이것을 잡으시오." 또 말했다. "한 사람이 거짓을 전하면 만 사람은 실(實)을 전한다." 어떤 중이 물었다. "풀 베는 목동들도 노래하고 춤을 추는데 요사이에도 있겠습니까." 대사가 자리에서 내려가 춤을 추면서 말했다. "사미여, 알겠는가." "모릅니다." "산승(山僧)의 덩더꿍이 춤도 모르는가." "영산회상에서는 법과 법을 전했는데 제운에서는 무엇으로 전해 줍니까." "그대 한 사람 때문에 제운산을 황폐시킬 수는 없다." "그것이 친히 전하는 것이 아니겠습니까." "대중을 너무 웃기지 말라." "환단(還丹) 한 알이 쇠를 변해 금을 이루고, 지극한 말 한 마디가 범부에게 점을 찍어 성인을 이룬다 하는데, 스님께서 점을 찍어 주십시오." "제운이 금을 변해 쇠를 이룬 것을 아는가." "금을 변해서 쇠를 이루었다는 말은 미처 들은 바가 없습니다. 지극한 이치의 한 말씀을 드리워 주십시오." "말 귀절 밑에서 알아 채지 못하면 후회하여도 미치지 못한다." 대사가 다음에는 월주(越州)의 경청원(鏡淸院)으로 옮기니 바다 같은 무리가 기꺼이 뒤를 따랐다. 어느 날 대중에게 말했다. "바른 법령을 다시 행할 것이다." 어떤 중이 말했다. "스님께서 바른 법행을 다시 행해 주십시오." 대사는 대답했다. "훔훔(吽吽)." "어떤 것이 학인의 본분된 일입니까." "경청은 입 놀리기를 아끼지 않는다." "스님께서 잘 다듬어 주십시오." "십의 팔은 이루어졌다." "어째서 十이 다 이루어지지 않습니까." "경청의 닦는 이치를 알고자 하는가." 대사가 어떤 중에게 물었다. "어디서 왔는가." "오봉(五峰)에서 왔습니다." "무엇하러 왔는가." "화상께 예배하러 왔습니다." "왜 스스로에게 예배하지 않는가." "절을 했습니다." "경호(鏡湖)의 물이 얕구나." 어떤 이가 물었다. "어떤 것이 제 1의 구절〔第1句〕입니까." "이름과 말을 잘못 내지 말라." "스님께 어찌 방편이 없으시겠습니까." "까마귀가 참새를 기른다." 어떤 이가 물었다. "위로 향하는 외 길은 천 성인이 전하지 못한다 하니, 어떤 사람이 전해 가졌습니까." "천의 성인도 나를 의심하더라." "그것이 곧 전하는 것이 아니겠습니까." "진제(晉帝)가 해강(嵇康)을 죽였다." "석가가 마갈(摩竭)에서 방문을 닫았고, 정명(淨名)이 비야(毘耶)에서 입을 다물었으니, 이 뜻이 무엇입니까." "동쪽 복도가 양양삼삼(兩兩三三)이니라." 대사가 대중에게 말했다. "제방에서는 비로법신(毘盧法身)으로 극칙을 삼거니와 여기의 경청은 그렇지 않나니, 비로자나도 스승이 있고 법신도 주인이 있음을 알아야 한다." "어떤 것이 비로의 스승이며 법신의 주인입니까." "두 공(公)이 어찌 감히 의론하리요." "옛사람이 말하기를, '빛을 보면 곧 마음을 본다.' 하는데, 이것은 빛이거니와 어떤 것이 마음입니까." "그렇게 물으면 나를 속이는 것이 아닌가." "쪼개기 이전의 일을 스님께서 결단해 주십시오." "어디에 떨어졌는가." "그러면 입을 잃었습니다." "한산(寒山)이 위산(潙山)을 전송한다." 또 말했다. "가만 있어라. 그대가 입을 잃었는가. 내가 입을 잃었는가." "사나운 호랑이도 새끼는 물지 않습니다." "당나귀는 나가고 말은 돌아 오는구나." 대사가 어떤 중에게 갑자기 물었다. "기억하는가." "기억합니다." "무엇이라 했는가." "무엇이라 하십니까." 대사가 말했다. "회남(淮南)의 어린애가 절에 왔다." "무엇이기에 준걸한 매와 준걸한 새매가 쫓아도 미치지 못합니까." "그대가 따로 물어라. 내가 따로 대답하리라." "따로 대답해 주십시오." "10리의 행인이 같은 길을 걷는다." "금 부스러기가 귀중하지만 눈에 넣을 수 없을 때엔 어찌 합니까." "넣을 수 없는 것을 넣을 수 있겠는가." 중이 절을 하니 대사가 말했다. "심사신(深沙神) 이구나." "보리수(菩提樹) 밑에서 중생을 제도했다는데 어떤 것이 보리수입니까." "흡사 고련수(古練樹) 같으니라." "어째서 고련수 같습니까." "본래 어진 말이 아니거니 어찌 수고로이 채찍을 흔들리요." 뒤에 호주(湖州) 태수 전공(錢公)이 항주의 서쪽 관문(關門)에 보자원(報慈院)을 짓고, 대사를 맞이하여 법당을 열게 하니 선회(禪會)가 쓸리듯이 모여들었다. 뒤에 전왕(錢王)이 용화사(龍華寺)를 세우고, 금화(金華) 부대사(傅大士)의 영골(靈骨)과 도구(道具)를 배치하고 대사께 주지하라고 청했다. 진(晋)의 천복(天福) 12년(937) 정미(丁未) 윤 7월 26일에 본사(本寺)에서 임종(臨終)하니, 수명은 78세였다. 대자산(大慈山)에 탑을 세웠다. (『景德傳燈錄』 18 行思禪師第六世·福州雪峯義存禪師法嗣 杭州龍華寺靈照禪師)

고려 항주(杭州) 용화사(龍華寺) 진각대사(眞覺大師) 영조(靈照)는 설봉(雪峰)의 법을 이었다. 선사의 휘는 영조(靈照)이니, 동국(東國) 사람이었다. 설봉의 비밀한 뜻을 얻은 뒤로 이내 절강(浙江)에 사니, 전왕(錢王)이 흠모하고 존중하여 자의(紫衣)를 하사하고, 호를 진각(眞覺) 대사라 하였다. 처음에는 제운(齊雲)에 살았고, 나중에는 경청(鏡淸), 보자(報慈), 용화(龍花)에 살았는데, 사해(四海)의 납자(衲子)들이 모여들어 오래도록 법석(法席)을 이루었다. 선사께서 언젠가 상당(上堂)하여 말했다. "법령(法令)을 다하면 있는 듯 하되 없으나 사사롭고 굽게 하면 장애를 이룬다. 노승(老僧)이 이렇게 말하면 나를 비웃을 수 있겠는가." 이때 어떤 사람이 물었다. "스님께서 법령을 다해 주십시오." 이에 선사께서 대답했다. "훔훔(吽吽)이니라." "어떤 것이 부처님들께서 세상에 나타나시는 곳입니까." 선사께서 법귀(法歸), 또는 경행(慶幸)이라 하는 어린아이의 이름을 부르니, 스님이 말했다. "그러시다면 지금 무엇을 꺼리시는 것입니까." 선사께서 대답했다. "서울에 이르렀으되 서울의 풍물(風物)이 있음을 알지 못하느니라." "이 문풍(門風)을 누가 이어받습니까." 선사께서 대답했다. "지난날의 한주(漢主)가 오늘 우리의 임금이시니라." 선사께서 보자원(報慈院)을 개당(開堂)하는 날에 말했다. "왕자(王子)와 왕손(王孫)들과 사부대중들이 구름같이 모였으나 금지(金枝)와 옥엽(玉葉)들이 왕궁(王宮)을 떠나기 전과, 여러 가지 높은 자리의 귀하신 분들이 아직 댁에서 떠나기 전과, 여러 절의 대덕(大德)과 대사(大師)들이 각기 자기의 본사(本寺)에서 떠나기 전에, 미천한 승려인 내가 벌써 다 만났다. 이 가운데 그 사실을 성찰(省察)한 이가 있는가. 여러분이여, 이미 문턱을 넘어서려 할 때에 벌써 만 리 밖의 고향을 바라보았거늘 보자원에까지 이르는 일이겠는가. 어디에 다시 이런 이야기가 있던가. 여러분의 비위를 가볍게 저촉한 것이 아닐까. 놓아버리면 만 가지 일에 말이 끊기고 놓아버리지 않는다면 한 바탕의 재앙을 가져올 일이다. 비록 그러하나 끊어버릴 수는 없나니, 지금 이 가운데에는 아직도 의문을 품은 이가 있는가. 빨리 나오너라." 이때, 어떤 사람이 나서서 물었다. "듣건대, 스님께서는 '본래의 자리를 떠나기 전에 벌써 여러 사람을 만났다.' 하셨는데, 본래의 자리를 떠나기 전이라 하신 자리란 어떤 자리이기에 벌써 여러 사람을 접촉하셨습니까." 선사께서 대답했다. "그대가 나의 힘을 얻지 못했더라면 어찌 이런 질문을 펼 수 있었겠는가." 승려가 물었다. "한 치의 실도 드러나지 않을 때가 어떠합니까."선사께서 대답했다. "은은하고 비밀하니라." 승려가 말했다. "그렇다면 드러낼 얼굴이 없겠습니다." 이에 선사께서 말했다. "숲 속에 비치는 달빛은 사람들이 잡을 만도 하니라."승려가 물었다. "여러 성인들의 모임 가운데에 지위에 속하지 않는 이가 있습니까." 선사께서 대답했다. "여러 성인들의 모임은 그만 두고라도 어떤 것을 지위에 속하지 않는다 하는가." 승려가 말했다. "그렇다면 출세할 길이 없겠습니다."이에 선사께서 대답했다. "옥(玉)은 눈(雪) 속에 묻혀 있지 않거늘 어찌 굳다 곧다 함을 따지겠는가." 인하여 백장(百丈)이 시자(侍者)를 때린 인연을 선사께서 말하니, 어떤 사람이 이 일을 들어서 물었다. "백장이 시자를 때린 뜻은 상좌(上席)를 위해서 때렸습니까." 선사께서 대답했다. "진리의 바른 곳을 알지 못해서 재앙이 가정(家丁)에게 미쳤다." 선사께서 초경(招慶)에게 물었다. "일은 모름지기 그렇게 말하여야 사람들의 점검(點檢)을 받지 않나니, 초기(初機)와 후학들도 모름지기 힘을 얻어야 하겠습니다마는 옛부터 큰스님들이 농사를 지으신 것이 어떤 이유에 속합니까. 저의 이 물음을 화상께서 가려내 주십시오." 이에 초경이 가려서 말했다. "활짝 풀어 놓아 자유로운 것이 길이 어리석은 사람 같건만 거기에는 본래부터 사람의 사랑을 꿰뚫은 것이 있다." 승려가 물었다. "제가 질문하기 전에 선사께서 지시해 주십시오." 선사께서 말했다. "어떠한 도리가 이루어졌는가." "이미 스님의 뜻을 알았습니다." 이에 선사께서 말했다. "구슬을 바치고도 형벌을 받느니라." 인하여 어떤 조다(措多)가 묵은 절에 들어 왔다가 중에게 물었다. "이 절의 이름이 무엇인가." 그 중이 절 이름을 모르니, 조다는 다음과 같이 게송을 읊었다. 이 절이 어느 해에 지어졌는가. 중에게 물었으나 중도 모르네. 마른 소나무에 말을 매 놓고 먼지를 털면서 묵은 비(碑)를 읽노라. 이에 어떤 사람이 이 비문(碑文)을 들어 선사께 물었다. "비문(碑文)에 무엇이라 쓰였습니까." 이에 선사께서 대답했다. "삼장(三藏)이 입실(入室)을 했느니라." 선사께서 초경(招慶)에게 물었다. "어떤 것이 기미(機微)가 맞았으되 긍정하지 않는 것과 투합(投合)하는 것입니까." 초경이 대답했다. "차(茶)를 만나면 차를 마시는 것이니라." 이에 선사께서 말했다. "아까부터 오래 섰었더니, 다리가 아픕니다." 이에 초경이 다시 물었다. "어디가 티끌을 이루는 곳인가. 사형(師兄)은 가리어 보라." 선사께서 대답했다. 이대로 용맹하게 들어 올려 취합니다." 이에 초경이 긍정하였다. 선사께서 언젠가 상당(上堂)하여, 벌떡 일어나서 손을 펴면서 말했다. "조금만 갖자. 조금만 취하자." 또 말했다. "한 사람이 거짓을 전했는데 만 사람이 진실이라 전한다." 승려가 물었다. "옛사람이 말하기를, '말도 없고 이야기도 없어야 곧바로 불이법문(不二法門)에 든다.' 하였는데, 문수의 이런 말씀이 장로(長老)의 뜻에 부합됩니까." 이에 선사께서 대답했다. "전에는 나라를 다스리려 하였는데 이제는 집안까지 망쳤다." 승려가 물었다. "영산회상(靈山會上)에서는 법과 법으로 전하셨는데, 제운(齊雲)께서 무엇을 뒷사람에게 주시려는지 모르겠습니다." 선사께서 대답했다. "그대 한 사람을 위하여 제운산(齊雲山)을 황폐하게 만들 수는 없느니라." 승려가 말했다. "그것이 직접 전하시는 것이 아닙니까." 이에 선사께서 대답했다. "대중을 웃게 하지 말라." 선사께서 어느 날, 중이 올라오는 것을 보고 손에 가졌던 물건을 일으켜 세우면서 물었다. "그대는 저것과 이것이 다르다고 여기는가. 다르지 않다고 여기는가." 중이 대답이 없으니, 선사께서 대신 대답했다. "다르면 눈이 산을 보고 다르지 않으면 산이 눈을 봅니다." 승려가 물었다. "위로 향하는 외길은 천 성인도 전하지 못한다는데, 어떤 사람이라야 능히 전할 수 있습니까." 선사께서 대답했다. "천 성인도 나를 의심하느니라." 승려가 말했다. "그것이 전하는 사람이 아니겠습니까." 이에 선사께서 대답했다. "진제(晉帝)가 혜강(嵇康)의 목을 베었느니라." 선사께서 상당(上堂)하여 한참 섰다가 말했다. "이 자리에 오르라는 것이 아닌가." 운선(雲禪) 대사가 말했다. "인간의 예의가 그러하도다." 스스로 대신 말했다. "대중이 알아보겠습니까 하라." 선사께서 처음으로 용화사(龍華寺)에 들어갔을 때, 상당(上堂)하여 말했다. "종문(宗門)의 묘한 이치는 다음날 따로 이야기하기로 하겠거니와 만일 대도(大道)의 현묘(玄妙)한 그물이라면 삼계(三界)를 포용하여 한 문으로 삼고, 시방을 다하여 바른 안목을 삼았다. 세존께서 영산(靈山)에서 설법을 하신 뒤에 마하가섭에게 전하시니, 조사와 조사가 서로 이었고, 법과 법이서로 전하여졌다. 남천축국(南天竺國)의 태자가 영화를 버리고 출가(出家)하시니, 달마(達摩) 대사라 불렀다. 부처님의 마음 자리[心印]를 전하기 위해 10만 8천리를 지나와서 고하기를, '내가 본래 이 땅에 온 것은 법을 전해 미혹한 중생을 구제하기 위한 것이다.'라고 하셨는데, 그래서 2천년 동안 진리의 바람이 아직까지 쉬지 않았다. 우리 오.월(吳越) 나라의 태조(太祖) 세황(世皇)께서 불법(佛法)을 숭상하고 공경하시더니, 지금의 전하께서도 삼보(三寶)를 받들어 존중하여 대승(大乘)의 법을 펴시니 모두가 영산회상에서 부처님의 수기(受記)를 받으신 대사들이시다. 영공(令公)께서 대사(大師)를 청해 모시고 조정으로 돌아가 내도량(內道場)에서 공양을 올리고 겸하여 절을 지으라는 조칙(詔勅)을 내렸는데, 이 절은 곧 미륵(彌勒)의 내원(內苑)에 있는 보람(寶塔)으로서 대사의 진신사리(眞身舍利)를 봉안하였다. 또, 영공께서 율법(律法)을 일으키니 하늘과 땅 같이 영원한 일로서 고금에 듣기 드문 일이며, 사해와 팔방에 퍼져 있어 알거나 들은 이가 많다. 지난날, 성은(聖恩)을 받자와 이 절의 주지(住持)가 되라는 분부를 받았고, 현현한 납자들을 모으라는 허락을 받았으니, 그 어찌 모두가 분수(焚修)에 힘써 일심을 닦음으로써 성상께서 우리들에게 자유로움을 주신 은혜에 보답해야 되지 않겠는가. 물을 일이 있는 이는 앞으로 가까이 오라." 이 때, 어떤 학인(學人)이 물었다. "용화(龍華)의 모임이 영산(靈山)의 모임과 무엇이 다릅니까." 선사께서 대답했다. "화성(化城)의 교법(敎法) 면에서는 같느니라."승려가 말했다. "그렇다면 서로서로가 부러워하지 않겠습니다." 이에 선사께서 말했다. "앞의 말을 헛되이 내지는 않느니라." 어떤 승려가 물었다. "처음 영산회상에서 무엇을 이야기 했습니까." 선사께서 대답했다. "보지 못했는가. 세존(世尊)은 말씀이 없이 말씀하시고, 가섭(迦葉)은 듣지 않고 들으셨다 했느니라." 승려가 말했다. "그렇다면 왕이 거처하는 궁전(宮殿)을 보지 않으면 어찌 천자(天子)의 존엄(尊嚴)함을 알겠습니까." 이에 선사께서 말했다. "확실히 우러러 공경할 분수가 있도다." 선사께서 어떤 중에게 물었다. "무엇을 '부처님 몸의 먼지를 턴다.'고 하는가." 또 말했다. "이미 부처라 했으면 어째서 먼지가 있는가." 중이 대답이 없으니, 선사께서 스스로 대신 말했다. "말함을 보지 못했던가. 금 부스러기가 귀중하기는 하나 눈에 들면 병이 되느니라." "옛사람이 말하기를, '부처님에게 정법안장(正法眼藏)이 있어서 마하 가섭에게 전했다.' 하는데, 어떤 것이 정법안장입니까." 선사께서 대답했다. "금 부스러기가 비록 귀하다지만" 승려가 말했다. "그러나 정법안장(正法眼藏)은 또 어찌하시겠습니까." 이에 선사께서 말했다. "역시 용화가 사람을 아낀다는 것은 알아야 하느니라." 어떤 사람이 물었다. "제가 산을 내려 가려는데 누군가 묻기를, '용화(龍華)에 무슨 소식이 있던가'라고 하면 그에게 무엇이라 대답하리까." 이에 선사께서 대답했다. "그저 그에게 말하기를, '마명(馬鳴)과 용수(龍樹)가 백퇴(白槌)한다.'라고 하라." 승려가 물었다. "둘 아닌〔不二〕 말씀을 스님께서 말씀해 주십시오." 이에 선사께서 말했다. "마갈타(摩竭陀)의 영(令)을 따르지 않거니 어찌 비야리(毘耶離)의 말씀을 말하겠는가." 이천(麗天) 화상이 무착(無着)과 문수(文殊)의 대화를 다음과 같이 송(頌)을 읊었다. 청량산에 감응으로 가람(伽藍)이 나타났는데 직접 문수를 만나 이야기를 나누었네. 말끝의 좋은 소식을 깨닫지 못하고 고개를 돌리고 푸른 산 바위만 보네. 선사께서 이 게송에 화답하였다. 항사세계(恒沙世界)가 온통 가람인데 간 곳마다 문수와 이야기를 나누네. 만일에 문턱에서 소식 찾는 이 있으면 누가 감히 푸른 산과 바위라 하랴. "옛사람이 말하기를, '거칠은 가운데의 미세함과 미세한 가운데의 거칠음이라[麤中之細, 細中之麤]' 하니, 어떤 것이 거친 가운데의 미세함입니까." 선사께서 대답했다. "부처로다. 하는 병은 가장 고치기 어려우니라." 나가서 말했다. "스님께서는 고치셨습니까." 선사께서 말했다. "무엇이 안 되었는가." 승려가 말했다. "어떻게 하여야 고칩니까." 이에 선사께서 말했다. "차를 마시고 밥을 먹느니라." (『祖堂集』 11 齊雲和尙靈照)

[참고 문헌]

1. 사료

1) 한국

① 정사류

『三國史記』, 『三國遺事』, 『高麗史』, 『高麗史節要』, 『三國史節要』

② 기타

『東國李相國集』, 『帝王韻紀』 『東文選』

2) 중국

① 정사류

『春秋左氏傳』, 『史記』, 『漢書』, 『前漢紀』, 『三國志』, 『後漢紀』, 『後漢書』, 『宋書』, 『南齊書』, 『魏書』, 『梁書』, 『陳書』, 『北齊書』, 『周書』, 『隋書』, 『晉書』, 『南史』, 『北史』, 『建康實錄』, 『舊唐書』, 『舊五代史』, 『新五代史』, 『新唐書』, 『資治通鑑』, 『遼史』『宋史』

② 유서류

『管子』, 『尚書大傳』, 『淮南子』, 『鹽鐵論』, 『戰國策』, 『論衡』, 『出三藏記集』, 『海東高僧傳』, 『高僧傳』, 『大乘玄論』, 『二諦義』, 『觀世音應驗記』, 『文館詞林』, 『翰苑』, 『續高僧傳』, 『大唐西域求法高僧傳』, 『華嚴經傳記』, 『弘贊法華傳』, 『貞觀政要』. 『初學記』, 『開元釋敎錄』, 『續古今譯經圖紀』, 『法華傳記』, 『歷代法寶記』, 『法華玄義釋籤』, 『大方廣佛華嚴經感應傳』, 『通典』. 『貞元新定釋教目錄』, 『大唐靑龍寺三朝供奉大德行狀』, 『兩部大法相承師資付法記』, 『圓覺經大疏抄』, 『中華心地禪門師資承襲圖』, 『釋門自鏡錄』, 『祖堂集』, 『唐會要』. 『五代會要』, 『太平廣記』, 『太平寰宇記』, 『太平御覽』, 『文苑英華』, 『宋高僧傳』, 『景德傳燈錄』, 『冊府元龜』, 『傳法正宗記』, 『唐大詔令集』, 『林間錄』, 『通志』, 『佛祖統紀』, 『三寶感應要略錄』, 『玉海』, 『佛祖歷代通載』, 『華嚴懸談會玄記』, 『新修科分六學僧傳』, 『續傳燈錄』, 『神僧傳』, 『指月錄』, 『高僧摘要』, 『全唐詩』, 『全唐文』, 『玄奘三藏師資傳叢書』, 『釋氏蒙求』, 『九華山志』 , 『高麗圖經』 , 『山谷內集詩注』

3) 일본

① 정사류

『古事記』, 『日本書紀』, 『續日本紀』, 『日本後紀』, 『續日本後紀』, 『日本文德天皇實錄』, 『類聚國史』, 『日本三代實錄』, 『扶桑略記』, 『日本紀略』, 『本朝世紀』, 『本朝通鑑』

② 기타

『風土記』, 『養老律令』, 『古語拾遺』, 『新撰姓氏錄』, 『日本靈異記』, 『令義解』, 『入唐求法巡禮行記』, 『令集解』, 『先代舊事本紀』, 『聖德太子傳曆』, 『延喜式』, 『釋日本紀』, 『元亨釋書』, 『帝王編年記』, 『善隣國寶記』

2. 교감/번역/주석서

1) 한국

정구복 등, 2011~2012『역주 삼국사기』1~4, 한국학중앙연구원(개정증보판)

국사편찬위원회 한국사데이터베이스 삼국사기 (http://db.history.go.kr/item/level.do.itemId=sg)

연세대학교 박물관 편, 2016『파른본 삼국유사 교감』, 연세대학교 박물관

국사편찬위원회 한국사데이터베이스 삼국유사(http://db.history.go.kr/item/level.do.itemId=sy)

1972『高麗史』, 아세아문화사

동아대학교 석당학술원, 2011『국역 고려사』, 경인문화사

국사편찬위원회 한국사데이터베이스 고려사(http://db.history.go.kr/KOREA/item/level.do.itemId=kr&types=r)

1973『高麗史節要』, 아세아문화사

민족문화추진회, 1982『(국역)고려사절요』1~5, 민족문화추진회

국사편찬위원회 한국사데이터베이스 고려사절요(http://db.history.go.kr/KOREA/item/level.do.itemId=kj&types=r)

국사편찬위원회 한국사데이터베이스 선화봉사고려도경(http://db.history.go.kr/KOREA/item/level.do.itemId=cnkd&types=r)

세종대왕기념사업회, 1996『(국역)삼국사절요』1·2, 세종대왕기념사업회

조선사편수회, 1932~33 『조선사』(1편 1~3권, 2편), 조선총독부

남무희, 2014『삼국유사연표』, 자유문고

박두포 역, 1981『東明王篇·帝王韻紀』, 을유문화사

국사편찬위원회 한국사데이터베이스 제왕운기(http://db.history.go.kr/KOREA/item/level.do.itemId=mujw&types=r)

국사편찬위원회 한국사데이터베이스 해동고승전(http://db.history.go.kr/item/level.do.itemId=hg)

한국고전번역원 한국고전번역 DB 동문선 (http://db.itkc.or.kr/dir/item.itemId=BT#dir/node.grpId=&itemId=BT&gubun=book&depth=2&cate1=C&cate2=&dataGubun=서지&dataId=ITKC_BT_1365A)

한국고대사회연구소, 1992『역주 한국고대금석문』1~3, 가락국사적개발연구원

국사편찬위원회 한국사데이터베이스 역주한국고대금석문(http://db.history.go.kr/item/level.do.itemId=gskr)

국사편찬위원회 한국사데이터베이스 한국고대금석문자료집(http://db.history.go.kr/item/level.do.itemId=gskh)

한국역사연구회 중세1분과 나말여초연구반 편, 1996『(譯註)羅末 麗初 金石文』, 혜안

국립창원문화재연구소, 2004『한국의 고대목간』

국사편찬위원회 한국사데이터베이스 한국목간자료(http://db.history.go.kr/item/level.do.itemId=mg)

권인한/김경호/윤선태 공동편집, 2015『한국고대 문자자료연구 백제』(상)·(하), 주류성

충청남도역사문화연구원, 2016『(중국출토) 百濟人 墓誌 集成』

한국금석문영상자료시스템(http://gsm.nricp.go.kr/_third/user/main.jsp)

한국국학진흥원/청명문화재단, 2014,『韓國金石文集成』

2) 중국

국사편찬위원회, 1987~1990『역주 중국정사 조선전』1~3

권중달 옮김, 2007~2010『자치통감』1~31, 삼화

국사편찬위원회 한국사데이터베이스 중국정사 조선전(http://db.history.go.kr/item/level.do.itemId=jo)

국사편찬위원회 한국사데이터베이스 한국고대사료집성 중국편(http://db.history.go.kr/item/level.do.itemId=ko)

胡戟·榮新江 主編, 2012『大唐西市博物館藏墓誌』上·中·下, 北京大學出版社

곽승훈 등, 2015『중국 소재 한국 고대 금석문』, 한국학중앙연구원

3) 일본

최근영 등, 1994『(日本 六國史) 韓國關係記事』, 駕洛國史蹟開發研究院

김현구 등, 2002『일본서기 한국관계기사 연구』1·2, 일지사

연민수 등, 2013~2014『역주 일본서기』1~3, 동북아역사재단

장동익, 2004『일본고·중세고려자료연구』, 서울대학교출판부

김기섭 등, 2005『일본 고중세 문헌 속의 한일관계사료집성』, 혜안

국사편찬위원회 한국사데이터베이스 일본육국사 한국관계기사(http://db.history.go.kr/item/level.do.itemId=jm)

국사편찬위원회 한국사데이터베이스 입당구법순례행기(http://db.history.go.kr/item/level.do.itemId=ds)